第三届全真道与老庄学国际学术研讨会论文集（上册）

华大博雅学术文库

本书由道教香港青松观资助出版

熊铁基 黄健荣 主编

華中師範大學出版社

新出图证(鄂)字 10 号

图书在版编目(CIP)数据

第三届全真道与老庄学国际学术研讨会论文集/熊铁基,黄健荣主编. —武汉:华中师范大学出版社,2017.10

ISBN 978-7-5622-7988-4

Ⅰ.第… Ⅱ.①熊… ②黄… Ⅲ.①道教—宗教文化—国际学术会议—文集 Ⅳ.①B958-53

中国版本图书馆 CIP 数据核字(2017)第 249606 号

第三届全真道与老庄学国际学术研讨会论文集(上册)

主编:熊铁基　黄健荣 ©

责任编辑:廖国春　　**责任校对:**罗　艺　　**封面设计:**罗明波

编辑室:学术出版中心　　**电话:**027－67863220

出版发行:华中师范大学出版社

社址:湖北省武汉市珞喻路 152 号

电话:027－67863426(发行部)　027－67861321(邮购)

传真:027－67863291

网址:http://press.ccnu.edu.cn　　**电子信箱:**press@mail.ccnu.edu.cn

印刷:湖北新华印务有限公司　　**督印:**王兴平

字数:1420 千字

开本:880mm×1230mm　1/32　　**印张:**49

版次:2017 年 11 月第 1 版　　**印次:**2017 年 11 月第 1 次印刷

定价:150.00 元

欢迎上网查询、购书

题　辞

十多年来，香港青松观换了三届董事局主席（麦子飞、梁发、黄健荣三位主席），一以贯之地重视道教学术交流，与华中师范大学道家道教研究中心的合作也一如既往，因而 2016 年又联合成功地举办了“第三届全真道与老庄学国际学术研讨会”，国际学者除了参加前两届的美、日、韩、马等国的学者之外，又增加了比利时（戴卡琳）、墨西哥（景威）的学者和道友，美国的利维亚・科恩（Livia Kohn）也是第一次参加。会议共收到论文 98 篇，多是各位学者的新作。

全真道研究，既有宏观的思考，如王树人的《天、地、人、神四维一体的特点——重阳祖师答问及诗词再掘金》，赵卫东、章伟文、陈明等对全真道性命双修思想进行新的阐述等等。更有许多论文对全真道宫观与人物进行深入细微的研究，如周立升的《马钰的皈依与贡献》、汪桂平的《沈阳太清宫历代传戒考略》等，南京隐仙庵、北京白云观、广州纯阳观、张良庙、九宫山、武当山五龙宫等宫观，以及张三丰、李明彻、任永真、姜善信、赵宜真等人物，均有专题论文。吴受琚发现的张三丰《无根树词》石碑及所作校勘，有重要的文献价值。

老庄学的研究论文更多，许多论文对《老子》、《庄子》的文本进行新研新考，从哲学、历史学、文献学乃至人类学（如戴卡琳从“人类学视域解读《庄子》的教学对话”）多角度解读老、庄的思想，老、庄在海外的影响也受到学者的关注，孙亦平、徐水生、刘韶军、刘玲娣的论文即是。

和以往两届会议所出论文集一样，此次论文集的出版，也会是具有里程碑意义的。全真道与老庄学是个很有意义的大课题,全真道文献的收集与考释、老庄学对全真道教义教理的贡献及其现代启示等等,仍然是未来若干年研究的大问题。

我们企盼,会有更新的第四块“里程碑”出现。

2017 年 4 月 3 日

熊铁基

目　　录

上　册

略论道教的“杂而多端”——道教史新思考之一…………… 熊铁基(1)
天地人神四维一体观
——重阳祖师答问及其诗词再掘金 ………………… 王树人(15)
马钰的皈依与贡献
——兼论马钰在早期全真道中的作用与地位 ……… 周立升(29)
全真道传戒制度刍议 …………………………………… 张凤林(53)
做一个无名的圣人 ……………………………………… 吴诚真(59)
我对道教的认识 ………………………………………… 李　刚(64)
评全真教研究及其前沿问题…………………………… 张广保(138)
张三丰《无根树》石碑再校……………………………… 吴受琚(156)
明代道士张三丰传道西南史迹考察研究……… 张泽洪　秦选涵(178)
张三丰真人在武当山的活动及其遗迹………………… 杨立志(199)
王重阳的“三教合一”思想…………………… 钱耕森　沈素珍(212)
试论东华木公与全真教祖东华帝君之关系…………… 萧登福(219)
Quanzhen Nanwu Sect in Late Ming and Qing Nanyang
………………………………………………………… 刘　迅(248)
略论晚清青莲教对全真南宗丹功的继承……………… 王琛发(293)
试探全真教与倪瓒绘画美学之关系…………………… 曹玟焕(311)
The 全真 Quánzhēn Knowledge ……………………… 景威道长(324)
沈阳太清宫历代传戒考略……………………………… 汪桂平(338)

黄鹤楼与道教………………………………………………梅 莉(362)
南京隐仙庵:清代文人游赏胜地 ……………………………尹志华(378)
清规 vs 国法:1946 年北京白云观住持安世霖火烧案再研究
…………………………………………………………付海晏(392)
《全真正韵》的形成与江浙道教
——《全真正韵》形成江浙说……………………………任宗权(405)
王嚞全真内丹心性理论的价值取向…………………………章伟文(421)
丘处机与《大丹直指》………………………………………赵卫东(437)
嗣诸法要:赵宜真的道教仪法思想诠论 ……………………蔡林波(451)
全真高道陈致虚与元代九宫山道教…………… 肖海燕 尚晓梅(465)
全真姜善信教行续考
——兼对“龙门法脉源自姜善信”一说给予尝试性解释
…………………………………………………………赵建勇(481)
岭南全真高道李明彻与广州纯阳观…………… 王丽英 黄银鸽(498)
香港全真教在俗道侣弘教的考察……………………………邓家宙(508)
龙门律师任永真及其创建的张良庙十方丛林………………王芳妮(514)
全真道精神境界的后人本主义心理学解读…………………陈 明(528)
论乾嘉时期北京白云观事二则………………………………林巧薇(537)
《道枢》卷二所收《坐忘篇》下和王屋山唐碑文《坐忘论》
——《道枢》卷二所收《坐忘篇》上、中、下小考订补
……………………………………中嶋隆藏著 刘韶军译(550)
“炼法入道”小考……………………………………………郭 武(571)
商人伦理与宗教伦理…………………………………………李大华(578)
敦煌本《灵宝经目》与古灵宝经出世数量和时间考
——以陆修静《灵宝经目序》与《灵宝经目》的关系为例
…………………………………………………………王承文(607)
谭峭其人及《化书》版本源流考………………………………黄海德(630)
《广成集》所见道教天文星占文化考述………… 孙伟杰 盖建民(665)
近年道教音乐研究之综述(2008—2015)……………………胡 军(683)
略论道教禁忌中的环境伦理思想……………………………李 裴(715)

道家、道教的天人观 ……………………………………… 赵　芃(727)
论在道教宫观史研究中运用口述史方法的必要性……… 潘存娟(733)
丹亭真人养真法探秘……………………………………… 刘康乐(741)
金丹派南宗教理教义特征及其相关问题论析…………… 杨　燕(750)
玄帝经典慈善思想与玄帝善书述论……………………… 黄永昌(764)

下　册

试释西汉竹简《老子》第 33 章 ……………………………… 许抗生(781)
《道德真经章句训颂》初论………………………………… 刘仲宇(783)
全真道“老学”论要………………………………………… 詹石窗(796)
黄老思想要论……………………………………………… 陈丽桂(813)
成玄英的道教哲学浅探…………………………………… 黄　钊(839)
试谈 21 世纪东道西学论 ………………………………… 金白铉(847)
Daoist Communities in Relation to the Stone Age
………………………………………………… Livia Kohn (861)
《老子》的养生思想
——以郭店楚简、马王堆帛书、北京大学藏竹书为中心
…………………………………… 池田知久著　曹峰译(878)
从牛马之喻看天人的隔断与贯通………………………… 陈　静(917)
在相对中寻求理解与超越
——试析庄子相对主义认识论………………………… 陈　霞(933)
试论老庄哲学中的“德”:几个问题的新思考 …………… 郑　开(944)
回归整体的和谐:老庄之道的现代诠释 ………………… 戈国龙(962)
论日本神道教对老子思想的借鉴与吸收
——以吉田神道为例…………………………………… 孙亦平(997)
老庄思想在日本近现代的影响与研究 ………………… 徐水生(1007)
武内义雄《老子》研究的方法与价值 …………………… 刘韶军(1030)
老子、庄子的楚文化属性申论…………………………… 高华平(1044)
庄子提倡的“无用”为否定之否定的产物 …… 张松辉　张　景(1052)
《老子》中的“自” ………………………………………… 王志楣(1061)
《老子》第 39 章新研……………………………………… 曹　峰(1071)

元神论与老子心神观念 …………………………… 叶锦明(1084)
道教“不敢为天下先”的历史阐释 ……………………… 何建明(1095)
“老聃贵柔”的思想演进与文献生成 …………………… 徐　华(1111)
自然之道,以中庸为主:顾欢哲学的再认识 …………… 强　昱(1123)
近代学术转型与老庄研究 ………………………… 刘固盛(1185)
游走三教之间
——论清代官员王定柱的《老子》之学 …………… 王　闯(1206)
浅议傅山解《老》之特色 …………………………… 黄新华(1220)
老庄之“道”合参 ………………………………… 赵建功(1229)
为道与为学
——从老子思想看中西文化的特质 …… 林汉标　汤伟侠(1244)
论老子生态伦理观及其现代启示 ……………………… 吴成国(1255)
《道德经》的商业伦理思想及其现代价值重估 ………… 高建立(1265)
老子“无心”视阈价值取向及其借鉴意义 ……………… 陈大明(1274)
出土文献视野下《老子》“道可道”章研究的回顾、方法与瞻望
……………………………………………… 杨　杰(1287)
“道法自然”的水原型研究 …………………………… 蒋　伟(1301)
《老子》“宠辱若惊”新诠 …………………………… 汪韶军(1310)
《老子》“善治”思想与古医学理论的关联 ……………… 王水香(1323)
自然万物的生存智慧
——从“用大”与“无用”之“用”的角度看 ………… 陆建华(1340)
庄子的人格精神及意义 ……………………………… 李明珠(1353)
论《庄子》的身体理论及其冥契经验 ………………… 陆基洋(1365)
庄子对“大道和生学”的传承与贡献 ………… 钱耕森　沈素珍(1385)
重生思想与乐死世界
——谈庄子双重生存世界对其生死观的影响 …… 张　景(1392)
老庄时间观念研究 ………………………………… 伍成泉(1401)
褚伯秀对《庄子》内篇工夫论的阐释 ………………… 简光明(1413)
正是时候读老庄——台湾老学文献近五年之呈现 …… 钱奕华(1427)
竹简《文子》二题 ………………………………… 张固也(1439)

楚人信奉的天神及其通天工具 …………………… 黄尚明(1449)
论陈撄宁的佛教观 …………………………………… 刘玲娣(1460)
清静:身心与天下的自然道要……………………… 沈文华(1484)
老庄学、内丹道与内家武术体系的建构…………… 王 驰(1495)
司马承祯《坐忘论》思想述略 ……………………… 王菊英(1513)
张家山汉简《引书》结构研究 ………… 晁胜杰 吴雪萌(1529)
“守藏室之史”考 …………………………………… 郑信谷(1541)

略论道教的“杂而多端”

——道教史新思考之一

熊铁基

一、马端临论“道教之术杂而多端”

元代马端临在《文献通考》“经籍”考“神仙”类之后的按语中写道：

> 道家之术，杂而多端，先儒之论备矣。盖清净一说也，炼养一说也，服食又一说也，符箓又一说也，经典科教又一说也……

这个长达500字左右的按语主要是就道教经籍而言的，但是含义很多。

首先，“道家之术”的“道家”实指“道教”，古代一般都是“道家”、“道教”不分，且常以“道家”代“道教”，马端临也是如此，他另有“道家”一类，收录老、庄、列诸子书。

其次，“杂而多端”之术是不同时期不同代表人物所侧重的：

> 赤松子、魏伯阳之徒，则言炼养而不言清净。卢生、李少君、栾大之徒，则言服食而不言炼养。张道陵、寇谦之之徒，则言符箓而俱不言炼养、服食。至杜光庭而下，以及近世黄冠师之徒，则专言经典科教，所谓符箓者，特其教中一事，于是，不惟清净无为之说略不能知其旨趣，虽所谓炼养服食之书，亦未尝过而问焉矣。

这表述虽不一定完全准确，但可以作为“杂而多端”的一种表现。

第三，不论专言何“术”之人（准确地说应该是“派”），“俱欲冒以老氏为之宗主，而行其教”。而“黄帝、老子、列御寇、庄周之书，所言者，清净无为而已，而略及炼养之事，服食以下，所不道也”。这反映了道教各派以老子为“宗主”的基本事实。

除以上几点，马端临还对各种说法，主张的“是非”有所评论，如说：

> 炼养之说，欧阳文忠公尝删正《黄庭》，朱文公尝称《参同契》，二公大儒，攘斥异端不遗余力，独不以其说为非；山林独善之士以此养生全年，固未尝得罪于名教也。

还有其他几则不一一列举。

值得强调的是，马端临的评论有不少是代表宋元时期学界的普遍看法，如他所说："道家之术杂而多端，先儒之论备矣。"他在这个按语前后就引用了"晁氏"（晁公武著有《郡斋读书志》）、"东坡苏氏"、"致堂胡氏"（胡寅人称"致堂先生"，著有《读史管见斐然集》）、"朱文公"（朱熹）的大段议论。

二、文化思想多源与核心信仰的形成

作为世界文明古国之一的中国，有着悠久的文明史，而且有极为丰富的文献记载和考古资料，这是世界其他地区无法相比的。我们讲古老的历史，内容更丰富，讲道教的起源也是如此。

道教与佛教、基督教的起源不同，是渐进的，并且文化思想是多源的，这可说是"杂而多端"的表现之一，同时也决定了整个道教"杂而多端"的特点，以上所引马端临所言诸"道教之术"，无一不与道教的文化思想源头有密切关系。

人类早期思维的自然崇拜、祖先崇拜以及随之而发生的图腾崇拜、神灵崇拜，乃至原始的宇宙论（如盘古开天地）等等，中国历史上有极为丰富的文献记述，我们必须说"世界罕见"。我们要进一步说的是，几乎所有异彩纷呈的上述各方面的传说和想象，都在后来的道教发展中不同程度、以不同方式保留着。这里可举一个一般不常引的例子，最早的记载是：

《艺文类聚》卷一引三国吴人徐整的《三五历纪》说：

> 天地浑沌如鸡子，盘古生其中。万八千岁，天地开辟，阳清为天，阴浊为地。盘古在其中，一日九变。神于天，圣于地。天日高一丈，地日厚一丈，盘古日长一丈，如此万八千岁。天数极高，地数极深，盘古极长。后乃有三皇。……

这个传说记载恐怕已经经过许多改造了(《太平御览》卷一、卷二两次引文略有不同),最原始的传说恐怕不是如此,而“天地浑沌”、“阳清为天,阴浊为地”等说又与《老子》文有一致之处。到了后来的“道经”中,如《元始上真众仙记》①中就是这样:

> 昔二仪未分……天地日月未具,状如鸡子,混沌玄黄,已有盘古真人,天地之精,自号元始天王,游乎其中。经四劫,天形如盖……复经四劫,二仪始分,相去三万六千里。元始天王在天中心之上,名曰玉京山。

下文还说,元始天王与太元玉女通气结精,生东王公、西王母,天皇、地皇、人皇,伏羲、神农等王帝都是其后裔②。元始天王(后来又称元始天尊③)是道教的最高神。这就是说,盘古是人类始祖,是道教的最高神。

古老的开天辟地宇宙学说,成了道教文化思想的一个重要源头。其他天神、地神、山神、水神等等莫不如此。道教的神灵信仰是杂而多端的。

然而各种各样的神灵崇拜和信仰,在中国社会中除了在道教中有明显反映之外,也会长期在社会的民俗中有不同形式的存在。民间信仰和道教的信仰长期并存,二者如何区别呢?

道教之所以成为道教,就是它形成了自己的核心信仰——神仙信仰,道教神仙信仰的基本思想是:神灵是应该被敬仰的,但是人皆可以成神仙,人可以通过修炼得道成仙。

神仙信仰形成之后,如何成神仙是一个大问题,而人与神之间的区别还是存在的,人神关系仍然是一个问题。早期沟通人神的是“巫师”、“巫史”或“巫祝”,这在殷商时期特别突出。“巫”实际上是官吏,而且是权力很大、影响很大的官吏,负责奉祀天帝众神,为人祈福禳灾,天文、地理、占卜、星历、治病等等政事、人事无一不管,巫咸、巫贤就是商代著名的位高权重的大官。

---

① 参见《道藏》第25册,文物出版社、上海书店、天津古籍出版社,1988年,第340页。

② 参见《道藏》第25册,文物出版社、上海书店、天津古籍出版社,1988年,第340页。

③ 不同时期又有不同说法,陶弘景《真灵位业图》有元始天王、元始天尊二神,后合而为一,只提元始天尊了。

与巫有关的大事在整个古代都是存在的，比如祭祀，古代“国之大事，在祀与戎”。祭祀是巫师掌管的，但是以殷商时期最为突出。此前逐渐形成，此后随着社会的进步，其职权有所变化。从周代开始，其地位逐渐下降，走向民间，后代乃至近现代，巫术成为流行于民间的活动。人神沟通的职能周代以后被方士取代，汉代以后又被道士取代。发展历程大体是如此。

巫地位的变化与古代人们信仰的演变有关，这里我想借用《礼记·表记》中孔子的一席话作点新的解读，孔子说：

> 夏道尊命，事鬼敬神而远之，近人而忠焉……殷人尊神，率民以事神，先鬼而后礼……周人尊礼尚施，事鬼敬神而远之，近人而忠焉……

孔子对夏、商、周历史的看法是有一定价值的，他指出在“敬鬼神”这个问题上三代有所不同，殷人尊、事鬼神十分突出，夏、周则“事鬼敬神而远之”，这与以上所说殷人重神重巫的事实吻合。夏、周之“事鬼敬神而远之”孔子有具体论述，历代注释多认为孔子是从三代政教特点不同而论述的。但是，我认为，在敬鬼神这个问题上，反映了三代对“鬼神”不同的认识，夏代（包括夏以前）人们对“鬼神”的认识比较模糊，“认命”了，模模糊糊地敬而远之，“尊命”不好解，孙希旦曰：“尊上之政教也”①，这很不明确，唐人孔颖达的《正义》解释说：

> 夏道尊命，言夏为政之道，尊重四时政教之命，使人劝事乐功也。

“尊重四时政教之命”，顺其自然，也有点无能为力，“认命”，反映夏及以前人们对神鬼的认识，只好敬而远之。殷人“尊神”，对鬼神认识多了，努力沟通人神，创造出“巫”来试图解决问题。周人的敬而远之，则是文化进步了，“尊礼尚施”更注重社会政治诸问题。在政教上，神鬼逐渐淡出人们的政治视野。但是，神鬼之事不可避免，因而就有“方士”之兴起，逐渐的“方士”取代“巫工”，周代后期春秋战国开始，神仙学说流行，方仙道兴起，这就是道教产生的历史脉络。

---

① 转引自杨天宇：《礼记译注》，上海古籍出版社，2004年，第939页。

道教可以有各种各样的信仰，但没有核心信仰——神仙信仰，道教就不能称之为道教。道教的核心信仰——神仙信仰，究竟具体是如何形成的，仍值得作进一步的探讨。而且道教的最高信仰——道的信仰又是如何形成的，也值得进一步探讨。

三、大小宗派林立与共祖共生

道教和佛教、基督教等大宗教一样，在长期的历史发展中，有许多大大小小的宗派。但是道教的宗派发展，有自己不同于基督教、佛教的特点。基督教、佛教的许多宗派是分化甚至分裂而成，道教则是融合、师徒繁衍而成。正一派可说是若干小宗派联合成的大宗派，然后又衍生出若干宗派，如上清派、灵宝派，茅山、龙虎山、阁皂山符箓三宗，等等。而全真派的发展，曾有南、北二宗之分，但各宗祖师的谱系十分清楚，所谓北五祖、南五祖，二宗合一时，祖师的传系也作调整。宋、元以后曾出现过一些新的道教，后又分别归入全真或正一，如宋元时期出现的“太一道”，后并入正一道，当时另一个新的“真大道”，后并入全真道，等等。

宗派的分分合合、传衍和发展比较自然、和谐，不像基督教那样有派别的大分裂，有尖锐的对立和斗争(甚至宗教战争)。佛教派别之间也有争正统和权威的“教相判释”(简称“教判”)。而道教宗派的发展有自己的特点，可以归纳为：共祖、共生。

(一)共祖

道教的各宗派，共同承认的道祖是老子——太上老君。当然，在道教发展史上，道祖的共认上是曾有一些变化的，陶弘景的《真灵位业图》把老子排在第四，主要是从整个神仙谱系排的顺序，因为当时创造了许多神，当然也反映当时有些人不特别尊崇老子。然而，从总的发展看，共认老子为道祖是道教之所以成为道教的主要特征之一，道教的各派别都是要认祖归宗的。概括地说，即前引马端临所说：

> 然俱欲冒以老氏为之宗主而行其教。

这是他在列举了“清净”、“炼养”、“符箓”以及“经典科教”各派别之后的总结之词。各派之认祖归宗，以老子为教主、为道祖。

实际的发展情况正是如此，除开早期的方仙道情况还有待查考之外，东汉时期的黄老道、太平道、五斗米道等道派都是如此：“黄老道”之名反映的是对黄帝、老子的崇奉，汉桓帝在宫中“立黄老浮图之祠”①，祠祀老子是当时比较突出的一个现象，是把老子作为神来敬奉的；五斗米道之崇奉老子，三国时鱼豢的《典略》记载说：

> 又使人为奸令祭酒。祭酒主以《老子》五千文，使都习，号为奸令。……②

叫信教人学习《老子》，就不仅仅是敬拜了。今有《老子想尔注》发现，被认为是张陵所作，至张鲁最后定本，饶宗颐先生说是“天师道研读《道德经》所用之课本”③。

魏晋南北朝时期，如上所述，有时似乎道祖的地位不高，应该是有些具体变化的，当时是一个创造道教经典的时期，许多经典造作，不能都归源于老子，所以要造出早于老子、高于老子的人。这里我想以葛洪的论述来说明，《抱朴子内篇·金丹》中写道：

> 故老子之诀言云，子不得还丹金液，虚自苦耳。……
>
> 复有《太清神丹》，其法出于元君。元君者，老子之师也。……元君者，大神（仙之）人也，能调和阴阳……天下众仙皆隶焉。④

仔细玩味这些文字，可以看出一些问题：第一，“老子之诀”是哪里来的？现在很难考证。但也由此可见在葛洪那里，“老子”并未被否定，还引用“老子之诀”来作为自己理论的根据。第二，大神“元君”是“老子之师”，这可说明他是要抬出一个比老子高的人来创造《太清神丹》。至于元君是否即上清、灵宝派所尊崇的“元始天尊”，有待考查。第三，反映了葛洪属于与符箓派不同的丹鼎派。整个《金丹》篇及其他篇，反映了他的

---

① 《后汉书·襄楷列传》。

② 《三国志·张鲁传》裴松之、《后汉书·刘焉传》韦贤注均有引用，引文相同，而《后汉书·张鲁传》记载则稍有不同。

③ 饶宗颐：《老子想尔注校正》，上海古籍出版社，1991年，第3页。

④ 葛洪：《抱朴子内篇·金丹》，中华书局，1985年，第71、76页。

神仙思想，开宗明义写道：

> 余考览养性之书，鸠集久视之方，曾所披涉篇卷，以千计矣，莫不皆以还丹金液为大要者焉。然则此二事，盖仙道之极也。服此而不仙，则古来无仙矣。①

葛洪相信神仙，相信人能成为神仙，"仙道之极"就是服金丹，因为"服此二物(药)，炼人身体，故能令人不老不死"。总之，葛洪是神仙理论家，属于道教的丹鼎派，这些我们都从他的著述中看到了。

魏晋南北朝时期，老子在当时道教界的地位是值得进一步细寻的，但是道祖的地位还是没有动摇的，也许有些派别有一个认祖归宗的过程。《魏书·释老志》肯定了道祖为老子，其言曰：

> 道家之原，出于老子。……上处玉京，为神王之宗；下在紫微，为飞仙之主。……

此"道家"即是"道教"，下面接着就有"其为教也"云云。北魏的寇谦之，就是奉太上老君亲授"天师之位"，并赐给《云中音诵新科之诫》，他奉老君之命，"宣吾新科，清整道教，除去三张伪法"。所谓"三张伪法"是有具体内容的，即"租米钱税及男女合气之术。大道清虚，岂有斯事，专以礼度为首，而加之以服食闭练"。实际这是一种改革，或者也与丹鼎和符箓两派之别有关。要之，寇谦之再次确认道祖老子的地位。

魏晋南北朝时期的情况是如此，唐宋以后就更不必说了，对老子再二再三的加封，是众所周知的事。

后起的全真派如何认祖归宗的，也可作进一步的探讨。全真祖师王重阳有明显的三教合一思想，也是想对道教进行认真的改革，但是我曾经论述过，他虽有三教合一的思想，但是"对佛教的'破釜'……不屑一顾，尽力保全道家、道教之真，创立具有自己'家风'的全真道教"，他"对《老子》确实是恭敬、虔诚之至"②。全真道之有道教的最高信仰——道、核心信仰——神仙，而以老子为道祖是没有什么问题的，只需举例证明罢了。

---

① 葛洪：《抱朴子内篇·金丹》，中华书局，1985年，第71页。

② 参见拙作《试论王重阳的"全真"思想》，《世界宗教研究》，2008年第2期。

其他教派莫不如此，如与全真道同时兴起的“太一道”，“传太一三元法箓之术，固名其教曰太一”，“以老氏之学修身”，“以巫祝之术御世”①，后来并入正一道，因为道祖是相同的。另一个“真大道”，其创始人刘德仁宣称，有须眉皓白的老叟乘青犊牛车过其家门，摭《道德经》要言授之，并嘱其“善识之，可以修身，可以化人”。然后投笔一支而去②。这当然是认老子为道祖的。后来“真大道”并入了全真道。

凡属道教，必以老子为道祖。历史上乃至现今，还有许多民间宗教分别受佛教、道教的影响，有些在法术、科仪上多采用道教的内容，但它们不尊奉老子，没有神仙信仰，虽有时空用“道”字，但不是道教，不应归入道教，这与道教内部的派别不同。

（二）共生

我这里想说的“共生”，主要讲道教内派别的关系。道教内部虽然派别林立，但彼此之间，和谐相处、交融互补，无论在教理教义上、科仪法术上、修仙炼养方面都是如此。仅以全真、正一这两大派之间的关系为例即可说明。具体可举武当山道教的发展事例：

武当山在道教史上，唐宋以前没有其他一些山头有名，早期道教的洞天福地中还没有它。但唐末以后，它成为第九福地，再以后甚至有“天下第一名山”之称。根据记载，早在魏晋南北朝时期，就有不少人在武当山隐居修炼、求道拜师，其中有些有名有姓的道士，如上清派的谢允、山世远等人。唐代的孙思邈、吕洞宾，五代的陈抟，有记载他们都到武当山游历甚至隐居过。宋元之前，武当山的道士当然是正一派的，全真道兴起之后很快就有不少全真道士进入武当山，有相当长一段时间，是正一、全真两派道士共处，和睦相处、互融互补，这方面的研究已有成果，如王光德、杨立志所著《武当道教史略》③，其中根据史事所作的一些描述颇能说明我想说的“共生”现象，兹征引数段文字如下：

① 《元史・释老传》。

② 参见《道园学古录》卷五十，《真大道教第八代崇玄广化真人岳公之碑》。

③ 王光德、杨立志：《武当道教史略》，华文出版社，1993年，第122、131～132页。

宋末元初兵乱之后，武当宫观荒芜衰败，道众四处流散。直到至元十二年(公元1275年)，才有在北方访道的武当道士鲁洞云和全真道士汪真常等人一起回到武当山修复五龙、紫霄等处坛宇。不久，南方盛行的清微派叶希真也来到五龙宫，使武当山出现了南北道派交汇融合的新局面。

各道派在武当山长期和睦相处，交叉影响，且有相互融合的趋势。……各道派之间不仅在思想理论上容易融汇吸收、相互补充，而且在道法授受上也互有交叉关联、相互影响。武当五龙宫本是全真派兴工修复的，但清微派传人叶云莱、刘道明、张道贵等均居住此宫。……

还有各派之间互学道法、互拜为师等等，还有奉旨受理武当宫观教务的道教领袖，“对其管辖范围内的各道派兼容并蓄竭尽提携之力，并不强求一致、让别人放弃原有宗派”等等，这里就不一一征引了。

武当山道教的发展，教派“共生”的特点十分明显。

正一、全真两大派的交融共生，还可举出另一个较突出的例子，正一派张宇初的思想和作为。

张宇初(1360—1410)其人及其思想，能充分反映正一和全真两大派交融共生的密切关系。他17岁就袭为正一道第43代天师，20岁时由朱元璋敕封“正一嗣教道合无为阐祖光范大真人”，领全国道教了。他聪明好学，喜欢儒家的五经、诸子，通晓佛学之理，有道门硕儒之称，对于道教正一、全真之理、法均很熟悉。《明史·方技传》记载说，“宇初受道法于长春真人刘渊然”。正一天师拜全真高道为师，两派往来之关系可见一斑①。更重要的是在他的著作中，反映他对两派(乃至三教)关系的态度，及两派交融互补的事实。例如他的《道门十规》，显出了他对道教各派兼容并包的态度，其相关文字是：

道之所由立，出乎太上一也……曰教则有正一、全真之分，曰

① 张宇初经历中也有些波折，据《明史·方技传》记载，他“建文时坐不法，夺印诰。成祖即位，复之”。与刘渊然关系也曾“不协”，不知是什么性质的“不协”，但不能否定其与全真派的关系，更重要的是他对全真派的基本态度。

法则有清微、灵宝、雷霆之目，非究源以求流，必忘本以逐末。

这是总纲上的言语。

> 后之阐化，则有祖天师、许真君、葛仙翁、茅真君诸仙之派。世降之久，不究其源，各尊派系，若祖师之曰正一，许君之曰净明，仙公之曰灵宝，茅君之曰上清，此皆设教之异名，其本皆从太上而授。凡符箓、经教、斋品、道法之传，虽传世之久，各尊所闻，增减去取或有不同，而源委则一。内而修之，则有内外丹之传……

这是论“道教源派始自”，难得有如此客观、全面、相当正确的概述，“分派虽不同，而其源则一”，这是他反复阐述的一个观点。与此同时，他对于道教的符箓、经教、斋品、道法以及丹道都是肯定的，甚至说“符箓弥多，皆所以福”。但是，他对于“邪道”、“邪说”也是坚决反对的，“睹诸邪道，如睹仇雠”(按：他有“圆光附体，降将附箕，扶鸾照水，诸项邪说，行持正法之士，所不宜”。这个说法，与后来道教之用“扶箕”不同，应是后来的变化)。

作为正一天师，在对全真派的肯定上也表现出他的气魄，在讲“十规”之“坐圜守静为入道之本”时说：

> 近世以禅为性宗，道为命宗，全真为性命双修，正一则惟习科教，孰知学道之本，非性命二事而何？虽科教之设，亦惟性命之学而已。……

这里甚至可理解为全真比正一略高一筹。

> 宋金之初，重阳王祖师，遇钟吕之传，始立全真之教……故全真是教，则犹以坐圜守静为要，五祖则……七真则……

他对全真派非常熟悉，赞赏有加，并且承认“重阳王祖师”，认祖归宗也进一步发展了。

以上二例，应该能说明道教派别交融“共生”的现象了。

明清以后，正一派的科仪、法术也一一被全真派所采用。两派之间的交流、互用，经过了长期的磨合，时至今日，见到一个道士，如果不是在特定的场合，他不自报家门，很难区别全真、正一道士了。今后还可以也应该进一步交流互补。

四、纷纭的民间信仰与道教的整合

民间信仰是社会生活中的重要组成部分，在传统文化中也有很重要的地位，其与中国道教的关系十分密切。对于这些问题，近几十年来学界的研究有较大发展。比较集中的反映是，2010年开始，上海人民出版社出版了一套“民间信仰与中国社会研究丛书”。在这套包含有七本书的丛书中，就有《道教与民间信仰》一册，该书的综合和个案研究都很深刻，值得参考。本文想研讨的问题即“道教与民间信仰”，主要选取“杂而多端”这个角度作些论述。

中国的民间信仰不但历史悠久，而且非常丰富(有不少记载)，所以上面标题使用“纷纭”二字，表明既“多盛”又“杂乱”。道教与民间信仰的关系，也具有“杂而多端”的特点。

其次要先说明的另一点是，民间信仰在这里主要讲神灵信仰与神鬼沟通的法术两个方面。本节讲道教与民间信仰的关系，主要也是从这两个方面来说明。

(一)关于神灵信仰

神灵信仰也就是道教的神仙信仰，包括自然与人两部分，即天神地祇和修道成仙之真人。天地神祇有长期的发展过程，最后是形成了庞大的系统。历代仙人更是不断增加且日益壮大，汉刘向撰《列仙传》录70人，葛洪《神仙传》录92人，葛洪说：

> 秦大夫阮仓所记有数百人。……然神仙幽隐，与世异流，世之所闻者，犹千不得一者也。

有名无名的仙人真是很多的。

道教的神仙信仰是不断发展的，道教人士也曾多次进行过书面整理和记录，如：陶弘景的《真灵位业图》、赵道一的《历世真仙体道通鉴》(正编、续编、后集)之类的图书。

道教的神灵本来就是从古代各种民间信仰中综合、改造而成的，在历史发展过程中又不断吸收民间信仰中的神灵。从上天神灵到城隍、土地、灶君、门神等等，都源源不断地进入道教神灵系统，人们喜欢财神，道教中就会有文财神（赵公明）、武财神（关公）出现。民间信仰的神灵是有局部性的，如沿海一带的妈祖，也可以纳入道教的神灵系统。甚至于各类精魅、鬼物，只要潜心修炼、造福于民，皆可奏明天庭授以正神之职（参见《女青鬼律》、《天坛黑律义格》等道教经书），《白蛇传》中的蛇仙应该是这方面的反映。“民间神祀进入道教，一方面丰富了道教神谱，另一方面，这部分神祀也得到了提升，在中国历史上稳固传承。”①

另一方面，道教的天神和影响大的神灵，在民间信仰中有时候有的地方也会出现，如玉皇大帝、玄天上帝、太上老君，乃至八仙中的吕洞宾等人，都会享有崇高的地位。

从整个发展看，道教的神祇信仰是沿着制度化宗教的方向发展，而民间的神灵信仰却一直在散漫而杂乱无章地流传着。道教的神灵信仰相对于纷纭的民间信仰始终居于主导地位。

（二）关于法术

人们信仰、敬神，并且很早就是神鬼相联，如前所述，夏、商、周都敬事鬼神，尤其是“殷人尊神，率民以事神，先鬼而后礼”。如何“事”？如何“礼”？夏、商、周时期都是由“巫”来执行，由巫来与神鬼沟通，这就逐渐形成了一套礼仪和方法，形成“巫术”。“率民事神”，国家的东西影响到民间，民间各自发展，又形成各具特色的越巫、荆巫、齐巫等地方之巫。春秋、战国直至秦汉关于巫的记载是很多的，也是“杂而多端”的。

道教形成之前就是巫术，道教形成之后就是道教的法术，简称“法术”或“道术”，道术又称“道法”，或简称为“法”或“大法”，也有称为“艺术”的②。而民间流行的则始终被视为“巫术”。学界认为从早期巫术到道教之道术发展过程中有一个“方仙术”。我认为，方仙道就是早期

① 参见李远国、刘仲宇、许尚枢：《道教与民间信仰》，上海人民出版社，2011年，第229页。

② 参见《晋书·艺术传》。

道教[①]，方仙术不必被视为一个独立的阶段，但它是一个道术发展阶段。这个阶段的内容也是值得研究的，有人已经做过较深入的研究。郑杰文的《方仙道的方术》[②]一文把当时“方士们的方术”分为三类十四种。一类“不死方”，“不死方有却老术、不死药、祠灶炼丹术、辟谷术、尸解术五种”。二类“鬼神方”，“鬼神方有使物见鬼术、见仙人术、解克术、神异术、祭祀方五种”。三类“政治方”，“政治方有封禅术、谶言术、五德说、大九洲说四种”。以上总结颇有意义，从上到下、从朝廷到民间的各种方术都归类涉及了。除政治方主要在秦汉时期明显实行之外，其他二类都是民间长期流传和发展的。“不死方”，长生不死（或长生不老）是与道教神仙信仰密切相关的，人人都可以通过修道成仙，或天仙、或地仙、或尸解仙，或寻求不死之药（包括炼丹成药），或采用“辟谷术”之类的方法进行修炼。这些一直流传下来，直到今天（例如“辟谷”）。“鬼神方”即请神驱鬼或“装神弄鬼”，此类方术也一直流传下来，但却变得五花八门、杂乱得难以言说，乃至令人难以想象。

上述这些“方术”在道教法术中都有，而且是经过历代高道的整理、发展，更加系统化、程式化、制度化、理论化的。道术中有关道法的记载有很多，学界的研究也不少，如刘仲宇的《道教法术》[③]就是一部较新的专著，可以参考。

我这里想着重提出的一点是，道教的法术是从历史上的巫术、方术发展起来并日趋完善的。民间巫术的流传，虽有着自己的渊源，但在后世的发展中应该主要是取法道教的法术。无论哪个地区或哪个民族，因为社会和人事的诸多变动，有些巫术可能中断、失传，重新恢复和建立的“巫术”自然会借鉴和学用根基牢固、长期广为流传的道教法术。由此可说，道教的法术对民间信仰的巫术起着主导作用。

---

① 参见拙作《略论道教的名与实——再论道教的产生问题》，《世界宗教研究》，2015 年第 5 期。

② 郑杰文：《方仙道的方术——〈论方仙道〉之二》，《中国道教》，1991 年第 1 期。

③ 刘仲宇：《道教法术》，上海文化出版社，2002 年。

我们研讨道教“杂而多端”的问题，通过以上的论述可以看到，从很多方面看，道教的确有“杂而多端”的特点。但是从以上几个方面的论述可以说明，“杂而多端”并非“杂乱无章”，各种“杂”的发展是有序可寻的，在各种复杂的情况下，或有“核心”，或有“共性”，或有“主导”，或有“整合改造”，这样才使得道教成为一个有影响的正规的宗教。同时，“杂”的发展又能充分反映道教的包容性，与其他宗教相比颇有不同，这是难能可贵的，是其特点，也是其优点。

2016年4月24日下午

（作者为华中师范大学道家道教研究中心教授）

天地人神四维一体观

——重阳祖师答问及其诗词再掘金

王树人(老树)

引　言

全真道的祖师王重阳及其门内诸弟子,都主要是以诗的形式记录其思想和向信徒传教。诗歌的思维特点,就是《易经》所说的“象以尽意”。诗的“象以尽意”使之所记录和传布的思想,比散文记录和传布的思想,具有精炼、博大、深厚的整体性价值,并且容易记住。因为,象之尽意比概念尽意,确实更能深入整体的“事情本身”或说整体事情的“真谛”。特别是涉及事情的动态整体时,概念的有限规定性,往往是无能为力的。这时,诗的“象以尽意”的思维优越性就显示出来了。“象尽意”的“象”本身就具有“流动与转化”的特点,即属于悟性超越的特点。这种特点,在联想与超越中,使之既有利于提升人的思想境界,也有利于把握动态整体的事情。任何宗教,都具有整体性和超越世俗进达神域的特点。中国传统文化把天地人“三才”看成一个整体,中国传统的“天人合一”思维,就是对应于这个整体的思维方式。这个思维的成熟标志就是《易经》,而其思维方式的核心内涵则是“象以尽意”。对于“全真道”及其他宗教而言,在天地人“三才”这个整体之外,又增加一维,即神及其神域。如上帝、佛陀、天堂地狱等。在中国传统儒、道互补的主流文化中,儒家的“圣与仁”之道、道家法自然之道和禅宗“即心即佛”之道,可归结为中国“天道”。虽然儒家的“圣与仁”与佛教的佛、道教的仙不可同日而语,但是作为最高价值,三者对世人的作用则类似。特别是对于成为信徒的人,三者都具有最高的约束作用、最高的激励作用以及作为最终的理想归宿。就是说,中国传统的儒、释、道,其思想都在不同程度不同方式上,处于对天、地、人、神四维一体的整体把握之中。作为道教重要一脉的全真道,是怎样领会这个天、地、人、神四维一体从而力图把人的境界提升到最高的成仙境界?

一、《重阳真人授丹阳二十四诀》的启示

人在天地间生活,其实是生活在很有限的时间和空间里。人通过生活实践,对天地之空间和时间不断积累经验和知识,但认识的局限性很大。即使到了今天,人们活动的空间,由于现代科学技术的发展,空前地扩大了,生活的经验和知识也更丰富了,人类的寿命也比从前延长了。但是,人们基本生活的领域,仍然是很受局限的,更不能长生不死。因此,人们在辞世时总是不满足,总是有所遗憾。怎样解决这种"不满足"和"遗憾"?这在祖师重阳对丹阳答问的二十四诀中,可以见出全真道给出的一个解决问题的纲要。可以说,这个纲要,就是要建构一种通往成仙得道的"天地神人四维一体"的"性命"之学,或者说改变命运之学。试看如下所引:

丹阳问:"何名见性命?"祖师答曰:"性者是元神,命者是元气,名曰性命也。"

丹阳问:"何为修行?"祖师答曰:"修者,真身之道;行者,是性命也。名为修行也。"

丹阳问:"何者名为长生不死?"祖师答曰:"是这真性不乱,万缘不挂,不去不来,此是长生不死也。"

丹阳问:"何者为三命?"祖师答曰:"《黄庭经》云:存精,是元始天尊;存神,是太上道君;存炁,是太上老君。名曰三命也。然后再寻三命,枉费工夫。神炁相同。太上再留方便之门,转化人道,常有也。在三者,东华帝君是心也,化十方诸灵大帝是肾也,除此外不可寻也。天有九星,人有九窍;天有四时,人有四大。天有地、水、火、风,人有心、精、气、身。天有五刚,地有五刚,人有五刚。天有三才,人有三才。"

(一)真体与真性之道

笔者认为,以上从“二十四诀”中所作的摘录,可以说是全真道建构“天地神人四维一体”、“性命”之学纲要的纲要。首先,性之为“元神”、命之为“元气”的领悟,再加上对“元精”的领悟,已经把全真道对人的本质看法明确了。就是说,人的本质可归结为元精、元气、元神的动态统一体。全真道对精气神的修行,包含有通常的气功修炼。所不同的是,气功停留在只是追求身体健壮,而全真道则有更高的追求,即进一步追求得道成仙。所谓“修者,真身之道;行者,是性命也”。这里最要紧的话是“真身之道”。不难理解,真身之道,就是成仙体之道,而不仅只是健壮身体而已。这一点,尤其表现在祖师重阳对“何谓长生不死”的答问。重阳所答“是这真性不乱,万缘不挂,不去不来”。与前述的“真身”为仙体相对应,这里讲“真性”也为仙性。不难看出,在这里,全真道与禅宗认为佛性内含于人本身之说很相似。就是说,全真道认为仙体仙性也内含于人本身。既如此,为什么还要修行?这是因为人一经入世,就发生了与祖师重阳所说的相反境遇,即真性已乱,心挂万缘,往来不止。修行就是止乱、祛牵挂、停往来,从而回归“真体”之仙体和“真性”之仙性。可见,全真道认为,所谓“长生不死”就是得道飞升成仙,而非如世俗所想象那样,以世人模样永远活下去。

(二)“三命”修行的理想境界

必须说,在答问“何谓三命”时,祖师重阳所答,特别值得重视和体味。其中最具启发性的是,用对应的描述,指出天、地、神之象,与人之象具有相关相通的关系。不过在《黄庭经》所云中,令人费解的是,为什么存精气神,就是道教的三位最高尊神?实际上,这种简约的表达,乃是把三位尊神作为性命修行的三种境界,而存元精、元气、元神,就是性命修行达到这种境界的具体途径。同时,在这里也把道教诸尊神具有非人格化的特征显现出来了。此外,还有一个问题,如前述,既然元精、元气、元神人本身就有,为什么这里还要强调“存”?这就涉及前述人降生于世所发生的变化。发生了什么变化?就是降世后,元精、元气、元神都处于消散状态，所以要存。“存”字的要义，是通过性命修行，重新聚敛消散的元精、元气、元神，并加以提升。显然，这种修行的“三命”，不是停留在只追求人体健康的三命，而是指能成就“仙体”“仙性”的仙命。

祖师重阳还从反面来强调，离开了存元精、元气、元神的修行，寻找其他途径，都是“枉费工夫”。就是说，存元精、元气、元神的修行，是唯一成仙的修行方便法门。以上引文后面的句子，所谓“神气相同”，不过是说神与气是二而一与一而二的关系。或者说，有气就有神，有神就有气。而神仙与人的关系，总是神仙护佑人，所以才说：“太上再留方便之门，转化人道。”所谓“转化人道”，就是转化人能理解和接受的“方便之门”。而要使人能理解和接受，就必须从人自身出发。事实上，全真道就是把人自身看成一个内含神体神性从而可与神仙、天地间各种现象对应相通的灵性存在。或者说，人之初，就其对应天神和大宇宙来说，乃是有神性的小宇宙。虽然人原本如此，但人一降生出世，由于尘世的种种诱惑，却处于神失魂散的境遇。这种境遇，曾经被祖师重阳称作“活死人”状态。

如何能把人从这种“活死人”境遇中拯救出来？这首先就需要领悟人自身与神、与天地的关系。人原本具有“仙体”、“仙性”，从而能与天地神一体相通。但降生下世后，却陷入神失魂散境遇，从而就与天地神处于隔离状态了。全真道倡导的修行，就是要改变这种隔离状态，恢复人之初与天地神一体相通的生命状态，并在修行中得道成仙。这从祖师重阳回答三命问题后半段的话语中可见之。

祖师重阳如是说：“在三者，东华帝君是心也，化十方诸灵大帝是肾也，除此外不可寻也。”又说：“天有地、水、火、风，人有心、精、气、身。”等等。从中医学观点看，心属于火性，是人全身血脉能够流通，而成为人生命的推动力。说到肾，则属于水性，无论其排毒还是维持生命延续，则是人的生命之根。在这里把道教天神东华帝君比喻为心，以及把化十方诸灵大帝比喻为肾，不过是强调这两位天神的境界，在三命修行中的重要地位。而且也由此显示出，道教的天神至高，但并不与人隔离而高不可攀。至于说，“天有地、水、火、风，人有心、精、气、身”，也是说天之高远，也不与人隔离。天之“地、水、火、风”与人之“心、精、气、身”，不仅对应而且相关相通。仅以天之水火而言,就是人之“心、精、气、身”须臾不可离开的生命条件。在这里,“天人合一”说得很具体,并非抽象言说。

天地人三才的一体相通的关系,对于中国人来说,在中医那里是不言而喻的事情。但是,对于缺少真正宗教信仰的大多数中国人来说,就不是很清楚。至于在天地人之外,再加上神及神域一维并一体相通,就更不好理解了。反之,对于有宗教信仰的人,则是不言而喻的。对于有宗教信仰的人,神及神域,乃是他们须臾离不开的,并构成他们精神生活的重要组成部分,成为他们人生终极追求的最高价值和理想。

二、全真道之天地人神四维一体观的特征

(一)借鉴并融合佛家与道家

作为以儒、释、道三教合一为标志的全真道,对于儒家与道家三才一体相通的“天人合一”整体观,可以说是完全接受而蕴含于其教理之中。如重阳诗云:“尽知长与道为邻,搜得玄玄便结亲。悟理莫忘三教语,全真修取四时春。养成元气常充满,结住灵神没漏津。十九圆光如我愿,敢邀相伴乐天真。”(《重阳全真集》卷十)此诗前两句,完全取自道家。“长与道为邻”即长习《道德经》和体道。“得玄玄”即能进入“玄之又玄”境界,从而得开“众妙之门”。下一句:“悟理莫忘三教语”,更是重阳一贯的三教合一思想。其五六两句:“养成元气常充满,结住灵神没漏津”,是修炼精气神的具体指示和表现。诗的最后两句,则是经过元精、元气、元神修炼能进达“如我愿”、“乐天真”,即踏上成仙之路。细读祖师重阳诗词,不难发现,他的诗词的基本格调就是这样,起兴于平常人情、事物、景观、教理等,而逐渐感悟联想并上升到得道成仙的高境。由此可见,全真道的突出特点 ,就是它的“包容性”,即所谓“三教合一”。实际上,就具体修炼而言,全真道确实经常借助儒、释、道的法门,特别是佛家和道家的法门以求进达自己的目标。甚至在最后的仙路上,也有佛家和道家的印记。如重阳诗云:“捉住心猿治住神,自无梦恼

内中真。尾闾不动全精气，肾海长添干水银。内则愈能增觉性，外来应是养生身。广行法箓频施救，便是逍遥得岸人。”(《问多梦》,《重阳全真集》卷十)此诗前四句，都是儒道佛修炼中“致虚守静”练精气神的共同功夫。这种功夫，首先“就能治住神”，从心猿意马，到心如止水，例如，达到这里从“多梦”到“无梦”的心态。进而达到“全精气”，使作为命根的肾健壮起来，即为“肾海长添干水银”(“干水银”即喻指元精、元气、元神)。诗的五六两句，则指出“养生身”还是外在修行的事情(如健身的气功)，而根本的修行则是内在“增觉性”。所谓“增觉性”，就是增进得道成仙的“觉性”。这个觉性词语，就源于佛学。诗的结尾两句，乃是获得这种觉性的具体体现。“广行法箓频施救”，其所频施救者，既是度己也是度人。而所谓成为“逍遥得岸人”，也即共同得道成仙。此处“逍遥得岸人”这一诗象，具有非常深刻的神学内涵。在全真道祖师看来，未修行的教外人，为名利等欲望所缚，在俗世水深火热之中而不觉，如同“活死人”，不知还有彼岸的仙境可修炼登岸。而只有经过修炼，有了开悟的觉性，才能登上成仙的彼岸。“逍遥”在这里所指，乃是经过真诚修炼的人，最终摆脱了被世俗所缚状态，获得大自由。可知，重阳祖师这里所说的逍遥，完全取自庄子《逍遥游》的大自由之意。由此可见，全真道的神和神域的重要特点之一，就是解除世俗对于人的束缚而进入大自由的境界。

全真道借鉴并融合佛道的特点，几乎无处不见。在重阳七律《王公求放生》一诗中，亦可生动见之，如说：

知公能作自身观，物命于人没两般。只是形骸分别异，便令飞走复全完。

仁同山岳横恩岭，德洽江河注福湍。阴理无差皆尽报，捧其仙寿在仙坛。

(《王公求放生》,《重阳全真集》卷一)

此诗前四句，非常通俗明白，是重阳对王公“放生”的赞扬。赞扬他能把自身以外的生命，与自身平等看待，即所谓“没两般”。进而重阳诗析而认为，人与身外生命的分别，只表现外在形骸上。就生命本真而言，所有生命当平等看待。也就是佛教所说的“众生平等”。这里王公所放生的，是一只鸟。这从第四句“便令飞走”可知。后四句则是重阳对这次放生的价值和意义作诗意描述。第五六两句，生动描绘出，放飞鸟这个行动是一种伟大的仁德。如何伟大？就是给予鸟以“仁同山岳横恩”与“德洽江河注福”。此描绘真是神来之笔。让鸟重生而归于山河大地之恩德，使之重获生命自由，能说不伟大吗？而这种伟大，必将得到回报。所得善报，就是“捧其仙寿在仙坛”。在此诗中，进一步把神和神域的自由性内涵加深了。给其他生物自由，如这里释放飞鸟，也是给自己积功德，使自己更加自由，更能顺行走上成仙之路。下面再举重阳另一首七律诗《题麻真人观》：

躬参真圣望昆仑，峦影岚光锁太虚。秀气锐招闲客至，害风堪与彩云居。

黄金铸就真灵性，白玉装成旧始初。休说终南山色好，神仙何处不如如。

（《题麻真人观》，《重阳全真集》卷一）

此诗是重阳拜访一座道观所见所感及其联想。其诗前两句，首先尊称麻真人为“真圣”，可知其不凡也。而对道观外在环境描述中，指出此观可“望昆仑”山，山岚幽深高耸，光影可直“锁太虚”。三四两句，则是描述重阳进入道观的感受，自称“闲客”的重阳，入观立刻感受到，有“秀气”扑面而来，使重阳浮想联翩，感到如同进入天上的“彩云居”一样。五六两句，提出“真灵性”与“旧始初”之得道智慧，最值得体味。用黄金白玉形容“真灵性”和“旧始初”的描述，不过是在说明“真灵性”与“旧始初”两者十足珍贵而已。这里所说的“真灵性”与“旧始初”，乃是描述麻真人所具有的仙性。两者中，真灵性易解。问题是如何理解“旧始初”？“始初”在重阳用语中与“元初”同义。并且，与老子回归婴儿的“婴儿”，禅宗的“识心见性”的“心性”，都是相通的。就是说，都主张回归没有进入尘世“被染着”的“人之初”。这种“人之初”，就是具有圣、佛、仙之灵性的真人底蕴，从而人能修炼成圣、成佛、成仙。显然，重阳在麻真人身上所见，正是具有这种灵性和底蕴的气象。特别值得注意的是，在这首诗中，天地人神之神，已经有了当下的现实性，那就是在麻真人身上所显示的仙性。最后两句诗，对这种神性进一步发挥，“休说终南山色好，神仙何处不如如”就是说，只要有神仙的地方，都有神性之恒定的自由自在，即“如如”也。的确，在这首诗中，重阳极其生动地描绘出一处人间仙境。麻真人就是其中一位活神仙。因为他已经修炼得道，已经具有“真灵性”与“旧始初”，即具有仙体仙性了。因此，重阳一踏进此观，就觉得不凡。而此观所处地理位置，也是气象万千。此诗给人的重要启示还有，如麻真人的观所处之仙境地，虽然不多，但在现实中还可以找寻到。尤其是指出，仙境的决定性因素，在于有无真人。只要有得道的真人居此，就“何处不如如”，就是说，有得道的真人所居住的地方，就有仙气贯通而成为仙境了。

（二）大自由与自然有灵论

在考察全真道天地人神四维一体的整体观时，还需要对其描述的神及其神域进一步审视。所有宗教的共同特点是，人力所不能，神则能。而且，多数宗教都把神及其神域设定在彼岸世界，即超自然、超经验、超世俗、超常的世界。比较而言，中国的儒释道，就宗教的佛道两家而言，除了具有上述宗教共性外，还有显著的个性。这种个性，就是神与神域可在现实中显见。如中国佛教中有“活佛”，特别是在密宗里，对于修炼成为“活佛”还有一套严格的标准。中国道教中也有活神仙。如前述，重阳祖师对“麻真人”的描述。

对于全真道而言，其基本宗旨，就是教化世人，使之在超常的修炼中，走上成仙之路。其超常，在重阳祖师自身修炼中即可见之。而在《教化集》中，重阳对马丹阳夫妇的教化历程，尤其具有典型性。所谓超常，首先表现为，抛家舍业，即出家。重阳出身富有之家，家教儒学，还曾赶考，当过武官。但经过偶遇真人受到启示和引导，瞬间开悟。不仅抛财舍家，而且一切行动与世俗反常。如不住世俗居室。曾自修一个半地下的洞室，居于其中，在门口还挂一“活死人墓”的牌子。他这是借以警示世人，隐喻世俗人生，就是“活死人”。重阳把锦衣玉食全抛，有时竟然如乞丐般乞讨。在陕西一带，他的行为被常人看作“害风”（陕西方言），即疯子。后来，祖师重阳到胶东传道。偶遇马丹阳，并发现其有仙风道骨之象，就在那里住下来，对之循循善诱。例如他曾多次给马丹阳夫妇送梨和栗子，就是借梨栗与分离之离同音，隐喻启示这对夫妇，应放弃世俗的家庭生活，下决心走上出家的修炼成仙道路。除了这种隐喻启示，重阳还通过与丹阳诗词唱和加以引导。最终使丹阳夫妇开悟，抛弃万贯家财，夫妻分离，走上成仙的修炼道路，并成为第二代祖师。例如，重阳不仅使这对夫妇抛弃养尊处优的富家生活，而且让其穿上破旧衣服，像乞丐一样沿街乞讨，如此等等。不过，这种改变生活方式，还不是已经与神接近和进入神域，而只是对世俗的一种反叛。若能近神和进入神域，关键在于，必须改变观念。尤其要改变人的生死观。全真道认为，沉迷于世俗生活，不修行，无论活多么长久，到头来都是"活死人"的命运。如重阳词云："凡躯四假，便做长年终不藉。水葬鱼收，教你人咱业骨骰。"(《减字木兰花·辞世》,《重阳全真集》卷五)。而经过真修行的人则不同，虽然肉体腐灭，却能在丹道修行中凝结有神力的丹珠，可登仙舟到达彼岸仙宫。亦如重阳词云："这回去也，一颗明珠无有价。正是真修，稳驾逍遥得岸舟。"(《重阳全真集》卷五)对于观念的改变，重阳在其一阕《减字木兰花》题为"自咏"词中，把他自己观念彻底改变描述得十分透彻："七年风害，悟彻心经无挂碍。信任西东，南北休分上下同。龙华三识逍遥观自在。要见真空，元始虚无是祖宗。"(《重阳全真集》卷五)此词描述出，重阳经过七年磨练，悟彻《心经》，心中一切挂碍，都消除了。而且达到了"无分别智"的高境，西东南北上下，在他那里已经无分别了。同时不难看到，重阳对佛教的《心经》与道教经典都看作启示开悟的经典，同样重视。而从其"逍遥观自在"的描述中，则可以见出，逍遥自在之于道教特别是全真道，乃是人经过修炼而获得的一种神性。用通常语言说，逍遥自在这种神性，就是自由，而且是常人从来不曾有过的大自由。同时必须指出，此词最后两句的描述，特别重要。所谓"要见真空"，就是大乘佛教的"缘起性空"，这是借助于佛。而"元始虚无是祖宗"，即老子所说的"有生于无"，则是借助于道家。由此可见，全真道的"三教合一"，其思想文化根基，乃是佛道。

在全真道看来，人降生于世，就不自由了。唯有得道成仙，方能自由无碍。因此，全真道的神性和神域，都是解脱了人世羁绊的自由之所在。道教最高的教主，要追溯到老子，而老子思想的核心之一，乃是清静无为。遵循老子这一思想核心，全真道和其他道教的派别，都把清静无为视为道教的神性或仙性。在世间何处最清静？人烟罕迹的山林。那里的山石、溪水、林木、花草，都受尊崇。就此而言，全真道有某种对自然崇拜的倾向。如重阳诗云："性凭三曜，命变五行，出阴阳造化之端，在清静虚无之上。要开金蕊，须种玉花，馨香吐而透出晴空，明艳显而朗舒碧汉。"(《玉花会疏》,《重阳全真集》卷九)诗的首句"性凭三曜"，就展现一个大视野。"三曜"，日月星之谓也。接下来的诗句，把性命在这个大视野中的具体变化，即在修行中命变五行，阴阳造化，全都系于"清静虚无之上"了。而要使清静无为的修行结出硕果，还必须"种玉花"，"开金蕊"。这里的"玉花"、"金蕊"，当然不是自然界所有，而是诗人借助自然的联想，来比喻精神或观念改变的修行。一旦修行达到玉花金蕊开，就入仙境了。即所谓"馨香吐而透出晴空，明艳显而朗舒碧汉"。这里的晴空与碧汉乃是形容心灵开显出的大美境界，有如人间天上，或天上人间。纵观以上诗句，对自然或借助自然隐喻作修行的描述，明显地带有自然有灵的意识。同时可以看到，这种自然有灵也构成了重阳全真道思想的突出特征，也就是全真道神性和神域的一种特征。

结　语

全真道作为道教的一支在金元时期兴起，逐渐繁盛，成为北中国居于统治地位的道教。究其根本原因，在于它把根基牢固地建立在中国文化之上。这就是祖师重阳倡导的"三教合一"。实际上儒、释、道三家中的道家，在重阳祖师那里乃是道家、道教一体相通，甚至是不加分别的。这种不分别的实质，就是把道家完全道教化了。但是，把儒家也拉进来，确乎有些勉强。因为，就出家而言，解构家庭，背离父母妻子儿女，道教与佛教一样，都背离了儒家的家国一体之忠孝原则，而受到宋明新儒学的批判。怎么看待全真道这种矛盾？这就要说到，任何中国宗教的存在，都有一种相互矛盾的二重性。佛教、道教虽然在地位上都把佛与仙尊崇为最高，但是这两者的现实存在即佛教的寺庙及其住持和道教的道观及其道长，又都必须得到现实统治者即皇权的册封，才具有合法性。中国皇帝被称为天子,也就隐约具有最高的通神地位。这一点,与西方中世纪的基督教神权高于世俗王权不同。那时西方的王权,必须得到教皇的册封才具有合法性。而国王也只不过是基督徒而已。本文所阐发的天地神人四维一体观,实质上是以神为出发点和归宿的整体观。这一点,中西宗教是一样的。但是不同点在于崇拜的神和神性有原则区别。西方基督教是崇拜人格化上帝的一神教,虽然有圣父、圣子、圣灵之别,但三位一体。圣子下世替世人赎罪,拯救世人,是上帝旨意,而后升天,仍回归伊甸园。就是说,神都居于彼岸世界。虽然有些圣徒能听到上帝的声音,但上帝是看不见摸不着的。宗教改革后,人可直接与上帝沟通了,但即使修炼到可进入伊甸园了,却也只能在死后才能进入。与之不同,道教是多神教,有数不清的神仙。而且尤其特别的是,众多神仙,除了自然神如风雨雷电等各司其职外,大多都有尘世的身世背景,如众所周知的八仙等。他们都有在现世修炼而成仙的经历。这样,就使得全真道乃至整个道教的神仙,有了多彩的个体性特点。与西方一神教的上帝威严崇高相比,这种分散个体性的众神,就显得有些缺少威严感和崇高感。不过,应当看到,道家、道教尊崇"道之为物"的思想,即庄子所说的"天地与我并生,而万物与我为一",却是非常高妙的。这一思想与基督教只重视人间要有大爱,即"爱你的邻人"相比,甚至与佛教的"众生平等"相比,都要高一筹,道教之爱更博大。从这个角度看,全真道天地神人四维一体的整体观,确实能给我们许多重要的思想启迪。例如,就上述爱的对象而言,在道家、道教那里,不仅要有"爱你的邻人"的人间博爱襟怀,再扩大到佛家"众生平等"的襟怀,而且还要有"万物与我为一",即要有爱万物的襟怀。毋庸讳言,道家道教这种思想对于今天这个地球世界,被现代化破坏得遍体鳞伤的世界,显然具有非常重要的现实意义。

附录:重阳真人授丹阳二十四诀

马丹阳问重阳祖师曰:甚是论祖宗、性命、根蒂、龙虎、铅汞、刀圭、金公、黄婆、婴儿、姹女、龙蛇、心猿、意马、宾主、觉照、太上、三宝、九星、五刚、三才、抽添火候、金丹、出离三界、七返、行住坐卧?祖师答曰:宗者,是性也;祖者,是命也。名曰祖宗。

丹阳又问:何名见性命?祖师答曰:性者是元神,命者是元气,名曰性命也。

丹阳又问:何名为根蒂?祖师答曰:根者是性,命者是蒂也。

丹阳又问:何者是龙虎?祖师答曰:神者是龙,气者是虎,是性命也。

丹阳又问:何者为铅汞?祖师答曰:铅者是元神,汞者是元气也,名曰铅汞。

丹阳又问:何者名是金公、黄婆?祖师答曰:金公是心,黄婆是脾。

丹阳又问:何者名为婴儿、姹女?祖师答曰:婴儿是肝,姹女是肺,名曰婴儿、姹女也。

丹阳又问:何者是心猿、意马?祖师答曰:心是猿,意是马也。

丹阳又问:何者名为宾主、觉照?祖师答曰:宾者是命,主者是性也。悟识真假,为觉照者,是自己伶俐聪明为觉照也。

丹阳又问:何者名为龙蛇?祖师答曰:龙者,是性,肾也;蛇者,是心中嘉炁也,是不离性也。

丹阳又问:何者名为三宝?祖师答曰:有内外三宝。是道、经、师者,为外三宝也;内三宝者,精、炁、神也。

丹阳又问:何者名为太上祖师?答曰:太者是大之极也,上者是至重高之极也,名曰太上。

丹阳又问:何者名为出家?祖师答曰:出家者,万缘不挂,自己灵明,乃是出家。

丹阳又问:何为修行?祖师答曰:修者,真身之道;行者,是性命也。名为修行也。

丹阳又问:何者名为长生不死?祖师答曰:是这真性不乱,万缘不挂,不去不来,此是长生不死也。

丹阳又问:何名是道?祖师答曰:性命本宗,元无得失,巍不可测,妙不可言,乃为之道。

丹阳又问:何者名为清静?祖师答曰:有内外清静;内清静者,心不起杂念;外清静者,诸尘不染著,为清静也。

丹阳又问:何者为三命?祖师答曰:《黄庭经》云:存精,是元始天尊；存神，是太上道君；存炁，是太上老君。名曰三命也。然后再寻三命，枉费工夫。神炁相同。太上再留方便之门，转化人道，常有也。在三者，东华帝君是心也，化十方诸灵大帝是肾也，除此外不可寻也。天有九星，人有九窍；天有四时，人有四大。天有地、水、火、风，人有心、精、气、身。天有五刚，地有五刚，人有五刚。天有三才，人有三才。

丹阳问：何名为九星？祖师答曰：是北斗七元星、左辅右弼二星，名九星。

丹阳问：何名九窍？何者名为地有五刚？祖师曰：恒、衡、岱、华、嵩，五岳是也。人有五刚，肝、胆、脾、肺、肾是也。

丹阳问：何者天有四时，春、夏、秋、冬也；人有四时，四肢四大是也。

丹阳问：何名天有地水火风，人有地水火风？师曰：天有地水火风者，金木水火土也；人有地水火风者，心为火、精为水、气为风、身为土，乃是地水火风也。

丹阳问：天有三才日、月、星，地有三才乙、丙、丁，人有三才精、神、气是也。又曰：眼为窗，口为门户，心肾为日月，除此一身之外，不可外求。

丹阳问：何名为抽添火候？祖师答曰：除一切尘垢、一切杂念。又，神、气常存于本性不昧，名曰添火候也。

丹阳曰：何名为出家？老君曰：人能常清静，天地悉皆归。有功、行、修真之德者，为出家。

丹阳问：何名太上七返？师曰：一者，少言语，养内炁；二者，戒心性，养精气；三者薄滋味，养血气；四者，戒嗔怒，养肺气；五者，美饮食，养胃气；六者，少思虑，养肝气；七者，寡嗜欲，养心气。是也。

徐神翁注：但精神无恼，睡少为中，修行人也，乃三孝圣人之意。凡人出家，绝名弃利，忘情去欲，则心虚；心虚则气住，气住则神清，神清则德合道生矣。孔子曰：仁、义、礼、智、信，若修行之人，仁者不弃，义者不污，礼者不自高，智者不争，信者不妄言。《金刚经》云：无诤三昧，人中最为第一也。修行之人，澄其心而神自清。晋真人云：心清意静天堂路，意乱心荒地狱门。丹阳师云：要知上天入地，好弱由心。孟子曰：我善养吾浩然之气，故不动心。太上云：出家若不降心，百年之后无得中处。重阳真人云:出家若不降心,返接世缘,道德损矣。性命书云:洗心对越,乃万物之根蒂。经云:心生则性灭,心灭则性现也。心灭者是宝。经云:诸贤先求明心。心本是道,道即是心;心外无道,道外无心也。

(《重阳全真集》结尾)

(作者为中国社会科学院哲学所研究员)

马钰的皈依与贡献

——兼论马钰在早期全真道中的作用与地位

周立升

马钰生于宋徽宗宣和五年、金天会元年(1123年)癸卯五月二十日。初名从义,字宜甫,训名钰,字玄宝,号丹阳子,全真道第二代掌门,遇仙派的创立者。祖籍陕西扶风,为汉代伏波将军马援后裔,因避五代之乱,徙居宁海(今山东烟台牟平区),为世家显族,富甲一州。马钰幼即聪慧,曾诵《乘云驾鹤诗》,众人奇之。金贞元间登进士第(对此有人持异说),充本军吏,摄六曹(兵、刑、工、吏、户、礼),皆孚众望,却不乐仕进。以浮沉浊世为耻,雅志抱元守一,常念烟霞,冀有所遇。每浪饮之时,总言"醉中却有那人扶"。金世宗大定八年(1167年),拜王重阳为师,大定二十三年(1183),羽化于莱阳游仙宫,享年六十一岁。元世祖至元六年(1269),敕封"丹阳抱一无为真人",武宗至大三年(1310年),加封"丹阳抱一无为普化真君"。马钰一生颇具传奇色彩,他不仅能诗善文,而且还擅长针灸疗法,经常无私周济贫苦之人。

马钰的著作,大体可分三类:一为马钰所撰,如《渐悟集》(两卷)、《丹阳神光灿》(一卷);二为马钰所述,如《洞玄金玉集》(十卷)、《丹阳真人直言》、《马丹阳真人直言》;三为后人编辑,如《丹阳真人语录》、《真仙直言语录》等。另外,尚有关于马钰行状的文献,如传记、方志等,也反映了他脱尘离俗、色空俱忘、清静无为、修心炼性的思想。上述资料,是研究马钰全真思想的直接来源和间接来源。

一、皈依历程

(一)结缘重阳

王重阳于大定七年(1167年)四月二十六日离开终南刘蒋村,毅然出关,一路乞讨,向东云游,长途跋涉,至闰七月十六日,抵达山东宁海州。当日午后谒范明叔于怡老亭,马从义适继踵而至,二人一见如故,四目互视而笑。从义问:"真人从何处来?"答曰:"自终南山而来,不远千里,特来扶醉人耳。"从义知其与自己在丁亥春于范园范明叔宴亲友时,即席所题之诗"抱元守一是功夫,懒汉至今一也无。终日衔杯畅神思,醉中却有那人扶"①相吻合,听后窃喜得遇。马从义即叩以道妙,遂与促膝谈玄,每每听之忘倦。二人因言语相投,晨夕相伴不离。或对月吟风,悄然论道;或游山玩水,胜处谈玄。王重阳不忘其传道宗旨,遂与从义商议兴观建庵之事。马从义按王重阳所指之地,邀集工匠,筑全真庵。庵成,王重阳亲自题名"全真堂"并作七言排律云:"堂名名号号全真,寂正逍遥子细陈。……气血转流浑不漏,精神交接永无津。慧灯内照通三曜,福注长生出六尘。自哂堂中心火灭,何妨诸寇积柴薪。"②十月一日,王重阳让马从义把自己锁在全真堂中,约期百日,每天只吃一餐。又向马氏夫妇索梨并分予他们吃,意欲劝导马氏夫妇"分离",弃家入道。王重阳见马从义家缘太重,未能割舍,乃画骷髅一幅,以警马氏夫妇,并附诗曰:"堪叹人人忧里愁,我今须画一骷髅。生前只会贪冤业,不到如斯不肯休。"③马从义继韵和曰:"得遇来来散尽愁,忻然更悟这骷髅。从今便是逍遥客,打破般般事事休。"④

一日夜间,从义梦见其母,言客侣马通,来谈"绝学无忧、抱一全真"

① 赵卫东辑校:《马钰集》,齐鲁书社,2005年,第312~313页

② 白如祥辑校:《王重阳集》,齐鲁书社,2005年,第18页。

③ 白如祥辑校:《王重阳集》,齐鲁书社,2005年,第153页。

④ 赵卫东辑校:《马钰集》,齐鲁书社,2005年,第275页。

之道。次日见王重阳，重阳即训从义名通，字全道，号无忧子。从义甚觉奇异，当即叩谢赐名之恩。从义梦到王重阳令代作歌颂，但醒后却忘，只记得“烧得白，炼得黄，便是长生不死方”之句。次日至全真堂，方欲开言诉梦，重阳已先知之。谓曰：“黄是金，白是玉，今改汝名曰马钰，字玄宝，道号丹阳子。”马钰奇之，叩谢不迭。重阳赠以诗曰：“今询修炼好追寻，寸寸飙光寸寸金。一得果成无漏果，十分音韵有缘音。日辉月跃三田荫，阴魄阳魂九转临。品位玲珑真性钰，金花台上倚瑶岑。”①马钰继韵和曰：“今次祖宗决要寻，寸珠出自玉和金。一灵玉貌当穷究，九转金丹证好音。日里金澄心地朗，月中玉莹性光临。口传玉印金科诀，言透玉金结宝岑(原诗为藏头)。”②又一夜，马钰梦随真人，同立山上。心中自忖“人立山旁，乃是仙字”。次日重阳已知梦中所思，即呼为“山侗”，谓曰：“人立山旁乃是仙也，今授汝小字‘山侗’。”并赠以《无梦令》(俗称《如梦令》)，词曰：“此日方知颠倒，一切因心善造。决烈便回头，换面更名堪讨。全道，全道，正好安排炉灶。”③马钰步韵和曰：“师父说开颠倒，别是一般运造。外事削来无，便得里头寻讨。大道，大道，清净身为丹灶。”④

(二)仙缘度化

马钰因家资丰厚，妻妾儿孥爱深，未即脱离，重阳叹曰：“寿算忽促，天不假年，岂可任延？汝既不能脱去家累，随我西游，且暂居环百日，姑待悟彻，决心物外而后已。”乃赐马钰《水云游》曰：“且住且住，十月小春，当宜锁户。一百日、炼就重阳，也并无作做。浑身要显唯真素，挂灵明纸布。信任他、走玉飞金，自恬然不顾。”⑤马钰继韵和之：“不住不住，火院当离，深宜别户。害风仙、化我扃门，这修行须做。腥膻戒尽常餐素，挂体唯麻布。待百朝、锁钥开时，效吾师内顾。”⑥

---

① 白如祥辑校：《王重阳集》，齐鲁书社，2005年，第28页。
② 赵卫东辑校：《马钰集》，齐鲁书社，2005年，第286页。
③ 白如祥辑校：《王重阳集》，齐鲁书社，2005年，第231页。
④ 赵卫东辑校：《马钰集》，齐鲁书社，2005年，第268页。
⑤ 白如祥辑校：《王重阳集》，齐鲁书社，2005年，第261页。
⑥ 赵卫东辑校：《马钰集》，齐鲁书社，2005年，第293页。

王重阳于十月朔日，居环全真堂，闭户对锁，除马钰外，他人不得开启入内。时已天气很冷，水渐结冰，严寒凛冽，其窗户却豁然洞开，风雪刮入。王重阳不穿棉衣，足登芒履，室内陈设简陋，除文房四宝外，别无他物。马钰屡次欲取衣被来，王重阳全然止之。王重阳居环中之膳食，一日一餐，令马钰亲送。其初马钰尚依期馈食，后来有时数日不送，重阳不言饥，亦不索食。马钰每入环中，春风融和，有如仙火之燃，马钰叹曰："我安得怀道如斯者乎？"

王重阳每隔五日，便向马钰索取三芋三栗，一共讨索六次，转以赐马钰夫妇。意谓"芋"者遇也，"栗"者立也。而三者，王重阳在排行中为老三，称三官人，寓"得遇三官人"也。三栗者，"三"位公子，各育孙枝，已能自"立"也。对此，马钰有《蕊珠宫》云："芋栗又分六个。遇投三、谓怀真个。芋者，遇也。投三者，真人乃三官人也。立子三人总忘个。栗者，立也。予子三人皆长立，故有是句。细搜寻，就中认，个中个。性月圆圆个。真欢乐、不愁些个。或问扶风因甚个。报君知，舍那个，得这个。"①（词中小字系马钰自注）重阳每旬向马钰索一梨，共索十次，首旬剖为两块，赐马钰夫妇各一块，次旬剖为四块，各赐两块，三旬剖为六块，各赐三块，以至第十旬，各赐十块。于是，马钰夫妇各分得五十五块，符合先天河图之数。重阳师父《分梨诗》云："三块灭三涂，人人一二铺。味能枯北海，香会透西湖。玉浪溶溶滚，金波密密铺。恰如文义显，全在者之乎。"②马钰步韵曰："一遇出泥涂，冲和味得铺。龙吟震山谷，虎啸透江湖。欲要金丹结，须教玉篆铺。通斯咸变化，何况于人乎。"③梨者，寓意分离也。六番赐芋栗，十番赐梨，每次均附以诗或词，意谓夫妇分离，早修返还之道，马钰俱步韵和之，因唱和诗词较多，故不俱录。

王重阳居全真堂中，至正月十一日，百日期满，与马钰曰："我特地东来，将谓汝三数日纵化，随我西游。岂料直锁害风百日，犹未悟耶！"遂激马钰以诗曰："百日扃门非显功，只图足下出凡笼。痴顽纵有长拖

---

① 赵卫东辑校：《马钰集》，齐鲁书社，2005年，第305页。

② 白如祥辑校：《王重阳集》，齐鲁书社，2005年，第263页。

③ 赵卫东辑校：《马钰集》，齐鲁书社，2005年，第295～296页。

戴，决烈全无没始终。公意休令时复想，我心不与日前同。大家相见如新语，欢喜分离西又东。”①马钰步韵和曰：“相亲师父望传功，感谢提携已出笼。但愿有邻而有德，休愁无始又无终。时闻只见尘埃昧，日久方知志气同。莫把山侗容易舍，忍将宿契各西东。”②王重阳又赠马钰诗云：“漫说修行学大道，切须先向心中考。劝公第一莫多情，天若有情天也老。”③马钰次韵和之：“得遇明师归正道，回光返照心头考。自然开悟绝尘情，个内修完仙不老。”④

（三）皈依道门

马钰屡承点化，知世事难尽，情犹牵连，从此视若无睹，心无滞碍，如荷擎珠露，了无沾染。王重阳犹以马钰未离俗境，终不免拖泥带水，恐难久远，乃再画骷髅一幅，双眼垂泪，悲悔状态，悬于壁上，默以化之。马钰惊视壁画，颇为惊心，稍悟脱俗急切，乃作《神光灿》词呈送重阳，以表其志。词曰：“风仙化我，无限词章，仍怀犹豫心肠。见画骷髅省悟，断制从长。欲待来年学道，恐今年、不测无常。欲来日、恐今宵身死，失却佳祥。管甚儿孙不了，脱家缘，街上恣意猖狂。遣兴云游水历，别是风光。经过无穷胜境，更那堪、得到金方。专一志，炼丹阳，须继重阳。”⑤重阳接词笑曰：“这还是心意小转，犹未至惊恐决烈地步也。”马钰云：“重阳师父百端诱化，予终有攀缘爱念。忽一夜，梦立于中庭，自叹曰：‘我性命有如一只细瓷碗，失手百碎。’言未讫，从空碗坠，惊哭觉来。师翌日乃曰：‘汝昨晚惊惧。’方才省悟。”⑥

是岁（即大定八年，此年马钰四十六），二月初八日晨，嘱别家人，即迁往全真堂，向王重阳叩礼毕，上呈《丑奴儿》词：“弟子志已决矣，永随师侧，不再返顾家门，求师完成道业。”真人视词笑曰：“不受一番惊梦，

① 白如祥辑校：《王重阳集》，齐鲁书社，2005年，第243页。
② 赵卫东辑校：《马钰集》，齐鲁书社，2005年，第280页。
③ 白如祥辑校：《王重阳集》，齐鲁书社，2005年，第271页。
④ 赵卫东辑校：《马钰集》，齐鲁书社，2005年，第304页。
⑤ 赵卫东辑校：《马钰集》，齐鲁书社，2005年，第235~236页。
⑥ 赵卫东辑校：《马钰集》，齐鲁书社，2005年，第157页。

何能彻悟？欲饮返魂之浆，必先作脱笼之鸟也。且言学道无他，能性无障碍，体合虚空，则道可成业可毕矣。前已授汝法名道号，今夕戴起华阳巾，以自别于俗，而俗自不来扰矣。”随赠诗曰：“于家心坚久，于家未脱离。都缘三子绊，使得一身疲。怎识铅和汞，难分坎与离。青巾如戴起，方认紫灵芝。”①马钰拜谢，并继韵和曰：“慧剑挥三子，家缘要出离。不教形体苦，肯使精神疲。专志搜铅汞，留心认坎离。青巾欢喜戴，清净种灵芝。”②并作《爇心香》起誓“夫妇分离”，词曰：“你是何人？我是何人？与伊家、元本无亲。都缘媒妁，遂结婚姻。便落痴崖，贪财产，只愁贫。你也迷尘。我也迷尘。管家缘、火里烧身。牵伊情意，役我心神。幸遇风仙，分头去，各修真。”③由此时起，马钰从化。王重阳云：“余在昆仑山，赶丹阳下山不要同处，后令丹阳烧誓状，以诗赠之。”诗曰：“掷下金钩恰一年，方吞香饵任纶牵。玉京山上为鹏化，随我扶摇入洞天。”④马钰继韵和之曰：“风仙化我已经年，悟彻吞钩任线牵。参从本师云外去，功成决上大罗天。”⑤

王重阳为度马钰放弃家产，离妻别子，抛却锦衣玉食，出家修道，使尽浑身解数，诸如：阳神出窍、赠送芋栗、分梨十化、托梦显异等等；而马钰则经历了千辛万苦的磨砺，甚至忍受着王重阳的种种精神折磨，最终把家产付与其子马庭珍等掌管，终于皈依了全真道。

二、阐释教理

(一)真性旨要

王重阳创立的全真道，其教理教义的最大特色，就是寻觅到了人类共同的灵光——真性，一个未经物欲染著的灵性，因此他用“全真”来命

---

① 白如祥辑校：《王重阳集》，齐鲁书社，2005年，第237页。

② 赵卫东辑校：《马钰集》，齐鲁书社，2005年，第274页。

③ 赵卫东辑校：《马钰集》，齐鲁书社，2005年，第99页。

④ 白如祥辑校：《王重阳集》，齐鲁书社，2005年，第43页。

⑤ 赵卫东辑校：《马钰集》，齐鲁书社，2005年，第282页。

名该教。作为王重阳衣钵传人的马钰，其著作中也充满了对“性是真，身为假”的论述。他在解读和拓展王重阳“全真而仙”思想的基础上，丰富和创发了其先师的“真性”论。

概括起来，马钰的“真性”论，有三重含义。一为良心、灵明、真心、真性；二为自然、纯朴、诚实、不假；三为不死、长生、永列仙班。如他说：

“一点灵光晃太虚，丹青妙手莫能摹。”①“心清意静，气和神定。真息绵绵，灵光莹莹。”“命似清风，性如明月。”②“常处常真，常净常清。做修持、自是灵明。”③“守清虚，营养一点灵明。”“灵光一点来往，现元初，妙相身轻。”④“真真相济，真性玲珑。”⑤“省省省，吉吉吉，一灵真性无沉屈。颂曰：凡心涤尽见真心，浇灌灵根云脚底。自然陡顿忘人我，始觉原初父母你。”⑥

所谓“灵光”、“灵明”，也就是人类共同的灵性，一个未经物欲染著的灵性、真性。这是马钰真性旨要的第一重意蕴。马钰又说：“好山好水好竹松，契遇庵前清我目。”“意净心香三处秀，命通性月十分圆。”⑦“灵明六六与三三，斡运玄机不索参。”⑧“九般云现乾坤瑞，一点阳生天下春。”⑨“尘中无染心中悟，道上通玄性上灵。阴里藏阳阳煊赫，命中养性性玲珑。”⑩

这是马钰真性论的第二重意蕴。此外，马钰还说：

“我悟我惊当早避，何须直待鼓盆歌。”“向晓风清溪月白，有人悟得

① 赵卫东辑校：《马钰集》，齐鲁书社，2005年，第87页。
② 赵卫东辑校：《马钰集》，齐鲁书社，2005年，第89页。
③ 赵卫东辑校：《马钰集》，齐鲁书社，2005年，第103页。
④ 赵卫东辑校：《马钰集》，齐鲁书社，2005年，第216页。
⑤ 赵卫东辑校：《马钰集》，齐鲁书社，2005年，第102页。
⑥ 赵卫东辑校：《马钰集》，齐鲁书社，2005年，第300页。
⑦ 赵卫东辑校：《马钰集》，齐鲁书社，2005年，第29页。
⑧ 赵卫东辑校：《马钰集》，齐鲁书社，2005年，第44页。
⑨ 赵卫东辑校：《马钰集》，齐鲁书社，2005年，第50页。
⑩ 赵卫东辑校：《马钰集》，齐鲁书社，2005年，第94页。

赴瀛洲。”①“功行积成真性显，大家同共赴蓬庄。”“若能悟解予栽九，有分灵光赴玉都。”②“龙虎绕蟠成大药，胎仙歌舞访蓬莱。”“神气冲和成大药，性灵飞上大罗天。”“固守根源丹自结，功成行满赴瀛洲。”③“一灵真性，班列仙行。”④

以上所引诗词佳句，则是马钰真性论的第三重意蕴。

从本体层面言，全真因完善、保全、纯粹人的真心、真性而得名，而人的真心、真性就是人的道性，因此真也就是道。马钰曰：“道无形名。是神炁之祖也。元炁降化，神明自生。炼神合道。乃是修真。”⑤其门弟子“又问‘玄牝之门，是谓天地根’。答曰‘玄者父，牝者母。各人八两，合成一斤。一点元阳之炁，便是根本’。又问‘复命归根’。答曰‘只要心不逐一切物去，不染不着，心不起，炁不散，便是归根。若不能如此者，不得归根也’。又问‘如何是见性’。答曰‘只哪无心无念，不着一物，澄澄湛湛，内外无物，孤然只显一性，此乃是见性也”⑥（此处引文参见他本）。道是无形的，真也是无形的。具体的物是有形、有限的，有生有灭的，因此就不是本真，只有返朴（道）才能归真。

从价值层面言，全真的价值指归即是成仙。人的生命本来是完整的、圆满的，是禀受了“真性”、“灵光”的。但一落尘世，自觉不自觉的为物欲、情欲所牵，被名缰、利索缠绕，情随欲动，性随情迁，天真耗尽，迷而不返。故马钰云：“十二时辰，天地运行，斡旋造化，还有息否？凡行道之人，切须象天之道，亦要十二时中无暂停住，自己斡旋造化，常要清静，莫起纤毫尘念，乃是修行。”又云“何为天有崩，地有陷，山有摧，海有竭？有形必有坏。能修先天之物，无形无象，岂有坏乎？”⑦此乃说，欲修真成仙，需返朴归真，养亘初之灵物，复真常之自然。

① 赵卫东辑校：《马钰集》，齐鲁书社，2005年，第62页。
② 赵卫东辑校：《马钰集》，齐鲁书社，2005年，第63页。
③ 赵卫东辑校：《马钰集》，齐鲁书社，2005年，第67页。
④ 赵卫东辑校：《马钰集》，齐鲁书社，2005年，第91页。
⑤ 赵卫东辑校：《马钰集》，齐鲁书社，2005年，第249页。
⑥ 赵卫东辑校：《马钰集》，齐鲁书社，2005年，第253页。
⑦ 赵卫东辑校：《马钰集》，齐鲁书社，2005年，第251～252页。

(二)性体命用

修真成仙是全真道的终极关怀,成仙的途径即是修炼。修炼即性命双修,性命双修涵“真功”与“真行”。真功指内丹修炼,真行指行善立仙基。实即从无为中发有为之用,体现自性造化运用的功夫。

马钰继承了王重阳的修炼思想,认为有形就有毁,有生就有灭。曾云:“凡有相者,终劫于坏。惟学道者,到神与道合处,则永劫无坏。”①又曰:“如何是澄心之理?只要一念不生,性体真空,杳然湛然,似天澄虚不别,是真澄心也。无心可澄,是名澄心。且夫灵源妙觉,本来清静,因为万尘污其定水,尘多则水浊,心多则性暗。所以澄心损事,其水自清,其性自明。……故《道德经》云:‘为道日损,损之又损,以至于无为。’是也。”②由此,他得出结论曰:“夫道以见性为体,养命为用,柔弱为本,清净为基。自然灭情于虚,宁神于极,不出户庭而妙道得矣。”③

马钰从真性超越生死出发,从而确立了崇尚“性体命用”的修持路线。他在《联句》中唱道:“尘中无染心中悟,道上通玄性上灵。阴里藏阳阳煊赫,命中养性性玲珑。学道须凭心决烈,修仙全在志坚刚。斡旋决仗无为力,造化全凭清净功。”④就心性言,由心明性,则心是本性之理的体现,心定气和,即可见性。心性是一体的,若人能了悟人的先天本性,就会知晓有此性才有此心。所谓性,就是父母未生时(指元初)之本来面目。有弟子问“如何是见性”。马钰答曰:“无心无念,不着一物,澄澄湛湛,内外无物,孤然只显一性,似月当空,此乃是见性也。”⑤(此处引文参见别本)见性者,即见其灵光,洗魂炼魄,则见真我元神。可知见性,前提是明心,保持心之光亮无尘,洁净无垢,方可见性。

对于性与命之间的关系,马钰继承其师王重阳之衣钵,经由“性命双修”到“性先命后”,再到“只言性学”的发展理路。马钰把内丹修炼概

① 赵卫东辑校:《马钰集》,齐鲁书社,2005年,第249页。
② 赵卫东辑校:《马钰集》,齐鲁书社,2005年,第257页。
③ 赵卫东辑校:《马钰集》,齐鲁书社,2005年,第332页。
④ 赵卫东辑校:《马钰集》,齐鲁书社,2005年,第94页。
⑤ 赵卫东辑校:《马钰集》,齐鲁书社,2005年,第253页。

括为“气”“神”二字，认为“神凝气聚灵光现”。他与师父唱和云：“命灯清爽精光锐，性灯澄明寿算延。”“神是宗兮气是祖，通斯玄妙因师父。”“赐我无为玄妙诀，心清意净气绵绵。”①这与其师父重阳一样，是提倡性命双修的。在性命双修中，马钰又特别重视“养气”，如云：“要全真，须养气。”②“颐神养气，心月照云溪。”“炼气如素练，专下功夫分假真。”③他在答弟子问时说：“虽歌词中每咏龙虎、婴姹，皆寄言尔。是以要道之妙，不过养气。……学道者无他，务在养气而已。”④马钰提倡养气，目的是通过养气，将后天之气转换作先天之气，以便把后天之“假身”转化为先天之“真身”，“我通生法斡旋生，气布形骸转换形”⑤。亦即所谓的“养气全身不染尘，自然有分成仙果”⑥。马钰通过养气进一步倡导“神气和同”。《南柯子》曰：“神气和同，子母得安居。”⑦《满庭芳》曰：“子母和同，全性命，紫书来诏，直奔大罗宫。”⑧所谓“和同”即统一。只有神气统一、和合、相交，才能神气自相参，“命清得长生，性静能久视”。“不惟身自在，更得性逍遥。”⑨马钰的“神气和同”说，实际乃是通向“性先命后”或“性重命轻”说的跳板，终极目的是全真而仙。为达此终极关怀，王重阳与七大弟子均走向以性制命的“性先命后”论。马钰云：“意净心香三处秀，命通性月十分圆。”“天地悉归金玉鼎，神丹结正性团圆。”⑩又云：“无为性上通玄妙，清净心中达妙玄。”“清清净净金光莹，湛湛澄澄玉性芳。”⑪甚至走入只言性学的境地，曰“三十六导引，二十四还丹，此乃入道之渐门，不可便为大道。若穷于炉灶，取象于龟

① 赵卫东辑校：《马钰集》，齐鲁书社，2005年，第264页。
② 赵卫东辑校：《马钰集》，齐鲁书社，2005年，第124页。
③ 赵卫东辑校：《马钰集》，齐鲁书社，2005年，第266页。
④ 赵卫东辑校：《马钰集》，齐鲁书社，2005年，第242页。
⑤ 赵卫东辑校：《马钰集》，齐鲁书社，2005年，第24页。
⑥ 赵卫东辑校：《马钰集》，齐鲁书社，2005年，第24页。
⑦ 赵卫东辑校：《马钰集》，齐鲁书社，2005年，第185页。
⑧ 赵卫东辑校：《马钰集》，齐鲁书社，2005年，第150页。
⑨ 赵卫东辑校：《马钰集》，齐鲁书社，2005年，第85页。
⑩ 赵卫东辑校：《马钰集》，齐鲁书社，2005年，第65页。
⑪ 赵卫东辑校：《马钰集》，齐鲁书社，2005年，第66页。

蛇，乃无事生事，于性上添伪也。此皆误人之甚矣”①。“断制万缘浑是假，修完一性决全真。”②最体现马钰性功思想的是其《自咏》诗：“术法我不会，打坐我不爱。终日乐逍遥，终日占自在。观天行大道，自然得交泰。”③这可能是他最先得道的原因吧。难怪王重阳羽化前说：丹阳已得道，我无虑矣！丘处机也说：马丹阳证道费时三年，我则费时十七八年。可见，他的修炼性功既得方又简要，这也是他在七大弟子中，最被王重阳器重的缘由吧。

（三）清净无为

清净无为是马钰“全真而仙”的重要特色，也是他心性修炼的基本功夫。他说：“清净无为，最上乘法也。”“清净无为，逍遥自在，不染不着，此十二字若能咬嚼得破，便做个彻底道人。”“故道家留丹经子书，千经万论，可一言以蔽之，曰清净。”④

马钰之所以强调“清净”是为了降心、治心、修心，以至达到无心。他有诗曰：“心清意净性逍遥，坦荡无拘不系腰。”⑤“小童问道道无言，清净能持至妙玄。”⑥“意净自知丹不漏，心清谁信性无尘。”“唯有身心清表里，绝无生灭脱巡环。”⑦如何才能清净呢？要清其心源，净其炁海。“清净者，清为清其心源，净为净其炁海。心源清，则外物不能挠，故情定而神明生焉。炁海净，则邪不能干，故精全而腹实矣。”⑧所谓清其心源，即涤尽尘世中七情六欲的缠绕，荣华富贵的贪恋，名利权势的追逐，是非黑白的争辩。所谓净其炁海，即扫除心田中各种挂碍，各色染着，无极苦恼，无边业障。清心净气，以至无心。“炁之难御，迅若奔

① 赵卫东辑校：《马钰集》，齐鲁书社，2005年，第244页。
② 赵卫东辑校：《马钰集》，齐鲁书社，2005年，第18页。
③ 赵卫东辑校：《马钰集》，齐鲁书社，2005年，第86页。
④ 赵卫东辑校：《马钰集》，齐鲁书社，2005年，第242、244页。
⑤ 赵卫东辑校：《马钰集》，齐鲁书社，2005年，第5页。
⑥ 赵卫东辑校：《马钰集》，齐鲁书社，2005年，第8页。
⑦ 赵卫东辑校：《马钰集》，齐鲁书社，2005年，第23页。
⑧ 赵卫东辑校：《马钰集》，齐鲁书社，2005年，第244页。

马。……倘不到无心地面，莫能制御，是知道者贵于无心也。”①但是，无心并非同木石狗猫一般，而是在心之领域内无邪心。“无心者，非同猫狗蠢然无心也，务存心于清净之域而无邪心也。故俗人无清净之心，道人无尘垢之心，非所谓俱无心而与木石猫狗一般也。”②另外，马钰的“清净”论，也是一种炼养方法，“决要炼形如同槁木，决要降心有若死灰”。“意马牢擒，心猿紧锁。……修仁蕴德，消灾灭祸。”③如何达到“形同槁木，心若死灰”呢？马钰答曰：“必节饮食，绝思虑，静坐以调息，安寝以养气。”④他称赞“刘高尚居环堵四十年，别无他事，但虚其心，实其腹，去其华，忘其名，弃其利，清其神，全其气，丹自结，仙自成。乃有赞之曰：‘“塞其兑，闭其门。”昔诵此语，今见斯人。’可谓简且当矣”⑤。这都是“净意清心，耕种丹田”功法的表现。

关于无为，马钰说：“无为者，不思不虑也。爱欲嗔怒，积蓄利害，其间虽有为而常无为，虽涉事而常无事。何况专一清心净意，养炁全神，飘游于逍遥之地，入于无何有之乡。”⑥在马钰那儿，“无为”既是一种境界也是一种功法，是境界与功法的合一体。首先，从功法来看，大道人情远，无为妙本真。“无为无作路无差，豁达灵根无价。”⑦无为无作，非无所为、无所作也，而是“虽有为而常无为，虽涉事而常无事”⑧。他赠清净散人（调寄《西江月》）云：“一则降心灭意。二当绝虑忘机。三须戒说是和非。四莫尘情暂起。五便完全神气。六持无作无为。七教功行两无亏。八得超凡出世。”⑨其次，从境界来看，他和师父王重阳的酬和很有代表性。王重阳《赠丹阳》诗云：“四般假合终归土，一个真灵直上

① 赵卫东辑校：《马钰集》，齐鲁书社，2005年，第242页。
② 赵卫东辑校：《马钰集》，齐鲁书社，2005年，第245页。
③ 赵卫东辑校：《马钰集》，齐鲁书社，2005年，第93页。
④ 赵卫东辑校：《马钰集》，齐鲁书社，2005年，第244页。
⑤ 赵卫东辑校：《马钰集》，齐鲁书社，2005年，第245页。
⑥ 赵卫东辑校：《马钰集》，齐鲁书社，2005年，第244～245页。
⑦ 赵卫东辑校：《马钰集》，齐鲁书社，2005年，第175页。
⑧ 赵卫东辑校：《马钰集》，齐鲁书社，2005年，第244页。
⑨ 赵卫东辑校：《马钰集》，齐鲁书社，2005年，第174页。

天。不灭不生超达去，无为无漏大罗仙。”[①]马钰继韵曰：“传得无为无漏果，何愁无分不升天。三田清净三丹结，出自风仙决做仙。”[②]马钰在《联句》中云：“尘中无染心中悟，道上通玄性上灵。……心中事少忧愁少，性上尘多疾苦多。有有有中非有有，无无无里有无无。”[③]可见，马钰所追求的是“性命长长在，永永无生灭”。“无为功就神飞，自然云步赴瑶池，三岛十洲仙会。”[④]最终达致神与道合、无形无象、全真而仙。他的结论曰：“劝君回首早知空，绝学无为保守中。”[⑤]“能无为兮无不为，能无知兮无不知。知此道兮谁不为，为此道兮谁复知。……无乎知兮无乎为，此心灭兮那复疑。天庭忽有双华飞，登三宫兮游紫微。”[⑥]

三、从师布道

（一）修真炼性

“全真堂”、“烟霞洞”相继修造完善，昆仑山教风日益兴旺，王重阳遂据全真教法、修持要义，著《重阳立教十五论》。“言十五论者，警门中有志之人，深可详察知之。”[⑦]马钰自居烟霞洞后，聆听师父讲解十五论，勤苦修炼，随侍问道，日夜不离。一夜人静灯息后，忽闻师父相唤曰：“吾床卧不安，汝为我移易之。”马钰起身依嘱移毕，方就寝，重阳师父复唤腹饥，马钰再起身具食以奉。如是者三番，马钰恭谨随侍如一。王重阳与马钰诗序云：“三移床，三更饭，为题绝句。”诗曰：“故把床移饭改移，三三如六怎生知。教公会得双关事，雪里琼花总是谁。”[⑧]马钰继

---

① 白如祥辑校：《王重阳集》，齐鲁书社，2005 年，第 228 页。
② 赵卫东辑校：《马钰集》，齐鲁书社，2005 年，第 265 页。
③ 赵卫东辑校：《马钰集》，齐鲁书社，2005 年，第 94 页。
④ 赵卫东辑校：《马钰集》，齐鲁书社，2005 年，第 175 页。
⑤ 赵卫东辑校：《马钰集》，齐鲁书社，2005 年，第 25 页。
⑥ 赵卫东辑校：《马钰集》，齐鲁书社，2005 年，第 95 页。
⑦ 白如祥辑校：《王重阳集》，齐鲁书社，2005 年，第 279 页。
⑧ 白如祥辑校：《王重阳集》，齐鲁书社，2005 年，第 237 页。

韵曰："能可移山志不移，盖因玄妙颇通知。双关未晓须求告，除了师父更问谁？"①

马钰屡受重阳激劝，倍加警觉，重上昆仑山才月余，王重阳便令马钰下山与陆仙（此仙佚名）作伴，劝令修好。马钰遵命辞别下山，向陆仙悔过谢罪，复修旧好。一日马钰忽怀归山之思，而重阳师父赐诗已至，附语（即《诗序》）云："见丹阳每和诗词，篇篇猛烈，有凌云之志，然未识心见性，难以为准，故引古诗云。"诗曰："一种灵禽舌软柔，高枝独坐叫无休。声声只道烧香火，未必心头似口头。"②马钰看后步韵和曰："口善心慈性亦柔，万种尘缘一旦休。若是心口不相应，愿受铁钳拔舌头。"③

重阳对马钰说："古仙言，心似白云常自在，意如流水任东西，无一毫之碍，无半点之牵缠，方是潇洒道人也。汝今随我外游，领略云水风光。"遂与马钰诗曰："害风游历水和云，六叶轮回铁板分。敲遍世间俱不晓，心知唯有个人闻。"④马钰次韵曰："宝瓶宫里看祥云，云去云来邪正分。分劈心琴成曲调，调高声韵自然闻。"⑤重阳师父又赐马钰以瓦罐，谓曰："化食十方，赖此果腹，道人所宝也。"并赠《黄鹤洞中仙》（调寄《卜算子》），词曰："瓦罐泥中宝，巧匠功成造。修炼之时向炉中，内有金光照。有耳何曾晓，有口何曾道。携向街前叫一声，莫教抛散了。"⑥马钰接罐在手，继韵和云："瓦罐真真宝，须假良工造。十二时中下火烧，自有三光照。大肚物能容，圆正明通道。清净法身牢护持，不敢破坏了。"⑦某日，师父把自己的两眼画上双圈，身穿五色纸衣，佯装伴哥，口唱小曲，手中持旗，旗上涂一诗，诗曰："圆眼王三乞觅时，被人呼作害风儿。五般彩色于身见，一点光明只自知。贴观已收八句字，指期须显七

① 赵卫东辑校：《马钰集》，齐鲁书社，2005年，第275页。
② 白如祥辑校：《王重阳集》，齐鲁书社，2005年，第237页。
③ 赵卫东辑校：《马钰集》，齐鲁书社，2005年，第274页。
④ 白如祥辑校：《王重阳集》，齐鲁书社，2005年，第264页。
⑤ 赵卫东辑校：《马钰集》，齐鲁书社，2005年，第297页。
⑥ 白如祥辑校：《王重阳集》，齐鲁书社，2005年，第230～231页。
⑦ 赵卫东辑校：《马钰集》，齐鲁书社，2005年，第267页。

言诗。长街两面诸豪富，不道蚕归是阿谁。"①引马公上街乞化。马钰步韵和曰："因缘缘合正当时，师父来寻物外儿。传得妙玄惟自悟，暗修功行望天知。上街求乞辞家计，下笔挥成舍俗诗。除了谭公并马钰，后来惺洒未知谁。"②又一日，师父更把马钰脸上搽起脂粉，并将头发结成"兆"字结，自身亦装扮为伴哥，口唱莲花落，重作纸旗，换写一诗，诗曰："白为骸骨红为肌，红白妆成假合尸。昨日尽呼重阳子，今朝都看伴哥儿。别躯异体皆非悟，换面更形总不知。世上枉铺千载事，百年恰似转头时。"③马钰旗上诗曰："火风地水合为肌，只是愚迷走骨尸。幸遇风仙修道德，致令马钰弃妻儿。玄机传向心中悟，妙诀授于性内知。直指秦川云水去，暗修功行应天时。"④与马钰各扛一旗，二人一前一后，上街乞讨，踯躅(徘徊)而行，路人见之，无不失笑。儿童则继踵随行，嬉笑模仿。马钰见之，毫不介意，仍然随师乞讨而行。师父复作《踏云行》云："昨日青巾，今朝红角，脂腮粉面别躯壳。改头换面有谁知，更形易体无人觉。奉劝诸公，词中想邈，百年迅速如雷雹。早为下手炼精神，顿安炉灶成丹药。"⑤马钰继韵和曰："因遇风仙，头分丫角，从今陡顿忘形壳。攀缘爱念上心来，被予慧照先知觉。景灭澄明，道光遥邈，炉中露结灵灵雹。功成专待紫书来，胎仙捧出长生药。"⑥

某日，马钰随师父出游，偶见路边遗有驴契一张，俯身拾起察视，适为师父瞥见，即大声叱喝。晚间宿苏氏庵中，师父谓马钰曰："应物而性不迷，临境而心不迁，斯为全真道人。汝犹如此迷昧，夫日用施为间，关系性命至切，苟非誓愿深重，安能一志凝乎?""修仙之士，学道之流，莫为过小而不除，休言微行而不积。"于是，马钰盟誓，作《神光灿》"立誓状外戒"，呈予师父。词云："专烧誓状，谨发盟言。遵依国法为先。但见男儿女子，父母如然。永除气财酒色，弃荣华、戒断腥膻。常清净，更谦

① 白如祥辑校:《王重阳集》，齐鲁书社，2005年，第242页。

② 赵卫东辑校:《马钰集》，齐鲁书社，2005年，第280页。

③ 白如祥辑校:《王重阳集》，齐鲁书社，2005年，第242页。

④ 赵卫东辑校:《马钰集》，齐鲁书社，2005年，第279页。

⑤ 白如祥辑校:《王重阳集》，齐鲁书社，2005年，第242～243页。

⑥ 赵卫东辑校:《马钰集》，齐鲁书社，2005年，第280页。

和恭谨，无党无偏。布素婪耽度日，饥寒后，须凭展手街前。不得贪财诳语，诈做高贤。常怀慎终如始，遇危难、转要心坚。如退道，愿分身万段，永镇黄泉。”①师父阅毕，立焚誓状，嘱将室门关闭，谓曰：“汝当知超世之诀，三人不谈，六耳不闻者，惧为匪徒所窃，恐遭天谴也。”马钰聆听师父开示，问曰：“甚是论祖宗、性命、根蒂、龙虎、铅汞……九星、五刚、三才、金丹、七返、出离三界？”②师父之回答，尽是出玄入牝之微，有无道体之妙，深根固蒂之旨，清静无为之要。自金公黄婆、婴儿姹女以至于抽添火候，从出家修行以至于太上气返，从三才九星以至于甄定性命，再至于上天入地，直至于无极长生而后已③。

(二)创建“五会”

昆仑山教风日益兴盛，马钰等众弟子与王重阳师父一起，开展了大规模的兴教活动。

1. 文登“三教七宝会”

金大定八年(1168 年)八月，王重阳率领马(钰)、谭(处端)、丘(处机)、王(处一)、郝(大通)等弟子，离开烟霞洞，径往文登县，住姜宝庵中。邑中善信，纷纷前来观看，其中有来叩问道妙者，亦有愿皈依者，王重阳率众弟子赴邀，兴建“三教七宝会”，为众祈福。其中受当地张姓望族，设斋供养重阳真人，有七宝罗列，诸如琉璃、玛瑙、琥珀、金银、珠宝等，光芒四射，色彩动人，故名“七宝法会”(或谓七宝喻“精、气、血、心、肾、脑、髓”)。王重阳作《七宝玲珑》曰：“人人每日，问我要求玄。你便待、做神仙。四四一十六个字，二十八字在众贤，会得之时也未然。既要修行，先念乐花莲。次弃了、冗家缘。物物拈来俱不染，打破般般出上田，一道光明入碧天。”④马钰步韵和曰：“至愚至鲁，怎晓妙中玄。便再拜、告风仙。口诀金身长丈六，二十八宿会圣贤，此理方知合自然。

① 赵卫东辑校：《马钰集》，齐鲁书社，2005 年，第 214 页。

② 白如祥辑校：《王重阳集》，齐鲁书社，2005 年，第 294 页。

③ 参见《王重阳集・重阳真人受丹阳二十四诀》，齐鲁书社，2005 年，第 294～297 页。

④ 白如祥辑校：《王重阳集》，齐鲁书社，2005 年，第 240 页。

坎虎离龙，蟠绕五方莲。渐渐得、好姻缘。火里木人能采药，海底泥牛会种田，迸出灵光入洞天。”①

2.宁海“三教金莲会”

金大定九年(1169年)四月，王重阳率领众弟子返宁海，入住宁海周伯通所构之堂，瞻视其堂颇为宽大，亲题名曰“金莲堂”。孙氏夫人受王重阳师真十次赐分梨，六番赐芋栗，累蒙真人点化，端午日，遂毅然戴起竹冠，披起布袍，径往金莲堂，叩礼重阳真人求度，训名孙不二，道号清净散人。

至八月间，皈依者日众，道化大行，重阳乃曰当建“三教金莲会”以化众，弟子们遂与师父一起操办。一日清晨，师父坐青莲池上，作《青莲池上客》(俗名《青玉案》)以授马钰，词曰：“元初一得从初遇，便端正、昭彰著。转作重阳晨彩煦。晴空来往，碧霄堪住。琼马驸，引入长生步。灵光不动神光聚，便攒簇、银霞护。满插金花频返顾，青衣鸾鹤，共同来赴。瑶马驻，般在清凉路。”②马钰继韵《青莲池上客》曰：“马风忽尔风风遇，自然得、昭然著。协气横横和气煦。汞铅交结，虎龙蟠住。玉马驸，相曳云霞步。根源寂寂灵源聚，元神显，天神护。道可成兮丹可顾，青莲池上，客来同赴，金马驻，直入蓬莱路。”③又喝令马钰行行坐坐，一直要唱，马钰不违师命，要唱到晚。师徒二人尚有《惜黄花》(金莲堂)之唱和，因词系藏头拆字，故不录。

3.福山“三教三光会”

金大定九年(1169年)九月，王重阳带领马、谭、丘三大弟子至福山县，兴建“三教三光会”，以迎天喜。重阳作《三光会合》(俗名《韵令》)曰：“扶风且住，听予言语。决定相随去，些儿少虑。对公先诉，遇逢艰阻。饥寒雨露，有恓惶处，眉头莫要聚。长生好事，只今堪做，何必候时数。青巾戴取，更衣麻布。得离凡宇，入云霞路。功昭行著，真师自肯度。”④

① 赵卫东辑校：《马钰集》，齐鲁书社，2005年，第277页。

② 白如祥辑校：《王重阳集》，齐鲁书社，2005年，第249～250页。

③ 赵卫东辑校：《马钰集》，齐鲁书社，2005年，第287页。

④ 白如祥辑校：《王重阳集》，齐鲁书社，2005年，第226页。

马钰步韵和曰:“乡关不住,谨依教语。脱身要归去,何思何虑。略而分析,任他魔阻。丹诚显露,真心定处,云朋霞友聚。修行美事,在乎勤做。九转大功数,无中要取,个中敷布。得展眉宇,可登云路。性灵昭著,神仙自是度。”①当时,向师父和马钰索要诗词者甚众,可见法会之圆满、隆重。

4. 蓬莱“三教玉华会”

福山“三教三光会”结束后,王重阳率领马、谭、丘等,转赴蓬莱县。师徒四人登蓬莱阁观海,诸信众也多有随往。时有飓风忽起,将重阳真人卷入海中,众人皆惊愕失色。但王重阳却从波涛中跃出,只是失去头上戴的竹皮帽,此时重阳又复入水中取之,并将竹帽顶在头上,逐浪而来,全场人莫不折服。法会期间,王重阳作《玉花会疏》以化信众。疏曰:“窃以能全呼吸定喘息,实非难;会养气神调冲和,应甚易。性凭三曜,命变五行。出阴阳造化之端,在清净虚无之上。要开金蕊,须种玉花。馨香吐而透入晴空,明艳显而朗舒碧汉。得自然而轻九转,得自然而没七还。自结大丹,自通玄妙。既为脱壳,便是登仙。显露赤心,请题芳号。”②

5. 莱州“三教平等会”

王重阳离开蓬莱,又带领马、谭、丘诸弟子,向莱州进发,并倡议当地之乡绅,兴建“三教平等会”。马钰赋《平等会》(古韵,本名《相思会》)曰:“信口便胡奰,不管无腔调。畅我情怀歌舞,一任人笑。还童返老,志在无忧恼。向妙处,下功搜,细勘校。琼浆恣饮,元气充来饱。锻炼神丹,无大无小。胎仙养就,捧出灵芝草。便自炫,这番儿,道决了。”③五会建立后,王重阳则作《三州五会化缘榜》④作为胶东传教的总结。从《化缘榜》可看出,五会之名称寓有五种修炼境界之意。

四、西行弘教

昆仑山一带虽信道者众,但亲朋故旧相扰亦甚,阻碍了教业的进一

① 赵卫东辑校:《马钰集》,齐鲁书社,2005年,第262～263页。

② 白如祥辑校:《王重阳集》,齐鲁书社,2005年,第140～141页。

③ 赵卫东辑校:《马钰集》,齐鲁书社,2005年,第131页。

④ 白如祥辑校:《王重阳集》,齐鲁书社,2005年,第255～256页。

步发展，重阳为弘道业，随即决定西行。某日师父与马钰曰："子知学道之要乎？要在远离乡而已，远离乡，则耳目无所系，无所系则心不乱，心不乱则欲不生。以是而求道，何道之不达，以是而望仙，何仙之不成！"乃予马钰《四言长篇》以励之。马钰也以"四言"继韵和曰："此个仙郎，得遇忖量。始知秘密，斡挑炎凉。收聚木德，耕种金方。伏降我相，求乞道粮。精宜牢固，神要飞扬。逍遥坦荡，散尽愁肠……恋甚妻妾，藉甚爷娘。捐弃财产，违别家乡。定无见短，决要行长。以志为主，以心为香。男儿决烈，意没彷徨。若是退道，即时死亡……"①

师父览此盟誓，见马钰之志，坚之又坚，乃谓马、谭、刘、丘四弟子曰："各自检点行囊，随师西游。"寄语郝、王二人，仍居铁槎山，砥砺前进。嘱咐孙不二，居环金莲堂，澄心绝虑，性自见，丹自结。乃与马钰《水云游》词，马钰继韵和曰："思算思算，妻妾儿孙，休来戏玩。这冤亲、系脚绳儿，宜一刀两段。灵源悟彻元灿烂，这一番更换。马风子、辞别家乡，与风仙作伴。"②

大定十年(1170 年)十月初旬，重阳率领马、谭、刘、丘四大弟子，离开宁海，路行旬余抵达大梁。在旅舍，每日令马、谭、刘、丘上街乞化，时时嗔喝，刻刻怒斥，一日到晚，从无停歇。正月初四拂晓，重阳师父呼马、谭、丘立榻前(刘处玄已于腊月二十四日夜间，因天下大雪，禁不住冻，夜半遁去，故只此三位)曰："丹阳已得道，长真已知道，吾无虑矣，处机所学一任丹阳，处玄由长真管领之。"马钰见状，乞留遗言，师父曰："我在关中吕道人庵壁上预前写下。"又嘱曰："吾归之后，慎勿举哀。"言讫而登霞。马钰泪下甚恸，曰："入道区区，尚无所得，吾师弃我，遑遑何归?"言未终，师父忽睁双目坐起曰："何至于此，汝等学道，犹未悟耶。"于是袖出五篇灵文予马钰曰："此甘河所得秘语，今付与汝。"马钰拜谢而受之，又对师父曰："钰有三愿：一欲将师父《全真集》印行；二愿欲与师父守服三年；三愿劝十方父母舍俗修仙。"③马钰言罢，师父瞑目飞

① 赵卫东辑校：《马钰集》，齐鲁书社，2005 年，第 270～271 页。

② 赵卫东辑校：《马钰集》，齐鲁书社，2005 年，第 295 页。

③ 赵卫东辑校：《马钰集》，齐鲁书社，2005 年，第 3 页。

升。时值大定十年(1170 年)正月二十二日,享年五十八岁。马钰赋《神光灿》(重阳真人升霞之后)曰:“重阳师父,预指南京。果然得赴蓬瀛。四假凡躯弃下,真性超升。浚仪桥边出现,劝臧公、早做修行。垂教语,遮性命事大,名利休争。更有丹州大薛,在终南一遇,端的分明。刘蒋张翁得药,身体康宁。昆明池西人见,向空中、舞袖轻轻。因得道,做神仙,久视长生。”[①]刘处玄因于雪夜遁去,寄居邻近旅舍,日出乞化,闻真人羽化,亦前来奔丧。师父前曾作诗曰:“一弟一侄两个儿,和余五逸做修持。结为物外真亲眷,摆脱尘中假合尸。周匝种成清静景,递相传授紫灵芝。山头并赴龙华会,我趁蓬莱先礼师。”[②]诗中弟指马钰,侄指处端,两个儿则指处玄和处机,难怪西行时,只带他们四人,原来对他们以青眼看待。

马钰与谭处端、刘处玄、丘处机于汴京葬罢师父,即起程途经洛阳入关。一路上过华岳,访京兆,传教布道抵达终南祖庵。先后拜会了先师重阳往昔道友和玉蟾、李灵阳、严处常及师兄史处厚、刘通微等。

作为掌门的马钰,执教严禁,对师叔们尊崇有加。是年秋,和玉蟾忽觉身体不适,马钰即命丘处机奉侍。和玉蟾九月十四日辞世后,马钰率众弟兄施以师礼,葬于刘蒋庵侧。赋《神光灿》(咏和师叔辞世)曰:“和公师叔,猛悟良缘,弃官纳印休权。远俗终南山下,庵盖茅椽。身披麻衣纸袄,乐清闲、笑傲林泉。怀美玉,便韬光隐迹,二十余年。因甚山侗侍奉,遇风仙曾说,活底神仙。端的非常辞世,满室祥烟。经年忽然空里,便贻子、画钓诗篇。专戒我,莫教失见,休要夸玄。”[③]大定十一年(1171 年)马钰与三位师弟居刘蒋庵为重阳师父修治葬所。大定十二年(1172 年),马钰安顿好终南诸事后即率谭、刘、丘三位师弟奔赴大梁,将师父王重阳之仙骨归葬于刘蒋祖庵。四真在刘蒋村修居后,重阳师父声名复振,远近趋风。据文献记载,有姚玹者,所居与刘蒋村不远,闻四真西归祖庵,忆起大定七年(1167 年)害风东游海上,临别时所言

① 赵卫东辑校:《马钰集》,齐鲁书社,2005 年,第 214 页。
② 白如祥辑校:《王重阳集》,齐鲁书社,2005 年,第 3 页。
③ 赵卫东辑校:《马钰集》,齐鲁书社,2005 年,第 214～215 页。

“丘刘谭中捉马”之语，即前往刘蒋村询问。见四真皆凌云仙客，愕然叹曰：“重阳告别之语，今果验矣！我辈常以‘害风’待，何愚甚耶！”由此顿悟，乃弃家抛累，拜马钰为师。马钰教以修真玄旨，并赐号云阳子。

十四年（1174 年）八月间，四真于刘蒋守墓期满，马、谭、刘、丘于鄠县（今作户县）秦渡镇真武庙，月夜共坐，各言其志。马曰“斗贫”，谭曰“斗是”，刘曰“斗志”，丘曰“斗闲”。翌日乃别，处端居洛阳朝元宫，处玄居洛阳土地庙，处机西入磻溪，马钰仍居刘蒋村，“构一广庭，为环居之所，手书‘祖庭心死’，以表其颜”①。从此四真各行其志，大弘其道。

为发扬光大师父未竟之业，马钰深知责任重大。从秦渡镇回刘蒋后，为兑现其对师父立下的“劝十方父母舍俗修仙”的宏愿，不敢稍有懈怠，曾赋《卜算子》（本名《采桑子》）一阕，以示决心：“山侗舍俗投玄趣，结正良因，深谢师真，便做逍遥自在人。我今誓不东归去，死在西秦，骸骨虽尘，不与儿孙葬海滨。”②

当年王重阳得道后，在终南山四年多，未曾打开局面，故而东行收徒。马钰经过细心考量和筹谋，认为不能局于终南，要到长安去。长安人才荟萃、影响广远，如果能在长安打开局面，那么势必对整个陕西甚至西北造成影响。他在长安积极结交各阶层名流，与官吏、僧道、文人、豪绅等密切往来，弘道传法，扩大影响。在这一点上，马钰显然胜过师父王重阳，事实证明，马钰的战略眼光是十分锐利的，以后随着长安布道局面的打开、影响的扩大，不仅远至陇州（今宝鸡）、坊州（今黄陵）和延安等地的人纷纷前来拜师学道，甚至连山西、甘肃等地亦有不少信众慕名而来。

当时，马钰不仅发展了众多善男，而且还吸收了众多信女，成立了“全真会”，联络各地道众。比如，在周至他活动颇多，在鄠县曾到马坊、美陂等地。使周至、鄠县成为全真道在关中的重要基地。再如京兆、长安等地，马钰则是常来常往。上自统军，下至小民，均有接触。从《清心镜》（本名《红窗迥》）之《咏长安》“论长安，多美事。端的日有，三仙向

① 赵卫东辑校：《马钰集》，齐鲁书社，2005 年，第 320 页。
② 赵卫东辑校：《马钰集》，齐鲁书社，2005 年，第 157 页。

市。满城人,半做经商,半修炼真气。寿长人,最多矣。因知罪福,早闲心地。兴善缘,年例何如,见千道会起"①。所谓"千道会起"即处处有全真道的基层组织,可以看出当时全真道兴旺发达之景象。

在华亭有李大乘者,世代为平凉府华亭县巨族。早年曾中乡选,中年至御帘下第,随生烟霞之志,但终未绝尘念。经过马钰反复教化,终离家归道,训名大乘,号灵阳子。马钰曾云:"予于大定戊戌孟冬,自龙门抵华亭太和庵。居旬余,欲拂袖诣崆峒,是日,只于东窑就公先生庵内居止一二日,时有刘昭信、裴大器、李大乘及坊郭道友十余人,予化诱连夕,无一回心向道者。翌日欲行,随留绝句:炼就丹阳玉性开,云游西北选仙材。锦鳞不得空捞漉,收拾纶竿归去来。"②但是,功夫不负有心人,经过三番五次的化诱,李大乘终于开悟,遂即皈依。马钰又作七绝《钓中李大乘复用前韵》曰:"钓愚愚性豁然开,一点灵阳称选材。心上勿令尘垢昧,清中传过妙玄来。"③大定十九年(1179年)二月十五日,马钰在李大乘花圃环堵同居,约期百日,引导大乘修持。八月,马钰迁居陇州佑德观,曾向贺孔目、续玄机、淡善柔、赵八郎、辛司候等传道授法。陇州李子和解元入道,训法名大茎,号灵根子。不久,即挈李大乘归终南祖庭。赋律诗《挈李大乘入环堵作》云:"西北亭川环堵居,此中堪可隐吾躯。眼前碧竹数君子,面对青松二大夫。流水假山儿戏尔,清风明月汝知乎?若能悟解予栽九,予于环堵栽韭薤,故寓焉。有分灵光赴玉都。"④

马钰在祖庵环堵期间,经过多处布道,闻名遐迩。官僚士庶请教者摩肩接踵,唯恐其后。许多人经马钰传授道妙,静心修持,成为中坚力量,为全真道的传播和发展,打下了坚实的基础。

五、东归登霞

马钰实践着重阳师父之道功、道业理念,自重阳真人羽化后,十数

① 赵卫东辑校:《马钰集》,齐鲁书社,2005年,第114页。
② 赵卫东辑校:《马钰集》,齐鲁书社,2005年,第10页。
③ 赵卫东辑校:《马钰集》,齐鲁书社,2005年,第10页。
④ 赵卫东辑校:《马钰集》,齐鲁书社,2005年,第63页。

年来，排除一切私情家事的牵累，不停息地传道授业。大定十五年(1175年)夏，清净散人孙不二，从宁海长途跋涉，入关致祭祖庭，马钰以“真戒”劝慰她。并赠清净散人《捣练子》曰：“休执拗，莫痴顽，休迷假相莫悭贪。休起愁，莫害惭。听予劝，访长安，逍遥坦荡得真欢。守清净，结大丹。”①马钰严于全真道之贞操，告诫前妻要“守清净，结大丹”，莫尘情暂起，“逍遥坦荡得真欢”。是年，又有弟马运甫，寄书马钰，要他回宁海会葬父母。马钰答书云：“汝所葬者骨，予所度者神，所行之迹有以异，而报德之心无以异也。”②终未回乡。在《渐悟集》收录了他的《瑞鹧鸪·收家书》一阕，词云：“家书接得急开封，正值糊窗要辟风。我意难随你意去，道心不与俗心同。行功未满大千数，云水须游太一宫。传语儿孙并弟侄，后来书至擎墙东。”③足见其修道、行道、弘道之决心。

大定十九年(1179年)，马钰作《慎终如始》五言长篇曰：“入道十一年，常常搜已病。我欲做神仙，怎敢昧心境；我欲做神仙，怎敢行邪径……我欲做神仙，怎敢忘性命；我欲做神仙，怎敢亏功行；功行两无亏，神仙自来请。”④马钰执著于“做神仙”的追求，一方面修真养性，一方面传道弘教，“慎终如始”，坚持不懈。

大定二十一年(1181年)冬，马钰在京兆问门徒来灵玉道：“关中谓衣裳旧重修洁者何名?”灵玉曰：“名拆洗。”马钰曰：“东方教门年深弊坏，吾当拆洗之。”他当时的雄心不小，意欲改造中国以至东方的宗教。然而，恰在此时，意外的事情发生了。大概没过十天时间，官府有牒发事，关陇道众不胜震栗，丹阳痛遭遣还。他当时赋诗二首，一首题《京兆府牒发还乡，故作是诗以谢统军》，曰：“三髻山侗得遇遭，专来秦地炼云涛。寻思把自还乡去，不若厅前请一刀。”一首题《既蒙牒发不得已而别京兆，故作是诗也》，曰：“名利场上骋风流，怎肯灰心物外修。莫怪纶竿收拾去，自知巴句匪洪钧。”⑤马钰被迫还乡，诗中流露出“不若厅前请

① 赵卫东辑校：《马钰集》，齐鲁书社，2005年，第110页。

② 赵卫东辑校：《马钰集》，齐鲁书社，2005年，第337页。

③ 赵卫东辑校：《马钰集》，齐鲁书社，2005年，第201页。

④ 赵卫东辑校：《马钰集》，齐鲁书社，2005年，第80～81页。

⑤ 赵卫东辑校：《马钰集》，齐鲁书社，2005年，第20页。

一刀”之愤慨。迫不得已，他将教事托付给丘处机，起程东归。

当时随马钰出关入宁海的有姚玹、来灵玉、曹瑱、宋明一、刘真一、苏铉、柳开悟等。他们出关跋涉，风尘仆仆，所到之处，迎送不绝。

大定二十二年(1182年)四月，马钰一行东归宁海，行化、作醮，继续布道宣教。大定二十二年(1182年)秋，王玉阳来宁海谒马钰，同宿于金莲堂。同年十二月二十九日，清净散人孙不二于洛阳谢世，享年六十四岁。

金大定二十三年(1183年)九月，与僧烛律师、殿试范寿卿相会于城北三教堂，王彭大师弹琴，曲调清越，与青山回应，马钰遂作《归山操》，已有归真之意。十二月，马钰赴莱阳游仙观，忽肆笔而书《委形赞》，其略云：“大哉登真，路入青溟。麟随绛节，凤棒朱軿，鸣銮佩玉，履虚步云。超受真诰，上登玉宸。天路何长，天人飞翔。……山有时崩，海有时田。天长地久，永为列仙。”①更显其归真之意耳。传说，一日马钰真人在山中漫游之际，忽见虚妙真人，其余在场者却未见。十二月二十二日，对他的弟子们说：“我开眼也见(指师父)，瞑目也见，元来不在眼，但心中了然，无所不见耳。”②片刻，竟阖然羽化，仙龄六十一岁。马钰登霞后，长生、玉阳同主丧事，守坟百日。时在祖庵的杨明真、雷大通闻讯亦往宁海，奠祭坟垅。任宁一自河朔至海上，庐墓三载。

马钰是全真道祖师王重阳在山东宁海收下的弟子之一，王重阳羽化后，马钰成为全真道第二任掌教。全真道虽然由王重阳创立，但真正使其发扬光大的，则是全真七子。全真道依靠七子的努力，传播于鲁、陕、甘、豫、晋、冀等地。马钰则是七子中最早结识王重阳的，也是七子中最早得道之人。他得道后秉承重阳祖师的意愿，努力弘道，阐释教旨、教义，使之深入人心，从而使王重阳开创的全真道得以巩固并走上稳定发展的道路。他东归后，使全真道在胶东三州的发展更加稳固，奠定了全真道日后兴盛的基础。马钰不愧为全真道的一代宗师。

(作者为山东大学哲学与社会发展学院教授)

① 赵卫东辑校：《马钰集》，齐鲁书社，2005年，第95页。

② 赵卫东辑校：《马钰集》，齐鲁书社，2005年，第322页。

全真道传戒制度刍议

张凤林

传戒是道教全真派非常重要的、由教内德高望重的道士将道教戒律传授给普通道士的一种宗教仪式。具体而言，就是道教全真十方丛林宫观中德高望重的一代宗师、律师、方丈，向已受冠巾的正式道士传授“三坛大戒”。受戒是全真道士获得宗教神圣性的必由之路。进而言之，传戒又是道教修持炼养的重要方法之一。所谓“戒以律已”，戒律对于修道之士来讲，是步入道门的阶梯，更是修道行道的舟楫，正如唐代道教宗师张万福所言：“学道当以戒律为先……若有法而无戒，犹欲涉海而无舟楫，犹有口而无舌，何缘度身耶?”故王常月祖师强调“戒是全真第一关”。全真派的传戒制度是对道教戒律传统的继承和发展，是全真道建立和兴盛的必要前提，更是全真道未来发展壮大的重要保障。

一、全真道传戒是道教戒律制度的沿袭和发展

道教戒律是伴随着道教教团的产生而出现的，有学者认为，道教早期经典《太平经》中的“天诫”思想是道教戒律的雏形，而随后《老子想尔注》中的“道诫”观点，是道教戒律初步形成的标志。如《太平经》卷 114 云：“天有戒书，具道善之事，不信其言，何从乎?”其中的《致善除邪令人受道戒文》中亦云：“受道以何为戒乎? 神人言：道乃有大戒，不可不慎也。夫且得道，临且成之时，乃与诸神交结也。”道教戒律是天降神授，是修道者必须遵守之规范。祖天师在《老子想尔注》中，也多处提及“诫”或“道诫”，如“今布道诫教人，守诫不违，即为守一矣，不行其诫，即为失一也”。祖大帅认为，守住了“戒”，就是把握了“道”，反之，就偏离

了正轨，这其实是把守道诫当做了道士修行的一种基本要求和日常准则。

五斗米道北迁之后，曾出现了组织涣散、教门混乱的现象，因此出现了《女青鬼律》、《大道家戒令》等一系列科戒，目的是严肃纪律，以整教门。如《大道家戒令》中有这样的规诫："其能壮事守善，能如要言，臣忠、子孝、夫信、妇贞、兄敬、弟顺，内无二心，便可为善，得种民矣。"从中可见，当时的五斗米教团是要通过伦理道德的戒律约束来整顿秩序，以振兴教门。

之后的魏晋南北朝时期，道教的位阶系统已初步形成，戒、箓是共同使用的，也就是说在授箓的同时也要传戒，如《三洞奉道科戒营始·正一法文》中记载，正一箓生弟子在受童子一将军箓、三将军箓、十将军箓等的同时，还要受箓生三戒文、正一(五)戒文。虽然此时戒的比重不如箓，却是把"受戒"仪式正式纳入道门的开端。再有，此时道教宫观庙宇开始出现，道教徒从而有了集体生活的体验，规范、约束、指导教徒生活修炼的戒律也就变得举足轻重了。

唐代，道教的授箓活动得到官方认可及批准，持戒也被认为是道士修道成仙的重要途径，因此传戒也是唐代道教成熟的位阶制度中不可或缺的一部分内容。不同位阶的道士，要授不同的戒律，比如起心入道须受三归戒；箓生受五戒、八戒；在俗男女受无上十戒；出家者受初真戒；正一弟子受七十二戒；男官、女官受君百八十戒等等不同的戒律。宋代亦有记载："新制斥卖度牒，已披剃、披戴僧尼、道冠，除天申节受戒外，未有条式，乞会庆节依例逐州开坛受戒令。"这种关于传戒的史料虽然数量不多，却一直延续到金代。从中可以看出，道教戒律的传承从未曾有过间断。

形成于金元之际的全真道，从创教伊始就设置了相关的行为规范并且树立了鲜明的戒律思想。王重阳祖师的《重阳真人金关玉锁诀》中有言："问曰：如何是五行之法？诀曰：第一先须持戒，清静忍辱，慈悲实善，断除十恶，行方便，救度一切众生，忠君王，孝敬父母师资，此是修行之法。"其中显然是把"持戒"摆在了道教徒修行过程中的首要位置，作为全真道士修为的基本准则。不仅如此，全真道的戒律思想还是与道教的神仙思想相联系的，如《金关玉锁诀》："问曰：大道之中离几等神仙？解曰：闻《传道集》中有五等神仙。第一不持戒，不断酒肉，不杀生，不思善，为鬼仙之类；第二养真气长命者，为地仙；第三好战争，是剑仙；第四打坐修行者，为神仙；第五孝养师长父母、六度万行方便，救一切众生，断除十恶，不杀生，不食酒肉，邪非偷盗出，意同天心，正直无私曲，名曰天仙。"从中可知，不持戒者只能做鬼，是不能得道成仙的。在把得道成仙作为终极追求目标的道教仙道思想体系中，此种规定无疑是对不持戒者最大的惩罚与否定。再进一步，对于不受戒者，连教法也是不能传授的："诀曰：对三人，休言说，六耳恐漏神仙之机。诀曰：此三人者，第一对夫不孝之人，第二对夫不敬信之人，第三对夫不传戒不善之人。莫说此诀，除此等人外，不分男子、女人、僧道、官人，皆得传法受戒。"全真道对入门者要求之严格，由此可见一斑。

二、传戒制度在全真教发展中的作用

全真道可谓创立于乱世，客观上给"生不逢时"的人们提供了一个心灵的避难所。面对着当时的社会环境，王重阳祖师以革新的眼光与手段创立了全真教，为道教注入了新鲜的思想和教义。其中一条即是，将世俗社会的伦理道德宗教化后，规定为道徒必须遵守的行为准则、长寿成仙的必要条件、性命双修的基本内容，如前所述的对"不孝、不敬、不善"的人不传授教法等等。这种严格的戒律是用来提升修道之人的心性和道德水平的，可以说全真道初期的戒律思想是重新树立道教形象、整合道教力量、以发扬光大全真教的一种切实有效的手段。而这个时期也可以看作是全真教戒律思想萌芽期，是传戒制度形成的初始阶段。

丘处机祖师在继承了重阳祖师戒律思想的基础上，制定了初真、中极、天仙"三坛大戒"，丰富了全真道的戒律内容，并开始了具有一定规模的传戒活动。《长春真人西游记》卷上载，蒙古太祖十五年(1220 年)四月十五日，丘祖在燕京天长观(即今白云观)"登宝玄堂传戒"。《金盖心灯》云："昔我长春真君于元世祖时广行戒法，流演太上清静律宝，心心相印，祖祖相传，皆守静默而厌有为。"其中"广行戒法"之句，不仅是描述丘祖传戒规模之大，更有其意义深远之意。据《太清宫志》记载，丘祖曾多次在崂山传道授法："宋庆元元年乙卯，真人丘长春……七真来崂山。止于本宫，讲道传玄，宏阐教义，道众大悟，各受戒律。"因此，从某种意义上来说，传戒的过程也就是弘法的过程，道教法脉的传承和道法的延续都自传戒始并随之深入，丘祖执掌全真教之时，全真教得到很大发展，这其中与他大行传戒之举不无关系。可以说，这是全真教传戒制度正式确立的时期。

按照教内的说法，丘祖之后，全真教的传戒方式改为单传秘授，直至清初第七代传人王常月祖师，方始恢复公开传戒。王常月祖师承袭了丘祖的初真、中极、天仙"三坛大戒"的模式并丰富了戒律的内容，同时将戒律与修行结合起来。他在《初真戒律》中说："所以凡务性命双修者，非持斋受戒必不可也。斋者斋也。本来无斋可斋。斋其不斋也。戒者止也。本来无戒可戒。止其不止也。"全真派历来强调性命双修，崇尚丹道修炼以达究长生，王常月祖师则把持守戒律作为全真道性命之学的首道关口，赋予全真戒律更为重要的意义。

北京白云观藏《龙门传戒谱系》中所记载了王常月祖师大规模传戒的盛况："（王常月）于顺治乙未（1655 年）秋游京师，挂丹灵佑宫，时丙申（1656 年）三月望日，说戒于白云观，因缘护法，天然会合，求戒者众，凡三登戒坛，得弟子千有余人。"这次北京白云观的传戒活动受戒人数达千余人，不仅在人数上是空前的，其影响更是深远的。随后，王常月祖师在江南的杭州、金盖山、穹窿山以及湖北武当山等地也都举行了公开传戒活动，把全真道的戒律制度传播到了大江南北，此时可以说是全真道传戒的鼎盛时期。自此后，数代全真道传戒律师先后活动于湖北、江浙、四川、陕西、东北等地，进行传戒活动。虽然中间或有间断，规模也不尽相同，但是无疑，传戒已成为全真道延续法脉、弘扬教义的主要手段，并逐渐演化为全真道自身独有的特点。

三、全真道传戒的当代意义

新中国成立后，全真道继续保持了秉持戒律的优良传统，并在中国道教协会的指导下举办了三次公开传戒活动。1989 年,北京白云观举行了新中国成立后首次传戒活动,共有 75 名全真派道士参加。此次传戒活动参与者以青年道士为主,在当时特殊的历史时期起到了恢复道教传统及扩大道教影响的作用。1995 年,中国道教协会在四川青城山举行了大规模传戒活动,2002 年又在辽宁千山举行第三次传戒活动。这两次较第一次传戒参加人数更多,时间更长,分别历时二十几天,人数达千人。几次传戒内容均以《初真戒》、《中极戒》、《天仙大戒》、《守戒必持》等经书律文为主,从内容和仪式上都遵循了祖制、保留了传统。

当前,党的宗教信仰自由政策全面贯彻落实,道教遇到了历史上最好的时期。因此,道教自身一定要在承续传统的基础上图谋发展。作为全真道,保持传戒的传统、规范传戒活动是自身发展的基本前提,具有重要的时代意义。

首先,传戒是对道教传统的回归。道教作为拥有上千年历史的传统宗教,有独特的、以维持教团发展的规范及礼仪,虽然各个时期特点不尽相同,却有自身一脉相承的体系。全真道的戒律制度即是如此,正如前所述,全真道的传戒制度从其形成、发展直到成熟,经历了漫长的过程,是经过历史的检验,对道教的发展起到了推进作用的。因此,新时期的道教要继续前行、有所作为,必然要遵循祖制,回归传统,呈现道教几千年的本来面目,让新时代的道教徒从入教伊始就感受原汁原味的道教,同时也让道教信士及广大群众对道教的本质有正确的了解。如此,才是道教在新时期具有生命活力的发展之路。

其次,传戒是培育道教徒自身修养的重要手段。我们常说"道由人弘",道教教义的弘扬和道教的发展是靠每个道教徒来实现的。简言之,道教徒自身修养的高低,决定了道教发展的好坏,而传戒正是道教徒培育道教修养的开始。唐代道教宗师张万福这样告诫初入道门者:"凡初入法门,皆须持戒。戒者,防非止恶,进善登仙,众行之门,以之为键。"在道教的思想体系中,经戒法箓是神圣的、是道之宗尊,也是修道者必须持守的,是得道成仙的关键所在。我们常说,修道即是修心,心定了,道自来居,所以唯有"定心"才能修道、才能弘道。同样,重阳祖师在创立全真教之时就强调"性命双修",而"定心"也是其题中应有之意。

他在《重阳立教十五论》中专辟“降心”章，以阐释修心之于道教徒的重要性：“凡论心之道，若常湛然。其心不动，昏昏默默；不见万物，冥冥杳杳；不内不外，无丝毫念想。此是定心，不可降也。”如若放纵心性，则不仅不能得道升仙，反而会损害自己：“若随境生心，颠颠倒倒，寻头觅尾，此名乱心也。速当剪除，不可纵放，败坏道德，损失性命。”《初真戒》中也是要求道徒“一切不正的妄心，一切纤微的妄念，俱要忏其前非，悔其后过”。概言之，“持戒”是“定心”的前提，而“以戒制心”也正是道教戒律的根本意义所在。也就是说，传戒不是目的，持戒守戒才是根本，道教徒唯有严格持守戒律、洁身自好，才能抵御物质世界的种种诱惑，以致清心寡欲、返璞归真，树立道教徒应有的良好形象。

再次，传戒有利于加强教风建设。自 1957 年中国道教协会成立以来，一直就把教风建设放在重要地位，这个指导思想从未改变。尤其在物质生活飞速发展的今天，道教所处的环境、面临的问题较以往更为纷繁复杂，唯有在教内树立起良好的风尚，才能使道教朝着健康的方向发展。而这一切，只能依靠传承和遵循历代祖师所遗留的严格的戒律。重阳祖师所制定的《重阳帝君责罚榜》中非常明确地规定了对于违反清规的道士的处罚标准：“一、犯国法遣出；二、偷盗财物、遗送尊长者，烧毁衣钵，罚出；三、说是谈非、扰堂闹众者，竹篦罚出；四、酒色财气食荤，但犯一者，罚出；五、奸猾慵狡、嫉妒欺瞒者，罚出；六、猖狂骄傲，动不随众者，罚斋；七、高言大语、作事躁暴者，罚香；八、说怪事戏言、无故出庵门者，罚油；九、干事不专、奸猾慵懒者，罚茶；十、犯事轻者，并行罚拜。”从中可看出对道教徒的修养要求既详细又严格，上至对国家法纪的遵守，下至日常的行为规范都有严格的标准和限定，又有相应的处罚措施，在当今的环境下也仍然适用。在新的历史时期，道教不仅要谋求自身的发展，还要积极服务我们国家社会主义建设的大局。因此，我们只有不断加强自身建设，才能更好地发挥道教的特长和优势，才能发挥道教在推动文化繁荣发展方面的积极作用。

（作者为中国道教协会副会长兼秘书长）

做一个无名的圣人

吴诚真

二千多年之前，自从老子《道德经》(《老子》)、庄子《南华经》(《庄子》)先后问世，于是，道本位的道家哲学以崭新的面貌呈现，开始与儒家圣本位的哲学并峙。从此，儒、道二家，分庭抗礼①。

儒家哲学，是以圣为本位的。为什么这么说呢，那是由于儒家之人的最高追求是想要做个圣人。当然，这个圣人，是名位相符、形质一致的，即在名义、地位、外形、内质这四个方面尽量同步到位，做到既能一体化又可以各立一面。于是，分门分科地围绕着能够使人成为圣人的名、位、形、质进行探讨，而使儒家哲学以圣为本位。

与圣本位相对而言，道家哲学是道本位的，是将"万物之奥"②的道作为唯一的遵从③。虽然，也在内在素质的培养与修为上讲究圣的重要，但是，反对圣在外形、名义、地位上的讲究。因此，老子《道德经》中有"绝圣弃智"之语，庄子《南华经》中有"圣人不死，大盗不止"之语。

老子认为，道是"无名"的，先天而成，可以自然而然地协调人与世界的关系④。圣是后天的，人为而成的，只有以"处无为之事"的方式，将人为的成分尽量地降减掉，才可以体道入道，达到既"弗居"而又"不去"的效果⑤。

因为，跟自然相比，人为的东西容易流于形式化。并且，人们会很

---

① 《庄子·渔父》："万乘之主，千乘之君，见夫子未尝不分庭抗礼。"

② 《道德经》第六十二章："道者，万物之奥，善人之宝，不善人之所保。"

③ 《道德经》第二十一章："孔德之容，惟道是从。"

④ 《道德经》第三十二章："道常无名，朴虽小，天下莫能臣也。侯王若能守之，万物将自宾。"

⑤ 《道德经》第二章："是以圣人处无为之事，行不言之教。万物作焉而不辞，生而不有，为而不恃，功成而弗居。夫唯弗居，是以不去。"

在乎跟自身仪态相关的外形、名义、地位，却不大愿意注重自己内在素质的培养与提升。

而在《周礼》文明的社会背景中，儒家对于能够使人成为圣人的名义、地位、外形，更为重视。因为，周朝的礼(《周礼》)，在维护文明秩序的同时，对圣人的名义、地位、外形，起着巩固、加强其形式的作用。

为了让人们注重以道为本位的内在素质的培养，老子在《道德经》第十八章、第十九章的"大道废，有仁义。慧智出，有大伪。六亲不和，有孝慈。国家昏乱，有忠臣"、"绝圣弃智，民利百倍；绝仁弃义，民复孝慈；绝巧弃利，盗贼无有；此三者，以为文不足，故令有所属。见素抱朴，少私寡欲"，向我们指出"道"与"见素抱朴"的重要。

庄子继承了老子以道本位反对圣本位的"绝圣弃智"的思想，并加以发挥。

在《庄子·胠箧》篇中，庄子认为，"圣"、"勇"、"义"、"智"、"仁"是成为"大盗"的方法，这些方法的原本是以"道"为根源的，同时，这也是质实而善美的"圣人之道"，"盗"则是对这些方法的窃取；在"圣人之道"流于形式化的时候，就会给"盗"的滋生也提供了便利，而使"圣人之道"利害参半；在"天下之善人少而不善人多"的情况下，"圣人"就会"利天下也少而害天下也多"。那么，对于"圣人"的标榜，等于支持了"大盗"的崛起。所以，"圣人不死，大盗不止"、"绝圣弃智，大盗乃止"①。

① 《庄子·胠箧》："故跖之徒问于跖曰：'盗亦有道乎？'跖曰：'何适而无有道邪？夫妄意室中之藏，圣也；入先，勇也；出后，义也；知可否，智也；分均，仁也。五者不备而能成大盗者，天下未之有也。'由是观之，善人不得圣人之道不立，跖不得圣人之道不行。天下之善人少而不善人多，则圣人之利天下也少而害天下也多。故曰：唇竭则齿寒，鲁酒薄而邯郸围，圣人生而大盗起。掊击圣人，纵舍盗贼，而天下始治矣。夫川竭而谷虚，丘夷而渊实。圣人已死，则大盗不起，天下平而无故矣！圣人不死，大盗不止。虽重圣人而治天下，则是重利盗跖也。为之斗斛以量之，则并与斗斛而窃之；为之权衡以称之，则并与权衡而窃之；为之符玺以信之，则并与符玺而窃之；为之仁义以矫之，则并与仁义而窃之。何以知其然邪？彼窃钩者诛，窃国者为诸侯，诸侯之门而仁义存焉，则是非窃仁义圣智邪？故逐于大盗，揭诸侯，窃仁义并斗斛权衡符玺之利者，虽有轩冕之赏弗能劝，斧钺之威弗能禁。此重利盗跖而使不可禁者，是乃圣人之过也。故曰：鱼不可脱于渊，国之利器不可以示人。彼圣人者，天下之利器也，非所以明天下也。故绝圣弃智，大盗乃止；擿玉毁珠，小盗不起；焚符破玺，而民朴鄙；掊斗折衡，而民不争。"

到了东汉，天师张道陵将《道德经》第十八章的“大道废，有仁义……”解释为古今之异，认为“上古道用时”，人们“皆行仁义”、“家家慈孝”、“贱死贵仙”、“乃畏天神”；到了“今道不用”之时，便呈现着“人悉弊薄”、“学耶文，习权诈，随心情，面言善，内怀恶”、“外是内非，无至诚感天之行”的种种①。将《道德经》第十九章的“绝圣弃智，民利百倍……”解释为真假之异，以“诈圣耶智”与“真圣道智”的不同，来说明“绝圣弃智”所要绝弃的是“诈圣耶智”以及“耶文”、“耶学”、“耶巧”，不是绝弃“真圣道智”②。

---

① 张道陵《老子想尔注》：“‘大道废，有仁义。’上古道用时，以人为名，皆行仁义，同相像类，仁义不别。今道不用，人悉弊薄，时有一人行义，便共表别之，故言有也。‘智慧出，有大伪。’真道藏，耶文出。世间常伪伎称道教，皆为大伪不可用。何谓耶文？其五经半入耶，其五经以外，众书传记，尸人所作悉耶耳。‘六亲不和，有孝慈。’道用时，家家慈孝，皆同相类，慈孝不别。今道不用，人不慈孝，六亲不和，时有一人行慈孝，便共表别之，故言有也。‘国家昏乱，有忠臣。’道用时，帝王躬奉行之，练明其意以臣庶，于此吏民莫不效法者。知道意，贱死贵仙，竟行忠孝，质朴悫端，以臣为名，皆忠相类不别。今道不用，臣皆学耶文，习权诈，随心情，面言善，内怀恶，时有一人行忠诚，便共表别之，故言有也。道用时，臣忠子孝，国则易治。时臣子不畏君父也，乃畏天神。孝其行，不得仙寿，故自至诚。既为忠孝，不欲令君父知，自默而行。欲蒙天报，设君父知之，必赏以高官，报以意气，如此功尽，天福不至。是故默而行之，不欲见功。今之臣子，虽忠孝，皆欲以买君父，求功名。过时不显异之，便屏恕之，言无所知。此类外是内非，无至诚感天之行，故令国难治。今欲复此疾，要在帝王当专心信道诚也。”

② 张道陵《老子想尔注》：“‘绝圣弃智，民利百倍。’谓诈圣智耶文者。夫圣人天所挺，生必有表，河雒著名，然常宣真，不至受有误。耶道不信明圣人之言，故令千百岁大圣演真，涤徐耶文。今人无状，载通经艺，未贯道真，便自称圣。不因本而章篇自揆，不能得道，言先为身；不劝民真道可得仙寿，修善自勤，反言仙自有骨录；非行所臻，云无生道，道书欺人，此乃罪盈三千，为大恶人。至令后学者不复信道。元元不旋，子不念供养，民不念田，但逐耶学，倾侧师门，尽气诵病，到于穷年。会不能忠孝至诚感天，民治身不能仙寿，佐君不能致太平，民用此不息，倍城邑虚空，是故绝诈圣耶智，不绝真圣道智也。‘绝仁弃义，民复孝慈。’治国法道，听任天下仁义之人，勿得强赏也。所以者，尊大其化，广闻道心，人为仁义，自当至诚，天自赏之；不至诚者，天自罚之。天察必审于人，皆知尊道畏天，仁义便至诚矣。今王政强赏之，民不复归天。见人可欺，便诈为仁义，欲求禄赏。旁人虽知其都交，见得官禄，便复慕之，诈为仁义，终不相及也。世人察之不审，故绝之勿赏，民悉自复慈孝矣。此义平忤俗夫心，久久自解，与道合矣。人君深当明之也。‘绝巧弃利，盗贼无有。’耶巧也，所得财宝也。世不用之，盗贼亦不利也。‘此三言为文未足，故令有所属，见素抱朴。’三事天下大乱之源，欲演散之。亿文复不足，竹素不胜矣，受故令属此道文，不在外书也，揲说其大略，可知之为乱原。‘少私寡欲。’道之所说，无私少欲于世俗耳。”

张道陵这样的理解和解释，已不是老子庄子以道本位的思想来反对圣本位，是另有机杼的，以古之真来反对今之假，很显然地偏向于以古为是、以今为非，这跟老子思想是有点出入的。老子虽然有点厚古薄今，但不是以古为是、以今为非。因为，在《道德经》中，老子推崇的能够“抱一为天下式”的“圣人”，恰恰就是实现了“古之所谓‘曲则全’者，岂虚言哉”的今人①。

就像厚古薄今不同于是古非今，道本位反对圣本位不是全盘绝圣。其实，老子“绝圣弃智”的本意，是有条件的，即除了道本位，至少还要以“民利”为条件。庄子的“圣人不死，大盗不止”，更是相对而言的，即在善人较少而不善之人众多的情况下，方才不宜对圣人进行标榜、推崇。

因为，只要到了以道为本位的地步，老子非但不“绝圣”，并且是推崇“圣人之治”的。

例如，老子设想的“圣人之治”，是“不尚贤”、“不贵难得之货”、“不见可欲”的②。尽管，那是不以圣本位为况的，但那毕竟也是“圣人之治”的啊。

而庄子，虽然反对圣本位，以“道未始有封，言未始有常”对道本位作了一些解说，却也是并非无条件的“绝圣弃智”，而是以“有左有右，有伦有义，有分有辩，有竞有争”的“八德”，对“存而不论”、“论而不议”乃至“议而不辩”的“圣人”和“不言之辩，不道之道”予以肯定③。

---

① 《道德经》第二十二章：“曲则全，枉则直；洼则盈，敝则新；少则得，多则惑。是以圣人抱一为天下式。不自见故明，不自是故彰，不自伐故有功，不自矜故长。夫唯不争，故天下莫能与之争。古之所谓‘曲则全’者，岂虚言哉！诚全而归之。”

② 《道德经》第三章：“不尚贤，使民不争。不贵难得之货，使民不为盗。不见可欲，使民心不乱。是以圣人之治，虚其心，实其腹，弱其志，强其骨；常使民无知无欲，使夫智者不敢为也。为无为，则无不治。”

③ 《庄子·齐物论》：“夫道未始有封，言未始有常，为是而有畛也。请言其畛：有左有右，有伦有义，有分有辩，有竞有争，此之谓八德。六合之外，圣人存而不论；六合之内，圣人论而不议；春秋经世先王之志，圣人议而不辩。故分也者，有不分也；辩也者，有不辩也。曰：何也？圣人怀之，众人辩之以相示也，故曰：辩也者，有不见也。夫大道不称，大辩不言，大仁不仁，大廉不谦，大勇不忮。道昭而不道，言辩而不及，仁常而不成，廉清而不信，勇忮而不成。五者圆而几向方矣！故知止其所不知，至矣。孰知不言之辩，不道之道？若有能知，此之谓天府。注焉而不满，酌焉而不竭，而不知其所由来，此之谓葆光。”

并且，庄子点明了道本位的“圣人”，是“无名”的[1]。这个“无名”，指的是不以名义、名分为念，即对“圣人之道”只注重内质而忽略外形、名义、地位。

这也就是说：必须唯道是从，在愚朴之中守着平常心和自我真性，犹如“被褐怀玉”[2]，恰似“无位真人”[3]，做一个无名的圣人，才是以道为本位的真实意义之所在。

（作者为中国道教协会副会长、武汉长春观方丈）

① 《庄子·逍遥游》：“至人无己，神人无功，圣人无名。”

② 《道德经》第七十章：“吾言甚易知、甚易行。天下莫能知、莫能行。言有宗、事有君。夫唯无知，是以我不知。知我者希，则我者贵。是以圣人被褐怀玉。”

③ ［唐］三圣慧然集《镇州临济慧照禅师语录》：“临济上堂云：赤肉团上有一无位真人，常从汝等诸人面门出入，未证据者看看。时有僧出问：如何是无位真人。师下禅床把住云：道，道。”

我对道教的认识

李　刚

话语一旦落地，争议便随之而起，故百家争鸣是常态，一言堂是变态。每次学术会议我们常见同仁辩驳，争得面红耳赤，这是好事。我们每个人对自己的话语不应该执著，而应持开放态度，与不同的话语进行对话。对道教的认识，本来就是仁者见仁，智者见智，千姿百态的。我愿意就此问题提出自己的一孔之见，恭请诸位同仁雅正！

一、什么是道教

什么是道教？这个问题，是国内外学术界都十分关心的议题。"在1972年第2届道教研究国际会议（日本蓼科）上，不断碰到的问题是'什么是道教'。1979年第3届国际会议（瑞士苏黎世）上同样如此。为了满足出席第2届国际会议的各位学者的要求，在该届会议的日本学术报告书《道教综合研究》（国书刊行会，1977年）中，收进了论文《道教是什么》。但是，'什么是道教'的问题并不是70年代才开始出现的，它是在整个道教研究史上经常遇到的问题。"①对道教的认识，学界至今尚未达成共识。二十世纪八十年代，日本学者窪德忠就这样说过："在'何谓道教'这个问题上，专家们尚未归纳出一个统一的见解。"②"我真担心'道教'一词被人滥用。一个原因是学术界对'何谓道教'至

---

① 酒井忠夫、福井文雅：《什么是道教》，载福井康顺、山崎宏、木村英一、酒井忠夫监修《道教》，上海古籍出版社，1990年，第1页。

② 窪德忠：《道教诸神・序》，四川人民出版社，1989年，第2页。

今没有一个明确的定义。”[①]小林正美《中国的道教·前言》称:“在过去的道教研究之中,多在没有严格界定道教范围的情况下来论述道教,因此道教之中混杂了诸多‘道教’之外的思想和宗教。在道教包含什么这个问题上的差别,会导致道教的内容全然不同,所以即使提出‘道教是什么’这个问题,研究者们的回答也不尽相同,事实上甚至是众说纷纭。”[②]当今仍有学者提出:“道教是什么?”这竟然成了一个需要追问并加以澄清的问题。其背后隐含这样的考量,衡量道教之为道教的标准或尺度究竟是什么?道教研究中最根本的理论问题就是如何把握道教是什么的标准与尺度,就是在理论上澄清道教之为道教的内核与本质,这是道教研究的“理论谜题”。这一“理论谜题”目前尚未破解[③]。有鉴于此,本文不惜花大量篇幅力图揭示这一“理论谜题”。我们将以道教神仙信仰为核心,围绕其神仙信仰特征及与民间信仰、日常生活的关系等来认识道教。但要回答究竟什么是道教,学界达成共识,恐怕尚需时日,须经一步一个脚印深入研究来认识道教,当前很难下一个各方认同的定义。

究竟什么是道教?简单地说,道教就是以神仙长生不死之“道”作为最高信仰的中国本土固有的宗教,它用神仙不死之“道”来教化信仰者,劝人们通过养生修炼和道德品行的修养而长生成仙,最终解脱死亡,求得永恒归宿。一言以蔽之:以神仙之道设教即是道教。法天而行神仙道,济世救人,这是道教孜孜不倦追求的信仰目标。许地山说:“求长生,求享乐,是人类自然的要求,而中国民族便依着这种迷信来产生神仙道和求神仙底方术。后来张陵又把神仙道化成宗教,而成为天师道。……因此道教也可以名为神仙之宗教化,或神仙回向教。”[④]按日本学者窪德忠的看法:“所谓道教,是以中国古代万物有灵论的各种信仰为基础,以神仙思想为中心,加之对道家、易、阴阳、五行、纬书、医学、

① 窪德忠:《道教入门·序》,四川人民出版社,1996年,第1页。

② 小林正美:《中国的道教·前言》,齐鲁书社,2010年,第2页。

③ 参见郑开:《道教史研究中最根本的理论问题》,李四龙主编《人文宗教研究》第二辑,宗教文化出版社,2012年,第271页。

④ 许地山:《道教史》,华东师范大学出版社,1996年,第4页。

占星等学说和对巫术的信仰，借鉴佛教的组织和形式，以长生不老为主要目的，具有浓厚咒术宗教倾向和现实利益的自然宗教。”①陈国符说起“道及道教”，认为：道者，道术也。因道术之不同，而有太平道、干君道、五斗米道、帛家道、李氏道。“按道术又称法术，故佛道又称佛法；而中国本有之诸道，则统称为道法焉。又道法、佛法，亦称道教、佛教，盖总括此中国本有之诸道术者，谓之道教。于是金丹、仙药、黄白、玄素、吐纳、导引、禁咒、符箓之术，靡不统属焉。……始则颇乏条贯，至南北朝稍仿佛教而改变之，然后蔚然为中国三教之一。”②主要从道术、道法来概括道教。荷兰汉学家许里和对道教的认识是：“我们在此以‘道教’这个词来表述一种集宗教与养生于一体的实践或信仰，这种实践或信仰据称可以上溯至黄帝、彭祖、西王母、老子和数量众多的神性或半神性的人物，在当时的资料中常被冠以诸如‘道术’、‘仙道’、‘黄老(之术)’或‘道教’等名称”；道教的“基本目的是追求肉体不死、羽化而登仙的境界。‘仙’指的是生活在永远快乐之中的人。”③认为道教是“集宗教与养生于一体的实践或信仰”，追求的目标是“生活在永远快乐之中”。日本学者石井昌子对道教作二分法：“道教作为宗教具有阴阳两种颜色，即有两面性。阳面的道教是服从国家型，以道士们的道教为代表。与之相对，阴面的道教具有农民性或民众性，可包括民众中间的各种道教信仰和宗教性集团。将之与道士们的道教相对，可称为民众道教。”④酒井忠夫、福井文雅所撰《什么是道教》，以日本学者对此问题的解答为主，从中归纳出十三种看法，较具代表性的有：

第一，道教是在道家的名称之下，混合了神仙道和天师道，特别包含了民间信仰，并融合了佛教和儒教的教义和仪式，将老子神化，以长生升天为教旨，为了消灾弭祸，行各种方术。

第二，从神仙道吸收服食炼养，从道家哲学吸收治心养性，从民间

① 窪德忠：《道教诸神》，四川人民出版社，1989年，第37页。

② 陈国符：《道藏源流考》，中华书局，2014年，第207页。

③ 许里和：《佛教征服中国》，江苏人民出版社，1998年，第492～493页。

④ 石井昌子：《道教的神》，载福井康顺、山崎宏、木村英一、酒井忠夫监修《道教》，上海古籍出版社，1990年，第100页。

信仰吸收多神，从巫祝吸收章醮之法，道教将这些综合统一起来。

第三，道教是从中国古老的民间信仰发展起来的，其内容和形式分为二。一是拥有道观和道士的教团组织的成立道教（亦被称为教会道教或教团道教），另一个是总称民间一切道教信仰的民众道教。道教内容包括：道家哲学；谶纬、巫祝、阴阳、神仙、卜筮等术数性部门；辟谷、服饵、调息、导引、房中术等医术性部门；民众伦理性部门。道教是以这些为基本内容，仿效佛教归纳而成的自然宗教。

第四，道教是中国的民族宗教，可与日本的神道、印度的印度教相比较。

第五，道教是综合自古以来的民间信仰、神仙说和老庄思想，以老子为开创者，模仿儒教的道德学说，佛教的因果报应思想、佛经、佛教教团组织而建立起来的宗教。

第六，道教和儒教一样，是中国人及中国社会的综合性的文化形态。其要素包括哲学、思想、宗教、迷信、民众生活、风俗习惯、道德、文学艺术、科学等，或与这些内容有关。它贯通中国历史。它是在一定的风土和地域条件下，在与政治、社会、文化各个方面的联系中产生并发展的。它是中国有代表性的民族宗教①。

从这些表述看来，日本学术界对道教的认识有共通处，也有很大差异的地方，可以说是仁者见仁，智者见智，各说不一。欧美与中国学术界同样如此。

仅就"道教"一词而言，先秦已有。《墨子·非儒下》说："农事缓则贫，贫且乱政之本。而儒者以为道教。"②这是讲儒家以重农之"道"作为说"教"。汉魏时也这么讲。汉代李燮拜京兆，吏民爱敬，乃谣曰："我府君，道教举。"③《老子想尔注》痛斥世间伪伎自称道教："真道藏，耶文出，世间常伪伎称道教，皆为大伪不可用。"这里所谓

① 酒井忠夫、福井文雅：《什么是道教》，载福井康顺、山崎宏、木村英一、酒井忠夫监修《道教》，上海古籍出版社，1990年，第3～5页。

② 《墨子·非儒下》，上海古籍出版社，1989年，第73页。

③ 《艺文类聚》卷十九，上海古籍出版社，1999年，第350页。

"耶文"的含义是"其五经半入耶,其五经以外,众书传记、尸人所作,悉耶耳。"[①]就是说儒家五经起码有一半属于邪文,则汉儒中有人自称"道教"。《三国志·吴书·陆逊传》记载:吴收复荆州后,"时荆州士人新还,仕进或未得所"。于是陆逊上疏孙权说:"昔汉高受命,招延英异,光武中兴,群俊并至,苟可以熙隆道教者,未必远近。"建议孙权令这些士人"并获自进,然后四海延颈,思归大化"。"权敬纳其言"[②]。意即任用儒士光大儒道,使天下皆"思归"儒道的教化。上述表明,先秦汉魏时,世人从政治治理的角度把儒家之道的教化称为"道教",儒士或自称其说教为"道教"。另据《牟子理惑论》载,有人问牟子说:"孔子以五经为道教。"[③]《抱朴子外篇·诘鲍》称:"三、五迭兴,道教遂隆。"[④]这些所谓"道教",亦指儒道之教。

日本学者揭示,"道教"一词不仅指儒教,也用来指佛教。汉译佛典中称佛教为道教之处很多,如《佛说无量寿经》、《光赞经》、《超日明三昧经》等。《高僧传》卷三《求那跋摩传》:"必希顾临宋境,流行道教。"这里"道教"一词指佛教。《魏书·释老志》也用"道教"一词指"佛教"[⑤]。如果仅仅简单地说,以"道"为教即为道教,那么,儒道、佛道及道教之道的"教",都可笼统称之为"道教",这样"道教"一词本身就只是泛指。

用于儒道之教的"道教",用来泛指佛教的"道教",何时转化为今人所特指的"神仙之宗教化"的"道教"?这个问题,迄今尚无定论。傅勤家《中国道教史》认为:"原夫道本行路,转为行为,三代以神道设教,于是有巫祝史之官。战国以来,方士朋兴,祈禳、禁咒、黄白、呼吸导引、服饵之术先后出,于是东汉始有鬼道,所谓太平道、天师道之类,时佛法输入,亦称曰浮屠道,盖皆以道为名,初不云教也。迨道士以道之名专为

① 饶宗颐:《老子想尔注校证》,上海古籍出版社,1991年,第22页。

② 《三国志·吴书·陆逊传》,中华书局,1982年,第1346页。

③ 《弘明集》卷一,上海古籍出版社,1991年,第2页。

④ 杨明照:《抱朴子外篇校笺》卷四十八《诘鲍》,中华书局,1997年,第517页。

⑤ 酒井忠夫、福井文雅:《什么是道教》,载福井康顺、山崎宏、木村英一、酒井忠夫监修《道教》,上海古籍出版社,1990年,第7～8页。

已有，谓之道教，而佛儒二教亦起而鼎峙矣。”①然而，究竟什么时候“道士以道之名专为已有，谓之道教”？傅氏并未言明。对于这个问题，日本学者认为：“5世纪后半期南齐顾欢（420年左右—483年左右）所书《夷夏论》称道教为‘道教’，大概是最早的例子”；“之所以判定《夷夏论》中的‘道教’一词与现代意义相同，是因为该论的确是道佛二教比较论”；“这意味着道教进入5世纪后，成为一股强大的力量”②。小林正美《中国的道教》也说：“与佛教相对比，明确指代三教之一的‘道教’的用例，应该最初见于顾欢的《夷夏论》。作为三教之一的‘道教’出现在顾欢的《夷夏论》中，这表现出当时南朝的道教信徒意识到自己信奉的宗教是与儒教和佛教相比肩的一个独立的圣人的教说。”“表示一个独立宗教名称的‘道教’，这个词最初出现在顾欢的《夷夏论》。”③问题在于，是否顾欢的《夷夏论》自称“道教”之后，社会便逐步予以认可，专门用来指称我们现在所界定的“道教”，不再称呼儒道、佛道为“道教”，从而将三教区分开来。这个问题尚待进一步考证。

道教所谓的“教”，其核心含义是“教化”。何谓“教化”？董仲舒以“贤良对策”汉武帝时指出：“凡以教化不立而万民不正也。……古之王者明于此，是故南面而治天下，莫不以教化为大务。立大学以教于国，设庠序以化于邑，渐民以仁，摩民以谊，节民以礼，故其刑罚甚轻而禁不犯者，教化行而习俗美也。”“故养士之大者，莫大太学；太学者，贤士之所关也，教化之本原也。”④以教化之本原在于办学校，兴教育，培育人才，教化之目的在于使万民“正”，教化之最大的任务就是治理好天下。道教对于教化的解释是：“教者教也，化者变也。谓敷弘太上之教，广变人天之化。”⑤“教化”有时又谓之“教育”的核心所在，儒释道三教的功

① 傅勤家：《中国道教史》，商务印书馆，1998年，第240～241页。

② 酒井忠夫、福井文雅：《什么是道教》，载福井康顺、山崎宏、木村英一、酒井忠夫监修《道教》，上海古籍出版社，1990年，第10、11页。

③ 小林正美：《中国的道教·序章》，齐鲁书社，2010年，第3页。

④ 《汉书·董仲舒传》，中华书局，1962年，第2503～2504、2512页。

⑤ 《玄坛刊误论》，《道藏》第32册，文物出版社、上海书店、天津古籍出版社，1988年，第627页。

能虽然各有不同，但均以教育为心："穷理治天下，莫大于儒；性超生死，莫大于释；复命御三才，莫大于道。夫三家者，同一太极，共一性理，鼎立于华夷之间，均以教育为心也。"①"教化"是一种以师为主的师教，天师及其子孙诵持经文，在于教化信众。《太上妙始经》就揭示说："道之教化，以师为主。故授张镇南正一之法，令世世子孙执持文教化。"②《云笈七签》卷八十九《诸真语论》宣扬只有身教才是最珍贵的："圣人以身教，教可珍也。"③教是一种"圣人"之教，非同凡响，故十分珍贵。佛教攻击道教就称："斯皆语出凡心，实知非教，不关圣口，岂是典经？"④抨击道经所讲的话都出于"凡心"，而非"圣口"说出来的"教"，亦即并非圣教，所以不能够号称为"典经"。更有甚者，直接宣布道教毫无资格称"教"，只有儒、释才"得称教"，其理由就在于："凡立教之法，先须有主，道家既无的主，云何得称道教？"儒、释则有主有教："儒者用三皇五帝为教主。《尚书》云：'三皇之书，谓之三坟；五帝之书，谓之五典。'用坟典之教，以化天下。《毛诗》云：'风以动之，教以化之。'坟典是教，帝皇为主，儒得称教。佛是法王所说，十二部经布化天下，有教有主也。然佛是出世人，经是出世教，故得称教。（主）三皇五帝是世主，三坟五典是世教。先以世教化，后以出世教化，事尽于此。摄法既周，为缘亦了，何须别有道教？又《毛诗》云：'一国之事，系一人之本，谓之风。'天子有风，能化天下，故得称教。"而"道非天子，不得有风；既其无风，云何布化？无风可化，不得别称教也。据此而言，但有(儒释)二教"。更何况，"汉末张陵，以鬼道行化，遂有道士祭醮"，"犬乖礼教"，天神不会接受这种"非礼"的仪式⑤。如此说来，所谓"教"具有神圣性，只有具备神圣经

① 《玄宗直指万法同归》卷一，《道藏》第23册，文物出版社、上海书店、天津古籍出版社，1988年，第913页。

② 《太上妙始经》，《道藏》第11册，文物出版社、上海书店、天津古籍出版社，1988年，第433页。

③ 《云笈七签》卷八十九《诸真语论》，《道藏》第22册，文物出版社、上海书店、天津古籍出版社，1988年，第622页。

④ 《广弘明集》卷八，道安《二教论·明典真伪第十》，上海古籍出版社，1991年，第147页。

⑤ 法琳：《辩正论》卷二，《大正藏》第52卷，台北新文丰出版公司，1983年，第499、500页。

典的“教”,又有“教主”,才有资格立足于朝堂之上,才能合法地向社会大众宣化。这些条件,“道教”皆不具备,故不得称“教”。面对佛教的这些猛烈攻击,道教把自己的经书奉为“天书”,而“天书”又通过圣教或曰师教传授下来。《云笈七签》卷三《道教序》称三皇五帝以来才产生的“教”为“告”:“上古无教,教自三皇五帝以来有矣。教者,告也。有言、有理、有义、有授、有传,言则宣,教则告。”①“告”的含义为告诫或告知某种道理。一直到现在,道教依然如故地强调:“天地万物的生命之源及运化动力,是至高无上的,以此为‘至宗’,以此兴‘教化之道’,故称‘道教’。”②对此,日本学者石井昌子十分正确地总结说:“一言以蔽之,道教可称之为关于‘道’的教化之‘道’,体验‘道’的教化。”③由于兴隆推行“教化之道”,体验“教化之道”,故被称为“道教”。

总之,对道教之“教”的本来意义,要从圣人的“教化”亦即“师教”之义去把握,教化是至上而下的,教化者与被教化者具有主从关系,是所谓风和草的关系。教化更需要人为制造的神,因为只有由这样的神出面来教化,才具有神圣性、权威性,故教化与造神是密不可分的。所以,道教为了教化的需要,不断地在进行造神运动。另一方面,道教也讲求自我反省,自我觉悟,觉悟了即是“道”。道教是外在教化与内省的结合体。还须指出,中国传统这个“教”本身就内含“正教”的政治意识形态在内,表示政治正确,不能完全以现代所谓“宗教”之“教”来理解④。

二、道教的社会功能

道教主要的社会功能,就在于“教化”人心,它认定人生的疾病、命运的不幸和多灾多难的原因,都是由自己一言一行的罪过造成的,要求人们通过特定的斋醮仪式,向神坦白罪行,悔过自新,使言行趋向于

① 《云笈七签》卷三《道教序》,《道藏》第22册,文物出版社,上海书店、天津古籍出版社,1988年,第12页。

② 任法融:《陕西道教两千年·序》,三秦出版社,2001年,第2页。

③ 石井昌子撰:《道教的神》,载福井康顺、山崎宏、木村英一、酒井忠夫监修《道教》,上海古籍出版社,1990年,第101页。

④ 当然,也不能否认道教之“教”有一部分与现代所谓“宗教”之“教”是吻合的。

"善",从而善化社会风气,使社会得以和谐稳定。也正因为道教的这个"教"及其与百姓生活密切结合的斋醮科仪,具有安定社会政治的功能,使得道教满足了历代帝王"南面而治天下"的要求,故被历代帝王认可接受,像儒、释一样,取得了"教"的资格,从而获得了替朝廷宣教的合法性地位。当然,其宣教的方式具有一定的秘密性,不少修行方法和斋醮仪式在关键之处都无文字记载,需要靠所谓"秘诀"在师徒间秘密传授,许多道经也要通过神圣的"歃血结盟"仪式才能传授,这就影响了其在社会上宣教的广度,其传播远不如佛教那样声势浩大,广为人知。

道教还具有调节功能,其"宗教的思想、宗旨、规范、祭祀活动和宗教组织,实质上是调节人们行为的调节器",在"调节着人们的思想,意志和行为"①。这种调节思想、意志的功能,无疑对统治者的思想统治有所裨益,如果其运用得当的话。既然道教可以调节医治人们的精神痛苦,那么统治者有什么理由不将其作为思想统治的工具而大加利用呢?思想统治是政治秩序的重要一环,当人们失去精神家园,就会造成思想混乱和危机,不利于统治秩序的稳定,而道教信仰恰恰具有某种补偿功能。从中国历史的实际情况考察,道教的确弥补了儒家思想的某些不足,给痛苦的生灵以精神上的抚慰,给社会的心理宣泄提供了场所,这些功用都非儒家思想所能代替。因此我们讲,道教在中国古代思想文化领域中占据着重要的一席之地,扮演其特有的角色功能。

道教的整合功能也不可忽视。所谓整合功能是指:"宗教具有使社会、集团结成整体的因素。宗教把个人的行为与活动汇集起来,把人们的思想、感情、向往结合起来,把社会集团和机构的力量集中起来,从而能促进社会的稳定。"②道教从思想上对人们的整合,在一定程度上限制了人们的反社会倾向,从而有助统治者对社会的控制,有助社会稳定。一般说来,宗教通过神圣的方式完成社会的秩序化,并对统治者掌握的权力作出合法性论证:"政治权力被认为是神的代理者,或者被理想化为神的具体体现。于是,人间的权力、政府和惩罚,都成了神圣的

① 伊·尼·亚布洛柯夫:《宗教社会学》,四川人民出版社,1989年,第121页。

② 伊·尼·亚布洛柯夫:《宗教社会学》,四川人民出版社,1989年,第121页。

现象，或者说，成了神力冲击人类生活的渠道。统治者代表神说话，或者就是神，而服从他就是与神的世界保持正常关系。”①这在中国，就是“君权神授”和“神道设教”，借此奠定政权的神圣性和合法性，达到了思想统治目的，并进而维护社会秩序的井然稳定。道教在所谓“君权神授”和“神道设教”的历史过程中扮演了重要角色。道教还整合了中国古代社会出现的某些新兴宗教，为统治者招安收编这些新兴宗教，使之具有合法性身份地位，化解中国社会官与民的结构性矛盾。

中国宗教的组织架构呈现为山头主义，山头林立，有的山头以道教为主，有的山头以佛教为主，总的来说是“天下名山僧占多”。在各宗教内部，山头之间互相不统属，互相不干涉，各自经营自己的地盘。佛道之间也有争夺山头的时候，如峨眉山曾为道教所在地，后为佛教所占；唐代青城山也发生过佛教前来争抢地盘的事。为什么中国宗教会形成这样的组织架构？这样的组织架构是教权顺从王权的结果。各个王朝绝不允许中国宗教发展成为全国性的社会组织，组织机构严密，有强大的实力同政府对抗，像中世纪欧洲的基督教会组织那样。而把宗教组织分散在各个山头，自立门户，恰好可以化解宗教在民众中全国性的号召力和组织力，使之失去战斗力，可以分而治之。中国古代除中央集权制的行政机构之外，还有以血缘为纽带的家族组织和无血缘关系的以佛道二教作为主体的宗教组织辅助专制政府管辖社会，维持统治秩序。宗教组织虽和家族组织有一定矛盾（要人出家，对家族组织是种破坏），但因其独特的社会救济作用，为看破红尘者提供避难场所，为世俗之人提供解决生死问题、灾难病患的“灵丹妙药”，政府和宗法血缘社会又离不开它。这是宗教在中国古代社会发挥的组织功能。但中国宗教的组织功能始终是弱化的，完全无法与王权组织对抗，道教的组织功能同样是如此。金元以降，道教组织可以划分为两大类型，一类是正一道的在家组织，另一类是全真道的出家组织。

西方学者所谓“教团道教”是按基督教的眼光来命名，如果一定要说道教组织，也就是以宫观为主体的一个个小山头组织，规模不大，互

① 彼得·贝格尔：《神圣的帷幕》，上海人民出版社，1991年，第42页。

不干涉，互不统属。实际上，出生成长于中国宗法血缘社会的道教，其组织形式更类似于家族组织。汉末太平道、五斗米道的组织化程度较高，但曹魏时已在想方设法控制道教领袖人物，旨在破坏其组织的严密性。晋代产生的李家道、帛家道、杜家道、葛氏道等，出现以家族名义来组织道教的端倪，规模已远不如太平道、五斗米道。而五斗米道演化为天师道，其组织系统以“治”为单位，天师后裔对于这些“治”已经基本失控了，各“治”之间亦无统属关系，且规定道民不能在各“治”之间串连，组织的联系大为削弱。晋代以降世家大族进入道教队伍后，遂形成家族道教，天师家族则隐而不显。从陆修静和陶弘景开始，家族道教逐步向宫观道教演进，但也互不统属，各立山头，组织规模小，严密性也差，已从汉末太平道、五斗米道的政治、军事、宗教三合一的组织向单纯的宗教组织转变。金元以降至今，其组织机构的基本单位，除了正一道有血缘关系的家族式宫观（以江西龙虎山天师府为代表），另外就是全真道那种没有血缘关系的家族式宫观。对于全真道来说，各个山头、各个城市的道教徒都生存在宫观内，宫观既是宗教活动的场所，也是这个没有血缘关系的大家族中道徒们的“家”，所谓出家，就是出离世俗之家，进入道观神圣之家。一个道观就是个大家族，虽说没有血缘关系，但其组织关系却类似宗法血缘社会中的父子兄弟，师徒关系类似父子，徒儿称老师为师父，徒儿们相互之间则以师兄弟相称（无论乾道、坤道），并有严格的字辈，如同大家族中的辈分。全真道的宫观组织形式明显受到宗法家族社会结构的影响，各个宫观在经济上独立核算，分灶吃饭。需要时，富庙也会帮助穷庙，就像一个大家族中的富裕家庭救助穷困户。全真道观一方面是开放的，是为民众的福祉而存在的，为社会提供了各种宗教性服务，而另一方面，又为出家的道众提供了相对与世隔绝的“家”，以便修道。这个“家”在信徒眼中是神圣的，既是一片净土，洗涤世俗社会的肮脏与丑陋，也是化度和训练出家道众的理想场所，拯救修道者脱离红尘苦海。和社会以血缘为纽带的家族组织相比较，其实道教的组织观念并不强，组织性也比较弱，组织机构涣散，徒众一不高兴，即可以随时随地离家出走，做游方道士去了，或者投靠别的宫观，进入另一个“家”。道教在社会上发挥的组织功能是很有限的。另外，道士出家后，基本上依旧沿用其原来家族的俗姓，表明道士虽出家却并不离俗，道教与宗法家族血缘的社会组织有一种难舍难分的关系。

道教具有经济功能。美国学者L.约翰斯通说："在大多数社会中，有组织的宗教也扮演了经济的角色。"①中国古代王公大臣往往以"施主"名义向道观转移隐藏产业，或以施钱施物的形式修造道观庙宇，或私度自己所掌握的人手出家，在道教界培植私人势力，一来邀福，获得精神安慰，二来留条退路，狡兔三窟，在人生无常的岁月中进退都不失其据。许多王公大臣失意或家道破落后，往往躲进道观，从高官摇身一变而为高道，一有机会又重振家业。这是上流社会信仰道教，成为道教社会经济基础的重要原因之一。道观既是传播神仙信仰的地方，又是展开各种宗教经济活动的场所。道观财产受到法律的保护，不得任意盗取破坏，违者必究。凡属合法的宗教经济活动，都在政府的保护之列，保护的目的是利用道教的积极功能维持统治秩序。道教宫观经济具备所有权的不动产其实并不多，且没有军事实力保护自己的经济利益，道教经济的命脉掌握在政府手里，不得不依靠政府和世俗富豪的施舍过日子，故道教的发展规模始终是有限的。

政府常常资助大型的道教活动，资助的主要形式就是赏赐钱财物件。这些赏赐解决了道教法事活动所需的大量财力，假如没有这些赏赐，道教活动要维持下去及维持一定规模都很难，可见政府的资助对道教界非常重要。道教宫观经济是在政府培植下发展的，政府主要是赐给土地和劳动力，赏赐物大都给那些为政府管理宗教事务的道官，在道观中培养了一批为政府服务的高道。政府控制宫观经济，也体现在对高道财富增值的控制上，防止他们从国家手里挖走过多的劳力和蚕食土地，必要时予以强行收回。宋代以前经济上对道教的控制不太严格，政府给予道观免除劳役租税的特权，刺激道教队伍膨胀，许多人假借信教而躲避徭役租税，使国家财赋受损。宋代以后加强了经济控制，如建立专门的道教户籍——"度牒"制度、严格控制加入道教的人数、强行沙汰还俗不合格道士、控制土地兼并等，而在非常时期如战争中军费不足

① L.约翰斯通：《社会中的宗教》，四川人民出版社，1991年，第195页。

时，出售道教户口，对道教界实行课税政策。

在古代，田租口赋是政府最大的一笔收入，这笔收入的根本保证是户口，户口减少或者逃亡，财政收入就受损失。户口逃亡有多种形式，如流民、豪门私荫户，而逃入道教、依附道观是其中的一种。于是政府经常清查道教户籍，把被挖走的劳力夺回来。检括道教户籍的主要工作是清查精壮劳力，令其还俗。政府通常规定年六十以上才任意出家（也有六十五或五十等等），凡属丁壮年龄范围，都严加控制，沙汰还俗者也主要是这个年龄层次的人。国家把已失去劳动能力、免除课役的老人转入道观，道观成为变相的养老院，让社会承担“老有所养”的责任。通过对道教宫观经济的研究，我们发现它具有慈善、养老、社会救济和社会福利等积极的社会功能。

三、从“生活道教”看中国人的宗教信仰

许地山《道教史》指出：“从我国人日常生活的习惯和宗教的信仰看来，道的成分比儒的多。我们简直可以说支配中国一般人的理想与生活的乃是道教的思想；儒不过是占伦理的一小部分而已。”[①]可以说，道教的神仙信仰是中国普通老百姓日常生活的“习惯和宗教的信仰”，代表了中国文化的一个很重要的方面，反映了普通老百姓“理想与生活”的一个非常实在的内容。日本学者窪德忠也说：“道教是产生于生活本身，因而与生活有着千丝万缕联系的宗教。”[②]在这个意义上，我们把道教称为“生活道教”。“生活道教”不仅仅是一种信仰体系和宗教仪式，它还提供了日常生活的指南，也是百姓们精神生活的方式之一，使老百姓过着最普通但却是有信仰支撑的生活。国内外都有一些学者认为，西方一神教讲究信仰，而中国人是没有宗教信仰的民族，只有儒家的伦理道德来指导现实生活。显然，按照西方一神教的信仰标准来观察道教，自然而然就会得出中国没有宗教，中国人没有宗教信仰的荒诞结

① 许地山：《道教史》，华东师范大学出版社，1996年，第177页。

② 窪德忠：《道教诸神》，四川人民出版社，1989年，第29页。

论。其实，只要人们把研究的目光投向“生活道教”，像许地山先生那样去观察思考中国老百姓“日常生活的习惯和宗教的信仰”，就会克服这一偏见。从“生活道教”去观察思考，中国人宗教信仰的特征如下：

一是多神性。万物有灵，“举头三尺有神明”，神无处不在，举凡天文地理、植物动物以及居住空间、人体自身，都有神的踪影。自秦汉大一统进入帝制时代直到清朝，政府容纳不同地域和不同族群的神祇进行祭祀，这种宽容的政策成为传统，也有利于中国宗教多神崇拜的形成发展。由于中国人的宗教信仰富于功利主义，便不断强化了多神崇拜，随着时代流变，陆陆续续有新神加入“神”的队伍，“神”越来越多，接受人们顶礼膜拜。中国宗教是所谓“功能性神灵的大杂烩”，形形色色的神都有作用。譬如，门神的作用是保护家宅和家庭成员安全，驱鬼避邪。土地神保护一个社区的平安。送子观音起着生育的功能。牛郎、织女扮演婚姻神的角色。风神、雷神是有关天气的神。龙王、河神是控制水情的神。这种多神信仰的结果，使我们进入寺观后，往往感觉有令人眼花缭乱的神，数不胜数，说不清楚其扮演的角色功能究竟是什么。日本学者石井昌子提醒人们：“这里不可忘记的重要一点是，中国民众对待神，不考虑它是道教的神，还是包含着很多佛教内容的神。……‘只是困难时候的神’，才是最高的，必需的。不存在区别三教的问题，也不会去考虑区别它们。这一点是理解民众道教的根本。”①在中国，“只是困难时候的神”，将使多神教永远不会趋向于一神教，而只能是神越来越多。因为社会越发展，社会生活中需要承担的功能或者说面临的困难也就越多，譬如开汽车谁来保佑免遭车祸？乘飞机谁来保证空中飞行的安全？诸如此类从前农业社会没有的新东西、新困难，需要有新的保护神，因此我们完全可以预料，将会有层出不穷的适应新需求、新困难的功能神制造出来。由此也表明，信奉多神并不意味着就是低级宗教，信仰一神并不代表着就是高级宗教，西方宗教学理论指指点点的由多神向一神发展即由低级走向高级的必由之路，在中国是行不通

① 石井昌子：《道教的神》，载福井康顺、山崎宏、木村英一、酒井忠夫监修《道教》，上海古籍出版社，1990年，第101页。

的，是注定要落空的。自古以来中国人就善于造神，历朝历代都有人造的神，形成"江山代有神才出，各领风骚数百年"的局面，这个惯性恐怕还不会就此打住。但不管这些人造的"神"如何花样翻新，万变皆不离其宗——必须灵验、有用。

二是极强的功利性。中国人信仰宗教是"有病乱投医"，有事乱求神，遇到生活中的各种问题，管他儒家祖宗、道教神仙、佛教菩萨，见庙就烧香，见神就磕头，只要解决问题就好，只要有求必应、满足要求就行。对待神，可以说"有奶就是娘"。这种功利主义，与世俗社会中求人办事完全一样，使中国宗教从其一出生，世俗性就远超神圣性。包括帝王将相及达官贵人，只求带来实惠，信仰成为人们祈福避祸的工具。中国的俗语："无事不登三宝殿"、"平时不烧香，临时抱佛脚"等，也表现出中国人信仰宗教的功利主义特征。平时"无事不登三宝殿"，有事了，"临时抱佛脚"。从许愿与还愿，也可以观察到中国人宗教信仰的功利性特征。许愿就是在神灵面前表达愿望祈求帮助，如果愿望实现了，许愿者就会来还愿。还愿是愿望实现后向神表达感恩之情，无论是病愈之后，还是家财兴旺，或是生育男孩等，人们不会食言，一定来还愿①。中国人信仰宗教的功利特征不仅表现为个体行为，而且表现为群体行为。我们看《水浒传·楔子》：宋仁宗时瘟疫盛行，天子命在京宫观寺庙做仪式禳灾，不料瘟疫转盛，范仲淹奏称："要禳此灾，可宣嗣汉天师星夜临朝，就京禁院，修设三千六百分罗天大醮，奏闻上帝，可以禳保民间瘟疫。"于是派洪太尉前去龙虎山迎请"虚靖天师"，在东京禁院做了七昼夜法事，普施符箓，禳救灾病，终于使"瘟疫尽消，军民安泰"②。从民间到政府，整个社会群体对待宗教都是功利化的，将其作为解决社会人生问题和应对灾难的工具使用。所以我们说，中国人信仰宗教具有强烈的功利主义特征和实用主义态度，非常实在，灵验则信，有用处就信，这是中国人实用理性的具体展示。功利性自然会导致现世性，先秦诸子百家就没有一家宣讲来世，目光都放在现世人生，或朝后看，赞美古

① 参见杨庆堃：《中国社会中的宗教》，上海人民出版社，2007年，第92页。

② 《水浒传·楔子》，上海古籍出版社，1991年，第2、7页。

代，但目标最终在于当下实际生活。中国人尤其是汉族的信仰，重点关心的是“现世”生命，把超越生死的终极关怀放在来世，对他们来说始终放不下心。道教追求现世成仙，正是这一心态的真实生动反映。中国人带着功利心走进神的殿堂，带着世俗目的求神帮助，从纯粹信仰的角度看，可谓是信教的“动机不纯”。功利性使中国人对待神的态度是看其到底灵不灵验，灵验的神则饱享祭祀，香火旺盛，不灵验的神则遭受冷落，甚至被游街示众，挨鞭打。面对实用主义，神的能力决定其生存，只有神通广大的神，换句话说“有求必应”十分灵验的神，才可以生存长久，生存得好。

三是怀疑性。既然万物有灵，神通广大，能够给人带来福利，也能制造祸患，具有正反两重性。所崇拜的神本身各有其独自的功能，拜神的人也怀揣各自的事功目的，关键在于所求之神是灵验还是不灵验。某个神越灵验则香火越旺，若不灵验则会持怀疑态度。产生怀疑是因为求了神不给人办事，功利目的达不到时所引起的。我们看《祝福》当中祥林嫂的“疑惑”，她反复追问：“一个人死了之后，究竟有没有魂灵的？”①可以说代表了中国人对于灵魂是否存在、是否有地狱的疑惑与“说不清”。尽管怀疑主义存在，但绝大部分老百姓还是不会放弃对神灵的信仰和崇拜，因为在他们看来，“信者不吃亏”，信总比不信好，不会吃亏。不怕一万，就怕万一真有神灵存在，别人都在祈求神办事，自己不去拜，那岂不亏了吗？这仍是一种功利心态。

四是包容性。正是这种功利主义，多神信仰，决定了对各路神灵的兼容并包。多个朋友多条路，多个青蛙多四两力，多个神灵也就多一份力量，神不嫌多，多多益善。外来的“洋神”，只要能解决人生的种种问题，很灵验，拍巴掌欢迎光临，欢迎加入中国宗教的神灵队伍里来。从宗教接受的视点看，无论什么神，只要它使信徒的现实生活有利可图，信徒都可以接受，都可以包容。功利使绝大多数中国人都本能地接受了宗教多样性，不归属特定的宗教，在信仰上有宽容精神，宗教情感富含包容性，海纳百神，三教共奉。对于统治者，这是种有原则的宽容，即

---

① 《鲁迅全集》第一卷，新疆人民出版社，1995 年，第 326 页。

在纲常名教基础上的社会政治秩序得到加强。功利主义、实用主义的信仰特征和宽容精神提供了中国人人生追求的宽松环境，以道养生，以佛理心，以儒修身治国平天下，各有各的妙用。

五是地域性。自古即有所谓“百里不同风，千里不共俗”[①]之说，风俗习惯是如此，与其共生的宗教信仰尤其是民间信仰亦同样如此。特有的经济和地理因素，使得中国人的宗教信仰呈现地区差异，各具地方特色。如长江以北的虫神崇拜，与那些地方的蝗虫灾害危及人们生活有关。许多山区的树神崇拜，是因为林业为山区的重要产业，所谓靠山吃山。沿海和沿江地带的水神崇拜，同样如此，靠水吃水。明清以来的碧霞元君（泰山奶奶）信仰流行于北方，而沿海沿江则是妈祖的地盘。财神信仰尽管是全国性的，也可以看到不同地方所供奉的财神是不一样的。

六是行业性。各行各业都有自己所信仰崇拜的神灵对象，有本行业的保护神。如建筑行业的鲁班，医药行业的华佗、孙思邈，航运业的天后，梨园行的唐明皇。行业神除了加强人们对具有危险性的职业充满信心和乐观外，还起到了整合有组织的职业团体的作用。宗教仪式和行会团结之间的关系是非常紧密的，因为违规者是要被带到神像前罚香火钱的。宗教特性是行会的重要性质，祖师成为行会的集体象征。如果不是有宗教纽带，行会不会维持这么久。每年最有趣的活动是各个行会的宗教游行，其守护神像及其他神像被抬出来游街，其作用是增强行会组织的凝聚力，表明自身的存在，从而增强成员对团体的忠诚度和自豪感。在寺观中，除了要供奉的主神以外，有影响的寺观还经常把其他信仰的神灵吸纳进来，通常是司掌不同行业的保护神，这就使信仰不同和行业相异的人都可以把该寺观看作是一个共同崇拜的中心[②]。

七是阶层性。中国人宗教信仰的阶层差别是一个基本事实，不同的职业群体之间的宗教差别尤其明显，商人与农民崇尚的神有区别，前者更敬财神，后者更看重龙王。受过教育的知识分子比未受过教育的

① 《风俗通义·序》，上海古籍出版社，1990年，第3页。

② 参见杨庆堃：《中国社会中的宗教》，上海人民出版社，2007年，第77～81、87页。

普通老百姓显然更少受迷信思想的束缚，但在涉及考试成败的问题上，他们又极度迷信文昌神。社会上每一个职业群体都有自己的保护神，这些神帮助其成员结成一个共同体组织。这些宗教组织可以用来鉴别社会地位，如一贯道主要由商人组成。也有一些政客和其他行业人员，它特别排斥剃头匠与戏子、妓女等社会人群。而文昌庙的聚会和孔庙的祭祀活动则是有功名的儒生这一阶层的特权，没有功名者不得参与。儒家群体与大多数中国人持有同样的宗教生活模式，只是由于他们社会经济地位的不同，他们的宗教行为和活动与普通老百姓有一些相对差别①。

八是有条件的自由性。古代中国政府允许信仰或不信仰宗教，没有强迫人民改变其宗教信仰，出家与还俗都很自由，形成了宗教信仰自由的传统。自古以来，中国之所以能形成信仰自由的传统，与中国人信仰的功利主义、实用主义特征有关。从显贵到一般百姓，往往不问是哪种宗教的神灵，只要能得到福应，有好报，于是见神就拜；除了极虔诚的儒教徒、佛教徒、道教徒，一般人是儒、佛、道三教兼信共奉，换言之，绝大多数人都自觉接受了宗教的多样性，在信仰问题上富有宽容精神。这样的多神信仰特征，自然有利于信仰自由传统的形成。另外，从传统的“神道设教”观点出发，无论三教甚至于民间宗教中哪个宗教，只要有助于社会治理与社会和谐，不危及既得利益集团的利益，不破坏政府制订的游戏规则，政府都可以允许其存在，并加以提倡实行。这是统治者听凭老百姓宗教信仰自由、从来不横加干涉的原因之一；而统治集团本身很多人也皆出入于儒、佛、道三教之间。

九是神圣性弱化。在多神崇拜的信仰中，尽管信徒对所有的神都怀有一种敬畏之心，但是，这种敬畏心建立在神是否灵验的基础上。当选择某种神达不到目的时，便会选择其他的神来试效果。往往同一个神在不同的寺观中，其“有求必应”的效果不同，于是如果该神在某个寺观中特别灵验，那么这个寺观的香火就特别旺盛。中国宗教所谓“有求必应”，所谓“灵验”，就是测试神的功能性强不强大的指标，在这样的指

---

① 参见杨庆堃:《中国社会中的宗教》，上海人民出版社，2007 年，第 251～253 页。

标面前,神的神圣性便被弱化了。也就是说,无所谓神圣不神圣,只看你这个神有没有用,能否满足信众“有求必应”的现实需要,这才是关键所在。正因为这些数也数不清的功能神弱化了中国人信仰宗教的神圣性,使中国宗教从一产生就是世俗的,太世俗的。神能否存在及其地位的高低,乃根据它是否满足了人的需要和在多大程度上满足人的需求来决定的,所以中国宗教常有“江山代有神才出,各领风骚数百年”的现象。功利性与怀疑主义大大削弱了中国宗教的神圣性,使宗教在中国社会不具备神圣不可侵犯的地位。另外,人居然能够“功德成神”,这就使人与神合二为一,神的超越性、至高无上的权威性也就大打折扣。

不论如何,从上述可见,中国人是有宗教信仰的,这些信仰就隐含在日常生活中,与老百姓的生活密不可分。如果我们仅仅把基督教、伊斯兰教等一神教的信仰特征作为宗教信仰的标准来讨论中国人是否有宗教信仰的问题,那就很难得出实事求是的结论。可以说,所谓“生活道教”,有助于我们更深刻地认识中国人的宗教信仰问题,也有助于我们更深刻地认识道教是“中国根柢”的问题。

中国老百姓的宗教信仰为什么会产生呢?一是对现实生活中的许多灾害苦难找不到原因时,不知是由什么东西造成的,于是总想寻求超人、超自然的力量来保护自己,这也是道教在老百姓日常生活面临各种不同类型的灾难时所起到的功能,所发挥的自身独特的优势作用。二是因为对人自身生命的困惑不解,对于人生短暂、人生如梦的不满足,尤其是对于人的死亡现象产生惊愕、恐惧等所激发出的求知欲望,急迫地需要认识人自身,特别是人死后的去向问题,也就是说人生的终极烦恼需要得到解脱。人生变幻无常,生死无法确定,各种偶然因素太多。正如《红楼梦》第一回甄士隐注解跛足道人的《好了歌》所高唱的:“金满箱,银满箱,转眼乞丐人皆谤。正叹他人命不长,哪知自己归来丧?”[①] 面对生命的不堪一击,道教宣誓要怜惜所有的生命,建立起拯救生命不同的大门,让老百姓通过这些门走上解脱生死的路。道教对于人从何处而来,死后将往何处去,人为什么不得不出生等问题,都有许多讨论。

① 《红楼梦》第一回,上海古籍出版社,1991年,第7页。

对于生命从哪里来、到哪里去的高度关怀，对于死亡偶然无常的深度感触，迫使道教去思考如何逃脱生死，实现生命的不朽。但在现实的人生中，有许许多多的美好东西和愿望是人们实现不了的，尤其是逃脱生死，恐怕只能到信仰世界中去寻找安慰，获得一种在我们今天看来是虚拟的实现。尽管神仙世界只是种虚拟的实现，然而道教信仰还是弥补了信仰者的人生遗憾和缺欠，使其面对死亡时的恐惧心理和烦恼得以宣泄解除，达到情感与心灵的平衡，找到了人生的意义所在，不失为信仰者摆脱荒谬的人生困境的一种路径依赖。王羲之《兰亭集序》："古人云，死生亦大矣，岂不痛哉！"①面对死亡大事，生命的意义究竟何在？如果人的生命仅仅昙花一现地存在于这个世界，随及旋风般归于大地，成了泥土，化为乌有，人生又有何意义与价值呢？古人所谓："人生天地间，忽如远行客"；"人生寄一世，奄忽若飚尘"；"浩浩阴阳移，年命如朝露"②。"良时忽一过，身体为土灰。冥冥九泉室，漫漫长夜台。""人生一世间，忽若暮春草。"③有时候想起来，果然是"粪土当年万户侯"呵，当年那些盛极一时的帝王将相，那些令人羡慕的荣华富贵，如今安在？还不是都已化作粪土！生命是如此的短暂，身体终将化为土灰，我们为什么要活着？对此若是给予非常冷静的理性回答，答案极有可能是生命毫无价值意义，像存在主义所说的那样，存在即虚无，人只能直面虚无而存在。纯粹理性不带丝毫幻想的思考，也许使我们会越来越多地培育起追逐死亡、藐视生命的虚无主义者、厌世者及自杀者，对于他们来说，反正早晚都是一死，人生毫无意义可言，不如趁早结束生命。或者从虚无主义走向及时行乐的人生道路："对酒当歌，人生几何！"④"十年亦死，百年亦死。仁圣亦死，凶愚亦死。生则尧舜，死则腐骨；生则桀纣，死则腐骨。腐骨一矣，孰知其异？且趣当生，奚遑死后？"⑤所以"为

① 《古文观止》卷七王羲之《兰亭集序》，中华书局，1959年，第287页。

② 《文选》卷二十九《古诗十九首》，中华书局，1977年，第409、410、411页。

③ 《建安七子集》卷五阮瑀《七哀诗》、卷四徐干《室思》，中华书局，1989年，第154、140页。

④ 《曹操集·短歌行》，中华书局，1959年，第5页。

⑤ 杨伯峻：《列子集释·杨朱》，中华书局，1979年，第221页。

乐当及时,何能待来兹"①。管你是"仁圣"也好,管你是"凶愚"也好,管你短命也好,管你长寿也好,反正最终都难逃一死,死则都成了腐骨,为什么不及时行乐?于是醉生梦死,花天酒地,放纵情欲,大肆消费,贪图享受②。值得我们庆幸的是,答案并非完全都是冷冰冰理性主义的东西,还有各种各样充满了人情味的宗教答案,来帮助中国老百姓理解生命的意义何在,回答生命的价值在哪里。作为宗教之一且特别接地气的道教,于是成为扎根底层社会日常生活、为普通老百姓提供解决生死问题所需要的精神生活食粮。

许地山《道教史》所谓"中国一般人的理想与生活",或许不包括中国知识分子,那么中国知识分子如何解决死而不朽的问题?胡适先生以这样的方式提问:"就中国知识分子来说,究竟有没有什么中国人的概念或信仰可以取代其他宗教人类不朽观念呢?"他自问自答道:"当然有的,据《左传》记载,公元前549年——即孔子不过是两岁大的孩子的时候——鲁国的一个聪明人叔孙豹曾说过几句名言,即所谓有三个不朽:'太上有立德;其次有立功;其次有立言。虽久不废,此之谓不朽。'……这段话两千五百年来一直是最常被援引的句子,而且一直有着重大的影响。这就是一般所谓的'三不朽'。"胡适先生指出:"这古老的三不朽论,两千五百年来曾使许多的中国学者感到满足。它已经取代了人类死后不朽的观念,它赋与了中国士大夫以一种安全感,纵然死了,但是他个人的德能、功业、思想和语言却在他死后将永垂不朽。"③我们看到,儒教继承发扬了传统的立德、立功、立言"三不朽"说,终极追求的是万古不朽、青史留名的"名教"。富于历史意识的名教士人,特别看重在历史上的定位,渴求在历史的墓碑上刻下自己的名字:某某到此

① 《文选》卷二十九《古诗十九首》,中华书局,1977年,第412页。

② 自"上帝已死"后,我们看到地球人又陷入了虚无主义、及时享乐主义的怪圈,如同中国魏晋时代的情形。那个时代,神仙不灵光了,佛教轮回说又尚未站稳脚跟,国人以人生为虚无缥缈,"且趣当生,奚遑死后",及时行乐之风大行其道。虚无主义与及时行乐主义是人类社会一对形影不离的双胞胎。

③ 《中国人思想中的不朽观念》,《胡适学术文集·中国哲学史》上册,中华书局,1991年,第545、546页。

一游。千秋万代之后还有人知道自己的大名，还有人知道自己曾经到此世界一游，对自己顶礼膜拜，那就心满愿足矣！这是儒教士人的终极关怀。然而，这只解决极少数人的死亡焦虑问题，满足了不到亿分之一人对不朽的追求(即使是中国士大夫也只有非常少的精英实现了这一追求)。绝大多数人怎么办？他们既不能立德，没有希望立功，也无法立言，根本就不可能获得不朽之“名”，仰望蓝天，他们如何实现心中秘藏的永垂不朽的愿望？极具理性的儒教对一般人千古不朽的梦想不予关注，人们在其中找不到永久的慰藉，所以绝大多数人弃儒教而去，不少人去道教中寻找解决生死问题的答案，尤其是社会底层的民众。这一点连国外的学者都已经观察到:儒教“这个简单而又几乎是理性的宗教，并不能使中国人十分满意。它的教条没有给人们留下幻想的余地，对于他们的希望和梦想，也没有回报的赐予，对于他们日常生活中充满的迷信，也没有鼓励和慰藉的作用。……中国人，尤其是南方人，最为迷信，他们遭到极具理性的儒家思想的统御，他们渴求有一种信仰，使中国像其他国家一样，得到永久的慰藉”。能够使民众得到永久慰藉的这种信仰是什么？那就是东汉时期产生的道教。“群众对于这种新的宗教趋之若鹜，为它建庙盖堂，慷慨解囊支援其道士，热衷研读那充满迷信的经典以充实其新的信仰。老子被尊为神，老子的思想变成了超自然的思想。”①一直到现代社会，道教仍给予信仰它的社会底层民众“永久的慰藉”，帮助他们解决生命能够永垂不朽的问题，他们不再对死后的去向问题感到极大的困惑与恐惧，这样一来他们极其平凡而又默默无“名”的人生便有了意义支撑，生活就有了奔头，生命就有了价值，虚无主义在他们那里就找不到市场。道教神仙信仰就这样隐含在信众的日常生活中，不显山，不露水，信众日用而不知，所谓“生活道教”的意义就在这里。

道教的神仙信仰反映了中国古人解决死亡问题的终极理想，也可把它看作是我们祖先的一种“科幻”意识，只不过这种“科幻”与当代流

① 威尔·杜兰:《人民和国家》(节录)，《港台及海外学者论中国文化》(上册)，上海人民出版社，1988年，第47页。

行的科幻所处时代不同,其所使用的技术手段也大相径庭。道教神仙不死的"科幻"所使用的技术方法,无非是属于古代科技范畴的炼内外丹一类,而当代科幻使用的则是人类社会发展到今天的高科技。当代科幻作品仍然在憧憬着"一个唾弃死神的时代",在这个未来时代,"快速冷冻,分子修复,生命与死亡的界限模糊了"。这就是微型科幻小说《2065:冰棺时代》所幻想的。小说主人公为女儿口中的"老冯",她工作在出版社,做过科幻小说编审,61 岁那年(2015 年),因为患癌症死去,为节省开支,把身体抛弃,只冷冻头颅,在零下 196℃的液氮里沉睡了 50 年,由于一种崭新的解冻技术被开发出来,她被唤醒。她死去那年女儿 27 岁,醒来之后发现,女儿已经 77 岁了,而她还是 61 岁,女儿比她更老。她死过一回,现在活了,又不算真正活着。她想能真正活着、走在大街上去看看。但最大的麻烦在于,由于医学伦理尚未对自体医用克隆开放禁令,机械身体又尚未成熟,想要获得一具健康的身体,必须等待遗体捐赠。而这意味着漫长的等待,以及一具不属于自己的陌生身体。有鉴于此,她希望再次被冷冻。然而等她再次醒来,不单是女儿,这个世上所有在世的亲人朋友就再也见不着了。小说描绘,人体冷冻公司,有缴纳一百万年冷冻费用的大冒险家,有埋好古董等待升值的艺术品掮客,有车祸濒死的伤员,有只想把自己冷冻起来的冷冻爱好者等①。读到这篇小说,我们很自然地就会想起道教中凡人遇仙的故事。这些遇仙故事中,由于仙界方七日,世上已千年,于是误入仙界的凡人回到自己家乡,全都变了模样,亲人全都不见了,谁都不认识他。令人惊奇的是,道教这类凡人遇仙的故事在当今借助于超高科技又还魂了!尽管道教遇仙故事和科幻小说叙事方式不同,但思维逻辑却完全一致,从这个世界消失的人,若干年后,又以消失时同样的年龄回到了这个世界,尽管这个世界物非人亦非,消失者的年龄却不变。试想科幻小说中缴纳了一百万年冷冻费用的大冒险家,当其一百万年后醒来,还是死去那个年龄,这简直和道教故事中成仙以后年龄就定型了一模一样,比如八仙中的何仙姑、韩湘子就永远保持青春年少。所以从当代科幻的角

① 张冉:《2065:冰棺时代》,《南方周末》,2016 年 1 月 7 日 C24 版。

度看过去，我们不妨把道教神仙信仰看作是中国古代产生的一种“科幻”，只不过这种“科幻”建立在古代的低科技水平上。不管是建立在低科技水平上的道教神仙信仰“科幻”，还是当代建立在超高科技水平上的科幻，它们的终极目标却是一致的——“唾弃死神”。

古罗马的西塞罗在其《论灵魂》中记述：外号叫“劝死者”的哲学家赫革西阿斯就“死亡不是使我们离开幸福，而是离开不幸”进行讲演，以至于“许多人在听了他的讲演之后自杀了”。又举例说明，神明“给予凡人的最好的恩赐”就是死亡①。道教的宗旨与此截然相反，道教不是“劝死者”，而是“劝生者”，苦口劝导人健康长寿，修道者长生不死；神明恩赐给凡人最好的礼物，就是长生不死，最终成为神仙。梁启超《子墨子学说》揭示：“世界大哲，莫不以死后问题为立教之源泉。佛有涅槃轮回天堂地狱之名，耶有末日审判往生天国之说，皆使人知区区数十寒暑之所经历，至短至幻至不足道，以身殉责任者，正所以求真利真福于来兹也。”②道教却并不以“死后问题为立教之源泉”，而是以如何想方设法做到此生“不死”为立教之源泉，道教也不会“求真利真福于来兹”，放到来世，而是把神仙“不死”的“真利真福”就放在当下，就在此生此世，今生就要尽自己的全力为实现这一理想目标而奋斗不息。这是道教与众不同的独特信仰，是道教的特色所在，也是我们理解和认识究竟什么是道教的关键所在。认识一个宗教，必以其信仰作为观察的核心点，对于认识道教来说，同样是如此。道教的信仰如何呢？成仙不死，这是道教对死亡的独特解释，这一解释的丰富内涵，构成其独特的神仙信仰。

四、道教神仙信仰的内容

道教的神仙信仰是中国普通老百姓生命精神的一种浓缩，道教思想坐标的起点就是成仙不死，它主要包括下列内容：

---

① 西塞罗：《论灵魂》，西安出版社，1998年，第150、171页。

② 梁启超：《饮冰室合集》八《专集》三十七《子墨子学说》，中华书局，1989年，第46页。

（一）天地之间人为贵；唯生重生，神仙长生

道教，可以说是一种生命宗教，它关心人为什么会生病，为什么会死亡，并提出解决问题的办法："凡人生在胞胎之中，皆禀九天之气，凝精以自成人也。既生而胞中有十二结节盘固五内，五内滞闷，结不可解，节不可灭。故人之病，由于节滞也，人之命绝，由于结固也。兆能解结于胞中十二结节，则求死亦不得也。"[①]这种探求在今天看来不免浅薄，但正显示出道教与儒家的不同所在。道教经书明确表示要给人指出一条神仙长生不死之路："今留此书于世，令后人知有长生之路，不死之门，若能依法而修，无不至神仙者也。"[②]意谓依道教的法门修炼，一定能够解决生死问题，成为神仙。道教称其神仙信仰易知易行："玄门之书千万言，内圣外王之道既备，其神仙长生语，特曰虚静恬淡，寂寞无为，可谓易知易行矣。"[③]意谓神仙之道并非如一般人认为的那样难以理解，难以实行，以此劝导人修学神仙。道教说："夫人一也，悟则仙，不悟则亡。"[④]大家都是人，觉悟即为神仙，执迷不悟生命即消亡。

道教神仙信仰对于人从何处来，死后往何处去，人为什么不得不出生等类问题，都有所讨论。《玄宗直指万法同归》卷四提问："父母未生之前，此身在何处？答云：父母之前，了然无物，因缘媾合，始结胞胎，形质之累有矣。曰：形质若殁，此身复在何处？答云：复如未生之前，了然无物也。曰：若无，则无有也，又云复生，何也？答云：火本无形，木为之根；泡本无形，水为之根；人本无形，父母为之根，何得不生也？"既然生

① 《云笈七签》卷二十九《解胎十二结法》，《道藏》第22册，文物出版社、上海书店、天津古籍出版社，1988年，第212～213页。

② 《混元八景真经》卷三，《道藏》第11册，文物出版社、上海书店、天津古籍出版社，1988年，第439～440页。

③ 《岘泉集》卷四《赵原阳传》，《道藏》第33册，文物出版社、上海书店、天津古籍出版社，1988年，第232页。

④ 《皇经集注》卷三，《道藏》第34册，文物出版社、上海书店、天津古籍出版社，1988年，第652页。

前死后了然无物，人何以又会出生？只因为“父母为之根，故不得不生”。若问修道者死后归于何处？“答云：亦不生天堂，亦不在地狱，亦不在南阎，亦不在西国。曰：然则在什么处去？答云：寂然不动，无来无去，清净本然，周遍法界，得意生身，自由自在。”①《碧苑坛经》卷下《济度众生》追问生前死后的来龙去脉：“学者参求生死，此身未有之前，你在何处？此身死殁之后，你向何方？”②《洞玄灵宝玄一真人说生死轮转因缘经》有云：“人生世间，如春草之华，生无定日，死有常分。”③对生命从哪里来、到哪里去的高度关怀，对生死无常的深度感触，迫使道教思考如何逃脱生死，实现生命的不朽。道教立教的宗旨，即在于解决生死问题：“太上垂教，悯诸众生，故立救拔之门，以济生死之路。”④

中国古代对不死的追求发生甚早，先秦时代神仙长生的神话传说广为流行，人们渴求能够长生不死。秦汉时，燕齐一带神仙不死说尤为盛行，荆楚和巴蜀文化中也流传许多神仙长生的仙话。《山海经·海外南经》记载：在交胫国东或曰穿匈国东有“不死民”，“其为人黑色，寿，不死”。袁珂案云：“屈原《天问》‘何所不死’，王逸注引《括地象》云：‘有不死之国’，《淮南子·时则篇》复有不死之野，《吕氏春秋·求人篇》有不死之乡，均以‘不死’为说，则殆皆古人心目中之仙乡乐土矣。”⑤这些都为道教所继承发挥，也是道教神仙不死信仰得以形成的因素之一。秦汉道教从发生开始，即充满了神仙长生思想，只不过没有加以系统论证。到魏晋，经葛洪从理论上予以证明，遂形成体系化的神仙信仰。南北朝至隋唐，受佛教生命观的影响，道教神仙信仰的追求重心逐步从肉体不死转向为精神不死，修炼的方法也逐渐由向外的追求转向对内的

---

① 《玄宗直指万法同归》卷四，《道藏》第 23 册，文物出版社、上海书店、天津古籍出版社，1988 年，第 939～940 页。

② 《碧苑坛经》卷下《济度众生》，《藏外道书》第 10 册，巴蜀书社，1994 年，第 202 页。

③ 《洞玄灵宝玄一真人说生死轮转因缘经》，《道藏》第 24 册，文物出版社、上海书店、天津古籍出版社，1988 年，第 692 页。

④ 《洞玄灵宝自然九天生神章经·诵经应验》，《道藏》第 5 册，文物出版社、上海书店、天津古籍出版社，1988 年，第 848 页。

⑤ 袁珂：《山海经校注》，上海古籍出版社，1980 年，第 196、197 页。

体证，最终形成宋元以后的内丹学。内丹学追求精神生命的永存，但实质上仍是企求永恒的“自我保存”。道教神仙信仰看起来崇拜神仙，实质上是把“人”放在第一尊贵的地位，并试图以修炼成仙解决人的生死问题。

《云笈七签》卷二十九《禀生受命》申明：“夫人生于天地之间，禀二气之和，冠万物之首，居最灵之位，总五行之英，参于三才，与天地并德，岂不贵乎？”①人在天地之间居于最灵之位，为万物之首，自然尊贵。《太上老君内观经》宣称：“万物之中，人最为灵。性命合道，人当爱之。内观其身，惟人尊焉。”②《太上洞玄灵宝法烛经》强调：“万物人为贵，人以生为宝。”③万物之中，人最为宝贵，而人最贵重的，就是生命，尤其是有道的生命。所谓“夫人之所贵者，生也；生之所贵者，道也”④。人最贵重的，就是人的身体。所谓“人身最贵”⑤。

重视生命乃是道教的基本特征之一，道教对于“生”持一种虔敬尊重的态度，以生命为天地万物的自然本性，高度礼赞生命的神圣，以生死为人生第一要事。《太平经》说：“生者，其本也。死者，其伪也。”“天上度世之士，皆不贪尊贵也。但乐活而已者。”⑥只要能活着，什么荣华富贵皆可抛，因为“生”是第一要紧的事。《老子想尔注》将“生”提升到“道”的高度来体认：“生，道之别体也。”⑦《正一法文天师教戒科经》指出“道重人命”，自古以来“死者万亿，不可胜数，皆由

① 《云笈七签》卷二十九《禀生受命》，《道藏》第22册，文物出版社、上海书店、天津古籍出版社，1988年，第211页。

② 《太上老君内观经》，《道藏》第11册，文物出版社、上海书店、天津古籍出版社，1988年，第396页。

③ 《太上洞玄灵宝法烛经》，《道藏》第6册，文物出版社、上海书店、天津古籍出版社，1988年，第178页。

④ 《云笈七签》卷九十四《坐忘论序》，《道藏》第22册，文物出版社、上海书店、天津古籍出版社，1988年，第643页。

⑤ 《云笈七签》卷五十四《说魂魄》，《道藏》第22册，文物出版社、上海书店、天津古籍出版社，1988年，第373页。

⑥ 王明：《太平经合校》，中华书局，1960年，第53、288页。

⑦ 饶宗颐：《老子想尔注校证》，上海古籍出版社，1991年，第33页。

不信其道"[1]。《养性延命录序》称:"禀气含灵,唯人为贵。人所贵者,盖贵为生。"[2]《太上洞玄灵宝法烛经》:"万物人为贵,人以生为宝。"[3]《悟真外篇·石桥歌》唱道:"人生大事惟生死。"[4]《无上玄元三天玉堂大法》卷二十四说:"使人人皆跻仁寿,则太上好生之本心也。"[5]这些说法都充分展示了道教"重生"、"贵生"的思想。这些思想其实是对中国古代社会生命崇拜的继承,尤其是对于道家唯生、重生观的直接延续。老子讲长生久视之道[6]。《庄子·让王》说:"夫天下至重也,而不以害其生,又况他物乎!"[7]认为生命的价值比天下更为贵重。这一点在杨朱派道家当中尤为突出。《韩非子·显学》指出杨朱为"轻物重生之士"[8],《淮南子》卷十九《氾论训》则称杨朱"全性保真,不以物累形"[9]。道教即继承了道家这种"轻物重生"、唯有生命最高的人生价值观。

道教神仙信仰的核心范畴是所谓长生不死之"道",人的生命与此种不死之"道"合而为一即可以神仙长生,正如《云笈七签》卷十七《太上老君内观经》说:"道不可见,因生以明之;生不可常,用道以守之。若生亡则道废,道废则生亡。生道合一,则长生不死,羽化神仙。"[10]对道教

① 《正一法文天师教戒科经》,《道藏》第18册,文物出版社、上海书店、天津古籍出版社,1988年,第236页。

② 《养性延命录序》,《道藏》第18册,文物出版社、上海书店、天津古籍出版社,1988年,第474页。

③ 《太上洞玄灵宝法烛经》,《道藏》第6册,文物出版社、上海书店、天津古籍出版社,1988年,第178页。

④ 王沐:《悟真篇浅解》,中华书局,1990年,第172页。

⑤ 《无上玄元三天玉堂大法》卷二十四,《道藏》第4册,文物出版社、上海书店、天津古籍出版社,1988年,第89页。

⑥ 《老子》第五十九章,上海古籍出版社,1989年,第15页。

⑦ 郭庆藩:《庄子集释·让王》,中华书局,1961年,第4册,第965页。

⑧ 《韩非子·显学》,上海古籍出版社,1989年,第159页。

⑨ 《淮南子》卷十九《氾论训》,《道藏》第28册,文物出版社、上海书店、天津古籍出版社,1988年,第101页。

⑩ 《云笈七签》卷十七《太上老君内观经》,《道藏》第22册,文物出版社、上海书店、天津古籍出版社,1988年,第128页。

来说，人发现了神仙不死之道就发现了自身，尽管神仙不死之道无限地超越于他，但道教信徒总是想接近它，与它合为一体。从这种本体追求出发，道教神仙信仰追求无限存在，即道教所谓“无极之道”。这种“无极之道”不受时空的限制，但却又是此在的。一般说来，世界上绝大多数宗教向往的是对于彼岸天国的死后追求，道教与众不同之处就在于，信奉的是对此岸生命获得永恒的追求，人生的意义和价值是此在世界，而非彼岸世界。这种对此岸生命不死的追求，在道教中是自由自觉的，但能不能实现，却还是一个悬而未决的问题，只不过在这种追求中，道教信徒渴求生命永恒的潜意识得到了满足，面对死亡产生的恐惧心理得到了极大的慰藉，心灵有了安顿之地。

(二)我命在我、心作主宰、无量度人、神仙可学的生命主体论

莎士比亚名剧《哈姆莱特》中有句著名的台词：“生存还是毁灭，这是一个值得考虑的问题。”[①]面对生存还是毁灭，这一永远令人深思的问题，道教毫不动摇选择“生存”，也就是所谓长生不死。并由此出发建立起我命在我、心作主宰、无量度人、神仙可学的生命主体论。

道教神仙信仰的主体性，突出地表现在：沿着墨子“非命”、荀子“制天命而用之”的思想轨迹奋勇前行，对儒家天命观以及道家生死自然观予以颠覆，对所谓“我命在我”的高扬。它与西方中世纪把人变为神的奴仆也不一样，是在生命问题上自作主张，通过修炼完成由人转化为神的过程。道教有一句震撼人心、激励人类战胜死亡斗志的名言：“我命在我不在天。”这句名言，表达了道教对儒家命定论、天命论和道家生死自然观的否定，鲜明而又集中地体现了道教神仙信仰的主体性。道教中许多人对这句名言作了自己的诠解。

《西升经·我命章》假托老子说：“我命在我，不属天地。”[②]李荣注解称：“天地无私，任物自化，寿之长短，岂使之哉！但由人行有善有恶，故命有穷通。若能存之以道，纳之以气，气续则命不绝，道在则寿自长，

① 《莎士比亚全集》第九卷，人民文学出版社，1978年，第63页。

② 《西升经》大约产生于晋代。

故云不属天地。”[1]就是说，人的生命长短是由人自己所把握，人通过存道纳气的修炼，延长了自我生命，甚至使生命不绝，所以人的生命长短并非由天地来决定，也不是命中注定的，说到底一切全看主体自我如何作为。这就是人在生命问题上的主体性发挥。另外，人的道德表现有善有恶，所以人的命运就有好有坏，人的寿命也就有长有短。“道君皇帝”宋徽宗解释《西升经》“各有行宿，本命禄之所”说：“命之立也，其称人事乎。命虽莫之致而至。然其死生贵贱，祸福寿夭，皆本于宿昔之所行。积善积恶，殃庆各以其类至，无毫厘之差，有影响之应，道者同于道，德者同于德，失者同于失，顾所行何如尔。”[2]道德行为是人能自主选择的，这种选择决定了人的生命走向，这同样显示了人在生命问题上的主体性发挥。《西升经》“我命在我”的主体性原则为后世道教广泛引用阐发。《真气还元铭》坚信：“天法像我，我法像天。我命在我，不在于天。”强名子注：“人性命生死，由人自己。人若能知自然之道，运动元和之气，外吞二景，内服五芽，动制百灵，静安五藏，则寒温饥渴不能侵，五兵百刃不能近，死生在手，变化由心，地不能埋，天不能煞。此之为我命在我也。”[3]尽管天人互相“法像”，天人合一，但我的生命由我掌握，不是由上天来作出决定的。唐代著名道教学者司马承祯《坐忘论·序》引《西升经》“我命在我，不属于天”后指出：“由此言之，修短在己，得非天与，失非人夺。”[4]就是说，生命的长短在自己，得到长寿不是天的赐予，短命夭亡也不是他人所夺去。在司马承祯看来，既然人的生命长短，既非上天赐予，也非他人所能定夺，主动权操于自己手中，那么通过修习坐忘之法，人就能够依靠自己的力量战胜死亡，求得生命之永存。

---

① 《西升经集注》卷五，《道藏》第 14 册，文物出版社、上海书店、天津古籍出版社，1988 年，第 594 页。

② 《西升经》宋徽宗注，《道藏》第 11 册，文物出版社、上海书店、天津古籍出版社，1988 年，第 496 页。

③ 《真气还元铭》，《道藏》第 4 册，文物出版社、上海书店、天津古籍出版社，1988 年，第 880 页。

④ 《云笈七签》卷九十四《坐忘论·序》，《道藏》第 22 册，文物出版社、上海书店、天津古籍出版社，1988 年，第 643 页。

对道教说来，求仙不死是一种“心学”，道在人身中表现为神明即所谓心，得道乃是“自心得道”，故必须从自我内在的“心”下手，人的主体性由此得以极大发挥。《云笈七签》卷九《三洞经教部·释太上上皇民籍定真玉箓》声言：“先能定心，仙名乃定。”①《云笈七签》卷十七《三洞经教部·老君清净心经》得出结论说：心神“既常清静，及会其道。与真道会，名为得道。虽名得道，实无所得，既无所得，强名为得。为化众生，开方便道。老君曰：道所以能得者，其在自心。自心得道，道不使得，得是自得之道，不名为得，故言实无所得”②。所以得道在自己内心，因而虽名得道，实无所得。《墉城集仙录》卷一《圣母元君》元君为修道人宣讲：“夫仙者心学，心识则成仙；道者内求，内密则道来。”③《云笈七签》卷一百五《清灵真人裴君传》引《八素经》强调说：“求生养命在于心，三丹田三寸之间耳。是以龙变蝉蜕，皆以一致而成也。《八素经》曰：仙者心学，心诚则成仙；道者内求，内密则道来。”④心的根本任务，就是修道，修心即修道，修道亦即修心。诚如《太上老君内观经》所讲：“道者，有而无形，无而有情，变化不测，通神群生，在人之身，则为神明，所谓心也。所以教人修道，则修心也，教人修心，则修道也。”⑤亦如《道法心传》所揭示：“夫心者，一身之主，万法之根。其大无内，其小无外，大则包罗天地，小则隐在毫芒；修之则作佛成仙，纵之则披毛带角；存之于内则为性，施之于外则为情；千变万化，无有定时。故圣人教之修心即修道也，教之修道即修心也。”⑥心作主宰，也充分反映了道教神仙信

① 《云笈七签》卷九《三洞经教部·释太上上皇民籍定真玉箓》，《道藏》第22册，文物出版社、上海书店、天津古籍出版社，1988年，第52页。

② 《云笈七签》卷十七《三洞经教部·老君清净心经》，《道藏》第22册，文物出版社、上海书店、天津古籍出版社，1988年，第132页。

③ 《墉城集仙录》卷一《圣母元君》，《道藏》第18册，文物出版社、上海书店、天津古籍出版社，1988年，第167页。

④ 《云笈七签》卷一百五《清灵真人裴君传》，《道藏》第22册，文物出版社、上海书店、天津古籍出版社，1988年，第716页。

⑤ 《太上老君内观经》，《道藏》第11册，文物出版社、上海书店、天津古籍出版社，1988年，第397页。

⑥ 《道法心传》，《道藏》第32册，文物出版社、上海书店、天津古籍出版社，1988年，第420页。

仰的主体性。

道教吸收了佛教区分大乘、小乘的做法，及以普度众生为己任的思想，发展出一整套大乘道教济世度人并最终自己得救的生命主体性原则。对道教来说，“道”自体本身就是好生恶杀，救护贫苦，济度一切的。《赤松子章历》卷六宣告：“大道普慈，好生恶杀，无灾不救，无厄不解。”①《太上北斗二十八章经》揭示：“大道之意，行于平等，救护贫苦，给济衣食，一切病患，给以汤药。”②《至言总》卷五《功过》教诲：“夫道所贵，在适而无累，和而常通，永劫无穷，济度一切。此之长生，乃可为重。”③济度一切的长生，才是可贵重的。道士追求的得道长生，如此而已，岂有他哉！《太上老君说长生益算妙经》称有一万二千七百种能生成、能育养、能覆爱的“道”救护人，为人增加寿算：“万道下生，与我增算。道能覆爱，道能救护，道能生成，道能育养。若人算尽者，是道能益一万二千九百九十九算，与道齐坚。天地合德，万物滋荣，其道能生。真君下世，与我长生，益我寿算，禀气长存。一万二千七百种道，下生护人。”④大乘道教“度人为先”、“无量度人”以及“先人后己”从而成仙的精神境界，既是利他主义的，但实际上最终还是利己的，因为其最高最终的目标仍然是为了修度“己身”成为“天仙”。这正是大乘道教的精神：“仙道贵生，无量度人。”⑤无量度人，既是主体性发挥，也体现了主体间性，展示出修道之人对他人生命的关怀。利他又利己，度人终度己。在大乘道教看来，那种自家生命自家了的自了汉，终于只能成为品位低下的“地仙”，因此特别强调无量度人。

---

① 《赤松子章历》卷六，《道藏》第 11 册，文物出版社、上海书店、天津古籍出版社，1988 年，第 223 页。

② 《太上北斗二十八章经》，《道藏》第 11 册，文物出版社、上海书店、天津古籍出版社，1988 年，第 364 页。

③ 《至言总》卷五《功过》，《道藏》第 22 册，文物出版社、上海书店、天津古籍出版社，1988 年，第 869 页。

④ 《太上老君说长生益算妙经》，《道藏》第 11 册，文物出版社、上海书店、天津古籍出版社，1988 年，第 411 页。

⑤ 《灵宝无量度人上品妙经》卷一，《道藏》第 1 册，文物出版社、上海书店、天津古籍出版社，1988 年，第 5 页。

既然我的生命在于我自己主体能动性的发挥，我的生死是由我自己来决定的，那么神仙可以学致便是顺理成章的了。神仙可学论也是对传统命定论的否定。有一种意见认为，神仙不死乃命中注定，非积学可以获得，这显然是宿命论的。道教的主流观点认为，神仙可以学致，人们通过自己主观上的刻苦努力，可入神仙长生之林。唐代著名道教学者吴筠撰《神仙可学论》，专门阐述这一观点。《九还七返龙虎金丹析理真诀》强调："人得一以灵。夫欲灵于人，莫过学长生不死之道也！"① 指出获取长生不死之道，可以通过学习而实现。道教神仙长生可学的命题，让生命永存的想象纵横驰骋，试图凭自我学道来解化生死，消除时间的流逝，其中固然不乏充满梦想之处，但也反映了中国人对于生命存在的执着追求，面对死亡所作的不懈抗争。

道教坚信："人能弘道，非道弘人。"②生命之树长青，在于人去弘扬。假如人不能将生命的价值高扬，活泼泼的生命之流就不会冲破种种障碍，排除"天"的制约，流向无限的时空。人"可以得道"，然而"道"在哪里去寻求？按照《净明宗教录》的看法："道非他求，本自我身。"③ 道就存在于"我"自身当中，调动自己奔放的生命活力，以艰苦卓绝的精神，在充满无常的人生道路上披荆斩棘，又何愁不能寻求到"道"？而一旦获得神仙长生之道，便可以"游行超宇宙，掌握回死生"④。超越宇宙，掌握生死，这就是道教神仙信仰主体性的恢宏气度。

总之，道教神仙信仰的主体性，其要旨包含以下四方面的内容：一方面是对自我生命的自作主宰，坚持"我命在我不在天"，颠覆儒家的命定论和道家庄子的安命论⑤。另一方面是对道德主体性的强调，人们

① 《九还七返龙虎金丹析理真诀》，《道藏》第4册，文物出版社、上海书店、天津古籍出版社，1988年，第325页。

② 《净明宗教录·胡洞真述净明大道说》，《藏外道书》第7册，巴蜀书社，1994年，第828页。

③ 《净明宗教录·中黄八柱经虚四谷章第三》，《藏外道书》第7册，巴蜀书社，1994年，第813页。

④ 《吕祖全书》卷九，《藏外道书》第7册，巴蜀书社，1994年，第212页。

⑤ 《庄子·德充符》："知不可奈何而安之若命，唯有德者能之。"参见郭庆藩：《庄子集释》，中华书局，1961年，第199页。

有权对善恶作自由选择，选择善就选择了生命的光明走向，反之则使生命掉进黑暗的深渊，人们的道德动机与生命的最终结果紧紧联系在一起。发挥道德主体性，从而延长生命存在的时间，提高生命存在的质量，人“心”是关键之所在。所以从多侧面、多角度去阐述修心养心，是道教神仙信仰讲主体性的重要内容之一。在道教，生命的历程也就是心路的历程，是人心不断作出各种价值选择的历程，这种选择正是人的生命主体性的展示。第三个方面是对万物生命的解救，不仅是拯救自我的生命，更重要的是拯救全人类的生命，并且只有拯救了全人类的生命，修道者自我本身才能成仙不死。对一个修道者来说，解救他人的生命越多，了道成仙的品位就越高。上引《灵宝度人经》所说的“仙道贵生，无量度人”，其意思就是超度他者的生命，使之长生不死，多多益善，最高境界是“无量”的，换句话说，就是拯救全人类的生命。这就是大乘道教所展示的胸襟广阔无边的生命主体精神，其中既有主体性，也包含了主体间性。当然，第四个方面，不论是拯救全人类的生命，还是拯救自我的生命，不论是做到“我命在我不在天”，还是要发挥道德主体性，修心养性，做到“无量度人”，都离不开长期“学道”修炼的过程。梅花香自苦寒来，不经历风雨，就见不到彩虹。在道教看来，如果缺乏艰难困苦、百折不挠的学道修道的体验，并由此最终得道成仙，那么，所谓“我命在我不在天”，所谓“积善乃可长生”，所谓“仙道贵生，无量度人”，这些都只不过是在讲空话。因此，如何修炼，用什么方法修炼学道，从而成仙了道，这便成为实现自我主体性的一个实实在在要解决的问题。

（三）神仙信仰的实证性和可操作性

怎样解决这一实际问题？这就要落实到道教神仙信仰的技术层面、应用层面。道教神仙信仰并非纯粹思辨性的产物，而是应用性非常强，它要求人们在实际运用中加以验证，它注重应用性和实证性，不仅是对生命问题坐冷板凳作神学上的沉思。道教神仙信仰鼓励人们在行动中去体验生命的真昧，去证实生命的不朽，去实现对生命的理想追求。道教神仙信仰重视当下的现世利益，不追求来生，但求今生今世生命得到了证，而对现世幸福的追求，对死亡的否定，是不能通过空谈来实现的，必须亲身践行。道教神仙信仰强调神仙可学，学习神仙之道的过程就是种践行，就是对生命问题进行实际的体证。所谓“神仙可学”也强烈地体现了道教神仙信仰的实证性。

实证的目的是要拯救生命。道教对生命的拯救，并不是到外面去建树一个上帝来拯救自己，而主要是通过自我修炼，自己拯救自己。“道”就在自己心中，或者干脆说：“道”即是“心”，“心”即是“道”，修道即是修心，修心即是修道。道教并因此而创建了种种修道的方法，这些方法，亦强烈地体现了道教神仙信仰的实证性特征。

一直到近现代，道教仍然十分注重仙学的实证性。近代著名道教学者陈撄宁先生于二十世纪三十年代在上海创办《扬善半月刊》、《仙学月刊》以及仙学院，提倡中华仙学，以求生命问题之圆满解决。在《答上海钱心君七问》中，他指出：“神仙要有凭有据，万目共睹，并且还要能经过科学家的试验，成功就说成功，不成功就说不成功，其中界限，假如铜墙铁壁，没有丝毫躲闪的余地……譬如我自己是个学仙的人，设若侥幸将来修练成功，必有特异之处，可以显示给大家看见，倘仍旧不免老病而死，又无丝毫神通，你们切切不要烘云托月，制造谣言，说我已经得道，免得欺骗后人。”此即对生命所抱的一种实证态度。在陈撄宁先生看来，神仙家走的道路就是一条实证的路，所以他说：“我劝君还是走神仙家实修实证这一条路罢。”①走实证的路，这就是道教神仙信仰选择的人生路向。

所谓实证，包含经得起经验事实验证的意义在内。中国人是最讲究经验主义的民族，于事实无验的东西，是很难取得他们信任的。向秀《难嵇叔夜养生论》批评嵇康所说：“导养得理，以尽性命，上获千余岁，下可数百年”，实在是“未尽善也。若信可然，当有得者，此人何在？目未之见，此殆影响之论，可言而不可得”②。连通过养生“上获千余岁，下可数百年”的人“目未之见”，经验得不到证明，都是“可言而不可得”，

① 陈撄宁：《道教与养生》，华文出版社，1989年，第331、333页。

② 《全上古三代秦汉三国六朝文》卷七十二向秀《难嵇叔夜养生论》，中华书局，1958年，第1876～1877页。

不可信赖的，更不用说长生不死的神仙了。正因为如此，实证性——这既是道教神仙信仰的一个特色，也是其最为致命的弱点所在。道教长生不死的神仙信仰从没有得到验证，人们从来没有见过长生不死的人，长久以往，人们便由信仰转为怀疑，不再相信，甚至还有很多人指责其妄想虚诞。韩愈《谁氏子》诗云："非痴非狂谁氏子，去入王屋称道士。白头老母遮门啼，挽断衫袖留不止。翠眉新妇年二十，载送还家哭穿市。或云欲学吹凤笙，所慕灵妃媲萧史。又云时俗轻寻常，力行险怪取贵仕。神仙虽然有传说，知者尽知其妄矣！"①谁家小子竟然不顾老母娇妻的劝阻，执意要去王屋做道士，智慧之人皆清楚神仙传说的虚无缥缈呀。也正如李觏《重修麻姑殿记》中所说："三代之英既往，礼教不竞，人欲大胜。欲莫甚乎生，恶莫甚乎死。而道家流诵秘书，称不死法以啖之。故秦汉之际，神仙之学入于王公，而方士甚尊宠。然或云延年，或云轻举，皆人耳目间事，久而未验，众则非之矣。"②神仙不死无验，便遭受人怀疑甚至非难，信仰神仙不死的人日趋减少，这正是由于神仙学过于追求实证的缘故。难怪李觏《疑仙赋》提出各种各样的疑问："噫噫仙乎，为有为无？为天之居？为地之庐？为山之国？为水之都？为古为今？为智为愚？为崇为卑？为肥为癯？与人类乎？与人异乎？将天下之利乎？将一身而已乎？既匪闻而匪见，我焉知其所如。"③表示没有亲眼看见神仙，不能知道其究竟是有还是无，神仙的存在十分令人怀疑。

对于这种疑问，陈撄宁的答复是："古代的神仙，尸解的已经尸解了，飞升的已经飞升了，都是离开这个地球，跑到别的世界上去了。你如何能看见？尚有一两位未曾做到尸解地步的半仙，他又躲在深山古洞之中，人迹罕到之处，永远不肯出来，在那里等候尸解。所以世上人也不能看见他们。"④神仙住在别的星球上，神仙世界与人的世界，这是两个互

① 《韩昌黎全集》卷五《谁氏子》，中国书店，1991年，第81页。

② 《李觏集》卷二十三《重修麻姑殿记》，中华书局，1981年，第255页。

③ 《李觏集》卷一《疑仙赋》，中华书局，1981年，第4页。

④ 陈撄宁：《道教与养生》，华文出版社，1989年，第330页。

不相通的世界，人们当然无法得以目睹仙颜，这是陈撄宁作出的解释。

不论是疑问的一方，还是释疑的一方，都从神仙是否实存出发，讨论人是否能不死的问题。一方肯定神仙不死存在，一方表示怀疑甚至干脆加以否定，都试图运用实证的手段驳倒对方，这是崇尚经验主义的民族所习用的手段。到目前为止，争执双方谁也没有说服谁，信奉神仙不死的仍有人在，他们仍在孜孜不倦地力求实证神仙不死存在。

在道教对神仙不死“乐此不疲”的追求中，也产生了一些相当有效的实证手段或者说操作方法，这些方法，虽不能做到使人不死，却可以让人延年益寿、强身健体，进一步提高生命存活的质量。这些具有可操作性的方法，正是道教神仙信仰实证性的具体展示。道教的操作方法可归结为两大类，一类借助外力，一类借助内力。借助外力的如服食丹药等。这类方法在魏晋、隋唐较为盛行，由于产生的负效应较大，服外丹后中毒而死的事件屡有发生，故这类方法渐为道教所不取。尽管道教外丹术在探索生命奥秘的过程中出现了失误，没有能证实道教神仙不死的可靠性，但它却产生了好些有益的副产品，涉及化学、矿物学、冶炼学和医药学等多门学科，客观上刺激和推动了古代中国科学技术的发展，举世闻名的中国古代四大发明之一的火药，便与道教炼外丹大有关系，是道士炼外丹追求生命不死过程中派生的产物。我们现在要写中国古代科学技术史，大量的内容都与道教外丹术有瓜葛。借助内力的方法主要是行气、服气乃至发展为内丹学。这类方法宋元后成为道教徒修炼长生不老的主要操作方法。

现代生物学认为，生命活动的独特原则是节奏性，所有生命都有节奏。道教早已注意到人的生命节奏性，并探讨怎样从“气”的角度把握这种节奏，使生命协调健康地发展。于是有道教气功的产生形成。在道教之前，道家已看到人的生命与“气”休戚相关。《庄子·知北游》说：“人之生，气之聚也；聚则为生，散则为死。”气聚则生命存在，气散则生命消失。关尹子也讲：“生死者，一气聚散耳。”①与庄子意见一致。《淮

① 《文始经言外旨》卷四，《道藏》第14册，文物出版社、上海书店、天津古籍出版社，1988年，第711页。

南子·地形训上》指出:“食气者神明而寿。”高诱注称:“仙人松乔之属是也。”[①]认为人吃五谷生百病,难免一死,只有食气者能够神仙长生。由于道家发现人的生命存在离不开气,故在老庄书中已经谈到炼气。《道德经》第十章有:“专气致柔,能婴儿乎?”《庄子·大宗师》指出,真人的呼吸方法是与众不同的,“真人之息以踵”,而“众人之息以喉”。《庄子·刻意》说:“吹呴呼吸,吐故纳新,熊经鸟伸,为寿而已矣;此导引之士,养形之人,彭祖寿考者之所好也。”道家对气的讲究,为道教所进一步发展。

道教提出了道即是气、以气为本的学说。《养性延命录》卷下《服气疗病篇第四》引《服气经》:“道者,气也,保气则得道,得道则长存。”[②]把气提升为道的高度,保气则可得道长存。《云笈七签》卷六十《诸家气法》主张:“道者,气也。气者,心之主。精者,命之根。爱精重气,然后身心保之矣。”“夫人以元气为本。”[③]《长生胎元神用经》引《仙经》:“道者,气也。气者,身之主。主者,身之命。命者,身之根也。若惜精、保气,始全其生。”又引《行气诀》曰:“道者,气也。保气得道,即长生矣。”[④]《道教义枢》卷二《三洞义》阐述了道教以气为本的观点:“洞真教主天宝君为迹,本是混沌太无元高上玉皇之气;洞玄教主灵宝君为迹,本是赤混太无元上玉虚之气;洞神教主神宝君为迹,本是冥寂玄通无上玉虚之气。”[⑤]这实际上是南北朝以来道教流行的一气化三清之说,三洞教主皆是迹象,其所产生的根本是“气”。以气为本的学说,是道教气功内丹术的理论根据。

---

① 《淮南子》卷七《地形训上》,《道藏》第 28 册,文物出版社、上海书店、天津古籍出版社,1988 年,第 29 页。

② 《养性延命录》卷下《服气疗病篇第四》,《道藏》第 18 册,文物出版社、上海书店、天津古籍出版社,1988 年,第 481 页。

③ 《云笈七签》卷六十《诸家气法》,《道藏》第 22 册,文物出版社、上海书店、天津古籍出版社,1988 年,第 424、416 页。

④ 《长生胎元神用经》,《道藏》第 34 册,文物出版社、上海书店、天津古籍出版社,1988 年,第 315 页。

⑤ 《道教义枢》卷二《三洞义》,《道藏》第 24 册,文物出版社、上海书店、天津古籍出版社,1988 年,第 812 页。

道教气功内丹术为中华养生文化的上乘精品，它积淀了中国文化的优良传统，其中固不免一些过时的糟粕，但其主体部分，仍然不失为原始生命科学的结晶，是道教对中国古代科学技术的一大贡献。这一贡献，对当今人类的人体生命科学及医疗养生学的发展仍有巨大的借鉴价值，值得我们深入发掘、认真总结、正确引导运用，以造福今人。

(四)生命伦理学

除上述外，还能通过什么途径获得成仙不死？道教的答案是：除了用外丹或内丹等炼养身体外，不可或缺的就是道德上的为善立功德，洗去自己生命中的罪恶，成为品格高尚的圣人和真人。因为神仙在德行上都是尽善尽美、无懈可击的，所以人要想变成神仙，那就非得在道德品质上脱胎换骨、洗心革面，像神仙那样成为真善美的统一体。在道教中，理想的道德行为是在神仙身上体现出来的，修道者只有尽最大努力效仿神仙的“善良生活”，以此来衡量自己的道德水准，才能成为神仙之国的“选民”，亦即道教所谓“种民”。神仙是至善至美的化身，创造了一个充满正义与善良的世界，并为人们建构了一套道德价值标准，人们的道德表现应该听命于神仙，以神仙的道德风范作为个人的楷模。道教神仙信仰的一个重要内容，就是承认儒家关于生命的伦理价值观，就是将其神仙信仰与儒家伦常结合起来的生命伦理学，它以“劝善成仙”作为讨论的主题，由神仙信仰和道德修养两大板块构造而成，或者说是二者联姻的产儿。

道教主张，“上士积善，永久长生”，“长生之本，惟善为基也”①；“天道平正，以生赏善，以死罚恶”②；“清贞廉洁，久则神仙”，“笃厚诚实，久

① 《墉城集仙录》卷一《圣母元君》，《道藏》第18册，文物出版社、上海书店、天津古籍出版社，1988年，第166页。又参见《云笈七签》卷八十九《诸真语论》引元君曰：“万善之基，亦在三业。十善相生，至于万善。行善益算，行恶夺算。赏善罚恶，各有职司。报应之理，毫分无失。长生之本，惟善为基也。”(《道藏》第22册，文物出版社、上海书店、天津古籍出版社，1988年，第622页)

② 《正一法文天师教戒科经》，《道藏》第18册，文物出版社、上海书店、天津古籍出版社，1988年，第233页。

则神仙”①;“善男信女,命终之后,不见地狱,径生天堂”②;“上士广开法关,先人后己,救度国君,损己济物,仁及鸟兽,惠逮有生,恭师奉法,常如封神,长斋苦思,精研洞玄,吐故纳新,心灰体槁,意勤气柔,人神并劝。如此之行,一灭一生,志不退转,克成上仙”③;然而“积恶造罪,无由冀仙”④。善则意味着生,恶则意味着亡;善则长生成仙,恶则造罪与仙无缘。这样一来,生命存在的长度便与道德善恶相联系,长生成仙即为至善的标志。只要人行善,生命就是幸福的、充实的。通过行善,感受到生命的价值,意识到生命是一种享受,值得永久维持下去,而长生不死,是人行善理应所得的回报。行善给人的感觉,乃是自我生命找到了目标和追求,这种目标追求不会导致人走向毁灭,而是升入永恒。马克斯·韦伯颇有见解地揭示:“很可能,中国一切本来意义上的‘神明’观都立足于这样一种信仰:至善之人能够免于死亡并在幸福的天堂永远活下去。”⑤这揭示了问题的一面,另一面是:至恶之人由于道德败坏,会减短寿命并在黑暗恐怖的地狱永世不得翻身。

道教相信,“修善得福,为恶得罪”,“修善者福至,为恶者祸来”,“积修功德,谦让行仁义,柔弱行诸善,清正无为,初虽勤苦,终以受福”,“不犯恶,善积行著,与道法相应,受福无极”⑥;“积善隆福基”⑦;“为善者,善气覆之,福德随之,众邪去之,神灵卫之,人皆敬之,远其祸矣。为恶

① 《洞真太上八素真经三五行化妙诀》,《道藏》第33册,文物出版社、上海书店、天津古籍出版社,1988年,第475页。

② 《碧霞元君护国庇民普济保生妙经》,《道藏》第34册,文物出版社、上海书店、天津古籍出版社,1988年,第745页。

③ 《三论元旨·真源章》,《道藏》第22册,文物出版社、上海书店、天津古籍出版社,1988年,第913页。

④ 《北极真武普慈度世法忏》卷一,《道藏》第18册,文物出版社、上海书店、天津古籍出版社,1988年,第354页。

⑤ 马克斯·韦伯:《儒教与道教》第六章《儒教的处世之道》,商务印书馆,1995年,第195页。

⑥ 《正一法文天师教戒科经》,《道藏》第18册,文物出版社、上海书店、天津古籍出版社,1988年,第232、233、235页。

⑦ 《太上三洞传授道德经紫虚箓拜表仪》,《道藏》第18册,文物出版社、上海书店、天津古籍出版社,1988年,第330页。

之人，凶气覆之，灾祸随之，吉祥避之，恶星照之，人皆恶之，哀患之事，并集其身矣”①；“持戒念道，众恶不生，善因日建，虽经生死，今身后身，常在福中，及至成道”②；“积万善之因，积万恶之苦。造恶之人，常被物使也，流浪生死，沉沦苦海”③；“生时惟恶无善，死时入地狱，考治魂魄，苦痛备至”④。善即意味着幸福与快乐，恶即意味着罪恶与灾祸，这样一来，生命存在质量的高低好坏，便与道德行为密切关联。人生的命运际遇，实质上掌握在人自身手上，人要想离苦得乐，获无量福，与灭恶兴善是分不开的。行善，可以使人产生无与伦比的快乐幸福，是对自己生存能力的一种体验，体验到自己的能力不仅足以保证自我的存在，而且能帮助他人生命具足，在行善中实现了自我。善的人生是幸福与快乐的人生。从美学角度讲，善的人生也是美的人生，行善是生命价值的最完美体现，生命之美，美就美在至善。如果说西方文化注重以真实为美，寻求真知识，那么中国文化则追求以善为美，生命之美在善行中闪闪放光。道教生命伦理学，正是以至善作为生命之美所在。道教生命伦理是对其信仰者时刻发挥监督作用的伦理要素，使之发自内心自觉行善，其对世界伦理的贡献不可估量。

(五)身体政治

所谓身体政治，是道教神仙信仰扩充运作的产物，亦即神仙信仰和政治学的联姻，其主要内涵就是道教的“身国同治”论，即从治身的原理出发向外推到政治之道，以治身之道来治理天下，天下太平。这就是道教常讲的“理身理国之道”。中国哲学具有以政治哲学为主的明显特

① 《赤松子中诫经》，《道藏》第3册，文物出版社、上海书店、天津古籍出版社，1988年，第445页。

② 《太上老君戒经》，《道藏》第18册，文物出版社、上海书店、天津古籍出版社，1988年，第201页。

③ 《太上北斗二十八章经・大道北元统章第八》，《道藏》第11册，文物出版社、上海书店、天津古籍出版社，1988年，第358页。

④ 《太上妙始经》，《道藏》第11册，文物出版社、上海书店、天津古籍出版社，1988年，第432页。

征，自先秦诸子起已形成多元而非一元的政治哲学，汉代以降，则为儒道法互补的政治哲学，表现形式为儒道二元，道教的身体政治在魏晋之后成为其中一元，而且是独具特色的一元。当然，道教身体政治诉求的目标与皇权保持一致，是为皇权服务的，只不过是在策略手段的运用上有自己的独到之处。

道教主张："至道能出世，不以出世为至道。既能出世，又能入世。"①出世却不忘入世，入世又能出世，徘徊于出入之间，这就是道教不同于世界上大多数宗教的鲜明个性。既然要入世，便难免涉足政治，就会产生自己的政治见解，就有一套自己的政治理论，终于形成其身体政治。道教说："古圣帝王官天下者，首以神仙之道默相传授，家天下者，其道不传，是以至禹而止，后遂散于方外之士。"②在"官天下"的"古圣帝王"时代，先是以解决生命问题的"神仙之道"在统治者之间默默传授，意即古圣帝王先习神仙之道，再以之指导政治。但到了"家天下"时代，"神仙之道"失传于帝王，流落到了方士手中。而道教的任务就是要把失传于帝王的"神仙之道"重新传播给帝王，使他们知道首先要养好身体，懂得养生的原理，然后以此原理向外投放于政治，才能治理好国家。身体是政治的出发点，故道教告诉帝王："天下之要，不在于彼，而在于我，不在于人，而在于身。身得，即万物备矣。"③出世却又入世的道教，关心政治，参与政治，从思想上为政治参谋，为政治提供服务，并曾试图谋求政治指导思想的地位。道教与政治关系之密切，由此可见一斑。

中国古代传统有所谓"不为良相，即为良医"，良相与良医都要能治病，良相治国家机体之病，良医治人的身体之病，治病救人，这是二者的共同努力目标。在古人眼光中，人的身体是一个有机的生命体，国家也是一个有机的生命体，故二者的"医治"有相同处，因而有"医国手"之说。自古以来又有所谓"十道九医"的现象，道士多通晓医药，对身体的

---

① 《碧苑坛经》卷下《济度众生》，《藏外道书》第10册，巴蜀书社，1994年，第204页。

② 《谷神篇序》，《道藏》第4册，文物出版社、上海书店、天津古籍出版社，1988年，第534页。

③ 《云笈七签》卷九十一《九守》，《道藏》第22册，文物出版社、上海书店、天津古籍出版社，1988年，第632页。

关注颇同于医家，对于治身体之病与治国家之病是相互融通的道理，自然而然地予以认同。道教认为，对身体器官功用的描述，也适用于政治机构的功能，身体与政治之间的这种同构关系，决定了可以在二者的互动中探索为政之道。德国哲学家恩斯特·卡普把人体器官看成是一切人造物的模式和一切工具的原型，在此基础上提出“器官投影”学说，并运用“器官投影”说解释了当时已知的各种技术现象①。实际上，道教“身国同治”的身体政治，就是一种“器官投影”说，因为在道教那里，国家机器系统被看作类似于人体的生理器官系统，君臣民皆是人体的“器官投影”，治理国家的本质，也不外乎是人体器官作用于国家行动的投影，是人体器官的外在化和客观化。道教“身国同治”的身体政治，是用“器官投影”说来解释古代中国的政治现象。这种解释，往往是通过对君人南面之术的《道德经》作注疏来完成的，从汉代河上公到唐末五代杜光庭，再到北宋陈景元，都是如此②。这种解释，承认以君主为中心的大一统王朝，认为君主的生命如果能够与道同体，就会充满活力，而生命活力是成就政治功业的动力，君主生命的活力越旺盛，生命的跃进就越巨大，生命的延续就越久长，在政治上就越有成就，终究将作为明君而青史留名。英国汉学家葛瑞汉曾指出：在古代中国，“除了道德的限制以外，无人想到对权力的任何限制——法家连道德的限制也没有。正是这点被假定（再次排除法家），即善政依靠的是治理者的道德的善”③。事实上道教不仅认为“善政依靠的是治理者的道德的善”，更大程度上关注治理者的身体状况，关注治理者是否懂得养生并运用养生

① 参见李文潮、刘则渊等：《德国技术哲学研究》第二章《“器官投影”的现代解说》，辽宁人民出版社，2005 年，第 77～82 页。

② 道教认为，《道德经》既能治身，也能够治国。“此经博通群品，无大无小，随志所求，无有拘碍，送死养生，并无不宜也。亦能安国宁人，制伏边夷，莫不顺道者也。”“夫五千文盖三洞之精华，一乘之奥旨，理身理国，遣有归无，言象莫诠，寻绎难极而百王楷式，千劫不刊之文也。”（《传授三洞经戒法箓略说》卷上，《道藏》第 32 册，文物出版社、上海书店、天津古籍出版社，1988 年，第 186 页。）《玄坛刊误论》引“云光先生曰：夫经者，太上所说，人之所秉持，或修之于身，或修之于国，此乃奉经之旨也”（《道藏》第 32 册，文物出版社、上海书店、天津古籍出版社，1988 年，第 625 页）。秉持《道德经》的宗旨，就是修身修国。

③ 葛瑞汉：《论道者：中国古代哲学论辩》，中国社会科学出版社，2003 年，第 343 页。

的原理去治理国家，实现“善政”。道教的这种政治哲学其实就是对帝王权力的限制，要求其通过节制欲望、甚至无欲无为，从而限制自己的权力，实现“身国同治”的“善政”。这对帝王形成一种政治导向，是为帝王服务的，我们可称之为帝王之学。由此可以发现，道教神仙信仰并非只追求纯粹的终极关怀，它对于现世社会的政治问题也表现出热切关怀，它力图用自己解决生命问题的方法去解决现实的政治问题，从以道治身，走向以道治国，实现所谓“道治”。并且道教“身国同治”的政治哲学也确实在中国历史上发挥了特定的社会政治作用，与儒家政治哲学形成互补之势，故我们称它是由内圣之道发而为外王之用、治身又治世的学说。

（六）塑造神仙形象，证明人能成仙不死

不老不死的神仙，的的确确存在么？为了解开人们心中的疑团，树立起修炼者对于长生不死的坚定信心，道教塑造了数不胜数的形形色色的神仙，以榜样的力量感染世人，以神仙不死的形象召唤修炼者，证明人能成仙不死的真实性。道教神仙信仰经由神仙形象来展示其精义，透过凡人修炼成仙的故事来感人肺腑，以劝化人们追随神仙信仰。

道教透过神仙传记来展示“天下有神仙”。《墉城集仙录》卷二《上元夫人》讲述了西王母、上元夫人启发汉武帝刘彻的故事。西王母说，汉武帝对神仙之道“勤心已久，而不遇良师，遂欲毁其正志，当疑天下必无仙人”。因此西王母降临汉宫，“既欲坚其胎志，又欲令向道不惑也”。汉武帝“既见王母及夫人，乃信天下有神仙之事，但不精勤，久得尸解而去，不能升天。王母、夫人、青真小童皆云：帝无仙才。斯固玄察之矣！然仙桃灵果，天膳灵酒，帝皆得而食之，但至诚求道之感应，亦非凡骨矣！不然者，何以茂陵之物出于人间？亦聊示神变之迹，知神仙之不可诬也”①。汉武帝虽好神仙之道，然而没有遇到良师，信仰发生动摇，怀疑天下是否有神仙。经西王母及上元夫人点化，方对神仙之事确信无

① 《墉城集仙录》卷二《上元夫人》，《道藏》第18册，文物出版社、上海书店、天津古籍出版社，1988年，第173、175页。

疑。可惜汉武帝“无仙才”，加之不能“精勤”修道，终于未成正果。但在道教看来，这个故事已经足以证明“天下有神仙”，让人知道“神仙之不可诬”。

中华民族所共认的始祖——黄帝，成为道教塑造的神仙之一。道教对黄帝的塑造，继承道家、方仙道以及汉代谶纬之书而来。至迟在战国时代，已经有黄帝成仙的传说。《楚辞·远游》:“轩辕不可攀援兮，吾将从王乔而娱戏。”①周灵王太子王乔是传说中的仙人，将黄帝与其相提并论，说明当时社会已将黄帝神仙化，黄帝成为人们心目中不死的偶像，寄托了初民对不死成仙的渴望。

《庄子·在宥》记录了黄帝问道于广成子的故事：广成子“修身千二百岁”，“形未常衰”，黄帝问道广成子以求“形乃长生”的“至道”②。表明黄帝不甘心只做“天子”，还渴望“长生”。《庄子·大宗师》讲：“夫道，有情有信，无为无形……黄帝得之，以登云天。”成玄英疏解说：“黄帝，轩辕也。采首山之铜，铸鼎于荆山之下，鼎成，有龙垂于鼎以迎帝，帝遂将群臣及后宫七十二人，白日乘云驾龙，以登上天，仙化而去。”③成玄英如此解，非空穴来风。据《史记·封禅书》记载，公孙卿上书汉武帝，乘武帝召见时称：“申公，齐人。与安期生通，受黄帝言，无书，独有此鼎书。”“申公曰：‘……黄帝且战且学仙。……黄帝采首山铜，铸鼎于荆山下。鼎既成，有龙垂胡髯下迎黄帝。黄帝上骑，群臣后宫从上者七十余人，龙乃上去。余小臣不得上，乃悉持龙髯，龙髯拔，坠，坠黄帝之弓。百姓仰望黄帝既上天，乃抱其弓与胡髯号，故后世因名其处曰鼎湖，其弓曰乌号。’”④托名刘向所著《列仙传》记载：“仙书曰，黄帝采首山之铜，铸鼎于荆山之下。鼎成，有龙垂胡髯下迎，帝乃升天。群臣百僚，悉持龙髯，从帝而升。攀帝弓，及龙髯拔而弓坠，群臣不得从，仰望帝而悲

① 黄寿祺、梅桐生：《楚辞全译》，贵州人民出版社，1984年，第125页。

② 参见郭庆藩：《庄子集释·在宥》，中华书局，1961年，第379～383页。

③ 郭庆藩：《庄子集释·大宗师》，中华书局，1961年，第246～247、250页。

④ 《史记·封禅书》，中华书局，1982年，第1393、1394页。

号。故后世以其处为鼎湖，名其弓为乌号焉。”①

纬书《河图始开图》说：“黄帝名轩辕，北斗神也，以雷精起，胸文曰：黄帝子。修德立义，天下大治。”“黄帝名轩，北斗黄神之精。母地祇之女附宝，之郊野，大电绕斗，枢星耀，感附宝，生轩，胸文曰：黄帝子。”②纬书《龙鱼河图》载天遣玄女授兵信神符、西王母遣道人授符帮助黄帝打败蚩尤的故事：“天遣玄女下，授黄帝兵信神符，制伏蚩尤，以制八方。”“玄女出信兵符付黄帝，制蚩尤。”“帝伐蚩尤，乃睡梦西王母遣道人，被玄狐之裘，以符授之曰：太乙在前，天乙备后，河出符信，战则剋矣。……力牧与黄帝俱到盛水之侧，立坛，祭以太牢。有玄龟衔符出水中，置坛中而去。黄帝再拜稽首，受符视之，乃梦所得符也，广三寸，袤一尺。于是黄帝佩之以征，即日禽蚩尤。”③北斗、玄女、西王母后来都成为道教信奉膜拜的神仙。纬书《尚书中候握河纪》说黄帝驾龙登天的故事：“乃铸鼎荆山之下，成，有龙下迎。黄帝上龙，群臣后宫从上天者，黍秩余人。小臣悉持龙髯，拔坠，黄帝弓。”④与《史记·封禅书》所载大同小异。

唐人王瓘所撰《广黄帝本行记》，对黄帝问道求仙有更为丰富多彩的描述：“黄帝以天下既理，物用具备，乃寻真访隐，问道求仙，冀获长生久视，所谓先理代而登仙者也。”“黄帝居代总二百一十年，在位一百年，升天为太一君，又为轩辕之星，备黄龙之体，在南宫之中。后代享

① 守一子：《道藏精华录》下册《列仙传》，浙江古籍出版社，1989年，第1页。《四库提要》作者怀疑《列仙传》“或魏、晋间方士为之，托名于向耶？”余嘉锡《四库提要辨证》卷十九《子部十》则肯定：“此书之为依托，固不待言。”并指出：“此书已盛行于东汉，不自魏、晋始矣。”“综合诸说观之，此书盖明帝以后顺帝以前人之所作也。”（中华书局，1980年，第3册，第1202、1203、1204、1207页）

② 安居香山、中村璋八辑：《纬书集成》下册《河图始开图》，河北人民出版社，1994年，第1105页。

③ 安居香山、中村璋八辑：《纬书集成》下册《龙鱼河图》，河北人民出版社，1994年，第1149、1150～1151页。

④ 安居香山、中村璋八辑：《纬书集成》上册《尚书中候握河纪》，河北人民出版社，1994年，第422页。

之，列为五帝，居中配天。盖黄帝土德，中央之位，兼总四方也。”[①]《云笈七签》卷一百《轩辕本纪》中，黄帝治国平天下后，寻访仙道、最终修炼成神仙的故事，与王瓘《广黄帝本行记》相比照，基本雷同，依此类推，全文有可能间接取材于《新唐书·艺文志》著录的“王瓘《广轩辕本纪》三卷”[②]。《历世真仙体道通鉴》卷一《轩辕黄帝》，则完全抄录自《云笈七签·轩辕本纪》，只有十分微小的差异[③]。这些文献材料表明，道教把黄帝从人塑造为神仙，其完整故事到唐代已见分晓。道教对黄帝的塑造，也为其把道教的产生追溯到黄帝时代提供了神学依据。黄帝成了仙，于是中华民族不仅仅是龙的传人，而且成为神仙的传人。

道教还把哲学家老子塑造为“太上老君”，使之成为由人经修炼变化后，获得最高果位的“道德天尊”。《道法会元》卷二《清微应运》明确说：“由人道而生仙境者，曰道德天尊。……道德天尊即是人道而生仙界者。”[④]杜光庭《释老君盛唐册号》：“太上者，统教之尊名，证圣之极果也。太者，大也；上者，高也。太者，大也；无大于太上者，高也。无高于上，乃修行证果极位之称也。世人修行，自凡而得道，自道而得仙，自仙而得真，自真而得圣，圣之极位，升为太上。太上者，六通万德，无不毕备，绍法王位，统临万圣，即得居此尊名。亦如代间皇帝，代代绍位，皆得称之。自元始天尊之后，即有太上大道君、太上老君、太上丈人、太上高皇帝，皆极此位。而太上丈人、高皇帝，虽兼有尊极之名，而不行教。

① 王瓘：《广黄帝本行记》，《道藏》第5册，文物出版社、上海书店、天津古籍出版社，1988年，第32～35页。《新唐书·艺文志》著录“王瓘《广轩辕本纪》三卷”（中华书局，1975年，第5册，第1484页）。今《道藏》本王瓘《广黄帝本行记》只收录黄帝平天下后“修行道德”事迹，当系“王瓘《广轩辕本纪》三卷”之节本。

② 《云笈七签》卷一百《轩辕本纪》，《道藏》第22册，文物出版社、上海书店、天津古籍出版社，1988年，第674～684页。按：《轩辕本纪》前有《真宗皇帝御制先天纪叙》，依其所叙，《先天纪》为王钦若收集道书编辑，宋真宗冠名。如果《云笈七签》以《先天纪》为底本，则《先天纪》取材于唐人王瓘《广黄帝本行记》是无疑问的。

③ 《历世真仙体道通鉴》卷一《轩辕黄帝》，《道藏》第5册，文物出版社、上海书店、天津古籍出版社，1988年，第103～112页。比如说，《历世真仙体道通鉴》引用《先天纪》称：黄帝之后“子孙相承凡一千五百二十年”。而《云笈七签》为“一千二百五十年”。

④ 《道法会元》卷二《清微应运》，《道藏》第28册，文物出版社、上海书店、天津古籍出版社，1988年，第680页。

其传祚行教，为万天之主，惟道君、老君耳。”[①]杜光庭《老君赞》：“无上元元，化身万亿。开辟乾坤，古今莫测。万象之宗，帝王之则。先天地生，备全道德。”[②]杜光庭《道德真经元德纂序》神化太上老君：“道本至无，能生妙有。运至无之道，成妙有之功，其惟太上老君元元皇帝乎！起于象先，尊为化本；融神亿劫之始，分灵覆载之中；亭毒万殊，陶钧庶品。由是三皇受命，尚遵淳一之风；五帝握图，渐散无为自朴。老君虽历代降迹，随时应机，或为国师，或为宾友，授经传道，以教时君。”[③]太上老君能够“运至无之道，成妙有之功”，故不仅仅是神仙的最终极果位，而且变幻莫测，化身万亿，历代降迹，或为国师宾友，从政治上教化君王，其经教成为“帝王之则”。

神仙的存在是人能不死的最佳证据，是人可以超越生死的最强有力的活生生证明。为何这样说？因为神仙的大多数，都是人修炼变化而成的[④]。道教的这些来源各异、层次不同的神仙有一个共同的特征，那就是有着浓郁的人情味，盖因其本由凡人转化而来，神仙也是人做的。神仙与凡人不同的是，凡人会死，而神仙却不会死。“道”被神仙化，在道教中常常将其具体描述为由“气”化生或者说是凝结而成神仙，这种气化说令人更能感受到道教神仙的实存性，使神仙与人的距离拉近，神仙与人有一种强烈的亲和感。在道教看来，因为人是由阴阳二气交媾产生的，而神仙也是由气化生来的，人与神仙都是气化生出来的产物，所以人在其先天的本源上即具备了成仙的可能性，亦即人先天就有资格、有条件成为神仙。只不过化生神仙的“气”，道教称之为“祖气”，乃是先天之气，而产生人的“气”，为后天之气，故人要想成仙，必须经过长期的刻苦修炼，从后天之气返回到先天祖气，这是一个逆反的修炼过程。这种结成天上神仙的“祖气”，其实就是人本有的先天之气，人在修

① 《全唐文》卷九四四杜光庭《释老君盛唐册号》，上海古籍出版社，1990年，第4350页。

② 《全唐文》卷九四四杜光庭《老君赞》，上海古籍出版社，1990年，第4349页。

③ 《全唐文》卷九三一杜光庭《道德真经元德纂序》，上海古籍出版社，1990年，第4300页。

④ 读《神仙传》、《续仙传》、《历世真仙体道通鉴》等道教神仙传记著作，用统计学的方法可发现，除了少数虚构的至高无上神仙，大多数神仙都由凡人修炼变化而成，或因建立某种功德被后人追封而成。

炼中，逐渐把肉体凡胎的后天之气去掉，转换成为“本来自性”的先天祖气，换言之，从后天之气朝逆反方向回归到先天之气，于是可以与道同一，人就获得了“道”所具有的永恒不朽性。用道教的话讲，这样的人取得了进入神仙不死世界的资格，从此以后即可逍逍遥遥、快快乐乐地做那长生不死的神仙。然而，道教生命价值观的矛盾悲剧也正在于此：既要实证，又不能向世人证实神仙不死的存在。

以上即道教神仙信仰的主要内容，从中可以窥见道教对生死问题的解决方案不同于儒家和佛教，有其独特的个性。

五、道教神仙信仰对生死问题的独特解决

生死乃是人生的最大问题，古今中外的各种宗教莫不对此作出自己的解答。宗教满足了信仰者对死亡之后人往哪里去的关怀，亦即所谓终极关怀。美国学者 A. 哈维兰说：“一切宗教都满足许多社会和心理需求。这些需求中，有一些——例如，正视死亡和解释死亡的需求——是普遍性的。”①可见一切宗教都将对人们解释死亡的需求给予心理上的满足，对人的终极关怀作出解释，当然这种解释是五花八门的，各说不一。道教是种关于人的生命学问的宗教，以生命为本位，通过时间与空间的无限延伸，形成一个超越于人间世界之上的永恒的生命之网，那就是神仙世界，以此来解决生死问题。

道教之“道”与道家的不同之处，在于特别看重修炼神仙长生之道，修道从而得道，成为其“道”论的重要组成部分。对于道教来说，指出“道”是宇宙本源、世界根本、万物依据，这固然十分重要，但还很不够，还必须同解决人的生命永恒存在问题联系起来，劝人刻苦修道，从而得道成仙不死，这是更为重要的。道教所谓人人自身都有道性，从理论上回答了每个人通过努力修行都能得道成仙，都能解决生命不死的问题。这种人皆有道的思想直到清代仍在道教中流行，比如先天派的创始人千峰老人赵避尘就认为：“道者人人有分，位位可得。大则成仙佛，小则

① A. 哈维兰：《当代人类学》，上海人民出版社，1987 年，第 502 页。

延年寿。”①可见其影响之深远。

道教神仙信仰与道家追求个人精神自由有相一致的地方。与道家不同之处在于，道教反对在生死问题上像道家那样“顺其自然”，顺从“生—死”自然的演化之道，而是主张“逆反自然”，走一条“生—不死”的路线。《庄子·至乐》记载：“庄子妻死，惠子吊之，庄子则方箕踞鼓盆而歌。惠子曰：‘与人居，长子老身，死不哭亦足矣，又鼓盆而歌，不亦甚乎！’庄子曰：‘不然。是其始死也，我独何能无概然！察其始而本无生，非徒无生也而本无形，非徒无形也而本无气。杂乎芒芴之间，变而有气，气变而有形，形变而有生，今又变而之死，是相与为春秋冬夏四时行也。人且偃然寝于巨室，而我噭噭然随而哭之，自以为不通乎命，故止也。’”对此，唐代道教学者成玄英疏解说：“大道在恍惚之内，造化芒昧之中，和杂清浊，变成阴阳二气；二气凝结，变而有形；形既成就，变而生育。且从无出有，变而为生，自有还无，变而为死。而生来死往，变化循环，亦犹春秋冬夏，四时代序。是以达人观察，何哀乐之有哉！”②生来死往，恰似春夏秋冬四时代序，是自然而然的变化，用不着哭泣、悲哀，否则就是“不通乎命”，因此庄子妻死，他不仅不哭泣，反而在那儿“鼓盆而歌”。这是道家解决生死问题的典型表述、形象说明。但道教不这样看，葛洪《抱朴子内篇·释滞》批评说：“文子庄子关令尹喜之徒，其属文笔，虽祖述黄老，宪章玄虚，但演其大旨，永无至言。或复齐死生，谓无异以存活为徭役，以殂殁为休息，其去神仙，已千亿里矣，岂足耽玩哉？”③在道教眼中，道家“齐死生”与道教追求神仙不死之间的距离相去“千亿里”，二者简直就是两股道上跑的车，所追求的全然不是一条道路。道教不甘心顺着生死自然的路走，时刻想着如何可以不死。于是道教要抗命，要抵制命运的安排，要想方设法打败生老病死的自然法则。道教的生死观与道家相比有很大不同，这一点，就连当代新儒学大家冯友兰先生都看得明白：“宋明道学家，常将道家与道教相混。实则

① 东方修道文库：《先天派诀》，中国人民大学出版社，1990年，第2页。

② 郭庆藩：《庄子集释·至乐》，中华书局，1961年，第614～615页。

③ 王明：《抱朴子内篇校释·释滞》，中华书局，1985年，第151页。

二者中间，分别甚大，道家一物我、齐死生，其至人的境界是天地境界。道教讲修炼的方法，以求长生为目的，欲使修炼底人维持其自己的'形'，使之不老，或维持自己的'神'，使之不散。道教所注意者，是'我'的继续存在。其人的境界是功利境界。道教承认，有生者有死，生死是一种自然底程序。但以为，他们有一种'逆天'的方法，可以阻止或改变这种程序。他们可以说是有一种'战胜自然'的精神。"[①]在冯友兰先生看来，道家"至人"境界是一种天地境界，是"顺其自然"；而道教神仙境界，仅仅是一种功利境界，是要"逆天"、"战胜自然"，道教与道家二者之间解决生死问题的"分别甚大"。即便从道教的斋醮科仪看，在更高的层次上，也是要逆反自然的："科仪是达到与道合一的瞑想程序。即道士在宿启—三朝—正醮等一系列仪式中，与混沌—三清—五行—万物这样一个造化程序逆行，最后达到混沌状态，在这种状态中实现与道合一。"[②]道士法师瞑想程序"逆行"于自然程序，在关乎生命的仪式——不管是关乎生者的"阳法事"还是关乎死者的"阴法事"中，才能收到信徒想要的最佳效果。

儒家强调"不孝有三，无后为大"，希望通过"有后"来延续自己的肉体生命，通过人伦来传宗接代，在精神上则希望通过所谓"立德、立功、立言"的"三不朽"，从而走向"长生不死"。道教虽然并不反对儒家伦常对传宗接代的要求，但真心诚意追求的是自我肉体和精神的不死，具备个体化意识。道教神仙信仰的个体意识，展示了道教对个体自由选择的重视，使人成为自我生命的主人。在道教看来，个人的生命能否存在，并非由外在的他物所决定，而是取决于内在的自觉意志选择，主体的自由选择是问题的关键所在。道教所讲的主体性，不仅承认人的理

① 冯友兰：《贞元六书·新原人》，华东师范大学出版社，1996年，第689～690页。从深度观察自然现象出发，道教承认："天下万物，无有长存。有死有生，有成有败。日出则没，月满则亏。从古至今，谁能违反？"（《云笈七签》卷三十八《说戒》，《道藏》第22册，文物出版社、上海书店、天津古籍出版社，1988年，第269页）另一方面道教说："我命在我不在天"、"神仙可以学得"，意图抗命，反抗自然之道。这一点，冯友兰先生看得很准。

② 松本浩一：《道教和宗教仪礼》，载福井康顺、山崎宏、木村英一、酒井忠夫监修《道教》，上海古籍出版社，1990年，第165页。

性存在，而且也承认人的经验性存在，继承了先秦道家对个体意识的渲染。成仙了道毕竟是个体的事，生命永恒存在，只能具体地体现于每一个个人的身上。故道教与儒家的群体主义不同，道教在承认群体、不违背群体利益的前提下，又给个体生命保留了一块自由活动的地盘，使个体的生命价值得以实现。从实质上说，在道教神仙信仰的主体性中，含有比较强的个人主义精神，特别关注“我”，强调“我”的生命不死。这种个人主义，在一定程度上无疑是对儒家的家族群体主义的挑战和反叛，故道教神仙信仰颇遭儒家的非议和攻讦。但正因为有了这种个人主义意识的觉醒，这才奠定了道教神仙信仰的主体性基础，使道教把生命看成是个人自己不断作出各种价值选择的历程。个人主义意识的觉悟，个性的张扬，激发了道教对生命永恒存在的主体能动追求。当然，这种追求为了不至于被儒家的家族宗法主义所扼杀，它不得不公开承认儒家的家族宗法主义的权威性，甚至论证此种权威性为修仙之必需品，所以儒家伦常一般被道教看作是成仙追求的前提。道教在肯定个体生命的同时，也肯定儒家的家族生命，保证仙道并不妨碍孝道。这或许最初在道教只是某种策略性的东西，后来则演变为不二法门，化解了道教与儒家的矛盾冲突。

道教超越死亡的强烈意识，使其形成不同于儒家的独特的人生价值观。对于道教的信徒来说，为了要实现超越死亡这一终极目的，人生的旨趣不在于世俗的所谓得失成败，不在于儒家的功名利禄，而在于追求生命存在本身。对一位虔诚的道教徒来说，保持恬静淡雅的人生情调，保持生命存在而终获不死，就是人生意义所在，就是自我价值的实现。《西山群仙会真记》卷五引《洞天语录》:“世人不悟大理，以尘世石火电光中暂荣暂贵，役使心绪无定，一日气弱而病，气绝而死。转转不悟，流身异类，透灵于别壳，终不达生死之宜。”世俗之人看不透尘世间花花绿绿、形形色色的荣华富贵皆如石火电光，一闪即过，转眼就消失得无影无踪，反而被这些空幻的东西搞得个天花乱坠，“心绪无定”，昏头昏脑，结果是机关算尽太聪明，反误了卿卿性命，终于无法超越生死。因此之故，“修真之士，志在玄元而甘寂寞"①。为了"玄元",耐得住寂寞,心甘情愿地坐冷板凳,不为尔虞我诈的名利场所勾引,富贵不能淫,贫贱不能移,威武不能屈,自然可以在成仙路上"飞黄腾达",升迁仙位②,最终完成对生死的超越。

这样的人生价值观显然为儒士所鄙薄,被儒家批评为保命哲学。尖刻者甚至讥讽道教的不死之道是专为怕死鬼设计的生存之术。面对这种种批评责难,虔诚的道教徒仍然一意孤行,一往情深,孜孜不倦地修炼神仙,因为他们的人生路向就是指往不死之道,他们的人身价值目标就是追求超越生死而长生成仙,舍此之外的酒色财气、官位功名、荣华富贵等等一切,对于他们来说,都必须抛弃。换言之,对于修道者,儒家的那一套仕途经济的人生价值观,除了保留其道德观念,其他都必须无条件的束之高阁,或丢到九霄云外,假若做不到这一点,就不能实现对于生死的超越!

儒家提出以伦理为本位的价值取向,如果生命与道义发生冲突,二者不可得兼时,便应该把道德理想放在首要位置,为担戴道德义务而超越个人的生存欲望,舍生取义。故孔子大声疾呼:"志士仁人,无求生以害仁,有杀身以成仁。"③孟子的选择是:"生,亦我所欲也;义,亦我所欲也。二者不可得兼,舍生而取义者也。"④《吕氏春秋·士节》说儒士的品节应该是:"当理不避其难,临患忘利,遗生行义,视死如归。"⑤道德生命高于肉体生命,这是儒家的理想人格。与此不同,道教以肉体生命为本位作价值取向,具有强烈的个体生命意识,在对个体生命永存的追求中实现自我,获得圆满具足的人生。且道教并不把生与义对立起来,

---

① 《西山群仙会真记》卷五,《道藏》第4册,文物出版社、上海书店、天津古籍出版社,1988年,第441、440页。

② 《真仙直指语录》卷上讲了一个故事:"解州平陆县李得和与众结灵宝会,祭祀亡魂,有善功。忽夜梦青衣自空而降,赍天书开示曰:'授中条山土地。'李公曰:'一生好道,不得下仙,而止授此职耶?'仙童曰:'三载职满,别升福地仙官。'"(《道藏》第32册,文物出版社、上海书店、天津古籍出版社,1988年,第437页)由此可见道教神仙文化深受儒家官本位思想的影响。

③ 《论语·卫灵公》,《大学中庸论语》,上海古籍出版社,1987年,第66页。

④ 《孟子·告子上》,《孟子》,上海古籍出版社,1987年,第89页。

⑤ 《吕氏春秋·士节》,上海古籍出版社,1989年,第86页。

而是强调二者的和谐统一，并将伦常道德作为成仙了道的先决条件。从《太平经》开始，便寻求将道教神仙长生说与儒家伦理结合起来的途径，初步形成别具一格的生命伦理学。到魏晋时，这种修仙必以忠孝为先的生命伦理观得到发扬，许多道经宣传此说，葛洪对此也持赞许态度。《抱朴子内篇·对俗》引《玉钤经中篇》说："欲求仙者，要当以忠孝和顺仁信为本。若德行不修，而但务方术，皆不得长生也。"①"忠孝"、"仁信"为儒家伦理的核心范畴，以此作为道教追求神仙长生的"本"，这就极大地凸显了道教神仙信仰的此在性，解决了"仙"与"圣"之间的冲突，形成道儒互补的人生。后来宋元内丹家虽然不赞成葛洪式的佐时修仙，不走儒者修齐治平、名垂青史的人生道路，而把人修炼内丹，脱胎神化，名题仙籍，位号真人，看成"大丈夫功成名遂之时"②，但对于儒家伦理仍然不排斥，仍将其作为修仙的先决条件。如陈致虚《金丹大要》卷二称："金丹之道，先明三纲五常，次则因定生慧。纲常既明，则道自纲常而出，非出纲常之外而别求道也。"③王重阳《金关玉锁诀》以忠孝为修炼丹道的先行功夫，认为太上老君"炼九转还丹，令人去病疾，了生死"，而孔子"教仁义礼智信，恐人招业在身，令人修此，亦能治其疾病"。又指出道教神仙最高等级"天仙"的重要特征之一就是"孝养师长父母"④。可以说，道教始终坚持了修仙和儒家伦理相结合，这就使其神仙信仰能长期在中国宗法社会中合法化存在，融进民众日常生活。修仙和儒家伦理相结合的生命伦理观被吸收进宋明道教劝善书，比如《太上感应篇》、《功过格》之类，自明清以来在社会上产生了广泛的影响，人们以行善尽忠孝作为获得长生不死的敲门砖，从而修成所谓"忠孝神仙"。这是道教神仙信仰与儒家伦理联姻的结果，也凸显出道教对生死问题的独特解决。

---

① 王明：《抱朴子内篇校释·对俗》，中华书局，1985 年，第 53 页。

② 张伯端：《悟真篇自序》，见王沐《悟真篇浅解》，中华书局，1990 年，第 3 页。

③ 《金丹大要》卷二，《道藏》第 24 册，文物出版社、上海书店、天津古籍出版社，1988 年，第 9 页。

④ 《金关玉锁诀》，《道藏》第 25 册，文物出版社、上海书店、天津古籍出版社，1988 年，第 803、802 页。

佛教讲求生死轮回循环，生生死死，死死生生，此正如张载所指出的："今浮屠极论要归，必谓死生转流，非得道不免，谓之悟道。"[①]道教与佛教的"悟道"不同，不讲死生转流循环，只追求今生不死[②]。道教寻求"我"的真实存在，把人生看成实有并希望永远保住这个实有，把自然界的万事万物也看成真实性的实在，人与万物都有其自性，都有其自体存在。这与佛教"诸法无我"、"人生空幻"的人生观正好针锋相对。按照佛教对于人生的观察和思考，凡有"我见"，即是"无明"，无论"人我执"也好，"法我执"也好，通通都是执着虚假的"我"不放，不明白人生的真谛，都是"我见"，都必须予以破除。在佛教眼里，人与万物都无自性，都无自体，都是种"假我"，都是空空如也，因此真理在于"人无我"、"法无我"。道教神仙信仰追求"我"的长生不死，对于佛教来说，就是一种外道的"有我"论，就是"人我执"，应当破除。然而，道教神仙信仰对不死的追求，恰恰就体现在这个所谓的"人我执"上。假如把"我"破除了、看空了，道教追求的长生不死就没有一个实体来作承担者，其神仙信仰也就失去了存在的理由。因此，道教无论如何都要坚守住"我"这一根基，都要讲"我"是有自性、有自体的。佛教还有所谓色、受、想、行、识"五蕴"，认为人的这五种生命要素，全是依缘而起的虚假无常之物，根本就不能自作主宰。人既然由如此虚幻的"五蕴"集合而构成，那么，人也就没有一个实实在在的主体的"我"存在，这叫"五蕴无我"。而站在道教的立场，刚好相反，道教认定"五蕴有我"，完全能自作主宰。比如说一般人身体会老，而道士则努力通过修炼来使自己返老还童，这是色蕴要自作主宰；一般人受外界刺激，通常有相应的痛苦、悲伤、愤怒等情感反应，而道士则以不动情来应对，这是受蕴要自作主宰；一般人常常会胡思乱想，而道士则用心斋、坐忘、存思等方法来控制心猿意马，这是想蕴要自作主宰。凡此种种，都展示出道教神仙信仰中有一个实实在在的主体的"我"存在，这个"我"想方设法对身心作全面的宰制，最终达到长生不死之目的。这是道教与佛教解决生死问题的不同所在。需要

① 《张载集》，中华书局，1978年，第64页。

② 道教先是说肉体不死，后来转向讲精神不死为主。

指出的是，道教修炼长生不死的神仙，绝非易事，故古往今来能成仙的人并不多。《抱朴子内篇·对俗》在论及是否有神仙这个问题时说：“若谓世无仙人乎，然前哲所记，近将千人，皆有姓字，及有施为本末，非虚言也。”①有名有姓有记载的神仙，其数量不过“近将千人”，在古往今来的亿万人中，能够修炼成仙者实在少得可怜。不能济度亿万普通大众，解决其生死问题，这对道教吸引信仰者、占领信仰市场是很不利的。各个宗教对解脱死亡的力量是不一样的。道教讲求实证的力量，显得气力不足，捉襟见肘，难以自圆其说。而佛教说空幻，在“普度众生”的激动人心口号下，以其既不能证实、也不能证伪的三世轮回说，宣称要把亿万普通人运载到“西方极乐世界”，且方法简便可行，只需要念一念“阿弥陀佛”。所以尽管其非本土宗教，却发挥了“外来和尚会念经”的大本事、大力量，招徕了亿万信众追捧，成为名副其实的“大乘佛教”。难怪有人声称，“佛教征服中国”。当然，相对于儒家名教的“三不朽”只解决了极少数精英的“不朽”问题来说，道教在一般群众中还是比儒教更具有吸引力的。因此，如果说在解决中国人生死问题上，儒释道三教的力量大小不一，那么佛教是“大乘”力量，道教就是“中乘”力量，而儒教只是“小乘”力量。

归纳起来，道教神仙信仰所追求的生命，是一种向善永恒的自然生命；这样一种个体的小我生命与生生不已的宇宙大我生命合为一体，交融互摄，化育不止；个体生命的完美历程是凭借自力而非他力完成的，通过主体能动性的高扬，自我的刻苦修炼“道”，个体生命终将得救。这种神仙信仰的形上学依据是不死之“道”，肯定人的生命经过自我创造的历程，可以与日月同辉，与天地同在，与“道”同体。这样解决生死问题，与佛教的“生死转流”和儒家的“舍生取义”都不雷同，在中国文化里面独树一帜。牟宗三先生曾经说过：“中国哲学以‘生命’为中心。”“它是以‘生命’为中心，由此展开他们的教训、智慧、学问与修行。”②显而易见，道教神仙信仰即是如此，它是一种以生命存在为中心的智慧，围

① 王明：《抱朴子内篇校释·对俗》，中华书局，1985年，第46页。

② 牟宗三：《中国哲学的特质》，上海古籍出版社，1997年，第6页。

绕究竟如何解决生死问题来展开，并给出自己独特的解决方案。这套独特的解决方案之产生，并非无源之水、无根之木，而有其古老深厚的价值体系倾向作支撑："中国的价值体系中某种一般性的倾向，有利于一个以老子之教说为基础的特殊教派之发展。这种倾向就是对自然生命本身的珍重；故而，重视长寿，以及相信死是一种绝对的罪恶。因为照理说来，一个真正完美的人应该是可以避开死亡的。"[①]自古以来，中国人的价值体系就倾向于"对自然生命本身的珍重"，"重视长寿"，"相信死是一种绝对的罪恶"，这对道教神仙信仰的形成及发展是极为有利的。那么，道教神仙信仰是否能为中国人所接受呢？

六、道教神仙信仰成为中国人藏在心里的秘密

道教神仙信仰一旦形成发展起来，就会向普通中国人回报反馈，使他们心中常怀有长生不老之秘密愿望。

生命是什么？有位西方学者比夏提出了一个关于生命的著名定义："生命乃是抗拒死亡的各种功能的总和。"他认为生物机能的目标主要是维持机体生命和"抵制死亡"，换句话说，生命在其本质上就是抗拒死亡，不死是生物的一种本能意识[②]。道教神仙信仰对不死的追求，在这里可以找到其生物学意义上的解释，换句话说，道教信仰神仙不死，实际上是出于生物的一种本能追求，是潜意识中抗拒死亡的自然而然的表露。人类最深切、最永恒的焦虑，莫过于死亡的焦虑。道教对于神仙不死的信仰和追求，在某种程度上使人类这种最深切的内心焦虑得到缓解和慰藉，减少了对于死亡的恐惧，甚至让那些虔诚的信仰者感受到有可能超越死亡的苦海，到达长生不死的神仙世界。从宗教心理学的理论出发分析，人对死亡的焦虑和恐惧感，强烈地反弹过来，使人产生出不死的渴望和追求，可以说，这是形成道教神仙不死信仰的心理机制，是道教寻求超越生死的心理原因所在。这样的心理机制与人体本

① 《韦伯作品集·中国的宗教》，广西师范大学出版社，2004年，第266页。

② 参见莫里斯·迪热：《政治社会学》，华夏出版社，1987年，第183、184页。

能地抵制死亡的生理机制完全是一致的，可见，人类无论在生理上还是在心理上都力图去抗拒死亡，获得永恒。从目前人类所能认识到的客观现象来说，人的生命从出生那一瞬间就意味着死亡，生必有死，死是生的必然结果，生与死不可分隔地联系在一起，此即庄子所谓“方生方死”。然而从主观上讲，从人的情感和心理上讲，谁又不渴望长寿呢？假如确有不死的可能性存在，谁又会不渴望不死呢？

在世界上许多民族的神话中，都幻想过曾存在一个没有死亡的时代，原始宗教思想，也断然否认人会死亡的真实可能性。考古学的发现表明，在人类的童年时代，人们已经对死亡现象产生极大的关怀，希望不死。直到现代，相信自己会不死的仍有人在。美国学者菲利普·劳顿等在所著《生存的哲学》第九章“死亡——生命不受欢迎的结局”中指出：大多数人从八至十岁起就知道他们也会死，但他们觉得自己难以真正相信这一点，难以严肃对待自己的死亡这个问题，这是奇怪的心理现象。更为严重的是，无法相信自己会死的显然大有人在。他们认为，他人会死，当我们想象到自己的死时，我们把自己想象成了他人。书中提出了这样一个问题：“前人的死是直接而不容置疑的事，在这极为频繁的事面前，为什么会有如此众多的人公然否认自己也终有一死呢？”①书中认为，这些人意识到自己会死，而否认自己终有一死，不过是消除这种意识的一个办法而已。就是说，这样可以消除对于死亡的恐惧，获得心理上的安宁平和。这是人的非理性的本能意识，是必不可少的自我安慰，是藏在心底的强烈愿望。丰子恺在其散文《秋》当中就把这样一种藏在心底的强烈愿望表达了出来：“我的年龄告了立秋以后，心境中所起的最特殊的状态便是这对于‘死’的体感。以前我的思虑真疏浅！以为春可以常在人间，人可以永在青年，竟完全没有想到死。又以为人生的意义只在于生，我的一生最有意义，似乎我是不会死的。”②人在青少年时代，往往会自以为是不死的，而人类在其童年时代，也通常是这样一种心理状态，神话学和心理学的研究成果，都告诉了我们这

① 菲利普·劳顿等：《生存的哲学》，湖南人民出版社，1988年，第302页。

② 《丰子恺散文》，浙江文艺出版社，2000年，第32页。

一点。

既然千百年来直至现在，都有人否认自己会死，甚至于孜孜不倦地追求不死，那么便有了产生长生不死思想和学说的温床，而此种不死的信仰一旦形成，也有接受和信奉它的某些群众基础，在某些特定的时代，甚至信奉它的人趋之若鹜。《陶真人内丹赋》引吴筠讲："仙者，人之所美也；死者，人之所恶也。"①这就是自道教产生以来，其神仙不死说在信仰领域始终占有一席之地的一个重要的社会心理原因。美国人欧文·斯通在其《心灵的激情》中说过："宗教的历史就是所有惶恐不安的民族试图找到一个藏身之处以抵御那未知的黑暗与恐怖的历史。"②死亡，对于活着的人们来说就是一种"未知的黑暗与恐怖"，为了要抵御这种未知的黑暗与恐怖，有些人便找到了道教，从它的神仙不死信仰中寻求解除这种未知的黑暗与恐怖的精神支柱，获得心灵的永恒慰藉。

道教对不死的渴求，也是中国文化的土特产品，是中国人国民性的特征之一。中国人所说的"五福"也就是人生的五种幸福当中，第一幸福亦即最最幸福的就是长寿。《尚书·洪范》的所谓"五福"："一曰寿，二曰富，三曰康宁，四曰攸好德，五曰考终命。"③特别鲜明地反映了自古以来中国人的幸福观是以"寿"为第一位。许地山先生就此评论说："《洪范》以寿，富，康宁，攸好德，考终命为五福，以凶短折，疾，忧，贫，恶，弱为六极。五福之首为长寿，六极大半是疾病。这样表露着要求长生和趋避短折底心情。故中国人底生活目的只是'长命富贵'四字。"④对中国人来说，富贵是其次的，长命才是最为重要的，因为在中国老百姓看来，尽管你拥有金山银山，但如果不能长命，你享受不了，富贵荣华都等于零。相反，尽管生活较贫困，粗茶淡饭，但只要能够长命百岁，也是令人羡慕不已的。当然，既长命百岁，又享尽富贵荣华，那就十全十

---

① 《陶真人内丹赋》，《道藏》第4册，文物出版社、上海书店、天津古籍出版社，1988年，第579页。

② 转引自《中国实用禁忌大全·民族宗教禁忌箴言录》，上海文化出版社，1991年，第34页。

③ 《十三经注疏》上册，上海古籍出版社，1997年，第193页。

④ 许地山：《道教史》，华东师范大学出版社，1996年，第168～169页。

美，得大圆满了。所以，“长命百岁”，“活一百二十岁”，这是中国人对别人最良好的祝愿，而中国老百姓骂人或者诅咒人最毒辣的话就是“短命鬼”。尽管儒家严厉批评道教的神仙不死信仰，但并不反对长寿：“儒教与信徒的关系，不管是巫术性质的，还是祭祀性质的，从其本义上讲，都是此岸性的，比起任何地方、任何时期的宗教关系的常规表现来，这种此岸性都要强烈得多、原则得多。正是在那些除了对（天地）大神的特殊的国家祭祀以外最受优待的祭祀中，延年益寿的愿望扮演着主要角色。”①儒家祭祀典礼对延年益寿的乐此不疲的追求，进一步强化了老百姓以长寿为幸福的心态，而儒家祭祀强有力的此岸性，也与道教神仙不死的此岸性特征脱离不了关系。除祭祀之外，许多地方风俗习惯，小孩子生下来要挂长命锁，以保佑孩子顺利成活，活得长久。这些都反映了普通老百姓“要求长生和趋避短折”的心态。道教经书将中国人“要求长生和趋避短折”的这些心态详细记录在案。《云笈七签》卷十九《老子中经下》向天发出虔诚的“心祝”：“天道天道，愿得不老，寿比中黄，升天常早，愿延某命，与道长久。”②《吕祖全书》卷二十八，一针见血揭示了国人的长命富贵心态：“予每见世俗之所谓好道者，无非求神仙接引，或学其烧丹炼汞，或学其采阴补阳，以希长生，永保富贵。如所云腰缠十万，跨鹤扬州，皆是也。”③道教对此保证，一定满足国人对于长命富贵的要求，尤其是对于信仰者，可以使其：“所求者得，所愿亦良。求道得道，升为仙王。出入玄门，安乐寿长，高官显位，金紫煌煌。求财得财，玉帛盈堂。心中所欲，不求自彰，心中所愿，不索在傍。出乘舟车，入御三光，女为贵人，男为侯王。”④可以说，道教的种种许诺有的放矢，充分满足了国人的心理需求。

---

① 马克斯·韦伯：《儒教与道教》第六章《儒教的处世之道》，商务印书馆，1995年，第195页。

② 《云笈七签》卷十九《老子中经下》，《道藏》第22册，文物出版社、上海书店、天津古籍出版社，1988年，第140页。

③ 《吕祖全书》卷二十八，《藏外道书》第7册，巴蜀书社，1994年，第451页。

④ 《三洞道士居山修炼科》，《道藏》第32册，文物出版社、上海书店、天津古籍出版社，1988年，第586页。

而国人又充分发挥想象力，塑造出天上的寿星，以之作为多寿多福的象征。唐玄宗《置寿星坛敕》称："德莫大于生成，福莫先于寿考，苟有所生，得无祝之。……且寿星，角亢也，既为列星之长，复有福寿之名，岂惟朕躬，独享其应；其天下万姓，宁不是怀？盖秦时已有寿星祠，亦云旧矣。宜令所司特置寿星坛，恒以千秋节日，修其祀典。"①活着就是最大的德，长寿就是首要的福，故中国自秦代以来即设立寿星祠，唐玄宗不仅继承传统，更要进一步将其发扬光大，正是为了满足统治者与老百姓心理的需求。自古以来，长寿的老人就受到人们的普遍尊敬，敬老之道一直为中国社会所提倡。林语堂曾经就此发问："中国向来提倡敬老之道，老人有什么可敬呢?"他的答案："是敬他生理上的一种成功，抵抗力之坚强，别人都死了，而他偏还活着。这百年中，他的同辈早已逝世，或死于水，或死于火，或死于病，或死于匪，灾旱寒暑攻其外，喜怒忧乐侵其中，而他能保身养生，终是胜利者。这是敬老之真义。敬老的真谛，不在他德高望重，福气大，子孙多……所以敬老是敬他的寿考而已。"②这一答案真可谓是说到了点子上。渴望长寿，追求长寿，梦想着像那些长寿的老寿星一样长命百岁，这的确是中国人敬老之道的心理真谛之所在。

社会风行敬老之道，家族则讲孝道，国外学者已经注意到中国人讲孝道与追求长寿紧密联系的民风民俗。英国学者詹·乔·弗雷泽《金枝》发现："在中国，为了确保长寿曾求助于某些复杂的法术。这些法术本身集中了顺势原则所具有的从时日到季节、从人到物各种巫术精髓。传输这种赐福感应力的器具中没有比寿衣更合适的例子了。许多中国人在活着的时候就准备好了寿衣，而绝大多数人的寿衣是由未婚姑娘或很年轻的妇女来剪裁和缝制的。人们很聪明地考虑到她们年方少艾，在缝制寿衣时，她们那旺盛的生命力将肯定有一部分传给这些寿衣，从而将使它们延缓许多年才会真正被用上。另外，这样的寿衣都是

---

① 《唐大诏令集》卷七十四，学林出版社，1992年，第381页。

② 万平近编：《林语堂论中西文化·中国的国民性》，上海社会科学院出版社，1989年，第12页。

选择有闰月的年份来制作的。因为，在中国人的心目中，有闰月的年份既然不寻常地长，那么也就更具有延长生命的能力，在这样的年份里制做寿衣显然更好些。这类衣服中，有一种长袍制作得最精致，目的在于赋予它以最珍贵的品质。它是一件深蓝色的长丝袍，从上到下用金丝绣了许多'寿'字。中国人认为，送给年老的父母这样一件奢华的礼服是儿女对父母行孝和关注的表现。老人经常穿着这件使他延年益寿的衣服，特别是在喜庆的场合穿它就更能使这件闪耀着许多金色寿字的衣服充分发挥其效果。尤其是在他生日的那天，他决不会忘记穿它，因为在中国，一般都祝福一个人在他生日的那天贮存大量的精力，并在那一年以后的日子里转化为他的健康与活力。在祝寿的庆典上，他穿上这华丽服装，用每个毛孔吸取着它感染的福气，洋洋得意地接受亲友们的祝福。而他们则热情地表示对这件华服和对他的子孙们的孝心的羡慕。正是这种孝道促使后辈们向他们的家长赠送了如此漂亮和实用的礼品。"①这样的民风民俗十分清楚地表明，中国的孝道文化里面含有长寿文化，对长寿的追求浸润到生活方式的方方面面，行为方式的点点滴滴。

追求长寿再向前走一步，那就是想着长生不死。这种长生不死不是死后生命的永生，不是死后上天堂，而是此在生命的不朽。如果说，基督教文化圈内的西方人解决生死问题所期待的是天国而不是尘世，基督徒在现世的辛勤耕种，目的是为了进入天国，取得生命永恒的收获，那么道教文化熏陶下的中国普通老百姓所希望的，则是现实生命的无限延续。因为中国人的"人生之目的并非存于死亡以后的生命"，"中国人爱好此生命，爱好此尘世，无意舍弃此现实的生命而追求渺茫的天堂。他们爱悦此生命，虽此生命是如此惨愁，却又如此美丽"②。对现实生命的如此热爱与执着，以致于在中国人当中，"除掉纯理论的学者，常怀有长生不老之秘密愿望。孔子学说没有神仙之说，而道教则有之"③。道教的神仙信仰，在一定程度上弥补了中国人的国民心理中孔

① 詹·乔·弗雷泽：《金枝》上册，中国民间文艺出版社，1987年，第55页。

② 林语堂：《吾国与吾民》，中国戏剧出版社，1990年，第91、93—94页。

③ 林语堂：《吾国与吾民》，中国戏剧出版社，1990年，第106页。

子思想所不能予以满足的一面①。缺少了隐藏在中国人内心世界深处的这一面，将是不可想象的，而没有道教对这方面的救济与关怀，许多普普通通的中国老百姓如何克服面对死亡焦虑的痛苦，也是无法给予解释的。

冯友兰先生曾经指明："人所可能有底境界，可以分为四种：自然境界、功利境界、道德境界、天地境界。"②不同境界的人，对待生死的态度完全不一："对于在自然境界中底人，生没有很清楚底意义，死也没有很清楚底意义。对于在功利境界中底人，生是'我'的存在继续，死是'我'的存在的断灭。对于在道德境界中底人，生是尽伦尽职的所以（所以使人能尽伦尽职者），死是尽伦尽职的结束。对于在天地境界中底人，生是顺化，死亦是顺化。""就人的境界说，在自然境界中底人，不知怕死；在功利境界中底人，怕死；在道德境界中底人，不怕死；在天地境界中底人，无所谓怕死不怕死。""在道德境界及天地境界中底人，不受死的威胁。"③

由冯友兰先生所阐述的四种境界中人对于生死的不同态度可以发现，道德境界、天地境界中的人非常伟大、崇高，令人佩服，令人敬慕，令人颂扬。但是问题就在于，这样的人自古以来在中国的现实生活中微乎其微，屈指可数，而绝大多数人包括帝王将相、文人墨客以及普通老百姓，都生活在功利境界，他们把生看成是"我"的存在继续，死看成是"我"的存在的断灭，他们"最是怕死。他们有目的地、有计划地，设法对付死"，或者"费很大底力，以求避免死"；或者"极力求名"，"有名留于身后"；或者"急求眼前底快乐，得些实受"；或者"相信灵魂不死"，"形死而神不灭"。既然中国从古至今以来的最大多数人都生存于功利境界中，心中都秘藏着不死的愿望、长生的梦想，那么道教神仙信仰将他们的愿

① 所谓"一定程度上"是指：除了道教，在佛教传入中国后，解脱死亡问题上也对儒家思想有所弥补。

② 冯友兰：《贞元六书 · 新原人》第三章《境界》，华东师范大学出版社，1996 年，第 554 页。

③ 冯友兰：《贞元六书 · 新原人》第十章《死生》，华东师范大学出版社，1996 年，第 687、686 页。

望、梦想表达出来并给予他们安慰，也就是顺理成章的事。在解决生死问题上，中国国民性体现为功利境界，而一般中国人的宗教信仰也十分功利化，所谓“无事不登三宝殿”，所谓“平时不烧香，临时抱佛脚”即是最好写照。道教神仙信仰正好满足了中国绝大多数人的形形色色功利要求，尤其是满足了他们对“避免死”的追求，于是直到现在仍有追随者，仍未放弃那心中的秘藏。

生活在功利境界的中国帝王将相及普通老百姓，其第一要义就是尽可能避免死亡，也很不情愿思考死亡，特别忌讳说“死”字。《史记·秦始皇本纪》说：“始皇恶言死，群臣莫敢言死事。”①武则天追求长生不死，所制的新字中以千千万万为年，永主久王为证，长生王为圣（一说“长正主”），可见她对于长生不死的向往②。中国文化传统里，与死字同音的数目“四”，人们想方设法避免使用，直到现在有的楼房不设第四层。日常生活中没有死亡的位置，迫不得已涉及死亡时，如举办丧事，也常用欢喜的面纱将它装扮起来，称为“白喜事”，办得欢欢喜喜、热热闹闹。鲁迅先生《立论》讲述了中国人禁忌死亡的事：一家人家生了一个男孩，合家高兴透顶了。满月的时候，抱出来给客人看，大概自然是想得一点好兆头。一个说：“这孩子将来要发财的。”他于是得到一番感谢。一个说：“这孩子将来要做官的。”他于是收回几句恭维。一个说：“这孩子将来是要死的。”他于是得到一顿大家合力的痛打③。死的禁忌在中国现实生活中如此深沉，以致说穿这一事实的人遭到痛打，回避死亡已经到了掩耳盗铃的地步。为何如此？这种死亡禁忌的背后，不正透露出中国人心目中极度厌恶死，不正表白了他们内心世界“常怀有长生不老之秘密愿望”吗？

从上述分析可知，道教神仙信仰试图超越死亡从而走向长生不死，既有主观上的生理心理因素，也有客观上的社会民众信仰因素、民俗民风因素。道教的神仙不死信仰不是凭空产生的，决非无本之木、无源之

① 《史记·秦始皇本纪》，中华书局，1982年，第264页。

② 参见《汤用彤学术论文集》，中华书局，1983年，第352页。

③ 《鲁迅全集》第一卷《野草·立论》，新疆人民出版社，1995年，第258页。

水，并非像儒家所尖刻批评的那样，完全是胡说八道，胡编乱造，纯粹是痴人说梦的产物，而有其生理和心理的依据，有其社会需要的依据，有其历史的根源，故几千年来一直没有消失，至今仍有信仰者。而按照康有为对未来的设想，道教"炼形神仙之乐"是大同社会、太平盛世才配享用的奢侈品，因为"大同之世，人无所思，安乐既极，惟思长生，而服食既精，忧虑绝无。盖人人皆为自然之出家，自然之学道者也。于时人皆为长生之论，神仙之学大盛。于是中国抱朴、贞白、丹丸之事，炼煞、制气、养精、出神、尸解、胎变之旧学，乃大光于天下。人至垂老，无不讲求，于是隐形、辟谷、飞升、游戏、耳通、目通、宿命通亦必有人焉。若是者，可当大同之全运，或亦数千年而不绝益精也。惟人受公政府之教养二十年，报之作工亦须二十年，如乱世人之当报父母也。其有入山屏处者，必须四十岁之后，乃许辞工专学道也。盖神仙者，大同之归宿也。"①照康有为充满美梦的愿景推论，将来人类进入大同社会，科技高度发达，快乐到了极点，什么都不想，只想着如何长生不老，四十岁之后，既有闲暇，也有能力修炼神仙长生之道，到那个时候，中国的神仙"旧学"简直盛况空前，一定"大光于天下"。

总之，道教神仙信仰顺着世人悦生恶死的欲望而诱导之，迎合了普通中国人对生存的需要。因此，道教神仙信仰对死亡的超越尽管是非理性的产物，但反映了一般中国人感情、心理的某种本能要求。对此我们应当作实事求是和深入细致的研究，不可马虎从事，简单地认定它纯粹是荒唐的迷信，是痴迷不悟的结果。顾颉刚先生曾经讲："一部《道藏》，用实用的眼光看固然十之八九都是荒谬话，但若拿它作研究时，便是一个无尽的宝藏；我们如果要知道我们民族的信仰与思想，这种书比儒学正统的《十三经》重要得多。"②认为如果拿《道藏》来作研究，这是了解"我们民族的信仰与思想"的"一个无尽的宝藏"，真可谓是一针见血。道教神仙信仰，是中国传统文化的土特产品，是中国民众风俗习惯的延伸，是中国人国民性的深层特征之一，是"我们民族的信仰与思

① 《康有为大同论二种·大同书》，生活·读书·新知三联书店，1998年，第367～368页。
② 顾颉刚：《古史辨自序》上册《古史辨第一册自序》，河北教育出版社，2000年，第87页。

想”。道教神仙信仰的目的，在于超越生死，而“除掉纯理论的学者”，除掉儒门的忠实信徒外，在一般中国人的内心深处秘藏着这一目的，接受了这一目的。因此，我们要了解中国的历史、社会思想、风俗习惯和民众生活，中国人的国民性及国民心理素质，一句话，我们要解析中国历史上的诸多问题，认识中国文化之根柢所在，就不能不了解道教，就不能不深入了解道教企图超越生死的神仙不死信仰，否则中国历史与文化的很多问题就不能迎刃而解。

七、从日常生活看道教神仙信仰与民间信仰的关系

道教给人的希望是什么？神仙世界给人提供了终极关怀，不死的神仙当然是人们所企求的，但除了坚信不疑的信徒，理性的人会认定这是根本不可能的，一般老百姓会感到这是无法超越的高度。能不能成仙，这是信徒的事，一般人对此并不抱奢望，只关心当下的生活难关如何能够度过。所以，道教更多地是运用神秘的力量和法术，从而解决人们日常生活中的难题。道教关注今生今世的问题，关注现实的生活问题，包括疾病、灾难、命运等等。道教以其对人性的洞察，帮助人们克服对于不可知未来的恐惧感，提高人们对未来的信心。对普通老百姓来说，道教更重要的是给他们提供解决生活难题的方案，比如怎样遇难呈祥、如何改变命运、如何生活得更加幸福等等。道教想方设法为一般老百姓提供了度过日常生活难关的神秘力量，这是道教保持其生命活力的最重要原因。

道教在老百姓的日常生活中得到广泛运用，“生活道教”融化在民情风俗中，与民间信仰情同手足，但“百姓日用而不知”。如同润物细无声的春雨，这就是道教对老百姓日常生活的潜移默化影响。正因为道教已经彻头彻尾融化到老百姓的日常生活中去了，与民间信仰融会贯通、水乳交融在一起，所以人们常常和它打交道，却并不知道它的存在。譬如说，中国老百姓追求平安快乐似神仙的幸福生活就是如此，当他们说日子快活得像神仙一般时，普通老百姓绝不会想到这就是道教的信仰理念。通过人们的日常生活，道教与民间宗教信仰始终处于一种紧

密的互动关系之中，很难将二者截然分开。经由道教神仙信仰与民间宗教信仰的互动关系这一路径，我们亦可考察中国人国民性的某些特征，尤其是考察中国草根社会令人眼花缭乱的生活现象。

在道教眼中，宇宙间处处都有"道"的存在，但"道体窈冥，形声斯绝"①，既无形象又无声音，所以从表面上看起来"道"的存在是"所在皆无"的。一般百姓每天都要接触和运用"道"，但因为"淳朴之道，其自细微"，虽然"能开化阴阳，亭毒群品"，却使百姓们"日用而不知"②。对于道教来说，"皆无"、"不知"并不能表明道不存在，恰好显示出道之存在与众不同。它的存在非人类感官眼睛、耳朵所能察觉，"不可以眼识求"，"绝视绝听"③，只能用心去直觉体悟道的"无所不在"。普通老百姓日常生活中表现出来的民间信仰，时时处处都潜伏着"道"，都有"道"在民间信仰这棵大树的"根柢"部运用，但百姓们却"日用而不知"。道教与百姓日常生活中表现出来的民间信仰这种关系，对我们当代人说来，仍然是如此。

有学者揭示："儒学脱离百姓日用，也使儒者的实践经常缺乏再生产能力。"④与此恰好相反，道教与老百姓的日用密不可分，是切切实实扎根于老百姓生活世界中的宗教，因此其实践也就经常充满"再生产能力"，其生命之树也就常青，具有可持续发展的活力。道教能够做到这一点，很大程度上与其不断关注并整合民间信仰分不开，有这样一股清新的活水源头，使道教总能历尽艰辛而青春常在。民间信仰来源于老百姓的日常生活，是为了解决生活中各种各样的问题和困境而形成的，譬如为了大江大海航行的安全有保障，于是有妈祖的信仰。民间信仰是在对幸福生活的追求和向往中产生的，譬如百姓对于财富的渴望，于是有财神信仰的发生，百姓对长寿的祈求，于是有对寿星老的崇拜。生活之树常青，各种不同类型的民间信仰伴随着生活在时间跨度和空间

① 成玄英:《老子注》卷二，第 17 页。严灵峰辑校本，见《无求备斋老子集成初编》(3)，台湾艺文印书馆 1965 年版。

② 成玄英:《老子注》卷三，台湾艺文印书馆，1965 年，第 1 页。

③ 成玄英:《老子注》卷三，台湾艺文印书馆，1965 年，第 7～8 页。

④ 皮介行:《儒学复兴的试验地在农村》，《社会科学报》，2010 年 1 月 14 日第 5 版。

范围的流动，也就源源不断地成长，成为社会生态系统的不可分割的组成部分。只要老百姓的生活还在进行，民间信仰就一定会萌发，要想把民间信仰给铲除掉，除非把生活本身灭绝了，但这却是根本不可能的事！因此，道教的大智慧就在于，清醒地认识到民间信仰是不可逆转、不可消灭的，永远存在于百姓的生活方式当中，于是以此作为一个切入点，把民间信仰整合进自己的信仰体系，与老百姓建立起亲和性，对百姓日常生活的影响力和作用便超过了儒佛二家。道教也由此而成为中国传统社会中扎根基层社会组织、为一般民众提供所需精神食粮的宗教。因此我们说，道教在下层民众中具有广泛的受众性，广大受众的精神生活离不开道教。

“道教是一个多神崇拜的宗教，典型反映了以巫教观念为根基的中国人的神灵观。道教成立后，吸收了古代巫教的一些神灵，还自创了许多纯属道教的神和仙。在发展过程中，又不断采纳民间信仰的神灵，使道教成为民间信仰的上层架构。”①道教中的神仙有很多都是吸取民间信仰的神而来的，道教恰似有一个吸神大法，一切神都被它吸进去了，而且是与时俱进。道教神团系统由此与民间的俗神崇拜难分难舍，融为了一体。正如牟钟鉴教授所指出的：“东岳大帝、四海龙王、城隍土地、门神灶神，最初都是民间信仰的神灵，后转而成为道俗共祭的偶像。道教对民间信仰中神灵的吸收改造，不仅在早期，在后来的发展过程中也没有间断，至使这两类神灵混杂交错，很难分得清楚。”②大量民间俗神写进道教神谱，进一步使道教信仰与老百姓的日常生活发生密不可分的联系，道教神仙的世俗化和民间化，对民间信仰的影响也就必不可免。旧时民间普遍信奉的俗神，如财神、城隍神、东岳大帝、关圣帝君等

① 高寿仙：《中国宗教礼俗》，天津人民出版社，1992年，第91～92页。

② 牟钟鉴：《中国道教》，广东人民出版社，1996年，第5页。当然，道教也有与民间信仰不同之处，如某些祭祀仪式。小林正美《中国的道教》揭示：“五斗米道和天师道都禁止在社灶祭祀之中供奉酒与牺牲。这体现了五斗米道和天师道的祭祀和民间信仰的祭祀有着根本的不同。……五斗米道对于供奉牺牲和酒的民间信仰一开始就是反对的。”（齐鲁书社，2010年，第21～22页）但这些不同，并不妨碍道教对于民间信仰及其仪式的吸收整合。道教信仰及仪式与民间信仰及仪式是个相互接触、相互作用的过程。

都转化为道教信奉的神。另一方面,道教构造的神仙如太上老君、玉皇大帝、八仙等也在民间广为流传,成为人们生活的一部分。道教的某些禁忌法术与风水术,某些斋醮仪式,在民间尤其是在农村社会具有广泛影响力,成为民间信仰和民间禁忌的组成要素。道教与中国民间信仰的结合是多方面的,比较主要的表现,就在于岁时节令、法术仪式和神灵崇拜上。中国人吃喝拉撒睡的日常生活中,随处可以看见道教与民间信仰的影子。美国学者佩顿《阐释神圣——多视角的宗教研究》认为,从社会文化阐释法看来,"宗教的每一个方面都系统地表明它是集体生活的一种表达"①。可不可以这样讲,从社会文化的角度看,道教与民间信仰的方方面面就是我们中国人"集体生活的一种表达",体现了我们中国人对于日常生活的诉求?这是完全可以的。

道教十分了解并且想方设法地满足老百姓的各种各样欲望,举凡"欲救疗病苦,欲求年命延长,欲求过度灾厄,欲求白日升天,欲求宅舍安稳,欲求田蚕如意,与求贩卖得利,欲求仕宦高迁,欲求讼词理诉,欲求男女命长,欲求保宜子孙,欲求妇女安胎"②,诸如此类的人生欲望,都通过祈求道教神仙的巨大"神通力",通过特定的斋醮仪式,通过各种道术获得实现。而在日常生活当中,我们看到的现象,更多的是道教与民间信仰结合的神灵,受到老百姓的祈求,以满足要求。百姓们的心很大,欲望又非常多,然而人的能力却是十分有限的,单单依靠人的力量,实现不了自己那些填都填不满的欲求,那怎么办呢?谁有能量实现老百姓"有求必应"的渴望?恐怕只有那些道教与民间信仰结合的神灵,所以老百姓见庙就烧香,见神就磕头,奉请道士做斋醮科仪迎神降福。这就是在中国老百姓日常生活中,道教与民间信仰所发挥的重要社会作用。所以我们说,道教神仙信仰与民间信仰是一种顺应了老百姓的多种多样欲望,并积极帮助百姓们实现其生活需求的信仰,与宋明理学鼓吹的"存天理,灭人欲",完全是两股道上跑的车,走的不是一条路。

---

① 佩顿:《阐释神圣——多视角的宗教研究》,贵州人民出版社,2006年,第39页。

② 《太上正一咒鬼经》,《道藏》第28册,文物出版社、上海书店、天津古籍出版社,1988年,第368页。

民间信仰是考察一个民族的思维方式、心理素质、生活习惯、行为方式、伦理观念和民情风俗等文化事象的活化石，民间信仰受到经济、政治、语言、宗教等因素的影响而发生发展。作为中国土生土长的宗教——道教，与中国的民间信仰有密切的关系。道教最初作为一种民间宗教、民间信仰而兴起，一开始便与百姓的日常生活结下了不解之缘。随着道教发展，道教的信仰又像种子一样播撒到民间社会，成为民众的信仰习俗，这特别表现在道教的宗教节日和神灵奉祀上。所以我们再三说明，道教与民间信仰是一种交叉互动的辩证关系，二者是你中有我、我中有你的，悄悄地融会贯通于老百姓的日常生活当中，很难把它们作严格的区分。因此，我们透过普通老百姓的日常生活，考察道教与民间信仰的关系，是十分理想的考察路线图。

迄今为止，迷信在人类的社会生活中仍占有一席之地，洋人有洋人的迷信，中国人有中国人的迷信。人生无常，生活无常，世界之大，无奇不有，不可解释的现象太多，不可预测的事情太多，所谓“人在家中坐，祸从天上来”，所谓“祸不单行，福不双降”，所谓“死生有命，富贵在天”，这些都使人或多或少地产生出迷信的念头。尤其在古代社会生产力不发达、科学不昌明的情况下，迷信在生活中所占的比重更大。今人是不应该以此来冷嘲热讽古人的。试想一千年之后，也许还用不了一千年，我们今天称之为科学真理的东西，后来的人们说不定就把它判定为迷信和谬误。这就是人们经常所说的，后之视今犹如今之视古。因此，我们应该实事求是地看待古人的迷信，实事求是地以一颗平常心看待道教与民间信仰在古人迷信生活中的作用。不要一说起迷信就“谈虎色变”，似乎就要把科学抛到爪哇国里去了。其实在古代，道教与民间信仰都是按照老百姓日常生活的需要而出世的。在一般民众的心目中，道教与民间信仰的神灵，用其智慧的眼光观照世间生活的诸多问题，会帮助百姓们解决生活中难以避免的问题和人力无法解决的困难。所以在信众的观念中，解决生活中各种各样问题的神灵具有超越凡尘的巨大威力，亦即人力达不到的“神力”。当这些凡夫俗子无法依赖自己的力量来解决生活中遇见的种种问题时，譬如自然灾害、社会人生的苦难这些重大问题，便不得不乞求于神灵的威力来克服困难，渡过眼下的难关。道教与民间信仰的神灵成为中国老百姓生活中的救世主,即由此而来。只不过,在我们今天一般受过科学训练的人看来,道教与民间信仰的神灵能否解决生活中的难题,必须打个大问号。但如果我们抱着同情心来理解,以历史的眼光去看待所谓迷信问题,只能说,它们在古代老百姓的生活环境中产生出来不是无缘无故的,而是因为日常生活中有这样的需求,而且这些东西在信奉道教与民间信仰的民众心目中还是十分神圣的,认定它们能解决生活中碰到的五花八门难题,并成为古时很流行的时髦货。

古人的迷信生活促进了民间信仰的形成,而各地的民间信仰又多被整合成为道教文化的内容,于是道教与古人的迷信生活密不可分。任继愈主编《中国道教史》第一章,在谈到早期道教的主要来源时,认为古代民间信仰的神灵,"后来许多被道教所吸收,变成道教的尊神",并揭示说:"道教对民间信仰中神灵的吸收改造,不仅在早期,在后来的发展过程中也没有间断,致使这两类神灵混杂交错,很难分得清楚。"①道教对民间信仰中神灵的吸收改造,道教对民间信仰的整合,这是一个很容易观察到的历史现象。那么,究竟是何原因导致道教从产生一直到今天②,从不间断对民间信仰的整合?这个问题,用一句简单扼要的话即可回答,那就是道教是一个贴近老百姓生活、贴近基层民众实际需求的宗教,正是群众的日常生活把道教和民间信仰紧紧联系在一起,导致道教在其发展过程中从未间断对民间信仰的整合。整合了民间信仰的道教,反过来又在当时的社会历史条件下发挥作用,为当时生产力低下、在今人看起来充满迷信色彩的生活水平服务。这种服务,在人力达不到之处,通常借助于神灵的力量来达到目的。譬如请神驱鬼是民间信仰最重要的组成部分,也是民众迷信生活的"日用消费品",生活中许多问题都要通过消费它来加以解决。假如我们把请神驱鬼看成古时候"第三产业"的消费品市场,那么除开巫师,大都由道士占据了这一市

① 任继愈主编:《中国道教史》第一章《道教的孕育与诞生》,中国社会科学出版社,2001年,第9页。

② 我们可以看到,当今港台道教对民间信仰及其仪式的整合仍旧在进行,没有间断过。

场，由道教向老百姓提供其所需要的服务。在这样的服务性行业中殷勤工作，更使道教与中国古人的迷信生活休戚与共，而道士本身也被儒家精英们视为搞迷信活动的从业者。但在普通老百姓的日常生活中，却又不能缺少这种精神的“日用消费品”，又确实有这样一种精神的市场需求存在，儒家精英那一套“存天理”的道德修养方案，完全满足不了老百姓日常生活的各种要求，对解决他们实际生活中遇到的具体问题和困难更是爱莫能助。正因为如此，道教与民间信仰就在中国古代老百姓日常生活的迫切需求与接受中，扮演了这样一个不可或缺的“迷信”角色！

综上所述，道教神仙信仰与民间信仰分工协作，不知不觉在老百姓的日常生活中发挥作用，形成百姓生活中的许多风俗习惯，沿袭至今，对于我们深刻认识中国的特殊国情是一条不错的路径，可谓曲径通幽。有人试图割裂道教神仙信仰与民间信仰的密切关系，对此日本学者批评说：“也有人认为民间宗教的神信仰不是道教的神信仰，而是‘民间信仰’。这种见解没有将民间宗教的信仰，放在‘道教’这一宗教的、社会的、历史的概念的范围中来把握，而是作为‘民俗学’的研究对象去认识。”并揭示出道教是“中国人固有信仰，即中国民间信仰的系统化”；通观历史，中国民间信仰“浸透于农民或民众的日常生活和习俗之中。战国以后，它以有关神仙、方士和道士的咒术及方术信仰为中心发展起来。这些得到巫祝，以及上层贵族和知识分子阶层的支持。东汉时期，以这种民间信仰为基础的方术、道术在事鬼神、役使鬼神的巫祝道上，增加了道家、神仙（养生、行气、金丹），以及儒教、佛教的影响，融合了复杂的成分，出现了施行这种方术和道术的农民或民众集团——‘道’（民众道教的原始组织）。它成为道教的基础”；“‘民间信仰’和‘道教’的关系，即民间信仰是道教信仰的民众基础”①。也就是说，道教产生于民间信仰的土壤，根本无法与民间信仰切割。还需指出，道教产生于农业社会，其乡土气息浓郁，与乡土社会紧密结合，信徒中农民占居多数，因

① 酒井忠夫、福井文雅：《什么是道教》，载福井康顺、山崎宏、木村英一、酒井忠夫监修《道教》，上海古籍出版社，1990年，第5、6、12、14、21页。

而有人将其称之为“农民的宗教”①。

当然，不可否认的是，道教与民间宗教信仰还是有区别的，而道教自己，尤其是唐宋之前的道教，为了避免对抗政府的嫌疑，常常坚决地把自己和民间宗教信仰切割开来，表明自己与王朝合作的正统地位。正如索安《西方道教研究编年史》所揭示：“在道士们自己所做的界说中，他们从不认为自己与儒家或佛教相对立，相反倒与民间宗教相对立。”索安并列举了道教与民间宗教的四点不同之处：1.道教有世代相袭的祭司职位，道士须有专业的训练、秘密的传授和仪式性的授职。而民间宗教的专职人员则是自选的，他们常通过萨满才能和经验从事其职业。2.道教中的传授始终是经书的传授。道教的经典和仪式用汉语文言文书写，它们构成了中国文学史上占有一席之地的散文和诗歌。民间则是通过口头传授。民间宗教的善书、宝卷、小说和仪式用的是白话。3.道士们将自己视为精英，并为中国文化贡献出了神秘主义者、哲学家、诗人、炼丹家和学者。民间宗教的专职人员没有形成有组织的教会团体，没有集体精神，没有产生精英。4.道教是清楚其身份的宗教，表现其身份的是藏经、正统和异端观念、对历史起源的传统纪念。民间宗教是古代传统的丰富宝库，种类最为繁多的影响的大容器，信仰和风俗的多样化，它没有身份意识或历史感。道教，特别是在它的第一个千年里，无论如何不能与民间宗教相混淆②。尽管道教在口头上、文献中反复申明自己的正统性，称自己为“正”，称民间宗教为“邪”，把自己与“异端”的民间宗教信仰断然切割开来，但在日常生活的现实中，道教却不断地从民间宗教信仰那里吸取原料和养分充实自己，以拉近与人们日常生活需要的距离。尽管作为研究者的我们，无论如何都不能把道教和民间宗教相混淆，但现实生活中二者水乳交融的那样一种密切关系，我们是想割也割不断的。

无论如何，道教始终是一种“接地气”的宗教，其所接的“地气”，就是人们在日常生活中自然而然要运用到的民间宗教信仰和民情风俗，

① 至今道教队伍包括其神职人员仍旧以农民为主体。

② 索安：《西方道教研究编年史》，中华书局，2002年，第89～90页。

这使道教不断地有活水源头来延续其生命，强壮其生命的鲜活力。然而令人遗憾的是，在之前已出的道教史书写著作，却忽略了道教与人们日常生活的千丝万缕联系，忽略了道教在中国人的社会生活史中所扮演的十分重要的角色，忽略了道教神仙信仰与民间宗教信仰及风俗习惯的密切关系，这是迫切需要我们的研究工作进行补课的！

（作者为四川大学道教与宗教文化研究所教授）

评全真教研究及其前沿问题

张广保

金代中期，王重阳在中国北方创立了一种有别于传统道教的新道教——全真教。全真教以三教合一为宗，以性命双修、功行并重为修炼门径，汲取禅宗的心性理论、修行方式等诸多因素，对传统道教从教义、戒律，到宫观组织、修行方式，以及终极超越境界等方面都进行了全面革新，并在元以后分领道教的半壁江山，与正一教并立为二，最终形成北全真、南正一的道教宗派新格局。这就打破了此前道教史上灵宝、上清、正一等三足鼎立的旧格式。

在全真教的发展历史中，大蒙古国初期是教门发展的关键时期。它不仅确立了全真教在道教中牢不可破的重要地位，而且对整个中国社会、历史的走向也引发极为深远的震荡。开辟全真教这一发展新局面的关键人物就是全真掌教丘处机。正是丘处机以年逾古稀之龄万里西行，觐见“一代天骄”成吉思汗，及随之而来的雪山论道、一言止杀，使得全真教获得蒙古皇室的尊崇，从而走出道教，与当时的汉地世侯一道，担当起在蒙古国时期重建业已解体的中国社会，以及教化民众、化导杀心等重要社会、文化功能。从历史看，道教在中国社会中的这种作用，在整个道教史中都不多见。因此丘处机与成吉思汗的相遇，不仅是一个对道教具有重大影响的事件，而且在中国历史上也是具有深远意义的重大事件。此外，考虑到成吉思汗及其子孙创立的蒙古帝国是一个地跨欧亚的大帝国。它的版图不仅包括北中国，而且还囊括俄罗斯(金帐汗国)或术赤兀鲁思、西亚地区(伊儿汗国或旭烈兀汗国)和中亚地区(察合台汗国)。其统辖范围几乎包括当时文明世界半数以上的领土。又考虑到它与罗马教廷的复杂关系，我们说蒙古帝国的历史在一定程度上就是世界史。而丘处机与成吉思汗的相遇，乃是蒙古统治者首次郑重其事地对待一个定居农业文明的宗教领袖（虽然据《佛祖历代通载》卷三十三，在稍早几年，佛教与汗廷有过一次非正式的接触），其对道教采取的接纳态度，无疑会直接影响此后汗廷的宗教政策，影响它对其他定居文明宗教，例如西亚的伊斯兰教、西藏的喇嘛教、中亚的聂斯脱里教（基督教在东方的一个宗派）等宗教的接纳。

一、上世纪九十年代以来的中国大陆全真教研究

对于全真教的研究，发展到今天可以毫不夸张地说已经是一门国际性的学问。中国方面的研究如果从清光绪年间陈教友撰著的《长春道教源流》算起，迄今已有近一百四十年的历史。进入二十世纪九十年代，中国大陆学界开始从不同角度重新审视全真教，这一阶段的研究呈现多视角、问题意识浓厚等特征，历史学、宗教学、哲学等各学科的学者都介入全真教的研究，从而迎来历史上不多见的全真教研究黄金时期——全面发展期。造成全真教全面发展的动因，除上述新材料的出版之外，当代全真教组织尤其是全真龙门派的推动也是一个重要原因。例如隶属全真龙门派的香港青松观，自二十世纪九十年代至今，组织了几次全真教国际学术研讨会，并将会议论文结集出版（例如 2004 年由青松出版社出版的《全真宏道集》，就收集了由中、日、法等国学者撰作的二十四篇论文，是一部有关全真教的专辑。2006 年又召开“全真教戒律中的生态思想”专题讨论会，并将论文结集公开出版），资助有关道教研究专刊《道家文化研究》的出版（现已出版二十二辑），2011 年又资助由赵卫东主编的《全真道研究》（现已出版四辑）。这些举动直接推动了这一领域研究的进展。此外，各地方政府从发展地区经济、文化动机出发，也赞助在本地召开的全真教会议，这些又反过来影响各大学博士、硕士生论文选题倾向。如 2015 年南开大学哲学院徐长波博士就以《三教融合背景下的王重阳内丹心性学》为题撰写博士学位论文。从研究所采用的视域看，这些研究有的考察全真教与蒙古皇室的关系，例如郑素春的《全真教与大蒙古国帝室》；有的从全真教史的角度，探讨全真

教宫观组织的系统及宫观经济、宗师传承世系及宗祖谱,例如程越的博士学位论文《金元全真教宫观研究》、张广保的《蒙元时期全真宗祖谱系形成考》、马颂仁的《七真各自的思想特色活动再评价——兼论四哲、七真说的出现过程》;有的从历史的角度,接续此前论题,继续考察全真教在金元易代之际,救世济人、维护中原文化的诸种活动;还有的从心性角度,从哲学、宗教角度考察全真教心性哲学的特色,及其与禅宗、理学心性理论的互动关系。例如由张广保撰作的《金元全真道及其内丹心性论研究》(系北京大学哲学系 1992 博士学位论文)。尤其是此期对明清全真教的研究也是此前未曾涉及的,例如陈兵的《清代全真道龙门派的中兴》、王志忠的《明清全真教论稿》、唐大潮的《王常月修道思想略论》等这些都是二十多年来全真教研究取得的新进展。在此,再次要提及的是,上世纪八十年代陈垣先生编纂的《道家金石略》一书,为这一时期全真教研究全面利用金石碑铭材料奠定了基础;最近王宗昱又编辑了《金元全真教碑刻新编》[1],相信随着新材料的整理,还将进一步推动全真教的研究。

在此我想重点介绍一下二十世纪九十年代以来对全真教研究的三大新趋势,其一从道教内丹学的角度对全真教的主体内修实践方术——内丹术的研究。众所周知,在道教史中全真教是传承内丹修练术的重要道派,亦被称为金丹道北宗,从而与张伯端开创的内丹道南宗并驾齐驱。然而,对于全真道内丹术,二十世纪八十年代以前,除道教界的高道陈撄宁、王沐因为自身修行的需要有所论及之外,学术界并未引起重视。二十世纪八十年代之后,伴随大陆"气功热"的修行思潮的影响,学界开始关注全真教的内丹学。这方面较早的研究作品有张广保的《金元全真道及其内丹心性论研究》、胡孚琛等的《道学通论》相关部分,2000 年之后学界对于这一主题的兴趣有增无减,在"内丹学"名义下对全真教内丹术研究的作品很多,例如杨立华 1998 年博士学位论文《两宋内丹道教及其渊源研究》、张广保的《唐宋内丹道教》、詹石窗的《全真道的内丹养生说与易学关系略论》。此类作品还很多,詹石窗主

① 王宗昱:《金元全真教碑刻新编》,北京大学出版社,2005 年。

编的《道韵》曾以专号形式刊载有关全真内丹学研究的专论。至于各类学术刊物所载，更是难以一一类举。此外，这一论题的研究还引发国外尤其是欧、美中医和养生界的兴趣，2006 年笔者曾参加于德国慕尼黑举办的“国际道教养生会议”，会上就曾专门设立一“内丹养生”的论坛。2007 年在美国新墨西哥州由 Livia Kohn 教授发起，召开以“内丹——道教传统中的性、自我与社会”为主题的国际讨论会。总之，这可以说是道教内丹学视野下的全真教。有关这一主题的研究因为具有较强的个体生命关涉性，因而受到来自学术圈之外各界的普遍关注。其二对于元代全真教戏剧、诗词等文学作品的研究。关于这一主题的研究，二十世纪九十年代之前，除柳存仁撰有《全真教和小说西游记》之外，没有得到学界的普遍关注。二十世纪九十年代之后至今，有关此主题研究的成果可谓硕果累累，例如詹石窗的《南宋金元道教文学研究》，吴光正的《八仙故事系统考论》，刘敬圻、吴光正主编的《八仙文化与八仙文学的现代阐释——二十世纪国际八仙论丛》，胡义成的《〈西游记〉定稿人与全真教关系考》，李安纲的《〈西游记〉奥义书》等等，这方面的研究关注此前一直被忽视的以全真教为主题的元代戏剧作品，对于从社会学视角把握全真教对元代社会尤其是下层民众的影响大有帮助，同时也使我们明白以全真教为主题的“道化剧”的上演，对于全真教在元代社会中的传播极为重要。据学者统计，元代的十九位作家共创作三十四种神仙道化剧，共占元剧总目的十六分之一，其中与全真教有关者二十六种，占神仙道化别总数的百分之八十八点四①。这从一个侧面说明全真教对于元代社会的广泛渗透性。此外，有关全真教文学的研究也呈现一些热点，对于中国古典文学的研究亦产生冲击。例如有关古典名著《西游记》作者问题，学者近年来就提出新说。《西游记》未署撰人，传统的看法是由鲁迅、胡适等人依据明天启年《淮安府志》的孤证，考定作者为吴承恩。胡义成认为《西游记》的祖本《西游记平话》的作者系丘处机弟子史志经，今本《西游记》定稿人系明代嘉靖、万历年间茅山乾元

① 吴光正：《八仙故事系统考论——内丹道宗教神话的建构及其流变》，中华书局，2006 年。

观全真龙门派道士，其中阎希言（蓬头）师徒可能性最大，这就推翻传统以作者为吴承恩的说法[①]。不过胡义成的说法并无很强的证据支撑，推测的因素过多。然而，同样不可忽视的是，《西游记》与内丹道的联系极其密切。对此，李安纲的《〈西游记〉与全真道文化》作了详尽阐述[②]。他发现《西游记》中大量引用全真教徒例如马丹阳、冯尊师《鸣鹤余音》及张伯端的诗词，至于文中直接使用内丹道术语例如婴儿、姹女、木公、金母、朝元等更是不胜枚举。对于这些过去研究者都没有注意到。因此无论作者是否系全真教徒，此书与内丹道有着密切的关系是不可否定的。其三对于地域性全真教研究。有关此主题的作品大量出现于2000年之后。例如吴亚魁的《江南全真道教》及丁鼎主编的《昆仑山与全真道——全真道与齐鲁文化国际学术研讨会论文集》收录的相关文章。吴亚魁主要对自1271—1911年六百多年内江南地区全真教进行总体研究。他所使用的"江南"概念充分考虑到江南地区的地理完整性、经济一体性及独特的文化心理因素，以环太湖地区的"六府一州"作为考察对象。至于关注的焦点，他集中于江南全真道教的地域特征、教派融合、成分构成。至于研究方法他系用历史学的方法及个案研究法。这种研究是一次很好的尝试，只是他使用的教史材料有限，大量的碑刻尤其是明清全真石刻材料使用太少，这就有损研究对象的完整性。总结近年对于地域性全真教的研究，有一个可喜的现象值得称赏，这就是此类研究通常建立于新发现的全真石刻、方志材料基础上。对此，我们下文还将提及。此外值得提到的是，近几年来西方道教学者也表现出对全真教研究的浓厚兴趣。美国《中国宗教研究》(Journal of Chinese Religions No. 29, 2001）于 2001 年由法国学者高万桑（Vincent Goossaert）、美国学者 KATZ(Paul R. Katz)共同组织的有关全真教的专题，集中围绕全真教的宗教认同的形成及早期教团的修行生活这一主题，进行个案的、历史的研究。西方学者这方面的研究对于中国学者也有不小影响，这种中西之间的学术互动值得倡导。这也再次说明全

① 胡义成：《〈西游记〉定稿人与全真教关系考》，《杭州师院学报》，2002年第5期。

② 李安纲：《〈西游记〉与全真道文化》，《运城高等专科学报》，2001年第2期。

真教的研究已超越国界,越来越成为一门国际性的研究领域,受到各国学者的共同关注。

2007年中国大陆对于全真教研究成果集中体现由陈鼓应主编的《道家文化研究》二十三辑之“全真教专辑”。此辑由张广保负责编辑,共收录与全真教有关的专论十九篇。全辑共分七组,其内容既涉及对金元全真教的深度研究,也涉及明清全真教、地域性全真教及各专题例如全真科仪、医学、内丹、养生、宫观、戏剧等等。第一组由詹石窗、杨燕的《钟吕内丹学略论》和赖炜芳、黄永锋的《丘处机〈摄生消息论〉》两文组成,都是讨论全真教的内丹修行及养生问题。詹、杨对全真教定为五祖之钟离权、吕洞宾的内丹道思想进行研究,尤其对几种署于钟、吕名下的道书作了考述。赖、黄之文则集中发掘丘处机《摄生消息论》的养生思想。第二组也包括两篇,即张广保的《蒙元时期全真教大宗师传承研究》、刘晓的《全真教尹志平接任掌教之谜》,两文都集中对蒙元时期全真教领袖——掌教大宗师传承及其宗派纠葛等相关教史问题展开讨论。张广保在文中试图以全真掌教宗师的传承为主线,一方面以复原、重构这一时期的部分全真教史,另一方面也想借此显示蒙元时期皇权与教权的盛衰消长,从而勾勒出两者之间既相互抗争又相互依存的复杂关系。此外,作者还想通过这一研究揭示大宗师职位在全真教内部各宗派之间的分配、轮转是不均衡的。这说明全真教各宗派势力之间也存在错综复杂的竞争、联合关系。这是全真教在道教史中有别于其他各派的一种特殊发展模式。关于早期全真教是否举行斋醮科仪一直是学界争论的论题,本辑第三组所收刘仲宇的《早期全真教仪式初探》、张泽洪的《金元全真教斋醮科仪初探》,就集中探讨早期全真教斋醮科仪问题。刘仲宇认为早期全真教从创教之初就汲取传统的道教仪式,全真七子广泛参与当时社会中举办的各种斋醮祈请仪式,不仅如此,他们还将某些仪式成分纳入了自己的修行体系,列为制度。这就反驳了学界有关早期全真教不尚科仪的说法。张泽洪通过对早期全真碑刻、文献的爬梳,其研究结果与刘仲宇论点颇可互相发明。第四组是有关全真宫观系统的研究。张广保的《金元时期全真教祖庭研究》围绕全真教祖庭——大重阳万寿宫为中心,对全真教东西“祖庭”进行全面研究,试图藉此复建金、蒙、元时期全真教宫观组织及其地域分布的历史面貌。作者认为在全真教宫观系统中，体现出七真门下派生的各宗宗派势力与堂下为代表的全真教掌教大宗师的权力的互相交织。这是全真教宫观组织所呈现的一大特色。程越的《全真教祖庭白云观在金元时期的沿革》则对全真教总部，当时称之为“堂下”的白云观及其在金元的沿革历史作了考察。关于地域性全真教的研究，近年引起学者浓厚的兴趣，这无疑标志着全真教研究的深化。本辑第五组收录三篇专门探讨明代地域全真教的专论。樊光春多年从事陕西地区全真教的研究，在《碑刻所见陕西佳县白云观全真道龙门派传承》一文中，他以碑刻材料为依据，结合方志资料对明代后期佳县全真教龙门派的传承过程予以重构，这一尝试难能可贵。而赵卫东的《泰山三阳观及其与明万历宫廷之关系》则依据三阳观现存的七十余块碑刻，对明后期三阳观的兴衰、沿革及其与万历朝宫廷的纠缠，作了很详细的梳理。与樊、赵二文的个案研究不同，陈金凤的《略论宋元明清时期四川地区全真道的发展》从宏观角度勾勒宋元明清四川地区全真教发展的历史，并特别探讨四川全真教与该地地域文化之关联。第六组是专论清代全真教尤其是龙门律宗代表王常月的思想。其中华裔美籍学者刘迅《张将军瘗埋枯骨：清初南阳重建中全真道与清廷之合作》以其新发现的三通清初南阳地区全真教碑刻为依据，以地处南阳的全真教十方丛林玄妙观为研究个案，分析清军入关之后，全真教在南阳地区政权的重建中的重要作用。文章无论是视角，还是所依据的碑刻材料都让人耳目一新。杨海英的《清前期的道教与宫廷》则依据包括清宫档案、碑刻在内的公私史料，对自后金至雍正时期，满清宫廷与道教的复杂关系进行探讨，论文所论虽然不全然限于全真教，但与全真教的关系却极为密切。丁培仁的《〈金盖心灯〉卷一质疑》对清代全真道士闵一得《金盖心灯》卷一所记龙门律宗的传承世系提出质疑，以为书中关于龙门第一代律师赵道坚的记述靠不住，又关于初真、中极、天仙三坛大戒之形成及龙门二十字辈等，该书的记载同样也成问题。朱展炎的《论王常月对早期全真道宗教思想的继承》就王常月与早期全真教思想之关系展开论述。胡小琴的《王常月与丘处机》则集中探讨王常月对丘处机思想的继承与发展。

第七组是有关全真教的专题研究，也由三篇文章组成，它们分别是李大华的《全真教“优游”说及其现代性反思》，这是一篇颇具思想性的理论探讨专论，作者对“优游”这一全真教主要修炼方式所蕴含的生存意义及其对现代生活的启示作了深度思考，这对我们今天重新评估全真“优游”说的现代价值颇有借鉴意义。第二篇是盖建民的《全真教与中国传统医学稽考》，作者多年从事道教医学的研究，此次更将视野投入全真教与中国传统医学的关联。作者认为由于全真教提倡功行双修，因而他们也像道教其他教派一样，把医术作为开宗立派、扩大教势的重要手段。此组最后一篇是吴光正的《全真教与元明戏剧》，作者对元明时期一百八十多部神仙道化剧作了系统考察，指出在道化剧中再现了金真教的神仙谱系、修炼理论及生命伦理。

二、此期全真教研究的热点

此期全真教研究的热点还体现在对明清全真教派字谱的集中讨论。清代后期出现了几种以派字诗为主干的、旨在记载道教各宗派传承谱系的经籍，它们分别是北京白云观收藏的《诸真宗派总簿》①、沈阳太清宫的《宗派别》②、辽宁本溪铁刹山八宝云光洞的《道教宗派》③，以上三种宗派传承谱都是以全真教为主体而附记正一等其他各派。它们实际上都属于同一个系统，渊源于同一祖本。从太清宫本重誊于咸丰

① 一九三四年，日本学者小柳司气太在其所编《白云观志》中依据一九二六年梁至祥抄本录入一份载有86派的《诸真宗派总簿》，据王卡先生《诸真宗派源流校读记》的研究，小柳司气太录入的这一梁氏抄本存在诸多漏记、误记及书写格式不合规范之处（王卡：《诸真宗派源流校读记》，载熊铁基、麦子飞主编《全真道与老庄学国际学术研讨会论文集上册》，华中师范大学出版社，2009年，第50页），2003年，李养正先生在《新编白云观志》中据白云观收藏的梁氏抄本对小柳司气太录本的错误进行校正，改正了不少错误。最近王卡先生以辽宁本溪铁刹山传本为底本，以白云观《诸真宗派总簿》、沈阳太清宫《宗派别》为参校本，提出一个较为接近白云观本原貌的新版本。（见上引王卡《诸真宗派源流校读记》。）

② 见日本学者五十岚贤隆《道教丛林太清宫志》第二章，昭和十三年，满洲图书文具株式会社。据作者介绍，此版本是依据咸丰十一年（1861年）的《宗别派》誊录的，共录有101派。

③ 见白永贞撰于1937年的八卷本《铁刹山志》卷七《道教宗派》，录有99派。

十一年(1861 年),再结合闵一得(1748—1836)于嘉庆年间编撰的《金盖心灯》相关内容看,这一版本系统的出现,应始于清嘉庆年间。王卡将白云观的《诸真宗派总簿》出现断为嘉庆十三年(1808 年)白云观恢复传戒活动之后①,是有道理的。上述三种谱系以派字诗为骨干广泛记载道教各宗派的传承,其直接作用在于为各大宫观考察云游道士宗派归属提供依据,以免闲杂人员混入宫观。这显然是组成当时宫观管理制度的一部分。因此此类东西应在各大型宫观中都有收藏。除上述三种较为完整的谱系之外,清代还有一些只载述本宗派传承谱系的文献。例如闵一得编于嘉庆年间(1796—1821 年)的《金盖心灯》记载的《龙门正宗流传支派图》,孟永材、完颜崇实编于道光二十七年(1847 年)的《白云仙表》,梁教无编于咸丰壬子(1852 年)的《玄门必读》,德国传教士哈克曼于 1910 至 1911 年抄录于崂山太清宫的《规矩须知》等,都载有或详或略的全真教龙门派的传承谱系。进入民国之后,又有《龙门正宗觉云本支道统薪传》等。派字谱一方面既是各宗派之间用以互相分判的一种标志,同时另一方面在本宗系中又可以区分不同辈分。这也是成长于中国宗法社会大背景下的道教所呈现的本土特色。对于这一全真教宗派谱尤其是构成其核心部分的龙门派早期传承谱系的真实性,很早就有人提出质疑。生活于清代后期的罗浮山酥醪观全真教龙门派十七代教徒陈教友(1823—1881),凭借其渊深的教史知识和敏锐的史识,较早对载于闵一得《金盖心灯》中的全真教龙门派早期宗派传承世系表示质疑。他在撰于光绪五年(1879 年)的《长春道教源流》一书中说:

> 今世全真教,大抵长春法嗣为多,所谓龙门派也。然询之道教中人云:嗣马丹阳者为遇山派,嗣谭长真者为南无派,嗣刘长生者为随山派,嗣王玉阳者为昆仑派,嗣郝广宁者为华山派,嗣孙清静者为清静派。考长春及诸真门人,无有以派名者,诸派之兴,其起于明代欤?惟元时北方全真教,长春与诸真递相传授,尚可考见。

① 王卡:《诸真宗派源流校读记》,载熊铁基、麦子飞主编《全真道与老庄学国际学术研讨会论文集(上册)》,华中师范大学出版社,2009 年,第 50 页。

厥后自北而南，地与世相去日远，李道谦后纂辑无人，世但知为全真教，无有识其渊源者矣。①

陈教友在此猜测全真教内部分宗开派应起于明代，认为长春与诸真门人均尚未正式立派。这就等于否定了包括龙门派在内的七真开派之说。这是一个极具怀疑精神的惊人论断。进入现代，国内外不少学者又进一步撰文质疑清代全真龙门派宗系传承的真实性，例如莫尼卡的 *The Longmen School and Its controversial History during the Qing Dynasty*（《龙门派及其清代有争议的历史》，载 John Lagerwey 编 *Religion and Chinese Society*，卷 2，第 621～698 页），森由利亚的《全真教龙门派系谱考》（载道教文化研究会编《道教文化的展望》，东京：平和出版社，1994），王志忠的《全真龙门派起源论考》（《宗教学研究》1995 年第 4 期），丁培仁的《〈金盖心灯卷一〉质疑》（《道家文化研究》23 辑第 411～429 页，北京：生活·读书·新知三联书店，2008）等都对清代全真龙门派的传承提出怀疑。

张广保在《明代全真教的宗系分化与派字谱的形成》（《全真道研究》2011 年第 1 辑）一文中通过综合诸家的论述，将诸家质疑的焦点概括为下面四点：其一，赵道坚与龙门派的关系；其二，元世祖御赐前二十派字及康熙增赐后八十派字；其三，王常月之前六代宗师传承的真实性；其四，有关王常月中兴龙门派的问题。

不少研究者都注意到，金元时期全真教尚无派字诗之类旨在确立宗派认同、标明传承辈分的谱系出现。然而这并不意味着元代全真教内部没有宗派的分化。像陈教友所断言的“诸派之兴，其起于明代”，只能理解为具有正式名称标识的宗派迄今为止在元代尚未发现，因而可能起于明代。至于全真教内部各种大小宗派并立，自王重阳仙逝后七真分门授徒之时，就一直存在，并贯穿于全真教发展的始终。其实只要我们认真考察全真教发展的历史过程，就会发现其中存在一种基本的扩张模式，此即通过宗枝的不断繁衍分化来达成其发展。这一过程可以描述为由祖师至徒弟再至徒孙至重孙……再无尽演化，直至传承中

① 陈教友：《长春道教源流》卷七，《藏外道书》第 31 册，巴蜀书社，1994 年，第 119 页。

断。这一发展模式颇为类似树的分枝生长，因此我们不妨称之为树形模式。全真教发展之所以能够超迈其他道教派别，这种树形繁衍模式也是一个重要因素。

因此我们不可忽视元代全真教内部已出现宗派分化的客观事实。至于元代全真教徒的命名，虽然迄今尚未找到像后世派字诗那样整齐划一的谱系，但也绝不是杂乱无章，毫无规律可循，而是遵循一些内在的通则。像教祖王重阳对教门早期四大弟子丘、刘、谭、马法名的命定，就不是随意的。除马钰身份较其他三人较为特殊外①，其他三人法名中间都有一个“处”字，即谭处端、刘处玄、丘处机。而郝大通、王处阳、孙不二与王重阳的关系无法与四大士相比，加之郝、王二人除重阳外又另有师承。

除此之外，七真门下的第二、三代弟子，虽然没有以道名来标示辈分及所属宗派，但有几个字在各宗系命名时使用的频率都极高，此即男真中的志、道、德、善、玄，女冠中的守、惠、妙等。

现代不少学者都依据新发现的石刻材料通过个案研究的方式，对明清全真教龙门派的派字谱进行研究。最早关注陕西佳县白云观并对之展开研究的学者是樊光春。他于2008年发表两篇论文讨论佳县白云观龙门派的宗系传承②。樊光春通过实地考察，找到白云观存留碑刻中二十八通录有道众名单及字派的碑刻，其起讫时间为上限明万历三十六年(1605年)，下止1995年，绵延三百八十五年。基本上涵盖了该观自创建以来至今的全部历史③。这就为我们追溯该观在明代以后的传承世系及派字谱提供了扎实的资料基础。从樊光春对该观存留的二十

① 关于马钰身份在七真中的特殊性及七真中丘、刘、谭、马四大士与郝、王、孙的分判，请参考张广保：《蒙元时期全真宗祖谱系的形成》，载《金元全真教史新研究》，青松出版社，2008年，第173～205页。

② 樊光春：《碑刻所见陕西佳县白云观全真道龙门派传承》，《道家文化研究》第23辑，生活·读书·新知三联书店，2008年，第261～279页。刘凤鸣：《全真道龙门派在西北的传承》，《丘处机与全真道》，中国文史出版社，2008年，第453～473页。

③ 樊光春：《碑刻所见陕西佳县白云观全真道龙门派传承》，《道家文化研究》第23辑，生活·读书·新知三联书店，2008年，第261～279页。

八通不同时代的记有道士名单、字派碑刻的统计看，他们的派字有真、常、守、太、清、一、阳、来、合、教，与《诸真宗派总簿》所记龙门派字诗相合①。

又赵卫东在《泰山三阳观及其与明万历宫廷之关系》②一文中依据明代碑记对三阳观开创、传承的历史进行重建。他依据明萧大亨分别撰于隆庆四年（1570 年）的《建立三阳庵记》及撰于万历二十三年（1595 年）的《三阳庵新建门阁记》两通碑记，结合于慎行撰于万历二十年（1592 年）的《重修三阳观记》、程守训撰于万历三十年的《昝云山炼师碑记》及周连钦撰于民国十三年（1924 年）的《重修三阳观记》的载述，考出泰山三阳观由全真道士王三阳创始于嘉靖三十年（1551 年），并在创建过程中得到明代藩王德王府及当地士绅的大力支持③。关于三阳观的传承谱系，赵卫东查考三阳观道士的十一块墓碑，发现其中有七块刻有该观道士的传承系谱。经他的比对，其命名呈现的派字诗与白云观《诸真宗派系谱》所记果老祖师云阳派系谱基本相同。白云观《诸真宗派系谱》所记该宗派字诗为："崇静真阳复，至坚守太玄，智礼清白信，存义法明长。道贵诚正理，德尚实和行，参赞乾坤机，变运造化功。"④只有"存意法明长"与"德尚宽和行"两句个别字句有别。

又美国佛罗里达王岗教授发表了题为《云南虚凝庵晚明早清的龙门派传承谱系》的论文⑤。在文中他通过自己发现的八通有关虚凝庵的碑记，对明末清初存在于该庵的龙门派传承展开详细研究。这八通碑名分别为《重修虚凝庵并置常储碑记》（1586 年）、《昊天通明殿碑记》（1633 年）、《云南府为请敕清查勒石焚修事》（1638 年）、《云南府复为请敕清查朝阳、虚凝二庵山场事》（1638 年）、《重修朝阳庵碑记》（1638

① 樊光春：《碑刻所见陕西佳县白云观全真道龙门派传承》，《道家文化研究》第 23 辑，生活·读书·新知三联书店，2008 年，第 261～279 页。

② 《道家文化研究》第 23 辑，生活·读书·新知三联书店，2008 年，第 280～306 页。

③ 萧大亨《建立三阳庵记》说："德藩承奉龙泉于公，复捐俸以益之，于是庵不数月而底绩。"

④ 李养正：《新编白云观志》第八章"诸真宗派志"，宗教文化出版社，2003 年，第 440 页。

⑤ 该文系英文，其名称为 Longmen Lineage at Xuning'an in Late Ming-Early Qing Yunnan，2007 年 11 月美国加州伯克利"现代中国社会、文化中的全真教"国际讨论会论文。

年)、《虚凝庵常住碑记》(1727年)、《补修虚凝庵碑》(1783年)、《重修虚凝庵添置常住碑》(1792年)。这八通碑时间最早者为明万历十四年(1586年),最晚的一通为清乾隆五十七年(1792年),系统记述了二百年来中国西南边陲云南昆明虚凝庵全真教龙门派传承的历史。

王岗判断云南昆明虚凝庵全真教龙门派传承起始于公元1521年—1536年,即明世宗嘉靖元年至十五年,始于龙门派字诗的"真"字辈。此后龙门派在虚凝庵的传承一直没有中断,延续至二十世纪中期①。他在文中还以表格形式列出了虚凝庵龙门派传承的具体派字状况,其传承始于真字,历常、守、太(泰)、清、一、阳、来、复、本、合(和)、教、永、元(圆)、明,与龙门派字诗中前二十字相合②。其中圆、明二字辈的年代已进入清乾隆末年。值得注意的是王岗认为虚凝庵的全真龙门传承源于云南昆明本土传统,不仅与明末清初北京白云观王常月传承的所谓龙门正宗无关,而且较其更早,在当地也更有影响。

此外,美国罗特格思大学刘迅教授在对南阳玄妙观的田野调查时,也发现几通清代道教碑刻,其中顺治十四年(1658年)及康熙三年(1665年)的石碑,其上刻有玄妙观六十名道士的名字,其中的四十六位法名与全真教派字诗相合③。刘迅在《张将军瘗埋枯骨:清初南阳重建中全真道与清廷之合作》一文中列出1658年碑中四十六位道士分别归属的龙门字派。

通过对有关陕西佳县白云观,湖北武当凝虚观、复真观,河南南阳玄妙观,云南昆明虚凝庵等地有关龙门派的传承宗系的分析,我们发现在明代中期以后,王常月中兴全真龙门之前,中国大陆陕西、山东、河南、湖北、江西、云南等地都有全真教龙门派道徒在活动,其地域跨度之广,超出传统道典的记述。这些龙门派具有浓厚的地方色彩,彼此之间

① 王岗:《云南虚凝庵晚明早清的龙门派传承谱系》,2007年11月美国加州伯克利"现代中国社会、文化中的全真教"国际讨论会论文。

② 王岗:《云南虚凝庵晚明早清的龙门派传承谱系》,第16～19页,表三,2007年11月美国加州伯克利"现代中国社会、文化中的全真教"国际讨论会论文。

③ 刘迅:《张将军瘗埋枯骨:清初南阳重建中全真道与清廷之合作》,《道家文化研究》第23辑,生活·读书·新知三联书店,2008年,第330～364页。

并无密切联系。因此传统道典例如《金盖心灯》构造的以王常月为代表的龙门正宗的传承谱系只能代表一宗的状况，无法反映龙门派整体全貌。相反的所谓龙门正宗起源的历史年代可能相对较晚，如此为了竞争，他们才要构筑一个较早的传承世系。张广保在《明代全真教的宗系分化与派字谱的形成》一文中对龙门派字谱问题的研究进行总结：我们再来尝试解答上述列出的有关学术界对龙门派传承的四点质疑。我们发现第一点有关赵道坚的问题依然故我，缺乏史料支撑教内的传统记述。因此赵道坚开创龙门派的说法应予否定，很可能只是王常月一系所谓龙门正宗对传法世系的构造。但因为南阳玄妙观中已有德字辈存在，因此龙门派起源于道字辈极有可能，尽管不可能是赵道坚。关于第二点元世祖御赐前二十派字及康熙增赐后八十派字，目前我们已知道龙门百字诗前二十字与后八十字确系分属不同时期，前二十字出现于一个相对较早时期，后八十字则出现于其后，可能在乾隆之后。关于第三点龙门派前六代律师传承真实性，实难得到史料证实。这一方面是六位律师之间相距时间过长，如第一代赵道坚逝于 1221 年，至第七代王常月于 1628 年于王屋山遇赵真嵩得传，前后共计 425 年，中间仅有五位传人，即张德纯、陈通微、周玄朴、张静定、赵真嵩，这意味着每八十多年才有一传，实为不可思议。不过，具体的传承人对不上并不意味着派字诗也是虚构的，从上引南阳玄妙观顺治十四年碑刻看，龙门派前二十字派字诗真实性没有什么问题。最后关于龙门派字诗究竟始于何时，我们认为根据现有史料仍然难以给出确切答案，但至少可以追溯至明中期以前。我们将它初步定为明初期偏后，即宣宗之后。当然这只是推测，有待进一步发现新材料来修正。

二、值得进一步关注的前沿问题

迄今为止的全真教研究尽管取得很大成绩，但还存在若干薄弱环节，其中最重要的是：没有走出道教的狭隘范围，将全真教置入金末蒙初社会的大环境中考虑。这就势必无法揭示全真教在这一时期担负的重建社会秩序，从而救世济人的真实历史角色，由之引起对蒙古国前四汗(成吉思汗、窝阔台汗、贵由汗、蒙哥汗)在中原统治的历史理解陷入不完整状态。此外,由于缺乏比较文化史的眼光,学者们没有从世界历史的整体角度,比较考虑蒙古汗廷在中国北方对待全真教的态度,与在各汗国对待伊斯兰教、藏传佛教及聂斯脱里教等态度的联系,及由此产生的文明融合的不同结果。这本来是研究以萨满教信仰为特征的蒙古游牧文明与不同类型的农业定居文明之间冲突、融合的绝好案例。复次,对于金元全真教史的许多重要问题,迄今为止或者尚未涉及,或者没有得到深入的研究。例如蒙元时期全真宫观系统与教团宗派间的关系,全真历代掌教大宗师的传承、职掌,全真教与前四代蒙古汗廷的关系,以及蒙元时期全真宫观经济等等。由于对于这些问题缺乏研究,使得我们无法完整、清晰地展示全真教的形象。

再者,对明清时期全真教的历史发展及其对这一时期社会、思想影响的研究,值得今后花大力气研究。关于明代道教发展状况的总体估价,目前学界争议颇大。出现两种绝然相反的观点:一种观点认为明代道教总体上呈现沉寂状态,是道教从停滞走向衰落的阶段①,另一种则认为明代是道教最具影响力的时代②。之所以出现这么大的分歧,乃是因为学界对明代道教的研究目前尚处于起步阶段,许多问题缺乏研究。仅从这些年中国大陆道教研究情形看,学术界对于明代道教的研究的确是一个相对薄弱的环节。学界对明代道教的研究,无论是对全真派还是正一派,都显得过于粗线条。在目前缺乏详尽而充分的有关明代道教专题的、个案的研究条件下,贸然描述明代道教的历史发展的全貌,其结果只能是作一些概略式的泛泛而谈,而且这种概略还往往失真,更遑论由此进一步讨论道教与明代社会、政治的互动及其对明代历

---

① 任继愈主编:《中国道教史》第四编"明清道教"说:"明清两代(1368—1911)五百多年,是道教从停滞走向衰落的阶段。在内部,教团的腐化,在外部,理学的强力排斥、民间宗教的争夺地盘、失去统治者崇奉扶植等多种因素,促使道教渐趋衰落,大体上与整个封建社会的衰落同步。"(任继愈:《中国道教史》,上海人民出版社,1990年。)

② 柳存仁说:"然而在整个中国思想史中,道教的势力之大,道教空气弥漫笼罩于上下各阶层、各方面,却没有比这三百年更浓厚,更盛的了。"(《明儒与道教》,载《和风堂文集》卷中,上海古籍出版社,1991年。)

史的深刻影响。众所周知，在明代近三百年的历史中，道教承元代已来教派融合的大趋势，逐渐整合为相对集中的两大道派：全真与正一。虽然关于明代道教两大派的历史发展及其对明代政治、思想的影响，学界已有一些论著问世①。然而相对于其他断代而言，学界对明代道教的研究，无论是对全真派还是正一派，都显得过于粗线条。全真教对明代社会的影响很大一部分是通过传承内丹来实现的，道教对明代社会的渗透是多方面的，最突出的表现乃在于其内丹修炼思想及实践对明代社会各阶层的深刻影响。作为道教的一种重要修炼方法，内丹术自唐代中期创立之后，经历宋、元时期几百年的完善与发展，到明代早已走出道门，在社会中广为传播。由于内丹术乃是一种理论与实践结合紧密的修炼方式，一旦选择这种修炼方式，就要付之行动，与修炼者的日常生活密切相关。因而从一定意义上说，内丹修炼就是一种以体道为终极归依的生活方式。明代社会对道教内丹修炼术接纳的广度与深度

① 关于明代道教的研究，中文著述中除上文提到的两种《中国道教史》中的相关章节外，属于断代研究的作品还有：庄宏谊：《明代道教正一派》，台湾学生书局，1986年；陈兵：《明代全真道》，《世界宗教研究》1992年第1期；王志忠：《明清全真教论稿》，巴蜀书社，2000年；唐大潮：《明清之际道教"三教合一"思想论》，宗教文化出版社，2000年；吴亚魁：《江南全真道教》，中华书局，2006年。有关道教与明代政治的论题，学者们主要关注明代皇帝与道教的关系、明代的道教管理制度等。围绕此近年来发表的中文作品有：杨启樵：《明代诸帝之崇尚方术及其影响》，载《明清史抉奥》，广角境出版社，1984年；罗卡：《明太祖与道教》，《宗教学研究》1988年第1期；杨立志：《明成祖与武当道教》，《江汉论坛》1990年第12期；曾召南：《明代前中期诸帝崇道浅析》，《四川大学学报》1991年第4期，曾召南：《试论明宁献王朱权的道教思想》，《宗教学研究》1998年第4期；石衍丰：《明世宗崇信的道士邵元节与陶仲文》，《世界宗教研究》1992年第2期，石衍丰：《明世宗崇尚道教之特点》，《宗教学研究》1995年第1～2期；李建军：《明世宗与道教》，《云南师范大学学报(哲社版)》1992年第5期；陈宝良：《嘉靖皇帝与道教》，《北方论丛》1992年第3期；《明太祖与儒佛道三教》，《福建论坛》1993年第5期；暴洪昌：《明代对僧道的管理》，《北方论丛》1986年第5期；赵亮：《明代道教管理制度》，《世界宗教研究》1990年第3期；陈连营：《试论明初洪武年间对佛道二教的整顿和管理》，《史学月刊》1991年第3期；唐怡：《明代道教管理制度刍议》，《宗教与世界》1997年第2期；赵轶峰：《明代国家宗教管理制度与政策研究》，中国社会科学出版社，2008年。此外，有关道教对明代精英阶层思想的影响，柳存仁先生曾撰有《明儒与道教》、《王阳明与道教》、《王阳明与佛道二教》等论文，载《和风堂文集》，上海古籍出版社，可算是这一领域的拓荒之作，值得我们重视。

在中国历史上都堪称空前绝后。其时社会各阶层，上至皇帝、藩王，中至知识精英，下达底层民众都有不少成员，通过不同方式参与内丹术的修炼与传播。不过由于各自所处社会地位的差异，他们在内丹术中择取的成分也不同。皇帝、藩王们主要是把修炼内丹作为一种养生方式。在他们看来，内丹术与房中术、外丹术、药物服食术等传统养生术并无不同。当然也有些藩王是通过内丹修炼过一种修道的生活。至于知识精英们，虽然也有出于养生延年兴趣进行内丹修炼实践，但更多是意在汲取其中思想养分。而对一般的生活于社会下层的普通民众，则往往通过内丹修炼术的师徒相传，以结成各种类型的民间社团。这其中有不少还演变成规模不等的民间宗教。因此，明清时期民间宗教的蓬勃发展与道教内丹修炼术的广泛传播密切相关。总之，道教内丹修炼术在明代社会广泛传播，业已成为一种强大的社会思潮和生活习尚。这种现象的出现，表明道教这种在中国传统社会中本来居于非主流地位的宗教信仰，在明代开始努力扩展其生存空间，与正统儒家思想意识展开竞争。

关于内丹学对明代社会的影响，阳明后学罗洪先、泰州学派的颜钧、罗汝芳都曾修习内丹并总结出一套颇有特色的内丹功法，又如明代三一教创立者林兆恩的九序功就是改造丹功而成，又如明代大才子徐渭对《参同契》的注释、汤显祖对内丹的关注等等，表明内丹学对明代社会的影响极为深远。然而有关这一主题目前都未得到认真探讨。

最后我们在今天研究全真教时，还应重视对明清乩坛或称鸾坛、道坛的研究，关于这一主题的研究理所当然应成为当前道教的前沿问题。

对此，我陈述的理由如下：其一，明清时期出现的乩坛或称鸾坛、道坛乃是道教在这一时期发展的新形式、新现象。它是道教走出宫观，进而与民间社会结合的创造性新组织。所谓乩坛或称鸾坛、道坛就是地方乡绅、文人以扶鸾这一旨在沟通神人的形式进行的地方宗教结社。参与者既有地方文人，也有他们的家眷。他们与正规宫观有直接联系，多数坛主都有全真教的师承，传承着全真教的派字谱。从他们与神灵的诗文唱和看，他们通过与神灵的沟通，精神得到慰藉。不过值得注意的是，他们一般并不拥有正式的道士身份。

其二，对明清乩坛或称鸾坛、道坛的研究还有一重要理由，即有助于我们加深对明清道经出世渊源的深度理解。我个人在阅读《藏外道书》所收录的诸种道经时，对它们的来源常感到困惑，就中尤以冠以吕祖、关帝之名降世的道经及相当多的内丹、女丹系丹经，它们都没有明确的作者，实际上都是源于扶乩。从这一角度看，说它们是天书一点也不为过。像在近现代影响极大的《太乙金华宗旨》、《唱道真言》等一批丹经之出世，如果不与乩坛及以之关联的地方精英相联系来考察，就很难真切理解。然而，关于这些丹经在乩坛上降出的具体过程以及社会、历史语境，由于我们对当时乩坛的活动过程缺乏了解，因此对这些丹经的制作，今天我们已不甚了了。职此之故，对于明清乩坛或称鸾坛、道坛的研究，实乃打开《藏外道书》所收录的诸种道经的一把金钥匙。

关于乩坛或称鸾坛、道坛的个案研究，尽管吴亚魁、黎志添都已有很好的研究，然而学界迄今为止尚未提到一个应有的高度来把握。例如学界流行的明清道教衰落论就是没有看到明清时期出现乩坛或称鸾坛、道坛乃是道教近代转型后发展的新形式，是道教走出宫观参与民间社会的重要表现，而仍把眼光放在传统宫观道教上、放在道教的宫廷舞台上。这不能不说是研究视域的一大盲点。

其三，明清乩坛或称鸾坛、道坛还直接影响当代道教之发展。像香港的青松观、黄大仙就是当代围绕乩坛创设的著名道教组织。事实上从道教发展的历史看，始终存在着由民间宗教向体制道教、由小传统向大传统的转化。像正一道、全真道在创教之初，都具有强烈的民间性，它们进入体制化道教是经历一个历史过程的。道教未来的发展很可能还是要经历这一发展模式。

（作者为北京大学哲学系教授）

张三丰《无根树》石碑再校

吴受琚

《无根树道情》二十四首，是辽阳张三丰明洪武十七年(1384 年)在武当山天柱峰草庐修行时所著，流传甚广，且久远，后之道士奉为内丹修炼之秘诀。明清之际，多有抄本传诵，至嘉庆七年(1802 年)始有栖云山道士刘一明(悟元子)《无根树词注解》著成，刊刻行世。据刘一明《无根树解序》曰：

> 余自童子时，常闻道者诵三丰真人《无根树》词。……及长慕通，常读此词，细研深究，无门可入。……久欲解释，阐扬所蕴，苦无刻本，数十年来，所见者皆录本耳。因其字句错伪甚多，彼此不同，且失词调，不敢下笔贻笑于大方。世传贵州高真观有所藏刻文，其录本自彼处传出者，惜余未亲见也。近因好学者，欲刻刊普传，正合余多年宿志，爰是细心校阅，稍正错讹，聊解大义，一以彰真人度世之婆心，一以助学者入门之炬灯。

可知悟元子研究《无根树》数十年间，并未有刻本行世，仅闻有传自他处如“贵州高真观刻文”的录本。即便如此，这个刻本，刘一明亦未亲见。

年前，笔者在陇郡调研时，偶然发现了一块已断为两截的写刻于嘉庆五年(1800 年)，“龙门洞道人陈明要述，拔贡生韩庆云书”的三丰祖师《无根树词》二十四首石碑[①]。

经同意，做了拓片。回京后，进行了校对，发现二十四首词排列顺序与迄今能见到的所有版本均大不相同，甚者文字内容也不尽相同。

---

① 石碑高 84 厘米、宽 55 厘米、厚 3 厘米。右中下角断裂。

可以断定：这是清代以来最早的《无根树》石刻本文字。迄今学术界抑或无人识晓此石碑的存在，抑或并未引起注重。这样，这块石碑，就具有了很高的文献价值与研究价值。

陈明要，即陈明耀①，陈氏甘肃靖远县人，少年时出家于留坝紫柏山张良庙，后移住陇郡景福龙门山，长居早阳洞和湘子洞，传说颇有异能，时人称为“龙门野仙”。乾隆四十二年（1777 年）移居宝鸡药王洞及金台观，同时也往返于龙门。此一时期，刘一明亦在陇州活动，并于嘉庆二年（1797 年）至景福山龙门洞。嘉庆二十二年（1817 年），陈明耀逝于龙门山早阳洞。

陈氏嘉庆五年（1800 年）立石于金台观，嘉庆七年（1802 年）刘一明《无根树注解》完成。现存史料中没有明确的陈、刘二人会晤传法的记录，而金台观也是刘一明经常涉足之地，不排除刘一明当时已知晓石刻之《无根树》，并用作注解的一个录本。

有关《无根树》版本有多种，现今所发现的最早抄本为康熙年间②，最常见的通行本有《道书十二种》本、《重刊道藏辑要》本、上海江左书林石印本等，这些本子在排序上、解释上也不相同。以下列表示，希望学者细览：

石刻本排序	李涵虚增解（石印本）	道书十二种本 排序	刘一明注解（石印本）
其一曰：无根树，花正有	1 劝人养幽花	其一 叹世　无根树，花正幽	1 叹世
其二曰：无根树，花正危	2 劝人栽接	其二 勉力学人 无根树，花正危	2 勉力学人
其三曰：无根树，花正孤	4 叹孤修	其三 劈旁门 无根树，花正孤	4 叹孤修

① 要、耀二字，在四川、甘肃、陕西地区发音相同，故误。以上可疑此碑文非陈明耀亲口述作，亦是后人传述。

② 见录于《四库未收书辑刊·〈历代神仙通纪〉》第 8 辑第 14 册，北京出版社，2000 年，第 90～92 页。

续表

石刻本排序	李涵虚增解（石印本）	道书十二种本 排序	刘一明注解（石印本）
其四曰：无根树，花正偏	5　颠倒阴阳	其四 言匹配阴阳 无根树，花正偏	5 颠倒阴阳
其五曰：无根树，花正双	19 化生玄珠	其五 言调和阴阳 无根树，花正黄	19 阴阳拷结
其六曰：无根树，花正多	13 攀折黄花	其六 言炼己之功 无根树，花正清	13 采取药物
其七曰：无根树，花正亨	11 交媾之所	其七 言药生之时 无根树，花正新	11 真一之气
其八曰：无根树，花正佳	12 认取金精	其八 言认取真铅 无根树，花正秾	12 金精开旺
其九曰：无根树，花正鲜	15 温养功夫	其九 言采取药物 无根树，花正多	15 临炉下功
其十曰：无根树，花正新	6 坤申之理	其十 言进阳退阴 无根树，花正飞	6 药生之时
其十一曰：无根树，花正浓	16 一味真铅	其十一 言真一之气 无根树，花正亨	16 认取真铅
其十二曰：无根树，花正青	3 明花柳之妙	其十二 言金精开旺 无根树，花正佳	3 炼己之功
其十三曰：无根树，花正高	18 善用盗机	其十三 言采取火候 无根树，花正娇	18 逆用气机
其十四曰：无根树，花正飞	8 温养还丹	其十四 言阴阳拷结 无根树，花正双	8 进阳退阴
其十五曰：无根树，花正繁	7 临炉定静	其十五 言偃月炉　无根树，花正开	7 乘时采药
其十六曰：无根树，花正香	14 鼎中产药	其十六 言逆用气机 无根树、花正高	14 阴中生阳
其十七曰：无根树，花正圆	10 还丹入山	其十七 言乘时采药 无根树，花正繁	10 还丹成熟
其十八曰：无根树，花正黄	21 得药还丹	其十八 言阴中生阳 无根树，花正香	21 调和阴

续表

石刻本排序	李涵虚增解（石印本）	道书十二种本 排序	刘一明注解（石印本）
其十九曰：无根树，花正明	22 擒伏火药	其十九 言一时还丹 无根树，花正齐	22 凝结圣胎
其二十曰：无根树，花正齐	20 还丹温素	其二十 言还丹成熟 无根树，花正圆	20 一时还丹
其廿一曰：无根树，花正娇	17 六门火候	其二十一 言凝结圣胎 无根树，花正明	17 采取火候
其廿二曰：无根树，花正红	23 圆通自在	其二十二 言真空法相 无根树，花正红	23 真空法相
其廿三曰：无根树，花正开	9 天上宝	其二十三 言临炉下功 无根树，花正鲜	9 偃月炉
其廿四曰：无根树，花正无	24 证位三清	其二十四 言返归虚无 无根树，花正无	24 返归虚无

石碑校本：

一、底本　嘉庆五年（1800 年）十二月，龙门洞道人陈明要述，邑弟子拔贡生韩庆云敬书之石碑碑文。

二、参校本

（1）清康熙年间抄本《无根树》二十四首，无注本，简称清抄无注本。

（2）《无根树二注》：栖云刘悟元注，长乙山李涵虚增解。空青洞天藏版，其木刻影印本被收入王沐选编《道教五派丹法精选》第三集。1989 年中医古籍出版社出版。简称空青洞天本。

（3）《三丰先生全集》：初刊于道光二十四年（1844 年），版式半页十行，行二十一字，收有《无根树词注解》。萧天石主编《道藏精华》收入第八集之三，2000 年台湾自由出版社影印出版。简称道光刻本。

（4）《道书十二种》，清刘一明著。1990 年 7 月中国中医药出版社出版。简称《十二种》本。

（5）《玄要篇》：清道光六年（1826 年）二月，张灵机、邓灵谧刊，傲雪山房梓行。简称傲雪山房本。

（6）《张三丰太极炼丹秘诀》，清刘元焯编。

书共六卷，卷五炼丹歌咏中收录《无根树道情》。民国十八年(1929年)上海中西书局印行，后新文丰出版公司亦印行。1994年6月，中国书店又影印木刻本出版，1998年，台湾萧天石先生主编《道藏精华》时将其收入第二集之五，后又有单行本影印出版。简称《炼丹秘诀》本。

(7)《玄要篇》：清光绪二十年(1894年)柏青氏捐刻重镌。简称《玄要篇》本。

(8)《重刊道藏辑要·张三丰先生全集》：《道藏辑要》编纂于清代嘉庆(1796年—1820年)年间，初刊于道光二十四年(1844年)，后即遭焚毁。成都二仙庵主持阎永和于光绪十八年(1892年)倡议重刊，至光绪三十二年(1906年)《重刊道藏辑要》成。书按照二十八星宿顺序编排，《重刊道藏辑要》续毕集收入《张三丰先生全集》，书中八卷内容，末附刘一明、李西月注《无根树词注解》。后张之洞捐资，朱道生(桐荪)重辑，又翻刻成袖珍版，亦将刘一明、李西月合著之《无根树二注》增列为第九卷，简称《道藏辑要续毕集》本。

(9)《三丰全书》：民国八年(1919年)秋，上海江左书林以朱道生翻刻之《三丰全集》为底本，刊成石印本。书中增入《无根树二注》、《灵宝毕法》，列为第九卷。民国十五年(1926年)仲春，上海中原书局又以江左书林版重印。书中《无根树词道情》简称石印本《道情》，《无根树词注解》简称石印本《注解》。

校文

张三丰真人所作《无根树》词二十四首

宝邑金台古观

其一曰(1)：

无根树，花正有(2)，贪恋荣华谁肯休(3)。浮生事，苦(4)海舟，荡去漂(5)来不自由。无边无岸(6)口[难]收救(7)，常在鱼龙险处游(8)。早回头(9)，是岸口(10)，莫待风波坏了舟。

[校]

1：清抄无注本列为第十首。

2：迄今所见诸本唯有石碑作“有”字。“有”、“幽”，音近。

3：《炼丹秘诀》本、《道藏辑要续毕集》、石印本《道情》“荣华”作“红尘”,“休”作“修”。

4:石印本《注解》“苦”作“若”。

5:《十二种》本、《炼丹秘诀》本、石印本《注解》“漂”作“飘”。

6:清抄无注本、空青洞天本、石印本《注解》“无边无岸”作“无岸无边”。

7:此处石破,缺一字,依诸本补入“难”字。又清抄无注本、“空青洞天本”、《炼丹秘诀》本、《道藏辑要续毕集》、石印本《道情》、石印本《注解》作“难泊系”。《十二种》本作“难拍系”。

8:《炼丹秘诀》本、《道藏辑要续毕集》本、石印本《道情》“常”作“长”。

9:清抄无注本、空青洞天本、《十二种》本、《道藏辑要续毕集》、石印本《道情》、石印本《注解》“早”作“肯”。

10:清抄无注本、空青洞天本、《十二种》本、《炼丹秘诀》本、《道藏辑要续毕集》、石印本《道情》、石印本《注解》“口”作“头”。

其二曰(1):

无根树,花正危(2),树老将来接嫩枝(3)。梅寄榔,桑接梨(4),传与修真照样为(5)。自古神仙栽口[接](6)法,人老原来有药医(7)。访明师(8),问方儿,下手速修犹太迟。

[校]

1:清抄无注本列为十一首。

2:空青洞天本、《炼丹秘诀》本、《道藏辑要续毕集》、石印本《道情》本、石印本《注解》“危”作“微”。傲雪山房本作“微”,下注“一作危”。

3:清抄无注本、空青洞天本、石印本《注解》“将来”作“重新”。《十二种》本、《炼丹秘诀》本、《道藏辑要续毕集》、石印本《道情》作“将新”。空青洞天本下注:“悟元注本‘微’作‘危’,与衰微之意亦相似。”

4:空青洞天本、《炼丹秘诀》本、《道藏辑要续毕集》、石印本《注解》“榔”作“柳”。又空青洞天本、《炼丹秘诀》本、石印本《道情》“梨”作“呆”(古梅字)。

5:傲雪山房本作“传与修真作样子”,下注“一作‘行’”。清抄无注本、空青洞天本、《十二种》本、《炼丹秘诀》本、《道藏辑要续毕集》、石印本本《道情》、石印本《注解》均作“传与修真作样儿”。

6:石破缺一字,据清抄无注本、空青洞天本、《十二种》本、《炼丹秘诀》本、《道藏辑要续毕集》、石印本《道情》、石印本《注解》补入“接”字。

7:清抄无注本作“医药”。

8:道光刻本、《十二种》本“明”作“名”。

其三曰(1):

无根树,花正孤。借问阴阳得类无。雌鸡卵(2),怎(3)抱雏?悖(4)了阴阳造化炉。女子无夫为怨女(5),口[男](6)子(7)无妻是旷夫。叹世徒(8),太糊涂(9)。静坐孤修气转枯。

[校]

1:清抄无注本列为第十二首。空青洞天本、《炼丹秘诀》本、《道藏辑要续毕集》、石印本《道情》、石印本《注解》列为第四首。

2:清抄无注本作“无雄卵”,意胜。

3:空青洞天本、《炼丹秘诀》本、《道藏辑要续毕集》、石印本《道情》、石印本《注解》“怎”作“难”。

4:清抄无注本、空青洞天本、《十二种》本、《道藏辑要续毕集》、石印本《注解》“悖”作“背”。《炼丹秘诀》本作“肯”,字体形近而误。

5:清抄无注本作“终是寡”。

6:此处石破缺字,清抄无注本、依空青洞天本、《十二种》本、《炼丹秘诀》本、《道藏辑要续毕集》、石印本《道情》、石印本《注解》补“男”字。

7:《十二种》本“子”作“儿”。

8:清抄无注本、空青洞天本、《十二种》本、《炼丹秘诀》本、《道藏辑要续毕集》、石印本《道情》、石印本《注解》作“叹迷徒”。

9:空青洞天本、《炼丹秘诀》本、《道藏辑要续毕集》、石印本《道情》、石印本《注解》皆作“太模糊”。

其四曰(1):

无根树,花正偏,离了阴阳道不全。金隔水(2),汞隔铅,孤阴寡阳各一边(3)。世上阴阳女配男(4),生口[子](5)生孙代代传。顺为凡,逆成(6)仙,只在中间颠倒颠。

[校]

1:此段清抄无注本作第十三首。空青洞天本、傲雪山房本、《炼丹秘诀》本、《道藏辑要续毕集》、石印本《道情》、石印本《注解》皆列为第五首。

2:空青洞天本、《十二种》本、傲雪山房本、《炼丹秘诀》本、《道藏辑要续毕集》、石印《道情》、石印本《注解》作“金隔木”。傲雪山房本、道光刻本于“木”字下注“一作水,非”。

3:清抄无注本、空青洞天本、《炼丹秘诀》本、《道藏辑要续毕集》本、石印本《道情》皆作“阳寡阴孤各一边”。

4:清抄无注本作“世上阴阳男女配”,空青洞天本、《十二种》本、《炼丹秘诀》本、《道藏辑要续毕集》、石印本《道情》、石印本《注解》作“世上阴阳男配女”。

5:此处石破缺一字,据清抄无注本、空青洞天本、《十二种》本、《炼丹秘诀》本《道藏辑要续毕集》补“子”字。石印本《道情》、石印本《注解》作“子子孙孙代代传”。

6:空青洞天本、《十二种》本、《炼丹秘诀》本、《道藏辑要续毕集》、石印本《道情》、石印本《注解》“成”作“为”。

其五曰(1):

无根树,花正双,龙虎登坛战一场(2)。铅投汞,阴配阳(3),结颗明珠无价偿(4)。此是家园真种子,返老还童寿命长。昇天堂(5),极乐方,免得轮回见阎王(6)。

[校]

1:此段清抄无注本、《十二种》本列为第十四首。傲雪山房本列为第十五首,空青洞天本、道光刻本、《炼丹秘诀》本、《道藏辑要续毕集》本、石印本《道情》、石印本《注解》皆列为第十九首。

2:《炼丹秘诀》本“坛”作“场”。

3:空青洞天本、《炼丹秘诀》本、《道藏辑要续毕集》本、石印本《道情》、石印本《注解》皆作“配阴阳”。

4:清抄无注本、空青洞天本、《十二种》本、《炼丹秘诀》本、《道藏辑要续毕集》本、石印本《道情》、石印本《注解》均作“法象玄珠无价偿”。道光刻本、傲雪山房本于“偿”下注“一作宝,非”。

5:清抄无注本、空青洞天本、《十二种》本、《炼丹秘诀》本、《道藏辑要续毕集》本、石印本《道情》本、石印本《注解》均作“上天堂”。

6:傲雪山房本“闫”作“冥”。

其六曰(1):

无根树,花正多。遍地开时隔奈何(2)。难攀折(3),曾奈何(4),步步行从龙虎窝(5)。采取黄芽归洞府(6),紫府题名永不磨。笑呵呵,白云窝(7),□□[准备]天梯上大罗(8)。

[校]

1:此段清抄无注本列为第十六首,傲雪山房本列为第六首,《十二种》本列为第九首,空青洞天本、《炼丹秘诀》本、《道藏辑要续毕集》、石印本《道情》、石印本《注解》皆列为第十三首。

2:《十二种》本“遍”作“徧”,“奈何”作“碍河”。清抄无注本、空青洞天本、《炼丹秘诀》本、《道藏辑要续毕集》本、石印本《道情》、石印本《注解》作“爱河”。空青洞天本下注:“悟元本‘爱河’作‘碍差’。”

3:清抄无注本、《十二种》本“难攀折”作“难扳折”。

4:清抄无注本、空青洞天本、《十二种》本、《炼丹秘诀》本、《道藏辑要续毕集》本、石印本《道情》、石印本《注解》“曾奈何”皆作“怎奈何”。

5:清抄无注本、空青洞天本、《炼丹秘诀》本、《道藏辑要续毕集》本、石印本《注解》“从”皆作“行”。《十二种》本作“的”。石印本《道情》作“步步行行龙虎窝”。

6:空青洞天本、《十二种》本、《炼丹秘诀》本、《道藏辑要续毕集》本、石印本《道情》、石印本《注解》“芽”皆作“花”,“府”作“去”,清抄无注本亦作“去”。

7:《十二种》本作“白云窝,笑呵呵”。《炼丹秘诀》本、《道藏辑要续毕集》本、石印本《道情》“窝”作“阿”。

8:石破,据清抄无注本、空青洞天本、《十二种》本、《炼丹秘诀》本、《道藏辑要续毕集》本、石印本《道情》、石印本《注解》补“准备”二字。

其七曰(1):

无根树,花正亨。说是(2)无根却有根(3)。三才窍,二五精,天地交泰(4)万物生。日月交时寒暑顺,男女交时孕自成(5)。说与君，甚分明(6)，只恐相逢认不真(7)。

［校］

1：此段清抄无注本列为第十八首，傲雪山房本列为第八首，空青洞天本、《十二种》本、《炼丹秘诀》本、《道藏辑要续毕集》本、石印本《道情》、石印本《注解》列为第十一首。

2：清抄无注本“是”作“起”。空青洞天本、《十二种》本、《炼丹秘诀》本、《道藏辑要续毕集》本、石印本《道情》、石印本《注解》“是”作“到”。

3：清抄无注本“却”作“似”。

4：清抄无注本、空青洞天本、《十二种》本、《炼丹秘诀》本、《道藏辑要续毕集》本、石印本《道情》、石印本《注解》“泰”作“时”。

5：空青洞天本、傲雪山房本、《炼丹秘诀》本、《道藏辑要续毕集》本、石印本《注解》“自”作“始”。石印本《道情》作“男女交时妊始成”。傲雪山房本、道光刻本于“始”下注“一作孕自”。

6：清抄无注本、空青洞天本、《十二种》本、《炼丹秘诀》本、《道藏辑要续毕集》本、石印本《道情》、石印本《注解》作“甚分明，说与君”。

7：空青洞天本“只”作“犹”。

其八曰(1)：

无根树，花正佳。月月开时玩月华(2)。金精旺，照眼花(3)，莫向园中错拣瓜(4)。五金八石都是假(5)，万章(6)千方总是差。金蝦蟆，玉老鸦(7)，□□［认得］(8)真时是你家(9)。

［校］

1：此段清抄无注本列为第十九首。空青洞天本、《十二种》本、傲雪山房本、《炼丹秘诀》本、《道藏辑要续毕集》本、石印本《道情》、石印本《注解》列为第十二首。

2：清抄无注本“时”作“明”。《炼丹秘诀》本、《道藏辑要续毕集》本、石印本《道情》、石印本《注解》作“对景忘情玩月华”。空青洞天本“景”作“楼”，傲雪山房本“景”作“月”。

3：清抄无注本、空青洞天本、《十二种》本、《炼丹秘诀》本、《道藏辑要续毕集》本、石印本《道情》、石印本《注解》作“耀眼花”。傲雪山房本“耀”作“绕”。傲雪山房本、道光刻本于“花”下注“此句诸本皆错”。

4:清抄无注本“向”作“要”。空青洞天本、傲雪山房本、《炼丹秘诀》本、《道藏辑要续毕集》本、石印本《道情》、石印本《注解》“向”作“在”。清抄无注本“园”作“离”,道光刻本、傲雪山房本于“园”下注“一作篮”。

5:清抄无注本、傲雪山房本作“八石五金皆是假”。空青洞天本、道光刻本、《炼丹秘诀》本、《道藏辑要续毕集》本、石印本《道情》本、石印本《注解》本作“五金八石皆为假”,《十二种》本作“五金八石皆是假”。

6:清抄无注本、空青洞天本、《十二种》本、《炼丹秘诀》本、《道藏辑要续毕集》本、石印本《道情》、石印本《注解》“章”作“草”。

7:清抄无注本作“玉蝦蟆,金老鸦”。

8:石破,清抄无注本作“拣得”。空青洞天本、《十二种》本、《炼丹秘诀》本、《道藏辑要续毕集》本、石印本《道情》、石印本《注解》作“认得”,应据补二字。

9:清抄无注本作“拣得真的是作家”,《十二种》本作“认得真的是作家”。《炼丹秘诀》本、《道藏辑要续毕集》本、石印本《道情》作“认得真铅是作家”。空青洞天本作“认得真时是作家”,下注:“悟元注本:‘对景忘情’作‘月月开时’。”

其九曰(1):

无根树,花正鲜,符火相煎汞与铅。临炉际,境现前(2),采取须凭渡法船(3)。匠手高强牢把舵,一任洪波海底翻。过三关,透泥丸,早把通身九窍穿(4)。

[校]

1:此段清抄无注本列为第二十首。空青洞天本、《炼丹秘诀》本、《道藏辑要续毕集》本、石印本《道情》、石印本《注解》皆列为第十五首,傲雪山房本列为第十七首,《十二种》本列为第二十三首。

2:空青洞天本、《十二种》本、傲雪山房本、《炼丹秘诀》本、《道藏辑要续毕集》本、石印本《道情》、石印本《注解》“境”作“景”。

3:傲雪山房本“取”作“去”。道光刻本、空青洞天本、《炼丹秘诀》本、《道藏辑要续毕集》本、石印本《道情》、石印本《注解》“须”皆作“全”,“渡”作“度”。清抄无注本“法”作“筏”。

4:空青洞天本、《十二种》本、石印本《注解》“早”作“才”,“通”作

"周"。

其十曰(1)：

无根树，花正新。产在坤方坤是人(2)。摘花戴(3)，采花心，花蕊(4)层层艳丽春。世(5)人不达花中理，一诀天机值万金。借花名，作花身(6)，句句晓坳说的真(7)。

[校]

1：此段清抄无注本列为第二十一首。空青洞天本、傲雪山房本、《炼丹秘诀》本、《道藏辑要续毕集》本、石印本《道情》、石印本《注解》皆列为第六首，《十二种》本列为第七首，傲雪山房本列为第十一首。

2：傲雪山房本"人"作"壬"，下注"一作人"。

3：清抄无注本"戴"作"蒂"。

4：空青洞天本"蕊"作"药"。

5：清抄无注本、空青洞天本、《十二种》本、《炼丹秘诀》本、《道藏辑要续毕集》本、石印本《道情》、石印本《注解》"世"均作"时"。

6：《十二种》本"身"作"神"。

7：清抄无注本、空青洞天本、《十二种》本、《炼丹秘诀》本、《道藏辑要续毕集》本、石印本《道情》、石印本《注解》"晓坳"均作"敲爻"。清抄无注本、空青洞天本、《道藏辑要续毕集》本、石印本《道情》、石印本《注解》"的"皆作"得"。

其十一曰(1)：

无根树，花正浓(2)，认取真铅正祖宗。精气神，一鼎烹，女转成男老变童(3)。欲向西园降白虎(4)，先去东家伏了龙(5)。类相同，好用功，内药通时外药通(6)。

[校]

1：此段清抄无注本列为第二十二首，空青洞天本、傲雪山房本、《炼丹秘诀》本、《道藏辑要续毕集》本、石印本《道情》、石印本《注解》皆列为第十六首，《十二种》本列为第八首。

2：《十二种》本"浓"作"秾"。

3：清抄无注本作"转女成男老变童"。

4：空青洞天本、《炼丹秘诀》本、《道藏辑要续毕集》本、石印本《道情》、石印本《注解》"园"作"方"。《炼丹秘诀》本、《道藏辑要续毕集》本、石印本《道情》、石印本《注解》"降"作"擒"，清抄无注本、《十二种》本"降"作"牵"。空青洞天本下注："悟元注本'浓'作'秾，'擒'作'牵'，'方'作'围'，皆无异也。"

5：清抄无注本"去"作"向"，空青洞天本、石印本《道情》作"先往东家伏了龙"，《炼丹秘诀》本、《道藏辑要续毕集》本、石印本《注解》作"先往东家伏青龙"，《十二种》本作"先从东家伏青龙"。清抄无注本亦作"青龙"。傲雪山房本"了"作"子"。

6：空青洞天本、《炼丹秘诀》本、《道藏辑要续毕集》本、石印本《注解》、石印本《道情》作"外药通时内药通"。

其十二曰(1)：

无根树，花正青(2)，花酒神仙古到今(3)。烟花巷(4)，酒肉林，不断腥荤不犯淫(5)。犯淫丧失长生宝(6)，酒肉穿肠道在心(7)。打开门，说与君，无□□□[花无酒]道不成(8)。

[校]

1：此段清抄无注本列为第二十三首，空青洞天本、《炼丹秘诀》本、《道藏辑要续毕集》本、石印本《道情》、石印本《注解》皆列为第三首，傲雪山房本列为第四首，《十二种》本列为第六首。

2：清抄无注本、《十二种》本"青"作"清"。傲雪山房本"花酒"作"酒色"。傲雪山房本"花亚青"作"叶正青"。

3：空青洞天本"古到今"作"到古今"。

4：清抄无注本"烟"作"脂"，"巷"作"地"。傲雪山房本、《十二种》本、《炼丹秘诀》本、《道藏辑要续毕集》本、石印本《道情》、石印本《注解》"巷"作"寨"。道光刻本、傲雪山房本于"寨"后注"一作巷"。

5：《道藏辑要续毕集》本、石印本《道情》"不断"作"不犯"。傲雪山房本"腥"作"酒"。

6：空青洞天本"宝"作"实"。

7：清抄无注本"道"作"佛"。

8：石破，据清抄无注本、《十二种》补"花无酒"三字。又空青洞天本、《炼丹秘诀》本、《道藏辑要续毕集》本、石印本《道情》作"无酒无花道不成”。

其十三曰(1)：

无根树、花正高。海浪涛(2)天月弄潮。银河路，透九霄，槎影横空泊斗梢(3)。摩着(4)织女支机石，引动牛郎驾鹊桥(5)。入仙曹(6)，胆气豪，盗得瑶□□□□[池王母桃](7)。

[校]

1：此段清抄无注本列为第八首，空青洞天本、傲雪山房本、《炼丹秘诀》本、《道藏辑要续毕集》本、石印本《道情》、石印本《注解》皆列为第十八首，《十二种》本列为第十六首。

2：空青洞天本、《十二种》本、《道藏辑要续毕集》本、《炼丹秘诀》、石印本《道情》、石印本《注解》“涛”作“滔”。

3：《十二种》本“泊”作“斡”，傲雪山房本作“北”。道光刻本、傲雪山房本于“泊”下注“一作北”。又清抄无注本、《十二种》本“梢”作“稍”。

4：空青洞天本、《十二种》本、《炼丹秘诀》本、《道藏辑要续毕集》本、石印本《道情》、石印本《注解》“摩”作“摸”。清抄无注本、空青洞天本“著”作“着”。

5：清抄无注本、空青洞天本、《十二种》本、《炼丹秘诀》本、《道藏辑要续毕集》、石印本《道情》、石印本《注解》“引动”作“踏遍”。

6：石印本《道情》作“遇仙曹”。

7：清抄无注本“盗”作“侵”，《十二种》本“盗”作“窃”。又石破，据清抄无注本、空青洞天本、《十二种》本、《炼丹秘诀》本、《道藏辑要续毕集》本、石印本《道情》、石印本《注解》补“池王母桃”四字。又空青洞天本下注：“悟元注本‘泊’作‘斡’，‘盗’作‘窃’。”

其十四曰(1)：

无根树，花正飞，卸了重开有定期(2)。铅花发(3)，癸生时(4)，依旧西园花满枝。对月残灯收拾了(5)，还去朝阳补纳衣(6)。这玄微(7)，世罕知，须共神仙仔细推。

[校]

1：此段清抄无注本列为第十七首，空青洞天本、《炼丹秘诀》本、《道藏辑要续毕集》本、石印本《道情》、石印本《注解》皆列为第八首，傲雪山本列为第九首,《十二种》本列为第十首。

2:清抄无注本、《十二种》本"卸"作"谢"。又清抄无注本作"又定期",傲雪山房本作"定有期"。

3:清抄无注本、空青洞天本、《十二种》本、《炼丹秘诀》本、《道藏辑要续毕集》本、石印本《道情》、石印本《注解》"发"作"现"。

4:清抄无注本、空青洞天本、《十二种》本、《炼丹秘诀》本、《道藏辑要续毕集》本、石印本《道情》、石印本《注解》"生"作"尽"。

5:清抄无注本作"对月残红收拾了",空青洞天本、《炼丹秘诀》本、《道藏辑要续毕集》本、石印本《道情》、石印本《注解》皆作"对月才经收拾去",《十二种》本作"对月残经收拾了",傲雪山房本作"对月残景收入了"。

6:空青洞天本、道光刻本、傲雪山房本、《炼丹秘诀》本、《道藏辑要续毕集》本、石印本《道情》、石印本《注解》皆作"又向朝阳补衲衣"。又:道光刻本、傲雪山房本于"向"后注"一作旋称"。清抄无注本、《十二种》本作"旋逐朝阳补纳衣"。空青洞天本下注:"悟元注本:又同作'旋趁',字异而意同也。惟'才经'作'残经',作人心私欲解收拾,所以退阴贼也,未免误中误。"

7:空青洞天本、《十二种》本,傲雪山房本、石印本《注解》"微"作"机"。道光刻本、傲雪山房本于"微"下注"一作机"。

其十五曰(1):

无根树,花正繁,美貌娇娥赛粉团(2)。拴意马(3),锁心猿(4),挂起娘生铁面颜。提着(5)青龙真宝剑,摘尽花墙(6)朵朵鲜。趁风帆、满载还,怎肯空行到宝山(7)。

[校]

1:此段清抄无注本列为第二十四首,空青洞天本、《炼丹秘诀》本、《道藏辑要续毕集》、石印本《道情》、石印本《注解》皆列为第七首,傲雪山房本列为第十四首,《十二种》本列为第十七首。

2:清抄无注本、《十二种》本、《炼丹秘诀》本、《道藏辑要续毕集》本、石印本《道情》、石印本《注解》"娥"作"容"。《炼丹秘诀》本、石印本《道情》、《道藏辑要续毕集》本"赛"作"似"。

3：清抄无注本、空青洞天本、《炼丹秘诀》本、《道藏辑要续毕集》本、石印本《道情》、石印本《注解》皆作“防猿马”，《十二种》本作“防意马”。

4：清抄无注本、空青洞天本、《十二种》本、《炼丹秘诀》本、《道藏辑要续毕集》本、石印本《道情》、石印本《注解》“锁心猿”作“劣更顽”。

5：清抄无注本作“提着”，空青洞天本、《炼丹秘诀》本、《道藏辑要续毕集》本、石印本《注解》、石印本《道情》“提着”皆作“提出”。

6：清抄无注本、空青洞天本、《十二种》本、《炼丹秘诀》本、《道藏辑要续毕集》本、石印本《道情》、石印本《注解》“花墙”作“墙头”。道光刻本、傲雪山房本作“琼花”，下注“一作墙头”。空青洞天本下注：“‘墙头’作‘琼花’，‘琼花’作‘墙头’，吾皆见过。此注作‘墙头’讲，有味，故从之。”

7：石印本《注解》“到宝山”作“过宝山”。道光刻本、傲雪山房本于“到”下注“一作过”。

其十六曰(1)：

无根树，花正香，铅鼎温温现宝光(2)。金桥上，望曲江，月里分明见太阳。吞服乌肝并兔髓(3)，换尽尘劳(4)旧肚肠。名利场(5)，恩爱乡，再不回头为尔忙(6)。

[校]

1：此段清抄无注本列为第四首，空青洞天本、道光刻本、《炼丹秘诀》本、《道藏辑要续毕集》本、石印本《道情》、石印本《注解》皆列为第十四首，《十二种》本列为第十八首，傲雪山房本列为第十九首。

2：空青洞天本、石印本《注解》“现宝光”作“宝现光”。

3：傲雪山房本、道光刻本、空青洞天本、《炼丹秘诀》本“兔”作“免”。误。

4：《十二种》本、傲雪山房本、《炼丹秘诀》本、《道藏辑要续毕集》本、石印本《道情》、石印本《注解》“劳”作“埃”，空青洞天本作“挨”。

5：清抄无注本作“利名场”。

6：空青洞天本、道光刻本、《炼丹秘诀》本、《道藏辑要续毕集》本、石印本《道情》、石印本《注解》皆作“空自忙”。

其十七曰(1)：

无根树，花正圆，结颗收实滋味全(2)。如朱橘(3)，似弹丸(4)，护守(5)提防莫放闲(6)。学些草木收头法，归根复命还本源(7)。选灵地，结道庵，会合先天了大还。

[校]

1:此段清抄无注本列为第六首。空青洞天本、《炼丹秘诀》本、《道藏辑要续毕集》本、石印本《道情》、石印本《注解》皆列为第十首，《十二种》本列为第二十首，傲雪山房本列为第二十一首。

2:清抄无注本作"结果收圆滋味全"，《十二种》本作"结果收园滋味全"。空青洞天本、《炼丹秘诀》本、《道藏辑要续毕集》、石印本《道情》、石印本《注解》皆作"结果收成滋味全"。

3:《炼丹秘诀》本"如"作"姑"。

4:《十二种》本"似"作"如"。

5:清抄无注本、《十二种》本"护守"作"守护"。

6:石印本《注解》"闲"作"间"。又石印本《注解》"提防"作"堤防"，清抄无注本、空青洞天本、《十二种》本、傲雪山房本、《炼丹秘诀》本、《道藏辑要续毕集》本作"隄防"。

7:清抄无注本、空青洞天本、《十二种》本、傲雪山房本、《道藏辑要续毕集》本、石印本《道情》、石印本《注解》均作"复命归根"。清抄无注本"还"作"返"。《十二种》本"源"作"原"。傲雪山房本、《道藏辑要续毕集》本、《炼丹秘诀》本、石印本《道情》"源"作"元"。

其十八曰(1)：

无根树，花正黄。色在(2)中央戊己乡。东家女，西舍郎(3)，配作(4)夫妻入洞房。黄婆劝饮醍醐酒，每日醺醺醉一场(5)。这仙方，返魂浆，起死回生是药王。

[校]

1:此段清抄无注本列为第一首，《十二种》本列为第五首，傲雪山房本列为第十首，空青洞天本、道光刻本、《炼丹秘诀》本、《道藏辑要续毕集》本、石印本《道情》、石印本《注解》皆列为第二十一首。

2:空青洞天本、傲雪山房本、《炼丹秘诀》本、《道藏辑要续毕集》本、石印本《道情》、石印本《注解》"色在"作"产在"。又青洞天下注："悟元注本‘产在’作‘色正’。”《十二种》本作“色正”。

3:《炼丹秘诀》本、《道藏辑要续毕集》本、石印本《道情》“舍”作“家”。道光刻本、傲雪山房本亦作“家”,并于“家”下注“一作舍”。

4:空青洞天本、道光刻本、《炼丹秘诀》本、《道藏辑要续毕集》本、石印本《道情》“作”为“合”。

5:清抄无注本、《十二种》本作“一日掀开醉一场”。空青洞天、傲雪山房本、《道藏辑要续毕集》本、石印本《道情》皆作“每日醺蒸醉一场”。道光刻本、傲雪山房本于“蒸”下注作“一作掀开”。《炼丹秘诀》“熏”作“醮”。

其十九曰(1):

无根树,花正明,月魄天心透(2)日魂。金乌髓(3),玉兔精(4),二物擒(5)来一处烹。阳火阴符分子午,沐浴加临卯酉门。守黄庭,养谷神,男子怀胎笑杀人。

[校]

1:此段清抄无注本列为第二首,傲雪山房本列为第二十首,《十二种》本列为第二十一首,空青洞天本、《炼丹秘诀》本、《道藏辑要续毕集》本、石印本《道情》、石印本《注解》皆列为第二十二首。

2:清抄无注本、空青洞天本、《十二种》本、《炼丹秘诀》本、《道藏辑要续毕集》本、石印本《道情》、石印本《注解》“透”均作“逼”。

3:《炼丹秘诀》本“乌”作“花”。

4:空青洞天本、《炼丹秘诀》皆作“免”,误。

5:清抄无注本“擒”作“将”。《十二种》本“擒”作“搏”。

其二十曰(1):

无根树,花正奇(2)。月里栽培片向(3)时。挐月手,步云梯(4),採取先天第一枝。饮酒戴花神气爽(5),笑杀仙翁醉似泥。脱形肢(6),谨护持,只恐炉中火候飞(7)。

[校]

1:此段清抄无注本列为第三首,傲雪山房本列为第十三首,《十二种》本列为第十九首,空青洞天本、道光刻本、《炼丹秘诀》本、《道藏辑要续毕集》本、石印本《道情》、石印本《注解》皆列为第二十首。

2:《十二种》本“奇”作“齐”。

3:清抄无注本、《十二种》本“向”作“饷”,空青洞天本、道光刻本、《炼丹秘诀》本、《道藏辑要续毕集》本、石印本《道情》作“晌”,石印本《注解》作“响”。

4:清抄无注本、空青洞天本、《十二种》本、傲雪山房本、《炼丹秘诀》本、《道藏辑要续毕集》本、石印本《道情》、石印本《注解》皆作“拿云手”。清抄无注本、《十二种》本“云梯”作“月梯”。

5:清抄无注本作“饮酒带花神思爽”,《十二种》本作“戴花饮酒神气爽”。傲雪山房本、《炼丹秘诀》本、《道藏辑要续毕集》本、石印本《道情》“戴”作“带”。

6:清抄无注本、《十二种》本、石印本《注解》“脱形肢”作“托心知”。空青洞天本、傲雪山房本、《炼丹秘诀》本、《道藏辑要续毕集》本、石印本《道情》作“托心知”。

7:清抄无注本“只”作“时”,空青洞天本、《炼丹秘诀》本、《道藏辑要续毕集》本、石印本《道情》、石印本《注解》“只”皆作“惟”。《炼丹秘诀》本“火”作“先”。

其廿一曰(1):

无根树,花正娇。天应星兮地应潮。伏(2)龙剑,缚虎絛(3),运转魁罡斡斗杓(4)。锻炼一炉真日月,扫尽三千六百条。步云霄(5),任逍遥,罪垢尘凡一笔消(6)。

[校]

1:此段清抄无注本列为第五首,《十二种》本列为第十三首,空青洞天本、《炼丹秘诀》本、《道藏辑要续毕集》本、石印本《道情》、石印本《注解》皆列为第十七首,傲雪山房本列为第二十三首。

2:清抄无注本、空青洞天本、《十二种》本、《炼丹秘诀》本、《道藏辑要续毕集》本、石印本《道情》、石印本《注解》“伏”均作“屠”。

3:清抄无注本、空青洞天本、《十二种》本、傲雪山房本、《炼丹秘诀》本、《道藏辑要续毕集》本、石印本《道情》、石印本《注解》“絛”均作“绦”。

4:空青洞天本、《炼丹秘诀》本、《道藏辑要续毕集》本、石印本《道情》、石印本《注解》“魁罡”作“天罡”。又清抄无注本、《十二种》本、石印本《注解》"榦斗杓"均作"斡斗标"。《炼丹秘诀》本、《道藏辑要续毕集》本、石印本《道情》作"榦斗梢"。

5:清抄无注本作"步月宵"。

6:清抄无注本、空青洞天本、《十二种》本、《炼丹秘诀》本、《道藏辑要续毕集》本、石印本《道情》、石印本《注解》"尘凡"作"凡尘"。

其廿二曰(1):

无根树,花正红。摘尽红花一树空(2)。空即色(3),色即空,识破(4)真空在色中。了了真空色相法(5),法相常在不落空(6)。号圆通(7),雌大雄(8),七祖超凡上九重(9)。

[校]

1:此段清抄无注本列为第七首。空青洞天本、道光刻本、《炼丹秘诀》本、《道藏辑要续毕集》本、石印本《道情》、石印本《注解》皆列为第二十三首。

2:道光刻本、傲雪山房本"红花"作"金花"。空青洞天本作"红月它"。空青洞天本下注:"悟元注本'金花'作'红花',较好,故从之。"

3:清抄无注本作"空为色"。

4:傲雪山房本、《炼丹秘诀》本、《道藏辑要续毕集》本、石印本《道情》"破"作"透"。

5:空青洞天本、《炼丹秘诀》本、《道藏辑要续毕集》本、石印本《道情》、石印本《注解》"色相法"作"色相灭",《十二种》本作"无色相"。又空青洞天本下注:"'灭'作'法'字,错。"

6:清抄无注本"法相常在不落空"作"相法长存不落空"。空青洞天本、《十二种》本、《炼丹秘诀》本、《道藏辑要续毕集》本、石印本《道情》、石印本《注解》"常在"皆作"长存"。

7:傲雪山房本"圆"作"玄"。道光刻本于"圆"下注"一作玄"。

8:清抄无注本"雌大雄"皆作"际大雄"。空青洞天本、《十二种》本、《炼丹秘诀》本、《道藏辑要续毕集》本、石印本《道情》、石印本《注解》皆作"称大雄"。

9:清抄无注本作"九祖",空青洞天本、《十二种》本、《炼丹秘诀》本、《道藏辑要续毕集》本、石印本《道情》、石印本《注解》"七祖"皆作"九祖”,“超凡”皆作“超升”。又《十二种》本“九重”作“天宫”。

其廿三曰(1):

无根树,花正开,偃月炉中摘下来。添延寿(2),灭病灾(3),好接良朋备(发)[法]财(4)。从此可成天上宝(5),一任迷徒笑我呆(6)。劝贤才,少卖乖(7),不遇明(名)(8)师莫强猜。

[校]

1:此段清抄无注本列为第十五首,傲雪山房本列为第七首,空青洞天本、《炼丹秘诀》本、《道藏辑要续毕集》本、石印本《道情》、石印本《注解》皆列为第九首,《十二种》本列为第十五首。

2:空青洞天本、道光刻本、《炼丹秘诀》本、《道藏辑要续毕集》本、石印本《道情》、石印本《注解》皆作“延年寿”,《十二种》本作“添年寿”,傲雪山房本作“延寿算”。

3:清抄无注本、空青洞天本、《十二种》本、《炼丹秘诀》本、《道藏辑要续毕集》本、石印本《道情》、石印本《注解》“灭”皆作“减”。

4:空青洞天本“良”作“艮”,误。《炼丹秘诀》本、《道藏辑要续毕集》本、石印本《道情》“接”作“结”。《十二种》本“朋”作“缘”。又清抄无注本、空青洞天本、《十二种》本、《炼丹秘诀》本、傲雪山房本、《道藏辑要续毕集》本、石印本《道情》、石印本《注解》“发”皆作“法”。

受琚案:刘一明有《法财》诗:“法财两用是良方,有法无财枉用强。舍假求真踏实地,何愁不得到仙乡。”并又有诗《用法财》:“凡俗欲求天上宝,用时须要世间财。诚然善舍悭贪物,展手直搬斗柄回。”是以诗言丹学中的“法财”观。又刘一明在《修真辩难》第三十七问中答曰:“法者,修持锻炼之作用。财者,诚心祈求之礼物。”在《通关文·财利关》中又说:“法财者,功德精诚是也。图世财者重金银而轻功德。”张三丰《玄要篇自序》:“造斯道者,必须法财两用,而后可以有为。”刘一明文中多“法船”、“法相”对用,故作“发财”,误,依各本改为“法”字。

5:空青洞天本、《炼丹秘诀》本、《道藏辑要续毕集》本、石印本《道情》、石印本《注解》“此”皆作“兹”。傲雪山房本“成”作“得”。

6:清抄无注本、空青洞天本、《十二种》本、《炼丹秘诀》本、《道藏辑要续毕集》本、石印本《道情》、石印本《注解》“迷徒”均作“群迷”。

7:空青洞天本、《炼丹秘诀》本、《道藏辑要续毕集》本、石印本《道情》、石印本《注解》“少”皆作“休”。

8:清抄无注本、《十二种》本“明”作“名”。

其廿四曰(1):

无根树,花正无,无像无形难画图(2)。无名姓,却听呼,擒入三田造化炉(3)。运起周天三昧火,煅炼真空返太虚(4)。谒仙都(5),受天图(6),才是男儿大丈夫。

嘉庆五年岁次庚申嘉平月中浣吉旦

龙门洞道人陈明要谨述　邑弟子拔贡生韩庆云敬书

[校]

1:此段清抄无注本列为第九首。

2:空青洞天本、石印本《注解》本作“无相无形难画图”,《十二种》本作“无形无象难画图”。道光刻本、空青洞天本、傲雪山房本、《道藏辑要续毕集》本、《炼丹秘诀》本、石印本《道情》作“无影无形难画图”。道光刻本、傲雪山房本并于“影”下注“一作相”。

3:空青洞天本、《炼丹秘诀》本、《道藏辑要续毕集》本、石印本《道情》、石印本《注解》“三田”作“中间”。傲雪山房本作“丹田”。道光刻本作“擒入中间造此炉”。又空青洞天本下注:“悟元本:‘中间’二字作‘三田’,然悟元功作中间妙窍解。”傲雪山房本“化”作“此”。

4:空青洞天本、《炼丹秘诀》本、《道藏辑要续毕集》本、石印本《道情》、石印本《注解》“太虚”皆作“太无”。

5:道光刻本、傲雪山房本并于“谒”下注“一作赴”。

6:空青洞天本、《炼丹秘诀》本、《道藏辑要续毕集》本、石印本《道情》“受天图”皆作“受天符”。傲雪山房本作“受天符,赴仙都”。

(作者为中国社会科学院世界宗教研究所研究员)

明代道士张三丰传道西南史迹考察研究

张泽洪　秦选涵

明代全真道已遍布于南方各地，继道教正一派渗透西南民族地区之后，全真道在西南地区的传播已取得较大进展。明代全真道士张三丰在西南各地的行迹，可以揭示明代全真道传播西南地区的历史大势。目前学界关于张三丰的讨论较多，但张三丰西南地区传道行迹及其相关问题，还是张三丰与明代全真道研究中值得考察的问题。

一、张三丰传道贵州平越的传说及遗迹

明代道士张三丰是道教史上有影响的高道，西南地区有关张三丰仙迹的记载，反映出明代全真道传播西南社会影响的历史真实。贵州平越高真观是西南张三丰传说中影响最大之地，在明代弘治（1488年—1505年）、嘉靖（1522年—1566年）、万历（1573年—1620年）各朝的贵州方志中，都有明洪武年间张三丰在平越高真观修道的记载。明弘治《贵州图经新志》卷十二《平越卫·仙释》载张三丰：

> 以洪武间来寓高真观，与指挥张信善，教信以葬地曰："远远长龙自北来，脉流成右建僧台。前峰凹处堪为冢，若葬真泉步玉阶。"已而别信曰："武当山再会。"信恳留，闭之室中，未久寂然，不知所往。后信以功封隆平侯，监修武当宫观，果再会其人焉。①

张三丰教张信葬地之七言绝句，即他所撰平越卫地脉诗五首之一。传说张信专门兴建高真观，供张三丰栖居修道之用。《明史》卷一百四

① ［明］沈庠修，赵瓒纂：《贵州图经新志》，明弘治间刻本。

十六《张信传》载:“张信,临淮人。父兴,永宁卫指挥佥事。信嗣官,移守普定、平越,积功进都指挥佥事。”①张信在洪武年间曾先后任普定、平越卫指挥佥事,明永乐皇帝敕命张信监修武当山宫观,明嘉靖《贵州通志》卷十载张信,“果以奇功封隆平侯,奉命修武当山。偶逢三丰,顷尔莫知所往”②。张三丰曾在武当山栖居修炼,因此他在平越与隆平侯张信的交往,似有一定的历史缘由。

在明清时期贵州道教的历史上,贵州平越府高真观以张三丰道场而闻名。明弘治《贵州图经新志》卷十二《平越卫·寺观》载:“高真观,在卫城西南福泉山上,洪武二十二年,指挥张信建。”③洪武二十二年(1389 年),都指挥佥事张信仰慕张三丰高道风范,特在福泉山兴建高真观,以作为张三丰修道之福地。

张三丰在高真观修炼的礼斗亭,因是张三丰朝真礼斗之地,成为后世瞻仰张三丰的著名胜迹。明嘉靖《贵州通志》卷八载平越卫:“礼斗亭,在高真观内,乃仙人张三丰礼斗处也。”④清乾隆《贵州通志》卷三十二载张三丰在平越府礼斗修炼之事,称张三丰:“自于观后隙地,结茅为亭,昼则闭户静坐,夜则礼斗。”⑤张三丰《平越福泉山礼斗吟》诗曰:

此山云水尽澄清,夜夜焚香表恪诚。
首戴莲花朝北斗,星君为我著长生。⑥

洪武十五年(1382 年)二月设平越卫,高真观建于洪武二十二年(1389 年)。高真观的礼斗亭,传为张三丰礼斗之处,是历代文士津津乐道的张三丰遗迹。明陆灿(1494—1551)撰《礼斗亭碑记》说:“昔仙人三丰张先生,栖遁于兹,作亭以礼斗焉。”⑦明吴国伦《夜过高真观访暗

① [清]张廷玉等撰:《明史》第 13 册,中华书局,1974 年,第 4105 页。

② [明]谢东山修,张道等纂:《贵州通志》,明嘉靖三十四年(1555)刻本。

③ [明]沈庠修,赵瓒纂:《贵州图经新志》,明弘治间刻本。

④ [明]谢东山修,张道等纂:《贵州通志》,明嘉靖三十四年(1555)刻本。

⑤ 《文渊阁四库全书》第 572 册,台湾商务印书馆,1986 年,第 161 页。

⑥ 方春阳点校:《张三丰全集》,浙江古籍出版社,1990 年,第 215~216 页。

⑦ 福泉山有陆灿《礼斗亭碑记》亭建于明洪武年间,仅存碑文。黔南布依族苗族自治州史志编纂委员会编:《黔南布依族苗族自治州志》第十七卷《文化艺术志》,贵州民族出版社,1999 年,第 246 页。

斋不值》诗曰：

为觅游仙侣，重过礼斗坛。
松云开阒寂，萝月护高寒。
叶落疑捐佩，泉鸣忆洗丹。
盈庭霞似雪，益作剡溪看。①

明嘉靖《贵州通志》卷八，载平越卫有威武楼、福泉楼、礼斗亭等胜迹。知府魏文相诗：

仙真胜迹古城隈，礼斗台空罩碧苔。
云散玉泉龙已化，风清松谷鹤重来。
大还岁月浑无恙，沧谢乾坤任劫灰。
我欲志机学蝉蜕，丹厓倚槛独徘徊。

兵备副使赵之屏诗：

飞湍正抱游仙台，松秋间云日日来。
老我百年还海岳，梦君几夜到蓬莱。
钟声初断僧归竹，酒兴半狂月上梅。
忽送子规新舌软，边城岁暮起人哀。②

明代道士张三丰生平事迹扑朔迷离，关于张三丰到平越修道之事，史籍中也有各种不同的说法，有因连坐编戍贵州平越说，也有以军籍戍守平越之说，这都是明代中原人赴黔地的常见情况。明郭子章(1542—1618)万历间所撰《黔记》卷五十四《方外列传》说张三丰因“囚劫狱连坐，编戍夜郎之平越”③。陈鼎于清康熙时游历贵州，所撰《滇黔纪游》卷上《贵州》，则称张三丰“洪武间，以军籍戍郡”④。记载游平越郡城所见张三丰遗迹：

① 清乾隆《贵州通志》卷四十五《艺文》，《文渊阁四库全书》第572册，台湾商务印书馆，1986年，第527页。

② [明]谢东山修，张道等纂：《贵州通志》，明嘉靖三十四年(1555)刻本。

③ 北京图书馆古籍出版编辑组编：北京图书馆古籍珍本丛刊《黔记》第43册，书目文献出版社，1998年，第930～931页。

④ 罗书勤、贾肇华、翁仲康、杨汉辉点校：《黔书・续黔书・黔记・黔语》，贵州人民出版社，1992年，第421页。

> 平越郡城内有张邋遢修道故迹。邋遢，名三丰，闽人，洪武间以军籍戍郡。蓬头赤足丐于市，人呼为邋遢翁。于高真观后，结茅为亭，闭户静坐。……今亭前一池，冬夏不涸，旁有一桂，亦其手植。府南五里，即武胜关，隔溪绝壁，有三丰遗照，戴华阳巾，侧身，携杖西行，俨然图画。旁有明抚军郭青螺书“神留宇宙”四大字。下有夜滴金桥，虽晴夜，亦雨洒数点；又有晚霞斜照，不计晴雨，俱有斜晖。①

明抚军郭青螺即郭子章，万历时任贵州巡抚。郭子章是一位精于书法的学道者，贵州各地都有他的书法题刻，平越府武胜关的“神留宇宙”即其中之一。

明代是全真道传入西南少数民族地区的重要时期，张三丰在贵州、云南、四川留下传道的踪迹，在地方史籍中颇多神异记载，张三丰的名声与全真道的传播互为关系②。田雯（1635—1704）于康熙二十六年（1687年）至康熙三十年（1691年）任贵州巡抚。田雯在贵州四年的巡抚任内，注意考察贵州山川地理、社会风俗，撰写《黔书》二卷，所载张三丰贵州修道事最详。《黔书》卷下《张三丰》载：

> 明洪武间以军籍戍平越卫。蓬头草履，四时惟一破衲，行丐市上，人呼为挈蹋仙。……亭前一池似石盂，泉出地中，澄泓不涸。旁有桂一株，挈蹋手植，三百年故物。永乐间，曾遣官征聘，竟莫知所之。说者谓金川之役，盖假访三丰之名，以侦逊国者之逸踪也。……然传信传疑，皆不可考。最可异者，平越城西山曰倒马坡，坡半见隔山石壁如屏，悬崖千仞，上有三丰遗影，首戴华阳冠，侧身杖策西行，俨然画图，极可观。旁刊“神留宇宙”四字。余过而慕之，作歌纪其事。③

① 罗书勤、贾肇华、翁仲康、杨汉辉点校：《黔书·续黔书·黔记·黔语》，贵州人民出版社，1992年，第421页。

② [明]郭子章《黔记》卷五十四《方外列传》序称：“而方外者几二十人，如上阳子、张三丰，其名颇著。”北京图书馆古籍出版编辑组编：《北京图书馆古籍珍本丛刊》第43册，第926页。

③ [清]田雯撰：《古欢堂集》卷三十九，《文渊阁四库全书》第1324册，台湾商务印书馆，1986年，第447～448页。

贵州平越卫倒马坡悬崖上，史籍记载的石刻张三丰像，也是传说中张三丰的遗迹。此仙影岩在平越府城西五里，岩上有仙人张三丰遗影，明巡抚郭子章题“神留宇宙”四字，就镌刻在悬崖最高处。此仙影岩成为张三丰传说的人文古迹，明清以来文士纷纷撰文记录。清檀萃《黔囊》描绘所见张三丰平越遗迹说：“平越城西倒马坡，上坡之半，见隔山石壁千仞，上有张三丰遗影，戴华阳巾，侧身西行。旁刊‘神留宇宙’四字，笔势飞动，不似人间书。”①清田雯《三丰道人壁影歌》，更以诗化的语言描写所见张三丰仙影形象。其诗曰：

神仙之说果有无？几见员峤兼方壶。

……

异哉三丰偓佺侣，掣踼道士群相呼。
永乐初载来黔地，黎峨城市吹都卢。
石钵流泉清且旨，庙砌老桂荣不枯。
郭外层峦立千仞，忽于巅顶传形躯。
勾展顾吴作小照，俨然一幅行仙图。
华阳笠子两芒屩，手拖藤杖西方趋。
飞瀑直冲入袍袖，松花下落黏髭须。
凭虚御风将焉往，何不为我停须臾。
神留宇宙四大字，笔法倒薤非模糊。②

田雯于康熙二十六年(1687年)至康熙三十年(1691年)巡抚贵州，此诗当撰写于巡抚贵州期间，其“永乐初载来黔地”，是田雯对张三丰贵州之行年代的不同判断。

清潘驯《平越道中望三丰影》诗曰：

仙在山之后，焉能预写真。
定知无色处，先有不亡身。
羽化亦已久，兹形何尚新。

① 高国祥主编：《中国西南文献丛书》第一辑，兰州大学出版社，2003年，第64册，第220页。

② 清乾隆《贵州通志》卷四十四，《文渊阁四库全书》第572册，台湾商务印书馆，1986年，第516页。

始知惟肖者，反是再来人。①

此诗以设问的语汇表达对三丰影的质疑，潘驯认为此所谓的三丰道人壁影，是后人为展示张三丰形象的刻意所为。张三丰修道高真观已然成为当地的社会记忆，更有好事者在附近山岩上镌刻张三丰遗影，这反映道门和社会对张三丰的敬仰和怀念。

除平越府有张三丰修道的仙影岩、对弈石、礼斗亭、浴仙池、回生树遗迹外，贵州都匀也是张三丰修道遗迹较多之地。都匀有仙人张三丰观澜处，有张三丰留题的写字岩，有张三丰影像的张仙岩，有张三丰游钓的神仙梦遇山，有相传为张三丰栖息处的潮音阁。清张澍《续黔书》卷五《石刻》载："都匀之梦遇山有碑，镌'仙人张三丰观澜处'八字也。"②民国《都匀县志稿》卷四载：

神仙梦遇山，在城北一里，当剑河分流复汇处，邦水河又注之，三水冲激，雪卷雷轰，波澜潆洄，四时不改奇观也。春夏游鳞迎瀑逆飞而上，兼匡庐濠梁渔趣，山前有钓台，积甓而成，濒岸耸竖有碑识曰："仙人张三丰观澜处"，上建水府庙，有石室，为三丰习玄处。③

都匀县的神仙梦遇山，民间相传为仙人张三丰栖息之处。民间还有梦遇观澜的典故，甚至立石记录张三丰观澜之胜迹。清吴荣光《张三丰观澜处》诗曰："陕北黔南几度春，神仙游戏本无尘。何妨峭壁澄渊水，一照当年邋遢人。"④就是瞻仰张三丰观澜处的有感而作。民国《都匀县志稿》卷十一载："水府庙，一作水浒庙。在城北神仙梦遇山，为明道士张三丰游钓之所。"⑤民国《都匀县志稿》卷四《古迹》载：

写字岩，在城北十八里桥头，明道士张三丰书"万壑松声"四字，笔法苍劲。又马路哨岩间，亦有三丰留题，惜苔藓侵蚀漶漫，不

① 清乾隆《贵州通志》卷四十五，《文渊阁四库全书》第572册，台湾商务印书馆，1986年，第532页。

② 高国祥主编：《中国西南文献丛书》第一辑，兰州大学出版社，2003年，第87册，第87页。

③ 窦全曾修，陈矩等纂：《都匀县志稿》，民国十四年(1925年)铅印本。

④ [清]吴荣光撰：《石云山人诗集》卷十二，《续修四库全书》编委会编：《续修四库全书》，上海古籍出版社，2013年，集部第1497册，第573页。

⑤ 窦全曾修，陈矩等纂：《都匀县志稿》，民国十四年(1925年)铅印本。

能辨，俗亦称写字岩。又城北十八里滴水哨悬岩有三丰影像，俗称张仙岩。①

此所谓三丰影像的张仙岩，与平越府三丰道人壁影有异曲同工之妙。

史称三丰炼形神寄黎峨，贵州张三丰修道的传说甚多。思州府玉屏县有张三丰修炼的石莲峰，遵义府有张三丰栖居修道的长磏寺，有张三丰题字的仙人洞，有张三丰仙迹的桃源洞。镇宁县有张三丰采灵芝的传说，还有张三丰遗迹邋遢冢。玉屏县有张三丰修炼的石莲峰，瓮安县有张三丰礼斗的仙桥石室，沿河县有张三丰游历的大盘，有张三丰游历的石笋山，黄平县有张三丰修道的老莺岩，湄潭县有张三丰游历的星山。

清道光《遵义府志》卷八载：

长磏寺，在城东北九十里。明永乐初，张三丰常寓于此。②

民国《镇宁县志》卷四载：

邋遢冢……墓传为张邋遢。按即张三丰之别名。冢据云张三丰昔年尝至犀牛滩一带，采取灵芝，随时往来于天生桥、犀年滩间，当地农民常有遇之于崖谷幽邃处者。③

清乾隆《贵州通志》卷七《地理》载：

石莲峰，在玉屏县城北，隔江二里，旧传张三丰修炼处，药炉丹灶遗迹，仿佛可辨。④

清乾隆《玉屏县志》卷二载：

石莲峰，城北二里，大江之右，与万卷书岩隔江对峙。旧名独秀峰，峰顶耸莲七瓣，俗又谓鼓角梅花，相传张三丰曾修炼其上，下俯澄潭明月。⑤

民国《瓮安县志》卷五载：

仙桥石室　在仙桥山上，有石室，形方如斗，相传为张三丰修炼礼斗之所，山半有葫芦井，为三斗，药成丹炉所化，水清如镜，四

---

① 窦全曾修，陈矩等纂：《都匀县志稿》，民国十四年（1925年）铅印本。

② ［清］平翰等修，郑珍、莫友之纂：《遵义府志》，清道光二十一年（1841年）刻本。

③ 胡翯纂修：《镇宁县志》，民国三十六年（1947年）石印本。

④ 《文渊阁四库全书》第571册，台湾商务印书馆，1986年，第188页。

⑤ ［清］赵沁修，田榕纂：《玉屏县志》，清乾隆二十二年（1757年）刻本。

时不溢，亦不竭。①

民国《沿河县志》卷二载：

大盘，在县西六十里之陈家院子，高数十丈，形若大钟，故名。中有数泉，干旱不竭，相传张三丰曾游于此。②

民国《黄平县志》卷三载：

城北里许官道之右名老莺岩，谓其如莺飞伸嘴样，岩下溪水环流，有石壁数丈，上有掌印，相传张三丰住此，岩欲圮时，以掌扶之，因留手迹。③

清康熙《湄潭县志》卷一载：

星山，县西二十里，山有巨石，望之如牛，登其顶，虽阴雨亦见星斗。昔仙人张三丰遗有“二水颠倒流，石马对石牛”之句。④

二、张三丰在西南传说遗迹的综合考察

西南的云南、四川、湖南、湖北等地，也有张三丰修道遗迹及传说。民国《新纂云南通志・释道传》载明洪武二十五年(1392 年)秋，张三丰从武当山来到云南，开始在滇中的弘道活动。他混迹民间，屡显神异，深得云南百姓的崇敬。史称张三丰从武当山经四川入滇传道⑤。清乾隆《云南通志》卷二十五载张三丰在姚安府修道：

寓郡之文昌宫年余。后去之平越，以只鞋留挂壁间，长二尺，题曰“三丰鞋”⑥。

清汪锡龄《三丰先生本传》称洪武二十五年，张三丰“乃遁入云南，适太祖徙万三于海上，缘此践约来会，同炼天元服食大药。

① 李退谷修，朱勋等纂：《瓮安县志》，民国四年(1912 年)铅印本。

② 杨化育修，覃梦松纂：《沿河县志》，民国二十二年(1933 年)铅印本。

③ [民国]陈昭令修，李承栋纂：《黄平县志》，民国十年(1921 年)稿本。

④ [清]杨玉柱纂修：《湄潭县志》，清康熙二十六年(1687 年)抄本。

⑤ [明]李浩、玉笛山人、张继白撰，大理州文联编：《大理古佚书钞》，云南人民出版社，2002 年，第 463 页。

⑥ 《文渊阁四库全书》第 570 册，台湾商务印书馆，1986 年，第 257 页。

明年成，始之贵州平越福泉山，朝真礼斗，候诏飞升”①。被贬斥云南的沈万三与张三丰交谊颇深，是张三丰赴云南与之相会的动因。

清光绪《姚州志》卷七载张三丰：

> 寓姚三年，居文昌宫，又于笔架山之峦，结庐烧丹，至今遗址尚在。州南二十里有紫云岩，岩下有石床，三丰时往岩下静坐，累日不归，亦不饮食。②

民国《姚安县志》卷六十载：

> 笔架山，在城南五十里，为东南诸山之冠，三峰耸峙，如笔架，故名。北峰尤峭拔，昔张三丰结茅于此。初春，士女朝山睹光者颇称伙，颐夏秋雨际，浓雾弥漫，苍茫杳霭，故旧志谓之三峰烟雨。

清光绪《姚州志》卷十一载紫云岩：

> 在州南二十里者乐村外，有悬岩高百丈，岩下有石床，相传张三丰曾修道于此。③

清光绪《姚州志》卷十一载张三丰茅庐：

> 在州南笔架山中峰之顶，相传三丰于此结庐，为烧丹之所，至今基址犹存。④

清乾嘉间张三丰丹灶犹存，乡民镌刻张三丰神像，建祠祭祀张三丰。姚州张三丰遗迹传说，皆是修志者采访民间而得。

四川亦有张三丰活动的传说。相传张三丰曾至成都青羊宫月余，并先后在鹤鸣山、内江、南充、重庆、巴县、綦江、夔州等地留有行踪。明天启《新修成都府志》卷三："三丰楼，在青羊宫钵堂后，上有张三丰塑像。"⑤张三丰至成都青羊宫之后，又入大邑鹤鸣山修炼，地方史志有更多的记载。清乾隆《四川通志》卷三十八之三《仙释传》载张三丰洪武中入蜀：

---

① 方春阳点校：《张三丰全集》，浙江古籍出版社，1990年，第317页。

② [清]陆宗郑修，甘雨纂：《姚州志》，清光绪十一年(1885年)刻本。

③ [清]陆宗郑修，甘雨纂：《姚州志》，清光绪十一年(1885年)刻本。

④ [清]陆宗郑修，甘雨纂：《姚州志》，清光绪十一年(1885年)刻本。

⑤ [明]冯任修，张世雍等纂：《成都府志》，明天启元年(1621年)刻本。

侨寓环卫姜指挥家，寒暑惟一箬笠，笠甚大，虽小户出入不碍。系铁线条极工致，朝夕居一磐石上。尝取梅枝，插土即生，花皆下垂，故成都昔年犹遗照水梅种焉。永乐中，游内江，寓明玉道人家，诡云庞姓，微示以异，尝履极险不坠，涉水无少濡。明玉善符咒，多奇验，欲授三丰。三丰笑曰：我以道奉公，公乃以法授我耶？乃作《道法会同疏》一通畀之。居岁余，胡濙物色之，遂同玉见胡，后又往来峨眉山中。①

张三丰洪武中入蜀之事，与《明史》张三丰传记载相同。张廷玉(1672—1755)所修《明史》，于乾隆四年(1739 年)最后定稿。当时社会上有关张三丰的传说，都有大致相同的文本依据。

明嘉靖《四川总志》卷十三载：本朝张三丰，洪武末自陕西来鹤鸣山修道，往来于山中半年，后遂不知其迹②。明李贤《明一统志》卷七十二载邛州："仙释张三丰，洪武末，自陕西来鹤鸣山修道，往来于山者半年，后不知踪迹。"③清乾隆《大邑县志》卷二《仙释》载张三丰：

后至成都，寓青羊宫月余，遂入大邑鹤鸣山修炼。山有石鹤，鸣则仙人出。三丰在山，石鹤复鸣焉。居岁余，成祖忆之。永乐间，御书封香，遣龙虎山道士吴伯礼、内太监二人，遍访名山。知在大邑，乃于鹤鸣山麓，建一迎仙阁，朝拜夕祷，冀其降临。一日，三丰降，二人喜不自胜，乞其赴京陛见。④

吴伯理是龙虎山道士，永乐中来大邑鹤鸣山访张三丰。清同治《大邑县志》卷十二《金石》收录明宣德二年(1427 年)蒋夔撰《张神仙祠堂记》云："大明永乐十五年丁酉春正月，上清道士臣吴伯理，钦奉太宗文皇帝玉音，赍香暨御书入蜀之鹤鸣山天谷洞，结坛诵经，祈告山灵，迎请真仙张三丰先生，所冀惠然降临，以副拳拳仰慕之怀云。是年夏四月，

---

① 《文渊阁四库全书》第 561 册，台湾商务印书馆，1986 年，第 216 页。

② [明]刘大谟等修，王元正等纂，周复俊、崔廷槐重编：《四川总志》，明嘉靖二十四年(1545 年)刻本。

③ 《文渊阁四库全书》第 473 册，台湾商务印书馆，1986 年，第 537 页。

④ [清]宋载纂修：《大邑县志》，清乾隆十四年(1749 年)刻本。

始至兹山。"[①]鹤鸣山有二十四洞,著名者有天谷洞、雪消洞等。张三丰胜迹除天谷洞外,还有传为张三丰建的手段桥,清乾隆《大邑县志》卷一载:"手段桥,在县北五十里访仙岩下,相传张三丰所竖。东西两岸各插一长条大石,两相撑架即为桥,三丰即于此冲举云。"[②]

民国《内江县志》卷一载:

> 张仙洞,治北江上,明张三丰炼丹处,遗址尚存。[③]

民国《内江县志》卷八载:

> 三丰井,邑南青㭎坪,大小清流入沱之间,临江平阜也。其地有木井一,石井一,深七八尺许,天旱不竭,可引溉十余亩田,父老云张三丰所凿。[④]

沱江边青杠坪一带,民间相传张三丰开凿八卦井和神仙井,井水清凉丰润,改变了当地贫瘠缺水状况[⑤]。清咸丰举人陈功亮《邑南青㭎坪张三丰仙人井》诗曰:

> 仙丹碧沉沉,田间结伴寻。
> 馨香生木气,脉络应天心。
> 方砌池形静,清涵山影深。
> 况能资岁旱,沾溉到如今。[⑥]

在川西少数民族地区,也有张三丰修道的传说遗迹。清乾隆《茂州志》卷八载叠溪教场南,有"一洞泐'石洞临秋'四字,相传张三丰息于此,留题而去"[⑦]。

---

① [清]赵霦等纂修:《大邑县志》,清同治六年(1867 年)刻本。

② [清]宋载纂修:《大邑县志》,清乾隆十四年(1749 年)刻本。

③ 曾庆昌原本,易元明修,朱寿朋、伍应奎纂:《内江县志》,民国三十四年(1945 年)石印本。

④ 曾庆昌原本,易元明修,朱寿朋、伍应奎纂:《内江县志》,民国三十四年(1945 年)石印本。

⑤ 洪若:《内永阳秋(一)》,中国人民政治协商会议四川省内江市市中区委员会学习文史资料委员会《内江市市中区文史资料选辑》第 33 辑,1995 年 1 月,第 190 页。

⑥ 民国《内江县志》卷六,曾庆昌原本,易元明修,朱寿朋、伍应奎纂:《内江县志》,民国三十四年(1945 年)石印本。

⑦ [清]丁映奎纂修:《茂州志》,清乾隆五十九年(1794 年)钞本。

清道光《龙安府志》卷九上载：

惟石之奇，有太乙真人静定处，有张三丰藏身处。①

明杜应芳《补续全蜀艺文志》卷五十五《岩字石刻谱》：

马湖太平石，在万寿宫前江岸，仙人张三丰浴干上，镌有“太平石”三字，被沙掩覆，不常见，见则主其岁丰稔。②

清陈祥裔《蜀都碎事》卷三载：

马湖府城东，有“三丰石”在江中，水涸见张三丰书“山高月小，水落石出”八字，于石无镌痕，墨迹如新。③

“山高月小，水落石出”，语出宋苏轼《后赤壁赋》。马湖在凉山彝族自治州雷波县境内，相邻的屏山县也有三丰石的传说。

清乾隆《巴县志》卷一：

洗墨池，一在东水坊江西会馆侧，旧基周围三十四丈，宽长各十丈。一在巴橘园，迹犹可寻。一在城内文昌宫，传为张三丰画帝君像洗墨处。一在丰文山文昌宫内，一在泥封山，有泉方丈，色若墨味，甚清洌。④

清道光《綦江县志》卷五载：

登瀛桥，在北门外，一名寓仙桥。旧传张三丰过綦，寄宿其下，故名。⑤

清光绪《铜梁县志》卷一载：

五星杉，在巴岳山巅香炉峰侧，五株罗列，如星聚奎，垣高约十丈，围八九尺，古干离奇，烟云郁锁，相传为张三丰手植。咸丰间，忽被大风折其一，余四株近亦枯老，新干从树巅挺发，直上干霄。

---

① ［清］邓存咏等纂修：《龙安府志》龙安府艺文志目录，清道光二十二年（1842 年）刻本。

② ［明］杜应芳、胡承诏辑：《补续全蜀艺文志》，影印福建省图书馆藏明万历刻本。

③ ［清］陈祥裔撰：《蜀都碎事》，清康熙漱雪轩刻本。

④ ［清］王尔鉴纂修，王世沿等纂：《巴县志》，清乾隆一十六年（1751 年）修，清乾隆二十六年（1761 年）刻本。

⑤ ［清］宋灏修，罗星纂：《綦江县志》，清道光六年（1826 年）刻本，清道光十五年（1835 年）郑仁堃增刻本，清同治二年（1863 年）杨铭、伍濬祥增刻本。

清光绪《铜梁县志》卷一载：

云盖松，在计都寺后，相传亦张三丰手植。

清光绪《铜梁县志》卷一载：

砚、扇、竹杖各一，在巴岳山，传为张三丰所遗，寺僧宝而载之。

清光绪《铜梁县志》卷二载：

紫云庵，县南三十里，庵后悬石，嶔崎欲坠，有大松一株，老干逾围，传为张三丰手植。①

明何宇度《益部谈资》卷下载夔州府：

城西开元寺，唐了休禅师道场也。国初张三丰与僧广海善，寓于寺者七日。临别赠诗云："深入浮屠断世情，奢摩他行恰相应。无花隐隐呈微瑞，风叶琅琅咏大乘。密室昼闲云作盖，空亭夜静月为灯。魂销影散无何有！到此谁能见老僧。"并留草履一双，沉香三片而去。后海以诗及二物，献之文皇。②

夔州府五峰山后系虎石，相传为张三丰系虎之处。

甚至在湖南的桂东，也有张三丰的传说。清乾隆《桂东县志》卷二载：

三丰石，在县东，离城十五里。昔名三丫石，后改为羊石，坳口有石嶂壁列，上隶书"三丰"二字，大如斗，虽风雨漶漫，苔藓披结，今犹可读。古老相传，仙人张三丰曾栖真结庐于此，仙升日，以指书石，为乡人别也。③

清同治《桂东县志》卷十八《艺文》，有清周为东咏《丫髻山》诗曰：

言访张三丰，遥指丫髻岭。美人胡不归，白云闻秋影。飞级凭虚空，何处修容靓。引手摘晓霞，风吹衣袖冷。仙人非有求，焉用姓名炳。石上字不灭（有手书三丰二字，入石寸许），摩挲发深省。④

清同治《增修施南府志》卷二十七载：

① [清]韩清桂修，陈昌等纂：《铜梁县志》，清光绪元年(1875年)刻本。

② [明]何宇度撰：《益部谈资》，《文渊阁四库全书》第592册，台湾商务印书馆，1986年，第754页。《张三丰先生全集》卷五，题录此诗为《赠广海和尚》。

③ [清]洪钟、张焕修，黄体德纂：《桂东县志》，清乾隆二十三年(1758年)刻本。

④ [清]刘华邦修，郭岐勋纂：《桂东县志》，清同治五年(1866年)刻本。

张三丰，火龙真人高弟也。嘉靖时，混俗和光，云游川湖，将有所度。一日过邑之石穿山，题诗于壁曰："混沌何年石凿穿，回光返照一轮圆。人从月窟闲来往，悟得空空便是仙。"至今，字迹依稀尚存。①

历史上关于道教的道派渊源，其文始派有文始传麻衣、麻衣传希夷、希夷传火龙、火龙传三丰之说。总之，张三丰在西南各地的修道传说遗迹，有着深刻的社会历史原因，是全真道在西南民间传播的反映。

三、张三丰西南诗作及其事迹的讨论

西南地区有张三丰传道的遗迹，地方志也收录张三丰所撰诗文，是张三丰游历西南各地的诗篇。明万历《贵州通志》卷十二《仙释》载张三丰：

常自叙曰："幼年慕道，长岁求玄，识至人之奥旨，悟义理之深玄。识取梦中之梦，钩探玄上之玄。自从见了娘生面，笑指蓬莱在目前。"又诗云："少年立志道心坚，跳出樊笼出水莲。散尽锦云空似洗，一轮明月挂长天。"②

张三丰在贵州平越卫高真观修道，地方志收录其在平越撰写诗作三首。清光绪《平越直隶州志》卷三十九张三丰《柳塘回文》诗曰：

桥边院对柳塘湾，夜月明窗半户闲。
遥驾鹤来归洞晚，静弹琴坐片云关。
烧丹觅火无空灶，采药寻仙有好山。
瓢挂树高人隐久，嚣尘绝水响潺潺。③

这首吟诵柳塘的《回文诗》，回环往复读之均能成诵。张三丰这首修道回文诗，是其诗作中著名的一首。

清光绪《平越直隶州志》卷三十九张三丰《桥山祈仙台诗》诗曰：

---

① ［清］松林等修，何远鉴等纂：《增修施南府志》，清同治十年（1871年）刻本。

② ［明］沈思充修，许一德、陈尚象纂：《贵州通志》，万历二十五年（1597年）刻本。

③ ［清］瞿鸿锡、曹维祺修，贺绪藩纂：《平越直隶州志》，清光绪二十八年（1902年）刻本。

披云履水谒桥陵，翠柏含烟雨露轻。
衮冕霞飞天地老，文章新焕海山青。
巍巍凤阙迎仙岛，渺渺龙车驻帝城。
寂寂琼台遗汉武，一轮皓月古今明。①

清光绪《资州直隶州志》卷二十一《艺文志》载张三丰《题明道人雷坛花树》诗曰：

琼枝玉树属仙家，未识人间有此花。
清致不沾几雨露，高标犹带古烟霞。
历年既久何曾老，举世无双莫浪夸。
便欲载回人上去，拟从博望借灵槎。②

此为张三丰扬州琼花诗，清周清原《西湖二集》说张三丰："既入武当，往来于天柱，五龙，南岩，紫霄诸名胜。曾赋扬州琼花诗道：琼枝玉树属仙家，未识人间有此花。……"③清康熙年间的《岷州志》第十九卷《艺文下》收录张三丰此诗，则著录为《题琼花》④。而《张三丰先生全集》卷四则题为《琼花诗》，扬州琼花洁白奇美，张三丰对其题咏以抒发崇道之心。

清同治《大邑县志》卷十八上《艺文》载张三丰《鹤鸣山二首》诗曰：

沽酒临邛入翠微，穿崖客负白云归。
逍遥廿四神仙洞，石鹤欣然啸且飞。
道士来时石鹤鸣，飞神天谷署长生。
只今两涧潺湲水，助我龙吟虎啸声。⑤

大邑县鹤鸣山的迎仙阁，相传为迎请张三丰而建，大邑县鹤鸣山有道教二十四洞之说，天谷洞即张三丰修行之洞府。

清康熙《顺庆府志》卷七《艺文》载明张三丰《北津楼》诗曰：

---

① [清]瞿鸿锡、曹维祺修，贺绪藩纂：《平越直隶州志》，清光绪二十八年(1902年)刻本。
② [清]刘炯原本，罗廷权续修，何衮等续纂：《资州直隶州志》，清光绪二年(1876年)刻本。
③ [清]周清原著：《西湖二集》，人民文学出版社，2006年，第407页。
④ 岷县志编纂委员会办公室：《岷州志校注》，1988年，第332页。
⑤ [清]赵霦等纂修：《大邑县志》，清同治六年(1867年)刻本。

谁唤吾来蜀地游，北津楼胜岳阳楼。
烟迷沙岸渔歌起，水照江城岁月收。
万里清波朝夕涌，千层白塔古今浮。
壮怀无限登临处，始识南来第一洲。①

清光绪《平越直隶州志》卷三十九载张三丰《答蜀献王》诗曰：

等闲钓罢海中鳌，一笑归来祖晋陶。
花吐碧桃春正好，笋抽翠竹叶还高。
心怀凤阙龙鳞会，身寓龟城马足劳。
何必终南论快捷，宦情于我似鸿毛。②

此诗，明嘉靖《四川总志》引《全蜀艺文志》卷十四题录为《题玄天观》，《张三丰先生全集》卷五则题录为《题玄天观寄蜀王》，即与蜀献王朱椿的应答之作。明天启《新修成都府志》卷四十九载蜀献王《赠张三丰》诗曰：

忆昔蓬莱阆苑春，欢声未尽海扬尘。
恢宏事业无多子，寒落亲朋有几人。
失马塞翁知是福，牧羊仙子慕全真。
吾师深得留颜术，善养丹砂保谷神。③

明代诸藩王都有吟诵张三丰仙人的诗篇。蜀献王有《赠张三丰先生》、《送张三丰遨游》，蜀献王是明太祖第十一子，洪武十一年(1378年)封献王，洪武二十三年(1390年)就藩成都。相传张三丰曾入成都，游说蜀献王朱椿入道。从张三丰《答蜀献王》之诗，似乎蜀献王亦曾试图劝其做官。总之，张三丰在蜀中与献王朱椿往来似是历史真实。

张三丰游历西南的行迹传说，具有虚实结合的特点。张三丰作为明代道门奇士，一隐一见而不失正道，其生平行迹颇为隐秘奇特。张三

① [清]李成林修，罗承顺等纂：《顺庆府志》，清康熙二十五年(1686年)刻本。

② [明]刘大谟等修，王元正等纂，周复俊、崔廷槐重编：《四川总志》，明嘉靖二十四年(1545年)刻本。

③ [明]冯任修，张世雍等纂：《新修成都府志》，明天启元年(1621年)刻本。

丰西南云水之游，有游历各地大量诗篇传世，这些记游历所见而抒发道心的诗篇，与西南地方志记载的张三丰行迹，又多有时间、地点的契合之处。清同治《续修罗江县志》卷二十二《杂识》载："张三丰遍游蜀郡，多留钤记。尝有《记》云：'罗江发脉，中江结穴。半朵莲花，谁人识得。'堪与家倾慕，而莫知其处。"①正因为西南民间有着丰富的张三丰传说，清康熙时西蜀汪锡龄收录张三丰诗文，编成《张三丰先生全集》传世。

明太祖、明成祖慕三丰真人至道，派人寻访张三丰可谓是明代尊崇道教之举。但张三丰这位"大元遗老，大明风汉，招之不来，觅之不见"②。明太祖洪武二十三年(1390 年)十二月，下诏寻求仙人张三丰。明成祖永乐五年(1407 年)十二月，命户科都给事中胡濙遍行天下，以搜访异人张三丰。当时民间传说张三丰在川湖一带，因此胡濙在湖湘及西南寻访长达十年。明万历《四川总志》卷三十四胡濙《祥符访张三丰》诗曰：

交情久已念离群，独向山中礼白云。
龙送雨来留客住，鹿衔花至与僧分。
疏星出竹昏时见，流水鸣渠静夜闻。
却忆故人知此隐，题诗谁似鲍参军。③

这是胡濙在四川寻访张三丰留下的诗作，胡濙同时还在云南暗访张三丰行迹。明张继白《叶榆稗史·张三丰入滇记略》载："张三丰道成入滇，为段氏座上食客。……靖难，建文流滇，胡濙暗追，马三保父暗捕。三丰、大云、达果、杨黼、段姐助之而化险。"④明洪武、永乐年间，寻找仙人张三丰之举在社会上影响很大，各种文献都注意记录张三丰的行迹传说，这是西南地方志建构张三丰遗迹传说的根据。

---

① [清]马传业修，刘正慧等纂：《续修罗江县志》，清同治四年(1865 年)刻本。

② 《道藏辑要》之《三丰全集·图像》，《藏外道书》第 5 册，巴蜀书社，1992 年，第 382 页。

③ [明]虞怀忠等修，郭棐等纂：《四川总志》，明万历九年(1581 年)刻本。

④ [明]李浩、玉笛山人、张继白撰，大理州文联编：《大理古佚书钞》，云南人民出版社，2002 年，第 463 页。

明代皇帝在天下寻访张三丰的行动，促成西南各地张三丰仙迹的建构，而明代全真道在西南的传播发展，也为张三丰仙迹的建构提供了时代条件。各地传说中的张三丰遗迹，依据自然景观和民间传说的烘托，为历代修志者采访收录入志书之中，也不乏地方贤达借张三丰之名而自重的涵义。在西南地方志的张三丰事迹中，无论“洪武间来寓高真观”，还是洪武间“入成都，说蜀王椿入道”①，都与其在武当山长期修炼的历史不合②。

张三丰隐修高道的形象有着深刻的社会历史原因。金元以来社会上流行隐修之风，一些全真道士更是苦志修炼，不求闻名于俗世之间。史称金元“全真家，其谦逊似儒，其坚苦似墨，其修习似禅”③。清李西月《云水三集序》称张三丰再游剑南，在“青城、大峨之间，或遇老樵子水石逍遥，或遇老渔夫溪山吟啸，缁衣黄冠，种种变化，久之而乃知其中有先生在此，亦我曹之幸也。先生法相不轻示人，既示人人亦不识”④。张三丰是隐修道士的典型，社会上所见全真道士的行迹，都可能被时人归入张三丰名下。

张三丰作为洪武年间名扬天下的全真道士，羽化之后得到明代诸帝的敕封，明英宗天顺三年（1459 年）赠为“通微显化真人”，明宪宗成化二十二年（1486 年）封为“韬光尚志真仙”，明世宗嘉靖四十二年（1563 年）封为“清虚元妙真君”，明熹宗天启三年（1623 年）晋封为“飞龙显化宏仁济世真君”。

张三丰作为闻名天下的道门奇士，其超凡脱俗的隐仙风范名载史册。史称其颀而伟，龟形鹤背，大耳圆目，须髯如戟。或称其身长七尺，

---

① [清]汪锡龄撰：《三丰先生本传》，方春阳点校《张三丰全集》，浙江古籍出版社，1990 年，第 317 页。

② 《张三丰先生全集》卷五《云水前集》之《将之云南先寄故人并序》曰：“余自洪武二年己酉至二十四年辛未，居武当二十有三年矣。”《张三丰先生全集》卷八《三丰先生传》，方春阳点校《张三丰全集》，浙江古籍出版社，1990 年，第 214、319 页。称张三丰在武当山，“居二十三年，拂袖游方而去”。

③ [金]元好问：《太古观记》，《遗山集》卷三十五，《文渊阁四库全书》第 1191 册，台湾商务印书馆，1986 年，第 409 页。

④ 方春阳点校：《张三丰全集》，浙江古籍出版社，1990 年，第 235 页。

美髯如戟；或称其丰姿冠伟，美髯如戟；或称其魁伟美髯；或称其大耳圆目，须髯如戟。张三丰修炼有道，精炁神皆备，寒暑一衲，或处穷僻，或游市井，浩浩自如，旁若无人，其"方冠一领，破衲一身，韬光晦迹，处士仙真"①。是元明全真道士苦修之典型。明代全真道士在社会上有良好声誉，其合天心之道的全真形象备受尊崇，所谓"常行祖师教，日用老君心，炼就真如性，岂不是全真"②，张三丰就是这样一位全真道士。明代社会有描画张三丰神像的风气，明宪宗朱见深所绘张三丰神像，就以精彩生动、超然霞表著称。

《道藏辑要》之《三丰全集·图像》1

《道藏辑要》之《三丰全集·图像》2

张三丰是韬光晦迹、云来鹤往之全真道士，史称其寒暑惟一衲一簑笠，传世之像有睡、坐、立三像，其中立像就是身披蓑笠的形象。蓑笠，蓑衣和斗笠的合称。"蓑衣"是指用草或棕毛制成的、披在身上的雨具，

① 《道藏辑要》之《三丰全集·图像》，《藏外道书》第5册，巴蜀书社，1992年，第382页。

② 《晋真人语录》之《玄门杂宝十八问答》，《道藏》第23册，文物出版社、上海书店、天津古籍出版社，1988年，第699页。

“笠”指用竹或草编成的帽子，用来遮阳挡雨。自唐代柳宗元贬永州司马写《江雪》诗“千山鸟飞绝，万径人踪灭。孤舟蓑笠翁，独钓寒江雪”之后，“蓑笠翁”即成为描写隐士的典型形象。清乾隆《贵州通志》卷三十二载张三丰贵州平越府高真观修炼，“四季止一破衲，草履科头，时人呼为邋遢仙”的形象①，与史籍中“寒暑惟衣一衲”的描写相通②。史称张三丰“经书一览即成诵，寒暑惟一箬笠，日行千里”③。是金元全真道节制苦修的典型形象。箬笠是以箬竹叶或篾编成的宽边帽，古人用做遮阳避雨之具。古代文士扁舟箬笠，往来山水之间，其超然物外的风范为世所重④。《张三丰先生全集》卷八《三丰先生传》称张三丰“顶作一髻，或戴偃月冠，手执竹杖，一笠一衲，寒暑御之”⑤。戴偃月冠是全真道士的装束，而西南地方志描绘张三丰是戴华阳巾、携杖的形象。张三丰曾至四川铜梁巴岳山传道，民间相传就有张三丰所遗扇、砚、竹杖。而扇、砚、竹杖等物件，都是古代隐士的游具。

结　语

张三丰可谓是明代全真道士的典型，西南地区有着张三丰的丰富传说，诸如张三丰开凿八卦井和神仙井、修道石床、结庐炼丹、手植古松、朝真礼斗的行迹，显示一代高道的隐修风范。而张三丰观澜处，张三丰写字岩，张三丰影像的张仙岩，神仙梦遇山，张三丰栖息的潮音阁，张三丰修炼的石莲峰，张三丰题字的仙人洞，张三丰仙迹的桃源洞，张三丰遗迹邋遢冢，张三丰修炼的石莲峰，张三丰礼斗的仙桥石室，张三丰游历的石笋山、星山，张三丰修道的老莺岩，张三丰遗迹的三丰石、洗

---

① 《文渊阁四库全书》第572册，台湾商务印书馆，1986年，第161页。

② 明代涂山《明政统宗》卷五，明代徐学聚《国朝典汇》卷一百三十六、清代傅维鳞《明书》卷一百六十等，皆称张三丰“寒暑惟衣一衲”。

③ [明]凌迪知撰：《万姓统谱》卷四十，《文渊阁四库全书》第956册，台湾商务印书馆，1986年，第610页。

④ [唐]张志和《渔父歌》之一：“青箬笠，绿蓑衣，斜风细雨不须归。”

⑤ 方春阳点校：《张三丰全集》，浙江古籍出版社，1990年，第319页。

墨池，甚至在贵州平越高真观，在四川大邑鹤鸣山，还分别有张三丰于此飞升的传说。种种张三丰修道的仙迹流传民间，自有其深刻的社会历史原因。这些虚实结合的传说与仙迹，表达出人们对张三丰的景仰怀念。西南是明代张三丰传说最为丰富之地，张三丰游历西南的神秘行迹与传说，是明代全真道传播西南的历史记忆。

（作者张泽洪为四川大学道教与宗教文化研究所教授，秦选涵为四川大学道教与宗教文化研究所硕士研究生）

张三丰真人在武当山的活动及其遗迹

杨立志

张三丰真人是元明之际著名道士。或以为他生于1247年，冲举于1464年，难以确考。关于他的生平事迹，传说很多，而且神话成分很重，但据香港大学黄兆汉博士《明代道士张三丰考》一书考证，历史上确有张三丰其人。武汉市道教协会冯崇岩先生曾对有关张三丰的史料做过详细搜集和整理，部分内容收入《武当拳之研究》一书。近年来，武当山道教协会和十堰市张三丰文化研究会收集整理出版了《张三丰全集合校》（郭旭阳主编）、《张三丰传说》（李光富主编）、《张三丰研究资料选编》（刘文国主编）、《张三丰研究论文集》（杨国英主编）等书。本文主要根据明宣德六年（1431年）太常寺丞任自垣编纂的《敕建大岳太和山志》（以下简称《敕建山志》）和明嘉靖丙申（1536年）方升编纂的《大岳志略》等书为依据，对张三丰真人在武当山的活动、明皇室对张三丰真人的敬慕和寻访及武当山有关张三丰的遗迹等略作考证和介绍。

一、张三丰真人在武当山的主要活动

张三丰到武当山修道的时间约在明洪武二年（1369年）前后，离开武当山的时间约在明洪武二十三年（1390年）。他在武当山的主要活动有：（一）敬谒玄天上帝；（二）复兴武当三宫；（三）任五龙宫住持；（四）修建草庐修道；（五）选择徒弟传道；（六）预言武当山将大兴等。下面以宣德年间编成的《敕建山志》和天顺年间编成的《襄阳府志》等书为依据，对张三丰在武当山的道教活动作一些考证和介绍。

《敕建山志》卷六《张全弌传》是现在能看到的最早的张三丰传记，内容丰富，语言生动，是我们研究张三丰生平事迹的重要文献。其全文如下：

张全弌。字玄玄，号三丰。相传留侯之裔，不知何许人。丰姿魁伟，龟形鹤骨，大耳圆目，须髯如戟。顶中作一髻，手中执方尺。身披一衲，自无寒暑。或处穷山，或游闹市，嬉嬉自如，旁若无人。有请益者，终日不答一语。及至议论三教经书，则络绎不绝。但凡吐词发语，专以道德、仁义、忠孝为本，并无虚诞祸福，欺诳于人。所以心与神通，神与道一，事事皆有先见之理。或三五日一餐，或两三月一食。兴来穿山走石，倦时铺云卧雪，行无常行，住无常住。人皆异之，咸以为神仙中人也。洪武初，来入武当，拜玄帝于天柱峰。遍历诸山，搜奇览胜。尝与耆旧语云："吾山异日与今日，大有不同矣。我且将五龙、南岩、紫霄，去荆榛，拾瓦砾，但粗创焉。"命丘玄清住五龙，卢秋云住南岩，刘古泉、杨善澄住紫霄。又寻展旗峰北陲，卜地结草庐，奉高真香火，曰"遇真宫"。黄土城卜地立草庵，曰"会仙馆"。语及弟子周真德："尔可善守香火，成立自有时来，非在子也。至嘱，至嘱。"洪武二十三年，拂袖长往，不知所止。二十四年，太祖皇帝遣三山高道，使于四方，清理道教："有张玄玄可请来。"永乐初，太宗文皇帝慕其至道，致香书，累遣使臣请之，不获。后十年，敕大臣创建宫观一新，玄风大振。自高真升仙之后，未有盛于今日者。师之所言，信不虚矣。①

这篇传记不仅对张三丰的相貌特征、穿着打扮及行为习惯有清晰的描述，而且对张三丰在武当山的道教活动有比较全面的记述。

其一，敬谒玄天上帝。上引《张全弌传》云：明洪武初年入武当山，"拜玄帝于天柱峰"。玄帝即武当道教崇奉的主神玄天上帝，又称北极真武之神。北宋流行的《元始天尊说北方真武妙经》即称真武于开皇元年诞于静乐国王室，入武当山修道四十二年，功成飞升。玉帝闻其勇猛，敕镇北方②。元成宗大德七年（1303 年）十二月"加封真武为元圣

① 任自垣：《敕建大岳太和山志·集仙记》第五篇卷之第六，杨立志点校《明代武当山志二种》，湖北人民出版社，1999 年，第 127～128 页。

② 《元始天尊说北方真武妙经》，《中华道藏》第 30 册，华夏出版社，2014 年，第 522～524 页。

仁威玄天上帝"[1]。大德十一年(1307 年)武当道士王道一、米道兴到浙江杭州、常德府武陵县、武昌路、襄阳路等地募缘,在武昌铸造铜殿构件,运回武当山,安装于大顶天柱峰之上,殿中即供奉玄帝等铜像[2]。元代中期以后,武当山已经是举国知名的玄帝道场,元代铜殿是道教名山中独一无二的奇观,因此张三丰"入武当山,拜玄帝于天柱峰",说明张三丰对玄天上帝的信仰和礼拜。

其二,复兴武当三宫。元代武当道教有较大发展,山列九宫八观,其中规模较大、较著名的是大五龙灵应万寿宫、大天一真庆万寿宫、大万寿紫霄元圣宫等三宫。元末"南琐红巾军"攻占襄阳、均、房等地,控制武当山地区。至正十三年(1353 年)九月,元将答失八都鲁率兵略均房,占谷城,"攻开武当山寨数十,获伪将杜将军"[3]。经过这次战乱之后,多数元代道教建筑物被焚毁。明代刘三吾撰《武当五龙灵应宫碑》称:"夫何元季,荐罹兵燹,殿宇赫然为墟。"[4]上引《张全弌传》云:"我且将五龙、南岩、紫霄,去荆榛,拾瓦砾,但粗创焉。"说明张三丰到武当山后,铲除三宫的荆榛杂草,收拾残砖断瓦,初步恢复了五龙、南岩、紫霄三宫。

其三,任五龙宫住持。《天顺襄阳郡志》卷三《仙释》云:"张三丰,未详何许人。洪武初,云游主于均州,附芝河里道籍。以全真修于大岳太和山,道德隆盛,众皆化之。遂礼请为兴圣五龙宫住持,大阐宗风。"这一记载说明,张三丰是全真派道士,而且道德隆盛,灵化玄妙,非常受人尊敬,在武当山道教界的地位很高,影响很大,故被道众推举为五龙宫住持。

其四,选择徒弟传道。张三丰在武当山选中的徒弟主要有丘玄清、卢秋云、周真德、杨善澄、刘古泉等五人。上引《张全弌传》云:"命丘玄清住五龙,卢秋云住南岩,刘古泉、杨善澄住紫霄。"丘玄清(1327—

---

① 宋濂、王祎等编:《元史》卷二十一《成宗纪四》,中华书局,1973 年,第 456 页。

② 王光德、杨立志:《武当道教史略》,华夏出版社,1993 年,第 131 页。

③ 宋濂、王祎等编:《元史》卷一百四十二《答失八都鲁传》,中华书局,1973 年,第 3396 页。

④ 任自垣:《敕建大岳太和山志·录金石》第十篇卷之第十三《大明碑》,杨立志点校《明代武当山志二种》,湖北人民出版社,1999 年,第 191 页。

1393)，号云谷。西安富平(今陕西富平县)人。洪武四年(1371 年)来游武当，见张三丰真仙，举为五龙宫住持，率徒重建五龙宫。洪武十四年(1381 年)官府以其贤才行能荐于朝廷，除授监察御史。次年破格提拔为太常寺卿，诰封二代，宗祖蒙庥。洪武十八年(1385 年)敕授“嘉议大夫太常寺卿”。卢秋云(？—1410)，光化(今湖北省老河口市)人，从终南山大重阳万寿宫高士游，悟全真之理。复归武当山五龙宫，住持有年。后退隐于南岩紫霄之巅，杜门不出，以道自任，“若将终身焉”。永乐八年(1410 年)冬，无疾而终。刘古泉，河南人，生卒年月不详。《敕建山志》称他“早脱樊笼，有蹑景凌虚之志，九还七返之妙，调铅炼汞之功，并无虚日。石火电光，知其自警。既后精神全就，与道惟一，乃入宝珠岩下蒲团。春风之乐，自谓足矣。一旦告道友杨公曰：‘吾今解带，正在此时。’语毕，撒手而去”。杨善澄，太行西山人，生卒年月不详。《山志》称他“夙有道契，清源中来，默守珠辉，根深蒂固，志在太和紫霄之上。后果如其意。同刘古泉结岁寒之盟，偕入宝珠岩下。闲谈太极，至乎无极之妙。一点头来，与(刘)古泉各自珍重。翌日，溘然而去”①。周真德，不知何许人。上引《张全弌传》云：张三丰在武当山卜地建遇真宫、会仙馆后，对其弟子周真德说：“尔可善守香火，成立自有时来，非在子也。至嘱，至嘱。”

其五，修建草庐修道。上引《张全弌传》云：“又寻展旗峰北陲，卜地结草庐，供奉玄帝香火，名曰‘遇真宫’；另在黄土城卜地结草庵，名曰‘会仙馆’。”永乐十年(1412 年)敕建武当山宫观时，在遇真宫旧址建玄天玉虚宫。同时在会仙馆旧址敕建遇真宫，该宫正殿名真仙殿，以祀张三丰真仙。

其六，预言武当山将大兴。《敕建山志》卷八《玄天玉虚宫》云：“洪武年间，张三丰真仙清盼留意在此，故结庵于其上，以奉玄帝香火，名曰遇真宫。尝谓人曰：‘他日此地必大兴也。’……使夫嗣教者，必有知其我祖张真仙，道著太微，功参玄造，圣皇敬仰，玄教一新，实千载一时之

① 任自垣：《敕建大岳太和山志·采真游》第六篇卷之第七，杨立志点校《明代武当山志二种》，湖北人民出版社，1999 年，第 130 页。

遇也。岂不伟哉！盛哉！”①上引《张全弌传》云：“所以心与神通、神与道一，事事皆有先见之理也……尝与耆旧语云：‘吾山异日与今日大有不同矣。’”该传又云：张全弌“语及弟子周真德：‘尔可善守香火，成立自有时来，非在子也。至嘱，至嘱。’”《敕建山志》中凡三次提及张三丰预言武当山将大兴之事，虽语言表述不尽相同，但中心意思是前后一贯的。而后来，正是这一著名预言，引起了明太宗朱棣的高度重视。

二、明皇室对张三丰真人的敬慕和寻访

明皇室素有信仰道教的传统。由于张三丰真人是明初颇有影响的“神仙中人”，所以从明太祖开始就敬慕张三丰并派人寻访他，湘王朱柏亲自到武当山寻访过张三丰，明太宗朱棣更是非常敬仰张三丰，永乐年间多次派人奉《御制书》到全国各地寻访他，明英宗天顺年间正式封赠张三丰为“通微显化真人”。

其一，明太祖派人寻访张三丰。明太祖朱元璋在夺取政权和巩固政权的时候，多次宣扬道教神异传说，为他当皇帝制造君权神授的舆论。在他东征西讨的征战过程中，亦曾经请道士周颠仙和铁冠道人张中等为他出谋划策。由于明太祖朱元璋曾任命张三丰的徒弟丘玄清为太常寺卿，因此对仙人张三丰也颇为敬慕，并曾派人寻访张三丰。上引《张全弌传》云：“二十四年(1391 年)，太祖皇帝遣三山高道，使于四方，清理道教：‘有张玄玄可请来。’”《大岳太和山志》：“洪武二十四年，太祖皇帝遣三山高道，使于四方，清理道教：‘有张玄玄，可请来。’终求不得。”②《明史稿》卷一七六云：“太祖故闻其名，洪武二十四年，遣使遍觅之，不遇。”③明太祖始终未找到张三丰。

其二，湘王朱柏亲谒武当山寻访张三丰。湘王朱柏(1371—1399)

---

① 任自垣：《敕建大岳太和山志・楼观部》第七篇卷之第八，杨立志点校《明代武当山志二种》，湖北人民出版社，1999 年，第 136～137 页。

② 任自垣：《敕建大岳太和山志・集仙记》第五篇卷之第六，杨立志点校《明代武当山志二种》，湖北人民出版社，1999 年，第 128 页。

③ 转引自黄兆汉：《明代道士张三丰考》，台湾学生书局，1988 年，第 5 页。

一生笃信道教，自取道号曰“紫虚子”，并四处寻访道教名士。他的封地在湖广荆州，离武当山最近，与武当道士多有交往，对张三丰的各种神异传说颇为熟稔。因此，洪武二十四年(1391 年)，他亲自到武当山天柱峰朝谒玄帝，并寻访张三丰。但此前一年，张三丰已“拂袖长往，不知所止”。朱柏寻访张三丰而不得，颇为惆怅，乃写《赞张真仙诗》一首以抒感怀，诗云：

> 张玄玄，爱神仙。朝饮九渡之清流，暮宿南岩之紫烟。好山劫来知几载，不与景物同推迁。我向空山寻不见，徒凄然！孤庐空寂大松里，独有老弥松下眠。张玄玄，爱神仙。匪抑乘飙游极表，茅龙想驭游青天。①

这一见诸《敕建山志》的史料进一步证明，明洪武年间张三丰曾在武当山修道传教，湘王朱柏对其极为仰慕。

其三，明太宗多次派人寻访张三丰。明太宗朱棣以藩王入继大统，崇尚神异之说，奉礼武当玄帝。张三丰是明初武当山最有名的道士，也崇尚玄帝，因此，明太宗非常想把民间影响很大的“真仙”张三丰，“延请诣朝”，一则可以点缀升平，收揽民心；二则可求道法仙药，以养生延寿。明太宗尊称张三丰为“真仙张三丰老师”，多次派人到全国各地寻访张三丰。

1. 永乐三年(1405 年)，遣淮安王宗道遍访张三丰于天下名山。明代陆深的《玉堂漫笔》载：“淮安王宗道，字景云，学仙尝与三丰往来游从。永乐三年，国子助教王达善以宗道识三丰荐，文皇召见文华殿，赐金冠鹤氅，奉书、香遍访于天下名山越十年，足迹满天下，竟无所遇而还复命。”②

2. 永乐五年(1407 年)，遣户科都给事中胡濙到各地巡游，颁发御制诸书，并访仙人张三丰。明代李贤撰《礼部尚书致仕赠太保谥忠安胡

① 任自垣：《敕建大岳太和山志・诰副墨》第一篇卷之第二《大明诏告》，杨立志点校《明代武当山志二种》，湖北人民出版社，1999 年，第 36 页。

② 陆深：《玉堂漫笔》卷中，王云五主编《丛书集成初编》，商务印书馆，1936 年，第 14 页。

公涣神道碑铭》云:“丁亥,上察近侍中惟公忠实可托,遂命公巡游天下,以访异人为名,实察人心向背。时《御制性理大全》、《为善阴骘孝顺事实》书成,俾公以此劝励天下,以故虽穷乡下邑,轨迹无不到,在湖广间最久。”①此处所言“异人”,即指真仙张三丰。

3. 永乐六年(1408 年),命龙虎山正一嗣教大真人张宇初寻访张三丰。《皇明恩命世录》卷三载有明太宗敕书二通,《命邀请真仙张三丰敕》云:“敕真人张宇初:‘今发去请张真仙书一通,香一炷。真仙到山中,尔即投此,敬邀一来,以慰朕企伫之诚。故敕。’永乐六年十月初七日。”《再命寻访张三丰》云:“说与张真人:‘尔可用心寻访张三丰老师。传此数日,我心神有将与相遇之意。如得见,尔可与之同来。须厚加礼遇,切勿轻忽。故敕。’永乐七年八月十三日。”②张宇初为了完成明太宗敬邀张三丰的使命,曾专门到武当山等地寻访。

4. 永乐十年(1412 年),命道录司右正一孙碧云到武当山寻访张三丰,并有致张三丰《御制书》云:

> 皇帝敬奉书真仙张三丰先生足下:朕久仰真仙,渴思亲承仪范。尝遣使致香奉书,遍诣名山虔请。真仙道德崇高,超乎万有,神妙莫测。朕才质疏庸,然而至诚愿见之心夙夜不忘。敬再遣使致香奉书虔请,拱俟云车凤驾,惠然降临,以副朕拳拳之怀,敬奉书。
>
> 永乐十年二月初十日。③

次月命孙碧云查看遇真宫风水,将卜日营建。《敕右正一虚玄子孙碧云》云:

> 朕敬慕真仙张三丰老师。道德崇高,灵化玄妙,超越万有,冠绝古今,愿见之心,愈久愈切。遣使祗奉香书,求之四方,积有年岁,迄今未至。朕闻武当遇真,实真仙老师然于真仙老师鹤驭所游

---

① 焦竑:《国朝献征录》卷三三、卷一八八,广陵书社,2013 年。

② 《皇明恩命世录》卷三,《中华道藏》第 46 册,华夏出版社,2014 年,第 318 页。

③ 任自垣:《敕建大岳太和山志·诰副墨》第一篇卷之第二《大明诏告》,杨立志点校《明代武当山志二种》,湖北人民出版社,1999 年,第 18 页。

之处，不可以不加敬。今欲创建道场，以伸景仰钦慕之诚。尔往宣度其地，相其广狭，定其规制，悉以来闻，朕将卜日营建。尔宜深体朕怀，致宜尽力，以成协相之功。钦哉！故敕。

永乐十年三月初六日。[①]

永乐十一年(1413年)，大规模营建武当宫观时，将张三丰命名的遇真宫正式改名为“玄天玉虚宫”。永乐十五年(1417年)，在黄土城会仙馆“奉敕创建真仙殿宇”，命名为遇真宫[②]。

5. 永乐十五年(1417年)，朱棣又命龙虎山上清宫提点吴伯理“钦奉太宗皇帝玉音赍香暨御书，入蜀之鹤鸣山天谷洞，结坛诵经，祈告山灵，迎请真仙张三丰先生”[③]。

6. 永乐十五年(1417年)，再遣宝鸡医官苏钦等赍香书遍访张三丰于天下名山[④]。

据明代正史、方志和笔记记载，虽然成祖并未寻访到张三丰，但由此可见其仰慕真仙张三丰及渴望一见的心情。

(四)明英宗天顺三年(1459年)封赠张三丰为“通微显化真人”。明代嘉靖丙申(1536年)方升编纂的《大岳志略》卷一录有该制诰，题为《国朝天顺四年赐真仙张三丰诰》，全文如下：

诰曰：朕惟仙风道骨，得天地之真元；秘典灵文，集阴阳正气。赖长生久视之术，成超凡入圣之功。旷世一逢，奇踪罕见。尔真仙张三丰，芳姿颖异，雅志孤高，存想专精，炼修坚完。得仙家之玉诀，饵金鼎之灵膏，是以名隶丹台，神游玄圃。去来倏忽，岂但烟霞之栖；隐显渺茫，实同造化之妙。兹特赠尔为通微显化真人，锡之诰命，以示褒崇。于戏！蜕形不老，永惟物外之逍遥；抱道绝伦，益

---

① 任自垣:《敕建大岳太和山志·诰副墨》第一篇卷之第二《大明诏告》，杨立志点校《明代武当山志二种》，湖北人民出版社，1999年，第18～19页。

② 任自垣:《敕建大岳太和山志·楼观部》第七篇卷之第八，杨立志点校《明代武当山志二种》，湖北人民出版社，1999年，第139页。

③ 蒋夔:《张神仙祠堂记》，同治《大邑县志》卷十二，《金石》。

④ 陆深:《玉堂漫笔》卷中，王云五主编《丛书集成初编》，商务印书馆，1936年，第13页。

动寰中之景慕。尚期指要，式惠来英。[1]

遇真宫原有《贻赐仙像》铜碑一通，后保存在武当博物馆。该碑所署时间为“天顺三年四月十三日”。或称天顺间张三丰曾晋谒英宗，恐不足信。《颍州志》载：“至英庙封为‘通微显化真人’，盖追崇之，原未召见，传召见者讹也。”

清代汪锡龄（1664—1724）的《隐镜编年》谓成化二十二年（1486年）诏封张三丰为“韬光尚志真仙”，嘉靖四十二年（1563年）封张三丰为“清虚元妙真君”，天启三年（1623年）封张三丰为“飞龙显化宏仁济世真君”，皆不知所本。

三、武当山有关张三丰的遗迹

张三丰真人在武当山生活二十余年，明代大修武当宫观时专门为他创建了遇真宫。武当山有关张三丰真人的遗迹也较多，比较著名的有玉虚宫望仙楼、仙衣亭、仙衣库、永乐《御制书》一通、《敕》一通，永乐年间铸造的张三丰铜像、天顺《贻赐仙像》铜碑、明中期张三丰画像等。

其一，遇真宫。永乐十五年（1417年），明太宗命工匠在张三丰选中的黄土城会仙馆旧址建遇真宫，立真仙殿，铸造张三丰仙像，专门奉祀真仙香火。《敕建山志》卷八楼观部第七载：

> 遇真宫。去玄天玉虚宫八里许，在仙关之外。前有东流水，后有凤凰山，左有望仙台，右有黑虎洞，山环水绕，宛若城焉，故名曰“黄土城”。洪武年间，三丰张真仙结庵于其上，名为“会仙馆”。永乐十五年，奉敕创建真仙殿宇、山门、廊庑、东西方丈、斋堂、厨室、道房、仓库、浴室，共九十七间。钦选道士三十名，焚修香火。钦除江西吉安府吉水县迎真坛炼师罗凤翔为提点。赐六品印，统领宫事。

《大岳志略》卷二《遇真宫图述》按云：“宫之先曰‘会仙馆’，张三丰

① 任自垣：《敕建大岳太和山志·楼观部》第七篇卷之第八，杨立志点校《明代武当山志二种》，湖北人民出版社，1999年，第139页。

真仙所筑也。真仙去今百四十年，追寻遗迹于山水间，无复存者。”①到天顺年间，明英宗命工匠铸造真武圣像一堂，供奉在真仙殿中，张三丰仙像则移至东庑供奉。

其二，玉虚宫有望仙楼、仙衣亭、仙衣库等纪念张三丰的建筑。永乐十年(1412 年)，明太宗命隆平侯张信、驸马都尉沐昕等率工匠在张三丰选中的遇真宫旧址建玄天玉虚宫。并在该宫之西山坞张三丰修道处建望仙楼、仙衣亭、仙衣库等，以纪念张三丰仙师。《敕建山志》卷八《楼观部第七》载：

玄天玉虚宫。在天柱峰、紫霄展旗峰之北。层峦叠嶂，万仞千寻，迤逦直下山趾。其山环绕，规模广阔，形势雄伟。左引崇岗，右浚曲水，前列翠屏，后枕华麓。土厚而泉洌，竹修而松茂，幽兰馥馥，丹桂丛丛，金菌馡香，骞林腾翠，如此殊胜，则有游仙而居之。洪武年间，张三丰真仙清盼留意在此，故结庵于其上，以奉玄帝香火，名曰遇真宫。尝谓人曰：“他日此地必大兴也。”庵前有古木五株，师独栖其下，久则猛兽不据，攫鸟不搏，人皆异之。既后，游方之外，声迹杳然。太宗文皇帝慕其至道，访求不得，询知其故。永乐十年，特敕隆平侯张信、驸马都尉沐昕、礼部尚书金纯、工部侍郎郭进等，率领官员军夫人匠二十余万，创建玄帝大殿、山门、廊庑、东西圣旨碑亭、神厨、神库、方丈、斋堂、厨堂、仓库、道众寮室、浴堂、井亭、云堂、钵堂、圜室、客堂。山门外左右真官二祠，东岳庙、祭祀坛；宫之左圣师殿、祖师殿、仙楼、仙衣亭、仙衣库、西道院；宫之右，涧东有东道院。计五百三十四间。……赐额为玄天玉虚宫。钦选道士一百二十人焚修香火。钦除道录司玄义任自垣、龙虎山上清法师邵庆芳、高道周惟中、湖广荆州府江陵县玄妙观法师张道贤为提点，龙虎山法师林子良为副宫，赐六品印，统领宫事。国朝兴隆玄教，玉虚为山中甲宫，凡遇为国为民修崇醮典，须设总坛于此。永乐二十二年秋七月，朝廷于本宫修建告成金箓罗天大醮七

① 方升：《大岳志略》卷二《宫观图述略 · 遇真宫图》，陶真典、范学锋点校《武当山明代志书集注》，中国地图出版社，2006 年，第 183 页。

昼夜，圣旨醮意勒石，置于碑亭之上。御制书一通、敕一通，玉虚宫常住珍藏于龙章凤篆之中，允谓镇山之宝，辉光山岳，赫奕玄宗，传之后世而无有穷焉。使夫嗣教者，必有知其我祖张真仙，道著太微，功参玄造，圣皇敬仰，玄教一新，实千载一时之遇也。岂不伟哉！盛哉！①

这里所提到仙楼即望仙楼。《大岳志略》卷二："楼之属一，西坞北山下曰'望仙'，盖真仙杖履所及，招之以其故也。"仙衣亭、仙衣库在西坞西山下，"亭之属三，西坞西山下曰'仙衣亭'，真仙昔尝授衣者也。亭后砖室一，曰张仙洞，神之所游也"②。明万历五年（1577 年）陈诏撰《重建玉虚宫仙楼记碑》云："我成祖文皇帝靖难承奉寔惟玄帝佑助，故登极未几，即敕隆平侯张信、驸马都尉沐昕大启宫宇于武当山，以答神贶。于时三丰张仙寓游武当，道成上升，事闻文皇帝，特遣侍郎胡濙持书延请，仙隐而弗见，濙奉其笠、杖而还。隆平二臣目击仙踪，遂请建望仙楼于玉虚宫之西，悉心经理，巍然焕然，一时武当宫宇之盛甲于天下，而仙楼则又宫宇中之尤盛者。"明太宗给三丰真仙的《御制书》一通、《敕》一通，由玉虚宫提点和常住道士珍藏于该宫之藏经阁，"允谓镇山之宝"。

其三，清微妙化岩庙。《敕建山志》卷八："清微宫。在大顶西南，即旧之清微妙化岩。其地向阳，诸峰环列，虽出云烟之外，冬且燠，夏且凉。飞仙尝游于此。昔张守清真人潜修之所，张三丰神仙亦修炼于此。旧有祠宇，香火俱无矣。永乐十年，敕建玄帝大殿、山门、廊庑、方丈、道房、斋堂、圜堂、厨室、仓库、计三十一间。西偏重修清微妙化岩。"③明代蓝田的《张三丰仙人传》："三丰仙人，张氏，名全一，字玄玄，其号曰三

① 任自垣：《敕建大岳太和山志·楼观部》第七篇卷之第八，杨立志点校《明代武当山志二种》，湖北人民出版社，1999 年，第 136～137 页。

② 方升：《大岳志略》卷二《宫观图述略·遇真宫图》，陶真典、范学锋点校《武当山明代志书集注》，中国地图出版社，2006 年，第 183 页。

③ 任自垣：《敕建大岳太和山志·楼观部》第七篇卷之第八，杨立志点校《明代武当山志二种》，湖北人民出版社，1999 年，第 139 页。

丰……修炼于天柱峰西南清微妙岩庙。”①

其四，遇真宫真仙殿张三丰铜像。《大岳志略》卷二有生动细致的描绘：“东廊下得观所谓铜像，西向座，戴笠，内加小冠，左右侍童二，杖一、扇一。笠径一尺八寸，中外旋揽如椒眼状，寸约二眼，平布其里，襄汉间呼为斗篷。杖刻龙头，左侍者执焉；扇镂蕉叶，右侍者执焉；皆糜铜以成形，而袭之以金。盖三物平日真仙所御者也。宫中道士云：‘故物藏之内府。’”②这组精铜鎏金张三丰组像高141.15厘米，座宽150厘米，侍童高128厘米。张三丰铜像身着道袍，头戴斗笠，脚穿草鞋，面貌丰润，风姿飘逸，栩栩如生，铸塑工艺高超，是一尊极为珍贵的明代艺术佳作，被列为国家一级文物，现保存完好，藏于武当博物馆。

其五，遇真宫东方丈张三丰画像。《大岳志略》卷二记载了明朝中期遇真宫东方丈所藏张三丰画像：“入东方丈，得观所谓遗像，身长五六尺，面方紫，平颊丰颐，项腴如瓠，自额以上，隐隐中起，眉目修而锐，其末微钩，而下垂发才二寸半，纳于冠半，被两耳后。须黑而疏，在颔下者，握之不盈把；在口上者，横出磔如戟。紫木冠，蓝袍。袍制甚促，直领窄袖不缘，独裾飘飘然，有乘风上征之意。系吕公绦，芒履见踵，缚两袴胫，尽露于外。右足侧半武，睨之若短，荷笠曳杖，行于松下。”③在经历明末清初战乱之后，这幅画像已不知所终。

其六，《贻赐仙像》铜碑。武当山文物局保存有《贻赐仙像》铜碑一通，铸有明英宗天顺三年（1459年）四月封赠张三丰祖师为“通微显化真人”制诰全文。碑额铸二龙戏珠，额中篆书“贻赐仙像”四字，中为正书“奉天承运皇帝制曰”，下为浮雕张三丰祖师站像。该碑版高192cm，宽75cm，厚6.5cm。碑座为铁铸，高93cm，上宽93cm，下宽107cm，厚66.5cm，碑座正面为二组浮雕二龙戏珠图案，右侧刻文28行，记述此座为河南南阳府邓州信士于成化十三年（1477年）孟秋募资铸造。原

① 焦竑：《国朝献征录》卷三三、卷一八八，广陵书社，2013年。

② 方升：《大岳志略》卷二《宫观图述略·遇真宫图》，陶真典、范学锋点校《武当山明代志书集注》，中国地图出版社，2006年，第183页。

③ 方升：《大岳志略》卷二《宫观图述略·遇真宫图》，陶真典、范学锋点校《武当山明代志书集注》，中国地图出版社，2006年，第183页。

碑首句作“奉天承运皇帝制曰”①。明代嘉靖丙申(1536年)方升编纂的《大岳志略》卷一录有该制诰,题为《国朝天顺四年赐真仙张三丰诰》,明代凌云翼修《大岳太和山志》卷九也录有《英宗皇帝赐张三丰诰》②。除了颁布制诰时间比碑刻晚一年外,其余内容与碑文一致。明代焦竑(1541—1620)编辑《国朝献征录·张三丰传》中亦载有此文,与上述碑刻内容基本一致,时间为“天顺己卯四月十三日”③。据碑刻和方志记载,英宗封赠张三丰祖师一事是可信的。

(作者为湖北汽车工业学院党委副书记、湖北省武当文化研究会会长)

---

① 姚天国主编:《武当山碑刻鉴赏》,北京出版社出版集团、北京美术摄影出版社,2007年,第105～106页。

② 凌云翼修:《大岳太和山志》卷九《补遗》,杨立志点校《明代武当山志二种》,湖北人民出版社,1999年,第456页。

③ 焦竑:《国朝献征录》卷三三、卷一八八,广陵书社,2013年。

王重阳的“三教合一”思想

钱耕森　沈素珍

全真道又称全真教、全真派，与正一道同为自元传续至今的道教的两大派。全真道是王重阳(1112—1170)于金世宗大定七年(1167 年)在山东宁海(今牟平)全真庵聚徒讲道时创立。所谓“全真”，指保全真性义、精气神三全义；或指个人内修的“真功”与传道济世的“真行”双全之义。徐琰说：全真“修持大略以识心见性，除去情欲、忍耻含垢、苦己利人为之宗”①。

全真道称谓中的“真”与“道”，乃是二而一，一而二，即“真”就是“道”，“道”就是“真”。而“道”源于老子的《道德经》。老子揭示出万物生于“道”。“道生一，一生二，二生三，三生万物。”②万物生于道，万物就具有了道性。万物就应体现道性，但万物特别是人往往失去了道性。转换成全真道的话语，万物特别是人往往失去了真性。而“全真道”的使命就是要保全、恢复、弘扬万物特别是人的本真。只有如此这般，人才可以得道成仙，全真而仙。所以，“全真道”正是因此而得名的。

周立升说：“全真道的基本教理为：全真而仙，性命双修，动行双全，三教合一。”③“三教合一”的思想，是王重阳创教的一个重要的指导思想。所以，“三教合一”的思想就成了全真道的鲜明的特色。

---

① 《广宁通玄太古真人郝宗师道行碑》，见章伟文《郝大通学案》，齐鲁书社，2010 年，第 270 页。

② 《道德经》第四十二章。

③ 《全真道文化丛书序》，见白如祥辑校《王重阳集》，齐鲁书社，2005 年，第 2 页。

王重阳提出“三教合一”的思想

全真派在早期创教、传教的过程中，像佛教禅宗一样主张不立文字。不立文字，不等于不要文字。言而无文，行之不远，亦行之不久。不要文字，是根本上行不通的。不立文字的涵义多而深，至少有一个重要用意是，反对繁芜的文字、长篇大论，特别注重宗教炼养实践。而诗词文字虽短少，但亦可言志、说事和抒情。所以，诗词在全真派早期创教、传教的过程中，起过重要作用。

王重阳充分发挥了诗词的作用。他关于“三教合一”的思想屡见于他所撰写的诗词之中。《示学道人》中说：“心中端正莫生邪，三教搜来做一家。义理显时何有异，妙玄通后更无加。”①他在这里面向学道、求道的人明确提出了“三教一家”的理念，并从“义理”和“妙玄”两方面进行了论证，特别是把“心中端正莫生邪”，作为认知“三教一家”的前提条件，如果失去了这个前提条件，心中不端正生了邪，那就只能是囿于“三教三家”的成见了。

王重阳又用诗词回答“三教合一”的问题。他在《答战公问先释后道》诗中说：“释道从来是一家，两般形貌理无差。识心见性全真觉……”②战公有关“先释后道”之问，实际上反映出他以为释道不是无差别的一家，而是有差别的两家，进而也就会认为儒、释、道是各为一家的。“人各认祖宗科牌：太上为祖，释迦为宗，夫子为科牌。”③王重阳强调释道并非从他开始，而是从来就是无差别的一家。他还给出了“识心见性”的理由。“明心见性”的修行之路既是佛教成佛之路，也是道教成仙之路。而他开创的全真道对于这个根本的共同点是有所觉解的。所以，他说：“识心见性全真觉。”

王重阳在回答《孙公问三教》的诗篇中说：“儒门释户道相通，三教

---

① 《王重阳集》，齐鲁书社，2005年，第16页。

② 《王重阳集》，齐鲁书社，2005年，第4页。

③ 《王重阳集》，齐鲁书社，2005年，第288页。

从来一祖风。”①儒、释、道三教不是不通的，而是相通的。三教之所以早就相通，是因为三教的祖风从来就是同一的，是共同于“道”、“真道”。

王重阳在《重阳真人金关玉锁诀》中说：“三教者，如鼎三足，身同归一，无二无三。三教者，不离真道也，喻曰：似一根树生三枝也。”②他在这里以“一鼎三足”和“一树三枝”来比喻“三教一真道”、“三教合一”，很形象，很生动。他很强调“无二无三”，只有一。他又说：“三教者是随意演化众生，皆不离于道也。”③三教演化众生，虽然各随其意，但是都并不离开那个最根本的最高的最核心的“道”。

王重阳与“云朋霞友”开怀畅饮时，兴高采烈地谈论的话题，并非是别的东西，而就是“三教”：“满坐谈开三教语，一杯传透四时春。”④亲爱的朋友边饮边谈三教，竟然会产生出把春、夏、秋、冬四季分明的感觉变化为“四时春”、四季如春的感觉的奇特效果呢！

王重阳提醒道众在“悟理”的时候，一定不能忘记“三教”的教诲：“悟理莫忘三教语，全真修取四时春。”⑤“悟理”之时能牢记“三教语”而不忘，则全真信众在一年四季里修道取真都会“如沐春风”一样。

王重阳在《重阳真人金关玉锁诀》中，平等对待三教教主，将三位教主不分“伯仲叔季”，而一视同仁，完全并列，统称三教教主为“三教圣主”⑥。

王重阳创立“三教合一”会

王重阳于大定八年和九年（1168 年—1169 年）间创立全真道伊始，按照新开张亮旗帜的惯例，他本应直接命名为“全真道”，但

① 《王重阳集》，齐鲁书社，2005 年，第 9 页。

② 《王重阳集》，齐鲁书社，2005 年，第 287 页。

③ 《王重阳集》，齐鲁书社，2005 年，第 288 页。

④ 《王重阳集・咏酒》，齐鲁书社，2005 年，第 18 页。

⑤ 《王重阳集・赠道众》，齐鲁书社，2005 年，第 142 页。

⑥ 《王重阳集》，齐鲁书社，2005 年，第 288 页。

是他并没有这么做，反而却直接以“三教”命名，并多达五次：八年八月于文登建“三教七宝会”。九年四月于宁海建“三教金莲会”；于福山县建“三教三光会”；于登州建“三教玉华会”；于莱州建“三教平等会”。王重阳在不到两年的短时期内，在莱州、登州和宁海州的三个州建立了五个“三教合一”的会。所以，概而言之，就是所谓“三州五会”。

王重阳为什么这样呢？他是有用意的。其目的是“不独居一教也”。“凡立会必以三教名之者，厥有旨哉！真人者，盖子思、达摩之徒欤！足见其冲虚明妙，寂静圆融，不独居一教也。”①他认为，道家和道教的“真人”，“盖子思、达摩之徒欤！”道家道教的“真人”，儒家儒教的贤人“子思”和佛家佛教的“达摩老祖”三位本来就是一家人啊！因此他们三者所讲的义理或者教义都是有关乎“冲虚明妙，寂静圆融”，足见凡立会就不能“独居一教也”，就必须“以三教名之者”。王重阳就是如此来论述自己之所以“凡立会必以三教名之者”的合法性。

王重阳将“三教”的经典列为全真道的经典

王重阳将“三教”的最具代表性的经典：老子的《道德经》、佛教的《般若心经》和儒家的《孝经》等，都列为全真道的重要经典。他在《重阳真人金关玉锁诀》中，劝人诵读“三教”的经典，按出现的先后计有《清静经》、《心经》、《论语》、《随求经》、《达摩经》、《九仙经》、《因果经》共多达七部。

王重阳创立教义与教制的“三教合一”的思想

王重阳的“三教合一”的思想还体现在创立教义与教制方面。全真道以“全真而仙”为最高理想、最大价值、最后目的。所谓“真”，指“真

① 金源琦撰：《终南山神仙重阳真人全真故祖碑》，载白如祥辑校《王重阳集》，齐鲁书社，2005年，第322页。

性"而言。全真道认为人有肉体和真性。人的肉体是形式,有生有死,不能成仙。真性是神,"性者神也"①。具有神性的真性存在于心中永恒不变才可以成仙。王重阳说:"性为真,身为假。"②"看假躯,不如无也。"③"不会修行空养肚,肾肺心肝脾祖。五团臭肉怎为主,先把黄婆咄去。"④"问真修,听我断。莫著凡躯……坐卧行住,须作骷髅观。"⑤"脱壳登真。"⑥"唯一灵是真,肉身四大是假。"⑦所以,王重阳明确指出在成仙说这个根本问题上,自己创立的全真道的新道教与传统道教是完全不同的。他说:"离凡世者,非身离也,言心地也。身如藕根,心似莲花,根在泥而花在虚空矣。得道之人,身在凡而心在圣境矣。今之人欲永不死而离凡世者,大愚不达道理也。"⑧这是全真道对传统道教的重大超越与发展,从外丹学转向内丹学。

全真道的内丹学是"性命双修"。虽然修炼工夫的具体步骤有南宗"先命后性"与北宗"先性后命"之分,但是二者最后的目的仍是完全相同的。王重阳说:"性命是修行之根本,谨紧锻练矣。"⑨

"性为真","性者神也","性者是元神"⑩。"性"即"真性"、"神"、"元神"。所以"修性"即"修真"、"修真性"、"炼神"、"炼元神"。全真道把"真性"作为成仙证真的根基。王重阳说:"是这真性不乱,万缘不挂,不去不来,此是长生不死也。"⑪

修性的同时必须修命。王重阳说:"性者是元神,命者是元气,名曰性命也。"性命极其重要,是祖宗。"宗者是性也,祖者是命也,名曰祖

① 《重阳立教十五论》,《王重阳集》,齐鲁书社,2005年,第278页。
② 《苏募遮》,《王重阳集》,齐鲁书社,2005年,第197页。
③ 《登仙门》,《王重阳集》,齐鲁书社,2005年,第166页。
④ 《耍蛾儿》,《王重阳集》,齐鲁书社,2005年,第175页。
⑤ 《训徒众》,《王重阳集》,齐鲁书社,2005年,第200页。
⑥ 《重阳立教十五论》,《王重阳集》,齐鲁书社,2005年,第277页。
⑦ 《重阳真人金关玉锁诀》,《王重阳集》,齐鲁书社,2005年,第281页。
⑧ 《重阳立教十五论》,《王重阳集》,齐鲁书社,2005年,第279页。
⑨ 《重阳立教十五论》,《王重阳集》,齐鲁书社,2005年,第278页。
⑩ 《重阳真人授丹阳二十四诀》,《王重阳集》,齐鲁书社,2005年,第294页。
⑪ 《重阳真人授丹阳二十四诀》,《王重阳集》,齐鲁书社,2005年,第295页。

宗。”“修者真身之道，行者是性命也，名为修行。”①“性者神也，命者气也。性若见命，如禽得风，飘飘轻举，省力易成。《阴符经》云：‘禽之制在气。’是也。修真之士不可不参。”②“命无性不灵，性无命不立。”③性命相依而不可分。

真性存在于心中，是心的本性或本体，是不生不灭，是成仙的基础，而心是真性的载体。所以，全真道以炼心作为修性的必要条件。王重阳说：“诸贤先求明心。”④要明心，需要心忘虑念和诸境、不著空。“欲界、色界、无色界，此乃三界也。心忘虑念，即超欲界；心忘诸境，即超色界；不著空见，即超无色界。离此三界，神居仙圣之乡，性在玉清之境矣。”⑤还要求之于道。“心本是道，道即是心，心外无道，道外无心。”⑥心与道为一。这个心决不是一般的肉心、凡心，更不是“妄心”、“尘心”，而是“道心”。而“大道无形，生育天地；大道无名，长养万物。从真性所生为人者，亦复如是”。“道者，一也。人得一者，万事必成。”⑦

对于王重阳用“三教合一”的思想创立教义与教制，徐神翁在“注”中有所小结：“修行人也，乃三教圣人之意。凡人出家，绝名去利、忘情去欲则心虚，心虚则气住，气注则神清，神清则德合道生矣。孔子曰：仁、义、礼、智、信。若修行之人，仁者不弃，义者不污，礼者不自高，智者不争，信者不妄言。《金刚经》云：无诤三昧，人中最为第一也。修行之人，澄其心而神自清。……重阳真人云：出家若不降心，返接世缘，道德损矣。《性命书》云：洗心对越，乃万物之根蒂。《经》云：心生则性灭，心灭则性现也。心灭者是宝。《经》云：诸贤先求明心。心本是道，道即是心，心外无道，道外无心也。”⑧

---

① 《重阳真人授丹阳二十四诀》，《王重阳集》，齐鲁书社，2005 年，第 294～295 页。
② 《重阳立教十五论》，《王重阳集》，齐鲁书社，2005 年，第 278 页。
③ 《五篇灵文注》，《王重阳集》，齐鲁书社，2005 年，第 305 页。
④ 《重阳真人授丹阳二十四诀》，《王重阳集》，齐鲁书社，2005 年，第 297 页。
⑤ 《重阳立教十五论》，《王重阳集》，齐鲁书社，2005 年，第 279 页。
⑥ 《重阳真人授丹阳二十四诀》，《王重阳集》，齐鲁书社，2005 年，第 297 页。
⑦ 《重阳真人金关玉锁诀》，《王重阳集》，齐鲁书社，2005 年，第 281、291 页。
⑧ 《重阳真人授丹阳二十四诀》，《王重阳集》，齐鲁书社，2005 年，第 297 页。

显然，王重阳与全真道的“三教合一”的思想，对儒释的吸收是各有特色的，在内修心性方面，主要是吸收佛教，特别是禅宗的思想；在外修功行方面，主要是吸收儒家的思想。

同样显然，王重阳与全真道所倡导的“三教合一”的思想，并不是三家平分秋色，之所以引进儒释的思想，归根结蒂还是为了创立和发展自己的新道教——全真道。

王重阳与全真道在创立和发展自己的新道教——全真道的过程中，之所以很自觉地倡导“三教合一”，乃是大势所趋。这个趋势最早出现于汉末三国之时。东汉末的牟子原为儒生，后由儒入佛，兼研《老子》。“世俗之徒多非之者，以为背《五经》而向异道”，乃作《理惑论》，全称《牟子理惑论》，亦称《牟子》进行答辩，广泛引用《老子》和儒家经书，论证佛、道、儒观点一致。他认为三教“金玉不相伤，精魄不相妨”①。牟子开风气之先，随后代有其人，儒、释、道三家都有代表人物，主要有康僧会、葛洪、王通、柳宗元等，到了宋代以后，这个趋势与日俱增。王重阳与全真道的“三教合一”的思想是对这个大趋势的积极适应。

总之，王重阳的“三教合一”的思想，首先对全真道的创立与发展，作出了巨大贡献。同时，对促进“三教合一”这个大趋势的发展，也作出了重大贡献。并且，对弘扬中华民族文化一体多元的优秀传统，也具有一定的现实意义。

（作者钱耕森为安徽大学哲学系资深教授；沈素珍为安徽大学社会与政治学院教授）

① 僧佑：《弘明集》卷一，上海古籍出版社，1991 年，第 177 页。

试论东华木公与全真教祖东华帝君之关系

萧登福

一、北宗全真教祖系传承与东华帝君

五祖七真的雏形，在王重阳诗词中已开始提到，王重阳弟子七真之一的玉阳子王处一，以为东华帝君即青童君（东华木公青童君）为全真之创教者。其后丘处机弟子宋德方虽然广加阐扬全真之祖系传承，而更为世人所瞩目。但宋德方却说东华帝君为王公，和其师叔王处一所说不同。宋德方的弟子秦志安，并秉承宋说，以东华帝君为王玄甫，也以此来为全真诸祖撰述传记。然而秦说并不被全部人所认同。如南宋理宗朝的李简易，即以东华帝君为木公青童君。李简易并开始合并宋金内丹南、北二宗，以为二宗同出一源，胪列出有系统的教派祖系传承，且绘制成图表。其认为张紫阳所创的金丹南宗及全真教王重阳的金丹北宗，系出自同一源头，皆以太上老君为共同的教主，以“混元仙派”为教派之名称。混元教派传自混元教主太上老君，由老君传东华木公青童君及西灵金母，再传华阳真人，华阳真人传钟离权，钟离权传吕纯阳，吕纯阳传刘海蟾，然后分为南宗及北宗，二宗分流。在表中，李简易显然以北宗来统括南宗，抬高王重阳身份，以为王重阳出自吕纯阳所传，而张伯端则为纯阳弟子刘海蟾所传。后来到了元室灭宋金，统一天下，北宗盛行，而南宗消沉，更无法与北宗抗衡。元世祖诏书明封五祖七真为全真教派之始源，教派源承之说，至此而定。元代全真教众，虽以为全真教出自东华帝君，但在东华帝君的神格上，则仍然异说纷纭，其中以东华帝君即王玄甫说为主流，但也有不少人说东华帝君是东华木公青童君，也有人说王玄甫和东华木公青童君是同一人，说法纷纭不齐。

全真教在当今的道教界中已成为重要教派，研究全真教已成为显学，不仅论文难以计数，光是专书就有数十种。早期有郑素春《全真教与大蒙古国帝室》[①]、日本邦屋邦夫《金代道教の研究——王重阳と马丹阳》[②]、卿希泰主编《中国道教史》[③]、任继愈主编《中国道教史》[④]、日本邦屋邦夫《金元时代の道教——七真研究》[⑤]等。近几年香港青松观道教学院成立了全真道研究中心，所出版及合作出版的专书不下十余种，如陈耀庭《全真教派的发展和演变》、卢国龙《全真宗旨论》[⑥]、卢国龙主编《全真弘道集》[⑦]、吴国富《全真教与元曲》[⑧]、王宗昱《金元全真教石刻新编》[⑨]、吴亚魁《江南全真道教》[⑩]、张广保《金元全真教史新研究》[⑪]、赵卫东《全真道五祖七真的形成过程》[⑫]、戈国龙《论性命双修》[⑬]、尹志华《道教与环保》[⑭]、张广保《明代初期全真教南北宗风研究》[⑮]、刘固盛《全真道老学研究》[⑯]、赵卫东主编《全真道研究》第一

① 郑素春：《全真教与大蒙古国帝室》，台湾学生书局，1987 年。

② 邦屋邦夫：《金代道教の研究——王重阳と马丹阳》，《东洋文化研究所》别册，日本汲古书院，1992 年。

③ 卿希泰主编：《中国道教史》，四川人民出版社，1996 年。

④ 任继愈主编：《中国道教史》，上海人民出版社，1990 年。

⑤ 邦屋邦夫：《金元时代の道教——七真研究》，日本东京大学东洋文化研究所，1998 年。

⑥ 陈、卢二书合为一册，青松出版社，2004 年。

⑦ 卢国龙主编：《全真弘道集》，系"全真道——传承与开创国际学术研讨会论文集"，收录陈耀庭等二十四篇论文，青松出版社，2004 年。

⑧ 吴国富：《全真教与元曲》，江西人民出版社，2005 年。

⑨ 王宗昱：《金元全真教石刻新编》，北京大学出版社，2005 年。

⑩ 吴亚魁：《江南全真道教》，香港中华书局，2006 年。

⑪ 张广保：《金元全真教史新研究》，青松出版社，2008 年。

⑫ 赵卫东：《全真道五祖七真的形成过程》，青松出版社，2009 年。

⑬ 戈国龙：《论性命双修》，青松出版社，2009 年。

⑭ 尹志华：《道教与环保》，青松出版社，2010 年。

⑮ 张广保：《明代初期全真教南北宗风研究》，青松出版社，2010 年。

⑯ 刘固盛：《全真道老学研究》，青松出版社，2010 年。

辑[1]、赵卫东《全真道研究》第二辑[2]、戈国龙《论返本还原》[3]，上述诸书除王宗昱书外，皆和青松观之资助有关。此外，青松观委托山东齐鲁书社，由张广保主编的全真学案，2010 年 1 月所出版的，计有：刘仲宇《刘一明学案》、李大华《李道纯学案》、章伟文《郝大通学案》、卢国龙《马丹阳学案》、张广保《尹志平学案》、赵卫东《谭处端学案》等。

上述数十种专书，再加上期刊论文，全真道的研究现况，由此可见。在这些专书论文中也有不少篇章是触及全真道教派来源的，但大抵以论述五祖七真为主，有的已注意到宋德方所撰《全真列祖赋》。其实在宋德方之前，全真教创教于东华帝君之说，已逐渐形成。

全真教派以东华帝君为始祖的说法，在王重阳的诗词中已略见端倪。元彭致中编《鸣鹤余音》卷三收有题名王重阳撰的《满庭芳》词云：

汝奉全真，继分五祖，略将宗派称扬。老君金口，亲付与西王，圣母赐东华教主。东华降，钟离承当，传玄理，富春刘相，吕祖悟黄粮。登仙，弘誓愿，行缘甘水，复度重阳。过山东游历，直至东洋。见七朵金莲出水，丘刘谭马郝孙王。吾门弟，天元庆会，万朵玉莲芳。[4]

上引王重阳这首词，说全真教出自老君传西王母与东华教主，再传钟离阳、吕纯阳、刘海蟾、王重阳及七真，基本上和后来南宋末李简易说相近，应是李简易所据以列表的数据源，文中刘相（海蟾）摆在吕祖前，是为了词的格律而使然。但关于这首词，尹志华《全真教主东华帝君的来历略考》以为“王重阳的诗词集未载此词，且该词中明确提出的全真‘五祖’的说法，也不见于王重阳的其他著作，因此难以认定该词为王重阳所撰”。但尹志华也认为王重阳在诗词中曾提及东华帝君，东华帝君之说在王重阳时已存在[5]。虽然有人怀疑王重阳在世时是否有五祖及七朵金莲（七真）说出现，但这首词既然为元人彭致中收入《鸣鹤余音》，

---

① 赵卫东：《全真道研究》第一辑，齐鲁书社，2011 年。

② 赵卫东：《全真道研究》第二辑，齐鲁书社，2011 年。

③ 戈国龙：《论返本还原》，青松出版社，2013 年。

④ 《正统道藏·太玄部·随字号》，新文丰刊本第 48 册，第 819 页。

⑤ 尹文发表于 2011 年 10 月 29 日，见 http://www.360doc.com/content/13/0429/15/268489_281720575.shtml。

当时王重阳的弟子及再传门人都在，没人怀疑不是王重阳作，因而笔者认为这首词应是王重阳所作。王重阳在其他诗文中，也明白地提到全真教和三清教主及东华帝君的关系，全真祖系雏型的概念应该已产生。王重阳《重阳真人授丹阳二十四诀》云：

丹阳又问：何者为三命？祖师答曰：《黄庭经》云：存精是元始天尊，存神是太上道君，存炁是太上老君，名曰三命也。然后再寻三命，枉费工夫。神炁相同，太上再留方便之门，转化人道常有也。在三者，东华帝君是心也。化十方诸灵，大帝是肾也。除此外不可寻也。①

上引提到修炼内丹之精气神，上溯到《黄庭经》。《黄庭经》是扶桑太帝东华木公所传于上清派第一代太师魏华存的重要道典，《黄庭内景玉经·沐浴章第三十六》说诵读《黄庭经》时，须“十读四拜朝太上，先谒太帝后北向”②。而《上清金阙灵书》云：“《黄庭内景经》，一名《太上琴心文》，又名《太帝金书》，扶桑太帝君宫中尽诵此经，金简刻书之，故曰金书。又名《东华玉篇》，东华者，方诸宫名，东海青童君所居也，其中仙曹多斋戒，诵咏，刻玉书之。”③

又，上引文中王重阳以三清道祖来代表内丹修炼的精、气、神，以东华帝君代表心，心是意念，是媒合精、气、神，孕育内丹的重要媒介。王重阳以为内丹之修炼，上承三清道祖，而下禀东华帝君，并说是太上老君所留方便之门。而王重阳《重阳真人金阙玉锁诀》④中之修炼法门，也是以太上老君炼五行之法为主，并说是：“末学修行，先持救济他人者，为救自己者，凭功德行人，各认祖宗科牌。太上为祖，释迦为宗，夫子为科牌。”⑤显然已以太上老君为教主。其后全真道以太上老君为教

① 王重阳：《重阳真人授丹阳二十四诀》，收录于《正统道藏·太平部·交字号》，见《中华道藏》第26册，华夏出版社，2014年，第392～393页。

② 有关扶桑太帝与《黄庭内景经》的关系，详见笔者《扶桑太帝东王公信仰研究》第四章，新文丰出版公司，2009年，第192～206页。

③ 《太平御览·卷六百六十七·道部九·斋戒》引。

④ 王重阳：《重阳真人金阙玉锁诀》，收录于《正统道藏·太平部·交字号》。

⑤ 《中华道藏》第26册，华夏出版社，2014年，第399页。

主，以东华帝君为第一代开教之祖相同，五祖之说，应是秉承王重阳说而来。

王重阳已提及东华帝君，而此东华帝君究竟为谁呢？王重阳的弟子玉阳子王处一(1142—1217)，则以为是青童君(东华木公青童君)。王处一《云光集·卷三·吟》云：

《青童吟》："寂寂寥寥一醉中，萧萧洒洒喜颜红。清清静静全真理，默默虚虚守内容。细细绵绵吞紫瑞，澄澄察察饮霞风。盈盈聚聚天光结，杳杳冥冥立祖宗。遇遇遭遭超彼岸，端端的的话真空。灵灵俏俏仙家乐，喜喜欢欢度岁丰。"(《中华道藏》第二十六册六七四页中)

王处一《云光集·卷三·吟》：

《教授吟》："师游东海道方行，从此玄门日日兴。至教人天扶圣化，法言空外契黄庭。壶中密炼全今古，斡运璇玑宇宙清。气化本源无漏体，神真一点碧霞精。冲开玉藏通三宝，放出圆光射五明。"(《中华道藏》第二十六册六七四页下)

王处一系王重阳弟子，为七真之一。《青童吟》诗中似乎可以看出全真派的吐纳内丹修炼法门，出自青童君，所以有"清清静静全真理，默默虚虚守内容。细细绵绵吞紫瑞，澄澄察察饮霞风"之说，而由"杳杳冥冥立祖宗"，更可以看出王处一是以青童君为教派第一祖。又，《教授吟》说："师游东海道方行，从此玄门日日兴。"一方面解说王重阳在山东传道，一方面也可解说全真教源出东华木公青童君，东海为青童君所居处，和青童君关系至为密切。青童君，又称方诸东宫东海青童大君①、始生青真东华玉宝高晨大司马上相青童君②、东华方诸宫高晨师玉保王青童君③、九微太真玉

① 《皇天上清金阙帝君灵书紫文上经》第1页云："方诸东宫东海青童大君，清斋于灵榭丹阙黄房之内三年，时乘碧霞三灵流景云舆，建带飞青翠羽龙帔，从桑林千真，上诣上清金阙，请受《灵书紫文上经》。"(《正统道藏·洞神部·本文类·伤字号》，新文丰刊本第19册，第61页)

② 见《太上洞玄灵宝真文要解上经》所言向东祈请诸神中有"始生青真东华玉宝高晨大司马上相青童君。"(《中华道藏》第4册，第93页)

③ 见《上清大洞真经》第三十四章。

保金阙上相太司命高晨师东海青童君①、方诸青童君、东华青童君、青君，详见笔者《扶桑太帝东王公信仰研究》第七章“青童君之职司、传经及其与扶桑太帝之关系”②。王处一的《青童吟》，以青童君为创教主，青童君即是东华帝君。又，元秦志安《金莲正宗记·卷五·玉阳王真人》说王处一“七岁遇东华教主，授以长生久视之诀”③。再加上从王重阳词中的东华帝君等文字看来，王重阳、王处一的东华教主即是东华帝君，也是“杳杳冥冥立祖宗”的青童君。青童君在南宋道经中被称为“东华木公青童君”。汉魏南北朝时，青童君原和木公(扶桑大帝东王公)为不同之二神，但至南宋被误合为一，虽取名为“东华木公青童君”，或简称青童君，但其主要神格则以东华木公(东王公)为主，说详下节。

又，除王处一诗咏青童君(东华木公青童君)外，王处一师兄马丹阳及王处一的弟子扈庆真也曾在山东文登县昆嵛山为东华帝君建庙。明代嘉靖年间所编《宁海州志》载录元焦养直《宁海州紫府洞白石神像记(略)》，文云：

> 文登西有山曰昆嵛，高出天半，岿然南向，俯瞰巨海。诸山皆左右环拱。有泉曰灵源，渊沦喷薄，上连青松白鹤溪，傍引白玉台之九池，合流下注，底于穷谷。由山之右，夹岸两山对峙，重冈回合，老木瘦藤，湍流激石，景趣古澹，敻若世外。南一峰曰紫金，最为奇秀。千仞矗起，是盖昆嵛绝胜处也。大定壬寅，丹阳马真人西来，爱其风土清旷，遂藉茅白玉台下而居焉。是为契遇庵。一旦，行视紫金峰帝君故宅，叹曰：“灵都真境实此地。”于是始营焉。阅月告成。谓古仙东华尝栖于此，因以东华名之。居无何，庵前数松忽反青为白。师曰：“松之白也，殆为我乎？”明年癸卯，师果脱去。其徒明惠等继正之。是时，聚徒已四十人矣。贞祐末，山东大乱，

① 《上清七圣玄纪经》，《正统道藏·正乙部·承字号》，新文丰刊本第56册，第804～805页。

② 萧登福：《扶桑太帝东王公信仰研究》，新文丰出版公司，2009年。

③ 《中华道藏》第47册，华夏出版社，2014年，第49页。

> 道侣散亡，庵亦随废。丙子，文登天宝宫扈庆真继葺之。甲申，丘长春又买田以增给之。是后由庵而观而宫，皆朝命也。庆真殁，道宽等相承整饬。虽弘丽之制未能全复其故，昔人所谓焕若神明、顿还旧观者，亦将有俟于他日也。（嘉靖《宁海州志》）①

文中说马丹阳在金世宗大定二十二年壬寅（1182 年）到山东文登县昆嵛山东华帝君故宅处建东华庵，来年马丹阳死，到了丙子年（金宣宗贞祐四年，1216 年）王处一的弟子扈庆真来主持庙务。王处一以青童君为东华帝君，称为创教祖，而其师兄马丹阳为东华帝君建庵，这些都说明在王重阳及其弟子七真时已以东华帝君为创教祖。

王处一以青童君为创教祖，但到了丘处机的弟子宋德方（1183—1247）时，却提出了“东华帝君王公”的异说。宋德方字广道，号披云。陈垣撰《陈援庵先生全集》②第五册《道家金石略》三，金元一六七《崇道诏书碑》碑文第二面刻宋德方撰《玄通弘教披云真人全真列祖赋》，文云：

> 我闻吾子参全真出世之宗，习太上不言之教久矣乎，必能深究其宗派首末也。其祖何先，其宗何始？……全真非道乎哉？道固无始。全真非德乎哉？德固无先。三清，全真之主也，不全其真，曷为三清？四帝，全真之师也，不全其真，曷为四帝？由是言之，龙汉以前，赤明之上，全真之教固已行矣。但圣者不言而天下未之知耳。逮我东华帝君王公者，分明直指曰：此全真之道也，然后天下惊骇倾向而知所归依矣。帝君乃结庵于青海之滨，受诀于白云之叟，种黄芽于岱阜，假绛雪于昆嵛，阴功普被于生民，密行远沾于后裔，然后授其道于正阳子钟离公者……然后授其道于纯阳子吕公者……然后授其道于海蟾刘公者……然后授其道于重阳子王公者，发扬秘语之五篇，锻炼还丹之九转，谭中捉马，丘上寻刘……（底下叙述王重阳依次传道于玉蟾子和公、丹阳子马公、长真子谭

① 王宗昱编：《金元全真道石刻新编》，北京大学出版社，2005 年，第 43 页. 王宗昱注语说：“光绪《文登县志》卷四称此碑作于大德九年。”

② 《陈援庵先生全集》第 16 册，新文丰出版公司，1993 年。

公、下有缺文(缺文应是述刘处玄)、长春子丘公、玉阳子王公、广宁子郝大通、清净散人孙仙姑、默然子刘师叔、长清子严公、醴泉史风子、回阳子于公、云中子苏公、云阳子姚公),此全真列祖之宗派也。①

宋德方《全真列祖赋》文中谈到全真道的祖系源承,说全真教所学是“太上不言之教”,即是以太上老君为教主,而说全真教始于东华帝君,东华帝君之师为白云叟,并说“东华帝君王公”,似是以为东华帝君即王玄甫,但也可能“王公”是“东王公”漏佚了“东”字②。东华帝君传正阳钟离权,钟离权传吕纯阳,吕纯阳传刘海蟾,刘海蟾传王重阳,王重阳传玉蟾子和公(和德瑾)、丹阳子马公(马钰)、长真子谭公(谭处端)、长生子刘公(刘处玄)、长春子丘公(丘处机)、玉阳子王公(王处一)、广宁子郝公(郝大通)、清静散人孙仙姑(孙不二),其后得其道者为默然子刘师叔(刘通微)、长清子严公(严处常)、醴泉史风子(史处厚)、回阳子于公、云中子苏公(苏铉)、云阳子姚公(姚玹),并说“此全真列祖之宗派也”。上述全真列祖中,和德瑾是王重阳之友,马丹阳称之为师叔。自马丹阳而下至史处厚止,为王重阳弟子。其后的回阳子于公,事迹不明,应是王重阳再传弟子。云中子苏公(苏铉)、云阳子姚公(姚玹),二人为马丹阳弟子。

到了宋德方之弟子秦志安(1188—1244)撰记时,沿承宋德方之说,在所撰《金莲正宗记》(成书于1241年)即以为“全真之道,酝酿久矣,自太上传之于金母,金母传之于白云,白云传之于帝君(东华帝君)”③,并说“是教也,源于东华,流于重阳,派于长春(丘处机)”④。所载之传记,卷一为东华帝君、正阳钟离真人、纯阳吕真人、海蟾刘真人。卷二为重阳王真人、玉蟾和真人、灵阳李真人。卷三为丹阳马真人。卷四为长真谭真人、长生刘真人、长春丘真人。卷五为玉阳王真人、广宁郝真人、清

① 《陈援庵先生全集》第5册《道家金石略三》,新文丰出版公司,1993年,第1177～1179页。

② 如是漏佚“东”字,则宋德方之说同于王处一,东王公即木公东华帝君。

③ 见秦志安:《金莲正宗记·卷一·东华帝君》文末“赞曰”之语。

④ 见秦志安:《金莲正宗记·序》。

静散人。

元秦志安《金莲正宗记·卷一·东华帝君》说：

帝君姓王氏，字玄甫，道号东华子，生有奇表，幼慕真风，白云上真见而爱之曰："天上谪仙人也。"乃引之入山，授之以青符玉篆、金科灵文、大丹秘诀、周天火候青龙剑法。先生得之，拳拳服膺，三年精心，尽得其妙。遂退居于昆仑山烟霞洞，颐神养浩。久之，结草庵以自居，篆其额曰东华观。韬光晦迹，百有余年，而人未之知也。后徙居代州五台之阳山中，今有紫府洞天，山下有道人县。在人间数百岁，殊无衰老之容，开阐玄宗，发挥妙蕴，阴功济物，玄德动天，故天真赐号曰东华帝君，又曰紫府少阳君。授度门人正阳真人钟离云房，嗣弘法教。所有圣远不能具述。全真之道，由此滥觞，故立之以为全真第一祖也。

贤(赞)曰：……全真之道，酝酿久矣，自太上传之于金母，金母传之于白云，白云传之于帝君。……诗云：隐隐龙楼霭瑞霞，风流紫府少阳家。昆仑高耸光千丈，初放全真第一花。(《正统道藏·洞真部·谱录类·致字号》，新文丰刊本第五册一二八页)

秦志安《金莲正宗记·序》云："时太岁辛丑"，为元太宗十三年(南宋理宗淳祐元年，1241 年)；其传承方式由太上老君传西王母，西王母传白云，白云传东华帝君而开创全真教，帝君传钟离权。里面叙述东华帝君成道事迹和汉魏六朝及唐代所见东华木公的记载，差异甚大，是后天修学而得仙，其姓名为王玄甫。但这样的说法，明显和七真之一的王处一以青童君为教主不同，其后此说虽成为主流，但却也没有被全真教所有的信徒所接受。秦志安稍后的南宋李简易便采王处一说，以东华木公青童君来取代东华帝君王玄甫。元代刘志玄也不同意秦志安之说，说帝君姓王，是"尊高贵上之称，非其氏族也"，并以《仙传拾遗》所言木公事迹来说明东华帝君神格①。

① 见刘志玄：《金莲正宗仙源像传·东华帝君》，收入《正统道藏·洞真部·谱箓类·致字号》，《中华道藏》第 47 册，华夏出版社，2014 年，第 58 页。

二、统一内丹南、北二宗的李简易混元仙派

兴起于唐宋时期的内丹修炼，是以精、气、神三者为内三宝；以耳(坎)、目(离)、口(兑)三者为外三宝。内丹主要在修性与修命二者，修性在养神，修命在养形。修性即由外三宝之口、耳、目做起，戒口腹、声、色之欲，由清心寡欲入手，而达清静无为之境。修命由内三宝之精、气、神做起，旨在炼化后天液状之精，为气化之元精；炼化后天呼吸之气，为先天生物之元气；炼化后天有分别心之识神，为先天杂念不起，无为之元神；元精、元气、元神三者无形质，三者相结合成一体，便成内丹；丹家以为至此可以长生久视。而所得之内丹，则称为婴儿、灵胎、圣胎、金丹等等。

宋代内丹的发展，先有北宋张紫阳的南派，被称为南派，和后来南宋时在北边金国兴起的王重阳全真道被称为北派有关。南派的名称，是为了和北方金国的全真道相分别，而有南宗、北宗的称呼。南宗以紫阳真人张伯端为第一祖，北宗为重阳真人王嚞所建立。南宗张伯端传石泰，石泰传薛道光，薛道光传陈楠，陈楠传白玉蟾，称南宗五祖。北宗由王重阳传予弟子七人：马钰、谭处端、刘处玄、丘处机、王处一、郝大通、孙不二，称为七真。以历史先后的发展来说，南宗发展于北宋，北宗成立于南宋，南宗在北宗之先。两者所修的都是内丹修炼法门，同样重视性命双修，但南派先命后性，北派先性后命。

南派在张伯端时并没有明显的教派产生，传至白玉蟾时才建立了宗派规章与组织，张伯端时也并未以太上老君与东华帝君为肇祖。但到南宋，有人开始为这两派同是内丹修炼的道派，寻根觅源，并且进行合并，认为这两个道派，同样以太上老君、西王母、东华木公青童君为传道之祖，同宗性命双修。因为二派同样以太上老君为祖，而太上老君有混元教主之称，所以南宋末李简易《玉溪子丹经指要》即以“混元仙派”来涵括南、北二宗，统一南、北二宗。

今所见最早为南宗、北宗合并，绘列传承祖系表者，当为南宋李简易。李简易撰《玉溪子丹经指要》三卷，编纂于宋理宗景定五年(1264

年),收入《正统道藏·洞真部·方法类·称字号》,新文丰刊本第七册六七页至九四页。南宋李简易《玉溪子丹经指要》编成于1264年,撰成年代在秦志安《金莲正宗记》1241年之后,两者相差二十三年,李简易有关南、北二宗的传承,应有受到秦志安的影响,但李氏不以为东华帝君为王玄甫,而采王处一说是东华木公青童君。

李简易《玉溪子丹经指要》一开始即是“混元仙派之图”,图列混元仙派的祖系传承。所谓混元仙派,其得名来自老子,北宋真宗大中祥符六年(1013年)八月“庚午,加号太上老君混元上德皇帝,置礼仪院”①。次年他亲至亳州太清宫朝谒太上老君。此后宋代的道书称老子为“混元教主万代宗师太上老君”,所以由太上老君所传的内丹修仙方式,即被称为混元仙派。此派以混元教主万代宗师太上老君为主,其下右为西灵金真万气祖母元君,左为东华木公上相青童君,接者为华阳真人传正阳真人(钟离权),正阳真人授六人。然后由此传衍分枝。整个宋元的内丹派,南宗、北宗,皆包括在“混元仙派之图”中,所以宋元的内丹修炼,也可以称为混元仙派了。

在混元仙派传承图中,南宗(张紫阳所创)、北宗(王重阳)的内丹学,南、北二宗的内丹修炼,都以老子为万代宗师,同以东华木公上相青童君及西灵金真万气祖母元君为主要之传授导师。二宗同源,皆和东华木公及西灵金母有关。

李简易以东王公、西王母为传经授道之师,可能是受自东晋上清经派以木公金母为重要传经师的影响。上清经《上清玉帝七圣玄纪回天九霄经》②所说上清经的传经七圣为:高圣玉帝君(元始天尊)、高圣太上大道君、上圣紫清太素三元君、上圣白玉龟台九灵太真西王母、上圣中央黄老君、上圣扶桑太帝君(东王木公)、后圣金阙帝君等,此七圣是上清经道法经书传承的最高七位神祇,都是高圣、上圣与后圣。而《上清七圣玄纪经》③一卷,所载的上清七圣为:上清太上大道君、紫清太素

① 《宋史·卷八·真宗本纪三》。

② 《正统道藏·正乙部·既字号》,新文丰刊本第57册,第147～163页。

③ 《正统道藏·正乙部·承字号》,新文丰刊本第56册,第804～805页。

三元君、白玉龟台九凤太真西王母、中央黄老君、扶桑大帝、金阙圣君、金阙上相东海青童君。此书推尊元始天尊，将之排除在传经之外，另补入上相青童君，而为七圣。上清经的传授中，东王木公和西王母都是传经的主要人物。也许如此，所以李简易的“混元仙派之图”才会把木公、金母列入内丹传授的导师。又，东晋时，木公和青童君原为二人，但到了南宋道书中，却将二人误合为一，称之为东华木公青童君，说详下。今将南宋李简易《玉溪子丹经指要》“混元仙派之图”传承表影录于下。

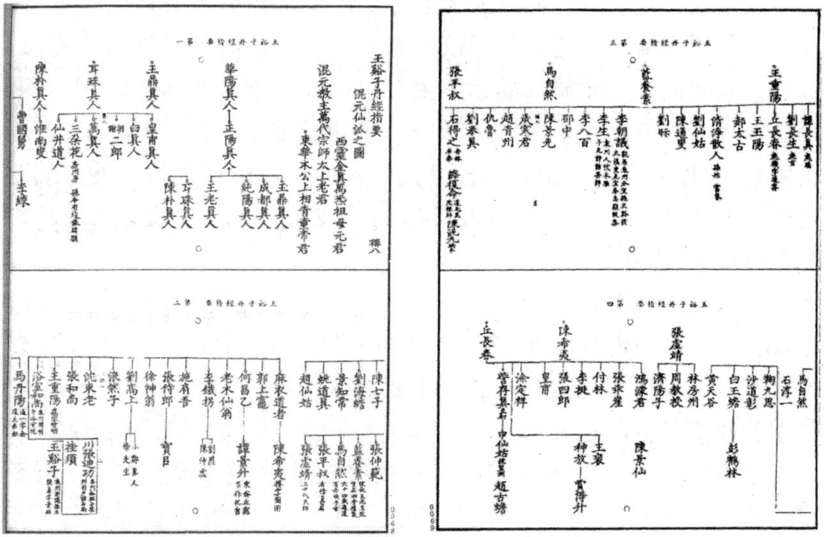

南宋李简易撰《玉溪子丹经指要》书前所列“混元仙派之图”，图中叙述内丹修炼术历代传承祖师，其第一代为“混元教主万代宗师太上老君”；第二代有二人，为“西灵金真万炁祖母元君”及“东华木公上相青童帝君”，即是木公（东王公）与金母（西王母）。其后由东华木公上相青童君传华阳真人，华阳真人传正阳真人钟离权，钟离权传纯阳真人（吕洞宾），然后往下开枝散叶。以谱系看来，此谱应是以全真教的观点，来合并南、北二宗者。李简易的“混元仙派之图”，自纯阳真人以下的传承次第并不明显，但最主要的有两大传承须注意，一是北宗全真道王重阳道

派，一是南宗张平叔（张伯端，或称张紫阳）道派，而二人之辈分，作者似乎把王重阳和刘海蟾放在同一辈，张平叔则为刘海蟾之弟子。又，传承表中的华阳真人是正阳真人钟离权之师，但元后全真派说钟离权之师为东华帝君。且元邓锜《道德真经三解·序·大道正统》叙说道统，由浮黎元始天尊而下至张陵传王长，王长传赵升，赵升传华阳真人李亚，李亚传钟离权；此华阳真人在张道陵之后，其位阶甚低，不是元世所推崇的东华帝君，也不应是李简易图中的华阳真人。

李简易的"混元仙派之图"是南、北宗合流下的产物，且抬高北宗王重阳的地位，将王重阳和麻衣道者、施肩吾并列，同出于吕纯阳，而张平叔则列为吕纯阳弟子刘海蟾之弟子，在辈分上，王重阳反而高于张伯端。这是采王重阳自说遇纯阳传道的说法，是以北宗全真道来合并南宗①。这样的说法，过度抬高王重阳，所以在元世也有人把它修改成张紫阳、王重阳，同样都是由刘海蟾所传。

南宋李简易以东华木公、西灵金母为传经师，丹道的传承和王玄甫无关。但元后全真道的主流信众，仍承继宋德方、秦志安东华帝君为王玄甫之说。虽是如此，有的典籍仍主张东华帝君为东华木公青童君，有的更汇合二说，以为东华木公青童君即是王玄甫，即是东华帝君②。

又，李简易以混元教主老子来并合南、北二宗后，到了元代统一天下，由于全真教大盛而南宗式微，李简易的二宗传承祖系表较少受到重视。元后的内丹传承，几乎成了全真道来述说自己的传承，以五祖七真说为主，把南宗抛在一旁。

三、元代全真教五祖七真说的形成及东华帝君其人的探讨

元代于太宗六年（1234 年）灭金，彼时为南宋理端平元年。至元世祖至元十六年（1279 年）而灭南宋，统一全国。元代北宗全真教因受帝

① 详见笔者《正统道藏总目提要》245 条《玉溪子丹经指要》提要，文津出版社，2011 年。

② 如重刊绘图《三教源流搜神大全·卷一·东华帝君》，收入《藏外道书》第 31 册，巴蜀书社，1994 年，第 743 页。

王重视,势力范围大增,相反的,南宗则逐渐销声匿迹。早在元世祖灭宋前十年,元世祖即下诏封赠全真五祖七真。元李道谦《甘水仙源录》卷一第一、二页,载元世祖至元六年(1269年)诏书封赠全真五祖七真尊号,其文云:

《诏书》:皇帝若曰:大道开明,可致无为之化;至真在宥,迄成不宰之功。朕以祖宗,获承基构,若稽昭代,雅慕玄风。自东华垂教之余,至重阳开化之始,真真不昧,代代相承,有感遂通,无远弗届。虽前代累承于褒赠,在朕心犹慊于追崇,乃命儒臣进加徽号。惟东华已称帝君,但增紫府少阳之字,其正阳、纯阳、海蟾、重阳,宜锡真君之名,丹阳以下七真,俱号真人,载在方册,传之万世。噫,汉世之张道陵,唐朝之叶法善,俱锡天师之号,永为道纪之荣,当代不闻异辞,后来立为定制,朕之所慕,或庶几焉。

东华教主,可赠东华紫府少阳帝君。正阳钟离真人,可赠正阳开悟传道真君。纯阳吕真人,可赠纯阳演正警化真君。海蟾刘真人,可赠海蟾明悟弘道真君。重阳王真人,可赠重阳全真开化真君。丹阳马先生,可赠丹阳抱一无为真人。长真谭先生,可赠长真云水蕴德真人。长生刘先生,可赠长生辅化明德真人。长春丘先生,可赠长春演道主教真人。玉阳王先生,可赠玉阳体玄广度真人。广宁先生郝大通,可赠广宁通玄太古真人。清静散人孙不二,可赠清净渊贞顺德真人。宜令掌教光先体道诚明真人张志敬执行,准此。至元六年正月□日。(《正统道藏·洞神部·记传类·集字号》,新文丰刊本第三十三册一一八页下、一一九页上)

《甘水仙源录》书前有李道谦序文,自叙从弱冠起即寄居在全真教终南山刘蒋祖庭,将所见记录成书,该序写于元世祖至元二十五年(1288年)。上引是元世祖至元六年(1269年)策封北宗全真教五祖(东华帝君、钟离权、吕纯阳、刘海蟾、王重阳)七真(马钰、谭处端、刘处玄、丘处机、王处一、郝大通、孙不二)的诏书,五祖七真说至此而确立。

上文元初李道谦所记载全真教派的传承次第,以东华帝君为始祖,东华帝君传钟离权,钟离权传吕纯阳,吕纯阳传刘海蟾,刘海蟾传王重阳,称为全真派五祖;王重阳所传弟子七人:丹阳子马钰、长真子谭处端、长生子刘处玄、长春子丘处机、玉阳子王处一、广宁子郝大通、清静散人孙不二，称为七真。自此后，全真教五祖七真，便成为全真一脉祖系传承之标帜。

有关全真教派第一祖东华帝君，王处一、李简易说是青童君，宋德方及其弟子秦志安，都说是王玄甫。自此后，东华帝君之姓氏来源约有二说：一说东华帝君即是东华木公青童君，一说是王玄甫。二说纷纭不齐，其后王玄甫说大盛，但王玄甫之名未见于先前道典，且神格不高，于是仍有道众主张东华帝君为青童君，有的更将东华木公和王玄甫合而一之，以为木公青童君与王玄甫是同一人。

元刘志玄等撰《金莲正宗仙源像传》第十三页，在东华帝君像后云：

> 帝君姓王，不知其名，世代地理皆莫详，得太上之道，隐昆仑山，号东华帝君，复居五台山紫府洞天，或称紫府少阳君，后示现于终南山凝阳洞，以道授钟离子。又按《仙传拾遗》云："帝君盖青阳之元气，万神之先也。居太晨之宫，紫云为盖，青云为城，仙僚万亿，校录仙籍，以禀命于老君。"所谓王姓者，乃尊高贵上之称，非其氏族也。斯言盖得之欤？元世祖皇帝封号东华紫府少阳帝君，武宗皇帝加封东华紫府辅元立极大帝君。赞曰：道继玄元，教行率土，天近昆仑，云横紫府，神中之神，真中之真，长生有道，贻我后人。(《正统道藏·洞真部·谱箓类·致字号》，新文丰刊本第五册一六七页)

刘志玄《金莲正宗仙源像传》序撰于元晋宗泰定三年丙寅（1326年）。文中虽说帝君姓王，却又说："所谓王姓者，乃尊高贵上之称，非其氏族也。"可见刘志玄并不认为东华帝君姓王，而文中所引的《仙传拾遗》，系引自《仙传拾遗》的《木公传》，此段文字，又见引于宋李昉《太平广记·卷一·木公》，可以看出刘志玄以为东华帝君即是木公。

除东华帝君身世有异说外，在元代对混元教主老子所传金丹派系的传承问题，也有不少异说。元邓锜《道德真经三解·序·大道正统》叙述道统传承，由浮黎元始天尊传三清教主，再由太上道德天尊传无上元君，传高上老子，传尹喜，传尹轨，传杜冲，传彭宗，传宋抡，传冯长，传姚坦，传周亮，传尹登，传王探，传李翼，传河上丈人。河上丈人传安期生，传马明生，传阴长生，传徐从事，传魏伯阳。魏伯阳传张道陵，传王长，传赵升，传华阳真人李亚，传钟离权，传吕岩，传海蟾刘玄英。刘玄英下传二派：紫阳真人张伯端及重阳真人王嚞。张伯端传石泰，传薛道光，传陈楠，传白玉蟾，传彭耜；王嚞传王处一，传郝大通，传刘处玄，传马钰，传谭处端，传丘处机，传孙不二①。邓锜《道德真经三解·序》云："大德二年戊戌秋曰玉宾子邓锜序"，元成宗大德二年为1298年。上述的传承，由刘海蟾起而分南、北二宗。邓锜的传承表，将张道陵等正一派都纳入内丹系统，这样的说法，并不为其他人所接受；尤其将钟离权之师东华帝君，贬为张道陵弟子赵升之门徒，亦不被他人所认同。

大体而言，元代混元仙派的丹道传承，在北宗部分，以五祖七真为主，这是大家所共遵的。元陈致虚(1290—?)《上阳子金丹大要列仙志》载列全真教五祖七真及黄房公宋有道、太虚真人李珏、紫琼真人张模、缘督真人赵友钦之传记。今录其五祖传记于后。

元陈致虚《上阳子金丹大要列仙志》：

东华帝君，姓王，不知其世代名号，或云名玄甫。得老子之道，后隐昆仑山，复居五台山紫府洞天，自称少阳君。于终南山凝阳洞，以道授钟离正阳。六月十五日生，十月十六日上升。

正阳帝君，姓钟离，名权，字云房，号正阳子，京兆咸阳人，仕汉为将军，因兵失利，入终南山，遇少阳君授以至道，隐晋州羊角山，道成，天封号太极左宫真人，乃束双髽，衣槲叶，自称天下都散汉，有诗行世，后于澧水以道授纯阳。四月十五日生，五月十八日上升。

纯阳帝君，姓吕名岩，字洞宾，号纯阳子。祖居西京河南府满柘县永乐镇招贤里，今曰蒲州土反县，生于天宝十四年乙未四月十四日巳时。一云生唐德宗贞元丙子。从父海州刺史，因家焉，以科举授江州德化令，因纵步庐山游澧水之上，遇正阳授道。至今在世。天帝颁诏为九天采访使，五月二十日奉诏诗云："纠司天上神

① 《正统道藏·洞神部·玉诀类·改字号》，新文丰刊本第20册，第409～450页。

仙籍"之句，世就以此日为上升。有诗词名《浑成集》行于世，以道授海蟾、重阳。四月十四日生，五月二十日上升。

海蟾帝君，姓刘名操，字宗成，号海蟾子，又改名玄英。燕山人，仕辽，登宰相，因遇纯阳，即辞相印，佯狂远游于秦州，纯阳授以丹道，乃作诗云："抛离火院三千口，屏去门兵百万家。"后道成，遁迹于终南太华之间，以金丹授董凝阳、张紫阳。十二月十四生，六月十五日上升。

重阳帝君，姓王名中孚，字允卿，入易名世雄，字德威，后入道改名嚞，字知明，号重阳子。咸阳大魏村人也。生宋徽宗政和二年壬辰十二月二十二日。于终南县甘河镇遇纯阳授口诀，有诗四十八，上始遭逢之句。明年庚辰醴泉再遇，复得金丹之道，乃作穴居修行，名活死人墓。又与和玉蟾、李灵阳结庵而坐。初有史处厚、刘通微、严处常，相继受道，后焚其庵，东出关，抵宁海州，以金丹之道授与丹阳，又授丘长春、谭长真、孙不二、王玉阳、刘长生、郝太古，乃以纯阳所授秘诀五篇尽付七人。有《全真前后集》、《韬光集》、《云中集》、《分梨十化说》行于世。十二月二十二日生，正月初四日上升。(《正统道藏·太玄部·夫字号》，新文丰刊本第四十册五一八页上五一九页上)

元陈致虚《上阳子金丹大要列仙志》叙述全真派金丹之传承，其所列次第为：东华帝君、正阳帝君(钟离权)、纯阳帝君(吕洞宾)、海蟾帝君(刘操)、重阳帝君(王重阳)、丹阳真君(马钰)、长真真君(谭处端)、长生真君(刘处玄)、长春真君(丘处机)、玉阳真君(王处一)、广宁真君(郝大通)、清静元君(孙不二)、黄房公(宋有道)、太虚真人(李珏)、紫琼真人(张模)、缘督真人(赵友钦)。

陈致虚为赵友钦弟子，上文是以北宗全真道为主来叙述道统传承，南宗仅是陪衬，对于南宗，仅在《海蟾帝君》下说，"以金丹授董凝阳、张紫阳"，简短一语，提到南宗的张紫阳是刘海蟾所授。其所言祖系传承，由东华帝君—钟离权—吕洞宾—刘海蟾—王重阳。但文中在《纯阳帝君》下却说，"以道授海蟾、重阳"，认为王重阳是直接由纯阳帝君吕洞宾所亲授，而南宗的张紫阳则是由吕纯阳弟子刘海蟾所授。在辈分上，王重阳反高于张紫阳。其实张紫阳(983—1082)、王重阳(1112—1170)两人活动时间,一在北宋,一在南宋,张紫阳死后三十年王重阳才出生,所以全真教这样的排序,显然有贬低张紫阳南宗的意味。

陈致虚过度抬高王重阳辈分贬低张紫阳的做法,虽是仙人可以隔代传授,但难以平息世人对两人年世相悬的疑虑与南宗信众的不满,所以柯道冲便将张、王二人,同列为刘海蟾弟子。元柯道冲《玄教大公案序》第一、二页云:

> 道统之传,其来久矣,始太上混元老祖,以象先之妙,强名曰道,而立言以德辅翼之,而五千言著其中。然存言外之旨,微妙玄通,有不可得而言者,深不可识,亦强为形容焉。自道德受关令尹子,其十字各得其妙,如列、庄诸子,至安期生、李仙卿、葛仙翁,众真更相授受,各有经典,然枝分派列于洞天福地,亦代不乏人。自周汉以来,惟尹子嗣祖位,金阙帝君继道统,授东华帝君,帝君传正阳钟离仙君,钟传纯阳吕仙君,吕传海蟾刘仙君,刘南传张紫阳五紫,北传王重阳七真,道统一脉自此分而为二。惟清庵李君得玉蟾白真人弟子王金蟾真人授受,为玄门宗匠,继道统正传,以袭真明,亦多典集见行于世。实庵苗太素师事之,心印其要,盖青出于蓝而青于蓝者也。实庵抱负此道,以列祖道统心法,模范学人,采摭诸经枢妙,升堂入室,举其纲要,于列祖言外,着一转语,复颂象之,以易数为六十四则。又入室三极则。门弟子王诚庵辈集成编,名曰《玄教大公案》,言言明本,句句归宗,体用一真,圆混三教。……金陵渊嘿道人柯道冲敬序。(《正统道藏·太玄部·下字号》,新文丰刊本第四十册二九四页下、二九五页上)

《玄教大公案》一书共上下二卷,题为"金莲道师实庵先生苗太素举,门人诚庵王志道集",书前有柯道冲、唐道麟、王从义、王志道等人撰序,王志道序作于"泰定甲子",为元晋宗泰定元年(1324 年)。柯道冲《玄教大公案序》所列传金丹南、北宗传承次第,可以分为两阶段来看:

1. 老子—关令尹—金阙帝君—东华帝君—钟离权—吕纯阳—刘海蟾—┌张紫阳 └王重阳

2. 刘海蟾——张紫阳—石泰—薛道光—陈楠—白玉蟾—李道纯—苗太素—王志道
王重阳—七真(马钰、谭处端、刘处玄、丘处机、王处一、郝大通、孙不二)

柯道冲《玄教大公案序》,以刘海蟾传南宗张伯端、北宗王重阳。柯道冲《玄教大公案序》云:“自周汉以来,惟尹子嗣祖位,金阙帝君继道统,帝君传正阳钟离仙君,钟传纯阳吕仙君,吕传海蟾刘仙君,刘南传张紫阳五祖,北传王重阳七真,道统一脉自此分而为二。”这样的说法,基本上是沿承元邓锜《道德真经三解·序·大道正统》之说。

总之、宋元金丹分南宗、北宗,至南宋末二宗有合流之势,二宗通以混元老子为教主,以东华帝君为道派重要传承祖师,统称为混元仙派。在祖系传承上,南宗以东华帝君传钟离权,钟传吕纯阳,吕传刘海蟾,刘海蟾传张伯端。张伯端为南宗第一祖;张传石泰,石泰为第二祖;石泰传薛道光,薛为第三祖;薛传陈楠,陈楠为第四祖;陈楠传白玉蟾为第五祖。北宗以东华帝君为第一祖,有所谓五祖七宗:五祖为东华帝君、钟离权、吕纯阳、刘海蟾、王重阳;七宗即王重阳所传七真(马钰、谭处端、刘处玄、丘处机、王处一、郝大通、孙不二),七真各自开枝散叶。

又,元陈致虚《上阳子金丹大要列仙志》说东华帝君,姓王名玄甫:柯道冲《玄教大公案序》未言姓氏,重刊绘图《三教源流搜神大全·卷一》则以为东华帝君即是木公,也被称为东华王公,将王玄甫与木公合而一之。文云:

> 东华帝君,纯习在道气凝寂,湛体无为,将欲启迪玄功,生化万物,先以东华至真之气,化而生木公于碧海之上,苍灵之墟,以主阳和之气,理于东方,亦号王公焉,与金母皆挺质太元,毓神玄奥,于东方溟漠之中,分大道醇精之气而成形。与王母共理二气,而育养天地,陶钧万物。凡天上天下、三界十方,男子之登仙得道者,悉所掌焉。居诸方之上,按《尘外记》:方诸山在东海之内,其诸司命三十五,所以录天上人间罪福,帝君为大司命,总统之山有东华台。帝君常以丁卯日登台四望学道之者。凡仙有九品,一曰九天真皇,

二曰三天真皇，三曰太上真人，四曰飞天真人，五曰灵仙，六曰真人，七曰灵人，八曰飞仙，九曰仙人。凡此品次，升天之时，先拜木公，后谒金母，受事既讫，方得升九天，入三清，拜太上，而观元始。故汉初有四五小儿戏于路中，一儿诗曰："着青裙，入天门，揖金母，拜木公。"时人皆莫知之，唯子房往拜焉，曰："此东王公之玉童也。"昔元始告十方天人曰："吾自造言混沌，化生二仪，役御阴阳，始封皇上元君，自东华扶桑大帝等校量水火，定平劫数。"中皇元年，太上于玉清琼房金阙上宫授帝宝经花图玉诀，使传后学玉名合真之人，故《玄纲》云："东华不秘于真诀"是也。紫府者，帝君校功行之所，夫海内有三岛而十洲列其中。上岛三洲，谓蓬莱、方丈、瀛州也。中岛三洲，谓芙蓉、阆苑、瑶池也。下岛三洲，谓赤城、玄关、桃源也。三岛九洲岛，鼎峙洪蒙之中，又有洲曰紫府，踞三岛之间，乃帝君之别理，统转灵官职位，较量群仙功行，自地仙而至神仙，神仙而至天仙，天仙而转真圣，入虚无洞天，凡三迁也。皆帝君主之，释之名也。东华者，以帝君东华至真之气，化而生也。分治东极，居东华之上也。紫府者，职居紫府，统三十五司命，迁转洞虚宫，较品真仙也。阳者，主东方少阳九气，生化万汇也。帝君者，位东方诸天之尊君，牧众圣，为生物之主。《易》曰："帝出乎震"是也，故曰东华紫府少阳帝君。又《真教元符经》云："昔二仪未分，溟涬蒙洪如鸡子，玄黄之中生自然，有盘古真人，移古就今，是曰盘古，乃是天地之精，自号元始天王，游行虚空之中，又有太元圣母，化生天督脉中，经百劫，天王行施圣母，遂生天皇，号上皇元年，始世三万六千岁，受元始上帝符命，为东宫大帝扶桑大君东皇公，号曰元阳。"又考之仙经，或号东王公，或号青童君，或号东方诸，或号青提帝君，名号虽殊，即一东华也。君，圣朝至元六年正月日上尊号曰：东华紫府少阳帝君。①

上引有关"东华帝君"之记载，和《万历续道藏·高字号》所收《搜神记·东华帝君》所载内容相同，而文字略有微异，《续道藏》本错字较多。

---

① 《藏外道书》第31册，巴蜀书社，1994年，第743页。

此书中称元朝为“圣朝”，可见书中《东华帝君》的传记应是元朝人所撰。文中以扶桑大帝东王公为东华帝君，并说元世封为“东华紫府少阳帝君”，和王玄甫名东华帝君及所受封号为东华紫府少阳帝君相同。显然是以东王公即是王玄甫。

《重刊绘图三教源流搜神大全》所列神祇次序，第一为玉皇大帝，第二、三为宋代圣祖、圣母，接着即为东华帝君（东王公）、西灵王母（西王母）、后土皇地祇；认为玉皇大帝之下即是东王公、西王母，其神格甚为尊高。但在传记文末却说：“考之仙经，或号东王公，或号青童君，或号东方诸，或号青提帝君，名号虽殊，即一东华也。君，圣朝至元六年正月日上尊号曰：东华紫府少阳帝君。”至元六年，指元世祖至元六年（1269年）。据此而言，在元世东华帝君、东王公、青童君、青提帝君等已混同为一人，元朝至元六年时，元世祖为东王木公上封号为“东华紫府少阳帝君”。

四、东华木公青童君神格溯源

东华木公青童君，是宋后的名称，其实木公与青童君为不同之二神。木公即是东王公。东方五行属木，西方属金，所以东王公也称木公，西王母也称金母。东王公始于先民时期的日神信仰。尧舜至商朝时期所祀奉的日神，到周世春秋时期称为东皇公①，《楚辞・九歌》里称为东君，此时的东王公是日神神格，为阳气之祖。到汉代称东王公，并把东王公推尊为天界之主，男子成仙拜东王公，女子拜西王公。此时的东王公是天帝神格。到了魏晋六朝时，由于东王公所居在东海扶桑岛上，称为扶桑太帝东王公，扶桑太帝或作扶桑大帝，简称“太帝”。在南北朝的道经中，东王公是上清、灵宝、正一等重要道派的传经授道神祇。《上清玉帝七圣玄纪回天九霄经》、《上清七圣玄纪经》所载上清派传经七圣，扶桑太帝东王公即是其中之一，而灵宝派经书重要传承人物的天真皇人，则是扶桑太帝之部属，《太上灵宝五符序》卷下第十八页说：

① 《吴越春秋・勾践阴谋外传》：“（勾践）立东郊以祭阳，名曰东皇公。”

“(天真)皇人为扶桑君所使,领峨嵋山仙官。”①《三皇经》说:“皇人者,太帝所使在峨嵋山,黄帝往授真一五牙法。”②上引天真皇人是扶桑太帝之眷属神,而天真皇人以《太上太一真一之经》等古灵宝经授黄帝。灵宝经的传承,即始于天真皇人传黄帝,见载于《云笈七签·卷三·道教本始部·道教所起》③。至于扶桑太帝东王公和正一派的关系,则是以传授《黄庭内景经》等经书予魏华存为主。魏华存原是三国至晋时正一派的祭酒,其后才被追认为上清第一代太师。魏华存三十一卷上清经及《黄庭内景经》等道书,源自扶桑太帝,所以扶桑太帝和正一派也有密切关系。综上所说,在魏晋六朝之世,扶桑太帝东王公对当时主要的教派,如正一、上清、灵宝、洞神等,都有传经及授道的记载,对整个道教的发展,影响极大。

扶桑太帝和青童君,在魏晋南北朝原为不同之二神。太帝的神格远高于青童君,青童君为金关后圣帝君之上相,如《上清七圣玄纪经》所载的上清七圣为:上清太上大道君、紫清太素三元君、白玉龟台九凤太真西王母、中央黄老君、扶桑太帝、金阙圣君、金阙上相东海青童君,文中扶桑太帝和东海青童君为不同之二神。以上有关扶桑太帝东王公的神格演变,详见笔者《扶桑太帝东王公信仰研究》(台北,新文丰出版公司,2009 年 10 月)。

扶桑太帝东王公的神格神名,到了南宋,开始产生离合重组的重大变化,道书将扶桑太帝和东王公析分为二人,更将东王公和上相青童君相结合为一,称之为东华木公上相青童君。于是在南宋道书中,形成了东华木公上相青童君和扶桑太帝二神;一在天界(东华木公青童君),一属水府(扶桑太帝)。如撰于南宋孝宗淳熙朝的吕元素集成《道门定制·卷三·黄箓罗天一千二百分圣位》第九页④,文中吕元素所列黄箓罗天一千二百分圣位,前八状为三清九天帝三十二天帝圣位,第九、第

① 《正统道藏·洞玄部·本文类·衣字号》,新文丰刊本第 10 册,第 761 页。

② 《太平御览·卷六百七十八·道部二十·传授上》引。

③ 《正统道藏·太玄部·学字号》,新文丰刊本第 37 册,第 112～113 页。

④ 《道门定制》,前有吕元素撰序,序撰于南宋孝宗淳熙十五年戊申(1188 年)。

十状为圣母元真圣位，第十一状才是东华木公上相青童君众真圣位，第十二状为扶桑太帝等众圣位。文中第十一状所列神名为“上相方诸宫青童君”，细字注语说是“即东华木公上相青童君”；显然是将木公和青童合为一神。同时第二状中出现“东极真王扶桑太帝”，是将扶桑和木公析分为二，而扶桑太帝成为四极真王之一。又如南宋理宗朝的李简易撰《玉溪子丹经指要》，即称木公为“东华木公上相青童帝君”。

魏晋六朝的扶桑太帝东王公，原仅是一神之名，而东王公和青童君在南北朝时本是不同的二神。但在南宋时，东王公的神格、神名，遭到离析与重组的重大变化，木公上相青童被误合为一，扶桑太帝和东王木公被误析为二。木公青童君依然扮演先前东王公的角色，而扶桑太帝则沦为水神及冥神，详见笔者《扶桑太帝东王公信仰研究》一书。

五、东华帝君名号探源，兼论宋后东华帝君与东华木公青童君的关系

（一）东华帝君名号探源

东华和西灵相对，原指东王公（木公）与西王母。东华帝君，是较晚出的神祇名号。东华帝君和木公本来是不相同的两尊神祇。唐杜光庭集《太上黄箓斋仪·卷二·第一日中分行道》第二页，启请三清天中大神云：

> 《各称法位》：上清玄都弟子臣某等同诚上启：虚无自然元始天尊、无极大道太上大道君、大圣祖高上大道金阙玄元天皇大帝太上老君、太上丈人、无上玄老、十方已得道大圣众、至真诸君丈人、三十六天帝君、玉虚上帝、玉帝大帝、东华、南极、西灵、北真、玄都玉京金阙七宝玄台紫微上宫灵宝至真明皇道君、玄中大法师、三界官属，一切真灵。（《正统道藏·洞玄部·威仪类·宾字号》，新文丰刊本第十五册二九七页下）

《太上黄箓斋仪》自卷二起直至卷四十等等诸卷，在开头的《各称法位》中所上启的神祇，大都如上引所述，只是圣号详略有别，如“无极大

道太上大道君”或称“太上大道君”;“大圣祖高上大道金阙玄元天皇大帝太上老君”或称“太上老君”。上述所启请的神灵中,有“东华、南极、西灵、北真”之语,杜光庭书中对东华、西灵为何神,并未明言。但文中以东华与西灵相对,东华应为木公,西灵为西王母。这种情形,宋世的道书也是如此。宁全真授林灵真编《灵宝领教济度金书·卷二百四十九·科仪立成品·祈晴设醮仪》谨称法位中有“东华西灵”,此二者,以该书其他卷所载看来,东华为木公青童,西灵为西王母。南宋宁全真授林灵真编《灵宝领教济度金书·卷三百六·文檄发放品》有《奏东华》和《奏西灵》奏文,奏东华所呈为“九微太真玉保王金阙上相大司命高晨师东海玉明青华小童道君道前”,奏西灵所呈为“上奏紫微元灵白玉龟台夜光金真万炁祖母元君道前”。东华、西灵,明显是指东王公和西王母;只是宋后的东华,由木公而成为木公青童,将木公与青童合而一之。

再者,由“东华”一词衍生而来的神祇,除东华木公外,又有所谓的“东华帝君”。“东华帝君”一词,在唐世的道典中已有之。《高上玉皇本行集经·卷下·天真护持品第四》第一、二页:

> 敕命东方东华帝君青骑、神仙兵马、无鞅数众,悉令下降,覆护受持是此经者;敕命东南榑桑大帝与其部众、神仙兵马、无鞅数众,悉令下降,覆护受持是此经者。敕命南方朱陵大帝,赤骑神仙兵马,无鞅数众,悉令下降,覆护受持是此经者。(《正统道藏·洞真部·本文类·盈字号》,新文丰刊本第二册二八四页)

《高上玉皇本行集经》托称汉张良奉三清诏谕所撰,卷末附《诵经感应》所载隋朝至唐开元间诵经灵感事迹,似此,此经在唐初应已流行。文中所见东华帝君和扶桑太帝,两者是不同的二神,一在东,一在东南。另外《太上老君说常清静妙经》在经书传承中也谈到了东华帝君,所谓:“吾昔受之于东华帝君,东华帝君受之于金阙帝君,金阙帝君受之于西王母。西王母皆口口相传,不记文字,吾今于世,书而录之。”①唐杜光庭《太上老君说常清静经注》于“吾昔受之于东华帝君”下注时,将东华

① 《正统道藏·洞神部·本文类·伤字号》,新文丰刊本第19册,第2页。

帝君简称为“东华”，并说成是“东华小童君”①；而唐杜光庭《墉城集仙录·卷一·金母元君》第十一页也说：

周昭王二十五年，岁在乙卯，老君与真人尹喜游观八弦之外，西游龟台，为西王母说《常清静经》，故太极左宫仙公葛玄序曰：“吾昔受之于东华帝君，东华帝君受之于金阙帝君，金阙帝君受之于西王母，皆口口相传，不记文字，吾今于世，书而录之。”（《正统道藏·洞神部·谱录类·竭字号》，新文丰刊本第三十册四六六页下）

杜光庭《太上老君说常清静经注》说东华帝君是东华小童君，杜光庭此处说“东华帝君受之于金阙帝君”，依此看来，此东华帝君，应指东海青童君，为金阙后圣帝君之上相，金阙常将道经传予青童君。杜光庭是把东华帝君说成是青童君，这可能是造成宋后将木公、青童君、东华帝君，三神并合为一的原因。以上有关东华帝君源起，请参见笔者《扶桑太帝东王公信仰研究》②。

北宋末《高上神霄玉清真王紫书大法》卷一，文中扶桑太帝君、青童君、东华帝君，三者神格尚未结合。但南宋后的道书，通常都是把木公、青童君、东华（或东阳）合而一之，称为“东华木公青童君”，如南宋蒋叔舆编撰《无上黄箓斋立成仪·卷六·木公金母》文中云：“臣谨录状，上奏东华木公上相青童道君、九灵太妙白玉龟台夜光金真万炁祖母元君圣前。”南宋李简易撰《玉溪子丹经指要·混元仙派之图》所见也是如此。又，元赵道一《历世真仙体道通鉴》卷六第一页：

木公，亦云东阳公，亦云东王父，盖青阳之元炁，万神之先也。冠三维之冠，服九色云霞之服，亦号玉皇君，居于云房之间，以紫云为盖，青云为城。仙童侍立，玉女散香，真僚仙友，巨亿万计，各有所职，皆禀其命，故男子得道者，名籍所隶焉。校定功行，上奏元始，以禀命于老君也。一云木公即青童君，治方诸山，在东海中。（《正统道藏·洞真部·记传类·咸字号》，新文丰刊本第八册三六六页下）

① 《正统道藏·洞神部·玉诀类·是字号》，新文丰刊本第28册，第831页。

② 萧登福：《扶桑太帝东王公信仰研究》，新文丰出版公司，2009年。

文中前大段对木公(东王公)的叙述,采汉魏六朝来的说法,最后"一云木公即青童君,治方诸山,在东海中"则是宋后时人对木公的说法,误将东王公和青童君混淆为一。

(二)明清道书及小说中所见东华帝君之身世来源与传道事迹

南宋后道书将木公和青童君合而一之,并和东华帝君相结合,王处一等即以为东华帝君为青童君。而对于东华帝君的传道事迹,除见于元秦志安《金莲正宗记》等撰记外,明代有人把东华帝君传道事迹加以小说形式的铺演,并说东华帝君是吕洞宾的前身,系钟离权之师,后因语误,而转世为吕洞宾,反而拜徒弟钟离权为师。明吴元泰撰《东游记·第二十二回·洞宾店遇云房》说:"洞宾姓吕名岩,字洞宾,号纯阳子,乃东华真人之后身也。原因东华度化钟离之时,误有寻你作师之语,故其后降凡,钟离果为其师而度之。"把吕洞宾说成是东华木公的后身,是钟离权之师来降凡,这样的说法,后来在民间很流行。清无垢道人著《八仙得道传》即采这样的说法。

到了清代,也有人把钟离权之师,说成是西汉初年商山四皓中的东园公者,清康熙间徐道撰《历代神仙演义》卷九第七节《赵威伯楫脯款友,钟离权灯引逢师》说:"初东园公以为易号游行,无补于世,矢志广立功行,必须受胎入俗,本真不混为上耳,乃托生于青州为王氏子,六月十五日将产时,紫气烛天,光华半壁,生有奇表,幼慕真风,取名诚,字玄甫。闻诞时异采,道号东华子。适金母往会木公,号曰白云上真,见玄甫,异之曰:'天生谪仙人也。'遂引之入室,授老子之青符玉篆,金科灵文,大丹秘诀,周天火候。东华拳拳服膺。三年精心,尽得其妙。退居于昆仑之左烟霞洞,颐神养浩。久之,结庵自居,篆额曰:'东华观',韬光晦迹。复徙代州五台山之阳,在人间二百余岁,殊无衰老之容。开阐玄宗,发挥妙蕴,阴功济物,玄德动天,天真赐号东华帝君,既号紫府少阳君,所有圣迹不能具述。"①文中把东华帝君王

① 徐道撰:《历代神仙演义》,辽宁古籍出版社,1995年。

玄甫说成是汉初商山四皓之一的东园公转世①,并说东华帝君的老师为白云上真。

小说而外,清代正统道书大都沿承元明以来说法,以为东华帝君为王玄甫,但也有人说东华帝君和王玄甫、李亚是同一人者。清道光间刊完颜崇实《白云仙表·少阳东华帝君》说:"帝君姓王氏,字符甫,道号东华子,生有奇表,幼慕真风。白云上真授以青符玉篆、金科灵文、大丹秘诀,先生得之,服膺三年,退居于昆仑山烟霞洞,结草庵以居,篆其额曰东华观。"②上引东华帝君王玄甫之说,仍是沿承宋元而来,只是为了避讳,而改为王元甫。但清嘉庆年间闵一得(1748—1836)编印的《金盖心灯》则说:"东华帝君,姓李名亚,字符阳,号小童君,春秋时人,元朝敕封全真大教主东华紫府辅元立极少阳帝君,法箓称铁师元阳上帝,世称铁拐李祖师。"③文中将东华帝君、李亚、小童君(青童君)三者合而一之,并把他说成是八仙中的李铁拐。民国十六年(1917年)查复功《龙门正宗觉云本支道统薪传》沿承传《金盖心灯》,以为道统承继以玄玄皇帝(太上老君)为道祖,纯阳帝君为道宗。其传承体系为:玄玄皇帝传金阙帝君,次东华帝君,次正阳帝君,次纯阳帝君。其于东华帝君旁说:"《金盖心灯》载帝君姓李名亚,字符阳,号小童君,春秋时人。今阅道藏《金莲正宗记》云:'姓王字玄甫,道号东华子,传道于钟离权,元朝勅封全真大教主东华紫府辅元立极少阳帝君。'《法箓》称铁师元阳上帝,世称铁拐李祖师,两说并存之,待证。"④

由上所述,大抵可以确定,南宋以后所出现的"东华帝君",是由木公(扶桑太帝东王公)逐渐演变而来,先是木公和青童君组合成一神,至其后又加入王玄甫等说,而导致名号纷纭不一。至清代东华帝君、王玄甫、李亚、青童君、铁拐李诸人又被相混合一。

---

① 商山四皓为东园公、角里先生、绮里季、夏黄公四人,事迹见《史记·留侯世家》。

② 《藏外道书》第31册,巴蜀书社,1994年,第375页。

③ 《道谱源流图》东华帝君旁之解说文字,见《藏外道书》第31册,巴蜀书社,1994年,第162页。

④ 《藏外道书》第31册,巴蜀书社,1994年,第423页。

六、结语

全真教以为该教出自太上老君，而以东华帝君为创教第一祖。东华帝君和全真教的关系，始见于王重阳，其弟子王处一以为东华帝君为青童君，明白说是“杳杳冥冥立祖宗”。至丘处机弟子宋德方撰《全真列祖赋》，开始标示五祖传承次弟及王重阳、马丹阳所传诸得道弟子。宋德方弟子秦志安撰《金莲正宗记》，为东华帝君等五祖及诸得道众人撰述传记。以上之传承皆以北宗全真道为主，不涉及南宗。其后李简易撰《玉溪子丹经指要》“混元仙派之图”合并张紫阳的南宗及王重阳北宗，以为二宗同出一源，同以太上老君为教主，称为混元仙派，并为之绘制祖系传承表。至元世祖至元六年诏封五祖七真，至此而全真之祖系完全确立。

全真教派信众都认同东华帝君为该派开教之初祖，但对于东华帝君究竟为谁，则约有二说，一是东华帝君即是东华木公青童君，此神即是东王公，自汉世以来为位阶崇高之神祇，主此说者为王处一、李简易、刘志玄等人。第二种说法为东华帝君，姓王名玄甫，主此说者为宋德方及其所传弟子秦志安等。东华帝君为王玄甫之说，元后成为主流，但仍有部分信众以为王玄甫神格不高，进而综汇二者之说，以为王玄甫即是东华木公青童君之后身，将二神合而一之，主此说者有撰于元世的《重刊绘图三教源流搜神大全·卷一·东华帝君》。

东华木公青童君，此神是由东王公(木公)及青童君二神所综会而成。主要神格以东王公为主，东王公系日神也是阳气之祖，汉代为天界主神，魏晋南北朝道经中称之为扶桑太帝东王公，系上清经、灵宝经及正一经之主要传经授道神祇，其位阶在青童君之上。在东晋道经《上清大洞真经》中，扶桑太帝和青童君二人各有所说经，分别为：《上清大洞真经·卷六·扶桑太帝九老仙皇君道经第三十五·上玄元父章》及《上清大洞真经·卷五·东华方诸宫高晨师玉保王青童君道经第三十四·血中赤炁君章》；二神存思法门又见于《上清太上玉清隐书灭魔神慧高玄真经》。

青童君系金阙后圣帝君之上相，居东海，因其所居和东王木公相近，所以至南宋时被误合为一。南宋时的道书虽将东王木公和青童君误合为一，称之为“东华木公青童君”，但其神格则指汉魏六朝的东王公而言，而非青童君，只是神名误合“木公青童君”，神格则未变。

（作者为台中科技大学应用中文系教授）

Quanzhen Nanwu Sect in Late Ming and Qing Nanyang

刘　迅

Background：Early Quanzhen Daoism in Nanyang

After Jürchen troops stormed Kaifeng and captured Huizong，the abdicated emperor，and his son emperor Qinzong early in the year of 1127，the North China plain fell to the Jin control. With the creation of the Quanzhen Daoism by its founder Wang Zhe 王喆（h. Chongyang 重阳，1112-1170）and his early disciples by the mid-12th century，the whole North China from the Shandong peninsular through the Central Plain to the plains of Shaanxi saw rapid spread of the neo-Daoism that incorporated teachings and practices of traditional Daoism，Confucianism and Buddhism. Almost from its inception，Quanzhen Daoism had not only sought persona liberation and transcendence through ascetics and withdrawal，but had also set as its highest goal communal welfare and salvation through social，ritual and economic intervention and engagement with local community. ①

① For early history of Quanzhen Daoism and its founders，see Chen Yuan 陈垣，*Nan Song Hebei xin daojiao kao*《南宋河北新道教考》，Beijing：Zhonghua shuju，1962；Yao Chongwu 姚从吾，"Jin-Yuan Quanzhenjiao de minzu sixiang yu jiushi sixiang《金元全真教的民族思想与救世思想》" and "Yuan Qiu Chuji nianpu《元邱处机年谱》" in his *Dongbei shi luncong*《东北史论丛》(2 vols)，Taipei：Zhengzhong shuju，1959，vol. 2，pp. 157-204，and pp. 214-276；Hachiya Kunio 蜂屋邦夫，*Kindai Dōkyō no kenkyū：Ō Chōyō to Ba Tanyō*《金代道教の研究：王重阳と马丹阳》，Tokyo：Kyūko shoin，1992，and his Kin-Gen jidai no kenkyū：Shichishin kenkyū《金元時代の道教：七真研究》，Tokyo：Kyūko shoin，1998；Vincent Goossaert，La Creation de taoïsme modern：l'oder Quanzhen，Ph. D. thesis，École Pratique des Hautes Études，Paris，1997；Pierre Marsone，*Wang Chongyang（1113—1170）èt la Fondation du Quanzhen：Ascètes Taoïstes et Alchimie Intérieure*，Paris：Collège de France/Institut des Hautes Études Chinoises，2010.

Despite sharp criticism from contemporary literati and officials such as Yelü Chucai 耶律楚才(1190-1244), Yuan Haowen 元好问(1190-1157), and Ma Duanlin, early Quanzhen masters such as Qiu Chuji, Wang Chuyi, ① and many of their followers all actively engaged in a variety of social and humanitarian activities, from collecting and burying the remains of the war-dead, through staging the Yellow Register salvation rites (huanglu jiao 黄箓醮), to digging irrigation and flood diversion canals in order to provide aid and reliefs to local communities, and to sustain themselves. ②

Almost simultaneous to its emergence as a new religious movement in Shandong peninsula and in places like Kaifeng, Luoyang, and Yanjing in the central plain, Quanzhen Daoism also began to spread to other parts of North China now firmly under the

---

① For the early Yuan era criticism of such ritual services as deviating from the quietistic "Way of the Laozi and Zhuangzi," see Yelü Chucai 耶律楚才, Xiyoulu xu《西游录序》in his *Zhanran jushi ji*《湛然居士集》, j. 8: 15b-16B; Yuan Haowen 元好问, Ziwei guan ji《紫微观记》in his *Yishan ji*《遗山集》, j. 35; and also Ma Duanlin 马端临, *Wenxian tongkao*《文献通考》, j. 225:20b-20b.

② Chen Yuan, Yao Congwu, and Sun Kekuan have each argued that Quanzhen Daoism and its institutions not only provided sanctuary that protected the loyalist and nationalist-minded Han literati, but their leaders such as Qiu Chuji even played a pivotal role in dissuading the Mongol ruler Genghis Khan from massive slaughter and devastation of the Han population and their way of life in the central plain, thus preserving the Confucian learning and culture there. See Chen and Yao's cited studies above, and Sun Kekuan 孙克宽, *Yuandai Daojiao zhi fazhan*《元代道教之发展》, Taizhong: Donghai daxue (Soochow University), 1968. For Jin-Yuan records on the Quanzhen ritual service to the local community and the state, see Ji Zhizhen 姬志真, "Yanling huanglu dazhai zhi bei 鄢陵黄箓大斋之碑" and Feng Zhiheng 冯志亨, "Chijian putian huanglu daojiao bei 敕建普天黄箓大醮碑" in Chen Yuan and Chen Zhichao 陈智超, comp., *Daojia jinshi lue*《道家金石略》, Beijing: Wenwu chuban she, 1989, pp. 465-66, and 516-17. For a record of the early Quanzhen clerics' involvement in local water conservancy project in Shaanxi region, see Xue Youliang 薛友谅, "Qiyun Wang zhenren kai Laoshui ji《栖云王真人开涝水记》" in Chen and Chen, pp. 620-21.

Jürchen rule. ① Nanyang was one of the places that saw the early expansion of Quanzhen Daoism. And it was against the background of early Quanzhen social engagement and philanthropic service to local community that the neo-Daoist sect first spread to Nanyang, and began to establish its own local temple networks there. Indeed, like their counterparts in other parts of North China, these early Daoist clerics probably of the Quanzhen or the Taiyi 太一 order in Nanyang carried on the early tradition of rendering ritual services during the late Jin period when both the Jin state and local society at the height of the Mongol invasion. In 1214, after the Jurchen court fled from its central capital of Yanjing 燕京 to resettle at its southern capital of Kaifeng in order to escape the besieging Mongol invaders, the Daoist clerics at the newly renamed Belvedere of the Supreme Unity (Taiyi guan 太一观) in the eastern suburbs of Nanyang held a massive Yellow Register salvational rite to assist the safe passage of the war-dead (pu ji yin hun 溥济阴魂) to the yonder world, and to assuage the war-shocked refuges who were settled in and around the regions south of the Yellow River, including Nanyang at the time. The national ritual event was attended by heads of devotional societies (sheshou 社首) from seventeen circuits (lu 路) of the Jin-controlled North China plain from Liaodong through Shandong and Hebei to Shanxi and Henan. ②

---

① For the early Quanzhen Daoist patriarchs and their activities in North China, see Hachiya Kunio 蜂屋邦夫, Kin-Gen jidai no d kyō: shichishin kenkyō,《金元時代の道教：七真研究》, Tokyo: Kyōko shoin, 1998; and Pierre Marsone, Wang Chongyang (1113-1170) et la Foundation du Quanzhen: Ascètes Taoistes et Alchemie Intérieure, Paris: Collège de France, Institut des Hautes études chinoises, 2010.

② See "Taiyi guan shiqi lu jiao shou xingming bei 太一观十七路醮首姓名碑"in Zhang Fenggang 张凤冈, *Nanyang xian zhi*《南阳县志》(1899-1903), 10:35a-b. The back of the stele (bei yin 碑阴) was divided into upper and lower sections. The upper section has the following line of words:"尚书礼部奉敕赐衡山庙观额一道填本庙为太一观书贞祐二年。" The last line shows the seal of the stamp. The seventeen circuits were 南京路、中都路、西京路、河北东路、河北西路、山东东路、山东西路、河东南路、河东北路、东京兼咸平府路、北京兼临潢府路、秦凤路、熙河路、庆原路、京兆路、鹿延路、上京路.

So during the era of the Jin-Yuan transition, Nanyang had first witnessed the emergence of a network of Quanzhen Daoist temples whose clergy was connected with the Quanzhen bastions centered on the Shandong peninsular and in other parts of the North China plain, as in the case of the Belvedere of Double Soleil (Chongyang guan 重阳观) in Dengzhou 邓州, and firmly committed to providing ritual and other service to the Jin state and local community in Nanyang as in the case of the Belvedere of Supreme Unity in eastern Nanyang. Located in Zhengzhou, a Jüchen border town with the Southern Song state in southwestern Nanyang, the Double Soleil Belvedere was first built by Wang Li 王立, a follower of a disciple to Wang Chongyang, the founder of the Quanzhen Daoism. Wang was a native of Penglai 蓬莱 in Dengzhou 登州 of Shandong which had long been under the influence of Quanzhen Daoism. In his childhood, Wang had sought teaching from a disciple of Wang Chongyang. When he grew up, Wang joined and served in the Jin border defense force for decades. He rose to become a colonel (pianxiao 偏校) in the Defense Constabulary Regiment of Dengzhou (Deng zhi zhengfangying 邓之镇防营) in Nanyang. Even in his advanced age, Wang was said to have never forgotten the teachings from his Quanzhen mentor in his youth back in Shandong, and often thought about "retreat and retirement." To the south of Wang's home in Dengzhou there was an old temple devoted to Lord Laozi. Wang paid to the removal of the bushes and rubbles, and the rebuilding of a new temple at the site. In addition, he contributed additional 20, 000 strings of copper for the new statuettes, wall murals, and ritual vessels at the new temple, and endowed it with farmlands. Wang then invited three disciples of Wang Chongyang: Wang Daoxian 王道贤, Han Liannzhen 韩炼真, and Liu Zhigang 刘志刚 to manage the new temple and its daily operations in Dengzhou. He even secured the Jürchen court's approval to name the new temple after Wang Chongyang, the founding patriarch of Quanzhen Daoism. ①

What is perhaps significant is the fact even before Quanzhen Daoism's spread to Nanyang, many of the early Quanzhen patriarchs had all traveled to or sojourned in major cities on the Central Plain such as Kaifeng and Luoyang, both of which were connected by state highways to Nanyang and Dengzhou, major Jin border towns of Southern Song's. Perhaps, the most significant and relevant to this study is the fact Tan Chuduan 谭处端 (z. Tongzheng 通正, Daoist name, Changzhen 长真, 1123-1185), the reputed founding patriarch of the Quanzhen Nanwu 南无 Sect, was also actively proselytizing the newly founded Daoist religion in the Central Plain, taking on disciples and forming coteries of followers there. An epigraphy relates a magical story about Tan's divine powers which enabled him to be at two different geographical locations simultaneously, a feat of supernatural divine power associated with immortals such as Lü Donbin. In the story, Tan was staying at the newly built Fujunmiao 府君庙 temple in Huojia 获嘉 county located over 30 kilometers west of Weizhou 卫州 in northern Henan. One day Tan told the temple keeper that he was traveling to Weizhou. Having locked up his chamber, Tan then set off on his journey to Weizhou. But as night fell at the temple, the temple keeper saw light coming out of Tan's locked chamber. Curious, the temple keeper peeked through the crack of the locked door of Tan's chamber, and saw to his surprise

---

① For the early Quanzhen monastic expansion in southwestern Nanyang, see Ma Jiuchou 麻九畴, "Dengzhou Chongyang guan ji《邓州重阳观记》" in Li Daoqian 李道谦, *Ganshui xianyuan lu*《甘水仙源录》, j. 9, DZ 973; and in Chen and Chen, *Daojia jinshi lue*, pp. 462-63, and see the entries on the Quanzhen Daoist Danxia guan 丹霞观 in *Dengzhou zhi*《邓州志》, 9:14b-15a; in Zhu Lin, *Nanyang fuzhi*《南阳府志》(1694), 5:83b-84a; and Kong Chuanjin 孔传金, *Nanyang fu zhi*《南阳府志》, 5:106b-107a.

that Tan was sitting in deep meditation in front of a fire in his chamber. Amazed and in awe, the temple keeper retreated quietly. But still curious and wanting to get the bottom of what he saw, the temple keeper dispatched a man to Weizhou before dawn. On the pretext of begging for medicine, the man arrived at the inn in Weizhou where Tan was staying only to find Tan still asleep in his room. After the man receiving medicine from Tan and returned to Huojia later that day, the fire in Tan's chamber was still burning. ①

Beside the epigraphic account, Tan's own writings provide much more revealing evidences of his early missionary activities in northern Henan. Indeed, based on the Anthology of Water and Cloud (Shuiyunji《水云集》) attributed to Tan Chuduan and first published in 1186, Tan had developed coteries of followers along in the key towns and cities such as Junzhou 浚州, Xiuwu 修武, Weizhou 卫州, Luoyang 洛阳, and Fuchang 福昌 along a beltway that spread across northern Henan, connecting to the Quanzhen bastion of Shandong to the east, and with the Quanzhen centers in Shaanxi in the west. ② In these places, Tan provided his followers and fellow practitioners with instructions on self-cultivation, and shared with them his own meditations on the subtlety and mystery of the Way. He developed quite a following in these places. ③

① See Wanyan Shou 完颜璹, "Changzhenzi Tan zhenren xianji beiming 长真子谭真人仙迹碑铭" in *Ganshui xianyuanlu*, j. 1, DZ 973.

② See Tan Chuduan, "Ti Luoyang Chaoyuan gong《题洛阳朝元宫》", "Zai Hongmenzhen wei zhongren meiri qiuyao yinci zuo 在洪门镇为众人每日求药因此作", "You Huaichuan 游怀川", "Shi menren yulu 示门人语录", "Zeng Junzhou Wang San xiaowei 赠浚州王三校尉," "Zeng Fuchang xian Zhao dianshi 赠福昌县赵殿试", "Zeng Xiuwu Jia Xinshi 赠修武贾信实", "Zeng Huojia Wang fashi 赠获嘉王法师", and "Zeng Junzhou Wang silang 赠浚州王四郎" in *Shuiyunji*《水云集》, j. 1-3, DZ 1166. For Tan's life and career, see Hachiya Kunio, Jin-Gen jidai no Dōkyō, pp. 17-41; and 42-78.

③ See Zhao Weidong 赵卫东, *Tan Chuduan xue'an*《谭处端学案》, Jinan: Qilu shushe, 2010, pp. 20-138.

Quanzhen Nanwu Sect and Its Activities in Nanyang

It is tantalizing to think of Tan Chuduan's early missionary activities and Quanzhen self-cultivation groups he established in northern Henan of the late Jin and early Yuan period as the precursor to the later emergence of the Quanzhen Nanwu Sect in Nanyang. The tantalizing nature of such speculation does not arise only from the fact that Tan Chuduan, the reputed founding patriarch of the Nanwu Sect was actively proselytizing in northern Henan on the Central Plain, but in part also from the fact that quite a few late Qing sources affirm the veracity of the direct transmission of genealogy from Tan Chuduan to the later-arising Nanwu Sect of the Qing period. Indeed, existing Daoist hagiographical sources strenuously claim Tan Chuduan as the founding patriarch of the Nanwu Daoist sect. A Quanzhen Daoist genealogy compiled by Liu Mingrui 刘明瑞 (1839-1931), himself a late Qing Nanwu sect master based in the capital, has indeed become widely accepted by Quanzhen Daoist clerics and many scholars of Daoism as the official history of the Quanzhen Sect.

But the veracity of such hagiographical genealogy remains to be borne out by firmer historical evidence. The fact remains that we have so far very little direct evidence which can convincingly support connecting the founding of the later Nanwu Sect to Tan's early missionary activities and his follower groups of the Jin-Yuan period.

Yet, while we still lack firm evidence about the origin of the Nanwu Sect, we have in the past decade or so developed much firmer evidences of the existence in the forms of temple steles, gazetteers and other textual sources which attest and confirm the existence of various Quanzhen Sects in the post-Jin-Yuan era that date to as early as the mid-Ming period. For instance, Richard Wang's study of the

Quanzhen presence on Mount Mao shows that the history of the Quanzhen Longmen Sect there can be traced to the mid-Ming era to around 1521, and the Longmen genealogy poem which lists twenty generations of the sect was also recorded in a pre-1609 biography of a late Ming Daoist temple in Jiangnan. ①

Against this background, early Nanwu Sect's activities in Nanyang are all the more intriguing. Though the details are still lacking, the Nanwu clerics were already active at several local temples in Nanyang during the late Ming era. Indeed, as Vincent Goossaert and others have recently shown, from around the mid-Ming era on, the various Quanzhen sects seemed to have first evolved their own genealogy poems (zipai si 字派诗 or paipu shi 派谱诗), the individual characters of which were adopted by respective Quanzhen sects from the Longmen 龙门, the Huashan 华山, and the Nanwu to mark the various generations (dai 代 or bei 辈) within each sect to which individual clerics belonged. ② Based on a 1526 stele inscription from the Shandong peninsular, the genealogy poem of the Nanwu Sect known as the Laoshan Sect under Patriarch Tan (Laoshan Tan zushi xianpai 牢山谭祖师仙派) runs as follows: 道本常真礼,玄微至妙仙,立去云霄上,功成必有名. This late Ming genealogy only differs slightly from the genealogy poem which a late Qing Nanwu Sect

① See Richard Wang, "Mingdai Jiangnan shishen jingying yu Maoshan Quanzhendao de xingqi《明代江南士绅精英与茅山全真道的兴起》", *Quanzhendao yanjiu*《全真道研究》, (2011, vol 2, pp: 38-39.

② See Vincent Goossaert, "The Invention of an Order: Collective Identity in Thirteenth Century Quanzhen Taoism," *Journal of Chinese Religions*, 29(2001), pp. 129-32; and see also Zhang Guangbao 张广保,《明代全真教的宗系分化与派字谱的形成》, paper presented at the International Symposium on Quanzhen Daoism in Chinese Society in Celebration of the Sixtieth Anniversary of the Blue Pine Monastery, Jan 5-8, 2009, Hong Kong.

master Liu Mingrui recorded in his writings. ①

In Nanyang, the Nanwu Sect served as temple managers at several major local Daoist temples: the famous Martial Marquis Shrine (Wuhou ci 武侯祠) in honor of Zhuge Liang 诸葛亮 (181-234) of the Three Kingdoms era, ② the Sage of Medicine Shrine (Yisheng ci 医圣祠) located outside the eastern gate of the Ming Nanyang city, the Dark Mystery Monastery (Xuanmiao guan 玄妙观), a large Daoist universal temple located outside the northwestern corner of Nanyang, ③ and the Shrine of the Celestial Consort (Tianhou miao 天后庙) located in the southern quarters of the Nanyang city overlooking the White River (Baihe 白河), a temple built by a group of Fujian merchants and local literati from the southern and the western district of Nanyang with official patronage in 1696. It had

① I thank Professor Guo Wu of Yunnan University for sharing a 1526 stele rubbing which he recently found at Cambridge University library and is entitled "Qi Zhen tuzan 七真图赞." With the exception of the 3rd and 5th characters, the rest of the first 18 characters of the genealogy poem match the late Qing period Nanwu lineage poem as recorded by Liu Mingrui in "Nanwu daopai zong pu 南无道派宗谱" in his *Daoyuan jingwei ge*《道源精微歌》 in his *Panchan zi daoshu sanzhong*《盼蟾子道书三种》. Liu also recorded additional twenty characters in his lineage history which runs as follows:道本崇真理,玄微至妙仙。立去云霄上,功成必有名。大教明清静,宏演往惟良。悟元光体性,一志复圆融。

② See Yang Shiqi 杨士奇,"Dingjian Zhuge Kong Ming ci beiji 鼎建诸葛孔明祠碑记" (1444); Yang Yingkui 杨应奎, "Zhuge Wuhou ci lihui jiansi bei 诸葛武侯祠立会建祀碑" (1528); Chen Jiushao 陈九韶, "Zhuge Wuhou ci lihui jiansi bei 诸葛武侯祠立会建祀碑" (1632); anonymous, "Chongxiu Wuhou ci shanmen 重修武侯祠山门"(1638); anonymous, "Wanjun chengxi Wolonggang 宛郡城西卧龙岗"(1640); and "Qinming Ningnan da jiangjun Shuncheng wang chongxiu maolu 钦命宁南大将军顺承王重修茅庐"(1674) in Liu Xia 刘霞, "Wuhou ci youguan daoren de beike ziliao 武侯祠有关道人的碑刻资料", unpublished manuscript, 2011; and see also Liu Xia and Ren Yiling 任义玲, and Li Guige 李桂阁, eds., *Wolonggang Wuhou ci beike*《卧龙冈武侯祠碑刻》, Zhengzhou: Zhongzhou guji chubanshe, 2016. I am grateful to Ms. Liu Xia and her colleagues for making available to me the manuscript edition of their compilation which was in press in early spring this year.

③ See Yang Jingxu, "Zhang dajiangjun shouyi kugu pei", stele rubbing in my collection.

since become the guild temple for the Fujianese sojourners and merchants in Nanyang. There the Nanwu Sect clerics first functioned as temple or shrine keepers (miaozhu 庙祝) from around 1797 until the late Qing period. ①

Using evidences culled from temple stele inscriptions and local gazetteers, this study focuses on the Nanyang Sect and its clerics in Nanyang at the Martial Marquis Shrine and the Sage of Medicine Shrine from the late Ming through the late Qing periods. It examines their early activities and the various roles they played in local society in Nanyang. It focuses on the activities by Quanzhen Nanwu Sect clerics at two of the temples in Nanyang over a period of roughly three hundred years from the late Ming to the late Qing period: the Martial Marquis Shrine, and the Sage of Medicine Shrine. The earliest record of any Quanzhen Nanwu Sect presence in Nanyang is found at the Martial Marquis Shrine located on the Knoll of the Lounging Dragon located a mile or so outside the western gate of Nanyang. Elsewhere, at the largest public Quanzhen Daoist Belvedere of Dark Mystery, the Nanwu Sect also managed to maintain a fairly sizeable presence among their fellow resident clerics at the belvedere shortly after the Manchu conquest of the Central Plain in 1646.

Nanwu Sect Clerics at the Martial Marquis Shrine (1500s to 1710)

As in many other places, the cult of Zhuge Liang 诸葛亮(181-234) bifurcated into at least two types. One kind was the state-

① See "Nanyang Tianfei miao beiwen 南阳天妃庙碑文"(1696) and "Shi yin gongde beiji 施银功德碑记"(1797), stele rubbings in my collection.

sponsored official worship of the late Han statesman and strategist and largely patronized by local officials and scholars, and it centered on Zhuge's loyalism and dedication to the Han sovereign and state, his political wisdom and strategic vision, and his consummate statecraft and management skills. The other kind cult of Zhuge Liang was patronized by mostly local commoners who worshipped him primarily among other things as a deity who could confer rain at the time of drought, healed the sick, protected the weak, and responded positively to all other requests for help by those who prayed to him sincerely.

Along with other major sacred sites that worshipped Zhuge Liang, the Martial Marquis Shrine featured official worship since at least the year of 1298 in the early Yuan. That year, Mongol and Chinese officials in Nanyang first completed building the shrine in honor of the late Han statesman on the Reclining Dragon Knoll (Wolong gang) west of the Nanyang city. In addition to allocating 200 mu of farmland to generate an annual revenue to sustain the incense and sacrifice for the sagely prime minister, Lord Aqamad 马哈马, a Central Asian daruhaci 打鲁哈赤 of the Nanyang region① and his fellow officials invited Zhang Zhihe 张志和, a Daoist cleric from the Supreme Void Monastery (Taixu guan 太虚观) in Jieliang 解梁 of Shaanxi to come to Nanyang and preside over the newly constructed shrine, and managed the ritual services there. A few years later, a local academy was also built alongside the shrine and named after the

① In addition to his service in the Nanyang post, Aqamad later seemed to have risen to serve as a director of the Left and the Right Offices of the Henan provincial branch secretariat (Henan zuoyousi langzhong 河南左右司郎中) in 1304. See *Da Yuan shengzheng guochao dianzhang*《大元圣政国朝典章》, j. 6.

marquis. ①

Since then, the Daoist clerics continued their presence at the shrine, serving as its keepers and taking care of both the official sacrificial rite and the physical upkeep at the shrine in Nanyang. During the Ming period, the shrine underwent several major renovations supported with official funds and sponsorship successively in 1437, 1444, 1501, 1506, 1525, 1540, and 1589. ② In early spring of 1444, Chen Ti 陈悌, an imperial censor and prefect of Nanyang led a major renovation that not only added a main hall of worship and two flanking side-shrines, but also made new statuettes and repainted all the images, and refurbished all the sacrificial implements and vessels there. As Yang Shiqi noted, it was such a costly endeavor that alongside the personal donations by Chen Ti and his fellow officials, huge amounts of contribution collected from among the local large households and wealthy shops were crucial to the completion of the shrine reconstruction. It was the Daoist shrine keepers who came to the aid of the Nanyang officials. Indeed, the 1444 stele inscription makes specific mention of the fundraising role which two Daoists assumed for the reconstruction project. According

① See Wang Qian 王谦, "Han chengxiang Zhuge Zhongwuhou ci bei 汉丞相诸葛忠武侯祠碑," Nanyang fuzhi (hereafter, NYFZ, 1551), j. 12: 92a-b.

② See Wang Zhi 王直, "Chongxiu Zhuge Wuhou ci ji 重修诸葛武侯祠记" (1437); Yang Shiqi 杨士奇, "Dingjian Zhuge Kongming ci beiji 鼎建诸葛孔明祠碑记" (1444); Li Dongyang 李东阳, "Chongxiu Zhuge Wuhou citing ji 重修诸葛武侯祠亭记" (1501); Zhong Guan 朱瓘, "Chongxiu Zhuge Wuhou ci ji 重修诸葛武侯祠记"(1506); Ye Guizhang 叶桂章, "Zhuxiu Wuhou ciyu ji 助修武侯祠宇记"(1525); Sun Zhe 孙哲, "Chongxiu Han Zhuge Zhongwuhou ci zhi bei 重修汉诸葛忠武侯祠之碑"(1540); Li Yin 李荫, "Chongxiu Wolonggang caolu bei 重修卧龙岗草庐碑,"(1589) in Ren Yiling 任义玲, Li Guige 李桂阁 and Liu Xia 刘霞, comps., "Wolonggang Wuhouci beike 卧龙冈武侯祠碑刻"(hereafter WLG), Zhengzhou: Zhongzhou guji chubanshe, 2016, pp. 34-35, 36-38, 41-42, 44-45, 55, 63, and 86.

to the stele inscription, Zhou Yuanchu 周元初, the Daoist official of Nanyang, and Sun Daorong 孙道荣 were actively involved as the principals who raised alms (quanyuan 劝缘) that ensured the reconstruction of the Martial Marquis Shrine that spring. Of the two clerics, Sun Daorong's name actually matches the first character of the genealogy poem of the Nanwu Sect. Though that fact alone is by no means sufficient to attest to his affiliation with the Nanwu Sect, we cannot completely rule out the possibility that he may have been among the first of the Quanzhen Sect's clerics who first took up residence at the shrine as its keepers.①

Another late Ming era stele inscription shows that a group of Daoist clerics, though possibly not of the Nanwu Sect, were also clearly part of the late Ming local official efforts at standardizing the sacrificial rite in honor of the loyal statesman and marquis of the late Han dynasty under the reign of the reform-minded Jiajing emperor. In the first moon of 1528, Yang Yingkui 杨应奎, the prefect of Nanyang and his fellow officials inscribed on a stele the official memorial (jiwen 祭文) and the standard of sacrificial offerings (jipin 祭品) which they proposed and which were approved for implementation by the Henan Provincial Commission of Finances (Henan buzheng si 河南布政司). The official memorial made clear that the biannual Nanyang official sacrifice in honor of the marquis

① The names of both were inscribed on the 1444 stele as "alms raising (quanshan 劝善)." See Yang Shiqi, "Dingjian Zhuge Kongming ci beiji" (1444). The first character of Sun's names, "Dao 道" is identical to the 1st character of the 20 character genealogy poems of both the Nanwu lineage: "Dao Ben Chong Zhen Li 道本崇真理," and the Longmen 龙门 Lineage: "Dao De Tong Xuan Jing 道德通玄静." It is also identical to the genealogical characters of many other Quanzhen as well as Zhengyi lineages. So it is impossible to ascertain if Sun belonged to the Nanwu lineage, though such possibility cannot be ruled out completely.

was rendered at the behest of the Ming court. It further praised the Zhuge as a deity of "orthodox and upright learning, and of brilliantly righteous conduct," and encouraged the people of Nanyang to commit to their memory the great virtues of the marquis' righteousness and loyalty. It also stipulated that that biannual spring and autumn rites of sacrifice were to take place respectively on the fourteenth day of the second month, and the twenty-eighth day of August each year, and that the standard sacrificial offerings to be presented to the marquis were to include the following: the junior sacrifice made of the five sacrifices: a whole pig, a whole lamb, a pot of minced fish pate, a pot of minced meat, a plate of pickled vegetables, an offering of five grains, five fruits, a stick of incense, a pair of candles, a bolt of brocade, and two bottles of wine. The standard rite also specified that the marquis was to enjoy the Three Offers of wine by the officiating official at biannual sacrificial rites at the shrine. The inscribed memorial and the standard of sacrifice were clearly the Henan and Nanyang local officials' efforts at regulating and standardizing the official rite of sacrifice to the marquis in Nanyang and other parts of the province. The Daoist prior Li Zhi'en 李志恩 and three of his disciples, Deping 得玶, Dejing 得鲸 and Deyin 得胤 joined the local officials and clerks in endorsing the official memorial and the standard of sacrifice in honor of Zhuge Liang by having their names inscribed on the 1528 stele erected at the shrine compound. ①

Besides handling the official sacrifices patronized by local officials and to maintaining the physical upkeeps of the Martial Marquis Shrine in Nanyang, we know from still another late Ming stele inscription

① The lineage identity of these Daoist shrine keepers remains a mystery. See Yang Yingkui, "Sheci Zhongwu hou miaogui jiwen jiping xiwen bei"敕赐忠武侯庙规祭文祭品檄文碑", WLG, pp. 56-58.

that the Nanwu Sect shrine keepers were actively involved in promoting and accommodating the thriving local folk cult and popular following centered on the shrine. In these instances, their patrons were no longer the local magistrates or officials and examination candidates passing through Nanyang, but rather local devotees who worshipped the late Han prime minister as an efficacious deity who not only exemplified the virtues of unfailing loyalty and wisdom, but more importantly who could confer results to their sincere prayers for male heirs, a speedy recovery from illnesses, a timely rain during a lasting drought, and even an examination success. Rather tellingly, while a 1632 stele inscription commemorating the occasion of a local voluntary devotional society listed the Martial Marquis' achievements in "defending the state against catastrophes and calamities, and pacifying disorder and keeping threats at bay" as his "great accomplishments (qidazhe 其大者)," it specifically mentioned the fact the marquis responded unfailingly and efficaciously to all petitions rendered to him by local literati and commoners through their prayers as the reason for the founding of the local society. It went on to describe that as a result of his efficacious responses, the marquis' local devotees who flocked to the shrine to render incense and sacrifices to him included not just the rich merchants, but also numerous young and old commoners who often came with their whole families. By making donations to repair and renovate the shrine, and by staging their own spring and autumn worships, they rendered their homage of the marquis. The membership of the marquis' following remained rather socially and geographically mixed. They came from a cross-section of the social spectrum: from local merchants, literati members, commoners, and men and women. While some were native residents at Reclining Dragon Knoll, others hailed from as far away as Tang county lying to the east of Nanyang.[①] Though the Nanyang local imaginaries of the Martial Marquis clearly differ from his orthodox image as represented in the official cult, they seemed to have been tolerated by the local officials, as we have no evidence of any outright rejection or even criticism of these clear differences. For the resident Nanwu Daoist clerics, the local folk following of the marquis probably meant additional revenue to sustain their presence and operations at the shrine. It is not surprising then that they accommodated and even supported the founding of the local voluntary devotional society. It is quite telling that in the mid-spring of 1632, a group of 14 Quanzhen Nanwu shrine keepers at the Martial Marquis Shrine led by the prefectural Daoist Registrar (shuji daoguan 署纪道官) Li Zhiqiang 李治强, and the shrine priors Li Yungui 李云贵 and Sun Lijin 孙立进, all Nanwu Sect clerics, collectively endorsed the establishment of the voluntary Faith Society of the Martial Marquis Shrine (Wuhouci xinhui 武侯祠信会) made up of fifty members led by its head Wu Shikui 武士魁. It is noteworthy that the group of fourteen listed Nanwu Sect clerics at the shrine consisted of at least four generations of the Sect, as evidenced by their genealogy names: Li 立(the 11th), Zhi 治 (a variant of Qu 去, the 12th), Yun 云(the 13th), and Xiao 霄 (the 14th).[②] It seems that the thriving local cult of the marquis is also mirrored in the robust presence of successive four generations of the Nanwu Sect clerics at the shrine in the late Ming era. In 1691, Li Gongzai, the

① See Sun Lijin 孙立进, "Chongxiu Wuhouci shanmen 重修武侯祠山门 (1634)"; Jin Yingjie 金应节, "Zhuge Wuhou dadian juanpeng bing su Sanqing dian shenxiang sizun xu 诸葛武侯大殿卷棚并塑三清殿神像四尊序(1638)"; and Li Zhiqiang 李治强, "Chongxiu Han Zhaolie huangdi paifang beiji 重修汉昭烈皇帝牌坊碑记 (1640)".

② See Chen Jiushao 陈九韶," Zhuge Wuhouci lihui jiansi bei"诸葛武侯祠立会建祀碑" (1632)".

prior of the shrine oversaw the erection of a commemorative stele honoring a Manchu prince for sponsoring the restoration of the famous Thatched Cottage where the marquis agreed to serve as King Liu Bei's advisor after declining twice previously. Located in the heart of the shrine's compound, the cottage epitomized the virtues of the marquis: a humble, self-reliant, and independent when he was at large, and yet loyal, sagacious, and totally committed when he served the Han court. The 1691 stele inscription honored the sponsor of the renovation, Le'erjin 勒尔锦(? -1706), the Manchu Prince of Obedient Ascension (Shuncheng wang). The prince was appointed Generalissimo to Pacify the South (Ningnan dajiangjun 宁南大将军) at the start of the Three Feudatories's Revolt in 1673 to campaign against specifically against Wu Sangui 吴三桂 (1612-1678) based in Yunnan. But the prince was found to have faltered in his charge by indecision and wastefulness, and was stripped of his title and command in 1680. Though we don't know when, Prince Le'erjin may have visited the shrine in Nanyang during his campaigns in the Huguang 湖广 region. Now in disgrace and under house arrest, he paid for the renovation of the cottage believed to have once been inhabited by Zhuge Liang, the sagely Confucian prime minister. It is impossible to know the exact motive of the disgraced prince, but it can easily be read as a gesture to either assert his innocence or to atone for his past wrongdoings. The presiding prior of the shrine, Li Gongzai 李功在, was commissioned for overseeing the renovation. At its completion, the Nanwu cleric dutifully accorded the credit to the prince by erecting the commemorative stele to honor the occasion in the March of 1691. ①(See appended stele image) And the Nanwu Sect shrine keepers continued to operate in this way at the shrine until the

① See Li Gongzai, "Qinming Ningnan jingkou dajiangjun Shuchengwang chongxiu maolu《钦命靖寇大将军顺承王重修茅庐》(1691)".

late Kangxi reign around 1710 in the early Qing when the Martial Marquis Shrine was taken over by the Quanzhen Longmen Sect clerics. ① By 1714, the shrine was inhabited by a coterie of eight Longmen clerics who belonged to at least three generations of the sect, a proof beyond any doubt that the shrine had change hands from the Nanwu clerics to their Longmen counterparts. ②

Nanwu Sect Clerics at the Sage of Medicine Shrine

But it was at the Shrine of the Sage of Medicine built just outside the east gate of the city in 1656 during the early Qing that the Nanwu Sect maintained a much longer cleric presence, and through their presence influenced the official ritual life and the local folk cult of the Lord Sage of Medicine (Yisheng ye 医圣爷): Zhang Ji 张机 (more widely known as Zhongjing 仲景, 150-219) at the Sage of Medicine Shrine in Nanyang.

In Nanyang, the history of the Shrine of the Sage of Medicine was intimately connected with the Three Sovereigns Shrine (Sanhuang miao 三皇庙). Though the latter may have existed under Khubilai's reign (1263-1294), but evidences so far indicate that it was (re)built in 1546 by the local physicians and literati to honor the Fuxi 伏羲, Shennong 神农, and Huangdi 黄帝, the three legendary

① See Song Jingyu 宋景愈, "Lü gong chuanggou chating beiji 吕公创构茶亭碑记" (1710). The stele inscription mentions a Longmen lineage cleric Hu Yangrui 胡阳瑞 proposed the erection of the stele to commemorate Lord Lü Bo, a presiding judge in the Grains Transport of Nanyang. Lord Lü sponsored the construction of a free teashop to serve the visitors to the Martial Marquis Shrine and the passing pilgrims and devotees to Lord Zhenwu who traveled to and from Mount Wudang located to the southwest of Nanyang.

② See Hu Yangrui, "Juanjin chongxiu Zhuge Wuhou ci xianlie yuhou 捐金重修诸葛武侯祠衔列于后"(1714).

founders of the Chinese civilization and medicine, and the ten early prominent physicians including Zhang Zhongjing from antiquity to around the time of Jin-Yuan era. It also served as the social and professional venue for the local physicians, apothecary owners, herbal merchants and their disciples to meet seasonally throughout the year to conduct their ritual sacrifices and worship of the sovereigns and the prominent physicians, and to socialize and discuss their practice with colleagues. After the Qing conquest, the Three Sovereigns Shrine was gradually integrated with the rising Shrine of the Sage of Medicine which was established in the fall of 1656 by local physicians and officials in honor of Zhang Zhongjing, the esteemed sage of medicine and a popular native worthy of the Eastern Han era.

Almost at its founding, the Three Sovereigns Shrine was inhabited and run by Daoist clerics. Late Ming era sources reported that Daoist clerics were retained as the shrine-keepers of the local physicians' guild temple. Evidences suggest that the shrine seemed to have been a coveted habitat and a reliable source of livelihood for local clerics, as the Daoist clerics there seemed to have to share the shrine with some Buddhist monks who may have forced their way in at the shrine as co-keepers, though we have no way to ascertain if these early shrine keepers were members of the Nanwu Sect.

But circumstantial evidences suggest that along with the members of the Longmen order, Nanwu clerics were already playing influential roles in local Daoist temples and community in the late Ming Nanyang. At the Belvedere of Dark Mystery outside the north gate of the city, a temple stele dated 1658 shows that at least three clerics: Xiang Shanghui 项尚慧 of the 15th generation, Sun Gongming 孙功名 of the 16th generation, and Meng Youliang 孟有良 of the 19th generation of the Nanwu Sect participated in a large public salvational rite officiated by the Belvedere and sponsored by ranking

Nanyang officials, literati, and local community to bury the bones of the war dead. ①

Also, Nanwu Sect clerics also seemed to have dominated the local Daoist administrative offices through their service as Daoist officials (daoguan 道官) who were charged by the Ming state to oversee all local Daoist affairs in the Nanyang region. The stele records from the Martial Marquis Shrine suggest that Li Zhiqiang 李治强, a Nanwu cleric of the 8th generation, served as the Daoist official of the prefectural Daoist registrar office (daoji si 道纪司) housed at the shrine from at the latest 1632 to 1640, perhaps even beyond that date. The 1658 stele also reveals that even after the Qing conquest of Henan, three other attending Nanwu clerics, Tian Xiaozhen 田霄珍 and Pei Xiaojing 裴霄静 both of the 14th generation, and Yang Gongsheng 杨功胜 of the 16th generation of the order, continued to serve as the Daoist officials of the Nanyang prefectural and county Daoist office which had relocated to the Xuanmiao Belvedere, a fact suggestive of the status and influence of the Nanwu Sect among all the Quanzhen Daoists in the late Ming and the early Qing Nanyang. ②

As the Three Sovereigns Shrine became increasingly integrated with the newly established and more prestigious Sage of Medicine Shrine after the Qing conquest, the Nanwu clerical presence at and their involvement in the management of the shrine began to be documented more consistently in reliable and corroborated local records.

① See Yang Jingxu, "Zhang dajiangjun shouyi kugu pei", stele rubbing in my collection.

② Chen Jiushao, "Zhuge Wuhou ci lihui jiansi bei"(1632), anonymous, "Chongxiu Wuhou ci shanmen"(1638), and anonymous, "Wanjun chengxi Wolonggang"(1640); and also Yang Jingxu, "Zhang dajiangjun shouyi kugu pei", stele rubbing in my collection.

For over one hundred and seventy years between 1710 and 1883, the Nanwu clerics served as the shrine managers at the Sage of Medicine Shrine, except for a few brief interruptions that involved seizure and occupation of the shrines by Buddhist monks. During this period, the Nanwu clerics were retained served as shrine keepers by their patron: the local physicians in Nanyang. In that capacity, they helped officiated the seasonal ritual events at the shrine, and managed the shrine's physical upkeep and its endowment lands (miaotian 庙田). But their relationship with their physician guild was by no means exclusive. Indeed, as we shall see, as members of a Quanzhen sub-sect and residents of a private shrine, the Nanwu clerics had their pejoratives and priorities which at times put them at odds with their physicians-patrons. As the shrine also accommodated ordinary followers of the cult of Lord Sage of Medicine aside from the physicians, the Nanwu clerics often aligned themselves with their folk patrons in shaping the ritual meanings and practice at the shrine based on their vision and interests.

Existing stele records show that except for a brief period leading up to 1883, the integrated shrines of the Three Sovereigns and the Sage of Medicine were under the control of at least six successive generations the 15th (shang 上 or 尚), the 16th (gong 功), the 17th (cheng 成), the 18th (bi 必), the 19th (you 有), the 20th (ming 名) and the 21 st (da 大) of the Quanzhen Nanwu Sect clerics who served as the resident shrine managers and keepers (zhuchi 住持) for more than one hundred seventy-three years.

These Nanwu shrine keepers ran the shrines primarily as their private lineage shrine (zisun miao 子孙庙) where the senior clerics adopted disciples and passed on their management duties and benefits down to their disciples, much as a father would pass his possessions to his sons. They also often cohabited together like a family household with one, and sometimes three generations of their own disciple-sons and grandsons together. ①

As a 1710 temple stele shows, a total of at least twelve Nanwu clerics of three successive generations inhabited the Sage of Medicine Shrine. Co-priors Liu Shangyi 刘尚义 and Liang Shangyou 梁尚有 of the 15th generation led a cleric community composed of seven disciples of the 16th generation, and three disciples of the 17th generation. Twenty years later in 1730, another stele inscription shows that the shrine's clerics were now led by prior Yong Gongfu 勇功福, one of the 16th generation disciples under Liu and Liang. By 1770, Nanyang physicians entrusted the management of the shrine to prior Li Chengxun 李成训, a Nanwu cleric of the 17th generation. Li served in that post for twenty-one years until his death in 1791. By then, another stele shows that prior Kong Bihui 孔必辉 who was Li's own disciple and a 18th generation cleric of the Nanwu Sect had taken over as the shrine resident manager. By 1829, the shrine was under the charge of prior Sun Shangyou 孙尚有 and his disciple Fan Mingtong 范名通, a cleric of the 20th generation of the Nanwu Sect. We have little information about the shrine keepers from thereon until 1883 when a temple stele inscription recorded that the presiding prior Zhou Mingran 周名冉 was expelled by the Nanyang physicians for illicitly pawning the shrine's endowment lands. ②

Though seldom mentioned in the shrine's records, there is no doubt that the Nanwu clerics as resident managers played an important role in shaping the ritual life and space at the physicians'

① For a discussion of the small and private Daoist temples, see Vincent Goossaert, *Taoists of Peking*, 1800-1949, Cambridge, MA: Harvard Asia Center/Harvard University Press, 2007.

② See "香火地亩碑记"(1710), "重修医圣祠门楼碑记"(1730), "蠲赎地亩合赡三皇庙医圣祠碑记"(1770), "继修医圣祠春碁亭碑记" (1794), and "二次赎地碑文"(1829).

guild temple. Like their counterparts in any guild temples, the Nanwu shrine managers, the Nanwu temple keepers managed a host of duties to ensure the proper operations of the shrine as both the ritual shrine, and professional guild hall for the Nanyang physicians.

The endowment lands were crucial to sustained operations of the shrine as ritual and professional venue for the physicians. Shortly after its founding, the Sage of Medicine Shrine received a large donation of land of 400 mu from a prominent local physician. The shrine's endowment lands had since steadily increased to about 700 mu by 1883, becoming the main source of revenue that supported the daily operations at the shrine and the livelihood of its resident managers. Scattered in many different locales outside the Nanyang city wall, and faced with often inclement weather, the annual yields from these lands were unreliable. In times of a drought or flood, they may even end with a total crop failure. ① As the shrine keepers, the Nanwu residents were charged with the challenging duties of land management, from recruiting the proper renters, through overseeing the rental contracts, to collecting the annual grains.

In addition, they were also entrusted with the physical upkeep of the shrine. This task became extremely difficult when the shrine endowment lands failed to bring in their annual rents. As a result, the Nanwu resident managers often had to raise funds by mobilizing their patrons and even dip into their own purses to pay for the necessary repairs or renovation at the shrine. A 1794 stele inscription tells a moving story about how the Nanwu resident clerics' persistent

① The first major endowment lands were located near Jiajia qiao 贾家桥 whereas another piece of 50 mu farmland donated in 1710 mu was near Chaizhuang 柴庄 located in the northeast suburbs of Nanyang. See Yuan Shu "Juanshu dimu heshan Sanhuang miao Yisheng ci beiji 蠲赎地亩合赡三皇庙医圣祠碑记" (1770), and Li Long 李隆, "Xianghuo dimu beiji 香火地亩碑记" (1710), stele rubbing in my collection.

and selfless efforts to collaborate with their literati patrons in completing a major renovation at the shrine.

As one of the major attractions in Nanyang, the Sage of Medicine Shrine boasted a tall and roofed viewing tower known as the Pavilion of Spring Terrace (Chuntai ting 春台亭). Every spring and fall, the towering terrace attracted both pilgrims and visitors to the shrine to climb and gain a vista of the surrounding fields and the winding White River flowing southward to its east. But since its first construction, the heavy human traffic over time also brought severe tear and wear to the structure, causing it to fall in repeated disrepair. Between 1730 and 1794, three generations of the Li's, a local literati family, mounted several efforts to keep up with the repair of the dilapidated tower. Following his grandfather Li Bosun 李伯逊's initial repair in 1730, Li Tianru tried to organize another repair sometime in the early 1780s. Yet despite his efforts and donations from fellow literati in the community, the repair fell short because of lack of funds. At this critical juncture, the shrine's resident keepers Li Chengxun and his disciple Kong Bihui stepped forward to help. They not only raised additional funds from the community, but also made donations out of their purse for the repair. Before the repair was completed, prior Li died. Yet his disciple Kong remained undaunted in the fundraising efforts. It was with the additional funds raised and donated by the Nanwu shrine managers that Li Tianru was finally able to complete the repair in 1788. ①

Under his tenure between 1788 and early 1810, prior Kong Bihui mounted a major renovation of the Three Sovereigns Shrine in the front of the integrated shrine complex. This time, prior Kong

① See Fang Congzhi 方从直, "Jixiu Yisheng ci Chuntai ting beiji 继修医圣祠春台亭碑记" (1794), stele rubbing in my collection.

retained itinerary Daoist clerics (youfang daoshi 游方道士) who carried the fundraising placards on their back and walked throughout the streets and neighborhoods in and around Nanyang to raise the necessary funds for the renovation. His utter devotion to and success in renovating the shrine's main hall of worship so inspired many business owners, government clerks, and literati members of Nanyang that they contributed additional funds which paid for the new gold foils and the new paint on the statuettes of the sovereigns and sages of medicine at the shrine. ①

Nanwu Sect Clerics as Ritual Managers for the Physicians Guild

For the physicians in Nanyang, the Three Sovereigns Shrine which was first built in 1546 at the allegedly the old site of the Yuan shrine and the Sage of Medicine Shrine built in 1668 were not merely the physical venue of the Nanyang physicians guild, but they also came to symbolize the physicians' collective vision of medicine. ② Both were established and sustained by the Confucian physicians (ruyi 儒医) in Nanyang, with Three Sovereigns Shrine strongly endorsed by the local Ming Tang principality, and the Sage of Medicine Shrine patronized by the early Qing local officials. The pantheon of medicine worshipped in the Three Sovereigns Shrine seemed to have initially reflected the Yuan-era medical ritual tradition of the state worship as

---

① See Peng Jianye 彭建业, "重新金妆三皇圣道祖十代名医神像石碣" (1810), stele rubbing in my collection.

② See "Dadu Sanhuang miao ji 大都三皇庙记" in *Zhizheng ji*《至正集》, j. 44, pp. 5b-9a. For a recent study of the Yuan medical schools and administration, see Reiko Shino, "Medical Schools and the Temple of the Three Progenitors in Yuan China: A Case Study of Cross-Cultural Interactions", JAS, pp. 106-23.

recorded in the Ming Ministry of Rites' stipulations spelled out in *Taichang si xukao*《太常寺续考》. The shrine's main hall housed the statues of the Three Sovereigns, and flanking them were ten prominent physicians (mingyi 名医): Qi Bo 歧伯, XXX, XXX (Lei Gong 雷公? Bian Que 扁鹊?), Chunyu Yi 淳于意, Zhang Ji, Hua Tuo 华佗, Wang Shuhe 王叔和, Huangfu Mi 皇甫谧, Ge Hong 葛洪, and Sun Simiao 孙思邈. It is important to note that as of 1546 Zhang Zhongjing, was one among the ten "prominent physicians" in attendance to the Three Sovereigns in the main hall of the Ming shrine. ① But beginning from the early Qing conquest of the Central Plain, as the newly constructed Sage of Medicine Shrine and the Tomb of Zhang Zhongjing located at the back came to incorporate the old Three Sovereigns Shrine, the focus of the Nanyang physicians' ritual worship also shifted gradually to Zhang Zhongjing as the "Sage of Medicine"(yi sheng 医圣), even as they continued to render their annual sacrifices to the Three Sovereigns and other prominent physicians at both shrines.

The orthodox pantheon at both shrines reflected also the Nanyang physicians' collective vision of medicine as a transmitted body of knowledge derived from the legendary founders of Chinese civilization. The 1546 stele inscription composed by the Ming prince first gave voice to this vision by characterizing medicine as a life-saving learning and practice which only became possible, when the deities such as Divine Farmer (Shennong 神农) explored the medicinal properties of plants and vegetations by exhaustively

① See Sichengzi 思诚子, "Xinjian Sanhuang miao ji 新建三皇庙记", 1546, stele rubbing in my collection. For a description of the physical layout of the pantheon of medicine inside the Yuan era Three Sovereigns Shrine, see *Appendix* 1: the illustrated pantheon of medicine as recorded in a Ming era history of the Court of Imperial Sacrifices.

sampling them (shi caomu yi tan yaoxing 食草木以探药性), and when prominent physicians such as Zhang Zhongjing developed formulaic recipes by making fine distinctions among illnesses (ji bian lun yi zhu fang 极辩论以著方). ① Implicit in the language here is thus the Nanyang physicians' understanding of medicine as derivative from experiment, evidentiary reasoning, and rational discourse. Thus, the late Ming physicians in Nanyang saw the sovereigns' legendary explorations in the plant world and the early physicians' careful distinction and categorization of illnesses as forming the very foundation and fountainhead of their medical learning and practice.

The shrines themselves also came to be physical focal venue where the Nanyang physicians first came to assert their shared sense of a closely knit community as they first dedicated to the Three Sovereigns Shrine a placard entitled: "Ancestors of Medicine for Ten Thousand Generations"(wanshi yizong 万世医宗) and bearing their collective signature as the Fellows of the Medical Circle of Nanyang (Nanyang yijie tongren 南阳医界同仁) in 1573. ② They continued to assert and reinforce their sense of a professional community through their sustained supervision over and sometime even direct intervention of the Nanwu Daoist clerical management of their shrines by reasserting their ownership right several times over the endowment lands which they had donated to the shrine several times between

① See Sicheng zi, "Xinjian Sanhuang miao ji"(1546), digital image of the stele in my possession.

② The Ming wooden placard has since been removed from its original location when the Three Sovereigns Shrine was torn down in 1983, and it is now hung over the Zhang Zhongjing Tomb.

1710 and 1883. ①

But most significantly, the Nanyang physicians embraced the shrines as a place where they maintained their social and professional bonds, and transmitted their vision of medicine as a canonical body of knowledge and practice through their shared ritual ceremony several times throughout the year. Writing in 1880s on the early history of the shrine, Cao Guangren 曹广仁, a late 19th century physician from a long lineage of local doctors, told his readers:

Medicine owes its pioneering innovations to its early masters, whereas the Way is treasured for its transmission which is possible only through congregation and discourse. This is how shrines and its guild chambers came to be built in the first place.

According to Cao, the late Ming physicians built the shrine's main hall (zhengdian 正殿) to honor the Three Sovereigns as the "primal ancestors" of medicine (yidao zhi zu 医道之祖), and to worship the early Prominent Physicians as innovators and transmitters who further expanded the Way of the Sovereigns (Sanhuang zhi dao 三皇之道).

To Cao and his colleagues, the physical layout of the Ming shrine and the Sage of Medicine Shrine was also meant to serve the ritual, social and professional needs of the Nanyang physicians. On both sides of the main halls were the east and west wing chambers (liangwu 两庑) which housed the local physicians' guild (yilin huiguan 医林会馆). The guild chambers were the place where local physicians congregated to discuss the principles of medicine (huiguan

① See Li Long, "Xianghuo dimu beiji 香火地亩碑记" (1710), Yuan Shu, "Juanshu dimu heshan Sanhuang miao Yisheng ci beiji 蠲赎地亩合赡三皇庙医圣祠碑记" (1770), "Erci shudi beiwen 二次赎地碑文" (1829), and "Sanci shudi jilue 三次赎地记略" (1883), digital images of the steles in my collection.

wei zhong yishi jutan yili zhi suo 会馆为众医士聚谈医理之所). In addition, a rear hall (houdian 后殿) was also constructed as a venue for local medical students to pay homage to the early physicians with sacrifices (houxue jisi baoben zhi di 后学祭祀报本之地).

The Nanwu resident clerics at the shrines played a crucial role in assisting and officiating the physicians' seasonal sacrifices and worship to the sovereigns and sage of medicine there, even though their specific roles in these ritual events were seldom mentioned. But in their 1883 shrine stele inscription recording their collective decision to evict the Nanwu clerics for illegal pawns of the shrine's endowment lands, the Nanyang physicians instructed the newly installed prior Zhang Zongxuan, a Longmen Sect master presiding the prestigious public Quanzhen Monastery of Dark Mystery in Nanyang to assume and adhere strictly to the old management duties. These included "hosting and officiating the seasonal rites of salvation, staging theatrical plays, and rendering sacrifices (xiujiao yanxi jisi 修醮、演戏、祭祀)." According to Cao, the sacrificial rites to the sovereigns and prominent physicians were held twice a year: on the third day of the third month (shangyi 上巳) in the late spring, and on the ninth of the ninth month (chongyang 重阳) in the fall. The Nanyang prefects and the Nanyang county magistrates would lead the ritual by rendering sacrifices to the sovereigns in the front main hall. In addition to the sacrifices to the sovereigns, the members of the Nanyang physicians guild also regularly made offerings to the famous physicians there on their respective birthdates. For instance, the physicians paid their homage to Lord Ge Hong on the ninth day of the ninth moon in the fall. These rituals not only instilled a sense of medicine as a transmission from the sovereigns, but they also provided opportunities for the discussion and transmission of medical knowledge among the members of the Nanyang physician guild. ①

So aside from taking care of the physical upkeep of the shrines, the Nanwu clerics also managed the spring and autumn ritual sacrifices from the late Ming onwards. Like their counterparts in guild temples elsewhere in China, they were also entrusted by their patrons to procure and prepare the goods for these sacrifices, and helped officiate the seasonal rites wherein the Nanyang physicians, their patrons paid tributes to their patron gods: the sovereigns and prominent physicians at the shrine. In this sense, the Nanwu clerics acted as ritual collaborators in Nanyang physicians' efforts to establish and perpetuate their orthodox view of medicine as a canonical body of textual learning and knowledge produced by the sovereigns, and further developed and transmitted by early famous sagely physicians such as Zhang Zhongjing down to the contemporary practitioners.

Managing the Folk Healing Medicine: Feng Ying'ao's Dream Cure

But in Nanyang, there is also a competing vision of medicine not so much as a body of canonic knowledge transmitted among physicians, but as a divine encounter of healing. This vision of medicine as magic found its most eloquent expression in the widely-circulated story about how Feng Ying'ao was magically cured of his life-threatening cold-damage malady in dream encounter with none

① See Cao Hongen 曹鸿恩, "Yilin huiguan zuzhi zhi jingguo 医林会馆组织之经过" (1883) in Cao Deyu 曹德宇 and Shui Zili 水子立, eds., *Nanyang xiangxian Yisheng Zhang Zhongjing cimu zhi*《南阳乡贤医圣张仲景祠墓志》(1884), reprint edition, Nanyang: Nanyang yixue hui, 1936, 28b-29b.

other than Zhang Zhongjing, the Sagely Patriarch (Sheng zu 圣祖) as Feng called him.

It so happened that in early spring of 1628, Feng Ying'ao 冯应鳌 (z. Guangwen 广文, fl. 1630s-1650s) from Lanyang 兰阳 contracted a life-threatening case of the cold-damage illness. As he lay dying in bed, Feng suddenly saw a divine man dressed in yellow robe and donning a golden crown rubbing his body with his hands. Immediately, he felt all the passes in his body were unblocked and he felt alive again. The divine man then revealed that he was Zhang Zhongjing. As a repayment, Zhang asked Feng to travel to Nanyang to find and protect his tomb from being breached by some local well-diggers. As Feng came, the divine disappeared. But Feng soon recovered from his illness. In the fall of that year, Feng vowed to repay the debt of life. He traveled to Nanyang and began his efforts to find and rebuild the tomb. Though encountering initial setbacks and ridicule by the some locals, Feng's story soon spread far and wide in Nanyang. ①

Feng's efforts to repair Zhang's tomb soon found a powerful patron in Zhang Sanyi 张三异, a co-prefect (tongzhi 同知) of Nanyang and a self-claimed descendent to Zhang Zhongjing. But the co-prefect's interest in Zhang Zhongjing was motivated by more than his ancestral nostalgia. Indeed, in the aftermath of the Manchu conquest of Nanyang, the whole Nanyang was undergoing a massive reconstruction. Repairing the war-ravaged temples and rebuilding the breached city-walls were part of the larger Qing efforts to pacify the

① See Feng Ying'ao, "Lingying beiji 灵应碑记" (1628), digital image of the 1940 re-carved stele in my collection, and "Han Changsha taishou Yisheng Zhang Zhongjing cimu beiji 汉长沙太守医圣张仲景祠墓碑记"(1656) in Cao and Shui, *Nanyang xiangxian* (1884), pp. 11a-15a.

war-shocked population and to restore the traditional moral-symbolic order in the local community. As a symbol of both the craft and profession of "saving life and reviving the dead," Zhang Zhongjing, the highly revered sage of medicine and a Nanyang native, held special political and moral resonance for the local community. It is against this larger background that prefect Zhang and nearly twenty or so ranking officials of the early Nanyang regime, including a dozen or so magistrates of the surrounding counties and subprefectures affiliated under Nanyang prefecture poured both their enthusiasm and money into constructing the Sage of Medicine Shrine and the tomb devoted to the worship of Zhang Zhongjing in 1656. ①

But aside from the officially sanctioned story of Zhang Zhongjing, what seemed to have really appealed to the ordinary Nanyang residents of the late Ming and early Qing era was not so much the patron sage who personified the canonical medicine which the Nanyang physicians guild held in high regard, but rather the powerful efficacious divine healer who delivered his cure by touching and stroking, and who commanded and received acts of worship and repayment from his devoted patients. Belief and devotion, not learning and erudition, were the key to the efficacy of healing. It was with the Nanwu clerics' assistance and patronage that the popular vision of medicine and associated deities and practices of healing were gradually integrated into the Sage of Medicine Shrine and the Zhang Tomb, the sacred venue for the Nanyang literati and Confucian physicians community. In the process, the Nanwu resident clerics

① See Zhang Sanyi, "Mujian Zhang Yisheng ci xu《募建张医圣祠序》"(1656) in Cao and Shui, *Nanyang xiangxian* (1884), and Sang Yun 桑芸, "Han Changsha taishou yisheng Zhang Zhongjing cimu beiji 汉长沙太守医圣张仲景祠墓碑记"(1656), digital images of both steles in my collection.

also changed and reconfigured the ritual pantheon of the physicians' guild shrine.

Accommodating the Shifting Pantheon and Divinatory Healing Practices

In 1883, a scandal broke out at the Sage of Medicine Shrine where the Nanwu resident clerics allegedly pawned away the shrine's endowment lands. The scandal was resolved when Cao Hong'en and fellow members of the Nanyang physician guild expelled the Nanwu residents and entrusted the shrine with Zhang Zongxuan 张宗璇(? - 1887), the abbot of the Longmen Sect dominated public Belvedere of the Dark Mystery.

But the incident revealed the underlying tension and divergent interests between the Nanyang physicians and the Nanwu shrine keepers at the Sage of Medicine Shrine. Part of the tension seems to have originated also from the Nanyang folk perception of Zhang Zhongjing as a healing god, rather than the epitome and sage of the canonical medicine. This difference in perception was further compounded by the divergent interests among the physicians, Daoist clerics, and the common folk healing practice believers in Nanyang, and subtly revealed in the gradually changing pantheon worshipped at the shrine.

While it remains indisputable that from its founding in 1656 to the early Republican period, the donors and patrons of the Sage of Medicine Shrine consisted consistently of physicians, drugstore owners, herbal merchants and literati members, the shrine also accommodated followers whose profession and station in life were not related to medicine. Indeed, we can already see the early signs of the folk deification of Zhang Zhongjing at the shrine in 1656 when its founding donors included quite a few lowly yamen clerks and ordinary commoners. The donor lists to the shrine ever since then continued to include commoners, from pawnshop owners and salt merchants in addition to the lowly yamen clerks and runners. ①

A 1730 stele inscription gives us some even clearer evidence of how Zhang Zhongjing came to be deified in the eyes of the Nanyang locals. Zhu Wanzhang, the magistrate of the Wei county in Xuanhua and a native of Nanyang summarized how local people came to see Zhang as a god:

He once achieved prominence for his divine efficacy among fellow countrymen who later revered and treated him as a god. ②

But the more visible icons of the folk deification of Zhang Zhongjing and other healing deities can be seen in the gradually shifting pantheon at the Sage of Medicine Shrine. An 1837 stele lists the presence of the statues of the Lord Buddha (foye 佛爷), Zhang Zhongjing, the Dharma statue of the Medical Sage administering his divine cure (yisheng xingsheng faxiang 医圣行神法象), the King of Medicine (Yaowang 药王), the Dragon King (Longwang 龙王), the City God (Chenghuang 城隍), the earth god (Tudi 土地), and the Tablet to the Canon on the Cold Damages (Shanghan lun paiwei 伤寒论牌位). The language of the stele inscription suggests that these statues had been part of the shrine pantheon long before the 1837 repair and repaint by the craftsmen. Additionally, the stele also mentions that repair work was completed on the walls, doors, and

① See Sang Yun, "Han Changsha taishou yisheng Zhang Zhongjing cimu beiji 汉长沙太守医圣张仲景祠墓碑记"(1656); Li Long, *Xianghuo* dimu beiji (1710); and anonymous, "Chongxin jinzhuang Sanhuang shengdaozu shidai mingyi shenxiang shi jie 重新金妆三皇圣道祖十代名医神像石碣"(1810), all digital images of the stele inscriptions in my collection.

② See Zhu Wanzhang 祝万章, "Chongxiu Yisheng ci menlou beiji 重修医圣祠门楼碑记"(1730), digital image of the stele inscription in my collection.

the courtyard walls of the main hall, and specifically on the Yellow Dragon Hall (Huanglong miao 黄龙庙) at the Sage of Medicine Shrine. Lastly but most relevantly, the inscription makes a particular mention that the shrine's Daoist resident manager (zhuchi 住持) used a portion of the donations in hosting four meals for the donors to the repair project.

These details reveal several fascinating changes in both the shrine pantheon and the constituents of patronage at the Sage of Medicine Shrine by the early 19th century. First, by 1830s at the latest, and probably even earlier, the Sage of Medicine Shrine was no longer the exclusive ritual and social domain for the Nanyang physicians. Alongside the standard pantheon as shown above in the illustration which was worshipped by the Nanyang physicians since the late Ming, the Nanyang Sage of Medicine Shrine now accommodated much less orthodox deities of medicine and healing amidst its pantheon. Such mixed pantheon composed of local and less orthodox healing deities with vaulted sovereigns, sages and famous physicians at the shrine was in no small measure a ritual accommodation which the Nanwu clerics made with the fold cult of the Lord Sage of Medicine in Nanyang, and continued through the rest of the 19th century to the early Republican era. In 1933, a physician from Xi'an who visited the shrine's main hall described the layout therein:

The Shrine's main hall is composed of three chambers. In the middle chamber, the statue of Zhongjing wearing a golden crown and yellow robe is worshipped … To his left were the statues of the six physicians who annotated Zhang's canonical "Treatise on the Cold Damages". To his right was the statue of the Sun the Perfected Man (Sun zhenren xiang 孙真人像). In the east chamber was the statue of Lord Zhou Jinfu, and in the west chamber was the

Divine Physician He the Immortal (*Shenyi He xian* 神医何仙). *Several other statues of deities were also placed therein. It is truly dubious and out of order* (*canhu qijian bulunbulei* 参乎其间，不伦不类)! *These deities were wantonly and capriciously added in the hall by the locals since the Daoguan reign* (1827-1843)... ①

The 1837 stele inscription makes clear that the inclusion of the deities was endorsed and achieved with the Nanwu clerical help. The Daoist clerical interest in inducting these popular deities into the shrine pantheon may be driven primarily by their desire to accommodate the religious beliefs of the average devotees who frequented their shrine for a variety of reasons. As their difficulties may not be resolved by the standard and orthodox gods and deities housed at the Sage of Medicine Shrine, the demand for efficacious interventions by other deities, however dubious or heterodox, still had to be met.

Alongside the mixed pantheon, we can still find linguistic traces of the popular tendency to deify Zhang Zhongjing as a local healing god, rather than the sage of canonical medicine in the reverential titles average contemporary Nanyang devotees bestow upon him. Instead of referring Zhang Zhongjing by his proverbial title as the "sage of medicine," Nanyang locals today are more likely to address him as "Lord or Grandpa Sage of Medicine (Yisheng ye 医圣爷)", or "Lord Patriarch (Zushi ye 祖师爷)." In Nanyang dialects, the suffix of "ye" added to the standard title invokes both personal endearment and reverential awe at the same time. ②

① Huang Weihan, "Ye Nanyang Yisheng ci Zhang Zhongjing ci mu ji 谒南阳医圣祠张仲景祠墓记" in his *Yishi congkan*《医事丛刊》, Nanyang: Nanyang Yisheng ci, 1939, 20a-24a.

② This is based on my fieldwork notes taken from 2007 to the spring of 2011.

There is no doubt that the Nanwu residents at the shrine were beholden to their main patrons: the physicians, as they depended on the rents from the physicians-donated endowment land for their livelihood, and were chiefly responsible for staging and officiating the physicians' annual homage and ritual sacrifice to their patron deities at the shrine. But as with temple residents in other places, the Nanwu resident managers were by no means exclusive clients to the physicians alone. As the shrine managers, they were ideally positioned to meet the popular demand for efficacious deities who might be less acceptable to their patron, but who brought in more devotees with incenses and money.

Aside from the induction of the popular deities into the shrine, the practice of healing by divination slips (ling qian 灵签) at the Sage of Medicine Shrine is another vestige of the Nanwu clerical accommodation with the folk beliefs. Though the details are still lacking, the Sage of Medicine Shrine had evolved a sophisticated system of divination healing practices which became widely known throughout Nanyang by the late Qing period. After many regular physicians had failed to cure their illnesses, many believer—patients or their relatives would pin their last hope of a cure on their visit to the shrine. After offering their prayers and burning a stick of incense on their knees to the medical sage lord, the patients or their relatives would draw a lot stick by shaking the holder violently. A lot stick would then fall out of the lots holder. By showing the drawn lot stick to the attendant Daoist cleric at the shrine, the devotee would be given a paper slip imprinted with the proper formula recipe of herbs with a confirmatory diagnosis on the malady in question. Many would then go to the local apothecaries and fill the divine formula (*shenfang* 神方) by buying all the prescribed herbs which they would then faithfully take at home.

Liang Ruifeng, an early Republican government official took a visit to the shrine in the fall of 1937 on behalf of his mother who suffered from a severe case of pulmonary condition. While there, he offered his prayers to the medical sage lord. Upon his return home with the divine formula a few days later, Liang's mother told him that she started experiencing a magical turn for the better a few days earlier. After verifying the exact day and time of when this miraculous improvement first began, Liang ascertained that it coincided exactly with the moment when he began to offer his pious prayers to the medical sage at the shrine! ①

In my ongoing fieldwork in Nanyang, I continue to encounter a variety of local healing practices centered on the Zhang Zhongjing tomb. Even though written records reveal little about any historical linkage between these contemporary healing practices and the Ming magical healing in Feng Ying'ao's case, it is clear that the underlying logic of these contemporary healing practices seem to share with that of the divine healing of the late Ming period, and the divinatory healing methods of the Qing period. Devotees whom I interviewed in Nanyang in the past few years assure me of the "ancient origins" of their faith healing practices.

One contemporary healing practice involves praying for the efficacious drug by placing a carefully folded small triangular paper pecks (yao dou 药斗) directly on the Zhang Zhongjing tomb to catch the bestowed divine drugs from the lord. After offering prayers and explaining one's symptoms on their knees to Lord Sage of Medicine,

① This description is based on both archival records which have survived in the Nanyang Municipal Archives, and on contemporary gazetteers and field interviews. See Liang Ruifeng 梁瑞峰, "Chongkan lingying bei ji 重刊灵应碑记"(1940), digital photo of the stele inscription. See also stele rubbing held at Nanyang Archives, # B-5 (3-57), and Wang and Tang, *Yisheng Zhang Zhongjing yu Yisheng ci wenhua*, pp. 161-327.

the devotees believe that the Lord would deposit his invisible yet potently curative medicine into the paper pecks. Contemporary devotees in Nanyang explain that there are two ways of consuming the divine medicine: some tear off the bottom tip of the paper peck and swallow it since they believe the Lord's drugs settle to the bottom of the paper peck, while other would ingest the whole folded paper peck as they believe that it contains the full dosage of the divine drugs. ①

Conclusions

Reflecting on the Nanyang case, we can draw a few preliminary conclusions. First, this study affords us a rare and close examination of a Quanzhen Daoist lineage or sect in the local community of Nanyang from the late Ming to the late Qing periods. For the first time, we have a rather intimate and sustained look at the internal genealogical structure and daily operations of several Nanwu clerical coteries at two major temples in Nanyang over a period of 240 years. In addition, we are also afforded a close examination of how these Nanwu clerical groups engaged with local state officials, local professional elite, and ordinary people there in shaping their ritual, political and social life. It further expands and enriches our present understanding of the Quanzhen Daoist's roles and functions in local society, and their dynamic with their elite and commoner patrons. As such, it constitutes an important contribution to the field of Quanzhen Daoist studies, especially the social history of Daoism and local society of late imperial China.

---

① See my fieldwork video recordings from 2008, 2009, 2010, and the spring of 2011. See also my interview with M. Wang Guixiang 王绣兰 on Feb 20th, 2011.

As a group, Quanzhen Nanwu Sect clerics' presence at the Sage of Medicine Shrine came to an abrupt end in the year of 1883 when the leaders of Nanyang physicians guild found out about their unauthorized and illicit sales and pawns of the shrine's endowment land. Their physician patrons decided to evict all of them from the guild shrine. The eviction effectively ended the 173 years of continued Nanwu clerical presence at the shrine. Yet during their tenure as the shrine keepers and ritual managers, several generations of the Quanzhen Nanwu Daoists played significant roles in shaping the ritual life and structure centered at the combine shrines, as they gradually evolved into a sacred space with multivalent meanings and functions to a mixed and varied constituency from the late Ming to the late Qing periods.

During their tenure from the last Ming to the late Qing, the Nanwu Sect clerics lived and worked at major local shrines as a fictive kinship group. The remaining steles at both the Martial Marquis Shrine and the Sage of Medicine Shrine suggest that there were several, at times, even four generations of the Nanwu Sect members sharing living quarters, resources, and duties at these local temple or shrines in Nanyang. Though the surviving record does not contain any lengthy and assertive pronouncements by Nanwu clerics about whom they were, yet their persistent, albeit brief self-referents such as, disciples (tu 徒), grandsons (sun 孙), or grandson-disciples (tusun 徒孙) on the steles, unequivocally attest to their clear and strong sense of self-identity as a religious fictive kinship organization. To the outside world, especially those belonging to other Quanzhen sects or lineages, the deployment of these genealogical characters was meant to convey a sense of a religious group identity. Such self and group identities not only assert the Nanwu Sect as different from other Quanzhen sects, but more importantly, they project the Nanwu clerics as a religious institution with an established record of sustained lineage transmission and power in local society. To those within the Nanwu Sect, such self-identity clearly delineates and conveys the sect's internal hierarchy based on age and experience, and ensures and enforces group integration and order among its members. Indeed, this strong sense of both a self and group identity may have contributed to the Nanwu Sect's sustained presence and even dominance at major temples in Nanyang from the late Ming to the Late Qing periods.

Aside from their identity, what sustained the Nanwu clerics' sustained presence in Nanyang society was also the range of duties and functions which they performed at their patrons' temples. At both the Martial Marquis Shrine and the Sage of Medicine Shrine, the Nanwu clerics were not only entrusted with the routine yet often challenging duties of the physical upkeeps and daily operations of the temples, but they were also charged by local officials and elite with the task of assisting and/or officiating the respective official worships of Zhang Zhongjing and Zhuge Liang. While their roles as ritual officiants at these temples were not only in keeping with their status as shrine keepers retained by local state officials or local physicians' guild, the Nanwu clerics' ritual services not only sustained and solidified the state orthodox in the realm of political symbolism and morality at the Martial Marquis Shrine, and the orthodox of canonical medicine and medical pantheon at the Sage of Medicine Shrine, but they also strengthened institutional, cultural and economic alliance between the Nanwu clerics and their patrons in local officials and elite. This is particularly evident in the case of the Sage of Medicine Shrine. With the construction of the Sage of Medicine Shrine in 1658 and the shift of the ritual focus from the Three Sovereigns housed in the old Ming shrine to Zhang Zhongjing as the sage of medicine, the

Quanzhen clerics, probably of the Nanwu Sect during the early Qing era joined the Nanyang local physicians in fostering the ascendance of the officially sanctioned cult of Zhang Zhongjing, the sage of canonical medicine (yisheng 医圣) and the epitome of benevolent medicine and governance (renzheng 仁政) at a critical time when the nascent Qing conquest regime was trying to consolidate its legitimacy and control in Nanyang.

But even as the Nanwu Daoists at the shrine accommodated the needs of conquest politics, they never seemed to have completely lost sight of their own interests nor the local community's needs in ritual and healing practices. In this regard, we must be cautious about the Nanyang physicians' complaint about the Quanzhen clerical avarice in appropriating and selling the entrusted shrine endowment lands, because such complaints by Nanyang physicians about the Quanzhen clerics' private sales or pawning of the shrine estates also stand in sharp contrast to these physicians' own acknowledgement and record of these Nanwu Sect clerics as selfless and hard-working shrine keepers and ritual managers.

The frequent yet seldom mentioned natural disasters in the Nanyang aside, what prompted the Quanzhen clerics to obvious departures from their more routine and normal conduct seemed to be more structural. Indeed, the physicians themselves who finally removed the Nanwu clerics from the shrine in 1883 appeared to have understood it. Cao Hong'en, the head of the Nanyang Physicians Guild noted that what made the Nanwu clerics prone to making those very infrequent yet unauthorized sales or pawns of the estates was the very institution of a private Daoist Sect running the shrine. They argued that as the shrine and its endowment lands were managed by the Nanwu Sect as a private estate (simiao 私庙), much of the financial obligations and managerial duties remained unknown and unaccountable. They also argued that within a small private shrine, the Nanwu Sect masters tended to treat their disciples as their own families, and passed on the supposedly public or common estate of their patrons to their younger disciples as their own private properties. The natural instincts of the Nanwu clerics as a corporate kinship organization to transmit their managerial duties and residential benefits from one generation to another may be further strengthened and reinforced by their sustained residency and service at the shrine, and perhaps the accompanying sense of entitlement and ownership of the shrine. Indeed, it is not surprising that with long lapses of time, fading memory, and lack of due diligence on the part of the physicians' guild that the Quanzhen clerics at the shrine would have disposed of the shrine properties under their custody with an air of confidence or impudence.

In their management of the ritual space and operations at the shrine, the Nanwu clerics seemed to have also asserted their religious vision and interests. Their accommodation of the local veneration of the magical element in creating and maintaining the folk cults of Zhuge Liang and Zhang Zhongjing demonstrates their clear divergence with their official and literati-physician clients. It is fascinating to note that while a literatus' magical cure provided the initial seed for the ascendance of the Zhang Zhongjing cult in early 17th century Nanyang, this initial magical element of the popular cult was downplayed and even suppressed by the increasingly rationalist and canonically minded Confucian physicians (ruyi 儒医) in Nanyang who patronized the orderly biannual sacrifices to Zhang Zhongjing as the "second sage (yasheng 亚圣)", the medical counterpart to Mencius at the shrine.

But as we have seen, under the charge of the Nanwu shrine keepers, changes in both the pantheon and the healing practices at the

Sage of Medicine Shrine began to appear at the latest from the early 19th century onward. Indeed, even before that point, there was a noted difference between the physicians and officials' veneration of Zhang Zhongjing as the sage of medicine on the one side, and the Nanwu Daoist and folk worship of Zhang as a god of magical healing on the other. As we have seen, the Nanyang physicians and officials' worship of Zhang was based on their perception of him as the erudite sage-physician whose knowledge held the key to saving people's life and potentially the state. In contrast, the Daoist and folk worship centers on Zhang Zhongjing as a magical healing god whose curative prowess came more from his body, the tomb that contained him, or the statue that embodied him, than simply from his learning or canonical writings on illnesses. Further, the post-1830s induction of the less orthodox but popular deities such as the Buddha, the dragon king, and the city god into the pantheon at the Sage of Medicine Shrine and the emergence of the popular divinatory healing practices there clearly marked the major divergence of interests and visions of Nanwu clerics from their literati-physician clients. As we have seen, a similar process of Nanwu clerical accommodation with the local cult of Zhuge Liang as early as the 1630s at the Martial Marquis Shrine where he was revered by the local devotees as a powerful and efficacious deity who responded their sincere pleas for help: from begetting a male heir, through bestowing a crop-saving rain, to curing an entrenched illness.

As I have shown elsewhere,[①] the Nanwu clerics' so-called illegal sale or pawn of temple endowment lands, their ritual alliance with the Nanyang folk cult of Zhang Zhongjing as a healing god at the Sage of

① See Xun Liu, "Physicians, Quanzhen Daoists, and Folk Cult of the Sage of Medicine in Nanyang, 1540s-1950s," *Daoism: Religion, History and Society*, 2014(6):269-334.

Medicine Shrine, and their embrace of with the local commoners' imaginary and worship of Zhuge Liang as a local deity at the Martial Marquis Shrine are all clear evidences that attest to their relative institutional autonomy, and even power in their dealings with their elite and commoner clients. Together they serve to highlight their distinct self and group identity as both the shrine keepers accountable to their elite patrons such as Nanyang officials and local physicians, but at the same time, they also show the Nanwu clerics as autonomous agents and activists who skillfully negotiated their own interests while accommodating and shaping the local ritual beliefs and practices among the state officials, local elite, and commoners alike in late imperial Nanyang.

（作者为美国罗格斯大学中国研究中心主任）

略论晚清青莲教对全真南宗丹功的继承

王琛发

前　言

青莲教的信仰体系，是从传统儒释道三教理念，以及道教关于西王母的叙述，转化升华出相关无极生太极的宇宙观，以说明人心“存天理，去人欲”可以感应天地、开启回归先天无极的因缘，作为终极的超脱生死之道。青莲教的先辈又是从他们的信仰体验，把邵康节论述无极生太极乃至讨论时态变化模式的“元运说”去结合佛道两教的灾劫观，主张宇宙有生有灭，从仙佛到人类都应慈悲公道，性命双修，在末劫中应劫救世，完成生命境界转化。由此建构瑶池信仰道学叙述，也通过解说“一炁”化生天地万物之前还有个“本来”，揭示着青莲教以假名说的“无极瑶池金母，生天生地”即是太极界西王母“生育群品”的本质源头，后者亦是前者在太极境界的应化，从而提出“无极瑶池金母”与昆仑山西王母实为两位一体，教导人类应知自己生命本源即“无极瑶池金母”本体本性在生化宇宙过程化生的原灵，能如母子相忆也能如母子相应，只要恢复本善，就可以和母娘一起完成末劫收圆，将娑婆世界转变成为连贯无极瑶池的极乐净土，从而确保全人类早在物质世界毁灭之前成仙成佛①。

由上述教理，可想而知，青莲教内部，从教众到信众要完成教理实践，也就是要认识本身属于“后天太极界”的躯体，转化有限的血肉之

① 王琛发：《末劫收圆：晚清青莲教的瑶池信仰与其苦难道学》，载赵广明、金泽主编《宗教与哲学》第三辑，社会科学文献出版社，2014年，第362～386页。

躯，以期能感通乃至回归“先天无极”的世界。所以青莲教接引信众求道的《祀佛礼本》，内容也在强调，人一旦诞生，原本就是受到自己血心肉团的妄识影响七情六欲，导致堕入轮回苦海“生生死死，脱骨如山”，人们有机会找到教求道，都得感恩“人身难得，中华难生，道场难遇……见道方修道，闻法早超升”①。从《祀佛礼本》去对照目前南洋各地青莲教或其分支“佛堂”，其道众的神主灵位或墓碑多有刻上“儒门修道”的字眼，可见青莲教勉励大众为人处世，毕竟自认儒门，崇尚以儒家观念言行为本，同时也重视身心“见道方修道，闻法早超升”，讲究以实证经历完成心识的转妄为真、生命的超凡入圣。这真要做起来，还不是口头说说“存天理，去人欲”，或提出应有怎样的一些态度，就真可以做得。《祀佛礼本》为信众求道，是求天地“把理性散将下来”②融入求道者身心，并一再提到“正理身心”③；青莲教作为宗教，内部得有一套说法阐释教义，包括解说释道两教传统以来都在探讨的“性命双修”，才能解决《祀佛礼本》提到的这些“见性”、“生死”与“见道”等等议题。另外，更需确保信众依教奉行，从体验真有感受，深觉有道有理。

而所谓“性命双修”，毕竟涉及个人人身观以及宇宙观，做起来又不仅是个学理的课题，是人人只能凭自己身体实践，从实质上向着身、心、灵三层次贯彻，不能叫人代替的事，而且要确保自己趁着有命去做，还得修出个延年益寿，才能长久做下去。

在过去，中国好些研究青莲教文章，多有引用清廷缴获的教派文献以及官府档案，从民间宗教历史的方向探讨，重视教中人事变迁以及其分支各自发展的社会历史影响；但若从宗教本身的存在意义，或者考虑宗教维续信仰的条件，为何青莲教曾经在中华历史形成既是推广吃素又是抗清的实力庞大群体，同时间又流传在南洋各地，就不能简单解释清朝政府苛政令人不满，或者单纯归咎于清朝对待教派的冲突与压力，反而应注意到，许多教众忠诚，可能由于青莲教提倡儒门以及修道。如

① 《祀佛礼本》，济一堂敬刊，光绪庚辰冬月，第6页。

② 《祀佛礼本》，济一堂敬刊，光绪庚辰冬月，第11页。

③ 《祀佛礼本》，济一堂敬刊，光绪庚辰冬月，第17页。

湖南巡抚裕泰道光十六年奏折，就提到当地新化县有人修习“坐功运气之术，名曰青莲教，是金丹大道，可以却病延年，成仙成佛”①。

可是，这样便引出一个问题。个人要做到“存天理，去人欲”，又要修习金丹大道，把“后天”身躯转化为相契于“先天”本来，如何才能够做到？青莲教五老之中，金祖林依秘自写的《吃紧铭箴注释》提到，做人要“保精养气存神，守身为大儒；书云，此乃修身为本”②，由此可知，青莲教相信鬼神、自认儒门，又强调其教义贯通三教而掌握三教教法之正统，如此信仰实践，一方面，必然是相信圣贤仙佛，以为楷模，也相信人间自有天地鬼神监督、庇佑、赏善罚恶，以全宇宙秩序之完整，不再误认世间一切可以仅凭人事，也不再相信私心情欲做主；另一方面，其祖师对“守身为大儒”的理解，不仅是修养道德的言行，还并列“保精”、“养气”、“存神”，其丹功肯定不离传统道教对这三者的认识，必然把个人修炼强调在去除身上污浊阴气，调整心识情绪，念念分明，以期正气无欲，感通天地，合德鬼神。如此一来，青莲教众如何修炼自己身上“金丹”？如何实现超凡入圣？其丹道方法最早渊源于何处？既然本教自称三教合一，又如何解释自己这套坐功运气合乎三教之正宗？这其实都关系到青莲教教义中的人身观和宇宙观，亦构成它当初能获得信仰的理由。

从南洋现存的青莲教道场去找答案，答案其实也在这些道场里边。当初青莲教的这些道场，因为都是聚居着吃素修道的同道，肩负起在当地收留孤寡或赠医施药的事，所以人们多称“斋堂”或“善堂”。然而，他们也如清代一般道士，也会由一些同道在外唱道情，作为宣教和筹钱的方式。这里有一本光绪五年刊印的《儒童老人卖货歌》，唱道：“回瑶池，奏金母，请旨领降，下九天，指众迷，散普金丹……怎知先天道，一贯心传；到古神州赤县，开一间铺，借世物，命诸佛，卖货尘……俺卖的，指南针，红白各半；俺卖的，诸丝线，缝靴做衫，绣赤龙，能下海，无有隔半；绣

① 《朱批奏折》，道光十六年十月二日湖南巡抚裕泰奏折，转引自马西沙、韩秉方《中国民间宗教史》下册，中国社会科学出版社，1991年，第838页。

② （清）黄中老人：《吃紧铭箴注释》，惠州罗浮山朝元洞藏版，光绪二十九年王裕安重镌，第17页。

黑虎，可上山，冲开三关。”①“儒童”本是彭德源的称号，他作为青莲教19世纪中叶“五行”中的“水祖”，写作这首道情歌，使用的系列关键字眼，如“先天”、“三关”、“赤龙”、“下海”、“黑虎”、“上山”，都是更早的传统道教常用的词汇。要理解青莲教“坐功运气”的传承渊源，其中一种有效方法，或可能是直接去理解青莲教内传丹道，发现其实用丹功词汇、观念、操作方法，是否在遥接着传统道教某一支道脉的丹法。

当然，我们其实也可以参照青莲教所建立历代祖师系谱，根据青莲教以全真南宗白玉蟾加上曹洞宗马祖道一合称“七祖”，以及青莲教表文中常会出现白祖乃至“长春丘真人”、“清静元君”以及诸多“神霄”神仙名称，建立一个印象：认为青莲教或有继承全真系统，尤其是继承着南宗或白玉蟾的道法渊源。可是，丹道传承的真相，毕竟不能忽略修炼方法以及义理内涵，仅仅从教派高举某位先人名堂。如果不是青莲教内部至今留下的文献，加上访问考察教中修道记忆去理解这些先辈的实践经验，毕竟也很难说清，青莲教尊奉这些全真祖师到底是真有传承，抑或仅是形式，甚至会不会是清代官方压制青莲教期间的掩护。

守玄关、修金仙、殿灯喻示翻卦宗

事实上，在青莲教“斋堂”正殿，如何布置神龛前的供桌，有一定的学问，通常必须遵守一些同道互相知悉的暗示规则，这些规则后来也由许多从青莲教分支演变的道门延续，或作些许改变，足以同道中人进门一望知机，晓得大家是同源或分流。其中，布置“母灯”或“无极灯”最为重要。在青莲教的教义，这是揭示其人身观与修道方法的象征，暗喻其所修的“金丹”，是以“先天”丹法为本。对青莲教来说，这样布置，也象征人体卦象，提醒大众入坛所见即见自家之体，拜像求真也当假体修真。

以新加坡、马来西亚、印尼、越南四国现存青莲教道场为例，虽然过

① （清）《初祖自叹色身歌/二祖乐道歌/六祖乐道歌/仙家乐/儒童老人卖货歌》，惠州锦云斋，光绪五年岁次己卯孟冬重刊，第6页。

去南洋各地青莲教各分支系统内部人事大多趋向保守，多数修道人遵守入道誓约与戒律，罕有对外谈论修道内容，可是在马来西亚，至少已故黄子荣身后出版的本科毕业论文《大山脚佛教发展史初探》，提到他访问马国北面"大山脚"镇的青莲教"斋堂"，确实发现好几间斋堂的布置都还是遵守老规矩。即使这些斋堂是在20世纪60年代以后成立，已经由于各种原因归属佛教会，它们也还是尊重保留青莲教老传统，会在正殿长案中间吊着称为"老母火"的佛灯，让它对正底下的水平瓶，表示火在上，水在下①。

如此布置，在乾坤道众间的意义，既然说是代表上离下坎的后天卦象，以比喻后天的人身特征，其实就是相应于离火的心血系统在上，相应于坎水的肾精系统在下。其次，以桌子为界，把灯与水隔开朝拜者与神像，寓意"后天"的人身相对于神龛供奉的"先天"神明，是互相既被隔开，也可以相接，由此进一步提示教众青莲教相契于宇宙观的人身观。奉祀者若从左右绕过供桌，走到桌后行礼，就叫做"旁门转正中"、"后天转先天"。实则在青莲教的传统，如何布置道场与供品，也是一种传承，有个专门形容词汇叫做"借供讲道"②，简而述之，就是传道者设立道场，对供桌和供品的种类、数目、位置都必须有个讲究，以方便传度师主持皈依仪式，指示信众"玄关一窍"，能有个庄严氛围，事后又能从供桌与供品布置的象征意义去说道理，提醒入道众生各种教义，宣扬青莲教信仰的人身观与修道观。

根据青莲教这整套人身观与修道观，人类从未生的胎儿状态到出生为婴孩状态，即重演着宇宙如何从本来先天无极演变向太极生万物的后天形质。从青莲教下南洋的历史可知，青莲教五老之金祖林芳华1871年曾派张东初"再渡"到南洋，负责组织各地分散道众，并向外族传教③，可见这套道学理论之前早已出现了南洋，而且以后有跨国/跨

---

① 黄子荣：《大山脚佛教发展史初探》，马佛青佛教文摘社，2009年，第96页。

② （清）浑浑子：《醒迷要言》，朝元洞藏版，道光三十年版，光绪十九年重镌，第29页。

③ 《东初祖师圣诞》，载《庆祝表文》，惠州罗浮山朝元洞藏版，因封面脱落，出版年代不详，第15页。由于光绪二十年出版了新镌并且添加了下卷的版本，因此这一版本的出版年代当在光绪二十年之前。

族传播的态势。更早，青莲教五老之“水祖”彭德源也曾在道光乙卯年(1855年)拟定教内《慈尊老人十六条规》提及此观点，后人一刊再刊的东初注释本里头，东初更详细解说：“人身中只有一窍，是藏神之舍，以此神在先天，圆陀陀，光灼灼，无尘无垢；因父情母意一动，自己之神混入其内，三家合一而为无极，精施血化而成太极，随母呼吸，待至十月，瓜熟蒂落，哭啼一声，落于后天，四大分张，元神分为六贼。”①按青莲教教义，胎儿到出生那刻犹是头下脚上，到地哭了一声，从此就生在后天世界，头上脚下，身心由先天转后天，从先天卦的乾、坤，转变成后天卦的离、坎，有了生死。所以，祖师解释“因人初生之时干失中爻之阳而成离。离者，丽也；坤得中爻之阳而成坎，坎者，陷也。是性命本相丽，而今则陷也”②；其救度众生的要诀就在众生自救，做法在“明师指我生死之窍，聚我元神，制我七魂，六贼返六神，返本还元……要把无缝锁打开，降虚无之火……须用火逼金行之功，文武刚柔之法，阴阳合一，返回先天”③。修炼丹道，目标也就在修成人身水火逆行，火向下走、水往上流，从“水火未济”转变到“水火既济”，进一步抽爻换卦，交换后天坎、离两卦的中间一爻，完成“乾”上“坤”下，由“后天”逆转为“先天”。这是丹道也即仙道，亦就是部分青莲教徒过去因清廷风紧，对外不妄说教名，自称修习“先天道”或“先天大道”的原因；时日久远，遂使后来有些学者误以为“先天”是组织最初的名称，称之为“先天教”④。

还有一些道书，如道光三十年(1850年)刊行的《醒迷要言》，也提到如何把“母灯”结合供桌必用的金属炉，互相比喻。《醒迷要言》的作者是

---

① (清)彭德源撰、东初老人注：《身世准绳》(即《慈尊老人十六条规注解》)，粤省学院前圣贤堂，光绪十八年镌，第5页。

② (清)彭德源撰、东初老人注：《身世准绳》(即《慈尊老人十六条规注解》)，粤省学院前圣贤堂，光绪十八年镌，第6页。

③ (清)彭德源撰、东初老人注：《身世准绳》(即《慈尊老人十六条规注解》)，粤省学院前圣贤堂，光绪十八年镌，第5～6页。

④ 这是笔者自小到大，听闻斋堂内老人说青莲教历史，多有说起的“常识”；最早访问马国青莲教各分支道脉斋堂而一律延用中国台湾学界“先天教”用法，源于骆静山：《大马半岛华人宗教今昔》，载赖观福、骆静山编《马来西亚华人史》，马来西亚留台联总，1984年，第231～233页。

中和山浑浑子，他在书中述说，人类在受生之初，是以一灵之气入父母胞胎，是故本属纯阳先天元气；但是，待到婴胎出头之时，便有历劫轮回之种子，即纯阴无阳的魂气，入窍成为胎儿的识神。由是，人体元气是“神”，人身阴气是“鬼”，身体由元神与识神合为一体，初时元神尚能主事，表现为赤子天性不失神圣面目，渐而因识神作用，七情六欲越多，身上积累阴气越强，反过来识神不断作动，生命也越近鬼道①。因此，青莲教主张的修炼丹道，也是延续道教丹功形容的“安炉立鼎”之说，以供桌顶上的灯结合桌上金炉比喻，说明灯光在身外又能返光内照身内，象征非此非彼的玄关，金炉则象征身丹田，修道玄关为鼎、以丹田为炉②。

不要以为如此说法源自青莲教的发明。其实，所谓要有“明师指点”打开玄牝之门的无缝锁，最早本源于道教丹书。正是全真南宗祖师张伯端，也就是青莲教追溯的“七祖”白玉蟾之前代祖，在其撰述的《金丹四百字序》之中提及：“要须知夫身中一窍，名曰玄牝。此窍者，非心非肾，非口鼻也，非脾胃也，非谷道也，非膀胱也，非丹田也，非泥丸也。能知此一窍，则冬至在此矣，药物在此矣，火候亦在此矣，沐浴亦在此矣，结胎亦在此矣，脱胎亦在此矣。夫此一窍，亦无边傍，更无内外，乃神气之根，虚无之谷，则在身中求之，不可求于他也。此之一窍，不可以私意揣度，是必心口传授。苟或不尔，皆妄为矣。”③到白玉蟾，当然也曾在《修仙辩惑论》等文字提到“玄关一窍”。但应当注意的是白玉蟾二传弟子萧廷之在后来的说法。萧廷之撰写的《金丹大成集》提到“玄关一窍”，有说是这也在那，可是他指点初修者如何假借本人肉寻出玄关，是如此问答：“玄关一窍，正在何处？答曰：在人头上，功夫容易，下手的难寻；若不遇明师，摩顶授记，皆妄为矣。”④可见，当青莲教接纳入道众

---

① （清）浑浑子：《醒迷要言》，朝元洞藏版，道光三十年版，光绪十九年重镌，第18～19页。

② （清）浑浑子：《醒迷要言》，朝元洞藏版，道光三十年版，光绪十九年重镌，第29～30页。

③ （宋）张伯端：《金丹四百字序》，引自徐兆仁编《金丹集成》，中国人民大学出版社，1988年，第3页。

④ （元）萧廷之：《金丹大成集》，引自徐兆仁编《金丹集成》，中国人民大学出版社，1988年，第27页。

生权借假身修真，传度师首先要提醒囟门与丹田的作用，并且必须引燃殿上母灯灯火点香，以香火距离三分头上三分指出自身玄关内外所在，其仪式不是没有意义的想象，内容相关教中祖师遥接的白玉蟾南宗传承。

人身修炼必须由守窍炼丹，以“后天回返先天”作为目标，当然也在原来的全真道法有迹可寻。张伯端除了在《金丹四百字序》谈到个中次第，他那篇由《周易参同契》立论的《悟真篇》，从“自知颠倒由离坎，谁识沉浮定主宾”一路说到“神功运火非终旦，现出中潭日一轮”，其中意义，依据白玉蟾道脉“清修派”宗师夏宗禹解读，便是“二阴抱一阳为坎，坎中满，外象象水也，而阳火生于其中神仙必炼此阳，以虚其中而起其火为金丹之用；二阳抱一阴为离，离中虚，外象火也，而阴水生于其中，神仙必炼此阴以实其中，而联其爻为纯阳之体，故坎之虚则为坤离之实。”①而在青莲教五老之一“水祖”彭依法在咸丰乙卯年(1855年)撰写的《慈尊老人十六条规》，他在第一段文字开宗明义便说“今讲神仙之道，次叙金仙事情”②，自认本教掌握传授的是大罗金仙之道。

若按《醒迷要言》的内容，本书固然批评诸多儒释道三教后人都是旁门或末流，指责他们把原来的信仰变成糊口的功利工具，以及指责儒释道出现许多表象化、仪式化的假象，以此衬托青莲教三教合一实乃三教本来面目的正统源头。但另一方面，《醒迷要言》从正面称誉好些三教典范人物，其中鼓励大众学习的道教神仙包括正阳帝君钟汉离、吕祖洞宾、刘海蟾、紫阳真人张伯端、陈泥丸、白玉蟾、张三丰，以及明代程完璞，尤其指后者闻龙虎山为道宗，最后却是“往京都，至句曲”③拜师，可见青莲教初期的道中知识分子，心目崇尚的道门先辈，基本上都是倾向

① (宋)夏宗禹:《紫阳真人悟真篇讲义》，引自《南宗圣典》，海南玉蟾宫管理委员会，未注明出版年代，第92页。

② (清)彭德源撰、东初老人注:《身世准绳》(即《慈尊老人十六条规注解》)，粤省学院前圣贤堂，光绪十八年镌，第5页。

③ (明)张三丰:《张三丰先生全集》，花城出版社，1995年，第57～59页。

全真南道的传承①。

由此也可想象，为何在外人的观察中，会认为“正统的先天教斋堂是不敲打法具的，她们每天礼佛四次，分别在凌晨六时、中午十二时、傍晚六时，以及晚上九时，此外每逢朔望都要集体礼佛仪式，默念经文，并向观音佛祖拱拜”②。从内部的修道要求去理解，大家除了在晚间是提早在九点礼完仙佛以后各自回房自修，日常都是按时坛前礼敬仙佛，然后道侣一起互相守望各自的精进默修，这才是很正常不过的修道氛围。如把上述学界从外相考察提及礼佛时间换算，凌晨六时、中午十二时、傍晚六时，即分别是古人所谓的卯、午、酉三个时辰。青莲教受到道教丹功观念的影响，以子午酉卯为四正时，正如《金丹大成集》也有提及“玄关一窍，四正宫也”③，在四正时各自修炼本身的子午酉卯，此中功课涉及前身后背到左右手足，都得进入状况，怎可能还有人敲打法器扰己乱众？

融禅道、斩赤龙、姑太瑶天称儿郎

若从女丹切入讨论全真道法对青莲教的影响，以《孙不二女功内丹次第诗》对照青莲教女众修道专用的《汇纂女丹经全卷》，青莲教相比其他道教或民间宗教，其道脉更倾向鼓励女众实践孙不二提倡的“斩赤龙”。在青莲教内部流传的这部《女丹经》，觉觉道人写的序言强调青莲教众修道的终极目标是要“瑶池王母蟠桃会上莲登上品，果证无生，永享极乐无疆之福”④，其《女丹法》诗文总结修炼口诀，就是建议女众从

① (清)浑浑子:《醒迷要言》，惠州罗浮山朝元洞藏版，道光三十年版，光绪十九年重镌，第26～27页。

② 骆静山:《大马半岛华人宗教今昔》，载赖观福、骆静山编《马来西亚华人史》，马来西亚留台联总，1984年，第232页。

③ (元)萧廷之:《金丹大成集》，引自徐兆仁编《金丹集成》，中国人民大学出版社，1988年，第24页。

④ 觉觉道人:《汇纂女丹经序》，载《汇纂女丹经全卷》，惠州罗浮山朝元洞藏版，光绪二十七年重镌，第1页。

"起手先把赤龙斩"[①]一路修到"王母瑶池驾彩鸾"[②]。而且,相对于孙不二传下的全真清静派女丹以"太阴炼形法"闻名,青莲教的《女丹法》也是教导一样道理,说明:"太阳炼气男子理,太阴炼形女蹄筌。女子更比男子易,三年五载便成仙。"[③]其中还提到"物我同行,彼此同心,财侣法备,择一静室幽居,或假装拜经念佛闭关,用知识投机一二人护法"[④],显然已说出外人不理解的一些女斋堂"清修"真相。

原本,青莲教传教,就是以修道考验教众,要让求道者身体力行,由信道到修道过程的实修得证,巩固深觉道自有验的信心。青莲教的入道要求,首先要求有意求道的信众真正忏悔和清口,同时由传度师助他具足表文超度自己的冤亲债主,并上表求准修道。这之后,信众还要等待百日以后,或短期也要足一个月,再在仙佛前拈阄讨准,传度师只有在信众拈阄拈得个"准"字,方会替他择吉日领受三皈五戒,其间也为他上奏传授大道,从此由信众转为教众。如此程序,亦表明大道珍贵,不靠人事做主,乃是由神圣冥冥中庇佑决定。青莲教五老之中,金祖林依秘自写的《吃紧铭箴注释》又有说,传度师为新入道者接引灯光、指点修道方法之后,入道者要先经百日筑基,才能真正修丹。《吃紧铭箴注释》是坚持这方面马虎不得,求道者皈依和具表上奏以后,"须待六九期足,传之采取;又再五四日满,授其文武全工,此天命之规,则不可不慎遵也"[⑤]。而整个过程,也是先要求道者遵道行功,此后发现他真能"阴阳宁静安泰,考魔不见来临"[⑥],心神稳定又有信心,才继续讲道。

不过,金祖上述《吃紧铭箴注释》说道炼丹从采取先天之气下手,显然

① 《女丹法》,载《汇纂女丹经全卷》,惠州罗浮山朝元洞藏版,光绪二十七年重镌,第32页。

② 《女丹法》,载《汇纂女丹经全卷》,惠州罗浮山朝元洞藏版,光绪二十七年重镌,第33页。

③ 《祀佛礼本》,济一堂敬刊,光绪庚辰冬月,第6页。

④ 《祀佛礼本》,济一堂敬刊,光绪庚辰冬月,第36页。

⑤ (清)黄中老人:《吃紧铭箴注释》,惠州罗浮山朝元洞藏版,光绪二十九年王裕安重镌,第20页。

⑥ (清)黄中老人:《吃紧铭箴注释》,惠州罗浮山朝元洞藏版,光绪二十九年王裕安重镌,第20页。

是注重以男众为对象，才会建议炼丹入门要先炼其本元。若按照《女丹经》，女子修道要“起手先把赤龙斩”，则是点出女众炼丹先炼形体。综合《吃紧铭箴注释》和《汇纂女丹经全卷》，整个青莲教对男女丹法的认识毕竟也不离全真南北二宗基本共识：“男丹由精化炁，炁化神，神化虚，虚静极笃，而丹自结矣；女丹由血化气，气化神，神化虚，虚无自然，而丹自成矣。”①

要是依据陈撄宁所注解《孙不二女功内丹次第诗》，《次第诗》的第一首诗首先谈“收心”，是从“吾身未有日，此身已先存”说起，以“半黍虚灵处，融融火候温”言尽守窍真实境界；第二首诗谈“养炁”则先提“本是无为始，何期落后天”，最后提出以后天功夫返回先天是“子肥能益母，休道不回旋”②。这两部分诗文表述的人身观，男女皆适用，显然与上文提及张伯端传承演变至青莲教引用的人身观，相差不远。值得注意的是孙不二内丹诗后头所提到的行功、斩龙、养丹、胎息等过程，到了“行功”的阶段，末二句指出会发生“山头并海底，雨后一声雷”③，显然针对女子的胸部与子宫两处生理部位而言。到这一阶段，女子修道既然出现生理反应，而且发生变化在男子所没有的生理系统，当然就要采用有别于男众的继续方法了。这个中经验谈，体现在青莲教《女丹经》传授坤道教众的修道观念。就是说，初入道静功筑基，男女相同，但到后来就如教中《观音古佛女丹经》所言，心理上要有个断绝月经干扰的打算：“男女金丹地不同，阴阳一理实相通。清心寡欲为根本，筑基先要斩赤龙。”④

青莲教这样一种重视女丹的立场，强调学习静功筑基的先决条件就在立定目标斩赤龙，看来是很公开在教众间传播，甚至也在一般大众信徒之间宣导。这样的内容，会出现在教众沿街唱道情、讲唱宝卷的时刻，或也出现在免费分发给一般大众阅读的善书中。例如教众借着禅

---

① 金沙古佛等训文：《女丹经》，载《汇纂女丹经全卷》，惠州罗浮山朝元洞藏版，光绪二十七年重镌，第7页。

② 陈撄宁注：《孙不二女功内丹次第诗注》，载周武、刘彝珠、刘碧城编注《陈撄宁仙学文选》，澳门出版社，2008年，第132～135页。

③ 陈撄宁注：《孙不二女功内丹次第诗注》，载周武、刘彝珠、刘碧城编注《陈撄宁仙学文选》，澳门出版社，2008年，第138页。

④ 《女丹法》，载《汇纂女丹经全卷》，惠州罗浮山朝元洞藏版，光绪二十七年重镌，第34页。

宗祖师达摩传法于神光的事迹，编撰出《达摩宝卷》故事，直到20世纪70年代还在马来西亚屡被翻印，放在民间庙宇当成结缘的善书，里头除了一再宣说青莲教拥有佛教背后隐藏的真道理，便提到"指示曰：开天门、闭地户，搭天桥、倒玉柱、斩赤龙，真性出"①。

颇有意思的是，《达摩宝卷》把教义说得珍贵，是说当日只由达摩直指单传神光，不向两口四耳以外论说，且把神光"单求一指避阎罗"，说成佛在灵山所知；以这样一则"祖师传统"为证，《达摩宝卷》于是提醒信众"不修道者，半句不可轻传"②，也一再说明"为道者……弘誓盟天、传授之后，默座自悟，不可轻泄，久远自知。若转传佛法，必遭果报，天驱地灭，罪不可恕"③。如此一来，《达摩宝卷》为"大道"理出的一套道脉传承，是说佛祖预知未来，把《达摩宝卷》传于迦叶，以后一传再传到禅宗五祖，再由五祖传给黄梅和尚，又由来自黄梅寺的慧能和尚遥传给禅宗马祖道一，后者在青莲教中与白玉蟾并列"七祖"；然后《达摩宝卷》再说下去，便说马祖传授无人，把书埋在黄梅寺大佛殿东南角柱下，等了六十余年，寺中有烧香信善者重修换柱，得此法，再辗转传道到有缘者④。青莲教有如此这般的说法，是从相信仙佛神灵活动于不死境界的角度，说明其拥有殊胜的宗教传承，并且不能从凡俗人对待历史年代的直线观念看待，由此提出"三教合一"理由在于"道"只是一，即使道教丹道法本来也在佛门所知所传。如此，也即圆成青莲教《达摩宝卷》所谓"所以六祖惠能禅师，留下大事因缘"⑤之传承诠释。这也是青莲教所谓道脉传承的特征——即使明知不合人间历史，也要如此诉说才自

① 《达摩宝卷》，惠州罗浮山朝元洞藏版，道光三十年，1974年重印，第22页。此版本内容较简略，故事性质少，说道性质多。预后来常见的"悟真子编注"版等版本相比，后者都添了许多内容，偏又少了本文引用的部分。

② 《达摩宝卷》，惠州罗浮山朝元洞藏版，道光三十年，1974年重印，第22页。

③ 《达摩宝卷》，惠州罗浮山朝元洞藏版，道光三十年，1974年重印，第22页。

④ 《达摩宝卷》，惠州罗浮山朝元洞藏版，道光三十年，1974年重印，第23页。反而有些版本，如王见川、林万传《明清民间宗教经卷文献》收录的《达摩祖师度人戒牒》，是把马祖本身说成为六十年后在柱子角下拾得《宝卷》的那位，但如此就无法说明其道法为何是隔了几个世代以后辗转传承到青莲教的"八祖"手中。

⑤ 《达摩宝卷》，惠州罗浮山朝元洞藏版，道光三十年，1974年重印，第23页。

觉圆满。教众坚信老子曾经往西天化胡传“大道”，再由达摩带回中土传到“六祖”惠能，又信仰这些佛门祖师不曾把完整宇宙观和丹法留给禅宗各系，反而重视祖师成就西来释教汉化以及回归中华，促成三教互通，打开青莲教称为“道传火宅”的局面，而“道传火宅”的辗转过程当中，有资格被称祖师的代表人物就是马祖和白玉蟾①。在青莲教看来，马祖和白祖至今尚在天地间逍遥，这套传承说法不见得有问题，岂能让俗人心思中的“历史”或“时间”差错去否定？

对青莲教，称马祖道一为祖师，象征着儒释道三教同参性命双修，汲取禅宗棒喝、直指人心的传承来源，青莲教认可禅宗教法内藏丹道奥秘、可解先天无为大道，是个真相；而白玉蟾全真南宗性命双修，与马祖原来道法之交接，在世传播，更是真相。所以青莲教奉禅宗与全真南宗两位集大成者为“七祖”，说他们都秘传青莲教遵守的教义与丹法，即是圆满本教自华夏历史以来对佛道双修、性命双修的接续。参照全真道强调儒释道三教合一的实践功夫，青莲教实以自身这套“道脉传承”解释他们对全真性命双修的理解与继承。尤其可见，从张伯端到白玉蟾的文字，确有南宗道法融合禅门义理的修道因缘。例如，张伯端《悟真篇》卷五写下《禅宗歌颂》，就是为了对治单求炼丹有功的偏差，指出学道者“不通性理，独修金丹，如此既性命之道未备，则运心不普，物我难齐，又焉能究竟圆通，回超三界？”②。而在《海琼传道集》里头，白玉蟾也自承其南宗源流是由张伯端（平叔）传石泰、石泰传道光和尚、道光和尚传陈泥丸、陈泥丸传白玉蟾，可见其学本具援禅入道之功③。从这点看，青莲教自承源于白祖正宗，道理毕竟不离《海琼真人语录》第三卷的诗文，都把禅宗公案和金丹窍诀打成一片，诚如白玉蟾在西林禅寺留下

---

① 青莲教所说的“白、马”二祖是谁？在学界和后来分支的一些道脉虽有争议，可是最简单的解决方法就是请大家脱离文字障碍，直接到南洋参观19世纪青莲教金祖未逝世前已经传到当地的祖堂。

② （宋）张伯端：《悟真篇》，引自《南宗圣典》，海南玉蟾宫管理委员会，未注明出版年代，第76页。

③ （宋）詹继瑞：《海琼传道集序》，载白玉蟾：《海琼传道集》，引自《南宗圣典》，海南玉蟾宫管理委员会，未注明出版年代，第454页。

的文字说:“有一明珠光烁烁,照破三千大千国。观音菩萨正定心,释迦如来大圆觉……茫茫尽向珠外求,不知先天那一着”①,青莲教男女道众,历来修的、守的、参的、行的,就在这个。

由此也不足怪,为何《汇纂女丹经全卷》里头讲道门金丹,但其文字经常都是由“金沙古佛”、“文通古佛”、“观音古佛”、“无极真人”、“青云真人”等等不同名义交替说训,甚至还有一位“彩云琉璃仙”提议修习女丹者最好时刻刻念“南无阿弥陀佛”。如果注意到“彩云琉璃仙”提议坤道念佛的方法,是以每字音声随着意念去调动身上共鸣部位,显然又是个援佛归道的成就丹功的例子——其音声与意念分配,分别是脐前念“南”,阳关念“无”,阴肾念“阿”,泥丸念“弥”,咽喉念“陀”,最后将“佛”字住在心里,如此念佛,既可收心,又可平气,无形中也等于以念佛修道,行丹功之“运河车”,尽将后天阳气车入中田,自能补足先天②。

从青莲教早期的现实需要看,教中强调女众斩赤龙、修女丹的更具体理由,也涉及青莲教从传教到法事,必须大力提升坤道的活动能耐,由女性教众承担许多具体事务。女众要奔走路途,在大城小镇向妇女传道、沿街唱道情筹款、在村镇开斋堂办道场,以及组织福利工作,或甚至参加抗清起义,如果每月碰上生理期的干扰,做起来事情确实较不方便。尤其道教度阴超亡,本来就有说,是以道人本身阳气替亡魂炼消其阴气,补充其残缺阳气;欲行其道者,惟有修成纯阳之体,才能达到炼度亡魂最大效果。结果,不论青莲教或者由它分支演变的教派道门,其内部固然按照修道次第决定“祖师、五行、十地、顶航、保恩、引恩、证恩、天恩、众生”等道阶职责,“保恩”至更下道阶女众也固然对外按道阶秩序俗称“姑太、大姑、老姑娘、大姑娘、小姑娘”③,但一旦青莲教众以内传

① 白玉蟾:《海琼白真人语录》,引自《南宗圣典》,海南玉蟾宫管理委员会,未注明出版年代,第522页。

② 《观音古佛女丹经》,载《汇纂女丹经全卷》,惠州罗浮山朝元洞藏版,光绪二十七年重镌,第28页。

③ 王琛发:《族群际遇与信仰前景的交织:论马来西亚的王母信仰》,载东华大学民间文学/中华民俗艺术基金会编《台湾王母信仰文化世界学术研讨会论文集》,台湾花莲胜安宫等,第314页。

《十诰灵文》等等经典超度亡魂，大凡“恩”辈当中有资格替亡灵上奏瑶池皈依受戒，要负责炼度魂身助其修仙回归先天，其身份正如《十诰灵文》内容所示，其实得依经自称“佛堂之中今有男儿，奉命代宣十诰灵文”①。如此，教中对“大姑”的道行要求，不言而喻。

由此当知，先天大道不但有专涉女丹修行，其女众修炼斩赤龙的道风，还曾经一度严格雷厉风行。正如《十诰灵文》的“男儿”并非一般俗人眼中男女之别，而是渊源自佛道“女转男身”以及道教“斩赤龙”之说；有了这认识，便可理解为何各斋堂收养孤儿，坤道互相间辈分关系常会带出“阿公”、“阿爸”、“师叔”、“师伯”、“师兄”、“师弟”等等强调性别意义的称呼。尤其对“保恩”位阶斋姑的性别称呼，更是别有含义。

当然，斩赤龙、修女丹最直接涉及生理健康与修道成仙的愿望，才是女丹功法斩断月经的出发点。古代中国医学对于女子的月经，本基于对血气关系的认识，认为从月经到生育的阴血排泄，都意味着血液隐藏的生命元气大量消耗，加上因血污可能造成各种疾病感染，久之，女子的病痛老死，渊源于“血枯杀人”推波助澜②。因此，教内除建议女子自少女发生天癸之初就修心斩龙；遇到坤道因病而没有天癸，或天癸混乱的，或者更年期、绝经，也都鼓励重新修炼，以期重现正常经期，再去斩断。其终极理由，不外归结为方便修身持道，最后了断生死。这亦表明，斩赤龙目标不在表面断月经，而在于复原女身血气，把它由原本被月经和生育消耗，转化用在修养精气神，从而可如男子般不受生理牵绊，修炼接下去的丹法步骤。所以斩赤龙成功的，外貌不是形容枯槁，要表现得容颜光彩、体轻强壮、发能油黑、面如黄金，才是朝向成仙的开始③。

余　话

参考青莲教南洋道场流传的常用文献，考虑教众修炼丹道的理论

① 《十诰灵文》，惠州罗浮山朝元洞藏版，光绪十五年仲冬重镌，第 17 页。

② 参考褚澄：《褚氏遗书》，中国书店，1986 年，第 33 页。

③ 《女丹法》，载《汇纂女丹经全卷》，惠州罗浮山朝元洞藏版，光绪二十七年重镌，第 35～36 页。

背景，包括青莲教的人身观以及教内由此建议的守窍与炼丹路径，还有青莲教建议的女丹修炼方法，很清楚，不论全真北宗孙不二的女丹法，抑或是全真南宗诸位祖师援佛入道"性命双修"，其理论对青莲教的影响都直接表达在青莲教的功法实践。这其中，本文为了尊重修道者，涉及丹道实际操作的某些部分，不便以文字言尽；虽然如此，若根据教中目前还留传青莲教五老之"水祖"彭德源以"本诚子"道号注解的《指玄篇秘注》，以及传下据说属于"证恩"以上才允许手抄传读的《太上老君内观经》、《太清中黄真经》、《葛仙翁太极冲玄至道心传》等，还是可以理解其修丹套路①。要知《指玄篇》本来就是教界信奉为白玉蟾注解传授的吕祖金丹道理，而《中黄经》则涉及修丹到一定阶段食烟火修习的辟谷之道，如《孙不二女功内丹次第诗》到第十一首阶段，就得实行。可见青莲教自彭德源掌盘，对白玉蟾这个传承是负责任的，真是有延续实修其丹法。"斋堂"自称"佛堂"，一旦提到修性，可能谈禅；若提到命功，毕竟还要依靠安炉立鼎见真章。

如果把晚清青莲教放回清朝遇上鸦片战争前后的历史脉络，当时中国内忧外患，青莲教以维护天命道统和传统伦理为由，在中国土地上屡屡发生与官府政权的对立，到南洋办"斋堂"给人印象又总是收养孤儿、贫老、寡妇以及办学赠医等等社会慈善事业，其组织不能不严密。所以教内提倡实修，传授丹道，不失为凝聚教众的方法；让参与者实习不外传的秘法，能有益身心健康，或兼而引动主观的神圣体验，教徒会油然感受到教法非虚，值得忠诚。重要的是，鼓励教众吃斋修道、清心寡欲，尤其通过丹功增强教众体质，另外也确保清除男女情欲带来纷扰，显然亦有利教团生活纪律；尤其女丹修行使得坤道教众斩过赤龙以后少受生理干扰，在一定程度上解放了坤道教众生产力和自由度。

无论如何，根据青莲教接引信众入教经常借用儒佛说辞，以及其专用来主持入教以及劝说教义的《祀佛礼本》内涵大量从佛教转借的词汇，还有其一般俗称"佛堂"的道场布置，毕竟可以发现它既是继承道

① 此二书过去都是"证恩"仅仅允许流通传授给"证恩"以上的道阶阅读收藏。笔者所藏是槟城佛堂过去留下的光绪初年抄本。

教，又不同于明清朝廷眼皮下的传统道教。最大差别就在青莲教宇宙观渊源于儒家“无极生太极”，发展出“无极瑶池金母大天尊，生天生地，大慈大悲”[①]的信仰，认为“无极”神格既然能“生天生地”，显然不比元始天尊“化生诸天”来得低。当传统道教把“三清”视为最高神明，青莲教日夜燃点“母灯”，正在思考诸多宇宙就有诸多元始，元始在各个宇宙现为“一炁化三清”之前，先天本来面目如何。

况且，道教把宇宙生灭看成“龙汉”劫、“赤明”劫、“延康”劫三种大时间的循环。按传统道教界引用的《元始无量度人上品妙经四注》，眼前人间所在的宇宙源自元始天尊“赤明开图”，天尊至今还在这个“赤明”开劫以来的大时间当中度人；这个世界是要等到“赤明”劫过了以后，才会出现“延康”劫风灾连连，导致万物清了，三界空洞，让虚空再酝酿“龙汉”劫，出现新宇宙，重头来过[②]。可是，青莲教对这一切却有不同说法，教众对于“劫”的大时间观念，是继承着宋朝邵雍《皇极经世》的天地生成循环论，主张天地以“一元十二会”一再生灭，主张“一十二万九千六百年为一元，一元为十二会，以子丑寅卯辰巳午未申酉戌亥，十二地支名之，每会一万八千年”，认为眼前时间已经达到“午会”，又是“延康大劫”。由是，青莲教信众入教，传度师是认认真真依照《祀佛礼本》直说：“不久有三灾八难降临，水火罡风齐起……时三会龙华，乃是延康末劫，弥勒古佛普度收圆。”[③]一再主张此时人心败坏互为作用，大众必须坦然承担延康大劫的千灾万难，自度度人。青莲教整个回归先天的教义，由此衍生的一套说法，是进一步诉说未来世界进入“未会”，人类体质会矮小衰弱，生理上不适合修行；既然如此，其教理就不单要求个人争取在“午会”当下修道炼丹回归先天，并且认为眼前后天世界也应从有生有灭的外相逆转，本质上衔接本无生灭的先天无极境界。青莲教就是以这整套“末劫”理论，主张大众迫切需要“存天理，去人

① 《祀佛礼本》，济一堂敬刊，光绪庚辰冬月，第 1 页。

② （齐）严东，（唐）薛幽栖、李少微、成玄英注，（宋）陈景元集注：《元始无量度人上品妙经四注》卷三，收录于《道藏》第 2 册，文物出版社、上海书店、天津古籍出版社，1988 年，第 223 页。

③ 《祀佛礼本》，济一堂敬刊，光绪庚辰冬月，第 2 页。

欲”，修行正道，承担苦难，改造自己和改造世界，以便抢在世界灭亡之前把人心都唤醒，众心变则世界变。届时，人类能转变凡尘人间成为贯通天上的极乐土，即所谓“收圆”；一旦众生都已回归永恒天人合一，自能体会世间一切生灭本属自然，却不会随它灰飞烟灭①。

这样看来，青莲教对全真教的继承，固然是表现在教内注重金丹，把渊源自全真祖师的许多修道炼丹道理在教内师徒相授、雷厉风行，普传乾坤道众之间，但是它对于整体传统道教教义的继承，毕竟主要在“用”而不在“体”。一方面，青莲教提倡以个人修炼丹道结合入世行善积德，精进用功，炼丹时候也主要遵循全真南宗诸祖经验谈；另一方面，青莲教回应着晚清面对世界变局的民间苦难，却不太承认当时传统道教祈求的太平盛世、皇朝永固之类的说法，并且企图回归到儒家将儒家的天命观、鬼神观、宇宙观进一步宗教化，去丰富出自己一套贯通儒道释三教的信仰体系。

（作者为马来西亚道教学院院长）

① 参考王琛发：《末劫收圆：晚清青莲教的瑶池信仰与其苦难道学》，载赵广明、金泽主编《宗教与哲学》第三辑，社会科学文献出版社，第 362～386 页。另参王琛发：《末劫收圆：概说先天道诸派瑶池信仰的循环创世观》，载赵宗福主编《昆仑神话与世界创世神话国际学术论坛论文集》，青海人民出版社，2012 年，第 86～107 页。

试探全真教与倪瓒绘画美学之关系

曹玟焕

一

本论文主要考察倪瓒幽静、清闲的隐逸生活与全真教之间的关系，以及全真教教理对倪瓒清静的绘画美学的影响。以赵孟頫为首的元代名画家们都与道教有着直接或间接的关系。大家都知道黄公望和吴镇是道士，特别是黄公望是全真教的道士。虽然不能确定倪瓒、王蒙是否皈依道教，但他们的思想和绘画美学却蕴含着浓厚的道家与道教思想①。

在中国绘画史上，倪瓒性格狷介而有洁癖②，是最能体现“静的绘画美学”的画家，而且还被称作是达到逸品境地的画隐画家。朱谋垔在《画史会要》卷三《倪瓒》中这样介绍他：

> 倪瓒，字元镇，无锡人。书名曰东海瓒，或曰懒瓒，变姓名曰奚玄郎，或云玄映。别五号，曰荆蛮民，净名居士，朱阳馆主，萧闲仙卿，云林子。云林多用以题诗画，故尤著。素有洁癖，人号曰倪迂。③

人物的字号和他所命名的建筑物名称中其实蕴藏着他的人生观和世界观。倪元镇的“元”字与老庄哲学的核心概念“玄”字相类似。“懒”、“静”、“迂”、“萧闲”、“云林”等字词中蕴含着他不贪图世俗富贵和

① 申喜萍：《南宋金元时期的道教美学思想》，巴蜀书社，2009年，第200页。

② 《清閟阁集》附录三，钱溥：《云林诗集前序》：“性甚狷介好洁，绝类海岳翁。”

③ 朱谋垔：《画史会要》卷三《倪瓒》。

名利，向往逍遥自在、清闲幽静、隐逸生活的志向。

倪瓒的长兄倪文光修建了玄文馆后，倪瓒又建造了园林宅第，即清閟阁。那么“清閟阁”中带有“清静”意味的“清”字和带有“阻挡”意味的“閟”字有什么意义呢？其实“清閟”这个词与倪瓒所说的要摆脱意马心猿一样，都包含着阻止引起身心混乱的世俗欲望、维持清静之心、淡泊之心和超尘脱俗之心的意图。倪瓒在清閟阁中又建起了清雅堂、云林堂、萧闲馆、朱阳馆、净明庵、雪鹤洞、水竹居、逍遥仙亭、海岳翁书画轩等建筑。这些建筑的名称也几乎都跟道家和道教有关。由此看来，倪瓒的这种思想与以清修为主、双修性命、全真保性的全真教思想有着密切的联系。

一般来讲，一个人即便成人，他在儿时所受的教育以及生活环境等也都会对其未来成长产生影响。父母双亡之后，倪瓒由其长兄倪文光抚养成人①。倪文光是全真教徒，而精通儒、佛、道三教的倪瓒不仅与全真教教徒有过交流②，而且与上清派真人曾有过交流③。有鉴于这些状况，倪瓒很有可能在少时就接受过全真教教理的影响④，而且全真教的教理也可能对他的绘画美学产生很大的影响。本论文就是以这些点为主，通过倪瓒的诸多诗语来考察他与全真教之间的关系。

二

全真教以一元之始祖、万殊之大宗、至纯不杂之真为其核心⑤，它所掌握的现实问题主要是道亡德丧与朴散纯离。这个道亡德丧、朴散

---

① 《清閟阁集》卷一，《述怀》：“嗟余幼失怙，教养自大兄。”

② 《清閟阁集》卷三，《写竹枝为子中陈君》：“子中高世士，脱帽着黄冠。久励冰霜操，虚心共岁寒。”

③ 《清閟阁集》卷四，《馀不溪咏并序》：“开玄馆在馀不溪滨，距溪无百步，上清王真人所居。”

④ 中村茂夫在《倪瓒的绘画观》一文中将倪瓒的生活和人生观与王重阳的《入教十五论》联系起来理解。（《倪瓒研究》，上海书画出版社，2005年，第161～164页）

⑤ 《重阳全真集》序：“全真之教大矣哉。谓真者，至纯不杂，浩劫常存，一元之始祖，万殊之大宗也。”

纯离的生活由于性随情动、情逐物移而导致天真尽耗①。王重阳想要实现还醇返朴和静息虚凝，以使之复归于真常、妙道②、我真和我宗③。他的具体做法是割爱去贪、守雌抱一，提示人游心于恬淡、和气于虚无④。也就是说修炼者除去我相、了绝人情，对外则实行四肢安乐法，对内则了然五脏颠倒从而得到全真⑤。与此同时，在谈到真功和真行的双全时，他还强调要得到真功境遇，就要澄心定意，在真清真净的状态中达到抱元守一⑥。他还教导人要摆脱迷津、享受清闲，归入天真⑦。这些方面与宗教修养密切相关，也与艺术创作之前要求作家的心理状态有关，更进一步说，与追求艺术和美学的人生有关。

王重阳很讨厌世俗的追名逐利和人世的辨别是非⑧。他在《叹世》中对世间无止境的追求名利的现象进行了批判⑨。他劝人要抛弃名利⑩，不要为功名所累⑪，劝世人莫要自夸能为，追逐荣华富贵，而要追求无为的生活⑫。在这种情况下，王重阳特别提出了意马心猿的问题。

---

① 《重阳全真集》序："降及后世，人性渐殊，道亡德丧，朴散纯离。情酒欲殽蠹于中，愁霜悲火魔于外，性随情动，情逐物移，散而不收，迷而弗返，天真尽耗，流浪死生，逐境随缘，万劫不复，可为长太息也。"

② 《重阳全真集》序："行化度人，利生接物，还醇返朴，静息虚凝，养亘初之灵物，见真如之妙性，识本来之面目，使复之于真常，归之于妙道也。"

③ 《重阳全真集》序："返我之真，无欠无馀，复入于混成。归我之宗，不坠不失，复同于太始。"

④ 《重阳全真集》序："人能割爱去贪，守雌抱一，游心于恬淡，合炁于虚无。"

⑤ 《重阳全真集》卷之四，《又醴泉觅钱》："修炼者，须要觅前程。窈窈冥冥除我相，昏昏默默绝人情……外做四肢安乐法，内观五脏倒颠因。便是得全真。"

⑥ 《重阳全真集》卷之十，《玉花社疏》："行功乃别有真功真行。晋真人云：若要真功者，须是澄心定意，打叠神情，无动无作，真清真净，抱元守一，存神固气，乃是真功也。"

⑦ 《重阳全真集》卷之六，《转调丑奴儿》："早早出迷津，乐清闲，养就天真。"

⑧ 《重阳全真集》卷之一，《和落花韵》："久厌世情名与利，素嫌人世是和非。"

⑨ 《重阳全真集》卷之十，《叹世》："堪叹世间名与利，朝贪暮爱没休时……从来世上争名利，不到而今未肯休。"

⑩ 《重阳全真集》卷之一，《上兄》："顾我已归云水老，劝兄休起利名心。"

⑪ 《重阳全真集》卷之二，《赠诸生》："诸公在坐尽高才，俊又聪明道眼开。莫为功名牵系住，也应随我到蓬莱。"

⑫ 《重阳全真集》卷之十二，《小重山》："世上人人做有为。荣并并富贵……王喆不施为。麻衫兼纸袄，自堪为。随缘粝食日常为。唯长久，真外认无为。"

王重阳基本上不认可意马外游和心猿内动①，主张不要行功和打坐，人若要修持就应该锁住心猿②。在《闲吟》中他强调要摆脱意马心猿③，在《花心动》中提到紧锁心猿、自在逍遥④。在《闲中》中他主张要认得设玄机，不要放猿颠马劣⑤。总而言之，王重阳强调脱离意马中情色的嬉戏和心猿中贪图世财的世俗欲望，以达到清虚、恬淡、逍遥自在⑥。王重阳的这种思想通过得到真清、真静、真心和强调清闲清虚等得以表现。

王重阳谈到逸志清虚时，也谈到了修身养性、"随分乐因缘"就是崇真奉道⑦。他认为修行学道并没有老师，只要自己心中明了就行。他非常重视"真"和"清"两个字，认为通过修养就能得到真清、真静和真心⑧，特别是去除是非、抛却烦恼，在逍遥自遂中达到静中清和闲中肆的境地⑨，他主张无思无虑便是真修，强调养气全神⑩，要求真清和真寂静⑪，认为养成一气，神就会变得更加清静⑫。此外，他还从闲暇的

① 《重阳全真集》卷之九，《四不得颂》："不得受人钦重，不得教人戏弄。不得意马外游，不得心猿内动。"

② 《重阳全真集》卷之四，《又劝修行》："莫行功，休打坐。如要修持，先把心猿锁。"

③ 《重阳全真集》卷之十，《闲吟》："意马须牢系，心猿切紧防。道修如急急，日日得馨香。"

④ 《重阳全真集》卷之三，《花心动》："紧锁心猿，悟光阴、尘凡百年遗迣……自在逍遥，落魄清闲，认取裹头金玉。"

⑤ 《重阳全真集》卷之四，《惜芳时》："诸公学，休胡别。且莫放猿颠马劣。闲中认得玄机设。无言说、自然欢悦。"

⑥ 《重阳全真集》卷之十，《述怀》："更无意马游情色，那有心猿探世财……占得逍遥真自在，何须服药与餐霞。"

⑦ 《重阳全真集》卷之十一，《又战公求问》："逸志清虚，放心坦荡，莫令烦冗萦牵。修身养性，随分乐因缘。便是崇真奉道。"

⑧ 《重阳全真集》卷之十二，《迎仙客》："做修持，须搜索，真清真静真心获。"

⑨ 《重阳全真集》卷之十一，《又重九日》："这重阳子，今来生此。是非去，烦恼退、逍遥自遂……唯我静中清，唯我闲中肆。要到处、跨云便至。"

⑩ 《重阳全真集》卷之十，《于公求诗》："无思无虑是真修，养气全神物物休。"

⑪ 《重阳全真集》卷之一，《修行》："直要真清真寂静，更令役染没萦牵。"

⑫ 《重阳全真集》卷之九，《赠道友》："自然消息自然恬，不论金丹不论仙。一气养成神愈静，万金难买日高眠。"

效用性谈到日闲中的道眼光①。

王重阳要求体认净清或清净②，特别强调与修行捷径有关的心中的清净③。他认为净清就是神仙路，在闲中培养内颜④。他认为净处常常生智慧，而闲居每每起慈悲⑤，静能复归虚寂，而闹处则很难找到玄妙⑥。他认为清净的话，真灵就会显现，玲珑的慧眼会张开⑦。因此，他提出："清闲真道本，无事小神仙。"⑧也就是说清闲和无事所具有的效用性。

王重阳在谈及清净的同时也强调内心的清静。他指出好的修行方法就是去除迷惑，而清静则是随行的根源⑨。他说通过守清和守净就能找到自在和逍遥⑩，通过逍遥自在就能享受天真⑪，求得清静恣闲⑫。因为心闲使得性情安逸，所以主张要灭尽世间的情缘。他还要求享受清闲和恣情慵懒⑬。在《赠董德夫》中，他提到"乘闲随步复寻真，冷淡清虚作主人"，这里强调的是冷淡清虚的重要性⑭。王重阳如此强调清

① 《重阳全真集》卷之二，《述怀》："日闲中道眼光。"

② 《重阳全真集》卷之一，《晓达》："得通妙用通澄湛，会认玄微认净清。"

③ 《重阳全真集》卷之三，《瑶台月违终南山》："修行便要，寻捷径，心中长是清净，搜摧妙理，认取元初瞻听。"

④ 《重阳全真集》卷之十，《赠修行友》："净清便是神仙路，只要闲中养内颜。"

⑤ 《重阳全真集》卷之十，《赠王哥》："修行学道并无师，只要心中自已知。净处常常生智慧，闲居每每起慈悲。"

⑥ 《重阳全真集》卷之一，《化造铁罐钱》："静来便是归虚寂，闹处那由觅妙玄。"

⑦ 《重阳全真集》卷之一，《述怀》："气壮神清爽，心闲性逸安。……清净真灵现，玲珑慧眼开。须凭颠倒法，怎得倒颠来。"

⑧ 《重阳全真集》卷之十二，《憨郭郎》："清闲真道本，无事小神仙。"

⑨ 《重阳全真集》卷之十一，《鹤冲天》："迷祛惑去，正好修行做。清静是根源，真门户。"

⑩ 《重阳全真集》卷之三，《蓦山溪 赠文登县骆守清》："守清守净，各各开明性……寻自在，觅逍遥。渐渐归禅定。"

⑪ 《重阳全真集》卷之五，《浣溪沙》："逍遥自在乐天真，锐然颖脱出嚣尘。"

⑫ 《重阳全真集》卷之五，《郭郎儿慢》："自在逍遥，清静恣闲行走。"

⑬ 《重阳全真集》卷之十二，《夜行船》："王喆害风都不管。乐清闲、恣情慵懒。纸袄麻衣，教人说短，我咱自知凉暖。"倪瓒的书名曾用过懒瓒，这一点看来与王重阳的恣情慵懒有着密切的联系。

⑭ 《重阳全真集》卷之二，《赠董德夫》："乘闲随步复寻真，冷淡清虚作主人。光远正堪夸缘鬓，德夫依旧走红尘。"

闲和冷淡，他认为获得清闲的方法就是省身钤口①。总而言之，他说的就是“只有认得真闲才能长生门户”②。其实，王重阳所追求的心闲、清静、冷淡的生活既是宗教的生活也是美学的生活。他在《咏酒》中说，这样清静的生活通过云朋霞友、风伴月邻表现为物外身的逍遥安乐③。

王重阳认为得道之人应该闲暇④。他说人生本来能活100年，可现实是人活到70岁都不容易。在这样短的时间里，人应该从追求名利的辛苦中脱离出来，应在云水中长游获得清闲⑤。王重阳非常欣赏陶渊明所说的话，并自比为菊花⑥。他善于通过散发着香味的清风明月来表现闲意⑦。他在这里说清风里面全是真气，明月前头结满宝砂⑧。

具体来讲，此处表现的是追求云朋霞友、风伴月邻的思想。他在很多地方用云霞和风月作伴侣来表明清闲的生活⑨。他所说的以明月为吾友，以孤云为我曹，其意就是清闲⑩。他主张不要终极追求富贵荣华⑪，而应在吟诵诗词的同时，追求自在逍遥⑫。这样，王重阳在逍遥

① 《重阳全真集》卷之十三，《又咏友人叹身》：“省其身，钤其口。赢得清闲，自在逍遥走。”

② 《重阳全真集》卷之九，《赠弟子颂》：“自有金乌，自有玉兔。认得真闲，长生门户。”

③ 《重阳全真集》卷之一，《咏酒》：“云朋霞友每相亲，滑辣清光养气神。满坐谈开三教语，一杯传透四时春。如知自在亭中景，便是逍遥物外身。”

④ 《重阳全真集》卷之五，《又自咏》：“绿水青山，得道之人本要闲。清风明月，占得逍遥无可说。明月清风，共是三人我便同……神清气爽，乐处清闲堪一唱。”

⑤ 《重阳全真集》卷之三，《留客住》：“但人做。限百年、七旬难与。夺名争利罼恁，徒劳辛苦。”

⑥ 《重阳全真集》卷之四，《恨欢迟》：“名喆排三本姓王，字知明子号重阳。似菊花，如要清香吐缓缓，等浓霜。学易年高便，道装，遇渊明语我嘉祥。”

⑦ 《重阳全真集》卷之十，《闲意》：“一轮明月一清风，内外交驰西复东。”

⑧ 《重阳全真集》卷之一，《修行》：“清风裹面全真气，明月前头结宝砂。”

⑨ 《重阳全真集》卷之一，《苏公求退吏清闲》：“人人若论识清闲，除是蓬莱第一仙。无极云霞为伴侣，半空风月作因缘。”

⑩ 《重阳全真集》卷之一，《问清闲》：“穿峰明月为吾友，过岭孤云是我曹。作伴为邻归去后，任游三岛访蟠桃。”

⑪ 《重阳全真集》卷之三，《醉江月(念奴娇)》：“荣华富贵，莫也非坚固……云朋霞友，并归蓬岛琼路。”

⑫ 《重阳全真集》卷之三，《沁园春》：“重阳子做，真清真净，相从相随。每锐仙经，长烧心炷……定作云朋，决成霞友，自在逍遥诗与词。”

自在的境地实现与清风明月的融合。“千金难买日高眠”，这种洒落追求的就是隐逸的生活①，也就是追求风邻月伴和霞友云朋②。

通过清闲、清净、清静、冷淡强调逍遥自在，通过风邻月伴、霞友云朋追求洒脱、隐逸的生活正是王重阳思想的特征。由此看来，王重阳的生活和思想与倪瓒所向往的生活、思想与绘画美学惊人的相似。

三

倪瓒的诗词中有许多与道家、道教相关的用语，倪瓒对老庄思想的核心、神仙故事、道教传授的历史、全真教的理解在下文中可见一斑③：

> 道德五千言玄之而又玄。谷神不死曰玄牝，用之不勤以绵绵。太原道士康素子，口讲此书手画指，犹龙之后有蒙庄。回薄宇宙有根柢，蝴蝶栩栩观物化，濠鱼洋洋乐何似，壶丘弟子御风游，游仍有待曷足恃，尻轮神马鸿蒙外，恍惚杳冥随所止。化人之居邻太清，十二重楼临五城。千劫谓如一食顷，不起于座空飞行。王乔鹤上吹玉笙，食枣东海安期生。云车霓軿到平地，渴饮悬河天为倾。大茅登云二弟迎，紫虚永和传玉经。杨曦以授许长史，玉斧清映道初成。贞白子徽如日炯，千巖万壑春冥冥。葛玄登炼匡庐顶，渊雷一声眠鹤醒。道陵章奏阳平治，子孙绳绳祖武继。重阳晚出金末裔，全真尔名钦世世。仰瞻在昔老庄列，近比肝胆远秦越。要知道不出智勇，疾似秋空鹰一撇。素乎素乎尔邻乎，道德而不孤，凡夫皆具仙真体，一扇仁风病即苏。④

---

① 《重阳全真集》卷之二，《述怀》：“独往三峰谁作伴，清风明月共三人……一性易为风害做，千金难买日高眠。”

② 《重阳全真集》卷之九，《了了歌》：“得逍遥，真自在，清虚消息常交泰……长作风邻并月伴，永随霞友与云朋。”

③ “倪云林与道教”相关的诸多内容参照陈三弟的《倪云林与道教》，《中国道教》2003年第4期。

④ 《清闷阁集》卷四，《赠康素子》。

倪瓒在文中所说的“重阳晚出金末裔，全真尔名钦世世”阐明了全真教在道家、道教史的地位。作为道士，倪瓒虽然并不亲自参加活动，但他通过这些诗语表达了自己对道教的寄托。在闲处游息的玄文馆中，倪瓒曾说过要谢绝尘事，消度游心澹泊的时光。同时他也说过终日埋头古书与古人相对读书研道，达到形忘道接的地步①。《食无肉》中，他希望自己能像葛洪一样求得丹砂，过上餐绛霞的生活②。《恒德堂》中，表现闲居时培养黄宁，逍遥时游玩玉京以进紫清③的生活，他说自己的理想是“矫首咏玄虚，精思候仙真”④“为善得仙道”⑤。他的生活愿望与道教所追求的生活紧密相连。

倪瓒的梦想不是追求世俗的富贵、名誉和名利，而是追求清闲、幽静、淡泊的生活。下面这首诗让我们看到倪瓒闲适的生活：

> 池泉春涨深，径苔夕阴满。讽咏紫霞篇，驰情华阳馆。晴岚拂书幌，飞花浮茗碗。阶下松粉黄，窗间云气暖。石梁萝茑垂，翳翳行踪断。非与世相违，冥栖久忘返。⑥

这里的“忘返”与曾皙所说的“浴沂咏归”正好相反。从另一个角度看，这种生活方式正是道家所追求的⑦。倪瓒不关心世俗之事，而是梦想着隐遁青山⑧。言下之意就是说，青山中没有是非，可以逍遥自肆地

---

① 《清閟阁集》卷一，《玄文馆读书有引》：“余友玄中真师，在锡之东郭门立静舍，名玄文馆。幽洁敞朗，可以闲处。至顺壬申岁六月，余寓是兼旬，谢绝尘事，游心澹泊。清晨栉沐，竟终日与古书、古人相对，形忘道接，翛然自得也。余读书研道之暇，时饮水自乐焉。乃赋诗记事。”“真馆何沉沉，寥廓神明居……潜心观道妙，讽咏古人书。怀澄神自适，意惬理无遗。谁云黄唐远，泊然天地初。回首抚八荒，纷攘蚍蜉如。愿从逍遥游，何许昆仑墟。”

② 《清閟阁集》卷四，《食无肉》：“食无肉兮出无车，旅无依兮归无家……吾生有涯知无涯，世迫隘兮纷浮华，思从句漏求丹砂，忍食安期枣如瓜，高卧白云餐绛霞。”

③ 《清閟阁集》卷四，《恒德堂》：“虚林闲居养黄宁，隐几逍遥游玉京。”

④ 《清閟阁集》卷一，《卧病》：“ 矫首咏玄虚，精思候仙真。”

⑤ 《清閟阁集》卷一，《杜真人听松轩》：“ 为善得仙道，翛然不近名。”

⑥ 《清閟阁集》卷一，《春日云林斋居》。

⑦ 《清閟阁集》卷一，《双寺精舍新秋追和戎昱长安秋夕》：“ 不知人事剧，但见青山好。”

⑧ 《清閟阁集》卷五，《送张外史还山》：“道士朝乘白鹤还，楼台金碧锁空山……飘然便拟从君隐，分我玄洲一半闲。”

生活①。他特别期望能隐遁名山②，他之所以强调恬淡寡欲，是因为寡欲则天机会更深③。他希望通过恬淡寡欲的虚夷来过上高隐和幽贞的生活④。而他的这种憧憬与王重阳所向往的生活没有什么不同。

倪瓒用白眼来看待俗物，希求被褐怀玉的生活。他还用碧渊来比喻自己内心的澹然⑤，或者内心同于水⑥，反过来讲，就是内部自观之心类似于太虚⑦。因此，他晚年更是致力于恬退，身着黄冠野服在湖山间浮游，过着肥遁的生活⑧。倪瓒特别强调认为富贵如浮云是无用⑨、羞耻的东西⑩，而荣秽本来就都是空⑪。因此，他认为与其追求富贵，不如追求虽贫寒但自由的生活⑫。也就是说，他不想过那种图谋稻粱、考虑缯缴一样为世俗所累的生活⑬。在《述怀》中，他还提到不要纠结于富贵，而应栖息于遁情的、逍遥自在的欢乐⑭。就这样，他抛却功名，享受恬淡寡欲、隐逸的生活⑮

---

① 《清閟阁集》卷一，《赠惟寅》："知尔山中来，山中无是非。"

② 《清閟阁集》卷三，《送宗天章归庐山》："我亦名山隐，他年何处逢。"

③ 《清閟阁集》卷一，《泊舟》："蜕迹尘喧久，欲寡天机深。"

④ 《清閟阁集》卷一，《送惟寅》："姚公有古道，虚夷多远情。俾尔遂高隐，狂歌乐幽贞。"

⑤ 《清閟阁集》卷七，《人我二首》："人以秋毫轩轾我，我心澹然如碧渊。何期失脚堕尘网，谈笑区中饱世缘。"

⑥ 《清閟阁集》卷八，《顺逆》："顺逆推移莫爱嗔，白云终不染缁尘。世情如火心如水，屋里须教有主人。"

⑦ 《清閟阁集》卷一，《出郭》："身世一逆旅，成亏分疾徐。反已内自观，此心同太虚。"

⑧ 《清閟阁集》附录1，《元处士云林先生墓志铭拙逸老人周南老撰》："晚益务恬退，弃散无所积，屏虑释累，黄冠野服，浮游湖山间，以遂肥遁。气采愈高，不为谄曲以事上官，足迹不涉贵人之门。与世浮沉，耻于炫暴，清而不污，将依隐焉。世氛颇净，复往来城市，混迹编氓，沉晦免祸。"

⑨ 《清閟阁集》卷八，《睡起》："浮生（一作云）富贵真无用，政似纷纷蚁一柯。"

⑩ 《清閟阁集》卷二，《次韵别郑明德》："富贵真可羞，功名竟何物。"

⑪ 《清閟阁集》卷一，《蛛丝网落花》："昔人问荣秽，讵识本俱空。"

⑫ 《清閟阁集》卷四，《富贵咏》："富贵诎于人，曷若贫肆志。"

⑬ 《清閟阁集》卷一，《别张天民》："稻粱岂余谋，缯缴非所虑。犹为气机使，暄冷逐来去。"

⑭ 《清閟阁集》卷一，《述怀》："遐哉栖遁情，身外岂有它。人生行乐耳，富贵将如何。"

⑮ 《清閟阁集》卷一，《秋夜赋》："恬淡斯寡欲，荣名非所欣。乐矣咏王风，忘年栖白云。"

倪瓒把生活和艺术精神形象化为用“不逢人”[①]象征的空亭。他所画的亭子象征着闲居[②]，特别是那个相当于野亭的空亭其意乃是“幽亭”。这个空亭子本是逸民临风、清眺的空间，也象征着凤凰栖息的地方[③]。他希望能在这个脱俗的空间里与天际真人在一起[④]。而这里的逸民和凤凰其实就是倪瓒自己。

倪瓒内心深处非常钦佩陶渊明[⑤]。他刻意拔高了陶渊明的处世[⑥]，认为陶渊明的归去来很贤明，希望自己能随他而去[⑦]。这里，倪瓒在疏林的空亭中，表达了对没有车马烦杂的生活，也就是陶渊明所说的“心远地自偏”的生活充满追求[⑧]。最终，空亭也是实现自己肥遁的空间[⑨]。其实，这里的空亭也就是倪瓒所向往的充满冷淡、淡泊、幽静、清闲生活的内心具象化。

总之，心怀遗世心的[⑩]倪瓒不喜欢服侍王公大臣，而是热衷于那种

---

① 《清閟阁集》卷三，《题秋林图》（一作陈则题云林画林亭远岫）：“云开见山高，木落知风劲。亭下不逢人，夕阳澹秋影。”

② 《清閟阁集》卷七，《为潘仁仲写梧竹草亭》：“翠竹萧萧倚碧梧，一亭聊以赋闲居。浮杯乐饮思潘岳，藻思春江濯锦如。”

③ 《清閟阁集》卷三，《题画三首》：“幽亭足清眺，临风聊鼓琴。江城秋雨后，竹石晓苍苍。聊以规摹此，留看宿凤凰。”

④ 《清閟阁集》卷五，《题张以中野亭》：“人境旷无车马杂，轩楹只在第三桥……君能撷取飞霞佩，天际真人近可招。”

⑤ 《清閟阁集》卷一，《和吴寅夫对雨见怀》：“处世每惭柳，怀人徒咏陶。脆质爱灵药，闲情宜弱毫。”

⑥ 《清閟阁集》卷一，《次韵呈张德常》：“陶公兴寓酒，杜老愁亦酌。豪杰千载人，处世何磊落。”

⑦ 《清閟阁集》卷二，《黄本中书斋为写寄傲窗图》：“长歌归去来，悟悦陶公贤。终寻桃花崦，息景穷幽玄。”

⑧ 《清閟阁集・补遗》，《题疏林亭子》：“溪声瀌瀌流寒玉，山色依依列翠屏。地僻人闲车马寂，疏林落日草玄亭。”至正庚子八日十又二日，倪瓒画并题（《书画题跋记》卷九）。

⑨ 《清閟阁集》附录三，《清閟阁遗稿・高攀龙序》：“惜天下既定，先生已老，不及风云之会，而亦先生得遂其肥遁之志。是其长往，固与沮溺丈人辈殊科。”

⑩ 《清閟阁集》卷二，《次张仲举韵》：“汲泉以煮茗，遐哉遗世心。”

曲肱饮水[①]般的闲适生活。他在诗文中通过闲云和明月[②]来表明自己内心世界的清静。从艺术的角度来看,他特别期望自己的余生能在那种闲暇情趣的逸笔所表现的、充满艺术气息的氛围中度过[③]。而写胸中逸气正是这种期待的反映[④]。他所说的逸气从绘画技法来讲,不仅是自由的,从精神角度来讲也意味着逍遥自在。

倪瓒沉溺于清閟阁中的读书作画,憧憬能在这里度过余生[⑤]。"心期流水远"[⑥],"寻真狎隐沦"[⑦],"梦为笙鹤游"[⑧],这些美景正是他所希求的生活,但当时混乱的时代却只能让他浮游于湖山之间。倪瓒的诗文有时吐露的是胸中的潇洒不羁[⑨],有时是在绘画美学中表现其所憧憬的生活。通过这样的诗文,我们得以管窥倪瓒的生活和绘画美学与全真教教理之间的密切关系。

四

论文这一部分考察的是全真教教理对倪瓒的人生和绘画美学产生了怎样的影响。

全真教宣扬复归真常、妙道、我真和我宗,以实践至纯不杂的真。据此,王重阳恨叹纠缠着世俗名利富贵的人生,声称抛弃嬉戏于意马的

① 《清閟阁集》卷一,《赠野处民》:"怡然无世(一作外)虑,心广神为充。曲肱以饮水,至乐在其中。击壤歌往古,宁知事王公。"

② 《清閟阁集》卷二,《略上人松月轩》:"虚牖宿闲云,长松挂明月。"

③ 《清閟阁集》卷七,《题画竹》:"逸笔纵横意到成,烧香弄翰了余生。"

④ 《清閟阁集》卷九,《跋画竹》:"以中每爱余画竹。余之竹,聊以写胸中逸气耳。"

⑤ 《清閟阁集·补遗》,《题清閟阁图》:"家在梁溪浸底之里,以泥水自闲。柴门掩于白目。藜床穿而未起。棐几如练,瓯香若空。传口书淫,聊以卒岁云尔……横塘一夜来春涨,高阁肃然我读书。壬子四月十又七日,云林子。"(《石渠宝笈》卷38)

⑥ 《清閟阁集》卷三,《秋日寄谢参军》:"心期流水远,世事浮云轻。"

⑦ 《清閟阁集》卷三,《酬云浦》:"寻真狎隐沦,息景绝风尘。屈子能安义,陶公每任真。"

⑧ 《清閟阁集》卷三,《赋雪舟》:"银屏云母幛,梦为笙鹤游。"

⑨ 倪珽:《清閟阁集》附录三,《清閟阁遗稿跋》:"我祖云林公生值胡元秽浊之时,而松筠为抱,泉石自娱,且也弃家逃禄,戢身于烟波丛薄间,含毫歌啸,时吐胸中潇洒不羁之趣,纤尘不染,峻节干云,真与五柳先生同风也者,而诗亦似之。"

情色和沉溺于心猿的、世财的世俗欲望，要追求一种清虚、恬淡的逍遥自在。王重阳特别重视“真”和“清”两个字，强调通过修养来实现真清、真静和真心。同时他也强调要以清闲的生活和冷淡的清虚作为自己的主人。逍遥自在的状态就是通过风邻月伴和霞友云朋来加以表现。与此相似的王重阳的生活和思想中虽然蕴含着敬畏宗教的思想，但从其他视角来看，包含的则是洒落的、自适的、艺术的人生和美学的生活。

倪瓒曾自号“风月主人”[①]，这里可知王重阳重视清静、清虚、清闲的生活和思想对曾自号为“风月主人”的倪瓒生活和绘画美学产生了直接或间接的影响。倪瓒的绘画作品通过“逸笔草草”来反映逸气，这其实源自“静的美学”的特征：“寂寞。”[②]倪瓒的绘画作品作中蕴含着萧散简远、萧条淡泊的风味。华翼纶称倪瓒的画品平淡天真、简易厚重、淡中有彩[③]；董其昌称倪瓒的绘画古淡天然[④]；李修易曾称倪瓒的画风疏散简远[⑤]，特征是与“冷”有关[⑥]。王重阳说过以冷淡清虚为主人的话，这很容易让人想起倪瓒绘画的美学特征之一，就是冷淡。

人们用“逸品画家”来高度评价倪瓒的原因就在这里——不仅因为其作品艺术技巧的卓越，更在于他对富贵名利的藐视，对清闲、幽静、隐逸生活的追求。从这一点来看，他与全真教所追求的思想有诸多相通之处。除此而外，倪瓒的性格还与全真教有关。倪瓒狷介洁癖的品行固然有其天生的一面，但也与全真教所追求的至纯不杂的“真”有关。

---

① 《清闷阁集》附录三，贾仲明的《倪元镇》(浦汉明：《新校录鬼簿正续编》收录)说：“倪元镇，讳瓒，锡峰人，自号风月主人，又号云林子。”

② 刘纲纪在《倪瓒的美学思想》(《倪瓒研究》，上海书画出版社，2005年，第146页)中拿黄公望、吴镇和王蒙的画风与美学与倪瓒比较时称“他们的作品缺乏包含在倪瓒作品的‘寂寞之意’中那种对人生意义、归宿的深刻思索与体验，在哲理性的深邃上较倪瓒有所不及”。

③ 华翼纶：《画说》：“倪元镇，平淡天真，简而厚，淡而有精彩，绝不经意，纯乎天趣。”

④ 董其昌：《画眼》：“迂翁画，在胜国时可称逸品，昔人以逸品置神之上……吴仲圭大有神气，黄子久特妙风格，王叔明奄有前规，而三家皆有纵横习气，独云林古淡天然，米颠后一人而已。”

⑤ 李修易：《小蓬莱阁画鉴》：“石田之老笔密思，与云林之疏散萧远者，趣不同耳。”

⑥ 李修易：《小蓬莱阁画鉴》：“凡画之沉雄萧散，皆可临摹，唯一冷字，则不可临摹，而今人竟以倪高士一丘一壑当之，不知青绿泥金，何尝不可作冷字观哉？但看其人之胸次何如耳。”

特别是倪瓒所建“清閟阁”中的“清”和“閟”两字，揭示出其与全真教的教理有关。

倪瓒并没有直接提起王重阳或全真教的教理。但通过分析我们能够推知，王重阳的生活和思想以及全真教的教理对倪瓒所追求的隐逸生活、清静冷淡的艺术精神有诸多影响。

（作者为韩国成均馆大学东亚学院教授）

The 全真 Quánzhēn Knowledge

景威道长

The evolution of conscience of the human being, through time, follows a cyclic movement, very similar to a spiral; according to the place where he is located in the space, receiving energies which make his environment react, changing his references and weakening his vital essence. For the same reason, his moods, psychic evolution, all his being react to the changes that disturb his conscience. Since thousands of years, many cultures have studied the reactions of men against the changes in his environment. Ancient societies related the cosmic events with the variations that happened in the earth, they respected, even adored the stars that dictated the laws of nature. These perceptive observations allowed defining the great theories that rule our lives. The documents transmitted by Chinese philosophers like 老子 Lǎozǐ or 庄子 Zhuāngzǐ confirm these facts and allowed to define the lines of investigation of many Daoist schools.

The Daoism practitioners consider that we have to explore the relation between man and nature to find the true secrets of life, that we must perfect our own being (修 xiū, auto-perfection) to find the Dào 道, find our true function in life. This principle can be found described in many documents, for example in the temple of 白云观 Bái Yún Guàn a stele which depicts the perfect cultivation can be found, on this document Xīu Zhēn Tú 修真图 (diagram (study) of the perfect cultivation) it is said:《道云玄水乡铅》(dào yún xuán shuǐ xiāng qiān), corresponds to what the Daoist call the mystery of the Water's Lead (perfecting our organism functions through the internal alchemy 内丹 nèidān). Everything that is embodied in this stone correspond to the basic knowledge of the 老庄 Lǎo Zhuāng philosophy and presented in a way which allowed the master to explain to his disciples the physiology of the human body, the rules of self-cultivation, as a pedagogic tool to transmit the Daoism thinking.

The philosophers also say that man and heaven, in the origin formed only one being (天人合一 tiānrénhéyī): heaven and men reunite in one (heaven and men come from the same origin therefore they merge to form a unique energetic structure), they didn't have the capacity to separate from each other. Later on, from heaven came the material manifestation of the beings, which can be read in chapter 42 of the Dàodéjīng (《道德经》):

道生一,一生二,二生三,三生万物。

Dào shēng yī yī shēng èr èr shēng sān sān shēng wàn wù

Dào generates one, one generates two, two generates three and three generates the ten thousand beings.

万物负阴而抱阳,冲气以为和。

Wànwù fù yīn ér bào yáng chōng qì yǐ wéi hé

The ten thousand beings are carried by the Yīn and are embraced by the Yáng; by pouring the energy you obtain the harmony.

The philosophy defines concepts that life's experiences allow us to test, in this case the philosopher 老子 Lǎozi wrote what his consciousness received from heaven to install facts and definitions (when the heaven and men are one, the knowledge pass on directly from one another), later on, other thinkers and practitioners studied and used this concepts to build tools that allowed to stimulate the mind of many human beings. It is a reference for all when we want to talk about the creation of life.

That's why it is essential to take into account the study of nature (the natural laws of life) to discover the biological phenomena of human being. To study the human existence in his totality while observing the celestial globality, a condition of worldwide relevance, to integrate the human being in the macrocosms while discovering our own microcosms. This line of thinking belongs to a part of the foundations of the Daoist practice to guide our quest in coherence with the natural laws. To be able to deepen a little more about this Daoist point of view and try to obtain the understanding, it is important to know the theory of the five transports (五运) and the six energies (六气): 运气学说 yùnqì xuéshuō, which explains the relation the six energies have with the different pathologies. The five transports are the five phases: wood, fire, earth, gold and water. The six energies are: wind, heat, humidity, fire, dryness and cold. The periods are calculated in terms of 10 celestial trunks 天干 tiān gān and the energies are calculated in relation of the twelve terrestrial branches 地支 dìzhī. This concept of time calculation is based on the fundamental theories of the Daoist philosophy: The four relations of the Yīn-Yáng unity, the five movements Wǔ Xíng. This allows knowing in advance the climatic changes and the effects in human's health they can produce.

In the "Great theory of the authentic truth" (至真要大论 zhì zhēn yào dà lùn) it is described in the《黄帝内经·素问》Huáng Dì Nèi Jīng, Sù Wèn Tome and chapter 74:

黄帝问曰:五气交合,盈虚更作,余知之矣。

Huángdì wèn yuē　wǔ　qì　jiāohé　yíng xū gèng zuò　yú zhī zhī　yǐ

The yellow Emperor says: The five energies (the action of the five phases or heaven's energies) combine itself, between growth and decrease there are exchanges in the process, this I understand.

六气分治,司天地者,其至何如?

Liù qì fēn zhì sī tiāndì zhě qí zhì hé rú

The six climatic energies divide themselves, manage (divide) the universe, what happens with this?

岐伯再拜对曰:明乎哉问也。天地之大纪,人神之通应也。

Qíbó zài bài duì yuē míng hū zāi wèn yě tiāndì zhī dà jì rén shén zhī tōng yìng yě

Qíbó with respect answers again :Oh! What a brilliant question. It is the great order of the universe (to know the lunisolar calendar 农历 nóng lì as a result over the earth). It is the result of the communication of the human spirit (the material organism is the instrument of the spirit; it is a part of the divine plan).

We find again in literature, of the medical science, the lineage of those philosophic concepts.

Although several centuries passed between these documents, the idea remains the same, it is essential to follow a directive to build a theory, instruments which meet the requirements of the daily life. Therefore we must build a bridge between the philosophical work and the scientific experience.

If we can understand that the essence of this concept: "heaven and men reunited as one" resides in the rational knowledge "wellbeing" the harmonious state of men as a unit, this phenomenon exist due to the perfect union a single person can have with nature, thus understanding that a person can become sick and die if he loses the natural order. It is understood that the nature of cosmos is regulated by a perfect order, Earth's ecosystem is a minimal part of the cosmos's nature and his objective is to participate in accord with the environment's evolution, as so all the living beings participate with the circumstances of the perpetual generation. All the humanity, social group or individual person must maintain this special objective; his participation must be without expecting a reward. Men, similarly fulfill this part of the global nature, following only the laws of nature, to find himself in relation with heaven's superiority, it is what allows him to grow and multiply endlessly.

The book《太上老君内观经》(Tàishàng Lǎojūn nèi guān jīng) (Sacred book of the internal vision of the great ascended master) says: "Knowledge comes from heaven, the forms come from earth, hold the Yīn to make the Yáng arise, immediately the divide and beget the five movements and subsequently the four seasons are formed".

On the engraving:《真气还元铭》(zhēnqì huányuán míng) (The true energy returns to the origin), it can be read: "天法象我,我法象天,我命在我,不在于天: knowledge from heaven gives me my form, my knowledge defines heaven, my life exists on me, without being I exist in heaven." That is why it is said that: the sun and the moon are in heaven, the men has two eyes; in the heaves there are five planets, in earth there are five movements, men have five principal anatomical structures.

From ancient times, the Daoist school considers that the usage of a method to develop the auto perfection of our being heightens the quality of our consciousness; this opinion positions us between heaven and earth regarding the other beings, which generates a great vitality, to live longer and never age. This concept was used long before the formation of the 全真 Quánzhēn school, to study the fundamental theories to harmonize with the Dào, to achieve longevity and immortality through 内丹 nèidān. From ancient times, this kind of practice can be found as an art of life cultivation (Yǎngshēng 养生), this concept is observed for the first time in the book: Zhuāngzi

庄子《南华经》nán huá jīng: the sacred book of the illumination from the south. To take consciousness of the original energy (yuánqì 元气 ò qì 炁) is to stimulate the cellular metabolism to return to the origin (regeneration following the original cellular map).

The 全真 Quánzhēn masters have the commitment to help their community, protect and prevent them from catastrophe (wars, epidemics…) or sudden changes in climates. For this reason, many of them are doctors and take in their care the members of their society, creating tools, exercises, practices to improve the health of people around them. In the temples or across the country these personages can always be found helping and recreating the ancient practices. Nowadays, it is our task to circulate this knowledge even if it's not related directly to the country's culture. The cultivation of Dào is a universal practice, an ancestral knowledge that the modern man must treasure, multiply and spread to everyone who needs help, support or feels left behind. It's an indispensable skill to strengthen the virtue of 全真 Quánzhēn Daoist applicants. The text《晋真人语录》Jìn zhēnrén yǔlù, written by 晋道成 Jìn dàochéng is an important discourse for the formation of the 全真 Quánzhēn current (though apparently not directly a document of this school) but has had a great influence on the patriarch 王重阳 Wáng Chóngyáng and his first disciples.

"If one searches for the perfect practice, it is important to cultivate kindness and virtue by relieving poverty and rescuing people from suffering. If you see someone in difficulty, you should always give rise to the desire to help them. At times, [it may also be appropriate] to try to persuade other people to enter the Dao and engage in training. In everything you do, it is transcendental to put others first and yourself last. Always show selflessness in relations with the myriad beings. This is a perfect practice."

To practice Daoism with perfection allows us to obtain virtue. Virtue is the quality of being to strengthen this search, it is not the good behavior which suits to moral laws or rules, nor the cardinal virtues: prudence, justice, fortitude and temperance, nor the theological virtues: faith, hope and charity though they help to understand the vital process. But in this case, virtue is the attitude of the human being facing the process he has chosen to live, a life path which has to make him understand his origin, his true essence.

This virtuous process appears in different chapters of the《道德经》Dào dé jīng, for example in the central part of the chapter 54 第五十四章 dì wǔshísì zhāng:

修之于身,其德乃真;

Xiū zhī yú shēn qí dé nǎi zhēn

If you practice with your body, your virtue will be true;

修之于家,其德乃余;

Xiū zhī yú jiā qí dé nǎi yú

If you practice with your family, your virtue will exceed;

修之于乡,其德乃长;

Xiū zhī yú xiāng qí dé nǎi zhǎng

If you practice with your town, your virtue will be very large;

修之于邦,其德乃丰;

Xiū zhī yú bāng qí dé nǎi fēng

If you practice with your nation, your virtue will be plentiful;

修之于天下,其德乃普。

Xiū zhī yú tiānxià qí dé nǎi pǔ

If you practice with the entire world, your virtue will be universal.

But how can we modernize this knowledge, preventing that our society evolution remove this experiences. In the occidental society some of the traditional processes still remain but the great majority has been eliminated due to the lack of "Reasonable Scientific process", Cartesian procedures. It is important to remember that this innovative thinking is born of a crisis era: European conscience crisis (1680 to 1715) which had a great influence over philosophy, science and literature, which in turn can be recalled to an astronomical date in the year 1682 the famous comet Halley. During this era of great change in Europe many religious and academic movements where thinkers like Descartes, Spinoza, Leibniz, Newton and others staged several discoveries while at the same time they fundamentally criticize the ancient knowledge. An example of this is Pierre Bayle who wrote a famous letter where he mocked superstitions and said that knowledge must be constantly checked. This ideology crisis can be an aspect to add to the general crisis or the crisis of the XVII century as this is an essential moment of the modern society and of the changes of a pair of opposed philosophical concepts: rationalism and empiricism which allows to finally overcome the scholastic bonds that give birth to the "New Science".

Several questions appear when we ponder about the evolution of our society.

How can we use this universal knowledge to improve our human condition?

How can we obtain from these theories, simple tools to improve the wellbeing of our society?

How does this vision relate with our daily lives?

The knowledge allows us to understand and above all anticipate the events, thus helping us to develop our consciousness to find health and unfold our mental capacities. Through the internal work, the auto perfection of Dào (修道: XiūDào) human beings walk to the understanding of their life function, envisioning the answers to common questions that have been made for millennia, Why am I on this earth? Where am I going? What is my origin? What must I do in this life?

The texts from 太上老君 Tàishàng Lǎojūn can also be used as tools to understand a process. In our association, chapter 15 of the sacred book《道德经》Dào dé jīng 第十五章 (dì shíwǔ zhāng) has been used to create a tool of self-observation, in this way, students of Daoism can have a real reference of the old thoughts for self-cultivation, self-criticism and therefore raise their consciousness.

First the text is presented to place the reader in the cultural tenor, then a directed translation is made to the interested public, the text is discussed to help understand the usage purpose of this instrument, then the student is questioned and asked to observe himself for a period of 30 days, taking note of the results and then proceed to read the conclusions. This way, the practitioner uses an old procedure, adapted to their modern life. The results are extraordinary because it can really help a person to know their emotional reactions, control and change them to be unaffected in the future by diseases related to emotional excesses. They have a reference; they can measure their results through time and thus building a relation of their behavior.

Original Text

古之善为道者，微妙玄通，深不可识。
夫不唯不可识，故强为之容。
豫兮若冬涉川，犹兮若畏四邻。
俨兮其若客，涣兮其若凌释。
敦兮其若朴，旷兮其若谷。
混兮其若浊。
孰能浊以静之徐清，孰能安以静之徐生。

保此道者，不欲盈。
夫唯不盈，故能蔽而新成。

Translation (organized for the observation of the being)

In ancient times, those who were adept at practicing Dao had a thorough understanding of it.

Because they practiced Dao secretly, to understand them is beyond people's cognitive capacity.

Since they are beyond comprehension, I can only describe them in general terms:

They were cautious as if walking across a frozen river in winter.

They were vigilant as if threatened by attack from all sides.

They were without indiscretion, as solemn and respectful as a visiting guest.

They were without stagnation, as natural and pliant as ice about to melt in spring.

They were without vanity, as simple and plain as an uncarved block.

They were limitlessly tolerant, their minds as broad and receptive as a great valley.

They and the mundane world were completely undifferentiated, as united as water and mud are in muddy water.

Who could keep muddy water from becoming more turbid and, by being tranquil, gradually make it clear?

Who could remain unmoving until the right action arose by itself and then move spontaneously?

Those holding fast to the above-mentioned ways do not want to be full of themselves.

It is exactly because they do not want to be full of themselves that they never make a display of new achievements.

(English translation of the《道德经》Dào dé jīng 第十五章 dì shíwŭ zhāng offered to our association by 邱圆行道长 Qiū yuán xíng dào zhăng)

Comments

This chapter of the Dào dé jīng describes the people who since ancient times have been considered as wise men (a wise men is a person who has understood its role in life; A person with self-discipline, self-studying, self-listening and auto observation), since they dedicated themselves to the study of their own life process and virtues that humans should possess (as an attitude facing their role in life). As a way to understand the process we have to live in our passing though earth. To achieve this process is important to follow the tools that these masters left; among them are:

• Be cautious.

• To keep a careful attitude in every situation of the daily life (thoughts, food, travel, interaction).

• To be discrete and respect to other human beings, animal and plants.

• To be flexible, tolerant and perceptive to try to achieve harmony with the other members of the community.

Inquiring the virtues

- Cautious.
- Prudent.
- Discreet.
- Respectful and solemn.

- Natural and affable.
- Humble, modest and simple.
- Tolerant.
- Open minded and receptive.

To be able to help oneself in our daily observation this tool is introduced and thus realize a day to day observation of our emotions, feelings and experiences; related to this message that was left to us from the antiquity.

Take an instant in your daily life and take note of your thoughts according to the following aspects:

1. Today this happened to me:

2. How did I respond to it? I respond to the event normally or extraordinarily. Try to describe it.

3. According to the observation process, what might be the answer to that event?

Small outline of the material to record observations (during 30 days):

Date: ________________

Event: ____

____

____

Results

At the end observe the results of this tool.

Did the observation process improve?

Were there any difficulties to understand the qualities of virtue?

Did the process of consciousness allow me to understand in a better way the cause?

What results do I obtain by stimulating the observation on my daily life reactions?

In hardest moments of growth for the human being great masters have appeared to guide, teach and advise their disciples in their life paths, creating schools, defining lineages to protect the teachings. They build goals based on the acquisition or virtues, respecting rules and noble values. They teach discipline knowledge, art and 功夫 gōng fū to the people to achieve a broader mind. To draw the human being out of torpor and closed minds which was a monumental labor but they achieve it, due to their own experience, their impeccable work to advance our societies. It is admirable to see the human qualities of each of these masters, big or small, known or anonymous; they knew how to work with compassion so men could survive and elevate his consciousness. For example, any pupil of the 龙门派 Lóngmén pài has always present the labor of a saint man as 丘处机 Qiū Chǔ jī (丘长春 Qiū chángchūn) who travel across China to teach another man (成吉思汗 chéng jí sī hán) that he must not kill, this goes against his own achievements, that if he continues in this path he will destroy he own virtue, reaching all of this by his own means with the philosophical concepts as tools of understanding, inherited instruments from their ancestors, the 老庄 Lǎo Zhuāng school.

Nowadays, the human being is confronted with many difficulties; society has changed its goals, thus its inhabitants search for other life processes. We pursue for appraisal at our achievements to survive in our modern world, the acquisition of material wealth, prices and diplomas which pulls us to the head of our communities; be the first place, triumph in business to amass a fortune, to face the daily competition even if we have to forget the values of being.

Enjoying the electronic toys and giving all the attention technological advances attracts more than seeking a spiritual path. The new generation has lost the taste to deepen about the permanence of human beings since our society has lost its way, because its leader's only think about increasing their profits, they offer no sure goal and rather lead us to an irrational bewilderment. It doesn't matter what tomorrow can be achieved with the practice of a self-improvement (self-cultivation), what matters the most is to acquire something today, immediately fill this void. In this race towards "obtaining", many beings lose their peace of mind, getting sick and sometimes auto-mutilate themselves, but no one warns them, nobody prevents them from these dangers. Only a few organizations really care about this matter, the majority of the foundations reach their goals only by adjusting monetary investments of others but do not truly help these human beings who are lost.

Will the recent strengthening of Daoism be able to impact on the current orientation of human consciousness?

Can the philosophical theories of the 老庄 Lǎo Zhuāng's school help to guide scientific pursuits?

How can the 全真 Quán zhēn priest participate in the creation of instruments to reevaluate virtue?

（作者为墨西哥道教协会会长）

沈阳太清宫历代传戒考略

汪桂平

一、沈阳太清宫十方丛林与太清坛

太清宫原名三教堂,位于盛京城(即今辽宁省沈阳市)西北外攘门外,始建于清朝康熙年间。康熙二年(1663年),盛京大旱,盛京将军乌库礼慕名礼聘铁刹山道士郭守真前来祈雨,起坛而雨降。于是当事者修筑三教堂,延请郭守真及其弟子居住。

郭守真(1606—1708),亦名郭守贞,字致虚,号静阳子,全真道龙门派第八代弟子,是辽宁铁刹山八宝云光洞开山阐教之始祖,亦是东北全真道的开山始祖,后世东北地区所传承的龙门派谱系,基本都是源自郭守真及其弟子。

三教堂初建时规模不大,当时只有大殿三楹,及玉皇阁、关帝庙、究堂、丹房数处。乾隆三十年(1765年),三教堂遭受水患,殿宇倾圮,半就淹没。时任监院的赵一尘竭力化缘,以次翻修,增其式廓,工程宏大,历经十数年告竣。重修后的三教堂于是更名为太清宫,定为十方丛林。关于这段历史,《太清宫丛林历史志略》有详细记载:

> 乾隆三十年(1765年)乙酉,曾遭水潦之患,殿宇倾圮,半就淹没。当由本庙道士赵一尘竭力化募,以次翻修,并增购丁家园空地及马姓房身。向西开渠引水,直从边城外出,以资疏泄。乃丁未(亥)三十二年(1767年),复由马道士阳震,藉盛京魏将军、刑部荣侍郎,及通省各界绅民之力,大加扩充。增修外院群房及西院空基屋宇,并大殿前东西廊,四周均各围以垣墙,藉作保障。其先由孙姓隐种熟田二百六十八亩,亦讼蒙前承德县断回作为本庙香火。

直至乾隆四十四年己未(亥)(1779年)方始修筑完竣。遂改名太清宫,定为十方常住,永作东省第一丛林。①

监院赵一尘通过化募各方,在盛京将军、刑部侍郎等官员的支持下,在各界绅民的大力赞助下,将三教堂大加扩充,增加了外院和西院,及大殿东西廊,增修了围墙、大门等,使三教堂成为一个拥有独立院落和几重殿堂的规模较大的庙宇。同时,三教堂还增置了不少房产和地产,为十方丛林的改制提供了经济基础。

关于增修后的三教堂现状,乾隆四十三年(1778年)奉敕刊本《盛京通志》有所记载:

三教堂,在外攘门外。正殿三楹,经楼三楹,配庑八楹,后殿三楹,耳房四楹,前殿三楹,耳房八楹,大门一楹,左右门各一楹。②

《盛京通志》修成于乾隆四十三年(1778年),即在三教堂修竣完工的前一年,这时三教堂的修缮工作已接近尾声,其布局已基本成型。因此《盛京通志》记载的三教堂应该就是赵一尘重修后的规模。可以看出,三教堂修成后,已拥有正殿、后殿、前殿各三楹,以及经楼、耳房、配庑、大门等众多建筑,确实称得上规模宏伟、殿宇辉煌了。

乾隆四十四年(1779年),三教堂修缮完成后,遂改名太清宫,作为东北三省道教的第一座十方丛林,广纳道众,不再招收徒弟,而成为道士之公庙。太清宫改为十方丛林,意义深远。作为东北道教的第一座十方丛林,它成为高道云集、道众公议的地方。盛京是清代的陪都,是东北地区政治、经济、文化之中心,盛京太清宫建成十方丛林后,因其所处的地理位置优越,规模宏伟,又是郭祖始建的祖庭,因而成为东北道教的中心和重镇。

太清宫在乾隆四十四年(1779年)改制为十方丛林后,公推任合阳为监院,此后,陆续有孟复臣、李合望、王教隆、苏信寿、方阳会、赵本修、张合智、陶永碧、刘本海、刘复义、陆嘉楼、王教海担任监院。以上十三

---

① 五十岚贤隆:《道教丛林太清宫志》,国书刊行会,昭和十三年(1938年)初版,昭和六十一年(1986年)原版再刊,第39页。

② (清)阿桂、刘谨之等奉敕撰:(乾隆朝)《盛京通志》卷九十七。

人，担任监院的时间都不长，事迹不详。到嘉庆十二年（1807年），闫山子继王教海担任太清宫监院，任时最久，建树亦最多。他在担任监院期间，将山门外围墙打开，辟为东西直路，南设照壁，内置棂栏。他又将西院、后院东北隅一带房舍重新添修，增皂房九间，寮房五间。“盖至是而太清宫之基础，及全部位置粲然大备。”①可以说，在闫山子担任监院期间，太清宫的规模基本完备。闫山子还曾撰《太清宫志序》，将庙内一切房屋土地，汇成一册，以贻后来。闫山子之后的历任监院著名者有魏永彩、谢宇寿、马理璘、纪至隐、葛明新等人，他们对于太清宫十方丛林的建设亦殚精竭虑，贡献良多。总之，太清宫在清代不断重修，规模不断扩大，规制不断完善，到清末时，太清宫设置有住持方丈一人，监院一人，职事十六人，拥有道侣百余人。

民国年间，历任方丈、监院依旧苦心经营，沈阳太清宫仍然保持非常兴盛的状态。据民国十八年（1929年）的统计资料②，太清宫本院占地面积8.2亩（约合5400平方米），有殿房、住房、楼房共124间。另外，太清宫还拥有众多附属下院、房产、田产作为经济基础，以维持太清宫庞大的开支。据统计，太清宫有附属前院、西院及下院共7处，合计土地面积1062.64亩，房屋234间，庙堂48间。当时太清宫及其下院共居住道士145人。又据日本学者五十岚贤隆的实地调查，20世纪30年代居住于太清宫各殿堂的道士及伙计共有153人③。可见民国时期沈阳太清宫容纳的道众保持在150人左右，应该说，这样的规模还是相当可观的。

总之，自清代到民国年间，沈阳太清宫十方丛林经过不断建设，规制完备，庙产众多，道众云集，成为东北道教的中心。

作为一座十方丛林制宫观，沈阳太清宫也积极举办传戒活动。所谓“传戒”，就是在道教十方丛林宫观中由德高望重的一代宗师、律师、

① 《太清宫丛林历史志略》，载五十岚贤隆《道教丛林太清宫志》，国书刊行会，昭和十三年（1938年）初版，昭和六十一年（1986年）原版再刊，第39页。

② 参见五十岚贤隆《道教丛林太清宫志》第242～244页所引“寺庙登记报告表”。

③ 参见五十岚贤隆《道教丛林太清宫志》书首插页“奉天太清宫实测配置图详释”。

著名方丈向来自全国各地的道士传授“三坛大戒”(《初真戒》、《中极戒》、《天仙大戒》)。“戒律”是以天神的名义规定的道士行为准则。道教授受戒律,源远流长。全真道传授戒法,自元代丘长春真人订立传戒授受仪范,已有七百多年的历史。清代王常月方丈公开传授“三坛大戒”,广度弟子,弘扬律宗,使全真之道风大振。此后全国著名丛林多次开坛传戒,绵延至今。

沈阳太清宫自乾隆四十四年改制为十方丛林后,不再招收徒弟,变为道众公庙,开始留单接众,可以开坛传戒。道光三年(1823 年),沈阳太清宫方丈孙抱一开坛传戒,这是太清宫十方丛林的首次传戒,受戒弟子 36 人。此后,太清宫又多次开坛传戒,到民国三十三年(1944 年),共开坛十次,历任方丈有 7 人,所授戒子合计达 3275 人。

沈阳太清宫进行传戒的道坛称为太清坛,是东北地区传承道法的重要道坛,也是全国著名的戒坛之一。全真道自清初王常月公开传戒以来,很多十方丛林制宫观都举行过传戒活动,在全国各地曾出现过众多戒坛,其中著名者有北京白云观的白云坛、南阳玄妙观的玄妙坛、沈阳太清宫的太清坛、西安八仙庵坛、济宁常清观坛、武汉长春观坛、杭州福星观坛、成都二仙庵坛等等。其中位处东北地区的太清坛,在历史上传戒十余次,所授戒子达三千余人,称得上是历史悠久、影响深远的古老戒坛了。因此,太清坛的传戒活动,是全真道律法传承的重要组成部分。

二、沈阳太清宫历代传戒概述

沈阳太清宫十方丛林自道光三年(1823 年)首次开坛传戒,到民国三十三年(1944 年)的一百多年间,共举办了十次传戒活动,授受戒子达三千余人。现将太清宫历代传戒的基本情况,简要考述如下。

民国六年(1917 年)葛月潭撰《太清宫丛林历史志略》曰:“查太清宫自前清道光三年(1823 年),经孙抱一方丈首先传戒,十三年(1833 年),赵坚忍方丈继续传戒。至同治十三年甲戌(1874 年)三月,张耕云方丈传戒时,已三次开坛矣。当时余与魏监院眠云同受大法,魏君旋升方丈,亦曾于光绪五年(1879 年)演戒一次。”①可见,沈阳太清宫在道光三年(1823 年)首次开坛传戒,到光绪五年(1879 年),已经开坛四次。

关于这几次传戒的相关资料,五十岚贤隆在《道教丛林太清宫志》第三章中有更详细的记载,而他的记述,则来自太清宫中保存的历代传戒匾额。据载,太清宫每次传戒完成后,都会留存有一块传戒匾额,上书传戒时间、律师姓名、众大师姓名、全部戒子姓名,悬放在太清宫斋坛内。五十岚先生于 20 世纪 30 年代在太清宫实地考察和居住两年,亲眼见到过这些匾额,并将其内容记载于所著《道教丛林太清宫志》中。根据匾额所载,太清宫在道光三年(1823 年)首次开坛的情况如下:

清道光三年岁次癸未中秋
抱一律师孙真人演教
众位大师名次
证盟师李永意纠仪师赵永龙纠察师赵永泉
监戒师□□□提科师席永玺
保举师赵永容登箓师静圆贵
演礼师□□□迎请师采明绪
受戒弟子合计三十六名②

以上传戒匾额是对这次传戒的原始记录,甚至受戒弟子 36 人的全部姓名都有列记,可惜五十岚先生抄录的时候省略掉了。无论如何,传戒匾额表明了这次传戒的真实性。

道光三年(1823 年)太清宫传戒律师为孙抱一,“抱一”大概是其道号。辽宁道教名山千山曾有两块道光年间的碑刻,记载了孙方丈的道名,坐实了其传戒律师的身份。其中一通现存于千山圆通观,名《重修圆通观碑记》,清道光三年(1823 年)立,碑尾题:“盛京太清官宏戒演教

① 五十岚贤隆:《道教丛林太清宫志》,国书刊行会,昭和十三年(1938 年)初版,昭和六十一年(1986 年)原版再刊,第 40 页。

② 五十岚贤隆:《道教丛林太清宫志》,国书刊行会,昭和十三年(1938 年)初版,昭和六十一年(1986 年)原版再刊,第 110 页。

道士孙永全敬撰。”①另一通位于千山圣清宫，清道光五年(1825 年)立，名《重修圣清宫碑志》，原碑已毁，碑文收录于刘伟华的《千华山志》，亦署名“宏戒演道教士孙永全撰文”②。这两通道光三年(1823 年)和道光五年(1825 年)的碑文中所记载的“盛京太清宫宏戒演教道士孙永全”，从其活动时间及事迹来看，都与道光三年(1823 年)在太清宫开坛传戒的孙抱一方丈相吻合，故孙方丈的道名为孙永全。

继孙方丈首次传戒之后十年，赵坚忍方丈于道光十三年(1833 年)再次传戒，这是沈阳太清宫的第二次开坛传戒。根据传戒匾额记载，这次传戒的演教律师为赵坚忍，辅佐传戒的大师共 13 位，受戒弟子合计 102 人。《道教丛林太清宫志》载：

> 道光十三年岁次癸巳仲秋
> 坚忍律师赵大真人演教
> 众位大师名次
> 证盟师张明月登箓师韩明谦引礼师张明成
> 监戒师刘明升引请师毛明泽保举师马明云纠察师刘明愈
> 演礼师沈明符导值师许圆琳纠仪师刘圆平引礼师袁明亭
> 引礼师张明新提科师毛明泽
> 受戒弟子合计百〇二人(其中有两位是僧侣)③

很明显，这次传戒的规模和影响比第一次大很多，甚至有两位僧侣参与了受戒。

应该说，沈阳太清宫在道光年间两次开坛传戒，是与当时全国各地出现的全真道传戒复兴的局面相一致的。尹志华在《清代全真道历史新探》一书中认为：“嘉庆道光年间，全真道出现的一个重要局面就是北

① 路世辉、富品莹：《鞍山碑志》，沈阳出版社，2008 年，第 64～65 页。又，根据原碑拓片，该碑立于道光三年，刘伟华《千华山志》抄录为道光三十四年，显系错误。尹志华《清代全真道历史新探》第 215 页引用《千华山志》之资料时，看出其抄录错误(因道光年号总共只有三十年)，故而推断应为道光二十四年或三十年，亦系臆测。

② 刘伟华：《千华山志》，辽宁人民出版社，2002 年，第 349 页。

③ 五十岚贤隆：《道教丛林太清宫志》，国书刊行会，昭和十三年(1938 年)初版，昭和六十一年(1986 年)原版再刊，第 110～111 页。

京白云观恢复传戒，并持续进行。全国各地道观的道士至北京白云观受戒者，数量庞大。由此，北京白云观重新成为引领全真道发展的‘火车头’。”①尹氏的分析是准确的。就东北地区来说，北京白云观的持续传戒活动，对东北地区道教人才的培养，对沈阳太清宫的开坛传戒，都有着重要的影响和推动作用。

清顺治十三年(1656年)，全真龙门派第七代高道王常月在北京白云观公开传戒，使得全真祖庭白云观一时成为戒子云集的中心。但不久王常月离开北京，到湖北武当山和江浙等地传戒，而且此后数代传戒律师亦先后活动于湖北、江浙、四川、陕西等地，并未在北京白云观传过戒。因此，北京白云观的传戒历史中断了一百多年。直到清嘉庆十二年(1807年)，北京白云观住持张合皓迎请华山律师张本悟来白云观重开戒坛，授戒子一百二十余人，才又恢复了白云观的传戒活动。此后，继任方丈长教玄、孟教龄都曾开坛传戒。特别是第十七代律师张教智(? —1840年)于嘉庆二十四年(1819年)、二十五年(1820年)，道光元年(1821年)、二年(1822年)、六年(1826年)、十五年(1835年)、十六年(1836年)、十七年(1837年)、十八年(1838年)、十九年(1839年)、二十年(1840年)内分别传戒，共传戒十一次，度戒子一千一百余人，使得北京白云观在王常月之后，再次出现了异常兴盛的景象。此后，白云观仍然保持着持续的密集的传戒活动，如第十八代方丈郑永祥在道光二十四年(1844年)、二十五年(1845年)和三十年(1850年)共传戒三次；第十九代方丈张圆璿于同治六年(1867年)、同治九年(1870年)、同治十年(1871年)在白云坛多次传戒；继任者又有孟永才方丈在同治十一年(1872年)、十二年及光绪七年(1881年)多次传戒；此后，第二十代方丈高仁峒于光绪七年(1881年)、八年(1882年)、十年(1884年)、十七年(1891年)、二十二年(1896年)亦多次开坛传戒②。

总之，北京白云观在嘉庆、道光至清代末年间持续的传戒实践，再

① 尹志华：《清代全真道历史新探》，香港中文大学出版社，2014年，第205页。

② 关于北京白云观的历次传戒，参见尹志华：《清代全真道历史新探》，香港中文大学出版社，2014年，第205～214页、第279～284页。

次确立了其“全真演教宗坛”的地位，也进一步坚实了白云观作为全真祖庭和道教中心的地位。北京白云观频繁举行的传戒活动，既培养了大批持戒道士和弘道人才，也加强了全真道各宫观之间的联系，引领了其他十方丛林制宫观传戒活动的展开。就东北地区而言，在北京白云观于嘉庆十二年（1807 年）恢复传戒、嘉庆道光年间多次开坛的背景下，沈阳太清宫于道光三年（1823 年）开始了首次传戒，道光十三年（1833 年）进行了第二次传戒，这两次传戒活动与北京白云观是否有直接的关联，暂未发现明确的史料。但盛京作为清代留都，距离首都北京不远，沈阳太清宫与北京白云观之间一直以来都存在人员和教法的交流，尤其是在北京白云观开坛传戒之后，各地戒子前来求戒，其中来自盛京各宫观的道士占有相当大的比重。如现存最早的登真箓——同治十二年（1873 年）北京白云观癸酉坛《登真箓》记载，该坛共得戒子 105 位，其中有 13 人来自盛京各宫观[①]，约占总人数的 12%，可见盛京道教与北京白云观之间的密切关系。而且在这坛受戒弟子中，名列天字号（第 1 名）、地字号（第 2 名）的道士都是盛京锦州府人，分别出家于广宁县的保安宫和天仙观[②]，可见盛京道士的道教修养非常高。又据光绪八年（1882 年）北京白云观壬午坛《登真箓》载，本坛受戒弟子 404 人，其中有 66 人出家于辽宁、吉林等地之宫观，约占总人数的 16%，而且其天字号第一名亦是东北道士，出家于锦州府广宁县闾山海云观。总之，东北道士在北京白云观戒坛中占有较大比重，且表现优异，反映了东北道教与北京白云观之间在人员和教法上的密切关联。在此之前的历次传戒情况，虽无《登真箓》可查，但亦应大致类似。来自各宫观的求戒道士，受戒完成之后，或者回归本庙，或者挂单丛林，或云游，或隐居，他们多以持戒、弘戒为己任。其中关东地区的不少受戒弟子就选择到东北最大的丛林制宫观——沈阳太清宫挂单长住，应该说，他们对于沈阳太清宫的开坛传戒和道法传承发挥了积极的引导和推动作用。道光年

① 《登真箓》（同治十二年），收入王卡、汪桂平主编《三洞拾遗》第 11 册，黄山书社，2005 年，第 185～192 页。

② 《登真箓》（同治十二年），《三洞拾遗》第 11 册，黄山书社，2005 年，第 187 页。

间的戒子赵圆祥就是一个典型案例。据北京白云观方丈孟永才自述：

> 前于道光乙巳(1845 年)监院白云观，慨常住藏经多有遗阙，谋欲重修，惜力不逮，蒙护法廷弼王君捐廉助费，以成厥功。于是白云观及玉清观两藏道经，皆获补全。又戒徒赵圆祥时主沈阳太清宫，亦来信求补，虽照单抄补二百余卷寄往，以副其志。①

孟方丈提到的“戒徒赵圆祥”，《道教丛林太清宫志》未见记载。考孟永才曾在道光二十年(1840 年)到三十年(1850 年)间四次担任北京白云观戒坛的保举大师，这个赵圆祥当是此间到白云观求戒之弟子，故孟称之为“戒徒”。而赵圆祥得戒之后，成为沈阳太清宫的主事者，并利用与孟永才的师徒关系，求得北京白云观的《道藏》抄本，以修补太清宫内的《道藏》残缺，是一位对太清宫丛林建设有着重要贡献的道士。又，沈阳太清宫自方丈赵坚忍于道光十三年(1833 年)传戒以来，直到同治十三年(1874 年)张圆璿前来传戒，其间并无传戒活动，亦无方丈人选，则“时主沈阳太清宫”的赵圆祥极有可能担任的是监院之职。又据《太清宫特建世系承志碑》载，咸丰初年(1851 年)千山道士魏永彩就任太清宫监院，经营十余年，使太清宫修葺一新，又于同治十三年(1874 年)虔请张圆璿真人来宫演戒一坛，其后魏永彩嗣法为方丈②。则赵圆祥出任监院的时间当在魏永彩之前，即 1851 年之前，此时间段亦与孟永才修补《道藏》的时间相吻合。总之，从赵圆祥向北京白云观求戒、求补《道藏》之事例，可以管窥沈阳太清宫与北京白云观密切交往之一斑。

那么，在北京白云观自嘉庆十二年(1807 年)开始多次传戒的背景下，沈阳太清宫于道光三年(1823 年)和道光十三年(1833 年)的两次开坛传戒，也就顺理成章。如果说沈阳太清宫的前两次传戒，尚无明确证据说明其与北京白云观的道法传承关系，那么第三次传戒则是直接邀请北京白云观方丈张圆璿前来开坛，直接传授的就是北京白云观的龙门正宗律法。

同治十三年(1874 年)，沈阳太清宫监院魏永彩请来北京白云观方

---

① 孟永才：《守戒必持》，收入《三洞拾遗》第 11 册，黄山书社，2005 年，第 181 页。

② 白永贞：《铁刹山志》卷八。

丈张圆璿担任传戒律师，在太清宫演戒一坛，是为太清宫历史上的第三次传戒。

张圆璿(1812—1887)，字耕云，号云樵子，山东福山县人。自幼慕道，在山东崂山出家。曾于扬州天宝观开立十方丛林，后移衲于南阳玄妙观，众推为监院。同治六年(1867 年)，北京白云观道众公议请师来京，尊为方丈，开坛传戒，期满南归。同治九年(1870 年)，又请传戒。蒙慈禧太后恩赐紫袍玉冠，捐金助坛。同治十年(1871 年)，在北京白云观再次开坛，期满南归。

张圆璿作为北京白云观第十九代方丈和传戒律师，声名远播。同治十三年(1874 年)，沈阳太清宫魏永彩监院虔请张圆璿真人前来传戒一坛，传授戒子达 177 人。张真人演戒百日，期满南归。关于这次传戒，太清宫的传戒匾额亦有记载：

> 皇清同治十三年岁次甲戌孟秋
> 龙门正宗第十九代演教弘戒妙道上圓下璿张大真人
> 证盟妙道高大师上明下阳纠仪妙道佟大师上明下仁
> 监戒妙道王大师上明下达提科妙道王大师上明下秀
> 保举妙道魏大师上明下彩登箓妙道姜大师上明下初
> 演礼妙道高大师上明下峒引请妙道陈大师上明下中
> 引礼妙道李大师上明下昆纠察妙道孙大师上明下安
> 引礼妙道孟大师上明下盈导值妙道程大师上明下然
> 受戒弟子合计一百七十七人①

可以看出，除了演戒律师张圆璿外，另有证盟、纠仪、监戒、提科、保举、登箓、演礼、引请等大师 8 人，以及引礼、纠察、导值等大师 4 人。

很有意思的是，在这份传戒大师的名单中，除了张圆璿是北京白云观方丈外，另有一位演礼大师高明峒也是后来的北京白云观方丈。高明峒(1841—1907)，又名高仁峒，字云溪，号寿山子，山东任城人。出家于云蒙山白云岩，为全真华山派徒裔。据《龙门传戒谱系》载，高仁峒于

① 五十岚贤隆:《道教丛林太清宫志》，国书刊行会，昭和十三年(1938 年)初版，昭和六十一年(1986 年)原版再刊，第 111～112 页。

同治十年(1871年)在北京白云观受戒于张圆璿律师,"后从张老律师传戒于关东、陕西等省"①。所谓的"传戒于关东",即指沈阳太清宫同治十三年(1874年)的这次传戒,高明峒担任演礼大师。光绪二年(1876年),高仁峒返回北京,养静于圣米石塘,著《云水集》。次年复回白云观,众推为监院。光绪七年(1881年),继任住持,开坛传戒。其后,光绪八年(1882年)、十年(1884年)、十七年(1891年)、二十二年(1896年)又多次传戒,度弟子数千人。因此,高明峒作为北京白云观方丈和第二十代传戒律师,与沈阳太清宫渊源颇深。

张圆璿、高明峒的这次演戒,对于沈阳太清宫影响深远。因为太清宫是清初郭守真祖师开创,其道脉主要传承自山东马鞍山李常明。同治十三年(1874年)张圆璿演戒后,北京白云观的龙门正宗律法正式传入沈阳太清宫,此后,太清宫的历次传戒,都是传授的龙门正宗律法。查太清宫在道光三年(1823年)和十三年(1833年)的两次传戒匾额,尚称为"抱一律师孙真人演教"、"坚忍律师赵大真人演教",而到张圆璿前来演戒,及此后的历任方丈,其署名前均已加上"龙门正宗第多少代"字样。如光绪五年(1879年)魏永彩方丈传戒,署名为"龙门正宗第二十代弘教演戒妙道上明下彩魏真人";民国年间,葛月潭方丈多次传戒,均署名为"龙门正宗第二十代传戒律师上明下新"。可见,沈阳太清宫自同治十三年(1874年)起已经接续了龙门正宗的传戒法脉。

同治十三年(1874年),张圆璿方丈传戒完满返回后,时为太清宫监院的魏永彩遂嗣法为方丈。魏永彩嗣法后,得戒名为魏明彩。光绪五年(1879年)夏,魏方丈开始登坛演戒,得戒子244人,是为太清宫太清坛的第四次传戒。

魏永彩(1822—1880),法名魏明彩,字丹霞,山东济宁人。幼年慕道,出家于辽宁千山,度师夏教琳。咸丰初年(1851年)出任沈阳太清宫监院,经营十余载,将太清宫修葺一新,又增置善地,广纳道众。同治十三年(1874年),虔迎张圆璿真人来宫演戒,百日期满,送真人归去,魏监院遂嗣法为方丈。光绪五年(1879年),魏方丈在太清宫开坛传

① 北京白云观藏:《龙门传戒谱系》之高仁峒传。

戒，得戒子二百余人。光绪六年(1880 年)，魏方丈羽化于北镇庙内。

魏永彩历任监院、方丈数十年，对振兴沈阳太清宫贡献巨大。他不仅修复了宫观建筑，扩大了别业善地，而且接引来北京白云观的龙门正宗律法。在道法承传上，魏方丈亦是太清宫承前启后的重要人物，他上接郭守真祖师，下启玄门正宗，使东北道教完全与关内道教接轨。《太清宫特建世系承志碑》曰：

> 自孙真人、坚忍子而后，则继传无人，何幸隔越数十年来，眠云魏公特起，上接郭祖，下启元宗。①

其中，“孙真人”指在沈阳太清宫首次开坛传戒的孙抱一方丈，“坚忍子”指第二次传戒的赵坚忍方丈，“眠云魏公”即指魏永彩方丈。魏永彩在担任太清宫监院期间，迎请北京白云观的张圆璿律师传戒一坛，其嗣任方丈之后，又自己传戒一坛，这两次传戒对东北道教的发展影响深远。传戒不仅带来了北京白云观的龙门正宗法统，而且两次传戒共得戒子 421 人，为东北道教的发展培养了大量弘法人才。正如《奉天通志》所载：

> 清光绪初年，道士魏永彩请南阳道师张度戒一坛，遂为东省道士受戒之所。辽东道教从此大昌，教徒散居四方，到处立庙。②

所谓“南阳道师张”就是指南阳玄妙观监院、北京白云观方丈张圆璿。张方丈传戒在同治十三年(1874 年)，而非光绪初年(1875 年)。《奉天通志》认为在光绪初年的传戒之后，辽东道教从此大昌，或许有失公允，因为辽东道教的昌盛应该说自清代中期就已开始，但光绪初年到民国时期的多次传戒，确实促进了辽东道教的鼎盛，使得清末民国的东北道教出现了相对繁荣的局面。

在魏明彩之后的数十年间，太清宫未举行传戒活动。到民国三年(1914 年)，诸山道众推举监院葛月潭(法号明新)升任为太清宫丛林方丈。是年二月，葛明新演戒传道，得戒子 12 人。同年九月再次开坛传

① 五十岚贤隆：《道教丛林太清宫志》，国书刊行会，昭和十三年(1938 年)初版，昭和六十一年(1986 年)原版再刊，第 261 页。

② 《奉天通志》卷九十九，《礼俗三・神教》。

戒，得戒子333名。此后，民国十年（1921年）、十八年（1929年），又两次在太清宫开坛传戒。

葛月潭（1854—1935），讳明新，字月潭，号宁静子，别号枕流道者，又名震庚道人。祖籍山东省邱县，幼时家境中落，咸丰八年（1858年）随父移居沈阳。同治十年（1871年）踏入玄门，拜斗姆宫道士翟明真为师。同治十三年（1874年），张圆璿方丈在沈阳太清宫开坛传戒，葛月潭临坛得受三坛大戒。光绪元年（1875年），赴北京白云观挂单，被聘为知客。光绪二年（1876年），葛月潭辞去知客之职，只身东游，不久归住沈阳太清宫。光绪三十一年（1905年），太清宫玉皇楼发生火灾，众推葛月潭为监院，重修玉皇阁。民国三年（1914年），诸山道众推举葛月潭为太清宫丛林方丈。是年二月，演戒传道，得戒子12人。同年九月再次开坛传戒，登座说法，得戒子333名。民国六年（1917年）葛月谭撰《太清宫丛林历史志略》曰：

> 当即于推升方丈后，先行开一戒坛，得弟子任邱纪至隐、崂山董然春等一十二人。是年秋七月（九月），又蒙绅商学警各界，代筹衣钵巨资，重行开坛一次，又得新戒道俗弟子共三百三十余人。①

据葛月谭所记，其在民国三年（1914年）春被推举为方丈后，随即传戒一坛，只是这次规模较小，只有纪至隐、董然春等12名戒子。后于当年秋季，重新开坛一次，又新得戒子三百三十余人。应该说，民国三年（1914年），葛月谭开坛传戒两次，共得戒子345人。但是因为第一坛规模太小，后世多有忽略。如五十岚贤隆在《道教丛林太清宫志》中介绍方丈传戒时，也只介绍了葛月谭的三次传戒，这三次传戒分别是：

> 民国三年甲寅菊月，受戒弟子合计三百三十三人。
>
> 民国十年辛酉菊月，受戒弟子合计三百八十七人。
>
> 民国十八年己巳榴月，受戒弟子合计四百六十一人。②

---

① 五十岚贤隆：《道教丛林太清宫志》，国书刊行会，昭和十三年（1938年）初版，昭和六十一年（1986年）原版再刊，第41页。

② 五十岚贤隆：《道教丛林太清宫志》，国书刊行会，昭和十三年（1938年）初版，昭和六十一年（1986年）原版再刊，第113页。

很显然，第一次传戒被漏掉了。五十岚先生主要依据当时挂在太清宫墙上的三块传戒匾额及其看到的三本戒坛登真录，认为葛月谭进行了三次传戒。估计葛方丈的第一次传戒规模太小，没有匾额或登真录留下，故漏载。

总之，葛月潭作为沈阳太清宫的第五任方丈，龙门正宗第二十代传戒律师，民国年间共传戒四次：民国三年（1914 年）二月，传戒一坛，得戒子 12 人；民国三年（1914 年）九月，再次开坛，得戒子 333 人；民国十年（1921 年）又传戒一坛，受戒弟子 387 人；民国十八年（1929 年），再次传戒，授戒子 461 人。四次传戒共得戒子 1193 人，戒徒遍及全国。

葛月潭与前任方丈魏明彩是同坛戒子，均于同治十三年（1874 年）受戒于龙门正宗第十九代张圆璿律师，故魏方丈在光绪五年（1879 年）传戒时，称为“龙门正宗第二十代弘教演戒妙道上明下彩魏真人”[①]，而葛方丈的几次传戒，其《戒坛登真箓》上都写着“龙门正宗第二十代传戒律师上明下新”[②]。表明他们二人均接法于第十九代张圆璿律师。

葛月潭作为太清宫的第五任方丈，是接续有“龙门法卷”的龙门正宗第二十代传人。所谓龙门法卷，亦称“太上律脉源流”，是记载龙门正宗源流及历代传人的长卷。目前所知，这类法卷只在北京白云观和沈阳太清宫留存有资料。北京白云观至今还保留有全套法卷，但沈阳太清宫的法卷已经佚失，不过其部分内容保存于五十岚贤隆的《道教丛林太清宫志》。

北京白云观的法卷，卷首题名为《太上律脉龙门正宗》，正文为《龙门传戒谱系》，首有《龙门传戒谱系引》。内容为全真道龙门派第一代至二十一代传戒律师简历。而沈阳太清宫的法卷，封面上写着《太上律脉源流第十九代张圆璿》，朱印为“云樵子印”（云樵子即张圆璿之号）。在法卷的开头有“太上律脉龙门正宗”八个大字。接下来有“龙门传戒谱

① 五十岚贤隆：《道教丛林太清宫志》，国书刊行会，昭和十三年（1938 年）初版，昭和六十一年（1986 年）原版再刊，第 112 页。

② 五十岚贤隆：《道教丛林太清宫志》，国书刊行会，昭和十三年（1938 年）初版，昭和六十一年（1986 年）原版再刊，第 113 页。

系引”，然后是龙门派第一至二十代律师简历。从内容结构来看，白云观与太清宫的法卷基本相同。因此，葛明新接续的《龙门法卷》的真实性是毫无疑问的，说明东北道教自张圆璿方丈前来传戒之后，就一直传承着龙门正宗的法统。沈阳太清宫所藏《龙门法卷》中记载的历代传戒律师自第一至十九代均与北京白云观《法卷》所载相同，第二十代开始出现差异。北京白云观的《法卷》中第二十代为高明峒，而沈阳太清宫的《法卷》中第二十代为葛明新。说明沈阳太清宫接续的龙门正宗法统来自北京白云观第十九代传戒律师张圆璿，此后便按照太清宫的嗣法方丈进行接续，故第二十代为葛明新。

据尹志华研究，“《龙门传戒谱系》每代只列一位律师，其选择标准是该律师必须得到上一代律师传授法脉，指定为继承人。同一代律师中，传过戒的可能有好几位，但只有被指定为继承人的，才能登录在《龙门传戒谱系》中”①。这个标准也适用于沈阳太清宫，因为太清宫的魏明彩和葛明新都是第二十代传戒律师，但《龙门法卷》上只列有葛明新律师的简历，说明葛明新是得到张圆璿法脉的继承人。

继葛明新之后，沈阳太清宫第六任方丈纪至隐、第七任方丈金诚泽（法名金理泽）都举行过传戒活动。

纪至隐原为本溪道士，是郭祖龙门派下平顶山分支的嗣传弟子。清朝末年，纪至隐在本溪市内创建兜率宫一所。清代光绪二十六年至三十一年（1900 年—1905 年），纪至隐担任沈阳太清宫监院，期满后离职。民国三年（1914 年），葛月潭升为方丈，纪至隐又被公推为监院。同年二月，葛方丈首次登坛说戒，得戒子 12 人，纪至隐是其中一位。在担任太清宫监院期间，纪至隐尽心竭力，公正无私，“八九年间，为本院置房产若干节，存银万余圆，而其自奉甚俭，衣服日用，皆出自本庙，仅日食太清三餐而已”②。1935 年，葛月潭方丈仙逝，纪至隐继任为方丈，成为龙门正宗第二十一代传人。1937 年，纪方丈在太清宫开坛传

① 尹志华：《北京白云观藏〈龙门传戒谱系〉初探》，《世界宗教研究》2009 年第 2 期。

② 五十岚贤隆：《道教丛林太清宫志》，国书刊行会，昭和十三年（1938 年）初版，昭和六十一年（1986 年）原版再刊，第 55 页。

戒，得戒子593人。

金诚泽(1885—?)，法名金理泽，字润芝，安徽寿县人。历任千山无量观、沈阳太清宫监院，纪至隐方丈仙逝后，金诚泽遂嗣法为沈阳太清宫方丈、龙门正宗第二十二代传戒律师。1944年，金方丈在沈阳太清宫传戒一坛，参与受戒的道士多达930人，成为全真道历史上授戒人数最多的一次传戒活动(据现有资料)。除了在太清宫传戒外，金方丈还于1943年在黑龙江省双城无量观传戒一坛，得戒子609人。

综上所述，沈阳太清宫自道光三年(1823年)首次开坛传戒，到民国三十三年(1944年)的一百多年间，在历史上共开坛十次，历任方丈七人，授受戒子达三千余人。以下是太清宫传戒简表：

沈阳太清宫传戒情况简表

序号	传戒时间	传戒方丈	传戒地点	戒子人数
1	道光三年(1823年)中秋	孙抱一	沈阳太清宫	36
2	道光十三年(1833年)仲秋	赵坚忍	沈阳太清宫	102
3	同治十三年(1874年)孟秋	张圆璿	沈阳太清宫	177
4	光绪五年(1879年)季夏中	魏明彩	沈阳太清宫	244
5	民国三年(1914年)春	葛明新	沈阳太清宫	12
6	民国三年(1914年)九月	葛明新	沈阳太清宫	333
7	民国十年(1921年)九月	葛明新	沈阳太清宫	387
8	民国十八年(1929年)五月	葛明新	沈阳太清宫	461
9	民国二十六年(1937年)	纪至隐	沈阳太清宫	593
10	民国三十三年(1944年)九月	金理泽	沈阳太清宫	930
合计				3275

总之，沈阳太清宫作为东北地区第一座十方丛林，顺应时代潮流，自道光三年(1823年)开始传戒，持续了一百余年。在此期间，传戒规模一次比一次大，受戒人数一次比一次多，为东北地区培养了大批弘道人才，也反映了东北地区道教在清末、民国(伪满)时期出现了相对繁荣的状态。

三、沈阳太清宫的戒坛特色

沈阳太清宫的太清坛，在历史上传戒十次，授受戒子达三千余人，可以称得上是规模可观、历史悠久、闻名全国的戒坛了。太清坛的传戒活动，是全真道律法传承的重要组成部分。分析太清宫戒坛的传戒活动及其特色，有助于深入了解和研究历史上全真道的传戒情况。

（一）传戒时间

从传戒时间的选择来看，可在春夏秋冬任一季节进行。沈阳太清宫的十次传戒活动中，在秋季举行的有六次，夏季二次，春季一次。另外，太清宫方丈金理泽还于 1943 年到黑龙江省双城无量观传戒一次，此次是冬季。可见传戒时间可以选择任一季节，并没有特别的限制，但东北地区可能因气候条件的关系，一般多选择在秋季举行。

沈阳太清宫传戒间隔的年限，有几十年一次，有几年一次，亦有在同一年里相隔数月再次开坛的，可见传戒年限也没有什么严格的说法，一般在准备充分、时机成熟之后就可开坛传戒。

沈阳太清宫戒坛的传戒活动，持续时间一般为一百天，称为百日圆满三坛大戒。如 1874 年张圆璿方丈传戒时，其活动就持续了百日，所谓“百日期满，送真人归去”。此后，魏明彩、葛明新方丈的传戒，也都以百日为限。据五十岚贤隆在《道教丛林太清宫志》中介绍，戒坛为一百天即三个月零十天，戒子们要在大殿前连续跪坐一百日，进行念经、坐禅等活动。又据道士刘明哲回忆，他于 1937 年曾到沈阳太清宫受戒，当时演戒律师为纪至隐方丈，戒期为一百天①。

不过，到了伪满时期金理泽方丈传戒时，大概受资金、场所等条件的限制，戒坛时间缩短为 1 个月。如 1943 年双城无量观的传戒活动自 10 月 25 日起，至 11 月 23 日终，正好 30 天。

---

① 刘明哲主撰、赵家升整理：《八十忆往》，收入《黑龙江宗教界忆往》（黑龙江文史资料第三十二辑），黑龙江人民出版社，1992 年，第 282 页。

(二)传戒规模

沈阳太清宫的历次传戒,规模大小不等,人数最少的一次是12人,最多的一次为930人。相比于其他全真戒坛来说,太清坛的传戒规模还是相当大的,特别是民国年间的几次传戒,每坛基本都在300人以上,最多的一次甚至达到930人。据目前掌握的资料,这可能是全真道历史上单次传戒人数最多的一次。

如此大规模的传戒活动,需要雄厚的财力支撑。沈阳太清宫的传戒经费,除了部分来自太清宫及其下院的收入外,大部分是靠各界施主的捐赠。葛月谭撰《太清宫丛林历史志略》载:“是年秋七月,又蒙绅商学警各界,代筹衣钵巨资,重行开坛一次,又得新戒道俗弟子共三百三十余人。”[①]葛月谭方丈指出这次传戒所需巨资,是由绅商学警各界帮忙筹集的,说明传戒开支确实巨大,也说明太清宫与社会各界关系良好,才能够筹集巨款。那么,这笔巨资究竟是多少?五十岚贤隆在《道教丛林太清宫志》中有所透露:“根据传闻,这些传戒戒坛一次需要二三万元的费用,这些费用多数都要依靠大官们的捐赠。”[②]

从受戒弟子的来源来看,虽面向全国,但主要来自东北地区。全真道十方丛林的传戒活动,是向全国所有道士开放的。东北地区历史上的多次传戒,也是面向全国的,不过由于地理、信息等条件的限制,前往太清坛的戒子主要以东北地区各宫观的道士为主。当然,也有不少来自河北、山东等地的道士。

在全部受戒的道士中,以龙门派为主体,其他全真道流派如华山派、金山派、尹喜派、金辉派、蓬莱派等派的道士亦不少,这大概与东北地区的道派分布状况相一致。另外,参与受戒的道士中,亦有少量正一派的道士。

---

① 《道教丛林太清宫志》,国书刊行会,昭和十三年(1938年)初版,昭和六十一年(1986年)原版再刊,第41页。

② 《道教丛林太清宫志》,国书刊行会,昭和十三年(1938年)初版,昭和六十一年(1986年)原版再刊,第118页。

(三)传戒大师

按照全真道范,全真道的开坛演戒,由全真道十方丛林方丈担任传戒律师,解说戒律,传授戒法。辅助律师传戒的有八大师:证盟大师、监戒大师、保举大师、演礼大师、纠仪大师、提科大师、登箓大师和引请大师。传戒律师和八大师,合称为戒坛九师。同治十二年(1873 年)北京白云观《登真箓》对九师的职责有所说明:

临坛必得九师数足,成就三坛戒法。律师宏慈普度,八大师各任厥职。证盟指受教典,监戒背律考行,保举荐引入戒,演礼教习礼法,纠仪稽察勤怠,提科忏悔过愆,登箓专司词表经牒,引请率众三请登坛。赖九师多方提携,种种善诱。汝等勿忘诸师之恩德,理应遵奉道祖,敬奉九师名讳,终身供养。①

沈阳太清宫历次传戒,亦严格遵守戒坛规范,每坛均有传戒律师和八大师,九师具足,如仪演戒。传戒圆满后,在戒子们领受的戒律书、登真箓和净戒牒上,都抄有九师名讳,包括九师之姓名、出生地、出生年月等信息,同时在九师的名下均盖有各自的印鉴。

不过,从太清宫的历次传戒来看,除了传戒律师和八大师外,还设置有纠察师、引礼师和导值师等辅助传戒的大师多人。

根据太清宫传戒匾额所载,太清坛第一至四次传戒大师名单如下:

太清宫第一至四次戒坛名录

道光三年第一次		道光十三年第二次		同治十三年第三次		光绪五年第四次	
戒坛职务	姓名	戒坛职务	姓名	戒坛职务	姓名	戒坛职务	姓名
演教律师	孙抱一	演教律师	赵坚忍	演教弘戒	张圆璿	演教弘戒	魏明彩
证盟师	李永意	证盟师	张明月	证盟妙道	高明阳	证盟妙道	赵明普
纠仪师	赵永龙	纠仪师	刘圆平	纠仪妙道	佟明仁	纠仪妙道	孙明安
监戒师		监戒师	刘明升	监戒妙道	王明达	监戒妙道	李明守

① 《登真箓》(同治十二年),收入《三洞拾遗》第 11 册,黄山书社,2005 年,第 186 页。

续表

道光三年第一次		道光十三年第二次		同治十三年第三次		光绪五年第四次	
提科师	席永玺	提科师	毛明泽	提科妙道	王明秀	提科妙道	曲明增
保举师	赵永容	保举师	马明云	保举妙道	魏明彩	保举妙道	谢至寿
登箓师	静圆贵	登箓师	韩明谦	登箓妙道	姜明初	登箓妙道	彭明明
演礼师		演礼师	沈明符	演礼妙道	高明峒	演礼妙道	刘明荣
迎请师	采明绪	引请师	毛明泽	引请妙道	陈明中	引请妙道	程明然
纠察师	赵永泉	纠察师	刘明愈	纠察妙道	孙明安	纠察妙道	李明信
		引礼师	张明成 袁明亭 张明新	引礼妙道	李明昆 孟明盈	引礼妙道	樊明忠 李明顺
		导值师	许圆林	导值妙道	程明然	导值妙道	徐明林

根据上表可以看出，在沈阳太清宫的历次传戒活动中，每坛都设置有传戒律师和八大师，反映了太清坛是严格按照全真道范进行传戒的。另外，除了律师和八大师外，太清宫在传戒时还设置有纠察、引礼、导值三师，而且不止一师一人，如上表所列，在太清宫的第一至四次戒坛中，除第一坛设置不全外，其他三坛都有纠察、引礼、导值师的设置，而且引礼师一般为 2 至 3 人。又据 1943 年黑龙江省双城无量观《癸未坛登真录》记载，此坛除了传戒律师和八大师外，另有纠察师 3 人，道值师 4 人，引礼师 14 人。这些大师的姓名、籍贯和出生年月，都登载在《登真录》的卷首，紧接在传戒律师和八大师之后，每位大师的姓名旁也都盖有各自的印章。那么，这种九师之外的三师设置，大概从道光十三年(1833 年)就开始实行，此后一直是东北戒坛的例行设置，随着戒子人数的增多，三师人数也相应增加。

不过，纠察、引礼、导值(道值)三师的设置，并不是东北道坛的特有现象。如据现存于北京大学图书馆的北京白云观光绪八年(1882 年)《登真箓》记载，龙门正宗第二十代传戒律师高明峒于光绪八年(1882 年)在北京白云观传戒一坛，当时除了传坛律师和八大师之外，另有纠察师 1 人、道值师 1 人、引礼师 4 人，说明北京白云观的戒坛亦有纠察、道值、引礼三师的设置。又据黄信阳道长介绍,“道值师”的职责是“每日领取方丈示‘道值签’,巡视各寮,查处犯规戒子”①。

但是,据现存最早的一部《登真箓》即北京白云观同治十二年(1873年)《登真箓》考察,在同治十二年(1873年)的北京白云观戒坛中尚未设置以上三师。因此,关于纠察、道值、引礼三师的设置时间,及其担当的戒坛职责等事项,还有待进一步的研究。

值得注意是,沈阳太清宫自开坛传戒以来,每次传戒结束后都会制作一块传戒匾额,上书全部传戒大师及所有戒子的名单,存放在太清宫斋室内。这种制作传戒匾额的做法,暂未在其他戒坛发现。另外由于全真道历次传戒资料保存下来的很少,北京白云观同治十二年(1873年)癸酉律坛的《登真箓》,是目前所见最早的戒子名单。但是沈阳太清宫道光三年(1823年)传戒匾额所保存的名单,却是目前所见最早记载有全部传戒大师名单的资料。因此,太清坛也就成为较早有明确记载传戒年月及全部大师姓名的戒坛。

(四)传戒内容

所谓传戒,其主体内容就是传授三坛大戒。三坛大戒包括《初真戒》、《中极戒》和《天仙大戒》,据载为清初王常月撰定并公开传授,此后形成范本,历代开坛传戒,均是传授三坛大戒。据五十岚贤隆介绍,沈阳太清宫的受戒书共四本,包括《初真戒》、《中极戒》、《天仙戒》和《守戒必持》,这与北京白云观的传戒文本是一致的。其中《守戒必持》是北京白云观第十八代传戒律师孟永才编写并刊行。清同治十二年(1873年),孟永才在北京白云观传戒时,鉴于受戒弟子必须持诵《太上感应篇》、《洞古经》和《大通经》,而这三部经书“向系抄传口授,原无正本”,遂将这三部经书,连同自己所作的十首偈,一同刊刻,命名为《守戒必持》,发给每位戒子。此后,《守戒必持》就一直作为受戒道士领受的文本之一。沈阳太清宫接法于北京白云观第十九代律师张圆璿,故亦接续了其传戒文本。

在授戒期间的一百天内,戒子们还要每天进行修法念经。一般早

① 黄信阳:《道教全真派的传戒科仪》,《中国宗教》2009年第8期。

晨很早起床，一直修法到晚上八点左右，或者诵经、授戒，或者叩头、坐禅，不得休息。据刘明哲回忆，“在整个戒期中每天三次上殿跪经，早晨开静后先上殿朝参道教历代祖师及本坛律师、众大师等，上午学习演礼，下午讲授《道德经》，晚间止静后归堂自由静坐”①。刘道长的回忆尚不充分，据《道教丛林太清宫志》记载，授戒期间戒子们需要学习和念诵的经典除了《道德经》外，尚有很多，大致有以下三类：一为《太清宫传戒余编》，内含《道德经》、《阴符经发隐》、《素书注》等经典；二为《道者须知》，内收有《老子真传》、《阴符经》、《玉枢经约解》、《清静经》、《护命经约解》、《玉皇心印经》、《人元大道九层炼心文终经》、《辩惑论》、《后天串述》等十余种经文；三为《群仙要语》，内收有日用诀、《关尹子》节要、《谭景升化书》、《重阳祖师论打坐》、王母口诀、《虚靖天师心说大道歌》、《吴尊师玄纲论》诸章节要等共 22 种语录节要。以上这些经典书目，是道士们修行和学道的一些基本典籍。传戒也是传授经典法要的过程，通过在戒坛一百天内的强化诵读和学习，戒子们能够接触并快速掌握这些基本的知识。以上所列经文都比较简短，大致是沈阳太清宫自行编写，刊印流布。其中《太清宫传戒余编》就是葛明新方丈编著，其后跋曰：“吾国除道藏经而外，向无宗教专书传布。然《道德》五千言、《阴符》三百字，实开后世玄门宗风，《素书》一篇，留侯得其绪余，且足保身家而定天下……民国十载辛酉戒坛百日圆满，课余之暇，深恐诸戒子计日程功，不免画地自限，爰将以上各书要旨，随时讲授，俾知大道之本，端在一心……戒期告成，诸同人拟将是编付刊，广为传布，以公同好。”②根据跋文可知，葛方丈在传戒期间，曾向戒子们讲授《道德》、《阴符》、《素书》等经典，戒期圆满后，就将这些经典汇编刊刻，广为流布。这本汇编的小册子遂成为此后太清宫戒坛的必学科目，亦为后世学道者的必读经典，至今仍在不断刊印流传③。

---

① 刘明哲主撰、赵家升整理：《八十忆往》，载马维权主编《黑龙江宗教界忆往》，黑龙江人民出版社，1992 年，第 282 页。

② 葛月潭：《辛酉戒坛余编跋后》，载《太清宫传戒余编》，内部资料，第 79～80 页。

③ 笔者搜集到一本当代简体排印本《太清宫传戒余编》。

百日戒期圆满之后，每位戒子得到戒经、戒牒、登真箓各一份，然后离开太清宫。所谓戒经，指《初真戒》、《中极戒》、《天仙大戒》等戒本。每本戒书的卷首内容基本相同，上书受戒人的姓名、年岁、受戒情况等信息，如《道教丛林太清宫志》录有民国十八年（1929 年）戒子刘崇升持有的《初真戒》卷首：

受戒弟子刘崇升，年四十七岁，癸未相，八月初六日未建生，叨蒙中天大圣北斗第六宫北极武曲纪星君主照身命，于直隶永平临榆县阳山洞出家，今在奉天太清宫全真律坛嗣

天仙正宗第二十代上明下新葛大律师门下，拜受初真妙戒部（玄）都律文一部，终身佩奉，勿得违犯。须至通知。临坛

证盟师方至俭纠仪师陆理山

监戒师马至还提科师赵至衡

保举师孙至基登箓师吴至清

演礼师马至谦引请师苏至法

上元道化真君中元护正真君下元定志真君主坛葛明新承诰奉行[①]

比照北京白云观同治十二年（1873 年）受戒道士王信祉领受的《初真戒》[②]卷首部分，除了受戒人和传戒律师、八大师的个人信息不同外，其他内容和格式都完全相同。

所谓戒牒，又称净戒牒，是道士受戒的凭证。净戒牒为一纸长方形证书，周遭有诸神环绕，中间为牒文，并盖有玄都律坛、太清宫、传戒九大师印等十多枚朱印。其牒文首叙自元始天尊以来道教戒经传授源起，次书受戒人姓名、籍贯、出家宫观、受戒经书、受戒时间等相关信息，末书传戒律师及八大师之姓名。

所谓登真箓，又称《某某戒坛登真箓》，如民国三年（1914 年）的《甲寅戒坛登真箓》、民国十年（1921 年）的《辛酉戒坛登真箓》等，是记录每

---

① 五十岚贤隆：《道教丛林太清宫志》，国书刊行会，昭和十三年（1938 年）初版，昭和六十一年（1986 年）原版再刊，第 121～122 页。

② 参见《三洞拾遗》第 11 册，黄山书社，2005 年，第 91 页。

坛传戒各大师姓名及全部受戒弟子的名录，包括他们的姓名、出生地、出生年月、出家宫观等信息。沈阳太清宫是否从第一次传戒时就印刷有登真箓，尚未找到相应的资料。目前所知，沈阳太清宫自葛明新方丈民国三年（1914 年）传戒始，此后每坛都印刷有登真箓，个别印本尚保存至今。

（作者为中国社会科学院世界宗教研究所研究员）

黄鹤楼与道教

梅　莉

位于武汉市武昌蛇山西端黄鹄矶头的黄鹤楼，临大江，倚青山，雄踞蛇山之巅，挺拔独秀，辉煌瑰丽，与滔滔江汉、莽莽龟蛇共同构成一幅融“江、山、楼”三美合一的奇景图。黄鹤楼始建于三国吴黄武二年(223年)，从位于城西南角的瞭望守戍的军事哨楼，到与城垣分离，成为独立的观景建筑而成雄奇壮美的游览楼阁，旅游功能不断强化，围绕其历史与传说，其周边衍生出许多相关景点，将斯楼所涵摄的空间不断延伸扩充，又将文本传统外在化与形象化。悠久的历史、丰富的文化积淀和独特的文化内涵，使它与岳阳楼、滕王阁并称江南三大名楼，赢得了“天下江山第一楼”的美誉。

在绵延上千年的时间里，黄鹤楼屡毁屡建，一直在长江边发挥着重要的“点景”和“观景”作用，自唐代起(除南宋为南楼代替过一段时间外)就是江城的一个标志，以其高大的形体气势勾勒出城市的轮廓线。黄鹤楼之所以能成为江城的标志，有多重因素的影响，更与植根于道家道教的传说、道教的推动存在密切关系。

一、颇闻列仙人，于此学飞术(李白《望黄鹤楼》)

《述异记》、《南齐书》等文献记载显示出，至迟在魏晋南北朝，黄鹤楼的传说就已经在社会上广为流传。自此以后，轶闻传说伴随着黄鹤楼走过了一千多年的风雨历程。王葆心曾总结道：“至于南齐人属之子安，任彦升指为荀瓌；费祎登仙鹤迹，历著唐宋图经；吕岩沽酒辛家，出自元明稗说。”[①]黄鹤楼传说以其缥缈浪漫的风格和饱含神仙情结的内容，使其闪烁着耀眼的道教光芒。

黄鹤楼的得名，历来有不同的说法，其中主要有“因山说”和“因仙说”，虽然经过考证如今“因山说”得到承认，但在历史上“因仙说”的声音却压倒了“因山说”。

在我国民间，自古以来就有对神仙的信仰和得道成仙的渴求。这种民间信仰与道教结合，使得民间传说蒙上了浓郁的神仙色彩。魏晋南北朝时期，由于特定的历史环境，神仙之说十分盛行，有关黄鹤楼的仙话也在专谈“怪力乱神”志怪小说发展的背景下形成。跨鹤之仙的传说，就最早出现在南朝科学家祖冲之的笔下。他成书于宋泰始五年(469 年)的志怪小说《述异记》中的“驾鹤之宾”，后被鲁迅辑录在《古小说钩沉》中：

> 荀瓌，字叔伟，事母孝，好属文及道术，潜栖却粒。尝东游，憩江夏黄鹤楼上，望西南有物，飘然降自霄汉，俄顷已至，乃驾鹤之宾也。鹤止户侧，仙者就席，羽衣虹裳，宾主欢对。已而辞去，跨鹤腾空，渺然烟灭。

书中讲述了江陵人荀瓌在黄鹤楼遇见仙人驾鹤并与之交谈的故事。这是黄鹤楼称谓最早出现的文字记载。鹤是中国古代先民崇敬的灵物，因体形健美，品性高洁、长寿被赋予仙气。“鹄(鹤)生五百年而红，五百年而黄，又五百年始苍，又五百年而白，寿三千岁。”[②]在道教的仙学中，鹤更具有重要地位，《玉篇》卷 24 鸟部称：“黄鹤，仙人所乘。”神仙的基本特征有二，或长生不死，或凌空飞升。飞升的方式或身生羽翼或驾鹤乘云，驾鹤仙游是最美妙的奇想[③]。祖冲之的《述异记》后已散佚，不过，南朝梁任昉所著《述异记》和唐宋人的类书里仍保存了这个故事。文学史家李剑国即以《述异记》所载名士荀瓌在江夏黄鹤楼上接待

① 王葆心：《重修武昌黄鹤楼募资启》，见王葆心著、温显贵点校《再续汉口丛谈》卷 3，湖北教育出版社，2002 年，第 295 页。

② 李剑国：《唐前志怪小说辑释》，上海古籍出版社，1986 年，第 557 页。

③ 刘守华：《黄鹤楼传说的“神仙情结”》，《中南民族大学学报》(人文社会科学版)2013 年第 5 期。

驾鹤仙人的神奇异事为经典文本：

> 荀瓌（亦作環）字叔伟，潜棲却粒。尝东游，憩江夏黄鹤楼上。望西南有物，飘然降至霄汉，俄顷已至，乃黄鹤之宾也。鹤止户侧，仙者就席，羽衣虹裳，宾主欢对。已而辞去，跨鹤腾空，眇然已灭。①

接着，南朝梁萧子显在《南齐书·州郡下》中有“夏口城据黄鹄矶，世传仙人子安乘黄鹤过此”的记载，无名的仙人有了子安之名。后有人穿凿说子安姓王，又有人说姓窦。从唐代崔颢诗中前两联“昔人已乘黄鹤去，此地空余黄鹤楼”，可见仙人黄鹤的故事在其所处的时代已深具影响力，而崔颢的这首诗，又将这个传说播扬到更广阔的时空。到了阎伯理所作的《黄鹤楼记》中，则正式将神仙黄鹤的故事与黄鹤楼的名称拉上了关系：“《图经》云费祎登仙，尝驾黄鹤返，憩于此，遂以名楼。”这一说法在当时影响较大，以致得到宋代地理总志《太平寰宇记》的认同：“黄鹤楼在县西二百八十步，昔费祎登仙，每乘黄鹤于此憩驾，故号为黄鹤楼。”②

荀瓌其人，现存史料无考，子安最早出现于西汉刘向所撰的《列仙传·陵阳子明》，“后二十余年，子安死，人取葬石山下，有黄鹤来栖其冢边树上，鸣呼子安云”，是说他游仙仙逝后，在其墓冢周围的树上，有黄鹤栖身，呼唤他的名字，留下了“黄鹤呼子安”的典故。后魏郦道元在《水经注》为沔水作注时，引用了此典故：“出陵阳山下……子安死，山下有黄鹤栖其冢树，鸣常呼子安。”唐代诗人李白的《登敬亭山南望怀古赠窦主簿》诗中有“白龙降陵阳，黄鹤呼子安”之句。不过关于子安也无更多记载可寻。费祎则不同，他是一位有证可考的历史人物，陈寿《三国志》有其列传，根据陈寿记载，费祎乃江夏人，字文伟，三国时蜀中名将和重臣，深为蜀相诸葛亮赏识并委以黄门侍郎之重任。后继蒋琬之后执政掌管军政大权，担任军师，录尚书事。253 年被魏国降将郭循所刺

① 李剑国：《唐前志怪小说辑释》，上海古籍出版社，1986 年，第 559 页。

② 乐史撰，王文楚等点校：《太平寰宇记》第 5 册卷 112《江南西道十·鄂州》，中华书局，2007 年，第 2278 页。

杀。费祎字文伟，而“仙人荀瓌字叔伟”，二人字近似，加之又为江夏人，且死于非命，大概故乡人出于对他的怀念而将他与黄鹤楼驾鹤的仙人联系起来了。在唐代阎伯瑾所撰《黄鹤楼记》中费祎已是“事列‘神仙’之传，迹存‘述异’之志”，即在当地传说中费祎已被神异化并被附会到相关传说人物之中，位列仙班了。

对于黄鹤楼的得名，流传于宋元之际的《报恩录》则有别解：

> 辛氏市酒(黄鹄)山头，有道士数诣饮，辛不索赀。道士临别，取桔皮画鹤于壁，曰：“客至，拍手引之，鹤当飞舞侑觞。”遂致富。踰十年，道士复至，取所佩铁笛数弄，须臾，白云自空飞来，鹤亦下舞，道士乘鹤去。辛氏即其地建楼，曰辛氏楼。[1]

只不过“辛氏楼”如何转名为“黄鹤楼”实无线索可考。到金代，王朋寿的《增广分门类林杂说》卷12《神仙下篇》[2]，仙人一改跨鹤乘云的神秘形象，变成混迹凡尘的道士，然故事中道士以桔皮所画之鹤能翩翩起舞，突显了仙家的奇能；道士短笛横吹，跨鹤乘云，又充满了神仙气息。为整合上述诸说，后人曾把费祎和子安合成一人，同时将驾鹤的情节渲染得更为曲折，特别是在明代小说中，这样使得相关故事流传得更广。王世贞所著《列仙全传》云：“费文伟，好道得仙。偶过江夏辛氏酒馆而饮焉。辛复饮之巨觞，明日复来，辛不待索而饮之。如是者数载，略无吝意。乃谓辛曰：‘多负酒钱，今当少酬。’于是取桔皮向壁间画一鹤，果蹁跹而舞，回旋宛转，曲中音律，远近莫不集饮而观之。逾十年，辛氏家资巨万矣。一日子安至馆曰：‘向饮君酒，所偿何如？’辛氏谢曰：‘赖先生画鹤而获百倍，愿少留谢。’子安笑曰：‘未讵为此？’取笛数弄，须臾，白云自空而下，画鹤飞至子安前，遂跨鹤乘云而去。辛氏即于飞升处建楼，名黄鹤楼焉。”

自唐始，有人在黄鹤楼旁建有费祎洞、费公祠，称乃费祎升仙后栖息之所。唐人李宗孟《费公祠》一诗曰：“空遗费仙迹，江山余万愁。”《舆

---

① 胡丹凤：《黄鹄山志》卷3《详异》，收入国家图书馆藏《中华山水志丛刊》第28册，线装书局，2004年，第247页。

② 李剑国：《唐前志怪小说辑释》(修订本)，上海古籍出版社，2011年，第616页。

地纪胜》第5册卷66《鄂州上·古迹》：费祎洞。《皇朝郡县志》云："在江夏县东十里黄鹄山后。"《旧经》云："费祎升仙之后洞也。"《舆地纪胜》第5册卷66《鄂州下·仙释》：黄鹤仙。或云费祎，王得臣《黄鹤楼》诗以为荀瓌，字叔伟，未知孰是。《读史方舆纪要》卷七十六《湖广二·武昌府·黄鹄山》：山阴有费祎洞，任昉曰："荀瓌字叔玮，升仙于此，非费文祎也。"①

清吴省钦(1729—1803)在《书黄鹤楼壁》对此有很好的总结："任昉记：'荀瓌憩黄鹤楼，望西南有驾鹤者降，宾主欢对；辞去，跨鹤腾空，渺然烟灭。'唐《图经》：'费祎登仙尝驾黄鹤返憩于此，遂以名楼。'其事虽不足辨，然萧梁时已有黄鹤楼之名。荀瓌于楼上遇驾鹤之仙，非瓌即能仙去。作《图经》者又以荀字叔伟，而移之费祎；费祎自降奴，岂遽兵解？今楼旁有费祠；楼上有吕岩携笛跨鹤像，卢生倚枕卧其旁，以邯郸吕翁当吕岩；以岩当驾鹤之仙。又有甚者，类家于江夏县黄鹤山谓宋戴颙隐憩于此，林涧甚美，是盖以京口之黄鹄山——一名黄鹤山，其下有鹤林寺者，误以为即江夏之山而漫无识别也。……费祎、荀叔伟、吕岩、吕翁，多涉附会。"②

耸立于黄皓矶头的黄鹤楼，处长江、汉水交汇处。自楼阁建成之后，正是群雄割据、战乱频仍、政治黑暗的时期，为佛教、道教的流行提供了沃壤。超尘出世、羽化登仙是苦难中的人们的幻想。临江负险、高标卓立、白云缭绕的黄鹤楼，是神仙家、道教信徒心目中理想的羽化升天之处。于是，从诞生不久开始，黄鹤楼传说就将神仙引入楼，为楼披上神秘缥缈的色彩③。正如李白《望黄鹤楼》诗所云："颇闻列仙人，于此学飞术。一朝向蓬海，千载空石室。"神仙说意味着人的思维和想象向广大空间的大胆飞跃④，它反映了道教的浪漫主义精神，这种神奇的文化基因借助雄伟的黄鹤楼得到彰显，让人浮想联翩，意兴盎然。

① 顾祖禹撰，贺次君、施和金点校：《读史方舆纪要》第七册，中华书局，2005年，第3522页。

② 冯天瑜主编：《黄鹤楼志》，武汉大学出版社，1999年，第267页。

③ 姚伟钧：《黄鹤楼的传说及其非物质文化遗产价值》，《武汉文博》2011年第4期。

④ 刘守华：《道教和神仙》，《文史知识》1987年第5期。

二、借问吕翁旧时笛，不知吹破几番愁（沈周《黄鹤楼》）

两宋之后，虽有费祎等人传说还在延续，但黄鹤楼的仙人主角换成了吕洞宾。吕洞宾，姓吕，名岩，字洞宾，号纯阳子，八仙之一，是八仙中传说最多，也是其中最为神奇的人物。以道教八仙、全真祖师名世的吕洞宾，其在道教史上的重要性毋庸置疑。历年以来，关于吕洞宾的研究亦复不少[①]。关于“历史上”的吕洞宾，学界的考证众说纷纭。一般认为吕洞宾信仰形成于北宋，至北宋末年，已有相当多的关于神仙吕洞宾的传说[②]。就地域分布来说，则“在宋代，吕洞宾崇拜遍及安徽、湖北、湖南、江苏、江西、山东、山西、陕西、浙江各省”[③]。北宋末期出现了专门的吕洞宾仙传故事。这类仙传最早产生于南方的岳州（即今湖南岳阳）。现有的证据表明，规模最大、香火最盛的两个祭祀吕洞宾的圣地是岳州和永乐（在今山西芮城县）。随着全真教对吕洞宾崇拜的吸纳，12 世纪晚期和 13 世纪早期，吕洞宾崇拜迅速扩展，成为中国最重要的一种全国性的崇拜[④]。黄鹤楼与吕洞宾拉上关系就是在这样的背景下展开的。其实黄鹤楼如此，岳阳楼、滕王阁等楼宇亦是如此。

于是，辛氏酒楼画鹤于壁、驾鹤成仙传说的主角成了吕洞宾，辛氏楼也变成黄鹤楼。不仅如此，在有关黄鹤楼的很多传说，如“跨鹤登仙”、“结枣如瓜”、“掷桃映石”中，主角也成了吕洞宾，乃至在黄鹤楼景区内，出现了吕公洞、跨鹤亭、仙枣亭、仙桃迹、纯阳亭、吕祖阁等纪念性景点和建筑。《舆地纪胜》第 5 册卷 66《鄂州上 · 古迹》：吕公洞，在石镜亭下黄鹄矶上。初无洞穴，但石迹隐然如门，扣之有声，世传吕洞宾

---

① 康豹：《多面相的神仙——永乐宫的吕洞宾信仰》，吴光正、刘玮译，齐鲁书社，2010 年，第 265～329 页。

② 任继儒主编：《中国道教史》，四川人民出版社，1992 年，第 452 页。

③ 康豹：《多面相的神仙——永乐宫的吕洞宾信仰》，吴光正、刘玮译，齐鲁书社，2010 年，第 80 页。

④ 康豹：《多面相的神仙——永乐宫的吕洞宾信仰》，吴光正、刘玮译，齐鲁书社，2010 年，第 75、83、85 页。

尝题诗其上。又张舜民《南迁录》云:"近岁有军循于此,夜逢二人,衣冠甚伟,遗之黄金数饼,军循携以归,光发于屋上。既而官收之,皆化为石,其石在军资库。"王十朋《黄鹤楼》诗曰:"云锁吕公洞,月明黄鹤楼。"根据杨济《钝斋文选》的记叙,至迟在南宋重建的黄鹤楼里,已开始供祀"角巾、卉服、横笛"①的吕祖肖像。陆游的《入蜀记》曾提及"复与冠之出汉阳门游仙洞,止是石壁数尺,皆直裂无洞穴之状。旧传有仙人隐其中,尝启洞出游,老兵遇之,得黄金数饼,后化为石。东坡先生有诗纪其事。初不云所遇何人,且太白固已云:'颇闻列仙人,于此学飞术。一朝向蓬海,千载空石室。'今鄂人谓之吕公洞,盖流俗附会也。有道人,澶州人,结庐洞侧,设吕公像其中"(《渭南文集》卷四十七)。元盛如梓《庶斋老学丛谈》卷中上记载的传闻指出,南宋末年黄鹤楼曾出现吕洞宾所题的谶词《汉宫秋》,预示大元渡江。《湖北通志》引《老学丛谈》载:"武昌滨江有吕公矶,上有黄鹤楼。一日有题《汉宫春》于其上云:'横吹声沉倚危楼……'不知何人作,或言洞宾也。后三年己未,大元渡江。"明清以后多次重建吕公亭,后来又设其卧像。"一枕游仙梦不回,先生高卧亦优哉。想因厌看尘寰事,假作朦胧眼倦开。"原注:仙枣亭内有吕洞宾睡像②。

吕洞宾之附会黄鹤楼时,宋代文人们曾力辨此事不确。如宋张栻《黄鹤楼说》有辨析:"(南)楼旁有石照亭,不知何妄男子,题诗窗间,遽相传曰:'此唐仙人吕洞宾所书也。'文人才子又为之夸大其事。而苏子瞻亦载冯当世之说,有羽衣著屐之诗。嗟乎!宁有是理哉?甚矣,世俗之好怪也!虽缙绅大夫之贤者,有不免焉。"吴曾也曾考证:

世所传吕先生诗:"黄鹤楼边吹笛时,白苹红蓼对江湄。衷情欲诉谁能会,惟有清风明月知。"此吕先生非洞宾,乃名元圭者也。其诗元(原)题于石照亭窗上,仍记岁月,云:"乙丑七月二十六日。"当元丰间,喻陟为湖北提刑,题诗其后云:"黄鹤楼边横笛吹,石亭

① 胡丹凤:《黄鹄山志》卷1《名胜》,收入国家图书馆藏《中华山水志丛刊》第28册,线装书局,2004年,第231页。

② 棣华馆生:《鄂垣竹枝词》之六(原注:仙枣亭内有吕洞宾睡像),见徐明庭辑《武汉竹枝词》,湖北人民出版社,1999年,第145页。

窗上更题诗。人世不识还归去，江水云山空渺弥。”或曰：元圭，乃先生之别字也。[①]

吕、喻二诗，原题于石照亭上，而石照亭是在黄鹤楼之下：“鄂州黄鹤楼下有石，光彻，名曰石照。其右巨石，世传以为仙人洞也。”[②]

黄鹤楼仙人传说与吕洞宾拉上关系，主要得力于道教的推动。正如学者所指出的：“大量材料证明了钟吕八仙的是由内丹道南、北宗共同打造而成的信仰对象。”它的发展与传播则是文人和道教徒一起积极参与的结果[③]。在陆游《入蜀记》中就特意提到了结庐吕公洞侧、设吕公像崇拜的道士：“有道人，澶州人，结庐（吕公）洞侧，设吕公像其中。”[④]元代吕洞宾和黄鹤楼的传说已流传很广，山西芮城永乐宫的壁画中，就有吕洞宾在黄鹤楼上卖墨的故事。明清之后，文人纷纷写诗著文加以渲染，使吕洞宾与黄鹤楼的传说深入人心。明代吴元泰《东游记》第二十六回《洞宾酒楼画鹤》情节与《辛氏酒楼》基本相同；清初褚人获《坚瓠集》核心情节也与《辛氏酒楼》相同[⑤]，只不过主角都换成了吕洞宾。正如明人郭正域所言：“而黄鹤故事，或曰王子安，或曰费祎，今人乃尽归之吕仙。夫鹤楼以崔诗显，崔开元人，而吕仙以麟德得道，崔诗有昔人之称；又鹄山下有费祎洞，则跨鹤客为费祎无疑。而山下又有吕公矶，或曰‘禹功矶’讹也。今时谈仙迹，惟吕公最著。”[⑥]在后代收集的黄鹤楼传说中，关于吕洞宾的传说在诸位驾鹤仙人中是最多也是最动人的，如吕洞宾黄鹤楼前卖

---

① 吴曾：《能改斋漫录》卷18，上海古籍出版社，1979年，第516～517页。

② 吴曾：《能改斋漫录》卷18，上海古籍出版社，1979年，第163页。

③ 吴光正、王一帆：《钟吕八仙传说与金代全真教的谱系建构》，《多元信仰下的全真道国际学术研讨会会议论文集》，中国栖霞，2014年8月16—19日。

④ 陆游著，蒋方注：《入蜀记》，湖北人民出版社，2004年，第160页。

⑤ 褚人获：《坚瓠八集》（浙江人民出版社，1986年）卷四：“相传唐时吕纯阳尝客兹地，侨寓酒家，日饮数壶，累至数百不偿值。复索饮，主人供给无倦色。纯阳喜之，适啖西瓜，遂以瓜皮画一鹤于壁上，始色瓜皮青，久之变黄，遂为黄鹤。纯阳又教酒家童子唱道词，自鼓板为节。已而唱时，鹤辄从壁间飞下，婆娑翔舞，观望饮酒者日数千人。凡阅数月，酒家得钱数千万，骤富，以钱酬纯阳，纯阳不受。遂构此楼志感，故名黄鹤楼。”

⑥ 郭正域：《仙枣亭记》，见胡丹凤《黄鹄山记》卷6《艺文》，收入国家图书馆藏《中华山水志丛刊》第28册，线装书局，2004年，第294页。

仙桃，辛氏卖酒遇吕仙，仙枣亭题诗、吕洞宾和鲁班蛇山造楼、吕洞宾跨鹤飞升等神奇传说，伴随着黄鹤楼的壮丽景观世代相传。

西方学者杜赞奇在研究关帝等民间神明时，提出了一个“叠加”的概念，即较新的神明形象被嫁接到较早的神明形象之上①。康豹在关于温元帅崇拜的书中，提出了“并生”的概念，用来解释为什么在差不多同一时期的文本中会发现对同一神仙的不同描述②。从总体上看，吕洞宾等神仙崇拜的发展既有“并生”的，也有“叠加”的因素。如最初黄鹤楼与笛声意象的联系，见于李白《与史郎中钦听黄鹤楼上吹笛》一诗：“一为迁客去长沙，西望长安不见家。黄鹤楼中吹玉笛，江城五月落梅花。”在刘禹锡《武昌老人说笛歌》的古诗中，吹笛者不过是曾在王府里吹奏的艺人。曾几何时，笛声渐成为黄鹤楼上的主题旋律。清人所辑的《全唐诗》里著录有吕岩《题黄鹤楼石照》一诗：“黄鹤楼前吹笛时，白苹红蓼满江湄。衷情欲诉无人会，只有清风明月知。”一般以为吕岩即吕洞宾。即使此诗是后人托名伪作，但可以确定的是它在宋代已然广为流传，吴曾在《能改斋漫录》中即曾辨析写诗的吕岩又名吕元圭，并非飞剑化仙的吕洞宾。不过，吴曾却同时录引喻陟神宗元丰年间担任湖北提刑时，在吕岩镌诗的石上续笔于后：“黄鹤楼边横笛吹，石亭窗上更题诗。世人不识还归去，江水云山共渺弥。”逮至南宋，仙人吹笛已成黄鹤楼的典故。陆游有诗记其遇一老人“长眉及肩，欲就之语，忽已张帆吹笛而去”，断言“遥知乘醉江湖去，黄鹤楼头又放颠”③；罗时与《黄鹤楼》“老仙横笛月亭午，骚客怀乡日欲残”，虽然诗里并未言明仙人的身份，不过从吴曾《能改斋漫录》辨析里（见上引），可以看到有宋一代吕洞

① Duara，Prasenjit（杜赞奇），1988，*Superscribing Symbols：The Myth of Guandi，Chinese God of War*（《符号的叠加：中国战神关帝的神话》），*Journal of Asian Studies* 47，no. 4，pp. 778-795. 吴真的《为神性加注——唐宋叶法善崇拜的造成史》（中国社会科学出版社，2012 年）使用了与此类似的“加注”概念，当然，“加注”并不是仅仅是简单的“叠加”。

② Katz，Paul R.（康豹）1995，*Demon Horders and Burning Boats：The Cult of Marshal Wen in Late Imperial Chekiang*（《鬼帮与焚船：中华帝国晚期浙江的温元帅崇拜》），Albany，N. Y.：SUNY Press.

③ 陆游著，钱仲联校注：《剑南诗稿校注》第 3 册卷 14《丈亭遇老人长眉及肩欲就之语忽已张帆吹笛而去》，上海古籍出版社，2005 年，第 1152 页。

宾于黄鹤楼吹笛的意象已渐传于世。逮至元代，黄鹤楼上闻吕洞宾吹笛的典故已然坐实，郝经《黄鹤楼》五言古诗里将吕洞宾的传奇娓娓道来，中有“闻说吕洞宾，题诗满新壁”、“有时横长笛，吹落汉阳月”。此后黄鹤楼上的笛声俨然成了吕洞宾的专利，在明清相关诗文中几乎俯拾皆是[①]。清高宗第五子纯亲王永祺之孙奕绘曾以“十金”购得古玉笛一枚，欣喜之余，约与其侧室、著名女词人顾太清“同咏”，奕绘先成《翠羽吟》，顾太清以为“骊珠已得，不敢复作慢词，谨赋《十六字令》，聊博一笑塞责”：“听，黄鹤楼中三两声。仙人去，天地有余音。”笛声于黄鹤楼之意象如此重要，以致由“笛”文人骚客们想到的就是黄鹤楼。

神仙思想是道教极其重要的思想，长生成仙是道教最高的人生境界。“长生成仙道德是以人类最初的本能的对死亡恐惧为心理原动力，古代先民为谋求生命的延长而进行锻炼并且取得了良好的效果，二者的结合就有了无限延长肉体生命的要求；同时，原始先民为了超越自身力量的有限而进行种种巫术修炼也可具有神力，这种认识同中国古代特有的天人相通、天人相类、天人感应的思维相结合，最终导致了道教的神仙信仰的产生。”[②]在道教学说中，凡人经长年累月的修炼即可得道成仙[③]。道教的神仙信仰随着道教的发展深入人们的意识之中，成为人们寻求一种普遍性和永恒性的情感归宿。在黄鹤楼传说中，神仙、黄鹤、法术都是道教仙学的基本元素，羽化飞升是道教神仙的基本特征之一，而跨鹤乘云则是最浪漫的飞升方式。仙人驾鹤远游是道教神仙最具有代表性的标志。黄鹤楼传说中还渗入了关于道教神秘法术的情节，如桔皮画仙鹤、井水变酒水，凸显了神仙无所不能的超人间力量，同时也使传说增添了浓厚的神异色彩，令其别具风采。这些洋溢着中国道家生活与艺术情趣的叙说使人心旷神怡，久久难以忘怀[④]。

---

① 陈熙远：《人去楼坍水自流——试论坐落在文化史上的黄鹤楼》，见李孝悌编《中国的城市生活》，新星出版社，2006 年，第 360 页。

② 郭武：《试论道教长生成仙信仰的形成》，《宗教学研究》1991 年第 3～4 期。

③ 熊铁基：《人皆可以为神仙——葛洪神仙论的现代诠释》，《中国道教》2003 年第 6 期。

④ 刘守华：《黄鹤楼传说的“神仙情结”》，《中南民族大学学报》(人文社会科学版)2013 年第 5 期。

三、故国妆楼归道院，异时宫阙建军牙（清钱澄《登黄鹤楼即事》）

在中国古代建筑中，楼阁是一种极具艺术感染力的多层建筑，体量高大、华美壮观，其造型之精、结构之巧，展示了木构建筑艺术和技术的高超成就。它们或跻身宫苑之内，架空百尺；或踞于市井之中，巍峨壮丽；或依傍岩壁之侧，突兀层崖；或莅临江渚之畔，俯峙山川，其遏云蔽月之姿，让人产生“可上九天揽月”之遐想，蕴含着向高空发展的通天愿望[①]。道家、道教与高楼从来都有不解之缘。在历史上楼阁的管理也常假道士之手，如岳阳楼、黄鹤楼等。

道士何时进入黄鹤楼的管理尚无史料的发现，我们猜测此楼由军事楼宇转变为旅游设施开始时道士可能已进入管理的角色。在一千多年的风雨中，伴随着黄鹤楼从军事瞭望楼转型为观光游览的胜地，黄鹤楼的旅游功能不断强化，其周边衍生出许多相关景点，或高耸华丽，或别有洞天，或绵延日久，或转瞬即逝……形制不一，风格各异，但这些附设景点并不是随意堆砌，而是围绕着有关黄鹤楼的历史与传说设置的，一方面将黄鹤楼所涵摄的空间不断延伸扩充，一方面又将文体传统外在化与形象化[②]，且大多总能与黄鹤楼主体配合默契且交相辉映，如众星拱月般伴随着黄鹤楼历经沧桑。这种趋势至宋代已极为明显。宋代在前朝观赏楼的基础上强化了旅游功能，初步构筑了以黄鹤楼为中心的旅游景区格局。楼之四周有南楼、北榭、北园，又有清景堂、正己亭、应轩、憩轩、跨碧、梅阁、一览亭、光华堂、岩洞堂、烟波亭、江汉亭、秀岩堂、半山亭、静春台、涌月台、压云亭、雅歌堂、卷雪楼、会景楼、赏心楼、楚江楼、清风楼、生春楼、清美楼、静春台、春阴亭、民功堂、志功堂、华远堂、凝香亭、跨鹄亭、石照亭、仙枣亭、西爽亭、景清

---

① 张威：《楼阁考释》，《建筑师》2004年第10期。

② 陈熙远：《人去楼坍水自流——试论坐落在文化史上的黄鹤楼》，见李孝悌编《中国的城市生活》，新星出版社，2006年，第363页。

堂等①。元代对黄鹤楼周边景点建设影响最深远的是胜像宝塔的安放。胜像宝塔，亦称宝像塔，因其色白，又称白塔或元代白塔，建于至正三年(1343 年)，为威顺王宽彻普化太子建，是用于供奉舍利和安藏佛教法物的喇嘛塔，安放在黄鹤楼前，四周设护栏，并有石牌坊，匾额上横书“胜像宝塔”四字，清末因新军修炮楼牌坊被拆毁。光绪间黄鹤楼被焚毁后，塔仍存，1985 年黄鹤楼在今址复修后，迁入楼的正前方，是黄鹤楼故址保存最古老、最完整的建筑。明代在宋元的基础上又增加了不少建筑，如留云阁、龙床台、振衣台、八极楼、白龙池等；清代则续建有太白堂、禹碑亭、万寿亭、涌月台、杨公祠、竹园(后更名东山小隐)、冠霞亭等。陈本立的《黄鹤楼名胜记》对黄鹤楼及周边的景点建筑有详细描述，出现文中的胜景计有：望江亭(即古十盘亭)、宝相塔、黄鹤楼、搁笔亭(太白堂)、石镜亭、斗姥阁(古南楼)、白云楼、西爽石刻、涌月刻石、留云阁、丽山道院、仙枣亭、澧园、振衣亭、陈友谅墓、郡学宫、万寿亭、古十间亭、一览亭、广永亭、楚观楼、方塑读书台、磨崖方丈、静春台、压云亭、仙桃迹、大士阁等②。但咸丰年间太平军与清军的战事中，黄鹤楼及附近建筑大部分被毁。同治中除重修黄鹤楼外，“余材重建太白堂、一览亭、涌月台、留云阁、白龙池等处，以复故迹”③，另外，尚大力营建了官胡二公祠④、曾公祠⑤，构筑了黄鹤楼区新的景观。

至迟在宋代，道士可能负责日常看管工作，这从上引陆游等人的记

① 王象之撰，李勇先点校：《舆地纪胜》第 5 册卷 66《鄂州上・景物上》、《鄂州下・景物下》，四川大学出版社，2005 年，第 2382、2385～2386 页。仙枣亭，《黄鹤楼志》以为建于明代有误，实建于宋代。《舆地纪胜》第 5 册卷 66《鄂州下・景物下》：“仙枣亭，故址在南楼西。旧传亭前枣木未尝实，一岁忽有实如瓜，太守命小史采而进，小史辄啖之，遂仙去。”

② 陈本立：《黄鹤楼名胜记》，见胡丹凤《黄鹄山志》卷 6《艺文》，收入国家图书馆藏《中华山水志丛刊》第 28 册，线装书局，2004 年，第 305 页。

③ 清丁守存：《重建武昌黄鹤楼碑记》，见胡丹凤《黄鹄山志》卷 6《艺文》，收入国家图书馆藏《中华山水志丛刊》第 28 册，线装书局，2004 年，第 305 页。

④ 据《黄鹄山志》卷 1《名胜》，胡公祠在黄鹤楼后，祀胡林翼。胡任湖北巡抚多年，死后谥“文忠”。同治十年(1871 年)奉旨敕建官胡二公祠。因官文职务高于胡，故祠名官在胡前，由时任总督李瀚章、巡抚郭伯荫奏准合建。

⑤ 胡丹凤：《黄鹄山志》卷 1《名胜》，曾公祠在黄鹄山中峰下，同治十二年(1873 年)奉旨敕建，祀晚清名臣曾国藩。

叙中可以看出道士的作用。延至明清，一如其旧制。周系英于嘉庆二十一年(1816年)十二月二十八大雪之日登楼，“是日游人绝迹，叩门良久始得入”，诗里说“款关惊起道童眠”①。黄鹤楼中住有道童，负责看守。既有道童，一定还会有成年的道士。而根据《申报》的报道，当1884年黄鹤楼发生大火时，一名卧病在楼上的60余岁老道人不幸被烧死。在黄鹤楼周边，道士建有数座道观，清陈本立《黄鹤楼名胜记》描述了黄鹤楼及周边建筑及景点，“白云楼……其左有仄径纡而下，奇石佳树，夹道垂阴。历百武得平敞地，黄冠自为静室，曰留云阁。石涧清泉，别开生面。其南道院丽山者，右曰四皇殿，费祎洞在焉。寻之不可得，压于殿址也”②，在这些道观中，最著名者当属吕祖阁。除了黄鹤楼，岳阳的岳阳楼、南昌的滕王阁、广州的镇海楼等处皆祠奉吕洞宾的神像，岳阳楼与黄鹤楼一样，楼后并建有吕祖阁。吕祖阁当为全真道所掌管。1925年武昌长春观传戒时留存的《湖北省长春观乙丑坛登真录》记载有来自“武昌府武昌县黄鹤楼”的龙门派道士王崇复，时年36岁，黄州府蕲春县人，祖师为万诚安，度师为徐信德。日本人水野幸吉对武汉寺庙做过统计，将“黄鹤楼”列为庙阁即道教场所③。自光绪十年(1884年)黄鹤楼在大火中化为灰烬后，尽管清湖广总督张之洞，民国湖北督军王占元、萧耀南，湖北省政府主席夏斗寅等都曾有过重修黄鹤楼的打算，但都未能如愿。黄鹤楼实体在长江之滨消逝了，这里的“黄鹤楼”当指黄鹤楼故址上的吕祖阁。1930年代初周亚荣的《武汉指南》中对武汉三镇的寺庙道观也做过统计，黄鹤楼区有“吕祖阁”道观，住持为王崇复④。

---

① 周系英：《丙子十二月二十八日大雪登黄鹤楼简筠圃中丞及鼎圃学使》，见胡丹凤《黄鹄山志》卷9《艺文》，收入国家图书馆藏《中华山水志丛刊》第28册，线装书局，2004年，第355页。

② 陈本立：《黄鹤楼名胜记》，见《黄鹄山志》卷6《艺文》，收入国家图书馆藏《中华山水志丛刊》第28册，线装书局，2004年，第299页。

③ [日]水野幸吉：《中国中部事情·汉口》，武德庆译，武汉出版社，2014年，第223～224页。

④ 周亚荣等：《武汉指南》，新中华日报社，1933年，第六编宗教五“道教”，第6页。

1935 年，黄鹤楼故址景点吕祖阁住持道士王崇复曾因过往军人时有滋扰一事请求省府市政处予以保护①。他的请求得到支持，武昌县知事曾专门下文，吕祖阁将知事公署布告专立石碑，以《修大因果・武昌县知事公署布告》为题。其文曰：

为布告事案奉

湖北省长公署第八一三号训令内开案据黄鹤楼吕祖阁住持道衲万诚安、王崇复等禀称为祖阁复古，神像添新，恳恩赏示保护仙迹，严禁滋扰事。

窃黄鹤楼吕祖阁原东汉费祖仙踪，唐代吕祖名胜。衲自祖庵师续承玄祧历数十世。不意民国庚申突遭回禄，次年辛酉又遭五二兵燹。前督军王、省长刘②去职，迭经批准筹款修复，弗克实行。适幸我督办兼省长③荣莅鄂中无异周召布政。衲念国帑支绌，志愿募修，屡禀哀号。邀恩面加租额。虽蒙前警务财政厅长崔、郑二公准予所请，究赖吾公护法栽培，再四提议，曲全美举。今殿宇庆成，募修灵官五百尊、甲子六十尊。蒙提倡捐款，发起捐修，赞成者众。伏思祖阁复古，即缘善士之输将；神像增新，尤翼明文之保护。惟本阁向未叩门募捐，所有乐输善信皆由自愿送阁，应寿贞铭以传芳德。□蒙督省会令财政厅特准免加租额。此功此德铭感曷忘，更宜勒石纪念。至衲等主司阁务，继先师志。无论何人不得觊觎干预，障碍清静。均乞明喻示警，严禁滋扰，庶保仙迹而安道侣，神

---

① 冯天瑜主编：《黄鹤楼志》，第 163 页。按：此志将王崇复误为“王崇俊”，今据碑文改。

② 此处所指“督军王”应为北洋直系军阀王占元（1861—1934），于 1915—1921 年作为袁世凯北洋直系军阀的代表，督军湖北。期间，因其贪婪成性，大肆搜刮民脂民膏，而引起鄂省士绅和民众之憎恨。在辛酉年由本省藉和湖南藉军民所发动的“驱王”和“鄂人治鄂”的运动中，黯然离鄂。而此处的“省长刘”当为刘承恩（1863—1922），字浩春，湖北襄阳人，北洋直系军阀，作为 1920 年驱王运动时期，直系与湘鄂方面交易妥协，以“鄂人”身份担任湖北省长（1920—1922），后为有地方自治倾斜的直系湖北督军萧耀南联合各方力量，将其驱逐出湖北。

③ 此处所指“督办兼省长”当指取代王占元和刘承恩之湖北藉直系将领萧耀南（1875—1926）。萧耀南，字珩珊，衡山，祖籍浙江兰陵，世居湖北黄冈。虽然为直系将领，但在北洋时期，极力推行鄂人自治。于 1921—1926 年间，担任湖北督军、两湖巡检史及湖北省长诸职。其生平事业，见《湖北文史资料》2001 年第 4 期。详见李理安《长春观志》卷二。

人感戴矣等前情前来。除批禀结，均悉仰候令行武昌县知事给示保护可也。此批挂发外合亟，检发副禀令，仰该知事即便查照办理此令等。固奉此合行怖告，仰来阁各色人等一体遵照，严守清静，勿得滋扰，致干查究。切切此布。

中华民国十四年七月三日

知事陈燮宸

云冕谨按：吕祖道通三教，鹤楼庙祀千秋。辛亥以来，万诚安炼师与徒孙王崇复道人苦心修复。蕲春萧至西道友拟此禀稿，成就如许功德。后来至参拜祈福者当知万、王两住持万苦千辛成此。每有乞请求助之处，萧同道厥功最多，不独此最后撰述也。云冕向道诚切，遭连多故，愧无力恢复道场，惟书丹仰邀神眷而已。

南州黄云冕记。

此碑原立于吕祖阁，因20世纪50年代修建长江大桥，吕祖阁内所存神像等物移至长春观，今存长春观。从碑文可以看出，吕祖阁龙门派传承历时久远，到王崇复时至少已数十世。民国九年(1920年)吕祖阁遭遇大火，次年又遭兵灾，修复的筹款计划虽得到批准但并未实行，直到萧耀南到任，予以经济上的支持，又得到众多道友的捐资，终于修复殿宇，并募修灵官五百尊、甲子六十尊。万诚安、王崇复道士请求地方官府严禁军队滋扰的要求也得到官方的支持。由此推想，当时吕祖阁道士对黄鹤楼遗址负有一定的管理和维护之责。清初诗人钱澄之(1612—1693)《登黄鹤楼即事》四首之三中所谓“故国妆楼归道院，异时宫阙建军牙”①就是黄鹤楼变迁过程中道教力量的写照。道士不仅负责楼阁日常管理，更重要的是有意识地推进种种传说，将道教长生成仙、吕洞宾信仰有意识地编织进有关黄鹤楼的风物传说之中，使这座名楼蕴含丰富多彩的文化内涵。

从最初的军事哨楼到游览胜地，再到城市地标，黄鹤楼功能的渐次转换，演绎着这座城市的过往与传奇，揭示了武汉地方的精神和文化样

① 胡丹凤:《黄鹄山志》卷6，收入国家图书馆藏《中华山水志丛刊》第28册，线装书局，2004年，第299页。

态，也是理解这座城市社会生活与文化变迁的钥匙。黄鹤楼之所以能成为江城的标志，除了得益于它独特的地理位置，自身固有的气质——瑰丽堂皇和形制工艺，千百年来文人墨客、迁客骚人的文化活动，民间力量和国家力量的支持外，更与植根于道家道教的传说、道教的作用存在密切关系。神仙传说赋予了黄鹤楼缥缈动人的美感，把黄鹤楼巧夺天工之美与道教神仙的神异事迹相融合，将它的自然美提高为艺术美，给黄鹤楼增辉添色，激发人们无边的想象，给人极大的享受。而千载流传的诗词名篇中都编织进仙人的身影和瑰丽的想像。“白云”、“黄鹤”、“梅花”、“玉笛”经文人诗篇已成为黄鹤楼被意象化而广为人知的典故。自李白“黄鹤楼中吹玉笛，江城五月落梅花”名震诗坛之后，诗意化的意境，美丽的仙话，引得后世文人无限喜爱，纷纷在诗词中沿用不废，“不识何人吹玉笛，梅花未落已销魂”（清袁渭钟），“一笛清风寻鹤梦，千秋鹄月问梅花”（清胡翰泽），“玉笛仙吹黄鹤楼，梅花落也否?”（清鲁杰）这些摇曳多姿的诗句把吕洞宾跨鹤飞仙的传说点染得愈加美丽动人①。在黄鹤楼的纪年表中，传说与诗文互为依托，相得益彰，共同编织了浪漫多情的气质，塑造了民众的历史记忆②。黄鹤楼固然是唯美、雄奇、独具特色的，但它毕竟只是一座楼，如果没有这些神仙传说、诗词名篇，它就失去了生命力，失去了那份灵动。正是古往今来这些持续不断的文化活动赋予它非凡的品格和价值，而这些品格和价值，早已升华为一种民族文化的表征了。

（作者为华中师范大学道家道教研究中心教授）

① 李鹏燕：《黄鹤楼传说群的生成及其景观叙事研究》，华中师范大学 2015 年硕士学位论文。

② 冯天瑜主编：《黄鹤楼志》，武汉大学出版社，1999 年，第 4 页。

南京隐仙庵:清代文人游赏胜地

尹志华

在清代,南京隐仙庵以其古树名花和道士精于琴棋而名闻遐迩,文人雅客纷至沓来,吟咏诗词见于许多文集。

隐仙庵在南京虎踞关侧。据乾隆《江南通志》卷四十三《寺观》和嘉庆《新修江宁府志》卷十《古迹》,其地相传为南朝高道陶弘景隐居之处,明初冷谦、尹蓬头诸真人曾慕名来游。诗人、学者朱绪曾(1805—1860)《国朝金陵诗征》说,隐仙庵始建于明嘉靖五年(1526年),"崂山道人高元礼结草,名竹林道院。后内监宋晋号宋神仙者新之,崇祯三年(1630年)易名隐仙庵。康熙中,道士王常月字昆阳者复恢其制"①。著名文学家、史学家赵翼(1727—1814)也说:"相传前明守备太监所造。"②

清初,全真高道王常月在北京白云观开坛传戒,宗风大振。康熙二年(1663年),王常月至江南弘道,曾栖止隐仙庵。龙起潜撰于康熙十三年(1674年)的《初真戒律序》说:"昆阳王老师得戒法于复阳赵真人(赵真嵩),当世祖章皇帝时,于京都白云观设立戒坛,传戒演钵,一时授受弟子千有余人。嗣而移舄,广演于江浙间,声教四溢。昔余识师于江南之隐仙庵,私心已尸祝之矣。"③笪重光《初真戒律后序》也说,王常月摄静于金陵之隐仙庵,受四方迎请,阐扬戒律④。

---

① 朱绪曾:《国朝金陵诗征》卷四八《方外》,国家图书馆藏清刊本。

② 赵翼:《隐仙庵看桂》诗自注,《瓯北集》卷五二,下册,上海古籍出版社,1997年,第1342页。

③ 《初真戒》,《重刊道藏辑要》张集七,成都二仙庵清末刻本,第27页。

④ 《初真戒》,《重刊道藏辑要》张集七,成都二仙庵清末刻本,第61页。

由于隐仙庵为“龙门中兴之祖”王常月驻鹤之地，故该庵在江南全真道中地位崇高。康熙二十五年(1686 年)吴太一所撰《初真戒说》即尊称该庵为“祖庭”①。王常月的嗣法弟子谭守诚游行天下，阐扬道教，最后也是栖止于隐仙庵②。

隐仙庵有古梅一株，相传为六朝故物；又有桂树两棵，相传为宋代所栽(一说元代所植)③。清初已有文人雅客慕名寻访。康熙十八年(1679 年)三月三日，词坛名家赵吉士(1628—1706)偕曹溶(字秋岳，文学家，历仕明清两朝)、杨鼐(字靖调，官通政司正卿)、刘海门(官太仆寺卿)、刘潜柱(官员)、黄伯和(翰林)、龚翔麟(字蘅圃，文学家、藏书家)、龚贤(字半千，画家)、周在浚(字雪客，藏书家)、邵得愚等人至清凉山修禊，游览隐仙庵后，以《大酺》为调填词一首④。十年后，又有著名诗人、戏曲家孔尚任(1648—1712)拜访隐仙庵，作诗曰：“蓬壶莫问景何如，定有仙人树里居。黄鹤白云家隐隐，青天碧海梦徐徐。烟飘石洞炮灵药，露滴松棚湿道书。欲乞长生真秘诀，几茎霜鬓已难除。”⑤雍正年间，循吏钦琏路过南京，亦作有《隐仙庵看桂》诗：“迢迢北城陌，嵂崒虎阜脊。逶迤下平坡，冷落黄冠宅。中有双桂树，倚楼高百尺。帷盖蔽前庭，繁

① 《初真戒》，《重刊道藏辑要》张集七，成都二仙庵清末刻本，第 33 页。

② 陈鼎：《留溪外传》卷十七《心月道人传》，《四库全书存目丛书》，史部第 122 册，齐鲁书社，1997 年，第 797～798 页。

③ 石韫玉诗题：《金陵隐仙庵有古梅一株，相传齐梁旧物也，春分始花，即事成咏》，《独学庐三稿 · 晚香楼集三》，《清代诗文集汇编》第 447 册，上海古籍出版社，2010 年，第 294 页。汤贻汾《琴隐园诗集》卷三十一《题钱石叶少尹画梅 · 序》说：“白门隐仙庵、能仁寺、陶谷三老梅，皆相传六朝物，而隐仙最先。”(《续修四库全书》第 1502 册，上海古籍出版社，2002 年，第 324 页。)潘德舆：《雨中游鸡鸣寺隐仙庵》诗中自注：“庵有六朝老梅。”(《养一斋集》卷二，《续修四库全书》第 1510 册，上海古籍出版社，2002 年，第 600 页。)麟庆说：“庵有六朝梅一株。”(麟庆：《鸿雪因缘图记》第一集下册《隐仙听琴》，国家图书馆出版社，2011 年，第 165 页。)甘熙《白下琐言》卷四说：“庵有古梅，六朝故物。又，老桂二株，为宋时树。”(《白下琐言》，南京出版社，2007 年，第 72 页。)嘉庆《新修江宁府志》卷十《古迹》载：“庵有老桂，相传为宋时树。”姚鼐诗题：《隐仙庵双桂，相传元时植，秋时花开极盛，携客及幼子师古观之，因赋》，《惜抱轩诗集》卷九，刘季高标校《惜抱轩诗文集》，上海古籍出版社，1992 年，第 576 页。

④ 《全清词 · 顺康卷》第 9 册，中华书局，2012 年，第 5103 页。

⑤ 孔尚任：《湖海集》卷七，徐振贵主编《孔尚任全集辑校注评》，齐鲁书社，2004 年，第 1061 页。

花密无隙。我来坐其下，馥郁天界辟。奈此游屐纷，翻嫌广院窄。置身非高远，攀折谁复惜？回踪拾丹梯，叩门访羽客。相留啜紫茗，闲话兴衰迹。微风天半来，消息达几席。芳气遥可通，何虑重垣隔？日落人未散，归途意靡斁。”①

隐仙庵在文人中名气大增，可能与著名诗人袁枚（1716—1797）有关。乾隆十三年（1748 年），袁枚收购原江宁织造隋赫德的“隋园”，改名“随园”。随园毗邻隐仙庵，袁枚时至隐仙庵，与庵中道士过从甚密。与袁枚交游的文人来随园游玩时，顺便至隐仙庵赏桂观梅、吟诗作对便成了常事。

文人吟咏隐仙庵的诗歌，以桂树为题的最多。如：

袁枚《探桂隐仙庵归憩古林寺》：“游山同队行，看山自各领。不逢桂花开，且踏桂花影。桂蕊何离离，蓄意如未逞。寒潭明空霜，禅室纳虚景。脉脉夕阳沉，泠泠天风冷。道人登竹楼，弹琴万山顶。”②

赵翼《隐仙庵看桂》：“隐仙庵桂百年柯，金粟乘秋灿曼陀。怪我出门蜂蝶绕，只缘坐久染香多。”③

著名文学家姚鼐（1732—1815）《隐仙庵双桂》：“钟离真主渡江前，双桂蜷枝已刺天。南国市朝非曩日，西风阑槛又经年。黄金万蕊香浮阁，白雪千茎冷覆肩。零落满阶君勿叹，吾生那得较花坚？”④

诗人王友亮（1742—1797）《隐仙庵古桂》（节选）：“楼前两古桂，其高正如楼。团圞碧玉缴，匼匝黄金毬。我家在城外，花时辄来游。东溟飞上端正月，抚掌大笑当中秋。一客吹洞箫，两童和清讴。须眉冷露染，肺腑香风流。人生苦坐妻子累，过眼百岁同蜉蝣。石隐既难得，金丹讵能求？且呼美酒对佳景，此乐何必输十洲？题诗壁上仙傥见，刀圭

① 钦琏：《虚白斋集·匏系集下》，《四库未收书辑刊》第 9 辑第 22 册，北京出版社，2000 年，第 684 页。

② 袁枚：《小仓山房诗集》卷九，王英志主编《袁枚全集》，江苏古籍出版社，1993 年，第 171 页。

③ 赵翼：《瓯北集》卷五二，上海古籍出版社，1997 年，第 1342 页。

④ 姚鼐：《惜抱轩诗集》卷九，刘季高标校《惜抱轩诗文集》，上海古籍出版社，1992 年，第 576 页。

许我分尝不?”①

文学家、经学家洪亮吉(1746—1809)《隐仙庵访桂并便道至随园》:“两株金粟秋风沸,花影接天香拂地。花前道士弹鸣琴,花外游人复如蚁。看花客兴初阑珊,分半抑或登仓山。君不见,谢公去后墩仍好,却割墩旁葬诗老。”(原注:袁大令枚即葬墩旁。)②

戏曲家李斗(1750—1816)《隐贤(仙)庵看桂酬王羽士二首》,其一曰:“南土宜树桂,秋来花满城。重闉闭不密,幽香破柴荆。高寒袭我絺,蒸气饶澄清。会境得丰秋,粟粟含至诚。攒簇依干壳,桑积剖光莹。从坐此树下,含薰念友生。”③

吟咏隐仙庵古梅的诗歌也不少。如:

诗人郁长裕(1733—?)撰有《隐仙庵探梅值李傲梅,即席有感》、④《隐仙山房探梅》诗⑤,又有《隐仙庵四友诗》,分别吟咏庵中玉蝶梅、檀香梅、绿萼梅和覆蕊梅⑥。

诗人、藏书家石韫玉(1756—1837)撰《金陵隐仙庵有古梅一株,相传齐梁旧物也,春分始花,即事成咏》诗:“芳华千岁故依然,地近金坛古洞天。此处风光偏畹晚,旧时月色尚婵娟。红羊劫后春长驻,翠羽声中梦欲仙。任道根枝顽似铁,品题终在百花先。”⑦

著名诗人陈文述(1771—1843)有《隐仙庵古梅花下作》:“六朝人不

---

① 王友亮:《双佩斋诗集》卷六,《清代诗文集汇编》第401册,上海古籍出版社,2010年,第709~710页。

② 洪亮吉:《更生斋诗续集》卷九,刘德权点校《洪亮吉集》第4册,中华书局,2001年,第1825页。

③ 李斗:《永报堂诗集》卷三,《清代诗文集汇编》第427册,上海古籍出版社,2010年,第528页。

④ 郁长裕:《雨堂诗钞·人境集》,《清代诗文集汇编》第380册,上海古籍出版社,2010年,第437页。

⑤ 郁长裕:《雨堂诗钞·木兰花影集》,《清代诗文集汇编》第380册,上海古籍出版社,2010年,第487页。

⑥ 郁长裕:《雨堂诗钞·人境集》,《清代诗文集汇编》第380册,上海古籍出版社,2010年,第435页。

⑦ 石韫玉:《独学庐三稿·晚香楼集三》,《清代诗文集汇编》第447册,上海古籍出版社,2010年,第294页。

见，犹见六朝梅。香早先春到，花仍带雪开。隐居宜寂寞，仙迹与徘徊。小坐清寒极，春衫渍古苔。”①

陈文述之侧室文静玉亦撰有《隐仙庵六朝古梅》诗：“湘女窥烟翠袖单，色香味已入旃檀。宋齐霜雪梁陈月，玉蕊冰花尽耐寒。”②

诗人、书法家、篆刻家屠倬（1781—1828）撰有《隐仙庵看古梅赠王朴山尊师二首》：“青山依旧六朝色，想见当年陶隐居。春雪者番晴更好，梅花一笑淡相于。蛟龙满壁看题字，钟磬诸天闻步虚。我爱轩辕狂道士，大言不解世人书。”“老梅不识岁月古，阅历太平今几朝？若为花下辨鹤迹，只许客来悬酒瓢。江水无声抱孤月，岭云作意卷晴霄。旧时老辈几人在？剩有道人白发飘。”③

文学家、经学家朱琦（1769—1850）撰有《隐仙庵古梅记》，谓：“六朝后，沧桑之变屡矣。当夫烽火三月，铜驼荆棘，宫阙之壮，悉归煨烬。环城寺若观，必供介士游牧，伐萩斩樀，难免毁伤。而藐焉一梅，托迹于荒闲寂寞之区，以滋以息，得葆其天年，可谓厚幸。”他希望庵中道士王朴山“慎守是梅，使隐仙之名可以不愧，梅应与庵长此终古矣”④。然而，造化难料，这株古梅不久还是枯死了。著名画家汤贻汾（1778—1853）在《题钱石叶少尹画梅·序》中说，嘉庆（1796—1820）初他还看见隐仙庵古梅，“不知何年枯死，庵主王朴山移他梅傍其旧干，宛然孙枝。然不久复枯。今再补者槎枒成荫矣”⑤。

诗学评论家潘德舆（1785—1839）所作关于隐仙庵的诗，则既咏桂，也咏梅：“乱山围合沓，隐者静无邻。廿载客重到，四时花自春。桂香三

① 陈文述：《颐道堂诗选》卷十八，《清代诗文集汇编》第504册，上海古籍出版社，2010年，第315页。

② 徐世昌编：《晚晴簃诗汇》卷一八六，中华书局，1990年，第8474页。

③ 屠倬：《是程堂二集》卷一，《清代诗文集汇编》第535册，上海古籍出版社，2010年，第138页。

④ 朱琦：《小万卷楼文稿》卷十五，《清代诗文集汇编》第494册，上海古籍出版社，2010年，第278页。

⑤ 汤贻汾：《琴隐园诗集》卷三一，《续修四库全书》第1502册，上海古籍出版社，2010年，第324页。

里路，梅影六朝人。自笑苦吟癖，不来栖此身。”①

陈文述所作《隐仙庵》诗，则既咏古树名花，也仰慕真仙高道：“上界神仙足官府，官府事繁仙亦苦。不如栖遁向人间，云卧林壑清且闲。君不见陶通明，松风听罢听吹笙。华阳隐居当署名，遗宅犹傍兹山青。又不见冷铁脚、尹蓬头，天上亦是神仙流。不栖碧落栖丹丘，啸傲明月天门秋。齐梁之梅宋之桂，老物摩挲多古意。隐耶仙耶两不知，倘遇陶公应把臂。”②

隐仙庵中牡丹也有名气。姚鼐就曾与友人到隐仙庵看牡丹竟日，次日又往，并作诗以纪之：“幕府山头天接水，千古英雄此中死。惟有东风岁岁来，石头城下纷红紫。人生何日不当醉，何处花开不可喜？况惜晚春余几日，更对奇葩翻万蕊。……昨携天香归满裾，今踏红云重曳履。明妆已看照晴熏，深晕复怜含雨泚。”③治河名臣麟庆（1791—1846）记其探访隐仙庵时，“牡丹初放，疏樊曲槛，花香袭人”④。

隐仙庵吸引文人雅客前来的原因还在于这里的道士精通琴艺。清代文人以隐仙庵听琴为题的诗很多。如：

袁枚《隐仙庵听卓道人弹琴》：“素手拂青丝，空山听演师。声希流水缓，调古白云知。细雨初晴日，茅庵欲暮时。那堪闻此曲，孤凤与鸾离。”⑤

著名文学家蒋士铨（1725—1784）有《隐仙庵听鹤雏道士弹琴》诗二首，第一首为：“云房萧瑟石坛间，有客寻幽扣竹关。丹灶火温茶正熟，羽衣人去鹤难还。神仙已化丝桐在（原注：竺道士），弟子能诗操缦娴。

---

① 潘德舆：《雨中游鸡鸣寺隐仙庵》，《养一斋集》卷二，《续修四库全书》第1510册，上海古籍出版社，2010年，第600页。

② 陈文述：《颐道堂诗选》卷十六，《清代诗文集汇编》第504册，上海古籍出版社，2010年，第291页。

③ 姚鼐：《惜抱轩诗集》卷四，刘季高标校《惜抱轩诗文集》，上海古籍出版社，1992年，第493～494页。

④ 麟庆：《鸿雪因缘图记》第一集下册《隐仙听琴》，国家图书馆出版社，2011年，第165页。

⑤ 袁枚：《小仓山房诗集》卷十六，王英志主编《袁枚全集》第1册，江苏古籍出版社，1993年，第321页。

徙倚中庭双桂树，古音盈耳借舒颜。”①

郁长裕《冬日偕兰坡、星岩、星树过隐仙庵，听鹤雏道士弹琴，即席同赋长歌》(节选)：“少焉月色照窗纸，潜山客子翩然起。低头拜倒鹤雏前，为我挥弦开十指。元冬冰雪拨不开，手挥目送神忽来。焦桐未枯弦未断，千秋一响空徘徊。况复铿訇错落如钟磬，耳根妙慧悟清净。我愿君弹一万年，大辟高山流水境。”②

洪亮吉《听王朴山道士弹琴》(节选)：“琼台贝阙惊早寒，琴韵杂雨来无端。一声迟回一声疾，百鸟飞集红阑干。红阑干外零星地，认是临春兼结绮。五条弦上六朝山，一夕分明感秋气。天低月黑江怒潮，过岭草木声萧萧。琴弹一曲续一曲，坐使江月复白江天高。朴山道士翻新谱，能令人欢令人苦。我愿顽仙住世间，眼空不复知今古。琴声欲毕满进觞，琴韵复入杯中凉。鸣蛩百种陡然绝，飞雨瑟瑟鸣空廊。”③

学者、书法家包世臣(1775—1855)《隐仙观听王朴山炼师弹琴》：“遥认隐仙观，独访王先生。入闻门觉警，满耳皆秋声。高堂卷湘水，凄凄有猿鸣。顿令炎夏日，坐客心怀冰。吾师真隐仙，此艺信无前。他时跨鹤去，应在洛西传。”④

麟庆《鸿雪因缘图记》，亦有在隐仙庵听琴的记述：“癸未(1823)三月，奉檄赴芜湖、当涂二县踏勘江洲，便道至江宁省城，寓承恩寺……信步至陶谷，款隐仙庵山门，半掩，推之竟入。双桂婆娑，绿影在地，室中琴声与院中风声、鸟声参错并奏，乃悄立桂树下。琴声忽止，一羽士搴帘肃客，相邀入室。见一老羽士与客对枰，投子而起，延坐饷茶。询知客徐生，道士一王璞山，一张雪堂也。叩以隐仙何指？乃言梁陶贞白旧

---

① 蒋士铨：《忠雅堂诗集》卷十三，邵海清、李梦生《忠雅堂诗集校笺》第 2 册，上海古籍出版社，1993 年，第 979 页。

② 郁长裕：《雨堂诗钞・鹏啼集》，《清代诗文集汇编》第 380 册，上海古籍出版社，2010 年，第 415 页。

③ 洪亮吉：《卷施阁诗》卷十九，刘德权点校《洪亮吉集》第 2 册，中华书局，2001 年，第 912～913 页。

④ 包世臣：《小倦游阁集》，《续修四库全书》第 1500 册，上海古籍出版社，2002 年，第 550 页。

居,明初冷铁脚、尹蓬头均曾来游此庵。余因请谱一曲。雪堂笑允,遂抱琴相导,同至一园。牡丹初放,疏樊曲槛,花香袭人。乃横之石几,端坐调弦,抚《圯桥三进履》、《平沙落雁》、《关雎》三曲。璞山徙倚花前,朗吟旧作。余见亭中置有笔墨,因题一诗曰:'繁林阴翳路三义,来访山中宰相家。寂历千年梅有骨,婆娑双影桂无花。敲残棋局闲题墨,缓住琴丝细品茶。消尽人间清静福,我来心已醉烟霞。'"①

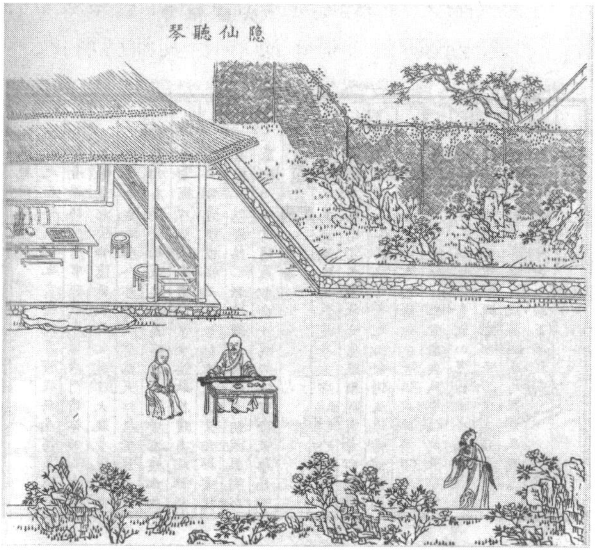

(麟庆《鸿雪因缘图记》之"隐仙听琴"图)

隐仙庵道士亦善弈棋。诗人袁树(1730—?)即有诗记其同堂兄袁枚、袁鉴及二侄至隐仙庵看桂花,邀雪堂羽士对弈,并听其抚琴:"堆满金粟压琼楼,人坐当风最上头。花艳肯容平视好,身高都把众香收。子飘定可重生月,叶落何妨更作舟!棋局赢输成底事?且弹一曲塞云秋。"②而郁长裕则谓王朴山"幼而英颖,喜弄黑白道(即围棋),战不胜,

① 麟庆:《鸿雪因缘图记》第一集下册《隐仙听琴》,国家图书馆出版社,2011 年,第 165 页。

② 袁树:《红豆村人诗稿》,《袁枚全集》第 7 册附载,江苏古籍出版社,1993 年,第 215 页。

辄泣,有知耻之勇。由是不数年,而国中几无与敌者"①。

以上文人作品中提到的隐仙庵道士,卓道人事迹不详,其他道士的事迹通过袁枚、郁长裕等人的记载,可略知一二。

蒋士铨提到的鹤雏道士之师竺道士,据郁长裕所记,应为祝道士,字端文。郁长裕《寄怀鹤雏道士》诗说:"老鹤寻芝去,柔雏赋索居。"诗人在首句下自注:"时端文祝师游仙邗上。"②郁长裕又有《喜同王兰坡、韩寅树、丁星树暨祝端文、王皆也、周鹤雏三羽士嘏聚数日,酒酣耳热,击腕作歌》诗③。蒋士铨听鹤雏道士谈琴时,其师已羽化;而郁长裕则与鹤雏道士师徒过从甚密,故应以郁氏所记为准。

郁长裕诗文中所载隐仙庵道士,还有上文未提到的王皆也。"皆也"应为该道士的字,其名不详。他是王朴山道士的师父。郁长裕有《月夜隐仙庵访王皆也羽士志兴》:"路接元都可问津,梅花帐底谒真人。方平已醉山中酒,宏(弘)景同寻世外因。弦柱风回犹有韵,花街月扫不惊尘。余惭仙骨能来此,消受蓬莱午夜春。"④郁长裕还作有《王皆也道士独游清凉歌》长诗⑤。

郁长裕经常携朋友至隐仙庵游玩,饮酒赋诗,与庵中道士稔熟。诸道士在诗文上受其指点甚多。乾隆十八年(1753 年),隐仙庵道士募缘修缮庙宇,郁长裕应请作《隐仙庵丐修小引》⑥。

郁长裕文集中关于隐仙庵的诗文颇多,为后人了解隐仙庵道士留

---

① 郁长裕:《羽士王朴山》诗前小序,《雨堂诗钞·社雨吟》,《清代诗文集汇编》第 380 册,上海古籍出版社,2010 年,第 545 页。

② 郁长裕:《雨堂诗钞·河干初集》,《清代诗文集汇编》第 380 册,上海古籍出版社,2010 年,第 384 页。

③ 郁长裕:《雨堂诗钞·鹏啼集》,《清代诗文集汇编》第 380 册,上海古籍出版社,2010 年,第 415 页。

④ 郁长裕:《雨堂诗钞·河干初集》,《清代诗文集汇编》第 380 册,上海古籍出版社,2010 年,第 380 页。

⑤ 郁长裕:《雨堂诗钞·人境集》,《清代诗文集汇编》第 380 册,上海古籍出版社,2010 年,第 438 页。

⑥ 郁长裕:《雨堂文集》卷一,《清代诗文集汇编》第 380 册,上海古籍出版社,2010 年,第 747 页。

下了珍贵的资料。

鹤雏道士即周明仙，一作鸣仙，字启承。幼号鹤雏，既壮，而人每以雏戏之，乃易号荷锄。能棋，善琴，高晋、裴宗锡任安徽巡抚时，皆争相邀致。尤精诗律，曾出其游皖各体诗，请郁长裕指正。郁长裕称赞说"皆清亮可歌"，并谓"其天分高朗，留心名家，藉涵固自有素也"①。

郁长裕与周明仙交谊深厚，酬唱频频。周明仙三十岁生日，郁长裕作《鹤雏羽士初度》长诗，其中有云："好句屡夸袁太史（即袁枚），芳声从此满人间。"②郁长裕出游，周明仙与王皆也为其饯行。郁长裕有诗记之，诗题为《即日登舟，隐仙皆也、荷锄两羽士又复叠相言饯，酒酣耳热，遂得绝句六首》，其中一首曰："连宵燕饯感情深，世外幽期更莫禁。一曲藜花千遍酒，无端诗境惹秋寻。"③郁长裕在旅途中，每每作诗寄怀周明仙，如其中一首为："久未投缄讯上方，不堪长是坐愁乡。清风日夜秋将至，明月楼台境岂忘？浊酒一壶悲寂寞，尘魔千种愧诪张。仙人自有云房诀，愿乞游仙枕半床。"④

袁枚《随园诗话》对周明仙诗中之佳句有摘录。袁枚说："隐仙庵道士周明先善琴，能诗，离随园甚近，年未五十亡。余录其佳句云：'神仙乐事君知否？只比人间多笑声。''竹间楼小窗三面，山里人稀树四邻。''壁琴风过闻天籁，香碗灰深袅篆烟。''雨中破壁蜗留篆，醉后余腥蚁起兵。'又，'新笋成时白昼长'七字亦妙。"⑤他还评论说，周明仙诗句"大道得从心死后，此身误在我生前"，于禅理有所得⑥。

袁枚弟子何士颙（1726—1787）作有《隐仙庵访鹤雏道士》诗："十年

① 郁长裕：《羽士周荷锄》诗前小序，《雨堂诗钞·社雨吟》，《清代诗文集汇编》第380册，上海古籍出版社，2010年，第545页。

② 郁长裕：《雨堂诗钞·木兰花影集》，《清代诗文集汇编》第380册，上海古籍出版社，2010年，第487页。

③ 郁长裕：《雨堂诗钞·二武集》，《清代诗文集汇编》第380册，上海古籍出版社，2010年，第524页。

④ 郁长裕：《寄怀周鹤雏羽士》，《雨堂诗钞·河干初集》，《清代诗文集汇编》第380册，上海古籍出版社，2010年，第384页。

⑤ 袁枚：《随园诗话》卷九，人民文学出版社，1982年，第318～319页。

⑥ 袁枚：《随园诗话》卷一，人民文学出版社，1982年，第4页。

不到青城宅，今日重来两鬓丝。山色恋人如旧友，墨痕留壁尽新诗。琴常在匣知音少，云不随风出岫迟。久坐松窗爱岑寂，夕阳移在最高枝。”①

王朴山名至淳，隐仙庵道士王皆也之徒。郁长裕说：“皆也家门，惟以琴棋世其业，丝桐在几，楸枰在床。而朴山则于琴也，有简文（即东晋简文帝）会心之妙②；于棋也，有一行（即唐代僧人一行）争先之奇。”③朴山禀赋既异，复又勤学，不数年，弈则有国士之称，琴则有古调之誉。又好书法、诗歌，其师敦请诸名士予以指点，学业大进。郁长裕为其诗集作序，并赠诗勉励：“落落丰标奕奕神，尘中应不著斯人。献酬那得群心遍？珍重而今了了因。”屠倬谓：“朴山工诗，善鼓琴，与袁简斋（即袁枚）、严冬友（即严长明，知名学者、诗人）、王梦楼（即王文治，著名书法家、诗人）诸先生论诗。”④袁枚在《随园诗话》中评论王至淳诗句“东风大是无知物，吹老春光昼转长”，谓押“长”字妙⑤。

“扬州八怪”之一的著名画家罗聘（1733—1799）也与王朴山有交游，曾撰《过隐仙庵戏赠王朴山道士》诗：“叩户寻君兴不孤，庭前双桂拟仙姝。花无隐处人来往，识得蓬头铁脚无？”⑥

诗人、书画家兼园林艺术家汪为霖（1763—1822）亦有《赠王朴山道士》诗：“管领蓉城愿太赊，清凉容我种胡麻。江山旧梦迷风雨，冰雪新诗沁齿牙。住处久传宏（弘）景宅，携来自有陆家茶。移居便欲依蓬岛，

---

① 何士颙：《南园诗选》卷一，附载《袁枚全集》第 7 册，人民文学出版社，1982 年，第 14 页。

② 刘义庆：《世说新语·言语第二》：“简文入华林园，顾谓左右曰：‘会心处不必在远，翳然林水，便自有濠濮间想也。不觉鸟兽禽鱼，自来亲人。’”朱铸禹：《世说新语汇校集注》，上海古籍出版社，2002 年，第 110 页。

③ 段成式：《酉阳杂俎》前集卷一二：“一行公本不解弈，因会燕公宅，观王积薪棋一局，遂与之敌，笑谓燕公曰：‘此但争先耳，若念贫道四句乘除语，则人人为国手。’”（中华书局，1981 年，第 115 页。）

④ 屠倬：《隐仙庵看古梅赠王朴山尊师二首》自注，《是程堂二集》卷一，《清代诗文集汇编》第 535 册，上海古籍出版社，2010 年，第 138 页。

⑤ 袁枚：《随园诗话》卷五，人民文学出版社，1982 年，第 144 页。

⑥ 罗聘：《香叶草堂诗存》，《续修四库全书》第 1453 册，上海古籍出版社，2010 年，第 477 页。

好对天香醉紫霞。”①

张雪堂，一作张燮堂。曾任隐仙庵住持，后被迎请至东磊山（在今江苏连云港市）。诗人王昙（1760—1817）有《为师禹门（即师亮采）刺史送琴师张燮堂道士入东磊山序》，谓：“金陵隐仙庵主张燮堂者，清净为师，太和为友。委驾于无欲，指归于无为。其安心若操缦，其学道若弹琴。”②他还作有《送金陵隐仙庵琴师张雪堂道士入东磊》诗：“四十名山老隐仙，忽传东海聘成连。风瓢露笠琴三叠，月窟花房水一天。虚壑夜吟青犬吠，小楼人定白龙眠。迟君蜃市楼台里，牢坐天宫五百年。”③

对于隐仙庵道士善琴棋、工诗书，许多文人持赞赏态度，但也有人不以为然。王友亮作诗说：“华阳旧隐名尚留，明初继轨张与周。亦有冷铁脚，兼之尹蓬头。诸君名隶大罗籍，曷来世俗相沉浮？寂寥三百载，此地仍清幽。即今诸羽士，琐琐非前修。稍知习琴棋，或解司觥筹。”④他认为，与陶弘景、张三丰、周颠仙、冷铁脚、尹蓬头这些高道相比，如今的隐仙庵道士在修持上没有什么可称道的。王友亮作的是纵向比较，觉得今不如昔。郁长裕则作横向比较：“彼隐仙家数，原高出于城南应付之流。”⑤这就是说，相对于专以替人作经忏为业的火居道士来说，隐仙庵的道士还是要高出一筹。

乾隆、嘉庆时期，文人聚会隐仙庵的情形，常见诸诗歌中。如姚鼐《三月九日，郑三云通守邀于隐仙庵看牡丹竟日，翼日雨，毛俟园复邀同往，赋呈两君》⑥、《登清凉山，翠微亭下，重入隐仙庵看桂，偕浦柳愚山

① 汪为霖：《小山泉阁诗存》卷四，道光十三年汪氏文园家刻本，转引自戎霞：《汪为霖〈小山泉阁诗存〉校注》，广西大学2006年硕士学位论文，第228页。

② 王昙：《烟霞万古楼文集》卷六，《王昙诗文集》，人民文学出版社，2014年，第380页。

③ 王昙：《烟霞万古楼诗集》卷六，《王昙诗文集》，人民文学出版社，2014年，第257页。

④ 王友亮：《隐仙庵古桂》，《双佩斋诗集》卷六，《清代诗文集汇编》，上海古籍出版社，2010年，第401册，第709～710页。

⑤ 郁长裕：《羽士王朴山》诗前小序，《雨堂诗钞·社雨吟》，《清代诗文集汇编》第380册，上海古籍出版社，2010年，第545页。

⑥ 姚鼐：《惜抱轩诗集》卷四，刘季高标校《惜抱轩诗文集》，上海古籍出版社，1992年，第493页。

长、毛俟园、倪健堂两学博》①、《毛俟园倩朴山道人设素食于隐仙庵，见邀同袁简斋、浦柳愚、金麓村、陶让舟、王柏崖、马雨耕、门人朱珏同游，其时桂花甫谢，率咏一首》②、《壬申四月朔，陈蓟庄招游隐仙庵，承和题庵中旧句，奉酬一首》③；洪亮吉《八月初七日，秦司业承业招同座师刘少宰暨戴学使均元、张侍讲焘、茅学士元铭、李兵备廷敬、许太守兆椿集隐仙庵看桂，并听王朴山道士弹琴，丙夜乃返》等④。

俗话说："繁华易逝，好景不长。"隐仙庵也难逃盛衰之变。据甘熙《白下琐言》卷四："戊子(1828年)，梅忽凋萎，桂亦偕枯。是秋，朴山病死，门庭阒寂，风景无存。噫！朴山之死，树若为之先，或亦地气衰欤！"⑤汤贻汾也说，王朴山"故后，隐仙庵已就荒矣"⑥。

王朴山羽化后，汤贻汾再至隐仙庵，写下了怀念诗篇："空山寂历破楼扃，清磬穿云老鹤听。客屐又粘三径碧，庭柯不见六朝青。聚头扇古笼诗壁，局脚床攲积道经。十赉遗文还覆瓿，点金谁会买修龄？"⑦他又为王朴山《清凉山房遗稿》题诗三首："庭花半似烂樵柯，舌本留甘记穆陀。犹有阳都酒家女，犊裈湿泪鬓双皤。""元真童子赤霜髭，寂寞珠尘鹤守祠。落翮山头频怅望，玉台谁领八霞司？""弃栋灵书脉望肥，输君游戏石榴皮。桂浆芝髓无穷味，尽在清凉一卷诗。"⑧

---

① 姚鼐：《惜抱轩诗集》卷九，刘季高标校《惜抱轩诗文集》，上海古籍出版社，1992年，第576页。

② 姚鼐：《惜抱轩诗集》卷九，刘季高标校《惜抱轩诗文集》，上海古籍出版社，1992年，第592页。

③ 姚鼐：《惜抱轩诗后集》，刘季高标校《惜抱轩诗文集》，上海古籍出版社，1992年，第634页。

④ 洪亮吉：《卷施阁诗》卷十九，刘德权点校《洪亮吉集》第2册，中华书局，2001年，第912～913页。

⑤ 甘熙：《白下琐言》，南京出版社，2007年，第72页。

⑥ 汤贻汾：《白鹭洲朱道士岳云留饮》诗自注，《琴隐园诗集》卷二一，《续修四库全书》第1502册，上海古籍出版社，2002年，第261页。

⑦ 汤贻汾：《琴隐园诗集》卷三十，《续修四库全书》第1502册，上海古籍出版社，2002年，第318页。

⑧ 汤贻汾：《琴隐园诗集》卷二五，《续修四库全书》第1502册，上海古籍出版社，2002年，第295页。

工诗善琴道士羽化，古树名花凋枯，隐仙庵逐渐淡出了文人的视野。十多年后，太平天国占领南京，与隐仙庵道士过从甚密的汤贻汾投水自尽。隐仙庵可能也在其时被毁，今已无存。但一段诗坛佳话，应予表而出之。

（作者为中国道教协会道教文化研究所副所长、《中国道教》杂志副主编）

清规 vs 国法:1946 年北京白云观住持安世霖火烧案再研究*

付海晏

2008 年,当笔者完成《安世霖的悲剧:1946 年北京白云观住持安世霖火烧案的法律社会史研究》(中研院《近代史研究所集刊》第 62 辑)一文时,尽管当时已经有心且初步涉及案件审理问题,可惜由于资料、篇幅等限制,未能深入阐释,尤其是对当事人在言论中频频提及的国法、清规的关系,只能点到为止。在进一步发掘新史料的基础上,本文拟重点探讨安世霖火烧案后法律审判中时人对于清规、国法的讨论,不仅希望能推动学术界对这一惨案的认识,并由此个案窥探南京国民政府时期宗教与法律关系①。

一、从国法到清规:安世霖惨案

在此前的系列研究中,我们已经明了在 19 世纪 40 年代以来,白云观住持安世霖成为宫观内部矛盾的焦点,面临着来自宫观内部及外部的反对者。

安世霖字泽普,为河北房山县黑龙关人,民国十三年(1924 年)投入白云观受戒学经。有史料曾指出"安道自幼好静,寡言语,颇为陈道

* 本文为 2016 年教育部重点研究基地重大课题《近代武汉宗教社会史研究》的中期成果。

① 李养正曾说清规是对违反戒律、规矩的常住道士的惩罚条例,虽然各宫观自行依据道范而订立,白云观所定清规,在措辞、条款、轻重常有不同,但原则基本依据戒律。(李养正:《新编白云观志》,宗教文化出版社,2003 年,第 330 页。)

所器重,当委以监院职,未几陈道羽化,安即升任为方丈"[①]。可是,正如了解白云观内情的近代著名画家徐燕孙所云,在 1924 年以前,白云观可谓仍处于黄金时代,"交结显要,亦自煊赫一时"。可是由于"老辈凋零,庙运随国家社会,已趋江河日下","在当时欲觅一适当人选,主持观事,已属不易"[②]。安世霖就任住持之后,"颇为同派道友所不满,同时因争夺庙产,互相倾轧,党同伐异,诉讼多年。虽经河北高院审判,亦未得圆满解决"[③]。在此前的研究中,我们曾提到白云观知客朱宗玉等人曾将安世霖剪去头发,试图拉座,结果失败,"经官方将行凶主犯捕获,依法惩处并驱出庙外,自此双方结仇日深"[④]。特别是由于安世霖盗卖庙产被司法控诉时,尽管被日伪法庭判决有罪,但是实际上并未入狱。随着山东祁县道士许信鹤、山西大同道士马智善的到来,反对者的力量得到加强。特别北平光复后,反对者由道众陈自忠等出名,拟具呈文,分呈行营,蒙难同愿会,警备司令部等各机关控告,并向冀高法院检举安道有汉奸嫌疑,除军事机关批示,设法调查惩办,而法院监察处认为证据不足,"竟将安道予以不起诉处分,了结此案。从此安道逍遥法外,更无忌惮"。也正是如此,许信鹤及马志德为首,召集道士暗中计议,"安白既手眼通天,依法不能解决,不如按照清规依法处置,以除道家之蠹,众人亦均同意。但安白二人正恋女色,常不在观中留宿,故道众未能乘机下手"。正如报刊所记载,尽管安世霖也意识到危险的来临并曾作了防备:"时安某亦略闻道众将对其不利,因而将他的住家在第五层玉皇殿东小跨院中,后通空院,将北墙下盘成一门仅除一砖之砖,倘遭不测,则破墙奔逃,外挂一布帘,并道衣等物,以遮人耳目。白住东

① 《烧死两道士(安世霖白全——奸淫犯清规,三十六个道士行凶后自首)》,《联合画报》,1946 年,第 193~194 期。

② 徐燕孙:《霜红楼谈屑:白云观补谈》,《一四七画报》,1946 年第 8 卷第 8 期,第 11 页。

③ 《烧死两道士(安世霖白全——奸淫犯清规,三十六个道士行凶后自首)》,《联合画报》,1946 年,第 193~194 期。

④ 《烧死两道士(安世霖白全——奸淫犯清规,三十六个道士行凶后自首)》,《联合画报》,1946 年,第 193~194 期。

耳房道北监院室。”①可是为时已晚。

1946年11月14日，北平《华北日报》第三版刊登了一条极为轰动的消息：“白云观火焚二道士：道众私自恶行惨杀住持，昨日验尸法院将有措置。”报道内容介绍称：“本市白云观十一日夜十二时发生道众火焚主持安世霖、执事白全一惨案。”②事实上，由于此案之离奇，第一次欧战纪念日之夕，平郊白云观火烧安白一案的新闻，传遍了全国。采录世界重要消息不落人后的美国《时代周刊》，11月25日也登载了一段消息③。

由于事变后参与谋杀的道众曾向各报刊、机关发布冤启，对于事变前的矛盾冲突，各报刊报道大体不差，然而火烧的具体经过到底如何？根据北京档案馆所藏北平市警察局郊四分局的报告，案发经过简单介绍如下：白云观下院西便门内关帝庙充道士许信鹤等人在抗战胜利前后多次控告白云观住持安世霖、督管白全一在敌伪时期勾结日寇，引地寅治，即残害道友盗卖庙产，与女人姘度等事。11月11日探知安、白二人住于观内，于深夜乘其二人睡熟，率人捉拿住二人，在二人身上倒上煤油，搬来柴火，将二人活活烧死。在烧死安、白二人后，根据报告可知，许信鹤等人主动致电附近派出所。12日8时15分，第二派出所警长舒吉秀接白云观许信鹤的电话，后者称由于本观住持安世霖、督管白全一违反清规，已“于夜内依清规用火烧死，请为查验”。舒姓警长听闻后马上电报电报分局当派员警驰往白云观庙内。许信鹤马至善承认烧死安、白二道士“系彼等主谋，故行报案愿代表到案”，警察在四御殿前查验到“有被火烧毙尸体两具，遍身焦烂，面目不清，殿墙上有榜示一纸，上书安、白不守清规之犯行”。而所列36人名单中，“有十八人现在观内，有十八人外出念经”。除了将许信鹤等18人解案外，“外出念经

① 《烧死两道士(安世霖白全——奸淫犯清规，三十六个道士行凶后自首)》，《联合画报》，1946年，第193～194期。

② 《白云观火焚道士》，《华北日报》1946年11月14日，第3版。

③ 玉和译：《三十六友火烧老道案轰动了全美：“狗日里的死”：美国时代周刊上边白云观事的记载》，《一四七画报》，1946年第8卷第9期，第3页。(Death in the Dog Days. *Time*. 11/25/1946, Vol. 48 Issue 22, p34. 1p.)

之十八人经派警分别查传,十七人到案,尚有一人名田恒意未着";对于庙产之看观,警察令"由负责之道士袁明理、薛至杰二人会同现场官警将重要房舍方丈堂监院堂库房督管室讲师室西客堂等处以临时之封条,暂行封闭,计用临时封条一号至十号,其余未封之室均不重要"①。

根据档案,我们发现,在致电派出所的同时,白云观 36 名道众联合呈文北平市警察局,许信鹤等人报称白云观为执行《太上清规》已经将安世霖、白全一二人架火焚烧。到 13 日,地方检察处检察官也展开了验尸等行动。为何要烧死安世霖等人呢?许信鹤等人供称因法律无法解决,故"起意以清规除奸",以太上家法处置。安、白二人所犯之罪,许信鹤等人亦发布榜文予以公示②。从该榜文具体内容可以发现,许信鹤等道众认为安世霖、白全一盗卖庙产、盗卖长生猪马羊、勾结当局迫害道众、擅改清规等,不仅违反清规,更是干犯国法。由于在抗战胜利后,张教全等道众以汉奸案先后呈文北平行辕、第十一战区盟难同志会、宪兵十九团警备司令部、监察使署、河北高等法院等部门,然安世霖均未被查办。总结以法律解决"屡打屡败"的原因,以许信鹤为代表的道众认为,无权无势的穷道人和势大钱多的安世霖打官司是永远打不过的,只有用直接行动来解决才是唯一有效的办法③。正如常人春的研究所提及,许信鹤等人于事前曾三次谋划行动。在谋划的过程中,有道众曾四处寻找门路,以便有更好的办法,经过吕祖祠李道长联系,国民党某机关要人答应暂时扣押安世霖,白云观立即选举新住持取而代之,但是须以 100 条黄金为酬劳。如此,许信鹤之师兄杜信灵④提议若真心卫道,则按许信鹤的提议以教规办事。而所谓之教规,就是最后火焚。

---

① 《白云观为白全一违反清规盗卖产物古玩并利敌杀害同道实难容留呈准备案》,1946 年 11 月 13 日,J181-24-2162,第 5～12 页。

② 《为白云观住持安世霖督管白全一被许信鹤等谋杀一案呈请鉴核由》,1946 年 11 月 16 日,J181-24-2162。

③ 许英华:《北京道士火烧白云观安世霖、白全一亲历记》,《文史资料选辑》第 48 辑,中国文史出版社,2002 年,第 161 页。

④ 山西文水人,时年 40 岁。案发后记者据庭审言论认为杜氏见识比其他道士高。参见常人春:《白云观活烧老道案始末》,《文史资料选编》第 39 辑,北京出版社,1990 年。小柳司气太曾记载,杜曾任白云观四名知客之一(时安世霖排名第一)。

二、火焚为清规？

安世霖被烧死后，基于榜文、众道士的呈文，整个舆论事实上对于安世霖多有较为负面的评价。徐雁孙以“鄙人与白云观有四世之交谊（安道除外）”的身份提到曾亲见白云观藏有六十花甲子像，“侧闻此画已零幅分别售出，将来法院调查安道生前罪行，此事并为关键。画之存在与否，即足证明其一部分罪行之有无也”①。

然而由于反对者采用火焚之方式，特别是当案发情节经各报传开后，对于外人而言无疑是巨大的震惊。不少人疑问究竟是否有火焚之清规。著名剧作家景孤血曾作《连天谣·烧老道》介绍此案，感叹太上国法好厉害②。对于安、白二人被杀死的方式，即便是对白云观较为了解的北平当地人士，也多有不解。针对前节榜文中提到的所谓太上法规第一条犯奸淫窃取，即处以焚身之罪，有人曾提出“是否确有其事”。在安世霖被烧死后，写出长篇《八十年来之白云观》略史的“穷老道”对此也似乎一无所知：“惟独老道，以修真养性，清净无为为主；而竟由缠讼而剪发髻，以至于揉眼、勒脖、棍打、火烧、在四御殿前供献煤油烤人肉，翻遍了《老子道德经》及《南华经》，以至全部《道藏》，这个“太上家法”，不知载在哪部经内？宗教是辅助法律之不足，而三清弟子本身，竟演出如此惨酷悲剧，能辅助法律不能，那是另一问题③。

虽然没有更多的资料考证出“穷老道”的真实身份，但是通过他的长篇论述，可以发现他对从高仁峒、陈明霦、安世霖这白云观三代方丈的历史极为了解，对于三人的特点，他的评价也极为传神。在这篇文章

---

① 徐燕孙：《白云观补谈》，《一四七画报》，1946年第8卷第8期，第12页。徐氏在文章中也提到安世霖曾发现观中有唐代老子像：“白云观在唐代为天长观，唐以老子为始祖，尊为玄元皇帝，敕天下道院，立像奉祠，像有定型，颁自中朝，观中存有石像一躯，即为唐代敕造之物，于历史文物，在在锯有关系。本为安道于观中发现者，于此不为无功也”。

② 孤血：《连天谣·烧老道》，《一四七画报》，1946年第8卷第5期，第10页。

③ 《八十年来之白云观·引言》，《一四七画报》，1946年第8卷第2期，第11页。

中，“穷老道”肯定了安世霖面临着乱世处境艰困的不易，他也指出尽管安世霖道德涵养不足，不能与道众同甘共苦，一人专政。安世霖的专政，“穷老道”指出体现在其在白云观人事组织、挂单的升迁程序中的大权。在人事方面安世霖以监院兼住持，身份重要“仿佛新制之国务总理代行总统职权，又仿佛以重臣而摄政者”①。对于挂单的升迁程序，安世霖通过改革强调道士之升转不按年限，以个人成绩而论，均有其制定提升，“安世霖之得罪人，此种升降之权，亦为原因之一”。对于挂单之管理，安世霖新定《云水去留条例》、《十方云水堂细则》严格对挂单道士的管理，对不遵堂主指导而犯规者则“催单”，“被方丈监院撵出，三年后始准再来挂单，若犯大规，则革之，永不准来矣，此规则亦为安世霖所定，招人恨怨，以此最甚”②。

“穷老道”的描述进一步证实了笔者此前的结论，即安世霖作为近代宫观制度改革者的悲剧性角色，这种改革加强了安世霖在全真宫观中的权力，更基于其本身的不完美，导致其成为宫观矛盾的焦点。或许是为了更进一步革新旧的宫观制度，安世霖重新修订了白云观的全真清规，“穷老道”注意到清规的种类，但是对于焚烧安世霖的“太上家法”，“穷老道”称在道律中无此惨酷，寻遍《道藏》也不知为何物。

通过上述所引文字，可以发现“穷老道”注意到安世霖重新编撰《白云观全真道教组织纲目》，通过对挂单程序以及升迁由住持制定的描述，可以推测穷老道肯定明了安世霖对白云观的宫观改革，然而考察他对清规内容的描述，可以发现他所了解的清规只是安世霖新定的内容。笔者在此前专论安世霖的宫观改革中曾指出安世霖曾重订《白云观全真道教清规玄范》共 32 条③。从这些完整的内容来看，的确没有火焚的内容，然而安世霖所定清规没有相关内容并不代表白云观或其他宫观的清规就没有。

① 《八十年来之白云观：白云观人事的组织》，《一四七画报》，1946 年第 8 卷第 4 期，第 13 页。

② 《八十年来之白云观：挂单的程序》，《一四七画报》，1946 年第 8 卷第 4 期，第 13 页。

③ 安世霖编：《白云观全真道教清规玄范》，白云观自刊，1940 年，第 5～6 页。

笔者曾经比较过安世霖清规与咸丰六年清规榜的差异，与旧规相比，安世霖的清规强调了对官方的依赖。如在旧版中偷盗常住以及他人财物只是被逐出，新版中，安世霖重视官方与国法在宫观治理中的力量，对于盗窃经典公物者，集众扰乱本观者、假道惑人骗财者、假冒本观募缘者直接送究，也就是交官方处分，与旧规相比，这是非常明显的变化。对于那些不慎火烛者、妄谈国政者、干犯法者，安世霖的处分则是更为严重——“杖革送究”。

安世霖的改革清规不仅仅是补充了新的内容，更为重要的是还删除了旧清规中的最终处罚，那就是：“违犯国法，奸盗邪淫，坏教败宗，顶清规，火化示众。”也正是通过这一细节，我们可以猜测“穷老道”必定只是一个宫观外人，因为如果他是白云观道士或普通宫观道士，很难不会知道全真宫观有此规定①。事实上，火焚并不是白云观独有的清规。类似的规定在沈阳太清宫伪满康德年间所定的清规中出现，该清规第一条就明确规定“凡奸盗邪淫，败太上法律，坏列祖之宗风，架火焚身”②。

三、清规制裁还是国法制裁？

在上述榜文中，关于安世霖干犯奸盗邪淫等各指责，为事实以及此前社会局调查所承认。但是问题的关键是许信鹤等人以清规解决是否合适？许信鹤等举事道众认为，以清规乃是法律无法解决后的无奈之举。正是如此，有资料显示在庭审中，许信鹤身穿崭新青棉道袍，足踏云履，俨然以胜利者的姿态出现，而其他道士在退庭时窃窃发笑，意颇

① 比咸丰六年清规榜较早的《京都白云观〈全真清规〉原本》第一条就是火焚的规定：“凡奸盗邪淫，败太上之律法，坏列祖之宗风者，架火焚身。”李养正编：《新编白云观志》，宗教文化出版社，2003年，第330页。

② 转引自闵智亭：《道教仪范》，宗教文化出版社，2004年。在葛月潭羽化前后访问太清宫的五十岚贤隆曾记载了13条清规。他提到总共有31条清规，在五十岚贤隆的记载中，第三条略有不同：扰乱清规不遵法律者杖责革出。参见五十岚贤隆：《道教丛林太清宫志》，东京：国书刊行会，昭和十三年（1938年）初版，昭和六十一年（1986年）原版再刊，第184～185页。

自得①。

举事道众自视焚烧安、白二人为护道义举，北平道教界态度如何？在白云观惨案后，根据北平市政府的指令，北平道界在和平门吕祖阁成立道教整理委员会。1946 年 11 月 17 日，该会负责人广福观住持孟广慧对报界发表谈话，表明道界之立场。孟氏强调清规不可等同于国法，且道众无权处置，认为凶犯应受国法制裁②。孟广慧称安世霖、白全一触犯清规应令其停职，而道众不能擅自进行火焚。尤其是许信鹤正在与安世霖等人诉讼，且其并非白云观挂单道士，更不应该介入此事③。《申报》也曾报道过对待孟氏之态度："如果住持与香伙有犯清规，可予开革，主犯前曾对住持与香伙提出诉讼，结果败诉，此次谋杀，或系私人泄愤云。"④

官方态度如何呢，某法界要人同日亦在报刊发表谈话，对于道众所称之"太上清规"，该要人认为早应当纠正道众以清规等同国法的观念，对于道众所公布之安、白所犯各款，若以刑法而论，仅能判处徒刑四五年，但结果竟被烧死，道众不仅无权处分且处分过重。关于处分道众，则认为虽然可以依据自首情形减刑，但是仍然应"量刑惩处"。对于惨案发生原因，该要人称乃是由于管理机关对白云观监管不严所致。其称安世霖在 1940—1941 年间被控诉，并经过华北当局法院判处徒刑，但是安世霖适逢大赦，故并非法院不理其事。尽管如此，安世霖既被控告，即应更换住持，如此不至于发生惨案⑤。

社会大众又是如何看待清规与法律的冲突？有采真者也曾刊文，

---

① 常人春:《白云观活烧老道案始末》,《文史资料选编》第 39 辑，北京出版社，1990 年，第 217～218 页。

② 常人春:《白云观活烧老道案始末》,《文史资料选编》第 39 辑，北京出版社，1990 年，第 215 页。

③ 常人春:《白云观活烧老道案始末》,《文史资料选编》第 39 辑，北京出版社，1990 年，第 215 页。

④ 《平白云观惨案，地方法院昨日开审两主犯认罪》,《申报》1946 年 11 月 18 日，第 2 版。

⑤ 常人春:《白云观活烧老道案始末》,《文史资料选编》第 39 辑，北京出版社，1990 年，第 215 页。

在叙述道士架火焚烧安、白二人经过之后，提出了自己的看法。与北平道教整理委员会以及法界要人均否定道众以清规火焚安、白二人的观点不同，署名采真者认为焚烧安世霖不仅仅是个重大社会新闻，在法律上也系一个极重要的复杂问题。照普通常识讲，安、白两人犯了罪，自有国法惩办他们，观中道士擅自将他们焚死，当然成立杀人罪，“不过这是关于法律原则上的话，至于依照刑法，究应怎样判定罪刑，那就很不简单了”。采真提出“白云观中的道众原是道教中的人物，所以我们对于本案的论断，第一步须要在法律的立场上，再就宗教的角度去观察”。首先要弄清三个重要问题：①所谓太上法规第一条犯奸淫窃取，即处以焚身之罪，是否确有其事？②道众焚死安、白两人，除激于义愤外，是否尚有其他原因？③黄榜上所揭示的各条罪状，是否确实？

采真指出关于第一点，“并非国法上可以承认太上法规第一条；但若道教的清规，确有这种成例的流传，那么由于教徒信仰上的狂热而触犯法律，其罪恶的性质，自与普通杀人罪有异，处刑时应从末减”。关于第二点，那些道众如果别无他种犯罪原因，其动机完全出于义愤，那就情节轻微得多，在判决时应当注意减刑。至于第三点，如果安、白两人所犯的勾结日寇、荒淫害命等罪状，一切不虚；那么，就可证实三十六个道士的犯罪动机，“确系受了义愤的激动，否则，便是虚构事实，企图诿卸罪责了”。

对于本案犯罪的行为，由于“有黄榜为凭”，说明“商诸大众，公议火化”本系不争之事实，所应审理的应该是道众犯罪之动机。如果确有清规，确系处于义愤，安、白确系有罪，“那就可以援引刑法第五十七条、第五十九条，而就第二百七十一条减轻其刑了”。至于白云观道众所呈递的自首状，采真提出那是不合法的：因为自首限于“案未发觉”，这就是说原在无人知有罪案时或不知被告是谁时，方可自首。像白云观道士焚杀安、白两人，差不多是公开的，无所谓“案未发觉”，当然也不生自首的效力了①。

那么焚烧道士案，法庭又是如何处理呢？由于案情极为明了，

① 采真：《白云观火焚老道案》，《礼拜六》，1946年第53期，第3～4页。

11 月 19 日,北平地方法院检察官王金岳很快提出了起诉。起诉书称许信鹤与马至善借整理清规为名,“于本年旧历九月三十日,在西便门内关帝庙预定阴谋,意图烧死白云观住持安世霖、督管白全一二人”,在同年十一月十一日上下午,又在关帝庙先后召集同道张教全、陈志中、李至慧、陈金明、杜信灵及在逃田恒义等八人,计议妥当,密约白云观道士薛至杰等共计三十六人,于是日夜晚实施将安、白二人杀害,起诉书称许信鹤等“均有刑法第二十八条、第五十六条、第二百七十一条第一项之嫌犯,其余各被告,均有上项帮助之嫌犯,并均应依同法第六十二条减轻处断”[①]。起诉书否定了道士们的整理清规之说,认为三十六道士均为杀人嫌犯。但是在律师看来却不是简单的杀人案。当此案公开庭审时,义务帮助许信鹤辩护的律师凌昌炎发表了极为生动的辩护书,强调“关于犯罪部分本案为宗教革命,乃社会问题,并非普通杀人罪”。凌氏强调被告许信鹤、马至善二人首倡奉行“太上清规”,惩除道教叛徒安世霖、白全一二人,“重整道教道德运动,事前并无组织,只知为正义,为清规,为道教,根源在于安、白私自行为第一犯淫戒,姘女人。至于为何不依靠国法,凌氏云道士们自幼即为道士,并未受过国民教育,平时只知念典、修行、耳濡目染,除道教教规外,并无其他知识。在道士们他们应当遵守之法律,即为其道教共同遵奉之“太上清规”。“因为历来道教,对于太上清规,认为吕纯阳手订之唯一法典,事无大小,俱以清规为戒律,且国民政府亦无取消或禁止‘太上清规’之法令”,自是承认该清规有存在之必要与效用。总的来说,律师们大多认为本案火烧老道案“完全为宗教革命,乃社会问题,绝不能科以普通杀人罪,应请依照刑法第十六条后半段,暨同法第二百七十三条之规定,对于为首之被告,减轻其刑,或宣告缓刑。其余之被告,请依照刑法第三十条之规定,论知无罪”[②]。

---

① 《白云观道士许信鹤等杀人案起诉书》,《法律知识》,1947 年第 1 卷第 3 期,第 26～27 页。

② 凌昌炎:《白云观道士许信鹤等杀人案辩护意旨书》,《法律知识》,1947 年第 1 卷第 3 期,第 27～28 页。

12月14日，北平地方法院做出的判决书，没有与辩护律师辩驳杀人案究竟是否属于宗教革命，以清规杀人与普通杀人罪的不同，针对辩护律师所云反对者与安世霖并无私人恩怨，判决书强调许氏等人有杀人动机，原因就是许信鹤等人因对于安世霖与白全一之观务处理及日常行为有所不满，并认为安、白二人"属唇齿相依，而怀恨安世霖、白全一之心日积，继探悉观内道士不满安世霖、白全一，遂萌杀机"，所谓整理清规只是借口。辩论律师强调道士们具有自首情节，且正犯从犯应有所不同，从北平地方法院最后的判决来看，确实有所改变。最后判决许信鹤、马至善、杜信龄三人犯有"共同杀人"，各处无期徒刑，剥夺公权终身。其他参与人根据情节各判决不同刑期。袁明理等十余人虽然签名，但是不过为事后同意，不涉及杀人行为均判无罪①。对此判决，许信鹤等为首三人并不服从，在律师帮助下，他们提出上诉。以事实与法律条文提出原判量刑过重，最终在他们的据理力争下，1947年9月21日，河北高等法院改判主犯许信鹤等三人服刑五年，其余十二人亦减刑或释放②。北平解放前，许信鹤等被通知找到保人，刑期未满者即可保外，但是由于无钱行贿，虽然找到保人也不见释放，直到新中国成立后，许信鹤等人才出狱，重新回到白云观下院关帝庙做道士③。

安世霖被焚烧案件的发生，从反对者的视角而言，显然是从清规处理无果寻求政府监管、司法诉讼无果，最后回到传统清规焚烧的结果。早在1940年反对者以清规强行拉座失败后，道士的支持者就在一份申请书中指出宗教与法律皆为维持社会秩序之手段，宗教治人行为之动机，法律者乃治人行为之结果。在1940年安世霖将反对者朱宗玉等人开革出去后，反对者提出既然安世霖在宗教上不遵从裁判，其难免也不服从法律制裁，更难免借口法律以为掩饰，因此不如以行政力量作适当

① 《北平活烧老道案，为首三人坐长监，其余各人分处徒刑》，《申报》1946年12月14日，第2版；又见许英华：《北京道士火烧白云观安世霖、白全一亲历记》，《文史资料选辑》第48辑，中国文史出版社，2002年，第164～165页。

② 《北平火烧老道案主犯三人判五年》，《申报》1947年9月23日，第5版。

③ 许英华：《北京道士火烧白云观安世霖、白全一亲历记》，《文史资料选辑》第48辑，中国文史出版社，2002年，第165～166页。

之处置,可免无限之波折①。然而,长达多年的司法诉讼,无论是日伪法庭对安世霖盗卖庙产的审理,还是南京国民政府对安世霖汉奸破坏清规的审理结果,对许信鹤等人而言无不视为对安世霖等的庇护,当他们对民国法律、社会局监管、民国政治丧失信心时,安世霖、白全一的悲剧也就不可避免。

以往对宫观寺院清规戒律的研究多注意它们与国法的协调、配合、补充,火焚案的发生提醒宫观、民众、管理者注意到清规与国法存在冲突与挑战的可能。安世霖重订清规从国家管理、宫观改革角度而言,显示安氏确有才干的一面。然而反对者所指出的安氏的诸多罪行,无疑弱化了他作为改革者的光彩。在惨案发生后,尚未审判前,一位与白云观略有关系的小丘八给《一四七画报》投稿,在痛斥北平地方的种种恶俗,关于白云观火烧安白这一段公案,他称这是社会的问题,"国家是保持四维还是保持奸淫邪盗呢?由他们随意判决去"②。当一审案件判决前,《申报》曾评价道:"静安寺之争庙产,白云观之烧道长,一切的宗教落入下乘!"③

无论如何,惨案的发生沉重地打击了白云观,正如不少画报等民国后期报刊所揭示的那样,白云观日渐荒凉,到次年到顺星日,与游观的热闹相对的,安世霖惨案的阴影仍然没有被遗忘,被查封的房间,观内的道士们也不时引起游人的窥视:

> 火烧老道案,尚未被人遗忘,若干贴着白纸封条的屋子,往往有人凑过去,在破纸的窗洞上看两眼,遇见道士也都要注意一下,总疑惑他是不是"三十六天罡"之一。尤其庙门前和殿堂上,全贴着皇皇的告白,上写"进香诸君,凡与安士霖、白全一二道士有交谊者,请到本观后院东客堂北间,签留姓名住址,以便届时通知参加公祭为盼。公祭白云观安监院白督管筹备会公启"。倒有人为二

① 《北京特别市社会局第 286 号公函》,1940 年 4 月 17 日,《为白云观已革住持安世霖违抗法令延不离职仍擅自以住持身分在观任意妄为申请迅予重惩办以申功令由》,1941 年,J2-8-1342,第 109 页。

② 一四七信箱:《白云观案件 一封丘八函》,《一四七画报》,第 20 页。

③ 《今非昔比》,《申报》1946 年 12 月 14 日,第 12 版。

位老道筹备公祭了！①

到1948年时，由于国共内战，此时白云观也成为难民收容所，有记者介绍白云观"自火烧老道大案后，更面目全非，指作'收容'，尚不失为废物利用"②。从此前的热闹到荒凉，尽管有时局、世变等客观原因，然而也是内部剧烈冲突使然，不免令人感慨万分。

（作者为华中师范大学中国近代史研究所、道家道教研究中心教授）

① 《白云观看顺星》，《华北日报》1947年1月30日，第3版。

② 瘦娟：《紫罗半盦杂碎》，《申报》1948年8月6日，第8版。

《全真正韵》的形成与江浙道教

——《全真正韵》形成江浙说

任宗权

就浙江而言，全国十大洞天，浙江占有三；三十六小洞天，浙江占有十；七十二福地，浙江占十八。而江苏的茅山道教，在中国道教史上享有很高的声望和地位，曾赢得了“秦汉神仙府，梁唐宰相家”、“第一福地，第八洞天”等美誉，苏州玄妙观更是闻名天下。江浙在道教史上涌现出了一大批著名道士、宗派领袖、思想家，一大批籍贯不是江浙的道教学者、思想家和著名道士也往往长期在江浙传道、讲学。较为显著的有魏伯阳、葛玄、葛洪、杜子恭、孙恩、卢循、许迈、陆修静、陶弘景、孙游岳、顾欢、马湘、司马承祯、杜光庭、闾丘方远、罗隐、施肩吾、张无梦、陈景元、张伯端、林灵素、胡莹微、白玉蟾、莫月鼎、王惟一、刘大彬、杜道坚、林灵真、黄公望、金志扬、何道全、闵一得①、卫真定等。

南北朝时形成江苏独有的句容茅山上清派。此派的贵盛一直延续到元代，这时全真道教兴起，并且开始传入江浙地区。元大德八年(1304 年)，茅山道归江西龙虎山正一道派领导。清代，江浙各道派相互融合，茅山道、正一道、全真道相互往来参学。江浙道教著名的宫观

① 闵一得(1749—1836)，为清代著名道士，名苕旉(敷)，原名思澄，字谱芝，又字补之，号小艮，派名一得，别号懒云子。世为吴兴(今浙江)望族。龙门派第十一代传人。闵一得著述颇丰，清嘉庆年间撰《金盖心灯》八卷，以纪传体形式记录龙门派第一代至第十四代一百余人的生平事迹，因《钵鉴》、《钵鉴续》等书的佚失，成为研究龙门派历史的重要参考资料。闵一得为人笃实纯静，平易近人，曾自题：“我忘景岂真，我觉景岂幻，若待罔两问，已若庄生叹，省自复省省，真幻持两端，非省非非省，应作如是观，渺渺太虚中，赘此一身景，问景是何为，真幻何时省。”

有句容茅山道院、苏州玄妙观、天台山、杭州抱朴道院、杭州玉皇山福星观等。江浙的高道们著作繁多,他们撰写了《周易参同契》、《抱朴子》、《真诰》、《悟真篇》、《灵宝领教济度全书》、《太乙金华宗旨》等众多在道教史上有重要地位的著作。江浙本江南水乡,乃正乙、梅花之天下,浙北以清微为主,梅花观觉云、巢云为浙江嗣龙门的主要门派;浙南以清微、灵宝、闾山为主,并且三家糅杂,相互借鉴和渗透:东华中有闾山,闾山中又清微。

一、江浙全真道教斋醮科仪以及经韵音乐的形成与发展

唐宋江浙道教上清派斋醮科仪以及经韵音乐影响了整个道教将近八百年。江浙名道杜光庭的《道门科范大全》应该汇集了唐代以前天师道和茅山道的斋醮仪式。四川的《广成仪制》是杜光庭的《道门科范大全》派生出来的全真斋醮科仪汇集,而《重刊道藏辑要·全真正韵》很自然受到《广成仪制》的影响。元明全真道教斋醮科仪受唐宋江浙道教影响颇深,确切地说,《全真正韵》的真正根源应该来自江浙道教的茅山与天台的上清宗斋醮科仪以及经韵音乐。

茅山道教奉茅氏三兄弟为祖师,尊魏华存为上清派第一代太师,杨羲为第二代玄师。上清派嗣宗师中,高道辈出,隋唐名道臧矜、王远知、潘师正、司马承祯、李含光等,皆秉承上清教旨,各有建树,或为帝王之师,或为士大夫所尚,先后共有 8 人被尊为国师。茅山道教遍及大江南北,流誉海外,成为江南的道教中心。

唐太宗即位之初,即敕命茅山第十三代宗师李含光建茅山坛宇,为国斋醮。贞观九年(635 年),唐太宗敕文遣太史令薛磧,校书郎张道本、太子左内率长史桓法嗣等赴茅山送香油镇彩,金黄色龙玉壁于观所,为国祈恩①。

贞观年间,唐太宗多次派中使赴茅山坛场,巡视斋醮,赏赐茅山修

---

① 江旲:《唐国师升真先生王法主真人立观碑》,《全唐文》卷 923。

斋道士，令“依河图内篇，奉修斋谢”①。唐代茅山上清宗坛为国醮祭，名扬天下，唐五代著名文士徐铉就赞茅山华阳洞天，金陵福地，群仙之所都会，景福之所兴作：

故其坛馆之盛，荐亨之殷，修奉之严，樵牧之禁，冠于天下。②

唐玄宗时，更是多次派员赴茅山修国醮。茅山高道李含光也与唐玄宗过从甚密，玄宗曾召李含光为度师，并赐衣一袭以申师资之礼，赐号曰“玄静先生”，还召李含光入京请受道法，并请李含光向太上老君转告，“朕志求道要，缅想真仙”。唐玄宗尊奉道教，亲受茅山上清法箓，隶属道门，对道教斋醮仪式犹感兴趣，竭力提倡斋醮法事。《旧唐书·礼仪志》称：

玄宗御极多年，尚长生轻举之术，于大同殿立真仙之像，每中夜夙兴，焚香顶礼。天下名山令道士、中官合炼醮祭，相继于路。

唐代茅山道教名冠天下，为道学之所宗。唐代京城长安和东都洛阳，是道教斋醮活动最盛之地。唐代长安有道观四十三座，洛阳有道观十二座，唐政府设崇玄署，“掌京都诸观之名数，道士之账籍，与其斋醮之事”③。开元十年(722年)，唐玄宗诏两京及诸州各置玄元皇帝庙一所，每年依道法斋醮。唐代皇帝诞辰、忌日及诸节日，要专门举行斋醮法事，敬修功德，为皇帝祈祷。常同茅山道士、道乐之频繁交往，唐玄宗编道曲时自然会受茅山道乐的影响。当时著名的道教宫观以及唐王朝宫廷皆充满着茅山道教音乐气息。唐代是茅山道教、道乐最兴盛之时。

唐代是音乐的天下。杜甫在《赠花卿》说：“锦城丝管日纷纷，半入江风半入云。此曲只应天上有，人间能得几回闻。”充分表明唐代音乐的广泛普及与空前繁盛。唐帝王的崇道活动使道教科范仪式愈加规范和完备，而科仪的规范和完备也必然推动科仪音乐的发展。崔令钦《新唐书·礼乐志十一》：“高宗自以李氏老子之后也，于是命乐工制道调。”《教坊记·序》：“我国家玄玄之允，未闻颂德，高宗乃命白明达造道曲、

① 徐铉：《复三茅禁山记》，《全唐文》卷882。

② 《唐六典》卷16。

③ 《道藏》第9册，文物出版社、上海书店、天津古籍出版社，1988年，第346页。

道调。”不仅如此，“道调”一时间竟由此变成了流行的宫调名。宋王溥《唐会要・诸乐》：“林钟宫，时号道调、道曲、垂拱乐、万国欢。”从道调、道曲的创作动机和乐曲曲名来看，这些道曲是不折不扣的宫廷行为，是宫廷统摄扶持的产物，带有明显的颂圣内蕴。

不仅如此，唐玄宗还特别喜欢“法曲”，并由此而促使“法曲”大兴。“法曲”，在东晋南北朝时称之为“法乐”，原为含有外来音乐成分的西域各族音乐，后与汉族清商乐结合并逐渐成为隋朝的法曲。迨至唐朝又因与道曲相互融合而发展到极盛阶段。这当然与唐玄宗的大力提倡密切相关。《新唐书・礼乐志十二》：“玄宗既知音律，又酷爱法曲，选坐部伎子弟三百教于梨园，声有误者，帝必觉而正之，号‘皇帝梨园弟子’。宫女数百，亦为梨园弟子，居宜春北院。梨园法部，更置小部音声三十余人。”足见当时“法曲”的地位已十分显赫。元稹在《法曲》一诗中也说：“明皇度曲多新态，婉转浸淫易沉着；赤白桃李取花名，霓裳羽衣号天乐。”诗中歌颂了唐玄宗善于度曲的艺术才能。“法曲”，正是唐代民族大融合、文化大融合、音乐大融合的产物。

茅山道乐对唐代道教音乐起着很大的普及、推进作用。首先是由茅山到达天台山的上清宗高道司马承祯的大力弘扬。按陶弘景传王远知，王传潘师正，潘传司马承祯，司马承祯为陶弘景第四代。司马承祯出家茅山，后游名山，隐于天台山之玉霄峰，自号“白云子”或“白云道士”。武则天闻其名，召至京都，降手敕以赞美之。及将还，遣麟台监李峤饯之于洛桥之东。唐睿宗景云二年(711 年)，又奉召入宫，睿宗问以阴阳术数及治国之事，承祯所答甚合睿宗之意，乃赐宝琴及霞纹帔而遣之，公卿赋诗以送者百余人。卢藏用早隐终南山，后登朝居要官；见承祯将还山，手指终南山曰：“此中大有佳处，何必天台？”承祯乃云：“以仆所视，乃仕宦之捷径耳。”[①]开元九年(721 年)，玄宗遣使迎入京都，亲受法箓，赏赐甚厚。开元十五年(727 年)，又召至都，玄宗令于王屋山

① 参阅《新唐书・卢藏用传》及《大唐新语・逸隐》。谓卢藏用举进士，有意当世而不得调，乃隐近于京师之终南山，易为时君所征召，寻果被召入仕。所谓“此中大有佳处”被司马承祯一语道破：“乃仕宦之捷径耳。”故世人称易于入仕之道为“终南捷径”。

自选形胜，特筑阳台观以居之。又命玉真公主及光禄卿韦韬至其所居，修金箓斋。司马承祯卒被谥号“贞一先生”，玄宗为之制碑文。弟子七十余人，以李含光、薛季昌最著。

《新唐书·礼乐志十二》：“帝（玄宗）方寖喜神仙之事，诏道士司马承祯制《玄真道曲》，茅山道士李会元制《大罗天曲》，工部侍郎贺知章制《紫清上圣道曲》。太清宫成，太常卿韦绍制《景云》、《九真》、《紫极》、《小长寿》、《承天》、《顺天乐》六曲，又制商调《君臣相遇乐》曲。”司马承祯也擅长鼓琴，对于音乐的欣赏有很深的感悟，他在《素琴传》写道：“诸弦和附，则采采粲粲，若云雪之轻飞焉。众音谐也，则喈喈嚷嚷，若鸾凤之清歌焉。”将良琴于高手的演奏之下各弦相合，众音相融、音乐韵味美妙明丽，如云雪鸾凤漫舞清歌般的情状描写出来。足见上清派斋醮音乐技艺以及理论在唐代的领先地位。

天台山是江浙道教发展的重镇之一，在东汉（25—220）时，著名的道教人物葛玄就在这里创立了道教“葛真君天台派”。到西晋（265—317）时，魏华存夫人来到天台山修道，被后世尊为上清派第一代祖师。尤其是司马承祯在音乐方面的造诣，更是彪炳史册。

从司马承祯开始，唐代道教音乐以天台和茅山上清宗斋醮科仪以及经韵音乐为根本，逐渐走向皇宫，为唐代音乐史添写了浓墨重彩的一笔。唐代因为茅山与天台山道教的特殊地位与作用，上清宗斋醮科仪及音乐活动在中国道教的活动中一直十分显耀。

唐代天台山道士精通音律的也不少，如女道士李季兰，她在《在峡流泉》一诗中写道“巨石奔崖指下生，飞波走浪弦中起”，写水流的激湍喷涌，使诗人疑为“含风雷”，可见上清派道教音乐理论的细腻入神。

天台山学道的杜光庭，师事天台山应夷节，按应乃陶弘景七传弟子，司马承祯五传弟子①。杜光庭广泛搜集道书，为道教的发展，作出了卓越的贡献。前面有述，此处不赘。

按近人何昌林的推断，杜光庭的“广成南韵”必然带有龙虎山、茅山的江南特色。笔者认为，杜光庭之“广成南韵”中茅山腔占主流。我们

① 按司马承祯传薛季昌、季昌传田虚应，虚应传冯惟良，惟良传应夷节。

试以推断:首先是杜光庭的故乡是浙江处州,浙江道乐在唐代是茅山斋醮道乐传播最盛之处,在唐代茅山之盛(前已谈到),浙江作为其邻地,斋醮韵腔自然以茅山为正宗。其二,唐代虽然对道教推崇备至,皇帝也有几次光顾龙虎山,但唐大潮所著《中国道教简史》所谈一问题很值得我们注意:张陵天师一系的天师道,自张鲁卒后,传承十分不明确,直到宋真宗时,才有对第二十四代天师张正随较明确的记载。在这八百年里,天师世系究竟是一个怎样的情况,因史料缺乏不得而知。明张正常所撰《汉天师世家》又多由附会传说而成,不足为据。虽说唐统治者曾扶植张天师世第,但从有关唐代史料所知,它远不如茅山之盛。唐多次大的国醮唯有茅山而无龙虎山,故而笔者认为,唐代道乐茅山要比龙虎山普及。杜光庭虽然来自天台山,但他秉承的仍旧是茅山上清宗道教法箓。这样我们可以得出杜光庭的"道统":他是江苏茅山"上清宗坛"天师道上清系统的经腔、符箓、醮坛科仪的传人与集大成者。他的大批斋醮科仪著作以及经韵音乐资料,为道教在北宋的再度复兴、为金代全真道教的兴起准备了一定条件。所以说,杜光庭是道教文化史上一位承前启后的重要人物。他的《道门科范大全》经清代四川全真道士陈仲远整理成《广成科仪》后,影响了整个全真道教的斋醮科仪以及经韵音乐。由此可以得出:杜光庭的《道门科范大全》应出自江浙一带,而《道门科范大全》所影响和发展而来的《广成仪制》的真正源头是唐代茅山、天台道教流行的早期道教上清宗斋醮科仪以及经韵音乐。

杭州地区也是浙江道教的重镇之一。东晋时道教在杭州流传较广,发展较快,多处建舍、结庐。葛洪辞官以后云游海内,先在南屏山、龙井、灵隐、天竺及余杭天柱山游历、修炼,后择宝云(石)山结庐(抱朴庐)修炼,"著书立说"。郭文隐居大涤山,精修十余年。许迈于余杭悬山立精舍,于桐庐恒山采药、辟谷、饵术,晋永和二年(346年)移居临安西山稽留峰。钱塘人杜子恭奉五斗米道,有道术,善治病,自成一派,影响甚大。南北朝时,道士许黄民,于元嘉六年(429年)移居钱塘杜道鞠(杜子恭之孙)家。泰始年间(465—471),杜京产(杜道鞠之子)挂冠,遁舍隐居苦修,潜心道奥,将世传的《上清经》等经书与同郡道教学者海宁人顾欢等共读,选出经传,聚徒教授。

唐、宋期间，道教在杭州发展很快，知名宫观增多，著名道士云游频繁。唐弘道元年(683 年)，道士潘先生奉敕建天柱观。中宗年间(705—710)赐观庄、给香灯，吴筠、司马承祯、叶法善、白元鉴等曾居留。玄宗年间(712—756)开玉皇山，启建玉龙道院，造大罗宝殿。元和十年(815 年)，杭州刺史卢元辅重修忠清(伍公)庙，作《胥山铭序》。大中年间(847—859)刺史李君建葛仙祠，造初阳台，题额“初阳山房”。乾宁二年(895 年)，钱武肃王上表建天柱观殿堂，光化二年(900 年)奉敕重修天柱观，并作《天柱观记》。唐代历朝修建了真圣观、开元观、紫极观等。吴越王钱氏为保境安民建造了天庆观、玉虚观、报国光孝观、水府净鉴观等。民间百姓建造了重阳庵、三茅堂、清溪道院、石老庙等。此外，在吴山、灵隐有邢令闻、诸葛鉴、丁飞等道士筑茅庐，挖洞窟读书、采药，过清修生活。

宋代，大中祥符五年(1012 年)改天柱观为洞霄宫。宋仁宗年间(1023—1063)重开玉皇山，敕建玉龙道院。天圣九年(1031 年)刘海蟾云游名山，居玉龙道院面壁九载。大观元年(1107 年)建吴山中兴观。徽宗在政和年间(1111—1117)召洞霄宫道士唐子霞，见道术不凡，授金坛郎、主洞霄宫。南宋建都杭州，绍兴年间(1131—1162)建造了万寿宫、东太乙宫、四圣延祥观、显应观和三茅宁寿观，其后孝宗、理宗、宁宗和度宗相继建造了佑圣观、开元观、龙翔宫、西太乙宫、宗阳宫，即南宋的御前十大宫观，直属皇城司管理，宫观门额大多为皇帝亲书，设守卫，置园林，经费由皇家开支。嘉定十五年(1222 年)，宁宗召白玉蟾来临安，委以东太乙宫道事。绍定六年(1233 年)，理宗授意太乙宫道士胡莹微负责刊印《太上感应篇》道书八卷，首页御题“诸恶莫作，众善奉行”八个字，名儒真德秀代作序和跋，宰相郑清之作赞文，此书在社会上广泛传播，影响很大。

端平年间(1234—1236)，女真道士魏无瑕在西溪筑宫殿，能容“黄冠千人”，理祐宗御书“神仙宫”门额。嘉熙三年(1239 年)，委第三十五代天师张可大主龙翔宫，兼御前宫观教门道事。淳祐七年(1247 年)，赐洞霄宫钱益市，恒产规制，御书“洞天福地”，此时洞霄宫殿堂道舍千余间，道士数百。淳祐十二年(1252 年)建西太乙宫。南宋时期官方和民间还营造、修缮了上清宫、太清宫、明清宫、玉清宫、三一庵等，占当时七十二道观的一半以上。道教的社会地位也显著提高。道士林灵真居宝极观，编纂道书《大成天经》三十六卷。

元、明期间，道教在杭州保持不衰，全真道开始传播。元代初，世祖忽必烈召见高道杜道坚，赐玺书，任提点，命住持宗阳宫，给全真道自由建宫观、广收徒众的权利，全真道士黄公望（富阳人）传教于杭州西湖南山。至元年间（1264—1294），累经扩建洞霄宫殿堂，占地面积八十余亩，成为全国著名宫观，总摄江、淮、荆、襄诸路道教。大德七年（1303 年）授杜道坚杭州路道箓教门高士真人。吴山北（瑞石山）全真道士徐洞阳改集庆堂为紫阳庵，收徒丁野鹤居此潜心修炼，丁以吐纳导引，服气辟谷二十年，后人遂将瑞石山改称紫阳山。洪武元年（1368 年），召吴山道士冷谦（古琴理论家，时年百余岁），“黄冠见高祖”，言能谐律，授为协律郎。明永乐年间（1403—1424）杭州道士周思得被召至京，从成祖北征，朝夕崇礼，历事四朝，累封崇教弘道高士，续编《大成天经》至四十卷。嘉靖年间（1522—1566）玉皇山，敕建福星道院。吴山徐道彰和张落魂、唐秩等道士以习五雷，行气吐纳，炼丹药、铅汞，焚符念咒，结坛祈祷等，进行道术活动。

杭州道士周思得在道教斋醮科仪方面建树卓著。周思得，浙江钱塘人，字养真，一字素庵野人，又曾署名思德。生于元至正十九年（1359 年）正月十八日，少颖悟，从月庵丘公学道，其师洪武初任杭州府道纪司都纪兼宗阳宫提点，又从四十三代天师张宇初读道家书。明成祖时，周思得以灵官法名显京师，后住持京师大德观、朝天宫，主持编撰《上清灵宝济度大成金书》。周思得精习灵宝度人之旨，行持五雷火府之法，以道法济幽度显，门下弟子百余人，宣德、正统年间，累封“崇教弘道高士”，为明代颇受优宠的道教名流。思得历事成、仁、宣、英、景五朝，于正统十年（1445 年），以年迈恳乞还山，英宗敕于杭州城西南凤凰山建太清观，为周思得退居之所，以优其老。景泰元年（1450 年）五月，周思得获准告老还山，由其徒周道宁扶持，返居杭州仁和县玄元庵。景泰二年（1451 年）八月二十四日，周思得羽化于玄元庵，享年九十三岁。英宗闻奏，特遣行人司行人徐篪往赐谕祭，赐谥弘道真人。门弟子葬周思得于杭州八盘岭。《浙江通志》①载:"明真人周思得墓。《杭州府志》:在八盘岭,景泰间谕葬。"明代文士习经应周思得门人之请,撰《故履和养素崇教高士管道录司兼朝天宫大德观住持周思得墓志铭》,传诸后世。明田汝成《西湖游览志》卷四载,其墓规制宏大,作为道士之墓,古今罕见。

近人张泽洪说:周思得显扬的灵官法,即萨守坚所行雷法。其以明沈德符《万历野获编补遗》卷四《萨王二真君之始》载为证:"国朝永乐间,杭州道士周思得居京师,以王灵官法降体附神。所谓灵官者,为玉枢火府天将,在宋徽宗时先从天师张继先及林灵素等传道法。又从师蜀人萨真君讳守坚者学符术。"

周思得重法术以及斋醮科仪之风。他推崇唐代叶法善,唐代叶法善以法术见重高宗、武则天、中宗、睿宗、玄宗五朝,明代周思得以灵官法历事成、仁、宣、英、景五朝,二者颇有相似之处。周思得编撰《上清灵宝济度大成金书》,专列祈禳诸真醮仪品,收有梓潼帝君醮科、东岳醮科、天妃醮科、瘟司醮科、诸神醮科等。从《上清灵宝济度大成金书》中可知,仅《赞唱应用门》中的《法事品》就有音乐曲目二百多首,是集前代之大成的道教斋醮科书盛典。

清代、民国时期,杭州道教趋于衰落。清康熙二年(1663年),全真龙门第七代宗师王常月亲领弟子詹守椿,邵守善等南下,在南京、杭州、湖州立坛受戒。第八代金筑老人盛律师立余杭金筑坪天柱观支派,门下有潘牧心—王洞阳—潘天涯,递相嗣传。第八代黄赤阳(守园)住持杭州大德观,传第九代周明阳、王永宁。周明阳立栖霞岭金鼓洞支派,影响很大,从学者千余人,有一批高徒;王永宁传童融阳、许青阳,许青阳立机神殿支派传门下。第十一代高道沈轻云住持大涤山洞霄宫,传门下陈樵云立余杭三元宫支派,周梯霞立桐山半持庵支派。咸丰十一年(1861年)太平天国军进杭州,一些道观遭损。光绪末年北京白云观道士来杭传道,道教《全真正韵》开始在杭州一带道观流通。著名全真道教宫观有抱朴道院、玉皇山福星观等。民国二十六年(1937年),抱

① 《浙江通志》卷25。

朴道院由玉皇山福星观接收主管，此二观连同上海白云观斋醮科仪以及经韵音乐学习北京白云观《全真科仪》以及四川二仙庵版《重刊道藏辑要·道教全真正韵》。后经杭州又流传到浙江温州、宁波一带。

清代道光、光绪年间，白云观第十八代律师孟永才鉴于十方丛林道士流动太大，改全真正韵为地方特征的"北京韵"。经十年动乱的"文化大革命"，精通"北京韵"的老高功、经师均已羽化。上世纪八十年代初期，温州燕窝洞道士黄信阳担任北京白云观监院，遂调温州高功进北京教授《全真科仪》以及四川二仙庵版的《重刊道教辑要·全真正韵》。北京白云观的全真斋醮科仪以及经韵音乐历经坎坷，重新回到了北京，但是经韵里已经掺杂了诸多浙江温州地方方言，与原来北京版《全真科仪》以及经韵音乐不尽相同。

二、全真律宗的传入对江浙全真斋醮科仪以及经韵音乐的影响

从元代建国初，全真道教已经开始进入江浙一带。明代茅山出现正一、全真共栖一山之格局。"三宫"沿传正一道统，"五观"则习传全真道派，"七十二茅庵"则两者兼而有之，更显其"儒门释户道相通，三教从来一祖风"的鲜明特色。

江浙全真斋醮科仪以及经韵音乐繁盛，应该归功于清初全真律宗的南传。康熙二年(1663 年)，王常月率弟子詹椿、邵守善等人长途跋涉，南下至江苏的茅山、南山，浙江的杭州、湖州金盖山和湖北的武当山等地开坛说戒，收得了大批弟子。许多原属正一派的名山，也陆续改易门庭，成了全真龙门派的丛林。

全真律宗进入茅山比较早，并形成全真律宗根据地。与王常月同辈的沈常敬，晚年居茅山，其传孙守一(玉阳)、黄守圆(赤阳)二人，孙玉阳以宗师职住持茅山乾元观，门下有阎晓峰、周明阳(派名太朗)、范青云(派名太清)。后周晓峰守茅山乾元观，其所传后人改皈茅山法派，其派宗师亦绝。茅山道教从一开始就不分"正一"与"全真"，二者相互学习，相处融洽，相得益彰。

茅山上清宗的道教音乐，原本保持了唐、宋时代的茅山道教音乐传统，如《卫灵咒》、《三茅真君诰》等均为茅山派道教歌曲，词为茅山专用而独此一家。茅山道教音乐的许多唱赞，每一个字都用较长的节拍或较多的音符拖腔来演唱，这与北宋时代道教音乐谱本《玉音法事》所表达的演唱要求十分相似。但全真道教进入茅山后，茅山上清宗的音乐开始有些变化。

史新民先生在《清新雅逸的〈效丈〉、〈文词〉》一文中提到：《效丈》与《文词》在茅山道教音乐中，不论是继承正一道统的“三宫”，还是习传全真道派的“五观”，它们都是较常用的器乐曲牌音乐，只是现在的“乾元观”中把《效丈》称为《神前花》。这两首器乐曲牌都是用在科仪中为诵唱文告和配合演绎动作而演奏的。茅山道教现有全真与正一两个道派，它们所使用的音乐也有一些差异，全真派的音乐淡雅质朴，而正一派的音乐则较为明快流丽。

总体上说茅山“正一”与“全真”道教音乐除有悠久的传统之外，其地方音乐的特点亦十分明显，茅山虽地属苏南地区，但和邻近的常州、无锡、苏州道教音乐截然不同。首先是在调性上五调皆用，无偏爱羽、角调倾向；第二是在行腔上比较高亢有力，注重大线条起伏，曲调小转弯及装饰音运用较少，加之读词使用近南京官话的语言，曲调居“刚”，和苏南其他地区的道教音乐有十分明显的区别。

茅山全真斋醮科仪，以杜光庭的《四大全书》和《广成辑要》为“文牒”准则。依传统“科仪”进行法事，多系“按本宣科”。如：诵经、拜忏、祝寿、庆贺、回向、礼斗、上大表等，在全国，各大常住基本上是一致的。但有些地区在某些“法事”的做法上也有不同之处。譬如：“铁罐施食”这个科仪，有在“上台”前发城隍牒、上救苦疏、表台，有在“上台”前跑五方，有在“上台”前只上救苦疏，有用“斛食”的，也有不用的。乾元观的科仪用的是“十方经韵”，跟其他常住基本相同，所做的科仪主要为：早课出坛祝将科仪、晚课出坛祭孤科仪、祝寿科、庆贺科、荐三开坛、安位科、三元午朝科仪、诵皇经圆满大回向科、迎鸾接驾玄律科仪等。

清代，茅山道教日渐趋向民间，斋醮科仪活动更加频繁。之后屡遇战乱，历史上的“三宫五观”也遭受破坏。现以遗存的“九霄万福宫”（顶宫)、“元符万宁宫”(印宫)为主体合并成为“茅山道院”。

上世纪五十年代起,茅山三宫五观的道士联合起来,破除门户观念,统一称为“茅山道院”。由于受战火和“文化大革命”的灭顶摧毁,现时的茅山道乐尚未恢复至从前的鼎盛面貌。基于正一、全真相互并存的历史和现实状况,茅山道乐正一、全真风格兼具,且有茅山自身之特点。近代虽然吹管、弹拨、拉弦、打击等乐器并用,但在演奏中,特别是全真道派,仍以吹管、打击乐器为主。

全真律宗进入茅山后同时也在苏州落脚,并且在苏州形成庞大体系。如沈常敬弟子黄守圆(赤阳)从王常月受戒,开杭州大德观支派。黄守中于康熙三年(1664年)在北京白云观听王常月说戒,其门下弟子孙太岱(碧阳)等在苏州浒墅关开太微律宗。金筑老人盛青奎启余杭金筑坪天柱观支派;陶靖庵(守贞)启湖州金盖山云巢支派;吕云隐(守璞)于苏州冠山开坛授戒,门庭最盛,门人中有丘寅阳开嘉善长春宫支派,钱函阳启无锡长春宫支派;铁竹道人施亮生(道渊)启苏州穹窿山支派;陶传陶太定(石庵),太定传徐清澄(紫垣),再传徐一返(隆岩),其派又兼修正一道法。

由此可以看出,苏杭全真律宗兴盛,名扬全国。清代的苏州道教全真、正一功法、斋醮相互兼修,互不矛盾。正一派开始注重金丹修炼,而全真道教开始深入学习正一派斋醮科仪以及正一道教丰富的经韵音乐。如沈常敬居茅山乾元观,门下有孙守一、黄守圆,皆明清间浙江人。据《道统源流》言:龙门律宗自第三代陈通微、第四代周玄朴,传沈静圆宗师一系,又别名“龙门灵宝派”,当为兼传灵宝法箓者。按陈通微律师本学正一法,可能兼传正一之学。

明英宗天顺三年(1459年),龙门派第五代道士沈顿空至金盖山,挂单于书隐楼有年。1657年,王昆阳常月真人以卷册、如意、玉尘、芝杖等遣程谔山寄授当时古梅花观当家陶靖庵。继而,陶靖庵在古梅花观开启全真教龙门派云巢支派。

沈一炳弟子龙门第十二代陈阳复(号樵云)亦曾得徐一返授正一法。其该派分衍为更小支派,传衍于江浙。闵一得继沈一炳之后主持金盖山,修缮宫观,启龙门方便法门,以三教同修。集律、法、宗、教四宗于一身。闵一得著述也很多，道光十四年(1834 年)他将自己撰写和少数他人的著作共二十种辑为一书，取名《古书隐楼藏书》。后又增至三十种。于光绪二十年(1894 年)，民国五年(1916 年)两次刊行。其著《金盖心灯》八卷，采纪传体形式记录了龙门派第一代至十四代近一百人的生平事迹。是继王常月《钵鉴》之后又一重要的道教史、思想史及龙门派历史等的重要史料。《龙门正宗觉云本支道统薪传》即是“于龙门第十一代懒云闵真人以下专列本支系统”。闵一得又传费拨云，费拨云传程来永，程传汤复弼，汤传车本鉴，车传邱合度、通斌。此支是集律、宗于一体。

闵一得(1758—1836)，原名苕甫，字补之，一字小艮，自号懒云子。世居吴兴(今属浙江省)。父名大夏，授河南息县令，后改教谕余杭。幼而聪颖，体质素弱，九岁奉道。于桐柏山拜于高东篱门下，皈依为龙门派第十一代弟子，派名一得。长大成人之后，有经世之志，援例入选，赴云南任州司马。因父丧归，不再入仕，游访名胜。历经吴、楚、燕、赵等地，足迹半天下。先后遇到金怀怀、白马李、李蓬头等龙门派西竺心宗诸师，相互论道，多有契合。乾隆五十五年庚戌(1790 年)，闵一得持大戒书往云南拜访鸡足道者。闵一得受之于王常月衣钵弟子谭守诚。鸡足道者来自月支国，隐于云南鸡足山，无姓名字号，自称野怛婆，译为汉语即求道士之意。顺治十七年庚子(1660 年)曾至北京白云观访道，王常月赠姓曰黄，命名守中，且曰住世一百三十年之后，大戒自得。西竺道者精于斗法，见到闵一得之后，悬王常月像，泣拜而受大戒书，并将西竺斗法传给闵一得。对他说，西兰至宝，汝已易得，善护正宗，戒亏则力薄。闵一得亦拜而受之。回去之后纂有《大梵先天梵音斗法》十部师十二卷，刊传于世。灵异卓著，祷则辄应。

闵一得著《古书隐楼藏书》辑书三十八种，其中二十五种为闵一得纂述或订正。这三十八种分别为《碧苑坛经》五卷、《栖霞山悟元子修真辩难参证》二卷、《阴符经玄解正义》一卷、《金丹四百字注释》一卷、《太乙金华宗旨》一卷、《吕祖师三尼医世说述》一卷、《读吕祖说三尼医世说述管窥》一卷、《尹真人东华正脉皇极阖辟证道仙经》三卷、《寥阳殿问答编》一卷、《如是我闻》一卷、《泄天机》一卷、《上品丹法阶次》一卷、《养生十三则阐微》一卷、《管窥编》一卷、《天仙心传》三卷附录一卷、《天仙道程宝则》一卷、《天仙道戒忌须知》一卷、《二懒心话》一卷、《雨香天经咒注》六卷、《智慧真言注》一卷、《一目真言注》一卷、《增智慧真言》一卷、《祭炼心咒注》一卷、《琐言续》一卷、《玄谭全集》一卷、《西五母女修正途十则》一卷、《李祖师女宗双修宝筏》一卷、《持世陀罗尼经法》一卷、《持世陀罗尼经注》一卷、《密迹金刚神咒注》一卷、《大悲神咒注》一卷、《清规玄妙全真参访集》二卷、《就正录》一卷、《与林奋千先生书》一卷、《梅华问答编》一卷、《还源篇阐微》三卷、《翠虚吟》一卷等。

闵一得辑《古书隐楼藏书》收书内容比较复杂，其中既有道教内丹理论和功法、丹经注释等内容，也有全真派教理、教规和佛教经咒等。其中《清规玄妙全真参访集》，真实记录了清代全真派丛林的有关教理教规、科仪等制度，是研究清代全真教斋醮科仪流变的珍贵资料。

清光绪十四年(1888 年)，由龙门云巢派分衍而来觉云派。《龙门正宗觉云本支道统薪传》序："海上觉云为浙湖云巢分支，于清光绪戊子(1888 年)开派。"其《例言》："光绪戊子，本坛张复诚、陈本中、沈本仁等恭诣云巢宗坛，禀准开派，是年三月春，启建醮典，敦请宗坛王来因、程来水、姚来鉴三师启派，本刻故尊三师曰宗师。"该派宗承云巢开派宗师龙门第八代陶守贞(号靖庵)和第十一代闵一得(号懒云)之传，对他们提倡的神仙与忠臣孝子不二，出家与在家、出仕与入山各随方便的思想，加以发扬，使龙门派更加世俗化。上引《觉云本支道统薪传·后跋》云："自闵祖启'方便法派'而后，半多出自俗居有志之士，于是儒而道者日愈多，推行教法日益广。今者云坛竟遍布于江浙。"表现出晚期全真道已不再如他们先辈那样强调出家离俗了。该派自光绪十四年(1888 年)开派以后，一直承传不绝，《觉云本支道统薪传》有传系图加以记载。如开派人之一的程来永传第十四代汤复弼，汤传第十五代车本镒等，车传第十六代丘合度、徐合建，丘传第十七代倪教学等，倪传第十八代沈永家，时至民国十六年(1929 年)。

由龙门第八代金筑老人开启全真道龙门派天柱观支派。以浙江余杭金筑坪天柱观为传道中心。《金盖心灯》卷二《金筑老人传》：金筑老人者，"字号三见而三异：《洞霄闻人志》载，盛青崖，江南桐城人，明末进士，隐天柱观；《杨氏逸林》载：樵云氏者，桐乡人，姓盛，名未详；明末进士，值世沧桑，高隐大涤，自号退密山人。《菰城拾遗》载：异人金大涤，学富五车，尝自比管、乐。明亡遂隐，初休金盖山之白云居，更号樵云，既归老于天柱金筑坪。……著作颇多，石庵辈梓以行世”。盖为清初一隐君子。曾从王常月受戒，为龙门派第八代弟子。康熙三年(1664 年)传潘太牧(字牧心)，为龙门第九代，潘传第十代王清虚(号洞阳)，王传第十一代潘一元(字天崖)。此后承传不详。

由龙门派第九代周太朗开启全真道龙门派金鼓洞支派。传播中心在杭州金鼓洞。据《金盖心灯》和《金鼓洞志》载：周太朗(1628—1711)，字符真，号明阳，江苏震泽(今吴县)人。父殁，舍俗出家。初礼龙门第八代孙守一(号玉阳)，继礼黄守元(号赤阳)为师，嗣为龙门第九代。后游东南，于康熙三年(1664 年)来杭州。康熙五年(1666 年)结茅于西湖栖霞岭北金鼓洞，建屋修真，即后之鹤林道院。于是参玄访道者云集。先后传弟子戴清源(号初阳)、高清昱(字东篱)、方清复(号凝阳)、谢清涵(号宾阳)、金清来(号静灵)、孟清晃(号逸阳)、许清阳等。闵一得云：“当时从师(指周太朗)者，千有余人。闻之轻云子(指沉一炳)曰：全真一派，东华而下，盛自重阳，历传丘(处机)、赵(道坚)、陈(通微)、周(玄朴)祖，周传张(静定)、赵(真嵩)、王(常月)、黄(守元)……逮我明阳子周律师出，祖道南行。”与诸师“赓扬唱和。玄风庆会，自元而降，殆无有过之者”[①]。表明龙门派南传后，以周太朗时期为最盛。周太朗弟子中，高清昱去浙江天台山，另开桐柏宫支派。其余住山弟子继续在金鼓山传衍。戴清源传第十一代骆一中(字圣哲)，骆传第十二代蔡阳善(字天一)，蔡传第十三代戴北庄(派名戴来某)，戴传张复纯。时当清道光年间。周太朗(1268—1711)是东南龙门第九代律师中影响最大者，开杭州金鼓洞支派，从学者千余人。《金盖心灯》卷三谓龙门北宗传至周太朗，始盛于南方。周太郎门徒中以高东篱(1621—1768)声望最著，晚年继范太青主持天台桐柏崇道观，有沈一炳、闵一得等高足。沈一炳(1708—1786)，号轻云子，为龙门第十一代律师中最杰出者，曾住持无锡开化院、

① 《金盖心灯》卷 3,《周明阳律师传》。

余杭大涤山洞霄宫，其门下陈樵云开余杭三元宫支派，周梯霞开余杭桐山半持庵支派，费丹心开归安射村开化院支派。闵一得(1758—1836)原名小艮，号懒云子，先师高东篱，后师事师兄沈一炳，晚年住持金盖山纯阳宫，从学者颇众。高东篱另一弟子方镕阳，门下有王峰阳开苏州装嫁桥斗母宫支派，黄守圆高徒王永宁门下许青阳开杭州机神殿支派。

全真道教真正进入天台山应在元代初期，而全真道教一直到清代才真正在天台山兴盛光大。清代由龙门第十代高清昱开创全真道龙门派桐柏宫支派。以浙江天台山桐柏宫(崇道观)为传播中心。据《金盖心灯》卷四《高东篱宗师传》：高清昱，字东篱，祖籍山东宁海州(治牟平)，寄居长白。宿学儒。康熙三十一年(1692 年)，年已七十五，始由台湾至浙江杭州金鼓洞，师事金鼓洞派创始者周太朗(号明阳)，嗣为龙门第十代弟子。周授以《南华》、《道德》、《参同》、《悟真》、《华严》、赵注《大学》、《中庸》及《心经》等。居金鼓洞鹤林道院四十余年，从游者众。雍正十三年(1735 年)，出主天台桐柏山崇道观讲席，后启桐柏宫支派。乾隆三十三年(1768 年)卒。著有《台湾风俗考》三卷。高清昱传弟子沈一炳(号轻云)、方一定(字镕阳)、闵一得(号懒云)，为龙门第十一代。沈一炳传弟子陈阳复(字云樵)、周阳本(字梯霞)、费阳得(字丹心)，为龙门第十二代。他们又多开启更小的支派。陈复阳开启余杭南湖三元宫支派，门下有阮来宗、杨来逸、钱来玉、鲍来金等；周阳本开启余杭铜山半持庵支派；费阳得开启归安(吴县)射村开化院支派。方一定下传弟子十二代顾阳昆(字苍州)，顾传十三代王来真(号峄阳)，开启苏州装嫁桥斗母宫支派。闵一得下传弟子也很多，其徒孙辈王来因等又开启觉云支派。他本人学综三教，著述甚丰，是清代少有的著名道教学者。江浙道教一直到解放初还比较兴盛，道流羽士，隐居讲学，高道大德，不乏其人。尤其是清代全真律宗的传入，无形中将以北京白云观全真道教律坛所用斋醮科仪以及经韵音乐传入江浙。江浙道教还有许多表演形式的斋醮仪式，例如跑灯、穿花、翻坛、走炭路、上刀山等等一直流传到当今全真、正一道教活动中，是不可多得的道教艺术形式。

(作者为湖北省道教协会副秘书长、武汉大道观住持)

王嚞全真内丹心性理论的价值取向

章伟文

如何安顿与调护人的生命，一般有两条路径，一是作为个体的人如何安顿自己的身与心，也即关注其个体肉体生命的健康与精神世界的安宁问题；一是作为社会性、整体性的人类群体如何建构一个理想的公共生活方式，也即理想社会的存在形式问题。金元时期，中国北方黄河流域兴起了王嚞①(1113—1169)所倡导的全真新道派。王嚞字知明，道号重阳子，陕西咸阳人氏，其所创全真之教面对金、元之乱世，选择了复归个人内在心性世界以求解脱的路径。在他看来，形上之道是宇宙万有的根本，道在人则为清静之性，性的载体为人之心。人之心、性本皆清静，但人心受到外在世界的束缚、影响，逐渐沉沦，而不能发现其本有之清静性体，从而与道相隔、相离。王嚞倡导通过修炼，使人能够回复其未经异化的清静本性，此则为"真功"；以此为出发点，推己及人、苦己利人，就可以重建理想人生与理想社会，此则为"真行"；葆其"真功""真行"，即构成王嚞所追求的"全真"之教的教旨与宗风，其中洋溢着浓郁的关于生命与终极关怀的理念。

一、"全其性、命之真"：对生命终极本真的追求

王嚞的全真内丹心性理论的重要内容就是其"道性"或"本来真性"

---

① 王嚞《恨欢迟》有云："名嚞排三本姓王，字知明子号王嚞。"(《王嚞全真集》卷4，张继禹主编：《中华道藏》第26册，华夏出版社，2004年，第299页。)又《赠丹阳》云："在关中名喆，两吉，字知明；到宁海又添一吉，字智明。"见《王嚞教化集》卷1，《中华道藏》第26册，华夏出版社，2004年，第369页。

之说，此说旨在探寻宗教哲学中的形而上学本体。王嚞特别强调人的内在信仰生活和精神世界的安宁，他认为生命不仅是自然的、生物的生命，也不仅是社会性的存在，在支撑人的自然生命与社会性存在背后者，乃是人所固有的精神生命，也即人所具有的清静本性或谓道性。人有形的自然生命虽是有限的，而与大道相通的一灵真性却是无限的。其于《述怀》中说："道在性长在，身愁心不愁"①，认为身有生死，性则不死。"真性"为成仙证真之本，人修道便是要全其性命之真，体证"真性"成为修道之首务，通过无心、无念、无著、清净，即可以见性；通过顿见真性，就可以超出生死。此说对道教传统的生命哲学也即肉体成仙的修仙、证道理论，作了重大改进。真性具有非物质性、不可分且不可灭，真性的非物质性表明王嚞力图将人从物质、肉体的束缚中解脱出来，不以肉体长生为追求、不以外在物质世界为寄托，因其不具有本质性与实在性，故人也不能对之有可控性、主导性。真性才是人成神、作仙的依据，每个人皆秉此真性而生，真性之光人人内具，识此内有之性光，保任持久，就可以得逍遥而入道。此说在道教史上是一个具有重要意义的转折，表明道教证道、修仙的宗教实践，转向了对心性本体的追求。

故在修道实践中，王嚞尤其倡导人要养护自己的一灵真性。他以"全真"为其所创新道派之名，就体现出其用心所在。《王嚞全真集序》云："全真之教大矣哉！谓真者，至纯不杂，浩劫常存，一元之始祖，万殊之大宗也。"②即认为大道浩劫常存，是永恒的本体，乃万物之始祖、万殊之宗本，其所涵妙理至纯不杂，故可以称其为"真"，此理在人则谓性，人能发现此清净本性，依此修行，就可以到达神圣的境界。王嚞在《又诫人礼拜》中说："大道本虚无，玄里藏玄妙不敷；内有元光人不识，唯吾，日日观瞻自吸呼。"③对此一灵真性，当往何处去寻，他认为要穷究天地初分即父母未生之时有个什么东西存在，这个存在就是人所禀有的先天本性，全真修行就是要推穷此理。其《归朝欢》云："天地初分何

① 《王嚞全真集》卷1，《中华道藏》第26册，华夏出版社，2004年，第282页。

② 《中华道藏》第26册，华夏出版社，2004年，第274页。

③ 《王嚞全真集》卷4，《中华道藏》第26册，华夏出版社，2004年，第298页。

处寄，父母无生名甚字；须将这个要分明，推穷此理宁论是；细细传不二，一能仍究从前自。”①其《卜算子·开门了化出马钰》亦云：“认取元初这个人，共饮长生酒。”②所谓“元初人”，即是道性之比喻。人人皆秉有此道性，只要复此道性，就可以与道相通、恒常永在，故修道即要修此一灵真性。

对此一灵真性、或谓本来真性，王嚞将之称为金丹。其《金丹》云：“本来真性唤金丹，四假为炉炼作团；不染不思除妄想，自然衮出入仙坛。”③又其在《诫潘十四郎省语》中云：“一轮明月绝纤埃，一片灵光照玉台；一粒金丹人不识，一生性命有谁猜。”④王嚞对于人所禀有的一灵真性，将之喻为一轮明月、一片灵光、一粒金丹等。传统道教将金丹看成是实物，故有一粒金丹之说，王嚞虽沿袭道教“金丹”旧说，以一粒喻之，但其以“本来真性”为金丹，金丹这个概念已不再指有形有象的实物，而是指一种无形无象的形上本体。

王嚞以性为人之本，而人之心则是性之载体。“修行之士，心本是道，道即是心”⑤，修行要修性命，关键在人心要清静，这是修行的真捷径。在他看来，道并不是不可期的事，每个人都禀有道，都有真性与本心，修其心则能复其真性，从而合于道而长生可期。王嚞在《巫山一段云·道友问变化》中说：“脱了凡笼，一个真灵入碧空！心端正，怯情去意，精神安闲自舒适！于此得悟，怡然超出苦海，得复本初元性。回光内照，证得本心之道性。”⑥又在《渔家傲》中说：“跳出凡笼寻性命。人心常许依清静。便是修行真捷径。”⑦心如明镜，可以显古今，又能鉴别心行的各种虚矫，心明则艳艳光明自辉，性真则复归本初状态。有时，王嚞以镜喻心，认为心即镜，心镜中涵蕴性珠，此般性珠人人都有，只要

① 《王嚞全真集》卷5，《中华道藏》第26册，华夏出版社，2004年，第304页。

② 《王嚞全真集》卷7，《中华道藏》第26册，华夏出版社，2004年，第315页。

③ 《王嚞全真集》卷2，《中华道藏》第26册，华夏出版社，2004年，第285页。

④ 《王嚞全真集》卷2，《中华道藏》第26册，华夏出版社，2004年，第286页。

⑤ 《王嚞真人授丹阳二十四诀》，《中华道藏》第26册，华夏出版社，2004年，第393页。

⑥ 《王嚞全真集》卷13，《中华道藏》第26册，华夏出版社，2004年，第357页。

⑦ 《王嚞全真集》卷7，《中华道藏》第26册，华夏出版社，2004年，第314页。

心返观内照，就可以显出真性之面貌，心里得全真而明明了了。

因此，修道即是修心。心要端正，要去除情欲与妄意，精神安闲自适，这种精神的超越就可以使人超出苦海，复归于道。在他看来，人的思想、精神活动是奠基于心性之上的，情感、知觉相继而现，处于永不停滞的流动状态，人们为这种流变的情感、知觉所支配，就不可能把握真正永恒不变、自做主宰的本性。故人世间的爱与恨、痛苦与快乐等只不过是一种暂时的幻象，世俗之人以之为自己生命的真实存在，不过是以客为主。心性之境上可以呈现各种情感、知觉，这些情感、知觉转瞬即逝，但情感、知觉是在一个舞台上来进行的——这就是人所具有的不变之清静本性；心性之舞台每日上演种种情感剧，这些情感剧有开幕、有闭幕，然舞台则恒存。王嚞此说后来得到其门弟子的进一步阐扬，如全真龙门派创始人丘处机所著《磻溪集》中收有《青天歌》，其以“青天”喻人之清静本性，以“浮云”喻心性之上所产生的各种情感；浮云可以生成万象，甚至遮蔽青天，但这并不妨碍青天本身的恒存，即是继承、发挥了王嚞的这个思想。

道是亘古而存的，道在人则为性，人之性与道相通，道恒存则人之性亦恒存，故修道的中心问题就是明性，即人所具有的一灵真性。王嚞要探寻宇宙、世界的本质，并将之归于道性或真性，但其所谓的心与性并不是枯寂的死水，而是有体有用，论其体则昏默无迹、寂然不动，论其用则感而遂通，可以“运”、可以“流”，王嚞《人戏言欲盗脚引》云：“心如朗月天心运，性似清风道性流。”①心性活泼如朗月运于天心，又如清风流遍大地，能明照，又能普化；就本体而言，道与性、心是不生不灭的，就其运用而言，则可以作伴云水，为邻虚空。真性有体有用，体用不二；修行之人对其存养多，则真性之功多，存养少则真性之功少。其发之在外，则处于一种动态的生生过程中。

故大道无形无名，出于可形可名的五行之外，乃先天地而存在的宇宙本体，所谓“大道无形无名，出五行之外”②。但大道又不等于是

① 《王嚞全真集》卷1，《中华道藏》第26册，华夏出版社，2004年，第279页。

② 《王嚞教化集·序》，《中华道藏》第26册，华夏出版社，2004年，第360页。

"无",因有与无总是相对而存在的,道则无对;道超出于有、无、无有之相,但又通过有、无、无有之相来表现自己。王嚞于《指迷颂》中说:"无无有有有无端,有有无无有有攒;无有有无无有相,有无无有有无看。"①他认为,如果执著于有与无的区分而不明大道,则开有无、是非之争端;只有超越有、无之相,乃至于不执著一切诸相,在此基础上,对于不执诸相的态度亦无所执,如此方可说近于道。但是,以道观之,则道又不离有、无、无有之外而独存,道性即平等地分殊在万事万物中,尽己之性即可与普遍的道性相融通,在此基础上,有、无、无有又皆是道的体现,有、无、无有又皆可分别作有、无、无有之相来看待。王嚞此说,既强调了修道应该超出于有、无、无有诸相之外去寻觅,此乃侧重于对道的形上性作出阐述;又强调了道不离有、无、无有之外,即有、无、无有诸相而存在,此又对道向形下的贯通作了说明,从而一方面直探道之非相、非非相的本体,又明确道之妙用即存于有、无、无有相中,从而在形上、形下两个层面将道一以贯之起来。王嚞此说为形下物事所涵之超越的形上道性作了重要证明,为社会文明秩序的恢复及合理建构奠定了形上的哲学基础。

从社会功能上讲,王嚞的内丹心性理论适应宋末、金、元战乱之世的社会特点,以本来真性、超越的形上之道作为社会伦理建构的基石,此真一之性湛然圆明、变化感通、无所而不适,无欠无余,有如道之混成、先天地生,修行的根本是修真性,看经与烧香等则是修道的形式,只要归本我真性之宗本,就可以复同于道之太始,如此则烧香、看经、礼忏、云游、打坐之宗教形式,乃至于孝亲、忠贞等形下人伦规范就有了形上之道的依据,也因此而具备了其存在的合理性。全真道通过复先秦老庄道家之古,畅全真之风,其返真、复道之追求、路向,站在道之大全的形上本体高度,以道统摄形下社会伦理之具体规范,使之有本有源、有根有基,既能于形上层面彰显社会价值之本,又能于形下层面重建社会秩序,从而补儒家理学世俗道德教化之不足,能够于宋末、金、元之乱世担当起挺立、彰显社会价值之本的使命,起到笼络人心、改移世风的

① 《王嚞全真集》卷9,《中华道藏》第26册,华夏出版社,2004年,第327页。

重要社会作用。王嚞通过阐发、建构其内丹心性理论，为全真道完成这一重要时代使命奠定了基础。这一方面对于金、元以后道教义理与修持的发展起到了非常重要的引导作用，对中国身心性命哲学的发展也有其特殊的贡献与价值。

二、生命的两重维度：对人之性与命、身与心的关系思考

现实之人不能回避的一个重要问题即肉体的生死问题。肉体生命的存在是短暂的，因意识到死亡而引起精神的焦虑与苦恼，应该说这个问题也曾一度困扰着王嚞，这在其所作《悟真歌》中就有体现，其云："作当九岁方省事，祖父享年八十二；二十三上荣华日，伯父享年七十七；三十三上觉贪婪，慈父享年七十三。古今百岁七旬少，观此递减怎当甘……五十二上光阴急，活到七十有几日；前头路险是轮回，旧业难消等闲失；一失人身万劫休，如何能得此中修。"①王嚞祖父享世寿八十二、伯父七十七、父亲七十三，前辈亲人世寿的递减使王嚞内心既困惑、又恐慌，如何超越生死、跳出轮回，成为王嚞重点关心的问题。

王嚞的性命理论以真性为万化之本体，认为真性无限而永恒，它不生不灭、亘古恒存，人的肉体生命只是呈现此真性的特殊载体之一，只是真性在某一特定时空中的呈现；道、本来真性乃是本体、大全，人只是承载此本体的重要一极，故性先而命后；人一旦能豁然顿悟本有之不灭真性，则可以超越肉体生命的生死，将父母未生前不灭的真性从自身肉体生命的生死中朗现出来，也从各种社会关系的束缚中摆脱出来，从而可以证得不生不灭。王嚞证悟此理之后，对于生死问题不再有所困扰，他在《寿期》诗中说："害风害风旧病发，寿命不过五十八；两个先生决定来，一灵真性诚搜刷。"②害风是王嚞在关中时的绰号，两个先生指王嚞于甘河镇所遇之师，他们教化王嚞，修道当寻觅父母未生之前的"一灵

① 《王嚞全真集》卷9，《中华道藏》第26册，华夏出版社，2004年，第327页。

② 《王嚞全真集》卷2，《中华道藏》第26册，华夏出版社，2004年，第285页。

真性”;如能识得此“一灵真性”,便可证得长生。

作为具有自我意识的生命主体之人,如何贯通起其与道本体的关系?道教传统上是通过性、命修持实践来解决此问题的。修命侧重于有为之功,修性则属无为之法。理论上讲,修行可从修性之无为始,亦可从修命之有为始。故关于修行,道教史上有先性后命、先命后性、性命双修等不同主张,而王嚞则主张“先性后命”。

(一)性真身假、性主命从

修道人要思索人生的大道理,诸如生来自何方、死去往何处,而对于这样的问题,在王嚞看来,只能回头向内探寻自己之心性,方有可能彻悟。王嚞以性命作为修行的根本,但如果以宾、主关系论性命,则他认为宾是命、性为主,如其所说:“主者是性,宾者是命”①,即所谓“性主命从”;同时他又提出“性真身假”的思想,其《苏幕遮》词云:“性为真,身是假。”②“唯一灵是真,肉身四大假。”③既然性真而身假,修行就要求得自己的真性、即亘古不变的本来面目,假合之形躯则不劳累心去专修,如其《传神颂》所云:“假合形躯诚是假,何劳更恁重描画;诸公莫使达人知,惹得一场大笑话。”④王嚞认为,修行不能只修肉体,如果不知道修性,只知养肾、肺、心、肝、脾,这是不行的,因为肉体不能做主,一灵真性才是人的真正主人。故王嚞在回答人问“七十二岁修行可否”这样的问题时,认为“便如百岁未得迟,只要心中换过时”⑤,因为修行重在修性,所以,身体的衰老对于修行并不构成障碍。如果修命而不修性,则达不到修行的目的,其《耍蛾儿》词云:“不会修行空养肚,肾肺心肝脾祖,五团臭肉怎为主,先把黄婆咄去,赶退青龙兼白虎,不用婴儿姹女,诸公要觅长生路,别有一般门户。”⑥人身本具阴阳,调和人身之阴阳,

① 《王嚞授丹阳二十四诀》,《中华道藏》第26册,华夏出版社,2004年,第392页。

② 《王嚞全真集》卷13,《中华道藏》第26册,华夏出版社,2004年,第351页。

③ 《王嚞真人金关玉锁诀》,《中华道藏》第26册,华夏出版社,2004年,第394页。

④ 《王嚞全真集》卷9,《中华道藏》第26册,华夏出版社,2004年,第328页。

⑤ 《王嚞全真集》卷1,《中华道藏》第26册,华夏出版社,2004年,第276页。

⑥ 《王嚞全真集》卷11,《中华道藏》第26册,华夏出版社,2004年,第342页。

传统丹经以龙虎交、水火调、婴儿与姹女相守等来比喻。王嚞认为，修行还有超出阴阳外的一事，即寻求真性；不明心性而只是端身、打坐，这些都是劳神，故修行不仅是要使青龙与白虎俱、婴儿与姹女合、黄婆出现，而是另有长生之路，其所谓别有“一般门户”就是与修命不同的修性。修行要从修心性开始，如果不认取真性，光做命功的修持，虽然可以作福养身，但与修仙证道、性命之事并不相干，修行人自己要回光返照，向心内求，悟透本有之一灵真性，方是修道。

因此，王嚞论修行，不从炼铅、实腹的命功开始，而是从无身、无为的性功开始，强调修行只是无身、无为、无漏。其《和玉长老古调》云：“无身无为亦无漏，勿论实腹并虚心。”①对于身与心、心与性是什么关系，王嚞有个比喻，认为身是香炉，心是香子，性是香烟。如其《又咏烧香》云：“身是香炉，心同香子。香烟一性分明是。”②身中有心，犹如香炉中有香子；心中有性，有如香子生烟。无香炉，并不影响香子与香烟发挥其功能与作用。修行虽不离色身，但又不能执著于色身，色身由地水火风四大组成，有聚有散，故终是坏，而一灵真性不坏。修行要凭借色身，但修行的过程中则不能滞于凡躯，修行要将一灵真之性开发出来，真性无相、无形，得此真性呈现，即可以得圆满、自在、无漏。九转还丹不过是修性，心性才是修行的根本。所以，对于身体的凡躯不要太执著，对于惺惺的本心要明了。修行之时，不管行住坐卧，皆要清清明明，心性神朗，才能结成金丹宝珠一颗。

（二）性先命后、性可兼命

王嚞以“真性”为成仙证道之本，其对道教传统的“长生”理念的解释，较之以前也有大的改进。他认为，“长生”指的是“真性”的不生不灭，所谓“是这真性不乱，万缘不挂，不去不来，此是长生不死也”③。真性即人先天地而有的元初本性，它亘古亘今，为人之真面目，所谓“长生

① 《王嚞全真集》卷1，《中华道藏》第26册，华夏出版社，2004年，第281页。

② 《王嚞全真集》卷7，《中华道藏》第26册，华夏出版社，2004年，第318页。

③ 《王嚞授丹阳二十四诀》，《中华道藏》第26册，华夏出版社，2004年，第392页。

不死”实指人人本有的元初真性。他在修性与修命孰先孰后这个问题上持“先性后命”之说，认为人人皆可成仙，成仙证真的根据在于人心所具的“真性”上，真性不生不灭，不去不来，无挂无碍；修行要先识自己本来真性，通过收心降念，做到对境不染，开廓心之灵明，搜出人的本真元初之性，以期明心而见性。

当然，性先命后、性可兼命，不是说只修性、不修命，而是说修性可以兼命。虽然修行不能仅仅拘泥于水升、火降，虎绕、龙蟠等手段与功夫，但在明心见性的基础之上，人静心而调息，自然可以炼精化气、神气合一，从这个角度来说，则修性自可了命，也即认为修性可以兼及于命。故王嚞不是要割裂身与心、性与命两者的关系，他只是强调要在修行中分清性命之主次关系，认为修行最重要的是要认取真性，修行不能仅仅以外表的容光焕发为目的，更重要的是应该求得其赤子之心的呈现，此赤子之心即真心，真心呈现、真性亦随之而出；心性修养好了，身体自然就会发生变化。

王嚞主张先修性、后修命，性真命假、性主命从、性可兼命，突出了心性在修持中的重要地位。故在他看来，修仙不是别求一物，而是要回归自己的元初本来真性，归根复本，自然心地清净、性命恬然。王嚞的内丹性命理论改进、转变了传统道教肉体成仙的思想，将道教的修炼理论推进到了心性修养的形上哲学层面。

三、“全真”修性之功：降心炼性，除情去欲

道是世界的根基，心性由道溢出，又包含在道中。有限的心智只能认识杂多，而超越的心性则直觉道的存在。全真的生命修持在于使心性复归于道，为了实现这个目标，人必须否定各种情与欲，因为这只是生命的一种偶然属性。舍弃偶然的情欲，则心性可以归于道，恢复到其最初的原有状态。

王嚞对明心见性多以“清净”论之，他在《于公求诗》中说：“无思无虑是真修，养气全神物物休。亘劫容颜须要见，元初光彩决重收。莫将

外景心中蕴，好把灵丹性上求。依此自然超彼岸，都缘清净大神舟。”①世俗之人耽于感官享乐，既劳神又惫气，戕害人之真性、本命，王嚞认为这是不值得追求的。在他看来，栖心求道之士当黜去聪明、除去健羡，乐于淡泊、合于清静，无纷华蛊于外、情欲启于内，抟气致柔、静默久久，自然心灵湛然、神明自得、全真契妙。当然，大多数人不能发明自己本身所具有的一灵真性，故得道者少，王嚞所创全真新道派之教旨就在于诱人返朴还淳，通过静息、凝虚，涵养、发见真如之妙性，认清自己的本来面目，使人皆能复归于真常与妙道。

在做功夫的时候，“清净”必然带来“清静”，故两者有时可以相提并论。对于什么是“清静”，《王嚞真人授丹阳二十四诀》载：“丹阳又问：‘何者名为清静？’祖师答曰：‘有内外清静，内清静者心不起杂念，外清静者诸尘不染著，为清静也。’”②王嚞认为，清静分内外，有内外清静，内清静指心不起杂念，外清静指对诸尘不染著，合内外清静，才是真清静。王嚞认为，于心性修养言，清静不离“降心”“去欲”；于宗教生活言，清静又须与“离俗”相关联；于宗教精神之追求言，则清静就意味着“真性”的呈现。

（一）“降心”“去欲”

人心有个本来面目，即是人之本性，本性有如金玉、珠宝，其莹彻如有万道光明，但由于一般人心性为名利等尘垢所蒙而不明，如果能在心地上下功夫，涤去尘垢，此心性所具本来面目就可以朗耀在天地间而不生不灭。王嚞的思想中，合理地涵有心本是道、道即是心、心外无道、道外无心的精神意旨。他认为修道就是要使此心性本体明朗而不昧，故真修行者首先要修心，要心如泰山，不动不摇；而修心就要降心，降心有如孟子之“求放心”，要将放逐在外的良知本心收而归之，慢慢调养，自

① 《王嚞全真集》卷10，《中华道藏》第26册，华夏出版社，2004年，第329页。

② 《中华道藏》第26册，华夏出版社，2004年，第392页。此书中有丹阳师云等语，尊王嚞为真人，应为丹阳之门徒所记录、纂集，而反映的则是王嚞、马丹阳师徒一脉相承之修炼思想。

然气升而一灵真性现，修行人保养此灵真之性，即是修道。

王嚞认为，本有之灵明即人之心，此心常寂寂而又惺惺、能觉照万法，它并不离于人、日住于人之身中，但常人不识此心；要识心，不须著意寻觅，只要心澄则可。他在《又兄去后赠侄元弼元佐》中说："道性在心，心中莹彻，喻之为灵童，心灵明莹，能至无生，心澄是路径。"①《又京兆道友》："这个灵童明似烛，惺惺能唱无生曲，日住公家公不识，休寻觅，心澄便是真消息。"②修行者先要求得虚明本心，修心不是别觅一心，而是即此心起修，不分睡与醒，心之灵明要清、要定，本有真性要明；心寂则杳默昏冥，心澄则凡心涤尽，如此则真心自然呈现；功夫做足，顿忘人我之区分，就可以发现元初的真一本性，自然可以得自在逍遥。

清净心地是明心见性的重要基础。明心见性一般要采用打坐、参究的方法，王嚞区分了真坐与假坐的不同，其《立教十五论》谓："凡打坐者，非言形体端然，瞑目合眼，此是假坐也。真坐者，须要十二时辰行住坐卧一切动静中间，心如泰山，不动不摇，把断四门眼耳口鼻，不令外景入内，但有丝毫动静思念，即不名静坐。能如此者，虽身处于尘世，名已列于仙位，不须远参他人，便是身内贤圣。"③《玉花社疏》也说："诸公如要修行，饥来吃饭睡来合眼，也莫打坐，也莫学道，只要尘冗事屏除，只要心中清净两个字。"④一般的打坐，如形体端然，瞑目合眼，这只是打坐的形式，这种形式并不意味着内中包括有真实的打坐内容。真正的打坐，要求修行者，十二时中，不论采取什么形式，如行住坐卧，或动或静，都要做到心如泰山，不动不摇；对于眼耳口鼻四门，要牢牢把握，不令外物扰乱心地之清净，有一丝动静的思虑、念头，即不名静坐。所以，打坐不是指身不动，打坐是修心，心不动即名静坐，如果能做到心不动不摇，可以成就身内贤圣，可以即世间而得到精神的超越。

王嚞认为，心又可分为定心和乱心，"凡论心之道，若常湛然，其心

① 《王嚞全真集》卷7，《中华道藏》第26册，华夏出版社，2004年，第315页。

② 《王嚞全真集》卷7，《中华道藏》第26册，华夏出版社，2004年，第316页。

③ 《王嚞立教十五论·第七论打坐》，《中华道藏》第26册，华夏出版社，2004年，第271页。

④ 《王嚞全真集》卷10，《中华道藏》第26册，华夏出版社，2004年，第335页。

不动，昏昏默默不见万物，冥冥杳杳，不内不外，无丝毫念想，此是定心，不可降也。若随境生心，颠颠倒倒，寻头觅尾，此名乱心也。速当剪除，不可纵放败坏道德，损失性命"①。所谓定心指不动之心，它内外不分、浑然一体、外物不能扰动，此即为定心，对此定心，王嚞认为不必再头上安头、有意识地去调理它；随境所转之心、为物所役之心则为乱心，对此乱心则要痛下杀手、将之剪除，因为纵之可能会败坏人的道德。对于如何调心性，王嚞认为有如调琴、铸剑，"理性如调琴弦，紧则有断，慢则不应，紧慢得中，琴可调矣。则又如铸剑，刚多则折，锡多则卷，刚锡得中，则剑可矣。调炼性者，体此二法则自妙也"②。琴弦之调要不紧不慢、取其中道，太紧则可能使琴弦断，太松则可能使琴弦不能绷起，弹之而不应；铸剑时钢多则易折，锡多则易卷，钢与锡的比例要得中，则剑方能铸成；如果在调心性的过程中，能体味调琴与铸剑之理，则可以说摸到一些修道的门道了。

王嚞认为出家最重要的是降心，出家如果不降心，心与世缘相接、心生而外驰，则有损修行人之道德。值得注意的是，《王嚞真人金关玉锁诀》载有王嚞这样的观点，即有些人追求清静，把妻子皆休弃，但还是不能成道，究其原因，是因为其身虽清而心不清、身静而意不静，导致性灭而不可见。所以，王嚞认为修行之人要降心、去欲、常清常静，此为修行的根本大乘之法。

（二）离俗缘

王嚞认为，修行重要的是要离其所染著之境，达到离一切诸有，以至于达到离无所离的境界。他在《郝升化余打破罐因赠二绝》中说："欲要心不乱，般般都打断；子午卯酉时，须作骷髅观。"③认为修行人要澡雪精神，捐去尘累，才能深造道枢；不能贪恋世间万有，世间万有其实是

① 《王嚞立教十五论·第八论降心》，《中华道藏》第26册，华夏出版社，2004年，第271页。
② 《王嚞立教十五论·第九论炼性》，《中华道藏》第26册，华夏出版社，2004年，第271页。
③ 《王嚞全真集》卷10，《中华道藏》第26册，华夏出版社，2004年，第334页。

空，虽有亦无；要渐远世缘、涤去根尘，才能独露心性之全体。王嚞化丹阳出家时，就用了许多办法，著名的“分梨十化”故事中，所谓“分梨”即分离，“栗子”即离子，“芋头”即相应回头。修道求真性，要绝去尘情，才能使心悟而超于俗，故学道、修心，“其要在拯拔迷徒出离世纲，使人人如孤云野鹤，飘然长往，摆脱种种习气，俾多生历劫攀缘爱念如冰消瓦解，离一切染着，无一丝头许凝滞，则本来面目自然出现，此全真之大旨也”①。王嚞强调，修性与命要摆脱尘俗之缘，心中无挂碍，则性内得圆明；通过体虚观妙，离一切染着，使心地常清常净，则本来面目呈现，这才是全真修行之大旨。凡夫之性不明，不能识自己心性本源，执着于外物，心随物流转，触物而患生，没有穷尽之时；修行人则绝去尘情、离却俗缘，心性真清真净、无染无着，即可复本心，复本心即能与道相通。

（三）见真性

王嚞心性理论的最高境界，是顿见真性。超出三界即能顿见真性，王嚞对三界的论说颇有特色，他说：“心忘虑念即超欲界，心忘诸境即超色界，不著空见即超无色界，离此三界，神居仙圣之乡，性在玉清之境矣。”②认为修仙即是修性，心忘思虑、想念即可超出欲界之外；心不随境转即可以超出色界；心不执着于空见，就可以超出无色界，因无思虑，不随境转并不意味着空无。离此三界，即可以达仙圣之乡，抵玉清之圣境；心超三界，便可以离凡世。当然，离凡世只是心在圣境、心地超出于凡事的束缚，“离凡世者，非身离也，言心地也……得道之人，身在凡而心在圣境矣”③。神仙应该是自在逍遥的，其真灵之性有如黄金之不替，其原初之性有如白玉妆成，故在王嚞看来，终南虽然山色好，但神仙不一定只有在终南山才能安居，他在什么地方都可以感受到清静与超越。

① 《王嚞教化集·后序》，《中华道藏》第26册，华夏出版社，2004年，第381页。

② 《王嚞立教十五论·第十三论超三界》，《中华道藏》第26册，华夏出版社，2004年，第272页。

③ 《王嚞立教十五论·第十五论离凡世》，《中华道藏》第26册，华夏出版社，2004年，第272页。

四、"全真"养命之法：养气炼丹，逆修归元

心性本体是无限之整体，王嚞强调每一个体的人都可以通过自我而实现与心性本体的合一。自我的实现，就是心性本体的发明，将自己融入无限的心性绝对整体中，明心见性是个体的人所应努力趋赴的目标。命功的强调：不能仅仅根据自己对心性的认识和理解去把握心性，更要身体力行去证悟、经历，侧重实践与修证。心性本体也不是外在的、被投入个体之中的存在，而本质上就是每一存在物，这其中当然包括人所内蕴于自身中的绝对本体。

王嚞"性先命后"的理论并不意味着不重视修命，如何修命也是其内丹学思想的一个重要方面。关于养命之功，王嚞亦多有论述，如其《述怀》云："水云游历到西方，拾得真金坚又刚；放在绛宫封闭了，满宫明耀现霞光。"①"水云游历到西方"，是道教内丹修持中求取水中金的修命功夫；"拾得真金坚又刚"，真金乃先天之精；绛宫指丹田，放在绛宫，即存于丹田，以真意之火"烹"之，真金得真火炼，就能明耀现出霞光之色，成就金丹。

关于命功修行的过程，王嚞在其《如梦令》②词中，仿照中国民俗中冬季数九的习俗，以冬至之后自然气候变化的九个过程来喻指丹道修习过程中身体内部的种种变化，尤其是身体命功方面的变化。如他提出：一九初寒，正遇二十四节气中的冬至，此时朔气肆虐，一阳处众阴之下，在地底黄泉生起，此可喻修行人在昏昏默默之中，身内有新阳欲起；二九寒风凛冽，阴盛之中有阳长，王嚞以《周易》坎卦喻之，坎一阳虽处上下两阴爻之中，但阴阳相得、阳正趋于壮旺，此亦可用北海神龟畅饮为喻；三九时天寒地冻，水面尽为冻冰，冰反射阳光、耀人之目，此喻修行人身中阳气耀出光明；四九寒风似箭，然嘉祥得见，此喻修行人身中阳气真切可睹；五九天池之冰开始解冻，喻修行人身中已得真阳一半，

① 《王嚞全真集》卷2，《中华道藏》第26册，华夏出版社，2004年，第287页。

② 《王嚞全真集》卷8，《中华道藏》第26册，华夏出版社，2004年，第319页。

此又好比山岭腊梅因得地之阳气冲暖，已成烂漫之势；六九阳气舒张，修行人真阳之气在身体上下冲和，周匝流通，行大周天运转之法、无处不至，这好比春花到了阳春之季，开始要绽放其琼苞、宝卉，此喻修道的成效开始明显；七九阳气门开八脉，人身中除十二正经之外，还有所谓奇经八脉，甚不易通，此时气在人身运转周回、灌溉八脉，使八脉皆通，丹田神气相浑融，似吐氤氲之气，赫赫纯阳、无有阴质，一点灵明真性呈现；八九般般洽协，修行人一身上下普遍得到真气的调燮，真性性光之光辉明耀，如以种树相喻，则此时树已长出瑶枝玉叶；九九真性朗明，犹如莹莹明珠一颗，此时丹宝已成。在此词中，王嚞还提及所谓“前三三”“后三三”，“前三三”似指修行人前有上、中、下三丹田，“后三三”似指后有真气运行之三关：尾闾、夹脊、玉枕；任、督二脉则沟通前三三、后三三，修行人亲身证得此理，修行可望有成。王嚞此词如此详尽解说由命功至于性功的修炼过程，看来他的内丹理论虽重炼性，但并不排斥修命。尹志平于《北游语录》中，曾多处语及王嚞授丹阳等弟子调气、养身之法，亦可证明这一点。《王嚞真人授丹阳二十四诀》、《王嚞真人金关玉锁诀》等王嚞弟子、后学所辑著作中，亦保存有许多命功修炼之法，其中一些方法可能得自王嚞真传。因此，王嚞虽然坚持修行主要是修亘初元性，但并不排斥修命，养气炼丹亦是其全真之教的重要内容。

五、小结

王嚞的内丹心性学强调每一个个体都秉承有普遍的道性，认为人之真性本来清静，而后天、非自然的主观作为破坏了这种清静，人只要法道性的自然无为，虚灵玄静，清静寡欲，就能返回先天真性，从而与道合真。他认为人的心性中具有一种价值自觉的能力，每一个人都可以通过修养自己的心性，发见自己的本来面目而达成与道本体的合一。从道教教义思想的发展看，早期道教比较重视对宇宙生成本原的考察；隋唐重玄道教则重对现象背后之本体的考察；宋金元以来，王嚞的内丹学在继承重玄学对道本体思考的同时，从本体诸多的涵义中，突出了人之心性本体的重要性，强调即身实证、见性成真，以期开辟一条从人事通向天道的实践之路，以重拾人心、改变世风；从早期道教的宇宙生成论发展到隋唐重玄道教的宇宙本体论，再到金元全真内丹心性本体论的凸显，我们可以看到，王嚞的内丹心性哲学实是整个道教义理逻辑发展过程中不可或缺且相当重要的一环。当然，王嚞所开创的全真新道教不仅强调修性、炼命的"真功"，更强调苦己利人、济世惠民的"真行"，他以"真行"作为其修道不可或缺的重要手段，要求全真道徒将济世作为其重要的目标，每个修行者要培护自己的仁爱之心，践行高尚之道德，济贫穷、拔苦难，见别人有患难之事常行拯救，在利益面前先人后己。我们认为，全真道在金、元时期能有一个大的发展，与王嚞确立的重心性修养、救世、普度的宗教理想有极大的关系，这对金、元以后整个道教发展之势，应该说产生了极其重要的影响。

（作者为北京师范大学哲学与社会学学院教授）

丘处机与《大丹直指》*

赵卫东

《道藏》洞真部方法类收录《大丹直指》二卷①，署名“长春演道主教真人丘处机述”，主要阐述了小、中、大三成丹道理论与功法，历来被视为丘处机的丹道著作，而且清末以前无人对此有过怀疑。但自陈铭珪在《长春道教源流》中提出该书乃“后人伪托”之后，不断有学者对丘处机与《大丹直指》的关系加以质疑，尤其是2008年戈国龙发表《〈大丹直指〉非丘处机作品考》一文后，《大丹直指》非丘处机作品几乎成为定论。下面笔者将在以往研究成果的基础上，对丘处机与《大丹直指》的关系重新加以考察，并尝试提出自己对该问题的一些不成熟的看法，希望能够得到前辈与同道的指正。

一

第一个对《大丹直指》真伪提出质疑的是清末全真道士陈铭珪，其在《长春道教源流》卷三《丘长春事迹汇纪下》云：“明白云霁《道藏目录》载《大丹直指》二卷，云‘长春演道主教真人丘处机述’，有五行颠倒，龙虎交姤等图诀。考陈时可《碑》，但云有《磻溪》、《鸣道》二集。又，长春门人李真常《西游记》，尹清和、王栖云《语录》俱不云有此书，‘长春演道主教真人’系元世祖至元六年褒封之号，书盖出于至元后，去长春之化，

---

* 本文系作者主持的教育部人文社会科学重点研究基地重大项目“丘处机研究”阶段性成果，项目编号：05JJD770021。

① 《道藏》第4册，文物出版社、上海书店、天津古籍出版社，1988年，第391～404页。

三十余年矣①;此当后人伪托,观前所引《清和语录》自见。"②陈铭珪认为,《大丹直指》并非丘处机作品,而是"后人伪托",理由主要有两个:其一,像陈时可撰《长春真人本行碑》、李志常述《长春真人西游记》以及段志坚编《清和真人北游语录》、论志焕编《盘山真人语录》等金元时期全真道文献,只提到丘处机的作品有《磻溪集》、《鸣道集》等,而皆未曾提到《大丹直指》。其二,《道藏》所收该书署名"长春演道主教真人丘处机述",而"长春演道主教真人"之号乃元世祖于至元六年(1269 年)封赐,此时丘处机已仙逝多年,这说明该书成书应该在丘处机仙逝之后。以上两个理由得到了学界的普遍认同,比如,任继愈先生主编《道藏提要》接受了第二个理由,把《大丹直指》的编刊时间定在了 1269 年至 1310 年之间,认为"题称丘为'长春演道主教真人',此号之赐,在丘处机卒四十二年(1269 年);至大三年(1310 年),加赠丘处机等七真真君号。故是书之编刊,当在 1269 年—1310 年之间"③。基于同样理由,王卡先生在《中国道教大辞典》中认为《大丹直指》乃由丘处机"后学弟子编刊"④。但令人遗憾的是,陈铭珪只是从文献考证角度探讨了《大丹直指》与丘处机的关系,而未从丹道理论角度对该问题做出分析,毕竟《大丹直指》是一部丹道理论著作,仅从文献考证角度探讨其作者归属,难以令人信服。

2007 年 9 月底,由山东师范大学齐鲁文化研究中心主办的"丘处机与全真道国际学术研讨会"在山东栖霞召开,中国社科院戈国龙研究员向会议提交了《〈大丹直指〉非丘处机作品考》⑤一文,对丘处机与《大丹直指》的关系进行了系统考察。与陈铭珪的研究不同,戈国龙认为,

① 此处有误。丘处机仙逝于蒙古太祖二十二年(1227 年),而元世祖封赐丘处机"长春演道主教真人"在至元六年(1269 年),期间相距 42 年,非"三十余年"。

② 《藏外道书》第 31 册,巴蜀书社,1992 年,第 56～57 页。

③ 任继愈主编:《道藏提要》,中国社会科学出版社,1991 年,第 175 页。

④ 胡孚琛主编:《中国道教大辞典》,中国社会科学出版社,1995 年,第 387 页。

⑤ 会议之后,该文先是发表于《世界宗教研究》2008 年第 3 期,后又收入刘凤鸣主编《丘处机与全真道——丘处机与全真道国际学术会议论文集》(中国文史出版社,2008 年)一书,本文所有关于该文的引用,皆出自《世界宗教研究》2008 年第 3 期,下面不再另行注明。

仅“从文献学、版本学、目录学、训诂学的角度去确定一书的作者真伪”，这是很不够的，若想全面系统研究该问题，就必须“结合《大丹直指》一书的具体内容，从义理上判定其丹法系统，更加之以文献考证，两者结合，便可确定《大丹直指》一书的真伪及学派归属”。基于以上认识，他从文献考证与丹道理论两个方面对《大丹直指》与丘处机的关系进行了更为详细的研究，并最终得出了“《大丹直指》非丘处机作品”的结论。针对以上结论，他提出了三点理由：首先，通过对金元时期全真道文献的检索，他发现全真诸子文集与传记皆未提及《大丹直指》，因此他认为：“《大丹直指》出于丘祖仙逝三十年后，诸传记资料皆未提及，全真诸子的文集语录中亦未提及，《大丹直指》显然非丘处机所亲手著述，这是可以肯定的。”其次，通过对《大丹直指》与金元之前丹道文献的比对，他发现《大丹直指》多处引用《钟吕传道集》、《灵宝毕法》、《西山群仙会真记》、《修真太极混元图》等，因此认为：“从《大丹直指》的文献渊源判定其属于施肩吾一系所传钟吕丹法。”最后，通过对《大丹直指》丹法理论的研究，他发现其丹法特征与丘处机一系所传不同，因此认为：“《大丹直指》非全真家言，不可能是丘处机所述的作品。”基于以上三点理由，戈国龙认为，《大丹直指》并非丘处机作品，而是出于全真道南宗施肩吾一系，并对该书为什么署名丘处机做出了自己的推测，其言：“这本书的渊源根本不是出自于全真道系统，而属于施肩吾一系。但元代以后，全真大盛，丘处机又是弘传全真教最有力的功臣，道望日隆，某位无名的全真后学得到这一传自施真人一系的丹书后，便托名丘处机之作而公之于世。”

二

笔者基本认同陈铭珪与戈国龙对于《大丹直指》的判断，尤其是戈国龙，作为国内研究内丹道的专家，从文献考证和丹道理论两个方面，对《大丹直指》进行了详细考察，提出了极为中肯的判断。但是，对于他们关于丘处机与《大丹直指》关系的最终结论，笔者并不完全认同。陈铭珪认为《大丹直指》乃“后人伪托”，而戈国龙却认为“《大丹直指》非丘处机作品”，言下之意是，他们都认为，《大丹直指》与丘处机没有关系，是施肩吾一系南宗弟子伪托丘处机之名而作，或者是“全真后学得到这一传自施真人一系的丹书后，便托名丘处机之作而公之于世”。但我们认为，仅仅依靠以上所提出的这些理由，并不足以证明《大丹直指》与丘处机无关，因为假若认同这一观点，会有许多问题难以自圆其说。

第一，假若《大丹直指》确为他人伪托丘处机之名而作，与丘处机没有任何关系，那么，元代丘处机一系弟子为什么没有出来澄清？《道藏》所收《大丹直指》署名“长春演道主教真人丘处机述”，据王卡先生在《中国道教大辞典》中的说法，此处称丘处机为“真人”，而非“真君”，这说明《大丹直指》的成书时间应在至元六年（1269 年）至至大三年（1310 年）之间。因为丘处机于至元六年获赐“真人”之号，而至大三年再次获赐“真君”之号，这里称“真人”而不称“真君”，其成书只能是在丘处机获赐“真人”之后，“真君”之前，即公元 1269 年至 1310 年之间。丘处机仙逝于蒙古太祖二十二年（1227 年），42 年之后，即 1269 年，丘处机获赐“真人”之号，依时间计算，其弟子或许鲜有在世者，但二传、三传弟子则正当其时。假若《大丹直指》确非丘处机作品，而又假称“丘处机述”，丘处机一系弟子为什么没有出来澄清？况且，自《大丹直指》成书至《长春道教源流》刊印的 600 多年间，全真道弟子没有人对该书真伪产生过怀疑，难道他们没有见过该书？因《大丹直指》收入《道藏》，所以白云霁《道藏目录详注》已提到该书，但奇怪的是，清代有关丘处机的传记文献，如完颜崇实《丘长春真人事实》、孟豁一《白云仙表·长春主教真君》、王世贞《有像列仙全传》卷八《丘处机传》、戴本珩《龙门正宗觉云本支道统薪传》卷下《龙门启教丘长春真君传》[①]等，也皆未提到《大丹直指》。既然该书收入《道藏》，那么，清代学者应该很容易见到该书，但为什么除了陈铭珪之外，在介绍丘处机时都没有提到该书呢？难道他们与陈铭珪一样，也认为该书是伪作，不值得一提？还是另有其他原因？

第二，《道藏》所收《大丹直指》为什么署名“丘处机述”，而不是“丘处机著”或“丘处机撰”？孔子在《论语·述而》中曾自称“述而不作”，这

① 丘处机：《丘处机集》，齐鲁书社，2005 年，第 463～474 页。

说明"述"与"作"是不同的。"作"相当于今天我们所说的"著"或"撰"，其基本意义是"创作"，表达的是作者的观点与看法，强调的是在前人基础上的创新；而"述"的基本意义是"表述"、"阐述"、"叙述"，以传达前人的观点与看法为主，不能看作是述者的创见，只能看作是述者对前人思想或观点的叙述或阐述。比如，《道藏》还收录了一部《长春真人西游记》，该书署名为"门人真常子李志常述"，其之所以称"述"，而不称"著"或"撰"是有原因的。孙锡在《长春真人西游记》序中称："门人李志常，从行者也。掇其所历，而为之记，凡山川道里之险易，水土风气之差殊，与夫衣服饮食百果草木禽虫之别，粲然靡不毕载。"[①]虽然孙锡把《长春真人西游记》视为李志常作品，但《金莲正宗记》卷四《长春丘真人》、《金莲正宗仙源像传·长春子》、《历世真仙体道通鉴续编》卷二《丘处机》、《元史·丘处机传》等，皆提到《长春真人西游记》是丘处机作品，如《金莲正宗记》卷四《长春丘真人》云："所有歌诗、杂说、书简、论议、真言、语录，曰《磻溪集》、《鸣道集》、《西游记》，近数千首见行于世。"[②]学者们认为，以上文献中所言之《西游记》即《长春真人西游记》，这不是与孙锡的说法有矛盾吗？实际上并非如此。元代一些重要全真道文献之所以把《长春真人西游记》视为丘处机作品，原因是《长春真人西游记》并非是李志常一人的著作，因为李志常虽然是随行十八大士之一，但并非全程陪伴丘处机西行。比如，《长春真人西游记》卷下云："五月七日，令宋道安、夏志诚、宋德方，孟志温、何志坚、潘德冲六人先行。十有四日，师挈尹志平、王志明、于志可、鞠志圆、杨志静、綦志清六人次之。饯行者夹谷妃、郭宣差、李万户等数十人，送二十里皆下马，再拜泣别，师策马亟进。十有八日，张志素、孙志坚、郑志修、张志远、李志常五人又次之。"[③]在丘处机西行过程中，因路途艰险，经常需要分期分批前行，李志常并不是自始至终与丘处机在一起。尤其是丘处机为成吉思汗讲道

① 孙锡：《长春真人西游记序》，《道藏》第 34 册，文物出版社、上海书店、天津古籍出版社，1988 年，第 480 页。

② 《道藏》第 3 册，文物出版社、上海书店、天津古籍出版社，1988 年，第 360 页。

③ 李志常：《长春真人西游记》卷下，《道藏》第 34 册，文物出版社、上海书店、天津古籍出版社，1988 年，第 494 页。

时,更是无一名弟子在身边,《长春真人西游记》中的很多片段来源于丘处机或其他弟子的转述,李志常只是一个记述者,而在整个西行过程中,唯一亲历全程的全真道士是丘处机,所以把《长春真人西游记》视为丘处机的作品也不无道理。当然,《长春真人西游记》的文字记录者是李志常,并非全部内容都是由李志常所作,所以《道藏》称“门人真常子李志常述”。同样道理,《大丹直指》署名“长春演道主教真人丘处机述”,而不是“丘处机著”或“丘处机撰”,这说明其编辑整理者在认为其与丘处机有极大关系的同时,并没有将其整个视为丘处机的作品。

以上两点实际上可以互证,既然古人对于“述”和“著”、“撰”有明确区分,那么,《大丹直指》署名“丘处机述”,说明他们并没有将其视为丘处机的著作,当然也不会对其真伪产生怀疑,这也许就是600多年来无人对此提出质疑的原因。同样,金元时期的全真道文献在谈到丘处机的作品时,从来不提《大丹直指》,或许也是这个原因。这样一来,假如从“著”或“撰”的角度来讲,《大丹直指》确实非丘处机作品,所以,我们完全赞同陈铭珪、戈国龙对《大丹直指》作者的判定,但他们认为,《大丹直指》与丘处机毫无关系,乃是“后人伪托”或“施肩吾一系”南宗弟子的作品,这一点笔者不敢苟同。

三

按照陈铭珪、戈国龙的研究,既然《大丹直指》非丘处机著作,只是后人伪托,那么,它与丘处机应该没有任何关系。然而,如上所述,《大丹直指》署名“丘处机述”,由“述”与“作”的不同可以看出,其编辑者自一开始就没有将其视为丘处机的原创性作品,但也没有否定其与丘处机有关系。假若以上推断正确的话,陈铭珪、戈国龙的最后结论就有值得商榷的地方,因为还有另外一种可能性存在,即《大丹直指》虽非丘处机原创性作品,但却有可能是丘处机对前人丹道理论的总结与阐述,而且从其署名“长春演道主教真人丘处机述”来看,这种可能性还是很大的。事实若果真如此,那么,《大丹直指》即使不是丘处机原创性作品,其与丘处机也有极深的渊源，而不是像陈铭珪、戈国龙所认为的那样毫无关系。况且，从全真道丹道理论的渊源与传承以及丘处机熟读道经来看，这种可能性是存在的。

内丹道创立于唐末五代，其早期代表人物是钟离权、吕洞宾，无论是后来由张伯端开其端的内丹南宗，还是王重阳创立的全真北宗，皆奉钟离权、吕洞宾为祖师。全真北宗所宗奉的祖师有五位，即王玄甫、钟离权、吕洞宾、刘海蟾、王重阳，号称“北五祖”，而且王重阳曾多次称吕洞宾为师父，其言：“正阳的祖，又纯阳师父，修持深奥。更有真尊唯是叔，海蟾同居三岛。弟子重阳，侍尊玄妙。”①又称：“汉正阳兮为的祖，唐纯阳兮做师父。燕国海蟾兮是叔主，终南重阳兮弟子聚。”②另外，其曾自称在甘河所遇仙人为吕洞宾，其云：“丹阳问余不住饮冷水何故，答曰：‘我自甘河得遇纯阳真人，因饮水焉。’故做是词。”③后来的全真七子也都奉王重阳为师父，吕洞宾为师祖，马钰就曾云：“师父重阳，师祖纯阳。”④以上说明，在王重阳和全真七子看来，其丹道理论渊源于钟、吕，乃钟、吕丹道派的正宗嫡传。但从时间上讲，王重阳的丹法不可能直接得自吕洞宾，只能是得自宋金之际活动于终南山的钟吕传人，而当时最活跃的便是同样奉钟吕为祖师的内丹南宗弟子，因此，王重阳的内丹理论极有可能源于内丹南宗。关于这一点，日本学者蜂屋邦夫先生曾提到，其言：“内丹学是在唐末、五代之间确立的。钟离权、吕洞宾（纯阳）、刘玄英（海蟾）等人，把《参同契》当作丹经之‘祖’，提倡了内丹型的金丹道。钟吕两人是否实际存在，还有疑问。相传，钟离权和吕洞宾是师弟关系，两人的问答，由吕纯阳的弟子施肩吾编撰成《钟吕传道集》。

① 《重阳全真集》卷 3，《道藏》第 25 册，文物出版社、上海书店、天津古籍出版社，1988 年，第 710 页。

② 《重阳全真集》卷 9，《道藏》第 25 册，文物出版社、上海书店、天津古籍出版社，1988 年，第 736 页。

③ 《重阳分梨十化集》卷下，《道藏》第 25 册，文物出版社、上海书店、天津古籍出版社，1988 年，第 797 页。

④ 《丹阳神光灿》，《道藏》第 25 册，文物出版社、上海书店、天津古籍出版社，1988 年，第 632 页。

钟离权还著有《灵宝毕法》,传世的《吕祖志》收有吕洞宾的《沁园春》等诗词和歌诀。包括钟吕以前崔希范的《入药镜》在内,王重阳似乎很好地研究了这些内丹学著作。"①显然,蜂屋邦夫先生认为,王重阳曾经对《钟吕传道集》、《灵宝毕法》、《入药镜》等丹道经典进行过精心研究,非常熟悉钟离权、吕洞宾的丹道理论。樊光春先生也曾在一篇文章中提到这个问题,其言:"从钟离权点化吕洞宾,到张伯端传《悟真篇》于石泰,再到吕洞宾、刘海蟾授徒王重阳,其间经历了将近四百年之久,具体人物的历史真实性显然值得怀疑。但是,在终南山—长安一带发生的这一系列传道现象,却反映出在这一地域内丹学术的源远流长。"②又言:"从五代到北宋,以钟离权、吕洞宾为代表的内丹学术思想首先在终南山—长安所在的关中地区传播,并形成了北五祖传承世系。"③樊光春虽然没有明言王重阳的丹道传承来源于内丹南宗,但其言下之意无疑认为,张伯端一系内丹南宗在终南山一带的传播,与王重阳创立全真道有不可分割的关系。因此,王重阳并非"不阶师友,一悟绝人"④,更不是"得无师智"⑤,而是其丹道理论渊源有自,是在内丹南宗丹道理论的基础上创新发展而来,而这一点也深深影响了丘处机。

因王重阳生前把主要精力放在了教化马钰身上,丘处机虽出家三年,但"未沐一言之诲"⑥,即王重阳生前并未传授丘处机内丹心法。丘处机后来的修炼,一方面依靠马钰的指点,另一方面则靠自己读书体会,所以,在全真七子中,丘处机对道教经典最为熟悉。其题名《入关》的《青莲池上客》词云:"重阳羽化登仙路。兄弟如何措。各各勤修生觉

---

① [日]蜂屋邦夫著,钦伟刚译:《金代道教研究——王重阳与马丹阳》,中国社会科学出版社,2007年,第11页。

② 樊光春:《南宗源起北地浅说》,见詹石窗主编《道韵》第五辑,中华大道文化事业股份有限公司,1999年,第42页。

③ 樊光春:《南宗源起北地浅说》,《道韵》第五辑,第39页。

④ 徐琰:《广宁通玄太古真人郝宗师道行碑》,李道谦编集《甘水仙源录》卷二,《道藏》第19册,文物出版社、上海书店、天津古籍出版社,1988年,第740页。

⑤ 陈教友:《长春道教源流》卷1,《藏外道书》第31册,巴蜀书社,1992年,第5页。

⑥ 《丘祖全书·丘祖语录》,《丘处机集》,齐鲁书社,2005年,第149页。

悟。通无入有，静思忘念，密考丹经祖。”①王重阳于金大定十年(1170年)正月仙逝后，马、谭、刘、丘承担起了弘道的重任，他们除了“各各勤修生觉悟”外，还“密考丹经祖”，即详细研读丹道经典。金章宗泰和七年(1207年)，丘处机曾获蒙元妃赐《道藏》一部，《历世真仙体道通鉴续编》卷二《丘处机》云：“泰和七年，元妃施道经一藏，驿送栖霞。”②以上说明，自金泰和七年(1207年)开始，丘处机便拥有了一部完整的《道藏》，并时时阅读，就连在西行途中面对艰难险阻，他也没有忘记读道经，《长春真人西游记》卷下云：“师在馆，宾客甚少，以经书游戏。”③陈时可曾称赞他说：“师于道经无所不读，儒书、梵典，亦历历上口。”④自己拥有《道藏》，而且“于道经无所不读”的丘处机，不可能不了解《钟吕传道集》、《灵宝毕法》、《西山群仙会真记》等丹道经典。既然有所了解，为了给弟子、信众讲道，对前人的丹道理论加以总结整理也是很自然的事情，《大丹直指》极有可能就是这样成书的，这一点还可以从《大丹直指》的结构中看出来。

表面看起来，《大丹直指》是一部完整性著作。从内容上来说，正如王卡先生所言，其主要阐述了内丹修炼过程中的九个步骤和三种结果，“其修行步骤分为九节，即龙虎交媾，周天火候、肘后飞金精、金液还丹、太阳炼形、三田既济、炼神入顶、炼神合道、弃壳升仙超凡入圣。又分此功为三成法：仅炼‘龙虎交媾’为小成法，可安药延年；继而炼至‘太阳炼形’，为中成法，可成地仙；继而炼至‘炼神入顶’，为大成法，可成神仙”⑤。从结构上来说，首先是《序》，接下来是用八幅图说明了修炼的基本过程，然后依次介绍丹道修炼中的九个步骤，即“九节”，每节又分为三个部分，即图、诀义和解释性文字，前后虽有对应关系，但并不是十分严格，图有多有少，解释性文字或有或无。戈国龙所说的《大丹直指》

① 《磻溪集》卷6，《道藏》第25册，文物出版社、上海书店、天津古籍出版社，1988年，第840页。

② 《道藏》第5册，文物出版社、上海书店、天津古籍出版社，1988年，第425页。

③ 《道藏》第34册，文物出版社、上海书店、天津古籍出版社，1988年，第492页。

④ 《长春真人本行碑》，《丘处机集》，齐鲁书社，2005年，第414页。

⑤ 胡孚琛主编：《中国道教大辞典》，中国社会科学出版社，1995年，第387页。

对《钟吕传道集》、《灵宝毕法》、《西山群仙会真记》、《修真太极混元图》等的引用主要是在图和诀义部分①,而其中的《序》和每节中的解释性文字却具有更多的独创性内容。《序》主要讲了道生天、地、人的过程,即"顺则生人"的过程,这正与后面所讲的"逆则成仙"的修炼过程前后互应,这段文字虽也多有引用、取法,但语言流畅、逻辑清晰、结构完整,显然可以独立成篇。据《历世真仙体道通鉴续编》卷二《丘处机》记载,丘处机曾于金大安二年(1210 年)创作《开天记》一文,其云:"东海郡侯大安改元,作《学仙记》。二年,作《开天记》。"②因《开天记》今已不存,我们无法窥其原貌,但从题目来推测,其所讲内容或许与《大丹直指》序言类似,虽然我们目前不敢肯定,但《大丹直指》这篇序言有可能即是《开天记》。而《大丹直指》中的解释性文字,一般以"右件"字眼开始,但也不是绝对的;有的在诀图之后,有的在诀义之后,位置不定,而且它们与图、诀等在表述上有明显不同,应该是《大丹直指》的述者所加,代表述者的观点,有可能出自丘处机之手。下面举两段文字加以说明。比如,在第九节"弃壳升仙超凡入圣诀义"部分,后面自"金丹之秘,在于一性一命而已"开始,一直到"金丹秘诀,尽于此矣"为止③,这一大段文字讲的是"昼行命蒂,夜行性根"之法,与"弃壳升仙"并无关系。再如,"神气交合三田既济诀义"后面有这样一段文字:"若还丹、炼形、既济之后,一百日静中四象周匝,内观五气纷纭。二百日目见金花,体有圆光,青气出顶,紫雾盈室。三百日神灵知前后事,真气可乾外汞,体轻可履风烟,骨坚可齐天地。若见此境,勿疑,是为小验。志诚行之,神异不可具载矣。"④以上这段文字主要描述了修炼过程中的体验,其中"四象周匝"、"目见金花"、"体有圆光"、"五气纷纭"等说法,与丘处机的丹道理论类似。因此,《大丹直指》中的解释性文字有可能是丘处机所作。

---

① 《道藏》中现存的《大丹直指》,有许多附注以小字的形式夹于文中,对关键性的术语进行解释,虽然我们无法确定这些附注是否为编者所加,但仅从其表现形式就可以看出,附注主要出现于序、诀义等转述、引用、介绍以往丹道理论的部分,而解释性文字中并无一处附注。

② 《道藏》第 5 册,文物出版社、上海书店、天津古籍出版社,1988 年,第 425 页。

③ 《道藏》第 4 册,文物出版社、上海书店、天津古籍出版社,1988 年,第 402 页。

④ 《道藏》第 4 册,文物出版社、上海书店、天津古籍出版社,1988 年,第 399 页。

四

陈铭珪、戈国龙之所以否定《大丹直指》为丘处机作品，还有一个重要理由，即《大丹直指》所讲的内丹理论属命功，丘处机提倡的却是性功，两者大相径庭。陈铭珪在谈到混然子注丘处机《青天歌》时言："混然子注释《青天歌》，余未之见。其附吕纯阳《沁园春》词内，则以此歌为丹诀也。然余考《磻溪集》诸诗词，皆言修性工夫，无一字及内丹，此歌当亦相同。……长春《青天歌》系修性悟道后作，与重阳丹阳所言并合符节。混然子以为丹诀，失其旨矣。"[①]混然子以丹道注释《青天歌》，而陈铭珪认为，丘处机重性轻命，《磻溪集》皆言性功，"无一字及内丹"，以此观之，其《青天歌》也应该讲的是修性功夫，混然子以丹道注解《青天歌》，可以说是南辕北辙。陈铭珪的言下之意是，因丘处机重性轻命，讲的皆是修性的功夫，不可能大谈命功，所以，《大丹直指》这样专论命功的著作，绝对不可能是丘处机作品。而在这一点上，戈国龙与其观点完全相同。

通过深入研究，戈国龙认为，《大丹直指》的丹道理路属于南宗施肩吾一系，而与北宗丹法完全不同，因此，其绝非丘处机作品。其理由主要有以下四点：1.《大丹直指》一书与《钟吕传道集》所述之丹法一脉相承，具有早期钟吕丹法的特征。2.《大丹直指》通篇是讲具体的炼形、炼气、炼神的功法，虽是兼修性命，但显然是以命功为基础，是由命而性的修道路线，与南宗相近而远于北宗由性而命的路线。3.《大丹直指》所述的丹法完全与全真诸子所传的北宗丹法相异，对性命关系的看法不同，多具体的命功修法，而无修心养性之论。4.《大丹直指》无一佛学名词，无佛学、心性之玄谈妙论，皆是具体执象的一套落实的说法，而且完全以道教为本位，以僧人入定为出阴神，此亦显与全真家之思想文风不相类。[②] 以上四点笔者完全赞同，就《大丹直指》本身而言，确实存在以

① 《长春道教源流》卷3，《藏外道书》第31册，巴蜀书社，1992年，第56页。

② 戈国龙：《〈大丹直指〉非丘处机作品考》，《世界宗教研究》2008年第3期。

上问题。但以上四个问题的重心在第二点和第三点，而这两点的关键在于《大丹直指》主要谈的是命功理论，这与丘处机乃至整个全真道重性轻命的倾向有矛盾，所以丘处机不可能有这样的著作。至于第一点与第四点，可以包含在第二点、第三点之中。正因为《大丹直指》谈的是命功修炼，自然会与钟吕丹道理论一脉相承，同样因为全真道性功与佛教禅宗有异曲同工之妙，所以讨论命功修炼自然很少涉及佛教。因此，戈国龙谈的这四条理由，实际上可以归结为一条，即全真北宗与南宗不同，以性功修炼为主，所以，专论命功的《大丹直指》不会是丘处机作品。

南北二宗虽皆源于钟、吕，但在修炼方式上有差别，陈撄宁先生言："道教全真派又称'道教北宗'。一般的传说，它和宋代张紫阳的金丹派都源出钟、吕，仅所在地区及修炼方法有所不同，因此就称张紫阳一派为南宗，王重阳一派为北宗。"①南北二宗修炼方式的差别，就在于对性命的先后轻重认识不同，王沐先生言："与南派丹法主张的最大歧异之处，是北派功夫主张先性后命，三分命功，七分性学。南派则主张先命后性。北派主张主者是性，宾者是命。"②在王沐先生看来，北宗主张先修性而后修命，有重性轻命倾向，南宗主张先修命而后修性，有重命轻性倾向，这是两者在修炼方式上的最大不同。然而，两者毕竟有共同的来源，即皆来源于钟吕内丹道派，因此都提倡"性命双修"。南宗并不是"只修命不修性"，北宗也不是"只修性不修命"，萧天石先生就曾言："道家以性命双修为旨要，南宗虽重命功，然深究其幽微，则又无处不隐有性功在内也。"③"北派以重阳真人王嚞为始祖，曾受钟吕刘三仙之真传，虽创北宗，一主清静；然亦通晓刘海蟾祖之南宗的法密旨；故传处机则清净，传丹阳则阴阳也。"④南北二宗虽然在性命轻重先后上有别，但它们的差别并不是绝对的，而且随着元朝统一南北，二宗相互融合，至元末差别已不是很明显。

---

① 陈撄宁：《道教与养生》，华文出版社，2000 年，第 143 页。

② 王沐：《内丹养生功法指要》，中华书局，2008 年，第 16 页。

③ 萧天石：《道家养生学概要》，自由出版社，2000 年，第 114 页。

④ 萧天石：《道家养生学概要》，自由出版社，2000 年，第 106 页。

早期全真道并不是绝口不谈命功，至少在王重阳、马钰那里是这样的。《道藏》中有《重阳真人金关玉锁诀》、《重阳真人授丹阳二十四诀》，《道藏辑要》中有《五篇灵文注》等著作，讲的都是命功的修炼。当然，对于以上著作的真伪，学术界目前尚有争议①。我们即使抛开这几部有争议的著作不说，就在王重阳的诗词中也有许多是讲命功修炼的。胡孚琛先生对此做过详细考察，他从王重阳诗词中挑选出专门讲内丹修炼的诗 44 首和词 62 首，编成了《王重阳诗词秘传丹诀集要》，附在了《丹道法诀十二讲》下册②，并言："王重阳祖师乃修持丹道成功者，今江湖丹师以其寿短妄加非议，乃不明丹道底细的谬说。重阳翁之丹功力倡'未炼还丹先炼性，未修大药先修心'，以元神不动为体，以真意感通为用。'巽风离火鼎中烹，直使身安性命立'，以后天之真呼吸，寻真人之呼吸处，橐天籥地，徐徐停息，直入'活死人'境界。"③自马钰开始，首倡"清静"二字，但在其《洞玄金玉集》中仍能看到许多以谈论内丹修炼为主题的诗词，命功术语更是比比皆是。到了丘处机的时候，对性功越来越重视，重性轻命的倾向日益明显，已经很少谈到修炼命功的问题。正如陈铭珪在《长春道教源流》中所说，《磻溪集》中很少有内丹术语，但这并不意味着丘处机就不谈命功。因为丘处机的丹道理论有一个发展的过程，他早期仍是谈论命功的，只是后来对修性越来越重视，乃至有了"三分命工，七分性学"④的说法。下面略举几个丘处机谈论命功的例子：

---

① 蜂屋邦夫认为，《重阳真人金关玉锁诀》与《五篇灵文注》并非王重阳著作，乃后人假托。其言："《金关玉锁诀》一卷。以内丹学为中心的论著。有些地方与重阳的教说不合，又提到了很多道术，应该是很晚以后的假托作品。"又言："冠上重阳之名的《五篇灵文注》，篇中的术语大多不合，又有良知良能等表现，无论如何也无法认定为重阳的著述。"（[日]蜂屋邦夫著，钦伟刚译：《金代道教研究——王重阳与马丹阳》，中国社会科学出版社，2007 年，第 21 页。）然而，胡孚琛却把《五篇灵文注》视为王重阳的作品，他认为："王重阳丹法之要诀，恰恰包含在他的《五篇灵文注》里，学者熟读此文，则全真道丹法可了然于胸。"（胡孚琛：《丹道法诀十二讲》下册，社会科学文献出版社，2009 年，第 879 页。）

② 胡孚琛：《丹道法诀十二讲》下册，社会科学文献出版社，2009 年，第 795～804 页。

③ 胡孚琛：《丹道法诀十二讲》下册，社会科学文献出版社，2009 年，第 795～796 页。

④ 《丘祖全书・丘祖语录》，《丘处机集》，齐鲁书社，2005 年，第 150 页。

又曰："天真皇人云：'炼神、炼气、炼形三件都行了为天官。'火官，阳也。息者，风也。以风吹火，久炼形神俱妙是也。古人曰：'初念住，二息住，三脉住，四灭尽，入乎大定，与物不交，七百年老古锥也。'妙哉！妙哉！尘劳见后，若做些小，亦是外行，不可寻他，不可避他，虽是应物，亦不着他。"①

又云："耳里闻的，眼里见底，皆不得执着。在意修行，圣贤暗中提挈，若人每到神定气和之间，觉内肾热，熏蒸四大，一两时方散，有山水日月之象。"又曰："我等三次撞透天门，日月自别，直下看森罗万象。"言讫而悔，谓曰："不可看他。"②

以上说明，丘处机并不是绝口不谈命功，只是因其重性轻命，所以谈性功多于命功，才给人留下了一个他不谈命功的印象。

总之，因资料缺乏，虽然我们目前仍然不能直接推翻陈铭珪、戈国龙的观点，但我们尝试提出了另外一种可能性，即《大丹直指》并非丘处机原创性的作品，但也并不是与丘处机没有任何关系，而是丘处机对前人丹道理论的总结与整理。《大丹直指》中的图、诀等内容，源于《钟吕传道集》、《灵宝毕法》、《西山群仙会真记》、《修真太极混元图》等早期丹道经典，正如戈国龙所说，从内丹理路来看，这部分内容接近内丹南宗施肩吾一系的丹法。然而，其中的《序》以及夹杂文中的解释性文字，有些表述与丘处机的思想极为接近，极有可能出自丘处机之手。

（作者为山东师范大学齐鲁文化研究院教授）

① 《真仙直指语录》卷上，《道藏》第 32 册，文物出版社、上海书店、天津古籍出版社，1988 年，第 436 页。

② 《真仙直指语录》卷上，《道藏》第 32 册，文物出版社、上海书店、天津古籍出版社，1988 年，第 437 页。

嗣诸法要：赵宜真的道教仪法思想诠论

蔡林波

在道教史上，赵宜真（？—1382，号原阳子，江西安福人）是一位具有仪法思想实践性和深度的思想家①。目前，学界关于赵宜真的相关研究，已取得诸多方面的成果。然而，对于他在道教科仪、法术思想理论建设方面的贡献，却未见深入分析和总结。考其史实，赵宜真对于道教仪法体制，进行了系统而深入的理论思考，其思想内容对于道教科仪、法术的合理化发展，发挥了重要的推动作用。

一、绍正源流、立其伦理

历史上，道教传统的科仪及法术活动，经常招致儒家、佛教知识分子的批评，其历史传承与伦理合法性不断受到质疑。自幼精习儒学、博通经史的赵宜真，自然深晓道教科仪、法术所受之攻讦。故他在删订道门诸科教经典的过程中，尤其重视对道教仪法之历史与伦理正当性的辩护。

（一）道教仪法的历史根据

历代贬谪道教科仪法术者，多指其无正统文化传承依据。如，唐房

---

① 如盖建民、陈龙认为，赵宜真“道脉传承与思想颇为丰富多元，集儒、释、道于一身，兼通道教内炼南北二宗之学，集全真、清微、净明诸派之传，尤被清微、净明两派尊为嗣师”。有关赵宜真的生平、师承等情况，可参见盖建民、陈龙：《赵宜真道脉与著述文献新考》，《四川大学学报》（哲学社会科学版），2009年第5期。

玄龄论:“道书之流有三十七家,大旨皆去健羡,处冲虚而已,无上天官符箓之事”;道教上章斋醮符箓法术之事,乃“经史无闻焉”①。元谢应芳亦指:道教仪制,“殊无义理”;且“道家以老子为师书,亦未尝有设醮之论也”②等等。在此背景下,赵宜真撰《玉宸登斋内旨》一文,则简要阐明了道教仪法的历史渊源及其根据:

> 约古者祷祠祭祀之法,为道家吁天事帝之科,盖始自玄中大法师,而阐于汉代张天师。其后,诸宗匠继出,则著以科文,设为朝范,其法渐备,而其教大行矣。③

赵宜真认为,道教仪法源自于先秦道家“古法”,并提出:道教仪法的发明,正是渊源于老子(在道教中,“玄中大法师”即指“老子”)施设的“道家吁天事帝之科”④。其目的,无非欲表明:道教仪法体系的发明和传承,乃具有文化正统性的历史渊源。按,老子被道教尊为“玄中大法师”,其说出处似甚早。宋谢守灏《混元圣记》卷一引三国吴徐整《三五历纪》云:“元炁肇始,有神人号天皇。时老君降世,号通玄大法师,一号玄中大法师。”⑤后世道门中人把老子尊称为“玄中大法师”,实即奉老子为道教仪法体系的最早创立者和传播者。如,唐《一切道经音义妙门由起》引《老子经》云:“号老子者,道之应形也。形见名出,号遂生焉。而才德周备,兼该济度,功业无双,诲诱无倦,总曰无上老子玄中大法师。”⑥又,唐杜光庭《道德真经广圣义》云:“老君于上三皇时,人尚淳朴,以龙汉元年,号玄中法师,以《上清圣教》一十二部大乘之道开度天人也。”⑦自此以后,道教立“斋坛三宝”牌位,皆以“太上无极大道(中)、三十六部尊经(左)、玄中大法师(右)”⑧为基本形式。南宋金允中认

① 房玄龄:《隋书》卷35,中华书局,1973年,第1093页。

② 谢应芳:《辨惑编》卷1,山东友谊书社,1992年,第46、190页。

③ 《道藏》第28册,文物出版社、上海书店、天津古籍出版社,1988年,第745页。

④ 《道藏》第28册,文物出版社、上海书店、天津古籍出版社,1988年,第745页。

⑤ 《道藏》第17册,文物出版社、上海书店、天津古籍出版社,1988年,第780页。

⑥ 《道藏》第24册,文物出版社、上海书店、天津古籍出版社,1988年,第725页。

⑦ 《道藏》第14册,文物出版社、上海书店、天津古籍出版社,1988年,第319页。

⑧ 《道藏》第31册,文物出版社、上海书店、天津古籍出版社,1988年,第477页。

为,此"三宝所出牌位,出广成先生斋科,诸方奉行";"至于斋坛书三宝牌位,诸家所传杜仪,皆曰太上无极大道、三十六部尊经、玄中大法师,如此三位而已"①。由此可见,自唐代杜光庭删订道教科仪制度之后,道教诸派举行斋醮仪式时,皆统一礼奉老子为"玄中大法师",也就是把老子视为道教仪法的开创者和传播者。

因此,赵宜真强调道教仪法根源于老子且传承有绪,乃符合道教传统一贯的说法。尽管这是一种具有神学意义的历史建构,但亦非全无所据:一者,道教仪法之内容,确为根源于上古中华仪式及巫术文化传统。此一点,正如马端临所言,"(道教仪法)乃古者祝史巫觋荐信鬼神之遗意,盖理之所有,而亦人情之所不能免也"。二者,道教仪法在思想方法、价值取向上,确为一直以融贯、遵循老子之"道"理念为宗旨。虽然马端临认为,"特不当指太清为老子"②。但是,道教仪法体制奉老子为"玄中大法师",实有其思想、精神意义上的历史与文化传承性。

(二)道教仪法的伦理性质

道教仪法及其实践,是否符合正统伦理原则?这是赵宜真更须着力解决的重要问题。历史上佛、儒大多批评者认为,道教仪法不仅违背儒家正统礼仪规范,且不合老庄道家清静无为之旨。他们往往指道教"醮事章符"为"消灾淫术、厌胜奸方"③,其"从天地、山川、星辰、岳渎,及安宅、谢墓、呼召魂神,所营醮法……先奏章,请呼将军、吏兵,道士等皆执手版,向神称臣,叩头再拜,求恩乞福,与俗并同";"依《尚书》、《周礼》,国家自有祭法,皆天子亲所敬事","本非道家之神,亦非道士所行之法,云何今日乃用道士醮祭,大乖礼教?"④

针对佛、儒之严厉攻讦,赵宜真直截了断地提出:"或议其(道教)以

① 《道藏》第31册,文物出版社、上海书店、天津古籍出版社,1988年,第477~478页。

② 马端临:《文献通考》卷225,中华书局,1986年,第1811页。

③ 法琳:《辩正论》卷2,《大正新修大藏经》第52册,台湾新文丰出版公司,1983年,第500页。

④ 法琳:《辩正论》卷2,《大正新修大藏经》第52册,台湾新文丰出版公司,1983年,第500页。

士庶而吁天事帝，类乎淫祀，学者疑之，愚谓不然！”①我们知道，在儒家礼仪思想视界中，“祭天”或“祀上帝”应属天子帝王权力范围之事；如若他人僭越，即当属“淫祀”。可是，道教科仪制度传统恰恰认为，所有人不分等级（士庶）都可以“吁天事帝”。这一看法，当然会招致儒家的严厉指摘。为此，赵宜真认为，道教“以士庶而吁天事帝”②，有着充分的经典与伦理合法性依据：

其一，具有古代经典依据。赵宜真指出，古代儒家经典表明：上古时期的“桑林之祷、金滕之书”③，并非君王及大臣们的专属职权，普通人亦有向天地神灵祈祷的权利。例如，按《论语·述而》记载：一次，孔子生病，子路为求老师病愈而向上天祈祷，并引《诔》“祷尔于上下神祇”之言为依据；而孔子的回答是：丘之祷久矣！据此，赵宜真认为：子路为孔子请祷于天，就是出于父子师友之情；且《诔》、《书》皆言民人“斋戒沐浴可以事上帝”，则知“古之士庶，未尝不有事天请祷告之事矣”④。赵宜真此论，实为承续、发挥了马端临之于道教仪法的同情观点。马端临亦曾引“子路祷神”以及孟子“斋戒沐浴则可事上帝”之言，来为道教祈祷天神地祇的伦理合法性辩护，认为道教仪法虽“不当僭有所祈”，但“古今异宜，礼亦因时而以义起”，故“先儒讲论及此，固未尝病其僭渎，而必欲复古之礼制也”⑤。可见，即便是儒家中人，亦有开明如马端临者，对于道教仪法体制的伦理正当性予以充分肯定。

其二，体现道家生命平等观念。赵宜真认为：向天地神祇请祷，应被视为每一个作为生命主体的人所拥有的平等权利，而并非天子诸侯的专属特权。其论曰：

> 而况人物之生，初无贵贱之异，虽各由父生母育，然皆负阴抱阳，戴天履地，立乎两间，列为三才，呼吸二气，无有一息之间，如在父母胞胎之中，则是乾坤又为一大父母。而大君为父母之宗子，百

① 《道藏》第28册，文物出版社、上海书店、天津古籍出版社，1988年，第745页。
② 《道藏》第28册，文物出版社、上海书店、天津古籍出版社，1988年，第745页。
③ 《道藏》第28册，文物出版社、上海书店、天津古籍出版社，1988年，第745页。
④ 《道藏》第28册，文物出版社、上海书店、天津古籍出版社，1988年，第745页。
⑤ 马端临：《文献通考》卷225，中华书局，1986年，第1811页。

姓犹父母之庶子耳。子之有事于祷祠,诚岂不格于父母?以此观之,吁天事帝之理,上下通行,岂专为天子诸侯设耶?礼曰:天子祭天地,诸侯祭山川,如祀圆丘,祠后土,封泰山,禅梁甫,此又国家岁时常祀之典,固有等差,而非有事于请祷者比也。①

此论乃以道家生命观作为道教仪法的伦理基石,提出人类所有个体成员作为平等的生命主体,其与天地之间构成一种普遍的"父母—子女"关系。如此,每一个人与天地之间,都构成一种天然的、本质性的生命伦理关联。任何人祷祠于天地,皆符合格于父母的伦理原则。所以,每一个人皆可以成为祭祀天地神祇的仪式主体。可以说,正是在这一点上,道教显示出了与儒家礼仪伦理上的区别:与儒家基于社会等差秩序的礼仪原则不同,道教更多的是基于生命平等原则来建构其仪法体制,因而体现出了一种平等性和普适性的生命伦理精神。

其三,契合儒家修身伦理原则。自宋以降,道教仪法也一直有适应、契合儒家理学修身伦理的努力②。宋清微派创立者黄舜申论:"道家之行持,即儒家格物之学也。"③赵宜真进一步提出"心与理融、天人合德"的修道方式,强调把儒家理学格物穷理、日常反省的修身方法融于道教仪法修持的过程中:"观达于理、久而渐通","倘平居能加修德辩惑之功",即可"至行坛之际,发号施令,倒取横拈,莫非妙用"④。赵宜真此举,实际上是以儒家"格物穷理"来阐释道教仪法的实践伦理。赵宜真还尤为强调,道教法师当学习、遵循儒家"克己复礼,成己成物"的道德实践原则,应具有爱人恤民之心,"法师行持,当哀怜民庶,为忏罪尤,斋肃身心"⑤;应持守"为国为民,兴利除害","常行符水救病,祭炼鬼魂八十万众"⑥的仁爱恤民精神。

---

① 《道藏》第28册,文物出版社、上海书店、天津古籍出版社,1988年,第745页。

② 关于赵宜真对宋元儒家理学思想的整体融摄,可参见胡锐:《赵宜真的理气论及其思想史意义》,《四川大学学报》(哲学社会科学版),2011年第4期。

③ 《道藏》第4册,文物出版社、上海书店、天津古籍出版社,1988年,第286页。

④ 《道藏》第28册,文物出版社、上海书店、天津古籍出版社,1988年,第715页。

⑤ 《道藏》第28册,文物出版社、上海书店、天津古籍出版社,1988年,第715页。

⑥ 《道藏》第24册,文物出版社、上海书店、天津古籍出版社,1988年,第88页。

综上所述，赵宜真一方面创造性地弘发了道教强调生命本体性、生命价值平等的传统伦理精神，从而申明了道教仪法的历史与道德正当性。另一方面，他也通过汲取儒家伦理思想成分，从而赋予了道教仪法新的实践伦理内涵。

二、嗣诸法要、发明其理

宋代以后，道教新出教派纷呈，教义思想和实践方法亦多有创新。然在此背景下，道教仪法不论是在义理规范，还是在操作程序上，都出现了紊乱情况：仪法“阅世既久，流弊滋多，万户千门，纷然并起”，或有人“学无所就，正唯甘心冥行而已；甚而敷扬浮泛，巧好声容，驰逞文辞，致饰于外，务以悦人以沽名利”①，从而造成“水火之先后既殊，诀目之详略弗一。或非此而是彼，或是此而非彼”②的状况。

赵宜真认为，造成道教仪法紊乱的根本原因，乃在于当时道门中人未能真正理解或把握道教“仪法之理”。有科书诀目甚详，“本为下士体未洞真，使遵而行之，庶几心念有所持执，不致他想。奈何后学未能悉究其理，徒为繁琐所惑，念想专驰于外，神气不得凝聚”③。有科书诀目简略者，“本为下士多务外事，乃削其繁琐，使知用工于内，庶几神凝气聚，体立用行。奈何后学竟不能操修于内，徒为简略所误，适以资其疏慢卤莽之谋”④；有人“欲求其理”，也是“一齐人和之，众楚人咻之。若此者，不可枚数”⑤。因此，参求、发明道教“仪法之理”乃为赵宜真自觉担负的重大历史使命。那么，赵宜真所要阐发的“仪法之理”究竟是什么呢？

（一）心性本体之理

在道教仪法实践中，究竟如何实施“内丹外法”或“内道外法”原则？

---

① 《道藏》第28册，文物出版社、上海书店、天津古籍出版社，1988年，第772页。

② 《道藏》第28册，文物出版社、上海书店、天津古籍出版社，1988年，第772页。

③ 《道藏》第28册，文物出版社、上海书店、天津古籍出版社，1988年，第772页。

④ 《道藏》第28册，文物出版社、上海书店、天津古籍出版社，1988年，第772页。

⑤ 《道藏》第28册，文物出版社、上海书店、天津古籍出版社，1988年，第772页。

对此,之前许多道教思想家已作过探索,并确立了“道体法用”的理论原则①。然而,赵宜真认为,要真正解悟和实践“道体法用”原则,必须“发其两端,而会于一理”②。也就是说,必须参求会通“道”、“法”两端的“理”,才能真正贯彻“道体法用”原则。那么,赵宜真所言之“一理”,究竟何谓?这个“一理”,实质上就是“心性本体之理”。赵宜真认为,修“道”和施“法”,本质上皆为仪法主体参悟“心性本体之理”的过程,同时亦为融摄体、用的仪法修持过程。何为“心性本体”呢?对此,赵宜真作了精辟概括:

> 天地至大,人生其间,一身至微,而能与天地相参,而曰三才者,唯此心耳。此心之体,在乎天地之先,而量包乎天地之外,主宰一身,该具众理,本来至善。③

在赵宜真看来,“心体”即“道体”,“心”不仅是人作为一种主体性存在(能与天地相参)的绝对根据,而且是一种先天性的宇宙、生命本体存在。归结到人之道德实践领域,则此“心之体”是“本来至善”的道德本体根据。据此,赵宜真认为,道教法师最根本的修持,实质上就是“习善修心”:

> 若习于善,则此心广大光明,与天合德,是名曰白业。若习于恶,则昏昧惨塞,同地卑污,是名黑业……我心广大光明,则幽冥亦成天宫净界;我能修持正道,则鬼神感悟亦返邪归正矣。④

如此,赵宜真相当圆融地建构一种基于心性本体论的修持方法。这种方法论,乃以“心”为本体,融摄修道与施法的效应机理,同时对其道德价值属性加以肯认,从而在理论上疏通了“道体”与“法用”的逻辑

---

① 自宋以来,“道法体用”或“道法一致”之说甚为勃兴。北宋雷法创始者王文卿率先提出“道乃法之体,法乃道之用”(参见《道藏》第29册,文物出版社、上海书店、天津古籍出版社,1988年,第343页)的理念。李少微《道法枢纽》更提出“法法皆心法,心通法亦通”(参见《道藏》第4册,文物出版社、上海书店、天津古籍出版社,1988年,第275页)的思想。宋元之际,“道法体用”说已成为道教思想主潮,当时道教思想界代表人物如黄舜申、李道纯、杜道坚等,无不以弘阐“道法体用”思想为务。

② 《道藏》第28册,文物出版社、上海书店、天津古籍出版社,1988年,第773页。

③ 《道藏》第28册,文物出版社、上海书店、天津古籍出版社,1988年,第772页。

④ 《道藏》第28册,文物出版社、上海书店、天津古籍出版社,1988年,第772页。

一致性及其伦理合法性。赵宜真最后总结道,“且夫道乃法体,法乃道用,体用一致,不外此心。所谓道外无心,心外无道,法皆心法,心通法通者,此也”①。

(二)感应通神之理

众所周知,道教尤为重视“感应”作为仪法的效应机制作用,以为“若欲劾召百神,皆须积斋成功,感应自然,乃可召之”②,甚而认为“天下之道,感应而已”③。然而,赵宜真发现,当时很多道教法师往往拘泥于仪法的外在繁琐程序,并不真正明了其中蕴含的“感通之理”④:

> 如诸派奏章法中,有用一符,出一官,仍呼某官某服饰,存自某处某窍而出,前后礼念存思咒诀,不胜其繁。原其立法初意,只为下学道眼未明,放心不检,故设此以拘其形骸,系其念想,或可感格。奈何后学不究感通之理,竟尔自划,但以宣科念咒、掐诀烧符、令色华音、驰心外想为务,徒以乱其神思,困其肢体。至朝奏之际,精神已昏散矣,尚何望其有所感格哉?岂知朝奏之法,其文在是,其实不在是也。今考玉宸斋法奏章内旨,独为简捷。因记师授进止节次,与夫吉凶朕兆,著为定式,以备遗忘。然求其要领,只在存思一项而已。⑤

在此,赵宜真以章法为例,特指出其修持本质在于以“存思”来达致“感格”。所谓“设此以拘其形骸,系其念想,或可感格”⑥,就是说,道教仪法中所规定的诸多行法种类、形式和次第等,都是为了促使法师能够通过“存思”而感应通神所设的辅助手段。赵宜真反复指出,实施仪法的关键在于法师本人是否具备了“天人合德”的感应能力,这是“不变之理”;至于“祝存、服色、器杖”以及“书符、咒水”等,则皆为引导法师集中

① 《道藏》第28册,文物出版社、上海书店、天津古籍出版社,1988年,第707页。
② 《道藏》第18册,文物出版社、上海书店、天津古籍出版社,1988年,第560页。
③ 《道藏》第36册,文物出版社、上海书店、天津古籍出版社,1988年,第46页。
④ 《道藏》第28册,文物出版社、上海书店、天津古籍出版社,1988年,第745页。
⑤ 《道藏》第28册,文物出版社、上海书店、天津古籍出版社,1988年,第745页。
⑥ 《道藏》第28册,文物出版社、上海书店、天津古籍出版社,1988年,第745页。

心力,感应通神的辅助手段,并不曾有机械不变的“定形”①。

为此,赵宜真正式提出了“至诚感神之理”②的概念。他特别强调,道教仪法行持的“感应”原理,应以“心诚相感”为根本通则:“矧鬼神之于人,非可以声色相通,惟可以心诚相感。”③在仪法境域中,那些外在的次第程序、手段、器物及场所等要素,并没有直接感应通神的功能属性;而是“心体之我”(非“身体之我”)作为仪法主体的人自身,因其悟明自我心体,成为“纯一”的天性存在,才是真正的感应主体。感应主体不仅指斋肃身心、收敛精神的法师和学道之士,亦包括那些“尽敬尽诚、躬亲祗奉”的斋主及“投坛善士”等④。

按,把“心诚”或“诚”作为交通人、神的内在机制,系宋元道教仪法思想一贯之理路。宋萨守坚提出,“道家之行持,即吾儒格物之学也,以正心诚意为主”⑤。元李道纯亦论:“诚能为之于未有,感之于未动,见之于未萌。三者相须而进,无所感而不通,无所事而不应也,无所往而非利也。”⑥在此基础上,赵宜真更提出:“至诚感神之理,天且弗违,况出神官之在我乎?我之一关牢锁,则百关俱牢,一窍开则九窍俱开,一神动则万神俱动矣,又何必逐一思想而出之耶。”此所谓“至诚感神之理”,指仪法主体一方面需彻悟心性本体,修“身中造化明了静里之工夫”;另一方面,又须“察天地之气候”,“得天地气候相符”;二相统合,以“存养之功,求感通之实”,则可“发挥其感通之理可必矣”⑦。相反,如果“惟以登坛祝咒叱咤为务,其于祖师之心法既违,天人之机缄胥失。如是而求感应,万无此理”⑧。

总之,在赵宜真看来,参悟“心性本体之理”与“至诚感神之理”,是

---

① 《道藏》第28册,文物出版社、上海书店、天津古籍出版社,1988年,第746页。
② 《道藏》第28册,文物出版社、上海书店、天津古籍出版社,1988年,第745页。
③ 《道藏》第28册,文物出版社、上海书店、天津古籍出版社,1988年,第772页。
④ 《道藏》第28册,文物出版社、上海书店、天津古籍出版社,1988年,第772页。
⑤ 《道藏》第29册,文物出版社、上海书店、天津古籍出版社,1988年,第215页。
⑥ 《道藏》第4册,文物出版社、上海书店、天津古籍出版社,1988年,第486页。
⑦ 《道藏》第28册,文物出版社、上海书店、天津古籍出版社,1988年,第715页。
⑧ 《道藏》第28册,文物出版社、上海书店、天津古籍出版社,1988年,第716页。

一种既融合亦超越了儒家“格物穷理”及“正心诚意”工夫，而通达于“天人合德、此感彼应”①之境界的修道仪法轨则。

三、体用相须、道法一致

赵宜真在致力于建构仪法伦理、哲学基础的同时，亦尤为重视实践操持的方法原则：“宜真猥以菲材，叨承正派，暇日讨论道法体用之旨，辄将师传四派归一宗谱”；“宜真自幼慕道从师，盖掌窃窥于此矣。幸蒙师授，佩服不忘，第金火返还之方，栖神导气之旨，未能自明，于是博参旁求，始得要领，乃知体用相须，道法一致，唯操存施用之不同耳”②。可见，体用相须、道法一致，是赵宜真得出的仪法实践方法原则。其具体做法如下：

（一）“知行并进”、“成己成物”

所谓“知行并进”，是指法师一方面需努力修习道教仪法理论、具体程序及方法“知识”，“尤当平居暇日，博访真师，讨诠妙义，究返阴成阳之理，明拘魂摄鬼之方”③，此谓“知”；但另一方面，更需在通过修炼真正领悟和践行这些“知识”，以促使自我身心归于“心之体”：“万一世缘牵纽，酬应所拘，亦当暂停俗务，斋肃身心，收敛精神。书拂符篆行坛之际，直须人我两忘，声色俱泯，忘情绝念，然后从容详缓，次第奉行”④，此谓“行”。赵宜真“知行并进”的思想，显系受到了儒家知行观的影响，强调的是必须落实于日常生活的心性修炼工夫。

所谓“成己成物”，是指法师通过“知行并进”的修持，在先成就自我——回归心体、与道合一的前提下，而后才能去成就他人——救度他人和众生。赵宜真强调，道教法师作为救度众生的仪法主体，“必先成

① 《道藏》第28册，文物出版社、上海书店、天津古籍出版社，1988年，第745页。
② 《道藏》第28册，文物出版社、上海书店、天津古籍出版社，1988年，第773页。
③ 《道藏》第28册，文物出版社、上海书店、天津古籍出版社，1988年，第772页。
④ 《道藏》第28册，文物出版社、上海书店、天津古籍出版社，1988年，第772页。

己而后成物,所谓先觉后觉,自度度他者也"[①];"夫炼师者,本为幽冥鬼神之模范。若模不模,范不范,于济度之功何有哉……我心广大光明,则幽冥亦成天宫净界。我能修持正道,则鬼神感悟,亦返邪归正矣。倘自己身心邪妄,而口说正法,徒为鬼神窥笑,愈增障蔽,又安能承水火炼度之功哉?"[②]总之,在赵宜真看来,法师必须修悟"心性本体之理",以至于"我心广大光明"[③],才能成为真正合格的法师,才可真正发挥仪法的功能。

(二)"法皆心法"、"出乎自然"

赵宜真认为,在具体的仪法操持过程中,法师必须以"心法"为主导,把"心诚感应"作为仪法行持的效应机制。其实施方法是:在行持仪法过程中,仪法主体应使自己回归并保持"凝神静虑"、"物我两忘"的心性本体存在状态:"先澄心如镜,存金光,从念起,便觉虚空之炁升入无形之内……为造化之主,便呼召雷神,从天下降,自地涌出"[④];如此,即可达致"出入有无、自然合道,行住坐卧,皆可为之"[⑤]的效果。

为此,赵宜真对于道教仪法诸环节的"心法"操持要领,作出了非常细致的说明。例如,凡书符篆,必"先凝神定虑,物我两忘,倏忽间便见天真,即举笔书符";然后在书写过程中,"皆须闭气,一笔扫成"[⑥]。凡祈雨告讫符章经道之类,若"心不顾矣,即入静室静坐,或澄默、或守道、或持经皆可,切不可念念欲其报应"[⑦]。又,凡诸炼度之法,世间往往"其说不一、各有主张,不明身中水火之源,但取外象而求之,噫妄矣!予之所见不然","夫炼度者,以我之阳炼彼之阴;以我之贤,炼彼之愚……凝神静虑,平炁定息,瞑目端坐,意居中宫,俟其大定",如此等

① 《道藏》第28册,文物出版社、上海书店、天津古籍出版社,1988年,第772页。
② 《道藏》第28册,文物出版社、上海书店、天津古籍出版社,1988年,第772~773页。
③ 《道藏》第28册,文物出版社、上海书店、天津古籍出版社,1988年,第773页。
④ 《道藏》第28册,文物出版社、上海书店、天津古籍出版社,1988年,第692页。
⑤ 《道藏》第28册,文物出版社、上海书店、天津古籍出版社,1988年,第691页。
⑥ 《道藏》第28册,文物出版社、上海书店、天津古籍出版社,1988年,第689页。
⑦ 《道藏》第28册,文物出版社、上海书店、天津古籍出版社,1988年,第690页。

等，皆可谓“道法出乎自然而然，所以神妙故也”①。由此，赵宜真把主体心性工夫与仪法行持过程，加以了高度的有机统一，并总结出“道法出乎自然”的方法论原则。

(三)“不拘形骸”、“简易积诚”

既然“法皆心法”，那么，外在的仪法程序、技术及法物等，也就不再成其为仪法的本质要素。对此，《雷奥秘论》指出：“万法以心为正，其法简易，不若有为，不落无作，不贡存想，无泥虚文，无祭祀，无祷祝，若此比诬谄也。”②在此基础上，赵宜真更强调提出，仪法行持必须坚持“不拘形骸”、“简易积诚”③的原则。

在赵宜真看来，作为心性本体的自我才是仪法主体，是仪法真正的“灵魂”及内在本质要素；而仪法之“形骸”，只不过是为实现或促成“心体”发挥效用的外在辅助手段而已。他经常提及，“清微祈祷，本无登坛，出入自然，安有法用?”④“清微祈祷，本无登坛，何也?”——“所谓天地大天地，人身小天地。我之心正，则天地之心亦正；我之气顺，则天地之气亦顺矣。故清微祈祷之妙，造化在吾身中，而不在乎登坛作用之繁琐也”⑤。因此，法师行持仪法，应以“简易积诚”为则，力求扫除繁琐程序：“前后礼念、存思、咒诀，不胜其繁。原其立法初意，只为下学道眼未明，放心不检，故设此以拘其形骸，系其念想。奈何后学不究感通之理，竟尔自划；但以宣科、念咒、掐诀、烧符，令色华音，驰心外想为务，徒以乱其神思，困其肢体，至朝奏之际，精神已昏散矣！”⑥当然，赵宜真并非全然否定仪法之“形骸”要素的辅助性功能；而是强调应更重视“求其要领”——明悟内在心性本体、参究天人感通之理，才是实施仪法的本质环节。

① 《道藏》第28册，文物出版社、上海书店、天津古籍出版社，1988年，第691页。
② 《道藏》第4册，文物出版社、上海书店、天津古籍出版社，1988年，第135页。
③ 《道藏》第28册，文物出版社、上海书店、天津古籍出版社，1988年，第745页。
④ 《道藏》第28册，文物出版社、上海书店、天津古籍出版社，1988年，第690页。
⑤ 《道藏》第28册，文物出版社、上海书店、天津古籍出版社，1988年，第715页。
⑥ 《道藏》第28册，文物出版社、上海书店、天津古籍出版社，1988年，第745页。

秉持“悟明心性本体”的施法原则,赵宜真对于执着于“外”的“术数”及其方法,作了严厉批判。他指出,许多后学忽略了对于“道体”或“心体”的内在修持,而专务于“法用”技术及其目的实现。此非“道法”,而是“术数”。道教清微派认为,真正的道法有三个层次类型:一为“道中之道者”,乃“一念不生,万物俱寂”;二为“道中之法者”,“静则交媾龙虎,动则叱咤雷霆”;三为“法中之法者”,“步罡、掐诀、念咒、书符”;外此“则皆术数”①。赵宜真进一步判明“术数”与“道法”的本质区别,乃在于:“术数”非以“道”为本,而是以“术”为宗。换言之,“术数”执行的是“操修于外”的方法与途径,它力图通过外在的仪式技术及手段,而不是基于主体自身的心性本体之力量,来达到目的。例如,“附体、开光、降将、折指、照水、封臂、摄亡坠旛,其鬼不神,其事不应,皆术数也,非道法也”②。事实上,赵宜真认为,如果脱离以觉悟道体或心性本体为根基,那么,所有的外在仪法技术及其要素,皆可谓为“术数”,而非“心法”或“道法”——画符、掐诀、念咒、炼度等等,无不亦然。

综上可见,赵宜真不仅从理论上明确了道教仪法的心性化原理机制,而且从实践上贯彻了其所追求的“体用相须”、“道法一致”③的方法理念。

四、结语

从历史来看,随着宋代道教心性论思潮兴起,道教的科仪、法术体系同时也面临着重大的时代转型,此即:道教传统以“外求”为突出特征的仪法技术体系,开始转向以“修内”为核心的仪法实践路径。元末明初的高道赵宜真,兼习各宗道脉精粹,发明其理、会通万法,对于道教仪法的这一次转型,可谓作出了极为重要的理论贡献。

首先,赵宜真对道教仪法的历史、伦理合法性,进行了充分论证。

---

① 《道藏》第28册,文物出版社、上海书店、天津古籍出版社,1988年,第674页。

② 《道藏》第28册,文物出版社、上海书店、天津古籍出版社,1988年,第675页。

③ 《道藏》第28册,文物出版社、上海书店、天津古籍出版社,1988年,第773页。

他不仅梳理了道教仪法的历史文化渊源，而且通过汲取、融合儒家理学思想成分，从而建构起了道教仪法的伦理支持理论。其次，赵宜真对道教仪法的哲学本体论和认识论根据，进行了缜密论证。他顺应当时心性论思想潮流，把仪法的发生本质机制，归结为主体参悟"心性本体之理"的过程，从而为道教仪法奠定了新的理论基础，并提升了道教仪法的理论思维层次。最后，赵宜真对道教仪法的实践方法作出了较为合理的规定和概括。他创造性地提出了"体用相须"、"道法一致"的心性化实践方法及路径。此一观点的提出实质上意味着：道教仪法从传统"外求诸物"彻底转向了"内明心体"的实践路径，从而实现了其方法论意义上的真正转型。

总体而论，赵宜真所建构的仪法理论，本质上是一种基于心性本体论的道教仪法体系整合。他通过对道教仪法的伦理合法性、哲学本体论依据，以及实践方法的思想理论建构，从而为道教仪法的合理化发展作出了贡献。对此，后世学者高度评价道：宜真"通全真还丹之旨"，"又通正一天心之奥"；"宜真故兼习之，然自是而北宗、南宗及正一教，遂多通而为一矣"①。

（作者为华东师范大学哲学系副教授）

① 《藏外道书》第31册，巴蜀书社，1994年，第128页。

全真高道陈致虚与元代九宫山道教

肖海燕　尚晓梅

全真道兴起于金初。在王重阳及其七大弟子的努力下，全真道创立之初主要在山东、河北、陕西、河南等北方地区传播。入元以后，由于丘处机的远见卓识和政治智慧，全真道获得了统治者的大力支持，发展迅速。随着元世祖忽必烈统一江南，全真道大举向南传播，进入鼎盛时期。全真道南传对道教的发展产生了至为深远的影响，隔绝百余年的南北道教在交流中逐渐融合，很多道派呈现出新的特征。元代武当清微派的形成和九宫山御制派的发展都与全真道有密切的关系。本文试对元代全真高道陈致虚对九宫山道教的影响作简要论述。

陈致虚(1290—?)，字观吾，号上阳子，江右庐陵(今江西吉安)人，曾师事著名南宗道士李钰、赵友钦，“深得内丹之诀”①，有《上阳子金丹大要》、《悟真篇注》、《周易参同契分章注》等著作传世，是元代最重要的道教内丹学家之一。需要指出的是，陈致虚虽是金丹派南宗传人，但他又以全真嫡传自居，是“元代中后期二宗合并的积极推动者”②。北方全真道因受元室扶持，政治地位大大提高。随着全真道的南传，组织松散、力量相对弱小的南宗道徒纷纷合流于全真门下。南宗和全真道都以钟、吕为自己的始祖，但传承谱系有所不同，可谓同源异流。为了使二宗合为一宗，陈致虚将两派的传承谱系联系起来并略作调整，形成了一个双方都能接受的传承体系：王玄甫传钟离权，钟离权传吕洞宾，吕

① 傅燮鼎：《九宫山志》卷四《仙释》，《中国道观志丛刊》第7册，江苏古籍出版社，2000年，第95页。

② 卿希泰主编：《中国道教史》第三卷，四川人民出版社，1993年，第377页。

洞宾传刘海蟾和王重阳，刘海蟾传张伯端、石泰、薛道光、陈楠、白玉蟾，王重阳传北七真。不仅如此，他还宣称己派传自丘处机的弟子宋德方，并且极力抬高全真道祖师的地位而压低南宗祖师的地位，在南北宗融合的过程起了关键作用。因此，陈致虚亦可视为全真道传人，他与九宫山道士的交往也反映了元代全真道对九宫山道教的影响。

一、九宫山道教御制派传承及其主要特点

九宫山位于湖北省东南部咸宁市通山县境内，属幕阜山脉中段，西连衡岳，东接匡庐，绵亘数百里，钟灵毓秀，被誉为“游仙之别所”、“栖真之福地”①。九宫山道教始于南陈时期。南宋初年，著名道士张道清赴九宫山开辟道场，抓住时机弘道阐教，受到皇室大力尊宠，九宫山迅速发展成为南宋江南道教的中心和道教御制派的祖庭，声名远播，香火一时为盛。

所谓御制派②，是指张道清坐化之后，南宋宁宗亲自拟定 40 字作为九宫山道流宗派字号：“道宗元太希，惟天可守之。以智绍祢祖，端显应良师。公子茂中景，叔孙克世时。孟仲季若善，居处自然熙。”③皇帝指定道派字号对九宫山道教的传承发展有很大的推动作用。御制派第八代传人车可诏曾在《真牧堂新赝龙光记》一文中追溯九宫山道教的辉煌：

> 真君道德之盛，岂有量哉？凡羽翼瑞庆，与寿圣相先后者，如长森之万寿、青牛之万寿、平江之玉清、仪真之通真、杭州之明真，洎江西、湖南、湖北、两淮，沿江莫不琳宫森列，法嗣绳绳，所以福国安民，匡襄盛治。自北魏太平真君以来，代有贤豪推演玄教，而能

① 赵孟頫：《九宫山重建钦天瑞庆宫记碑》，《道家金石略》，文物出版社，1988 年，第 868 页。

② 由于御制派以九宫山为本山，亦被称为“九宫山派”，见卿希泰主编《中国道教史》第三卷，四川人民出版社，1993 年，第 134 页。

③ 傅燮鼎：《九宫山志》卷六《纶翰》，《中国道观志丛刊》第 7 册，江苏古籍出版社，2000 年，第 130 页。

追踪黄老，希大而化、圣而神之量，以至参天地、赞化育、浩然而独存者，其唯吾真君乎？①

南宋以来，御制派道教宫观遍布江南各地，法嗣人才济济，反映了九宫山道教在当时的巨大影响。车可诏认为，这一切都应归功于祖师张道清，因此将张道清视为自北魏太武帝以来弘扬道教成就最大的道教领袖。张道清身在方外，心怀天下，以弘道阐教、护国救民为己任，他带领弟子积极投身社会，济世度人，赢得了南宋皇室的宠遇和广大民众的崇信，使九宫山道教在南宋时期臻于极盛。可以说，张道清对九宫山道教御制派的创立和发展起到了至关重要的作用。

宋元时期，九宫山道教御制派仙真辈出，传承有序，道脉昭彰。张道清在世时，其徒杨宗华、王宗成都曾代师赴京建醮祷雨、疗疾禳灾；陈宗明、杨宗权等皆以道法著称，屡获朝廷封赐。张道清羽化之后，御制派继续受到朝廷重视，封赐不断，如罗希注被元世祖忽必烈征聘召见，"侍祠累年，累降玺书，庇卫其众"②，其师封太本也被敕封为"冲隐大师"③，车可诏则被元仁宗授予"文正明道诚德法师、教门高士、本宫住持提点"④，其他九宫道士如熊天与、罗天璹、胡守焕、李惟早等都曾被诏。他们广收门徒，主持兴建被战火毁坏的殿宇，应诏建醮为国祈祷、为民禳灾，为九宫山道教御制派的发展鞠躬尽瘁。在这个过程中，他们始终秉承张道清的救世精神，并进一步发扬光大。

由于九宫山道教御制派传承的派系字号为皇帝亲自拟定，因此相对独立。但御制派在教义教理、弘道实践等方面都与金丹派南宗关系密切，在元代道派融合的大潮流中，更是不可避免地受到了全真道的影

① 《九宫山志》卷八《玄空》，《中国道观志丛刊》第7册，江苏古籍出版社，2000年，第206～207页。

② 欧阳玄：《重建钦天瑞庆宫碑》，《九宫山志》卷九《艺文一》，《中国道观志丛刊》第7册，江苏古籍出版社，2000年，第242页。

③ 《九宫山志》卷四《仙释》，《中国道观志丛刊》第7册，江苏古籍出版社，2000年，第96页。

④ 欧阳玄：《重建钦天瑞庆宫碑》，《九宫山志》卷九《艺文一》，《中国道观志丛刊》第7册，江苏古籍出版社，2000年，第242页。

响，呈现出一些新的倾向，反映了道教在当时发展的新趋势。

张道清38岁时曾入江西龙虎山天师府受正一法箓，因此从其师承授受来看，九宫山道教御制派属于天师道的一支，崇尚符箓，以道术见长。与此同时，九宫山道教御制派也倡导性命之学，在教义上具有极大的包容性。

淳熙十年(1183年)张道清游中都时遇见当时的著名道士皇甫坦，写下《中都晤皇甫清虚赠句》："久恋帝乡春，虚名空系身。何如青嶂里，认取自家真。"南宗始祖张伯端《悟真篇》有诗云："要知金液还丹脱真胎法，须向家园下种栽。不假吹嘘并着力，自然果熟脱真胎。"所谓"须向家园下种栽"，即从自己本身内部寻找修炼之法，要点是明了本心真性，获得解脱。张道清诗中"认取自家真"亦是此意。可见，九宫山道教御制派虽属天师道，但受南宗内丹性命之学的影响极深。

南宋末年至元代，南宗内丹性命之学对九宫山道教御制派教义的影响更为明显。张伯端的传人白玉蟾、陈致虚都曾前往九宫山访道、传道。据《九宫山志》记载："白玉蟾，姓葛，名长庚，字如晦，号紫清翁，世为闽人，生琼州，一号海琼子，从陈楠问道，演南宗正传，栖武夷洞，好游山水，为诗文，不起草。嘉定中，由富川过武宁，登柳山，作《涌翠亭记》；登九宫，作《真牧堂记》，时真君藏蜕一纪矣，其文佚。"①元代，陈致虚与九宫山往来更加密切。他多次前往九宫山，对奇异灵秀的九宫山水大加赞赏："九宫奇山，甲于天下……黄河之南，庾岭之北，寥寥望九宫之高，如在天上。"②在九宫山，他与道教御制派传人罗希注、明素蟾、车可诏等人谈玄论道，留下了《与宗阳子明素蟾》、《与罗洞云书》、《与九宫碧阳子车兰谷》三封书信，阐述内丹性命之学。在陈致虚的点化下，明素蟾等人方悟内丹修炼实乃心性之学，而此点与张道清"认取自家真"之旨是一致的。因此，傅燮鼎指出，御制派的修炼，"要之其丹诀，即上阳

① 《九宫山志》卷四《仙释》，《中国道观志丛刊》第7册，江苏古籍出版社，2000年，第95页。

② 《与罗洞云书》，《九宫山志》卷八《玄空》，《中国道观志丛刊》第7册，江苏古籍出版社，2000年，第195～196页。

子与九宫道士三书之旨，总不外真牧‘认取自家真’五言之蕴”[①]。可见，在九宫山道教御制派形成和发展的过程中，自始至终都是重视性命之学的。由于陈致虚既是金丹派南宗传人，又以全真嫡传自居，因此他在九宫山的传道也反映了元代全真道修道理论对道教御制派教义的影响。

二、陈致虚与罗希注

第一个和陈致虚交往的九宫山道士是谁？傅燮鼎因为误将明素蟾当作张道清的弟子陈宗明，而说陈致虚第一次到九宫山，“明素蟾为之屈服，继与罗洞云交，后又深契车兰谷”[②]。实际上，宗阳子明素蟾应该是天字辈弟子明天琮。因此，陈致虚最先遇见的应该是御制派希字辈中的代表人物罗希注。

罗希注，字景山，号洞云，道号弥边先生，道术高明，因主持修建交泰庵，时人亦以“泰庵”为之号。罗希注精通道术，“年老而颜犹童”。至元丁亥（1287 年）前后，元世祖征聘江南高士，罗希注应诏赴阙，“以道术受知圣明”[③]，受命兴复西山玉隆，名重一时。同年，罗希注在元大都结识了大书法家赵孟頫，请他撰书《重建钦天瑞庆宫碑》，赵孟頫对罗希注十分敬佩，当即应允，他在碑记中叙述了瑞庆宫重建事宜之后，发表感叹：

> 余于此重有感焉，使世之儒者不废先儒之说，以正谊明道为心，令议者不得以迂阔而非之，则斯文当日新，庠序当日兴，《子矜》之刺不作矣。岂惟是哉？使天下之人农桑工贾皆不坠其先人之业各善其事，则家日以益富，日以益厚，安有坏家毁室者哉？余于此

① 《九宫山志》卷十《艺文二》，《中国道观志丛刊》第 7 册，江苏古籍出版社，2000 年，第 273 页。

② 《九宫山志》卷四《仙释》，《中国道观志丛刊》第 7 册，江苏古籍出版社，2000 年，第 95 页。

③ 赵孟頫：《九宫山重建钦天瑞庆宫记碑》，《道家金石略》，文物出版社，1988 年，第 868 页。

重有感焉，故并书使刻之石，后之人其尚思余言，毋俾其成之难者败于易也。①

赵孟頫认为罗希注所代表的九宫山道教精神，值得社会各界包括儒者加以借鉴。

罗希注与陈致虚交往甚密。陈致虚曾应邀为罗希注所在的交泰庵作记，其辞曰：

> 九宫山钦天瑞庆宫罗洞云，傍水分云，诛茅筑室，柴门无俗，心远地偏，林洞何年，峰回路转。相依于认真岩下，往来乎喷雪崖前。日出篱东，映蔷薇之盥露。风从花里，送菡萏之浮香。月到天心，梅传春信，明窗净几，座对黄庭，茶碾丹炉，门迎仙客。喜蔚然而深秀，宜隐者之盘桓。此庵所以作也，遂以交泰榻之意。拟泰者安也，庵者居也，以避喧而寄安居之所，取《易》之泰，君子道长之义，又合《南华》宇泰定之说也。而良朋云友、王公大人，并得以泰庵为其号。仆留古于，适会其徒廷章，简而不烦，真而好义，虽未睹泰庵之胜，远想其规模之可书，上阳子乃慨然记之。②

由上可知，陈致虚为交泰庵作记是受罗希注的徒弟廷章之请，当时陈致虚还未曾到过交泰庵，但认为此人"简而不烦，真而好义"，遂应允。见到罗希注之后，陈致虚被其独特的气质所吸引，推崇备至：

> 泰庵草角居九宫，卓然颖脱，壮而矜式，表星冠霞，属之领袖，真道尊德贵之栋梁，此泰庵余事尔，而未始屑屑为也。今头颅七袠踰二，眉疏发黑，脸桃肤泽，倘其平日务与外驰，悭于内养，又岂能若此哉？其登临吟风嘲月，固足以高蹈其晚节，访梅友竹，不倦于交游。卷无心出岫之云，施有意抱琴之雨，即谚有谓老于九宫者，一其志也。③

---

① 赵孟頫：《九宫山重建钦天瑞庆宫记碑》，《道家金石略》，文物出版社，1988年，第868页。

② 《交泰庵记》，《九宫山志》卷八《玄空》，《中国道观志丛刊》第7册，江苏古籍出版社，2000年，第193～194页。

③ 《与罗洞云书》，《九宫山志》卷八《玄空》，《中国道观志丛刊》第7册，江苏古籍出版社，2000年，第194～195页。

罗希注还精通易学，常与其徒谈《易》理，如他在《交泰庵说示车可诏》中阐述云：

伏羲画易，重乾之八而成泰。文王重易，坤上于乾而为泰。圣人闭户造车，而出门合辙。夫乾之策，二百一十六；乾之轨，七百六十八，以乾策而交轨，合九百八十四，是谓阳中之阴、黑中之白也。坤之轨，六百七十二；坤之策，一百四十四，以坤轨而交策，合八百一十六，是谓阴中之阳、雌中之雄也。会两策二轨，统一千八百而无奇，是刚柔得其道、天地交而为泰也。坤轨用六，而乾策用九，此羲所以命之曰泰。文王系辞，小往大来，周公爻辞，以其汇征吉，孔子翼之曰：天地交而万物通，上下交而其志同也。泰之互也，上震下兑，乃得归妹。天地之大义，为人之终始，有生生不息之象焉。非明于道者，孰可与谈《易》乎？①

此外，罗希注与陈致虚二人还经常书信往来论道。例如，在《与罗洞云书》中，陈致虚对罗希注的内丹修炼成就予以充分肯定：

古人八十犹炼还丹，以其阴未极而汞未乾也。今泰庵形壮神全，德厚气裕，其推掷当时好客之心，肃礼微妙玄通之士，培养根果，熟辨时节因缘，则行有所得矣。……若夫朝乘九宫之云，暮宿西山之雨，暂凭轩而却暑，偶洗耳以听泉，俯瞰溪中之游金，仰盼林高之拂翠，南窗寄傲，东皋舒啸，篇诗遣兴，樽酒论文，焚香操琴，煮铭留客，梅边邀月，游目骋怀，世外忘机，平心接物，此泰庵之乐事，宜乎公之共赏也。隐瑞庆，登逍遥，侣一二仙，积八百行，流戊就己，制四降三，求格外之玄，行易中之道，用乾之策，合坤之轨，用九运六，知雄守雌，小往而大来，以汇而征吉，此泰庵之确事，宜乎公之有守也。甚而握旌阳之剑，吞湛母之丹，月见庚方，药归鼎内，密采乾金于黑户，潜搬坤土于黄房，分阳刚而阴柔，互震男而兑女。离龙养火，坎虎跃金，志同而上下交，宇定而天光发，以觉觉后，自利利他。此真牧之所以长存，而旌阳之所以秘授，是为庵中之泰，

① 《九宫山志》卷八《玄空》，《中国道观志丛刊》第7册，江苏古籍出版社，2000年，第192～193页。

宜乎公之专美也。[①]

陈致虚认为罗希注志趣高远，继承并发展了张道清和许旌阳的丹术，所以他也把自己的修炼体会与罗氏交流："敢以吾道复之。老子曰：执大象，天下往。往而不害，安平泰。我赵老师释之曰：执者有之在己，内丹已成，婴儿渐大，隐显灵变，莫测神通，出入去来，安居平易，泰然自得，无所不通。"[②]

三、陈致虚与明素蟾

九宫山道教御制派天字辈弟子明素蟾曾拜陈致虚为师，经陈致虚点化，步入金丹正途。明素蟾，原名明天琮，因仰慕南宗实际创始人白玉蟾，改名明素蟾，丹号宗阳子，在御制派天字辈中很有代表性。他自弱冠出家，敏而好学，博采广览，作为文章，气势奔放，且好神仙之术，凡来九宫山访问的有道者，他都虔诚请教，自以为已得金丹之道。陈致虚赴九宫山访道，与明素蟾交流之后发现他虽于丹经符契朗诵如流，在内丹修炼方面亦有自己的体悟，但多似是而非，滞于癖见邪说，却又自视甚高，影响了他进一步的提升，陈致虚便有意对他进行点化：

> 仆见明素蟾资禀非凡，勇锐可授，特其平时流于傲放，泥于惯常，首须降其骄心，摄其狂心，去其放心，移其疑心，正其邪心，开以道心。明素蟾忽于言下幡然大改，顿然大悟，于是指令脚跟踏在实处，然后授以先天烹炼神气之道也。[③]

所谓"先天烹炼神气之道"即金丹性命之理。陈致虚在《与宗阳子明素蟾》[④]中指出："夫先天一气，即金丹之祖气也。要知此精、此气、此神根

① 《九宫山志》卷八《玄空》，《中国道观志丛刊》第7册，江苏古籍出版社，2000年，第196～198页。

② 《九宫山志》卷八《玄空》，《中国道观志丛刊》第7册，江苏古籍出版社，2000年，第198页。

③ 陈致虚：《与宗阳子明素蟾》，《上阳子金丹大要》卷十二《累行》，《道藏》第24册，文物出版社、上海书店、天津古籍出版社，1988年，第45页。

④ 陈致虚：《上阳子金丹大要》卷十二《累行》，《道藏》第24册，文物出版社、上海书店、天津古籍出版社，1988年，第44～46页。

于父母未生之前，是太极也。则人禀此先天太极之气而生也，成于浑浑沌沌之内，出于窈窈冥冥之中。当此之时，和之至也。”所谓修道，就是要修此“先天太极之气”，世俗之人不明此理，极易堕入补脑还精、肘后飞金等旁门左道，劳而无功。陈致虚说，“此先天太极之气，名为真铅，亦曰乾金，寄于坎中，是云母隐子胎”，只有真正的修道之人方“悟玄牝是还丹，辨刀圭即药物。龟蛇蟠结之际，横天上之鹊桥；木金间隔之时，会人间之牛斗。主宾揖逊，老嫩毋差，片晌工夫，十分谨慎。宝珠现于月地，稳稳收来；金液至于丹田，温温调燮。当时且让，凡事宜谦，饶人先鞭，取他快意。如愚似讷，显道人之家风；礼下不争，乃神仙之上计。方得临炉有庆，一点落在黄庭；养火何难，九转待行符候。洗心涤虑，以结三百日之胎；炼神还虚，成就大丈夫之事也”。明素蟾听此金丹要旨，“始闻而惊，再闻而疑，竟至通宵摸索，浑身是汗。忽然壁立万仞，直下承当，始悟性命即是两个阴阳，身心尽有许多神气，净倮倮亦是，圆陀陀亦是，满空白雪，便欲一口雄餐；西江清流，不待一口吸尽，方知大道不在丹经”。可见，明素蟾是在陈致虚的开导下才领悟到了金丹性命之学的真谛，因此他改投师门，拜陈致虚为师。明素蟾亦曾在《上阳子金丹大要序》中述及此事缘由：

> 天琮幼始知学，长而从玄，慨然信长生之道可学而致，乃希高志，参玄访微，刮垢磨光，敛华就实，拟向孤峰绝顶，把茅盖头，侣洪崖，友赤松，抱鸡子之中黄，养蟾光之明素，庶几万一，克偿素愿也。岂谓天不爱道，善启其衷。乙亥（1335年）夏五，际遇我师紫霄绛宫上阳真人于方壶天中，解襟倾盖，欢如平生，瀹茗焚香，共谈丹道，机缄微露，针芥相投。时以去就匆匆，莫就衷蕴。既而瞻候紫气，追随黄鹤，至交泰别馆，叩首上请，恳款再三，然后歃丹盟天，披青誓地，众真鉴度，尽授所秘。初则迅雷贯耳，惊骇异常；次则瘴雾中心，昧惑尤甚。乃至竟夕不寐，继日弗宁。既未敢诮其非，亦未肯信其是。反覆紬绎，周悉搜罗，感神明之告人，忽心灵而自悟。于是掀翻迷网，打破疑团，比沉痾之顿苏，犹大梦之惊意，通身是汗，瞽目开明。遂将平生记诵丹经如《参同契》、《悟真篇》等书，参订而印证之，则言言句句若合符

节，千变万化，总归一贯。而今而后，宇宙在乎手，造化备吾身，可以大休歇，可以大自在。睹玄珠之有象，炼金液以成丹。白日登晨，清都进秩，皆分内事也。①

明素蟾开悟得道以后，以自己的切身体会感叹说："金丹之学，近代自紫清白真人返珮帝乡，世无真师，传多失实。谈性者，非流于狂荡，则滞于空寂；论命者，非执于有作，则失于无为。根器高而利者，不遇师传，惟只求之方册，自证自是，自满自足，自谓一闻百会，眼空四海，已与钟吕并驾，宁肯谦抑而师问哉？根器劣而钝者，求之盲师，一知半见，自喜自幸，自执自守，自谓休心歇妄，枯坐无为，即道在其中矣，奚暇多事而更叩人哉？是非海阔，人我山高，毒药入心，黥墨透骨。世无拔山竭海之力，又无补黥去毒之方，莫之能救，可胜叹哉。"②他认为，自白玉蟾以后，金丹之学的精髓没有得以传承，根器高者如他本人，虽有求仙之志，仍然如以管窥天，以蠡测海；亦犹炊沙作饭，搅水为膏，欲求充饥继明，不可得也。根器劣者更是在黑暗中摸索，不得要领。只有到了陈致虚那里，金丹性命之学才得以发扬光大，其弟子们也得以步入金丹正途。明素蟾总结说：

金丹之妙在乎三大要：一曰鼎器，二曰药物，三曰火候。然鼎器有阴阳，药物有内外，火候有时节，三者实为金丹之枢要。知此则到家有期，可罢问程矣。所冀头头会合，口口参同；慨兴进道之心，高中选仙之举。千年铁柱，久缔龙沙之盟；万朵玉莲，嘉庆天元之会。凡我同志，各宜勉旃。③

明素蟾对陈致虚的尊崇和对内丹之学的认识过程反映了融入全真道的金丹派南宗对九宫山御制派教义的深刻影响。

---

① 明素蟾：《上阳子金丹大要序》，《道藏》第 24 册，文物出版社、上海书店、天津古籍出版社，1988 年，第 1 页。

② 明素蟾：《上阳子金丹大要序》，《道藏》第 24 册，文物出版社、上海书店、天津古籍出版社，1988 年，第 1 页。

③ 明素蟾：《上阳子金丹大要序》，《道藏》第 24 册，文物出版社、上海书店、天津古籍出版社，1988 年，第 1 页。

四、陈致虚与车可诏

九宫山道教御制派可字辈中的著名高道车可诏亦与陈致虚有师徒之谊。车可诏，通山人，号兰谷，丹号碧阳子，善诗文，精通内养之学，可谓“研精究微，参玄造妙”①。车可诏为兴复九宫山宫观鞠躬尽瘁，贡献巨大，被授以“文正明道诚德法师、教门高士、瑞庆宫住持提点”，九十二岁羽化。

元仁宗延祐甲寅(1314 年)，车可诏之师封太本修复和扩建的宫观不幸遭灾被毁，当时的住持车可诏随即开始复建，历经 7 年到至治辛酉(1321 年)快要竣工的时候，又遭灾难，车可诏再次复建，前后经营 15 年，始告落成，包括真牧真君殿、御书阁、巢经阁、天光堂、通明殿、揆一殿、留云堂、混成堂、元元堂、崇文斋以及一大批辅助堂室，规模庞大。欧阳玄在《重建钦天瑞庆宫碑》中描述了宫观的格局及其功能：

> 首作真牧真君殿，翼以御书、巢经之阁，傅以东西方丈，次作法堂，曰天光之堂，傍列元真、都仙、真官、山王四祠。藏室居在左，神明之室居其右，然后中作大殿，曰通明殿，缭以洞房，前作拱极之门，门之外作虚皇宝坛，东西钟鼓两楼。西序之首曰寿仙之局，以居道俗，每岁之来寿真君者；次曰留云堂，以居云水高人；次曰混成堂，以居修炼方士。东序之首曰库厅，以居司出纳者，次曰掌宫籍，次曰崇功德，次曰肃宾，次曰迎仙，各以其职表厥署。其斋厨府库，各序立东西，东曰修造司，主营缮者莅之；西曰□□次舍，四方公卿大夫，至者馆之；又作左右列室以处晋裳之士。设揆一之殿于中，像先圣先师，佐以老子，旁分十斋，授业生徒、置产延师以教之。创元元堂以会其讲论；置崇文斋以典其供亿。正南作三大门，门外作亭，以树诸碑，轮奂雄伟，甲于诸方，势居山巅，岩谷险绝，一石一

① 《九宫山志》卷四《仙释》，《中国道观志丛刊》第 7 册，江苏古籍出版社，2000 年，第 98 页。

木，必自下挽而上，其工百倍平地。①

重建之后的宫观建筑“轮奂雄伟，甲于诸方”，每当“天朗日晶，层云叠霞，列室鳞次，真仙之家。自下望之，邈若霄汉，林麓蔽亏，金碧绚烂”②，正是“再毁再造，功必胜前”③。真牧真君殿建成之后，车可诏作《真牧堂新膺龙光记》，追溯张道清真人开山之功和九宫山道教的辉煌。

瑞庆宫两次遇灾遭毁，车可诏两次主持重建，其弘道之志昭然可见，因此欧阳玄对其功绩大加表彰：“可诏作事有序，用财有方，处变裕如，终就完美，大宗师嘉其兴堕废之迹、成改观之美尤多。其思致宏深，规度开廓，盖方外之智士，玄门之忠臣也。”④并奏请词臣颂其功德，铭刻于贞石之上。

车可诏与元代大儒虞集颇有交谊，虞集有诗《寄九宫山提点车兰谷》二首，其一：“九宫山高白云深，之子入山何处寻。清秋孤鹤自致远，大海苍龙常在阴。祝侯解作禁火井，赵郎会鼓临风琴。怜予白发归最晚，孤负故人招隐心。”其二：“芳兰谷口结茅屋，期我不来松月高。六月持书展江浒，日午戴笠经山坳。养真有诀问王许，避地无术惭由巢。誓将雪鬓侣泉石，清哦长啸还相遭。”诗歌表达了虞集对车可诏修道生活的赞许以及自己对九宫山的向往之情。

车可诏曾师事陈致虚学习金丹大道，陈致虚“睹其神气裕如，遂将祖师先天后天金丹之旨悉以授之”⑤：

大修行人，体金丹之道而修之，逆五行而用之。逆者，何也？坎中之阳赫赫，即乾金也；离中之阴肃肃，即坤土也。金丹者，以

① 《九宫山志》卷九《艺文一》，《中国道观志丛刊》第7册，江苏古籍出版社，2000年，第239～240页。

② 《九宫山志》卷九《艺文一》，《中国道观志丛刊》第7册，江苏古籍出版社，2000年，第243页。

③ 《九宫山志》卷九《艺文一》，《中国道观志丛刊》第7册，江苏古籍出版社，2000年，第241页。

④ 《九宫山志》卷九《艺文一》，《中国道观志丛刊》第7册，江苏古籍出版社，2000年，第240～241页。

⑤ 陈致虚：《与九宫碧阳子车兰谷》，《九宫山志》卷八《玄空》，《中国道观志丛刊》第7册，江苏古籍出版社，2000年，第202页。

坎而升于离之上，以己而合于戊之门，伏坎中之虎以降离中之龙，取坎中之金以克离中之木，纳坎中之水以炼离中之火，采坎中之气以补离中之精，回坎中之阳以实离中之阴，即复纯乾而成真人。《易》云"西南得朋"，伯阳云"真人潜深渊"，天台云"铅见癸生须急采"，马祖云"一口吸尽西江水"，此皆还丹之道也。故降伏自己之虎龙，采取身中之精气。然降伏者功在于德，采取者不外乎道，道无德不能采取，德非道无以降伏。所谓采取者，只须一时之功，非有迟疑之事。盖一时者，要在初三日内取之。当此初三之夜，月生庚方之际，此时水源至清，浑无扰动，急以半时采取，归于鹊桥之东，结成黍粒之丹，入于黄金室内，炼之成之，谓之金丹，谓之先天大道。①

车可诏身处住持提点之位，却能虚心问道："碧阳子闻一复问二，二复问三，既不以才自矜，复愈高而愈远。"②所以，在陈致虚眼中，车可诏与一般的弟子不同：

山间林下或有超然颖脱之器，以生死为一大事。如我碧阳子者，研精究微，参玄造妙，还丹坎户，结胎黄房，若非白日而飞升，亦傍神仙地位而去，勉励精进而勇猛者乎？谚云：一子出家，九族登仙，其斯之谓欤？今碧阳子虽其主领事繁，犹能孜孜上道，直以坚固为实践，不以诳妄为虚张，与彼醉生梦死者大相径庭。《南华》云：卜梁倚有圣人之才而无圣人之道，吾将以圣人之道告之，庶几其果为圣人乎？碧阳子今闻圣人之道，已早修有为之德，高证无为之功，以应龙沙八百之谶乎？③

也正因为如此，车可诏关于内丹修炼的恰切体会，受到陈致虚的称许："九宫山碧阳子车兰谷为玄门栋梁者，四十余年矣，其功业设施，表

① 陈致虚：《与九宫碧阳子车兰谷》，《九宫山志》卷八《玄空》，《中国道观志丛刊》第7册，江苏古籍出版社，2000年，第200～202页。

② 陈致虚：《与九宫碧阳子车兰谷》，《九宫山志》卷八《玄空》，《中国道观志丛刊》第7册，江苏古籍出版社，2000年，第204页。

③ 陈致虚：《与九宫碧阳子车兰谷》，《九宫山志》卷八《元空》，《中国道观志丛刊》第7册，江苏古籍出版社，2000年，第204～205页。

表在人耳目也，卓然道眼，识人不似他人之忌才者。”①在问道、修道的同时，车可诏还以陈致虚弟子的名义弘传金丹大道②，为全真道在九宫山的传播做出了很大的贡献。

五、陈致虚与余舜申、徐仁寿

和陈致虚有书信往来的九宫山道士，除罗希注、明素蟾、车可诏外，还有余舜申和徐仁寿，书信的内容亦以内丹修炼体悟为主。

余舜申，号观古，丹号心阳子。据《与心阳子余观古》③记载，乙亥年六月八日，陈致虚到九宫山拜会余舜申，二人“一语投机，芝兰其香，烟霞同味，剧谈之外，则畅饮唧杯，丰神洒落，扬眉吐气，议论高远”。在余舜申的再三请教下，陈致虚授以“金鼎坎离之道、龙虎神化之旨”：

> 欲运坎而实乎离，拟驾龙而娶乎虎，将求西江之水以来西南之朋，潜采黑中之白，以化阳中之阴，期若蜕蝉而冀神化者。
>
> 金丹者，以有作合无为，以外铅合内汞。汞，精也；铅，气也。采先天之铅于坎之中，是云有作；合后天之汞于离之中，是名无为。采铅则一时，合汞须十月。一时者，月生三日也；十月者，丹成九转也。知雄守雌者，三日之内一时也；知白守黑者，九转之功十月也。如斯而已，信则行之。

陈致虚还强调，“金丹大道，必先积德而后可闻”。而要积德，首先保持一颗淡泊名利之心：“不希袍带之荣，无羡黄金之富。然食饮足以充饥渴，衣帛足以御岁寒，以淘汰乎神情之渣滓，逍遥乎无何有之乡，越寿夭穷通之域，而超乎富贵贫贱之外，与彼之求田问舍、贪名竞利者，犹许之洗耳而污夫巢之犊也。”余舜申听罢，“心言下大悟，乃觉疑信在人

① 陈致虚：《与九宫碧阳子车兰谷》，《九宫山志》卷八《玄空》，《中国道观志丛刊》第7册，江苏古籍出版社，2000年，第202页。

② 车可诏曾以“嗣派徒孙”的名义为《仙佛同源》作序，该书由陈致虚、王冰田刊刻，主要内容是赵友钦的弘道事迹。

③ 陈致虚：《上阳子金丹大要》卷十二《累行》，《道藏》第24册，文物出版社、上海书店、天津古籍出版社，1988年，第47～48页。

心也，而彼乾金在坎心也，方知天下无二道，圣人无两心，遂更名曰心阳子”。

徐仁寿，自号南山，丹号南阳子。据《与南阳子徐仁寿》①记载，在遇见陈致虚之前，徐仁寿“以慕道之心，询兹事且四十年，自谓所得授受者，知玄关一窍在脐下三寸，乃不知玄牝乃二物；知黄庭去绛宫不远，而不知下手着落”。陈致虚被他勤谨的修道态度所打动，为其明示金丹要旨：

> 《易》曰：“西南得朋，乃与类行。”夫西南者，金火之所在；金火者，铅汞之复名；铅汞者，人身之精气也。缘此精此气，非常人之所言者，乃先天之精气也。夫先天精气，必以神为主，故曰精气神三宝。是以先天之精，若明窗尘；先天之气，乃太素烟。采兹二物，混合丹田，结而成形，名之曰丹，是云金丹。此丹变化以成真人，号曰神仙。则知神仙者，即先天之气，以为之主也。审此先天一气，在于恍惚之中，得于杳冥之内，混之不浊，秽之愈清。古仙云：“香从臭里出，甜向苦中来。”盖言是气也。是气独天地之尊，为太极之根。顺之成人者，是气也；逆则成丹者，是气也。则知是气，夺造化之妙，出五行之外。一世之人，不知此气之最贵也。故精才动，则此气奔失；六根不闭，则此气无主。何况以酒以色而驱之，以财以气而逐之乎？财于气虽外物，为其汩于志虑，则先天之气散走而耗也。酒与色又甚焉，酒入黄庭，则先天之气奔蹶而去，况以色而快之耶。世人欲知修行金丹之道，必先贵其气而宝其精，使精气复纯，则先天之气自至。此洞宾老仙所谓“七返还丹，在人先须炼己待时”。

最后，陈致虚还强调，学道要先立清净心，进而忘七情、定六根，才能全精气、生铅汞、旺金火，最后结成圣胎，“圣胎结，则还丹成；还丹成，则真人出现，而神仙之事毕矣”。

从名号来看，余舜申和徐仁寿并非御制派传人，但和御制派明天

① 见《上阳子金丹大要校注》卷六，何建明《陈致虚学案》，齐鲁书社，2011 年，第 243～244 页。

琮、车可诏一样，都与陈致虚有师徒关系，充分说明九宫山道教在元代受全真道的影响之大，也反映了元代社会政治统一大潮下中国道教道派大融合的特点。

（作者肖海燕为华中师范大学道家道教研究中心副教授，尚晓梅为湖北人民出版社编辑）

全真姜善信教行续考

——兼对“龙门法脉源自姜善信”一说给予尝试性解释

赵建勇

引　论

姜善信(1196—1274)为元初著名高道，并且是关涉全真龙门派形成问题的最重要人物。自十九世纪初陈铭珪先生(陈教友，1824—1881)于光绪五年(1879年)撰《长春道教源流》一书中提出“长春曾主华山席，靳贞常当即长春弟子，所以称龙门派者，贞常弟子姜善信承世祖宠遇，建龙门建极宫，其后徒众日盛，创此法派，故云龙门也。世或谓长春曾居陇州之龙门，故号龙门派，恐非”[①]。即龙门派起源于姜善信后。二十一世纪以来，随着全真道研究的日渐深入，学者们由于对全真教谱系支派形成时间及原因的日益关注，遂开始对于姜善信生平事迹进行更进一步研究。较早注意到此问题并系统探讨姜善信生平的是樊光春，他在《西北道教史》中深入探讨了姜善信与龙门派之间的关系，并认为“考诸文献，姜善信创立龙门派的证据仍然不足”[②]。其后，刘永华在《正德癸酉平阳尧庙改制考：平阳尧庙〈三圣庙碑〉解读》[③]一文中，探讨了姜善信修建临汾尧庙的事迹。继之王锦萍在《宗教组织与水利系

① 陈教友：《长春道教源流》卷六，严一萍编《道教研究资料》第二辑，台北艺文印书馆，2006年，第490～491页。

② 樊光春：《西北道教史》，商务印书馆，2010年，第471页。

③ 该文刊于丁荷生主编《民俗曲艺》第167期：《碑刻、地方史料与田野调查专辑》，台北，2010年3月，第151～188页。感谢刘永华先生提供电子文本。

统:蒙元时期山西水利社会中的僧道团体探析》[1]一文中,探讨了姜善信及其弟子创修赵城善利渠、重修绛县鼓堆泉等事迹。作者特别注意到在姜善信家乡北石明村,参与善利渠修建的另一精英家族徐氏家族的徐毅一女嫁与姜端信。若姜端信与姜善信有亲属关系,则证明姜善信家族确与徐氏家族一样是当时乡里的权势家族。

对于姜善信与龙门派问题的最新讨论,见于张广保《明代全真教的宗系分化与派字谱的形成》一文[2]。他认为"靳道元、姜善信、董若冲造一系传承的命名规则并不符合龙门派字诗,因为按照龙门派字诗'道德通玄静,真常守太清'的排法,姜善信应为德字辈,董若冲则应为通字辈。更为重要的是在董若冲之后,我们目前再也找不到此后传承的材料。因此陈铭珪对全真教龙门派传法世系修正性的重建目前同样也难以令人完全信服,有待进一步证实"。

蔡美彪先生在《元龙门建极宫碑译释》[3]一文中,对"姜善信"的行迹也进行了考辨,认为"姜善信作为全真道士,曾被元世祖多次召见,先后倡修禹庙、尧庙,敕赐宫名,屡加褒奖。晚年安西王待以殊礼,死后,元世祖敕撰碑铭,实为金元之际平阳地区最富声望和最有影响的全真名士。全真道史,应著其人"——则似未注意到道教史料中相关记载。

经由以上学者的艰辛耕耘,目前有关姜善信的研究取得很大进展,但由于史料限制等原因,仍然存在若干薄弱之点。首先,对于姜善信一生行教事迹仍存在许多重要且未考明之处,甚或有学者仍然对其是否

① 王锦萍:《宗教组织与水利系统:蒙元时期山西水利社会中的僧道团体探析》,《历史人类学学刊》第九卷第一期,广州,2011 年 4 月,第 25～59 页。笔者在 2011 年末开始撰写此文至 2012 年 3 月完成时,并未获见王锦萍博士高文。有关郭元长、姜善信修渠前后的考辨,为作者独立完成,且与王锦萍博士所取角度史料各有不同,不敢掠美,特此帮助。

② 该文首发于《探古鉴今:"全真道的昨天、今天与明天"国际学术讨论会论文集》,香港,2010 年 1 月,137～157 页;修改后收入《全真道研究》第 1 辑,齐鲁书社,2011 年,第 189～217 页。

③ 蔡美彪:《元龙门建极宫碑译释》,该文首刊于《八思巴字碑刻文物集释》,中国社会科学出版社,2011 年,第 3～27 页;复刊于姚大力、刘迎胜主编:《清华元史》第一辑,商务印书馆,2011 年,第 3～37 页。

属于全真系统存在不同见解①。其次，姜善信与元世祖忽必烈的关系模糊不清。最后，因姜善信与全真道龙门派的起源具有重大关系，迫切需要对其行教事迹进行系统研究。

因此，笔者曾在前人研究成果的基础上，不揣浅陋，根据田野调查所得碑刻文献，并结合方志资料，对姜善信进行了长编性、尝试性的考辨。笔者认为：

"姜善信为赵城县北石明村人，曾修渠乡里，其入道与归葬处乃华山王刁洞与真常观。姜善信成功劝说忽必烈取南宋时采取'好生止杀'政策，其后忽必烈颁其诏旨多达六通。因与忽必烈关系极端契阔，遂借此重建并进入'岳镇海渎'、'古帝王庙'等国家祭祀系统庙宇，在不改变原有信仰系统的同时，创修系列独立'道宫'建极宫、光宅宫、崇宁宫、孚惠宫、太宁宫等，并以世祖忽必烈'影殿'所在尧庙光宅宫为该系'祖庭'；凭依国家祭祀参与者的特殊地位及经济特权进行阐教。"②

笔者在此文发表后，继续对姜善信重建并进入之"岳镇海渎"、"古帝王庙"等国家祭祀系统庙宇进行了查考，陆续有所发现。今略缀如次。

一、蒲阪舜庙

传说舜都蒲阪，蒲州旧城位于今黄河东岸的山西省运城市所属永济市蒲州镇。蒲州宋、金时期俱属河中府，元时属晋宁路河中府，为河中府府治所在。明洪武二年(1369 年)，罢河中府，改属平阳府。唐李泰《括地志·蒲州·河东县》："河东县南二里故蒲阪城，舜所都也。城中有舜庙，城外有舜井及二妃坛。"宋以后的蒲州舜庙大致沿革如下："舜庙，在东门外，宋真宗大中祥符四年驾幸河中，幸舜庙，命修饰焉。

① 王宗昱：《全真教和地方宗教之关系》注 41。Florian C. Reiter 主编：Purposes，Means and Convictions in Daoism，2007 年；转引自 http://www.hongdao.net/plus/view.php?aid=999。

② 赵建勇：《全真姜善信教行初考》，见熊铁基主编《第二届全真道与老庄学国际学术研讨会文集》，华中师范大学出版社，2013 年，第 432～478 页。

因作赞记之。改舜泉为广孝泉。命王钦若撰记，见古迹。元大定元年保清大师郭道真增修……”①郭道真实为姜善信一系，为董若冲弟子。其增修舜庙的过程在以下碑刻中记载详细：

我元统有天下，圣帝明王若祠与墓咸为加葺，世皇以来明诏数下。故靖应真人姜善信传教，光泽真人董若冲召见，凡尧、禹、后土及帝祠之在晋地者皆听主之。由是其徒保清大师郭道真、弘真大师巨志安乃来居此，薙荒畚积，夷高筑下，身为陶值，瓦甓以充，浮木于河，材用以足。自至元二十五年经始，迨至顺改元，历四十寒暑，栋宇克立。正殿翚费，虚楹四周，后寝殿制，饰其旧贯。前元为门，厥构其称，独两庑未之及焉。东别为院，列屋大小凡六十楹。以奉老子栖羽流。旧地为亩仅十有五，一再倍之。②

“自至元二十五年经始，迨至顺改元”——姜善信卒于元世祖至元十一年(1274年)，至元二十五年(1288年)舜庙之重修开始时已在其去世后14年了，其时董若冲仍在世，并曾受忽必烈召见；据至元十二年(1275年)二月圣旨：

光宅宫真人董若冲继靖应真人姜善信于平阳路荣河、临汾县起盖后土、尧庙，及于河、解、洪洞、赵城修理伏羲、娲皇、舜、禹、汤、河渎等庙宇。仰董若冲，凡事照除累降圣旨，依旧管理行者。仍仰本路官司常加护持。禁约诸人毋得阻坏，及使臣、兵马人等不得安下骚扰。准此。③

可知舜庙最早当为董若冲具名引领“修理”的，到至顺改元(1330年)修建结束历时四十余年。该碑既云“光泽真人董若冲召见，凡尧、禹、后土及帝祠之在晋地者皆听主之。由是其徒保清大师郭道真、弘真大师巨志安乃来居此”，则郭道真应系董若冲的弟子。根据该系题名规律来看，郭道真与巨志安有很大可能亦为师徒辈。并且该庙修建时间

① 明嘉靖三十八年(1559年)《蒲州志》卷之四《典礼》。

② 郭思贞：《重修虞帝庙记》，见李裕民点校，胡谧纂《成化山西通志》卷之十四《集文》，中华书局，1998年，第920页。

③ 蔡美彪：《元龙门建极宫碑译释》，见蔡美彪《八思巴字碑刻文物集释》，中国社会科学出版社，2011年，第12页。

较长，也有师徒相继的可能。“东别为院，列屋大小凡六十楹。以奉老子栖羽流”，则仍是鲜明体现出“姜善信模式”的不更改原有信仰祭祀系统而独立创修的道院，可惜其名称已不可知。明嘉靖《蒲州志》前所附“舜庙图”中已不见该独立“道院”的标示，帮助在明代“重建礼教秩序”、恢复该庙原有信仰祭祀系统时，“道院”已经被取消或者改建。

元代舜庙姜善信一系道众题名有前至元至至顺时期“保清大师郭道真、弘真大师巨志安”①的文字。

二、成汤之庙

古称荣河县（元属河中府明属蒲州）有商成汤王陵。明嘉靖《荣河县志》载：“商汤王陵在县北四十里百祥村西，元癸未（1343 年）岁沦禹汾河；以石柩迁葬别地。我国朝因建陵寝于陵墓之东，以便岁时致祭。正德元年少卿乔宇提准致祭于祠。其陵寝亦皆沦没，徽址犹存。”②该志又载：“商汤王祠，在城北一十里，内塑汤王像，肇自轩辕，以伊尹、仲虺二臣像配之。宋开宝六年敕修，正德元年少卿乔宇奉命来祀，内有宋《新修成汤王碑铭》并叙，及我国朝遣祭祀之文。”③《成化山西通志》亦载：“汤王庙，一在荣河县东北十里，以陵寝所在而建。配以伊尹，仲虺，宋开宝六年敕修。”④汤王祠即汤王庙，很明显，荣河县商汤王庙的建筑是因为商汤王陵在荣河而建立的，但与商汤王陵并不在一处。与其后商汤王陵的沦没不同，商汤王祠自宋代开始代有祭祀，至明初不绝。嘉靖《荣河县志》收录有宋代至明的多篇相关祭祀及建修文献，其中收有元代“河东乡进士野先海牙”于“壬午岁（至正二年，1342 年）四月下旬有日”所作《重修成汤庙铭》。该铭对于元代该庙的历次重修等进行了详细记载：

---

① 郭思贞：《重修虞帝庙记》，见李裕民点校，胡谧纂《成化山西通志》卷之十四《集文》，中华书局，1998 年，第 920 页。

② 唐璐修，宋纲撰：明嘉靖十七年（1548 年）《荣河县志》卷一《古迹志》。

③ 唐璐修，宋纲撰：明嘉靖十七年（1548 年）《荣河县志》卷一《祠祀志》。

④ 李裕民点校，胡谧纂：《成化山西通志》卷之五《祠庙》，中华书局，1998 年，第 194 页。

……由汉洎唐宋金元无代不祀，重修开宝之六年，再葺大德之十祺，琬琰所记，诚言。月丘东偏有汤之故堞存焉，去古月愈，仁泽弗朽，经今日见圣迹弥彰。祀典所载，玩味幽深矣。阕至元三年靖应真人姜善信精研道教，以侍世祖皇帝，默契宸衷，特奉纶音，并建汾阴后土偕尧舜禹汤等庙，功业速成，参时有古，今不复变异也。钦惟我皇元屡下明诏，其于岳镇海渎圣帝明王忠臣烈士，俾有司岁时涓洁勿驰也。则崇德报功，有由矣乎……至正改元秋，汾阴监县朵罗台从仕，偕同僚等恭谒祠祀，视庙貌荒凉，瓦分木腐，圣像则剥落，谨发恻隐之心，捐奉禄命提点宁志温等革故更新，殿期五楹，基址宏敞，甬道岿巍，撤旧改作，黝垩丹漆，富丽豁目……①

很明显，荣河成汤庙元代亦属于国家祭祀系统庙宇，“至元三年靖应真人姜善信精研道教”，至元三年为1266年，此是言姜善信知遇于忽必烈之时，并不是成汤庙的实际修建时间，其后在与修建汾阴后土祠同时或稍后，才对成汤庙开始进行了修建，据至元十二年(1275年)二月《圣旨》，《元史》所载“立后土祠于平阳之临汾，伏羲、女娲、舜、汤、河渎等庙于河中、解州、洪洞、赵城”②，亦系年于至元十二年二月，当是本于此圣旨。至元十二年姜善信已经去世，则河中府成汤庙的“修理”实际也是董若冲主持的。“功业速成，参时有古，今不复变异也。”“有古”帮助并未对原系统建筑进行改建，“参时”则无疑应当是修建了独立的“姜善信模式”的道观，该系无疑也于此时以“姜善信模式”入主该庙；“今不复变异也”则帮助直至元末，该种模式并未改变。大德十年为1306年，又曾进行重修。“至正改元秋”即1341年，已是元末，汾阴监县朵罗台“捐奉禄命提点宁志温等革故更新”，又一次进行了重修。主持修建的为该庙提点宁志温。可以推定，从元初至元末，姜善信系当在该处传承不绝，惜已不能详。

元代成汤庙姜善信一系道众题名有：元末至正时期“提点宁志温”③。

---

① 唐琦修，宋纲撰：明嘉靖十七年(1548年)《荣河县志》卷二《集文》。

② 宋濂等：《元史》第1册，中华书局，1974年，第161页。

③ 唐琦修，宋纲撰：明嘉靖十七年(1548年)《荣河县志》卷二《集文》。

三、河渎与西海

元代岳镇海渎祭祀延续前代，为基本的国家祭祀系统。河即黄河，元代河渎神的祭祀之处是晋宁路河中府府治蒲州河渎神庙（蒲州故城即今运城山西省运城市所属永济市蒲州镇）。《成化山西通志》云："西海神庙，在蒲州城南二里永丰厢河渎庙西，元至正十一年敕建。国朝载祀典，有司岁祭。"[①]又云："河渎神庙，在西海庙东，祀西渎大河之神，二庙元至正间敕建，左右风伯雨师庙，钱列八角井亭，国朝载祀典，有司岁祭。"[②]西海神神庙位于河渎神庙之旁，因此该处在祭祀河渎神的同时，也同时祭祀西海神。对于有元一朝河渎、西海神庙的修建及祭祀，在以下《新修西海河渎神之碑》中说得比较清楚：

> 国家秩祀海岳四渎，以西海荒远，望祀于河中，与河渎为二庙，合为一都宫……庙宅其隈，去府治二里。我元因宋金旧基而葺之，每岁春，泮冻风荮，遣使恭谒祠下，具牲牢醴币致祭，以为恒式。至元二十八年，诏若曰：名山大川，国制敕祀，今海渎在吾封之内，民物富康，时惟神休，其封西海为广润灵通王，河渎为灵源宏济王。至正七年河渎再加"神佑"于宏济之上为六字。时河决东明之白茅□，浸山东曹、济诸郡，天子忧之，遣工部尚书弥尔马合谋、翰林学士杨宗瑞视河，至河中。明年又遣平章政事韩戛纳、御史中丞李献致祷祠下。使还，皆云：二庙规制狭小，殿宇卑陋，岁月悠久，黝垩漫漶，非所以怀百神严祭祀也。天子下诏，命中书出楮币缗儿时五万四千有奇，以大都留守经历廉垧往敦其事。役始于九年之正月，落成于十一年之十月。[③]

国家岳镇海渎祭祀有代祀，有常祀。代祀为改元、立太子、岁首或

① 李裕民点校，胡谧纂：《成化山西通志》卷之五《祠庙》，中华书局，1998 年，第 194 页。

② 李裕民点校，胡谧纂：《成化山西通志》卷之五《祠庙》，中华书局，1998 年，第 194 页。

③ 李好文：《新修西海河渎神之碑》，见李裕民点校，胡谧纂《成化山西通志》卷之十四《集文》，中华书局，1998 年，第 922 页。

者国有大事大灾时，皇帝派遣重臣代表皇帝前往致祭。《元史·卷二十七·祭祀志》云：

> 北岳、西岳、后土、河渎、中镇、西海、西镇、江渎为西道。既而又以驿骑迂远，复为五道，道遣使二人，集贤院奏遣汉官，翰林院奏遣蒙古官，出玺书给驿以行。中统初，遣道士，或副以汉官。至元二十八年正月，帝谓中书省臣言曰："五岳四渎祠事，朕宜亲往，道远不可。大臣如卿等又有国务，宜遣重臣代朕祠之，汉人选名儒及道士习祀事者。"

最早代祀西海河渎为何时开始不详，元史所言"岳镇海渎代祀，自中统二年始"是泛指。现存的多篇元朝代祀西海河渎之文俱在元末。因为后土、河渎、西海等俱在河东，故代祀时一直为同一道，即"西道"——无论是在分五道还是三道进行时。而最早的后土代祀为前述至元五年修建后土太宁宫之后的至元十二年(1275 年)："遣使代祀岳渎后土。"①其后《元史》后土代祀记载多有，河渎西海代祀与此后土同属"西道"，必然应同祀。

代祀之外有常祀，《元史》所云"立秋日遥祭西海、大河于河中府界"②即指此。一般各处常祀皆在立春、立夏、立秋、冬至四节令，为州县地方官员所主持。此外，则为庙宇的日常祭祀。河渎、西海庙的日常祭祀自当为姜善信系住庙道士承当，这是其存在的最基本职能及原因。据至元十二年(1275 年)二月《圣旨》，则河渎庙的最早修建亦在至元十二年董若冲手中无疑。"姜善信"模式在原有信仰系统之外建立独立道院建筑维持道统的方式也同其他该系庙宇的建筑方式完全一样；此从下图可完全证明：该图所示明代西海、河渎神庙的两旁独立的"东道院"、"西道院"道院建筑，毫无疑问是保持和继承自元代"姜善信"模式的道宫。姜系在该处自有传承，但已完全失载。

---

① 宋濂等：《元史》第 1 册，中华书局，1976 年，第 167 页。

② 宋濂等：《元史》第 6 册，中华书局，1976 年，第 1885 页。

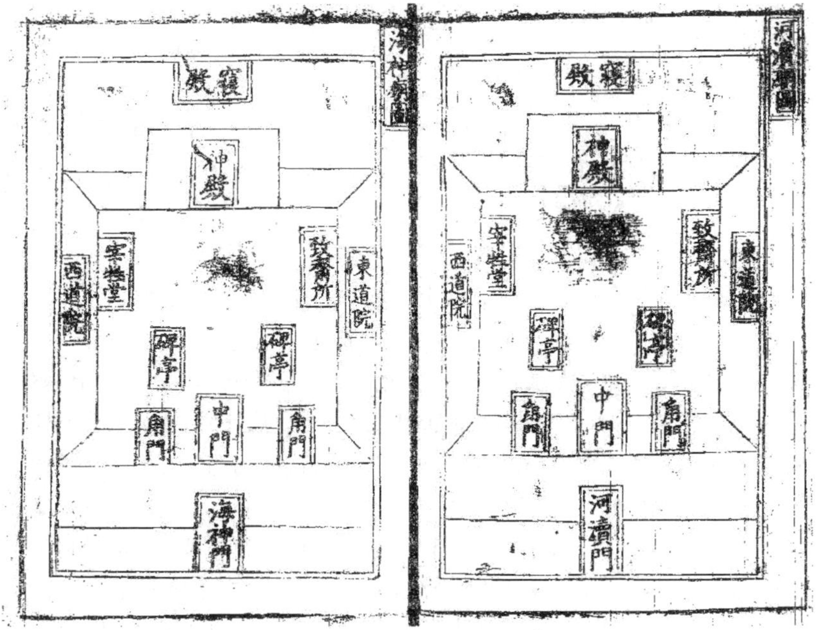

明代河渎神庙西海神庙图①

四、一点讨论

其一，要说明的是，姜善信营建的宫观绝不止建极宫、光宅宫、崇宁宫、孚惠宫、太宁宫等九处，《道行碑》云："至于轩辕、汾阴、岳渎诸庙，皆面奉纶旨，复修而重起之，其经营规度，勤亦至哉。"复云：

> 尧居五帝之先，禹为三王之祖，黄帝则正名百物，后土则资生万汇，五岳群山之冠，四渎众流所宗，是皆载在祀典，万世而血食者也。而独能广庙貌于榛烟之际，奠神居于兵烬之末，岁时香火以祝明天子万年之寿，真人之于国，其有力焉！臣敢拜手稽首而为之铭。

该文为奉忽必烈敕诏所作，以忽必烈对姜善信相知之深，撰碑者当

① 明嘉靖三十八年（1559年）《蒲州志》卷首图，《四库全书存目丛书》史部第233册，齐鲁书社，1995年，第716页。

不敢妄言，所言姜复修“轩辕、汾阴、岳渎”等庙必有确指。

现在“汾阴后土、尧、舜、禹、汤”诸庙的营建时间过程已经明确或大略可知，而“轩辕、伏羲、岳渎”之“岳”等处则仍未落实。其他记录如“修理伏羲、娲皇、舜、禹、汤、河渎等庙宇”、“神宇百余所”等都说明姜善信系修建规模的庞大。有学者根据文献推断十三世纪的元代全真教每一宗门的宫观数量根据宗师影响的大小大致为每宗拥有“100～250”座宫观[①]；也从侧面证明了姜善信一系“神宇百余所”的记载无疑是真实的。“凡尧、禹、后土及帝祠之在晋地者皆听主之”[②]，说明上述姜系庙宇皆位于山西境内。据《成化山西通志》：黄帝庙在山西者有襄陵县等五处；伏羲庙有平定州浮化山等两处；娲皇庙凡十一处，其中赵城县有二；神农庙有高平县等五处；上述庙宇在元代都曾创修或者重建。其中特别值得注意的是霍山中镇庙，霍山为五镇山之“中镇”，历代均属“岳镇海渎”国家祭祀系统之一，元代封号为崇德应灵王，祭祀不绝，所遗相关元代文献亦多。霍山元时属晋宁路霍州所辖，霍州下领霍邑、赵城、灵石三县，而赵城恰为姜善信之家乡，以中镇霍山之重要与姜善信对霍山之熟悉，霍山中镇庙正是姜善信一系最理想的进入目标，但元代中镇庙文献虽然有道士主持提点之史料，但仍无文献可认定其确属姜善信一系——虽然这非常可能。与此相似，山西地方文献中虽有元代遣使代祀上述部分“古帝王庙”庙宇的零星文献[③]，但暂未见姜善信系参与修建的直接史料，故仍待考。有待文献尤其是田野调查工作的进一步发现。

其二，张广保已经指出在全真教“元代已有宗派之分化，但没有派字诗”[④]，樊光春也注意到以“本宗”之用词为代表的元代“宗派之实已

① 高万桑：《教团的创建：十三世纪全真教的集体认同》，见张广保主编，宋学立译《多重视野下的西方全真教研究》，齐鲁书社，2013年，第19～20页。

② 郭思贞：《重修虞帝庙记》，见李裕民点校，胡谧纂《成化山西通志》卷之十四《集文》，中华书局，1998年，第920页。

③ 《元史·祭祀志》此系统与“岳镇海渎”系统等级地位相同，亦单列，也属国家祭祀系统。

④ 张广保：《明代全真教的宗系分化与派字谱的形成》，《全真道研究》第1辑，齐鲁书社，2011年，第189～217页。

经见诸碑石文字”[1]；张广保并以元代山东沂州玉清万寿宫师徒五代传承而“中间法名”绝不同，已经有主动区分辈分为例说明元末此种倾向的出现。张广保、樊光春、刘迅、王岗等学者都已通过研究明确指出在山东、陕西、湖北、云南等地迟至明代嘉靖至万历时期龙门派之派字已经在各地大量出现，甚至更早，远早于王常月建立龙门律宗传戒的时间。

以上诸家有关明代龙门道派的研究，大都以排比、比较金石碑刻中道士的“辈”字排名规律，以“龙门字谱”的顺序“延续”，从而来确认其属于明代龙门派，在极大推进了这一问题的解决的同时，遗憾的是一直没有发现属于明初的明确标示出“龙门”名称的“龙门”道派的直接证据材料。刘迅所考出的、伍守阳于万历乙卯年(1615 年)撰《天仙正理直论》于文末收录龙门派字 20 字谱后所言“后人称为龙门派者便是”；此似为目前最早的明代明确标示出“龙门派”名称的文献——但王岗已指出伍守阳《天仙正理直论》初稿完成于天启二年(1622 年)，文末所录龙门派字谱及“龙门派”说明是由其堂弟伍守虚于崇祯十二年(1639 年)“增注”的；晚于明代杨道宾于万历三十七年(1609 年)去世前在《李赤肚传》中记载的龙门派字 20 字谱，以及将“闫祖派”这一道派称作“长春道派”的记录；王岗并指出这一记录是明代最早公布的龙门派字谱并将这 20 字派与丘处机直接联系起来，而明人李维桢《供种田记》所记“闫祖派”作为龙门“复”字岔支派，“如果不是唯一那么至少也是最早的明人记录中所见的龙门支派”[2]。

因之学者推断龙门派字谱最早出现的时间为“明初期偏后”[3]，大致在正德时期(1506 年左右)——此估计时间似乎仍靠后；但上述研究均强烈指向的是：明初是字派出现的关键时期。

---

① 樊光春：《明清西北地方全真道主要宗派梳理》，《全真道研究》第 1 辑，齐鲁书社，2011 年，第 218～236 页。

② 王岗：《明代江南士绅精英与茅山全真道的兴起》，《全真道研究》第 2 辑，齐鲁书社，2011 年，第 26～71 页。

③ 张广保：《明代全真教的宗系分化与派字谱的形成》，《全真道研究》第 1 辑，齐鲁书社，2011 年，第 189～217 页。

1944年郑天挺先生曾经对于云南点苍山玉皇阁的道教环境作过考察:

> (中和峰)山有中和寺,实道观,无道士,惟供道教之斋公耳。寺外有北主祠及李中溪(明代李元阳)仙道碑,寺门有光绪时石刻康熙御笔"滇云拱极",额门左有康熙四十五年(公元1706年)九月九日偏图总兵《御笔钦赐中和山匾额记》石刻嵌于壁,记称其地为上帝宫,知当时尚无中和寺之称也。门右有光绪二十六年(公元1900年)杨琼重修石刻,亦嵌壁间,谓寺创于蒙氏,重修于嘉靖,咸丰时毁,其时夏建。人门左角墙下,有"滇云拱极"旧石,云拱二字已毁,则重刻也。人门聚山阁楼上有成丰时江某所画灵官像,甚生动,又有周仁所作楹联,盖仿孙髯公而不及者。其后为玉皇阁,即正殿也……①

笔者在阅读史料的过程中,发现早至元末明初,即元延祐、至正时期到洪武初年间(1348—1368),即有直接明确标示出"龙门"名称的"龙门派"明代文献材料出现。该系为沿着"华山—陇西—巴蜀—云南"这一路线传播过来的云南大理点苍山玉皇阁孟德纪、王通一、陈玄亮一系②。此外,笔者在查阅河南省碑刻文献时,也发现了明确的早至明初洪武时期的全真龙门派派字字谱;兹不详叙,待后补之③。

另一重大方面,上述龙门派及其他道派派字均明确出现于明初,与此时道教传授环境的发生重大变化也有直接关联。

笔者指出:"笔者阅读《成化山西通志》、《雍正山西通志》时,发现了大量各宫观于洪武初年并入当地一所主要宫观的史料记录,数目高达几百条!如前述光宅宫合并其他宫观以及孚惠宫并入其他宫观即是。这当然是洪武初年归并宫观的结果。

"洪武六年(1373年)十二月,明太祖'以释道二教近代崇尚太过,

① 郑天挺:《大理访古日记》,转引自大理市政协委员会编《大理市文史资料》1944年第9辑,第132页。

② 赵建勇:《目前所知最早的元末明初龙门道派及其他——以云南地方史料为中心》,《中国道教》2012年第6期,第38~43页。

③ 碑刻史料未在手边,待后补。

徒众日盛。安坐而食,蠹财耗民,莫甚于此。另各州府县止存大寺一所,并其徒而处之,择有戒行者领其事'①。洪武二十四年六月又复申:'各州府县寺观虽多,但存其宽大可容众者一所,并而居之'②,其二十七年正月又再诏命'……每大观道士编成班次,每班一年高者率之,余僧道俱不许奔走于外,交构有司'③。

"明初的政令执行之严格是众所周知的。将一县之中几十甚至是近百所宫观归于一所——尤其在山西这种寺庙最多之地,其结局是非常凄惨的,被撤并的宫观土地被没收,这也正是古代中国产权、所有权发育不良的明证,这种肆意剥夺私权土地财富的逻辑其实是一种强盗逻辑——明代皇庄之多部分盖缘于此。

"原来分别在各自宫观道统传承的不同道派,现在却于明洪武初变成共居:一县(州、府)共居一观!在传授环境发生重大改变的情况下,无论内在道统的强烈明确的归属需要——'并其徒而处之,择有戒行者领其事'以及为外在方便管理——'每大观道士编成班次,每班一年高者率之'都要求必须能够、也需要能够出现一种各道派彼此被辨认和区别的识别系统;这样,道派派字——包括龙门派在内的以此为特征的道派在元末明初的洪武年间出现了,这是元末明初一切道派起源尤其是延续的最根本的社会原因。"④

高万桑《近代道教的产生》⑤、泰·哈尔《中国宗教史上的白莲教》⑥

---

① 《明实录》卷八十六,转引自卿希泰主编《中国道教史》第三册,四川人民出版社,1993年,第425页。

② 《明实录》卷二〇九,转引自卿希泰主编《中国道教史》第三册,四川人民出版社,1993年,第425页。

③ 《明实录》卷二三一,转引自卿希泰主编《中国道教史》第三册,四川人民出版社,1993年,第427页。

④ 赵建勇:《全真姜善信教行初考》,熊铁基主编《第二届全真道与老庄学国际学术研讨会文集》,华中师范大学出版社,2013年,第469页。

⑤ Vincent Goossaert(高万桑):La création du tao sme moderne: l'Ordre Quanzhen Doctoral dissertation, Université de Paris IV (Sorbonne), 1997. 此承匿名审稿人指出,谨致谢忱。

⑥ B. J. ter haar(泰·哈尔):《中国宗教史上的白莲教》,布来尔出版社,1992年。此承匿名审稿人指出,谨致谢忱。

也皆深入探讨了教内教外因素对宗派分化所产生的影响，请参证。

其三，笔者根据姜善信光宅宫一系及其他支系“德”字之“辈字”道众在元末明初的传承分布指出：

“元末至正时期，姜善信一系道众人数以‘德’字之‘辈字’道众数目为最多。并且从前述关于光宅宫一系传承研究来看，其从元末传承延续到明初甚至明中叶都是没有任何问题的。”[①]继而推测：“元末大量出现的姜善信系‘德’字之‘辈字’道众为明初龙门派及龙门律宗的早期‘德’之派字起源准备了可能的（内在的）土壤。”[②]

并“据时间、地域的高度重合性我们可以大胆推测：元末隐于华山的、律宗二祖张德纯有可能为华山姜善信一系‘德’字之‘辈字’弟子。甚或即是‘真常观’的弟子：‘真常守太清’一句或可如此解”[③]。

有关龙门派起源于姜善信的原因，在“姜善信一系”占据国家祭祀系统这一最重大的根本原因之外[④]，还有一个因素必须考虑，即中国历史上著名的首次有明确记载的八级大地震——“赵城大地震”对于该系传播的影响。大地震发生于元朝大德七年（1303 年）八月初六戌时，即公元 1303 年 9 月 17 日晚 8 时许。这次地震非常强烈，地震破坏区北起河北张家口，南至陕西西安，东达河北衡水，西到陕西延安。震中位于当时的姜善信的家乡平阳路赵城县——现在的临汾市洪洞县广胜寺一带，赵城为震中所在，灾情最重。临汾市大宁县元代（1307 年）《河伯将军为记》题记木牌载：“平阳路倒塌房舍七分，塌死人四十七万五千八百。”[⑤]临汾市永和县元代摩崖题记：“戌时地震，平阳一路人口死伤一十七万六千三百六十五口，五万四千六百五十户，大德七年八月初六日

① 赵建勇：《全真姜善信教行初考》，熊铁基主编《第二届全真道与老庄学国际学术研讨会文集》，华中师范大学出版社，2013 年，第 475 页。

② 赵建勇：《全真姜善信教行初考》，熊铁基主编《第二届全真道与老庄学国际学术研讨会文集》，华中师范大学出版社，2013 年，第 475 页。

③ 赵建勇：《全真姜善信教行初考》，熊铁基主编《第二届全真道与老庄学国际学术研讨会文集》，华中师范大学出版社，2013 年，第 478 页。

④ 相关讨论请参考笔者《全真姜善信教行初考》结论部分。

⑤ 王汝雕：《从新史料看元大德七年山西洪洞大地震》，《山西地震》2003 年第 3 期。

戌时地动,铁罗村李善。"①万历《临汾县志》记"于时死者二十余万人,祸甚惨毒"②。死亡人数约占该地区人口总数的50%甚至更高。由于灾情极端惨重,元成宗铁穆耳当时即"遣使分道赈济,为钞九万六千五百余锭,仍免平阳、太原今年差税,开放山场河泊,听民采捕"③。其后整个北方地区都受到随之引起的严重的灾害链的巨大冲击。大震后余震并持续四年之久,随之连续三年该地区及周边地区天旱无收或者水灾充溢,瘟疫四起,民众流离失所,社会经济直至明初仍未恢复。

非常值得注意的是有关该地道教情况的一条史料:第二年大德八年(1304年)"五月庚辰,以去岁平阳、太原地震。宫观摧圮者千四余区,道士死伤者千余人,命赈恤之"④。这条史料说明,元代中后期该地区的道教宫观、道士数量的密度是非常高的,道教发展是非常繁盛的,赵城一带的道教,最有影响的无疑应为姜善信一系,在地震及以后,该地区的道众应该有一个持续的、因避难以及后期灾害链引起原有宫观生产条件衰退造成的、向周围扩散流动的过程。这一过程应该从元末持续到明初。而这一过程对于该系的扩散传播也应起了特殊作用。

另有一个原因必须深入考虑,华山作为道教名山,在明初合并宫观的重压之下,必然会成为各地尤其是山陕道众争相投奔的庇护"孤岛",原来宗派来源不一的各派道众在到达后,也一定会被当时华山最具影响力的道派——"德"字之"辈字"的姜善信系所浸润、同化;进而认同于姜善信系的世谱。这样,在明初以后的道教环境宽松后,已经认同姜善信系世谱的道徒从华山离开返回故地或流散后——主要由于明初大规模移民的影响;姜善信系的世谱及"姜善信"之名就会从华山流布四方,继之成为龙门一系共同尊奉的"历史记忆"。此种愈往后而愈来愈单纯

① 王汝雕:《从新史料看元大德七年山西洪洞大地震》,《山西地震》2003年第3期。
② 王汝雕:《从新史料看元大德七年山西洪洞大地震》,《山西地震》2003年第3期。
③ 《元史·成宗四》。
④ 《元史·成宗四》。

化的“历史记忆”若以之做比，则恰似明初山西移民及其后裔以“山西洪洞大槐树”为其认祖归宗之故乡的“历史记忆”——即使许多移民最初的迁出故地并不是洪洞。

明初移民因素必须加以考虑。明初晋南是山西人口迁出人口最多之地。洪洞县又是当时晋南最大、人口迁出最多的移民之县——而龙门“姜善信”一系无疑为元末明初山西洪洞县左近（姜之家乡赵城县紧邻洪洞明代俱属平阳府，1954 年并已归入洪洞县，距离极近）及晋南最著名的道派。对姜善信在当地及周围的巨大影响的“历史记忆”，可从明代仍保留着的以下例子见于一斑：

昔在大元世祖时，全真道士姜善信，先以道众行化，重修河津县禹庙，复以重建尧庙上请；俱获成绩，至今遗刻昭揭丰功①。

明初以晋南与洪洞为中心的山西大移民主要向河南、河北、山东、北京、安徽、江苏、湖北等地播散，其余部分迁往陕西、甘肃、宁夏地区。从山西迁往上述各地的移民，后又转迁到云南、四川、贵州及东北诸省。而上述以北方为主的地区，正是明清以来龙门派最主要的分布教区。山西移民的扩散与具有“姜善信”之“历史记忆”的龙门道派扩散同步。

笔者最后指出：“综上，龙门派及龙门律宗有可能是以源自华山的、以龙门律宗第二代律师‘德’字‘辈字’张德纯为代表的、流散到各地的元末明初姜善信的‘德’字之‘辈字’道众或认同该系谱的道众一传再传，后来逐渐形成一派，再追溯道源到姜善信的。陈铭珪先生认为龙门派起源于姜善信一系与其他七真派兴起于明代的说法近乎某种历史事实。”②

以上诸推想目前都没有直接的文献证据，只能是一种合乎逻辑的、有待继续探讨的供讨论的观点。只是对“龙门法脉源自姜善信”一说给

① （明）马峦：《重修大禹庙正殿记》，《康熙夏县志》卷四。此记为明隆庆二年（1568 年）作。

② 赵建勇：《全真姜善信教行初考》，熊铁基主编《第二届全真道与老庄学国际学术研讨会文集》，华中师范大学出版社，2013 年，第 478 页。

予一个尝试性的解释。更多的论证或否定，要期待田野工作的继续调查和地方文献的更深入发掘（本论文属于香港青松观资助、樊光春主持之“山西道教碑刻调查、整理与研究”项目成果）。

（作者为陕西师范大学西北历史环境与经济社会发展研究院博士研究生）

岭南全真高道李明彻与广州纯阳观

王丽英　黄银鸽

李明彻是岭南道教史上一名著名的全真高道。他深谙道学，说经传道；清静自守，利溥苍生；著《圜天图说》，砌朝斗台；建纯阳观，遗教后人。他深厚的道教思想和高尚的人格魅力，赢得了世人的称颂，也成就了晚清广州道教的盛况，他堪称晚清广州道坛一颗璀璨明星，被誉为"近现代历史上，广州道教界在社会上最有名望"①之人。对南粤大地这样一位杰出人物，学术界有过研讨，主要集中在对其在自然科学的建树和对社会文化的贡献之上。然对其道教思想及其影响，则未引起重视，迄今未见撰文论及，本文试从其道教思想和道教活动着手，探究其人格魅力及其对道教的贡献。

一、深谙道学，说经传道

李明彻(1751—1832)②，本名青来，字大纲，一字飞云，明彻是他后来上罗浮山入道取的道号。李明彻祖籍浙江，祖父南游落籍广东番禺(今广州)而为番禺人。他天资聪敏，博学多才，擅长天文、地理、历算、推步和绘画，尤其深谙道学。刘彬华在《圜天图说·序》中说他"少倜傥，抱大志"③，从小仰慕仙道，"有茅容之风"④。他一身仙风道骨，即

① 广州市宗教志编纂委员会：《广州宗教志》，广东人民出版社，1996年，第106页。

② 关于其卒年，史书、道谱、碑文无异义，但生年有分歧，此处从冼玉清先生的观点，详见冼玉清：《天文学家李明彻与漱珠冈》，《冼玉清文集》，中山大学出版社，1995年，第195页。

③ 李明彻：《圜天图说》，嘉庆己卯(1819年)刻本。

④ 陈鸿章：《圜天图说续编序》，载李明彻《圜天图说》，嘉庆己卯(1819年)刻本。

便八十高寿，仍“神气不衰”，“启土建观时，锄得茯苓数石，皆巨如斗，益百载精英也。青来服之，年八十神气不衰”①。他“好从方外游”②，为着寻师访友，十二岁就自行前往广东罗浮山冲虚观，意欲拜师入道，可惜未遇到高道，只得拜道士衣冠入道。回来后，他潜心研习道经，据最早记载李明彻传记的《瓜庐文賸》说，他“深悟道妙”③。乾隆中叶，他奔赴江西参加道教一代大典——“许真君龙沙盛会”（许真君是晋代道士许逊，后被尊为净明教教祖），当时传言许真君会在南昌龙沙出现，天下高行道流云集，他有幸结识了不少天下羽士，学识大增。其后，又赴京城得拜庐山高道石和阳为师，得授《道德经》（即《老子》五千言）、《阴符经》（全称《黄帝阴符经》，仅300多字，作者无法考证，内容讲的是道教修养之术，涉及养生要旨、气功、食疗、精神调养、房中术等方面）、《金玉经》（传为吕祖亲撰，应为扶乩之作）、《黄庭经》（魏晋间道士养生之书，传为魏华存所作，后成为道教上清派的重要经典）和《常清静经》（全名《太上老君说常清静妙经》，有关修炼内丹和打坐的道书）等道典之真诀和秘要，道学因而突飞猛进，如已故余信昌道长说他“窍妙皆通”④。他学成归来，隐居广州白云山、观音山（越秀山），继续潜心研习道学，闭门注经释义，他专心收集和整理道教典籍，特别是将李耳撰的《道德经》二卷、牟目源订的《常清静经》一卷、纯阳真人撰的《金玉经》一卷、石和阳述的《阴符经注》一卷和《太上黄庭经注》三卷，辑成《道经五种》，并融入自己的心得体会，进行全面评说，进一步阐发道经之精义，于乾隆十八年（1793年），付梓行世⑤。同时问世的还有《证道书》一卷以及尚未刻板的《修真诗歌》三卷⑥。他著书立说，孜孜不倦，旨在供同道者作参考，以表“善与寅同”之意，同时，“祈道脉永存，承前启后”⑦，启发后人，

① 樊封：《南海百咏续编》卷二，翠琅玕馆丛书本。
② 陈鸿章：《圜天图说续编序》，载李明彻《圜天图说》，嘉庆己卯（1819年）刻本。
③ 陈伯陶：《瓜庐文賸》卷四，《道士李明彻传》，民国版。
④ 余信昌：《广东部分宫观拾萃》，粤北南雄梅岭洞真古观编印1996年版，第69页。
⑤ 该书目前存放在中国国家图书馆。
⑥ 《证道书》和《修真诗歌》均已散佚，今不得见。
⑦ 余信昌：《广东部分宫观拾萃》，粤北南雄梅岭洞真古观编印1996年版，第70页。

可谓用心良苦，由是，饮誉道门。

他还授徒传道。据《纯阳观道谱》记载：首徒是一位林姓秀才，道号“至亮”，番禺人，生于乾隆五十四年(1789年)，嘉庆十七年(1812年)正式皈依李明彻门下，并于1837年继李明彻住持纯阳观，所有建设楼房庙宇，均有林至亮立碑刻铭为证，同治六年(1867年)在观内羽化。再有雷姓善士，道号“至鸣”，入道时还捐献全部田地产业，潜心修道，这也体现了道教的乐善好施。还有道号“至昆”，也是李青来的弟子，为炼师。后来，“续有拜师求道，代不乏人”①。他收徒传道授业，诲人不倦，令诸子学有所成，光耀道门，道流不断。

二、清静自守，为民乐道

李明彻“性淡远”②，“品格端严”③，一生清静自守，为民乐道，自觉践行《老子》的“无为而无不为”④思想和主张。

他清静自守。嘉庆晚年，阮元为两广总督。李明彻因先前著有《圜天图说》而深得阮元赏识，后来又因出色完成阮元主持的省志绘图事而为阮元器重。他“虽为当道所重”⑤，但从不所恃，从无所求，少私寡欲，清静自守是他一生为人处世的原则。时人有事相求，或托他说情，或求他美言，他都以“世外人”婉拒，崇尚恬淡，无为至上。他又洁身自爱，从不妄交，平常与人交往应酬，仅以自己的丹青相赠，不图名，不为利。他还随缘乐助，行善不甘后人。晚年，他鼎建纯阳观，所需实银七千六百余两，除实银三千三百两为他人，包括各府州县绅士及善长仁翁的捐款外，其余大部分都是他历年积笔墨金、修志酬金和售《圜天图说》书价，以及积年廉俸，无偿献出，显示了他乐善好施的为人品格，也体现出一个真正道士的正直和无私。

---

① 黄诚通：《广州市南郊漱珠岗纯阳观简史手稿》，未刊本，第11页。

② 卢元伟：《圜天图说续编序》，载李明彻《圜天图说》，嘉庆己卯(1819年)刻本。

③ 陈鸿章：《圜天图说续编序》，载李明彻《圜天图说》，嘉庆己卯(1819年)刻本。

④ 《老子》三十七章。

⑤ 卢元伟：《圜天图说续编序》，载李明彻《圜天图说》，嘉庆己卯(1819年)刻本。

他为民乐道。李明彻虽说“不事举业”①，但亦“不惟谢绝世事”②，他牢记老子“常善救人”③和“为道者，以救人危使免祸，护人疾病，令不枉死，为上功”④的教诲，对关乎民生之事，他是非常关心和乐于去做的。道光四年(1824年)广州大旱，粮食失收，米价昂贵，百姓生活无着，时为两广总督的阮元无计可施，请教李明彻。李明彻建议上奏朝廷，进口洋米，他指出：洋米仅土米价钱的一半，何不开放洋米入口。当时洋人以税重推辞，阮元于是依照李明彻之策，奏免洋米入口之税，以茶叶为交换，结果，米船源源而至，民不至受米贵之苦。为此，阮元专门作了一首《西洋米船初至》诗记载这件事情，诗云：

西洋夷船来，毡毳可衣服。
其余多奇巧，价贵甚珠玉。
持货示贫民，其货非所欲。
田少粤民多，价贵在稻谷。
西洋米颇贱，曷不运连舳。
夷曰船税多，不赢利反缩。
免税乞帝恩，米船来颇速。
以我茶树枝，易彼岛中粟。
彼价本常平，我岁或少熟。
米贵彼再来，政岂在督促。
苟能常使通，民足税亦足。⑤

由于李明彻体察民情，采取切实可行的方法，使百姓安然渡过难关，李明彻可谓功不可没，后人称赞道：“人民不致饥荒，皆赖李师青来之功也。”⑥由是，李明彻名声大振。又道光六年(1826年)春，彗星逆行，现于南方，阮元不明其由，“(阮)元疑粤后兵起，问之，以旱对。问可禳否？

① 陈鸿章：《圜天图说续编序》，载李明彻《圜天图说》，嘉庆己卯(1819年)刻本。
② 李明彻：《圜天图说自序》，嘉庆己卯(1819年)刻本。
③ 《老子》二十七章。
④ 葛洪：《抱朴子内篇·对俗》。
⑤ 阮元：《揅经室续集》卷六，中华书局，1985年。
⑥ 黄诚通：《广州市南郊漱珠岗纯阳观简史手稿》，未刊本，第12页。

曰：'禳无益，当备旱。'先是甲申岁元因明御言，奏免洋米入口之税，以关使虑税短，故米舶出口货仍照征。明御因复言夷人嗜利，如并免出口货税，米当大至，虽旱无害。元如其言。是秋旱，米价反平。自后粤虽旱潦不洊饥，明御发之也"①。彗星在南方出现，李明御认为是旱情的预兆，他指出：祈禳求雨无济于事，当务之急是告之于民，改种杂粮；同时进口洋米，充实粮库以备旱情。阮元依照行事，结果，在大旱之年，米价不升反平。之后，广州连续三年大旱，由于有杂粮替代和洋米接济，广大市民不至于饿死。为此，世人称颂阮元，其实亦有李明御的一份功劳，正如当今纯阳观住持潘崇贤道长所说的："真人一言，利溥苍生。其功已足昭垂永久。"②他不但开启洋米进口的先河，他还表现出一名道士应有的良知和真实的本领。

本来祈禳求雨是道教法术之一，为历代道士，尤其是正一派道士所好，他们"专恃符箓，祈雨驱鬼"③，但崇尚科学和追求实证更是道教的精粹，道教历来有近乎科学的怀疑精神，重视客观事物之理，注重事实根据，辨名析理，以小知大，以易求难，以显求隐，以近求远，强调"真道"、"真知"、"真行"，反对一切伪的理和术。李明御作为全真道龙门派第二十代玄裔，不迷信法术，不设斋醮祈禳，不搞画符念咒，不行祈雨止风，他遵循道祖"唯善是宝"的教诲，以道教的行善积德为本，以淡泊刻苦、救难济人为行动准则，以科学的精神和务实的态度以及渊博的学识，济世救人，为民乐道，其功德是何等之高尚和感人，他保全真性，体现道教全真派的"识心见性"、"独全其事"④思想和实践，成就了一个完满而真实的人生，难怪陈伯陶在为他作传时，称之为"真有道之士"⑤。后学张学华（道号永阁）也赋诗赞道：

青来老道士，孤抱耽清静。

因山构幽居，几曲叠萝蹬。

---

① 陈伯陶：《瓜庐文賸》卷四，《道士李明御传》，民国版。

② 潘崇贤立石碑文，存纯阳观内。

③ 张廷玉：《明史・方伎传》。

④ 《全真教祖碑》，陈垣：《道家金石略》，北京文物出版社，1988年，第451页。

⑤ 陈伯陶：《瓜庐文賸》卷四，《道士李明御传》，民国版。

爱此一壑专，天然具深靓。
何年结梅社，不负岁寒盟。
访古客同来，探春谁可赠。
数点南枝雪，风格高士称。①

他高尚的人格，堪与高士相称；他拯救苦难，普度众生的事迹，为广大民众所传颂。

三、著《圜天图说》，砌朝斗台

李明彻不仅精于道学，而且还擅长推步之术。所谓推步，就是推算天象历法。古人认为：日月转运于天，犹如人之行步，可推算而知。他拜京师钦天监监正为师，得传皇家大内的秘传推步、风角地理之术。为了向世人宣传天文学知识，他费尽心血，写下了岭南道教史上第一部天文学著作《圜天图说》三卷、续编二卷。其中《圜天图说》三卷，刊于嘉庆二十四年（1819 年），由阮元题名。《续编》二卷，刊于道光元年（1821 年）。

《圜天图说》分上、中、下三卷，《续编》分上、下两卷。《清史稿》和《广东通志》的“艺文”均有记载。《广东通志》只提到《圜天图说》三卷。《广州市志》作《圜天图说》。目前，《圜天图说》及《续编》被全文收入《藏外道书》及《四库未收书辑刊》，是《藏外道书》中唯一的长篇科学著作。

《圜天图说》坚持“地心说”，其内容包括 96“说”、7“歌”、75“图”和 10“表”，涉及天文、气象、地学、宗教、物理、数学等领域，内容非常广泛。书中对太阳系诸星位置及运行、日食月食的成因、昼夜节气的变迁都有详细的说明。并对季节、天象、海洋、火井、温泉、潮汐的成因，以及日月食之周期进行了科学的解释。全书收入有关地球、日月、星辰及雷雨、地震、潮汐等方面的论文共 81 篇，对京都顺天府、江宁府、苏州府及山东、安徽等 16 个府地的日出、日入、二十四节气时刻的测定记录，做了

① 《漱珠岗杨议郎祠看梅花同汪觉公桂南屏冒鹤亭》，《闇斋稿》，民国 37 年（1948 年）铅印本，第 24 页。

详尽的记载，对于各地的农耕、民事都是一份很有价值的资料。这本书还配有插图，特别是绘有全国地图、京城地图及全国大部分分省的地图。时人对《圜天图说》评价是很高的，如阮元认为李明彻是“隋张宝、唐傅仁均后崛起一人”①，又说：“青来继张、傅之后能为人所不为之学，较之吴筠、杜光庭辈专以诗文为事者，岂可同年而语哉？”②卢元伟也说：“此书精析确证，明白晓畅，宜广其传。”③陈鸿章更说：“青来仰以观于天文，俯以察于地理。六合八荒千仞三泉，凡前人推步占验之书，无不留心考究。自著《圜天图说》，以阐前人所未发。理数之学，大而且精。……后世有讲求天学者，得是书而潜玩之，以通于《算经》、《天问略》诸撰述，明若观火矣。且观天测地，日月之运行，七政恒星之缠次，了如指掌矣。”④樊封也说：“青来得西人算法，精天文学，著《圜天图说》。皆祖述利马窦、南怀仁之言，间采梅定九之说。”⑤利玛窦，意大利耶稣会著名传教士、学者，明万历年间来到中国居住和传教，他最大的贡献在于传播西方现代科学技术和向世界介绍中华文明；南怀仁，天文学家、科学家，清初最有影响的来华传教士之一，为近代西方科学知识在中国的传播做出了重要贡献，曾做过康熙皇帝的科学启蒙老师；梅定九，清代天文学家、数学家，一生著作宏富，代表作有《梅氏历算全书》，李明彻可以说是集他们之大成。为此，《广东省志》认为：《圜天图说》“为当时天文学的代表作”，“是广东最早较系统讨论气象问题的著作”⑥。《广州市志》也认为：《圜天图说》是“中国天文学史上极为珍贵的著作”⑦。《广州宗教志》也认为：李明彻是“在近现代历史上，广州道

---

① 陈伯陶：《瓜庐文滕》卷四，《道士李明彻传》，民国版。

② 李明彻：《圜天图说续编·序》，《藏外道书》第二十四册，巴蜀书社，1992年，第628页。

③ 李明彻：《圜天图说续编·序》，《藏外道书》第二十四册，巴蜀书社，1992年，第630页。

④ 李明彻：《圜天图说续编·序》，《藏外道书》第二十四册，巴蜀书社，1992年，第745～746页。

⑤ 樊封：《南海百咏续编》卷二。

⑥ 广东省地方史志编纂委员会：《广东省志·人物志·李明彻传》及《广东省志·宗教志》、《广东省志·气象志》。

⑦ 广州市地方志编纂委员会：《广州市志·教育科学志》，广州出版社，1999年，第749页。

教界在社会上最有名望”①之人。

为配合观测天文的需要，李明彻于道光四年(1824 年)在纯阳观内砌筑朝斗台一座，上有两广总督阮元亲题“颐云坛”三个字，这“是广州地区现存最古的观象台”②。不过，有学者分析后指出：朝斗台在李明彻的科学研究过程中，基本没有作用。因为《圜天图说》刊于嘉庆二十四年(1819 年)，《续编》刊于道光元年(1821 年)，而纯阳观自道光四年(1824 年)才开工，所以《圜天图说》及续编的天象不是在朝斗台观测的。而且，朝斗台修建不久，李明彻即于道光十二年(1832 年)去世。但不管怎样说，朝斗台是广东最早建立的天文台，比香港皇家天文台建立还早几十年，其科学价值和历史价值是不容低估的，它体现了道教对自然科学的不断追求和探索。

四、建纯阳观，遗教后人

纯阳观建于广州河南漱珠岗上。漱珠岗原名万松山、万松岗，李明彻在修《广东通志》考察过程中来到这个地方，发现此地山环水曲，松石清奇，就像玉碟上的一颗明珠，于是改名为“漱珠岗”。后来，干脆结茅于此，创建纯阳观，清道光四年(1824 年)动工，道光九年(1829 年)竣工。据邓士宪《鼎建纯阳观碑记》云：“漱珠岗者，因彻修省志，寻访万松山到此，见山环水曲，松石清奇，故取称‘漱珠’之名也。南临珠海之滨，北望白云藩屏之障，西来五凤，东接七星，朝云霞而印日，暮映月以辉光。周回绿水，八面青山，一遍平田青翠，嶙峋奇石玲珑，珠冈高耸接云天，绕道苍松蔽日。奇花遍径，异草生香，左狮右象坐明堂，石蝠青羊拖后案，葫芦倒地，四面奇观，岗头虽小，景象非凡。有仙山洞府之规模，海岛蓬莱之恍样，应建道场，开演玄宗正脉，创成法界，启列圣真像。蓬莱有路，仙径无差，接嗣修真高士，龙沙会上超凡。应祖师代天行化，岂不美哉！随到五凤村访问，欲求次

① 广州市宗教志编纂委员会：《广州宗教志》，广东人民出版社，1996 年，第 106 页。

② 广州市宗教志编纂委员会：《广州宗教志》，广东人民出版社，1996 年，第 100 页。

岗，结茅栖息。”[①]这是迄今可以看到的有关纯阳观的第一手材料，它道出了李明彻修建纯阳观的原因和目的。首先，“仙山洞府之规模，海岛蓬莱之恍样，应建道场”，表明漱珠岗确是一个修建道场的理想之所。其次，“接嗣修真高士”，“开演玄宗正脉”，明确纯阳观的修建，其一是作为李明彻颐养修真之处，另一是作为遗教后人之所。纯阳观落成后，“道缘广结，香火日盛，骚人墨客挈侣登临，遂为河南名胜之一，斯时为最盛”[②]。纯阳观成为广州近现代史上有影响，且有迹可寻的著名宫观之一。

纯阳观的大殿是纯阳殿，殿门上有两广总督阮元题“纯阳殿”三个大字，殿内悬挂道光年间进士庆宝书写的“万世道统”横额及其所刻的一幅长联。纯阳殿奉祀的是号称“纯阳子”的吕洞宾，唐代道士，姓吕，本名岩，字洞宾，据《宋史·陈抟传》记载：他为关西逸人，得道成仙前，曾在世俗沉浮，后在长安一家酒肆遇到钟离权，“黄粱一梦”，于是感悟，求其超度，历经生死财色十次考验，心无所动，最终得授金液大丹灵宝毕法，现纯阳观内有一块“金石循环”石，就是根据这个故事而来的。相传他懂剑术，授自火龙真君，叫“天遁剑法”，其剑法“一断贪嗔，二断爱欲，三断烦恼”。他又会作诗，据查《全唐诗》收录吕祖的诗作有 200 多首（《全唐诗》共收录唐代诗人 2529 人的诗作 42863 首），故有“酒仙”、“剑仙”和“诗仙”之称誉。在宋代，得敕封为“妙通真人”，元代又敕封为“纯阳演政警化孚佑君”，简称“吕纯阳”。王重阳设立全真道后，他与王玄甫、钟离权、吕洞宾、刘海蟾、王重阳被封为“北五祖”，故道内又尊称他为“吕祖”。民间流传他有“三醉岳阳楼”，“罗浮画山”，“飞剑斩黄龙”等故事，吕祖形象深入民间，成为世传“八仙”之一，是道教神仙中最活跃、最有人情味的一个，广州民间传说他最擅长的就是斩魔除妖，拜祭他的话就能够辟邪消灾，所以祀奉极广，这一方面反映了李明彻顺应广州人对吕祖顶礼膜拜的民意，另一方面也反映了当时全真道在广州的

① 广州市宗教志编纂委员会：《广州宗教志》，广东人民出版社，1996 年，第 123～124 页。此碑已不存，碑文拓本今收藏在广州市文物管理委员会。

② 《三元宫纯阳观修元精舍史料》，《广州市宗教处档案》1953 年，第 3 号，第 2 页。

地位和影响。

纯阳观建成后，不少文人慕名来到漱珠冈结社，吟诗作画，创下鸿篇巨制。清代光绪年间画界宗师居巢和居廉到此开岭南画派之先河；清末民初，二居高足高剑父、高奇峰、陈树人等率徒在岗上联袂作画，折中中西、融和古今，开创了岭南画坛的新格局；民国时，梅社诸子，在此赏梅雅集，更使纯阳观名闻遐迩。正是全真一代高道李明彻的成就与声望，吸引来无数文人墨客；文化界不少一代宗师到纯阳观活动，又更进一步提高了道教的名气。可见文化活动对道教影响之深远！而李明彻个人的独特贡献，则是促成当时道教兴旺之主要原因。

综上所述，李明彻毕生从事道教活动，声名远播，其深厚的道教思想和高尚的人格魅力，赢得了社会的称誉，如陈鸿章赞道："青来之学，虽不求于荣世，而得诸传世者，若此所谓羽衣黄冠以备顾问，允当之矣。洵乎人品之高，学问之大，其不负余生平所期望也。"[1]他得道成仙的信仰理想、清静恬淡的精神境界、济世利人的社会责任感、崇俭抑奢的生活信条、慈爱和同的处世方式以及顺应自然的行为原则，为后世树立了榜样，是世人学习之楷模。

（作者王丽英为广州大学人文学院教授，黄银鸽为广州大学人文学院硕士研究生）

① 陈鸿章：《圜天图说续编序》，载李明彻《圜天图说》，嘉庆己卯（1819 年）刻本。

香港全真教在俗道侣弘教的考察

邓家宙

一、对全真道出家制度的考察

关于全真道与其他道派在教义与修持上最主要的分别，就要说到"出家制度"的确立。所谓出家，就是决心脱离世俗婚姻，奉行独身清修的宗教制度，当行者出家后，应遵守教团的种种规定，在宫观内隐修，以求取证。

考道派出家制度之成立，主要受佛教戒律制度所影响，早于唐代已有"灵宝派"将道侣分为出家与在俗两类。到宋代时期，道教的戒学思想趋于完备，尤其全真道更仿效佛教建立丛林制度，为戒律与清规作补充，将原本零散的个体修行转向于集体住观，透过戒律的约束，一方面培养道侣的修为，另一方面也维系宫观的活动与存续。

在全真道的重要文献《重阳立教十五论》中，可看出创教人重阳祖师对出家制度的取态：

> 第一住庵：凡出家者，先须投庵。庵者，舍也。一身依倚，身有依倚，心渐得安，气神和畅，入真道矣。①
>
> 第六论合道伴：道人合伴，本欲疾病相扶，你死我埋，我死你埋。然先择人而后合伴，不可先合伴而后择人，不可相恋，相恋则系其心，不可不恋，不恋则情相离，恋欲不恋，得其中道可矣。……立身之本在丛林，全凭心志，不可顺人情，不可取相貌，唯择高明者

① 《道藏》第54册，文物出版社、上海书店、天津古籍出版社，1988年，第237页。

是上法也。①

文中阐明了最理想的修道方式就是“出家入观”，当道侣矢志脱离世俗，至心办道，借由肉身寄身宫观，受教团的戒律清规所约束，以及共住同修的扶持策励。如此内在的道心受外在的清修氛围所影响而日趋坚固，反之因道侣的修为进益而推动教团的良性发展，使之更臻完备。可见“出家入观”的方式，其实是“人与教”、“内与外”互动的因果关系，是教团发展和道俗修真的重要根基。

另外，明末时期，全真龙门派宗师王常月律师在“出家入观”的基础上创立“三坛大戒”制度，将出家道侣细分为“初真、中极、天仙”三种层级。“所谓初者，始也；真者，不假者；戒者，禁止也。”②简言之，就是指初出家的道士及在家信徒所修持的戒律则例，凡受初真戒者称“妙行师”，“只有得称妙行师者，且更加勇猛精进，持守言行，毫无过犯，方可进而受中极戒”③。由于“年少初真，戒行未圣，道心未笃者不得早受中极戒。不受中极戒者不得为证盟大师，六不得为监戒大师。受中极戒者方可称为妙德师”④。至于《天仙大戒》是龙门派的最高戒品，受此戒法可得无量功德福田，位证天仙。“受凡天仙戒者，三坛大戒圆满，可称妙道师，成为龙门派的‘律师’。只有受天仙戒者才可以为传戒授徒的传教本师。”⑤由此可见，出家受戒已成为全真道侣修持的重要阶梯。

笔者对于上述文献，考察全真道建立出家制度，归纳出三大意义：

其一，实际修行：借由出家修持，以严格的戒律及丛林清规，策励修行。在丛林既定的作息规律下，即使资质愚钝，只要按规奉行，对修行必有进益。

其二，身份认同：透过出家受戒制度，道侣按修持程度受持戒律，取得对等的专业身份，为宫观设立了内部人才培训的阶梯。

其三，道种传播：出家受戒制度保障了宫观道侣的修学水平的统一

① 《道藏》第54册，文物出版社、上海书店、天津古籍出版社，1988年，第238页。

② 《初真戒》，《重刊道藏辑要》张集七，成都二仙庵清末刻本，第12页。

③ 唐怡：《道教戒律研究》，巴蜀书社，2008年，第49页。

④ 唐怡：《道教戒律研究》，巴蜀书社，2008年，第50页。

⑤ 唐怡：《道教戒律研究》，巴蜀书社，2008年，第51页。

性，对全真道向世俗大众弘道奠定人事的基础。加上出家道侣较之于其他在俗弘道的道士，至少在形象上及实际操作上更为专业可靠，对道教的弘播有正面的推助作用。

由此推之，出家制度在全真道内是有极为重要的现实意义。尽管全真道在出家制度以外，亦容许在俗信徒修道弘道，但从客观的操作而言，在俗道侣要为口奔驰，在谋生以外兼顾弘道，对修持的时间与质素固然有所节扣，加上世俗应酬，身心难免沾染习气，于个人修为以至教团形象自必有所影响。所以证明“出家入观”的修学方式比对于在俗修道，无论在“身、心、灵”各方面的修养都较为优胜，更能保持道侣的修学水平的一致性，这是毋庸置疑的。须知道，道派创立以来就是以在俗之身行道，重阳祖师借鉴佛教戒律与丛林制度，权衡优次，刻意仿效而建立出家制度，正显示他对“出家胜于在俗”的深刻认识。

二、香港全真道的源流

清代，全真道脉往华东、华南地区发展，因应地区民风特性，在俗信徒比例较大，规则、组织等也日趋世俗化。例如“清代闵一得真人创立的全真道金盖山派，由于开创了‘龙门方便法门’，其弟子多出自俗居，当中不少是兼习儒、道的有识之士。俗家弟子逐渐成为江南全真道的骨干，世俗的管理机制亦开始为江南全真道观所采用，如清末时的松江海上白云观、觉云坛等便是实行董事会管理制度的例子”①。

清代，全真龙门派在广东成立吕祖道堂。民国成立后，很多信奉吕祖道堂的粤籍绅商逃避战难而迁居香港。所以在二十世纪初，全真道正式传到香港②。1929年，全真道人何近愚、陈鸾佳等来到粉岭，见其“崇山叠翠，环绕万松”，风景一流，商议在粉岭建立道场。于是回广州集齐门下弟子及亲友，南下到粉岭创建宫观，取名为“蓬瀛仙馆”③。另一有

① 见香港蓬瀛仙馆网页，“津津乐道”条，2012年1月18日，资料撷自 http://fungyingseenkoon.blogspot.hk/2011/11/blog-post_830.html?m=1。

② 《香港故事：全真教与香港发展》，辅仁媒体，2014年5月29日。

③ 《香港故事：全真教与香港发展》，辅仁媒体，2014年5月29日。

名的全真道宫观，就是屯门的青松观。国共内战时期，在广东的何启忠道长迎请吕祖先师降乩，指示“南下设坛，继行普度”，于是来港发展，最初租住九龙佐敦一座单位成立青松仙院，1960年再在屯门筹建创“青松观”。在香港的全真道宫观尚有中环的通善坛、玉壶仙洞，大埔的万德苑、道圣正坛，元朗八乡明善学苑、深水埗竹林仙馆，西环的纯阳仙洞等。

需要指出是，这些来港弘道的高道，均以在俗身份创办道场、主持各式法事，形成香港全真道由在俗道侣管理的基本格局。“时至今日，这种转变在高度都市化的广东、香港地区尤其明显，由出家渐变为不出家，住庙的可以住家，方丈管理制度亦转变为董事会或理事会制，组织亦更见严谨。现在，香港的全真道组织主要也是由居士作主导，他们积极参与世俗生活，关注社会服务，并开展各种慈善事业，利益大众，而这亦成为香港道教弘道的主要方向。”①

考察香港全真的弘道经验，可以说由创立至今，均由在俗道侣主事和管理。当中固然直接受清末广东道脉源流影响，同时与香港的特殊环境如政经环境有密切关系。时至新中国成立，在国家宗教政策规定下，国内“宫观内不得搞跳神、赶鬼、看相算命、测字卜卦、风水、求签及扶乩等”活动，集中回复到传统的出家清修模式，与香港以在俗道侣弘教的情况，两种模式形成鲜明的对比。

三、香港在俗道侣弘教的考察

虽说出家修道有其优胜之处，但随着中国社会发展由传统农业模式转向商业主导模式，出家制度在整体弘教的角度而言正面临相当的隐忧。尤其近世社会已由市场经济模式完全主导，它对人性带来最大的影响莫过于“贪欲”的无限扩张。当人欲横流，事事均与物质享受挂钩时，宗教本乎传统劝导信徒放弃情欲、物质而反朴归真，出家修行犹

① 见香港蓬瀛仙馆网页，“津津乐道”条，2012年1月18日，资料撷自 http://fungyingseenkoon.blogspot.hk/2011/11/blog-post_830.html?m=1。

如天方夜谭。由于愿意出家的信徒少之又少，无论法脉传承，以至于管理教团的领袖等都出现青黄不接的问题，这正是所有奉行出家制度的宗教目下所共同面对的严峻挑战，而道派的在俗弘道模式正好弥补现实上对出家道众不足的尴尬情况。

无可否论，以在俗身份弘道是回应近世社会现实环境的有效方法，至少有多方面的效益：

其一，在俗道侣本身在社会生活，能紧贴社会脉搏和节奏，加上人际关系等便利因素，在弘道时较能适应大众，可灵活处理各处事务；

其二，较能投入世俗社会，推动各种慈善福利事业；

其三，将现代管理模式引进教团，运作制度化，有助于提升管理水平及效益；

其四，易为普罗大众所接受。

观乎香港全真道在俗道侣弘教，除了大力推动慈善福利及文化事业，成绩斐然。与此同时，亦有相当的隐忧，诚如前述，重阳祖师奠定由“在俗到出家”的规制，有利于道侣“实际修行”、“身份应同建立”及“传播道种”的效益，现在香港道侣又由出家回复到在俗身份弘教，然则在这三方面的发展自是有所节扣。

实际修行方面：本港在俗道侣可分两类，一者在宫观供职，由教团支付薪金，全职管理及推展教务；次者是在宫观担任理事，日常另有谋生工作，只于宫观举办重要斋醮仪典时主持礼仪等。无论是何种职务身份，他们在日常也是过着普罗的世俗生活，饮食尚无重大禁忌，亦可自由婚娶等，由此观之，其修持的时间与质量与传统要求应有一定的距离。道侣的德性修为，关乎道脉香火的延续，而出家制度本身就是保障道侣水平的有效模式，现在香港出家道侣甚少，出家制度无法实行，这样的情况，直接影响道侣修为的培训，连带对教团内部人事存续，以及宫观今后发展方向亦有影响。尽管近十余年本地大学陆续开办道学高级学位课程，尽力提升道侣的学问水平，但大学终究是学术研究的场所，作为学理进修，固属美事。然而，宗教既讲求学理，更重视实修实证，这是大学课程无法提供和取代的①。

身份认同方面：出家受戒是取得道门专业身份的凭证，反过来亦是普罗信徒精神依赖的可靠对象。由于香港主要以在俗道侣弘道，身份形象较为模糊，一般信徒难以辨识，不若出家众的鲜明。另外，又有一众火道居士，他们只在殡仪馆及所属道堂出入，专门承接丧葬超幽场的法事，除此之外鲜有举办弘道事业，因此形象相对低落。问题是，此两者同以在俗形象弘道，但社会大众一般无法辨识何者是道侣，何者是火道居士，在这种身份模糊的情态下，大众以至信徒对道侣的修为和专业性就很自然地作出评估与比较。

道种传播方面：出家制度原意突出离脱世俗、隐修办道的方向，透过丛林式的教团制度训练人事根基，保障道脉的前进发展。但时移世易，部份在俗的管理者因能紧贴社会脉络，为了适应世俗社会的需要和习惯，弘道路向往往在传统精神价值的层面作出调息或让步，本属无可厚非的。但时间一久，易失平衡，例如部分宫观的运作过于商业化等，无论在祈福礼仪，以至于售买吉祥物品物等都与高消费挂钩，提供的服务只迎合普罗信徒的口味与需求（如拜太岁、拜文昌、扶乩求签……），而鲜有借机灌输义理、引导心性等具教育性质的指导，因而给人有宫观企业化的浓厚商业味道，失却了原有的脱俗无染的格调；另外，亦有以现代管理手法经办宫观，日常运作均是聘请员工上班，各守其职。每到下班时间，全体员工离场关门，宫观内除了当值保安外并无道侣驻守。须知道传统宫观的重要性，正是人（道侣）与地的紧密关联，现在宫观俨如公司，道侣如同工友，人与地的关系则无可避免地疏离割裂。当世俗人士或信徒也目睹这种“上班下班”的情景时，对宫观的尊重感也慢慢降低，他们将宫观提供的各种功德与服务视为等价的商品，原属清修的圣地渐渐沦落为“买卖心灵服务”的场所。如此下去，宫观道脉应凭什么作传承呢？这正是笔者所关注的问题。

（作者为香港史学会总监）

① 拙作《香港佛教史》，香港中华书局，2015年。

龙门律师任永真及其创建的张良庙十方丛林

王芳妮

陕西留坝张良庙在秦岭山麓的紫柏山柴关岭下，在陕西境内它是兴起最晚的一座大型道观，在清代中期迅速崛起为十方丛林，影响颇大，一度成为陕西西南地区道教活动的中心。对于张良庙十方丛林制度的建立以及壮大发展，任永真道长做出了卓越贡献。

一、龙门律师任永真

任永真，原名起美，辽宁铁岭人。生于嘉庆三年(1798 年)，仙逝于光绪五年(1879 年)。张良庙方丈墓群中现仍然保存《任永真墓碑》，记录了任永真生平经历与其建成张良庙十方丛林之贡献。除此之外，任永真所著的《三乘集要》中收录了同治六年(1867 年)熊其光所撰之《赠留侯祠开山道人方丈任圆真生传》、《留侯庙开山源流》，同治八年(1869 年)《留侯庙开十方丛林并修造碑记》(下称《十方丛林碑》)对此亦有详细记载。

《任永真墓碑》为甘肃候补知县梁嘉麟撰，刻于清同治六年(1867 年)。碑阳正中为“太上正宗全真道教演戒传法老律师信阳任真人之墓”，右侧上款:“香山华山派义真受律职永真起美开创十方丛林”，左侧下款“京都白云观继龙门玄都律坛接法一十九代圆真己卯年三月十二日吉时登真监院同众执事十方道众敬立”。碑文在碑阴：

赠紫柏山永真炼师生传

师法派永真字起美号信阳，诞生于辽东铁岭。少具慧性，貌极清奇，语通玄妙。始访道于京都南极宫仁贵师，继投白云观教智师，持行数载，学益深，道益进。中年涉历四海，遍谒名山洞府，后栖踪于关中之八仙庵。足迹满天下，声望四著，景慕者愈众。陕省之南有紫柏山，汉留侯辟谷处也。旧有留侯庙，主持乏人。道裔闻师名，诣请居之。师素闻其地为长安名胜最，如所请，欣然至。至则山川如旧，而殿宇荒圮，庙内香火地亦多为俗人所侵占。师念山川之胜，不可无以兴之；香火之资，不可无以复之。乃遂不避嫌怨，躬自清厘，呈请于当道，辨数处，讼数载，而案始定，业始复。由是出所余云游资，鸠工庀材，竭力修造，有不给则募金济之。一时，名公巨卿多愿为之助。凡自神殿，以至客堂，旁及于桥亭古迹，无不焕然一新。游斯地者睹今思昔，几莫能辨。师之布置周矣，师之精力亦瘁矣。师为人和蔼，博洽道气，接人眉宇，而又地当孔道，过往名人无不下车览胜，与师接，辄流连忘去。余以丙寅岁识师于此，初见即订方外交，嗣后数过此，道途仆仆，甫入庙即觉尘烦尽涤，萧然有仙凡之别。每与师盘桓晨夕，仰视三清、东华、观音、娘娘诸殿，则金碧庄严，观瞻肃也。时而登钟鼓、授书两楼，则诸峰历历在目，双眸豁也。有时评茶于圜堂、斋堂、客堂暨云水山堂，则窗明几净，神气为之清也。周视寮房、迎宾、官厅、当家院所，则执事井然，内外分明也。山门外，进履有桥，八卦有亭，杰阁巍然，散步其间，则古迹俱存，仙境招人，不啻作赤松游也。至若斋供有厨，则精膳珍馐，香积厨不是过也。十数载以前几成废址，十数年之内竟成丛林，非师之经营建造，劳尽心力，曷能大观如此？此余之所以一遇再遇，往复流连而不忍与师仓猝别也。夫仙凡虽各有异，而作为要自在人，高言修炼而居栖之所，乃至僻陋草莱，不能为山川点缀名胜，是以犹俗世之家，堂构弗承，不足为先人光也。余既慕师之为人，而尤服师之能事，不揣固陋，仿古人生传之例，谨缀数语，俟异日寿之贞珉。后之过是者，苟有感于余言，则知胜迹之所由复新、而感叹师功之不朽矣。后之守是丛林者，苟能承其先志，世世相传，则知胜地之不可复湮，而并见师泽之无穷矣。是为传。

钦差大臣陕甘爵督部堂营务处办理陕西田赋采用汉中白水江

军米升用直隶知州留甘补用知县利州梁嘉麟敬撰。①

熊碑与《任永真墓碑》中对任永真的生平记载所差无几，而熊碑与《十方丛林碑》中对任永真到达八仙庵之前的入道经历则记载颇为详细。

熊碑记："年二十四，游京师，入南极宫，遂髻发黄冠，奉道士李仁贵为师，深究玄奥，力探本源，嗣闻白云观，教知张真人，远绍丘祖，大阐宗风，天下云朋霞侣，莫不派衍龙门为道教之正规，道人慕焉，旋生皈依。正值登坛说戒，三衣云集，张见道人，北面鹤立，具入圣超凡之致，知为道器。进而论语，应对合旨，喜甚，谓众人曰：吾道有托矣。"遂以三乘正宗授之，道人受持精严，默契身心，隐通性命，又纵览道藏群经，凡玄都法录，天罡正诀，以及丁甲之术，靡不精通，于是道人之名，盛传诸山。"②

《十方丛林碑》记："闻崇文门外南极宫，李老仙师讳仁贵，开悟学人投师更名义真，问答有缘，百折不回，师曰，未经细行，终累大德，不免云游参访，磨炼身心。适道光六年，精研数载，大彻大悟。后至京望师，师命白云观禀投全真律坛，丘祖律下，慧生张老律师，法讳教智，启天人之大戒，演太上之玄律，领受三坛大戒，法职永真。"③

可知任永真到达八仙庵之前，先师从北京崇文门外南极宫道士李仁贵，后于道光六年(1826 年)投全真律坛，皈依白云观张教智。道光十九年(1839 年)任永真接管张良庙，后创建了张良庙十方丛林，该地清末成为陕西西南地区甚至甘肃陇南地区道教活动的中心。

二、任永真编著的《三乘集要》

任永真于道光十九年(1839 年)到达张良庙时就决计将张良庙建

① 陈显远：《汉中碑石》，三秦出版社，1996 年，第 305 页。

② (清)任永真著，姚永贵等校印：《三乘集要》下卷，民国丙子(1936 年)石印本，第 20～21 页。

③ (清)任永真著，姚永贵等校印：《三乘集要》中卷，民国丙子(1936 年)石印本，第 17 页。

成十方丛林。虽因当地“土恶”侵占庙产一事，历经六七年反复诉讼，但任永真将张良庙建成十方丛林之志却未因此而消减。道光二十三年(1843年)，庙产纠纷诉讼期间，任永真始编集《三乘集要》。王重阳立教之初就立有全真道清规留于后世，而当时之道众对全真道规矩礼仪之事，“有知而不言者，有无知而言者”，这两种情况都对全真道之发展造成损害，任永真认为有必要对道众之行为予以规范，对张良庙各类执事之职责予以规范，因而历时一年编成《三乘集要》。此可见于《三乘集要·自序》：

尝闻丛林大厦，非一木能支，必得众材相助，所谓得人而兴，不得人而废也。祖师设立清规，留于后世。余今照古办理，一年之数，周而复始，上中下三乘，各执其事。不可紊乱规模，亦不得妄费财物。祖师曰：粒米文钱，乃农夫之血汗，岂无功而可受，皆不可过用，过则罪加己身。今之后学于规矩理仪等事，有知而不言者，有无知而言者。知而不言有坏于事，固不必言也。不知而言者，枝上生枝，致误常住之事，误事之后，必生怨谤，悔之其不晚哉？夫悔之于后，不若慎之于前。古人云，敏而好学，不耻下问，以为问有益于己，有益于之常住事也。既问有益，且自以为荣，何耻之有？余游丛林四十余年，粗言大略，使执事知之，而便于遵行也。①

《三乘集要》一书精选了若干全真道道规和经典，分为上、中、下三卷。上卷的内容主要为礼神、道场、节庆、礼仪、各类执事职责等相关的制度性规定，主要包括：

敬神礼仪、开静止静撞钟偈三起、斋堂排班坐位式、云集排班贺礼、十二月二十三日辞灶神、二十四日接玉帝驾转天尊、正月初一日庆贺出天方各殿上疏、初六日十方堂起单、初九日玉祖圣诞、庆贺诸真圣诞、经理事务定规、上下执事应当管理事务定规、常住费用定规、安方丈监院执事摆茶定规、律坛执事行为榜。

中卷主要是与全真道经坛、戒律相关的内容：

① (清)任永真著，姚永贵等校印：《三乘集要》上卷，民国丙子(1936年)石印本，第5页。

律坛清规榜、开期付信、留侯庙传戒录序、升堂威仪、戒堂法座式、清规戒尺式、皇经执事榜、供斋榜文。

除此之外，中卷还收录了《葛仙翁诗西江月》、《孙真人养生铭》、《丘祖寄西州道友书》、《留侯庙修造十方碑文》，其用意应是使道众明确全真道丹道修炼的师承传统，使道众之丹道修炼有所参照，并使道众明确本丛林的历史源流。

下卷主要为集录的经典，其中首列《丘祖训文》和《行持威仪》，又有《王重阳祖师授七真五篇灵文》、《太上老君著五厨经》、《太上老君著赤文洞古经》、《太上老君著日用经》、《太上老君著大通经》、《无上玉皇著胎息经》、《吕祖百字碑》。下卷所录之内容应当是任永真要求张良庙道众日常诵持的主要经典。

任永真此举可以认为有两方面之因：其一，信仰原因。戒律专指宗教徒在其教派内所应当遵守、奉行的具体规则。戒律是不同教派依据其教旨所设定，因此，不同的戒律，又是区别不同宗教和教派的一种标志。正如任永真在《三乘集要·自序》中所言，当时之学道者于全真道之礼仪规定等，或有懂却不传于其他道众者，或有不尽全知者，却又传于其他道众者，对全真道之发展造成了影响。因此，任永真编集《三乘集要》对全真道的戒律传承等有明确介绍，使全真道有别于其他道派，使全真道徒了解并遵守全真道之规定戒律。其二，创建张良庙十方丛林之需。任永真到达张良庙之后，就决计将张良庙创建为十方丛林，但苦于当时张良庙的庙产问题，一直拖延。其时，张良庙也没有相应的宫观管理制度和各种戒律清规等规定，因此，在庙产问题逐步解决的过程中，任永真编集《三乘集要》，其中有宫观管理的制度性规定和经坛、戒坛及清规等内容，为张良庙十方丛林制的建立做了充分的理论上的准备。故任永真以其40余年丛林修道之体会编集《三乘集要》。

在《三乘集要》书后，有一篇任永真之《学道歌》：

> 劝学人执事听，事随理行礼感情，理礼并无痴匪人，世无理礼事难成。
>
> 居丛林学理行，礼熟应酬人亲敬，若遇明人不行礼，离礼高人不相逢。

有缘得遇明师旨，知理行持更加工。行功行磨炼性，受辱不怨才算能。

炼性明命不明理，理礼不明道怎成。炼心工顺逆景，对景治心立功程。

身不劳而功不大，事不广而性不明。出尘人不着礼，隐世内养无人情。

人情碍道误修真，贪名着利道难成。劝君学道自思之，心能出尘能不能。

炼至诸事全放下，一尘不染可称能。静中动动中静，这些道味说不清。

火药相助自天然，学人入道真路程。周天路河车行，直至还虚了大功。

性命双修全真理，法门不二最上乘。若问此歌何人做，信阳拙笔奉诸公。①

从《三乘集要》三卷之内容及任永真的《学道歌》不难看出任永真对道众之礼仪规范的教化与约束之意。《三乘集要》编集后最初的刊印情况不明确。据《留侯庙开山源流》所记：

同治五年岁次丙寅日十月至庙。或问曰："礼仪不齐者何也?"律师曰："出家者，多系乡舍之庙，自晓农工，不知道教礼仪。如有愿学，投入丛林，至于规矩细行，难以知也。因此，新增《三乘集要清规》上、中、下三卷。内载祖经之训，学始至终，从粗入妙，演明上中下三乘之义理也，诚敬天地人五伦道德也。若有无礼，难遇至人，纵遇当面错过。乃高明隐世，不在形貌，知礼无礼而守道，乃存天理也。汝若求之，不离礼也。"……道门有缘，得遇留候庙，创修丛林，开期传戒，捐资刻刷此书。②

① （清）任永真著，姚永贵等校印：《三乘集要》下卷，民国丙子（1936 年）石印本，第 23 页。

② （清）任永真著，姚永贵等校印：《三乘集要》上卷，民国丙子（1936 年）石印本，第 4 页。

可知,任永真虽于到达张良庙后的第四年,即道光二十三年(1843年)就编集《三乘集要》,历时一年已完成,但直至同治年间,张良庙开坛传戒,才捐资刊印此书。现在所保存的《三乘集要》为民国丙子年(1936年)崆峒山道众重印本,从书中内容来看,除任永真当时所编集之外,增加了《则金赠留侯祀开山道人方丈任圆真生传》、《赠紫柏山信阳炼师生传》两篇记述任永真生平的生传。

《三乘集要》自刊印以来,广泛传播于西北地区的道教丛林之中。在闵智亭大师《道教仪范》出版之前,西北地区全真道的宫观管理体制和经坛、戒坛规矩等,都沿用了《三乘集要》的规定。因此,它在近代全真道教义教制的建设方面可谓功勋卓著。

三、任永真创建的张良庙十方丛林

与金元时代的兴盛局面不同,全真教在明朝呈现出明显的沉寂局面。明初统治者重正一而轻全真。洪武元年(1368年)朱元璋称帝,正一道张正常入朝祝贺,被授以正一教主、护国阐主通诚崇道弘德大真人封号,领道教事,秩二品。洪武七年,朱元璋赞正一道"专以超脱,特为孝子慈亲之设,益人伦,厚风俗,其功大矣哉!"而全真道"务以修身养性,独为自己而已"①。而至明中后叶,统治者对道教则防范甚严,且不断加以抑制,如封号不断贬降,限制组织活动等。其中以明穆宗为最,穆宗既严厉惩处了明世宗时受宠的道士,如削邵元节的官爵和诰命,将陶世恩、申世文等入狱治罪。又对正一天师大加贬降,革去天师张永旭正一真人之封号。至明神宗时,略有好转,天师张国祥奏请之下得以复号,但仍然是非奉诏命不准入境朝觐,也不许借祝圣诞入京。可见,明朝正一道曾一度贵盛,而全真道在整个明王朝的历史上一直沉寂。清世祖顺治元年(1644年)世祖即位,清从外族入主中原,出于稳定和巩固政权之需,顺治帝将道教与佛、儒一样并称三教,对道教采取亲近政

① 《御制玄教斋醮仪文序》,《道藏》第9册,文物出版社、上海书店、天津古籍出版社联合出版,1988年,第1页。

策，对清初道教活动给予了适当支持，如敕谕授五十二代天师张应京一品印、全真龙门派第七代宗师王常月于清世祖十三年（1656 年）被清廷旨封为“国师”。正是王常月扭转了全真道的沉寂局面，使全真龙门派得以复兴。王常月于顺治十三年（1656 年）、十五年（1658 年）、十六年（1659 年）三次在北京白云观开坛传戒①。通过这几次传戒，受戒弟子达千余人，龙门派不仅发展了大批教徒，更重要的是这几次传戒得到了统治者的支持，这就为进一步的传播和发展奠定了基础。康熙二年（1663 年），王常月率弟子南下传教，于南京碧苑登坛说戒，又率弟子前往杭州、湖州、湖北武当山开坛说戒②。王常月南下传播全真道思想，收了众多弟子，使久衰的全真龙门派逐渐复兴，被后世道徒誉为龙门中兴之祖。

全真龙门中兴，对全真道的发展影响颇大，西北地区的全真龙门派也广为传播，陕西的华县、西安等地皆有龙门派传人。华县玉泉洞现存碑石三通上略可窥见全真龙门派的传播情况。第一通碑为康熙五十二年（1713 年）《重修玉泉洞碑记》，从其记载可知：有史姓道人，始题玉泉洞，自号玉泉道人，建老君、王母、雷祖、吕祖诸祠，神像庄严，顿成蓬岛奇观。四方闻名，从学者十数人。第二通碑为乾隆元年（1736 年）《重修玉泉洞碑记》，从其记载可知史玉泉道人逝世后二十年，庙宇空寂无光。幸有王一远率弟子王阳理重修；后经数年，复有葛真人同弟子罗阳珠、孙阳观、徒孙刘来诚并信善弟子，于乾隆元年（1736 年）重新修复。第三通碑为乾隆四十年（1775 年）《重修玉泉洞序》，从上记可知至乾隆三十年（1765 年）玉泉洞为道士李本重所居③。这几通碑中所记载的玉泉道人已不可考，但后来的王一远、王阳理、罗阳珠、孙阳观、刘来诚、李本重等，则符合全真龙门第十一至十五代之字派“一阳来复本”，碑记中所记之师承关系也符合全真字派，即可证明清康熙至乾隆年间，修持

① 《白云观志》卷四《昆阳王真人道行碑》，《藏外道书》第 20 册，巴蜀书社 1994 年版，第 592 页。

② 张钦：《论王常月的修炼思想》，《宗教学研究》2005 年第 4 期，第 18 页。

③ 负信升：《华县玉泉洞记》，《中国道教》1991 年第 4 期，第 51 页。

华县玉泉洞者为全真龙门派之道人。著名的道教十方丛林之一西安八仙宫，自清初起，也一直为全真龙门派道士所主持。西安八仙宫据载始建于宋，几经兴废。据八仙宫现存清道光十二年(1832 年)《重修八仙庵十方丛林碑记》载："清康熙初年，道士任天然任八仙庵住持，又重新扩建东跨院，并开辟为道教十方丛林，开坛演戒，大振玄风。"①嘉庆十一年(1806 年)道士董清奇主持该宫，董清奇之后，继而有华山韩合义，又继而有律师刘合仑开坛演教，后遂传于朱教先。张建新《西安八仙宫志》②里对康熙年间以来西安八仙宫的历任住持都有详细记载，其道名与龙门字派亦是完全符合，此足可证八仙宫一直为全真龙门派所住持。除此之外，清乾嘉时期，龙门派名道刘一明长期活动于陕、甘、宁一带。据樊光春《西北道教史》③，刘一明入道后，最初挂单于靖远开龙山潮音寺，后云游陕甘宁青各地。其曾南入栈道，至陕西凤县南台山，并带领门人在南台山垦荒自养，于秦岭麻峪河修桥补路。初欲于南台山建立丛林，接待十方，因人心不齐，遂西游甘肃。而这一时期全真道的发展，亦对张良庙的发展产生影响，创建张良庙十方丛林的任永真即是从北京白云观受戒。

《紫柏山志序》中说潘一良在康熙二十二年(1683 年)接管张良庙之后，"历六七传，皆柔弱不能任事"。道光年间(1821—1850)，住持陈永宁、易元棉复为本地佃客所欺。(佃客)自称会长，抗租不纳，将庙内古碑尽行损毁，以灭其迹，致令庙内债食两逼。易元棉到西安省八仙庵，愿将庙交付，以作八仙庵下院。八仙庵丁当家探知留侯庙本地土恶甚众，不敢接收。时知客堂任师即永真心动，毅然自任，愿接管庙事，开为十方丛林。易元棉子徒等同具虔心，立将庙交与任师，听从所为。可见，当地"土恶"当时已经侵占了张良庙，使道人无法生活。而张良庙的

---

① 负信升：《陕西道教简况》，《中国道教》1991 年第 1 期，第 8 页。

② 张建新、陈月琴编著：《西安八仙宫志》，三秦出版社，1993 年，第 65 页。八仙宫清代民国年间历任住持为：任天然、高永勤、李德悟、李明阳、董清奇、韩合义、刘合仑、朱教先、邹永台、丁嘉惠、种菜道人、刘小蟾、刘永镇、李宗阳、周同尘、陈元心、马理效、张××、唐旭庵、郭合喜(静阳)、翟园阳、邱明中、姚永贵、崔法森、乔清心。

③ 樊光春：《西北道教史》，商务印书馆，2010 年，第 558 页。

道士们此次解决问题的方式并不是诉之于官，而是向西安八仙庵请求，自请为八仙庵下院。

八仙庵的十方丛林于清代康熙初年，由任天然发扬弘大，其时，任天然于八仙庵开坛传戒，八仙庵由此成为著名的十方丛林。任天然之后，八仙庵的丛林制度持续了近百年，直至乾嘉年间，改为子孙庙。道光十二年(1832年)，由邹永台监院及阖庵道众并立《八仙庵十方丛林碑记》，在追述这段历史时说："康熙初年，任天然募化重修，栖止大众。厥后忽坠丛林为私守。"后直至董清奇为八仙庵方丈后，才恢复丛林制。从董清奇恢复丛林体制到道光年间(即立《十方丛林制碑记》的1828年间)八仙庵一直实行丛林制。从道光到清末至民国年间，相继经历了刘永镇、李宗阳、陈园心、乔清心等将近20位当家人，八仙庵一直实行丛林制。

全真道十方丛林也称为十方常住。所谓丛林，其本意乃万物丛生，山林茂密之意。将宫观比作丛林，既有十方道众聚居荟萃之意，又有道教追求自然清净之旨。丛林经济的一个根本特点，就在于它是一种以宗教信仰关系为纽带的教团组织公有制，即本宫观一切庙产属全真道道徒共同所有，本宫观一切经济收入，也实行带有某种平均主义色彩的共同分配。与此相应，形成了严格的经济管理制度。任永真住持时张良庙在性质上是发生了变化的，即成为八仙庵的下院。八仙庵在当时的陕西省已经是著名的十方丛林，影响较大，张良庙自请为八仙庵下院，可借助大庙之影响制约当地地方势力对其控制与争夺，这不失为小庙自保的一种方法；同时，借成为八仙庵下院之契机，张良庙也可以扩大其影响力。

但事实上，张良庙在自请为八仙庵下院，任永真于道光十九年(1839年)接管之后，与当地"土恶"的纠纷问题并未得到解决。任永真与其交涉未果，后仍然诉之于官，才得以解决张良庙的庙产问题。《紫柏山志图》记载："本地土恶数十余人，结党具控，争执庙业，师不辞劳苦，历诸艰辛六七年间，始蒙本厅贺公将本地土恶尽除。"①

① (清)景邦宪：《紫柏山志图》，同治十年辛未年影印本，版存张良庙，第4页。

《任永真墓碑》中记录了任永真建成张良庙十方丛林之贡献。除此之外，任永真所著的《三乘集要》中收录的同治六年(1867 年)《赠留侯祠开山道人方丈任圆真生传》,《留侯庙开山源流》,同治八年(1869 年)《留侯庙开十方丛林并修造碑记》,对此亦有详细记载。《十方丛林碑》记:“道光二十年，庚子孟春，同议延师经理，师乃禀本厅，贺公宁许公，本府保公，本道蔡公臬司朱公，陕甘学院，沈公，愿立十方丛林，普结道缘，各宪批准，赐衔造碑。”可见，任永真在到达张良庙的第二年，即道光二十年(1840 年),在其诉诸官府索回“土恶”所占的庙产时，就已决计将张良庙建成十方丛林。自道光二十三年(1843 年)始，任永真将历年所积攒的三百余两黄金，悉数用于张良庙之修建，其带领道众，相继修建客舍、寮房、斋堂，造茅庵，设园堂，开鱼池，引水道，盖游轩，建拜石亭、遇仙桥、莲池，修南花院，北花院，并置买庙外街乡房数百余间。道光二十七年(1847 年),增修三清殿、东华殿，三十年，增修书楼、杰阁楼，屡屡栽种树木，此数十年创建，增补费用，不下数万金，或募化功德，或积存余资。可见任永真到达张良庙后，对张良庙不断地进行修复与扩建，逐步建立起十方丛林。

张良庙现存一方任永真寿辰匾额，为咸丰五年(1855 年)监院郝本晏率全体道众为任永真寿辰之献匾，上书:“恭祝大炼师信阳任老真人鹤龄之庆”,匾上共记录了四十七人之姓名，除天福宫王本寿外，其余均为张良庙常住道士，其执事名目如下:监院、殿主、经主、静主、知客、账房、库头、经师、巡寮、监修、公务、大点造、贴库、鼓头、大火头、堂头、门头、公务堂、夜巡、行堂、房头、堂主、养静、巡山、仓点、小点造、小火头、火头、知随、主翰。匾额下款为“本丛林执事人等仝顿首拜赠”。从恭贺寿辰匾额之记载可知，当时张良庙十方丛林已经建成。至同治初年，据熊碑所记“冠盗皆尊，甚至发逆百万，蔓延褒斜，道人披鹤氅，持拂尘，谈笑却之，莫不望座下拜，誓钦杀戒，是何神通”,可见，任永真建立的张良庙十方丛林当时已颇有影响。任永真于同治七年(1868 年)接受方丈法卷，《赠留侯祠开山道人方丈任圆真生传》记载:“丁卯冬，白云观，遣使送信，去接法卷，道人拜而读之。其略曰‘龙门十九代道裔任圆真珍藏'云。"①这一记载表明了，张良庙的龙门派传承是直接来自北京白云观。《紫柏山志叙》亦载"同治七年，任师授方丈法卷。九年，开期传戒，弟子五十九名"。可见，熊碑所记之丁卯年为同治六年(1867 年)，任永真接受方丈法卷当为同治七年(1868 年)。

同治九年(1870 年)，由任永真住持了张良庙十方丛林的首次开坛传戒。此次传戒和受戒的文字记载匾额仍然保存在张良庙，悬于张良庙二山门内。匾额上款"知留坝厅同知王炳煜书，为龙门正宗弘道演戒第十九代圆真任老律师"，下款"同治九年九月穀旦，众戒子敬立"，中刻"玄都律坛"四大字。匾额中刻有王义培、陈本灵等五十二人的名字，另刻有证盟、监戒、保举、演礼、纠仪、提科、登箓、引请共八师之道名。

光绪二十八年(1902 年)《了还律师墓碑记》中对张良庙的第二次传戒有记载：

> 师姓柴氏，讳明玉，号了还，龙门第二十代法孙也。原籍山西曲沃，寄居甘肃洮州。同治间，回匪乱，师去家逃，偶遇有道炼师阎。阎讶曰"道中人也"。师遂冠巾入玄门。后诣紫柏山，谒信阳任律师。律师见其诚朴无华，有出尘之概。光绪初，开期放戒，持戒者百余人，取师第一号。期会毕，即以法卷传命监院事。②

从《墓碑记》可知，张良庙的第二次传戒在光绪元年(1875 年)，此次传戒住持仍为任永真。而此次传戒后，张良庙之监院则由柴明玉担任。

从张良庙的《法戒精严》牌匾可知，光绪二十八年(1902 年)张良庙相继进行了两次传戒。如下：

恭维碧洞堂第二十二代上理下和笙喈阎大律师传戒志识

法戒精严

第一期

证盟葛至昌监戒阎明青保举陈理慧演礼武至德纠仪严明真

① (清)任永真著，姚永贵等校印：《三乘集要》下卷，民国丙子(1936 年)石印本，第 22 页。

② 陈显远：《汉中碑石》，三秦出版社，1996 年，第 364 页。

提科杨志成登箓吴明贵迎请朱明罡纠察罗至慧道值廖宗发
引礼刘宗如王宗修
第二期
登□葛至昌监戒阎明青保举傅宗湝演礼廖宗发纠仪彭宗源
提科杨志成登箓刘宗如迎请罗宗旺纠察武至德道值胡宗昌
引礼赵宗润吕宗江
(戒子)第一期
傅宗湝罗复旺彭教源赵高润祝至诚吕理江胡明昌李宗庆
谭必春谭至林李理贤黄圆法杨永仪靳至珍马永祥
第二期
杜木元黎合龄李智青苏智远苏理深黄永和杨明春牟至诚
杨理诚刘诚先欧至德张宇麒朱祥德赵教普靖永□蒲至人
张秦芝谢宗□董教□刘本清曹诚信余至静周兆瑞龚诚心
孙教诚
光绪壬寅年季秋月中浣众戒子敬立

从牌匾记载可知,这两期传戒的方丈为成都二仙庵碧洞堂阎理和。由此可见,张良庙十方丛林当时与其他全真宫观多有往来,也足以见张良庙当时之影响遍及陕南、甘肃陇南及四川等地。从张良庙的《法戒精严》牌匾可知,光绪二十八年(1902年)张良庙相继进行了两次传戒。张良庙方丈墓群中,有民国二年(1913年)阎宇青墓碑,记载了张良庙的第五次传戒为宣统三年(1911年),但仅是提及,并未有详情。

据传民国年间张良庙仍有传戒活动,但文献记录不是很清楚,也未有碑记及牌匾可证。张良庙通过几次传戒,大大增强了其在地方社会的影响力,最终崛起为著名的全真十方丛林,并成为陕西西南地区道教活动的中心。

四、小结

张良庙创建于清康熙年间,在其发展过程中,始终未见统治者的赏赐与支持,但其利用地方社会的地理优势,依靠地方民众的支持,在清代中期，迅速崛起为全真道十方丛林，一度成为陕西西南地区和甘肃陇南地区道教活动的中心。至清末，则已成为陕西境内影响最大的十方丛林。据闵智亭道长《道教仪范》所记，1949 年之前，张良庙已经成为全国著名的十方丛林之一①。究其发展历史，可知任永真在此过程中起到了至关重要的作用。从张良庙的发展也可探知，在失去了统治者的支持后，道教也在寻求一种新的发展方向，此时可以称为道教发展的转型期，即道教不再依附外力来发展壮大，而是靠自身的努力实现一种"自救"。

（作者为陕西省社会科学院宗教研究所助理研究员）

① 闵智亭：《道教仪范》，宗教文化出版社，2004 年，第 11 页。

全真道精神境界的后人本主义心理学解读[①]

陈　明

一、"与道合一"的精神境界

"道"是全真道的根本信仰,也是全真道的终极追求。其修炼的目的就是"得道成仙"。"与道合二为一",即成神仙,得道是最高追求,而成仙则是得道后的最高精神境界,是心性修炼后的成果,是一种至高的、极其健康的精神境界和状态。而体道并与道合二为一所带来的心灵和内在精神境界的变化却难以用语言描述,也是难以捕捉到的。一些信仰者经过刻苦修炼后,其旧有生活世界的脱落,新精神生命自内生成,因此,在精神上会发生极大的改观和获得完全的重生。新生后的精神境界是一个什么样的面貌,这确实无法用语言表达出来的。虽然这种极端健全的精神状态为常人难以理解,但是我们还是可以先从全真道徒们所描述的类比或借喻中对这种健全、健康的至高精神境界有所了解。

心性修炼是全真道修炼的重点。在全真道的修炼中,心性的修炼或是精神的修炼共有三个阶段。第一阶段就是首先要将心灵安静,并

---

① 后人本主义心理学,又名超个人心理学(transpersonal psychology)或全人心理学,李绍昆等又称其为精神学。后人本主义心理学是20世纪60年代末至70年代初在美国兴起的一种心理学流派,它以关注精神性(spirituality)为主要特征。它是人本主义心理学充分发展的结果,也可以说,它是人本心理学的派生物,是心理学中继行为主义、精神分析和人本主义之后的第四势力(the Fourth Force),其主要代表人物有肯·威尔伯、马斯洛等,如果从方法论和学术渊源上下定义,那么,后人本主义心理学可以被理解为这样一个学派,它试图将世界精神传统的智慧整合到现代心理学的知识系统中。

能抵挡住外界的诱惑和干扰，这是修炼的初步阶段；第二阶段是纯粹意识阶段，这一阶段是在第一阶段的基础上，心灵得到进一步的净化和提升；第三阶段就是精神修炼的最高阶段，也就是心与道合，即心与道合二为一的阶段，这是心灵的彻悟与精神的完全解脱，达到了“心即道，道即心”的阶段。这个阶段是精神修炼中最难达到的阶段，全真道徒们为了表述此境界，他们常常借用“虚”和“空”的概念来描述或界定这种至高精神境界，所以，“空”与“虚”是全真道徒们描述和定义“与道合一”的精神境界的基本语汇。

清净是早期道教修行的宗旨和首要原则，如马丹阳就认为清净是道体的基本内容，但在描述修炼到心与道合的状态时，马丹阳用的却是虚与空，如：“自古学道之人，体到实际真空，得无心真定，才说自然。”（马丹阳：《真仙直指语录·丹阳真人语录》）并对心体空的状态作进一步的描述：“且道如何是体空处？夫体空者，心体念灭，绝尽毫思，内无所知，外无所觉，内外俱寂，色空双泯，目视其色，不著于色，耳听其声，非闻于声，故声色不能入者，自然摄性归性，混合杳冥，化为一点灵光，内外圆融。到此处方契自然体空之道也。夫自然体空者，若有所体，即是所不体；若无所体，即无所不体。”（马丹阳：《真仙直指语录·丹阳真人语录》）而刘长生则更喜欢用“虚”来直接反映道体的特性以及修炼的精神境界。如《长生真人至真语录》云：“虚者，道之体也，阴阳明其虚则万物生也，至性明其虚则恍惚生也。万物生成则济于世也，恍惚生成则出于世也。”并认为当心性修炼到与道合二为一时，心则自然虚空、明朗。如：“清者天，清则显其万象也；心清则显其亘灵也；渊清则明其二八也；通其天象，则降气冲和也；通其亘灵，则与道同体也。”谭处端也认为清净炼心的最高目标就是清虚：“修行心，包容心，一片清虚冷淡心”（《云水集》）等等。早期全真道虽然强调修心要清净，但从其修心的境界看，仍是要将心修炼至虚、至空状态。如炼心如寒灰也是虚空状态的体现。

龙门派强调以心制念，心性修炼到达清虚、空寂时，便是真心的显现。丘处机将心性修炼的最高境界形容为“水晶塔子”。如：“真心常明，便是个水晶塔子。”（丘处机：《北游录》）龙门派曾用借喻的手法将体道合一的"平常心"描述为"日落风生古洞,夜深月照寒潭"等景象,并用虚、寂、定、莹等语言加以描述。如《丘处机:磻溪集》云:"渐渐放开心月,微微射透灵台,澄澄湛湛绝尘埃。渐渐放开心月,微微射透灵台。澄澄湛湛绝尘埃,莹彻青霄物外。日落风生古洞,夜深月照寒潭。澄澄秋色净烟岚,独弄圆明宝鉴。"就是个很好的例证。另外,在《丘处机:磻溪集》中,有时又用"琉璃含宝月"、"网络贯天珠"等物来形容修道的最高精神境界;有时又以"浮云收境界"、"慧日照禅天"这种物象来表征心体的物我两忘,寂之又寂等特征。

所以,在龙门派看来,修道的最高精神境界就是凝神入定,高度寂静而呈现的玄冥恍惚状态。全真道惯称之为"父母未生时"、"五行不到处",人在这种幽冥的寂静状态中重新体验到鸿蒙未开的宇宙原始状态,如此人的存在就与道合一。《丘处机:磻溪集》云:"不会深穷造化,随缘且度朝昏。是非人我绝谈论,却返生前混沌。一性昭彰乍显,二仪混合初融。飘飘法界任西东,到处神光覆拥。"二仪混合初融的鸿蒙状态,按照龙门派(包括全真道各派)的理论并不是道的本质状态,因为此时道体已经生化、发生启动,即所谓"道生一",已有了一个"一",道体的终极、本来状态是未经一动的极虚状态。因此,返回生前混沌,并不是修道的最终结果,修道的终极目标,即体道的最高精神境界就是:"踏碎虚空界,崩开造化权。浮云收静境,慧日照禅天。"①

与龙门派一样,盘山派也是用自然物的借喻方法来描述与道合二为一的精神境界和状态。王志谨在《盘山录》中分别借用云、风、山、水、天、地等自然物各自的特性来表征与道合二为一的精神境界的特性,并最后以虚空作为心性修炼的终极目的。如:

> 且如云之出山,无心往来,飘飘自在,境上物上,挂他不住,道人的心亦当如此。
>
> 又如风之鼓动吹嘘万物,忽往忽来,略无疑滞,不留影踪,草木丛林碍他不住,划然过去,道人的心亦当如此。
>
> 又如大山巍巍峨峨,稳稳当当,不摇不动,一切物来,触发不

① 张广保:《金元全真道内丹心性学》,生活·读书·新知三联书店,1995年,第117页。

得,道人之心,亦当如此。

又如水之为物,性柔就下,利益群品,不与物竞,随方就圆,本性澄湛,至于积成江海,容纳百川,不分彼此,鱼鳖虾蟹尽数包容,道人的心,亦当如此。

又如天之在上,其体常清,清而能容,无所不覆,于彼万有,利而不害,道人的心,亦当如此。

又如大地之宁,寂然不动,负荷万物,无党无偏,道人的心,亦当如此。

最后以不有不无,不即万事这种虚空的状态进行总结:“又如虚空,广大无有边际,无所不容,无所不包,有识无情,天盖地载,包而不辨,非动非静,不有不无,不即万事,不离万事,有天之清,有地之静,有日月之明,有万物之变化,虚空一如也,道人的心亦当如此。”

后期全真道更是认为精神的修炼就是息人心、复归本心,并超越来去流止而与虚空合而为一,这才是修炼的最高精神境界。与龙门派和盘山派略不同的是,后期全真道不仅用虚空描述体道合一的精神境界,同时虚贯通后期全真道修炼的每一个环节,是其修炼的核心概念。

首先,后期全真道认为虚是道的体现,是一种实体,是创生宇宙万物的实体。如《中和集》论道:“是知虚者,大道之体,天地之始,动静自此出,阴阳由此立,万物自此生。是故虚者,天下之大本也。”虚,不仅是宇宙万物生化之本原实体,更是宇宙万物生化之终极归宿。宇宙万物无不自虚无而生。虚亦谓之“太虚”,太虚是宇宙鸿蒙之景象,万物尚未有形迹“之初”,也称之谓“太初”,太极尚未分判之判之际,也就是其存在之原象,是谓之“太始”。其虽呈现一派虚空景象,实则却是万有;其虽无为,实则无所不为;其虽无法,实则为万法之源;其虽无形迹可寻,实则其踪迹无处不在。虚无空寂,有物浑成,太极之始,阴阳之初,宇宙乾坤,尽在其中。因此,后期全真道认为修炼者要与太虚同体:“所以脱胎之后,正要脚踏实地,直待于虚空同体,方为了当。”又“或问:何为了当?曰:与太虚同体谓之了当。”所以,后期全真道主张与太虚同体,认为虚体是证道的终极归宿。李道纯更主张虚体虽融然全静全深,但仍有迹可循。终极了证应该打破这个虚空的实体，即连虚体这个终极实体也一并抛弃。由于这种主张，李道纯在《中和集》赋诗道："三五混一一还虚。返虚之后，虚亦无。无无既无湛然寂。西天胡子没髭须。"因此，后期江南全真道主张做两步功夫，一是凝神入空寂。为了证虚空；二是融神出空寂，连虚空也抛弃。"湛然常寂者，凝神入空寂也，寂无所寂者，融神出空寂也。"通过这样一出一入，修士们最终进入与道合二为一的虚空寂静的状态，就如天马行空，无挂无碍，从而在精神上获得了最大限度的自由和解脱。如此境界则不可言说，不可思议①。

全真道用虚空来界定和描述体道合一的精神境界与老庄的思想是一致的。老庄同样也用虚空来描述体道合一的至高精神境界。虚空的精神境界与道的特性是一致的。在这里，得道方能成仙。而成仙也并不是成为外面的神仙，而是指人的精神、神明及性灵的升华。这个层次是修养功夫所达到的最高境界，它超脱了肉欲、意识、思维，而进入一种自由自在的清明之境，这就是孔子即所谓的"从心所欲而不逾矩"，也即老庄的所谓"逍遥"。这种修炼的最高境界在不同的教派有不同的称谓，如佛教的"神性"、"佛性"；还有其他宗教的譬如"真性"、"自性"等等。这些都是宗教或哲学中具有神秘思想者和最高境界，他们常被视为超越人力，而为神格化的性灵，但在全真道的心性修炼中，却是发端于人心，可由人通过刻苦的修炼和无比崇高的德性修养而达到的。虽然在其他宗教中修炼者都有那种超越不可思之神境，但在全真道中，这转化成了人的自性，可以由人的明心而能见性，这也就是庄子将神性转化为真人的真性，这都是由下往上的提升，即由官能意识心（也就是七情六欲等等）到理智道德心，再到精神性灵心。

二、全真道修炼的理想境界与后人本主义心理学

以上是对全真道心性修炼的最高精神状态的简单描述，这种超越

① 张广保：《金元全真道内丹心性学》，生活·读书·新知三联书店，1995 年，第 176 页。

型的、虚空的精神状态虽然为常人难以理解，但它深刻的精神内涵却是值得研究的，所以，后人本主义心理学的代言人肯·威尔伯[①]也用"空"来描述人的最高精神境界，他认为，当体悟到"大精神"（"大精神"是肯·威尔伯提出的概念，类似于中国老子的"道"）或与"大精神"合一时，也就达到了最高精神境界。而这种体认"大精神"的境界他也借用佛教的"空"来描述："对于大精神，我也用佛教的'空'（emptiness）来表示。"[②]但所谓"空"并不是什么都没有，而是对什么都不执著。由于什么都不执著，人就能够达到一种自由控制自己心灵的程度。肯·威尔伯认为人要进化到这种高级阶段是非常稀少的："这些高级阶段十分罕见，超然不群，很不容易达到。过去只有寥寥可数的有些人，例如孤独的萨满教信徒、僻静山洞的瑜伽修行者、真正需求智慧的僧人和修士等才有可能达到。这些深层或高层的状态从来没有成为普通人或群体的意识形态。"[③]所以，后人本主义阶段是超意识的阶段，是体悟"道"或"大精神"的阶段。

心理学家荣格则将这种超越的精神境界称之为"完整的、统一的新人格"，并认为在这种境界里，有着"独一无二的感觉，并带来与生命的

① 肯·威尔伯（Ken Wilber，1949— ）是当代美国著名的理论心理学家，被公认为是"后人本主义心理学"最重要的思想家、理论家和发言人，有"后人本主义心理学的马斯洛"的称呼。主要代表作有《意识普》（The Spectrum of Consciousness，1977 年）；《没有疆界》（No Boundary，1979 年）；《性，生态和灵性》（Sex，Ecology，Spirituality，1995 年）；《万物简史》（A brief history of Everything，1998 年）等等。他的著作涉及很多学科，如心理学、哲学、社会学、人类学以及宗教等广泛的领域，并试图用超个人的精神将这些领域的知识加以整合。他特别试图在东方与西方、心理学与哲学、科学与宗教等通常视为充满矛盾的领域之间化解隔膜，打通障碍，达到整合。他的思想已成为当代超个人心理学（transpersonal psychology）的理论基础。他的声誉和影响也正在超出心理学界，并超出英语国家的范围。他的成名作《意识普》是对人的意识的开创性研究，由于其奠基性和开创性的贡献，他被称为"意识的爱因斯坦"。华东师范大学心理学系郭永玉教授曾专门撰文《维尔伯的整合心理学》（《华东师范大学学报》，2005 年第 1 期）介绍其思想。

② 肯·威尔伯著，许金声等译：《万物简史》，中国人民大学出版社，2006 年，第 12 页。

③ 肯·威尔伯著，许金声等译：《万物简史》，中国人民大学出版社，2006 年，第 221 页。

调和，这时候，人们就能够接受生命的本来面目”[1]。马斯洛则通过强调“超越型的自我实现者”来描述这种超越性的精神境界，并认为“高原体验”就是这种超越境界的体现，“高原体验不再只是一种突发性、刹那间、感性、高潮式且来去无踪的经验，而是‘一生的事情’，崭新的世界观，对生命的态度的彻底改变，感性不再那么强，比较偏向智慧；它能够同时由世间及永恒两种角度着眼，在平凡中看到超越。因着日常生活中表现出来的高度品质，他成了超越及无限境界的永恒见证人”[2]；并认为“不论是传统的或是现代的‘灵性修持’都能锻炼出这种生活境界，使人‘安住于这一体意识的高原上’”[3]。所以，在荣格和马斯洛看来，拥有这种精神境界的人是超越小我、在与宇宙合一的体验中与宇宙相称的一个人，是感到成了这个统一要素的一个人。

而阿玛斯[4]则将人这种精神状态称之为“终极实相”。“人所能经验到的最深、最客观的状态，便是所谓的终极实相。终极实相是永恒不变的，也是最根本的境界。你不可能体悟到更超越的状态了。”[5]阿玛斯的终极实相其实就是“空”的状态，但“空”是空无一物吗？“我们这里所说的体悟到终极实相，指的其实是终极实相碰见了自己；或者可以说它发现自己就是最终的实相，但又没有‘就是’的感觉，因为里面根本没

① F.弗尔达姆著，刘韵涵译：《人格心理学导论》，辽宁人民出版社，1988年，第64页。

② 李安德著，若水译：《超个人心理学》，台湾桂冠图书股份有限公司，1992，第299页。

③ 李安德著，若水译：《超个人心理学》，台湾桂冠图书股份有限公司，1992，第299页。

④ 阿玛斯(A. H. Almaas)本名哈弥·阿里(A. Hamees Ali)，他是钻石途径的创始者，二十一世纪最重要的心灵导师之一，生于科威特。他在学术上的专长是物理学、数学及心理学。过去25年来，阿玛斯发展出了“钻石途径”，其深度心理治疗方法在西方后人本主义心理学领域具有重要地位，在科罗拉多及加州创立Ridhwan学苑。他通过自我探索以及与他人的互动发现，自我或所谓人格，不但会妨碍成长，同时会遮蔽住我们的本体，使人无法感到满足，也无法安住在当下。他和他的学生已经体认到，本体的众多面向仍然可以被我们意识到，而人格其实提供了我们一个重新发现这些面向的机会。同时，人类的内在本体好像钻石，拥有坚实的密度及繁复的切面，透过处理我们的心理坑洞以及精神实践，它将散发出珍贵无比的光彩。肯·威尔伯对其有着高度的评价：“钻石途径整合了向上回旋和向下回旋之道，成为一个前后连贯而又十分有效的内在工作形式。”

⑤ A. H.阿玛斯著，胡因梦译：《无可摧毁的纯真》，深圳报业集团出版社，2009年，第272页。

有主客的分别性。因此只有终极实相能够体悟到终极实相,或者可以说根本没有所谓体悟这件事,而这就是为什么它会被称为终极的原因!因为它空无一物,又何来经验呢?假设我真的体悟到自己就是终极实相,那么我的体悟将会是'我不知道'。我什么都不知道,甚至不知道我不知道。'我不知道'意味着我不再觉知。我不再觉知任何事物,而且也不觉知我不再觉知任何事物。那种状态和深睡很相似。当你深睡无梦时,根本不知道自己是在深睡,就好像什么不存在似的。你不见了,彻底不见了——这便是终极实相的状态,也是万事万物最深的本质。"[①]在这里,我们可以看到,阿玛斯的"终极实相"与全真道追求的一念无生的空境有着相同的看法。如刘处玄在《黄庭内景玉经注》中说:"一念无生,众垢消除,性通杳邈,占得虚无。"马钰也认为:"修行之人多言澄心,不识澄心之理,如何使澄心之理?只要一念不生,性体真空,杳然湛然,似天澄虚不别,是真澄心也,无心可澄是名澄心。"(《金丹大要》)所以,在全真道看来,只有使心体寂灭空静,达到真空境界,自然神气交融,性命和合,凝结三丹。

总之,全真道修炼所达到的最高境界是心与宇宙的完全合一境界,是小秩序与大秩序高度和谐的状态,即天人合一。这种状态正如美国大卫·博姆和印度克里希那穆提所共同认为的:"在这种境界里已经没有任何界分和对立。心是空无一物的。"[②]在这个境界里,所有的一切心灵杂质都被排除干净,不存在任何幻象。"旧有的一切包括愤怒、嫉妒、迷信、教条、执著等等,这些全都祛除。如果这些东西没有完全清除,还残留着一点余孽的话,幻象就势必出现。我们的心必须完全摆脱由欲望、期望、追求安全感而造成的幻象。"[③]这种境界完全超越了主客观境界,精神上升到真正与宇宙合一。

① A. H. 阿玛斯著,胡因梦译:《无可摧毁的纯真》,深圳报业集团出版社,2009年,第273页。

② 克里希那穆提、大卫·博姆著,胡因梦译:《超越时空》,中国长安出版社,2009年,第212页。

③ 克里希那穆提、大卫·博姆著,胡因梦译:《超越时空》,中国长安出版社,2009年,第212页。

所以,全真道心性修炼的最高精神境界是一种精神健康的最佳状态,在这种精神状态中表现出来的是身心灵的高度统一和完整,是自我真正与他人及环境融为一体的写照。

(作者为湖南第一师范学院副教授)

论乾嘉时期北京白云观事二则

林巧薇

北京白云观是道教全真道三大祖庭之一，是全真道的第一丛林。其始建于唐，金世宗时期加以重修扩建，赐名十方大天长观。元初，丘处机重修后更名为长春宫。其后元代全真道历任掌教宗师皆主持该观。清初，全真道龙门派第七代传人王常月担任白云观方丈，其开坛传戒，振兴了全真道龙门派。因白云观属于全真道十方丛林，非清朝官方道观，故清代官方史料中记载的材料不多。今据清代档案讨论乾隆嘉庆时期有关北京白云观的两则事宜。

第一则：清高宗两次敕修白云观史实。

清朝，白云观曾历经多次重修，从而奠定了今日白云观的规模。其中，清朝皇帝共三次敕修白云观，彰显了清皇室对白云观的重视。小柳司气太编《白云观志》中，根据王常月的《重修白云观碑记》认为清朝皇帝第一次重修白云观是康熙四十五年（1706 年）①。但是此碑末署康熙四十五年四月王常月谨识，光绪十二年（1886 年）刘诚印重勒。考王常月卒于康熙十九年（1680 年），因而怀疑该碑文系清末刘诚印伪造。另据《钦定大清一统志》记载，此次重修时间应为清康熙五十七年（1718 年）。有关清圣祖对白云观的重视，可参见尹志华的讨论②。

---

① 小柳司气太编，《白云观志》卷一："清朝圣祖康熙四十五年（1706 年），重修白云观玉皇殿、三清殿、长春殿、七真殿、灵官殿、四圣殿、山门牌楼、石桥杠杆、钟鼓楼、东西祠堂道舍，莫不悉备，当时住持王常月建碑志之。"

② 李养正《新编白云观志》对小柳司气太在《白云观志》的说法提出疑义。（李养正编：《新编白云观志》，宗教文化出版社，2003 年，第 23 页）另尹志华查证史料提出应为清康熙五十七年（1718 年）重修白云观。（尹志华：《清代全真道历史新探》，香港中文大学出版社，2014 年，第 4 页）

清高宗乾隆则两次敕修白云观。第一次时间为乾隆二十一年(1756年)。《日下旧闻考》曰：

臣等谨按：白云观，本朝乾隆二十一年敕重修，殿内恭悬圣祖御书额曰“驻景长生”；七真殿，恭悬圣祖御书额曰“琅简真庭”，皇上御书额曰“葆素含元”；玉皇阁，恭悬圣祖御书额曰“紫虚真气”，皇上御书额曰“得一以清”。观东偏有斗姥阁，恭悬圣祖御书额曰“大智宝光”。丘真人殿，木钵一，乃刳木瘿为之，上广下狭，可容五斗，内涂以金，恭刻皇上御制诗其中，石座承之，绕以朱栏。殿中恭悬皇上御书联云：“万古长生不用餐霞求秘诀，一言止杀始知治世有奇功。”①

《日下旧闻考》始修于乾隆三十八年(1773年)，成书于乾隆四十七年(1782年)，是清代官修的北京史志文献资料集。目前学者对乾隆二十一年(1756年)敕修白云观的历史研究主要源于此则材料。

关于乾隆第二次重修白云观的时间则有两种不同说法。小柳司气太与李养正提出是乾隆三十年(1765年)②。尹志华则认为是乾隆五十二年(1787年)③。而据乾隆五十三年(1788年)乾隆御笔的《重修白云观碑记》记载：

乾隆二十一年丙子，曾加葺治。越三十年丙午，行春过此，顾念陊剥，发内帑八千六百有奇，物价工值，必昉必赡，完饰如旧。④

---

① (清)于敏中编纂：《日下旧闻考》卷九十四，北京古籍出版社，1983年，第1575页。

② 小柳司气太编《白云观志》：“高宗乾隆廿一年(1756年)复修之，卅年(1765年)复发内帑重加修葺，行幸瞻礼。”李养正编《新编白云观志》：“清高宗乾隆二十一年(1756年)复修之。三十年复发内帑，重加葺治，行幸瞻礼。五十三年(1788年)又行幸瞻礼，赐御笔诗碑并碑记。”(第23页)

③ 尹志华著，《清代全真道历史新探》：“乾隆五十二年(1787年)，清高宗启跸西巡，途经白云观时，见栋宇颓圮，敕令内府发帑修葺。次年春落成，他前来瞻礼，乃作《白云观》诗以记之。”(第5页)

④ 乾隆五十三年(1788年)《重修白云观碑记》碑刻拓片被命名为《白云观左右碑》，见北京图书馆金石组编：《北图中国历代石刻拓本汇编》第75册，中州古籍出版社，1989年，第93～94页。

乾隆五十三年(1788 年)《重修白云观碑记》

据以上拓片,可见乾隆皇帝第二次重修白云观的时间应为乾隆五十一年(1786 年)。小柳司气太等人都依据《重修白云观碑记》的碑文考订其时间,但可能源于碑文校认不清楚,致使对“越三十年丙午”的文句出现不同解读。另笔者查得清代档案中保存有清高宗乾隆两次敕修北京白云观的史料,今详证之。

清初因袭明制,清廷陆续出台佛道管理政策。不仅建立僧道度牒制和册籍制,而且加强了对寺观的稽查管理。从顺治时期起,清政府严禁京城内外擅自建造寺庙①。顺治十一年(1654 年),禁止创建寺庙,其修理颓坏旧寺庙听其便,但不许改建扩大②。康熙五十年(1711 年),重申不许创建增造寺庙禁令③。清初虽然一再禁止私建新寺观,但不限制修补前代已有寺观。顺治、康熙年间,龙门派道士王常月借此机会修复了北京白云观,并恢复传戒活动。康熙五十七年(1718 年)重修白云观,清圣祖康熙御赐四枚书匾。

乾隆帝登基后,降谕旨整顿寺观。雍正十三年(1735 年)九月二十三日,乾隆传谕:"嗣后官民人等乐善好施欲建寺庙及僧道之发心募化者,惟许将旧寺庙增修加葺,或复整十方之古刹,或缮补功德之专祠。……至若立愿广大材力丰盈,特欲兴寺观神祠者,必须呈明督抚,具题奉旨,方准营建。若不俟题请擅行兴造者,必加究治。钦此。"④

《日下旧闻考》所载乾隆二十一年(1756 年)敕修白云观一事,目前学者皆认为是乾隆皇帝专门敕修白云观,其所做所为体现出了乾隆皇帝对白云观的重视。事实上,据清代档案记载,乾隆十九年(1754 年)和硕庄亲王臣允禄等人奏请修理北京城内庙宇事。乾隆皇帝准奏,命其详细踏勘北京城内庙宇,并进行拨款修理。其文如下:

> 谨奏:为奏闻事乾隆十九年闰四月二十九日经臣等折奏西南城先行办理庙宇十五处。内拟修报国寺等七处,拆毁昊天寺等八处约需工料银二万七千九百八十六两二分九厘。⑤

---

① 乾隆朝《会典则例》卷 92 规定:(顺治二年)"又严禁京城内外不许擅造寺庙、佛像,报部方许建造。其现在寺庙佛像亦不许私毁。僧道住处不许私迁移出佛像,及自置缘簿募化,并不许私自削发为僧。僧道官及住持若纵容隐瞒,一并治罪。"见《钦定大清会典则例》卷 92,《影印文渊阁四库全书》第 622 册,台湾商务印书馆,1986 年,第 883 页。

② 乾隆朝《钦定大清会典则例》卷 92,《影印文渊阁四库全书》第 622 册,台湾商务印书馆,1986 年,第 884 页。

③ 乾隆朝《钦定大清会典则例》卷 92,《影印文渊阁四库全书》第 622 册,台湾商务印书馆,1986 年,第 886～887 页。

④ 《谕内阁嗣后官民惟许增修加葺旧寺旧庙不得擅为营建》,中国第一历史档案馆编《雍正朝汉文谕旨汇编》第二册,广西师范大学出版社,1999 年,第 287～288 页。

⑤ 中国第一历史档案馆馆藏内务府奏折,档案号:05-0148-035,乾隆二十一年七月十七日,题名"奏为修理各处庵庙用过银两数目事"。

据乾隆二十年(1755年)七月二十四日奏折,题名为“奏为查得西北城等处倒塌庙宇应行粘修事”:

和硕庄亲王臣等谨奏:为奏闻事前经臣等遵旨查办整理各城庙宇,内除西南城庙宇业经奏请修理在案,现在兴修将次完竣。今臣等率员绩查得西北城庙宇共七百七十座。内殿宇墙垣瓦片稍有不齐者三十一座,本庙尚有香火,应令该庙住持自行修理。再查有僻巷庙宇十七座,其内殿宇墙垣虽稍有不齐,暂时毋庸修理。惟于附近要路残坏庙宇内,查得药王庙、大慧寺等庙宇四十二座,木植均有糟朽,头停渗漏,瓦片脱落,墙垣坍塌,佛像已经风雨,装颜亦有不整,今拟粘补修理。再查兴德寺、玉燕庵等庙宇十四座,其殿宇墙垣俱甚坍塌倒坏,难以修理。今拟拆毁,并将原有佛像移请修整庙宇内粘修供奉。以上各庙所拆木石砖瓦等料除将合式者移于应行修理庙宇内抵用外,通共约需工料并拆工运价银八万三十八百二十四两四钱四分八厘。请仍向广储司领用。其拆下木植如有抵用余剩,大件木植暂行存贮,俟有合式应用之处再为拨给应用。尚有应行查办西直门外昌运宫、广仁宫官庙二座,臣等再为详加查看应否修理之处,再行奏请办理。现今查奏西北城庙宇并前经奏准修理西南城庙宇俱系离京城十五里之内。尚有未经踏勘庙宇,俟臣等查看确实,再行陆续奏闻次第修理。谨将拟修应拆庙宇另行绘图缮册,一并恭呈御览。谨此奏闻。

乾隆二十年七月二十四日交奏事员外郎伊兴阿转奏奉。

旨:依议。钦此。①

乾隆二十一(1756年)年二月和硕庄亲王又向乾隆皇帝奏报,称:

和硕庄亲王臣等谨奏:为奏闻事前经臣等遵旨查办整理各城庙宇,内除西城、西南、西北三城庙宇业经奏请次第修理。此内已完竣者,臣等派员现在查验,俟校销确实另行具奏外,今臣等复率员绩查得西城南路庙宇共二百六十四座。内殿宇墙垣佛像尚属整

① 中国第一历史档案馆馆藏内务府奏折,档案号:05-0142-050,乾隆二十年七月二十四日,题名“奏为查得西北城等处倒塌庙宇应行粘修事”。

齐无庸修理二百七座。又墙垣瓦片稍有不齐者十五座,本庙尚有香火,应令该庙住持自行修理。惟于附近要路残坏庙宇内,查得正阳门内草帽胡同火神庙等庙宇三十一座,皆经年久未经修葺,木植均有糟朽,头停渗漏,瓦片脱落,墙垣坍塌,佛像屡被风雨,装颜亦有不整,今拟粘补修理。再查宣武门内砖塔胡同斗母宫等庙宇十一处,俱系僻巷,既非要路,兼殿宇墙垣坍塌倒坏难以修理。谨拟拆毁并将原有佛像,移于修整庙宇内粘修供奉。以上各庙所拆木石砖瓦等,除将合式者入于修理庙宇内抵用外,通共约需银四万一千九百四十八两二钱九分三厘。请仍向广储司领用。其拆下木植如有抵用余剩,大件木植暂行存贮,俟有合式应用之处再为拨给应用。以上应修庙宇俱系离京城十五里之内。再尚有应行查办中城、东城、东北城、东南城四城庙宇。俟臣等详细踏勘,再行陆续奏闻次第修理。谨将拟修应拆庙宇另行绘图缮册,一并恭呈御览。谨此奏闻等因具奏奉。

旨:知道了。钦此。①

据以上和硕庄亲王允禄的奏折可知,从乾隆十九年(1754 年)起,乾隆皇帝命和硕庄亲王臣允禄等人负责修理北京城内庙宇。此次修理范围涉及北京西城、西南城、西北城、中城、东城、东北城、东南城等七城庙宇,其中包括佛寺、道观、官庙、私庙等各类型庙宇。庄亲王允禄等人经过详细踏勘,统计出各城庙宇数目,并将所有庙宇按照当时情状划分为四类,提出相应的修缮标准。允禄奏称一部分寺庙属于无庸修理的;另一部分寺庙墙垣瓦片稍有不齐,但仍有香火,则令该庙住持自行修理;只有一部分寺庙位于京城要路上,又年久失修的寺庙能由朝廷拨款进行维修;最后一部分位于偏僻小巷,又难以修理的不重要寺庙则将被拆毁清理。其修理北京城内庙宇所需费用银两皆向内务府广储司领用。据乾隆二十三年(1758 年)十月二十五日内务府广储司的奏片记载,至乾隆二十二年(1757 年)十月二十五日止,此次工程已经完成西

① 中国第一历史档案馆馆藏内务府奏折,档案号:05-0145-108,乾隆二十一年二月,题名“奏为修理各城庙宇事”。

面四城与东北城共五城的维修工作①。此次工程系乾隆在位时期首次对京城寺庙进行大规模地整顿和修理,其涉及寺庙众多。北京白云观属于全真道十方丛林,虽然不属于官庙,但是因其在康熙时期重修,又得到清圣祖赐匾。虽然奏折中没有具体提到白云观的名字,但是笔者以为白云观应该亦纳入此次大规模维修京城寺庙的工程中。因此《日下旧闻考》记录下白云观在乾隆二十一年(1756 年)敕重修,并留有乾隆御笔"万古长生不用餐霞求秘诀,一言止杀始知治世有奇功"之文。

虽然乾隆时期官方第一次修葺白云观并非皇帝专门敕修。但是第二次重修白云观则是清高宗钦赐谕令,是其给予白云观的特定恩典。乾隆五十一年(1786 年),清高宗春日出行,途经白云观时见殿宇剥落,敕令发内帑修葺。除乾隆五十三年(1788 年)《重修白云观碑记》所载,今查得内务府奏销档尚存御赐重修白云观的记录。乾隆五十一年(1786 年)三月十二日,和珅等人向乾隆皇帝上了一份奏折,题名"奏报修缮白云观估需工料银两事",记曰:

(三月)十二日,奴才和珅、金简、福长安谨奏:

为奏闻估需工料银两事。奴才金简遵旨查勘白云观一座共三所,中一所计七层,东一所计三层,西一所计四层,共殿阁房屋一百七十二间。奴才率员前往详细查勘此观所有殿座房间。若一律修整未免钱粮过多,仅拟量加修理,一律油画见新。内除后阁并东西耳楼配殿等五十七间,柁梁檩柱坚固,墙垣头停完整,毋庸修理。七真殿三间,头停微有渗漏,只须夹陇捉节。惟查丘祖殿三间,瓦片脱卸,椽望糟朽。酌拟拆瓦再齐。堂五间,今供奉玉帝,木料稍觉单细,头停椽望亦有渗漏朽坏之处。酌拟加添抱柱,拆瓦头停,拆墁地面,明间后金屏门拆去改安背板,后簷门口窄小,拆去改安

---

① 中国第一历史档案馆馆藏内务府奏片,档案号:05-0168-018,乾隆二十三年十月二十五日,题名"奏为修理京师庙宇事",记曰:"闻事乾隆二十二年十月二十五日经臣等折奏查修理京师庙宇,从前城内各庙按东面四城、西面四城分晰办理,而城外庙宇即随同城内者按城一并兴修。现在已修过西面四城并东面之东北修理一城,共计五城。今查城内庙宇有关观瞻,自应先行办理,俾得整肃其城外庙宇矣。城内者一例修竣,再行分城次第修理,以属缓急得宜等。因具奏奉。旨:知道了。钦此。"

槅扇，添砌丹陛前簷，添砌月台一座。其余山门并两傍配殿、配房共一百四间，内有头停瓦片破碎、簷头垂落、椽望苇箔糟朽者六十四间。酌拟拆瓦有瓦片脱节者三十四间。酌拟夹陇山门内有残坏小房六间，柱木墙垣歪闪，头停坍塌，酌拟拆盖并粘修残损装修石料台帮墙垣地面。至山门前四柱七楼牌楼一座，柱木虽微有沉陷，但夹杆以上尚未露糟，似可无用大修，只须拆换糟朽戗木，头停夹陇粘补栅栏即可整齐，又折换糟朽旗杆二根、戗木六根长高。东西角门二座成砌院墙，铺墁甬路，海墁散水，粘修石桥、月台、门楼。并遵旨后阁上层现供玉帝一尊、金童玉女二尊、四师四尊、天尊三十二尊、金龛一座，擦抹粘补见新，请于前殿供奉。阁上添供三清三尊、金童玉女二尊。此五尊，若全塑增胎未免分两过重。今将三清拟镌胎成做，侍童女仍塑增胎，俱做油灰地仗，五彩庄颜。其阁下添供四御四尊。丘祖殿内配添侍者八尊，俱塑增胎。添做供桌，把莲五供各殿内。旧有神像，除颜色鲜整者毋庸见新外，其余丘祖、七真、王真人、侍者四十四尊庄颜糟旧不齐并龛案等项，俱拟照旧式一律见新。再各座油画除娘娘殿、太岁殿尚皆鲜明毋庸另做，其余殿阁、牌楼满油画见新，配殿、配房光红土油，旗杆光硃红油，暨各座糊饰窗心、清理地面、拉运木植车脚等项。除所需颜料、桅杉、架木、绒绳、龙旗、帘刷向各该处行取应用并领取官厂小樑木四百件外，按例估需物料工价八千六百十九两八钱九分一厘。理合奏明将所需银两请向广储司银库照数支领，派员即时妥固修理。统俟工竣另行详查，据实核销。谨将估需工料银两细数，另缮清单一并恭呈御览。为此谨奏。等因缮折具奏奉。

旨：知道了。钦此。①

据上述材料可知，乾隆五十一年（1786 年）清高宗传谕敕修白云观后，大臣和珅、金简、福长安等人遵旨勘查了白云观殿宇神像等情况，并对如何实行维修等事项进行评估。三月十二日，和珅等人向乾隆皇帝

① 中国第一历史档案馆馆藏奏销档，档案号：395-203，乾隆五十一年三月十二日，题名“奏报修缮白云观估需工料银两事”。

汇报了白云观的现状以及此次修葺估计所需的工料和银两等事宜。从这则奏折中可以了解到，乾隆时期白云观的规模比较大，其有中一所、东一所、西一所共三所。殿阁房屋达到一百七十二间，其中七真殿三间、丘祖殿三间、堂五间、后阁并东西耳楼配殿等五十七间、山门并两傍配殿、配房共一百零四间。此次维修的规模也是比较大的，不仅对山门牌楼、殿阁楼台一并修葺，而且将所供神像进行粉饰刷新，还添供多尊神像。整个工程造价达到八千六百多两银子，并由内务府广储司拨付银款。乾隆五十三年（1788 年）春落成，高宗亲自瞻礼，并御制重修碑记以纪之。

总之，清高宗乾隆两次敕修白云观，其起因和意图是不同的。1756 年重修白云观是在乾隆对京城寺庙大规模地整顿和修理活动中实施的，并非源于皇帝恩旨。但是 1786 年第二次重修白云观则是清高宗敕旨专修，是亲赐白云观的恩典，体现出了乾隆皇帝对白云观的重视。

第二则：清仁宗发旨稽查白云观道士。

天聪六年（1632 年），清廷始设僧道官制。康熙十三年（1674 年）定："内外僧道官，专管天下僧道，恪守戒律清规，违者听其究治。若所犯与军民相涉者，在京申部酌审，在外听有司断理。"①京师的道官需要负责管理京师城内的教务。道官分设京城东城、东南城、西城、西南城、北城、中城各六处。其不仅分管本城各处教务，还要负责申报册籍，分发度牒，协助地方官稽查宫观，管束游方道士等事务。

清初，清廷对京城寺院道观及僧道的管束一直比较严格。顺治九年（1652 年）九月戊子，谕礼部：今后凡僧人、道士、尼僧，已领度牒者，务宜恪守戒规，穿戴本等衣帽，各居住本寺庙，敬供神佛②。康熙十三年（1674 年）议定：京城内外寺院庵庙、宫观祠宇，不许容留无度牒僧道及闲杂人等居住歇宿③。

---

① 乾隆朝《钦定大清会典则例》卷 92，《影印文渊阁四库全书》第 622 册，台湾商务印书馆，1986 年，第 886 页。

② 《世祖章皇帝实录》卷 68，《清实录》第 3 册，中华书局，1985 年，第 537 页。

③ 乾隆朝《钦定大清会典则例》卷 92，《影印文渊阁四库全书》第 622 册，台湾商务印书馆，1986 年，第 886 页。

乾隆皇帝复行度牒制，其为了达到限制和裁减僧道人数的目的，多次降谕加紧收缴度牒。而由于过严地限制了对民众的正当宗教活动，民间教派滋生众多，邪教活动倍增。为严防民间教派作乱，乾嘉时期更是加强了对佛道教的管制。如乾隆十一年(1746年)，为查办白莲教贵州魏齐婆一案，乾隆皇帝曾多次下旨。其中为了查询涉案人士吕齐婆，乾隆谕令贵州总督兼管巡抚事张广泗务必追查到吕齐婆的踪迹。在得到奏报称吕齐婆曾在京城白云观内寄住过，乾隆不仅谕令直隶总督府、步军统领衙门等彻查，还降旨询问平郡王等人。经过步军统领舒赫德向白云观内道士张本诚等人问讯后，其怀疑吕齐婆在四川隐匿。乾隆又派人至四川密行查拿①。可见，乾隆时期，对京城内宫观容留无度牒僧道及闲杂人等事宜的稽查是比较严格的。

嘉庆时期，对僧道教的管制愈发加强，更是严查京城内外游方僧道传播邪教、邪法等事。如清代档案所记载嘉庆二十一年(1816年)正月二十五日直隶提督奏报拿获书写符咒抄辑邪法之道士高良一事②，又

---

① 乾隆十一年(1746年)七月："又谕：四川巡抚纪山奏报，审讯逆犯谯元魁供内称魏齐婆下川时，曾说贵州有个吕齐婆，在唐登芳之前进京去劝教等语。是吕齐婆现居何处，实在下落魏齐婆必知详细。可传谕张广泗务必讯取吕齐婆实在踪迹。即速奏闻。寻奏：臣将魏王氏，并吕齐婆壻张天序严加究讯。据供吕齐婆前在京城西便门外白云观内寄寓，现今不知存亡。已移咨直隶总督饬拿务获。报闻。"(见《高宗实录》卷271，《清实录》第12册，中华书局，1985年，第532页。)

又乾隆十一年(1746)八月："谕军机大臣等：据步军统领舒赫德奏称，张广泗所奏吕齐婆住在白云观之处，臣查询观内道士张本诚等供，乾隆五年冬有一道姑，四川人，同伊子并伊侄来到观内王道的祠堂内住下，过了半个多月，就到平郡王府内去了，后从王府回去了等语。朕随降旨询问平郡王。据王奏称，乾隆六年正月内有一道姑，系四川重庆府人，同行有一子一侄。曾从白云观看过，在京约住一月即回四川去了。这道姑说是宋门李氏，晓得些坐功，此时约有六十余岁等语。看此与贵州张天序供白云观王真人处居住之语相同，惟姓宋姓吕之处互异。但此辈行踪诡秘，或改易姓氏亦未可定。其现在四川无疑。可传谕纪山，令其遴选干员密行查拿务获。即速具奏。寻据庆复、纪山、奏复。据成都县禀报、于省城白衣庵女观内。拿获道姑宋李氏。讯供夫家母家。都不姓吕。不过自已做些坐功。原不与人来往。白云观的吕齐婆。实不知道。除讯过供詞具奏外。容臣等设法访缉。报闻。"(《高宗实录》卷272，《清实录》第12册，中华书局，1985年，第551页。)

② 中国第一历史档案馆馆藏录副奏折，档案号：03-1639-007，嘉庆二十一年正月二十五日，题名"奏报拿获书写符咒抄辑邪法之道士高良情形事"。

记嘉庆二十一年四月初三刑部尚书崇禄上奏审拟道士双阳私藏邪术书本一案[①]等奏折。

嘉庆二十年(1815年)十二月初一日,直隶总督那彦宝衡龄奏报拿获形迹可疑的道士李祝成。因道士李祝成声称系白云观道士,嘉庆皇帝于十二月发布了第一条谕旨,命令将道士李祝成解赴回京交步军统领衙门查办。记曰:

上谕昨据那彦宝衡龄奏拿获形迹可疑之道士李祝成,已派员解赴直隶交那彦成审办。其李祝成供出之白云观道士徐显昌等,当即饬交步军统领衙门缉拿。本日据英和等奏,拿获道士徐显昌等据供李祝成系徐显昌徒弟。上年九月李祝成无故将徐显昌混骂,被徐显昌撵逐等语。道士李祝成业经晋省委员解赴直隶。解到时,那彦成无庸讯供,即派员解京交步军统领衙门与徐显昌质对可也。此谕令知之。钦此。遵旨。寄信前来。[②]

嘉庆二十年(1815年)十二月十四日,题为"奏报委员押解可疑道士李祝成进京候审日期情形事"一折,则详细记录了该事件的发展情况。如下:

再奴才于十二月初二日呈准军机大臣字寄内开十二月初一奉上谕:昨据那彦宝衡龄奏拿获形迹可疑之道士李祝成,已派员解赴直隶交那彦成审办。其李祝成供出之白云观道士徐显昌等,当即饬交步军统领衙门缉拿。本日据英和等奏,拿获道士徐显昌等。据供李祝成系徐显昌徒弟。上年九月李祝成无故将徐显昌混骂,被徐显昌撵逐等语。道士李祝成业经晋省委员解赴直隶。解到时,那彦成无庸讯供,即派员解京交步军统领衙门与徐显昌质对可也。此谕令知之。钦此。钦遵檄,司迎催去后。兹于十二月十四日据委员将李祝成押解行抵保定。奴才派委即用知县李鹄获解李祝成进京,并将搜获该道士所带度牒、缘簿、路程单一并咨送步军

① 中国第一历史档案馆馆藏录副奏折,档案号:03-2481-001,嘉庆二十一年四月初三日,题名"奏为审拟道士双阳私藏邪术书本一案事"。

② 中国第一历史档案馆馆藏《军机处上谕档》,嘉庆二十年十二月初一第1条,合号881,册号2。

统领衙门质审。理合附片,奏闻谨奏。

(朱批)览。①

上述嘉庆皇帝发旨稽查白云观道士一事中,道士李祝成系白云观道士徐显昌的徒弟。因二人发生口角争执,嘉庆十九年(1814年)九月李祝成被徐显昌撵逐。李祝成因为四方游荡而被直隶总督拿获。在搜查中李祝成随身携带度牒、缘簿、路程单等物。因李祝成自称白云观道士,嘉庆皇帝下旨命直隶总督府无需讯供李祝成,而将其押解回京,交步军统领衙门审理,并与徐显昌对质。从此案中可见,清朝要求道士已领度牒者,恪守戒规,居住本庙敬供神佛。乾嘉时期,皇帝非常重视管制京城内外的宗教活动,亦对游方道士等进行严格管束。京城设立道录司,京师亦设立道官管理京城教务。本来稽查宫观、管束游方道士等应属于道录司的职责,但在本案中嘉庆皇帝却命步军统领衙门负责查办。笔者查得步军统领衙门负责管理稽查京城庙宇一事,最早见于乾隆三十五年(1770年)五月二十二日管理总管内务府大臣事务多罗贝勒永瑢上书的一份奏折中。乾隆三十五年总管内务府大臣永瑢负责查办官管寺庙被租赁商民居住一事。永瑢随后奏报称:

如有将正项殿宇房屋租给与人并污秽作践者,俱着落。僧录道录司查明将该住持即行严加治罪。再查各寺庙虽属礼部太常寺管理,但京城内外地方辽阔,庙宇繁多,稽察势难周到。应请嗣后除该管衙门照旧管理外,所有内城庙宇交步军统领衙门,外城庙宇交督理街道衙门随时稽查。倘有前项情弊分别徇纵懈忽,随时处。如此办理,庶于官庙益昭慎重矣。②

总管内务府大臣永瑢认为京城各寺庙虽然属于礼部太常寺管理,但是因为京城内外地方辽阔,庙宇繁多。为了更好地加强管理,永瑢奏议京城内城庙宇交由步军统领衙门稽查,外城庙宇则交督理街道衙门

① 中国第一历史档案馆馆藏奏折,档案号:04-01-30-0371-025,嘉庆二十年十二月十四日,题名“奏报委员押解可疑道士李祝成进京候审日期情形事”。

② 中国第一历史档案馆馆藏内务府奏片,档案号:05-0277-031,乾隆三十五年五月二十二日,题名“奏为会查粘修三官庙等处官管寺庙殿宇房间数目事”。

稽查。乾隆皇帝采纳了此建议。因而,在嘉庆二十年查获白云观道士一事中,白云观属于京师城内庙宇,清仁宗下旨命步军统领衙门稽查该事。

由此可见,乾嘉时期,清廷对佛道教的管理不仅依靠僧道官制度,而是开始更多地交由地方行政衙门进行管理和稽查,也可见乾嘉时期,清朝皇帝对佛道教的管制从未放松过。

(作者为中国社会科学院世界宗教研究所助理研究员)

《道枢》卷二所收《坐忘篇》下和王屋山唐碑文《坐忘论》

——《道枢》卷二所收《坐忘篇》上、中、下小考订补

中嶋隆藏著　刘韶军译

序

为研究隋唐时期的思想史，对现行本《坐忘论》以及司马承祯的著述情况进行考察是极为重要的工作，这是无庸赘言的。因为，对于现行本《坐忘论》或看成司马承祯的著作或看成其他人的著作，基于对这问题的不同看法，就会对隋唐思想史形成极为不同的认识。

关于现行本《坐忘论》，笔者以前发表过两篇文章，认为以司马承祯为现行本《坐忘论》的作者是值得怀疑的。最近，台湾的朋友提及唐代的有关碑文，其中有与现行本《坐忘论》相关的资料，这使笔者的看法再次得到了确认。另外，还了解到中国大陆的朋友已经发表过类似的研究论文，断定现行本《坐忘论》的作者是早于司马承祯的道士赵坚①。

① 2008年12月15日，以台湾师范大学国际汉学研究所藤井伦明先生的介绍，接到该所所长赖贵三先生的邀请，在该所进行讲演，讲演的内容是发表在《集刊东洋学》第一百号(2008年11月)上的文章《〈道枢〉卷二所收《〈坐忘论〉上、中、下小考》的概要。在讲演后的晚餐会上，郑灿山先生告诉我，唐代碑文中有一篇题为《坐忘论》的文章，其内容与《道枢》所载的《坐忘论》下基本相同，此文收在陈垣先生编纂的《道家金石略》中。数日后，赖贵三先生送给我一篇文章，即台湾师范大学研究生林庭宇的硕士学位论文《司马承祯〈坐忘论〉思想研究》(2008年8月)。在这篇论文中，林庭宇述及笔者旧知朱越利先生已有《〈坐忘论〉作者考》发表在《炎黄文化研究》2000年第7期上，文章认为世间所谓七篇《坐忘论》是赵坚作，而所谓石刻《坐忘论》是司马承祯作。林庭宇认为这一见解不能同意，此外还论及据《王屋山志》(李归一撰?)中的《天坛王屋山圣迹记》(杜光庭撰)等文献中的记载，也可说明司马承祯确实是七篇《坐忘论》的作者。刊载朱越利论文的《炎黄文化研究》(2000年第7期)，未能看到刊物原文，只好让藤井伦明先生从互联网上找到已经公开发布的文章，转送与我。郑灿山先生、林庭宇、朱越利的信息与见解，都与笔者的旧稿《坐忘论的安心思想及相关问题》(1995年5月)和新稿《〈道枢〉卷二所收〈坐忘论上、中、下〉小考》所提出的见解是否得当有着密切关系。

于是笔者对唐代的这一碑文加以考察分析，本文所论按如下步骤进行。首先是唐、北宋前半期有关司马承祯记载中的《坐忘论》情况，其次是关于《道家金石略》所收碑文《唐一四六白云先生坐忘论》及其内容，第三是该碑文《白云先生坐忘论》与《道枢》所收《坐忘篇》下的关系。以此补足笔者前二稿的不足，订正因资料探索不足而产生的错误。

一、唐、北宋前半期有关司马承祯记载中的《坐忘论》

首先，必须考察有关司马承祯与现行本《坐忘论》相互关系的记载①。在这个考察中，要参照以往的各家研究，此外，林庭宇的硕士论文中认为现行本《坐忘论》就是司马承祯的著作，而不存在疑问，但他列举了有关司马承祯的历代传记资料之后又列出了唐代后半期到北宋前半期的有关著录，对此类著录的内容，要一一加以确认，由此确认这些著录的内容是不是能够证明现行《坐忘论》是司马承祯的著作。

(1)《唐王屋山中岩台正一先生庙碣》，唐卫邢撰（“邢”疑为“阱”或“阠”）。

查阅明正统《道藏》所收该文，就其著书的情况，则有如下说法：“初隐居抄撰道书，为《登真隐诀》，其存修之道，率多阙文，尊师乃著《修真秘旨》十二篇，见行于世。”完全没有言及《坐忘论》。另外，该文收录于《道家金石略》，《北京图书馆藏中国历代石刻拓本汇编》23 中也以《贞一庙碑》之名收录此碑文拓本的缩影。《道家金石略》的注记称：尊师的蜕形是在次年的开元二十四年(736 年)。就此而言，《唐王屋山中岩台正一先生庙谒》是现存有关司马承祯事迹最早的记录。

① 中国道教协会、苏州道教协会合编《道教大辞典》“坐忘论”条以现行本《坐忘论》属唐司马承祯，称司马承祯的《坐忘论》之外还有赵坚的《坐忘论》七篇，而《通志》中记载了唐吴筠《坐忘论》一卷。胡孚琛主编的《中华道教大辞典》的“坐忘论”条只是说现行本《坐忘论》为唐司马承祯撰，没有言及其他人有《坐忘论》。《四库全书总目提要》及李学勤、吕文郁主编的《四库大辞典》中没有相关的说明条项。而蒙文通《坐忘论考》(《图书集刊》1948 年第 8 期)，后《蒙文通文集》第一卷(《古学甄微》)则早已说明“是《坐忘论》有三，天隐、赵坚、正一三家也。《通志》复有吴筠《坐忘论》一卷，而文无所征见，岂郑氏之误欤”。

(2)《天台山桐柏观碑》(佚名《天台山志》所收),唐崔尚撰。

查阅明正统《道藏》所收该文,有如下记载:"洎乎我唐有司马炼师居焉,景云中,天子布命于下,新作桐柏观,……炼师名承祯,一名子微,号曰白云,……天宝元年太岁壬午三月二日丁未,弟子毘陵道士范惠趋等立。"知此碑建立于天宝元年(742 年),但是完全没有言及关于此碑文撰写的情况。

(3)《天台山记》,唐徐灵俯撰。

此文收于《大正藏经》第五十一卷,文末称"灵府以元和十年(815 年)自衝(当为'衡')岳移居台岭,定室方瀛,至宝历(825—827)初岁,已逾尔闰,修真之暇,聊采经诰,以述斯记,用彰灵焉"。可知这是宝历年间的著作。文中言及白云先生司马子微,称"事载在碑中",但所谓的"碑"究竟何指,并未言明,可能就是此文中言及的崔尚撰的《天台山桐柏观碑》。不过,如果徐灵俯知道前述(1)所说的《唐王屋山中岩台正一先生庙碣》,那么这里所说的"碑"就不敢肯定是指《天台山桐柏观碑》。不管怎样,徐灵俯撰的《天台山记》中,完全看不到前述(1)(2)所列二碑所说的与《坐忘论》有关记载。

(4)《王屋山志》,唐李归一撰。

《中国道观志丛刊》第一册所收此志卷上《仙道》第二条载有司马承祯,关于他的著作则说:"著《修真秘旨》十二篇、《坐忘论》一卷、《天隐子》八篇、《修真养气诀》一卷、《灵宝五岳名山朝仪经》一卷。"这是初次记载司马承祯有《坐忘论》一卷之著。不过仅据此处所说,则没有一丝线索可以说明其书的具体内容与撰述的体例。另外,此书卷前有一条识语,标明为"上海孙鉴紫珊氏识",识语的内容如下:"此《王屋山志》,首'目录',次'诸图',又次本书上卷,自'创置'至'隐逸',凡十九类,下卷诗文之属,分四类,不标撰著人名,亦无刻梓年代。相其版式,当明正、嘉间所刊,考宋陈振孙《直斋书录解题》,有《王屋山记》一卷,唐乾符三年道士李归一撰,《宋史·艺文志》亦著於录,尔后则惟明陈第《世善堂书目》载之,余不概见。是其书自唐迄明,虽历传七百年之久,然初未大显於世,亦祇不绝如缕。今细审此书,盖即归一旧本也。"且举出三个证据,指出其中有一些后人添加的内容,不过"综观全书,虽间有阑入,似亦尚无几，大体未失归一旧本”。文中说到“宋陈振孙《直斋书录解题》有《王屋山记》一卷，唐乾符三年道士李归一撰”，所说的乾符是唐末僖宗的年号，乾符三年即公历876年，司马承祯去世之年若是开元二十三年(735年)的话，这就已是承祯去世之后141年的记载了。这里的说法基于什么资料，也是一个问题。《王屋山记》和《王屋山志》有一字之差，书名的不同也成了问题。如果不管书名不同的事，此书的记载就成了可据的资料。如果道士李归一这个人与王屋山有着很深关系，李归一就成了王屋山当时存在的碑文或文书所记载的内容的依据。关于这个碑文，后面还要提到。

(5)《大唐新语》卷10，唐刘肃撰。

《稗海》所收的该书卷10“隐逸第二十二”中的司马承祯条中没有记载有关著作的情况。

(6)《真系》，唐李渤撰。

《云笈七签》(正统《道藏》本)卷五“经教相承部”收录的陇西李渤《真系》中有“王屋山贞一司马先生”条，其中关于承祯的著作只提到“又撰《修真秘旨》”。

(7)《历代名画记》卷9，唐张彦远撰。

《学津讨原》收录此书卷九“唐朝上”，其中有司马承祯条，没有记载承祯的著述情况。

(8)《天坛王屋圣迹记》，五代杜光庭撰。

正统《道藏》收录该书，其中记载了司马承祯及其著作的情况：“先生未神化时，注《太上升玄经》及《坐忘论》，亦行于世。”此处要注意“注《太上升玄经》及《坐忘论》”的说法①，不是“著”或“造”、“述”《太上升玄经》及《坐忘论》，或“注”《太上升玄经》，“造”或“述”《坐忘论》。这表明杜光庭认为司马承祯只是注释了《太上升玄经》和《坐忘论》，并不是

① 这一点，朱越利《〈坐忘论〉作者考》(《炎黄文化研究》2000年第7期)已经注意到了，认为：“由于记述的是王屋山的事，杜光庭说的《坐忘论注》很容易令人联想到形神《坐忘论》。形神《坐忘论》是批评性文章，或可以视为一种特殊的注。但这只是猜测，而且还有反对的猜测。即七阶《坐忘论》的附录《枢翼》，也可以视为一种特殊的注。杜光庭说的注《坐忘论》，没有回答我们的问题。”

"注"《太上升玄经》而"著"《坐忘论》。

(9)《续仙传》,五代沈汾编。

正统《道藏》收录的此书卷下"隐化"中有司马承祯条,其末尾说:"尝撰《修真秘旨》、《天地宫府图》、《坐忘论》、《登真系》等,行於世。"此处明言"撰《坐忘论》"。只是没有说明《坐忘论》的具体情况。

(10)《旧唐书》卷192《隐逸》,五代刘昫等撰。

此书的《隐逸传》里也没有司马承祯著书的情况,在此书的《经籍志》里,司马承祯的著作一部也没有著录。

(11)《新唐书》卷196《隐逸》,北宋欧阳修、宋祁撰。

此书的《隐逸传》中的记载比《旧唐书》更为简略,也没有关于司马承祯著作的情况。不过,在此书卷五十九的《艺文志》中的"神仙"类里,著录了"道士司马承祯《坐忘论》一卷,又《修生养气诀》一卷,《洞元灵宝五岳名山朝仪经》一卷"。虽然著录了司马承祯有《坐忘论》一卷的著作,但未说明此书的具体内容。

以上,是司马承祯去世后各书关于他的事迹的有关记载,其中的《新唐书》成书于北宋中期的嘉祐五年(1060年),就此年之前的记载来看,共有11种,其中提到司马承祯和《坐忘论》的记载为第(4)种提到的《王屋山志》(唐李归一撰?)、第(8)种提到的《天坛王屋圣迹记》(五代杜光庭撰)、第(9)种提到的《续仙传》(五代沈汾编)、第(11)种提到的《新唐书》卷196《隐逸传》(北宋欧阳修、宋祁撰),一共不过4种。其中除掉成书于北宋中期的《新唐书》,则仅有3种,且此3种都成书于唐末五代的混乱时期,而且只有其中的第(8)种《天坛王屋圣迹记》(五代杜光庭撰)记载了司马承祯不是"著《坐忘论》",而是明言"注《坐忘论》"。此外,第(4)种《王屋山志》(唐李归一撰?),据清末民初孙鉴紫珊识语,此书整体上可以认为保留了其书原貌,但其中也有后人添加的内容,从而存在着一些问题,所以这一文献不一定能作为证明现行本中相关记录的可靠证据而被采用。这些记载中只有第(9)种《续仙传》(五代沈汾编)明确说到《坐忘论》是司马承祯的著作。此书明言司马承祯"尝撰《修真秘旨》、《天地宫府图》、《坐忘论》、《登真系》等,行于世"。这里说到的《坐忘论》是怎样的体例,有怎样的内容,是不是与现行本《坐忘论》

有直接关系，则没有任何说明，这一点也必须注意。

如上所述，司马承祯去世以后的唐代后期撰成的各条记载中，可以说完全没有能让人看出司马承祯与《坐忘论》相互关系的内容，而且成书于唐末五代时期的3篇文献，在它们问世后，却突然都说司马承祯“注《坐忘论》”，或说“撰《坐忘论》”。在这类记载中，都是没有任何线索能让人确认这类说法。

在此还要注意到，唐碑中已经有了以《坐忘论》为标题的文章。笔者以前就通过卢国龙《中国重玄学》而知道了这个情况，笔者在撰写《〈道枢〉卷二所收〈坐忘篇〉上、中、下小考》时，因卢国龙明言此文在《宝刻类编》卷八所收的石刻本中，但笔者查阅《百部丛书》和《石刻资料丛刊》都没有找到此文，故注记在《小考》中，以待诸家的示教。后来也因疏忽而未查阅陈垣先生的《道家金石略》。偶因2008年12月中旬在台湾师范大学受到郑灿山先生的告知，最终确认台湾清华大学图书馆人文学院分馆藏有该书，不意大陆出版的原版简体字版已经借出，只能通过台湾新文丰出版公司印行的《陈援庵先生全集》第四册所收的《道家金石略》阅读了其中《唐一四六白云先生坐忘论》，同时又担心新文丰本是据大陆出版的简体字版而用繁体字重排出版的，或在排印之际出现误记、误排，为此又查阅了《北京图书馆藏中国历代石刻拓本汇编》第30册，其中所收《坐忘论并薛元君升仙铭》是原石拓本的缩影，将二书加以对校。这一石刻本的记载，对于考察司马承祯与《坐忘论》之间的关系，乃是极为重要的。

即：这一碑文的左边第一行刻有“坐忘论敕赠贞一王屋山玉溪道士张弘明书”，这表明碑文是由王屋山玉溪道士张弘明书写的，而题名“坐忘论”，碑文的作者则是被称为“敕赠贞一”的人。而在碑文末尾则刻有“上清三景弟子女道士柳凝然、赵景玄，唐长庆元年遇真士徐君云游于桐柏山，见传此文，以今大和三年己酉建申月纪于贞石”。可知此篇《坐忘论》是女道士柳凝然和赵景玄在唐长庆元年（821年）云游桐柏山时遇到真士徐君而被传授的，而将此文刻石立碑则是在大和三年（829年）己酉建申月。另外，这篇碑文刻在碑的阴面，其阳面的碑文头部题作“有唐贞一先生庙碣”，在其原文开始处则题作“人唐王屋山中岩贞一先生庙碣”，据此看来，碑的阴面所刻的“敕赠贞一”之人，就是“大唐王屋山中岩贞一先生”，亦即司马承祯。

另外，此碑文说“上清三景弟子女道士柳凝然、赵景玄，唐长庆元年(821年)遇真士徐君云游于桐柏山，见传此文，以今大和三年已酉建申月纪于贞石”，据此事实亦可知：此《坐忘论》在此之前决不会传播于世、或流传于某道观，直到柳凝然和赵景玄在长庆元年(821年)于桐柏山即天台山初次遇到真士徐君才被传授，至大和三年(829年)才刻于碑石。因此，此时所谓司马承祯著述的《坐忘论》正是指刻在此碑上的这篇文章。另外，刻于此碑的司马承祯的《坐忘论》又有如下的记述：“近有道士赵坚，造《坐忘论》一卷七篇，事广而文繁，意简而词弁，苟成一家之著述，未可以契真玄，故使人读之，但思其篇章句段，记其门户次叙而已，可谓坐驰，非坐忘也。”据这段文字，可知司马承祯因道士赵坚撰作而行于世的《坐忘论》一卷七篇在内容上还有不足而加以批评①。据此

① 卢国龙《中国重玄学》第352页录有陆游对石刻本《坐忘论》的跋：“此一篇刘虚谷刻石在庐山，以予观之，司马子微所著八篇，今昔贤达之所共传，后学岂容置疑于其间？此一篇虽曰简略，详其义味，要(？安)得与八篇为比？兼既谓出于子微，乃复指八篇为道士赵坚所著，则坚乃子微以前人，所著书渊奥如此，道书仙传，岂无姓名？此尤可验其妄。予故书其后，以袪观者之惑。”据此跋，可知南宋的陆游(1125—1210)认为这个碑文由活动于南宋前期的道士刘虚谷刻在庐山，但那不是司马子微的作品，而是伪作。陆游的文章以《跋坐忘论》之名收在他的文集《渭南文集》卷二十八中，跋后题款为“己未十一月二十一日，放翁书”，可知这是他晚年即南宋承安四年(1199年)时的作品。但是，卢国龙认为：“笔者倾向于将七篇本视为司马承祯之作，但陆游所提出的论据却有些靠不住，因为著书渊奥而仙传无名的情况，是道教史上常有的事，而且赵坚并非道书仙传无姓名。按：唐末杜光庭《道德真经广圣义序》叙录六十家《老子》注，其中有法师赵坚，云：作《讲疏》六卷，正统《道藏》洞神部玉诀类收有《道德真经疏义》残卷四之六，题赵志坚著。蒙文通先生在《道家三考》一文中已指此赵志坚即赵坚，说为宋人者实误。今按：此《道德真经疏义》……‘善建章’注中又有三观……之说，归趣与七篇本《坐忘论》一般无二。所以不能完全排除赵坚作七篇本《坐忘论》的可能性。笔者之所以倾向于将七篇本《坐忘论》视为司马承祯之作，首先是因为思想上两相吻合。司马承祯作《天地宫府图》以为收心离境之渐阶。在《升玄消灾护命妙经颂》中，又甚谈心静、性能无著、一心观一切、法皆空、空空亦空之义，同样与七篇本《坐忘论》一般无二。是则司马承祯与赵坚一样，作此《论》的可能性都很大”云云。其意表示对于陆游的看法不能马上表示同意，但中晚唐时期的道家书籍的特色是有从繁杂向简易变化的倾向，对此应该注意，而司马承祯的《修真秘旨》则把当时种种道家书籍综合起来，全面而系统地阐述养生方法，此书与石刻本《坐忘论》不能视为同一种学风，因此认为石刻本是伪托之作，或是经真士徐君之手而完成的。

看来，在这篇碑文书写刻石的九世纪二十年代，《坐忘论》至少是有两种的。即赵坚著的《坐忘论》一卷七篇，以及对此加以批评的司马承祯的《坐忘论》①，而且可以说当时的真士徐君、王屋山的道士柳凝然、赵景玄以及书写碑文的王屋山玉溪道士张弘明对《坐忘论》是共有这种理解的。

而向女道士柳凝然等人传授司马承祯之文的真士徐君究竟是谁，这一问题也可探讨出一些线索。第一，知道他姓徐；第二，他生存于这个时期，活动地点在桐柏山等地，将这些情况综合起来，就可以推测他可能是前述第(3)种文献《天台山记》的撰者徐灵府。不过，要作出这一判断，还有一个问题需要思考，即：上述的《天台山记》中没有一处可以看出是与司马承祯和《坐忘论》有关系的，对此又该如何解释？即使可以认为徐君把此文看作司马承祯就坐忘问题阐述自已观点的文章，仍然不能理解为司马承祯著述了《坐忘论》。

就女道士柳凝然、赵景玄而言，在《道家金石略》中收有"唐一五〇

---

① 《坐忘论》不只一种，有天隐、赵坚、正一三家，此外有的书目还记载吴筠也有《坐忘论》，这一看法，见于蒙文通的《坐忘论考》。另外，朱越利的《〈坐忘论〉作者考》的"一、两种《坐忘论》"部分，把赵坚的《坐忘论》称为"七阶《坐忘论》"，而把司马承祯的《坐忘论》称为"形神《坐忘论》"，又说："柳凝然镌刻的《坐忘论》碑文，曾为北宋欧阳修搜集。……其子欧阳棐于嘉祐六年(1061年)之前，采摭其略，别为目录，曰《集古录目》。欧阳修之搜集已佚，唯有汇编跋尾而成的《集古录》十卷传世。其中无济源《坐忘论》跋尾。……《集古录目》亦佚，今有清代辑佚本。"缪荃孙辑《集古录目》之"原目"著录："司马子微《坐忘论》，大和三年。"卷九唐代部分著录曰："司马子微《坐忘论》，白云先生撰，道士张弘明书，大和三年女道士柳凝然、赵景玄刻石，并凝然所为铭同刻后，又有篆书曰'卢同高常岩固元和五年'凡十字。碑在王屋县。"小字注曰："《宝刻丛编》。"朱越利此文的"三、似成定论"部分，认为"北宋以来，七阶《坐忘论》广为流传，为人熟知，而知道形神《坐忘论》的人寥若晨星。……陆游……于西元一一九九年为庐山碑刻本形神《坐忘论》写的《跋坐忘论》曰：'此一篇，刘虚谷刻石在庐山。以予观之，司马子微所著八篇，今昔贤达之所共传，后学岂容置疑於其间。此一篇虽曰简略，详其义味，安得与八篇为比？兼既谓出於子微，乃复指八篇为道士赵坚所著，则坚乃子微以前人。所著书渊奥如此，道书仙传，岂无姓名？此尤可验其妄。……'"也提到了陆游的见解，朱氏又在其文的"四、定论过早"部分说："陆游的《跋坐忘论》，直接否定赵坚著七阶《坐忘论》，间接否定形神《坐忘论》为司马承祯著，但不足以令人信服。……陆游反而记载了另一个事实，即《坐忘论》在江西也有流传，而且著名道士刘虚谷承认它。刘虚谷……庐山太平兴国宫道士，绍兴六年(1136年)建真一庵，乾道九年(1173年)坐化。刘虚谷很有学问，士大夫都愿意同他交往……"

大唐王屋山上清大洞三景女道士柳尊师真宫志铭》，这让人觉得柳凝然与柳尊师是同一个人。而且这篇墓志铭中说："师姓柳氏，讳默然，字希音"，"凝然"与"默然"，意思相近，而文字不同，所以也怀疑另有其人。但对同样过着修道生活的两位女性之中的妹妹称为"景玄"，而把柳氏列举在前，这与前述的"上清三景弟子女道士柳凝然、赵景玄"的称名方式是一样的，由此看来，"柳凝然"与"柳默然"应是同一人。而在《柳尊师真宫志铭》中，言及柳默然走上信佛之路的机缘："年十四，归于赵氏，……历廿年，遭未亡之酷……乃栖心佛乘"，又述及她转向道教的情况："初授正一明威灵宝法于天台，又进上清大洞三景毕箓于衡岳，遂居王屋中岩曰阳台，贞一先生司马子微之故居。"并称她逝世于"开成五年(840 年)六月廿九日"，其享年为"六十八"。她究竟何时从佛教转向道教，则没有明确记载，但志中评述了其晚年居住在王屋山的司马子微故居时的修道情况："其精勤斋戒，□严操履，虽有自弱龄至暮齿探玄存心于五岳洞府者，俯仰瞻敬，莫敢望比。"

在此背景下的王屋山女道士柳凝然，于长庆元年(821 年)遇到了在桐柏山云游的真士徐君，此时才被传授了《坐忘论》而刻于王屋山，这是"坐忘论敕赠贞一王屋山玉溪道士张弘明书"的碑文中所记载的。若是如此，则以后在王屋山传播的司马承祯的《坐忘论》就是在王屋山上修道的人们所尊敬的女道士柳凝然从徐君手上传授来的《坐忘论》，并以此为题刻于石碑上，除了这一篇《坐忘论》之外，不能认为还有另外的《坐忘论》。

这样看来，自大和三年(829 年)以这篇《坐忘论》为题的碑文刻成之后，看到和听说此碑文的人们之间，只会想起司马承祯是《坐忘论》的作者。若是这样的话，杜光庭在《天坛王屋圣迹记》中记载此事时只写为"著《坐忘论》"，而不写为"注《坐忘论》"，又是什么原因呢？这一点要作为另一个问题来考察。这里首先需要对刻于此碑的《坐忘论》的内容加以考察。这在下一节中论述。

二、《道家金石略》所收《唐一四六白云先生坐忘论》及其内容

《道家金石略》所收的碑文，在该书(在新文丰出版公司印行的《陈

援庵先生全集》第四册内，自第339至341页）中，以《唐一四六白云先生坐忘论》为题加以收录。同样，在此书《唐〇八五贞一先生庙碣》（该书第三册内，自第236至240页），此碑文刻于碑的背面。另外，其原石拓本的缩影则收于《北京图书馆藏中国历代石刻拓本汇编》第30册的第89页，题为“坐忘论并薛元君升仙铭”。这篇碑文有一个独特之处，一般的碑文多是自右向左成行书写而刻于石碑上，而这篇碑文却是自左向右而刻的，所以有时甚至专家也会弄错，以右侧为首，左侧为尾。这篇碑文除了记有标题的第1行，从第2行开始为正文，是用稳健端正的楷体书写的，纵向相连，各行约44字，从左向右共有21行。只就《北京图书馆藏中国历代石刻拓本汇编》第30册所收的这篇碑文而言，碑面上有些地方的文字已经剥落，由于是缩影印刷的，整体上也不够清晰，多处都极难判读。其原拓本与此缩影本相比，应该是字体大得多，其刻字部分虽有凸凹，也应比缩影印刷清楚得多，因此应该比较容易读解。不管怎样说，当时陈垣手下的人员进行实际笔录操作工作，应该付出了非常耐心的劳动，这一点值得敬服。

以下列出《道家金石略》中的释文（但在实际笔录中会有误读误写，或是在大陆刊行时会有误排，而台湾新文丰出版社用繁体字出版《陈援庵先生全集》第四册时也会出现误排，手头只有《陈援庵先生全集》第四册的话，就无法对这类误排一一辨认[①]，幸好可将《陈援庵先生全集》第四册所收的碑文与《北京图书馆藏中国历代石刻拓本汇编》所收的原拓缩影本加以对照，由此发现其中一些文字可能有误，因于其字之后附上“()”以便辨识，()内加了“?”号的字，则是原拓缩影中出现的文字。另外，文中用“「」”号标出的字，是下一节所列《道枢》所收《坐忘篇》下中未出现的文字，故附加“「」”号以便辨识。而据《北京图书馆藏中国历代石刻拓本汇编》所载的碑文“坐忘论并薛元君升仙铭”拓本缩影，在其各行末尾之字处加上“』”符号，以表示各行的起止。（译者说明：由于本文作者使用了「」和』，所以下面列出的碑文中不再使用引号、冒号等，只用逗号与句号。）

坐忘论敕赠贞一王屋山玉溪道士张弘明书』

---

① 2009年2月初，笔者返回日本后，参照了自己收藏的大陆简体字本。

余闻之先师曰，坐忘者长生之基地(？也。①)，故招真以炼形，形清则合于气，含道以炼气，气(？炁②)清则合于神。体与道冥，谓之得』道，「道固无极，仙岂有终。」夫真者，道之元也，故澄神以契真。庄子云，「隳支体，黜聪明，离形去智，同于(？於)大通，即其义也。又』曰，智与恬交相养，知理出其恬性是也。」又曰，寓太定者发乎天光，寓则心也，天光则惠照也。「故能」先定其心而惠境(？照③)』内发，故照见尤境虚忘，而融心于(？於)寂寥「之境」，又近有道』士赵坚，造《坐忘论》一卷七篇，事广而文繁，意简而词弁，「苟成一家之著述，未可以契真玄。故使」人读之，「但」思其「篇」章』句「段」，记其「门户」次叙「而已」，可谓坐驰，非坐忘也。「夫坐忘者，何所不忘哉。或曰，坐忘者，长生之门也，」老子「何得」云，及吾』无身，吾有何患。「若如无身，还同泯灭，不谓失长生之宗乎。余应之曰，所谓」无身者，非无此身也，谓体合大道，不徇荣』贵，不求苟进，恬然无欲，忘此有待之身。「故圣人劝炼神合道，升(？昇)入无形，与道冥一也。亦是离形去智，隳支体之义也。』所贵」长生者，神与形俱全也，故曰，乾坤为易之蕴，乾坤毁则无以见易，形器为性之府，形器败则性无所存。「性无所』存，则于(？於)我何有，故所以贵乎形神俱全也。若独」养神而不养形，犹毁宅而露居也，「则神安附哉。则识随境变，托(？託)乎异』族矣。故曰，游魂为变，是也。」或曰，人寿终「之时，但」心识正观，即神超真境，「不堕恶道者，此乃自宽之词耳，」非至正之言』也。夫「今」高德大贤，「或谢风尘之表，或隐朝市之间，」皆言彼我两忘，是非双泯，见不善则「未常不」嚬眉「改容，」见「行」善则』「未尝不解颜而」笑。「夫神清气爽之时，」犹为善恶所惑，况临终错耄「之日」，焉得不为众邪所感(？惑④)哉。「心识不可依怙，略举』二义焉。」有有识化为无识者，「有人识化为蟲(？虫。⑤)识者。何以明之。」「至如」秦女化

---

① 大陆出版的简体字本也作“基地”，但在拓本中作“基也”，从文章的意思和表述上看，不是“基地”，以作“基也”为善。

② 大陆出版的简体字本也作“气”，从与前字重复的角度看，作“气”为善，但拓本作“炁”。

③ 大陆出版的简体字本也作“惠照”，从意思上看，“惠境内发”不通。

④ 大陆出版的简体字本也作“惑”，作“感”则意思不通。

⑤ 大陆出版的简体字本也作“虫”。

石，即是有识化为无识，黄氏为[①]。）金丹以羽化，「然后」升（？ 昇）入无形，出化机之表，「入无穷之门，与道合』同，谓之得道，」然后阴阳为我所制也。「不复云云，上清三景女道士柳凝然、赵景玄，唐长庆元年遇真士徐君云遊（？ 游。[②]）于（？ 於）桐柏』山，见传此文，以今大和三年己酉建申月纪于贞石。』」[③]

---

① 大陆出版的简体字本也作“借”，拓本作“藉”。

② 大陆出版的简体字本作“游”。

③ 碑文粗译如下：《坐忘论》敕赠贞一　王屋山玉溪道士　张弘明　书（以下另行）。余从先师口中听到如下说法：“坐忘正是长生的基础。因此，要招来真气而炼形，形若炼得清，就与气相合。含道道而炼气，气若炼得清，就与神相合。身体与道冥合，这就叫做得道。道本来是没有极限的，所以，仙又怎么会有终结呢？因此，所谓的真，就是道的本元。因此，使神澄清而与真契合。《庄子》中说：‘隳坏支体，废黜聪明，离开形体，弃掉智识，而于大通相同’，就正是这个意思。另外，《庄子》又说，‘智识与恬淡相互滋养，知理是由恬性产生的’，也是这个意思。又说，‘寓于太定的人，就会发出天光’，所谓的‘寓’就是心，所谓的‘天光’就是惠照。因此，首先能定心就会由内发出惠照。因此，把所有的境地都虚忘掉而加以照见，使心融解于寂寥之境，这就称为坐忘。当世之人，只知致力于俗学，竞相追求多闻，就不能理解掌握坐忘的枢要。”（以上是“余”转述的“先师”所说，以下是“余”自己的阐释）最近有一个名叫赵坚的道士撰作了一卷七篇的《坐忘论》，但他所说的事情太广，而文章繁杂，文章的意旨简单，言词则多而辩，如果作为一家之著述，就还没有达到与真玄相契的地步。因此，让人读了其文，就只会让人们想着它的篇、章、句、段，记着它的门户、次叙，这只能称为“坐驰”，而不是“坐忘”。若是“坐忘”，就是要忘了一切。有的人会产生疑问：“坐忘是长生之门，但（这样一来）就成了《老子》所说的‘若吾无身，吾有何患’。如果无身，这就与什么都没有了一样，这不是丧失了长生的根本吗？”余对此的回答是：“这里所说的‘无身’，不是说使身体都没有了，而是说让身体与大道合一，对于荣贵不动心，不追求苟且的进取，而使自己恬淡无欲，忘记依赖于外界的身体。因此，圣人通过炼神以合道，达到升入无形境界而与道冥一的地步。这又称为‘离开形体，弃去智识’，‘隳坏支体’。所谓的以长生为贵，是说神与形都达到完全而无缺失的地步。因此，这就是所谓的‘乾坤为易之蕴’，毁坏了乾坤就不能见到易。形器是性的府库之地，形器一旦败坏，性也就没有了可以存在的地方。如果让性存在的地方都没有了，我还有什么呢？因此，形神全都要完全无失，这才是要重视的事情。如果只是养神而不养形，就正像破坏了房屋而在露天生活一样。若是如此，神又怎能依存呢？若是如此，识就会随着境的变化而变化（而不再是人），而要依托于非人的异类了。因此，所谓的‘游魂为变’，就是说这种情况。”又会有人问：人在寿命结束之时，如果心识能够正观，他的神就能超出身体而到达真境，不再堕落到恶道里。这个说法，不过是自己安慰自己的话，不是至正之言。当今的高德大贤之人，让自身躲避于俗世之外，让自身潜藏于都市之中，虽然他们都说要彼我两忘，是非双泯，但是看到不善，必会颦眉而改变脸色，见到行善，必会欢颜而笑。这说明人在神清气爽之时都还要受善恶的感染，因此可知人在临终之时心神已经昏耄，怎会不被众邪迷惑呢？心识不可依赖，可举二例加以证明，一是有识变化而为无识，一是人识变化而为虫识。怎样说明这两种情况呢？例如秦女变成石头，这就是有识变为无识，又如黄氏变为徐君。他把此文传授给她们。现在是大和三年己酉年的建申之月，纪载在贞石上。）

作为碑文，此后改题“薛元君升仙铭”而刻石，题作“坐忘论”而刻石的文章，可以认为于此而告终。只是，其中放在开头处的“坐忘论敕赠贞一王屋山玉溪道士张弘明书”一行文字，和放在本文末尾处的“上清三景女道士柳凝然、赵景玄，唐长庆元年遇真士徐君云游于桐柏山，见传此文，以今大和三年己酉建申月纪于贞石”的一段文字，乃是撰写此文章的人简单地记述刻于此处的文章标题以及这篇文章刻于石碑的由来，而其中的“不复云云”，意思是此外不再有说，表示她们听说的内容限于以上所述，只是被称为“坐忘论”的文章本身。因而，作为上清三景弟子的女道士柳凝然和赵景玄认为真士徐君传授来的司马承祯关于坐忘的见解只是从“余闻之先师曰”到“然后阴阳为我所制也”这一部分。

然而此文开头处说“余闻之先师曰”，究竟在文章中从何处到何处是先师的话，则有不能判明之处。不过，从文脉上看，“先师曰”应该到“道固无极，仙岂有终”处为止，“夫真者，道之元也，故澄神以契真”以下，则是根据先师所言加在阐发的内容，即文中“余”的见解。

这样看来，这一段是自称为“余”的人听了先师所说的内容，在开头处先说“坐忘者长生之基也”，以下接着说“故招真以炼形，形清则合于气，含道以炼气，气清则合于神。体与道冥，谓之得道”。显然，这一段的内容是说“得道”的过程，但这个过程中的“坐忘”不是听了先师的话之后编进去的，而是先师说了这样的话，但“坐忘”与得道的过程是怎样的关系，则不一定是明确的。不过，下面接着说：“夫真者，道之元也，故澄神以契真。”由此到末尾所说的“故照见万境虚忘，而融心于寂寥之境，谓之坐忘也”，应是“余”根据先师之言而加以阐发和补充的见解。在这里，引用了《庄子》而对“坐忘”是指什么、坐忘如何实现、做到了坐忘时是怎样的境界等问题做了简洁的记述。对这一段文章整体加以思考的话，就可看出，“余”遵循以“坐忘”为“长生”之“基”的先师之言，而把“坐忘”理解为与“心”深切相关的问题，且这一问题是贯穿实现这一目标的全过程的。这一层意思，可用《庄子·大宗师》篇中“隳支体，黜聪明，离形去智，同于大通，此谓坐忘”来说明，所以说《庄子》所说的“此谓坐忘”，“即其义也”。又将《庄子·庚桑楚》篇“宇泰定者，发乎天光”中的“宇”改为“寓”（寓泰定者，发乎天光）而加引用，就“寓”与“天光”而言，“寓”即是心，“天光”就是惠照（寓则心也，天光则惠照也）。将此综合起来，“故能先定其心，而惠照内发，故照见万境虚忘，而融心于寂寥之境，谓之坐忘也”。由此看来，文章对“坐忘”做了明确阐述。

这说明，自称为“余”的人有如下的看法：“今世之人”只是热心于俗学以求多闻，却不能掌握“坐忘”的根本意旨，而在最近又有道士赵坚撰作《坐忘论》一卷七篇，其内容终究不能与“真玄”相契合，此篇所说只能使读之者“坐驰”，而不能实现本来的目标“坐忘”。

这里表示了有关《坐忘论》作者是谁这一问题的难以动摇的见解，这是谁都不能否定的。在这一部分，自称为“余”的人明确说到最近的道士赵坚是由七篇组成的《坐忘论》一卷的作者，且对道士赵坚所撰的一卷七篇的《坐忘论》发表了酷评，认为赵坚所撰《坐忘论》并不能阐明“坐忘”的真义，按他的说法，读者只会是“坐驰”而不是“坐忘”[①]。

“余”在斥责了近时道士赵坚撰作的一卷七篇的《坐忘论》之后，又阐述了《老子》所说的“及吾无身，吾有何患”的思想与“长生”思想是不是并不矛盾的问题，还谈到了人在临终之时的心识若为正观则神是否会超出真境而堕入恶道的问题，针对人们在这个问题上的疑问而加以解释。且更进一步阐述单纯的知解与切实的体认之间的差别，由此说明了他本人的坐忘观、长生观的宗旨是“神与形俱全”、“形神俱存”。

接着又阐述了坐忘与求道、得道的不同阶段及相关问题，其说法如下：“是以求道之阶，先资坐忘。坐忘者，为亡万境也。故先了诸妄，次定其心，定心之上，豁然无覆，定心之下，空然无基，触然不动，如此则与道冥，谓之太定矣。既太定矣，而惠自生，惠虽生，不伤于定，但能观乎诸妄，了达真妙，而此身亦未免为阴阳所陶铸而轮泯也。要藉金丹以羽化，然后升入无形，出化机之表，入无穷之门，与道合同，谓之得道，然后阴阳为我所制也。”

这一段论述是对之前的说法加以归纳，但在这里表示出来的见解，

① 如蒙文通已经指出的那样，《道藏》所收《道德真经疏义》的残本中有“赵志坚著”的记载，记载了作者的姓名，在卷五、卷六中出现了“无为坐忘”、“坐忘”的词语，但受到对《道德经》作注的限制，仍然看不到可以推测《坐忘论》七篇一卷内容的明显记载。

可以看出与文章开头部分所见到的“余”的见解并不是完全吻合的。据开头部分的说法，坐忘要贯穿从修道之初到最终得道的全过程，而文章的尾部所说的实现得道的必要条件如借助金丹而羽化等事则完全没有言及，因此这让人觉得到了文章尾部突然改变了说法，把坐忘当做求道的阶梯中首先应该借助的初步性的步骤，而为了摆脱阴阳陶铸以实现得道时所要借助金丹以羽化则成了不可欠缺的条件。这表明文章的前后是不够完整与协调的。

三、《道家金石略》所收《一四六白云先生坐忘论》和《道枢》所收《坐忘篇》下

上面说明了《道家金石略》所收《一四六白云先生坐忘论》和《道枢》所收《坐忘篇》下之间存在着亲子关系①，下面再来分析《道枢》所收“坐忘篇下”，笔者为便于论述而在原文中加上了标点和“()”及数字、“「」”等符号，这是原文本来没有的。

(1)「至游子曰，吾得坐忘之论三焉。莫善乎17.。正一先生(司马子微)曰，」(2)「吾近见道士赵坚造坐忘论七篇，其事广，其文繁，其间简，其词弁。读之者思其章句，记其次序，可谓坐驰，非吾所谓坐忘也。」(3)「吾闻之先师，曰，坐忘者，长生之基也，故招真以炼形，形清则合于气，含道以炼气，气清则合于神，体与道冥，斯谓之得道者能。」(4)、(5)「夫真者道之元也，故澄神以契真，庄子曰，」(6)、(7)「宇泰定发乎天光，宇者心也，天光者慧照也。先定其心，则慧照内发，照见万境，虚忘而融心于寂寥，是之谓坐忘焉。」(8)「老子曰，及吾无身，吾有何患。」(9)「无身者，非无此身也。体合大道，不徇乎荣贵，不求乎苟进，恬然无欲，忘此有待之身者也。」(10)「夫长生者，神与形俱全者也。是以乾坤者，易之蕴也。乾坤毁，则无以见易矣。形器者，性之府也。形器败，则性无所

① 在朱越利《〈坐忘论〉作者考》的“四、定论过早”部分，涉及《道枢》所收“坐忘篇”，认为：“上篇节选七阶《坐忘论》正文并选录《枢翼》，中篇节选《天隐子》，下篇节选形神《坐忘论》。”

存矣。」(11)「养神不养形,犹毁宅而露居者歟。」(12)「或曰,人之寿终,心识苟正,则神超于真境。」(13)「正一先生曰,」(14)「非至正之言也。夫高德之贤,」(15)「自谓彼我忘矣,是非泯矣,然见不善则颦,见善则笑,」(16)「犹为善恶所惑,况其终也昏耄及焉,吾未见不为众邪所诱者也。」(17)「故有有识化无识者,」(18)「秦女之化石是也。有人识化虫识者,黄氏之化(19)「由是观之,心识者,为阴阳所陶铸,安能自定哉。」(20)「所以贵乎形神俱全者,盖以此也。」(21)「今有知荣贵为虚妄,了生死为一贯,至其临终,则求医祈鬼,」(22)「何也。未知乎坐忘者也。」(23)「忘者忘万境也。先之以了诸妄,次之以定其心,定心之上,豁然无覆,定心之下,空然无基,触之不动,」(24)「慧虽生矣,」(25)「犹未免於阴阳之陶铸也,必藉夫金丹以羽化,入于无形,出乎化机之表,」(26)「然后阴阳为我所制矣。」(27)

两处文章之间的详细的差异太多,不能一一指出,以下只就较大的不同处加以说明:

(1)从「至游子曰」到「正一先生(司马子微)曰」,碑文中没有。(2)从「吾近见道士赵坚造坐忘论七篇」到「非吾所谓坐忘也」,碑文不在此处,而在此文的(7)(8)之间。(3)从「吾闻之先师曰」到「斯谓之得道者矣」,碑文放在整篇文章的开头处。(4)碑文此处还有「道固无极,仙岂有终」八字。(6)碑文此处还有「隳支体,黜聪明,离形去智,同于大通,即其义。又曰,智与恬交相养,知理出其恬性是也」34 字。(8)碑文此处又有「今世之人,务于俗学,竞于多闻,不能得其枢要」18 字、「苟成一家之著述,未可以契真玄,故使」15 字、「夫坐忘者何所不忘哉。或曰,坐忘者,长生之门也」19 字,此外还夹有「又近有道』士赵坚造坐忘论一卷七篇,事广而文繁,意简而词弁……人读之,但思其篇章句段……记其门户次叙而已,可谓坐驰,非坐忘也」一段。(9)碑文此处又有「若如无身,还同泯灭,不谓失长生之宗乎。余应之曰,所谓」22 字。(10)碑文此处又有「故圣人劝炼神合道,升入无形,与道冥一也。亦是离形去智,隳支体之义也,所贵」31 字。(11)碑文此处又有「性无所存,则于我何有,故所以贵乎形神俱全也,若独」21 字。(12)碑文此处有「则神安所附哉。则识随境变,托乎异族矣。故曰,游魂为变,是也」24 字。(13)碑文此处又有「不墮恶道者，此乃自宽之词耳」12 字。(14)碑文此处没有「正一先生曰」。(15)碑文此处又有「或谢风尘之表，或隐朝市之间」12 字。(16)碑文此处又有「夫神清气爽之时」7 字。(17)碑文此处又有「心识不可依怙，略举二义焉」11 字。(18)碑文此处有「有人识化为虫识者，何以明之，至如」14 字。(19)碑文此处有「即是人识化为虫识」8 字。(21)碑文此处有「夫与扬言正观而遗形者，岂非虚诞哉」15 字。(22)碑文此处有「甚于凡人，圣人云，死而不亡者寿，岂虚言哉。是以求道之阶，先资坐忘，坐」28 字。(24)碑文此处有「如此则与道冥，谓之太定矣。既太定矣，而惠自生」19 字。(25)碑文此处有「不伤于定，但能观乎诸妄，了达真妙，而此身」17 字。(26)碑文此处有「入无穷之门，与道合同，谓之得道」14 字。(27)碑文此处有「不复云云。上清三景弟子女道士柳凝然、赵景玄，唐长庆元年遇真士徐君云游于桐柏山，见传此文，以今大和三年己酉建申月纪于贞石」54 字。可知相互之间有着极大的差异①。

如上所述，《道枢》所收《坐忘篇》下与唐碑文《坐忘论》之间，在文章的结构上进行了大幅度的改变，碑文中用「」括起来的文字，在《坐忘篇》下里完全看不到，在其行文中能看出修改之迹及由此而造成的不同，但是，整体上看，这篇文章的文字表述与论述的前后次第没有根本性的变化。因此，可以认为由 810 字组成的《坐忘篇》下，是对唐碑文《坐忘论》的本文削除了 380 字后而形成的文章，在表述上也多少有所修改。既是如此，笔者在《集刊东洋学》第 100 号上发表的《〈道枢〉卷二所收〈坐忘篇〉上、中、下小考》中所说的“此文是据什么书籍而撰成，就管见所及，在目前情况下，还不得其详”，就可以加以订正了。如朱越利已经指出的那样，就不能不说“《坐忘篇》下的出处是唐代王屋山中岩贞一先生庙碣背面所刻的《坐忘论》”。

---

① 通常此处的断句为“莫善乎正一，先生曰……”，笔者对此重新断句，其理由在笔者此前发表的《〈道枢〉卷二所收〈坐忘篇〉上、中、下小考》的注 9 已经提到。此外，如果以“莫善乎正一”断句，三个坐忘之论具体何指就成了问题，三个若为两个，即为《坐忘篇》的上、中，上与七篇一卷本、中与天隐子的关系就成了问题。

根据比较对照上述两种文献而得知的事实能说明什么问题呢？如果可以说《坐忘篇》下是对碑文《坐忘论》的本文削减了近三分之一的文字后又对所余部分做了一定的修改而形成的，那么碑文虽然批评了赵坚的《坐忘论》一卷七篇“事广而文繁，意简而词弁，苟成一家之著述，未可以契真玄。故使人读之，但思其篇章句段，记其门户次叙而已，可谓坐驰，非坐忘也”，而《坐忘篇》下仍然觉得碑文所述是过于烦琐的，于是又对碑文加以简化，而不只是减少字数。不过，经过这一简化之后，对于碑文的原意是不是带来了某些变化呢？

与碑文的原意出现大幅变化的不同之处，在(22)之后的地方。在碑文里，这一部分是说求道的过程是有不同阶段的，首先是应该借助于坐忘，又说了坐忘之后依次还有哪些阶段以及坐忘的境界等问题。而在《坐忘篇》下里，碑文明言的“是以求道之阶，先资坐忘”被全部删除，还把“触然不动如此”之下的“则与道冥，谓之太定矣。既太定矣，而惠自生”17 字、“惠虽生”以下的“不伤于定，但能观乎诸妄，了达真妙，而此身”17 字、“出化机之表”以下的“入无穷之门，与道合同，谓之得道”13 字也都删除了。这样一来，碑文末尾部分的意旨虽然还能维持，可是碑文开头处所阐述的坐忘观就与末尾所说的坐忘观之间产生了明显的不协调，这就使《坐忘篇》下的坐忘观变得不太鲜明了。

第二个值得注意的不同之处，是在碑文开头处有一行“坐忘论敕赠贞一王屋山玉溪道士张弘明书”，而在尾部则有“上清三景弟子女道士柳凝然、赵景玄，唐长庆元年遇真士徐君云游桐柏山，见传此文，以今大和三年己酉建申月纪于贞石”一段文字，而在《坐忘篇》下中将此全部删除，就使《坐忘篇》的来历变得模糊起来，而且把在碑文中出现的“余”特定为“正一先生”，欲向人明示此文章是正一先生本人直接把从别人口中听到的说法记录下来的。

第三个应该注意之处，是碑文对赵坚的《坐忘论》七篇一卷的批评，认为其说“言及之事广而文章繁杂，意旨简单，而言词多辨，若作为一家之著述，还未达到契于真玄的程度，因此使人读起来只会让人注意到文章的篇章句段，让人只记得其门户和次序，这是所谓的‘坐驰’，而不是‘坐忘’(事广而文繁，意简而词弁，苟成一家之著述，未可以契真玄。故使人读之，但思其篇章句段，记其门户次叙而已，可谓坐驰，非坐忘也）”。可是在《坐忘篇》下中，从中删除了“苟成一家之著述，未可以契真玄”，这样一来，就像是说赵坚《坐忘论》的缺点只在于其言语烦琐，使得读者不去掌握《坐忘论》七篇一卷的核心思想，而只让读者拘泥于文章的章句次序，这样的话就只是坐驰而已。既有这样的表述，又在包含于《坐忘枢翼》中的《坐忘论》有着几乎同样的表述，即照录了碑文中看到的“定心之上，豁然无覆，定心之下，空然无基，触之不动”，这与《坐忘篇》上、中、下三篇的撰作与编成之间有着关联，对此要加以注意。与《坐忘篇》上、中、下三篇的撰作与编成有关的人物，决不是对赵坚的《坐忘论》七篇一卷要加以全面否定的，实际上，只是对它的叙述加以大幅度的修改，掌握住其所论说的核心，以使人体会到它们所应共有的观点。

结　语

司马承祯著了《坐忘论》，在距他去世后不久的开元二十四年（736年）左右建立的“大唐王屋山中岩台贞一先生庙碣”中完全看不到这样的记载，而且此后与他的事迹有关的几篇文章中也看不到这样的记载。“大唐王屋山中岩台贞一先生庙碣”中说司马承祯以此山坐忘（坐忘于兹山），这是说司马承祯天天修行的最终结果是“坐忘于兹山”，这说明他日常确实是与“坐忘”有关密切关系的，但这并不意味着司马承祯就撰著了《坐忘论》。如果他的身边那些关系密切的人所看到的《坐忘论》是他的代表著作的话，在他去世后的碑文中记述他在生前的功绩时，当然就会对此事重点记述。然而完全没有言及此事，这是因为司马承祯身边的人们之间完全不存在把他与《坐忘论》关联起来的想法。让人想到司马承祯著了《坐忘论》的记载，最初进入人们的视野，乃是在他去世后将近一百年的大和三年（829年），这是因为此时在“大唐王屋山中岩台贞一先生庙碣”的背面新刻上了王屋山玉溪道士张弘明书写的以《坐忘论》为题目的碑文。而在碑文尾部写有“上清三景弟子女道士柳凝然、赵景玄，唐长庆元年遇真士徐君云游于桐柏山，见传此文，以今大和三年己酉建申月纪于贞石”，那么有着这些内容的《坐忘论》，完全不是现行《坐忘论》的节录缩减的所谓简约版，而正是另一篇文章。不仅如此，此文中还提到近人赵坚撰作了一卷七篇的《坐忘论》，但对赵坚所撰，批评其文表述烦琐，且其内容违离了《坐忘论》的核心，而只能使读者坐驰，却不能实现坐忘。限于这篇碑文中所能看到的内容，就此而言，作为由来已久的定论，说现行《坐忘论》的作者就是司马承祯，则是完全不能成立的。以往举出的从唐末五代到北宋时期的诸书中所呈现的记载中，也看不到有关《坐忘论》的具体体裁与内容的说法。以这些事实为基础，就完全不能认定现行《坐忘论》是司马承祯的作品。因此，在这一时期中的种种记录中可看到的司马承祯的《坐忘论》，应该不是指所谓七篇一卷的《坐忘论》，而是指这个石刻的《坐忘论》。

由于这个石刻《坐忘论》是立于王屋山的石碑，故多数人是不会知道这篇文章的实际来历的，又由于标题都是《坐忘论》，因而就会让人们与此前已行于世的七篇一卷的《坐忘论》混为一谈。就像《云笈七签》所收的一卷本那样，对撰者的姓名或出于偶然或出于故意而不加载明，这种情况一旦出现，在人们著录《坐忘论》的时候，就会产生一种误解，把七篇一卷的《坐忘论》与题目相同的石刻《坐忘论》视为同一种《坐忘论》，这样一来，就会形成一种观念，即把七篇一卷的《坐忘论》视为司马承祯的著作，久之，这种观念就会作为人们的共同观念而固定下来。这样的过程，是可以想定的。当然，这一时期是在《云笈七签》编成之后。

而大致成书于北宋末和南宋初期的《道枢》，其编者曾慥看到的《坐忘篇》上、中、下三篇，究竟是什么时候由什么人作成而编集的呢？要想确切地断定还是困难的，但是如下几事是可以肯定的，第一，《坐忘篇》上可能是对碑文中所见的赵坚一卷七篇《坐忘论》即现行《坐忘论》进行批判并且做了大幅度的删减和节录的所谓简约版。第二，对于《坐忘篇》中所见的正一先生“天隐子”的批判，和碑文中所见到的对于赵坚《坐忘论》的批判则是一致的。第三，《坐忘篇》下是把石刻《坐忘论》的内容做了大幅度删减和节录之后的部分，第四，在《新唐书·艺文志》里也看不到关于《坐忘篇》上、中、下的记载。由这些情况综合来看，这个《坐忘篇》上、中、下三篇，可以推断为是在《新唐书·艺文志》成书之后的北宋后半期由某个对赵坚《坐忘论》和石刻《坐忘论》怀有浓厚兴趣的人根据石刻《坐忘论》的见解而加以改编的产物，且使石刻《坐忘论》的见解变得更加彻底。这样说来，这个时期大概是北宋的二程认为司马承祯《坐忘论》只能使人坐驰而加以批判之后的事。到北宋末南宋初的曾慥看到这个《坐忘论》之后，在他编纂《道枢》时，就在《坐忘篇》下的开头部分加上了"至游子曰，吾得坐忘之论三焉，莫善乎"的话语，而将此篇收录在《道枢》之内。这一点，笔者的前一篇文章已经指出过了。

（作者为日本东北大学文学部教授）

“炼法入道”小考

郭　武

道教的“炼法入道”之说，较少见当代学界提及。但事实上，它曾是唐宋时期道教内丹修炼的重要阶段，反映了当时道教试图超越各种“旧法”、确立“新道”地位的思潮，从中可以窥知道教修行观念的发展变化。以下，略对其说进行考察。

“炼法入道”一词，首见于唐末道士施肩吾[①]撰《西山群仙会真记》，后来南宋曾慥编《道枢》亦曾袭用其说。关于施肩吾，元赵道一编《历世真仙体道通鉴》记曰：

> 施君名肩吾，字希圣，号华阳，睦之分水人，世家严陵七里濑。少举进士，习《礼记》，有能诗声。趣尚烟霞，慕神仙轻举之学。唐宪宗元和十五年，登进士第。……初，希圣遇旌阳授以五种内丹诀及外丹神方，后再遇吕洞宾传授内炼金液还丹大道，于是终隐西山。……琼山白玉蟾跋《施华阳文集》云：李真多以太乙刀圭火符之诀传之钟离权，钟离权传之吕洞宾。吕即施之师也。[②]

由上可知，施肩吾曾师从许旌阳、吕洞宾等人，得传外丹神方与内丹之道，并留有《施华阳文集》等著述。而吕洞宾的内丹之学则来自钟离权，其说即被后世道教内丹尊为正宗源头的“钟吕金丹道”，其法经过金元全真道的弘扬而流传至今，在道教内部有着巨大的影响。现存《道

① 关于施肩吾的生活年代，学界多有不同说法，如朱越利先生著《道藏分类解题》曾言施肩吾其人还有五代北宋以及南宋诸说。详请参阅朱越利：《道藏分类解题》，华夏出版社，1996 年，第 311 页。

② 《历世真仙体道通鉴》卷四十五，《道藏》第 5 册，文物出版社、上海书店、天津古籍出版社，1988 年，第 359 页。

藏》中的内丹修炼典籍，有署“正阳真人钟离权云房述、纯阳真人吕岩洞宾集、华阳真人施肩吾希圣传”的《钟吕传道集》，从中可窥“钟吕金丹道”内丹之学的概要。至于《西山群仙会真记》，在《道藏》中署“清虚洞天华阳真人施肩吾希圣撰，三仙门弟子天下都闲客李竦全美编”，盖属发扬钟吕学说的《施华阳文集》之一部分①。清《钦定四库全书总目·道家类存目》著录《西山群仙会真记》五卷，并有叙录曰：

> 旧本题“华阳真人施肩吾撰”。肩吾字希圣，洪州人，唐元和十年进士，隐洪州之西山，好事者以为仙去。此书中引海蟾子语，海蟾子刘操辽时燕山人，在肩吾之后远矣，殆金元间道流所依托也。其书凡五卷，卷各五篇，曰识道、识法、识人、识时、识物，曰养生、养形、养气、养心、养寿，曰补内、补气、补精、补益、补损，曰真水火、真龙虎、真丹药、真铅汞、真阴阳，曰炼法入道、炼形化气、炼气成神、炼神合道、炼道入圣。其大旨本于《参同契》，附会《周易》，参以医经，戒人溺房帏、饵金石、收心敛气、存神固命，有合于清净之旨，犹道书之不甚荒唐者。②

《钦定四库全书总目》关于《西山群仙会真记》卷数、篇目的记载，与《道藏》本相同。所谓“殆金元间道流所依托”之疑，盖与此书曾经后人编纂有关③。考该书之主旨，实与《钟吕传道集》一脉相承，其篇目纲要、基本内容由施肩吾本人撰成当属无疑。由《钦定四库全书总目》的

---

① 施肩吾曾在《西山群仙会真记·序》中言：“欲论得道而超脱者，西山十余人矣！遂从前圣后圣，秘密参同。一集五卷，取五行正体之数，每卷五篇，应一炁纯阳之义。开明至道，演说玄机，因诵短篇，发明钟吕太上至言。”从中可知其著述旨在“发明钟吕太上至言”，且每五篇为一卷、每五卷为一集；而所谓“一集”，大概即属《施华阳文集》之一部分。

② 《钦定四库全书总目》卷一百四十七，《道家类存目》。

③ 朱越利著《道藏分类解题》亦因现存《西山群仙会真记》曾引五代刘海蟾语，而怀疑其“为五代北宋间施肩吾所撰，后人托名或混为唐施肩吾”，又“疑《西山记》或为李竦所加”（华夏出版社，1996年，第311页）。本文作者则认为，明正统《道藏》中署“施肩吾撰，李竦编”的《西山群仙会真记》盖属发扬钟吕学说的《施华阳文集》之一部分；《施华阳文集》今已不存，而后人李竦编成的《西山群仙会真记》则难免会有所增窜。这种情况，在道教典籍的编纂和流传过程中屡见不鲜。此外，现存明《道藏》中署“钟离权述、吕洞宾集、施肩吾传”的《钟吕传道集》也是如此，我们既不能将其完全视为钟吕的亲自撰述，但也不能认为其与钟吕没有关系。

叙录,可知《西山群仙会真记》有"书凡五卷,卷各五篇"这样一个编排特点,而"炼法入道"则属其第五卷之一篇,与"炼形化气"、"炼气成神"、"炼神合道"、"炼道入圣"四篇共同组成了此卷的内容。关于其编排特点,施肩吾曾在《西山群仙会真记·序》中解释说:"一集五卷,取五行正体之数,每卷五篇,应一炁纯阳之义。"①也就是说,"五"之数实有着特殊的含义和神秘的功用。由此,可知"炼法入道"乃是与"炼形化气"、"炼气成神"、"炼神合道"、"炼道入圣"同样重要的内容,属于一个完整的内丹修炼过程不可舍弃的阶段②。

考《西山群仙会真记》之《炼法入道》篇,可知其主旨在于说明采用正确的方法来修道求仙之重要性,以及如何从各种繁杂的修炼方法中发现具有普遍意义的成仙之"道"。众所周知,得道成仙是道教的最高信仰,但究竟如何才能真正得道成仙,却是一个众说纷纭的问题。早期道教用以追求成仙的法门,曾有炼丹、服食、导引、行气、胎息、存神等多种;之所以如此,盖因"道教"乃是由各地不同的道团凝聚而成,而不同地域的人士各有其认识,不同道团的实践也各有其特点。两晋南北朝时期,随着道教与王权的关系不断紧密,以及道经"三洞四辅"体系的确立,道教在组织上、思想上的统一性也逐渐加强。隋唐以后,由于"重玄学"的风行,内在的"心性"之重要性经过缜密思辨后而在道门中获得了普遍认同,向内修炼的"内丹"也开始成为各种道团用以求仙的重要法门,而传统的修仙方法则在一定程度上遭到了怀疑③。在这种历史背

① 《西山群仙会真记·施肩吾序》,《道藏》第4册,文物出版社、上海书店、天津古籍出版社,1988年,第422页。

② 有关道教内丹修炼之"炼形化气"、"炼气成神"、"炼神合道"三个阶段,当今学界曾多有论述,但"炼道入圣"之说则较少见相关论著提及。所谓"炼道入圣",其实是于完成"炼神合道"后继续在人间积累功行、待诏升天的阶段,大致相当于《钟吕传道集·论真仙》所言:"神仙厌居三岛而传道人间,道上有功而人间有行,功行满足,受天书以返洞天,是曰天仙。"南宋曾慥编《道枢·会真篇》亦曾提及这个阶段言:"功成神迁,已弃其壳,尚须积行于世,俟其行满功成,然后受紫诏天书而居洞天,此吾所谓炼道入圣者也。"详细请参阅笔者另文。

③ 详请参阅郭武:《隋唐道教"重玄学"之宗教意义略论》,见陈鼓应、冯达文主编《道家与道教——第二届国际学术研讨会论文集·道教卷》,广东人民出版社,2001年,第299～312页。

景下，施肩吾曾在《炼法入道》篇首引《西山记》言："以法入道，道故不难；以道求仙，仙亦甚易。"并且开宗明义地说："求仙不难，所以难者，所学之道不正；学道不难，所以难者，所学之法不真。"①也就是说，得道成仙之关键乃在于其所采用的方法或手段，而方法或手段则有所谓"法"与"道"之分。所谓"法"，实即古人常用的一些治病养生方法，如该篇言：

> 昔人以冬后阳生而春分之后，余寒悮入肠胃，以为伤寒之疾，既觉，急居净室，盘膝正坐，闭目冥心，定息住炁，以双手迭之，兜外肾向前，倒身跪礼，不过二三十度，汗出清凉，寒炁自散。……昔人以四肢小疾，五脏微痾，或而凝滞壅塞，静坐澄清，闭目绝念，运心炁于所病之处，暂闭息少时，无攻不胜。已上皆法也。而与道不同。②

不仅如此，古代道教中还有一些显露异能、眩人耳目的方术或技艺，这在《西山群仙会真记》看来是尚且不如"法"的"术"，如该篇言：

> 昔人隐形易貌，留炁返魂，咒白刃不伤，禁毒虫不害，钉钉自落，履火不焦，使水逆行，回风倒雨，结巾投地而兔走，盘带辍针而蛇行，瓜菜结实于须臾，龙鱼遨游乎顷刻。若此是其术也，而与法不同。③

至于"道"，则是与"法"和"术"皆不相同的成仙途径，其功用在于不死成仙，其实质在于"阴阳交合"，如该篇言：

> 夫道者，无所不包，无所不通，何止为技艺之能、治疾病之功而已。因术识法，因法知道。道本一阴一阳而已，阴阳相交相合，故天地有春夏秋冬之四季，日月有弦望晦朔之四候。惟人也，于一日之间，丑末寅初，阳合阴也；辰末巳初，阳交阳也；未末申初，阴合阳

① 《西山群仙会真记》卷五《炼法入道》，《道藏》第4册，文物出版社、上海书店、天津古籍出版社，1988年，第438页。

② 《西山群仙会真记》卷五《炼法入道》，《道藏》第4册，文物出版社、上海书店、天津古籍出版社，1988年，第438页。

③ 《西山群仙会真记》卷五《炼法入道》，《道藏》第4册，文物出版社、上海书店、天津古籍出版社，1988年，第438页。

也;戌末亥初,阴交阴也。悟阴阳交合,何道之远哉?①

也就是说,所谓“炼法入道”即是“因术识法,因法知道”,亦即从以往各种养生修炼方法中发现“阴阳相交相合”之道,进而真正走上不死成仙之途。在《西山群仙会真记》卷一中,施肩吾曾专设《识道》与《识法》两篇,对“道”与“法”进行了详细的辨析,如《识道》篇言:“欲识大道,三教中太上为先,一身之外,更何求也?”②明确地将成仙之“道”限定在“身内”。《识法》篇则言:“法本无法,理归自然,心因境乱,法本心生。立法之意,救补已失而防于未萌,故三千六百法,养命数十家。”并列举了所谓“三千六百法,养命数十家”的内容,亦即以往各种不能真正达致不死成仙之“法”,如导引、吐纳(服炁)、辟谷(休粮)、存想(采日精月华)等,其言:

> 华佗观五禽之戏而作导引,以为人之久逸而炁滞血凝,故屈体劳形,使荣卫通畅。后人因之,名为搬运,欲求超脱,误矣!昔陈义遗女于道,久饿而学龟之吐纳,得终年不死。后人因之,名为服炁,欲求丹药,误也!张绍审五味之乱人真液,一脏好而一脏恶,一炁盛而一炁弱,故罢五味而素且淡之。后人因以名为休粮,误也!刘洞知真阳真阴,有余则引其子,不足则杀其鬼,补且泻之也。后世因以采日精月华,取天地正炁,误也!③

除了上述诸法,《识法》篇还列举了其他各种“误人”之法,如房中采补、烧炼外丹、胎息闭炁、坐忘内观以及“开顶缩龟、住山识性、烧炼看读、布施供养”之类,并说:

> 是少识无知之徒,自生小法旁门,互相授受,迷惑后来,至使大道日远日疏。殊不知仰视俯察,默合天地阴阳升降之宜、日月魂魄往来之理。一炁初浮,识自己之阴阳,五行既分,交自己之水火。

① 《西山群仙会真记》卷五《炼法入道》,《道藏》第4册,文物出版社、上海书店、天津古籍出版社,1988年,第438页。

② 《西山群仙会真记》卷一《识道》,《道藏》第4册,文物出版社、上海书店、天津古籍出版社,1988年,第423页。

③ 《西山群仙会真记》卷一《识法》,《道藏》第4册,文物出版社、上海书店、天津古籍出版社,1988年,第423页。

火中有水，水中有火。火上负阴，恍恍惚惚，其物为真一之水；水上抱阳，杳杳冥冥，其精为正阳之炁。二炁交媾，结成内药，养就金丹，可为陆地神仙者也。[1]

需要说明的是，施肩吾的上述说法实来自钟吕[2]，其对各种“法”和“术”进行批评并非完全否定它们，而仅是以为它们不属于真正的不死成仙之“道”。如《钟吕传道集》认为“法有三成而仙有五等”，即“法”有小成、中成、大成三阶而“仙”分鬼仙、人仙、地仙、神仙、天仙五等，其中，“修真之士不悟大道，道中得一法，法中得一术，信心苦志终世不移，五行之气误交误会，形质且固，八邪之疫不能为害，多安少病，乃曰人仙”[3]。所谓“道中得一法，法中得一术”者，即“不能全于大道，止于大道中一法一术，功成安乐延年而已”，如“绝五味者岂知有六气，忘七情者岂知有十戒，行漱咽者哈吐纳之为错，著采补者笑清静以为愚，好即物以夺天地之气者不肯休粮，好存想而采日月之精者不肯导引”之类；虽然如此，这些“一法一术”也并非没有作用或与“道”无关，“然而皆是道也”[4]。由此，可知“法”、“术”与“道”的关系乃属阶次的不同，而并非截然分离。施肩吾在《识法》篇中列举各种“误人”之法，意在批评道门将种种仅能治病养生之“法”当作可以不死成仙之“道”，这在内丹修炼兴起不久的唐末，是有其积极意义的。因为只有破除“旧法”，才能为“新道”的建立扫清障碍。后来，随着内丹学逐渐在道门中产生影响并

① 《西山群仙会真记》卷一《识法》，《道藏》第4册，文物出版社、上海书店、天津古籍出版社，1988年，第423～424页。

② 《钟吕传道集·论大道》亦曾批评了很多“傍门小法”，所涉与《西山群仙会真记》大同小异，如言：“以傍门小法，易为见功，而俗流多得互相传授，至死不悟，遂成风俗而败坏大道。有斋戒者、有休粮者、有采气者、有漱咽者、有离妻者、有断味者、有禅定者、有不语者、有存想者、有采阴者、有服气者、有持净者、有息心者、有绝累者、有开顶者、有缩龟者、有绝迹者、有看读者、有烧炼者、有定息者、有导引者、有吐纳者、有采补者、有布施者、有供养者、有救济者、有入山者、有识性者、有不动者、有受持者，傍门小法不可备陈。”

③ 《钟吕传道集》卷一《论真仙》，《道藏》第4册，文物出版社、上海书店、天津古籍出版社，1988年，第657页。

④ 《钟吕传道集》卷一《论真仙》，《道藏》第4册，文物出版社、上海书店、天津古籍出版社，1988年，第657页。

取得正统地位,"炼法入道"才较少为内丹修炼强调。不过,至少在曾慥编纂《道枢》的南宋时期,"炼法入道"之说仍有着影响,如《道枢》曾专设《会真篇》,篇中有言:"知夫一日之间,丑之末、亥之初则为阳合阴焉,辰之末、巳之初则为阳交阳焉,未之末、申之初则为阴合阳焉,戌之末、亥之初则为阴交阴焉。知此者,道何远乎?此吾所谓炼法入道者也。"①其说明显袭自《西山群仙会真记》。

总之,"炼法入道"乃是唐宋时期道教内丹修炼的一个重要阶段,其重要性与"炼精化气"、"炼气化神"、"炼神还虚"(炼神合道)、"炼道入圣"等阶段是相同的,其主旨则是为了批评各种"旧法"而确立"新道"的权威。这种破旧立新的主张,在内丹修炼兴起不久的唐末,是有其积极意义的。从中,我们可以得知:道教的内丹修炼实际上并不如当代许多论著所言,仅有"炼精化气"、"炼气化神"、"炼神还虚"(炼神合道)几个阶段②;内丹学说曾有一个发展变化的历程,不同时期的道经或道派关于修炼"阶次"的说法不尽相同。

(作者为云南大学特聘教授)

① 《道枢》卷二十八《会真篇》,《道藏》第20册,文物出版社、上海书店、天津古籍出版社,1988年,第821页。

② 如卿希泰主编《中国道教》言内丹之法:"从炼形入手,以精、气、神为药,依次炼精化气,炼气化神,炼神合道,为基本的修炼路径。"胡孚琛主编《中华道教大辞典》则言:"关于修炼的阶次,各家体验有差,下手处也各异,就可以传授的清静丹法而论,可分为筑基、炼精化气、炼气化神、炼神还虚几个阶段。"见卿希泰主编:《中国道教》第三卷,知识出版社,1994年,第413页;胡孚琛主编:《中华道教大辞典》,中国社会科学出版社,1995年,第1127页。

商人伦理与宗教伦理

李大华

一、商业、扶乩与慈善的关系

商业、扶乩与慈善之间，就是一个三角关系。商人参加扶乩活动，出于本能的需要，预知未来，规避风险，绝境逃生，捕捉转瞬即逝的商机，在一个乱世里面经生，在无助当中祈求神助，这就是商人参与扶乩的直接原因。扶乩正是满足了商人的心理需求，才会在商业比较发达的三角洲地区流行起来，而扶乩的真正职能则是诱导人们向往宗教，它是一个通向宗教的方便门户。一旦叩问神圣成为经常行为，那么乩手就与叩问者之间形成一种结社团体。而这个团体想要取得合法身份，就要以慈善的面貌出现，且慈善也是商人回报神圣、回报社会的最好办法。而且，慈善也并非只有付出、没有回馈，慈善给予参与的商人诸多的方便，诸如使得他们能够与传统地位的绅士同起同坐，改变商人重利轻义的名声，甚至取得政府赐予或民间称道的社会地位，从而，慈善又反过来滋养了商业和宗教。

这么说并不意味着商人之外的人没有扶乩与宗教及其慈善的热情，依照宗教学的一般理解，人皆有宗教情感，人皆有宗教依赖，如同人皆有善性一样，这是古今无异的共性。按传统农业社会的结构，士、农、工、商，在这个方面没有不同，恰如除商人之外，士者想要求官会求神，农民祈求好年成、工者（手工艺者）祈求好手艺，也会求神。只不过，有两个方面的情形不同于传统，也显示不同身份的意义。第一，在清末、民初采取扶鸾（乩）结社的方式从事宗教活动，进而转变成慈善运动，这是过去历史不曾有过的。虽然“降授”活动古已有之，但它主要限于宗教教派内部，没有演变成具有社会意义的结社活动。所以，扶鸾结社的出现，可以且应当被看成是人神关系改变的形式，或者说人与宗教关系在新的时空条件下的更新①。这个观点有助于我们理解何以扶鸾结社发生在这个时段而没有发生在历史上的过去。第二，士者、工者、农民虽然也会问神，在扶乩（扶鸾）活动兴盛起来之后也会参与其中，但时机对于三者来说要稀疏得多，读书人一年一度赶考，手工艺人一年一次求神赐艺即可，农民看日落日出以计时，时间对于他们似乎并不蕴涵着机会，所以，三者即便参与问乩，也是问完走人，他们没有因此变成结社团体的成员。只有商人例外，他们有太多的事情需要及时问乩，时间与机会息息相关，频繁的叩问，使得他们最终变成了这些宗教结社的成员，并且，宗教结社与他们自己的生意从来就不相冲突，在价值取向与人生归依上完全吻合。这就是商人与扶鸾结社的本然联系。这也有助于我们理解何以扶鸾结社活动发生在商人中间而没有发生在农民中间这一现象。

香港道堂、善堂背后普遍有着商人背景，这已是一个不争的事实。诸如：圆玄学院创办的发起人和主持人赵聿修是新界知名的商绅，后来的主持人汤国华也是有实力的商人，现任主持人陈国超也有商人的背景；巨商陆吟舫（1878—1960）为至宝台、青松观的发起人，并从1952年至1959年连任八届青松观理事会理事，他还是圆玄学院的创始人和慈善机构东华三院的总理，青松观在侯宝垣道长羽化后，董事会成员几乎是清一色的商人背景。至于香港富有道教组织背景的慈善组织东华三院、保良局，更是“富商巨贾、社会贤达、中外名流”扎堆的地方。在接受采访的过程中，圆玄学院的李先生说了这样的话：

商人具有两重性，一方面是商人，另一方面还有宗教信仰，从

① Louis Dupre《人的宗教向度》(*The Other Dimension*)：“宗教并非一成不变的东西，它的伸缩性远比我所知道的要大。它不停地变换面貌并转移阵地。它不是以接受一个客观存在的圣界为唯一标准，更不是一种纯粹主观的意识状态。那么，宗教究竟是什么？我认为它是人类心灵与实在界之间的一种复杂的辩证关系。这种关系是辩证的，因为它兼具主动与被动双重性格，但是更主要的是因为它不停地否定既得的立场。在这种否定过程中，它为人类生命开拓了一个新的向度。”（台湾幼狮文化公司，1996年，导论部分）

而也就有社会身份，社会身份对他们很重要。①

也就是说，从商这种身份具有私人性，而从事宗教活动的身份才具有社会性，所以，“亦商亦教”可谓香港各类宫观、道坛的一大特色。如王赓武主编的《香港史新编》记述的：

> 今日的香港道教，以弘扬道教为专业，以悟道修真为宗旨的道士不多，宫观、道坛等组织亦是亦商亦教，与传统道教的形式及规模大异，但却保留并发扬了植根民间、博施济众的特色和精神。大小宫观道堂对参与社会事业，可谓不遗余力。②

商人与宗教活动的关系之密切，无须过多论证。问题是商人作为世俗的“人”与他们所崇拜的对象、超越的“神”之间，存不存在一种相通与相似关系，只有这种关系存在，才可能有“人神共舞”的情形。即便依照传统西方的基督教的理论，即绝对超越的神与不超越的人不可通约，人不可能揣测神，也不改变神依自己的形象造人的事实，这才有“上帝爱罪人”的说法，即上帝爱自己创造的、背负着“原罪”的人。这种神格与人格在“格”上的(personal)相通，是最大的相通之处。从而，人在荣耀、取悦神的过程中，也自荣与自悦，为自己成为神的义人而荣耀，为得到神的护佑而欢悦。而在主张“内在超越”③的中国，虽然并未改变神的超越性、人的俗世性的基本格局，却认为人与神具有内在的相通性，人们总是在内在的本来的心性上去发现神性，像佛教禅宗以及道教内丹学说所推崇的那样。对于华南及香港的全真道来说，这种相似与相通拥有更为具体而实在的内容。首先，商人所崇拜的神与他们自身是否具有气质上的吻合；其次，以这种神所代表的庙宇所宗奉的道德教化学说是否符合他们的期盼。这两个问题需要分开来论说。

在多神崇拜的华南地区以及香港，人们崇拜最为广泛的对象当属

---

① 根据采访笔记整理。

② 王赓武主编：《香港史新编》，香港三联书店，1997年，第787页。

③ “内在超越”这一概念在汉学界几成共识，之前，余英时、汤一介、杜维明等先生论证过这个问题（见《中国思想传统的现代诠释》，江苏人民出版社，1991年；杜维明：《现代精神与儒家传统》，生活·读书·新知三联书店，1997年）。笔者在《中国宗教的超越性问题》中也论述过这个问题（见《理性主义及其限制》，生活·读书·新知三联书店，2003年）。

吕祖。据香港道教联合的调查，吕祖为香港地区最为普遍的供奉对象：

一九九九年香港道教联合会访问团体会员，五十八间受访道堂中以吕祖为主神的占最多，共二十四间，由此可见，吕祖是香港道堂普遍供奉的神仙。……今天，主祀吕祖的港澳宫观，计有云泉仙馆、玉壶仙洞、青松观、信善坛、金兰观、万德至善社、玉清别馆、蓬莱阆苑等，其中包括龙门派、纯阳派诸派。兼祀吕祖的道堂坛庙更是多不胜数，如啬色园、蓬瀛仙馆、藏霞精舍、红十字会、筲箕湾天后庙、元朗厦村灵度寺等。①

吕祖为全真道的祖师，全真道侍奉自不待论，但"主祀"加上"兼祀"吕祖的占据香港庙宇、宫观的大半，足以表明吕祖在香港地区的特殊地位，已远远超出全真道的范围了。所以，以吕祖与商人的关系为分析对象，具有典范性。

商人行事宗奉的是经济伦理，那么这种经济伦理与道堂的道德伦理要求是否融洽，这是一个经济伦理与宗教伦理的关系问题。我们先来看看道堂的伦理规范。在1941年的《广东年鉴》里，说广州地区的道堂"互以修身行善为约则，采纳儒家修养精神，如提倡孝悌忠信礼义廉耻以为社员规约"，很显然，孝、悌、忠、信、礼、义、廉、耻八德皆为传统的儒家伦理，这是一种最普遍的要求做人的伦理与道德，自然也适用于商人②。但是，我们在《至宝真经》、《樵阳玉书》以及《为善最乐》等善书中所看到的现今香港全真教以及其他道派所尊崇的宗教伦理则是"九德"。《至宝真经》：

礼义信廉节惠，仁慈孝顺和忠，九美奉行不怠，加以内外善功，岂只能消浩劫，还堪仙爵高封，人若勤修正道，所求事事皆通。福祸由人自召，何苦自昧其衷。道教无为清净，儒言允执厥中，佛教真如本性，原为万法皆空，三教同归一善，细求三宝能逢。在世当

① 游子安主编：《道风百年》，香港利文出版社，2002年，第28、29页。

② 在民国的青帮红帮中，我们发现也是以"八德"作为约德的，如洪门有"内外八堂"的建制，"内八堂"为"龙、盟、香、佐、陪、刑、执、礼"，"外八堂"为"孝、悌、忠、信、礼、义、廉、耻"。洪门的"规律"乃至清帮的"法规"也是依照儒家的这些价值观念建立起来的(参见濮文起：《民间宗教与结社》，国际文化出版公司，1994年)。

修世法，五常八德为宗，学道先参外果，然后伏虎擒龙。

这部经乃是何启忠在1942年一次扶乩过程中吕祖乩示出来的，何启忠在“后跋”中解释道：“民国三十一年，壬午冬月，广州宝盛沙地，第三号，至宝台，承镇坛黄大仙乩谕，谓是日有群仙驾幸坛台，嘱各人肃仪恭候。届时乩手何启忠，凝神注想，如法默祷，握乩运转如环，旋得吕祖降题云……”。在这段经文中，提出了“九美奉行不怠”，又提出了“五常八德为宗”。“九美”就是礼义信廉节惠仁孝忠，那“五常八德”呢？“五常”自然是仁义礼智信，“八德”是否就是《广东年鉴》所提到的孝、悌、忠、信、礼、义、廉、耻？这是可能的，但不必然是，或许就是九德中除去“惠”之外的礼、义、信、廉、节、仁、孝、忠。再看万德至善社刊印的《樵阳玉书》：

> 常发慈悲，九美修治，摄伏皈依，是之为道。日月同辉，帝之所化。博施普济，佛仙圣人，其理一揆。……好应分明，持九美以立身；外功完满，修全真之妙径。三宝皈依，太上化生，为帝者师，为王者师。阐玄微之大法，开道运于初元，化度群生，显无为之秘奥。

在罗信广为之作的跋语中，说道：“丙申岁复谕降真经，信广与信棣、信溢、崇颜、崇冠、崇求、崇娴，诸道侣侍鸾，于十一月念一日开始，至丁酉年六月念三日完成，号曰《樵阳玉书》。全书以性命双修为经，以道、经、师三皈依为纬，阐述大道玄微，晓悟三业之修，龙章凤篆，至笈金科，诚修行之宝典，登天之航梯也。”意味这部书也是吕祖降受的，但是在七个月零二天的时间里面连续降受的，它号称“樵阳玉书”，其实也是吕祖降下来的经书。在这部书里，两次论及“九美德”，即“九美修治”、“持九美以立身”，只是没有列举出九美的具体名目，但在该书的扉页上印出的标志，则是忠、孝、仁、义、礼、廉、信、节、惠九德。再看广州芳村信善堂编撰《为善最乐》中记述的1935年扶乩的记录：

> 遂蒙降乩：“跟我学道得，但要依我治身之道，以忠、孝、廉、节、义、信、仁，兼惠、礼，不准违背，终身信守。”悉依奉教，欣慰莫名。至民国二十四年乙亥腊月初五日，得蒙吕祖恩师许为信徒，遂获初衷，实平生之庆幸也。

这段话虽然只是吕祖降乩开示人，但同样提出了“九美德”以修身，而且，这里所提的“九美德”与至宝台和万德至善社的“九美德”完全吻合。这无异于表明，在吕祖所降受的经书与乩语中，从 1935 年、1942 年，到 1957 年的三次不同时期，都提出了修身的“九德”而不是“八德”；“九德”当中都加进了“惠”之德。不论乩语与降受的经书是否可靠，但从宗教社会学的角度来说，这种现象至少反映了一个宗教社会实践、发展的倾向，甚至可称为宗教运动。

我们在来分析一下这三段话中所表达的内容及其内外关系。《至宝真经》中所列“八德”与《广州年鉴》所列“八德”都是传统儒家所讲求的“德”。“九美”与“八德”的关系，从经文看，“九美”要求从道者奉行不怠，并加以内外善功，方可修得善果正道。“五常八德”虽然属于“世间法”，但修道者仍然要以此为宗，换句话，修出世间法要以世间法为宗，世间法修好了未必就可以出世间，但离了世间法是不可以修成出世间法的。依照至宝真经的逻辑，包括“惠”在内的“九德”还都属于世间法，也可称为“外功”、“外果”。出世间法，则是要修内功、得内果，也即“伏虎擒龙”，也就是修炼内丹，内丹功才能超凡脱尘、超生越死。《樵阳玉书》所说“持九美以立身，外功完满，修全真之妙径，三宝皈依，太上化生”，其实与《至宝真经》相类，也是把“持九美以立身”看作“外功”，而内功则是要“修全真之妙径”，“三宝皈依”指精气神归一(炼精化气，炼气化神，炼神还虚)，“太上化生”则指阳神出壳，神超三界，永脱生死。至于《为善最乐》中的乩示，只是用来劝善的，作为一个道徒的基本道德要求，并非超越之道。

然而，“九美德”在全真道乃至其他教派中担当了何种角色呢？从全真教派的青松观和万德至善社来看，“九美德”既是德性，又是教规教戒，正面看就是美德，反面看去就是戒律，如非礼、非义、非仁、无诚信、不孝顺、不和惠、不廉洁、不节制等，就是信徒要力戒的了。这无异于说“九德”的流行象征着一个以德代戒时代的开启。从儒家的仁义礼智信，到仁义礼信孝节廉惠忠，这是一个加法，拥有“五常”之德，配得上“君子”的称呼，而拥有“八德”或可称“仁人”，而拥有“九德”，可做合格道士，信善堂的道徒所接受到的吕祖的“不准违背，终身信守”的训诫，也就是受诫者被恩准为道士的戒条。在香港全真教派的宗教实践中，至今这“九美德”都充当了道徒入门仪式所授的“戒律”，所谓“以德为戒”。“一”这个加法似乎表明了道徒应该具有的秉持、操守比常人要高一些；但是，比照《全真清规》，可就是减法了，如果按照王常月的“三坛大戒”，在形式上看，“九美德”还不及“初真十戒”，更不及“中极戒”和“天仙戒”，以及传统的意义的“七十二戒”、“百八十戒”了。远的不论，就以“长春真人清规榜”为对照，“九德”也是简略多了。然而，简略只是戒条的减少与文字的简略，并不意味着要求不高，差别在于“九德”只有九个字，为原则性的、概念性的、总括性的，真正要做到并非容易，一个“仁”字，一个“忠”字，都要一生去努力践行。不过，正因为“九德”是原则性的、概念性的、总括性的，它不是具体的要求，在这个意义上，它比较容易做到，因为人们只要向往它、崇尚它，就意味着在践行“九德”，一个人在没有明确做出有违“仁”和“忠”的事情，那么就还是应当被视为“仁”和“忠”的。而全真清规的戒条，则是操作性的、具体的、实行的，它们当中的某些戒条反而容易触犯，如“长春真人清规榜”规定：“处静者勿起尘情，所有尘劳，量力运用，不可过度；每一衣食，不可过用”，这应对于“九德”中的“节”，守持“节”之德者，偶有某天某次的衣食过度，不会被认为不守“节”，而在庙里的守戒的道徒即便偶有过度，也会被认为不守戒规。那么，“九德”的推出有何现实意义呢？它的意义在于：它不繁复，简练易记，虽然崇高却容易实行，人们不会因此而像清规那样被束住手脚，这在一个工商经济发达的时代更易推行。从效果来说，“九德”看起来崇高，实际上是宗教道德的下移。它从高高在上的庙堂中，下移到世俗的社会，使“心向往之”的人们能够实行得起来，因为他们只要心向往之就可以了。

可是，从“八德”到“九德”，却是在做着加法。这个“惠”字的德加进去富有某些现实意义。“惠”字本是古已有之的，但它具有多义性，它时而作为德性，时而作为行为。《诗经·邶风》：“终温且惠，淑慎其身。”《荀子·君道》：“宽惠而有礼。”《尔雅》：“惠，爱也。”这里表示温良、宽厚的德性。《诗经·邶风》：“惠而好我，携手同行。”《易经》“益”卦九五：“有孚惠心，勿问元吉。有孚惠我德。”①《荀子·君道》：“夫文王欲立贵

① 《象传》解“德”为“得”：“有孚惠心，勿问之矣。惠我德，大得志也。”

道，欲白贵名，以惠天下，而不可以独也。”《广雅·释言》：“惠，赐也。”这是表示施及他人好处与利益的行为。这种行为对于所施及的对象来说，就会被看作某种恩德，如《国语·晋四》所言：“未报楚惠而抗宋，我曲楚直。”

《孟子·滕文公》：“分人以财谓之惠。教人以善为之忠。为天下得人者谓之仁。是故以天下与人易，为天下得人难。”“分人以财”属于“以天下与人”的恩惠，“为天下得人”属于得人心的仁慈，相比起来，前者易，后者难，故此，“仁”比“惠”更称得上德性。这是褒义的“惠”。《管子·明法》：“夫舍公法而行私惠，则是利奸邪而长暴乱也。行私惠而赏无功，则是使民偷幸而望于上也。行私惠而赦有罪，则是使民轻上而易为非也。夫舍公法，用私意，明主不为也。故《明法》曰：不为惠于法之内。”[1]在这里，当惠与私利联系起来时，就属于贬义的了。当“惠”与“公”联系，或者只讲求施与别人而不求回报，就是褒义的，就像在《孟子》书里所说的那样。相对来说，主张“兼相利”、“交相爱”的墨子，则是把惠与忠联系起来，以“惠忠”为一种交往原则下的德性：“内有以食饥息劳，持养其万民，则君臣上下惠忠。”(《墨子·天志》中)在交往的原则下，即便“惠”字表达的是德性之义，但它注定要涉及人的行为，如此它不是一个天生禀赋的问题，而是一个社会行为，而一旦作为社会行为，就必定涉及行为的主体与行为的对象。“惠”字的特殊意义在于，仁义礼智忠孝等这些德性，虽然也都有一个行为的主体与对象，但它们更多地涉及自己对于他人，主体对于对象的责任与义务，更多地涉及如何奉献，而不考虑对等的回报。而“惠”作为德，尤其是处于墨子所设想的交往场域下的社会，它不只是拥有仁义礼智忠孝这些德性的责任、义务与奉献，它也会涉及回报，这就是墨子“兼相爱”、“交相利”思想的必然产物，“相”的特殊意义在于其相互性与对称性，即爱、利别人，也希望得到别人的爱与利。墨子不是商人，但他是中国商人经济伦理的鼻祖。不过，在等级社会

① 黎翔凤《管子校注》：“王念孙云：私意，当依朱本作私惠，义见上下文。《群书治要》亦作私惠。”(中华书局，2009年，第1212页)

里，"兼相爱"显得过于理想化，倒是"交相利"比较实际，可以行得通，尤其在商业交往当中行得通。与此相关，"惠"作为德性，由于它本来就具有施与、赐予、分人以财、给人好处的意义，就容易满足"交相利"的条件，所以，它注定要与利益、实惠乃至互惠等意义联系起来。

从直接讲互利到互惠，并把惠作为德性，这是一个依商业交往活动的频繁而随之产生的思想历史过程，但我们没有清楚的证据显示何时完成这个过程。能够肯定的是，清末民初，"惠"作为加进去的德性，是与商人有关的。因为"惠"德既有一般意义上的贤良之义，亦有给予他人以利益、实惠之义，在某些时候的"让利"也是"惠"德的体现——德行。《善与人同录》记述吕祖的一段话：

> 至若伦常事业，首从孝悌做起，内能尽乎父子兄弟之道，夫妇之和，推而及乎朋友之信，能尽五常之道，即是修道之根源。为仙之种子，无不有此发生矣。至如贸易场中，所以求利以养家也，而利有自然之利，公平以取，谁识其非。所虑诡计变诈，惨刻以谋，以伪乱真，将虚作实，损于人而人不知，昧乎心而理不直，则虽立刻致富，终为损福折寿，贼子祸孙之根，则当深戒也。①

经商就要求利的，如果避谈利益，也就成不了经济伦理。作为一种商人身份的宗教追求，利益是养家所需，是一种职业，在职场中，追求"自然之利"，这是天经地义的，只是当"公平以取"，不可以"诡计变诈，惨刻以谋，以伪乱真，将虚作实，损于人而人不知，昧乎心而理不直"。如若背离这些伦理，即便获利，只能是私利，将有"损福折寿"的惩罚。在这种人神对话中，透露出商业经济伦理。合理合法地取得自己的利益，为"惠"德的要求，虽则"惠"德仍旧只是世俗的要求，而宗教的追求自然在这个伦理之上，但先做好寻常的人，再去追求神仙，这是一个基本的理路。这种情形应当且只能被视为宗教伦理的一部分。在《省躬录》里面，有一篇《劝商文》，直言经商的合理性，主张以"信义"来"牟

① 《善与人同录》，旅港云泉仙馆藏版，1958年，第62、63页。

义”、“理财”，所谓“贪利而忘义者，利源反绌，轻利而重义者，利路恒通”①。

与此相关，传统意义的“诚”、“信”等儒家伦理，随着它们进入商业职场，也会发生某种变化。《中庸》讲：“诚者，天之道也；诚之者，人之道也。”《孟子·滕文公》：“父子有亲，君臣有义，夫妇有别，长幼有叙，朋友有信。”这里的“诚”、“义”、“信”都是在亲情、君臣、友朋及其熟人范围内的德性，皆不涉及市场交往关系，即便是“来而不往，非礼也”这句话，也无关市场交往关系，这是儒家一向看低商人的缘故。不过，教化的作用使它们成了最普及的德性，自然也渗透到商业活动中了，只是这些德性一旦到了商业职场，且依旧是商人基本的操守时，它们也就会发生适应性的变化，即从原先那个范围扩大到职场范围的所有人群，包括不相识的陌生人之间，而且，“诚信”、“信义”不只是父子、君臣、友朋及其熟人关系的彼此担当，也具有了彼此守信用、重承诺以及无诈无欺等内容。这就如同亲戚或官场里面的人，与商场的人，同样都在说要讲诚信、重信义，但彼此所理解的含义有差别一样，前者讲这些话不包含利益的意思，后者讲这些话中包含了利益的意思。然而，商人无论出身于何种背景，都会自幼受到儒家伦理教化，何况许多商人还都从儒生蜕变而来，他们将儒家的德性带进职场再自然不过，可是，当他们彼此自觉地将这些伦理规范作为商业伦理加以运用的时候，一则内涵作了变通，二则也是主动把某种类似“紧箍咒”之类的东西加于自己的头上。我们当然可以将此种情形理解为商业活动自身的需要，也只有这样才能够维持良好的商业秩序。只是单从“需要”不足以说明所有人的情况，诸如有人想：这世界人如此之多，每人行一次骗，一生都还忙不过来呢！像这样的人还真不少。所以，将伦理秩序加于自己头上，终究还表明商人在世

① 这是一篇称为黄龙道人在光绪二十四年十二月初一夕的降书，名《黄仙师劝商文》，其言：“今夫商也者，首以信义为重者也。信义之重，信可及于豚鱼，义可坚于金石。以之牟利，则天下之利薮以开；以之理财，则天下之财源以辟。而商务由是兴焉。……古人之货殖，逐十一，权子母，无非存心忠厚，处世公平，不必指天日以为盟，自不至有沸腾之物议。不必誓鬼神以为证，自不至有叵测之人心。尔无我诈，我无尔虞，其所以取信于人者，在于平日，而不在于临时也。”此外，还有玉仙师的《劝士文》，广祖帅的《劝农文》，云仙帅的《劝工文》等。

俗社会里向往善的理性追求。

二、神格与人格

“九美德”作为全真信徒的德性与戒条，是吕祖在乩语中降授的，甚至是关照到商人行为的特殊性的，那么吕祖与商人之间虽则是神与人的关系，但彼此之间必定有着某种气质的相通之处，就像在信奉基督教的黑人心目中、基督的皮肤也是黑的一样，商人心目中的吕祖一定是很护佑他们的主神①。所以，这里有必要考察一下吕祖的精神气质与商人的精神气质相关性。

相对来说，吕祖在所有神仙中最具复杂性，他具有多重的“格”，如是，就有一个历史学上的吕祖和宗教学以及宗教社会学上的吕祖。历史学上的吕祖，就是历史文献上所记载的吕祖，而宗教学以及宗教社会学上的吕祖就是作为宗教历史现象或社会现象的吕祖。通过前者，我们可以得到吕祖作为一种特殊现象出现的历史时空，他所经历的历史变化。通过后者，我们可以了解这种现象出现的宗教意义以及社会意义，或者说如何经过人们一代又一代的参与，使其获得了这些意义。所以，需要分开来看待这两种现象。

先从历史文献来看待吕祖。吕祖，名吕岩，字洞宾，号纯阳，元武宗时诏封为“纯阳演正警化浮佑帝君”。唐代沈既济(天宝—贞元时人，约750—797)的《枕中记》可算是最早记载与吕祖相关的小说，说道：开元年间有道士“吕翁”经邯郸道上于一舍中以“黄粱”一梦，使一心沉醉功名的“卢生”见悟，“夫宠辱之数，得丧之理，生死之情，尽知之矣”。由于这则小说的广泛传颂，以致人们后来把“吕翁”与“吕洞宾”联系起来，以为吕翁就是吕洞宾，北宋太宗时期编撰的《太平广记》也原封不动地转述了这则故事。不过，故事虽然美妙，史家乃至《仙鉴》、《吕祖全书》皆不认为吕翁就是吕洞宾。五代时人孙光宪著《北梦琐言·张濬相破贼》云：“唐黄巢犯阙，僖宗幸蜀，张相国濬白身未有名第，时在河中永乐庄

① 这也就像在美国有的教堂里的基督画像，其皮肤就是有色的。

居。里有一道人，或麻衣，或羽帔，不可亲狎。一日，张在村路前行，后有唤‘张三十四郎，驾前待尔破贼’。回顾，乃是此道人。相国曰：‘某一布衣耳，何阶缘而能破贼乎？’道人勉其入蜀，时遇相国圣善疾苦，未果南行。道人乃遗两粒丹曰：‘服此可十年无恙。’相国得药奉亲，所疾痊复。后历登台辅，道者亦不复见。破贼之说，何其验哉？”这则故事并无显明的证据表明这个道士就是吕洞宾，但因其发生地点在河中永乐庄，这与后来传说中的吕洞宾属于永乐庄相应和，故有人猜想这个“道人”就是吕洞宾，美国学者康豹(Katz)据此说道：“很可能写于宋代初年的一个故事似乎说到吕洞宾，虽说这故事没有说出吕洞宾的名字。”①吕洞宾的名字首次出现在文献当中，应该就是北宋初年陶谷(903—970)撰《清异录·含春王》：

> 唐末冯翊城外酒家门额书云：“飞空却回顾，谢此含春王。”于“王”字末大书“酒”也，字体散逸，非世俗书，人谓是吕洞宾题。

此外，北宋的乐史(930—1007)撰写的《太平寰宇记》中记述了吕洞宾的一些与丹药有关的事迹。这些事迹虽则只有传说的性质，但吕洞宾作为神仙的名字清楚地出现了，而且从脱口而出的称谓，也可看出，吕洞宾在北宋初年已经是一位家喻户晓的人物了。北宋神宗元丰五年(1082年)的《吕仙诗碣》中有吕先生诗云：“秋景萧条叶乱飞，庭松景里坐趋时。云迷鹤驾何方去，仙洞朝元先我期。肘传丹篆千年术，口诵《黄庭》两卷经。鹤观古檀槐景里，悄无人迹户长扃。”②比较完整地记述吕洞宾行状的有三则：黄鉴(北宋真宗时期)的《杨文公谈苑》、范致明(北宋哲宗时期)的《岳阳风土记》和岳州石碑的《吕祖本传》。《杨文公谈苑·类苑》卷四十二：

> 吕洞宾者，多游人间，颇有见之者。丁谓通判饶州日，洞宾往见之，语谓曰：“君状貌颇似李德裕，它日富贵皆如之。”谓咸平初，

---

① 康豹：《多面相的神仙——永乐宫的吕洞宾信仰》，齐鲁书社，2010年，第68页。因为《新唐书·张濬传》并没有这个故事的记载，作者不能确信这个“道人”就是吕洞宾，但还是“很可能”是吕洞宾。

② 见陈垣：《道家金石略》，文物出版社，1988年，第292、293页。其中碑文下有注文：“元丰五年八月一日登州防御推官，知县事朱□记。”

与予言其事，谓今已执政。

张洎家居，忽外有一隐士通谒，乃洞宾名姓，洎倒屣见之。洞宾自言吕渭之后。渭四子，温恭俭让，让终海州刺史，洞宾系海州房。让所任官，《唐书》不载。索纸笔，八分书七言四韵一章，留与洎，颇言将佐鼎席之意。其末句云：功成当在破瓜年。俗以破瓜字为二八，洎年六十四卒，乃其谶也。

洞宾诗什，人间多传写，有《自咏》云："朝辞百越暮三吴，袖有青蛇胆气粗。三入岳阳人不识，朗吟飞过洞庭湖。"又有"饮海龟见人不识，烧山符子鬼难看。一粒粟中藏世界，二升铛内煮山川"之句，大率词意多奇怪类此，人多诵之。

《岳阳风土记》：

先生名岩，字洞宾，河中府人。唐礼部尚书渭之孙。渭四子，温恭俭让。让终海州刺史。先生海州出也。会昌中，两举进士不第，即有栖隐之志。去游庐山，遇异人授剑术，得长生不死之诀。多游湘潭鄂岳间，或卖纸墨于市以混俗，人莫识也。庆历中，天章阁待制滕宗谅坐事谪守岳阳。一日，有刺谒云："回岩客。"子京云："此吕洞宾也，变异姓名尔。"召坐，置酒高谈，剧饮佯若不知者。密令画工传其状貌。既去，来日使人复召之客舍，主人曰："先生半夜去矣。"留书以遗子京，子京视之，默然。不知所言何事也。今岳阳楼传本，状貌清俊，与俗本特异。

"吕祖自传"的碑文刊行在吴曾（宋高宗时人，生卒不详，绍兴十一年献书）的《能改斋漫录》上：

《雅言系述》有《吕洞宾传》云："关右人，咸通初，举进士不第。值巢贼为梗，携家隐居终南，学《老子》法"。以此知洞宾乃唐末人。①

吕洞宾尝自传，岳州有石刻。云："吾乃京兆人，唐末，累举进士不第。因游华山，遇钟离，传授金丹大药之方；复遇苦竹真人，方能驱使鬼神；再遇钟离，尽获希夷之妙旨。吾得道年五十，第一度郭上灶，第

① 《雅言系述》，王举著，北宋时人，《宋书・艺文志》："王举《雅言系述》十卷。"

二度赵仙姑。郭姓顽钝，只与追钱延年之法。赵姓通灵，随吾左右。吾惟是风清月白，神仙聚会之时，常游两浙、汴京、谯郡。尝著白襴角带，右眼下有一痣，如人间使者箸头大。世言吾卖墨，飞剑取人头，吾闻哂之。实有三剑：一断烦恼，二断贪嗔，三断色欲，是吾之剑也。世有传吾之神，不若传吾之法；传吾之法，不若传吾之行。何以故？为人若反是，虽握手接武，终不成道。"嗟乎，观吕之所著，皆自身心始。而学者不能正心修身，徒欲为侥幸之事，可乎？

以上数段文字，虽然并非正史，但它们表述了一个准确的吕洞宾事迹的年月，即"吕洞宾现象"的出现年代，至少在北宋已经广为传诵了。究竟吕洞宾是何时人，史料仅能证明他至少活动在北宋初年之前①。将以上几段史料加以比照，在吕岩的出生与生活时间上，《杨文公谈苑》不说吕岩的时间，《岳阳风土记》言吕岩"会昌中，两举进士不第"，《雅言系述》言吕岩"咸通初，举进士不第"，《自传》应该不属于他人写传，而是"降授"的结果，言自己"唐末，累举进士不第"②。会昌与咸通相隔二十年，不应当在两个时段里举进士不第，而如果是唐末累举进士不第（以黄巢农民起义算的话），则又要晚十五年以上了。出生地点上，彼此所说地点差别不大，"河中"、"关右"、"京兆"，在唐代皆指关中以东地带。出身上，《杨文公谈苑》与《岳阳风土记》皆言吕岩乃吕渭之后。吕渭，唐德宗贞元时期人③。如以元年计算，与"会昌"五十五年，与"咸通"七十四年，与"乾符"八十八年，以二十多年为一代，这三个年代皆有可能，即与"吕渭之后"、"吕渭之孙"说不矛盾。随着吕岩在北宋以后民间的传

---

① 卿希泰主编《中国道教史》第二卷，在引述了多种历史史料与传说之后，对吕洞宾的生卒年月不予置论。（四川人民出版社，第750～754页）康豹（Katz）《多面向的神仙——永乐宫的吕洞宾信仰》，引述李裕民的研究表示，吕洞宾是"五代之季、北宋至初的一个隐士"（第67页）。又引述景安宁的研究，"吕洞宾很可能生于891年前后，约卒于1000年，活了110岁"（同上第68页）。朱越利认为，"吕洞宾实有其人，是五代至太宗末年（907—997）左右的人"（《道教考信集》，齐鲁书社，2014年，第456页）。

② "降授"的结果难以作为有效的历史证据，但"降授"出现的时间则是有效的，以及其所提供的时间、地点、事件可作为考察历史人物的线索。

③ 《新唐书·列传》："吕渭，字君载，河中人。……贞元中，累迁礼部侍郎。……四子：温、恭、俭、让。"

颂以及吕祖不断的应化故事的增加，有关他的身世又有更多的增添，使得人们在论及他的时候难以做出取舍，这就是我们在看到元代《纯阳帝君神化妙通记》、《仙鉴》、《金莲正宗记》，以及清代人在编辑《吕祖全书》时，在描述他的身世时，也只是以上述材料为基础，并将其他传说杂列出来而不加评议的原因。

事实上，我们能够依据上述史料确定吕岩作为一个由人修成神出现的至迟年代，却不能确定他的上限，因为这些史料只具有传说的性质，而"自传"的"降授"使得它又不能作为知识来运用，在这个意义来说，以这些材料来确定吕岩的上限年代注定是徒劳无益的。然而，如果我们用可以作为知识来运用的著作来考察其年代，或许会有收获，这就是《钟吕传道集》和《灵宝毕法》。

《钟吕传道集》传为正阳真人钟离权著，纯阳真人吕岩集，华阳真人施肩吾传，《灵宝毕法》为吕洞宾撰。这两本书虽属不同人撰，但前后连贯，所论具有一致性。前者为钟吕之间的问答形式，专述修仙过程中一个个问题，如论真仙、论龙虎、论铅汞、论抽添等等；后者则专讲修炼过程。从时间关系以及内丹学说的逻辑关系来说，这两部书应当在崔希范《入药镜》之后，而在施肩吾《西山群仙会真记》、张伯端《悟真篇》之前。理由当从以下几方面去看：第一，在施肩吾的《西山群仙会真记》中，多次引用"吕公曰"，又提到"海蟾"、"崔公"，还有吕公对崔公《入药镜》的引用，而绝口不提张伯端以及《悟真篇》①，这表明吕公、海蟾、崔公都在作者施肩吾之前，而施肩吾却在张伯端之前。当然，施肩吾的生平存疑，论者疑有两个施肩吾，一个是唐宪宗元和时期的，另一个是北宋甚或金元时期的②。元和十年的施肩吾与吕祖《自传》"唐末"之说不

① 《入药镜·真龙虎》："吕公曰：因看崔公《入药镜》，令人心地转分明。阳龙言向离中出，阴虎还于坎上生。二物会时为道本，五方行尽得丹名。修真上士如知此，定跨赤龙归玉京。"又曰："《入药镜》曰：肾中生炁，炁中暗藏真一之水"云云。

② 《文献通考》卷二二五题："似有二人"。《四库总目提要》："肩吾，字希圣，洪州人，唐元和十年进士。隐洪州之西山，好事者以为仙去。此书中引海蟾子语，海蟾子刘操，辽时燕山人，在肩吾之后远矣，殆金元间道流所依托也。"任继愈、钟兆鹏主编《道藏提要》："按是书与施肩吾编著之《钟吕传道集》内容大体一致。北宋末曾慥所辑《道枢》亦摘录是书，题曰《会真记》，故此编不晚于北宋。"（中国社会科学出版社，1991年，第177页）

合，那么金元时期也不实[1]，他最可能是生活在五代时期的或北宋初(907—1000)的那段时间。在《西山群仙会真记》中，引用了《通玄真经》(即《文子》)、《玉华灵书》、《太上隐书》、《三清贞录》、《九天秘箓》等书，这都是《正统道藏》所未收录的古书，而其论述的修丹内容与《钟吕传道集》、《灵宝毕法》、《崔公入药镜》相契合，可知此书早于《悟真篇》。第二，《钟吕传道集》和《灵宝毕法》所谈皆为内丹炼气结丹，都是功夫性质的，而且不言"性命"之说，与唐代张果、陶植、羊参微、彭晓以及崔希范的炼气还丹之说为同类主张，而与施肩吾、张伯端主张的性命双修相区别。性命双修是道教内丹学说成熟的标志，而这个过程是在张伯端那里得以完成的，这也说明《钟吕传道集》和《灵宝毕法》是早于《悟真篇》的[2]。第三，《悟真篇》所论内丹学说的神气、性命、药物、火候是最为全面的，且皆用隐喻形式，从内丹理论的形成过程来说，如果没有《崔公入药镜》、《钟吕传道集》、《灵宝毕法》和《西山群仙会真记》的前后积淀，是不可能突然冒出来这么纯熟的学说的。这也就是说，只要我们将以上几本重要的内丹学说著作放入一个历史过程，就不能不说《钟吕传道集》、《灵宝毕法》属于晚唐、五代时期的著作，从而吕岩的生存年代也不言而喻了。

作为宗教学和宗教社会学上的吕祖，他比历史学上的吕祖要复杂得多，从而他的社会担当多得多，每一代人都在加入对他的新的

---

① 笔者曾以施肩吾为元和时期人，这里更正。

② 在《隋唐时期的道教内丹学》一文中，笔者曾提出："道教内丹学就是一种从内修内炼的众方术中游离出来又涵摄众方术的修道理论，它的发展经历了归众方术为行气、修心，又经行气、修心两端分殊显扬的主要理论过程，尔后合而成体的。行气、修心为内丹学的两大理论支柱，为后来内丹修性修命的雏形。""关于行气的方式、过程，各家所述皆有异趣，张果以主张专精用心体察真气在体内的流转见长，陶植、羊参微以主张真阴真阳互涵、铅汞性情合亲、龙虎互逐见长，彭晓以注重炼气之'数'与'候'见长，吴筠以主张气运存形、形神一贯见长，崔希范的《入药镜》统领各类行气之纲，只是语焉不详，唯钟离权、吕岩一派涵盖各家所长，纲目俱备，提供了一个可窥见隋唐炼气全貌的理论系统，《钟吕传道集》分门别类地叙述了真仙、大道、天地、日月、四时、五行、水火、龙虎、丹药、铅汞、抽添、河车、还丹、炼形、朝元、内观、魔难、证验等行气炼丹十八事，《灵宝毕法》则翔实叙述了炼气还丹的全过程。"(《道教文化研究》第五辑，上海古籍出版社，1994年)

理解①,对他有着总是超于过去的期待,从而他也就不得不担当起人们的期待,拥有比过去更多的社会能力。但是,这并不足以说明他一定或者必须拥有这些社会能力,因为人们也可以对其他的神,诸如关圣帝君、广成祖师、文昌帝君等,有着类似的期待,而这些期待并不一定都能够得到满足。在一个多神的文化系统里面,虽然每一个神都神通广大,毕竟每一个神还是有其司责,而且我们也看到在那些扶乩的记载中,经常会看到一个神(如广成祖师)先出来对叩乩的信徒们打个招呼,说某某神将要驾临,各位当静候其旨云云。这就是说,神是有分工的。但是,吕祖在诸神当中无疑担待最多,这是由于他能够满足人们的需求最多。这种情形一方面要归结为地域、文化、教派乃至信众的行业关系,另一方面要归结到吕祖本身的情性,例如他具有无限量的包容性和普度天下人的宏愿,"惟其誓愿宏大,是以浮沉浊世,行化度人。虽愚夫愚妇,罔不闻名起敬"②。而在诸多神仙里面,吕祖的身份与性情最为丰富,这也是他广受欢迎的一个重要缘由。考察这些身份和性情,有助于理解他与信众的关系,尤其是他与商人的特殊关系。

形象方面,《新唐书》在描述吕渭四子的时候,用了"皆美才"的字眼。《吕祖自传》言"尝着白襕角带,右眼下有一痣,如人间使者箸头大"。即在最初的史料和"自传"中,吕祖并没有具体的描述,但在《吕祖本传》中,他被描述成:"生而金形木质,鹤顶龟背,虎体龙腮,翠眉凤眼,修颈露颧,额阔身圆,鼻梁耸直,面白黄色,左眉角一黑子,左眼下一黑子,箸头大。两足纹隐如龟折,……喜顶华阳巾,衣白黄襕衫,系皂绦,状类张子房。"

名称方面,最初的文献称"回岩客",为吕洞宾"变异姓名尔"。后来的则随方显迹,自称"回道人"、"回道士"、"回处士"、"宾法师"、"无上宫主"、"同客人"、"吕元圭"等,又受封"浮佑帝君"、"吕祖"等。

---

① 《枕中记》中"吕公"与"卢生"黄粱梦的故事,在经过改编后仍然进入到了《吕祖本纪》里,只是人物变成了钟离权与吕洞宾了,两人在长安酒肆相会,钟离权借梦点化吕洞宾,所谓"黄粱犹未熟,一梦到华胥"。

② 《吕祖全书·吕祖本传》,本书采用的是1965年香港德信印务公司影印的乾隆七年(1742年)刘体恕汇辑本。

身世方面，最初史料称“洞宾自言吕渭之后”，“两举进士不第”，或“累举进士不第”，后来演变成“生天宝十四年十四日”，或“生唐德宗贞元丙子”，还有称“于贞观并午年四月十四日生”；为“唐宗室姓李”，易姓“吕”；“咸通中，举进士第”，“以科举授江州德化县令”云云。

混俗方面，最初的史料有：“多游湘潭鄂岳间，或卖纸墨于市以混俗，人莫识也。”后来《吕祖全书·灵应事迹》则有“武昌卖墨”、“武昌鬻梳”、“长安市药”、“庐山淬剑”、“泰州货墨”、“仙乐侑席”、“谒张参政”、“造访妓馆”、“谒石舍人”以及“游天应观”、“游庐山寺”等。

风雅方面，文献言“吾惟是风清月白，神仙聚会之时，常游两浙、汴京、谯郡”，有诗“秋景萧条叶乱飞，庭松景里坐趋时。云迷鹤驾何方去，仙洞超元先我期。肘传丹篆千年术，口诵《黄庭》两卷经。鹤观古檀槐景里，悄无人迹户长扃”。“朝辞百越暮三吴，袖有青蛇胆气瓮。三入岳阳人不识，朗吟飞过洞庭湖。”又有“饮海龟见人不识，烧山符子鬼难看。一粒粟中藏世界，二升铛内煮山川”等，但在《全唐诗》、《吕祖全集》中则演为五七言律、五七言绝句、词赋、诗歌等，计五卷之多。《吕祖全书·吕祖本传》赞曰：“一剑横秋，清风两袖。道在函三，丹成转九。苍梧北海，白云帝乡。甘河一滴，源远流长。”

化俗方面，《吕祖自传》言：“世言吾卖墨，飞剑取人头，吾闻哂之。实有三剑：一断烦恼，二断贪嗔，三断色欲，是吾之剑也。世有传吾之神，不若传吾之法；传吾之法，不若传吾之行。”后来的传颂中，衍生出更多的显化的神迹，如“化水成酒”、“化墨成金”、“遗金化石”、“度化海蟾”、“死鱼复活”、“显化四彝”、“神光绘像”、“云中显像”等等，而遍布各地的降鸾降乩，更是显示了他的无处不在，《吕祖全书·吕祖本传》赞曰：“莫大神通，全在忠孝，利已利人，千秋大道。自古至今，因缘非渺，信笔描来。当前写照。”

明万历杨良弼在《吕祖全书文集后原序》中赞道：“夫仙真以道相授，自黄帝、广成子崆峒问答之后，已有仫言见于载籍，嗣后述作贻世者，代不乏人。至唐吕祖，则度人誓愿尤为深重。由唐贞元暨今，且八百年，而分身化现，殆无日不在世间接引种人，犹虑遇合不易，又撰为诗歌传布焉,甚盛心也。”①

综合以上,我们可以得出吕祖的性情与气质的一般特征:他出身名门,相貌俊逸,仕途不顺,皈依仙道;他教养良好,敦厚儒雅,却又洒脱自在。他不常所处,游走江湖,可点石成金,又可遗金化石;他讲求忠孝,又利己利人;他神通广大,善接引众人。这些特征没有商人不喜欢的。商人的经历多与此有关,他们当中的许多人属于儒商,即便不是儒生出身,也有此向往;商人常年奔走于外,追求利益,但不违忠孝,商场上的变幻不测,使得其心理上期望有一个善于应变的神伴其左右。一句话,吕祖的精神气质与商人相通。这是商人信奉吕祖的内在原因。

三、商人给道教带来的变化及其世俗化问题

不管商人出于何种原因加入了岭南道教,既然商人已经加入到了其中,就必定给道教,尤其是全真道教带来变化。这些变化可从以下方面看得出:

第一,改变了宗教结社的性质,进而改变了慈善组织的性质。由原先的纯粹宗教团体,一变成为宗教与慈善兼容的组织,再变成为“亦教亦商”的宗教团体。商人开始只是参与结社活动,后来逐渐成了主体,在宗教结社向慈善组织转变的过程中,他们就是主人。

在结社乃至慈善组织中成了主人的商人,又给结社和慈善组织带来了什么呢?这也是日本人夫马进的研究所关注的,他在引述美国人玛丽·兰坎(M. B. Rankin)以及罗威廉(W. T. Rowe)的研究成果时强调:他们二人的著作认为,中国在清代末年曾经出现过类似欧洲近世所曾有过的“公共领域”(public sphere)。善堂善会的意义在于,它既不属于国家的官僚机构也不属于私人,在此意义上,它成为“开创了公共领域”的先端。对此,夫马进评议说:

长达300年的对善会善堂问题的关注,其出发点大致来自于

① 《吕祖全书》卷五。

如下两个方面。一个是对"社会福利"问题的考虑,另一个则是对"市民社会"问题的关注。①

这样的关注是有充足理由的。在长达千年的历史中,中国社会中具有现代意义的因素没有出现在农民的生活中,也没有出现在宗教社会生活中,更难以想象在国家的官僚制度内能够产生出来,只是在市场交往领域里面,才出现了这些因素,诸如公平的观念、契约关系、民主商议等。至于说何以在一个清王朝没落、社会动荡不安的社会条件下滋生了"公共领域"以及"市民社会",可以说,这种情况的出现的确有着商业经济与工业经济滋生的社会背景,而一个王朝政治的没落以及社会的动荡,甚至是自然灾害的频发,恰好担当了它产生的催化器。即便扶鸾结社走向慈善化,只是搭了社会慈善、社会运动的"车",借了它的"壳",也不难看出它与慈善运动的同样的性质,以及它给宗教团体带来的改变。这种改变最显著地体现在管理组织的变化,即将中国商人式的民主带进了宗教慈善组织,从原先的师徒相传、子孙相传的管理,变成了民主化的理事会、监事会制度。

《广州年鉴》所说的"广州的善堂,采取董事制或委员会制管理",就是慈善会的一种普遍情形,而从至宝台慈善会的成立过程我们已可窥见当时道教慈善会的一个掠影。各个道堂的民主化、公司化有快有慢,却都走完了这个历程。这里看两则资料:

> 在香港陷日期间,因创堂的道长老去,为适应时势,集合社会贤达之士共襄道务及善业,于是将原来的推尊长老主持堂务的制度,改为理事会选举制,并以非牟利的慈善社团名义注册,开创道堂慈善社团及理事制的先河,此举成为日后香港不少道坛的管理模楷。②

> 建馆初期,蓬瀛主要为道侣潜修静养之所,清贫自守,……直到一九四九年,蓬瀛见因缘成熟,遂应时代之需进行改组,在香港华民政务司署登记为道教社团,将主持之职衔,改为馆长,……一

① 夫马进:《中国善会善堂史研究》,商务印书馆,2005年,第17、18页。

② 游子安主编:《道风百年·龙庆堂》,香港利文出版社,2002年,第156页。

九五〇年，蓬瀛修订章程，实行重大改革，采用理监事制。此时起，蓬瀛已由一所私人潜修之道堂蜕变进展为政府注册不牟利慈善及宗教团体。一九七二年更获准注册为有限公司，馆务进一步扩大。①

在机构设置上，所有的香港道教团体皆已成为民主管理体制；在人员结构上，各道堂的主体都是商人出身者；在经营方式上，各道堂都是非营利性的宗教慈善组织。香港的道教团体经历的这个过程虽然有早晚的区别，但都完成了这样一个蜕变。这中间自然受社会变化、政府管理方式的影响，但整体上，这个蜕变是符合商人加入扶鸾结社、组成慈善组织、实现民主自治以及商业化管理的自然历史过程的。

第二，也改变了商人自身，他们从世俗的人变成了道人。自从商人加入道教慈善组织，他们接受了度牒、获得了道号，他们就算是道人了。至宝台、青松观的发起人之一陆吟舫于1960年正月离世，当时香港《华侨日报》报道了“绅商团体千人执绋”的盛大场面，其中一则“哀荣录”写道：

> 美丽丝织厂经理陆吟舫道长
>
> 本港商界闻人陆吟舫，道号陆至真道长，(八)日晨忽感道体不适，即送东华医院，迄止该日午十二时半，遽归道山。……其生前对社会慈善事业，莫不悉力以赴。曾历任东华三院及保良局总理、元朗博爱医院总理、普益商会会长，现为美丽丝织厂经理、青松观理事长、圆玄学院及松荫园佛教社董事，亦为蓬瀛仙馆、报道堂、云泉仙馆道侣。凡百善举，均乐于躬亲领导，深得社会人士称道。今遽归道山，至为悼惜。自噩耗传出，赵聿修、梁子贞等即行组设陆公吟舫治丧委员会。

从某种意义来说，商人自加入宗教组织，他们就获得了双重身份，

① 游子安主编：《道风百年·蓬瀛仙馆》，香港利文出版社，2002年，第136、137页。另外，《蓬瀛仙馆80周年馆庆》记述：“理事和监事每届任期两年，由馆员推选，均为义务工作。理事会设正副馆长，负责统领馆务，由理事互选，并设各项职务，以第四届理事会为例，即设有总务、司库、核数、交际、文牍、福利、园林、宣道等职；监事会则肩负监察理事会运作的责任。”

从而也是把自己的一生托付给了宗教组织，故而，当他们离世的时候，他们的灵骨自然也都会回归到“道山”，得到稳妥的安置，道团会为他们设专门的灵堂，长期供奉，作为对他们在世对道教事业奉献的回报。陆吟舫只是众多商人加入宗教组织的一员，他的“待遇”具有代表性，像主持陆吟舫的丧葬仪式、长期主持圆玄学院道务的道人赵聿修，其出身也是巨商。而我们只要在看看香港道团组织的董事会组织机构，就可以看到，其基本成分为商人，以青松观为例，当侯宝垣道长还在世的时候，道团以他为核心建立了各届董事会，作为德高望重的职业道长，人们习惯称主席侯宝垣为“侯爷”，当他在1999年离世之后青松观成立了新的董事会，出任董事会董事的人可谓清一色的商人，而新任主席，人们不再称“道长”或“某爷”，而成“主席”，这种称谓上的微妙变化，表明了商人出身的道士完全替代职业道士，成为完全意义上的主人。商人加入了道团组织，他们自然还是做他们习惯做的世俗的活，但他们在工作之余就要做超世俗的事情，在生意场上，他们是生意人，而回到道庙，穿上道服，他们就是道士，所谓“亦商亦教”。在时间分配上前者为主，后者为次，但在某些时候这个顺序也会颠倒过来，当他们承担了道坛组织的主要职责时，他们要以此为主，像圆玄学院的赵聿修、汤国华，以及青松观的周和来都属于这类情形。

现在我们要来谈一下南方全真教的世俗化问题了。这个问题的实质是：南方全真教的运动方向是否符合宗教世俗化的运动？在谈论这个问题之前，我们需要回顾“世俗化运动”这一理论及其对这一理论的批判。

世俗化（secularization），为现代化理论中的一个决定性概念，它有正负两个方面的意义，如美国学者彼得·贝格尔（Peter L. Berger）所说：

> “世俗化”一词和从它派生的“世俗主义”一词，一直作为一个富有价值判断内涵的意识形态概念被使用，有时有正面的含义，有时有反面的含义。在反教权的和“进步”的圈子里，它逐渐代表了现代人从宗教保护之下的解脱，而在与传统教会有关联的圈子里，它作为“非基督教化”和“异端化”等等而受到攻击。……我们所谓世俗化意指这样一个过程，通过这个过程，社会和文化的一些部分摆脱了宗教制度和宗教象征的控制。当然，在我们谈及西方现代

史上的社会和制度时，世俗化就表现为基督教教会之撤出过去控制和影响的领域——它表现为教会与国家的分离，或者对教会领地的剥夺，或者教育之摆脱教会权威。①

也就是说，在传统的教会，尤其是天主教会看来，世俗化表达的是以人为中心的反教权运动，意味着人们对传统教会的脱离，这可以说是文艺复兴运动的另一种说法，故而，在教会看来，它是贬义的；而在人文主义看来，它是积极的、进步的。作为一个社会历史过程，路德宗、加尔文宗的宗教改革运动，可以说是自文艺复兴运动以来，宗教内部的世俗化运动的完成。所以，在韦伯的宗教社会学里面，世俗化理所当然地属于正面的、积极的、进步的。在韦伯看来，宗教世俗化意味着宗教组织放低了身段，向世俗社会、向社会生活的渗透，经商赚钱，乃至“从牛身上刮油，从人身上刮钱”，被认为是向上帝证明自己的能力，是合乎宗教教义的。在这个过程中，滋生、培育出一种特有的新教经济伦理以及特殊的精神气质，这个经济伦理看起来是如此的矛盾，既积极入世，又在入世中清修苦行。韦伯没有说这种经济伦理和精神气质造就了资本主义文明的话，但说了这样的话：“没有这个强大的同盟军，资本主义决不可以前进半步。”无论韦伯如何表达，这种经济伦理和精神气质对于资本主义与现代文明的作用是决定性的，是读完他的《新教伦理与资本主义》这本书必然会得出的结论。对于资本主义以及现代文明，新教伦理是否存在着如此大的影响，这是一个问题，由此引来诸多的批评，但是韦伯的这套理论以其非凡的想象力和理论的严密性，产生了巨大而持续的影响，至今人们也难以从他的理论的笼罩中走出来。众所周知，韦伯的理论脚踩在两个基石之上，一个是历史进步论，一个是理性主义。历史进步论意谓资本主义文明的出现是社会历史的进步，世界各国要踏进现代文明，资本主义文明乃是必经阶段，在韦伯看来，资本主义就意味着现代化。哲学上的理性主义，运用在宗教研究中的彻底性，表达为成熟的宗教，意味着对于巫术的脱离，基督教是彻底脱离了巫术的，

① (美)彼得·贝格尔(Peter L. Berger)，高师宁译：《神圣的帷幕》，上海人民出版社，1991年，第126、128页。

所以它是理性的成熟的宗教。在两个基石之上所形成的现代化学说，注定是一个一元论的理论。真正的问题在于：韦伯所依据的欧洲、北美宗教经验是具体性质的，而他所得出的现代化结论是普遍性质的，在方法上，这样得出的普遍性结论是否充分和有效？一般说来，一种社会理论总是从具体到抽象，从个别到一般，韦伯的理论似乎也是这个理路，只不过，他是从一个具体和个别到了抽象和一般。故而，韦伯的理论不在于他的推演有什么问题，而在于他的前提。人们质疑的也是他的两大前提，尤其是历史进步论（而在韦伯的时代，历史进步观念是不可逆转地获得普遍认同的）。从欧洲和北美的经验，韦伯能够有理由得出他的结论，那么这个结论放在欧洲、北美之外是否有效，就有待验证。关键在于他的“理想模型”是否够理想。“理想模型”的产生应该是归纳的结果，是在众多的经验事实中抽取其同质的因素，然后选择出一个具体的对象来分析，以它的具体来表现普遍，那么这个选择出来的具体对象所经历的过程，也就是普遍要经历的过程了。其实，韦伯做过验证，只是他验证的并非这个理论能否运用到亚洲、非洲等地，而是验证了亚洲、非洲没有从它们的宗教内部产生欧洲、北美那样的新经济伦理和精神气质，所以它们没有从传统中走出来，这如同以欧洲、北美为模型，作了类比推理。类比的效用在于“像不像”，越“像”就越“是”，即相似点越多就越可能是同类型，并不能检验模型是否典范。所以，当韦伯运用他的理论分析中国的宗教时，就遭遇到诸多的诘难。

韦伯也是把儒教作为宗教看的，儒教乃是一种“世俗宗教”①，它是“此岸性的”②，儒家有着自己的伦理，但仅仅是“人间的俗人伦理”③，它只是“顺应尘世”④。儒教也有一种“理性”，但只是“秩序的理性

① 韦伯：《儒教与道教》，商务印书馆，1994年，第194页：“国家规定的‘世俗宗教’不过是对祖先神灵力量的信仰和崇拜。”

② 韦伯：《儒教与道教》，商务印书馆，1994年，第196页：“儒教与信徒的关系，不管是巫术性质的，还是祭祀性质的，从其根本上讲，都是此岸性的。”

③ 韦伯：《儒教与道教》，商务印书馆，1994年，第203页：“与佛教截然不同的是：儒教仅仅是人间的俗人伦理。”

④ 韦伯：《儒教与道教》，商务印书馆，1994年，第207页。

主义”①。道教乃是一种“神秘主义”,是为了“把灵魂从感官中解放出来”②,它“没有神同被造物之间的紧张关系”③。道教与商人之间有着特殊的关系④,但“在道教里面找不到一点点‘市民伦理’”⑤,在道教里面“找不到通往理性的——不管是入世的还是出世的——生活方式论之路”⑥。儒教和道教的相同之处是,没有像基督教那样将此岸与彼岸对立起来⑦,没有脱离巫术,没有从宗教伦理内部产生出新的经济伦理,如果有某种“商业的可信赖性”的话,那也是从外部积累起来的⑧。一句话,中国有大量有利于资本主义产生的条件,但没有“造就”资本主义。

韦伯对中国的宗教说不上有多么深入的了解,但他的洞察力是毋庸置疑的,他根据有限的了解就能刺中中国文化的痛处。对于没有造就资本主义的结论,中国学者也无话好说,但对于中国宗教的那些论断,中国学者就不乐意接受,余英时先生的《中国近世宗教伦理与商人精神》一书,可谓这方面的代表之作。余先生首先对韦伯的“理想类型”提出了质疑:

> 他的具体研究对象是喀尔文教派,他所全神贯注的则是通过具体的历史经验而建立一种“理想型”(Ideal-type,笔者注)。所谓“理想型”虽不是韦伯最先发明的,但却是因为经过他的大规模的运用而卓著成效的。所谓“理想型”,最简单地说,即是通过想象力把历史上的事象及其相互关系连结为一整体。这样建立起来的

① 韦伯:《儒教与道教》,商务印书馆,1994年,第221页:“儒教的‘理性’是一种秩序的理性主义:陈季同(1877年清朝留学生)说:‘宁作太平犬,不作离乱民。’”

② 韦伯:《儒教与道教》,商务印书馆,1994年,第231页。

③ 韦伯:《儒教与道教》,商务印书馆,1994年,第237页。

④ 韦伯:《儒教与道教》,商务印书馆,1994年,第247页:“道教的特性不可能对商人的生活方式无足轻重。”

⑤ 韦伯:《儒教与道教》,商务印书馆,1994年,第247、248页。

⑥ 韦伯:《儒教与道教》,商务印书馆,1994年,第256页。

⑦ 韦伯:《儒教与道教》,商务印书馆,1994年,第280页:“需要注意的是:宗教贬低世俗价值的程度并不等于世俗实际上被拒绝的程度。”

⑧ 韦伯:《儒教与道教》,商务印书馆,1994年,第286页。

"理想型",其本身乃是一个乌托邦,在真实世界中是找不到的。但是,从另一方面看,"理想型"超越了经验而同时又包括了经验。它本身不是历史的本相,但为历史本相提供了一种清楚的表现方式;它本身也不是一种假设,但其目的则自在引导出假设的建立。……韦伯所研究的历史经验是特殊的,但是就宗教信仰和经济行为之间的关系而言,则他所提出的问题又是具有普遍性的。①

在余英时看来,韦伯所得出的中国不可能出现"资本主义精神"这一结论,"也许是正确的","但是他获得这一结论的理由则是站不住的"②。韦伯的结论之所以站不住,在于他在论述中国宗教问题时,缺乏历史经验的理据;韦伯的"理想型"宗教伦理精神,就是"入世苦行",然而,"我们必须说,中国的宗教伦理大体上恰好符合'入世苦行'的形态"③。余先生以其擅长的历史学方式,以具体的历史文献,表明中国宗教在唐朝的佛教禅宗和金元时期的道教全真教那里,便完成了"入世转向",厉行的就是入世苦行的精神,"儒家从来就是入世之教"④,故而不存在入世转向问题,但从韩愈之后的新儒家,并不缺乏类似"新教伦理"的运动,儒家并非没有彼岸世界,它的彼岸世界就是"天理世界",也不缺乏此岸与彼岸之间的紧张,只是它的内在超越性决定了其紧张也是内在的(韦伯恰恰不懂得这个),而不是外在的。至于中国商人,尤其是明清商人,"对于宗教和道德问题确有积极追寻的兴趣",他们曾经主动地去建构了自己的道德规范,以最理性的方式来达到致富的目的。总之,韦伯缺乏中国历史知识,其"关于儒家、道家的理解可以说基本是错误的和片面的"⑤。

余先生对韦伯的反诘是有道理的和立得住的,对中国宗教精神的分析也不可不谓深入,单就"入世苦行"来说,也并非只有基督教才有,禅宗主张的禅戒并用,全真教主张的尘劳和清规并举,都应当被看作另

---

① 余英时:《中国近世宗教伦理与商人精神》,台湾联经出版公司,1996年,第62、63页。
② 余英时:《中国近世宗教伦理与商人精神》,台湾联经出版公司,1996年,第67页。
③ 余英时:《中国近世宗教伦理与商人精神》,台湾联经出版公司,1996年,第69页。
④ 余英时:《中国近世宗教伦理与商人精神》,台湾联经出版公司,1996年,第43页。
⑤ 余英时:《中国近世宗教伦理与商人精神》,台湾联经出版公司,1996年,第168页。

类的“入世苦行”。但是,有两个方面是不同的:一是禅宗和全真教的入世苦行发生的节点不同于基督新教,二是禅宗和全真教的入世苦行并没有与商业经济发生直接的联系。禅宗和全真教的入世虽然也表现为世俗化,但不像基督教的世俗化发生在工业资本兴起时期,所以没有形成社会化资本经营的热情,自然并不会催生出资本主义,设想基督教的世俗化运动如果发生在中世纪,也同样不会有新教那样的社会历史影响。禅宗和全真教的入世意味着打柴担米、过俗世的生活,而基督新教的入世意味着挣钱和资本扩张;禅宗和全真教的苦行意味着并非经济的宗教伦理,而基督新教的苦行意味着建构新的经济伦理。至于余英时先生认为中国没有产生资本主义的原因,并非中国缺乏入世苦行的精神,或许是“由于中国没有政治和法律还没有经历过‘理性化的过程’(the process of rationalization)”,这似乎是有别于韦伯的另一种历史决定论的观点了①。

不过,这里已经涉及宗教的世俗化是不是一次完成的问题,只要我们不把世俗化看作是消极意义的或者韦伯《新教伦理与资本主义》中的专有词汇的话,而是一个广义的、积极意义的词汇,这个问题就是很有意义的了。我们知道基督教的路德宗教改革是一次世俗化运动,而它的精神力量来自“因信称义”,而这正是保罗将基督教从犹太人当中带出来、由此走向普世化过程中的主张,对此孔汉斯说道:

> 路德的称义论的基本论述即“唯有通过恩典”、“唯有通过信仰”、“人同时是义人和罪人”,确实得到《新约》的支持,尤其得到在称义学说上起了决定性作用的保罗的支持。②

彼得·贝尔也说道:

> 如果对新教与世俗化之间的历史关系的这种解释被接受(今天他

① 余先生的这个判断会引起另一个疑惑,究竟是生产决定了政治、法律制度,还是政治、法律制度决定生产方式?此外,“理性化”这一概念也容易引起歧解,一方面我们可以说政治、法律制度本身就是理性化的,在这个意义上,即便君主制度下,中国的政治、法律都是理性化的产物;另一方面如果“理性化”指的是韦伯所说的那个意思,那么无异于说中国没有经历西方类似现代化过程,这等于又回到了推论的起点上去了。

② 孔汉斯著,包利民译:《基督教大思想家》,社会科学文献出版社,2001年,第141页。

大概已被学术界大多数人所接受)，那么，关于新教世俗化的能力是一种新产生的东西呢，还是渊源于圣经传统更早的因素之中，这个问题就不可避免地要出现。我们可以论证说，后一个回答是正确的，事实上，世俗化的根子可以在古代以色列宗教最早的源泉中发现。换言之，我们可以断言，“世界摆脱巫魅”在《旧约》之中就开始了。①

孔汉斯把新教改革的动因追溯到保罗，而彼得·贝尔追溯到了《旧约》，并指出，《旧约》中就有“‘非神圣化’及‘非神话化’的倾向”，并认为圣经传统的宗教发展是一个“独立的变量”，而世俗化影响下的宗教，只是“从属的变量”，所以，“起源于圣经传统的宗教发展可以被认为是现代世俗化世界形成的原因”②。依照这个观点，不仅保罗，即便是基督的“道成肉身”，也被认为是对于传统的“背叛”③，就像路德的改革被梵蒂冈看作“背叛”一样，然而，基督教恰恰就有这个核心的特征，“也可以不自觉地为世俗化过程服务，那就是基督教会的社会形式”④。从广义的世俗化来说，从旧约圣经开始的“非神圣化”和“非神话化”，经过“道成肉身”，保罗的基督教普世化，一直到路德宗、加尔文宗的宗教改革，都可称得上“世俗化”，区别只在于路德宗之前的宗教改革对宗教自身的发展产生了重大影响，而路德宗的改革伴随着资本运动，不仅对基督教本身，且对人类社会的进程产生了重大影响。

由此来看中国宗教的情形。如果我们认同佛教禅宗的入世苦行就是一场世俗化运动的话，那么这场宗教内部的运动不仅彻底解决了禅宗中国化的问题⑤，也解决了禅宗世俗化的问题，不仅“獦獠”(所谓的

---

① 彼得·贝尔著，高师宁译：《神圣的帷幕》，上海人民出版社，1991年，第134、135页。

② 彼得·贝尔著，高师宁译：《神圣的帷幕》，上海人民出版社，1991年，第152、153页。

③ 彼得·贝尔著，高师宁译：《神圣的帷幕》，上海人民出版社，1991年，第145页：“在传统的穆斯林看来，基督教‘背叛’真正一神教的本质，乃表现在‘道成肉身’的教义中，这种教义认为任何东西或任何人都能够与上帝并立或作为上帝与人之间的中介，这个古典的看法也许有某种道理。”

④ 彼得·贝尔著，高师宁译：《神圣的帷幕》，上海人民出版社，1991年，第147页。

⑤ 有关这个问题，印顺认为，道安那个时候，就是佛教的人间化的开始，“道安对中国佛教所做的一切，在今天看来，就是我们现在所说的佛教人间化的过程”(《宗教的现代社会角色》，人民出版社，2014年，第4页)。

南方蛮人）可以学佛，且不识字的愚夫愚妇皆可以学佛，以至于郁郁黄花、青青斑竹皆有佛性，且“禅戒并行”也保持了禅宗自身的同一性，这样的世俗化应该说是比较彻底的。然而，禅宗到了现当代又经历一次世俗化（有曰“社会化”）运动，借此实现它的现代转向。全真道教在创立伊始就经历着两个向度的运动，一个是世俗化、社会化，一个是自身的庙宇化和禁欲化，通过世俗化、社会化，积极参与社会实践，甚至做常人不堪做的事情，把根子扎在民众的土壤中；通过庙宇化和禁欲化，以宣誓自身与世俗欲望断绝的信念。前者获得了民众的拥戴，后者不仅保持了传统的“道与俗反”的同一性，且超越了传统，所以，我们看到的是全真教在两个看似对立的方向都获得了成功。但是，无论禅宗，或者全真教，都不可能培育出资本主义精神，因为资本主义的生产方式还没有出现，它们的世俗化、社会化的内容都没有涵括基督新教的那种内容，所以说禅宗、全真教的世俗化、社会化发生的历史节点不在资本主义的门槛。而且，由于宗教自身的运动，历史上曾经发生的世俗化、社会化运动，也不可能持续几个世纪，“坚持”到最后能够迎来资本主义。就像禅宗当年不坐禅、不立文字，到后来也照旧坐禅、立文字一样，全真教初期的那种开放姿态（诸如王重阳在山东开办的各种“社”、“会”），到后来越来越封闭，陷入师徒相传的孤立循环。所以，世俗化不是一次就完成了的。

发生在十九世纪的华南扶鸾结社以及慈善与运动，乃是道教的一次世俗化运动，它发生的时间正好是在国家政权控制力降低、商业资本和工业资本极其活跃的时期，外加自然灾害的频繁，全真教也正好搭上了资本运动“这班车”，神从庙堂上走下来，资本则进入了坛堂，而开门办慈善、开门阐教（诸如拜天师，不拜人师，广纳信徒），已成不可逆转之势，传统的“演教”，在内涵上演变成了“普济劝善”。

（作者为深圳大学宗教文化研究所教授）

敦煌本《灵宝经目》与古灵宝经出世数量和时间考

——以陆修静《灵宝经目序》与《灵宝经目》的关系为例

王承文

陆修静(406—477)是最早整理"古灵宝经"的道教宗师,他于刘宋元嘉十四年(437 年)编撰的《灵宝经目序》和《灵宝经目》,是我们研究古灵宝经出世最重要的历史资料。其《灵宝经目序》保存在北宋张君房编纂的《云笈七签》中,而其《灵宝经目》则长期失传。1974 年,大渊忍尔通过对敦煌文书 P. 2861 号和 P. 2256 号宋文明《灵宝经义疏》的拼合和研究,恢复了长久佚失的《灵宝经目》①。然而,陆修静一生编纂过两个重要经目,除了《灵宝经目》之外,他还在泰始七年(471 年)奉宋明帝敕命编成了《三洞经书目录》。长期以来,对于敦煌本《灵宝经目》究竟是元嘉十四年的经目,还是属于《三洞经书目录》中洞玄部灵宝经的目录,国际学术界一直都有重大分歧和争议②。而敦煌本《灵宝经目》

---

① Ôfuchi Ninji. " On Ku Ling-pao Ching", *Acta Asiatica* 27 (1974). 译文见刘波译,王承文校:《论古灵宝经》,载陈鼓应主编《道家文化研究》第 13 辑"敦煌道教文献专辑",生活·读书·新知三联书店,1998 年。

② 关于国际道教学界对这一问题争议的由来及其相关影响,参见王承文:《敦煌古灵宝经与晋唐道教》,中华书局,2002 年,第 13～18 页。国内外学术界一般认为敦煌本《灵宝经目》就是公元 437 年的经目。而小林正美最早提出敦煌本《灵宝经目》作成于公元 471 年(见小林正美著,李庆译:《六朝道教史研究》,四川人民出版社,2000 年,第 129～175 页)。近年来,与此观点相同并且比较具有代表性的论著,见刘屹:《敦煌本〈灵宝经目〉研究》,《文史》2009 年第 2 辑;《古灵宝经出世论——以葛巢甫和陆修静为中心》,《敦煌吐鲁番研究》第 12 卷,上海古籍出版社,2011 年;《敦煌道经与中古道教》,甘肃教育出版社,2013 年,第 124～159 页;王皓月:《再论〈灵宝经〉之中"元始旧经"的含义》,《世界宗教研究》2014 年第 2 期,第 85～90 页。

的成立时间，首先直接关系到古灵宝经创作在时间上的下限，即古灵宝经的出世究竟是在东晋末年至刘宋初年，还是主要集中在刘宋中后期；其次则关系到陆修静本人或者“其身边的道士们”究竟是否直接参与了古灵宝经的创作。而对以上问题的不同回答，将使中古道教一系列重要问题的研究得出完全不同的结论。我们通过对敦煌本《灵宝经目》形成过程及其内在结构的考察，认为这部经目与古灵宝经最核心的教义思想具有高度的连贯性。现存《灵宝经目序》和敦煌本《灵宝经目》，则属于两种具有内在关联而且相互高度倚存的文本。因此，陆修静《灵宝经目序》所说的《灵宝经目》，其实就是指现存敦煌本《灵宝经目》。而敦煌本《灵宝经目》亦证明，在公元437年陆修静整理古灵宝经之前，所有古灵宝经均已出世。至于陆修静本人及其“身边的道士们”则均属于古灵宝经的尊奉者，并未参与过古灵宝经的创作。而在本文中，我们将围绕其中一些最具有关键意义的问题展开讨论。

一、《灵宝经目序》所称“元始旧经”究竟是“出者三分”还是“出者六分”？

（一）《灵宝经目序》与“元始旧经”之“出者三分”抑或“出者六分”辨析

陆修静《灵宝经目序》记述了古灵宝经“元始旧经”的出世数量，其文称：

> 但经始兴，未尽显行，十部《旧目》，出者三分。虽玄蕴未倾，然法轮已遍于八方，自非时交运会，孰能若斯之盛哉！

所谓“十部《旧目》”，如前所述，是专门指陆修静《灵宝经目》中“《元始旧目紫微金格目》”所著录的“元始旧经”，即“十部妙经三十六卷”。而陆修静所称“但经始兴，未尽显行，十部《旧目》，出者三分”，是说“元始旧经”并没有全部出世。而其中一个最为值得关注的问题是，这里究竟是“十部《旧目》，出者三分”，还是“十部《旧目》，出者六分”呢？近三十多年来，这一问题一直是严重困扰国际学术界的难题，亦是导致各种争议纷纭最主要的根源。因为，如果是在“十部妙经三十六卷”中“出者三分”的话，那么，当时就只有大约 11 卷“元始旧经”出世。然而，现存敦煌本《灵宝经目》却称：

……右《元始旧经紫微金格目》三十六卷，二十一卷已出。今分成二十三卷，十五卷未出。

其称“元始旧经”中“二十一卷已出”，显然与《灵宝经目序》中“十部旧目，出者三分”，即 11 卷不相符合。也正因为如此，小林正美、刘屹等研究者判定敦煌本《灵宝经目》是泰始七年(471 年)陆修静所编《三洞经书目录》中洞玄灵宝经的经目。如果小林正美等学者的说法能够成立的话，那么，在公元 437 年陆修静写定《灵宝经目序》之时，必然还有大量“元始旧经”尚未出世。也就是说，作为“元始旧经”系列主体为数众多的古灵宝经，其实都是在公元 437 年到 471 年之间才被创作出来的①。

1997 年，大渊忍尔和柏夷(Stephen R. Bokenkamp)在其各自的著作中，都不约而同地提出敦煌本《灵宝经目》就是元嘉十四年的经目，并且都认为《灵宝经目序》中的“出者三分”，是《云笈七签》在流传过程中因为抄写等原因所导致的错误，其原文本应是“出者六分”②。如果是“出者六分”的话，那么，“元始旧经”之“十部妙经三十六卷”中“已出”的数额，则应为 21.6 卷。这与现存敦煌本《灵宝经目》中“元始旧经”的数量 21 卷基本符合。为了更能说明问题，我们对此稍作引申。因为如果是“出者五分”，则应为 18 卷；如果是“出者七分”，则应为 25 卷。所以“出者六分”是一个比较恰当的数目。也就是说，在刘宋元嘉十四年(437 年)之后，不再有新的古灵宝经典问世。

从小林正美等学者所列举的相关证据来看，陆修静《灵宝经目序》

① 小林正美：《六朝道教史研究》；刘屹：《敦煌道经与中古道教》，甘肃教育出版社，2013 年，第 141～142 页；王皓月：《再论〈灵宝经〉之中“元始旧经”的含义》，《世界宗教研究》2014 年第 2 期，第 85～90 页。

② 大渊忍尔：《道教とその经典》，创文社，1997 年，第 88 页；Stephen R. Bokenkamp, “The Wondrous Scriptures of the Upper Chapters on Limitless Salvation”, in Bokenkamp, *Early Daoist Scriptures*, Berkeley: University of California Press, 1997, pp: 396-97. Bokenkamp, “Stages of Transcendence: The Bhūni Concept in Taoist Scriptures”, in Robert E. Buswell, Jr. ed, *Chinese Buddhist Apocrypha*, Honolulu: University of Hawaii Press, 1990, p. 140.

中的“十部《旧目》,出者三分”,应是其整个立论最主要也是最核心的证据①。而大渊忍尔和柏夷的结论,则主要建立在他们对古灵宝经的整体把握上,并不局限于某一孤立性的证据,因而也具有较大的合理性。然而,这两位学者所称“出者六分”的说服力则还需要进一步加强。因此,我们试对此作进一步讨论。

我们认为中国古代文献典籍包括道教经书在流传过程中,“二”、“三”、“六”、“七”等这些数字发生误写的现象确实比较常见②。我们试图通过一些相关例证来进一步说明。敦煌文书 P. 2452 号《灵宝威仪经诀上》,即古灵宝经“新经”《太上太极太虚上真人演太上灵宝威仪洞玄真一自然经诀》的残卷,该经记载从太极真人徐来勒以来灵宝经的传授过程,其文称:

……抱朴子君建元六年三月三日,于罗浮山付〔葛〕世,世传好之子弟。

以上敦煌文书的字体属于行书。其“建元六年”应是“建元二年”的

① 小林正美所列举的其他主要证据包括:第一,鸠摩罗什所译大乘佛教经典在江南的影响,开始于公元 420 年左右。因此,古灵宝经中的大乘佛教影响,必定在此之后。而柏夷所发表的多篇论文,证明了古灵宝经中的大乘佛教思想,主要源于孙吴时期支谦所译佛经的影响(见王承文《敦煌古灵宝经与晋唐道教》,第 16～18 页);第二,小林正美从《道教义枢》卷二《三洞义第五》所引古灵宝经“新经”《真一自然经》中,出现了刘宋后期南岳道士徐灵期的名字。而陆修静与徐灵期是同时代的道士。因此,他认为古灵宝经的创作应延续到了刘宋中后期。不过,敦煌文书“新经”《太上太极太虚上真人演太上灵宝威仪洞玄真一自然经诀上卷》即《真一自然经》有关古灵宝经的传授,却只有东晋建元二年(344 年)葛洪在罗浮山传经的记载,没有其后包括刘宋后期徐灵期等人的记载。

② 例如,“二”与“七”字就容易相混淆。唐代闾丘方远《太上洞玄灵宝大纲钞》称葛玄卒年曰:“仙公以吴赤乌二年八月十五日,于天台山白日升天。”(《道藏》第 6 册,文物出版社、上海书店、天津古籍出版社,1988 年,第 376 页)然而,陶弘景撰《吴太极左仙公葛公之碑》却称“仙公赤乌七年太岁甲子八月十五日平旦升仙,长往不返”(陈垣:《道家金石略》,文物出版社,1988 年,第 22 页);元代谭嗣先《太极葛仙公传》记载其于“赤乌七年八月十五日”升仙。又称“于甲子岁八月十五日午时上升,径赴阙庭”,“仙公上升时年八十一”(《道藏》第 6 册,文物出版社、上海书店、天津古籍出版社,1988 年,第 847 页);元代赵道一《历代真仙体道通鉴》卷二三《葛玄传》称“于甲子岁八月十五日午时飞升,径赴阙庭”(《道藏》第 5 册,文物出版社、上海书店、天津古籍出版社,1988 年,第 229 页)。而“甲子岁”即为吴大帝赤乌七年(244 年)。因此,《太上洞玄灵宝大纲钞》中的“吴赤乌二年”必定是“吴赤乌七年”的错误。

错误。因为东晋康帝司马岳在位并以“建元”纪年总共就是两年(343—344),因此,以上敦煌文书中的“建元六年”,必定是抄写者错误抄写所致①。而与此类似的讹误实际上也同样出现在收录有陆修静《灵宝经目序》的《云笈七签》中。我们试举有关灵宝经传承的资料来说明。

唐孟安排《道教义枢》卷二《三洞义第五》所引《太玄都四极盟科》称:

……(葛)洪号抱朴子,以晋建元二年三月三日,于罗浮山付弟子海安君望、世等。至从孙巢甫以晋隆安之末,传道士任延庆、徐灵期之徒,相传于世,于今不绝。②

《云笈七签》卷六《三洞经教部·三洞并序》引《四极盟科》称:

……(葛)洪又于晋建元二年三月三日,于罗浮山付弟子安海君望世等。后从孙巢甫,晋隆安元年,传道士任延庆、徐灵期,遂行于世。③

而《云笈七签》卷六《三洞经教部·三洞品格》所引《太玄都四极盟科》却又为:

……抱朴〔子〕以建元六年三月三日,于罗浮山〔付弟子安海君望、世等。至从孙巢甫,以晋〕隆安之末,传道士任延庆、徐灵期之徒,相传于世,于今不绝。④

如前所述,东晋康帝“建元”年号,前后总共只有两年。因而“建元六年”亦必然是“建元二年”书写的讹误。至于前引《云笈七签》引《四极盟科》所称“隆安元年”,亦仅属于一个非常孤立的个案,与其他所有记

---

① 王承文:《葛洪晚年南隐罗浮山事迹释证——以东晋袁宏〈罗浮记〉为中心》,收入浙江大学中国思想文化研究所编《首届葛洪与中国文化国际学术讨论会论文集》(2003年11月),第253页。刊载于陈鼓应主编:《道家文化研究》第21辑,生活·读书·新知三联书店,2006年,第158～184页。另外,施舟人(Kristofer Schipper)在《道藏通考》中也指出了这一点,见 Kristofer Schipper and Franciscus Verellen ed, *The Taoist Canon: A Historical Companion to the Daozang*, The University of Chicago Press, 2004. p. 236.

② (唐)孟安排:《道教义枢》卷二《三洞义第五》引,《道藏》第24册,文物出版社、上海书店、天津古籍出版社,1988年,第813页。对这一资料的来源,我们将另有专门讨论。

③ (宋)张君房编,李永晟点校:《云笈七签》卷六《三洞经教部·三洞并序》,中华书局,2003年,第90页。

④ (宋)张君房编:《云笈七签》卷六《三洞品格》,《道藏》第22册,文物出版社、上海书店、天津古籍出版社,1988年,第34页。按:《正统道藏》本此段残阙较多,据(宋)张君房编、李永晟点校《云笈七签》校补。

载都不合，因而也完全可能是“隆安末年”的讹误。因为“元”与“末”字的书写亦确实很容易造成混淆。

近年来，刘屹博士判定敦煌本《灵宝经目》属于泰始七年（471 年）经目最主要的原因，是他认为“《云笈七签》本《灵宝经目序》是经过北宋官方组织编纂的传世文献，其文字的整齐规范程度要大大超过敦煌写本”；并进而认为“除非能找到别本证据来参校，否则无法让人相信‘出者六分’或‘未出者三分’才是正本”①。应该说，刘屹博士对这一问题极其严谨的治学态度，确实值得肯定和赞赏。然而，现存《云笈七签》在其第六卷中对《太玄都四极盟科》一书的前后两次征引，竟然存在“建元二年”和“建元六年”两种完全不同的写法。而且“建元六年”又必然属于该书在流传过程中的讹误。因此，不能因为《云笈七签》在宋代以来道门内部流传广泛亦很权威，就排除形成这种讹误的可能性。但是，以上这种明显的讹误却又可以肯定并不是北宋官方编纂《云笈七签》时所出现的，而是该书在其后来流传过程中因为抄写所出现的错误。这种错误出现的时间，应该在明代《正统道藏》编纂之前。因此，结合其他证据来看，我们认为《云笈七签》所收陆修静《灵宝经目序》原文中的“出者六分”，在后来流传过程中被误为“出者三分”，应该说是完全有可能的。

（二）从《太上洞玄灵宝授度仪表》看“元始旧经”之“出者六分”的必然性

陆修静的《太上洞玄灵宝授度仪表》明确说明此前经过整理后的古灵宝经数目是“三十五卷”，从而也证明了敦煌本《灵宝经目》就是公元 437 年编成的经目。由于有关古灵宝经出世的记载本身极其匮乏，因而这一条材料也是最能说明古灵宝经出世的极少数关键证据之一。《太上洞玄灵宝授度仪表》称：

> 臣修静依栖至道，翘竚灵文……自从叨窃以来一十七年，竭诚尽思，遵奉修研，翫习神文，耽味玄趣，心存目想，期以必通，秉操励情，夙夜匪懈。考览所受，粗得周遍，自觉神开意解，渐悟理归，宛

① 刘屹：《敦煌本〈灵宝经目〉研究》，《文史》2009 年第 2 辑，第 66 页。

义妙致，本自仰绝，其粗迹近旨，谓可仿佛。伏寻灵宝大法，下世度人，玄科《旧目》三十六卷……但正教始兴，天书宝重，大有之蕴，不尽显行。然即今见出元始旧经，并仙公所禀，臣据信者，合三十五卷，根末表里，足相辅成；大乘之体，备用不少。①

陆修静所称"自从叨窃以来一十七年"，大渊忍尔考证是指陆修静入道之后17年，为元嘉二十一年（444年），也就是其编纂《灵宝经目》并撰写《灵宝经目序》之后的第七年②。以上"伏寻灵宝大法，下世度

① 陆修静：《太上洞玄灵宝授度仪》，《道藏》第9册，文物出版社、上海书店、天津古籍出版社，1988年，第839页。

② 大渊忍尔：《道教とその经典》，创文社，1997年，第74页。按国内外学术界一般都认为，《太上洞玄灵宝授度仪》所称"今见出元始旧经，并仙公所禀，臣据信者，合三十五卷"，与敦煌本《灵宝经目》对"元始旧经"和"新经"的记载符合。学术界只是对《太上洞玄灵宝授度仪》的成书年代存有争议。小林正美先是提出《太上洞玄灵宝授度仪》成书于"元嘉之末"，即公元453年（见小林正美著，李庆译：《六朝道教史研究》，四川人民出版社，2000年，第136页，第170页）。然而，小林正美在其新著《新范式道教史的构建》的《前言》中，则提出《太上洞玄灵宝授度仪》成书于"元嘉十八年（441年）"（见小林正美著，王皓月译：《新范式道教史的构建》，齐鲁书社，2014年，第8页）。不过，小林正美的新观点实际上对其自己最初的核心观点作了极为重要的修改。因为小林正美一直坚持元嘉十四年的《灵宝经目序》中"十部《旧目》，出者三分"是正确的。如果其新提出的《太上洞玄灵宝授度仪》作于"元嘉十八年"的观点能够成立，则意味着大量新的"元始旧经"都写成在"元嘉十四年"到"元嘉十八年"仅三至四年间。而不是原来的从"元嘉十四年"到"泰始七年"（471）的长达三十四年之间。同时也就意味他否定了自己在《六朝道教史研究》中所列举的古灵宝经创作延续到刘宋中后期的证据。

近年来，刘屹博士则提出陆修静《太上洞玄灵宝授度仪》与《灵宝经目序》一样，均为公元437年所作（见其《古灵宝经出世论——以葛巢甫和陆修静为中心》，《敦煌吐鲁番研究》第12卷，上海古籍出版社，2011年，第175页）。刘屹博士一方面并未说明其将该书确定在公元437年的理由，另一方面则会使其前后观点相抵牾。因为如果刘屹博士此说能够成立的话，则应该明白无误地确证了敦煌本《灵宝经目》必然是属于元嘉十四年的《灵宝经目》。因为《太上洞玄灵宝授度仪表》已非常清楚地说明"今见出元始旧经，并仙公所禀，臣据信者，合三十五卷"。与现存敦煌本《灵宝经目》所著录的"元始旧经"和"新经"的数量，即"今为三十五卷"正好相符合。不过，刘屹博士在此前所撰《敦煌本〈灵宝经目〉研究》（《文史》2009年第2辑）等一系列论文中，亦将敦煌本《灵宝经目》看成是陆修静于刘宋泰始七年（471）所编《三洞经书目录》中灵宝经的目录。认为陆修静《灵宝经目序》中的"出者三分"不可能是"出者六分"的抄写错误。进而认为有大量"元始旧经"都是在元嘉十四年（437年）《灵宝经目》编成之后直至公元471年之间才出世的。刘屹博士最近显然已经意识到了其前后观点存在抵牾和矛盾之处。一方面他虽然仍然坚持敦煌本《灵宝经目》是泰始七年所成经目，大量"元始旧经"是在元嘉十四年之后作成，但是，另一方面则对《太上洞玄灵宝授度仪表》所称"今见出元始旧经，并仙公所禀，臣据信者，合三十五卷"，又提出了一种全新的解释，称"是后人根据陆氏471年的目录所做的改写，因为那时的灵宝经卷数在很长时期内已是一个比较固定的最终卷数"（见其《敦煌道经与中古道教》，甘肃教育出版社，2013年，第141页）。即"臣据信者，合三十五卷"是后人改写而成的。不过，从现存各种资料来看，这一观点目前恐怕很难加以证实。

人，玄科《旧目》，三十六卷”，所谓“玄科《旧目》，三十六卷”，就是指“《元始旧经紫微金格目》”所著录的三十六卷“元始旧经”。而陆氏所谓“正教”与敦煌本《灵宝经目》中宋文明所作注释中的“正文”一词具有相同的涵义，都是特指“元始旧经”。而所谓“并仙公所禀”之“并”字，当为“合在一起”的意思。所谓“臣据信者，合三十五卷”，是说经过他甄辨并确认可信的古灵宝经是“三十五卷”，应指“二十三卷”的“元始旧经”，加上“十二卷”的“新经”，总共三十五卷。有关其具体计算方法见后面的讨论。

在《灵宝经目序》中，陆修静一方面强调古灵宝经“元始旧经”出世的不完整性，其称：“期运既至，大法方隆。但经始兴，未尽显行。”而其《太上洞玄灵宝授度仪表》亦称：“但正教始兴，天书宝重，大有之蕴，不尽显行。”二者都是说“元始旧经”没有完全披露出来。然而，另一方面，陆修静却又非常强调现有已出“元始旧经”所具有的度人救世的重大意义。其《灵宝经目序》称：“十部旧目，出者三(六)分。虽玄蕴未倾，然法轮已遍于八方，自非时交运会，孰能若斯之盛哉！”而《太上洞玄灵宝授度仪表》亦称：“然即今见出元始旧经，并仙公所禀，臣据信者，合三十五卷，根末表裹，足相辅成；大乘之体，备用不少。”而敦煌本《灵宝经目》陆修静即明确称：

> ……都合前元始〔旧经〕，新、旧经见已出者，三十二卷真正之文，今为三十五卷。或为三十六卷。

因此，陆修静《太上洞玄灵宝授度仪表》实际上已经证明了敦煌本《灵宝经目》就是元嘉十四年(437 年)的经目。而这一条材料也非常确切地证明了敦煌本陆修静《灵宝经目》，应属于陆修静撰写《太上洞玄灵宝授度仪表》之前的经目，而不是泰始七年(471 年)陆修静奉宋明帝敕编成的《三洞经书目录》中灵宝经的目录。

(三)从陆修静著作的整体论述看“元始旧经”之“出者六分”的必然性

还要特别强调的是，我们之所以将敦煌本《灵宝经目》确定为公元437 年的经目，最主要的原因还是因为“出者三分”，并不真正符合陆修静在《灵宝经目》中上下文的表述。因为陆修静在该序中，一方面对于在他之前和与他同时代的人伪造古灵宝经的行为，都给予了极其严厉的谴责，并严厉禁止道教中人继续创作任何新的古灵宝经典；另一方面也是因为没有任何证据能够证明，在公元437年之后，无论是“元始旧经”抑或“新经”，还在继续增加扩充。也没有任何确切的证据能够证明陆修静本人以及“他身边的天师道道士们”直接参与了古灵宝经的创作。而坚持敦煌本《灵宝经目》作成于公元471年的研究者，在某种意义上说，似乎都有意地忽略了这样一个最重要的前提。

为此，我们有必要重新回到《灵宝经目序》这一特定文本中，看看陆修静整理之前的古灵宝经是一个怎样的状况，尤其是要理解陆修静甄别和整理古灵宝经究竟包括了哪些具体内容。其《灵宝经目序》称：

> 顷者以来，经文纷互，似非相乱，或是《旧目》所载，或自篇章所见，新、旧五十五卷，学士宗竟，鲜有甄别。余先未悉，亦是求者一人。既加寻觅，甫悟参差，或删破上清，或采博余经，或造立序说，或回换篇目，裨益句章，作其符图，或以充旧典，或别置盟戒。文字僻左，音韵不属，辞趣烦猥，义味浅鄙，颠倒舛错，事无次序。考其精伪，当由为狷狂之徒，质非挺玄，本无寻真之志，而因修窥阅，假服道名，贪冒受取，不顾殃考，兴造多端，招人宗崇。敢以鱼目，厕于隋侯之肆；辄将散砾，托于和氏之门。衒诳愚蒙，诬调太玄。既晚学推信，弗加澄研，遂令精粗糅杂，真伪混行。视听者疑惑，修味者闷烦。上则损辱于灵囿，下则耻累于学者。进退如此，无一可宜。徒倾产疲力，将以何施？夫轻慢之咎既深，毁谤之罪靡赦。

所谓“顷者以来，经文纷互，似非相乱，或是《旧目》所载，或自篇章所见，新、旧五十五卷，学士宗竟，鲜有甄别”，均是指古灵宝经存在大量鱼目混珠的情况，“元始旧经”和“新经”的总数已达到55卷之多。而陆修静所称“既加寻觅，甫悟参差。或删破上清，或采博余经，或造立序说，或回换篇目，裨益句章，作其符图，或以充旧典，或别置盟戒”，则是说当陆修静对这些经书加以整理研究之后，他也才明白了这些经书所存在的问题。他认为这些问题主要表现在：(1)有些经书是从上清经典剽窃而来的；(2)有的是依据对其他各种经书的摘录而形成的；(3)有的是伪造了经书的序言；(4)有的是替换了原来的篇目；(5)有的增加了章句;(6)有的经书制作了新的符图;(7)特别是所谓“或以充旧典,或别置盟戒”,是说有人用虚假的经文去充当“元始旧经”,而有的则在经书中添置了其他的盟誓文字和戒律;(8)这些伪滥的经书内容都有一个共同特点,即“文字僻左,音韵不属,辞趣烦猥,义味浅鄙,颠倒舛错,事无次序”。

陆修静对于出现这样严重伪滥情况的原因也作了专门分析。他认为,一方面是“狂狷之徒”,不惧怕因果报应而胆大妄为地加以粗制滥造。他说:“考其精伪,当由为狷狂之徒,质非挺玄,本无寻真之志,而因修窥阅,假服道名,贪冒受取,不顾殃考,兴造多端,招人宗崇。敢以鱼目,厕于隋侯之肆;辄将散砾,托于和氏之门。衒诳愚蒙,诬罔太玄。”然而,另一方面,则也是因为后来的修道者真伪不分,盲目崇信所造成的。他说:“既晚学推信,弗加澄研,遂令精粗糅杂,真伪混行。视听者疑惑,修味者闷烦。”而灵宝经书真伪不分所导致的严重后果,则是“上则损辱于灵囿,下则耻累于学者。进退如此,无一可宜。徒倾产疲力,将以何施?夫轻慢之咎既深,毁谤之罪靡赦”。所谓“上则损辱于灵囿”,“灵囿”在古代指供帝王狩猎和游乐的园林。《诗经·大雅·灵台》记述了最早的周文王灵囿,称“王在灵囿,麀鹿攸伏”,此代指帝王的大业。可见,陆修静认为伪滥的经书不但损害污辱了帝王的大业,也严重败坏了道教的声誉。

正因为如此,陆修静既表现了对有意造伪者行为的极端深恶痛绝,又对众多信奉者被蒙蔽感到极为痛心疾首。同时也表明陆修静自己是坚决反对伪造灵宝经的。其称“余少躭玄味,志爱经书,积累锱铢,冀其万一。若信有可崇,何苟明言,坐取风刀乎”!意即自己从年少之时就开始崇信道教,敬奉灵宝经书,而且尽力做经书的搜集和积累。如果道教信仰本身是值得尊崇的,那么,我为什么还要随随便便地公开来说,以招致死后下地狱的恶报呢?所谓“坐取风刀”,在古灵宝经中常见,代表地狱恶报。显然,陆修静在此是以极其虔诚的道教信仰,来向天神誓言其自己的所作所为均符合灵宝经本身的实际情况。

历史资料证明,陆修静本人与江南“葛氏道派”之间并没有明确的传承关系。而陆修静在《灵宝经目序》中批判道门内部伪造古灵宝经的同时,也强调“余先未悉,亦是求者一人。既加寻觅,甫悟参差”,“余少躭玄味,志爱经书,积累锱铢,冀其万一”。这些都显示陆修静所整理的古灵宝经经书,主要源于他自己长期以来对古灵宝经的搜集和信仰①。所谓“甫悟参差”,“甫”是指方才、刚刚,意即虽然他对古灵宝经的搜集研究过程很长,但是真正领悟并分清其中真伪混杂情况,却是在其撰写《灵宝经目序》之前不久。而其撰写《灵宝经目序》之时,距离东晋安帝隆安(397—401)末年葛巢甫“造构灵宝,风教大行”②,已经过去了三十多年,而此时有大量“元始旧经”和“新经”已经流传于世。《灵宝经目序》称:

> 元嘉十四年某月日,三洞弟子陆修静敬示诸道流。相与同法,弘修文业,赞扬妙化,兴世隆福。每欣一切,遭遇慈泽,离彼恶道,入此善场,逍遥长乐,何庆如之!

以上都是陆修静对当时道门中人共同修奉灵宝经盛况的描述。而且陆修静又进一步强调,此时古灵宝经“虽玄蕴未倾,然法轮已遍于八方,自非时交运会,孰能若斯之盛哉”!也证明此时道门内已经有大量道士正在修习灵宝经。也就是说,在公元437年之前,古灵宝经早已成为道门内部普遍修奉的经典。陆修静作为道门领袖,他对前人和同时代的人大量伪造古灵宝经的行为作了极为严厉的批判和谴责,并把他认定为伪造的大量假古灵宝经排除在其《灵宝经目》之外,而且又以其道教信仰来誓言他自己甄别古灵宝经的客观性和公正性。也正因为如此,我们似乎很难想象,此后他自己却又明目张胆地鼓动“葛氏道派”中人或者“他身边的天师道道士们”继续创作新的古灵宝经,甚或自己还亲自动手来创作古灵宝经。并且直到公元471年编纂《三洞经书目录》时,他又将这些经典名目堂而皇之地都编在一起。

《正统道藏》和敦煌遗书共保留有陆修静著作八种,即《陆先生道门

① 王承文:《陆修静道教信仰从天师道向灵宝经转变论考——以陆修静所撰〈道门科略〉为起点的考察》(上篇、下篇),《宗教学研究》2014年第2期、第3期。

② (梁)陶弘景:《真诰》卷一九《翼真检第一》,《道藏》第20册,文物出版社、上海书店、天津古籍出版社,1988年,第604页。

科略》、《灵宝经目序》、敦煌本《灵宝经目》、《太上洞玄灵宝授度仪》、《洞玄灵宝说光烛戒罚灯祝愿仪》、《太上洞玄灵宝法烛经》、《太上洞玄灵宝众简仪》、《洞玄灵宝五感文》。根据我们的研究，陆修静对古灵宝经严谨而忠实的态度，也贯穿在其一系列现存著作中。除了《道门科略》专门阐述天师道的宗教传统、制度和教义思想之外，陆修静的其他所有著作，则都是通过大量直接征引古灵宝经并且按照古灵宝经教义思想编撰而成的。在这些著作中，陆修静把对古灵宝经原文的征引与他自己的发挥和论述都作了相当清晰的区别。也证明了他自己不可能参与古灵宝经的创作，同时也决不可能容忍其同时代的其他人创作新的经典以冒充古灵宝经，然后他自己还特地加以征引。例如，其《太上洞玄灵宝众简仪》称：

《明真》、《玉诀》并有其详，而晚学阇惰，志性浅略，遇见一科，不加精寻，率意施用，遂致矫错，亡首失尾，永不悟非。若斯之徒，常为痛心，视其沦溺，惧伤慈教，谨依旧典，撰投简文次第，复为甲乙，注解法度，以启昧者之怀，自为门人成轨，岂苟施悠悠者哉？①

我们将陆修静的《太上洞玄灵宝众简仪》，与相关古灵宝经的原文逐字逐句地核对，可以发现陆修静这一著作95%的内容，其实都能在古灵宝经中找到原始出处，而陆修静本身也将其出处作了尽可能明确的说明。至于陆修静自己的注解，则以小字加以区别②。而这就恰恰证明了陆修静对待古灵宝经极其严肃和恭敬的态度。其《太上洞玄灵宝授度仪表》亦称：

自灵宝导世以来，相传授者，或总度三洞，同坛共盟，精粗糅杂，小大混行。时有单受洞玄，而施用上法，告召错滥，不相主伍。或采博下道，黄赤之官，降就卑猥，引屈非所，颠倒乱妄，不得体式，乖违冥典，迷误后徒。臣每晨宵叹惋，内疚泣血。既真师渺邈，不可希期钻求，世学永无其文。事要急用，实宜充备。③

---

① 陆修静：《太上洞玄灵宝众简文》，《道藏》第6册，文物出版社、上海书店、天津古籍出版社，1988年，第563页。

② 王承文：《敦煌古灵宝经与晋唐道教》，中华书局，2002年，第517～534页。

③ 陆修静：《太上洞玄灵宝授度仪表》，《道藏》第9册，文物出版社、上海书店、天津古籍出版社，1988年，第840页。

以上一方面对灵宝经真伪混乱的情形给以严厉批判，另一方面则表明要加以纠正。按照陆修静自己的说法，其在编撰该书的过程中，"执笔战栗，形魂交丧，惧以谬越致罪，又虑造作招考，进退屏营，如蹈刃毒。缮治虽竟，不敢擅用，谨洁身清斋于三宝御前，诵读一过。恩惟太上众尊、玄中大法师，垂神照鉴，矜察所启。若万有一毫之补，合请施行。如其不允，辄当毁除。可否之宜，要以灵瑞为证，愿特赐告效，伏须感应"。以上足见其态度极其虔诚真挚。同时陆修静亦是要人们相信其编撰此书，是完全忠实于古灵宝经经典本义的。

在《太上洞玄灵宝授度仪》中，陆修静也说明了自己编撰该书所依据的主要经典及其对待灵宝经典的态度。其文称：

> 臣敢以嚚瞑，窃按《金》、《黄》二箓、《明真》、《玉诀》、《真一自然经诀》，准则众圣真人授度之轨，敷《三部八景神官》，撰集登坛盟誓，为立成仪注。执笔战栗，形魂交丧，惧以谬越致罪，又虑造作招考，进退屏营，如蹈刃毒。缮治虽竟，不敢擅用，谨洁身清斋于三宝御前，诵读一过。恩惟太上众尊、玄中大法师，垂神照鉴，矜察所启。若万有一毫之补，合请施行。如其不允，辄当毁除。可否之宜，要以灵瑞为证，愿特赐告效，伏须感应。谨启：臣修静诚惶诚恐，稽首再礼以闻。臣陆修静谨进。

陆修静称其"撰集登坛盟誓，为立成仪注"，明确提到所依据的最主要材料，包括这样一些古灵宝经：(1)"《金》、《黄》二箓"，是指"元始旧经"《太上洞玄灵宝经金箓简文三元威仪自然真一经》；(2)"《明真》"是指"元始旧经"《洞玄灵宝长夜之府九幽玉匮明真科》；(3)"《玉诀》"是指"元始旧经"《太上洞玄灵宝赤书玉诀妙经》；(4)"《真一自然经诀》"则是指"新经"《太上太极太虚上真人演太上灵宝威仪洞玄真一自然经诀上卷》；(5)所谓"敷《三部八景神官》"，是指敦煌本《灵宝经目》著录的"元始旧经"《太上洞玄灵宝二十四生图三部八景自然神真箓仪》，《道藏》本称为《洞玄灵宝二十四生图经》。

根据我们的研究，该书 90％以上的内容均源自其对 13 部古灵宝经的征引。其中"元始旧经"包括《元始五老赤书玉篇真文天书经》、《太上洞玄灵宝赤书玉诀》、《洞玄灵宝玉京山步虚经》、《太上灵宝诸天内音自然玉字》、《太上洞玄灵宝经金箓简文三元威仪自然真一经》、《洞玄灵宝长夜之府九幽玉匮明真科》、《太上洞玄灵宝无量度人上品妙经》、《洞玄灵宝三部八景二十四生图经》等。而其所征引的“新经”包括《太上玉经太极隐注宝诀》、《太上洞玄灵宝真文要解上经》、《太上太极太虚上真人演太上灵宝威仪洞玄真一自然经诀上卷》、《太极真人敷灵宝斋戒威仪诸经要诀》、《太上洞玄灵宝智慧本愿大戒上品》等。在这部著作中，陆修静亦尽可能地将其所征引的古灵宝经经文的出处加以说明，并使之与自己的论述区分开来。

陆修静在刘宋元嘉三十年(453 年)撰写的《洞玄灵宝五感文》，是其以灵宝经法思想为基础对汉晋以来道教斋法的第一次总结。其文称：

> 至道清虚，法典简素，恬寂无为，此其本也。而世物浮伪，鲜能体行，竞高流淫，信用妖妄，倚附邪魅，假托真正，君子小人，相与逐往，昏迷长寝，曾莫甄悟。致上危神器，下倾百姓，灭身破国，犹不以戒。至乃浊乱正炁，点染清真，毁辱大道，可为痛酷①。

以上也反映了陆修静将道教斋戒仪式是否真正符合“法典”即道经原典，看成是极其庄严神圣的大事。并认为伪滥的经书以及斋法，将会“上危神器，下倾百姓，灭身破国”，“浊乱正炁，点染清真，毁辱大道”。从该书所记载的灵宝斋法即金箓斋、黄箓斋、明真斋、三元斋、八节斋、自然斋六种斋法来看，陆修静对以上六种斋法概括性的论述，都能在古灵宝经“元始旧经”(包括《无上秘要》斋法对相关古灵宝经的征引)中找到原始出处和相关对应。

值得指出的是，小林正美其实也认为陆修静本人并没有直接参与古灵宝经的创作②。然而，从现存陆修静著作与古灵宝经之间的关系来看，我们很难想象陆修静一边对前人伪造古灵宝经的行为加以严厉谴责和批判，一边却又允许甚或鼓励身边的道士们继续大量创作古灵

① 陆修静：《洞玄灵宝五感文》，《道藏》第 32 册，文物出版社、上海书店、天津古籍出版社，1988 年，第 618 页。

② 小林正美著，李庆译：《六朝道教史研究》，四川人民出版社，2000 年，第 130 页。

宝经，而且他在自己的著作中，对古灵宝经又怀着如此神圣的情感加以大规模征引，还尽量将自己的创作与古灵宝经的原文区别开来。学术界近年有研究者提出一种新的观点，认为陆修静虽然表面上严厉谴责道教中人伪造灵宝经，然而他自己却一方面续写完成了人间实际存在的元始系《灵宝经》，另一方面又大量亲自创作了原本未出的“元始旧经”①。从现存的各种资料来看，我们认为这种观点还需要进一步加以斟酌。

总之，从陆修静《灵宝经目序》整个文本的结构和前后语境来看，很显然，他的目的既不是为“葛氏道派”的道士们抑或“他身边的天师道道士们”继续创作古灵宝经张目，也不是为他自己对古灵宝经进行大规模修改、续写甚至亲自来重新创作而张目。其真正的目的，一方面是要批判和谴责业已存在的古灵宝经真伪混杂的情况，并要努力做到去粗取精、去伪存真；另一方面也是要坚决遏止禁绝道教内部继续创作古灵宝经的行为。

二、《灵宝经目序》所称“今条《旧目》已出并仙公所授事”与敦煌本《灵宝经目》的对应关系

（一）《灵宝经目序》所称“今条《旧目》已出并仙公所授事”的含义

陆修静在《灵宝经目序》的末尾，实际上已经指明了其《灵宝经目序》与现存敦煌本《灵宝经目》的对应关系。而这一点恰恰也是前人比较忽略的一个重要证据。其文称：“虑有未悉，今条《旧目》已出并仙公所授事，注解意疑者略云尔。”

所谓“虑有未悉”，是指陆修静一方面忧虑道教中人不能知晓和分辨古灵宝经鱼龙混杂的情况，另一方面则是担心在经过他甄别整理之

① 王皓月：《再论〈灵宝经〉之中“元始旧经”的含义》，《世界宗教研究》2014 年第 2 期，第 85～90 页；王皓月：《灵宝经の研究——陆修静と灵宝经の关系を中心に》，早稻田大学 2012 年博士论文。

后，这种情况又重新出现，所以他特地要加以逐条说明。以上的“条”字在此是一个动词，古代有“条陈”、“条写”、“条具”、“条述”、“条列”、“条白”等表达方式，还有“条分件系”的表达。而这里的“条”就是指逐条梳理校核之义。所谓“今条《旧目》已出并仙公所授事”，就是指陆修静在《灵宝经目》中，既逐条陈述了“《旧目》”即《元始旧经紫微金格目》所著录各经“已出”或“未出”的情况，也逐条叙述了各“新经”已出世的情况。而现存敦煌本《灵宝经目》对《元始旧经紫微金格目》所著录的“元始旧经”之“已出”或“未出”，以及“新经”的出世情况都有非常明确的说明，证明《灵宝经目序》所述与敦煌本《灵宝经目》的实际状况是完全符合的。

小林正美先生在其新著中，一方面根据《灵宝经目序》所称“今条《旧目》已出并仙公所授事”，认为其中“并仙公所授事”是指“仙公新经”，并强调这一种表达能够证明“仙公系《灵宝经》在元嘉十四年都已经被编纂了”[①]。然而，另一方面他似乎又过于执着于“出者三分”这样一种非常孤立的表达，坚持认为大量“元始旧经”都是在元嘉十四年以后才被创作出来。不过，这一点却与他新提出的陆修静《太上洞玄灵宝授度仪》成书于“元嘉十八年”的观点又是相矛盾的[②]。

我们可以作这样的理解，陆修静所称“今条《旧目》所出”，实际上也能证明真正出世的“元始旧经”都已经通过《灵宝经目》列举齐备了。不存在用新创作的古灵宝经来继续补充这份经目的可能。也正因为如此，《灵宝经目序》所称“十部《旧目》，出者三分”，完全有可能就是“出者六分”。至于陆修静所称“注解意疑者略云尔”，是指陆修静除了在《灵宝经目》中逐条陈述“元始旧经”和“新经”的出世情况之外，还对“元始旧经”和“新经”各自出世和分卷总的情况作了概括性的说明，同时对灵宝经“十二部”的名称及其含义作了简约的注解。而这一点也是与现存敦煌本《灵宝经目》的情况相符合的。

我们还要特别强调的是，陆修静在《灵宝经目序》中既然明确说正

---

① 小林正美著，王皓月译：《新范式道教史的构建》，齐鲁书社，2014年，第134页。

② 见本文前面对《太上洞玄灵宝授度仪》年代的讨论。

是因为"虑有未悉"，所以他才"今条《旧目》已出并仙公所授事"，一方面表明他已经将古灵宝经"已出"和"未出"的情况在当时道门内部广而告之；另一方面，他自己对道门内部伪造灵宝经的现象作了如此严厉的批判，也就表明了他要禁止道门内部继续伪造或重新创作古灵宝经的事情再次发生。因此，可以确定，在《灵宝经目序》最末的这一句话之后，紧接着的应该就是现存敦煌本《灵宝经目》。至于《三洞经书目录》中洞玄部灵宝经部分，应该仍然是按照公元 437 年编定《灵宝经目》时的原貌来编纂的。反之，如果他在公元 437 年甄别整理古灵宝经之后，却又将新增加的古灵宝经重新编入《三洞经书目录》的话，一方面他必须要重新修改他在 437 年《灵宝经目》中对相关"元始旧经"所作出的"已出"或"未出"的具体说明；而另一方面，也就意味着他完全背信弃义，公然也公开地违反了他自己此前的誓言和承诺。

至南朝中期，宋文明所作《灵宝经义疏》除了辑录陆修静《灵宝经目》之外，又注称："后有三十五卷伪目，仍在陆《源流》卷末，不录入此也。"以上是指在陆修静编成《灵宝经目》之后，曾经另有一部关于伪古灵宝经的"三十五卷伪目"。因为陆修静在《灵宝经目序》中称"顷者以来，经文纷互，似非相乱。或是《旧目》所载，或自篇章所见，新、旧五十五卷"，而陆修静认为这"新、旧五十五卷"中恰恰都是真伪混淆的。因此，在被陆氏确定为三十二卷"真正之文"之外的经典，原则上都属于"伪经"，其数额大致是 23 卷，再加上在元嘉十四年之后至宋文明重新整理古灵宝经之前新出的 12 卷伪古灵宝经，它们共同构成了所谓的"三十五卷伪目"。而这也证明了自陆修静于元嘉十四年确立《灵宝经目》后，任何未被陆修静《灵宝经目》著录的古灵宝经，都被视为"伪经"。因此，宋文明所称"三十五伪目"的存在，恰恰证明了陆修静作为道门领袖，其在公元 437 年所进行的"今条《旧目》已出并仙公所授事"等做法具有极高的权威性，并且在道门内部具有非常重要而深远的影响。

宋文明本人也坚持了陆修静所确立的原则。他在注解《灵宝经目》时称："正文有三十六卷，其二十二卷见行于世，余十四卷犹隐天宫。"所谓"正文有三十六卷"，就是指《元始旧经紫微金格目》所著录的"十部妙经三十六卷"即"元始旧经"。而"其二十二卷见行于世，余十四卷犹隐天宫”，与现存敦煌本《灵宝经目》对“元始旧经”的著录情况相符合①。

至北周武帝天和五年(570年)，甄鸾上《笑道论》三卷，该书“道经未出言出者”条称：

案玄都道士所上经目，取宋人陆修静所撰者《目》云：上清经一百八十六卷，一百一十七卷已行。始清已下四十部六十九卷，未行于世。检今《经目》，并云见在。乃至洞玄经一十五卷犹隐天宫，今检其《目》，并注见在。臣笑曰：修静宋明〔帝〕时人，太始七年因勑而上《经目》，既云隐在天宫，尔来一百余年，不闻天人下降，不见道士上升，不知此经从何至此？②

可见，从宋文明到南北朝末期的甄鸾写成《笑道论》之间，原《灵宝经目》中注明“未出”的一批“元始旧经”亦已经出世。所谓“洞玄经一十五卷犹隐天宫”，与宋文明称“余十四卷犹隐天宫”含义相同。至于其“一十五卷”和“十四卷”的区别，仅仅是对相关经典卷数的计算方法有所不同而已。

(二)《灵宝经目序》与敦煌本《灵宝经目》所称古灵宝经数目的计算方式

中外学术界有关古灵宝经出世的分歧和争论，在一定意义上也是因为对这些经典数量的计算方式的不同而引发的。因此，我们不妨将《灵宝经目》中的几种计算方式详列如下。

(1)敦煌本《灵宝经目》陆修静原文称：“都合前元始〔旧经〕，新旧经见已出者，三十二卷真正之文，今为三十五卷，或为三十六卷。”以上所谓“三十二卷真正之文”，应是指“《元始旧经紫微金格目》三十六卷，二十一卷已出”，即“二十一卷已出”的“元始旧经”，再加上“十一卷”已出的“新经”，共32卷。

---

① (宋)张君房撰，李永晟点校：《云笈七签》卷六《三洞经教部·三洞品格》称：“元始天王告西王母曰：‘《太上紫微宫中金格玉书灵宝真文篇目》有十部妙经，合三十六卷。’是灵宝君所出，高上大圣所撰，具如《灵宝疏释》，有二十一卷已现于世，十五卷未出。”(第93页)按以上《灵宝疏释》就是宋文明《灵宝经义疏》。

② (北周)甄鸾：《笑道论》卷下，载道宣《广弘明集》卷九，《大正新修大藏经》卷52，第151页。

(2)敦煌本《灵宝经目》陆修静所谓“今为三十五卷”,应是指“今分成二十三卷”的“元始旧经”,再加上分成十二卷的“新经”。因为在这种计算中,《太上洞玄灵宝天文五符序经》已不是原来的一卷本,而是“仙公在世时所得本,是分为二卷”,共为35卷。

(3)敦煌本《灵宝经目》陆修静所称“或为三十六卷”,指“元始旧经”和“新经”总数为36卷。在这种计算方式中,“元始旧经”已经变成了“今分成二十三卷”,加上十三卷“新经”。因为《太上洞玄灵宝天文五符序经》为“今人或作三卷”。因此,共36卷。

(4)陆修静《太上洞玄灵宝授度仪表》称:“然即今见出元始旧经,并仙公所禀,臣据信者,合三十五卷。”所谓“并仙公所禀”,这里的“并”是指再加上“仙公所禀”的“葛仙公所受教戒诀要及说行业新经”即“新经”。陆修静认为这两种性质不同的经典中真正可信的,加在一起为35卷。根据我们前面的考证,“新经”和“旧经”共35卷,是指“今分成二十三卷”的“元始旧经”,再加上分成十二卷的“新经”。此与敦煌本《灵宝经目》所称“都合前元始〔旧经〕,新旧经见已出者,三十二卷真正之文,今为三十五卷”相符合。

三、《灵宝经目序》所称“《旧目》所载”和“篇章所见”含义辨析

在敦煌本《灵宝经目》中,古灵宝经按照经典的性质和来源可分为“元始旧经”和“新经”两部分。陆修静在《灵宝经目序》中,专门记载了他在整理古灵宝经之前古灵宝经的混乱状况,其文称:

> 顷者以来,经文纷互,似非相乱。或是《旧目》所载,或自篇章所见,新、旧五十五卷。学士宗竟,鲜有甄别。余先未悉,亦是求者一人。既加寻觅,甫悟参差。

究竟什么是陆修静所说的“或是《旧目》所载”,什么是“或自篇章所见”呢?学术界一般认为这里的“或是《旧目》所载”,是指《元始旧经紫微金格目》所著录的“元始旧经”,即“十部妙经三十六卷”;至于“或自篇章所见”则是专指“新经”。不过,近年来,刘屹博士对此提出了不同于

前人的观点,他认为"或是《旧目》所载",是指《元始旧经紫微金格目》所著录的"元始旧经";而"或自篇章所见",则是指在"元始旧经"和"新经"之外单独流传而后来却又失传了的一批"断简残章"。其最主要的理由,是因为还有"一些灵宝经,现已没有完整篇章传世,但却在某些现存的古灵宝经中被转引或提及过"①。由于这一问题对于理解敦煌本《灵宝经目》的结构等十分关键。对此,我们试作简要讨论。

首先,陆修静在《灵宝经目序》中前后所说的"《旧目》"以及"十部《旧目》"意义应完全相同。《灵宝经目序》所称"或是《旧目》所载,或自篇章所见,新、旧五十五卷",如前所述,所谓"《旧目》所载",其"《旧目》"就是特指元嘉十四年(437年)陆修静着手整理古灵宝经之前,就已经存在的专门著录"元始旧经"的《太上紫微宫中金格玉书灵宝真文篇目》②,陆修静将其简称为《元始旧经紫微金格目》。因为,无论是古灵宝经本身,还是陆修静,其所说的"《旧目》"都是特指《元始旧经紫微金格目》。而这里的"或是《旧目》所载",是与"新、旧五十五卷"中的"旧"经即"元始旧经"相对应的;至于"或自篇章所见",则是与"新、旧五十五卷"中的"新"经相对应的,是专门指"葛仙公所受教戒诀要及说行业新经"。近年来,小林正美亦指出所谓"或自篇章所见",是"指代葛仙公所受的'新经'"③。

那么,陆修静为什么要用"或自篇章所见"来专门指代这批"新经"呢?这是因为在陆修静编纂《灵宝经目》之前,"元始旧经"已有《太上紫微宫中金格玉书灵宝真文篇目》这样一个专门的目录。然而,这些"新经"的情况却完全不一样,尚处于一种分散无序的状态,并没有一个专

---

① 刘屹:《"元始旧经"与"仙公新经"的先后问题——以"篇章所见"的古灵宝经为中心》,《首都师范大学学报》2009年第3期,第11页。

② 比《元始旧经紫微金格目》更早的《太上紫微宫中金格玉书灵宝真文篇目》,我们将有专文讨论。其相关记载见《太平御览》卷六七三《道部十五·仙经下》引《灵书经》(中华书局,1960年,第3001页);(宋)张君房编,李永晟点校:《云笈七签》卷六《三洞经教部》引《四极盟科》(中华书局,2003年,第93~94页);(唐)孟安排:《道教义枢》卷二(《道藏》第24册,文物出版社、上海书店、天津古籍出版社,1988年,第813页)。

③ 小林正美著,王皓月译:《新范式道教史的构建》,齐鲁书社,2014年,第134页。

门的目录将它们编纂在一起，因此，陆修静特地将它们称之为“或自篇章所见”。与此相关的表达方式还有很多。例如：(1)《灵宝经目序》称：“虑有未悉，今条《旧目》已出并仙公所授事，注解意疑者略云尔。”其中“并仙公所授事”即专指“新经”，而且是与“今条《旧目》已出”相并列的；(2)敦煌本《灵宝经目》逐条列举了全部“元始旧经”和“新经”之后，称“十部《旧目》及新名录记如前”。其中“十部《旧目》”，就是指《元始旧经紫微金格目》著录的“元始旧经”。而“新名”就是指所有“新经”的经名；(3)陆修静《太上洞玄灵宝授度仪表》称：“今见出元始旧经，并仙公所禀，臣据信者，合三十五卷。”其中“并仙公所禀”即指“新经”，并与“今见出元始旧经”是相并列的；(4)《云笈七签》卷三《灵宝略纪》称：“(葛)孝先(即葛玄)凡所受经二十三卷，并语禀请问十卷，合三十三卷。”其“并语禀请问十卷”就是指“新经”，而且是与“(葛)孝先(即葛玄)凡所受经二十三卷”即“元始旧经”相并列。可见，陆修静所称“或自篇章所见”，本身是与“或是《旧目》所载”相并列的。否则，大批“新经”的存在将会无所指归。也正因为如此，陆修静所称“或自篇章所见”，并不是指在“元始旧经”和“新经”之外还有单独流传的“断简残章”。

其次，刘屹博士所提出的观点，在很大程度上是以古灵宝经“新经”(他将其称之为“仙公新经”)是在“元始旧经”之前出世这样一个结论为前提的。他认为“‘新经’不仅没有称引任何一部‘旧经’经名和内容，而且表现出与‘旧经’建构的经教体系有所不同”。对此，我们经过重新研究，证明古灵宝经“元始旧经”一般都比“新经”更早出世，“新经”不但大量征引了“元始旧经”的经名及其内容，而且从整体上来看，古灵宝经“新经”也主要是对“元始旧经”的诠释和进一步发展①。

最后，陆修静所称“顷者以来，经文纷互，是非相乱。或是《旧目》所载，或自篇章所见，新、旧五十五卷”，是指原《元始旧经紫微金格目》所著录的“元始旧经”，再加上《元始旧经紫微金格目》之外的“葛仙公所受教戒诀要及说行业新经”即“新经”，总共为55卷。然而，陆修静认为这

---

① 王承文：《古灵宝经“元始旧经”和“新经”出世先后考释——兼对刘屹博士系列质疑的答复》，《中山大学学报》2013年第2期。

55卷的"旧经"和"新经"中,各自都存在十分严重的真伪不分鱼龙混杂的情况,所以陆修静通过仔细甄别,去伪存真,最终才形成了这部《灵宝经目》。而原来的"新、旧五十五卷",变成了敦煌本《灵宝经目》所说的:("新经")右十一卷,葛仙公所受教戒诀要及说行业新经。都合前元始〔旧经〕,新旧经见已出者,三十二卷真正之文,今为三十五卷,或为三十六卷。

因此,陆修静编成的这份《灵宝经目》,既包括了经过他确认的由《元始旧经紫微金格目》所著录的"元始旧经",也包括了经过他确认的真正可信的"葛仙公所受教戒诀要及说行业新经"。

四、结论

有关古灵宝经的出世年代,一直是近三十多年来国际道教学界一个争议很大的问题。尤其是近年来,随着国内外灵宝经研究者群体的扩大,相关争议和分歧不是在逐步缩小,而是在越来越扩大。在相关讨论中,敦煌本《灵宝经目》本身的结构及其成立年代具有最为关键的意义。在目前和未来不可能有更多新材料发现的情况下,我们认为唯一可行的办法,就是更加重视对现有文本资料的深入解读和内在理解。根据我们以上的讨论,早在公元437年陆修静编撰《灵宝经目序》和《灵宝经目》之前,古灵宝经的创作者实际上就已经编制了最早的经目——《太上紫微宫中金格玉书灵宝真文篇目》。这个经目与《元始五老赤书玉篇真文天书经》等一批最早的"元始旧经"的创作基本上是同时完成的,并且是按照"十部妙经三十六卷"的结构来设计的。在古灵宝经的创作者看来,"元始旧经"在名义上均为元始天尊所说,而且均由《灵宝赤书五篇真文》直接演化而来,因而具有"新经"所远不能比拟的神圣性和崇高地位。而《太上紫微宫中金格玉书灵宝真文篇目》的存在,也证明"元始旧经"在本质上是一批具有统一性经教体系和内在逻辑结构的经典。而相关"篇目"则代表它们在阐述灵宝经教体系中承担不同的使命,因而每一部经书的内容和侧重点虽然有较大的不同,但是在一些最根本性的教义思想等方面却又是相同和相通的。《太上紫微宫中金格玉书灵宝真文篇目》既是陆修静《灵宝经目》中《元始旧经紫微金格目》的直接来源，也是陆修静在公元437年完成甄别和整理“元始旧经”最主要的依据。陆修静对“元始旧经”的甄别和整理，一方面是依据这个经目对真伪混杂的“元始旧经”进行去伪存真，另一方面则明确标明各部“元始旧经”之“已出”和“未出”的状况。至于古灵宝经“新经”在本质上应是对所有“元始旧经”的诠释、补充和进一步发展。除了《太上洞玄灵宝五符序》之外，“新经”的出世一般都是在“元始旧经”之后。

我们的讨论也证明，陆修静在《灵宝经目序》中所说的《灵宝经目》，其实就是指现存敦煌本《灵宝经目》。这两个文本之间具有内在的不能分割的关系。而敦煌本《灵宝经目》与古灵宝经最核心的教义思想具有高度的连贯性。与陆修静《灵宝经目序》一样，敦煌本《灵宝经目》亦作成于刘宋元嘉十四年(437年)。而《灵宝经目》所著录的所有“元始旧经”和“新经”，其最晚成书也应在元嘉十四年之前的刘宋前期。而且，现存敦煌本、《道藏》本由陆修静本人所撰写的多部经书，其内容都是在大量而直接地征引古灵宝经的基础上形成的。陆修静本人及其身边的道士们都属于古灵宝经的信奉者，并未直接参与过古灵宝经的创作①。同时，我们还认为“元始旧经”和“新经”均为“葛氏道派”所创作。该经目中“元始旧经”和“新经”的划分，保存的就是古灵宝经问世之初的本来面目。陆修静并未“变更”相关古灵宝经的归属。

（作者为中山大学历史系教授）

① 王承文：《陆修静道教信仰从天师道向灵宝经转变论考——以陆修静所撰〈道门科略〉为起点的考察》上篇、下篇，《宗教学研究》2014年第2期、第3期。

谭峭其人及《化书》版本源流考

黄海德

谭峭为五代著名道教学者，所撰《化书》承继老、庄哲理，弘阐“道化”思想，特征彰著，流传久远，在道教思想史上有着重要的地位与影响。但自宋明以来，关于《化书》的撰作者及其流传版本即多有歧说，并且版本流传与其实际撰者有着密切的关联，故本文拟据宋元文献与《道藏》诸经，以考其版本源流，期以厘清《化书》之相关问题。倘有舛误，敬祈教之。

一、谭峭与谭紫霄

自五代以来，有关谭峭与谭紫霄的文献史料与道门经书即相继行世。有言谭峭为金陵人而云游闽中，有言其为泉州人而游历金陵；而谭紫霄其人，有言其为泉州人而栖隐庐山，有言其曾事闽主王审知，闽亡以后移居金陵。自南唐沈汾所撰《续仙传》至清初吴任臣的《十国春秋》，众说纷纭，莫衷一是。然谭峭与谭紫霄二者究竟是分别为二人，抑或二者同是一人？主张前者的有沈汾《续仙传》、马令《南唐书》、陆游《南唐书》、赵与时《宾退录》、赵道一《历世真仙体道通鉴》、吴任臣《十国春秋》等，主张后者的有明《道藏》与清《道藏辑要》、李光廷《榕园丛书跋》、余嘉锡《四库提要辨证》、黄云眉《古今伪书考补正》等。

沈汾《续仙传》撰于五代时期，陈国符先生《道藏源流考》据该书《聂师道传》称“杨吴”(为唐末淮南节度使杨行密所创)为朝廷，断言“沈玢(汾)乃五代杨吴人”。据《续仙传·自序》，撰者自题为“朝请郎，前行溧水县令，兼监察御史”。溧水置县为隋开皇十一年(591年)，地在金陵之南，五代时初为杨吴后为南唐属地，则沈玢上述官职自应为杨吴所任。北宋初吴淑撰有《江淮异人录》(清乾隆马骏良《龙威秘书》辑录《永乐大典》本)，其中载有唐末侍御沈汾退居乐道游戏坐蜕之事，可见沈汾亦为好道之士。《全唐文》卷八二九录有该书序，自称“生而慕道，常愧积习”。及长感于神仙之事，“国史不书，事散于野；矧当中和兵火之后，坟籍犹阙，讵有秉笔记而述作者，处世斯久，人渐稀传”，故编录《续仙传》，意在“用显真仙”。其卷下“隐化八人”中记述：

> 谭峭，字景升，国子司业洙之子。幼而聪明，及长，颇涉经史，强记，问无不知。属文清丽，洙训以进士业，而峭不然。迥好黄老、诸子，及周穆、汉武、茅君、列仙内传，靡不精究。一旦告父出游终南山，父以终南山近京都，许之。自终南游太白、太行、王屋、嵩、华、泰岳，迤逦游历名山，不复归宁。父驰书委曲责之，复谢曰：茅君昔为人子，亦辞父学仙。今峭慕之，冀其有益。父以其坚心求道，岂以世事拘之，乃听其所从。而峭师于嵩山道士十余年，得辟谷养气之术。唯以酒为乐，常醉腾腾，周游无所不之。夏服乌裘，冬则绿布衫。或卧于风霜雪中经日，人谓其已毙，视之气出休休然。父常念之，每遣家童寻访，春冬必寄之以衣及钱帛。捧之且喜，复书，遽厚遣家童回。才去，便以父所寄衣出街路，见贫寒者与之，及寄于酒家，一无所留。人或问之：何为如此？曰：何能看得？盗之所窃，必累于人。不衣不食，固无忧矣。常欣欣如也。或谓风狂。行吟曰：线作长江扇作天，靸鞋抛向海东边。蓬莱通道无多地，柢在谭生拄杖前。尔后居南岳，炼丹成，服之，入水不濡，入火不灼，亦能隐形变化。复入青城山而不出矣。①

① 沈汾：《续仙传》卷下，《道藏》第5册，文物出版社、上海书店、天津古籍出版社，1988年，第97页。

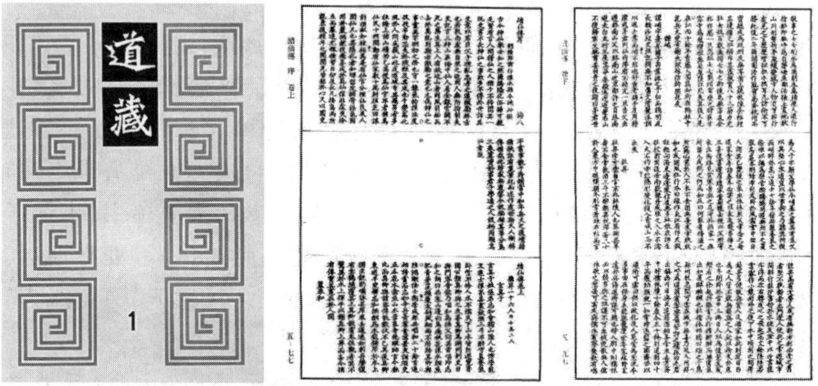

图1　明《道藏》本《续仙传》

沈汾所记，大要为谭峭生平家世与好道修行经历，既未言及“谭紫霄”之名，亦未记其撰《化书》之事。其中记述谭峭醉卧冰雪、隐形变化诸事，一如《四库提要》所言，多为“附会传闻”与“因事缘饰”。惟“国子司业”为隋代设置，唐五代皆沿袭未改，其职为国子监副职并佐祭酒掌管朝廷儒学事宜，但谭洙其人史传皆无记载。此为现今所见有关谭峭生平的最早记述，其后宋代张君房编纂《云笈七签》于卷一一三《仙传》中全文收录①。

五代以后，北宋关于谭峭的记载甚少，仅有高道陈景元（号碧虚子）

① 张君房编《云笈七签》卷一一三，《纪传部》十二《续仙传》：“谭峭，字景升，国子司业洙之子，幼而聪明。及长，颇涉经史，强记，问无不知，属文清丽。洙训以进士为业，而峭不然。迥好黄老，诸子及周穆、汉武、茅君、列仙内传，靡不精究。一旦，告父出游终南山，父以南山近京都，许之。自经终南、太白、太行、王屋、嵩、华、泰岳，迤逦游历名山，不复归宁。父驰书责之，复谢曰：茅君昔为人子，亦辞父学仙，今峭慕之，冀其有益。父母以其坚心求道，岂以世事拘之，乃听其所从。而峭师于嵩山道士十余年，得辟谷养气之术，惟以酒为乐，常醉腾腾，周游无所不之。夏则服乌裘，冬则绿布衫。或卧于风雨雪霜中经日，人为已毙，视之，气出怵怵然。父常念之，每遣家僮寻访，春冬必寄之衣及钱帛。捧之且喜，复书，遽遣家僮，乃厚遗之。才去，便以父所寄衣出街，路见贫寒者与之。及寄于酒家，一无所留。人或问之何为如此，曰：何能看得盗之所窃，必累于人，不衣不食，固无忧也。常欣欣然，或谓风狂。每行吟曰：线作长江扇作天，靸鞋抛向海东边。蓬莱通道无多路，只在谭生柱杖前。尔后居南岳，炼丹成，服之，入水不濡，入火不灼，亦能隐化，复入青城而去。”（《道藏》第22册，文物出版社、上海书店、天津古籍出版社，1988年，第789～790页。）

在《化书后序》中述及，借鸿蒙君之言谓谭景升为陈抟师友，“于终南山著《化书》”，后游建康见宋齐丘有仙风道骨，遂以其书授之，不意竟被齐丘夺为己有。碧虚所记明言谭景升著《化书》，而沈汾谓谭峭字景升，是谭峭著《化书》于五代北宋即为道经所证实。

南宋时有关谭峭的史料文献逐渐增多，计有南宋初陈田夫所撰《南岳总胜集》，南宋中期马令撰《南唐书》、陆游撰《南唐书》与赵与时的《宾退录》，南宋末期则有俞琰所撰《席上腐谈》。其中《总胜集》卷中《华盖院》云：谭峭字景升，居终南山，久著《化书》。而《席上腐谈》亦明言“《化书》乃谭峭所作，峭字景升，携其书来求齐丘序，齐丘杀景升，遂窃其书，自名之”。南宋陈田夫、俞琰皆与陈碧虚的看法相同，均认定为“谭峭著《化书》”。

而同时之马令、陆游、赵与时却另撰有《谭紫霄传》，记述了谭紫霄其人的修道行径。马令生平跨历两宋，世家金陵，史称其谙熟南唐旧事，广泛收集旧史遗文、遗老传说及诗话小说等材料，欲仿《蜀志》体例与《新五代史》笔法而撰《南唐书》。该书卷二十四《方术传》有“道士谭紫霄”，其云：

> 道士谭紫霄，泉州人也。与陈守元相善，事王昶，封正一先生。闽亡，寓庐山栖隐洞，其徒百余人。有道术，醮星宿，事黑煞神君，禹步魁罡，禁沮鬼魅，禳祈灾福，颇知人之寿夭。武昌军节度使何敬洙，宠婢获怒，置井中死，人无知者。建隆初，敬洙构疾，召紫霄。中夜被发，燃灯静室，见女厉自诉为祟之由。紫霄诘旦具言之，敬洙曰：“信然。”乃丹书符送之，敬洙即愈。……后主闻之，召至建康，赐之道号，阶以紫金，比蜀之杜光庭，皆让而不受。凡所获醮祭之施，转以给四方宾旅。金陵既下，紫霄无疾卒，人谓之尸解，莫知其寿算。归葬之日，有祥云白鹤盘绕送之。①

陆游是宋代著名诗人，曾参加国史实录的编撰，以“可为世鉴戒者，尤不可泯也”，认为马令之书未尽完善，乃采择诸书，多经考证，重编《南

① 马令：《南唐书》卷二十四《方术传》，《五代史书汇编》第9册，杭州出版社，2004年，第5415～5416页。

唐书》十八卷。其卷十七撰有《谭紫霄传》，内容与马书大体相同而略有出入：

谭紫霄，泉州人，幼为道士。初有陈守元者，亦道士，尝斸地得木札数十，贮铜盎中，皆汉张道陵符篆，朱墨如新。藏去而不能用，以授紫霄，紫霄尽能通之。遂自言得道陵天心正法，劾鬼魅、治疾病多效。闽王昶尊事之，号金门羽客、正一先生。闽亡，遁居庐山栖隐洞，学者百余人。武昌节度使何敬洙尝杀女奴，投尸井中，人无知者。遇疾，召紫霄。中夜被发，仗剑考治，见女厉自诉。诘旦，屏人以语敬洙，乃丹篆符遣之，疾即愈。庐山僧辟路，有大石坚不可镵。紫霄往视曰："此固易尔！"索杯水噀之，命工施镵，应手如粉。后主闻其名，召见，赐官阶，辞不受。俄无疾卒，年百余岁。今言天心正法者，皆祖紫霄。①

赵与时的生存时代约与陆游同时而稍晚，其所撰《宾退录》云："南唐保大中，赐道士谭紫霄号'金门羽客'，事见《庐山记》。祐陵赐林灵素号，用此故事。"②

综合以上宋代马令、陆游、赵与时的记载，则于撰写《化书》的谭峭之外，别有谭紫霄其人，生平行事则如下记：

其一，谭紫霄为泉州道士；

其二，得陈守元传授汉张道陵符箓，为天心正法之祖；

其三，曾事闽王王昶，被封"正一先生"；

其四，闽国被南唐攻灭后，谭紫霄遁居江西庐山栖隐洞，从学者甚众；

其五，北宋建隆初曾应邀为南唐武昌节度使何敬洙书符驱邪；

其六，南唐后主李煜闻其名，召至京城建康，赐号封阶，比蜀之杜光庭；

其七，约在宋军攻克金陵后，无疾而终，相传世寿百岁。

其后元人赵道一编撰《历世真仙体道通鉴》，沿袭《续仙传》与《南唐

① 陆游：《南唐书》卷十七，《五代史书汇编》第9册，杭州出版社，2004年，第5600页。

② 赵与时：《宾退录》卷五，上海古籍出版社，1983年，第59页。

书》之记述，将谭峭与谭紫霄视为二人，于卷三十九列《谭峭传》，另于卷四十三列《谭紫霄传》，然所据资料多为沈、马诸人所出，赵氏仅作汇编而已。

《历世真仙体道通鉴》之《谭峭传》云：

谭峭，字景升，唐国子司业洙之子。幼而聪明，及长颇涉经史，强记问无不知，属文清丽。洙训以进士为业，而峭不然，迥好黄老诸子，及周穆、汉武、茅君、列仙内传，靡不精究。一旦告父出游终南山，父以南山近京都，许之。自经终南、太白、太行、王屋、嵩华、泰岳，迤逦游历名山，不复归宁。父驰书责之，复谢曰："茅君昔为人子，亦辞父学仙。今峭慕之，冀其有益于父母。"父母以其坚心求道，不以世事拘之，乃听其所从。而峭师于嵩山道士十余年，得辟谷养气之术。惟以酒为乐，常醉腾腾，周游无所不之。夏则服乌裘，冬则绿布衫。或卧于风雪霜中经日，人谓已毙，视之，气休休然。父常念之，每遣家僮寻访，春冬必寄之衣及钱帛。峭捧之且喜，复书，遽遣家僮，乃厚遗之。才去，便以父所寄衣出街路，见贫寒者与之，及寄于酒家，一无所留。人或问之何为如此，曰：何能看得，为盗所窃，必累于人，不衣不食故无忧也。常欣然，或谓风狂。每行吟曰：线作长江扇作天，靸鞋抛向海东边。蓬莱通道无多路，只在谭生拄杖前。尔后居南岳，炼丹成，服之，入水不濡，入火不灼，亦能隐化，复入青城山去也。

峭尝作《化书》，南唐宋齐丘窃其名为己作，见行世。宋仁宗嘉祐五年夏四月，碧虚子题《化书》后序云：鸿蒙君曰：吾尝问希夷先生，诵此书至稚子篇，掩册而语吾曰：吾师友谭景升始于终南山著《化书》，因游三茅，经历建康。见宋齐丘有仙风道骨，虽溺机智，而异乎黄埃稠人，遂引此篇云：稚子弄影不知为影所弄，狂夫侮像不知为像所侮，化家者不知为家所化，化国者不知为国所化。醉者负醉，疥者疗疥，其势弥颠，其病弥笃，而无反者也。齐丘终不悟，景升乃出《化书》授齐丘，曰：是书之化，其化无穷，愿子序之，流于后世。于是杖报而去，齐丘夺为己有而序之耳。噫，昔向秀述《南华解义》，未传而死，郭象偷改成注，诚罪人也。今谭君名刻于白简，身不老于人间，齐丘敢纵其盗心，蔽其仙迹，其罪大者也。果不得其死，宜乎哉。①

图 2 《历世真仙体道通鉴》卷三十九《谭峭传》

图 3 《历世真仙体道通鉴》卷四十三《谭紫霄传》

该书卷四十三别列《谭紫霄传》云：

金门羽客，姓谭氏名紫霄，一云子雷。其先北海人也，高祖在唐为达士。紫霄生于金陵，骨法魁梧，神识秀丽，龟形鹤步，圆目方喙，日角有吉字，人关有井文，众以其殊相异之。六经百氏，秘典灵书，多所该通。南之玉笋山为道士，后遇异人授以魁罡斗极观灯飞符之术，行之灵验，自是名倾江湖，依之如流。遂入闽中，闽主王审知礼加勤厚，一命“洞玄天师”（玄或作章），再命“左街道门威仪贞一先生”。降札曰：慈能育物，鉴可通神，未归十洞三天，且佐宵衣旰食。闽亡，归金陵，南唐烈祖闻之，遣使劳问，旁午于道召见，应对锋辩。上悦服，乃授左街道门威仪，及锡命服，加“真曜先生”（曜或作观）。降札曰：养德林中，栖神象外，遣华世网，绝利道腴。保

① 赵道一：《历世真仙体道通鉴》卷三十九《谭峭传》，《道藏》第 5 册，文物出版社、上海书店、天津古籍出版社，1988 年，第 326～327 页。

大中，又赐“金门羽客”。紫霄素爱庐山胜盘，于是卜白云峰之栖隐洞，即梁昭明太子书堂，今栖隐观是也。又于星渚之城南门创别馆以备出入，今寿圣观是也。后主久钦其高风，复召至金陵，未几还山。宋太祖开宝六年夏四月一日，沐浴上堂，端坐而逝，春秋一百五十。时洞侧人见其有云气如龙，冲升而去。及葬，又有彩云白鹤盘绕其上。后主遣使赗赠弥渥。

初，紫霄得术精妙，能醮星象，事黑杀，禹步指诀，禁诅鬼魅，为人烧奏禳祈灾祥，颇知寿夭。人或召之，则渐沐至暮，独登一阁，焚炉剌关奏法事，然后爇灯为验。迟明，尽能言人算数长短，靡不应者。武昌军节度使何敬洙宠婢获怒，置井中死，人无知者。建隆初，何遇疾，召紫霄。紫霄中夜被发，然灯于静室，见女厉自诉为祟之由，紫霄具言之。何曰：信然。乃丹书符送之，其疾即愈。又有奇术，一邻僧于溪浒创亭子，且为顽石所阻，致工百倍不能平之。紫霄适见，曰：斯固易尔。以指掐诀，含水噀之，命锤其石如粉。紫霄自被累朝宠遇，其礼皆比蜀杜光庭，然多辞而不受。凡所获赐醮祭之资，皆以延贤达、赈贫寠及待四方宾客，室无囊箱焉。紫霄居洞，时道流闻风而至者百余人，每为其徒讲庄列，曰：庄列吾教也熟，其书本是悟明真性，要见本来无物，其说正与释氏合。若能以释氏之书参而观之，则庄列之意较然易明。吾幼时于《金刚》、《圆觉》诸经无所不读，以是吾于本来真性无不了悟。今时人自谓道家，便与释氏互相矛盾，不知真心求道者不如是也。况但拾其绪余土苴、有迹为之事，以是为道，非惟不悟真性，亦且背老庄之本意万万矣。以故紫霄室中道释儒书皆有之。

《南唐列传》载：谭紫霄，泉州人，幼为道士。初有陈守元者，亦道士，尝锄地得木札数十，贮铜盎中，皆张道陵符篆，朱墨如新藏。去而不能用，以授紫霄。紫霄尽能通之，遂自言得道陵天心正法，劾鬼魅、治产病多效。闽王孟昶尊重之，号金门羽客、正一先生。闽亡，遁居庐山柄隐洞，学者百余人。后主闻其名，召见，赐官皆辞不受。俄而疾卒，年百余岁。今言天心正法者，皆祖于紫霄。①

赵氏《仙鉴》将谭峭与谭紫霄分别列传，显然视其为二人。其中《谭峭传》将沈汾《续仙传》"谭峭"条与陈碧虚所记宋齐丘篡名之事全文收录，尚属记实。而《谭紫霄传》则于宋人《南唐书》之外，多录有关奇闻异事，如谭紫霄生而殊相，遇异人授飞符诸术，擅禁诅鬼魅知人休咎等，此类事多于史无征，显为仙化传说。但该传所记有关谭紫霄生平的几件事，如首次确定谭紫霄"生于金陵"，闽主王审知时由金陵入闽中，逝世于宋太祖开宝六年(973 年)，均为五代两宋史料所不载，而赵氏独于数百年后详细记述，未知所据何在。此外，《仙鉴》记载谭紫霄于闽亡后归返金陵，受到南唐烈祖劳问赐号，也与史实相悖，因闽亡之时为南唐元宗保大四年(946 年)，而烈祖李昪已早于升元七年(943 年)因服丹中毒而亡，不当有赐号紫霄之事，可见赵氏《仙鉴》于史实多误，所记不足为据。

元明以后，清康熙时仁和吴任臣编纂《十国春秋》，亦将谭峭与谭紫霄分别列传，视为二人。该书卷三十四《南唐·谭峭传》记云：

谭峭字景升，故唐国子司业洙之子也。洙训以进士业，而峭酷黄老书，师嵩山道士十余年，得辟谷养气之术(沈汾《续仙传》载峭谓父曰："茅君昔为人子，亦辞父学仙，今峭慕之，冀其有益。")。夏则服乌裘，冬则绿布衫。或卧于风雪中经日，人谓已毙，视之气腾腾然。久之，炼丹南岳成，能入水火，隐形不见。因蹑屩游三茅山，道过金陵，见宋齐丘有仙骨，虽溺机智而异于众人，出所著《化书》授齐丘，曰："是书之化，其道无穷，曷序而流于后世?"齐丘遂夺而传之。(一云齐丘利其书，虐峭以酒醉而缝以革囊，投诸深渊。有渔人剖之，峭酣睡正浓，呼问曰："我谭景升也。齐丘夺我《化书》，沉我于渊。《化书》已行，吾不复人世矣。吾睡囊中得大休歇。"又《五色线》载谭峭诗，有"蓬莱通道无多地，只在谭生拄杖前"云云。)后入青城山仙去。②

---

① 赵道一：《历世真仙体道通鉴》卷四十三《谭紫霄传》，《道藏》第 5 册，文物出版社、上海书店、天津古籍出版社，1988 年，第 348～349 页。

② 吴任臣：《十国春秋》卷三十四《南唐列传·谭峭传》，中华书局，1983 年，第 475 页。

其书卷九十九《闽·谭紫霄传》另外记述：

谭紫霄，泉州人也。与陈守元相善。守元斸地得木札数十，贮铜盎中，皆汉代张道陵符篆，朱墨如新，藏去而不能用，以授紫霄。紫霄皆通之，遂自言得道陵天心正法，劾醮鬼魅，治疾病多效。康宗奉为师，封正一先生，月给山水香焚之。闽亡，寓庐山栖隐洞，学者百余人。有道术，醮星宿，事黑煞神君，禹步魁罡，祈禳灾福，颇知人寿夭。南唐武昌节度使何敬洙宠婢置井中死，人无知者。敬洙遘疾，召紫霄。中夜被发，仗剑考治，见女厉自诉为祟之由。诘旦，屏人以语敬洙，乃书丹符遣之，疾良已。庐山僧辟路，有大石坚不可镵，紫霄往视，曰："斯固易尔。"索杯水啜之，命工施镵，应手如粉。南唐后主闻其名，召至建康，赐号金门羽客，阶以金紫，比蜀之杜光庭，皆让不受。金陵既下，紫霄年百余岁，卒于庐山栖隐洞，人谓之尸解。归葬日，有祥云白鹤绕之。①

吴任臣为学号称广博，欲效欧阳修撰《新五代史》之业而撰《十国春秋》，然由所撰《谭峭传》与《谭紫霄传》观之，于二传有关人物之生平道行无所考辨，徒然汇集宋元以来之仙经传说而已。

综上所述，自两宋至清初，主张谭峭与谭紫霄为二人的有关著述，其史料来源均来自五代沈汾之《续仙传》与南宋马令所撰《南唐书》。沈汾有志承刘葛之业而续仙传，马令欲仿效前贤而私撰史书，二人所著虽称详博，然其志业不同，体例有别，前者意在超尘行道，后者志在撰述史实，故《仙传》所述谭峭之行未可遽信，而《唐书》记载谭紫霄为泉州人当有所据，只是两书所述皆未涉及《化书》之事。

然谭峭为道士，谭紫霄亦为道士，二人均生存于五代之时，并有游历闽地之记载，故自宋明以来，不少道门与学人皆以谭峭与谭紫霄为一人。

明《正统道藏》编成于英宗正统十年（1445年），所收道经多有避宋讳之现象，说明其中有些道经当据宋版复刻而成。该书太玄部收有《化

① 吴任臣：《十国春秋》卷九十九《闽传·谭紫霄传》，中华书局，1983年，第1424～1425页。

书》六卷，题为“真人谭景升撰”①。《万历续道藏》为第五十代天师张国祥奉旨编纂，成书于万历三十五年(1607年)，所收《化书》即直接题为“紫霄真人谭景升撰”②。正、续《道藏》的《化书》撰人题名表明，自宋明以来道门皆以谭紫霄、谭峭(字景升)为一人，殆无疑义。(见图)

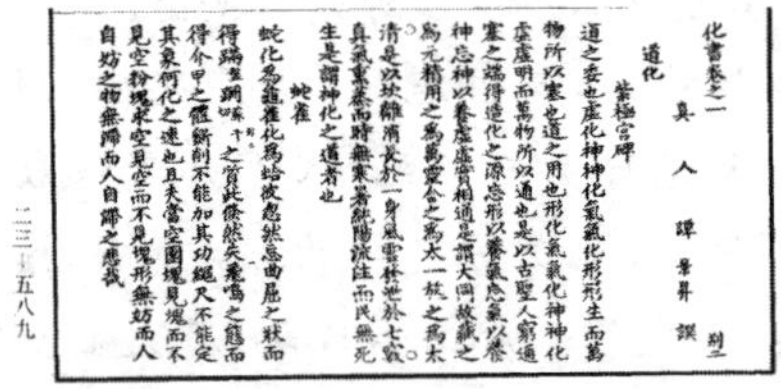
化書卷之一
真人譚景升撰
道化
紫極宮碑
道之委也虛化神神化氣氣化形形生而萬
物所以塞也道之用也形化氣氣化神神化
虛虛明而萬物所以通也是以古聖人窮通
塞之端得造化之源忘形以養氣忘氣以養
神忘神以養虛虛實相通是謂大同故藏之
為元精用之為萬靈含之為太一放之為太
清是以坎離消長於一身風雲發泄於七竅
真氣薰蒸而時無寒暑純陽流注而民無死
生是謂神化之道者也
蛇雀
蛇化為龜雀化為蛤彼忽然忘曲屈之狀而
得蹣跚之質此倏然失飛鳴之態而
得介甲之體斲削不能加其功繩尺不能定
其象何化之速也且夫當空團塊見塊而不
見空粉塊求空見空而不見塊形無妨而人
自妨之物無滯而人自滯之悲哉
二三－五八九

图4 《正统道藏》太玄部《化书》

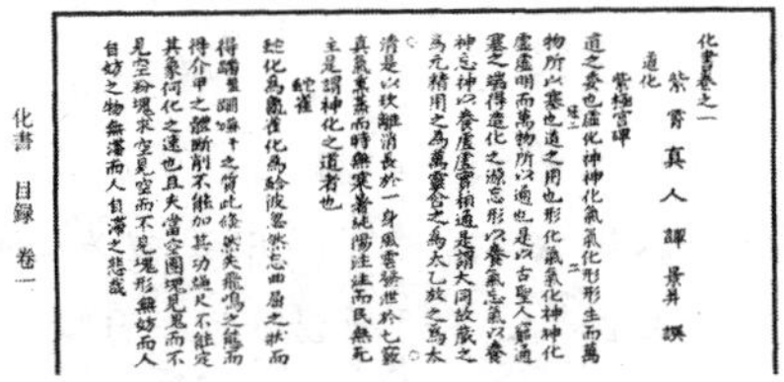
化書卷之一
紫霄真人譚景升撰
道化
紫極宮碑
道之委也虛化神神化氣氣化形形生而萬
物所以塞也道之用也形化氣氣化神神化
虛虛明而萬物所以通也是以古聖人窮通
塞之端得造化之源忘形以養氣忘氣以養
神忘神以養虛虛實相通是謂大同故藏之
為元精用之為萬靈含之為太乙放之為太
清是以坎離消長於一身風雲發泄於七竅
真氣薰蒸而時無寒暑純陽流注而民無死
生是謂神化之道者也
蛇雀
蛇化為龜雀化為蛤彼忽然忘曲屈之狀而
得蹣跚之質此倏然失飛鳴之態而
得介甲之體斲削不能加其功繩尺不能定
其象何化之速也且夫當空團塊見塊而不
見空粉塊求空見空而不見塊形無妨而人
自妨之物無滯而人自滯之悲哉
化書　目錄　卷一

图5 《万历续道藏》之《化书》

其后，清康熙《钦定大清一统志》、清乾隆《泉州府志》、道光《晋江县志》均有记载，谓谭峭为闽地泉州人，夙有“紫霄真人”封号，曾于清源山修炼得道。至今泉州城东有“仙家室”一处，相传即紫霄真人谭峭修炼之地。(见图)

图6 泉州城东“仙家室”

图7 谭峭像

《榕园丛书》为扬州硕学张丙炎所辑，刊于清同治年间，学海堂学长李光廷曾为《守约篇》之《化书》撰跋，其云：

---

① 谭景升:《化书》,《道藏》第23册，文物出版社、上海书店、天津古籍出版社，1988年，第589页。

② 谭景升:《化书》,《道藏》第36册，文物出版社、上海书店、天津古籍出版社，1988年，第297页。

右后唐谭峭《化书》六卷,《四库全书》著录在"子部·杂家·杂学类"中。五代之世,各君其国,居其土者即为其民,而道流云游无迹,亦难定所居何地。考《南岳总胜录》云:"谭峭字景升,居终南久,著《化书》。过东吴见宋齐丘。游庐阜,泛汉湘,炼丹于华盖院。"吴为杨氏国号,其见齐丘,尚在徐知诰未称南唐之前。考史唐明宗二年辛卯,为杨溥大和三年,是年徐知诰镇金陵,乙未知诰始称齐王。景升见齐丘,当在辛卯之后。前之学道嵩山,久居终南,其时尚为后唐地。《道藏》原书称为晋谭紫霄真人,今定为后唐人,从其朔也。《五代史》称闽王昶封谭紫霄为正一先生。考王昶之立,即在乙未,是岁为唐潞王清泰元年。二年丙申,即为石晋天福元年。封紫霄在天福二年丁酉,是年转为南唐。四年己亥,闽王昶被弑,是昶立不过五年。而景升自辛卯后至金陵,由江西入南岳炼丹。乙未后入闽见昶,其年亦合。道流荣遇,一时未必有两人,则即其人是景升,未居晋地也。书以无为胜有为,无用胜有用,亦黄老之绪。言文则奇崛质劲,自铸一文,宋景文《笔记》即从此脱胎。是别为一种文字,不可废也。是书钞自《道藏辑要》,有明王一清注,并有前序,自称"先天风雷侍者",亦道流荒诞之习,今不录焉。同治甲戌七月番禺李光廷识。①

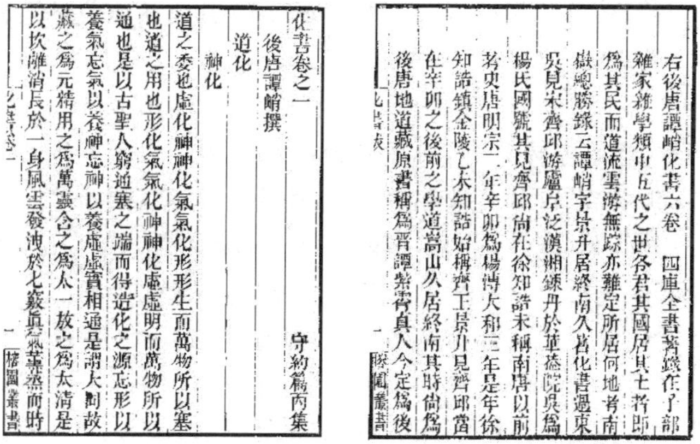
右後唐譚峭化書六卷　四庫全書著錄在子部
雜家雜學類中五代之世各君其國居其土者即
為其民而道流雲游無踪亦難定所居何地考南
嶽總勝錄云譚峭字景升居終南久著化書過東
吳見宋齊邱游廬阜泛漢湘鍊丹於華蓋院吳為
楊氏國號其見齊邱尚在徐知誥未稱南唐以前
考史唐明宗二年辛卯為楊溥大和三年是年徐
知誥鎮金陵乙未知誥始稱齊王景升見齊邱當
在辛卯之後前之學道嵩山久居終南其時尚為
後唐地道藏原書稱為晉譚紫霄真人今定為後
化書跋　一　榕園叢書

化書卷之一　守約篇丙集
後唐譚峭撰
道化
神化
道之委也虛化神神化氣氣化形形生而萬物所以塞
也道之用也形化氣氣化神神化虛虛明而萬物所以
通也是以古聖人窮通塞之端而得造化之源忘形以
養氣忘氣以養神忘神以養虛虛實相通是謂大同故
藏之為元精用之為萬靈含之為太一放之為太清是
以坎離消長於一身風雲發洩於七竅真氣薰蒸而時
化書卷一　一　榕園叢書

图 8 《榕园丛书》本《化书》

① 张丙炎辑,张允颢重辑:《榕园丛书》,《守约篇》丙集,《化书后跋》。

李光廷通过对五代时杨吴、南唐、闽之史事的具体考察，辨明了有关谭峭与谭紫霄之间的若干史实。其一，谭峭字景升，即谭峭与谭景升实为一人；其二，《道藏》称谭峭为“紫霄真人”，于史有据，是谭峭即谭紫霄；其三，谭峭著《化书》，即谭景升著《化书》，亦即谭紫霄著《化书》；其四，吴杨大和三年（931 年），徐知诰镇金陵，宋齐丘为知诰谋臣，其时亦在金陵；其五，谭峭游历金陵见宋齐丘，适在徐知诰镇金陵之时，即后唐明宗长兴二年（辛卯年即公元 931 年）之后；其六，闽主王昶之立在后唐末帝清泰元年（乙未年即公元 935 年）①，谭紫霄当在乙未以后入闽，《五代史》称王昶封紫霄为“正一先生”当在此时；其八，谭紫霄在闽时，适为石敬瑭篡唐自立，当在后晋天福年间，故《道藏辑要》所收明体物子王一清《化书新声》记为“晋紫霄真人谭景升”，当有所本。由以上所考，光廷结论为“道流荣遇，一时未必有两人”，认为谭峭即紫霄真人谭景升。

黄云眉为现代史学名家，曾对姚际恒《古今伪书考》多所考订和补正，为之撰《古今伪书考补正》。姚氏曾据马端临《文献通考》所载宋齐丘攘夺谭峭《化书》事予以评说，言“仙传之说，亦未可遽信，莫能定也”。云眉先生按语云：

> 宋齐丘之死，僧文莹《玉壶清话》谓齐丘当国家发难，尚欲因衅以窥觊，事败，囚于家，缢死。郑文宝《南唐近事》谋叛，饿死青阳。二说不同，皆所谓不得其死者。惟不可谓以《化书》故。《化书》为谭峭作，齐丘夺为己有，则书非伪而人伪耳。然亦有窜入处，王世贞《书化书后》曰：“是书也，吾以为齐丘必窜入其自著之一二，而后掩为己有，如《五常》一章，忽云：‘运帝王之筹策，代天地之权衡，则仲尼其人是也。’彼盖所以名齐丘意也。若景升必不推仲尼，亦不必附于儒者。又齐丘于观化之际，辄自称小人，所谓不考而招者。”（《读书后》）又张纶言曰：“予观是书，文虽高妙而言则驳杂，其中或祖黄老庄列，或本释氏，或述晏墨，语皆亲切；至其言儒，则不相似，

① 王昶之立当在后唐末帝清泰二年，即公元 935 年，李光廷所记有误。事见薛居正等撰：《旧五代史》卷一三四，中华书局点校本，1976 年，第 1793 页。

由其本不知儒，故言愈精而意愈远也。”(《林泉随笔》)不知儒而又好论儒，殆即齐丘窜入处。是不特人伪而书亦伪矣。而胡应麟曰：“此书张文潜、黄东发俱以为齐丘撰，而宋景濂归之谭峭。然齐丘仕南唐，而南唐又有金陵羽客谭紫霄者，能劾召鬼神，四方道流从学者百余人，则于今传《化书》意旨尤若相类。二谭并齐丘同时，一人耶？二人耶？吾不得而知矣。”(《四部正讹》)按陈景元跋，称“旧传陈抟言谭峭在终南山著《化书》，因游三茅，历建康”云云，则谭紫霄或即谭峭。然其书即为齐丘所夺又有窜入，因当与伪书同观。二谭之为一人为二人，于齐丘攘窜之罪，盖无择焉。①

《补正》考《化书》之伪，认为《化书》之事，既有“人伪”，又有“书伪”。《化书》为谭峭撰作，齐丘夺为己有，则书非伪而为“人伪”。而其中又有宋齐丘擅以己意窜入之处，如“不知儒而论儒”之内容，以致《化书》已非原书之旧，此则当为“书伪”。但谭峭与谭紫霄是一人还是二人，若仅就《化书》而言，实难以定论；若据陈景元《后跋》以观，“则谭紫霄或即谭峭”。表明黄云眉先生既对陈景元跋文予以肯定，又对谭紫霄即谭峭其人的观点有所肯定。

上述诸家，都赞同谭峭与谭紫霄非为二人、谭峭即谭紫霄之说。余嘉锡先生汇总诸说，在《四库提要辨证》中做了比较精辟集中的考证：

嘉锡案：南唐《孟一之(贯)诗集》有《赠栖隐洞谭先生诗》，李中《碧云集》卷下有《庐山栖隐洞谭先生院留题诗》。宋陈舜俞《庐山记》卷三云：“栖隐观古名栖隐洞，保大中道士谭紫霄来自闽中，赐号金门羽客，始立观于此。”谭之在闽中，号洞玄天师、贞一先生。贞一即正一，与《五代史》合。陆游《南唐书》卷十七云：“谭紫霄，泉州人，幼为道士。自言得道陵天心正法，劾鬼魅、治疾病多效。闽王王昶尊事之，号金门羽客、正一先生。闽亡，遁居庐山栖隐洞，学者百余人。后主闻其名，召见，赐官阶，辞不受。俄无疾卒，年百余岁。”《十国春秋》卷九十九《谭紫霄传》亦云：“唐宗(按：即王昶)奉为师，封正一先生。闽亡，寓庐山栖隐洞。南唐后主(按《庐山记》，

① 黄云眉：《古今伪书考补正》，山东人民出版社，1959年，第320～321页。

紫霄赐号在保大中，则当以元宗时至建康，故未及见宋齐丘。《南唐书》及《十国春秋》均以为后主召之，误也。）闻其名，召至建康，赐号金门羽客，阶以金紫，比蜀之杜光庭，皆让不受。”是紫霄尝自闽中游建康，与陈景元跋所谓历建康见齐丘者合。然则《五代史》之谭紫霄，盖即著此书之紫霄真人谭峭也。陆游及吴任臣作《紫霄传》，均不知其名峭。盖由考之未审矣。《老学庵笔记》卷五云：“林灵素为金门羽客，用闽王、谭紫霄故事。”据《庐山记》，金门羽客为南唐赐号，《南唐书》及《老学庵笔记》均以为闽王时事，疑陆游误记。然亦可见南唐之号金门羽客者，即闽之谭紫霄也。惟赵与时《宾退录》卷五云：“南唐保大中，赐道士谭紫霄号金门羽客，见《庐山记》。祐陵赐林灵素号，用此故事。”其说独不误。①

季豫先生专治目录文献之学，学识渊博，考证精邃，积五十余年功力，撰成《四库提要辨证》，博闻慎思，迈越前修，学界称为“近代目录学巨著”。该书卷十五《化书》条对其作者生平的考证辨析，多以五代史书与宋人笔记为据，鲜用仙传所记异闻传说，可谓眼光独到，颇有史识，持之有据，言之成理，其所考定史实诸事述之如下：

其一，据《五代史》、《南唐书》考定道士谭紫霄为闽人，五代时闽主王昶曾封其为“正一先生”（或作“贞一先生”）；

其二，据宋人《庐山记》、《宾退录》、《老学庵笔记》，考定谭紫霄于闽亡以后隐居江西庐山，南唐元宗李璟于保大年间召见，赐号“金门羽客”，并辩正陆游与吴任臣所记有误；

其三，据陈景元《化书后跋》，考定谭紫霄曾游历建康，与宋齐丘相见；

其四，由以上所考，断定“《五代史》之谭紫霄，盖即著此书（即《化书》）之紫霄真人谭峭也”。而认为“陆游及吴任臣作紫霄传，均不知其名峭，盖犹考之未审矣”，指出《南唐书》与《十国春秋》将谭峭与谭紫霄视为二人而分别立传，是考证不当的重要失误。

余嘉锡的考证结论，亦与明代泉州学者何乔远《闽书》所记相合。

① 余嘉锡：《四库提要辨证》卷十四，《子部》五《化书》，中华书局，1980年，第854页。

何书卷七《方域志》“谭峭”条云：“紫霄，名峭，字景升，本州人，唐国子业洙之子。”明确记载谭峭与谭紫霄实为一人。

二、《化书》之版本源流

《化书》一书，据宋人所记及其内容考释，应问世于五代时期；但该书的书名与作者，却自五代以来续有争议。其书名先后有《齐丘子》与《化书》二名，其作者则有“宋齐丘”与“谭峭”两说。五代史书，计有薛居正《五代史》、欧阳修《五代史记》、马令《南唐书》与陆游《南唐书》等，但限于时代与个人条件，上述诸书均无《艺文志》之撰述。以后虽有徐炯《五代史记补考·艺文考》、陈鳣《续唐书·经籍志》、顾櫰三《补五代史艺文志》、宋祖骏《补五代史艺文志》、汪之昌《补南唐艺文志》、唐圭璋《南唐艺文志》、杜文玉《南唐艺文志》与张兴武《五代艺文考》等诸家立志予以续补，然所据史料，均为宋人所撰书目与笔记，故于《化书》之补述，皆在宋人论说范围之内。因此，若要考辨清楚《化书》的书名与作者的真实情况，还得根据宋代的资料予以分析论证。

现今所见两宋有关《化书》的文献资料，按时代先后主要有北宋王尧臣领衔编纂的《崇文总目》，题名为“碧虚子”（陈景元）的《化书后跋》，被誉为“苏门四学士”之一的张耒所撰《书宋齐丘化书后》；南宋时期则有晁公武《郡斋读书志》，陈振孙《直斋书录解题》，郑樵《通志·艺文略》等。此外，国家图书馆现藏有经傅增湘先生校毕题跋的海内仅存之宋刊本《化书》。

上述文献之中，王、晁、陈、郑四人所撰均为记载先秦至宋代经籍的目录专书，其中有关《化书》的记述，可以概见该书在宋代流传的历史真相。

其一，《崇文总目》卷三“小说类”：

《化书》六卷，谭峭撰。①

① 王尧臣等编，钱东垣等辑释：《崇文总目》卷三《小说类》，商务印书馆，1937 年，第 155 页。

其二，晁公武《郡斋读书志》卷十二“杂家类”：

宋齐丘《化书》，六卷。

右伪唐宋齐丘子嵩撰。张耒文潜尝题其后，云：“齐丘之智，特犬鼠之雄耳，盖不足道。其为《化书》，虽皆浅机小数，亦微有以见于黄老之所谓道德，其能成功，有以也。文章颇亦高简，有可喜者。其言曰：‘君子有奇智，天下不亲。’虽圣人出，斯言不废。”①

其三，郑樵《通志·艺文略》第五“道家一”：

宋齐丘《化书》，六卷。②

其四，尤袤《遂初堂书目》“道家类”：

宋齐丘《化书》。③

其五，陈振孙《直斋书录解题》卷十“杂家类”：

《化书》六卷，南唐宰相卢陵宋齐邱子嵩撰。④

在上列五种宋代的目录专书中，其书名皆题为《化书》，卷数均作六卷，只是《崇文总目》题为“谭峭撰”，而《读书志》、《通志》、《遂初堂书目》与《直斋书录》均作“宋齐丘撰”。从时代先后来看，《崇文总目》为宋代官修书目，编纂于北宋仁宗景祐元年（1034 年）至庆历元年（1041 年），为现今所见最早记载《化书》的书目文献。而其余四书，晁公武《读书志》为最早集书目、撰者、校勘、考订为一身的私家藏书目录，初撰于南宋高宗绍兴二十一年（1151 年），终成于孝宗淳熙七年至十四年（1180—1187），为南宋前期；郑樵长年于福建莆田夹漈山中著述，多历艰辛，最终于宋高宗绍兴三十一年（1161 年）撰成《通志》200 卷，其中《二十略》“总天下之学术”，尤为卓绝，其书亦为南宋前期；尤袤为南宋著名“四大诗人”之一，所编《遂初堂书目》首开著录图书版本之先例，其因本志自号“遂初”，当在宋光宗绍熙年间（1190—1194），故其《书目》当

① 晁公武撰，孙猛校证：《郡斋读书志校证》卷十二《宋齐丘化书》，上海古籍出版社，1990 年，第 522 页。

② 郑樵撰，王树民点校：《通志二十略》，《艺文略》第五，中华书局，1995 年，第 1609 页。

③ 尤袤：《遂初堂书目》，《文渊阁四库全书》第 674 册，台湾商务印书馆，1986 年，第 463 页。

④ 陈振孙：《直斋书录解题》卷十“道家类”，上海古籍出版社，1987 年，第 308 页。

撰于南宋中期。《直斋书录解题》的作者陈振孙具体生年不详，其卒年约为南宋理宗景定三年(1262 年)，周密《齐东野语》称“近年直斋陈氏仿《读书志》作解题，极其精详”，则《书录》之作大约应在南宋后期。

以上南宋晁、郑、尤、陈四书，所记《化书》内容均大致相同，列之如下：1. 书名均作《化书》；2. 卷数均为六卷；3. 撰者均题“宋齐丘”；4. 四人书目之中均有《崇文总目》。

由南宋四子所撰书目之相同内容可以推定，南宋时期既无《齐邱子》之书名，亦无题名为“谭峭”所著之《化书》，世传《化书》的版本只有一种，即题名为“宋齐丘”(或作齐邱)所撰的《化书》六卷本。如此，则如何解释北宋王尧臣《崇文总目》所载谭峭撰《化书》之事？

其实王氏之书编成于宋仁宗景祐与庆历年间，时为北宋中期，全书共有六十余卷。南宋初期，时人以《总目》序释“文繁无用”而力主刊削，故晁氏《读书志》与陈氏《直斋书录解题》所见仅为一卷本，“若存若亡，几希湮灭”，宋元以后即不复见其全书。清代编纂《四库全书》之时，始从《永乐大典》中辑佚编成十二卷，究其实际，亦从晁、陈二书而来，无所增益。嘉庆年间钱东垣、秦鉴等人据天一阁抄本，搜补撰成《崇文总目辑释》五卷，是为“汗筠斋丛书”本，清末民初诸本均从《辑释》而出。而钱氏辑释《总目》，多稽诸史志，补释撰人，故从明人之说与“今本”所记(实亦清人所记)，题为谭峭撰《化书》，而误断《通志略》诸书为“误记”。实际情况应为，南宋四子所记“宋齐丘撰《化书》六卷”并不误，此为该书在南宋时传世之历史真相；所误当在清人编成的《崇文总目》辑释本，因其多从“今本”补释撰人，今本多作“谭峭撰《化书》”，故“补释撰人”之《总目》遂仍之而作“谭峭撰”。由此可知，今本《崇文总目》所记“谭峭撰《化书》六卷”已非宋本《崇文总目》之原样，而宋本《总目》所记应与南宋四书所记相合，即“宋齐丘撰《化书》六卷”；否则，即无法解释南宋四子所编书目均列有前此之《崇文总目》，何以竟无一人提及《总目》记载与本书有异？如一人偶然遗忘，则不当四位大家同此遗忘。其解答只有一个，即所谓《崇文总目》记有“谭峭”撰《化书》一事，已非北宋之旧，当为后人(实则为清人)误记。这种解答，考之当世所存北宋刊《化书》孤本，则可加以证实。

国家图书馆现存有宋刊《化书》二册，前有清人康纶钧题词，其云："嘉庆十有七年壬申三月初十日，合河梦芸居士康纶钧读。计二册六卷。"后有佚名明人题词云："是书乃天台隐者谭峭（升）所撰，名曰《化书》，以授宋齐丘。齐丘遂窃之，而被以己名。齐丘乃鸡鸣狗盗之雄，固不足以语此也。天启元年题于卷末。"是书民国时期曾经目录学大师傅增湘先生刊校，称为"蒋梦苹藏宋刊本"：

> 蒋梦苹藏宋刊本《化书》半叶八行，十六字，白口，左右双线，板心注"化一"、"化二"等字，下方记刊工名一字，"贞"字阙末笔，"构"字不阙，盖北宋刊本也。有"董俊"、"董氏仲吁"朱印，"康纶钧号（字）凤书号伊山"、"康（秦）观怡字用于号海槎"墨印。后有明人跋，不署名。前有纶钧嘉庆十七年跋。庚申二月初七，傅增湘校毕自记。①

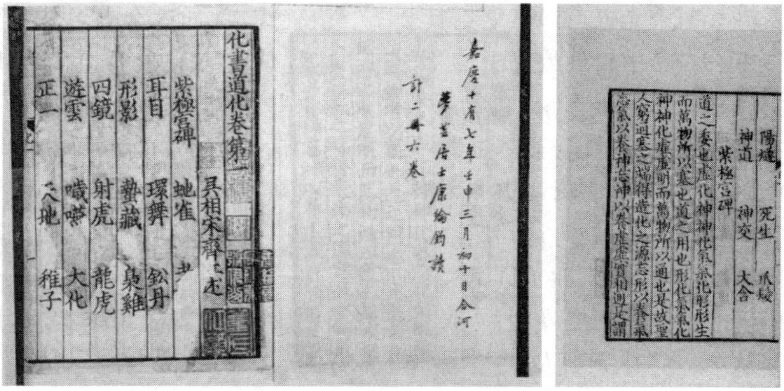

图 9　蒋梦苹藏宋刊本《化书》

傅先生跋文撰于民国九年（1920 年），据版刻避讳而断言此本为"北宋刊本"。国家图书馆现藏宋本《化书》，书首目录即有"董氏仲吁"、"康（秦）观怡字用于号海槎"等印字，而同页上部还加有"涵芬楼"与"北京图书馆藏"

① 谭峭撰，丁祯彦、李似珍点校：《化书》，中华书局，1996 年，第 80 页。另见傅增湘撰：《藏园群书经眼录》第三册，中华书局，1983 年，第 671 页。

两印,可知在傅先生题跋以后该书曾为上海涵芬楼所藏,最终收藏于北京图书馆(现国家图书馆)。该书共有六卷,而每卷卷首均题有"吴相宋齐丘述"字样,如此则与南宋《郡斋读书志》、《通志·艺文略》、《遂初堂书目》、《直斋书录解题》所记《化书》卷数、撰者相合,足证自《化书》问世至两宋时期,其传世版本只有一种即"宋齐丘撰《化书》六卷"。而以往学界认为宋代传世版本除"宋齐丘撰《化书》六卷"以外尚有"谭峭撰《化书》六卷"两种版本并行的说法,现在看来确有商榷的必要。

至于"谭峭撰《化书》"的说法起于何时,一般认为是北宋道士陈景元所撰《化书后跋》之时。中华点校本《化书》附录列有"宋碧虚子题"的跋文:

> 予读《化书》,至"老枫化为羽人,朽麦化为蝴蝶,自无情而之有情也。贤女化为贞石,山蚯化为百合,自有情而之无情也",乃知作之者明乎庄列之旨,达乎程生马而马生人也。予闻乎鸿蒙君曰:"《化书》百有十篇,宋齐丘所撰非乎?"鸿蒙君曰:"吾闻希夷先生诵此书,至《稚子》篇掩册而语吾曰:我师友谭景升始于终南山著《化书》。因游三茅,经历建康,见齐丘有仙风道骨,虽溺于机智而异于黄埃稠人,遂引此篇云:'稚子弄影,不知为影所弄;狂夫侮像,不知为像所侮。化家者为家所化,化国者不知为国所化。醉者负醉,疥者疗疥,其势弥颠,其病弥笃,而无反者也。'"齐丘终不悟。景升乃出《化书》授齐丘曰:"是书之化,其化无穷,愿子序之,流于后世。"于是杖鞁而去。齐丘夺为己有而序之耳。噫!昔向秀述《南华解义》,未传而死;郭象偷解成注,诚罪人也。今谭君名刻于白简,身不老于人间,齐丘敢纵其盗心,蔽其仙迹,其罪尤著也。果不得其死,宜乎哉!①

该跋文之"希夷先生"为宋初著名高道陈抟,既称谭峭为师友,则同为钟吕内丹道之传人,道经称陈抟传鸿蒙子张无梦,张无梦传陈景元,如此则跋文为碧虚子陈景元追忆师说而撰,其内容言之有据,自当可信。据此跋文,应为谭景升(即谭峭)著《化书》,而宋齐丘纵其盗心,夺为己有,序而传世,其罪尤著。

① 谭峭撰,丁祯彦、李似珍点校:《化书》,中华书局,1996年,第75～76页。

宋齐丘其人，陆游《南唐书》有传，卷四云：

宋齐丘，字子嵩，世为庐陵人，父诚，与钟傅同起兵，高骈表傅为洪州节度使，以诚副之，卒官，因家洪州。齐丘好学，工属文，尤喜纵横长短之说。烈祖为升州刺史，齐丘因骑将姚克赡得见，暇日陪燕游，赋诗以献曰："养花如系贤，去草如去恶；松竹无时衰，蒲柳先秋落。"烈祖奇其志，待以国士。从镇京口，入定朱瑾之难，常参秘画，因说烈祖讲典礼、明赏罚、礼贤能、宽征赋，多见听用。①

后历仕南唐烈祖李昪、元宗李璟两朝，终以专权结党，身败名裂，陆游曾论说其人：

世言江南精兵十万，而长江天堑，可当十万，国老宋齐丘，机变如神，可当十万。周世宗欲取江南，故齐丘以反间死。方五代之际，天下分裂大乱，贤人君子，皆自引于深山大泽之间，以不仕为得。而冯道有重名于中原，齐丘擅众誉于江表，观其人，可以知其时之治乱矣，周师之犯淮南，齐丘实预议论，虽元宗不尽用，然使展尽其筹策，亦非能决胜保境者。且世宗岂畏齐丘之机变而间之者哉，盖钟谟自周归，力排齐丘，杀之，故其当附会为此说，非其实也，论序齐丘事，尽黜当时爱憎之论，而录其实，览者得详焉。②

宋齐丘所撰《化书序》，见于明初陶宗仪编纂之《说郛》百卷本卷四十二《化书》条：

广平宋齐丘字子嵩，性慵读书，不知古今，然好属意于万物，有感于心，必冥而通之。所以或得万物之情，或见变化之妙，遂著《化书》，以尽其道，凡六卷，百有十篇。上二卷说道与术，中二卷说德与仁，下二卷说食与俭，皆化之旨也。岂道不足化之为术，术不足化之为德，德不足化之为仁，仁不足化之为俭，俭不足化之为食。食俭二化，其物甚卑，其名甚微，其术甚大，其化甚广；可以谈道德，集仁义，厚礼乐，诚忠信。噫！不知万物之化小人也，不知小人之化万物也，不知小人之化《化书》也，不知《化书》之化小人也，化之

① 陆游：《南唐书》卷十七，《五代史书汇编》第9册，杭州出版社，2004年，第5494页。

② 陆游：《南唐书》卷十七，《五代史书汇编》第9册，杭州出版社，2004年，第5498页。

道如是大已。太和庚寅宋齐丘序。[1]

由此序言可以看出，撰者徒知《化书》之表，而不知《化书》之实，更于《化书》之旨无所通晓，于《化书》之道无所体悟，故后世之人谓其“序而夺之”，诚非虚言。宋人张耒更斥之为“浅机小数”、“犬鼠之雄”，不足为道[2]。然历宋世，皆无它说，惟碧虚子陈景元有《化书后跋》，谓是书为陈抟师友谭景升所作。然考诸史籍，陈碧虚跋文既不见于五代、两宋之任何史传笔记，亦不载于《道藏》之宋代道经；迄今所见，首先载于元代赵道一所编撰的《历世真仙体道通鉴》。

《历世真仙体道通鉴》一书，载于明《正统道藏》“洞真部”之“记传类”，题为“浮云山圣寿万年宫道士赵道一修撰”。赵道一其人，生平不详，书前有赵道一《自序》与《进表》各一篇，均未署年月。惟据《仙鉴》所记，书中道士生存年代最晚者为金元全真教之王重阳祖师及全真七子，则撰者当为宋末元初之人。考书前有庐陵刘辰翁与浙中斋叟邓光荐为该书所作两序，前者署年为“甲午”，后者署年为“阏逢敦牂”。据《尔雅·释天》之解释，“太岁在甲曰阏逢”，“在午曰敦牂”，可知“阏逢敦牂”即为甲午之年。考宋末元初之甲午年，当为元世祖至元三十一年(1294年)，故可推知《仙鉴》当作于元朝初年。该书卷三十九《谭峭传》在记述谭峭生平后即云：

> 峭尝作《化书》，南唐宋齐丘窃其名为己作，见行世。宋仁宗嘉祐五年夏四月，碧虚子题《化书》后序云：鸿蒙君曰：吾尝闻希夷先生诵此书至稚子篇，掩册而语吾曰：吾师友谭景升始于终南山著《化书》，因游三茅，经历建康。见宋齐丘有仙风道骨，虽溺机智，而

---

① 陶宗仪等编：《说郛三种》卷四十二《化书》，上海古籍出版社，1988年，第698页。

② 张耒《书宋齐丘化书》云：“齐丘伪唐谋臣，其智特犬鼠之雄耳，何足道哉！其为《化书》，虽皆浅机小数，亦微有见于道德，其能成功，有以也。吾尝论黄老之道德本于清静无为，遣去情累，而其末多流为智术刑名，何哉？夫惟清静者见物之情，而无为者知事之要，据其要而中其情者，智术之所从出也。仁义生于恩，恩生于人情，圣人节情而不遣也。无情之至，至于无亲，人而无亲则忍矣，此刑名之所以用也。齐丘之道既陋，而其文章颇亦高简有可喜者。其言曰：‘君子有奇智天下不亲。’虽圣人出，斯言不废。”见《张耒集》卷五十三《题跋》，中华书局，1999年，第807页。

异乎黄埃稠人，遂引此篇云：稚子弄影不知为影所弄，狂夫侮像不知为像所侮，化家者不知为家所化，化国者不知为国所化。醉者负醉，疥者疗疥，其势弥颠，其病弥笃，而无反者也。齐丘终不悟，景升乃出《化书》授齐丘，曰：是书之化，其化无穷，愿子序之，流于后世。于是杖毂而去，齐丘夺为己有而序之耳。噫，昔向秀述《南华解义》，未传而死，郭象偷改成注，诚罪人也。今谭君名刻于白简，身不老于人间，齐丘敢纵其盗心，蔽其仙迹，其罪大者也。果不得其死，宜乎哉！①

可知后世所传陈景元之《后跋》，实从元初赵道一所撰《仙鉴》而来。《仙鉴》所记，大多为仙迹传说，故撰者并未列出该跋文的出处，仅于文中记述其撰写时间为“宋仁宗嘉祐五年夏四月”，时当北宋前期。自北宋前期至元朝初年，几近300年之久，从未有见文献记述此事，未知赵道一所据为何，出处安在？而客观事实是在整个两宋时期，竟无一人引用此文；不仅如此，更令人难解的是明代编纂的《正统道藏》太玄部收有谭景升撰《化书》六卷，《万历续道藏》亦有《化书》六卷，题名为“紫霄真人谭景升”所撰，二书均无陈景元之《后跋》。陈景元为北宋高道，精注《老》《庄》，弘阐教义，在道教史上影响颇大，按理其后由道教界主持编纂的大型《道藏》应该收录其文。但实际情况却是，明正、续《道藏》所收两种谭紫霄所撰《化书》、清代《道藏辑要》收录的道士王一清所撰《化书新声》，以及现存陈景元的所有著述之中，均无此《化书后跋》。然而细阅跋文，时间、人物、经历、内容均言之凿凿，或许此文非《仙鉴》杜撰，作者当有所据，只是时过境迁，文献凋零，难以查其材料所出，只有暂时存疑，留待今后方家查考。

两宋以后，元代的《化书》刻本，现今所见有陶宗仪《说郛》本。

陶宗仪《说郛》原书久佚，仅有多种抄本传世，民国年间张宗祥据六种明抄本加以校理，编成《说郛》一百卷，由上海商务印书馆排印出版，世称涵芬楼百卷本。该本卷四十二列有《化书》六卷目录，题为南唐谭

① 赵道一：《历世真仙体道通鉴》卷三十九《谭峭传》，《道藏》第5册，文物出版社、上海书店、天津古籍出版社，1988年，第326～327页。

峭(字景升)撰,前有宋齐丘之序与碧虚子后跋。但陈碧虚《后跋》已非赵道一《仙鉴》之旧,增加有宋齐丘谋沉谭景升于渊中的故事内容:

景升乃出《化书》授齐丘,曰:"是书之化,此化无穷,愿子序而传之后世。"齐丘授毕,以酒以(饮)景升,雪(虐)之盛醉,以革囊裹景升,缝之投深渊中,夺此以为己书,作序流传于世。后有隐者渔渊,获革囊,剖而视之,一人酣睡囊中,指甲已缠体矣。渔者大呼,乃觉。问其姓名,曰:"我谭景升也。宋齐丘夺我《化书》,沉于渊。今《化书》曾无行乎?"渔者答曰:"《化书》行之久矣。"景升曰:"《化书》若行,不复入世矣。吾睡此囊中,得大休歇,君纳吾体于革囊中,缝而复投斯渊,是所愿望。"渔者如其言,再沉之旧渊。①

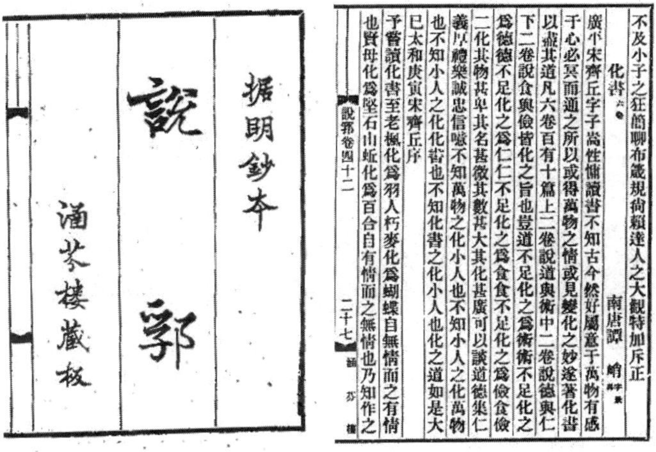
据明钞本
說郛
涵芬楼藏板

不及小子之狂簡聊布箴規倘賴達人之大觀特加斥正
化書 六卷　南唐譚　峭 字景升
廣平宋齊丘字子嵩性慵讀書不知古今然好屬意于萬物有感
于心必冥而通之所以或得萬物之情或見變化之妙遂著化書
以盡其道凡六卷百有十篇上二卷說道與術中二卷說德與仁
下二卷說食與儉皆化之旨也豈道不足化之爲術術不足化之
爲德德不足化之爲仁仁不足化之爲食食不足化之爲儉食儉
二化其物甚卑其名甚微其數甚大其化甚廣可以談道德集仁
義厚禮樂誠忠信噫不知萬物之化小人也不知小人之化萬物
也不知小人之化化者也不知化書之化小人也化之道如是大
已太和庚寅宋齊丘序
予嘗讀化書至老楓化爲羽人朽麥化爲蝴蝶自無情而之有情
也賢母化爲堅石山蚯化爲百合自有情而之無情也乃知作之
說郛卷四十二　二十七　涵芬樓

图 10　涵芬楼影印《说郛》百卷本,卷四十二《化书》②

明成化间陆文量撰《菽园杂记》,称其曾见《化书》两本,一本题"宋齐邱撰",一本记为谭景升撰,宋齐邱序而夺之,并谋害景升沉于渊。谭景升撰本所述内容,正与百卷本《说郛》所记陈碧虚《后跋》相同,文量

① 陶宗仪等编:《说郛三种》卷四十二《化书》,上海古籍出版社,1988年,第698～699页。

② 陶宗仪等编:《说郛三种》,上海古籍出版社,1988年,第698页。

《杂记》疑曰:“此记齐邱夺书颇详,而似涉怪诞。”①可见至迟在明代前期,传为陈碧虚所撰之《化书跋文》中又增加了事涉虚诞的仙迹传说,益证《仙鉴》所述跋文似非信史,故为正、续《道藏》所不取。

现今所见《说郛》传世本主要有两种,除民国张宗祥校理本之外,另一为明末陶珽重编刻印的一百二十卷本,即通常所称的“宛委山堂刻本”。该刻本收有《化书》六卷,题为“谭景升撰”,全书内容自《道化》至《解惑》共 110 篇,书前有目录,而无序跋。由于《说郛》卷帙浩繁,不便刻印,故明代流行多为抄本,宛委山堂本当为该书在明代的惟一刻本。两种《说郛》刻本,明刻本书前无陈碧虚《化书后跋》,而民国涵芬楼本有此跋文,则极有可能为张宗祥校理《说郛》时所加,由此可推知元末明初陶宗仪编纂《说郛》之时即无陈碧虚《后跋》,而涵芬楼本所增加的跋文应为冷僧综合赵氏《仙鉴》与陆氏《杂记》有关记述抄写而成②。

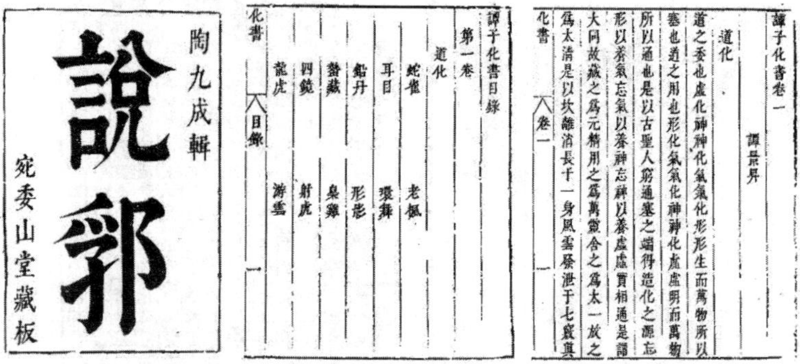
陶九成輯
說郛
宛委山堂藏板

譚子化書目錄
第一卷
道化
蛇雀 老楓
耳目 環舞
鉛丹 形影
蟄藏 梟鸞
四鏡 射虎
龍虎 游雲
化書 目錄 一

譚子化書卷一
譚景昇
道化
道之委也虛化神神化氣氣化形形生而萬物所以
塞也道之用也形化氣氣化神神化虛虛明而萬物
所以通也是以古聖人窮通塞之端得造化之源忘
形以養氣忘氣以養神忘神以養虛虛實相通是謂
大同故藏之為元精用之為萬靈含之為太一放之
為太清是以坎離消長于一身風雲發洩于七竅真
化書 卷一 一

图 11 《说郛》宛委山堂刻本,卷七之《化书》

① 陆容原书云:“家有《化书》一册,云宋齐邱撰。宋学士景濂《诸子辩》云:“《齐邱子》六卷,一名《化书》,世传为伪唐宋齐邱子嵩作,非也。作者终南山隐者谭峭景升,齐邱窃之者也。”后见一书有云:“景升因游三茅,道过金陵,见宋齐邱,出《化书》授之,曰:‘是书之化,化化无穷。愿子序而传之后世。’齐邱以酒饮景升,虐之盛醉,以革囊裹景升,缝之,投深渊中,夺此以为己书,作序传世。后有隐者渔渊,获革囊,剖而视之,一人酣睡囊中。渔者大呼,乃觉。问其姓名,曰:‘我谭景升也。宋齐邱夺我《化书》,沉我于渊。今《化书》曾无行乎?’渔者答曰:‘《化书》行之久也。’景升曰:‘《化书》若行,不复人世矣。吾睡此囊中,得大休歇,烦君将若囊再缝,而复投斯渊,是亦愿望。’渔者如其言,再沉之。齐邱后为南唐相,不得其死。”宜哉!此记齐邱夺书颇详,而似涉怪诞。《化书》,《道藏》中亦有之,云真人谭景升撰。沉渊事若信有之,景升其所谓真人耶。”见《菽园杂记》卷十一,中华书局,1985 年,第 130 页。

② 世称张冷僧癖好抄书,运笔如飞,一日能抄书两万余字,平生抄书九千余卷,前无古人。

明代《化书》的传世版本较多，以今所见，较著者有明《正统道藏》本与《万历续道藏》本、明弘治十七年刘达刊本、明宝颜堂刻本等。

自唐至宋元，历代皆有《道藏》编纂，如唐之《三洞琼纲》，两宋之《宝文统录》、《大宋天宫宝藏》、《万寿道藏》，以及金元之《大金玄都宝藏》、《大元玄都宝藏》等，然皆佚失无传。明英宗正统年间，诏高道刘渊然之弟子邵以正“督校大藏经典”，共编成5305卷；明神宗又于万历年间续编180卷，共记5485卷，后世合称明《道藏》①。明《正统道藏》按“三洞四辅”分类，其太玄部收有《化书》六卷，题名“真人谭景升撰”，前后均无序跋，亦无目录，刻有自《道化》卷之《紫极宫碑》至《俭化》卷之《解惑》共110篇。《道藏》本沿清人康纶钧所题宋版之旧，卷一首篇名为“紫极宫碑”，全书篇名内容亦大致与宋版相同，宋版有个别字误与避讳之处，《道藏》本均径改之。如卷三“书道篇”之“贞”字宋版避讳缺末笔，而《正统道藏》本即改为本字。（见图）

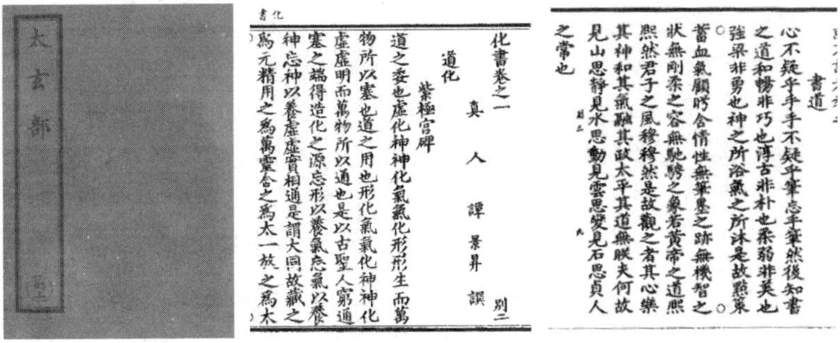
太玄部

化書卷之一　真人譚景升譔　別二
道化
紫極宮碑
道之委也虛化神神化氣氣化形形生而萬物所以塞也道之用也形化氣氣化神神化虛虛明而萬物所以通也是以古聖人窮通塞之端得造化之源忘形以養氣忘氣以養神忘神以養虛虛實相通是謂大同故藏之為元精用之為萬靈合之為太一放之為太

書道
心不疑乎手手不疑乎筆忘手筆然後知書之道和暢非巧也淳古非朴也柔弱非美也強梁非勇也神之所浴氣之所沐是故點策蓄血氣顧盼含情性無筆墨之跡無機智之狀無剛柔之容無馳騁之象若黃帝之道熙熙然君子之風穆穆然是故觀之者其心樂其神和其氣融其政太平其道無朕夫何故見山思靜見水思動見雲思變見石思貞人之常也

图12　明《正统道藏》太玄部之《化书》

《万历续道藏》不分类，亦收《化书》一部，题名为“紫霄真人谭景升撰”，前后亦无序跋，书前录有自《蛇雀》至《解惑》共109篇目录，正

① 明《道藏》原为经折装，每页5行，每行16字。20世纪20年代上海涵芬楼据北京白云观所藏《道藏》影印出版，将原经折装2页合为1页，改为石印线装本印行。其后台湾艺文印书馆与新文丰出版公司先后将涵芬楼本影印出版，现在中国大陆使用较广者为1988年文物出版社、上海书店与天津古籍出版社联合影印涵芬楼本的“三家本”。

文加上《紫极宫碑》共110篇。《万历续道藏》多不避明讳，所收经文明显多自宋刻本而来。但正、续《道藏》均未收录有元赵道一《历世真仙体道通鉴》所记陈碧虚之《化书后跋》，再考虑到元末明初陶宗仪《说郛》为碧虚跋文增加的仙人传说内容，而查阅陈景元的所有著述之中均无该跋文踪影，则《化书后跋》是否为陈景元所撰，跋文究竟撰于何时的学术问题，值得引起学术界重视，有待今后进一步予以考察证实。

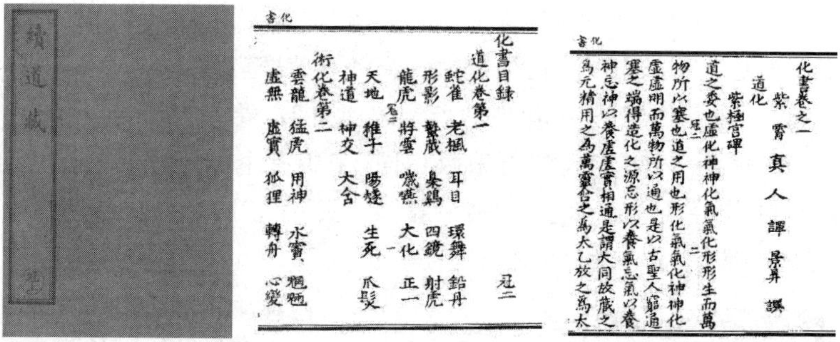
續道藏

化書
化書目錄 冠二
道化卷第一
蛇雀 老楓 耳目 環舞 鉛丹
形影 聲藏 梟鷄 四鏡 射虎
龍虎 將雲 [illegible] 大化 正一
天地 稚子 陽燧 生死 爪髮
神道 神交 大含
術化卷第二
雲龍 猛虎 用神 水竇 魍魎
虛無 虛實 狐狸 轉舟 心變

化書
化書卷之一
紫霄真人譚景昇撰
道化
紫極宮碑
道之委也虛化神神化氣氣化形形生而萬物所以塞也道之用也形化氣氣化神神化虛虛明而萬物所以通也是以古聖人窮通塞之端得造化之源忘形以養氣忘氣以養神忘神以養虛虛實相通是謂大同故藏之為元精用之為萬靈含之為太乙放之為太

图13 《万历续道藏》之《化书》

明代另一重要之《化书》刻本为世传弘治十七年(1504年)刘达刻本。明英宗天顺年间，曾有《化书》之代王府本行世，然“岁久磨灭，见之者罕”，于是明孝宗弘治十七年由刘达等人募集翻刻，即为世传“弘治本”。该刻本《四库全书总目提要》与《增订四库简明目录标注》均有记述，其后叶德辉、傅增湘等人皆曾经眼并予以著录。叶德辉《郎园读书志》记云：

> 《化书》六卷明弘治甲子刘氏刻本
>
> 《化书》六卷，南唐谭峭撰，明弘治甲子刘达刻本。每半叶九行，行二十字，大题《化书》卷之几，次行“紫霄真人谭景升撰”。此书本黄老道家之言，而宋晁公武《郡斋读书志》入之“杂志”。《四库全书总目》因之，殊为失实。且撰人题宋齐邱，亦沿张耒跋语之误。然耒称其文章高简可喜，有称其“君子有奇志，天下不亲”之言，虽圣人出斯言不废。元米(陆)友仁《研(砚)北杂志》称景升书世未尝见，他书

言其论书道，钟、王而下一人而已。今《书道》一条在《仁化》篇，友仁竟未之见，是此书在元时已不甚流传。明代府既刻于前，嘉靖戊戌周藩刻于后，此本居间为之枢纽，明人之有功是书，诚不小矣。谭峭事迹载沈汾《续仙传》，当钞附于后，以便读者取证云。①

此书为叶氏亲见寓目，于版刻形式述之甚详，并言前有明代府刻本，后有嘉靖周藩刻本，前后凡三刻，称誉"明人之有功于是书"甚大。今前后两刻均已不传于世，惟弘治刻本尚存，益显其珍贵。今考《化书》弘治刻本，前有"抱犊山人李绅缙卿序"，后有"碧虚子题化书后"之跋。李绅缙卿之序言：

道在天地间不可见，可见者化而已。化在天地间不可见，可见者形而已。盖道者，日用事物当行之理，无物不有，无时不然，所以不可须臾离也。若其可离，则为外物而非道矣。是道也，未有太极先天而生，本自无名，不得已而强名曰道。道尚强名，何天地万物之有哉！名尚非有，则形形色色者安有所寓哉！自夫易有太极，两仪肇分，气之清者化为天，气之浊者化为地，气之中和者化为人，气之斑驳者化为物。气化而形生，形化而气生，生生化化，若循环然。始而终，终而复始，无穷无极者皆道之委用也。然则非道无以生化，非化无以显道。道之与化，一而二，二而一者也。是故古之圣贤，立言垂询已诏后世，莫不因形而观化，因化以明道，盖亦不得已而然耳。

五代时，南唐有道士谭景升所撰《化书》一册，凡六卷，分道、术、德、仁、食、俭六化，共百一十篇。其意谓道不足，继之以术；术不足，继之以德；德不足，继之以术仁；仁不足，继之以食；食不足，继之以俭。其名愈下，其化愈悉。噫！信斯言也，则无形无化，无化无道，得之可以治身，可以济物，推之可以化乡党邦国，亦有补于世教之文也。苟非格物致知，以精穷理之功；诚意正心，以得尽性之实，知之名，见之的，有以窥阴阳化育之原，达鸢鱼飞跃之机者，孰能兴于斯哉！

国初潜溪先生宋景濂评其文章高简，可亚关伊子，其于黄老道

① 叶启倬辑：《郎园先生全书》卷六《郎志》五，湖南长沙民治书局，1935年，第24页。

德实有所见。且伊子亲受太上老子之教,故其所立卓尔。五代去古益远,斯人所立,旷百世而与之同符,非真有所得,何以及此?尤足以见圣贤之生不偶也如是。

是书在天顺间代府板行,岁久磨灭,见之者罕,方外友郑君常清得是书之旨,恐后人之不及见也,欲翻刊之,谋于定州善士刘达字景亨者,即慨然捐资,命工寿梓,间以序属余。余自谢事,潜心斯道,盖亦有年,尚未有以得其要领,每阅是书,未尝不一唱而三叹。兹因其请,讵能已于言乎?故僭述数语为之引云。

弘治甲子二月望日

赐进士奉政大夫修正庶尹光禄寺少卿抱犊山人李绅缙卿序①

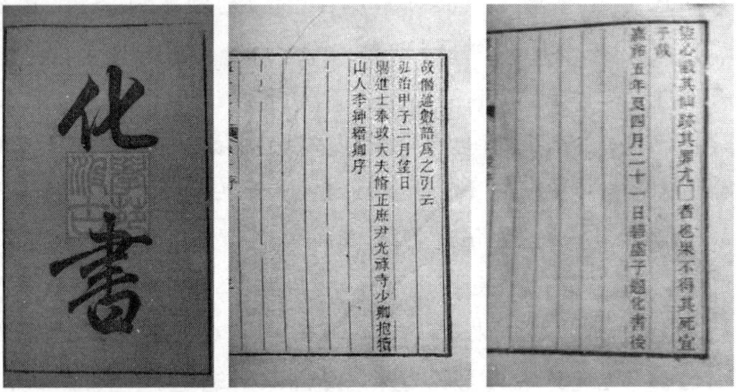

图 14　明弘治刘达刻本《化书》

序文撰者李缙卿,为明代前期之人,赐进士第为奉政大夫,后以光禄寺少卿身份致仕,曾于弘治九年(1496 年)为云南大巍禅师所撰《竹室集》作序。《化书》之序撰于"弘治甲子",即明孝宗弘治十七年(1504 年)。据序文所言,英宗天顺年间(1457—1464)已有代府板刻《化书》行世,但"岁久磨灭",已经罕见。自天顺至弘治不过数十年,明初刻本即已罕见,说明当时板刻印数不多,致有此种现象。但考核史实,早在天顺之前,明编《道藏》已于正统十年(1445 年)刊行,并颁赐天下道教宫观,内中即有谭景升《化书》六卷,不当有"世所罕见"之说。产生这种现象的原因,极有

① 弘治十七年刻本《谭子化书》,李缙卿《化书序》。

可能为《正统道藏》颁赐宫观以后，均为道门珍贵收藏，并未向社会人士开放阅读，以致当时士绅名流皆不知当世另有《化书》刻本藏于名山宫观。弘治刻本还有一种现象值得学人思考，即书后所录陈碧虚跋文。该跋文不见于宋人著述与书目，仅为赵道一《仙鉴》引述。但据学界所考，《仙鉴》大约成书于元世祖至元甲午(1294年)之前，而陈跋所题时间只是“宋仁宗嘉祐五年夏四月”；但时隔二百多年以后，弘治本跋文所题时间更为具体，竟然题为“嘉祐五年夏四月二十一日”，既无历史材料为据，又与宋人题跋款式不符，显有后人作伪之嫌疑。

民国年间，著名藏书家傅增湘先生根据其家传藏书及各大图书馆、私家收藏之善本书籍，编成《藏园群书经眼录》，记录国内外古籍善本4500余种，分为四部排列。其中卷八为子部二，录有《化书》宋版一种，即前述蒋梦苹藏书本；明版两种，即弘治甲子刻本与明宝颜堂刻本。弘治刻本，傅先生所记约与叶氏相同，前有李缙卿之序而后有陈碧虚题跋，并言该本钤有“盛沈观印”与“元亮氏”二方藏书印。

傅先生所记明宝颜堂刻本即明人陈继儒编纂之《宝颜堂秘籍》，原书刊刻于明万历年间，后民国十一年上海文明书局据明刻本石印再版，《藏园》所记应为明之万历刻本。宝颜堂刻本编于《秘籍》“广集”之五，前有李缙卿序与全书六卷之目录，后有陈景元书跋，然不题年月。再者全书不题撰人，惟在每卷篇首列有校订者之姓名，六卷依次为云间陈继儒订、镌李王体国订、镌李顾云鹄校、秀水费慧校正、长水沈道明校正、秀水张彀校正。傅先生所见宝颜堂刻本钤有“古潭州袁卧雪庐收藏”白文印一方①。

《道书全集》九十四卷，为明人阎鹤洲所编，初刊于明万历十九年(1591年)，后中国书店《海王邨古籍丛刊》乃据崇祯复刻万历本影印问世。该书收有《谭子化书》六卷，题为“新刊道书全集谭子化书”，撰人题为“紫霄真人谭景升”。书首刊有抱犊山人李绅(缙)卿之序，继列全书110篇目录，书末有碧虚子《化书后序》，亦题为“嘉祐五年夏四月二十一日”。由全书内容与版式可知，《道书全集》本应与弘治刻本为同一传世系统，而清代《正觉楼丛书》本亦承此系统而刊刻行世。

① 傅增湘：《藏园群书经眼录》第三册，中华书局，1983年，第671页。

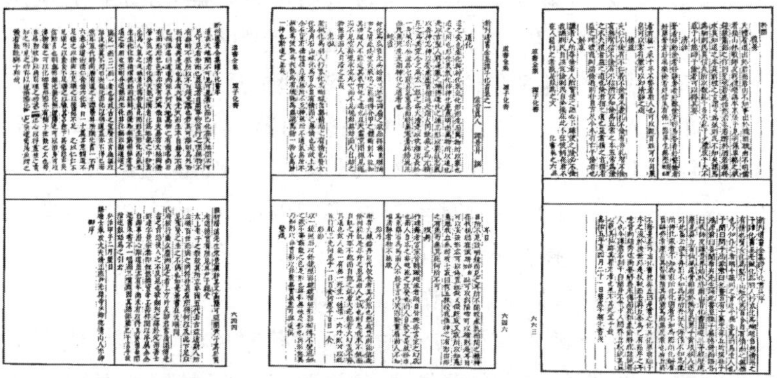

图 15 《道书全集》刊印之《化书》

《化书》的“墨海金壶”本刊刻于清嘉庆年间，原为清代著名刻书家张海鹏所编纂，民国十年(1921 年)上海博古斋石印刊行。该丛书第 125 册“子部”收有《化书》一卷，题为“南唐谭峭撰”，前有《四库提要》一篇，书后有“皇清嘉庆十四年岁在屠维大荒落余月昭文张海鹏较梓”字样，可知该书实即刊刻于清嘉庆十四年(1809 年)。

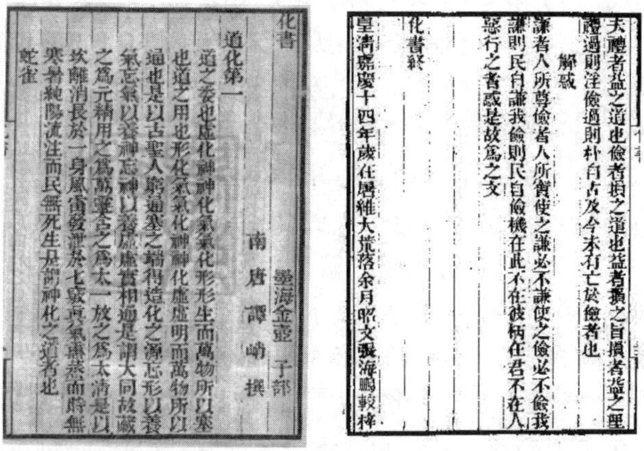
化書　墨海金壺　子部
南唐　譚　峭　撰
道化第一
道之委也虛化神神化氣氣化形形生而萬物所以塞也道之用也形化氣氣化神神化虛虛明而萬物所以通也是以古聖人窮通塞之端得造化之源忘形以養氣忘氣以養神忘神以養虛虛實相通是謂大同故藏之爲元精用之爲萬靈含之爲太一放之爲太清是以坎離消長於一身風雷飛馳於七竅真氣薰蒸而時無寒暑純陽流注而民無死生是謂神化之道者也
蛇雀

夫禮者益之道也儉者損之道也益者損之旨損者益之理禮過則淫儉過則朴自古及今未有亡於儉者也
解蔽
謙者人所尊儉者人所賓使之謙必不謙使之儉必不儉我謙則民自謙我儉則民自儉機在此不在彼柄在君不在人惡行之者惑是故爲之文
化書終
皇清嘉慶十四年歲在屠維大荒落余月昭文張海鵬較梓

图 16　清嘉庆《墨海金壶》本《化书》

《正觉楼丛书》编成于清光绪年间，其中有《谭子化书》六卷，书首牌记为“光绪六年仲春重刊”，书前有抱犊山人李缙卿之序，书后有陈碧虚后跋，同样记有“嘉祐五年夏四月二十一日”，看来“正觉楼”刻本与明弘治刻本、万历《道书全集》本当为同一传世本。

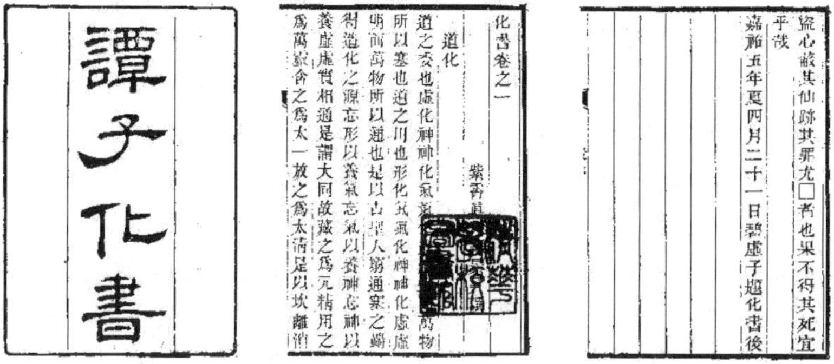

图 17　清光绪《正觉楼丛书》本《化书》

关于《化书》的版本问题，最后有两种版本应予提出加以考察，其一为《盐邑志林》本，其二为《四库全书》本。

之所以特别提出《盐邑志林》本，是因为 20 世纪 90 年代中华书局出版的《化书》点校本，据校者《代序》所言，所据底本即为《盐邑志林》本。《盐邑志林》为明人樊维城所编，初刻于明天启三年(1623 年)，故邵懿辰《增订四库简明目录标注》将其所收《化书》称之为“《盐邑志林》一卷本”，丁日昌《持静斋书目》称之为“明天启刊本”。该丛书乃樊氏任海盐知县时，为“用张兹邑著记之盛”，将自三国至明代的古海盐辖境内四十种著述加以汇集刊刻，为古代第一部内容比较广泛的地域性文集。但因编纂匆促，体例不一，抄合删削，校刻不精，致有若干明显舛误，四库馆臣曾举顾野王之《玉篇广韵直音》为例，认为臆合古人之二书为一书，“尤为舛谬”①。而《志林》所刊

① 《四库全书总目提要·盐邑志林》记载：“是编乃维城官海盐县知县时辑海盐历朝著作，共为一集，凡三国三种，晋二种，陈一种，唐一种，五代一种，宋三种，元一种，明二十九种。其中如陆绩《易解》之类，多出抄合，明人所著，又颇删节，大抵近《说郛》之例。其最舛误者，莫如顾野王之《玉篇广韵直音》。《玉篇》自唐上元中经孙强增加，宋人又有大广益会之本，久非原帙。举今本归诸野王，已为失考。又《玉篇》自《玉篇》，《广韵》自《广韵》，乃并为一书，尤为舛谬。且《玉篇》音用翻切，并无直音之说，忽以直音加之野王，更不知其何说。考首卷订阅姓名，列姚士粦、郑端允、刘祖钟三人。士粦固当时胜流，号为博洽者也，何其误乃至于是哉！”

《谭子化书》亦有此习,竟将原《化书》六卷合为一卷(后之《墨海金壶》一卷本即由此而来),既无目录卷帙,又无前人序跋,徒列白文于书,殆近《说郛》之例,为自宋刻《化书》以来最简要之书,于文献校勘绝非善本,不知何故点校者竟将此简本定作底本以校勘《化书》? 据校者前言,所用《盐邑志林》本与《道藏》本为同一系统,故而采用此本。明《道藏》本至今仍存,目录卷帙均全,并已校正若干宋本之误,那为何不直接以《道藏》本为底本? 经查中华点校本之校记,凡遇《志林》本与《道藏》本相异之处,点校本均不出校记,亦不作任何说明,此种古籍点校,于今实在寡见。至于引用它书之处,更是错讹满目,不忍卒读。如引陆游《南唐书》,书中"张道陵符篆"误作"张道陵府篆","俄而无疾卒"讹为"俄不疾卒","自言得天心正法"改作"自古得天心正法",凡此种种,不一而足①,如《医林改错》,越改越错,如此治学,敷衍古籍,贻误后学,值得检讨。

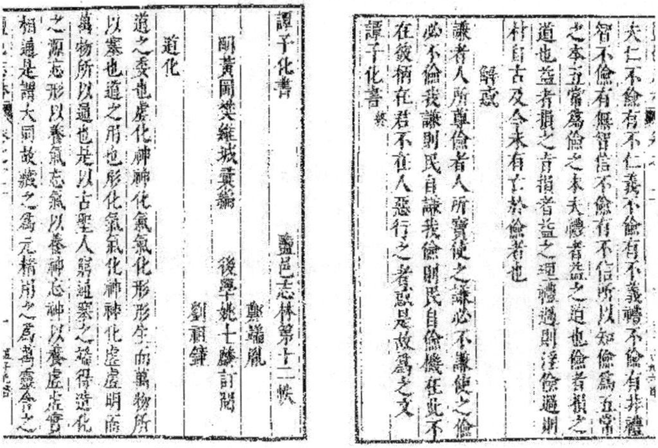
譚子化書　鹽邑志林第十二帙
鄭端胤
郵黃岡樊維城彙編　後學姚士粦訂閱
劉祖鍾
道化
道之委也虛化神神化氣氣化形形生而萬物所
以塞也道之用也形化氣氣化神神化虛虛明而
萬物所以通也是以古聖人窮通塞之端得造化
之源忘形以養氣忘氣以養神忘神以養虛虛實
相通是謂大同故藏之爲元精用之爲萬靈含之

夫仁不儉有不仁義不儉有不義禮不儉有非禮
智不儉有無智信不儉有不信所以知儉爲五常
之本五常爲儉之末夫禮者益之道也儉者損之
道也益者損之旨損者益之理禮過則淫儉過則
朴自古及今未有亡於儉者也
解惑
謙者人所尊儉者人所寶使之謙必不謙使之儉
必不儉我謙則民自謙我儉則民自儉機在此不
在彼柄在君不在人惡行之者惑是故爲之文
譚子化書　終

图 18 《盐邑志林》本之《化书》(不分卷)

《四库全书》将《化书》列入"子部杂家",题名为"南唐谭峭撰"。全书六卷,自卷一《道化》至卷六《解惑》共 110 篇②。

① 见中华书局点校本《化书》,1996 年,第 94 页。

② 《文渊阁四库全书》第 849 册,台湾商务印书馆,1986 年,第 227～251 页。

据《四库总目提要》，该书为“江西巡抚采进本”，其云：

旧本题曰《齐邱子》，称南唐宋齐邱撰。宋张耒跋其书，遂谓齐邱“犬鼠之雄，盖不足道”。晁公武亦以齐邱所撰著于录。然宋碧虚子陈景元跋称：旧传陈抟言“谭峭景升在终南著《化书》。因游三茅，历建康，见齐邱有道骨，因以授之曰：‘是书之化，其化无穷，愿子序之，流于后世’。于是杖靸而去。齐邱遂夺为己有而序之。”则此书为峭所撰，称《齐邱子》者，非也。书凡六篇，曰《道化》、《术化》、《德化》、《仁化》、《食化》、《俭化》，其说多本黄老道德之旨，文笔亦简劲奥质。元陆友仁《砚北杂志》称：谭景升书，世未尝见。他书言：其论书道，钟、王而下一人而已。今考“书道”一条，见在《仁化》篇中，而友仁顾未之见。则元世流传盖已罕矣。明初代王府尝为刊行，后复有刘氏、申氏诸本。今仍改题《化书》，而以陈景元跋附焉。峭为唐国子司业洙之子，师嵩山道士，得辟谷养气之术，见沈汾《续仙传》中。其说神怪不足深辨。又道家称峭为“紫霄真人”，而《五代史·闽世家》称：王昶好巫，拜道士谭紫霄为正一先生。其事与峭同时，不知即为一人否？方外之士，行踪靡定，亦无从而究诘矣。①

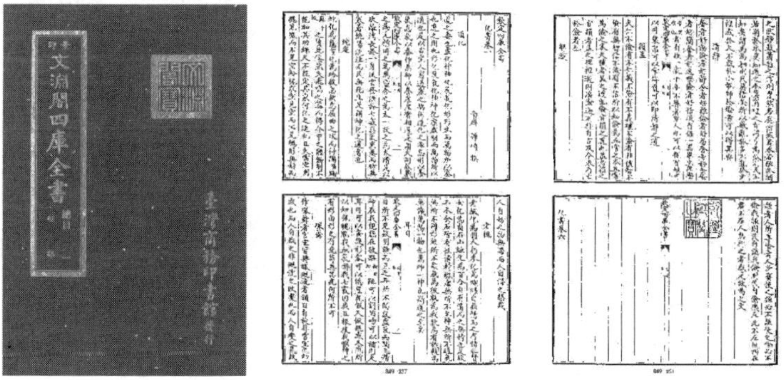

图 19　《文渊阁四库全书》本之《化书》

《四库提要》所评，一则介绍书名之衍变，即原题《齐邱子》，后据宋

① 永瑢等：《四库全书总目》，中华书局，1965 年，第 1011 页。

碧虚子陈景元跋改作《化书》,“称《齐邱子》非也”。二则介述作者之两说,原以“南唐宋齐邱撰”为错,断定“此书为(谭)峭所撰”。三则概说《化书》之分卷与内容,全书分为六卷,有《道化》、《术化》、《德化》、《仁化》、《食化》与《俭化》,“其说多本黄老道德之旨,文笔亦简劲奥质”。四则考证版本流传,于明初有代王府刊行本,后复有刘氏(弘治)本、申氏诸本。只是《提要》称:“今仍改题《化书》,而以陈景元跋附焉。”然检核今存《文渊阁四库全书》本,并无陈景元之跋,未知何故。或许是四库馆臣察检碧虚子跋文仅来自元人之《仙鉴》,明世附益渐增,多为教门传说,原无文献根据,故终未附之,留以待考罢了。至于谭峭与谭紫霄竟为一人,抑或是二人,四库馆臣亦感觉既于文献无征,道门之士游踪难考,“亦无从而究诘矣”。总而言之,《四库全书总目》对于《化书》的评述,于书名、撰人、版本及内容均有论及,言之有据,持论平允,在清代所能掌握的文献资料的情况下,信者存信,疑者存疑,相当于为《化书》的版本流传做了一个综合性的学术总结。

(作者为华侨大学宗教文化研究所所长、教授)

《广成集》所见道教天文星占文化考述①

孙伟杰　盖建民

一、引言

杜光庭活跃于唐末、前蜀两朝，僖宗第一次入蜀避乱(881 年)后，受僖宗礼遇，获赐紫衣。尔后长居蜀地，继被王建父子所赏识，屡获封赐，可谓显赫一时。今《广成集》所收录的斋醮词大多作于其居蜀期间。例如，《广成集》卷九《李延福为蜀王修罗天醮词》：

> 伏以道冠虚无，功先覆载。……今复大游四神，方在雍秦之野；小游天一，仍临梁蜀之乡。地一次于坤宫，月孛行于井宿。仰兹纬候，缅彼灾蒙……②

《广成集》卷十四《张相公九曜醮词》云：

> 伏闻大道凝光，上玄垂象。照临九土，覆育群生。主录吉凶，司明罪福。洪纤备察，毫末无遗……今则迍滞宫中，土星所历。身位之内，计都所临。神首火星，仍居对照。生月命位，俱值天符。以此灾躔，遂成灾厄……③

上述两阙斋醮词，是杜光庭《广成集》为数众多的斋醮词中的代表

---

① 本文为国家社会科学基金重点项目“道教与中国传统天文历法互动关系研究”(批准号 13AZJ009)的阶段性成果。

② 杜光庭撰，董恩林点校：《广成集》卷 9，中华书局，2011 年，第 126～127 页。下文凡所引述《广成集》皆据董恩林中华书局点校本。关于《广成集》的版本及内容变迁，参见罗争鸣：《杜光庭著述考辨》，《宗教学研究》2004 年第 4 期。

③ 杜光庭撰，董恩林点校：《广成集》卷 14，中华书局，2011 年，第 200～201 页。

作，杜光庭在此为我们展现了包括九宫贵神①、十神太一②、十一曜星命等多种占卜方法，涉及天文、术数等不同方面。斋醮科仪是道教参与社会生活的重要方式之一，在斋醮仪式中，需要向祈请的神灵敬献斋醮词，对这一文本进行宗教学与历史学的综合考察，不仅可以呈现道教斋醮的特定历史处境，更可窥见道教科仪的社会功能③。所以《广成集》的内容虽是道教的上章祈祷词，但却以一种特殊的形式反映了唐末五代道教以斋醮科仪活动的方式参与社会生活的情况④。有鉴于此，本文主要通过解读《广成集》斋醮词中天文分野与星命思想，探寻文辞背后仪式与社会、政治、异域文化的互动关系，希冀从道教天文的新视野来剖析《广成集》中所蕴涵的唐末宗教、科学与社会互动的复杂历史面相。

二、天文分野、十神太一与王权象征

天文分野理论的基本思想是将某一天区示现的天象与地上对应郡国州府的吉凶相联系⑤。这一理论出现较早，早在《周礼·春官宗伯》中便有“保章氏掌天星，以志星辰日月之变动，以观天下之迁，辨其吉凶。以星土辨九州之地所封。封域皆有分星，以观妖祥”⑥的记载。至西晋时，已经形成一种以十二州系统为主并兼容十三国系统的分野学说⑦。天文分野与祥瑞灾异理论密切联系，因此，在古代天文分野的设定往往成为地方势力与正统王权角力的场域之一。

---

① 唐代九宫贵神分别是招摇、轩辕、太阴、天一、天符、太一、摄提、咸池、青龙。吴丽娱先生认为祭祀九宫神在玄宗崇祀老子之后，与道教的关系不容否定。参见吴丽娱：《论九宫祭祀与道教崇拜》，荣新江主编《唐研究》第9卷，北京大学出版社，2003年，第290页。

② 十神太一指君基太一、臣基太一、民基太一、五福太一、天一太一、地一太一、四神太一、大游太一、小游太一、直符太一。

③ 吴真：《从杜光庭六篇罗天醮词看早期罗天大醮》，《中国道教》2008年第2期。

④ 孙亦平：《杜光庭评传》，南京大学出版社，2005年，第92页。

⑤ 江晓原：《天学真原》，译林出版社，2011年，第183页。

⑥ 阮元校刻：《十三经注疏》，中华书局，1980年，第819页。

⑦ 邱靖嘉：《“十三国”与“十二州”——释传统天文分野说之地理系统》，《文史》2014年第1辑。

唐代流行的十神太一巡行理论在天文分野思想基础上融入数学推算，这种理论认为不同的太一神运行至不同的方位，会给所对应的分野带来吉凶灾福。其起源或可追溯至南朝梁，不过直到中晚唐时才显现出重要影响。《旧唐书·经籍志》著录有《太一大游历》二卷、《大游太一历》一卷[①]。

现存最早系统记载十神太一理论的典籍是唐王希明[②]《太乙金镜式经》，稍后是北宋杨维德[③]所集《景祐太乙福应经》。由于对这种理论进行选择性的诠释可以对王权施加影响，唐时中央政府明令禁止私人收藏相关书籍：《唐律疏议》卷九严格禁止私人有《太一式》[④]，唐代宗大历二年(767年)亦重申禁令[⑤]。虽然如此，十神太一理论在民间社会似乎仍有流传。据李肇《唐国史补》所载："元和(806—820)初，阴阳家言：五福太一在蜀。故刘辟造五福楼，符载为之记。"[⑥]《新唐书》卷一五八《刘辟传》亦有简述："且以术家言五福太一舍于蜀，乃造大楼以祈祥。"[⑦]这是地方藩镇率先运用十神太一巡行理论的先例。刘辟为中晚唐时西川节度使，宰治一方，按照《太乙金镜式经》的解释，"五福太乙所临之分，无兵革、疾役、饥荒、水旱之灾"[⑧]。因此作为一方之主的刘辟才要兴造五福楼以纪念。而据《景祐太乙福应经》的记载，唐高祖、太宗、玄宗、昭宗、哀帝、后唐明宗、闵帝时，都有关于十神太一巡行造成灾福的记载，不过比对官方史志，《景祐太乙福应经》中的许多记载当为宋人依据十神太一理论对前朝史事的补述与附会。

及至唐末，十神太一理论在杜光庭《广成集》中得以运用，如《川主周天南斗醮词》：

---

① 刘昫等撰：《旧唐书》卷47《经籍志下》，中华书局，1975年，第2042页。

② 《新唐书·艺文志》"天文类"载有"王希明《丹元子步天歌》一卷"。

③ 杨惟德另撰有《景祐遁甲符应经》三卷、《景祐六壬神定经》十卷，并编撰《武经总要后集》的最后五卷。

④ 刘俊文：《唐律疏议笺解》，中华书局，1996年，第763页。

⑤ 刘昫等撰：《旧唐书》卷11《代宗纪》，中华书局，1975年，第285页。

⑥ 李肇：《唐国史补》卷中，上海古籍出版社，1979年，第38页。

⑦ 欧阳修、宋祁撰：《新唐书》卷158《刘辟传》，中华书局，1975年，第4938页。

⑧ 《太乙金镜式经》卷5，《景印文渊阁四库全书》第810册，台湾商务印书馆，1986年，第892页。

蜀之星躔，上当鹑首；蜀之分野，下接坤维。当申未之方，在参井之度……地一将移于益部。①

《罗天中级三皇醮词》：

今又大游四神，在雍秦之分；小游天一，次梁蜀之乡。地一镇于坤隅，月孛行于井宿。②

《蜀王本命醮葛仙化词》：

今属太一，行运分野。虑灾或临，梁益之方。或在雍秦之境，月孛缠于井宿，地一灾于坤隅。③

经笔者统计，在《广成集》中一共出现了“大游”、“四神”、“天一”、“直符”、“小游”、“地一”六种太一，这与它们所表征的吉凶祸福直接相关。据《太乙金镜式经》和《景祐太乙福应经》所载：

大游太乙者，巡考八宫，与小游同宫……考较人君善恶。……太乙在阳宫，辽东不见兵；太乙在阴宫，蜀汉可以全身。八、三、四、九为阳宫，二、十、七、六、一为阴宫。④

四神太乙者，水神也。纪纲有道之代则昌，无道之代则殃。若临克贼之乡，兼君无道，则兵革、水旱、饥荒也。⑤

天乙太乙者，金神也。取六宫金气，主兵革。若累年兵革相接者，天乙临之，即有胜负。为金能决断，主兵丧也。⑥

直符太乙者，火神也，乃天帝之使者，天遣观察理道于万民，若临无道之邦，即兵革、水旱、疾疫、饥馑、流亡也。⑦

---

① 杜光庭撰，董恩林点校：《广成集》卷 8，中华书局，2011 年，第 107 页。

② 杜光庭撰，董恩林点校：《广成集》卷 9，中华书局，2011 年，第 127 页。

③ 杜光庭撰，董恩林点校：《广成集》卷 9，中华书局，2011 年，第 131～132 页。

④ 《太乙金镜式经》卷 5，《景印文渊阁四库全书》第 810 册，台湾商务印书馆，1986 年，第 893 页。

⑤ 《太乙金镜式经》卷 5，《景印文渊阁四库全书》第 810 册，台湾商务印书馆，1986 年，第 894 页。

⑥ 《太乙金镜式经》卷 5，《景印文渊阁四库全书》第 810 册，台湾商务印书馆，1986 年，第 894 页。

⑦ 《太乙金镜式经》卷 5，《景印文渊阁四库全书》第 810 册，台湾商务印书馆，1986 年，第 894 页。

小游所在，考治之地兵丧、水旱、流亡、饥馑、终失其地。①

地乙者，土神也，掌地之主，而浮载同行，所守之宫主兵丧，若临无道之邦，即五谷荒歉、庶民流亡、地震山崩、虫生、灾异。②

也就是说，这六种太一往往与水旱、饥馑、兵革等一系列的灾祸相连，而此时社会正值战乱，动荡不安，因此表凶的太一才会频繁示现。而当它们出现时，修醮禳灾便成为道门参与社会事务必不可少的举措。

据《李延福为蜀王修罗天醮词》提到的“十七年之临抚，宰制一方”，可以推断罗天大醮作于王建主政蜀地的第十七年，即公元 907 年。这一年，主凶的几种太一集中运行至秦蜀之地，是大凶之年，加之此年正好又是王建的本命年，亦有凶星照临，所以此年需要引起格外的重视，王建正是通过本命醮与罗天大醮，将与个人的休咎祸福与王权联系在一起，正如法国学者傅飞岚(Franciscus Verellen)所指出的，蜀主王建在本命年至本命之化修建本命醮，道教醮仪在这里进一步确认了王建统治蜀地的神学正统性③。同时，醮词中的“月孛行于井宿”在天象上对蜀地而言也是大凶之象。有学者经过测算，计算出月孛在 907 年的 4 月 1 日到 12 月 26 日之间运行在井宿的范围内，这表明醮词中“月孛行于井宿”的说法并非杜光庭杜撰④。

值得注意的是，十神太一理论集中出现的《川主令公南斗醮词》、《罗天中级三皇醮词》、《太子为皇帝醮太乙及点金箓灯词》等斋醮词，是在专为蜀主所举行的罗天大醮、周天大醮、金箓斋等仪式中所使用。这些斋醮科仪并非一般百姓所能享用，甚至王侯亦难企及，这从另一侧面也说明基于天文分野的十神太一理论与王权的密切联系。

---

① 《景祐太乙福应经》卷 5,《续修四库全书》第 1061 册，上海古籍出版社，2002 年，第 16 页。

② 《景祐太乙福应经》卷 5,《续修四库全书》第 1061 册，上海古籍出版社，2002 年，第 16 页。

③ Franciscus Verellen, *Liturgy and Sovereignty: The Role of Taoist Ritual in the Foundation of the Shu Kingdom(907—925)*, Asia Major, Volume 2, Part 1, 1989, p. 71.

④ 钮卫星：《唐宋之际道教十一曜星神崇拜的起源和流行》,《世界宗教研究》2012 年第 1 期。

在叙述十神太一巡行方位时，醮词中常常出现“申未之方”、“参井之度”、“雍秦之分”、“梁蜀之乡”、“上当鹑首”、“实沉之墟”等天文分野术语，那么《广成集》中出现的天文分野与唐代流行的天文分野究竟有何关系？笔者择取了有关唐代分野的官方史志和当时流行的几种占验典籍，将其中涉及蜀地的天文分野罗列成表。

表 1　《旧唐书》等典籍中涉及蜀地的天文分野

典籍出处	十二辰	十二次	二十八宿	十二州十三国分野
《旧唐书·天文志》①	申	实沉	觜觿、参伐	
	未	鹑首	东井、舆鬼	
《新唐书·天文志》②		实沉	觜觿、参伐	
		鹑首	东井、舆鬼	
《天地祥瑞志》③	申	实沉		益州④，晋魏
	未	鹑首		雍州，秦
《乙巳占》⑤	申	实沉	毕、觜、参	益州，晋魏
	未	鹑首	井，鬼	雍州，秦
《开元占经》⑥	申	实沉	毕、觜、参	益州，魏
	未	鹑首	东井、舆鬼	雍州，秦
《广成集》⑦	申	实沉	参	
	未	鹑首	井	雍，秦

① 刘昫等撰：《旧唐书》卷 36《天文志下》，中华书局，1975 年，第 1311～1313 页。

② 欧阳修、宋祁撰：《新唐书》卷 31《天文志一》，中华书局，1975 年，第 822～823 页。

③ 传为萨守真撰于麟德三年（666 年），今本有缺失。萨守真撰：《天地祥瑞志》卷一，日本昭和七年抄本，高柯立选编《稀见唐代天文史料三种》（下），国家图书馆出版社，2011 年，第 24 页。

④ 此表中实沉所对应的益州，非指蜀地的益州。

⑤ 李淳风：《乙巳占》第 1 册，王云五主编《丛书集成初编》本，商务印书馆，1936 年，第 48～49 页。

⑥ 李淳风：《开元占经》，九州出版社，2012 年，第 609～611 页。

⑦ 表中《广成集》中的分野为笔者依据斋醮词整理而成。

由上表可以发现，杜光庭斋醮词中所出现的几种天文分野与唐代流行的分野理论基本一致，这表明杜光庭对于传统的天文分野理论并不陌生甚至相当熟识。杜光庭在斋醮词中将“梁蜀之乡”与“雍秦之野”对举，“梁益之方”与“雍秦之境”并提，“雍”、“梁”当指《尚书·禹贡》九州中的雍州、梁州，为古州名，“秦”、“蜀”当为古国名，“益”当为益州（蜀地），这些分野都对应着王建统治下的蜀地。

不过醮词中似乎又有将“秦”当做唐王朝的象征的说法。例如，在《蜀王本命醮葛仙化词》中，王建祈愿“帝图兴复，息灾期而辇跸还秦；境寓康宁，销否运而祯祥介蜀”。“帝图兴复”、“辇跸还秦”在这里显然是指代唐朝皇帝所言，那么斋醮词中屡次出现的秦蜀对举，则有着更多的意涵：一方面显示出王建对唐之正朔的“敬奉”，这与斋醮词中出现的“长奉唐年”、“永奉帝图”、“克保唐年”一脉相承，另一方面也为王建作为蜀主护佑一方的正统性与合法性加注。所以举行罗天大醮的同一年，在朱温篡唐后，王建便将自己的统治合法性与唐王朝连结在一起，打着尊唐护主的旗号割据一方了。《资治通鉴》对蜀王称帝一事亦有载录：“蜀王会将佐议称帝，皆曰：大王虽忠于唐，唐已亡矣，此所谓天与不取者也。冯涓独献议，请以蜀王称制，曰：朝兴则未爽称臣，贼在则不同为恶。王不从，涓杜门不出。王用安抚副使、掌书记韦庄之谋，帅吏民哭三日；己亥，即皇帝位，国号大蜀。”①显然，蜀主王建并不满足于以“蜀王”称制，在经过一番掩饰之后，便迫不及待得称帝建国。杜光庭在《广成集》中运用其所掌握的天文术数知识，通过道教斋醮科仪为蜀主王建的政权合法性进行了宗教神圣性阐释，显示了其服务王权的政治理想。

三、十一曜与星命

唐末五代之时，源自希腊、罗马并经改造的天文星命概念和技术陆续传入中国，大举进入官方天文历法体系和民间日常生活场域，西方的

① 司马光：《资治通鉴》卷266《后梁纪（一）》，中华书局，1956年，第8685页。

九曜或十一曜观念及以此推算行年的星命占验和禳除之术，得到了广泛的传播和崇信，行用甚炽。“九曜行年”是一种以年岁为据而将命运与九曜联系起来的推命术。这种推命方式，唐代已经相当流行。但差不多同时，九宫、八卦等命理术语渗入进来并成为九曜推命的重要组成部分①。这一星命术对杜光庭亦有影响。

在《广成集》保存最多的本命斋醮词中随处可见诸如“今年则暗曜土星在身宫之上……火星近刑厄之宫，金星躔克性之位”②。“木星退身宫之上，土星照三合之方。金水二星乖背之宿，飞天火曜居本命之辰。九宫土星复当生月。”③“今则迍滞宫中，土星所历。身位之内，计都所临。神首火星，仍居对照”④的记载。这里杜光庭推算个人年命吉凶所采用的正是唐末流行的十一曜行年法，不过醮词中的十一曜行年法已经过改造，融入了更多本土的星命方法。

为何斋醮词中会见到如此多的天文星命术语，《隋书·经籍志》的一段话或许可以帮助理解：“有诸消灾度厄之法，依阴阳五行数术，推人年命书之，如章表之仪，并具贽币，烧香陈读。云奏上天曹，请为除厄，谓之上章。夜中于星辰之下，陈设酒脯饼饵币物，历祀天皇太一，祀五星列宿，为书如上章之仪以奏之，名之曰醮。”⑤也就是说道教斋醮科仪中重要的一环便是在斋戒以后通过上章等形式将推算出的年命与星神相沟通，祈请神灵降福除厄。李献璋、福井康顺等人据此认为醮仪的形成与星宿信仰有密切关系⑥。所以在斋醮科仪中必然会大量涉及天文星命的内容。

在杜光庭所作斋醮词涉及的诸多星曜中，既有常见的日、月、五星，

---

① 赵贞：《“九曜行年”略说——以 P. 3779 为中心》，《敦煌学辑刊》2005 年第 3 期。余欣：《唐宋之际“五星占”的变迁：以敦煌文献所见辰星占辞为例》，《史林》2011 年第 5 期。

② 杜光庭撰，董恩林点校：《广成集》卷 8，中华书局，2011 年，第 117～118 页。

③ 杜光庭撰，董恩林点校：《广成集》卷 8，中华书局，2011 年，第 118～119 页。

④ 杜光庭撰，董恩林点校：《广成集》卷 14，中华书局，2011 年，第 200～201 页。

⑤ 魏征等撰：《隋书》卷 35《经籍四》第 4 册，中华书局，1973 年，第 1092～1093 页。

⑥ 李献璋：《道教醮仪的开展与现代的醮》，《中国学志》(5)，泰山文物社，1968 年，第 15 页。福井康顺等监修，朱越利译：《道教》第 1 卷，上海古籍出版社，1990 年，第 173 页。

也有异域而来的罗睺、计都(合称九曜),再加上紫炁、月孛,便是通常所称的十一曜。钮卫星认为十一曜星命学基本上可确定是由中国本土术士在九曜星命学的基础上融合了本土的太一天神和九宫贵神等天神崇拜后改造而成,这个过程中本土术士的主要发明是引入了紫炁一曜,这个改造过程大致发生在唐末到宋初的某个时候,但没有充足的证据指向某一个术士个体或群体①。而据笔者考证,道经中见载十一曜以唐代道经《内音经》为最早,该经创作时间不早于唐玄宗天宝十年(751年)②。其中已经明确记载了十一曜的相关内容:

> 十一曜中惟有紫炁,不示象,则永不兴灾异。日示赤鸡,月示白兔。日遇春青龙,夏朱雀,秋白虎,冬玄武。月兔中有青桂、白杵,四时不变。木德星君兔头、猪身、虎尾。火德星君马身、蛇尾。金德星君猴头、鸡身。水德星君黑猿捧笔墨砚。土德星君羊角、龙头、犬耳、牛身。罗睺星君羊角、犬爪、牛尾、龙身。计都星君龟。月孛星君蛇。若示此正象,皆不为灾。若兴变异,昏暗不明,悉无文采,日月木金紫水皆不为灾。若遇失次,则略失明。火失次,赤发露眼;土失次,迟滞;罗、计、孛失次,皆随十二宫变相,则示灾。遇金星吉。若能依度禳之则吉。③

也就是说十一曜早在中唐之时已为道教经典所吸纳④。那么,杜光庭对十一曜是否了解呢?

据《道门科仪大全集》卷四十五"解禳星运醮仪图叙"记载:"杜天师旧有《河图九曜醮仪》一卷,后有《十一曜忏》一卷,于三时行持,有

① 钮卫星:《唐宋之际道教十一耀星神崇拜的起源和流行》,《世界宗教研究》2012年第1期。

② 参见孙伟杰、盖建民:《黄道十二宫与道教关系考论》,《中国哲学史》2015年第3期。注:《内音经》为《太上三十六部尊经》之一,其名曾出现在《无上内秘真藏经》中,因此《内音经》当早于《真藏经》,而《真藏经》很可能产生于玄宗朝。(参见王有英:《〈无上内秘真藏经〉的伦理内蕴及其施教方式》,《河北学刊》2014年第6期。)这一论点间接支持了笔者关于《内音经》创作时代的推论。

③ 《内音经》,《道藏》,文物出版社、上海书店、天津古籍出版社,1988年,第1册,第591页。

④ 有关十一曜尤其是月孛、紫炁在道教中的流变过程,此不赘述,笔者另撰文指出。

所不备，多以消灾仪而兼行。”[①]此卷题为“三洞经箓弟子仲励编”，一般认为仲励为南宋时人[②]。按照此记载，杜光庭已将九曜、十一曜融入道教的斋醮忏仪之中，那么他对于九曜、十一曜应当有相当的了解。

不过十一曜在《广成集》中却并未全部出现，出现最少的“月孛”，除了前文提到的“月孛行于井宿”用来与分野相配之外，与本命行年相关的，就只在《孙途司马本命醮词》中出现了一次：“十三宿内，月孛所经。”[③]而“紫炁”则一次也没有出现，这显然不应归结为杜光庭的疏忽。在斋醮词中之所以没有提及“紫炁”这一曜，恐怕与《内音经》所讲述的“十一曜中惟有紫炁不示象，则永不兴灾异”的说法直接有关，因为十一曜中只有紫炁与灾异没有关联，所以在以禳灾祈福为目的的斋醮词中才不会出现“紫炁”的身影。

对于十一曜尤其是九曜的吉凶善恶，仔细观察，不难发现在《广成集》斋醮词中，“土星”、“火星”、“罗睺”、“计都”四曜多与凶祸并称，而“木星”则与吉事相连。例如，《亲随为大王修九曜醮词》：

> 首尾蚀神（罗睺、计都的别称），皆为临照。[④]

《皇后本命醮词》：

> 罗睺躔克姓之宫，土星临乖背之宿。火曜行度，将入身宫。[⑤]

《前嘉州团练使司空王宗玠本命词》：

> 窃以土星居身命之宫，于兹数岁。火曜临田宅之位，犹在子方。……虽冬首有木星之福，而实时值行运之灾。[⑥]

这种五星善恶说尤其是将“土星”视为恶曜的观念显然不是中国传统星学文化的内容，反而是在自印度而来的佛教典籍中较为常见。例

① 《道门科仪大全集》卷45“解禳星运醮仪图叙”，《道藏》第31册，文物出版社、上海书店、天津古籍出版社，1988年，第859页。

② 罗争鸣：《杜光庭著述考辩》，《宗教学研究》2004年第4期。

③ 杜光庭撰，董恩林点校：《广成集》卷9，中华书局，2011年，第134～135页。

④ 杜光庭撰，董恩林点校：《广成集》卷8，中华书局，2011年，第119～120页。

⑤ 杜光庭撰，董恩林点校：《广成集》卷13，中华书局，2011年，第184页。

⑥ 杜光庭撰，董恩林点校：《广成集》卷16，中华书局，2011年，第219～220页。

如唐代高僧一行所修述的密教经典《梵天火罗九曜》便详细论及九曜的吉凶及祈禳之法①。

表 2 《梵天火罗九曜》所见星曜吉凶善恶

九曜	有关吉凶善恶的记载	吉凶
罗睺	临人本命，忧官失位，重病相缠，财物破散丧服愁口舌。	凶
计都	若临人名(命)，官最多逼塞，求官不遂，务被迁移，官符相缠，多忧疾病，此星凶。	凶
土星	其宿最凶，偏临宫之然及遮(庶)人，此宿贞慎疾病牢狱，君子重厄之年。	凶
水星	若临人本命，主阴愁口舌盗贼牵唤。	凶
金星	临人本命，至(主)有哭泣刀兵。	凶
火星	若临人命，必生口舌，疾病相缠。	凶
木星	临人本命，加官进禄，万事吉祥。	吉
日	若临人本命，加官进禄有喜事，常得贵人接引，所作通达。	吉
月	若临人本命，大吉，加官进禄所作通达，得贵人接引，长有喜庆之事。	吉

很显然，杜光庭在《广成集》中谈及的星曜吉凶与《梵天火罗九曜》的记载基本一致。类似的表述亦见于一行所撰的另一密教经典《宿曜仪轨》："四大恶曜，所谓火曜、土曜、罗睺、计都。"②这种外来的星命文化在唐时曾极为流行，陈万成先生对此有所深论，此不赘述③。

与杜光庭时代交合，约出于唐末昭宗乾宁(894—898)年间的《秤星

① 《梵天火罗九曜》，《大正新修大藏经》，财团法人佛陀教育基金会出版部，1990 年，第 21 册，第 459～462 页。

② 《宿曜仪轨》，《大正新修大藏经》，财团法人佛陀教育基金会出版部，1990 年，第 21 册，第 423 页。

③ 参见陈万成：《杜牧与星命》，原载《唐研究》第 8 期，北京大学出版社，2002 年，第 61～79 页。后收录于其著《中外文化交流探绎：星学·医学·其他》，中华书局，2010 年，第 1～24 页。

灵台秘要经》，经末有一首《洞微限歌》(有缺文)也讲述星命之术。宋晁公武《郡斋读书志》卷十四记载："《秤星经》三卷，以明五星、罗睺、计都、紫炁、月孛十一曜，演十二宿度，以推人之贵贱休咎，不知其术之所起，或云天竺梵学也。"[①]饶宗颐先生曾据此推测道藏本《秤星灵台秘要经》可能就是出于此经[②]。经中歌诀云："人生贵贱禀星推，限数交宫各有时。若遇罗睺金木曜，太阳紫炁月同随。限逢此曜加官禄，火土二星到便危……家宅不宁因孛(月孛)至，更兼钝闷恰如痴。计都失职人须记，若遇奎娄主转移。首(罗睺)在阳宫为福紧，尾(计都)星阴位定灾稀……"[③]此经所载说的十一曜吉凶与杜光庭斋醮词中的星曜吉凶大致相当，只是采用歌诀的形式更便于记诵。可见唐末之时异域的星命学说已为道教所熟识并进入道教的斋醮科仪之中。

此外，晚唐还流行一种涉及"运命十二宫"[④]的星命术，《七曜攘灾决》是中国最早出现"运命十二宫"的典籍，其所论述的"运命十二宫"常常和七曜、黄道十二宫、二十八宿相配属以占断吉凶。《广成集》中的星命术是以十一曜行年照临与本命年所主星曜的关系来推算吉凶，与黄道十二宫、二十八宿并无牵连，所以两者当分属于两个不同系统的星命学说。这两种星命术最终在五代北宋时期道经《灵台经》中得以融和汇通。例如《灵台经·飞配诸宫第十》："昼夜皆从土至金，东出配之，看星曜论吉凶。但妻宫、妻位并见金，唯不宜见火，见即不吉。若善星助，亦妨。恶星克，即婬乱，恶声名，败家风。若金在娄，亦淫乱。若更火，即为娼妇。若木见，则有二妻，得女人之财。若日月见，得好妻。若土见，难婚及老幼不等。若见水，得好妻，会文字、音律。若蚀神，妻恶。亦妨之，见天一，得贵族之女。见太

① 晁公武撰，孙猛校证：《郡斋读书志校证》，上海古籍出版社，1990年，第616页。

② 饶宗颐：《论七曜与十一曜——记敦煌开宝七年(974)康遵批命课》，《选堂集林·史林》(中)，中华书局，1982年，第771～792页。

③ 《秤星灵台秘要经》，《道藏》第5册，文物出版社、上海书店、天津古籍出版社，1988年，第31页。

④ 《七曜攘灾决》中涉及的运命十二宫有"命位"、"财物"、"兄弟"、"田宅"、"男女"、"僮仆"、"夫妻"、"疾病"、"迁移"、"官禄"、"福德"、"困穷"。

一，得丑恶之妻。又须以其宫在高下位定之。又从数至日月，从金配之约虚处，以行年配至终。右妻妾宫。”[①]此处，十一曜行年主张的星宿善恶思想便已与“运命十二宫”融合在一起，共同论说年命吉凶。

赵贞曾认为杜光庭九曜斋醮的背后展示的是一种复合式的九曜推命模式。在这种模式下，对于世人命运产生制约、规范和影响作用的星神中，不是九曜中的某一曜，而往往是二曜或三曜以上[②]。此种说法或可更进一步。笔者认为杜光庭已在九曜星命基础上采用了十一曜星命术，而且在醮词中运用多种星曜照临本命来论证灾祸的不可避免性，这无疑增加了斋醮的必要性与紧迫性，更加凸显出道教仪式的救度功能。

四、蜀地印刷术的潜在影响

杜光庭在《广成集》中涉及的天文术数知识源自何处，是传自师承还是另有源头？在有关杜光庭的史料中并未见到有关其学习上述知识的记载，而蜀地此时兴起的雕版印刷术或许可以为我们解决这一疑问提供一个新的视角。

唐时的刻书活动，尤以四川成都地区印刷品为最多[③]。唐代中后期，黄河流域连年战争，大批文士、工匠来蜀避乱，促进了蜀地的文化繁荣，蜀地因此获有“典章文物有唐之遗风”[④]的赞誉。雕版印刷也因此首先在蜀地迅速发展起来，宋人朱翌《猗觉寮杂记》卷下记载“雕印文字，唐以前无之，唐末益州始有墨版。”[⑤]王应麟《困学纪闻·经说篇》亦有类似表述[⑥]。雕版印刷的出现加速了书籍及知识的传播普及。

① 《灵台经》，《道藏》第5册，文物出版社、上海书店、天津古籍出版社，1988年，第25页。

② 赵贞：《“九曜行年”略说——以P. 3779为中心》，《敦煌学辑刊》2005年第3期。

③ 张树栋、庞多益、郑如斯等著：《中华印刷通史》，财团法人印刷传播兴才文教基金会，2004年，第171页。

④ 司马光：《资治通鉴》卷266《后梁纪》1，中华书局，1956年，第8685页。

⑤ 朱翌：《猗觉寮杂记》卷下，《笔记小说大观》第6册，江苏广陵古籍刻印社，1983年，第62页。

⑥ 王应麟：《困学纪闻》卷8，翁元圻等注，栾保群等校点，上海古籍出版社，2008年，第1086页。

据叶梦得《石林燕语》[1]和叶寘《爱日斋丛钞》的记载，随僖宗一同入蜀的中书舍人柳玭在益州重城书市翻阅书籍时，发现其中“多阴阳杂说、占梦相宅、九宫五纬之流，又有字书小学，率雕版印纸……”[2]此时杜光庭也一同跟随僖宗入蜀，很有可能有机会阅览到此类书籍。

此外，晚唐蜀地私人印制历日颇为流行。《册府元龟》卷一百六十《帝王部·革弊第二》记载：“九年(835年)十二月丁丑，东川节度使冯宿奏准敕禁断印历日版。剑南西川及淮南道皆以版印历日鬻于市。每岁司天台未奏颁下新历，其印历已满天下，有乖敬授之道。故命禁之。”[3]这与《旧唐书》所记唐文宗太和九年(835年)十二月丁丑“敕：诸道府不得私置历日板。”[4]当因同一事而发[5]。

之所以会提到蜀地私印历日的泛滥，主要是因为蜀地印制的历日中包含有关外来星曜行年的内容，这从敦煌S. P. 10《唐中和二年(882年)剑南西川成都府樊赏家印本历日》残卷中可以窥知一二。此本历日为唐僖宗时成都樊赏家印制，是现存最早的雕版印刷历日之一。虽然历日只存留卷首片语，从中依然可以辨认出如下珍贵的内容：

推男女九曜星图

行年至罗侯(睺)星，求觅不称情。此年忌起造，拜醮最为□□□吉。

运至大(太)白宫，合有厄相逢。小人多服孝，君子受三公。

岁逢计都□□，不安宁，切须□□[6]

残存的文字中可以看到九曜行年的印记，出现了罗睺、太白、计都三星以及与之所匹配的时日禁忌。依卷文记载，历日中应当绘有相应

---

① 叶梦得：《石林燕语》卷8，中华书局，1984年，第116页。

② 叶寘：《爱日斋丛钞》卷1，《唐宋史料笔记丛刊》，中华书局，2010年，第3页。

③ 王钦若等编：《册府元龟》卷160《帝王部·革弊第二》第2册，中华书局，1960年，第1932页。

④ 刘昫等撰：《旧唐书》卷17《文宗本纪下》，中华书局，1975年，第563页。

⑤ 向达：《唐代刊书考》，原载于1928年《中央大学国学图书馆第一年刊》，今据向达：《唐代长安与西域文明》，河北教育出版社，2001年，第129页。

⑥ 邓文宽：《敦煌天文历法文献辑校》，江苏古籍出版社，1996年，第232页。

的推命星图以方便使用，只可惜今已不存。

此类历日随着私印的泛滥，已然成为当时人们日常生活趋吉避凶的行用指南。雕版印制扩大了其流通范围，客观上也促进了外来星曜行年思想在社会上的传播普及。而在此历日印制流通之时，杜光庭恰好长期寓居蜀地，因此此种民间历日很有可能成为杜光庭汲取外来星命思想的来源之一，不仅反映了唐末宗教、科学与社会互动的复杂历史面相，也为我们理解中国传统文化中宗教与科学之社会历史关系提供了一个有用素材与范例。

附表1 《广成集》斋醮词所见十一曜

斋醮词名称	有关天文星命的内容	涉及十一曜
《李延福为蜀王修罗天醮词》	月孛行于井宿。	月孛
《罗天中级三皇醮词》	月孛行于井宿。	月孛
《罗天醮太一词》	月孛临于井宿。	月孛
《罗天醮岳渎词》	月孛行于井宿。	月孛
《罗天普告词》	月孛缠于井宿。	月孛
《罗天醮众神词》	月孛行于井宿。	月孛
《蜀王本命醮葛仙化词》	月孛缠于井宿。	月孛
《孙途司马本命醮词》	十三宿内，月孛所经。	月孛
《皇帝设南斗醮词》	今年以火水金土四星，聚于实沈之墟。	火、水、金、土四星
《皇帝周天醮词》	近则金火二星，水土两曜，并聚蜀分，皆次实沈。	金、火、水、土星
《莫庭乂本命醮词》	太白居愁滞之位。	太白(金星)
《衙内宗夔本命醮词》	大运则土曜所加，小运乃元辰所主。计都居钝滞之宿，金星入乖背之乡。	土星、计都、金星
《宴设使宗汝九曜醮词》	今年则暗曜土星在身宫之上……火星近刑厄之宫，金星躔克性之位。	土、火、金星

续表

斋醮词名称	有关天文星命的内容	涉及十一曜
《遂府相公周天醮词》	木星退身宫之上，土星照三合之方。金水二星乖背之宿，飞天火曜居本命之辰。九宫土星复当生月。	木、土、金、水、火星
《青城郑瑱尚书本命醮词》	臣今年火曜，居本命之方；九宫金星，在行年之上。	火、金星
《礼记博士苏绍元九曜醮词》	兼以土曜木星，仍临宫宿。	土、木星
《川主令公南斗醮词》	今又土星行度，对照此方。地一移宫，将离益部。……火曜躔于升宫。……土方对照，又在妻宫。金火伏行，亦居滞位。木星处愁烦之宿，暗曜出乖背之方。	火、土、木星
《张氏国太夫人就宅修黄箓斋词》	火星照于身宫，仍当克之性分。	火星
《奉化宗佑侍中黄箓斋词》	飞天仍值于火星……飞宫遇于计都。	火星、计都
《严常侍丈人山九曜醮词》	身位乃土星对照……列星九曜，更虑照临。	土星
《本命醮北斗词》	臣行运之中，土居身位。	土星
《川主周天南斗醮词》	今以土星对照，金火正临。	土星
《勇胜司空宗恪九曜醮词》	土星所历，遂成灾疾，未获痊平。	土星
《徐耕司空九曜醮词》	火星飞于小运……水曜伏刑厄之乡，土星退愁烦之宿。	火、水、土星
《川主太师南斗大醮词》	土曜对于身宫。	土星
《蜀州宗夔为太师于丈人山生日醮词》	又火星所照，既临分野，仍在身宫。	火星

续表

斋醮词名称	有关天文星命的内容	涉及十一曜
《亲随为大王修九曜醮词》	首尾蚀神，皆为临照。	罗睺、计都
《果州宗寿司空因斋修醮词》	又火星到元首之宫，暗曜在命宫之位。	火星
《莫令南斗醮词》	宿曜所缠，火星为照。	火星
《莫庭乂为张副使本命甲子醮词》	土星逆愁烦之位	土星
《莫庭乂九曜醮词》	木星未出身宫。第二十宿中，蚀神所历。	木星、蚀神
《川主九星醮词》	臣以受年之时，此月火星，及暗曜罡星，皆临本命。	火星
《中和周天醮词》	近又太一运行，已照蜀分，五星移度，或在身宫。	五星
《蜀王为月亏身宫于玉局化醮词》	月朔则太阳薄蚀，当对照之方；既望则太阴变亏，在身宫之位。飞天火曜，临于命辰。	火星
《洋州宗夔令公本命醮词》	今则历象之内，身宫之中，暗曜正临，火星对照。	火星
《又本命日醮词》	今则躔次之中，身宫之位，火星对照，暗曜正临。	火星
《司封毛绚员外解灾醮词》	土星方伏于身宫，所照对冲于丑位。	土星
《马师穆尚书土星醮词》	臣以身宫之内，土曜所经。本宿之中，暗虚所历。	土星
《皇后本命醮词》	罗睺躔克姓之宫，土星临乖背之宿。火曜行度，将入身宫。	罗睺、土星、火星
《御史中丞刘滉九曜醮词》	土星火星照行年之位，……飞天火曜居今岁之中。	土、火星

续表

斋醮词名称	有关天文星命的内容	涉及十一曜
《先锋王承璲为祖母九曜醮词》	今以土火二曜居三合之方	土、火星
《张相公九曜醮词》	今则迍滞宫中，土星所历。身位之内，计都所临。神首火星，仍居对照。	土、火星、罗睺、计都
《崔隐侍郎玄象九宫醮词》	火曜对于命宫。	火星
《皇后修三元大醮词》	火星将及于身宫。	火星
《王宗寿常侍丈人山醮词》	身位乃土星对照。	土星
《前嘉州团练使司空王宗玠本命词》	窃以土星居身命之宫，于兹数岁。火曜临田宅之位，犹在子方。……虽冬首有木星之福，而实时值行运之灾。	土、火、木星
《赵国太夫人某氏疾厄醮词》	身宫之内，暗曜所缠。钝滞宿中，土星所历。刑厄位上，复值火星重迭。	土、火星
《东院司徒郡夫人某氏醮词》	又以身宫之中，当土曜行度，命当危迫。	土星
《东院司徒冀公醮天罗词》	又暗曜行于辰分，火星在于身宫。	火星
《王说修醮拜章词》	又五月之末，土火将入于身宫。	土、火星
《洋州令公宗夔宅陈国夫人某氏拜章设九曜词》	某氏以土火二星，行于午地。既当命位，仍在身宫。	土、火星

（作者盖建民为四川大学道教与宗教文化研究所所长、教育部长江学者特聘教授，孙伟杰为四川大学道教与宗教文化研究所博士生）

近年道教音乐研究之综述(2008—2015)

胡　军

2008 年是中国的奥运之年,"绿色奥运"的理念深入人心,进一步促进了道教生态文明建设和道教文化事业的发展。以 2008 年为开端,在道教音乐的学术领域,经过学术界和道教界的共同努力,2008 年以来的道教音乐学科建设取得显著成绩,这一历史阶段为当前的道教音乐建设与发展奠定了良好的学术基础。

一、2008—2015:道教音乐研究回顾

2008 年以来,道教音乐的学术研究与学科建设呈整体推进之势,学术著作、学术论文、学位论文、学术活动、学术基金和学术资讯成为这一时期道教音乐研究的突出亮点。

(一)学术著作

2008—2015 年,这一时期的道教音乐研究著作约 15 部,从论著的内容和出版形式看,可以分为系列研究、专题研究和音乐文集等成果类型。

1. 在系列研究成果方面。由华中师范大学"道家道教研究中心"和茅山道教文化研究中心主办,华中师范大学出版社出版的"道家道教文化研究书系",出版有胡军的专著《当代正一与全真道乐研究》(2008 年);由上海高校人文社会科学重点研究基地和蓬瀛道教音乐研究基金资助,文化艺术出版社出版的"中国仪式音乐研究丛书",先后出版有刘红的专著《苏州道教科仪音乐研究——以"大功"科仪为例展开的讨论》

(2010 年),曹本冶、刘红的合著《龙虎山天师道音乐研究》(2011 年),曹本冶的专著《道教仪式音乐:香港道观之“盂兰盆会”个案研究》(2012 年),曹本冶、朱建明的合著《海上白云观施食科仪音乐研究》(2012 年),以及刘红主编的《中国道教音乐史略(修订版)》(2013 年)和杨民康、杨晓勋的合著《云南瑶族道教科仪音乐》(2014 年);在南京师范大学出版社和宗教文化出版社出版的“随缘文库”和“厦门朝天宫道学教材丛书”中,分别出版有蒲亨强的专著《中国道教音乐之现状研究》(2012 年)和《道教音乐学》(2013 年);在上海文化出版社出版的“上海市国家级非物质文化遗产名录项目丛书”中,则有吉宏忠编著的《上海道教音乐》(2015 年)。

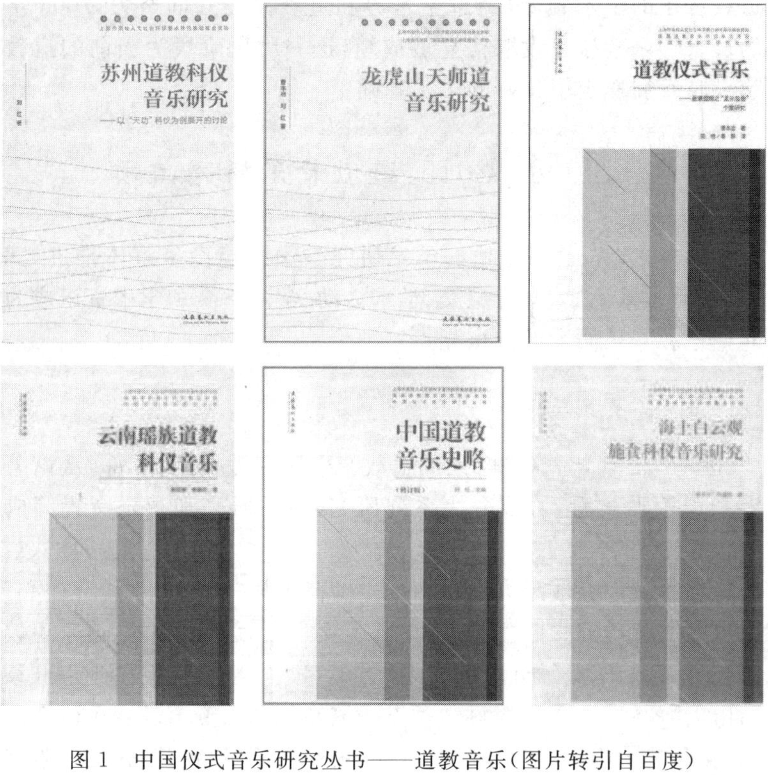

图 1　中国仪式音乐研究丛书——道教音乐(图片转引自百度)

此外,由澳门道教协会出版,吴炳志、王忠人主编的《澳门道教科仪音乐》(2009年)和《澳门道教科仪音乐(续篇)》(2011年),系澳门道教协会申报“澳门道教科仪音乐”为国家级非物质文化遗产名录的系列成果。

2.在专题研究成果方面。这类研究主要关注于某一区域或领域的道教音乐研究。如刘红主编的《天府天籁:成都道教音乐研究》①,孙秀华、张磊的合著《山西道教音乐》②,分别为成都和山西地区道教音乐的专题性研究;须旅的专著《玉音仙苑——泰山岱庙藏谱解译》③,是以岱庙藏谱为对象,对泰山道教音乐的发生、形成、流传以及艺术特色的考察;赵书峰的专著《湖南瑶传道教音乐与梅山文化——以瑶族还家愿与梅山教仪式音乐的比较为例》④,是以民族志和音乐形态学等理论为基础,以道教音乐为例证对跨族群音乐展开的专题探讨。

3.在音乐文集成果方面,主要有史新民的专著《探赜索隐——史新民音乐文集》⑤,刘红的专著《乐于仙俗——刘红音乐论文集》⑥,胡军、孙凡主编的《武汉音乐学院道教音乐研究文选》⑦,这类成果集中反映了武汉音乐学院教师和校友多年来在道教音乐研究领域的学术成就。

(二)学术论文

2008—2015年,学术论文的成果数量最多,涉及的研究领域也最广。据粗略统计,这一时期发表的学术论文近200篇,从论文研究的内容看,主要集中在道教音乐的历史文献研究、仪式音乐研究、地域文化研究、综述比较研究、美学思想研究和现实发展研究等方面。

1.历史文献研究。这类研究主要是从史学角度探寻道教音乐历史

① 刘红:《天府天籁:成都道教音乐研究》,人民出版社,2009年。

② 孙秀华、张磊:《山西道教音乐》,三晋出版社,2010年。

③ 须旅:《玉音仙苑——泰山岱庙藏谱解译》,宗教文化出版社,2011年。

④ 赵书峰:《湖南瑶传道教音乐与梅山文化——以瑶族还家愿与梅山教仪式音乐的比较为例》,民族出版社,2013年。

⑤ 史新民:《探赜索隐——史新民音乐文集》,武汉出版社,2010年。

⑥ 刘红:《乐于仙俗——刘红音乐论文集》,上海音乐学院出版社,2012年。

⑦ 胡军、孙凡:《武汉音乐学院道教音乐研究文选》,湖南文艺出版社,2014年。

发展和文献价值。其中，关于道家著作和道教经典中音乐史料及其理论的研究主要有：蒲亨强的《元〈灵宝领教济度金书〉音乐史料研究》①，王小盾、王皓的《论道藏中的音乐史料》②，胡军的《清版〈九宫山志〉音乐史料研究》③，刘仲宇的《道教音乐的历史起点与形上之思》、杨立志的《明代武当山国醮与道教音乐考述》④，张泽洪的《明代皇家道士朱权及其音乐理论研究》⑤等；关于道教音乐流变和科仪音乐传承的研究主要有：于民雄的《浅论道教音乐的源流与特点》⑥，荆获的《崂山道教音乐的传承与发展研究》⑦，蒲亨强、贾力娜的《东晋道教斋乐传承之研究》⑧等；关于洞经音乐源流的研究主要有：段龙山的《施甸洞经音乐的源流及谈演习俗》⑨，杨知秋的《大理洞经源流探》⑩，甘绍成的《洞经音乐产生时间考辨》⑪等；关于道教乐谱辨析和乐曲考源主要有：孙晓辉的《〈玉音法事〉收录道曲溯源考证》⑫，赵光强的《宋代〈玉音法事〉曲线谱新论》⑬，王皓月的《〈华夏赞〉考略》⑭，李强、何小全的《法曲考源》⑮等。这一时期，关于道教音乐历史文献的学术论文约有40多篇，是研究者最为关注的学术领域。

2.仪式音乐研究。这类研究主要从仪式的音乐属性、音乐形态和

① 蒲亨强：《元〈灵宝领教济度金书〉音乐史料研究》，《乐府新声》2008年第1期。

② 王小盾、王皓：《论道藏中的音乐史料》，《音乐研究》2010年第3期。

③ 胡军：《清版〈九宫山志〉音乐史料研究》，《黄钟》2011年第4期。

④ 刘仲宇：《道教音乐的历史起点与形上之思》，杨立志：《明代武当山国醮与道教音乐考述》，《"谈道论乐 和颂盛世"道教音乐学术研讨会论文集》，武汉音乐学院，2013年。

⑤ 张泽洪：《明代皇家道士朱权及其音乐理论研究》，《黄钟》2014年第2期。

⑥ 于民雄：《浅论道教音乐的源流与特点》，《贵州文史丛刊》2009年第3期。

⑦ 荆获：《崂山道教音乐的传承与发展研究》，《音乐时空》2015年第2期。

⑧ 蒲亨强、贾力娜：《东晋道教斋乐传承之研究》，《音乐研究》2014年第3期。

⑨ 段龙山：《施甸洞经音乐的源流及谈演习俗》，《民族音乐》2008年第6期。

⑩ 杨知秋：《大理洞经源流探》，《云南艺术学院学报》2009年第1期。

⑪ 甘绍成：《洞经音乐产生时间考辨》，《音乐探索》2010年第1期。

⑫ 孙晓辉：《〈玉音法事〉收录道曲溯源考证》，《"谈道论乐 和颂盛世"道教音乐学术研讨会论文集》，武汉音乐学院，2013年。

⑬ 赵光强：《宋代〈玉音法事〉曲线谱新论》，《交响》2014年第3期。

⑭ 王皓月：《〈华夏赞〉考略》，《中国道教》2014年第2期。

⑮ 李强、何小全：《法曲考源》，《南京艺术学院学报》（音乐与表演版）2010年第1期。

风格特征等方面对道教音乐开展的本体性研究。其中,有的是对道教音乐的概述概论:如刘晓静、马蕾的《泰山道教科仪音乐研究》[1],郑雅中的《台湾道教灵宝派普渡仪式与音乐研究》[2],蒋燮的《论赣南道教节日祈祥法事仪式器乐的风格特征》[3]等;有的是对道教音乐的考察或音乐本体研究:如欧阳亮的《恩施民间道教度职仪式音乐调查报告》[4],方建军的《蓬瀛仙馆的早课仪式及用乐》[5],费杰成的《论"龙虎道乐"的二律辩证思维》[6],冷高波的《山东烟台地区全真道音乐考析——兼析四大调套曲》[7],赵书峰的《湖南新化民间道教仪式的音乐民族志考察与研究——以奉家镇报木村民间丧葬仪式音乐为例》[8],林琳、郝亚莉的《泰山碧霞祠道教音乐所用曲牌音乐结构研究》[9],王小玲的《龙虎山天师道醮乐衬词的特点和意义》[10],谢丽萍的《连城道教经韵的旋律和节奏特点》[11],李萍的《上海崇福道院早晚功课仪式音乐考察与简析》[12],杨民康的《论云南蓝靛瑶道教仪式音乐中的民歌演唱套路》[13],马珊珊、魏波的《平顶山玉皇庙道教音乐形态研究》[14],陈芳、罗集的《浙江金华

① 刘晓静、马蕾:《泰山道教科仪音乐研究》,《承德民族师专学报》2010年第3期。

② 郑雅中:《台湾道教灵宝派普渡仪式与音乐研究》,《乐府新声》2012年第2期。

③ 蒋燮:《论赣南道教节日祈祥法事仪式器乐的风格特征》,《中央音乐学院学报》2013年第3期。

④ 欧阳亮:《恩施民间道教度职仪式音乐调查报告》,《艺术探索》2008年第6期。

⑤ 方建军:《蓬瀛仙馆的早课仪式及用乐》,《星海音乐学院学报》2008年第3期。

⑥ 费杰成:《论"龙虎道乐"的二律辩证思维》,《黄石理工学院学报》(人文社会科学版)2008年第1期。

⑦ 冷高波:《山东烟台地区全真道音乐考析——兼析四大调套曲》,《中国音乐》2009年第4期。

⑧ 赵书峰:《湖南新化民间道教仪式的音乐民族志考察与研究——以奉家镇报木村民间丧葬仪式音乐为例》,《黄钟》2010年第2期。

⑨ 林琳、郝亚莉:《泰山碧霞祠道教音乐所用曲牌音乐结构研究》,《内蒙古大学艺术学院学报》2010年第2期。

⑩ 王小玲:《龙虎山天师道醮乐衬词的特点和意义》,《艺术探索》2011年第3期。

⑪ 谢丽萍:《连城道教经韵的旋律和节奏特点》,《福建论坛》(社科教育版)2010年S1期。

⑫ 李萍:《上海崇福道院早晚功课仪式音乐考察与简析》,《歌海》2013年第2期。

⑬ 杨民康:《论云南蓝靛瑶道教仪式音乐中的民歌演唱套路》,《中国音乐》2014年第2期。

⑭ 马珊珊、魏波:《平顶山玉皇庙道教音乐形态研究》,《歌海》2014年第4期。

赤松黄大仙宫课诵科仪音乐调查报告》①，匡传英的《试析崂山道教科仪音乐的旋律特征》②等；有的是对道教音乐形态的比较研究：如李文军的《萧山道教丧葬仪式音乐考察与比较研究》③，于立柱、李涛的《河北省清河与巨鹿两地道教音乐形态之比较》④；有的则是对道教综合音乐体制和仪式音乐功能的探讨：如李伊文的《上海城隍庙早课仪式及音乐在仪式中扮演的角色》⑤，童杨、许平南的《泰宁的清微派道教音乐歌、舞、乐为一体的道乐体系》⑥，王丹的《崇福道院早课音声考察——对音声与仪式、信仰之互动关系的思考》⑦等。

3.地域文化研究。这类研究主要是以某一区域道教音乐文化为研究对象，对道教音乐与当地民间音乐关系及其文化特征的探讨：如刘振涛、冷高波的《论胶东道乐艺术对当地民歌、戏曲的影响——以烟台地区为例》⑧，赵书峰的《湖南新化民间道教仪式的音乐民族志考察与研究——以奉家镇报木村民间丧葬仪式音乐为例》⑨，金平的《信阳民间道教音乐的地域性特征——兼论其与信阳民歌、戏曲的关系》⑩，郭益

① 陈芳、罗集：《浙江金华赤松黄大仙宫课诵科仪音乐调查报告》，《浙江艺术职业学院学报》2014年第3期。

② 匡传英：《试析崂山道教科仪音乐的旋律特征》，《大舞台》2014年第4期。

③ 李文军：《萧山道教丧葬仪式音乐考察与比较研究》，《中国音乐学》2014年第3期。

④ 于立柱、李涛：《河北省清河与巨鹿两地道教音乐形态之比较》，《音乐创作》2015年第4期。

⑤ 李伊文：《上海城隍庙早课仪式及音乐在仪式中扮演的角色》，《歌海》2011年第2期。

⑥ 童杨、许平南：《泰宁的清微派道教音乐歌、舞、乐为一体的道乐体系》，《世界遗产》2013年第2期。

⑦ 王丹：《崇福道院早课音声考察——对音声与仪式、信仰之互动关系的思考》，《原生态民族文化学刊》2011年第4期。

⑧ 刘振涛、冷高波：《论胶东道乐艺术对当地民歌、戏曲的影响——以烟台地区为例》，《天籁》2009年第4期。

⑨ 赵书峰：《湖南新化民间道教仪式的音乐民族志考察与研究——以奉家镇报木村民间丧葬仪式音乐为例》，《黄钟》2010年第2期。

⑩ 金平：《信阳民间道教音乐的地域性特征——兼论其与信阳民歌、戏曲的关系》，《黄钟》2012年第1期。

欣的《浅谈汉水流域地区的道教音乐文化》①,王忠人的《澳门道教科仪音乐的地域性与混融性特点》、袁野璐的《论“南岳韵”的地域性特征》和龚道远的《浅谈湖北恩施民间道教仪式音乐中的分类观》②,金平的《中原民间道教音乐文化的保护、发展——以豫南民间道教音乐为例》③,王鹏、魏福平的《泰安道教音乐与民间戏曲研究》④等。

4.综述比较研究。这类研究一是对道教音乐研究的分析和回顾:如胡军的《武当道教音乐研究之回顾》⑤,刘红的《当代道教音乐研究之定量分析(1957—2008)》⑥、《从“冷门”到“热点”——道教音乐的学术研究与艺术实践》⑦,胡军的《钩沉索隐　寻道问乐——武汉音乐学院道教音乐研究的历史回顾》⑧,陈文安的《2001—2010中国道教音乐研究综述》⑨等学术史研究;二是以道教音乐为对象的著作评述:如谭学胜的《孙凡〈全真正韵闵谱研究〉书评》⑩,任怀歆的《濠江道韵喜谱新华章——贺〈澳门道教科仪音乐〉出版》⑪,李刚的《道乐著经典　仙韵全景现——评〈中国道教音乐之现状研究〉》⑫,陈华丽的《曲折探索中的

---

① 郭益欣:《浅谈汉水流域地区的道教音乐文化》,《剑南文学》2012年第8期。

② 王忠人:《澳门道教科仪音乐的地域性与混融性特点》,袁野璐:《论“南岳韵”的地域性特征》,龚道远:《浅谈湖北恩施民间道教仪式音乐中的分类观》,《“谈道论乐　和颂盛世”道教音乐学术研讨会论文集》,武汉音乐学院,2013年。

③ 金平:《中原民间道教音乐文化的保护、发展——以豫南民间道教音乐为例》,《大众文艺》2014年第11期。

④ 王鹏、魏福平:《泰安道教音乐与民间戏曲研究》,《通俗歌曲》2015年第1期。

⑤ 胡军:《武当道教音乐研究之回顾》,《黄钟》2008年第4期。

⑥ 刘红:《当代道教音乐研究之定量分析(1957—2008)》,《音乐研究》2010年第2期。

⑦ 刘红:《从“冷门”到“热点”——道教音乐的学术研究与艺术实践》,《世界宗教文化》2011年第5期。

⑧ 胡军:《钩沉索隐　寻道问乐——武汉音乐学院道教音乐研究的历史回顾》,《黄钟》2013年第4期。

⑨ 陈文安:《2001—2010中国道教音乐研究综述》,《歌海》2014年第3期。

⑩ 谭学胜:《孙凡〈全真正韵闵谱研究〉书评》,《四川戏剧》2010年第3期。

⑪ 任怀歆:《濠江道韵喜谱新华章——贺〈澳门道教科仪音乐〉出版》,《中国道教》2010年第1期。

⑫ 李刚:《道乐著经典　仙韵全景现——评〈中国道教音乐之现状研究〉》,《中国音乐》2013年第2期。

科仪音乐——评〈云南瑶族道教科仪音乐〉》[①]，陈文安的《“活态”道乐，教育传承——评〈道教音乐学〉》[②]等评论；三是道教音乐相关的比较研究，其中既有道教与其他宗教和民间音乐的比较，也有不同地区的道教音乐之间的比较，还有道教宗派及其音乐流派的比较：如项阳的《关于佛教、道教与民间乐社用乐相同性的思考》[③]，刘红的《香港与大陆之道教音乐的比较研究——有关发生环境的分析》[④]，张豫宁的《佛乐梵呗与道教音乐》[⑤]，刘红的《道教音乐体系及其流派特征——正一道与全真道两大教派之宫观音乐（上）》[⑥]、《道教音乐体系及其流派特征——正一道与全真道两大教派之宫观音乐（下）》[⑦]，贾力娜的《原始宗教与道教仪式音乐传承之比较研究——以彝族布摩歌与道教全真正韵为例》、王静的《佛道课诵仪式音乐比较研究——以总佛寺与紫霄宫为例》[⑧]，吕锤宽的《道教仪式音乐的体系及其风格特征》[⑨]，颜婷婷的《佛教焰口与道教施食仪式音乐形态特点之比较研究》[⑩]等。

5. 美学思想研究。道教音乐美学思想是道教音乐文化内涵的重要体现，这一时期的研究主要关注于道教音乐美学思想的发展及审美风格，其中不乏对道家著作和道教经典中音乐美学思想的探讨。如陈红

---

① 陈华丽：《曲折探索中的科仪音乐——评〈云南瑶族道教科仪音乐〉》，《当代教育科学》2014 年第 13 期。

② 陈文安：《“活态”道乐，教育传承——评〈道教音乐学〉》，《歌海》2014 年第 6 期。

③ 项阳：《关于佛教、道教与民间乐社用乐相同性的思考》，《天籁》2009 年第 1 期。

④ 刘红：《香港与大陆之道教音乐的比较研究——有关发生环境的分析》，《星海音乐学院学报》2009 年第 2 期。

⑤ 张豫宁：《佛乐梵呗与道教音乐》，《艺术教育》2011 年第 6 期。

⑥ 刘红：《道教音乐体系及其流派特征——正一道与全真道两大教派之宫观音乐（上）》，《大音》2013 年第 2 期。

⑦ 刘红：《道教音乐体系及其流派特征——正一道与全真道两大教派之宫观音乐（下）》，《大音》2014 年第 2 期。

⑧ 贾力娜：《原始宗教与道教仪式音乐传承之比较研究——以彝族布摩歌与道教全真正韵为例》，王静：《佛道课诵仪式音乐比较研究——以总佛寺与紫霄宫为例》，《“谈道论乐和颂盛世”道教音乐学术研讨会论文集》，武汉音乐学院，2013 年。

⑨ 吕锤宽：《道教仪式音乐的体系及其风格特征》，《黄钟》2014 年第 2 期。

⑩ 颜婷婷：《佛教焰口与道教施食仪式音乐形态特点之比较研究》，《歌海》2014 年第 6 期。

的《道乐:道家艺术精神在音乐中的显现》①、王振东的《从“巫”到“礼”——道教音乐美学思想流变简述》②、杨田华的《云南洞经音乐多元化的审美风格分析》③、夏英的《致虚守笃　音声相和——道教音乐中传统美学思想之管窥》④、唐明邦的《浅析道教音乐的独特魅力》、张金涛的《道教正一派音乐的宗教内涵、表现特征与衍变趋势》、傅利民的《天师道科仪音乐的文化特质透视》、任宗权的《欣赏〈道经〉中描述的“仙乐”世界——审美仙境中的道教音乐》⑤,田宇的《浅论道教科仪音乐的“美”与“审美”》⑥,还有李雄燕的《〈南华真经〉注疏群体的“雅”、“俗”音乐美学观浅探》⑦,庄怡红的《至乐自然——论〈庄子〉的音乐美学思想》⑧等。

6.现实发展研究。2008年以来,道教音乐的传承、发展和创新不断引起道内外的关注,其中研究涉猎道教音乐文化传承和现代价值,以及对道教音乐创编和表演方法(唱与奏)的探讨:如李小宁的《陕北佳县白云观道教音乐的现代音乐价值》⑨,刘兴武的《河北宁晋如意道音乐现状分析及保护对策研究》⑩,金平的《关于信阳民间道教音乐的抢救、

① 陈红:《道乐:道家艺术精神在音乐中的显现》,《音乐探索》2008年第2期。

② 王振东:《从“巫”到“礼”——道教音乐美学思想流变简述》,《成都大学学报》(社会科学版)2009年第4期。

③ 杨田华:《云南洞经音乐多元化的审美风格分析》,《艺术研究》2010年第4期。

④ 夏英:《致虚守笃　音声相和——道教音乐中传统美学思想之管窥》,《飞天》2011年第6期。

⑤ 唐明邦:《浅析道教音乐的独特魅力》,张金涛:《道教正一派音乐的宗教内涵、表现特征与衍变趋势》,傅利民:《天师道科仪音乐的文化特质透视》,任宗权:《欣赏〈道经〉中描述的“仙乐”世界——审美仙境中的道教音乐》,《“谈道论乐　和颂盛世”道教音乐学术研讨会论文集》,武汉音乐学院,2013年。

⑥ 田宇:《浅论道教科仪音乐的“美”与“审美”》,《北方音乐》2015年第7期。

⑦ 李雄燕:《〈南华真经〉注疏群体的“雅”、“俗”音乐美学观浅探》,《大家》2012年第9期。

⑧ 庄怡红:《至乐自然——论〈庄子〉的音乐美学思想》,《华侨大学学报》(哲学社会科学版)2010年第4期。

⑨ 李小宁:《陕北佳县白云观道教音乐的现代音乐价值》,《陕西教育学院学报》2009年第4期。

⑩ 刘兴武:《河北宁晋如意道音乐现状分析及保护对策研究》,《小说评论》2012年s1期。

保护与传承的思考》①，荏家飚、毛建明的《道教音乐与旅游开发价值研究》②，张凤林的《苏州道教音乐的历史及现状分析》和陈大霖的《多做基础工作，为道教音乐的传承和发展提供再生能源》③，胡军的《“经忏丛林”的道乐文化资源开发与利用——关于武汉长春观道教音乐文化产业发展的当下思考》④，刘欢、毛美娜、宋广荣的《道教仪式音乐对大学生抑郁情绪的影响研究》⑤，郭蕊的《无锡道教音乐非物质文化品牌维护战略研究》⑥，宋艳的《分析道教音乐与道教旅游的关系》⑦，陈文安的《道乐传承及现代启示》⑧等。关于道教音乐的创编和演唱技法的探讨，分别有龚华华的《〈小赞〉旋律在〈武当山——太极道〉中的变型处理》⑨和李志慧的《歌唱“破音”现象浅析与对策初探——由武当山道乐诵经引发的思考》⑩等论文。

（三）学位论文

2008—2015 年，以道教音乐为选题的博士、硕士学位论文呈上升之势，据粗略统计，这一时期的道教音乐博士、硕士学位论文共 26 篇，

① 金平：《关于信阳民间道教音乐的抢救、保护与传承的思考》，《学术界》2013 年 s1 期。

② 荏家飚、毛建明：《道教音乐与旅游开发价值研究》，《全国商情（理论研究）》2013 年第 17 期。

③ 张凤林：《苏州道教音乐的历史及现状分析》，陈大霖：《多做基础工作，为道教音乐的传承和发展提供再生能源》，《“谈道论乐　和颂盛世”道教音乐学术研讨会论文集》，武汉音乐学院，2013 年。

④ 胡军：《“经忏丛林”的道乐文化资源开发与利用——关于武汉长春观道教音乐文化产业发展的当下思考》，《黄钟》2014 年第 2 期。

⑤ 刘欢、毛美娜、宋广荣：《道教仪式音乐对大学生抑郁情绪的影响研究》，《神州》2014 年第 14 期。

⑥ 陈文安：《道乐传承及现代启示》，《连云港职业技术学院学报》2014 年第 3 期。

⑦ 宋艳：《分析道教音乐与道教旅游的关系》，《旅游纵览》2014 年第 11 期。

⑧ 陈文安：《道乐传承及现代启示》，《黄河之声》2014 年第 3 期。

⑨ 龚华华：《〈小赞〉旋律在〈武当山——太极道〉中的变型处理》，《“谈道论乐　和颂盛世”道教音乐学术研讨会论文集》，武汉音乐学院，2013 年。

⑩ 李志慧：《歌唱“破音”现象浅析与对策初探——由武当山道乐诵经引发的思考》，《歌唱世界》2015 年第 4 期。

其中博士学位论文2篇,硕士学位论文24篇。

这一时期的关于道教音乐的博士学位论文数量虽然不多,但研究的视角和方法都涉及比较研究。一是跨宗教的仪式音乐的比较研究:如袁瑾的博士学位论文《汉传佛教瑜伽焰口与全真道教铁罐施食仪式音乐比较研究》①,以佛教瑜伽焰口和道教铁罐施食仪式为例,通过对佛教宁寺佛教瑜伽焰口仪式音乐和道教白云观道教铁罐施食仪式音乐的实录及对比分析,进而探讨佛教瑜伽焰口与道教铁罐施食仪式的音乐形态及功能;二是跨族群音乐文化的比较研究:如赵书峰博士学位论文《湖南瑶传道教音乐与梅山文化——以瑶族还家愿与梅山教仪式音乐的比较为例》②,通过湖南瑶传道教的还愿与梅山仪式音乐对比,探讨了不同族群音乐的文化特质。

这一时期从道教音乐的硕士学位论文选题分析,一是关于区域性道教音乐文化及其音乐形态的研究。如匡传英的《崂山道教科仪音乐研究》③,龚道远的《湖北恩施崔坝镇"度职"仪式音乐研究》④,袁野璐的《台湾道教"禅和派"音乐研究》⑤;二是关于音乐人类学中的道教音乐研究:如赵恒的《仙乐清妙,道法自然——道教音乐文化之研究》⑥,周文照的《玄乐道炁:道乐养生的音乐人类学研究——以武当山为例》⑦;三是关于道教音乐审美及音乐比较研究:如邹亚洲的《论中国传统文化下的音乐审美思维模式——兼论儒、道音乐思想》⑧、廖静的《从

① 袁瑾:《汉传佛教瑜伽焰口与全真道教铁罐施食仪式音乐比较研究》,中国艺术研究院博士学位论文,2009年。

② 赵书峰:《湖南瑶传道教音乐与梅山文化——以瑶族还家愿与梅山教仪式音乐的比较为例》,中央音乐学院博士学位论文,2011年。

③ 匡传英:《崂山道教科仪音乐研究》,山东师范大学硕士学位论文,2010年。

④ 龚道远:《湖北恩施崔坝镇"度职"仪式音乐研究》,武汉音乐学院硕士学位论文,2012年。

⑤ 袁野璐:《台湾道教"禅和派"音乐研究》,武汉音乐学院硕士学位论文,2015年。

⑥ 赵恒:《仙乐清妙,道法自然——道教音乐文化之研究》,吉林大学硕士学位论文,2009年。

⑦ 周文照:《玄乐道炁:道乐养生的音乐人类学研究——以武当山为例》,华中师范大学硕士学位论文,2013年。

⑧ 邹亚洲:《论中国传统文化下的音乐审美思维模式——兼论儒、道音乐思想》,吉林艺术学院硕士学位论文,2012年。

道家之虚静及尼采之虚无论古筝演奏审美诉求》[1]。此外,赵光强的《道教曲牌音乐发展研究》[2]、李志慧的《武当山道教诵经音乐诵唱技法研究》[3]、杨婷婷的《坤道与道教音乐的田野调查与研究》[4]等,是近年来硕士学位论文中具有新意的道教音乐研究选题。

(四)学术活动

2008—2015年,是道教音乐学术活动的活跃期和收获期,除道教音乐的学术研讨会议外,道教音乐的艺术交流和展演也成为学术活动的重要内容。道教音乐的理论研究和艺术实践的并行不悖,共同推动了道教音乐的学科建设和人才培养,促进了地方文化事业发展和增强了中华文化的国际影响力。在道教文化研究方面,诸如"国际道德经论坛"、"国际道教论坛"等道教文化学术研讨会和交流活动,为道教音乐学术研究提供了良好平台。其中,"两岸四地道教科仪音乐研讨会"[5]、"'谈道论乐　和颂盛世'道教音乐学术研讨会"[6]和"道教音乐创编暨道教音乐展演学术研讨会"[7]等,是这一阶段备受关注的道教音乐学术会议。在道教音乐的艺术交流上,全国道教音乐汇演遵循传统坚持每年定期举行。自2008年以来,道教界先后在江西南昌(2008年第八届),湖北武汉(2009年第九届),江苏金坛(2010年第十届),广东广州

① 廖静:《从道家之虚静及尼采之虚无论古筝演奏审美诉求》,武汉音乐学院硕士学位论文,2015年。

② 赵光强:《道教曲牌音乐发展研究》,江西财经大学硕士学位论文,2010年。

③ 李志慧:《武当山道教诵经音乐诵唱技法研究》,武汉音乐学院硕士学位论文,2014年。

④ 杨婷婷:《坤道与道教音乐的田野调查与研究》,浙江师范大学硕士学位论文,2014年。

⑤ 2011年,由澳门道教协会主办、中国道教协会、香港道教协会、香港蓬瀛仙馆、香港圆玄学院、澳门道乐团协办的"两岸四地道教科仪音乐研讨会"在澳门举行。

⑥ 2013年由武汉市道教协会、武汉音乐学院、香港青松观主办,武汉长春观、武汉大道观、武汉音乐学院中国道教音乐研究中心承办,华中师范大学道家道教研究中心协办的"'谈道论乐　和颂盛世'道教音乐学术研讨会"在武汉音乐学院举行。

⑦ 2015年,由武汉音乐学院主办的"道教音乐创编暨道教音乐展演学术研讨会"在武汉音乐学院举行。

(2011 年第十一届),香港(2012 年第十二届),上海市东方艺术中心(2013 年第十三届),甘肃兰州(2014 年第十四届)和云南昆明(2015 年第十五届)连续举办八届全国性道教音乐汇演。同时,一些重要的道教文化活动还以道教音乐展演的形式举行:如 2008 年新年来临之际,“首届中国道家书画慈善拍卖暨新年道教音乐会”在北京举行。2012 年,以“盛世中华　太和武当”为主题的“武当大兴 600 年”纪念盛典活动湖北武当山举行,来自新加坡,马来西亚,中国香港、台湾、澳门,北京白云观,三山五岳等海内外著名道教宫观的 24 个道教经乐团参加了此次盛会,同年,“太和清音”——首届中国道教文化音乐展演暨“迎国庆·祈太平·慈爱人间”音乐晚会在北京举行。2013 年,“‘道韵仙乐　魅力江城’——道教音乐展演”在武汉举行,同年,“道行天下　和谐共生——中国道教文化对外交流系列活动”在比利时布鲁塞尔、英国伦敦和法国巴黎相继举办,道教音乐已经这一时期成为对外文化交流活动的重要内容。

图 2　“道韵仙乐　魅力江城”道教音乐展演演职员与领导和嘉宾合影　摄影:林明

(五)学术基金

2008—2015 年,道教音乐文化研究和人才培养进一步得到各级政府和社会各界的关心和支持，一些道教音乐文化活动、科研课题、艺术交流和人才培养等项目计划，在资金的保障上得以加强。如2008年，“为加强学术界与道教团体在弘扬道教文化方面的合作，推动道教音乐在学术研究、社会实践及传播上的发展，并更好地传承和弘扬中国传统文化，上海音乐学院‘中国仪式音乐研究中心’与香港蓬瀛仙馆合作，成立了‘蓬瀛道教音乐研究基金’。由香港蓬瀛仙馆出资捐赠100万，以五年为周期，每年提供人民币20万元专项用于‘中心’的道教音乐研究”①。2013年，武汉音乐学院“中国道教音乐研究中心”申报的“2013—2015中央财政支持地方高校发展专项资金——湖北省道教音乐文化传承与创新项目”获批立项。与此同时，中国道教协会、中国道教学院和各地方道教协会和道教学院也积极设立专项资金，加大对道教音乐的人才培养，这些都为道教音乐的建设与发展提供了有力的资金保障。

（六）学术资讯

2008—2015年，随着网络信息、影视传媒和新闻出版事业的发展，道教音乐的学术资讯建设得到进一步加强。

1.道教网站音乐栏目。这一时期由各级道教组织、部分学术机构以及文化企业等部门建设的特色道教网站，为各地道教名山和宫观道院的音乐文化传播提供了重要平台。一些道教网站相继开辟“道教音乐”、“道教影音”、“道教影视”、“道教视/听”、“道乐欣赏”、“道经乐团”、“道教法器”等专题栏目，有的还以“音、谱、图、文、像”形式提供道教音像、视频资料的便捷下载服务。

2.道教影视音像制品。这一时期新闻媒体的镜头也多聚焦道教音乐活动，道教影视音像制品或以央视纪录片；或以网站专题音乐活动视频资料；或以音像制品出版物等形式展现于世，扩大了道教音乐的影响力。如由央视拍摄的大型纪录片《问道武当》和《太极武当》，其中就包括有道教音乐的专题内容。这一时期，历届的道教音乐汇演音像资料，有的以片段集锦，有的以公开出版物形式加以物化。

① 引自“中国仪式音乐网”（http://www.ritualsoundscapes.com/cn）。

3.道教期刊专题道讯。这一时期的道教期刊建设,积极地推动道教音乐的学术研究。如《中国道教》、《上海道教》、《武当道教》、《大道》、《三秦道教》、《玄门道语》、《闻道》和《弘道》等道教刊物,定期或不定期刊登道教音乐研究文章或学术信息,《江苏道教》、《大道》等还专设有"科仪音乐"、"道教乐舞"等专栏,而《茅山道讯》、《大道传经》等道教特色报刊,也经常性刊登道教音乐的专题内容。

二、2008—2015:道教音乐研究特点

21世纪以来,道教音乐学术生态环境发生显著的变化,道教音乐的学术研究在继承学术传统①的同时,呈现出一些新的特点。纵观21世纪来十五年的道教音乐发展历程,以2008年为时间节点,这一历史时期大致可以分为前后两个阶段:2008年以前,道教音乐的研究相对关注于学术史研究,对道教音乐学科建设回顾与总结研究的成果不断。如甘绍成的《20世纪的道教音乐研究回眸》②,罗明辉的《道教音乐研究综述》③,蒲亨强的《20世纪的道教音乐研究》④,刘红的《当代道教音乐的回顾与展望(上)》⑤、《当代道教音乐的回顾与展望(下)》⑥等,都是这一研究领域的颇有见地的学术成果。尤其是史新民等编著的《20世纪中国音乐史论文献综录·宗教音乐卷·道教音乐》⑦,既有对

① 史新民教授等在《20世纪中国音乐史论文献综录·宗教音乐卷·道教音乐》(人民音乐出版社,2005年)一书中认为:20世纪道教音乐研究历经零星收集、全面收录和重点研究三个阶段,并呈现出"在全面收集整理的基础上进行研究、在道内外时贤学者的共同关注与身体力行下进行研究、在有重点、有中心的格局下进行研究、在汉族与少数民族中同步进行研究"的特点。

② 甘绍成:《20世纪的道教音乐研究回眸》,《中华文化论坛》2000年第3期。

③ 罗明辉:《道教音乐研究综述》,《乐府新声》2000年第3期。

④ 蒲亨强:《20世纪的道教音乐研究》,《中国宗教研究年鉴》2001年卷。

⑤ 刘红:《当代道教音乐的回顾与展望(上)》,《中国道教》2006年第6期。

⑥ 刘红:《当代道教音乐的回顾与展望(下)》,《中国道教》2007年第1期。

⑦ 史新民等编著.《20世纪中国音乐史论文献综录·宗教音乐卷·道教音乐》,人民音乐出版社,2005年。

20 世纪道教音乐历史、理论和现状的整体把握，又有对道教音乐发展趋向的思考，可谓是总结道教音乐百年学术历程和展望未来发展的力作。2008 年以后，对于当代道教音乐现代价值、创新发展的探讨渐成主流。如蒲亨强的《中国道教音乐之现状研究》①，全书以道教音乐发展现状为重点，并辅之以历史背景，对当代中国道教音乐的现状进行了全面论述。此外，对以往道教音乐相对薄弱研究的领域在这一时期也得到加强，如“道教音乐的审美研究、历史名人与道教音乐的关系、宗教古谱研究、道教音乐表演方法（唱与奏）的探讨、少数民族道教音乐的特色、道教音乐在新时期的功能”②等方面成果逐渐增多。总之，2008 年以来的八年间，是本世纪道教音乐发展的黄金期，这一时期的道教音乐学术研究和学科建设呈现出以下特点。

（一）师范院校成为道教音乐人才培养的重要基地

20 世纪以来，道教音乐的学科建设和人才培养成果丰硕。就道教界而言，一批年轻的道众在秉承道教音乐传统的同时，还积极参与各地道教学院和音乐院校及文艺院团的音乐培训，不断提高自身的音乐水平，其中的骨干学员今已成长为道教名山和宫观道院音乐活动的中坚力量；从学术界来看，一些音乐院校自 20 世纪 80 年代开始，相继开展道教音乐的人才培养，在民族音乐学领域先后招收攻读道教音乐方向的硕士和博士研究生，当年的许多学生现多成为道教音乐学科领域的教授、博士生导师和领军人物。21 世纪以来尤其是 2008 年以后，道教学术领域的人才培养在以往格局之上呈现新的特点，各地师范院校承担的道教音乐人才培养逐年增多。如上文所述，2008 年—2015 年间，在所统计的 24 篇以道教音乐研究为选题的硕士学位论文中，师范院校的硕士学位论文数量多达 12 篇，占这一时期道教音乐硕士学位论文的 50%，见下表：

① 蒲亨强：《中国道教音乐之现状研究》，南京师范大学出版社，2012 年。

② 史新民等编著：《20 世纪中国音乐史论文献综录・宗教音乐卷・道教音乐》，人民音乐出版社，2005 年。

表1　2008—2015年道教音乐硕士学位论文统计表

序号	学位申请人	学位论文题目	学位授予单位	学位授予时间
1	李　涛	河北清河与巨鹿道教音乐之比较研究	河北师范大学	2009年
2	赵　恒	仙乐清妙,道法自然——道教音乐文化之研究	吉林大学	2009年
3	徐　倩	胶东道乐“勾凡调”及相关研究	中国艺术研究院	2009年
4	李小宁	陕北佳县白云观道教音乐技术现象探究	陕西师范大学	2010年
5	匡传英	崂山道教科仪音乐研究	山东师范大学	2010年
6	李雪娜	昌吉市丧葬礼俗中的民间道教音乐研究	新疆师范大学	2010年
7	光　强	道教曲牌音乐发展研究	江西财经大学	2010年
8	曹园园	唐代宫廷音乐与道教音乐综合比较研究	四川师范大学	2011年
9	林立策	神圣的表演——温州道教斋醮科仪音乐的体验与阐释	中国艺术研究院	2011年
10	刘　琼	道教音乐多声现象研究——以两个道观的仪式音乐为例	南京师范大学	2011年
11	李春玲	鹿邑道教音乐调查研究	河南大学	2011年
12	徐雅琪	泰山碧霞祠道教音乐研究	中国音乐学院	2011年
13	许　澄	沙河大杜村道教音乐的考察与研究	河北师范大学	2011年
14	邹亚洲	论中国传统文化下的音乐审美思维模式——兼论儒、道音乐思想	吉林艺术学院	2012年
15	龚道远	湖北恩施崔坝镇“度职”仪式音乐研究	武汉音乐学院	2012年
16	周文照	玄乐道炁:道乐养生的音乐人类学研究——以武当山为例	华中师范大学	2013年
17	赵学武	泰宁道教科仪音乐研究	福建师范大学	2013年
18	吴　蕾	山西省绛县柏林坡道教音乐考察调查研究	山西大学	2013年

续表

序号	学位申请人	学位论文题目	学位授予单位	学位授予时间
19	赵　楠	沈阳蓬瀛宫道教仪式音乐研究	沈阳师范大学	2014 年
20	杨婷婷	坤道与道教音乐的田野调查与研究	浙江师范大学	2014 年
21	李志慧	武当山道教诵经音乐诵唱技法研究	武汉音乐学院	2014 年
22	廖　静	从道家之虚静及尼采之虚无论古筝演奏审美诉求	武汉音乐学院	2015 年
23	袁野璐	台湾道教“禅和派”音乐研究	武汉音乐学院	2015 年
24	王天一	崆峒山道教科仪音乐研究	西北师范大学	2015 年

从表 1 中分析不难看出，学位授予单位中师范院校为 12 所，所在的区域覆盖华北、西北、西南、华中和华东地区，这表明道教音乐的学术影响正在不断扩大，其学术研究已经引起各地高校尤其师范院校的积极关注。从硕士学位论文的选题看，论文的内容多以地方区域性道教音乐研究为重点，体现出师范院校在道教音乐人才的培养过程中对区域音乐文化的重视。可见，在道教音乐研究上，师范院校正成为继北京、武汉、香港“三足鼎立”①之后的又一重要学术群体和人才培养基地。

(二)信息网络成为道教音乐交流传播的重要途径

21 世纪以来，道教音乐的传承方式与传播手段在传统的基础上不断变化发展，学术界和道教界乃至文化企业界，较以往更加重视道教音乐网络资源的开发与利用，道家道教文化产业信息化建设开始受到社会的关注，打造数字化的道教音乐品牌成为网络媒体建设的重要内容。

① 史新民教授等在《20 世纪中国音乐史论文献综录・宗教音乐卷・道教音乐》(人民音乐出版社，2005 年)一书中认为：20 世纪中国的道教音乐研究，形成了以北京、武汉、香港三足鼎立的格局：北京地区具有“研究人员广，研究内容广，涉及领域广”；武汉地区具有“研究工作起步早，成果面世早，成立道乐研究机构早，以及招收道教音乐研究生早”；香港地区具有“学者的队伍大，制订的计划大，研究的范围大，取得的成果大”的特点。

2008年以后,这一发展趋势更加突显。在各类道教网站之中,根据不同的建站宗旨和文化特色,道教音乐的网络信息建设表现以下特点。

1.道教网站音乐信息容量增大。2008年以后,各类道教网站中的道教音乐内容逐渐增多,除以往"道教音乐"栏目的新闻报道和通识性知识介绍外,关于道教影音、影视资料、道教音乐展演集锦、道教音乐视听鉴赏、道经乐团文化交流等内容不断出现,各地道教音乐的信息容量也不断扩充。一些新建或改版的道教网站中加强了道教音乐文化建设,如2009年开始专注于道家文化产业信息化数字建设的"道教之音"网站,在其"道教音乐"栏目中分设"现代道乐、江苏道乐、全真正韵、沪浙道乐、四川道乐、龙虎山道乐、其他道乐、视频音乐和道乐缘起"等专题内容,还有"热门道教音乐榜、道教乐谱下载、道教音乐文化"等特色服务窗口。又如,2001年在澳门特区政府立案成立的澳门道教协会主办的"澳门道教协会网站",设置有"道乐欣赏"和"澳门道乐团"专栏,并辑录有"澳新道教音乐欣赏会"、"澳苏道乐欣赏会"、"豫道乐欣赏会"、"澳鄂道乐欣赏会"、"《大音希声》——澳门道教科仪音乐欣赏会"、"濠江道韵宝岛扬"、"马澳道乐交流大汇演"、"道韵悠扬绕卢宅——澳门道教科仪音乐演奏会"等道教音乐活动展演影像,另有大量道教音乐和澳门道教音乐活动的文化信息。由此可以看出,随着科学技术手段的不断更新,道教音乐的传播加快,融合加强,道教音乐文化资源的互利共赢的局面开始呈现。

2.道教网站学术研究力度增强。2008年以来,道教音乐借助网络资讯平台得到进一步发展,许多道教网站更加注重道教音乐的专业性和学术性,一些道教团体和学术机构的主办的道教网站,特聘道教文化和音乐专家对道教音乐网站建设内容进行指导,或直接由学者撰文和编写道教音乐词条,道教音乐研究的学术性明显增强,研究的深度和广度也进一步加大。如香港青松观主办的"道通天地"——"道教斋醮"栏目中的道教音乐学术内容丰富,特色鲜明。又如,由香港蓬瀛仙馆道教文化中心于2009年7月10日修订的"蓬瀛仙馆道教文化中心资料库",其中的音乐板块专设"道教音乐文化特色"、"道教音乐的功能"、"道教音乐的地域特色"、"道教音乐分类与形式"、"道教音乐流派"、"道教音乐谱辑”、“各地道教音乐”等内容。再如，由上海音乐学院主办的“中国仪式音乐网站”中的“学术资讯”、“学术讲堂”和“学者文集”等栏目中，许多是关于道教音乐的学术信息和专题研究。

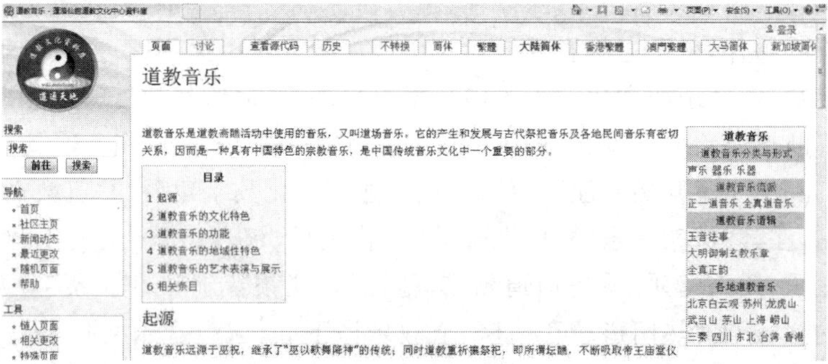

图 3　道教文化资料库“道教音乐”网页

（三）期刊成为道教音乐学术研究的重要载体

21 世纪以来，在道教音乐研究成果之中，学术论文的比重依然最大。2008 年以后，科学信息技术发展为道教音乐学术研究提供了更加广阔的平台，但并未就此弱化学术期刊对道教音乐建设作用的发挥。相反，这一时期各类学术期刊和杂志刊载的道教音乐文章数量增多，期刊杂志成为道教音乐学术研究的重要载体。在 2008—2015 年间，近 200 篇的道教音乐学术论文发表于各类学术期刊和杂志之中，基本情况如下：

1. 高等院校学报。早在 20 世纪 90 年代，武汉音乐学院就开始关注道教音乐的研究，并通过本院学报《黄钟》出版有专号和专栏①。此后，高等院校学报对于道教音乐的研究，逐渐从音乐专业院校扩展到艺术学院和综合性大学。2008 年后，在刊载道教音乐论文的学报中，音

① 1990 年，武汉音乐学院学报《黄钟》第 1 期，以相当大的篇幅，开辟了“湖北武当山道教音乐研究”专栏，集中发表了武汉音乐学院学者们的一组文章，1991 年《黄钟》第 4 期又以专辑的形式，刊出数篇论文，在全国中文核心期刊中以某一地区道乐研究推出专栏、专辑是不多见的，在当时的高等音乐院校学报中，也是绝无仅有的。

乐专业院校的学报主要有《中央音乐学院学报》、《中国音乐》、《音乐艺术》、《黄钟》、《音乐探索》、《天籁》和《乐府新声》等学术期刊;艺术学院的学报主要有《南京艺术学院学报(音乐与表演版)》、《云南艺术学院学报》、《新疆艺术学院学报》、《吉林艺术学院学报》等学术期刊;在综合性大学的学报中,主要有《郑州大学学报》(哲学社会科学版)、《成都大学学报》(社会科学版)、《华侨大学学报》(哲学社会科学版)等学术期刊。以上不同类型高等院校的学报,相比而言音乐专业院校学报侧重对道教音乐形态和风格的研究,艺术学院学报侧重道教音乐历史的研究,而综合性大学学报则更多关注道教音乐的哲学思想和美学研究。

2.音乐类学术期刊。这类学术期刊包含国家级科研院所和全国性音乐协会及音乐出版单位的学术刊物。如中国艺术研究院主办的全国性的大型音乐理论刊物《中国音乐学》(季刊),中国音乐家协会主办的《人民音乐》(月刊),人民音乐出版社主办的《音乐研究》(双月刊)等音乐类中文核心期刊,还包含各地文化部门主办和音乐家协会等主办的音乐刊物:如《民族音乐》、《歌海》、《黄河之声》、《音乐时空》(理论版)、《北方音乐》、《音乐大观》等音乐刊物。全国中文核心音乐学术期刊与各地音乐期刊对道教音乐研究的共同关注,不仅促进了道教音乐的学术研究,也丰富和拓展了音乐类学术期刊的研究领域。

3.艺术文史类期刊。这类的期刊名目繁多,如《艺术百家》、《艺术研究》、《艺术教育》、《文化月刊》、《四川戏剧》、《时代文学》、《贵州文史丛刊》和《北方论丛》等,各类刊物根据不同的办刊特点在相应栏目中刊载道教音乐文章,这从另一角度表明了道教音乐研究的丰富性和多样性。

4.综合性宗教文化刊物。这类学术期刊主要为宗教文化类的理论刊物。如《中国宗教》、《世界宗教文化》和《中国道教》等,所刊载的学术论文主要是从道教的宗教属性,探讨其文化内涵探和音乐特征。

在以上不同类别的学术期刊和杂志中,一些学术期刊和杂志集中发表一些道教音乐文章,形成一定的办刊特色。笔者通过对 2008—2015 年间近 200 篇道教音乐论文的抽样分析,发现道教音乐发文量在 10 篇以上的,分别有中国音乐学院的主办的《中国音乐》(15 篇)、武汉音乐学院主办的《黄钟》(11 篇)和广西民族文化艺术研究院主办的《歌海》杂志(10 篇),此外则有《中国音乐学》(8 篇)、《中国道教》(8 篇)和《乐府新声》(7 篇)。如下图示:

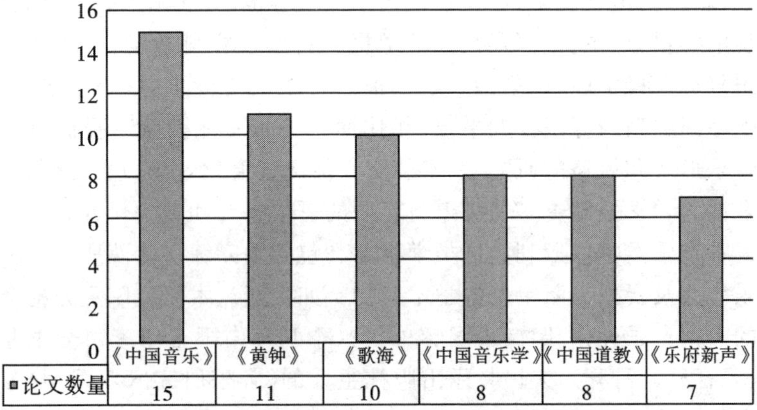

图 4　2008—2015 年部分学术期刊道教音乐发文量统计图示

(四)学术机构成为道教音乐学科建设的重要力量

21 世纪以来,华中师范大学"道家道教研究中心"(2003 年)、湖北武当文化研究会(2003 年)、上海音乐学院"中国仪式音乐研究中心"(2007 年)、武汉音乐学院"中国道教音乐研究中心"(2011 年)等学术研究机构相继成立,积极推动和深化了道家道教文化和音乐研究。2008 年以来,上海音乐学院"中国仪式音乐研究中心"和武汉音乐学院"中国道教音乐研究中心"成为道教音乐研究的两支重要学术力量。

上海音乐学院"中国仪式音乐研究中心"(以下简称"仪式音乐中心")为"上海市普通高等学校人文社会科学重点研究基地",由著名音乐学家曹本冶教授担任首任主任。"仪式音乐中心"以香港中文大学音乐系曹本冶教授自 1993 年开始建设的"中国传统仪式音乐研究计划"为基础,在与上海音乐学院通力合作下,依托上海市高校音乐人类学 E-研究院于 2007 年 5 月正式设立。"仪式音乐中心"主要致力于"仪式音乐的地域性和跨地域性、传统与变迁的个案和宏观比较研究"和"中国音乐学视野中的仪式音乐研究理论建构”①,并兼及中国传统仪式音乐人才培养、学术交流、资料信息建设和咨询服务。其中,道教音乐的研究和人才培养是“仪式音乐中心”重要内容。2008 年后,“仪式音乐中心”有关道教音乐学术活动主要表现在②:

1. 设立“大音讲堂”。2008 年 11 月起,“仪式音乐中心”开始举办首届“大音讲堂”,旨在通过学术讲堂的建设,为中国仪式音乐的研究提供更加开放的学术平台。“大音讲堂”至今已成功举办八届,每届都邀请有国内外著名专家学者举行专题学术报告,并同步进行圆桌会议开展学术交流与研讨。其中,“宗教学与道教仪式研究”、“道家义理在当代公共教育与实践中的建构”以及“以科学方法研究民族音乐的可行性探讨”等专题学术讲座,为道教音乐的研究从文化背景和研究方法上提供了有益帮助。

2. 成立“蓬瀛道教音乐研究基金”。2008 年 12 月,“仪式音乐中心”与香港蓬瀛仙馆合作成立“蓬瀛道教音乐研究基金”,设立 100 万元人民币支持“仪式音乐中心”的道教音乐学科建设。“蓬瀛道教音乐研究基金”成立至今,出版道教音乐著作五本,即将出版道教音乐著作五本,在研项道教音乐项目三项。“仪式音乐中心”还以“蓬瀛道教音乐研究基金”为平台,定期评选资助奖励在道教音乐学习和研究上取得优秀成绩的博士和硕士研究生;开展“蓬瀛道教音乐研究基金”专题活动。2009 年 12 月 10 日至 18 日,“仪式音乐中心”邀请道教全真龙门派二十一代道人孟至岭道长进行“道教科仪与道教音乐”、“如何书写道教及其文化——来自道内人的感观”和“道教信仰与道教音乐——一个出家人寻访道教音乐的经历”系列学术讲座,并邀请陕北佳县白云观多名道士进行“民歌与道乐”活态演示;2010 年 11 月 8 日,邀请香港道教蓬瀛仙馆在上海音乐学院图书馆楼学术厅开展“香港道教科仪与音乐展演”等,从而加强了学术界与道教界在的道教音乐文化交流与合作。

---

① 参引“中国仪式音乐网”(http://www.ritualsoundscapes.com/cn)。

② 参引“中国仪式音乐网”(http://www.ritualsoundscapes.com/cn)。

图5　图片转引自“中国仪式音乐网”

3.创办《大音》学术刊物。2009年8月，“仪式音乐中心”以课题成果为基础主办的《大音》学术刊物正式创刊（以书代刊），分别由“仪式音乐中心”首任主任曹本冶教授和现任主任萧梅教授担任主编，先后在上海音乐学院出版社和文化艺术出版社出版系列著作，迄今已发行九卷。正如曹本冶教授在其发刊词中所言：“中国仪式音乐研究中心”推出中国音乐学术界的首份仪式音乐研究的学刊——《大音》，希望借此为学界提供一个学术交流平台，以促进学界对该课题的兴趣和研究。《大音》设有“学术文萃”、“讲座纪要”、“名家访谈”、“研究综述”、“书评”和“译丛”专栏，主要关注年度中国仪式音乐研究的最新学术成果和学术动态，也刊载道教音乐研究的学术论文。如已刊载有刘红的《1957—2008：当代道教音乐研究之定量分析》、《道教音乐体系及其流派特征——正一道与全真道两大教派之宫观音乐》，薛阳的《〈太平经〉及其音乐理论解读》和黄虎的《环县道情皮影〈过关戏〉表演特征及其文化内涵》等道教音乐学术论文,是道教音乐研究的重要学术平台之一。

4.建立课题工作坊。2010年3月,为促进"仪式音乐中心"研究工作的深入,为在研课题组成员提供课题研究交流平台,保障立项课题研究的有序进行和成果质量,"仪式音乐中心"以课题工作坊形式,就"仪式中音声研究的理论概念"、"田野作业以及资料整理"等展开相互交流与商讨。这一工作坊制度的实施,不仅为其中正在进行的"道教正一派科仪音乐的地域与跨地域因素"等课题研究提供了帮助,也为道教音乐在研究方法和实际工作上积累了可资借鉴的有益经验。

"仪式音乐中心"图书室和音视频数据库以及学者文集中,还辑录有大量的道教音乐文献、图书资料和音像资料,为道教音乐的研究提供了丰富的学术信息资源。"仪式音乐中心"组织或委派成员出席的国内外道教音乐学术会议和交流活动,也是此一阶段道教音乐学科建设的重要内容。

武汉音乐学院"中国道教音乐研究中心"(以下简称"道乐研究中心"),发端于武汉音乐学院"道教音乐研究小组"。1986年,随着中国武当山道教音乐研究工作的深入,武汉音乐学院适时成立了"道教音乐研究小组",1990年改名为武汉音乐学院"道教音乐研究室"①,这是全国最早的道教音乐研究机构之一。2003年,武汉音乐学院适时将"道教音乐研究室"更名为武汉音乐学院"中国道教音乐研究与培训中心",2011年又定名为武汉音乐学院"中国道教音乐研究中心"。

多年来,"道乐研究中心"在学术研究上逐渐形成了"以武当山道教音乐研究为中心"②、"以特定道教音乐研究为重点"③、"以道教音乐研

① 主要由史新民、周振锡、王忠人、向思义、刘红五位专家学者组成,此后陆续加入孙凡、胡军等中青年学者。

② 武汉音乐学院在武当山道乐的研究上,"具有普查搜集起步较早、道乐原始资料保存完好和道乐学术研究成果丰硕"等特点。

③ 武汉音乐学院在道乐的研究活动中,坚持计划性地选择一些名山、宫观道院的音乐为研究对象,在道乐的挖掘、整理、研究和人才培养等方面,从学缘上具有一定的针对性和连续性。

究项目为载体”[①]的学术特色。从学术活动的时间看,“道乐研究中心”在研究机构建设和人才培养方面起步较早;从学术活动的影响看,有学者评价:“关于道教音乐,武汉音乐学院一直领导着调查研究,并在研究上处于领先地位”[②];从学术活动的成果看,新中国第一部道教音乐著作《中国武当山道教音乐》[③],道教全真和正一道众的音乐授受之本《全真正韵谱辑》[④]和《中国龙虎山天师道音乐》[⑤]均出自“道乐研究中心”。2008 年后,“道乐研究中心”主要开展了以下学术活动:

其一,道教乐舞创制。以道教音乐舞蹈为素材,编创雅俗共赏的音乐舞蹈作品,是当前道教音乐有待实践和探索的问题,也是“道乐研究中心”的现实课题之一。2008 年,在“第三届世界传统武术节开幕式”演出中,武汉音乐学院魏汉萍副教授等编创的《武当和韵》广获好评,并于 2009 年荣获“第八届全国舞蹈比赛”群舞项目“文华舞蹈节目创作”优秀奖。2010 年,武汉音乐学院作曲系青年教师龚华华等应邀为武当山道教协会创编的乐曲,于当年在“上海世博会”上由“武当山道教武术音乐团”进行展演。2011 年,由武汉音乐学院、茅山道院、上海城隍庙、苏州玉皇观联合推出,武汉音乐学院师生编创、录制、苏州工业园区道文化传播中心制作《福生无量天尊》唱诵版广为流传。2015 年 10 月,由武汉音乐学院龚华华、杜啸虎编创,中国道教协会副会长、湖北省道教协会会长、武汉市道教协会会长、武汉长春观方丈吴诚真道长作词的配乐诗朗诵——《宗信恩师记》,以诗朗诵、合唱、舞蹈和民族管弦乐的综合艺术形式,在武汉长春观举行的“谢宗信方丈百年诞辰纪念暨学术研讨活动”中演出,这一创新性的艺术探索受到道内外的关注和好评。

其二,道乐产业开发。2012 年,根据武汉地方经济建设和文化发展要求,为服务地方经济文化发展,“道乐研究中心”组织专家积极参与

① 武汉音乐学院的师生及校友的道乐研究成果,许多是通过道乐课题和项目实施完成。

② 斯坦利·萨迪主编:《新格罗夫音乐与音乐家辞典》,湖南文艺出版社,2000 年。

③ 史新民主编:《中国武当山道教音乐》,中国文联出版公司,1987 年。

④ 史新民主编:《全真正韵谱辑》,中国文联出版公司,1991 年。

⑤ 王忠人主编:《中国龙虎山天师道音乐》,中国文联出版公司,1993 年。

武汉市道教文化建设活动。“道乐研究中心”在广泛调研的基础上,积极主动利用学术资源优势开展社会服务。“道乐研究中心”主任胡军教授在对武汉长春观多次实地考察的基础上,通过对武汉市道教音乐文化建设的现状分析,就如何整合武汉地区道教音乐文化优势资源,促进武汉地区旅游文化发展,打造道教音乐文化品牌等提出了概念性的规划,撰写了近5万字的《武汉地区道教音乐文化产业发展概念性规划》,并在中共武汉市委统战部、市民宗委的关心以及武汉市道教协会和武汉长春观等支持下进行了阶段性实施。

其三,道乐学术会议。2013年12月13日至15日,由武汉市道教协会、武汉音乐学院、香港青松观主办,武汉长春观、武汉大道观、香港青松观全真道研究中心成立10周年组委会、武汉音乐学院“中国道教音乐研究中心”承办,华中师范大学“道家道教研究中心”协办的“‘谈道论乐　和颂盛世’道教音乐学术研讨会暨道教音乐展演活动”在武汉音乐学院举行。本次学术活动云集了两岸80多名知名的道教音乐专家、学者和嘉宾,是21世纪来规模大、规格高的一次道教音乐学术盛会。全国政协常委、时任中国道教协会会长任法融等中国道教协会领导出席会议。本次以“谈道论乐　和颂盛世”为主题的道教音乐学术活动,有力地促进了道教音乐的学术研究和推动了道教音乐艺术交流。

图6　“谈道论乐　和颂盛世”道教音乐学术研讨会代表与领导和嘉宾合影　摄影:郭志威

其四,道教音乐文集。2014年,由“道乐研究中心”胡军、孙凡教授主编的《武汉音乐学院道教音乐研究文选》由湖南文艺出版社出版。该文集选收入集论文46篇，作者涉及20余人，时间跨度60余年，其作者为武汉音乐学院道教音乐研究领域不同时期的代表人物，选录的文章涵盖了武汉音乐学院半个多世纪道教音乐研究的历史，是2008年以来道教音乐研究成果的一次集中展现。

其五，道乐人才培养。2012年起，由武汉音乐学院与武汉理工大学等联合建设的“武汉城市圈艺术学科联合博士点”计划开始实施。至2015年，武汉音乐学院开始招收攻读“道教音乐文化”专业方向博士研究生。自此，武汉音乐学院道教音乐的人才培养上形成本科、硕士研究生和博士研究生的教育层级。从20世纪80年代武汉音乐学院在全国高等院校中，率先招收攻读民族音乐理论专业的道教音乐硕士生以来，到道教音乐博士生教育的突破历时20余年，在此过程中，武汉音乐学院在道教音乐的专业人才培养上多年持之以恒和坚持不懈。

在这一阶段，各类科研项目和建设专项也是道教音乐研究的重要平台，“道乐研究中心”的申报或建设的《道教音乐与和谐社会建设》、《武当山道教音乐志研究》、《湖北道教音乐研究与开发——武汉城市圈道教音乐文化建设与旅游发展研究》等均取得阶段性研究成果。

2008—2015年间，上海音乐学院“中国仪式音乐研究中心”和武汉音乐学院“中国道教音乐研究中心”频繁的学术活动和取得的学术成果，为道教音乐的学科建设发挥了重要作用。

（五）专题研究成为深化道教音乐研究的重要手段

21世纪以来，道教音乐在一些领域的专题研究得到加强。2008年后，专题性的研究更加成为深化道教音乐研究的重要手段，一些论文的选题和学术会议的主题往往以道教音乐的专一领域为选题，道教音乐的研究呈现出向纵深发展的趋势。

1. 在道教音乐专题研究方面。2008—2015年，西南大学音乐学院的蒲亨强教授与其研究生组成的学术团队，对道教斋醮科仪音乐经典史籍等进行了系统性研究，成为这一时期道教音乐最具特色的专题研究成果。学术团队在蒲亨强教授的带领下，通过系统的文献检索和深入分析，撰写了大量有关道教斋醮科仪音乐经典史籍的学术论文。据粗略统计，蒲亨强教授独立完成或先后与韩革新、谈欣、陈芳、李劲松、关孟华、贾力娜等合作完成的学术论文多达22篇，分别发表于《乐府新声》、《中国音乐》、《音乐探索》、《南京艺术学院学报》(音乐与表演版)、《艺术百家》、《云南艺术学院学报》、《中央音乐学院学报》、《音乐研究》、《音乐艺术》和《中国音乐学》等学术刊物之上。从这些学术论文的选题和研究内容看，主要涉及"东汉道教仪式音乐之初步研究"、"东晋道教仪式音乐之初步研究"、"南朝道教仪式音乐初步研究"、"北朝道教仪式音乐研究"等不同历史时期的道教仪式音乐研究；"唐代产生的道教经韵"、"南宋时期的三首道教经韵"和"唐、北宋传今的两首道教经韵考析"等不同历史时期的道教经韵考辨；以及"元《灵宝领教济度金书》音乐史料研究"、"明代《上清灵宝济度大成金书》音乐史料研究"、"清代《铁罐斛食全集》音乐史料研究"和"清代《太极灵宝祭炼科仪》音乐资料研究"等科仪音乐史料研究，其研究系统性之强，研究历时性之广在这一阶段尚不多见。

2. 在道教音乐专题会议方面。2015年由武汉音乐学院主办的"道教音乐创编暨道教音乐展演学术研讨会"，是主办单位根据近年全国道教音乐汇演活动的现实状况，为总结经验和分析不足，对于下一阶段道教音乐展演活动形式与方式展开的专题研讨。来自上海音乐学院、武汉音乐学院、中国道教协会、湖北省道教协会、海南省道教协会、陕西省道教协会、安徽省道教协会、江西省道教协会、江苏省道教协会、龙虎山道教协会、苏州市道教协会、茅山道教协会、武汉长春观、武汉大道观、海南玉蟾宫、丹江口市宗教局等众多道教界名贤及道教文化的专家、学者于2015年10月齐聚武汉音乐学院，会议围绕全国道教音乐汇演活动主题，就道教音乐的学科建设、乐团建设、人才培养、文化传承、社会服务和对外交流等展开深入交流，并就2016年在武汉音乐学院适时举办"钧天妙乐——道教音乐展演"活动的筹备工作及相关事宜进行部署。根据专题学术会议的研讨情况，中国道教协会副会长兼秘书长张凤林代表中国道教协会在会上提出了四点意见和建议：一是积极推动道教音乐走向社会、融入大众；二是努力创新道教音乐的表演形式；三是继续培养多层次、多方向的道教音乐人才；四是认真筹备好明年的道教音乐展演活动。此次以道教音乐汇演为主题的专题学术会议，对道教音乐展演活动产生了积极影响。

图 7 “道教音乐创编暨道教音乐展演学术研讨会”会议代表合影 摄影：贾鸿博

（六）“申遗”与“汇演”成为道教音乐传承发展的重要举措

21 世纪以来，道教音乐的“申遗”与“汇演”工作日益受到重视。一方面，社会各界对道教音乐的传承与保护意识逐渐增强，道教音乐的“申遗”工作成为各级地方政府和学术界、道教界的共识；另一方面，道教音乐传播与推广又成为道教音乐发展中的重要课题，历届全国性道教音乐汇演，成为道教音乐传播与推广的重要平台。

1. 在道教音乐“申遗”方面。2006 年，“苏州玄妙观道教音乐”和“武当山宫观道乐”入选第一批国家级非物质文化遗产名录，自此开启了道教音乐“申遗”工作的历程。2008 年以来，全国各地的许多地区的道教名山和宫观道院加强了道教音乐传承与保护，相继结合自身优势与特色开展道教音乐“申遗”工作。

2008 年，国务院公布第二批国家级非物质文化遗产名录，河北省广宗县申报的“广宗太平道乐”，山西省阳高县申报的“恒山道乐”，上海市道教协会申报的“上海道教音乐”，江苏省无锡市申报的“无锡道教音乐”，安徽省休宁县申报的“齐云山道场音乐”，山东省青岛市崂山区申报的“崂山道教音乐”、泰安市申报的“泰山道教音乐”、烟台市申报的“胶东全真道教音乐”、东平县申报的“腊山道教音乐”，海南省定安县申报的“海南斋醮科仪音乐”,四川省成都市申报的“成都道教音乐”,陕西省佳县申报的“白云山道教音乐”,甘肃省清水县申报的“清水道教音乐”名列其中。2011 年,浙江省平阳县申报的“东岳观道教音乐”和澳门特别行政区申报的“澳门道教科仪音乐”被列入第三批国家级非物质文化遗产名录。2014 年,河北省定州市“花张蒙道教音乐”,江苏省句容市“茅山道教音乐”,浙江省苍南县“苍南正一派科仪音乐”,江西省鹰潭市“龙虎山正一天师道道教音乐”,香港特别行政区“全真道堂科仪音乐”等,入选第四批国家级非物质文化遗产代表性项目名录扩展项目名录。历次的道教音乐“申遗”工作,有力推动了各地道教音乐的传承保护与健康发展。

2. 在道教音乐的“汇演”方面:自 2001 年起,为进一步弘扬道教音乐文化,交流和切磋道教音乐演奏技艺,推出新人新作,道教界每年均在不同地区举办全国性“道教音乐汇演”,迄今已十五届。2008 年以来的八届道教音乐汇演中,先后有北京白云观经乐团、武汉长春观经乐团、新加坡道乐团、香港道乐团、龙虎山嗣汉天师府道乐团、台北草山乐坊、茅山道乐团、茅山乾元观坤道仙乐团、台北松山慈惠堂国乐团、陕西白云山道教经乐团、山东崂山太清宫道乐团、武当山道教武术音乐团、苏州姑苏仙乐团、广东道乐团、上海城隍庙道乐团、澳门道乐团、兰州白云观经乐团、武汉大道观经乐团、西安八仙宫经乐团、宁夏三清观道乐团、成都道教音乐艺术团和云南昆明真庆观道乐团等道教经乐团参加汇演活动。历届道教音乐汇演为道教音乐的创新与发展提供了交流平台,加强了道教界和学术界的相互交流与合作,促进了道教音乐的传播与推广,为弘扬优秀道教文化,展示道教文化内涵,推动内地(大陆)与港澳台及东南亚地区道教界的友好往来发挥了重要作用。

综上,2008—2015 年间,道教音乐的学科建设取得长足进步,其中一些新的研究理念、新的研究格局、新的研究手段和新的研究技术的出现,必将对今后道教音乐的发展产生深远影响。但与此同时,我们也应该看到,当前的道教音乐学科建设中还存在诸多亟待突破或深化的现实课题:如标志性的道教音乐舞台剧现实作品不多;道教音乐艺术价值潜力挖掘不够;道教音乐文化产业的功能发挥不强;道教宗派与音乐流派、道教音乐的宗教性与艺术性、道教坛场和舞台剧场、斋醮科仪与科仪音乐等关系的探讨有待深入；对于民间道教音乐的系统行性考察和研究也有待进一步加强。尤其值得重视的是，当今道教音乐发展中的一些同质化[①]倾向日渐突出，个性化色彩具有弱化之势，道教音乐发展中的这些问题，当应引起我们的关注与反思！

（作者为武汉音乐学院科研处处长，中国道教音乐研究中心主任、教授）

① 笔者本文中所指的“同质化”现象，系指当今道教音乐发展中除“十方韵”以外的道教音乐风格与特色。

略论道教禁忌中的环境伦理思想

李　裴

禁忌起源于人类早期原始社会，是世界各地区、各民族都普遍存在的文化现象，也是一种处理人神关系的手段。它主要源于人类对神秘力量或神圣对象的崇拜和敬畏，害怕因触犯神秘力量或神秘对象招致惩罚而对自己的行为进行限制和禁戒。在原始宗教中，禁忌几乎与传统习俗融为一体。而在后来的人为宗教里，禁忌则常常通过教义的规定，成为规范化戒律的重要组成部分。

如同世界上的其他宗教，中国道教也有自己的禁忌。同时，因其修道养生的独特宗教诉求，形成了特殊的日常生活和修炼禁忌，这些禁忌建立在万物有灵的认识论基础之上，秉持仙道贵生的原则，体现了道教道法自然、万物平等的环境伦理思想。

一、道教禁忌的认识论前提：万物有灵

灵魂观是一切宗教观念中最重要、最基本的观念之一。英国宗教人类学家爱德华·泰勒通过大量田野考察，综合世界上许多原始民族对于灵魂的看法，下了一个冗长的定义：

> 灵魂是不可捉摸的虚幻的人的影像，按其本质来说，虚无得像蒸汽、薄雾或阴影；它是那赋予个体以生气的生命和思想之源；它能独立地支配肉体所有者过去和现在的个人意识和意志；它能离开肉体并从一个地方迅速地转移到另一个地方，它大部分是摸不着看不到的，它同样地也显示着物质力量，尤其看起来好像醒着的或睡着的人，一个离开肉体但跟肉体相似的幽灵；它继续存在和生

活在死后的人的肉体上；它能进入另一个人的肉体中去，能够进入动物内甚至物体内，支配它们，影响它们。①

人类形成灵魂观念之后，将其外推与泛化到万物之上，便形成了万物有灵的观念，即相信其他动物、植物、无生命的物体乃至所有自然存在物都具有灵魂。万物有灵观普遍存在于许多民族的宗教传统之中，道教禁忌的产生与其有着密不可分的联系。

早在前道教时期，中国古代已用"魂魄"指代人的灵魂，并进行了细分，认为"魂魄，神灵之名"②。魂是阳气，构成人的思维才智。魄是粗粝重浊的阴气，构成人的感觉形体。魂魄（阴阳）协调则人体健康。人死魂（阳气）归于天，魄（阴气）则随形体血肉归于地下。道教产生以后，继承原始的万物有灵思想，并以此为基础，形成了自己的神灵观，如早期的天地水"三官"信仰。更由于道教特别重视肉体，认为人身即通乎宇宙的生命流行，故从修炼的角度，十分强调"身中之神"的观念以及相关禁忌。道教的"身中之神"主要包括"三魂七魄"和"三尸"两种。

第一魂胎光，属之于天。常欲得人清净，欲与生人延益寿算，绝秽乱之想。居人身中，则生道备矣。第二魂爽灵，属之于五行。常欲人机谋万物，摇役百神，多生祸福灾衰刑害之事。第三魂幽精，属之于地。常欲人好色嗜欲，秽乱昏暗，耽着睡眠。③

"其第一魄名尸狗，其第二魄名伏矢，其第三魄名雀阴，其第四魄名吞贼，其第五魄名非毒，其第六魄名除秽，其第七魄名臭肺。此七魄，身中之浊鬼也。"④

"三魂七魄"均各有姓名、各有居所、各有来历、各有功用，系人身中之神。中国民俗中认为人若重病或受到惊吓，便会导致身中魂魄不能受到正常管束而离散于体外，须通过招魂使离散的魂魄归来。古代中国大多数地区都流行"招魂"（亦称"喊惊"、"叫魂"等）之俗。屈原《楚

① 泰勒：《原始文化》，连树声译，上海文艺出版社，1992年，第416页。

② 《左传·昭公七年》孔颖达疏。

③ 张君房：《云笈七签》卷五十四。

④ 张君房：《云笈七签》卷五十四。

辞》中亦有《招魂》篇。道教法术中，对于魂魄，有专门的制检之法。如《云笈七签》卷五四《魂神》一章中就有“拘三魂法”，“制七魄法”、“对日存三魂法”等。这些法术都是为了使身中魂魄受制于人，除病消灾，延其年寿，甚至通过这种法术达到通神的目的。东晋葛洪《抱朴子·地真篇》就言：“欲得通神，当金水分形。形分则自见其身中之三魂七魄，而天灵地祇，皆可接见，山川之神，皆可使役也。”①

“三尸”神也是身中之神的一种，三尸姓“彭”，上尸名“踞”，中尸名“踬”，下尸名“跻”，分居于人体的上、中、下丹田之中。《抱朴子内篇·微旨》称：“三尸之为物，实魂灵鬼神之属也。欲使人早死，此尸当得作鬼，自放纵游行，飨人祭酹。是以每到庚申之日，辄上天白司命，道人所为过失。……大者夺纪，纪者，三百日也。小者夺算，算者，三日也。”②或言其“好惑人性，欲得早亡，每至庚申日上馋于帝，请降灾祸于人，故人多夭亡祸。修炼者用术及药以去之，则年长不死”③。除了在特定的时间上天告密，三尸神平时也尽干损人健康、使人短寿的恶事。“三尸者，一名青姑，伐人眼，是故目暗面皱，口臭齿落，由是青姑之气穿凿泥丸也；二曰白姑，伐人五脏，是故心耄气少，喜忘荒闷，由白姑贯穿六腑之液也；三名血尸，伐人胃管，是故肠轮烦满，骨枯肉焦，志意不开，所思不固。”④

三尸神的存在，对于求长生成仙的道教徒而言，无疑是莫大的威胁与障碍。故许多道书都明确记载除“三尸”之法，如《云笈七签》卷八十三庚申部载“中山玉柜经服气消三虫诀”、“赵先生口诀祝尸虫法”、“东方氏制三尸法”、“紫微宫降太上去三尸法”、“太虚真人消三尸法”、“思念道诫去三尸法”、“五行紫文除尸虫法”、“存心中赤气去三尸法”、“神仙守庚申法”、“庚申夜祝尸虫法”、“用甲子日除三尸法”、“六甲除三尸法”等。⑤ 这些方法中，除辟谷服气、符咒、服药外，最主要的就是守庚

① 王明：《抱朴子内篇校释》，中华书局，1985 年，第 326 页。
② 王明：《抱朴子内篇校释》，中华书局，1985 年，第 125 页。
③ 张君房：《云笈七签》卷八十三。
④ 张君房：《云笈七签》卷一百四十。
⑤ 张君房：《云笈七签》卷八十三。

申。《三尸中经》云:“凡至庚申日,兼夜不卧,守之,若晓体疲,少伏床数觉,莫令睡熟,此尸即不得上告天帝。”[①]即是说每到庚申日,便终夜不睡觉,保持清醒,使“三尸”无法离开身体去天庭告状。这种禁忌在唐宋时期已十分流行。

与世界各大宗教相似,在万物有灵观的影响下,道教因对身外神灵的敬畏、崇拜而产生的禁忌更加种类繁多。其中较为独特的是入山禁忌。《释名·释长幼》曰:“老而不死曰仙。仙,迁也,迁入山也。”[②]从文字学的角度看,道士所求之“仙”与“山”有着密不可分的因缘。一方面,“山”为道教的宗教活动提供全部物质基础,包括修炼场地,金丹和植物药的原材料,另一方面,入山更昭示了遇仙的可能以及得道后“老而不死”的归宿。从这个意义上讲,道士入山,便如同进入寺庙、宫观一样,进入了一个神圣空间,一个与人世截然不同的环境。同时,“山无大小,皆有神灵,山大则神大,山小则神小也。入山而无术,必有患害”[③]。“又万物之老者,其精悉能假托人形,以眩惑人目而常试人,唯不能于镜中易其真形耳。”[④]这样一个充斥着山神和树精石怪的空间,不仅神圣,更多的还意味着神秘和危险。因此,道教对入山禁忌极为重视。

首先是空间的选择。

葛洪曾在《抱朴子内篇》中转述左慈之语:

“诸小小山,皆不可于其中作金液神丹也。凡小山皆无正神为主,多是木石之精,千岁老物,血食之鬼,此辈皆邪炁,不念为人作福,但能作祸。”[⑤]因此,道教以华山、泰山、霍山、恒山、嵩山、少室山、长山、太白山、终南山、女几山、地肺山、王屋山……大小天台山、四望山、盖竹山、括苍山等名山为炼制金丹大药的绝佳地点,认为“此皆是正神在其山中,其中或有地仙之人。上皆生芝草,可以

① 张君房:《云笈七签》卷八十三。

② 刘熙著:《释名》卷三,《景印文渊阁四库全书》第221册,台湾商务印书馆,1986年,第397页。

③ 王明:《抱朴子内篇校释》,中华书局,1985年,第299页。

④ 王明:《抱朴子内篇校释》,中华书局,1985年,第300页。

⑤ 王明:《抱朴子内篇校释》,中华书局,1985年,第85页。

避大兵大难，不但于中以合药也。若有道者登之，则此山神必助之为福，药必成。”①

其次是时日禁忌。

入山之大忌，正月午，二月亥，三月申，四月戌，五月未，六月卯，七月甲子，八月申子，九月寅，十月辰未，十一月乙丑，十二月寅。入山良日：甲子、甲寅、乙亥、乙巳、丙戌、丙午、丙辰，已上日大吉。②

入山大月忌：三日、十一日、十五日、十八日、二十四日、二十六日、三十日；小月忌：一日、五日、十三日、十六日、二十六日、二十八日。以此日入山，必为山神所试。又所求不得，所作不成。不但道士，凡人以此日入山，皆凶害，与虎狼毒虫相遇也。③

再进一步，针对入山后遇到的不同情况，道教也有一套自己的禁忌和应对方法。

比如对付山中善于变化人形的老魅，“以明镜径九寸以上，悬于背后，则老魅不敢近人。……又老魅若来，其去必却行，行可转镜对之，其后而视之，若是老魅者，必无踵也，其有踵者，则山神也。”④欲入山采芝，则需“久斋至精，及佩老子入山灵宝五符”，又言“带灵宝符，牵白犬，抱白鸡，以白盐一斗，及开山符檄，著大石上，执吴唐草一把以入山”⑤。“凡见诸芝，且先以开山却害符置其上，则不得复隐蔽化去矣。徐徐择王相之日，设醮祭以酒脯，祈而取之，皆从日下禹步闭气而往也”⑥。山神若高兴了，才会将山中珍宝予人，否则，“鬼神不以芝与人，人则虽践之，不可见也”⑦。因而，出于对山中神灵的敬畏，凡人入山，“皆当先斋洁七日，不经污秽，带升山符出门，作周身三五法”⑧。

---

① 王明：《抱朴子内篇校释》，中华书局，1985年，第85页。
② 王明：《抱朴子内篇校释》，中华书局，1985年，第301页。
③ 王明：《抱朴子内篇校释》，中华书局，1985年，第301页。
④ 王明：《抱朴子内篇校释》，中华书局，1985年，第300页。
⑤ 王明：《抱朴子内篇校释》，中华书局，1985年，第202页。
⑥ 王明：《抱朴子内篇校释》，中华书局，1985年，第197～198页。
⑦ 王明：《抱朴子内篇校释》，中华书局，1985年，第202页。
⑧ 王明：《抱朴子内篇校释》，中华书局，1985年，第299页。

若是进山合药，则要求就更为严格。“合丹当于名山之中，无人之地，结伴不过三人，先斋百日，沐浴五香，致加精洁，勿近秽污，及与俗人往来，又不令不信道者知之，谤毁神药，药不成矣。”①“作药者若不绝迹幽僻之地，令俗闲愚人得经过闻见之，则诸神便责作药者之不遵承经戒，致令恶人有谤毁之言，则不复佑助人，而邪气得进，药不成也。”“必入名山之中，斋戒百日，不食五辛生鱼，不与俗人相见，尔乃可作大药。”②“每合好药好膏，皆不欲令鸡犬小儿妇人见之。若被诸物犯之，用便无验。”③

总之，只有严格遵守这些空间、时间、作业禁忌，入山后才可以正式作屋（即建立丹室）、筑坛、安鼎、置炉、配合丹料、升火炼丹。一方面，以万物有灵观为认识论前提，道教禁忌凸显和强化了崇拜对象的神秘性和神圣性，使整个宗教行为的结果更为行之有效。另一方面，无论是“守庚申”、“除三尸”，还是入山的诸种禁忌，都体现出道教对于环境（包括大环境与小环境，外环境与内环境）的认知。道教通过制约“身中之神”来维持身心小环境的平衡，通过去除“三尸”来达到人体内环境的清洁，通过选择名山吉时，佩符禹步来取悦山神，“盗万物以资身”④。这些均是道教在长期实践过程中的经验总结，是一种为协调人类与环境的关系，约束自己的行为而建立起来的新秩序，体现了道教对人与环境关系的尊重、对宇宙、万物的谦卑。

二、道教禁忌的核心：仙道贵生

道教历来重生。《太平经》称：“天地之性，万二千物，人命最重。”⑤东晋神仙家葛洪更由衷赞叹：“天地之大德曰生。生，好物者也。是以

① 王明：《抱朴子内篇校释》，中华书局，1985年，第74页。

② 王明：《抱朴子内篇校释》，中华书局，1985年，第84～85页。

③ 王明：《抱朴子内篇校释》，中华书局，1985年，第85页。

④ 《黄帝阴符经疏·富国安人演法章》，《道藏》第2册，文物出版社、上海书店、天津古籍出版社，1988年，第740页。

⑤ 王明：《太平经合校》，中华书局，1960年，第34页。

道家之所至秘而重者，莫过乎长生之方也。”①道教的禁忌，明确反映了道教修道求长生的宗教目标。而要求长生，便要会养生。在世界各大宗教的禁忌中，道教的养生禁忌可以说是独具特色的。

人是“形—神”的结合体。要想长生久视，必须清静少欲以养护形体，更要息心绝虑以养护精神。东晋神仙家葛洪说：“禁忌之至急，在不伤不损而已。”②最重要的养生禁忌，就是不伤不损。道教认为，伤损会导致早夭，“才所不逮，而困思之，伤也；力所不胜，而强举之，伤也；悲哀憔悴，伤也；喜乐过差，伤也；汲汲所欲，伤也；久谈言笑，伤也；寝息失时，伤也；挽弓引弩，伤也；沉醉呕吐，伤也；饮食即卧，伤也；跳走喘乏，伤也；叹呼哭泣，伤也；阴阳不交，伤也；积伤至尽则早亡，早亡非道也。”③不遵守这些禁忌，则直接与长生之道背道而驰。著名的山中宰相陶弘景在《养性延命录》中也说：“久视伤血，久卧伤气，久立伤骨，久行伤筋，久坐伤肉。凡远思强健伤人，忧恚悲哀伤人，喜乐过差伤人，忿怒不解伤人，汲汲所愿伤人，戚戚所患伤人，寒热失节伤人，阴阳不交伤人，凡交须依导引诸术。若能避众伤之事而复阴阳之术，则是不死之道。”④可见，道教的养生禁忌直接影响到宗教的终极目标——得道成仙是否能够得以实现。

道教认为，人与万物一样，秉道而生，自有其一定的生长消亡规律。古人有所谓“天年”的说法，就是指一个人在保持身体各器官都在正常状态下的自然寿命。《黄帝内经·素问》在论及上古之人时说：“尽终其天年，度百岁乃去。”《抱朴子养身论》说：“养生者先除六害，然后可以延驻于百年。”⑤因此，道教特别重视养成良好的生活习惯和心理习惯，提倡节制欲望，不过度地使用身体的各种器官、不过度地消耗精神。认为在不伤不损的情况下，人是有可能尽其天年，并在此基础上，通过道教

---

① 王明：《抱朴子内篇校释》，中华书局，1980年，第252页。

② 王明：《抱朴子内篇校释》，中华书局，1985年，第124页。

③ 王明：《抱朴子内篇校释》，中华书局，1985年，第245页。

④ 陶弘景：《养性延命录》，《道藏》第18册，文物出版社、上海书店、天津古籍出版社，1988年，第479页。

⑤ 《道藏》第18册，文物出版社、上海书店、天津古籍出版社，1988年，第492页。

养生术，达到长生久视的。

人是自然环境中的一员。既要善于利用自然资源，“盗万物以资身”，同时，又要“知分合宜”，遵循“自然之理”①。“是以养生之方，唾不及远，行不疾步，耳不极听，目不久视，坐不至久，卧不及疲，先寒而衣，先热而解，不欲极饥而食，食不过饮，不欲极渴而饮，饮不过多。凡食过则结积聚，饮过则成痰癖。不欲极其逸，不欲起晚，不欲汗流，不欲多睡，不欲奔车走马刺，不欲极目远望，不欲多啖生冷，不欲饮酒当风，不欲数数沐浴，不欲广志远愿，不欲规造异巧。冬不欲极温，夏不欲穷凉，不露卧星下，不眠中见肩，大寒大热，大风大雾，皆不欲冒之。五味入口，不欲偏多，故酸多伤脾，苦多伤肺，辛多伤肝，咸多则伤心，甘多则伤肾，此五行自然之理也。”②

人更是社会环境中的一员。纷繁复杂的人际关系，不断滋生的物质欲望和心理上的种种压力，使人“多思则神殆，多念则志散，多欲则损志，多事则形疲，多语则气争，多笑则伤藏，多愁则心摄，多乐则意溢，多喜则忘错惽乱，多怒则百脉不定，多好则专迷不治，多恶则憔煎无懽。此十二多不除，丧生之本也。”③因此，道教学者陶弘景引《小有经》提出“少思、少念、少欲、少事、少语、少笑、少愁、少乐、少喜、少怒、少好、少恶”，称“行此十二少，养生之都契也”④。

唐代道医孙思邈继承和发展了这些思想，并把它具体落实到养形、养神的修仙活动中去。提出节欲、适宜，说：“唯无少无多者几乎道也。”⑤并在此基础上对养生术进行了总结：“是以善摄生者，卧起有四时之早晚，兴居有至和之常制，调利筋骨，有偃仰之方；杜疾闲邪，有吞

---

① 《黄帝阴符经疏·富国安人演法章》，《道藏》第2册，文物出版社、上海书店、天津古籍出版社，1988年，第740页。

② 王明：《抱朴子内篇校释》，中华书局，1985年，第245页。

③ 陶弘景：《养性延命录》，《道藏》第18册，文物出版社、上海书店、天津古籍出版社，1988年，第476页。

④ 陶弘景：《养性延命录》，《道藏》第18册，文物出版社、上海书店、天津古籍出版社，1988年，第476页。

⑤ 《枕中记》，《道藏》第18册，文物出版社、上海书店、天津古籍出版社，1988年，第466页。

之术;流行荣卫,有补泻之法,节宣劳逸,有与夺之要。忍怒以全阴气,抑喜以养阳气。然后先将服草木以救亏缺,后服金丹以定无穷,长生之理,尽于此矣。"①

道教贵生、惜生,其对生命的珍重,不仅体现在个人对修道、长生的追求上,更能推己及人,"普同一等,皆如至亲之想"②。甚至在此基础上,进一步将人之生扩大到物之生,将对人的生命的重视扩大到对所有有生命之物的重视。孙真人说:"自古名贤治病多用生命以济危急,虽曰贱畜贵人,至于爱命,人畜一也。损彼益己,物情同患,况于人乎?夫杀生求生,去生更远。"③因此,他的千金药方,多不以有生命之物入药。甚至像水蛭一类的药物,也认为应"市有先死者,则市而用之"④。又说:"只如鸡卵一物,以其混沌未分,必有大段要急之处,不得已隐忍而用之,能不用者,斯为大哲亦所不及也。"⑤这种对生命的珍视,对万物一视同仁的慈爱之心,体现了道教"人畜一也"、"物情同患"的思想,强调物、我之间平等友爱的关系,显示了道教在人与环境关系上的独特体验。

三、道教禁忌的实质:万物平等、和谐共生的环境伦理

道教禁忌以万物有灵为认识论前提。万物有灵观将人有灵魂的观念推及动物、植物和其他自然物。这种推及的基础是认为被推及物与人是平等的。可以说,万物有灵观的实质其实就是万物平等。以平等观念来处理人与自然万物的关系,以平和、谦卑的态度来对待自己在客

① 王明:《抱朴子内篇校释》,中华书局,1985年,第245～246页。

② 《孙真人备急千金要方》卷一《序例·大医精诚第二》,《道藏》第26册,文物出版社、上海书店、天津古籍出版社,1988年,第26页。

③ 《孙真人备急千金要方》卷一《序例·大医精诚第二》,《道藏》第26册,文物出版社、上海书店、天津古籍出版社,1988年,第26页。

④ 《孙真人备急千金要方》卷一《序例·大医精诚第二》,《道藏》第26册,文物出版社、上海书店、天津古籍出版社,1988年,第26页。

⑤ 《孙真人备急千金要方》卷一《序例·大医精诚第二》,《道藏》第26册,文物出版社、上海书店、天津古籍出版社,1988年,第26页。

观环境中所处的位置,这是道教禁忌的实质,也是道教环境伦理思想的核心。

道教在哲学源流上祖述老庄,十分重视人与环境尤其是人与自然的关系问题。老子曰:“人法地,地法天,天法道,道法自然。”①当然,这里的“自然”并不是今人所说的大自然、自然界,而是自然而然,即是说“道”效法它自己本来的样子。因此,道家道教重视的是自然界背后那个“道”,反过来说,“道”作为宇宙的普遍规律,其最具体生动的表现就是天地,就是没有经过人为改造的“自然”。因而,如何处理人与自然的关系问题,最大程度地体现了道家道教对于“道”、对于万物之“灵”的尊重和学习。

《阴符经》云:“天地万物之盗,万物人之盗,人万物之盗。”②道教认为天地、万物与人之间存在一种相“盗”相生而各获其安的关系。“人与禽兽草木,俱禀阴阳而生。人之最灵,位处中宫,心怀智度,能反照自性,穷达本始,明会阴阳五行之炁,则而用之。”③人为万物之灵,充满智慧,既能认识自我,又能知晓自然规律,并加以运用,能够发挥主体能动性掌握“盗机”,经过自我“设其善计”,开动心中“习善之机”,滋养自己的本性,最终“与道契合”,获致神仙。将长生成仙视为“盗机”的结果,这在道教思想理论中可谓独具一格。

人盗取天地万物之机本身就是人认识自然、掌握自然规律、因势利导的过程。在与自然万物相处的过程中、在其修炼实践中,对于自然万物应该无时不充满敬畏之心,以此规范、约束自己的行为,道教由此形成了诸多养生、炼丹、房中禁忌,甚至上升为戒律,要求修道人严格奉行。如北朝时期的道教戒律《太上老君戒经》就规定了初出家的道士(清信男、清信女)必须遵奉的“五戒”,即:戒杀、戒盗、戒淫、戒妄语、戒酒。这“五戒”表面看来与佛教的“五戒”相同,但实际却有自己的特色。

---

① 《老子》二十五章。

② 《黄帝阴符经疏·富国安人演法章》,《道藏》第2册,文物出版社、上海书店、天津古籍出版社,1988年,第740页。

③ 《黄帝阴符经疏·富国安人演法章》,《道藏》第2册,文物出版社、上海书店、天津古籍出版社,1988年,第740页。

其依据阴阳五行理论，认为“天”、“地”、“数”、“治”、“人”都必须遵守“五戒”，否则违背了大道运行的规律，打破了客观环境的平衡，必将有灾祸降生。“五戒者，在天为五纬(五星)，天道失戒，则见灾祥；在地为五岳，地道失戒，则百谷不成；在数为五行，五数失戒，则水火相薄，金木相伤；在治为五帝，五帝失戒，则祚夭身亡；在人为五藏，五藏失戒，则性发狂。”①该经特别从人体的角度将不守“五戒”对五脏造成的损害进行了详细说明：“故杀戒者，东方也，受生之气，尚于长养，而人犯杀，则肝受其害。盗戒者，北方也，太阴之精，主于闭藏，而人为盗，则肾受其殃。淫戒者，西方也，少阴之质，男女贞固，而人好淫，则肺受其沴。酒戒者，南方火也，太阳之气，物以之成，而人好酒，则心受其毒。妄语戒者，中央土德信，而人妄语，则脾受其辱。”②由此看来，“五戒”的目的是通过禁戒，来保持人体内、外环境的平衡、和谐。

道教对于环境的重视，还更多地表现在建筑选址、营造等方面。历代高道，如陶弘景、司马承祯、王重阳等，都多有论述建造及起居之法。道教独特的思想内涵和实践方法使古代风水理论得以保存，并进一步丰富、发展。其择山、择水、择洞、择境之术既用于寻找龙脉、选定阴宅，又表达了道士对于所置身环境的审美态度及人与万物和谐共生的思想。透过“左青龙、右白虎、前朱雀、后玄武”的宗教化说辞，我们看到的是古人对光照、采暖、通风、给排水等环境要素充满理性的观察与思考，通过对地表、地势、地气、土壤以及方位、朝向的科学分析，因地制宜，因形制利。《释名》曰：“宅，择也，择吉处而营之也。”③建筑与生态环境本就同为一体。在讨论居住之道时，唐代高道司马承祯说：“何谓安处？曰：非华堂邃宇，重裀广榻之谓也。在乎南向而坐，东首而寝，阴阳适中，明暗相半，屋无高，高则阳盛而明多，屋无卑，卑则阴盛而暗多，故明多则伤魄，暗多则伤魂，人之魂阳而魄阴，苟伤明暗则疾病生焉。”④正

① 《道藏》第18册，文物出版社、上海书店、天津古籍出版社，1988年，第204～205页。

② 《道藏》第18册，文物出版社、上海书店、天津古籍出版社，1988年，第205页。

③ 《释名》卷五。

④ 《天隐子》，《道藏》第21册，文物出版社、上海书店、天津古籍出版社，1988年，第700页。

因为这样，在其著作《天隐子》中，他把“安处”放在了仅此于“斋戒”的位置，认为遵守这些相宅的规则是修道成仙过程中数一数二重要的事情。

当然，道教建立在万物有灵观基础上的这种选址、营造均是以“自然”为中心，以不危及他物为前提的。北宋高道陈景元曾提出：“茂林为丘山之美，林伐则气相损。”①山之美，是因为茂密树林的点缀，山林一旦砍伐，必然导致山之“气”损，而伤害到美好的生态环境。在道的法则下，人与万物应当平等友爱，绝不越分夺取，孳生祸端。“飞禽走兽不害，所以成群；蔬草果木不伐，遂其盛茂。……人无害物之心，物无畏人之虑。故山禽野兽，可羁系而遨游；鸟鹊巢窠，可攀援而窥望也。”②物我平等，自适其性，和谐共生，这是一幅多么美好的画面。

综上所述，道教禁忌以万物有灵观为认识论前提，以仙道贵生为思想核心，体现了万物平等、和谐共生的环境伦理思想。道教师法自然、重视环境、提倡物我平等，在对“人类中心主义”进行反思和解构的今天，道教的环境伦理思想反映出道教在人与自然关系上的独特体验。对于建设人与自然整体和谐的生态美学理论，应有其宝贵的思想价值。

（作者为四川大学道教与宗教文化研究所教授）

① 陈景元撰：《庄子注》，见蒙文通《道书辑校十种》，巴蜀书社，2001年，第1143页。

② 成玄英撰：《南华真经注疏》卷一一，《道藏》第16册，文物出版社、上海书店、天津古籍出版社，1988年，第399页。

道家、道教的天人观

赵　芃

道家、道教的天人观是传统宇宙观的深入与发展，其形成的一系列从天到人、从人到天的重要思想和观点，既表现了对于天之神圣的崇拜和敬畏，又表现了对于人的爱戴与尊重。亚里士多德在《论天》一文中认为："在一种意义上，我们把整个宇宙最外围的实体称为'天'，或者把整个宇宙最外围中的自然物体称为'天'。"①在中国"春秋时及战国初年，尚无宇宙的观念，人所认为最大而覆盖一切的是天。天的观念，起源甚早，而最初的哲人孔子与墨子都把天看作最根本的"②。天的概念经历了长期而复杂的历史发展，其一是指天的神性方面，天意味着某种力量，主宰世界，统治世界，君临世上的一切；其二是与祖先神所居住的地方、实际的"天空"联系起来，并用来指包括天空在内的整个世界③。即"所谓天有三种涵义：一指最高主宰，二指广大自然，三指最高原理"④。董仲舒认为，天、地、阴、阳、木、火、土、金、水，九；与人而十者，天之数毕也。道家哲学"除重视人伦之外，也还重视人与自然的关系(天人之际)及人与社会的关系(群己之间)"⑤。道家、道教天人观可以概括为天人感应、天人同构、天人合德、天人合一等方面，是道家、道教对宇宙生成与演化过程中人与自然运动演化理解的一种宗教境界，是对人与自然关系的有益探索和积极理解。

---

① 苗力田主编：《亚里士多德全集》(第二卷)，中国人民大学出版社，1991年，第295页。

② 刘鄂培主编：《张岱年文集》(第二卷)，清华大学出版社，1989年，第34页。

③ 金永植著，潘文国译：《朱熹的自然哲学》，华东师范大学出版社，2003年，第125页。

④ 张岱年：《宇宙与人生》，上海文艺出版社，1999年，第76页。

⑤ 邓九平编：《张岱年哲学文选》(下)，中国广播电视出版社，1999年，第374页。

一、天人感应的宗教信仰

道家、道教天人感应思想是传统哲学思想中关于天人关系的一种学说，其基本思想为天能干预人事，人之行为亦能感应上天，自然界的灾异和祥瑞表示着天对人的罚赏。把“天”视为百神之君，有意志，亦有目的，天与人相副，具有喜怒哀乐之情，春夏秋冬四时就体现了天的喜怒哀乐，“人副天数”，天能创造人类，目的只是为实现天的意志。在天人关系中尽管人也影响天，但是天仍然是主宰，是施与者，而人仅仅是天的缩影。人的形体、精神、思想情感、道德品质，都是天的复制品，与天相符合。天人感应之说深深影响了道家、道教，并已作为一种信仰贯穿于道教各种典籍及方术之中，并成为理解天人关系内容的出发点。

道家、道教天人感应论的自然基础在于天与人在道本质上的同构、同性。《老子想尔注》认为：“自然相感也。行善，道随之；行恶，害随之也。”①天和人本质上统一于无所不包的道，这个道乃为宇宙所具有的根本属性和基本规律，从而使人道与天道具有许多共同性的特征及自然属性。天人感应包含着道家、道教天人和谐的崇高追求和宗教信仰。如果说道家的天人感应强调人与天的相感相应、表达了道家“道法自然”的崇高追求，那么，道教的天人感应则在于使人通过各种各样的宗教诉求，以及相应的戒律、法事等行为，最终实现“人天相交”“以人合天”的美好理想。使天人之间产生并建立各种各样的美妙和谐关系，并作为判断、解释、处理、调节和改善天人关系的出发点和重要内容之一。

二、天人同构的美好遐想

道家、道教天人同构思想是在儒家天人感应基础上发展起来的天人之间具体的同体同位关系，是对天人感应关系具体深入的理解和把

① 饶宗颐：《老子想尔注校笺》，香港苏记书庄，1956年，第40页。

握。道教产生以前，天人同构、天人感应的思想已经很流行了，如《吕氏春秋·有始》即认为："天地万物，一人之身也。"《淮南子·精神训》亦说人，"头之圆也象天，足之方也象地"①。

道教天人同构思想是继承道家天人关系的基本内容，由天人感应向天人合一发展的重要阶段和重要体现，是实现天人合一目标渐进过程的必然环节。天人同构不但是天人之间具体部位、具体属性、具体功能和具体作用的同构，更重要的是天人之间在"道"的作用和运动下所具有的相吸相应相合的"无为"性质和天人交通的运动变化规律。

六朝时期《太上灵宝五符序》曰：

> 人头圆象天，足方法地，发为星辰，目为日月，眉为北斗，耳为社稷。鼻为丘山，口为江河，齿为玉石。四肢为四时，五藏法五行，亦为五帝，亦为五曹。上为五星，下为五岳，内为五王，外为五德，升为五云，化为五龙。五藏者，谓肺心肝脾肾也。②

这种对应是将人拟"天"化的一个过程。其本质是以人观天、以人待天、以人化天、以人尊天，体现了对人的尊重和对天的崇拜。《黄帝素问灵枢集注》则把天人同构赋予了情感因素，认为：

> 天圆地方，人头圆足方以应之。天有日月，人有两目，地有九州，人有九穴。天有风雨，人有喜怒；天有雷电，人有音声；天有四时，人有四肢；天有五音，人有五脏；天有六律，人有六府；天有冬夏，人有寒热；天有十日，人有手十指；辰有十二，人有足十指茎，垂以应之。③

天人同构的"肌体"基础是天体与人体共有的构造及功能，表达了人们对于天人关系的美好遐想。即"日月"与"两目"，"九州"与"九穴"，"风雨"与"喜怒"，"雷电"与"音声"，"四时"与"四肢"，"五音"与"五脏"，"六律"与"六府"，"十日"与"十指"等方面的"同构""同体""同位"。人们在认识和把握天人同构中，使天人之结构与功能和人的心理愿望的

---

① 郭武：《道教历史百问》，今日中国出版社，1995年，第15页。

② 《道藏》第6册，文物出版社、上海书店、天津古籍出版社，1988年，第321页。

③ 《道藏》第21册，文物出版社、上海书店、天津古籍出版社，1988年，第445页。

美好遐想较好地结合起来,使天人之间彼此尊重,取长补短,平等友好,以及实现天人之间关系的和谐发展,并使人之功能顺应天之功能与规律,发挥人在天人关系中的主观能动作用,从而使天人同构具有生态积极意义。

三、天人合德的伦理准则

道家、道教天人合德的本质内涵强调天与人所具有的共同的"道"之本质属性,强调天与人及其相互关系的自然而然,无为而无不为。"'道'与'德'原本为一,只因'化始'和'生成'万物的不同状态,或生,或息,从而呈现出'即二常一'和'即一乃二'的不同表现形式。"①天人合德无为之属性乃为天人所具有的"道性",只要合"道"乃为合德。天人关系的"无为"追求在于天与人各自具有自然属性,即本身具有的"无为"本性,其二者之和也应该具有天人合和之"道"性,其天人"合德"所表达的伦理准则就是"道"之自然本质,是道教对中国传统天人关系在"德"的前提下而形成特有的对于"天"与"人",以及对二者之本质属性的理解。

天人合德是道教天人交通的"无为"境界的重要组成部分,包含有天人关系的系统内容。战国时代儒家学者所撰的《易传》提出"大人与天地合德"的理想,这里的"德"指本性而言。《管子·心术上》曰:"德者道之舍",即在道家哲学史上"德"指具体事物从"道"所得的特殊规律或特殊性质。《自然经》说:"德"就是"得于道果"的意思;《太平经》中说,"成济众生,令成极道"就是"德";唐玄宗《道德经御注序》中说,"道之在我"就是"德"。道教中以"道"和"德"作为他们的信仰、行为的总准则,他们要修道,还是积德,所以"道"和"德"同为道教的教理、教义中的基本原则。道教的天人合德强调天与人关系的和谐共生,天人之间的彼此尊重和相互理解。不但强调以"天"为中心,而且特别强调以"人"之

① 何建明:《道家思想的历史转折》,华中师范大学出版社,1997年,第45页。

行为符合道之"特殊规律"或"特殊性质"为原则。"天性自然,不可欺矣。"①强调人对于"天"之道性的尊重和顺从。

道教天人合德的立足点在于老子"道法自然"思想。天人合德强调人要发挥其主观能动性,并顺应自然的各种规律和变化,顺天之"本然"而为之,与天友好相处,而不是逆天而行,才符合天人关系的"无为"追求。只有这样天与人之间才同"道"而"合德",其本质是道家天人关系的"规律性""伦理性""自然性""无为性"的本然体现。

四、天人合一的行为追求

道家、道教天人合一思想是传统哲学关于天人关系的重要学说之一,是中国古代天人感应思想的发展,其内容主要指天道与人道、天为与人为相通、相类和统一。天人合一思想被认为是中华文化的特色,它所讨论的内容,遍及自然、政治与道德诸多方面,各家各派,各时各代,都有关于天人合一的议论被提出来②。先秦唯物主义的天人关系论,以荀况坚持"天人相分"、"天道可知"、"天命可制"而达到最高的理论成就。但这一成就包含着内在的矛盾和缺点,过分强调"天人相分,主张不求知天"③。中国古典哲学中的"天人合一"观念渊源于春秋时代。《汉书·司马迁传》曰:"亦欲以究天人之际,通古今之变,成一家之言。""《易传》、《中庸》和《五行》的共同趋向是把'人'与'天'的关系重心从'天'移到'人',但似乎并没有把'天'、'人'绝对分离。"④"从自然界到人,朱熹把它打通了。天人共理,天人一贯,天人相通,他比秦汉的天人合一的神学目的论前进了。"⑤道家、道教天人合一思想继承并发展了中国传统文化中天人关系思想的精华,并将其发展成为具有自身特点的天人观,形成、建立和完善了一系列关于"天人合一"思想的观点和

① 王明:《太平经合校》,中华书局,1960年,第570页。
② 庞朴:《一分为三论》,上海古籍出版社,2003年,第77页。
③ 萧萐父、李锦全主编:《中国哲学史纲要》,外文出版社,2000年,第200~201页。
④ 葛兆光:《中国思想史》(第一卷),复旦大学出版社,2001年,第156页。
⑤ 任继愈:《天人之际》,上海文艺出版社,1998年,第210页。

学说。

道家、道教“天人同源”是从宇宙生成论方面探讨天人关系的出发点，是道家、道教天人合一思想的客观基础和重要体现。五代时期强名子注解《真气还元铭》认为：“三才者，天地人为三才也，同源是三才，同居混沌之源。”①天与人都是宇宙运动与演化的结果，天人运动所具有的起源与人类追求的最终归属乃为天人合一。南宋道士东海青元真人《元始无量度人上品妙经注》认为：“道者，天地与人实同，其根在人曰心。”强调了“天人同心”思想。陈景元在《西升经集注》中曰：“体与道合是身之虚也，心与天同是心之无也，身虚而万物自至，心无而和气自归，故虚无者，无为之至妙也。”②这里“体与道合”“心与天同”是道家、道教天人合一、天人同心思想的具体体现，是道教对道家天人关系的继承和弘扬。明初道士赵宜真撰《原阳子法语》对此认为：“人心即天心，欺心即欺天。……天心本与我心同。”③“天人齐等，无有高下。”④《金丹真一论》强调了“天人合合”的思想，认为天人合一的最佳状态是天人合合。其表现形式是“天人共爱”⑤。只有做到天人共爱才能做到天人合合，天人“共爱”是道教天人合合的又一重要条件，其内容表达了天人之间应当具有的和谐、尊重、责任与相互奉献。

总之，道家、道教天人观蕴含着天人合合的生态智慧，体现了从天人感应、天人同构、天人合德到天人合一系统发展的演化轨迹，是道家、道教哲学思想的特色和内容之一，对于我们认识自然、了解自然、处理好人与自然之关系，树立“创新”“协调”“绿色”“开放”“共享”发展理念具有重要的借鉴意义。

（作者为齐鲁工业大学文法学院教授）

① 《道藏》第 4 册，文物出版社、上海书店、天津古籍出版社，1988 年，第 879 页。
② 《道藏》第 14 册，文物出版社、上海书店、天津古籍出版社，1988 年，第 592 页。
③ 《道藏》第 24 册，文物出版社、上海书店、天津古籍出版社，1988 年，第 87 页。
④ 《道藏》第 15 册，文物出版社、上海书店、天津古籍出版社，1988 年，第 272 页。
⑤ 《道藏》第 24 册，文物出版社、上海书店、天津古籍出版社，1988 年，第 158 页。

论在道教宫观史研究中运用口述史方法的必要性

潘存娟

20世纪90年代以来，口述史作为历史学的一个分支领域抑或是一种研究方法，在中国学术研究中日趋成熟和规范，中国学术界无论是在口述史研究内容，还是运用口述史方法方面也都取得了丰富的实践成果。近年来，笔者在道教宫观史研究中，也开始尝试关注和运用口述史方法，在具体的实践活动中，形成了一些粗浅的认识，试以本文作一论述，以求教于方家。

在道教宫观史研究中运用口述史方法，一方面，取决于口述史方法相对于传统的历史学研究方法、口述资料相对于传统文献资料和田野资料所具有的独特优势；另一方面，则是由道教宫观史研究的现状与特点决定的。这两个方面的共同作用使得在道教宫观史研究中运用口述史方法成为必要。

首先，宫观史研究是道教史学术研究进入21世纪以来被重点关注的研究领域之一，而口述史方法也是成熟于当代并被史学界广泛重视的历史学研究方法，学术研究的共时性，决定了二者的交汇，使口述史方法运用于道教宫观史研究具有历史必然性。

宫观史研究是道教史研究发展到一定阶段必然会进入独立研究的领域。我国道教史的研究，大体经历了三个阶段。第一阶段，是对道教通史全面研究的阶段，包括新中国成立前许地山的《道教史》上编、傅勤家的《中国道教史》，新中国成立后尤其是改革开放以后，任继愈先生主编的《中国道教史》、卿希泰先生主编的《中国道教史》、牟钟鉴先生主编的《道教通论》等。第二阶段，是进入地方道教史深入研究的阶段。从20世纪80年代起至今三十多年的时间里，相关成果层出不穷，如李远国著《四川道教史话》，樊光春著《长安·终南山道教史略》、《陕西道教两千年》、《西北道教史》，赵亮等著《苏州道教史略》，郭武著《道教与云南文化》，张宗奇著《宁夏道教史》，萧霁虹等著《云南道教史》，昆明市宗教事务局与道教协会编著《昆明道教史》，孔令宏与韩松涛著《江西道教史》，张庆全著《河北道教史》，孔令宏著《浙江道教史》等，相继与读者见面。据悉，《湖北道教史》、《安徽道教史》等也正在撰写过程中。这些著作丰富了道教通史研究所不能及的内容，同时为更深入道教史细节的研究奠定了基础。第三阶段，即宫观个案研究的阶段。这方面的研究一方面是道教研究发展的结果，一方面也是道教在我国恢复发展的现状催生的结果。近几年，一些宫观完成了基础建设，完善了人事制度，就越来越关注自身的历史文化，所以开始编写志书、汇编、手册之类的文字，以展示本宫观的历史底蕴和文化内涵。这与道教学术界的研究不谋而合，为宫观史的学术研究提供了现实样本和基本前提。但总体情况是，道教界所关注的宫观史，其学理性研究较少，而学界可称道的成果目前仅有刘迅关于玄妙观、梅莉关于长春观的几篇论文。

口述史方法虽然古已有之，但也是直到当代才成熟起来并被历史学界普遍认可与接受的历史学方法，并且在当代史研究中最具价值。

口述史方法虽然古已有之，但现代学科意义的口述史研究是从20世纪40年代开始的。口述史从传统史学研究中逐渐独立出来并被确定为专门的学科领域和史学方法，经历了一个过程。1948年，哥伦比亚大学的历史学家内文斯开始“录制美国生活中的要人们的回忆”，并创立了世界上第一个口述历史研究室，这被视为口述史成为“历史编纂的一种现代技术”①的标志，其学科地位也由此确立。这从某个角度说明了，口述史方法对于当代学术研究的价值。

当前史学界有一个共识：“当前中国史学的发展，有两大趋势：一是田野调查引起史学研究者的关注；一是口述史的兴起。”②同时认为口

① 保尔·汤普逊著，覃方明、渠东、张旅平译：《过去的声音——口述史》，辽宁教育出版社，2003年，第73页。

② 刘善泳：《口述史在地方志领域的地位与价值》，《中国地方志》2007年第9期，第56页。

述史方法“标志当代史学研究的视野从单纯的文献求证转向社会、民间资料的发掘，这是历史学进入21世纪的重要倾向”。而且不仅指出口述史方法的当代价值，认为从基本条件出发，“在国内，中国近现代史进行口述史研究的条件要优于世界史和中国古代史，中国现当代史又优于中国近代史”①。“口述史的开展为历史研究特别是当代史的研究，开辟了可以自由驰骋的天地。”②还指出口述史方法对于本土历史文化研究更具优势，因为“研究中国古代史，国内外学者掌握的资料差不多，近现代史的资料应该是平分秋色而某些国外保留的资料更加有特色。而当代史的资料，国内绝大部分应该是独步天下，尤其是口述史资料和档案资料”③。这都意味着，现代意义的口述史实际上已经成为当代史学者搜集史料的一种重要途径，它与搜寻档案史料和文献史料同样被重视。

可见，从道教通史，到地方道教史，再到宫观史，这是道教历史研究发展的客观轨迹；而口述史方法作为一种史料搜集的有效方法，完成从自发运用到自觉选择的变革，成为当代历史学的重要研究领域和研究方法，这也是史学学术发展的必然。基于这样一种既有时间顺序又符合逻辑顺序的特征，宫观史研究与口述史方法的结合也成为学者必要的研究实践。

其次，宫观史研究是道教史研究的微观领域，对历史细节的需求很强，而口述史方法被认为最佳的适用范围恰是与宏大叙事相对的微观研究，它也强调细节的重要价值。

道教通史，属于道教史宏观层面的宏大叙事，关注的是道教作为一种文化传统形成、发展的基本脉络和一般规律，对于道教史中发生的历史事件、出现的杰出人物及其理论与实践成果，都会有所提及，但同时也会剔除非代表性的内容，对于不能体现道教史总体特征与普遍规律

① 梁景和、王胜：《关于口述史的思考》，《首都师范大学学报（社会科学版）》2007年第5期，第13页。

② 常建阁：《对口述史价值的思考》，《黑龙江史志》2012年第11期，第50页。

③ 徐有威：《刻不容缓地重视口述史，保存中国当代史不可再得的鲜活资料》，《社会科学》2012年第5期。

的人物、事件等都不会过多地着墨。

地方道教史，属于道教史中观层面的深入探索，侧重点在于地方性文化成就。它在关注地方性的前提下，对当地道教发展的历史事件、杰出人物及其成就，进行描述与分析，得出当地道教起源与传承的地方性背景、与当地人文地理相印证的文化特征，以及与当地社会变迁相一致的发展规律。

相对于道教通史、地方道教史，宫观史研究则是进入微观层面的个案性研究。微观历史的书写，自然是细节越多，才越有书写的价值，越有可读性。研究对象既特定于某个宫观，那么研究内容即不仅专注于在道教通史载入史册的大人物、大事件，也专注于仅对本宫观产生过影响的小人物、小事件；不仅关注宫观建筑的历史沿革，也关注殿宇楼阁的具体规制；不仅会涉及宫观历史文化的总体面貌，也会涉及个体的宗教理论成果、文学艺术等方面的成就。例如，八仙宫康熙年间的住持董清奇所著的《除欲究本》，在道教史中并不为人瞩目，但在八仙宫的宫观史中它却是非常重要的一份历史文化遗存。再例如，八仙宫原来有位李姓道长，因为对捡字纸工作的一丝不苟，而成为本宫观德高望重的道俗典范，这在通史中自然不值一提。这些在通史中不被重视的人物、事件、成就等，对于宫观史的研究都是重要的，宫观史需要一切细节来充实，通过细致的描摹书写，达到反映宏观背景的效果。

关注细节，日本和西方学者在这点上比中国学者要更为用心，这是我们应当引以为鉴的。不少在中国学者看来是无关宏旨的细节问题，经他们的多方面发掘却成为极重要的对象。例如，日本著名的中国思想史专家蜂屋邦夫先生于1987—1988年、1992—1994年两次在中国进行了针对道教的实地考察，其中第一次考察的报告《中国道教的现状——道士·道协·道观》(汲古书院1990年2月出版)一书中介绍了八仙宫，对八仙宫当时的修复情况、道观整体设置、建筑形式、殿宇内部神像位置、廊柱楹联匾额、信徒祭拜情况等做了详细的记录，还抄录了管理制度、参观须知、信徒拜佛歌等文字资料，最为可贵的是，作者不仅制作了八仙宫的整体平面图，还描画了灵官殿、八仙殿、斗姆殿、吕祖殿、丘祖殿等各个殿堂的平面图，标明了每个殿堂的神像位置。本书分为本文册与图版册，图版册内有八仙宫当时图片 114 幅。这一切都体现出日本学者研究态度的严谨细致。他无疑给八仙宫留下了珍贵的材料，而宫观自己的档案中却没有这些照片和平面图，这不能不令人感到遗憾。充分全面地注重细节，应该是史学研究的成功经验之一。

而口述史方法的一个显著特点正是关注细节。可以说，做口述史的过程就是促使细节得到呈现的过程。因为个性化的细节，不仅能呈现出个体经历的差异性、独特性等特点，更重要的是，能够激发出更多的有价值的追问。例如，在宫观的碑石资料中，向在世老道长对于一个名字的追问，可能就牵扯出一段重要的记忆。

“口述历史搜寻的一般是不为众人所知的历史，是口述者的私人记忆，它通过一对一的访谈获取，带有强烈的私人性质，与公共空间里的记载是不太相同的。这就意味着口述历史个人色彩更浓，个体性更突出。”①而且，尤其是“在做以人物传记为主题的访谈时，提问应该细致，从小处着眼，甚至可以琐碎，可与被访者探讨其童年趣事，生活习惯如吃穿，甚至日常使用器物都可以问”②。可见，口述史方法适用于个性化的细节搜寻。

当代的口述史料收集，就是后人可读的文字资料，而这类史料要比事后整理的作为文献存留下来的文字资料因为具有更多细节而更富多样性，才能给后人展现更为立体的历史样貌。正如史学界的观点，口述史研究更多地被运用于专门史研究，这有着实践层面的合理理由。宫观史作为道教史的微观的、专门的领域，也有运用口述史方法的实践理由。

总之，道教史微观领域的深入研究，体现了历史学研究从宏大叙事到中观探索，再到微观关照的一种必然趋势。宫观史的书写，是在一个具体特定的空间里，尽可能显示出其细节。宫观史的研究，有赖于这些

① 王宇英：《当代中国口述史——为何与何为》，中国大百科全书出版社，2012 年，第 25 页。

② 胡晓菁：《做口述史工作的几点体会》，《经济发展方式转变与自主创新——第十二届中国科学技术协会年会（第四卷）》2010 年。

细节的展现,从中探寻出宫观乃至道教历史发展的规律和特征。口述史关注个性故事,也是对历史从宏大叙事回落到微观考量。这种定位表明,宫观史研究恰与口述史方法的最佳适用范围相契合,在研究定位上,宫观史和口述史有着相互适应的一致之处。所以口述史方法终将成为宫观史研究的必然选择。

再次,史料欠缺是某些宫观的历史研究面临的严重问题,而口述史的任务就是抢救、补充、丰富史料,使史实更为丰满真实。

作为道教史的微观层面,有些道观缺乏道教通史的记载,文献资料本就十分欠缺而作为传统文献资料的官方正史,对于道教的记载已属概略,更极少对各个宫观有详细记载。

宫观史一定程度上也要依赖方志资料,因为方志对宫观名称、创修时间、创修缘起等会有记载,但方志资料则限于体例也很惜墨。有的方志会辑录某些重要碑刻的原文,而有的仅仅记载碑刻名称。

笔者也查阅过档案资料,对各宫观的负责人有记录,但不足以展现他们一生的复杂经历,更不用说那些没有资格进入档案的普通道士,也无法查知他们在所在宫观的具体活动及影响。这种平面化、简历化的人物档案资料对于宫观史研究也不能发挥充分的史料作用。

而只有道教宫观自己才会有意识地专门保留道教文化传统的历史记忆,所以宫观史研究所需的史料还必须从宫观中去获取。宫观本来是最好的自身资料的保存处,但有些宫观在历史上尤其是近世经历过自然灾害的侵袭,作为一种有空间容纳能力的场所在战争中被军队占据以及政治运动的冲击等遭遇,碑刻、宫志等遭受了最直接的破坏,其严重程度是可想而知的,不是每个道观都能完整保存这类资料。

因此,有些宫观里仍然健在的、同时兼具较高文化修养的老道长,成为我们宫观史研究不得不重视的史料来源。十年前就已有佛教研究者意识到,健在的、具有广泛社会影响的僧人逐渐减少,应该尽快建立佛教口述史①。道教的情况同样不容乐观。老道长近几年年事已高,

① 李尚全:《建立中国佛教口述史的合法性与紧迫性》,《世界宗教研究》2005 年第 3 期。

有的逐渐作古，他们的历史记忆随之消逝，这是令人惋惜的事实。那么，搜集和保存这些具有“活史料价值”的老道长的历史记忆是刻不容缓的任务，这一点毋庸置疑。

口述史方法正是对这样具有流逝性特征的口述史料的关切，它“不仅使得文献的资料被大大丰富以及进一步深化，而且还让研究变得更加生动和具体，并使整个过程的现实感、权威性以及鲜活性得到增强”①。一方面，口述史方法能通过广泛搜集亲历者、知情者乃至他们的传承者的口述史料，使缺失的史料得到修补充实，使简略的史料更加丰富多彩；另一方面，它能通过反复访谈口述者，发现或印证已经固化的文献史料可能存在的偏差。

例如，2013 年笔者在榆林佳县白云山访谈张明贵老道长，提及清朝末年佳县在白云山兴办蚕桑试验场的事情。张老透露，这件事情并不属实。当时是县政府某严姓官员给省上打了个报告，以佳县发展经济为由，申请修建一所培养蚕桑技术人才的学校，得到了省上批准及拨付的款项。后来认为劳而无功，并未修建学校，款项挪作他用。没想到省上要来验收检查，严姓官员就来白云山找张永珍道长商议，借用白云山的土地，突击种了一些树苗，修了一孔窑洞，作为“蚕桑试验场”，雇了些人当作学生和老师。就这样应付了检查，实际上没有办过这个学校。而在严氏后人的回忆录里却将此事当做事实作为严氏的一项功绩，张道长对此颇有微词，但是与地方主流人物相比，一个道士的说法是不会被重视的。所以，只有当道教史以及宫观史研究中涉及口述史，才能让作为宫观史主体的道士发出声音，书写他所在宫观乃至相关社会事件的真实的历史。

口述史能使隐藏在历史事件背后的大量信息被挖掘出来，使整个史料变得更加有血有肉。例如，笔者就八仙宫武术传承访谈过王广璘居士。解放初期，王居士当时年少体弱，一次路过西安湘子庙时突然发病，被庙内一位陈姓道长救治。从此师徒结缘，陈道长不仅将自己保留

---

① 李新博：《试论运用口述史方法研究中华传统武术的可行性》，《中华武术研究》2013 年第 3 期。

的养生功法传授给王居士，而且将全真道“利世济人”的精神也传承给他。陈道长临终时嘱咐王居士：“不识而传，背过匪浅，时至不传，必遭天谴。”前几年，王居士审时度势，将此功法公之于众，发愿使其服务于中华儿女的身心健康。在接受访谈时，他不仅讲述了修习武功的亲身经历与体验，而且还会时不时地即兴表演一些套路。这为笔者的录像增添了莫大的生动性，也为八仙宫宫观史研究留下了鲜活的影像资料。

笔者在具体的宫观口述实践中，经常体会到，口述史方法不仅使研究者得到史料，而且使研究者更深入到传统宗教情感和宗教体验的层面，受到深刻的精神感染。在此基础上，研究者与口述者共同书写的历史才更具丰满真实的质性特色。

综上所述，口述史对于宫观史研究的具有时间意义、定位意义、史料意义。宫观史研究的当代性，需要口述史这种现代史学方法的支持；宫观史研究的微观性，需要口述史方法对细节的搜寻；宫观史研究的史料需求，需要口述史方法获取史料作为补充印证。也就是说，研究趋势的一致，研究定位的一致，史料需求的一致，共同决定了宫观史研究运用口述史方法的必然性。

（作者为陕西省社会科学院宗教研究所副研究员）

丹亭真人养真法探秘

刘康乐

丹亭真人为明中后期的一位玄门隐士和内丹学家，关于他的生平资料世人所知甚少，所幸其有门人弟子傅山（青主）所抄录真人传述的珍本丹经流传于世，我们才能够得以探究他的养真思想及修行方法。真人姓卢，丹亭或为名或为号，其生卒不详，生平亦不可考，传先世为秦时卢敖、卢生，皆是著名方士神仙家。明人胡应麟（1551—1602）在《少室山房杂记》中有记曰："丹亭济源人，博学能文，究易穷道，尤深于炉鼎府，行止无定，来时自来，去时自去，忘生老病死，无住而不自在逍遥也。"①可知卢丹亭与胡应麟同时或更早，当为明中后期人，精通易学和内丹，为当时的玄门高士。萧天石引明《洞天秘典》曰："代有祖传仙籍秘书，擅吐纳导引之术，能变化形骸，行气有主，尤精通医道，有起死回生之妙手，行住无定所，不欲人知，而真能以自隐无名为务者也。"②所言的"祖传仙籍秘书"，盖即《广胎息经》。

又据《青城秘录》载："真人久隐庐山，足迹遍五岳名山洞府，曾一度至青城、峨眉；二百余岁时。犹步履如飞，鹤发童颜。骨弱筋柔，犹孺子也，其修老氏婴儿派之道功者乎？"③《青城秘录》为道教青城派的修道秘书，萧天石于青城山曾亲见此书，所述当为可信，其修道之法有返老还童之功效，

① 萧天石：《丹亭真人传道密集序》，《道藏精华》第十三集之五，自由出版社，1987 年，第 3 页。

② 萧天石：《重刊养真秘笈序》，《道藏精华》第十二集之三，自由出版社，1988 年，第 2 页。

③ 萧天石：《重刊养真秘笈序》，《道藏精华》第十二集之三，自由出版社，1988 年，第 1 页。

寿至二百余岁，已是明末，故此明末遗老傅山(1607—1684)才得以拜师为门下弟子。崇祯十七年(1644年)值明朝亡国之际，傅山弃俗入道，而卢丹亭尚在世，已有百余岁。傅山曾师事还阳真人郭静中，为全真龙门派的弟子，世传郭静中或即为卢丹亭，然无可靠资料可证。

一、丹亭卢真人著作及道法传承

历代丹道家多潜修山林，隐晦其迹，以自隐无名为务，行踪无定，不欲人知，其修道之书也多为祖传秘书，世人难睹真容。民国时期的道教学家萧天石先生，曾任职灌县县长，于青城山等地收集历代丹书多种，后在台湾汇集出版《道藏精华》，其中有不少丹经孤本首次出版问世，实为内丹学界的一大幸事，其中第十二集之二《上乘修道秘书四种》、第十三集之五《丹亭真人传道密集》(台湾图书馆藏)分别收录了明末清初傅山抄录纂辑的卢丹亭真人的著作四种：

1.《卢丹亭真人养真秘笈》(署卢丹亭传述，傅青主手抄本)

2.《丹亭悟真篇》(原署傅山青主录)

3.《傅青主丹亭问答集》(原署傅青主手录秘本)

4.《丹亭真人玄谈集》(傅青主纂)

清代纂修的《四库全书总目提要》载明代丹庭真人(庭应为亭之误)著有《广胎息经》二十二卷："《广胎息经》二十二卷(两淮盐政采进本)，不著撰人名氏，但题为宋人。然第二十一卷中引罗洪先、陈献章语，则明代道流所作，题宋人者妄矣。其书皆称养浩生问而丹庭真人答，分却病、延年、成真、了道四部，论吐纳之法兼及容成之术，非道家正传也。"[①]此书系明抄孤本，世所难见，据《全国中医图书联合目录》所载，今唯中华医学会上海分会图书馆珍藏明孤本《丹亭卢真人广胎息经》十二卷[②]，

---

① 纪昀总纂：《四库全书总目提要》卷一百四十七子部五十七道家类存目，河北人民出版社，2000年，第3794页。

② 见薛清录主编、中国中医研究院图书馆编：《全国中医图书联合目录》，中医古籍出版社，1991年，第619页第09848条。

可能是二十二卷之误，亦可能是二十二卷之节略或局部，惜无缘亲见，深以为憾。

《丹亭悟真篇》、《傅青主丹亭问答集》题为“了道部”，《丹亭真人玄谈集》下部题为“丹亭卢祖师广胎息经卷之二（却病部二，静功）”，据此可以推断上述卢丹亭的四种著作可能系自《丹亭卢真人广胎息经》一书的四部辑抄成单册，其中《养真秘笈》所论呼吸吐纳功夫，似为“成真部”，而“延年部”未见。《广胎息经》的延年部可能就是《四库全书总目提要》所批判的“容成之术”罢。房中术为道教男女双修的方法之一，历代道书都不乏房中术的内容，内丹中也有男女双修的阴丹一派，纪昀等人的评判不明真相有失公允，不过儒家对道教历来都有偏见，道家之说亦不入儒家正典之流，亦是可以理解的。

明清内丹家门派众多，彼此之间的传承和方法各有差异，相互之间多有贬损之语亦属常事，如明伍柳派的伍守阳评点当时诸丹家优劣，就曾激烈地批评丹亭派的《广胎息经》为邪妄异说：“卢丹亭之作《广胎息经》，最邪妄、最淫恶，诈托旌阳为说，僭渎帝经为名，罪深无间地狱。不必言之，而可易知其为邪。”①又说：“世多援喻诳人。借古者，以人喻为言者，便假说以女人为彼家，以阴户为鼎器，以行淫为配合，以淫媾久战而诳人曰采取。取男媾之秽精、女媾之浊涕，而吞之曰服食，此《广胎息经》之异说也。”②

今观丹亭真人所传的四部内丹著作，所论调息、性命、长生丹诀及医方等，皆为道家内丹学的正宗理论和修真方法，并非如他人所言的邪妄异说。四种丹亭派著作不见男女双修的阴丹术，而是男女孤修的清净丹法，由此可见丹亭一派的丹法是源自全真北宗的清净丹法的，绝非伍守阳所言的“以女人为彼家，以阴户为鼎器”的泥水丹法，丹亭派还明确告诫弟子学习内丹当除色欲、不得谈论房中术等，《丹亭悟真篇》载有

① 伍守阳：《伍柳仙宗·仙佛合宗语录·或问十三条》，《道藏辑要》毕集，清光绪三十二年（1906年）成都二仙庵版，第31页。

② 伍守阳：《天仙正理直论增注》，《伍冲虚丹道全书》，《道藏精华》第一集之四，自由出版社，1982年，第3页。

本派的戒律三十六条，其一曰："道术之有彼甲（家），乃接命小术，敢有阐教之时，专言房术者，作八谴。"①丹亭派之戒律中尤其强调不得谈论房中术，可见诸家对丹亭派的成见和批评是有失公允的。

萧天石在《丹亭真人传道密集序》中盛赞丹亭派丹法实为上乘丹法："全书所录，无一莫非上乘道籍，无一莫非性命至理，尤无一莫非长生秘诀，举凡作仙作佛作圣人之道法，其大要尽赅而无余蕴矣。余尽阅万卷丹经，于斯四书之简明精要，诚无闲言！"②其在《重刊养真秘笈序》中又赞丹亭派为丹家大乘："所述皆玄宗正统，乃脱胎换形，假借成真之无极大道，扫落丹家重玄之窠臼，而一以神气为大用。步步功夫，皆是修真人过来语，非旁门小术或毫无成证者之胡言乱语可比。"③

至于丹亭真人内丹学一派的传承脉络并不十分明确，仅从他书所载、字里行间的信息及其丹法之特色，大致推测其学术的渊薮和门派的传承。丹亭一派以自隐无名为务，萧天石认为卢真人盖为道教隐仙派中人，亦有其道理。隐仙派又称犹龙派，道经载此派源于老子，后由老子传关令尹喜开派，关尹子传麻衣道者李和，麻衣道者传华山陈希夷，陈希夷传火龙真人，火龙真人传张三丰。如此说来，丹亭派可能为全真三丰派的正宗传人。

丹亭真人隐修山林而寿二百余岁，《青城秘录》称其所修为"老氏婴儿派"之功，即《道德经·二十八章》所言"知其雄，守其雌，为天下溪。为天下溪，常德不离，复归于婴儿"。内丹学为中国传统生命科学的精华，其养生延年之法，确有返老还童的神奇功效。《养真秘笈》篇中在论述中黄时提到"吾旌阳老祖"④，似表明此派丹法源自净明道祖师许逊

① 傅山录：《丹亭真人悟真篇》，《道藏精华》第十三集之五，自由出版社，1987年，第138页。

② 萧天石：《丹亭真人传道密集序》，《道藏精华》第十三集之五，自由出版社，1987年，第4页。

③ 萧天石：《重刊养真秘笈序》，《道藏精华》第十二集之三，自由出版社，1987年，第1页。

④ 卢丹亭传述，傅青主录：《养真秘笈》，《道藏精华》第十二集之三，自由出版社，1988年，第27页。

（字旌阳），净明道在明代则有刘渊然开创的长春派，就是融合正一、全真道法的新道派，在明代道教诸派中具有十分重要的影响，其内丹学也分别有全真南北二宗的传承，尤其重视医道却病养生之法，这种修真特色在丹亭派的著作中也是十分明显的。

丹亭派内丹修炼功法还有女丹法，卢真人自陈此女真丹的传承为："此法自吾祖谌母元君递传以后，魏元君传黄花姑，黄花姑传麻姑，麻姑传戚姑，又分一派吕祖传何仙姑，又授王重阳度孙仙姑，又授张真人，又分一派蓑衣沈真人授金莲女。"①女丹的传承，也表明丹亭派不唯是男子的修真法，也十分关注女子的修行。

以此推测，丹亭真人大概是明末一位全真隐修道士，其学术传承则较为复杂，不仅全真南北二宗及净明等派的内丹之法兼而学之，而且于禅宗心性、医家养生治病之学也深有研究。丹亭真人开创的这一内丹派，在理论方法上较为接近于明初内丹家尹真人，其内丹学术也当归于内丹学的中派为宜。其弟子则有养浩生、傅青主等人，继承弘扬此派的丹法，其中傅青主擅长医道，医学著作传有《傅青主男科》、《傅青主女科》、《傅青主幼科》等，应该说深得丹亭真人的医道真传。

二、丹亭派修真程序及方法

丹亭派修真法有一套系统的修炼程序和可操作的修炼方法。《四库全书总目提要》提到卢丹亭传述的《广胎息经》分却病、延年、成真、了道四部，似乎应是此派修真的四个阶段，其中却病、延年主在修命，而成真、了道则专在修性，由此可知丹亭派倡导先性后命的性命双修之道。《道藏精华》所辑的丹亭派著作四种，除延年部外，囊括了《广胎息经》所述的却病、成真和了道三部，其中却病部为道功、气功和静功治百病的法诀，成真部为丹道入门的息法及其口诀，了道部为道家和禅宗修炼心性的口诀。

① 卢丹亭传述，傅青主录：《养真秘笈》，《道藏精华》第十二集之三，自由出版社，1988年，第125页。

（一）却病为修仙的基础

丹亭派精研医学，对人体的精气神及外邪内脏在内丹修行中的地位有独到的认识，因人之身体是先天真炁寄托之所，也是后天修真之炉鼎，故此强调须保养身体，却病延年为修仙的基础。虽则内丹学倡导性命双修，但南北二宗就性命先后则有分歧，丹亭派坦率地指出："自古真师，未得延年，先期却病。故病魔不除，仙基难立。"①丹亭派认为人受先天之炁而生，此炁在人身之中鼓舞动作，悲欢痛痒皆由炁的运行而引起的，疾病也是因炁而引发的。此炁周流一身则康健，若亏此炁或滞此炁则病②。因此提出治病不过治炁而已。

丹亭派的治病方不用医家药草，认为医家以药草治病是以后天之气调剂滋补，其五味四性都不过是天地的"偏炁"，而人身之炁是通天地之气的"全炁"，故此治病当以"其人之道还治其人之身"③，即能以自身之炁医治自身之病。丹亭派所举的治病方分别医治常见的三十八种疾病：瘫痪、虚劳、臌症、膈噎、寒疾、痰症、脾胃、痔疾、种子、疟疾、痢症、呃逆嗳气、吞酸、嘈杂、怔忡、积聚、疸症、霍乱、呕吐、头痛、舌病、齿症、目症、咽喉、结核、瘿瘤、肺痈、心痛、腹痛、腰胁痛、臂背痛、骨节痛、脚气痛、癫疝、痿臂、消渴、痊病、疮疡等，涵盖了内科、外科、精神科、五官科、传染病等大部分的疾病。丹亭派认为诸病由内气不调、外气侵袭所致，故其却病方则有积炁法、行炁法、化炁法、文烹武炼法、泄火添水法、握固法等。调治疾病时，多于静室安坐，存神调息而运行周身之炁于不同的脏腑之间，以上述之法调摄此炁，行炁次数不等而疾病自消，故谓之气功或静功。

---

① 傅青主纂：《丹亭真人玄谈集》，《道藏精华》第十三集之五，自由出版社，1987年，第4页。

② 傅青主纂：《丹亭真人玄谈集》，《道藏精华》第十三集之五，自由出版社，1987年，第5页。

③ 傅青主纂：《丹亭真人玄谈集》，《道藏精华》第十三集之五，自由出版社，1987年，第6～7页。

(二)呼吸为成真的初阶

丹亭派认为修真大道唯在一神一炁之用,“炁即铅也,神即汞也,欲死此汞,先餐此铅”①。因此“成真之道,功在于炁”,则明确指出“呼吸为修行第一关”②。丹亭派的息法具体分为数息、调息、闭息、住息、踵息、胎息、无胎息七个阶段,每个阶段还有更为具体可操作的修炼指南,简明易学,可令修习者直接运用。丹亭派以呼吸为成真的初阶,其数息法也极具特色,用周易的六十卦爻(除去作为鼎器和药物的乾坤坎离四卦)配合数息的数目和时日。萧天石《重刊养真秘笈序》引了一子云:“先生精于易,主太极,体乾坤,用坎离,翼姤复,会蒙屯,而贯通于先天无极者也。……谓性命之修,全在卦爻之逆用。”③

吐纳服气之法,在内丹学产生之前就已经成为道教养生的重要组成部分,老子《道德经》第六章有“绵绵若存,若存若亡”之语,《庄子·大宗师》曾提到“真人之息以踵,众人之息以喉”,皆成为后世道教吐纳法的渊源,东晋葛洪在《抱朴子》中首先论述胎息,后世则有《胎息经》广为流传,而丹亭派的《广胎息经》实际上就是注解并发挥《胎息经》的一部著作,并首次提出了“无胎息”的概念,并称“无胎息则不知有炁,安知有神?浑然中处而神通变化肇于此矣”④。提出无胎息身同太虚,是脱凡入圣的肇始,可继而养大周天火候,金丹乃成。在丹亭派的修真中,呼吸之法不仅是成真的初级入门功夫,也是却病延年的不二法门。在呼吸之法外,《养真秘笈》还附带了两个服食之方:蟠桃酒方和天门冬膏,作为延年益寿和充饥却老的秘方,以辅助修真成道。

---

① 卢丹亭传述,傅青主录:《养真秘笈》,《道藏精华》第十二集之三,自由出版社,1988年,第6页。

② 卢丹亭传述,傅青主录:《养真秘笈》,《道藏精华》第十二集之三,自由出版社,1988年,第13页。

③ 萧天石:《重刊养真秘笈序》,《道藏精华》第十二集之三,自由出版社,1988年,第1~2页。

④ 卢丹亭传述,傅青主录:《养真秘笈》,《道藏精华》第十二集之三,自由出版社,1988年,第10页。

（三）了道在性命双修

却病、延年乃至呼吸调炁，皆是修命的功夫，而修性则是内丹修炼的终极目标。丹亭派修真的了道阶段，即是修性的部分，在《丹亭悟真篇》和《傅青主丹亭问答集》中，收录了道家、儒家和禅宗性命双修的众多口诀，其中心之旨便是三教修真的心法。丹亭派倡导三教合一的心性学说，追求的是本来妙觉真心、生死无别、途登涅槃的境界，也就是“此心灵灵不昧、了了常知，其体不生不灭的，其相无去无来”[①]的与道合一的成仙境界。

内丹学的本质即是生命学，其核心便是心性学，这在儒释道三教之中皆有发挥，丹亭派提出了修道在修心，其心乃灵明一窍，为人生主宰，“儒曰灵台、道曰灵关、释曰灵山，三教同一法门”[②]。为了追求本来真心，丹亭派提出了观心之法，“将丹经梵典中口诀一一拈出，与后人作破昏暗的照路灯、辨真伪的试金石”[③]。书中引述了大量的道、佛两家的心法口诀，直指一心，在尽性功夫的同时也关注命功，并批评如今之人“不明性命一致乃妄分玄释”，实际上即是主张性命双修、释道合一的。

三、丹亭派修真法的特色及其价值

丹亭派修真法独树一帜，全然抛开其他内丹家隐晦其语、程序繁杂的旧习，直指真诠，简单易行，萧天石在评价丹亭派的著作时指出此派，“不重理论，不涉玄秘，自初阶而入，全系功夫口诀。入手了手，概以神炁为全体大用，浅明至极，简易至极”[④]。这是十分中肯的。丹亭派养

① 傅山录：《丹亭真人悟真篇》，《道藏精华》第十三集之五，自由出版社，1987年，第2页。

② 傅山录：《丹亭真人悟真篇》，《道藏精华》第十三集之五，自由出版社，1987年，第7页。

③ 傅山录：《丹亭真人悟真篇》，《道藏精华》第十三集之五，自由出版社，1987年，第26页。

④ 萧天石：《重刊养真秘笈序》，《道藏精华》第十二集之三，自由出版社，1988年，第3页。

真法有着系统的进阶层次和具体可行的操作方法，注重实践，文字浅显而道理深入。盖建民在《道教医学》也总结了丹亭派的养真特色有三点：其一，修真须明医理；其二，修仙与治病统一；其三，以息法为修炼的核心①。而且在丹亭派的修真体系中，医学的内容占有很大的比重。通观丹亭派修真法，以呼吸为修真入手的功夫、将易学卦爻融于内丹修炼之中、以医学却病辅助内丹的修炼、汇通儒道禅的性命双修，是这一内丹派别的主要特色。

丹亭派不仅在明清内丹诸派中具有较大的影响，其别具一格的修真方法也曾引起其他各家的攻讦和非议，但其所开创的简单易行的修真法，对于内丹学的社会普及具有重要意义。丹亭派的影响还体现在医学中，丹亭派著作的主要编纂者傅山，在中医男科、女科及儿科上造诣很深，清代的医学还多引用丹亭派的著作，如清丁其誉著《寿世秘典》卷二"调摄"就引用了《广胎息经》的吐纳治病法②。

丹亭派提倡却病不用服药只用服炁的方法，是道教内丹学在医学治疗上的新创举，符合生命具有自我治愈和免疫的中医学理论，在实践中不仅能够避免药物治病所带来的毒副作用，还可以不受制于稀缺药物取材的限制，在许多条件并不具备的情况下也能达到却病养生的功效，功劳不可谓不大。丹亭派对许多疑难杂症如瘫痪、虚劳、瘿瘤、怔忡等的治疗方法，可以成为现代医疗手段的辅助疗法，其简单易行的呼吸修炼方法，在现代中医养生实践中，也有研究和推广的价值。

（作者为长安大学人文宗教研究所研究人员）

① 盖建民：《道教医学》，宗教文化出版社，2001年，第203～211页。

② 四库全书存目丛书编纂委员会：《四库全书存目丛书·子部》第156册，齐鲁书社，1995年，第34～35页。

金丹派南宗教理教义特征及其相关问题论析

杨　燕

历史上，学者们曾经把传自张伯端的道教南宗当作全真道的一个分支。其实，无论从组织形态、教理教义以及修道方式上看，南宗道教都有相对独立性。

道教南宗又称紫阳派，指起始于北宋张伯端紫阳，形成于南宋白玉蟾紫清，以“性命同修”为典型修炼方式，主要流传在我国南方地区的道教派别。该道派宗祖钟吕丹道，融合三教，兼修雷法。传道方式灵活，修习本道派者身份多样，又尤以有一定文化水平的知识分子居多，因此，历史上本道派出现的高道甚多。起于张伯端紫阳真人的这一道派早期传授单薄，后至海南白玉蟾而发扬宏大，终成一大道派，在教理教义、修习方法等方面都有独特之处。近年来，随着道教及道教南宗的发展，如何重新梳理、理解、解读历史上南宗的传统教义，以适应当前教派发展的新情况，已经成为一个比较紧迫的问题。因此，本文在对南宗历史进行考察的基础上，尝试对南宗教理教义、修道场所以及修习南宗者是否可以有家室等问题进行梳理、考论，以期能对目前教内面对的一些困惑有所解答。

一、南宗道教的主要教理教义

南宗教理教义最重要的可以总结为三点：汇通和合；性命双修、性命同修；修仙三等。

（一）汇通和合

南宗教理教义之汇通和合有两个方面的内容，一指教内与教外融合汇通，即倡“三教合一”说；二则指教内各派修炼方法融合汇通，如丹道与雷法同修。

从南宗初祖张伯端起，即倡“三教合一”之说。在《悟真篇》中张真人自述：“仆幼亲善道，涉猎三教经书，以至刑法、书算、医卜、战阵、天文、地理、吉凶、死生之术，靡不留心详究。”①正是因为有这样的文化素养和知识基础，他才能在后来的修道中熟练往来于各派理论，并悟得其背后的相通之处，因此，才能以切身之感、之悟，提出三教合一之论。在《悟真篇·序》中，紫阳真人曰：

> 故老释以性命学开方便门，教人修种以逃生死。释氏以空寂为宗，若顿悟圆通，则直超彼岸；如其习漏未尽，则尚徇于有生。老氏以炼养为真，若得其要枢，则立跻圣位；如其未明本性，则犹滞于幻形。其次《周易》有穷理尽性至命之辞，《鲁语》有毋意必固我之说，此又仲尼极臻乎性命之奥也。然其言之常略而不至于详者，何也？盖欲序正人伦，施仁义礼乐之教，故于无为之道未尝显言，但以命术寓诸易象，性法混诸微言……
>
> 如此，岂非教虽分三，道乃归一？②

在这段话中，张伯端提出无论是佛教之空寂顿悟，道教之炼养成真，还是儒家的穷理尽性以致于命，所论者皆性命之学，只为能使人明道修命，以出离尘劫之苦。正因为持三教合一之论，张伯端的《悟真篇》行文亦完全不忌讳引用佛、儒的理论及言辞。如卷五的《禅宗歌颂》直引《楞严经》《金刚经》论修炼法门，并明白说自己所著《悟真篇》“先以神仙命术诱其修炼，次以诸佛妙用广其神通，终以真如觉性遣其幻妄，而归于究竟空寂之本源矣”③。在整个的内丹修炼过程中，佛道交融，丹禅汇一，不分彼此。

---

① 张伯端：《悟真篇》，《道藏》第 4 册，文物出版社、上海书店、天津古籍出版社，1988 年，第 712 页。

② 张伯端：《悟真篇》，《道藏》第 4 册，文物出版社、上海书店、天津古籍出版社，1988 年，第 711 页。

③ 张伯端：《悟真篇》，《道藏》第 4 册，文物出版社、上海书店、天津古籍出版社，1988 年，第 745 页。

初祖张伯端之后，二祖杏林真人石泰，三祖紫贤真人薛道光，四祖翠虚真人陈楠，五祖白真人玉蟾，皆汇通三教，悠游群经。此中又尤以白真人玉蟾为特出。

在《道法九要·序》中，开篇玉蟾祖师即曰："三教异门，源同一也。"在《修道真言》中又说："夫道未有不探讨而得者。即三教圣人语录，无非发天地之秘密，接引后学阶梯，细心玩味，便知端的。"以三教虽异流而源实同。懒翁苏森在《跋〈修仙辩惑论〉序》中说："先生姓白，名玉蟾，自号海南翁，或号武夷翁……心通三教，学贯九流。多览佛书，研究禅学。"可见与初祖紫阳真人一样，白玉蟾祖师实也是究心三教，汇通百家之人。若仔细翻阅玉蟾真人所留词赋文章，则更可见其对三教典章之熟悉、参究之深刻。

南宗教理教义的会通和合的第二个方面便是在修习中，不仅融合道教与其他各教派、学派，更以宽容开放之心态，融合吸收道教内各派修炼方法，将之融合汇通。这其中最为典型者，便是丹道与雷法同修。

丹道与雷法同修，起于四祖陈楠，彰于五祖玉蟾。丹道修炼是道教一重要法门，起源甚早。自轩辕黄帝求道于广成子，可以说即开其先河。后之老子、庄子均精于炼养。《道德经》包含内丹修炼的基本原理。《庄子》中更频频论及"坐忘、心斋、导引、吐纳、缘督、踵息"等内炼术语。后丹道一脉由汉魏伯阳《周易参同契》洞明后世，唐钟离权、吕洞宾延续血脉，终发扬光大。可见道教丹道历史之悠久、内容之丰富。传于道教南宗的丹道，即是源自唐以来的钟离权、吕洞宾，以初祖张伯端的《悟真篇》为基础。在四祖陈楠以前，南宗丹法与其他宗派相比，似在性命问题上有所不同，但并未有丹法与雷法同修之先例。至四祖陈楠始引入神霄派雷法，将丹法修炼与雷法符箓结合起来，传于五祖白玉蟾后，更是将二者进一步结合并系统化，形成南宗丹道这一十分特别之处。

了解到历史上南宗各宗祖"三教合一"之主张，丹、道、雷法共修之独特炼养方式以及他们汇通百家之学识，对现在我们这些修道者而言，最重要的启示便是尽可能博览各家之典籍，无论是教内各派之说，还是对教外圣人智者之见，俱要能放下成见，以坦然之胸怀学习体悟，万不可囿于一端而自缚手足。所谓有容乃大，惟能汇纳百川，才可成就一宗、一派、一人。

（二）性命双修、性命同修

论到南宗教义特色，前人多取“性命双修，先命后性”为其与北宗之区别。然而，仔细考究起来，“性命双修”则有，但“先命后性”之论，似乎并不符合南宗炼养的真实情况，因此，本文认为更恰当地来说，南宗炼养实为“性命双修，性命同修”。

《历世真仙体道通鉴》中载张伯端与一僧相约神游扬州观琼花，神游回来之后，紫阳于手中拈出琼花，而僧人则是袖手皆空。后弟子问其因由。紫阳曰：“我金丹大道，性命兼修，是故聚则成形，散则成气，所至之地，真神见形，谓之阳神。彼之所修，欲速见功，不复修命，直修性宗，故所至之地，人见无复形影，谓之阴神。”该书又曰：“紫阳常云：道家以命宗立教，故详言命而略言性；释氏以性宗立教，故详言性而略言命。性命本不相离，道释本无二致。”①张伯端在此处对道家、释氏的批评，其根本一点，便是二者或偏于命功，或偏于性功，因此均未能达到性命同修的境界。其性命不离，性命双修、同修的意思非常明白。

那么，为何众多后人会认为南宗修炼是“先命后性”呢？这大概跟张伯端《悟真篇》末尾的一段话有关：

故此《悟真篇》中，先以神仙命术诱其修炼，次以诸佛妙用广其神通，终以真如觉性遣其幻妄，而归于究竟空寂之本源矣。②

此处粗眼看来，因有“先以……命术，次以诸佛……终以真如……归于究竟”等语，似乎“先命”之意甚明。然而，仔细思考，紫阳真人所说

① 赵道一：《历世真仙体道通鉴》，《道藏》第5册，文物出版社、上海书店、天津古籍出版社，1988年，第383页。

② 张伯端：《悟真篇》，《道藏》第4册，文物出版社、上海书店、天津古籍出版社，1988年，第745页。

"先以神仙命术"等，实际所指乃《悟真篇》的篇章次序，而按照这样的次序安排篇章，不过是想先用"神仙命术"通俗易见的效验，诱导世人修炼而已，并非修炼必先"修命"。

除此之外，《悟真篇》中还有另外一些诗语，看起来似是支持"先命后性"说的。如：

> 丹是色身至宝，炼成变化无穷；更能性上究真宗，决了无生妙用。①
>
> 虚心实腹义俱深，只为虚心要识心；不若炼铅先实腹，且教守取满堂金。②
>
> 始之有作无人见，及至无为众所知；但见无为无要道，岂知有作是根基。③

这第一句诗"丹是色身至宝，炼成妙用无穷；更能性上究真宗，决了无生妙用"，之所以被误以为是强调"先命后性"的，其原因在于该诗句先讲"炼成变化无穷大丹"，又说"更能性上究……"。但是此处"性上究"的是什么？是"真宗"啊！在性功的修炼中，是不是一下子就可以达到"究真宗"的境界呢？恐怕不行。是不是仅仅通过"修命"就可以"丹成"，"丹成"自然可以在"性功"上"究真宗"了呢？恐怕也是不行的。此处强调了"修命"的重要无疑，但以"丹是色身至宝"，且有"妙用无穷"的实际修炼过程来说，若无"性功"护持，恐怕以"修丹"为主的"命功"根本不可能进行。

第二句诗讲先实腹炼铅，后虚心识心；第三句讲先有作，后无为。初看都似"先修命功"，然而实质上，其逻辑与第一句诗相同。因为"实腹炼铅"虽是命功，但要"炼铅有成"又必须有"性功"护持。"有作"似"命功"，但"性功"之修，起初也须经过"有作"阶段。

正因为此，在《悟真篇》中，紫阳真人才会又说：

---

① 张伯端：《悟真篇》，《道藏》第4册，文物出版社、上海书店、天津古籍出版社，1988年，第743页。

② 张伯端：《悟真篇》，《道藏》第4册，文物出版社、上海书店、天津古籍出版社，1988年，第725页。

③ 张伯端：《悟真篇》，《道藏》第4册，文物出版社、上海书店、天津古籍出版社，1988年，第734页。

若要修成九转，先须炼己持心。①

在《玉清金笥青华秘文金宝内炼丹诀·下手功夫》中说：

"持心论于前，然后参下手功夫于后……修丹之士，心即无事，则彼固无由而役之矣！……静坐之际，先行闭息之道……抑息千万，不可动心。动心则逐于息，息未止而心已动矣！"②

在《玉清金笥青华秘文金宝内炼丹诀·精神论》中说：

神者，元性也……今夫修丹者，凝神之法。凝神之法，不在乎前，不在乎速，故又为之论……岂知所谓凝神者，盖息念而返神于心。于心之道，神归于心，则性之全体见，全体见而用之，无非神用，念念不离金丹，故丹成而神自归之，何凝之有？故曰凝神者，神融于精气也……③

这些话讲的，都是"命功"之修，须有"性功"护持；"性功"之行，须得"命功"相助。性命同修不相离。

在南宗其他高德那里，我们同样可以看到"性命双修"、"性命同修"的主张。如四祖翠虚真人《阴符髓》曰：

以身为国，以心为君，以精为民……炼形者，先须存心于内……人能存其心，守其神，以心为性，以气为命。而不能行者，气绝命亡，皆因乱性散神。④

五祖白玉蟾《道法九要·立身第一》曰：

自愧得生人道，每日焚香稽首，皈依太上大道三宝。首陈已往之愆，祈请自新之佑。披阅经典，广览玄文。屏除害人损物之心，克务好生济人之念。孜孜向善，事事求真……⑤

---

① 张伯端：《悟真篇》，《道藏》第4册，文物出版社、上海书店、天津古籍出版社，1988年，第740页。

② 张伯端：《玉清金笥青华秘文金宝内炼丹诀》，《道藏》第4册，文物出版社、上海书店、天津古籍出版社，1988年，第365页。

③ 张伯端：《玉清金笥青华秘文金宝内炼丹诀》，《道藏》第4册，文物出版社、上海书店、天津古籍出版社，1988年，第365页。

④ 陈楠：《修真十书·杂著指玄篇》，《道藏》第4册，文物出版社、上海书店、天津古籍出版社，1988年，第614、615页。

⑤ 白玉蟾：《道法九要》，《道藏·道法会元》第28册，文物出版社、上海书店、天津古籍出版社，1988年，第677页。

《道法九要·行法第六》曰：

夫法者，洞晓阴阳造化……必先明心知理，了了分明，不在狐疑……驱邪之道，先立正己之心，毋生妄想……①

在《性命日月论》中曰：

性命之在人，如日月之在天也。日与月合则常明，性与命合则长生。命者，因形而有；性，则寓乎有形之后。五脏之神为命，七情之所系也，莫不有害乎吾之公道。一受于天为性，公道之所系焉。故性与天同道，命与人同欲。命合于性，则交感而成丹，丹化为神，则不死。②

盖在南宗那里，"性功"所炼者，实为"元神"；"命功"所修者，实为"元气"。紫阳真人《金丹四百字》曰："炼气者，炼元气，非口鼻呼吸之气；炼神者，炼元神，非心意年虑之神。"性命者，心、气也，阴阳也，日月也，气神也。"气"、"神"不可离散，日月不可分明，"性命"又岂可分修？只不过在具体的修炼过程中，有些阶段重在"性"，有些阶段重在"命"而已，并没有截然两分的"先性后命"，或者"先命后性"。拿张伯端所分的内丹炼养四阶段来说，"筑基"为第一步，此时要求炼养者收心、存心、内视、入静、调神、调息等，虽看似在修命功，但实际一直伴随着性功的修炼。而第二阶段"炼精化气"，又分别有"采药、封固、炼药、止火"四个阶段，同样，这些看似命功的修炼，每一步也少不了性功的护持，否则，一个心猿意马，则前功尽弃。了解到这些，再翻转过来思考，为什么会有那么多人把"先性后命"、"先命后性"作为南北宗区分的标准呢？是不是存在为了区分而区分的问题？在学术研究中是否因此出现过度解读、强行解读的问题呢？学术分类不同宗派似乎总需要在本质主张上有不同，然而，实际的宗派之间，虽然有南、北宗的差异，但是否真的在关键问题上有质的差异呢？

---

① 白玉蟾：《道法九要》，《道藏·道法会元》第28册，文物出版社、上海书店、天津古籍出版社，1988年，第678页。

② 白玉蟾：《修仙辩惑论》，《道藏精华》第十集之二，自由出版社，1988年，第409页。

(三)修仙三等

道教以修炼成仙从而脱离肉身生死为宗教目标,仙有等级之说甚早,说法也颇多。如《仙经》将仙分为三等,分别与《道德经》中所说的"上士、中士、下士"相结合。其文曰:"上士举形升虚,谓之天仙;中士游于名山,谓之地仙;下士先死后蜕,谓之尸解仙。"《三坛圆满天仙大戒略说》则把仙分为九品,分别是混元无始金仙,洞元太初金仙,灵元造经真仙、天仙、地仙、水仙、神仙、人仙、鬼仙。类似把仙分为九等的还有《墉城集仙录》、《云笈七签·道教三洞宗元》,但名称各不相同。也有把仙分为五等的,如《天隐子》、《钟吕传道集》,五等仙分别为:天仙、神仙、地仙、人仙、鬼仙。无论是分为三等、五等还是九等,这些对仙人品阶的划分依据,主要是各品阶仙人的能力不同,而造成其能力不同的原因,主要是因为先天智慧和后天机缘等因素,造成他们对"道"的了悟程度不同,从而在成仙品阶上出现高低差异。

南宗的修仙三等说就是在道教已有的丰富修仙品阶理论基础上产生的,起于四祖陈楠,述于五祖白玉蟾。在《修仙辩惑论》中,白玉蟾回忆了老师陈楠论修仙三等、炼丹三成的理论:

> 修仙有三等,炼丹有三成。
>
> 夫天仙之道,能变化飞升也,上士可以学之。以身为铅,以心为汞,以定为水,以慧为火,片晌之间,可以凝结,十月成胎,此乃上品炼丹之法。
>
> 本无卦爻,亦无斤两,其法简易,故以心传之,甚易成也;
>
> 夫水仙之道,能出入隐显也,中士可以学之。以气为铅,以神为汞,以午为火,以子为水,在百日之间,可以混合,三年成象,此乃中品炼丹之法,虽有卦爻,却无斤两,其法要妙,故以口传之,必可成也;
>
> 夫地仙之道,能留形住世也,庶士可以学之。以精为铅,以血为汞,以肾为水,以心为火,在一年之间,可以融结,九年成功,此乃下品炼丹之法。
>
> 既有卦爻,又有斤两,其法繁难,故以文字传之,恐难成也。

上品丹法，以精、神、魂、魄、意为药材，以行、住、坐、卧为火候，以清静自然为运用；

中品丹法，以心、肝、脾、肺、肾为药材，以年、月、日、时为火候，以抱元守一为运用；

下品丹法，以精、血、髓、气、液为药材，以闭、咽、搐、摩为火候，以存思升降为运用。大抵妙处不在乎按图索骥也，若泥象执文之士，空自傲慢，至老无成矣。①

总结起来，陈楠的修仙三等仙说依次从高到低将仙阶分为“天仙”、“水仙”、“地仙”。名称显然是沿袭综合了前人说法。但与此前论仙品阶时不同，陈楠的修仙等阶是直接与南宗内丹修炼融为一体的。即上品丹法修成天仙，中品丹法修成水仙，下品丹法修成地仙。上中下三品丹法分别针对的修炼对象为上士、中士、庶士。其修炼时间、难易程度、传道方式各不相同：分别为片晌可成，十月怀胎；百日混合，三年成像；以及一年融结，九年成功。时间越长难度越大，上品以心传，中品以口传，下品以文字传。三种丹法所用的药材及火候、烹炼方法也各不相同。要之皆是将人身之形、之神做药，以形体或精神之动静，自然之流转做火候，以存思、抱元、清净自然等心性修炼为烹炼方法。从陈楠的这一修仙三等说理论，可见中国传统文化中将人按先天智慧分为上、中、下三等的痕迹，也可见禅宗传法的痕迹，文化融合的特点非常明显。而与先前的修仙品阶说相比，陈楠的修仙三等说除了增加外教之说丰富自己的理论外，同时，更为修仙者指明了具体且简明的修炼路径，即按照自己的根器不同修炼不同的丹法。此时的南宗自己有继承于张伯端的丹法理论，陈楠也已经以内炼为基，将雷法引入，使之与南宗丹法融合，济世度人，与世俗接触较多，此时提出修仙三等说，并附以一一对应的丹法路径，与前人的模糊理论相比，修仙一事变得更加切近和可行。无疑，陈楠这一重要教义的提出，对南宗此后的传播和发展具有非常重要的意义。后来白玉蟾的传法成就也从侧面证实了这一点。

---

① 白玉蟾：《修仙辩惑论》，《道藏精华》第十集之二，自由出版社，1988年，第391～396页。

另外,从修仙三品与炼丹三成之说的结合,我们可以看到南宗教义的一个特色,即:虽然融汇贯通,但皆是心中有主,为我所用。无论是引入符箓雷法,还是在修仙三等说中引入儒释思想,都是以内丹修炼为核心,把雷法符箓、修仙学说与内丹修炼结合起来,由内丹修炼而外发雷法符箓,而上达出生死成仙;由一己修炼,而到普济众生;从而达到理论虽多而不杂,学术虽丰而不乱,井然而自成一系。这一特色对我们今天的后学来说,意义非常,虽然前文我们说了要博学,但博学之后,更要多识,要以本门派自有的理念汇聚消融所学之精华。

二、南宗修道场所及修习者是否可以有家室诸问题

南宗自初祖紫阳真人张伯端创教始,至三祖薛道光,几乎是一系单传清修,未见大规模成系统的传教。此中有机缘的原因,大概也有初祖紫阳真人三传非人、三遭祸患的因素,因此,后来的传教显得极其谨慎。至四祖陈楠,在修丹法的同时,修雷法符箓。修丹法常要静修,少与人接触;而修雷法符箓,其一大目的是济世度人,普济苍生,势必要与人多往来。或许,正因为此,从陈楠开始,南宗方广传。应这一需求,陈楠更是提出了修仙三等说,与其丹法修炼理论结合,这一点前文已经谈到,此处不再赘述。

广传以后,则出现修道场所、戒律问题,而戒律问题中最重要的一个便是家室问题。这也是现在道教发展面临的一个问题。

(一)修道场所问题

道教修行的专门修道场所,从立教之初便有了。《三国志·张鲁传》注引《典略》曰:"修法略与角同,加施静室,使病者处其中思过。"案《典略》中"修"指张修,乃三国时益州别部司马,曾与时为益州督义司马的张鲁一起率兵攻打汉中,但被张鲁暗杀,其部下也都归顺于张鲁。宋人裴松之在《三国志》该条注指出"修"乃"衡"之误写,即此处所论之人为张衡。张衡乃张鲁之兄①。无论此处之人所指为张衡还是张修,此

① 陈寿撰,裴松之注:《三国志》,中华书局,1999年,第197、198页。

二人都与张鲁有密切关系，他们死后，其部众也都为张鲁所得，与早期道教关系密切。因此，此处说的“静室”应该就是早期的一种修道场所。

《玄都律文》中说：“民家曰靖，师家曰治。”[①]按《三国志》记载：“鲁遂居汉中，以鬼道教民，自号‘师君’。”[②]因此，民家这里指的应该是在自己家里修道的人，师家则是指出家修行的专业道士。在自家修道，也有专门的场所，这个场所就叫“靖”，出家的则称为“治”。“治”和“靖”的规模不一样：“民家靖广八尺，长一丈。中治广一丈二尺，长一丈四尺。大治广一丈六尺，长一丈八尺。面户向东，炉按中央。”[③]民家的靖室要小，规模也比较简单。按《道门杂略》记载：“奉道之家，靖室是至诚之所。其外别绝，不连他屋。其中清虚，不杂余物。”[④]按“靖”字与“静”古文可通用，“靖”室其实便是“静”室。又“靖”有安定、和平、谦卑之意，因此，“靖”室的设置、命名，都暗含了要求处于靖室中都修道者保持内心都虔诚和安宁。

但是实际上，“靖”的设置并非专指民家修道场所。前文谈到的《三国志》中“修法略与角同，加施静室……”之说，显然“静室”所指并非一定是民家。《真诰》中也说：“所谓静室者，一曰茅屋，二曰方溜室，三曰还堵……此法在名山大泽，无人之野，不宜人间。”[⑤]此处的“静室”所指，也不一定是民家。可能是民家修道的离家炼丹或修行所用，也可能是专门的道士炼丹、或修行所用。

与“靖”不同，“治”则专指道士传道、祭祀、修行的地方。除了“靖”“治”以外，道教修行者的修行场所还有“观”、“宇”、“庐”、“寺”等。《玄都律文》曰：“道士、女官、祭酒、箓生，身任法诫，若死，要在靖宇观治，不得在俗人舍宅。”[⑥]

---

① 《要修科仪戒律钞》，《道藏》第 6 册，文物出版社、上海书店、天津古籍出版社，1988 年，第 264 页。

② 陈寿撰，裴松之注：《三国志》，中华书局，1999 年，第 197 页。

③ 《玄都律文》，《道藏》第 3 册，文物出版社、上海书店、天津古籍出版社，1988 年，第 460 页。

④ 《道藏》第 24 册，文物出版社、上海书店、天津古籍出版社，1988 年，第 280 页。

⑤ 《道藏》第 20 册，文物出版社、上海书店、天津古籍出版社，1988 年，第 596、597 页。

⑥ 《玄都律文》，《道藏》第 3 册，文物出版社、上海书店、天津古籍出版社，1988 年，第 461 页。

对于南宗来说，张伯端所在的北宋时期，道教修道场所已经比较成熟，且数量甚多。但因为南宗开始的时候，传法人数极少，几乎可以说是一系单传，关于南宗的修道场所，记载甚少。至陈楠、白玉蟾后，尤其是白玉蟾祖师时，关于修道场所的建设、记载才越来越多起来，相关的戒律章程等问题也有了相应的记载。

按白玉蟾祖师的文集记载，涉及当时的修道场所，或者与修道有关的场所有：靖、庵、轩、室、斋、观、宫等。这些修道场所，除了“宫”、“观”是出家道士专门的传道、修道场所外，其他则有些是专门等道士所用，有些则是居家修行者所用。如鹤林靖，它是白玉蟾弟子彭耜传道、修行的地方，但从相关记载来看，彭耜又有家室，并非专门的出家道士。“庵”、“轩”、“室”、“斋”都存在这种情况。同时，从白玉蟾门下彭耜传道、修行的地方称为“靖”、“治靖”这一点来看，南宗与正一派不无关系。虽然白玉蟾文集中所涉及的这些修道场所并非都是南宗派系的，但客观上说明一个情况，即在当时，无论是南宗还是别的宗派，修道的人并非必须离家或者出家为专门的道士到专门的修道场所修行。

（二）南宗修习者可否有家室

这样一来，关于南宗修习者是否可以有家室的问题就比较明了了。从修道场所看，有不少人不离家，是有家室的。从具体的弟子来看，也是如此。比如白玉蟾谈及多次的得意弟子彭耜，他似乎属于专门道士，但他是有家室的。他的妻子叫潘常吉，即蕊珠侍经，是修道的居士。《仙鉴》说：“彭耜字季益，世为三山人，奕世显宦。自其少时，早有文声。自中铨后，恬不问仕。事海琼先生白玉蟾……其所居立鹤林靖，日以孔老娱其心。以符治疾，多所全济。乡邦得之，一时富贵多勉其仕，牢不可破……其内子潘蕊珠，厥志一也，晨曦惟薰修而已。”①白玉蟾与彭耜的信中也多次提及蕊珠侍经，可见二人并未因修道而分开。且鹤林靖就立于其所居之处，可见与早期道教所说的“民家曰靖”，属于一类。

① 赵道一：《历世真仙体道真鉴》，《道藏》第5册，文物出版社、上海书店、天津古籍出版社，1988年，第386页。

白玉蟾祖师门下弟子众多，从现存的《白真人文集》来看，他的弟子中知名的如：留元长、詹继瑞、陈守默、赵収夫、叶古熙、洪知常、陈知白、王景玄、方碧虚、诸葛琰、潘公筠、彭觉非、杨长孺……这其中有许多也都不是专门的道士，而是官宦人员或者知识分子。如留元长、彭觉非、王居安等，都是当时的官宦。从白玉蟾当时门下弟子的身份来看，专门道士似乎并不是很多。这从侧面说明一个问题，就是南宗从创派时对弟子是否道士身份并不是很看重，而是更倾向他是不是有一定的文化基础。这种传道模式，客观上说明一个问题，就是在家室问题上，南宗的态度实际上可能是比较宽松的。

从道法渊源来看，南宗传法本有清修、双修两派。白玉蟾一系主要继承的是清修派，但又与双修派颇有渊源，他除了师事清修派的陈楠外，还应该同时师事双修派的龙眉子。龙眉子有《金液还丹印证图》，收入《道藏》洞真部灵图类，题名"龙眉子撰"。在龙眉子所作的"叙"后，附有白玉蟾弟子王景玄的一句话："此图系先师玉蟾亲受，得祖师龙眉子亲笔图述……"[①]文后又有元阳子吴兴林静所作的后叙，详细追溯了该印证图的来源：

> 今考诸序事本末，今考诸序事本末，则知为紫阳宗脉。其后识曰：余师若一子，师无名子翁先生，翁之师顺理子刘真人，盖真人即白龙洞道人，紫阳入室之徒也，顺理子迨其别号云……其题图首者王君启道，即金蟾子，玉蟾仙嗣也。既称龙眉子为祖师，龙眉之迹，固隐而弗彰，要其造道之极，不待言而知也。[②]

这段话首先肯定了此图为紫阳真人张伯端的宗脉。图的来源为若一子，是无名子翁的学生，而无名子翁指的正是紫阳一系的翁葆光，而翁葆光的老师就是顺理子刘真人，也就是刘永年，刘永年是张伯端的入室弟子。题图的王景玄，是白玉蟾的弟子，而又称龙眉子为祖师。可

① 《金液还丹印证图》，《道藏》第 3 册，文物出版社、上海书店、天津古籍出版社，1988 年，第 103 页。

② 《金液还丹印证图》，《道藏》第 3 册，文物出版社、上海书店、天津古籍出版社，1988 年，第 1110 页。

见，这个图是从张伯端传给刘永年，再传于翁葆光，再传到若一子、龙眉子，龙眉子传给了白玉蟾，白玉蟾又传给王景玄。可见，白玉蟾在师事陈楠的同时，也曾跟随龙眉子学习。而龙眉子是属于由翁葆光传下来的南宗双修派一系。因此，从传道法脉来讲，白玉蟾一系与双修派也颇有渊源。

总结以上的一些考证，我们基本上可以得出一个认识，即历史上的南宗也好，白玉蟾所传下的南宗清修一系也好，实际上在家室问题上态度是比较灵活宽松的。历史发展到现在，南宗作为道教的一部分，在修道人的家室问题上，似亦可以采取比较灵活的态度。在修道者的修道场所等问题上，也同样可以有更加宽松、灵活的主张。

（作者为四川师范大学政治教育学院副教授）

玄帝经典慈善思想与玄帝善书述论

黄永昌

中华民族有乐善好施的优良传统，千百年来，诞生了难以计数的各类善书，成为宣扬惩恶扬善的重要武器。千余年来，玄天上帝（真武神）在中国神祇体系中的地位尊崇，宋明以来成为全国性的道教神尊，然而由玄帝降笔的善书寥寥无几。是否玄帝经典中缺乏慈善思想，抑或玄帝在善书体系中无足重轻呢？多年来，中外学界关于善书的研究颇为深入，取得丰硕成果，代表性的学者有酒井忠夫、夫马进、包筠雅（CynthiaJ. Brokaw）、游子安、陈霞等。本文在前人研究的基础上，梳理玄帝经典中的慈善思想，特别是玄帝善书，试图回答这些问题。

一、善书体系中玄天上帝

汉代以后，《太平经》、《赤松子中诫经》、《抱朴子》等道书已具备善书的雏形。宋元以后，善书日趋流行。成书于北宋年间的《太上感应篇》，以"善恶无门，惟人自召"开篇，详列善事恶行，宣扬积善成仙，自问世后就被备受推崇。较为知名的还有《太微真君功过格》、《阴骘文》、李昌龄《乐善录》等。明清时期，善书刊刻与传播日趋鼎盛，数以万计，类型众多，不啻汗牛充栋。《了凡四训》、《丹桂籍》、《玉历宝钞》、《觉世真经》等影响巨大的善书先后问世，以"三圣经"（《太上感应篇》、《阴骘文》、《觉世真经》）为代表的善书体系大体形成。

善书包含丰富的儒释道思想，从其编纂、刊行和传播中，可以反映出神仙信仰的发展演变过程。如著名学者游子安所称："善书的著成，有善人具名撰写，也有托名神仙降笔乩示而成。”[①]飞鸾降笔善书的都是广受民众信奉的神祇，最知名的当推文帝（文昌帝君）、关帝（关圣帝君）和吕祖（孚佑帝君），以及太上老君、玉帝、观音等。流行最广的如文昌帝君《阴骘文》、《功过格》、《孝经》、《蕉窗十则》、《大戒经》，关帝君《觉世真经》、《明圣经》、《救生船》，吕祖《功过格》、《本愿经》等。还有《文帝全书》、《吕祖全书》、《关圣帝君全书》等经典汇编。明代中期以后，由士绅名流具名编著的善书开始风行，如袾宏《自知录》、袁黄《了凡四训》、周梦颜《安士全书》、颜茂猷《迪吉录》、余治《得一录》等。

从真武神将到玄天上帝，从唐宋到明清，玄帝神格不断提升，是官方与民间最受推崇的神祇之一。很长时期，其地位明显高于文昌、关帝和吕祖。然而，在善书世界中，玄天上帝大为逊色，明显被边缘化。和“三圣经”的诸多版本，文帝、武帝和吕祖降笔善书数以百计相比，玄帝善书不仅数量少，知名度相对较低。随着善书数量的激增，清代中期以后，出现了不少善书汇编，如《敬信录》、《信心应验录》、《保富确言》、《福寿宝藏》等。这种汇编加速了善书传播的两极化，那些知名度高的善书因此流传更广，反之则难免被淘汰。值得注意的是，这些善书汇编中，几乎很少收录与玄帝相关的善书。乾隆年间，刘山英编辑的《信心应验录》是清代最大型的善书总集，辑录善书 150 种，无专门的玄帝善书。20 世纪 30 年代，上海乐善社编辑的《福寿宝藏》，收善书 140 种，陕西商人贺箭村编辑的《古今善书大辞典》，共收录善书 169 种，两书都没有专门收录玄帝善书。复旦大学张炜深的博士学位论文《清代善书的刊刻与传播》，研究了清代善书的多样化发展、刊刻与流通情况与影响。作者整理了一份较为详尽的善书目录——《明清善书知见录》，包含共计 737 种善书的版本与内容信息。其中，除十余种收录《玄天上帝垂训文》等外，没有专门由玄天上帝将笔的善书！[②]

① 游子安：《劝化金箴·清代善书研究》，天津人民出版社，1999 年，第 47 页。
② 张炜深：《清代善书的刊刻与传播》，复旦大学 2010 年博士学位论文。

二、治世福神：玄天上帝的神性特质

玄天上帝作为“治世福神”，是一位好善乐善的神仙，录善罚恶、辅正除邪是其基本神性特质。玄天上帝经典有几十种之多，包括论集、科仪、戒律、赞颂、传记、山志等多种类型。这些经书虽然各自的内容和侧重点不同，但大多强调玄天上帝执掌善恶，宣扬善恶报应、要求信众端正言行①。

玄天上帝有诸如“三元都总管”、“九天游奕使”、“三界大都督”等封号，这些是负责巡察功过和神仙公事的职务。每一个封号意味着一项重要的使命。如“领元和迁校府公事，判玄都佑胜府事”，就是总负责记录和审判人间善恶的，“都判人问善恶公事，提点生死罪录”。《真武灵应护世消灾灭罪宝忏》称，北方真武神将，巡察诸天，“凡遇邪气，及有妖星，逆次流躔，速须戮剪。又下人间，录善伐恶，辅正除邪，济拔人天，祛妖摄毒，救护一切，无有枉横”。《玄天上帝金科玉律》记述玄帝检查人间善恶的时间、标准和方法：“吾向三元八节，三会五腊生辰。斗降七斋三七，本命甲子庚申。腊月二十五日，亲随玉帝降临。统率千真万圣，检察下界人民。纪录作善作福，较量罪福重轻。轻则减死一半，重则死绝灭门。善者得见天日，恶者不见太平。信者得度末劫，不信丧命亡魂。检举不忠不孝，抄录无义无仁。”《太上说玄天大圣真武本传神咒妙经》谓：“北方大将玄武将军，巡察天人，录善罚恶。”玄武将军奉紫微大帝敕令，“宜察玉皇圣命敕令，每月三度，统领神兵，躬往诸天，偏为巡察。凡遇邪气，及有妖星逆次流缠，速须剪戮。又遇三元八节、甲子庚申，一月一辰，降于下界。录善罚恶，辅正除邪。济拔天人，祛妖摄毒。”经后更记载，玄武“每月六日、十六日、二十六日，诸天审察，十洞巡游”。下降之日，“剪灭邪魔，驱除瘟疟，保人庆寿，以全天命。其有气正心纯，

① 杨立志：《武当文化概论》，社会科学文献出版社，2008年，第133～148页。朱越利：《〈道藏〉与玄天上帝》，《道教考信集》，齐鲁书社，2014年。王见川、皮庆生：《中国近世民间信仰：宋元明清》，上海人民出版社，2010年，第206～231页。

忠全孝尽，名书玉简，保举升仙”。《启圣录》卷二“归天将日”记载真武每月下降日期，并称“下降时，普为天下修善之人消解罪恶”。这些下降日期都是很有讲究的。庚申日的重要意义自不必说。三元是三官聚集诸圣同下人间，校定罪福的日子，“玄帝准奉拜命都总管三元兵马事，仍麾督无鞅兵，并察凡情”。八节是阴阳八卦神君交割世职的日子，玄帝秉北极，在天罡之柄，提纲八卦，调和寒暑，陶铸精粹。甲子日紫微大帝会六甲元辰将，启九天司马，“命童校录，予夺凡间胎产男女，预定当生日时吉凶事”①。

玄天上帝为什么会成为好善乐善的神祇呢？从玄天上帝的本源和经历中就能找到答案。他本为“先天始炁、太极别体”化生而来，具有先天的神灵。虽有“老君变化之身，武曲显灵之验”，却“易号假名，度人济物，不伐其善，不矜其能”。《真武灵应真君增上佑圣尊号册文》称其“应虚危之次，合龟蛇之形。道德妙於难名，威灵摄於万有。周行六合，洞察无形，祚善刑淫，庇护草品”。玄天上帝修炼升仙和救护群生的历程，深刻体现了大仁大爱、大智大勇的秉性。他出身帝王之家，以“断妖魔，救群品”为使命，不统王位，惟修念道，十五岁辞别父母，于武当山隐修四十二年，修道成仙。得道后，普济物命，博施利生，行道人间而不自伐，积成圣功而不自矜。道德本於自然，威灵慑於万有。周行六合，考校三元。愿力无边，神功第一。因而得到玉帝赞赏，“授北帝之灵符，佩乾元之宝印”，风雨雷电任其驱使，天兵神将听其指挥，因而能“有妖皆剪，无善不扶”。恻隐之心是推行仁政善举的基础。玄帝下降人间，由于不忍看到人间种种惨状，辅助民众度过末劫。如《玄天上帝垂训文》所载：“不忍五浊恶世。众生受苦遭辛。旱涝饥馑疾疫。水火劫盗刀兵。天下江南江北。朝病暮死七分。”

玄帝经典中有不少关于末世劫难、善恶报应和清规戒律的内容。由于人心破坏，背真就伪，多积凶恶，招致魔鬼出没人间，灾祸不断。什么是招致灾祸的恶行呢？主要是“癫狂淫乱，不孝不忠，不慈不义，好乐邪道”等。《太上说玄天大圣真武本传神咒妙经》称：“唯从邪道，

① 陈伀集疏：《太上说玄天大圣真武本传神咒妙经》，《正统道藏·洞神部·玉诀类》。

不省本源。乐奉邪神,谄求余福。昏迷沈乱,贪欲刚强。不义不仁,不忠不孝。"《太上元始天尊说北帝伏魔神咒妙经》和《真武灵应护世消灾灭罪宝忏》的表述类似:"末世浅薄,人心破坏。五情杂乱,更生疑惑。所为不实,唯用邪行。背真从伪,不义不仁。违天逆地,攻根伐株。不忠不孝,无爱无慈。欺罔万民,酷虐百姓。杀戮众生,残害物命。结诸罪衅,冤对无边。"玄天上帝以其玄妙英武,统帅属下,荡平一切,拯救苍生。平乱之后,三十万兵,常在人间巡行,捕逐生人急难。并降下各种经文符咒,信众诵其神名,念其符咒,则魔鬼闻之,悉皆脑裂。这种表述是很有感染力和冲击力的,这也是诸如《玉历宝钞》等善书常用的论述模式。

道教普遍认为,行善之人得仙道庇护,可以超度厄难,得道升仙;作恶之人,无所畏惧,则会招致灾祸疫厉。玄帝经典中有很多善恶报应的论述和事例。《祖师宝训集》开头八句为:"莫道造恶不报,直待恶贯满盈。莫道修善无应,直待善果圆成。若有人间私语,天上听若雷霆。不可欺心暗室,神目如电光荧。"这是《玄天上帝金科玉律》和《垂训文》中都有的文字。《太上说紫微神兵护国消魔经》中将行善与作恶进行对比:"积善积德之人,修真之士,超度洪厄,位列仙官。"恰好相反,"其有凡夫不学,不顾宿命,不遵经法,是非纷乱,四见昏迷,六情所染,心不自尊。造恶之时,无所畏惧",以至于招致酆都六洞诸天魔鬼,昼伏夜出,流行瘟病。"患者昏死,鬼气冲人,变为疾疹。"由于男号女哭,悲苦切楚,感动上天,玄天上帝下降人间战胜恶魔,使得慈孝日生,人民乐业。

道教戒律类经文为数众多,条文从几条到百余条不等。这些清规戒律是道教劝善思想的最为集中的体现。在玄帝经典中,最知名的当推"修真十戒"。十戒为:不得阴盗潜谋,害物利己;不得杀害含生,以充滋味;不得淫邪败真,秽慢灵炁;不得败人成功,析交离亲;不得谗毁贤良,露才扬己;不得饮酒过差,食肉违禁;不得贪求无厌,积财不散;不得交友非贤,居处秽杂;不得不忠不孝,不信不仁;不得轻忽言笑,举动乖真。如《北极真武佑圣真君礼文》要求遵照"修真十戒"虔诚忏悔。每念一戒,均高唱"镇天真武治世福神玉虚师相玄天上帝",并志心皈命,颂真武功德[①]。《北极真武普急度世法忏》十卷，每一卷述一戒。经文为三段论，第一段述玄帝修真得道历程，第二段论该条戒文的缘起和内容，第三段论遵奉真戒的利益好处。每段间各有一长段礼赞文字。该经提出，人生天地之间，虽善恶不同，但都是由前生业缘所致，修善善至，修福福来，如影随形，应声响应。“若修十善，克感天神，扶护世族，克昌后世，衣食自然，无穷寿量。若修十恶，凶神降附，苦病切身，轮转受生，应诸恶报。”[②]另外《真武灵应大醮仪》有七戒，其中也有“不得不忠不孝，不义不仁。常欲恭勤事上，慈爱接物，不忘道训”之类的戒条[③]。

在玄帝经典中，几种灵签是比较特殊的。它们涉及日常生活的诸多方面，将道德劝诫融入签文中，告诫问卜者安分守己，修心惜福，多作善事。其中《四圣真君灵签》在宋代就广为流行，并以灵验著称。《启圣录》中，就记载了不少实例。该灵签共计 49 签，每签签文主体为 12 句七言诗，后有圣意一段，以及百余字解签语，多数签文后附有五言绝句一首。明显经历了历代不断的完善增补。《四圣灵签》中包含了丰富的劝善内容。经首有 72 字《降灵劝世格言》，要求信众应正直无私、忠诚善良，毋欺暗室，毋昧三光；若矫妄求荣、克剥致富则会名誉受损、子孙遭殃。并宣称“吾今卜课，善恶扶持，凶应凶兆，吉应吉期，判断生死，决定无疑”。签文诗句主要围绕求官、求财、学业、婚姻、孕产、家宅、出行、讼狱、疾病等方面。虽为下下签，通过个人修为也可以修善免祸。签语中不乏充满智慧和哲理诗句，如“守分安闲灾可度，且于恩德报劬劳”、“回头改过非为过，坦道经求好访寻”。解签语中，反复出现“守旧”、“守真”、“守分”、“守己”、“守道”等劝诫语，还有诸如“作善事吉”、“更宜作善，免致凶灾”、“家宅人口宜作善事。产孕作善事保”、“病讼多难，好作善事”之类的断语。

“圣意”部分内容劝善色彩最为明显。如：

---

① 《北极真武佑圣真君礼文》卷一，《正统道藏·洞神部·威仪类》。

② 《北极真武普急度世法忏》卷十，《正统道藏·洞神部·威仪类》。

③ 《道门科范大全集》卷六十三《真武灵应大醮仪》，《正统道藏·太平部》。

积善有庆，吉庆门庭。积恶致祸，祸及门庭。理合自然，何必沈沦。嗣续难存，行藏不吉。百事莫建，且守君心。（二十一签）

灾祸缠绵，岂料其源。净愿不还，难保安全。医巫造说，浪费其钱。速宜崇善，以荅上天。先忧后喜，先难后易。可以作福，神能保庇。（三十八签）

好善获吉，积恶就凶。纵当正道，福不须求。公讼泰定，占亲无忧。所谋皆就，出路忧疑。百事遂意，无有迟留。（四十七签）①

随着真武神格的不断上升，四圣灵签日益演变为《玄天上帝感应灵签》。该签由正一派传人张国祥奉旨校梓，又称《玄天上帝百字圣号》，收录于《万历续道藏》。签文主体依然为49签，每签分圣意、谋望、家宅、婚姻、失物、官事、行人、占病八种，每种为一首七言绝句。每签末尾有几十字的一小段解签语。较之《四圣灵签》、《玄帝灵签》签文部分内容更为丰富，用语更为雅驯，意旨更为隐晦。所分六事为日常求签问卜最寻常的方面，解签部分文字明显减少，因而给解签人更大的发挥空间。这彰显了道教及玄帝信仰在走向民众日用生活中的智慧和努力。相对后起的关帝、吕祖、天后诸灵签，这一特色明显。相比于《四圣灵签》,《玄帝灵签》明显劝善意味变淡了，不过还是有不少佳句。例如“若肯尽心从改过，不教善者见阎罗”、“但要汝心存善念，能教百病自然痊”、“如今若要心安乐，广布阴功舍施财”等。灵签是玄天上帝信仰的重要形式，在求签解签的过程中，这些思想潜移默化地流传开来。

三、玄帝出身和瑞应故事中的慈善思想

《玄天上帝启圣录》等传记类文本在玄帝经典中占据重要地位。宋代，诞生了《真武启圣记》和《玄帝实录》。元代，演变为《玄天上帝启圣录》。这些玄帝经典，收录了大量本传故事和瑞应事例。这些求道升仙、显圣灵验故事，具有明显劝善思想。

《启圣记》已亡佚，但在玄帝经典中至关重要。陈伀《太上说玄天大

① 《四圣真君灵签》,《正统道藏·正一部》。

圣真武本传神咒妙经注》中引用该经近二十次。如“每沉沦于苦海”条引《启圣记》记载：真武上诣太清境，朝谒本师太上老君，告曰：吾以汝降伏天下妖魔，清宁宇宙。尚诸众生，竞赴轮回，经历地狱，汝当普度。见善者以福加之，化恶者以善解之，汝宜更修其果。真武遵奉而作颂曰：众生造善，与吾齐身，我登证果，亦同好因。说是颂毕，跪辞回职府，乃垂世训。言夫欲修仙道，先修人道。人道者，恭谦美众，慈惠温良，济物利生，钦心奉正，节俭事亲，修仁义，行方便，强莫骋，势莫恃，悯孤寡，垂慈念，此人道也。人道尚不能修，去仙道则远矣①。本段文字和《启圣录》中“武当发愿”条略为相似，内容更为丰富。太上老君要求真武“见善者以福加之，化恶者以善解之”，真武则发宏誓，垂世训。这里提到一个重要论断：“欲修仙道，先修人道”，将人道作为仙道的前提。修人道所讲求的“济物利生”、“修仁义，行方便”、“悯孤寡，垂慈念”等正是《太上感应篇》等诸多善书中所强调的善举。

《启圣录》脱胎于《启圣记》，大体延续了《启圣记》的形式和内容，有所增补和修改。如《启圣录》所记载“仲和辞吏”事例在《启圣记》中也有收录，不过较之后者，故事有所改动，情节更为曲折婉转。这个故事中，杨仲和作恶，本应被惩罚，真武大帝透露玄机，杨“誓修善事，解脱罪恶”，通过二十余年敬奉真武，力行善事，乃得道升仙。“朱氏金砖”故事中，记载有供养福神（真武）的五种措施（“一心五事”）：第四点值得注意，它要求信众心怀慈善，救助贫苦，孝敬慈爱，诚实无欺。这与《感应篇》中“矜孤恤寡，敬老怀幼”的提法是一致的。该故事中，朱氏诚心好善，后得真武应化，特赐黄金，寿考百年②。

《启圣录》总共八卷，卷一为玄帝出身故事，一般认为源自《玄帝实录》。从“金阙化身”到“谷岩修果”，描述了玄帝从先天始炁化生，降生人间，修道成仙，到较功受封的过程。通过这一神圣的历程，塑造了玄

---

① 《太上说玄天大圣真武本传神咒妙经》卷四，《中华道藏》第30册，华夏出版社，2004年，第563页。

② 陈伀《太上说玄天大圣真武本传神咒妙经》卷四，《中华道藏》第30册；《玄天上帝启圣录》卷二《朱氏金砖》，《正统道藏·洞神部·记传类》，《中华道藏》第30册。

帝精诚慕道、英明神武、大慈大悲、普救众生的光辉形象。玄帝"誓断天下妖魔,救护群品"的宏愿,"功齐五十万劫,德并三十二天",终于受封玉虚师相玄天上帝。"武当发愿"记载:(玄帝)受玉皇金录,差充北极佑胜院,都判人间善恶公事,提点生死罪录,乃授消灾降福神将,每月定一日下降,及庚申甲子日,亦如之。"玄天上帝发了一个宏愿:众生善恶,与我齐身。我登证果,亦同其因。《启圣录》后七卷为感应故事,共一百余则。《启圣录》卷二"参定避忌"将其分为求谢感应、祈感助战、祈请晴雨、行慈救民、救报水火灾疫及龟蛇显现事迹等科目。显然,玄天上帝不是单纯的巡察和判断善恶,而是以教化众生为己任。

关于玄帝的善恶报应、放生戒杀、积善升仙类典型事例很多流传下来,劝诫人们行善积德。如"华氏杀鱼"、"焦湖报恶"等故事,知名度高,对后世影响甚大。如南宋陈伀集疏《太上说玄天大圣真武本传神咒妙经注》"录善罚恶"条解释道:"凡人之善恶,因起自身、口、意三业之感召,孰不至满稔之报。盖玄帝真司,常警以赏罚事。"他征引的故事,文字与《启圣录》"华氏杀鱼"略有出入。陈注中突出表现程嗣昌印施家藏《戒杀图文》,祈求真武化民从善的情节;《启圣录》中则着重描述华三娘夫妇杀鱼、诟骂即遭报应的细节。陈伀评论道:"仰知玄帝,录一程嗣昌者,劝百善。罚一华嚣妇者,惩百恶。《感应篇》曰:其有曾行恶事,后自改悔,诸恶莫作,众善奉行,久久必获吉庆,谓转祸成福者也。"[①]清代周梦颜(字安士)所著的《安士全书》,两百多年来广为流行,被人称为"善世第一奇书"(印光法师语)。在《万善先资》卷一《因果劝》中,他也征引了这一事例。在介绍故事梗概后,周梦颜感叹道:末世之人,恶业转多,善根浸少,见人行一善事,发一善言,未有不阻挠之者。……敢劝同心善士,凡遇阻善之人,纵或肆行诽谤,但当顺受之而已,不可存忿恨之心。劝化之而已,不可发自矜之语。怜悯之而已,不可萌弃彼之想。观于华氏,能不凛然知所惧乎?[②]

① 陈伀集疏:《太上说玄天大圣真武本传神魂妙经》卷一,《中华道藏》第30册,华夏出版社,2004年,第539~540页。

② 周安士编著:《万善先资集》卷一,《安士全书》,团结出版社,2013年,第419~420页。

元明以后，玄帝所加封号越来越长，各种圣旨敕封连篇累牍，还出现《玄天上帝启圣灵异录》、《玄天上帝瑞应图》等新经典。不过，文本中的玄天上帝形象大体定型。前述两经典，主体内容为各种碑记和圣旨。《瑞应图录》还记载了“黄榜荣辉”等六个故事，以及十余次在空中以不同圣象显现。这些经典最大的特征是利用图像来宣导教化，后世诸如《感应篇图说》、《阴骘文图说》、《百孝图说》等善书也延续了这一做法。有学者认为该书“除具有流传瑞应事迹外，尚具有善书的性格”①。《藏外道书》中收录有《武当嘉应图》，在序文中，才子赵弼提出重刊该书由三善，其三为“俾四海之人观斯图者，咸兴向善之心，归大道慈悲之化”②。20世纪末声誉鹊起的《真武灵应图册》是继《瑞应图录》后武当道士整合玄帝瑞应事例的作品。肖海明先生在《真武图像研究》等论著中都提到这些瑞应故事的劝善内涵③。

四、流传至今的几种玄帝善书

宋明以来还诞生了《玄天上帝垂训文》、《玄天上帝金科玉律》、《祖师宝训集》等几种比较地道的流传至今的玄帝降笔的善书。

《玄天上帝垂训文》又称《武当山玄天上帝垂训》、《武当山玄天上帝经》、《玄帝垂训》等，据文中所题，元大德五年(1301年)降笔于武当山灵应观。该经为诗歌体，共计256句，每句6字，共计1536字。《玄帝垂训》称玄帝“佛中即无量寿，道乃金阙化身”，并增加了诸如吃斋、布施等佛教的内容，因此也受到佛门的推崇。至今在很多寺庙中，《真武妙经》、《玄帝垂训》和《太上感应篇》一样，是经常施送的经文。清代以后，出现了一个改编的新文本——《玄天上帝金科玉律》，常被简称为《金科

① 林圣智:《明代道教图像学研究:以玄帝瑞应图为例》,《台湾大学美术史研究集刊》第六期,1999年3月。转引自游子安:《善与人同:明清以来的慈善与教化》,中华书局,2005年,第60页。

② 《武当嘉应图》,《藏外道书》第32册,巴蜀书社,1992年,第1021页。

③ 肖海明:《真武图像研究》,文物出版社,2007年;《〈真武灵应图册〉所反映的道教和谐思想举例》,《玄天上帝信仰与和谐社会建设学术研讨会论文集》。

玉律》。该经大体上截取了《玄帝垂训》中的前半部分，共计160句，960字，使内容更紧凑，并删去了无量寿佛的提法。

《玄帝垂训》和《金科玉律》是典型的善书，也是流传最广的玄帝经典。明清以来，它们以单行本或汇编本的方式大量刊行传播。何者为善，何者为恶是善书的核心命题，《金科玉律》对此多有论述。如论恶行道："穷不安分守己，富不念老怜贫。轻重长短称尺，大小斛石斗升。买卖欺瞒良善，交关举用不平。使尽机关肠肚，恶心害众欺群。合舌恶口斗乱，教唆州县乡村。咨意悭贪嫉妒，是非人我争瞋。不识善恶因果，不畏天地神明。"放生戒杀是玄帝经典中最推崇的一点。两经中就有"切莫杀食物命，放火烧害山林"、"切莫杀食牛犬，免堕万劫沉沦"的论述。《玄帝垂训》还针对不同职业和阶层提出具体要求："识字为儒为吏，切莫弄法侮文。为医审证用药，为术依经讲明。经商为求利息，须要本分平心。莫用两般秤尺，休使大斗小升。财余之用守己，色非己者休淫。"

最能体现玄帝善书慈善思想的是"十劝"，在《玄帝垂训》、《金科玉律》以及《祖师宝训集》开头都引用了这一内容：

> 一劝敬重天地，心香一主晨昏。二劝孝养父母，堂前活佛二尊。
> 三劝皈依三宝，儒释道教同伦。四劝修斋布施，报答四重深恩。
> 五劝善男信女，持斋念佛看经。六劝州县官吏，治民如水之清。
> 七劝救济孤滞，四生六道苦轮。八劝富家布施，架桥砌路修因。
> 九劝九流技艺，三六九字同伦。十劝广行阴德，福及子子孙孙。

如果说《玄帝垂训》、《金科玉律》是玄帝善书中流传最广的，最早的则应为《玄帝劝文》和《玄帝垂降格》。陈伀《太上说玄天大圣真武本传神咒妙经》集疏卷四中征引了这两个文本。其中"消磨产业"注录《玄帝劝文》云：

> 恬淡身心，灾秽不生。惜物究性，自然无病。明察贤愚，赛钝自无。
> 光明照了，俗萦次少。人若空灵，何谓实踪。往来来往，气腾之精。
> 雄雷威电，世民皆见。速报分明，天空显现。勿昧本心，莫多惶占。
> 孝怜骨肉，和美同春。里朋如亲，少贪多恋。救困施贫，忠诚谨俭。
> 涤除顽尘，昆睦和宴。执净守清，神明赞愿。寿益无亏，子孙荣健。

生不遭苦劫之缠，死次免冥鞠声辩。今日吾书普劝文，愿得瞻之凶邢免。

能录十幅贴诸方，时疫瘟灾不敢现。若愚瞋谤我之言，拘魂直送酆都敛。

“耗散资财”注录《玄帝垂降格》云：

矫妄求荣，名誉不扬。克剥至富，子孙遗殃。行恩布德，福禄来翔。寡欲薄味，寿命遐长。毋欺暗室，毋昧三光。正直无私，赤心忠良。天地介杜，神明卫旁。延生度厄，必济时康。

《玄帝垂降格》即前面所提的《降灵劝世格言》。《玄帝劝文》、《玄帝垂降格》以往学界关注较少，值得注意。两文本均以四字句为主，与《玄帝垂训》和《金科玉律》的六字句格式明显不同，但内容有一致之处，诞生时间更早，或许对于《玄帝垂训》的产生具有启发意义。

晚清时期，扶鸾降笔善书的风潮在再次风行，《祖师宝训集》正是在这种背景下产生的。这是一部典型的善书，现流行于武当山各道教宫观，在网络上也广为传播。全文约二万余字，编撰者自称“祖居河南邓州”，“康熙一十七年(1678 年)生”，“修真百年号称紫云道人”。分“祖师觉世报应篇”、“灵官吕仙惊世文”、“劝官文”、“劝富文”、“劝贫文”、“劝善文”、“祖师力救世人”、“赠友青林子”等部分。该经模仿《了凡四训》、《觉世真经》、《功券》的写法，内容上也杂糅了很多流行善书，通篇都是劝世人迁善改过的文字。如《报应篇》中称，祖师爷(玄帝)察看善恶簿，发现武当山周围万里，仅有五个人算得上“忠臣孝子积德好善不杀生不吝财之人”。他们家虽贫寒，但心地端方，知孝悌，怜贫穷，扶助亲友，提携邻族，实放生命，修理寺庙，和睦乡党。因而禀报上帝，封为增寿仙子、增福神、县城隍、府土地、速报神，并各增福寿于子孙后人。该经对文昌帝君大加赞许：“文昌帝君最喜者，忠孝节义，积德行善之人，恐人不知，故作《阴骘文》、《救世人文》、《戒士子文》、《劝孝文》、《劝孝诗》、《劝孝歌》、《心命歌》、《遏淫文》、《戒口过文》、《敬惜字纸文》、《功过格》、《戒赌歌》，都是教人，俱当遵行，以培功德。今读书之人，许多不遵信此文者，尚望富贵哉?”文末要求信众往文昌帝君、太上老君、增福神、药王等处许愿，多行善事。这反映出清代以后，玄帝地位的衰落。

五、玄帝善书的影响与传播

既然玄天上帝经典中有丰富的慈善思想，也有地道的善书，玄帝善书影响如何，玄天上帝和玄帝善书在善书界地位如何呢？

首先，玄帝经典与诸多善书相互呼应，相互影响。以善书之首《太上感应篇》为例。玄帝经典中经常引用《太上感应篇》中的论述。如《北极真武普急度世法忏》卷一称："臣等恭承经宝垂训曰：祸福无门，唯人自召；善恶之报，如影随形。"①这正是《太上感应篇》的开篇和全文宗旨。同时，《太上感应篇》也屡屡借鉴和吸纳玄帝经典。南宋初年，由李昌龄注释、郑清之赞诗的三十卷《太上感应篇》，是诸多版本中最知名的一个，并收录入《正统道藏》太清部。该经多处引用《启圣记》等玄帝经典。如在卷三"宜悯人之凶"句，引用《启圣记》中"焦湖报恶"故事。"乐人之善"句，引用《启圣记》中"华氏杀鱼"故事，表述上有所变化，还加以评述。以"焦湖报恶"故事为例，《启圣录》中以焦婆婆为主，重点是其行善得救和升仙显圣。而李注《感应篇》中则以真武神为主，突出表现其悲天悯人和英勇机智。如太上告真武"一切众生，竞赴善恶，轮转生死，无有穷已。汝宜普为断除邪见，察其罪福，增益功行，逐月轮，定日分，游奕世间。善者，以福加之；不善者，以善解之"②。

其次，《玄天上帝垂训》、《玄天上帝金科玉律》等玄帝经典经常被视为"圣经"，和广受推崇的《太上感应篇》、《阴骘文》、《觉世真经》等一起被编入诸如《圣经汇纂》、《诸圣垂训》、《四圣真经》之类的善书集中，大为流行。如嘉庆十一年，彭允秀、陆乔木辑《圣经汇纂》（广州以文堂刻本），在第一册第一卷即收录《玄天上帝金科玉律》，仅次于《太上感应篇》。光绪十余年出现《四大圣训》，《玄天上帝金科玉律》、《玄天上帝垂训文》亦列入其中。这个版本后被收入"善门日用"，供信众诵经之用。

---

① 《北极真武普急度世法忏》卷一，《正统道藏·洞神部·威仪类》。

② 李昌龄注，郑清之赞：《太上感应篇》卷三，《中华道藏》第42册，华夏出版社，2004年，第683页。

二战以后,《金科玉律》还被编入《圣经合本》(1947 年),至今在大陆(内地)、港台及东南亚等地真武庙作为诵读和赠阅的经典①。

其三,明清以来,《丹桂籍》、《敬信录》、《信心应验录》、《救生船》等知名善书汇编收录了部分玄帝善书。据不完全统计,至少有下多种(以版本为序):

1.(明)佚名辑《太上感应篇诸经劝诫》一卷(嘉靖四十四年刻本),录《武当山玄帝垂训并金科玉律》(附《玄天上帝劝世文》)、《玄帝戒食牛肉记》(附玄帝下界日期)。

2.(明)邹迪光辑《劝戒图说》(万历间刻本),"太上诸仙垂训"中录《武当山玄帝垂训(并图)》、《佑圣真君戒惜字纸文》、《玄天上帝金科玉律》、《玄天上帝劝世格言》。

3.(清)钱潮辑《赐福灵书》(乾隆四十三年刻本),卷首有"真武圣像",书中汇编圣训及先正格言,包括《玄天上帝垂训文》、《真武禁宰牛箴》。

4.(清)顾存仁编《洗心斋昌言录》二卷(乾隆五十八年洗心斋刻本),卷二录《元帝垂训》。

5.(清)刘山英辑《信心应验录》十卷(嘉庆六年净念堂刻本),卷八录《元天上帝劝世文》。

6.(明)颜正原辑,(清)王定柱重订:《增订丹桂籍》(嘉庆二十三年云南三牌坊萃锦斋重刻本)卷六录《玄天上帝垂训》。

7.(清)黄正元辑录《御虚阶功过格》(道光十七年京都晋文斋刻本),录《玄天上帝降笔真经》(附《灵验记》)。(此书与《性天真境》等五种善书合集为《阴骘文图说》,影响较大。)

8.(清)吴思善辑《修省良规》八卷(道光二十一年刻本),卷一录《元天上帝劝世格言》。

9.(清)周鼎臣辑《增订敬信录》二卷(道光间安邑李天赐刻本),下卷录《玄天上帝金科玉律附劝世格言》。

10.(清)深山居士撰《暗室灯》(道光二十二年刊本),下卷《戒杀》鉴

① 王见川、皮庆生:《中国近世民间信仰:宋元明清》,上海人民出版社,2010 年,第 227 页。

录《真武垂训》及程嗣昌事例。

11.(清)佚名《新增绣像玉历宝钞警世》一册(同治六年刻本),录《玄天上帝劝世格言》。

12.(清)孙廷锷辑《勉戒切要录》十卷(同治八年刻本),卷二《神圣经训》录《元天上帝降笔垂训》。

13.(清)佚名编:《一心普度合编》四卷(同治十年苏州得见斋刻本),卷四录《真武祖师戒食牛犬方》。

14.(清)佚名辑《救生船》四卷(光绪二年京都养玉斋刻本),每卷卷首有圣真降序多篇,卷首《诸仙真垂训》,录《玄天上帝金科玉律》。

15.(清)徐谦辑《珍重庐山一瓣香》十三卷(光绪十八年仿四香草堂重刻本),全书分吕祖、文帝、武帝等六种,每种卷首均录《玉虚祖相序》。《诸神瓣香集》录玄天上帝、三官大帝等垂训一百五十五篇。

16.朱厚祥辑《晨钟暮鼓醒迷纂要》四卷(光绪十九年石印本),卷首录《真武祖师降序》,书中汇录圣真垂训。

17.(清)佚名《醒悟录》一册(民国间铅印本),录《真武祖师叹骷髅词》。

上述十余种善书集中,主要收录了《玄帝垂训》、《金科玉律》、《劝世格言》、《劝戒食牛犬文》,还有《禁宰牛箴》、《惜字纸文》、《真武祖师叹骷髅词》等。其中明代邹迪光辑《劝戒图说》收录四种,佚名辑《太上感应篇诸经劝诫》收录三种;清代几种善书则以收录《劝世格言》或《玄帝垂训》居多。

《敬信录》和《暗室灯》是清代最为著名的善书汇编,经历多次增补翻刻,版本较多。《增订敬信录》和《暗室灯》中,都收录有《戒食牛箴》。两者文字略有出入。《敬信录》记为"玄天垂训","食之者幽有祸灾"。《暗室灯》为"真武垂训"。"杀之食之,即逃国法,必受冥刑。"《暗室灯》中收录了程嗣昌戒杀事例,就是《启圣录》中所载《华氏杀鱼》①。1918年,《敬信录》重刊时,改名为《十圣金玉篇》,十圣分别为太上老君、文昌

① 《增订敬信录》卷下《附劝戒食牛犬文》,光绪六年刊本。《暗室灯》,道光二十二年刊本,《藏外道书》第28册,巴蜀书社,1992年,第538页。

帝君、关帝、吕祖、东岳大帝、斗帝、玄天上帝、太微仙君、魏元君、莲池大师①。

综上所述，玄天上帝作为治世福神，具有录善罚恶、辅正除邪的职能，因而是一位乐善之神。玄帝经典中包含有丰富的慈善思想，也有一些知名度高、流传至今的善书，并不能说玄天上帝或玄帝经典在善书体系中无足轻重。进一步发掘、整理和研究玄帝经典中的慈善思想，是具有理论价值和现实意义的。

（作者为湖北汽车工业学院人文学院副院长、副教授）

① 《十圣金玉篇》，1918 年章炳元重刊，上海宏大纸号印。

第三届全真道与老庄学国际学术研讨会论文集（下册）

熊铁基　黄健荣　主编

華中師範大學出版社

華大博雅 学术文库

本书由道教香港青松观资助出版

新出图证(鄂)字 10 号

图书在版编目(CIP)数据

第三届全真道与老庄学国际学术研讨会论文集/熊铁基，黄健荣主编. —武汉：华中师范大学出版社，2017.10

ISBN 978-7-5622-7988-4

Ⅰ.第…　Ⅱ.①熊…　②黄…　Ⅲ.①道教—宗教文化—国际学术会议—文集　Ⅳ.①B958-53

中国版本图书馆 CIP 数据核字(2017)第 249606 号

第三届全真道与老庄学国际学术研讨会论文集(下册)

主编：熊铁基　黄健荣 ©

责任编辑：廖国春　**责任校对**：罗　艺　**封面设计**：罗明波

编辑室：学术出版中心　**电话**：027－67863220

出版发行：华中师范大学出版社

社址：湖北省武汉市珞喻路 152 号

电话：027－67863426(发行部)　027－67861321(邮购)

传真：027－67863291

网址：http://press.ccnu.edu.cn　**电子信箱**：press@mail.ccnu.edu.cn

印刷：湖北新华印务有限公司　**督印**：王兴平

字数：1420 千字

开本：880mm×1230mm　1/32　**印张**：49

版次：2017 年 11 月第 1 版　**印次**：2017 年 11 月第 1 次印刷

定价：150.00 元

欢迎上网查询、购书

试释西汉竹简《老子》第 33 章

许抗生

西汉竹简《老子》第 33 章作“用兵有言曰：‘吾不敢为主而为客，不敢进寸而退尺。’是谓行无行，攘无臂，执无兵，乃无适(敌)。祸莫大于无适(敌)，无适(敌)则几亡吾宝矣”。这一章其实即是通行本的第 69 章。通行本王弼本则与西汉竹简本稍有差别，其文为“是谓行无行，攘无臂，扔无敌，执无兵。祸莫大于轻敌，轻敌几丧吾宝”。而帛书甲、乙本则与西汉竹简同，亦作“是谓行无行，攘无臂，执无兵，乃无适(敌)，无适(敌)近亡吾宝矣”。由此可见，较早的帛书本与西汉竹简本是相近的，它们与通行本最大的差别有两点：一是文句顺序的不同。帛书本，西汉简本皆为“是谓行无行，攘无臂，执无兵，乃无适(敌)”，而通行本作“是谓行无行，攘无臂，乃无适(敌)，执无兵”。通行本的文句顺序有错，王弼注就是作“用战犹行无行，攘无臂，执无兵，乃无适(敌)也”。可是王弼见到的本子，文句顺序是与帛书本西汉竹简本相同的。可见此文有后人的窜乱。二是在这一章中帛书本、西汉竹简本与通行本最大的不同在于：前者皆作“乃无敌”，而后者则作“扔无敌”，“乃”显然是不同于“扔”的。但一般学者皆解释为“乃”是“扔”之省写而成，并以通行本 38 章中“攘臂而扔之”的“扔”字来解释“乃”字。以前我在拙作《帛书老子注译与研究》一书中，也是这样做的。“扔”有引、拉之义。在这里“扔无敌”确实是比较难解释清楚，然而按照帛书本与西汉竹简本作“乃”字解，倒是比较顺当的。“是谓行无行，攘无臂，执无兵，乃无敌。祸莫大于无敌，无敌则几亡吾宝矣。”这意思是说，无阵势可设，无臂膀可举，无兵器可执，这就是无视敌人。祸最大的就是无视敌人，无视敌人就几乎丧失了自己的法宝。这里的法宝应指《老子》所说的“我有三宝，持而保之。一曰慈，二曰俭，三曰不敢为天下先”中的第三宝，即“不敢为天下先”。“不敢为天下先”就是要后发制人，反对盲目冒进，反对轻敌，反对无视敌人的力量。这样就和本章的第一段文字的思想相呼应起来了。第一段文字则说：“用兵有言曰：吾不敢为主而为客，不敢进寸而退尺。”“主”指“肇兵端以伐人”。“客”指守势的一方，不得已而应敌。所以兵家有这样的说法：“我不敢先攻击人，而可先采取守势；不敢先前进一寸，而可先后退一尺。”这就是采取后发制人的思想、反对冒进、反对轻敌的思想。这样一解释这一章的前后思想也就贯通起来了。因此，这一章的“乃无敌”，就可不作“扔无敌”解，“扔无敌”很可能是后人妄改而成的。至于这一章的最后一句“抗兵相若，而哀者胜”也就很容易理解了。这里的哀者，即指采取守势，受到敌人攻击的一方，即指哀伤的一方。因此以往的一些学者把“哀”解作“慈爱”的意思，在这里恐怕并不符合本章原义的。“慈”虽说是老子所说的三宝中的第一宝，但统贯全章的思想，讲的是“不敢为天下先”，即后发制人的思想，反对盲动冒进的思想，所以这里的“哀者”应指先受到打击的哀伤的一方。

（作者为北京大学哲学系教授）

《道德真经章句训颂》初论

刘仲宇

自张道陵起，历代天师撰述者不多。早期的《老子想尔注》，是目前传世的三张一系最重要的著作。其间从张盛以降，至于北宋三十代天师张继先，方见到有影响的撰述和语录。及元，三十九代天师张嗣成推出一本《道德真经章句训颂》方填补了张继先以来的百年空白。但此书的影响主要在教内，学界不甚重视。实际上，其重要性具有时代意义。盖即使三张和后起的诸派领袖，都无确切的"教主"之号，只有三十八代张与材始得皇帝封"正一教主"，张嗣成继之。正一教主之号的出现，为后来的符箓各派皆归龙虎山天师所掌，终于形成综合三山符箓的大正一派奠定了基础。对于道教来说，是一个新的发展时代的到来。恰在此时，出了那么一本书，其意义虽然比不上但也类似《老子想尔注》。它算得上是面对新时代的一次教义阐释。

一、作者论

张嗣成，《元史·列传第八十九释老》有传，系三十八代天师张与材之子。与材延佑三年卒，四年嗣成嗣，"为三十九代，袭领江南道教，主领三山符箓如故"①。延佑四年是西元 1317 年。对于张嗣成的情况，成于明初的《汉天师世家》载之较详，清娄近垣《龙虎山志》基本沿之。根据这两种书的记载，张嗣成袭天师号后，又曾在元晋王时特授翊元崇德正一教主、嗣汉天师、太元辅化体仁广大真人、主领三山符箓、掌江南

① 《元史》，中华书局，1976 年，第 4527 页。

道教事①。顺帝时又加知集贤院事②。张嗣成是继其父张与材后第二个得封正一教主的，也是元代最后一个封为正一教主的。“至正四年，将游五岳、青城，先登泰山，九月，舟抵吕梁，薄暮，有一老人求见，密语移时，明日天师即命返舟”，抵江苏宝应，化于舟中。弟子奉冠剑还龙虎山，葬于南山③。至正四年，当西元 1344 年。依此推算，他做了 27 年的嗣汉天师。

依《汉天师家》和《龙虎山志》汇辑的张嗣成事迹看，津津乐道的是他的一些神异事迹，却全未及其著述。其中比较重要的为，“泰定二年，天有食之，大臣求祷雪以禳之，天大雪。复命建黄箓大醮于长春宫，时有天花云鹤之瑞。国子司业虞集承诏记之”。这一次后即加正一教主知集贤院道教事。延祐四年(1317 年)，盐官海潮大作，“诏即行省建大醮祷之，投铁符岸圮处，雷电大作，水息复故”。至元年间，“时京畿旱，诏祷雨崇真宫，大应。秋苦雨，祷而霁。冬不雪，祈即应”④。这一年中的祷祈有应，使皇帝大悦，加“知集贤院事”，——由“知集贤院道教事”，即专管一个部门的官员，到管全部集贤院。当时的皇帝和词臣，大概所重者在于那些神迹的应验。当年揭奚斯为皇帝表彰张嗣成写的《制》也特别提到“往者海水为灾，再免黔黎于昏垫，近而天时作慝，三致雨雪之感通”⑤。他们如此热心于神通，却不提他的撰述，是不以为意吧。娄近垣编《龙虎山志》虽列“艺文”一项，但未提及张嗣成的著作，而且从根本上来说，艺文都是列单篇文章，而不列专书。此种做法，实表现出教内和社会一般人士，对于张天师这样的道教领袖所期许的是些什么。无论是谁，对他们的思想都关注极少，随之而来的，也便是

① 《汉天师世家》卷 3，《道藏》第 34 册，文物出版社、上海书店、天津古籍出版社，1988 年，第 833 页。

② 《汉天师世家》卷 3，《道藏》第 34 册，文物出版社、上海书店、天津古籍出版社，1988 年，第 833 页。

③ 《汉天师世家》卷 3，《道藏》第 34 册，文物出版社、上海书店、天津古籍出版社，1988 年，第 833 页。

④ 《道藏》第 34 册，文物出版社、上海书店、天津古籍出版社，1988 年，第 832 页。

⑤ 《揭奚斯全集》，上海古籍出版社，2012 年，第 283 页。

对其论著的忽视。然而今天看来,这些论著,才是真能传世的东西。因为那些论著,只要是认真的撰写,都表现了那一代人——这里是天师,所达到的理论水平、思考能力,也表现出那一时代道教教义所达到的高度和深度。

二、动机论

极少著书立说的张天师,突然写这么一本书,其目的是什么呢?也就是说,他做这件事的动机何在呢?

要理解张嗣成此书撰写的动机,还得回到其背景。

这本书写作的时间,张嗣成自己的序说得很明白,是至治壬辰五月,即西元1322年,离他嗣教的延祐四年过去了五年。

对于他撰此书的动机,序中也说得很明白。他在序中大赞了一通《道德经》作者老子,即道门尊为太上老君的伟大,转而说道:

> 吾祖正一真君,两承神驭下降西蜀,新授至道,发五千文言外之旨无余蕴矣。家世守之,盖千数百载。嗣成藐焉传嗣,累奉德音,以遵行太上老君经教为祝釐第一义。是以每于三元开坛传箓告祝之余,必即此经敷扬之,使在坛弟子及慕道而来者,如鱼饮水,各满其量。然四方万里人人提耳而诲之,日亦不足矣。为老君弟子而不知老君之道,犹终日饱而不识五谷,终夜秉烛而不识火也。不惟自负其身,岂不深负圣朝崇尚经教之意哉。是以不自揆,辄绎其义,以为章句,非敢自谓得老君之旨,然使吾门弟子,与夫尊德乐道之士,得而玩之。倘悟入,则金丹不在他求,而至道吾所固有。功成行满,法身不坏,亦券内事耳。所谓千载而下,知其解者,犹暮遇之也。吾同志可不勉旃!①

如此,则他是继承家世传统,尊崇太上老君。而"非圣人无以见此道,非经无以载此道。是故道难闻,因经而后闻,道难见,因经

① 《道德真经章句训颂序》,《道藏》第12册,文物出版社、上海书店、天津古籍出版社,1988年,第626页。

而后见"①。由此看到，他们那一世系中特别重视《老子》一书，按唐以后的惯例，称《道德真经》。之所以这样，是因为他们认为学道修道，必须经由学经的路径。经能载道，要学道，必须由经。即使是为国祝釐，第一位的还是要宣讲其义。这是为国家所必须从事的。更重要的是，在道门之内，必须强调此点。所以在三元授箓中，对于箓生广为"敷扬"。

必须指出，张嗣成撰此书，是在正一天师地位发生大变化之后。元代，道教经历了一次重大挫折，即在世祖至元年间的佛道大辩论。此次辩论的是非且不论，但其后果则是明明白白的，曾经贵盛一时的全真教声望大跌，而文化上的大灾难，则是道藏经版的被焚。陈国符先生《道藏源流考·元代焚经》引至元二十一年诏相哥谕翰林院撰《焚毁伪道藏经碑》："命僧录司教禅诸僧诣长春宫无极殿，偕正一天师张宗演，全真掌教祁志诚，大道掌教李德和等考证真伪。百官集悯忠寺，尽焚《道藏》伪经杂志，惟《道德经》系老子所著，予以保留。"②据此，当时唯一由朝廷肯定的道经，为《道德经》。当时留下了《道德经》，虽然有点儿买张天师的面子，可能还是玄教宗师的作用更大。同书引《大元敕赐开府仪同三司上卿辅成赞化保运玄教大宗师志道玄教冲玄仁大真人知集贤院事诸路道教科文卫衙张公碑铭》云：道士张留孙，元世祖所信任。"或以道家书当焚，上既允其奏，裕宗（按《元史》卷一百十四，即元世祖皇太子真金）以公（谓张留孙）言请曰：黄老之言，治国有不可废者。上始悔悟。集儒臣论定所当传者，俾天下复崇其教。"③则可见皇帝经进谏之后，也认识到黄老之学对于治理国家的重要性。而黄老之学的载体，当然就是《道德经》了。但这说明，经过那一次劫难，首都的道经悉数被毁，外州还存若干部。以后道教各派陆续恢复元气，道经也渐渐露面。但是，作为经皇帝金口玉言特许过的《道德经》，毕竟地位非一般。这一点，倒

① 《道德真经章句训颂序》，《道藏》第12册，文物出版社、上海书店、天津古籍出版社，1988年，第626页。

② 陈国符：《道藏源流考》（新修订版），中华书局，2014年，第136页。

③ 陈国符：《道藏源流考》（新修订版），中华书局，2014年，第136页。

是歪打正着，客观上压迫道教界集中精力，弘扬和研究主要经典。对此，张氏一系心中自然非常明白，所谓用于“祝釐第一义”，便是调动了家世的信仰，同时充分用足了皇帝的恩典。

一个值得注意的情况是三十八代天师张与材得封“正一教主”。据元史载：“（大德）八年授（张与材）正一教主，主领三山符箓。”①“教主”之称，在道教内对于个人，是从来没有过的。至少在名义上说，正一教主之称，预示着道教面临重大变化，即大正一派的出现。由此，原来的茅山上清、阁皂山灵宝和龙虎山正一三大宗坛的符箓皆归张天师掌领，直到明代洪武年间，明太祖诏令符箓由天师“专出”，授箓的资格只有龙虎山才能专有，才正式确定了由各符箓派归并而成的新的正一派，其他宗坛汇归为一，组织上出现了所谓“三山滴血派”。这一重大变化，从张与材起，经六代，到三十五代嗣汉天师张可大方克完成。面临新的历史机遇，在教义思想上，也需要做出一些调整。这一点，张与材未能来得及做，或尚未意识到其重要性。张嗣成则较为自觉。道教的经典极为丰富多样，但既然三山符箓由天师总领，则用任一派尊崇的经典，都有些不妥，不如用朝廷特许保留的《道德经》，也是诸家都曾参与过研究、探讨的经典，较为符合当时形势。用这部书，在授箓的坛场上宣讲，正在于统一教义思想。

三、新义论

张嗣成此书既为坛场弘道而作，那么自然要突出道教的信仰。这是与一般研究《老子》不同的地方。在序中称“辄绎其义，以为章句”，实则全书对于章句讨论很少。而所重的，是依当时的情势，对其基本教义思想进行诠释。从体例上说，真有点意思的，是其“训”及简短的“颂”。盖张嗣成撰此书的目的，并不在于文字训诂，而在于“敷扬”其教义。他用《河上公章句》，但并不认为其分章全部准确合理。在上篇结束的三十七章之后，他写了一段话：

① 《元史·列传第八十九释老》，中华书局，1976年，第4526页。

曰常(常无)为而无(不)为,曰功成不居,不为主,不为先,曰柔,曰静,曰复,曰自然,曰损之又损,是皆一经本旨,所以为求道之方也。五千言文意相相连贯,河上公分为八十一章,其旨因自有所在。然于中出乎强勉分析不断者,亦可见。读者因其析以求其全,则自悟入矣。

他要求的是读者抓住主旨以"悟入",而不要在章句上过分下功夫。这里不来全面分析书中的学术观点,而是择其要者,稍加分析,侧重于他在当时的语境下的若干新义。

因为他的书是为了道门内部使用的,自然把道门信仰的道、德二字作重点阐释:

道何形象强名之,说得分明说又非。无有有无相造化,只于理气究其机。咦!未悟非无非有,若为常道常名?从渠自感自胎,成这个,了无形影。①

这里值得注意的是他吸收当时的理学成果,用理学中最重要的范畴理、气释道。为了清楚说明,他又加了一段注解。

道言何?理与气耳。因于无者,理,著于有者,气也。有此理,道所以名。有此气,道所以形。理常于无而神,故自然而性。气常于有而空,故自然而命。天地万物无能违者,譬诸路焉。造于此,必由于此。故有理必有气,有气必有形,形则为天地万物。所谓可道之道、可名之名也。理之所以为理,气之所以为气,又可得而道、可得而名哉?是则非无非有,有不可得而易,所谓常道常名者也。天地之始,以理言,万物之母以气言。常无欲则寂然不动,所以观未发之理,常有欲则感而遂通,所以观方发之气。同出异名、又玄、众妙,皆理气二者相为无有有无耳。曰妙、曰徼、曰门,又所以示学者进修之地。于此究之,则万有芸芸,亦孰离理气性命也。

按,张嗣成所处的时代,是紧接着宋理宗尊崇道学之后不久。道学中有濂(周敦颐)洛(程颢、程颐)关(张载)闽(朱熹)诸家,而南宋与朱同时的陆九渊,实为另外一派,即心学。而皇家所尊,实在程、朱,特别是

① 《道德真经章句训颂》卷上《道可道章第一》训颂。后凡引此书,只注明哪一章。

朱熹，被看成集大成者。朱熹的理气观，影响很大。但理气二者，地位还是有所不同。张嗣成则以理、气二者释道。认为从无的一面说，是理，从有的一面说，是气。有理，道才可称为道，有气，道方才能形。但这些都只是从"可道"、"可名"的角度的讨论，至于道为什么是理、是气，是无法言说的，那才是"常道"、"常名"，而此常道常名，非无非有。这一点，是继承了唐代重玄学，特别是王玄览的传统。由此，他又将内丹学的性、命之说，归于道的理、气二者。性是理，命则是气。正一派的内丹学基础即此挑出。讲理、气，谈性、命，都表现了那一时代的风尚。道学，特别是其中的理学，本来是充塞了大量的佛教、道教的精华，才能别开生面，使长期在理论上极少建树的儒家重新焕发精神。及儒学影响大后，又对道教反哺（至于佛教，此处不讨论）。这种反哺，是在道教界人士着意于采纳、接受的基础之上的，并非以"辟二氏"自诩的理学家所推行。我们不来讨论张氏的理论本身得失如何，只是要指出这样一个基本点，他是想用当时新的理论或曰影响最大的理论成果，来充实道家学说，也想将当时道教界内部最在意的内丹及相应的性命之学，与道这一根本信仰融合无间。

正一一系，人们不太注意他们的气功丹法，因为一般认为丹法在此派中地位不显，而较为重视南宗丹法和全真丹法。这当然是有道理的。不过，正一一系精于符咒，而画符必须布气，则要学画符必要在气法上下功夫；念咒也与气法相连，古称气禁之术，所以也必须炼气于内始能禁之于外。因此，正一派在修炼方式上，必须重视内气的涵养。说到气法，内容极为多样，只要看《云笈七签・诸家气法》，林林总总，足以使人应接不暇。内丹，则是其最精深的一种。汉晋至唐，最有影响的修炼方法为金丹，而此时的金丹，以外丹为主。及唐末五代，转为以内丹为主，但也不废外丹，一起称为"金丹"，所用术语也几乎全同。五代初起、宋代大盛的"五雷正法"，持内道外法、道体法用之说，而当时所说的道，即指修成内丹。那时的龙虎山天师，以张继先为代表，在理论上和修持方式上，都着意于内丹，或径称金丹。熟悉道教史的，常常从钟、吕一系的丹法上寻求正脉。其实，丹法本有多途，很难溯至一源。唐代的张果撰有《玄珠歌》，所说的玄珠，实即丹的别名。当年张继先是从何学得内丹，或也引发讨论，但窃以为弄清非常不易，如果只从后世名声极响的钟吕一系去寻觅，难免走岔。张嗣成在此书中所谈的金丹，具体行持方法未细讲，但在理论上归结于从《道德经》悟出："则金丹不在他求，至道吾所固有。功成身满，法身不坏，亦券内事耳。"①

他也采纳《高上玉皇心印妙经》的上药三品说。《孔德之容章》第二十一：

惟无有空，惟空有神，惟神有炁，惟炁有精，空炁相入，实有不物。静以揽之，妙变汩汩。咦！上药三品，神与炁精。人均而有自然成。世间万物皆如此，不信神仙浪得名。

同时，又认为大药仍出于大道。《反者道之动章》第四十：

有静此有动，有体此有用。有无相循环，譬如觉后梦。咦！无则神，神则性，空则炁，炁则命。互相体用相动静，孰脱生死离感应。

动静、体用，是道教的重要讨论话题，也是理学讨论的话题。只是二家对其具体内涵与下手修持的途径不同。按张嗣成的说法，所谓性命，也只是道之有无的相互作用罢了。《将欲翕之章》第三十六后云：

对待相因，理之必至，全吾之用，柔之而已。鱼忘于渊，民忘于利，忘而不忘，所以为治。咦！人居理气间，譬如鱼在水，不自知其然。出入有生死，因之以顺理，柔之以守气。至宝存诸中，天地一终始。

依其所说，人处于理气之间如鱼在水，对于生死出入，当取顺理和守柔的原则。显然，他是想将理学家的一些观点和道家的传统贯穿融汇。

他也承认世界的事物千差万别：

咦！空炁相持怪怪奇，千形万象出无涯。自然之用各自用，妙处谁知一贯之。②

由此得出的结论是必须尊重其各自的情形。但同时，他也强调执

---

① 见该书序。

② 三十八章。

天之行，从而返回无形无象的大道：

自然而然者，天之行，齐而不齐者，物之情。执其行，得其情，而返之于无形之形。寂兮寞兮，无声无臭，亦孰使夫天清而地宁。咦！观水还知道用微，微波已静又风吹。不妨小立待其定，自有人人照见时。①

按“观天之道、执天之行”，是《黄帝阴符经》首句，为道教变化观、方法论的重要内容。如果从较早的诠释说，道教徒对于道家的变化观有一部分是不赞成的，《庄子》对于变化着的世界，采取的态度比较消极，强调委顺，齐物我，同时也便齐生死、齐彭殇，引得早期的道教徒很不高兴，如王羲之在《兰亭集序》中，就斥庄子的说法为“虚诞”、“妄作”。盖道教讲我命在我不在天，在委随、顺从天道的同时，又相信人能逆返得道，便是常说的颠倒、逆返成仙。委顺与逆返成仙的结合，《黄帝阴符经》作了很好的总结。张嗣成的时代，这种结合已经成了教内的共识，所以张嗣成有执天行的话头。不过他主张在得万物之情的同时执天行，即自然与人掌握规律、面对万物时得其情而不强为的统一。

既然一切皆由气而生，那么一切都必须循气之然，道门特重的养生，也是如此：

天地人物，内外皆不离乎气。气聚则成形，气顺斯能生。所谓养生，亦顺其气而已。养生之道以其厚自奉养，乃有以伤其气而致死矣。是神气空无之妙。生死两忘，出入无间，外物于我奚有加焉。明乎静，知其所以静而静之也，非若数息呆坐顽然以为空者。使其顽然以空，则又安能外气而观天地哉。然阳气舒，阴气塞。阴常盛，阳常抑，事之成常难，事之败常易。晴明之日常少，冥晦之日常多，于三生六死概可见矣。是非其本然，皆人事有以致之。天地万物之气于吾身，未尝一息不相通。养生者，可不慎动。②

养生即在顺其气，养生的问题不出在外界，而是在于自己奉养太厚，伤其气而死。但是，也不是数息独坐，自以为得其空，而要在与天地

① 三十七章。

② 《出生入死章》第五十。

之气贯通。

张嗣成的时代，虽然元统治者也承认黄老之学于治国不可缺，但对于治国的一套，毕竟不多容别人所置喙，张嗣成大约也十分明白这一点。所以他对于《道德经》中涉及治国、用兵等，大都陈辞多、创见少，或是在实践大智若愚之教吧，又或许道门既自居于方外，还是就超脱一点？所以他的重点在谈道，在强调尊道贵德的必要性，以及修持者的下手原则：

无形而尊以出万有者道，无形而贵以育众生者德，千形万状巨细杂遝者物，往古来今屈伸消长者势。尊其尊，贵其贵，无所不施，无所不被，而不自知所以是，谓之至理。咦！道生德畜亦何心，妙处元无迹可寻。更好两忘尊与贵，任他瓦砾与黄金。①

道尊德贵乃是至理，道生德畜本是无心，悟者当不于形迹上追寻，且尊贵两忘，复其自然。

四、影响论

张嗣成的《训颂》，在老学史上并算不上上乘之作。但是在道教本身的发展史上，却有重要的地位。大正一派格局趋势出现之初，需要有一个能统一内部的基本经典，其书应运而生。前面说过，他是继张继先之后几代中有论著的天师。同时，又影响到张氏世系内部，重新开了撰述的先河。如果从天师内部看，东汉末的《老子想尔注》之后，对于《道德经》的注释，此为唯一一书。而且这一书，与正一派内部的根本制度授箓相联系，对于天师道在此后的面貌影响十分深刻。

前面提到过，正一道教在每一发展的关键时刻，都会出现若干教义上的论著，以之为对新环境的应对，也为以后的发展奠定指针。《老子想尔注》不用说了。进入南北朝，正一道从偏远之地传入中原，更随着永嘉南迁，大规模传向江南。依天师道内部的说法，四代天师张盛于魏晋时入龙虎山，此处便成为授箓宗坛，也是其发展的新的基地。但是与

① 《道生之章》第五十一。

南北朝时诸派并起、道经大增的情况相比，原来正一道的文献整理和创新都嫌不足，于是便有《正一法文经》系列的编撰。从那以后，张天师一系比较沉寂。唐玄宗时，曾下诏寻找张天师后裔，欲加荣位，但似乎未见应征的。现在无论从玉真公主入道时张罗的张探玄，还是《茅山志》提到的天师第十代孙，都未明确谁是嗣天师。直到北宋天师才重现于主流社会，特别是徽宗朝张继先，发挥了重大影响。而他之所以能名动帝宸，除了其早熟、聪明，最重要的还是能适应环境的变化，将金丹修炼与符箓法术结合起来，对之进行了若干阐述。比如，他曾有比较系统的《金丹诗》四十八首[①]，又有若干词论此。他说"流俗纷纷不悟真，不知求己却求人"，又批评求学金丹的，也有投错门径，"假法人间有万般，君宜求取紫金丹"，他反对采阴丹法，批评房中术，常用"玄珠"指丹，既对当时的丹法流传有全面了解，也有自己的独特理解。如《忆桃源》词，为人问"如何是修炼之术"，答曰："长生之话口相传，求丹液全。混成一物作神仙。分明说与贤。休咽气，莫胡传。岂知造化玄用，铅投汞，汞投铅，分明颠倒颠。"[②]"颠倒颠"一语对于金丹理论的方法论特点，言之甚贴切。他也将其思想放在授箓过程中宣扬，有《开坛法语》专以训导箓生。他的论著，经明代张宇初编为《三十代天师虚靖真君语录》七卷。张虚靖没留下系统著作，大约与他年寿不永以及国家乱局已起有关。但不管怎么说，他总是一个有自己的教义思想和著作的天师。及于元，先是张宗演得到世祖器重，以后几代天师多为守成，直到张与材得封正一教主，情势进一步对正一道的发展有利，也就需要有新的思想与论著出而应之。但张与材本人似乎还未来得及深加思考。目前基本上找不到他留存的作品，只是前数年本人在江苏南通地区流传的"蓬壶炼度"科的抄本上，发现有张与材的一篇《序》，但也只是就炼度仪式发表些看法。所以张嗣成此书，补上了一个空白。直到明代，大正一的格局正式

① 《三十代天师虚靖真君语录》卷五，《道藏》第32册，文物出版社、上海书店、天津古籍出版社，1988年，第379～382页。

② 《三十代天师虚靖真君语录》卷五，《道藏》第32册，文物出版社、上海书店、天津古籍出版社，1988年，第382页。

完成，才有被称为“列仙之儒”的张宇初用多种撰述，开展了教义思想的全面阐述。他写的《道门十规》、《岘泉集》和《〈度人经〉注》，都是对当时的环境而作。在系统性上，从深刻性上，都迈越前人。从这个意义上说，张嗣成是张继先与张宇初间的过渡环节。

张宇初称博学，但其主旨仍不忘家世之传，强调以《道德经》旨为旨归。“伏闻圣人以神道设教，太上以虚无为宗，其广演宏敷，自历劫以来愈彰愈著。原其本也，虽有道经师三宝之分，而始自太上授道德五千言于关令尹。”①这一点颇有承于张嗣成。

张嗣成此书，出于理学兴盛的环境中。其时必须进入时代的语境之中，提出自己的独特看法，才能有话语权。到了明代，张宇初的时代，大正一的格局已经确立，同时理学的尊崇比前朝尤盛。因此，张宇初的撰述，与当时的主流语境融会更多。诸如称“太极者，道之全体”②，颇有同于朱熹，《问神》一篇，多引程颐之说，都似乎对于当时主流的程朱理学用功独多；对河图、先天图的讨论，当然上承陈抟，同时也是邵雍、朱熹等理学家热门的话题，《读观物篇》更直接邵雍的话题。他写的《冲道》一文置于《岘泉集》之首，称：“天地之大，以太虚为体，而万物生生化化两间而不息者，一阴一阳动静往来而已矣。”③太虚为体的思想，来自张载。《正蒙·太和》说：“太虚无形，气之本体，其聚其散，变化之客形耳。”④应即张宇初所本。按明代占统治地位的是程朱一系的理学，张载虽称为濂、洛、关、闽之一，与二程和朱熹毕竟有不同。特别是他太虚为气之本体的观点，受到程颐的批评：“形而上者谓之道，形而下者谓之器。若如或清虚一大为天道，此乃以器言，而非道也。”⑤我们不来评价

① 《道门十规》，《道藏》第 32 册，文物出版社、上海书店、天津古籍出版社，1988 年，第 146 页。

② 《岘泉集·太极释》，《道藏》第 33 册，文物出版社、上海书店、天津古籍出版社，1988 年，第 188 页。

③ 《岘泉集·冲道》，《道藏》第 33 册，文物出版社、上海书店、天津古籍出版社，1988 年，第 181 页。

④ 《张载集》，中华书局，1978 年，第 7 页。

⑤ 《程氏遗书》五。

其学术观点，而是说明张宇初博采理学诸家之说，目的并非让自己成为理学家，而是借用主流语汇充实自己的道、德信仰和相应理论。人说他是“列仙之儒”，如果说他文章学问出众，只是赞誉之言，如果说他精通儒家之学，则我们还要补充一下：列仙之儒，毕竟仙在儒先，儒从属于仙。因此，张宇初的学问比乃祖更大，但仍是在其家世传统的基础上才有所前进。当代嗣汉天师府大殿中塑的天师像，张陵居中，张继先、张宇初左右相陪，其他天师则厥如。看来二位身份特殊。而经我们的考察，从教义发展看，张嗣成应是三十代天师和四十三代天师的中间环节。

总而言之，张嗣成的著作，若放在正一道教本身的发展史上看，有其特别的重要性。我们评价一部著作，或一个人，总是放在整个学术发展史上，看他提供什么新东西。这无疑是正确的。但是，又有些特殊情况必须考虑到。当我们面对宗教的时候，更应当从某一宗教内部的承前启后，看其能不能构成某个重要的环节。这是与一般的学术研究不同的评价标准。张嗣成说他在授箓时临坛说老子，但四方万里人人提耳而诲之，日亦不足，为要广其传才汇成章句。但实际上，他的书，真正起作用的，正在坛场之上。同样一句话，常人哪怕再有学问，听者会将信将疑，或以为事不关己，无所用其心。而由哪位高道高僧或者不高道不高僧说出来，不仅信之者不疑，还会自己展开郢书燕说式的诠释。这就是宗教信仰的力量。我们在研究宗教时，也得了解其传播方式和民众的接受心理才行。从这一思路，重读张嗣成此书，或会另有所获吧。

教义是宗教的旗帜，是召唤信众的号角。这在任何宗教都一样，有时还因为教义的理解、诠释不同，造成某一宗教内部的不同派别，若是在教义上发生大变化，有时甚至造成那一宗教的分裂，持新义者会另立山头。道教也有自己的教义，而且每一大发展，都有相应的教义上的新意和变革。要理解道教的历史和面貌，必须对其教义有所了解。若从道教本身说，没有对于教义诠释和创新的自觉，在历史发展的潮流中就会产生与时代的落差。就此评价张嗣成此书，或者比较公允吧。

（作者为华东师范大学哲学系教授）

全真道“老学”论要

詹石窗

老子《道德经》向来被道家学派奉为“圣经”。千百年来，传承不绝，注家蜂起，此等诠释和发挥老子学说者，学术界称作“老学”。如果说老子《道德经》是“老学宝殿”的基石，那么自战国时期韩非子《解老》、《喻老》开始的一系列解释、注疏《道德经》的述论之作则可以看作“老学宝殿”的各种构件、资材。

作为一种历史文化现象，“老学”并非道家学派所独有，包括儒家、佛家等学者也参与了“老学宝殿”的建设；不过，道家学派在构建“老学宝殿”中的主体地位依然是不可否认的。这种主体地位并非是指在注疏《道德经》的队伍中，道家学派具有绝对多的人数，而是指道家学派在整座“老学宝殿”建构中提供了具有主导意义的文化价值观。

笔者所谓道家是从广义上讲的，这既包括以老庄为代表的先秦传统道家、秦汉新道家，也包括东汉以来的制度道教。众所周知，东汉末，张道陵所创立的正一盟威之道，即以老子《道德经》五千文教化百姓，其代表作即《老子想尔注》。此后，道教各派都崇奉《道德经》，注重老子《道德经》的解说、发挥，并以之作为申发教理教义的基本依据。南宋、金元时期，全真道勃兴，其代表人物均倡导学习《道德经》，将《道德经》作为修身养性、延年益寿的指南。从明清到民国时期，直至当代，全真道秉承传统，将《道德经》作为修道的第一经。其中，有不少全真道的学者也留下了关于《道德经》的注疏之作。从《正统道藏》、《万历续道藏》《道藏辑要》等道教大丛书里，我们可以查到属于全真道学者所撰的不少《道德经》注疏本。此外，笔者尚见成都青羊宫印有《道德经仙家内解》一书，虽然属于内部读物，却也别具一格。对于这些注疏之作，现代学者陆续有过一些论述。不过，尚未将之作为一个系统，进行综合考察。有鉴于此，本文拟在前人研究基础上，从教派角度进行探讨。

一、全真道“老学”的主要著述

要研究全真道“老学”，首先必须搞清楚基本文献。这项工作，好在古人对典籍特别重视，已经把一些主要著作做了梳理、收编，《正统道藏》、《道藏辑要》对全真道“老学”注疏之作的保存具有重要的文献意义，使我们今天得以方便地查找，而近年来宗教文化出版社出版的《老子集成》，也把全真道学者注疏老子《道德经》的著作基本上都收入了。其中，最有代表性的如下：

（一）李道纯《道德会元》

作者李道纯，湖南都梁（今武冈）人，南宋末元初著名道士，号清庵，又别号“莹蟾子”。其师王金蟾为道教金丹派南宗的实际创始人白玉蟾的弟子。可见，李氏本出自南宗之门，但于元代之际，南宗道教实际上与北方的全真道已经汇流。这一点从其《全真集玄秘要》、《清庵莹蟾子语录》、《中和集》等书之论述中即可看出。《全真集玄秘要》一书有《注〈读周易参同契〉》、《太极图解》两篇，其经典文本虽出南宗，但其疏解行文则多融摄全真道祖师王重阳之丹道法门，如谓“真常之道，常行而不坏”，其中的“真常”来自王重阳《坐忘铭》的“应化不离真常”说。此外，王重阳的《全真集》多使用“真常之道”，由此可以看出李道纯与王重阳之间确有思想文化的渊源关系。李道纯此书之名冠以“全真集玄”，分明是认定自己的理论就是阐发全真要理。据此，将《道法会元》列为全真道的“老学”著述，这是可以站得住脚的。

本书凡上下两卷，收入《正统道藏》之“洞神部·玉诀类”，亦见于《老子集成》第五卷。关于此书的缘起，李道纯在序言中言及自己在撰写了《三天易髓》之后，考虑到《道德经》“未曾究竟”，所以颇为留心。后来，有个叫傅济庵的人，带上了紫清真人白玉蟾的《道德宝章》来，李道纯看了其中的注释，认为颇合符节。其中有些地方未尽完善，却不敢饶舌多说话。李道纯想了好久，未曾下手更动。后来，又有两三人出示了《道德经》注本，其经文差别很大。鉴于此等情形，李道纯才决定从校勘入手，开始注释《道德经》。此书所谓"会元"就是归之于经典本义的意思。李道纯在序言中说：圣人老子作经，"立极于天地之先，运化于阴阳之表"[①]，其思想是包罗万象的，故而不能执于一端，这说明李道纯是采取比较中立态度的，这种思路与其《中和集》是一致的。

（二）邓锜《道德真经三解》

作者邓锜，号玉宾子，系南宗道教实际创始人白玉蟾的二传弟子。有关邓锜的生平事迹，道教文献中的记载很少，但在一些戏曲类文献里则有蛛丝马迹可寻。元代钟嗣成《录鬼簿》，将邓玉宾列入"前辈已死名公"，且谓之"有乐府行于世者"。钟嗣成所讲的邓玉宾，当是以邓锜道号为称。从《录鬼簿》的描述可知，邓锜主要活动在元世祖至元末年（1294 年）至元文宗天历（1330 年）之间。他曾经当了"同知"[②]的小官。这一点，元人张伯淳《蒙养先生文集》具体考定其为官之处是在峰山[③]。黄卉《邓玉宾和元代道情散曲》[④]则对邓锜其人的生平有进一步考述，他根据一些线索，推断邓锜在青壮年时代，应该是个饱学诗书并有雄心大志的人，但后来急流勇退，弃官修道，成为一个虔诚的全真教徒。对于这些情况，刘固盛在《道德真经三解通释》一书的前言里进行了综合整理，为我们了解邓锜的生平事迹提供了方便。

《道德真经三解》凡四卷，收入《正统道藏》之"洞神部·玉诀类"，亦见于《老子集成》第五卷。从其序言可知，《道德真经三解》完成于元代大德二年（1298 年）。书首有《真常三百字》，大体是仿照《阴符经》三百字，以概括《道德真经》的思想大旨；接着则有《老子大传》，以老子为"三清"之化身。另有萧廷芝撰述的《大道正统》，以列表方式，追溯道统，由

① 《老子集成》第五卷，宗教文化出版社，2011 年，第 2 页。

② 《中国古典戏曲论著集成》第二集，中国戏剧出版社，1959 年，第 103 页。

③ 宁希元：《元曲五家杂考》，《首届元曲国际研讨会论文集》，河北教育出版社，1994 年。

④ 黄卉：《邓玉宾和元代道情散曲》，《中国道教》2004 年第 2 期。

浮黎元始天尊开始，而后有三清，再有无上元君、高上老子，再有众真人、高道，至宋元时期，主要罗列了张伯端所传紫阳派，还有王重阳所传全真道系统，表示邓锜是接续这个道统的。邓锜之《道德真经》注疏所谓"三解"，一解经，二解道，三解德，当有"函三为一"的考虑。

（三）陈致虚《道德经转语》

作者陈致虚，字观吾，号上阳子，江右庐陵人，生于1289年，其卒年不详。据《上阳子金丹大要列仙志》的记载，陈致虚的道统传自缘督真人赵友钦，而赵友钦传自紫琼真人张模。再往上追溯，张模传自太虚真人李玉，李玉传自披云真人宋有道，即宋德方。这个宋德方号黄房公，他先得马钰（马丹阳，王重阳大弟子）的传授，后又追随丘处机北上见元世祖。事实很清楚地表明，陈致虚就是全真道的嫡传门人。

陈致虚是一个在道教教理教义以及丹道修炼术方面造诣很深的道士和著名道教学者。他的主要著作除了《上阳子金丹大要》之外，尚有《周易参同契注》、《悟真篇注》、《元始无量度人上品妙经注解》等。《道德经转语》见于陈致虚《上阳子金丹大要》卷十，该书收入《正统道藏》太玄部，另有嘉靖十四年（1809年）汗简斋刊本行世。宗教文化出版社出版的《老子集成》将《道德经转语》从《上阳子金丹大要》中独立出来，载于第五卷。《道德经转语》，以七言诗的形式来阐发《道德经》的思想旨要，可谓别出心裁。

（四）何道全《太上老子道德经》

作者何道全，号无垢子，浙江四明人。自幼出家，"云游东海之上，后入终南山，居圭峰之墟，复云游江南，终卒于长安医舍"①。《随机应化录》序言开篇即谓："陕有全真道者，祖贯浙之四明人也。父居钱塘，而生何君道全。君自幼修道，号无垢子，云游东海之上，人未之奇也。厥后西来终南，居于圭峰之墟而道成，人以为异。碑有载焉。洪武己卯孟春望后，君卒于长安医舍。王公赠以羽化之仪礼，葬群仙之茔。"这段

① 卿希泰主编：《中国道教史》第三卷，四川人民出版社，1996年，第483页。

序言明确指出何道全是全真道士。

何道全述注的《太上老子道德经》凡四卷，一、二卷为上，三、四卷为下。现有多种版本，最重要的是两种明代刻本和日本弘化间北尾春星堂刊本以及《无求备斋老子集成》本、宗教文化出版社出版的《老子集成》本。笔者所见《新刊太上老子道德经注解评林》，题署何道全注、焦竑评选。该本前有《老氏圣纪图》，叙说太上老子如何变化身形降世教化的神迹，其后有《混元三宝之图》、《初真内观静定之图》、《金丹之图》、《老子骑牛图》等。刻本书眉抄录历代读《老子》的各类代表性评语。每章末有诗，概括其大旨，或为四言，或为五言，或为七言不等。

（五）宋常星《道德经讲义》

作者宋常星，号龙渊子，山西人。从康熙皇帝以及九门军都杨桐的序言等文献资料可知，宋常星于顺治六年（1649 年）参加科考，殿试名列探花，在京供职 30 余年。康熙十八年（1679 年）致仕还乡，入全真之门，成为龙门派第七代传人，专修清静无为之道，历 20 余年而内功圆满，方撰《道德经讲义》。

宋常星《道德经讲义》凡两卷。其主要版本有：清代康熙年间刻本、香港博德排印本、台湾法轮书局本、《无求备斋老子集成续编》本、《藏外道书》本以及 2009 年台湾和裕出版社排印本、宗教文化出版社出版的《老子集成》本。

该书将老子《道德经》每一章重新加了标题，对照一下《道德真经》河上公章句，可以看出彼此的章名有很大不同，大部分是宋常星根据每章的思想主旨概括出来的。该书在清代影响很大，康熙皇帝在序言中称赞该书“其言洞彻，秘义昭融，见之者如仰日月于中天，悟之者如探宝珠于沧海”[1]，康熙皇帝倡导宗室皇胄以及文武臣工都应该好好学习这部书，可见其推崇备至。

---

① 康熙皇帝：《〈道德经〉讲义序》，《老子集成》第九卷，宗教文化出版社，2011 年，第 128～129 页。

(六)潘静观《道德经妙门约》

作者潘静观,号为谷道人,晋宁人。关于潘静观的生平事迹,刘固盛《全真道老学研究》一书以及尹志华《〈太乙金华宗旨〉的问世及其道派特征考》,刘固盛、王闯《全真龙门派在清初的另一种生存境遇》两篇论文都提供了重要的史料和分析。综合目前所见,可以确定潘静观系朱元育的弟子,而朱元育是全真道龙门派第四代传人,潘静观即为第五代传人。在清代初期,道教门派传授的交杂情形更为明显。在这种背景下,潘静观的道脉素养当然不是纯而又纯,但不论情况如何,他的思想主旨并没有离开全真道统。近年来,学术界比较关注常州一带以吕祖乩坛为核心的"太乙法派",并且多论及潘静观在该法派中的领袖地位。从这样的背景来看潘静观的《道德经妙门约》,有助于理解其内涵。

该书分上下两卷,主要版本有:嘉庆四年刻本、嘉庆十四年重刊本。宗教文化出版社出版的《老子集成》将之收入第九卷。关于书名,根据潘静观弟子顾日融在《道德经妙门约注自序》的解释,这是取义于老子《道德经》第一章"玄之又玄,众妙之门"。该书首述《道德经》源流,继有《道德经提纲》,认为开章"有无"二字已括全经眼目,实为精辟之说。

(七)成都青羊宫《道德经仙家内解》

该书作者不详,系成都青羊宫印刷的内部读物。由于青羊宫自清代以来就属于全真道住持的宫观,笔者将之也列入全真道的"老学"著述。顾名思义,所谓"仙家内解"就是从仙道修炼的角度对《道德经》进行疏解。该书首列《无极太极图》、《四象图》、《周天图》,以示修炼次第。其疏解部分,前有谒语谓"有动之动,出于不动;有为之为,出于无为。无为则神归,神归则万物寂;不动则气泯,气泯则万物生"。其后尚有谓之出于老子之教的数句格言。《内解》正文多引河上公、吕祖、李道纯、陆希星、李涵虚等丹道大家语,足见是一部以丹道为宗的"老学"著作。

二、全真道“老学”的基本特点

作为中国道家系统中的一种重要的文化现象，全真道“老学”与其他流派“老学”具有共同点，这就是都是通过语词疏通、音韵训诂、文献考证、思想发挥等手段来解读老子《道德经》，但在文献史料的使用、义理思想的诠释角度等方面则有自己的特色。概括起来，主要有如下两个方面：

(一)注重《易》、《老》汇通

读全真道“老学”著作，可以发现一个有趣现象，这就是引入“易学”的文化系统对《道德经》经学义理解读与象数内涵的发掘。在这方面，邓锜的《道德真经三解》与宋常星的《道德经讲义》是代表作。

邓锜《道德真经三解》的序言一开始就把老子《道德经》与《周易》联系起来，他说：

> 《周易》上经起于三，下经终于四，其卦六十四。《道德》上经起于三，下经终于四，其章八十一。《太玄》其方起于三，其家终于九，准《易》八十一首，道同德合矣。①

文中的“上经”“下经”指的是《周易》与《道德经》的篇章结构，这两部经典文献都分上下两个部分。就《周易》而言，其上经是三十卦，故而说“起于三”，这个“三”暗示了天地人“三才之道”，也合于“阴阳、刚柔、仁义”的“三极”大义。《周易》的下经是三十四卦，由于其尾数是“四”，邓锜谓之“终于四”。对比一下，老子《道德经》也有类似结构，该书上篇三十七章，“三”在开头，因此谓之“起于三”，这个“三”，合于老子《道德经》所讲的“道生一，一生二，二生三，三生万物”的理趣。至于说《道德经》的“终于四”是因为下经的章数为四十四章，其尾数也是“四”。这篇序言，还把扬雄的《太玄经》也列进来讨论。这是因为该书是融合《周易》与《道德经》的一部文化名著。邓锜序言如此切入，一方面揭示了

① 邓锜：《道德真经三解序》，《老子集成》第五卷，宗教文化出版社，2011年，第424页。

《周易》与《道德经》本是一脉相承的事实，另一方面也是为对其《道德经》的思想主旨进行概括，为全文的解说做好铺垫。

读邓锜的《道德真经三解》，可以发现他就是遵循《易》、《老》通合的思路来进行疏解的，例如其《道冲章第四》说：

伏羲以来，用道之极。太极一圈，何尝有盈？虚明澄彻，万物之宗。以圆裁方，挫其锐也。分阴分阳，解其纷也。迭用柔刚，和其光也。六位成章，同其尘也。变动不居，周流六虚，其道湛然，存乎其中，吾不知谁之子，帝出乎震之象也。①

所谓"用道之极"就是"太极"。当然，这不是那个阴阳相包的"太极图"，而是周敦颐所传的那个分有五个层级的"太极图"。由于这个图最高层级仅为一个圆圈，是虚空的写照，邓锜将之作为解释老子"道冲"意涵的图像，这比较形象，易于让人理解。接下来的"分阴分阳"、"迭用柔刚"、"六位成章"等语出自《周易·说卦》，而"变动不居"则出自《周易·系辞下》。邓锜引述了《周易》的这些相关的言辞，将之与老子《道德经》"道冲章"的论述进行对照，无疑有助于揭示《道德经》的深层思想理趣。

邓锜如此融摄《周易》，宋常星也不例外。杨桐在该书篇首《考证经注序》中说：

此经八十一章之内，间有与五经四子之书相发明者，于大《易》之旨，尤多吻合。尝读"功成名遂身退"一语，窃叹古今来贤士大夫，往往建不世之勋。迨其后卒鲜令终，缘知进而不知退也。唯西汉留侯，愿谢人间事，从赤松子游，差堪语此。余既善诵老子之言，而喜读宋子之注，实获我心也。②

杨桐这段序文，首先指出了《道德经》与《诗》、《书》、《礼》、《易》、《春秋》以及《论语》、《孟子》、《大学》、《中庸》等书可以相互发明的关系，特

① 邓锜：《道德真经三解》卷一，《老子集成》第五卷，宗教文化出版社，2011年，第429页。

② 杨桐：《考证经注序》，见宋常星《道德经讲义》篇首，《老子集成》第九卷，宗教文化出版社，2011年，第129页。按：《老子集成》本"建不世之勋"误为"建不世之动"，繁体字"勋"与"动"形近，点校者未察或笔误。笔者引用时又参考它本，"动"皆作"勋"。又，本段引文的标点略有更动。

别强调了《道德经》与《周易》两经在宗旨上有很多吻合，继而围绕“功成名遂身退”抒发感慨，他表示自己“喜读宋子之注”，这话包含了对宋常星融通大《易》与《道德经》的肯定与赞赏。

笔者沿着“功成名遂身退”的脉络，查考宋常星对《持盈章第九》的疏解，发现他的阐发处处都贯穿着《周易·谦》的精神。众所周知，《周易》六十四卦，其占筮结果基本上是有吉有凶，唯独是《谦》卦六爻都显示为吉，可见《周易》对“谦”是很推崇的。这一点，该卦的彖辞做了很好的说明：“天道下济而光明，地道卑而上行。天道亏盈而益谦，地道变盈而流谦，鬼神害盈而福谦，人道恶盈而好谦。谦尊而光，卑而不可逾：君子之终也。”彖的这段话从天道、地道、鬼神、人道四个层面阐述“谦虚”的重要意义。宋常星对“持盈”问题的阐述虽然没有直接援引《周易·谦》的卦爻辞和彖辞等，但自始至终贯注了“谦虚”的大旨，例如他对第一句“持而盈之”的解释说：“天道贵虚，而不贵盈。虚者有容物之妙，盈者有倾失之患。”[①]又如对“富贵而骄，自遗其咎”的解释说：“富贵之荣，不足为乐。惟以谦退持身，卑以自牧，不因富贵而生骄傲之心。”[②]对这一章最后一句“功成，名遂，身退”的解释，宋常星做了总结：“此三句是总结上文之义。细详四时之消长，日月之盈亏，天之道，尚且损有余而补不足，何况人乎？若功既成矣，当善终其功。名既遂矣，当善全其名。善终善全者，非身退不可。盈者当戒之于满，锐者当守之不用，金玉当戒之于贪，富贵当戒之于骄。观天之道，执天之行，此便是天之道也。”[③]宋常星从四时、日月，进而归结到社会人事，将论述落实到为人当谦的主旨。

再看宋常星对其他各章的诠释，我们依然可以看出他以《易》为用、以道为本的诠释思路。譬如他解读《得一章第三十九》引述邵雍《皇极经世》的象数理论，说明“一”与“多”的关系，并且引入了“太阴”、“太阳”、“少阴”、“少阳”的四象学说，论证“得一”而“守一”方为根本。再如

① 宋常星：《道德经讲义》，《老子集成》第九卷，宗教文化出版社，2011年，第142页。

② 宋常星：《道德经讲义》，《老子集成》第九卷，宗教文化出版社，2011年，第142页。

③ 宋常星：《道德经讲义》，《老子集成》第九卷，宗教文化出版社，2011年，第142页。

解读《反复章第四十》中的“弱者道之用”一句，他引述《周易·乾》“用九”之辞：“见群龙无首吉”，说明这就是“用弱”而不示刚强，他进一步发挥说：一年四季，春夏两季温和，能生万物，而秋冬两季凛冽，则萧杀万物，温和就是“柔弱”，而凛冽就是刚强。大自然的现象启示人类应该以柔弱为用。宋常星如此解释，既使得深奥的《周易》象数与义理的深意得以彰显，也揭示了《道德经》的体用内涵与修道技术路线。

邓锜与宋常星是全真道“老学”流派中两个比较典型的代表人物，他们的著作从一个侧面展示了《易》、《老》汇通的思想文化特征。纵观中国“老学”发展史，其他流派包括儒家、佛教的学者，他们在诠释《道德经》时也有援《易》解《老》的现象，但相比之下，全真道“老学”在这方面显得尤其突出。之所以如此，这一方面是因为老子《道德经》本来就是遵循易学的思想轨迹发展起来的，另一方面则是为了更好地阐发修道理论，以指导修道实践活动。

（二）以性命双修的丹道学说解《老》

全真道“老学”的另一个重要思想特点是引入了内丹修炼的程序理论，从性命双修的角度来诠释《道德经》文本。

“性命”是中国文化一对非常重要的范畴。早在《周易·说卦》中便有“性命”问题的独到论述：“昔者圣人之作《易》也，将以顺性命之理。”又说：“穷理、尽性，以至于命。”就字源来看，“性”从于“生”，表征地上长出树木，后来用以指本性、思想、秉性、性格、精神等。“命”出于“令”，像一个人跪在地上，接受上天给予的启迪；后来于“令”字前加上“口”（器皿）字，象征与天神感通，获取能量。在《说卦》的作者看来，往古的圣人创作《周易》是为了顺和万物的性质和自然命运的变化规律。要达到这个目的，需要进行“格物致知”的工作。唯有“格物”，才能“致知”。所谓“知”，包含感性认识与理性认识。“穷理”是“致知”的一种思维过程，其境界有两重：一是“尽性”，即从根本上把握事物的性质；另一就是“至于命”，也就是领悟人所禀受的天命，包括寿命的长短、各种先天禀赋以及使命等等。

从《周易》开始，有关“性命”问题实际上已经蕴含着“天人感通”、

“天人合一”的思想旨趣。汉代以来,诸子百家对发端于《周易》的性命理论进行多方面、多角度的发挥。道教将之引入了养生长寿学的领域,并且形成了“性命双修”理论。从某种意义上讲,“性命”问题就是“神形”问题,“性命双修”就是既养精神,也养形体。精神涵养,包括了对生命本源的回归、人天能量的流转,也包括善心的外化与善行的实施。形体涵养,包括了肉身疾病的治疗、生命再生能力的恢复、强化等等。在全真道看来,“性”与“命”,“形”与“神”,两者不可分离,也是可以相互作用的,因此必须性命双修,此等理论落实到具体的操作层面,就形成了内丹修炼。全真道这种思想主张通过许多形式来表达,对老子《道德经》的注疏成为全真道建构性命双修理论的一个主轴。

稽考全真道“老学”著述,可以看到几乎所有的文本都涉及性命双修的丹道理论,有的是明确阐述,有的则是间接阐发。例如何道全在《道化章第四十二》中对《老子》“道生一,一生二,二生三,三生万物,万物负阴而抱阳”一节注解说:

> 道生一,是太极也。一生二,是太极分二仪也。二生三,阴阳成和炁也。三生万物,谓天施地化,人长养之,共生万物也。论人身中,一者,虚化神也。二者,神化炁也。三者,神炁化精也。三生万物者,精炁神既就,即成形体。百骸九窍,五脏六腑,三万六千精光神,一千二百形影神。天地是一大乾坤,人身是一小天地。是三生万物也,何不修炼而返本还源?①

这段解说,先讲天地,再讲人身,把人体与天地乾坤对应起来,指出了人体是一个小天地。先讲化生过程,再讲修炼。何道全运用性命双修丹道学的基本概念——精、炁、神,来描述人体的形神是如何逐步形成,最后以反问方式强调遵循天地法则而修炼的必要性。他讲的修炼,就是性命双修的丹道。

我们再看看潘静观对《道德经》上经第三十七章的一段解说:

> 真常大道,无私无为,而又随缘悲感,一切圆成,则是无为而无不

① 何道全:《太上老子道德经》,《老子集成》第六卷,宗教文化出版社,2011年,第173页。

为也。侯王若能守此，则己以垂衣裳，物将自化。即当万物芸芸并作时，而无名之朴，本自凝然不动，故曰化而欲作，吾将镇之以无名之朴，此欲人于日用酬酢时，识得真常本体也。然而朴曰无名，了无朕迹，若谓镇之以无名之朴，又于太虚中闪电矣，岂若并其朴而空之乎？故曰无名之朴，欲将不欲也。到此则人法两忘，圣凡俱泯，无欲之至，方为大静，海宇之内有不各安于性命之正者乎？故曰不欲以静，天下将自正，此盖清静无为而万物自化也。太上心印，实在此中。①

这段话的核心在于“性命之正”四个字。所谓“正”是与“偏”相对而言的，没有“偏”就无所谓“正”。如果说，“正”意味着正道的确立和实施，那么“偏”就是偏离了走向正确目标的道路。是什么东西可以导致目标的偏离呢？这就是“私欲”。人如果有了超出基本生活需求的欲望，那就会躁动不安，以执迷心态去作为，那就失去了天性自然。在潘静观看来，日用酬酢也好，修道养生也好，关键的一点就是去除己欲，让自我的精神状态与大道相合，这就是“无为”。他认为，《道德经》这一章嵌着一颗“心印”。从全真道立场看，这颗“心印”也就是“性命双修”的奥妙。他所说的“人法两忘”实际上是内丹修炼操作高阶表现，其间蕴含着“重玄”学派否定式的修持理路。

与潘静观偏重于性命理论的阐发相比，邓锜的《道德真经三解》则在丹道火候操持上进行比较具体的论述。例如他在疏解《上善若水章第八》中论说其“德”：

紫阳所谓白虎首经至宝，华池神水真金，始知上善利源深，不比寻常药品，盖以此也。虽处众人之所恶而几于道者，何也？坎中有复，归根复命也。居善地，先要得地。心善渊，先要无为。与善人，先要择交。言善信，不要失时。政善治，富国安民。事善能，强兵战胜。动善时，朝屯暮蒙。不敢争利，以取强焉。争则有过，夫惟不争，故无忧。②

① 潘静观：《道德经妙门约》卷上，《老子集成》第九卷，宗教文化出版社，2011年，第346页。

② 邓锜：《道德真经三解》卷一，《老子集成》第五卷，宗教文化出版社，2011年，第431～432页。

邓锜这段解释先引述张伯端《悟真篇》中的《西江月》词。所谓“白虎首经”原指女子第一次经血来潮。按《黄帝内经》的说法，女子二七而天癸至，十四岁初潮，这是特别宝贵的，因此称作“至宝”。《悟真篇》用以形容内丹修炼时“得药”的状态。对此，薛道光注云：“首经即白虎初弦之气，却非采战闺丹之术。若说三峰二十四品采阴之法，是即毁谤大道九祖，永沉下鬼，自身见世恶报者。道不可毁，犹天之不可阶而升也。且夫真一之气，在天曰真一之水，在虎曰初弦之气。若炼在华池，名曰神水。此乃真经之至宝，皆不离真一之精。流历诸处，故有种种之异名。以其能成就造化。经曰‘上善若水’。盖真一之水，生于天地之先，故曰上善。其利源甚为深远，却不比寻常后天地滓质之物。”①照此看来，所谓“华池神水”也是用以形容内丹修炼的“得药”状态。照薛道光的说法，“华池神水”就是老子《道德经》所说的“上善若水”。按五行在五方的排列，水在北方，配合易学后天八卦的“坎卦”，亦合于“伏羲六十四卦方圆图”的复卦，这就是邓锜所谓“坎中有复，归根复命”的丹道“个中三昧”。抓住了这一点，邓锜接着《道德经》的“七善”说与丹道修持的各种条件、时间掌控、效果，一一对应起来，如此一来，《道德经》“上善若水”章便成为内丹修炼大道、大法的集中体现了。

邓锜、潘静观、何道全的解说，只是全真道学者以性命双修的丹道理论诠释老子《道德经》的几个例子，这些例子从一个侧面表明全真道“老学”的确富有全真道养性修真的思想特质。

三、全真道“老学”的文化贡献与历史地位

全真道“老学”既是中国道教文化中的一朵奇葩，也是中国学术史的一个亮点。倘若要对其文化贡献进行一番概括，那么下列数端尤其值得注意：

① 《紫阳真人悟真篇三注》卷五，《道藏》第二册，文物出版社、上海书店、天津古籍出版社，1988年，第1012页。

(一)为完善全真道教理教义提供了理论支持

众所周知,任何一种能够流行开来的宗教文化信仰,都必须有自己的教理教义。制度道教从创立之初就非常重视教理教义建设,全真道延续了这一传统。一方面,全真道继承了早先道派"延年益寿、长生久视"的基本理念;另一方面,全真道也采纳了此前的诸多修道方术。但是,全真道毕竟不同于正一盟威之道,也不同于郑隐、葛玄、葛洪一派金丹道派以及上清、灵宝等道派。全真道形成于宋、金、蒙交战的混乱年代。在这种动荡的历史时期,全真道必须为苦闷的知识分子和劳苦大众提供不同层次的精神慰藉。所以,我们看到全真道创始人王重阳,力主"三教合流",创建了排遣苦闷的全真教会,他通过"分梨十化"的象征方式诱导知识分子学习"金关闭锁诀"等比较高深的修炼技术;与此同时,他告诉广大下层人民如何在日常生活中修道,这在早期全真道传播过程中还是颇为有效的。

随着社会更替,信仰需求出现了新的变化。尤其是入元之后,进一步完善信仰理论的迫切性大大增强。适应了这种需要,全真道中的有识之士,更加注重解读《道德经》,从《道德经》中获得灵感与智慧,李道纯、邓锜、陈致虚、何道全、宋常星、潘静观等人从"全真"涵养的立场,阐发"真常之道",这既是对老子《道德经》思想的一种发挥,也是丰富、发展全真道教理教义的一种具体表现,无疑可以提升全真道的理论自信和传播功效。

(二)为道教史、道教思想史提供了丰富的第一手文献史料

在道教研究领域,历史的梳理是其中非常重要的领域。这种梳理包括一般的道教通史建构,也包括道教思想发展脉络的贯通。近半个世纪以来,中外学者在道教史研究与道教思想史研究领域付出了很大努力,也取得了可观成就。这当中,包括比较系统的《中国道教史》、《中国道教思想史》等道教史学论著,也包括一些断代史以及相关的思想专题研究、人物专题研究、经典专题研究。不论是在哪个领域,都可以看到学者们使用全真道老学著述史料的情况。笔者在 20 世纪 80 年代中

期完成硕士学位论文《南宋金元的道教及其思想研究》，于1989年由上海古籍出版社出版时更名为《南宋金元的道教》，该书即把李道纯、邓锜的老学著述列为基本的研究对象。后来，业师卿希泰教授主编、笔者作为副主编的四卷本《中国道教思想史》第三卷设立了专节论述了李道纯、陈致虚、何道全思想，其中亦多涉其老学著述的史料。

从道教史、道教思想史角度予以审视，全真道老学著述的史料价值无疑是颇为珍贵的。其中，我们不但可以看到全真道对以往老学资源的汲取、运用，也可以看到全真道学者以老子《道德经》为基石，进行全真信仰理论建设的发展情形。

（三）为中国老学史提供了不可多得的资源

学术研究向来有许多不同角度。道教史、道教思想史是一个领域，而中国老学史又是一个颇有特色的领域。如果说道教史、道教思想史是以教派组织为架构基础，那么中国老学史则是以老子《道德经》及其历代注疏、诠释的注疏作为专门的研究对象。中国老学史与道教史、道教思想史既有交叉、联系，又有重要的区别。在道教史、道教思想史领域，全真道老学著述是作为道教信仰文化的关节点来审视和研究的。道教史、道教思想史或者进行这方面专题研究时往往要更多地注意全真道老学著述与信仰的联系，而中国老学史审视全真道老学著述很可能更多地注意其版本、源流以及纵向上的各种联系。但不论情况如何，中国老学史也一样不能缺少对全真道老学著述的考察与探讨。熊铁基、马良怀、刘绍军撰著的《中国老学史》对于全真道老学人物及其著述是花了一定篇幅予以论述的。近年来刘固盛在全真道老学研究领域特别下了功夫，他已有《全真道老学研究》的专著问世，近期又承担了国家社会科学基金重大项目《中国老学通史》。据了解，全真道老学将在其课题研究中占居重要分量，这一切都说明了全真道老学著述是一笔珍贵的文化资源。

（四）为当代个人修身养性、社会治理提供有益参照

老子《道德经》为什么如此受到世人尊崇？其原因是多方面的，但

最为重要的一点就是该书不仅包含了深刻的宇宙论、自然论、国家论、社会论的慧见，而且包含了丰富的人身修养原则与方法，包含了宏观的医疗理论与经验。对于这些方面，全真道老学著述是特别予以重视的。顾名思义，全真道信仰就是教人如何养性修真，而养性修真并非仅仅是一种个人行为，因为人是社会的动物，个人修持是以社会、自然为背景的。故而，养性修真问题的延伸就是社会治理问题。全真道老学著述特别强调个人的养性修真与社会治理相结合。

宋常星在《道德经讲义·善建章第五十四》中说：

> 万物有根，万事有本，固其本则枝叶自茂，修其本则万事自立。所以天下之本在于国，国之本在于乡，乡之本在于家，家之本在于身，身之本在于德，此德既立，则身无不修，家无不齐，乡无不和，国无不治，天下无不平矣。是以修之于身，天德常备，人欲之私不有，是非之念不生，敛之于内，此德无不昭明，发之于外，此德无不形著，身心内外，头头都是此德，进退出入，步步尽是此德。虽有困辱之事切迫于身，亦不能害其德，虽有生死之变交临于前，亦不能失其德，所以德之实际，不变不迁。故曰修之于身，其德乃真。不但修之于身，又且修之于家，孝之于亲，敬之于兄，友之于弟，和之于妻，慈之于子，是推我一身之德，一家老幼，无处不尽者也，是括我心之真，尊卑长幼，无人不善者也。……德之至善，可以及于国人，可以化于百姓，可以立纲常，扶大义，可以明天理，正人心。尽于君，君无不信；尽于臣，臣无不忠；施于民，民无不安。日远日大，日久日新，泽在一时，可为万世法则，功在目前，可为万代不朽。故曰修之于国，其德乃丰。不但修之于国，又且修之于天下，德之至善，譬如天地之广大，虽草木昆虫，各遂生成之德，虽贤愚贵贱，均沾化育之德，天下之百姓虽多，未有一民不被其德，天下之万物虽广，未有一物不蒙其化，所以万物一体，天下一德，周流而不滞，普遍而无遗。故曰修之于天下，其德乃普。①

① 宋常星：《道德经讲义》，《老子集成》第九卷，宗教文化出版社，2011年，第237～238页。

笔者不厌其烦地引用宋常星这一大段文字，实在是因为他的论述颇为精辟，发人深省。他从国人修身养性入手，进而推及家、乡、国以及天下，将老子《道德经》的养性修真精神解释得相当透彻。

综上所述：作为中国老学的重要组成部分，全真道"老学"是别具一格的。这个支派的老学著述既遵循传统，又随着历史的变迁而不断更新，闪烁着特有的道教义理慧光，它既是一种信仰文化的结晶，也是宏观人文医疗的精神体现，对于个人身心健康、国家健康都是有裨益的。它超越时空界限，对当今社会的道德建设、国家治理与稳定而言依然具有借鉴意义。

（作者为四川大学老子研究院院长、四川大学道教与宗教文化研究所教授）

黄老思想要论

陈丽桂

马王堆黄老帛书出土虽已四十余年,黄老之学各层面的议题研究,不论哲学、政治还是数术、方伎、养生,都已受到学界的重视,也陆续开展研究议题。但是,仍然有不少学者疑惑于它的包山包海,难寻边际。对于这些必然的疑虑,个人早已在两种黄老专著及一些相关的论文中不只一次地论述过,唯或因分见于不同议题的论文或专著中,一时之间很难整体呈现。下文因拟借此机会,对这一特殊的学术议题,试作较为全面而提纲挈领的论述,希望能具体而微地鸟瞰黄老思想的林相及其主要大树。

一、稷下学术思潮与黄老

"黄老"在先秦是一种学术思潮,而不是一个学派。它虽源起、推阐自战国中期田齐的稷下学宫,却因着稷下学宫特殊的学术交流环境,辐射层面广大,儒、道、墨、法、刑名、阴阳,乃至数术、方伎、神仙、小说,各家各派都来参与,因此很难像儒、墨、道、法一样,有比较固定的代表人物,却造成了《汉书·艺文志》所著录诸多依托黄帝或归为道家的著作,以及《史记》所说:法家的申不害之学"本于黄老",韩非也"归本于黄老"[①],慎到、田骈、接子、环渊皆"学黄老道德之术,因发明、序其旨意",慎到著十二论,环渊著上下篇,田骈、接子亦皆有论著[②],都与黄老有

---

① (汉)司马迁撰,(唐)司马贞索隐,(唐)张守节正义,(宋)裴骃集解:《史记集解》,艺文印书馆影印清乾隆武英殿版,第860页。

② (汉)司马迁撰,(唐)司马贞索隐,(唐)张守节正义,(宋)裴骃集解:《史记集解》,艺文印书馆影印清乾隆武英殿版,第940页。

关；而《管子》四篇与后期道家的《庄子》外杂篇、田骈、彭蒙、尹文都被归为黄老学者或著作，杂家的《吕氏春秋》、《淮南子》，尤其《淮南子》里也都有大量的黄老理论。换言之，稷下学术虽不只有黄老，但黄老确是稷下学术的主流，其流传也不只在稷下。《汉志》所载诸多黄老之作，初始或不免有些是趋附时尚的附会依托，然在田齐既定目标与策略的推阐下，黄老虽没有固定的专属大家，也非固定的学派，却有重大的目标和一定的思想倾向与重点议题。

它的重大目标是什么？简单地说，初期就是为漂白政权所作的造祖运动与经世的实用功能，后者尤其是“黄老”始终的宗旨与目标。稷下学宫的创建者——田齐政府，在篡取了姜齐政权之后，为了改易国际对其篡逆的不良印象，一方面大盖国际学术交流村——稷下学宫，招徕天下学术英雄“华山论剑”；同时善用这些优质的学术人力资源，一方面高远自己的来历，为其“身世”作显赫的宣示，抬出一个远古传说中打败姜齐祖先炎帝部族的领袖——黄帝，来作为他们的先祖①，隐喻着：自己取代姜齐，不过如当年自己的祖先黄帝部族取代炎帝部族一样，是光荣历史的再现。与这同时，以稷下学宫为中心，逐渐辐射出去的黄帝战蚩尤、败共工、败炎帝的诸多传说记载与附会在“黄帝”名下的典籍著作，便霎时在战国中期丰富起来，并传扬开来，这就是战国以下诸多黄帝事迹，与汉志所载各类“六国人所依托”附会的黄帝著作的由来，黄帝外王经世的标帜从此确立。

另一方面，齐国从太公封齐“因其俗而简其礼”的立国风教，到姜齐桓公的春秋霸业，乃至田齐合纵的“东帝”威望，始终走的都是图强称霸的经世路线。而太公当年因贤受封，田齐祖先陈完以贤受重得权，子孙因得以篡，加上稷下学宫特殊的学术环境，在在决定了由姜齐至田齐，一贯而下尊贤容众的传统，也决定了“黄老”多元尊重的融汇性格。

---

① 有一个稷下学宫全盛时期的齐威王因齐所铸敦上铭文说：“……惟因齐扬皇考，邵申高祖黄帝，侎嗣桓文……”，明推黄帝为高祖，可以为证。参见香港中文大学社会科学院考古研究所编《殷周金文集成释文》第三卷四六四九（香港中文大学中国文学研究 2001 年 10 月出版）。

于是，他们仰仗着稷下学宫多元富盛的学术资源，与合纵“东帝”的威名，这一以“黄帝”为标帜，以当代流行的“老子”学说为主要素材，百家共汇的“黄老”学术思潮，由稷下学宫快速地推展出去，辐射开来，成为战国、秦、汉时期的学术主流，甚至成为几千年来华族社会潜在的重要文化元素。

二、黄老之学的性质与议题

其次，我们再谈“黄老”之学的思想倾向与主要议题。衡量黄老之学有一把很重要的标准尺，它同时也是一张很明晰的黄老议题地图，那就是司马谈《论六家要旨》中所述“道家”的全部内容。司马谈本身，儿子司马迁说他“习道论于黄子”，是很道地的黄老学者，他的《论六家要旨》很明晰地为我们提挈了“黄老”之学的主要纲领，《论六家要旨》说：

> 道家使人精神专一，动合无形，赡足万物。其为术也，因阴阳之大顺，采儒墨之善，撮名法之要，与时迁移，应物变化，立俗施事，无所不宜，指约而易操，事少而功多。……至于大道之要，去健羡，绌聪明，释此而任术。夫神大用则竭，形大劳则敝，形神骚动，欲与天地长久，非所闻也。……道家无为，又曰无不为，其实易行，其辞难知。其术以虚无为本，以因循为用。无成势，无常形，故能究万物之情。不为物先，不为物后，故能为万物主；有法无法，因时为业；有度无度，因物与合。故曰：“圣人不朽，时变是守。”虚者道之常也，因者君之纲也，群臣并至，使各自明也，其实中其声者谓之端，实不中其声者谓之窾；窾言不听，奸乃不生，贤不肖自分，白黑乃形。在所欲用耳，何事不成？乃合大道，混混冥冥，光耀天下，复反无名。凡人所生者神也，所托者形也。神大用则竭，形大劳则敝，形神离则死。死者不可复生，离者不可复反，故圣人重之。由是观之，神者生之本也，形者生之具也。不先定其神，而曰“我有以治天下”，何由哉？①

---

① （汉）司马迁撰，（唐）司马贞索隐，（唐）张守节正义，（宋）裴骃集解：《史记集解》，艺文印书馆影印清乾隆武英殿版，第1349～1350页。

这是“道家”一词的首度出现，它代表汉代人心目中的“道家”，其所述实际上就是黄老道家的思想总纲。根据它的说法，黄老道家因承老子，教人：善养精神、虚无以处事应世，力忌刚强、贪欲，不用心机智巧，要人“无为无不为”，明白大道“混冥”，成功后当身退，“复反无名”。这些观点因承了《老子》思想的要旨与重点，但除此之外“黄老”之学也转化了《老子》的思想成分：

其一，《论六家要旨》重复三次提称“道家”为一种“术”，说：“其为术也……”、“释此而任术”、“其术以虚无为本……”，从头到尾未曾称“其道……”。显见在黄老学家司马谈心目中，黄老学说是一种“术”，而不只是“道”。“道”是境界、理念、思维、轨则、要领，是“体”；“术”则是可以落实操作的方案，是“用”，称“黄老”为“术”，清楚说明了黄老之学重“用”的经世体质与功能。它不是孤虚的玄理，而是可以落实运作的原则与方案，套用汉代集黄老思想大成的《淮南子·要略》的说法：它是言“道”兼言“事”的。司马谈说黄老“道家”要求“立俗施事，无所不遗”，希望透过无形迹的手法，使做事能“指约而易操，事少而功多”，四两拨千金，精简而省力。为此它必须兼容并包各家，阴阳、儒、墨、名、法皆所撷采。

其二，黄老道家是一种以“虚无为本，因循为用”，以“因”为操作要领的“君纲”、君术，它“与时推移，应物变化”、“以因循为用”、“因时为业”、“因物与合”，重时变，讲求顺应时机，顺随事物变化而调整、应对，“因”是黄老哲学的核心精神。《老子》说过“动善时”、“和其光，同其尘”①，似乎也重视“时”，也注意要顺随外物以反应，却不曾正面强调时变与因循的重要，黄老却专门强化这一方面的道理，以此为处理、应对事物的重要纲领。《老子》要人守柔、守后、不躁进，黄老则说，先、后不是问题。该不该有法、有度？需要怎么样的法与度？要由时机与状况来决定。时机的掌握才是关键，能掌握时机，与之相应变化，才能不败不朽。这时变与因循观念的强调，是黄老道家从老子思想中提炼出来

---

① 分别参见王弼本老子第八章与第四章。王弼注：《老子道德经注》，世界书局，1963年，第4～5页、第3页。

的处理事物要领。

其三，黄老道家不但是一种“术”，这种“术”，且是一种以人君为领导核心，群臣辐辏共效，人君考核其虚实以赏罚的刑名术，和法家申不害、韩非一系所推阐督核臣下的君术一样，为《老子》所未言，是“合名、法”的结果。

其四，较特别的是，它前后两次反复提及形、神的关系与处理问题：以神为生命的主体，形为精神寄托运作的工具，提醒人形神相依、双养的重要，并以形神的健全修治为领导统御成功的先决条件，这和老、庄道家不同，是黄老道家对老、庄身体观的转化与改造。老子原本以形身为生命之沉重负担，《庄子》则教人“堕肢体，黜聪明，离形去智”、“心斋坐忘”，必须遗忘形骸的存在，才能大通于道，黄老则开始提醒形身健康的重要。

总结司马谈所述，黄老道家之学是《老子》学说的经世、入世转化，它继承《老子》学说，并吸收各家，以转化《老子》学说，是治身、治事、治国并重之“术”；就治事言，它讲求无形操作，掌握时机，顺物、顺势，弹性调整因应；就治国言，它明推循名责实的“刑名”考核方案，与暗地虚无因循的操作要领，为领导统御的纲领。就治身言，它认为健全的身心是领导统御成功的先决条件。不再如老子重神轻形，虽仍以神为主，却以形为神所依托，强调形、神一体，不可分离，当兼重并养。

继司马谈之后，东汉班固在《汉书·艺文志》中也说“道家”是一种“知秉要执本，清虚以自守，卑弱以自持”的“君人南面之术”①。史、汉所说“道家”，都代表着汉人心目中的“道家”，指的是以西汉“黄老治术”为代表的“黄老”道家。以下我们便参酌司马谈《论六家要旨》的论述，对应着《史记》、《汉书》所载，暨先秦两汉出土与传世的黄老相关文献，论述黄老之学的理论内容。

---

① （汉）班固撰，（唐）颜师古注，（清）王先谦补注：《汉书补注》，艺文印书馆影印清光绪庚子春月长沙王氏校刊本，第892页。

三、黄老思想要论——“道”的“术”化与“气”化

我们如果站在哲学的角度，要用一个最简单的概念来提挈黄老思想对《老子》思想的歧出，那就是“道”的“气”化与“术”化。“黄老”一方面结合法家的刑名与时变观念去积极化《老子》的虚静无为之“道”，又以阴阳家观象授时的天人观与《洪范·九畴》一系“五福”、“六极”的天人灾异说，去构筑其明堂月令施政总纲，使成一种既经简省力、高效不败，却又气派堂皇的政“术”。另一方面，它又“气”化《老子》的“道”，用以诠释“道”的创生，开启战国秦汉以下的气化宇宙论与精气养生说，奠定了中国传统宇宙论与养生说的典型。这两大转化，在集黄老思想理论大成的《淮南子》里，都有很清楚的推阐与呈现。而司马谈与《淮南子》的撰作者刘安都是黄老道家，也都生处黄老之治的末期，武帝独尊儒术前夕。由黄老治术末期的两位黄老学家，来总结黄老思想的理论内容，是很恰当而可信的。若能深入并观《论六家要旨》与《淮南子》、《原道》、《修务》三篇的核心要旨，对于“黄老思想”的精神内涵至少已经掌握了七成以上。以下我们便依循《论六家要旨》的提挈，参酌《淮南子》、《原道》、《修务》的相关论述，观测“黄老”对《老子》道的“术”化与“气”化。

(一)“道”的“术”化——由天道到政道

司马谈《论六家要旨》所提挈的那些黄老思想纲领，在与他同时代(都在两汉景帝至武帝早期)的《淮南子》中得到了相当一致的呼应与详细的诠释。《淮南子·原道》在论述一个体道者如何以其体道的心灵去应对外在的事物时，将黄老道家如何转化《老子》虚静柔弱之“道”成为高效不败的治事之“术”的过程，铺写得淋漓尽致。

1. 治事之术：由虚无、柔后到因循、时变

《淮南子·原道》说：

得道者志弱而事强，心虚而应当。所谓志弱而事强者，柔毳安静，藏于不敢，行于不能，恬然无虑，动不失时，与万物回周旋转，不

> 为先唱，感而应之。是故贵者必以贱为号，而高者必以下为基。托小以包大，在中以制外，行柔而刚，用弱而强，转化推移，得一之道，而以少正多。所谓其事强者，遭变应卒，排患扞难，力无不胜，敌无不凌，应化揆时，莫能害之。是故欲刚者，必以柔守之；欲强者，必以弱保之。积于柔则刚，积于弱则强。……所谓后者，非谓其底滞而不发，凝结而不流，贵其周于数而合于时也。夫执道理以耦变，先亦制后，后亦制先。是何则？不失其所以制人，人不能制也。时之反侧，间不容息，先之则太过，后之则不逮。夫日回而月周，时不与人游。故圣人不贵尺之璧，而重寸之阴，时难得而易失也。禹之趋时也，履遗而弗取，冠挂而弗顾，非争其先也，而争其得时也。是故圣人守清道而抱雌节，因循应变，常后而不先。柔弱以静，舒安以定，攻大靡坚，莫能与之争。①

《老子》教人虚无柔弱，《淮南子》则说：处理事情，心志要虚无柔弱，不要主观刚愎，表面上看起来“安静”、“恬然”、“不敢”、“不为”；操作时却要把握时机、积极快速。虚无、柔弱是操作的形式与手法，“事强”、“应当”才是终极目的。所谓“事强”、“应当”就是处理事情能以简驭繁，精简省力；不论遭遇何种状况，都能快速有效、迎刃化解，永不毁败摧折。为了达到这种目标，必须全面而彻底地与所要处理的事物“回周旋转”，紧相合随，由注意、了解，进而准确掌握其状况，然后才能有效因应、处理，这就是司马谈所说的“虚无为本”、“因循为用”、“因物与和”。“虚无”、“柔弱”、“因循”，不是没主见，而是沉稳、不盲动。它不是“应当”与强事的唯一法则，只是过程中的观察与等待，以便相准最恰当的时机，迅速出击、准确回应。时机未到，当然要柔、后、藏、“不能”，关键性的时刻一旦来到，就须快速回应、处理。因此，致胜的关键不是先、后问题，而在“时机”。《原道》因此和司马谈一样，对于时机和应变一再着重强调。“柔”是为了保住“刚”，“弱”是为了保住“强”，它要积柔、积弱以致刚强。希望从中提炼出一种“执道理以偶变”、“周于数而合于时”切中要害的高效不败之“术”。将《老子》的虚无、柔后转化为“因循”，和“时”、“变”，并

① （汉）刘安撰，刘文典集解：《淮南鸿烈集解》，文史哲出版社，1992年，第24～27页。

作了有机的结合，正是黄老治事之“术”的核心内容。

除《原道》外，在《淮南子·修务》中，这样的黄老思维与特质又一次被强调。《修务》开宗明义就对先秦道家的“无为”作了直截了当的诠释，它说：

> 或曰：“无为者，寂然无声，漠然不动，引之不来，推之不往。”如此者乃得道之像，吾以为不然。……若吾所谓无为者，私志不得入公道，嗜欲不得枉正术，循理而举事，因资以立功①，推自然之势②而曲故不得容者，事成而身弗伐，功立而名弗有，非谓其感而不应，攻而不动者。③

《修务》和《道应》一样，剀切扼要地对《老子》学说的思想核心——虚无、柔弱、无为作了治事、经世的积极诠释。“无为”不是不要作为，没有作为，而是依顺、尊重客观规律，把握要害，积极有效地作为；而非自以为是、自作聪明地胡作乱为。所谓“有为”、“无为”，不是“为”与“不为”的问题，而是如何“为”的问题。凡能充分利用客观条件，顺势以为，都是“无为”。“循理”、“因资”以“举事”、“立功”是“黄老”所强调。

总之，黄老重视治事的功能效果，它积极运用、转化《老子》的虚无、柔后哲学，成为“因循”之术，再有机地结合时、变的观念，去操作，希望造成一种内在积极有效，外表却淡定、平和，操作时能自然顺入而高效的治事之“术”。

2. 治国之术

研究黄老之学如果要寻找第二把标准尺，那就是1973年出土的马王堆《经法》等四篇黄老帛书，及其同时出土的诸多方伎类医书。兹先说《经法》等四篇黄老帛书。

---

① 此句本作“因资而立”，王念孙云：“‘因资而立’下脱一字，当依《文子·自然》篇作‘因资而立功’，‘立功’与‘举事’相对为文。”今从校改。刘文典：《淮南鸿烈集解》，文史哲出版社，1992年，第634页。

② 此句本作“权自然之势”，王念孙云：“当依《文子》作‘推自然之势’，字之误也。”今从校改。（汉）刘安撰，刘文典集解：《淮南鸿烈集解》，文史哲出版社，1992年，第635页。

③ （汉）刘安撰，刘文典集解：《淮南鸿烈集解》，文史哲出版社，1992年，第629～635页。

(1)因道全法:暗则静因、明则刑名

马王堆帛书文献中有四篇连抄于隶体《老子》之前,同置于乙匣中的佚籍,篇题依次为《经法》、《十大经》、《称》、《道原》,唐兰以为即汉志“道家类”中所著录,却早已亡佚的《黄帝四经》。因为该墓葬时间在黄老治世盛期的文帝前元十二年,又连抄在《老子》之前,一般认定即是“黄老”合卷的明证。其中的理论被公推为黄老学说的理论纪录。四篇第一篇叫《经法》,《经法》第一节有篇题,叫《道法》,《道法》第一句就说:“道生法。法者,引得失以绳而明曲直者也。”为了保障“法”的推行能顺利无阻碍,黄老学说把绝对管理的“法”和自然的“道”接上了线,以自然之道作为政治管理之“法”的源头,“法”便显得自然而惬理厌心,容易推行。《韩非子·大体》说:“因道全法,圣人乐而大奸止。”《饰邪》说:“先王以道为本,以法为常。……道法万全,智能多失。”帛书《十大经·成法》述力黑回答黄帝问可以“正民”之“成法”时,也说:

昔天地既成,正若有名,合若有刑(形),□以守一名。……循民复一,民无乱纪。①

既说“道生法”,又说“成法”的根源在“刑名”,可见在黄老帛书里,谈到政治时,“道”就是“刑名”。《经法·论约》说:

执道者之观于天下也,必审观事之所始起,审其刑名,刑名已定,逆顺有位,死生有分,存亡兴坏有处……是故万举不失理,论天下而无遗策……是谓有道。②

换言之,“道”的内容就是“刑名”。以“道”治政就是以“刑名”管理。这种管理之“道”和“刑名”的接榫不是凭空而来的,它们之间原本就有密切的关联。黄老谈治事的道理时,不大提作为生化始源、先天地生的超越之“道”,而常下落一层,就时空中的天、地之道来提炼政道。《经法·道法》说:

天地有恒常,万民有恒事,贵贱有恒立(位),畜臣有恒道,使民有恒度。③

---

① 《帛书老子》,河洛图书出版社,1975年,第219页。

② 《帛书老子》,河洛图书出版社,1975年,第206~207页。

③ 《帛书老子》,河洛图书出版社,1975年,第194页。

人事的政道是从自然有规律的天道中提炼出来的。天地有“四时、晦明、生杀、鞣刚”的“恒常规律”,有各种可信、可期的质性与恒度,所谓的“七法”、“八正”,所以能天长地久。人间事务,尤其是政事,要管理得好,一定要效法这些井然有秩的天道,让它们各自拥有自己的“位”,执守自己的“度”,去操作、运转,其成效便能如天地般恒生久长。因此,人主施政,要尊天、重地、顺四时之度,以正外内之位,应动静之化,这叫“因道全法”;其所谓“法”,主要也是指“刑名”。《十大经》说:

> 欲知得失,请必审名察刑(形),刑(形)恒自定,是我愈静,事恒自施,是我无为。①

马王堆黄老帛书里充斥着这类天道、刑名牵连互依的治政大论。依此思维开展下去,至少衍生出两大支系:其一是《管子》四篇、申不害、《韩非子》一系静因的“刑名”督核政术,其二则是《管子·四时》、《五行》、《吕氏春秋》十二纪、《淮南子·时则》、《礼记·月令》一系,星象、节令、物候、方位、政令紧密搭配的一年十二个月天人施政总纲。

兹先说第一系的静因、“刑名”督核术。《管子·心术上》说:

> 物固有形,形固有名,此言不得过实,实不得延名。姑形以形,以形务名,督言正名,故曰圣人。②

一个理想的领导统御者要看清楚统御对象的“形”,分别给予适当的“名”(位),再以“名”去督核其“实”,管理起来才能精简省力而有效。为此,人君须知虚静因任之妙用,沉稳淡定,居高位,任督核,只依“形”赋“名”,因“名”核“实”,不必亲自操作。《心术上》说:君统百官,如心统九窍,要安静不动,让百官各司其职分,辐辏并进,如九窍各依其功能,正常运作,才能齐头并进,成就事功。《心术上》说:

> 心术者无为而制窍者也。无代马走,使尽其力;毋代鸟飞,使弊其羽翼;毋先物动,以观其则。动则失位,静乃自得。③

---

① 《帛书老子》,河洛图书出版社,1975年,第224页。

② 安井衡:《管子纂诂》卷十三,《心术上》第三十六,河洛图书出版社,1976年,第7页。

③ 安井衡:《管子纂诂》卷十三,《心术上》第三十六,河洛图书出版社,1976年,第3~4页。

它运用转化《老子》的虚静、柔后哲学，力戒人君躬身操作，而应以静制动，终于提炼出“因”而不设、“应而偶之”之“术”。《心术上》说：君道“贵因”。

因也者，舍己而以物为法者也，感而后应，非所设也；缘理而动，非所取。……无益无损，以其形，因为之名，此“因”之术也。①

完全顺随外物，采取必要的相应措施。这就是司马谈所说“其术以虚无为本，以因循为用”，“虚者道之常也，因者君之纲也”之理。换言之，要沉稳淡定，看着办，这是人君暗的内在修为。至于其明的外在管理，仍须有一套公开的考核方案，那就是前面所说的因其“形”（才、能）而予之“名”（权位），再依“名”核“实”的“刑名术”，司马谈所谓“群臣并至，使各自明”，再核其实之“中”不中声，以为判别是非、贤不肖的赏罚依据。

《管子》之外，田骈、彭蒙、慎到也谈“因”术，申不害、韩非更深刻其内容，推衍窜端匿迹、无限“阴鸷”的君“术”，黄老尚存的一点温润从此褪去，完全进入了法家的领域。

田骈、彭蒙常被与慎到合论。慎到学说重“势”、重“因循”，《慎子》一书虽亡佚，从辑佚的七篇看来，确有《因循》篇，《庄子·天下》说慎到与田骈、彭蒙之学：

公而不党，易而无私，决然无主，趣物而不两，不顾于虑，不谋于知，于物无择，与之俱往，古之道术有在于是者。田骈、彭蒙、慎到闻其风而说之。齐万物以为首，……弃知去己而缘不得已，泠汰于物以为道理。……溪髁无任……纵脱无行……椎拍輐断，与物宛转，……推而后行，曳而后往，若飘风之还，若羽之旋，若磨石之隧，……至于若无知之物而已，无用贤圣，夫块不失道。豪杰相与笑之曰：“慎到之道，非生人之行，而至死人之理，适得怪焉。”田骈亦然，学于彭蒙，得不教焉。……彭蒙、田骈、慎到不知道。②

慎到、田骈、彭蒙诸人站在道家万物一曲，唯道大全的基础上，主张去除偏执与智巧，不尚贤，要彻底扬弃自我与主观，完全地弃智去己，努力寻

---

① 安井衡：《管子纂诂》卷十三，《心术上》第三十六，河洛图书出版社，1976年，第8页。

② 郭庆藩：《庄子集释》，河洛图书出版社，1976年，第1086～1091页。

找一个绝对客观之物作为依据,不惜与物逶迤,若飘风、转蓬,可左可右,一任外物,所谓“推而后行,曳而后往”。因此,哪怕是无意识的土块之理,慎到认为,都有理可寻、可据,都较“心”更客观。如此一来,主观思虑固然剥尽,一切精神层面的心灵活动也荡然无存,这在重视心灵主体的《庄子》看来,当然是大有可议,不以为然的。

有关田骈的思想,《尸子·广泽》、《吕氏春秋·不二》、《淮南子·道应》都说田骈“贵均”、“贵齐”,但其“齐”与《庄子》不同,却与慎到一样,要“因物任性”,尊重物性,顺随物性,非《庄子》重视心灵自主的“齐物”。

把田骈、慎到这一系“块不失道”、公以任物的观点推阐至极,终于找出了一个绝对外在的“法”,来统摄并具体化那些抽象的无知之理,以取代“道”,作为判断是非价值的绝对依据,终于转入了法家。这是慎到、田骈、彭蒙一系黄老道家对《老子》学说的改造,《四库全书总目提要》因此归慎到为由“道”入“法”的人物,它说:

> 今考其书,大旨欲因物理之当然,各定一法而守之,不求于法之外,亦不宽于法之中,则上下相安,可以清静而治。然法所不行,势必刑以齐之,道德之为刑名,以此转关。①

可见慎到重“法”,其“法”也往往就是“刑名”。《慎子·威德》说:

> 明主之使其臣也,忠不得过职,而职不得兼官,……守职之吏人务其治,而莫敢滛偷其事,官正以敬其业,和顺以事其上,如此则至治矣。②

这就是其后申不害所说各守其职的“刑名”术。《荀子·非十二子》批评它:

> 尚法而无法,下修而好作,上则取听于上,下则从众于俗……则倜然而无所归宿,……是慎到、田骈也。③

荀子隆礼重分,视慎到、田骈一派“与物逶迤”、因任外物的主张为和稀

① (清)永瑢等编撰:《四库全书总目提要》,《万有文库》,商务印书馆,1934年,第2455页。

② (清)钱熙祚校:《慎子》,《新编诸子集成》第5册,世界书局,1991年,第5页。

③ (周)荀卿撰,(清)王先谦集解:《荀子集解》,艺文印书馆影印,第229页。

泥，说他们“尚法而无法”。《庄子·天下》也批评慎到、田骈等人过度任物而丧失体道的主体心灵，是崇“道”而“不知道”。然慎到去己弃智、因循、刑名，游走调和于道、法之间的学说正是黄老道、法、刑名融合的特质。彭蒙、田骈著作虽亡，却一再地被与慎到合论，当然也是这一系的黄老说了。这就是司马谈为何说田骈、慎到等人“学黄老道德之术，因发明序其旨意”的原因。惜环渊、接子、田骈诸人著作皆不传，无由深入了解。但慎到又说：

天道因则大，化则细。因也者，因人之情也。人莫不自为也……人不得其所以自为也，则上不取用焉。故用人之自为，不用人之为我，则莫不可得而用矣，此之谓因。[①]（《慎子·因循》）

教统治者依顺人心自私、自我的本能，设法让他感觉自己的一切作为都是为自己所做的考量，而不是为你，他就能为你竭力效劳，这也是“因”，权谋的意味却透显了出来。

慎到之外，申不害、韩非亦然。《北堂书钞》一五七引《申子》说：“地道不作，是以常静，常静是以正方举事为之。”《申子·大体》说：

善为主者倚于愚，立于不盈，设于不敢，藏于无事，窜端匿迹，示天下无为。[②]

《韩非子·扬权》也说：

人主之道，静退以为宝，不自操作而知拙与巧，不自计虑而知福与咎……不言而善应，不约而善增。[③]

明君……虚静以代令……虚则知实之情，静则知动者正。[④]

都尚在黄老的叮嘱中，但申不害既已叮嘱人主要“窜端匿迹”，《主道》又说：

术者，藏之于胸中，而潜御群臣者也。法莫若明，而术不欲见。

道在不可见，用在不可知，虚静无为，以暗见疵。

① （清）钱熙祚校：《慎子》，《新编诸子集成》第5册，第3页。

② （周）申不害：《申子》，收录于（清）严可均校辑：《全上古三代秦汉三国六朝文》，中华书局，1985年，第33页。

③ （周）韩非撰，陈奇猷集释：《韩非子集释》，河洛图书出版社，1974年，第68页。

④ （周）韩非撰，陈奇猷集释：《韩非子集释》，河洛图书出版社，1974年，第67页。

> 函其口，□其□，下不能望；掩其迹，匿其端，下不能原；去其智，绝其能，下不能意……谨其柄而固握之，……大不可量，深不可测。①

要人君“去好去恶”、“去旧去智”，让人臣看不清，猜不透，也无法测量，人臣才会无所巧饰地安份戮力其事。既要“窜端匿迹”、“藏之于胸中……不欲见”，又要“以暗见疵”、“大不可量，深不可测”，再加上“八奸”、“五壅”种种防范之术的强调，法家无限深囿、阴鸷的权谋本质至此展露无遗。而这一切基本上虽说是远承于老子，实际上却是透过“黄老”的过渡，转化过去的，这就是为什么司马迁既将申不害、韩非与老子合传，却又说申、慎、韩三人学“本于黄老”，“学黄老道德之术”的原因；但黄老却并不如此阴鸷尖刻，黄老道家与法家之“术”的不同在此。

除了以暗见疵的虚静因任之“术”外，申不害、韩非也与慎到一样，主张采用一种分官分职、循名责实的刑名术来公开考核臣下。《定法》说：

> 术者因任而授官，循名而责实，操生杀之柄，课群臣之能者也，此人主之所执也。②

黄老学家与法家都一致相信，这就是最井然有序而精简高效的管理策略。

(2)法生于众适，合于人心：采儒墨之善

上文说过，《论六家要旨》称“黄老”为“术”，是“君纲”；《班志》也称“黄老”为“君人南面之术”，这个“术”主要是指的“静因”、“刑名”的君纲，其“因道全法”的“法”，主要指“刑名”，而不是法家所严重叮嘱的律令、赏罚。这种现象普遍显现在黄老重要文献典籍中。作为黄老合卷的重要文献——马王堆四篇黄老帛书，从头到尾强调的，就是一种因天道以为政道的初朴刑名概念。被称为尚实派法家代表的《管子》中，重要的黄老篇章——《内业》、《心术》上下、《白心》也都只谈治身、治国之术，不及律令、赏罚。唯既被推为“尚实派法家”，《管子》整体当然也重

① (周)韩非撰，陈奇猷集释：《韩非子集释》，河洛图书出版社，1974年，第68页。

② (周)韩非撰，陈奇猷集释：《韩非子集释》，河洛图书出版社，1974年，第68页。

法，而有《法禁》、《重令》、《法法》等强调明法审令，勿轻赦的篇章；但《法禁》所说的近二十项“圣王之禁”，内容仍多君术、君纲问题，即其开宗明义的三大要则中，“法制不议”与“爵禄毋假”两项，讲的也仍是君术问题。其论律令重点所在的《法法》篇说：令重而不行，是赏罚不信，赏罚信而不行，是人君“不以己身先之”。因此告诫人君“禁胜于身，则令行于民”。又说人君“置法以自治，立仪以自正”。要求人君自己作法令施行中的第一只白鼠。躬身践法，以为民先。到了汉代黄老要典《淮南子》中，说得更彻底了，《淮南子·主术》说：

法籍礼仪者，所以禁君，使无擅断也。①

谈到法令设立的根源时，《主术》说：

法者非天堕，非地生，发于人间而反以自正。是故有诸己不非诸人；无诸己，不求诸人。所立于下者不废于上，所禁于民者，不行于身。②

法生于义，义生于众适，众适合于人心。③

归法令的根源为民心的需要，并以人君为法令约束的第一对象，这些都是黄老论“法”和法家之法最大的不同。以民为本是儒家的基本呼吁，黄老之法重民约君的叮嘱，就是司马谈所说，黄老道家“采儒墨之善”的原因之一。

(3)明堂阴阳的天人政纲：因阴阳之大顺

其次，我们再说《管子·四时》、《五行》、《吕览》十二纪、《淮南子·时则》、《礼记·月令》一系的明堂阴阳天人政纲。中国农耕文明起源甚早，观象授时的记载可以早到《尚书·尧典》，但是真正以农作配合天候、节令的定式记载最早见诸《大戴礼·夏小正》，应可视为早期阴阳家说，也应是中国最早的农历。其重点既在指导农事，当然是治政要项。兹单举一月为例，以推知其一年十二月之大要：

---

① (汉)刘安撰，刘文典集解：《淮南鸿烈集解》，文史哲出版社，1992年，第295页。

② (汉)刘安撰，刘文典集解：《淮南鸿烈集解》，文史哲出版社，1992年，第296～297页。

③ (汉)刘安撰，刘文典集解：《淮南鸿烈集解》，文史哲出版社，1992年，第296页。

正月启蛰，雁北乡。……九月遰鸿雁，……雉震呴。……正月必雷，……鱼陟负冰。……农纬祭耒。……时有俊风。……寒日涤冻涂。……田鼠出，……农率均田，……獭祭鱼，其必与之献，……鹰则为鸠。……农及雪泽。初服于公田。……采芸为庙，……见鞠，……初昏参中。……斗柄县在下。……柳稊。生……梅、杏、杝桃则华。……缇缟。……鸡桴粥。①

这里只有天象、物候、简单的农作与出产的记载，到了《管子·四时》、《五行》、《吕氏春秋》十二纪、《淮南子·时则》，篇幅、性质、内容都繁复了起来，所配列的天人事物，项目也多了起来，《管子·四时》先说：

令有时，无时，则必视顺天之所以来……唯圣人知四时。不知四时，乃失国之基。不知五谷之故，国家乃路。……阴阳者，天地之大理也；四时者，阴阳之大经也……②

黄老帛书也说：

天有死生之时，国有死生之政，因天之生也以养生……因天之杀也……则天下从矣。(《经法·君正》)③人主者，……号令之所出也，……不天天则失其神，不重地则失其根，不顺四时之度而民疾。(《经法·论约》)④

司马谈《论六家要旨》说阴阳家“阴阳、四时、八位、十二度、二十四节各有教令，顺之者昌，逆之者不死则亡”。其说虽“未必然”，但“春生、夏长、秋收、冬藏弗顺则无以为天下纲纪”，却是现实的必须。在在说明了黄老学说强调人事之道与政道配合天时、天道的重要。因此，在《四时》里，从星、时、气、木、骨、德的配列，以迄人事祭祀、农事、公共工程的进行、政令的发布，乃至灾眚的相应合，都有繁复的配应。值

① 唯今所见《夏小正》为宋代傅松卿据所藏两种《夏小正》文稿汇集而成的《夏小正传》而来，内中经注文混而不分，个人试为删省注文，恢复古经文之原貌，此处所引“一月”之经文内容即删去注文所成者。

② (日)安井衡:《管子纂诂》卷十四，河洛图书出版社，1976年，第8～9页。

③ 《帛书老子》，河洛图书出版社，1975年，第196页。

④ 《帛书老子》，河洛图书出版社，1975年，第202页。

得注意的是，它开始强调政令与灾眚的密切关联，以后结合着五行观念，经过《吕氏春秋》十二纪与《礼记·月令》，到《淮南子·时则》，达到了最繁复整齐的定式，所有思虑所及的人文元素：月份、天文、方位、干支、虫、音、律、数、味、臭、祀、祭、天候、物象、政令、服饰、旗帜、颜色、食物、官、动植物，以迄顺时令之政事、逐月搭配，琳琅满目，构成了一幅豪华气派的明堂月令施政总纲①，这是黄老因天道以为政道最具体明白的构图，它具体呈现了司马谈所说黄老"因阴阳之大顺"的整体表现。姑不论在当代或后世，其被遵循、落实的情况如何，它至少代表黄老天人合一政纲的极品，相信在历代也程度不一地得到一定的尊重与依循。

以上是黄老道家"术"化《老子》之"道"为治事、治国纲领的大要。但司马谈早说过，黄老道家认为，治国的基础在形、神，而《老子》原本也是治国、治身并论的，治国要清静无为，治身要重神、寡欲。黄老道家依循、开展《老子》哲学，除"因阴阳之大顺"、"撮名法之要"，以术化其治事、治国之"道"外，也同样"术"化其"治身"之"道"。然而，要论黄老的治身之"术"，须根源性地，由其"气"化《老子》之"道"说起。

（二）"道"的"气"化

《老子》全书论"道"，重在本体性质之铺写，不大论创生，只推"道"为"天地根"，称之为"玄牝"，其唯一涉及生成命题者，只有一则：

> 道生一，一生二，二生三，三生万物。万物负阴而抱阳，冲气以为和。（《四十二章》）②

对于"道"如何由"无"生"有"，《老子》没有其他说明。黄老道家除了继承《老子》对"道"本体性质的论述外，也试为解证《老子》之"道"对万物

① 兹以"孟春"之配列与论述为例，以见其大要，其余十一月类此。"孟春之月，招摇指寅，昏参中，旦尾中。其位东方，其日甲乙，盛德在木，其虫鳞，其音角，律中太蔟，其数八，其味酸，其臭膻，其祀户，祭先脾。东风解冻，蛰虫始振苏，鱼上负冰，獭祭鱼，候雁北。天子衣青衣，乘苍龙，服苍玉，建青旗，食麦与羊，服八风水，爨萁燧火。"（下叙配合时令之政事与逆政灾眚）正月官司空，其树杨。（《淮南鸿烈集解》卷十一，文史哲出版社，1992年，第55页。）

② 王弼：《老子道德经注》，世界书局，1963年，第26～27页。

的生成,却都大致围绕着这一命题作诠释。《老子》的"道"是虚无的,其所生不论一、二、三或万物,都是"有",这由"无"到"有"的间距要如何拉近？它们以一个介于有无、虚实之间的"气"去媒介、缓冲,因为"气"既具备"道"的一切虚无质性,却又明是物质性的存在,同时具备"有"的质性,是初始状态的"有"。总之,它介于虚实、有无之间,很方便两面通。在战国秦汉的黄老文献中,谈到创生,因此都以"气"替代"道"去推衍。

1. 气化宇宙论:"气"在时空中

原黄老学说之所以以"气"替代"道",论生成,主要因为《老子》四十二章末两句"万物负阴而抱阳,冲气以为和"的说明。黄老道家认为,根据这两句,"道"生化万物的条件就是阴阳之"气"的平和稳定。"气"是"道"生万物的核心质素。"道"只作为根源性的存在,"气"才是"道"创生活动的核心。马王堆黄老帛书《原道》说"道":"湿湿梦梦(蒙蒙),未有明晦。""湿湿梦梦"是水气充满,可见"道"有物质的质性。《管子·内业》说:"道者所以充形",《心术下》说:"气者身之充",显见"道"就是"气"。《内业》又说:"气,此则为生,下生五谷,上为列星。流于天地之间,谓之鬼神,藏于胸中,谓之圣人。""气"是天地间最细微精纯的物质元素,它生化一切天地万物,包括了天上的星辰、地上的五谷、无形的鬼神、灵妙的圣人心灵,当然也包括了人与地面上的一切生灵。《韩非子·解老》也说"道","死生气禀焉",都把"道"生化万物都看作是一种"气禀"的过程。《庄子·知北游》说:"臭腐复化为神奇,神奇复化为臭腐。故曰:通天下一气耳。""人之生,气之聚也,聚则为生,散则为死。"也以一切的生命状态为"气"的变化与作用,"气"是一切生命的原质。凡此在在显示:就生化而言,"道"就是"气",道生万物就是"气"化万物。秦汉以下,《吕氏春秋》说:

> 万物所出,造于太一,化于阴阳。[1](《大乐》)

所谓"太一",孔疏:"谓天地未分,浑沌之气也。"据此以观,则《大乐》所

① (秦)吕不韦主编,许维遹集释:《吕氏春秋等五书集释》,河洛图书出版社,1974年,第207页。

言，等于说万物的生成是来自天地未分前的浑沌之气，由这浑沌之气再分生阴阳，去生成万物。这正是《老子》四十二章“万物负阴而抱阳，冲气以为和”之意。

到了《淮南子》，终于正面以“气”来诠释万物的创生，并大篇幅地铺写其过程，完成了黄老气化宇宙论的建构。《天文》说：

> 天地未形，冯冯翼翼，洞洞灟灟，故曰太始①。太始生虚廓②，虚廓生宇宙，宇宙生元气。元气有涯垠③，清阳者薄靡而为天，重浊者凝滞而为地。清妙之合专易，重浊之凝竭难，故天先成而地后定。天地之袭精为阴阳，阴阳之专精为四时，四时之散精为万物。④

《天文》虽以“太始”为宇宙生成之始源，其真正之生成活动却是从“元气”出现后才开始，而“元气”是肇生在时空中的。有了宇宙时空，才产生元气，然后因着元气有“清阳”、“重浊”质性之不同，才分生天地，继之而有四时、万物。铺写得虽然较前此各家详细丰富，述说万物的生成，基本上也是通过“气”去分阴阳，阴阳或和合而生，或分生天地，天地之气再和合而生万物。不论总说，或多一道分生天、地的过程，基本上都是气(或“元气”)的运作过程。

值得注意的是，几乎所有黄老文献，讲“道”也罢，讲“气”也罢，不论如何地抽象无形，基本上都是落实于时空中或现象界中来讲，不大强调其超现象的质性。因为黄老重经世，尚用、求用，是“术”，当然要在现象界里操作。更何况万物、万象本来就是时空中的物质性存在，其生化万物、万象的“气”或“元气”，不论如何地虚无遍在，终究是被界定在“宇宙”形成之后的“时空”之中，一切万物、万象的生化、形成因此也都是时

---

① “太始”本做“太昭”，王引之据《易纬·干凿度》与《太平御览·天部一》，以为当作“太始”。见刘文典《淮南鸿烈集解》，第79页引王念孙说。今从校改。

② “太始生虚霩”本作“道始于虚霩”，兹从王引之校改，见刘文典《淮南鸿烈集解》，第79页引王引之说。

③ “宇宙生元气，元气有涯垠”，本作“宇宙生气，气有涯垠”。王念孙据《太平御览·天部一》“元气”下所引改此，见刘文典《淮南鸿烈集解》第79页，今从校改。

④ (汉)刘安撰，刘文典集解：《淮南鸿烈集解》，文史哲出版社，1992年，第79～80页。

空中，甚至是“天地”间的活动，这是黄老诠释《老子》“道生一，一生二，二生三，三生万物”命题，建构其气化宇宙论的必然结果，不少学者甚至直接将“一”解释为“气”，也就可以理解了。

这种以“气”的出现为晚于“时空”的概念，甚至呈现在上海博物馆购自香港古董店的战国楚简《亘先》中。《亘先》在论及一个类似于“道”的始源——“亘先”的生成时，也以“气”为生成活动运作的开始与基本元素，说生成的始源虽是原初至朴、至虚、至静状态的“亘先”，但那时候没有任何生息与活动，只有自然而整全的状态。然后一种类似空间概念的“或”出现了：

有“或”焉有“气”，有“气”焉有“有”……①

空间概念的“或”出现之后，“气”才自然产生，万有的生成活动这才揭开序幕：

浊气生地，清气生天，气信神哉，云云相生。②

异生异，鬼生鬼，韦生韦，非生非……③

《亘先》虽然强调始源的“亘先”、空间的概念“或”、生成元素的“气”都是自然、自生，彼此没有母子关系，只有先后问题；但“气”的出现同样被安排在空间概念“或”出现之后，也同样分出不同质性的清、浊之“气”，来分生天、地，再续生万物，所谓“异生异，鬼生鬼，韦生韦……”。总之，《亘先》也是以“气”代替始源之“亘先”，运作其生成，一如“黄老”以“气”代“道”，执行生成活动，不少学者因此归《亘先》为黄老相关文献。

2.精气养生：从重神轻形到形、神兼治

既然人的生命与万物、万象一样，都是宇宙元“气”的化生，而生命的健全又是“治天下”的基础，黄老在论治国之“术”时，因此也重治身之

---

① 马承源主编：《上海博物馆藏战国楚竹书（三）》，上海古籍出版社，2003年，第288页。

② 马承源主编：《上海博物馆藏战国楚竹书（三）》，上海古籍出版社，2003年，第291页。

③ 马承源主编：《上海博物馆藏战国楚竹书（三）》，上海古籍出版社，2003年，第290页。

理，其理且须从生命的根本元素——“气”的调理着手。由“气”化宇宙论延伸出精气养生论。

其实，不只黄老，《老子》原本在谈治国的同时，也都论治身问题，只是老子论“治身”，总以精神为主，视形体的存在为生命的负担，越自然、清简越好。所有虚静、俭、啬、寡欲的主张，都是要还给精神、心灵一个清新、清明的空间。黄老则不然，既然重视经世、治事，现象界里的活动需要生命的健全存在，才能运作。因此，不只是精神，形身的存在与健康也是黄老重视的焦点。司马谈说：“形者生之具”，所有生命现象与活动，都寄托在形体之上，没了形体，或形体不健康，精神的运作也落空。《管子·内业》说：

> 精存自生，其外安荣，内藏以为泉原，浩然和平，以为气渊。渊之不涸，四体乃固；泉之不竭，九窍遂通。乃能穷天地、被四海，中无惑意，外无邪菑，心全于中，形全于外，不逢天菑，不遇人害，谓之圣人。[①]

> 抟气如神，万物备存。能抟乎？能一乎？能无卜筮而知吉凶乎？能止乎？能已乎？能勿求诸人而得之己乎？思之，思之，又重思之，思之而不通，鬼神将通之，非鬼神之力也，精气之极也。四体既正，血气既静，一意抟心，耳目不淫，虽远若近。[②]

物质性的精、气是精神灵明的基础，它若充满于形身（四体）之内，人的生命状态便如有源头的泉水，永不枯竭，智慧也跟着灵明起来，一切天地、人间事物之理，都能了然通透、清楚明白，如有神助。能预知吉凶、祸福，其实不是真有神助，只是精气的凝聚、储积，健康了形体生命，也连带清明了精神状态。《内业》里“精”和“气”一体混说，因为“精也者，气之精者也”（《内业》）称“精”只是要强调其质性之细微，纯粹不杂，因为只有高质量的“气”，才能有高质量的形、神状态，去运作高质量、高效率的生命活动。就情绪而言，《内业》说：

> 凡人之生也，必以其欢，忧则失纪，怒则失端，忧、悲、喜、怒，道

① （日）安井衡：《管子纂诂》，河洛图书出版社，1976年，第6页。
② （日）安井衡：《管子纂诂》，河洛图书出版社，1976年，第7页。

乃无处。①

保持愉快的心情是健康的要诀，情绪起伏太大，会使精神乱了条理与分寸。而保持精神良好、心灵清明的不二法门是沉淀思虑的杂质，让内心稳定平和，《内业》说要“节其五欲，去其二凶。不喜不怒，平正擅胸”、“正心在胸，万物得度”。过度的思虑是有碍健康的，《老子》如此叮嘱。《内业》也说：“思索生知，……思之而不舍，内困外薄，……生将巽(让)舍。”寡欲、清静一直是《老子》与黄老共同的叮嘱②。但黄老有更多对于生理调养的关注。《内业》说：

凡人之生也，天出其精，地出其形，合此以为人；和乃生，不和不生。③

人是天地之气和合所生，其精神由于虚无不可见，想当然尔归其来源为无形的“天”气；形体则具体可察，故归其来源为可见、可察的“地”气，人就是由这天、地之精气与形气的和合才产生的，这等于解释了《老子》所说的“负阴而抱阳，冲气以为和”。《淮南子·原道》说：

今人之所以眭然能视，瞢然能听，形体能抗，而百节可屈伸，察能分白黑、视丑美，而知能别同异、明是非者何也？气为之充而神为之使也。……无所不充，则无所不在。④

换言之，不论生理官能运作，还是精神意识判别，基本上都是“气”的充盈作用在推动，充盈到哪里，就运作到哪里。精神、形体、生理、心理都一样。《吕氏春秋·尽数》早就说过：

精气之集也，必有入也。集于羽鸟，与为飞扬；集于走兽，与为流行；集于珠玉，与为精朗；集于树木，与为茂长；集于圣人，与为敻明。⑤

---

① (日)安井衡：《管子纂诂》，河洛图书出版社，1976年，第9页。

② 《老子》说：“不见可欲，使民心不乱。”(《道德经》第三章)，要人戒五色、五音、五味，驰骋田猎之乱人心性(《道德经》第十二章)。

③ (日)安井衡：《管子纂诂》，河洛图书出版社，1976年，第8页。

④ (汉)刘安撰，刘文典集解：《淮南鸿烈集解》，文史哲出版社，1992年，第40～41页。

⑤ (秦)吕不韦主编，许维遹集释：《吕氏春秋等五书集释》，河洛图书出版社，1974年，第138～139页。

因此，要让形神得以正常运作，不只是要充盈精气，还要让这些充盈的精气得以流通而不郁滞，《尽数》说：

> 精气之来也，因轻而扬之，因走而行之，因美而良之，因长而养之，因智而明之。流水不腐，户枢不蝼，动也。形气亦然，形不动则精不流，精不流则气郁：郁处头则为肿、为风，处耳则为挶、为聋，处目则为䁾、为盲，处鼻则为鼽、为窒，处腹则为张、为疛，处足则为痿、为蹷。①

储积的精气必须透过"动"，让它流动畅通，才能正常运作。不动地郁积在不同部位，便要产生不同疾病。《吕氏春秋》除《尽数》之外，因此又有《达郁》篇讨论精气郁积、通畅与否对形身健康与病痛的关系，它说：

> 凡人三百六十节，九窍五藏六府，肌肤欲其比也，血脉欲其通也，筋骨欲其固也，心志欲其和也，精气欲其行也②，若此，则病无所居，而恶无由生矣。病之留、恶之生，精气郁也。

养生问题，不论形、神，说穿了，都只是个精气的疏通调理问题。而精气的疏通调理，要从平日的生活起居与饮食习惯注意起。《尽数》说：必须让"精神安乎形"，年寿才得长。而所谓"长"，不是设法延续它，而是做好日常生活的保健，去除一切会生"害"的条件，饮食不要大甘、大辛、大咸，口味太多、太重；情绪不要大喜、大怒、大忧、大恐、大哀，起伏太大；避免处于大冷、大热、大燥、大湿、大风、大雨、大雾的环境中。总而言之，生活习惯要简单、正常而良好。"不处大室，不为高台"，穿着不必厚衣暖袄，饮食要定时、定量，不要过饥、过饱，不喝烈酒，喝时要小口小口吞咽，让它顺畅、不呛，不撑、不胀，才是善待肠胃、保护五脏，体会美味的道理。在《尽数》、《达郁》、《重己》各篇中，《吕氏春秋》把这些养生、卫生之"术"写得相当细微、深入、淋漓尽致。讲到最后，连水质的好

① (秦)吕不韦主编，许维遹集释：《吕氏春秋等五书集释》，河洛图书出版社，1974 年，第 139～140 页。

② (秦)吕不韦主编，许维遹集释：《吕氏春秋等五书集释》，河洛图书出版社，1974 年，第 954～955 页。

坏,也都被纳入健康与否的因素。不同水质地区的人,形象、面貌的美丑,乃至健康情况的好坏都不同,所说完全合乎现代科学与医学的道理。而这一切说穿了,都是在呼吁人,重视形身的健康问题。总结这一切,《淮南子·原道》因此说:

形者,生之舍也;气者,生之元也①;神者,生之制也。一失位,则三者伤矣。是故圣人使人各处其位,守其职,而不得相干也。故夫形者非其所安也而处之,则废;气不当其所充而用之,则泄;神非其所宜而行之,则昧。此三者不可不慎守也。

总之,形、气、神三位一体,一者出状况,会有连锁的骨牌效应。这就是黄老治身之"术"的基本思维。其详细而深入的专业之"术",已涉及古方伎类房中、医方等医书的学问,在汉代有《黄帝内经》与马王堆出土诸多帛书医经,如:《天下至道谈》、《却谷食气方》,以及各种脉经、灸经、养生方、病方、杂疗方等文献,由于已越出哲学范围,姑且不论。

这样形神兼顾的黄老精气养生论,和老子的原旨与重点有相当大的差距,以后到了东汉,经过《河上公章句》、《太平经》、《老子想尔注》等养生家与宗教家的推阐与过渡,至魏晋神仙家葛洪的《抱朴子》中,对"精神"的推崇,表面上看,虽不曾稍减;事实上,对形身调养的重视,比重一直在增加,到了宗教长生不老修炼目标之提出,形身的重要被推崇到了极致。而这一切,正是从黄老的形、神兼治过渡过去的。

值得一提的是:自武帝罢黜百家、儒术独尊后,治国的黄老治术从此成为过去,但治身的黄老养生术诚如司马谈所说,因统治者政权延续之需求,反而更加蓬勃、茁壮,终于形成了东汉、魏晋的道教养生要论。

(三)黄帝标帜的转化与提升

最后,我们还要谈一个值得注意的问题,那就是:作为"黄老"标帜的"黄帝"最后的去处问题。

在黄老学术思潮与治术发展的过程中,"黄帝"与"老子"的功能性

① 此句本作"气者,身之充也。"王念孙以为:"充本作之,此涉下文'气不当其所充'而误,元者本也。言气为生之本也"。见刘文典《淮南鸿烈集解》,第39～40页引王念孙说。

质原来就大不相同。“老子”是实际运作的素材与内容，“黄帝”只是标帜，其阶段性的意义非常明显。当六国统一，稷下学宫与田齐政权走入历史，“东帝霸业”成为过去，“黄帝”标帜的热潮事实上也随之褪去。秦汉以下，道家名著《吕氏春秋》、《淮南子》中，不论治国或治身，都只推衍《老子》之说，而不大谈“黄帝”了，这和班固《汉志》所列诸多附会依托的黄帝之作相较，可以很清楚地分辨出来。至于西汉的伟大治术——黄老治术，虽仍留有“黄”的外王印记，却都说清静无为，事实上仍是老子学说的政治体现。其呈现于学术上的，不再有黄帝说，而是《老子》说，《老子》被奉为经典，有傅氏经、邻氏经……以及诸多解老之作。其唯一的治身宝典《黄帝内经》，事实上资料的来源甚早，可能早至六国时期，与《汉志》所列诸多方伎类医典以及马王堆诸多医经、经方文献的来源有关，特别精粹而系统地被整理出来，时间大致在西汉早期以前，可视为这类先秦医典的集大成之作。

更重要的是，武帝以后，百家尽黜，黄老治世、治国术受挫，道家思想衰退；但与此几乎同时，司马迁在《史记·五帝本纪》里，却为“黄帝”确立了历史尊位，推之为中国历史第一帝，从此“黄帝”非但不专属田齐，也不专属道家，而归属了全体“中华民族”。从此，大家不再提“黄老”，而改提“炎黄”，“黄帝”的标帜，并非不见，而是升了格。

结论

黄老之学是由战国时期田齐稷下学宫推阐、开展起来的学术思潮。由于学宫海纳百川的特殊质性，先天上决定了黄老学说兼揉并包、涵融各家的体质，一部稷下学者集体著作的《管子》，就是明显的呈现。但因着姜齐以来太公尚权变、桓公成霸业的立国传统与风教，尤其是田齐“东帝”的实际需求，在兼合各家的同时，仍有一定的目标、主调与策略。它们以黄帝为标帜，目标在经世、治事，主调是道家，素材是《老子》，策略是“因道全法”，天道、政道一体，治国、治身一理。它们承继并转化《老子》的虚无、柔弱、雌后之“道”，结合着法家的“刑名”督核方案，成为“虚静”、“因循”之“术”，去完成既积极，却又和顺温润，高效不败的统御术;又参采观天授时的阴阳说,架构其明堂月令的天人政纲。终于在西汉初期大致完成理论的建构,由“体”入“用”,成功地落实为高效的治术——黄老之治。另一方面,它们转移《老子》论“道”重视本体的焦点,试论“道”的“创生”。以“气”替代“道”,围绕着老子“道生一,……生万物”的命题,试为详述过程,终于架构起战国秦汉以下,乃至几千年来,中国传统气化宇宙论的基本模式。再由此而下,开展出传统中国的精气养生说,完成了治身、治国一体全套,形、神兼养并治的黄老治身论,这些在战国秦汉之际黄老相关的文献理论中都可以找到明证,几千年来它并成为中国传统医理的基本纲领与方伎文化的主要源头。

至其“兼儒、墨”的成分,则从它们并不一味强调严赏重罚,而以民心为法令产生的根源,又以人君为法令第一约束对象,在在显示其与儒家躬身立教与民本的思维有相当关联。此外,从《管子·牧民》的“四维”说,《韩非子·解老》转调的仁、义、礼,到《淮南子·原道》末对仁、义、礼退而求其次的肯定,都可以看出黄老之学对儒、墨的兼采。由于它们不是黄老的核心理论,故不细说。仅述其以“道”为主,“因阴阳之大顺”、“撮名法之要”以“术”化、“气”化《老子》之“道”的重要理论。

(作者为台湾师范大学特聘教授)

成玄英的道教哲学浅探

黄 钊

成玄英是唐代初期成就卓著的道教学者，字子实，陕州（今属河南省陕县）人，在中国道教思想史上享有重要地位。近代著名学者蒙文通曾说，（道教之学）“唐代前期首推成（玄英）、李（荣）”①。其说当有所依。据史书所载：“玄英……隐居东海，贞观五年，召至京师。永徽中，流郁州。”其著作，有“注《老子道德经》二卷，又《开题序诀义疏》七卷，注《庄子》三十卷、《疏》十二卷”②。让人惋惜的是，其所注《老子》，今已亡佚，幸好《正统道藏》所载强思齐《道德真经玄德纂疏》和顾欢《道德真经注疏》两书均对之多有所引。经蒙文通精心校辑，编成《道德真经义疏》一书，使原书得以复其概貌，为学界所重。其《庄子疏》，又名《南华真经注疏》，收入《道藏·洞神部·玉诀类》，且清人郭庆藩所著《庄子集释》，亦对之全文收录。

成玄英的道教哲学思想体系，以继承发挥《老子》、《庄子》的哲学思想和汉魏道教思想成果为归依，同时也吸纳了儒、佛的思想资料：他有时以儒解道，有时又以佛解道，因而在他的注《老》、疏《庄》的著作中，体现出了道、佛、儒三教融通的学术特色。在哲学方面，成玄英继承、改造了老庄学说，既坚持了老子“道生万物”的本体论观念，又发挥了庄子“齐物论”的思辨智慧，更深化发展了自魏晋以来的“重玄”之学，反复申述道家所提倡的物我两忘、有无双遣、智境合一、随时变化、与物偕行、万物玄同的基本理念，表达了其道教追求和价值取向，在当时和后世都

① 《校理〈老子〉成玄英疏·序录》。

② 见《新唐书》卷五十九，《志第四十九·艺文三》。

产生了深远影响。这里拟着重对他的哲学本体论和认识论及其在道教理论的深化方面所取得的成就，作简要探析。

一、运用“重玄”之学将本体论意义的“道”予以神秘化

在本体论方面，成玄英坚持了老子的“道生万物”的观念。他明确认为，“道能生成万有”①；又说，“夫道，通生万物，故名道为物之初也”②；又说，“夫道生万物，则谓之道，故知众庶从道而生”③。这都说明，成氏肯定“道”是化生万物的最初本体。那么，“道”怎样生成万有呢？成氏说：“从本降迹，肇生元气。又从元气，变生阴阳，于是阳气清浮，升而为天；阴气沉浊，降而为地。二气升降，和气为人，有三才，次生万物。”④在这里，成氏据老子“道生一，一生二，二生三”之说，把“一”释为“元气”，“二”释为阴阳二气，“三”释为“和气”，其中阳气为“天”，阴气为“地”，“和气”为人。有了天、地、人（三才），然后生成万物。成氏还说：“夫无形之道，能生有形之物。有形之物，则以形质气类而相生也。”⑤可见，“道”是生成万物的最初本原。

那么，能“生成万物”的“道”，究竟是什么样子呢？成氏用“重玄”之学回答了这个问题。“重玄”概念，由曹魏道教学者孙登首创。孙氏将《老子》首章“玄之又玄”一语加以发挥，构成“重玄”一词。成玄英在阐释“道”体的过程中，对“重玄”作了重要深化，指出：“玄者，深远之义，亦是不滞之名。有无二心，徼妙两观，源乎一道，同出异名。异名之道，谓之深远。深远之玄，理归无滞。既不滞有，亦不滞无，二俱不滞，故谓之玄。”⑥在这里，成氏明确认为，“道”是既不滞于“有”的东西，也不滞于“无”的东西，一句话：“二俱不滞”，即不能用“有”或“无”来阐释“道”。

① 《老子》“道者，万物之奥”疏。

② 《庄子·田子方》“吾游心于物之初”疏。

③ 《庄子·渔父》“且道者……”疏。

④ 《老子》“道生一，一生二，二生三，三生万物”疏。

⑤ 《庄子·知北游》“而万物以形相生”疏。

⑥ 《老子》“同谓之玄”疏。

可见，“道”不是用简单的“有”或“无”所能形容的。这就是所谓“一玄”，旨在“以遣双执”（即既遣执“有”，亦遣执“无”）。但这还不够，还必须弄清“又玄”（即“重玄”）。故成氏又说：“有欲之人，唯滞于‘有’，无欲之士，又滞于‘无’。故说一‘玄’，以遣双执。又恐行者滞于此‘玄’，今说‘又玄’，更祛后病。既而非但不滞于滞，亦乃不滞于不滞。此则遣之又遣，故曰‘玄之又玄’。”①由此可知，所谓“重玄”，强调的是“非但不滞于滞”，“亦乃不滞于不滞”。所谓“不滞于滞”，指的是既不滞于“有”，亦不滞于“无”；所谓“不滞于不滞”，则指的是不滞于“非有非无”。为了说明这一道理，成氏以“药”与“病”为例：若以执“有”或执“无”为“病”，则“双遣”就是“药”，他指出：“前以一中之玄，遣二偏之执；二偏之病既除，一中之药还遣”，即不仅要遣去执“有”与执“无”之偏见，而且要遣去开出的“不执‘有’、不执‘无’”这一剂药（即“一中之药”），从而达到“药与病一时俱消”②的境界。可见，从“重玄”的意义上来认识“道”，则“道”既不是“有”，亦不是“无”，也不是“非有”、“非无”。在这个过程中，实际上经历了三次否定。一是否定道“是有”；二是否定道“是无”（这两次否定，亦即“有无双遣”是也）；三是否定“道”为“非有”、“非无”（即否定“一中之药”）。第一、二次否定为“一玄”；第三次否定为“又玄”，即“重玄”。达到“重玄”境界，“道”就成为“至道”。这个“至道”，也就是成氏所推崇的“一中之道”。

有论者认为，以上第三次否定，是对“一中之道”的否定，此说恐非是。因为成氏曾明确主张“守一中之道”，他说：“欲得虚玄妙极之果者，须静心守一中之道，则可得也。”③由此可见，成氏并不主张否定“一中之道”。论者之所以出现上述失误，原因在于成氏用语不严密。他把“遣有”、“遣无”称为“一中之药”，不够确切。事实上，“遣有”、“遣无”只是一种实现“双遣”的“药”，将此药称为“一中之药”，易于同“一中之道”相混淆。考察成氏的“一中之道”，可知指的是“至道”，故曰：“至道

① 《老子》“玄之又玄”疏。

② 《老子》“众妙之门”疏。

③ 《老子》“致虚极，守静笃”疏。

之为物也，不有而有，虽有不有；不无而无，虽无不无。有无不定，故言恍惚。”①这样看来，“至道”或“一中之道”，是既同“有”、“无”相关，又不能简单地以“有”、“无”或“非有”、“非无”对之作具体描述的东西。那么，它究竟是什么东西呢？成氏指出：“道者，虚通之妙理，众生之正性也。”②它“体无涯际，故名为大”③；“道体窈冥，形声斯绝；既无因待，亦不改变”④。这就一语道破，其所说的“道”（即“重玄之道”，或曰“一中之道”），具有神秘属性，它乃是一种绝对不变的精神本体。

成玄英的“重玄”之学，首先是对魏晋以来道教学者关于“重玄”之论的继承和发挥。如卿希泰先生所言：“从曹魏时孙登开始‘以重玄为宗’，梁、陈、隋、唐道士多〔尚〕重玄之道。成玄英注疏《道德经》，阐发‘重玄’……综合各家之高见，发展成‘重玄’之妙论。”⑤这是讲得很中肯的。此外，成氏的“重玄”之论，也吸取了汉魏佛教学者思想成果，它同僧肇关于“法性”之论，颇有相似之处。僧肇曾强调“诸法性空”。其所谓“性空”，我们不能简单地将之等同于“无”，而应当从“不有不无”的角度对之全面把握。这就需要从深层次上去理解“有”与“无”的关系。对于“有”与“无”的关系，僧肇反复地予以申述：“然则万物果有其所以不有，有其所以不无。有其所以不有，故虽有而非有；有其所以不无，故虽无而非无。虽无而非无，无者不绝虚；虽有而非有，有者非真有。若有不即真，无不夷迹，然则有无称异，其致一也。”⑥不难看出，成玄英以“重玄”为切入点的“有无”之论，同僧肇围绕“诸法性空”所展开的有无之论（“虽有而非有”、“虽无而非无”），多么相似乃尔！由此可知，成氏的“重玄”之论，确实借鉴过早期佛教思想成果。

成玄英运用“重玄”的理念，既继承发挥了老庄的本体论哲学，又将其改造为符合道教信仰的思想意识。在老庄那里，“道”是生物之本；在

---

① 《老子》“道之为物，惟恍为惚”疏。

② 《老子》“道者，万物之奥”疏。

③ 《老子》“强为之名曰大”疏。

④ 《老子》“独立而不改”疏。

⑤ 《中国道教思想史纲》第二卷，四川人民出版社，1985年，第365页。

⑥ 僧肇：《不真空论》。

成玄英笔下,“道”是绝对不变的精神本体,它具有“虚通之妙理”或曰“众生之正性”的特征,这同佛家心中之“佛”或道家心中之“神”,在本质上是一致的。这无疑是对老子哲学的重要改造,它同汉魏以来道教学者对“道”的神秘化之论,是一脉相承的。我们知道,道教早期著作《太平经》或《〈老子〉想尔注》,都曾对老子的“道”加以神秘化。《太平经》称“道”为“神道”,明确提出“神道不死”①的命题,为道教成仙说提供了理论支撑。《〈老子〉想尔注》如法炮制,它把“道”描绘成人格神,说:“道,设生以赏善,设死以威恶。”②在这里,“道”具有“赏善威恶”的特殊意志;又说:“天地广大,常法道明生,况人可不敬道乎?”③这是突出“道”的权威。可见,对“道”加以神化,是道家的特殊需要。成玄英由于运用重玄之学,从思辨哲理的角度,深化了“道”的神秘特征,这在道教理论建设上是一重大贡献,它为道教徒们崇拜神道提供了更精致的理论支撑。蒙文通先生曾指出:“成公之《疏》(即《老子疏》)”,使“重玄一宗,于是极盛”,它成为“萃六代之英菁而垂三唐之楷则”④,是道教家的典范。蒙氏的评述,客观而公允,值得给予高度重视。

二、用观念“源于一心”的命题,深化了道教认识论

在认识论方面,成玄英用观念“源于一心”的命题,否定认识对象的客观实在性,强调世俗的认识成果都是主观意念的产物。在他看来,美与丑、善与恶、是与非、损与益的差异性本来是不存在的,而之所以有美与丑、善与恶、是与非、损与益的区别,都是由于世俗之人的一切观念从“心”而生,或曰认识结论“源于一心”,即由世俗之人的主观意念所致。这就难免陷入主观唯心主义泥潭。

首先,他否定“美”与“丑(恶)”的差别,认为“美”与“丑(恶)”都是

① 王明:《太平经合校》,人民出版社,1960年,第472页。

② 《〈老子〉想尔注》第二十章注文。

③ 《〈老子〉想尔注》第二十五章注文。

④ 《校理〈老子〉成玄英疏·序录》。

人们主观意念所致。他说："违其心者，遂起憎嫌，名之为恶（丑）；顺其意者，必生爱染，名之为美。"①这是说，"恶"是由认识主体的"憎嫌"之"心"所生，而"美"则是由主体"顺意"之念所致，因而"美"与"恶（丑）"不过是主观意念的产物。他又说："夫物无美恶而情有向背，故情之所美者，则谓为神妙奇特；情之所恶者，则谓为腥臭腐败，而颠倒本末，以至于斯。"②这是说"美"与"丑"的意识都是由于人的情感之向与背所造成的。在他看来，美与丑的差别本来是不存在的，他举例说：毛嫱、丽姬"此二人者，姝妍冠世，人谓之美也。然鱼见怖而深入，鸟见警而高飞，麋、鹿[见]走而不顾。举此四者，谁知宇内定是美色耶？"③由此，他肯定"美者自美，吾不知其美；恶者自恶，吾不知其恶"，则"岂有美恶哉"④？既然天下没有美、丑（恶），则美、丑（恶）之说，就是世俗之人主观偏见的产物。成氏上述关于"毛嫱、丽姬"美丑之论，从表面看，似乎其说有依，但细细思考，就可发现其中疵漏。他实际上玩弄了一个偷换概念的游戏，把人的美丑观与动物（鱼、鸟、兽）的感觉等同起来，因而其论并不合理。

其次，成氏进而否定"善"与"恶"的差别，认为"善"与"恶"的对立，在客观现实中也是不存在的，他说："顺意为善，违心名恶。违顺既空，善恶安寄？且唯呵出自一口，善恶源于一心。忘者知其不殊，执者肝胆楚越。"⑤这是说，"善"，是由于顺认识主体之意的结果，而"恶"则是违背主体之心的产物，一句话："善恶源于一心。"显然，这也是把"善"与"恶"看作世俗之人主观意念的产物。抛弃或忘却善与恶的意念，则有"知其不殊"之感；反之，若执着善与恶的意念，则如同本来相邻近的肝胆，却变成了相距千里之遥的楚地与越地，可谓"差之毫厘，失之千里"。这是明确主张抛弃"善"与"恶"之差，反对执着于"善"与"恶"之殊。

再次，他也强烈否定"是"与"非"的差异性，将"是"与"非"看作"齐

---

① 《老子》"天下皆知美之为美，斯恶矣"疏。

② 《庄子·知北游》"是其所美者为神奇，其所恶者为臭腐"疏。

③ 《庄子·齐物论》"四者孰知天下之正色哉"疏。

④ 《老子》"天下皆知美之为美，斯恶矣"疏。

⑤ 《老子》"善之与恶，相去何若"疏。

一”的东西。他说:“世皆以他为非,用己为是。今欲翻非作是、翻是作非者,无过还用彼我反复相明,则所非者非非则无非;所是者非是则无是。无是则无非,故知是非皆虚妄耳!”①这是说,“是”与“非”,本来是虚妄不实的,而之所以有“是”与“非”之殊,完全是由于人的主观偏见“以他为非,用己为是”所致。按照“以他为非,用己为是”的方法去思考问题,人们完全可以“翻非作是,翻是作非”,于是,“此以为是,彼以为非;此以为非,彼以为是”②。这样,“是”与“非”就不是客观的东西,而成为主观自生的东西了。他指出:“夫是非然否,出自妄情。以理推求,举体虚幻。所是则不是,〔所〕然则不然。何以知其然耶?是若定是,是则异非;然若定然,然则异否。而今此谓之是,彼谓之非;彼之所然,此以为否。故知是、非、然、否,理在不殊,彼我更对,妄为分别。”③在他看来,世间本来没有“是”、“非”、“然”、“否”之别,而之所以存在“是”、“非”、“然”、“否”之殊,都是“出自妄情”、“妄为分别”所致,是世俗之人主观意念的产物,因而应当抛弃。这就从本质上取消了是、非、然、否之间的差异性,陷入了相对主义。

最后,成氏对“损”与“益”的差异性亦持否定态度。他说:“夫心境相感,欲染斯兴。是以求得称情,即谓之为益;如其不得,即谓之为损。斯言凡情迷执,有得丧以撄心;道智观之,无损益于其真性者也。”④其意是说,人之“心”与外在的环境相接触,总会产生相应的情感。正是这种情感,引起了人们的欲求。于是,当人们追求所得而能称其情之时,就名之为“益”;而当人们追求未得而不称其情之时,就名之为“损”。由此可知,其产生“益”与“损”的关键,在于“称其情”与“不称其情”,旨在告诉人们,“损”与“益”并非客观存在的东西,它的出现,完全是由认识主体主观意念所致。为此,他进一步指出,由于“凡情迷执”,才弄出“得”(益)与“丧”(损)以束缚其“心”;而在得道之人看来,世间的“损”与

① 《庄子·齐物论》“欲是其所非而非其所是”疏。
② 《庄子·齐物论》“其未尝有言焉”疏。
③ 《庄子·齐物论》“化声之相待,若其不相待”疏。
④ 《庄子·齐物论》“如求得其情与不得,无益损乎其真”疏。

“益”，对于“真性”是无济于事的。这就完全否定了“损”与“益”、“得”与“丧”的客观差别。

综上所述，在认识论方面，成玄英运用观念“源于一心”的命题，否定认识成果的客观性，在他看来，现实中的美与丑、善与恶、是与非、损与益、得与丧、生与死等概念上的矛盾对立，都是虚而不实的，是认识主体主观意念的产物，据此，他主张取消一切矛盾，达到无美丑、无善恶、无是非、无损益、无生死、无安危的境界。这个境界，同老子所讲的“玄同”、庄子所强调的“齐万物而为一”、佛家所宣扬的“诸法性空”之说，如出一辙。成玄英之所以在这方面狠下功夫，其本意在于为道教信仰构建精致玄妙的理论说教。我们知道，道教作为一种宗教，它需要引导信徒走修道成仙、达到“出世”的宗教归宿。而要做到“出世”，就不可避免地要回避现实矛盾，超脱人间世俗的价值理念，把人世间的富贵贫贱、善恶美丑、喜怒哀乐、是非然否、损益得丧、生死安危等差别与对立，看作是虚而不实的东西，从而推动信徒完成精神解脱，进入“世事皆空”的境界。而要把现实中的富贵贫贱、生死安危、喜怒哀乐看作是虚而不实之物，并非那么容易就可办到。为此，成氏通过借鉴老庄的思辨哲学，张扬了道家的“万物齐同”说。道家的“万物齐同”之论，虽有相对主义之失，但它从宗教角度论证认识“源于一心”，还是能展示出其思辨智慧，且为道教徒们所信奉，因而在深化道教理论建设方面，功不可没，值得给予高度重视。

（作者为武汉大学马克思主义学院教授）

试谈21世纪东道西学论

金白铉

一、序言

《老子》云:“为学日益,为道日损。”从而提出工夫论的两个方向,就是“为学”方向与“为道”方向。“为学”的目的是在获得经验知识以及观念知识,“为道”的目的是在反身自证自明以求洒然自适,所谓“自然”。故“为道”的方向是与“为学”相反的。“为学”用头脑,“为道”用心灵。

《庄子·天下篇》云:“天下之治方术者多矣,皆以其有为不可加矣,古之所谓道术者,果恶乎在?曰:无乎不在。曰:神何由降?明何由出?圣有所生,王有所成,皆原于一。”

方术就是“为学”,因此,可以成立“方术之学”这个名称。道术可分为“分裂的道术”与“原于一的道术”。分裂的道术是已经变成日益外物的,就是成为日益观念物的道术之学,也是可道之道,也是庄子所说的“以物观之”的心态。原于一的道术才是“有以为未始有物,至矣,尽矣,不可以加矣”的道术,也是不可道之常道,也是庄子所说的“以道观之”的境界。

从上下直贯而言,神明是上,圣王是下;从内外横通而言,神圣是内,明王是外。神明是圣王的超越根据,神圣是明王的内在根源,是既超越又内在之全体大用的终极原理。此上下内外是一,上之神明,降为下之圣王,内之神圣,出为外之明王,上下直贯、内外横通统合为一,道术其运无乎不在,上下内外整体是一,故为“皆原于一”。

为学:方术之学+分裂的道术之学——可道的道——理论性,思辨性——以物观之——上明下王——明王。

为道:原于一的道——不可道的常道——实践性,体悟性——以道观之——上神下圣——神圣。

如此的架构之下,出现三个麻烦的问题。第一是老庄所说的“明”与明王的“明”是否为同一的“明”。第二是内圣外王之道有没有可行性。第三是《庄子·天下篇》所说的“原于一的道”有没有可行性。检讨如上的问题之下,试谈21世纪东道西学论。

二、为学与为道

《老子》云:“为学日益,为道日损;损之又损,以至于无为;无为而无不为。”

河上公注云:“学谓政教、礼乐之学也;日益者,情欲文饰,日以益多。道谓自然之道也;日损者,情欲文饰,日以消损。”王弼注云:“务欲进其所能,益其所习。务欲反虚无也。”蒋锡昌说:“为学者日益,言俗主为有为之学者,以情欲日益为目的;情欲日益天下所以生事多扰也。”朝鲜朝儒学者徐命膺(1716—1787)从以儒解老的角度说:“广知识,故日益,此儒家博文之事也。守谦虚,故日损,此儒家反约之事也。”如上,为学是指政教礼乐之学,为道是指自然之道。

陈鼓应说:“为学是指探求外物的知识活动。这里的为学,范围较狭,仅指对于仁义圣智礼法的追求。这些学问是能增加人的知见与智巧的。为道是通过冥想或体验以领悟事物未分化状态的道。这里的道是指自然之道,无为之道。”陈鼓应又把老子所说的“绝学无忧”(20章或19章)解释说“指弃绝仁义圣智之学”。任继愈说:“老子承认求学问,天天积累知识,越积累,知识越丰富。至于要认识宇宙变化的总规律或是认识宇宙最后的根源,就不能靠积累知识,而要靠玄览、静观。他注重理性思维这一点是对的,指出认识总规律和认识个别的东西的方法应有所不同,也是对的。老子的错误在于把理性思维绝对化,使他倒向了唯心主义,甚至陷于排斥感性知识的错误。”

《老子》提出工夫论的两个方向，就是“为学”方向与“为道”方向。“为学”的目的是在获得经验知识以及观念知识，故一天多一天，每天皆有所增益。此将陷于无穷的追逐而无止境。而《庄子》亦云：“吾生也有涯，而知也无涯。以有涯随无涯，殆已。”（《庄子·养生主篇》）此根本是无与于道的。“为道”的目的是在反身自证自明以求洒然自适，所谓“自然”。故“为道”的方向是与“为学”相反的。“为学”是向外取，向前追；而“为道”则是向内归，向后反①。“为学”用头脑，“为道”用心灵。有人认为老庄是反知论者，就是说老庄反对“为学”。吾人认为老庄不是反知论者，也不是反对“为学”，只是老庄清楚地了解“为学”的局限，希望超越“为学”的局限，所以不提“为学”方向的工夫论而已。《庄子》云：

天下之治方术者多矣，皆以其有为不可矣，古之所谓道术者，果恶乎在？曰：无乎不在。曰：神何由降？明何由出？圣有所生，王有所成，皆原于一……天下大乱，贤圣不明，道德不一，天下多得一察焉以自好。……是故内圣外王之道，暗而不明，郁而不发。天下之人，各为其所欲焉，以自为方，悲夫！百家往而不反，必不合矣。后世之学者不幸，不见天地之纯，古人之大体，道术将为天下裂。（《庄子·天下篇》）

方术就是“为学”，因此，可以成立“方术之学”这个名称。道术可分为“分裂的道术”与“原于一的道术”。《庄子》云：

古之人，其知有所至矣，恶乎至？有以为未始有物者，至矣，尽矣，不可以加矣。其次，以为有物矣，而未始有封也。其次，以为有封焉，而未始有是非也。是非之彰也，道之所以亏也。道之所以亏，爱之所以成。

吾人认为分裂的道术是已经变成日益外物的，就是成为日益观念物的道术之学，也是可道之道，也是庄子所说的“以物观之”的心态。原于一的道术才是“有以为未始有物，至矣，尽矣，不可以加矣”的道术，也是不可道之常道，也是庄子所说的“以道观之”的境界。就是可分为

① 牟宗三：《智的直觉与中国哲学》，台湾商务印书馆，2008年，第203页。

如下：

为学：方术之学＋分裂的道术之学——可道的道——理论性，思辨性——以物观之。

为道：原于一的道——不可道的常道——实践性，体悟性——以道观之。

《庄子》云：

> 颜回曰：回益矣。仲尼曰：何谓也。曰：回忘仁义矣。曰：可矣，犹未也。它日复见曰：回益矣。曰：何谓也。曰：回忘礼乐矣。曰：可矣，犹未也。它日复见曰：回益矣。曰：何谓也。曰：回坐忘矣。仲尼蹴然曰：何谓坐忘？颜回曰：堕肢体，黜聪明，离形去知，同于大通，此谓坐忘。仲尼曰：同则无好也，化则无常也，而果其贤乎！丘也请从而后也。(《庄子·大宗师篇》)

上面的文章可分析为，第一步是仁义价值观念，第二步是礼乐文化，第三步才到坐忘阶段。第一步的仁义价值观念与第二步的礼乐文化可以算是为学日益而成的。一般的人容易了解第二步的礼乐文化可以算是为学日益而成的东西，但比较不容易了解第一步的仁义价值观念也可以算是为学日益而成的观念物，尤其是儒家主张仁义之心就是天地之心，所以他们认为仁义绝不是观念物。但是庄子认为儒家把仁义用语言来规定而说仁义是如何如何，如此，仁义成为观念物，这就是经书(四书五经)的内容。在此，吾人可以问，那么了解经书内容的儒家的心是否相同于天地之心？吾人认为，了解经书内容的，不是用心灵的，而是用头脑的。

众所周知，佛教的工夫论可分为教宗式与禅宗式，儒学的工夫论可分为“居敬”与“穷理”或“道问学”与“尊德性”。“穷理”、“道问学”可以算是向外为学日益而成的为学工夫论，“居敬”、“尊德性”可以算是儒家式的向内为道工夫论。朱熹虽然提出“豁然贯通”(在此，吾人不问豁然贯通的真实意义)，就是向外为学日益而成的“穷理”、“道问学”的工夫累积起来的，但是朱熹的道德哲学为主知主义道德形上学。由此可知，朱熹虽然主张“居敬”，但是朱熹所说的天理、天伦可算是向外为学日益而成的“穷理”、“道问学”的为学工夫来达到的。就是说，19 世纪“中体西用论”所说的“纲常名教”不过是一种观念物，就是一种意识形态而已。

《老子》所说的“学不学，复众人之所过”(64章)王弼注云：“不学而能者，自然也。”但孟子云：“人之所不学而能者，其良能也。”那可以了解，道家所说的不学而能者就是“自然”，由虚静工夫而达到的境界。儒家所说的不学而能者就是“良能”，就是阳明所说的“良知”，就是由“居敬”、“尊德性”、“致良知”工夫而达到的境界。总之，儒家式的向内为道工夫可称之为敬工夫、致良知工夫或诚工夫，道家式的向内为道工夫可称之为虚静工夫，佛教式的向内为道工夫可称之为禅工夫。由此可以说，道儒佛三家通过向内为道工夫才达到天人合一的境界。《庄子》云：

> 气也者，虚而待物者也。唯道集虚。虚者，心斋也。(《庄子·人间世篇》)

吾人认为，庄子所说的“虚而待物之气”也是与孟子的“浩然之气”一样通过工夫而达到的精神境界。因此，庄子所说的“虚而待物之气”与孟子所说的“浩然之气”都是主客合一的气，也都是天人合一的气。就是说，庄子所说的“虚而待物之气”与孟子所说的“浩然之气”，如果从宇宙论的层面讲，都是“塞于天地之间”的气、“游乎天地之一气”、“通天下一气”(《庄子·知北游篇》)；如果从工夫论的层面讲，都是内在于体内的精神境界上的气。但是孟子所说的天是仁义道德之天，庄子所说的天是无为自然之天。如此，孟子所说的天与庄子所说的天的含义不同，因而孟子的浩然之气是配义与道而展现仁义道德，庄子的虚而待物之气是自然生命之气而展现逍遥齐物之道。

虚工夫不但是道家工夫，而且是儒家工夫与佛教工夫都必需的工夫，就是说，道儒佛的工夫都非通过虚工夫不可，吾人认为，道儒佛三家共通的向内为道工夫可称之为虚工夫。甚至于真正的基督教徒也需要虚工夫。如果没经过虚工夫而表现出孟子所说的“浩然之气”或基督教所说的“圣灵充满”的话，这不是真正的浩然之气或圣灵充满，而是顽固的意识形态而已。

总之，老庄体会到了向外为学日益工夫的局限，因此，他们为了超越为学工夫的局限，提出向内为道的虚静工夫，由此，体认了无为自然之道，就是体会了自然而然的虚灵之道。

三、神、明、圣、王

一般人认为，儒家所说的道是内圣外王之道，道家所说的是无为自然之道。但是严格地讲，道家所说的道，可分为老子所说的无为自然之道，黄老学所说的自然无为之道，庄子所说的逍遥齐物之道。吾人认为，如果内圣外王之道，就是圣王之道，为儒家所说的道，那么，可以说内神外明之道，就是神明之道，为道家所说的道。

在此，再引用《庄子》：

> 天下之治方术者多矣，皆以其有为不可加矣，古之所谓道术者，果恶乎在？曰：无乎不在。曰：神何由降？明何由出？圣有所生，王有所成，皆原于一。(《庄子·天下篇》)

林云铭说："神者明之藏，明者神之发，言道术之极也。"唐君毅说："以神明言灵台灵府之心，尤庄子之所擅长。神与明之异，唯在神乃自其为心所直发而说，明则要在自其能照物而说，故明亦在神中。"①王邦雄说："道术是有道有术，有体有用，道有内在的神体，也有外发之明用。提问'神何由降，明何由出'？自答'圣有所生，王有所成'。何由就是术，术是引道通路。道术是道体即体起用，当体流行，上之神降由下之圣，上之明出为下之王，神体明用，神降为圣，明出为王，形上之道，其运无乎不在，神体内在为人间之圣，明用下照为人间之王。从上下直贯而言，神明是上圣，王是下；从内外横通而言，神圣是内，明王是外。神明是圣王的超越根据，神圣是明王的内在根源，是既超越又内在之全体大用的终极原理。此上下内外是一，上之神明，降为下之圣王，内之神圣，出为外之明王，上下直贯内外横通统合为一，道术其运无乎不在，上下内外整体是一，故为'皆原于一'。"②

① 陈鼓应：《庄子今注今译》，中华书局，2001年，第856页。

② 王邦雄：《儒道之间》，台北汉光文化事业公司，1985年，第106页。

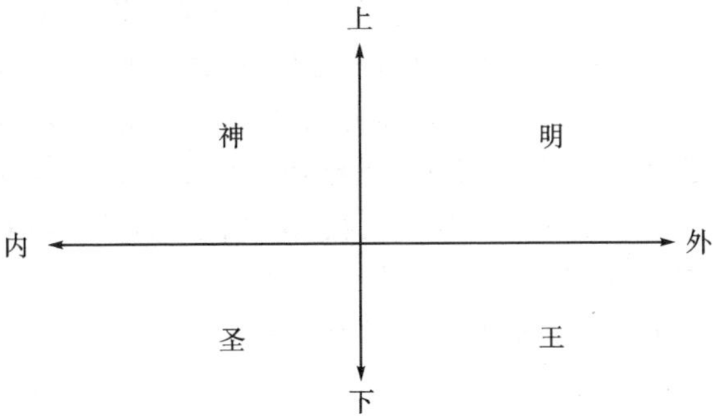

（一）神

《易·系辞传》曰：

易无思也，无为也，寂然不动，感而遂通，天下之故。非天下之至神，其孰能与于此……神无方，易无体。

《老子》云：

万物生于有，有生于无。

因此，"无"——"无思"、"无为"、"无方"、"无体"——就是具有自然而然的虚灵性，由此，"神"可算是自然而然的虚灵之道。

众所周知，庄子对心的体悟和儒家有所不同，他透视到心的负面意义。他认为此心是与物对立的成心，所以是人为造作的认识主体，也是累于物的近死之心，也是必须要丧化、忘化、无化的小我。因此有"无听之以心"、"心止于符"、"外于心知"、"解心释神"等等的话。

"手之所触，肩之所倚，足之所履，膝之所踦，砉然向然，奏刀騞然，莫不中音。合于桑林之舞，乃中经首之会……臣之所好者道也，进乎技矣。始臣之解牛之时，所见无非全牛者。三年之后，未尝见全牛也。方今之时，臣以神遇而不以目视，官知止而神欲行。依乎天理，批大郤，导大窾，因其固然。"（《庄子·养生主篇》）

对于"臣以神遇而不以目视，官知止而神欲行"之"神"，陈鼓应解释为"心神"而说："器官的作用都停止了，只是运用心神，'官'，指耳目之官。'神欲行',喻心神自运,而随心所欲。"①成玄英也云:"既而神遇,不用目视,故眼等主司,悉皆停废,从心所欲,顺理而行。"当然《庄子》中有的地方心与神是同义语,但是在此的"神",把他解释为"心神"的话,还是有点不妥当。因为"神欲行"是已经进乎技矣而达到道之境界的,"官知止"不仅是器官的作用停止,而且是"官心知止"的意思,所以在此所说的"神"是与"心"有很大的不同。吾人认为心知是有心,神是无心。"向云:从手放意,无心而得,谓之神欲。"②

吾人认为此处所说的"神"就是通过主体的工夫而呈现的主客合一、物我双忘、天人合一的状态。这就是"神"所具有的自然而然,自己如此,出神入化,近乎"无为而无不为"的境界。这实际上是庄子所说的"逍遥齐物之道"的另外说法。

(二)明

"道恶乎隐而有真伪?言恶乎隐而有是非?道恶乎往而不存?言恶乎存而不可?道隐于小成,言隐于荣华。故有儒墨之是非,以是其所非而非其所是。欲是其所非而非其所是,则莫若以明。"(《庄子·齐物论篇》)

枢始得其环中,以应无穷。是亦一无穷,非亦一无穷,故曰莫若以明。(《庄子·齐物论篇》)

是故滑疑之耀,圣人之所图也。为是不用而寓诸庸,此之谓以明。(《庄子·齐物论篇》)

劳思光说:"庄子认为儒墨各囿于成见。而欲破除彼等之成见,则唯有以虚静之心观照。"陈鼓应说:"各解以劳说为是,'以明'当是从'心'上下去障去蔽的工夫,指去除自我中心的封闭而排他的成见。用现代的言语,'以明'便是培养开放的心灵。"③

如此,他们所说的"以明"还是主客对立的开放的心灵。老子说:

---

① 陈鼓应:《庄子今注今译》,中华书局,2001年,第97页。

② 郭庆藩:《庄子集释》,台湾华正书局,1980年,第120页。

③ 陈鼓应:《庄子今注今译》,中华书局,2001年,第53页。

“知常曰明”(16章),“自知者明”(33章),“见小曰明……复归其明”(52章),如此可知,“明即智慧,是则由虚静而生者……在虚静中,观复以归根,复命,知常,即是明照万物之各在其自己也”[①]。“以明”不仅仅是开放的心灵,还是“自见而已矣”的物我双忘、主客合一的真知。

属其性乎五色,虽通如离朱,吾所谓明也……吾所谓聪者,非谓其闻彼也,自闻而已矣;所谓明者,非谓其见彼也,自见而已矣。夫不自见而见彼,不自得而得彼者,是得人之得而不自得其得者也,适人之适而不自适其适者也。(《庄子·骈拇篇》)

“以明”可以说是虚静之心的观照。

鉴明则尘垢不止,止则不明也。(《庄子·德充符篇》)

水静则明烛须眉,平中准,大匠取法焉。水静犹明,而况精神!圣人之心静乎!天地之鉴也,万物之镜也。(《庄子·天道篇》)

正则静,静则明,明则虚,虚则无为而无不为也。(《庄子·庚桑楚篇》)

在此,吾人认为“虚静之心”可分为老庄所说的主客合一的虚静之心与稷下道家和荀子所说的主客对立的虚静之心。“洁其宫,开其门。宫者言心也;心也者,智之舍也,故曰宫。洁之者,去好恶也。门者谓耳目也;耳目者,所以闻见也。”(《管子·心术上》)荀子也说:“虚壹而静,谓之大清明。万物莫形而不见,莫见而不论,莫论而失位。”[②]因此,主客合一的老子之道可以说是无为自然之道,主客对立的稷下道家之道可以说是自然(天道)无为之道。

瞻彼阕者,虚室生白,吉祥止止。夫且不止,是之谓坐驰。夫徇耳目内通而外于心知,鬼神将来舍,而况人乎!(《庄子·人间世篇》)

“耳目内通而外于心知”就同“听止于耳,心止于符”的虚而待物之气一样,是主客合一的虚静之心。如此,从主客合一的虚静之心来所说

---

① 牟宗三,《现象与物自身》,台北学生书局,2010年,第430页。

② 《荀子·解蔽》。

的以明，也就是“同于大通”(《庄子·大宗师篇》)的主客合一的直觉的知，就是“去小知而大知明”(《庄子·外物篇》)的大知，就是“且有真人而后有真知”(《庄子·大宗师篇》)的真知，并且“虚室生白，吉祥止止”，就说明主客合一的虚静之心的创造力。如此的创造力不是勉强有为而得之，而是自然而然无心得之。

> 机心存于胸中，则纯白不备；纯白不备，则神生不定；神生不定者，道之所不载也。(《庄子·天地篇》)

换言之，“纯白备，则神生定，而道之所载也”。那就是说明“纯白”的创造力，并且“神生定”可以说是莫若以明的工夫、心斋以及坐忘的工夫来达到的境界。

(三)圣人与明王

“圣”字在《老子》中单字出现只一次。

> 绝圣弃智，民利百倍；绝仁弃义，民复孝慈；绝巧弃利，盗贼无有。此三者以为文，不足。故令有所属：见素抱朴，少思寡欲，绝学无忧。(19章)

除了上面的文章以外，在《老子》中常常出现复合名词“圣人”。陈鼓应说：“‘圣’字在老子书上有两种用法：一为圣人的‘圣’，乃是指最高的修养境界；另一为自作聪明的意思。这里的‘圣’即属于后者。”①

圣人是道家最高理想的领导人物，《老子》与《庄子》内篇的圣人的含义差不多，并且庄子心目中圣人也是与至人、神人一样有道的人，但《庄子》外杂篇是不同的。

> 不离于宗，谓之天人。不离于精，谓之神人。不离于真，谓之至人。以天为宗，以德为本，以道为门，兆于变化，变化不测，随物见端。谓之圣人。以仁为恩，以义为理，以礼为行，以乐为和，薰然慈仁，谓之君子。(《庄子·天下篇》)

郭注云：“凡此四名，一人耳，所自言之异。”如此说，天人、神人、

① 陈鼓应：《老子注译及评介》，中华书局，1984年，第136页。

至人以及圣人的境界不异。但吾人认为,天人、神人、至人的境界与圣人的境界不同。天人、神人、至人各各是“不离于宗”、“不离于精”、“不离于真”的,就是说,与宗、与精、与真合一的,就是说,天人、神人、至人是与“其运无乎不在”的形上的道合一的。可是圣人不是与天、与德、与道合一的,就是说,“不离于宗”的天人与“以天为宗”的圣人的境界不同。由《庄子·天下篇》来了解的话,上之神降由下之圣,神降为圣,神体内在为人间之圣。如此,庄子心目中的圣人是自然而然虚灵的神降为人间具体性的圣人。所以圣人必须要“以天为宗,以德为本,以道为门”,就是说具有自然而然虚灵的神之圣人才是真正的圣人。

除了《庄子·天下篇》所说的“内圣外王”以外,《老子》与《庄子》中找不到“圣王”这一复合名词。由《庄子·天下篇》来了解的话,神明是圣王的超越根据,因此具有神明才是真正的圣王,换言之,上之明出为下之王,明出为王,明用下照为人间之王,所以人间的王必须要具有“明”。如果圣王没有超越性的神明的话,没法成为圣王。因此《庄子·天下篇》云:“是故内圣外王之道,暗而不明,郁而不发。”如此可知,道家不太喜欢说圣王。

《庄子》中可以找到“明王”这个复合名词:

> 阳子居见老聃,曰:“有人于此,向疾强梁,物彻疏明,学道不勌。如是者,可比明王乎?”老聃曰:“是于圣人也,胥易技系,劳形怵心者也。且也虎豹之文来田,猨狙之便执斄之狗来藉。如是者,可比明王乎?”阳子居蹴然曰:“敢问明王之治。”老聃曰:“明王之治,功盖天下而似不自己,化贷万物而民弗恃;有莫举名,使物自喜;立乎不测,而游于无有者也。”(《庄子·应帝王篇》)

“游于无有者”,这就是具有“神”——自然而然虚灵的超越性的道家式的“明王”。吾人认为,老庄清楚地了解“为学”的局限,希望超越“为学”的局限,所以不提“为学”方向的工夫论,由此,老子哲学比较偏重于“神”与“明”,庄子哲学比较偏重于“神”与“圣”。因此,老庄哲学最缺乏的地方就是“王”。

四、试谈东道西学论

在此，吾人再引用《庄子·天下篇》的王邦雄的解释。“从上下直贯而言，神明是上，圣王是下；从内外横通而言，神圣是内，明王是外。神明是圣王的超越根据，神圣是明王的内在根源，是既超越又内在之全体大用的终极原理。此上下内外是一，上之神明，降为下之圣王，内之神圣，出为外之明王，上下直贯内外横通统合为一，道术其运无乎不在，上下内外整体是一，故为‘皆原于一’。”①如此可知，原于一的道术就是道家式的道术，但缺乏向外为学日益的地方，就是缺乏“明王”。所以为了弥补缺乏的地方，应当重新解释“明”才对。

“神”具有超越性而内在性的自然而然的虚灵之道，“明”具有超越性而外在性的形而上的目的(思辨性等)理性，“圣”具有内在性和具体性的实践(道德性等)感性主体，“王”具有外在性和具体性的工具理性主体。由此看，具有超越性的“内神”与“外明”才可以通而为一，所以“圣”与“王”是通过具有超越性的“神明”而可以妙合。换言之，内在性的“圣”与外在性的“王”是通过具有超越性的自然而然虚灵之“神”与具有超越性的目的理性主体之“明”才可以妙合而成为真正的原于一的道术。

并且可以说，儒家所说的内圣外王之学就是内在性的道德感性主体与外在性的认识理性主体的会通之学，又如此的学缺乏真正自然而然虚灵的超越性。由此，明确了解没有真正超越性的内神外明之内圣外王之学具有其局限，而没法达到内在性的实践(道德)感性主体与外在性的认识(工具)理性主体之间的真正会通。因此，具有超越性的“内神”与“外明”才可以通而为一，所以“圣”与“王”是通过具有超越性的“神明”而可以妙合。换言之，内在性的“圣”与外在性的“王”是通过具有超越性的自然而然虚灵之“神”与具有超越性的目的理性主体之“明”才可以妙合而成为“原于一”的道术。

① 王邦雄:《儒道之间》，台北汉光文化事业公司，1985年，第106页。

吾人认为,重视向外为学日益而成的“穷理”、“道问学”的儒学与重视理论理性的西方近代哲学之间有相似的地方,由此,20 世纪学西方的时候,儒学有贡献,现代新儒家也有成果。现代新儒家可分为比较重视“穷理”的新理学与比较重视“居敬”的新心学。朱熹虽然主张“居敬”,但是朱熹所说的天理、天伦可算是向外为学日益而成的“穷理”、“道问学”的为学工夫来达到的。就是说,19 世纪“中体西用论”所说的“纲常名教”不过是一种观念物,就是一种意识形态而已。如此看,以西方的新实在论为中心主张的新理学的冯友兰的哲学也重视向外为学日益而成的“穷理”、“道问学”的为学工夫。从“为道”层次看,比较重视“穷理”的新理学不如比较重视“居敬”的新心学。

吾人认为唐君毅所说的“道德的主体与认识的主体的融合”也好,牟宗三所说的“一心开二门”也好,都偏重于“内圣”心性之学。由此,是否可能“仁智双彰”?吾人认为只有“仁智双彰”,自然而然虚灵的道德主体与自然而然虚灵的认识主体之间才有妙合之可能性。因为妙合之可能性不在别的地方,就在于自然而然的虚灵之道。吾人认为自然而然的虚灵之道就是具有内在性和超越性的“神”。

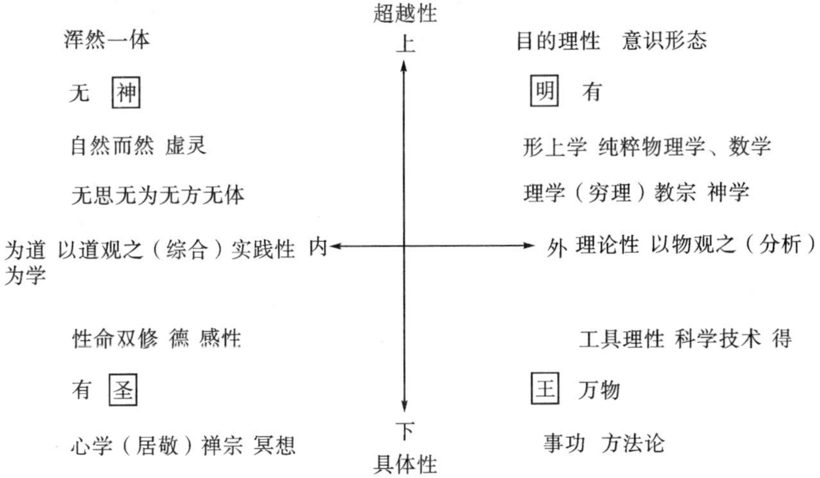

五、结语

吾人认为，真正的原于一的道术必须具有自然而然虚灵的“神”才可以完整地发挥，就是说，缺乏自然而然虚灵之“神”的“明王（上明下王）”或“圣王（内圣外王）”不过是分裂的道术或方术而已。所以为了发挥真正的原于一的道术就须要向内为道日损而达到自然而然虚灵之道的道家工夫。但是吾人认为，建立21世纪新道学的时候，向内为道日损的道家工夫也不过是必需条件，不能成为充足条件，建立21世纪新道学必须要通过东西哲学文化的妙合才可以。

东西哲学文化比较之下，可以了解东方哲学文化的长处就在于实践性的向内为道日损的“神圣”方面，西方哲学文化的长处就在于理论性的向外为学日益的“明王”方面。所以吾人在此，只从建立21世纪新道学——真正发挥真正的原于一的道术——的一个方向来试谈“21世纪新东道西学论”而已。

（作者为韩国国立江陵原州大学校哲学科教授）

Daoist Communities in Relation to the Stone Age

Livia Kohn

Let there be a small country with few people.
Let there be ten times, a hundred times as many utensils.
But let them not be used.
Let the people value their lives highly and not migrate far.
Even though there may be boats and carriages,
Nobody rides them.
Even though there may be weapons and armor,
Nobody wields them.
Let the people again knot cords and use them.
Let them relish their food, adorn their clothes,
Relax in their homes, and delight in their customs.
Though neighboring communities overlook one another,
And they can hear roosters crowing and dogs barking,
Yet the people there grow old and die
Without ever visiting one another. (*Daode jing* 80)

This well-known passage from the *Daode jing* describes the ideal Daoist community. It should be small and contained. Its members live in basic equality with some gender-based differentiation. All do similar work and fulfill equal functions. All limit possessions and keep free from accumulation. They conscientiously practice the Daoist principle of sufficiency. Scholars tend to see this as an ideal.

However, it is more than that. It is also a memory of a time in the past, especially the Old and Middle Stone Age. Then communities were just like this: small and equal.

I argue that Daoists follow the Stone Age model. In Quanzhen monasteries, their life centers on heaven. They activate the old Daoist principles of ziran and wuwei. Their goal is ascension to the immortals, through physical longevity practices and spiritual meditations. Accordingly their physical setting creates a celestial space on earth. Monasteries are commonly on mountainsides or surrounded by parks. They form a home for the immortals, where celestials come to stay and practitioners can be perfect. "Humans imitate the structures found in the high heavens to set up numinous monasteries on earth. Thereby they create auspicious places and residences fit for immortals" (Kohn 2003, 91).

Like Stone Age models, Daoist communal institutions are inclusive. They benefit all. Everyone receives according to his need and contributes according to his abilities. There is specialization, since some are more adapt at certain skills. Different areas include scripture studies, ritual performance, herbal remedies, alchemical elixirs, or meditative trance (see Goullart 1961). Training is flexible and the lifestyle is fluid. "Monks are free to do their readings and self-cultivation practices as they want" (Herrou 2013, 68). They can travel to study with masters at other institutions and even leave the organization to return to lay life if they so desire (2013, 142).

While in residence, all work together to maintain community life (Yoshioka 1979, 241). Like Stone Age people, Daoist monks spend only a few hours a day to keep their facility clean and care for basic physical needs. Most of their time they practice self-cultivation and interact with the community—including also lay followers and visitors (Herrou 2013, 31). Also, in imitation of Stone Age living, their daily schedule closely matches the rising and setting of the sun and changes with the seasons—even today they do not use electric light (Yoshioka 1979, 242).

Egalitarianism versus Complexity

Daoist communities, like prehistoric groups, form egalitarian societies. Social anthropology characterizes them as having "fluid group organization, individual freedom of movement and group membership, immediate and relatively easy access to resources, simple division of labor, and relatively direct personal leverage on other individuals" (Cohen 1985, 99-100; see also Woodburn 1982). This stands in stark contrast to the society around them, which is one of high complexity, run by elite masters or big men. By providing guarantees of support to their followers, they work through decision and consumption hierarchies to establish systematic control over storage facilities and mechanisms as well as over the organization of human labor. Social relationships, often associated with rank and prestige, here are formalized in reciprocal patterns, often with the help of ceremony and ritual as well as through the use of luxury goods that symbolize rank and wealth.

Complex societies differentiate their membership through (1) segmentation by establishing parallel subgroups, (2) scheduling by creating temporal divisions, (3) specialization by dividing work according to specific tasks and spheres, (4) ranking by giving priority to individuals in certain spheres of action, and (5) stratification by establishing preferred access to resources for elites (Cohen 1985, 109). All these ways of differentiation serve to eliminate certain members from particular areas, reducing competition and conflict. "They accomplish by social separation what can no longer be accomplished by physical separation" (Cohen 1985, 110; see also Underhill 2002, 7).

Once stratification is in place, complex societies stereotype their members, reducing people to faceless masses without personal uniqueness, "about whom one need know only their class attributes, from whom one need receive only specific kinds of information, and to whom one need give only automatic, stereotyped responses" (1985, 110). To make sure all know to which group everyone else belongs, they establish outward cues through clothing, hairstyles, and accoutrements—notably luxury items—as well as more internal factors, such as posture, gestures, and language or dialects, into which people are systematically socialized.

Beyond this, complex societies solidify categories through ascription of status and establishment of permanent leadership, thereby eliminating the need for negotiations and reducing information load (1985, 110). To keep the different groups at peace, they furthermore set up proper ways of conflict resolution and authorities that serve to adjudicate disputes, thus improving the efficiency of decision-making. They reinforce group participation by levying taxes and corvee labor as well as public events that everyone has to join. The latter are commonly of a ritual nature, involving repetitive actions at certain times of the year, thus conveying a sense of control and competence (1985, 111).

Seen from this perspective, it is not surprising that Daoist communities resist complexity. Time and again the texts rail against the oppressive structures of mainstream society, bemoaning the ubiquitous presence of stereotypes and categories, both socially and mentally, as well as the pervasive oppression of people under the sway of cruel tyrants and ruthless officials. They much favor egalitarian structures that give individuals "the freedom and power to avoid or resist the organizational efforts of the more ambitious of their colleagues" (Cohen 1985, 100), unchartered social organizations, where "one always deals with whole others, with all of their personal complexity and eccentricity" (1985, 110).

The Golden Age

A form of social organization that is permitted and fostered by the group rather than necessitated by circumstances, egalitarian society was "the rule throughout the early, and major, part of the archaeological record," i. e., standard among the hunter-gatherers of the Paleolithic (-9600 BCE) and the early sedentary groups of the Mesolithic (-6000 BCE) (Cohen 1985, 100). Daoists, moreover, are quite aware of this fact. They—both thinkers and priests—as much as all Chinese philosophers, are backward looking, postulating a golden age in the murky past when Dao was whole, the world was in harmony, and life was good. While scholars have been well aware of this tendency, the overall assumption has been that this golden age was entirely fictional, a figment of the collective imagination, a well-intentioned fantasy. But what if it is more than that?

The texts are fairly specific, after all. Confucians speak clearly about the ideal sage kings Yao 尧, Shun 舜, and Yu 禹. While all three were thought to be mythical paragons, recent archaeological excavation suggest differently. It is now commonly accepted that the Xia dynasty, allegedly founded by Yu, was a historical force with one of its capitals, Wenyi 文邑, located at Erlitou in Henan (Liu and Chen 2012, 253). There is evidence for a great flood that the Xia kingdom controlled as part of its rise to local dominance (2012, 251). Some scholars suggest that glyphs written in red on a pottery vessel found at Taosi 陶寺 in the Linfen Basin 临汾盆 of the Yellow River, indicate the name of Yao. This would identify him as the ruler of this most important economic, political, and religious center, a hub of early urbanism, with Shun as his chosen, nonhereditary successor (2012, 226).

Taosi dates to 2600-2000, while Erlitou flourished right afterwards, 1900-1500, overlapping with the rising Shang by about a century (Chang 2005, 126). The time saw the transition from copper to bronze technology as well as the consolidation of about 10,000 to 3,000 tribal centers through increasingly institutionalized warfare and the accumulation of wealth and amassing of power in the hands of smaller elites (2005, 127).

In other words, the golden age later Confucian thinkers look back to is the Chalcolithic, the Copper Age, when technology was advanced enough to work with metal, but had not yet developed the mining and smelting of tin—nor yet the social organization and political clout—needed for the production of bronze (McIntosh 2006, 55). The earliest bronzes appear in very late Taosi and, more extensively, in Erlitou, indicating a more stratified and controlled society, where personal relationships were secondary to institutional governance and moral integrity gave way to power mongering—the exact trends Confucian thinker bemoan and want to reverse.

Daoist thinkers do not share this vision. Their ideal is "a small country with few people," where folk live in contained, settled communities with dogs and chickens, grow their own food, weave their own cloth, make their own pots, and generally are self-sufficient and contented. This reflects Chinese reality at an earlier period, i. e. , in the early Neolithic or Mesolithic, around 9000-5000, during the Mid-Holocene climatic optimum, when the weather had turned warm and wet (Liu and Chen 2012, 123).

Early Life

The Mesolithic continued basic Paleolithic living. Then humans formed small bands and survived by hunting and fishing plus foraging for plant foods (Cohen 1977, 27). This is evident both from archaeological excavations and the linguistic analysis of the most ancient vocabulary surviving today (Barber 1994, 47-51).

According to this, Paleolithic people had a wide variety of tools, made from wood, grass, vines, and bone—including nets, baskets, and cradles (Barber 1994, 48)—as well as elementary forms of pottery and, most importantly, stone. Late Paleolithic hunters "had achieved total control over the process of fracturing, chipping, and shaping crystalline rocks." The "master stoneworkers of all times," they produced, among others, "finely chipped 'laurel leaf' knives, eleven inches long but only four-tenths of an inch thick, that cannot be duplicated by modern industrial techniques" (Harris 1977, 9).

Using these tools, they created a lifestyle that provided them with "high standards of comfort and security" (1977, 9). They made artificial shelters, often set in shallow pits and covered densely with animal-skin. They lived to a large extent on animal protein, supplemented by an immense diversity of plant foods, including "the wild relatives of the first domesticated crops: wheat, barley, peas, lentils, and flax," as well as fruits, berries, seeds, and nuts (Mithen 2004, 21). Adding fish and shellfish as well as a variety of birds and mushrooms to this mix, often made into stews, soups, and porridge, Paleolithic people consumed a varied and healthy diet.

As a result, they grew tall in stature, to about 6 feet (180 cm) and showed no tooth decay or any signs of major ailments. This fact still holds true for isolated and/or primitive communities today (see

Price 1989). For example, "the Tahitians of 1760, still in the Stone Age, seem to have been as tall, or taller, than their English visitors with all their marvelous European technology; Polynesians in the period before contact with the outside world were tall by preindustrial standards" (Clark 2007, 60-61).

Their life expectancy was short, around 35 years, but their life was joyful and largely stress-free (Harris 1977, 14). Living in areas rich in natural resources and moving every so often in alignment with the seasons and the migratory patterns of animals, they only needed to work about four hours a day (Harris 1977, 11; Cohen 1977, 30). Even this work was relaxed: not physically demanding, it commenced at ease, involved diverse tasks, and was punctuated by frequent breaks and play—more like a picnic outing than a work gang (Sahlins 1972, 17-18, 30; Lawlor 1991, 308). Leisure time, moreover, also allowed for ritual and social activities, involving music, dance, story telling, and the like—reflecting that early life was "not merely subsistence but enmeshed in complex social and ritual behavior" (Asouti and Fuller 2013, 331).

Generally, using homespun products, their wants were easily satisfied, their resources free to take, their tools common, their knowledge equal, and their division of labor simple (Sahlins 1972, 10; Cohen 1977, 31). Living a life predicated on simple needs and abundant resources, they enjoyed a high level of affluence, free from "the market obsession of scarcity" and without the urgency to accumulate or hoard (Sahlins 1972, 2, 7; Mithen 2004, 31).

Being mobile and with light possessions, there was little to fight over, precluding basic dominance structures and incipient social complexity (Price and Brown 1985, 12), leading to a strong egalitarianism, a stark lack of no social ranking or supremacy built on material objects or possessions; on the contrary, a hunter who preserves his kill and hoards objects is considered incompetent and loses face. In other words, while hoarding is "technically feasible, it is economically undesirable and socially unachievable" (Sahlins 1972, 32). Nor does it make any sense to design, produce, and store fancy ornamental, luxury, or ritual items beyond what can be easily used and carried. For all material goods—utensils, tools, clothes, and decorations—the basic rule applies, the fewer and smaller, the better, which leaves no room for self-aggrandizement through the possession of objects.

The Mesolithic

The same basic structures continued in the Mesolithic, when people first settled in small villages, mainly due to climate change, at the end of the last ice age. A warmer climate meant that steppe changed toward woodland with luscious undergrowth, encouraging the growth of fruit trees, wild cereals, and various vegetables (Guilday 1967, 125). It also meant the rise of sea and river levels due to the collapse of the North American ice sheet and thus a widening of aquatic resources (Mithen 2004, 48). At the same time, the Pleistocene megafauna lost its habitat and moved toward colder regions. As Mark N. Cohen says, "It is well established that the open tundra environment was gradually replaced by more closed forest vegetation after the retreat of the last glaciation. [This also meant the] decline or migration of the large herds of reindeer and other species which had provided the subsistence base for Paleolithic hunters" (1977, 126).

Observable in many regions, it had a widespread "tendency to alter economic strategies and promote sedentism and population growth" (Cohen 1977, 11). The following period, the Holocene or

Mesolithic, then, saw "expanding forest binomes, hunting of solitary forest animals, as well as heavy dependence on small game, avifauna, and aquatic resources." These included "elk, aurochs, deer, and wild pigs as well as ducks, swans, grebe, coot, heron, cormorants, gulls, razorbills, and gannets," plus all kinds of aquatic life, even stranded whales (1977, 122-24).

For China, this meant that people living in the heartland around the Yellow River were no longer itinerant, but lived in year-round settlements, as evidenced by remnants of dwellings, storage pits, and burials. They were practicing simple farming in conjunction with hunting and gathering, as testified in the remains of various food animals—both wild and domesticated— as well as of large numbers of vermin, wild and domesticated plants, functionally specific vessels, and secondary refuse (2012, 125). Villages were about 5-20 acres in size and housed around a hundred people. They were not close, but surrounded by uncultivated land—only two acres being occupied in every thirty square miles (Shelach-Levi 2015, 70-71). Their possessions were meager, their sustenance adequate, their societies egalitarian, and their lives simple—matching the ideals later envisioned in Daoist communities.

Daoist Communities

Daoists looked back to the Mesolithic as their golden age, a time when communities began to be settled, but were still small, harmonious, and egalitarian, with life closely following the cycles of nature. In early Daoism, this is most blatant in the primitivist strand, which adopted the Divine Farmer (Shennong 神农) as its mythical hero, the sage ruler who allegedly first developed agriculture, animal husbandry, weaving, and pharmacology (Graham

1990, 81; Lee 2014, ch. 4). After him, this group was called the Agriculturists or School of Tillers (*nongjia* 农家). Around 315, under the leadership of Chen Xiang 陈相, they established a withdrawn utopian community in the state of Teng, which consisted largely of farmers and craftsmen (Graham 1990, 68-69, 101; Vervoorn 1990, 60).

Their ideal was to achieve alignment with Dao by living in small, self-administered communities free from social stratification and outside pressures. Sedentary, they would rest contented with enough food, clothing, and shelter and have no desire for migration, expansion, or even outside contacts (Lee 2007, 600-01). They believed that the inherent tendencies of everything, including people, animals, and natural objects, formed a set ontological reality that needed to be uncovered and preserved but not cultivated or transformed, and certainly not altered or manipulated by instruments or techniques (602-03, 608; Brindley 2010, 80-81).

The Celestial Masters of the 2nd century CE, too, pursued this goal. Their activities are known from historical sources, since they survived the disastrous Later Han and in due course grew into a major organized religion (see Hendrischke 2000). Their community stands out for its emphasis on equality: members came from all walks of life and included many non-Chinese—notably the Ba ethnic group (Kleeman 1998, 74; 2002, 27). Women were highly valued and could attain leadership positions. The group also emphasized open communication and easy transit, sponsoring a wide-ranging network of roads and maintaining so-called lodges of righteousness (*yishe* 义舍). Here travelers—both local and foreign—could stay on their journeys (Stein 1963, 56).

Their main unit of organization and center of production was the household, each working according to its abilities and resources.

They produced food and other necessities of daily living that were taxed flexibly without extortion. Matching Stone Age economics, their way of being can best be described as the domestic mode of production. A concept developed by Marshall Sahlins, this indicates a small economy centered on the household or family. It "combines the two essential social elements of production," the normal work activities of the adult man and woman (1972, 79). In small scale, it opens maximum autonomy to both household and individual within any given technology. Resources are easily accessible, and there is little specialization and no alienation. Implements are homespun and productive processes are unitary. Yet at the same time, there is room for development, creative invention, and artistic expression (1972, 80).

Complete Perfection Daoists continued the ancient Mesolithic tradition by establishing small, contained, and egalitarian monastic institutions. They also recovered the freedom and openness of the Paleolithic by requiring novices to spend time moving about the countryside, "flowing like the clouds" (*yunshui* 云水). As the founder, Wang Chongyang (王重阳), describes it in his *Lijiao shiwu lun* (《立教十五论》)(Fifteen Articles on Establishing the Teaching; DZ 1233), this is "to pursue inner nature and destiny in search of mystery and wonder [Dao]. One who wanders like this climbs into high mountains over dangerous passes and visits enlightened teachers without tiring. He crosses distant streams with turbulent waters and inquires for Dao without slackening" (Kohn 2001, 160).

Practitioners wandered about in small groups, always at least having one companion who would help out in emergencies, but they should not get deeply attached to each other. They would beg for their food or forage in the mountains, also collecting herbs to enhance their *qi* (see Eskildsen 2004; Komjathy 2007). Their possessions were strictly limited. As the 17th-century manual *Guiju xuzhi*（规矩须知）(Rules to Know) says:[①]

All wandering monks of Complete Perfection should have the following Seven Treasures with them:

1. a rush mat, to keep free from demons on the outside;
2. a quilted robe, to cover heart and inner nature;
3. a single calabash, to contain the food and drink of the wise;
4. a palm-leaf hat, to keep off wind and rain, frost and snow;
5. a palm-leaf fan, to brush off dust from things;
6. a pure satchel, to carry and hold the sacred scriptures;
7. a flat staff, to point to great Dao, pure wind, and bright moon. (Kohn 2001, 160)

Summary

To sum up, Daoists in constructing their communities follow their vision of the golden age and imitate Paleolithic and Mesolithic structures, favoring egalitarian societies that minimize crowding, eschew possessions, and reduce information by being small and fluid. Resources being easily accessible, all have control and there is little or no specialization. Interaction among members is cooperative rather than imperative, and each individual has the ability to modify the behavior of others through personal influence.

"Such societies are largely defined by the absence of formal

① Also known under the title *Qinggui xuanmiao*《清轨玄妙》(Pure Rules for Mystery and Wonder), this is found in the modern collection *Zangwai daoshu*《藏外道书》(Daoist Texts Outside the Canon; 10.597-615). For a discussion, see Kohn 2003b.

structuring principles" (Cohen 1985, 109). They reinvent themselves as they go along, flexibly adjusting work loads, scheduling, leadership, and decision-making. They live in alignment with nature and work for the greater common good.

Using these means, Daoists eliminate complexity and social stratification, seeing all as kin, friends, or monastic brethren. They allow each individual to develop his or her unique capabilities within a spiritually sanctioned environment. Their communities, therefore, create an ideal human society based on egalitarian principles and incorporating fundamental cosmic values. They do so even under conditions of mass population and large-scale organization—remembering, adapting, and developing Stone Age models.

Bibliography

Asouti, Eleni, and Dorian Q. Fuller. 2013. "A Contextual Approach to the Emergence of Agriculture in Southwest Asia: Reconstructing Early Neolithic Plant-Food Production." *Current Anthropology* 54.3:299-345.

Barber, Elizabeth Wayland. 1994. *Women's Work: The First 20,000 Years—Women, Cloht, and Society in Early Times*. New York: W. W. Norton.

Brindley, Erica F. 2010. *Individualism in Early China: Human Agency and the Self in Thought and Politics*. Honolulu: University of Hawaii Press.

Chang, Kwang-chih. 2005. "The Rise of Kings and the Formation of City-States." In *The Formation of Chinese Civilization: An Archaeological Perspective*, edited by Sarah Allan, 125-40. New Haven, Conn.: Yale University Press.

Clark, Gregory. 2007. *A Farewell to Alms: A Brief Economic*

History of the World. Princeton: Princeton University Press.

Cohen, Mark Nathan. 1977. *The Food Crisis in Pre-History: Overpopulation and Origins of Agricultures*. New Haven: Yale University Press.

Cohen, Mark Nathan. 1985. "Prehistoric Hunter-Gatherers: The Meaning of Social Complexity." In *Prehistoric Hunter-Gatherers: The Emergence of Cultural Complexity*, edited by T. Douglas Price and James A. Brown, 99-119. New York: Academic Press.

Eskildsen, Stephen. 2004. *The Teachings and Practices of the Early Quanzhen Taoist Masters*. Albany: State University of New York Press.

Goullart, Peter. 1961. *The Monastery of Jade Mountain*. London: John Murray.

Graham, A. C. 1990. "The*Nung-chia* 'School of the Tillers' and the Origins of Peasant Utopianism in China." In *Studies in Chinese Philosophy and Philosophical Literature*, edited by A. C. Graham, 67-124. Albany: State University of New York Press.

Guilday, John E. 1967. "Differential Extinction during the late Pleistocene and Recent Times." In *Pleistocene Extinctions: The Search for a Cause*, edited by Paul S. Martin and Herbert E. Wright, 121-40. New Haven: Yale University Press.

Harris, Marvin. 1977. *Cannibals and Kings: The Origins of Culture*. New York: Random House.

Herrou, Adeline. 2013. *A World of Their Own: Monastics and Their Community in Contemporary China*. St. Petersburg, Fla: Three Pines Press.

Hillery, George A. 1992. *The Monastery: A Study in Love, Freedom, and Community*. Westport, CT: Praeger.

Kohn, Livia. 2001. *Daoism and Chinese Culture*. Cambridge, Mass.: Three Pines Press.

Kohn, Livia. 2003a. *Monastic Life in Medieval Daoism: A Cross-Cultural Perspective*. Honolulu: University of Hawaii Press.

Kohn, Livia. 2003b. "Monastic Rules in Quanzhen Daoism: As Collected by Heinrich Hackmann." *Monumenta Serica* 51: 367-97.

Komjathy, Louis. 2007. *Cultivating Perfection: Mysticism and Self-Transformation in Quanzhen Daoism*. Leiden: Brill.

Lawlor, Robert. 1991. *Voices of the First Day: Awakening in the Aboriginal Dreamtime*. Rochester, VT: Inner Traditions.

Lee, Jung H. 2007. "Preserving One's Nature: Primitivist Daoism and Human Rights." *Journal of Chinese Philosophy* 34. 4: 597-612.

Lee, Jung H. 2014. *The Ethical Foundations of Daoism: Zhuangzi's Unique Moral Vision*. New York: Palgrave-McMillan.

Lee, Richard B. 1979. *The Kung San: Men, Women, and Work in a Foraging Society*. Cambridge: Cambridge University Press.

Liu, Li, and Xingcan Chen. 2012. *The Archaeology of Ancient China: From the Late Paleolithic to the Early Bronze Age*. Cambridge: Cambridge University Press.

McIntosh, Jane. 2006. *Handbook to Life in Prehistoric Europe*. New York: Oxford University Press.

Mithen, Steven. 2004. *After the Ice: A Global Human History, 20,000-5,000 BC*. Cambridge, Mass.: Harvard University Press.

Price, T. Douglas, and James A. Brown. 1985. "Aspects of Hunter-Gatherer Complexity." In *Prehistoric Hunter-Gatherers: The Emergence of Cultural Complexity*, edited by T. Douglas Price and James A. Brown, 3-20. New York: Academic Press.

Price, Weston A. 1989 [1939]. *Nutrition and Physical Degeneration*. New Canaan, Conn.: Keats Publishing.

Sahlins, Marshall. 1972. *Stone Age Economics*. London: Tavistock.

Schipper, Kristofer. 1984. "Le monachisme taoïste." In *Incontro di religioni in Asia tra il terzo e il decimo secolo d. C.*, edited by L. Lanciotti, 199-215. Firenze: Leo S. Olschki.

Shelach-Levi, Gideon. 2015. *The Archaeology of Early China: From Prehistory to the Han Dynasty*. Cambridge: Cambridge University Press.

Vervoorn, Aat Emile. 1990. *Men of the Cliffs and Caves: The Development of the Chinese Eremitic Tradition to the End of the Han Dynasty*. Hong Kong: Chinese University Press.

Weckman, George. 1987. "Monasticism: An Overview." In *Encyclopedia of Religion*, edited by Mircea Eliade, 10: 35-41. New York: Macmillan.

Woodburn, James. 1982. "Egalitarian Societies." *Man* 17:431-51

Yoshioka, Yoshitoyo. 1979. "Taoist Monastic Life." In *Facets of Taoism*, edited by Holmes Welch and Anna Seidel, 220-52. New Haven, Conn.: Yale University Press.

（作者为美国波士顿大学宗教系教授）

《老子》的养生思想

——以郭店楚简、马王堆帛书、北京大学藏竹书为中心

池田知久著　曹峰译

“养生”，即“使生命得以长久”，意味着个人不至于患罹疾病或者不会因为遭遇意外事故而早死，能够将“天”所赋予的生命按其本来的样子延续下去。

一、先秦儒家所见的“养生”

如果寻找“养生”一词在中国古典文献中留下的痕迹，虽然未必在中国古代思想史上出现最早，但《孟子》中所能见到者可能是最早的例子之一。《孟子·梁惠王上》中有这样一段话：

> （孟子）曰：“王如知此，则无望民之多于邻国也。不违农时，谷不可胜食也。数罟不入洿池，鱼鳖不可胜食也。斧斤以时入山林，材木不可胜用也。谷与鱼鳖不可胜食，材木不可胜用，是使民养生丧（送）死无憾也。养生丧（送）死无憾，王道之始也。”

这里的“养生”，仅有维持“民”之生活这样简单的内容，还没有到后来老子等道家思想家所言“养生”的程度，即还不是被赋予哲学意涵的、具有复杂意义的“养生”。此文末尾说“养生”是“王道之始”，似乎给予了比较高的评价，但从孟子（公元前372年左右—前289年）所持儒家伦理思想的立场来看，这个“养生”仅仅是“民”的愿望，所以总的说来评价并不高，如《孟子·离娄下》：

孟子曰："养生者不足以当大事，惟送死可以当大事。"

孟子明确指出，不能把"民"自己的"养生"①当作"大事"来看。

像这样对"养生"的必要性有痛切感受者是民众，所以孟子虽然也认可"养生"具有一定的意义，但终究没有给予多高的评价，在战国晚期的儒家——荀子那里也是一样的。例如，《荀子·儒效》说：

以从俗为善，以货财为宝，以养生为己至道，是民德也。……如是则可谓劲士矣。……如是则可谓笃厚君子矣。……如是则可谓圣人矣。

这里，荀子从伦理的观点出发，认为社会整体结构由"民"、"士"、"君子"、"圣人"上下四个阶层构成，同时指出"养生"最多只能视为最下层即"民"的理想，如"士"、"君子"、"圣人"所示，可以说位阶越高，理想也会随着位阶的上升而越发重要。此外，《荀子·荣辱》也说：

夫天生蒸民，有所以取之。……是天子之所以取天下也。……是诸侯之所以取国家也。……是士大夫之所以取田邑也。……是官人百吏之所以取禄秩也。孝悌原悫，軥录疾力，以敦比其事业，而不敢怠傲。是庶人之所以取暖衣饱食，长生久视，以免于刑戮也。……是奸人之所以取危辱死刑也。

这里，和《儒效》篇几乎相同，也是将社会整体的结构分作"天子"、"诸侯"、"士大夫"、"官人百吏"、"庶人"、"奸人"六个阶层，同时，对各阶层所获得("取")之物及其获得的条件("所以取")作了详尽的分析。这里的"庶人"和《儒效》的"民"是一样的，这个阶层所要获得者，就是"暖衣饱食，长生久视，以免于刑戮"，其中的"长生久视"正是养生思想的术

① 赵岐在此处作了这样的注："孝子事亲致养，未足以为大事。送终如礼，则为能奉大事也。"可见，"养生"指的是养父母之生，即为父母尽孝养之责。如照此解释，则难以将此处当作养生思想来看待，但是，赵岐为上引《梁惠王上》"养生丧(送)死"作注时，并未作同样的解释，所以，只能说针对两个相同句子所作的解释是不统一的。这里，我们觉得应当脱离赵岐注，将两者均作养生思想来看待。

语，就是不老长寿之意[①]。

基于上述分析，可以说，由孟子与荀子二人的文章可知，到战国晚期为止的儒家思想家们对于“养生”基本上持冷淡的态度。

二、养生思想的诞生与早期道家的养生

我们认为，中国古代的养生说，作为一种思想、技术，在历史上并不是由《老子》及道家首先提倡出来的。相反，是一些出现于早期道家诞生前或与早期道家相并行的，重视人生命、身体之充实的思想家，如杨朱、子华子、詹何等人在战国中期至后期的思想活动，他们的各种思想有可能对《老子》及道家养生思想的形成产生了某些影响。虽然有关这些思想家生涯与思想的确切内容非常少，但从大致情况来判断，好像两者间是有关联的。

（一）杨朱对“我”的重视

杨朱是与孟子同时代的人，或许比孟子稍稍年长，在《孟子·滕文公下》中有关于他的描述：

> 孟子曰：“……圣王不作，诸侯放恣，处士横议，杨朱、墨翟之言盈天下。天下之言，不归杨则归墨。杨氏为我，是无君也。墨氏兼爱，是无父也。无父无君，是禽兽也。……杨墨之道不息，孔子之道不著。是邪说诬民，充塞仁义也。仁义充塞，则率兽食人，人将相食。吾为此惧，闲先圣之道，距杨墨，放淫辞，邪说者不得作。”

---

① “长生久视”一语，亦见于《老子》第五十九章：“有国之母，可以长久。是胃（谓）深槿（根）固氏（柢），长〔生久视之〕道也。”这个词常见于《老子》前后时代的各类文献中，是养生思想的一个术语。成书于公元前239年之后不久的《吕氏春秋·重己》也有：“世之人主贵人，无贤不肖，莫不欲长生久视，而日逆其生，欲之何益。”高诱在《吕氏春秋·重己》篇此处下的注是“视，活也。”可见，“视”不是看的意思，而是存活的意思。顺便指出，本文所用《老子》底本，是国家文物局古文献研究室编《马王堆汉墓帛书〔一〕》（文物出版社，1980年）的“老子甲本”。本文所谓“底本（马王堆甲本）”就指的是这个本子。但底本（马王堆甲本）有残缺，残缺部分用同出于上书的“老子乙本”增补。

此外，在《孟子·尽心上》中也有：

孟子曰："杨子取为我。拔一毛而利天下，不为也。墨子兼爱，摩顶放踵利天下，为之。子莫执中，执中为近之。执中无权，犹执一也。所恶执一者，为其贼道也，举一而废百也。"

这些是文献中出现的有关杨朱最早的描述。从这些文章可以看出，杨朱站在和墨翟兼爱说（提倡应该把人与人之间相互的爱普遍化）相对的立场，鼓吹为"我"说（提倡应该首先考虑保全自身），但因为都是有害于"孔子之道"的思想，而遭到孟子极其严厉的批评。

这个杨朱，还出现在《吕氏春秋·不二》中：

听群众人议以治国，国危无日矣。何以知其然也？老聃贵柔，孔子贵仁，墨翟贵廉（兼），关尹贵清，子列子贵虚，陈骈贵齐，阳生贵己，孙膑贵势，王廖贵先，兒良贵后。

可见，杨朱被列入当时非常有影响的十个思想家中，说他的主张是"贵己"。此外，《淮南子·范论》中也有关于他的描写：

兼爱上贤，右鬼非命，墨子之所立也。而杨子非之。全性保真，不以物累形，杨子之所立也。而孟子非之。

这样看来，到了西汉初期，在对以往先秦时代各种思想的历史进行整理时，因为道家学派势力得到很大扩张，把过去并不视为杨朱主张的"保真"，也当作了他所倡导的思想。这样，他就成了一位随着时代变迁，渐渐被道家吸收过去的思想家。

依据上述资料中最为可信的《孟子》，可知杨朱的思想把"我"放在和以"君"及"天下"为代表的政治秩序与价值正好相反的位置，认为"我"才是最为重要的。

（二）子华子和詹何对于生命、身体的重视

和杨朱有相似之处的思想家，在《吕氏春秋·审为》中出现了两位。其中一位就是子华子。子华子对韩昭釐侯（亦即昭侯，公元前 362 年左右—前 333 年在位）说了这么一段话：

韩魏相与争侵地。子华子见昭釐侯。昭釐侯有忧色。子华子曰："今使天下书铭于君之前。书之曰：'左手攫之则右手废，右手攫之则左手废。然而攫之必有天下。'君将攫之乎,亡其不与。"昭釐侯曰:"寡人不攫也。"

子华子曰:"甚善。自是观之,两臂重于天下也,身又重于两臂。韩之轻于天下远,今之所争者其轻于韩又远。君固愁身伤生,以忧臧〈戚〉不得也。"昭釐侯曰:"善。教寡人者众矣,未尝得闻此言也。"子华子可谓知轻重矣。知轻重,故论不过。

子华子劝诫韩昭釐侯,自己的生命、身体要比掌握"天下"及韩国的统治权更为重要。

《吕氏春秋·审为》这段文章,也被《庄子·让王》篇采用。因此,也有学者把子华子完全视为一个道家思想家,但这是错误的,应该将其视为道家先驱者而已,这才是正确的①。因为自己的生命、身体要比掌握"天下"的统治权更为重要,这种坦率的思想不仅仅为道家所有,在与《吕氏春秋·审为》篇几乎同时的时代,也被其他儒家、墨家的思想家所认可。例如,可以参考西汉初期儒家作品马王堆汉墓帛书《五行》第十四章"说"的部分:

"慼(戚)而信之,亲也。"言信亓(其)〔慼(戚)〕也。捣(剐)而(汝)四膿(体),予女(汝)天下,弗为也。捣(剐)如(汝)兄弟,予女(汝)为天下,弗悉(迷)也。是信之已。信亓(其)〔慼(戚)〕,而笱(后)能相亲也。

"亲而筑(笃)之,爱也。"筑(笃)之者,厚。厚亲,而笱(后)能相爱也。

"爱父,亓(其)杀(继)爱人,仁也。"言爱父,而笱(后)及人也。爱父而杀亓(其)邻〔之〕子,未可胃(谓)仁也。②

以及战国晚期墨家作品《墨子·贵义》中以下部分:

子墨子曰:"万事莫贵于义。今谓人曰:'予子冠履,而断子之

① 《吕氏春秋》对子华子之言有较多的记载。除《审为》篇外,也见于《贵生》、《先己》、《诬徒》、《明理》、《知度》各篇。

② 对马王堆《五行》第十四章"说"文引用处的解释,可参见拙著《马王堆汉墓帛书五行研究》(王启发译,线装书局、中国社会科学出版社,2005年)第二部第十四章"说"。

手足，子为之乎。'必不为。何故，则冠履不若手足之贵也。又曰：'予子天下而杀子之身，子为之乎。'必不为。何故，则天下不若身之贵也。争一言以相杀，是贵义于其身也。故曰：'万事莫贵于义也。'"

这些文章，都有和《吕氏春秋·审为》同样的、较之"天下"统治权更重个人"养生"的思想，但在此基础上，提倡具有更高价值的"仁"、"义"之实践。由此可见，当时道家以外的思想家，在某种程度上，也有相通的、共同的思想，那就是认为自己的生命、身体要比掌握"天下"的统治权更为重要。

需要指出的是，马王堆《五行》第十四章"说"的部分和《墨子·贵义》，站在这种共同认识的基础之上，为各自倡导的"仁"、"义"赋予了比"养生"更高的伦理意义的价值。虽然"仁"、"义"因为儒家、墨家等倡导者的不同，在内容上不可能完全相同，而且，因为有西汉初期或战国晚期这些时代新旧的差异，会导致许多的不同，但我们有必要注意，这两个学派，特别是儒家未必没有赋予"养生"以绝对的价值。之所以这样说，是因为如上文所示，到战国中期为止的儒家，虽然认可"养生"有着一定的意义，但因为最终不过是"民"、"庶人"的理想和目标，而采取冷淡的态度。战国晚期的儒家也是如此，在"民"、"庶人"的"养生"之上，对"士"、"君子"、"圣人"或者"官人百吏"、"士大夫"、"诸侯"、"天子"各种更高层次伦理价值的实现给予了高度评价。所以，本章节所见马王堆《五行》第十四章"说"文部分"养生"的态度，和先秦儒家对"养生"的态度相比，可以视为一块硬币的正反两面，到了西汉初年这样一个新的时代，儒家对于"养生"的态度有了与时俱进的展开。

《吕氏春秋·审为》中出现了另外一位先于老子与道家的"养生"思想家，那就是詹何。詹何和中山公子牟（亦即魏牟。公元前266年前至前255年—或前251年之后）之间，有过如下的对话：

中山公子牟谓詹子曰："身在江海之上，心居乎魏阙之下。奈何？"詹子曰："重生。重生则轻利。"

中山公子牟曰："虽知之，犹不能自胜也。"詹子曰："不能自胜则纵之。"（中山公子牟曰：）"神无恶乎。"（詹子曰：）"不能自胜而强不纵者，此之谓重伤。重伤之人，无寿类矣。”

可见，教导的是“重生。重生则轻利”等“养生”的思想。《吕氏春秋·审为》这段文章后来也被《庄子·让王》及《淮南子·道应》所用①。

如上所述，“养生”说及“养生”术，对道家来说是先于道家的、外来的思想。到了战国晚期以后，虽然“养生”超越学派差异，被广为提倡与实践，但即便道家也要到战国晚期前才开始真正吸收，直到以《庄子·养生主》为代表的道家系统各类文献中，其思想才浮现出来。

（三）早期道家的养生

已经很难确知道家思想家是在何时从外面吸收了“养生”思想。如依据相关情况加以判断，恐怕只能推测为稍早于战国晚期的时代。但道家并非一开始就百分之百地完全赞美这一外来的新思想，道家一开始站在对过去的传统的思想予以重视的立场，对“养生”展开了独有的批判。这一点，和上述儒家、墨家从各自立场展开独有的批判是一样的，现存《老子》、《庄子》、《淮南子》等道家文献都保存了这些批判。

这里我们来分析一下《庄子》、《淮南子》对人为追求、刻意追求“养生”的批判。例如，形成于西汉初期的《庄子·刻意》说：

> 吹响（欨）呼吸，吐故纳新，熊经鸟申，为寿而已矣。此道（导）引之士、养形之人、彭祖寿考者之所好也。
>
> 若夫不刻意而高，无仁义而修，无功名而治，无江海而间，不道（导）引而寿，无不忘也，无不有也，澹然无极，而众美从之。此天地之道，圣人之德也。故曰：“夫恬惔寂漠，虚无无为，此天地之本，而道德之质也。”故曰：“圣人休焉。”休则平易矣，平易则恬惔矣。平易恬惔，则忧患不能入，邪气不能袭。故其德全而神不亏。

这里，《庄子·刻意》把以“吹响（欨）呼吸，吐故纳新，熊经鸟申，为寿而已矣”为内容的、依据“道（导）引”进行的“养形”之术，看作是与“天地之道，圣人之德”相反的东西，而给予了否定的评价。所谓“天地之道，圣人之德”，可以说指的就是下面紧接着的“恬惔寂漠，虚无无为”，因此无

① 描述詹何言语行动的文章，《吕氏春秋》中还见于《执一》篇、《重言》篇。

疑站在反对人为、反对刻意的立场。如果依据下面所引各种资料来考察，道家引入这些“道引”之术，是进入西汉初期以后的事，此时《老子》原本的编纂已经跨出了最早的一步。然而，如当时的《庄子·刻意》将其视为人为之术、刻意之术加以批判所示，道家对此绝非毫无保留地加以赞美。不仅如此，我们推测与此同时的道家或在此以前的其他道家，在接触养生思想的当初也同样给予了批判。

如果注意《庄子·刻意》篇中关于“吹呴(欨)呼吸，吐故纳新，熊经鸟申”等“道引”之术的描述，可以发现后来(西汉武帝初年，公元前139年后不久)基于《庄子·刻意》篇形成的《淮南子·精神》中有：

> 若吹呴(欨)呼吸，吐故纳新，熊经鸟申，凫浴猿躩，鸱视虎顾，是养形之人也，不〔足〕以滑心。

《淮南子·齐俗》中也有：

> 今夫王乔、赤诵子，吹呕(欨)呼吸，吐故纳新，遗形去智，抱素反真，以游玄眇(妙)，上通云天。今欲学其道，不得其养气处神，而放其一吐一吸，时镨(屈)时伸，其不能乘云升假，亦明矣。

《淮南子·泰族》中也有：

> 王乔、赤松去尘埃之间，离群慝之纷，及(吸)阴阳之和，食天地之精，呼而出故，吸而入新，喋(蹀)虚轻举，乘云游雾。可谓养性矣，而未可谓孝子也。

虽然这些文献都描述了以“道引”之术为内容的“养生”，但绝非毫无保留地加以赞美，而是站在道家的立场(如《精神》、《齐俗》)或儒家的立场(如《泰族》)，对其加以批判。

然而，依据《史记·留侯世家》，西汉初期的功臣张良曾行“道(导)引”之术：

> 留侯性多病，即道引不食谷，杜门不出岁余。……留侯乃称曰：“……愿弃人间事，欲从赤松子游耳。”乃学辟谷，道(导)引轻身。

《汉书·王吉传》记载，儒者王吉在给昭帝(公元前87年—前74年在位)的上疏中写道：

> 休则俛仰诎(屈)信(伸)以利形，进退步趋以实下，吸新吐故以

练臧(脏),专意积精以适神,于以养生,岂不长哉。

可见,随着时代的推移,不管什么学派,都不加任何批判地开始支持“道引”之术。到了后来,伴随神仙、道教的流行,“道引”之术变得越发盛行,这可以参见《后汉书·方术列传》及《三国志》和《魏书》中的《方技传》等文献。

再举一个《庄子》的例子,也是对人为追求、刻意追求“养生”表示批判的。成书于战国晚期或者西汉初期《庄子·达生》中有:

达生之情者,不务生之所无以为。达命之情者,不务知之所无奈何。养形必先之物。物有余而形不养者,有之矣。有生必先无离形。形不离而生亡者,有之矣。……悲夫,世之人以为养形足以存生。而养形果不足以存生,则世奚足为哉。……

夫欲免为形者,莫如弃世。弃世则无累,无累则正平,正平则与彼更生,更生则几矣。事奚足弃,而生奚足遗。弃事则形不劳,遗生则精不亏。夫形全精复,与天为一。天地者,万物之父母也。合则成体,散则成始。形精不亏,是谓能移。精而又精,反以相天。

这里,认为以“养形”、“有生”为内容的、人为的执着的“养生”并没有效果,故而加以排斥,代之以提倡以“弃世”(“弃事”)、“遗生”为内容的、自然的无执的“养生”。在庄子看来,后者既无身体的疲劳也无精气的损耗,是真的“养生”,是“与天为一”、“反以相天”,换言之,是参赞天地万物之化育的、宏大规模的具有哲学(存在论)意义的“养生”。

《庄子·达生》开头有这样一段话:“达生之情者,不务生之所无以为。达命之情者,不务知之所无奈何。”如上所述,是一段对人为的执着的“养生”加以批判提供了根据的文章。虽然后来形成的一些道家文献引用了这段文章,但似乎没有以此为依据对“养生”加以批判,甚至大多数场合引用此文是为了印证养生思想的正确。这一现象和上述的状况正好相同,即随着时代的推移,都开始不加任何批判地支持“道引”之术了。这方面的例子,见于《淮南子》的《俶真》、《诠言》、《泰族》,《文子》的《下德》、《九守》等各篇,这里仅举《淮南子·诠言》一例:

《淮南子·诠言》有以下内容:

自信者不可以诽誉迁也,知足者不可以势利诱也。故通性之情者，不务性之所无以为。通命之情者，不忧命之所无奈何。通于道者，物莫足〔以〕滑其调〈和〉。詹何曰："未尝闻身治而国乱者也，未尝闻身乱而国治者也。"……身者，事之规矩也。未闻枉己而能正人者也。

这篇文章先引用了以下和《庄子·达生》开头几乎相同的文字：

通性之情者，不务性之所无以为。通命之情者，不忧命之所无奈何。

然后，引用了上文所见"养生"思想家詹何的话。其中"身治"就是身体得以养生之意，"身乱"就是身体不能养生之意，这段文章夸张地指出，个人养生与否是国家治乱的根本，养生具有政治的意义。一看就明白，在方向上，这是将《庄子·达生》开头的文章，作了完全相反的意义转换，将其当作养生的根据来使用了。

如上所述，《庄子》、《淮南子》等道家文献中，那些形成于战国晚期至西汉初期的文献，对于新的从外部导入的养生思想，大多从重视道家过去的传统的思想之立场出发，展开了独有的批判。然而，以西汉武帝时期为界限，随着时代越来越晚，道家也不对"养生"采取任何的批判，反而开始加以支持了。

三、《老子》的养生思想

（一）《老子》中残留的对养生的批判

《老子》中，本文以之作为底本的马王堆甲本（成书于西汉初期）自不待言，在这之前的郭店本（成书于战国晚期）中也有批判"养生"之处。我们认为，这是基于时间更早的道家传统的思想而做出的批判。例如，《老子》第五十五章中有：

〔含德〕之厚〔者〕，比于赤子。逢（蜂）㾊（虿）螝（虺）地（蛇）弗螫，攫鸟猛兽弗搏。骨弱筋柔而握固，未知牝牡〔之会〕而朘〔怒〕，精〔之〕至也。终日号而不发（嚘），和之至也。和曰常，知和曰明，益生曰祥（妖），心使气曰强。〔物壮〕即老，胃（谓）之不道。不〔道〕

蚤(早)〔已〕。

这是说,要想使养生获得成功,必须像"赤子"那样,"含""德"("道"之作用)到"厚"的程度,有目的有意识地"益生",用"心"勉强地控制体内的"气",这样的养生,老子用极其严厉的口吻指责其为"不道"而加以排斥①。

此外,《老子》第七十五章所见"求生"、"贵生",正是当时养生思想的一种表达,老子对此也是将其视为因过于"(轻)死"、而在养生上归于失败的行为,予以明确的否定:

民之巠(轻)死,以亓(其)求生之厚也,是以巠(轻)死。夫唯无

① 第五十五章"益生曰祥(妖)"的意思,因为河上公《老子注》曰"祥,长也。言益生欲自生,日以长大",给予了肯定的解释,因此如高亨《老子注译》(清华大学出版社,2010 年)卷下第五十五章所示,也有同意这一说法的学者。这里,"祥"就是"幸运"的意思。然而,研究者中倡导这一解释者只是极少数,大多数取否定的解释。笔者也认为否定的解释为好。"益生",就是企图使生命、身体不老长寿,为此而导引或服药,和《老子》第五十章"民生生"及第七十五章的"亓(其)求生之厚"是同样的意思。此外,《庄子·德充符》"人之不以好恶内伤其身,常因自然而不益生也"也是近似的内容[参照吕惠卿《道德真经传》(《正统道藏》所收)第五十五章]。"祥",如加藤常贤《老子原义の研究》(明德出版社,1966 年)第二部之三十三"气力を深く藏畜して赤子の如くすべし(55)"引朱骏声《说文通训定声》说明的那样,是"殃"或"觥"的假借字。马叙伦《老子校诂》(中华书局,1974 年)卷第三第五十五章的解释也与此近似。要说"益生"为何是"祥(妖)",恐怕是因为人为地、刻意地去追求"强、壮"的缘故吧。

"心使气曰强"中的"心使气",指的是人的精神(知性)有意控制构成体内生命之元素("气"),而带有人为、刻意的意向。《庄子·人间世》中有:"无听之以耳,而听之以心。无听之以心,而听之以气。听〈耳〉止于耳〈听〉,心止于符。气也者,虚而待物者也。唯道集虚。"显示出和《老子》第五十五章一样,较之"心"更重"气"的思想。"曰强",指的是结果,如上文所示指人的身体不能"柔弱"而变得"强壮"。与这部分文意最为吻合的《老子》用例,就是第十章的"〔槫(专)气至(致)柔〕,能婴儿乎。"

关于"〔物壮〕即老,胃(谓)之不道。不〔道〕蚤(早)〔已〕"又见于第三十章,自古以来就有人对这两章两句作出讨论。除去章末"不〔道〕蚤(早)〔已〕",其他部分也见于郭店本第五十五章,因此,是写成于战国晚期的表达养生思想的文章。此外,对"〔物壮〕即老"以下部分,也有学者将其理解为符合所有条件下的一般的、普遍的法则,例如"盛者必衰"之理(楠山春树就是这样),福永光司《老子》(朝日新闻社,1978 年)"下篇(德经)"第五十五章;金谷治《老子 无知无欲のすすめ》(讲谈社,1997 年)"老子道德经 下篇"之 55"含德の厚きは(婴儿のたとえ)";楠山春树《老子入门》(讲谈社,2002 年)第三章之 3"跂つ者は立たず、跨ぐ者は行かず(第二十四章)"等,也均沿这个方向解释,不恰当。这不过是在养生思想范围内立言,说的是"益生"、"心使气"这些强壮的人。

以生为者，是贤贵生。

可见，只有那种不过分追求长生不老、不费周章、不人为、不刻意的做法，才有可能实现真的养生[①]。还有，《老子》第七章中有：

天长地久。天地之所以能〔长〕且久者，以其不自生也，故能长生。是以声(圣)人芮(退)其身而身先，外其身而身存。不以其无〔私〕舆(与)，故能成其私。[②]

《老子》第五十章中有：

〔出〕生，〔入死。生之徒十〕有〔三，死之〕徒十有三，而民生生，动皆之死地之十有三。夫何故也，以亓(其)生生也。盖〔闻，善〕执生者，陵行不〔辟(避)〕矢(兕)虎，入军不被甲兵。矢(兕)无所椯

① 第七十五章的"以亓(其)求生之厚也"，有人把通行本(王弼本、河上公本)的"其"改为"其上"，这是妄改。"民之巠(轻)死……"与下文"夫唯无以生为者……"的主语都是"民"。此外，"求生"和"贵生"是几乎相同的内容，说的是为了身体的长生而从事导引、服药等人为的、刻意的事情。上述第五十五章的"益生"也是一样的。还有，第五十章的"〔死之〕徒十有三，而民生生，动皆之死地之十有三。夫何故也，以亓(其)生生也"中的"生生"也几乎与之相同，其主语明确是"民"。

② 第七章"以其不自生也"中的"生"，不是产生(万物)之意，而是生存之意。下文的逻辑，如"芮(退)其身而身先"、"外其身而身存"、"不以其无〔私〕舆(与)，故能成其私"所示，是反向言说法，是辨证法，这部分"以其不自生也，故能长生"也是同样表达方式，两个"生"只能是同样的意思。因为后者的"长生"指的是养生思想意义上的长寿，所以前者的"自生"就一定是生存之意。王弼《老子注》、河上公《老子注》以来通常的说法都作此理解。福永光司《老子》(前揭)"上篇(道经)"第七章，把前者读为"生成"，后者读为"长生"，都将其解释为生成万物意义上的万物生成论，恐不合适。但这种基于万物生成论的解释，也有中国自古以来的传统。例如，成玄英《老子义疏》的"天地长久"章解释为："言天地但施生于万物，不自营己之生也。"将其读解为天地生成万物的作用。作同样解释者还有，苏辙《老子解》七章(焦竑《老子翼》七章所引)；李嘉谋《老子注》七章(焦竑《老子翼》七章所引)；武内义雄《老子の研究》(《武内义雄全集》第五卷"老子篇"，角川书店，1978年)的"老子の研究(下)　道德经析义"之"老子道德经　上篇"第七章；高亨《老子注译》(前揭)卷上之七章。不过，成玄英以来万物生成论角度的解释，似乎也是将前者"不自生"读为"不自己生存"或"不欲自己生存"。

从这个角度回过头来看，我们注意到章首"天长地久"以下天地存在方式的描写，实际上是以养生思想为基础的一种比喻的、象征的刻画。通过这一章，正好可以看出此章执笔之际，老子周边养生思想盛行的状况，所以是极好的资料。此外，下文"外其身而身存"的主题也是养生。此章的修辞，是以前半天地"以其不自生也，故能长生"的存在方式为榜样，描画后半"声(圣)人"的理想的生存方式，因为后半"身存"的意思和前半"长生"并无太大区别。

(揣)亓(其)角,虎无所昔(措)亓(其)蚤(爪),兵无所容〔亓(其)刃。夫〕何故也,以亓(其)无死地焉。①

第七章否定了致力于"自生"及"身存"的养生思想,赞赏效法"天地"准则的、追求"其不自生"及"外其身"的真正的养生。第五十章把"生生"这种强烈渴求生存的民众的养生愿望,当作相反的会"之死地"的原因而加以警惕。也许,这里说的是,在生存上没有任何的人为、没有任何的刻意,只有这样的行为方式才能做到真正的养生。

上面我们讨论了《老子》中遗留的对于养生的批判,但这些在数量上不多,换言之,《老子》中对养生全面加以赞美的文章要更为普遍。我想这是因为,《老子》养生思想中,很多是道家采纳养生之术一段时间后主要形成于西汉初期的内容。虽然如此,上文所见对于养生的批判,和前面所讨论的《庄子》、《淮南子》的养生批判有着基本上相同的内容、性质。就是说,道家从以往的传统的思想,尤其是从重视反人为、反刻意

① 第五十章开头的"〔出〕生,〔入死〕",意为出而成为生的状态,入而成为死的状态,指的是人生下来以后不久就走向死亡。《庄子·大宗师》云:"古之真人,不知说(悦)生,不知恶死。其出不䜣,其入不距。翛然而往,翛然而来而已矣。"《庄子·庚桑楚》云:"有乎生有乎死,有乎出有乎入。入出而无见其形,是谓天门。天门者,无有也。"可以参照。"出"的来源,"入"的地点,如《庄子·庚桑楚》所言,就是"无",这个"无"有时也称为"道"。

第五十章的主题一言以蔽之,就是养生思想,此章从生死的观点出发,把所有的人整理为三种类型,特别针对执迷于错误的养生而不悟的第三种类型的"民",刻画了一个正好相反的、能够正确养生的"〔善〕执生者"。第一种类型是天生就能够长寿者,第二种类型是天生就会早亡者,第三种类型是期待长生不老,用导引、服药等勉强的手段进行养生,结果反而赴死者。与最后的第三种类型正好相反,老子描画了"〔善〕执生者"这种正确养生的实践者,他们能够保证不陷于第三种类型的人会进入的"死地"。关于上述的解释,可以参照易顺鼎《读老札记》和高延第《老子证义》[均见朱谦之《老子校释》(中华书局,1963年)"老子道经"第七章所引]的研究。

第五十章"民生生,动皆之死地……夫何故也,以亓(其)生生也"在措辞和趣旨上和第七十五章"民之巠(轻)死,以亓(其)求生之厚也,是以巠(轻)死"基本相同。尤其第五十章的"生生",就是第七十五章的"求生之厚"或"求生"之意。第五十章"以亓(其)生生也",各版本间存在异同,马王堆乙本、北京大学简和底本(马王堆甲本)几乎完全相同,通行本(王弼本)作"以其生生之厚",更近于第七十五章的表达方式。因此,第五十章的"民生生"和第七十五章的"民之……求生之厚",可能记载的是当时相同的状况吧。也就是说,当时有很多民众对养生思想抱有强烈的兴趣。

的立场出发，对养生的人为性、刻意性作出了批判。对新兴的养生思想采取的这种态度，从本节一开始所引用、分析的《老子》第五十五章来看，此章不仅马王堆两个本子中有，而且郭店本中也有，因此可以推测道家这一态度在战国晚期以前就已经开始了。如前所述，先秦时代儒家、墨家保持各自的立场，对新兴的养生思想展开了自己的批判，道家这里也有类似的现象。

（二）通过把握“道”、“德”实现养生

道家为何会吸收养生思想呢？早期道家万物齐同的哲学，其最终阶段就是用“一之无”来把握世界真实的状态①，在保持这种哲学不变的同时，又持有对个人生命、身体予以重视的思想，恐怕是难以成立的吧？可以推测，他们吸收养生思想，是战国晚期稍早以前的事情，战国晚期，道家放弃了早先万物齐同的哲学，一方面把“一之无”限定为“道”的属性并加以保持，同时另一方面又恢复了“万物”的“多之有”性。道家对于养生思想的吸收和这种形而上学上的、存在论上的方向转换是表里一致的。然而，上述情况，虽然可以用来说明道家吸收养生思想一般的、根本的条件，用来说明具体的、现象的原因却是不够充分的。

更为具体的、现象的原因，归根结底，恐怕只能从道家思想家所描绘的实际的养生思想中去寻找。这里为了叙述的方便，先对《老子》吸收养生思想的原因作一个回答。包括老子在内的道家思想家在展开其思想活动时，最为重视的问题，第一，是对“道”与“德”（即“道”的作用）加以把握。第二，是实现“无知”、“无欲”、“无为”，“无知”、“无欲”、“无为”与“道”、“德”密切相关，并成为“道”、“德”之一部分。在这两种思想活动中，养生被认为是修道者为了成功把握“道”、“德”，而生出的具体的、现象的成果。此时，养生与“道”、“德”之把握的关系，在《老子》等比较早的思想中可以作此定位，即“道”、“德”的把握是主要的目的，养生

① 关于早期道家“一之无”的哲学，可以参照拙著《道家思想的新研究——以〈庄子〉为中心》上（王启发、曹峰译，中州古籍出版社，2009年）第五章第四节“对存在判断的否定与排除”。

是其副产品，这种倾向要更强烈一些；然而随着时间的推移，其倾向反过来表现为，养生成为主要的目的，“道”、“德”的把握成了其背景。

这一节，首先考察第一种养生思想，即因为对“道”、“德”的把握而带来养生。例如，《老子》第十章云：

〔戴营䰟(魄)抱一，能毋离(离)乎。槫(专)气至(致)柔〕，能婴儿乎。修除玄蓝(鉴)，能毋疵乎。……生之畜之，生而弗〔有，长而弗宰也。是胃(谓)玄〕德。①

① 第十章第二段中的“槫(专)气”，指守持气(构成生命、身体的元素)之纯粹不变，不使心中有思虑、欲望等杂物介入。王弼《老子注》及河上公《老子注》的解释在这方面特别出色。其反命题就是第五十五章的“心使气”，第五十五章和第十章一样，“赤子”、“骨弱筋柔”之类关键词全部登场。而在《管子·心术下》中有：“专于意，一于心，耳目端，知远之证，能专乎，能一乎，能毋卜筮而知凶吉乎。能止乎，能已乎，能毋问于人，而自得之于己乎。故曰：‘思之。思之不得，鬼神教之。’非鬼神之力也，其精气之极也。一气能变曰精，一事能变曰智。……极变而不烦，执一之君子。”《管子·内业》中有：“气意得而天下服，心意定而天下听。抟(专)气如神，万物备存。能抟(专)乎，能一乎，能无卜筮而知吉凶乎。能止乎，能已乎，能勿求诸人，而得之己乎。思之思之，又重思之。思之而不通，鬼神将通之。非鬼神之力也，精气之极也。……一意抟(专)心，耳目不淫，虽远若近。”这是以《老子》、《庄子》为基础形成的后代的文章，虽然在重视心意之作用这一点上有很大的不同，但“一气”、“抟(专)气”原来就是指保持气的纯一无杂，修道者企图通过这一做法立于万物源头，这一点是相同的。

“至(致)柔”，这里指让身体的柔弱达到极点。“能婴儿乎”，表示出想变成生命力旺盛之婴儿的愿望。自不待言，“婴儿”是《老子》养生思想的关键词。

第三段中的“涤除玄览”(通行本)，以前把“涤除”和“玄览”分别读成两个动词，到了近代对“玄览”加以“涤除”的读法得到提倡，两种读法间出现对立。但王弼《老子注》和河上公《老子注》都是把“涤除”和“玄览”分别读成两个动词，之后，成玄英《老子义疏》的载营章、林希逸《老子鬳斋口义》的载营魄章第十等也是如此，把“涤除”和“玄览”分别读成两个动词的观点占据压倒性多数。从内容上考察，这种读法更佳，因此我也表示赞同。对“玄览”加以“涤除”这种读法的提倡者有：武内义雄《老子の研究》(前揭)之“老子の研究(下) 道德经析义”之“老子道德经 上篇”第十章；高亨《老子正诂》(中国书店影印，1988 年)卷上第十章；福永光司《老子》(前揭)之“上篇(道经)”第十章；金谷治《老子 无知无欲のすすめ》(前揭)之“老子道德经 上篇”之“营魄を载んじ(圣人の德)”。作为依据被列举的是河上公《老子注》和《淮南子·修务》，但这是对二书的误读。此外，高亨《老子正诂》(前揭)所引《大玄经》童“修其玄鉴”中的“玄鉴”，也并不是指的心，而是深刻观察世界方法吧。

“修除”，马王堆两个版本、北京大学简本相同。通行本(王弼本)作“涤除”。“修”与“涤”似为音近通假的关系[参见高明《帛书老子校注》(中华书局，1996 年)的“道经校注”十]。意指洗涤污浊。主要指的是心灵、精神上的污浊(官能的欲望、繁杂的智虑)。与《老子》第十章这里，提出的是这样一个愿望，即保持"一"这个"道"而不分离，以此作为中心，同时也伴随"槫（专）气至（致）柔〕"、"修除玄蓝（鉴）"等养生技术，将"婴儿"的生命力注入身体中，从而不至于有"疵"，以获得养生的成功。

此外，《老子》第三十章中有：

是胃（谓）〔果〕而不强。物壮而老，是胃（谓）之不道。不道蚤（早）已。

此章下段的"物壮而老，是胃（谓）之不道。不道蚤（早）已"不见于老子最早的本子——郭店本，到马王堆两个本子才开始出现，说的是"物"的强、壮正是对"道"的违背，这样的话，"物"很快就会"老"并"已"①。

关系深厚的《管子・心术上》云："虚其欲，神将入舍。扫除不洁，神乃留处。人皆欲智，而莫索其所以智（知）乎。智乎智乎，投之海外无自夺。……天之道虚，地之道静，虚则不屈，静则不变，不变则无过。故曰：'……洁其宫，阙其门。'宫者，谓心也。心也者，智之舍也。故曰宫。洁之者，去好过也。门者，谓耳目也。耳目者，所以闻见也。"《管子・内业》云："有神自在身，一往一来，莫之能思。失之必乱，得之必治。敬除其舍，精将自来。精想思之，宁念治之。严容畏敬，精将至定。得之而勿舍，耳目不淫，心无他图。"这两篇文章虽然论述了心与耳目的"扫除不洁"，但这里的"不洁"指的是"智"和"欲"，对其加以扫除的结果，就是心与耳目中"神、精"得以留宿。我认为《老子》第十章的"修除"和《管子》这两篇的"扫除"是同样的意思。另外，"修除"、"扫除"，可能是来自当时民间宗教中举行的祓除仪礼吧。

"玄蓝（鉴）"，马王堆乙本作"玄监（鉴）"，北京大学简本作"玄鉴"，通行本（王弼本）作"玄览"。其意为，极其深入（"玄"）地照彻洞见（"鉴"），从得道之深处出发（"玄"）看穿世界的真实面貌（"鉴"）。苏辙《老子解》十章（焦竑《老子翼》十章所引）将其意理解为"玄览万物"，焦竑《焦氏笔乘》十章（焦竑《老子翼》十章所引）解释为"玄览，玄妙之见也"，都比较好。

"能毋疵乎"，表达的是不会患罹疾病的愿望。《说文解字》云："疵，病也。"这里说的疾病，是说心灵受到污染，而这种污染是由智慧、欲望导致的[参见高亨《老子正诂》（前揭）卷上十章]。

① 第三十章"物壮而老，是胃（谓）之不道。不道蚤（早）已"这两句十二字，也见于第五十五章，围绕着这两章两句的处理，自古以来就有讨论。姚鼐《老子章义》第三十章认为第五十五章是正文，第三十章是衍文；相反，马叙伦《老子校诂》（前揭）卷第二第三十章及卷第三第五十五章、高亨《老子正诂》（前揭）卷下五十五章、高亨《老子注译》（前揭）卷下五十五章等则以第三十章为正文，第五十五章为衍文。后来，西汉初期抄写的马王堆甲本、乙本出土问世，因为第三十章、第五十五章都含有这两句话，把文本当作固定的东西来把握的上述对于文本校订的信赖被动摇了。再后来又出现了战国晚期抄写的郭店本。根据郭店本，到战国晚期为止的古《老子》，第三十章中并无这两句话，第五十五章中只有"勿（物）壮则老，是胃（谓）不道"这一句，而没有最后一句"不道蚤（早）已"。

这虽然是不把握“道”就不可能养生的养生思想，但同时将其视为批判战争政策的政治思想也无问题，这样看的话，这一章上下首尾是一贯的。

再看《老子》第五十二章：

> 天下有始，以为天下母。既(既)得亓(其)母，以知亓(其)〔子，既(既)知亓(其)子〕，复守亓(其)母，没(殁)身不殆。塞亓(其)閟(兑)，闭亓(其)门，终身不堇(勤)。啓亓(其)閟(兑)，济亓(其)事，终身〔不来。见〕小曰〔明〕，守柔曰强。用亓(其)光，复归亓(其)明，毋遗身央(殃)，是胃(谓)袭常。

这一章上段说的是，作为“天下”之“始、母”的“道”生出了作为“亓(其)子”的万物，基于这一存在论或者说万物生成论，要提倡不仅了解万物还能守住“道”是一件重要的事，通过这样的活动才有可能实现“没(殁)身不殆”的养生。这一章中段，在连列“和光同尘”风格句式的同时，指

基于上述情况，我做出如下思考。第一，文本在不断地变动，随着时间的推移才一点点整理完善。就这两章而言，到战国晚期为止的《老子》第三十章中不存在这两句话。这两句话被附加于第三十章，发生于从郭店本到马王堆甲本的时代。但也没有必要视其为衍文。另外，郭店本的第五十五章虽然已经几乎完成，但还没有最终完成，其完成或许和这两句话被附加到第三十章属于同一时代。

第二，之所以第五十五章的“勿(物)壮则老，是胃(谓)不道”一句话首先成书，是因为和第五十五章整体主旨完全吻合。第五十五章(郭店本)开头是“酓(含)悳(德)之厚者，比于赤子”。下面全部论述的是养生思想，因此这句话也只能是养生思想。尤其是“勿(物)壮”的部分，因为承接着前面的“心事(使)(气)曰(强)”，因此这句话在第五十五章形成之初就已经存在的可能性很高。与之相对应，第三十章整体的主旨是批判战争的政治思想。之所以会在这里加入这句话，一定是因为和第五十五章类似，前面有“是胃(谓)〔果〕而不强”一句话，但更重要的是，本来仅限于养生思想的“勿(物)壮则老，是胃(谓)不道”其意义已经被抽象化、普遍化，“道”的哲学成为其思想的根基，即便作为政治思想也可以适用了。我想这个过程花费了一定的时间。因此，河上公的《老子注》、高亨的《老子注译》(前揭)卷上三十章等，在解释第三十章章末这两句话时，认为兼有政治思想和养生思想，我认为这样的解释是适当的。

“已”即“亡”之意。作为第三十章的政治思想，有灭亡之意；作为第五十五章的养生思想，有死亡之意。然而，成玄英《老子义疏》的以道章指出：“已，止也。”注释曰：“物壮则老，兵强则衰。既不谦柔，故非真道。应须止息而勿行也。”《含德》章也大致相同。对此，林希逸《老子鬳斋口义》以道佐人主章第三十及含德之厚章第五十五、诸桥辙次《掌中老子の讲义》(大修馆书店，1966年)之“老子 上篇”第三十章及同书“老子 下篇”第五十五章也支持其观点。虽然有趣，但不恰当。

出把握“道”的前提在于，全面停止感觉、知觉的作用，与世界合一，才有可能实现“道”的达成，这样才使得“终身不堇(勤)”的养生成为可能。这一章的下段，阐述的是对极“小”而“柔”弱之“道”的把握，导致“毋遗身央(殃)”的养生结果[①]。这样看来，本章整体由养生思想构成，说

① 通过第三十二章和第三十四章可得知，《老子》的“小”在其他场合也被用来假称、形容“道”。关于第五十二章的“小”，成玄英《老子义疏》天下章指出：“小，微细之名也，即至妙之理也。”此说虽然不坏，但没有直接说明“小”指代的是“道”，仍有隔靴搔痒之感。张尔岐《老子说略》五十二章[冯振《老子通证》(华东师范大学出版社，2012 年)之“老子通证下篇”五十二章所引]、福永光司《老子》(前揭)“下篇(德经)”第五十二章、蜂屋邦夫《老子》(岩波书店，2008 年)第五十二章也相同。

“明”，如上所述，是对根源之“道”加以把握的认识，因此就是根源性的认识。不用说，下文“复归亓(其)明”的“明”就是由此而来的。这种绝对的明知在《老子》中多次出现。例如，第十六章“知常，明也”，第三十三章“自知〔者明也〕”，第四十七章“〔不见而名(明)〕”，第五十五章“知和曰明”等等。请参照以下著作：大田晴轩《老子全解》之五十二章、朱谦之《老子校释》(前揭)“老子德经”之五十二章。

“守柔曰强”主旨在于，守住世间的“柔”，反而成就绝对的“强”。这看上去离开了第五十二章下段的原意，但“柔→强”和“小→明”一样，属于“道”正言若反的、辨证法的性质之一，这部分或许谈的是这个问题，另外，下段的主题和上段、中段相同也是养生思想，因此，或许这里谈到的就是与养生相关的身体的“柔→强”。

“用亓(其)光，复归亓(其)明”，过去的解释致力于阐明“光”和“明”的异同。其结果，导致这样一种常见的说法，例如金谷治主张：“‘光’指的是照向外部的闪耀着光芒的智慧，与之对应，‘明’指的是朝向内部的洞察真相的真知。”持这一解释的人在近代非常多，几乎不胜枚举。例如，在中国可举冯振《老子通证》(前揭)“老子通证下篇”之第五十二章、朱谦之《老子校释》(前揭)“老子德经”之第五十二章、陈鼓应《老子注译及评介》(修订增补本，中华书局，1984 年)“注释今译与引述”之第五十二章、高明《帛书老子校注》(前揭)“德经校注”之第五十二章等。在日本可举金谷治《老子 无知无欲のすすめ》(前揭)“老子道德经 下篇”之 52“天下に始め有り(母なる“道”に归れ)”、蜂屋邦夫《老子》(前揭)之第五十二章、神塚淑子《〈老子〉——“道”への回归》(岩波书店，2009 年)之第Ⅱ部第二章“道”に复归する(《老子》第四十章、第十六章、第五十二章、第二十八章)等。然而，“光”其他也见于第四章、第五十六章、第五十八章，和内外差异无关，指的就是发生作用后可以了解事物现象的智慧之光。同时，“明”亦如上述，并无内外区别，指的就是发生作用后可以看穿万物本质的“道”之光芒，换言之，既是把握“道”之明知，也是把握“道”(之人)所持有的明知。因此，不用说上述常见说法是不值得尊重的解释，实际上河上公《老子注》最早倡导此类见解。比上述见解更好的是李嘉谋《老子注》五十二章(焦竑《老子翼》五十二章所引)的“明者本也，光者明之所自出也。元明为本，其末分而为视为听为觉为触者，皆其光也。道自本流于末，学自末自求其本”。福永光司《老子》(前揭)“下篇(德经)”之第五十二章、大滨皓《老子の哲学》(劲草书房，1962 年)九章“无知”等，可以视为是同一方向的解释。这样看来，老子在第五十二章，对“光”作了肯定的评价，即可以把“光”这

的是把握了“道”才有可能养生。

（三）养生与赤子、婴儿之比喻

如上一节所引《老子》第十章中看到的那样，《老子》在论述通过把握“道”来养生的思想时，使用了“婴儿”、“赤子”的比喻和象征。无知、无欲、无为而且素朴，因此把握住“道”的人生命力无穷，这样的人《老子》用“婴儿”、“赤子”来象征，这种象征例在其他地方也能看见。如《老子》第五十五章云：

〔含德〕之厚〔者〕，比于赤子。逢（蜂）楋（虿）蜾（虺）地（蛇）弗

种人所持有的普通的、一般的智慧，加以利用，当作复归“道”之真实明知的出发点。

“毋遗身央（殃）”，指在“我”身上不会留下灾殃。这个“央（殃）”，主要说的是养生意义上生命、身体的灾殃吧。因为，如这一节所阐明的那样，《老子》养生思想的基本内容在于，把握住了“道”才有可能养生。

“是胃（谓）袭常”的“常”，意为恒常不变的“道”，恒常不变的具有一定本质的根源者。一般而言，这个在底本（马王堆甲本）那里，因为避西汉文帝讳“恒”而写作“常”字的场合较多，但意思上没有差异。但本章的“常”字不是避讳，战国晚期以后就用这个字了（参照郭店本第五十五章）。当时，“常”与“恒”在使用上有区别，“常”作为名词来使用，“恒”作为形容词、副词来使用。因此，本章的“常”指的就是“道”自身。“袭”字，底本（马王堆甲本）、北京大学简作“袭”，马王堆乙本为缺字，通行本（王弼本）作“習”。其他还有不少作“習”的文本（参照朱谦之《老子校释》（前揭）“老子德经”第五十二章）。如诸家所言，这两字是同音通假。所以，用“袭”或用“习”哪个字都可以，但如果用“袭”字，则取“因”、“顺”之意的人多一些。例如，在中国，高延第《老子证义》第五十二章（冯振《老子通证》（前揭）“老子通证下篇”第五十二章所引）、冯振《老子通证》（前揭）“老子通证下篇”五十二章、高亨《老子正诂》（前揭）卷下五十二章、高亨《老子注译》（前揭）卷下五十二章均作此解释；在日本，金谷治《老子 无知无欲のすすめ》（前揭）“老子道德经 下篇”之52“天下に始め有り（母なる“道”に归れ）”、蜂屋邦夫《老子》（前揭）第五十二章、神塚淑子《〈老子〉——“道”への回归》（前揭）第Ⅱ部第二章“‘道’に复归する（《老子》第四十章、第十六章、第五十二章、第二十八章）”等均作此解释。然而，仅仅把已经回归“道”的绝对的明智，进入没有身殃之境地的人，说成是“因顺”了“道”的人，这个评价未免也太低了吧。像河上公《老子注》那样，作“习”但取“习修常道”之意，像成玄英《老子义疏》的天下章、陈鼓应《老子注译及评介》（前揭）的“注释今译与引述”第五十二章那样，解释为“承袭常道”，也和前面没有什么两样。因此，这些解释是不可取的。应该像武内义雄《老子の研究》（前揭）之“老子の研究（下）道德经析义”之“老子道德经 下篇”第五十二章、福永光司《老子》（前揭）之“下篇（德经）”第五十二章那样，将其解释为“入”。就是说，所谓“袭常”，是赞扬那些握“道”入“道”，与“道”成为一体的人。

螫，攫鸟猛兽弗搏。骨弱筋柔而握固，未知牝牡〔之会〕而朘〔怒〕，精〔之〕至也。终日号而不发（嚘），和之至也。……益生曰祥（妖），心使气曰强。〔物壮〕即老，胃（谓）之不道。不〔道〕蚤（早）〔已〕。

这说的是，对"德"（"道"之作用）有充分蓄积者就如"赤子"一般，可以实现养生；相反，无法把握"道"的人则"蚤（早）已"，这样的人养生是不可靠的。

此外，《老子》第二十章所见"婴儿"：

我泊（怕）焉未佻（兆），若〔婴儿未咳〕，累（嫪）呵（乎）如〔无所归〕。

《老子》第二十八章所见"婴儿"：

知其雄，守其雌，为天下溪。为天下溪，恒德不鸡〈离〉。恒〔德〕不鸡〈离〉，复归〔于〕婴儿。

这两个"婴儿"，基本上是无知、无欲、无为以及纯真、素朴之境地的比喻、象征吧①。不过，我觉得尤其是第二十八章的"婴儿"充满着养生思想上的意味，是通过把握"道"（本章为"恒德"）以获取旺盛生命力的比喻和象征。

---

① 第二十章"若〔婴儿未咳〕"一句，形容的是没有"我"之形兆的那种"无我"状态。第二十八章"知其雄，守其雌，为天下溪"一句，"雄"是男性刚强生存方式的比喻、象征，"雌"是女性柔弱生存方式的比喻、象征。这一点各家说法都一致。"知其雄，守其雌"让我们想起第五十二章"〔既（既）知亓（其）子〕，复守亓（其）母"这种表达方式。无疑两者在思想内容上也有共通之处[参照王道《老子亿》二十八章（焦竑《老子翼》二十八章所引）]。其大意是，尽管能懂得"雄"，能够采用"雄"的生存方式，但不加采用，相反有目的有意识地知"雌"、保持"雌"的生存方式（参照林希逸《老子鬳斋口义》知其雄章第二十八）。下面"知其白，守其辱（卷）"、"知其〔白〕，守其黑"也一样。我认为此章的背景，和第六十一章"牝恒以靓（静）胜牡，为亓（其）靓（静）〔也，故〕宜为下"是同样的牝牡观（雌雄观）。"溪"字，马王堆乙本作"鸡"，就是"溪"的假借字，北京大学简、通行本（王弼本）作"谿"。"溪"和"谿"是同一个字，谷间之意。和下文"谷"的不同，如《尔雅》释水"水注川曰谿，注谿曰谷"所言，是以大小来区分的吧。《老子》中"溪"、"谷"的第 含义，是处于天下低下之位，第四十 章"上德如浴（谷），大白如辱（卷）"的"浴（谷）"也一样。正因为如此，最终反而能够升到高上之位。下文的"〔声（圣）〕人用则为官长"，即是佐证。"溪"、"谷"的第二含义是，如同一切山脉之水都会流入"溪"、"谷"，天下之人都会归服于这个"声（圣）人"。王弼《老子注》、河上公《老子注》以来，通常的解释都重视的是第二含义。然而实际上，不管是《老子》整体还是第二十八章，第二含义都没有明确表达出来。因此，我觉得不必强调。

"为天下溪，恒德不鸡〈离〉"中的"恒德"，意为恒常不变之"德"（"道"的作用）。说的是相对于"万物"现象不断变化永无休止，根源之"道"则是确定不变的。关于"恒德"，现代日本的不用说，养生思想在《老子》以外的道家各种文献，如《庄子》、《淮南子》、《文子》中有体现。这里引用以“婴儿”、“儿子”为养生思想之象征的《庄子》的例子。《庄子·达生》中有个叫田开之的人物说：

> 鲁有单豹者，岩居而水饮，不与民共利。行年七十，而犹有婴儿之色。

《庄子·庚桑楚》中说老子讲了如下的话：

> 卫生之经……能翛然乎，能侗然乎，能儿子乎。儿子终日嗥(号)而嗌不嗄(癸)，和之至也。终日握而手不岁，共其德也。终日视而目不瞚，偏不在外也。……是卫生之经已。

这些文章都以“婴儿”、“儿子”为养生者之象征，赞美他们有着洋溢的勃勃的生命力。

（四）通过无知、无欲、无为以实现养生

接下来我们探讨通过无知、无欲、无为以实现不老长生的养生思想。这虽然不是依据“道”、“德”的把握来养生，但和“道”、“德”有着密切的关系并成为“道”、“德”的一部分，例如，《老子》第三章说：

> 是以声(圣)人之〔治也，虚亓(其)心，实亓(其)腹，弱亓(其)志〕，强亓(其)骨。恒使民无知无欲也，使〔夫知不敢。弗为而已，则无不治矣〕。

研究，例如，福永光司《老子》(前揭)“上篇(道经)”第二十八章、金谷治《老子无知无欲のすすめ》(前揭)“老子道德经 上篇”之28“其の雄を知りて，其の雌を守る(素朴への回归)”、神塚淑子《〈老子〉——“道”への回归》(前揭)第Ⅱ部第二章“道”に复归する(〈老子〉第四十章、第十六章、第五十二章、第二十八章)等著作，将其与第一章“道可道也，非恒道也”联系起来。开启这一解释方向者可能是林希逸《老子鬳斋口义》知其雄章第二十八吧。然而这两者是无关的。因为和第一章的“恒道”是基于“道”的不可把握性而产生的、知识论上的“非恒”相反，第二十八章的“恒”是与森罗万象的“非恒”相对的、作为根源者的“道”自身的“恒”。“不鸡〈离〉”，和第十章“〔抱一，能毋离(离)乎〕”中的“毋离(离)”意思基本相同。

“恒〔德〕不鸡〈离〉，复归〔于〕婴儿”一文中可能包含着养生思想。第二十八章的“婴儿”，除了王道《老子亿》二十八章(焦竑《老子翼》二十八章所引)作为养生思想来解释是少数例外之外，大多数都作纯粹、素朴的含义来解释。虽然没有必要否定纯粹、素朴的含义，但因为第十章、第五十五章中《老子》的“赤子”、“婴儿”是从注重养生的方向来论述的，所以我觉得本章也和第十章、第五十五章一样。因此，这一句的大意是，如果能够获取恒常不变的“德”(“道”的作用)而且不会离开，就可以返回作为人之本来面貌的婴儿般的旺盛生命力。

这里的“〔虚亓(其)心，实亓(其)腹，弱亓(其)志〕，强亓(其)骨”是圣人理想的统治状态。通过这一方式，圣人使人民“无知、无欲”，但所谓“无知、无欲”，必然是“虚、弱”人民的“心、志”亦即精神。与之对应，要实现的是“腹、骨”亦即身体上的“实、强”，后者指的就是不老长生的养生思想。因此，在第三章这里，“无知、无欲”成了使养生变得可能的东西①。

与此极为类似者是《老子》第十二章以下这段话：

> 五色使人目明(盲)，驰骋田腊(猎)使人〔心发狂〕，难得之僨(货)使人之行方(妨)，五味使人之口铨(爽)，五音使人之耳聋。是以声(圣)人之治也，为腹不〔为目〕。故去罷(彼)耳(取)此。

这个“为腹不〔为目〕”也是圣人理想统治的形态。“不〔为目〕”的意思，无疑承接上文“五色使人目明(盲)”以下内容，竭力抑制感觉器官与知觉器官所产生的欲望。预见到对“欲”之否定的彼岸将是“道”的把握和实现。那么，“为腹”指的是什么？虽然这一章没有任何明示，但从与第三章之表达相类似来判断，依然指的是身体的养生吧②。因此，即便在

---

① 在此，对第三章“〔虚亓(其)心，实亓(其)腹，弱亓(其)志〕，强亓(其)骨”的趣旨再作些阐释。如果把这句话放在前后文脉中加以考虑，使“民”之“心”与“志”变得“虚”、“弱”，朝向的是无知、无欲，使“民”之“腹”与“骨”变得“实”、“强”，朝向的是生命、身体的养生。由此可知，本章把人民的知欲和养生当作矛盾、对立的关系来把握，在老子政治思想中最为重视的课题是人民的养生。

② 第十二章“声(圣)人之治也，为腹不〔为目〕。故去罷(彼)耳(取)此”之表达方式，与第三章、第三十八章有类似之处，在思想内容上也有重合之处。因此，可以说这里也包含着养生思想。

“不〔为目〕”，不仅否定的是人的“目”，也否定的是“心”、“行”、“口”、“耳”等主要在感觉器官、知觉器官上发生的欲望追求，这一点大多学者见解一致。然而，把“为腹”的意思解释为维持、确保人身体之生命的养生思想，这样的解释却极少。仅仅能举出冯振《老子通证》(前揭)“老子通证上篇”第十二章、木村英一《老子の新研究》(创文社，1959 年)之第三篇第三章《老子道德经》(十二章)。产生这种状况的原因，我想在于过去对于养生思想的关心在今天已经不那么强烈了。

还有其他见解，其一，以目为“外”，与之相对，以腹为“内”，让腹“内”之“道”得到充实。成玄英《老子义疏》五色章、林希逸《老子鬳斋口义》五色章第十二等持这一见解。其二，目代表多知、多欲的追求，与之相对，腹代表无知、无欲的素朴。吕惠卿《道德真经传》(前揭)第十二章、蒋锡昌《老子校诂》(商务印书馆，1937 年)第十二章等持这一见解。其三，目代表嗜欲外诱，与之相对，腹代表实腹守气。武内义雄《老子の研究》(前揭)“老子の研究(下) 道德经析义”之“老子道德经上篇”第十二章持这一见解。其四，目指的是以视觉为代表的感觉意义上的一般欲望，与之相对，腹指的是让肚子得到充实从而获得底力。福永光司《老子》(前揭)的“上篇(道经)”第十二章、小川环树《老子》(中央公论新社，2005 年)“老子上篇”第十二章等持这一见解。其五，目代表五官欲望的追求，与之相对，腹代表道念的强固。诸桥辙次《掌中老子の讲义》(前揭)之“老子上篇”第十二章持这一见解。我感觉以上各种见解每个都有无法聚焦的地方。

第十二章中，对于无欲的倡导和养生思想也是表里相关的。

否定欲望追求从而实现“不殆”等理想的结果，这样的养生思想在《老子》中是显著的。例如，《老子》第三十二章中有：

始制有〔名。名亦既〕有，夫〔亦将知止。知止〕所以不〔殆〕。①

《老子》第四十四章中有：

名与身孰亲，身与货孰多，得与亡孰病。甚〔爱必大费，多藏必厚〕亡。故知足不辱，知止不殆，可以长久。②

① 作为第三十二章整体之基础的哲学构造在于，把“道→万物”的关系看作是“无名→有名”之存在论的展开，并将这样的关系用“楃(朴)→器”作出比喻和象征式的表达。简而言之就是根源的“道＝无名＝朴”生成现象的“万物＝有名＝器”这样一种存在论。懂得了第三十二章的结构和主旨，那么，就能够理解此章后半部分为什么进入“有名”状态后，欲望追求的抑止就会成为一个问题。

引用的第三十二章这句话，或许因为论述的环节错综复杂，以往的研究中几乎没有能够打通文脉的解释。“始制有〔名〕”的意思是，无名的“楃(朴)”(“道”)被裁割之后，有名的“器”(“万物”)被制作出来。第二十八章“楃(朴)散〔则为器〕”一句说的也是完全相同的意思，是由“道”生出“万物”的存在论哲学(道器论)。以往的研究中，李嘉谋《老子注》三十二章(焦竑《老子翼》三十二章所引)、武内义雄《老子の研究》(前揭)之“老子の研究(下) 道德经析义”之“老子道德经上篇”第三十二章、福永光司《老子》(前揭)“上篇(道经)”第三十二章，有精辟的解释。但福永光司未正确理解“器”只能是“万物”。

“〔名亦既〕有”，表示进入了有“名”的“万物”被产生出来的阶段。这个“名”泛指“万物”的名称，但为王弼《老子注》所误，很多人将其误解为表示尊卑名分的政治之“名”。例如诸桥辙次《掌中 老子の讲义》(前揭)“老子上篇”之第三十二章、小川环树《老子》(前揭)“老子上篇”之第三十二章、高明《帛书老子校注》(前揭)“道经校注”三十二等。

“夫〔亦将知止〕”，意思是作为修道者的侯王，也将懂得克制以“万物”为对象的欲望追求。“止”，是制止自己对于“万物”的欲望，和第四十四章“知足不辱，知止不殆，可以长久”中的“足”、“止”同义。

“〔知止〕所以不〔殆〕”，如果懂得克制对于“万物”的欲望，那就可以因此而实现不使生命、身体遭遇危险的养生。因此，即便是第三十二章，克制对于“万物”的欲望追求，亦即无欲，也被定义成为养生的原因。

② 第四十四章“名与身孰亲”，意为较之名声的获得身体的保护更为切实可靠。当时诸子百家中，对这类“名”予以重视的学派是儒家。例如，《论语·卫灵公》篇有：“子曰：‘君子疾没世而名不称焉。’”因此，可以说第四十四章这个部分有对儒家重视“名”的思想加以批判的意图。然而，对儒家等学派所倡导的要在世间获取名声的思想加以批判、与自家倡导的对身体予以保护的思想形成对比者，是战国晚期至西汉初期形成的《庄子》的《骈拇》篇、《秋水》篇、《盗跖》篇。第四十四章的思想，如成玄英《老子义疏》名与身孰亲章、冯振《老子通证》(前揭)

这两章共通之处在于这样一种养生思想，人通过克制对于名誉、财货之欲望，使身体不再有陷于危殆的担忧，甚至有可能实现不老长生。

此外，《老子》中也包含着这样的养生思想，即如果放弃对于人生存的欲求，放弃对于生命的执着，从反向言说的、辩证法的角度看，反而使生存得以可能，使生命得以持续。这种论述，不妨认为和上述对名誉、财货之欲望加以克制的、阐述无欲的文章有着同样的思想。例如，前引《老子》第七章云：

> 天长地久。天地之所以能〔长〕且久者，以其不自生也，故能长生。是以声（圣）人芮（退）其身而身先，外其身而身存。不以其无〔私〕舆（与），故能成其私。

这里导出的“圣人”的养生，说的是“天地”正因为舍弃了只顾自己生存的欲求，反而能够获得长且久的生存，以这种“天地”的存在方式为模范，不重视自己的身体，反而能使身体的存续获得成功。另外，前引《老子》第七十五章：

> 民之巠（轻）死，以亓（其）求生之厚也，是以巠（轻）死。夫唯无以生为者，是贤贵生。

这也和第七章的思想相当接近，说的是不求“求生”、“贵生”，而“唯无以生为”，即只有不刻意运用人为、作为以追求生存的方法，让人民看重生死，才有可能实现真的养生。

还有，《老子》第七十六章中有：

“老子通证下篇”第四十四章所指出的那样，和上述《庄子》各篇关系很深，应该是大致相同时代相同思想环境下执笔的文章吧。

第四十四章“得与亡孰病”，“得”的是什么？“失”的是什么？自古以来就有各种各样的解释。这方面的解释史，大滨妄《老子の哲学》（前揭）八章“无欲”有过整理。其中，因为王弼《老子注》有如下的解释：“得多〈名〉利而亡其身，何者为病也。”所以最为流行的见解是，得的是“名、货”，亡的是“身”。例如，吕惠卿《道德真经传》（前揭）第四十四章、诸桥辙次《掌中老子の讲义》（前揭）“老子下篇”第四十四章均作此解释。笔者以为，此三句如“名与身”→“身与货”→“货之得与亡”所示，作接龙式排列，故所得所亡都是“货”。成玄英《老子义疏》名与身孰亲章、大滨妄《老子の哲学》（前揭）八章“无欲”，虽然和上述思考过程不同，但都得出了相同的结论。

> 人之生也柔弱，亓（其）死也䔽（筋）仞（肕）贤（坚）强。万物草木之生也柔脆，亓（其）死也梓（枯）槁（槁）。故曰："坚强者死之徒也，柔弱微细生之徒也。"兵强则不胜，木强则恒（烘）。强大居下，柔弱微细居上。

这是把人的"柔弱"的存在方式反而视作"生之徒"①，当作使养生成为可能的精神予以了高度的评价，如同这一节前面所讨论的那样，可以将其理解为是依据无知、无欲、无为以实现养生的思想中的一种吧。

如上面所分析的那样，第一，老子把养生当作修道者因为能够把握"道"、"德"而产生的结果来认可，对此采取积极的、肯定的态度。第二，老子把养生当作修道者因为能够达致无知、无欲、无为而获得的成果来认可，对此予以积极的肯定。

---

① 第七十六章"兵强则不胜"的"不胜"，刘师培《老子斠补》、蒋锡昌《老子校诂》（前揭）第七十六章，依据《列子·黄帝》、《淮南子·原道》等文献所引老聃或老子言作"兵强则灭，木强则折"将其改为"灭"字。武内义雄《老子の研究》（前揭）"老子の研究（下）道德经析义"之"老子道德经下篇"第四十二章、高亨《老子注译》（前揭）卷下第七十六章、陈鼓应《老子注译及评介》（前揭）之"注释今译与引述"第七十六章，采用这一新说，将"不胜"改为"灭"。然而，出土资料本均作"不胜"，而且在意思上也没有差别，没有改的必要。

"木强则恒"的"恒"字，马王堆乙本作"竞"，北京大学简作"核"，王弼本作"兵"，河上公本作"共"。通行本的"兵"或"共"因为意思难通，向来是引发讨论的焦点。黄茂材《老子解》、俞樾《诸子平议》根据上引《列子·黄帝》、《淮南子·原道》等文献，把"兵"、"共"改为"折"以后，"兵"、"共"为"折"误字说成为普遍接受的见解。支持这一观点的例子，如果仅限于日本学者，有以下这些：金谷治《老子 无知无欲のすすめ》（前揭）"老子道德经下篇"之76"人の生まるるや柔弱（柔弱の德（1））"、小川环树《老子》（前揭）"老子下篇"第七十六章、楠山春树《老子の人と思想》（汲古书院，2002年）第六章第四节"思想形成の顺序"、神塚淑子《〈老子〉——〈道〉への回归》（前揭）第Ⅱ部第五章"柔らかく生きる（《老子》第七十六章、第七十八章）"。然而，既然马王堆两个本子已经出现，现在就必须据此作出考察。底本（马王堆甲本）的"恒"，我赞同《马王堆汉墓帛书〔一〕》（前揭）"德经"之注释〔五九〕，认为可以视作"亘"的假借字。《说文解字》有"栖，竟也。亘，古文栖"终了之意。乙本的"竞"是"竟"的假借字，而河上公本的"共"是"竟"的通假字，王弼本的"兵"则是"共"的讹传吧。

"木强则恒（烘）"的旨趣，接近于《庄子·人间世》的"夫柤梨橘柚……大枝折，小枝泄（苦）。……故不终其天年，而中道夭"。《庄子·人间世》的"宋有荆氏者，宜楸柏桑。……故未终其天年，而中道之夭于斧斤"，《庄子·山木》的"直木先伐"，想要表现的是那些从养生思想看不能享尽天年的树木。

四、《老子》中的养生与政治

战国晚期，包括老子在内的道家从外部摄取养生思想之初，他们并非完全赞美这种外来的新思想，一开始道家从过去的、传统的思想，尤其是从注重反人为、反刻意的立场出发，对“养生”的人为性、刻意性做出了独特的批判。尽管如此，老子等人对养生思想作出积极的、肯定的吸收，是因为他们认可，把养生当作修道者因为成功把握“道”、“德”而产生的结果，或者把养生当作修道者因为达致无知、无欲、无为而获得的成果。这以后，时代越晚，道家对于“养生”越加不作任何批判而予以支持。

然而，除了《老子》之外，战国时代道家养生思想中，有一个重要的特征——倡导养生思想的道家思想家在不少场合，把养生与政治看作是绝不可能并立的二律背反，在此基础上，选择养生而排斥政治。

（一）战国道家所见养生与政治的对立

具体而言，这种立场指的是，认为从事养生之道，和获取政治权力尤其是天下的统治权，通过行使权力实现天下、国家的统治，这两者之间存在尖锐的矛盾和对立，通过否定政治来提倡养生。

《庄子·让王》中有不少这类文章[①]，这里仅引用其中一章加以分析：

> 韩魏相与争侵地。子华子见昭僖侯。昭僖侯有忧色。子华子曰：“今使天下书铭于君之前。书之言曰：‘左手攫之，则右手废。右手攫之，则左手废。然而攫之者，必有天下。’君能攫之乎。”昭僖侯曰：“寡人不攫也。”
>
> 子华子曰：“甚善。自是观之，两臂重于天下也。身亦重于两臂。韩之轻于天下，亦远矣。今之所争者，其轻于韩，又远。君固

① 《庄子·让王》整体是西汉初期集合起来的多篇文章。其中多数取自编纂于战国晚期的《吕氏春秋》，然后进入《庄子》中，这里所引文章也见于《吕氏春秋·审为》。因此，可以认可其为战国晚期以前道家撰写的文章。

愁身伤生，以忧戚不得也。”僖侯曰：“善哉。教寡人者众矣，未尝得闻此言也。”子华子可谓知轻重矣。

这是和前面所引《吕氏春秋・审为》几乎相同的文章，成于战国晚期以前道家系统（道家先驱者）之手，这里借助子华子之口，把生命、身体的保护与维持和天下统治权的获得尖锐对立起来，提出毋庸置疑应该选择前者的立场。

子华子所提出的，在“左手攫之，则右手废。右手攫之，则左手废。然而攫之者，必有天下”的前提下，毫无疑问必须放弃天下以保护与维持生命、身体的思想，看上去很单纯，但应该是较晚的时代出现的养生思想。我在前文指出，在类似的情况之下，几乎同时代的儒家的马王堆《五行》第十四章“说”文部分和墨家的《墨子・贵义》，虽然同样先排斥“天下”而追求生命、身体，但是，无论《五行》还是《墨子》都绝不把珍贵的生命、身体看作唯一的东西，而主张“仁”、“义”等更为重要的价值。这些都是基于更早出现的儒家、墨家的传统思想，而对新出现的养生思想作出批判的产物。如前文所指出的那样，战国晚期的道家也对养生思想作过同样的批判。

不同于早期道家、早期诸子百家对于养生思想如此冷淡、复杂的态度，《庄子・让王》的养生思想基本上和《吕氏春秋・审为》相同，单纯地将养生与政治对立起来，赞成养生，并赋予养生几乎绝对的价值。

再举一些当时道家所撰写的其他文章。《吕氏春秋・重己》云：

今吾生之为我有，而利我亦大矣。论其贵贱，爵为天子，不足以比焉。论其轻重，富有天下，不可以易之。论其安危，一曙失之，终身不复得。此三者，有道者之所慎也。有慎之而反害之者，不达乎性命之情也。不达乎性命之情，慎之何益。①

① 《吕氏春秋・重己》，如下文所示，对早期道家作品《庄子・齐物论》的哲学加以批判，同时对新出现的养生思想加以鼓吹：“夫弗知慎者，是死生存亡可不可，未始有别也。未始有别者，其所谓是未尝是，其所谓非未尝非，是其所谓非，非其所谓是。此之谓大惑。若此人者，天之所祸也。以此治身，必死必殃。以此治国，必残必亡。夫死殃残亡，非自至也，惑召之也。寿长至常亦然。故有道者，不察所召，而察其召之者，则其至不可禁矣。此论不可不熟。”这里把“死生存亡”视为齐同的哲学当作“大惑”加以批判，在此基础上，阐述了否定死亡、重视生存的养生思想（“寿长”）。因此，《吕氏春秋・重己》也是战国晚期道家的作品，本文引用文献中所见把养生和政治当作二律背反来把握的现象，我认为不是早期道家的传统的思想。

《淮南子・俶真》云：

> 古之真人，立于天地之本，中至〈正〉优游，抱德炀和，而万物杂累焉。孰肯解构人间之事，以物烦其性命乎。[1]

这些文章都将人的“性命”即生命[2]的保持，和“为天子”、“有天下”被人间社会的杂事（“人间之事”）所累，视为有着尖锐矛盾、对立的两件事，提倡养生的绝对价值。

还可以追加《淮南子・精神》的例子：

> 夫〔无〕以天下为者，学之建鼓矣。尊势厚利，人之所贪也。使之左〔手〕据天下图，而右手刎其喉，愚夫不为。由此观之，生尊〈贵〉于天下也。圣人食足以接气，衣足以盖形，适情不求余，无天下不亏其性，有天下不羡其和。有天下，无天下，一实也。

这篇文章使用了和上述《吕氏春秋・审为》、《庄子・让王》、《墨子・贵义》、马王堆《五行》第十四章“说”文部分等文献相同的话题，不认可《墨子》、马王堆《五行》那种把伦理价值的存在置于生命、身体之上的做法，和《吕氏春秋》、《庄子》一样把个人的养生与天下的政治对立起来，主张应该仅仅选择养生。在战国晚期至西汉初期的道家文献中这类主题的文章绝不在少数。

（二）《老子》所见养生与政治的交错

不同于具有以上特征的战国晚期至西汉初期道家普通的、一般的养生思想，《老子》的养生思想，基本上不把个人生命、身体的保护、维持和天下统治权的获得矛盾、对立起来。相反，在不少场合把养生和政治

---

① 《淮南子・俶真》的文章，是在《庄子・在宥》以下文章基础之上形成的：“故君子苟能无解其五藏（脏），无擢其聪明，尸居而龙见，渊默而雷声，神动而天随，从容无为，而万物炊累焉。吾又何暇治天下哉。”

② 道家思想家，常常使用“性命”、“性命之情”等专门术语，把养生思想用“不失性命之情”等词汇来表达。道家所谓的“性命”意味着人身体的生命，所谓的“情”意味着实情、事实。除了本文所引用的例子之外，例如，在《吕氏春秋》的《知度》、《有度》，在《庄子》的《骈拇》、《在宥》、《天运》、《缮性》、《达生》、《知北游》、《徐无鬼》，在《淮南子》的《原道》、《俶真》、《精神》、《本经》、《齐俗》、《诠言》、《泰族》、《要略》等篇中，也有重视“性命”、“性命之情”的思想。

视为相互依存相互对待、互相交错展开的东西来提倡。

首先，我们来看一下本文到目前为止引用、讨论的《老子》各章，完全不涉及政治领域的各种问题，仅仅讨论养生的篇章，仅限于第四十四章、第五十章、第五十五章三章。

以某种形式或多或少与政治的各种问题形成对立，在此基础上讨论养生的文章，只有第三十二章和第五十二章两章。然而，第三十二章前半部分在把握无名之“道”的基础上讲“天下”政治，和后半部分有名之“万物”出现后的养生，形成万物生成论两个阶段不同主题的对比，而并不是两者之间的对立。第五十二章以下部分：

> 塞亓（其）闷（兑），闭亓（其）门，终身不堇（勤）。启亓（其）闷（兑），济亓（其）事，终身〔不来〕。

给人感觉似乎稍稍设定了养生和政治间的对立。前半部分，基于对人（修道者）感觉、欲望的否定，描绘了与世界的合一（同时也是对“道”的把握），认为由此产生出养生的结果；后半部分，描绘了让感觉、欲望发挥作用的“济亓（其）事”，亦即各种事业的推进，认为这会遮蔽阻断向人之本性的复归。考虑到后者“济亓（其）事”中插入了政治的主题，可以说这部分设定了养生与政治的对立。但是，《老子》所见两者对立仅见于此，而且只有略微感觉到的程度。

如上所述，第四十四章、第五十章、第五十五章三章完全不涉及政治领域的各种问题，仅仅讨论养生，而第三十二章和第五十二章两章以某种形式把养生和政治对立起来讨论，形成对比的是，本文到目前为止引用、讨论的《老子》各章中的多数，不认为养生和政治（包括军事）没有关系，也不认为两者间存在矛盾、对立；而认为两者相互依存相互对待、相互交错展开，将两者同时予以提倡者，是第三章、第七章、第十章、第十二章、第二十八章、第三十章、第七十五章、第七十六章总计八章。这里，作为有代表性的例子。我们再次对第三章、第七章、第十二章、第三十章、第七十五章作出分析，以确认这一节的主题。

《老子》第三章如下所示：

> 是以声（圣）人之〔治也，虚亓（其）心，实亓（其）腹，弱亓（其）志〕，强亓（其）骨。恒使民无知无欲也，使〔夫知不敢。弗为而已，

则无不治矣〕。

《老子》第十二章如下所示：

是以声（圣）人之治也，为腹不〔为目〕。故去罷（彼）耳（取）此。

这两章明确表示，所谓“声（圣）人之治”理想统治的内容是，“实亓（其）腹……强亓（其）骨”以及“为腹”之类的养生活动。而且，第三章被引用段落的上文和下文讲的都是理当如此的政治行为。

《老子》第七章如下所示：

天长地久。天地之所以能〔长〕且久者，以其不自生也，故能长生。是以声（圣）人芮（退）其身而身先，外其身而身存。不以其无〔私〕舆（与），故能成其私。

这里，以“天地”的“其不自生”的存在方式为模范，由此得出“声（圣）人”的“芮（退）其身而身先”的政治，和“外其身而身存”的养生，是同时并行导出的。因此这是一种养生和政治相互依存相互对待、相互交错展开的思想。

《老子》第三十章如下所示：

以道佐人主，不以兵强〔于〕天下，〔其事好还。师之〕所居，楚朸（棘）生之。善者果而已矣，毋以取强焉。果而毋骄（骄），果而勿矜，果而〔勿伐〕，果而毋得已居。是胃（谓）〔果〕而不强。物壮而老，是胃（谓）之不道。不道蚤（早）已。

这里，上段、中段是批判战争的政治思想，下段是养生思想。为这两者提供根据者都是“道”的哲学，具体而言是不可“强、壮”的柔弱谦下的伦理思想。因此，在这一章中，养生和政治的关系不构成任何的矛盾、对立，而是相互补充的，这是因为两者的成立都是以“道”的哲学为根据的。

《老子》第七十七章如下所示：

人之饥也，以亓（其）取食说（税）之多也，是以饥。百姓之不治也，以亓（其）上有以为〔也〕，是以不治。民之年（轻）死，以亓（其）求生之厚也，是以年（轻）死。夫唯无以生为者，是贤贵生。

这一章，将人类所遭遇的巨大困难，从因为重税而导致的饥饿、政治社会的混乱、求生轻死的风潮这样三个侧面作了论述，前二者是政治的问题，后者是养生的问题。老子是如何考虑养生与政治之关系的，因为这里并未明示，只能作出推测，如果依据上面所讨论的结果，还是得作这样的设定吧，即两者并不矛盾、对立，而是相互依存、相互对待、相互补充的关系。

上面，对本文到目前为止所引用、讨论的《老子》各章养生思想作了重新分析，可以确认其中的多数，养生与政治的关系是相互补充的。

接下来，对本文尚未引用、讨论的《老子》两章中的养生思想，注重从养生与政治之关系的角度作些考察。

其中之一是《老子》第十三章：

> 龙（宠）辱若惊，贵大梡（患）若身。苛（何）胃（谓）龙（宠）辱若惊。龙（宠）之为下，得之若惊，失〔之〕若惊，是胃（谓）龙（宠）辱若惊。何胃（谓）贵大梡（患）若身。吾所以有大梡（患）者，为吾有身也。及吾无身，有（又）何梡（患）。故贵为身于为天下，若可以迈（托）天下矣。爱以（为）身为天下，女（如）何（可）以寄天下矣。

这一章末尾的两句话说的是这样一个主题，把“为身”这件事[第二句的“以（为）身”意相同]，和“为天下”之事进行比较，只有较之后者的政治，更“贵”更“爱”前者养生的人物，才有可能“迈（托）”、“寄”“天下”的政治①。这两句话中养生和政治的关系，前一阶段，并非上面所讨论的那种

① 理解第十三章章末二句“故贵为身于为天下，若可以迈（托）天下矣。爱以（为）身为天下，女（如）何（可）以寄天下矣”之际必要的事项是，第一，了解贯穿这一章的思想环境，第二，正确地阅读这一章以及和这一章相关的文献。第一点，在正文中已经作了阐述，这里再作一个简单的概括，《老子》以前道家思想史的思想环境在于，把个人的养生（“为身”）和天下的政治（“为天下”）当作矛盾、对立的关系来把握，肯定“身”而否定“天下”的态度是普遍的。例如，《吕氏春秋·贵生》有“天下，重物也。而不以害其生，又况于它（他）物乎”。这是第十三章形成的直接前提。虽然在第十三章中这样的思想环境非常显著，但老子并非原封不动地加以认可和继承，而是试图加以修正。——一开始采取的是这样的态度，即把养生和政治形成对比、对照，较之政治，更选择重视养生的态度（前一个阶段）。这继承的是以往的道家路线。接下来，如“若可以迈（托）天下矣。……女（如）何（可）以寄天下矣”所示，指出只有最重视“吾身”者，才适合把“天下”交给他，变成了政治和养生都加选择的态度（后一阶段）。这样一来，理所当然的是，被肯定了的“天下”政治，因为是由最重视“吾身”之养生的人来从事的，因此最为重要的课题就是实现包含“我”在内的天下所有人的养生。实际上，本文所引用的《吕氏春秋·贵生》已经做了这种思想史上的转换，但《吕氏春秋》中对“天下”政治加以否定的因素还很

矛盾、对立，最多只是对比、相异而已。后一阶段，是养生与政治相互依存相互对待、相互交错展开的关系。从这个意义上讲，第十三章可以说具备了《老子》养生思想的基本特征。之所以说《老子》第十三章的养生与政治，前一阶段并非矛盾、对立，而是对比、相异，是因为第十三章并没有把个人“为身”之养生和对“天下”人民加以统治的政治视为尖锐的矛盾、对立关系，在否定政治的同时来提倡养生。

与这两段话类似的文章，多见于战国晚期至西汉时代(之后也是如此)的道家文献中。其中最早的是《吕氏春秋·贵生》：

> 尧以天下让于子州支父。子州支父对曰：“以我为天子犹可也。虽然，我适有幽忧之病，方将治之，未暇在天下也。”
>
> 天下，重物也，而不以害其生，又况于它(他)物乎。惟不以天下害其生者也，可以托天下。

对此加以模仿改写后的作品是《庄子·让王》以下文章：

强。《老子》第十三章不仅继承《吕氏春秋》上述思想并在理论上更进一步，而且将这种新的养生思想嵌入《老子》全书，最终克服了养生和政治上的矛盾、对立。

第二，这个部分前后构成漂亮的对文，两句话说的是同样的意思。关于“为身”，郭店本前一句此处缺字，后一句作“以身”，马王堆甲本、乙本前一句是“为身”，后一句是“以身”，北京大学简前后两句都作“以身”，通行本(王弼本)前后两句都作“以身”。相同的文章见于《庄子·在宥》，前后两句均作“以身”，《淮南子·道应》前后两句均作“为身”。由此可见，各文本“以身”当从马王堆两本读作“以(为)身”，把“以”看作是“为”的假借字。养生意义上的“为身”，在道家中多写作“治身”、“理身”。第十三章这里是为了配合“为天下”的文字表达而有意识使用了“为身”的表达方式吧。“为身”下的“于”字，是用于表达比较的助词。郭店本前一句此处缺字，后一句未见“于”，马王堆两本前一句都有“于”，后一句均无，北京大学简前后两句均无“于”，通行本(王弼本)前后两句均无“于”。此外，《庄子·在宥》前后两句均有“于”，《淮南子·道应》前后两句均无“于”。由此可见，我认为“于”字应从马王堆两本前一句，《庄子·在宥》篇的前后两句，前后两句均有“于”才是文本的本来面貌。但即便没有“于”字，前后比较的意思也完全读得出来。“为天下”下的“若”字或“如”字，就是接续词“则”。综合以上的分析，这两句应该读作“故贵为身于为天下，则可以托天下矣。爱为身于为天下，则可以寄天下矣”。采用这一读法时最值得参考的是金谷治《老子 无知无欲のすすめ》(前揭)之“老子道德经上篇”之13“宠辱には惊くが若し(世俗の价值よりわが身が大事)”的解释。

如果以第一点思想环境为背景，进而展开第二点各种文献的解读，把这两点结合起来，那么，不仅能够理解第十三章养生思想的显著特征，也有助于把握《老子》整体养生思想的动向吧。

> 尧以天下让许由。许由不受。又让于子州支父。子州支父曰："以我为天子，犹之可也。虽然，我适有幽忧之病，方且治之。未暇治天下也。"
>
> 夫天下至重也。而不以害其生，又况他物乎。唯无以天下为者，可以托天下也。
>
> 舜让天下于子州支伯。子州支伯曰："予适有幽忧之病，方且治之。未暇治天下也。"
>
> 故天下大器也。而不以易生。此有道者之所以异乎俗者也。①

可以说《老子》第十三章是受《吕氏春秋·贵生》影响之后形成的，《吕氏春秋》、《庄子》中子州支父、子州支伯说的话，把养生和政治当作尖锐的矛盾和对立来把握，作者们真实的想法是要克服这些矛盾和对立的。与之相比，《老子》第十三章中这两者关系显然要柔和得多了。

《吕氏春秋》、《庄子》对于矛盾、对立加以克服的方法，是选择个人的养生，认为较之天下政治更重养生的人物才反而适合把天下政治托付给他，这是以反向言说的、辩证法的方式来克服矛盾和对立。由此，统治天下的政治课题只能是人的"养生"，能够从事天下政治的统治者只能是亲自从事"养生"的人。可以说，这是由道家养生思想所打开的新的政治思想吧。而《老子》第十三章末尾两句话的后一阶段，把养生和政治视为相互依存相互对待、相互交错展开的关系，可以说是继承《吕氏春秋》对矛盾、对立加以克服的方针后形成的。就是说，一方面，个人的养生，因为存在和政治的对比、相异，以此为媒介被克服后转向

---

① 含有与《老子》第十三章末尾两句话相同或者类似文章的道家文献，其他也不少。例如也见于《庄子·在宥》，《淮南子》的《道应》、《诠言》，《文子·上仁》。这里，引用《庄子·在宥》的文章："故君子不得已而临莅天下，莫若无为。无为也而后安其性命之情。故贵以（为）身于为天下，则可以托天下。爱以（为）身于为天下，则可以寄天下。故君子苟能无解其五藏（脏），无擢其聪明，尸居而龙见，渊默而雷声，神动而天随，从容无为，而万物炊累焉。吾又何暇治天下哉。"这里包含着和《老子》第十三章相同的两句话，是比第十三章（成书于战国晚期）稍晚的时期形成的西汉初期道家的文章。养生与政治的关系，如"君子不得已而临莅天下"所示，对政治的态度变得柔和了，但又如"吾又何暇治天下哉"所示，与《老子》相比，政治批判的因素依然很强。

天下人民的养生；同时另一方面，天下的政治，因为存在和养生的对比、相异，以此为媒介被克服后转向人民的政治。至少，这种可能性在上述《吕氏春秋·贵生》、《老子》第十三章、《庄子·让王》等道家养生思想中已经种下胚胎了。

其中之二是《老子》第五十九章：

> 治人事天，莫若啬。夫唯啬，是以蚤（早）服（均）。蚤（早）服（均），是胃（谓）重积德。重积德，则无不克。无不克，则莫知亓（其）极。莫知亓（其）极，可以有国。有国之母，可以长久。是胃（谓）深槿（根）固氐（柢），长〔生久视之〕道也。

如文章开头的"治人"所示，基本上可以说这一章是以政治思想为主题的。为此，统治者必须克制奢华靡费，采用"啬"这种谨慎的最佳的方法，尽快地使自己具备"道"。这样的话，统治者既可以拥有国家，也可以使国家长久延续下去[①]。然而，从稍早前的战国晚期以前开始，文中的"啬"是节约精气、精力的意思，而"长久"、"长生久视"是不老长寿的意思，都属于养生思想上的专门术语。看得出，"啬"及"长久"、"长生久视"等，在第五十九章带有养生思想上和政治思想上的双重意味。因此，第五十九章有着这样的构造，以试图使个人生命、身体获得长生的养生之术为基础，在此基础上展开国家统治的长久化、国家存续的长久化的政治课题——这正是养生与政治相互补充的交错关系。

① 第五十九章的"有国之母，可以长久"说的是如果把握了国之母的"道"，就能使国之存续得以"长久"的政治思想。"是胃（谓）深槿（根）固氐（柢），长〔生久视之〕道也。"与之相关的表达是《庄子·缮性》："不当时命而大穷乎天下，则深根宁极而待。此存身之道也。"可见，这是一种通过深刻牢固地把握"（根）（柢）"之"道"而使自己的生命、身体保持"长生久视"的养生思想。那么这两者究竟是一种怎样的关系呢？老子的真意究竟体现在两者中哪一方呢？如果注意到本章中政治思想的"长久"和养生思想的"长生久视"属于同样的表达方式，具有同样的意思，就能知道，两者不仅相互依存相互对待，在用词上，也体现着政治的同时养生，养生的同时政治，这样一种相互渗透的意思，老子对两者都加以肯定，而且有意识地制造出重复的印象。对第五十九章章末政治与养生这种双重意味做出阐述者，在老子研究史上，似乎始于河上公《老子注》。后面还有，苏辙《老子解》第五十九章（焦竑《老子翼》五十九所引）、冯振《老子通证》（前揭）之"老子通证下篇"第五十九章、木村英一《老子の新研究》（前揭）第三篇第三章老子道德经（第五十九章）。

(三)《老子》所见作为人生最终目标的养生

如上所述,除了《老子》,战国晚期至西汉初期的道家养生思想,很多都是把养生和政治视为尖锐的矛盾、对立的关系,在否定政治基础上提倡养生。与之形成对照的是,《老子》的养生思想基本上不是这样的。即养生和政治之间并不视为矛盾、对立的关系,不如说两者是相互依存相互对待、相互交错展开的。

这究竟是为什么呢?我们回过头来考察,如上所述,以《老子》为代表的道家从摄取养生思想的战国晚期以前开始,对于这种外来的新思想,他们站在重视道家过去传统的立场,对养生作出了独特的批判,认为养生不可以是人为的、刻意的。后来,在其他诸子百家也全都认可养生思想的大势中,道家也渐渐收起批判的立场,开始变得认可养生,把养生当作是修道者因为达到了"道"、"德"及无知、无欲、无为的境界而获得的成果。《老子》作为战国晚期至西汉初期集合道家思想后形成的文献,其中的养生思想除了若干残滓是例外,对养生思想几乎都作了积极的、肯定的提倡,正是因为有上述的过程,才导致这一结果。

另一方面,除了《老子》之外,对战国时代一般的道家思想家而言,政治这种事情是最令人讨厌的人为、作为,获得政治权力、特别是获得统治天下的权力,通过行使这种权力来实现对天下、国家的统治,正是从心底加以唾弃讨厌的事。战国晚期至西汉初期一般的道家,把个人的养生视为与天下政治有着尖锐矛盾、对立的关系,选取养生而排斥政治,正是这段历史的如实反映。不仅如此,一般的道家,尽管遇上战国混乱的终结和秦汉帝国的诞生这样的时代大变革,也难以调整、克服上述养生与政治间的矛盾、对立,将这种矛盾、对立的思考当作传统道家思想的核心之一始终坚持下去。

不同的是,尽管《老子》是在比战国晚期稍早的时期开始成书的文献,但基本上没有采取类似对天下政治加以唾弃的、排斥的态度,而是把政治和养生并列,走向了对政治予以积极肯定的立场。其主要原因在于,在《老子》哲学中,"道—万物"这样一种"主宰—被主宰"的关系,在政治思想上,可以简单地平移为"天子—万民"这样一种"统治—被统治”的关系，因此，《老子》的政治思想，一开始是依据“道”的哲学或者有着血缘关系的柔弱、谦下、无欲、无为等伦理思想倡导出来的。简单地说，在《老子》那里，养生也是“道”的体现，政治也是“道”的体现。

在这样的背景之下，《老子》中出现了对养生思想给予极高评价，把养生看作人生最终目标予以赞美的文章。此举一例，即《老子》第十六章：

> 至（致）虚极也，守情（静）表〈朽（笃）〉也，万物旁（并）作，吾以观其复也。天〈夫〉物云云，各复归于其〔根。曰情（静）〕，情（静）是胃（谓）复命。复命，常也。知常，明也。不知常，𣧑（妄）。𣧑（妄）作，兇（凶）。知常容，容乃公，公乃王，王乃天，天乃道。〔道乃久〕，㳂（没）身不怠（殆）。

这里论述的是，“吾”（修道者）达致彻底的“虚、情（静）”的结果，即一齐生长起来的“万物”，之后沿着以下的修道过程：

容→公→王→天→道→久→（没）身不怠（殆）

最终完成了“㳂（没）身不怠（殆）”之养生的实现①。对于老子而言，“（没）身不怠（殆）”许就是养生的完成形态，这样，养生被置于比“天”之实现或

① 第十六章下段“知常容……㳂（没）身不怠（殆）”部分是这么一篇关于养生的文章。想要上溯到“知常”，就会中间夹着“复命”，与“情（静）”相关联，因此，修道者（“吾”）如果能够实现彻底的“虚、情（静）”，最后就会到达“道”的高度，让自身体现“道”的永久性（“久”），同时自己一生都不会遇到危险的境地［“㳂（没）身不怠（殆）”］。

“王”字，自古以来说法很多。例如，武内义雄《老子の研究》（前揭）《老子の研究（下）道德经析义》之“老子道德经上篇”第十六章，认为是“生”的误写，马叙伦《老子校诂》（前揭）卷第一之第十六章，认为是“周”的误写。此外，劳健《老子古本考》［朱谦之《老子校释》（前揭）“老子道经”十六章所引］、陈鼓应《老子注译及评介》（前揭）“注释今译与引述”十六章，认为是“全”的误写，这个说法比较有说服力。然而，出土资料各本均作“王”，而且高明《帛书老子校注》（前揭）“道经校注”十六，也对劳健说作了尖锐的批判，因此这些说法都不恰当。还是遵从以往的说法作“王”为是。另外，按“王”字做出解释者中，如苏辙《老子解》十六章（焦竑《老子翼》十六章所引）、诸桥辙次《掌中 老子の讲义》（前揭）“老子上篇”第十六章所示，有把“王”理解为“往”（人之往归）的说法，如武内义雄所批判的那样，不恰当。但是，苏辙等人的解说，似乎在探索不把第十六章的“王”指向现实的王，而是指向作为理想王者的理念。

章末“㳂（没）身不怠（殆）”，意为终身不会遇到危险的境地。但是，因为上文说的是，修道者成为“道”自身，其结果是使自身拥有了“久”这种“道”的属性，因此这里不仅仅指的是长寿者，或许还加入了宗教的意味，即把永恒的生命当作生存者。关于这个问题，可以参照成玄英《老子义疏》致虚极章、神塚淑子《〈老子〉——“道”への回归》（前揭）之第Ⅱ部第二章“‘道’に复归する（《老子》第四十章、第十六章、第五十二章、第二十八章）”。

“道”之实现更高的位置，可以看作是人生之最终目标、绝对境界。

此外《老子》第三十三章：

> 知人者知也，自知〔者明也。胜人〕者有力也，自胜者〔强也。知足者富〕也，强行者有志也。不失其所者久也，死不忘(亡)者寿也。

也是几乎同样的例子①。第三十三章整体上概述了四种人的类型，即

---

① 第三十三章“不失其所者久也”的“其所”，即自己应处的场所。在养生思想中指的是天生所赋予的生命、身体，在政治思想中指的是君主在国家中的地位等。“不失其所”就是不失去自己应处的场所。如果重视的是政治思想，那么就和第二章“〔万物昔(作)而弗始(治)〕也，为而弗志(恃)也，成功而弗居也。夫唯〔弗〕居，是以弗去”的“弗去”大致同义。第二章说的是，在万物有“昔(作)、为、成功”之成果的基础上，正因为“声(圣)人”不占有、不贪功，所以才不会失“去”。《周易・困卦》彖传“险以说(悦)。困而不失其所，亨，其唯君子乎”中“不失其所”的意思也很接近。“久”这个字，又见于第七章、第十六章、第四十四章、第五十九章，意为以“道”的永恒不灭性为根基的养生思想可以实现生命、身体的不老长寿，政治思想可以实现国家长久延续。第三十三章似乎包含着养生和政治双重的意涵，但基本上还是养生。这一句大意是，珍重、守护自己天生所赋予的生命、身体的人，可以获得长生(珍重、守护自己在国中地位的君主能够让国家长久地存续下去)。

“死不忘(亡)者寿也”的“忘”(马王堆甲本)字，马王堆乙本亦作“忘”，北京大学简、通行本(王弼本)作“亡”。流传至今的河上公本虽作“亡”，但据注文可知原来作“妄”的可能性很高[参照马叙伦《老子校诂》(前揭)卷第二第三十三章]。“忘”、“妄”、“亡”三字是同音通假。把此字作“妄”字解释者有，河上公《老子注》、朱谦之《老子校释》(前揭)“老子道经”三十三章；作“忘”字解释者有高亨《老子注译》(前揭)卷上三十三章。虽然在这段文字中两种意思都解释得通，但并不十分合适。我觉得，如高明《帛书老子校注》(前揭)“道经校注”三十三所示，作“亡”字解，把底本(马王堆甲本)的“忘”字当作“亡”的假借字为好。但是，这个“亡”不是死亡的意思，而是灭亡、消灭之意吧。所谓“不忘(亡)”可能是以下三者中的一种，第一，或许指的是相对于生命、身体的精神、灵魂；第二，或许指的是让一生活出光彩的人生态度、生活方式；第三，或许指的是作为君主留下的功绩、恩泽，也可能是三者全部。第二种为福永光司《老子》(前揭)“上篇(道经)”第三十三章所采用。第三种为高延第《老子证义》[奚侗《老子集解》(方勇整理，上海世纪出版集团，2007年)上篇三十三章所引]之第三十三章、奚侗《老子集解》(前揭)三十三章、高亨《老子正诂》(前揭)卷上三十三章、加藤常贤《老子原义の研究》(前揭)第四部之六十八“自らに胜つことを实行すれば名は永遠である(33)”等所采用。其中，论证较为详细的高亨《老子正诂》，举出《春秋左氏传・襄公二十四年》以下的例子：“古人有言曰：‘死而不朽。’何谓也。……‘大上有立德，其次有立功，其次有立言。’虽久不废，此之谓不朽。”高亨认为《老子》第三十三章“死不亡”就是《春秋左氏传》的“死而不朽”。《老子》虽然不认可儒家的“德”及世间的“言”，但对立“功”常常予以肯定，考虑到这一点，不妨认可两者之间存在共同之处。所谓“寿也”，因为上文说的是“死”，因此不可能指的是生命、身体的长寿。如上所述，这或许指的是：第一，灵魂的永生；第二，生存方式的永承；第三，政绩的永续，三者中的某一项或者全部。这一句的大意是，即便身体死亡灵魂也不会消失的人能够永远活下去(或者，即便死了之后，在位期间建立的功绩依然不灭的君主能够获得永生)。这里，交叉采用了第一和第三种解释。顺便指出，“道”的哲学是以上两句的基础，这一点无需赘言。

“知、明”的人、“有力、强”的人、“富、有志”的人、“久、寿”的人。不清楚前三者是否是并列的或者渐进的，可以说最后“久、寿”的人，是综合了前三者并立于其顶点的人的类型。王弼《老子注》关于“不失其所者久也”，是这样论述的：

以明自察，量力而行，不失其所，必获久长矣。

这种解释，毋庸置疑站在第一类型和第二类型的基础之上，最后突出了养生的地位。我觉得这个解释基本上是正确的。第三十三章的最终目标在于倡导一种“死不忘（亡）者寿也”的养生，和“不失其所者久也”主要指生命、身体的养生即“养形”不同，这已经超越了生命、身体的养生，进入了更高层次的死后也永恒存续的，圣人的灵魂、精神的养生亦即“养神”①——《老子》养生思想最后所达到的正是这个地方。

如上所示，本文对《老子》所见养生思想作了多角度的探讨。

《老子》的养生思想，从数量上看未必多。但是，其中的大部分说的是，通过对作为根源之“道”、“德”的把握，或者通过达致与“道”有密切关系的无知、无欲、无为，就能够实现养生思想所企求的“长生久视”。可以说这是《老子》养生思想一个显著的特征。此外，可以说《老子》养生思想中还有一个显著的特征，那就是，基本上不把个人生命、身体的保护与天下统治权的获得视为矛盾、对立的关系，而认为养生和政治之间存在着相互依存相互对待、相互交错展开的关系。

在此之上，《老子》中进而萌发出了一些领先时代的新的养生思想。例如，对养生予以极高的评价，把养生看作是最高的最终的人生目标，除了战国初期至中期的养生家杨朱、子华子、詹何之外，这是始于《老子》并被后代所继承的重要思想中的一种。此外，虽然《老子》养生思想几乎都说的是“养形”亦即生命、身体的不老长寿，但其中也提倡以灵

① 如第三十三章所示，包括《老子》在内的道家养生思想中，有的地方“养神”或“养心”同时登场，请参照拙著《道家思想的新研究——以〈庄子〉为中心》下（前揭）第十章第三节之二“‘气’的一元论和‘养生’、‘养心’”。试举一例，成书于西汉初期的《庄子·刻意》（与《老子》一部分内容大约相同时代）中有：“故曰：‘形劳而不休则弊，精用而不已则劳。劳则竭。’水之性，不杂则清，莫动则平，郁闭而不流，亦不能清，天德之象也。故曰：‘纯粹而不杂，静一而不变，淡而无为，动而以天行。’此养神之道也。”

魂、精神在死后继续永存为内容的养生即“养神”，这也是领先时代的新的尝试之一。

从这个意义上讲，《老子》的养生思想，永远不会失去养生思想史上古典的位置。

（作者为日本东方学会理事长、东京大学名誉教授）

从牛马之喻看天人的隔断与贯通

陈　静

《庄子·秋水》篇有一个著名的隐喻，为了行文方便，我们称这个隐喻为牛马之喻。这个隐喻说：

> 牛马四足，是谓天。络马首，穿牛鼻，是谓人。故曰，无以人灭天，无以故灭命，无以得殉名。谨守而勿失，是谓反其真。

这个隐喻，出自《秋水》中河伯与北海若的对话，当河伯询问北海若“何谓天？何谓人”时，北海若没有以定义的方式回答他的问题，而是以上文的这个牛马之喻来为“天”、“人”的含义进行了喻指。

驯化牛马原本是农耕社会的基本经验，但是，关于这个经验却有两种不同的描述方式：一种是牛马之喻的“穿牛络马”，还有一种是“服牛驾马”。这两种不同的描述方式，代表了两种不同的价值立场。“服牛驾马”认为驯化牛马是圣人的一项文明成就，所以用了赞美的口吻，颂扬“圣人……服牛驾马，以达陵陆，致远穷深”。而庄子的“穿牛络马”，则强调“穿络”约束甚至戕害了牛马的天性，态度明显是批评的。

但是，牛马之喻毕竟只是一个隐喻，庄子用这个隐喻，回答的是“何谓天？何谓人”的问题。而当庄子说“穿牛络马”是“人”的作为，并不符合牛马的“天”性时，他实际上在“天”、“人”之间造成了一种隔断的甚至是对立的关系，或者说，“人为”被庄子放置到了与“天性”相对的一方，成为约束甚至戕害天性的力量。因此，庄子的牛马之喻，对天人关系的理解是天人隔断的。但是，后世沿用庄子的牛马之喻，却渐渐改变了其中的意味，把庄子“以人灭天”的控诉，改变成为对穿络行为的肯定。本文的目的，就是考察牛马之喻的历史演变，并揭示导致这种改变的理论前提。

一

在《庄子》里，显然存在着两个世界，一个是逍遥游的世界，一个是人间世的世界。

《逍遥游》开篇，是大鹏展翅，“抟扶摇而上者九万里”。九者，数之极，九万里，喻极致的高处。置身于这样的高处，庄子以大鹏之眼看到了万象皆存在于普遍的“有待”关系之中。因为有待，万象皆受制于对待而不得自由。庄子提出，必须超越对待，超越功利之用，自由才是可能的。因此，那棵在惠施眼里不能满足任何功利要求的大树，在庄子的无何有之乡成为逍遥游的标志，而无何有之乡的宁静和空阔，也排除了来自对待关系的是非纠缠，使逍遥自在成为可能。

与无何有之乡的自在完全不同的，是人间世的无奈。在《人间世》里，庄子描述了几个不同的人，他们的故事虽然不同，但共同的特点是遭遇人世的无奈。

首先是颜回，他年轻热情，不谙政治的凶险，却要挺身而出，前往卫国，以儒家的道德理想改造那位暴虐的卫太子，救民于水火之中。颜回代表着儒家的救世热忱，但是庄子说，颜回这样的人是注定要失败的，他怀抱着崇高的理想而去，结局却可能是性命难保，自己最终成为暴虐权力的牺牲品。庄子通过颜回与孔子的对话，让孔子为他代言，否定了儒家的道德理想有发挥作用的可能，指出儒家的道德热忱只是一厢情愿的良善愿望，对于权力在现实中的暴虐和滥用，不能发挥丝毫的约束和改造的作用。孔子对颜回的最终建议，是“一宅而寓于不得已”。就这一句“不得已”，人间世的无奈已经充分展露。

庄子描写的第二个人，是叶公子高。叶公子高受王命委派，即将出使齐国，说明他已经是老到的官员。就是这样一个久浸官场之人，也“朝受命而夕饮冰”，由于担心自己不能顺利完成使命而陷入焦虑。他求助于孔子，孔子的劝慰是“安之若命”，提出的建议仍然是“乘物以游心，托不得已以养中”。可见，不仅是不谙政治的颜回只能“不得已”，就是老练的官员叶公子高，最终也只能“不得已”。因为人间世终究是无奈的,经验无济于事。

庄子描述的第三位是“将傅卫灵公太子”的颜阖。看来庄子对那位卫太子是深恶痛绝的,不仅在颜回的故事中充分描写卫太子可能的暴行,这里又借颜阖之口评价这位太子“其德天杀”。颜阖要去教导这样一个天生德薄之人,将是何等困难。这次庄子让孔子休息了,而让蘧伯玉来与颜阖对话。颜阖担心,如果自己由着太子胡闹,将危害国家,如果纠正他,又会危及自身。颜阖被委派去教导太子,竟然因此陷入了进退两难的境地。而蘧伯玉提出的建议,却是让颜阖自己持身端正,而以虚以委蛇的态度来对待太子,“彼且为婴儿,亦与之为婴儿;彼且为无町畦,亦与之为无町畦;彼且为无崖,亦与之为无崖,达之,入于无疵”,并一再告诫他绝不能做螳臂当车的傻事,因为那是无济于事的。随后的养虎者和爱马者的例子,也一再说不能仅仅凭借好意和爱心而行事,因为爱心和好意的不当表达,很可能就是致祸的缘由。这一次,在颜阖与蘧伯玉的对话中没有出现“不得已”之类的话语,但是人间世的无奈已经在他们不断地讨论如何躲避祸患的对话中表达出来了。

有意思的是,在以这些故事遍说人间的无奈之后,又出现了一棵无用的大树。我们知道,《逍遥游》里出现过这样的大树,惠施称他无用,庄子却说可以树立在无何有之乡,让懂得逍遥的人“寝卧其下”,享受自在的愉悦。《人间世》在颜回等人的故事之后出现的这棵高大的栎社树,也在匠人、匠人的徒弟和树神之间发生了同样的争执。匠人的徒弟被高大的栎社树深深吸引,久久地驻足观看,匠人却径直前行,不屑一顾,因为他认为这棵大树并不能成为匠人制作的材料,是一棵没有任何用处的“散木”。而树神则托梦匠人,告诉他正是这种非功利的无用,才成就了自己保全生命的大用。在这里,“散木”栎社树与庄子“树之于无何有之乡”的那棵被惠施鄙视的大树,遥相呼应地宣示了逍遥游的理想。同时,这也使能够逍遥的无何有之乡与无可奈何的人间世,成为两个不同的世界而相互对照。

这两个世界的不同,也可以用“内”、“外”的区分来表示。《大宗师》有孔子差遣子贡去吊唁一个道家人物的故事,这就是著名的“临尸而歌”的故事。当奉命前往的子贡见到死者的朋友们正在他们朋友的遗体旁歌唱，他震惊了，并质疑这种“临尸而歌”的做派是否违逆了礼制的规范。但是，这些道家人物毫不理会形式的礼节，他们在意的，是相互之间是否真正理解，而他们之间是“相视而笑，莫逆于心，遂相与友”的，这种内在的真诚相通，并不需要外在的“礼”仪来维系相互的关系。所以，他们对子贡的质疑发出了“是恶知礼意”的嘲笑。在子贡眼里，“临尸而歌”是令人震惊的非礼行为，而这些道家人物认为，他们才是亡友的知音，他们的朋友已然通达生死，他们懂得他，所以用歌声送他离去。庄子在妻子去世时也曾“鼓盆而歌”，在遭到惠施的责备时所说的也是对于生命的通达。这是儒家人物难以理解的。当子贡带着困惑返回并求问于孔子时，孔子用了“内”、“外”之分而“外内不相及”来回答。孔子说：

> 彼，游方之外者也；而丘，游方之内者也。外内不相及。而丘使汝往吊之，丘则陋矣。

孔子承认，自己派子贡去行吊唁之礼，本身就是不恰当的，因为这些人根本没有把生死放在心上，他们“游乎天地之一气……恶知死生先后之所在，假于异物，托于同体，忘其肝胆，遗其耳目，反复终始，不知端倪，芒然仿徨乎尘垢之外，逍遥乎无为之业。彼又恶能愦愦然为世俗之礼，以观众人之耳目哉”！吊唁是多余的，一切礼仪，在这些“临尸而歌”的人看来，都是多余的。

在孔子的这一段话里，最值得注意的当然不是孔子的自我检讨，而是孔子用了“外内不相及”来区别自己和那些道家人物。孔子说自己是“游方之内者”，而那些道家人物是“游方之外者”。在“方之内”生活的人，是谨遵礼教，不离礼仪制度之规范的人，而“方之外者”则遵从自己内心的真实感受。“游方之外者”的行为不是做给别人看的，不需要以“颜色之戚，哭泣之哀”让“吊者大悦”（《孟子·滕文公》上），他们只想以自己的内心和相互的真正理解来表达自己，而不愿意“愦愦然为世俗之礼，以观众人之耳目”，与问礼于孟子的滕国世子恰好相反。

庄子的用词，总是含义丰富且挥洒自如，这里的内外也是如此。“游方之外”的人，恰好是遵从自己内心的人，而“游方之内”的人，在意的却是外在的礼仪。内外就这样被庄子信手活用，自由地表达着自己的思考。但是，无论庄子如何活用内外，内外之间总是不同的，无论内外的具体所指为何，一个彼此相应的对照关系存在于内外之间，也是十分明显的。就孔子所言的“外内不相及”而言，这种方之内外的对照，同逍遥游与人间世的对照有着同构的关系。孔子描述“游方之外者”的存在方式，是说他们“仿徨乎尘垢之外，逍遥乎无为之业”，与《逍遥游》描述的，逍遥者在无何有之乡那棵无用的大树下“仿徨乎无为其侧，逍遥乎寝卧其下”，是完全相同的。

内与外的对照，人间世和逍遥游的对照，也表现在天与人的对照之上。庄子说“牛马四足，是谓天。络马首，穿牛鼻，是谓人”，就在天人之间进行了区分。天指天性，也指自然而有的一切，人指人为，同时意味着人间世的种种造作。庄子多有讨论天人之处，例如：

为人使易以伪，为天使难以伪。《人间世》

内直者，与天为徒……外曲者，与人之为徒也。《人间世》

眇乎小哉，所以属于人也。謷乎大哉，独成其天。《德充符》

何谓道？有天道，有人道。无为而尊，天道也；有为而累，人道也。《在宥》

…………

在这样的讨论中，天与人总是处于对照的关系之中，表征着不同的属性，意味着不同的价值，指点着不同的行为方式，展现为不同的生存状态和不同的世界。

除了天人、内外、人间世和逍遥游，在《庄子》中，道与物、真与伪、至德之世与圣人之世、古与今等等，也都处于相互对照的关系之中，同时也从各自的角度，指点着庄子对两个不同世界的理解和思考。

二

天人有别，庄子的倾向明显在天的一边。《秋水》在牛马之喻之后，立刻声言了“无以人灭天”的价值立场，足以证明庄子是站在天的立场上反对以人为戕害天性的。《庄子》中还有许多论说，表达的都是这样的立场，最明显的，可见于《骈拇》、《马蹄》等篇的论说。

在《骈拇》中，庄子把一切向外的追求和外在的价值准则也就是儒家的礼乐仁义比喻为骈拇枝指、附赘悬疣，而“非道德之正”。庄子认定那些满心忧患，希望以礼乐仁义来安顿社会、抚慰天下之心的仁人，与那些损害真实性命而疯狂追求富贵的不仁之人，虽然表现不同，但同样是残生损性、背道失德。他们的作为如同两个牧羊的孩子，一个沉溺游戏，一个埋头读书，却都因为心有旁骛而丢失了羊。他们丢羊的原因不同，沉溺游戏和埋头读书似乎有品格高低的差别，但是都背离了放牧的正道，造成了丢羊的同样结果。《骈拇》说：“二人者，事业不同，其于亡羊均也。”同样，“伯夷死名于首阳之下，盗跖死利于东陵之上，二人者，所死不同，其于残生伤性均也”。但是世人不明究竟，一定要在伯夷和盗跖之间进行区分，认为殉义者为君子，殉利者为小人，而不知道他们“其殉一也……其残生损性，则盗跖亦伯夷已”。

庄子之所以要抹消世俗对于伯夷和盗跖的区别，是要提示另一些往往被俗世忽视的价值，这就是保有生命和真性，不使这些真正的价值被俗世的浮华和外在的礼义所遮蔽。所以，《骈拇》篇反复说：“正正者，不失其性命之情。”“吾所谓臧者，非所谓仁义之谓也，任其性命之情而已矣。”正是以“性命之情”为基础，《骈拇》批评儒家对于三代的称颂和继承，认为“三代之下者，天下何其嚣嚣”，“自虞氏招仁义以挠天下也，天下莫不奔命于仁义……自三代以下者，天下莫不以物易其性矣”。世俗以为伯夷高尚而盗跖邪恶，仁义高尚而声色粗鄙，但是，庄子指出这种区分的标准本身，就是外在于人的“性命之情”且遮蔽人的“性命之情”的。庄子要人从“外”诱的迷惑中返身自求，“自闻而已……自见而已”，如果“不自见而见彼，不自得而得彼者，是得人之得而不自得其得者也，适人之适而不自适其适者也”，这样被外在引领而遗忘内在的“性命之情”，“虽盗跖与伯夷是同为淫僻也”。

庄子在《骈拇》篇以“性命之情”否定仁义礼乐具有终极意义，用“至正”否定规矩绳墨具有充当衡量标准的最终资格，其中隐含着“内”与“外”的分辨，“天”与“人”的不同。而庄子的立场显然是倾向于前者的，倾向于以前者来否定后者。

《马蹄》篇更加明显，直接控诉伯乐的治马残害了马性。《马蹄》说：

“龁草饮水，翘足而陆，此马之真性也”，而伯乐“烧之、剔之、刻之、雒之……饥之、渴之、驰之、骤之、整之、齐之，前有橛饰之患，而后有鞭策之威，而马之死者已过半矣”，世人认为善于治马的伯乐对马的调教，在庄子看来正是“伯乐之罪”。陶人的抟埴和木匠的砍削也是同样，并非出自泥土和原木本有的天性，而是匠人施加于土木的。《马蹄》说：“埴木之性，岂欲中规矩钩绳哉?”人们之所以称赞伯乐善于治马，称赞陶人木匠善于处理泥土和原木，是因为治天下者改变了社会，改变了人们原本纯朴的观念。在《马蹄》篇中，明显有一个对比言说的结构，真性与教化、朴素与繁华、至德之世与圣人之时、仁义礼乐与自在逍遥，都是相对而言的。《马蹄》控诉教化败坏了真性，仁义礼乐束缚了人的性情，圣人的造作毁坏了至德之世的朴素，它的结论是，“残朴以为器，工匠之罪也；毁道德以为仁义，圣人之过也”。

《庄子》里表达类似观点的地方还很多，例如《胠箧》称：“彼曾、史、杨、墨、师旷、工倕、离朱者，皆外立其德而以爚乱天下者也”，所以必须“削曾史之行，钳杨墨之口，攘弃仁义”，才可能使“天下之德始玄同矣”；又如《在宥》批评“黄帝始以仁义撄人之心”，等等。但是，最极端地把天人、内外、古今相互对立并且以天贬人的，以《骈拇》和《马蹄》二篇最有代表性。

三

荀子曾经批评庄子“蔽于天而不知人”，看来确有根据。在《庄子》中，确实有许多天人、内外、古今、道物、真伪等等相对并说的内容，而庄子在对说中所持的立场，明显是倾向前者而否定后者的。所以荀子说庄子“蔽于天而不知人”，确实是抓住了庄子思想的某种特点。

但是，庄子要的就是天人两立、内外区分、真伪隔离、道物两断吗?庄子借大鹏之眼看到了万象有待而彼此限制，从而提出了无待的逍遥理想，他难道看不出天人两立等等所导致的彼此相对，实际上就制造了相互对待的关系吗?

认真阅读《庄子》，我们将看到，庄子孤鸣先发，努力彰显世俗未曾留意的“真性”，或者说，庄子用“真性”、“逍遥游”、“性命之情”等等超出儒家问题域的论说，展开了一个全新的理解“人”的方向，这个方向，我们现在可以用“人的自由存在”来表述。这个论域，是庄子之前尚未展开的，所以庄子要有效地指点出这个致思的方向，是十分困难的。为了显明他的思考，庄子不得不用了对于当时社会而言已经是相当理想主义的儒家来映衬，说即使是这样的理想，仍然是他要批评和超越的，因为儒家的道德理想所表达的，依然是“相互性的原则”，这样的原则是奠基在人的“对象性存在”的基础之上的。而庄子要揭示的“真性”和“逍遥”，是超越对待的，是自身圆满而无需以对象来规定和显明其含义的。所以，尽管在“争于气力”的社会背景之下，儒家“何必曰利”的道德理想主义已经被现实的功利主义者视为“阔于事情”了，但是在庄子眼里，儒家依然没有超越对待，“其残生损性，则盗跖亦伯夷已”。显然，庄子的思考更加本源，更加深刻，涉及如何理解“人”的本质，而不是像儒家那样，径直以德性来定义“人”，满足于“人”对“物性”的超越。庄子的这一套全新的思想，要清楚地表述出来是十分困难的，为了彰明自己的思考，庄子不得不把理想主义的儒家与功利主义的俗世归作一堆加以排斥，这种与儒家对立的姿态，落实到天人问题的领域，就表现为隔断天人。

就庄子的本意而言，庄子也曾努力，希望把“真性”铺垫在人为之下，使之成为支撑人为的基础。这一点，在《大宗师》中可以看到。《大宗师》说：

> 知天之所为，知人之所为者，至矣。知天之所为者，天而生也。知人之所为者，以其知之所知，以养其知之所不知，终其天年而不中道夭者，是知之盛也。

《大宗师》开篇就区分了天、人，以为“天”的作用是“生”，“人”的作用是“养”，但庄子在做了这种区分之后几乎立刻就说：“庸讵知吾所谓天之非人乎？所谓人之非天乎？”这表明庄子尽管区分了天人，但他的真实用意恰好是要贯通天人，实现天人合一。所以，在以反问的口吻说了这两句话之后，他开始讨论真人和真知，说真人才能保障真知。而在对“真人”做了若干具体的描述之后，庄子用“不以心捐道，不以人助天，是之谓真人”,“其一与天为徒,其不一与人为徒,天与人不相胜也,是之谓真人”,为“真人”下了定义。这个定义表示,庄子心目中的“真人”,尽管是“不以人助天”的,但也是“天与人不相胜”的,因此“真人”是天而人、人而天的,是天人合一的。

从这个角度来看《大宗师》在讨论“真人”的段落中插入了一段关于“圣人之用兵”的论说,就是可以理解的了。这一段,初读时觉得挺不好懂,甚至怀疑这一段的内容是否是乱简混入,因为这一段的前后都在讨论“真人”。如果前后都讨论“真人”,中间却插入一段有关“圣人”以及“君子”的内容,确实让人疑惑。如果不是乱简混入,而是原本如此,那么《大宗师》在这里想说什么呢?

按照《大宗师》“庸讵知吾所谓天之非人乎,所谓人之非天乎”的说法,庄子是有贯通天人之用心的。以天人贯通的立场来理解真人和圣人的关系,在人间世活动的圣人,与不受外部世界影响的真人也应当是相互贯通而不相违逆的,或者说,“真人”应当成为“圣人”、“君子”的基础,或者“圣人”、“君子”应当是“真人”在有对待关系的世界中的具体呈现。而有了真人为底色,圣人、君子就有了超越对待关系的境界,用《齐物论》的话来说就是,他们有“吾”的自觉,因此有超越“我”的能力。按照“真人”是天而人、人而天的逻辑,按照“真人”与“圣人”相贯通的方向,圣人、君子虽然活动于社会,但是不会被人间世的特定对待关系束缚住。因此,即使圣人采取相当极端的行动,也不会因此失去民众的拥戴。《大宗师》说:“故圣人之用兵也,亡国而不失人心”,就是最好的说明。说圣人用兵是举例,并且是一个极端的例子,因为亡人之国是伤害之中最大者。但是,这种极度的伤害似乎又不是伤害,因为在兴兵灭国的活动中,圣人并没有失去人心。那些亡国之人似乎并不是受伤害者,并没有感到亡国的伤痛,很可能正好相反,他们是在“奚我后”的心情下,盼望着圣人早日莅临。所以,如果圣人兴兵灭国都能够不失人心,那么,圣人的其他举措也不会造成离心离德,因为这样的圣人并不是《马蹄》批评的圣人,而是有真人做底色的圣人。这样的圣人虽然身处有对待的情景之中,却能够超越对待,超越“我”,因此不会陷入是非之中。所以,《庄子》的圣人并非只有遭《马蹄》篇痛斥的那种,还有《大宗

师》这种有真人做底色的。这样的圣人,《则阳》篇亦有描述。《则阳》曰:

> 圣人未始有天,未始有人,未始有始,未始有物,与世偕行而不替,所行之备而不洫,其合之也若之何!……容成氏曰:"除日无岁,无内无外。"

在这样的描述之下,圣人显然是不分天人的。这表明,虽然庄子有许多天人对说的内容,但是他所希望的理想人格,是不被这样区分限制的,是贯通二者而天人合一的。

但是,庄子毕竟是在展开一个新的论说。逍遥游要成为可能,在庄子看来必须超越"相互性原则"、超越人的"对象性存在"。而人的普通经验都是在"对待"中获得的,人们对于穿牛络马已经习以为常,对于人为(例如礼仪)对天性的限制、遮蔽和捆束,已经理解为规范而习以为常。庄子在这样的语境下展开论说,并且要高扬一种此前不为人知的新理想,不得不将二者并列同说,且一再以反对人为改造天性的夸张姿态,指点人们去觉悟自己本有的"真性"。这样的对说确实容易造成天人对立的关系,而庄子对天性的维护,也很容易留给读者"蔽于天而不知人"的印象。

四

这样,庄子指点人们领会"真"、"纯"的世界,努力揭示比人间的相互性伦理更具基础意义的价值"性命之情",反而造成了两个世界的分裂,造成了理想与现实的隔离。而按照天人分立的格局,逍遥游就落实不到人间世,不可能在现实中实现。因为在天人分立的格局下,自在的逍遥在"天"的一边,在"外"边,在"古"时曾经流行,而当历史演进而道德下衰,马首牛鼻已被穿络,逍遥游的理想就已经不能与"人"贯通,不能进入到"今"的当下,当今之世已经是"无可奈何"的人间世了。面对由"不得已"主宰的当今人间世,人似乎只能无奈地"虚以委蛇"了。这样,庄子的理想妙则妙矣,却不能成为现实人生的观念支撑,而只能够成为现实中人拒绝现实也就是傲世的理由。

如何在理论上使天人相通，真伪如一，为逍遥游找到进入现实的路径，是庄子为后世留下的理论难题。可以说，中国思想在很大程度上都在从不同的方面探索和回答这个问题。这是一个非常基础性的大问题，全面论说不是本文能够担负的任务。所以，我们在这里还是回到牛马之喻，从梳理此喻的不同语境，来看后世如何从贯通天人的立场对牛马之喻重新进行解释，从而使它所喻指的天人关系具有了不同的面相。

先看《淮南子》。《淮南子》是《庄子》之后最早使用牛马之喻的，而且是不止一次使用。惟其多次使用，使我们得以注意到，《淮南子》在不同的篇目中使用牛马之喻时，立场是不同的，开始是追随《庄子》，以牛马的天性与人对牛马的穿络相对立，肯定“天”而否定“人”，后来则在“因”的观念之下，承认穿牛络马具有一定的合理性。这两种不同的立场，分别代表着在《淮南子》中同时出现的道家立场和儒家立场。由于道家在《淮南子》中占据着主导地位，《淮南子》的篇目编排是先道而后儒的，表达道家立场的牛马之喻，在《淮南子》的第一篇《原道训》中就出现了。《原道训》说：

> 牛歧蹄而戴角，马被髦而全足者，天也；络马之口，穿牛之鼻者，人也。循天者，与道游者也；随人者，与俗交者也。①

显然，这段话来自《庄子》，虽然不全同于《庄子》。因此，《淮南子》与《庄子》一样，是把牛马的天性与牛马的穿络相对立的，是在这种对立的关系下宣示自己的立场。不同的是，《庄子》明确说“无以人灭天”，《淮南子》则把“天”“人”与“道”“俗”相应，说“循天者，与道游者也；随人者，与俗交者也”。为什么《淮南子》不像《庄子》那样，直接发出了“无以人灭天”的戒令，而要以“天”“人”对应“道”“俗”，对天人之分进行道俗分途的高低比照？在笔者看来，这恐怕还是与《淮南子》书出众手又同时具有道家和儒家两种立场有关。《淮南子》虽然由道家主导，但是，《淮南子》的道家既然无力彻底排斥儒家，不能把儒家“无”掉，也就只能把它贬低为某种“俗”，以此来否定儒家的价值具有终极根据的资格，同时以“道”自居，在“道”“俗”的高低对照中实现道家对儒家的压制。从

① 陈一平：《淮南子校注译》，广东人民出版社，1994 年，第 14 页。

《原道训》所使用的牛马之喻可以看到,《原道训》直接接续了庄子的立场,认定穿牛络马违逆了牛马的天性,天与人的关系是相互否定的。

虽然《原道训》紧紧追随《庄子》,但是《淮南子》的其他篇目却渐渐转向。《淮南子》的篇目编排存在着由道家转向儒家的倾向,在牛马之喻的应用上,也可以看到这种立场随着篇目的后移而改变。《原道训》是《淮南子》的第一篇,《原道训》开篇的第一句话,就以"夫道者……"敞开了对"道"的论说,认为"道"无所不包,是万象的终极根据。因此,"体道者"应当完全依照"道"的原则来行事,这样才能永远立于不败之地。在这样的语境下,《原道训》以牛马之喻高天而低人、贵道而贬俗,就是其论说的必然逻辑了。但是到了《淮南子》的最后一篇《泰族训》,当牛马再一次被用来喻指道理的时候,牛马之喻已经不再在天人与道俗对举的论说格局之中,而是转到了圣人"驾马服牛"的语境之下。《泰族训》说:

> 驾马服牛,令鸡司夜,令狗守门,因其然也。①

上文提到,关于驯服牛马有两种不同的表述方式,一种是庄子的"穿牛络马",一种是赞美圣人的"驾马服牛",《泰族训》要肯定驯服牛马的合理性,就用了"驾马服牛"的表述,然后以"因"的观念来解释"驾马服牛",由此承认"驾马服牛"的合理性。按照《泰族训》的说法,虽然是人给马戴上了笼头,为牛穿上了鼻绳,但是,"驾马服牛"不过是像"令鸡司夜,令狗守门"一样,因顺了牛马的本性而已。没有人置疑鸡鸣狗吠的合理性,同样是"因其然也"的"驾马服牛",也不存在《原道训》所说的天人对立、道俗高低的问题。虽然"因"的发出者是"人",但是因为"因"是顺从而不是违逆对象的天性,所以加之于对象的"人"与对象的"天"是彼此应合的。因此,"因"沟通了天人,而不是造成了天人的对立和相互否定。就牛马的天性而言,牛马是可以穿络的,但是,如果让马载重,让牛迅跑,则不可取了。《淮南子·齐俗训》说:"马不可以服重,牛不可以追速……各用之于其所适,施之于其所宜,即万物一齐,而无由相过。"《淮南子》的这些话,已经在一定程度上改变了它在《原道训》中以

① 《淮南子·泰族训》,陈一平《淮南子校注译》,广东人民出版社,1994年,第1007页。

“穿牛络马”表达的天人对立的道家观点，转向了儒家“因俗以成礼”的观点。而《泰族训》采用牛马之喻所展开的讨论，正是“先王之制法也，因民之所好而为之节文者也”的问题。这种以“因”为根据而“为之节文”的观点，在《修务训》里还被展开为“教以成性”的论说。《修务训》说：

世俗衰废，而非学者多：人性各有所修短，若鱼之跃，若鹊之驳，此自然者，不可损益。吾以为不然……夫马之为草驹之时，跳跃扬蹄翘尾而走，人不能制……及至……良御教之……掩以衡扼，连以辔衔，则虽历险超涧弗敢辞。故其形之为马，马不可化，其可驾御，教之所为也。马，聋虫也，而可以通气志，犹待教而成，又况人乎？

这里对教化的肯定，应用于牛马之喻就是肯定伯乐对马的调教，而《修务训》恰好就是这样论说的，它说马驹在接受调教之前，是为所欲为的，但是在接受了良御的调教之后，在被套上笼头口嚼之后，就完全听从人的指令而步趋合仪了。这种论说立场与《庄子·马蹄》对伯乐的控诉，是完全不同的。

《淮南子》二十篇，有一个从道家立场转向儒家立场的迁变，更具庄子原味的“循天者，与道游者也；随人者，与俗交者也”，出自《淮南子》的首篇《原道训》；而“驾马服牛……因其然也”，则见于最后一篇《泰族训》。这也为《淮南子》由道转儒的立场变迁，提供了一个具体的例证。

在目前，还没有证据表明郭象受到了《淮南子》的影响，我们甚至不知道郭象是否读过《淮南子》，但是，从思想的逻辑来看，《淮南子》以“因”的观念认可“驾马服牛”，与郭象《庄子注》以“天命之固当”来认可对牛马的穿络，是一脉贯通的。或者说，郭象对穿牛络马的理解，顺承了《淮南子》“因其然”的观点而有进一步的推进，在理论上更加完整。

郭象在《庄子注》中，对《秋水》篇的牛马之喻是这样注释的：

人之生也，可不服牛乘马乎？服牛乘马，可不穿络之乎？牛马不辞穿络者，天命之固当也。苟当乎天命，虽寄之人事，而本在乎天也。穿络之，可也。若乃走作过分，驱步失节，则天理灭矣。……真在性分之内。

郭象注文最值得注意的是,他把"服牛乘马"与"穿牛络马"关联起来了。前文说到,关于驯服牛马有两种不同的表述方式,儒家站在赞颂文明的立场,称颂"驾马服牛"是圣人对文明的推进;而庄子站在"天性"拒绝"人为"的立场,控诉"穿牛络马"伤害了牛马,是"以人灭天"。而郭象在解读《庄子》的牛马之喻时,显然转移了立场,从庄子的控诉立场转移到了儒家颂扬"服牛乘马"的立场,而把"穿牛络马"描述为实现"服牛乘马"的必要方式。更进一步,他认为这样的方式并不是戕害牛马的天性,而是牛马"天命之固当"。为什么"牛马不辞穿络"是牛马的"天命之固当"?郭象的解释是,从人的生活需要服牛乘马来说,人以穿络的方式实现了对于牛马的驯服,但是从牛马进入文明系统的方式来看,穿络就是牛马进入文明系统的方式,如果没有穿络,牛马就是野牛野马,就与文明无缘了。正是在这个意义上,郭象认为接受穿络是牛马的"天命",牛马只能够以穿络的方式进入文明的系统。既然接受穿络是牛马的天命,人对牛马的穿络就不是用"人"来灭绝牛马的"天",相反是帮助牛马实现了它们的"天命"。于是,"人事"与"天命"就贯通了,人对牛马的穿络用郭象自己的话来说,就是"虽寄之人事,而本在乎天也"。于是,穿牛络马不再是"以人灭天",而是天人如一的。

在《庄子》注释史上,郭象的《庄子注》是解读《庄子》最重要的一部。之所以重要,就在于郭象从理论上解决了庄子的逍遥游进入不了人间世的难题。

上文指出,庄子虽然有沟通天人的意图,有把"真人"铺垫为"圣人"之基础的设想,但是庄子的意图并没有充分实现,他造成的理论印象仍然是"蔽于天而不知人"。在《庄子》中,天人、内外、真伪、道物等等,仍然是相对并说,有着高下之分和彼此否定之倾向的。人们阅读《庄子》的强烈印象,还是庄子有两个世界。这样,庄子的逍遥游,就与现实的人间世彼此两断了,逍遥游的理想找不到在人间世实现的可能路径,通行于人间世的,只能是"不得已"的无奈和"虚以委蛇"的苟且。这样的逻辑使庄子的理想最终不能成为积极建构的原则,而只能成就批评和拒绝现实的傲世姿态。庄子的这个困难,在郭象的注释中被他以"性分"的观念克服了,而郭象凭借"性分"的观念,也证明了逍遥游在人间世的可能性。郭象的这个思路，体现了他对庄子的改造，论说是相当丰富的，对之进行全面分析不是本文的任务，所以我们还是把话题收缩到牛马之喻所理解的天人问题上。就此来看郭注对庄子的改造，就是郭象贯通了天人，克服了庄子的天人两断和天人的相互否定。再联系庄子的牛马之喻，就是郭象抹消了庄子“穿牛络马”所蕴含的批评立场，使“穿牛络马”和“服牛驾马”相互贯通了。

如果说《淮南子》用“因”的观念解释了“服牛驾马”的合理性，郭象用“性分”的观念说明牛马不辞穿络是“天命之固当”；那么，到了宋明理学时期，理学家们则用了“天理”的观念，来说明牛马的穿络是天理之当然，例如朱子说：

> 穿牛鼻，络马首，这也是天理合当如此。若络牛首，穿马鼻，定是不得。(《朱子语类》卷九)
>
> 如穿牛鼻，络马首，都是天理如此，恰似他生下便自带得此理来。又如放龙蛇，驱虎豹，也是他自带得驱除之理来。如剪灭蝗虫，也是他自带得剪灭之理来。若不驱除剪灭，便不是天理。所以说，道有物必有则，不问好恶底物事，都自有个则子。(《朱子语类》卷二十九)
>
> 穿牛鼻，络马首，皆是随他所通处。仁义礼智，物岂不有？但偏耳。随他性之所通处，道皆无所不在。(《御纂朱子全书》卷二十四)

朱熹的说法，是继承程子之说并加以发展而来，程子说：

> 今夫羁靮以御马而不以制牛，人皆知羁靮之制在乎人，而不知羁靮之生由于马，圣人之化，亦由是也。(《二程外书》卷三)
>
> 服牛乘马，皆因其性而为之。胡不乘牛而服马乎？理之所不可。(《二程遗书》卷十一)

从程朱之后，这种言说方式就很普遍了，这些随处可见的说法表明，程朱的观点已经成了社会的共识。例如陈淳说：

> 随物之性而言之，如牛之可耕，马之可乘，鸡之可司晨，犬之可司夜，其所发皆有个自然之理。
>
> 如教人春耕、夏耘、秋敛、冬藏、穿牛鼻、络马首之类。

鸟兽如牛当合耕，马合当乘……等类，皆有理存乎其间也。

从陈淳的说法可以看到，穿牛络马不仅与鸡司晨、犬守夜等现象并列，而且与春耕、夏耘、秋敛、冬藏等体现着天人合一的人事活动相并列，都被视为是“天理”的具体展现。明代的叶子奇，在以宋儒的看法为当然之后，还据以批评庄子说：

牛抵角，马蹄啮，天也；络马首，穿牛鼻，人而天也。庄子尽归之人，非也。①

牛马之喻是庄子最先使用的，庄子提出牛马之喻，是以牛马的“天性”来拒斥出自“人为”的穿络改造，它所蕴含的深层意味，是对文明的警惕，是强调文明在成就人的生活的同时，也规定了人的生活样式，由此束缚了人，遮蔽了人以其他样态敞开自身的可能。于是庄子强调人的“真性”，强调人的“性命之情”，要以人的“真性”和“性命之情”来克服文明的偏至，敞开人的一切可能。但是如上所说，庄子的言说也造成了天人的隔断，以至于荀子批评他“蔽于天而不知人”。从《淮南子》开始的转向渐渐克服了庄子的困难，却又出现了以“人”为“天”的倾向，到了宋明理学，穿络竟然成为天理之当然在牛马身上的具体体现。这样，天人隔断的消解，其实是通过放大属“人”的为属“天”的，把“人为”的声言为“天理”之展现而实现的。这样的论说固然在更大的普遍性上肯定了文明的意义，但是也抹消了根据“真性”和“性命之情”而奠定的批评和反思文明的立场。因此，这样的“天理”观念很容易导致价值固化，从而使文明渐趋僵化。今天，如何更新传统以满足时代需要的迫切要求，向我们提出了反思传统的要求，在这样的背景之下，如何重新理解儒家的一个世界与庄子的两个世界，仍然是一个严肃的理论问题。

（作者为中国社会科学院哲学所研究员）

① 叶子奇：《草木子》卷一。

在相对中寻求理解与超越

——试析庄子相对主义认识论

陈　霞

一、非彼无我，非我无所取：认识的相对与无定

相对主义不假定有外在于人的客观事实和标准，认为对世界的“真的”概念系统不止一个，不同概念系统之间是平等的，真理是多元的。庄子的许多主张带有相对主义的色彩。在他看来，客体周流六虚、变动不居，主体见仁见智、莫衷一是，理论、观点之间辩难不休、“日以心斗”，却难形成人人都认可的客观的“公是”①、“同是”，只有“各是其所是”的“因是”②、“移是”③（《齐物论》）。

首先，在他看来，客体（“物”）无时无刻不处于生灭变化之中。他说：

“夫物，量无穷，时无止，分无常，终始无故。”

“物之生也，若骤若驰，无动而不变，无时而不移。”（《秋水》）

《齐物论》提到物“方生方死，方死方生”；“其分也，成也；其成也，毁也。”

① 庄子说：“天下非有公是也，而各是其所是。”（《庄子・徐无鬼》，以下只注篇名）

② “各止于其所能，乃最是也。”（郭庆藩撰、王孝鱼点校：《庄子集释》，中华书局，1961年，第83页）

③ “是无常在，故曰移。……是非不定，故分散移徙而不常也。”（郭庆藩撰、王孝鱼点校：《庄子集释》，中华书局，1961年，第805页）陈鼓应先生注解：“移是，指是非不定。林希逸说：‘移’，不定也。彼亦一是非，此亦一是非，移也。”（陈鼓应.《庄子今注今译》，商务印书馆，2007年，第709页）

《天地》篇说："其动止也，其死生也，其废起也，此又非其所以也。"（《天地》）

"物"基本上是一经存在，就会立即被否定。"生"被"死"否定，"可"被"不可"否定，"成"被"毁"否定。万物皆变，一切都在走向自己的反面。事物因矛盾才存在，但矛盾的每一方都构成了对另一方的否定，使自己和对方瓦解，失去实在性。

第二，主体也如客体一样变幻莫测，缺乏定性，尤其是主体的"心"。庄子说"人心排下而进上，上下囚杀……其疾俯仰之间而再抚四海之外。……偾骄而不可系者，其唯人心乎！"（《在宥》）人心瞬息万状、难以琢磨。理解一定是发生在主客之间，没有"我"，就无法形成关于对象的知识，"非彼无我，非我无所取"（《齐物论》），而"我"却是变换的，万物也会随"我"的变化而变化。事物之大小，功用之有无，是非之标准都是主观而随意的，因人而异、因时而异、因事而异。《秋水》篇说：

"以差观之，因其所大而之，则万物莫不大；因其所小而小之，则万物莫不小。……因其所有而有之，则万物莫不有；因其所无而无之，则万物莫不无。"

"天下莫大于秋毫之末，而太山为小；莫寿于殇子，而彭祖为夭。"

"毛嫱丽姬，人之所美也；鱼见之深入，鸟见之高飞，麋鹿见之决骤，四者孰知天下之正色哉？"（《齐物论》）

由于各种观点彼此对立、因人而异，"是非之辩"，如环之无端，永无穷尽。任何是非都不能真正说明谁是谁非，辩论双方和另外任何一种理论都不能作为判断的标准①。根据主观需要而随意使用概念和标准，这就否定了一切是非判断的可能性。

第三，主体是有限的、短暂的，对象却无穷尽，人不能获得对世界的完整理解。《知北游》说：

"人生天地间，若白驹过隙，忽然而已。"

① 列子描述这种情形说："天下理无常是，事无常非。先日所用，今或弃之；今之所弃，后或用之。此用与不用，无定是非也。投隙抵时，应事无方，属乎智。"（《列子·说符》）

"吾在于天地之间，犹小石小木之在大山也。方存乎见少，又奚以自多！计四海之在天地之间也，不似礨空之在大泽乎？计中国之在海内不似稊米之在太仓乎？号物之数谓之万，人处一焉；人卒九州，谷食之所生，舟车之所通，人处一焉。此其比万物也，不似毫末之在于马体乎？……由此观之，又何以知毫末之足以定至细之倪，又何以知天地之足以穷至大之域！"（《秋水》）

所以庄子感叹道："吾生也有涯，而知也无涯。"（《养生主》）

"计人之所知，不若其所不知；其生之时，不若未生之时；以其至小，求穷其至大之域，是故迷乱而不能自得也。"（《秋水》）

认识主体的有限性与对象的无限性是如此的对立，主体不能获得对客体的完全认识。

第四，主体各执己见难以达成一致。道家虽然提出"损之又损"、"涤除玄鉴"、"心斋"、"坐忘"、"静因之道"、"舍己而以物为法"等，提醒主体克服自己的主观成见而客观地反映事物，但又承认"成心"在理解中不可或缺。庄子就说"未成乎心而有是非，是今日适越而昔至也"。（《齐物论》）"成心"指先入为主的成见①，它包括理解者的前提、习得的知识、个人的信念、价值、视角、知识背景等。无论贤愚，皆有"成心"②。个体对任何事物的判断，只能根据自身的"成心"，即特殊的角度、立场而定，都带有"视角主义"的特点。"是亦彼也，彼亦是也。彼亦一是非，此亦一是非，果且有彼是乎哉？果且无彼是乎哉？……是亦一无穷，非亦一无穷也。"（《齐物论》）非此即彼的思维方式，是执着于"成心"的结果，会造成遮蔽。庄子讲"道隐于小成"，"小成"即各家"束于教"、固守自己的畛域而形成的。由"成心"参与而形成的每一种学说都有其合理性，也有其局限性。在各执"成心"的情况下形成的不同概念系统之间难以通约。"夫自细视大者不尽，自大视细者不明。"（《秋水》）"成心"使

① 郭庆藩《庄子集释》引"家世父曰：彼我相形而有是非，而是非之成于心者，先入而为之主"（郭庆藩撰：《庄子集释》，中华书局，1961 年，第 66 页）。

② "夫随其成心而师之，谁独且无师乎？奚必知代而自取者有之？愚者与有焉！"（《齐物论》）老子的"前识"、庄子的"蓬之心"也有"成心"的意思。

我们只能得到有限而僵化的认识，从而产生武断与排他的言行，造成对事物的戕害。“成心”是主体自身无法彻底克服的因素，一切理解都只能在主体的“成心”中展开。这样，理解一定带有主观性、多样性、私人性等“现象特性”。理解目标上的客观性、绝对性与理解得以可能的主观性、相对性形成难以克服的内在矛盾。对客体的理解离不开主体的参与这一蕴含无数相对变化的因素，追求各个主体对同一客体的绝对客观的理解就难以保证，“故有儒墨之是非，以是其所非而非其所是”。

事物只有一个属性——存在，存在先于“知”。存在者也先于“知”，庄子说“有真人而后有真知”(《秋水》)。所谓是非、成毁、大小、善恶、美丑都是人为添加的，是人所设立的标准，与历史背景、社会条件、地理环境皆有关系。人们一度认为真正的知识不同于意见或主观信念，它是绝对确定的、必然的真理，不容质疑。但对象无穷无尽，生命转瞬即逝，人心反复无常，主客都变动不居，怎么来确定主体与客体相符而得到了确定的知识或真理呢？我们的认知跟不上事物的变化，即使我们通过思考，理性地推出了事物的逻辑结构及其演变轨迹，那也已经是抽掉了现象的丰富性而得到的抽象的定律，是我们通过心智和理性构建的自然图景。这些规律和图景已不再是人与万物一体的原初状态①。我们面对的是一个无限的宇宙。人所能够有的知识，只是在有限的、飘忽的经验中发现的因果联系，以及在此基础上构建的各种知识体系，人无法获得关于这个世界的确定而完备的知识。所以庄子说“无知无能者，固人之所不免也”(《知北游》)。“知止其所不知，至矣。”(《齐物论》)由于主客都没有稳定的质和形态，人难以获得关于客体的确定知识。我们在追寻世界的确定性时却确定地发现了一个不确定的世界。

① 庄子对此这样描述道：“天下大乱，贤圣不明，道德不一。天下多得一察焉以自好。譬如耳目鼻口，皆有所明，不能相通。犹百家众技也，皆有所长，时有所用。虽然，不该不遍，一曲之士也。判天地之美，析万物之理，察古人之全。寡能备于天地之美，称神明之容。是故内圣外王之道，暗而不明，郁而不发，天下之人各为其所欲焉以自为方。悲夫！百家往而不反，必不合矣！后世之学者，不幸不见天地之纯，古人之大体。道术将为天下裂。”(《天下》)

二、莫若以明、与物委蛇：实现理解与沟通

庄子的相对主义既是知识论意义上的，也是价值论意义上的。知识论上的相对主义关系到我们如何看待、把握和表述世界。价值论上的相对主义讨论善与恶。如果价值论相对主义夸大价值的相对性，把一切都看作是相对的、主观的、任意的，否定普遍价值，人们就不再确信任何事情、没有任何是非观念、不在乎任何立场。如果个体之间不能实现基本的理解，不能形成具有普遍性、必然性品格的知识，以及对共同人性、普遍价值的理解和追求，就会忽视人类面临的共同境遇，导致混乱。另外，认知世界是人的本性，却不得不面对世界不可知的事实，易于产生荒诞感、无意义感。这就存在着从事实真理的取消走向价值真理的否定，导向一切皆可的虚无主义的危险。

庄子虽然说明了相对性是客观的，但他没有把相对主义变成一种绝对，成为绝对的相对主义，并由此导向虚无。事实上，庄子并没有因前面提到的种种认识上的困境而将世界放弃。庄子的相对主义在否定中包含着肯定的认识，他的相对主义珍视理想、生命、个性、宽容、自由，并不漠视真理。在庄子的认识中，有为保证真理的理想价值而设定的“道”。庄子指出“道者，万物之所由也”(《渔父》)、“夫道有情有信，无为无形；可传而不可受，可得而不可见；自本自根，未有天地，自古以固存；神鬼神帝，生天生地”(《大宗师》)。“道”是最高理念、逻辑思维的起点，宇宙万物存在的根据、万物的根源。作为最终依据和根源的“道”不完全是通过论证建立起来的，对“道”的接近，更多地依赖于直觉。庄子描述道：“且彼方跐黄泉而登大皇，无南无北，爽然四解，沦于不测；无东无西，始于玄冥，反于大通。子乃规规然而求之以察，索之以辩，是直用管窥天，用锥指地也。”(《秋水》)观察、辩论、推理等理性认知对于认识“道”，只能是“用管窥天，用锥指地”，遥不可及。由于确信“道”的存在，庄子也就没有从否定走向虚无。他还提到“无为可以定是非”(《至乐》)。庄子区分了两种是非，“真是非与偏见之是非……‘辩无胜’的论证就已经明白了经由两人间的辩论不会得到真是非……达道之士可以

透过无为或和之以天倪而得到真是真非”①。庄子也极为重视人的生命。他讲“两臂重于天下也”(《让王》)。因为手臂、身体是原生的、第一性的、自然的、现实的、自明的。身体的权利高于其他派生出来的权利。他感叹:“今世俗之君子,多危身弃生以殉物,岂不悲哉! ……今且有人于此,以随侯之珠弹千仞之雀,世必笑之。是何也? 则其所用者重而所要者轻也。夫生者,岂特随侯之重哉!”(《让王》)他提出“常宽容于物,不削于人”(《天下》)。庄子讲“若夫乘天地之正,而御六气之辩,以游无穷者,彼且恶乎待哉!”(《庄子·逍遥游》)“无待”的前提是无已,即以内在的精神力量超越外在条件的限制,追求精神的绝对自由。他所谓的“无何有之乡”、“广莫之野”、“圹埌之野”、“无极之野”、“无人之野”也不是一无所有的虚无,而是无边无际的精神空间,是我们能够提升和拓展自己的巨大场域,是我们的精神能够畅游的无穷境界。

庄子承认“成心”在理解中不可避免,但他又并不主张主体可以从自己的“成心”出发,任意解释世界,把对世界的理解化为对不同主体之成心的随意阐发,并对这些阐发听之任之。所以,庄子在批判各种物论的相对性的基础上,跳出了是非彼此对立、争论不休的层面,提出“照之于天”、“莫若以明”、“以道观之”、“和之以是非而休乎天钧,是之谓两行”、“是以圣人不由而照之于天”(《齐物论》)等“天钧”、“两行”、“道枢”、“天倪”②、“以明”等方法,以此来约束主体的“成心”,使认识朝向合理的方向,达成基本的理解与沟通。

---

① 方万全:《庄子的是非之辩与无为定是非》,《中国哲学与文化》第 11 辑,漓江出版社,2014 年,第 181、187 页。

② 一、天钧。“天钧”亦作“天均”,指自然的均平。二、天倪。“天倪”,自然的分际,意思与“天均”、“天钧”相同。关于“天倪”、“天钧”,庄子进一步说道:“是不是,然不然。是若果是也,则是之异乎不是也亦无辩;然若果然也,则然之异乎不然也亦无辩。”(《齐物论》)三、“两行”,“是”和“非”都可以存在。四、道枢。“道枢”的“枢”之本义是“户枢”,就是门轴。“道枢”像一个环,抓住它的任一点便能应付无穷。蒋锡昌解释道:“‘环’者乃门上下两横槛之洞;圆空如环,所以承受枢之旋转者也。枢一得环中,便可旋转自如,而应无穷。此谓今如以无对待之道为枢,以入天下之环,以对一切是非,其应亦无穷也。”(蒋锡昌:《庄子哲学·齐物论校释》,上海书局,1992 年,第 131 页)

这里解释一下充满歧义的"以明"①。"以明"的意义较复杂。甲骨文以日、月发光表示明亮;在老子那里,"明"有认识、智慧的意思,如"知常曰明"(16章)、"见小曰明"(52章);《尔雅·释训》说:"明明,斤斤,察也","明"即审察、仔细观看。庄子提到"一晦一明"(《田子方》)、"暗而不明"(《天下》)等,将"明"与"暗"、"晦"与"隐"作为一对范畴。相对于"暗"和"晦","明"有让事物呈现、显露、展示的意思。"莫若以明"之"以"当"用"讲,也可以当"已"(止)讲。当"以"作"用"时,那就是"用明"。"莫若以明"则为不如把隐晦的事物通过"明"使之敞开,使遮蔽的东西澄明起来,让事物"明"。如果"莫若以明"之"以"作"已"讲,则是"停止"用"明",不要用使其界限和特征分明的观察、思考,不使事物"明"(显示出区别于它物的界限)。这样,"用明"(使其澄明)和"已明"(停止用"明")的意思看起来就是相反的②。其实,两种解释也可相通。"已明"的"明"是一般意义上的、"智力"活动的"明";"用明"的"明"是

① 《齐物论》有三处提到"以明"。"故有儒墨之是非,以是其所非而非其所是。欲是其所非而非其所是,则莫若以明。""彼是莫得其偶,谓之道枢。枢始得其环中,以应无穷。是亦一无穷,非亦一无穷也。故曰:莫若以明。""为是不用而寓诸庸,此之谓'以明'。"

"以明"有多种解释。一、"反覆相明"的思想方法。西晋郭象和唐成玄英把"以明"解释为"反覆相明"。郭象说:"夫有是有非者,儒墨之所是也;无是无非者,儒墨之所非也。今欲是儒墨之所非,而非儒墨之所是者,乃欲明无是无非也。欲明无是无非,则莫若还以儒墨反覆相明。反覆相明,则所是者非是,而所非者非非矣。非非则无非,非是则无是。"([晋]郭象注,[唐]成玄英疏,曹础基、黄兰发点校:《南华真经注疏》,中华书局,1998年,第33页)二、空明的心境。王先谦提出:"莫若以明者,言莫若即以本然之明照之。""惟本明之照,可以应无穷。此言有彼此而是非生,非以明不能见道。"(王先谦:《庄子集解·庄子集解内篇补正》,中华书局,1987年,第44、47页)劳思光说:"庄子认为儒墨各囿于成见。而欲破除彼等之成见,则唯有以虚静之心观照。"(劳思光:《新编中国哲学史》第1卷,广西师范大学出版社,2005年,第199页)陈鼓应说:"莫若以明,谓不如用明静之心去关照。"(陈鼓应:《庄子今注今译》,商务印书馆,2007年,第66页)三、把"明"解释为《老子》所谓"知常曰明"、"见小曰明",即明白、了解,认识活动。四、"止明",即不用"明"。楼宇烈先生认为"莫若以明"的"以"字当训为"已"。"以"、"已"二字在古代互相通用。"不如不用智慧(认识活动)"来训释"莫若以明",那就抓住了《齐物论》的中心思想了。(楼宇烈:《"莫若以明"释——读〈齐物论〉杂记一则》,《中国哲学》第七辑,生活·读书·新知三联书店,1982年)"以明乎?已明乎?释《庄子》的'明'。"([新加坡]劳曰强:《诸子学刊》第三辑,上海古籍出版社,2010年)

② "以明"一词与希腊语的真理("aletheia")一词类似,同时具有遮蔽与去弊两种对立的意义。

“澄明”。停止明晰的是非判断活动(明),才能超越知识论上的二元对立,达到“以明”的效果,即停止分辨性、遮蔽性的理性思维活动,而让事物显示为事物自身。庄子说“为是而有畛”(《齐物论》),一旦确定“是”,就会形成界限、畛域。我们通过分辨认识到事物的特性和界限时,也因这种认识而遮蔽了事物的诸多方面。庄子把认识分为几个过程,即“未始有物”、“未始有封”、“未始有是非”。一旦形成是非,对“道”就有亏欠和遮蔽。他说“古之人,其知有所至矣。恶乎至?有以为未始有物者,至矣,尽矣,不可以加矣!其次以为有物矣,而未始有封也。其次以为有封焉,而未始有是非也。是非之彰也,道之所以亏也。道之所以亏,爱之所以成”(《齐物论》)。这种亏欠和偏爱,是真正的知识吗?“庸讵知吾所谓知之非不知邪?庸讵知吾所谓不知之非知邪?”(《齐物论》)对“莫若以明”的两种解释都旨在否定二元性的、非此即彼的、强调差别的认知,而以超越这些层次的本然之明照之①。故“莫若以明”的意思应为:与其执著于彼此是非,还不如停止分辨性的“明”,而以本然之明照之,让事物在澄明之境中呈现为事物自身②。

显然,“莫若以明”不是经由是非的途径,而是从道的高度体察、欣赏万物,与之俱化、融为一体。庄子讲“以道观之,物无贵贱”(《秋水》)。“天地一指也,万物一马也”(《齐物论》)。“物固有所然,物固有所可。无物不然,无物不可。故为是举莛与楹,厉与西施,恢诡谲怪,道通为一”。“唯达者知通为一”,“凡物无成与毁,复通为一”(《齐物论》)。这里的“一”不是否认事物存在着质和量的差异以及事物的确定界限的绝

---

① 牟宗三先生也提到“莫若以明”要高一个层次。他说:“‘明’字在这个地方代表一个道理,而且这个道理在是非相对以上”,“按照庄子的思路,‘明’是一个层次,这个层次与是非相对的层次不一样,‘儒墨之是非’是相对的立场,站在相对的立场,你肯定也肯定不住,否定也否定不住。如果要让肯定与否定都能成立,‘则莫若以明’。可见庄子想到的这个‘莫若以明’一定是高一层次”(牟宗三主讲,卢雪崑整理:《〈庄子·齐物论〉讲演录三》,《鹅湖月刊》2002年第27卷第9期,第1页)。

② 李震认为:“庄子泯是非之说,并不意味庄子在知识方面主张怀疑论,而在于肯定感性和理性知识之限度。庄子所追求的真知是绝对性的,亦即有关‘道’的认知。‘道’不是理智分析的对象,‘道’超越了是非相对的层面”,必须用全部心灵或生命去体会、去追求(李震:《中外形上学比较研究》,中央文物供应社,1982年,第319页)。

对的同一。如果是这样，庄子就从相对走向了用“一”统一一切的绝对。庄子虽然批判了评判事物的相对性的是非，但他没有因此而否定事物的差异、特殊的个性和独特的价值。庄子说：

“梁丽可以冲城而不可以窒穴，言殊器也；骐骥骅骝一日而驰千里，捕鼠不如狸狌，言殊技也；鸱鸺夜撮蚤，察毫末，昼出瞋目而不见丘山，言殊性也。”(《秋水》)

“四时殊气，天不赐，故岁成；五官殊职，君不私，故国治；文武殊材，大人不赐，故德备；万物殊理，道不私，故无名。”(《则阳》)

“殊器”、“殊技”、“殊性”、“殊理”是被当做世界的本然状态被接受的。庄子还提倡让事物充分实现其独特性，使其区别于他物的特性凸显出来，希望“不失性命之情”，不“削其性”、“侵其德”、“失其常”(《骈拇》)。事物各有特色和价值，不可比拟、不可替代。也正因为这些充分发展了的千差万别的事物，才构成了丰富纷纭的大千世界。可见，“一”是包含而不是排斥自身对立面的一体之世界，“道”就在世界之中。由于承认差异和特殊，并希望将差异实现和保持，所以“道通为一”并没有使庄子一方面反驳绝对主义，却把自己陷在绝对主义的逻辑里面。

庄子虽然怀疑认知的确定性，但他的怀疑和相对主义不完全是在讨论“知识如何可能”的纯哲学问题，而是在肯定和推崇一种达观、闲适的生活态度①。所以庄子不是在是非之中用“一”来齐是非②。所有的是非之争，都是为了认识事物的本质。事物的本质各不相同，但所有事物共有的一个最基本的属性，就是与人、与物的共在、依存。在通而为“一”的大道中，万物既彼此依存又相互转化。相互依存的一体之世界不是僵化的，而是开放和流动的。面对这种流动性，人就应该有另一种

① Dan Robins认为，庄子旨在使心灵对冲突和争议保持宁静，对必然发生的事保持温和态度。庄子认为如果人们更少教条，那么，他们会更易于受到直觉的影响，从而导向更为自然的生活(Dan Robins, “Essays on Skepticism, Relativism, and Ethics in the *Zhuangzi*”, *China Review International* 1997年第2期，第458～464页)。

② “庄子所谓齐是非，不是就是非而求是非，而是超越是非之心而达可然成毁不系于心的自然逍遥之境。”(商戈令：《“道通为一”新解》，《哲学研究》2004年第7期)

智慧与之适应。庄子说:“滑疑[1]之耀,圣人之所图也。”(《齐物论》)“滑疑之耀”就是一种适应主客特性的流动的智慧。这种智慧提醒我们成规、固定的范畴、语言都是很有局限的[2],启发人们从不同角度看问题,并随顺着自然的变化。他还提出“古之治道者,以恬养知。生而无以知为也,谓之以知养恬。知与恬交相养,而和理出其性”(《缮性》)。知识、境界与道德之间的鸿沟主要表现在知识增长与审美和道德进步的不同步性,“知与恬交相养”则试图舒缓这三者之间的紧张,协调认识与价值,提倡知识、境界与道德的互相促进。

“天钧”、“两行”、“天倪”、“道枢”、“以明”、“滑疑之耀”作为方法提出,旨在从“成心”中超脱出来,突破自我偏见的局限性,“解心之谬”,达成理解与沟通,培养一个开放的心灵,并以开放的心灵观照万物,与之“同波”,“与物为春”、“与物委蛇”,并因之而使得自我也不断更新、充实、升华。

三、结语

相对主义认识论反对非此即彼的简单的形式逻辑,否定绝对权威和一元化真理,反对用外在的标准压制生命的本能,反思、重估一切价值。它通常是作为独断主义的对立面而存在的,推动了知识论的研究,化解了哲学探讨中的独断论倾向,含有一种“否定的精神”和力量[3]。在中国早期哲学思想中,有其独到的地位和贡献。在庄子以前,或与庄子同时的哲学家大多有独断论的倾向,声称自己的理论为绝对真理,而庄子却更为客观地认识到各家的理论只是相对为真。冯契先生说:“庄子的相对主义起着反对主观主义的作用,是哲学向辩证法发展过程中的一个必要环节。先秦诸家在认识论上都有独断论的倾向,而庄子则

① 陆德明揭示“滑”为“乱也”([唐]陆德明:《经典释文》,中华书局,1983年,第364页)。“滑”,古代读音为“古”。所谓“滑”,拿现在的观念来说就是不定,没有个固定的形态和样子。

② 庄子说“物谓之而然”(《齐物论》),“道、物之极,言默不足以载”(《则阳》)。

③ 陈嘉映:《关于相对主义的对话》,《天涯》1999年第1期。

认为经验和理性都是相对的。从而否定了人们认识上的'独断的迷梦'。"①

在当今社会,人们生活在各种不同的价值关联网络之中,对于某个问题,每个人都有同样的权利和自由去表达和形成自己的看法、理论。相对主义可以促进互相之间的平等交流、欣赏、对话和补充,尊重与保护生命、追求超脱的精神境界和自由,使物我都能自足其性。值得注意的是,相对主义虽然提倡多元化,但也应该避免由狭隘的相对主义走向封闭的特殊主义,认为各种思想和理论只有形态之异而无优劣之分,阻碍了相互的学习和借鉴。

(作者为中国社会科学院哲学研究所研究员)

① 冯契:《对庄子的相对主义作一点分析》,《学术月刊》1980年第9期。

试论老庄哲学中的“德”：几个问题的新思考

郑　开

“德”的观念肇源于殷周之际。殷周之际是一条非常深刻的历史分界线①，而“德”的观念的创发亦具有“划时代”的意义。前诸子时期思想史可以概括为“德的时代”，因为前诸子时期的“德”的确具有无可比拟的重要性：既是殷周之际思想转折（比如说由“命”向“天”的转换）过程中新的精神创造，又是西周以降数百年间思想世界里的核心主题，更是绵延已久、无所不在精神气质②。实际上，经过西周春秋数百年历史进程的洗礼，“德”的思想传统既深厚又深刻，且是诸子时期哲学思考不可或缺的历史背景，诸子百家的思想皆沾溉于其中。

那么，诸子百家（特别是儒家、墨家、道家和阴阳家）如何针对“德”的深厚思想传统批判与继承、创造与转化，推陈出新，踵事增华，从而形成了各自不同旨趣的哲学思想，就非常耐人寻味了。冯友兰、张岱年等学者早已看出了儒家和道家思想语境的“德”并不相同，不能一概而论③。张岱年指出，儒家所谓“德”主要指道德（按即今语道德，moral），而“道家赋予‘德’字以另一种含义”，即“万物生长的内在基础”的意思④。拙稿《德礼之间——前诸子时期的思想史》、《玄德论——关于老子政治哲学和伦理学的解读与阐释》，尝试从老子哲学思想的创造性转

---

① 王国维充分论述了殷周之际是一个重要的历史转折，详见《殷周制度论》，《观堂集林》（卷10），中华书局，1959年，第451～480页。

② 郑开：《德礼之间——前诸子时期的思想史》，生活·读书·新知三联书店，2009年，第1～2、243、440页。

③ 冯友兰：《中国哲学简史》，北京大学出版社，1985年，第121页。

④ 张岱年：《中国古典哲学范畴要论》，中国社会科学出版社，1989年，第154页。

化的角度,分析指出:西周以来“德”的思想传统集中体现于“明德”语词,儒家盛言“明德”,表明了其自觉崇尚周文的思想旨趣;与儒家形成鲜明对比的是,老子与庄子绝不称道“明德”,却提出了针对性很强的“玄德”①。“玄德”概念的提出正体现老子点化甚至逆转“德”的思想传统的创造性哲学思考。“玄德”概念及理论乃老子和庄子的思想核心和理论特征。这是不是意味深长?

司马迁说:“老子著书上下篇,言道德之意五千余言。”(《史记·老子韩非列传》)传世诸本《老子》又称《道德经》,马王堆汉墓出土《老子》甲、乙本皆包括两部分——《德经》和《道经》②,新出北大汉简《老子》更标明了《德经》、《道经》字样③,这说明“道”、“德”既是《老子》文本结构的标记,又是其理论结构和思想特征,换言之,老子哲学的主旨可以概括为“道、德之意”④。我认为,老子创造性地提出了“道”的概念,同时又创造性地转化了“德”的语词,标志着“哲学突破”的重要分水岭。更具体地说,老子借助于对“无”的发现,并通过“无”诠释“道”,使得“道”这一语词淬火为哲学概念,又经由“玄德”的创造性转化与另辟蹊径的阐释,与前诸子时期注重德的思想传统既保持张力,又划清了界线。

这样一来,我们就奠定了一个进一步深入分析与理解老庄哲学的基础,也是继续探讨“德”的概念的前提;同时,我们也应认识到,这仅仅是一个基础而已,更多的关键性细节仍有待于专门而深入的研讨。下面,我们仍以文献(包括出土简帛)为基础,围绕老庄诸书中涉及“德”的若干棘手的疑难问题展开研讨,以补旧作之未逮。

---

① 详见拙著《德礼之间》第355页及拙稿《玄德论》(《商丘师范学院学报》2013年第1期)。叶树勋亦指出:“在《老子》书中我们可以看到他绝口不提殷周以降流行的‘明德’、‘嘉德’、‘懿德’之类,而是说‘孔德’、‘常德’、‘玄德’、‘广德’、‘建德’等等。”(《论老子对“德”观念的改造》,《哲学研究》2014年第9期)

② 国家文物局古文献研究室:《马王堆汉墓帛书(壹)》,文物出版社,1980年。

③ 北京大学出土文献研究所编:《北京大学藏西汉楚竹书(贰)》,上海古籍出版社,2012年。

④ 郑开:《“道德之意”要论》,载《老子思想与人类生存之道》,社会科学文献出版社,2011年。

一、“道”与“德”

“道”与“德”这两个单字词概念是老庄哲学最核心的概念，甚至可以说是中国哲学里最重要的两个概念。而且这两个语词/概念的历史命运也很耐人寻味。它们都很重要，尤其是“德”更是长期主宰了前哲学时期的思想史，同时又绵延于哲学时代的思考之中。在孔子那里，以及孔子之前的春秋思想史料里，“道”的语义已经比较普遍地具有“基本原则”、“根本方法”的意思，早已不限于“道路”的本义了①。儒家著作里的“道”与“德”，似乎只是作为一种历史的抑或思想的模糊背景起作用，抑或作为一种普遍的不言而喻的价值尺度而运用（例如“为政以德”、“泰伯之德至矣”等）②，应该说思想上实质概念还是“仁”与“义”。韩愈声称“仁与义为定名，道与德为虚位”（《原道》），何尝不是儒家思想的写照呢？而老子哲学中的“道”与“德”则更明显地经过了一个“概念化”的淬火与洗礼，这当然是一种点铁成金的转化，折射了哲学思考的必然性。进一步的分析表明，老子实际上将前诸子时期“德”的部分内涵萃取出来并且移植于“道”③，同时又针对“明德”传统予以反思，深化为以“玄德”概念为核心的“德”的概念，这种“道”、“德”之间推移与点化——同时也是从语词到概念的升华——可以说是老子哲学结构化的主要方面，亦充分体现了老子哲学创造性阐释的特色。顺便提一下，“道”这个语词的日常语义之一就是“路”，当然也有“言说”的意思，但概念化了的“道”却不能还原为“路”、概括为“路”，尽管这种“路”的喻象还会在局部起作用，不少英译本作 way，当然也是不确切的。

---

① 孔子所说的“天下有道/天下无道”、“道行/道不行”（《公冶长》载孔子语曰：“道不行，乘桴浮于海。”）、“朝闻道，夕可死”，都表明了这一点。

② 例如：孔子曰：“志于道，据于德，依于仁，游于艺。”（《论语·述而》）子张曰：“执德不弘，信道不笃，焉能为有？焉能为亡？”（《论语·子张》）

③ 郑开：《德礼之间——前诸子时期的思想史》，生活·读书·新知三联书店，2009年，第418～440页。

事实上,“道”与“德”之间的关系很难讨论,倘若我们仅仅是从《老子》里面寻章摘句的话。老子并没有给出一个界定“道”、“德”关系的答案,只留下了只言片语的提示。其中几条比较重要:第一,“道”优先于“德”,这是第50章,特别是第38章明确了的观点。第二,“德”的含义宽泛而复杂,而其中最重要、最根本的“玄德”、“常德”(简帛通常作“恒德”,而“恒德”则是早期思想文献中屡见不鲜的语词)似乎与“道”的含义没有什么不同,这是因为老子思想不够明晰呢,还是“明知故犯”、刻意如此?第三,老子同时谈到“道”、“德”概念时,往往采取了“平行表述”形式,例如“道之尊,德之贵”、“道生之,德畜之”(第51章),而这种“平行表述”或许隐含了某种结构性思考,比如说它们之间的对等、对待、对立性,这是很值得注意、应予以分析的问题①。

理解与把握“道”、“德”关系的另一个难点是由学术史——准确地说,经典解释史——上的经久不散的迷雾导致的。最为流行的解释是,“德”有得于“道”,依从于“道”,其根据就是“德者,得也”的古训。这基本上是大多数学者的普遍“教条”。但我认为,这个积非成是的“教条”应该摒弃,以释放更多的思想解释空间。

接下来,我试图通过追随老子和庄子思考的脉络,尝试进一步的讨论。《老子》第23章:“故从事于道者,道者同于道,德者同于德,失者同于失。同于道者,道亦乐得之;同于德者,德亦乐得之;同于失者,失亦乐得之。”传世诸本率多如此。然而,出土文献,马王堆帛书甲、乙本和北大汉简本提供了值得注意的对比。

> 故从事而道者同于道,德者同于德,者(失)者同于失。同于德□,道亦德之;同于□者,道亦失之。(甲本)

> 故从事而道者同于道,德者同于德,失者同于失。同于德者,道亦德之;同于失者,道亦失之。(乙本)

> 故从事而道者同于道,得者同于德,失者同于失。故同于道

① 很多语境的“道”、“德”似乎没有什么区别,《老子》第51章“道生之,德畜之”两语,成玄英《道德经义疏》本作“道生之畜之”。这是因为成玄英认为“道”与“德”没有区别,他说:“直举道而不言德者,明德不爽道,而文略也。故《西升经》云:‘道德混沌,玄妙同也。’”

者，道亦得之；同于失者，道亦失之。（汉简本）

依据简帛文献的参证，我们知道，传世诸本讹误特甚，其中有不少令人困惑、分歧不一、争讼不已的问题，恰恰需要简帛文献修正之。这里重点讨论两个问题：第一，比较简帛诸本与王弼、河上、傅奕诸本，王、河、傅本作"故从事于道者，道者同于道"重复了"道者"两字。如果把它看作是王、河本新增的东西，重复的"道者"似乎画蛇添足，反而使得文句不畅。这里的"从事"一词，历代注家很少注意，其实意味深长，它的意思是诉诸"行"（实践），换言之，"道"、"德"概念皆需诉诸实践，而不仅仅是纯粹的理论概念而已，所谓"道行之而成"（《庄子·齐物论》）①。第二，《老子》通过这样一种比较特别甚至有点儿奇怪的表达方式，是不是包含了某种言外之意？如果是的话，是不是可以说是通过某种形式阐述"道"、"德"之间的关系呢？其中的问题也许有点儿复杂，但有一点很明确，就是"道"与"德"之间的关系，并非"分有"关系，也就是说，"德"并不能归结为"分有"了"道"的结果。倘若我们借镜古希腊哲学，我们可以知道，"分有"是物理学（亦即庄子明确批判的"物论"）的残余，问题是依赖物理学思维思考本体论问题，是不是合理的。回到前面讨论的问题，我们不难看出老子哲学的洞见竟是如此深刻，因为其中已经蕴含了彻底扫除物理学思维的尝试与努力。为了更好地论证这一关键细节，我们再讨论一下《庄子》里的一段话：

故德总乎道之所一，而言休乎知之所不知，至矣。道之所一者，德不能同也；知之所不能知者，辩不能举也。（《庄子·徐无鬼》）

这段话表明了"德"不能简单理解为"得之于道"。那么如何从"道"、"德"之间关系的角度分析和把握这里的"德"呢？我们知道，《老子》中的"德"的含义复杂，其中有一个主要的含义就是"性"，或者说相当于后来所说的"性"的概念②。钱钟书指出，《庄子·庚桑楚》"性之动，谓之为，动以不得已之谓德"，"鸡之与鸡，其德非不同也"，《徐无鬼》

---

① 另外，从"道"、"德"两字的形义上分析，皆具"行"的意味，因为甲金文"德"字都有一个"彳（行）"的偏旁，而简帛常见的"道"字亦写作"人在行中"。

② 高亨：《老子通论》，《重订老子正诂》，古籍出版社，1943年，第8～14页。

“狸之德”,皆指本性的意思[①]。张岱年先生早已看出,道家文献中的“德”,除了德行品格之外,还有一层“万物生长的内在基础”的意思,“这种内在的基础,儒家谓之性,道家谓之德”[②]。把“德”解释为“性”或者“性”的前身,这一点非常重要,是深入理解作为哲学概念——“德”的重要基础。然而,仅仅把老庄诸书中的“德”解释为“性”仍然是不够的,因为不尽准确。前引《庄子·庚桑楚》“(性)动以不得已之谓德”,是不是表明了“性”与“德”仍需要分殊?那么其间的联系和区别又分别是什么呢?带着这样的问题我们进一步分析前引《徐无鬼》的那段文本。

请注意《徐无鬼》首先强调了“道”、“德”这两个概念的形而上学性质,所谓“言休乎知之所不知”;并且从“道之所一”角度阐释了形而上学意义层面的“德”,很值得注意。问题的关键在于,“德总乎道之所一”意义上的“德”不同于“道之所一者,德不能同也”句中的“德”,后者就是指“性”,而前者比较复杂,需要深入分析。郭象已经意识到庄子思想中“理虽万殊性同得”的内在问题(《齐物论注》),也就是说,如何思考万物各有其性(个性)同时万物又具有普遍的同一性(共性)。“德”既然归诸(“总”)“道之所一”,而万物之性各不相同(“德不能同”),那么“道之所一”意义上的“德”的意味,似乎比一般意义上的“性”更进一层。《庄子·骈拇》篇以“性”、“德”对举,陈详道注曰:“性以德立,形以性成。”陈景元注曰:“骈枝与生俱生,故出乎性而为生德之余。”(褚伯秀《南华义海纂微》卷二十三引)林希逸解释说:“与生俱生曰性,人所同得曰德”,他还强调了“德”即“自然”、“自得”的意思[③]。与其说“德”像具体事物“分有”了“相”(idea,eidos),不如说它(“德”)通过自然或自得形式把道的本质植入万物之性。如此说来,“德”的意味隐含两个不同的层面:同一和分殊,简单地说,前者意味着“道之所一”,后者接近牛有牛性、马有马性(亦称之为“德”)的“性”。郭象《庄子注》曰:“各自得尔”,“理万殊

① 钱钟书:《管锥编》第三册,中华书局,1979年,第931~933页。

② 张岱年:《中国古典哲学概念范畴要论》,中国社会科学出版社,1989年,第154页。

③ 林希逸:《庄子鬳斋口义》卷三《骈拇》“侈于德”句注,他还说:“似此性德字义,皆与圣贤稍异。”

而性同得”。万物既具有千差万别的殊异性，也具有形而上学层面的同一性，所谓“道通为一”；正如庄子所说：“自其异者视之，肝胆楚越也；自其同者视之，万物皆一也。”（《庄子·德充符》）总之，“德”具有以下两个层面：从作为万物之性来看，它是具体的，因为万物芸芸，各具其性；从“自得于道”关系上说，它又是抽象的，因为“德”亦非具体的“物”，而是“物”的普遍本质（“性”）。当然，作为“物”的普遍本质的“德”或“性”也只是空有某种“自然”或“自得”的形式而已。可见，“德”惟有解释为“性之性”，才能称得上“一”，如果“一”这样概念用以表明万物之间无差别的共同属性（即依于道的概念生发出来的基本属性）的话，“德”则超越于物类、种属诸范畴之上，而成为最根本的“性”，“德”似可称为“性之性”[①]。无独有偶，《礼记》屡见“德者性之端”（《乐记》）、“性之德”（《中庸》）云云，“德”颇具一种更根本意义上的“性”的深刻意味。

进一步分析表明，老庄诸书呈现出来的道物关系，更准确地说，就是道与德、道与物、德与物之间的关系的讨论，迥然不同于古希腊哲学——例如柏拉图和亚里士多德哲学，其中并没有发现相（相当于道）与现象（相当于物）的所谓“分有”问题。可以说，亚里士多德哲学中比较棘手的“分有”问题，仍残余了物理学思维的痕迹，而道家哲学则显示出更明确的超出物理学的特色。这也似乎表明了，老庄诸书中为什么体现了倾向形而上学，而力图突破宇宙论（物理学）理论模式的思想旨趣及其端倪。

二、两种理论模式：宇宙论与心性论

追问万物本原是萦绕于早期中国哲人与古希腊哲学家头脑里的哲学问题。老子拈出一个“道”表明万物的本原，那么“道物关系”就成了棘手而不可回避的问题了。有一种流传甚广的说法是，老子通过宇宙创生论解释“道”与“物”之间的关系，例如：

> 道生一，一生二，二生三，三生万物。万物负阴而抱阳，冲气以

① 郑开：《道家形而上学研究》，宗教文化出版社，2003年，第185～186页。

为和。(《老子》第 42 章)

天下之物生于有，有生于无。(《老子》第 40 章)

第一段话(第 42 章)似乎充分表明了“道”即“物的本原”，因为万物由“道”派生出来。第二段话(第 40 章)中的“有”与“无”，一般来说，等同于“物”与“道”，“有生于无”似乎印证了前面的“道生物”的命题。《老子》文本自身则可以表明，老子起初曾尝试过更多元化的进路探讨“道”的概念，比如说大小、多少、虚实、终始(甚至于黑白、轻重、动静、上下、得失、贵贱、利害、好恶、善恶)等等相互对立的方面进行阐发，从对立双方的抗衡与张力中进行分析，而最终收敛、归结于“有”与“无”这一根本问题。例如《文子·自然篇》引《老子》第 2 章“有无相生，难易相成”句，前有“夫道”两字，这意味着什么呢？显然，宇宙论是《老子》解释“道物关系”的一种理论模式，这一点很难否认。然而，除了前引两段文本外，《老子》竟然再难觅宇宙论解释模式的踪迹了，你能说“道之为物，惟恍惟惚”(《老子》第 21 章)、“有物混成，先天地生”(第 25 章)是一种宇宙论叙事吗？再进一步推敲，刻意将《老子》赋予宇宙论解释的阐释倾向盛行于秦汉之际，比如说《淮南子》(例如《天文训》)和《河上公章句》，因为秦汉思想濡染于气的概念与理论，而老子哲学中“气”的概念却似乎不那么重要。看来摆脱汉人宇宙论阐释进路的窠臼是深入研讨“道物关系”的前提。徐复观曾说：“老学的动机与目的，并不在于宇宙论的建立，而依然是人生的要求，逐步向上面推求，推求到宇宙根源的处所，以作为人生安顿之地。因此，道家的宇宙论，可以说是他的人生哲学的副产物。他不仅是要在宇宙根源的地方来发现人的根源，并且要在宇宙根源的地方决定人生与自己根源相应的生活态度，以取得人生的安全立足点。”[①]这的确是一个大胆却很有见地的论断。

更为重要的是，庄子似乎刻意削弱了其理论的宇宙论色彩，而“气”的概念在庄子哲学思考中也不是结构性的。请看《庄子》里的两段话：

(1)察其始，而本无生；非徒无生也，而本无形；非徒无形也，而

① 徐复观：《中国人性论史·先秦篇》，《徐复观文集》第三卷，湖北人民出版社，2002 年，第 292～293 页。

本无气。杂乎芒芴之间，变而有气，气变而有形，形变而有生，今又变而之死。是相与为春秋冬夏四时行也。（《庄子·至乐》）

(2)泰初有无，无有无名。一之所起，有一而未形。物得以生谓之德；未形者有分，且然无间谓之命；留动而生物，物成生理谓之形；形体保神，各有仪则谓之性；性修反德，德至同于初。（《庄子·天地》）

第1段话（《至乐》）无疑具有“宇宙论解释模式”特点的阐述，但它是《庄子》里绝无仅有的一段话，不足以说明庄子哲学的宇宙论倾向；另一方面，经过分析，我们可以知道，这段话很可能是基于老子“无名天地之始”（第1章）“道之为物，惟恍惟惚”（第21章）的进一步阐发①，其中更明确地启用了“气”的概念。第2段话内容比较复杂，需进一步分析、澄清，简言之，其中的“一之所起，有一而未形”句中的“一”，似乎可以理解为“一气”，但解释为未分化的混沌、有无之间的恍惚或者更抽象的、具有理论形式意味的“一”也许更妥切。总的来说，这段话应该排除掉解释为宇宙论模式的可能性，转而注意挖掘其中蕴含的心性论解释模式。这一点，稍后还将继续讨论。

再者，经过仔细分析与研究，《庄子》之《齐物论》、《则阳》两篇彻底否弃了宇宙论解释模式，认为“天地有始”或“古初有物”乃是一个伪问题②。庄子的这一深刻哲学洞见，不仅没有得到《淮南子》的正确理解，甚至被作为道家黄老学派重要文献的《淮南子》所误解。

接下来，我们试围绕着《老子》第51章继续展开讨论。通行本作：

道生之，德畜之，物形之，势成之。是以万物莫不尊道而贵德。道之尊，德之贵，夫莫之命而常自然。故道生之，德畜之。长之育之。亭之毒之。养之覆之。生而不有，为而不恃，长而不宰，是谓玄德。（《老子》第51章）

---

① 例如：“芒芴”亦即“恍惚”。那么这段话主要意思就是阐明由“恍惚”化生有形之物的过程。

② 详见拙著：《道家形而上学研究》，宗教文化出版社，2003年，第13～15、6、33～36页。

首句“势成之”,传世诸本皆同。汉简本作“热”,显是“势”之误字。甲、乙两本皆作“器成之”,这是值得重视的,可以考虑“势”字之代替“器”字,也许出乎黄老学者之手(这也符合《老子》经典化过程中黄老学派的历史作用)。这里的几个“之”,是代词(实词)呢还是语气词(虚词)?我个人倾向于理解为语助词,因为去掉这几个“之”并不妨碍整句的语义。当然起首两语的“之”理解为“物”也未尝不可,后两语“物形之”、“器成之”也可以理解为“物”:“物成之”就是“物”(自然意义上的)通过“形”的概括而进入思想世界,成为思想世界中的“物”①;“器成之”意味着自然性质(朴素)的“物”加诸人工而成其为器物。通行本“莫之命而常自然”,河上公《章句》本同,甲、乙本,汉简本,严遵《指归》本和傅奕古本皆作“莫之爵”,这也许是通行本和河上本体现了经典简化的趋势吧。“养之覆之”句,传世诸本皆同,简帛诸本(郭店本无此章)皆作“复之”,可能是误字②。

我想强调的是,此章(第51章)开启了一条新的理解“道物关系”的进路(approach),有别于宇宙论解释模式(见诸第42章)。如果说宇宙论解释模式集中解决“道”与“物”之间的关系,那么,“道生之,德畜之”则引入了“德”的概念,丰富和充实了对“道物关系”的诠释和理解。问题在于,“德”与“物”的关系是什么。倘若我们确认“德畜之”(《老子》第42章)、“物得以生谓之德”(《庄子·天地》)的“德”是“万物生长的内在基础”(张岱年语),试问:这种意义上的“德”岂不就是“性”?高亨早已指出,老子所谓“德”就是后来所说的“性”③,确是卓越的洞见。“德—性”之间的内在联系值得充分注意④。“德/性”亦成为老子关于“道物

① 其中详细而曲折的讨论,敬请参阅郑开:《道家名学钩沉》,《哲学门》第11辑,北京大学出版社,2005年。

② 然而,如果这里的“复”读作“吾以观复”的“复”,含义则殊为不同。问题是这种可能怎么排除呢?

③ 高亨:《重订老子正诂》,古籍出版社,1943年,第8～14页。

④ 亦可以参考拙著:《德礼之间——前诸子时期的思想史》,生活·读书·新知三联书店,2009年,第375～381页;《道家形而上学研究》,宗教文化出版社,2003年,第183～188页。

关系”多元思考的一个新的解释空间，蕴含了新的理论阐释之可能性。这一点，我们似乎可以通过对《老子》第一章第二句的深入研讨提供一些启发性意见，即“无名天地之始，有名万物之母”本身隐含了宇宙生成论的意味，同时又有更复杂的意味，即形而上学的思考层面！

《老》、《庄》两书有一条比较明显的思路就是从形色方面概括“物”，即将“物”经由“形”(包括色)予以概括，再通过“形名耦合”关系——“有形有名”的思想逻辑——赋予万物以“名”，进而针对“名”进行哲学反思。这一思路恰与宇宙解释模式互为表里。还有一条比较起来不那么明显的思路就是通过“性”的概念，换言之，就是通过提炼、抽取万物之万殊之性，借助物类之间“属性”或“性质”之间的区别与联系，整体把握“物的世界”。后一进路则不能不诉诸“德”，亦不能不诉诸“道”，因为“德”既是“性”的原型，又是“道”的具体体现。从理论思维上分析，从“性”(本质属性)角度分析把握“物的世界”殊不同于从“形色”角度分析理解“物的世界”，这是两种不同的理论分析模式或解释模式。从某种意义上说，前一种方式乃后一种方式的深化。这里我愿意举一个旁通的例子，说明从“形色”进于“属性”在哲学思考中的必然性。歌德曾写过一部非常奇特的书——《植物变形记》，企图从各类植物中发现一些简单的共通点——发现一种最初的或者原型植物，他说：“如果所有植物不是建立在一个共同的基础之上，那么我怎能区分这种或那种形式的东西就是一株植物呢？”(《意大利游记》)起初，他试图找到一株实体原型植物，却又渐渐意识到需要用一种完全不同的思维找一个完全不同的地方继续寻找——“超乎感官的植物原型”。这种植物原型是一种不可见、不可闻、无法触摸到的植物，因而不可能通过经验主义认识论找到它。“变形”概念甚为关键。他曾说：“我突然灵光一现想到，植物中被人类称作‘叶’的器官竟隐藏着真正的普洛透斯(Proteus，希腊神话中的海神，可以任意变化外形)，它可以透过植物形式隐藏自己，有时也显示真身。一株植物自始至终都不过是一片叶面而已。”(《意大利游记》)就是说，叶是一个动态变化中的器官，它逐步从子叶变形为茎生叶、萼片、花瓣、雄蕊、雌蕊等。这个过程就是所谓的“植物的变形”。有趣的是，沿着这样的思想逻辑，歌德得出了出乎他自己意料的推论：从植物变形记中探求植物生命体的永恒本质注定是徒劳的[①]。这个表面看起来风马牛不相及的例子恰好说明了，从外部形态上把握事物终究是有局限的，因为不能把握事物的永恒本质！对于我们探讨的问题来说，这是不是很有启发呢？

庄子在《人间世》、《德充符》两篇中提出了“支离其形”与“支离其德”的对比性说法，庄子所说的“德”既不同于“形”又是针对“形”的，请看：

> 支离疏者，颐隐于脐，肩高于顶，会撮指天，五管在上，两髀为胁。挫针治线，足以糊口；鼓筴播精，足以食十人。上征武士，则支离攘臂而游于其间；上有大役，则支离以有常疾不受功；上与病者粟，则受三钟与十束薪。夫支离其形者，犹足以养其身，以终天年，又况支离其德者乎？（《庄子·人间世》）

这段文献可能是由于不可解释的原因编入了《人间世》，其实置于《德充符》也许更适切。《德充符》里面有六七个故事，主人公都是那些形骸残缺、面目丑陋然而充溢着德的光辉的人，更何况其中有一个人名字很怪——叫“闉跂支离无脤”，恰成就《人间世》这段话中的“支离疏”，不是吗？更重要的是，这段话疑点很明显，什么是“支离其德”？它难道是一种比“支离其形”更高级的精神境界吗？《德充符》中讲了几个奇人奇事，其中包括兀者王骀、申徒嘉（亦兀者也）、兀者叔山无趾、恶人哀骀它，还有就是闉跂支离无脤（或即支离疏），通过这几个故事，庄子试图论证这样两个命题：

> 德有所长而形有所忘。德不形。（《庄子·德充符》）

这两个命题表明了“德”在价值上的重要性远远大于“形”（两者相较，“形”根本不值得一提），纵使后者（形）残缺不全亦无关宏旨，即使是形骸支离丑陋也无碍于德充于内[②]。“德不形”需要解释一下，其准确

---

① 歌德：《植物变形记》，重庆大学出版社，2014 年，中译本译者前言第Ⅻ页。

② “德充符”的“符”，私见以为解释为“府”，即《德充符篇》后文出现的“灵府”，陶诗亦有句“灵府常独闲”是也。

含义应该是“德不形于外”，恰好与《淮南子》提到的“德形于内”（简帛《五行篇》亦有“德形于内”的论说）对照[①]，《韩诗外传》引语曰“德充于形”，亦足以说明问题。

《老子》第51章是不是尝试提出一种新的宇宙生成论？毕竟它强调了“道生之，德畜之”！如果我们仔细推敲老子阐述“道物关系”语境中的生成论思想，不难发现其中隐含了“生（之）”和“成（之）”的重要区别[②]，比如说《老子》第1章以“天地之始”（简帛诸本作“万物之始”）和“万物之母”对举，分别对应“无名”和“有名”两个概念，换句话说就是以“无”匹配“万物之始”，以“有”对应“万物之母”，前者偏重于“生”和“始”，后者则相对于“形”和“成”的层面。前引《老子》“天下万物生于有，有生于无”（第40章），其实是合乎道家思想逻辑的，而郭店简本《老子》（甲组）：“天下之勿（物）生于又（有），生于亡（无）”应该说脱漏了一个“有”字或者“有”字的“重文符号”，不足为训。为什么强调这一点呢？初步研究表明，宇宙论理论模式偏重于从“生”的角度讨论问题，而相反从“成”的角度阐述问题则更多涉及了人性论乃至心性论语境。我们不妨借助《易传》予以旁敲侧击。《彖传》阐述“乾”、“坤”曰：“大哉乾元，万物资始”，“大哉坤元，万物资生”；《系辞》曰：“乾知大始，坤作成物”，“继（马王堆帛书本作‘係’）之者善也，成之者性（马王堆帛书本作‘生’）也”，明确赋予“乾”以“始”的意义，赋予“坤”以“成”的意义（《彖传》所谓“生”相当于《系辞》所谓“成”）。可见，老子所说的“道生之，德畜之”隐含了“生”与“成”两个方面、两种理论取向，前者体现于《老子》第42章的宇宙论模式，与“道”的概念及其理论交涉颇深，后者在《老子》中见出端倪，又在《庄子》中得到进一步发展，依据“德”的概念及其理论展开了心性论的探讨。

我的结论很明确：老庄哲学之“德”的概念隐含了一种通过“性”（以及更复杂的道德之间的关系等等）把握“物”、展现多元思考“道物关系”

---

① 《淮南子·要略》：“故德形于内，治之大本。”

② 这一点同样可以于《易传》的宇宙——性命之论中找到端倪（孟子、荀子、董仲舒亦如此）。

的新思维,于宇宙创生论之外另辟蹊径,并最终趋向于心性论形态的理论阐释,深化发展了道家哲学。以上我尝试从老子哲学的多元尝试和理论深化的角度进行了梳理和分析,更希望以此加深对老子哲学的理解。

三、作为价值判断的“德”:以《老子》第49章的研讨为中心

传世诸本《老子》第49章有几个疑难问题,历代注家莫衷一是(例如如何理解“圣人无常心”等),需要参酌简帛诸本加以考定,进而深化哲学理论层面的探讨,比如“德善”、“德信”的确切含义是什么等。我们不妨先将王弼本第49章的文字抄录如下:

> 圣人无常心,以百姓心为心。善者吾善之,不善者吾亦善之,德善。信者吾信之,不信者吾亦信之,德信。圣人在天下,歙歙为天下浑其心。(百姓皆注其耳目)圣人皆孩之。

此章文献学和语文学的枝蔓较多,试条分缕析之:

(1)首句“圣人无常心”,传世诸本皆同,帛书乙本作“□人恒无心”,北大汉简本作“圣人恒无心”。究竟是“恒无心”还是“无恒心”这个问题值得讨论。中村不折旧藏敦煌残卷《老子道德经》作“圣人无心,以百姓心为心”①。易州景龙碑亦同。然而,历代注疏的看法颇不一致,王弼注语焉不详,成玄英则说:“体道洞忘,虚怀绝虑,与死灰均其寂泊,故无心也。”(释“圣人无常心”句)结论很明确,也很耐人寻味,可见“无心”才是老子哲学的概念,“常心”则首见于《庄子》,亦仅仅见于《庄子》。因此,我认为出现于简帛诸本中的“常无心”、“恒无心”很可能是正确的,而通行本中的“无常心”则可能是转写倒置所致。

(2)次两句“善者吾善之,不善者吾亦善之,德善。信者吾信之,不信者吾亦信之,德信”传世诸本皆同。甲、乙两本没有“吾”字,汉简本作:“善者”、“信者”之下缀一“虖”字,可以理解为虚词(语助之用),也没有“吾”字;“德善”、“德信”后面有一“也”字(无“也”字语气缓而幽深,无

① 中村不折:《禹域出土墨宝书法源流考》,中华书局,2003年,第142~143页。

“也”字语气急而斩绝)。传世诸本多了一个“吾”字,于义为长,显然是指代前句的“圣人”的,近乎“我无为而民自化”(《老子》第57章)句中的“我”。这样看来,次两句是紧接首句而展开的具体论述。

(3)第三句,王弼本“歙歙”,河上本作“怵怵”,严遵《指归》作“愦愦乎”,傅奕本作“歙歙焉”。甲本作“歙歙焉”,乙本作“欱欱焉”,汉简本作“匧匧然”,可见“歙歙”文字异构特别多,因为其为重音(叠韵联绵词之一种)语词,重视“声”而忽视“形”,但王、河两本脱了一个“焉”(或者“乎”或者“然”),因为这样更明确地表示状态;王、河两本“为天下浑其心”,严本作“为天下浑心”,傅本作“为天下浑浑焉”。甲本作“为天下浑心”,汉简本作“为天下浑(心)”。其实“浑其心”的“其”字可有可无,是个“虚词”,没有实质意义。那么“歙歙焉”、“浑其心”又分别是什么意思呢?王弼提出的两点看法值得注意:所谓“歙歙焉”就是“心无所主”的意思,“为天下浑其心焉”的意思就是“意无所适莫也”。而成玄英似乎认为,“浑其心”即“混沌其心,令无分别”;而“歙歙焉”,成玄英老子义疏本作“愦愦”,意思是“勤惧之貌”,与王弼理解不同。

(4)最后一句,王弼本脱“百姓皆注其耳目”,河、严、傅诸本皆有其句,甲本作“百姓皆属耳目焉”,乙本作“属”作“注”,汉简本作“而百姓皆属其耳目焉”。我个人认为,汉简本于义为长,“百姓属其耳目焉”是指百姓受耳目感官之支配的俗常状态,前面加一个“而”字,表明了百姓的俗常生活状态迥然不同于圣人“浑心”、“浑浑焉”的状态。“孩之”,一般解释为,参考北大汉简和傅奕两本,似乎理解为“咳”(不以为然,不屑一顾,无可无不可的意思)更为合理。

从思想内容方面分析,这一章前后一贯、浑然一体。首句点出了“圣人恒无心”,这是圣人的基本精神特征。“无心”相对于“百姓之心”,那么“百姓之心”又意味着什么呢?就是“有心”,用庄子话说就是溺于“成心”、昧于“机心”,其特征就是执著于是非、善恶、美丑、对错、彼此分别的“心”——俗常生活中的“心”。“无心”则是这种“有心”的反面,或者说是针对这种“有心”的反思、批判与超越。“圣人恒无心”同时又“以百姓之心为心”是什么意思呢?简单说就是以百姓的是非为是非,而不执著于是非价值判断,且将是非、善恶之价值判断“悬搁”起来,犹如庄子所说的“因是、因非”之“天倪”、“两行”(《庄子·齐物论》)；然而百姓之是非又彼此冲突矛盾，比如儒家之所“是”往往就是墨者之所“非”，这是由于衡量是非善恶的标准并不一定，并非恒常，因为它将因时、因地、因人而设，随着时代、社群、地域、文化传统的变化而变化。如此看来，“圣人无心”说法本身隐含了某种“超道德论”的意味[①]，即通过精神层面的内在转换超越世俗性伦理价值。“歙歙焉”、“浑浑焉”都是对于圣人精神状态的描摹与提示，表示它是“昭昭察察”、“滑疑之耀”(《庄子·齐物论》)即“是非善恶分别之心”的反面。比如说(接下来是老子信手拈来的两个取自日常伦理的例子)：

> 善者吾善之，不善者吾亦善之，德善也。信者吾信之，不信者吾亦信之，德信也。[②]

这里所谓“善”/“不善”和“信”/“不信”语涉价值判断，但指的都是世俗伦理意义上的价值判断，然而老子笔下的“圣人”/“吾”却似乎对它不置可否，原因何在，值得深究。文中提出的“德善”、“德信”(当然还可以说“德忠”、“德孝”等)很耐人寻味。究竟什么是“德善”、“德信”呢？它们与一般意义上的“善”、“信”的联系与区别何在？早期文献中的“德”往往具有庄严深沉的价值意味，比如屡见于《诗经》的“德音”[③]。我们有理由认为，“德善”之于“善”，“德信”之于“信”，是哲学理论上两个不同层次的概念，恰好老庄伦理学的特质可以概括为某种特殊意义的“道德形而上学”或者“德性伦理学”，与一般意义上的规范伦理学、实

---

① 实际上，老子创造的“玄德”概念及理论还意味着一种超越文化间性的政治模式(理念)，抑或一种挣脱了伦理地方性的“超道德论”(super-moralism)。徐梵澄说，老子之学亦“超道德论”(super-moralism)，因为《老子》宣称“道常无名”，犹如赫拉克特利特说上帝(按应该是诸神，gods)“双超善恶”(徐梵澄：《玄理参同》，《徐梵澄文集》第1卷，华东师范大学出版社，2006年，第147～148页)。同时，老庄所论的“德”也隐含了某种“绝对的性善论”(刘笑敢：《庄子哲学及其演变》，中国社会科学出版社，1988年，第275～276页)。可以说，“超道德论”和“绝对性善论”构成了老庄哲学之道德形而上学的基础。

② 两“也”字据简帛文献补，但两“吾”字从传世诸本，这样文意更显豁。

③ 郑开：《德礼之间——前诸子时期的思想史》，生活·读书·新知三联书店，2009年，第109～131页。

质伦理学迥然不同①。也可以说,前者(道德形而上学)与"玄德"交涉,后者(规范伦理学)匹配于"明德"。总之,从两个既有联系又有区别的理论层面分析"德善"与"善"、"德信"与"信",是非常重要的思路。赖锡三教授分析指出,"德善"与"德信""其实就是玄德(或上德)表现出来的善与信。'玄德'、'上德'都是老子原初伦理关怀之概念,它们皆表示出非二元性的诡谲智慧"②。由此可见,《老》、《庄》诸书中的"善"和"德"都是价值判断语词,"上善若水"(《老子》第 8 章)、"上德不德"(《老子》第 38 章)都是价值判断命题,它们的区别在于:"善"基本上是作为世俗伦理层面上使用的语词,而"德"却属于道德形而上学(或者"反伦理学")的范畴③。换言之,老庄哲学中的玄德是比儒家标榜的仁义更深远、更本质的价值目标,庄子更是把那种乌托邦性质的理想国描绘成"至德之世"、"建德之国"。

庄子特意提到了"直躬证父"、"尾生溺死"两个故事,讥嘲说两者都不免"信之患"(《庄子·盗跖》),一个是纠结于"孝"与"信"的矛盾冲突,一个是为了信守承诺而丢了性命。可见,规范伦理学意义上的"信",即作为具体行动准则之一的"信",并不具有根本意义,因为这样做的结果可能导致伤害生命本身(也就是违背了自然原则);真正根本意义的乃是"德信",即不诉诸、不依据制度规范的原初伦理意义上的"信"。《庄子》另一段非常有意思的话是:"泉涸,鱼相与处于陆,相呴以湿,相濡以沫,不如相忘于江湖。与其誉尧而非桀也,不如两忘而化其道。"(《庄子·大宗师》)在庄子看来,是与非、善与恶的对立,乃日常思维的产物,当然也是老子哲学思维的出发点,然而却不是其终点。超越对立二元

---

① 郑开:《道家形而上学研究》,宗教文化出版社,2003 年,第 192～194 页。康德使用了"道德形而上学"术语,恰好也是相对于"道德/实用人类学"而言的。

② 赖锡三:《浑沌与秩序之间》,载《道家文化研究》第 29 辑,生活·读书·新知三联书店,2015 年。

③ "伦理学中的反理论"(anti-theory)往往是德性伦理学的一个变种,其基本主张就是伦理规则和伦理论题的不可法典性。简言之,伦理学不能被囊括于某种规则或原则中,规范理论学试图将所有实践和伦理问题予以系统化和结构化注定是竹篮打水一场空(S. Clark and E. Simpson, eds., Anti-Theory in Ethics and Moral Conservatism, NY: State University of New York Press, 1989)。

思维之种种框限，才能真正登堂入室窥其奥旨①。重要的是，这种分析方法应该被确立为研究老庄哲学的基础。

可见，老庄并非片面否认价值，而是探讨一种恒常的价值，而这种恒常意义的价值却不是实质性的，而具有形式性价值之特点。而这一切源于《老子》中的“德”的特点，即“德”包含了两个层面的结构，可以称为“上德”与“下德”，也可以理解为原初伦理与规范伦理，甚至还可以解释为道德形而上学与规范性、地方性的伦理学（例如儒家鼓吹的仁义）。而这种理论结构似乎可以更好地表明，《老子》以来的道家伦理学既包括了深刻的批判性又内蕴了深沉的建设性。

（作者为北京大学哲学系教授）

① 参考赖锡三前揭文。

回归整体的和谐:老庄之道的现代诠释

戈国龙

引　论

本文所讲的主题就是“老庄之道”,而我对老庄之道的诠释,用一句话来概括,就叫“回归整体的和谐”。

首先我们要知道在中国文化中,这个“道”字具有最大的涵盖性。它不仅仅是道家道教的道,在中国文化里面它是一个非常重要的根本性的概念,也可以说儒、释、道三家所讲的都是“道”——“儒”有儒之道,“佛”有佛之道,“道”有道之道。广义的“道”就代表了宇宙人生的普遍真理,它的根本的意义是超越教派的,它不是某一家私人的观点。

儒、释、道三教,我们可以把它们看成是趋近于这个超越之道,趋近于这个作为根本的实相和真理的道的一个路径。所以对于中国宗教,我有一个根本的观点,可以用四个字来概括,叫做“道一教多”。就是说“道是一”,道是统一的,因为它是超越语言、超越文字、超越教派、超越个体差异的这样一个真理的概念,所以大家都在求这个道,这是没有教派之分的;“教是多”,当我们把这样一个超越性的道诠释出来、阐释出来的时候,它就有“教之分”,也就是说教是趋近于道的路径,这个时候就可以分成儒、释、道三家,乃至更多的教,所以教可以是多种多样的。每一个体道的人对道的表达、对道的诠释是各有特色的。而且一旦落入了语言的框架之中,落入了文字的框架之中,它就不再是单一的,而是多样的。

但是“教之差异”,并不代表着“道之对立”,所以我说教是多,道是一。我们都是通过不同的教,趋近于那个根本的道之真理。

这是我们进入正式地诠释道家道教之前，我们讲的第一点，就是道的广义和狭义之分。

第二点我们再来讲，道家道教的道，又是一个非常广阔的概念。我们是讲谁的道，是黄老之道呢，还是老庄之道？是内丹之道呢，还是天师之道？这又是一个非常广阔的知识范围。今天我们把这个视野再缩小一点，集中在“老庄之道”。我认为老庄之道能够代表道家道教的最高精神、最高境界，后面道教的所有发展，都是在不同的意义上来展开，来进一步体现出道的精神。包括我所研究的内丹学，它所诠释的道也是继承了老庄的精神。对内丹学而言，他们把老子和庄子奉为他们的祖师爷，所以很多内丹家注释、阐释老子和庄子。

本文要讲的，主要是以老子、庄子为代表的“道家智慧”，而不是关于“道的知识”。只要我们深入知识的海洋，我们就会发现，从知识上来讲真是无边无际、无穷无尽。你到图书馆、到大的书店去看，那里的书太多了，所以关于老庄的研究也太多了。如果用一篇论文来梳理这个知识是没有什么意思的，所以今天我们来直接讲我所理解的老庄，它的最高的境界，它对道的理解。

《老子》是一部什么样的书，老子是一个什么样的人，这个认识就直接关乎我们后面如何去理解《道德经》，理解老子的思想进路；而我也认为，老子正好是一个悟道的人，而不是一个学者。他的《道德经》跟西方哲学有完全不同的面目。我们没有在《道德经》里看到像西方哲学家那样，论述它的命题，提出它的论证，形成一套逻辑化的思辨的体系；从逻辑上来看，我们在《道德经》中反而能发现表面上似乎是矛盾的一些陈述。但是如果我们具有道的眼光、智慧的眼光，我们就会在《道德经》中发现根本没有矛盾，而有着内部的深层的和谐与统一。如果你跟它的精神相通，你会觉得整个的《道德经》，就是一部对整个大道的吟颂的诗篇。所以我们今天也学老子，不是来这里进行论证的；我希望展示他的精神，因为老子就是这样展示的——他把他对道的领悟、对道的理解吟颂出来。

我们认为老庄都是修道之人，而且是修道的高人，他被后来的道教尊奉为祖师不是偶然的。

如果老子和庄子仅仅是学者，写出来一些很美的文字，那么对后期修炼的道士来说，他们就不会认同老子。恰恰是我们后期的道士，无论怎么样修炼，都超不出老庄的这个范围。从根本上超不了，在道的层面不能超过。所以我认为老子是把他对大道的体验和领悟，用诗一般的语言描摹出来，指点出来。要了解它这个特色，然后你去理解《道德经》的时候，你就不会用一个逻辑化的头脑去看——这里有没有矛盾，那里有没有矛盾——你要跟他的心一同脉动，跟他的心和谐共振，才能了解老子的精神。

老子对道有很清醒的自觉。他的开篇就说："道可道，非常道。"因为一旦老子用语言来表达出来的时候，已经不是他所领悟的那个根本之道了。他一开始就给你打了预防针，你不要从他的语言上去找这些表面上的矛盾、语言上的纰漏。因为他已经说了，"我"无法把我领悟的道用语言来告诉你们，迫于某种原因，"我"现在写下《道德经》，所以"我"强为之名，勉强把它叫个名字叫做"道"而已。

在《老子》当中，经常有一些恍兮惚兮、难以琢磨的话语，足以见出他难以形容他所领悟的道，这种道"不可道之道"的艰难。今天我们再要来领悟老子、庄子，我们仅仅从文字上，从语言范畴、哲学概念上去了解是不够的。我们一定要用同情的心态，来进入老庄的内心世界，找到那种感觉，才会跟他有一个心的相通和相连。这是我们讲的《道德经》的一个特色：它不是一种西方哲学意义上的论证的文本，而是一种体道的境界的展示，是对道的描摹和诗一般的展示。

在进入正式的诠释之前，我们再讲另外一点。由老子《道德经》的这种特色，我们讲一下老庄之道在人类文化发展中的深远意义。

在我们整个人类的探索之中，我们现在可以很清楚地看出，几千年的人类文明，它有两条大的线索：一是科技文明的发展，二是宗教文明的传承。

我们现在可以清楚地感受到科技文明的飞速发展。科技文明改变着我们人类的生活方式，给我们生活提供了很多的方便，对自然界，对物质世界的奥秘有着非常深入的了解。但是科技文明的成就，也带来了很多的问题，人类盲目地向外追寻，去征服这个地球，使我们整个人类成了这个地球、这个自然界的一种对立者。而事实上我们人类又是这个整体世界的一部分，部分怎么可能去征服整体？我们能征服地球吗？我们把地球征服完了，我们自己也就完了。

所以我常常把科技文明的发展，看作是给人类这台机器加油的油门和发动机，它给你动力，但是我们要把握它的方向，不能靠科技文明的本身，那就要靠另外一个支点，另外一条线，这就是我称之为"宗教文明"的功能，它能给人类文明提供方向。我所说的宗教是就其根本意义上来讲的宗教，而不是简单地指一个宗教的组织化的形态，或者一个带有迷信色彩的信仰。就宗教的根本意义来讲，宗教恰恰是和科技文明相对应的另外一条人类提升自己、探索自己的道路。

宗教文明把它追寻的目光投向了生命的自身，反观它自身，试图寻找生命的根源，生命的根本奥秘。生命的根本奥秘，实际上也就是宇宙的根本奥秘。这个时候我们讲的宇宙的根本奥秘，不再是一个一个领域的具体的知识，而是对整个宇宙大道的体会和了解。

这就是道家道教的一个非常重要的特色：天道和人道的相对应、相统一。

对于道家道教来说，它追寻这个宇宙的科学和奥秘，并不是像科学家那样去纯粹探讨一种外在世界的奥秘，它是为它的修炼服务的。同时我们对生命的体会和修炼所得到的很多规律性的认识，又可以映射出宇宙的根本奥秘。在其根本意义上，宇宙之道和生命之道根本上是相通的。所以宗教文明能够给我们人类的发展，提供根本的方向，具有导向的意义。

《老子》里面很清楚地讲到，在某个意义上我们是在进化，但是在另外一个意义上又是在退化。比如说我们人类到现在，很多方面进化了，但是人生命自身的很多功能反而退化了。我们对机器的依赖程度越高，我们自身的功能反而越低；反过来当道家往里回收的时候，好像是一种退化，但是它却拓展了生命的潜能，提升了生命的活力。所以进步和退步之间是相对的。

从科技文明的观点来看，好像我们人类是在不断地进步、进化，但是从修道、从宗教智慧的意义上来看，我们有很大的退步。记得以前我在刚学哲学的时候，那个时候意识形态的话语还没有完全退去，当时很多哲学史的教科书里面经常会写，老子、庄子他们在那个什么什么时代，他们有历史的局限性，他们的认识早已过时了，我们现在来研究他们，只是有一些历史的兴趣而已，不认为他们还有我们今天值得去继承的真理。但现在我们可以很清楚地看到，有一些话，有一些真理它们不但没有退步，它们反而是我们人类探索世界奥秘的一个高峰。

今天我们不是要以一个高度发展的人的姿态来评价古人，我们反而要以一个小学生的身份，来认真向古人学习。释迦牟尼、老子他们的智慧，远远超越了今天这些俗不可耐的现代人，他们的目光，他们的境界，他们的博大与深邃，岂是我们今天自以为了不起的现代人所能认识的？所以从这个方面来说，我们要向古人学习。有一些真理是超越时代的。它们不是关于物质世界的认识，它们是关于“道”的认识。“道”的认识怎么会过时呢？所以我们不断地要返本，要回到根源，回到“轴心时代”，去追问那些大圣人、大哲人的智慧。他们之中可能有解救今天社会问题的良方，值得我们深思。

在进入主题之前，我们最后再讲一下老庄的诠释视角的问题。

如果要讲老庄，从我们阐释的角度来说，它有不同的视角，最主要的有以下几种：

第一种就是我们通常讲的哲学化的解释。比如说魏晋玄学的王弼、郭象，他们解释的老庄就非常有哲学的意味。所以今天研究中国哲学史的人，很喜欢研究魏晋玄学，那里边有哲学的味道。第二，是一种宗教化的解释。比如说在道教里面有一些解释，如汉代的《老子想尔注》，他们把老子演变成了“太上老君”，变成了一个“神”，然后从宗教信仰的角度去解释。第三个大的解释方向，是修道化的解释，就是从修道、悟道的角度去解释老庄。比如说在内丹学里面有很多老庄的注疏，他们是从修炼的角度来解释的。

我认为对老庄进行修道化的解释是最得其真意的，是最不牵强附会的，是符合老庄的本来面目的。《史记》里面有记载：“老子修道德，其学以自隐无名为务”，并说老子“修道而养寿”，这就是说在《史记》中，已经认识到老子是修道者了。所以我一开始也讲，我们如何来趋近于老庄的这个道的智慧。不是做纯哲学的分析,也不是一个纯宗教化的信仰,而是从悟道的体验、悟道的境界出发来讲,来理解老庄所诠释的道。

以上是本文所讲的第一部分,是一些外围的引导性的介绍,为我们进入主题奠定了基础。下面我们就进入本文的主体部分。

本体之道

我们从三个方面来讲老庄之道:第一是本体之道,从本体论来讲道;第二是工夫之道,从工夫论来讲道;第三是境界之道,从境界论来讲道。这种三分法表面上好像也是一种学术的分析,但这个分析不是勉强的,不是外在的,而是从老庄之道内在的主题、内在的现象出发来讲的。

什么是道?对道的解释真是五花八门。我们可以从一个很普通的了解开始。道是什么?道就是道路。道路有它的起点,有它的方向,有它的目的地;本体是这个道路的起点,所走过的路径就是功夫,要到达的地方就是境界。这就是道的三个层面:本体、功夫和境界。也就是说,道是什么。道是我们所从来的地方,是我们整个宇宙所生发的那个“原点”,那个起步的地方;道也是我们整个行进的过程;道也是我们前进的方向。

正如任何一条道路,它的起点和终点都是相对的,作为整体之道,它是无始无终的,是没有终点的旅程。在这个无限的道的演化旅程中,相对人的有限认识和修道意义而言,我们可以方便地建立一种道之演化的理论模型,这也是“道可道,非常道”的一种表现。

按照我对道的理解,实际上应该先讲的是功夫或者境界,不应该先讲本体。因为本体之道是我们后来反观、总结才得以认识的,最开始我们是先对道有了一种体会,做了一种功夫,达到了某种悟道的境界,能让他对道有一种领悟。领悟了以后,他就把这个道进行了解说,解说了就好像变成了一个本体了。但其实他并不是说先认识到了一个本体,然后再来做功夫。

不过,这里面有一个很微妙的地方。在老庄之后,我们再来修道的人，根据老庄的描写，我们可以先认识本体之道，然后我们开始做功夫，去体会这个本体；达到了和本体合一的这种境界，这就不一样了。从老庄本身的认识来讲，他并不是先有了本体的认识再来做修道的功夫的。

什么是本体？本体是一个哲学的概念，但在中国哲学当中早就有这个词，这个词并不是从西方引进的。所以我们并不是用西方哲学的本体这个哲学概念来表示道，而是讲道在本体这个层面、这个方向上有它的意义。

无论我们怎么讲道这个本体，首先我们要明确：任何对道的诠释、表达都是一些不得已而为之的方便，都是指向月亮的手指，因为那个道是无法用语言文字把它拿出来给你看的。道不是具体事件，不是某一个事物，不是我们认知世界当中某一个认识的对象，可以摆出来给大家看一看。你说道是什么，要我拿出一个东西给你看看，我做不到。道是无，无形无相，它不是我们认识的一个对象，而恰恰是在一切分别意识还没有升起、人的意识和整个世界没有分别时，所领悟到的一种宇宙世界的终极统一和浑然一体的状态。所以我用这个"一体"来表示道。

我现在对道所作的浑然一体的这样一种描述，并不是来做一个纯粹的哲学分析，而是一种体道意义上的展示。当我们真正进入某种道的状态，体会到这种浑然一体的状态，我们就对"道"有一种内心的把握和了悟，但这种了悟并不是我们能够用语言和文字把它展示出来给你看的。所以当我们来描述这个道的时候，我们要试着体会它，进入道的状态和道的境界。

在这种浑然一体中，"时间相"没有了，时间是无始无终的。要知道当我们感觉到有时间的时候，是因为我们有了分别才觉得有时间；当你不去分别的时候，这个时间对我们来说是不存在的。这个不存在，不是讲物理学意义上的不存在，而是讲我们内心体验上的不存在，就是你没有时间感，"时间相"是没有的。

在这种浑然一体之中，"空间相"没有了，没有了这里、那里之分，没有了这个地方、那个地方这样一种概念，这样一种分别心，所以空间上我们可以说它是无边无际。但是我们也不能说道是"超时空"，在时空之外的东西，我们只是说它没有"时间相"、没有"空间相"，超越了时间的差别、空间的差别。勉强来形容它，我们可以把它看成是无限宇宙的“整体场有”或“场有整体”。这里面还是有几个哲学的名词需要解释一下。

什么叫场有？大家看这个“场”字就是一个物理学的概念，像电磁场、引力场等等。场这个概念虽然是现代物理学的概念，但它具有中国古典哲学的味道。在中国古典哲学当中，有一个概念和场非常相近，可以相通，大家认为是哪一个概念？是“气”的概念。中国哲学所讲的那个“气”跟“场”是相似的，它不是某种具体的物质。

场具有无边无际的性质，具有无边无际的感觉。物理学告诉我们，不管是什么“场”，你是限制不住它的，它是一直要往外波动、振动的。虽然它有振动频率、幅度的差异，但是那个场就是具有广阔的迷散性的，是一直要遍满宇宙的。

所以道就可以看成是这样的“场有”，它不是一个具体的“有”。从不是任何具体的“有”来看，道是“无”，“无名天地之始”，任何“有”存在之前，道之“无”就先在了；从作为整体场有来看，道是“有”，“有名万物之母”，万物的存在都是从道中化生的，都离不开道的整体背景与整体作用。道是整个宇宙相统一的一个无限的背景、无限的场有，所以用场来概括、来指示道，就表明了道的无限性，道也是整个宇宙无限的旅程。虽然在整个道的演化当中它离不开两极，离不开阴阳两极的运动变化，但是道作为无限场有本身，却是超越了任何的两极化，它是一种终极的和谐。我们用整体和谐这样的概念来讲道，是基于对道的无限统一有一种实存性的体验与了悟。

那么按照我们刚才的理解，我们再来看看《老子》、《庄子》里面的一些话语，看看我们的了解，跟它们能不能相洽、相融。

比如说，在《老子》里面就讲这个道是“视之不见名曰夷，听之不闻名曰希，搏之不得名曰微。此三者不可致诘，故混而为一”。那么根据刚才我们对道的这种理解来理解这句话，就非常顺畅。因为道是无限的整体场有，它不是一个有限的具体的事物，所以你要去看道是什么的时候，能看到道是什么东西吗？它不是我们所能看到的一个物质对象。当我们要去听道是什么的时候，能听到它的声音吗？它不是某一个具体的声音，但你要仔细听，它可能是某种“无声之声”。当我们试图去抓住道的时候,能抓住它吗?能接触到它吗?它是不可抓住的、不可琢磨的。所以"夷"、"希"和"微"这几个字,都是用来描述道的无限深远,不可作为一个可见的、可听的、可触的对象物来把握。道没有具体的形象,它不是作为一个认识对象来呈现在我们面前的这样一个存在物。

但是作为无限整体场有的道,绝对不是一无所有,不是什么都没有的一个断灭的、寂灭的东西,它里面充满着生机,充满着无限的可能性。它是万事万物之所以可能的无限背景,是万事万物相对相关、相即相入的统一本源。所以我们可以说,道虽然不是某一种具体的物质,但它是"物质之本",是"能量之海",是"信息之源"。

现代物理学讲的物质、能量、信息,都在道中有它的根源。所以我们看到《老子》中对道的描写,它是怎么去形容这个道呢?"道之为物,惚兮恍兮,其中有象;恍兮惚兮,其中有物;窈兮冥兮,其中有精;其精甚真,其中有信。"道的状态是"唯恍唯惚",在恍兮惚兮之中,有象、有物、有精、有信。这些概念我们可以宽泛地理解为这是对道之中存在物质(物)、能量(精)和信息(信)的一个描写。道是一个充实的存在,而不是一个一无所有的、绝对的空的存在。前面讲的"道之为物"的这个物,它不是讲物质。在古汉语当中,这个物具有一种"大共名"的意义,就是任何东西我们都可以讲是一种"物"。"道之为物",就相当于我们讲"道这个东西",这不是说道是一种具体之物。后面的"其中有物"的"物",我们可以把它理解为一种根本的物质,是一切物质之所以可能的依据,这样的物质之本,但也不是指具体的存在物。"其中有象"的"象"亦是如此,一方面道无具体的形象,故说道是无形无象的;但"象"亦可是"大共名",道亦有其"无象"之"大象",故说"其中有象"。

下面一段《老子》对道的描写:"有物混成,先天地生。寂兮寥兮,独立而不改,周行而不殆,可以为天下母。吾不知其名,字之曰道,强为之名曰大。"

"字之曰道,强为之名曰大",这个我们前面讲过。因为实际上不知道如何来用语言描写道,真正的道超越语言文字,我们不能说"道"是什么东西,只能勉强用"道"、"大",来给大家命名一下。

这一段话,就可以说是对道的浑然一体这种状态的描写。因为它没有时间相,无始无终,你不能说它是在某一个时候形成的;它既然没有时间相,它一定是先天地而生的。那么这个时候讲天地,已经是在世界得以发展、得以展开来以后所形成的天地;而道是永恒的无限场有,所以我们可以讲它"独立而不改",因为整个世界的演化都是在道之中。道本身你不能说它是有生有灭的。任何事物它有变化,有生有灭,但是对老庄而言,我们说某一个事物生成了,同时也意味着另一个事物毁灭了,任何一个事物的毁灭都是以别的什么事物生成为条件的。我们学过化学的人都知道,在化学反应当中,分子在不断地变化,但原子并没有变化,只是在不断地组合而已。比如,氢气在氧气中燃烧,变成了水,那么氢气(分子)消失了,水(分子)产生了。所以庄子说:"其分也,成也;其成也,毁也。"但是从氢原子和氧原子的总数来讲并没有变化,故"凡物无成与毁,复通为一"。宇宙间的事物在生灭变化,但是对道而言,我们不可以用生灭来讲它。所以说"道"是"独立而不改,周行而不殆",它永远是在运行的,永远是充满的。这样一个无限的场有,是万事万物得到生成、变化的条件,但它本身却不可以说有生成、有变化。

如果我们把道理解成为一种无限场有的话,那么如何理解道家的宇宙生成论?这个世界是怎么演化的?这个时候我们要把道分成两个层面:第一层面的道,是作为总体的整体之道,它无所谓演化,也无所谓变化,一切演化和变化都在道之中;第二层面的道,就是在整体之道自身的演化过程当中,按照我们对这个事物生灭变化的一种理解,把它分成本体和现象两层,道是本体,现象是变化的事物,这时所说的"道",就是"道"和"物"分开来讲的道。第一层面的道,我们可以说它是统万化为一的,没有道和物的区别。第二层面的道,是作为万物源头的道,这个时候我们可以把作为源头状态的道理解为一个无限的"全息统一场",它里面含有万事万物变化的可能性,也可以说是含藏有万物的种子在里面,这些种子可以展现、演变为有形有象的万事万物。那么整个世界的生成可以被看成是道的自我开显、自我演化,是从无形到有形、从潜能到显现的这样一个变化。

《老子》中有一段话用来表示这个演化的过程,就是"道生一,一生二,二生三,三生万物",这段话所表达的道的演化模式,后来也成为道教内丹学的一个基本的宇宙演化模式。

根据老子这段话所表达的宇宙演化图景,如果用几个数字来表示的话,我们可以把作为万物之源的道的状态,叫做"零"的状态。一开始是零,零就是万象咸空,一切分别都还没有形成的统一状态。一切都还是潜能,没有表现出来。这个状态在道家、道教里面都有很多的描述。它是无限的混沌,看不出任何差别相。虽然没有差别相,没有变化出万事万物的具体形象,但是从这个道又是一个整体的存在而言,它同时也是"一"。零是从它的无形无相、无差别来看的;一是从它作为一个整体来看的。这个"一"也可以说是"混元一气"的状态。

混元一气是道教的概念。这个"气"我们刚才讲了,非常像"场"的概念。所以我们讲"场有",跟这个混元一气是相对应的。气也有不同的层面,混元一气是在"一"的层面,还没有表现出"阴"与"阳"的二元分别。但在这个统一的混元一气当中,它里面内在地蕴含着阴、阳两个方面潜在的对立。由这个潜在的对立再展现出来,就是"一生二"的过程,"二"就是阴和阳。

在道家、道教的概念当中,阴阳是一对普遍的概念。它不是说某一个具体的事物是"阴"或是"阳",而是代表所有的"二分性"、"二元性"的一对总括性的概念。有了阴阳,阴和阳继续交合,就有了"阴阳之和",阴、阳和阴阳之和,这就有了"三"的概念,就是"二生三"了。有了"三"以后,继续分化下去,就可以有无穷的排列组合,就可以形成万事万物,这就是"三生万物"了。

后来有很多现代的物理学家研究老子,就发现老子的观念非常符合现代物理学。包括计算机里面的二进制,与阴、阳的概念非常相似。计算机程序里面的千变万化,本质上来自两个符号,一个是"一",一个是"零",分别代表一个正极和一个负极,所有的程序,最后都是来源于这两个符号的无穷组合。这个世界也是一样,本质上是来源于阴与阳的无穷组合、无穷变化,而形成了万事万物。

但是我们要注意,老子来解释这样一个宇宙演化的时候,其实并不是作为一个科学家来探讨天文学,来探讨这个物理世界怎么演化的。用现代科学的语言去解释《老子》的时候,我们要注意,要把这个前因后果搞清楚。不要说《老子》已经有现代科学的概念,它已经能够提出现代科学的理论。这是不符合历史实情的。我们只能说从现代物理学的视野和视角,我们可以发现老子的认识符合现代科学,但是老子是不搞天文学、物理学的。也就是说对于道家而言,它对宇宙生存变化有这样一个认识,实际上是来自他修道的体验。而正是这样一套宇宙生存模式,反过来也为他的修道提供了一种理论基础,提供了一种理论的可能性。

所以我们可以看到,在后期内丹学之中,这一套生存演化的宇宙论就得到了充分的发展。道教内丹学提出"顺则凡,逆则仙,只在中间颠倒颠",继承了老子"道生一,一生二,二生三,三生万物"的演化理论,并提出了逆向返本还原以成仙的演化方向。生成了万物以后,就有了差别,有了差别就有矛盾、有对抗,也就有了生死,就离开了这个永恒无限的道。现在我们要成仙,怎么才有可能?我们要回到无限里面去,回到永恒无限的道里面去。要回去,就与道的顺向演化相反,所以要化三为二,化二为一,化一为零。这就是内丹学所讲的"练精化气,练气化神,练神还虚",还虚以后就合道了,与道合一就是成仙。这就形成了内丹修炼的一个基本的理论模式。

所以,今天我们不需要用科学的理论或者科学的眼光,去看老子讲的是对还是不对。无论现代科学怎么发展,是不是能证明老子所说的宇宙论,这些都没有关系。对于道家、道教来说,在修炼当中这套理论模式非常有用,能够为修道提供理论基础,而且能够用修道的方式去实践它、验证它。所以我提出一个观点,就是科学的实践和宗教(修道)的实践是不一样的,它们是不同维度、不同方向的实践。

但是我们现代人只知道科学的实践法。科学要验证一项理论,就要看我们能不能做个实验,看它能不能普遍地有效,用反复的实验来证实。但是所有的科学实验都是客体化的形式,都是对实验的对象进行客观的研究,如果我们用这种狭隘的实践观去看待宗教、看待修道的话,我们就会犯很大的错误。

比如说,我们讲道是一种无分别而融于整体的和谐状态,那么这种状态你如何用常规的科学试验去证明它?我们要用试验去证明的时候，我们就要有试验仪器，有去检测那个对象的一套手段。这本身都是主客二元分裂，无法适用于合一境界的研究。因为这种无分别境界不是任何的认识对象，它是主客未分、主客融合的非二元状态，非二元状态如何用二元对立的模式去证实它？

以这种狭隘的实践观点来说，宗教就是迷信，因为这个修道的境界不可证实。你如果能发明一种普遍适用的仪器，我们一用大家都成仙成佛了，都觉悟了，那多好！这就混淆了“道”和“物”。觉悟的境界是一种心灵的体会、心灵的自觉，它是一种意识的状态、意识的净化，它怎么可能用一种无意识的机械手段去达到呢？觉悟恰恰是要对抗那个机械性，我们如何能用一种机械的手段去验证那个超越机械性的自由意志？

所以当我们讲“道”是无边无际、不可言说，这是一种迫不得已的方便，迫不得已的方式，你不能由此就说“道”是虚无缥缈、不存在的。

事实上我们可以去证明道的存在，但是要改变方式。不是用简单的一般科学的实验的手段，而是用体证的修道实验的手段，你按照道的指示去做，去反观，去进入内心的深处。当你通过修定、修慧，超越了表层的分别意识，回到心灵的原本的状态，回到佛教讲的本来面目，回到心灵的纯粹的状态，就能体会到“道”的境界。这就是验证“道”的实验方式，你不是做一个外在的实验，你是向内去找到自己的源头。

回到纯粹的心灵状态，就是回到道。道就是在我们纯粹的心灵状态当中融合为一的存在。所以我们讲“性通于道”，人的本性和道是相通的。这个“性通于道”，可以说是儒、释、道三教的一个普遍的理论模型。“性”是虽主观而客观，是通过主观性而达到客观性，达到人道与天道的统一；“道”是虽客观而主观，它不是一个纯客观，它一定要落实到人的本性中来。性通于道，最后都是主客统一、天人合一的状态。所以道的状态就是“天地与我并生，万物与我为一”，这都是强调一种统一和谐的状态，融入道之整体，就没有天地万物和主体自身的差别。

前面我们引用了一些《老子》里面的话来解释本体之道。在讲本体的时候，《庄子》里面有一段话非常有名，讲道的本体的时候是经常被引用的。在《庄子·大宗师》里面有这样一段话：“夫道有情有信，无为无形；可传而不可受，可得而不可见；自本自根，未有天地，自古以固存；神鬼神帝,生天生地;在太极之先而不为高,在六极之下而不为深;先天地生而不为久,长于上古而不为老。”大家如果去看古代学者对这段话的解释的时候,常常会发现他们非常勉强、非常难为情,因为他们不知道该说什么来解释清楚,要不就把它当神话,找不出内在的理路。但是如果按照我们前面所讲的,道作为无限整体场有这样一个概念来理解的话,这一段话是非常通畅的,是完全可以理解的。

“有情有性”,我们前面讲了,道里面不是完全的空无,它是物质之本、能量之海和信息之源。“无为无形”,是因为道作为整体场有,无形无象,道本身是自足、圆满的,无任何造作,故是无为无形的。

“可传而不可受”,这种对道的理解和对道的体悟,我是可以传授,你是可以去体会的,但是我不可能把道作为一个东西送给你。你给我两万块钱,我马上把道送给你,这是骗子骗人的把戏,没有这回事。我传来传去,还需要你自己去体验,用悟的方法去实证它,它永远不可能作为一个外在的事物让我来传递给你。

“可得而不可见”,也是一样。你可以去体会它,可以真正地体会到这个和道相统一的境界和状态。但是你要想看清楚道是个什么东西,说你有一天打坐发现道是什么了——有的人说我看见一团光;看见老子的形象——错了!道不可见,道永远不能作为一个外在的对象被你看见,你要去进入道之中,与道合一。

“自本自根”,因为道本身就是无限场有,在它之外没有别的东西来作为它的根据,它当然是自本自根。“未有天地,自古已固存”,天地已经是道演化之后的世界,在天地之前道就永恒存在。“神鬼神帝,生天生地”,因为道能演化出整个世界、万事万物,当然是“神鬼神帝”,道是“鬼”和“帝”得以发生作用的根本。假如说有鬼,假如说有帝,那也不出这个道之外,也是道的功能,一切都是从道而来。

“在太极之先而不为高,在六极之下而不为深。”道无限,没有空间相,在空间上是无此无彼、无边无际。无论太极有多高,在太极之上还是道;无论六极有多深,道可以一直往下再走,比它还深。道可以说是“太极之先”与“六极之下”,但是对于无限来说,你不能说道本身有先有后、有高有低,道是没有高下、深浅之分的,它超越高下、深浅之外。

“先天地生而不为久，长于上古而不为老。”道永恒，没有时间相，在时间上是无古无今、无始无终。你也不能说道在时间上非常“久”、非常“老”，这两个概念对道是不适用的。因为时间的长短比较对道来说不适用，它超越时间的长短。道在天地生成之前就存在，但对于永恒来说，我们不能用“久”这样的概念来形容它；道在上古还没有出现之前就存在，但对于永恒来说，你不能说道很“老”，因为有老就有年轻，道有“老”吗？没有“老”。

所以如果你要入了道的话，这一切都是对道的描述，没有任何矛盾，没有什么说不通的地方。

对道的了解，在学术界的分析来讲，有人认为它是“绝对观念”，有人认为它是“精神实体”……用哲学概念去分析，然后分析这个道有哪些属性，什么普遍性、广泛性、无限性等等，这种分析只是一种外围的归纳，但是最终我们看了这些分析以后，还是不知“道”，因为分析的人自己也并不真的知道。

如果你按照我们今天讲的思路去体悟它，进入道的状态，找一个时间静下来，静坐或者静站，认认真真去体悟、了悟它，等到有一天你跟老子会心一笑，心通了的时候，老庄就全通了。否则的话，你研究了一百本书后，还是越看越麻烦，越看越搞不清楚。很多的学术研究，就像猜谜一样，他是这样猜的，他是那样猜的，猜来猜去都没有把握，自己心里也没底。

这是我们讲的“本体之道”。下面我们讲第二部分，叫“工夫之道”。当我们讲抽象的思想理论的时候，用“工夫”这个词；讲具体的实践方式时，用“功夫”这个词。

工夫之道

整个中国文化，不管是道家、儒家、佛家，不管是道家还是道教，它们有一个根本的特点，就是不是去追求一种纯粹的关于外物的知识系统，它们实际上都是一种“教化”，三教都是一种教化。目的都是让你通过一种修养、一种功夫，去达到一种理想的人格与圆满的境界。

儒家要成圣人。学儒家是为什么呢?为成为一个儒学博士吗?不是。真正学儒家就是要成为圣人。你说你不敢成为圣人,不敢成为圣人,就别学儒家了,就不是真正的儒者。那么学道家干什么?学道家就是要成仙、成道。你说你不想成仙,你只想研究道家,那不是道家的本意,也不是真正的道家。所以我们讲道,讲了半天就是要去做功夫,达成体道的境界。学佛也是一样,要成佛。学佛的第一要务是发菩提心,不想成佛的学佛者,那叫什么学佛?沿着释迦牟尼佛的道路前进,这就是学佛。

所以中国文化里边,儒、释、道三教都是一套关于人生修养、追求某种超越的解脱境界的学问。离开了这条主线,就把握不了它们的精髓。那么,道家的修道功夫是一种什么样的功夫?我们先来一段概述,对工夫之道总结一下。

我们说修道,即是通过能动的精神修养,从有碍有限、执着分别的自我意识中超越出来,回归道体的永恒与无限境界。修道的全部功夫就是通过虚静、无为、坐忘等修养,消除一切相对的分别,以"无极化思维场"与"宇宙全息统一场"相沟通相统一,从而使生命系统趋于无限开放、平衡和谐的最佳功能态。在这种状态中,既实现了人的身心沟通、身心融合,使人的精神与肉体成为和谐统一的生命统一体,也实现了人的生命与整体之道相沟通、相统一,使人的生命子系统与宇宙大系统之间,实现物质、能量和信息的交换,从而减少乃至逆转生命系统走向无序的"熵增加"的自然趋势,达到提高生命质量,提升精神境界,并最终达成超越与永恒的得道目标。

这段概述里面用了一些概念。其中讲到无为、坐忘,这些我们后面再讲。我们要解释一下什么叫"无极化思维场"。刚才我们讲"道生一、一生二"的时候,已经讲了从道的无分别状态怎么演化出阴阳两极对立的状态,所以"极化"就是从"无分别"到"有分别"的一个过程。在这个分成两极的过程中,形成阴、阳两个对立面,这叫极化状态。那么"无极化",就是在我们的精神状态里面,一切极化的现象都没有了,没有后天的分别意识,而呈现出先天的纯粹意识状态,我们把它叫"无极化思维场"。前面我们解释道的时候讲过,"道"也可以用"宇宙统一场"来讲,那么真正的修行就是"性通于道"，就是让你的心进入了无极化的状态，和道的"宇宙统一场"的状态相沟通、相统一。

后面我们还讲到一个"熵"的问题，这是借用了物理学的一个概念。在物理学中"熵"是用来代表一个系统的有序程度的概念，系统的熵值越小，有序度越大。任何一个封闭的系统，它的熵值是越来越大的，也就是它的混乱度是越来越大的，有序度是越来越小的。所以要想让这个系统增加它的有序度怎么办？就要让它从封闭系统变成开放系统。只有变成开放系统，跟外界环境进行物质、能量和信息的交换，它的有序化程度才会提高，也就是可以减少封闭系统熵增加的趋势。那么最开放的系统是什么？我们可以说从这个身体，再到什刹海书院，再到整个北京市，整个中国，整个世界，整个地球，再扩大到太阳系，再到银河系，再到恒河系……一直推下去，再到佛学讲的三千大千世界，这是越来越开放的系统。推到无极无边，最开放的系统就是"道"。道是无限，时间上无限，空间上无限。所以永恒无限的道，就是最大的"负熵源"，我们可以从道之中得到源源不断的"负熵"，来平衡我们的身心，使生命系统达到最和谐统一的状态。最好的状态是什么？就是合道的状态。

作为有形、有限的个体生命，它就是一个封闭系统；进入道的世界，生命就是一个无限的开放系统。所以佛道所讲的要成仙成佛，何以可能？怎么才能成仙成佛？你要合于道，融入道之中。那大家可能会问了，我们这个肉体就这么大，怎么变成无限的开放系统？真正的开放，不是让我们这个肉体去开放，而是要认识到我们的生命本身就有一个无限的源泉。

我们认为生命就只是有形有相的这样一个肉体吗？这是一个错觉，一开始我们就错了。如果我们认为生命就是这么一个有形有相的肉体，我们就达不到道的状态。我们要通过肉体这个表面现象，去进入生命的深层世界。生命的深层世界是什么？就是"道"。所以不是说我们要去造成一个与道合一的状态，而是我们的生命本身就是融于道之中，是与道融为一体的。道家讲，人在道之中，就好像鱼在水之中，鱼儿一刻也离不开水，我们一刻都离不开道。因为我们都是从道中来、回到道中去的，本身就在道中。那大家会问，问题在哪里？既然人就在道中,为什么还要修道呢?

问题在于我们的意识,在于我们的心灵状态,因为我们没有认识到宇宙人生的真相。我们错误地以为,我们的生命就是这样一个肉体状态,就是这样一个非常有限的状态;我们只把人当成一个独立的个体、一个小我、一个自我。我们没有认识到形体背后的那个超越自我的无限的存在。我们只把生命当成了一个一个的波浪,而没有看到我们生命的更广阔的海洋。进入了道的状态,体悟到道,生命的波浪就融化在这个海洋之中。

其实波浪一开始就在海洋之中,就是和海洋相通相融的。只是由于我们的错觉、我们的错误、我们的无明,才把生命看成了一个小小的波浪,然后还天天跟别的波浪去对立、去打架。我们有一个无限的宝藏被忽略了,却天天抓这个、抓那个,去占有那些渺小的事物。所以我曾经在微博里面说过,整个世界都是我们的,可是我们不要,我们非要在这个世界里面捞这一点、捞那一点,这个是我的,那个是我的,自我限制起来,自我囚禁起来。

这就是为什么要做修道的功夫——虽然我们的生命有一个无限广大的源泉,本身就是跟道统一的,但我们"迷"掉了。我们执着于小我,执着于这个简单的有形的肉体,证悟不到我们来自道的本性。每一个人看起来是一个一个独立的人,好像是非常分开的、分立的,但是当我们有了智慧的眼光,我们就可以看到,这只是一个表象。我们真的是与道相融为一的。

下面我们不去做一个抽象的论证,我们从一个很简单的例子来说明这一点。比如说,我们生命是离不开呼吸的,大家每一个人都在呼吸,对不对?那么我今天呼吸的空气和在座的诸位呼吸的空气能分开吗?从这个呼吸上来说,我们就是"息息相关"的。有一个所谓的"你呼吸的空气"吗?离开"你呼吸的空气"有独立存在的"我呼吸的空气"吗?没有。我今天所呼吸的空气在什刹海书院里面,再扩展出去就跟整个地球、整个大气环境都是相通的,绝对是相通的。这就是一切相通的一个表现。

再往深一点讲,我的思想、我的念波也是一种场,场有时空的限制吗？我今天发出来的思想的念波已经进到了你的世界，进到你的内心里，你已经跟我分不开了。你的所思所想也在发出你的念波，进入我的世界。所以我曾经讲，真正的修行不仅仅是净化你自己，同时也意味着整个宇宙的净化，你心灵的净化也在为整个宇宙的净化尽一分力量。所以陆象山说“宇宙内事，乃己分内事”，宇宙内的事就是我自己分内的事情，你不要小看自己了。我们跟宇宙没有分开。所以那么多无知无明的人，认为可以为追求他自己个体的东西，就去损害整体的利益，这都是错误的。

修道就是要调整心灵的状态，从混乱的、杂乱的随外界而流转的这样一个扰动不安的意识状态，调整到虚静的状态、无为的状态，能够与道相统一。

我们本来就是和道相统一的，这是原初的统一。但是由于我们的认识错误、我们的迷惑和我们自己的挂碍，人为地把人和道分离开来，所以需要通过修道的功夫，重新回到与道合一的状态，这个就是后得的混沌状态，不是一开始的混沌状态。前面的与道合一，是前自我状态；但是后面的与道合一，是超越自我的状态。前自我阶段也是无自我的，但它是自我之前的状态，还没有发展出自我；要经过自我再超越自我，回到道的状态，这才是我们所要得到的解放。

道家常常讲要复归于婴儿，这只是一个隐喻而已，并不是真正要回到一个婴儿的状态。婴儿状态是前自我的合一，道家只是借用这个“合一”来比喻与道合一的状态。复归于婴儿，严格来讲不是要回到前自我的状态，因为“复归”已经表示经历过自我的状态，再重新回归“婴儿”的状态，这已经不是原始的“婴儿”的状态。冯友兰先生曾经说，道家好像有点糊涂，对这个觉悟以后的天人合一和觉悟之前的天人合一好像没分开。其实道家不是糊涂，认为道家没有把前自我的合一与超越自我的合一两者区分开来，这只是我们没有了解道家说话的语境而已。道家是说过要复归于婴儿，但道家很清楚它不是回到那个原始的婴儿状态。人已经长大了，怎么再可能完全回到婴儿状态，像婴儿那样什么都不知道？修道是经历了自我成长的理性的状态，再超越这些分别状态，达到有意识地、有觉悟地回到道的统一状态。所谓的复归于婴儿，不过是对觉悟的道的状态的一种隐喻。

下面我们来看一下《老子》、《庄子》里的一些原文,来解剖一下老庄之道里面的修道功夫。

我们要看的第一段,就是《老子》里面讲的:"致虚极,守静笃,万物并作,吾以观其复。夫物芸芸,各复归其根。归根曰静,是谓复命;复命曰常,知常曰明。"

很明显,这段话就是道上的功夫。没有道的人,没有修道的人,能写出这种话吗?让哲学家写这种话,他写不出来,这是修道的真切的体会。所以我讲老子不是一个纯哲学家,他是一个修道的人。

什么是"致虚极"?就是要"虚"到了极点。"虚"是"虚"什么?不是把我们这个肉体给消灭了,变成虚。虚的就是我们的精神、意识里的各种意念、各种分别心。平常我们的心向外投射,有了太多的牵挂,有了太多的思虑、分别心。虚掉的就是这些——向外的求索、向外的挂碍、向外的追逐,让你的意识回到虚的状态。虚了以后才无挂碍,才无执着,才无局限。当你真正地达到心灵的虚的状态,就入"静"了,进入宁静的状态。那么你要保留这份宁静的状态,持守这份宁静的状态。如果我们用佛学的概念来比附一下,守静就是要定下来。真正定下来以后,后面就是由定生慧、由止入观。

"万物并作,吾以观其复。"大家要了解,老子为什么要去观察万物。他不是动物学家、植物学家去了解外在世界的知识。所谓的"万物"是在我们心灵中的万物,在我们精神世界当中所牵挂的、所思所想的各种"对象物",就是这里所说的"万物"。

那么,什么是"万物并作"?大家开始静坐、观心,看看你的心,一个一个念头出来了。年纪大的想孩子,孩子上学的情况怎么样?年轻的开始想工作,小孩子开始想玩游戏了。你所操心的许许多多的事情纷纷出现了,这就是"万物并作",你开始想这个想那个了。

这时候怎么办?一般的人是在万物并作的时候,跟随着万物并作就一直"并作"下去,这就是常人散乱不堪的状态。你若真正在做"致虚守静"的功夫时,当你心灵中的牵挂、意念、纷扰出现的时候,你就用智慧之眼去静观它们。注意啊,老子没有说,一定要把它们压下去,让万物不作，不是这个意思。要宁静地用你明镜般的觉性去单纯地观照它们，冷眼旁观。当你这样一观的时候，就会有发现。“不怕念起，唯恐觉迟”，许许多多的念都起来以后，每一个念头，你一观它，它就不在了。它本身就是不停留的，自生自灭，而且是当生即灭。觅之了不可得，找不到它了。这就是“观其复”，就是“观”在意识当中的“万物”，回到它自己本原的状态。本原的状态在哪里？念头就像一个一个波浪一样，消失在本性的海洋当中。这就是“万物并作”之后“观其复”的结果。

所以后面说“夫物芸芸，各复归其根”，看起来在我们念波汹涌的状态当中，有这么多的杂念，这么多的妄想，这么多的分别；当我们能够静观它的时候，它们都一个个地回归到自己根源的地方。根源的地方在哪里？在道之中。

回到这个根源，这就是真正的静，所以说“归根曰静”。所以大家要理解，修道所讲的“静”，不是动静的静。以为我们修行，就是天天在这儿坐着不动，保持静止，这个不是道。道是没有动、没有静的，动也是道，静也是道。如果光是在这里不动的时候有道，那这个道不行，那不能活动。所以“静”是心灵的状态，是归根的心灵状态。这个时候动也定，静也定，无将迎，无内外。回到了心灵的本原的状态，何有动静之分呢？

“静曰复命”，所以这个“静”的状态，我们把它叫做“复命”的状态，就是回归到你真正的生命。“命”有不同的层次，有表层的命，有真正的根源的命。根源的命是来自道，道之命于我者就是我们的本性。所以“复命”和“复性”，它们的意义是一样的。性就是天之所命，道之所命于人者，就是我们人之本性。

“复命曰常”，当我们回复到这个命，这就进入了“常道”。“常”可以说是恒常，也可以说是平常，真正恒常的东西一定是平常的。当你没有了分别心，没有了挂碍，这个状态是一个恒常的状态，是无时间相的状态，也是一种没有造作的平常的状态，就像是禅家讲的“平常心”。当然，这样讲好像有点牵强附会了，老庄的时代中国还没有禅宗，但是“常”也确实有这方面的意义，有这样一种意味；或者可以说禅宗的“平常心”，本身就可能是受到道家思想影响的结果。

“知常曰明”，“常”也就是道，进入了这种无时间相、无分别心的状态,了悟了这个状态就是“明”。讲到这个“明”,我们又可以比附一下。佛家有一个重要的观念叫做“无明”,无明就是没有智慧,没有智慧的照亮,生活在心灵的黑暗之中。那么当你复命了,进到这种体道的境界,这就是道家讲的“明”,跟佛家讲的“无明”正好相反,也就是说道家所讲的“明”,正好可以看作是“无明”中的“明”。这难道是一种巧合吗?实际上这就是修道智慧的相通性,而且佛学名词的翻译,本身就借用了很多道家的语汇。“明”就是一下子打开了,心灯亮了、照亮了。再用一个熟一点的词来表达,就是开悟了,明白了。所以儒、释、道三教都在讲这个精神的开悟,它们有不同的词,但是“明”这个词,是三教共有的。我们可以讲,“明”是一种觉照,是觉醒的光明。“明”就是《大学》里讲的“明明德”之“明”,也是佛家讲的“无明”的反面的那个“明”,也是禅宗讲的“明心见性”的“明”。我们可以讲致虚极、守静笃达到“明”的状态,就是由定生慧,由止入观,直到止观合一,明心见性。

这是我们讲的老子“致虚极、守静笃”这一段,致虚守静是道家工夫论中一个很根本的功夫。

下面我们讲道家里面一个很重要的概念叫“无为”。老子说:“为学日益,为道日损,损之又损,以至于无为,无为而无不为。”无为在整个道家的工夫论和境界论里面都是一个根本的词汇,非常重要。但是对于无为的了解也像对道的了解一样,杂而多端,很多人搞不清楚。

大家注意,任何一个词都有正反两方面的意义,就是既有积极方面的理解,也有消极方面的理解。比如说讲无为,我就懒惰,你让我做什么事情我都不做,因为我无为了。不去承担自己的责任,该干的事情不干,该自己做的工作不做。这是懒惰,不是无为。所以我们要回到修道的语境当中来了解道家的无为,它不是讲一件事情你做不做的问题,这种理解太简单,不是在这个层次上来讲的。

无为是一种心灵的状态,是心灵的功夫和境界。

实际上我们前边讲的致虚守静,从万物并作的状态,回到本根,这就是进入虚静、无为的过程。无为就是从我们心灵的后天造作的状态,回到心灵的先天智慧的状态。无为了,才能与无限永恒的道相统一。我们为什么没有与道相统一?我们本来是与道相统一的,但是因为我们“迷”了，迷惑了，我们的心不断地把自己限住了，执着于这个小我，才使我们与道隔离开来。所以无为的“无”是“无”什么？“无”就是“无”掉后天这些分别的意念，回到你心灵本来的状态，也就是回到与道本来合一的状态。

无为就是合道的基本功夫。当你的心不断地向外追逐，追逐一个个事物的时候，我们心就遗忘了自身，离开了自己的本原的状态，这就是有为、造作；让我们心回归它自己，回归它本来的样子，回到它本来的平常的那个状态，这个时候你就跟道相统一了。所以“为道日损”，损掉什么？损掉的就是你后天造作、分别的意念。但是我们人在后天的生活当中已经有了太多的牵挂，无数的事情让我们分心，所以你要“损之又损”，一直达到无为的状态。

作为这样一种体道的过程、体道的境界的无为，就不再是消极的。无为不是什么都不做，也不是什么都做不了，不是无能；恰恰相反，无为才能无不为。

当你的心真正地回到与道合一、回到自身的纯粹的统一的状态，这个时候它就开启了道的功能、道的智慧、道的妙用。当你与道合一的时候，道就在加持你，所以道以你走向它的方式向你走来。你离开了道，道也就离开了你；你统一于道，道也就统一你。当你与道的距离没有了，你无为了，道就开始起作为了，道的力量就源源不断地流入你的生命。道具有无限的可能性，你无为合道了，当然就可以无不为。也就是说，这个时候你有大智慧，有大功能，有大能量，这就是无不为。

所以这一套修道的过程、修道的旅程和我们去学知识的旅程恰恰是不同的方向。我们修道不是要获得对这个世界的具体的知识性的了解，而是要融入道的状态，这个时候必须损之又损。但是正如我们一开始讲的，科技文明和宗教文明这两条线不一样，修道这条线之外，还有另外一条线——知识线，这两条线不要搞混淆了。我们要考博士，要写论文，要写著作，你说我天天打坐无为，等我入静了以后、开悟了以后，我的著作就出来了，那就错了！该做学问还得做学问，所以要把这两条线分开。

不是说我打坐了、我体道了，我就知道老子是哪一年生的，是哪一年死的，就能够知道有关老子的研究方面有什么成果，把历来对老子的注疏都了解清楚了。这些知识你是没法通过修道的方法来得到的。你要了解老子的诠释史、注疏史，你就得看文献，老老实实地学习。这个时候就是"为学日益"，天天要用功夫去看书。但是你说我天天看老子的注疏，看三年我就能悟道了吗？非也。你读得越多，可能离道越远。所以这是"为道"与"为学"不同的方向。

但是讲到这一点，我要特别强调一下：我们不能只看到为道与为学之间的对立性，而忽略了它们的统一性。认为修道的人就一定反对知识，或者认为研究学问的人一定不能修道，这样又走极端了，错误了！关于道的知识虽然不是我们去体悟道的方法，但是我们对这些知识的了解，也有助于我们去学道。我们还可以用佛学的名词来讲，叫"转识成智"，转知识为智慧，就看你有没有这个能力。

我们要修道，需要了解有关道的知识，需要总结前人修道的经验，这种学习对我们修道也是有帮助的，而且是很有必要的。反过来说，我们修道开发了智慧，这对于我们研究学问也是有帮助的。你的心会越来越静，越来越明，它也不妨碍你自己做学问了。所以我一直在学术界强调，这个学术性的研究和体道的了悟，两者之间并不矛盾。

有的人一看你在打坐修道，就说你这不是学者，你在搞迷信、搞信仰呢！这种思维方式就太简单化了。我说我要研究老庄，我不去体会它怎么研究啊？我在做实验呢！也有一部分走极端的修道的人、宗教徒，又瞧不起学者，说你天天做那个学问，一点修道的体会都没有，没有用！其实，学术有学术的意义。学术的发展、文化的发展，在社会上有它自身的意义，不能从修道的角度去否认它。

比如说，我们要了解一个宗教的历史、宗教的文献、宗教的教理教义，你其实要看一下我们宗教所学者写的书。你不能说你天天打坐修行，你就能了解；到时候你会一问三不知，你能光打坐就了解佛学、道学吗？

无为的关键就是一种心灵的回归，去掉向外的种种追逐而回到心灵的原初的状态。所以老子讲"复归于婴儿"、"复归于无极"、"复归于朴"，这些都是讲一种回归。本文的题目是"回归整体的和谐"，这个"回归”讲的是功夫之道,“整体”讲的是道的本体,“和谐”讲的是修道的境界。所以“回归整体的和谐”,就是讲“道”的本体、功夫和境界。

与无为相反,我们的心向外追逐外物的时候,它就是一种有为、造作的状态。无为可以与道相统一,而向外的追寻和造作就使我们背离了道。所以老子讲“五色令人目盲,五音令人耳聋,五味令人口爽”,这是非常深刻的认识。

我们现代人对这一点应该有非常深的体会。眼睛向外看花花世界看得太多了,眼睛都近视了、变坏了。像现在的小孩子,因为有了Ipad,有了手机,有了电脑,很快就近视了,眼睛就不行了。听觉也是一样,听多了外界的各种声音,就损害了你的耳朵。当我们心不断地追逐外在的欲望、向外追寻的时候,我们的心灵就乱了,就离开了这种和谐统一的状态。

所以道教讲“顺则凡,逆则仙”。顺着这个向外追寻的方向去走,我们就是不断地能量衰减;要回来,向道的方向回归,就能达到神仙般的超越的境界。所以无为是一种精神的修养,是一种修行的功夫。它不是简单地告诉你该做什么、不该做什么,而是你要用一种什么样的精神状态去面对这个世界。

在讲老庄的工夫论的时候,有一部分人就过分地强调老庄的超越性。他们说老庄反对养生、反对修行打坐,只是追求道的超越境界,好像就不该去做任何身体方面的修炼。有一部分学者把道家和道教对立起来,说后来道教的发展违背了道家的精神,错误地去讲养生,去追求身体方面的修炼。其实这样理解老庄,就是把人的身、心分裂开来了,这没有掌握老庄精神的整体面貌。我们可以看到,在《老子》和《庄子》里面也有一些具体的身体方面的修炼功夫,用现代语言来说,我们可以讲老庄里面也有“气功”。

因为身、心本来就是相互关联、相互作用的,而人的呼吸是沟通人的精神和肉体的桥梁,所以很多的功夫就与呼吸有关,与这个身体有关。包括佛教禅定里面,也有这个呼吸方面的功法,这是生命客观的原理和奥秘,不是谁抄谁、谁学谁的问题。印度的瑜珈也跟呼吸有关系,这难道是偶然的吗？调心和调息总是连在一块的,心息合一是入定之门。所以老子讲“虚其心，实其腹，弱其志，强其骨”。这就是把精神和肉体这两个方面都讲到了。后来内丹学讲性命双修，就继承了老子所讲的这一方面。

所以《老子》里面也有一些身体方面的功夫。因为时间可能不够，就不能多讲了。我下面就加快速度，咱们再看一下《庄子》里讲的修炼功夫。

《庄子》讲修道功夫，比较有名的有“心斋、坐忘、朝彻、见独”等，在“工夫之道”的部分，我们再简要地讲一下这几个概念。

“心斋”是在《庄子·人间世》里面提出来的：“若一志，无听之以耳而听之以心，无听之以心而听之以气。听止于耳，心止于符。气也者，虚而待物者也，唯道集虚。虚者，心斋也。”这一段是对心斋的经典的描述。

根据诸家修道的传统，人的六官（六个感官）都可以作为修道的门径。比如说呼吸是一个门径，听觉是一个门径，从视觉入手也可以作修道的功夫。不过，耳根和其他的感官有一个不同的地方，就是我们听声音可以超越方位的限制，圆通无碍。比如说眼睛只能看某个特别的方向，眼睛看不见后方；触觉或者味觉等都受到一定的空间、方位的限制，而听觉是可以能四面八方的。所以佛教里面有“耳根圆通”的修法，从耳闻这个角度来修道入定是一个很好的法门。

《庄子》里边这一段“心斋”的论述，就是从听觉入道的功夫，我们简略地来解释一下。

“若一志”，你要专心致志地来听，把精神集中在你的听觉上面。最开始的状态是用你的耳朵听声音，这时有“能”有“所”，就是有“能听”的感官，有耳根“所听”的声音。然后要慢慢进入“无听之以耳而听之以心”的状态，这是能闻的耳根和所闻的声音都统一到你的“心”当中。因为不管是你所听到的声音，还是你能听的耳根，从现象学来讲都是你“心”里面现起的现象，都发生在你的心中。这是初步的能所合一。声音在你的心中响起，你忘掉了耳朵和声音的对立，只是用心地听这个声音。但是这个只是初步地把能听、所听融合，你心和声音还是有分别的。

下一步，是“无听之以心而听之以气”。当你听之以心的时候，你这个心还是有能听之相，声音还是有所听之相。这个时候要进入“浑然一气”的状态。心的分别相去掉，气是通的，是没有分别的，是浑然一体的。这时你就感觉到，不管是能听所听，都没有分别，能所对立相没有了，只有一气流动、相通。到了这个状态，“听止于耳”，就是你已经不是用耳朵去听了；“心止于符”，心的分别也停止了，统一到这个一气贯通的状态当中了。

下面就解释这个“气”是什么，是“虚而待物者也”。中国哲学里讲的这个“气”不是一个具体的事物或者有形象的东西，它是虚的，是空的，找不到东西。但是具备一切可能性，万事万物可以在里面发生。所以它是一种背景场，是一种被动、开放的空间，有一些事情在里面发生，但是你没有感觉到有什么挂碍、有什么对立。这种“虚”的状态，没有挂碍、没有对立的状态，就是“道”的状态，体道就是要进入这种虚的状态。这种虚而无碍的状态，就是我们讲的心斋的境界、心斋的功夫。

心斋是从听觉上入手，慢慢地进入一气相通、虚灵无碍的状态，达到与道合一。

再讲一下“坐忘”。《庄子·大宗师》：“堕肢体，黜聪明，离形去知，同于大通，此谓坐忘。”这个坐忘就直接从心上下功夫了。直接忘掉你意识当中的所有的对象物，包括你的四肢百体和对外物的种种分别、知识。不使用你的耳聪目明，所有的对外面世界的感知也都忘掉了。所有的都忘掉以后，剩下了什么？就是“同于大通”的境界。通天下于一气，通于大道，通于无限的场有，这就是“大通”。与这“大通”相同化，一体不二，这就是坐忘。

实际上，坐忘的忘是一种功夫，忘掉了所有的意识对象之后，纯粹的意识就现前了，这也就是“性通于道”的一种修道功夫。所以，忘不是进入无意识的昏沉状态，而是彻底的清明状态，一无所知，而无所不知。

“坐忘”的反义词叫什么呢？叫“坐驰”。就是我们在打坐的时候，心一点都定不下来，什么也忘不掉，又想这个、又想那个，心驰骋于外，这叫坐驰。

关于“朝彻、见独”，见《庄子·人间世》：“参日而后能外天下，已外天下矣,吾又守之,七日而后能外物;已外物矣,吾又守之,九日而后能外生;已外生矣,而后能朝彻;朝彻而后能见独,见独而后能无古今;无古今而后能入于不死不生。”

“三日而后能外天下”,外天下也就是忘天下,把这个天下都放下了,就是我们做修道的功夫,修了三天后,我们能够把整个天下给放下了。能够外天下了以后,进一步修行参悟,把握这个心灵的虚静的状态。到了七天以后,能够外物了。

为什么是先外天下,而后能外物?外天下是宏观的,也就是说我们忘掉了国家,忘掉了这个世界。其实忘掉国家、忘掉世界是很好忘的,因为那个天下毕竟还是太大了,与人并没有切身的关系。除了少数人会去操心这个世界大事以外,大多数人是不太操心的,所以外天下还是比较容易的。

就像我们说爱,爱人类是很简单的,每个人都会唱高调,我们要爱人类,爱党、爱国家、爱社会主义,但到底怎么爱?这是比较空洞的、抽象的爱。爱身边的人才是更困难的事情,这需要具体地付诸行动。

“外”也是这样,外天下很简单,我忘掉天下了,我不去操心了;但是你身边之物,你心目中具体的人和事,这种种的挂碍能不能放下?这是更困难的。所以要七天后才能外物。就是把你心外、心内的种种“对象物”都放下了,所有的事情都放下了。

已经达到外物的境界后,坚持下去继续修炼,保持这个境界,九天后才能“外生”。

所以你放下别人,放下这事那事都是容易的,你能不能放下自我、放下你的生命?放下你对生命的执着和挂碍?这个“生”比那个“物”明显地要更深一层了,更高一层了。打坐的时候你慢慢放下了,放下了儿女情长,放下了家庭琐事,但是隐隐地有一个“我”放不下,这个对自己个体生命的执着放不下。所以经过这个过程,把这个自我的执着、个体的生命给放下了以后,这个时候“道”就有影子了,你就能“朝彻”了。

什么叫朝彻?就是对道的体悟已经达到了非常接近的状态,就好像一朝天明,恍然大悟,看见了道的曙光。好像早上起来慢慢天亮了,心灵打开了,也就接近那个“明”的状态了。前面讲过“明”,“明”就是体道、明白的状态。

“朝彻而后能见独”，朝彻之后你才可以体验到一种境界——“独”的境界。

这个“独”是什么？“独”不是说某个事物“独一无二”的这个“独”，“独”是讲这个“道”。“道”本身是没有对立面的，它是一个完整的统一，所以我们用“独”来表示“道”。就是说“道”是一个整体，没有对立面。平常我们讲的“独”，就是讲某个事物是“独立”于别的事物之外的。但是对于道来说，它没有“之外”，它是自身的完整统一。所以后来儒家把“道”也叫做“独体”，“独体”也是“道体”。

朝彻之后就能见道了，就能体道了。体道以后就能无古今。因为道无时间相，当然就没有古今。没有古今，无时间相，这就是永恒的境界。永恒的境界就是不死不生的状态。

境界之道

最后我们再简单地讲一下“境界之道”。

其实我们前面讲道的本体、道的功夫的时候，已经都指点了这个道的境界了。因为功夫、本体与境界三者是分不开的。体悟本体就是功夫，进入本体就是境界。所以前面对道的描述和形容，比如说无时间相，无空间相，无限、永恒，这都是道的境界。与道同在，与道合一，这就是修道所要达到的境界。前面讲的不死不生，超越生死，超越时间相，这就是道的境界。

所以讲到道的境界的时候，我们首先要了解“道的完整性”，它是一个终极的和谐、整体的和谐，是一切对立面的和谐。平常我们所寻求的某种境界，经常是有比较性的。追求富裕的人，他是和贫穷相比较的；追求升官的人，就是要不断地向上爬，级别越来越高，就是一种“爬梯子”的境界。但是我们要注意，道的境界不是在爬一个楼梯，不是从低处往高处走，而是从根本上把这种“楼梯”拿掉，没有等级，没有高下，因为道是完整的统一。

我们也可以说道是“真”，但是道之真不是真假对立的真，不是有真有假的真，而是没有真假对立的真，是纯真、全真；我们也可以说道是“善”，但道之善不是善恶对立的善，不是有善有恶的善，是超越善恶对立的纯善、至善；我们也可以说道是“美”，但道之美不是美丑对立的美，不是有美有丑有美，是纯美、绝美。所以老子讲，“天下皆知美之为美，是恶已；皆知善之为善，斯不善已”。我们一般讲的美、讲的善，都是相对的。我们追求某种善，就要跟那个恶对立，这个时候我们还在一种造作之中，在一种相对性之中。我们往往从一个极端跑到另外一个极端。就像有些极端的宗教徒，错误地理解宗教教义，他们表面上也是在行善，但他们是打着行善的旗号，结果他要杀了你，让你早日进天国！他将其说成是奉行主的旨意，这就是善走向了它的反面。而体道的境界不是在这种两极对立当中去寻找一极，而是超越两极，它不是相对于丑陋去寻找那个完美，而是在道的整体统一当中，接受一切的完整的状态。所以“完整”和“完美”是不一样的。当你追求完美，你就会有痛苦，有得就有失；而追求完整它是超越一切，包含一切，无得无失。也可以说是在道中接受一切，同化一切，所以没有排他性、相对性。

真正的道不是对某种神圣境界的追求，任何有为、造作都是把人从这个道里面分离出来，而真正的道的境界超越一切、成就一切。它不是去爬某种山峰，它是山峰和山谷的完美的统一。所以我们看到老子不是一个超人的形象，而是一个平凡的形象，在这个平凡当中就超越了一切对立。他不是飞翔在天上的神仙，而是扎根于大地，同时又仰望着星空，达到了完整、超越的一种人，你没法去形容他，没法去规范他。

有的人只看到表面的假象，好像道家是反对仁义、反对儒家的，道家怎么会跟儒家去作对呢？如果道家去跟儒家作对，那道家境界就太低了。道家只是说你要去追求仁义，有的时候就制造了虚假，所以不要陷在这种对立当中。所以道家不可能去“反仁义”，仁义都不是，何况反仁义呢？反仁义更不是。道家讲的是一种超越，是超越对立面的终极的和谐，也可以说是追求一种“道”层面的终极的“仁义”，它超越了那种人为造作的虚假的仁义。道是一种完全平凡的状态，一切选择都去掉。完全地无为，让一切去发生，让一切都成为它自己。

在这种超越当中，身心也是和谐的，没有“性功”和“命功”的对立。

不是说老庄道家是只修性不修命的，后来道教才是修命的，不是这样的。老子说过，因为我们“有身”才有“大患”，如果我们没有了这个“身”也就没有“患”，后来有人就以这句话为根据，说老子对身体是反对的。这也是误解了老子。老子讲的是不要去挂碍这个有限的身体，当我们挂碍这个有限的身体的时候，我们就会依身起念，有了种种的烦恼和问题。所以要超越对身体的执着，与道相统一。但是在这种与道相统一的境界当中，你的身体恰恰是得到了最好的营养，因为道是最大的开放系统。你从道中得到源源不断的能量的加持，你的身体也会越来越健康。但这是修道的副产品，不是目标。所以不去挂碍身体，不是与身体作对，不是否定身体。

就好像佛家讲，“四大”是臭皮囊，要看破四大。结果有一些人错误地理解，以为佛教也是反对身体的。佛教会反对身体健康吗？没有必要啊！四大皆空，是讲你要超越对身体的挂碍、对身体的执着。在这种境界当中，在深层的禅定当中，身体会得到营养，身体也会更加健康。有一个健康的身体，你才更容易放下对它的挂碍。所以佛教的禅定功夫当中，自然就有一种对身体的转化、转变，佛教也并不是反对身体修炼。这个在我的著作当中，对佛道两家修性、修命之间的关系有很多的辨析，大家如果有兴趣可以去看我的书。

因为篇幅的关系，“境界之道”这部分我们就比较简要地讲了，没有太详细地展开。如果大家对本文所讲的内容感兴趣，可以去参考“观虚斋系列丛书”，其中有两本内丹学的专著：一本是我的博士学位论文《道教内丹学探微》，一本是我的博士后研究报告《道教内丹学溯源》。近来，为了在现代社会弘扬古老的修道文化的智慧，我们继承儒、释、道传统的修道文化，结合现代人的精神现状和精神需求，开发出一系列的观虚斋教学课程。我们也在网上建立了一个虚拟的道场——观虚书院，网上有我的博客还有微信平台，大家可以关注。观虚书院是弘扬观虚斋教学课程的专门机构，建立观虚书院是我的一个理想，我们希望在不久的将来把它建成为一个实体化的道场。虚拟的道场就是建立在心灵世界、网络世界中的道场，希望将来由虚化实，从零到一，从一生二，再三生万物，无穷无尽……

余 论

下面再简单讲一下内丹学与老庄修道思想之间继承和发展的关系,作为本文的余论。

以上主要是以老庄的修道思想为主题来讲,但其实道家之道,包括它的功夫、它的本体、它的境界和它的宇宙论,都与后期内丹学的发展有非常密切的关系。

通过前文的论述可以看到,老庄对道的理解、道的领悟非常高明,其悟道的水平已经到家了,在这个方面你不可能再去发展了。就像我们讲释迦牟尼佛的觉悟,他成佛了;后来的弟子、佛学家们,不可能在这个觉悟的境界上比释迦牟尼佛更高,在这个层次无所谓发展。不但不能发展,而且后来者是要不断地攀登这个高峰,要回到祖师爷那种境界上来,所以要不断地回归源头的智慧。

从这个角度来讲,老庄之后发展起来的内丹学,无论是哪一宗、哪一派都是遵从老子,都是要回到老子的"道"上来,作为它们修道成仙最终的境界、最圆满的境界。但是从另外一个方面来讲,内丹学对道家的修道还是有所发展的。这种发展不是说它在道的境界上更进一步,而是在体道的功夫、层次和细密的程度上有所发展。

因为老庄都是直接地浑然地讲这个道,讲体道最高的境界,虽然也讲一些身体修炼的方法,但是身体修炼和精神修炼之间内在的关联、详细的关系没有讲。老庄也讲了坐忘、心斋等功夫,但是在达到合道境界的过程当中有哪些层次、层级,有哪些中间的阶段,这些方面都没有展开。所以在这方面,内丹学有所发展。我们不能说内丹学和老庄的修道是完全相同的,也不能说它们是不同的。它们是有一种同而不同、既继承又发展的关系。

我们知道内丹学主要的发展表现在,内丹是一种"炼丹"的思路,它是结合炼丹这样一套语言、象征系统,来讲述人体"内修"之道,所以讲到"内丹"就跟"外丹"有关系。

外丹是道士为寻求一种长生不老之药而做的一些炼丹的实验。因为在葛洪那里就有一个设想，葛洪的《抱朴子》内篇就谈到，我们这个肉体为什么会死亡呢，肯定有某种原因——肉体渐渐腐败，整个变坏了，就死亡了。于是葛洪就设想，有没有一种物质，它是不会毁坏的；把这种物质植入我们身体里边去，就可让这个身体脱胎换骨，变成金刚不坏之身。所以葛洪就设想，我们能够找到一些物质，比如说像黄金及其他贵重金属等等，它们的寿命很长，不易变坏，他认为可以将这些物质慢慢地渗透到我们身体里面去，那我们的身体也能像它们一样坚固。他提出来这样一种思维方式。

当然，如果从今天来看，这种思维方式是有问题的。他是把生命这种有机体和无生命的东西混在一块，混为一谈，是偷换了概念。黄金不坏，但它是一个外在的东西，让它跟这个有机的肉体融合在一块，肉体就能长存，这种思维是有问题的。但不管怎么样，早期的道教有这样一个伟大的梦想。有了这个想法以后，他们就做实验，就开始炼丹的实践，怎么样把贱金属炼成贵金属，怎么样炼一些化学药品，试图寻找一种长生不老之药。服了这种药，能让我们人体与天地同此长久，这是炼丹的思维。

道士们做了很多的实验，前赴后继。中间也有很多的传说，说有的人服了仙丹，就鸡犬升天了，都上天了，长生不死了。但更残酷的现实是，很多服丹的人不但没有得道成仙、没有长寿，有的还中毒了，服丹中毒而早死了。包括在唐代有很多帝王将相，受了道士的蛊惑，大量地服食“仙丹”，其实最后多短命而死。

这个事实就促使道士们进一步反省：问题出在哪呢？所以在唐末五代的时候，道教里面兴起了一种新的思潮，一种新的动向。道教的大师们对这个炼丹的理论加以了新的诠释，他们不去改变这个理论的本身，炼丹理论还是被继承下来了，但是对炼丹学进行了概念的移植和变换。他们说以前外丹式的理解错了，其实“丹”不是外在的东西，“丹”是我们人体里面的东西，长生不老之药就在我们身体的里面，精、气、神就是我们炼丹的三品大药。内丹学反过来对炼丹进行内丹化的解释，认为炼外丹的人是借外丹来从事内修，他在外面用那个炉子炼丹是做个样子给你看的，实际上他是在身体里面同步修炼内丹。比如外面有炉火,我们身体里面也有炉火。什么是炼内丹的“火”呢?我们精神意识的作用,就是我们身体里面的火。我们这个身体就是炼内丹的炉子,就是鼎炉,我们身体里面的精气神就是炼内丹的药物,我们要在里面进行修炼。所以内丹学继承了外丹学的一套理论模式和名词术语,但全部做了内丹化的解释。这就是道教史上最著名的由外丹向内丹转向的过程。这样一来,道教可以把传统的炼丹学的思想还继承下去,同时进行了脱胎换骨的改造。所以内丹就是炼人体内部的精、气、神,不再是在外部炼丹了。

内丹学的理论基础,继承了老子的那套宇宙生成论,也就是“道生一,一生二,二生三,三生万物”的宇宙演化论。内丹学将其解释为由虚化神、由神化气、由气化精、由精生万物的过程,这是道的顺向演化。内丹学修炼是要反过来,要从三到二,从二到一,从一到零,这是炼精化气(从精、气、神之三到神气之二)、炼气化神(从二到一)、炼神还虚(从一到零)的逆向演化过程。内丹学从理论上继承了老子的宇宙演化论,并提出了系统的解释,建立了“返本还原”的成仙理论。

所以整个内丹学就是如何从粗糙的肉体层面,提炼出它的精微元素,这是“元精”,再精化气,气化神,神还虚,一步步地与道合一,这是内丹学的一个中心思想。

外丹的这一套语言和象征,对内丹来说非常有象征的意义。比如,我们人体本身可以千变万化,但是因为我们的心像火一样向外、向上飞驰,而我们的精气能量,像水一样向下流散,这人体中的阴、阳两方面是分开的,像两个箭头,一个向上,一个向下,永远打不成一片,这就是身心阴阳的分离,就是我们后天神气不交的状态。那么炼丹要精神内收,把这个火往下移,放到炉子下面去烧这个水,把水烧开把它化掉,从液体变成气体,去转化这个身体,这就是神气合一、身心交媾、阴阳交媾。这也就是精神和肉体之间打成一片,相互作用,发生化学变化。

内丹学把人体转化的这套过程,看成是内部炼丹的过程,通过道士们千百年来的实践,他们对生命内在的奥秘有很多新的发现,对肉体和精神之间密切的关系,它们之间相互作用、相互转化的过程,有许多深刻细致的描写。但是内丹学整个合道以成仙的境界是继承了老庄的道，内丹修炼最后要回到道里面去才能超越。所以内丹学既不同于传统的修炼方式，不同于简单的肉体锻炼，也不同于单纯的精神修炼，而是把精神的修炼和肉体的修炼密切结合。“道”和“术”之间圆融无间，从形而下的修行到形而上的超越，内丹学建立起了一套完整的理论体系。

（作者为中国社会科学院世界宗教研究所研究员）

论日本神道教对老子思想的借鉴与吸收

——以吉田神道为例

孙亦平

从保留到今天的零星史料和考古发现中可见，在日本奈良朝到平安朝时期，来自中国与朝鲜的信道者，以及随遣唐使团来中国留学的日本人，不仅将《道德经》等道书带回日本，而且还在学习汉字和接受中华文化的过程中逐渐了解了道家与道教。道教神灵、道书、道术、道观和道教仪式等都曾传入日本，或通过与日本神道教相融合，或变成佛教的形式而得以流传。编于9世纪末的《日本国见在书目录》①中记载的道书就多达80多种②，其中既有以老子《道德经》为代表的道家类著作，也有一些道教经书，虽然日本科举制一向重视学习儒家经典而不将道家著作列入参考书，但老庄学在平安朝至江户朝知识分子中的影响却越来越大。本文以室町时代兴起的吉田神道为例，来探讨老子思想对日本文化及神道教所产生的潜移默化的影响，以求教于方家。

一

镰仓时代，日本神道教通过与中国的儒佛道及阴阳五行思想的会通与综合，促进了神道教义的更新与发展，陆续出现了一些以理论探讨为特色的神道学派：如与佛教相结合出现了天台神道、真言神道与法华

① 黎庶昌：《古逸丛书》之十九，苏州书局1921年重修印本。

② 参见孙亦平：《东亚道教研究》，人民出版社，2014年，第692～693页。

神道；以神社为中心出现了伊势神道、吉田神道、修验神道；与儒家朱子学相结合，出现了理学神道、垂加神道、吉川神道、度会神道；还有反对将神道与外来文化相结合，出现了复古神道等。神道学派以“习合”为特点，在吸收融合儒佛道三教的基础上建构适应时代发展要求的神道教义理论，故又称教义神道或神道教义。神道学派中的各流派或多或少地吸收了一些道家道教因素，例如此时流行的伊势神道经典《神道五部书》和吉田神道著作《神道大意》、《神道由来记》、《唯一神道名法要集》中对道家道教思想都有所借鉴，其中对老子《道德经》的融会尤为用力。

伊势神道所在地伊势神宫是供奉天皇祖先天照大神的神社，历代天皇在即位时都必须前去参拜，因此与天皇的关系十分密切。伊势神道反对“本地垂迹说”，提倡以神道为主体，以儒佛道教为辅的“神主佛从”说，最早建立起独立的神道理论，促进了神道思想的发展。伊势神宫本有内宫与外宫，它们在原则上是同格而平等的，但从历史上看，两宫为了争夺领导权，长期处于对立状态。在日本的南北朝时期，随着古代伊势神宫的经济基础——神户制的衰落，神道教的主要信仰者已由皇族转移到武士和农民，此时，内宫与外宫为吸引信众，分别扩展自己的势力，互相之间的对抗越加激烈。伊势神道的集大成者度会行忠(1236—1305)曾著《伊势二所太神宫神名秘书》献给天皇亀山上皇(1259—1274 年在位)，提出“神皇一体”的思想，力图依靠皇族的支持来复兴伊势神宫在神道教中的至高地位。度会行忠还为天皇制及神国思想提供了理论论证：“夫日本者，神胤也。日神增光于亿亿之季叶，天下者皇运也。天皇还德于万万之淳朴。君被崇神之故，通三之位无穷。神令护君之际，明一之化乃稳。神者君之内证，垂慈悲而同尘；君者神之外用，昭俭约而治国。神威莫不从助，君德莫不砥属。”[①]他以“神皇一体”来说明神道与天皇之间的神圣关系：日本国，神国也；天孙者，国主也。这种“惟神之道”的“神国”思想，成为神道教的主流，对后来的日

① [日]度会行忠：《伊势二所太神宫神名秘书序》，[日]原田敏明编纂《神道思想・中世》，神宫皇学馆惟神道场，1940 年，第 11～12 页。

本史观及日本军国主义的形成都给予了很大的影响。伊势神道在政治上支持为天皇复权而斗争的南朝派，因此在“南朝”灭亡后，伊势神道在上层社会的势力也随之而衰退，吉田神道乘机发展起来。

吉田神道是由室町时期文明年间(1469—1487)京都吉田神社的祀官吉田兼俱(1435—1511)创立的，也是一个与道教关系比较密切的神道教派。吉田兼俱出身掌管龟卜部氏族，又名卜部兼俱，故该道派也称“卜部神道”。平安中期，吉田的本家掌握吉田神社，分支掌握平野神社。吉田神社又是供奉日本历史上最著名的藤原氏北家氏神的春日神社的支社，因此，卜部氏族就借助于藤原氏来扩张自己的势力。到镰仓时代，卜部氏依据吉田神社，研究神道教的教义学说，为争夺对神道教的领导权进行理论论证。到室町时代中期，以京都为中心，发生了大规模的幕府内部之争，导致了长达十一年的应仁、文明之乱。在战乱中，全国的神社都受到了影响，吉田神社也毁于战火之中。战后，日本朝野出现了复兴神事、统一神祇的愿望和要求。但伊势神道因从前支持过“南朝”打击武家幕府政权，故失去了室町幕府的认同。吉田兼俱就是在这样的时代背景中，得到了室町幕府重要人物日野富子(1440—1496)的支持，继承伊势神道反本地垂迹说和神国思想的传统来创立吉田神道的。

二

日本学者津田左右吉(1873—1961)在《日本的神道》开篇就指出：“毋庸置疑，中国思想混入了从前的日本思想的所有方面，然而，仅以此便判定日本思想和中国思想是同一东西而加以混淆，也会犯不承认日本人的精神生活有独自性的错误。于是就必须从历史事实的角度出发，考察中国思想中的哪些因素，以何种方式为日本人所吸取，又在日本人的精神生活中起着什么作用。”①津田左右吉生活在20世纪二战前后的日本社会中，虽然已敏锐地看到包括道教在内的中国传统思

① [日]津田左右吉：《日本的神道》，邓红译，商务印书馆，2011年，第1页。

想与神道教之间的密切关系，但因时代局限，还无法从思想上及文献上进行深入研究。这个问题不仅涉及道教与神道教的异同比较等问题，更涉及在日本中世纪之后，老子思想如何在神道教中发挥作用的问题。若翻阅一下吉田神道的道书，就可见其中对老子思想的借鉴与吸收。

吉田兼俱借鉴老子有关"道"为宇宙天地之大元思想，将国常立尊奉为宇宙的唯一宗源神的同时，也强调了天照大神的至上性。"吾神道者，一阴一阳不测之元，国常立尊以降，至天照大神，玄玄妙妙之相承也。"①当时恰好伊势神宫内外宫相继遭遇火灾，吉田兼俱就自称为神祇的首领，利用当地民间流行的"飞来神明"信仰，宣称天照大神已经飞到自己的斋场，这使得吉田神社声望大振。吉田兼俱在吉田神社内建造了祭祀神道教最高神祇的斋场，中央神殿为大元宫，祭祀天照大神、丰受大臣、大元尊神(即国常立尊)等重要神祇。大元宫后面又建立了八神殿，供奉着伊势神宫以下全国3000多座神祇，以示天照大神以下的八百万神都皈依大元尊神的教理。吉田兼俱在此为幕府和朝廷进行祈祷的斋会，祈求天下和平，从而大大提高了吉田神社在日本社会中的影响。在幕府的支持下，全国的神社都得根据吉田家所发放的"执照"来任命神职人员，由此，吉田神社几乎控制了全国半数以上的神社，这种影响一直延续到江户时代末期。

吉田神道与伊势神道一样都有摆脱佛教理论框架，建立自家神学体系的意识倾向，但由于神道教理论的先天不足，又不得不多方吸取思想素材，故吉田神道的做法是，倡导以神道为本的神、儒、佛三教合一论。吉田兼俱认为，日本是印度、中国和日本"三国"的根元，神道是儒学、佛教、神道三教之根本。如果以树为"万法"来比喻神道与儒教、佛教之间的关系，那么，神道是万法之源，犹如树木的根是生命之根本，而儒教、佛教不过是枝叶或花朵、果实。"吾日本生种子，震旦(指中国)现枝叶，天竺(指印度)开花实。故佛教者，为万法之花实；儒教者，为万法

① [日]吉田兼俱:《唯一神道名法要集》，日本社会教育协会，1942年，第91页。

之枝叶；神道者，为万法之根本。彼二教者，皆是神道之末叶也。”①这种“根本枝叶花果说”宣称，神道才是最根本，儒佛不过是神道的枝叶花果，是神道的分化及外在表现而已。花艳叶茂才能显示根的茁壮，花凋叶谢又必落下归根，借以说明神道乃是最根本的。从信仰上看，如《神道由来记》中说：“一神乃吾国常立尊，国常立尊乃无形之形，无名之名，名之曰虚无太元尊神，此太元神成一大三千界，一心分为大千之形，何况森罗万象蠢动含灵，皆始于此一神之元。”②吉田神道认为，宇宙的根本神是“太元尊神”，即《日本书纪》中的“国常立尊”，并将之作为万物的本体，由此来宣扬日本自古以来唯有神道，而其他杂法都是神道的外在表现，以这种颇具代表性的神儒佛合一理论来对抗“本地垂迹”思想，并批评神道对佛教的依附。

从这种“纯一无杂”的思想出发，吉田神道提出了独特的“判教”理论，认为神道只有三种：一为本迹缘起神道，如伊势神道；二为两部习合神道，如融合了佛神的真言神道、天台神道等；三为元本宗源神道，如吉田神道③。在评判原有神道学派的基础上，吉田神道模仿佛教密宗有显、密二教之分，乃提出显露教和隐幽教的概念，认为称佛为本地、神为垂迹的教说为显露教，这是“浅略之义”；以神为本地、佛为垂迹的思想为隐幽教，这才是“深秘之义”。这样，倡导以神为本、以佛为迹的吉田神道，才是“唯一神明的真传，纯一无杂的密意”。故吉田神道又自称所创神道是“唯一宗源神道”或“元本宗源神道”。这一大日本国固有之神道是根据春日大明神④的神示，由卜部氏传下来的最纯粹、最根本的神道，能够“开一切利物之本基，归万法纯一之元初”的“唯一无二”的最上唯一者，故又称“唯一神道，诸法根本，万行滥觞，毕竟宗源”⑤，故吉田神道又称“唯一宗源神道”。

---

① [日]吉田兼俱：《唯一神道名法要集》，日本社会教育协会，1942年，第94页。

② [日]吉田兼俱：《神道由来记》，载[日]早川纯三郎编《神道丛说》，国书刊行会，1911年，第1页。

③ [日]吉田兼俱：《唯一神道名法要集》，日本社会教育协会，1942年，第87～88页。

④ 春日大明神是奈良春日神社所祭祀的主神，也为藤原氏的家族神。

⑤ [日]吉田兼俱：《唯一神道名法要集》，日本社会教育协会，1942年，第94页。

三

从表面上看，吉田神道为了树立神道教的权威，以神道为主而轻视其他宗教学说："天无神道，则无三光（日、月、星），亦无四时（春、夏、秋、冬）。地无神道，则无五行，又无万物。人无神道，则无一命，亦无万法。故颂曰：大元神敕，天有神道，故有三光，亦有四时；地有神道，故有五行，亦有万物；人有神道，故有五大，亦有六根。"①但其实它也悄悄地借用了许多道家道教因素，尤其表现为对老子思想的借鉴与吸收：

第一，以"道"为参照，从本体论角度构建自己的宇宙观。吉田兼俱认为："神者，天地万物之灵宗也，故谓阴阳不测。道者，一切万行之起源也，故谓道非常道。总而器界生界，有心无心，有气无气，莫非吾神道。"②所谓的"道非常道"，引自《道德经》第一章："道可道，非常道；名可名，非常名。无名天地之始，有名万物之母。"所谓的"神"则是"一气未分之元神"，其作用在于"神道"，它先于天地并创造出天地，既内在于宇宙万物，贯穿于天地人，又支配天地运行，主宰万物变化，这与道教之"道"的内涵与功能都十分相似。

第二，受道教身心观的影响，吉田神道关注人心的安宁问题。吉田神道认为，人身有生、长、病、老、死五种机能，人心有喜、怒、哀、乐、爱、恶、欲七种感情，要使身心健康，就应当进行类似于道教所倡的颇具神秘主义色彩的身心兼修。若心则摇，则魂魄乱，鬼神动，灾难起；反之，若心则定，则魂魄静，鬼神安，灾祸平，这种"心则神明舍"③的说法与道教对"心"的重视相似。在身心关系中，吉田神道强调"心"的引领作用。吉田兼俱认为："夫神者先于天地而定天地，超于阴阳而成阴阳。在天地叫做神，在万物叫做灵，在人伦谓之心。心者神也，故神是天地之根

① ［日］吉田兼俱：《唯一神道名法要集》，日本社会教育协会，1942年，第89～90页。

② ［日］吉田兼俱：《唯一神道名法要集》，日本社会教育协会，1942年，第89页。

③ ［日］吉田兼俱：《神道由来记》，载［日］早川纯三郎编《神道丛说》，国书刊行会，1911年，第1页。

元，万物之灵性，人伦之命运也。”①他把《日本书纪》里的“国常立尊”视为先于天地而定天地之“大元尊神”。“神”在天地为神，在万物为灵，在人为心。一切万象皆存于心，常住恒存，无始无终，那么心一旦得到净化，就可以成为“神明之舍”，故“神道”就是“守心之道”。这种将神、灵、心三者联系起来，用“守心之道”来促进人与神进行沟通，使心神安定、驱鬼降神，这也是道教展现其非同寻常的宗教力的道术。据出村胜明《吉田神道の道教要素》中指出，吉田神道所使用的《神祇道灵神符》就来自道教的《太上玄灵北斗本命延生真经注》②。河野训则认为，吉田神道《太上秘法镇宅灵符》直接来源于道教的《正统道藏》③。吉田神道还将道教符咒用于神秘的神道祭祀仪式中，以期获得神道的佑护。这些做法又使外来的道教所倡导的身心兼修及斋醮科仪很难在神道文化的环境中发挥其优势了。

第三，借用道家道教的名词术语，提出“一分为三，合三为一”的思维方式。在《唯一神道名法要集》中不仅有“道”、“元气”、“三清”、“无上灵宝”、“性命”等道教名词，而且还将神道教的神器——镜、剑、琼玉，称为三种“灵宝”，其中还明确说：“三界者，天地人之三元也。……儒教、道教，万端以三成物。故《易》云：三生万物，是谓之乎。”这里不仅采用了道教的“天地人三元”的说法，而且还利用佛教的体、用、相学说，将“三生万物”④的思想充实到神道教义之中。吉田神道在论述宇宙万物的关系时，往往把任何现象及事物的存在和发展都一分为三：“体者，三元也；用者，三妙也；相者，三行也。”神道之所以能包罗万象，就在于其以“三元”来包含“天元”、“地元”和“人元”；用“三妙”来形容“天妙”、“地妙”、“人妙”；用“三行”来说明天、地、人三者各具有神变、神通、神力：“天之神变，具通、力二妙；地之神通，具变、力二妙；人之神力，具变、通

① ［日］佐藤通次：《神道哲理》，理想社，1982年，第285页。

② 神道史学会编：《神道史研究》第21卷，第5号，雄山阁，1943年。

③ ［日］河野训：《日本神社伝阁に见られゐ》，载神道国际大会编《道教与日本文化》，樱枫社，2005年，第67页。

④ 其实应当是《老子》第四十二章提出的“三生万物”的思想。

二妙。”①所以天、地、人各有三，三三得九，则天有九天，地有九州，人有九窍。吉田神道通过将事物划分为三个方面、三种层次和三种方式，形成了由一元之“道”始出，发展到三元并立的基本格局。这三个不同的方面、层次和方式演化出大千世界中的显露或隐幽等万般事物，但最终又由多元复归于一个宗源，可谓“元元入元初，本本任本心；宗万法归一，源诸缘开基”②。这与道教的“三一为宗说”具有异曲同工之妙。

四

正是通过对老子思想的融会，神道教与道教作为东方宗教在思想上有些相通之处，都没有如基督教那样的“原罪说”，但按美国人类学家鲁思·本尼迪克特的看法，日本又有一种区别于西方“罪感文化”而注重对他人谴责的反应的“耻感文化”。两者的最大不同在于：“真正的耻感文化依靠外部的强制力来做善行，真正的罪感文化则依靠罪恶感在内心的反应来做善行。”③神道教相信人性本善，人的灵魂就像神一样纯净，犹如道教所说存在于人的神是虚静无为的，故有“生我于虚，置我于无。生我者神，杀我者心”④之说，也与老子所形容的“赤子”般的生命观有相似之处⑤。因此，神道教少有人对神灵进行忏悔的仪式，“对于耻感文化中的人们来说，参加宗教仪式的目的与其说是赎罪，不如说是祈求更大的幸福”⑥，这与道教为祈福消灾而举行与神灵沟通的祭醮科仪有相通之处。

---

① [日]吉田兼俱：《唯一神道名法要集》，日本社会教育协会，1942年，第89页。

② [日]吉田兼俱：《唯一神道名法要集》，日本社会教育协会，1942年，第88页。

③ [美]鲁思·本尼迪克特：《菊与刀——日本文化诸模式》，商务印书馆，2012年，第202页。

④ 《西升经》，《道藏》第11册，文物出版社、上海书店、天津古籍出版社，1988年，第502～503页。

⑤ 《老子》第五十五章：“含德之厚，比于赤子。毒虫不螫，猛兽不据，攫鸟不搏。骨弱筋柔而握固。未知牝牡之合而朘作，精之至也。终日号而不嗄，和之至也。”

⑥ [日]中村雄二郎：《日本文化中的恶与罪》，北京大学出版社，2005年，第102页。

但与道教有所不同的是，神道教对“神”的看法更为复杂。日本人用 kami 来称一切神明，既有鸟兽虫鱼、山海草木等自然物，也有神世七代的诸神，还有人间的优秀者、善良者、有功者，以及凶恶者、奇怪者、极可怕者等奇异不凡者。因此，kami 与道教所崇拜的“神”在内涵与外延上并不一致，它是日本民族宗教信仰的崇拜对象和核心概念，例如，人若遵循“本心”做了特别极致的事就可称为“神”；神道教中所祭拜的“神”中还包括一些令人骇闻的凶神恶煞，善神和恶神也没有截然区分。kami 只有通过“神托”或“依代”才能象征它的存在，等等。因此，“任何人到神社时，都可以发现其中并没有供人膜拜的神像或法器，只有一面镜子挂在几乎空无一物的神坛上。镜子的出现很容易解释，因为它就象征人心，当人心纯净无杂念时，自然可以反映真神的形貌。因此当你到神社朝拜时，你在镜子里看到自己的形象，而称为‘探求本心’朝拜的动作”①。这种以镜鉴心的做法，将知耻作为德行之本，由此来说明神对人在精神和道德上的引领作用，成为神道教构建教义理论的一种动力。从以上研究可见，在日本传播的“神道”一方面是在综合了日本的记纪神话、巫觋咒术、祭祀仪式、物忌制度的基础上，随着天皇制的发展需要，尤其是经过伊势神道和吉田神道的努力，才使神道教的内容和规制逐渐体系化；另一方面，则与借鉴中国文化有关，其中吉田神道对老子思想的借鉴与吸收的努力特别值得重视。

到 15 世纪末，吉田神道通过借鉴老子思想来建构教义，尤其是突出天照大神的主神地位，展现神宫神社和神道祭祀的权威，建立正统的神宫谱系，促使神道教摆脱“神佛习合”的传统，在天皇“万世一系”的神圣话语系统中，才逐渐形成了神社神道、教派神道和民俗神道三大传统。

吉田神道因得到了室町幕府的支持，以京都吉田神社为据点，自称“神祇管领长上”，以统一神道相标榜，在伊势神宫遭到火灾之后，提出要把伊势神宫迁至京都。这一提案虽然遭到了其他神宫与部分王公贵

① ［日］新渡户稻造：《武士道》，山东画报出版社，2006 年，第 10 页。

族的反对而失败，但却因与佛教日莲宗[1]的成功合作，扩大了本教的社会影响，逐步成为神道教的统帅，“在整个近世统治了全部神社的一半以上”[2]，取得了长达三个世纪神道教的统领权。在此期间，吉田神道依据《古事记》和《日本书纪》等古典文献，再通过对中国文化的融会，来阐明“真正的日本精神”，以弘扬日本的所谓“纯神道”，宣扬日本的神皇与神国思想，与反本地垂迹说相结合，所显露出的日本至上主义的萌芽，成为国家神道的思想渊源。

吉田神道主要在京都和畿内传播，此地自古以来不仅是日本的王城之地，而且在室町末期，因手工业和商业的发达而发展成为全国的经济中心。吉田神道打出追求长寿、健康和福禄等世俗利益的旗号，在一定程度上满足了农、工、商等普通民众的生活愿望，促进了吉田神道在民间社会的传播。在吉田神道的控制之下，全国大大小小的神社都举行神佛合并的祭祀，使佛教的寺院和神道教的神社之间浑然融为一体。吉田神道被认为是“中世神道的集大成者”[3]，在室町时代晚期盛极一时，到江户时代依然有很大影响。受吉田兼俱的唯一神道的影响，后来江户时代的国学家们产生一种复兴神道的思想。明治维新时，政府下达神佛分离令，废佛弃释运动一时达到极点，随着兴盛了数百年的“本地垂迹说”的逐渐衰退，道教中有利于神道教发展的因素被充分吸取后，在日本社会就悄然衰退了，但富有智慧的老子思想依然受到日本人的重视，成为东亚文化中的重要组成部分。

（作者为南京大学哲学系、宗教学系教授）

① 日莲宗，亦称法华宗，13世纪时由日莲（1222—1282）创立。日莲宗受天台宗的影响，特别强调《妙法莲华经》。吉田兼俱却提出法华三十值班神是由吉田家的祖先卜部谦益传给日莲的，这不仅促进了吉田神道与日莲宗的结合，而且也使神道扩张到了法华信仰的领域。

② ［日］村上重良：《国家神道》，商务印书馆，1990年，第16页。

③ 范景武：《神道思想与文化研究》，内蒙古人民出版社，2002年，第216页。

老庄思想在日本近现代的影响与研究

徐水生

老庄思想是东方传统文化的瑰宝，除了对日本古代的文化发展产生了重要作用外，还在近现代日本有着深远的影响，并成为日本学者的重要研究对象。

一、老庄思想在近代日本的影响

1868年的明治维新，拉开了日本近代化的序幕。但是作为日本传统文化中有机成分的道家思想并未被彻底抛弃，而是与涌入的西方思想相融合，为日本新文化的产生和发展起到了重要的思想资源作用。

(一)老庄思想与夏目漱石

夏目漱石(1867—1916)是日本近代文学的巨匠，他一生写过15部中、长篇小说，2部文学理论著作，此外还创作了大量诗歌。鲁迅对他的文学成就给予过高度评价："夏目的著作以想象丰富、文词精美见称。……是明治文坛上的新江户艺术的主流，当世无与匹者。"[①]夏目漱石1893年毕业于东京大学英文专业，1900年赴英国留学三年。他长期保持了对道家思想的喜爱，在上大学时就专门写有《老子的哲学》[②]一文，该文用三幅图解(修身、政治、道)展示了老子的整个哲学体系，表现了他对这一问题的整体把握和深刻理解。

---

① 参见《现代日本小说集》附录，新星出版社，2006年。

② 《夏目漱石全集》第12卷，日本筑摩书房，1979年，第78～90页。

在夏目漱石的文学作品中，多次出现“无为而化”（《我是猫》第11节）、“天网恢恢，疏而不漏”（《少爷》第11节）、“言而不知”（《虞美人草》第5节）、“老子曾说过”之类的语句，可见他将老子哲学与文学作品已融为一体。夏目漱石的汉文诗则更多地说明了他与庄子哲学的密切关系。如：他在《七草集评》之诗中写道：“洗尽尘怀忘我物，只看窗外古松郁。乾坤深夜闻无声，默坐空房如古佛。”①在《失题》之诗中写道：“往来暂逍遥，出处唯随缘。”②在《春兴》之诗中写道：“寸心何窈窕，缥缈忘是非。三十我欲老，韶光犹依依。逍遥随物化，悠然对芬菲。”③这里的“忘我物”、“忘是非”、“逍遥”、“物化”均是庄子《齐物论》和《逍遥游》等篇中的重要观点。

尤其值得注意的是，漱石提出的“则天去私”文学思想与老庄哲学有着密切的联系。19世纪初年至20年代，迅速发展的近代工商业给日本带来了繁荣的物质文明，但人的精神生活上却出现了“畸形”。漱石在《三四郎》、《其后》、《门》、《过了秋分为止》、《行人》、《道草》和《心》等作品中，尖锐地揭露与讽刺了隐藏在近代人们内心深处的利己主义。经过多年的思索，漱石在去世前的多次谈话和书写中，提出了“则天去私”的思想④。它综合了法国启蒙思想家卢梭的“回复自然”论和中国老庄的“道法自然”思想。漱石试图告诫人们，在较为丰富的物质生活中，一定要抛弃虚伪之心、功名之念，保持人们原有的纯朴和善心。漱石的晚期作品《明与暗》就是“则天去私”思想的具体而形象的阐发。这一思想在日本近代乃至现代的文学史上产生了重大影响。

（二）老庄思想与西周

西周（1829—1897）是第一位较系统地将西方近代哲学介绍到日本的哲学家，故被称为“日本近代哲学之父”（船山信一语）⑤。1862年，

① 《漱石全集》第12卷，日本岩波书店，1975年，第458页。

② 《漱石全集》第12卷，日本岩波书店，1975年，第404页。

③ 《漱石全集》第12卷，日本岩波书店，1975年，第401页。

④ 《夏目漱石全集》别卷，日本筑摩书房，1979年，第391页。

⑤ 船山信一：《日本的观念论者》，日本英宝社，第36页。

西周作为日本幕府派遣的首批留学生去荷兰留学，时间达三年。在此期间，他系统地学习了西方哲学和社会科学。回国后，西周在介绍西方哲学和创建日本近代哲学的过程中，除了大量运用儒学思想外，还常常借用道家的概念和观点来论述新的思想。

西周在五十岁写作的《兵赋论》中认为，世界万物存在着“静力”和“动力”的矛盾斗争，从矿物、植物、动物到人类，都是这类矛盾的相消相克，“矛盾斗争进行时，人们快乐地享受着人生。矛盾斗争结束时，人们在墓石下分解，归于原来的静力。天地万物常在矛盾斗争中形成，不论在智慧、社会里，还是在贸易、战争中，一切生气、活气、壮盛，均因这种动力而形成。这种静力和动力在中国书中称为阴阳，即阴阳相合乃生万物”①。静力、动力本是西方近代物理学家提出的术语，“阴阳”显然是老子哲学的概念。道家的创始人老子是中国古代辩证法的大师，其最有代表性的论述是：“道生一，一生二，二生三，三生万物。万物负阴而抱阳，冲气以为和。”②老子认为，万物都存在阴阳对立的矛盾，而阴阳的和谐和统一又推动着万物的发展。西周在创建日本近代文化的过程中将二者结合，用人们所熟悉的知识和道理介绍了新的自然观。

西周在《知说》篇中主张知识的系统性和全面性，即“大知”，避免知识的零碎性和片面性，即“小知”。他此处所讲的知识的系统性和全面性，是以“语文、数学、历史、地理”为基本内容，以演绎和归纳为主要方法，以求得真理为最终目的，具有明显的近代性。但西周所用的“大知”与“小知”却是庄子哲学常用的概念。庄子曾说：“大知闲闲，小知间间。”③他认为，“大知”广博，“小知”零碎，故“小知不及大知”④。“大知观于远近，故小而不寡，大而不多，知量无穷。证向今故，故遥而不闷，掇而不跂，知时无止。察乎盈虚，故得而不喜，失而不忧，知分之无常

① 植手通有编：《西周・加藤弘之》日本名著第34卷，日本中央公论社，1984年，第168页。

② 《道德经》，42章。

③ 《庄子・齐物论》。

④ 《庄子・逍遥游》。

也。明乎坦涂,故生而不说,死而不祸,知终始之不可故也。”①庄子提出“大知”与“小知”的思想,以说明视野开阔、头脑清醒的大智者,能全面、发展、辩证地看问题,并批评“小知”的形而上学的思维方法。西周将这两个概念与近代的内容有机地结合在一起,从而提出了知识论的新思想,他说:“小知即平常的知识,在有限程度上高于凡庸者,如同某人立于稠众密群之中,看之视野不超过前后左右。行之又必推前者、挤后者、冲左者、碰右者。”“大知与此相反,如立于一高台之上观台下稠众,对于数万人可以一目了然,视野不受前后左右所限,行动亦得当。”②西周并对二者展开了详细的比较,认为,小知是一种知,似丝,大知是一系统的知,如一匹布;小知似穴居木楼,只能栖住一人,大知如高楼大厦,可容多人安身;小知似一猛夫格斗,大知如摆开了强大阵势之军;小知似一工人简单制作,大知如集众工之巧生产精品。西周由于在论述中运用了庄子哲学范畴和思想,故他的知识论既保持了近代理论的思辨性,又具有浓厚的东方文化色彩。

(三)老庄思想与中江兆民

近代日本唯物论的创始人中江兆民(1847—1901)的特有气质和坎坷人生以及思想倾向,使他与鄙视世俗观念和向往自由的道家思想有着不解之缘。1871 年至 1874 年,他被政府派往法国留学,如饥似渴地学习欧洲近代文化。法国启蒙思想家卢梭的自由、平等学说,18 世纪法国唯物主义的自然观、认识论及无神论思想,达尔文的“确定了物种的变异性和承续性”的生物进化论等,对他产生了重大影响。1882 年他用汉语译出卢梭的《社会契约论》即《民约译解》,该书在日本社会产生极大反响,他因而获得“东洋卢梭”之美称。1886 年 2 月至 4 月,他翻译的富耶(A. Fouille)著的《理学沿革史》上、下两册出版,中江兆民将“哲学”译为“理学”,故这实际上是一部西方哲学史。同年 6 月,他译

① 《庄子·秋水》。

② 植手通有编:《西周·加藤弘之》日本名著第 34 卷,日本中央公论社,1984 年,第 203 页。

的《理学钩玄》(即《哲学概论》)出版，此书系统地介绍了西方近代哲学。在大力介绍西洋哲学文化的同时，他还拜当时的著名汉学家冈松瓮谷为师，努力学习道家著作。冈松先生曾著有《庄子注释》，中江兆民爱不释手，反复捧读，通过注释进一步熟悉和掌握了连中国人都颇感费解的庄子哲学思想。他后来开设法学塾时，仍把《庄子》等作为座右之书。对中江兆民读书生活颇为了解的小岛佑马也曾说过，《庄子》是兆民最爱读的书之一，并对他以后的文章和思想产生了颇大影响。如《秋水》篇本是《庄子》一书的代表作之一，它由七组寓言组成，通过对大与小、天与人、生与死、贵与贱、官与民等问题的论述，突出地表现了庄子超脱世俗、藐视权贵、向往自由的思想。中江兆民非常喜欢此篇，并先以该题作为自己的雅号，后将此雅号转赠于得意门生、后成为著名的日本早期社会主义思想家的幸德传次郎，使其改名为幸德秋水。可以说，这也是中江兆民酷爱道家思想的例证之一。

先秦道家思想的集大成者庄子在天与人、是与非、相对与绝对、生与死等问题上提出了不少令人惊叹和富于启迪的思想。中江兆民通过自己的社会实践和西方近代文化，积极改造了庄子的哲学，使其成为“中江精神”重要来源之一。1901 年，中江兆民身患重病，4 月份医生诊断其疾为喉头癌，并说只能再活一年半左右。然而，中江兆民并不是消极地等待死亡，而是同病魔进行了顽强的搏斗，凭着坚强意志在极其困难的条件下先后写出了《一年有半》和《续一年有半》两书，销售量竟分别达 20 多万册和 10 多万册，轰动了当时的日本思想界。中江兆民的哲学被称为日本“唯物主义的源泉”①。但在剩下的时间里，庄子哲学对中江兆民思想产生了重要影响，并得到了一种近代性的新诠释。

如关于“生死本是无”的新诠释。庄子曾说：“孰能以无为首，以生为脊，以死为尸，孰知死生存亡之一体者，吾与之友矣!”(《大宗师》)庄子认为，人的生命开始是自然所赋予的，最后也要回到大自然，因而人的生命实际上是以无为始，也是以无为终的。这表明了庄子“视死如归”的达观态度，但它也与“知其不可奈何而安之若命”的观点紧密相

① 古田光、铃木正编：《近代日本的哲学》，日本北树出版社，1983 年，第 100 页。

联。中江兆民站在新时代的高度，继承和诠释了庄子以上思想，他说："生时是有限，死后是无限的。拿有限和无限相比，这不是短，而是根本无。假使有事情可做，并且过得愉快，那么，这一年半岂不是足以充分利用的？啊！所谓一年半也是无，五十年、一百年也是无。就是说，我是虚无海上一虚舟。"①中江兆民关于生命是"根本无"的观点，不排除与禅宗的"无"（兆民也读过《碧岩录》之类的书）有一定的关系，但我认为，它更多的是吸取了庄子关于生死之"无"的思想。这既是对庄子思想的吸取，更是对它的积极改造和发挥。当然，在生死观的问题上，中江兆民的思想和庄子的观点既有联系，又有区别。第一，庄子的观点是对生命现象的朴素而直观的观察，中江兆民的观点则是以达尔文进化论、物种和人类起源说、细胞学和解剖学等自然科学为依据，富有近代感的阐发。第二，庄子只是主张消极地顺应生死规律，中江兆民则主张在顺应、尊重自然规律的前提下，提倡积极地工作，在极有限的时间内做出超常的成绩，使生命发出更耀眼的火花。

关于"寿"与"夭"的新诠释。庄子说："小年不及大年。……上古有大椿树，以八千岁为春，八千岁为秋，（此大年也）而彭祖乃今以久特闻，众人匹之，不亦悲乎？"（《逍遥游》）庄子认为，人们谈起长寿，往往以八百岁的彭祖为例，但彭祖如果和"以八千岁为春"的大椿树相比，只能算夭折。因而，寿与夭不是绝对的。中江兆民吸取了其中的辩证法因素，指出"一年半，各位也许要说是短促的，然而我却说是漫长的。如果说短，那么，十年也短，五十年也短，一百年也短"。"一个人假使七八十岁后才死，可以说是长寿。然而死亡以后，却是永远无限的劫数。假使以七八十年去和无限作比较，那是多么短促啊！于是乎不能不把彭祖看作夭折，把武内宿弥看作短命。"②中江兆民认为，寿、夭的标准关键在于是否活得有意义，是否为人们作出了积极贡献。所以，中江兆民站在日本近代历史的高度，以西方自然科学知识和近代哲学理论为基础，克服了庄子思想中的消极性，扬弃了庄子的生死观，试图为日本近代文化

① 中江兆民：《一年有半、续一年有半》，商务印书馆，1979年中文版，第8页。

② 中江兆民：《一年有半、续一年有半》，商务印书馆，1979年中文版，第22页。

作出积极的贡献，为人们留下更多的精神遗产，如他又说："我认为至多只能活五六个月，如果能活一年，那么对我来说，已经是寿命上的丰年。这本书所以题为《一年有半》，就是由于这个缘故。"①

关于"方生方死、方死方生"命题的新诠释。庄子曾说明："彼是方生之说也，虽然，方生方死、方死方生。"②他用此说明生与死是相互包含、相互联系的，但他强调二者的相对性时，却忽略了生死的绝对性。中江兆民认为，生死的某些道理"庄周也还未能说出"，故对"方生方死"命题进行了新诠释："孩子出生，从他刚刚下的那一瞬间，就是慢慢地死去。为什么呢？因为如果是朝着最长的七八十岁的寿命前进，而没有片刻停止，这就可以说是慢慢地死去。这样说有什么不可以呢？"③很明显，这个观点是中江对庄子生死观中的相对主义因素的克服和辩证法因素的大胆继承和发挥，也完全符合现代人体科学的原理，至今看来它仍不失其正确性。

关于"有始"（有限）与"无始"（无限）的新诠释。庄子曾说："有有也者，有无也者，有未始有无也者，有未始有夫未始有无也者。""毛嫱丽姬，人之所美也；鱼见之深入，鸟见之高飞，麋鹿见之决骤，四者孰知天下之正哉？"④庄子这类论述含有相对主义的消极成分，但同时也蕴藏着一种深邃思想，即世界是宏大的，宇宙是无限的，而人们思考问题往往"以自己为中心"而带有极大的局限性。中江兆民从后者得到了很大启示，并运用新的自然科学知识，提出了富有时代感的唯物主义宇宙观，他说："所谓空间、所谓时间、所谓世界，本来都是独一无二的存在。不论用短促和狭隘的想像力如何加以想像，也没有道理认为空间、时间、世界这些东西可以是有始的。同时没有道理认为上、下呀，东、西呀，是有极限的。然而由于局限在五尺身躯呀、人类呀、十八里的大气层呀以内，而且受到自己的利害或希望的制约，疏远并蔑视其他动物，

① 中江兆民：《一年有半、续一年有半》，商务印书馆，1979 年中文版，第 6 页。

② 《庄子·齐物论》。

③ 中江兆民：《一年有半、续一年有半》，商务印书馆，1979 年中文版，第 22 页。

④ 《庄子·齐物论》。

如禽兽虫鱼，仅仅从人这种动物来推断并加以思考，所以罗列，一些有利于人这种动物的论点。"①这种鲜明的唯物主义观点，毫无疑问是以近代物理学、天文学知识为基础，以18世纪法国唯物主义自然观思想为契机，但从中江兆民的文化素养来说，它与庄子思想又有着密切联系。从这个意义上讲，这是中江对庄子的宇宙无限性、认识相对性思想的近代唯物论诠释。

中江兆民除了酷爱庄子哲学外，也很喜欢《老子》一书。他说："我曾爱读的《老子》说，治大国若烹小鲜。"②中江兆民所引用这句话出自《老子》六十章，其意思是说，治理大国，好像煎小鱼，以道治理天下，小心谨慎而为，便能成全其大事。其实，《老子》全书中关于这种大与小的辩证关系论述是很多的。如：《老子》六十三章说："图难于其易，为大于其细。天下难事，必作于易；天下大事，必作于细。是以圣人终不为大，故能成其大。"这种关于大与小的辩证论述使中江兆民极感兴趣，他的兴趣重点是将老子的大与小的辩证思想改造后作方法论运用于社会观上，他又说："世人常说，'身材小，其才能不大，因我国不大，无奈人才也少'。这是知其一，不知其二。才能之类需学才大，气概靠平日培养。身体小是天命，生在小国又是天命。但人之命只有不安，才能求知，才能创造。如果日常培养，努力不怠，小能变大，薄能变厚。"③中江兆民坚信："大"、"小"的差异不是绝对的，只要经过人们的努力和创造，身体之"小"必能转化为才能之"大"，并试图以此提高日本人民的民族自信心，使日本迅速走向现代化，赶上发达的西方工业国家。

（四）老庄思想与西田几多郎

西田几多郎（1870—1945）用东方传统哲学理论和西方近现代哲学的思想结合，创造了日本近代最庞大、最严密的哲学体系。故有日本学者赞曰"这不仅具有东方传统思想现代化的意义，而且还具有世界化的

---

① 中江兆民：《一年有半、续一年有半》，商务印书馆，1979年中文版，第73页。

② 河野健二编：《中江兆民》，日本中央公论社，1984年，第81页。

③ 中江兆民：《一年有半、续一年有半》，商务印书馆，1979年中文版，第82页。

意义”①。西田几多郎将日本近代哲学发展到顶峰，无疑在很大程度上得益于西方哲学的思想和方法，但道家思想有何积极影响呢？这是当前特别值得探讨的重要问题。

西田几多郎在金泽的第四高中学习期间的作品表现出对道家哲学的浓厚兴趣和深刻的理解，正如他在一首汉诗中写道：“除去功名荣利心，得寻闲处解尘襟。窗前好读道家册，明月清风拂俗尘。”②这说明他对道家藐视功名、洁身自好的思想颇感兴趣。尤其在高中生病期间，西田几多郎有很多的时间进行读书和思考，便对道家思想体会得更深，甚至从庄子哲学中得到了极大的精神慰藉。他在《病中叙怀》中写道：“仰望云霓，油然而起，忽然而没，俯见黄鸟，其声宛转，其律六吕。……吾闻之庄子，古之真人与天为徒，故入水不濡，入火不热，夫从天者安其生也，故无求。夫唯无求，故其乐也悠悠。逆天者不安其生也，故求而不饱，夫唯求而不饱，故其忧也戚戚耳。夫云霓与黄鸟皆槁形灰心，以臂为弹而不怒，以尻为轮而不怨，超然而游乎方外，任自然而不疑，参天地之外，深入寥天一，是庄子之所谓真人也者。”③以上西田几多郎所述内容基本上出自《庄子·大宗师》，该篇描述了庄子的最高理想人格——“真人”的安然顺命、以生死为一体的达观态度，提出了解脱精神之苦的“悬解”方法，表现了庄子所追求的“逍遥无为”的自由境界。西田几多郎正因为有着对庄子哲学中的“超然而游乎方外，任自然而不疑”精神的理解，所以他迅速消除了当时病中的烦恼，也承受住了日后被迫与妻子离婚和辞掉中学教职的精神打击。

《善的研究》是西田几多郎的成名之作也是其哲学体系的代表作。下面主要以《善的研究》为例，来说明道家思想对西田哲学的影响。“纯粹经验”是《善的研究》一书的中心范畴。用西田几多郎的话来说，“所谓经验，就是照事实原样而感知的意思。也就是完全去掉自己的加工，按照事实来感知……当人们直接地经验到自己的意识形态时，还没有

① 《下村寅太郎著作集》第12卷，日本みすず书房，1990年，第100页。
② 《西田几多郎全集》第16卷，日本岩波书店，2008年，第604页。
③ 《西田几多郎全集》第16卷，日本岩波书店，2008年，第609页。

主客之分,知识和它的对象是完全合一的,这是最纯的经验"①。虽然,"纯粹经验"理论从概念、方法到内容都浸透着西方近代文化,但作为一位立志创建近代"东方哲学"和"新世界文化"的哲学家来说,绝不会甘心于自己的哲学体系是西方哲学的翻版,而是决心以东方文化为背景来吸收西方文化从而使二者得到新的升华。因而,西田"纯粹经验"理论的深层仍闪耀着道家思想的火花。

庄子哲学有一著名思想,即"天地与我并生,而万物与我为一"②。西田几多郎吸取并改造了这一思想,他说:"本来物和我就是没有区别的,我们既可以说客观世界是自我的反映,同样地也可以说自我是客观世界的反映。离开我所看到的世界便没有我。这是天地同根,万物一体。"西田又说:"在上述状态下,天地仅有一指之隔,万物与我成为一体。"③庄子"物我一体"原是反对思维方法上的绝对主义,强调自然的整体性、主体与客体的联系性以及认识的相对性。西田扬弃了庄子这一思想,并与西方的经验论哲学、心理学理论相结合,说明"纯粹经验"内部的主客整体性、不可分性。当然这是从观念论的角度阐发庄子"物我一体"思想的近代意义。"对婴儿来说,一切最初的感觉必然就是宇宙本身。在这种境界里面,主客还没有分离,而是物我一体,只有一个事实。由于我和物成为一体,就再没有必须寻求的真理和非满足不可的欲望。所谓人和神共在,所谓伊甸园大约就是指这种境界而言。然而随着意识的分化发展,主客相互对立,物我也相背驰,于是人生就发生欲求和苦恼,人离开了神,乐园的门便永远对亚当的子孙们封锁起来。但是不管意识如何分化发展,终究不能离开主客合一的统一,而我们是一直在知识上和意志上寻求着这种统一的。"④这里西田又用庄子"物我为一"的思想来说明"纯粹经验"的主客统一性,它既是宇宙本体的特点,也是意识分化与发展的方向、知识论的目的。西田的唯心主义

① 西田几多郎:《善的研究》中译本,商务印书馆,1965年,第7页。

② 《庄子·齐物论》。

③ 《善的研究》中文本,商务印书馆,1965年,第117、114～145页。

④ 《善的研究》中文本,商务印书馆,1965年,第129页。

体系中透出了一些值得注意的思想，即要重视宇宙与人、认识主体和客体的同一性。由于"物我一体"思想的运用，"纯粹经验"既达到了西方近代哲学的理论水平，又保持有东方文化的特色。

西田为阐发"纯粹经验"的理论，又用"知的直观"等概念加以说明。所谓"知的直观"，是"通常所说的经验以上的那种直觉，也就是对可以辩证地加以认识的东西的直觉"，"是使我们的纯粹经验状态进一步加深和扩大"①。然而"知的直观"也吸收了庄子哲学的营养。庄子哲学思想中有一个"坐忘"观点，即"堕肢体、黜聪明、离形去知，同于大通，此谓坐忘"②。西晋玄学家郭象作注说："夫坐忘者，奚所不忘哉？既忘其迹（指仁义礼乐），又忘其所以迹者（指形体与圣智），内不觉其一身，外不识有天地，然后旷然与变化为体而无不通也。"郭象此注是合理的。庄子认为，只要端正修养，摒弃一切知识和感觉，通过直觉便能通达到遗忘一切、消除是非的对立、彼此的分别、主客的界限，进入与天地万物混然一体的境界。西田提出的"知的直观论"吸收了庄子"坐忘"类的直觉思想，他说："真正的知的直观是纯粹经验上的统一作用本身……从纯粹经验论的立场来看，这实在是主客合一，知意融合的状态。这时物我相忘，既不是物推动我，也不是我推动物。只有一个世界、一个光景。一谈起知的直观，听起来似乎是一种主观作用，但其实是超越了主客观的状态。"③"知的直观（或直觉）论"的产生曾受到西方近现代哲学中直觉的启发。如叔本华认为，依靠理性或逻辑思维不能认识世界的本质，只有直觉才是认识世界的唯一途径，但他的直觉是以意志为动力，也以意志（世界本质）为目的。而庄子那种依靠静心修养，达到主客合一、万物合一的东方直觉思想是具有深厚老庄思想功底，多年坚持坐禅的西田更加重视的，成了他直觉思想的主要来源。不过，西田几多郎用西方近代哲学理论和方法对庄子"坐忘"的直觉思想又加以改造，使其成为"重知"的"知的直观"。

① 《善的研究》中文本，商务印书馆，1965年，第30、32页。
② 《庄子·大宗师》。
③ 《善的研究》中文本，商务印书馆，1965年，第32页。

西田几多郎还将庄子的“坐忘”思想运用到“实在”问题的论述上。他说：“在直觉经验上只有一个独立自在的事实，既没有进行观察的主观，也没有被观察的客观。正如我们的心灵被美妙的音乐所吸引，进入物我相忘的境地，觉得天地之间只有一片嘹亮的乐声那样，这一刹那便是所谓真正的实在出现了。”[①]西田认为，对于“真正的实在”的把握，既不能靠理性的逻辑思维，也不能靠叔本华类的意志直觉，只能依赖于庄子“坐忘”类的东方直觉。可见西田把庄子“坐忘”的方法放在很重要的地位。

二、老庄思想在现代日本的影响

汤川秀树(1907—1981)是日本首位诺贝尔奖获得者，国际著名物理学家。他1935年提出一种核力理论，正确预言了介子的存在，1949年因介子理论而获诺贝尔物理学奖。他在回顾自己漫长的现代物理学研究的生涯时指出：“和其他物理学家不同，对我来说，长年累月吸引我、给我影响最深的是老、庄等人的思想。它虽是一种东方思想，但在我思考有关物理学问题时，它仍不知不觉地进入其中。”[②]研究老庄哲学对汤川科学思想的重要影响，对于我们认识道家思想的合理内核，探讨中国古老智慧与现代自然科学的某些联系，均有积极的意义。

那么，老庄思想对汤川秀树从事物理学研究产生了哪些具体影响呢？他举出三个事例：

第一个，“基元域”概念的形成。他说：“1950年，我发表了关于非局域场的理论，想将它作为和实体论、本质论的一种综合统一的第一步。这时，在宇宙线中发现了未被预计到的几种新粒子。……然而，再前进一步，希望更大，困难也越大，感到要达到应满足的理论需一个较长的时间，实际从这以后到今天的二十多年，我仍进行着恶战苦斗。其中，我想起了种种东西，成此契机的一个是在基本粒子研究上用新形式

---

① 《善的研究》中文本，商务印书馆，1965年，第45页。

② 汤川秀树：《汤川秀树著作集》第7卷，日本岩波书店，1985年，第20～21页。

恢复的一般相对论精神，还有一个是想起了长期被遗忘的庄子。尽管时代相隔甚远，然而在将哪一方都可相容时、空（天地）和作为内在东西的物质、能量（万物）的相互关系问题上，二者有共同点。在这里有其他种种思想中所看不到的独特。如我在《基本粒子》中所述，想起了吸取庄子思想营养的诗人——李白在某文开头中的‘天地者万物之逆旅，光阴者百代之过客’等句，于是在1966年某日，终于将我的苦心思索结晶为基元域[①]的概念。”[②]

第二个例子，汤川粒子物理学上的“混沌说”的产生。汤川秀树说，“我”在思考基本粒子的过程中突然想起了《庄子》中的“混沌”典故，“我研究基本粒子已有多年，而且，至今已发现了30多种不同的基本粒子，每种基本粒子都带来某种谜一样的问题。当发生这种事情的时候，我们不得不深入一步考虑在这些粒子的背后到底有什么东西。我们想达到最基本的物理形式，但是，如果证明物质竟有30多种的不同形式，那就是很尴尬的。更加可能的是万物中最基本的东西并没有固定的形式，而且和我们今天所知的任何基本粒子都不对应，它可能是有着分化为一切种类基本粒子的可能性、但事实上还未分化的某种东西。用所习用的话来说，这种东西也许就是一种‘混沌’。正是当我按这样的思路考虑问题时，我想起了庄子的寓言”[③]。这个寓言出自《庄子·应帝王》。

汤川秀树指出：“在他的著作中，‘混沌’是和基本粒子世界很相通的。庄子说，如果企图笨拙地把某种相貌强加给混沌，就意味消灭混沌。虽然这样的一种说法在不同的人看来将有不同的意义。但是在我

① 基元域：汤川解释道：“如果任何形式的能量开始和真空发生联系了，那么，按照这种联系方式的不同，我们就可以把它看成一种物质或粒子式的表现，甚至看成一个基本粒子，如果我们想像这个区域变得无限地小，那么在极限情况下它就将和一个点粒子相当，从而我们的理论表述就会和从前一样地遇到困难。因此，我们就给这个区域的尺寸规定一个下限，即一个对应于最小时空量子的极限，这就是一个不能再进一步有意义地细分的区域。我们可以把它叫做基元域。”（汤川秀树：《创造力与直觉》，复旦大学出版社，1987年中译本，第143页）

② 《汤川秀树著作集》第7卷，日本岩波书店，1985年，第65页。

③ 汤川秀树：《创造力与直觉》，复旦大学出版社，1987年中译本，第49、50页。

看来它揭示了我们在基本粒子方面遇到那种形势。"[①]"看来现代物理学似乎在许多方面带来了古代哲学的回声。事实上，我们有时确实发现，古代世界的某一个学者思想中的一次灵感闪光，会在很晚以后的一个发现上渲染上一种惊人明亮的光辉。"[②]事实的确如此，玻尔、海森伯等西方现代物理学家在推动量子力学的形成和发展中，从古希腊哲学家德谟克利特的"原子论"里得到不少启示。故海森伯说，一个人如果没有希腊自然哲学的知识，就很难在现代原子物理学中取得进展。而与他们不同的是，汤川秀树从老庄哲学、古代东方文化中得到了灵感并将之与现代科学知识相结合，从而为现代物理学的发展作出了重要贡献，同时也纠正了海森伯上述观点的片面性。这也说明，在一定条件下中国古代哲学的某些合理思想也有利于现代自然科学的发展。

第三个例子，"看不见的铸型"物理法则的确信。汤川指出：从数年前，"我"有时将物理法则比喻为"看不见的铸型"。今天，我们知道自然界由若干种类基本粒子组成。例如电子，和同一类型的其他粒子毫无区别。不论在何处、何时形成，各个电子具有完全相同的质量和电荷，这是自然界法则性最基本形态的一种体现。产生这类同一东西的人眼看不见的机构，当然内在于自然界之中。"我"把它比喻为"人眼看不见的铸型"。但最近在反复读《庄子》中，"我"发现了如此完全相似的比喻，感到大吃一惊，这个比喻就是《大宗师》中的一节，其中寓有一种自然规律决定一切的天地造化思想。

汤川秀树又说："庄子认为人在巨大的天地之中，是由肉眼看不见的铸型铸出的，到时又重铸成别的东西，将此比喻成生死没有什么大的差别，以超越死亡。与其作人类来看，倒不如说将此看成是基本粒子的生死问题。尽管这是古代庄子的思考，但与我的思考极其相似。在我看来，庄子是一位真正了不起的思想家。"[③]汤川在这里站在现代物理

① 汤川秀树：《创造力与直觉》，复旦大学出版社，1987年中译本，第145页。

② 汤川秀树：《创造力与直觉》，复旦大学出版社，1987年中译本，第145页。

③ 《现代人の知恵》，《汤川秀树自选集》第3卷，日本朝日新闻社，1971年，第369、370页。

学的高度诠释了庄子关于天地造化的思想,其哲学价值和科学方法论的意义绝不亚于海森伯等现代物理学家对古希腊原子论自然观的阐发。所不同的是,它更具有东方文化浪漫主义的色彩。

汤川秀树还利用自己丰富的中国古代哲学知识和颇深的西方科学文化素养,深刻地阐述了老庄哲学对现代科学的重要启示。

第一,关于概念的相对性思想。《老子》开卷指出:"道可道,非常道。名可名,非常名。"汤川指出,"我"是这样解释的,"真正的道,即自然法则,不是惯例之道、常识之理。真正的名或概念,不是常见之名、常识性概念"。"变成如此的解释,也许我是物理学家。到十七世纪伽利略、牛顿发现新物理学的道之前,亚里士多德的物理学是'常道'。牛顿力学确立,并被称为正确的道之时,它便成了物理学上唯一的道。'质心'这种'新名',不久成了'常名'。二十世纪的物理学是从超越'常道',发现新道开始的。在今天,狭义相对论、量子力学等形式的新道已成了常道,'四维时空世界'、'几率幅'这类奇妙之名,几乎成了'常名'。因而必须再寻找不是常道之道,不是常名之名。如那样思考的话,二千多年前的老子话使人能获得非凡的新意。"①关于老子的"道可道,非常道。名可名,非常名",哲学史界通常是这样解释的:"可以言说的道,就不是恒常的道;可以称呼的名,就不是恒常的名。"汤川秀树的文字解释与此不同,但从思想实质上来说还是与老子哲学精神相通的。如老子说,"反者道之动","道常无名"②。老子认为名称或概念不是绝对的,具有相对性。自然科学就是在不断淘汰旧概念、旧理论,创造新概念、新理论中发展、前进的,因而二者确有一致性。

第二,关于直觉思维。汤川秀树指出:"直觉能力在古代的希腊天才和中国天才那里都是天赋极高的。"③直觉是指在以往经验知识积累的基础上突发地把握事物本质的能力以及基于这种能力而产生的思想。关于直觉的思维方法,有人认为有三个基本特征,即非逻辑性、"智

① 《汤川秀树自选集》第3卷,日本朝日新闻社,1971年,第375页。

② 《道德经》,40、32章。

③ 汤川秀树:《创造力与直觉》,复旦大学出版社,1987年中译本,第5页。

力图象"性，思维过程中断性①。但哲学史上出现的各种直觉和思维方法，不一定全包括有三种特征，或第一特征突出，或第二、第三特征突出。庄子的直觉思维方法就是第一特征突出，《庄子·秋水》篇通过有趣的故事表现了这一点。某日，"庄子与惠子游于濠梁之上。庄子曰：'儵鱼出游从容，是鱼之乐也。'惠子曰：'子非鱼，安知鱼之乐？'庄子曰：'子非我，安知我不知鱼之乐？'惠子曰：'我非子，固不知子矣，子固非鱼也，子之不知鱼之乐，全矣！'庄子曰：'请循其本。'子曰：'汝安知鱼乐'云者，既已知吾知之而问我，我知之濠上也。"汤川秀树对此故事表示了浓厚的兴趣，他指出，"此话表面类似禅的问答，实际上很不一样。禅总是把论证进行到科学无能为力之处，但庄子和惠子的问答表现了与科学的合理性和实证性有关的看法。惠子的论证方法看起来似乎比庄子更有逻辑性。一般认为，像鱼之乐这类很难下明确的定义，不承认实证是不可能的看法，接近科学的传统观点。尽管我自己是位科学家，但与庄子所说具有很强的同感"②。故 20 世纪 60 年代有人请汤川秀树题字时，他常写"知鱼乐"三字。如日本名古屋大学理学院的物理学会议室墙上曾经长期挂着汤川所写的"知鱼乐"条幅。汤川秀树甚至在 1965 年 9 月在京都召开的纪念介子理论提出三十周年的基本粒子国际会议上，将"知鱼乐"的典故英译给外国的物理学家，引起了他们极大的兴趣，使他们各自思考自己的思维方法是近于庄子，还是近于惠子。

为什么汤川对"知鱼乐"的典故如此钟爱并与庄子颇有同感呢？汤川秀树又说，"我坚信用某些方法可以合理地把握住基本粒子的结构，而且当然我正在为寻找可能的答案而费脑筋。我相信这样的一天将会到来。那时我们将知道基本粒子的内核，即使这一切不会像庄子知道鱼的内心那样简单，但为了做到这一点，我们也许必须采取冲破现有知识框框的奇妙思维方法"③。这里的"奇妙思维方法"就是庄子"知鱼

① 周义澄：《科学创造与直觉》，人民出版社，1986 年，第 138 页。

② 《汤川秀树自选集》第 3 卷，日本朝日新闻社，1971 年，第 372 页。

③ 《汤川秀树自选集》第 3 卷，日本朝日新闻社，1971 年，第 374 页。

乐"一类的直觉思维方法，经过科学地改造、提高，它可以弥补逻辑和实验方法的不足(或产生互补)，有助于基本粒子的研究。汤川的亲密科研助手——著名物理学家坂田昌一也进一步揭示了庄子直觉思维方法的现实意义，他说："'知鱼乐'的精神正是贯穿着现代物理学的精神，它把隐藏在现象背后的本质作为问题出来了。"①汤川秀树还指出："直至今日，有人认为东方的思维方式是非逻辑的，有碍科学的发展。这类意见不少，但我未必同意。"②如在量子力学中有不确定原理、引进了概率的概念，西方人很难掌握，而东方人极易接受，这不能不说与思维方式有关。从而充分肯定了以庄子思想为代表的中国古代直觉思维的合理性。

第三，关于类比思维。类比是由两个对象内部属性关系的某些方面相似，而推出它们在其他方面可能相似的推理方法。用汤川秀树的话来说，"类比是这样一些方式(想象力发展等方式——引者注)中最具体的一种，它们把那些在一个领域中形成的关系应用到另一个不同领域中去。这是中国人自古以来就很擅长的一个领域。表现类比的最古形式就是比喻"③。汤川在其著作中多次谈到类比特别是中国古代的类比(比喻)，这是有其重要原因的。其一，类比思维在近现代自然科学发展中起到了重要作用。如：1803年英国化学家道尔顿比较了古希腊原子论，细致地研究了当时所建立起来的当量定律和定组分定律，发现只要引入原子的概念并确定各种原子都有独立的原子量，就能圆满地解释这些定律。之后，他又建立了近代原子论，在科学上作出了重大突破。其二，西方科学家类比论的文化基础几乎都来源于古希腊哲学。作为一贯重视科学方法论，又具有东方文化素养的汤川理所当然地也很重视类比法，不过，他更重视老庄思想中的类比方法。因此，他说：如果回顾历史，我们就会发现在二千多年前的"中国等地区有许多伟大的思想家或哲学家，他们教给人们大量利用类比或隐喻。在我看来他们

① 《坂田昌一科学哲学论文集》，知识出版社，1987年，第192页。

② 《読書と思索》，《汤川秀树著作集》第6卷，日本岩波书店，1985年，第10页。

③ 汤川秀树：《创造力与直觉》，复旦大学出版社，1987年中译本，第44页。

似乎不但用它来劝说别人，而且也用它来找出他们前所未知的真理”。“正如我在前面说过的，我特别喜欢庄子，他的作品充满了比喻和佯谬，而且其中最吸引人的是这些比喻和佯谬揭示在我面前的那个充满幻想的广阔世界。”①

庄子是中国古代哲学中最具浪漫色彩的哲学家，他主要依靠比喻和类比来论证哲学问题。如《齐物论》通过狙公赋芧、罔两问景、庄周梦蝶等比喻，来论证对任何事物的认识本无确定不变的是非标准，一切是非之争，都是对道的全面性的歪曲和割裂，反对认识的片面性。《秋水》篇借河伯与海若的对话说明万物的大小、贵贱、生死、是非都是相对的。从一定意义上说，本文前述的基元域概念、物理学的“混沌”概念、“看不见的铸型”思想，就是汤川运用庄子类比思维的成功尝试。

第四，关于整体思维。汤川秀树指出：“在老子和庄子那儿，自然界却一直占据着他们思维的中心。他们论证说，脱离了自然的人不可能是幸福的。”并由此引申出，“对于东方人来说，自身和世界是同一事物。东方人几乎是不自觉的相信，在人和自然界之间存在着一种天然的和谐”②。这实际上以老庄哲学为例，肯定了中国哲学的整体思维方式。老子提出“人法地，地法天，天法道，道法自然”，认为人在自然之中。庄子讲，“天地与我并生，万物与我为一”，也强调个人与世界是一个整体。“天人合一”观点是中国古代哲学整体思维的集中概括，勿庸讳言，它也有忽视分析的缺点，但它不论对于观察宏观宇宙，还是对于研究微观世界，都有一定的适用性。所以汤川秀树指出，前面引述的“混沌”寓言，就其本身来看几乎可以肯定不是为了微观世界，而是为了整个大宇宙而写出来的。十分明显，这个寓言处理的既不是构成自然界基础的那些无限小的粒子，也不是这些粒子运动于其中的相应小的时间和空间。不过，“实际上我还是觉得在这个寓言中能够隐隐约约地看到我们通过物理学研究而最后获致的那个微观世界；我们不能认为这种相似是一种偶合而不予考虑。当人们按这样的方式看待事物时，我觉得人们就

① 汤川秀树：《创造力与直觉》，复旦大学出版社，1987年中译本，第88、44页。

② 汤川秀树：《创造力与直觉》，复旦大学出版社，1987年中译本，第47、37页。

不能说希腊思想是唯一能够充当科学发展基础的思想体系了”①。汤川并没有由此任意抬高以老庄哲学为代表的整体思维，而贬低西方注重形式逻辑的思维方法。他作为一位态度严谨的科学家，认为只有融合东西两种思维方式才能有助于现代科学的发展。“对科学家来说，非常明确的肯定或否定的思维方式和将各种事物联系在一起的整体思维方式自古就有，二者都需要，这里越来越变得明确。二者只有互补，才能成为科学的思维方式。”②

当然，汤川秀树对老庄哲学的把握和运用，是以接受消化现代物理学理论和西方合理的逻辑方法为基础的，是在粒子物理学的艰辛研究和放眼现代世界的认真思考中的积极改造，绝不是一种简单的套用。

即使在今天的日本，《老子》、《庄子》的各种日译本仍是书店中长销不衰的经典书，并且它们与亚里士多德、康德、黑格尔等西方著名思想家的著作一起被编入大型丛书——《世界名著》之中。日本著名的道家思想研究专家福永光司先生曾意味深长地指出：“在现代文明社会原样地实现老庄所说的‘至德之世’已是不可能的了。但是，它包含了对现代文明的辛辣讽刺和严厉警告，至少在提示真正的文明将人的生命看成具有至上价值，在作为人类真正的幸福是什么的深刻反思诸方面，老庄哲学在今天仍具有现代意义。”③

三、日本的道家思想研究管窥

日本对道家思想④的研究从公元 17 世纪就已开始，限于本文主题，下面主要介绍 1945 年以来的有关情况和主要特点。

(一)概况

根据日本出版的《思想哲學書全情報》(日外アソシェーツ株式会

① 汤川秀树:《创造力与直觉》，复旦大学出版社，1987 年中译本，第 51 页。

② 《汤川秀树著作集》第 6 卷，日本岩波书店，1985 年，第 11 页。

③ 福永光司:《中国的哲学·宗教·艺术》，日本人文书院，1988 年，第 56 页。

④ 此处的“道家”主要以老庄为代表的原始道家为主。

社2001年版)统计,1945—2000年的55年期间,日本出版有关先秦道家的学术著作共计206种,由此再结合日本2001年至今的有关著作来看,日本的研究主要有以下特点:

第一,日本的著名学者对道家思想研究非常重视,多有投入。如汉语言学家诸桥辙次博士(1883—1982)、中国哲学专家武内义雄博士(1886—1966)、阿部吉雄博士(1905—1978)、木村英一博士(1906—1981)、中国思想史家森三树三郎博士(1909—1986)、中国哲学史家福永光司先生(1918—2001)、金谷治博士(1920—2006)、本田济博士(生于1920年)、蜂屋邦夫博士(生于1938年)、池田知久博士(生于1942年)等重量级的专家均有关于道家思想研究的著作,从而形成了颇具规模的高档次的学术成果。

第二,注重对《老子》、《庄子》原典的日文翻译。如:1945—2000年的55年间,日本有《老子》日译本31种、《庄子》日译本12种。而且,还出现了一部道家原典有几位学术大家争相翻译的现象。如关于《老子》,既有中国文学研究专家小川环树的译本(中央公论社,1997年),又有中国哲学研究专家福永光司的译本(朝日新闻社,1978年)、阿部吉雄的译本(明治书院,1996年)。《庄子》的日译本情况也是如此,从而高质量而广泛地推进了道家思想在现代日本的传播和研究。

第三,注重道家思想与日本文化关系的研究。相对东西方各国的相关研究,此是日本研究者的最大特色。如:福永光司先生有关道家(含道教)思想与日本的文学、艺术、科学、思想、宗教、民俗、政治等方面的系统研究成果,引起了国际学术界的高度重视。

(二)代表性的人物

下面,我们列举三位不同年龄段而代表日本三代学术的人物来简略说明日本道家思想研究的进展。

(1)武内义雄(1886—1966)

武内义雄是东北大学中国哲学学科的创建人,1910年毕业于京都大学的支那哲学科。1919年由怀德堂派遣到中国研习,曾随我国著名学者马叙伦学诸子学,1920年回国。1923年4月,任东北大学的法学文学部教授，讲授"中国哲学"的课程。1924年，任东北大学图书馆馆长。1928年，被授予文学博士学位。1933年，任法学文学部部长。其关于道家思想研究的主要著作有：《老子原始》(弘文堂，1926年)、《老子研究》(改造社，1927年)、《老子和庄子》(岩波书店，1930年)、《诸子概说》(弘文堂，1935年)等。有日本学者指出："武内义雄的《老子原始》和《老子研究》，在文献学的研究上是非常严谨的，被公认为具有划时代的贡献。"①武内义雄以上二书成了日本现代学人研究道家思想的奠基之作，他重视道家思想研究的特点成了日本东北大学中国哲学思想研究的传统。其弟子金谷治(1920—2006)1944年毕业于东北大学中国哲学科，是该学科的第二代主任教授，1961年获文学博士学位。自1962年起，他历任东北大学教授、中国哲学科主任、文学部部长、日本中国学会理事长等职。金谷治博士也写有《淮南子的思想》(平乐寺书店，1959年)、《管子研究》(岩波书店，1987年)等专著，此外还有《老子》、《庄子》等译著。武内义雄的再传弟子中岛隆藏(生于1942年)，曾任东北大学中国哲学学科主任教授，其研究重点是儒、佛、道三教的交流史，其主要著作有《六朝思想的研究》(博士学位论文，1985年)，翻译过《庄子》(1984年)。

(2)福永光司(1918—2001)

在日本学术界，福永光司被称为"老庄思想·道教研究第一人"。他1942年毕业于京都帝国大学文学部哲学科，1974年4月至1979年3月任东京大学文学部中国哲学教授，1980年至1982年3月任京都大学人文科学研究所长，1982年4月—1986年3月任关西大学教授，后又任北九州大学教授、京都大学名誉教授。福永光司是日本著名的道家与道教思想研究专家，其丰富多彩的研究成果大体可分为三个方面，即老庄思想研究、魏晋思想史研究②、道教思想史研究。其主要著作有：《庄子：古代中国的存在主义》(中公新书，1963年)、《道教与日本文

① 《亚洲历史研究入门》第3卷，日本株式会社同朋舍，1983年，第193页。

② 在中国学术界不少人认为：道家思想发展史主要有四大阶段，即原始道家、黄老之学、魏晋玄学、道教哲学。

化》(人文书院,1982年)、《道教与日本思想》(德间书店,1985年)、《道教思想史研究》(岩波书店,1987年)、《道教与古代日本》(人文书院,1987年)、《魏晋思想史研究》(遗著,岩波书店,2005年)。此外,他还翻译了《老子》、《庄子》、《列子》等道家经典,这些译著多次再版,颇受日本学者和青年学生的欢迎。福永光司的研究特点,一是如前所述,特别重视道家思想与日本文化的关系;二是注意用新的方法研究古老的道家思想。他在其著作《庄子:古代中国的存在主义》中,用存在主义哲学的方法诠释了庄子的哲学思想。他指出:"庄子比起分析的抽象的思考更重视整体性的具体的思考,比起理论更重生活,比起认识更重体验,比起无生命的秩序更热爱有生命的无秩序,他是哲人同时更是艺术家、诗人。"[①]"我之所以特地把庄子的哲学称为中国古代的存在主义者,是试图强调庄子哲学不仅有虚无主义、厌世主义、逃避主义等倾向,而且还有像欧洲现代存在主义哲学所追求的那种人类的个人主体性的自由。"[②]这使人耳目一新,多有启发。

(3)池田知久(1942—)

他1991年始任东京大学文学部教授,1998年获东京大学文学博士,2003年始任东京大学名誉教授、大东文化大学文学部教授,并兼任多种重要社会职务。他在老庄研究、马王堆帛书研究、楚简研究方面成果很多,影响颇大。其主要著作有《淮南子——知识的百科》(讲谈社1989年)、《马王堆汉墓帛书五行研究》(日本汲古书院,1993年;中国社会科学出版社,2005年)、《郭店楚简老子研究》(东京大学文学部中国思想文化学研究室,1999年)、《老庄思想》(放送大学教育振兴会,2000年)、《老子》(日本东方书店,2006年)、《池田知久简帛研究论集》(中华书局,2006年)、《道家思想的新研究——以庄子为中心》(日本汲古书院,2009年;中国中州古籍出版社,2009年)。

他的研究最大特点是重视20世纪后期中国大地出土的简帛思想资料的道家思想研究。他认为:"对中国思想史研究而言,简帛等新出

① 福永光司:《莊子:古代中国の実存主義》,中央公论社,1985年,第20页。

② 福永光司:《莊子:古代中国の実存主義》,中央公论社,1985年,第28页。

土资料所具有的意义是决定性的，过去那种仅仅利用传世文献从事研究的方法，已经无法期待取得什么进步。……因此，我认为，为了促进研究的进步，把新出土资料和传世文献有效结合起来，是当今最为重要的课题。这项工作，一方面，是在传统文献和用传统文献构筑的中国思想史中为新出土资料的意义做出正确定位；另一方面，是站在基于新出土资料的最新的立场和观点上，对传统文献和用传统文献构筑的中国思想史研究做全面的反思。—最终结果就是，将上述相反相存的两者辩证地统一起来，从而促进研究的深入，这就是当今最为重要的工作。"①

关于郭店楚简《老子》的版本性质，池田知久通过认真研究指出："郭店楚简《老子》的甲本、乙本、丙本，这些都不是已经完成了的《老子》五千言的节略本，而是正在形成过程中的《老子》的最早时期的文本，大概可以认为是上溯到比《韩非子·解老》、《喻老》稍前成书的。"②池田知久关于道家思想的研究成果，已经引起了中国学术界的重视。

（作者为武汉大学哲学学院教授）

① 池田知久著，曹峰译：《池田知久简帛研究论集》，中华书局，2006年，第3～5页。

② 池田知久著，王启发、曹峰译：《道家思想的新研究（上）》，中州古籍出版社，2009年，第60页。

武内义雄《老子》研究的方法与价值*

刘韶军

武内义雄是20世纪20年代上半期日本最有影响的研究《老子》及道家道教思想及其历史的学者。武内义雄是京都大学的京都学派的重要代表，主要在日本东北大学任教，培养了不少有名的学者，使京都学派的影响不断扩大。他对《老子》的研究非常深入细致，具有鲜明个性，在方法上有着自己的明显特点。本文根据日本学者对武内义雄《老子》研究系列成果的分析评价，说明他在《老子》研究上的特点与价值，希望对中国学者有一定的帮助。

一、金谷治对武内义雄研究方法的分析和评价①

武内义雄(1886—1966)在学术上的最大贡献，是树立了思想史学研究法，改变了日本以往的中国哲学研究方法。

武内义雄出生于日本三重县内部村小古曾(现为日本四日市)，名义雄，字谊卿，号述庵。明治十九年(1886)生于真宗高田派的愿誓寺，父亲义渊是一位学问僧，享有高名。武内后到京都帝国大学文科大学学习"支那哲学史"②，毕业后回到故乡照顾生病的祖母，1914年由日

* 本文为国家社科基金重大项目"中国老学通史"(项目批准号:14ZDB004)阶段性成果。

① 以下所述，为金谷治对武内义雄《老子》研究的分析与评价。参见金谷治《中国思想论集》下卷，第413～430页，日本平河出版社，1997年。金谷治原文初载1991年11月大修馆《しにか》及1966年《怀德》杂志第三七号。原载金谷治是武内义雄在日本东北大学培养出来的优秀学生，后来成为日本研究道家道教思想的著名学者。

② "支那哲学史"，这是当时日本京都帝国大学文科大学所设的学科名称，为尊重历史，本文中仍用其原名，唯加上引号，以示这是当时的原名。以下类似情况都如此处理。

本著名学者内藤湖南介绍到大阪府立图书馆任司书，管理馆内的中国古籍。大正八年(1919)春，武内受怀德堂派遣，并由内藤湖南资助，来中国留学，寓居北京，并到华北、华中旅行，前往战国时齐国国都临淄故地，还到保存有唐代碑刻《老子》的所在地旅行。临淄在战国时是人口数十万的繁华大都会，诸子百家的学者集中于此。武内在此回想了当年的盛况。关于《道德经》的碑石，是据魏稼孙《续语堂碑录》得知相关信息，武内利用留学的机会前往观看，并得到了碑文拓本，成为日后《老子》研究的重要资料之一。

大正十年(1921)初，武内返回日本，担任怀德堂的讲师。此时京都大学“支那学会”创办杂志《支那学》，武内在此杂志上发表了8篇论文。大正十二年(1923)地处仙台的东北帝国大学创设法文学部[①]，武内被聘为教授，主讲“支那学第一讲座”(中国哲学)。他任此职直到昭和二十一年(1946)春，期间曾任学部长和图书馆馆长等职，退休后为名誉教授，昭和十七年(1942)被选为日本学士院会员，二十一年(1946)任天皇东宫御用挂(皇太子老师)，三十五年(1960)由日本政府授为“文化功劳者”，昭和四十一年(1966)去世，终年八十岁。

武内最先有《老子原始》出版于大正十五年(1926)，由此获得京都大学文学博士学位(昭和三年，1928)。之后又有《老子的研究》、《老子和庄子》、《诸子概说》、《支那思想史》、《论语之研究》、《易和中庸的研究》以及对《论语》、《孟子》、《老子》原文的校定译注等。这些成果确立了“武内学”的学术风格，受到日本学术界的高度评价。

武内在京都大学读书时的指导教授是狩野直喜[②]，狩野开设“清朝学术沿革史”课程，武内通过此课而专门阅读了清代学者阎若璩的《尚

① 文学部，即法学部和文学部，二学部合为一学部。日本大学中的学部相当于中国大学里的学院，现在所说的学部长相当于中国大学里的学院院长一职。

② 武内的学术方法亦深受内藤湖南的影响，内藤1907年到京都大学任职，专业是“东洋史学”，武内正好在这一年考入京都大学，但专业是“支那哲学史”而不是“东洋史学”，其导师是狩野直喜。没有资料表明武内在大学时代与内藤湖南有与众不同的关系，两人在学术上建立密切关系是在武内大学毕业之后。武内的弟子金谷治说：“武内学于京都大学，师事狩野君山和内藤湖南，这是他的幸福，他在晚年经常与人谈及此事，诚为获得良师之喜。”

书古文疏证》(又简称《疏证》)。《疏证》通过分析《尚书》的内容,进行实证研究,从而区分出其中较古的篇章和后来新作的篇章。武内非常佩服阎氏的考证精确和该博的引证。狩野是将清朝考证学引入日本学术界的代表性学者,他讲授的这门课程非常精彩,使武内由此决定了今后学术生涯的路向,把治学的方法牢固树立在清朝考证学的基础之上,可以说狩野的授课对武内将来的研究方法产生了决定性影响。

在武内七十岁的祝寿会上,他发表讲演,题为"高邮王氏的学问"。高邮二王,即清代学者王念孙和王引之,二人是清朝乾嘉学派的代表人物,武内赞颂二王细密的实证学风,在讲演的最后,武内引用王引之对自己学问的评价:

"夫三代语言与今之语言如燕越之相语,吾治小学,吾以之为舌人。"

意谓自己是把古代语言传达给今天的"舌人"(翻译者)。王引之规定自己治学不问大道而只治小学,武内的治学思想与此极为相同。王引之所说的"小学"即训诂学,这是阅读中国古籍的必备条件,忽视此事则对中国的古籍不能有正确读解。武内对清代学者如段玉裁《说文解字注》、王念孙《广雅疏证》、王引之《经传释词》都有极高评价,视为自己进行学术研究的榜样。

武内以清朝考证学的方法为根基,因此他的研究方法首先就是忠实地、正确地阅读古籍原典。武内对古籍原典的阅读是按照清朝考证学家的训诂学原则,极为严格地、完整地阅读古籍原典,而不是为了某个研究课题而在古籍原典中寻章摘句。

要能正确地阅读古籍原典,只靠训诂还不够。中国的古籍原典在漫长的传承过程中产生了许多讹误,因此必须对古籍原典中存在的各种讹误加以识别和订正,这就需要清代考证学家所重视的校勘学。校勘就是比较异本异文(校),加上综合思考(勘),最后确定正确的文字和正确的文本。这样校勘好的古籍原典就称为校定本。为了校勘的绝对准确,这种工作还不能只做一次,必须由后来的学者多次重复进行。

这种校勘学,在日本江户时期的享保年间,已有著名学者山井鼎做出了出色成绩,清代学者阮元校勘《十三经注疏》时就利用了山井鼎的校勘成果。武内对古籍的校勘又利用了目录学和版本学的方法。首先是利用自古以来的历代书籍目录，调查一部古籍的各种不同的版本。在校勘中尽量把不同的版本及相关的异文搜集齐全，在调查众多的版本时，又必须选择一个正确的版本，然后与其他的版本进行比较，并考察不同版本之间的源流关系。武内对中国古籍的校勘，又能充分利用日本独有的中国古籍的古抄本，而这往往是中国学者所没有见到的版本，因此他能在校勘方面取得更为显著的成就。武内译注的《论语》、《老子》，就是运用以上方法完成的成果。他对此二书的许多文句的解读，都基于精密的训诂学考证，直到今日仍然值得参考。

要把正确阅读再推进一步，就要在校勘学和训诂学之外，加上“原典批判”的方法，武内的研究方法的最大特点就在于此。原典批判，就是对古籍原典的内容进行批判性分析，而不是盲从，为此就要考察其书的成书情况以及后来不断传播而演变的问题。武内把“原典批判”的方法普遍应用于中国古籍的研究，由此构成了他研究中国古代思想史的重要方法。

武内“原典批判”的最初的著名成果，是《老子原始》，这是他向京都大学提交的博士学位论文。这个研究对《老子》进行本文批判，并对《史记》中的老子传进行分析研究，考证了《老子》一书的形成及老子其人的年代，是《老子》研究领域的力作。他不同意以往人们认为老子是孔子先辈的说法，认为老子在孔子之后，《老子》是战国时期混入了不同派别的思想。

这种看法并不始于武内，但对这一看法做了完整而有体系的实证性研究，则以武内为第一人。武内研究《老子》时，也以校勘学、目录学、版本学为基础，他校定的《老子》有两种，这两种《老子》不是新旧关系，而是性质完全不同的两种版本，不可互相取代，都有存在的价值。一种是《老子的研究》中的《老子》文本，一种是岩波书库本的《老子》译注中的《老子》文本。这两种《老子》文本，一个是王弼注本，一个是河上公注本，武内的目的是努力恢复两种《老子》文本的原貌。

武内通过全面的分析研究认为《老子》的传本有三个系统：王弼注本、河上公注本和唐玄宗御注本。唐玄宗御注本由于刻有石经，故其原形比较易知，河上公注本有敦煌本和日本古抄本等几种版本，利用它们可以恢复其原貌，而最早的王弼本缺乏较好的传本，恢复原貌时困难最大。通常人们校定《老子》时，不管此三种版本的差别，只将古时的写本和版本集中起来，由此校定《老子》的文本。在武内看来，必须先来复原三种版本的原初形态，再校勘三种版本，这样得到的结果才是《老子》最早的原本。

除了对《老子》的种种版本进行对校以求寻出它的祖本形态之外，他还对《老子》文本采取了独特方法加以研究，从而把《老子》的文本分成韵文与散文两大类，以此为基础，再仔细区分《老子》文本中的原初思想，后来附加上去的法家、纵横家、兵家等思想。这是对《老子》研究的一大创新，他后来在《老子的研究》中则进一步发展完善。后来中国顾颉刚等人掀起"疑古"学风，也有不少人探讨《老子》其人其书及其时代的诸多问题，由此就可看出武内的这一研究在中国古代思想与历史的研究上占有怎样的地位。

武内运用原典批判方法又完成了《论语之研究》。在武内之前，日本伊藤仁斋和中国崔述已做过类似研究。仁斋认为《论语》二十篇中，前半部分的上论十篇时间较古，后半部分的下论十篇则是后来的续集。崔述的看法与之相同，不过他又认为下论中的最后五篇值得怀疑。

武内继承了他们的成果，此外又学习了内藤湖南《尔雅的新研究》、《易疑》所示范的原典批判方法。在继承前人研究成果的同时，武内又加上了自己的新方法，这就是通过考察《论语》的来历追溯它的原初形态。

在这一研究中，他先调查了日本国内收藏的《论语》古写本和善本，认为最重要的版本是日本独有的两种《论语》古抄本，即宫内省图书寮的嘉历抄本和东洋文库的正和抄本，他用这两个本子对《论语》正文进行校订。他又用另外的善本校对上述两种日本古抄本，发现这两个抄本的异同有相似之处，因此武内断定二者都属于明经博士清原教隆的校订本系统，而津藩的有造馆本也是同一系统的版本。因此武内断定日本流传的《论语》善本，源头都出自清原家，因而用这些版本比校不会有很大的异同。若用这些版本与中国的版本相校则有很大不同，所以要用清原家的定本与中国版本的祖本进行校对，这样才能得到最佳的《论语》原文文本。

就清原本而言，武内选用幕府末期模刻的本子——北野学堂本作为校勘底本。然后他利用目录学的方法，搞清楚众多的中国版本之间的源流关系，由此总结出《论语》的传承系谱，其结论认为这些版本都是从唐开成石经衍生出来的。然后他就用清原家的校定本（北野学堂本）与唐开成石经对校，于是就可以确定《论语》的文本。

经过运用如上方法的校订，他的研究最终形成的结论是：今天的《论语》二十篇，可以分为河间七篇本、齐鲁二篇本、传于齐的七篇、本来不是《论语》的三篇等不同类型，其中河间本（《为政》第二到《泰伯》第八）在时间上最早。具体来说，时间较早的《论语》有两种，即齐鲁二篇本和河间七篇本。据汉代壁中发现的古《论语》的篇次看，其顺序是第一《学而》、第二《乡党》，因此他认定这两篇是齐鲁二篇本。他又认为，《论语》上半部分的十篇之中，将《学而》、《乡党》及《子罕》篇除去，剩下的七篇就是河间七篇本。而《论语》下半部分的十篇中，《季氏》、《阳货》、《微子》三篇的性质不同，将此三篇除去之后的七篇，是另一种《论语》。

通过这样的区分后就可发现：河间七篇本最为朴素，可以看作曾子、孟子一派传下来的语录；而《论语》下半部分中除去《季氏》、《阳货》、《微子》之后的七篇是以子贡为中心流传于齐的另一种《论语》；齐鲁二篇本，则是折衷上述两种《论语》而形成的版本。

以前人们把《论语》看作一个整体，武内提出新说后并未得到学术界的承认。但武内的研究使人们意识到：《论语》的形成过程曾经有过几个阶段，在不同的阶段，其相应的文本有不同的特点。可以看出，武内的研究让人们认识到：在古籍原典研究的基础工作中，“原典批判”的方法极为重要。这就是武内的研究方法在学术史上的重要价值。

以上所说，可知武内是掌握并应用了清朝考证学派的训诂学、日录学、版本学等方法，对古籍原典进行踏踏实实的阅读分析之路，充分利用中国已经佚失而日本尚有保存的稀缺版本。武内发现了多部保存在日本的古抄本，作为校勘的材料，同时注意利用日本前代学者的成果。将中国与日本前代学者的方法、成果与资料全面结合起来，以古籍原典的全部文本为根基，进行踏踏实实的研究，这就是武内研究方法的精髓所在。

武内并不是只对古籍原典进行研究，而且从思想史的角度充分利用古籍文献的资料，来对其中的思想进行研究，把古籍原典与思想史研究密切地结合起来。他的《老子和庄子》、《易和中庸的研究》，就是把古籍原典与思想史研究相结合的成果。《老子与庄子》以《老子》、《庄子》二书为基础，又与道家其他文献联系起来进行分析，由此寻找“从周初直到汉初的道家思想变迁”轨迹。《易和中庸的研究》先对《易》和《中庸》进行原典批判，再在这个基础上研究各书形成过程中的不同阶段的思想发展状况，最后研究两书在发展过程中的密切关系。由此他论证出《中庸》里的“过犹不及”的“两端之中”概念，发展方向是“诚”的哲学，即以“诚”为贯穿宇宙人生的根本理法。与此对应，《易》有三个发展阶段，首先是单纯的卜筮，之后发展到建立以中正之德为目标的伦理目标，之后又发展为追求“诚”的绝对性。由此论证了《易》的发展与《中庸》的发展相关联，表明这两部古籍原典具有同样的思想内容和共同的思想背景。由此，武内就确立了“基于古籍原典批判的思想史研究方法”。

武内的思想史研究并不局限于一些古籍原典的分析论述，而是进一步发展研究中国古代思想全过程，由此完成了《支那思想史》①。这部书出版不久就被译为中文，与当时出版的冯友兰《中国哲学史》并列，属于划时期的著作，受到高度评价。

这部书不用“哲学史”而用“思想史”之名，这里有着武内的独特思考。他不满意以往那种哲学史的写法，即把自有体系的哲学古籍原典分割成一个个的列传式叙述，他要寻求思想本身推移发展的原来面貌，并且阐明其中的历史过程。他所追求的，是对思想自身的历史性考察。因此他把中国古代思想史分成上世、中世、近世，认为上世有“孔门两个学派”和“稷下之学”，中世主要问题是“从儒教到老庄”、“从老庄到佛教”、“道教的成立”，近世的主要问题是“儒学的新倾向”、“佛教的新倾向”等，这些命题都是从思想长河的变迁中探讨其中流变动向。这在当时是全新的视点，对以后的中国思想史的研究也产生了长远影响。

---

① 后来改版时称为《中国思想史》。

他的《思想史》包括了佛教思想，同时涉及道教，这也是一大特色。今天看来，当时对这些内容的分析还不够充分，但在当时以儒教为中心的列传式哲学史，并不重视佛教与道教的思想，武内首次让它们成为中国思想史研究的重要组成部分，其意义极为重大。

武内所以能够形成这些新方法与新视野，要从日本汉学的发展大背景上来看。

日本学者研究中国古籍原典，开始于江户时代，那时称之为“汉学”。明治维新以后，东京帝国大学继承了“汉学”的正统观念和方法，从学科上分为历史、文学和哲学，其中的哲学，主要是以朱子学为代表的宋学。其后创立的京都帝国大学的学者，避开了这一传统，提出了“支那学”的名称以代替“汉学”之名，为当时学术界带来了新风。这种新学风，就是对宋明之学的思辨性学风加以抑制，而将清代考证学的实证方法置于高度地位，以此作为历史科学的方法。以内藤湖南、狩野直喜二教授为中心的京都大学中，有一批学者以及他们早期培养的学生，如后来创办“支那学”的青木正儿、小岛祐马及武内义雄等人，都是这一学派的代表。

武内从狩野直喜那里受到了清代考证学的全面洗礼，而他的原典批判方法则来自内藤湖南。武内学术的形成与京都“支那学派”的形成与发展是不可分割的。内藤是史学家，中国哲学则通过武内而成为中国思想史学，这意味着哲学变成了历史学。传统的汉学主要研究哲学思想，而新的思想史学则要排除从这种纯哲学的研究倾向中产生出来的主观解释，从而追求实证科学的确实性。后来成为京都大学教授的小岛祐马重视思想的社会经济背景，武内则重视对古籍原典的文献批判。他所重视的不是思想本身的哲学性内容，而是思想派别及其推移的历史性研究，因此，树立科学的实证的研究方法，成为他从事学术研究的核心目标，因此可以说他的研究方法的形成正是京都“支那学”的产物。

现在看来，对古籍原典的文献学批判，还是把古籍原典文献作为学术研究的中心，而使学者不能脱离古籍原典文献，若仅是如此，思想史研究就还是有局限的。后来社会学、考古学、民俗学等学科都有很大发展，这就必须在思想史研究中把它们都引入进来作为参考。这就使思想史学的研究，从以往怀疑资料真伪的疑古性质，变成了把零碎资料当作活的思想内容而加以研究的“释古”学风。武内的思想史学当然不是尽善尽美的，但作为学术方法的文献学和训诂考证学，对后来的思想史研究，仍然可以作为基础方法而必须继续保存与发展。武内开创的中国思想史学方法，可以说是日本20世纪东洋学发展史上的重要部分之一。

日本的中国哲学及思想史的研究以及中国学者的相关研究，都曾对研究的方法论进行过大量而深入的讨论。在这方面，武内义雄的方法论及其研究成果，一直受到高度评价。在今天看来，把古籍原典研究中的基础性研究（训诂学、校勘学、目录学）与原典批判结合起来，再与思想史结合起来，这种研究方法对于思想史、文献学都仍然具有重要的启示意义。

二、木村英一对武内义雄《老子》研究的评价

木村英一是日本战后研究《老子》的著名学者，他的《老子的新研究》可以看作武内义雄《老子的研究》的续篇。因此他对武内义雄的《老子》研究进行评价，就具有特别的意义。日本角川书店昭和五十三年(1978)出版《武内义雄全集》时，请木村英一撰写了《武内博士的老子研究》，作为其中第五卷的解说。在这个解说中，木村对武内的《老子》研究做了全面评述，其见解值得中国学者了解和思考。

木村认为武内义雄《老子》研究的最重要成果是《老子原始》（大正十五年，1926）和《老子的研究》（昭和二年，1927），之后又有《老子与庄子》（昭和五年，1930），对《老子》及后来的道家思想提出了独特见解。另外他又在《诸子概说》（昭和十年，1935）和《支那思想史》（昭和十一年，1936）中，把《老子》和道家思想放在诸子百家及中国思想史的整个系统中加以分析。

武内对《老子》文本也有精到的校勘，武内用日文译注而由岩波文库出版的《老子》原文（昭和十三年，1938），是对河上公本《老子》进行绵

密校勘的成果，集中了河上公本系统的各种资料校订之后而确定下来的善本。在《老子的研究》中已对王弼本《老子》进行了校勘，因此武内就对古本《老子》传到今天的两大文本系统都进行了彻底校勘，具有非常重要的意义。

《老子原始》和《老子的研究》各有不同的研究目标，《老子的研究》是对一系列研究的综合成果进行总结，《老子原始》则是总结的基础，其中包括四个问题：《史记》老子传的研究、古籍原典《老子》的文本研究、《老子》五千文的性质研究、《老子原始》的学说研究。

武内义雄在《老子》研究中的特色，是以确实详密的文献学知识作为整个研究的坚实基础。木村认为，阅读中国的古籍原典而欲究明其真相时，有许多问题必须加以解决，归纳起来则为四类基本问题需要综贯思考并不断研究，这四类问题是：

第一，将流传至今的古籍原典恢复原貌的问题。在遥远的古代成书之后一直流传到今天的古籍原典，因不断传诵、传写而有种种变形。必须通过校勘异本和文献学考证，尽量纠正后代出现的变形，订正其中的误脱和错乱，恢复其原貌。

第二，究明原典成书情况的问题。即使能够恢复原典文本的原貌，但若不能考明原典的成书情况，则原典的真相也无法弄清。因为许多古籍原典在成书问题上有种种传说，多与历史事实矛盾。

第三，对原典进行正确解释和理解的问题。即使已复原为原貌的文本，且查明了其成书情况，但若不能清楚地知道原典产生时的语言及历史，也不能正确解释和理解原典的内容。为了正确解释和理解原典，必须了解当时的语言和历史。

第四，解明古籍原典的意义和价值的问题。即使已对原典有了正确的解释和理解，也不能保证彻底究明原典所含有的意义和价值。所以，关于原典形成以来直至今日的复杂而长久的历史过程中的每一时期，这部原典对于人类的文化生活有怎样的意义和价值，以及这些意义和价值在今天又有什么意义和价值，这些问题都应当作为古籍原典研究的终极问题加以研究。这种意义和价值，随着时代和社会的变化而变迁，所以，意义与价值层次上的问题，是古籍原典研究中所包含的具有启示性的广泛的问题。

以上四类基本问题，都应关联起来进行解决。不能只研究其中的一个或一类问题而无视其他。但是，这些问题范围广泛而又复杂多歧，一个学者不可能同时进行研究并完成之，而且学者个人的天分也有不同，社会地位也有不同，所以对同一部古籍原典进行研究时，以怎样的问题、怎样的视角、怎样的方法推进其研究，各人互不相同。如果一个学者对某一类或某一个问题的研究，超过了以往的研究，又为后来的研究开辟了新道路，就可以说开辟了研究的新局面，而具有开拓性意义。

武内的《老子》研究，在《老子》研究甚至是中国古籍原典的研究上，特别是对前述第一类问题（原典复原）尝试了未曾有过的详确探索，形成了杰出的成果，开辟了新的研究局面。对前述第二类问题即关于原典成书情况方面的问题，他也极为关注，因为与第一类问题相关联，于是使第二类问题的研究出现了光明。而对上述第三、第四类问题的研究，他也从专门的角度进行了阐述，成为后来学者的重要参考和启示，而武内最出色的研究成果，从根本上说还是属于第一类和第二类问题的。

关于原典的复原，就《老子》而言，有两个不能不加以解决的问题。

第一，老子被说成先秦道家的开祖，后来又被说成道教的始祖，这个不可思议的人物，其传记见于《史记》，而他的著作有《道德经》。但这些说法，都存在着真伪的问题，需要研究解决。

第二，老子《道德经》的问世，最晚不超过汉初（公元前 2 世纪）①，自此以后的两千年间出现了无数的注释，但现存的诸本中，无论是解释还是文本，都有无法列举的异同。于是又产生了一个问题：其书的原形是怎样的？

武内为了解决第二个问题，充分调查中国及日本自古以来的《老

① 这一观点已经过时，因为中国后来又出土了战国时期的郭店竹简《老子》，证明《老子》作为一部著作，至少在战国时就已形成。不过，竹简《老子》与汉代帛书《老子》等还有着较大的不同，这也说明《老子》这部书的形成不会是一蹴而就的，必然有一个逐步发展完善的过程。从这个意义上说，《老子》其书到汉代才最后定型，这一说法也是有一定道理的。

子》注释书,以慎重的态度对待之,从历史的角度把握这些注释书。这是以往的研究者不能企及的,这方面的成果就是《老子的研究》的附录三“《老子》的注释书”、岩波书库本《老子》附录《日本的老庄学》。将如此众多的注释书加以系统研究,追溯注释所据文本的异同,把后代无数的《老子》文本作为派生之流,弄清了后来的《老子》书存在着四个版本系统:

六朝以前的王弼注本、河上公注本,唐代傅奕古本、开元御注本。

据武内分析,在六朝时,王弼注本和河上公注本已因流传地域和其他情况,各自产生了详、略两个系统的文本,其间又各有若干异本;而傅奕欲以河上公详本为基础,对王弼本进行取舍,做成统一的本子。开元御注本看重河上公略本而欲与王弼本统一,这就使得六朝以后一千多年间的《老子》文本主要就是王弼本和河上公本两个系统。于是武内在实证基础上确立了他的研究方针:对王弼本和河上公本各自的来历进行彻底研究,但对两者采取不同的校正方法,对两者的关系和异同以及基于两者而尽量接近原典的文本之校定等也都努力探究。他又在收于《老子的研究》中的《老子道德经之研究(《道德经析义》)》中,尝试恢复王弼本《老子》原文的善本,再对它进行分析研究,欲求复原《老子》的原典。他又在岩波文库本《老子》中,形成了河上公本的精善校本,在此基础上完成了包含着独特见解的译注。

这些校勘、考证及建立王弼本和河上公本善本的成果,主要是关于古籍原典原貌复原的工作,但其精密和博览、驱使资料的取舍之严正以及研究的过程中的方法之有组织等,都远远超过了前人,形成了独特的研究方法。其中还有许多问题,直到今日也未能解决,但武内都在其研究中多次预见了所存在的问题,并提示了解决的途径,堪称卓见。

关于《史记》老子传的真伪和《老子》成书的来历,武内首先校勘《史记》的异本,以研究其在唐以前的面貌,然后将它与先秦汉初的古文献进行比照,以判定是否合乎历史事实。

据武内的研究,《史记》老子传中只有记载老子子孙系谱的部分可信度较高。它出自与司马迁时代相近的、居于齐地的自称为老子子孙的家族。他再据此而考定了老子生活的时代约在孔子之后约一百年,比孔子的孙子子思及墨子等人稍后，比孟子稍前。他又认为，《老子》不是《史记》老子传中所说的那个老子所著，但既有其书，则必有著者。于是他又分析《老子》的文本并与先秦诸子的文辞和思想进行对照和精读，于是认为在《老子》原文中混入了后人附加的文句和不同性质的文辞。

武内认为，既然相信《老子》是老子所著，则其书一定与老子及其学派有着某种关系。因此他认为《老子》原著是在孔子之后一百年左右的某位称为"老子"之人的著作，但在成书后的流传过程中，又被同一学派的学者加入了并非原书的记述和不同的内容。为了判别《老子》原有的文本与后来人们添加的新文，武内认为可把如下情况当作考证的线索：文脉的混乱、韵文与散文的混合、韵脚不一致等。他认为，人们口中传诵的古代名言大体上都是有韵的文句，而后人附加的部分大体都是无韵的散文。

他的这一见解绝不是轻易提出的，是对前人关于老子的诸多研究成果①作了历史性了解之后才得以提出的。这一说法中确有值得后人重视的东西。总之，这种问题与武内所擅长的目录校勘的文献考证之学是不同层次的问题，还有不少地方存在着不同意见，所以后来的津田左右吉还能针对这些问题提出更优秀的见解。

武内的《老子》研究，其前提是充分掌握了具有悠久历史的中国学者在古籍原典研究中形成的方法及其优点，即最具实证性且极为该博精细的考证学，包括目录学、校勘学、训诂学的方法，在此基础上形成了独具日本特色的研究成果。

以目录学、版本学和校勘学为基础的研究，会因为后来出现新的文本而发生重要变化。但在武内之时，只能看到王注系统本和河上公系统本，而未看到更多的《老子》文本，这是后来的学者应该理解而不能强求于武内的。其后中国学者饶宗颐从敦煌本中发现了六朝写本《老子想尔注》，1956 年发表了《老子想尔注校笺》。1973—1974 年，在中国长沙马王堆三号汉墓中发现了帛书《老子》甲本、乙本。《老子想尔注》据

① 详见武内义雄：《老子的研究》附录一"前人的老子论"，《武内义雄全集》第五卷，角川书店，昭和五十三年(1978)。

传是东汉末张陵之作，而关于其真伪仍要考证。马王堆帛书是公元前2世纪初的写本，是《史记》记载以前的《老子》实物。这都不属于王弼、河上公两系统的版本，更需要必须考究它们与王、河两系统版本之间的关系。近年又陆续发现了先秦、汉代的遗迹和遗物，其中就有不少竹木简和帛书，这意味着中国古籍文献学的研究将有新的发展，甚至对于历史的看法与思考方法，也比以往有了很大变化。因此《老子》研究不能满足于原有的成果。但是，学问的进步，新资料的发现，新角度的提出，绝不意味以往的研究全都无用而可废弃。以往研究中的长处在今后的研究中也绝不会丧失，后来的学者必须在继承前人研究长处的基础上，才能开拓新的研究角度，才能谈到学术进步。所以掌握武内的研究方法，然后推进斯学以取得进步，这正是后学的任务。

武内对《老子》和其他中国古籍及其思想内涵的研究，为世人奉献了丰硕成果，其中体现了他的划时代的研究方法与思路。对于他的研究成果与方法，中国学者还没有深入分析与借鉴，故在今天重新来看他当年的研究方法及相关见解，仍有值得借鉴之处。

（作者为华中师范大学历史文献研究所、道家道教研究中心教授）

老子、庄子的楚文化属性申论

高华平

老子和庄子是传世文献中最重要的两位道家思想家，几乎成了道家的代名词。司马迁的《史记·老子韩非列传》先说“老子者，楚苦县厉乡曲仁里人也”；而后则曰“庄子者，蒙人也，名周”。因为老子所出生的“苦县厉乡曲仁里”，《史记集解》说：“《地理志》曰：‘苦县属陈国。’”庄子出生的“蒙”地，刘向《别录》云：“宋之蒙人也。”班固《汉志》则云：“宋人。”所以，历来既有学者肯定老、庄道家的楚文化性质，也有一些人怀疑老子、庄子属于所谓楚国道家的代表。下面，我们拟就这一问题分别做进一步的考察。

一

以司马迁的记载而怀疑老子、庄子思想属于楚文化的一部分，我认为，问题的关键在于论者对老子和庄子的出生地仅限于自然地理的考察，而没有结合历史文化的要素来理解。

先看老子。

从老子生活时代陈、楚两国的关系来看，陈国本是虞舜后代的聚居地，在今河南省东部及安徽省西北部一带。西周初年分封诸侯时，周武王就把舜的后人妫满找来，让他在陈地奉祀帝舜，这就有了陈国。陈国的第一个国君叫陈胡公。

但是，陈国是一个比较弱小的诸侯国，特别是到了春秋时期，诸侯争霸，周朝都沦为了一个三等小国，何况陈国？楚国在当时已是一霸，吴国向楚国开战就说：“周朝的子孙分封在长江、汉水之间的小国，都被楚国消灭了。”[1]陈国邻近楚国，所以它很早就已成了楚国的附庸国。

公元前600年，陈国的国君叫陈灵公，是一位昏君，竟然和自己的两位大臣一起，去与一位半老徐娘——夏姬通奸。三个淫夫还在一起互开低级的玩笑。臣子说，夏姬已成年的儿子长得像陈灵公；陈灵公则说，夏姬的儿子长得像两位大臣。结果，这不堪入耳的话被夏姬的儿子听到了，他便埋伏在门口射死了陈灵公。而楚庄王则借口讨伐陈国的这位逆贼，率诸侯占领了陈国。楚庄王本想占有陈国，让它变成楚国的一个县（司马迁的“楚国苦县”一说可能由此而来），大臣们纷纷向楚庄王表示祝贺，只有楚国的大臣申叔时不仅不表示祝贺，还对此加以劝阻。《史记·陈杞世家》载申叔时之言说：

> 鄙语有之，牵牛径人田，田主夺之牛。径则有罪矣，夺之牛，不亦甚乎？今王以（夏）征舒为贼弑君，故征兵诸侯，以义伐之，已而取之，以利其地，则后何以令于天下！是以不贺。

楚庄王这才找来陈国国君的后代而恢复了陈国。虽然此时老子和孔子都尚未出生，但从此以后，陈国就好像成了楚国的附庸，楚国稍有不满就想灭掉它。

公元前533年，孔子十九岁，老子约三十九岁。楚灵王看到当时陈国又发生了内乱，就派楚公子弃疾再次灭了陈国。楚平王即位，为了在诸侯中树立自己的良好形象，把逃到国外的陈悼公的孙子找到了，重新恢复陈国。陈国又苟延残喘了几十年。

公元前478年，当时的楚惠王已没有祖先的耐心，最终灭掉了陈国。陈国的故地，成了楚国的属县。这一年，孔子已去世一年，老子约九十三岁。

在老子的一生中，不论陈国是否独立存在，它都只是楚国的一个附庸与属国，其政治、文化上的独立性都是有限的。从这个意义上讲，说老子是陈国人，但又是楚国思想文化的代表，或者说老子是楚国的思想家，都是可以的。

而如果我们把老子的思想和比老子更早或同时代的其他楚国思想

---

① 《史记·楚世家》。

家或哲人的思想相比较,我们也可以看到二者之间的某些相近或相同之处。说老子受到了楚国思想家的某些影响,也是有道理的。

班固的《汉书・艺文志》中在著录《老子》一书的前面,还记载有一部道家的著作,叫《鬻子》。鬻子,名叫鬻熊,是西周时楚国的始祖,曾担任过周文王的老师,周文王也曾向他询问治国之道。南朝萧梁时著名的文学理论家刘勰,在他的《文心雕龙・诸子》篇中说:"至鬻熊知道,而文王咨询,余文遗事,录为《鬻子》。子目肇始,莫先于兹。"

鬻熊是楚人建国的始祖,《鬻子》这部书是诸子之书的开端。但现在我们能见到的《鬻子》一书,已不是班固见到的《鬻子》,而是唐代人从别的书里摘录来的。原来的《鬻子》有很浓厚的道家色彩,所以班固把它归在"道家"一类中。鬻熊所讲的一些话简直可以说与《老子》如出一辙,例如《列子・天瑞》一篇中引申鬻熊的话说:

> ……运转亡已,天地密移,畴觉之哉?故物损于彼者盈于此,成于此者亏于彼。损盈成亏,随世随死。往来相接,间不可省,畴觉之哉?凡一气不顿进,一形不顿亏,亦不觉其成,不觉其亏。亦如人自世至老,貌色智态,亡日不异;皮肤爪发,随世随落,非婴孩时有停而不易也。间不可觉,俟至后知。

鬻子的这些话,与《老子》所说的"道""周行而不殆"(第二十五章),"故有无相生,难易相成,长短相形,高下相倾,音声相和,前后相随。恒也"(第二章)都有相通之处。鬻子在前,老子在后。老子应该受到过鬻子的启发。《列子・黄帝篇》又曾引用鬻熊的话:

> 欲刚,必以柔守之;欲强,必以弱保之。积于柔必刚,积于弱必强。观其所积,必知祸福之乡。强胜不若己,至于若己者刚;柔胜出于己者,其力不可量。

这里不仅与刚才所引《老子》第二章讲矛盾双方互相依存的关系一致,而且还包含有老子所谓"欲取姑与"的思想和关于矛盾双方各向对立面转化的观念。故《列子・天瑞》篇接着记老聃之言曰:"兵强则灭,木强则折。柔弱者生之徒,坚强者死之徒。"而今本《老子》说:

> 反者道之动。(第四十章)
>
> 祸兮,福之所倚;福兮,祸之所伏。(第五十八章)

老子的这些思想里，明显包含有鬻子的智慧。

鬻子之后，楚庄王时庄王本人和他的宰相孙叔敖的言行，似乎也有较多的道家倾向。《史记·楚世家》记载：

(楚庄王)十七年春，楚庄王围郑，三月克之。入自皇门，郑伯肉袒牵羊以逆，曰："孤不天，不能事君，君用怀怒，以及敝邑，孤之罪也。敢不惟命是听！宾之南海，若以臣妾赐诸侯，亦惟命是听。若君不忘厉、宣、桓、武，不绝其社稷，使改事君，孤之愿也，非所敢望也。敢布腹心。"楚群臣曰："王勿许。"庄王曰："其君能下人，必能信用其民，庸可绝乎！"庄王自手旗，左右麾军，引兵去三十里而舍，遂许之平。

在楚庄王的言行中，至少有两点反映出他的道家思想倾向：一是他认为郑君能甘然处下，"受国之诟"，这不仅难得，而且他认为这种行为必然会得到郑国人民的信任，郑国一定能转危为安，保存江山社稷；二是他主动指挥楚军后退，并与郑国讲和。这反映了一种见好就收、谦卑处下的思想。老子曾反复强调水"处众之所恶，故几道"(第八章)；"兵强则灭，木强则折"(第七十六章)；"受国之诟，是谓社稷主；受国之不祥，是谓天下王"(第七十八章)；"大国不过欲兼畜人，小国不过欲入事人。夫两者各得其所欲，大者宜为下"(第六十一章)。这些地方，似乎有楚庄王思想的影子。当时晋国不以道家哲学为原则处理这件事，派大军以救郑的名义与楚军开战，结果被楚国打得大败，一直被赶到黄河北边去了。

孙叔敖曾三次担任楚国的令尹(相当于宰相)，又三次失去官职，他得到令尹职位没有一点喜色，丢了官职也没有忧色。真是超然物外，晏然自处。老子"虽有荣观，燕处超然"，说的好像就是他这个人。《韩非子·喻老篇》说：

楚庄王既胜，狩于河雍，归而赏孙叔敖。孙叔敖请汉间之地，沙石之处。楚邦之法，禄臣再世而收地，唯孙叔敖独在。此不以其邦为收者，瘠也，故九世而祀不绝。故曰："善建不拔，善抱不脱，子孙以其祭祀不辍。"孙叔敖之谓也。

孙叔敖的行为，《淮南子·人间训》概括为"损之而益"。韩非把老子的“善建者不拔，善抱者不脱，子孙以其祭祀世世不辍”的话，说成好像是对孙叔敖行为的概括。但这既可能不符合事实，也似乎并未能准确揭示出孙氏行为所包含的深刻含义——孙叔敖是因为像水那样“处众人之所恶”，才可以“损之而益”的。《老子》第七章说：“是以圣人后其身而身先，外其身而身存。非以其无私邪？故能成其私。”

其实，在《老子》一书中，与楚国历史文化相关的思想内容比比皆是。楚国历来法网颇严，如，楚文王时有《仆区之法》，楚庄王时又有《茅门之法》，等等；但楚国却以“多盗”闻名。楚声王即被盗所杀，《战国策·韩策二》载史疾使楚即说“楚国多盗”，“盗贼公行而弗能禁”。而楚王也承认这一事实。而《老子》第五十七章亦曰：“法令兹彰，盗贼多有。”显然应该是对当时楚国现实的一种概括。又如，《老子》第二章说：“天下皆知美之为美，斯恶已；天下皆知善之为善，斯不善也。”同样的话也出现在郭店简《语丛一》中，曰：“多丽(好)者，亡丽(好)者也。”表达的正是美、丑互相对立和辩证转化的思想观点。

很明显，老子应该是把楚国的这些历史经验和思想智慧吸收到自己的著作中去了，所以《老子》一书才有如此多的反映楚国历史文化和哲学思想的内容，后人也才因此而把老子视为楚国的思想家。

二

再看庄子。我认为，至少可从以下两个方面来看庄子与楚文化的关系。

其一，首先必须要确定此并非是一个纯粹的自然地理的问题，而是一个历史和人文地理的问题。在战国中后期这个诸侯兼并战争不断的历史阶段，许多地域的国籍归属都不可能是固定不变的。庄周应该出生在今河南省商丘市境内的小蒙故城，但在庄周生活的年代，如《战国策·楚策一》所载，楚宣王十七年(公元前353年)因魏围赵，故有“邯郸之难”，而“楚使景舍起兵救赵。邯郸拔，楚取睢、濊之间”。——睢、濊之间的行政归属，变化殊巨。先已归魏，而此时则归于楚——况如《战国策·楚策三》所载“张仪逐惠施于魏”，楚王因“宋王之贤子”，“乃奉惠子而纳之宋”——楚王在宋国安置惠施，竟如在自己国内一样简单——故钱穆有所谓战国中“宋都彭城”之说[1]。这也就是说，以庄子的出生时点论其不在楚国范围，尚不足以否定庄子为楚国道家人物。而且，这里还有一个问题需要注意，即宋国的都城自西周以来就并不在所谓“商丘”。《庄子》书中称“商丘”为“商之丘”，而从来未说过它是“宋都”或“国之都”。《史记·宋微子世家》云：（微子）“作《微子之命》以申之，国于宋。”班固在《汉书·地理志》“梁国·睢阳”下自注：“故宋国，微子所封。”《史记索隐》引《世本》亦曰：“宋更曰睢阳。”这就是说，宋国此时的国都，已不是原来的商之都城。若依唐代李吉甫《元和郡县图志》卷七所云“小蒙故城，（睢阳）县北二十二里，即庄周之故里”的话，那么这个位置应在今商丘市的东南，绝不会跑到其东北去。而此地在庄子在世时即已为楚国所有，如果说以其出生地可称为“宋之蒙人”的话，则其在世的大部分时间的身份归属，自然应称为“楚人”，何必称为“宋人”？

其二，从宋与楚在文化上具有的紧密的血缘关系来看，它们都属于当时的南方文化圈。人们之所以以楚为南方文化的代表，而不以商或宋为南方文化的代表，其一方面可能因为楚国在地理上更偏南方，另一方面则可能是由于战国时期商朝早已灭亡，宋国亦颇为微弱，不足以相标榜。其实，从历史上看，商宋与楚的关系是十分密切的。《诗经·商颂·殷武》曰：“挞彼殷武，奋伐荆楚，罙入其阻，裒荆之旅。”旧说以为此乃高宗时因楚人之反叛而伐之。新近出版的《清华大学藏战国竹简（壹）》中有《楚居》一篇，又记载有楚祖季连晚期曾见“盘庚之子”，并娶其女“比（妣）隹”，生二子[2]。可见商宋与楚频繁交流的密切关系。而商宋与楚国间的这种密切关系，更使得他们在思维方式上也产生了一些相似之处。《左传·哀公六年》记有楚昭王拒绝移灾臣下之事，《史记·楚世家》亦载：

① 根据杨宽考证，宋都彭城当在韩文侯二年（公元前385年）韩文侯“到彭城，执宋君（宋悼公）”之前，比钱穆所说似更早。参见杨宽：《战国史》，上海人民出版社，2003年，第281页。

② 《清华大学藏战国竹简（壹）》，中西书局，2010年。

(楚昭王)二十七年春,吴伐陈,楚昭王救之,军城父。十月,昭王病于军中,有赤云如鸟,夹日而蜚。昭王问周太史,太史曰:"是害于楚王,然可移于将相。"将相闻是言,乃请自以身祷于神。昭王曰:"将相,孤王股肱也,今移祸,庸去是身乎!"弗听……孔子在陈,闻是言,曰:"楚昭王通大道矣。其不失国,宜哉!"

楚昭王二十七年,当公元前489年。然十年之后①,类似故事却又在宋国再次上演了一遍,只不过这次故事的主人公换成了宋国国君——宋景公而已。《吕氏春秋·制乐》详细记载了这件事,但没有事情发生的具体年月,司马迁著《史记》时采用了这一材料,并系之于宋景公三十七年。《史记·宋微子世家》云:

(宋景公)三十七年,楚惠王灭陈。荧惑守心。心,宋之分野也。景公忧之。司星子韦曰:"可移于相。"景公曰:"相,吾之股肱。"曰:"可移于民。"景公曰:"君者待民。"曰:"天高听卑。君有君人之言三,荧惑宜有动。"于是候之,果徙三度。

当自己或自己的守国遇到灾难时,楚昭王和宋景公都宁愿自我牺牲,也不愿将灾祸他移。这种精神,几乎可以用"崇高"一词来加以形容!而楚、宋两国之君都不假思索地做出了同样的选择,又不难见出二人在思维方式上的惊人相似!或许正因为如此,当孔子说"南人有言:人而无恒,不可以作巫医",或"人而无恒,不可以卜筮也"的时候,自来人们都想当然地以为孔子说的一定是"好淫祀、信巫鬼"的"楚人"或"南国之人"②,而新出土的郭店楚简《缁衣》却作:"子曰:'宋人有言曰:人而亡恒,不可为卜筮也,丌(其)古之遗言欤?龟筮犹弗知,而况于人乎?"这就说明:(1)宋人与楚人在当时都是被视为"南人"的;(2)宋人和楚人原有着相同的思想与文化,即都有某种"理性与德性优先的态度"③。

① 此据《史记·十二诸侯年表》。

② 《汉书·地理志》及何晏《论语集解》。案:《论语集解·子路》:"孔曰:'南人,南国之人。'"《楚辞·桔颂》:"受命不迁,生南国兮。"可见,当时之"南国",乃楚国的代名词。

③ 陈来:《古代思想文化的世界——春秋时代的宗教、伦理与社会思想》,生活·读书·新知三联书店,2009年,第68页。

正因为这层关系，所以我们说，不管庄子是“宋人”或“楚人”，实则都应视作楚国道家学派的代表人物之一。

综合以上，我们可以得出结论说，老子、庄子其实都是楚文化的产物，是楚国道家思想的代表人物。

（作者为华中师范大学文学院教授）

庄子提倡的“无用”为否定之否定的产物

张松辉　张　景

“否定之否定”这一命题最早是由黑格尔明确提出的，但这并不意味着中国古代就没有这一思想。庄子提出的最高层次的“无用”主张，就是“否定之否定”后的产物。

一、庄子所有言行的根本目的是追求“有用”

庄子的“无用”思想非常著名，但庄子一生的所作所为，包括他所主张的“无用”，其最终目的还是“有用”。这可以从两个方面予以论证。

首先，庄子作为一位知识渊博的学者，其学习的目的绝对不是追求无用于世，而是想做一名治国大医。“治国去之，乱国就之，医门多疾”①虽然是借孔子之口说出，但绝对不符合真实的孔子思想，因为孔子的主张是：“危邦不入，乱邦不居。天下有道则见，无道则隐。”②孔子不仅是这样说的，而且也是这样做的。《史记・孔子世家》记载：

> 孔子既不得用于卫，将西见赵简子。至于河而闻窦鸣犊、舜华之死也，临河而叹曰：“美哉水，洋洋乎！丘之不济此，命也夫！”③

孔子本计划去晋国，一听说窦鸣犊、舜华两位贤人被晋国执政大臣赵简子所杀，马上见机而作，回车返卫了。因此“医门多疾”的主张只能

---

① 《庄子・人间世》，载《庄子集释》上册，卷一中，中华书局，1961 年，第 132 页。

② 《论语・泰伯》，载《四书章句集注》，中华书局，1983 年，第 106 页。

③ 《史记・孔子世家》，中华书局，2000 年，第 1551 页。

是出自庄子。事实也是如此,《庄子》一书不仅描绘了自己理想的政治蓝图——至德之世,而且还提出了诸如"以刑为体,以礼为翼"①等各种具体政治措施。根据《史记》的记载,早年的庄子还曾当过官员:

周尝为蒙漆园吏。②

出任漆园吏这一事实说明庄子早年还是希望能够在政治上有所作为的,只是由于官场险恶,使庄子不得不退出仕途,走向了隐居之路。就在庄子成为隐士、躲在"僻处自说"③的时候,他照样没有忘怀世事,胡文英评论庄子说:"庄子最是深情。人第知三闾之哀怨,而不知漆园之哀怨有甚于三闾也。盖三闾之哀怨在一国,而漆园之哀在天下;三闾之哀怨在一时,而漆园之哀怨在万世。"④衣服褴褛、乞粮度日的庄子不仅关心时政,而且还在为人类的未来忧心忡忡。

其次,庄子即便是在提倡"无用"的时候,他的目的依然是有用:

山木,自寇也;膏火,自煎也。桂可食,故伐之;漆可用,故割之。人皆知有用之用,而莫知无用之用也。⑤

提倡"无用"的目的还是"有用",这就是他说的"无用之用"。不过这种"用"主要是为了保护个人生命的安全,而不是为了治国。

庄子主张无用之用,应该说是有一定道理的。世俗人都希望自己能够成为一个有用的人,而要想成为有用的人,就必须德才兼备。然而,在一些特殊的情况下,"德才兼备"却会给人带来意想不到的灾难。西汉末年的龚胜就是一位德才兼备、名闻天下的有用之人,当他辞官归家之后,当地的高级官员依然视他为师,行弟子礼。王莽篡位后,为了巩固自己的地位,便派使者和当地官员前去恭请龚胜入朝为官。龚胜耻事二姓,但又不敢坚拒,担心连累家人,不得不在垂暮之年为死亡而绝食长达十四日。他死后,一位前来吊唁的老父就说他是"薰以香自

① 《庄子集释》上册,卷三上,中华书局,1961年,第234页。

② 《史记·老子韩非列传》,中华书局简体字本,第1704页。

③ 《朱子语类》卷一二五,载《朱子全书》第18册,上海古籍出版社、安徽教育出版社,2002年,第3901页。

④ 《庄子独见·庄子论略》,华东师范大学出版社,2011年,第6~7页。

⑤ 《庄子·人间世》,《庄子集释》上册,中华书局,1961年,第186页。

烧，膏以明自销”[①]，龚胜是死于“有用”。类似的事例还很多：

韦仲将能书。魏明帝起殿，欲安榜，使仲将登梯题之。既下，头鬓皓然，因敕儿孙：“勿复学书。”（卫恒《四体书势》曰：“诞（韦诞，字仲将）善楷书，魏宫观多诞所题。明帝立陵霄观，误先钉榜，乃笼盛诞，辘轳长絙引上，使就题之。去地二十五丈，诞甚危惧。乃戒子孙，绝此楷法，著之家令。”）[②]

初，武后诛唐宗室，有才德者先死，惟吴王恪之子郁林侯千里，褊躁无才……故独得免。[③]

韦仲将因为在书法方面有用，为此而损害了自己的健康；唐朝宗室中有才德的人，为自己的才德而付出了自己的生命。庄子就是基于这一现象，提倡“无用”，这也就是被后人所津津乐道的“巧者劳而知者忧，无能者无所求，饱食而敖游”[④]。

当然，庄子的“无用之用”只能算是一种片面的真理，“无用”有得便宜之时，也有吃亏之日，这就是庄子不得不反复修正自己“无用之用”原则的原因。

二、最低层次的“无用”

在《庄子》书中，“无用之人”分为两种，一种是真正的无用，也即低层次的无用；另一种“无用”则是经历了“无用—有用—再回归无用”这一否定之否定过程后的“无用”。在本节中，我们主要讨论低层次的无用。

有关低层次的无用，《庄子》中的事例很多。从植物到动物，再到人，《逍遥游》与《人间世》中都举有例子：

惠子谓庄子曰：“吾有大树，人谓之樗。其大本拥肿而不中绳

① 《汉书・龚胜传》，中华书局，2000 年，第 2311 页。

② 《世说新语・巧艺》，《世说新语校笺》下册，卷下，中华书局，1984 年，第 385 页。

③ 《资治通鉴》卷二百八，载《四库全书》第 308 册，上海古籍出版社，1987 年影印本，第 609 页。

④ 《庄子・列御寇》，《庄子集释》下册，中华书局，1961 年，第 1040 页。

墨，其小枝卷曲而不中规矩，立之涂，匠者不顾。……”庄子曰：“……今子有大树，患其无用，何不树之于无何有之乡，广莫之野，彷徨乎无为其侧，逍遥乎寝卧其下。不夭斤斧，物无害者。无所可用，安所困苦哉！”①

牛之白颡者，与豚之亢鼻者……不可以适河。此皆巫祝以知之矣，所以为不祥也，此乃神人之所以为大祥也。②

惠施的樗树不仅木质不佳，而且从主干到枝条，都长得弯曲歪斜而不中规矩，无可用之处。白额头的牛、高鼻子的猪，被古人视为不祥之物，不可以用来做祭品。然而这些没用的树木与家畜，在庄子看来，刚好是它们的“大用”，因为它们能够凭此而躲过死亡之劫。不仅树木、家畜如此，人也是如此。《人间世》说：

支离疏者，颐隐于脐，肩高于顶，会撮指天，五管在上，两髀为胁。挫针治繲，足以糊口；鼓筴播精，足以食十人。上征武士，则支离攘臂而游于其间；上有大役，则支离以有常疾不受功；上与病者粟，则受三钟与十束薪。夫支离其形者，犹足以养其身，终其天年，又况支离其德者乎！③

支离疏是一位顶级残疾的无用之人，然而他从自己的“无用”之中得到了许多常人无法得到的益处：国家征兵打仗，其他年轻人为躲兵役四处逃避，而支离疏却可以吊臂于征兵官员的面前，毫无顾忌；国家筑城掘河，征调劳役，而支离疏也从不被分配一点劳务。反过来，当国家发放救济物资的时候，支离疏每次都能够得到三钟粮食与十捆柴草。这就是无用的用处。

上文所举的樗树、白额头的牛、高鼻子的猪，以及支离疏，都是真正的无用之物，无用之人，但同时也是低层次的无用。他们可以凭借着自己的无用，得到某种好处，但这并不能保证他们的绝对安全，因为“无用”有时也会为自己带来极大的灾难。《庄子·山木》中那只无用的鹅

---

① 《庄子·逍遥游》，《庄子集释》上册，中华书局，1961年，第39～40页。

② 《庄子·人间世》，《庄子集释》下册，中华书局，1961年，第177页。

③ 《庄子·人间世》，《庄子集释》上册，中华书局，1961年，第180页。

就因为无用而提前被杀了,《战国策·齐策四》也记载赵威后对待无用之人的态度:

於陵子仲尚存乎?是其为人也,上不臣于王,下不治其家,中不索交诸侯。此率民而出于无用者,何为至今不杀乎?①

在一些统治者看来,对于那些无用之人,最好的办法就是把他们清除掉。事实上也正是如此,无论是在和平年代,还是在战争年代,首先被大自然和社会淘汰掉的,往往都是那些低层次的无用之人。正因为如此,庄子"无用之用"的处世原则受到其弟子的挑战。

三、高层次的"无用"

"物竞天择,适者生存",无用之物最有可能会成为自然与社会的淘汰对象,所以庄子"无用之用"的原则受到其弟子的挑战,《庄子·山木》说:

庄子行于山中,见大木,枝叶盛茂。伐木者止其旁而不取也。问其故,曰:"无所可用。"庄子曰:"此木以不材得终其天年。"夫子出于山,舍于故人之家。故人喜,命竖子杀雁而烹之。竖子请曰:"其一能鸣,其一不能鸣,请奚杀?"主人曰:"杀不能鸣者。"明日,弟子问于庄子曰:"昨日山中之木,以不材得终其天年;今主人之雁,以不材死。先生将何处?"庄子笑曰:"周将处夫材与不材之间。材与不材之间,似之而非也,故未免乎累。若夫乘道德而浮游则不然。无誉无訾,一龙一蛇,与时俱化,而无肯专为。"②

这是一个极具戏剧色彩的故事。当庄子带着弟子游山时,看到无用之树不被砍伐,就提醒弟子要记住无用的好处,可当晚那只因为不会鸣叫而失去看家作用的鹅却因此而被烹吃了。面对如此矛盾的现实,尴尬的庄子不得不把自己的"无用"原则修正为"处乎材与不材之间"。

---

① 《战国策·齐策四》,载《四库全书》第406册,上海古籍出版社,1987年影印本,第317页。

② 《庄子集释》中册,卷七上,中华书局,1961年,第668页。

然而庄子马上就意识到这一原则的危险所在:“处乎材与不材之间”的这种骑墙之人,既像有才,又像无才,当有才倒霉时,此人很可能被划入有才之列;当无才倒霉时,此人又极可能被划入无才之列。非鸟非兽的蝙蝠很可能既被认作鸟又被认作兽。于是庄子马上纠正说:“材与不材之间,似之而非也,故未免乎累。”庄子最终提出的处世原则是“一龙一蛇,与时俱化”。该有用时就做一条有用的龙,该无用时就做一条无用的蛇,做龙做蛇,完全根据具体的客观环境而定。

无论是要做到“处乎材与不材之间”,还是要做到“一龙一蛇,与时俱化”,都必需一个前提:此人必须有用!只有有用的人,才能够做到审时度势,屈伸适当,进退自如。《庄子》中的南伯子綦就是如此:

> 南伯子綦游乎商之丘,见大木焉,有异,结驷千乘,隐将芘其所藾。子綦曰:“此何木也哉?此必有异材夫!”仰而视其细枝,则拳曲而不可以为栋梁;俯而视其大根,则轴解而不可以为棺椁;咶其叶,则口烂而为伤;嗅之,则使人狂酲,三日而不已。子綦曰:“此果不材之木也,以至于此其大也。嗟乎,神人以此不材。”①

南伯子綦是一位德才兼备、高名远播的“有用”之人,以至于齐君“一睹我(指子綦),而齐国之众三贺之”②。当这位“有用”之人发现“无用”对自己更有利的时候,于是他就开始掩藏自己的“有用”,而去追求“无用”了。如果说南伯子綦这一人物形象尚属庄子虚构的话,春秋时期的宁武子则是这方面的真实榜样。孔子曾经称赞他说:

> 宁武子,邦有道,则知;邦无道,则愚。其知可及也,其愚不可及也。③

宁武子在政治清明时,就是一个聪明的有用之人;一旦政治混乱,他就变成了一个糊里糊涂的无用之人,真可以说是做到了“一龙一蛇”。历史上这类例子还很多,王绩在《无心子传》中讲无心子以秽行躲避出仕,为什么呢?王绩解释说:

---

① 《庄子集释》上册,卷二中,中华书局,1961年,第177页。

② 《庄子·徐无鬼》,载《庄子集释》下册,中华书局,1961年,第848页。

③ 《论语·公冶长》,载《四书章句集注》,中华书局,1983年,第81页。

> 尔闻蜚廉氏之马说乎？昔者蜚廉氏有二马，一马朱鬣、白毳、龙骼、凤臆，骤驰如舞，终日不释鞍，竟以热死；一者重胫、昂尾、驼颈、貉膝，踶啮善蹶，弃而散诸野，终年肥腯。①

文中的无心子，就是指王绩自己。《唐才子传》卷一说王绩“年十五游长安，谒杨素，一坐服其英敏，目为‘神仙童子’”②。就是这样一位英敏的才子，为躲避战乱和官场的险恶，以酒自秽，苟全性命于乱世。特别是在政治动荡的年代里，这种无用的表现尤为重要。如司空图就是采用“无用”的方法来逃避政治灾难的。唐庄宗时，奸臣当权，有一个名叫柳璨的大臣助纣为虐，想把有名望的大臣一网打尽，以便早日推翻唐王朝，于是就把司空图召到京城任职。司空图在朝堂上装作连笏都拿不住的样子，而且思维糊涂，言行粗野。柳璨认为这样一个行将就木的糊涂老人，不足为虑，就让他退休回家。当时不少朝臣被杀，而司空图因“无用”而终其天年。这就是后人所津津乐道的“难得糊涂”：

> 郑板桥尝书四字于座右曰“难得糊涂”，此极聪明人语也。余谓糊涂人难得聪明，聪明人又难得糊涂，须要于聪明中带一点糊涂，方为处世守身之道。若一味聪明，便生荆棘，必招怨尤，反不如糊涂之为妙用也。③

糊涂人想做到聪明很难，聪明人想做到糊涂也不容易。只有那些大智之人才能够做到“一龙一蛇”，该聪明的时候聪明，该糊涂的时候糊涂。而像支离疏这种真正的、低层次的无用之人，就只能做到无用，需要有用的时候，他就无能为力了。

四、否定之否定的“无用”过程

从以上论述可以看出，庄子所主张的最高层次的“无用”，实际上是经历了三个阶段而后形成的：

---

① 《无心子传》，《东皋子集》，上海古籍出版社，1992 年影印本，第 21 页。

② 《唐才子传》卷一，载《唐才子传全译》，贵州人民出版社，1995 年，第 25 页。

③ 《履园丛话》卷二十四。

无用(低层次无用)—有用—无用(高层次无用)

可以说,每个人刚刚来到人世间的时候,都是无用之人。随着年龄的增长,由于主观与客观等各种原因,有些人成为有用之人,而有些则成为无用之人(相对的)。在有用之人中,有的人一直“有用”到人生的终点,而还有一些人发现“有用”对自己不利的时候,便装起“无用”之人。

低层次的无用之人,可能在许多时候得到了便宜,但这种便宜是偶然得到的,属于“侥幸而中”。在正常情况下,低层次的无用之人是最容易被自然和社会所遗弃的人。因此,没有多少人真正愿意做一个无用之人。

有用的人,如果无论任何情况下都坚持有用,有时也会吃亏。像我们前面提到的龚胜就是一例,另外历史上的王子比干也是如此。他们持守一端,坚持己见,在“知其不可”的情况下,依然为之。这些人对社会是可贵的,但对个人来说,往往会成为悲剧的主角。

经过否定之否定以后的“无用”,才会为自己带来真正的“有用”。如与王子比干同时的微子和箕子就是如此,当他们意识到“无能为”的时候,一个抽身逃亡,一个佯狂为奴,成了“无用”之人。然而“无用”只是他们的权宜之计,是他们在争取喘息的机会,一旦时机成熟,他们就分别成为宋国与朝鲜的始封君,于是又成了有用之人。

因此,我们在讨论庄子“无用”主张的时候,一定要分清楚“无用”的层次。虽然庄子多次使用低层次无用之物为例以说明“无用之用”,但从庄子的整体思想来看,他最终是主张高层次的“无用”。唐代大珠慧海禅师讲过一段非常有启发意义的话:

> 讲华严座主问:“禅师信无情是佛否?”师曰:“不信。若无情是佛者,活人应不如死人,死驴死狗亦应胜于活人。经云:佛身者,即法身也。从戒定慧生,从三明六通生,从一切善法生。若说无情是佛者,大德如今便死,应作佛去。”①

① 《景德传灯录》卷二十八,载《中华大藏经》第74册,中华书局,1994年影印本,第358页。

圣人无情是庄子的一个命题，后来禅宗也主张无情即佛。但这里说的“无情”，不是低层次的无情，如果是泛指一般意义上的无情，正像慧海说的那样，死人、死驴、死狗都胜于活人，都成佛成祖了。同样的道理，如果“无用”就是“神人”的表现，那么白额头的牛、高鼻梁的猪、弯腰驼背的支离疏也都成“神人”了。

（作者张松辉为湖南大学岳麓书院教授，张景为湖南大学岳麓书院博士生）

《老子》中的“自”

王志楣

一、前言

“自然”一词是道家老、庄的核心概念，尽管历来的研究者对“自然”有不同的诠解，但不能否认“自然”与道家作为宇宙根源的“道”，普遍被认为同是老子最重要的哲学概念。王弼亦曾说过：“道不违自然，乃得其性……自然者，无称之言、穷极之词也……”[①]言下之意，“自然”已代表老子思想根本究竟性意义，也是“道”的价值展现。

“自然”一词在《老子》中共出现五次[②]，不过，由“自”所构成的词汇如自化、自正、自富、自朴、自均、自见、自是等等则分别出现于十六个篇章，共达三十一次之多[③]，“自然”仅属其中之一。本文以为，“自然”或其他的自化、自正等语词均是以“自”为基本概念，后面再加上形容词或动词，因此，无论是自然或自化，均离不开“自”的界定，故若能厘清“自”的意涵，则《老子》中相关词汇所涉及的思想都可根据“自”而获得掌握。然而，学界向以“自然”为研究核心，鲜有单独对“自”进行探

---

① ［魏］王弼注：《老子》二十五章，第22页。本文引《老子》与王弼注之版本皆据《老子四种》，大安出版社，1999年。以下行文引《老子》时，皆只随文标示篇章，不再另行作注。

② “自然”分别见于《老子》十七章“百姓皆谓我自然”、二十三章“希言自然”、二十五章“道法自然”、五十一章“夫莫之命而常自然”、六十四章“辅万物之自然而不敢为”。

③ 《老子》中有关“自”之三十一处语词，除上述五个“自然”外，其他分别见于：七章“不自生”、九章“自遗其咎”、二十二章“不自见、不自是、不自伐、不自矜”、二十四章“自见、自是、自伐、自矜”、三十二章“自宾、自均”、三十三章“自知、自胜”、三十四章“不自为大”、三十七章“自化、自定”、三十九章“自谓”、五十七章“自化、自正、自富、自朴”、七十二章“自知不自见，自爱不自贵”。

讨，是以本文拟从对“自”在文献中的追本溯源开始，进而延伸于“自”所涉及的相关理论进行剖析，希望从本质上的揭示，更能准确地诠解《老子》最基本的精神意义。此外，在“自”的个体自由基础上，如何产生自我约束的品格，如何达到克己修养的境界，这些都是本文欲寻绎探索的。

二、“自”义溯源

《老子》中并未对“自”多所着墨，根据辞书了解，“自”起源甚早，甲骨文、金文即有“自”字。《说文·自部》云“自，鼻也，象鼻形”。知指称自己的“自”是“鼻”的初文，而“鼻”是“自”之后起形声字①。另外《说文·王部》还有“自，始也”之说。故从上述字源知“自”应具有两层含义：一是代名词，表示第一人称，相当于自己、本身之意，《集韵·至韵》即有“自，己也”之说；二是开始之意，《说文通训定声·履部》亦有“‘自’之通训当为‘始’”之说。

“自”的含义，不仅有突出个体自我的概念，而且还内蕴着生命精神的范畴，从《老子》的自然、自化到庄子的自本自根（《大宗师》），可谓都是以“自”为根源，尤其是为老、庄所重的“自然”②。自然即自己而然，指回到生命本身存在为本位，保持存在之本然状态，只有尊重个体、重视个体，才能保持个体的本性，任由存在之本性自由发展，故以“自”为本，必可导出自主、自由发展的个体平等价值取向。故有学者云，老庄道家的自由是充满天性绽放的本性自由，属没有受人为伦理道德色彩固着的纯任自然③。

---

① 曾宪通、林志强：《汉字源流》，中山大学出版社，2011年，第37页。

② 刘笑敢先生以自发性、原初性、延续性和可预见性四个方面界定自然意涵，其内容均离不开“自”之本义。参见刘笑敢：《老子古今》上卷，中国社会科学出版社，2006年，第290～292页。

③ 付粉鸽：《自然与自由——老庄生命哲学研究》，人民出版社，2010年，第290页。

三、“自”所涉及之生存动力[①]

道家老子之“自”义以人之自我为基本原则，强调不牺牲个体以保障群体，不过其终极价值的“道法自然”，仍在于提升个体与宇宙整体的有机和谐，刘笑敢先生即表示过：

> 老子之自然作为价值、原则就包括对一切生存个体的尊重、关心和爱护。“辅万物之自然”就是不仅照顾、关切整体的发展，而且要让一草一木、一家一户、一乡一邑、一邦一国都有正常发展的环境和空间。[②]

换言之，生命的价值就是要让天地万物都能获得自我与他者的生命纾展，刘笑敢先生并强调人类整体状况和谐的最高目标，就是人类与宇宙的总体关系和谐，而这种终极关切会对生存个体提供道德上的制约和价值上的引导[③]。

可见以个人理想为轴心，生命会与他者交相牵动着不同的范围扩展，在《思考的原理》中，作者罗恩·贺伯特先生也曾精确地将生命存在的动力分成八个层次，简述如下[④]：

第一动力，以个人本身形式朝向存在的渴望。有个体性完整的呈现。这个动力可以称为自我动力。

第二动力，以性活动朝向存在的渴望，包括养育子女的家庭单位。这个动力可以称为性动力。

第三动力，以团体形式朝向存在的渴望，任何团体，学校、社会、城

① 这里所称之生存动力，是指生命本自有对存在状况的种种渴望、驱动力、冲力等，故称之为动力，也就是动机、理想。参见罗恩·贺伯特著，山达基台湾海洋机构译：《思考的原理》，快乐出版事业有限公司，2008年，第37页。罗恩·贺伯特(1911—1986)为美籍作家、思想家，亦为山达基(Scientology)创始者，其身心灵方面的著作等身，早期哲学代表作、强调可以科学的方法探索形上心灵的《戴尼提》曾连续150周蝉联纽约时报出版社畅销书排行榜。

② 刘笑敢：《老子古今》上卷，中国社会科学出版社，2006年，第55页。

③ 刘笑敢：《老子古今》上卷，中国社会科学出版社，2006年，第56～57页。

④ 罗恩·贺伯特著，山达基台湾海洋机构译：《思考的原理》，快乐出版事业有限公司，2008年，第38～39页。

镇、国家、种族等都可视为第三动力的一部分。这个动力可以称为团体动力。

第四动力,以人类的形式朝向存在的渴望,全人类即可视为第四动力,这个动力可以称为人类动力。

第五动力,朝向生物界之存在的渴望。这个动力包含了所有生物,无论是动物或植物如海中的鱼类、原野森林中的兽类、花草树木,或任何受生命直接而密切驱使的东西。这个动力可以称为生物动力。

第六动力,以物质宇宙的形式朝向存在的渴望。物质宇宙由物质、能量、时间、空间所组成,称为质能时空。这个动力可以称为宇宙动力。

第七动力,以灵魂(即精神)的形式朝向存在。这个动力可以称为灵魂动力。

第八动力,以无限(∞)的形式朝向存在的渴望。这个动力可以称为无限动力或神的动力。

关于八大动力,彼此各有其重要性,不能绝对说哪一个动力更重要,不过借由观察一个人在各个动力的参与情况,可以了解其生命能力的指标。若依八大动力为标准,儒家强调的修身齐家治国平天下,算是达到了第四动力;而道家的人法地,地法天,天法道,道法自然,则最少属于第六动力以上的范围了。

四、自我意识下的人性与道德

在生存动力的原则下,如何善待自己的生命和善待他人的生命,在道家看来显然是一个最为重要的价值意识,因重生守道可以使人身心舒畅、心旷神怡,产生深刻而高远的幸福感和快乐感,从而彰显出利人利己的生命价值和社会道德意义①,如同八十一章所言“既以为人己愈有,既以与人己愈多。天之道,利而不害”。这其间牵涉到道家的人性论与道德观:

① 欧阳建平:《试论老庄生命伦理思想》,《道德与文明》2012 年第 3 期,第 145 页。

（一）人性原善论

《老子》中虽未出现所谓人性议题论述，但因老子说过“孔德之容，惟道是从”（二十一章），表示包括人在内的万物本性都与大道若合符节，而众所周知，道性是清静无为，则合于道的人性本然必也是清静无为，对于这个最初的清静人性，“我们不妨把这种品性称之为性善”①，《老子》中又把这种原始本性的状态称为“素”、“朴”②；也被形容为婴儿，多次要人们回复到婴儿淳朴本性③，婴儿性格因没有受过社会污染，保持了最初的状态，被老子认为就是最好的状态④。

能达成这种素朴的自然人性，即是具备所谓的“自由的道德”⑤，也就是指个体唯能自由才是符合道德的。在道家看来，“自由”作为“上德”（“不德”）的内容，是与通常所谓之道德（下德）对立不兼容的⑥，甚至唯有通过对规范体系构成的道德束缚全面扬弃，主体才是真正的得到自由。不过，虽然把主体意识的自由推至极致，但因道家老子是以“无为”之德的挺立来超越道德规范的束缚，因此对道德规范的扬弃并不会与社会人伦秩序相违背，“无不为”也不是毫无规律性可言的状态，而是体现一种自然秩序即“天伦”。学者在分析道家老子这种自由道德的特质时表示：

它不是主体自由意志的向外无限扩张，不是一般自然主义的自由

① 张松辉：《老子研究》。张松辉指出，庄子对人性问题讲得比较清楚，明确认为人的本性为善，参见《庄子·骈拇》，人民出版社，2009年，第104页。

② 《老子》十九章有“见素抱朴”，二十八章有“朴散则为器”，素为布之初、朴为木之始，皆强调本来、初始义。

③ 素、朴是物之初，婴儿是人之初，《老子》中以婴儿为喻者见于十章“专气致柔能婴儿乎？”、二十章“我独泊兮其未兆，如婴儿之未孩”、二十八章“常德不离，复归于婴儿”、五十五章“含德之厚，比于赤子”。

④ 张松辉：《老子研究》，参见《庄子·骈拇》，人民出版社，2009年，第105页。

⑤ 陈科华：《道德的自由与自由的道德》，《南昌大学学报》2000年第3期，第41页。

⑥ 《老子》三十八章中的“下德”可视为一般世俗桎梏性道德，与“上德”相对，“下德”虽不“失德”但却失道，它虽为抑恶而生，却也常成为统治者为恶的工具，会对素朴的人类残生损性，故是“无德”的。

论的为所欲为，道家的自由因为是以无知无欲的人之初性即婴儿心为具体内涵，所以道家的尽性虽是为所欲为，但却是无为的，即它不会构成对社会的破坏影响，它也同一般的主观唯心主义夸大自由意志对客观环境的作用不同……这一点也就决定了道家的自然人性论不可能走得太远，它同样难以将自然人性中的那些需要通过转换才能同天伦相沟通的自然需要纳入自己的视野，而只可能将无知无欲的素朴之性当作民之常性①。

就因为老子认为人的天然本性是完美无缺的②，所以人可以有自化、自正、自富、自知、自胜的能力，可见老子原则上不反对有利于自身发展的一切事务，但在此也不免要追问，既然"道"是绝对的永恒存在，那么后来又何以会丧失("大道废")呢？合于天道的人性道德后来何以又会下滑堕落？

(二)道德的滑落

历来学者虽对此问题做过许多探究，不过，《老子》中并无明显的内容说明，若据十八章"大道废有仁义。智慧出有大伪。六亲不和有孝慈，国家昏乱有忠臣"，及三十八章中所言"故失道而后德，失德而后仁，失仁而后义，失义而后礼，夫礼者，忠信之薄而乱之首"看来，老子只刻画出一个历史上品德与常道日渐疏离的过程，即从本是符合道德的人间走向失去道德而提倡忠孝仁义的社会，再到失去忠孝仁义而提倡礼制的社会，再到礼制不起作用而使用刑罚军事的社会，最后是混乱不堪不可救药的社会③。每况愈下，终究导致品德下滑的结果。

大道废的因素无论是出于欲望还是知识、教化，马德邻先生认为从世界历史的进程综合观之，文明的每一个进步，对于人之自由本性都不外是一个逐渐异化的过程，从老子认为的理想国到以后的社会演变，就

---

① 陈科华：《道德的自由与自由的道德》，《南昌大学学报》2000年第3期，第41页。

② 老子全身保真的自然人性与告子、荀子的自然人性论不同，告子是强调食、色性也的生之为性，而荀子则视此天生之性为恶。

③ 参考张松辉：《老子研究》，参见《庄子·骈拇》，人民出版社，2009年，第112页。

是一个“道”丧失的过程。老子已从历史的发展中看到人性的失落，只是在他生活的那个时代，没有做出思想的表述。不过，异化、疏离并不意味着会永远彻底地失去，随着破坏原因的根除，人性道德仍然得以回复，马德邻表示，在《老子》中的一些描述性意义、具道德评价性语言，即为自然德性的确立透露出伏笔①。值得注意的是，《老子》在道德语境中常使用一些不带有赞许功能的词汇来表达其价值取向，如四十一章：

上德若谷，大白若辱。广德若不足，建德若偷，质真若渝。大方无隅，大器晚成，大音希声，大象无形，道隐无名。

其中，谷、辱、不足、偷、渝等，看似与正面意义相反，实欲表达的讯息就是以德进道，亦即先培养自己的自然德性，积德以得道；而与“自”有关者如不自生、不自见、不自伐、不自矜、不自贵、不自为大亦类同此相反相成之理。

五、自我完成之工夫

合“道”乃老子理想人格与社会图景，认为如能“以道莅天下，其鬼不神”（六十章），意指合道则鬼魅都无法作祟了，换言之，主导天地万物的是大道，而大道是人可以掌握的，只是“大道甚夷而民好径”（五十三章），众人多步上偏差歧途，可见老子确认自身的幸福与国家社稷的治乱，完全取决于自我能否走在康庄大道上，本文将老子对自我的完成与发挥归纳成以下工夫：

（一）理性的自觉

自由在道家虽蕴含有自然而然、自我决定意味，具有较浓厚的感性与经验成分，但自我理想的完成与保持，仍需赖理性的自觉意识来升华。马德邻先生也引用亚里士多德对理性的看法说，正确的行为必须遵循适当的理性原则，而这种实践的智慧不是天赋的，但也不违背人的天性，是自然赋予人的潜在能力，这种自觉能力由于习惯完善起来，如

① 马德邻：《老子形上思想研究》，学林出版社，2003年，第109～113页。

通过公正的行为而变得公正，通过勇敢的行为而变得勇敢，它可使人的情感、欲望和嗜好等非理性的部分服从理性的指导，能判断人的行为中什么是正当的。正确自觉地选择道德行为，就可成为一个灵魂善良、身体健康的人，这就是道德和幸福①。若据此观之，《老子》里面展现出人之主体对道有正面的建构能力者有自正、自化、自朴、自知、自定、自爱、自胜，也有对负面品格的自我觉察能力，如不自生、不自见、不自是、不自伐、不自矜、不自为大、不自贵。

这与儒家孔孟强调的性善论不同，虽然儒、道二家都强调人性主体的价值，如孔子曰"我欲仁，斯仁至矣"《论语·述而》，但儒家是以道德为出发点（四端），只有通过道德的途径范围才能达成自我价值的理想，是一种经由伦理规范的进路而来，若儒家舍弃其道德规范而欲实现合于儒家个体自我的价值，则理论上实无可能性，这是因为儒家忽略了人性中非道德的自由意识部分，甚至于将此部分与道德对立起来，这就会使得主体自由意识的成分变得非常稀薄，这也是儒、道二家的根本区别。

（二）致虚守静的内外观

《老子》首章即指出识道的方法为观无和观有二种"常无欲以观其妙，常有欲以观其徼"，以"观无"的方式识道，则可掌握事物本体的神妙；"观有"则是透过感官与经验来理解，观无、观有虽同为识道方法，但不能否认《老子》中对"观无"有较多的陈述，如十四章的"不见、不闻、不得"亦是形容观道的"无状之状"。

以"观无"的取向体道就不会向外界求索收获，否则"其出弥远，其知弥少"（四十七章）。它是属于一种回返自身、内化性的活动，如同五十二章强调的要"塞其兑、闭其门"，因为常人心灵主要功能已习惯溺于意欲、思考、感官，难以抽离超越，而这些感知内容恰是心灵对外界的好恶、是非等等做各样的区分选择，如此人们就不易回归原初虚静的本然之性，是以恢复本我的工夫首先即在于向内的返本复初，以解构以往世

① 马德邻：《老子形上思想研究》，学林出版社，2003年，第113～114页。

俗义的世界观，故老子要人“绝圣弃智，绝仁弃义，绝巧弃利”①，其意义不外要世人将对外事物的注意力转向对自我内在世界的关注。在此，相对于“内”的“外”，可以理解为“去除人为或社会性”，内观所要达到的自知，具有不假中介的直观性，对聪明智慧可重新界定，所谓“自知者明”（三十三章）、“复归其明”（五十二章），即是将自我引入得道的过程；一个达到内修有成的主体，已全然消解偏执的小我及固着的社会意志，而随时可以不假外求地自由拥有当下的感受与满足。

若据老子“反者道之动”（四十章）的物极必反之理，相对于内观，外观也就有其必要性了，五十二章即有“既得其母，以知其子；既知其子，复守其母”之说，即指人识本体之道，但若不知现象界，则道便落空；若偏重外在现实不知本体，也易形成无根的虚幻人生。“塞其兑，闭其门”收视返听的内观目的，本在拉回分散于外界的注意力，使心神能集中于自身本体，但若过于陷溺其中，反可能使注意力因紧绷而固着于内部，使人内缩馁怯，产生茫然虚幻感觉，不但缺乏对现实生活的真实感，亦限制了个人与宇宙的整体流动、沟通，形成没有兴趣与能力面对周遭一切，即使面对，也会减少了自我主导性、降低对人和事物的亲和力、拥有感，所以外观的重要，就是能把内缩的注意力再释放于生活周遭世界，做个具有正确观察环境的人②，因此老子才会说“万物并作，吾以观复”（十六章）、“以身观身，以家观家，以乡观乡，以国观国，以天下观天下”（五十四章），如实观照、泰然自若面对万物，保持与宇宙和谐一体的能力，即是“知常容，容乃公，公乃王，王乃天，天乃道，道乃久，没身不殆”（十六章）的境界。

综言之，人因有禀道的质素，透过内、外观的修养工夫，即可体证人、道合一，故识道体道的终极，也就是自我主体的实践，并重新确认本来具足的自由与道德。

① 郭店出土版本《老子》十九章则是绝智弃辩、绝巧弃利、绝伪弃虑。不过，其亦不违背本文意义。

② 罗恩·贺伯特著，山达基台湾海洋机构译：《工作的问题》，快乐出版事业有限公司，2008年，第107～117页。

六、结语

虽然《老子》中提到许多无知、无欲、不争、无为，乍看似在贬抑人性主体，但从本文上述可知，实际上从道家老子起才开始萌芽关注自我本身，在老子眼中，显然人在发生学意义上是自由的，老子在指出人法地、法天、法道的同时，亦呈现出主体对他人、对社会、对物质世界的态度与境界，这属于伦理、认识、审美的综合判断，表现出人与宇宙关系的集合[①]。梁漱溟先生亦曾说“我们不待有我就去讲无我，不待个性伸展就去讲屈己让人，所以至今还未曾从权威底下解放出来”[②]。梁氏与老子同样对世俗偏执的否定性审视，在今日看来仍富有启发意义。

人只有抖落固着的外在束缚，回到清静自身、靠自我的觉察和行为实践才能超越自己，这也是作为所有生命演化发展的最高形式人类，与其他一切较低形式生命物种的最大区别，这样人类才能通过自我的改变，并按照最有利于自身生存的方式调整和重构自己和宇宙的关系，保持彼此间的和谐与动态平衡。这种根植于己身本然且超越于自我的能力，是真正值得珍贵的东西。

（作者为台湾政治大学中文系教授）

---

① 张晓光：《道家“自然”概念的意义及对当代生态文明的启示》，《长白学刊》2011 年第 6 期，第 11 页。

② 梁漱溟：《东西文化及其哲学》，里仁书局，1983 年，第 46 页。

《老子》第 39 章新研

曹　峰

引　言

《老子》第 39 章,是《老子》中非常重要的一章,尤其这一章的上半部分,论述的是"道"作为本体的绝对地位与作用,这个本体没有使用"道"之名称,而是用"一"来表示,这是值得重视的一个问题①。但是,本文想要讨论的是另外一个问题,那就是对第 39 章的文章结构和思想结构如何加以诠释,尤其是对"致数舆无舆"以及最后一段话如何加以诠释。第 39 章王弼本如下所示:

> 昔之得一者,天得一以清,地得一以宁,神得一以灵,谷得一以盈,万物得一以生,侯王得一以为天下贞。其致之,天无以清将恐裂,地无以宁将恐发,神无以灵将恐歇,谷无以盈将恐竭,万物无以生将恐灭,侯王无以贵高将恐蹶。
>
> 故贵以贱为本,高以下为基。是以侯王自谓孤、寡、不穀。此非以贱为本邪? 非乎?
>
> 故致数舆无舆。不欲琭琭如玉,珞珞如石。

这一章,如上所示,可以分作上、中、下三段。郭店楚简此章无,除一些文字差异外,马王堆帛书《老子》甲、乙本,北大汉简本,河上公本,严遵本,傅奕本等重要版本均大致相同。这说明,第 39 章的结构基本上是稳定的。但是,上段"昔之得一者……侯王无以贵高将恐蹶"这部

① 对这个问题,刘笑敢有比较详细的归纳。参见刘笑敢:《老子古今》上册,中国社会科学出版社,2006 年,第 413～415 页。

分作为一种本体论，似乎很难导出后面关于谦卑不争的工夫论或者说实践论。换言之，第39章前后的内容，在思想逻辑上并不具有一贯性。那么，应该如何给予合理解释呢？这里首先提出结论。第一，我们要把第39、40、42章作为一个整体来考虑，将第39章放在这个大环境下来分析。第二，中段“贵以贱为本，高以下为基”以及“侯王自谓孤、寡、不毂”作为一种工夫论，很可能是与第40章“弱者道之用”相应的，第42章的“人之所恶，唯孤、寡、不毂，而王公以为称。故物或损之而益，或益之而损”也是如此。第三，下段“故致数舆无舆”的“舆”应该作“车”解，第39章下段不应该视为谦卑不争的工夫论，这部分内容和上段“一”的本体论思想是呼应的。

一、第39章、第40章、第42章是一个整体

第39章是否存在错简，自古就有人提出疑问。姚鼐认为，第42章“道生一”到“冲气以为和”25字应该在本章“昔之得一者”之上。“故贵以贱为本”的“故”是衍文，从“贵以贱为本”到“非乎”29字，应在第42章“人之所恶”上。马叙伦继承姚鼐观点，进而提出，第40章的“天下万物生于有，有生于无”和第42章的“道生一，一生二，二生三，三生万物。万物负阴而抱阳，冲气以为和”都应该并到第39章来。再把“贵以贱为本”到“珞珞如石”的这部分并到第42章去①。马叙伦没有说明，具体段落应该如何布置，依笔者的想象，或许是这样一个格局吧。

第39章：

天下万物生于有，有生于无。

道生一，一生二，二生三，三生万物。万物负阴而抱阳，冲气以为和。

昔之得一者，天得一以清，地得一以宁，神得一以灵，谷得一以盈，万物得一以生，侯王得一以为天下贞。其致之，天无以清将恐裂，地无以宁将恐发，神无以灵将恐歇，谷无以盈将恐竭，万物无以

① 马叙伦：《老子校诂》，中华书局，1974年。

生将恐灭,侯王无以贵高将恐蹶。

第 42 章:

贵以贱为本,高以下为基。是以侯王自谓孤、寡、不榖。此非以贱为本邪? 非乎? 故致数舆无舆。不欲琭琭如玉,珞珞如石。

人之所恶,唯孤、寡、不榖,而王公以为称。故物或损之而益,或益之而损。人之所教,我亦教之。强梁者不得其死,吾将以为教父。

也就是说,马叙伦设计的第 39 章完全成了"道"的生成论和本体论①。第 42 章完全成了谦卑不争的工夫论和实践论。然而,马王堆帛书以及北大汉简本的出土证明,至少在西汉初,《老子》已经是现在的格局,因此,姚鼐、马叙伦等人的调整,只是想象的结果,事实未必如此。

但是,姚鼐、马叙伦等人的研究仍然给我们很大的启发,第 39 章和第 42 章存在非常类似的结构,即本体论(如第 39 章)和本根论、本源论、生成论(如第 42 章)之后,都出现了"侯王"、"王公"自称"孤、寡、不穀"的话题,都强调自我贬损、谦下不争的重要性。因此,这两章存在亲缘关系,放在一起讨论是应该的。不仅这两章,第 39 章、第 40 章、第 42 章也可以视为一个整体②。第 40 章的"反者道之动"说的是事物一定会向着相反方向发展运动,这就是"道之动",依据这样一种必然性,老子进一步推出"道"的作用方式或者说人对"道"作用方式的领悟和运用,所以下一句就是"弱者道之用",就是说在构成事物的相反相承的两个侧面中,老子更强调居于弱势的一面。当事物的运行轨迹即将到达发展的顶点时,老子告诉你需要努力延缓发展的速度,设法改变发展的方向,以避免极限的降临;当事物的运行轨迹已经到达发展的顶点时,老子告诉你甚至需要不惜牺牲利益或尊严,以避免衰退的开始。或者从一开始就留出让步的空间,保持伸展的余地,这就是刻意求"弱"的"道之用"。王弼对于"反者道之动"一句,正是用第 39 章"贵以贱为本,

① 这种设计恐怕难以成立,因为强调"一"之本体论的内容,和"一"之上再加上"道"的"道生一"的内容,不可能在同一章节。

② 当然第 43 章也与之有关,"天下之至柔"延续了"柔弱"的话题。

高以下为基”来解释的，“高以下为基，贵以贱为本，有以无为用，此其反也”①。

如果将第 39 章、第 40 章、第 42 章作为一个整体来考虑，那么，或许在历史上，这三章有可能是合在一起的。这样的话，如果将第 39 章、第 42 章的部分内容，看作是与第 40 章相对应的，也没有什么不合适。

二、第 39 章上段和中段是否对应

从现在第 39 章和第 42 章的内在结构来看，其逻辑展开，都显得比较生硬。第 39 章上段论述万物因为“一”而得以生成、存在和运动。天地、神灵、河流、万物、侯王，对人类而言，几乎都是最为重要的存在，甚至有时天、地、神灵被直接看作是人的生成者、主宰者；老子却认为，即便贵为天、地、神灵也不过是万物之一，只不过是较为特殊的存在而已，“道”则超越这些存在，成为万物的生成者、主宰者、发动者和引领者，而且，得“道”则昌，失“道”则亡。我们暂且不论这里为何一定要用“一”而不用“道”，如果把“一”直接等同于“道”，把“天地”等存在视为万物，那么可以说这段话体现的就是“道”“物”二分的本体论。在道家文献中，为了论证“道”（或“一”、“无为”）相对于“万物”所具有的不可思议的作用，类似“得……以……”的语言表达方式被大量使用，例如，《庄子·大宗师》中有：

> 夫道，有情有信，无为无形；可传而不可受，可得而不可见；自本自根，未有天地，自古以固存；神鬼神帝，生天生地；在太极之上而不为高，在六极之下而不为深；先天地生而不为久，长于上古而不为老；狶韦氏得之，以挈天地；伏羲氏得之，以袭气母；维斗得之，终古不忒；日月得之，终古不息；堪坏得之，以袭昆仑；冯夷得之，以游大川；肩吾得之，以处大山；黄帝得之，以登云天；颛顼得之，以处玄宫；禺强得之，立乎北极；西王母得之，坐乎少广，莫知其始，莫知其终；彭祖得之，上及有虞，下及五伯；傅说得之，以相武丁，奄有天

① 楼宇烈校释：《王弼集校释》，中华书局，1980 年，第 109 页。

下，乘东维，骑箕尾，而比于列星。

《庄子·至乐》中有：

天无为以之清，地无为以之宁。

上海博物馆藏战国楚竹书《凡物流形》中有：

是故有一，天下无不有；无一，天下亦无一有。无[目]而知名，无耳而闻声。草木得之以生，禽兽得之以鸣，远之步(薄)天，迩之矢(施)人。①

马王堆帛书《黄帝四经·道原》中有：

小以成小，大以成大。……鸟得而蜚(飞)，鱼得而流(游)，兽得而走，万物得之以生，百事得之以成。人皆以之，莫知其名。人皆用之，莫见其刑(形)。②

《韩非子·解老》中有：

道者，万物之所以成也。……天得之以高，地得之以藏，维斗得之以成其威，日月得之以恒其光，五常得之以常其位，列星得之以端其行，四时得之以御其变气，轩辕得之以擅四方，赤松得之以天地统，圣人得之以成文章。……万物得之以死、得之以生，万事得之以败、得之以成。

《淮南子·原道》中有：

夫道者……山以之高，渊以之深，兽以之走，鸟以之飞，日月以之明，星历以之行，麟以之游，凤以之翔。

如果不限于“得……以……”、“以之”，那么，类似的话还可以找出许多，道家以这类特殊的、夸张的语气竭力渲染“道”无上的地位、作用与功能。然而，可以证明的是，这些与《老子》第 39 章相类似的文章，话题都仅仅集中于描述或强调“道”的本体论，没有一处像《老子》第 39 章这样，把“道”的本体论和“以贱为本”的处世原则或者说工夫论、实践论

① 关于《凡物流形》的文献整理，请参看曹峰：《近年出土黄老思想文献研究》，中国社会科学出版社，2015 年，第二编第三部分第五章“《凡物流形》的文本结构与思想特征”，第 356～376 页。

② 陈鼓应：《黄帝四经今注今译》，商务印书馆，2007 年，第 299 页。

结合在一起讨论[①]。从“故贵以贱为本，高以下为基”来看，因为有“故”字，显然在作者看来，上下之间应该是因果关系，然而从“道”的本体论突然转向谦下不争的工夫论，其逻辑展开怎么解释都是很奇怪的。《老子》中，本体论和工夫论、实践论往往是对应的，例如第7章，如果说“天长地久，天地所以能长且久者，以其不自生，故能长生”是一种本体论，那么，“是以圣人后其身而身先，外其身而身存。非以其无私邪？故能成其私”则是工夫论、实践论；例如第37章，如果说“道常无为而无不为”是一种本体论，那么“侯王若能守之，万物将自化”则是工夫论、实践论；例如第32章，如果说“道常无名。朴虽小，天下莫能臣也”是一种本体论，那么“侯王若能守之，万物将自宾”则是工夫论、实践论。不过，第7章、第37章、第32章的逻辑展开显得自然、合理，不像第39章，前后转换令人费解。

无独有偶，第42章也出现了这样奇怪的逻辑，前面是由“道生一，一生二，二生三，三生万物。万物负阴而抱阳，冲气以为和”表达的宇宙生成论和阴阳气化论，突出的是“道”作为本根本源的地位与作用。下面的文字却话锋一转，和第39章一样，开始讨论王公为何要用“人之所恶”的“孤、寡、不穀”来作为自己的称呼。其结论“物或损之而益，或益之而损”似乎说的是事物轮转的必然性，对于构成事物发展方向的两个侧面予以了平等的看待。但从“强梁者不得其死，吾将以为教父”看，这里强调的还是“益之而损”的重要性，因此这也是一种强调谦卑不争的工夫论、实践论。但是遍查先秦秦汉文献，对“道生一……冲气以为和”一段的引用和对“人之所恶……吾将以为教父”一段的引用，都是各自独立的，从来没有将两者结合起来讨论过[②]。

回过头来看中段“故贵以贱为本，高以下为基。是以侯王自谓孤、寡、不穀。此非以贱为本邪？非乎”这段话说的是，在构成万物的正反相对的因素中，老子更重视反的、柔弱、卑下的一面，认为只有使自己一

---

① 对第39章上段的引用见于《抱朴子·地真》，但未见中段和下段。

② 古书对这两段的引用，可详参杨树达：《老子古义》，上海古籍出版社，1991年，第50～52页。

直居于不为人所看重的，甚至轻视的、鄙视的那一面，才能使自己永远居于不败之地。因此这是一种工夫论或者实践论。从老子整体思想而言，大致也可以说这样的工夫论、实践论与“道”“物”二分的本体论有关，然而，在一个章节中，用“故”字，把这样的本体论和工夫论、实践论直接串联起来，仍不免让人感到突兀和生硬，以至于怀疑其存在的合理性。现在，我们来看看古人是如何引用中段的。

这段话完整地出现于《战国策·齐策四》，是作为《老子》之言来引用的：

> 是故《易传》不云乎：“居上位未得其实，以喜其为名者，必以骄奢为行；据慢骄奢，则凶从之。”是故无其实而喜其名者削；无德而望其福者约；无功而受其禄者辱，祸必握。故曰“矜功不立，虚愿不至”，此皆幸乐其名华而无其实德者也。是以尧有九佐，舜有七友，禹有五丞，汤有三辅，自古及今而能虚成名于天下者，无有。是以君王无羞亟问，不愧下学。是故成其道德，而扬功名于后世者，尧、舜、禹、汤、周文王是也。故曰：“无形者，形之君也；无端者，事之本也。”夫上见其原，下通其流，至圣人明学，何不吉之有哉？老子曰：“虽贵必以贱为本，虽高必以下为基。是以侯王称孤、寡、不穀，是其贱之本与。非夫？”孤、寡者，人之困贱下位也，而侯王以自谓，岂非下人而尊贵士与？

这段话先引《易传》的话，以明名不副实、骄奢淫逸必然自遗其咎的道理，和《老子》第9章“持而盈之，不如其已。揣而梲之，不可长保。金玉满堂，莫之能守。富贵而骄，自遗其咎。功遂身退，天之道”颇为类似，后面则引《老子》第39章中段的话，进一步证明高明的统治者自谦自损，以换得臣下辅助拥戴的重要性，这类话的性质也和《老子》“不自见，故明。不自是，故彰。不自伐，故有功。不自矜，故长”（第22章），“是以圣人后其身而身先，外其身而身存。非以其无私邪？故能成其私”（第7章），“以其终不自为大，故能成其大”（第34章）属于同类。“无形者，形之君也；无端者，事之本也。”一段话看上去类似《老子》第39章上段的“得一”论，但只是说君主虽居“形之君”、“事之本”的“无形”、“无端”之位，如果还能够礼贤下士、不耻下问，那“何不吉之有”。

这和《老子》第 39 章强调“一”作为本体的绝对地位与作用，不是同一回事。

《淮南子·原道》是一篇对“道”的本体论与工夫论作全面论述的文章，如上所引，《原道》前面部分多是“夫道者……山以之高”之类的话，以强调“道”的无所不在、无所不能，到了后面，开始描述学“道”、得“道”者的面貌，得道者所具有的一个重要特征就是“志弱而事强，心虚而应当”，此时出现了以下这段话：

所谓志弱而事强者，柔毳安静，藏于不敢，行于不能，恬然无虑，动不失时，与万物回周旋转，不为先唱，感而应之。是故“贵者必以贱为号，而高者必以下为基”。

这样的论述过程或者说思想展开逻辑也是非常顺畅，完全不像第 39 章那样牵强、生硬。

《文子·道原》也引到《老子》第 39 章：

夫道，有无相生也，难易相成也。是以圣人执道，虚静微妙，以成其德，故有道即有德，有德即有功，有功即有名，有名即复归于道。功名长久，终身无咎。王公有功名，孤寡无功名。故曰“圣人自谓孤寡”，归其根本。功成而不有，故有功以为利，无名以为用。

这一段可以说是在阐发《老子》第 2 章的原理，如“有无相生也，难易相成也”所示，万物是由对立统一的两个侧面构成的，因而是有待的、有名有形的，而超越万物的“道”则是无待的、无名无形的，因此，作为执道者的圣人，其行为方式就必然虚静微妙，“功成而不有”，用《老子》第 2 章的话来讲就是“处无为之事，行不言之教。万物作焉而不辞，生而不有，为而不恃，功成而弗居”。此处引“圣人自谓孤寡”，是为了证明圣人没有功名，亦即无名无形，似乎和“贵以贱为本，高以下为基”、“以贱为本”没有直接的关系。

最后来看《淮南子·道应》的引用：

狐丘丈人谓孙叔敖曰：“人有三怨，子知之乎？”孙叔敖曰：“何谓也？”对曰：“爵高者士妒之，官大者主恶之，禄厚者怨处之。”孙叔敖曰：“吾爵益高，吾志益下；吾官益大，吾心益小；吾禄益厚，吾施益博。是以免三怨，可乎？”故老子曰：“贵必以贱为本，高必以下为

基。”(《文子·符言》略同)

这段话对《老子》中段的引用是完全合理的,和《战国策·齐策四》一样,这是为了证明越是做大事者,越能够忍辱负重、礼贤下士,因而永远能够立于不败之地。

第 39 章下段我们暂且不论,可以发现,先秦秦汉古文献中几乎没有对第 39 章上段的引用,对中段的引用最多,但都不能够有效说明上段和中段究竟是何关系,亦即上段论述“一”无所不在、无所不能之本体论为何能导出强调忍辱负重、谦下不争的工夫论。所以我们认为,将其将中段视为上段的必然延伸,不如说中段是对第 40 章“反者道之动,弱者道之用”的回应或印证更合适些。此外,第 42 章“人之所恶,唯孤、寡、不穀,而王公以为称。故物或损之而益,或益之而损。人之所教,我亦教之。强梁者不得其死,吾将以为教父”一段,也可以这样理解。

三、对“故致数舆无舆”一段的重新诠释

如果说第 39 章中段和第 42 章下段是对第 40 章“反者道之动,弱者道之用”的回应和解释,那么,第 39 章下段又如何呢?

我们发现,今人的解释,几乎毫无例外地认为,第 39 章下段持续了中段的话题,也是在论述“以贱为本”的重要性。例如,任继愈作如下的解释:

> 所以,追求过多的荣誉就没有荣誉,不想做什么高贵的美玉,或下贱的坚石。①

陈鼓应作如下的解释:

> 所以最高的称誉是无须夸誉的。因此,不愿像玉的华丽,宁可如石块般的坚实。②
>
> 有道的人君应如大厦的基石,要有骆驼般的精神,要能“珞珞

① 任继愈:《老子新译》,上海古籍出版社,1985 年,第 146~147 页。

② 陈鼓应:《老子注释及评介》,中华书局,1984 年,第 222 页。

如石”，朴实坚忍。[①]

池田知久作如下的解释：

> 因此，如果贪图接受太多的荣誉，反而得不到荣誉。所以，不希望成为闪闪发光的美玉，而愿意成为朴实无华的坚石。[②]

可以说，目前出版的《老子》注释，关于第 39 章下段，几乎都延续着类似的解释方向。当然，也有一些不同，具体而言，第一，如何解释“致数舆无舆”，一些学者依据《庄子·至乐》的“至誉无誉、至乐无乐”，认为“数”是衍文，“舆”当通假为“誉”，“至誉无誉”的意思就是“最高的荣誉仿佛没有荣誉”，陈鼓应释文就是其中代表。另一些学者接受高诱对于《淮南子·说山》“求美则不得美，不求美则美矣”的注释，“心自求美名则不得美名也，而自损则有美名也，故老子曰：‘致数舆无舆’也”。把“致”理解为追求，把“数”理解为“多”，或者当动词“屡屡”看待，任继愈和池田知久的释文就是代表。如下所述，恐怕这两种解释都是有问题的。第二，关于“不欲琭琭如玉，珞珞如石”。部分学者将“琭琭如玉，珞珞如石”均视为“不欲”的对象，任继愈和池田知久的释文就是代表。部分学者认为老子重视的是“珞珞如石”而非“琭琭如玉”，这样的话，就要在两者之间加上“宁可”之类表示转折的词，陈鼓应释文就是其中代表。笔者认为这改变了原文的结构，恐怕是不可取的。

不管怎样，相当多的学者尤其是今人认为下段延续着谦下不争的话题，笔者认为这个立场是有问题的。我们来看早期文献是如何理解阐释第 39 章下段的。首先可以举出的是《淮南子·道应》里的一段话：

> 薄疑说卫嗣君以王术，嗣君应之曰：“所有者千乘也，愿以受教。”薄疑对曰：“乌获举千钧，又况一斤？”杜赫以安天下说周昭文君。昭文君谓杜赫曰：“愿学所以安周。”杜赫对曰：“臣之所言者不可，则不能安周矣；臣之所言者可，则周自安矣。”此所谓以弗安而安者也。故老子曰，“大制无割”，“故致数舆无舆也”。

---

① 陈鼓应：《老子注释及评介》，中华书局，1984 年，第 222 页。

② 池田知久：《马王堆出土文献译注丛书：〈老子〉》，东方书店，2006 年，第 13～14 页。中文为笔者所译。

这段话在薄疑和杜赫德两段说辞之后，引用《老子》“故致数舆无舆也”作为印证，但对“舆”究竟何意以及此句句意并无解释。不过，这段话同时引用了《老子》第 28 章的“大制不割”（此处作“大制无割”），即最完善的政治不是割裂的政治，“大制”指的是与“道”相应的完美的整全的管理与体制。再结合薄疑和杜赫德两段说辞，可以明确地看出，“故致数舆无舆也”的文意也一定和“大”和“整体”相关，《淮南子·道应》这段话意欲说明的是把握“大”的重要性，如“乌获举千钧，又况一斤”、“臣之所言者可，则周自安矣”所示，把握了“大”就能把握一切“小”，因此，最高明的政治是以“大”摄“小”的政治。与之形成对称，《淮南子·道应》下面一篇通过孔子善于以小见大的故事，专门讲了对于“小”之把握的重要性。因此，可以确认的是，在《淮南子·道应》这里，“致数舆无舆”绝不是什么“至誉无誉”或“致数誉无誉”，也和谦下不争、忍辱负重毫无关系。这里，虽然没有引用“不欲琭琭如玉，珞珞如石”，但可以想象，在《淮南子·道应》作者心目中“不欲琭琭如玉，珞珞如石”也应该和对于大、对于整体的把握有关。

《老子》各种传本中，确实有直接作“致数誉无誉”的，但都比较后起，如傅弈本、范应元本、李荣本、神沙本、次解本、道藏王本。王弼本的“舆”字，马王堆帛书甲本作“與”，乙本作“輿”，北大汉简本作“輿”，河上公本作“车”。可见较早的本子都没有作“誉”的，之所以作“誉”，很可能受了《庄子·至乐》“至誉无誉”影响以及把第 39 章中段和下段都解释为谦下不争的工夫论有关。

河上公本将下段解释为“致，就也。言人就车数之，为辐、为轮、为毂、为衡、为轝，无有名为车者，故成为车，以喻侯王不以尊号自名，故能成其贵”。“琭琭喻少，落落喻多，玉少故见贵，石多故见贱。言不欲如玉为人所贵，如石为人所贱，当处其中也。”除了“以喻侯王不以尊号自名，故能成其贵”有企图在文意上打通中段和上段之努力外，其余都是从把握整体的角度在解释，所谓“无有名为车者，故成为车”，说的是只有从大局从全体把握“车”的人，才不至于拘泥于琐碎的个体和局部。“当处其中”也一样，只有跳出“贵贱”之分的人，才有可能把握“贵贱”之上的“中”，这样的解释，和《淮南子·道应》故事所欲说明的思想是完全相通的。

严遵对于第39章，有长篇大论，就下段而言，他指出：

夫工之造舆也，为圆为方，为短为长，为曲为直，为纵为横，终身揳揳，卒不为舆，故能成舆，而令可行也。夫玉之为物也，微以寡；而石之为物也，巨以众。众故贱，寡故贵。玉之与石，俱生一类，寡之与众，或求或弃。故贵贱在于多少，成败在于为否。故不欲碌碌如玉，亦不欲落落如石。是以圣人为之以反，守之以和，与时俯仰，因物变化。不为石，不为玉，常在玉石之间；不多不少，不贵不贱，一为纲纪，道为桢干。故能专制天下而威不可胜，全活万物而德不可量。

和河上公本一样，这里也是以造车和玉石为喻，说工匠从不同的角度制造了车的各个零件，但一辈子努力的东西都不是车，只有跳出来，那个不是任何零件的整体才是车。对于普通人而言，玉石或贵或贱，或求或弃，被狭隘的价值观所牵累，唯有圣人"不为石，不为玉，常在玉石之间。不多不少，不贵不贱"，这就是所谓的"为之以反，守之以和，与时俯仰，因物变化"，也就是河上公本所说的"当处其中"。正因为能够跳出万物，所以能够"专制天下而威不可胜，全活万物而德不可量"，因此这也是一种大小之说。

王弼对于"故致数舆无舆"没有解释，对于"不欲琭琭如玉，珞珞如石"，则说"玉石琭琭、珞珞，体尽其形，故不欲也"。所谓"体尽其形"说的是，不管"琭琭"还是"珞珞"，是美还是丑，都只是物之形状而已，言外之意都是"末"，而不是"本"。因此，王弼在此没有像河上公本那样用大小来加以说明，而是使用了他所擅长的本末母子论。

基于以上论证，我们可以说，把"舆"读为"誉"，把下段朝和中段同样的方向去解释，都是后起的事。整个下段，应该是大小、本末之论，强调的是要把握"道"的整体，而不要被狭隘、琐碎的物所牵累、所蒙蔽。从这样一个角度看，这完全不是谦下不争、忍辱负重的工夫论，而是从某个侧面论证了本体(或者说整体)的整要性，因此，说这段以"故……"的形式出现的文章是对第39章上段的回应或印证，是可以成立的。

结 语

我们或许可以说,第39章中段和上段一样,也是一种本体论,上段强调的是"道"相对于"无物"的本体地位,中段则强调的是"贱"相对于"贵"的本体地位,是"道之用"意义上、工夫论意义上、价值论意义上的本体论,或许也可以成立。但这样的解释依然无法运用到第42章的结构上,而且,中段和下段有两个"故",显然说明这是对某一句重要的话的引申和发挥,所以我觉得将中段(包括第42章类似的话)视为第40章"反者道之动,弱者道之用"的回应和解释,要更合理些。

笔者认为,第39章的解释,在汉以后逐渐显现出两大变动。第一,把上段作为本体的"一"解释为"无形",如《文子·道原》云"无形者,一之谓也",再把"无形"解释为"虚",然后再把"虚"朝"下"、"贱"的方向理解,这样上段和下段就打通了,严遵本就是如此。但王弼本和河上公本都还不明显。第二,把中段和下段朝同一方向,即朝着谦下不争、忍辱负重的工夫论方向去解释,这在作"誉"的文本系统中,以及今人的解释系统中尤为多见,但是,如前面所论证的那样,这种解释是难以成立的。

总之,《老子》第39章为我们提供了文本复杂性和解释复杂性的代表性范例,我们不能把目前所见的章节当作独立的单元来理解,而应该照顾到其前后章节,在前后章节的整体环境中揣摩《老子》本来的面目。

(作者为中国人民大学哲学学院教授)

元神论与老子心神观念

叶锦明

中国哲学的心、神观念与西方哲学的意识概念关系密切。对人类意识作出形而上研究的标志性理论，令人最直接想到的，在现代西方上世纪二三十年代有胡塞尔现象学，在古代东方约四世纪有佛教瑜珈行派唯识学。现实上，中国道家对人类意识的探讨，十分早远，不过相关的形上学说则产生较晚，对意识的内核观念，如元神、识神等作出深入剖析的著作，著名者如《青华秘文》，成书约在北宋以后①，而《性命圭旨》、《太乙金华宗旨》、《乐育堂语录》等，成书更在明朝中叶以后。

相较起来，中国道家探究人类意识所形成的内丹学元神论，比起胡塞尔现象学要早近千年，但亦较佛教瑜珈行派唯识学晚出好几百年。其实，元神论的理论体系建构虽然晚出，但中国道家元神观念的理论根源，可以上溯至先秦时期；而其理论旨趣与佛家学说，亦多有相通之处。

本文将据老子文本，探讨先秦时期老子心、神观念的内涵，从而探索元神论的理论根源。以下首先简析元神论的理论内容，继而对老子文本中具有元神论思想特征的地方，进行发掘。

一、内丹学元神论的基本特点

元神论是道家内丹学的核心论说，其建构过程十分漫长。中国

① 《青华秘文》，全称《玉清金笥青华秘文金宝内炼丹诀》，作者是否张伯端，颇受争议。有人怀疑此书为明代道士所著，托名张伯端而已。如为事实，则元神论之系统理论，当产生在较后之时，惟此非本文探讨之范围矣。

内丹理论自唐末五代以来，有所谓五派说，即南、北、中、东、西五派①。其实，派别可以再加细分，不过，即使流派不同，但基本理念还是相同的。不论阐释乾道或坤道的修行理论，总之不离“炼精化气”、“炼气化神”、“炼神还虚”三个重要阶段。其中，“神”即“元神”，它具有凝聚元精、元气的功能，而最后返还道本，亦是通过元神本体而进行。

因此，内丹理论尽管不同，但元神在内丹学中的重要性则不会改变。须要注意的是，不同的内丹理论，对元神的称谓亦可能不同。例如“神”、“性”、“真性”等概念，都会被用作指称“元神”。此外，与“元神”相关的概念，很早就出现。例如，《青华秘文》指出，早在东汉魏伯阳《周易参同契》中，已含有与元神相关的观念。《周易参同契》云：“经营养鄞鄂，凝神以成躯。”其中，“鄞鄂”乃指元神所居之室。《青华秘文》云：“神室者，元神所居之室，鄞鄂是也。”②

《周易参同契》乃丹经之祖，其内容牵涉元神的观念，自不待言，不过若以“元神”作为独立观念来描述，则东汉时期尚未出现③，至于建立具体的相关学说，盖在北宋以后。

归纳来说，内丹学元神论有三个基本特点：第一，元神具有本体意义，乃不生不灭之存有，属无极之道；第二，元神是先天之性，又可以称为“性”、“元性”或“真性”，为人类生命之根本，人体未生前，已经存在；第三，在“元神”以外，有所谓“识神”（或称“识心”、“欲神”），乃人类意识之两层。元神属无意识、绝思虑，乃不自主而为；识神属意识、好思虑，乃有目的而为，二者此消彼长。

第一个基本特点，元神是不灭的本体，王重阳在《五篇灵文》中有直

① 参考王沐：《内丹养生功法指要》，中华书局，2008年，第111～112页。

② 《玉清金笥青华秘文金宝内炼丹诀》卷中，《神室图论》，收入《正统道藏》第七册，新文丰出版社，1995年，第17页。

③ 河上公将“神”解作“五藏之神”，其性质与“元神”有相关之处，但两者并不相同。例如，《老子河上公注》云：“常道当以无为养神。”又云：“人能养神则不死也。神，谓五藏之神也。肝藏魂，肺藏魄，心藏神，肾藏精，脾藏志，五藏尽伤，则五神去矣。”其言养神须以无为，即与养元神之性，方法相似。

接的表述，其序言有云："元神者，乃不生不灭，无朽无坏之真灵。"①又云："金胎即仙胎也，金乃坚刚不坏之物，此乃人之元神也。此元神不坏不朽，清净妙用之体，如金之坚，如刚之利，净如琉璃，光如满月。"②此皆表明元神乃不生不灭的先天本体。

吕纯阳在《太乙金华宗旨》亦云："惟元神真性，则超元会而上之。其精气则随天地而败坏矣。然有元神在，即无极也。"③超元会之上者④，乃指元神真性可超越时间的生灭循环，具有无极之性。

在《性命圭旨》中，作者融合了佛家真如的观念来说元神不灭的性质，他说："太上所以云：天地有坏，这个不坏。这个才是真我，这个才是真如，这个才是真性命，这个才是真本体。"⑤佛家如来藏一系言真如本性，不生不灭。《性命圭旨》即借此而言元神不灭之本体特性。

第二个基本特点，元神是先天之性。《重阳真人授丹阳二十四诀》有云："性者是元神，命者是元气，名曰性命。"《青华秘文》亦云："元神者，先天之性也。形而后有气质之性，善返之，则天地之性存焉。"⑥

《性命圭旨》又云："真宰与气运合是谓天命之性。天命之性者，元神也。"⑦元神乃人先天之性，结合后天之元气，即成人的生命，换言之，元神、元气相汇而成人。元神、元气的功能，在此近似西方形上学所言之形式(form)与质料(matter)的构成关系。

元神论的第三个基本特点，就是将元神与识神二分，并以思虑欲识

---

① 王重阳注，清虚道人录：《五篇灵文·序言》，载《道藏辑要》，胃集上之二，新文丰出版社，1985年。

② 王重阳注，清虚道人录：《五篇灵文·温养》，载《道藏辑要》，胃集上之二，新文丰出版社，1985年。

③ 张其成：《太乙金华宗旨语译评介》，华夏出版社，2005年，第16页。

④ "元会"，指邵雍《皇极经世》中"元、会、运、世、年、月、日、时"之推算单位，以此推演世代之终而复始、不断循环。

⑤ 《性命圭旨》为尹真人弟子所传，作者是谁，亦一悬案。傅凤英：《新译性命圭旨》，三民书局，2005年，第487～488页。

⑥ 《玉清金笥青华秘文金宝内炼丹诀》卷上，《神为主论》，收入《正统道藏》第七册，新文丰出版社，1995年，第4页。

⑦ 《性命圭旨》为尹真人弟子所传，作者是谁，亦一悬案。傅凤英：《新译性命圭旨》，三民书局，2005年，第131页。

作为区别二者的关键。张伯端在《金丹四百字》的“序言”中清楚地指出，元神并不思虑，它说：“炼神者，炼元神，非心意思虑之神。”《青华秘文》亦云：“夫神者，有元神焉，有欲神焉。元神者，乃先天以来一点灵光也。欲神者，气质之性也。”①

元神为先天之性，而识神为后天气质之性。人甫出生，与外界接触，识神即起作用，元神随之备受压抑，人之思想不复单纯朴素，开始产生种种思虑、识别和欲望，相互起伏交缠。要令识神停止作用，绝对困难，甚至是终其一生，亦不能去除其作用。《性命圭旨》云：“天命之性者，元神也。气质之性者，识神也。……识识易，去识难，若不以天命元神战退无明业识。终在生灭场中，未见有出头日也。”②

至于元神与识神的具体性质，《太乙金华宗旨》论之较详，它说：“凡人投胎时，元神居方寸，而识神则居下心。下面血肉心，形如大桃，有肺以覆翼之，肝佐之，大小肠承之，假如一日不食，心上便大不自在，至闻惊而跳，闻怒而闷，见死亡则悲，见美色则眩，头上天心何尝微微些动也。”③又说：“识心如强藩悍将，欺天君暗弱，便遥执纪纲，久之太阿倒置矣。今凝守元宫，如英明之主在上，二目回光，如左有大臣尽心辅弼，内政既肃，自然一切奸雄，无不倒戈乞命矣。”

《太乙金华宗旨》以“天君”比喻元神，以“悍将”比喻识神，暗示了两者的主次关系。在人身之中，元神本为君主、为主人，属无意识的范围，无分别之心，无情欲之念，掌管生命攸关的生理基础，一切非自主的神经功能，例如心脏搏动、血压、消化活动，以至新陈代谢，都是由元神所管辖。识神具有思虑、分别的能力，与外界事物接触，便会产生情欲妄想。当识神过度活跃，就如强藩悍将，转客为主，欺压元神真君，令元神掌管的生理功能失调。

元神与识神二者，具有此消彼长的关系。识神对食、色等欲望，悲

① 《玉清金笥青华秘文金宝内炼丹诀》卷上，《神为主论》，收入《正统道藏》第七册，新文丰出版社，1995 年，第 4 页。

② 《性命圭旨》为尹真人弟子所传，作者是谁，亦一悬案。傅凤英：《新译性命圭旨》，三民书局，2005 年，第 487～488 页。

③ 张其成：《太乙金华宗旨语译评介》，华夏出版社，2005 年，第 16 页。

喜、惊怒等情绪，反应极大。当识神作用过多，亦即人殚思竭虑，生种种分别心、起种种尘妄欲，人之精气自然消耗，元神暗弱无力、功能失调，时日一久，老病死亡，随之而至。《太乙金华宗旨》主张以“回光制魄以断识”，令识神不起作用，元神将得以复强①。其他丹经道典，论及如何修炼元神之处甚多，较浅白者，例如陈致虚在《上阳子金丹大要》中，就详论养生之士，如何达致“精满则气壮，气壮则神旺，神旺则身健而少病”②。至于对元神的修炼与老庄心、神观念的关系，某些道经亦偶有涉及。以下我们先来简述老庄心、神观念的内容，再分析它与元神论的关系。

二、老子心、神观念分析

道家出于老子。老子之思想，玄妙超逸，言简义精。相较而言，《老子》一书以研道论德为主，以心、神观念作论之处不多，因此，老子心、神观念的分析，较受忽略。其实心、神观念与理解道之意义，不论在本体论、宇宙论，认识论，以至工夫论上，都有密切关系。

在《老子》八十一章之中，只有第六、二十九、六十三章，以“神”为句，而以“心”作论的部分则共有六章。我们先来分析“神”的观念，再论“心”的观念。

第六十章云：“以道莅天下，其鬼不神；非其鬼不神，其神不伤人；非其神不伤人，圣人亦不伤人。”王弼对“其鬼不神”一句，根本不加解释，其注释是：“以道莅天下则其鬼不神也。神不害自然也，物守自然则神无所加，神无所加则不知神之为神也。”③问题是，“非其鬼不神，其神不

---

① 《太乙金华宗旨》主张“回光”以令元神复强。它说：“魄阴也，识之体也，识不断，则生生世世，魄之变形易质无已也。惟有魂，神之所藏也。魂昼寓于目，夜舍于肝，寓目而视，舍肝而梦，梦者神游也，九天九地，刹那历遍。觉则冥冥焉，渊渊焉，拘于形也，即拘于魄也。故回光所以炼魂，即所以保神，即所以制魄，即所以断识。”

② 《上阳子金丹大要》，见何建明《陈致虚学案》，齐鲁书社，2011 年，第 106～347 页。“精满则气壮，气壮则神旺，神旺则身健而少病”一句，第 135 页。

③ 王弼注，陆德明释：《老子道德经注》，世界书局，1957 年，第 37 页。

伤人"二句，第二个"神"字当指"鬼之神"。王弼的注释，明显不妥当。

河上公将"其鬼不神"解作"其鬼无精神"。《老子河上公注》云："以道德居位，治天下则鬼不敢见，其精神以犯人也。其鬼非无精神也，邪不入正，不能伤自然之人。非鬼神不能伤害人，以圣人在位，不伤害人，故鬼不敢干之也。"①此解较为明达。高亨顺此将"其鬼不神"之"神"，当作动词解，即灵也。"其神不伤人"乃指鬼之有神（灵力）亦不能伤人②。换言之，此句以鬼为主，非论神之本义。

第二十九章云："天下神器，不可为也，不可执也。""神器"一词，表面意义当作神圣贵重的器物。王弼对"神器"一词之解释是："神，无形无方也。器，合成也。无形以合，故谓之神器也。"③其解释虽比表面意义略深一层，然而，何以此神圣之物，不可为、不可执呢？王弼的解释并无助于进一步的理解。

河上公认为"神器"乃指人。《老子河上公注》："人乃天下之神物也，神物好安静，不可以有为治。"④任法融认为"神器"一词，乃指天道人心，故治国者当知其不可有为、不可强执⑤。两种看法皆从治道的观点看。内丹东派陆西星认为，"与道之合真，神器可常守"⑥，将神器视为一种本体或本体状态，乃修道最后阶段的成果，那就是从丹道的观点看。

第六章云："谷神不死，是谓玄牝。玄牝之门，是谓天地根。绵绵若存，用之不勤。"高亨认为此章乃老子的宇宙论，他将道称为"谷神"、"玄牝"⑦。张湛注"谷神不死"，即强调谷神不生不死的特点，其云："至虚无物，故谓谷神，本自无生，故曰不死。"⑧

① 王卡点校：《老子河上公章句》，中华书局，1993年，第235页。
② 参见高亨：《老子注译》，清华大学出版社，2010年，第96页。
③ 王弼注，陆德明释：《老子道德经注》，世界书局，1957年，第17页。
④ 王卡点校：《老子河上公章句》，中华书局，1993年，第118页。
⑤ 任法融：《道德经释义》，蓬瀛仙馆，1990年，第68页。
⑥ 陆西星著，盛克琦编校：《方壶外史》上册，宗教文化出版社，2010年，第63页。
⑦ 参见高亨：《老子注译》，清华大学出版社，2010年，第24页。
⑧ 转引自楼宇烈校释：《老子道德经注校释》，中华书局，2008年，第17页。

王弼释此句云："谷神，谷中央无。谷也，无形无影，无逆无违，处卑不动，守静不衰，谷以之成而不见其形，此至物也。处卑而不可得名，故谓天地之根，绵绵若存，用之不勤。门，玄牝之所由也，本其所由，与极同体，故谓之天地之根也。欲言存邪，则不见其形，欲言亡邪，万物以之生。"①

王弼将"谷"解作"无形无影、无逆无违，处卑不动、守静不衰"，似乎又将"神"，解作"欲言存邪，则不见其形，欲言亡邪，万物以之生"，那是一种难以捉摸、难以言传之玄妙存在。然而，他对"玄牝"一词却不加解释。

"谷神"一词，河上公解释为"养五藏之神"。《老子河上公注》云："谷，养也。人能养神则不死也。神，谓五藏之神也。"②如此演绎，对后来上清派《黄庭经》、《大洞仙经》，有重大意义。

至于"玄牝"一词，《老子河上公注》云："言不死之有在于玄牝。玄天也，于人为鼻。牝，地也，于人为口。天食人以五气，从鼻入，藏于心，五气清微为精神聪明音声五性，其鬼曰兆魂者，雄生也。主出入人鼻，与天通，故鼻为玄也。地食人以五味，从口入，藏于胃，五性浊厚为形骸骨肉血脉六情，其鬼曰魂魄者，雌也。主出入于口，与天地通，故曰，为牝也。"河上公将"玄牝"解作"天地"，比喻人之口鼻，进而关连"五气、五味、五性、六情"等性质，将老子不死之道赋与工夫修炼的意涵。

另外，"玄牝"一词，任法融将"玄"解释为"无极"，将"牝"解释为"太极"，"玄牝"乃"无极和太极的演化"③。此解侧重将老子不死之道，视作宇宙演化的过程，亦言之成理。

以上仅就老子有关"神"观念的文句，作出分析。关于"心"观念的文句，《老子》一书共有六章，包括第三、八、十二、二十、四十九以及五十五章。

第三章云："不尚贤，使民不争；不贵难得之货，使民不为盗；不见可

① 王弼注，陆德明释：《老子道德经注》，世界书局，1957 年，第 4 页。

② 王卡点校：《老子河上公章句》，中华书局，1993 年，第 21 页。

③ 任法融：《道德经释义》，蓬瀛仙馆，1990 年，第 24 页。

欲,使民心不乱。是以圣人之治,虚其心,实其腹,弱其志,强其骨……为无为,则无不治。”

此章有“使民心不乱”、“虚其心”两句,直接包含“心”的观念。按照上下文,心受欲所扰,而欲望的内容,不外由眼耳鼻舌身意而来,亦即第十二章所云:“五色令人目盲,五音令人耳聋,五味令人口爽,驰骋畋猎令人心发狂,难得之货令人行妨。”

第三及十二章论及“使民心不乱”、“令人心发狂”,如此种种皆由“欲心”而起,而心乱、发狂是修道者体道的一大障碍。修心之法,消极一面是“不见可欲”,积极一面是“虚其心,实其腹,弱其志,强其骨”,进而使人“无知无欲”。其中“为无为”即由有为进至无为,此法不但适用于治国,亦适用于治身。《老子河上公注》云:“说圣人治国,与治身同也。”①

以上第三、十二章,从“欲心”来分析“心”的观念,而第八、二十以及四十九章,则从修养“道心”而立论。

第八章云:“上善若水。水善利万物而不争,处众人之所恶,故几于道。居善地,心善渊,与善仁,言善信,正善治,事善能,动善时。夫唯不争,故无尤。”此章以水喻道。上善之人当行如水,总的原则是处下不争;仔细而言,包括七个方面:甘处卑下,心胸深广,与而不积,言而有信,公正处事,有能治事,应事而动。值得注意的是,“心”在此处只是修养项目之一,不见得有特殊性。

第二十章云:“众人皆有余,而我独若遗。我愚人之心也哉!沌沌兮。俗人昭昭,我独若昏。俗人察察,我独闷闷。”按照高亨的意思,此章可解作:众人皆有其用而我独无用。我的心像愚人的心一样朴厚。世俗之人明智,而我独愚昧。世俗之人清晰,而我独混沌②。

老子之道,正言若反。所谓“我愚人之心也哉!沌沌兮”,那是表达一种修心的方法。河上公释此句云:“守一不移,如愚人之心也。无所

① 王卡点校:《老子河上公章句》,中华书局,1993年,第11页。

② 参见高亨:《老子注译》,清华大学出版社,2010年,第40～41页。

分别。”①世人追求明智、清晰，作诸种分别，耗用心力。修道者的修养方法是反其道而行，要愚昧、混沌，仿似愚人之心，浑厚朴实，无所分别。

第四十九章云：“圣人无常心，以百姓心为心。……圣人在，天下歙歙焉，为天下浑其心。”此章有两句言“心”。“圣人为天下浑其心”一句，意指圣人使天下人之心，混混沌沌、无知无识，与第二十章的修养方法完全一致。“圣人无常心”一句，意指圣人无固定不变之心，能与民心相应。修道者要仿效此圣人之心，虚灵无欲，故能外与物应。

以上三章从修养工夫而立论，第五十五章将“心”与“气”连系，正与上述修心的意义相贯通。

第五十五章有云：“心使气曰强。物壮则老，谓之不道，不道早已。”王弼对“心使气曰强”一句的注释，简洁精到，其云：“心宜无有，使气则强。”②由于心动则气动，心及于物则气自然变化，由弱而强，故此心宜处于无的状态，否则心动则气强。气强的问题是，由强而壮，物壮则老，老不得道，不得道者早死。是故修道者绝不宜“心使气强”。

河上公的解释与王弼的观点相近，他说：“心当专一和柔而气实内，故形柔。而反使妄有所为，和气去于中，故形体日以刚强也。万物壮极则枯老也。老不得道。不得道者早已死也。”③河上公认为以“专一和柔”来修心，可以使人身之和气充实，而人身之和气充实，形体便能柔顺，亦即“专气致柔，能婴儿”(十章)之意。“专气致柔”，便能内守精气。河上公释之云：“专守精气使不乱，则形体能应之而柔顺。能如婴儿，内无思虑，外无政事，则精神不去也。”④如果不能专一和柔，妄作有为，则形体不能致柔，相反地会日渐刚强，强别壮，壮极则枯老，枯老则失道早死。

任法融从修炼的观点来解释对此四句。他说：“静极生动，只有心静下来，去除杂念，不思不想，元气才能自行畅通，流经百脉，如果用意

① 王卡点校：《老子河上公章句》，中华书局，1993年，第80页。

② 王弼注，陆德明释：《老子道德经注》，世界书局，1957年，第34页。

③ 王卡点校：《老子河上公章句》，中华书局，1993年，第212～213页。

④ 王卡点校：《老子河上公章句》，中华书局，1993年，第34页。

志支配精气，必然破坏气流的正常秩年，扰乱它的正常运行，这是有为，是人为的逞强，此乃炼功之大忌。”①

由此章可见，心识与形体(即气)的关系，非常密切。对于心的修养，似乎抽象而难见，其实人的身心乃为一体，互相感应，心识的活动往往见诸气的种种作用。人们如能心无思虑，内气自然充实，形体柔顺而不僵硬；反之，心的思虑过多，用气过强，气脉乱行，则形躯枯老，人便失道早死。

总言之，以上六章言“心”的观念，主要分析人之“欲心”受五色、五音、五味等外缘扰动，心识过度耗用，日积月累，便会失道早死。修养之法是逆世俗之观念而行，使心识保持愚昧无知，无思无虑，回复“道心”。

三、老子心、神观念与元神论的关系

在第一节，我们将元神论综合为三个基本特点，即元神是不生不灭的本体、元神是先天之性，以及元神与识神为意识之两层，二者此消彼长。以下我们将结合对老子心、神观念的分析，作一综合性的对比论述。

第一个基本特点，元神是不生不灭的本体，其根源乃来自无极之道。从本体上而言，元神就是道，它不生不灭。第六章云：“谷神不死，是谓玄牝。玄牝之门，是谓天地根。”此章之“谷神”，亦即是道，亦即《庄子·大宗师》所言：“杀生者不死，生生者不生。其为物，无不将也，无不迎也；无不毁也，无不成也。”②

谷神、元神，所指同一。元神在丹道中，是修炼的主体。西派李涵虚以“元性”释“谷神”，就强调其不死的性质③。《悟真》篇亦云：“要得谷神长不死，须凭玄牝立根基。”④同样地，张伯端将元神视作修炼的主

① 任法融：《道德经释义》，蓬瀛仙馆，1990年，第118页。

② 王叔岷：《庄子校诠》上册，台湾历史语言所，1988年，第237页。

③ 李涵虚著，盛克琦点校：《圆峤内篇》，宗教文化出版社，2009年，第80页。

④ 刘国梁、连遥：《新译悟真篇》，台湾三民书局，2005年，第145页。

体，追求炼道还虚，以长久不死。

第二个基本特点，元神是先天之性。由于从本体上而言，元神就是道，因此其性质即具先天之性。第一章云："道可道，非常道。名可名，非常名。无名天地之始，有名万物之母。"道为天地之始、万物之母，故此道亦当然是人之母、先天之根源。元神真性正是存在于人身之中的道。内丹理论正是教人如何返回此先天之道。李涵虚就将"玄牝之门"视为返还之要所，他说："天地之根，乃返本还元之地，炼气化神之区。"①返还玄牝之门，即能由后天返先天，那是元神修炼的终极阶段。

第三个基本特点，元神与识神乃人类意识之两层。"元神"与老子的"道心"相似，而"识神"与老子的"欲心"相似。第三章有云："虚其心，实其腹。"

从丹道而言，此章的内涵非常丰富。《悟真》篇有云："虚心实腹义俱深，只为虚心要识心。不若炼铅先实腹，且叫收取满堂金。"②要了解所虚之心，即要了悟元神真性。对一些根器不足、筑基未成的人而言，要认识"欲心"与"道心"是二而一、一而二，澄其欲心、即见道心，那实在是谈何容易。因此，南宗丹法就主张先炼命再炼性，亦即"炼铅先实腹"，如此入手，最终亦可达"炼神还虚"的终极境界。

总结而言，老子思想是内丹理论的重要根源，有些内丹学者甚至把《道德经》视为丹经之祖③。事实上，《道德经》尚有大量与内丹修炼的相关内容，有待学者用心发掘。

（作者为香港科技大学人文学部教授）

① 李涵虚著，盛克琦点校：《圆峤内篇》，宗教文化出版社，2009年，第80页。

② 刘国梁、连遥：《新译悟真篇》，台湾三民书局，2005年，第145页。

③ 戈国龙：《道教内丹学溯源》，中央编译出版社，2012年，第34～36页。

道教“不敢为天下先”的历史阐释

何建明

引言

老子神化的太上老君是早期道教的主要崇拜对象，到了唐代，李氏王朝又因老子姓李而被尊奉为先祖予以推崇，《道德经》也被尊崇为《道德真经》，列为四大“真经”之首。因此，在中国历史上，道教常被称为“老氏之教”或“老子之教”，道教徒常被称为“老氏之徒”或“老子之徒”，老子所著的《道德经》也被称为道教的主要经典。《道德经》不仅代表着老子的主要思想，也成为历代道教徒阐扬道教思想的主要依据。正是在这部伟大的经典中，老子明确地指出：“吾有三宝，持而保之，一曰慈，二曰俭，三曰不敢为天下先。夫慈，故能勇；俭，故能广；不敢为天下先，故能成器长。今舍其慈且勇，舍其俭且广，舍其后且先，死矣。”[①]老子的“三宝”观也因此成为历代道教徒传承和发展道教文化的核心观念。在这“三宝”当中，“慈”和“俭”向来没有太大异义，并被道教徒所普遍继承和发扬，但是，“不敢为天下先”并非如此，历史上不乏道教徒只提倡前两者，而忽视或轻视后者，如唐代《茅山紫阳观玄静先生碑》中说唐玄静“持慈俭之宝，归羲黄之风，至矣哉”而未及“不敢为天下先”；《大宋宁州真宁县承天观碑铭并序》中说道“栖心妙键，玩志玄津，守慈俭之格言，味希夷之奥旨，永惟民极，斯实教先”；《大元重刻上清太平宫碑记》说“皇上富有瀛海，端居穆清，法虚无以用心，贵慈俭以为宝，□属文垂

① 在帛书《老子》甲本和乙本中，都有“不敢为天下先”，而在楚简本《老子》中，此章缺失。

教”;《终南山重阳祖师仙迹记》也说道“为老氏者曰:吾宝慈俭,又曰:常善救物,与夫孔圣本仁祖义之说,若合符契”,等等这些都未言及“不敢为天下先”之义。

类似这样的情况,在历代碑刻和其他文献中虽然不是非常普遍,但是也并不少见。那么为什么出现本来是三宝而只弘扬“慈”、“俭”二宝而不提“不敢为天下先”之义呢?其中的原因可能主要是,撰刻碑文的人大都是已获取功名的儒家人物,而儒家是积极追求立功立德立言的,正如论者所说:“在老子的‘三宝’中,儒家最不能接受、误解最深的就是第三宝,即‘不敢为天下先’。”①道教徒即使不赞成儒家的观点,也只得勉强接受。

问题是,到了今天,我们进入到一个“大众创业,万众创新”的时代,“敢为天下先”已经成为时代的主要精神追求②。那么,作为历史上道家和道教最核心精神的“不敢为天下先”真的已经失去了现实意义吗?有不少学者曾经发表文章或著作,从积极的角度来阐扬老子“不敢为天下先”的精神实质及其现实意义③,但是,他们只是从《道德经》文本和

---

① 刘笑敢:《老子古今》卷上,中国社会科学出版社,2006年。

② 《北京日报》2014年2月1日发表《马年说马》的评论文章,将“不敢为天下先”看作是曾经长期侵害中国人机体的“凡庸意识的毒瘤”,尖锐地指出:“当年鲁迅苦于‘传统社会将个人特殊之性,视之蔑如’,致使‘伧俗横行’,‘精神益趋于固陋’,‘全体以沦为凡庸’,从而慨叹国人只有‘合群的自大’,没有‘个人的自大’。——说的正是不敢做自己、不敢为天下先的凡庸意识的毒瘤,曾经侵害了同胞们的机体。于今,敢于做自己、敢为天下先,已经成为我们社会人人昂扬奋发、蓬勃进取的一种风尚。前几天,李娜在澳大利亚网球公开赛中夺冠以及她个性鲜明的获奖感言,就分明在向世人宣告,我们今日中国人所处的,正是一个拥有着‘一马当先’大舞台的美好时代。”《敢闯敢创才能改变命运》,《中国青年报》,2014年2月24日。2014年6月9日,习近平在中国科学院第十七次院士大会中国工程院第十二次院士大会上发表了关于科技创新的讲话,其中提到“我国广大科技工作者要敢于担当、勇于超越、找准方向、扭住不放,牢固树立敢为天下先的志向和信心,敢于走别人没有走过的路,在攻坚克难中追求卓越,勇于创造引领世界潮流的科技成果。”于是,许多报刊都积极提倡“最为天下先”,而批评“不敢为天下先”的落后意识,如《人民日报》2014年6月10日刊文《创新要敢为天下先》,等等。

③ 如冯立鳌:《水与老子生存智慧》,《光明日报》,2013年11月27日;葛昆元:《“不敢为天下先”》,《新民晚报》,2014年4月13日;唐田田:《老子“三宝”》,《光明日报》,2014年4月26日;张剑伟:《“不敢为天下先”辨析》,《光明日报》,2014年8月13日;等等。

反腐倡廉的治国理政之现实需要出发来理解和阐释这一思想。本文则试图根据历史上的道教文献，重新梳理和阐述历代道教主流对“不敢为天下先”的阐释，愿求教于大家。

一、不争

在《道德经》中，老子先后八次使用了“不争”一词，如第三章：“不尚贤，使民不争。”第八章：“上善若水。水善利万物而不争，处众人之所恶，故几于道。居善地，心善渊，与善仁，言善信，政善治，事善能，动善时。夫唯不争，故无尤。”第二十二章：“夫唯不争，故天下莫能与之争。”第六十六章：“以其不争，故天下莫能与之争。”第六十八章：“善为士者，不武；善战者，不怒；善胜敌者，不与；善用人者，为之下。是谓不争之德，是谓用人之力，是谓配天古之极。”第七十三章：“天之道，不争而善胜。”第八十一章：“圣人之道，为而不争。”从这里不难看出，“不争”是老子所推崇的“圣人之道”、“天之道”，“不争之德”能“配天古之极”。因为“不争”而天下没有能够与之争，且善利万物，且无忧患。这也就是说，“不争”是老子思想中的核心价值观念。

在《道德经》中，老子虽然没有对“不敢为天下先”与“不争”之间的关系有直接的论述，但是，“不争”在逻辑上包含着“不敢为天下先”。从相反的角度来说，“敢为天下先”显然有违“不争”的精神。也就是说，要想符合“圣人之道”和“天之道”的“不争”，就必须做到“不敢为天下先”。大概正因为如此，在中国道教史上，有不少人将“三宝”中的“不敢为天下先”直接理解为“不争”。

金末元初全真道士李道谦的《楼观大宗圣宫重修说经台记》云：“老子者，道也，生于无恒之先，起于太初之前，混混沌沌，虚无自然。及乎结气凝精，分神应化。或出于龙汉之纪，或现于赤明之季，随世诞灵，无有纪极，惘时垂教，代为帝师。至其降迹殷周，传经授道，凿开混沌，剖析鸿蒙，启众妙之门，示重玄之旨，以清静无为为宗，以虚明应物为用，以慈、俭、不争为行。以之修身则身修，以之齐家则家齐，以之治国平天下，则国治而天下平，是盖秉要执本，有常道存焉。”①

《大元奉圣州新建永昌观碑铭并序》说：“道之大原，玄文五千，慈、俭、不争，清静自然。辞固奋激，至理无边，修道谓教，由是之焉。全真为学，本乎善渊，返纯还朴，复太古前。究其源委，岂忘蹄筌，寂然出世，私淑其传。”②

《卫州创建紫极宫碑铭》也说：“道家者流，本静清，杳冥而无迹与形，崇慈、尚俭、贵不争，兹乃黄老之常经。”③

以上都是金元时期道教界以“不争”来阐释“不敢为天下先”的。事实上，在宋代，苏东坡就已经以“不争”来阐释“不敢为天下先”了，而且后世道教界也接受了他的观点。如《上清储祥宫记》云：“苏公谓道家者流，本黄老，以清静无为为宗，以虚明应物为用，以慈俭不争为行。秦汉以来，始用方士言，飞仙变化之术，丹药小技，皆归于道。然黄老之道本也，方士之言末也。修其本而末自应，可谓尽善尽美矣。”④

正因为老子已将“不争”作为“天之道”和“圣人之道”，以“不争”释“不敢为天下先”，实际上是将“不敢为天下先”抬升到与“不争”同等重要的地位。因此，这就使得历史上的道教徒甚至将“不敢为天下先”看作是整部《道德经》中最为重要的精神主旨，如元代《郑真人碑》所言：“慈俭之宝，衍五千言，蔽之以一，不为物先。”⑤这也就是说，老子“五千言”的核心，就是“不为物先”。这实际上与《道德经》中老子强调“不争”是“天之道”和“圣人之道”的观点，是完全一致的。

这就带来一个问题，有不少学者对“三宝”中的“慈”、“俭”和“不敢为天下先”三者给予了不同的地位和意义的阐释。台湾学者王淮在《老子探义》中曾指出：“‘慈’，是德之体，其性质即‘大仁不仁’之‘仁’；‘俭’，是成德达用之工夫，亦即所谓‘治人事天莫如啬’之‘啬’；‘不敢为天下先’，是德性作用之表现方式，亦即柔弱不争之谓也。合而言之：老

① 陈垣：《道家金石略》，文物出版社，1988 年，第 642～643 页。

② 陈垣：《道家金石略》，文物出版社，1988 年，第 693 页。

③ 陈垣：《道家金石略》，文物出版社，1988 年，第 699 页。

④ 陈垣：《道家金石略》，文物出版社，1988 年，第 779 页。

⑤ 陈垣：《道家金石略》，文物出版社，1988 年，第 826 页。

子之'三宝',实为其'德性'之全体大用。此其所以持以保之,并示以赠人者也。""(三宝)体用一贯,本末不离。无其体而妄求用,则舍本逐末,枉道速祸,故曰:'死矣。'"①刘笑敢对此解释给予了充分的肯定,他说:"此说借用宋儒本末体用、德性之说解来释老子之'三宝',相当漂亮。"②按照王、刘二位的看法,"三宝"当中,"慈"是体,是最核心的,"不敢为天下先"只是用("俭")的工夫或表现方式,是从属于"慈"的。可是,我们从以上历史中道教界对"不敢为天下先"和"三宝"的阐释来看,"不敢为天下先"更能构成道教文化"三宝"的中心,而其根本内涵,就是不争思想。

在《云笈七签》卷三十七所载《老君二十七戒》中,道教规定了修道的九条法则,"九行备者神仙"。这"九行"就是行无为、行柔弱、行守雌、行无名、行清静、行诸善、行忠孝、行知足和行推让。其中,前三行为"上最三行",次三行为"中最三行",余三行为"上最三行"。而前三行,也被称作"勿先动",也就是"不敢为天下先"。

二、谦

"谦",在中国古籍文献里有多种含义,较常见的,如恭敬、安静、谦卑、退让等等。《易经·谦卦》:"谦,亨,君子有终。"孔颖达疏:"谦者,屈躬下物,先人后己。"很显然,这里的"谦"与"不敢为天下先"是近义的。在《道德经》中并无"谦"字,帛书本和楚简本中都无"谦"字。当然,这并不意味着"谦"所表达的义涵在老子思想中不重要,而是可能因为"不敢为天下先"就已经表达了此种含义。而事实上,在《道德经》有表达谦卑、谦下之义的"下"。

《道德经》中的"下"有多重意义,如最常见的是"天下",还有与"高"、"上"相对应的"下",如与"上德"相对的"下德"、与"上士"相对的"下士"、与"强大处下"相对的"柔弱处上"、"高以下为基"、"千里之行,

---

① 王淮:《老子探义》,商务印书馆,1972年,第259~260页。

② 刘笑敢:《老子古今》卷上,中国社会科学出版社,2006年,第658页。

始于足下"等。

另外，老子还有一种是从辩证思维的角度给予积极的正面阐释的"下"，用以表达"天之道"和"圣人之道"①，如第二章："有无相生，难易相成，长短相形，高下相盈，音声相和，前后相随。恒也。"第六十六章："江海之所以能为百谷王者，以其善下之，故能为百谷王。是以圣人欲上民，必以言下之；欲先民，必以身后之。是以圣人处上而民不重，处前而民不害。是以天下乐推而不厌。以其不争，故天下莫能与之争。"第六十八章："善为士者，不武；善战者，不怒；善胜敌者，不与；善用人者，为之下。是谓不争之德，是谓用人之力，是谓配天古之极。"第七十七章："天之道，其犹张弓欤？高者抑之，下者举之；有余者损之，不足者补之。"很显然，这里所表达的"下"，如同上文所说到的"不争"之德。

在道教历史上，不乏有人将老子"三宝"义中的"不敢为天下先"，直接解释为"谦"，以示"谦下"、"谦卑"、"谦恭"等义。

元代《栖云真人王尊师道行碑》中就说到王栖云真人："师慈以利物，俭以律身，谦以自牧，老氏之三宝，师能保之，所以上格天心，下孚人望，嶷然为一代宗师，学者瞠乎其后，而有不可及焉。"②在《大元宗圣宫主李尊师道行碑》中，李道谦说尊师李志柔："蚤年颖悟超樊笼，仁慈、清俭、居谦冲，虎龙交媾全真功，炼就骨肉俱相触。"③这里所说到的"仁慈"、"清俭"、"居谦冲"，正是说明李志柔信守老子的"三宝"。《终南山全阳真人周尊师道行碑》也赞扬终南山重阳宫周全道："师仁慈悯物，惠爱困穷，处已俭薄而厚于施设。每以谦冲自守，不恃其成而居物先，其啬气颐神之妙，乃平日素习，虽须臾不少替。迨乎应缘扶教，则任物之自然，而门徒辐集，权贵钦崇，非以计谋而致其事。仙宫道观所在，俱有成绩，兀坐终日，望之俨然而不见惰容，及其即之，熙然如阳和生物，使人虚往而实归。老氏之三宝，南华之真人行，师兼而有之，可谓圣门之

① 刘笑敢先生说："老子把这种正而若反、以反彰正的态度、方法或原则看作是来源于道的最高德性，也是圣人的最高品德。"《老子古今》卷上，中国社会科学出版社，2006年，第463页。

② 陈垣：《道家金石略》，文物出版社，1988年，第563页。

③ 陈垣：《道家金石略》，文物出版社，1988年，第598页。

达者欤。"[①]类似这样以"谦"来阐释"不敢为天下先"的例子不胜枚举。

在这里,"谦"是谦卑、谦下之义。就此而言,从道教文献来看,"谦"是非常重要的一个概念。无论是描述道教仙真,还是阐述道教养生实践,乃至道教斋戒,"谦"都是一个非常重要的概念。

如道教仙传中描述梁代茅山宗创立者陶弘景"为性圆通谦谨,心如明镜,遇物斯应"[②]。说袁滋:"谦恭特甚。"[③]描写聂师道:"性聪淳直,言行谦谨,养亲以孝闻,深为乡里所敬。"[④]甚至连《道教灵验记》中记载修道者之所以获得灵验,也与其"谦"德的修养有关,如《赖处士预言老君降生作幼主验》中就说到,赖处士当时有王、梁二友,"王则辩博聪明,人多致敬,必谓其有非常之位也;梁则谦默谨静,慎重寡言,人多疏之,必谓其不肖也"。最后真正有灵验的,恰恰是梁[⑤]。

在陈垣先生所编纂的《道家金石略》中,描写修道之人的一个常见的品德,就是谦卑或谦下。《终南山重阳万寿宫无欲观妙真人李公本行碑》说李公:"盖公之为人,禀刚大正直之气,持特立独行之操,传授有源,充养有地,故施于事也,无不济之以仁,遇患难则先之,见人急难,必尽力救援而后已。""然且待人以约,持己以谦,其处众也,威而不猛,和而不流。"[⑥]《颐真冲虚真人毛尊师蜕化铭》说毛尊师:"以谦光处己,实德接物。"[⑦]《冲虚大师于公墓碣铭》则谓于志可真人"于语默动静之间,谦柔诚敬之德,日积月累,见之于所行者多矣,不必遍举"[⑧]。《玄门掌教清和妙道广化真人尹宗师碑铭并序》描写尹清和真人:"其觉后进,则高下不遗,蹊径坦明,以谦逊勤约为治心之要,以践履功行为入道之基,及其纵说,则时亦露机缄之妙,所谓穷理尽性以至命者也。"[⑨]《南昌观

---

① 陈垣:《道家金石略》,文物出版社,1988年,第646页。

② 《梁茅山贞白陶先生》,《云笈七签》卷之五。

③ 《云笈七签》卷之一百一十三。

④ 《云笈七签》卷之一百一十三。

⑤ 《云笈七签》卷之一百一十八。

⑥ 陈垣:《道家金石略》,文物出版社,1988年,第523页。

⑦ 陈垣:《道家金石略》,文物出版社,1988年,第534页。

⑧ 陈垣:《道家金石略》,文物出版社,1988年,第552页。

⑨ 陈垣:《道家金石略》,文物出版社,1988年,第567页。

碑》说王重阳所创立的全真道之所以能够广为传播，就是因为具有谦冲（卑）的精神境界：

近代重阳，天挺神授，绝累捐尘，建立夫根干泉源，扫荡乎波澜枝叶，辅之以清净真实，应之以柔顺谦冲，具天地之大全，完古今之大体也。道传东海数子，皆能鼓舞服膺，闻风唱和，天下化之。①

李道谦所写《终南山圆明真人李练师道行碑》，称赞李志源“练师道器凝重，上性谦冲，律己容人，轻财重义。生平不读书，凡视听言动，脗合经旨”②。

也正因为如此，谦卑、谦下、谦逊、谦冲，在道教历史上一直被看作是最重要的修道品德之一，许多人甚至将这种品德直接看作是老子阐扬《道德经》思想以来最基本的理念，如《顺德府通真观碑》所言：

夫道家者流，推老氏为始祖。老氏之教，主之以太一，建之以常无。有以冲虚恬谈养其内，以柔弱谦下济其外，盖将使人穷天地之始，会万物之终，刳心去智，动合于自然。以之修身则寿而康，以之齐家则吉而昌，以之治国平天下则民安而祚久长，非有甚高难行之论，幻怪诡异之观也。③

因此，到了清代，黄元吉在其《道德经真义》中也强调说：“至若不敢为天下先，正谦尊而光，安贞之吉。其能柔顺乎天下，而天下莫与之争，即能顺承乎天道，而天道默与以成。非有冲和之德，不敢为天下先，焉能大器晚成如是乎？是知慈也、俭也、后也，皆求道之本始也。勇也、广也、先也，皆奉道之末效也。今之学者不然，舍慈且勇，必生忍心；舍俭且广，心怀贪念；舍后且先，必有争竞——皆取死之道。”他又直接针对修炼之人说：“虽然俭德为怀，固以约鲜失之良法，苟不出以谦和，又恐躁暴之性，起火伤丹，故守约尤须至和，在在自卑自小，不居人先，始为虚己下人。仁心常存，道气常存矣。”

---

① 陈垣：《道家金石略》，文物出版社，1988 年，第 590 页。

② 陈垣：《道家金石略》，文物出版社，1988 年，第 607 页。

③ 陈垣：《道家金石略》，文物出版社，1988 年，第 504 页。

三、退让

历史上道教文献中以“谦”所展示出来的道教精神，除了“谦卑”、“谦下”之义，还有“谦退”、“谦让”之义。

在《道德经》中，“退”表达了两种含义：一是以退为进，如第六十九章：“用兵有言：‘吾不敢为主，而为客；不敢进寸，而退尺。’是谓行无行。”又如第四十一章：“上士闻道，勤而行之；中士闻道，若存若亡；下士闻道，大笑之。不笑不足以为道。故建言有之：明道若昧；进道若退。”①二是退让、谦退。如第九章：“持而盈之，不如其已；揣而锐之，不可长保。金玉满堂，莫之能守；富贵而骄，自遗其咎。功遂身退，天之道也。”

虽然，我们在《道德经》中并没有明显地发现“不敢为天下先”与“功遂身退”之间的直接关联，但是，在道教历史上，却也不乏将它们联系在一起，甚至以谦退、退让来阐释老子“三宝”中的“不敢为天下先”之义。

唐初李荣在《道德经注》中解释“不敢为天下先，故能成器长”时说道：“尚之于谦退，守之于雌柔，其德能普，谦光日新，为物所尊，故能成器长也。”②

宋代陈景元在其《老子注》中解释“舍其后且先，死矣”时则说：“好处物先，耻居人后，进无谦退之心，动有刚强之志，纵而不止，则犯上作乱矣。”③

到了元代，以谦退阐释“不敢为天下先”的就更多了，如李道纯在其《道德会元》中直接以“谦退”解释“不敢为天下先”。

元代虞集在其《开元宫碑》中说道：“昔人言，仙者非有求人主，人主求之耳。尚慈俭，尊退让，以风示天下，为国之礼则然。”④

而同是元代的吴澄在其所撰《抚州玄都观藏室记》中，称赞江西道

① 另可参见楚简乙本2组。
② 《蒙文通文集》第六卷，巴蜀书社，2001年，第650～651页。
③ 《蒙文通文集》第六卷，巴蜀书社，2001年，第854～855页。
④ 陈垣：《道家金石略》，文物出版社，1988年，第898～899页。

教都提点、玄观观住持张绍隐“道行纯美，默契玄元慈、俭、让下之宝，其徒世世相传，不恭祖教，亦匪纷纷道流所可例观”①。

另一个元代碑刻《真静崔先生传》则云：“要之，以慈、俭、礼让为立身之本，以诗书语孟为教人之符。及其逝也，兀然端坐如晏居，浩浩乎同造物者游，悠悠乎将元气者与俱，是以恩纶一出，名隶清都，号曰真静，不亦宜乎。”②这里之所以用“礼让”而不是“谦让”或“退让”，显然是由于崔真静还同时受到了孔孟儒家思想之深厚影响所致，而这本身也体现出全真道三教合一的特色。

在后来的道教中，以退为进的观念虽然也得到了继承，但由于受“三宝”中“不敢为天下先”观念的影响，“功成身退”的退让、谦退却得到了更大的弘扬。

如《黄帝阴符经张果批注》中说：

> 老君曰：功成不有，为而不恃。此全生立德之本也。夫小人者，贪其财则以身徇利，爱其名则以力争功，矜衒神迹而求神名，物共嫉之，必丧其命。欲益招损，是不神矣。夫君子建大功而不恃，防小祸于未萌，退己进人，推能让物，物共戴之，故不夺其利。自发神智，不能争物，物共让之。不居其后，为损招益，是以至神矣。故老君曰：为者败之，执者失之。诚哉言也！

这里“退己进人”、“推能让物”，都体现出了“不夺其利”、“不能争物”而最终“物共让之”的精神境界。

在《太霄琅书十善十恶》中，道教明确地将“退身让义，不争功名”看作是一个合格道士的基本要求：

> 十善既行，十恶自息。息恶行善，大慈德成。是以《上品戒》云：恤死度生，救疾治病，施惠穷困，割己济物，奉侍师主，营建静舍，书经校定，修斋念道，退身让义，不争功名，宣化愚俗，谏诤解恶，边道立井，植种果林，教化童蒙，劝人作善，施为可法，动静可

① 陈垣：《道家金石略》，文物出版社，1988年，第915页。

② 陈垣：《道家金石略》，文物出版社，1988年，第495页。

观,教制可轨,行常使然,十善遍行,谓之道士。①

正因为如此,道教在实行斋戒之时,也主张"退身让义",如《修斋求道当奉十戒》中所说:"第三戒者,守真让义,不淫不盗,常行善念,损己济物。""第七戒者,不得忌人胜己,争竞功名,每事逊让,退身度人。"②即使是在修炼当中,"退让"也具有极大的重要性,如《诸家气法·元气论》所言:

> 夫修炼法者,言调和神气,使周流不竭绝于肾。肾乃命门,故曰命术也。神气不竭,则身形长生,炼骨化形,游于帝庭,位为真人,以养元气,男女俱存。《经颂》云:道以精为宝,宝持宜密秘,施人则生人,留己则生己生己永度世,名籍存仙位,人生则陷身,身退功成遂。③

被称作洞仙的扈谦,就是一位功成身退的修行典范:

> 扈谦者,魏郡人也。性纵诞,不耻恶衣食,好饮酒,不择精粗。常吟曰:风从牖中入,酒在杯中摇,手握四十九,灵光在上照。巍峨藜蓍下,独向冥理笑。又曰:进不登龙门,退不求名位,无以消天日,常作巍峨醉。④

也正因为如此,谦退、退让的理念被后世的道教界作为传承自老子的最重要思想之一,如《修建长春观记》所云:

> 太上托神李氏,剖左腋而生。凿开混沌,发扬万化之机,把住乾坤,颠倒五行之用,立□□教,开众妙门,演长生久视之诠,述固蒂深根之旨,以无为清净为道,以谦退处下为德,故曰'我无为而民自化,我无欲而民自朴',则帝王公侯遵之而天下平。⑤

四、清静(净)

"清静"虽然只在《道德经》中出现过一次,但是,这丝毫不影响它在

① 《云笈七签》卷之三十八。
② 《云笈七签》卷之三十九。
③ 《云笈七签》卷之五十六。
④ 《云笈七签》卷之一百一十一。
⑤ 陈垣:《道家金石略》,文物出版社,1988 年,第 565 页。

《道德经》中所占有的重要地位。因为,老子将“清静”明确地规定为“天下正”。绝大多数学者将这里的“正”理解为君长或模范。然而,“清静”是一个状态名词,而不是指称某一个人或物或神灵,如何成为君长呢?因此,我觉得最好将“正”理解为正道,如《说文·正部》:“正,是也。从止,一以止。凡正之属皆从正。”在《道德经》中,正与反总是相对而言的,虽然老子讲“正言若反”,最终是要以反显正。这是老子辩证法思想的一个重要特色。唐玄宗解释“清静为天下正”时,就直接理解为“清静为正矣”。

在道教历史上,有不少文献都反映出道教界对于老子“三宝”中“不敢为天下先”直接理解为“清静”。

元代《长春宫碑铭》记载丘长春不远万里到达西北大漠接受成吉思汗的接见,“帝之所问,师之所对,如敬天、爱民以治国,慈、俭、清静以修身,帝大然之,曰‘天遣仙翁,以寤朕命’。左史书其言,乂以训诸皇子者”①。这里明确地将丘长春看作是持守“三宝”的典范,丘也因此而得到成吉思汗的尊重和赞赏,从而进一步彰显出以“清静”释“不敢为天下先”的重要意义。

元代《建康路三茅山崇禧万寿宫记》:“陶真人之于三君也,神交泬寥之上,王真人之于隐居也,心授问答之间。绵绵延延,往过来续,千载如一日。皇元肇兴,天兵南渡,神明所扶,坛宇如故。心远邹君道元,若造物者拟其人为时而出,叶阊阖于九天之上。上方偃武修文,以清静为坛,以慈俭为字,垂意玄教,命邹君道元掌教事,尽护诸山。”②这里虽然是将“清静”与“慈、俭”分开来谈,但作者将“清静”与“慈、俭”三者来概括“玄教”之旨意是很明显的,因而称赞邹道元掌教“以清静为坛,以慈、俭为字”来弘扬道教。

明代徐有贞在《重建福济观记》中谈到卧云炼师郭宗衡时说道:“宗衡乃集其徒以言曰:‘吾道之所宝者三:慈也,俭也,清净也。是我教所宜然也。今吾徒从事于斯,其必宝吾之清净以养吾之真,宝吾之俭以养

① 陈垣:《道家金石略》,文物出版社,1988年,第720页。

② 陈垣:《道家金石略》,文物出版社,1988年,第906页。

吾之身，宝吾之慈以养吾之人，庶乎其可耳。’”①这里以“清净”阐释“不敢为天下先”显然不是碑文的作者徐有贞的表述，而是直接引用道教炼师郭宗衡对弟子们的训言。郭宗衡明确地将老子的“三宝”义具体阐释为“宝吾之清净以养吾之真，宝吾之俭以养吾之身，宝吾之慈以养吾之人”，彰显出慈和俭是道教的世间法，而清静(净)是道教的出世间法，这无疑是对历史上道教“三宝”观如何落实到修行生活实践的一个重要发展。

“清静”在道教中的重要地位，我们完全可以从明清以来道教各派的课诵文本多离不开《太上老君说常清静经》就不难想见了。“清静”对于道教来说为什么那么重要呢？该经中说：“夫人神好清，而心扰之；人心好静，而欲牵之。常能遣其欲，而心自静，澄其心而神自清。自然六欲不生，三毒消灭。”这也就是说，欲是制约“人神”的根本因素，只有“遣欲”、“澄心”，才能达到“心静”而“神清”。清静是针对人性中的欲、心和神而言的。该经还说：“欲既不生，即是真静。真常应物，真常得性；常应常静，常清静矣。如此清静，渐入真道；既入真道，名为得道，虽名得道，实无所得；为化众生，名为得道；能悟之者，可传圣道。”这里将“清静”看作是进入“真道”的基本要求，这与上面郭宗衡所强调的清静以养真是一样的意思。因此，该经说：“人能常清静，天地悉皆归。”

从上述历史上道教将老子三宝中的“不敢为天下先”理解为“清静”的表述来看，我们由此不难想见“不敢为天下先”较之其他二宝“慈”和“俭”在道教中居于更重要的地位。

五、无为

“清静”与“无为”在道家和道教中常见合称为“清静无为”，如历代绝大多数学者在阐释《道德经》中“清静为天下正”一语时，多将此处的

---

① 陈垣：《道家金石略》，文物出版社，1988年，第1254页。

"清静"称为"清静无为"或"无为清静"①。这也就是说,在绝大多数学者看来,老子所说的"清静"和"无为"是一个意思。

其实,在道教历史文献中,也不乏这样的阐释。如宋代苏轼所撰的《上清储祥宫碑》中就说道:"道家者流,本出于黄帝、老子,其道以清静无为为宗,以虚名应物为用,以慈俭不争为行,合于周易'何思何虑',论语'仁者静寿'之说,如是而已。"②金元之际道士的李道谦所撰《楼观大宗圣宫重修说经台记》也说:"老子者,道也,生于无恒之先,起于太初之前,混混沌沌,虚无自然。及乎结气凝精,分神应化,或出于龙汉之纪,或现于赤明之季,随世诞灵,无有纪极,悯时垂教,代为帝师。至其降迹殷周,传经授道,凿开混沌,剖析鸿蒙,启众妙之门,示重玄之旨,以清静无为为宗,以虚明应物为用,以慈俭不争为行。以之修身则身修,以之齐家则家齐,以之治国平天下,则国治而天下平,是盖秉要执本,有常道存焉。"③《大元重修泾阳县北极宫记》中也说道:"至近代,重阳祖师复以全真启教,挈人于善。皆以黄老为宗师,清静无为,贵慈尚俭,施之于天下,有家给刑措和平简易之功,非特止于修炼一身而已。"④诸如此类的还有不少。

但是,在老子的《道德经》中,"清静"毕竟只出现过一次,而"无为"出现过十三次,且"清静无为"或"无为清静"都没有出现过。这至少说明在老子那里,"清静"与"无为"并不是完全等同的概念。

与此同时,我们只要考察一下明清以来道士日常功课常诵的《太上老君说常清静经》,就会发现该经全篇没有一处提到"无为"一词,更不用说提到"清静无为"或"无为清静"了。我们再来看看《云笈七签》,通过电子文本的搜索,只发现一处使用"清静无为",即该书所收录的《黄庭外景经》中的一句经文"清静无为神留止",而同时所附的"务成子注"

① 这里仅举当代较有代表性的《道德经》注解本为例:陈鼓应:《老子注释及评介》,中华书局,1984 年,第 243 页;许抗生:《帛书老子注释与研究》,浙江人民出版社,1985 年,第 18 页;任继愈:《老子绎读》,北京图书馆出版社,2007 年,第 100 页。

② 陈垣:《道家金石略》,文物出版社,1988 年,第 295～296 页。

③ 陈垣:《道家金石略》,文物出版社,1988 年,第 642～643 页。

④ 陈垣:《道家金石略》,文物出版社,1988 年,第 746 页。

也没有提及“清静无为”或“无为清静”。

通过以上这两个事例说明了什么呢？很显然，“清静”与“无为”在道教中还是有一些区别的。尤其是道教历史文献在表达老子“三宝”中的“不敢为天下先”之义时，还没有发现将“不敢为天下先”直接解释为“清静无为”或“无为清静”，而是要么解释为上述提到的“清静”，要么解释为“无为”。

唐玄宗在《御制道德真经疏》中，对老子的“三宝”是这样解释的：“夫体仁博施，爱育群生，慈也；节用厚人，不耗于物，俭也；不为事始，和而不唱，不敢为天下先也。”这显然是以“无为”来阐释“不敢为天下先”的。

元代天历三年(1330 年)北方真大道的《尧帝延寿宫真大道真人道行碑记》载张清志道人“谕徒众曰：‘吾教以慈、俭、无为为宝，今听狱讼，设刑威，若有司然。吾教果如是乎？继今以始，凡桎梏鞭笞之具，尽废之’”①。

元代正一派《大护持杭州路宗阳宫碑》说道：“世祖圣德神功文武皇帝以神武不杀一天下，故日月所照，熙然邃古之世，素朴之民。以慈、俭、无为理天下，故天地欣合，蔼然清静之治，宁一之风。是以天保定尔之诗，海耦丕冒之臣，所以朝夕必祝必严其地以归之。”该碑的最后铭文也说道：“道非有始非无始，忧世立言尊老氏。开元有诏杭刺史，贝阙珠宫耸城市。劫灰酒洒东风靡，化人几见蓬莱水。皇元区宇一文轨，慈俭无为万国理。秦苑秋深千柱峙，金阙寥寥开雉尾。上帝高居百神止，紫衣翩翩有道士。漱涤玄风摇玉齿，高谈道德五千旨。”该碑不仅以“无为”释老子“三宝”中的“不敢为天下先”，还将“无为”看作是老子“五千言”的最高理念，如其所说：“夫老子之道，先天地而固存，后天地而不悖，凿凿五千言，所以忧世立教，言君道曰无为，尧舜之所以为君。言臣道曰有为，禹稷之所以为臣。周流六虚，出入古始，推本皇道帝德之所以盛，王功伯力之所以衰，不显显以为著，不泯泯以为博，而深涉天人之故、其文王之易，箕子之畴欤？”②

① 陈垣：《道家金石略》，文物出版社，1988 年，第 833 页。

② 陈垣：《道家金石略》，文物出版社，1988 年，第 882～883 页。

那么为什么在道教的主流当中要将“清静”与“无为”区分开来呢？也就是说，“清静”与“无为”在《道德经》和道教历史中真的有严格的区分吗？

（作者为中国人民大学哲学院及佛教与宗教学理论研究所教授）

“老聃贵柔”的思想演进与文献生成*

徐　华

一、从“见诎”到“贵柔”
——老学史与出土文献的同一性轨迹

先秦留下来的关于《老子》思想的评价并不多，但就有限的几条看，也表现出一种演进的轨迹。

首先，曾为稷下祭酒的荀子在其著作中，以批评的眼光总结说：“老子有见于诎，无见于信。……有诎而无信，则贵贱不分。”①而《庄子·天下》篇的作者也对老子思想表达了同样的评论，即：老聃之道，“人皆求福，己独曲全。曰：苟免于咎”。并且他更为全面地总结老子思想：“老聃曰：知其雄，守其雌，为天下谿。知其白，守其辱，为天下谷。人皆取先，己独取后，曰受天下之垢。人皆取实，己独取虚。无藏也故有余。岿然而有余，其行身也，徐而不费。无为也而笑巧，曰：坚则毁矣，锐则挫矣。常宽容于物，不削于人，可谓至极。”②庄子及其学派作为传承老学的重要人物，他们所理解的老子思想，包括“知雄守雌”、“知白守辱”、“取后”、“取虚”、“谦下”，基本是和荀子“有见于诎”的评价方向相一致。其共同点在于强调雄雌、白辱、先后、实虚、伸曲等对立方面中的后一方面的持守。可以将它们概括为“守诎”。

---

* 本文为国家社科基金重大项目“中国老学通史”(项目批准号：14ZDB004)阶段性成果。

① 荀况著，王天海校释：《荀子校释》，上海古籍出版社，2005 年，第 695 页。

② [宋]吕惠卿：《庄子全解》卷十《天下》第三十三，国家图书馆出版社，2011 年影印宋刻本。

其次,秦始皇八年(公元前239年)成书的《吕氏春秋》,总结各家宗旨,提出“老聃贵柔,孔子贵仁,墨翟贵廉,关尹贵清,子列子贵虚,陈骈贵齐,阳生贵己,孙膑贵势,王廖贵先,儿良贵后”①。其中,“老聃贵柔”被列在首位。虽然吕书对何谓“贵柔”没有进一步的阐释,但是其说的提出,无疑表明了当时对于《老子》一书核心思想的理解。可以将其概括为“贵柔”。

那么,“贵柔”与“见诎”究竟是否同义呢?从表面看,二者似乎没有什么大的区别,实际上却还是两个完全不同的概念。

单从文字的角度看,“诎”与“屈”、“曲”意思相接近,在古字书中往往互释。它又与“直”、“伸”等意义相反。如《说文解字·言部》释“诎”曰“诘诎也。一曰屈襞”,又“诎或从屈”②。曲,《说文解字·曲部》:“曲,象器曲受物之形。”段玉裁注曰:“引申之为凡委曲之称。不直曰曲。”③《易·系辞》有:“尺蠖之屈,以求信也。”其后字书亦多承此说,如《广雅·释诂》云:“诎,屈也,古字通。”又《玉篇》:“枉曲也。”荀子评价老子“有见于诎,无见于信(伸)”,也正是从“诎”、“伸”对立的角度来说。

“柔”则不然,《说文解字》:“柔:木曲直也。”段注曰:“《洪范》曰:木曰曲直。凡木曲者可直,直者可曲曰柔。”④与“诎”守在弯曲隐没的一面相比,“柔”则体现出一种可曲可伸的姿态。《庄子·天下》篇的作者以及荀子所理解的《老子》“守诎”,既点出了他思想的立脚点和特色,同时也说明其学说的不足所在。《吕氏春秋》“贵柔”说的提出,则在老学史的层面上,提出老子学说不囿于一隅,同时又能具有柔的应用力量,巧妙地避开了过去所理解的偏于“曲全免咎”的偏颇之处,而发展到了“贵柔善胜”的积极思维方面。

---

① 《吕氏春秋·审览分·不二》。

② 许慎著,段玉裁注:《说文解字》卷3,《段玉裁全书》第三册,江苏人民出版社,2015年影印经韵楼藏版,第109页。

③ 许慎著,段玉裁注:《说文解字》卷12,《段玉裁全书》第三册,江苏人民出版社,2015年影印经韵楼藏版,第647页。

④ 许慎著,段玉裁注:《说文解字》卷6,《段玉裁全书》第三册,江苏人民出版社,2015年影印经韵楼藏版,第261页。

老学史上从“守诎”到“贵柔”的发展轨迹，也同样表现在出土文献中竹简本和帛书本两种《老子》中。1993年出土的郭店楚简，道家著作共两种，即老子甲、乙、丙三篇和《太一生水》一篇。据考古学家根据墓葬形制及器物纹样推定，入葬年代为战国中期偏晚，约公元前300年；1973年出土的长沙马王堆《老子》甲、乙写本两种，其中帛书甲本流行的时间，约汉高祖刘邦即位前，即公元前202年之前，很可能与《吕氏春秋·不二》篇的作者所看到的《老子》同属一个时代。

比较两种出土文献《老子》中的“柔”的思想，也可以见出其中一种思想形成的脉络。

郭店楚简本《老子》中与柔弱相关的内容并不多，如美国学者韩禄伯的描述：“郭店《老子》几乎没有什么文字谈到雌性行为模式的效用或即以柔克刚的办法。”“此外，以水为喻的章节在郭店本中也全然无踪。”①这是完全正确的，我们在郭店简本《老子》中所能看到的与“柔弱”相关的内容，基本还限定在“弱”的一方，或者具体的描述，而未上升为哲学性的思想方式，如：

返也者，道僮也。溺也者，道之甬也。天下之勿生于又，生于亡。②

溺，帛书本及传世本皆写作本字“弱”，其义与“强”相对。就此章本义来说，所谓“返也者”，即“复归”，向根源的复归。如简文有“万勿方作，居以须复也。天道云云，各复其堇”。义理是一致的。由此，则“弱也者”，作为道的运作方式，也应指向与强梁相对虚静寂漠恬淡无为的一面。附抄于郭店楚简本《老子》丙本之后的《太一生水》尤其强调了“天道贵弱，削成者以益生者”③。“弱”的意思显然是卑弱处下的一方。因此，它仍与贯穿简本以及庄子、荀子评价的“守诎”相一致。总之，虽然郭店本《老子》及其补充文献中有了“弱为道用”、“天道贵弱”的内容，

① [美]韩禄伯著，邢文改编，余瑾翻译：《简帛老子研究》，学苑出版社，2002年，第17页。

② 丁原植：《郭店竹简老子释析与研究》（增修版），万卷楼图书有限公司，1999年，第223页。

③ 李零：《郭店楚简校读记》，北京大学出版社，2002年，第32页。

但实际上并不同于后世所说的能曲能申的“柔”的意味，这也还是需要认真区分的。

> 骨溺(弱)堇(筋){矛求}(柔)而捉固。未智牝戊之合然怒，精之至也。终日呼而不嚘，和之至也。

这里虽然名义上用了“柔弱”二字，但实际指赤子筋骨柔软无力的状态，而并不具有老子贵柔这一哲学意旨。倒是“精”、“和”及下文“心使{既/火}曰男(强)”等内容的出现，可以看出以“精气”释道的观念，不失为精气喻柔的萌芽。

> 江海所以为百浴王，以其能为百浴下，是以能为百浴王。

“江海”与“百浴”这一对语词，皆与“水”相关，然而其背后的意义指向，却是“江海”善处下，是以能为百浴王。故并未将“水”与“柔”关联。

至帛书甲本的时代，不仅涵盖竹简本《老子》与弱相关的内容，而且还发展出了新的内容，形成了完善的体系，如：

第一，以水喻道，凸显道的“柔弱而无不为”、“柔弱胜于刚强”的特征。帛书甲：“上善治(似)水，水善利万物而有静。居众人之所恶，故几于道矣。”(帛书本《道经》第八章，今本《道经》第八章)《尔雅释诂》：“几，近也。”老子言水近于道，主要表现在水性“善利万物”、“居善地”(处下不争)、“心善渊”(深邃而安静)、“予善天”(普惠)、“言善信”(守时守信)、“正善治”(无为而化)、“事善能”(无为而无不为)。《广雅释诂》：“能，任也”、“动善时”(与时变化)。又：帛书甲本(甲本残缺则参照乙本)：天下莫柔弱于水，而攻坚强者莫之能胜也，以其无以易之也。水之胜刚也，弱之胜强，天下莫弗知也，而莫能行也。故圣人之言云：曰受邦之垢，是谓社稷之主。受邦之不祥，是谓天下之王。正言若反(帛书《德经》第八十章，今本第七十八章)。

第二，柔弱胜于刚强的现实作用力。帛书甲本：将欲翕之，必固张之。将欲弱之，必固强之。将欲去之，必固与之。将欲夺之，必固予之。是谓微明。柔弱胜刚强(帛书本《道经》第三十六章，今本《道经》第三十六章)。又：帛书甲本：天下之至柔，驰骋于天下之至坚。无有入于无间。吾是以知无为之有益也(帛书《德经》第四十三章，今本第四十二章)。又：帛书甲本(甲本残缺则参照乙本)：见小曰明，守柔曰强（帛书《德经》第五十二章，今本第五十二章）。其中柔弱之所以能胜于刚强，源于对事物发展规律的预见和把握，从而形成超越于刚强有力的现实作用力。

第三，柔弱是生命的根本形式。帛书甲本：人之生也柔弱，其死也筋肕坚强。万物草木之生也柔脆，其死也枯槁。故曰：坚强者死之徒也，柔弱微细者生之徒也。兵强则不胜，木强则恒。强大居下，柔弱微细处上（帛书《德经》第七十八章，今本第七十六章）。

综合以上，竹简本《老子》主要讲的是“弱为道用”、“筋柔骨弱”以及“江海”处下等。帛书本中则“柔弱”连用，而且其价值得到了突出的强调，虽然帛书本《老子》中也有不少“见诎”的内容，显然，以水喻柔，柔能胜刚，支撑生命的柔，都是楚简本《老子》中所没有的内容。比较这两个相差一百多年的出土文献之《老子》，同样可以看出从“见诎”到“贵柔”的思想演进轨迹。而这一轨迹，恰恰与老学史上对老子的认识轨迹是一致的。

二、《老子》书的文献补充与思想融合
——以“老聃贵柔”为视角

综上，无论从老学史的发展，还是从出土文献中竹简本和帛书本的比较看，在“贵柔”这一点上，我们认为《老子》学说和《老子》文本同样经历了一个不断发展的过程。这也就是说，事实上，并不存在一个一开始就完整如帛书本的五千字本《老子》。这还可以从老聃学说的流传和老子书的流传方式得到进一步的证明。

老聃学说的流传方式，以《庄子·天下》篇所述为例。《天下》篇的作者将关尹、老聃并列而论，首先总论二人曰：“以本为精，以物为粗，以有积为不足，澹然独与神明居，古之道术有在于是者，关尹老聃闻其风而悦之。”之后先描述关尹的思想：“建之以常无有，主之以太一，以濡弱谦下为表，以空虚不毁万物为实。关尹曰：在己无居，形物自著。其动若水，其静若镜，其应若响。芴乎若亡，寂乎若清。同焉者和，得焉者

失。未尝先人而常随人。”[①]再描述老聃的思想。由这种体例的安排,无疑说明关尹和老聃在《天下》篇的作者看来,虽有共同的思想基础,但还存在着比较明显的不同。

那么,不同点究竟在哪里呢?我们看其所引《老子》,称道其“曲全”、“苟免于咎”、“知雄守雌”、“知白守辱”、“取后”、“取虚”等方面。然而它说到关尹之说时,则称道其“濡弱谦下为表,空虚不毁万物为实”、“其动若水,其静若镜,其应若响”、“寂乎若清”等内容。其中,“濡弱”之“濡”,有多种含义,但根本的含义应与“水”相关,如《庄子》一书中《大宗师》篇有“相濡以沫”、“入水不濡”,《诗经》、《周易》中也多此类,皆表“湿润”之义。“濡弱”,则暗含着“柔弱”之义。显然最大的不同点在于关尹学派的思想比老子的思想多了些积极的整体的内容,比如静动、表里、无有同时强调,而非只强调其中“静”、“虚无”、“弱”的一方。同时“其动若水”、“濡弱”也较楚简本《老子》多有不同。

再从郭店楚简本《老子》甲、乙、丙三本的后面,又以同样形制抄写了《太一生水》,且并存合论,亦与《天下》篇所述相应。郭店楚简《老子》的甲、乙、丙三种文本,究竟是摘抄辑选本,还是原始来源本,抑或是演变过程中的并行传本[②],仍假说纷纭,但毕竟为我们提供了一个极为宝贵的目前所能见到的最初始形态的《老子》文本。关于《太一生水》篇与竹简本《老子》之间的关系,李学勤、刘钊等先生都认为是对《老子》尤其是《老子》第四十二章“道生一,一生二,二生三,三生万物。万物负阴而抱阳,冲气以为和”的引申和解说[③]。而李零则认为:“我们要说《太一生水》是《老子》的解说,这句话,至少要有所限定。第一,我们不能说,它是对简本《老子》的解说;第二,我们更不能说,它是对《老子》丙组的解说。《太一生水》和丙组同抄,也许只是偶然,而并不一定有内容上的

① 邢文编译:《郭店老子:东西方学者的对话》,学苑出版社,2002年,第66～67页;李存山:《老子简帛本与传世本关系的几个模型》,《中国哲学史》2003年第3期,第72～73页。

② 邢文编译:《郭店老子:东西方学者的对话》,学苑出版社,2002年,第66～67页;李存山:《老子简帛本与传世本关系的几个模型》,《中国哲学史》2003年第3期,第72～73页。

③ 刘钊:《郭店楚简校释》,福建人民出版社,2003年,第45页。

联系。”[①]建立在推测基础上，我们的确很难得出确定的结论。因而，审慎的怀疑无疑是必要的。简本《老子》和《太一生水》的内容，二者最大的不同在于《太一生水》篇将“水”提升到了一个仅次于“太一”的宇宙化生重要元素的地位。所谓：“大一生水，水反辅大一，是以成天。天反辅大一，是以成地。天地复相辅也，是以成神明。”“是故大一藏于水，行于时，周而或又始，以己为万物母。”[②]无论从思想理论的体系，还是话语的立足点，都不可能简单地说，是对老子学说的引申。

无论是传播史中还是文献形态上，《老子》的流传都是与另一种学说并论相附而存在，这其中的问题是：如果原始本的《老子》本身是完善的五千字本，那么，评论者和摘抄者就没有必要再以关尹派或者其他学派学者的思想与之并论补充。与此相应，如果郭店楚简本《老子》是摘抄本，就一定有一个完整《老子》或者五千字本的《老子》。抄写者根据自己的想法选择抄写整理而成，这种看法似乎深受大家的赞同。然而问题是，抄写者对于大家所公认的老子“贵柔”的核心思想方面的文字章句完全不抄录，这本身是不合常理的。如果说这位抄写者因为自己偏爱某一方面的内容而进行摘抄整理，那么，就没有理由在紧接着丙本之后的地方，用完全相同形制的竹简抄写了反映“水”、“神明”、“贵弱”方面内容的《太一生水》。抄写《太一生水》，本身正说明抄写者对这方面的知识相当感兴趣，但又是其所见《老子》底本中所没有的。《庄子·天下》篇一定要将关尹、老聃并论，也是一样的道理。正因为老聃的思想当中有一定的不足，而当时流行兴起的新思想又可以弥补这种不足，当然要将其归纳进来。

从“见诎”到“贵柔”，正相当于一个借以考察老子学说演进的独特视角。由此，我们得出的一个初步的结论就是：原始本的《老子》或许产生于老子的时代，但其思想相对偏重于“守道根”、“贵曲弱”的一面，在其后流传的过程中，逐渐与“水”、“气”喻道的新思想相融合，而进行了调整、发展和补充，从而发展出了实用性很强的具有积极意义的“柔弱

① 李零：《郭店楚简校读记》，北京大学出版社，2002年，第41页。

② 李零：《郭店楚简校读记》，北京大学出版社，2002年，第32页。

胜刚强"、"贵柔"学说。

三、"老聃贵柔"思想的演进与《老子》成书问题

"老聃贵柔"思想的形成盖经过三个阶段:"守诎"—"守诎"与其他新思想的融合—"贵柔"。

首先,先看"守诎"。《老子》中的文句,有袭用《金人铭》的①,对照郭店本和帛书本《老子》,其例如下:

序号	《金人铭》②	楚简甲本《老子》	帛书甲本《老子》
1	无多言,多言多败。无多事,多事多患。		多闻数穷,不如守于中。(5)
2	强梁者不得其死,好胜者必遇其敌。		强良者不得其死,吾将以为学父。(42)
3	君子知天下之不可盖也,故后之、下之,使人慕之。	圣人之在民前也,以身后之。其在民上也,以言下之。	是以圣人欲上民也,必以其言下之。其欲先民也,必以其身后之。(66)
4	执雌持之,莫能与之争者。		知其雄,守其雌。(26)
5	夫江河长百谷者,以其卑下也。	江海所以为百浴(谷)王,以亓(其)能为百浴(谷)下。	江海所以能为百谷王者,以其善下之,故能为百谷王。(66)

其中,"后之、下之"、"卑下"两条可见于郭店本,可以明显看出"见诎"的特征。其余则并见于帛书本。虽是否亦进入简本,仍不可知,但至少这部分内容同样是"见诎"思想的表达,如"执雌"③、"强梁者不得其死"等。由此说明,老子"见诎"的思想来源甚古。在郭店本的时代,

---

① 郑良树:《金人铭与老子》,《诸子著作年代考》,北京图书馆出版社,2001 年,第 12 页。其中对于《金人铭》的时代与真实性问题作出考证,可参见。

② 刘向撰,向宗鲁校证:《说苑校证》,中华书局,1987 年,第 258 页。

③ 《老子河上公章句》注曰:"雄以喻尊,雌以喻卑。人虽知自尊显,当复守之以卑微,去之强梁,就雌之柔和,如是则天下归之,如水流入深谿也。"

就已经吸收了这种古老的思想意识。

与此相应，司马迁《史记》在《老庄申韩列传》和《孔子世家》中分别写到“孔子问礼于老聃”。其中老聃的赠言内容基本一致，如“吾闻之，良贾深藏若虚，君子盛德，容貌若愚”，“聪明深察而近于死者，好议人者也。博辩广大危其身者，发人之恶者”，亦与其“其学以自隐无名为务”（《史记·老庄申韩列传》）的“见诎”形象相一致。

由此说明，原始形态《老子》的核心思想正是“守诎”，《荀子》和《庄子·天下》篇作者对《老子》本身的概括是完全恰当的。他们所看到的《老子》也绝不可能是类似帛书本的全本。

第二阶段的“守诎”与其他新思想的融合。所谓的新思想，如“水”、“气”等自然要素，作为哲学要素进入思考的范畴和理论体系。在先秦思想史中，最早明确提出了“水”、“精气”观念的莫过于《管子》。如《水地》篇提出：“水者何也，万物之本原也，诸生之宗室也，美恶贤不肖，愚俊之所产也。”“人，水也，男女精气合，而水流行。”其说大大提高了“水”的地位，几乎与道同一，也更为密切了“水”、“气”与生命的关系。由此，《太一生水》的出现，也非偶然了。

从哲学思想发展的序列上来看，先出现一种自然元素的理论提升，再出现将这种理论化的自然元素的系统化，是一个普遍的规律。《太一生水》试图融合“太一”与“水”、“天”、“地”、“神明”的关系，目的正是使其形成一种特定的理论体系。那么，借助《管子·水地》篇的成书时间，也可以参照推测《太一生水》的形成时间，“《管子》一书成书于稷下百家争鸣的高潮时期，这一时期是在公元前四世纪中后期到三世纪前期，而郭店楚墓竹简的下葬年代学术界论定在公元前 300 年左右，正好处在稷下学宫最繁盛的时期。考虑到《太一生水》在入土前一定有一个流传的过程，因而我们可以论定，《太一生水》和《水地》的成篇年代应该是相去不远或正相衔接”[①]。也就是说，公元前 350 到前 300 年之间，正是各种思想、各家思想相互融合的时期。

第三阶段：“老聃贵柔”的形成。韩非子（约公元前 280—前 233

① 白奚：《“太一生水”与“水”的万物之生成》，《中国哲学史》2012 年第 3 期。

年)的时代,所看到的《老子》书就已经包含了丰富的“贵柔”思想,这可以从其《解老》、《喻老》中看出。说明到公元前3世纪中叶的时候,老子学说经过了重新的融合,基本走向定型。如上所述,“以水喻道”、“柔弱胜刚强”、“柔弱关联生命”等思想在《老子》中发展成为主导思想。

另关于“齿坚舌柔”的对话也广为流传,对话的双方,或以为是“老莱子教孔子”,如《战国策·楚策》有:“不闻老莱子之教孔子事君乎?示之其齿之坚也,六十而尽相靡也。”《汉书艺文志》:“《老莱子》十六篇,楚人,与孔子同时”;或以为“叔向教韩平子”,如《说苑·敬慎》中:“韩平子问于叔向曰:刚与柔孰坚?对曰:臣年八十矣,齿再堕而舌尚存。老聃有言曰:天下之至柔,驰骋乎天下之至坚。又曰:‘人之生也柔弱,其死也刚强;万物草木之生也柔脆,其死也枯槁。因此观之,柔弱者生之徒也,刚强者死之徒也。’夫生者毁而必复,死者破而愈亡;吾是以知柔之坚于刚也。平子曰:善哉!然则子之行何从?叔向曰:臣亦柔耳,何以刚为?平子曰:柔无乃脆乎?叔向曰:柔者纽而不折,廉而不缺,何为脆也?天之道微者胜。是以两军相加,而柔者克之;两仇争利,而弱者得焉。《易》曰:‘天道亏满而益谦,地道变满而流谦,鬼神害满而福谦,人道恶满而好谦。’夫怀谦不足之柔弱,而四道者助之,则安往而不得其志乎?平子曰:善!”又同书中以为是“常拟教老子”:“常拟有疾,老子往问焉,曰:先生疾甚矣,无遗教可以语诸弟子者乎?常拟曰:子虽不问,吾将语子。常拟曰:过故乡而下车,子知之乎?老子曰:过故乡而下车,非谓其不忘故耶?常拟曰:嘻,是已。常拟曰:过乔木而趋,子知之乎?老子曰:过乔木而趋,非谓敬老耶?常拟曰:嘻,是已。张其口而示老子曰:吾舌存乎?老子曰:然。‘吾齿存乎?’老子曰:‘亡。’常拟曰:子知之乎?老子曰:夫舌之存也,岂非以其柔耶?齿之亡也,岂非以其刚耶?常拟曰:嘻,是已。天下之事已尽矣,无以复语子哉!”《淮南子·缪称训》:“老子学商容,见舌而知守柔矣。”《慎子外篇》皇甫谧《高士传》,皆载此事,亦作“商容”。高诱注《吕氏春秋·慎大》、《离谓》二篇,及《淮南·主术》篇,皆以为“商容”是殷纣时贤人,老子师。《文子·上德》篇,文同淮南,商容作常拟。《汉书·艺文志》有“常从日月星气二十一卷”,师古曰:老子师之。

这一则对话故事人物的不确定,正说明是先有了"贵柔"的思想,之后才有了故事的附会。我们并不可以此为考证的文献资料。然而值得注意的是,老子学说向"贵柔"的转化,与黄老学的兴起密切相关。正如我们通常的认识:"黄老之学的特点是道法结合,提出'道生法'的观点";"在以道法为主的同时,又兼采阴阳家、儒家、墨家、名家的思想"①。今所存黄老学的文献资料,恰好展现了明确的"贵柔"思想。

《韩非子》中较为集中地诠释了"贵柔"的含义。如《韩非子·解老》:"凡道之情,不制不形,柔弱随时,与理相应。"又《韩非子·喻老》:"句践入宦于吴,身执干戈为吴王洗马,故能杀夫差于姑苏。文王见詈于王门,颜色不变,而武王擒纣于牧野。故曰:守柔曰强。"②举例描述了柔弱如何能胜强大。司马迁《老庄申韩列传》中称韩非之学"归本于黄老"。

《列子·黄帝》篇第二:"天下有常胜之道,有不常胜之道。常胜之道曰柔,常不胜之道曰强。二者亦知,而人未之知。故上古之言:强,先不己若者;柔,先出于己者。先不己若者,至于若己,则殆矣。先出于己者,无所殆矣。以此胜一身若徒,以此任天下若徒,谓不胜而自胜,不任而自任也。粥子曰:欲刚,必以柔守之;欲强,必以弱保之。积于柔必刚,积于弱必强。观其所积,以知祸福之乡。强胜不若己,至于若己者刚;柔胜出于己者,其力不可量。老聃曰:兵强则灭,木强则折。柔弱者生之徒,坚强者死之徒。"③

长沙马王堆出土的《黄帝四书·经法》第九章《名理》有"重柔者吉"条,曰:"以刚为柔者活,以柔为刚者死。重柔者吉,重刚者灭。"④

《淮南子·原道训》、《文子·道原》:"故兵强则灭,木强则折。

① 钟肇鸣:《中国哲学史通览》,东方出版中心,1994年,第129页。

② 《韩非子·解老》《韩非子·喻老》,中华再造善本清代编子部,据上海图书馆藏清影宋抄本,北京图书馆出版社,2013年。

③ 林希逸:《列子鬳斋口义》,中华再造善本,据中国国家图书馆藏元初刻本影印。

④ 胡信田译:《黄帝经通释》,天工书局,1984年,第214页。

革固则裂,齿坚于舌而先毙。故柔弱者生之干也,坚强者死之徒也。"[①]《文子·道原》:"柔弱者,道之用也。反者,道之常也。柔者,道之刚也。弱者,道之强也。"[②]

关于帛书本《黄帝内经》的成书年代,学术界颇有争议。陈鼓应先生不同意流行说法将《黄帝四经》定于战国晚期,认为此书至少成于战国中期,引用唐兰先生观点,认为《申子》一书受《黄帝四经》的影响,至少说明《黄帝四经》成书下限是在申不害相韩之前(公元前351年之前)[③],这种说法目前被学术界普遍接受。但也有学者提出"《黄帝四经》的成书年代当在汉初,编者可能是盖公"[④]。争议的存在实不能影响黄老学作为一种学术思潮的兴起在战国晚期的事实。原因有二:一、"贵柔"作为共同的连接点,成为道法合流的重要纽带;二、战国末期,弱国面对强秦的局面迫切要求学术思想上能够提出强有力的支撑。"柔弱胜刚强"的提出,一方面胜于之意,另一方面也有着明确的战胜之意。如果说"见诎"的原始老子还以帝王师的身份箴谏王侯处下不争谦卑,"贵柔"的战国晚期老子则以术士的身份为弱国如何胜强提出理论的依据。

(作者为华侨大学文学院教授)

① [汉]高诱:《淮南鸿列解》,中华再造善本,据中国国家图书馆藏明万历八年茅一桂刻本影印,北京图书馆出版社,2006年。

② [唐]默希子徐灵府注,王利器疏义:《文子》,中华书局,2000年。

③ 陈鼓应:《黄帝四经今注今译:马王堆汉墓出土帛书》,商务印书馆,2007年,第35页。

④ 孙景坛:《〈黄帝四经〉研究的几个重要问题》,《南京社会科学》2003年第2期。

自然之道，以中庸为主：顾欢哲学的再认识

强　昱

一、至真无假，同归乎一

成玄英在《道德真经序诀开题义疏》中，以“无为为宗”概括顾欢的思想特色。而顾欢对无为问题的解释，围绕着对有无关系的说明展开。顾欢认为形上之道是有无的统一整体，只能通过对经验现象的反省，才能通过心灵的结晶洞察本体之道的永恒绝对性。

如果承认经验事物变动不居，形上之道与经验事物始终依存，那么人类能够直接把握的仅仅是各种物理现象，而不是隐藏于背后的本体之道。否定形上之道的实在性，无法说明事物的周期性运动变化的理由。老子在以“唯恍唯惚”的语言表达道物之间内在的依存关系时，其认识前提是“有信有精”。他强调事物的运动变化遵循着普遍的必然法则呈现出应有的规律秩序，保障着每一个体事物存在的合理性。

> 欲言定有，而无色无声。言其定无，而有信有精。以其体不可定，故曰唯恍唯惚。如此观察，名为从顺于道，所以得（释“道之为物，唯恍唯惚”）。

在认识上把本体之道与客观事物割裂两分，就会产生“定有”或“定无”的绝对化观念。绝对的肯定忽视了形上之道“无声无色”的超验属性，绝对的否定则又排除了“有信有精”的客观实在性。没有理解“体不可定”的内涵，自然不能准确领会客观事物的潜在与实在的循环往复，就是至道的作用的真相。主体自我只有仔细审视“观察”运动变化的根源与有无的不同存在状态，才能摆脱独断论与绝对论的偏见。从逻辑关系上揭示本体之道作为具体事物的普遍依据，同运动变化的经验现象

与无限宇宙的先验和谐秩序的有机统一，抽象化的哲学思考粉碎了纷纭意见的喧嚣。

因为反对脱离客观现实世界，只是通过纯粹的概念命题的演绎推理对本体之道进行形上学的建构，“体不可定”的认识强调“体”如果被局限于实在之有或潜在之无的某一方面，那么无疑就会把形上之道与客观事物相互孤立。寻常的经验事物“逝，往也”的流逝于人类经验知觉的视域，每一个人不会对不断消亡的现象产生丝毫的惊奇。尝试提出“诸物虽大，大有极住”的有限性问题的时候，不免产生心理上的不安。“此道之大，往行无际”的形上绝对者，因为“本无住尽之处”(释“大曰逝”)而与“诸物”自然有别。“大”指存在时间的长久或占据空间的辽阔，“诸物”终究不能突破“极住”的相对性限制。“往行无际”的本体之道“本无住尽之处”，因此能够与一切事物贯通始终。“天者，纯阳之气”的固有属性，其“得一故轻，清于上”(释“天得一以清”)的“清”的向上发展，使“纯阳之气”成为推动客观事物自身运动变化的力量。“地者，纯阴之质”的凝结功能，“得一故安，静处下”(释“地得一以宁”)的内涵是指，现实存在的客观事物拥有“纯阴之质”获得了“安”的稳定性。绵延于一定的时空中，不会丧失自己的现实性。万物无不“得一”的先验同一性，是世界结构秩序与不同功能作用最终表现的先决条件，在阴阳消长过程中生生不息的个体事物的相互依存，共同造就了气象万千的无限宇宙。

突破潜在转化为实在的经验事物在一定的时空环境中绵延裂变，不同于“往行无际，本无住尽之处”的本体之道。在人类的精神意识中，两者就表现为“先与”和“后得”的关系。“先与后得谓之贷，物得成道(当作物)谓之成”的概念内涵的区分，是人类智能发展到一定阶段认识精密化的客观要求。“成之则归道”以“道得之也”(释“夫唯道，善贷且成”)为指向，彰显的则是形上之道的客观实在性。“先与”指在逻辑上道先于具体事物存在的事实，阴阳的平衡状态发生了倾覆，“后得”的具体事物以其实体性的获得，成为独立的个体。历时性与共时性统一的形上之道，是事物之“成”的决定力量，左右着宇宙万物的各得其所。“物得成物”与“道得之”的论述，说明超验的形上之道的实在性决定性，必然反映于现实的具体事物。其永恒绝对性体现在“善者得道以成，恶者得道以化”的主宰作用方面。是“同归乎一”的内在同一性，使“利而不害”的普遍性泯灭了是非善恶的界限之别的歧异。则“天法道，故春夏生之育之，秋冬成之熟之”的周期性消长变化，“是利而不害也”（释“天之道，利而不害”，《道德真经取善集》）的客观性的现实证明。具体存在的个体事物虽然大小有别，但是无不具有充分的成长空间。因此可以判断“自然之道，以中庸为主也”（释“天之道，损有余而补不足”s. 4430）的普遍平等，拒斥的是把人类的主观意志施加于其上的企图。其违背了“以中庸为主”的“自然之道”的行为，终究将与“得一”的自我实现失之交臂①。客观事物与社会成员能够平等地在“同归乎一”的必然法则之下，共享各自“利而不害”的“成物”的价值。没有亲疏之分的“自然之道”，是“其来未兆，倏尔不见”（释“迎之不见其首”）与“其去无迹，混然无际”（释“随之不见其后”）的超验实在者，无法凭借具体的数量规定描述其形状及迹象。疏离的消失建立在“夫静观其反真”（释“吾以观其复”）的心灵净化的基础上，诉诸“得一”的理性直观领会形上之道的不朽意义。见证了“至道之精灵，至真无假”（释“其精甚真”）的超验属性的觉悟者，“从顺于道”而实现了对宇宙人生真相的把握。

运动变化的“物极则反”的条件性，包含着“动极则静，静极则动”相互依存的两个方面的因素。“从此而观”宇宙万象“盛极则衰，衰极则盛”的荣枯图景，动静盛衰以“极”为尺度不断循环转化的轮回，只是阴阳之气彼此消长主从地位发生颠倒的反映。“自清自静”的“自然之道”因为“不为寒热所侵”，超越了动静寒暑的制约，因此其“始能为天下之正主”（释“静胜热”）的根源，在于先验具有的“清”与“静”的客观属性。永远恰如其分为“正”，是具有不可动摇的支配主宰力量之“主”。纯粹无瑕之“清”不为具体事物的生灭消歇而改变，“静”的安宁在茫茫宇宙又“以中庸为主”有序地调节着一切事物的消长盛衰。本体论哲学

① 该抄件质量低劣，存在着较多的衍误。本文借鉴利用了王卡的校订成果，而对一得己见者敝帚自珍，则予以了保留。熊铁基、陈红星主编：《老子集成》第1册，宗教文化出版社，2011年，第241页。

对宇宙万物的内在统一性问题的细致探索，具有极为重要的思想理论价值。因为通过严格的逻辑分析，为人类提供了坚实的价值评价的依据。哲学的精神园地对上帝的造物主的流放，也自然地使尘世的君王的权威从庄严的神坛跌落。而心灵能够领会的“中庸为主”的“自然之道”，将引导着自我漫游无限世界。

宗，本也。君，主也。言虽殊途，同本虚无。事虽异趋，同主静朴(释“言有宗，事有君”，《道德真经注疏》)。

概念符号的“殊途”之“言”指称的事物，以“虚无”为生起之本，是“言”赖以存在的根据与理由。“静朴”则是“异趋”的经验现象，不论是精神还是物质的“事”的活动过程，在“主”的决定因素的支配下呈现其变化的规律性，绝对不是杂乱无章的东西或是偶然的个例。因此“正”的适当稳定不排斥偶然的异常之变的发生，大小的开合幅度围绕着“不可定”之“体”永恒地周期性波动。不变之“静”与浑然一体之“朴”，贯通了“动极则静，静极则动”的历时性变化的万物。“反”的循环为人类感知的隐显荣枯，是对立依存的阴阳属性或清或浊的具体存在状态。“定有”或“定无”之“言”的“殊途”的不同表达，受到“中庸为主”的“自然之道”的覆盖检验。精神活动的“言”之“极”的对立与“中庸”不符之际，“得一”的“自清自静”的心灵打破了“定”的僵化，如实“观察”着宇宙万物的生死有无交替的全貌。

作为“天下之正主”的形上之道被人类领会，无疑是提炼“其来未兆，倏尔不见”与“其去无迹，混然无际”的经验现象的理性直观的产物。得出“天道不争，而善者自胜”的结论的哲人，“明胜物在善，不在敢争也”(释“天道不争而善胜”)的思想价值在于，指明了客观事物的新陈代谢展开的根源为“善”，非肆无忌惮“敢争”的巧取豪夺。“成之则归道”或“从顺于道”其为“善”的含义是，一方面事物满足自身的存在条件而周期性生灭，另一方面没有同存在依据背离走向自我否定的道路。相应地“天道不言，而善者自应。明应声在善，不在多言也”(释“不言而善应”)的论述肯定的是，适应四季推移、昼夜交替法则的存在者，一以贯之地成为和谐的无限世界的组成部分。“应”的主体为自己，非外在的异己力量。自然的客观性、自发性强调现实存在的个体事物，与窈冥不测的主宰者息息依存。“天不召物，而万物自来”的涌现生起隐退消亡，“明来之有道，不在制召也”（释“不召而自来”）的预设安排。呼风唤雨的“制召”虽然不是“天道”的自然品格，可是网罗万有的“正主”始终“唯善是图”，成就万物的同时亦为自身的成就。只是“图之虽缓”容有早晚之分，“而报不失实也”的毫厘不爽的回应粉碎了一切质疑，证明“虽缓”之“图”完全值得信赖。说明“天道绅然”（释“绅然而善谋”）的“恢恢”以其“希简”之“貌”的诚实，剥下了各种伪善的面具与包装，使“从顺于道”者彼此获得安宁。“非唯善者是图，恶亦不失”的“报不失实”的论述，更加严格细腻地阐释了“以中庸为主”的“自然之道”具有的凛然威严。“其纲目虽疏，而赏罚无漏也”（释“天网恢恢，疏而不失”）的公正严明的裁决张扬的是正义，为阴阳陶冶的事物“同归乎一”的绝对性，没有可以逃逸的例外。

善恶两者在一定条件下存在着转化的可能，只是现实的界限不容混淆。善的事物因为“得道以成”的见解，已经承认现实存在的事物同具善的价值，恶者向善转移是“得道以化”的成果。绝对的善恶同经验事实严重冲突，“常”指时空统一的宇宙的永恒性，在老子的意识中“谓天之常也”。置身于“机建衡破，典司杀罚”的社会之中的个人，往往不得不接受善恶是非颠倒的罪恶。利害的评价虽然受到不同时代的价值观的左右，但是文明成果的相对合理性，依然不可能超出“恢恢”的“天网”之外。颠倒的价值评价使获利者受到了不应有的鼓励，唆使“人为奇诈，违戾天常”的行为日益漫衍，以为能够侥幸逃脱大自然的惩罚而亵渎挑战客观秩序的神圣，未来等待他们的是“天自诛之，不假人杀也”（释“常有司杀者”）的无情毁灭。“赏罚无漏”的“天网”的绝对性存在着层次之分，无疑是“中庸为主”的“自然之道”其为“正主”的裁决权威，不会在美恶美丑的张弛中顾此失彼的原因。层次之分的弹性决定了报应未必出现在当下，不会因为报非现报的姗姗来迟，改变“报不失实”的永恒效应。“极”的转化尺度尚未到来之时，渴望伸冤昭雪的心理预期就会与最终的结果存在着落差。从动静清浊的事实判断转向善恶赏罚等社会生活的价值判断，“同归乎一”的同一性则始终不变。而在逻辑关系上，“正”与“常”同“一”与“异”以及“极”与“尽”，具体是指“不可定”之

“体”即实体的存在状态，本体则为“正主”。赏罚善恶是因为人类历史发展的阶段性的存在，使公平正义出现流失的欠缺。但是能够在人类的理性自觉以及文明程度的不断提升之下，依赖“得道以化”的精神洞见，与制度建设的逐步完善趋于合理。无定形之体的内容则包括了“正”与“朴”，以及“主”与“静”。“一”者强调统一性，“朴”突出的是不可分割的特点。无所改易为静，主宰决定即为主。统一于“虚无”的无规定性，是自然无为的客观实在者。对“事虽异趋，同主静朴”的客观法则的洞察，是自我人生面临的难题。“体”之“不可定”的理由是，存在着“定”的僵化必然遭受贫乏困顿的命运。反映于善恶赏罚复杂多样的社会生活，当下的现实需要与理想蓝图之间的鸿沟的抹平只能寄托于未来。

极端化的“定有”或“定无”的主张，把唯一普遍的形上之道视为具有规定性的相对有限的东西，与“往行无际”的周遍自在矛盾对立。“方圆无违”的流水“行止任物也”（释“天下柔弱，莫过于水”）的气质风范，贴近形上之道“往行无际”的精神。而“攻坚伐强，无能出水之前也”的无往不胜诠释的是“行止任物”的流水，奔腾中坚守产生的“夷丘移壑，转石颓山，灌敌灭火”的不朽功能。“皆非水不胜也”（释“而攻坚强者，莫之能胜”）的强大，终究使“天下之物”无不黯然失色。“无能代水者也”的“以柔制刚，以弱灭强”（释“其无以易之”）的客观事实，直观呈现的“水弱火强，舌柔齿刚”的现象即使人所共知，但是避免“阳刚而屈”的覆辙，能够安享“阴柔而伸也”（释“弱胜强，柔胜刚”s. 4430）的美好的少之又少。心灵的封闭麻木造成了理性判断的天赋被束之高阁的悲剧，以致“定有”与“定无”的意见长期流行，使戏论竟然不能够得到有力的澄清。既不能认识世界中迷失了自我的个人，无法领会“往行无际”的深刻奥秘，实践中也就难以游刃有余地在“极”的两端中从容周旋。

有兼指普遍的概念与个体事物，无指绝对不存在或潜在。规定性之有无是对两者概念内涵的区分，为心灵观照的“同归乎一”的绝对原理的固有成分。“报不失实”的“天下之正主”的丰富意蕴，体现在“以柔制刚，以弱灭强”的此消彼长变化，是对“机建衡破，典司杀罚”的价值规范的盲从迷恋的消解。“至真无假”的“至道”一方面不能被逻辑的抽象丧失其实在性；另一方面“精灵”的深层机制，被觉悟者以“方圆无违”的水流形象化诠释，与有无概念的内涵的确定以及相互关系的逻辑分析彼此印证。激励每一个人在现实生活中投身实现自我的伟大事业，以自我的拯救当仁不让地成为“天下之正主”。觉悟者的人生解放道路“同归乎一”，亦即对天下无二道的唯一性的不同表达。不同层次的论述严谨翔实地建构起了哲学思考的宏伟大厦，使“定有”或“定无”的绝对化教条原形毕露。“中庸为主”的“自然之道”在抽丝剥茧的层层展开中，真理的宝藏被发掘为人类共享的精神资源。

相互依存的个体事物的历时性变化，“静极则动”表示阴阳内部的矛盾冲突打破了固有的平衡，由潜在转化为实在。与之相反的“动极则静”表示阴阳的主从关系发生了彻底颠覆，个体事物的存在合理性丧失，回归了阴阳无分的混沌状态。阴阳与个体事物“先与后得”的绵延，不会动摇同为元气的功能作用与内在属性的同一。共时性的展开同周期性循环的具体事物一样，皆以“得一”为根据存在于无限世界。清浊的阴阳之气上下的空间升降与先后的时间延续并存，旨在完整阐释运动变化的条件性问题。唯一不可分的形上之道本来不在人类感性知觉的范围之内，“有信有精”的绝对性是主体自我通过对“唯恍唯惚”的阴阳之气运动变化的内在机制的概括，在普遍的逻辑抽象的高度获得的认识。顾欢对此重大哲学问题的分析讨论，不是首先把经验世界中“大”的“诸物”作为直接考察的对象，反省差别与同一的关系而容纳在有无概念之中，而是针对长期以来社会上流行的“定有”或“定无”的意见，对此错误观念进行认识上的郑重清算。因为形上之道是有无统一的整体，“定”之于或有或无是对有无内在的先验统一性的割裂。“不可定”之“体”包含着构成万物的基本元素，与存在的依据以及运动变化展开的条理秩序彼此浑然无间的含义。“同归乎一，利而不害”的真知灼见，同“物得成物谓之成”的客观性、现实性结合，使“道得之”的认识深意完整落实。“得成”之物具有现实性的同时，即是“得之”的形上之道的决定作用的反映。“道得之”的准确含义为“无声无形”的形上之道，以“成物”为媒介进入人类的心灵世界。非自我心理意识的主观杜撰，亦非飘忽出没的幽灵。彻底剥离清除了“体不可定”论述，可能引起误会的似是而非的思想错误，“至真无假”的“精灵”的确切旨趣不再会被扭曲。

没有形质与不会受到具有形质事物局限的“不可定”之“体”的先验绝对属性，是无规定性的形上之道成为宇宙万物存在的普遍依据的理由。而把主客体关系问题的说明同形上学问题的分析讨论彼此联系，又为王弼的“以无为本”注入了鲜明的主体性，拓展深化了魏晋玄学与道教的传统理论的范围。

> 利，益也。毂中有轴，器中有食。室中有人，身中有神。皆为物致益，故曰有之以为利也。然则神之利身，无中之有。亦不可见，故归乎无物。神为存生之利，虚为致神之用。明道非有非无。无能致用，有能利物。利物在有，致用在无。无谓清虚，有谓神明。而俗学未达，皆师老君，全无为之道。道若全无，于物何益？今明道之为利，利在用形。无之为用，以虚容物故也（释“有之以为利，无之以为用”，《道德真经注疏》）。

一定空间的存在是器与室等具体事物赖以生起的前提，“皆为物致益”的空间使不同的事物产生出独特的功能作用。“有之以为利”指因为“无”的空间，决定着“有”之事物形成了各自不同的“利”之价值。主体自我“神”的现实生命活动，包括精神意识与知觉判断等内容必然表现为知情意不同的能动形式，成为个体生命的现实反映。“无中之有”指感性知觉“不可见”其内在活动的客观原理机能，“无物”指没有事物形质的规定性，“有”的情感欲望思虑判断以“无”为依据在一定条件下有序生起。“毂中有轴，器中有食”云云，是以列举的形式说明“有之以为利”的普遍性。现实存在的“毂”之诸“有”，工具价值之“利”固然彼此有别，然而无不从属“清虚”者“致益”。洞察领会“归乎无物”的超验实在，是从“室中有人，身中有神”的经验事物获得的启迪。“未达”此奥义的“俗学”由于见识的幼稚浅薄，结果却把“全无”的纯粹不存在者当作了形上之道。“道若全无，于物何益”的掷地有声的质问，无情地戳穿了自诩“皆师老君”的世间“俗学”的虚假画皮。

与潜在或实在事物有别的“非有非无”的形上之道，阐释的是“神为存生之利，虚为致神之用”的先验准则。神的奇妙莫测为“存生之利”，意思是个体事物的现实性以“神”为依据运动变化，外在的表现及内在的变化机制与原理皆为神。无规定性之道因为“虚”的包容开放“体非有定”，与一切存在者“混然无际”依存为一体，贯通于有与无的各个方面与运动变化的所有环节。此“致神之用”的内在决定因素，彰显的是客观事物运动变化的规律性周期性，不能游离于先验的准则之外。佛教中观学的“非有非无”之论，一变而为顾欢揭示本体之道的理论支持的组成部分，与传统的“以无为本”的认识统一，起到了从不同侧面阐释本体之道的绝对性、实在性的作用。“无能致用，有能利用”因此是“非有非无”的形上之道须臾不可或缺的功能，“有”的实在性不在“利物”的无穷过程中显示，本体之道无非是纯粹的概念虚构。时空统一的永恒宇宙同生死有期的具体事物，必然出现断裂。宇宙变成了相对有限的封闭系统，落入世界要么是具有人格意志造物主的创造，要么是刹那间偶然生起的思想陷阱。如果“无”的无规定性的形上之道，不具有决定不论是潜在还是实在的事物“致用”的同一属性，那么形上之道与相对有限的个体事物一样，不具有永恒绝对性，又无法合理解释从潜在转化为实在，最终回归潜在的存在者周期性变化的现象，割裂了相互依存的宇宙万物固有的内在联系。因此“利物在有，致用在无”的普遍法则，只能专属于“非有非无”的形上之道。其“在有”而“利物”强调的是形上之道的实在性内在于阴阳之气，是阴阳之气围绕固有的属性不断消长聚散。“清虚”的无形者“在无”，产生的是“致用”的现实性，通过“神明”的无穷变化展现于现实世界。主体自我的本质属性是“以虚容物”的理性直观的“神明”对宇宙万物的容摄，即是“神明”的智周万物，是内在属性与外在表现的和谐依存，决定着现实的个人认识实践活动的正常合理展开。

当时逐步开始流行的体用概念虽然没有进入顾欢哲学的逻辑系统，但是不妨碍我们以王弼的本体论哲学为参照，考察容纳了佛教中观学“非有非无”之论的顾欢的形上学的可行性。而拨开云雾见青天的豁然开朗，仅需要在认识上理清“不可定”之“体”的层次。即“体”者如果被“定”之于有或无，那么无法使形上之道同潜在或实在的事物贯通，则历时性展开的动静隐显的变化，丧失了固有的联系导致认识的悖论。“唯恍唯惚”在消解存在于一定时空关系中的存在者的确定性的同时，又是对“非有非无”的普遍存在依据之“体”超越性的肯定。至于“毂中有轴，器中有食”云云是借助经验事物，排除无的实体性而对其实在性的说明。形上之道的永恒性换言之也就是共时性，绝对不能与历时性的阴阳消长出现脱节的断裂。缜密审慎地运用普遍抽象的有无概念展开的归纳演绎，抚今追昔从不同角度诠释了“非无”的实在性与“非有”的无规定性的复杂结构关系。把问题进一步向“无谓清虚，有谓神明”的万物生起的机制与原理的领域发展，宇宙的“正主”之为“一”而纷繁的万物不失其序的理由，当然是形上之道为有无统一的整体生机无限。“清虚”则“唯恍唯惚”气象万千，“神明”乃“非有非无”纵任无碍。“为物致益”表示类别不同的存在者的属性为“物”，其同一性则因为“致益”之“利”不同，形成了万物的差别性。“室中有人，身中有神”的判断，表达了主体自我是宇宙意义的呈现者的观念，且直接指明了人类的特殊性在于“身中有神”的能动创造天赋。身处同一世界终究要走向死亡的终点的每一个人，迫切需要回答心灵存在的迷惘能否涣然冰释的疑问。

顾欢的“以中庸为主”的“自然之道”的认识解释了异常的经验现象的发生原因，肯定了世界秩序的永恒稳定。被哲人洞察的宇宙人生的真谛，绝非与日常生活毫不相关的玄思，而是如同“□(当作“睹”)万流入□(当作“海”)，知道无异归，故其言易知也”(释“吾言甚易知”)那样，完全可以为每一个人的心灵接受，并且能够把自己的精神收获，付诸自觉的人生实践。因为“德无二极，故其言易行也”(释“甚易行” s. 4430)的“无二”的内在属性之“德”的无穷创造潜能一旦释放，就可以能动地适应现实生活的环境。“无异归”的先验同一性虽然表现在不同的社会成员，在向现实的转化上虽然存在着“极”的程度深浅，但是不能认为存在着“二极”之“德”的区别。“言虽殊途”的觉悟者的精神教导，“同宗虚一”的立场毫无例外，又能够使“殊途”之“言”，无不以“同宗”的思想实质为指向。拥有光明未来的个人是自觉把握了“易知”与“易行”之“言”的精华，贯彻在自我人生的应有结果。“清虚”与“一”的概念，丰富了有无统一的形上之道实在性与超越性的品格。“致神之用”的心灵解脱，随着“无二极”的内在属性之“德”的成就，完整系统地再现了“非有非无”的形上之道的永恒意义。“中庸为主”的“自然之道”的圆满自在，表现在万物的生灭变化及其相互依存关系始终如一的方面。和谐与中正以及永恒诸义项，皆为“中庸”的内涵的部分。主体自我的“神明”的不同凡响，是“自然之道”的客观作用的无心之作的认识隐含其中，必然是由“自然之道”造就的人类的“神明”的存在，使每一个人享有了见证“自然之道”的伟大的荣耀。视形上之道为“全无”的见解，已经把“清虚”与“神明”彼此割裂。形上之道被完全虚幻化，将只能是主观的臆想。“明道之为利，利在用形，无之为用，以虚容物故也”的认识分析，不仅继续了对“定有”与“定无”的绝对论的批判，而且直接揭示了“全无”的认识谬误。兼含了“中”的恰如其分，与“庸”的恒常稳定的“中庸”，其为“自然之道”之“主”的判断，因为融会了王弼的“以无为本”与佛教中观学的“非有非无”的思想成就，为道教固有的阴阳气化学说，注入了符合时代潮流要求的逻辑思辨的内核。真正回归了先秦道家的精神传统，在接续魏晋玄学的思想成就的坚实基础之上，又气势恢弘地宣告了道教哲学引领时代风骚的阶段的到来。

正反两方面的情况都昭示了同一的真理，“有形”的具体事物无不以“非有非无”的形上之道为依据存在。而本体之道“以虚容物”的无规定性同具体事物先验统一，虽然不在感性知觉的视域中，但是能够为人类的“神明”领会其“非无非有”的超越性。把本体论问题同自我存在问题相互沟通的思路，决定了顾欢的哲学建构的基本理论形态。自觉消化魏晋玄学与佛教中观学思想成就的努力，使顾欢无可争议地成为当时道教哲学的典范人物。对“神明”之“有”的存在状态与“清虚”之“无”的本质存在关系的集中分析，引导顾欢把哲学思考延伸至了心性论的领域。建立哲学体系的方法论问题作为一个完整的哲学体系不容空缺的内容，被这位充满前瞻意识的敏锐道教哲学家，前所未有地纳入自己的整体认识系统之中。

二、常道无体，阴阳有分

魏晋玄学“得意忘言”或“辨名析理”的方法论主张，对未来的佛教的中国化与道教哲学的成熟影响极为深远。同在本体论领域继承发展了魏晋玄学的思想成果一样,顾欢在方法论问题方面做出的积极贡献,同样需要我们予以充分而中肯的估价。

知识是对处于无限世界中的具体事物的属性与相互关系的说明,超越言象的本体之道只可意会而无法言传。弥补修复言与意以及名与实之间的疏离,关键还是个体自我与宇宙万物“德无二极”的冥合。当“德”的内在属性释放到极限,心灵的升华与无限世界的真谛,达到“同归乎一”的默契,主客与心物的鸿沟被彻底铲平。知情意“混然无际”的完整自我,因为瓦解了分别判断造成的是非善恶的对立,当然举手投足都能够无违中道。

> 明道则忘言,存言则失道。道可默契,不可口说。故庄云:道无问,问无应(释“知者不言”,《道德真经取善集》)。

运用日趋精密的语言表达对事实与价值等问题的判断认知,离不开规范化的概念符号的发展成熟。通过对判断以及命题的相互关系的归纳概括与分析演绎,形成系统化的知识或观念,是自觉的理性活动。可是指称自然无为的本体之道,人类凭借语言符号发掘超验的形上之道的无穷意蕴的努力,往往面临的是束手无策的碰壁。如果“明道”已经是既成的事实,那么突破语言概念的局限就是认识升华必然达成的终极目标。原来是“忘言”的超越语言概念局限性的心灵意识同本体之道的直接同一,实现了对存在状态与本质存在的容摄,使困扰我们的普遍哲学问题圆满完整地得以解决。精神的洞察使感性知觉视域中不可调和的矛盾差别造成的心灵焦虑,安顿在了无差别的整体世界。因此唯一有效的“则天玄默,而风俗自移,故曰不言之教。法道无为,而人物自化,故言无为之益”(释“天下希及之”)的解脱途径,不是每一个人可以共享的经验。由于只能在生命潜能彻底释放的时候才能见证形上之道的绝对永恒,“自化”不仅表示能动创造性迸发的个人摆脱了对外在事物的依附,而且说明异己的存在者瞬息间转化为自我生命意向的部分,如此能够为个体心灵如实地观照。自我的能动自觉性因为贯彻在了认识实践的过程中,自然也符合了“中庸为主”的客观原则。不论是“自移”的“风俗”还是“自化”的“人物”,都以“法道无为”与“则天玄默”为前提。自由解放的人生需要满足相应的条件，也就无声地否定了存在着天生的觉悟者的错误主张。“不待研求”的荒谬论断缺乏经验事实的支持，违背了圣与凡同为人类群体中的一员，具有同一的本质属性的先验原理。“清静虚妙，则深不可识”的觉悟者，超然物外的心灵虽然“无色无相”而难觅踪迹，但是“其道自真”的绝对性却不容置疑。“若夫辞说辩赡，仪形焕炳，相好森罗，在前可识”，既把觉悟者塑造为万能的造物主，又否定了觉悟者成就自我应有的历时性过程。“此非至真之实，乃是大道之华而愚之始”的结论，指出是“忘言”的“静观”洞察了宇宙人生的真相。非以喋喋不休的“辞说辩赡”为能事，亦非以“仪形焕炳，相好森罗”的庄严妙相为标榜。古今觉悟者同一的只是“清静虚妙”的内心世界，其他的多余包装是对觉悟者人格的中伤诬蔑。

事物的不同特征与存在状态，人类能够运用语言概念予以揭示区分。但是对存在者的分析遭遇的则为“非至真之实”的困境，与“清静虚妙”的至道形成了矛盾。把握“至真”之道时审慎运用语言概念，“存言”与“忘言”产生的“失道”与“明道”的冲突，彰显了概念符号的相对有限性。自觉克服语言概念的不足，不等于否认语言符号具有的应有功能作用。“道可默契，不可口说”的认识，清楚地区分了理性直观与知觉判断的应有差别。是“则天玄默”的观念成为社会成员的基本共识，产生的“风俗自移”的变化提升了人类的文明水平，即主动抛弃了“辞说辩赡”的“风俗”的时代，被语言奴役的心灵获得了重生，而回归了先验状态的知情意“法道无为”的精神超越，在“自化”的“人物”中不能不包括对语言符号的结晶的内容。出自心灵的本真流露的“自化”与“自移”的脱胎换骨，是把“夫愚人始化，未见真实”的众庶，从蛮荒引入胜境的内在因素。“故以前识引其愚，道华化其始”（释“前识者，道之华而愚之始”，《道德真经注疏》）的剥开蒙昧的曙光初现，受惠于先知的启蒙之功。向纯洁心灵回归的个人，以自我救赎的“默契”实现了主客体的对应以及知行与言意的融合。如果与“言虽殊途，同本虚无。事虽异趋，同主静朴”的不二法门疏离错位，那么“静观其反真”的觉悟就是公开的谎言。“至真”的“无假”者一方面是不假雕饰而言为心声的表达，另一方面为自我心灵体验把握的宇宙人生的究竟底蕴，在个体内心“同归乎一”而表里不殊。日常言说指称的经验活动，上升为普遍的逻辑抽象，由于达到了“清静虚妙”的对终极状态的直观，消除了知性判断非此即彼的对立亦且圆融无碍。它是每一个人的“神明”之“有”通过“静观”的内省，使“反真”的洞见摆脱了一切依附而自做主宰，既回答了有限的自我如何能够与无限的世界冥合无间的重大问题，又指明了生命的创造潜能发展释放的正确方向。

交流情感、表达思想的语言符号，其工具属性不能被人为贬斥，然而过分的信赖往往会导致遮蔽“至真之实”的恶果。为虚幻的意见与权威的见识左右了心灵固有的明觉，迷失了自我的沉沦不仅仅是指鹿为马的刻意欺诈，而且将造成整个社会创造精神的日益萎缩，乃至人类永恒的自由追求的天性，被驱赶至邪路的险境。对老子“正言若反”的精神向往，以“正，犹直也，此乃真实直言，而闻之似反也”（释“正言若反”s.4430）为释的顾欢指出，心灵觉醒程度不一的自己与异己，对同一语言的内涵认知上的差别，是普遍存在的生活现象。透过嘈杂的经验表象直达内在的本质，是“真实直言”者洞若观火的自然抒发，不需要任何的包装粉饰。可是“闻之似反”的令人啼笑皆非的错位，说明人们早已习惯了蛊惑人心的噱头的伪善，反而把直抒胸臆的真诚，自以为是地当作了不可理喻的事情。既是自己与异己之别又是言与意的疏离的焦点，为自我的内在属性及现实表现，不单纯是运用语言能力的大小高低的问题。受到掌握的知识的多寡与人生的历练的深浅限制，言说的谨慎绝非个性或态度的反映那样简单，俨然同知情意的成熟度不可分离。“自化”与“自移”的自我，在语言符号领域的“一”之“同归”指的是，革故鼎新的发展变化实际上是不断以精华之取，与糟粕之去的先后交替，实现思想与行动以及历史与逻辑的统一。张弛有序的隐显动静如同生命长河的大浪淘沙，推动着个体人生以及人类社会的欣欣向荣。宇宙万物“一”的整体随着人类“自化”与“自移”的精神意识的注入，往昔纯粹的物质世界结果从此充满了生命情调。

从主客体之间的依存关系反省人类语言概念的功能作用的范围界限，不可避免地把认识对象，与我们表达内心认知的语言符号的形式联系在了一起。理性趋于成熟的个人当然会承认阴阳的凝聚消散，决定着具体事物的生灭变化的客观性。在严谨的逻辑思考下审视万物消长变化的状态，通过归纳与演绎的展开，阴阳就是具有规定性的“有名”者，形上之道则是“无名”的无规定性的实在，成为人们心理意识能够接受的正确有效的表达。而极富张力及思想魅力的“有名谓阴阳，无名谓常道。常道无体，故曰无名。阴阳有分，故曰有名”的论述，更加充分地体现了顾欢的哲学智慧。是阴阳存在着“有分”的规定性，人类通过对昼夜交替、四季推移的运动变化的周期性规律性把握客观世界的变化。孤立的个体事物被纳入到高度抽象的观念系统内部，远离了盲目依附世界万物的命运的奴役。“无体”的“常道”没有丝毫的经验成分，日常的肯定或否定的表达不足以揭示其超验性。说明不能同时兼容肯定与否定于一身的“名”的概念符号，作为人类精神意识活动的现实反映，存在着不可逾越的尺度。问题是如果“常道”与主体自我的生命不具有内在的联系，那么“常道”就是纯粹的概念构造，与凌驾于宇宙万物之上的造物主，事实上已经没有丝毫的不同。尖锐存在的矛盾驱使哲学家，不断深刻反省“名”与“常道”的错综复杂的关系问题，意识到否定“有名”的规定性而提炼得出的“无名”，此“无”的无规定性之“名”能够与“常道”冥合对应，最终成功实现了认识的突破，即通过运用否定达到肯定的方法途径，反映“常道”的丰富内涵。是否具有“分”的规定性当为区别形上与形下的天然界限，固有的差别与联系同“名”的概念范畴若符契之合缝，各个不同的侧面构筑起道教哲学的参天大树。对“未见真实”的短视与无知的去蔽，则以心灵的“始化”促成了生命发展的枝繁叶茂。

提炼抽象各种经验现象形成的“阴阳合气，禀生万物，长大成熟。如母之养子，故谓之母”的哲学认识，是对具体事物的存在状态及其运动变化的内在根据相互关系的分析总结。清浊与动静以及刚柔与寒热的经验表象，为阴阳之气的固有属性的现实变化。吸引刺激的“合气”过程则为能够“长大成熟”的万物从潜在转化为实在必然遵循的基本条件。依据“常道”的本体生灭变化不息的存在者，虽然大小或久暂等存在状态不同，但是同为“物”的固有属性却不会发生改变。对“有分”的阴阳与“无体”的常道相互关系的严格辨析，困扰我们心灵的存在状态与本质存在问题得以澄清。需要注意的是“合气”的阴阳作为万物赖以生起的本源，存在着历时性的过程。“始”与“母”的不同概念在老子的思想意识中，“始者取其无先，母者取其有功”的客观界限不允许混淆，已经精确地指明万物以阴阳为构成的基本物质元素，先于个体事物存在的阴阳拥有如同“母之养子”的无上功德能量。“始”的孕育端点以其“无先”的时间序列的优越，生命在此刻同时开始了进一步深入“合气”的相互作用阶段。常人面对“无先则本不可寻，有功则其理可说”（释“无名天地之始，有名万物之母”《道德真经注疏》）的交错对峙不可企及的分寸，被觉悟者的理性直观确定。“无先”的永恒实在者不是知性的对象，因此“本不可寻”是指不在感性知觉认识的范围之内。超验的“不可寻”之“本”只能诉诸心灵的洞察，见证其崇高的先验绝对性。经验世界“可说”之“理”是指“有功”的运动变化的事物，通过具体表象从而使“其理”与人类的心灵活动联系，能够为我们的生命创造提供不竭的源泉；否则运动变化的“理”之条理与秩序，就会成为与现实生活需求无关的空洞符号，不能进为知情意的精神感触。感性知觉与理性直观同为心灵属性不可分割的组成部分，为每一个人先验拥有。是深浅的层次差别，决定了运用“名”的概念符号的合理性程度的高低，使“名”之有无与内涵及指向的适宜对象诸问题，围绕着阐释“常道无体”与“阴阳有分”的中轴波动。

追溯决定经验现象的终极构成元素以及存在根据，具体事物不能在时间上先于阴阳存在。“无先”则是共时性的永恒存在者，“有功”指养育万物的“长大成熟”是历时性的绵延展开。存在依据之“本”被定位于“无体”的“常道”，依赖对共时性与历时性不可疏离的现实之“理”的发现确证。对客观世界的规律秩序的探索，是理解本体之道的绝对永恒的坚实基础。“无名”的“常道”与“有名”的“阴阳”在主体自我“说”与“寻”的精神活动内部，呈现出相应的不同层次，是心灵的升华使各自的界限消融。虽然传统的“母”与“始”概念依然被顾欢继承欣赏，作为阐释常道的永恒实在性的模型，可是已经与宇宙论在内涵上出现了性质的差别。“无先”的规定明确否认了世界从阴阳的唯一端点生起的宇宙论认识，仅被理解为逻辑的假设而容纳于本体论的哲学关怀中。“默契”的无差别同一是觉悟者的伟大精神收获,与上苍的眷顾恩赐无关。

> 自然无情,情与善为常。司契之人,是道之所与也。然则此经所明,是自然之道,可以与善,不可示恶也。问曰:盖闻常善救人,则善恶无弃。天道普慈,无物不育。善者已善,何须此与?恶者宜化,何为不示耶?答曰:道教真实,言无华绮。上士闻道,勤而行之。下士闻道,大而笑之。闻而勤行,以成其德。闻而大笑,只增其罪。故以道与善,成人之美也。不以示恶,不成人之恶也(释“天道无亲,常与善人,s. 4430)。

没有丝毫亲疏好恶的“自然之情”的客观表现,即为“与善为常”的“情”的倾向,指具有规定性的个体事物,符合自身的内在属性必然将在无限的大千世界顺利成长。“与善为常”则是人类对自己感知的情况的肯定,不能直接与没有人格意志的“自然之情”等同。

社会群体中承担重大责任的“司契之人”的地位,远较普通成员显赫。“道之所与”的特殊性,仅仅表示对常道的回应的深厚,不能误解为常道的选择,造成了上与下的差距。为了更加全面地说明这一问题的旨趣,顾欢于是以“常善救人,则善恶无弃”的系列提问,“道教真实,言无华绮”等的不断解答,借助自设宾主的方式陈述“自然之道,可以与善,不可示恶”的精神实质。但是把“天道普慈,无物不育”的正确见解绝对化而产生“善者已善,何须此与”的质疑,显然没有明晰“道可默契,不可口说”的深层意蕴。因为对每一个人的能动性与主体性缺乏自觉,就会把“已善”的语言表达或知觉判断视为天经地义的东西。实际上人类符合“自然之道”的认识与实践,天然受到客观事物的制约。排除谬误发现真理的过程,同理性能力的成熟存在着错位的偏差。无限宇宙的“自然之情”虽然时刻都向人类的心灵敞开,但是对“自然之情”的普遍容摄却不会一蹴而就。“上士闻道,勤而行之”与“下士闻道,大而笑之”的对立,出现“闻而勤行,以成其德”同“闻而大笑,只增其罪”的结果就在情理之中。因此“成其德”与“增其罪”的反差说明,在博大的“自然之情”面前的不同个人,经验领域的“闻道”的同一,未必可以获得相同的自由解放的收获。既然“道无问,问无应”的事实人所共知,能够“应”的主体自我,亦即善的功德与恶的罪过为自己切实体验。不仅其反映于实践行为,而且包括心理情感等意识活动。自作自受就是“不以示恶,不成人之恶也”的意思,能动的“以道与善,成人之美也”的精神创造,虽然未必收获于当下,但是不久的将来必然获得“自然之道”的更加慷慨的馈赠。

正是与一般的知识体系及精神信仰不同,“真实”的“道教”本来“言无华绮”的纯粹,不易为习惯了夸夸其谈的说教的世人接受。自由解放的人生虽然离不开真理的福音的训化,然而心灵的觉悟不允许他人替代包办,永远只能是自己的天职。消除流行的意见与绽放真理的光芒,是同一问题的两个方面。“则天玄默,而风俗自移”的认识,把推动人类文明的增长与自我的自由解放,视为每一个人的神圣使命。引导社会成员走向光明的老子,又以“法道无为,而人物自化”的期许与教诲,激励世人趋于人生可能达到的理想境界。因为实现自我是人生中唯一具有决定意义的事情,只有“自化”的自我拯救,才能在现实世界安享自足的生活。祈求造物主的恩赐施舍,是心灵能动创造力量的萎缩。“处无为之事,行不言之教”的宗旨,因为“同归一理”贯通了宇宙人生的各个方面,没有丝毫的不足。数量方面“一理虽少”或许还存在着见仁见智的认知,但是“能总诸教”(释“三十辐共一毂”《道德真经注疏》)的精神原则,隐含着名与法以及儒与佛“诸教”,阴阳怪气的娘娘腔触及的仅是精要的“一理”的某一侧面或环节的判断。在流沙上拼凑起来的建筑,是经不起时间之流检验的工程,将淹没于历史的长河中,会先后变成燕雀起落、狐鼠栖居的废墟。如果为经典数量的庞大与论说过程的烦琐惊叹折服,那么迷失了自我的幼稚令人可悲。

要言不烦的《道德真经》自如运用司空见惯的客观事物,诠释“一理”的奥义,又暗藏着超验的“一理”,始终不会与嘈杂的经验表象脱节的言外之意。“法道无为”的心灵结晶,离不开知识的学习阅历的丰富的支持。对“法道无为”的精神意蕴,老子以拉开弓弦射箭为例进行了生动说明。“缓其张也”(释“高者抑之”)与“急其弦也”(释“下者举之”)的快慢节奏控制,如果不能做到心中有数,那么就会出现预期与结果不能对应的失败。人们熟悉的是“天道”的昼夜交替、四季轮回的周期性迁移,决定其变化的内在的“一理”则神妙莫测。

天道微昧，刑器显著。故举显以通微，假器以明道也。张制弓体，取其调均可用也（释“天之道，其犹张弓乎”）。

日常生活中“举显以通微”是屡见不鲜的语言运用情况，但是能够享有“假器以明道”荣誉的当为老子。“刑器”由于“显著”为人们熟知，然而“微昧”的“天道”难明其理。“张制弓体”的操作被老子作为“明道”的适当工具素材，是“取其调均可用”的。老子以为，如果“调均”的经验不独“张制弓体”为然，而几乎充斥在一切手工操作之中，那么就能够以此为借鉴，切实感受“天道”的消长枢纽问题。“情与常为善”的“自然之情”的奥秘，其实也就是“调均”的恰如其分。娴熟运用语言符号的教诲，包含在“假器以明道”的范围之内。言与无言之默的“忘言”以及有名与无名其“分”的要诀，本来取决于自我心灵的洞察。哲人虽然达到了理性直观的高妙水平，但是日常的表述依然不在共同的生活语言之外。只是如同自然的天道一样，没有丝毫的分别意识的掺杂，需要我们用心品味其微言大义。

令人惊诧的文明的异化问题，居然汇集在了语言交流的领域，又成为“不言之教”从社会生活中流失的时代背景。物质欲望的满足或知识文化的学习发明占据人们心灵的时候，“玄风既往，则知道者希也”（释“天下莫能知”）的无奈，不以觉悟者个人的主观意愿改变。“既往”的“玄风”因为随着文明的异化的严重成为绝唱，与之互为表里的“淳真既浇”的沦丧的日益加剧，“则全德者鲜也”（释“莫能行” s.4430）就在预料之中。“知道者希”是由于“全德者鲜”的缺乏，导致全体社会精神追求的正确目标遭到了逆转。沉睡冷漠的心灵难以被唤醒，“既浇”的“淳真”阻滞了知情意的正常有序流动的通道。只有“真实”的“道教”一贯坚守着“处无为之事”的核心原则，始终不为意见的广泛流行，遮蔽真理洋溢的光芒。因为自由的永恒向往，不会从人类生命中完全断绝。不同时代应运而生的觉悟者，凭借“真知妙本”的明觉智慧，“洞遣言教”存在的形形色色弊端。因此“独能以其慈仁”的博大胸怀，“哀悯众生强知之病”的高瞻远瞩，为业已疾病丛生的社会生活，源源不断地注入激发生命生机的新鲜血液。觉悟者的示范作用与精神感召力的产生，“盖以其自无病也”（释“以其病病，是以不病”，《道德真经注疏》）是根本原因。“淳真”的伟大人格和“慈仁”的生命关切，构成了“真知妙本”的觉悟者的鲜明形象。点滴的凝滞“分别”的知性判断的积极因素，就不能得到效率最大化的整合。固有的个体性的不足不能消解殆尽，那么无法实现生命的终极结晶目标。而唯精唯微的“可说”之“理”能够传递，从“明道”的具体侧面见证了“中庸为主”的“自然之道”的真谛。“司契之人”因为把握着“默契”的主动权，追随生生不息的宇宙万物的步伐，自身的生命形态又变化日新。

是“道可默契，不可口说”的认识见解，基本决定了顾欢对言意或名实关系问题的立场。而与“举显以通微，假器以明道”的方法途径的左右逢源，具体化了“言虽殊途，同本虚无。事虽异趋，同主静朴”的精神原则，全面诠释了“自真”的心灵“默契”形上之道的依据。“口说”的生命活动形态因为无不以“虚无”为“本”具有同一性，自然不论圣与凡都不会存在丝毫的差异。人类社会形形色色的“殊途”之“言”虽然广泛存在，但是并没有因此造成自己与异己表达思想交流情感的障碍。经验领域的“举显以通微”的迂回表达，在“假器以明道”的崇高追求的引导下实现了相互契合。逐步剥离经验表象而上升至“常道无体”与“阴阳有分”的认识高度，是“无名”与“有名”在“名”的精神世界的交错渗透，使自我的“真知”同宇宙的“妙本”冥合无间。宇宙的“妙本”作为自我“真知”的内容，在逻辑建构的领域同样达到了“无病”的纯粹。纷纭万物的“妙本”表现于现实的个人，又为“淳真”的人格与“慈仁”的情怀不可分割的整体。“司”名与言之“契”的觉悟者自主地驾驭“异趋”之“事”，不违背“静朴”之“主”的原则宗旨。言说之“事”在觉悟者与凡夫俗子的生命形态中，彼此的“异趋”固然是客观的事实，但是上士的“以成其德”与下士的“只增其罪”的不同，不会动摇“无病”的“不言之教”的价值。“成人之美”的思想启迪作用的正常发挥，抑制了“成人之恶”的“华绮”之“言”的无度泛滥。一空依傍的“自化”的“人物”遵循着“法道无为”的纲领，以“忘言”的“静观”实现知情意的超越。信口开河的张口结舌或滔滔不绝的语无伦次，同“无谓清虚，有谓神明”的“非有非无”之道一旦不期而遇，再没有任何宏大叙事的必要性，伟大的思想工程已经悄无声息地行将告竣。

主客体的直接同一的“默契”，旨在从普遍的逻辑抽象的角度，阐释不经过语言的中介，与本体之道融会贯通的问题。肯定人类的生命活动具有无限的创造潜能与理性反省能力，以深厚的历史感作为认识的后盾。司空见惯的言说存在的形式与是非判断，以及包含其中的价值关怀，成为特定的认识对象被逐步透彻地说明。知觉判断与理性直观同语言表达联系，不同状态以及结果依然是人类的内在属性的主从结构与功能作用的反映。虽然统一于心灵，但是“默契”的心物内外的交融，仅仅存在于个人的能动创造拓展至极的刹那。摆脱言之“华绮”等等异己因素对知情意的干扰，驱使“举显以通微，假器以明道”的言说沟通，合理有序调动生命的创造激情。因为“德无二极”既可以指称形上之道，亦可以理解为是对主体自我生命潜能彻底释放的诠释，因此成为先验的内在属性，不断“自化”而“自移”臻于至极的原理。“慈仁”的情感意识在“淳真”的人格整体中，以“默契”的贯通为语言活动提供“调均可用”的张力。纳入人类的精神意识与逻辑规范中的宇宙万物，即使多端“异趋”，也将为“混然无际”的心灵网罗无遗。

三、得之于心，玄悟在我

觉悟人生的根本动力就在“法道无为”，而“人物自化”又强调整个世界的和谐有序以及自我解放，不是造物主的恩赐或个人偶然的良心发现，取决于主体自我的内在潜能的释放。“玄默”因此以心灵的声音把宇宙的究竟底蕴传递于人类社会，能够自觉效法宇宙人生的不朽“无为”法则，风流蕴藉的生命取代了搔首弄姿的自作多情。

无为的精神品格由于在生命成长过程中遭到了扭曲，现实的差异说明每一个人心灵觉醒的程度存在着高低之分，然而不能就此认为这是命中注定。

> (人)虽同禀气于天，盖人有高卑，气有清浊。天弥高弥清，地逾卑逾浊。人禀得清气者，则为贤智。禀得浊气者，则为凡愚。贤智无欲，观见其妙，凡愚有欲，观见其徼，自然有此(释“玄之又玄”，《道德真经注疏》)。

存在者“同禀气于天”的物质构成的同一性，人与物没有不同。但是每一个人的差别性，除了具体表现为“高卑”的形体的高矮，更为重要的是“气有清浊”的比例与纯粹程度的彼此有别。考察寿夭美丑各自有别的个人的存在状态，仔细斟酌“禀得清气者，则为贤智。禀得浊气者，则为凡愚”的结论，存在着明显的逻辑推理的漏洞。人类异于他事物的本质属性既然为理性潜能，而社会群体中的每一成员同具此本质属性，那么左右“贤智”与“凡愚”的主导因素，如果为“清浊”之气的多寡，则“德无二极”的规定自然不能成立。“德”的内在属性不以拥有的“清浊”之气的数量改变，气之“清浊”只能指美丑寿夭等可以数量规定的方面。智能的明敏也不足以成为圣人的理想人格的唯一指标，衡量的尺度依然只能是知情意的完整、和谐与纯粹。

阴阳清浊之气随着运动变化的不断展开，清气升腾为天而浊气凝聚为地。生存于天地之间的人类，受到天地阴阳的陶冶，认识实践必然需要遵循自然的秩序进行。因此“高卑”与“清浊”的彼此对应即使可以解释不同个人与生俱来的天赋的差异问题，但是同一的知情意属性不能从自我生命中剔除。“贤智无欲，观见其妙，凡愚有欲，观见其徼”的判断，只有落实在理性直观的潜能的培养发挥才具有合理性。“自然有此”的认识水平的高下之别，能够通过“欲”的知情意是否浑然一体得以检验。知情意的混乱纷扰的“有欲”因为遮蔽了心灵的智慧的生起，一叶障目的“观见其徼”，把生动活泼的大千世界，肢解为互不相关的独立碎片。把“有欲”或“无欲”作为区别凡圣不同的界限的初衷，是粉碎命定论的枷锁。然而由于颠倒了造成人生的境遇的原因与结果关系，把复杂的生命潜能的释放问题简单化，终究使“自然有此”的现实差别开始向命定论妥协。追溯“贤智”与“凡愚”的生起之源，“同禀气于天”的普遍法则，是每一个人无法自由选择，必须接受的绝对平等律令。平凡愚昧者“浊气”的厚重，在某些方面可以视为嗜欲的强烈，是阻碍创造潜能释放的消极因素，往往可以从生活经验中找到大量的例证。不过清晰地排除了“凡愚”与善恶的道德天然同一的错误观念，判断“清浊”之气不能决定个人道德自觉的水平，因此在认识上存在着值得肯定之处。突出成就自我人生主要取决“欲”之有无，不在气之“清浊”的态度，则是老庄道家一贯的精神原则。

人类与万物“同禀气于天”的物质同一性之论，主旨在于解释人类的自然属性的根源。而人类异于他事物的本质属性为理性能力，能够把“欲”的本能冲动控制调节于合理的范围。决定了人类为万物之灵长的特殊地位的因素，仅仅是先验具有的能动自觉潜能。阴阳的相互作用彼此制约，无条件地制约着生命活动的展开形式。主体自我虽然同具“无欲”的中和状态，与“有欲”的知情意的具体表现，但是由于两者离合依存的不同，则对运动变化的世界万物的审视，深浅有别而认识判断自然出现了不同的差异。不彻底放弃阴阳气化解释自我本质属性的传统思考模式，就不能同王弼的“圣人茂于人者神明也，同于人者五情也。神明茂，故能体冲和以通无。五情同，故不能无哀乐以应物。然则圣人之情，应物而无累于物者也”的正确观念保持一致，也就无法从逻辑上阐释人类的生命活动与异己之物的差别联系。自由是人类的永恒追求，摆脱一切心理生理问题的困扰以获得当下的幸福解脱为目标。随着理性自觉程度的日益提高，不可避免地需要对生死的周期性问题，做出符合客观事实的处理。心灵的安顿既然是建立在“精存则柔弱，气尽则坚强也”（释“人之生柔弱，其死坚强”）的稳定平衡的基础之上，是中国哲人的基本共识，那么是对“生则泽流，死则润竭也”（释“万物草木之生柔脆，其死枯槁”）的结果的坦然认同，即“应物而无累于物”不再为生命的消逝焦虑不安。

生命的固有属性，客观上要求每一个人努力达到认识与实践以及日常生活与终极超越的理想状态，并且同在一定的时空条件下，有序呈现的“刚柔殊归，生死异趣”的自然现象统一。如果没有准确理解现实存在的具体事物，都是循环往复不已的阴阳清浊之气的隐显更迭，那么不能以心灵的升华，摆脱对异己之物的依附。顺应不可抗拒的“弱为生徒，强为死属”的普遍同一法则，是生命潜能获得彻底释放的必须恪守的指南。程度的高下又是不同的个人，或“观见其妙”或“观见其徼”的精神超越水平的现实化。是“欲”之有无始终决定着自我的知情意，是否保持着先验的和谐有序。因此“观其志柔，则生死可知也”（释“故坚强者死之徒，柔弱者生之徒”）的意思是，通过大致与“体冲和以通无”含义相当的"志柔"的人生态度,以及现实的心灵活动状态的考察,基本可以判断具体的个人的精神气质。因为以"真知妙本"为核心内容的"志柔"的个体生命,必然是卓尔不凡的"司契之人",能够与世界万物浑然一体的原因。"司契之人"拥有自觉把握未来的"精存"或"气尽"的生死殊途走向的能力,各得其所的万物为其"调均可用"而成竹在胸。

反省提炼"弱为生徒,强为死属"的经验现象的过程,是落实理性化、现实化人生观的前提。如果精神上不能克服死亡的恐惧,就会与"知吾生有涯"的必然结局发生对立,那么"不希求分外也"(释"是以圣人自知")的自觉将成为妄想,也就无法正视现实存在的问题。对"希求分外"的盲动倾向的有效杜绝,因此是"不自显其美,以悦耀众人也"(释"不自见")的自足内心,能够更好地适应生活需求的保障。趋利避害与自我保存的本能,受到理性精神的洗礼被充分调动。而知情意的能动性的激发,不断向积极创造的方面转移,说明回归了先验状态的"自爱其神,不弃我逐物也"(释"自爱")的自觉态度,表现出了"不自贵其身,以尊高当世也"(释"不自贵")的谦卑宽容美德。现实生活中操行出众的君子,同智慧明觉的觉悟者的人生成长道路其实具有相当的一致性。相应地昭示了"去彼显贵,则威罚外消。取此知爱,则生道内足也"(释"故去彼取此")的自由解放的人生能够经受历史的严格检验,成为人类最为宝贵的精神财富的认识基础。从逻辑关系上也揭示了每一个人实现自我必然面临的问题,显然就是对内外之"分"的确定及其关系的洞察。由于心灵内省的"观见其妙",制约着认识实践的是否恰当,因此"自显其美"与"弃我逐物"等消极成分的干净剔除,即意味着一尘不染的生命熠熠生辉而光照宇宙。任何背离了"自爱其神"与"自贵其身"核心中枢的价值选择,漠视了"吾生有涯"的严酷,放纵于"分外"的享受,则不论"尊高当世"或"悦耀众人"的幼稚浅薄,不过仅仅是徒劳地在"威罚"的外在价值规范与"生道"的自我实现之间挣扎。"内足"的"生道"遭到异己的"显贵"的动摇折磨乃至无情摧残,则"知爱"的生命发展潜能走向了邪僻之地。以此而论,现实世界中"凡愚"的绝对不是专属于黎民百姓,包括王公大人在内的一切存在着"分外"之行的人物,皆为"凡愚"之列的一员。

内容丰富的“观见其妙”征服了个体生命可能存在的畸形倾覆，更加具体地说明了现实世界不同的人生境遇，非造物主的恩宠眷顾，完全是自己能否“取此知爱”的应有体现。然而“生道自足”如果仅为理论的可能性或逻辑的自洽，不能在实践的操作中被确证，那么天花乱坠的认识虚构将会在“威罚”的现实考验下成为一堆垃圾。

> 人之生也，天理自备。虽复贵为帝王，生非有余。贱为台仆，道无不足。若厌其所生，则弃此殉彼。弃此殉彼者，大威必集也（释“无厌其所生” s.4430）。

把“生道内足”规定为圆满人生必须具备的条件，此极其深刻的哲学洞见，敏锐确定了价值实现的归宿。“内足”的“生道”落实在具体的个人，“去彼显贵”的自我克制，与“取此知爱”的主动追求，是同时并列不可或缺的关键要素。“吾生有涯”作为生命的自然过程与认识对象，以“精存则柔弱，气尽则坚强也”的理性概括为实践支持。因此顺理成章地把“不弃我逐物”的“自爱其神”视为生死超越的枢纽，使“厌其所生”的“弃此殉彼”的堕落无影无踪。每一“天理自备”的个体生命，在“观见其妙”的心灵净化过程中，具备了彻底击碎曾经“必集”的“大威”的纠缠的能力。由于是“道无不足”的饱和充实，激励着付诸天人心物“默契”的“生非有余”的实践，脚踏永恒无限的未来的坚实土地，不会存在懈怠消歇的时候。

心智的成熟达到“不希求分外”的淡然平静，“自爱其神”者将以对生命的尊重，最终见证“自备”之“天理”的真实不虚。在尘世的磨难中勇于奋起，不屈从命运的摆布是每一个人实现自我，共同具有的精神气节。因此“虽复贵为帝王，生非有余。贱为台仆，道无不足”的认识指出，生命价值的平等同一不因为富贵贫贱的身份地位而出现丝毫的差异。实现自我的客观要求也自然不会为不同个人的美丑智愚，存在着尺度上的改变。哪怕罪恶充斥着我们生存的社会，个体的人格完整，同样能够被生存意志牢固地坚守。只要“志柔”的能动激情一息尚存，超越困扰知情意有序生起的空间依然存在。“自爱其神”与“不希求分外”作为“志柔”的心灵创造整体的不同侧面，如同划过夜空的闪电可以为饱受痛苦的生命提供精神的慰藉。

> 结之以道，虽无绳而自固。结之以物，虽有约而不坚。故以威约人，虽三军而可离。以道结志，虽匹夫而难夺（释“善结无绳约，而不可解”，《道德真经取善集》）。

修复知情意疏离的唯一途径只能扎根在“结之以道”的心灵修炼，此“虽无绳而自固”的理由当然在于同形上之道的“默契”而坚不可摧。遭到排斥否定的“结之以物”的服食方法“虽有约而不坚”的判断，以厚实的形上学理论为武器，揭示了试图通过药物等外在的东西成就自我的认识主张与实践展开存在的逻辑欠缺。另外，虽然当更加吸引心灵的因素介入到当下的“结之以物”时，曾经的信誓旦旦将立刻土崩瓦解是人所共知的经验，但是却缺乏对“有约而不坚”的事实的普遍自觉。结果如同“以威约人”一样能够暂时发挥作用，“虽三军而可离”之下的不可一世的权威，沦落为无人理睬的孤家寡人。则“以道结志，虽匹夫而难夺”的深层原因自然只能是，先验的形神心性就是“无绳而自固”的有机整体。“自固”的根本因素无疑是“自备”的“天理”，唯此决定了人类为万物之灵长的特殊性。

实际上“志柔”包含着宽容谦卑的道德修养，与物无争的博大胸怀，坚忍不拔的顽强意志与毁誉不动于心的超越精神等等的内容，由于“以道结志”能够熔铸为一。主体自我的能动性与理性能力作为“自备”的“天理”的反映，最终必然以个体价值的实现为趋向。换言之，即离开了生命的创造潜能的彻底释放，个人“自备”的先验“天理”不可能完整呈现。能知的主体与实践的主体统一的自我，因此需要在生死的有限周期中达成期待的“自固”的目标。重归和谐的形神心性内化结晶于“志柔”的生命，在坚定的信仰浇灌下的理性自觉，避免了离群索居或坐井观天的孤陋。绝非丝毫外在因素的移植且足以经受任何考验的“自固”的个体，当然永远不会在君王与圣者面前低声下气。也说明追腥逐臭依附于权威，或对财富的享受与荣誉的占有羡慕攀比，包括对不可预测的天意的盲从等，皆由“观见其徼”的短视生起。

> 威者，灾罚之名也。天有灾眚，所以遣告下民。人有刑罚，所以戒惧愆忒。是以信顺之士，寅威天命。见戒而惧，则天罚不至。傲忽之民，昧慢天道。小灾不惩，则大祸必集也（释“民不畏威，大

威至矣”)。

生存意志的衰退则“厌其所生”，以宝贵的生命为代价换取暂时的享乐。是“弃此殉彼”的自我选择，造成了“大威必集”的严重后果。远离了“天理自备”的个体生命，被“灾罚”缠绕从此心无宁日。无情的自然与人为的“灾罚”考验着每一个人是否“自爱其神”，态度不同而应对能力有别的社会成员，未来收获的要么是幸福要么则为灾难。

在“天有灾眚，所以遣告下民”的预警与“人有刑罚，所以戒惧愆忒”的收敛两者之间，无限宇宙张开的“疏而不失”的“恢恢”大网为人类群体，展现了无限辽阔的活动空间。肆无忌惮的“傲忽之民”由于“昧慢天道”，即使侥幸逃过了“小灾不惩”的容忍，在未来“则大祸必集也”。并非“与善为常”的“自然之情”的刻意报复，而是不知悔改的世人的咎由自取。“寅威天命”的“信顺之士”则不然，保持着“见戒而惧”的自觉心理，“则天罚不至”的平安，避免了宝贵的生命资源的流失。为开发“自备”的“天理”包含的丰富内容创造了有利的条件的善男信女，因此能够专注于“生道”的成功，使“生则泽流”的功德恩惠遍及世界。视成就自我为畏途的芸芸众生，几乎没有觉察“夫人无伪贤，则去道不远”的可贵价值。其实只要勇于撕下“伪贤”的包装直面人生，“去道不远”的认识与实践必然会给予我们丰厚的补偿。“无伪贤”是“生道”对全体社会成员共同的要求，为了突出“虽曰凡庸，而与圣同”的绝对同一性，“故复著此句”的老子则是“以明圣非独绝也”(释“是以不病”)的普遍原理，殷切告诫那些怀疑自己是否具有实现人生能力的普通人士，客观的“生道”对每一个人平等敞开。

> 狭其所居，谓恶其狭陋也。夫乐道则易周，穷欲则难满。难满，则无有为溢。易周，则环堵为泰。若狭其所居，则希荣显瘼。希荣显瘼者，天灾必至也(释“无狭其所居” s.4430)。

自我封闭的“狭其所居”，对当下的处境总是充满了“恶其狭陋”的抱怨失落心理。知情意的失衡不断加剧而出现“难满”的心理距离，造成创造力始终“无有为溢”的塌陷。“穷欲”者永远“难满”的贪得无厌，被攀比占有意识充斥了全部的心灵，“希荣显瘼”的日积月累的伤病，把自己推向了四面楚歌的绝境。“天灾必至”的自掘坟墓的下场，非外在的因素使之然，完全是在滚滚红尘中迷失了自我。

可以相互诠释的“天理自备”与“生道内足”的命题，从逻辑关系上揭示了能够“以道结志”的勇士，不断超越自我实现生命升华的依据问题。“乐道则易周”的认识，以对生命需求的不同层次的分析为前提。维持生命活动的基本物质需要当然不能可有可无，自觉性与克制力是在“以道结志”的崇高理想追求的吸引下，心灵的收获日益得到强化的产物。消解了依附心理而理性的力量游刃有余地回应一切考验的“易周”，既指心态的饱满平和又指不论与社会关系，还是自然秩序都保持着极大的弹性调节余地。彼此的和谐共处显然取决于自我“环堵为泰”的心灵满足，哪怕身居“环堵”的陋室，知情意的欣然自得不会为贫穷的生活状态改变动摇。是“贤智无欲，观见其妙”的“无欲”，泯灭了经验因素的介入动摇心灵的宁静的缝隙，成为向先验圆满的中和回归的必然条件。当下“观见其妙”的自我刹那间与“自备”的“天理”冥合无间，“清静虚妙”的纯粹生命的自发容摄力量，顿时见证了“生道”的“自足”。真正能够征服他人的是心灵的认同肯定，外在的地位权势在“生道自足”者面前荣耀全无。顺应自然的“以道结志”的核心要素“以中庸为主”，被心灵洞察的“自然之道”永恒地保障着个人的认识实践的合理正当。

> 上德之化，处无为之事，行不言之教。其迹不彰，故曰无为。为既无迹，心亦无欲，故曰无以为。故上德之无为，非徇无为之美。但含孕淳朴，适自无为，故云而无以为。此心迹俱无为也(释“上德无为而无以为，下德为之而有以为”)。

真正的觉悟者和光同尘因此“其迹不彰”，同万物打成了一片，不会把自己的主观意志强加于异己者之上。因为是以“无欲”的心灵凝湛，保持着对客观事物的尊重，当然没有筹划计较的心理意识的掺杂。出自对客观世界的自然反映的知情意，消除了把“无为之美”作为理想目标，汲汲以求的主客两分的对立。说明“含孕淳朴，适自无为”指自我本质存在与存在状态的和谐一贯，是“其道自真”的觉悟者从容中道，实现人生的自由解放的主要原因。“上德”与没有“二极”的至德，都指“心迹俱无为”的“为既无迹，心亦无欲”的生命活动，围绕知情意固有的依存关系应感而发。臻于极限的“非徇无为之美”的“上德之无为”，生命潜能完全释放而认识实践无不恰如其分。自我的“主”之以“中庸”，丝丝入扣地驾驭宇宙万物。

彼此依存的“适”的共生共荣，顾欢把“为既无迹”与“心亦无欲”两者统一加以考虑。前者一般指无目的性，后者更多突出的是没有主观预设。“徇无为之美”者已经把“无为”当作了具体之物，其执著同“无欲”的知情意发生了冲突。摈弃了主观心理掺杂的“含孕淳朴”的自然生长，因为是主客心物的“适自无为”，因此“上德之化”的“自移”与“自化”表现，永远没有丝毫的病态瑕疵。“处无为之事，行不言之教”作为觉悟者的现实生命活动形式，由于“方正其身”，自然能够使“妖奇自隔”。各种“妖奇”的变态无法向觉悟者周边靠拢，指的正是“不以其方，割彼从我也”(释“是以圣人方而不割”，《道德真经取善集》)的潜移默化形成的彼此凝聚的神奇效果。顾欢承认现实世界“妖奇”存在的客观性，但是强调“妖奇”的荒诞不经，受到“方正”的自我生命的覆盖束约，丧失了发挥作用的应有基础。“割彼从我”的强制，是对和谐稳定的知情意的割裂肢解，背离了浑然一体的无欲的心灵，是自身拥有了不可战胜的力量，而“为天下之正主”的历史发展过程，成为检验“方正其身”的生命可塑性是否达到了至极水平的尺度。杜绝把个人意志强加于他人的“不以其方，割彼从我”的包容，依然是“观见其妙”的觉悟者的博大心灵，能动的创造性的直接流露。“方正”与“中庸”的概念虽然内涵上存在着不同，但是皆为完整人格必须具备的品质。从不同侧面共同彰显着“德无二极”的先验内在属性，无与伦比的发展潜能的不朽价值。

受到文化的塑造熏陶走向“徇无为之美”的行径，丧失了独立的人格。“自爱其神”的先验属性在现实社会遭到伤害，“妖奇”的癫狂因此随时发作。“方正其身”是“妖奇自隔”的能量，是“方”的属性准则，与其适度合理之“正”有效驱逐了“妖奇”的贴近。因为不能介入渗透到“方正”者的内部，并非是“方正”者的排斥冷淡先入为主，与异己事物建立起了彼此隔离的防火墙。“狭其所生”却使“内足”的“生道”出现了“妖奇”生存的土壤，不断为“穷欲”的冲动侵蚀的生命，日趋“狭陋”而荒凉贫乏。因此准确表征无为内涵的自适的得心应手，肯定的是随着“无欲”的自我心灵的成熟饱满，“自备”的“天理”与“内足”的“生道”同时在个体内心深刻领会的问题。波动于“有欲”与“无欲”之间的贤人颜回，一定程度上理解恩师孔子内心真实的憧憬，自然是在同一的“无欲”状态下彼此发生了共鸣。

> 夫无欲于无欲者，圣人之常也。有欲于无欲者，圣人之分也。二欲同无，故全空以目圣。一有一无，故每虚以称贤人。自有观之，则无欲于有欲。自无观之，则有欲于无欲。虚而未尽，非屡如何(释“子曰：回也，其庶乎屡空”，《论语注》)①。

心灵凝湛之“常”是“无欲于无欲”的应有表现，没有任何先入之见的因素造成觉悟者知情意的疏离。毫不介怀的“无欲”状态，因此与先验的中和同一。但是固有的“方正”，不会同“分”的感而应物出现偏移。知情意活动之“分”在特定的情况下生起的“有欲于无欲”，表示知觉判断等生命属性的展开拥有的能动容摄力量，对现实生活中面临的各种问题的合理解决。“无欲于无欲”即体，“有欲于无欲”乃用。如果误以为觉悟者的心灵丧失了感应客观事物的机能，或存在着麻木迟钝的现象，那么觉悟者就是不食人间烟火高高在上的神灵，将会与现实的人类生活失去应有的联系。“二欲同无”表示虽然应感万方，但是因为没有丝毫的分别意识，能够动摇瓦解觉悟者心灵的纯粹，因此为“全空”的浑然整体。意思是不论“无欲”的沉静凝寂，还是“有欲”的旺盛饱满，与“无”的无规定性始终默契冥合而“其迹不彰”，必然只能运用“全空”的语言刻画觉悟者，既与宇宙万物“默契”如一，个体内心又纯粹充实的人格形象。

顾欢认为，“观见其徼”的知性分别因为纳入“观见其妙”的内省直观的整体结构之中，觉悟者彻底消除了知性判断存在的不足，并且使其积极价值提升结晶；否则透过表象洞见本质的理性自觉，将会成为无源之水无本之木。对“二欲同无”的内涵发生了误判，就会同无为的客观性尖锐冲突。这也反映了“方正其身”的觉悟者，“适自无为”的圆满自在的当下性不可复制。“三月不违仁”的颜回，心灵虚寂的程度不够稳定。“屡”形容存在着一定的起伏，出有入无的精神净化的现状，意味着

① 马国翰辑：《玉函山房辑佚书》(二)，上海古籍出版社，1990年，第1772页。

“以道结志”的个人，在心灵升华的过程中出现“自有观之，则无欲于有欲”，或“自无观之，则有欲于无欲”的反复波动，是生命活动的正常现象。“观之”以“有”是抑制喜怒哀乐的“有欲”，使之回归“无欲”的宁静恬淡。“观之”以“无”的不形于色的喜怒，该喜则喜当怒则怒，为圣贤同一的生理反应。“有欲”的知情意的适时爆发，如果同“无欲”的本然心灵出现了割裂，真实的生命属性将被离析肢解为各自独立的碎片。为后人津津乐道的孔颜师徒的佳话，及颜回“虚而未尽，非屡如何”的人生状态，同“无谓清虚，有谓神明”的认识结合，可以收获相得益彰的精神硕果。

颜回身居陋巷、箪食瓢饮不改其乐的情操，常人难以望其项背。不为贫贱减色的快乐，一方面从事实上明确否定了“希求分外”的错误，另一方面又间接肯定了“生道内足”的绝对性。但是短命早死的不幸与“虚而未尽”的遗憾，昭示了“天理自备”的每一个人，“自备”的“天理”未能释放无余，终极解脱不会因为曾经的积极投入，为世上那些善良之辈特别开恩出现点滴的弹性。成就“内足”的“生道”并非唯独对颜回如此这般苛刻吝啬，是“常道”的必然永恒的客观性不允许计量。因此对命运多舛的颜回的境遇的唯一合理的解释应当是，充满了奥秘的“生道”没有得到颜回充分的敬畏，造成了自己终究不能由“精存”的合理绵延，走向自然的“气尽”的寿终正寝。指责颜回的不足不啻冷血动物，理性反省孔颜的圣贤之别可以得出的是，觉悟人生不需要求之“分外”，激发“内足”的“生道”的潜能为根本要诀与唯一途径的认识。循循善诱的孔子深察“自移”与“自化”之理的不可越俎代庖，虽然对颜回的殷殷之情溢于言表，但是仅以人格魅力的感召、知识学问的传授与承担的历史使命等开启弟子的心灵，没有把本属“默契”的内容，当作知性可以排除的障碍。

> 无假远索，日日求之。但行积于身，得之于心，玄悟在我也(释“古之所以贵此道者，何不日求以得”，《道德真经注疏》)。

反躬内求的精神自觉原则，以“得之于心”为衡量的客观指标。“日求”的“远索”的不足取，是因为其已经完全偏离了实现人生的方向，与“行积于身”探求未知世界拓展心胸的行为，形成了性质上的严重反差。

"玄悟在我"强调宇宙的意义体现于心灵的领会,是人类在宇宙中具有特殊地位的坚实基石。

理解领会的"得之于心",不能与"行积于身"的实践体验脱节。"玄悟"的精神解脱与智慧明觉,包含了对"有欲"与"无欲"关系论述的内容,是对"方正其身,妖奇自隔"的问题的更加深入的诠释。如果以为对是非善恶的界限区分毫无真理性因素,那么人类的价值体系必然毁于一旦。虽然善恶是非的价值评价往往随着文明发展的阶段性内涵有别,但是不能因此否定维系社会秩序的法律与道德规范在当下的社会生活环境中的应有作用。从个人与社会以及历史与逻辑的角度考察"玄悟在我"的永恒性,揭示的是被觉悟者洞察的真理,不会随着历时性的发展改变。后人对价值理想的坚守信赖,是人类能够不断实现精神突破的力量源泉。

> 圣人因天任物,无所造为。心常凝静于前,美善处而无争,故不为六境之所倾夺。(盖)为则有成亏,言则有当愆。曾未免乎累。是以圣人处事以无为,行教以不言。而事以之济,教以之行。而吾心寂然,未始有言为之累。天下亦因得以反常复朴。夫唯无累,故虽寄身阴阳之间,而造化不能移。彼六对者,乌能扰之哉!经曰:不言之教,无为之益,天下希及之(释"是以圣人处无为之事,行不言之教",《道德真经取善集》)。

自身的"方正"能够成为度量是非美丑的准绳,是因为"自备"的"天理"已经在生活实践中现实化。"无所造为"的态度和充实饱满的心理意识,通过"因天任物"的遵循客观事物的发展规律,保持着自己的个体性与内在的生命属性的完整。觉悟者"玄悟"的心灵同"以中庸为主"的"自然之道"的直接同一,生命活动呈现的是"无累"的逍遥自在。

面对无限世界与复杂的社会,"美善处而无争"的平静恬淡即是"因天任物"的客观反映。既没有人为割裂同"美善"的事物的联系,又把"美善"的挑逗诱惑化解遁形。"无所造为"的"心常凝静"融会贯通了有欲与无欲,因为"二欲同无"的无差别存在状态,因此"全空"就是指"适自无为"的生命整体的和谐有序。知情意"虚"而"尽"的自如循环,表示认识实践处于中道而相对有限的"六境"的嘈杂表象,为"全空"的心灵合理扬弃。“徇无为之美”者其“为六境之所倾夺”当然是因为,“虚”的开放包容与“尽”的能动创造都存在着短缺。不同历史时代与社会成员彼此有别的自觉水平,制约着文明发展的大小幅度。但是认识实践遵循着“因天任物”的自我“无所造为”的人生,不为历史的阶段性贬损其意义的伟大崇高。是“含孕淳朴,适自无为”的生命克服了“为则有成亏,言则有当愆”的不足,平凡琐碎的日常生活因此绽放出神圣的光辉。“故虽寄身阴阳之间,而造化不能移”的“无累”的自做主宰,使有限个人与形上之道的“默契”从逻辑可能性转化为令人信服的事实。意味深长的“全空以目圣”的认识,揭示了没有点滴滞碍的觉悟者圆融饱和的生命的动人心魄。生机勃勃的世界的究竟底蕴为觉悟者的心灵折射,内化为赏心悦目的精神图景,又使认识的真理体系诞生于人类社会。

历时性过程的终结,则具体事物的存在合理性消失。“为”与“言”是生命活动的现实形式,“成亏”与“当愆”作为每一个人绵延的生命活动时刻发生的事情不能遭到主观抑制。经验领域的“当”的符合与“成”的落实,因为是知识问题,因此圣与凡的认识判断基本相同,差别仅表现在“有欲于无欲”的“圣人之分”方面,没有凡人的分别占有意识。“淳真”的生命呈现的是“方正”的秩序规范,不会因为普遍平等的精神情怀产生随波逐流的盲从现象,造成“天理自备”明觉智慧遭到遮蔽流失的挫折。心灵的波澜不惊与分别意识的冰释冻消,是同一完整生命的不同组成部分,“得之于心,玄悟在我”的自然无为是“内足”的“生道”被确证的客观标志,“处事以无为,行教以不言。而事以之济,教以之行”的觉悟者,成就的人生伟业是“真知妙本”的个人价值的实现,与“天下亦因得以反常复朴”的化成天下的整体。虽然“德无二极”的绝对性随着不同时代觉悟者的应运而生,在各自特定的历史时代不断再现,但是精神魅力的个体性则独一无二。

> 大圣之人,故无所似也。若形有定质,智有常分,的有所似,则道有封执。此乃细碎之人,岂虚妙之大圣乎(释“若肖久矣,其细也夫”)!

浴火重生的知情意历练以无心无欲为归宿,获得结晶塑造的纯粹生命消除了“定质”之“体”的个体性,非此即彼的“常分”之“智”存在的是非善恶以及真伪得失的计较,"所似"之"的"心理执著。冥合没有"封执"的形上之道的"虚妙之大圣",与"细碎之人"的鲜明对比,不仅是对凡圣界限的再度规定,而且昭示的是生命潜能释放至中和状态之际的超凡脱俗。

每一个人具体感知的有无与难易、长短与高下以及音声与前后之"六对"的经验现象,指向实践出现的"曾未免乎累"的结果,即是"为则有成亏,言则有当愆"的两难处境。改变预期目标落空的"行积于身"的实践积累与生命体验,达到一定程度"得之于心"的心领神会,为克服令生命蒙羞的痛苦提供可资借鉴的宝贵素材。"一有一无"的颜回如果实现了令人欢欣鼓舞的"玄悟在我"的历史性飞跃的奇迹,那么必然是"寂然"的"吾心"埋葬了无穷的心理冲动,同无限世界之间"有言为之累"的沮丧。反观尚被有无等"六对"出现"扰之"问题的颜回,因为"虚而未尽"或未臻于"二欲同无"的境界,决定了自己陨落的人生。而"形有定质,智有常分,的有所似"诸尺度不可以数量区别,虽然"细碎之人"与"信顺之士"的"方正"水平存在着明显的不同,但是反映于价值评价与知性能力范围的差异,永远不能成为左右圣与凡的核心要素。人类历史中先后诞生的"虚妙之大圣",唯一相同的是"心迹俱无为"的自由。其"寄身阴阳之间,而造化不能移"的绝对性,包含着生死解脱的规定。"方正其身"的生命升华,不是呼风唤雨的巫师施展的魔法,掩藏着直接与"同无"的有欲无欲无差别同一的宝藏。为"神明"之"有"的精神活动"观之",虽然具有现实性,但是本质上"则无欲于有欲"。无欲的内核融会于有欲的知情意,自我生命因此没有凝滞僵化的疲乏。仅仅能够为理性直观把握的"清虚"之"无"的饱和而周遍的超越性、实在性,只有在"有欲于无欲"的自发状态下才能确证于个体内心。只能自我怡悦不可分享传递的精神成果,在是否"得之于我"的检验下,使圣与凡泾渭分明,即有欲无欲如果不能"二欲同无",则无差别的直接同一不是确定不移的事实。弱化或否认"行积于身"的历时性修身积累的作用,既不能从逻辑上缜密回答世界的究竟真相,如何被人类的智慧观照的问题,又把实践的生命体验与现实人生相互割裂。是知性的认同与情感的亲近彼此作用的推动,主体自我以向死而生的勇气征服了不知魂归何处的虚无感，通过今天的无怨无悔的修身而拥有未来毫无愧色的安息。

理想的人生究竟何为的问题，当然是任何完整哲学建构极为重要的论述对象。主要围绕“人之生也，天理自备”与“方正其身，妖奇自隔”，以及“去彼显贵，则威罚外消。取此知爱，则生道内足”三个核心命题关系的严谨分析，发展了魏晋玄学认识成就的顾欢的思考，对心性论哲学的逐步成熟做出了积极的贡献。虽然心性情的概念内涵及相互关系问题的说明不够集中是明显的欠缺，但是统一在“行积于身，得之于心，玄悟在我”的精神主题下的逻辑展开过程，肯定个人价值的实现为自我拯救的立场态度，则清醒而敏锐地把握了历史发展的前沿方向。对“生道”的阐释成为融合魏晋玄学与道教哲学两大流派的关键，发生在齐梁时期出现的认识的转型，对道教的未来发展具有不可估量的影响。只是郭象玄学的思想深意，远不及王弼玄学对顾欢认识产生的示范作用那样直接厚重，自觉回应郭象玄学的精神成果，是顾欢的后辈，具有远见卓识的成玄英的历史性功绩。

四、真照得一，行合自然

永生的本能渴望上升为理论化的思考，是人类对自身当下境遇与未来前景问题的自觉瞻望。能动地预见未来与回应的是当下的生存挑战，突破的企图与雄心是专属于人类的生命活动。“贵为帝王”者“生非有余”的认识，“贱为台仆”者则又“道无不足”的判断，简洁而明确地把人生价值的实现，归结为生命潜能的彻底释放。把帝王的尊荣同成就了自我的个人两相比较一目了然的是，威风八面的君主在觉悟者面前也变得黯淡无光。“生道”是否“内足”自然成为衡量高低贵贱之分的准绳，形上依据体现在对“人之生也，天理自备”的问题展开的逻辑分析。审慎严肃地处理认识实践亟待解决的各方面问题，因为与或痛苦或幸福的人生密不可分，且关乎每一个人的生死存亡，因此不允许丝毫的懈怠。

幸福安宁需要在胎息修炼的基础上深化理性自觉的潜力，摆脱情感欲望与生死变化的困扰。而客观的自然生命如同“草木零落，归根则静”的道理一样简单明确，“人物变化，反真则安”（释“归根曰静”）的结果，却未必能获得每一个人的真诚认同。既然处于不断的运动变化过程中的生命不允许人为阻滞，那么正视生命需求并且使之保持在正常的范围，向知情意的先验和谐状态回归的“反真”，以心灵的宁静坦然化解生活中产生的各种疑惑。形神心性的统一构成的现实生命的内在属性，存在着结构层次的不同。遵循生命的固有法则自觉有效地付诸具体的实践，使“自爱其神”的理性自觉成为了实现生命升华的永恒不变的精神主题。“静观反见其真”与“其道自真”的当下呈现，是量的积累达到质的飞跃的客观表现，必然反映在“同归乎一”的心灵与无限宇宙的默契中。两者的同步不能脱离“方正其身”的原则，形神与心性的调节相互依存不允许放弃承担的社会责任。

> 神者，灵效之谓也。以道居位，临理天下则太平。太平之代，鬼魅不敢神。以道修身，则真照得一。得一之士，尸魄不灵（释“以道莅天下，其鬼不神”）。

真实不虚的“神”始终以“灵效”的功能，显现于生命活动的各个环节。受到形上之道制约的“神”，只有符合本体之道的要求才能被“修身”的主体自我能动调控。其万千变化及奇妙状态既见证于“鬼魅”的阴阳失调的兴风作浪，又存在于人类“尸魄”的生理属性之中。因此在社会生活领域的“以道居位”，通过合理公正的社会秩序的“临理天下”，成就的是“太平”盛世。往昔神气活现的“鬼魅”在此刻，丧失了曾经为人敬畏的神秘。“真照得一”的个人因为依赖“以道修身”的充沛坚实生命，“真照”的理性精神瓦解了“尸魄”对自我生理机能的耗损，“得一”的生死解脱成为事实，个体生命在茫茫宇宙中扎根。

需要每一个人理解把握的“以道居位”与“以道修身”，是实现内圣外王的伟大理想必然遵循的准则。“修身”过程中的“以道居位”要求针对的是，“厌其所生，则弃此殉彼”与“狭其所居，则希荣显瘼”的生命失衡问题。而回应认识实践的挑战需要具备的能力，是不能被流失或淡化的部分。

> 才干胜人，不过有力。有力之人，必有其敌。有其敌者，则强弱未定。今以性制情，谓之自胜。自胜之人，无敌于己。无敌于己

者，可谓强矣（释“胜人者有力”）。

社会中“无敌于己”的“自胜之人”远离了毁灭的陷阱，“无敌于己者，可谓强矣”的无坚不摧，取决于“以性制情”的内在属性的主从结构以及功能作用的稳定和谐。因此“既非常保”的情感欲望，是在“何所贪求”的纯粹心灵的有效约束下，摈弃了“希求分外”的躁动对本真生命的扭曲伤害。“是以圣人不取不求，无得无失”的圆融无碍，一直是以“大成若缺，其用不弊”等“五种大行”保持着“自清自静”的完整纯洁。如同形上之道一样“不为寒热所侵”，成为“天下之正主”（释“静热胜”）而万众归心。集“太平”与“得一”的内圣外王于一身的“正主”，依赖“以性制情，谓之自胜”的自我超越得以成就。因为在先验的内在属性的整体中，本质属性是支配着非本质属性的因素。固有的理性自觉潜能的现实化，制约着情感欲望的非本质属性的有序张弛。只有“以性制情”的生命之“正主”的地位始终稳定与固有能力得到持久扩张，才能避免颠覆先验的主从结构的危险。而“制情”的关键为保持内在属性的主从关系的正常合理，不能人为排斥生理欲望的本能需求。知觉意识活动在传统观念中，被视为是“情”的部分。作为“修身”必然需要净化的对象之一，自觉地将之置于“以性制情”的范围内部，抑制的是“希求分外”的情感欲望的泛滥无度。“以道居位”与“以道修身”以及“以性制情”的结构层次，分别同社会关系与生命形态以及内在的生理属性对应，否定了试图通过个人的道德修养实现人生的错误主张。复杂的生命现象与现实需求如果被简单化，那么将会造成认识与实践的灭顶之灾。“无敌于己”的“强”尺度不允许讨价还价，丝毫的减损就会大大动摇真理性认识的普遍效力。

生死超越绝不是抗拒死亡的光临，而是以对生命的敬畏态度，借助有序的调节控制使其固有潜能蓬勃爆发。虽然“骨以舍精，精散则骨弱。保精爱气，则其骨自强”（释“强其骨”，《道德真经注疏》）的知识问题并不难理解，但是只有极少数人能够付诸“保精爱气”的具体行动。旺盛的生命活力必然依赖生理机能的活泼健康维持，“保精爱气”就是使不可失而复得的创造能量合理延续的保障。现实世界为一时“怡身奢淫”的快感陶醉，漠视“奢淫则精穷气竭，万神交落，动之死地”的现象的普遍流行，说明“尸魄”的得意而生命的凋零，没有因为人类文明程度的不断提高发生明显的改观。反复上演的“不能制情遣欲，更为险行惊神”（释“民常不畏死，奈何以死惧之”）的闹剧，连慈悲为怀的神灵也不得不为芸芸众生麻木冷漠的心灵叹气惋惜。

不惧曰勇，必果曰敢。谓见威不惧，必果无回。强梁使气，杀身之术也（释“勇于敢则杀”，《道德真经取善集》）。

同“反真则安”的生命安顿完全对立的“见威不惧”无视天道的神圣权威，贪图当下廉价的享乐。和谐的内在属性在“精散”的摧残下，“怡身奢淫”的安逸如今早已成为过眼云烟。过往的得意换来的则是“杀身”的悲戚萎靡，回报自己的“精穷气竭”的现实状态，毫厘不爽地证明了“强梁使气”者“动之死地”的绝对律令的严格。反证的自然是“舍精”之“骨”的强弱，代表着每一个人生命活力的大小未曾发生过点滴的更改。

不计较后果的“强梁使气”的丧心病狂，表面上激情洋溢实际却是无比的可悲。“必果无回”的顽固偏执，“见威不惧”的狂妄骄横，造成了“万神交落”的人神共怒。与“志柔”冲突背离的“生道”的灭绝，则使“尸魄”抗拒“反真则安”的宇宙秩序的流毒贻害万年。而“故，犹意也。天忌果敢，谁知其意”的质问，是“谓世俗之人，人无知天意者也”（释“孰知其故”）的事实的存在，如此不能清算“动之死地”的罪行。整个社会与时代在对“敢与不敢也”（释“此两者”）的问题，需要做出审慎抉择时因为“无知天意”的沦落，窒息了“天理自备”的明觉，因此无法把“活则为利，杀则为害也”（释“或利或害”）的天平，正确地引导向有利于自己成长的坦途。“强梁使气”的普遍病态日益沉重，加剧了同“果敢杀害，是自然所忌也”（释“天之所恶”）的客观性的背离速度。生命固有的“淳真”能够外化为认识实践的“方正”的适宜，“志柔”成为异常重要的资产。“玄悟”的先验潜能的合理释放又是“以性制情”取得的积极成果，如果不能“得之于心”，那么就会对“不取不求，无得无失”的觉悟者的精神情怀熟视无睹。麻木不仁的“强梁使气”的沾沾自喜的丑陋，在于把“内足”的“生道”从自己的生命园地中放逐了出去。联系“乐道则易周，穷欲则难满。难满，则无有为溢。易周，则环堵为泰”的重要论述，更加明确了人类的内在属性中存在的自我毁灭因素的恐怖。祛魅的工作一旦不能达到相应的水平，后果的可怕不仅仅是生命的凋零，而且还表现在“穷欲”的变本加厉，加速了自己迈向人面禽兽的深渊的进程。

预期的“必果”之“敢”的万丈豪情本来无可非议，但是因为严重的心理执著，偏离了“志柔”或“乐道”的中枢，使主观意愿与客观事实之间存在的鸿沟空前加大。在经受失败的时候尚且能够百折不挠，“勇”之“不惧”的大无畏精神气概尤其令人敬佩。与“强梁使气”迥然有别的“无回”的自信，同为生命意志的反映，呈现的却是截然对立的人生追求。“以性制情”的理性自觉作为隐藏其中且起决定作用的因素，发挥程度的大小则必然表现为适应世界的能力的高低。说明“制情”之“性”的主要含义为，由知情意构成的整体生命内部先验存在的准则秩序。因为是个体存在的形上依据，与现实的知情意活动遵循的客观原理，同一整体的不同构成侧面，因此认识实践是否符合固有的内在属性的展开趋势，以“保精爱气”的生理需求的底线，“得之于心”的内省感悟为验证的砝码。“乐道”与“以道结志”以及“志柔”诸论，把心灵的觉醒指向“不取不求，无得无失”的独立自主，既是“天意”又是“自足”的“生道”与“自备”的“天理”，合乎“自然之道”的成长。消极的“穷欲”与“强梁使气”破坏了中和的知情意的依存结构，天怒人怨的罗网终究无法挣脱。“才干胜人”的“有力”者虽然是某一领域的杰出之士，然而将“有力之人”置之无限世界，由于“必有其敌”的存在，导致了意料之外的“强弱未定”的恐慌。攀比则“精穷气竭”，退缩即“道有封执”。顺利地从荆棘丛生的沼泽突围的“自胜之人，无敌于己”，是“易周”的生命可以“环堵为泰”而使贫贱毁誉无动于己。“以性制情”的不可思议的奇迹，就在形神心物的调节，造就的所向无敌的能量。舍此则世界之“德”出现“二极”的漏洞，内在的统一性将荡然无存。

不以个人意志为转移的“杀身之术”被觉悟者领会，通过“制情遣欲”的克制为自己赢得了光明的未来。此“心迹俱无为”的生命即是“无敌于己”的“自胜之人”，因为是能动的创造力量及澎湃激情释放之“尽”，与心灵的开放包容达到至极之“虚”的动态平衡，确立了自己在宇宙中“强”的崇高地位。“独立不惧，不敢有为”的“守柔尽顺”，能够把“有欲无欲”的心理意识“定”于“同无”的无差别状态，成为“活身之道也”（释“勇于不敢则活”）而流传不绝。为超凡脱俗的觉悟者的人生，见证的“制情遣欲”的积极价值固然需要永远铭记，但是还应当特别注意“制情”的形上依据，与“遣欲”运用的方法手段不能简单等同，因此要在认识实践过程中审慎把握具体的条件。

虽有圣人之明，犹以果敢为难。谓临事而惧，好谋而成也。诗云：不敢暴虎，不敢冯河。夫暴虎冯河，是果敢之极也（释“是以圣人犹难之” s.4430）。

严重削减生命潜能的“果敢”造成的沉痛事实教育我们，“无知天意”的愚昧将会导致极其可怕的结局。把握“治身爱气，则性命自延”（释“俭故能广”）的真谛，就是对生生不息的天地之大德的回报。效法“临事而惧，好谋而成”的觉悟者的审慎与深思，就能够逐步远离“自然所忌”的那些东西。“以道修身，则真照得一”的智慧的升华，肯定自觉践行“活身之道”不能游离于“修身”的整体之外。是“犹以果敢为难”的觉悟者，为人生的自由解放传递了获得正确的判断与实现效率最大化的信息。“治气爱身”的修炼作为“真照”的对象之一，最终必须落实在“反真则安”的生命安顿。否则“保精爱气，则其骨自强”的生命潜能的蓬勃持久激发，就会存在从“得一”的人生觉悟中流失的危险。

摆脱“精穷气竭，万神交落”的“奢淫”的放纵，与“犹以果敢为难”的审慎一样，同为“以道修身”的要诀。“希荣显瘼”的“穷欲”，与“暴虎冯河”的“果敢”，如果在“修身”的过程中不能予以打扫，那么依然同“以性制情”的要求存在着距离。因此拥有“圣人之明”者“犹以果敢为难”的原因，是因为与生俱来的生理欲望作为正常的生命活动，不能人为剔除杜绝，本能的适应又无法达到“性命自延”的期待目标。真正把握不同于一般经验的“守柔尽顺”的合理分寸，首先需要突破认识存在的盲区，使“制情遣欲”的努力发挥积极的作用。则在承认自己的无知的美德中，已经呈现了值得称赞的真正的勇气。对“不知道言知”的自以为是者，“谓之妄作”的评价确实是实至名归。认真叩问“妄作之人，失道故凶”（释“不知常，妄作凶”）的悲剧的生起问题，关注的自然不是语言表达的“妄作”的态度的不诚实，亦非对“失道”行为的后果的稽考，重点是在对“妄作”之“言”源头的追溯。言行一致是寻常的道德准则，何以在回答是否“知道”时，出现了“不知道言知”的自大现象。仅仅是“才干过人”之士的行为，还是社会成员普遍存在的倾向值得深思。因此“方正其身”者防微杜渐“不敢有为”的自律自重，是对“希，少也。人能爱气少言，则行合自然”（释“希言自然”，《道德真经取善集》）的实践规范的自觉服从。如果在经验世界没有经历“多言害物”的挫折，那么就不能得出“多言”的实质及结果，如同“暴虎冯河”的“果敢之极”无异的认识。由于“爱气”而“少言”的自我体现的是“则天玄默”的精神，“行合自然”的无心无为始可保障“寂然”的“吾心”，一直处在“未始有言为之累”的圆满状态。“多言”之“害物”指向自己，为自作自受的“精散则骨弱”的生命潜能的枯萎。草率发表的意见涉及他人伤害的是，异己者的尊严与智能。徒逞一时之快的狂躁“其可久乎”（释“飘风不终朝，骤雨不终日”，《道德真经注疏》）不言而喻，对无限宇宙与生命怀有敬畏与谦卑之心的观念则跃然纸上。

自以为是者缺乏对宇宙人生问题真正的洞察却喋喋不休，往往通过危言耸听的混淆视听证明自己认识的正确合理。宝贵的生命耗费在毫无意义的口舌之争，与“自清自静”的原则立场背道而驰。“不知道言知”的愚昧顽冥，与“多言害物”的害人害己，都是“希求分外”的具体行为。衡量言之多少及价值的客观尺度因此为是否同“保精爱气”的生命法则保持着应有的一致。言为心声者如鲠在喉不吐不快的言说冲动，自然不可同歇斯底里的伪装与花言巧语的诱骗相提并论。剥夺语言表达的天赋人权则天理难容，强迫他人接受自己的意见又是典型的语言暴政。凡此种种皆是“哀悯众生强知之病”的觉悟者，彻底否定与清算的严重罪行。“玄默”的倾听自己内心的独白，把“保精爱气”的养生之道推向了极致。包含了反省“强知之病”的自觉与避免“精穷气竭”的途径，没有脱离“自移”与“自化”的心灵结晶的中心。因为深切把握了知情意之“作”的生命机制与运行原理的“知道”者，依赖“自胜”的自我超越与失败挫折永远告别。因此不需要像常人那样通过更大的投入，悔过自新在遥远的未来挽回已经发生的错误。不知收敛的“多言”瓦解动摇了阴阳之气的协调,尤其是在不平之气的驱使下的诅咒抱怨,道教历来认为将淤结血气于五脏六腑而阻滞生机的流通。“爱气少言,则行合自然”的思想主张,除了道德修养与养生操作的要求,显而易见是以“法道无为”的基本理念为论述的背景。

在“修身”的精神主题之下对认识与实践涉及的不同层次问题,渐次展开分析讨论的“方正其身”与“以性制情”的核心命题,把不同问题的内容集中在了生命的塑造。觉悟者“不取不求,无得无失”的从容不迫,是先验固有的“自清自静”的内在属性的表现。自然无为的“五种大行”与“真照得一”的自在解脱,使回归了自我则“不假远索”的内省同“万神”合一。非自吹自擂的“方正”的庄严妙相,因为受到“万神”的肯定检验,因此“天下之正主”能够以自身的一言一行,令“强梁使气”的常人心悦诚服。真正的“修身”努力克服的是,形形色色与正常的内在属性发生矛盾冲突的欠缺。不仅是对“怡身奢淫”的放纵的抛弃,而且也反映在对“不知道言知”的夸夸其谈的自觉舍离。则“履谦居后,不为物先”(释“三曰不敢为天下先”)的人生态度,始终围绕“生道”的中枢推进个体生命的成熟,把伤害自己的“徇名好利,弃少求多”的心理意识有效地消灭在萌芽状态。其“临事而惧,好谋而成”的谨慎谦卑与深谋远虑,是以实现自己的“圣人之明”的智周万物为终极理想。由于深切领会了“道业不修,丹田芜废也”(释“田甚芜”,《道德真经取善集》)的绝对性,因此以“道业”的修炼摆脱了世人“弃我逐物”造成的“生道”的沦丧。“丹田”没有出现“芜废”凋敝的个体生命饱满旺盛的景象,征服的是“动之死地”的俗气平庸。“制情遣欲”的“修身”时刻以对“丹田”的耕耘为核心,牵一发而动全身的生命实践的宗旨更加明确。

丹田论与精气神论在《老子节解》中占据了十分重要的地位,而顾欢的现存文字对精气神“三一”论未置一词。普遍的“无谓清虚,有谓神明”的生命活动原理,通过气息在丹田上下的流动,逐步被明晰而稳定的捕捉,决定着生死超越的现实收获。一方面深度的实践是对此先验原理的证明,另一方面在抽象理论指导下展开的具体操作,使生命的究竟底蕴在达到登峰造极的状态时,运动变化的法则与机制因此被修炼者牢固锁定。人类认识自我与认识世界的知性建构,具有了不可否认的经验内容。断言“道业不修”造成“丹田芜废”的生理机能不断破败，未来的生命前景一片荒凉的顾欢认为，“治身爱气”与“保精爱气”的“修身”陶铸，只有扎根于丹田的调节，才能逐步增进“道业”的丰硕。“修身”的自我“守柔尽顺”的道德操守，彰显的是谦卑与克制的重要作用。“行人君子”能够“善以道德功行，建立身心”的事业，永远不能偏离圆满人格的塑造结晶的中轴。猖狂的“尸魄”此刻“不灵”的垂头丧气，“不敢神”的“鬼魅”驯服听命于“无德可彰，无迹可显”的自我的驾驭。“则深根固蒂”的个体生命，心性与形神得以贯通。独立不移的心灵的王者“不为是非欲恶，之所抽拔也”（释“故致数车无车”，《道德真经注疏》）的傲雪凌霜，扭转了知情意的病态漫衍，转化为积极的创造行动。“行积于身，得之于心，玄悟在我”的不朽价值的缔造，是对“以道德功行，建立身心”的人生实践道路可行性的完美见证，包含着形神的修炼与心灵的净化双重的要素。“深根”的创造动力源源不断地传递输送到大千世界，而“固蒂”的自我与无限宇宙默契无别。“无德可彰”指任何价值判断都无法周详地阐明觉悟者的人格风范，“无迹可寻”则出入自在不受外在条件的制约。在“俗士皆知此义”的时代，“无能行其所知也”（释“天下莫不知，莫能行”）的懦弱，与“不知道言知”的肆无忌惮意味着，人性的异化不会随着社会的文明程度的提高发生本质的改变。俗士与觉悟者的巨大的反差说明成就自我的紧迫性，与历史发展的阶段性的矛盾对立的尖锐。

言与行的失衡错位是“以道德功行，建立身心”的大敌，“道业不修”还存在着居功恃能、傲物凌人的“奢淫”情况。“无能行其所知”的“俗士”不能割舍的是，盘根错节的心理意识的底层潜存的欲望的无序爆发倾向。

> 见，犹示也。贤，犹能也。若恃为居功，则是示物以能。示物以能者，必为天之所损也（释“是以圣人为而不恃，功成而不处，其不欲见贤”）。

不能“行合自然”无异于自取灭亡，“示物以能”的“恃为居功”的作风，已经贴近了知情意分裂的深渊。四面树敌终究招致人神共怨，此乃“为是非欲恶”反复“抽拔”者共同的人生写照。“守柔尽顺”与“深根固蒂”的升华，因为“守柔”的不争无欲，使自己与异己彼此亲密融洽。“深根”不仅指在社会生活中创造性贡献的增长，而且“以道德功行，建立身心”的自我知情意的潜力，以“固蒂”的凝重内敛的状态，充实饱满而持续不断地光芒绽放。灵光乍现类似于翻了身的咸鱼，非“其道自真”的变化，仅是偶然的异己之力的驱动。在“举圣人之言，以证成上义也”（释“故圣人云”）的老子笔下，忠实记录了“为而不恃，功成而不处”的觉悟者的衷心告白。坦率直接的“示物以能者，必为天之所损”的否定判断，诠释了“丹田芜废”者创造力量流失的内因。为个人的“奢淫”破坏，与“为天之所损”的结合，日积月累把自己推向了万劫不复的悲惨境地。普遍必然的“以中庸为主”的“自然之道”主宰着宇宙万物的动静生死，反映于人类生活即是“方正其身”的范式的不可逾越，绝对不能容忍“无能行其所知”而不受惩罚的情况发生。则“为而不恃，功成而不处”的“无得无失”，即使是深为无限世界嘉许赞助，依然是大行不加且穷居不损。

不论是“徇名好利”的利益享受与荣誉占有，还是“弃少求多”的知识积累与财富追求等以利益的最大化为目标的行为，导致不同个人之间的矛盾冲突的紧张。“履谦居后，不为物先”的精神自觉与人格修养，依据为“木体强大，则为群林所共架。人性强梁，则为众人所共伐也”（释“木强则兵”）的条理秩序。相互依存和谐共处的万物启迪了觉悟者的心灵，把维护内在属性固有的秩序结构作为修身奉行的永恒不渝的信条。

> 强大处下，下谓柱梁也。柔弱处上，上谓椽桷也。强者居下，为众所依。弱者居上，为下所载。明贵不在强，居上宜弱也（释“强大处下，柔弱处上”）。

系统考察“以道德功行，建立身心”涉及的各方面论述，突出了“强者居下”的牢固安稳，产生了“为众所依”的承载向心并存的素质。各种“为下所载”的“弱者”即使“居上”，还是不具备抗击风霜雨雪“为群林所共架”的体格。潜存于心理意识中顽固的“强梁”的“人性”弱点，不借助“薄其肉也”（释“有余者损之”）的方式途径，肠肥脑满的病态不能治愈。强化“厚其角也”（释“不足者补之” s. 4430）的锐利，扭转“为众人所共伐”的危机。“道业”之“修”的锤炼，因此是释放“神明”之“有”的智慧，与“清虚”之“无”的气息的有机整体。剥离缠绕身心的消极因素与吸收消化有益知情意成长的积极资源，不是彼此孤立的事件。把社会关系纳入“以道德功行，建立身心”的论题中，当然包含着“身心”的“建立”无法割裂个人与社会的联系的思考。个人的历史使命感与社会责任感只有投向广阔的人生实践，才能避免“功行”在具体的物质与精神的建设中，流为不着边际的空话。服务社会的创造力或责任担当，时刻检验着“身心”之“建立”的大小与幅度。

引用《妙真经》阐释“生道”问题的顾欢，肯定了“行合自然”成就人生的合理性。而“人不厌生，生不厌人。人不弃道，道不弃人”的充满情感色彩的表达，则是对宇宙的不朽意蕴的揭示。作为宇宙精神的见证者的个人，通过对“生道”的深刻践行，空前地触摸了宇宙的脉搏的跳动。永恒的自由之光辐射向无限的世界，不会使人类贪得无厌，面目可憎。因为光大了宇宙的博大生命，主人对宇宙家园温情脉脉的问候，因此未出现颐指气使的狂妄。“故曰生与人相保，人与道相得”（释“夫唯不厌，是以不厌”）的认识，顺理成章地把贪得无厌的占有意识，同生命与真理的同一予以准确明晰的区分。指出离析“生道”的整体性，才是自我背叛形上的“道德”的恶魔。而“道德”以“无谓清虚，有谓神明”为核心内涵，可以“建立”的“身心”表示“有”的“神明”，与“无”的“清虚”的“功行”为自我拥有。知情意不离不弃浑然一体的生命，即是“相保”的“生与人”的统一，“相得”的是“人与道”的各得其所。为“天地之大德曰生”的名言，贡献了最佳注脚的“生与人相保，人与道相得”的论述，透彻地表达了宇宙的无限创造精神，在“行合自然”的人生深刻展现的主张。流光溢彩的平凡之美即神圣，因为“其道自真”必然巍峨壮丽。“以道德功行，建立身心”命题的丰富内涵隽永意味，经过反复的论述更加深厚悠长。

> 舍弃慈悲，且为勇敢，谓负气轻死，以不惧为勇。不宝其气，而舍散其精。不爱其人，而广用其力。舍其后己，但为人先。所行如此，动入死地（释“今舍其慈且勇，舍其俭且广，舍其后且先，死矣”，《道德真经取善集》）。

慈悲心的麻木造成了“负气轻死”的流俗，而对“舍散其精”的严重后果不以为然,"广用其力"者"但为人先"的争强好胜则使自己走向了绝路。拥有丰富深刻的情感生活,本来是人类异于他事物的重要特征。可是与生俱来的"慈悲"从生命中绝迹,成为抗拒宇宙的必然法则与生命活动的固有准则的顽石。"动入死地"因此并非异己事物的刻意报复,乃自诩为"勇敢"的"示物以能者",荒唐颟顸的咎由自取。"虽有圣人之明,犹以果敢为难"的"得一之士",其在决策过程中的瞻前顾后,恰恰是深思熟虑的稳健表现,不能误以为由于勇气不足而缩手缩脚。

把"慈悲"的精神情怀同"宝其气"的珍视生命直接统一,是觉悟者能够在人生的竞争中脱颖而出的利器。"广用其力"冲动下的"不爱其人"的疯狂,由于"以不惧为勇"而损人害己。从"舍散其精"到"负气轻死"的恶性发展,是对"舍其后己,但为人先"的不幸选择的否定性证明。可是问题的严重性远不止于此,即使具有智周万物的"圣人之明"而身处无限的世界,知性存在的盲区依然无法通过生命的牺牲照亮。既然遭遇异己事物的重围不能自行消亡,那么只有发自内心的"慈悲"才能化解彼此的紧张关系。深藏在"行合自然"内部的思想关切,体现的是爱护与关怀具有的不可替代的精神价值。与"强梁"不同的"慈悲"作为"人性"的先验因素,蕴藏着"道则长而不宰,圣则宰而不割"的全部发展潜能。"犹以果敢为难"的诚惶诚恐的谨慎,忧虑的是动机与行为能否获得皆大欢喜的幸运。此"果敢"的态度行为令人"为难"的地方是,不仅对持有敌意或陌生者绝对信任,而且毅然决然的真诚不受时空的限制自然生起,并以"成就一切"的合理方式共享成功的喜悦。"实为化主"的个人"忘功丧我"(释"长而不宰" ,《道德真经注疏》)的无私无心,因此能够把人类的精神创造辐射于世界万物。主体自我的生命活动的枢纽向无限宇宙的彻底敞开,以放下"封执"的负担而"广用其力"又舒畅无比,如斯"成就一切"使创造力扩张至极限。不朽的人格典范成就的人生伟业宣告的是,拥有无限世界的自我依赖纯粹的心灵,领会了绝对永恒的"生道"的奥秘。如果同一的默契尚不足以证明人性的光辉,那么"长而不宰"的形上之道必然是空洞的概念构造,与"宰而不割"的"人与道相得"形成不可调和的矛盾。

在另一方面,"天理"之"自备"于自我,是"化主"的先验潜能转化为现实。“长而不宰”的形上之道不能与“宰而不割”的当下人生对应，也就说明人类无法超越自我获得个人的救赎。而“化主”不允许越俎代庖，凌驾于客观的自然规律之上，是与“天理”的永恒实在的默契，觉悟者不会蒙受异化的盘剥。能动驾驭必然法则的“化主”的内涵，如果遭到丝毫的歪曲，那么就会谬以千里。社会上各种对神仙的质疑，由于不能把握生命的真谛，因此误解了自由解放的实质。以为“神仙有死，权变之说”的顾欢为之指出，“神仙是大化之总称，非穷妙之至名”的界限不能任意模糊。较为笼统的“大化之总称”的概括，仅仅是问题的一个方面。不同历史时代的神仙“其有名者”，还存在着“二十七品”的高下之别。自我实现的过程即“仙变成真，真变成神，或谓之圣”的生命升华的不同阶段，对“各有九品”的高下层次，一旦等量齐观就会出现认识的谬论。“品极则空寂”的万物生起之源本来是“无为无名”的超验实在者，不得已赋予其“穷妙之至名”的称谓，是两者的内在统一性需要从不同角度加以把握。只有与“无为无名”者默契无间的生命，才能真实不虚地反映宇宙万物之“化主”的精神意蕴。而“穷妙”的“化主”因为“空寂”的超越性，不能被具有规定性的概念符号限制。觉悟者的心灵以及生命活力呈现的“品极”的事实，因此必然为“自清自静”的个人观照而获得确证。

经验生活中“制情遣欲”的修炼，以心灵的净化为旨趣。“若服食茹芝”得法或可享有“延寿万亿”的久长生命，虽然是可喜可贺的事情，但是未来不能摆脱死神的诅咒。是“寿尽则死，药极则枯”的有限性欠缺，达不到“化主”的神圣领域。“此修考之士，非神仙之流也”(《南史》卷七十五)的判断，为“大化之总称”的神仙的内涵重新予以了规定。则突破经验范围的“大化”，是非常人可以企及的领域。自我生命与世界万物的“大化”的“天理”又不容有二，因此只有诉诸心灵的觉悟，才能达到“穷妙”的至极状态。通过服食方法维持生命的延续当为“修考之士”，自然与“神仙之流”的“穷妙”以及“大化”不可同日而语。暗示个体生命的塑造没有终结的时候，丝毫的犹豫懈怠就会使以往“成就一切”的努力付诸东流。“实为化主”者“真照得一”的心灵收获，摈弃的是个人意识的浅薄幻觉的虚假不确，不会以依附于大千世界的形式终其一生。

历时性与共时性的统一为“生道”的认识,使传统的神仙观在内涵上发生了重要转型。而大千世界同具“神明”之“有”与“清虚”之“无”属性的纷纭万物,却只有人类能够以“得之于心,玄悟在我”的自觉潜能,确证“生道”的不朽神圣性。开发潜在的资源的训练,就是“修身”的认识实践。顺应时代的发展潮流,顾欢哲学为社会贡献了一套能充分够满足心灵需求的精神方略。信仰的因素与逻辑的分析被熔铸在觉醒的心灵,实现了同形上之道的内在呼应,推进了道教对理想人格问题的认识深度。流行一时的葛洪的“假外物以自固”的观念,基本退出了道教哲学的理论建构。这一历史性变革,可以理解为是魏晋玄学的认识成就在向道教转移的过程中出现的标志性突破。而王弼、嵇康与郭象的思想学说的精华被顾欢吸收消化,成为道教心性论日益成熟的重要条件。个体生命饱和的“得一之士”抑制了“尸魄”的消极作用,创造的激情源源不断地扩展至大千世界。认为是“心迹俱无为”的自我,依赖丹田的修炼整合了形神心性的能动作用的见解,已经触及了未来内丹学的关键。

五、忘身任化,无营无择

修身的积极成果为“无敌于己”的所向披靡,不是单纯依靠智能的运用,亦非“服食茹芝”的能量补充获得成功,心理动机的“慈悲”同样是不可低估的因素。同情理解的胸怀不仅能化敌为友,而且可以产生使冷漠的心灵冰释消融的效果。自己与异己之间一旦建立起亲密无间的关系,是“玄悟在我”应当具备的前提条件。主体自我的“得之于心”的“玄悟”,即是对宇宙万物的完整容摄与普遍的存在依据的领会。激发每一个人与生俱来的同一属性具有的自觉潜能达到极限,有限的个人与无限的世界被彻底贯通。而心灵的觉悟指的正是既包含了个体的生命体验,又无差别地观照万物的内在属性的洞察力。区分圣与凡的唯一界限为释放的程度的大小,王弼哲学开创的心性情关系的本体论或本质论,使传统的以阴阳气化的本源论阐释自我存在问题的思路出现了转型。继往开来的顾欢对心性论问题的轮廓性建构,酝酿着哲学思考的巨大变革风暴。

觉悟的“穷妙之至名”，本质上却是“无为无名”。无法通过概念符号指称理想人格的精神世界，而超然物外的风范反映的是“生道内足”的不朽意蕴。一切创造因素被觉悟者容摄，“真照得一”的饱满生命具有的无穷内在生机，因此能够以化腐朽为神奇之力，令心怀哀怨忧伤与悲愤不安之气者，所有的不快瞬息顿消。尘世的人际交往中屡见不鲜的翻云覆雨的情况不会出现，也可能为喜怒无常者提供表演的舞台。

> 善者灭怨，柔之以德。柔之以德，则其怨自消。若夫杀人者死，伤人者刑，此盖末世之法，非至善之教也。问曰：盖闻父母之雠，弗与共天。怨之大者，莫过于此。请问：复雠之礼，在道云何？若其是也，则于善有违。若其非也，安得为孝乎？答曰：善哉！问也。夫玄流既涸，则濡沫情章。道风既消，则亲誉义结。是以至人无已，生死可齐。贤愚有畔，哀乐必显。齐其生死，则怨亲两冥。显其哀乐，则无施不报。然则复雠之礼，本乎有情。报怨以德，归乎无我。在我既忘，于彼何雠？哀乐有之，岂得无报？是以大孝忘亲，小孝致戚。故登门而歌，非轨世所闻。报怨以德，非来教所取。若乃天道之行，则哀乐玄废。复雠之礼，于焉自息矣(释“安可以为善”)。

谦卑包容之“柔”为“善”，具有“灭怨”的良好作用。怀有怨恨之心者在“柔之以德”的感化之下“其怨自消”，恢复了心灵的平静。如果试图运用“非至善之教”的“末世之法”解决一切社会问题，那么必然存在着不可调和的矛盾。因为“杀人者死，伤人者刑”的“末世之法”，由于“灭怨”的作用有限，虽然在一定程度也可以伸张正义，但是却不能把心理意识的阴影彻底剔除干净。“莫过于此”的“弗与共天”的“父母之雠”一旦出现，心理情感凄楚哀愁的“怨之大者”，将盘踞在我们的意识中无法抹去。

听命流俗能够避免不报父母之仇的指责，由来已久的“复雠之礼”可以成为我们借鉴的样板。可是深入反省“复雠之礼”的价值范式，又不免产生了“在道云何”的巨大疑惑。“若其是也，则于善有违”与“若其非也，安得为孝”的两难困境，业已充分暴露了人类生活中存在的普遍之爱与父母之爱的尖锐冲突。回顾“玄流既涸，则濡沫情章。道风既消，则亲誉义结”的文明成长进程，是突破蒙昧的理性能力的不断觉醒，使自己与异己得以区分。同样是分别意识的增长逐步巩固了血缘亲情在人类的文明体系中的特殊地位。危难关头“濡沫情章”的同类之间不计较回报的付出受到承认和肯定，呈现的正是“本乎有情”的行为及其价值的不容取代。一直安居于“玄流”浩渺的水域固然是我们的渴望，但是人类的善良意志与知性判断，无法预见并且改变“既涸”的“玄流”出现在我们生存的环境。“玄流”浩渺之际的相濡以沫，势必是滑稽的游戏。只是在“既涸”的生命垂危状态下“濡沫”的点滴，又是争取生存的最后机会。挣扎在绝望与希望之间的循环，相濡以沫的无私行为不论是否达到了预期的化危机为转机的目的，自我牺牲的勇气作为“有情”的人类的纯真本能，则使“弗与共天”的“怨之大者”相形失色。是“道风既消”的时代“亲誉义结”的价值教条日益凝固，遮蔽了“无我”的精神情怀的辐射范围。

理智与情感的对峙，严酷地质问着每一个人的良知。“复雠之礼”与“濡沫情章”既然皆“本乎有情”而存在，那么个人的生命需求与社会的价值规范两者之间，在发生尖锐对立的时候能否做出合理的抉择绝非易事。合理推动每一个人的创造潜能的有序释放，有效抑制因为知情意的裂变造成的生命畸形现象，因此成为进入文明社会以来的人类面临的难题。毫无条件地牺牲自己的生命，颠覆的是“复雠之礼”的神圣权威。消除“怨之大者”的可靠因素为“柔之以德”的认识，深刻地指出了自己与异己共同需要具备的素质。自己对异己者的“柔之以德”的方式，发生积极作用的基础为同一的“人情”。敌意仇视在“慈悲”力量的释放下唤起“人情”的光芒，“至人无已，生死可齐”的超然物外，与“贤愚有畔，哀乐必显”的凝滞执著，才会围绕“人情”的中枢获得了度量。“犹以果敢为难”的觉悟者与常人不同的正是，在“怨之大者”的考验面前义无反顾地以抛弃“复雠之礼”的束缚的勇气，提升了“濡沫情章”的精神内涵。理性自觉的意义不仅是“生死可齐”的超越，而且更加深切地反映在“无已”的精神情怀的动人心魄。人类文明的发展客观上要求每一社会成员遵循“杀人者死，伤人者刑”的有限正义原则。但是由于尘世的律法并不具有绝对的公正性，则“复雠之礼”于己于人的落实，日复一日就会产生相互报复直至彻底挑战社会秩序的恶性循环。为“末世之法”强化的“复雠之礼”发生的情况，固然可以存在着很大的不同，然而因为与“无己”的无我无心格格不入，因此“柔之以德”的宽容慈爱的德行在日常生活中愈加短缺。

存在着“有畔”意识的贤者与愚人为“哀乐必显”的情感胶着，导致了“无己”的超越精神无法与先验的“人情”相互协调。“齐其生死，则怨亲两冥。显其哀乐，则无施不报”的主体自我，心灵觉醒程度的深浅有别，自然会在行为方面表现各异。“复雠之礼，本乎有情”的认识指出，以礼仪为代表的文明成果顺应的是本真的情感需求，在同一的尺度之下发挥其调节利益与情感的冲突的基本作用。“无己”的觉悟者因此虽然不会为“复雠之礼”束缚住自己的手脚，但是面对作恶的父母或遭遇不公正待遇的父母，依然不会无动于衷，或痛心疾首，或肝胆欲碎，都是“人情”的正常反映。只是“报怨以德”的心灵“归乎无我”的先验属性，稀释了“复雠之礼”生起的情感与知性的浓度，与放纵罪恶的流行完全无关。只能是“在我既忘”的心灵中使“于彼何雠”的喜怒哀乐意识，早已经消失得无影无踪。“哀乐有之”自然时刻算计报复的可能性，行为的实施仅仅是构成“岂得无报”的具体表现，恶毒的诅咒何止使“有畔”的心灵雪上加霜，而且因为怨气难平占据了个人生命的全部。丰富多彩的生活被“必显”的“哀乐”彻底淹没，个体生命“所行如此，动入死地”的人生失去了光明的未来，遗憾的是如斯之痛竟然没有遏止“复雠之礼”的照常流行。

窥探“大孝忘亲，小孝致戚”的圣凡之情，需要以人类的内在属性为枢纽把握本质属性与非本质属性，以及自然属性与社会属性的差别联系。如果在任何一个方面出现了认识的错误，那么就会无法获得对人性的真正理解。血缘亲情受到社会价值规范的裹胁，进一步使本来存在着本能的自然属性限制的家庭生活，与社会群体的彼此交往要求的隔阂日益严重。两者之间的错位又不能不受到社会化程度不断提高的人类群体精神生活与物质生活需要的冲击。个人的行为在社会或组织与家庭或部落之间的摇摆，彰显着“若其是也，则于善有违。若其非也，安得为孝”的“复雠之礼”,不可避免的固有内在困境。不能从普遍抽象的逻辑高度厘清应有的适宜层次,将会为个体的人生解放追求套上沉重的枷锁。“故登门而歌”吊丧的达观者之行“非轨世所闻”,其“报怨以德”的精神境界“非来教所取”是因为,被“来教所取”者不过是可以传授的知识学问,而“轨世”的价值规范与行为方式,则是前往求教者希望掌握的核心内容。觉悟者自身的父母或儿女的善恶与是非,由于是不可选择的天命,当然就不会左右“无我”的纯粹心灵。既不会违背社会正义为犯罪的父母儿女提供不适当的庇护,又始终不因为父母儿女令自己蒙羞,使不可人为改变的亲情依然能够合理生起。于公于私“报怨以德”的人格修养,恰如其分地投射在每一社会成员。“自备”的“天理”源于明觉的心灵客观而真实的抒发,不是为了照顾异己者的面子或证明自己的特立独行的主观裁决。

在适应世界且不断驱使人类的社会秩序日益巩固稳定的过程中,文化的因素对自然的人性介入日深。经受了文明洗礼的每一社会成员,奋起抗拒价值规范的约束,包含着回归情感的先验状态的诉求。心灵的渴望不能在“非至善之教”的园地获得真正的满足,修身同时也把对“末世之法”的否定作为了实现自身发展的契机。精神的黎明因此在“柔之以德”的领域贴近了“可齐”的“生死”,不会为形形色色的“哀乐”产生心理的烦恼。“若乃天道之行”的自我生命“则哀乐玄废”的和谐,因为“自息”于知情意的动静消长而没有斧凿之迹。把“本乎有情”的“复雠之礼”提升且置于“天道之行”的觉悟者,使“复雠之礼,于焉自息矣”的精神境界,即是“无我”的心灵的直接呈现。“末世之法”与“轨世所闻”者要么仅是换汤不换药的形式改变,要么改变为一时的权宜之计。其不足以清除“复雠之礼”的存在根基的原因,是因为无法在本能的“人情”与宇宙的“天理”之间达成一致。王弼的“以性制情”的著名命题蕴涵的思想观念,成为顾欢不断反省人类突破蒙昧走向文明的历史进程的动力,以及主体自我实现生命升华的条件的理论源泉。凝聚于对“复雠之礼”与“至善之教”的复杂关系展开的论述,使顾欢的认识充满了深厚的历史感。因为肯定“报怨以德”的高尚情操“归乎无我”,因此牢牢紧扣“无我”的心灵净化的节点,考察文明发展过程中产生的文明异化的弊端，而没有因为文明的异化现象的客观存在，倒向历史退化论的泥坑。与无心、无己、无情以及无欲可以相互诠释的“无我”概念，则以与“志柔”含义基本相同的“柔之以德”规定其内涵，并且认为只有在“天道之行”的高度，才能泯灭价值规范的局限。理想人格典范凭借着“以道德功行，建立身心”的途径成就真实的自我，旗帜鲜明地否定了天生的觉悟者的谬论。如果重新回到“自移”与“自化”的论述，隐约可见郭象“独论”论的烙印的情况说明，多方面思想资源在顾欢哲学的汇流，催生了以顾欢为代表的道教哲学的创造性成长。

被“本乎人情”的“复雠之礼”遮蔽的心灵，“为是非欲恶，之所抽拔”不能回归先验的本真状态，固步自封无法同觉悟者的内心形成共鸣。遭到凡夫俗子冷落的“天道之行”与个人的生命向往渐行渐远，有眼无珠的芸芸众生当然是难辨真伪。

> 夫瓦砾粗形，众人共识。琼瑶蕴璞，和氏独赏。知希则贵，其义同也(释“知我者希，则我者贵”)。

瓦砾具有“粗形”的大小方圆的规定性“众人共识”，可是“琼瑶”的美玉包藏在如同瓦砾的石头内部，世人往往无视其珍贵。为“和氏独赏”的“蕴璞”之材料没有被当作废物抛弃，人类得以见识和氏璧的价值连城。不同的判断造成了同一对象的价值大小的转移现象，已经直观地说明“同禀气于天”的每一个人玉璧在握，因为“世乏真赏”的能力的欠缺，使自己的命运不能不受异己者的摆布。不能奋起改变虽然“琼瑶蕴璞”，但是“我不见知也”(释“夫唯无知，是以不我知”)的见识的匮乏，在“末世之法”与“至善之教”同时并存的社会生活，就无法区别其价值并且做出正确的选择。礼乐刑法其善者应当予以积极的肯定，但是必须容纳在“至善”的可控范围有效平息其孤陋，使瓦砾与珍宝各自处于或旷野或殿堂之所。如同天赋的孝慈哀乐的本真情感，掺杂了是非善恶的价值评价的成分，人们不得不接受刻板的道德教条的束缚一样，需要我们明确辨析其深浅层次。如果出现了“内足”的“生道”盲从于道德的法律的权威，使之遭到扭曲甚至是破碎的问题，那么自由的永恒追求将被无情剥夺。

依赖礼乐刑法调节不同个人之间的利害冲突，企图达到“大怨”之

“和”的建立公正社会秩序的目标无异于火上浇油。因为“和，犹报也”，而“谓仇雠大恶”的“大怨”始终扎根于心底，则“更相报复也”（释“和大怨”）的敌对双方出现的是“以怨报怨，怨必有余”的灾难。敌意与仇视的范围以及对象不断被放大，“谓世世相报，流延无已也”（释“必有余怨”）的你死我活倾轧争夺。“舍弃慈悲，且为勇敢”的失衡心态在既定的社会价值观的煽动鼓噪下，产生的是“负气轻死”的恶习。慈悲之情始终不失的觉悟者，痛惜人类挣扎在苦难的深渊不能自拔的现状，以“至善之教”的成熟方法形式及精微的真理洞见，无私地为世人启动了走向彼岸重获新生的美好航程。针对“犹恶也”之“病”而对症下药的过人才情，是“恶彼人之恶，所以不恶。病彼人之病，是以不病”（释“夫唯病病，是以不病” s. 4430）的纯洁心灵的自然流露。神圣与平凡的不同社会成员，存在的“恶”与“不恶”以及“病”与“不病”的纠结交织。但是觉悟者慈悲的情怀平等普施，没有丝毫的做作勉强。应感而发风月无痕的真挚情愫，因为常人难以臆度猜测，使其真相因此在漫长的历史发展过程中愈加扑朔迷离。全然不顾自己的助纣为虐的卫道士，对仁义之教声嘶力竭的阿谀吹嘘，日夜加剧了“流延无已”的“大怨”的膨胀。岌岌可危的价值体系与行为规范的被践踏，是社会成员内心的不满愤怒，对伤害自己的“末世之法”的公开抗议。

倍受称赞的“勇敢”由于心灵的失衡产生的倒错，变为催生炮制暴行的强大动力。而自己的献身牺牲与他人的夭折死亡，被虚伪病态的社会价值观反复包装粉饰，通过各种形式成为蛊惑欺骗后来者的工具。自以为践行的是解放全人类的伟大事业的执迷不悟者，为英雄豪杰或志士仁人的高大形象倾倒。如此沉重顽固的“病”与“恶”之患，使不容亵渎的“至善之教”遭受的是无以复加的摧残。则“舍弃慈悲，且为勇敢”的可悲可叹，在另一方面几乎又是罪不可赦。“众人共识”的“粗形”的“瓦砾”奉为拱璧的末世，拥有精神的无价之宝的圣者，在病入膏肓的大众眼中形同草芥。历史的不幸源自不能鉴赏“蕴璞”者隐藏的虚实密码，个人心智的差别导致精粗判断的不同。

> 褐者，粗贱之服。玉者，精贵之宝也。被褐者，显粗于外，和光同尘。若愚若昏，不殊于俗。怀玉者，藏宝于内，怀道抱德。匿名

藏誉，不示于人。与珉中玉表者，异矣。庄子曰：圣人怀之，众人辩以相示也。此章言，道易知易行。然天下莫能知，莫能行者，以言有宗，事有君也。夫唯有宗有君，是以知者少也。圣人所以难知者，宝此道而被褐故尔(释“是以圣人披褐怀玉”，《道德真经取善集》)。

身处万众而“示物以能”的异相，容易为人们的知性识别。可是觉悟者“显粗于外”的却是“和光同尘”的平淡，严实遮盖了“藏宝于内”的神奇莫测。“若愚若昏，不殊于俗”的应世态度与沉默作风，让士人与庶民顷刻间丧失了衡量“精贵之宝”的玉石，同大众的“粗贱之服”的褐装，两者贵贱尊卑的准星。“其义同也”的“知希则贵”指的恰恰是，过人的洞察力与判断力由于不为常人拥有的稀少。戏弄“至善之教”的祸害，即是“至善”的自我实现潜能的遏止。

普通大众能够识别“辩以相示”的花言巧语，却无法把握欣赏“与珉中玉表者，异矣”的觉悟者，其深沉含蓄的卓尔不凡。“匿名藏誉，不示于人”的特立独行，打动“内怀真知，外若无识”的“上士”的心灵，并且准确理解“被褐怀玉”(释“知不知，上也” s. 4430)的行为举止及精神韵味的高妙。人们熟知的日常生活中的真假美丑，同事实的真相的差距竟然是如此之甚。“易知易行”的至道，在现实世界遭遇的“天下莫能知，莫能行”的窘境原因，实际上是出奇的简单。“以言有宗，事有君也”的认识揭示知性的傲慢，堵塞了知情意的潜力协调并进之道。“夫唯有宗有君，是以知者少也”的判断，指出了言之“宗”与事之“君”深藏在纷至沓来的经验表象背后，为华而不实的表象陶醉，心灵的王者放弃了捕捉真相的豪气。“心实不知”的“凡庸之人”为变动不居的经验事物炫目的外表吸引，把一知半解当作了真理。甚至是借助“外假明哲”的欺骗增加自己言行的魅力，造成了真理与意见的混淆不分。痛斥可耻的“羊质虎皮”的丑陋行径，“是乃德之病”(释“是以圣人被褐怀玉”，《道德真经注疏》)的顾欢，因此认为知情意的畸形发育是主要的问题[①]。“宝此

① 该章数语《道德真经注疏》的释文与经文不对应，类似的情况也见于《道德真经取善集》之中，对顾欢文献的整理，尚须假以时日。

道而被褐”的觉悟者，“所以难知”当然是“处事以无为，行教以不言。而事以之济，教以之行”的渊默而雷声，神动而天随的挥洒自如，不在经验与知识可以规矩的框架之内。激励世人洗涮干净“羊质”上涂抹的“虎皮”的华丽油彩，回归“羊质”的天然本色。止息“奢淫”的享乐贪婪，“负气”的蛮横轻狂以及“轻死”的自取灭亡，驱散雾霾重现心灵的光明。正是“神明”之“有”与“清虚”之“无”的复原，清理了包裹且掺杂在“精贵之宝”之上的杂质，步入了“生道”的正轨。

因为同寻常嘈杂的表象不同，因此发现并且确认言与事的“宗”与“君”的本质属性的过程异常艰辛。“知希则贵”说明的是独立潮头的自我具有的过人智慧，“匿名藏誉”的低调恰是“实为化主”者的鲜明气质。深患“德之病”痼疾的黎民百姓只要一息尚存，如果以“怀道抱德”为追求的目标，那么就能改变风雨飘摇的处境。而心灵的觉醒即是精神的黎明，“夫病彼矫假，守此真朴”的难能可贵，表现为“虽复圣人之行，亦无以加之”(释“圣人不病，其病病”)的崇高不朽。“真朴”的先验属性的自然抒发由于“无以生为”清除了目的性，因此以“忘身任化，无营无择。既不悦生，亦不欣死也”(释“夫无以生为者”)的超越精神，使修身的人生事业日新月异。“柔之以德”的气定神闲，灭绝了念兹在兹的“复雠之礼”的心理负担，“无敌于己”的“自胜之人”与“真照得一”的“得一之士”的能动创造活力，充分反映于个体人生与社会生活的一切方面。社会群体的同心同德不断推动着人类文明的成长，觉悟者的心灵洞见的前瞻性，不同时代的英雄豪杰对社会制度的完善做出的积极贡献，成为标志历史发展的里程碑。平凡的个人“真朴”之“守”的普遍广泛，同样发挥着建设大同世界不容忽视的作用。这种连“圣人之行，亦无以加之”的精神价值，跨越了时空的限制而且造就了各自有别的文化传统。

知识的学习，技能的掌握既是谋生的需要，又是自我认识世界参与社会生活不可推托的天职。只有明觉的智慧才能架起跨越横亘于有限自我与无限世界之间鸿沟的桥梁，但是绝对不能把可以传授学习的知识等同于智慧。知识的学习如果因为认识的错误转化为“矫假”的包袱，那么“真朴”的先验属性将遭受无可挽回的伤害，同“以生为者”的举措无别。在“贪求无足，以生其生”的强烈意识驱使之下，造成的是“生过厚，则轻蹈死地也”（释“民之死，以其求生之厚，是以轻死”）的失败。建立在“以生其生”的扩张基础上，对知识学问的“贪求无足”，虽然不失为改变“外假明哲”的虚伪的手段，但是“过厚”的支出则是“轻蹈死地”的表现之一。不在“舍弃慈悲，且为勇敢”范围之外的“贪求”活动，远离了坚守生命的“真朴”的自觉意识，不能不使认识实践时刻受到功利追求的算计的折磨。“内怀真知”的觉悟者没有“矫假”的虚幻，“藏宝于内”的成熟生命围绕“天道之行”，驱使知识经验的丰富素材，内化结晶为“明哲”的精神领会。“外若无识”而“内怀真知”的存在状态，贬斥的是“亲誉义结”的张牙舞爪。“真照得一”的胸有成竹扎根于“慈悲”与“真朴”有机统一的知情意，“忘身任化，无营无择”的从容不迫，与“既不悦生，亦不欣死也”的逍遥洒脱，自然构成了觉悟者风华绝代的形象。丝毫的“奢淫”与“贪求”的病态没有得到治疗，就不能符合“藏宝于内”的塑造饱和的生命法则。

离开了认识自我认识世界的“真知”的坚实依托，不能满足“无以生为”的超然物外的要求。“忘身任化，无营无择”的随遇而安克服了知情意的执著，必然是以理性的自觉与无限世界以及社会生活相互辉映。包含着真理与人情世故双重内容的“真知”因为被自我觉悟，自得其乐的“上士”因此超越了价值规范的约束。没有分别计较心理的“无择无营”的整体生命，以知情意的饱满和谐与世界万物浑然一体。“忘身任化”的“和光同尘”由于“真朴”的自足，且始终不失“真知”的智慧明觉，成为“哀乐玄废”的内在依据。“柔之以德”的感同身受，使自己同社会成员休戚与共。矫揉造作者同“真朴”的疏离与“真知”的隔膜，套上“矫假”的枷锁而生命的激情日益窒息。“若导以寡欲，静以无为。民怀其生，咸畏其死也”（释“若使民畏死”）的自我拯救意识，注入渴望实现人生的每一个人的心灵，那么“负气轻死”的流俗将会从人类生活中剔除干净。处在既成的“复雠之礼”的价值观的蛊惑，与欲望的魔鬼“怡身奢淫”的煽动之中，顾此失彼的两难选择没有动摇“负气轻死”的相同性质。人类的悲剧不是“咸畏其死”的先验意识心理，而在于未能使“民怀其生”的永恒追求引导向正确的发展道路。

不受“复雠之礼”的蛊惑与“怡身奢淫”的欲望干扰的觉悟者，在“导以寡欲,静以无为”的心灵净化过程中百炼成钢。“寡欲”的自觉性与“无为”的超越性的统一,决定了“无以生为”的个体生命的熠熠生辉。

> 贵生之士,不营生而生。今贵生之民,欲厚生而反死。则是贱生为贤达,贵生为愚鄙也。问曰:若贱生为贤达,贵生为愚鄙,然则民不畏死,同乎贤达。不厌其生者,岂愚鄙耶?答曰:夫穷上极下,由来相类。是以猰犬似虎,老魅乱真。彼既有之,此亦宜然。故曰吾与回言,不违如愚。岂可以下愚之无疑,参颜生之特达。以飞蛾之赴火,等至人之齐物耶(释“是贤于贵生” s.4430)?

修身以“无择无营”的心灵净化为要点,没有价值计较的“无择”的平等,与无刻意追求算计的“无营”,共同构成了“忘身任化”的主题。“忘身”的自我升华不能使“慈悲”的精神情怀缺位,否则会同觉悟者的社会责任感与历史使命感的担当勇气脱节。“欲厚生而反死”的“贵生之民”为了生命的延续,其冒天下之大不韪的冒进,背叛了社会价值观的基本要求,与“慈悲”的先验属性冲突,始料未及的“反死”因此是对不择手段的“厚生”的正当惩罚。如果不能“导以寡欲,静以无为”,那么本能的生理欲望无法实现价值的提升。只有自觉地把各方面的因素统一于“任化”的心灵解脱,顺应万物的客观秩序与社会发展潮流的自然无为,才能成就“不营生而生”的理想蓝图。“贵生之士”是以“寡欲”的恬淡,“无为”的“柔之以德”与世界万物浑然无间。“真照得一”的内心与“行合自然”的实践的内在融合,决定了精神的创造不会出现点滴的减损失色的可能。安居于宇宙的永恒家园的觉悟者,因为个体生命潜能的释放臻于“无以加之”的至极水平,生动的“天道之行”因此被“言”与“事”的网络定格。世人言说的拖泥带水,行事的首鼠两端于斯可见。

不同社会成员“贵生”与“厚生”的对立,源自对“真朴”的内在价值认知的差别。“贱生为贤达,贵生为愚鄙”的认识直接联系的又是,普遍存在的对生命属性缺乏“真知”的问题。“民不畏死,同乎贤达”的判断,因此与“民怀其生,咸畏其死”的主张是同一问题的不同侧面。“不厌其生者”不以生命的延续与生理本能的快乐,作为人生的追求目标。说明“和光同尘”与“藏宝于内”的“愚鄙”形象,指的是“病彼矫假,守此真朴”的自觉,核心即为“忘身任化,无营无择”的心灵向往。“穷上”的“贵生”

以及“极下”的“贱生”，前者以自我中心主义与功利主义为标榜的旗帜，而后者把及时行乐的庸俗主义与缺乏进取精神的苟且偷安，当作了吹嘘个人价值实现的资本。“由来相类”的麻木人生观，不过是“猰犬似虎，老魅乱真”精灵变怪。在真伪混淆是非不分的历史时代“乱真”的假象被视为，同恩师相言终日“不违如愚”的颜回，以“飞蛾之赴火”的行径，“等至人之齐物”的荒唐也就不足为奇。“藏宝于内”的“怀道抱德”的束之高阁，“动入死地”的世人还在为已知的错误无聊争执。“心常凝静于前，美善处于无争”的一尘不染，在“以下愚之无疑，参颜生之特达”的色盲患者的鼓噪下，真理的福音被意见的噪音重重包围。“则天玄默”与“法道无为”既然是“内足”的“生道”，光大于世界的唯一可靠舟桥，那么以顽强的意志正确的判断把自己安置在生机茂盛之地，戒慎恐惧因此绝非多余之举。

文明的异化使“贵生”与“厚生”以及“营生”与“悦生”的分歧，受到“复雠之礼”的诱导出现了畸形的恶性发展。而“末世之法”的流行不绝，进一步压缩了“至善之教”的生长空间。“内足”的“生道”与“自备”的“天理”的正常存在，必然是知情意适度波动的客观条件。修身者一旦不能自觉践行“至善之教”揭示的真理，本真的孝慈的“人情”丧失了先验的纯粹性，不得不在儒家热烈鼓吹的“亲亲”与墨家竭力呐喊的“兼爱”两个极端间摇摆。人类生活客观需要的“无争”的“美善”非自肺腑而出，折射的是社会价值规范介入到人类的内在属性之中，文明成果的积极的与消极的作用的交错并列，维护个体独立性的困难情况。一方面社会化程度的不断提高，是文明发展的客观趋势。另一方面主体自我的能动性与独立性，如果不能获得充分的尊重及保障，那么内在的创造潜能必然会被僵化的价值规范贬斥，最终导致人类的精神活力的窒息。毫不犹豫地剥离“乱真”的因素或表象对有序的生命活动的遮蔽，才能实现自我回应挑战。顾欢围绕自然属性与社会属性的相互关系展开的分析，使“不营生而生”的认识宗旨，逐步集中在了“真朴”与“真知”的核心。认为生命的创造潜能的彻底释放与心灵的幽渺空灵，熔铸在同“至人之齐物”一样的普遍平等的世界，“颜生之特达”的应有价值，因此才能获得真正的承认。知识的学习与师友的切磋等日常生活的乐趣，作为滋养生命的重要资源，在“行合自然”的修身中光彩四溢。因为是“齐物”的情怀抹平了平凡之人细节的瑕疵，不论个性与智能乃至品行存在着太多的可以挑剔的地方，但是无不获得觉悟者由衷的尊重。作为文明的创造者与历史的传承人，即使是微不足道的个体能动性的点滴，在觉悟者那里依然也是对人性篇章的真实书写。强调貌似琐碎的生活常态同样为“有”之“神明”，与“无”之“清虚”的融会的认识，彻底否定脱离了现实幸福的修身论主张。没有因为对当下生存状态的关切，与高远的超越精神截然两分。而顾欢的思想学说对心性论问题的独特处理，实际上是对名教与自然关系问题的深入解释，既极大地推动了魏晋玄学的发展，又是对外来的佛教的理论教义的自觉回应。隐藏在其中的价值实现问题，显然涉及对中国未来的文明发展的走向的思考。

曾经在《夷夏论》中得出“佛道齐乎达化”判断的顾欢指出，佛教与道教的精神宗旨，皆以实现人生为归宿，对该根本问题给出了正确的认识答案。只是由于“佛是破恶之方，道是兴善之术”的方法的不同，不免产生了“兴善则自然为高，破恶则勇猛为贵”的差异。在“兴善”的道教关注的是，人类的创造潜能的彻底释放。因此“因天任物，无所造为”就是有限自我可能达到的极限，不可逾越的“自然为高”即是自由解放的个人与无限宇宙的默契。不断提升每一个人固有潜能的“兴善”，指的是通过合理的方法途径，有序释放知情意的能动创造的因素。佛教的认识实践一直把人类潜在的自我毁灭因素作为征服的对象，限制自由选择的“破恶之方”针对的是自然本能先验存在的欠缺。以“勇猛为贵”的立场态度，不能违背“自然为高”的精神准则。固然不可简单否定“勇猛为贵”的方法途径的应有价值，但是需要时刻警惕“勇猛为贵”的实践展开过程，存在的贬斥人类尊严的消极倾向的生起。把握了终极归宿同一真谛的主体自我，“道则佛也，佛则道也”的心灵结晶，就可以在“其圣则符，其迹则反”(《南史》卷七十五)的异同范围内自由取舍。佛教的教义或许与中华民族的个性气质，存在着不相适应的地方，然而佛陀的精神洞见的价值却不容轻易排斥。兴起于文明程度有待提高的域外的佛教，衡之“以中庸为主”的“自然之道”，其在中国社会的普遍流行，将会造成延缓或阻滞中国社会的发展进程的潜台词呼之欲出。换一角度考察《道德真经注》与《夷夏论》涉及的重要问题可以得出的认识是，齐梁之际的道教在思想教义方面取得了令人瞩目的成就。以顾欢为代表的本土思想家的理论自信体现于，悠久深厚的中国文化传统为道教完整承载，并且能够在新的历史环境下不断发扬光大。来自域外的佛教既不足以动摇道教在中国文化中的主体地位，又需要克服自身的弊端以适应中国的固有国情自求多福。

运用魏晋玄学的认识收获，解释道教的精神向往实现思想理论的转型，使道教徒取代玄学家成为魏晋玄学的真正发展继承者。而全面理顺自黄帝、老子以来中国文化的精神成长脉络，以自身的主体性地位清醒考察儒家学说以及佛教的得失短长，高举自然的旗帜展开思想建设的顾欢哲学，终结了佛教征服中国的神话。经受了魏晋玄学与佛教学说洗礼的六朝时期的道教，在成为推动佛教中国化的强大外在力量的同时，实现了道教哲学的玄学化[①]。从《老子节解》到顾欢的大批道教理论家的思想探索，则为隋唐五代的重玄学奠定了坚实的基础。由于目前对六朝道教的研究缺乏深入系统的把握，因此大大限制了对未来中国社会精神生活产生深刻影响的六朝道教的客观评估。一方面无法准确揭示实质即是老庄化的中国佛教的进程，另一方面也有意无意地抹煞了佛教与道教彼此消长的重要思想意义。漠视了诸如梁武帝、陶弘景与顾欢等倡导三教合一的先行者，相互有别的认识倾向背后存在的自觉整合多方面文化资源，构建符合全体社会成员精神需求的价值关怀的同一立场。率先从价值观的角度考察三教异同问题的顾欢学说，不论是《夷夏论》还是《道德真经注》之作，乃至《论语注》无不对社会政治问题予以了多方面的说明。为时人熟知的老子“化胡”的故事，其历史的与意义的真相也能从中窥测一二。如果我们忽略了这一重大历史背景，那么就自然无法解释《夷夏论》的公之于世，引发的那场著名的争论蕴藏的丰富思想信息。在“以道居位，临理天下则太平”的论述中

① 对该重要问题的讨论，拙作《老庄学的时代精神：从〈节解〉到〈道德经义疏〉的道教思想》一文曾略有说明。《中国哲学史》2016 年第 2 期。

包含的强烈历史使命与社会责任感，使顾欢的内圣外王观呈现出的时代风貌，具有了不同于前人的独特气象。

同《论语注》的佚文相互参照，晚于《道德真经注》之作的《夷夏论》的认识态度，刺痛了当时社会群体中佛教信仰者的神经。不可逆转地扩大了佛道冲突的趋势，突出了个人的精神生活与维护社会秩序的矛盾。神圣与平凡以及王权与教权的隐显离合，与每一社会成员需要现实承担的责任义务永远不能丧失应有的联系，从来都不会是纯粹的逻辑问题或抽象的理论问题。坚持思想的多元化同时坚定不移地坚守主流的价值观，毫无疑问需要对既存的社会秩序与政治结构予以尊重。虽然完善的实践过程始终贯通古今，但是绝非哲人的内省玄思，必然是对时代的精神需求与现实的政治关切的逻辑化回应。可惜的是受到现存的片断文献的限制，已经不可能对顾欢哲学做出系统的梳理。缺少通过对一个核心命题的提炼揭示对心性情关系问题的认识，整合并且贯通各方面的论述，是目前所见顾欢哲学的不足。即使如此，心性论的轮廓呈现的思想史诗，依然将在哲学史上占据重要的地位。

（作者为北京师范大学哲学学院价值与文化研究中心教授）

近代学术转型与老庄研究*

刘固盛

中国老庄学的发展，离不开特定的时代条件，所以熊铁基先生在《中国老学史》中指出，“老学发展的过程，实际上紧密地联系着社会历史发展的过程”①；同时他在撰写《中国庄学史》时进一步强调：“仍然坚持注意各个历史时期的时代条件……而特别注重学术文化的背景与条件。”②相对于中国古代传统的老庄学来说，近代老庄学所处的时代发生了巨大的变化。近代中国社会经历着转型与剧变的艰难过程，与此相应，近代的思想学术文化同样百转千回，风起云涌。从学术的角度来看，近代学术研究范式的转变成为一个突出的现象，并对老庄学的发展产生重要影响。在形式上，用哲学、政治学、伦理学等专科的方式研究老庄变得非常普遍；与之相随的是，老庄研究的内容与价值追求也发生了显著变化，在“百年锐于千载”的历史进程中，近代老庄学表现出了较之古代更为突出的多元性与思想性。近代学术转型与老庄研究的关系，是近代老庄学史以及近代思想文化史研究中关注不够的问题，为此，本文将作一较全面的分析。

一、西学冲击与学术转型

西学在元代就已开始传入中国，明万历年间随着一批传教士如利

---

* 本文为国家社科基金重大项目“中国老学通史”(项目批准号：14ZDB004)阶段性成果。

① 熊铁基、马良怀、刘绍军：《中国老学史·前言》，福建人民出版社，1995 年。

② 熊铁基、刘固盛、刘绍军：《中国庄学史·后记》，湖南人民出版社，2003 年。

玛窦等来华传教，西学东渐的过程加快。然而，直至明末清初乃至乾嘉时代，西学在中国的影响相当有限，如王国维所指出："元时罗马教皇以希腊以来所谓七术(文法、修辞、名学、音乐、算术、几何学、天文学)遗世祖，然其书不传。至明末，而数学与历学，与基督教俱入中国，遂为国家所采用。然此等学术，皆形下之学，与我国思想上无丝毫之关系也。"①但至晚清民初，也就是鸦片战争前后到五四运动前后，西学以更大的规模、更快的速度传播进来，其内容也不仅仅局限于"数学与历学"等自然科学知识，大凡政治、哲学、伦理、法律、宗教乃至社会风俗无所不包，这时候的西学对中国的影响再也不是"与我国思想上无丝毫之关系"，而是从器物、制度、观念等各个层面对中国传统文化造成了巨大而深刻的冲击。

晚清民初西学的大量传入，固然是由于鸦片战争打开了中国的国门这样的客观原因，但更重要的还是一批有识之士已经意识到中西方之距离而主动引入的结果。如果说洋务派关注的主要是西方的先进武器以及相关的器械运输，到戊戌维新人士则已注意到思想学术的层面了，如梁启超言：

> 深山大泽而龙蛇生焉，取精多用物宏而魂魄强焉。此至美之国，至伟大之国民，其学术思想所磅礴郁积，又岂彼崎岖山谷中之犷族、生息弹丸上之岛夷所能梦见者！故合世界史通观之，上世史时代之学术思想，我中华第一也；中世史时代之学术思想，我中华第一也；惟近世史时代，则相形之下，吾汗颜矣。②

梁启超看到了当时的中国已经落后于西方的事实，包括向来引以为豪的学术思想，也失去了应有的活力，在西学面前显得有点相形见绌了。正因为如此，梁启超极力主张学习西学，认为"国家欲自强，以多译西书为本；学者欲自立，以多读西书为功"③，这是振兴中国文化的有效途径。

---

① 王国维：《论近年之学术界》，载桑兵等主编《近代中国学术思想》，中华书局，2008年，第78页。

② 梁启超：《论中国学术思想变迁之大势》，载桑兵等主编《近代中国学术思想》，中华书局，2008年，第36页。

③ 梁启超：《西学书目表·序例》。

与梁启超通过他者的介绍间接了解西学不同，严复则是直接将西方学术著作翻译过来，他先后翻译了赫胥黎的《天演论》、亚当·斯密的《原富》、穆勒的《名学》、孟德斯鸠的《法意》、斯宾塞尔的《群学肄言》、甄克思的《社会通诠》等，将西方的进化论和天赋人权思想介绍到了中国。对于严复的贡献，作为同道的梁启超也是很肯定的，他说："惟侯官严几道复，译赫胥黎《天演论》、斯密亚丹《原富》等书，大苏润思想界。十年来思想之丕变，严氏大有力焉。"[①]自严复以后，西学的译介与宣传成为一股不可阻挡的浪潮："逾海负笈，月以百计，学生阗黉塾，译本如鲫鱼，言论惊老宿，声势慑政府。自今以往，思想界之革命，沛乎莫之能御矣。"[②]这些西方的理论对中国思想界确实产生了极大的冲击，如王国维评述：

> 自宋以后以至本朝，思想之停滞略同于两汉，至今日而第二之佛教又见告矣，西洋之思想是也。……唯近七八年前，侯官严氏复所译之赫胥黎《天演论》出，一新世人之耳目，比之佛典，其殆摄摩腾之《四十二章经》乎？嗣此以后，达尔文、斯宾塞之名，腾于众人之口；物竞天择之语，见于通俗之文。[③]

王国维把西学的传入与佛教进行类比，实际上，西学对中国文化的冲击力要远远大于佛教，其产生的影响也甚于佛教。顾颉刚直接指出了西方思想的具体影响：

> 精神学说在中国极不昌盛，自从战国以来，只有先圣先王的精神，没有自己的精神；自从严复译了《天演论》、《群己权界论》等书，其他又有"民权"、"自主"、"自由"、"平等"诸名词见在出版物里，大家看了方晓得自己是一个人，不是一个附属品。[④]

---

① 梁启超：《论中国学术思想变迁之大势》，载桑兵等主编《近代中国学术思想》，中华书局，2008年，第63～64页。

② 梁启超：《论中国学术思想变迁之大势》，载桑兵等主编《近代中国学术思想》，中华书局，2008年，第64页。

③ 王国维：《论近年之学术界》，载桑兵等主编《近代中国学术思想》，中华书局，2008年，第78页。

④ 顾颉刚：《中国近来学术思想界的变迁观》，载桑兵等编《近代中国学术思想》，中华书局，2008年，第115页。

顾颉刚的此番评论，不能不说是切中了长期以来受儒家学说控制的中国思想界的一个弊端，所以到了以“科学”与“民主”为旗帜的“五四”新文化运动中，作为礼教的儒学被猛烈批判：“输入西洋式社会国家之基础，所谓平等人权之新信仰，对于与此新社会、新国家、新信仰不可相容之孔教，不可不有彻底之觉悟，勇猛之决心。”①因此，说西学在近代中国的传播具有思想启蒙的意义，也是不为过的。

除了思想的影响外，从学术史的角度看，近代西学对中国学术发展还产生了另一重要影响，即学术研究范式的变化。中国古代的学术并没有严格意义的分科，如钱穆所言：“中国古人并不曾把文学、史学、宗教、哲学各别分类独立起来，毋宁是看重其相互关系，及其可相通合一处。因此中国人看学问，常认为其是一整体，多主张会通各方面而作为一种综合性的研究。”②中国传统的学问常常是整体性的研究，并没有文史哲之类的分科别类，这是中国古代学术的特点。至于经史子集四部划分，乃是目录学上的书籍分类，与专门的学术研究不同。在晚清民初西学大量传入中国的潮流中，学术分科、学术专科化这一西学的观念，同样受到中国学人的重视。用西方学科分类的方式来研究中国学术，在20世纪初便开始流行了，如1905年刘师培作《周末学术总序》，将学术分为心理学史、伦理学史、论理学史、社会学史、宗教学史、政法学史、计学史、兵学史、教育学史、理科学史、哲理学史、术数学史、文字学史、工艺学史、法律学史、文章学史等门类。虽然每科名称都带着一个史字，但分类的参照明显来自西学，如罗志田指出的：“但若去掉各学之后的史字，也就是刘氏认知中分科的传统学术了。除术数学外，他的分类全按西学分类，大多数学科今日仍存在(有些名词略有改易)，中国学术自此进入基本按西学分类的时代。”③

---

① 陈独秀：《宪法与礼教》，《新青年》1916年第2卷第3号。

② 钱穆：《中国学术通义·四部概论》，台湾学生书局，1982年，第5页。

③ 罗志田：《西学冲击下近代中国学术分科的演变》，《社会科学研究》2003年第1期。

二、“哲学史”视野下的老庄研究

用学术分科的方法研究老庄，最早出现在一些《中国哲学史》的著作中，这里首先要提到的是谢无量所著《中国哲学史》。谢无量(1884—1964)，四川乐至人。原名蒙，字大澄，号希范，后改名沉，字无量，别号啬庵，是20世纪著名的学者、诗人、书法家。谢氏所著《中国哲学史》的出版要比严复《老子评点》晚十几年①，但从形式上谢著是20世纪最早采用西方哲学史方式研究中国哲学的著作。他在《中国哲学史》的“叙言”中说：“今世学术之大别，曰哲学，曰科学。哲学之名，旧籍所无，盖西土之成名，东邦之译语，而近日承学之士所沿用者也。虽然，道一而已，庄周论道术裂而后有方术，道术无所不统，方术则各明其一方。道术即哲学也，方术即科学也。”谢无量认为，虽地有中外之殊，时有今古之异，而所学之事，所究之理，则古今中外没有什么差别，所以他在《庄子》中找到“道术”与“方术”来对应哲学与科学。其中专列一章来论包括老庄在内的“道家”，将老子思想分为宇宙论、修养论、实践道德论、人生观、政治论、战争论六项进行分析，对庄子哲学，则从宇宙观、人生观、辩证法、修养论等方面展开。尽管谢无量的《中国哲学史》用了新的研究形式分析老庄思想，显示出了较高的水平，不过还是带有明显的旧学痕迹，缺乏系统的哲学体系，也不能准确把握老子哲学的历史地位。而从形式到内容全部用西方哲学的方法进行研究者当是胡适，其《中国哲学史大纲》是真正用西方哲学体系来研究中国哲学的开创之作，所以他对老庄的研究，也完全是从西方意义的哲学的角度来进行的。

胡适对老庄的研究，有两点尤其值得重视：其一，确立了老子作为中国哲学开创者的历史地位。蔡元培指出胡适的《中国哲学史人纲》有四大特点：第一是证明的方法，第二是扼要的手段，第三是平等的眼光，第四是系统的研究。总结可谓贴切。特别是用平等的眼光来看待中国古代的学术，实属难得：“古代评判哲学的，不是墨非儒就是儒非墨。且

① 谢无量《中国哲学史》出版于1916年，严复《老子评点》出版于1905年。

同是儒家，荀子非孟子，崇拜孟子的人，又非荀子。汉宋儒者，崇拜孔子，排斥诸子；近人替诸子抱不平，又有意嘲弄孔子。这都是闹意气罢了！适之先生此编，对于老子以后的诸子，各有各的长处，各有各的短处，都还他一个本来面目。”①有了平等的眼光，才能够按照历史的本来面目叙述中国哲学发展的进程，在《中国哲学史大纲》中最明显的体现就是老子的位置排在了孔子之前，成为中国哲学的开创者。胡适以《史记》所载老子事迹为依据，参考清代学者的考证成果，认为孔子适周见老子可信，“大概孔子见老子在 34 岁(西历前 518 年，日食)与 41 岁(定五年，西历前 511 年，日食)之间。老子比孔子至多不过大 20 岁，老子当生于周灵王初年，当西历前 570 年左右”②。对于《老子》其书，胡适认为“原本是一种杂记体的书，没有结构组织。今本所分篇章，决非原本所有”；“又此书中有许多重复的话和许多无理插入的话，大概不免有后人妄加妄改的所在”③。尽管如此，《老子》书仍然反映了老子的思想，可以作为研究老子哲学的基本材料。基于上述认识，《中国哲学史大纲》在“导言”、“中国哲学发生的时代”两篇以后，接着便是老子的哲学，然后再叙述孔子及其弟子、其他诸子之哲学思想。这一安排是胡适用平等眼光看待各家思想的结果，也反映了他的远见卓识。老子是中国第一个哲学家，道家哲学的形成在儒家之前，这就是历史的真实情况。这一结论的得出，可谓史无前例，虽然引起了当时学术界的广泛争论，但于老子研究的意义则是极其巨大的，可以说老学的新时代从此开始了。

其二，全面梳理老子的哲学体系。在《中国哲学史大纲》中，胡适先给哲学下了一个明确的定义：“凡研究人生切要的问题，从根本上着想，要寻一个根本的解决，这种学问，叫做哲学。”④具体内容包括宇宙论、名学及知识论、人生哲学、教育哲学、政治哲学、宗教哲学等，“若有人把

---

① 胡适：《中国哲学史大纲·序》，东方出版社，1996 年。

② 胡适：《中国哲学史大纲》，东方出版社，1996 年，第 39 页。

③ 胡适：《中国哲学史大纲》，东方出版社，1996 年，第 40 页。

④ 胡适：《中国哲学史大纲》，东方出版社，1996 年，第 1 页。

种种哲学问题的种种研究法和种种解决方法,都依着年代的先后和学派的系统,一一记叙下来,便成了哲学史"①。可见,在研究老子哲学之前,胡适已经建立起了哲学与哲学史的学科规范与体系,因此,他对老子哲学思想的梳理也就显得系统而有条理了。对于老子哲学,胡适先从政治哲学说起,这是很有讲究的:"我述老子的哲学,先说他的政治学说。我的意思要人知道哲学思想不是悬空发生的。"②胡适认为老子的思想,与老子所处的乱世有关,完全是那个时代的反动;老子反对有为的政治,主张无为无事的政治,也是对当时政治的反动。胡适总结说:

> 在中国的一方面,最初的哲学思想,全是当时社会政治的现状所唤起的反动。社会的阶级秩序已破坏混乱了,政治的组织不但不能救补维持,并且呈现同样的腐败纷乱。当时的有心人,目睹这种现状,要想寻一个补救的方法,于是有老子的政治思想。但是老子若单有一种革命的政治学说,也还算不得根本上的解决,也还算不得哲学。老子观察政治社会的状态,从根本上着想,要求一个根本的解决,遂为中国哲学的始祖。③

此段话有两个极重要的观点:其一,中国哲学并不是起源于所谓人类的惊疑之念,而是从一开始就和社会政治联系在一起;其二,老子追问社会政治的根本,并找到了解答的方法,所以成为中国哲学的始祖。

胡适指出,老子成为中国第一个哲学家,就是他创建了一个根本的观念,他政治上的主张,也只是他的根本观念的应用,这个根本的观念就是他的天道观。老子以前的天道观念,都把天看作一个有意志、有知识,能喜能怒、能作威作福的主宰;老子则说"天地不仁",天地不与人同类,即是说天地无有恩意,老子这一个观念,"打破古代天人同类的谬说,立下后来自然哲学的基础"④。胡适的这一解读是正确的。他强调说:

① 胡适:《中国哲学史大纲》,东方出版社,1996年,第2页。
② 胡适:《中国哲学史大纲》,东方出版社,1996年,第44页。
③ 胡适:《中国哲学史大纲》,东方出版社,1996年,第44~45页。
④ 胡适:《中国哲学史大纲》,东方出版社,1996年,第46页。

> 老子的最大功劳，在于超出天地万物之外，别假设一个“道”。这个道的性质，是无声、无形；有单独不变的存在，又周行天地万物之中；生于天地万物之先，又却是天地万物的本源。这个道的作用，是大道氾兮，其可左右。万物恃之而生而不辞，功成不名有，衣养万物而不为主。道的作用，并不是有意志的作用，只是一个“自然”。自是自己，然是如此，“自然”只是自己如此。
>
> 老子是最先发见“道”的人。这个“道”本是一个抽象的观念，太微妙了，不容易说得明白。老子又从具体的方面着想，于是想到一个“无”字，觉得这个“无”的性质、作用，处处和这个“道”最相像。①

此处的概括十分精彩，准确地指出了老子哲学的创造之处，老子成为道家的始祖和中国哲学的始祖，就是用抽象玄奥之“道”取代了具有神格意志的“天道”，道超越了原始宗教观念的束缚，获得了哲学的升华。用“自然”、“无”来表达道的性质与特点，这也是老子哲学体系中的核心问题。

相对于老子来说，胡适对庄子的分析要简单一些，特别是对庄子哲学的积极意义发掘不够，甚至颇有非议，但也有一些可取的论述，如用“自化”概括庄子生物进化论的大旨，对庄子名学的分析，对其中合理之处的肯定，都很恰当。又如对庄子哲学特质的总结：

> 庄子的哲学，总而言之，只是一个出世主义。因为他虽然与世人往来，却不问世上的是非、善恶、得失、祸福、生死、喜怒、贫富……一切只是达观，一切只要“正而待之”，只要“依乎天理，因其固然”。他虽在人世，却和不在人世一样，眼光见地处处都要超出世俗之上，都要超出“形骸之外”。
>
> 《德充符篇》说：“自其异者视之，肝胆楚越也。自其睹视之，万物皆一也。……物视其所一，而不见其所丧，视丧其足，犹遗土也。”这是庄子哲学的纲领。他只要人能于是非、得失、善恶、好丑、贫富、贵贱……种种不同之中，寻出一个同的道理。惠施说过：“万

① 胡适：《中国哲学史大纲》，东方出版社，1996年，第46～47页。

> 物毕同毕异,此之谓大同异。”庄子只是要人懂得这个道理,故说:“自其异者视之,肝胆楚越也。自其同者视之,万物皆一也。”庄子的名学和人生哲学,都只是要人知道“万物皆一”四个大字。他的“不谴是非”、“外死生”、“无终始”、“无成与毁”……都只是说“万物皆一”。①

胡适认为庄子哲学的特质是出世,人生态度是达观,其哲学的基础是齐物,“万物皆一”、“依乎天理,因其固然”是庄子哲学的要点,这些认识都有道理。

胡适以后,又陆续有《中国哲学史》问世,如钟泰与冯友兰的著作。钟泰的《中国哲学史》初版于1929年,颇与谢无量所著相似,且比较简要,但也多有值得肯定的地方,例如与胡适一样认为老先于孔,并驳斥老子晚出的看法,认同老子在中国哲学史上开创者的地位,又对胡适的观点有所辨正。胡适认为,在老子思想里,“道与无同是万物的母,可见道即是无,无即是道。大概哲学观念初起的时代,名词不完备,故说理不能周密”②。钟泰则指出,这是胡适还没有完全理解老子,“盖道者,变得不居,无有方所,故不得不多方以喻之。而又恐人之执实以求也,故又不得不闪烁其词”③。老子有与无并言,并谓无之即有,有之即无,都是为了进一步形容那个本体之道,非但不是说理不周密,反而见出老子哲学之极高明。又如释《庄子·大宗师》也很有见解:“庄子之真实学问,在《大宗师》一篇。所谓‘大宗师’者何也?曰:道也。……明道也,真人也,大宗师也,名虽有三,而所指则一也。特以其本体言之,则谓之道;以其在人言之,则谓之真人,谓之大宗师耳。庄子惟得乎此,故能齐生死,一寿夭,而万物无足以撄其心者。”④对大宗师的解释是确切的,以此把握庄子的思想,可以提纲挈领。

冯友兰的《中国哲学史》上册成书于1930年,陈寅恪称赞其“取材

---

① 胡适:《中国哲学史大纲》,东方出版社,1996年,第244～245页。

② 胡适:《中国哲学史大纲》,东方出版社,1996年,第48页。

③ 钟泰:《中国哲学史》,台湾商务印书馆,1979年,第12页。

④ 钟泰:《中国哲学史》,台湾商务印书馆,1979年,第43页。

谨严，持论精确”①，影响很大。其对老庄的阐析亦多有见地，如认为老庄体现了楚文化的精神，“楚人虽不沾周之文化之利益，亦不受周之文化之拘束；故其人多有极新之思想”②。“庄子一方面受楚人思想之影响，一方面受辩者思想之影响。故能以辩者之辩论，述超旷恍惚之思，而自成一系统焉。”③所论注意到老庄道家哲学产生的文化土壤，实属难得。又认为“《老子》乃予道以形上学的意义。以为天地万物之生，必有其所以生之总原理，此总原理名之曰道”④；“《老子》以为宇宙间事物之变化，于其中可发现通则。凡通则皆可谓之为常”⑤；庄子哲学是“变”的哲学，“物之形体，非一成不变者。依庄学所见，天地万物，无时不在变化中”⑥，等等，都是“持论精确”的。又如对老庄的下列两段论述：

> 事物变化之一最大通则，则一事物若发达至于极点，则必一变而为其反面。此即所谓“反”，所谓“复”。……事物变化既有上述之通则，则“知常曰明”之人，处世接物，必有一定之方法。欲得到一物必从其反面下手，欲维持一物必先包含其反面。大要吾人若欲如何，必先居于此如何之反面，南辕正所以取道北辙。⑦

> 庄学中之社会政治哲学，主张绝对的自由，盖惟人皆有绝对的自由，乃可皆顺其自然之性而得幸福也。主张绝对的自由者，必主张绝对的平等，盖若承认人与人、物与物间，有若何彼善于此，或此善于彼者，则善者应改造不善者使归于善，而即亦不能主张凡物皆应有绝对的自由矣。⑧

从“反”的意义上提炼老子的人生哲学，从“自由平等”的角度论述庄子

---

① 《冯友兰〈中国哲学史〉上册审查报告》，《中国哲学史》附录，中华书局，1947年。

② 冯友兰：《中国哲学史》上册，中华书局，1947年，第217页。

③ 冯友兰：《中国哲学史》上册，中华书局，1947年，第278页。

④ 冯友兰：《中国哲学史》上册，中华书局，1947年，第218页。

⑤ 冯友兰：《中国哲学史》上册，中华书局，1947年，第223页。

⑥ 冯友兰：《中国哲学史》上册，中华书局，1947年，第283页。

⑦ 冯友兰：《中国哲学史》上册，中华书局，1947年，第227页。

⑧ 冯友兰：《中国哲学史》上册，中华书局，1947年，第288页。

的社会政治哲学,可谓切中肯綮。

应该说,就理论分析的系统性而言,冯友兰的分析确有过人之处。然而,冯著对老子的论述有一个不足,即认为老子晚出,特别是把司马谈《论六家之要旨》中的"道家"之特点"采儒墨之善,撮名法之要"作为老子晚出的证据,显然是解读失误,因为司马谈所论之道家是道家的发展即黄老道家,而非老庄原始道家①。关于老子其人其书的时间论定,胡适是正确的,所以,胡、冯两部哲学史比较,冯著后出转精,但就老子哲学的分析而言,则是胡适高出一筹,更符合历史的本来面目。

通过胡适等学者对老庄哲学的阐述,可以看出从哲学史角度研究老庄的一般特点:(1)以"我"为主的叙述视角。冯友兰对《中国哲学史大纲》有一个评价:"胡适的这部书,把自己的话作为正文,用大字顶格写下来,而把引用古人的话,用小字低一格写下来。这表明,封建时代的著作,是以古人为主,而五四时期的著作是以自己为主。"②这一评价很中肯,当然同样适用于书中的老庄哲学部分。(2)具有研究者个性色彩的叙述方式。关于胡适《中国哲学史大纲》的特点,梁启超在北京大学哲学系的演讲"评胡适之《中国哲学史大纲》"中说:"这书自有他的立脚点,他的立脚点很站得住。这书处处表现出著作人的个性,他那敏锐的观察力、致密的组织力、大胆的创造力,都是不废江河万古流的。"梁启超尽管不同意胡适的很多观点,对《中国哲学史大纲》也有不客气的批评,但对该书表现出来的创造性和鲜明的个人风格也是持肯定态度的。又如冯友兰的《中国哲学史》,也是用纯哲学的方法处理问题。由于近代学术研究主体的改变,必然带来叙述方式的变化,即用抛开原著的另外一套相对独立的话语体系来表达研究者的认识和看法,老庄研究亦然。(3)分门别类的叙述内容。受西学分科研究以及西方哲学体系的影响,哲学史中的老庄思想,一般都按照宇宙论、知识论、人生论、

① 熊铁基先生把司马谈所论之道家称为"新道家",新道家正是相对于老庄道家而言的,与老庄道家存在明显差别。详细论述参见《秦汉新道家》有关章节,上海人民出版社,2001年。

② 冯友兰:《三松堂全集》卷1,河南人民出版社,2001年,第201页。

修养论、政治论等进行归纳，这一模式又被以后绝大多数专门的老庄研究者所采用。

三、老庄思想的分科研究

自20世纪20年代开始，用分科的方法研究老庄思想的主要内容成为老庄学的一种普遍方式，这样的论文数量很多，而用“哲学”的名义进行专门研究的著作也出现了不少，如梁启超《老子哲学》、程辟金《老子哲学的研究与批评》、金声《老子哲学之研究》、大同《老子哲学》、曹受坤《庄子哲学》、苏甲荣《庄子哲学》、蒋锡昌《庄子哲学》、胡哲敷《老庄哲学》、张默生《先秦道家哲学研究》(含老子、庄子)等，还有专门以“政治”名义的，如孙思昉《老子政治思想概论》、历劫余生《老子研究与政治》等。还有一些综合性研究的著作，在阐述老庄思想内容时，都是分科进行，除了分哲学思想，还分文学、心理学、教育、经济思想等等科目。由于老庄思想最核心的内容是哲学，所以以“哲学”命名的著作在分科研究中比较具有典型性。

梁启超《老子哲学》是最早用西学方法研究老子的专书之一，其研究范式与叙述语言全是新式的，与传统的解老著作截然不同。他说：“研究老子学说，就是研究这部五千言的《老子》。这部书有人叫作《道德经》，虽然是后起的名称，但它全部讲的不外一个‘道’字，那是无可疑了。这书虽然仅有五千字，但含的义理实多。我替诸君理出个眉目，分三大部门来研究：第一部门是说道的本体，第二部门是说道的名相，第三部门是说道的作用。”①梁启超的这部书完成于1920年，或许与胡适1919年出版的《中国哲学史大纲》有一定关系。梁著虽然在内容上有以佛解老的特点，但也是为了帮助说明道的特点，从总体上并不影响该书新颖的体例。在老子研究学术范式转变方面，梁启超同样是有贡献的。

程辟金《老子哲学的研究与批评》也是一部较早的著作，1923年由

① 梁启超：《老子研究》，上海大法轮书局，1949年，第5页。

民智书局出版。该书是一部纯粹从哲学视野下研究老子的著作，其中颇有可取的地方。例如，该书认为《老子》的文体属于哲学诗，就是一个新的观点。作者指出，老子从文体上看与先秦诸子完全不同，但和《诗经》比较接近，特别是在作为诗歌要素的音韵与体裁两个方面，《老子》与《诗经》有相同之处。在音韵方面，《老子》81章几乎章章押韵，而且在韵式上和《诗经》相似，即多重韵和二韵一转。对于重韵，汉魏以后的诗人都很忌讳，汉魏以前作诗则只求音韵字句的自然，对可以增加自然之美的重韵，反受欢迎。在体裁方面，《老子》和《诗经》都是篇章短小，自由没有定式，显得质朴自然。由此可以看出，《老子》文体类似《诗经》，可称之为哲学诗。用《诗经》作为参照，论定《老子》属于诗歌体裁，应该说较有说服力。到20世纪90年代，刘笑敢先生通过《老子》与《诗经》的对比，不仅说明两书在句式、修辞、韵式上有诸多相近或相通之处，而且据此证明老子的年代应在春秋末期①。这一事实表明，程辟金在20年代提出的《老子》为哲学诗体的结论确实具有价值。

程著总结老子哲学的特点也是有见地的。他说："老子哲学的纲要，我的意思，只是要略说明他的宇宙论和人生哲学（政治哲学也包括在内）的一贯。因为凡成为一位哲学大家，他苦心孤诣，目的不外求解决人应该怎样做人一个问题。故真正的哲学家，在实行不在虚谈。他由人探到天，由物索到物的本原，也不外是求怎样做人的一条大道。老子的宇宙观念，即老子一生做人的根本观念，也即他一己哲学的重要原则。"②指出老子思想的特点是宇宙论与人生哲学一以贯之，并且最终落实到人生层面，这是准确的。而且可以看出，作者虽然是用西方哲学的方法分析老子思想，同时却注意到了老子哲学乃至整个中国哲学与西方哲学的不同之处，即中国哲学的根本目的不在于探寻宇宙的本体，而在于关注现实人生。

在人生哲学方面，作者注意到老子思想与时代环境的关系，则实属难能可贵。作者认为，人生哲学产生于时代的环境，且环境愈恶劣，人

---

① 参见刘笑敢《老子》第一章、第二章，台湾东大图书公司，1997年。

② 程辟金：《老子哲学的研究与批评》，民智书局，1923年，第23页。

生愈痛苦，人生哲学的思想愈盛。由此可见，社会环境乃人生哲学的源泉。所以，欲明老子的人生哲学，先要了解老子所处的社会环境。通过对《老子》文本的分析，就会发现老子所处的社会已出现严重的病态："它的病即赋税太重，上之有余，即下之不足。兵祸太盛，故民生凋敝，流离失所。强者即铤而走险，为不畏死的强盗。强盗盛而法令益密，人生遂愈弄愈苦了。"①针对这样的社会，老子提出了医治的方法，即主张打破一切人为的制度，归于无为。具体方法则分为物质的和精神的两个层面。物质层面是"三不主义"："不尚贤"，"不贵难得之货"，"不见可欲"；精神层面则"完全是东方文化的表示，即静的精神是也"②。

这里还需要重点提及的是胡哲敷所著《老庄哲学》。该书1933年完成后，蒋维乔作序说："觉其搜罗浩博，而取材精审，凡前此假借老庄以惑世，或矫诬老庄以济其私者，皆能廓而清之，使无比附攀援之余地。盖此书不独于老庄面目，表露无遗，且以见道家全体之精神焉。"③这是一个中肯的评价。由于作者能够对老庄哲学思想进行客观平实的分析，诚有助于正确认识老庄哲学的真面目。此外，作者对《老子》其人其书的论辩也很有说服力，如认为《老子》属于幽玄古奥的韵文，不似战国文字；据《论语》记载，孔子门人以老子书中的"以德报怨"为问，可见老子不会晚于孔子等等。所以作者认为著五千言的老子即是与孔子同时的老子，并反驳了梁启超等人认为《老子》属于战国时产品的观点。

胡著指出，东方文化主要是一种精神文化，老庄哲学是其中坚，而且，老庄哲学在世界哲学中也占有重要地位，所以历代研究老庄的学者不胜枚举，近世纪以来，研究老庄的西方学者日益增多，可见老庄哲学的"伟大摄引力"。究其原因则有三：其一，老庄哲学具有统一性。胡哲

① 程辟金：《老子哲学的研究与批评》，民智书局，1923年，第48页。

② 程辟金：《老子哲学的研究与批评》，民智书局，1923年，第53页。

③ 胡哲敷：《老庄哲学》蒋维乔序，中华书局，1935年。

敷认为,“衡量一家哲学的价值,将视其本身之统一性如何而定其高下”[①]。以此衡量老庄,他们主张天地万物生于有,有生于无,故一切事理都应该根据自然,顺应自然,彻始彻终为整个的系统,为极纯粹的一元论,最合人类心理,最适学者研求,这是老庄思想在古今中外都受到欢迎,且愈久愈新的原因之一。其二,老庄哲学具有彻底性。胡氏说:“哲学就是要解决社会上不能解决的问题,或指破人间偶像而求进步曙光,故世界任何旧有的事物理论,举不得为哲学家探讨的阻隔,一切的事物事理,均待哲学家评定,其价值乃得显著;故哲学的立场应该是无挂无碍,以彻底的言论,判断一切,中国古代学术足以当此者,只有道家。”[②]在胡氏看来,诸子百家中道家是最纯粹、最无偏见的思想,例如就儒、道两家比较而言,儒家循规蹈矩,处处显示其维护世道的苦心,道家言论则处处有拨云雾见真理的态度。老庄常常一语破的,道出人们心中欲言而不能言者,就在于其无挂无碍的彻底。其三,老庄哲学深切著明,遍载天下事物之理。老庄书看似超然物外,实则不仅仅是论道,而是论道与言事的结合:“他们书中固然是谈天道者居多,但其表现,仍落在人事上;不过他们都从事物的源头说起罢了。”[③]此论十分确切,老庄之书乃阐明一切事物的总原理,老庄之道实为社会人生的指南。鉴于老庄哲学的上述特点,对它的研究也要讲求方法。首先是不落于形器。胡氏指出,哲学研究的第一步工夫是要具有“好学深思,心知其意”的境界,然后才能有所领悟会通,有了形器的限制,就会拘泥固执,窒碍难通。老庄哲学都有不可思议的境界,例如道的概念,拿形器来说,道路、道理、道德都不足以说明其内涵,道是一种视之不见、听之不闻、搏之不得的似有形似无形的虚体,六通四辟,大小精粗,其运无所不在。因此,体会老庄之道,不可拘于形器,而要求之于形器之外。其次是不囿于成见。胡氏说:“我以为在研究一家学说之先,应该把自己心胸洗涤一下,务使不留丝毫他家学术的成见,一若心中空无所有,未曾读他

① 胡哲敷:《老庄哲学》,中华书局,1935年,第2页。

② 胡哲敷:《老庄哲学》,中华书局,1935年,第2页。

③ 胡哲敷:《老庄哲学》,中华书局,1935年,第3页。

书然。读老庄书的时候，就要恍如置身于老庄之时，老庄之地，与他们聚谈一室，然后才不致增损他们的分量。”[①]作者认为，只有用纯客观的、历史的眼光去研究，方可接近先秦真正的老子、庄子。再次，要从修养与应用、物质生活与精神生活等不同层面加以观照。老庄之学虽以修养为主，但并非没有应用；反对追逐物质与感官享受，主张超越物质的生活以求消弭争患，显示出他们见解的超前性。

对于老庄哲学出发点的宇宙论，胡哲敷的分析与一般论者不同，将其分为宇宙本源论与宇宙本体论两个方面。宇宙本源论也就是宇宙生成论，即追问天地万物是怎样来的，对此，《老子》第40章有一个经典的表述："天下之物生于有，有生于无。"这个命题庄子完全赞同，并有进一步的发挥，如《庄子·庚桑楚》云："万物出乎无有。"《齐物论》："有始也者，有未始有始也者，有未始有夫未始有始也者。有有也者，有无也者，有未始有无也者，有未始有无未始有无也者。俄而有无矣，而未知有无之果孰有孰无也。"庄子的论述比老子复杂，但仍然是以有、无作为标准，老庄都是以无作为宇宙万有的根源。对于宇宙的根源，古希腊思想家泰来斯（Thales）谓之水，亚尼斯密斯（Anaximenes）谓之空气，赫来克利透斯（Heracleitus）谓之火，此三人属于主张唯一之物为万有根源的单元论；印度哲学中有"地、水、火、风生一切有情"的说法，中国阴阳五行学说中有阴阳五行生万物的思想，这是多元论。无论是单元论还是多元论，都是试图解决宇宙的来源问题，并且将宇宙的根源归结为一具体之物，而老庄哲学不同，用抽象的概念无来表示，这显然要高妙很多。胡氏继续指出，老庄的本体论与本源论是同时存在的，因为无和道在其哲学体系里基本上是等同的概念，本源论用无，有时也用道，本体论则用道表示，"两者一贯相衔，不相错乱，只一个就源头说，一个是就本体说"[②]。对于道的本体意义，胡著有一个总的看法：

老子庄子都是主张宇宙本体为道的一元论。他们认整个宇宙

① 胡哲敷：《老庄哲学》，中华书局，1935年，第9页。

② 胡哲敷：《老庄哲学》，中华书局，1935年，第51页。

> 都在道的涵煦覆育之中，故自宇宙内而观之，则无处不是道的散布流行，即宇宙之外，亦无不为道所包容。因为道是一切万物化生之母，宇宙之外，假若有物，当然仍在此道化之中；不过“六合之外，圣人存而不论”罢了。①

道的这种本体特性，在《庄子·知北游》庄子与东郭子论道的那段著名的对话里体现得很鲜明。胡氏从中归纳出三层意思：(1)至道周遍万物而无高低贵贱之分。所谓道在蝼蚁，在稊稗，是举卑贱以见清高，显示道为本体之真相。(2)至道需要自己体验，枝枝节节在物上寻找，是无济于事的，一旦体悟，才知天下之物都在道中。(3)世间万物所以有差别，都是万物自生妄心，非本体内所有，即“物有迹者，所谓物迹者也”。“物迹”自本体看来，原是无迹，然物自观之，又确有分别。老庄之道既是全书的纲领，又是宇宙论的中心，“微妙玄通，深不可识”，但在胡氏看来，就是四个字，“自然之理”。这一概括很确切。

胡著对老庄知识论的总结十分全面。胡氏先从心理学的角度分析了人类产生错觉、幻觉从而造成知觉错误的现象，然后指出老庄追求真知的可贵：

> 我们平时所认为牢不可破的主观见解，其所谓颠扑不灭的真理正谊，其几何不为错觉与幻觉？谁也不敢自必！难怪庄子说：“有真人而后有真知。”知识并不是要不得的东西，有人以为老庄是反对知识者，实系错误。他们的意思，是要求真知，叫人不要以错觉幻觉所生出来的妄知为知。……老庄思想，差不多完全偏于精神生活方面，故对于枝枝节节的机巧变诈，当然在排斥之列；然而他们绝不是主张愚民政策者。②

很多人认为老庄反对人类智慧，主张愚民政策，对这一错误认识，胡氏加以了澄清，老庄反对的是妄知，对真知则是提倡和肯定的。老庄的知识论正是建立在真知的基础上，包括：(1)知识之本质。老庄认为知识的本质就是人类原有的洁白无疵的天真，即老子所言“素朴”，在素朴上

① 胡哲敷：《老庄哲学》，中华书局，1935年，第51页。

② 胡哲敷：《老庄哲学》，中华书局，1935年，第80～81页。

面所起的自然作用就是真知，一切人为都是机诈。所以知识的本质是"不知之知"，是"纯气之守，非知巧果敢之列"，凡貌象声色都不是知识的本质。庄子所言"天钧"、"天倪"说的也是知识的本质，意谓知识本质原无是非的对待，有了对待，不免陷入妄知。评价老庄的知识论，一定要看其本质："老子虽然说'无知'，庄子虽然说'不知'，都不是主张泯绝知识者。我们看老子书中，所谓知雄，知白，知荣，知足，知常，知不知，都是显然的要求知。……庄子所谓知止于所不知，并非块然无知之状，更非避建己之患与用知之累，为欲求知识之源泉，而不欲'枝枝叶叶外头寻'耳。"①(2)论知愚。阐明了知识的本质，自然就了解为什么老子反对智，提倡愚。"他所反对的智，不是人类固有的聪明，而是戕贼人性的机巧。而所谓愚民之愚，倒是人类的天真，不是真正的愚昧。"②天真所起的作用则叫做"明"，老子曰"袭明"、"知常曰明"，庄子曰"以明"，都是指没有人为的自然作用。所以老庄反对权谋机巧的小智，追求光洁明净的大智，"此种大智，乃为老庄之所期。然自表面观之，却又'若愚'。故他们所谓'愚'，正是其智；世俗之所谓智，实乃大愚"③。(3)是非之辨。此点老子所论不多，而庄子处于异说纷起的战国时代，故本老子之意，正是非之源。世俗之是非，都以主观为守，并无真正的标准，一时之是非，本非至道，因为常人既没有真知，各以所见为知，以所守为是，知识和是非都缺乏评判的标准，由此造成天下的樊然淆乱，所以庄子主张是非两忘，物我如一。(4)论名。道无名无形，及产生天地万物，便有了区别万有的名。名是形而下的区别工具，无名是形而上的浑沌之体。老庄都主张无名，认为儒家的正名，无论正到何种程度，都不是常久不变之名，不足以弥天下之乱，所以要"镇之以无名之朴"。意谓任凭天下之名纷繁，我总是从本源无名处着想，这样，"天下将自定"。胡著又认为，老庄对待名的态度有所区别："老子是绝对主张无名，庄子则相对地主张无名。老子的常名，就是无名的境界。庄子以名为维持社

① 胡哲敷：《老庄哲学》，中华书局，1935年，第87页。

② 胡哲敷：《老庄哲学》，中华书局，1935年，第89页。

③ 胡哲敷：《老庄哲学》，中华书局，1935年，第93页。

会秩序的一种工具，不是治天下之本根。”①(5)论学。老庄只是反对那种仅以见闻知解为学问的人，并非否定人类的一切学问。他们反对“不该不遍，一曲之士”，而学“天地之纯，古人之大体”。老子曰；“学不学，以复众人之所过。”庄子曰：“学者学其所不能学也。”他们未尝不学，只是非世俗之学，而是真知，是道。

胡著还提炼了老庄哲学的方法论，包括修己、观物、应世三个方面。修己与其人生观一致，老子“修己的方法为守常，慎事及所谓三宝”②，庄子为忘己与忘物。至于观物方法，老庄有所不同，老子的方法分为静、动两个方面：“静的观察法，观妙观复，‘夫物芸芸，各归其根’。动的观察法，观徼观变，‘正言若反’。”③庄子的观物方法，是以不观察为观察，所谓“惟止能止众止”，完全因任自然，主张以物观物，而不以我观物。应世方面，老庄反对运用手段策略，也就是用机心去处理问题，主张顺物自然，老子的方法是挫锐解纷，和光同尘，庄子是“形莫若就，心莫若和”。概括地说，老子的哲学方法在于一个“啬”字，所谓“治人事天莫若啬”；庄子的哲学方法在于一个“因”字，所谓“因是因非，因非因是”。最后，胡氏总结云：“更以科学方法相比拟，则老子言论，系由古今治乱成败兴亡天时人事之间，以归纳成若干原理，故其哲学方法颇近于归纳的。庄子则恒由若干原理而衍至万事万物，故其哲学颇近于演绎的。演绎法属于应用，归纳法属于证明，老子言简意赅，处处是证明天下事物之原理，庄子则长江大河，一泻千里，为的是要应用其原理于事物之间，这是他们方法上的微异之点。”④

以上仅述及胡哲敷《老庄哲学》宇宙论、知识论、方法论之大要，其他如人生观、政治论、道德论等等也都有精辟见解。胡哲敷的研究显示出西方学术分科方法的优长，老庄思想在他的分析和阐述之下，显得条理清晰，内容全面，要旨鲜明，由此足见老庄之真面目与道家全体之精

① 胡哲敷：《老庄哲学》，中华书局，1935年，第100页。
② 胡哲敷：《老庄哲学》，中华书局，1935年，第105页。
③ 胡哲敷：《老庄哲学》，中华书局，1935年，第114页。
④ 胡哲敷：《老庄哲学》，中华书局，1935年，第122页。

神。可以说，胡哲敷堪为老庄之知音。

四、结语

近代学术转型在老庄学的发展中有十分典型的体现。19世纪末20世纪初，西学的影响已经在老庄学中显示出来了，如王国维《老子之学说》从西方哲学本体论的角度研究《老子》，认为老子之道"非但宇宙万物之根本，又一切道德政治之根本也"，这是十分深刻的见解，从中也可以看出王国维在老庄学向近代学术形态转变过程中的筚路蓝缕之功，但这个时期传统的研究方法仍然占重要地位；到20世纪二三十年代及以后，老庄学则形成了新的面貌，那就是出现了普遍用西方学术分科的方法研究老庄思想的局面。

随着近代学术的转型，近代思想文化也发生了深刻的变化，近代老庄学正是在思想上显示出自身的学术价值。崔大华曾论及庄子思想的一个特点："当中国固有的传统文化、思想同一种外来的异质文化、思想接触、发生观念冲突时，宽广深邃的庄子思想总可以浮现出某种与这种外来的异质文化、思想体系对应的、接近的、相同的观念或思想，形成最初的共识、认同，沟通进一步去理解、消化的观念渠道。"①这一看法很有道理，印度佛教以及近代西方思想在中国的传播和发展，都可以看到庄子思想的这种文化作用②。当然，我们不必局限于庄子，还可以推及老子、老庄学。如果说当一种外来文化与中国本土文化发生冲突时，老庄思想总是可以形成与外来文化"最初的共识、认同"，那么，"沟通进一步去理解、消化的观念渠道"就是老庄学的任务了。在近代中国，随着西学的大量传入，中西文化之间势必产生激烈的交锋，而近代老庄学不仅为中西文化的碰撞交融提供了一个广阔的学术舞台，尤其重要的是，它为理解、消化西方思想提供了深刻的哲学基础。当西方哲学、社会政治学说以及科学思想最终

① 崔大华：《庄学研究》，人民出版社，1992年，第543页。

② 此点《庄学研究》第10、11章有具体论述。

在中国社会落地生根，并促使着中华民族文化自我调整、不断更新时，可以说，近代老庄学功不可没。

（作者为华中师范大学道家道教研究中心主任、教授）

游走三教之间

——论清代官员王定柱的《老子》之学*

王　闯

王定柱，河北正定人，乾隆五十五年进士，他的诗文被其曾孙王耕心收集整理，编为《椒园居士集》一书，于光绪三十三年刻印传世。按照江苏阜宁县知县曹明志以及儒学训导周传诣撰于光绪十四年的《故浙江按察使王名定柱事实册》（以下简称《事实册》）之说法："故按察使年十五补县学附生，中乾隆丁酉科举人，庚戌科进士，选授云南师宗县知县，调丽江，擢普洱府他郎通判，思茅同知，历署黑盐井提举，镇沅州知州，普洱永昌开化府知府。特授四川成都府知府，迁川东兵备道，山东盐运使，调两淮盐运使，未赴任，再迁浙江按察使，终于任。生于乾隆二十六年八月初六日，卒于道光十年九月二十六日，年七十。"①王定柱曾经长期在云南边境为官，后又调任四川、山东、浙江等地。按王耕心所言，此《事实册》是曹明志和周传诣在得到了王先谦可以为王定柱在国史馆立传的允诺之后，为国史馆所撰写的立传材料，他说："光绪十四年夏，前江苏阜宁县知县新建曹君明志、儒学训导砀山周君传诣同撰。两君子先以得公遗书，知公名，及同官阜宁因公议遵国史馆新例，举公循吏。前提督江苏学政、国子监祭酒，长沙王公先谦诺其请，旋据详咨送史馆立传，是册即具

---

* 本文为国家社科基金重大项目"中国老学通史"（项目批准号：14ZDB004）、教育部人文社会科学研究青年基金项目"清代老学史研究"（项目批准号：16YJC770024）的阶段性成果。

① 曹明志、周传诣：《故浙江按察使王名定柱事实册》，《椒园居士集》卷6，《清代诗文集汇编》第468册，上海古籍出版社，2010年，第57页。

详时所撰也。”[①]因此《事实册》记载的可信度是很高的[②]，并且也得到了王定柱的曾孙王耕心的认可，一并编入《椒园居士集》中。

可以说，王定柱的人生道路，读书、科举、做官，这是大部分儒家读书人所共同拥有的。然而这样一条看似平常且普通的人生道路，却隐藏了无限的波澜壮阔，他在二十六岁那年迎来了一次极其巨大地思想和人生转变。在一次重病痊愈之后，王定柱树立起了对佛教的信仰，最后走上了兼通儒、释、道三教的思想道路。他遍注三教经典，于道家有《老子臆注》一书。王定柱究竟为何会有如此大的思想转变，其《老子臆注》一书又有怎样的思想特色呢？这是下文将要分析的问题。

一、王定柱对佛老之学态度的前后变化

前文已经讲到，王定柱是一个比较典型的儒家读书人，他的家庭也是如此，其自述道：

> 余家世业儒，笃奉六籍，自五祀以外无杂祭。塾之左洁室一楹，妥先圣四配主，列祀神武关汉寿帝，司命文昌帝，配以斗魁。以礼官祭日虔祀无怠，近百年矣，室中未尝有二氏书及像设。[③]

他们家世代以读书科举为业，家塾中未曾有佛教、道教书籍以及神像的

① 王耕心：《故浙江按察使王名定柱事实册跋》，《椒园居士集》卷6，《清代诗文集汇编》第468册，上海古籍出版社，2010年，第60页。

② 在《清代官员履历档案全编》中我们还可以看到两个王定柱的履历文件，其一为履历折，曰：“臣王定柱，直隶正定府正定县人，年三十九岁。乾隆五十五年进士，候选知县。今签掣云南广西州师宗县知县缺，敬缮履历，恭呈御览，谨奏。嘉庆六年二月二十八日。”（秦国经主编：《清代官员履历档案全编》第23册，华东师范大学出版社，1997年，第663页）其二为履历单，曰：“道光九年七月内用浙江按察使。王定柱，直隶人，年六十五岁，由进士嘉庆六年选授云南师宗县知县，大计卓异。升补普洱府他郎通判。三年俸满，升补思茅同知。道光元年四月内升，授四川成都府知府。二年闰三月内升，授川东道。七年九月内用山东盐运使。”（秦国经主编：《清代官员履历档案全编》第2册，华东师范大学出版社，1997年，第613页）《故浙江按察使王名定柱事实册》对王定柱为官历史的记载与履历档案吻合，因此该《事实册》的可信度是很高的。

③ 王定柱：《讼过记》，《椒园居士集》卷1，《清代诗文集汇编》第468册，上海古籍出版社，2010年，第2页。

陈列。王氏上学读书之后，在乡间塾师的影响下，对佛老等异端之学深恶痛绝，并走上了一条“辟异端”的道路：

及十岁，过乡塾，闻其师方授诸弟孟子书，训曰：杨者何？今道家是也。墨者何？今佛家是也。能以言距道与佛，即圣人之徒也。闻之大欣悦其言，归则诧人曰：吾异日必且为圣贤。自是日寻诸老儒，互以能诋佛相褒诩，不复肯顶礼大士，顾实不知佛义云何也。①

十岁那年，王定柱偶然听到乡间学校的塾师在讲解《孟子》的时候，将孟子批判的杨、墨理解为今日的佛、道之学，于是欣然有悟。此后他日日以批判佛道为己任，此时的他，认为能辟佛道之学才是“圣人之徒”，才能成为圣贤。之后王氏迎来了一个改变自己思想的机会，但是他并没有在意，还是继续辟佛道：

年十七举于乡，旅谒座主少宗伯阿雨斋先生，先生顾余曰：贤英龄俊发，前路未可限。顾老夫一言相赠，他日得志，愿勿辟异端。余愕问何谓也，先生哂曰：睹贤勇形于色，故此相规耳。贤诚欲距异端，试言异端何等。余以佛老对，先生曰：孔孟时有杨墨，无佛老。以佛老为杨墨，此儒者之言，非孔孟之言也。夫异端，异其端也。所谓端者，即孟子恻隐羞恶四端是也。其言不仁不义，无礼无智，是杨墨之弊也。其言为仁为义，为礼为智，则非杨墨之弊也。非遍观其言，恶能别乎？今世士君子罕行孔孟之言，独以辟佛老张门户，以自鸣为儒。其下者，病天堂地狱之说不便于己所为，而诋之以纾其怖惮，徒为佛者之所鄙笑，此未必遂为圣人徒也。吾贤自审之而已。余闻之意为怃然，归而默察己所言论行事，其乖谬圣人益众，气由是稍稍愧沮。然而前相与诋佛诸老儒日相过从，互申曩说，余中虽歆歉，顾惮其讥病，聊复推波助澜，焰弗为衰。②

王定柱辟异端的举动影响估计不小，十七岁那年他乡试中举后拜谒阿雨斋先生，就受到了先生的好言相劝。这个叫阿雨斋的先生告诉他辟

① 王定柱：《讼过记》，《椒园居士集》卷1，《清代诗文集汇编》第468册，上海古籍出版社，2010年，第2页。

② 王定柱：《讼过记》，《椒园居士集》卷1，《清代诗文集汇编》第468册，上海古籍出版社，2010年，第2～3页。

异端并不是圣人之徒，只不过是一部分儒者自张门户的需要，甚至是因对佛教地狱轮回之说感到恐怖而故意攻击之，以缓解恐怖感的需要。王定柱在听了这番言论之后，对自己往日的行为有所省察，他似乎也意识到了辟异端的行为与圣贤之道并不是一回事。但可惜的是，在回到乡间之后，他日日交往的仍然是那些以辟异端为时尚的读书人，他虽然内心觉得这样做不对，但是因为怕被讥笑而继续跟随大众，并没有改变辟异端的行为，反而还“推波助澜”。

到底是什么事情让王定柱转变了思想的方向，一改辟异端的做法，而全心向佛呢？这与一场大病有极大的关系，王氏回忆道：

> 岁丙午，邑中大疫，道殣如麻，率以旬日不汗死。余二十一日三震战，三不汗，奄然气尽，神历房闼，出衢中，将适东郭岳祠。顾见西来戈甲如云，人马皆长寻丈，询前驱者，曰关圣帝受敕征台湾寇也。俄睹圣帝櫜鞬御赤马，龙刀在握，神采熠熠。余当衢迎拜，顿颡尘中，一仰视，则黼几已具。圣帝衮冕秉圭，东面垂拱。余涕泣陈所苦，吁乞庇宥。圣帝厉色叱曰：汝知罪乎？汝以先世积德，籍注乡荐，后二年当登辛丑进士第，福禄未艾，岂谓汝自得举以来，童昏无识，忘先世功德，自诩才隽，骄慢嫉忌，恶人胜己，轻率愎戾，衔恚睚眦，凌侮侪辈，多怀意恶，讦发人短，喜谈闺阁，谈谐愒日，亵引圣典，种种积慝，黑簿等身。而且不睹二氏之书，妄肆臆毁，心无忌惮，貌附圣贤，尤犯天律所深恶，游巡使者日有奏报，发不胜擢。是以上帝震怒，初削科名，今削寿籍，将堕恶道，岂吾所能垂祐乎。余闻，震慄丧魄，崩角求活，矢自湔艾，既久久，圣帝颜色稍霁，微俯首曰：止，姑观汝后修。余泥首敬谢，再仰视，金容已杳，衢中阒无人，惶恐亟趋归，入门历榻，呻而寤。则睹真官，朱衣玉颜，从两僮子搴帘入，曰：奉帝命来活汝。两僮登榻，各手短杖击余体，击头头汗，击胸胸汗，濈然湿重衾，至膝而止，遂能张目索饮。①

乾隆五十一年，王定柱二十六岁，这一年他的家乡发生了大瘟疫，死的

① 王定柱：《讼过记》，《椒园居士集》卷1，《清代诗文集汇编》第468册，上海古籍出版社，2010年，第3页。

人很多,他也不幸染病。在昏昏沉沉中,他梦见自己在去寺庙的路上遇到了关帝,于是跪地求关帝活命。没想到的是,关帝却历数他的缺点,尤其批评了他诋毁佛、道的行为,并且告诉他,如今这一切都是其应得的报应。他在梦中听闻此言后“震慄丧魄”,十分恐惧,求生的欲望让他在关帝面前发誓要一改前非。或许是关帝被其感动,便派人救活了他。这是他在大病之时所做的一个梦,梦境真假无从考证,不过他确实从病中好了过来。此后他开始彻底反省自己以往辟异端的行为,他说:

> 翼日扶杖起,诣圣帝像前匍伏谢,自是始稍知悔惧。窃意圣贤之言,积庆余殃,迪吉逆凶,皆以诱掖中下之人,使不为不善而已。二氏之说,亦以发明善庆恶殃之理而已。其言之明罪福怵愚悍者,士可得见而知,闻而悟。其言之绝思议通于穆者,士见而未必遂知,闻而未必遂悟,又况无闻无见乎。①

在经历了一番生死之后,他彻底反思了自己过往的行为。重病得愈使他重新思考了善恶报应的问题,此时他开始心平气和地思考佛道之学。他认为,佛道二教对善恶报应的提倡,其实与儒家圣贤之学一样,都是教人去恶向善。我们可以看到,他这时候的反思以及对佛道之学的认识,因为自身经历的缘故,还停留在善恶报应等比较感性的阶段。自后他竟开始阅读起佛教典籍,其思想的转变也真正完成:

> 病稍瘥,假一榻养疴禅寺,稍稍涉猎藏典。初览小乘,虽不敢如昔诟谤,顾于胸中颇亦时有扦迕,意杂疑信。次及中乘,帖然意适,窃臆谓率是净修,高当不失冉闵,下亦不减乐正克也。后历大乘,渊乎妙哉,人性本善,天道融通。以智仁勇造生安学利,以孝弟慈利天下国家,范围万事而无心,陶冶万物而无情。亲听言动,操本运末,中规中矩而不勉。生死人鬼,原始要终,有物有则而能贞,执一可以贯万,朝闻可以夕死。洙泗邹峄之传,蕴其妙未及言,引其绪未及详。凡以世多中下,欲使由贤入圣。而佛氏则兼以世不绝大智,超诣非难,欲并使由凡跻圣,若乃及其成功,则一也。何惑

① 王定柱:《讼过记》,《椒园居士集》卷1,《清代诗文集汇编》第468册,上海古籍出版社,2010年,第3页。

乎天地灵祇倾向翊赞之乎。余初从咜谇十年,日谓佛言害于吾师孔孟之道,至是乃知释流附益害道之说,嗟诚有之,顾万万非佛意。若佛之道,与孔孟并立,万万不相害。微特不相害,又无不足以发明孔孟之言。凡所谓蕴妙不能言,与言之不能详者。忆向来读书廿年,帖括千首,但以华饰诳妄,弋猎科名,其于圣贤墙庑,不啻马牛其风。乃由遍观佛书,而后志气稍稍通,障翳稍稍尽,愧厉稍稍生,趋向稍稍坚,心痗背汗,不敢不求勉为善人。然后回念向时貌圣贤实悖圣贤,其获罪宫墙,良不可逭也。①

病好之后,他开始阅读佛教三藏典籍,并对佛教有了全新的认识。他认为大乘佛教与儒学一样以利济天下国家为己任,佛教与孔孟之道是并立而不相害的,不仅如此,佛教还能够发明、补充孔孟之道。就在此时,他开始有了彻底的悔悟。

在遍读佛教典籍之后,王定柱经受了一次巨大的思想洗礼和人生转向。他不仅改变了辟异端的做法,还树立起佛教的信仰,这个改变对一个儒家读书人而言是惊人的。他的行为也一定会招致其他儒者的非议,他需要为自己的转变辩护。他试图在佛老之学中寻找和儒家思想一致的地方:

顾辟仙佛者,罪其废绝伦理,专务虚空,此甚不然也。仙佛所谓空,即儒者所谓虚。仙佛所谓慧,即儒者所谓灵。惟空故慧,惟虚故灵。所谓虚者,即人欲净尽之名也,所谓灵者,即天理澄而物来自照也。仙佛非一旦而可致其成之也,必有渐,必使喜怒哀乐之发不乖于和而后喜怒哀乐之未发不乖于中,必使喜怒哀乐不乖于中和而后其气能定,其神能凝,其心能泰然坦然而后呼吸足以应天地本始之气,未有心不正,意不诚,气不浩然而能寻虚叩寂,明心见性,不为千魔万怪之所挠毁者也。是故人必能为圣贤而后可以为仙佛,亦惟能为圣贤而后可以不必为仙佛。……仙佛所谓魔怪,即吾心之私欲所感召也。自古圣贤无不扫魔去障,故使本性现而天

① 王定柱:《讼过记》,《椒园居士集》卷1,《清代诗文集汇编》第468册,上海古籍出版社,2010年,第3～4页。

君尊，而历劫仙佛无不循理应物，故使恩怨化而轮回绝。[①]

王定柱思想转变之后，不得不回应儒家对佛老之学的批评，以为自己辩护，他找到了儒、释、道三教的共同点，那就是心性的修养。通常儒家批判佛教和道教是“废绝伦理，专务虚空”，在他看来并不是如此，佛教、道教的种种修炼手段和儒家正心诚意等心性修养工夫是一致的。具体来说，他将理学中心之已发和未发等概念与佛教、道教的修养手段进行对比，并认为佛教、道教的修养手段同样是从心之已发和未发处着手，既而达到致中和的目标。儒、释、道三教的修养工夫其实就是一个人欲净尽而天理呈现的过程。他站在理学的立场，以理学思想为基础来解读佛教和道教，从而在其思想深处促成了三者理论的统一。

此外，王定柱还认为儒、释、道三教都是以利济天下为根本目标，这是他所理解的三教共同点之二。他深叹自古帝王未有能以佛理知天下者：

故古以黄老治天下者，莫若汉文，可谓三代以下之极盛。若求能以佛之理治天下者，由古昔以至胜国，盖未之见。后人曾未深求其理，而以耳附耳，以口附口，此甚可惜也。学者不遍观三藏则无由知释典有厚人伦明教化之实用。[②]

正是因为帝王们看不到佛教、道教有“厚人伦明教化”的作用，才会转而迷信其求福免祸的功能，并因此招来儒家对其作出“异端”的评价，他说：

或问曰：古先大儒为其君陈善纳诲，未尝不排二氏之说，而诋佛尤力，诚过与？否与？曰：非过也，所遇之时然也。盖使其君诚能清心寡欲，聪明睿智，则不虑蛊于伪仙伪佛之害，不蛊于伪仙伪佛之害，乃能真见佛老所以牖民立教之旨，以裨益于政。若唐宋中主所以尊崇二氏，非能明其义理本原，但欲以觊福免祸求自利而已。此于佛老之本意固未有当也。夫二氏所以教人布施为善者，特以愚下之人私心膠扰，万私万过，由贪而起，是故导以慈悲喜舍，使

① 王定柱：《原佛》，《椒园居士集》卷1，《清代诗文集汇编》第468册，上海古籍出版社，2010年，第10页。

② 王定柱：《原佛》，《椒园居士集》卷1，《清代诗文集汇编》第468册，上海古籍出版社，2010年，第10页。

其悭吝鄙陋之愚，攻取倾轧之巧，渐捐渐淡，而后可以导之于正。[①]

历代帝王尊奉佛教和道教，都没有明白二教的理论对国家治理的益处，反而迷惑于消灾祈福，这与佛教和道教的本意距离十分遥远，所以才会有大儒纷纷起来辟佛老。倘若帝王真的能够知晓佛、道二教对治理国家的巨大作用，并能将其理论运用到治国之中，国家则不愁治不好：

今为治者，果能涤荡聪明，捐除烦恼，使知革囊之喻，嚼蜡之况，则不致有便辟曼媚声伎之蛊。使知蜎蠉皆有生，草木皆有性，则不至有穷兵轻狱残贼之事。使知财禄有额，暴殄有愆，则不至有诛求无艺、贪冒无度之咎。使知不以法遮制恶人，善神不佑，灾疠并兴，则亦知姑息长奸，赦恶毒善之不可为，而谓其政不足进于淳古之盛，然乎？不然？[②]

佛、道二教对生命的尊重、对人欲的遏制等等，无一不是国家长治久安的重要思想资源和治理手段，从这个意义上说，佛教和道教不仅心怀天下，而且对国家的治理意义重大。

在此思想的影响下，王定柱开始遍注儒、释、道经典，儒家有《周易琐笺》、《大学臆古》、《中庸臆测》，佛教有《金刚般若波罗蜜经溯原》、《金刚般若波罗蜜多心经浅说》，道家有《老子臆注》[③]。下文我们将以《老子臆注》为例，来说明王定柱究竟是如何在理论上调适儒、释、道思想，来为自己的人生转变寻找合理性的。

二、老子之道，不离伦常日用

王定柱《老子臆注》[④]一书的自序落款为嘉庆戊辰，则该书至少在嘉庆十三年(1608 年)即已完成，此时王定柱尚在云南为官。他对《老

① 王定柱：《原佛》，《椒园居士集》卷 1，《清代诗文集汇编》第 468 册，上海古籍出版社，2010 年，第 9 页。

② 王定柱：《原佛》，《椒园居士集》卷 1，《清代诗文集汇编》第 468 册，上海古籍出版社，2010 年，第 11 页。

③ 参见《故浙江按察使王名定柱事实册》的记载。

④ 《老子臆注》有国家图书馆藏嘉庆十五年金泉山刊本，《老子集成》即以此为点校本。

子》一书的理解与此前所论他对儒、释、道三教的整体认识是密不可分的，他认为老子与孔子一样，以天下之治乱兴衰为己任：

尼山栖栖皇皇，日蒿目家国天下；柱下淳淳闷闷，亦日蒿目家国天下。其意至隐，其术至尊，利济万物而物莫之知。《易》谓圣人以此洗心，退藏于密，吉凶与民同患，神以知来，智以藏往，聪明睿知，神武而不杀。盖由黄帝以溯羲昊，孰不由此道者乎？三代以降，惟汉文小得黄老之毫发，宇宙清谧，灾札不兴，治称近古。唐宋诸主，莫与比隆。而儒者弃五千言若土苴然，或且以为杨朱之所由出蓝，斯岂不足深悼惜耶？①

在王氏看来，《老子》一书对治国的重大作用，在历史上，只有汉文帝能知其一二，唐宋以来的帝王虽然崇奉道教，但是都没有看到这一点。而儒家人士对此也是黯然不知，他们将《老子》看作是不愿拔一毛以利天下的杨朱的思想来源，这是十分可惜的事情。所以，他对《老子》的注解，务必要阐明《老子》书中有益于治国治民的思想，所谓"要期有裨益于天下国家之隆治鸿化而已"②。

王定柱认为老子之学，不离伦常日用，在解释第1章的时候，他说：

未分天地，有尊有卑，天地之始也；既立君臣，为仁为忠，万物之母也。老子之道纯乎易事，不离伦常日用，但以听之盈虚消息而已，不与焉，行无所胶，心无所系，与道委蛇而已。③

其对《老子》第1章"无名，天地之始；有名，万物之母"的阐释较有特色，他以尊卑、君臣等思想来解释老子所谓的天地万物的展开过程，天地未分之时尊卑就已存在，万物既生之后，君臣自然而立。从这个角度看，老子之道的展开就与规范人伦日用的尊卑、君臣等思想紧密联系起来，所以他得出老子之道不离伦常日用的看法。

既然如此，那么成仙成佛与儒家的纲常伦理是不矛盾的：

世无日用疏略之圣贤，又岂有伦常缺憾之仙佛？故自私者，尊

---

① 王定柱：《老子臆注》，《老子集成》卷10，宗教文化出版社，2011年，第321页。

② 王定柱：《老子臆注》，《老子集成》卷10，宗教文化出版社，2011年，第321页。

③ 王定柱：《老子臆注》，《老子集成》卷10，宗教文化出版社，2011年，第322页。

生之秘修；不自私者，立命之大本。天地所重于圣贤仙佛，藉其利济众生。若徒自私，是逆天道，安得长久乎？老子之学，迥异杨朱，于此可见。①

儒家一直批判佛教和道教自私，因为他们仅关注自身的修炼。王定柱不同意这个看法，他认为无论是儒家的圣贤也好，还是佛、道二教的仙佛也好，都是积极入世，以利济天下众生为己任的，这也是他们被世人看重的主要原因。所以，世人将杨朱之学的来源归为老子是不对的，杨朱在王定柱看来是一个自私之人，他不愿拔一毛以利天下，而老子显然不是这样。正是基于这样的理解，王定柱在《老子臆注》中十分注重阐发《老子》的治国思想，如第10章"爱民治国能无为乎"一句，历来有注解者认为这是老子以治国比喻治身，王定柱认为非是：

爱民治国，或以为以国喻身，非也。三代以上之学问，未有离事功而言心性者。老子之学出于黄帝，凡区画家国天下之事，皆所以积累心性之功。必心知其义，乃能积义以成浩然参天地之气，不致流弊为江左清谈也。②

他认为《老子》文中论述治国的文字就只是在论述治国而已，并没有借治国比喻治身。在他看来，三代以上的学问，心性的修养也就是治身，是不脱离于实际事务的，治身之目标需要在治国等具体实务中实现。也就是说，治理国家是心性修养的重要手段。如果不能理解这一点，则很容易将老子之学理解偏了，从而如魏晋清谈那样，废弃纲常伦理，以致家国崩坏。

基于此，王定柱对道教所言的长生不死也有了新的认识，在他看来，凡是为天下国家鞠躬尽瘁之人，即可永垂不朽：

老子之道，谷神不死。历周以来，得其道者，拔舍翀举，不绝于世，信而有征。然而言曰：大患为吾有身。又曰：死而不亡者寿。同与？异与？大抵道之为物，浑成于天，迕天则消，顺天则长。出世之士，屏居幽遐，盗窃元气，天假之以葆命之暇，使之慧灵，发神

① 王定柱：《老子臆注》，《老子集成》卷10，宗教文化出版社，2011年，第323页。
② 王定柱：《老子臆注》，《老子集成》卷10，宗教文化出版社，2011年，第324页。

用妙，其后乃足利济于世。是其呼吸陶铸，以求不死者，一以顺天也，化血气而为神明者也，元亨之道也。入世之人，担荷伦物，翕张宇宙，天畀之以尽性之责，使其道德光天宇泰，其身足以利济于世，其体乃以訢合于天，是其原始要终，而不求为不死者，以顺天也，委血气而存神明者也，利贞之妙也。尧舜禹汤陟降犹存，秦皇汉武长生安在？宋有宣和，明则嘉靖，犹龙再三致意，所以垂教深矣。①

王定柱认为，出世之人和入世之人，其所承担的责任和需要完成的事务是不一样的。出世之人，顺天而行，盗天地之元气，实现生命的延续，然后则可以利济于世，为天下做贡献。而入世之人则要担负起治理天下国家的重任，而不是求长生不死。尧舜禹汤等上古帝王，以天下生民为己任，不求长生不死，但是其道德文章足以让后人景仰，这也是一种长生。而那些求长生不死的帝王，能有人成功吗？

从上文的叙述我们可以知道，在王定柱的思想中，老子之道是不离伦常日用的，是有益于天下国家的。那么《老子》一书究竟阐发了哪些治国之道呢？在他看来，就是“无为”。我们看他是怎么理解老子所言的“无为”，第 75 章的注文中说：

治政经邦，化民成俗之要，莫尊于无为。所以能臻无为，由于不自私其身，能不自私其身，乃能为而无作，利济万物，参配天地，悠久无疆。注家多以譬喻释之，所谓仁者见仁，知者见知，要之圣言剀质，义本易明也。②

无为是治国安邦的重要手段，如何才能做到无为呢？王定柱认为，首先要能够不自私，不自私则能无为。所以，王定柱眼里的无为，不是什么都不作为，也不是废弃纲常伦理，而是捐弃那些以自私自利为目的的行为。他说：“自然无私无欲，故名曰无为。”③在解释第 48 章“为道日损”句时，他说：“无私故无为，初为道者，岂能遽臻无为？必先抑损其私，日纯日净，然后可至于无为。”④所谓的无私，就是要超出个人荣辱的范

① 王定柱:《老子臆注》,《老子集成》卷 10,宗教文化出版社,2011 年,第 331 页。

② 王定柱:《老子臆注》,《老子集成》卷 10,宗教文化出版社,2011 年,第 343 页。

③ 王定柱:《老子臆注》,《老子集成》卷 10,宗教文化出版社,2011 年,第 337 页。

④ 王定柱:《老子臆注》,《老子集成》卷 10,宗教文化出版社,2011 年,第 335 页。

围，以天下为己任，勇于承担其治国安民的责任：

天生圣贤，非以逸其身，荣其遇，将欲使之道济天下。圣人知其与己无与，故顺于事而不敢拂，饮于己而不敢骄，任造化之自然，致万物之得所而已，无所容心焉，此则为无事而已矣。是故放勋重华无事也，阪泉涿鹿亦无事也，负康居摄亦无事也。下至分茅锡土，纡组析圭，亦无事也。自王、何以降，罔知体要，哆讲玄虚，遂使礼乐沦亡，纲维隋荡，政俗痺废，陆陷神州，是谁之过欤？①

王定柱将魏晋的社会动乱归罪于王弼、何晏等人开创的魏晋玄学，他认为王弼、何晏等人错误地理解了老子的无为，以为无为就是废弃礼乐、纲常，这种做法导致了中原沦丧于五胡之手。王定柱认为，老子无为的本意，是让人抛弃自私自利的念头和行为，勇于承担社会责任，只要是有益于天下国家的行为，都是无为。

需要我们注意的是，王定柱虽然自二十六岁之后转变了自己的思想，不再辟异端而转信佛教，但是他并没有放弃儒家的立场。换句话说，他是站在儒家的角度去理解佛教和道教，得出佛老并不是异端的结论。然而现实总是那么事与愿违，王定柱希望在理论上阐明三教之相通，来为自己的人生转向而辩护，可是其周围的人并没有理解到这一个层次，人们依然只知道他由一个儒者转信佛教了，因此非议颇多，其曾孙王耕心说：

道光中，公最以治绩名世，而学术之渊源无知者。所著《讼过记》诸文，觉世之意至切，而见者瞢如也。咸丰间，上元萧先生文霍为公传，精切博赡，深达本原。然后公之学术、治术，同条共贯，炳然大著于世，而谤亦随之。盖公之所以为政在学术，而公之所以为学在释氏。释氏之学适为世所不及知，故虽有高世之行、兼善之美，亦一切抑之，若惟恐其说之明、道之行焉。及衷考其所以为谤，则与公少时之覆辙无以异。呜呼！流俗相嬗，大惑难解，亦可哀矣。②

① 王定柱：《老子臆注》，《老子集成》卷10，宗教文化出版社，2011年，第335页。

② 王耕心：《浙江按察使本生曾王父椒园公家传》，《椒园居士集》卷6，《清代诗文集汇编》第468册，上海古籍出版社，2010年，第63页。该文也收入王耕心著《正定王氏家传》一书，见《近代中国史料丛刊》续编第84辑，台湾文海出版社。

王定柱苦心孤诣，已经在理论上为自己的转向找到了支撑，可是一般人并不理解，依然视佛教为异端，且对王定柱多有谤语。王耕心对此也感到十分无奈，他认为这是世人没有真正理解其先祖的学术主张，而崔澍田的《椒园学案》则是真正读懂了王定柱的思想。崔氏《椒园学案叙》说：

> 正定王先生靖擎，兼通儒佛，践履笃实……上元萧文霍氏为先生传，谓其学湛浸于释氏，深达天人之故，而于禅宗净土未尝致力。今考所著《鸿泥续录》与大慈寺僧论万法归一，一归何处语及《金刚般若经注》论净土语，知萧氏之说实有所见，非出臆度。然先生之学，由释氏入，不必由释氏出，故其论学宗旨惟在阐明心性，归重儒术。今萧氏乃以释氏专门之学求之，谬矣。①

崔氏觉得将王定柱的学术归为佛学是错误的，他认为王定柱之学术其最终归宿还是在儒学。王耕心对此十分赞同：

> 考公所学，虽博设三藏，仍以禅益儒术为宗，故于出世之学，未暇详论，而发挥心性，切实践履，已无遗议。②

王定柱的学术虽然博涉儒、释、道三教，但是其最终落脚点是在儒学上。他所积极阐明的是儒、释、道三教的心性修养理论以及利国利民的作用，而对佛教和道教的出世之学，也就是成仙成佛的部分，并没有深论。从本文的论述来看，王耕心的评价是公允的。

三、结语

综上所述，清代官员王定柱的人生颇具传奇色彩，他自幼年读书时起，就受乡间塾师的影响，以辟佛老为己任，而且，在王定柱的身边还聚集了一个以辟佛老相号召的小团体，似乎辟佛老这样的行为在读书人中间是一种时尚。然而在一次重病痊愈之后，他不仅不再辟佛老，而且

---

① 崔澍田：《椒园学案叙》，《椒园居士集》卷 6，《清代诗文集汇编》第 468 册，上海古籍出版社，2010 年，第 64 页。

② 王耕心：《上元萧先生文霍椒园公家传后论》，《椒园居士集》卷 6，《清代诗文集汇编》第 468 册，上海古籍出版社，2010 年，第 65 页。

还树立起了对佛教的信仰，最后走上了一条兼通儒、释、道三教的思想道路。王定柱对佛老之学态度的前后转变，对一个曾经以辟异端为己任的儒家读书人而言不可谓不巨大。这样巨大的人生转向，尤其是从儒家转到被视为异端的佛老之学，不得不需要在理论上寻找其合理性。于是王定柱开始遍注儒、释、道三教经典，试图发掘其中的共通之处，来为自己的人生道路找到思想理论上的支撑。

王定柱的传奇人生，为我们展示了传统社会中普通士大夫生活和思想世界的另一个有趣面向。他出身儒家，最后却皈依佛门，乃至游走三教，像有王定柱这样人生经历的官员，在传统社会中恐不在少数，这还有待于学术界进一步的发掘与研究。

（作者为湖北汽车工业学院武当文化研究与传播中心讲师）

浅议傅山解《老》之特色

黄新华

傅山(1607—1684),明末清初医学家、书法家。初名鼎臣,字青竹,后改名山,字青主,别号公之它、啬庐等。太原(今属山西)人。明亡,隐居山中,拜全真道士郭静中为师,取道号"真山"。

傅山精通诸子百家,对《墨子》、《庄子》、《公孙龙子》等都有研究。他提倡"经子不分",开清代子学研究之风气。侯外庐先生曾对傅山的子学研究有过中肯的评价,他说,在没有人敢于公然研究二氏之学与杨墨异端,"以干犯儒林传统的攻击"的年代,惟独傅山"大胆地提出了百家之学,对于六经与诸子无可轩轻地加以阐发和注释,首开近代子学研究的蹊径,这不能不说是17世纪中国思想界的一支异军"①。

傅山首开诸子学研究之先河,尤其在思想性与研究方法上对后来的诸子学研究有很大的影响。在诸子之中,傅山对道家的老庄尤其钟爱。他不仅根据《老子》第四十一章内容,给自己取名"闻道下士",而且说自己是"老夫学老庄者也"②、"吾漆园家学"③。他曾说自己"三日不读《老子》,不觉舌本软"④。可谓是把《老子》作为床头必备书籍。

在研读《老子》的过程中,傅山根据自己的理解进行了注释,虽然没有整篇的注解,但在《霜红龛集》卷三十二中,傅山对《老子》的《二十一章解》、《宠辱若惊》、《大道废》、《绝胜弃智》、《自古及今其名不去》、《希

---

① 侯外庐:《中国思想通史》,人民出版社,1957年,第158页。

② 傅山:《霜红龛集》,山西人民出版社,1985年,第496页。

③ 傅山:《霜红龛集》,山西人民出版社,1985年,第459页。

④ 傅山:《霜红龛集》,山西人民出版社,1985年,第1131页。

言自然》、《静为躁君》、《道常无名》、《上士闻道》、《夷道若类》、《道生之，德蓄之》、《治人事天莫若啬节》、《治大国若烹小鲜句》、《以道莅天下其鬼不神句》、《非其神不伤人圣人亦不伤人句》、《夫两不相伤故德交归焉句》、《江海所以能为百谷王节》、《和大怨节以下》等章节句子进行了注释解读。在这些解读中，傅山将老子思想与当时的社会现实与自己的人生经历相结合，提出了许多独到的见解。如他注解“绝圣弃智节”时充分认识到语言解释的重要性，认为语言解释——“文”是事情的关键，因此，“文”应该无所偏颇①。另外在注解“和大怨节”时，对于“圣人执契之说”，傅山提出：“只是论屈直，且如以君子以公义杀一小人，小人也要怨，其屈终在小人，天必竟是与君子也。圣人只得炤天行法。”②在公义面前，不是一味地为追求一团和气而放任小人，不得已之下，圣人应该杀小人以炤天行法，更是已经具有了法制意识。而在这些注释中，傅山从反专制、市民阶层立场和医学角度对《老子》的注释，更是具有其独特的见解。

一、以反专制思想解《老子》

明朝末年，统治阶层日益腐化，贵族宦官、官僚大地主对广大人民无止境的压榨促成了李自成领导的农民起义，明朝政权随之被推翻。而随着国内动乱，清军乘虚而入建立了清政权。经历这一系列社会变革的许多汉族知识分子在反清失败后开始反思，并对专制制度提出了批判，如黄宗羲就提出了“缘夫天下之大，非一人之所能治”、“以天下为主，君为客”(《原君》)等反专制观点。同样身处这一历史环境中，经历了抗击清军失败的无力之后，傅山在感叹“无面对神州”③，“死之有遗恨，不死亦羞涩”④的同时，也开始对专制思想提出了批判。有学者就将傅山反专制的政治思想概括为具有近代启蒙意义的民主主义

① 傅山：《霜红龛集》，山西人民出版社，1985年，第853页。

② 傅山：《霜红龛集》，山西人民出版社，1985年，第864页。

③ 傅山：《傅山全书》，山西人民出版社，1991年，第146页。

④ 傅山：《傅山全书》，山西人民出版社，1991年，第42～43页。

思想①。傅山的反专制思想在他注解的《老子》中可以清晰地看到。

在注解《老子》第三十二章"始制有名"时，傅山说：

> 制即制度之制，谓制天下者初立法制，则一切名从之而起，正是与无名之朴相反。无者有之，朴者散之，而有天下者之名于是始尊。②

世界本为无名之朴，而制天下者初立法制，使得世界朝与"无"、"朴"相反的方向发展，天下也才开始有了名分，这也使得世界渐渐习惯了有名称的现实，而远离了无名的本初状态。随着名分使用的时间日久，使得人们逐渐习惯了名分的使用，而忘记了世界本来的样子，也因此"后世之据崇高者，只知其名之既立，尊而可以常有"。

名实关系是中国哲学的重要范畴，孔子主张"正名"，即用周礼固有之名作为世界运行的准则。后世儒家继而提出"名生于真"、"名者所以别物也"等观点，认为现实存在要服从它的名称，由名决定实。这种思想成为旧有统治者维护政权统治的工具。傅山认识到了"名决定实"作为维护专制政权的存在，认为这种存在使得统治者在占据崇高地位的时候，只认为这是生而存在的，以致背离了事实。因此，傅山提出名因实而起，只是随着时间推移以致本末倒置，因而提倡要回归到世界的本来样子，进而提出"天下者，非一人之天下，天下之天下也"③。显然，这种观点是对"普天之下莫非王土，率土之滨莫非王臣"的家天下式专制体制的直接反对。

傅山认为每个人都是由道所生，历经自己的祖先，代代相传，原本没有高低贵贱之分，每个人在人格上都应该是平等的，因此君王与普通百姓也应该是平等的④。傅山说："王侯皆真正崇高圣贤，不事乃为高尚。其余所谓王侯，非王侯。而不事之，正平等耳，何高尚之有？"⑤在他看来，不用人侍奉的王侯才是真正的王侯，实际上，王侯与普通民众

① 岑贤安：《傅山反封建的民主主义思想》，《学术论坛》1988年第1期。

② 傅山：《霜红龛集》，山西人民出版社，1985年，第856页。

③ 傅山：《霜红龛集》，山西人民出版社，1985年，第856页。

④ 傅山：《霜红龛集》，山西人民出版社，1985年，第851页。

⑤ 傅山：《霜红龛集》，山西人民出版社，1985年，第833页。

是平等的，王侯并不比民众高尚，因此，不是民众事圣人，而应该是圣人要为民。

现实社会，名分建立之后，百姓往往依护统治者以为生，对此，傅山解释了“大人”与“小人”，“治人者”与“百姓”的关系，认为治人者的“大人”是“小人”——百姓依护的对象，“大人”只有真正的维护“小人”的利益才能为百姓所爱戴，否则，小人视“大人”为草芥、贼寇，那么“小人”就不能拥戴“大人”了①。傅山还分析说，古朴之时的爱人与当今的爱人存在着“古公而今私”的区别②，即认为统治者只有像无名之朴时那样，存大公无私之心，才能得到百姓的爱戴。对此，傅山在注解《老子》第十三章时说：圣人是不得已而贵有天下的，这种不得已是出于对天下百姓的公心，而不是为了自己的私欲。因此圣人虽贵有天下，却不能“自贵”，且对于一个贵有天下的人来说，只有不屑屑多事、不搰搰劳才能够更好地维护百姓的利益，从而得到百姓的认可，被值得托付天下。统治者自己也才能避免让百姓如对待草芥、贼寇般对待自己，从而能够放心地把自己托付于天下。这样的统治者，自然也是符合儒家所要求的去甚、去奢、去泰，不能骄盈享受的品质，甚至都不用为此去操心③。

二、从市民阶层的立场解《老子》

明中叶以后，随着资本主义生产关系的产生，市民阶层逐渐崛起，市民阶层的社会意识日益成为影响社会思潮的重要因素。傅山所生活的山西地区是当时中国商品经济较发达的地区之一，明人王士性称：“平阳、泽、潞，豪商大贾甲天下，非数十万不称富，其居室之法善也。其人以行止相高，其合伙百商者，名曰伙计，一人出本，众伙而商之，虽不誓而无私藏。”④谢肇淛《五杂俎》中也把山西的富户与江南新安并举，

① 傅山：《霜红龛集》，山西人民出版社，1985年，第965页。
② 傅山：《霜红龛集》，山西人民出版社，1985年，第980页。
③ 傅山：《霜红龛集》，山西人民出版社，1985年，第849～850页。
④ 王士性：《广志绎》，中华书局1981年版，第61页。

并称“山右或盐或丝或转贩或窖粟，其富甚于新安”①。山右即指山西，新安是徽商的主要聚集地。徽商和晋商是明以来中国最主要的两个商派，傅山生活的年代，山西地区的商品经济高度发展，以致大有超越江南之势。对于社会的这一变化，广大市民阶层的活力，弃家而旅、卖药四方的傅山显然是看在眼中的，对于劳动创造财富，推动社会进步，傅山是认可的。因此，他一反宋明理学坐而论道的习性，提倡学以致用，他指出，“天爱人，然不能使人坐而得衣食也；人歌天，然不去实学有为则非也”。傅山认为，人不能坐等上天赐予食物，只有获得有用的知识，才能实现治世之目的。傅山甚至提出“排难解纷，济人利物，是大丈夫本分事”②。也因此，傅山一生出于对勤劳致富的市民阶层的认可，傅山在反对专制，认为“天下者非一人之天下也，天下人之天下”的同时，主张“市井贱夫平治天下”，充分考虑市民阶层的利益。在注解《老子》第六十六章时，傅山就从市民阶层的利益出发，探讨了君、师与市民阶层的关系。傅山认为，对于上作之君、先作之师的检验标准即是看他是不是符合广大市民阶层的利益，能不能得到市民的爱戴，如果作君、作师的“处上而人重之，则民难戴，处前而民害之，则民不利”都是不对的，如此不能为民考虑，只是用“虚嘴甜舌、卑躬劬劳哄着做帝王”，而广大民众并不接受，那么离丧乱也就不远了③。圣人在治理国家的时候应该充分考虑市民阶层的利益，像烹饪小鱼一样，“简重不苛”。傅山说：“莅临之而不翻也，反此则以术翻播天下矣。法令滋而奸宄多，使人斯鬼矣。……足若烹小鲜之义，简重不苛，人安鬼安而已。”

什么样的政策才符合“简重不苛”的标准呢？对此，傅山在注解第五十一章时给出了答案，他认为在“生、蓄、长、育、亭、毒、养、覆”八个字中，“惟亭、毒两字最要紧。毒字最好，最有义，其中有禁而不犯之义，又有苦而使坚之义”④。“禁而不犯”、“苦而使坚”，虽然有所约束，但目的

① 谢肇淛：《五杂俎》，上海书店出版社，2001年，第74页。

② 傅山：《霜红龛集》，山西人民出版社，1985年，第1022页。

③ 傅山：《霜红龛集》，山西人民出版社，1985年，第862～863页。

④ 傅山：《霜红龛集》，山西人民出版社，1985年，第859页。

仍是市民阶层的利益。如果圣人在治理国家时伤害了市民阶层的利益，那么百姓就会背离圣人而去。因此傅山说："非其鬼之神不伤人，由于圣人亦不伤人，若圣人伤人，则人将逃其伤，而乞灵于鬼矣。"①

从市民阶层的角度出发，傅山在注解《老子》时也多从市民阶层的角度看问题。如他在注解"静为躁君句"时认为，老庄说的清净状态是从圣人的角度出发，在能够达到万物不挠于心之后才能做到静为躁君的，一般的普通人需要先了解静的好处，才可以有的放矢②。区别于历代文人从圣人的角度要求市民应该如何，傅山从市民思考问题的角度出发，探寻适合市民实际的清净路线。

另外傅山在解读《上士闻道》章时，开篇即一反先贤褒上士贬下士的理解说：山于此章恰要以下士为得道之人，傅山认为上士和中士参之于有无之间，而下士恰是得道之人，他们如同水一般，处众人之所恶，大笑呵呵解颐而不争。傅山所肯定的下士，显然就是辛勤劳作的市民阶层③。

傅山之前的李贽面对资本主义萌芽，认为"不言理财者，决不能平治天下"，充分颂扬从事辛勤劳动的市民阶层。傅山尊李贽为卓老，对于李贽的思想也是大为赞赏。对于新兴市民阶层要求自由、平等、个性解放的呼声，傅山深表同情也极为认可，因此，站在市民阶层的立场上，他说："市井贱夫，最有理者也，何得无理之？"④在解读《上士闻道》章时，傅山一反常态地站在了广大下士的立场上，认为身处社会最低位，勤勤恳恳创造社会财富，且面对"无可行"的社会现状仍能"呵呵解颐"的广大劳动者才是最接近道的。可见傅山对于广大市民阶层的同情。也因此，傅山不仅给自己取名"闻道下士"，还积极实践做一个"下士"。他不仅在以科举为正途，轻视手工业者等"下士"的时代专心于医术，还对商业等都有所涉及，他为民间商业所设计的"龙门账"，成为山西票号

① 傅山：《霜红龛集》，山西人民出版社，1985年，第860～861页。
② 傅山：《霜红龛集》，山西人民出版社，1985年，第855页。
③ 傅山：《霜红龛集》，山西人民出版社，1985年，第857～858页。
④ 傅山：《傅山全书》，山西人民出版社，1991年，第541页。

的一种主要记账方式，为晋商遍布天下作出了重要贡献。

三、以医学角度解《老子》

傅山在医学上有着巨大的成就，周作人曾评价傅山说："傅青主在中国社会上的名声第一是医生，第二大约是书家吧。"①作为一个医生，傅山在解读老子时，也常从医学的角度对《老子》进行注解。

在注解《老子》第十三章时，傅山从身与国的关系出发，认为只有爱惜自己身体的人才会去爱惜他人的身体，如此才能避免战乱纷争，这样的人才会以身寄于天下，也才能被托付天下，这与道家、道教身国同治的思想是一致的。而这种对人身体的重视，恰恰是傅山作为一个医生的自觉。

在"治人事天莫若啬"节中，傅山提出了"精气是最胜大药"观点，认为养生的关键是要爱惜人体的精气，即预防为主的养生观。他说：

> 人不能早自爱惜，以易竭之精气，尽着耗散。及至衰朽怕死时，却急急求服食之药以济其危。不知自己精气原是最胜大药，早不耗散，服而用之，凡外来风寒湿暑阴阳之患者，皆能胜之。此但浅浅者，所谓最易知易行者，而人不肯尔。②

认为道法、道术与医学的根本，不过是积精宝气而已，"精气原是最胜大药"，但人们往往不去珍惜，到精气衰竭时才急忙去寻医问药。如果保养精气，那么人体对外来的病变就有自我抵御能力，也就不用什么药物了，但这种浅显的道理，"天下莫不知，莫能行"。对此，傅山在《家训》中提出的十六字格言："静、淡、远、藏、忍、乐、默、谦、重、审、勤、俭、宽、安、蜕、归。"③这十六个字既是他为人的准则，也是他秉承老子思想而产生的养生方法。

傅山还通过自己的医学实践，对老子"死而不亡者寿"的思想提出

---

① 赵园：《明清之际士大夫研究》，北京大学出版社，1999年，第501页。

② 傅山：《霜红龛集》，山西人民出版社，1985年，第859页。

③ 傅山：《霜红龛集》，山西人民出版社，1985年，第688～689页。

了自己的见解。他说:“人无百年不死之人。所留天地间可以增光岳之气,表五行之灵者,只此文章耳。”①作为医生,傅山经历了许许多多的生老病死,因此,虽然后来加入道教,但他却不同于一般的道教徒,将老子“死而不亡者寿”作为寻求长生成仙的佐证,而是从人体生命的实际出发,提出了“人皆有生,人莫不有死”。但有形的生命会消失,但无形的思想却可以久存,人可以将有限的生命转化为无限的精神,从而做到“死而不亡”,他提出也就是说,人可以通过文章,使自己不朽。

傅山热爱并熟读《老子》,他的思想也受到《老子》的深刻影响。他曾说:“随论如何博学辨才……须向《大易》、《老子》寻个归根复命处。”②归根复命原是《老子》第十六章的话,傅山借此作为家训传授后代,说明他的根柢就在于《大易》和《老子》,也因此,《老子》的思想可以说是浸透在傅山的血液中,并在他的哲学、医学、书法艺术等方面都有所体现。如在哲学方面,傅山一反宋明以来的理学思想,主张“气在理先”,认为“气蒸成者始有理”③。在对宋明理学的批判过程中,傅山就说:“《老子》第八十一章绝无‘理’字,何也?妙哉!无‘理’字,所以为《道经》。即道亦强名之矣,况理乎!”④即通过《老子》不言“理”,说明宋明学者所倡导的理学思想不合古意,从而消除其正统性。

《老子》思想对傅山的影响在傅山的医学实践中表现得更为明显,作为一个医家,在从医生的角度解读《老子》的同时,傅山更多的是把《老子》的思想付诸自身的医学实践。这其中,傅山就在老子的辩证法思想上提出了“平阴阳”的医学思想。

老子认为任何事物的存在都不是一成不变的,事物总是在自身的发展变化中不断发生存在形态的变化,所谓“或损之而益,或益之而损”。《老子》中就列举了诸多相反而又相成的普遍对立统一关系如有无、美恶、动静、轻重、是非、荣辱、大小、多少、强弱、贵贱、寒热、静躁、雌

① 傅山:《霜红龛集》,山西人民出版社,1985年,第704页。
② 傅山:《霜红龛集》,山西人民出版社,1985年,第682页。
③ 傅山:《傅山全书》,山西人民出版社,1991年,第537页。
④ 傅山:《傅山全书》,山西人民出版社,1991年,第538页。

雄、损益、祸福、治乱、奇正、刚柔、虚实、进退、存亡、主客、成败等等。傅山吸收老子的辩证思想，提出了“平阴阳”的医学思想。他把人体看作是阴阳双方相互对立的统一体，人身体的器官中，五脏和六腑分属阴阳，他说：“五脏属阴，而精气神无形，乃为先天之阳，自内而出。六腑属阳，而水谷有形，乃后天之阴，自外而出。观先后阴阳之用，而水火互藏之妙昭昭矣！”出于对身体这一辩证认识，傅山认为，人的生命简单地说就是一个保持阴阳双方相互平衡的过程，只要阴阳平衡，人的生命就能保持健康长寿。因此，要维持身体健康就要“阴盛则引阳，阳盛则引阴，阴阳相引为欠，故人将死则欠”①。

这种“平阴阳”的思想也被傅山广泛地应用到医学实践当中。如在施治妇科调经时，傅山提出要根据先期月经的多少判定是水有余还是水不足，再做相应的治疗。“倘一见先期之来俱以为有余之热，但泄火而不补水，或水火两泄之，有不更增其病者乎。”②即要针对人体水火阴阳的不同属性，有针对性的施治，如果不认清阴阳属性，没有针对性，不但治不了病，还会增加其他病症。

此外，傅山于1644年甲申之变后，在寿阳县五峰山拜当时的全真高道郭静中为师，成为一名正式的道教全真教徒，《老子》思想对傅山的影响一定也在其中发挥着重要作用。可见，如傅山自己所言，他是老庄的学生，是一个真正热爱《老子》思想，并把这种热爱转化为指导实践的老子信徒。正是出于这种热爱，傅山在熟读《老子》之余，根据自己的理解，对《老子》作出了许多具有独到见解的注释。

（作者为苏州市道协秘书长）

---

① 傅山：《霜红龛集》，山西人民出版社，1985年，第1013页。

② 何高民：《傅青主女科校释》，中医古籍出版社，1984年，第48页。

老庄之“道”合参*

赵建功

老子和庄子是道家的主要代表人物，其思想体系的最高范畴都是“道”。尽管老庄早已明言：“道可道，非常道”①，“道不可言，言而非也”②，然而古今学者对老庄之“道”仍然情有独钟，各呈己意，以致众说纷纭，莫衷一是。本文即试图在前贤研究的基础上，以老庄合参的方法③，继续探讨老庄之“道”④，敬请读者方家不吝赐正。

一、老庄之“道”的内涵

虽然在西周初期的青铜器铭文中已经开始出现“道”字，但是直到春秋末期，老子才将其提升为一个有着丰富内涵的哲学范畴。“道”是老子哲学思想体系的最高范畴，老子想方设法，对“道”作了多角度、多层面的反复描述，例如他说：

---

* 本文获得华中科技大学自主创新研究基金项目资助(《先秦哲学的生态伦理研究》，项目批准号：2014AA041)。

① 《老子》一章。

② 《庄子・知北游》。

③ 关于老庄之异同，学者意见多不相契，笔者以为老庄大同小异，二者言说方式虽异，而其思想多可相通，故可合参，以互相发明。《史记・庄子传》谓庄子：“其学无所不窥，然其要本归于老子之言。”王叔岷先生即此指出：“其学既无所不窥，则不为老子所限。其要本归于老子，是仍以老子为宗。……其宗归老子甚明。因之，庄子之思想深受老子影响。”见王叔岷：《先秦道法思想讲稿》，中华书局，2007年，第67页。

④ 本文讨论老庄思想，以通行本《老子》和《庄子》为文本依据，《庄子》所载通常认为是庄子后学的材料亦多参照，为叙述方便，径称庄子。

有物混成，先天地生，寂兮寥兮，独立不改，可以为天下母。吾不知其名，字之曰道，强为之名曰大。大曰逝，逝曰远，远曰反。①

道生一，一生二，二生三，三生万物。万物负阴而抱阳，冲气以为和。②

道冲而用之或不盈，渊兮似万物之宗……湛兮似或存。吾不知谁之子，象帝之先。③

道之为物，惟恍惟惚；惚兮恍兮，其中有象；恍兮惚兮，其中有物；窈兮冥兮，其中有精；其精甚真，其中有信。自古及今，其名不去，以阅众甫。吾何以知众甫之状哉？以此。④

大道泛兮，其可左右。万物恃之以生而不辞，功成而不名有，衣养万物而不为主；常无欲，可名于小；万物归焉而不为主，可名为大。以其终不自为大，故能成其大。⑤

道之出口，淡乎其无味，视之不足见，听之不足闻，用之不足既。⑥

一般来说，老子之“道”可以从宇宙生成论和存有论（或称本体论、本根论）两个方面来理解：从宇宙生成论的角度来看，老子之“道”是宇宙万物的本源和始基，宇宙万物由它而来，又复归于它；从存有论的角度来

① 《老子》二十五章。此据汉帛本、楚简本有所修订。汉帛乙本作：“有物昆（混）成，先天地生，萧呵漻呵，独立而不改，可以为天地母。吾未知其名也，字之曰道，吾强为之名曰大。大曰筮，筮曰远，远曰反。”楚简本作：“有状混成，先天地生，寂寥，独立不改，可以为天下母。未知其名，字之曰道，吾强为之名曰大。大曰折，折曰转，转曰反。”见高明：《帛书老子校注》，中华书局，1996年，第348～353页；许抗生：《帛书老子注译与研究》，浙江人民出版社，1985年，第113、269页；荆门市博物馆编：《郭店楚墓竹简》，文物出版社，1998年，第112页；李零：《郭店楚简校读记》，北京大学出版社，2002年，第3页；许抗生：《初读郭店竹简〈老子〉》，《中国哲学》第20辑，辽宁教育出版社，1999年，第97页；廖名春：《郭店楚简老子校释》，清华大学出版社，2003年，第203～224页；丁四新：《郭店楚竹书〈老子〉校注》，武汉大学出版社，2010年，第173～201页。

② 《老子》四十二章。

③ 《老子》四章。

④ 《老子》二十一章。

⑤ 《老子》三十四章。

⑥ 《老子》三十五章。

看，老子之“道”是寂寥窈冥、“视之不见”、“听之不闻”、“搏之不得”、“无状之状，无物之象”、“迎之不见其首，随之不见其后”[①]的超越感官的玄妙实有，是“混而为一”、无形无名、超言绝象、潜能无限的恒常存在，是宇宙万物生生不息、日新月异的终极原因和永恒动力，是宇宙严谨秩序的最高依据和最终保证。同时，我们也应该注意，老子的主要意图是要阐明他所领悟的宇宙人生之道，而并非要讲宇宙生成论。李泽厚先生就此指出：“‘道’是总规律，是最高的真理，也是最真实的存在。这三者（规律、真理、存在）在《老子》中是混为一体不可区分的。正因为这样，便不可能用任何有限的概念、语言来界定‘道’、表达‘道’和说明‘道’。一落言筌，便成有限，便不是那个无限整体和绝对真理了。”“所谓‘有物混成，先天地生’，‘惚兮恍兮，其中有象；恍兮惚兮，其中有物’等等，也只是强调‘道’对‘象’、‘物’、‘天地’的优先地位。而这种所谓优先，并不一定是时间性的，《老子》并未有意于讲宇宙发生论（这正是先秦《老子》与汉代《淮南子》的差别所在）。”[②]

老子之“道”、“象帝之先”，这就消除了原始宗教遗留中“帝”和“天”的人格性、主宰性、至上性、外在超越性意味，而凸现了“道”作为宇宙本原的非人格性、内在超越性的特征，从而奠定了中国思想史上道体论的基本内涵和方向，以后道家、道教学者论“道”，大体上是在老子之“道”的框架内进行的[③]。

进一步来讲，在老子看来，作为宇宙本原的“道”，并不是超越于宇宙万物之上的一种高高在上的外在主宰，而是内在于宇宙万物自身的超越存在，或者更加准确地说，“道”就是由其生成的宇宙万物所组成的有机整体及其大化流行的全过程。“道”生成宇宙万物的过程，也就是它将自身展现于宇宙万物生生不息的大化流行的过程，因此，“道”体现于它所生成的每一个事物，每一个事物都是“道”在一定时空范围的具体呈现。唐代道教思想家成玄英早已指出：“道不离物，物不离道，道外

① 《老子》十四章。

② 李泽厚：《中国古代思想史论》，人民出版社，1986 年，第 92～93 页。

③ 见赵建功：《吴筠道教学述》，北京大学哲学系 2002 年博士学位论文，第 33～34 页。

无物，物外无道。”①詹剑峰先生更加明确地概括为“道物不二”，并且形象地解释说：“所谓道物不二，即道不离物，物不离道，故道之于物，犹水之于波。盖老子认为宇宙乃运动不息的水流，流水在下，众波在上，每一波纹皆流水的表现，而流水亦不在众波之外”，“所以道是宇宙的大全”②。对于詹先生此说，陈鼓应、白奚二先生称赏道：“以水波之喻说明道物关系，可以说是既形象又恰当。”③兰喜并先生同样提出：“‘道’为‘全’，无所不备”，“‘道’是大‘全’，是无限，而任何具体存在物都是有限的，相对‘道’来说都是一‘偏’”④。因此，宇宙万物的存在一刻也离不开“道”，老子就此又强调说：

昔之得一者，天得一以清，地得一以宁，神得一以灵，谷得一以盈，万物得一以生，侯王得一以为天下贞。其致之，天无以清，将恐裂；地无以宁，将恐发；神无以灵，将恐歇；谷无以盈，将恐竭；万物无以生，将恐灭；侯王无以为贞，将恐蹶。⑤

曲则全，枉则直，洼则盈，敝则新，少则得，多则惑。是以圣人抱一为天下式。⑥

在这里，“一”即“道”，二者异名同实⑦。老子指出，天地万物要想生存下去，要想实现自身价值，那就不可能须臾离开作为有机整体的“道”，一旦离开“道”，天地万物将一刻也不能存在。

---

① 成玄英：《道德经义疏》二十一章，见蒙文通：《道书辑校十种》，巴蜀书社，2001年，第417页。《正统道藏》收有题名顾欢的《道德真经注疏》八卷，近人蒙文通先生在《校理〈老子成玄英疏〉叙录》中，证其非顾氏撰，提出其“编者为宗顾氏学派之徒”，同时又指出：“隋唐道宗之盛，源于二孟（指孟景翼和孟智周——引者注）……孟氏之传，出于顾氏，而道士之传此为最早，诚以景怡所造之宏也”，“其径题顾欢作者，应自有故”。见蒙文通：《道书辑校十种》，巴蜀书社，2001年，第344～346页。此处承蒙强昱师兄提点，谨此致意。

② 詹剑峰：《老子其人其书及其道论》，湖北人民出版社，1982年，第233、256页。

③ 陈鼓应、白奚：《老子评传》，南京大学出版社，2001年，第122页。

④ 兰喜并：《老子解读》，中华书局，2005年，第204页，自序第6～7页。

⑤ 《老子》三十九章。

⑥ 《老子》二十二章。

⑦ 张舜徽先生认为，包括老庄在内，“诸子立言，率好以‘一’代‘道’之名，无嫌也”。但他又提出“无为之谓‘道’”，则恐有失。见张舜徽：《周秦道论发微》，中华书局，1982年，第34～36页。

作为老子思想的深刻体认者和发扬光大者，庄子深得老子之“道”的个中三昧。张岱年先生指出：“《老子》书中本已有万物皆不离道而道泛在于一切的意思，到庄子，乃更显明的说道无所不在。”①庄子以其汪洋恣肆的独特风格和吞吐八荒的超然气度，满怀豪情地说道：

> 夫道，有情有信，无为无形；可传而不可受，可得而不可见；自本自根，未有天地，自古以固存；神鬼神帝，生天生地；在太极之上而不为高，在六极之下而不为深；先天地生而不为久，长于上古而不为老。狶韦氏得之，以挈天地；伏羲氏得之，以袭气母；维斗得之，终古不忒；日月得之，终古不息；堪坏得之，以袭昆仑；冯夷得之，以游大川；肩吾得之，以处大山；黄帝得之，以登云天；颛顼得之，以处玄宫；禺强得之，立乎北极；西王母得之，坐乎少广，莫知其始，莫知其终；彭祖得之，上及有虞，下及五伯；傅说得之，以相武丁，奄有天下，乘东维，骑箕尾，而比于列星。②

庄子以其慧发天真、独步千古的超凡天赋，精准地阐发了老子的“道”生成万物而“无所不在”的道体论思想。陈黻宸先生就此指出，“斯老氏所谓寂寥而混成者矣”，“无为而无形者道之体，有情而有信者道之用”，“吾读《庄子・大宗师篇》，辄叹庄子之深于言道也”③。

庄子进一步就“道”之“无所不在”提示道：

> 天不得不高，地不得不广，日月不得不行，万物不得不昌，此其道与！……东郭子问于庄子曰：“所谓道，恶乎在？”庄子曰：“无所不在。”东郭子曰：“期而后可。”庄子曰：“在蝼蚁。”曰：“何其下邪？”曰：“在稊稗。”曰：“何其愈下邪？”曰：“在瓦甓。”曰：“何其愈甚邪？”曰：“在屎溺。”东郭子不应。④
>
> 夫道，于大不终，于小不遗，故万物备。广广乎其无所不容也！渊乎其不可测也！⑤
>
> 夫道，覆载万物者也，洋洋乎大哉！……夫道，渊乎其居也！

---

① 张岱年：《中国哲学大纲》，中国社会科学出版社，1982年，第23页。

② 《庄子・大宗师》。

③ 陈黻宸：《诸子哲学》，载《陈黻宸集》，中华书局，1995年，第202页。

④ 《庄子・知北游》。

⑤ 《庄子・天道》。

谬乎其清也![1]

即便庄子反复说“道”,人们对此还是难以理解。《管子》有句话说得同样精彩,即:“道在天地之间也,其大无外,其小无内。”[2]名家代表人物惠施亦提出:“至大无外,谓之大一;至小无内,谓之小一。”[3]这些与庄子揭明的“无所不在”正可以互相发明。

北宋程颐在其《易序》中指出:“散之在理,则有万殊;统之在道,则无二致。所以‘易有太极,是生两仪’,太极者道也,两仪者阴阳也,阴阳一道也,太极无极也。万物之生,负阴而抱阳,莫不有太极,莫不有两仪,絪缊交感,变化不穷。”南宋大儒朱熹借用佛教“月映万川”[4]的比喻来说明他继承自程颐的理一分殊思想,他说:“人人有一太极,物物有一太极。”“本只是一太极,而万物各有禀受,又自各全具一太极尔。如月在天,只一而已,及散在江湖,则随处而见,不可谓月已分也。”[5]

我们同样可以借此来解释老庄思想中“道”与万物的关系问题:“道”作为宇宙本原本只是一个,“道”在生成宇宙万物之后,宇宙万物即各自禀受了一个完整的“道”,而不只是分了“道”的一部分,就像天上的月亮原本只是一个,天下每个江河湖海以至于每个有水的容器中也都有一个完整的月亮,而不只是分有了月亮的一部分。

老庄认为,“道”以如此“玄之又玄”的方式生成的宇宙万物,是有其内在的严谨秩序的,并且是一个完美和谐、“周行而不殆”的有机整体,这正是老子所谓的“和曰常”[6],“冲气以为和”,庄子所讲的“天地固有常矣,日月固有明矣,星辰固有列矣,禽兽固有群矣,树木固有立矣”[7],

① 《庄子·天地》。

② 《管子·心术上》。

③ 《庄子·天下》。

④ 唐永嘉大师《证道歌》:“一性圆通一切性,一法遍含一切法;一月普现一切水,一切水月一月摄。”

⑤ 《朱子语类》卷九十四,中华书局,1994年,第2371、2409页。

⑥ 《老子》五十五章。王本原作“知和曰常”,此从楚简本,见荆门市博物馆编:《郭店楚墓竹简》,第113页。

⑦ 《庄子·天道》。原作“老聃曰”,当为庄子或其后学假托。王叔岷先生就此指出:“庄子盖有得于老子所谓常而托诸老子语也。”见王叔岷:《先秦道法思想讲稿》,中华书局,2007年,第70页。其说可从。

“至阴肃肃，至阳赫赫；肃肃出乎天，赫赫发乎地；两者交通成和，而物生焉”①，“天地一指也，万物一马也……物固有所然，物固有所可，无物不然，无物不可。故为是举莛与楹，厉与西施，恢恑憰怪，道通为一……天地与我并生，而万物与我为一……夫道未始有封，言未始有常，为是而有畛也”②。对此，老子有一个极为形象的说法，即：“天网恢恢，疏而不失。”③就是说，宇宙万物共同构成了一张无与伦比的巨大“天网”，它好像很稀疏，但实质上则非常严密，没有丝毫错乱和缺失。其中，“疏”是指明宇宙万物好像是彼此独立自主，各有其独特的位置和价值，表面上一盘散沙，而实际上是共存于一张“天网”上，并且构成为一个无限和谐的有机整体④。这正如当代西方影响最大的环境伦理学家之一霍尔姆斯·罗尔斯顿所说：“恢宏的大自然是一部由不同主题构成的交响乐，其中的每一个主题都非常迷人，这些主题经常同时奏响，演奏出和谐的美妙乐章(尽管偶尔也难免会有些许紊乱)。”⑤其实，这“些许紊乱”也许只是人们的错觉而已。美国夏威夷大学成中英先生也提出，在中国传统文化中，从来没有对待自然的原子主义的思维方式，它强调的是人与自然的整体性关联，而这种整体性关联的内在依据即是人与天地万物都为“道”所统摄⑥。爱因斯坦以其天才的直觉提出的统一场论，与中国哲学中的天人合一、万物一体思想，遥相呼应，殊途同归。

二、“道”与“无”、“有”

在老庄思想体系中，“道”与“无”、“有”的关系最为玄妙莫测，以至

---

① 《庄子·田子方》。

② 《庄子·齐物论》。

③ 《老子》七十三章。

④ 见任俊华、刘晓华：《环境伦理的文化阐释：中国古代生态智慧探考》，湖南师范大学出版社，2004年，第218～219页。

⑤ [美]霍尔姆斯·罗尔斯顿著，杨通进译：《环境伦理学》，中国社会科学出版社，2000年，第24页。笔者对译文有所改动，文中同样情况不再一一说明。

⑥ 见李培超：《伦理拓展主义的颠覆：西方环境伦理思潮研究》，湖南师范大学出版社，2004年，第27页。

于言人人殊，各执一词，令人无所适从。

对于“道”与“无”、“有”的关系，老子不厌其烦，以种种不同的方式反复言说。詹剑峰先生研究表明：“《老子》一书，八十一章，其中论及有和无者十四章之多，其义非常丰富。”①《老子》通行本开篇即明言：

> 道可道，非常道；名可名，非常名。无名天地之始，有名万物之母。故常无欲以观其妙，常有欲以观其徼。此两者同出而异名，同谓之玄。玄之又玄，众妙之门。②

而正是此章，诸本多异，句读不一，众说纷繁，是《老子》中最难把握的篇章之一。此章汉帛甲本作：“道，可道也，非恒道也；名，可名也，非恒名也。无名万物之始也，有名万物之母也。【故】恒无欲也，以观其眇(妙)；恒有欲也，以观其所噭。两者同出，异名同胃(谓)。玄之有(又)玄，众眇(妙)之【门】。”此与通行本在文字、义理上颇不相同，引出学者众多的解说。詹剑峰先生读此章为：“道可道，非常道；名可名，非常名。无，名天地之始；有，名万物之母。故常无，欲以观其妙，常有，欲以观其徼。此两者同，出而异名，同谓之玄。玄之又玄，众妙之门。”他由此读出了“道统‘有’、‘无’”：“《老子》首章，开宗明义，宗义所在，‘有’、‘无’并举，未尝偏有取舍；可见老子作书，命意所在：以道统‘有’、‘无’而一之也。”③冯友兰先生则着重据帛书本“异名同谓”阐发道：“不仅‘有’‘无’是‘异名同谓’，道和有无也是异名同谓。不可以说‘道’是有、无的统一，也不可以说有、无是道的两个方面。说统一就多了‘统一’两个字。说两个方面就多了‘两个方面’四个字。”④两者皆有可取之处，似以冯先生说于义为长。

老子就“道”与“无”、“有”关系的另一重要命题即是：

> 反者道之动，弱者道之用。天下万物生于有，有生于无。⑤

此章在楚简本中有一处重大异文，即上“有”字作“又”字，无下“有”字。另外，“万”字在楚简本和汉帛本中作“之”字。由此引发了学者诸多的

---

① 詹剑峰：《老子其人其书及其道论》，湖北人民出版社，1982年，第253页。

② 《老子》一章。

③ 詹剑峰：《老子其人其书及其道论》，湖北人民出版社，1982年，第253页。

④ 见冯友兰：《中国哲学史新编》上，人民出版社，1998年，第329～338页。

⑤ 《老子》四十章。

讨论。大多数学者认为“又”字下当脱重文号，一些学者则反驳此说，以为通行本和楚简本这一重大差异显示出义理上的巨大分歧。丁四新先生则提出：“‘天下之物生于有，有生于无’的读法……不但不排斥‘天下之物生于无’的命题，而且亦包含了所谓万物‘生于有’、‘生于无’的并列论说。其实，在中国古典哲学中，常见在本体论的陈述中即包含了生成论的叙说，《老子》亦然。”[①]其说可从。

老子在讲“有生于无”的同时，又提出“有无相生”：

> 天下皆知美之为美，斯恶已；皆知善之为善，斯不善已。故有无相生，难易相成，长短相形，高下相倾，音声相和，前后相随。[②]

此章汉帛甲本作：“天下皆知美为美，恶已；皆知善，訾(斯)不善矣。有无之相生也，难易之相成也，长短之相刑(形)也，高下之相盈也，意(音)声之相和也，先后之相隋(随)，恒也。”楚简本与汉帛甲本几同，唯“訾”作“此丌”，且无“恒”字。学者多以为“有生于无”与“有无相生”有矛盾，而何石彬先生则认为：“实际上，如果抛开今本《老子》‘有生于无’文句的先入之见的话，可以发现，在《老子》中是很难找到有高于无、有先于无思想的其他文本依据的；相反地，老子倒是经常有无并称、有无对举。”[③]

就老子之“道”与“无”、“有”的关系问题，冯友兰先生高屋建瓴，明确指出，一般而言，“天下万物生于有，有生于无”一句可以将《老子》有关宇宙观的各章都贯穿起来，“‘道’就是无，也是各章都承认的”。他进而将《老子》对于“有”、“无”的理解分为三种：第一种是带有原始宗教性的说法，是从实体性的角度讲有生于无，如“谷神不死，是谓玄牝。玄牝之门，是谓天地根。绵绵若存，用之不勤”[④]，“天地之间，其犹橐籥乎！虚而不屈，动而愈出”[⑤]；第二种说法是以“有”、“无”为两个相当高度的抽象的概念，来讲“有生于无”；第三种说法是把“无”理解为“无名”，这

① 丁四新：《郭店楚竹书〈老子〉校注》，武汉大学出版社，2010年，第248～249页。

② 《老子》二章。

③ 何石彬：《老子之“道”与“有”、“无”关系新探——兼论王弼本无论对老子道本论的改造》，《哲学研究》2005年第7期。

④ 《老子》六章。

⑤ 《老子》五章。

样，“不仅‘有’‘无’是‘异名同谓’，道和有无也是异名同谓”，这样“就不能说‘有生于无’了”①。张岱年先生则认为：“道亦有亦无，非有非无，故惟恍惟惚，无形而有实，有实却无形。虽无可见，却是有象有物有精有信；但虽有象有物有精有信，却又无形无声，不可感觉。”“妙是微有，徼是微无。常无以观其妙，即就无观无中之微有；常有以观其徼，即就有以观有中之微空，谓无中含有，有中含无。道实非有非无，似有似无，於无观有，於有观无，即所以不滞于有无之际，而为观道之方法。要之，道是超感觉的，非五官所能感到，但非无有。认道为有形或认道为无有，都是谬误。”②二先生所说可以互相发明。

实际上，在《老子》中，不仅“有”、“无”与“道”是异名同谓，而且“天得一以清”中的“一”、“强为之名曰大”中的“大(太)”、“和曰常”之“常”与“道”也是异名同谓，都可以指称“道”。

“常”与“恒”互通③，在古文献中二者常用作“道”的同义词，皆可直接指代“道”，如《老子》五十五章“和曰常”及十六章“知常曰明；不知常，妄作，凶”，《国语·越语下》“因阴阳之恒，顺天地之常”，帛书《经法·论约》“不循天常”，《庄子·天道》“天地固有常矣”，上博楚简《恒先》“气是自生，恒莫生气”，《荀子·天论》“天行有常”，等等。考虑到古文献因避汉文帝讳有改“恒”为“常”之例，许多“常”也许原本就作“恒”，而在汉帛书《老子》和楚简《老子》中，通行本《老子》中的“常”即多作“恒”。陈鼓应先生已经提到：“帛书《老子》‘恒’字出现28次之多。”④

因此，《庄子·天下》总结老子思想说：“建之以常无有，主之以太一。”张岱年先生提出：“‘建之以常无有，主之以太一’，昔人或以常无有三字分读，甚是，而太一二字亦应分读，谓太与一。”⑤张先生真可谓慧

① 冯友兰：《中国哲学史新编》上，人民出版社，1998年，第329～338页。

② 张岱年：《中国哲学大纲》，中国社会科学出版社，1982年，第19页。

③ 《尔雅·释诂》、《说文》：“恒，常也。”《玉篇·心部》：“恒，常也，久也。”《玉篇·巾部》：“常，恒也。”《周易·乾·文言》：“上下无常，非为邪也；进退无恒，非离群也。”“恒”与“常”互文义同。《周易·坤·象》：“先迷失道，后顺得常。”“道”与“常”互文义同。

④ 陈鼓应：《〈系辞传〉的道论及太极、大恒说》，《道家文化研究》第3辑，第71页。

⑤ 张岱年：《中国哲学大纲》，中国社会科学出版社，1982年，第17页。钟泰先生所见略同，见钟泰：《庄子发微》，上海古籍出版社，1988年，第785～786页。

眼独具，此说颇值得学者充分重视。

三、如何体“道”？

对于“恍兮惚兮”的“道”，我们如何认识呢？老子就此提出了“少私寡欲”、“为道日损”、清静无为的体道方法。他说：

致虚极，守静笃，万物并作，吾以观复。①

不出户，知天下；不窥牖，见天道；其出弥远，其知弥少。是以圣人不行而知，不见而明，不为而成。②

躁胜寒，静胜热，清静为天下正。③

为学日益，为道日损，损之又损，以至于无为，无为而无不为。④

老子认为，只有“为道日损”，以达到虚静自然、清静无为的状态，我们才能真正知“道”、体“道”，从而臻于“复归于无极”、“同于道”的天人合一的理想境界。

老子在中国哲学史上首先建立了精深的天人合一的思想体系，提出了很多影响深远的思想命题，例如他说：

道大，天大，地大，王亦大。域中有四大，而王居其一焉。人法地，地法天，天法道，道法自然。⑤

知其雄，守其雌，为天下谿；为天下谿，常德不离，复归于婴儿。知其白，守其黑，为天下式；为天下式，常德不忒，复归于无极。知其荣，守其辱，为天下谷；为天下谷，常德乃足，复归于朴。⑥

希言自然。故飘风不终朝，骤雨不终日。孰为此者？天地。天地尚不能久，而况于人乎？故从事于道者，同于道；德者，同于

① 《老子》十六章。

② 《老子》四十七章。

③ 《老子》四十五章。

④ 《老子》四十八章。

⑤ 《老子》二十五章。

⑥ 《老子》二十八章。

德；失者，同于失。同于道者，道亦乐得之；同于德者，德亦乐得之；同于失者，失亦乐得之。①

老子认为，作为宇宙之中四大之一的王（或作人），不能凭借自己的那一点主体性肆意妄为，而应该努力去除自己的私心、欲望和那一点小聪明，一心遵循天道，绝智弃作，顺应自然，“少私寡欲”②，一旦功夫纯熟，即可优入圣域，“复归于婴儿”，“复归于无极”，达到“无为而无不为”③的“同于道”的理想境界。

庄子发扬光大了老子的思想，并进一步提出“心斋”、“坐忘”的体道方法。他说：

若一志，无听之以耳，而听之以心；无听之以心，而听之以气。听止于耳，心止于符。气也者，虚而待物者也。唯道集虚。虚者，心斋也。④

堕肢体，黜聪明，离形去知，同于大通，此谓坐忘。⑤

夫卜梁倚有圣人之才而无圣人之道，我有圣人之道而无圣人之才，吾欲以教之，庶几其果为圣人乎？不然，以圣人之道告圣人之才，亦易矣。吾犹守而告之，三日而后能外天下；已外天下矣，吾又守之，七日而后能外物；已外物矣，吾又守之，九日而后能外生；已外生矣，而后能朝彻；朝彻，而后能见独；见独，而后能无古今；无古今，而后能入于不死不生。⑥

“集”是止、聚之意。向秀和郭象的《庄子注》对“坐忘”进行了深刻独到的阐发，其曰：“夫坐忘者，奚所不忘哉？既忘其迹，又忘其所以迹者，内不觉其一身，外不识有天地，然后旷然与变化为体，而无不通也。”⑦这

① 《老子》二十三章。

② 《老子》十九章。

③ 《老子》三十七、四十八章。

④ 《庄子·人间世》。

⑤ 《庄子·大宗师》。

⑥ 《庄子·大宗师》。

⑦ 唐代著名道教思想家司马承祯在《坐忘论·信敬》中亦曰：“夫坐忘者，何所不忘哉？内不觉其一身，外不知乎宇宙，与道冥一，万虑皆遗，故庄子云‘同于大通’。此则言浅而意深，惑者闻而不信，怀宝求宝，其如之何？”

就是说,“坐忘”是一种物我两忘、“吾丧我”①、“玄同彼我”的特殊体验和理想境界,“内不觉其一身,外不识有天地”,超越了小我的束缚,而达到了大我的自由之境,如此则“能入于不死不生”,“旷然与变化为体”,亲证“道通为一”②的宇宙真相而无所不通了。庄子进而主张完全弃绝人为,一切顺从自然,以达到与天冥一的超然胜境,如其所说:

> 知天之所为,知人之所为者,至矣!……不以心捐道,不以人助天,是之谓真人……天与人不相胜也,是之谓真人。③
>
> 无以人灭天,无以故灭命,无以得殉名,谨守而勿失,是谓反其真。④
>
> 性修反德,德至同于初。同乃虚,虚乃大,合喙鸣,喙鸣合,与天地为合,其合缗缗,若愚若昏,是谓玄德,同乎大顺……有治在人,忘乎物,忘乎天,其名为忘己;忘己之人,是之谓入于天。⑤
>
> 夫形全精复,与天为一。天地者,万物之父母也。合则成体,散则成始。形精不亏,是谓能移。精而又精,反以相天。⑥

庄子认为,凡人的一切思想行为都出于私欲,而私欲必然会违背天道,因此,要想达到理想的人生境界,就要时刻提醒自己“不以心捐道,不以人助天”,“无以人灭天,无以故灭命,无以得殉名”,在大自然面前保持应有的敬畏,在人间世的名利物欲面前保持清醒的觉知,努力让自己始终“处乎材与不材之间”,“物物而不物于物”⑦,如此天长日久,一旦功夫到家,方可返璞归真,“入无穷之门,以游无极之野”⑧,亲证“天地与我并生,而万物与我为一”⑨的本体,臻于“同乎大顺”的理想境界。庄子在其首篇《逍遥游》中,即开宗明义,揭明这一理想境界,他指出:

---

① 《庄子·齐物论》。
② 《庄子·齐物论》。
③ 《庄子·大宗师》。
④ 《庄子·秋水》。
⑤ 《庄子·天地》。
⑥ 《庄子·达生》。
⑦ 《庄子·山木》。
⑧ 《庄子·在宥》。
⑨ 《庄子·齐物论》。

若夫乘天地之正，而御六气之辩，以游无穷者，彼且恶乎待哉？故曰：至人无己，神人无功，圣人无名。①

这就是说，人可以通过长期修为，超越小我而实现大我，超脱出于小我之私欲的所谓名利事功，“游心于淡，合气于漠，顺物自然而无容私焉”②，达到“至人无己，神人无功，圣人无名”的理想状态，臻于“吾与日月参光，吾与天地为常”③的“逍遥游”的自由境界。只有达到理想境界，才能“视乎冥冥，听乎无声。冥冥之中，独见晓焉；无声之中，独闻和焉”④，从而真正知“道”、体“道”，对此，徐复观先生给予了高度评价：“‘至人无己’三句话，乃庄子的全目的、全功夫之所在。《庄子》全书，可以说都是这几句话多方面的发挥。”⑤

庄子常常说“梦”，庄周梦蝶几乎妇孺皆知，而其中的深意则不太容易了解⑥。且看庄子原文：

昔者庄周梦为胡蝶，栩栩然胡蝶也，自喻适志欤！不知周也。俄然觉，则蘧蘧然周也。不知周之梦为胡蝶欤？胡蝶之梦为周欤？周与胡蝶则必有分矣。此之谓物化。⑦

其中的“物化”大概就是超越有无的二元对立而达到的人生化境，也即是“至人无己”的天人合一境界。与此相关联，庄子还有一段关于“梦”的神来之笔：

梦饮酒者，旦而哭泣；梦哭泣者，旦而田猎。方其梦也，不知其梦也，梦之中又占其梦焉，觉而后知其梦也。且有大觉而后知此其大梦也，而愚者自以为觉，窃窃然知之，“君乎！牧乎！”固哉！丘也

① 《庄子·逍遥游》。

② 《庄子·应帝王》。

③ 《庄子·在宥》。

④ 《庄子·天地》。

⑤ 徐复观：《中国人性论史（先秦篇）》，上海三联书店，2001年，第351页。

⑥ 鲁迅先生也说：“我们虽挂孔子的门徒招牌，却是庄生的私淑弟子。‘彼亦一是非，此亦一是非’，是与非不想辨；‘不知周之梦为胡蝶欤，胡蝶之梦为周欤？’梦与觉也分不清。生活要混沌，如果凿起七窍来呢？庄子曰：‘七日而混沌死。’”见鲁迅：《南腔北调集·论语一年》，载《鲁迅全集》第4卷，人民文学出版社，2005年，第570页。

⑦ 《庄子·齐物论》。

与女皆梦也，予谓汝梦亦梦也。是其言也，其名为吊诡。万世之后而一遇大圣知其解者，是旦暮遇之也。[①]

如此说来，等到有朝一日，我们真正“大觉”了，才发现，原来我们现在讨论老庄之“道”，其实也只是梦中说梦。

在此，我们以李耀南先生的一段宏论作结：

体道的“古之真人”作为庄子的理想人格，“其寝不梦”，“不梦”缘于神闲意足，不妄动思虑，梦觉两忘，归于物化，万物万化，纷纷芸芸，泯一于道，何梦何觉？

“不识今之言者，其觉者乎？其梦者乎？”在千古以上的哲人面前谈论觉与梦，究竟是发于觉醒之时的悉心钻味，还是在了不自知的梦寐之中强作解人呢？梦欤觉欤，一任诸君。[②]

（作者为华中科技大学哲学系副教授）

① 《庄子·齐物论》。

② 李耀南：《梦欤觉欤》，《学术研究》2004年第1期。

为道与为学

——从老子思想看中西文化的特质

林汉标　汤伟侠

前言

一切历史文化都是人类精神的表现，每一个民族都有他们的文化精神。唐君毅说："文化精神是一个民族在应付其生存时所归纳而得的生活总原则。它是经过世世代代的族人的努力累积而成，然后由某些思想卓越的人加以综合总结，形成思想体系，作为其后代人生活的依据及参考。"①历史上中、西文化的发展有很大的差异，如果我们能掌握中、西文化各自共通的精神，便可以理解中、西文化为什么各有不同的发展方向。

老子云："为学日益，为道日损。损之又损，以至无为。"(《道德经》第48章)其中"为学日益"正好代表西方文化的特质，我们称之为"学"文化；而"为道日损"正好代表中国文化的特质，我们称为"道"文化。

西方人的"爱罗"(Eros)心性是向外追求一种"学"的知识，这种"学"是由实体思想建构出来的知识，实体思想是由"二分对立"的概念衍生出来，可以透过语言文字把事物的特性状貌描述得清清楚楚。西方人重视客观经验知识的追求，逻辑的理性分析，"为学"是对外知识的追求，包括一切人文及科学知识的建构，这些都是"学"的文化。

反观中国人的"良知"心性是向内追求一种"道"的智慧，这种"道"

---

① 唐君毅:《与青年谈中国文化》，摘自 http://www2.hkedcity.net/sch_files/a/tpy/tpy-syl/public_html/chincult1.htm。

的理性生命智能是一种非实体的思想。老子曰“道”是“视之不见曰夷,听之不闻曰希,抟之不得曰微……绳绳不可以名,复归于无物”(《道德经》第14章)。它是超越感官的知识,只可以直觉的方式意会而不可以用语言文字描述。道学问是一种整体主义的思想,认为宇宙人生是依循自然的法则运作,宇宙和人生是有机的结合,相互依存,不可截然二分,而“天人合一”的思想深入中国人民心。中国文化是以道德进路追求主体价值的实现,“为道”是将个人的主观欲望、私心杂念去除,与大道冥合为一,这是一种“道”的文化。

一、“学”的智慧

老子所谓的“为学日益”,其中“学”是指什么呢?河上公注中指出,“学”是“政教、礼乐之学也”[①]。政学、礼乐之学是向外学习、认识的。又张伯端亦云:“虚心实腹义俱深,只为虚心要识心。”(《悟真篇》)这里,“识心”指“为学”,而“虚心”则指“为道”,“识心”之学是透过人的感官对外在世界所认识的知识。而范应元则指“为学”所追求的学问是“俗学”,泛指坊间所谓的考据词章义理与百工技艺的知识。此外,蒋锡昌亦说“为学”是指“有为之学者,以情欲日益为目的”[②]。冯友兰总结得最好:“‘为学’就是求对外物的知识,所以‘为学’泛指一切非根源性的形而下知识。”[③]它是一种可以透过我们的感官认识,或语言描述出来的客观经验知识,包括一切的人文、自然等科学知识,这种知识具有可操作性、可传授性和有限性的客观具体知识。

西方由古希腊文化以来都是爱罗型文化,以自体性为主的实体思想大传统,而逻辑正是这种“为学”的实体概念发展出来,而亚里士多德的古典逻辑建筑便是在这种有确定性、界限分明、有秩序的实体概念上。其中逻辑的三大定律:同一律(A等于A)要求在一个思维过程中

① 陈丽桂:《汉代道家思想》,台湾五南图书出版股份有限公司,2013年,第238页。

② 陈鼓应:《老子注译及评介》,中华书局,2009年,第244页。

③ 陈鼓应:《老子注译及评介》,中华书局,2009年,第244页。

保持确定。矛盾律(既A又非A)两个互相否定的思想不能同真。排中律(要么A要么非A)否认事物相互转化的中间形态。也就是说,对于两个命题A和B,A就是A,B就是B,A不能是B,B不能是A,如果不遵守这三大定律的话,便表示思维有错误,不合逻辑。西方基于这种逻辑的实体思想,建构出有系统的人文及自然科学知识体系,是一种"学"文化。

二、"道"的智慧

老子所说"为道日损"中的"道",又是指什么呢?如果我们追溯最早文本的郭店楚简《道德经》,当中的文字略有不同:"学者日益,为道者日员,员之或员,以至亡为也,亡为而亡不为。"这里,"员"字即"损"字,亦加多了一个"者"字,"或"字可作为"又",而"亡"字是"无"的假借字。郑良树、高明等认为老子没有"无为而无不为"的思想,而后来的通行本将"亡为而亡不为"改为"无为而无不为",是要突出老子的最重要的命题①。老子是否有"无为而无不为"的说法在这里不是我们关心的问题,我们只肯定郭店楚简中,"为道者日员"加了个"者"字,可能是要与"学者"的句式要求整齐一致,"为道者日员"与通行本的"为道日损"没有本质上的分别。

冯友兰说:"'为道'是求对于道的体会。道是不可说、不可名的,所以道的体会是要减少知识,'见素抱朴,少私寡欲'(《道德经》第19章)。所以要'日损'。"②为道是一种精神境界,而不是客观知识的累积功夫。高明亦说:"'闻道'靠自我修养,要求静观玄览……复返纯朴。"③因此,"为道"是向内的理性生命智慧,我们要除去个人的主观欲念,才能与纯朴的大道相合。

"道"是一种形而上的学问,我们可以通过冥想或体验来领略事物

---

① 刘笑敢:《老子古今》,中国社会科学出版社,2006年,第482页。

② 陈鼓应:《老子注译及评介》,中华书局,2009年,第243页。

③ 陈鼓应:《老子注译及评介》,中华书局,2009年,第243页。

未分化状态的道。严格来说，老子的“道论”可以分为“天道”与“人道”，“天道”是指天地万物本根之道，是形而上的，具有超越性、无限性，难以用言语文字去把握描述。而“人道”则指人在生活中的行为表现，若出于私心杂念的人道是不合乎天道的，所以我们要修道，修道可以说是“人道”到“天道”的自我完善过程，最后达到与道合真的生命境界。修道的功夫有很多种，老子有“寡欲”、“不争”、“守柔”、“不为天下先”等等；而庄子则有“心斋”、“坐忘”的提出。

由先秦以来，中国文化可说是“道”的文化，主张万物是生生变化不息的过程，宇宙人生是有机的结合，是以互体性为主的非实体思想。唐力权指出，中国文化是一个非实体的大传统，而非实体主义认为事物相对的两极有相对相关，互相依存的关系存在，这是一种典型的中道思想。这种中道思想由中国的“道”文化衍生出来，与西方的逻辑思维方式不同。从《易经》中的“阴中有阳，阳中有阴”以至老子所谓“祸兮福之所倚，福兮祸之所伏”(《道德经》第58章)，与及《中庸》中的“执其两端而用中”，都是这种中道的非实体思想。

这种中道思想认为，对立的双方A与B，其出现的情况可以是“A中有B”，“B中有A”的。例如：“阴”与“阳”、“福”与“祸”、“善”与“恶”、“美”与“丑”、“有”与“无”等等，事物相对的两极是有机连系，互相依存。A与B不是一种实体，不是独立自存、同一不变的实体。它们有内在的联系，它们可以是“A中有B，B中有A”，或者“A变成B，B变成A”，也可以是“A，B同时出现”，因此在中道思想中，逻辑上所谓的“同一律”、“排中律”及“矛盾律”根本不适用。因为“A”与“B”没有确定性；“A”与“B”有中间的情况出现，“A”与“B”对立的情况可以同时出现。

中道思想是一种“对立而又统一”的辩证思想，如庄子所言的“道通为一”，从“体用”的角度及“生生之流”的视域中，“一”与“多”、“有”与“无”、“阴”与“阳”、“美”与“丑”、“善”与“恶”等矛盾的关系可以消解于无形。因此，在中国的“道”文化中，是以“天人合一”、“本末一体”、“有无相生”、“祸福相倚”、“主客统一”等的非实体智能观照天下。

三、“道”与中国文化

中国文化有什么共通的精神呢？这些共通的精神在什么环境下孕育出来呢？

我们知道，中国文化是由黄河流域孕育出来，是源于农业社会的古老文化。农业生产要严格遵守大自然的规律，人们要学习天文知识，也因此形成中国人“天人合一”的观念，将宇宙、人生视为一个有机整体，形成一种互体性的整体主义思想。

此外，中国的东南面是海，西南面是山地，西北面是沙漠，而中原地大物博，人民从事农业生产，自给自足，因此主动对外发动的战争也少，形成一种结构稳定的和谐局面，也形成中国以“和”为贵的民族性。

中华民族的智能是功能性的、感通性的。中国古籍《易经》云：“生生之谓易。”“阴中有阳，阳中有阴。”认为宇宙是生生不息的动态变化过程，而阴阳相衍、虚实互涵、对立而统一的辩证思想，正是中国“道”文化所展现的非实体思想，是一种直觉性的智慧。

（一）生生之流

中国人是怎样理解这个宇宙呢？中国的道文化是以生生宇宙观为根据的。《周易·系辞传》所谓的“生生之谓易”是指宇宙恒久不息的分化与变化过程。而“天地絪缊，万物化醇；男女构精，万物化生”说的是天地万物之间是有机联系，每样事物都是相对相关、相互依存、不可分割的整体，而这个宇宙是不断创新、变化、生长的动态过程。

而老子进一步指出“道”是这个宇宙创生之源。他说：“道生一，一生二，二生三，三生万物。”（《道德经》第 42 章）这是一套宇宙生成论。宇宙的生成变化是有规律的，是老子所谓的“天道极即反”（《文子·九守》）、“吾以观复”（《道德经》第 16 章）、“周行而不殆”（《道德经》第 25 章）。当事物发展到极限，它会返本复初，是不断循环的运动过程。而这种生生变化、循环往复的动态宇宙观是典型的非实体思想。

(二)无

宇宙的本体是什么？老子说是“道”，但“道”有什么内涵呢？老子说：“天下万物生于有，有生于无。”(《道德经》第 40 章)那么“道”便是“无”了。“无”的本义与原始初民通过舞蹈与神灵沟通的活动有关，“无”与“巫”及“舞”同音，同音相假。朱晓鹏认为“受这种巫术文化影响，人们逐渐把那些无形、无象、看不见、摸不着但又实有的神秘性、普遍性、超越性的存在物都视之为‘无’了”①。

“无”与“有”的关系究竟是怎样的呢？老子说：“无，名天下之始；有，名万物之母。故常无欲以观其妙，常有欲以观其徼。此二者同出而异名，同谓之玄。”(《道德经》第 1 章)老子说“无”与“有”同出而异名，也就是说有“无”就有“有”，有“有”就有“无”，两者是同时产生的。这种“无”是“无状之状，无物之象”(《道德经》第 14 章)的原始混沌状态，没有形貌或特殊形相，介乎“有”与“无”之间，因此“无”不是绝对的虚无，一无所有的意思，唐力权将这种“无”的原始混沌称之为“无相实有”。他说：“无相实有并不是绝对的无相，而只是没有分别相或特殊相。这个无相实有的理念乃是东方哲学的一个最明显的共通点。”②无相实有是一个超越主客对立的境界，我们只可以有直觉的体会，而不可能有客观性的语言描述。这种宇宙本体“无”的描述，成为中国气论的基础。

(三)气论

气论是中国传统的宇宙论。老子说：“万物负阴而抱阳，冲气以为和。”(《道德经》第 42 章)气是宇宙生生变化的原动力，而阴阳是此原动力的两极。阴阳二气的对立与交感，成为宇宙万物变化的根源和规律，为成大化流行的发展过程。庄子说：“道通为一”(《南华真经·齐物论》)，又说：“通天下一气耳”(《南华真经·知北游》)。天地万物是一气之所化生，此“一气”便是“道”，便是“无”。而人的生死也是气的聚散结

① 朱晓鹏：《老子哲学研究》，商务印书馆，2009 年，第 119 页。

② 唐力权：《新道学演讲集》，香港场有哲学研究院，2014 年，第 166 页。

果，所以庄子说："人之生，气之聚也，聚则为生，散则为死。"（《南华真经·知北游》）

（四）天人合一

老子曰："道生一，一生二，二生三，三生万物。"（《道德经》第42章）由于天地与人类都是由道的先天元气所化生，所以"天"与"人"基本上是同质的，因此天地与人类形成"天人合一"的整体观念。庄子曰："天地与我并生，万物与我为一。"（《南华真经·齐物论》）天、地、人三者有相对相关，互相依存的关系，人与大自然是一个平衡互动的有机体。天下万物为一体，"一"就是同体，同体就是相互为体的意思。唐力权指出："中国人有浓厚的互体性思想，一个人通过与他人他物相对相关，而与他人他物相互为体。"①因此中国人强调人与万物之间的感通。"感通"是一种典型的非实体思想，没有"二分对立"的概念，没有主体与客体的对立，没有心与物的对立，没有文明与自然的对立，没有人与神的对立。

中国人追求返归自然的人类本性，一个天人和谐相处的局面，一个真我性格的显现，一个完整的我，而非分裂的我。

（五）太和

中国文化以价值为进路，重视道德主体的提升，是一种互体性的感通智慧。而"太和"思想源自《易经》，是一种互体通情的和谐境界，是指天、地、人三者达至最合适、最有秩序、最高价值的完美境界。

无论是儒家还是道家，其伦理观皆源自这种互体性的感通思想。孟子说："恻隐之心人皆有之"（《孟子·告子章句上》），至王阳明所说的"知善知恶是良知"（《四句教》），其中"恻隐之心"和"良知"都是心灵感通的直觉思维活动，这种直觉的判断能力照孟子的说法是"不学而能，不虑而知"（《孟子·尽心上》），是与生俱来，与外界的经验知识无关，故王阳明主张"心外无物"、"心外无理"（《传习录》），排除了客观的经验知

① 唐力权：《蕴徽论》，香港道教联合会，2010年，第257页。

识，因此直觉思维是一种“内向观照”的思维方式。

对于道家而言，老子以“道”为宗，“道”是宇宙人生的终极真理。道家以天下万物为一体，是一种同体感通的心态。故老子云：“不出户，知天下；不窥牖，见天道。其出弥远，其知弥少，是以圣人不行而知，不见而名，无为而成。”(《道德经》第47章)求“道”与求“学”不同，它是一种反观内照的直觉思维。而庄子将道转化为心灵的境界，追求主体提升到精神绝对自由的“逍遥游”境界。他向往“物我两忘”、“相忘于江湖”的心灵自由，是完满的、超脱的“太和”境界。

四、“学”与西方文化

另一方面，西方文化有什么共通的精神呢？西方文化又在什么环境下产生呢？

西方文化源于古代希腊及希伯来文化。希腊濒临地中海，苏格拉底时期，正值城邦衰落，其哲学思考寻求民主治国的理念。希腊人透过海运经商活动，形成一种海洋文化。他们富有冒险精神，每欲征服自然，因而与自然处于对立的境地，产生“二元对立”的思想，促成西方逻辑思维与科学的发展。

西方人乃基于一种源自古希腊的爱罗根性，爱罗根性是对外的控制欲、占有欲、求知欲，属于自体性的思维，发展了西方对事物实例化观念的看法。这与中国人的良知心性，属于互体性的思维，认为事物有相对相关，互相依存的非实体思想有明显的差别。

西方文化与中国文化的心观是两种的不同类型，西方文化根源自爱罗心性，这种心性产生“二元对立”的思想，人与大自然是二元对立的，人要向外征服大自然。西方的实体思想可回溯到亚里士多德的“四因说”，他所说的实体是“一个本质上独立自存和同一不变的存有——一个可以让我们孤立地来观察，孤立地来捕捉、衡量与确立其实在与性质的存有”[①]。亚里士多德的实体观与他的老师柏拉图不同，柏拉图所

① 唐力权：《蕴徼论》，香港道教联合会，2010年，第236页。

说的实体是一种抽象的理型，但亚里士多德所说的实体则是存在于现实世界中。实体主义支配西方近二千年的文化发展，实体观念只重视事物的外在关系，而忽略内在的关联，注意事物的相对关系很自然产生二元论和绝对主义出现。亚里士多德提出的实体思想，这是一种罗高(Logos)理性，罗高理性不能接受中国“道”文化中的“原始混沌”思想，因为这种“原始混沌”思想不能化约为概念化、具体化的识心去把握客观世界的真实。西方人重视知识，苏格拉底说的哲学就是“爱智”，而柏拉图则说哲学起源于惊异(Wonder)，所以西方人对经验世界的求知欲特别强，到后来的培根便明确指出“知识就是力量”。

亚里士多德的实体思想还影响了西方的语言观，在S(主词)＋P(谓词)的句式中，S代表主词，是一个实体，实体可以独立自存。而P代表谓词，描述关于主词的性质或属性，P不是一个真正的实体，因为P不能离开S而独立存在。西方人很重视语言，因为语言与客观世界的事物有对应的关系，维根斯坦早期便发展了语言的“镜像论”，便是这种实体意义上的语言观。但在中国非实体思想的“道”文化中，我们根本不可能用语言描述大道的真理，所以道家的著作中多用寓言和比喻。同时“得意忘言”的真觉思维下，道家根本不重视语言的功用。

亚里士多德以后，到笛卡儿提出“心物二元论”，认为世界是两个实体，“心”的本质是思想及意识，而“物”的本质是占有空间，因此“心”和“物”处于对立的地位，不可作任何的沟通，这与庄子所讲的“天地与我共生，万物与我为一”有机整体的说法完全不同。

实体思想还孕育出西方的原子理论，西方最初的原子概念是不可分的，它构成物质的最小单位。但在中国“道”文化的气论里，讲求原始混沌、功能性，不重视明确性、结构性，因此难以发展出原子论来。而西方的伽利略、笛卡儿、牛顿的古典物理学基本上也是这种实体观，是一种“机械决定论”的世界观，但西方的科学成就与实体主义息息相关，牛顿的物理学将世界实体化，可以说西方的科学是由实体思想发展出来。

另一方面，实体思想是一个断裂一切内在关联的孤立超离体，强调自体性的伸张，而实体思想在政治上的影响则使人们倾向于个人主义和自由主义，注重个人的基本人权，促进西方民主思想的发展。

五、"道"文化与"学"文化的融和

"道"与"学"的关系是怎样的呢？有不少人认为"为学日益"会导致"为道日损"的情况产生，其实"为学日益"与"为道日损"并不是前后因果的关系，也不是互相排斥的关系，而是可以相辅相成的关系。

为什么说"道"与"学"不是互相排斥的关系呢？"道"是一种向内返观，追求形上的理性生命智慧；而"学"则是一种向外追求形下的客观经验知识，两者不但没有冲突，而且可以相辅相成，"为道"可以在"为学"的基础上进行生命的锻炼。

萧天石曰："夫人之为学者，乃圣智之事也，故必曰益，益之又益，以至于大知大圣，而为万世师，此为万世师，此为学之无上境界也。"①宋常星亦说："学以致知格物为入德之方，正心诚意为进道之门。"进道是在格物的基础上。吕洞宾又云："伏羲传道至于今，穷理尽性至于命。"（《窑头坯歌》）在这里，穷理便是"为学"，尽性至于命便是"为道"。

切入中西文化的背景，中国文化是"道"文化，是非实体思想的传统，以价值进路，重视道德主体的提升。而西方文化是"学"文化，是实体思想的传统，以知识进路，发展出逻辑、科学与民主的实体思想。

在这里，我们要问的是中国的"道"文化，到底与西方的"学"文化是互相排斥呢？还是相辅相成呢？其实人的天赋智能兼具直觉性与分析性。而中国人的智慧倾向直觉性思维，中道思想是一种直觉性的非实体智能，而良知心性又使中国人偏向互体性的思想，崇尚道德，但却难以发展出如西方的科学与民主。比较起来，西方人的智慧倾向分析性思维，逻辑思想是一种分析性的实体智能，而爱罗心性却使西方人偏向自体性的思想，重视客观的经验知识与个体的自由，因而发展出科学与

① 萧天石：《道门语要》，《道德经圣解六十二》，摘自 http://www.daomyy.com/?p=747。

民主，但对心性的修养，德道主体的提升却有所忽略。

无论是中国的“道”文化，还是西方的“学”文化，都是各有所偏，“道”文化与“学”文化要发展便要注意两者之间的融合，取他人的长处以弥补自己的短处。事实上，这种“道”文化与“学”文化的融和在近代已经出现，如民国初年的五四运动，提倡民主与科学，而西方的后现代哲学也有非实体主义的转向。

（作者林汉标为香港场有哲学研究院研究员）

论老子生态伦理观及其现代启示

吴成国

中国生态环境形势严峻,中国党和政府明确把生态环境保护摆在更加突出的位置。2013 年 9 月 7 日,国家主席习近平在哈萨克斯坦发表演讲时说:"中国明确把生态环境保护摆在更加突出的位置。我们既要绿水青山,也要金山银山。宁要绿水青山,不要金山银山,而且绿水青山就是金山银山。我们绝不能以牺牲生态环境为代价换取经济的一时发展。我们提出了建设生态文明、建设美丽中国的战略任务,给子孙留下天蓝、地绿、水净的美好家园。"①2016 年 1 月 5 日,习近平在重庆召开推动长江经济带发展座谈会上指出:"当前和今后相当长一个时期,要把修复长江生态环境摆在压倒性位置,共抓大保护,不搞大开发。要把实施重大生态修复工程作为推动长江经济带发展项目的优先选项,实施好长江防护林体系建设、水土流失及岩溶地区石漠化治理、退耕还林还草、水土保持、河湖和湿地生态保护修复等工程,增强水源涵养、水土保持等生态功能。要用改革创新的办法抓长江生态保护。"②当前,挖掘传统优秀文化中生态伦理思想并予以"创造性转化和创新性发展",对整个中国乃至全世界生态文明建设有着重要的启发意义。

老子是楚国哲学家,是道家学派的创始人,其思想体系中有着十分丰富的生态伦理思想,老子因此被今人称作是"生态文明的先驱"③。

① 《习近平谈环保:既要绿水青山 也要金山银山》,见大公网(http://news.takungpao.com/world/exclusive /2013-09/1891113.html)。

② 《习近平在重庆召开推动长江经济带发展座谈会》,见光明网(http://difang.gmw.cn/cq/2016-01/08/content_18413676.htm)。

③ 陈应发:《老子是生态文明的先驱》,《林业经济》2014 年第 12 期。

美国当代著名人文主义物理学家卡普拉曾经指出:“在诸伟大传统中,据我看来,道家提供了最深刻并且最完善的生态智慧。”①如果说在过去,道家生态伦理观的影响只限于中国,那么在人类文明交汇的今天,它便具有了世界性的实践价值和现实意义。

一、“天无以清”:生态恶化的警世恒言

人类的历史是在改造大自然的过程中不断进步的,但与此同时,人们在改造自然活动中也会带来一系列生态环境问题。对此,老子在其著作《道德经》第39章中便提出了警告:“天无以清,将恐裂;地无以宁,将恐废;神无以灵,将恐歇;谷无以盈,将恐竭;万物无以生,将恐灭。”陈鼓应译曰:“天不能保持清明,难免要崩裂;地不能保持宁静,难免要震溃;神不能保持灵妙,难免要消失;河谷不能保持充盈,难免要涸竭;万物不能保持生长,难免要绝灭。”②老子应当是世界历史上对生态恶化提出警告的第一位思想家。

春秋时期,诸侯称霸,礼崩乐坏,社会动荡不已,政治体制出现了深刻的危机,传统的与巫史文化相关的天道观发生了动摇。一个著名的事例是子产论天道。子产是郑国著名的政治人物,当时占星家裨灶根据天象预言郑国将要发生大火,要求用玉器禳祭,子产批评道:“天道远,人道迩。非所及也,何以知之?灶焉知天道?是亦多言矣,岂不或信?”③认为“天道”玄远难知,与“人事”毫不相干,裨灶只是说得多了,才偶尔言中。子产的看法打破了人们对传统天道观的迷信。对“天道”的议论逐渐多起来,见载于《左传》、《国语》,如说“盈而荡,天之道也”④、“盈必毁,天之道也”⑤、“天道皇皇,日月以为常”⑥。“天道”一语

① 转引自王泽应:《道莫盛于趋时》,光明日报出版社,2003年,第366页。

② 陈鼓应:《老子注译及评介》(修订增补本),中华书局,2009年,第212页、216页。

③ 《左传·昭公十八年》。

④ 《左传·庄公四年》。

⑤ 《左传·哀公十一年》。

⑥ 《国语·越语下》。

的哲学意味越来越浓，成为巫史文化脱魅的具体表现。

老子是先秦天道观理性化的杰出代表，他也讲“天道”，但更多的是讲“道”。在老子那里，“道”已被提升为一个抽象的哲学范畴，他是中国宇宙论的开创者，以“道”为哲学的最高范畴。老子为何有关于生态恶化预见性的警示？这也是老子宇宙生成模式认识的必然结果，在老子看来，天地万物都是由道产生出来的，故《道德经》第39章“天无以清”那段话之前，老子先说：“昔之得一者：天得一以清；地得一以宁；神得一以灵；谷得一以盈；万物得一以生；侯王得一以为天下正。”①“得一”即是得道，即第42章所说“道生一，一生二，二生三，三生万物”②。若人类违背了产生天地万物的这个根本的“道”，也就会导致与天、地、神、谷、万物及侯王相对应的“裂”、“废”、“歇”、“竭”、“灭”、“蹶”等恶果。

近年来，就世界范围来说，随着经济、社会、科学技术的快速发展，城市化、工业化进程不断加快，人类干预自然的规模也日益扩大。有关调查表明，全球气候变暖、臭氧层耗损与破坏、生物多样性减少、土地荒漠化、大气污染等威胁人类生存的问题，当今世界面临的生态危机，可以说是人类征服自然和改造自然结出的恶果，对人类的生存和发展构成了严重的威胁，地球上适合人类居住的生活环境正逐步消失。

新中国成立以来，由于过分强调“与天斗与地斗”，忽视了对自然环境和生态的保护，忽视周边环境及其他物种的生存发展，给自然界造成了巨大的破坏，使中国生态环境问题日益尖锐，其危机和后果已显现并惩罚当代的我们。

先以近年我国普遍面临的严重雾霾问题为例。据媒体报道，2013年12月6日，一场罕见的大雾霾笼罩了包括华北、东南沿海甚至内地的一半国土，全国20个省份104个城市空气质量为重污染，京、津、冀与长三角重污染区连成了一片③。2015年，我们生活的城市武

① 陈鼓应：《老子注译及评介》（修订增补本），中华书局，2009年，第212页。

② 陈鼓应：《老子注译及评介》（修订增补本），中华书局，2009年，第225页。

③ 陈斌：《从今天起，学会忍受灰霾》，《南方周末》2013年12月12日F29版《评论》。

汉上半年重污染天数减少了 17 天,引得媒体纷纷庆幸“武汉市空气质量明显改善”[①]。可以说,中国未来数年中仍将面临“环保基本靠风”的冷峻现实,人们不得不时时祈祷风伯常眷顾。

次以汉江和水安全为例。大文豪苏东坡有首诗名《汉水》,其中有两句是这样的:“襄阳逢汉水,偶似蜀江清。”[②]这是 900 多年前苏东坡所见到的汉水。汉水全长 1500 多公里,有三分之二的流长在我们湖北,我们需要认真思考与对待的问题是:未来我们是否依然能保证汉水清澈如昔呢? 2014 年 11 月,媒体报道,全国十大水系水质一半污染,湖北湖泊面积锐减、湿地萎缩,水安全问题正在构成中华民族的“心腹之患”[③]。

再以长江三峡“猿”和长江水生物资源为例。最早写到“猿声”的当属南朝民歌《西曲歌·女儿子》:“巴东三峡猿悲鸣,夜鸣三声泪沾裳”;而在众多写三峡猿声的诗中,尤以李白的“两岸猿声啼不住”诗句更为形象生动,千古流传。清代以来,由于巫山毁林垦荒,猿在三峡日趋稀少。《巫山县志》有这样的记载:“自乾隆乙亥年后,四山开垦,山土松滑,大雨时行,土随水下,洞塞田淹,下坝、中坝汇为巨浸。”光绪年间,曾任江西道监察御史的赵熙(1867—1948 年)《过夔州》诗:“李白乘舟别故乡,桃花绿水下瞿塘。如今两岸猿声少,不尽春愁落夜郎。”这说明 19 世纪末三峡还有猿存在,不过两岸猿声已稀少。20 世纪以来,三峡自然生态环境被人类破坏愈来愈严重,造成恶性循环,最明显的是三峡如今几乎没有原始森林,猿类没有赖以生存的良好自然条件。加之人们无计划计育,人口稠密,人与猿争地盘,而峡江中轮船往来频繁,猿类不愿与人类为伍,斗不过人类,无奈,甘居为败,有的凄惨地死亡,有的悲伤地逃到云南等条件优越的地方“安居乐业”。从此,人们再也见不

① 《武汉市空气质量明显改善 上半年重污染天数减少 17 天》,2015 年 8 月 13 日,见华夏经纬网(http://www.huaxia.com/hb-tw/jlhz/jcsx/2015/08/4520065.html)。

② 苏轼:《东坡全集》卷 27,见影印文渊阁本《四库全书》第 1107 册,台湾商务印书馆,1986 年,第 387 页。

③ 《全国十大水系水质一半污染 鄂湖泊面积锐减湿地萎缩》,见凤凰湖北(http://hb.ifeng.com/news/focus/detail_2014_11/19/3168993_1.shtml)。

到三峡猿，误以猴鸣代“猿啼”，甚至连猴声也罕闻①。

许多长江水生物资源现已濒临灭绝。旅美学者、作家袁劲梅《父亲到死，一步三回头》一书，写到其父亲——已故生物学家、原南京大学生物系教授袁传宓先生，生前一直为了长江的环境和动物的生存奔走呼喊。1977 年 4 月开始，袁传宓教授带领南京大学四位同事开始奔走于长江沿岸，追随长江刀鱼洄游的路线。这是中国学者拯救长江刀鱼的首次努力。那时的江刀遍布长江沿线。现如今生态付出惨痛代价，作为“长江三鲜”之一的江刀已濒临灭绝边缘。袁劲梅在该书的封面上写道：“我必须告诉长江和长江边的不肖子孙我父亲的故事。我父亲到死对长江都是一步三回头。我希望等到人们总算懂得该向自然谢罪的那一天，会想起我的这些故事。”②

可以说，2600 多年前，老子即为后人发出了关于生态恶化的警世恒言。因此，老子生态伦理观首先给今人的启示是：守不住生态环境，人类的生存与发展将面临老子所谓“裂”、“废”、“竭”、“灭”的恶果。今天的我们要时刻不忘老子对生态恶化的警告，牢记“要金山银山，更要绿水青山”的发展理念。“凡事预则立，不预则废”③，我们要做好环境、生态预测与监测工作，防止生态恶化。

二、“道生万物”：尊重万物的平等平衡

在老子看来，不仅万事万物甚至连天地都不是宇宙的根本，它们都是由“道”所产生的，以“道”作为它们共同的本原。《道德经》25 章：“有物混成，先天地生。寂兮寥兮，独立而不改，周行而不殆，可以为天下母。吾不知其名，强字之曰‘道’，强为之名曰‘大’。……故道大，天大，地大，人亦大，域中有四大，而人居其一焉。”陈鼓应译曰：“有一个浑然一体的东西，在天地形成以前就存在。听不见它的声音也看不着它的

① 参见吴成国：《天造地设——长江流域的大、小三峡》，武汉出版社、中国言实出版社，2006 年，第 203～206 页。

② 袁劲梅：《父亲到死，一步三回头》，长江文艺出版社，2013 年。

③ 《礼记·中庸》，见杨天宇撰《礼记译注》，上海古籍出版社，1997 年，第 912 页。

形体,它独立长存而永不休止,循环运行而生生不息,可以为天地万物的根源。我不知道它的名字,勉强叫它作‘道’,再勉强给它取个名字叫做‘大’。……所以说,道大,天大,地大,人也大。宇宙间有四大,而人是四大之一。”①道为万物之母,故老子说:“道生一,一生二,二生三,三生万物。”(42 章)

由“道生万物”,老子又提出了他的生态平衡观。《道德经》77 章曰:“天之道,其犹张弓欤?高者抑之,下者举之;有余者损之,不足者补之。天之道,损有余而补不足。”自然的规律是拿有余来补不足,保持均平调和的原则。

老子视“道”为宇宙的本原,是天地万物所以生的总原理。“道生万物”、“为天地母”表明了“道”具有宇宙本原的意义。道在老子那里,是最高的绝对本体,它既莅临宇宙万物之上,所谓“道莅天下”(60 章)②,又存在、渗透、流行于万物之中,从而体现出老子道论的宇宙本体论特色。由此可见,这个“道”,既是万物之宗,又是万物之始,更是万象之源,它把天、地、人等宇宙万物都连贯成为一个整体,把思考的范围扩展到整个宇宙,树立了朴素的整体观念,并由此出发来审视人世间的各种事物和各种问题。按照这种观点来看,人本来就是自然的一部分,其本性当是自然而朴素的。“道”是人与自然存在的共同基础和共同本性,人和自然一样,都是“道”的产物,作为一个统一的宇宙生命体,两者同根同源。在老子所说的“四大”之中,人是四大之一,与道、天、地这三大之间是相互平等、彼此尊重、协同并进的。因此,人既不是自然的主宰者,也不是自然的依附物,二者应当是平等的。“道生万物”作为老子生态伦理观的基本思想,表现在人与自然关系上,就是把天地万物与人之间视为并列、平等的关系,要求人们放弃或改变以人类为中心的观念。在处理人与自然的关系上,既承认人是自然界的一部分,其生存与发展都来源于自然的给予与馈赠,不能脱离自然而单独存在,又强调人与自然之间应是统一、协调而非对立、紧张的关系。

---

① 陈鼓应:《老子注译及评介》(修订增补本),中华书局,2009 年,第 159 页、164 页。

② 陈鼓应:《老子注译及评介》(修订增补本),中华书局,2009 年,第 286 页。

“道生万物”、“损有余而补不足”等道家思想，既超越人类中心主义又超越自然中心主义，而不是像某些现代环境伦理学一样，从一个极端走向另一个极端。它启示我们：天、地、人都是平等的，处理人与自然的关系，要在人与自然之间找到一个平衡点，建立和谐、平等、共生的生态环境。

三、“道法自然”：生态规律的最早把握

道虽生化万物，覆育万物，却无丝毫私心要主宰万物，占有万物，而完全是自然而然，无心而成化。《道德经》言：“大道泛兮，其可左右。万物恃之以生而不辞，功成而不有，衣养万物而不为主”（34 章），“道之尊，德之贵，夫莫之命而常自然”（51 章），“悠兮其贵言。功成事遂，百姓皆谓：‘我自然’”（17 章），“希言自然”（23 章），“人法地，地法天，天法道，道法自然”（25 章）①。

历来关于“道法自然”一句的释解，众说纷纭。自汉代河上公以下，宋葛长庚、元吴澄、明代焦竑，近现代的冯友兰、童书业、张岱年、任继愈、陈鼓应等，通常将这一句解释为“道自己如此”、“道无所效法”②。王中江认为，“上述各家基本上大同小异地将‘道法自然’解释为‘道效法自己的自然而然’，认为在‘道’之外没有一个什么‘自然’需要道来效法”，这种解释是有问题的：“第一个问题是，‘道法自然’的‘法’字被省去了。……第二个问题是，这种解释把‘自然’看成是‘道’自身的东西”；产生这样的结果，是因为上述各家“不能想象最高的‘道’还需要去效法什么。既然‘道’是万物的根源，是世界的最高实在，怎么可能在道之外还有一个‘自然’需要‘道’去‘效法’？”

明白了“道”（“万物之宗”、“万物之始”、“万象之源”）与“法”（“以……为法”、“效法”）的意义，关键是如何解释“自然”一词？“自然”是道家思想中的一个极其重要的概念，为老子所首创。“自然”一词既

① 陈鼓应：《老子注译及评介》（修订增补本），中华书局，2009 年，第 194 页、254 页、128 页、153 页、159 页。

② 吴成国：《老子道学智慧及其现代价值》，载周海春主编《文化发展论丛·中国卷》（2014），社会科学文献出版社，2014 年，第 101 页。

不是名词也不是形容词，而是一个状词，它与现代人所常说的“大自然”不同。在“自然”一词中，“自”即“自己”，“然”的首要含义是“如此”、“这样”，它包含了事物从产生、成长到消亡的整个过程，这一含义与西方哲学中的“存在”大致相当，即“自然”一词还寓示着万物自身就是它存在的缘由、价值和意义。古希腊哲学家普罗泰戈拉曾说：“人是万物的尺度，是存在的事物存在的尺度，也是不存在的事物不存在的尺度。”①正是在这一意义层面，我赞同王中江对“道法自然”的解释，他说：“‘道法自然’的准确意思是‘道遵循万物的自然’。”②

在老子看来，作为域中四大的人、地、天、道，在这个依次递进的逻辑关系中，人、地、天、道所遵循的规律法则也应是一致的。人为大地所养育，以大地作为其遵循的准则，效法大地；由于大地顺承天道而运转不息，故人在以大地为师、效法大地的同时，还应该向天学习，顺承天道；又由于天地因道而生，两者均以道为其法则和本原，故人在尊天顺地的同时也要把道作为其法则来遵守，而道师法于“万物的自然”，以“万物的自然”作为其归宿。所以人法地的实质便是人法“万物的自然”，即效法“万物的自然”，把“万物的自然”作为自己的效法对象和行为准则，遵循万事万物（也包括现代人常说的“大自然”）生长运行的规律。在老子哲学中，“道”是形而上的最高实体，它是产生万物的本原，它怎么还需要去效法和遵循“万物的自然”呢？正如王中江所指出的，“这正是老子哲学的奥妙和智慧所在”；“老子哲学一方面思索的是形而上学的问题，这一问题主要是围绕‘道’与‘万物’的关系展开的；另一方面思索的是政治哲学的问题，这一问题主要是围绕‘圣王’和‘人民’的关系展开的”③。

道家“道法自然”观念的核心内容即是通过“法天地”而体悟其中的“自然”之道以为人类所用。“自然”的原理是先在的，其功用通过相对性具体性表现出来，既独立于经验又具有经验的普遍性和必然性。“道

① 北京大学哲学系外国哲学史教研室编译：《古希腊罗马哲学》，商务印书馆，1961 年，第 138 页。

② 王中江：《道与事物的自然：老子“道法自然”实义考论》，《哲学研究》2010 年第 8 期。

③ 王中江：《道与事物的自然：老子“道法自然”实义考论》，《哲学研究》2010 年第 8 期。

法自然”指向万物“法自然”，皆以“自然”为本，因此，“人法自然”内在于“道法自然”这一命题之中[①]。其主要目的有二：一是为人类安身立命，二是借以救治失性的病态人类。它启示今天的人们：在宇宙体系中，要尊重“万物”按照自身的本性自我变化、自行表现。

四、“清静无为”：生态伦理的实践诉求

“清静无为”是道家对待自然、社会、人生的基本态度和基本法则，其含义是清心寡欲，安静守一，顺应自然，不肆意妄为。老子说：“清静为天下正”(45 章)，“我好静而民自正”(57 章)[②]。老子追求清静无为，“无为”是指顺其自然而不加以人为，与之相对的是“有为”，是指统治者强作妄为。“道常无为而无不为”(37 章)，“是以圣人欲不欲，不贵难得之货；学不学，复众人之所过，以辅万物之自然而不敢为”(64 章)，“我无为，而民自化；我好静，而民自正；我无事，而民自富；我无欲，而民自朴”(57 章)[③]。就是说，“无为”决非无所作为，而是不私为，不妄为，是按照事物的自然本性，因势利导地去做，无形中方能得到成功。“‘无为’不是说‘道’没有任何活动和作为，而只是说道的活动方式是不控制、不干预，目的是让万物自行活动、自行其事。”[④]“无为而无不为”则是“没有什么事情做不成”。为此，老子又提出了不争、不先等观念，“为而不恃”(2 章)、“为而不争”(81 章)、“吾有三宝，持而保之。一曰慈，二曰俭，三曰不敢为天下先”(67 章)[⑤]。

“无为”在本质上是一种伦理诉求。“无为”思想是老子《道德经》的核心思想，也是“道法自然”的具体化、实践化。“无为”也是一种行为规

---

① 于民雄：《“道法自然”新解》，《贵州社会科学》2005 年第 5 期。

② 陈鼓应：《老子注译及评介》(修订增补本)，中华书局，2009 年，第 236 页、275 页。

③ 陈鼓应：《老子注译及评介》(修订增补本)，中华书局，2009 年，第 203 页、296 页、275 页。

④ 王中江：《道与事物的自然：老子“道法自然”实义考论》，《哲学研究》2010 年第 8 期。

⑤ 陈鼓应：《老子注译及评介》(修订增补本)，中华书局，2009 年，第 60 页、348 页、306 页。

范，从内容上，要求不妄为，不他为，从实现途径上，要求“无事”、“不争”。这在本质上是一种伦理诉求，一种自我约束，强调自制与自律的重要性。英国科学史家李约瑟博士关于道家“无为”的认识深中肯綮：“无为在最初原始科学的道家思想中，是指‘避免反自然的行为’，即避免拂逆事物之天性，凡不合适的事不强而行之，势必失败的事不勉强去做，而应委婉以导之或因势而成之。”①

老子提倡“无为”，但并非主张消极地无所作为，而是要积极地循道而为。实际上，“自然”与“无为”是统一的，“无为”是“自然”在人生中的体现与延伸。“道”的基本运行方式即“无为”、“自为”，道在万物的生发和演化过程中是无目的、无偏私，一心一意按照自己的方式运行的，万物也因而能够各循其道运行，宇宙万物在整体上形成一种和谐共生的状态。时下，我们有些干部为了表政绩、表功劳，违背自然规律地去破坏自然生态之美；一些地方政府乱上项目，热衷于搞劳民伤财的形象工程、面子工程，脱离实际的政绩工程，不但没有给老百姓带来福祉，反而劳民伤财，破坏生态。这种不尊重规律而胡作乱为的做法就是老子反对的“瞎折腾”，势必造成“天无以清”、“地无以宁”、“万物无以生”的恶果。与其这样，不如“无为而治”，做到“在宇宙体系中，‘无为’的‘道’遵循‘万物的自然’；在人间社会中，‘无为’的‘圣人’则遵循‘百姓的自然’”②。

老子“清静无为”生态伦理的实践诉求告诉我们：为了给子孙后代留下天蓝、地绿、水净的美好家园，坚决杜绝实施掠夺自然、破坏自然的高投入、高消耗、高排放、低效益的面子工程、形象工程、脱离实际的政绩工程。从治理之术和生态文明建设角度讲，惟愿我们的干部深谙道家“无为而治”的领导智慧，有所不为才能有所作为。

（作者为湖北大学历史文化学院教授、湖北大学高等人文研究院副院长）

① ［英］李约瑟撰，陈立夫主译：《中国古代科学思想史》，江西人民出版社，1990年，第83页。

② 王中江：《道与事物的自然：老子“道法自然”实义考论》，《哲学研究》2010年第8期。

《道德经》的商业伦理思想及其现代价值重估

高建立

在先秦诸子的著作中，特别是儒家学说体系中，伦理道德思想占有非常重要的地位，如其主张的君尊臣卑、父慈子孝、兄友弟恭等等，都是传统伦理思想的集中折射。可以说，以儒家伦理思想为主体的中国传统伦理道德思想体系在先秦时期即已经形成初步框架，并坚实地奠定了封建社会的伦理道德思想体系之基础。而先秦道家作为中国传统文化的重要一支，因其主张道法自然和无为政治，与封建正统社会秩序的价值诉求相脱节，以至于在后期发展中游离于正统儒学之外（汉初和魏晋时期道家有所发展），逐渐沦为主流思想的辅助或补缺，成为中国传统士人人格形成的思想材料，而不见用于当道。也正因此，其伦理价值的分析和发掘被研究者所轻视、忽略。其实，从《道德经》对道与德的形上诠释，已经可以清晰看出《道德经》思想中对道与德的价值倾诉。只是因其形而上的超价值性阐释，导致了伦理价值的曲解，以至于使其丰富的伦理道德思想被其形而上的哲学理论所遮蔽。本文试图通过对《道德经》道德伦理思想中的商业伦理思想的哲学追问，分析《道德经》商业伦理思想的基本特征，进而重估其在现代商业经济发展中之价值。

一、道与德——《道德经》商业伦理思想的哲学思辨

道德是人们共同生活中所应遵循的行为准则和价值规范。金岳霖先生在《论道》中指出："每一文化区都有它的中坚思想，每一中坚思想都有它的最崇高的概念，最基本的原动力……中国思想中最崇高的概

念似乎是道。所谓行道、修道、得道，都是以道为最终的目标……不道之道，各家所欲言而不能尽的道，国人对之油然而生敬仰之心的道，万事万物之所不得不由、不得不依、不得不归的道才是中国思想中最崇高的概念，最基本的原动力。"①在中国语言文字中，最早记述道德的应是《道德经》，又名《老子》，是道家哲学思想的重要来源。《道德经》共有81 章，37 章之前为道经，38 章之后为德经。《道德经》是一部关于道与德的完整哲学著作，其中"道"是其核心概念。根据高秀昌先生的统计，《道德经》中"道"字共出现 74 次②。显而易见，"道"在《道德经》中出现的频率是很高的。

在《道德经》中，道的核心意思有两点：一是本体论层面的，认为道为天地万物的本源，如说："有物混成，先天地生。寂兮寥兮，独立而不改，周行而不殆，可以为天下母。吾不知其名，字之曰道。"(25 章)"道生一，一生二，二生三，三生万物。"(42 章)在这里，道是天地万物之所以产生的根源，是"天下母"。其为"天下母"的方式是通过"道法自然"实现的，而非一种强为，这就引申出了"无为"说，无为即是不勉强为之，而是以顺任自然的方式"长之育之，亭之毒之，养之覆之"(51 章)。顺任自然本身即含有遵循规律之意，所以《道德经》所论之道具有"有余者损之，不足者补之"之特点，能够顺应事物发展规律，以合乎规律之"道"对自然社会进行无为调节，达到自然社会的和谐有序发展。所以，《道德经》说："执古之道，以御今之有"，并警告统治者："天下无道，戎马生于郊。"(46 章)《道德经》认为，顺任自然，道法自然，不仅是自然界的规律，同时也应该运用于复杂多变的人类社会，以无为自然之心治理天下，方能成就天下，达成天下之治。

"德"也是《道德经》中的重要概念，"德"字出现 41 处，有"上德"、"玄德"、"孔德"、"积德"等，所谓"孔德之容，惟道是从"(21 章)，认为大德的作用表现是要完全根据于道的；"上德不德，是以有德；下德不失德，是以无德。上德无为而无以为；下德无为而有以为"(38 章)；还说

① 金岳霖：《论道》，商务印书馆，1987 年，第 16 页。

② 高秀昌：《易通〈老子〉》，九州出版社，2007 年，第 22 页。

“道生之,德蓄之,物形之,势成之。是以万物莫不尊道而贵德。道之尊,德之贵,夫莫之命而常自然”(51 章),认为正是道产生了万物,德蓄养了万物,所以万物莫不尊道而贵德。而道与德却又“生而不有,为而不恃,长而不宰”(51 章),所以《道德经》将之尊为“玄德”,即潜蓄而不著于外的德性。关于玄德,王弼注为“凡言玄德,皆有德而不知其主,出乎幽冥”,指出了德的自然无为之性。郑开先生也认为,“‘玄德’不仅是道家无为政治思想的理论基础之一,也是道家伦理学中超道德论的思想依据”①。同时,《道德经》还特别重视德的修行,主张以道修身求治,达到德的层次的提升,如说:“修之于身,其德乃真;修之于家,其德乃余;修之于乡,其德乃长;修之于国,其德乃丰;修之于天下,其德乃普。”(54 章)认为,以道修身,德就纯真;以道管家,德就充裕;以道理乡,德就长久;以道治国,德就丰盛;以道经营天下,德就普惠天下。

战国时期的韩非对《道德经》中道与德的理论作了进一步改造和深化分析,认为“德者,内也”(《韩非子·解老》)。德,是事物的内在本质,是道的体现,每一个具体的事物都有它的德。他还论证了道与德的关系,提出:“德者,道之功”(《韩非子·解老》);“夫道者,弘大而无形;德者,覆理而普至。至于群生,斟酌用之。万物皆盛(成)而不与其宁。”(《韩非子·扬权》)所谓“德者,道之功”。意思是说事物的性质都来源于“道”,“道”的功能体现为事物的“德”(性质),道寓于德,德是道的体现,从而说明了事物的一般性质和特殊性质的关系。德的本意是顺任自然,遵循自然规律去做事情。道生万物,而德滋养万物,是道的呈现和体现。《韩非子·五蠹》还说:“上古竞于道德,中世逐于智谋,当今争于气力。”揭示了道德的社会和阶级本质。显然,无论是《道德经》中对道、德的精深阐释,还是韩非对《道德经》之道与德的理论的改造和深化,都彰显了以《道德经》为代表的先秦时期道德思想理论的发展特点和规律,为后世道德理论的丰富和完善奠定了形而上基础。当然,也为《道德经》商业伦理思想奠定了深厚的哲学基础。

① 郑开:《玄德论》,《商丘师范学院学报》2013 年第 1 期。

二、《道德经》商业伦理思想的基本特征

《道德经》的道是世界发生的形而上原因，而德表示万物获得道性，从而能够顺应自然地生长、化育，处于形而上和成物之间①。这里明确标示了自然是伦理的基础和至上性前提。正是这一伦理基础，形成了《道德经》思想体系中的独特商业伦理思想。

（一）知足不辱

法自然是《道德经》道德伦理思想的指导性原则，《道德经》之所以强调法自然，就在于《道德经》反对违背自然发展的规律，认为过度的有为是自然发展的最大杀手，只有行无为之道，才能顺任自然。延伸到人类社会的发展也是如此。《道德经》认为，人类过度的贪欲是自然的大敌，无止境的欲壑，即使自然破坏殆尽也无法填平。如说："朝甚余，田甚芜，仓甚虚；服文采，带利剑，厌饮食，资货有余；是谓道夸。非道也哉。"（53章）认为统治者的贪得无厌是有悖于道的，是违道行为。还说："无色令人目盲，五音令人耳聋，五味令人口爽，驰骋田猎令人心发狂，难得之货令人行妨。"（12章）五色、五音、五味、驰骋田猎、难得之货，都是一种感性享乐，不应该过度追求，这种做法非圣人所为。在《道德经》看来，真正的圣人，其所追求的是安然乐足，"是以圣人为腹不为目，故去彼取此"（12章）。基于此，《道德经》提出了"知足不辱"的伦理思想，如说："祸莫大于不知足，咎莫大于欲得。故知足之足，常足矣。"（46章）欲望和需求是人的本能，也是人性的体现，人性由于社会的复杂容易被外部环境影响而变得迷失方向，贪欲就是迷失本性的表现，因此，《道德经》认为，只有加强道德修养，养成知足情性，才能保持人性的本然。所以，他极力主张"见素抱朴，少私寡欲"（19章）。任继愈先生将此话阐释为"外表单纯，内心朴素，减少私心，降低欲望"②。认为人

① 谢扬举：《〈老子〉的伦理哲学述评》，《安徽大学学报》2000年第4期。

② 任继愈：《〈老子〉绎读》，北京图书馆出版社，2006年，第41页。

应该保持人性的淳朴,摈弃对感官刺激的追求,去追求具有超越精神的道,以免为名利声色、嗜欲享乐所困扰。“名与身孰亲?身与货孰多?得与亡孰病?甚爱必太费,多藏必厚亡。故知足不辱,知止不殆,可以长久”(44章),只有知足才是合乎大道的德性,才可以长久,“故知足之足,常足矣”(46章)。

(二)处俭抑奢

由于《道德经》提倡知足不辱、知足不殆、知足常足,所以在生活中反对贪婪,反对奢靡和浪费。《道德经》说:“我有三宝,持而保之。一曰慈,二曰俭,三曰不敢为天下先。”(67章)从形而上层面来看,俭是道的必然要求,主张无为,即是对自然之俭,反映在人类社会中,要求人们要保有持俭心态,不要追求过度的奢侈,《左传》说:“俭,德之共也;侈,恶之大也。”一切德性皆是从节俭而来。从治国者来讲,崇尚节俭,可以收敛贪欲,不加重百姓负担,可以保持社会安定,如说:“我无欲而民自朴”(57章);就个人生活来讲,尚俭利于养生,因为“无色令人目盲,五音令人耳聋,五味令人口爽”,奢侈贪婪容易造成身体负累、心理失衡,不合乎道。所以,圣人不为。为了达到处俭抑奢,《道德经》提出了道德修养方法,即“致虚极,守静笃。万物并作,吾以观复”,以虚静之心对待万物,使自我归于自然;同时《道德经》还提出了“少私寡欲”,尽力排除有悖于道的不合理的贪欲,做到“不贵难得之货”,以不欲为欲。

(三)不争之争

《道德经》强调道“生而不有,为而不恃,长而不宰”(51章),道的这种品格通过德表现出来,广泛流行于天地万物之中,体现了无私的品格——不争。不争既是无为思想的体现,也是道法自然的诉求。《道德经》反对不道德的竞争,认为非正当竞争或有悖于道德的竞争,只能是与民争利,导致天下失序。他认为,只有在合乎伦理道德的范围内进行合理竞争、公平竞争,才是正当的,合乎大道的。只有遵循天道,取法自然,合乎道与德,处于无为状态,才能够达到不争而争的效果,所以《道德经》说:“以其不争,故天下莫能与之争。”(66章)在《道德经》那里,守柔不争不是软弱的表现，而是柔中有刚、以柔取胜的法宝，所谓："善为士者不武，善战者不怒，善胜敌者不与，善用人者为之下。是谓不争之德，是谓用人之力，是谓配天古之极。"(68 章)认为守柔不争，是符合天之道的，以之能够达到最后成功之目的。所谓"天之道，不争而善胜"(73 章)。

（四）诚实守信

《道德经》对诚信的吁求，是春秋后期时代发展的产物，当时周王朝衰微，致使王纲解钮、周礼不张，尔虞我诈的现象不断发生，社会的动荡与混乱，霸道政治的展开，出现了礼崩乐坏的局面，社会成员之间也出现了诚信危机。诚信的丢失，自然意味着伦理道德的丧失，所以《道德经》说："从事于道者，同于道；德者，同于德；失者，同于失。同于道者，道亦乐得之；同于德者，德亦乐得之；同于失者，失亦乐得之。信不足焉，有不信焉。"(23 章)认为正是由于诚信的不足，才使得社会丧失了诚信，成为相互欺瞒的平台。究其原因，《道德经》认为是"智慧出"所致，这种智慧不是符合大道的智慧，而是具有明显自私自利的小聪明、小狡黠，而正是由于这些小聪明、小狡黠离间了人们之间的信赖关系，因此，《道德经》提出了"绝圣弃智"(19 章)、"绝伪弃诈"(19 章)。主张人与人之间的关系应该以诚信为本。每一人都应当秉承善良之心去对待他人，如说"圣人常无心，以百姓心为心"(49 章)，甚至主张"善者，吾善之；不善者，吾亦善之；德善。信者，吾信之；不信者，吾亦信之；德信"(49 章)。对于善良的人，我以善良对待他；对于诚信的人，我以信任对待他；甚至对于不诚信的，我也要以信任对待他；这样就可以得到诚信。

（五）余奉天下

《道德经》的道既是世界万物的本源，也反映了自然和社会的发展规律，体现出一种规律性。道常无为、道法自然的主张，彰显了道之无为无不为的特性。正是因任自然、遵循规律，所以道也主宰了自然的平衡，使得自然和社会得以恒久发展，因此，《道德经》说："天之道，其犹张弓欤？高者抑之，下者举之；有余者损之，不足者补之。天之道，损有余而补不足。"(77 章)认为天之道就是减损有余而弥补不足。大道的运行反映到人类社会就不然了，老子深知春秋时期社会的动荡，并对此进行了尖锐抨击，如说“人之道则不然，损不足以奉有余”（77 章）。认为尔虞我诈、相互争霸的结果是上层统治者肥己之私，而下层劳动者的生活则更加悲惨！所以《道德经》认为，只有行天道，才能遏制社会的不公，所谓“孰能有余以奉天下？唯有道者”（77 章），只有遵循天道之人才能以有余补给天下之不足，展现了《道德经》仁爱为怀的大道精神。

三、《道德经》商业伦理思想的现代价值重估

以研究中国科学技术史著称的英国著名生物化学家李约瑟说：“道家思想和行为的模式包括各种对传统习俗的反抗，个人从社会的隐退，爱好并研究自然，拒绝出任官职……中国人性格中的许多最吸引人的因素都来自于道家思想。中国如果没有道家思想，就会像是一棵某些深根已经烂掉的大树。”①李约瑟对于道家思想的评价是否精当，姑且不论，但其对于道家思想在中国社会的影响深远的判断可以说是准确的。儒家和道家作为中国传统文化的核心力量，如鸟之两翼，车之两轮，缺一不可，对中国传统社会生活产生了深远影响。尽管宋以后，新儒家思想占据正统地位，道家思想游离于主流意识形态之外，但其思想因子却始终植根于士人知识分子和社会民众生活之中，调适着乱世中的社会民众心理。特别是《道德经》的伦理思想作为儒家入世伦理思想的别样补充，对后世依然发挥着重要作用。前文所述《道德经》的知足不辱、处俭抑奢、不争之争、诚实守信、余奉天下等商业伦理思想，对于当今我国市场经济发展与和谐社会构建依然具有启迪和借鉴价值。

其一，知足不辱，利于和谐商业秩序的构建。人既是个体的人，同时也是社会的人，人的本质是社会关系的总和。因此，个体的人在规划自己需要的过程中，必须对于自己众多的需要作出一个取此舍彼的价值抉择，以照应到他人在社会中的利益。在现实生活中，人们越来越认识到，生命价值比金钱、荣誉、地位重要得多。知足常乐，并非完全消

① 李约瑟：《中国科学技术史》卷 2，科学出版社、上海古籍出版社，1990 年，第 178 页。

极,它也是对于人心私欲的一种调节方式。特别是在竞争日趋激烈的社会环境中,人们必须正视自身的需要,坚决摈弃不正当的奢望和欲求,不求过度享受,而是将平淡是真作为生活的基本准则,摆正位置,尽己之力,求得个体正当利益的满足。同时,要大力倡导人与人之间的友谊与和谐,并由此延伸到家庭、社会甚至国与国之间的和谐,从而达到世界的和谐有序和稳定发展。

其二,处俭抑奢利于高尚节操的养成。陈毅同志曾有句诗说,“历来古今多少事,成由谦逊败由奢”。在中国人的传统观念中,“崇俭黜奢”历来是消费观的主流,是一种社会美德。对于个人,节俭有利于人追求高尚的情操,利于养身、长寿;而奢华则容易使人心理机制失衡。对于社会来讲,节俭利于优化社会风气,保持社会安定。对于国际社会而言,可以避免互相侵伐,但是现实的贪欲和奢侈往往使人不能够正确对待物我关系、人我关系。市场经济本质上是需求导向型经济,其发展的内在动力是人们的需求与欲望的满足程度。我国目前实行的社会主义市场经济体制,生产和消费的根本目的是满足人民群众日益增长的物质文化生活需要。如果不倡导合理消费,过度耗费有限的自然资源,以至于导致自然生态环境恶化,势必造成可持续发展的严重破坏,那么其后果是非常严重的。而《道德经》的消费伦理,以倡导简朴、节约为宗旨,有助于抑制消费主义,更加重视人的更本质的精神需求和社会长远发展,同时也有利于增强消费主体的道德责任感。

其三,不争之争利于市场良性竞争的培养。在现代市场经济活动中,活动的主体是自由平等的,因此,在经济活动中就应当充分尊重彼此的自由权利。这也即是《道德经》所谓的天道,而天道是“无亲”的,是不偏袒任何个人和政治集团的,所以他应作为市场经济发展中的重要原则。《道德经》提出“不争”,其根本用意是反对不正当竞争,不为不道德的私利而争。提倡在遵循天道原则的基础上进行合理公平竞争。激烈竞争是市场经济发展的必然产物,竞争也是社会发展的重要推动力,但竞争是有限度的,也要求有道德标准的约束。盲目竞争和采取非正当手段所形成的竞争,只能给竞争双方造成伤害,甚至是两败俱伤。特别是现代企业中的宣传战、广告战等竞争方式和手段,由于管理原因,出现了一定程度的混乱，在广告宣传、商务公关、产品质量、销售策略等等方面存在着不实问题，不但误导了消费者，而且也影响了企业声誉，从而导致企业发展的下滑。因此，只有向质量要效益、以质量求生存，在产品质量上下功夫，深入挖潜、埋头创新，而不是单单在宣传、公关等环节以夸大其词骗取顾客的眷顾，才能以“不争”实现产品质量的潜力竞争，并收到“天下莫能与之争”的效果。

其四，诚实守信利于良好商德的形成。诚信是商品经济发展的重要基本原则之一。人无信不立，市场经济发展中也是如此。中国自古就重诚信，历史上特别是明清商品经济繁荣期，以诚信发家的例子不胜枚举。我国当前所实行的市场经济，是竞争发展的经济，在发展中正当竞争和不正当竞争是并存的，要想在激烈竞争的市场经济活动中立住脚跟、稳定地位、赢取信誉，必须做到诚信守信。任何商家和企业，都有其利益诉求，如何有效实现利益诉求，单纯靠一时的坑蒙拐骗是不可能长久的，以为当今社会是信息社会，媒体的迅猛发展，社会信息的快速效应，大大缩小了信息空间，这就决定了欺骗的短期有效性，一旦蒙骗被揭穿，那么再花十倍的努力亦难挽回，所以诚信才是赢得市场经济发展中长期利益和拓展生存空间的根本。赢得了社会信任，自然也就赢得了市场，企业利益亦水到渠成。

其五，余奉天下利于商业形象的塑造。按照市场经济理论，市场经济条件下，社会分配是动态均衡的，当社会财富完成了初次的分配之后，对财富进行再分配时，就应充分考虑到利益的协调与均衡问题，以最大限度调节两极分化问题。当前我国分配不公问题依然不可轻视，尽管政府在这方面付出了较大努力，充分注意社会民生问题和利益分配公平，但依然未能满足均衡协调发展的需要，今后还应继续加大投入，有效调节利益分配，促进社会和谐发展。作为市场经济发展的重要实体——企业，更应该考虑利益协调问题，在努力改善职工生产生活环境和福利待遇的同时，应加大对社会保障和社会责任的承担，要有强烈的社会责任担当意识，谨记职责，加大对社会的回报和奉献。

（作者为《商丘师范学院学报》编辑部主任、执行主编，教授）

老子"无心"视阈价值取向及其借鉴意义

陈大明

"无心"视阈是老子在阐释治国理世观点时针对治者如何处理与百姓关系问题提出来的，既是对前代民本思想的传承，又作了更为系统、更为全面的发挥。"圣人无心，以百姓心为心"的命题，对肩负治国理世重任的治者心系百姓、服务百姓、赢得民心的启示作用是巨大的。

一、"无心"视阈的基本涵义——"圣人无心，以百姓心为心"

老子揭示了"无心"视阈的基本涵义：

> 圣人无心，以百姓心为心。善者吾善之，不善者吾亦善之，得善。信者吾信之，不信者，吾亦信之，得信。圣人在天下，怵怵，为天下，浑其心，百姓皆注其耳目，圣人皆孩之。①

这段话的意思是说：圣人没有主观成见，以百姓的心为心。善良的人我善待他，不善良的人，我也善待他，这样可使人人向善。守信的人我信任他，不守信的人，我也信任他，这样可使人人守信。圣人在位，收敛自己的主观成见与意欲，使人心思化归于浑朴，百姓都投注他们自己的耳目，圣人却孩童般看待他们。

对于老子这段影响深远著名论断的涵义，陈鼓应先生有一段精辟的分析，他认为，老子在这里所推崇和提倡的，是"理想的治者"所应具备的基本操守和政治品质，亦即把天下百姓所想放在高于一切的位置。

---

① 朱谦之：《老子校释》，中华书局，1984年，第194～196页。

"理想的治者,收敛自我的成见与意欲,不以主观厘定是非好恶的标准,破除自我中心去体认百姓的需求,而敞开彼此隔阂的通路。""理想的治者,浑厚真朴,以善心去对待任何人(无论善与不善的人);以诚心去对待一切人(无论守信与不守信的人)。这和'无弃人''无弃物'[①]的人道主义精神是一贯的。"[②]

"理想的治者"常常没有自己的意见而以百姓的意见为意见,没有个人的私心而"以百姓心为心"。这的确是一种极高的道德修养境界和上以下为基的要求。具体表现为无思无虑、无为无欲。从政不是为了捞取私利,也不是为了满足贪欲,更不是为了获得更大的权力,而是为了救民于水火,为了百姓能按自己的本性自由自在地生活,完全以百姓的意见为依归,以百姓的心愿为出发点。与百姓息息相关、心心相印。同时,深深懂得"食者民之本,民者国之本,国者君之本"的道理,百姓才真正是国家的主人。"百姓足,君孰与不足? 百姓不足,君孰与足?"[③]君民一体,民富则君不至于独贫,民贫则君也很难独富。

因而,"理想的治者"都特别注意倾听人民的心声。周武王在伐纣的誓词中说:"天视自我民视,天听自我民听。"在他看来,天意与民意二者是统一的,老天所见到的来自百姓所见到的,老天所听到的也就是百姓所听到的。他认为:"惟天惠民,惟群奉天。"也就是说,上天永远惠爱百姓,国君永远奉承天意。而要奉承天意,就要顺从民心。这样,也就顺理成章地得出了如下的结论:一国之君不得有个人私心,而必须以百姓心为心。

"理想的治者"与百姓同呼吸共命运,国有饥民则食不兼味,路有冻者则衣不披裘。"足寒伤心,民劳伤国。"衰世暴君才不重民意不惜民命,竭百姓之则以供一人的淫乐,倾全国之力以满足一人的贪心。人民一旦赤贫劳悴,国破君亡的日子还会远吗?

明白"民者国之本"的道理,"理想的治者"就不会轻弃其民,对天下

① 朱谦之:《老子校释》,中华书局,1984年,第109页。

② 陈鼓应:《老子今注今译》,商务印书馆,2003年,第255页。

③ 程树德撰,程俊英、将见元点校:《论语集释》,中华书局,1990年,第851页。

所有的百姓就会有一种一体同仁的关爱。“理想的治者”富有天下拥有万民，但他们丝毫不会放纵自己的私欲。百姓倾耳侧目以注其上，君主无私无欲也使百姓返朴归真。君心与民心都同乎无私无欲，全社会的民风民俗就归于淳厚浑朴。主宰天下的是民心向背而不是帝王将相的主观意志，坚持“以百姓心为心”，要追求“自然之治”的境界，亦即“太上，下知有之。其次，亲而誉之。其次，畏之。其次，侮之。信不足，焉有不信焉。悠兮其贵言。功成事遂，百姓皆谓我自然”①。坚持以“以百姓心为心”，要追求“以正治国，以奇用兵，以无事取天下”的治境，因为“天下多忌讳，而民弥贫；民多利器，国家滋昏；人多伎巧，奇物滋起；法令滋彰，盗贼多有”②。坚持“以百姓心为心”，要实现“无为而无不为”的大治目标。如老子言：“不尚贤，使民不争；不贵难得之货，使民不为盗；不见可欲，使民心不乱。是以圣人之治，虚其心，实其腹；弱其志，强其骨。常使民无知无欲，使夫智者不敢为也。为无为，则无不治。”③

二、“无心”视阈的价值取向——“尊道贵德”、“行于大道”

“尊道贵德”、“行于大道”是老子“无心”视阈的基本价值取向，具体就是：

（一）建德抱道的价值取向

老子认为：“善建者不拔，善抱者不脱，子孙以祭祀不辍。”④也就是说，善于建树的人不可拔除，善于抱持的人不会脱落，子孙依此原则，可以世代享受祭祀。针对春秋末期各诸侯国的治者们私欲膨胀，沉湎于声色犬马，终至损道败德的现实状况，老子明确提出了以建德抱道而修身的价值取向，强调以道修德，普化天下，重在修身。老子认为，要拯救

① 王弼注，楼宇烈校释：《老子道德经注校释》，中华书局，2008年，第40页。

② 王弼注，楼宇烈校释：《老子道德经注校释》，中华书局，2008年，第149～150页。

③ 王弼注，楼宇烈校释：《老子道德经注校释》，中华书局，2008年，第8页。

④ 王弼注，楼宇烈校释：《老子道德经注校释》，中华书局，2008年，第143页。

社会，改善世风，重视人性，"以百姓心为心"，一个重要的价值取向是人们必须毫无保留地皈依于大道，坚持不懈、坚忍不拔地以道的原则从事人生修养，拒绝外物的诱惑，克服内欲的冲动。其基本步骤是以小致大，推己及人。以修身之德真，修家之德余，修乡之德长，修邦之德丰，修天下之德普，展现修身立德由以真为本而至于以普为用。老子所强调的修身的特征在于立德真淳，施德普遍，是个人自我守道修身的自然扩展，如大道之周流广博，泽被万物。老子提出的"以身观身"至"以天下观天下"的修身立德的方法和基本的价值取向，值得人们体悟与借鉴。

(二)"玄德深远"、"乃至大顺"的价值取向

老子指出："古之善为道者，非以明民，将以愚之。民之难治，以其智多。故以智治国，国之贼；不以智治国，国之福。知此两者，亦稽式。常知稽式，是谓玄德。玄德深矣，远矣，与物反矣，然后乃至大顺。"①基于春秋末年社会动荡，机巧丛生，各诸侯国间斗智斗巧，合纵连横，治者如此，而上行下效，百姓亦复如此的乱世，如何施行有效的治理？老子作了深入思考。他认为，引导百姓步入太平盛世是举国上下的共同心愿，既需要治者奉行无心无为之治，也需要百姓起而响应，以淳朴沌厚的姿态顺应这种治理方式，如果仅只治者不造作妄为，放手民间自由行事，而民间却多智谋机巧，上下不能够相互呼应，形成合力，无心无为之治就是一句空话。正是基于这种思考，老子明确提出了"古之善为道者，非以明民，将以愚之"的命题，虽然举的是古代的例子，实际是让当世治者听的。这里，需特别指出的是，不少人据此认为老子提倡的是"愚民"政策，这种看法，仅从字面上理解"愚"乃使天下百姓愚昧无知，是失之偏颇的。其实，把老子这一命题放在春秋末年的社会大背景中考察，再联系老子的一系列阐述，就不难看出，"非以明民，将以愚之"中的"明"是因巧诈过多，遮蔽了本来的良知与淳朴而形成的，实为"不明"；"愚"实为"自然"的代称，是一种颇具良知、婴儿般混沌淳朴的状

① 王弼注，楼宇烈校释：《老子道德经注校释》，中华书局，2008年，第167～168页。

态，实为更高层面的“聪明”。所以，老子理直气壮地宣称“以智治国，国之贼；不以智治国，国之福”，并认为认识了这两者就是真正明白了治国理世的基本模式和法则，能够明白这种模式、法则并自觉运用于治国理世实践，就达于“玄德”，进入了治国理世最自然的境界，亦即“大顺”境界。

（三）“自知不自见”、“自爱不自贵”的价值取向

老子观察分析所处时代的社会治理状况，十分深刻地指出：“民不畏威，则大威至。无狎其所居，无厌其所生。夫唯不厌，是以不厌。是以圣人自知，不自见，自爱，不自贵。故去彼取此。”①老子基于尊道贵德的基本原则，从治国理世角度深入阐述治者在处理与百姓关系时的基本价值取向，老子认为，治者如果多施严刑酷法，对百姓一味逼迫压榨，阻塞了他们的生路，使之进退无门、走投无路时，百姓便由厌恶治者，进而挑战治者的威权，到这个时候，治者始料不及的大的祸乱就来到了。轻者局部骚乱，重者一人揭竿，万人响应，烽火遍地，天下大乱。如何才能避免这种局面出现呢？老子明确提出：“夫唯不厌，是以不厌。”也就是不压榨百姓，不阻塞百姓的生路，才不会被百姓所厌恶。“圣人自知不自见，自爱不自贵”，得“道”的圣人但求自知自省，而不追求自我表现；但求自尊自爱，而不追求显赫尊贵。治者应效仿“得道”圣人，舍弃自见自贵，选取自知自爱。依老子所见，在治者与百姓的矛盾关系中，治者居于矛盾的主导方面，只有注重考虑百姓的诉求，尊重百姓的愿望，关心百姓的生计，争取百姓的归附，才能赢得百姓的拥戴。在处理治者与百姓关系问题上，老子崇尚自然和谐，反对高压强制；主张禁网疏阔，给百姓必要的生存条件。这种在处理与百姓关系时善于换位思考，身在民上，心在民下；身在民前，心在民后的识见是十分独到的。

（四）“行于大道”，不做“盗夸”的价值取向

老子以对社会政治现象和百姓生存状况的深刻洞见，尖锐地指出：

① 王弼注，楼宇烈校释：《老子道德经注校释》，中华书局，2008年，第179～180页。

"使我介然有知，行于大道，唯施是畏。大道甚夷，而人好径。朝甚除，田甚芜，仓甚虚。服文彩，带利剑，厌饮食，财货有余，是谓盗夸。非道也哉！"①老子以精准的语言，对无道治者的罪恶行径进行了痛快淋漓的怒斥。大道是那样的平坦宽阔，自然而然，而一些治者偏偏不奉行大道，热衷于歪门邪道。这种热衷的结果，造成社会上贫富差别加大，对立日增。一方面是宫廷里的亭台楼阁高耸入云，权贵们身穿华贵的服装，佩带锋利的宝剑，饱餐精美的饮食，搜刮剩余的财富；一方面是田地间一片荒芜，杂草丛生，百姓们仓库中空空如也没有一粒粮食，终至啼饥号寒，卖儿鬻女，在死亡线上苦苦挣扎。老子痛斥那些不顾百姓死活，热衷于锦衣玉食，声色犬马的无道治者是"盗夸"。这一声痛斥，表达了一位大智慧者的正义和良知。老子敢于直面社会现实，以独立的思想、自由的精神，对不合理的社会现象，尤其是对权势者的强权进行坚决抨击和无情批判，体现了对人类命运的终极关怀。这一声痛斥，表达了老子鲜明的爱憎。因为在私有制社会中，榨取劳动人民血汗的无道治者，从其阶级偏见出发，都把敢于反抗剥削和压迫的人诬为"盗"，老子却一反传统观念，公开指出那些"财货有余"、剥夺百姓的人才是货真价实的"盗夸"。透过老子溢于言表的激愤不平之气中所彰显的价值取向，治者"行于大道"，不做"盗夸"，应是不二抉择。

（五）"功遂身退"的价值取向

老子认为："持而盈之，不如其已。揣而棁之，不可长保。金玉满堂，莫之能守。富贵而骄，自遗其咎。功遂身退，天之道。"②通过揭示大道功成身退的特性，老子告诫世人要克制占有欲，不要追求"金玉满堂"，也不要羡慕"富贵而骄"，因为，凡此种种是百姓极为反感的，只会给自己和子孙后代留下祸害。老子提出了"盈"与"不盈"的辩证法，其中蕴含着物极必反、事物常常走向自己反面的法则。因此，为人处事不能过分、过头、过度，而应遵循"守中"原则、适度原则，尤其是功成名就

① 王弼注，楼宇烈校释：《老子道德经注校释》，中华书局，2008年，第141～142页。

② 王弼注，楼宇烈校释：《老子道德经注校释》，中华书局，2008年，第21页。

之后，更应如此。这样，才合乎天道人心，才不会招致祸害。老子之所以强调“功遂身退”的价值取向，是有其深刻的社会政治原因的。春秋战国之际的社会大动荡、大变革，使旧有的社会秩序遭到了彻底的颠覆，“高岸为谷，深谷为陵”，个人的命运在巨大的、动荡的社会现实面前变得起伏跌宕，风云莫测，再也无法自我驾驭，自我掌控。面对这种情势，老子希望通过以退为进、以屈为伸、以柔克刚的方式，去应付变幻莫测的世局，于被动之中争取主动。这种价值取向是极具借鉴价值的。天上月圆月缺，地上花开花谢，海中潮涨潮落，四季暑往寒来，不管是自然还是社会，没有任何东西能够永远固定不变。就像天上找不到一轮凝固不变的满月，世间也不可能有永远处在生命巅峰的完人；就像登上山顶观看壮丽的日出后便要下山，人们在事业上饱览过人生的“无限风光”之后也要从功名的顶峰上走下来。功成身退，符合自然之道，它是一种政治智慧，也是一种明智的人生抉择。究其实，老子的“功遂身退”是要人们在价值取向上效法“大道”。“道”化育万物却不据为己有，生成天地却不自恃有功，为万物之宗却不自居主宰。因而人也应该为国立功但不居功，为民兴利但不图报，为国家为民族奉献了自己的毕生精力后就淡然退隐，像“大道”那样无私无欲，利国而不争权，利民而不为己。从这个意义上说，“功遂身退”的价值取向是一种积极的人生态度和崇高的生命境界，也是深得民心之举，所以，老子称之为“天之道”！

三、“无心”视阈的实现路径——奉行天道，服务百姓

在老子看来，治者要做到“以百姓心为心”，就必须奉行“天道”，正所谓“圣人不积，既以为人，己愈有；既以与人，己愈多。天之道，利而不害。圣人之道，为而不争”①。老子认为，奉行“天道”，服务百姓必须做到以下四点：

① 王弼注，楼宇烈校释：《老子道德经注校释》，中华书局，2008年，第192页。

(一)“损有余而补不足”

老子说:“天之道,其犹张弓欤!高者抑之,下者举之;有余者损之,不足者补之。天之道,损有余而补不足。人之道则不然,损不足以奉有余。孰能有余以奉天下?唯有道者。”①以张弓射箭来比喻“天之道”(自然法则)和“人之道”(社会法则),实在是恰当贴切,令人耳目一新。老子运用这一表达手法,把深邃的、抽象的大道理简单化、通俗化了,是直觉思维方法在论述天道、人道时的具体运用。老子由“天之道”来推论“人之道”,主张“人之道”应当效法“天之道”“损有余以奉天下”的德行,表达了朴素的“平衡论”思想。在老子看来,天道是公平的,高、下,有余、不足,随时调节,正如《道德经》第三十二章所说:“天地相合,以降甘露,民莫之令而自均。”既然“人法地,地法天,天法道,道法自然”②,人类社会的法则也应该如此。但与“天之道”背道而驰,现实社会的情况却是弱肉强食,劫贫济富,压榨贫苦的百姓以奉养富贵的治者。所以,老子向往“有余以奉天下”的“有道者”。这里表面看似论述天道、人道,其实内含治道,即治国理世之道。在老子看来,天人应当是相通的,天人也应当是合一的,要实现天人相通、天人合一,必须经由一个中间环节,即治道。只有秉持奉行天道,服务百姓的治理理念,才能在师法自然,遵循大化流行、人类社会发展规律的基础上,引导“天之道”与“人之道”的有机契合,实现天道、治道、人道的有机统一和人与自然、人与社会、人与人、人与自身的和谐,从而建立天道、治道、人道相互均衡,相互作用,自然发展,法尔如是的和谐世界。

(二)“悠兮其贵言”

老子把治者的优劣分为四个等级,最好的君王清静无为,行不言之教,百姓只知道他的存在,感觉不到与他有关的过多的烦扰;次一等的治者,百姓“亲而誉之”,这种治者言而有信,百姓感到可亲可誉;第三、

① 王弼注,楼宇烈校释:《老子道德经注校释》,中华书局,2008年,第186页。

② 王弼注,楼宇烈校释:《老子道德经注校释》,中华书局,2008年,第64页。

四等的治者百姓“畏之”、“侮之”，这种治者言而无信，百姓认为可畏可侮。言而有信者是太有作为，言而无信者是欺骗百姓，老子认为都比不上行不言之教、清静无为的治者。老子主张治者贵言、希言、不言，即不要轻易地制定法律、发布命令，“轻诺必寡信”，还不如不言。只有这样，才能顺应自然，顺应民心，保证国既富，民且安，实现服务百姓的目标。应该看到，春秋战国是中国古代治国理世思想走向繁荣，并趋于成熟的重要历史时期，儒家侧重于以“仁义礼乐”指导治国实践，主张以德治国，提倡教化民众，节制剥削，以寻求建立和谐合理的管理秩序，体现着“亲善”的治国之道。法家强调以法治国，提倡以严刑峻法强迫百姓服从专制统治，倡导的是“威慑”的治理之道。墨家鼓吹“尚同”，着力追求思想统一与行政服从相统一的效果，并运用“节用”、“节葬”、“非乐”等手段，实现低成本、多实效的管治宗旨，张扬的是一种“功利”治理之道。以老子为代表的道家对上述思想持否定态度，鲜明地提出奉行天道，服务百姓的治国之道，认为应该本着“道法自然”的原则，在治国理世上“悠兮其贵言”，以“无为”为手段，达到“无不为”的目的，通过柔弱、虚无、因循的姿态，赢得主动优势的地位，使人与自然和谐共存，水到渠成地进入理想的治国境界。

（三）“见素抱朴，少私寡欲”

老子通过总结前代治理国家的经验教训，明确提出：“绝圣弃智，民利百倍；绝仁弃义，民复孝慈；绝巧弃利，盗贼无有。此三者，以为文不足。故令有所属，见素抱朴，少私寡欲。”①老子提出了治疗社会弊病的方略，即“见素抱朴，少私寡欲”。老子认为，圣智、仁义、巧利，是治者扰民的造作妄为，是欺骗愚弄百姓的“文饰”，是搜刮民利、六亲不和、产生盗贼的起因，是造成道德沦丧、世风败坏、社会混乱的根源，应该坚决杜绝和抛弃。仁义之类不足以治国，只会乱国。正确的办法只能是坚持质朴，减少私欲，杜绝圣智、仁义、巧利之类，才能没有忧患。可见，在“文”与“质”的对立中，老子强调的是“质”，返朴归真，才是治理国家、达

① 王弼注，楼宇烈校释：《老子道德经注校释》，中华书局，2008年，第45页。

到天下大治的基本途径。这里所阐述的以“见素抱朴，少私寡欲”救治社会弊病的思想，是从反面对“大道废，有仁义”观点的重要补充。在老子看来，无君无伪，民性淳朴自然，方能获得百倍的利益；“绝仁弃义”则可使假“仁义”以行伪善、施酷虐的暴君孽臣无所遁形，民性复归于自然大道之真朴，才能具有天然真纯的“孝慈”；“绝巧弃利”则复返于无机巧无私利、无伪无欲的“少私寡欲”时代，盗贼自然没有产生和存在的基础。老子提出治国化民之精要在收敛、消释私欲，“见素抱朴”，身心保持素朴真淳。因此，老子所述，是对以返朴归真、无私无欲治国化民之至道的高度概括。

(四)不“代大匠斫”

老子认为，“民不畏死，奈何以死惧之！若使民常畏死，而为奇者吾得执而杀之，孰敢？常有司杀者杀，夫代司杀者杀，是谓代大匠斫。夫代大匠斫者，希有不伤其手矣”①。老子着重阐释否定刑罚，反对暴政的主张，表达关怀生命，爱护百姓的意愿。首先指出，百姓不害怕死亡的根本原因，是无道治者用死亡恐吓百姓，对百姓施以严刑酷法，陷民于水火之中，导致民心怨毒，悍不畏死，终至以死相搏。在这种情况下，无道治者不但不改弦更张，反而变本加厉，更为酷虐。百姓已经不再害怕死亡了，无道治者仍然用死亡来恐吓、威胁他们，那么，百姓们对暴政的反抗必然日趋激烈，到了官逼民反、民不得不反的程度，巨大的威胁就必然落到企图以死惧民的无道治者头上。接下来，老子假设“民常畏死”的情况，指出如果治者能够以清静无为之道治理天下，使民心淳朴，民生安乐，百姓充满了生存的希望与乐趣，自然有死之畏惧与痛苦。形成了百姓乐生恶死的局面，若有奸邪不正、巧言令色的小人施邪恶之计，行邪恶之举，统治者替天行道，“得而杀之”，自然使乐生者畏死，方能发挥刑法的威慑力量，谁还敢为邪作恶，巧言令色？可见，百姓的生死，应顺其自然，享其天年，何时赴死，由自然天道施行杀伐，而不需要治者“代司杀者杀”，尤其不能滥施暴虐残杀，用死亡来恐吓百姓。抱着

① 王弼注，楼宇烈校释：《老子道德经注校释》，中华书局，2008年，第183页。

以死惧民的心态"代司杀者杀",恰恰违背了自然天道,犹如不懂木工技术的人班门弄斧"代大匠斫",很少有"不伤其手"的。在老子看来,最高的治理境界是刑措而不用,是因顺自然,清静无为。老子的观点切中要害,对那些迷信暴力、专执刑罚以治国的治者不啻是当头棒喝,后世治者在治国理世,服务百姓施政进程中不可不慎,不可不鉴!

附记:

作为老子出生地的河南省鹿邑县与全真道的渊源颇深。具体说来,宋徽宗之后,由于金人入侵,战乱频仍,道家思想和道教文化受到很大冲击,但道家思想、道教文化在中国源远流长,已成为人们的精神家园。经历了山河易主、国破家亡、心灵备受创伤的中原百姓,需要道家思想、道教文化予以精神上的慰藉,所以当金人南下受阻被迫以淮河为界与南宋分治南北、政权逐渐稳固之后,金朝政权也看到了中原百姓的精神需求,便注重扶持道教。抓住这一契机,全真道在河南一带应运而生,逐渐形成气候,得到了金朝承认,全真教主受到了金朝皇帝的接见。教主王重阳收下丘处机、王处一等弟子,发展迅速,遂成为金元时期最大的道教流派。金朝的第六位皇帝金章宗完颜璟没有子嗣,为求子嗣,于泰和元年(1201)和泰和三年(1203),两次命当时的全真道教主王处一到鹿邑县太清宫为祈嗣而举行规模宏大的"普天大醮"仪式。其间的泰和二年,金章宗又派大臣莅临鹿邑太清宫报谢(《金史·章宗本记》载:泰和二年十二月"甲子,幸玉虚观,遣使报谢于太清宫")。不仅如此,金朝统治者还以朝廷名义加强对老子出生地太清宫的保护和维修。一是对太清宫地产进行了一次详细的勘定并立碑以记。对此,1997 年河南省考古工作者发掘太清宫遗址时发现的"金太清宫地产碑"有详细记载。二是金明昌二年(1191)对太清宫进行修缮,并在太清宫太极殿前神道西侧立"续修太清宫碑"为记,该碑至今犹存。有金一朝在鹿邑县太清宫立的石碑达十二通之多。上文提到的受金章宗指派于泰和三年(1203)第二次莅临鹿邑太清宫主持"普天大醮"仪式的王处一,目睹老子出生地太清宫盛景,曾有感而发,题诗曰:"圣帝传符出洞天,金门演教庆无边。大兴妙供因缘普,永保洪基海岳坚。欣乐太平齐庆典,尊崇道德悉周全。太清宫下齐参事,应是皇恩第四宣。"(王处一:《诏赴亳州作普天大醮赠众》)当然,金朝皇帝对太清宫的地产界定和修缮如此重视,并非空穴来风,而是于史有据。因早在汉朝,就在太清宫地界建老子祠,并派官员代表朝廷亲往鹿邑祭拜老子。唐朝把老子封为"太上玄元皇帝"后,更是在老子出生地建家庙,其巍峨"如帝者居",并立有"唐玄宗御注道德经碑"等诸多碑刻,玄宗之妹玉真公主在太清宫修道并立碑为记,唐高宗李治携武则天及文武大臣亲往家庙鹿邑太清宫祭拜先祖老子。宋真宗大中祥符七年(1117),真宗皇帝亲率大臣莅临鹿邑太清宫祭拜老子和老子母亲,并拨专款修缮太清宫,立有歌颂李母的"先天太后之赞碑"和"大宋重修太清宫之碑"。金朝皇帝所为,自是承继前朝,但对全真道的格外看重与扶持,则形成了有别于前朝的特色。

南宋和北方金政权对峙了一百年,新兴的蒙古在北方逐渐做大。1206年,铁木真被推举为大汗,蒙古帝国诞生,并立即展开了对草原各部落的统一和对金、西夏、西域诸国的征伐。成吉思汗以政治家和战略家的眼光与气魄认识到道教的作用,从西域派出大臣拜会丘处机,希望丘处机能为他的统一大业服务。丘处机审时度势,没有理会金和南宋的召请,而是以70多岁高龄率弟子跋涉数万里,到西亚成吉思汗行营(今阿富汗)拜见成吉思汗。丘处机对这次拜见是满怀期望的,途中曾作诗表达心境:"蜀郡西游日,函关东别时,群胡皆稽首,大道复开基。"成吉思汗召见丘处机,主要想学习道教的养生术,丘处机则乘机宣传老子的清静无为思想和敬天爱民、谦柔戒杀之旨,使成吉思汗大为礼敬,尊称丘处机为丘神仙,令他掌管天下出家人,并赦免道士差役赋税。或许是受丘处机影响,成吉思汗深知道祖老子出生地太清宫在全真道发展进程中所具有的重要位置,故而元朝中央政府曾连续下发了几道对鹿邑太清宫的保护令,分别是海都太子令旨碑、太清宫执照碑和太清宫圣旨碑,立于元宪宗七年(1257)、庚申年(1260)、忽必烈中统二年(1261)。这三通碑迄今犹存,其中的太清宫执照碑和太清宫圣旨碑分别镶嵌于太清宫太极殿正墙西侧和东侧,至今保存完好,字迹仍清晰可辨。值得提出的是,元世祖忽必烈当皇帝之初,除接连下发关于鹿邑太清宫的执照诏书和圣旨外,还挥笔写下了《御制老子赞》,用以讴歌老子的贡献，赞曰："大哉至道，无为自然，慎始慎终，先天后人。含光默默，永劫绵绵，东启尼父，西化金仙。百王取则，界圣信传，众教之祖，玄之又玄。"可以毫不夸张地说，元世祖忽必烈的这篇仅有48字的御赞之文，是历史上写得最好，对老子其人、老子思想的概括与评价最到位的赞美老子的诗文之一。还有，到了明朝，在全真道发展史上居有重要地位的张三丰专程到鹿邑太清宫修身悟道，在当地留下美好的民间传说，清康熙《鹿邑县志》对此有明确记载。

提供上述史料和史实，意在说明河南省鹿邑县的太清宫在道教发展史尤其全真道发展进程中所独具的地位与贡献。古人已去，古迹犹存，太清宫内至今仍矗立的金碑、元碑和其先的唐碑、宋碑，都饱含着早已逝去的那个时代的诸种信息，正是这种历史信息的承载和传递，成就了历史和现实中道教的不断发展，并终将踏出国门，走向世界，融入建设和睦、和合、和美、和谐人类社会的滚滚历史潮流之中。正因如此，诚挚地邀请诸位专家学者、高道大德有机会莅临河南省鹿邑县，实地考察，切身体验，相信诸位一定会有不一样的感觉和体悟。

（作者为河南省鹿邑县老子文化研发中心主任、郑州大学老子学院特聘教授）

出土文献视野下《老子》"道可道"章研究的回顾、方法与瞻望

杨　杰

近几十年来，随着马王堆汉墓帛书《老子》甲、乙本，郭店楚简《老子》甲、乙、丙本及北大汉简本《老子》的先后出土整理，传统老学的研究在新材料的助力下蔚为大观。其中"道可道"章在所有的传世本包括傅奕古本中都被列为全书首章；帛书本和汉简本（楚简本未有此章）由于是《德经》（上经）在上《道经》（下经）在下，因而"道可道"章放在全书下半部分的首章。另外，与其他诸本相较，楚简本《老子》的章序不明或者混乱，以甲本为例，简 1—39 分别涉及传世本《老子》的第 25、5、16、55、44、40、9、19、66、46、30、15、64、37、63、2、32、64、56、57 等章中的内容[①]；这不能仅仅被视为是出土竹简散乱的结果，更可能的原因是彼时的《老子》尚未整理成完整有序的篇文。而帛书本、汉简本与竹简本类似，也有章文互羼、章序不明或与今本章序不同之处。这种分别或许意味着"原初版本"的"道可道"章不是作为"全书"的首章而写作的，也即此章的内容未必如后人所认为的具有备统领全书的意义。以往人们所认为的"道可道"章在《老子》文本中的首要地位是后人编排、诠释的结果，称之为"开宗明义的第一章"[②]或"总括全书之意"[③]是诠释学意义上的而非"原始作者"或"原始文本"意义上的。

作为一个 given（被给予）的文献，其形成过程即是完成经典化的过

① 李零：《郭店楚简校读记》，中国人民大学出版社，2007 年，第 4～7 页。

② 傅佩荣：《〈老子〉首章文义商榷》，《台湾大学哲学评论》第 33 期。

③ 蒋锡昌：《老子校诂》，上海商务印书馆，1937 年，第 11 页。

程。无论是经典文本本身还是对其的诠解,按照诠释学理论,都已经不是作者所能把握的了。但与儒家的"五经"或"十三经"的经典化不同,儒经的经典化在于对注经("六经注我"或"我注六经")的不同理解,经典本身改动不大,而《老子》是一个永远在"形成"中的文献,人们依据对"老子"的不同理解而改动《老子》本身。在这个意义上甚至有人怀疑《老子》作为一个"经典"存在的事实,因为"经典"至少应该是大体固定的。也因此历来不少高道乃至由皇家出面颁布统一的《道德经》,但民间或学术的争议仍然不断,尤其在《老子》文本的早期形成史上。按照学者的研究,我们可以为现在所发现的《老子》从时间上做一个大致的排序:郭店楚简(早于前278年)→帛书甲本(前206—前195)→帛书乙本(前179—前169)→北大汉简(武帝后期)①。传世本中以傅奕古本为最早,原本当与帛书甲本时代大致相当,但经由傅奕参校及后人改动,已失其旧貌;河上公本、想尔注本大约同在东汉中后期,王弼本在魏世,此三种版本由于在传世中改动过多,亦不具备文献参校的意义。这些版本的改铸及定型过程漫长,其间掺杂了每一个改动者自身的文本定向及时代逻辑。这使得每一种《老子》不仅是"原始文本",也是"诠释文本",这就要求我们不必把某一种《老子》视为"善本"或者"古本",不必寻求统一的"最优的"或者"最古的"《老子》文本,而应该关注每一种《老子》文本所体现的诠释学价值。在这个意义上解读"道可道"章,我们会发现与以往的学者有不同的理解。

一

1973年长沙马王堆帛书《老子》的问世在当时学术界引起极大震动。其中"道可道"章被列为下篇《道经》的首章,这是迄今发现的最早讲述"道可道"章的内容。甲、乙本文字基本相同,个别用字的差异不影

① 这种排序只是说明不同《老子》版本出现的时间,这并不意味着各版本是直线性的先后流传关系;事实上,一种认为某些版本同时并行的假设从逻辑上讲也是合理的。关于各版本之间的关系是一个在学界颇有争议的话题,参见丁四新:《早期〈老子〉文本的演变、成型与定型》,《中州学刊》2014年第10期。

响文意。整理后的内容如下：

> 道可道也，非恒道也。名可名也，非恒名也。无名万物之始也，有名万物之母也。故恒无欲也以观其眇，恒有欲也以观其所噭。两者同出，异名同胃；玄之又玄，众眇之门。

帛书本与今本有数处用字的不同，综合以往研究成果，其中对义理有较大影响者有如下几处：

其一，帛书本比今本多出8个虚词“也”字。其中“欲”后面的“也”字被多数学者认为可以解决自苏轼、王安石之后“有名”、“无名”、“有欲”、“无欲”的断句问题，当遵从帛书本“有”、“无”与“名”、“欲”连读。但是文本上的二者连读，不能解决本章何以将“有名”、“有欲”当作正面现象或价值的问题。一般认为，老子是反对欲望和定名的，如果“有名”、“有欲”同“无名”、“无欲”一样都是对万物或道的正面描述，似乎违反老子之旨。因此也有学者比如陈鼓应接受严灵峰的说法，坚持“有，名”、“无，名”和“有，欲”、“无，欲”的读法①。严灵峰认为“‘也’字不当有”“为误字无疑”，高明认为严氏是卫护己见只手遮天②。按帛书甲、乙本皆有“也”字，二者是不同时代的抄本，所本亦不同，同误的可能性是很小的。二者的分歧关键在于“有欲”、“无欲”的主语是谁的问题。河上公注认为主语为“人”，且“其”指代的内容不同，人在无欲时观察道，有欲时观察世俗世界；王弼注无主语，以“欲之所本，适道而后济”的注语，其主语也当是人。苏辙认为主语为“体道之圣人”③，很明显，这个“圣人”是“儒道合一”的圣人。王安石《老子注》曰“道之本出于无，故常无，所以自观其妙。道之用归于有，故常有，得以自观其徼”④，则其主语当是“道”。后二者“欲”的主语不同，但都是将“有”、“无”与“欲”分开来读。王博遵循王安石的解释，认为主语为“道”，“观”为“示”义，指

① 陈鼓应：《老子注译及评价》，中华书局，1984年，第53页。

② 高明：《书老子校注》，中华书局，1996年，第225页。

③ “无名者道之体而有名者道之用，圣人体道以为天下用，入于众有而常无，将以观其妙也。体其至无而常有，将以观其徼也。”苏辙：《老子解》，见王云五主编《丛书集成初编》，商务印书馆，1935—1937年，第1页。

④ 容肇祖：《王安石老子注辑本》，中华书局，1979年，第2页。

道通过有欲、无欲两种方式显示自身①。总之,帛书本的出现显示出"有欲"、"无欲"连读更有文本及义理依据;如果只从文本的深刻性将之断开,只具有诠释学的意义,而非文本意义。

其二,今本的"常"字,帛书本、汉简本作"恒"。多数学者认为《老子》原书当作"恒",汉初避刘恒讳而作"常"流传下来,由此也成为帛书本抄写于刘恒帝之前的证据。但由"恒"变"常"仅仅是避讳么?有没有哲理的不同?刘殿爵认为"恒"是修饰词,"常"是名词,词性的不同也意味着对"道"的理解不同;王庆节认为"这两个字的词源古义以及哲学意义的诠释和理解来说,可能大相径庭";李零指出"常是经常,恒是不变",二者并不完全相同②。按《说文解字》训"恒,常也",但仔细考辨其含义是有区别的。韩非子解"常"为"无攸易、无定理",即无所变易为常,故"常道"指"道"是不变的。但第二十五章说道是"周行而不殆"的,即"道"又是在运行的,那么说"道"不变是在何种意义上而言的呢?因此,有些学者将"常道"解释为"永恒不变的道"是不确切的,"永恒"是用来修饰"道"的还是修饰"不变"的有歧义。第十六章讲"道乃久",说明"道"具有恒久的特性,但"不变"与"永恒"是有区别的:后者仅指时间上的延续,可以指"道"是永恒存在的,也可以指"道"的不变性是永恒存在的;前者是指时空中的不变,但这种不变是指作为整体的道在宇宙中的不变,还是道自身内部本性的不变呢?这也是难以判断的。又廖名春遵从俞樾的看法,认为"常"、"恒"都应该读作"上","上道"即"最上之道"③,学者多不从。

其三,"无名万物之始",今本作"无名天地之始"。究竟是"天地"还是"万物",学者争议颇大。重野葆光、牟宗三、徐仁甫、李若晖等认为二者互言或者同义;但高明、马叙伦等认为"古本"当作"万物"。依《史记·日者列传》引、王弼注、成玄英注本及帛书本等当作"万物",北大汉简本亦作"万物"。朱谦之从"始"与"母"的字义区别上认为当作"天

① 王博:《老子哲学中"道"和"有"、"无"的关系试探》,《哲学研究》1991年第8期。

② 转引自李若晖:《道之隐显》,《哲学门》第二十辑、第二十一辑,北京大学出版社,2010年。

③ 廖名春:《〈老子〉首章新释》,《哲学研究》2011年第9期。

地"。而傅佩荣指出，如果是"天地"，则"天地"与"万物"的关系不明，当作"万物"。刘笑敢指出，作"天地"意味着本章是讲宇宙生成论的，作"万物"意味着本章是讲认知论的，后者才是古本之旧。按作"天地"或"万物"表示对老子哲学的理解不同，并且在《老子》文本上都能找到解读依据，很难判断哪种才是《老子》"本文"。

其四，"所噭"，今本作"徼"，汉简本作"所侥"，有没有"所"对义理有无影响？尹振环认为此字对断句及理解"徼"很有帮助，故十分重要①；刘笑敢则认为"所"字原本有，后来为求整齐对仗才删去的，但对义理的理解没有影响。"噭"、"徼"、"侥"，敦煌本作"曒"，朱谦之认为借用为"皎"、"皦"字，意为光明、理显②。学者多从文字、训诂的角度研判这两个字，对其意义分歧不大。

其五，"眇"今本作"妙"，哪个更符合老子之意？学者仍有争议。朱谦之认为与理显相对，"妙"即理微，这应该是遵照王弼注的传统；河上公解释为"要妙"，即奥妙、微妙。但帛书本作"眇"，郑开指出"眇"才是本字，意指"微细、模糊（客观意义上），视之不谛、看不清楚（主观意义上）"③，并认为这种解释更符合老子本义。

其六，今本"此两者同出而异名同谓之玄"，帛书本作"两者同出异名同胃"，汉简本同帛书本，唯多出一"此"字。对于今本，一般的断句是"此两者同出而异名，同谓之玄"，但宋陈景元《道德真经藏室纂微篇》断为"此两者同，出而异名，同谓之玄"，也有很多学者接受。由于帛书甲本"谓"下有一断句符号，高明认为当从此处断句④；但李若晖等人认为此不是断句符号，而是表示漏写了"之玄"两字⑤。按出土本与今本字数不同，意义差别不大。有较大争议的是对何为"两者"，古今学者争议很多，出土文献也没有解决这一问题。

① 尹振环:《帛书老子再疏义》，商务印书馆，2007 年，第 223 页。

② 尹振环:《帛书老子再疏义》，商务印书馆，2007 年，第 6 页。

③ 郑开:《〈老子〉第一章札记:两个语文学疏证及哲学阐释》，《清华大学学报》2008 年第 1 期。

④ 高明:《帛书老子校注》，中华书局，1996 年，第 226 页。

⑤ 李若晖:《道之隐显》，《哲学门》第二十辑、第二十一辑，北京大学出版社，2010 年。

晚于帛书本的北大汉简本《老子》在很多地方对帛书本是一个校正，比如对虚词的使用，“无名万物之始也”的句子、“所侥”的用法等等，证明了汉简《老子》较接近帛书本，也说明了今本人们改动较多。

其七，“此两者同出异名同胃玄之又玄之众眇之门”。此句证明了帛书本“两者同出，异名同胃”句读的合理性。但“玄之又玄之”何解？对于这一问题，有人认为多一“之”字并不影响文义或者此“之”字为衍文。而曹峰结合“损之又损之”的提法，认为“玄之又玄之”大有深意：此“玄”为动词，意为减损或否定的为功夫论①。不过“玄之又玄之”仅出现此一例，其在文本上的意义还有待发掘。

简帛本《老子》“道可道”章的出现，一方面为传世本多种文本与思想的歧义之处提供了可能的解决方向，另一方面也带来了更多的问题。而由于《老子》是一个始终在形成中的文本，即便是有出土文献的佐证，在诠释学意义上学者们仍然未能形成一个“统一”的“道可道”章文本。文本的不同意味着对老子的理解不同，因此我们有必要反思以往学者的研究方法，以期更可能地追寻老子文本所彰显的哲学意涵。

二

在帛书本与汉简本两种“道可道”章出现之前，此章的文本、意义都是极具争议的。其在诠释中逐渐被视为《老子》思想最重要的一章，但其在《老子》中的核心地位并非没有受到挑战，比如程颐就认为“老氏‘谷神不死’一章最佳”②。而出土本出现以后，这些问题并没有解决，新材料带来新解释线索的同时也带来了很多新问题。迄今为止，关于新出土文献下学者对本章的解读着重的仍然是文词句读方面与传世本的异同，义理的开拓仍然少见。因此，笔者认为，未来对此章的研究，在方法论上应该从以下三个方面着手。

其一，悬置文本还原。出土文献的发现与释读，为学者探寻“原本”

① 曹峰：《“玄之又玄之”和“损之又损之”》，《中国哲学史》2013 年第 3 期。

② 程颢、程颐：《二程遗书》，中华书局，1981 年，第 64 页。

《老子》提供了更多可能。学者们关注“常”还是“恒”、“天地”还是“万物”、“妙”还是“眇”、“徼”还是“噭”、“同出异名同谓之玄”还是“异名同谓”、“玄之又玄”还是“玄之又玄之”，以及“欲”字后是否有“也”字等问题，其目的是论证自己解读的才是“真《老子》”。从学理上分析，大多数的意见都是能自圆其说的。但所有的作者也都认为自己的解读才是“真实”的《老子》或“原本”《老子》，而他人的解读“必非原本之旧”。比如应该是读作“有名”、“无名”还是“有，名”、“无，名”的问题，持后者立场的学者从《庄子》“建之以常无有”那里找到依据，认为“无、有”是老子的核心哲学语汇，而持前者立场的学者从《老子》中“道常无名”、“始制有名”等说法认为“有名”、“无名”是老子的本有词汇。然而无论是“有”、“无”还是“有名”、“无名”，在《老子》那里都能找到依据，因此我们无法以此为依据进行此一问题的判断。即便是在出土文献视野下，问题仍没有得到完全解决。帛书本中“欲”后有“也”字，多数学者认为作“恒无欲也”、“恒有欲也”，故“无名”、“有名”的读法才准确。但也有人读作“欲也以观”，仍是“恒无”、“恒有”的读法①。这说明我们无法通过传世本或出土本《老子》文本本身解决其内部争议。

那么，解决“道可道”章乃至《老子》文本争议的预设前提或基本方法应该是什么呢？笔者认为必须放在《老子》的诠释史与出土文献的比较中进行研究。也就是说把《老子》作为一个动态的文本进行处理，四个出土本和传世的“古本”以及传世本，都只是《老子》经典化过程中诠释者改动的结果，这就意味着把是否有一个老子著有一本哲学思维水平最高的《老子》即是否有一个“完善”的“祖本”存在这一问题“悬置”起来，而关注现在发现的文本在流传过程中所揭示的哲学问题。因此，不仅王弼之后学者对《老子》的诠释是我们的研究对象，近几十年来学者对比出土文献和传世文献所发现的问题也是《老子》诠释史的新成果。

因此，未来对“道可道”章的研究，通过对关键词汇的各种解读来还原《老子》“祖本”的尝试可能需要改变，因为这是一个见仁见智的方法，

① 贾辰阳：《帛书〈老子〉道经首章句读再议》，《郑州师范教育》2003年第3期。

为标新立异而“新见”迭出，比如有人读“可”为“何”[①]，在老学诠释史上并无任何确证与意义。准确的态度或许是放弃“还原”的努力，保持宽容的姿态，在古人的诠释中寻找合理的解释路径，在解释中探寻每个时代关切的哲学思维与思想思潮，或许才是《老子》文本的思想史意义。

其二，遵从诠释意指。按照中国传统诠释学理论，文本释读只是基础工作，其方法包含文字、训诂、音韵、校勘等“小学”，在此基础上，探讨文献的义理即其微言大义是更为重要的内容。这其中包含三个部分：1.语义。即词语、句法及章文、篇文或全文的字面意义，此即余英时及刘笑敢所说的“基本义含(meaning)”。此时取用的是在词汇基本义上对文本的翻译，可以说是“字面”意义上的注解。这个层面的注解意见颇大，比如对于“道可道”章中第二个“道”，范应元注曰“可道者，谓可言也”[②]，元代吴澄则说“道，犹路也。可道，可践行也”[③]。对“可道”的不同理解关涉对整个老子“道”的理解。又如“观”字，多数学者解释为“观看”，因此“常有欲以观其徼”，究竟是谁在观看就产生了争议。王博读“观”为“显示”义[④]，谓道自我显现。这种解读是渊源有自的，即王安石所谓“道之本出于无，故常无，所以自观其妙。道之用归于有，故常有，得以自观其徼”[⑤]。所谓“自”，在这段话中显然是指道自身。此处王安石是以“无”、“有”断句的；而王博虽采用了王安石对“观”的理解，其断句却是“有欲”、“无欲”，可见，不论是解释为“观看”还是“显示”，这句话的主语问题仍然是没有得到解决的，有待进一步研究。2.诠义。有些关键词汇的语义关涉对整个文本或老子哲学核心精神的理解。宋本《颜氏家训序》云：“凡字以诠义，字犹未识，义安能见？”[⑥]文本释读及对“语义”的理解都属于此处所说“字”的部分，“义”则是结合时代精神及

---

① 涂白奎：《〈老子·道经〉“可道”、“可名”正读》，《河南大学学报》2000年第3期。

② 范应元：《老子道德经古本集注》，华东师范大学出版社，2010年，第1页。

③ 吴澄撰，黄曙辉点校：《道德真经吴澄注》，华东师范大学出版社，2010年，第1页。

④ 王博：《老子哲学中“道”和“有”“无”的关系试探》，《哲学研究》1991年第9期。

⑤ 容肇祖：《王安石老子注辑本》，中华书局，1979年，第2页。

⑥ 王利器：《颜氏家训集解》，中华书局，1993年，第609页。

作者需要对文本本义的重新阐发。比如对“道可道”章，河上公注阐述身国同治的理论，王弼注则阐述以无为本的本体论。这两种取向十分不同，因其对语义的理解有异。3. 今义。前两项意义的解读，是指向当今时代的，这就是余英时、刘笑敢所说的“可能意义（significance）”。现在我们面对的古典文献，要比古典时代经学诠释的文本丰富得多，我们不仅面对经典，还需面对诠释下变动的经典、诠释文献，出土文献，其背后还有西方哲学方法、话语的“反向格义”（刘笑敢语）问题。这使得我们对“今义”的研究，要超越古典诠释领域，走向更广阔的空间。

这三项笔者称之为“意指”，即文本所揭示的意义指向。这是一个动态的系统，涉及时空中变动的文本所透露的变动的意项。以“道可道”章为例，“语义”与“诠义”作为“今义”的基础，这三者之间是如何转变的可能是将来此章研究的主要问题。比如，由王弼对“道”、“无”、“有”等关键语汇的理解，是如何到达其以无为本的本体论的。而河上公“身国同一”的解释路径与王弼完全不同却也能自圆其说。由之发展到“今义”，其逻辑与界限又何在。比如，“道可道”章的性质，赵汀阳认为是本体论问题而非知识论问题①，刘笑敢坚持此章是讲认知问题而非宇宙生成论问题②。有人从“无为”的角度讨论本章的政治哲学，有人从“名”的角度讨论其政治哲学，也有人讨论其生态文明的意义。无论从《老子》文本的开显还是从诠释史上追溯，这些议题似乎也都与人们心中的老子或《老子》形象有种似有还无的模糊关系。这自然说明了老学的丰富内容，所探寻的早就超越了《老子》本身，未来的研究应着眼在此处，而不必为老子文献本身所束缚，唯其界限也需要加以限定，即所开显的须是具有道家意味的老子哲学。

其三，开拓道家意味。在两千多年的老学文本演变及诠释史上，人们逐渐形成了心目中的老子形象或《老子》文本与事实上的老子形象或《老子》文本之间的双向互动过程。一方面，人们依据史传及传说中的老子形象和流传下来的《老子》文本赋予老子及其文本一定形象；另一

① 赵汀阳：《〈老子〉本文的一个解释问题》，《社会科学战线》1993 年第 6 期。

② 刘笑敢：《老子古今》，中国社会科学出版社，2006 年，第 122 页。

方面，人们又在流传中改变二者的形象，赋予其新的意义。这使得老子及其文本早已超越其文献本身的价值，而具有文化性、宗教性、艺术性及“后现代性”等意义。这不仅是针对道家文本的综合性解读，更是在根本上回答道家的精神实质或者道家是什么的问题，也即道家的精神趣味，即其意味的问题。

对《老子》而言，言其母性信仰、月神崇拜、天文知识、楚国特点、史官特色等，都是从其文化学尤其是神话学视角的研究。言其与道教的关联，特别是《道德真经》及太上老君的形象是如何在道教中被建立的，是宗教视角的研究；道教的研究亦关注《老子》对治身治国的效用。人们心目中的老子形象是一个不可捉摸的“龙”的形象，其精神境界非孔子能及；其对道的发引，对“得道者”、“有道者”精神的颂扬，经庄子的阐发而有“物化”、“与物为春”等艺术精神的境界。道的模糊性、神秘性、过程性、结构性、非二元性、非实体性等特点又受到当代持“后现代”立场的学者的关注。这所有的研究视角，都从某个角度彰显了老子哲学的精神特质，用政治哲学、女性哲学或者人文自然哲学等等概括，都有其道理。未来的研究当在与儒家、法家等传统思想进行比较的同时，关注其与西方哲学的辨别与区隔，抓住道家何以为道家的根本精神进行新的展开。

具体到“道可道”章而言，老学诠释史已经将之树立为《老子》首章，多数注解也视之为最重要的一章。此章首先讲“道”是不“可道”的，庄子解释为道不可“闻”、“见”、“言”、“名”(《知北游》篇)，道也是不可“知”的，“知道”则只是知“道”之肤浅的外在表象。因而后人有“有道”、“得道”、“体道”等区分，但是能不能达道，如何达道，怎样才算达道，学者争议很大。“道”与“言”的关系涉及对老子本身旨趣的理解，未来的研究需要从语言学、宗教学、神话学、人类学等视角开拓。尽管任何一种视角都只是某个侧面的研究，但开拓的目的在于开显老子新的时代问题，未必是解决《老子》文本本身的问题。相似的问题是对“道”与“玄”关系的研究，扬雄的太玄学及魏晋玄学，无疑都与“玄之又玄”有很深的关联，可谓是扬雄、以王弼为代表的玄学家在其各自时代依据《老子》的精神意味所开拓的新的哲学，当今时代的老学研究也当以此为范则进行。

三

刘笑敢《老子古今》出版已整十年，余英时序、劳思光序、白奚的文章①等都对此书的积极意义作了极高的评价。当其出版时，北大汉简本《老子》尚未问世，如今依照刘著对照汉简本，会发现刘著的很多方法及结论仍然适用，事实上汉简本《老子》在一定程度上为刘著提供了一个佐证。正如余英时先生序中所言，本书"将道家哲学的研究推向一个新的高峰"。笔者在此不再赘言本书对老学研究的开创性价值，而是以上文笔者所揭示的未来老学的可能研究方法与方向，对此著进行评介，以求更进一步探讨"道可道"章研究的新内容与新方向。

《老子古今》的内容分为两部分。其一是对《老子》文本及版本的研究。通过对五种《老子》文本的校勘比对，刘氏分析了文本中"版本歧变"、"文本改善"、"文本趋同"、"语言趋同"、"思想聚焦"等现象，这其中涉及对一些关键词汇 meaning(基本意义)的多重解读。刘氏认为历代编撰者不断对老子文本进行改编加工，老子文本始终存在一个编撰者理想中的"原本"、"善本"，由此一个个编者或时代造出不同的"理想文本"，这样《老子》就是一个动态的文本。其二是对老子文本所揭示的 significance(可能意涵)的分析。通过对"人文自然"、"反向格义"等概念的厘清，刘氏探讨了老子的现代意义及当代以西学视角研究老子的局限与准确的态度，即"尽可能防止用西方对立二分的哲学概念简单地对应和说明中国古代哲学术语"，"避免简单地为中国哲学作西方式定义或定性"②。这两种解析方法当然有利于文本和思想的双重解读，不过其间的问题需要反思。

其一，《老子古今》最主要的部分是对《老子》文本校释的"对勘举要"及阐发其义理的"析评引论"。其中后者是刘著最为得心应手、创见性最多的部分。刘氏针对文本中的关键语汇进行的解读往往深入老子

① 白奚：《古道新知——读刘笑敢新著〈老子古今〉》，《学术界》2007 年第 127 期。

② 刘笑敢：《老子古今》，中国社会科学出版社，2006 年，第 110 页。

思想中最为核心的部分；抑或对老子文本的性质、表达进行整体性评价。不过，就“道可道”章而言，刘氏没有解析关键词汇“道”、“有”、“无”、“名”、“欲”、“玄”等；在“析评引论”中直接阐发“无”与“两者”的significance（可能意涵）的问题，显得有些突兀，并且缺乏对其他关键词汇 significance（可能意涵）的解析。这就显得刘氏对“道可道”章哲学议题的分析稍有不足，一些哲学议题问题没有揭示出来，其他章节也面临相似的问题。

其二，由“对勘举要”到“析评引论”暗合中国古代从“辞章”到“义理”的学术研究进路。不过，问题在于，meaning（意义）与 significance（意涵）之区别的界限何在？从 meaning 到 significance 的逻辑是如何展开的呢？刘氏很清晰地认识到这是两种定向之间的关系问题。从 meaning 到 significance 的衔接与转化（接转）是刘氏学问的核心所在，也是其《诠释与定向》一书要解决的核心问题。那么就《老子古今》来说，刘氏的努力是否成功呢？这是此书最主要的成就，也是其面对的首要问题。

笔者认为这种“转接”并不完美。以“道可道”章为例，文字的释读、选择与句法断句，多是引用已有成果，当然这本身也很难有创见；而对其义理的发挥，着重于“也”、“无”、“两者”以及本章的性质等问题。而我们考察此章的诠释史，本章的“道”、“名”、“玄”、“有无”等概念及其关系都曾是学者关注的核心，由这些概念都可以深入老子思想本身的某个侧面。刘氏的解读，并没有指明其选择这些词汇作为核心概念分析的理由，两部分都各自包含义理与文本的部分，即其界限并没有明晰。一个很重要的原因可能是刘氏没有从诠释学的视角整个的考察本章，而更多地从其自己的视角的研究；也就说没有充分的分析老学史上的意义。比如河上公、王弼、想尔这“三家注”，成玄英、杜光庭的重玄学视角，唐宋明清四帝的御注视角，朱熹的理学视角等等。因此，笔者认为，从 meaning 到 significance 的接转鸿沟，根本的原因在于对诠释史的资料没有全面展开。考察老学史上的主要著作，才能更全面地彰显老子的开放性，也才能考察老子的价值是如何被接引到当代的，而不至于由文字到义理显得突兀。因为我们现在的多数解读，其实都能在历史的注释中找到根据。

第三个问题是，刘笑敢先生是从客观的学术的立场研究老子的，对"道可道"章尤其如此，刘氏试图呈现出一个较为合理的可能的老子"原初"文本，其可能意涵的阐发也着重于其当代价值，这样的话就把老子当作一个客观的对象进行研究，而忽视了历史上的学者阐释《老子》时具有独特的中国哲学特点。中国古代学者对《老子》的阐发注重整体性、直观性，甚至道教中将之作为一个主要的道教经典进行信仰，这就意味着用现代的解析法拆解《老子》很容易失去道家意味。以西方学问的方法研究《老子》虽然能将哲学问题科学化清晰化，但对老子的艺术性、精神实质并没有深入体会，学者的受用也有了局限。

采取解析的方式理解"道可道"章，将之拆解为本体论、认识论、治国治身论、语言观等等，本身都是没有错的，但正如荀子所谓这是"蔽于一曲而暗于大理"。刘笑敢先生认为本章不是一般的认识论或辩证法，也不是直接讲本体论或形而上学，而是从认知角度讨论宇宙总根源、总根据。其实，认识对象应分为两种，一种是对道的认识，一种是对有形事物的认识，前者是一种直观、直觉乃至含有"神秘主义"的色彩，后者是如儒家格物致知、名法家循名责实之认知。老子所谓认识论，当是指前者。但是，本章究竟是认识论问题还是形而上学问题，还需要从《老子》本身的精神旨趣来回答。老子讲"不出户，知天下"（第四十七章），明确反对对外物的孜孜追求，又赞成"知古始"（第十四章）、"知常"（第十六章）、"知止"（第三十二章）、"知足"（第三十三章）、"知和"（第五十五章）等他所赞成的价值观，而这些其实是"道"显现于人间的人伦事理，也即"德"，其实质也是讲对"道"的认知。因此，应该说"道可道"章讲述的是"道"的认知层面。也即本章并没有直接讲述宇宙总根源、总根据，这是在今本第二十五章讲的；也没有讲认识论问题，这个问题散见于其他各章。这样的话，后人在编排中，确立了本章所开拓的情形是树立全书"道不可言"的根本大旨，如此恰是符合老子本义的编排。

当然，刘氏已经说明了其研究不是一个面面俱到的研究，而着重于自己的心得体会，特别是自己思考最成熟的部分。笔者并不是求全责备，刘先生的问题意识与解决方法为我们一步展开老子的研究提供了一个很好的范例；未来的老子研究中，一个很重要的方向就是针对刘先生所提出的 meaning 与 significance 的关系问题进一步开拓，这应该是我们阅读刘先生著作的主要收获。

（作者为武汉理工大学政治与行政学院讲师）

“道法自然”的水原型研究

蒋　伟

“道家尚自然，此义尽人知之。”①追根溯源，是老子提出了“道法自然”的原则，并在此基础上构建了“道”的哲学体系。然而，对“道法自然”的认识却令人困惑。现代道家研究者通常将其解释为“道自己如此”，并且产生了广泛的影响。首先是冯友兰先生认为“‘自然’是一个形容词，并不是另外一种东西”②。沿着他的思路，有张岱年先生认为“道以自己为法”，以及任继愈先生直接将其译为“道效法它自己”，进而又有童书业、许抗生、刘笑敢等学者认为既然一切都是“道”所创生出来的，“道”还有什么需要效法的呢，所以“道无所法也”。我们认为把“道法自然”归为“道自己如此”的解释过于笼统和含糊，有待进一步丰富和深入。在这个论题上，王中江教授也对学界因袭已久的观点提出了疑问，他认为“‘道法自然’的意思是‘道’遵循‘万物’之自然”③。这就提出了“道法自然”具有唯象思维的一面。

其实，在人类理性思维的初期阶段，先哲们主要是通过直接观察和直接经验来获取抽象的概念，即从具象到抽象的思维方式。在这个过程中，水的原型意义与价值也凸显出来。纵观人类的思想史，水与哲学结下了不解之缘，在人类认识世界的过程中，扮演了十分重要的原型角色。如古希腊米利都学派的哲学家泰勒斯提出了水是万物的本原的哲

① 钱穆：《庄老通辨》，生活·读书·新知三联书店，2005年，第426页。

② 冯友兰：《三松堂全集》（第7卷），《中国哲学史新编试稿》，河南人民出版社，2000年，第254页。

③ 王中江：《道与事物的自然：老子“道法自然”的实义考论》，《哲学研究》2010年第8期。

学观点;中国古代的五行说中水占其一;以及孔孟为代表的儒家"观水有术",发出了"智者乐水"的哲人之思……他们都对大自然中的水作出了形而上的思考。根据荣格的原型理论,水在人类历史上反复出现,意味着水已经超越了普通的自然物质的意义,而成为一种承载着深层的集体无意识的原型。在《道德经》五千言中,"水"字及与"水"有关的字更是频繁出现,有水部的字多达27种,如"渊"、"泊"、"淡"、"江"、"海"、"清"、"冲"、"混"、"深"等等。"上善若水",水"几于道",是老子对"水"的最高概括。对此,学术界也已经注意到水与"道"之间的隐喻关系。那么,"水"何以与"道"具有难以割舍的紧密联系?水原型与"道法自然"又有何特别关联?有鉴于此,本文不揣浅陋,试图从水原型的视角来解析"道法自然"的哲学思维,以供学界探讨。

一、水原型:"道法自然"的唯象之维

迄今为止,"道自己如此"已经成为学术界解释"道法自然"的主流观点。其实,在古代对"道法自然"的解释上,还有许多其他的观点值得研究,比如,王弼"道不违自然,乃得其性"。根据王弼的阐述,"道不违自然"并不是"道纯任自己之自然",而是"道任万物的自然","不违"就是"法",即遵循、顺应之意。如此,道也尊重它所产生的万物,这恰是道之"玄德",就像老子所说"以下为基"、"以贱为本",其"善下之"才是老子哲学的深刻之处。相比汉代河上公"道无所法也"的观点,王弼的解释更明白而精要,符合老子思想的本义,并且开启了"道"与万物的关系,使"道法自然"具有自然性的一面。

在道法自然之万物中,水与道的密切关联是一种特别突出的现象。水的频繁出现绝不可能是"巧合",相反,这显示了"道"与自然界"水"的某种联系。叶舒宪早就说过:"作为中国第一本体论范畴的'道',其原型乃是以原始混沌大水为起点和终点的太阳循环运行之道。"①明确提出了水是道的原型。荣格在论原型时曾说:"水是对无意识的最普通的

① 叶舒宪:《探索非理性的世界》,四川人民出版社,1988年,第164页。

象征。……水是‘谷之精灵’，水是‘道’的飞龙。”①在他看来，水是深谷里隐藏的精灵，与“道”有本质的相似性。老子说“道之为物……其中有象”（《道德经》二十一章，以下引用只注章目）。“象”指物象，来自人的感觉体验，如“大象无形”，通过体会水之无色、无味、无形、无声的意象悟出“道”之“无为”、“无事”、“无欲”、“无知”的智慧。而且道是看不见、听不到、摸不着的抽象体，具有“夷”、“希”、“微”等虚无玄远的特点，仍然可以从水的意象中来感受它。道之“无状之状，无象之象”，“似或存”的特征，正如水一样无形，无象，无状，恍恍惚惚的，看似无，却又含有万物。此外，“道”之虚、静、清、平，其玄妙之蕴似乎藏于水中。我们从《太一生水》中可以找到这一佐证，“大（太）一生水，水反辅（太）一”，“太一”即道，道生水，水反过来辅助道。这对水在道家哲学中的优先性提供了一个宇宙论的说明。庞朴先生对此有深入的阐述：“太一化形为水，绝对物化为相对，抽象固化为具象。所以太一生出水来以后，水既非外在于太一，太一亦不外于水，太一就藏于水中，水就是活生生的太一。”②这与“上善若水”与“水几于道”相互论证的逻辑关系是一致的。用列维·布留尔的话来说，这是一种“神秘的互渗”，道与水相互依存，道似水，水似道，水与道共生于相似的象之维中。

继老子以后，古代许多思想家也从唯象的视角进一步论述水的原型观。其中，管子发现“人，水也。男女精气合而水流形……”从水是人的生命之源的角度，明确提出了水为“万物之本原”的观点。魏晋的杨泉甚至提出了“水一元论”的思想，“立天地者，水也”（杨泉《物理论》），“水”是天地的本体，是最原始的存在。而且从“气”或“元气”的本原讨论了水是整个宇宙的始基“气”的具体形态。老子讲“道生一，一生二，二生三，三生万物。万物负阴而抱阳，冲气以为和”（四十二章），谈到了气是化生宇宙万物的物质。根据杨泉在《太元经》中的物理推演：“激气成风，涌气成雨，浊雾成雪，清露成霜。”气的原型应该是水，所以，说到

① 荣格：《荣格文集》，改革出版社，1997年，第56页。

② 陈鼓应：《道家文化研究》（第十七辑），生活·读书·新知三联书店，1999年，第303页。

底还是水化生万物。古人说的本原、本体的哲学含义是万物的初始原素，从思维方式上来看，就是推本溯源，找寻生命的源头，水原型涵盖了水的本原观。

水作为老子"道法自然"的形而上的原型，可以归结为是"建立在这样一个根本的前提上：天与人是相通的、一致的，自然本身的运动变化所表现出来的规律也就是人类在他的活动中所应当遵循的规律"[①]。中国古人就是通过"仰观天象，俯察地理"来获取自然规律的。从"人法地，地法天，天法道，道法自然"的递进关系来看，"道法自然"最终都是落实到人法自然中。在人法自然的过程中，水原型的意象更为清晰。老子所说的"圣人"，其实就是有道之人，怎样才能成为圣人或者说圣人应该如何？老子说"圣人处无为之事"（二章），"后其身而身先"（七章），"是以圣人终不为大"（三十四章），都是可以从水中发现圣人的道德原型，只要像水一样"澹兮其若海"（二十章），"天下之至柔，驰骋天下之至坚"（四十三章）。如水柔弱才能战胜刚强，无为利他、包容、处下不争等等都是老子推崇的道德。所以有人说老子的哲学是阴性哲学，也是因为"水者，阴也"（《白虎通·无行》），"阴气为水"（《淮南子·天文训》），只有像水的阴柔才能做到"知其雄，守其雌，为天下谿"，"知其白，守其辱，为天下谷"（二十八章）。才能最终实现"夫唯不争，故天下莫能与之争"（二十三章）。

因此，从人之生命与水、宇宙天地与水、圣人之道与水的关联中，可见出道法自然思维洋溢着水的原型意象。

二、以水为喻：水原型的意象表达

弗莱认为原型"是那些反复出现的或传统的神话及隐喻"[②]。指出了原型作为一种潜藏在人的意识领域的观念的显现方式就是隐喻。在《道德经》中，水的隐喻贯穿始终，水的原型通过这些隐喻而渐渐显现。

---

① 李泽厚、刘纲纪：《中国美学史》（先秦两汉编），安徽文艺出版社，1999年，第272页。

② 吴持哲：《诺斯洛普·弗莱文论选集》，中国社科出版社，1997年，第167页。

在论述之前，有必要先讨论一下为什么老子选择以水喻道的方式？我们知道对于“道”，老子并没有下一个明确的定义。因为“道可道，非常道，名可名，非常名”，道是不可言说的，而且道也不必于言。因为“可以言论者，物之粗也”（《秋水》），“可言可意，言而愈疏”（《则阳》）。言总是世人之言，甚至是粗言、浅言，不仅难以言道，反而可能有偏离“大道”的危险，使人背“道”而弛。老子不言道体现了象的思维特征，受《周易》的影响，对道的阐述更偏向于“立象以尽意”的象思维，所以“知者不言，言者不知”（五十六章），“多言数穷”，语言说得再多也不能穷尽“道”，要“希言，自然”（二十四章），也就是要少说，听从于自然，体悟万物的自然之性。“古之善为道者，微妙玄通，深不可识。夫唯不可识，故强之为容”，由于道深不可测，真正能表述玄妙之道的只能用比喻形容的方式来传达道的意象。正如庄子所说的“寓言十九，重言十七”，寓（喻）成为道的表述方式。所以老子论道用了大量的比喻，在这些比喻中虽然也偶尔有以其他物质作喻的情况，但通篇看来，以水为喻是贯穿其中的一条主线。以水为喻，正是对“道法自然”的水原型的一种独特的意象表达，主要有以下两个方面。

首先，老子把“道”直接比作水。作为抽象原则，道的概念依托于水，“上善若水。水利万物而不争。处众人之所恶，故几于道”。水几乎接近道的本体。水几于道，道即似水，道不是栖身于宇宙之外的一个超越物，它存在于自然万物之中，而在自然万物中，水的自然属性与老子所言的道有着内在的相似性。老子“不争”的守弱思想与水的特性恰为相似。以水的不争、处恶的自然特性正是老子所提倡的道理。水往低处流，这是水的谦卑。谦卑又是“道”寄寓的地方，是王天下之器。稷下道家的代表作《管子》中“卑也者，道之室，王者之器也，而水以为都居”（《管子·水地》）的言论，分明是道家“不争”思想的体现。对于“上善若水”，孟子有相似的以水为喻的精辟论述，“人性之善也，犹水之就下也”（《孟子》）。孟子主论性本善，他认为人性之善如水性一样“就下”，这可以说是对老子这一思想从人性的角度进一步的阐发。老子说“大道氾兮。万物恃之以生而不辞”（三十四章），氾，同“泛”，《说文》解释：“泛，滥也。”泛者，遍也，故道之如水无所不至，并由万物皆得水而生引申为

"万物皆得道而生"(王弼注)。"道冲,而用之久不盈"(四章),就"冲"字来看,从水部,有向上涌流之意。按《说文》所释:冲,摇也。以此来形容道体之流动不居。道如水般涌动,用起来永不穷尽,如"迎之不见其首,随之不见其后"(十四章)般绵绵不绝,"用之不勤"(六章)。

其次,老子用与水相关的意象描述"道"。与"道"关联的意象有水道甚或包括水在内的水系的意象的延伸。美国汉学家艾兰认为,哲学意义上作为自然规律的"道",是基于水之溪流的本喻。正如我们已知的那样,水的特性之一就是循道而行,由此,"道"的概念被拓展延伸:每一事物都应因循自然规律而动。除了水道之外,水这种物质还有各种不同的表现形式,"道"植根于水的多种形态。老子常常依据自然界各种形式的水来描述道,比如雨水、海水、露水、冰川等等。如"骤雨不终日"(二十四章),其原因是"天地尚不能久,而况人乎",下雨是自然而然的过程,是天、地、人都无法改变的自然规律,用"雨"的意象来描述"道"的自然的特性,阐述道也是自然而然的,不是人所能改变的,遵循自然,就是遵循道,"故从事于道者同于道"(二十三章),人只能与道同行,才能与道同在,而不会"失之"。老子还用江海作喻,他说"譬道之在天下,犹川谷之于江海"(三十二章)。并进一步阐述了"江海之所以能为百谷王者,以其善下之,故能为百谷王"(六十六章)。川谷与江海的处下与道的不争具有相似性,像水一样滋润万物而不争不彰才真正把握了道的根本。老子以水喻道,甚至自称这种喻道方式都如水一样恬淡,如"道出口,淡无味,视之不足见,听之不足闻,用之不足既"(三十五章)。说出来的道淡而如水,像水一样平常,看不见,听不到,却永远用不尽。所以老子说"为无为,事无事,味无味"(六十三章),"恬淡为上"(三十一章)。

至此,水原型的意象逐渐从潜在趋向显现。以水言道的表达方式也使"道法自然"的思维也更易被人所理解。

三、法水取则:道法自然的生成路径

"道法自然"是老子论道的一个十分重要的原则。老子的整个哲学系统都是从"法自然"展开的。"法"者,以之为法也。"法"其实就是道的生成路径。在老子看来，“道”无所不在，存在于万物之中。在这种思维模式中，自然规定了思想，思想是对自然世界的抽象体悟。在自然界的万物之中，水作为生命之源和生活环境中普遍存在的物质，深深孕育和滋养了老子的哲学观。荣格说情感、思维、直觉的功能在每一个人身上都存在，水在生存中的重要作用使水原型在人类心里积淀下来，并且成为“法自然”抽象思维的中介。“道”的自然属性也由水引发出来。

法水取则明显具有经验论的思维特征。现代西方哲学家卡西尔说“人都是依赖于他的自然环境的”①。中国古代的思想都难以完全脱离经验生活界，都有“近取诸身，远取诸物”的思维习惯。老子也不例外，作为哲学家来说，他首先是人，而不是神。“道”并不是一个先验的哲学概念，当老子把自然抽象为道的时候，并未超出经验直观的视域。陈鼓应先生也认为老子所预设的“道”，其实就是他在经验世界中所体悟的道理，而把这些所体悟的道理，统统附托给所谓的“道”，以作为它的特性和作用。我们从老子在自然万物中唯独特别钟情于水可以看出，他在建构自己的哲学体系的过程中离不开对水的直观经验与直觉体悟，并从水中寻求“道”得以建构的模范。恩格斯在《自然辩证法》导言中所说：“世界在本质上是某种从混沌中产生出来的东西，是某种发展起来的东西、某种逐渐生成的东西。”②老子哲学讲的“道”其实并不明确，从他论水来看，他的这种法自然的思维方式的确符合哲学开端的规律，因为“水几于道”，思想也在混沌之水中逐渐清晰。对于“水几于道”，一般学者都习惯从字面意义上将其简单理解为水是最接近道的，其实反过来看，可以理解为“道”就是模仿水的自然特征，也即“上善若水”之意。老子以水反观道，从水中找寻道的标准。

那么，“水”是如何启发老子的哲学思维的呢？每个人都是他所处的时代的产儿，哲学也是如此。哲学就是被把握在思想中的他的时代。不同民族思维方式的发展具有不尽相同的方式，然而，中国古代老子的哲学思维方式与古希腊哲学所表现出来的一般特征，有着惊人的相似，

① 卡西尔：《人论》，上海译文出版社，1985 年，第 5 页。

② 《马克思恩格斯选集》(第 3 卷)，人民出版社，1972 年，第 448 页。

从哲学思想的本体论——自然，到真实的现实世界——人的存在，对这个过程，老子有一系列严密的推理过程，这个过程就是以近取譬、法水取则的过程：道——常——无为——无为而无不为；水——利万物——不争——故莫能与之争。无论是从宇宙观上，还是认识论上，形成了一个相对完整的思维路径，这就是以水为则的法自然的思维路径。老子这一思维特征的形成与那个时代的生活经验紧密相连，其中不乏生活的经验性概括。因为水与人的生存息息相关，水给古人带来的祸福远远超过自然界中的其他物质，特别是中国这样以农业为本的文明古国，水是农业生产的必需物质，导致了古人对水的倍加依赖。所以，古人的各种水事实践活动及水自身的功能和特点必然会影响存在于那个时代中的老子的世界观和方法论。庄子说"有先天地生者，物邪？物物者非物。物出不得先物也，犹有其物也"（《庄子·知北游》）。先于天地的"道"并不是"物"，但又存在于自然界万物之中，万物之中也都含有道，也即"物物者与物无际"（《庄子·知北游》）。老子所处的生活环境使得他不可避免地会与水产生深厚的渊源和关系。此外，在老子历经成败、存亡、祸福频繁变换的时代，其贵柔守弱的生存态度也使得他从万物莫之柔弱的水中得到诸多启示。"天下莫柔弱于水……天下莫不知"（《老子》七十八章）由自然界中水的柔弱性"天下莫不知"可以看出法水取则的经验性思维特征。因此，从水中我们可以更好的理解和把握老子"道法自然"的思想真谛。

四、小结

自古及今，水乃人不可须臾或离者。通过以上分析，我们认为水原型，是自然之道的原型，老子尊重自然，法水取则，从水中悟"道"，水成为"道"的有形模本。使我们进一步了解了"道法自然"的哲学思想，也启发我们在研究道家思想时，不仅要从宏观上把握其主流方向，还应该从多角度多层次来挖掘其潜藏的内涵，或者说承认"道法自然"的思维具有唯物性质的一面。水基本上集道的特征于一身，洋洋五千言，弥漫了浓浓的水的气息。这也正是老子思想之魅力所在，使老子的思想散发出一种如水的自然美、诗意美、精神美和哲理美。老子离我们已经很遥远了，但他的“道法自然”的思维与水原型的关系给予我们深刻的启示。我们人类应该对水乃至整个自然界怀有一种敬畏之情，这是对水在人类存在和发展中的重要作用的哲学反思。在当今世界水资源日益短缺和水质污染等生态问题更加严峻的形势下，从哲学根源上认识水，进而研究水，发挥古代哲人顺应自然的哲学思想，从征服自然重新回到尊重自然的道路上，将具有重要的现实意义。

（作者为南方医科大学马克思主义学院讲师）

《老子》“宠辱若惊”新诠*

汪韶军

《老子》“宠辱若惊”章素称难解。南宋时曾有人问及朱熹，朱熹承认自己“从前理会此章不得”，便不再言语（事见《朱子语类》卷 125）。古今中外注老解老者无数，然会其意者寥寥可数；间有一些真知灼见，亦被淹没在历史的尘埃之中。当代学者结合简帛《老子》不断求索，近年又出现三四篇论文，其中的一些看法有利于问题的解决，而有些观点则似乎趋向于把问题搞得越来越复杂、越来越曲折。以下笔者将综合《老子》的几个主要版本（地上地下的郭店楚简本、帛书甲乙本、北大汉简本、傅奕本、王弼本、河上公本、想尔注本，以下用简称），在必要时先对文本进行逐字比对，然后对古今一些代表性观点做一梳理，在此基础上提出笔者管见，以就教于方家。

一、“惊”？“纓(攖)”？“甇(縈)”？①

我们首先要面临一个文字释读问题。传世本“宠辱若惊”为人们所熟知，帛书两本及汉简本亦作“惊”，独楚简本相应字（以下用“△”表示）的释读尚处争议中。裘锡圭先生近年撰文认为：“我们认为《老子》原来应该是说‘宠辱若荣’的，大概由于较早流传之本多用假借字表示‘荣’（郭店简是其中一例），就被后人误读成了音近的‘惊’，导致了对此章文

* ［基金项目］国家社科基金后期资助项目（13FZX002）；海南大学“中西部高校综合实力提升工程”子项目“海南文化软实力科研创新团队”（01J1N10005003）。

① 为了便于文字释读过程中直观地比对，本节个别文字采用繁体。

义的严重误解，老子的正面主张被很多人解释成了对俗人的批判。”①庞光华先生反对释“荣”，但也说：“据帛书本和今本为‘惊’……在文意上完全不通，毫无哲学意味可言。”②照此看来，此字的释读，其意义非同小可。如果两位先生所言成立，则两千多年来人们读到的都是讹文，而他们的观点也就成了一个惊人的发现。

我们来做一考索。楚简本“△”，三次作“”，上部为“覞”，下部为“[illegible]”（“縈”之省形）；一次作“[illegible]”，上“䀠”下“縈”。关于它的释读，学界主要有以下几种看法：

其一，裘锡圭先生早年认为释“缨”即可③。韩禄伯先生（Robert G. Henricks）、兰喜并先生从之。持此见最笃者为庞光华先生：“‘若缨’的‘缨’当为《老子》原始古本，不可改读，今人多读‘缨’为‘惊’，全失古意。……‘缨’的意思是‘受到约束、受到束缚’。‘宠辱若缨’全句的意思是‘受到贵人的宠爱是耻辱的，好像受到束缚一样’。下文‘得之若缨，失之若缨’，意思是‘得到宠爱犹如被束缚，失去宠爱也犹如被束缚’。为什么说‘失之若缨’呢？因为‘失宠’也是很不愉快的事，一般人会因失宠而耿耿于怀，老是念着失去的‘宠’，从而人的心情和精神都会被失去的‘宠’所束缚。”④

其二，魏启鹏先生认为“简本作‘缨（攖）’于义为胜”，并将“攖”解释为扰乱⑤。池田知久先生亦持是说。

其三，白于蓝先生主张隶定为上“䀠”下“縈”，并认为可能是“瞢”之异构，读作“惊”；更有可能就是“惊”之异构：“《说文》：‘䀠，左右视也。从二目。……读若拘。又若良士瞿瞿。’饶炯《部首订》：‘会意。从二

① 裘锡圭：《“宠辱若惊”是“宠辱若荣”的误读》，《中华文史论丛》2013年第3期，第6页。

② 庞光华：《〈老子〉“宠辱若惊”新考》，《中国文字研究》第21辑，上海书店出版社，2015年，第89页。

③ 荆门市博物馆：《郭店楚墓竹简》，文物出版社，1998年，第119页。

④ 庞光华：《〈老子〉“宠辱若惊”新考》，《中国文字研究》第21辑，第89页。庞氏随即又说读为“攖”更好，紧接着又提出读为“拘”的新说，并认为这是最佳释读。但无论释为“缨”或“攖”或“拘”，庞氏认为其意均为束缚、拘系，故笔者将其说归入释“缨”一类。

⑤ 魏启鹏：《楚简〈老子〉柬释》，万卷楼图书有限公司，1999年，第46页。

目。左右视也，即申释二目会意之旨，盖惊恐者目善摇。'徐灏《注笺》：'左右视者，惊顾之状。'"①

其四，裘先生近来推倒自己的旧说，订正为释"瞢"读"縈"："从字音、文句结构和文义来看，郭店简的'宠辱若瞢'都应该读为'宠辱若荣'。""'宠'显然应该看成动词，'宠辱'是动宾结构。按照这种解读，这句话的结构就与并列的'贵大患若身'句完全一致了。常人喜爱'荣'而厌恶'辱'，贵重'身'而畏惧'大患'。老子在这里却主张像常人宠荣那样宠辱，像贵身那样贵大患……，这完全合乎老子立言的一贯风格。"②

尽管"缨"或"撄"代入后能解释通，但"△"或从"眀"或从"覞"，而非从"賏"。裘先生承认之前将此字上部释为"賏"是错误的，并说："在汉字形旁中，'目'与'见'可以通用，'眀'与'覞'大概也可相通。《说文·四上·眀部》：'眀，左右视也。从二"目"。'《八下·覞部》：'覞，并视也。从二"见"。'"③既然"△"非从"賏"，故不宜释作"缨"，读为"撄"者亦失据。庞文认为，古文字中作为偏旁的"目"与"貝"可以混用，故"眀"完全可能是"賏"之异构。此说不可从，在文字释读时，我们应优先考虑非混用、非通假，不然会偏离得越来越远。

现在讨论白先生提出的第一种可能性("瞢"之异构)。"△"字形为上"眀"下"縈"，"瞢"字与之相比，"眀"已被省写为单"目"，而这单"目"又翻转到下方，然后"糸"又不明所以地不见了。笔者以为，这种释读较为随意，跳跃性太大，难以服人。

既如此，则释"瞢"读"荣"的做法亦不可取。鉴于裘先生从文义角度做过系统论证，我们有必要再结合文义来做一判断。应该说，"荣"的读法非常新颖，却是值得商榷的。庞文曾针对裘文提出过诸多异议，笔者以为其中一些是合适的，以下再增添几条证据。本章下文曰："何谓贵大患若身？吾所以有大患者，为吾有身也；及吾无身，有何患？"(拙文所引《老子》经文皆笔者参互诸本校订而成，以下不再说明)可见，"身"

---

① 白于蓝：《读郭店简琐记(三篇)》，《古文字研究》第26辑，中华书局，2006年，第309页。

② 裘锡圭：《"宠辱若惊"是"宠辱若荣"的误读》，《中华文史论丛》2013年第3期，第6页。

③ 裘锡圭：《"宠辱若惊"是"宠辱若荣"的误读》，《中华文史论丛》2013年第3期，第5页。

在此处明显遭到否定。而从“宠辱若△，贵大患若身”两个命题的并列来看，“△”亦应在否定之列。裘文将“△”读为“荣”，并将“宠辱若荣”解释为“宠‘辱’若宠‘荣’”，这一方面有增字解经之嫌（当先生把“得之若荣，失之若荣”解释为“得‘为下’若得荣，失‘为下’若失荣”时，这种嫌疑就更大了）；更关键的是，设若此说成立，则老子的意思不过是建议世人在宠“荣”的同时也要能够宠“辱”，言外之意是不排斥宠“荣”的做法。这跟老子思想是有出入的。宠“荣”便不可能宠“辱”；而由于“△”已被否定，故老子也不可能以宠“荣”为喻，来敦促世人宠“辱”（以下笔者还会进一步论证）。

否定释读为“惊”者，还会面临一个共同的问题，即如何解释为何它本一致作“惊”？裘文推测，古书多用假借字，“△”也是假借字，但它至迟在秦汉之际即已被误读成“惊”，而这种误读本又很快统一了《老子》的各种传本，以至于它本全作“惊”。笔者以为，这种可能性极小。在道阻且长、交流不畅的两千多年前，要想在短时间内统一各传本，几乎是不可思议的；即便借助行政力量，也未必能出现高度一致的情形。

相比之下，笔者认为白先生提出的第二种可能性可从。“△”当隶定为上“眀”下“縈”，“縈”为声符，“眀”像瞠目惊视状，主要是表义（兼表声），有“瞿”、“懼”之意。《说文》：“瞿，鹰隼之视也。从隹、眀，眀亦声。”又“眀”下段注云，“瞿”盖“眀”之假借，表惊遽之状，“瞿”行而“眀”废①。笔者以为，若按后世反切法，则“△”之读音可标记为“拘縈切”，恰好读“惊”。“△”从“覞”时也读此音，并有视义。因此，我们有理由参照它本将“△”读为“惊”。它本全作“惊”，并不属于误读②。

---

① （清）段玉裁：《说文解字注》，上海古籍出版社，1981年，第147、135页。

② 庞文认为：“根据《说文》，‘眀’古音读若‘拘’，在该字中作声符兼表意，下面的‘縈’是表意的，所表之意为‘缠绕、绕’……，并非声符。……我觉得将该字释读为‘拘’可能比释读为‘攖’更好，因为‘拘’（囚禁）更能体现‘辱’。”（第90～91页）此论反过来认为“縈”为义符、“眀”为声符，并将“△”释读为“拘”。按，庞氏说眀“在该字中作声符兼表意”，但从头至尾未说明究表何意；更严重的是，他又说“只有当眀作声符时，其字才有‘惊视’之义”（第89页注④），但释读为“拘”后哪有惊视义？这种自相矛盾之说断不可从。其引古书用“拘”的文例再多，亦不能作为释“△”为“拘”的依据。

二、何谓宠辱若惊？

为直观起见，我们将几个版本中的此节文字逐字排列如下（简帛《老子》直接按整理者释文呈现，其中，除上文讨论过的“△”之外，其他字的差异几乎全属音近通假）：

楚简：可胃𢖻辱　𢖻　　　为下也　　　得之若缨遊之若缨是胃𢖻辱_缨

帛甲：苛胃龙辱若惊龙　之　为下　　　得之若惊失□若惊是胃龙辱若惊

帛乙：何胃弄辱若惊弄　之　为下也　　　得之若惊失之若惊是胃弄辱若惊

汉简：何谓宠辱　宠　　　为下　是谓宠辱得之若𩥋失之若𩥋是谓宠辱若𩥋

傅本：何谓宠辱若惊宠　　　为下　　　得之若惊失之若惊是谓宠辱若惊

王本：何谓宠辱若惊宠　　　为下　　　得之若惊失之若惊是谓宠辱若惊

河本：何谓宠辱　宠为上．辱为下　　　得之若惊失之若惊是谓宠辱若惊①

想本：何谓宠辱　　　为下　　　得之若惊失之若惊是谓宠辱若惊

订文：何谓宠辱若惊宠　　　为下也　　　得之若惊失之若惊是谓宠辱若惊

显然，此节文字异文现象还是比较突出的。首先一点，楚简、汉简、河本、想本“何谓宠辱”，帛书、傅本、王本却作“何谓宠辱若惊”。传世本已有此差异，近千年前的王雱就谈及此：“一本此有‘若惊’二字，非也。

---

① “宠为上”三字系补入，依据请参见王卡点校《老子道德经河上公章句》，中华书局，1993年，第50页。裘文页11推测河上公本就作“辱为下”，此说难从。

若曰:宠乃世之所荣,何以为辱乎?设问以发下文。"[①]王氏判定无"若惊"二字,笔者不能认同,但他对此节文义的把握,颇值得我们注意。今人郭沂先生就楚简本论曰:"下句'宠为下也'正是解释'何谓宠辱'的。这个'也'字也很重要,它意味着句意已完,也就是说,对'宠辱'的解释已经结束。……'得之若惊,失之若惊'才是解释'宠辱若惊'的。盖'宠辱'是一个特殊的概念,故老子先解释'宠辱',然后再解释'宠辱若惊'。故此处无'若惊'乃《老子》原本。"[②]郭先生判定无"若惊"二字,并将"宠辱"当成一个概念,非是。但他注意到了楚简本"也"字的重要性。

当代多数学者认为当有"若惊"二字,丁四新先生说此最详:"从答句'是谓宠辱若惊'来看,其问句当为'何谓宠辱若惊'。此其一。其二,本章首先陈述'人宠辱若惊,贵大患若身'两命题,随后的文本则正是针对此二者来作论述的,因此'何谓宠辱若惊'必须作为一个问题存在于其中。其三,从文本的平行对称结构来看,既然下文提出了'〔何谓贵大患〕若身'的问题,则上文相应的提问当是'何谓宠辱若惊'。据此三条理由,完全可以断定简本'何谓宠辱'句下当脱'若惊'二字。"[③]此论除了"人宠辱若惊"之说不可接受以外(文末将讨论这一问题),其他都说得很切实。但此论纯出于形式齐一、呼应的考虑,笔者欲进一步从文义角度加以证成。

想本误脱"宠"字,而河本"宠为上,辱为下"不可从(理由详后)。我们按照有无"若惊"二字的标准,将剩下的几个版本分为A、B两组,并寻绎其文法,得如下表格([ ]内是时有时无的文本):

A组	何谓宠辱	宠　　为下[也]	[是谓宠辱]	得之若惊失之若惊	是谓宠辱若惊
B组	何谓宠辱若惊	宠[之]为下[也]		得之若惊失之若惊	是谓宠辱若惊

两组相较,B组为优。理由是:其一,本章是先抛出两个命题,再分头论述。既然前面提出"宠辱若惊",后面总结"是谓宠辱若惊",则中间应为"何谓宠辱若惊"。其二,B组用"宠[之]为下[也]得之若惊失之若

① 《道藏》第13册,文物出版社、上海书店、天津古籍出版社,1988年,第18页。

② 郭沂:《郭店竹简与先秦学术思想》,上海教育出版社,2001年,第110页。

③ 丁四新:《郭店楚竹书〈老子〉校注》,武汉大学出版社,2010年,第290页。

惊”来总答“何谓宠辱若惊”，有大开大合之势；A组则先用“宠为下[也]”回答“何谓宠辱”，再用“得之若惊失之若惊”回答“若惊”，最后合言“是谓宠辱若惊”。与B组相比，A组有细碎之嫌，而且与结语“是谓宠辱若惊”一对照，前面问句就明显缺“若惊”二字。汉简本“是谓宠辱”加入进来后，可以弥补这一缺陷，却又与结语“是谓宠辱若惊”形成一定程度上的文义复沓。据此推断，问句当作“何谓宠辱若惊”，而汉简本“是谓宠辱”当属旁注混入经文。

三、宠为下也

裘文认为，在“宠辱若惊”的语境下，“何谓宠辱？宠为下”很难讲通。而先生给出的解答是：“既知‘宠辱’为动宾结构，‘宠为下’也就应该是动宾结构。‘为下’的意思就是‘为人之下’、‘处于下位’。常人以‘为下’为辱，而老子对‘为下’却是高度肯定的。”①老子肯定“为人之下”，这不成问题，但“宠辱”、“宠为下”是不是也在宣说处下之道呢？“何谓宠辱？宠为下”是不是真的很不好讲呢？我们先做一番文本对勘工作：

楚简本“宠为下也”，帛甲作“宠之为下”，帛乙作“宠之为下也”，汉简本及多数传世本作“宠为下”，其异在于虚词的有无。但历史地看，此句古今可以说有三种版本：其一，以上诸本姑名之“宠为下”一系，此为古今多数人所从，然会其意者实为难得；其二，景龙碑本、吴澄本、林志坚本作“辱为下”，吴汝纶、刘师培主之；其三，景福碑本、陈碧虚本、李道纯本、日本钞本亦如河上公本，作“宠为上，辱为下”，王纯甫、俞樾、劳健、奚侗、大田敦、石田羊一郎、武内义雄、陈柱、缪尔纾、冯振、高亨、周绍贤、黄钊、张松如、古棣、孙以楷等人相率而从。

笔者以为，此句当依楚简本作“宠为下也”。“辱为下”相对常人而言也是不需说的废话，相对老子思想来说则不合。78章云：“受邦之垢，是谓社稷之主；受邦之不祥，是谓天下之王。”28章强调“守其辱”。

① 裘锡圭：《“宠辱若惊”是“宠辱若荣”的误读》，《中华文史论丛》2013年第3期，第7～8页。

可见，老子非但不厌弃“辱”，反而愿意承担“辱”。“宠为上，辱为下”还是世俗价值观，老子必定不会郑重其事地要告诉我们这一点，因为它本来就是多数人的观念，而且背离了老子思想。老子何曾以宠为上，以辱为下？历史上曾有人论及版本问题。比如，南宋刘辰翁云：“蜀本、子由本皆是‘宠为下’，最有理。辱为下，谁不知？达者知宠辱之相随，则宠即辱也。”①清代倪元坦明确说：“或以‘宠为下’作‘辱为下’，或作‘宠为上，辱为下’，俱谬。《老子》字句异同，非传写之讹，即后人妄改。”②今人罗义俊先生亦言：“后二者皆非。……‘宠为上，辱为下’，世人皆知之，不成为问题，无须说；而‘宠为下’，世人则不知，这才需要特别提出来，专论之，以纠正世人以‘宠’为‘上’的观念。此下‘得之若惊，失之若惊’即是对‘宠为下’的专论。”③以上诸人对另两种版本的批评甚是。如果老子在此是正面推出自己的观点，则“[宠为上]，辱为下”与其思想恰相反对；如果老子只是对人情世相做一客观描述，则无法解释下文“得之若惊，失之若惊”（除非认定二“之”字各有所指，但这又不合文法）。因此，它们是历史上的加工者未能抓住老子的意思，而基于常识观念妄改经文。

楚简本“宠为下也”，有“也”字，一方面肯定语气更强，一方面又提示句意已完。此“也”字帛乙仍有（从总体上看，帛甲抄手较马虎，此处也可能是漏抄），但在汉简本及传世本中应该是被有意识地压缩掉了。而帛书本多出的“之”是取消句子独立性的结构助词，其作用是使“宠之为下[也]”与下文“得之若惊，失之若惊”更紧密地联结为一体，但它在一定程度上成了人们理解文义的障碍。综上，楚简本、帛乙“也”字当有，帛书两本“之”字当无，故作“宠为下也”④。

---

① （南宋）刘辰翁：《老子道德经评点》卷上，明小筑刊须溪九种本。

② （清）倪元坦：《老子参注》卷一，清嘉庆二十五年畲香书屋刊本。

③ 罗义俊：《老子译注》，上海古籍出版社，2012年，第32页。

④ 虚词虽无实义，然非可有可无。“也”字除了舒缓语气外，还有加强肯定语气的作用，有时还关系到如何断句，而这是一个非常吃紧的问题。比如“道可道”章，帛甲有八个“也”字，汉简本尚保留着四个，传世本“也”字全被蒸发。传世本“故常无欲以观其妙常有欲以观其徼”，人们就如何断句争论了近千年。帛书本出，“无欲”、“有欲”后面都有“也”，终于使这场旷日持久的争讼尘埃落定。

接下来看看如何理解。裘锡圭先生心目中的文本是这样的:"何谓宠辱?宠为下,得之若荣,失之若荣,是谓宠辱若荣。"而他的释义是:何谓宠辱?要喜爱"为人之下",得"为下"若得荣,失"为下"若失荣,这就叫喜爱辱如同喜爱荣。笔者以为,这种解释不仅在文字释读上值得商榷,也已偏离本章文义。老子固然不避重复,但不必在本章也大谈处下;他在其他章节已将处下之道说得非常明晰,实在不必又通过"宠'辱'若'荣'"、"宠'为下'"、"得'为下'若得荣,失'为下'若失荣"之类的说法来宣示处下之道。老子曾说"吾言甚易知也",他著书是要让世人明白事理。如果本节文字果真是倡导处下,那么,如此隐晦曲折的言说方式,怕是要违背他自己的初衷本怀了。况且,"为人之下"严格说来是一个人愿不愿意的问题,不是能力的问题,而世人大多都争做"人上人",故"为人之上"尚可以"得"、"失"言之,"为人之下"则不可。

庞光华先生则认为:"原文的语法结构是'宠'为主语,'辱'为谓语,'若缨'为补语(当然也可以将'辱若缨'一起当做谓语),'宠'与'辱'是主谓关系,而不是并列关系,'宠辱'意思是'受宠爱是耻辱'。下文接着说'何谓宠辱',意思是'为什么说受宠是耻辱?'下面紧接着解释道:'宠为下也。'意思是'受宠表明你的身份是低下的(或低人一等)'。因为总是主人宠爱下人、君王宠爱臣子,受宠的人身份总要低下一些。"①此论对"宠辱"之义有很好的把握,但笔者无法接受他对"为下"的释义。彭裕商等人也理解成受宠者实际地位低于施宠者,可这还需要老子说吗?

面对"宠为下",曾有多人感到困惑:"宠辱"明明是一个对子,老子解释时却不提"辱"。坚持作"宠为上,辱为下"的学者之所以那么多,主要原因就是把"宠辱"当成概念对子,认为老子自问自答时不该回避"辱"。其实,"宠辱若惊"一节所以难解,症结恰恰在于我们看到"宠辱"就本能地把它当成概念对子。如果我们去掉这一"成见",再去揣摩上下文,便可发现:"下"即"辱"也,"辱"是对"宠"做出的价值判断,而不是

① 庞光华:《〈老子〉"宠辱若惊"新考》,《中国文字研究》第21辑,第88页。

与"宠"相并列的一个待解释的对象。前面提到的A组虽然有些小问题,但它们因为没有"若惊"二字的阻隔,便有利于我们把握文义。汉简本又多出"是谓宠辱"四字,文义更为显豁。"何谓宠辱"意为:为什么说宠就是辱?紧接着"宠为下[也]"意为:宠乃卑下之事。老子只讲"宠"而不讲"辱",原因在于"辱"是用来对"宠"做一价值判断。在做价值重估时,他又用近义词"下"替换了"辱"。"下"、"辱"都是说,世人所艳羡的"宠"是不值得希求的。"宠为下也",其义甚明,可以说是对世俗看法"宠为上"的当头棒喝。古今多习惯性地把"宠"与"辱"当成一对反义词,而没有想到老子恰恰要通过"宠"即"辱"的棒喝来破除这种思维模式。至此我们当知,"宠辱"不是并列关系(多数人),不是动宾结构(裘锡圭先生),不是偏义复词(魏启鹏先生、刘笑敢先生),不是特有概念(郭沂先生)。

再看历史上的一些注解。王弼注:"宠必有辱,荣必有患,宠辱等,荣患同也。"①此注有精当处亦有含糊处,含糊处在于,"宠必有辱"可以理解为宠会招来辱,因而宠辱等。唐代李荣、陆希声、北宋苏辙、南宋刘辰翁、今人郑良树先生就认为宠辱如影随形,故宠不是什么好东西。这样理解还是有一定的偏差,其实,老子并非因为宠会生辱才贬斥宠,而是要强调宠即辱、虽宠实辱。为什么得宠就是受辱呢?唐代成玄英云:"世情颠倒,以宠为上,惠心观照,足为鄙下。何者?为得宠心惊喜,失宠心惊怖,此之两惊,本由一宠,故足为下也。"②以下二人说得更为直接,元代何心山:"宠即为下,得乃为失,言不待辱而知其为下也。"③清代吴鼐:"此言宠即辱,贵即患。……今谓宠即辱,故以'何谓'发问。"④《庄子·列御寇》:"宋人有曹商者,为宋王使秦。其往也,得车数乘。王说之,益车百乘。反于宋,见庄子,曰:'夫处穷闾阨巷,困窘织屦,槁项黄馘者,商之所短也;一悟万乘之主而从车百乘者,商之所长也。'庄子

① 楼宇烈校释:《王弼集校释》上册,中华书局,1980年,第29页。

② 蒙文通辑校:《道书辑校十种》,巴蜀书社,2001年,第400页。

③ 《道藏》第13册,文物出版社、上海书店、天津古籍出版社,1988年,第554页。

④ (清)吴鼐:《老子解》上篇,清光绪间吴江沈氏世楷堂补刊。

曰:‘秦王有病召医。破痈溃痤者得车一乘,舐痔者得车五乘,所治愈下,得车愈多。子岂治其痔邪?何得车之多也?子行矣!’”曹商这位春风得意的受宠者,却被庄子讥为“舐痔者”。曹商不过是宋王、秦王的工具而已,这就是“宠为下也”的一个范例。宠之所以就是辱,之所以“为下”,是因为受宠意味着“畜于人”(北宋吕惠卿)、“仰于人”(明代薛蕙),而仰人鼻息、供人驱使实际是作践自己。

四、得之若惊,失之若惊

“惊”是被老子否定的对象。按老子思想的逻辑,他会提倡保持波澜不惊的静定之心。16章:“静,是谓复命。复命,常也。知常,明也。不知常,妄,妄作凶。”26章:“重为轻根,静为躁君,是以君子终日行不离其辎重。”45章:“静胜热,清静为天下正。”一个人不能做自我生命的主宰而“物于物”(庄子语),就会“惊”。

“得之若惊,失之若惊”形容一类人之凄凄惶惶,宛然在目。二“之”字均指宠,无关乎辱。因为老子谈的只是宠,不能期望他向我们解释辱;再则我们可以说得宠失宠,但没有得辱失辱的说法。黄钊先生则释曰:“失去‘宠’,他们会惶恐不安,受到‘辱’,他们也会惶恐不安。”①这实际是把经文当成了“宠为上,失之若惊;辱为下,得之若惊”。像这样把“宠”与“辱”并列,并把“得之”、“失之”分别释为得辱、失宠,既得不到版本支持,也不合文法,错失文义。

世人多以宠为上。对于宠,他们欣欣于得,怏怏于失。得宠时意气风发,同时又生怕失宠;失宠时神形俱疲,惶惶不可终日,此诚可谓“风波之民”(庄子语)。世人所以邀宠,实因自信不及,看不到自我生命的价值与意义,故误将自己的忧喜、生命的实现系之于他人。然而,受不受宠是自己不可控的,这就意味着不能主宰自我生命,而由他人来予夺。求宠邀宠者浑然不觉此为耻辱、卑下之甚,反引以为荣,到处夸耀,悲夫!

① 黄钊:《帛书老子校注析》,台湾学生书局,1991年,第65页。

五、余论

“宠辱若惊”既如是，则“贵大患若身”亦不难理解。二者是并列关系，分别指出“宠”、“贵”的不是。“宠”与“贵”都不是动词，而是名词，是待评价的对象。“宠”与“贵”对文，“辱”与“大患”对举。如同“辱”是对“宠”的价值判断一样，“大患”是对“贵”的价值判断。老子不以宠为宠，而以宠为辱；不以贵为贵，而以贵为患。“贵大患若身”的理路是这样的：“身”是祸患，“贵”也是祸患，故说“贵大患若身”。此命题是以“身”之为祸患来例证“贵”之为祸患。裘文将其解释为“像贵身那样贵大患”，以支撑其“宠‘辱’若宠‘荣’”之说。这种解释恐难成立，因为与紧接着的“无身”主张直接冲突。为使语义明朗化而不被误解，笔者建议将两个命题句读为：“宠，辱若惊；贵，大患若身。”

顺势考察“人”字的问题。楚简本“人之所畏亦不可以不畏-人𢘓辱若缨贵大患若身”，下“畏”字后有句读符号（李零、丁四新两位先生认为是分章符），如此则下“人”字似乎连下读，即在传世本本章章首。但帛乙却作“人之所畏亦不可以不畏人”（帛甲此处损掩），汉简本亦作“人之所畏不可以不畏人”，则下“人”字应属上读，即在传世本第20章。而在传世本及有关子书引文中，皆无此“人”字，故有人认为“人”字是衍文，又有人认为是“也”字之误。到底何者为是？

为避支离，笔者在此不做过多讨论，只想说“人”字必非冠于本章之首。前辈中主张属上读者亦大有人在，他们从版本、“-”在楚简本中的用法、“不可以不畏人”的文义等角度做了论证。笔者再提供两条新证：其一，主张连下读者多出于形式的考虑（如押韵、对仗等），但若严格按照他们的原则，则经文前言“人宠辱若惊”，后面就该是“何谓人宠辱若惊”或“何谓人宠辱”，然而没有一个版本如此（包括楚简本）。即便有“人”字，也几不成话。其二，从我们对本章的文义分析可见，这里根本容不下“人”字。这就涉及一个不为学界所注意的问题，即：老子于此是对常人心理进行描摹和批评，还是只顾推出自己的思想主张？从已有分析可知，老子是在阐发自己的思想，即对“宠”、“贵”进行价值重估，从而颠覆以“宠”、“贵”为上的世俗价值观。因此,“人”字在此不是有无必要的问题,而是不该有,楚简本是误点句读。丁四新先生认为“宠辱若惊”前必须有主语“人”[1],在笔者看来,这种“以不必必之”的做法不足为训。

(作者为海南大学人文传播学院副教授)

① 丁四新:《郭店楚竹书〈老子〉校注》,武汉大学出版社,2010 年,第 287 页。

《老子》"善治"思想与古医学理论的关联

王水香

一、引论

据现有资料,"善治"一语首见于帛书《老子》甲、乙本。甲本文曰:"上善治(似)①水,水善利万物而有静(争)。居众之所恶,故几于道矣。居善地,心善潚〈渊〉②,予善,信,正(政)善治,事善能,踵(动)善时。夫唯不静(争),故无尤。"③帛书乙本、河上公本的记载与甲本相比,虽整段文字存在差异,但"正善治"一句完全相同。

对于"正善治"之义,王弼注曰:"为政之善,无秽无偏,如水之治,至清至平。"④《老子想尔注》将"正善治"作"政善治",注曰:"人君理国,常当法道为政,则致治。"⑤刘固盛说:"为政要合乎正道,即按道的原则做事。道的原则就是水的原则,即无为的原则。"⑥可见,"正善治"被普遍认为是治国之道。

作为治国之道,《老子》"善治"的主体是君主,对象是国家。在古医学领域,则认为心脏是君主,统治着身体的健康。如《素问·灵兰秘典

---

① ()形括弧中的文字为校注者所标注的假借字或与原本相应的古体字、异体字当用的今字。引文中同类标注亦同。

② 〈〉形括弧中的文字为校注者所标注的原文中的错字所对应的正字。

③ 马王堆汉墓帛书整理小组编:《马王堆汉墓帛书·老子》,文物出版社,1976年,第20页。

④ (魏)王弼注,楼宇烈校释:《老子道德经注校释》,中华书局,2008年,第20页。

⑤ 饶宗颐:《老子想尔注校证》,上海古籍出版社,1991年,第10页。

⑥ 刘固盛:《论老子之善》,《光明日报》2009年7月6日,第12版。

论篇》曰:“心主明则十二官皆安,所以不殆。以及齐家治国平天下,未有不大昌者矣。主不明则十二官危,使道闭塞而不通,形乃大伤,以此养生则殃,以为天下者,其宗大危。”①此外,人体其他脏腑——肺、肝、胆、膻中、脾胃、大肠、小肠、肾、三焦、膀胱的功能分别等同于国家政治机构中的相傅、将军、中正、臣使、仓廪、传道、受盛、作强、决渎、州都等诸官职责。各脏腑虽有职责,但依附于“明心”的主使,否则,“夫主不明则委于左右,委于左右则权势妄行,权势妄行则吏不得奉法,吏不得奉法则人民失所而皆受枉曲矣。且惟人邦本,本固邦宁;本不获安,国将何有,宗庙之立,安可不至于倾危乎”②!可见,古医学完全将人体的脏腑机能等同于国家政治机构的职能:人体(国家)在心脏(君主)的统领之下,各个人体脏腑(政治机构)互相牵制,全力工作,人体(国境)之内,秩序井然,身体康健(国力昌盛)。反之,若人体(国家)的心脏(君主)不明,运作人体(国家)的大权必将旁落其他脏器(机构),致使脏器(机构)运转失常,导致体疾(乱世)的发生。

可见,治国与治病的原理可相互借用、转化,治国之道与治病之道可完全融合。那么,《老子》“善治”之道与医道的关系如何?本文拟以楚简《老子》、帛书《老子》和《老子河上公章句》中的“善治”思想为参照,从内部分析和向外比较两方面,探析两者的关联。

二、《老子》“善治”的指向

楚简乙云:“(吾)所以又(有)大患者,为(吾)又(有)身。及(吾)亡身,或(有)可(何)[患?故贵为身于]为天下,若可以尾(托)天下矣。爱以身为天下,若可以寄天下矣。”③楚简原文有残毁,据今本校补后,内容与帛书及河上公本基本无异。老子认为生命的存在是人产生忧患的根本原因,只有先贵己身、爱己身然后为天下之人,方可将天下托付与

① (明)张介宾:《类经》,中国中医药出版社,1997年,第15页。

② 《四部丛刊·重广补注黄帝内经素问》,文中出自《黄帝内经·素问》的引文,均同此。

③ 尹振环:《楚简老子辨析:楚简与帛书老子的比较研究》,中华书局,2001年,第249页。

他。简而言之，即若要"善治"国，须先"善治"身，即爱惜保养自我生命；反推之，"善治"身有助于"善治"国。

河上公曰："万物得一以生，侯王得一以天下为正。"(《法本第三十九》)①"一"即道。道是万物生命的本源，亦是侯王治国的规则。有道，身存国兴，失道，"万物无以生将恐灭"，"侯王无以贵高将恐蹷"，生命不再存在，国家亦将颠覆。所以，身与国若要"长生久视"，必须遵循共通之道。"善治"之"治"的指向既在于国亦在于身。治国与治身，两者在《老子》中是相互嵌合的关系。

据前所引，水"几于道"，根据水"善能柔弱，像道。去高就下，避实归虚，常润利万物，终不争"②之本性，"善治"之道概括起来，主要内容如下：居下润上之"中和"，以弱胜强之"贵柔"，顺势不争之"顺治"，积滴成海之"治未乱"。下文即从这几个方面分析《老子》"善治"思想中治国、治身相融的思考。

首先，身、国均存于"中和"。老子"中和"的观点与生命的产生有关，帛书甲本云："道生一，一生二，二生三，三生[万物。万物负阴而抱阳]，中(冲)气以为和。"③对于"万物负阴而抱阳，中气以为和"，《庄子·田子方》云："至阴肃肃，至阳赫赫；肃肃出乎天，赫赫出乎地；两者交通成和而物生焉，或为之纪而莫见其形。"④《荀子·天论篇》曰："万物各得其和以生。"⑤河上公注曰："万物无不负阴而向阳，回心而就日。万物中皆有元气，得以和柔，若胷中有藏，骨中有髓，草木中有空虚与气通，故得久生也。"(《道化第四十二》)综合而言，即万物皆有阴阳两面，两面冲突又统一。"中和"就是阴阳统一，既指阴阳交合以生万物的过程，亦指万物生成后生命的存在状态。

---

① 上海涵芬楼借常熟瞿氏铁琴铜剑楼藏宋刊本(四部丛刊本)，文中有关《老子河上公章句》的引文均同此。

② 饶宗颐：《老子想尔注校证》，上海古籍出版社，1991年，第33页。

③ 饶宗颐：《老子想尔注校证》，上海古籍出版社，1991年，第33页。

④ 马王堆汉墓帛书整理小组编：《马王堆汉墓帛书·老子》，文物出版社，1976年，第2页。

⑤ 高长山：《荀子译注》，黑龙江人民出版社，2003年，第231页。

对于“中和”在生命存在与国家治理中的作用，楚简乙载：“天地之间，其犹橐籥与？虚而不淈(屈)，踵(动)而愈出。”尹振环将此句译为：“天地之间，它不像一仓库管乐器吗？空空虚虚而不弯曲，愈动它就会愈有话说。”①从原文和译文来看，似乎意思均不甚明了。帛书甲本对此句的记载更为详细些，文曰：“天地不仁，以万物为刍狗；声(圣)人不仁，以百省(姓)[为刍]狗。天地[之]间，[其]犹橐籥舆(与)？虚而不淈(屈)，踵(动)而俞(愈)出。多闻数穷，不若守于中。”②综合楚简与帛书所载，文中包含了两方面的含义，一是天地如阴阳两面交通中和，所孕育的万物在“橐籥”一般的空虚之中自生自灭。二是圣人效法天地阴阳中和之道以治天下，无为以致无所不为，民在虚静中自化。可见，“中”正是万物生命得以存在和“善治”得以实现的“中和”之道。

“中和”是身、国“善治”共须遵守的天道，得“中和”，则身存国治，反之，则身亡国乱，正所谓：“罪莫厚乎甚欲，咎莫佥(险)乎欲得，化(祸)莫大于不智(知)足，智(知)足为足，此恒足矣！”③甚欲、欲得、不知足均违背了治身与治国的“中和”之道。于治身而言，任情纵欲，“必多亡”；于治国而言，贪念过甚，则必乱。对于失“中和”所导致的祸患，《老子》告诫道：“持而涅(盈)之，不若已；湍(揣)而群之，不可长保也。金玉涅(盈)室，莫能兽(守)也。贵福(富)乔(骄)，自遗咎也。攻(功)述身退，天之道也。”④任何偏执于一端的欲望、心念、行为均是身、国祸殃的根源，唯有保持“中和”的状态，“智(知)足不辱，智(知)止不怠(殆)，可以长旧(久)”⑤。

---

① 尹振环：《楚简老子辨析：楚简与帛书老子的比较研究》，中华书局，2001年，第232页。

② 马王堆汉墓帛书整理小组编：《马王堆汉墓帛书·老子》，文物出版社，1976年，第57页。

③ 尹振环：《楚简老子辨析：楚简与帛书老子的比较研究》，中华书局，2001年，第179页。

④ 尹振环：《楚简老子辨析：楚简与帛书老子的比较研究》，中华书局，2001年，第268页。

⑤ 尹振环：《楚简老子辨析：楚简与帛书老子的比较研究》，中华书局，2001年，第260页。

其次，身、国均应"顺治"。所谓"顺治"，即如水一般顺应道的自然运行规律，遇阻则止，遇顺则行，不争而治。关于"道"，陈鼓应认为："《老子》书上所有的'道'字，符号形式虽然是同一的，但在不同章句文字脉络中，却具有不同的义涵。有些地方，'道'是指形而上的实存者；有些地方，'道'是指一种规律；有些地方，'道'是指人生的一种准则、指标或典范。"[①]陈先生关于"道"的阐释是全面而中肯的，如楚简甲云：

又(有)状混成，先天地生。寂穆、蜀(独)立、不亥(改)，可以为天下母。未智(知)其名，字之曰道，吾强为之名曰大。大曰逝，逝曰远，远曰反。天大、地大、道大、王亦大。国中有四大安(焉)，王居一安(焉)。人法地，地法天，天法道，道法自肰(然)。[②]

在此段文字中，道首先是"天下母"，是世界万物的本源。其次，"道"又是客观存在的规律，是治身、治国效法的准则。正如《老子想尔注》曰："自然者，与道同号异体。令更相法，皆共法道也。天地广大，常法道以生，况人可不敬道乎。"[③]

又如帛书甲、乙本所云："自今及古，其名不去，以顺众父。"[④]所谓"自今及古，其名不去"，即指"道虽无形，然筋骨一切，莫不由之而成"。"以顺众父"，河上公本作"以阅众甫"，"父"与"甫"同，"始也"，意为顺应道的规律即可观察万物的初始。故"孔德之容，唯道是从"，大德之人"善治"，"不随世俗所行，独从于道也"。

"道恒亡(无)名，仆唯妻(栖)，天地弗敢臣"[⑤]，治身顺道者，行事谨慎，不逞强好斗，"陵行不[辟]矢(兕)虎，入军不避甲兵"[⑥]，无死地，可

① 陈鼓应：《老子注译及评介》，中华书局，1984年，第2页。

② 尹振环：《楚简老子辨析：楚简与帛书老子的比较研究》，中华书局，2001年，第227页。

③ 饶宗颐：《老子想尔注校证》，上海古籍出版社，1991年，第33页。

④ 马王堆汉墓帛书整理小组编：《马王堆汉墓帛书·老子》，文物出版社，1976年，第4页。

⑤ 尹振环：《楚简老子辨析：楚简与帛书老子的比较研究》，中华书局，2001年，第218页。

⑥ 马王堆汉墓帛书整理小组编：《马王堆汉墓帛书·老子》，文物出版社，1976年，第12页。

长寿。治国顺道,如楚简甲云:"江海所以为百浴(谷)王,以其能为百浴(谷)下,是以能为百浴(谷)王。圣人之才(在)民前也,以身后之;其才(在)民上也,以言下之。其才(在)民上也,民弗厚也;其才(在)民前也,民弗害也。天下乐进而弗厌。以其不静(争)也,古(故)天下莫能与之静(争)。"①即江海顺道不争能为百谷王,侯王之不争,则"万勿(物)将自宾"。

第三,身柔弱则生,国柔弱则治。如前所述,"万物负阴而抱阳,冲气以为和"阐述的是天下事物均有阴阳对立的两面,两面对立又统一,形成"中和"的存在状态。事物除了"中和"的状态外,《老子》还提出"返(反)也者,道僮(动)也。溺(弱)也者,道之甬(用)也"②的观点。所谓"返(反)也者,道僮(动)也",指的是事物阴阳两面的力量始终处于此消彼长的对立运动之中,双方转化到一定程度时就会凸显出对立方的特征。"祸,福之所倚。福,祸之所伏"就是典型的物极必反的例子。"弱者道之用",柔弱的反面是坚强,根据道之物极必反的运行规律,柔弱可转化为天下最强大物,战胜一切坚强者。正如帛书甲本云:"天下莫柔[弱于水,而攻]坚强者莫之能[先]也,以其无[以]易[之也。故柔胜刚,弱]胜强,天[下莫不知,而莫能]行也。"③水的一面是卑居、柔弱,另一面却是坚韧、持久,故能以"天下之至柔,[驰]骋于天下之致(至)坚"④,以柔弱胜刚强,这就是《老子》的"贵柔"思想。

同理,下能润上,弱能治国:"受邦之訽(垢),是胃(为)社稷之主。受邦之不祥,是胃(为)天下之王。"蒋锡昌说:"凡老子书中所言:'曲'、'枉'、'洼'、'敝'、'少'、'雌'、'柔'、'弱'、'贱'、'损'、'啬'、'慈'、'俭'、'后'、'下'、'孤'、'寡'、'不穀'之类,皆此所谓'垢'与'不详'也。此言

① 尹振环:《楚简老子辨析:楚简与帛书老子的比较研究》,中华书局,2001年,第176页。

② 尹振环:《楚简老子辨析:楚简与帛书老子的比较研究》,中华书局,2001年,第264页。

③ 马王堆汉墓帛书整理小组编:《马王堆汉墓帛书·老子》,文物出版社,1976年,第3页。

④ 马王堆汉墓帛书整理小组编:《马王堆汉墓帛书·老子》,文物出版社,1976年,第12页。

人君唯处谦下。受俭啬，甘损少，能受天下之人所恶者，而后方能清静无为，以道化民；如此，才可真谓之社稷主或谓之天下王也。”①据此，可知“垢”、“不详”均为柔弱之意。体道的圣人是为“上善”，应“若水”般“处众人之所恶”，甘居卑弱，方能“善治”国。

柔弱亦是生命存在的标志，帛书甲本云：“人之生也柔弱，其死也薤仞贤（坚）强。万物草木之生也柔脆，其死也椊（枯）薨（槁）。”②人与万物同，生命存则身体柔弱，死亡则干硬枯槁。《老子》又曰：“我恒有三葆（宝）之，一曰兹（慈），二曰检（俭），[三曰不敢为天下先。]”③持弱，即可持生。反之，背叛道德，不从经教，尚势任力，则会为天所绝，兵刀所伐，王法所杀，不得以寿命死，即“强良（梁）者不得死”④。

第四，身、国长生久视之道：“治未乱。”“治未乱”是“善治”思想的重要组成部分，楚简、帛书、河上公本均有记录。楚简甲曰：“其安也，易持也。其未兆也，易悔（侮）也。其脆也，易畔（判）也。其几也，易後（践、剪）也。为之于其亡又（有）也，绚（补）之于其未乱。合[抱之木，生于毫]木，九成之台，甲[作于累土；百仞之高，始于]足下。”⑤帛书甲本仅存“其安也，易持也。易谋。毫末。九成之台，作于羸（蔂）土。百仁（仞）之高，台（始）于足。”⑥乙本存：“[合抱之]木，作于毫末。九成之台，作于欒土。百千之高，始于足下。”⑦河上公本：“其安易持，其未兆易谋。其脆易破，其微易散。为之于未有，治之于未乱。合抱之木，生

① 蒋锡昌：《老子校诂》，商务印书馆，1937年，第456页。

② 马王堆汉墓帛书整理小组编：《马王堆汉墓帛书・老子》，文物出版社，1976年，第10页。

③ 马王堆汉墓帛书整理小组编：《马王堆汉墓帛书・老子》，文物出版社，1976年，第10页。

④ 马王堆汉墓帛书整理小组编：《马王堆汉墓帛书・老子》，文物出版社，1976年，第3页。

⑤ 尹振环：《楚简老子辨析：楚简与帛书老子的比较研究》，中华书局，2001年，第238页。

⑥ 马王堆汉墓帛书整理小组编：《马王堆汉墓帛书・老子》，文物出版社，1976年，第8页。

⑦ 马王堆汉墓帛书整理小组编：《马王堆汉墓帛书・老子》，文物出版社，1976年，第43页。

于毫末，九层之台，起于累土，千里之行，始于足下。”

综观上述各个时期的《老子》对“治未乱”思想的记载，楚简的前半部分保存较好，后半几乎残毁。帛书甲、乙本则均是前半残毁，甚至“为之于未有，治之于未乱”等重要字句均毁，但后半保存较全。除去因时代影响存在的用字和文体差异，河上公本可视为对楚简、帛书的综合，完整地记录了“治未乱”的整个思想体系。可见，“治未乱”思想在先秦《老子》中已经形成，并且在流传过程中未有大的改变，其主旨为：任何事物的形成均具有量变到质变的规律，在祸乱未起或初起时采取有效措施，容易防止与补救。

“治未乱”思想反映了《老子》未雨绸缪、谨小慎微的防范意识。这种防患意识在《老子》中并不单论治国，而是常与养生论，即古医学的“治未病”思想相互融通。如楚简乙曰：“给（治）人事天莫若啬。夫唯啬，是以[早]，是以早备是[谓重积德，重积德则无不克，无]不克则莫智（知）其互（恒），莫知其互（恒）可以又（有）国，又（有）国之母，可以长[久。是谓深槿、固氐]长生归（久）视之道！”①文中认为“啬”是治人事天的长生久视之道。“啬”，为“爱惜”意，即“治国者当爱民财，则不为奢泰。治身者当爱精气，不放逸”。古医学认为“精气”是人生命存在的根本，如东汉王充《论衡》曰：“人之所以生者，精气也。”②可见，“治身者当爱精气”属于养生学的范畴。故《老子》又说：“夫唯啬，是以早[备]。”“早[备]”，帛书乙本作“蚤服”，河上公本作“早服”，为“先得天道”之意。为何“啬”能先得天道？对此，《韩非子·解老》曰：“圣人虽未见祸患之形，虚无服从于道理，以称蚤服。故曰：夫谓啬，是以蚤服。”③可见惜民财、爱精气、先得天道之圣人与普通大众的区别在于能在祸患未形之前采取防患措施，巩固国家或生命之本，从而获得长治久安。

“治未乱”的养生思想在帛书和河上公本记载得更为全面，如河上

① 尹振环：《楚简老子辨析：楚简与帛书老子的比较研究》，中华书局，2001年，第272页。

② （东汉）王充：《论衡》，上海人民出版社，1974年，第315页。

③ 张觉译注：《韩非子全译》，贵州人民出版社，1992年，第292页。

公《贵生第五十》云："出生入死。生之徒十有三；死之徒十有三；人之生，动之死地十有三。夫何故？以其生生之厚。盖闻善摄生者，陆行不遇兕虎，入军不避甲兵。兕无投其角，虎无所措爪，兵无所容其刃。夫何故？以其无死地。"此段文字楚简未见，帛书甲、乙均残毁较严重，所幸部分残毁位置有交叉，相互参照，尚可知其大意与河上公本相同。文意为长寿之人只有十分之三，短命而亡之人亦为十分之三，另外一部分人本来可长寿，却因对生命没有防患的意识走向死亡。短寿者"动之死地"，在于"求生活之事太厚，违道忤天，妄行失纪"，只顾满足个人的眼前欲望，不注重长期的身体保养，因而早早地失去了生命。长寿者"无死地"，在于其做事行动谨小慎微，避免了疾病之害、早死之祸。可见河上公《贵生》所载表面看是养生论，实质亦为防患于未然的治国方法论。在此，作者已将政治上的治国与医学上的养生预防融合一体。

林亿阐释《素问》之名曰："按《乾凿度》云：'夫有形者生于无形，故有太易、有太初、有太始、有太素。太易者，未见气也；太初者，气之始也；太始者，形之始也；太素者，质之始也。'气形质具而疴瘵由是萌生，故黄帝问此。太素，质之始也。《素问》之名义或由此。"可见，为后世奠定了医学理论体系的古医书《素问》论证的是人体的生理病理，探究的是生命存在的问题。如前所述，《老子》虽非医学著作，却在"善治"之道中既论治国又论治身，全面地阐述了生命的产生、存在与死亡。这种对生命的探寻，一方面反映了《老子》本身已有类同于古医学的生命思考，另一方面也成为古医学大量借鉴《老子》"善治"之道为治病之道的内部根源。

三、《老子》"善治"思想与古医学理论的相应

《老子》"善治"思想的"中和"、"贵柔"、"顺治"与"治未乱"等主要内容，在内，是治国与治身之道的相统一；对外，还可与古医学理论一一对应。下文即将"善治"的主要内容与长沙马王堆、江陵张家山出土的古医书，以及现存最早的医学理论典籍《黄帝内经》中的医学思想进行比较，以梳理两者之间的相应关系。

(一)"中和"与"阴阳学说"

《老子》"万物负阴而抱阳,中气以为和"的阴阳"中和"观,所明确的是阴阳和则身存国兴,阴阳失和则身亡国乱的道理。古医学对《老子》的这一思想全面吸收,如江陵张家山出土的《引书》直接引用《老子》语曰:"治身欲与天地相求,犹橐籥也,虚而不屈,动而愈出。""橐籥"是天地阴阳二气交通之处,是生命生存之地。《引书》认为人体的保养应该同天地一样,致力于维护体内的阴阳平衡,"闭玄府,启缪门,阖(合)五臧(脏),逢(?)九窍","燥则娄呼、娄卧,湿则娄炊(吹),毋卧、实阴,暑则精娄昫,寒则劳身"①。《素问·四气调神大论篇》将《老子》阴阳"中和"思想直接运用于养生及治疗之中:"从阴阳则生,逆之则死,从之则治,逆之则乱。"阴阳学说是古医学的核心基础理论,其与《老子》"中和"思想的相应主要体现在以下几个方面。

一是以阴阳"中和"构建人体系统。《老子》认为万物均存于阴阳对立统一的"中和"状态。古医学认为人体脏腑经脉、气血津液等亦与天下万物同,存于"中和"的系统中。如《内经》以天地之阴阳应人体脏腑之阴阳。《素问·金匮真言论篇》云:"平旦至日中,天之阳,阳中之阳也。日中至黄昏,天之阳,阳中之阴也。合夜至鸡鸣,天之阴,阴中之阴也。鸡鸣至平旦,天之阴,阴中之阳也。……言人身之脏腑中阴阳,则脏者为阴,腑者为阳。肝、心、脾、肺、肾五脏皆为阴。胆、胃、大肠、小肠、膀胱、三焦,六腑皆为阳。故背为阳,阳中之阳,心也。背为阳,阳中之阴,肺也。腹为阴,阴中之阴,肾也。腹为阴,阴中之阳,肝也。腹为阴,阴中之至阴,脾也。"

又如经脉,马王堆古医书及江陵张家山汉简均称为脉,是人体疏通气血、调和阴阳的脉络系统,《灵枢·经脉》称其"能决生死,处百病,调虚实"。综观古医学对经脉的命名,所采纳的正是阴阳对立统一的思想。如马王堆古医书《阴阳脉死候》云:"凡三阳,天气也。""凡三阴,地气也。"②所

① 高大伦:《张家山汉简〈引书〉研究》,巴蜀书社,1995年,第171～172页。

② 马继兴:《马王堆古医书考释》,湖南科学技术出版社,1992年,第304～306页。

谓"三阳"即指人体的太阳脉、少阳脉、阳明脉。"天气",指阳气。如《素问·生气通天论篇》曰:"阳气者,若天与日,失其所则折寿不彰。""三阴"指太阴脉、少阴脉、厥阴脉。"地气"指阴气。《素问·阴阳应象大论篇》有"浊阴为地"之语。《足臂十一脉灸经》中,人体的十一条脉均以阴阳命名,分别为:足太阳脉、足少阳脉、足阳明脉、足少阴脉、足太阴脉、足厥阴脉、臂太阴脉、臂少阴脉、臂太阳脉、臂少阳脉、臂阳明脉。《阴阳十一脉灸经》中,记载的人体十一条脉,有八条脉以阴阳命名。至《内经》,脉称为经脉,数量也发展到十二条,但命名依然从属于阴阳,分别为手三阳、手三阴、足三阳、足三阴。

再如气,马王堆古医书《脉法》云:"气也者,利下而害上,从暖而去清焉。"①此中之气,尚未明分阴阳,但从其作用特征来看,即《内经》所谓"阳气"。在《素问·阴阳应象大论篇》中,则已明确地以天地阴阳二气对应人体之气:"清阳为天,浊阴为地……清阳出上窍,浊阴出下窍;清阳发腠理,浊阴走五脏;清阳实四肢,浊阴归六腑。"即按照自然规律,清阳之气上升为天,浊阴之气下降为地,以此推演至人体变化,则清阳出于上窍,浊阴出于下窍。清阳发散于腠理,浊阴注入于五脏。清阳能使四肢充实,浊阴能使六腑相安。此种阴阳运行符合规律的情况,古医学称之为阴阳调和,是人体健康的标志。

二是以阴阳"中和"衡量人体健康。阴阳"中和"即上文所谓阴阳调和,是古医学衡量人体是否健康的标准。如《脉法》云:"故圣人,寒头而暖足。"所谓"圣人",指善于养生之人。"头"为"诸阳之会"(《灵枢·邪气脏府病形》),寒之,则阴阳调和。与"头"相对,"足"为阴,暖之,方致阴阳调和。《引书》亦有类似记载:"手欲寒,足欲温,面欲寒,身欲温。"②文中从阴阳调和之道指出冬季健康人体的生理特征及奉行的养生之道应当为:手寒足温、面寒身温。至《内经》,《素问·调经论篇》明确指出:"阴阳匀平,以充其形,九候若一,命曰平人。"平人,与病人相对,指身体健康之人。《素问·生气通天论篇》甚至认为人体只要内部

① 马继兴:《马王堆古医书考释》,湖南科学技术出版社,1992年,第276页。

② 高大伦:《张家山汉简〈引书〉研究》,巴蜀书社,1995年,第97页。

阴阳调和，即使外在环境突发变化，依然能保持健康的状态，文曰："是以圣人陈阴阳，筋脉和同，骨髓坚固，气血皆从。如是则内外调和，邪不能害，耳目聪明，气立如故。"

三是以阴阳失调探讨人体病理。阴阳失调，即阴阳失去了"中和"的状态。古医学认为阴阳失调是导致人体疾病发生的根本原因。如《脉法》云："故气上而不下，则视有过之脉，当还而灸之。"①此中之"气"指阳气，其正常运行路线为下行。今上行不降，与诸阳之会的头面部相合，必致阳气过盛而病发。《引书》指出："是以春夏秋冬之间，乱气相薄遝也，而人不能自免其间，故得病。"②所谓"乱气"即指四季中的阴阳失和之气。人生活在自然四季之中，若无法避开阴阳失和之气，就会得病。《素问·生气通天论》亦云："凡阴阳之要，阳密乃固，两者不和，若春无秋，若冬无夏，因而和之，是谓圣度。……阴平阳秘，精神乃治。阴阳离决，精气乃绝。""阴阳乖戾，疾病乃起。"一切疾病证候均可视为阴阳失衡，"阴胜则阳病，阳胜则阴病。阳胜则热，阴胜则寒，重寒则热，重热则寒"(《素问·阴阳应象大论篇》)。

四是以阴阳"中和"制定治疗原则。《老子》指出，治国顺应天道，"损有余而补不足"。《素问·阴阳应象大论》认为："阴阳者，天地之道也，万物之纲纪，变化之父母，生杀之本始，神明之府也。治病必求于本。"将失和之阴阳调整至平衡状态是古医学的基本治则。如《脉法》所谓"治病者取有余而益不足"③，即通过对有余之实证用泻法，不足之虚证用补法，以调和阴阳。运用补泻调和人体阴阳亦为《内经》的基本治则，如"实则泻之，虚则补之"(《素问·三部九侯论篇》)，"不足则补，有余则泻"(《素问·骨空论篇》)，"盛者泻之，虚者补之"(《灵枢·大惑论》)，"有余者泻之，不足者补之"等等。"损不足以奉有余"必致乱世，治病亦然，若不别阴阳，虚证泻之，实证补之，则必将"损不足，而益有余，是谓甚病，病益甚"(《灵枢·九针十二原》)。

① 马继兴：《马王堆古医书考释》，湖南科学技术出版社，1992年，第282页。

② 高大伦：《张家山汉简〈引书〉研究》，巴蜀书社，1995年，第167页。

③ 马继兴：《马王堆古医书考释》，湖南科学技术出版社，1992年，第279页。

（二）"贵柔"与"反者反治"

《老子》"贵柔"思想的主旨是"反者道之动，弱者道之用"，万物阴阳两面可相互转化，物极必反，柔弱可胜刚强。古医学亦将此物极必反的原理运用于疾病诊治。首先，疾病辨证采用的原则为："阴胜则阳病，阳胜则阴病"，"重寒则热，重热则寒"，"重阴必阳，重阳必阴"(《素问·阴阳应象大论篇》)。其次，在具体治则上，当"必伏其所主，而先其所因"，采用"反者反治"之法对证施治。所谓"反者反治"，即"阴位已见阳脉，阳位已见阴脉，是为反病，则反治之，谓以寒治寒，以热治热也"(《素问·至真要大论篇》)。

（三）顺治与"惟顺而治"

《老子》"顺治"即顺势而为，无为而无不为。《素问·阴阳应象大论篇》亦云："是以圣人为无为之事。"此语的思想主张及句式、用字均与河上公本《养身第二》之"是以圣人处无为之事"相同。由此，可见古医学对《老子》"顺治"思想的吸纳。《灵枢·师传》更是将以顺治国与以顺治病相互印证："夫治民与自治，治彼与治此，治小与治大，治国与治家，未有逆而能治之也，夫惟顺而已矣。顺者，非独阴阳脉论气之逆顺也，百姓人民皆欲顺其志也。"①意为治国与治病之道同，即"未有逆而能治之也，夫惟顺而已矣"②。治国当顺应百姓人民之情志，同理，治病亦当顺应人体阴阳经脉血气循行的规律。

《老子》"顺治"与古医学理论的对应，主要表现为两个方面，一是预防。如马王堆古医书《却谷食气》曰："春食：一去浊阳，和以匡光、朝霞，昏清可。夏食：一去汤风，和以朝霞、沆瀣，昏清可。秋食：一去[清风]、霜雾，和以输阳、匡光，昏清可。冬食：一去凌阴，和以正阳、匡光、输阳、输阴，昏清可。"③"食气"，是古代养生家通过吸入自然界的精华之气以

① （清）张隐庵：《黄帝内经·灵枢集注》，上海科学技术出版社，1958年，第221页。

② （明）张介宾：《类经》，中国中医药出版社，1997年，第148～149页。

③ 马继兴：《马王堆古医书考释》，湖南科学技术出版社，1992年，第931页。

达健身目的的呼吸养生法。“去”为避开。“和”为食气时与相应的气候协调。“浊阳”、“汤风”、“清风”、“霜雾”、“凌阴”等均指相应的季节里不利于人体的气候现象。而“匡光”、“朝霞”、“输阳”、“正阳”、“输阴”则是相应季节中有利于人体的气候现象。“昏清”指夜间与早晨。文中对食气时季节、气候、时辰的强调,意在说明只有顺应天时实施呼吸养生,方可达到健身益寿的目的。此种食气养生思想在出土医书《十问》中亦有详细记述。

《素问・四气调神大论篇》中的顺时养生思想更为具体全面,文曰:“阴阳四时者,万物之终始也,死生之本也。”违逆四时养生的原则必将对身体造成伤害:“逆春气,则少阳不生,肝气内变。逆夏气,则太阳不长,心气内洞。逆秋气,则少阴不收,肺气焦满。逆冬气,则太阴不藏,肾气独沉。”故应当顺应四时之气的变化来调摄形神:“天地俱生,万物以荣”的“春三月”当“早卧早起,广步于庭。被发缓刑,以使志生。生而勿杀,予而勿夺,赏而勿罚”;“天地气交,万物华实”的“夏三月”当“夜卧早起,无厌于日。使志无怒 ,使华英成秀。使气得泄,若所爱在外”;“天气以急,地气以明”的“秋三月”当“早卧早起,与鸡俱兴。使志安宁,以缓秋形。收敛神气,使秋气平。无外其志,使肺气清”;“水冰地坼,无扰乎阳”的“冬三月”当“早卧晚起,必待日光。使志若伏若匿,若有私意。若已有得,去寒就温。无泄皮肤,使气亟夺”。上述关于春、夏、秋、冬四季日常起居模式的规定及内心情志的调理,均在于顺应自然规律,预防疾病的发生。

二是治疗。《脉法》云:“治病之法,视先发者而治之。数脉俱发病,则择其甚者,而先治之。”①即治病的方法有两点,一是顺应早发先治的原则;二是在数脉俱病时,应当顺应重者先治的原则。又《阴阳脉死候》云:“夫乘车食肉者,春秋必𣿉,𣿉则脉阑烂而肉死。”②明确地提出了治病当因人而异。

《内经》亦因袭了惟顺而治的原则,如《灵枢・阴阳二十五人》根据

① 马继兴:《马王堆古医书考释》,湖南科学技术出版社,1992年,第301页。

② 马继兴:《马王堆古医书考释》,湖南科学技术出版社,1992年,第319页。

阴阳五行学说和人体禀赋的不同，与木、火、土、金、水五行、五音的阴阳属性及左右上下各方相配，分为二十五种人，分类的目的在于"明知二十五人则血气之所在，左右上下，刺约毕也"，即了解不同类型的人气血盛衰变化的表现、机体上下左右各部的特征，进而制定针刺的原则，做到因人而治，刺即病除。《素问・六元正纪大论篇》指出在太阳司天之年，人多发湿寒之病。治疗上，"同寒湿者燥热化，异寒湿者燥湿化。故同者多之，异者少之，用寒远寒，用凉远凉，用温远温，用热远热。食宜同法。有假者反常，反是者病，所谓时也"，即用药既要结合病情，又要顺应四时，因病因时制宜。《素问・异法方宜论篇》又提出了因地制宜的治病原则："医之治病也，一病而治各不同，皆愈"，"地势使然也"。医者治病，同样的病症却采用不同治法，结果都痊愈了，原因在于地理位置不同，治法亦有差异。如东方之民，傍海而居，"食鱼而嗜咸"，"病皆为痈疡"，"治宜砭石"。西方之民，"陵居而多风"，"不衣而褐荐"，"华食而脂肥"，"其病生于内"，"治宜毒药"。

（四）"治未乱"与"治未病"

《老子》"治未乱"思想的主旨是防患于未然与防微杜渐，其与古医学理论中"治未病"学说相应。《素问・四气调神大论篇》曰："是故圣人不治已病治未病，不治已乱治未乱，此之谓也。夫病已成而后药之，乱已成而后治之，譬犹渴而穿井，斗而铸锥，不亦晚乎？"文中将养生预防思想概述为"治未病"理论，并与《老子》的"治未乱"相提并论，体现了对《老子》治国思想和养生保健论的直接继承。《素问・阴阳应象大论篇》亦载："故邪风之至，疾如风雨，故善治者治皮毛，其次治肌肤，其次治筋脉，其次治六府，其次治五藏。治五藏者，半死半生也。""皮毛"指疾病初发或欲发之时。"善治者"指医术高明的医生，又称"上工"。"上工"的高明之处在于："刺其未生者也；……故曰：'上工治未病，不治已病。'"①在此，"治未病"成为古医学最基本、最重要的治则。

据现有资料，"治未病"一语虽始见于《内经》，但"治未病"思想的出

① （清）张隐庵：《黄帝内经・灵枢集注》，上海科学技术出版社，1958年，第316页。

现却要早于《内经》,在长沙马王堆和江陵张家山古医书中已有非常丰富的“治未病”思想。其中,长沙马王堆出土的十四种古医书中,有九种有明显的养生思想,其中《养生方》、《却谷食气》、《导引图》、《十问》均是以养生为主的医书,具体养生方法包括服食、食气、辟谷、导引等,养生范围涵盖健体、防衰、房中、胎产等。张家山汉简《引书》与《脉书》亦有“治未病”思想,其中以《引书》较为丰富。据高大伦的归纳划分,《引书》的“治未病”思想主要体现在第一部分、第四部分、第五部分和第六部分。如第一部分阐述的是四季养生之道,开篇即云:“春产、夏长、秋收、冬臧(藏),此彭祖之道也。”“彭祖”,为传说中长寿之人。文意为春生、夏长、秋收、冬藏是自然界万物生长之规律,亦是养生须遵守之规律。故“春日,蚤(早)起之后,弃水,澡漱,洒齿,泃(敂),被(披)发,游堂下,逆(迎)露(露)之清,受天地之精,歙(饮)水一棓(杯),所以益雠也。入宫从昏到大半止之,益之伤气”①。其后,《引书》又分别列述了夏日、秋日、冬日养生的具体方法。虽然所述的具体养生细节有异,但从顺时养生角度而言,《引书》的四季养生之道与前引《素问·四气调神大论篇》中的春季养生、秋季养长、秋季养收、冬季养藏的思想是一脉相承的。由此,亦可说明《老子》“治未乱”思想对马王堆、张家山古医书养生思想的影响。

四、结语

钱穆先生曾说:“中国思想,常见为浑沦一体。极少割裂斩截,专向某一方面作钻研。”②从上文探析可证明,钱先生的这一评论是契合实际的。并且,这种思想的浑沦不仅在于同一领域的内部交融,还出现于不同领域之间的相互对应。

综合前文的论述,还需注意到两点,一是《老子》与古医学的“浑沦”并非无条件无目的的混合,《老子》“善治”思想中嵌合着对生命产生、存

① 高大伦:《张家山汉简〈引书〉研究》,巴蜀书社,1995年,第90～91页。

② 钱穆:《庄老通辩》,台湾联经出版公司,1998年,第131页。

在与死亡的思考，本身已有类同于古医学的生命意识。正是这种对生命的关注，使得同样以探讨生命问题为主旨的古医学理论可以同"善治"的主要内容一一对应。二是《老子》与古医学的关联，不能认为是《老子》对古医学理论形成所产生的单向影响，从历史的发展来看，应该是一种相互影响的关系。如《老子》"治未乱"思想产生之前，人们已经在身体、饮食、体育、性与生育、环境等方面有了丰富的卫生保健经验，"治未乱"思想应当是在吸收前人经验的基础上所形成的。之后，"治未乱"作为高度概括的理论又促使古医学"治未病"学说的建立。由此，或可将《老子》与古医学的关联概括地推论为：《老子》在吸收原始医学经验的基础上，将其提升到理论的高度，形成"善治"思想；"善治"思想又被古医学所吸纳，促使了古医学理论体系的建立。而古医学理论将治国之道转借为治病之道，亦源于"善治"思想中治国与治身之道的相融。

（作者为福建师范大学文学院博士研究生，泉州医学高等专科学校讲师）

自然万物的生存智慧

——从“用大”与“无用”之“用”的角度看

陆建华

自然世界是由自然万物所构成，自然万物彼此相依，不是独立的存在，而是依附性存在。自然万物的依附性体现在任何自然物的生存与发展都需要他物，他物要么是其生存的场所、家园，也即其生存环境，要么是其生产或生活资料，也即生存资源。自然万物如何处理与作为其生存环境的他物的关系，需要自然万物的生存智慧，也需要他物的生存智慧；自然万物如何处理与作为其生产或生活资料的他物的关系，同样需要自然万物的生存智慧，也需要他物的生存智慧。理论上，任何自然物都需要生存环境，需要生产或生活资料，同时，也构成别的自然物的生存环境，成为别的自然物的生产或生活资料。换言之，任何自然物在自然世界、在自然万物中都扮演并具有双重角色——需要者与被需要者。这就意味着自然万物存在于自然世界之中，无论处于何种位置，扮演或具有何种角色，都要有生存智慧。

在庄子看来，最能体现自然万物与作为其生存场所、家园的他物，与作为其生产或生活资料的他物之间的关系的是，作为自然世界中自然万物之重要组成部分的人类与作为其生存场所、家园的他物，与作为其生产或生活资料的他物之间的关系。人类与作为其生存场所、家园的他物，与作为其生产或生活资料的他物之间的关系突出体现在人类对与作为其生存场所、家园的他物、与作为其生产或生活资料的他物的占有、索取，这是其存在的基本前提，因而是必然的，而作为人类生存场所、家园的他物与作为人类生产或生活资料的他物对于人类的这种占有、索取是不可抗拒的，因而是无法逃避的。不过，人类的占有、索取应该有其智慧，他物的被占有、被索取也应该有其智慧。因为人类的占有、索取只有有其智慧，人类才可以在占有、索取他物时，尽量不伤害他物，并同时能够提高自身的生存质量，实现人类持续而美好的发展；他物的被占有、被索取只有有其智慧，他物才可以至少不至于被摧残，更不至于被灭绝。在庄子那里，人类的智慧体现在"用大"，"用大"才不至于伤害他物；他物的智慧则体现在"无用"，"无用性的力量使他具有了不受侵犯和长存的能力"。

一

人类为了生存而对他物的占用、索取是不可避免的，这种占用、索取的客观结果是多数情形下会伤及他物，造成他物的伤残、死亡，少数情形下并不会直接或间接地伤及他物。如果伤及他物是无法回避的，那么，在伤及他物之前，尽量保护他物、爱护他物，为他物提供尽量好的生存条件，让他物能够有尊严的生活；在伤及他物之时，尽量减少他物的受伤程度，尽量减轻他物死亡之时的恐惧与痛苦，则是人类应该做到的。恶意的伤害，残忍的杀戮，这些失去人性的恶行要禁止，要受到惩罚。试想，如果人类成为某种自然物的占有对象，成为被索取者，人类必须为这种自然物的生存付出身体的、生命的代价时，人类希望这种自然物如何对待自己呢？如果伤及他物是可以回避的，那么，尽量不要伤及他物，尽量不要打扰他物。当然，无论是否伤及他物，尽量善待他物，最大限度地为他物着想，都是必须的。不仅如此，人类对待这些被自己所占有、索取的他物还应该始终充满感恩的心态，因为是它们让人类得以生存；人类对待这些被自己所占有、索取的他物还应该始终充满负罪感，因为是人类占用、利用了它们，打扰了它们的生活世界，甚至伤害了它们。

对于人类为了生存而对他物的占用、索取，庄子是无奈的，甚至是理解的。对于人类在对他物的占用、索取之时必然伤及他物的情形，庄子没有详加讨论，也许是不忍将此血淋淋的事实、情形表达出来。庄子所要表达的是，人类在对他物的占用、索取之时，如果可以不伤及他物就尽量不要伤及他物。也就是说，如果伤及他物与不伤及他物都可以

"用"他物，那么，就在不伤及他物的前提之下"用"他物。即是说，既要"用"他物，同时又要不损伤、毁灭他物。这种对他物的"用"，用庄子的话说就是"用大"。所谓"用大"，不仅仅是指"用""大"的物，还指"用"物之"大"的方面。在庄子的内心中，"用大"主要是指"用"物之"大"的方面。而所谓物之"大"的方面，并非仅仅是物之对于人的最大的用处之所在，而主要是指物在不被伤及的前提下对于人的最大用处之所在。这样，庄子所言之"用大"，其真正的意指应是指不伤及他物而对他物的最大限度的利用。

关于"用大"，庄子是在与惠施对话中表达出来的："惠子谓庄子曰：'魏王贻我大瓠之种，我树之成而实五石。以盛水浆，其坚不能自举也。剖之以为瓢，则瓠落无所容。非不呺然大也，吾为其无用而掊之。'庄子曰：'夫子固拙于用大矣。宋人有善为不龟手之药者，世世以洴澼絖为事。客闻之，请买其方百金。聚族而谋曰：'我世世为洴澼絖，不过数金。今一朝而鬻技百金，请与之。'客得之，以说吴王。越有难，吴王使之将。冬，与越人水战，大败越人，裂地而封之。能不龟手一也，或以封，或不免于洴澼絖，则所用之异也。今子有五石之瓠，何不虑以为大樽而浮乎江湖，而忧其瓠落无所容？则夫子犹有蓬之心也夫。"①

这里，庄子在批评惠施不善于"用大"之后，以"不龟手"之药方的使用为例，论述"用大"之意。拥有"不龟手"之药方，制造并出售"不龟手"之药的宋人不免于贫穷，最后出售"不龟手"之药方也只是得到"百金"，而买到"不龟手"之药方的人，却因此而裂地封侯。拥有"不龟手"之药方的宋人，不论是制造并出售"不龟手"之药，还是最后出售"不龟手"之药方，都获利很少，没能最大限度地利用"不龟手"之药方的价值，属于"拙于用大"；买到"不龟手"之药方并因此而裂地封侯者，获利巨大，才真正最大限度的利用"不龟手"之药方的价值，属于善于"用大"。由此可知，所谓"用大"表面上指用"大"的物，实则是指用物之"大"，最大限度地利用物之价值。由于拥有"不龟手"之药方的宋人和购买此药方者在使用"不龟手"之药方时都没有伤及药方，所以，庄子之"用大"还有不

① 《庄子·逍遥游》。

伤及他物之意。

在庄子看来，五石之大的葫芦，惠施尝试用之盛水浆，却因不够坚固而失败，也伤害了葫芦——葫芦被挖空；惠施将之剖开制成瓢，却因太大而没有什么东西可装，也伤害了葫芦——葫芦被剖开；惠施觉得葫芦“无用”，最后击破、打烂葫芦，更是彻底伤害了葫芦。庄子认为不是这五石之大的葫芦“无用”，而是由于惠施不擅长“用大”，表面上是不擅长用“大”的物，其实是不擅长用物之“大”的方面。如何使用这五石之大的葫芦，庄子提出用之作为浮游于江湖之中的救生用具。这样，葫芦为人所用，既起到了救生的作用，自身又不被伤害。这种使用他物的方式，就是“用大”。

当然，“用大”是以他物有“大用”为前提的。在庄子那里，他物是否有“大用”，有怎样的“大用”并不取决于他物自身，而是取决于他物的使用者；理论上，任何自然物都有其“大用”，其“大用”不被认知与使用，根源在于他物的使用者有“蓬之心”，心灵被阻塞而无以认知他物之“大用”。无法认知他物之“大用”的结果便是，不善于“用大”，要么只能使用他物之小的方面的“用”而伤害之，要么认为他物“无用”而毁坏之。其实，真正善于“用大”者，恰恰善于从他物的“无用”中发现他物之“无用”之“用”，发现他物之“大用”。在此意义上，他物之“无用”之“用”常常就是他物之“大用”。

关于不善于“用大”，而认为他物“无用”，庄子与惠施另有一处对话：“惠子谓庄子曰：‘吾有大树，人谓之樗。其大本擁肿而不中绳墨，其小枝卷曲而不中规矩。立之涂，匠者不顾。’庄子曰：‘今子有大树，患其无用，何不树之于无何有之乡，广莫之野，彷徨乎无为其侧，逍遥乎寝卧其下。不夭斤斧，物无害者，无所可用，安所困苦哉。’”[①]由此对话可知，惠施从功利、实用的角度出发，认为名为“樗”的大树，树干不合绳墨，树枝不合规矩，不是通常意义上的有用之树，只能是通常意义上的“无用”之树，因此，连木匠都不愿看它。庄子则从超越功利、实用的审美角度出发，认为惠施执迷于功利、实用而不知“用大”，“樗”这看似“无

① 《庄子·逍遥游》。

用”的大树，实则有其“大用”；能用其“大用”，才是善于“用大”；“樗”之“大用”就是将之栽植于虚无之乡、广漠之野，然后漫步其旁，闲卧其下，感受生命的逍遥与自在。这样，一方面，“樗”有其“大用”，并且这“大用”能够为人所用；另一方面，人用其“大”，并且不伤害它，使之免遭斤斧之害。这再次说明，“用大”最根本的就是“用”他物而不伤害之。

二

人类善于“用大”，则他物会受到保护，不被伤害。在此情形下，他物即便“无用”，也有其“大用”。人类不善于“用大”，则他物不被保护，常常受到无端的伤害。在此情形下，他物“无用”受到伤害，他物“有用”更受到伤害。再说，他物“无用”虽然最终会受到伤害，但是，受到的伤害经常是比他物因“有用”而受到的伤害要迟。还有，他物因“无用”所受到的伤害虽然是毁灭性的，但是，痛苦是短暂的，并且是一次性的；他物因“有用”所受到的伤害，有的是毁灭性的，有的不是毁灭性的，如果不是毁灭性的，这种伤害通常是持续的，痛苦也因之而是持续的，这种持续的痛苦中的苟且偷生，还不如痛痛快快的“死”。既然如此，他物为了应对此被动局面，在“无用”与“有用”之间只能尽力追求“无用”。在此意义上，甚至可以说，“无用乃是物或事情的意义”。

针对自然万物追求“有用”，庄子以楸树、柏树、桑树为例，指出自然万物“有用”的危害性曰：“宋有荆氏者，宜楸柏桑。其拱把而上者，求狙猴之杙者斩之；三围四围，求高名之丽者斩之；七围八围，贵人富商之家求椫傍者斩之。故未终其天年而中道之夭于斧斤，此材之患也。”① 这里，楸树、柏树、桑树因为“有用”，无论大小、粗细都有用处，被人类视作有用之材，因而无论大小、粗细都被砍伐，小者、细者被用作木桩，大者、粗者被用作栋梁、棺木。这里，楸树、柏树、桑树不得享尽天年而遭受斧斤之祸，人类的肆意摧残是其原因，其自身的“有用”、有“材”不是更为主要的原因吗？此外，庄子还以虎豹、猿狙、狗为例，指出自然万物“有

① 《庄子·人间世》。

用”的危害性曰:“虎豹之文来田,猿狙之便执斄之狗来藉。”①这里,虎豹、猿狙、狗各有其用,最后的下场都很凄惨,虎豹因为皮毛有花纹而被捕捉、残杀,猿狙因为灵敏可爱而被捉住玩耍,狗因为能抓住狐狸而被系上绳索使用。这里,人类的粗暴、残忍是虎豹、猿狙、狗下场凄惨的原因,但是,虎豹、猿狙、狗自身“有用”不是更为深层次的原因吗?

另外,庄子曰:“山木,自寇也;膏火,自煎也。桂可食,故伐之;漆可用,故割之。人皆知有用之用,而莫知无用之用也。”②虽是批评人类只知道他物之“有用之用”而不知道他物之“无用之用”,只知道用他物之“有用之用”而摧残他物,而不知道用他物之“无用之用”而不伤及他物,但是,庄子也对自然万物只知追求“有用”而忽视自身之“无用”,从而给人类伤害自己提供便利提出批评。山木被砍伐,膏油被燃烧,桂树被砍伐,漆树被刀割,无不是因为它们主动追求“有用”而招引人类伤害的结果。越是有用,越是遭到伤害,越是下场悲惨。庄子为此发出“直木先伐,甘井先竭”③的感叹,这种感叹的背后何尝不是警示。

关于追求“无用”,庄子有两处极为精彩的论述。先看第一处:“匠石之齐,至于曲辕,见栎社树。其大蔽数千牛,絜之百围,其高临山,十仞而后有枝,其可以为舟者旁十数。观者如市,匠伯不顾,遂行不辍。弟子厌观之,走及匠石,曰:‘自吾执斧斤以随夫子,未尝见材如此其美也。先生不肯视,行不辍,何邪?’曰:‘已矣,勿言之矣!散木也。以为舟则沉,以为棺椁则速腐,以为器则速毁,以为门户则液樠,以为柱则蠹,是不材之木也。无所可用,故能若是之寿。’匠石归,栎社见梦曰:‘女将恶乎比予哉?若将比予于文木邪?夫柤梨橘柚果蓏之属,实熟则剥,剥则辱。大枝折,小枝泄。此以其能苦其生者也。故不终其天年而中道夭,自掊击于世俗者也。物莫不若是。且予求无所可用久矣!几死,乃今得之,为予大用。使予也而有用,且得有此大也邪?且也若与予也皆物也,奈何哉其相物也?而几死之散人,又恶知散木!’匠石觉而

① 《庄子·应帝王》。

② 《庄子·人间世》。

③ 《庄子·山木》。

诊其梦。弟子曰：'趣取无用，则为社何邪？'曰：'密！若无言！彼亦直寄焉！以为不知己者诟厉也。不为社者，且几有翦乎！且也彼其所保与众异，而以义喻之，不亦远乎。'"①

这里，栎社树粗壮、高大，匠石弟子认为其有"材"，因而"有用"，对匠石无视其"材"感到惊讶；匠石认为其虽然粗壮、高大，但是无"材"，因而"无用"，不能用于制作舟、棺椁、门户、木柱以及任何器具，而这也是其得以成长为参天大树的根本原因。匠石与其弟子关于栎社树的论述虽然有"有用"与"无用"的不同，但是，其立足点是一样的，都是从"材"、"用"的视角论述之。栎社树针对匠石的观点加以批驳，认为自然万物因为"有用"而惨遭伤害，比如柤梨橘柚果蓏之类因为果实可以食用而树枝被折断或被拉下来，造成其生存之痛苦以及其生命之短暂；自己本来"有用"，为了求生，才追求"无用"，并为此几近死亡，最终得以成功，这样，自己的"无用"不是天然的，而是刻意追求的；正因为自己追求到"无用"的状态，才可以坦然面对人类对"有用"的追逐与攫取，免遭伤害，从而长久地"生"、悠闲地"活"。至于栎社树充当社树，则是其无用之"用"，也是其"大用"——因为"无用"，不被摧残，不会中道而亡；因为有"无用"之"用"，而被人类"用"，同时，也不被摧残，不会中道而亡。栎社树这种无用之"用"，在栎社树看来是其"大用"；人类用其"无用"之"用"，在人类看来是用其"大"。这就是栎社树生存、长寿的秘密之所在。如果绝对的"无用"，没有"无用"之"用"，同样会被伤害，其结果同"有用"一样。

关于追求"无用"，再看庄子第二处的论述："南伯子綦游乎商之丘，见大木焉，有异：结驷千乘，隐，将芘其所藾。子綦曰：'此何木也哉！此必有异材夫！'仰而视其细枝，则拳曲而不可以为栋梁；俯而视其大根，则轴解而不可以为棺椁；咶其叶，则口烂而为伤；嗅之，则使人狂酲三日而不已。子綦曰：'此果不材之木也，以至于此其大也。嗟乎，神人以此不材。'"②

这里，商丘的大树因为树干、树枝、树叶等的"无用"，例如树干不能

① 《庄子·人间世》。

② 《庄子·人间世》。

制作成棺椁，树枝不能制作成栋梁，树叶不能制作成美味，而被人们视作“不材之木”，从而不被人们砍伐，得以长成遮天蔽日的大树。为了加深自己的“无用”，保护自己不受“侵犯”，商丘的大树甚至让自己“有害”——树叶、气味都是有害的。其中，树叶能使人口腔溃烂、气味能使人晕厥。如果说，“无用”是被动的防守的话，那么，“有害”则是主动的防守。当然，商丘的大树也有其“无用”之“用”，也有其“大用”，那就是其树荫可以庇护千乘车辆。由商丘的大树的“无用”、“不材”，庄子发出感叹“嗟乎，神人以此不材”，认为无论是个人还是人类，都要效仿这种“无用”、“不材”——不仅个人在遇到高于自己的“他人”时，人类在遇到高于自己的“他者”时要如此，就是面对低于自己的“他人”，低于人类的“他者”也要如此——这是一种理想的生存境界。

庄子对“无用”与“不材”在情急之下也有怀疑的时候，认为“无用”、“不材”不能彻底解决自然万物的生存危机。例如，“庄子行于山中，见大木，枝叶盛茂。伐木者止其旁而不取也。问其故，曰：‘无所可用。’庄子曰：‘此木以不材得终其天年。’夫子出于山，舍于故人之家。故人喜，命竖子杀雁而烹之。竖子请曰：‘其一能鸣，其一不能鸣，请奚杀？’主人曰：‘杀不能鸣者。’明日，弟子问于庄子曰：‘昨日山中之木，以不材得终其天年；今主人之雁，以不材死。先生将何处？’庄子笑曰：‘周将处乎材与不材之间。材与不材之间，似之而非也，故未免乎累……’”①

这里，山中的大树之所以长成大树，枝叶繁茂，躲过伐木者的斧斤，是因为在伐木者看来，该大树“无所可用”，也即“无用”。庄子认为这正是该大树的高明之处。对于大树来说，只有让自己“不材”，一无是处，才可以不被人们使用。扩而言之，在身处弱势的情境下，只有“无用”，才可以不被其他“物”所“打扰”，不被其他“物”所使用，更不会因被使用而惨遭毒手。问题是，在庄子的弟子看来，会叫的鹅因会叫而“有用”，不会叫的鹅因不会叫而“无用”，鹅的主人却宰杀了不会叫的鹅，这意味自然万物有时会因为“无用”而遭到伤害，有时也会因为“有用”而得到暂时的安全。面对弟子所提出的疑问，庄子一时语塞，以“处乎材与不

① 《庄子·山木》。

材之间”,也即处于“有用”与“无用”之间勉强应对——当自然万物因其有“材”、“有用”而受到伤害时,隐藏其有“材”、“有用”而展示其“不材”、“无用”,反之,当自然万物因其“不材”、“无用”而受到伤害时,隐藏其“不材”、“无用”而展示其有“材”、“有用”。困难的是,利用自然万物者在利用自然万物之时是用其“材”还是用其“不材”,是用其“有用”还是用其“无用”,这是自然万物、被利用者所事先不知、无法判断的。因此,所谓“处乎材与不材之间”是不可能的。其实,错的不是庄子,而是庄子的弟子。庄子的弟子对于鹅的“有用”与“无用”的理解有误。鹅对于鹅的主人来说,其价值在于可以被食用,而不在于会叫。即是说,鹅是否会叫并不是鹅“有用”、“无用”的依据,鹅是否肥壮才是鹅“有用”、“无用”的依据。一般情况下,瘦小的鹅因为瘦小,常被看作“无用”,得以暂时逃生;肥壮的鹅因为肥壮,常被看作“有用”,而被宰杀食用。鹅的主人因鹅不会叫而宰杀之,是十分偶然的情形,与这只鹅是否“无用”无关。这么说,鹅的主人并不懂得“无用”之“用”,不懂得“用大”;庄子弟子对庄子“无用”、“不材”的思想仍未能真正理解。当然,如果不会叫的鹅是肥壮的,而会叫的鹅是瘦小的,鹅的主人因不会叫的鹅的肥壮而宰杀之,因会叫的鹅的瘦小而留下之,那么,鹅的主人则是懂得“无用”之“用”,懂得“用大”的,真正不懂得“无用”、“不材”的思想的,恰恰只有庄子的弟子。

以上所论,乃是从人的角度看的。也许,从鹅的角度看,将是另外的情形。其追求“无用”就是让自己瘦小,尤其是比别的鹅瘦小,唯有如此,才有可能不被主人宰杀、食用而得以存活。其“能鸣”、会叫乃是其所追求的“无用”之“用”,使得自己在自身不被伤害的前提下能被主人“用”。主人“杀不能鸣者”而留下能鸣者,正是鹅的“无用”之“用”的作用的体现。这么说,庄子弟子对鹅的能鸣的解读、对鹅的主人“杀不能鸣者”的解读同样是错误的。

三

自然万物追求“无用”,同时祈望利用或曰使用自己的他物懂得“用大”，从而不伤及自己。关键是，利用或曰使用自己的他物是否懂得“用大”并不取决于自然万物自己，自然万物追求“无用”能否最后成功甚至也不完全取决于自然万物自己。如果利用或曰使用自己的他物无法做到“用大”，自然万物如何“自救”？如果自然万物无法做到“无用”，自然万物如何“自救”？庄子提出三种方法。第一种方法是同伤害自己的他物斗智斗勇，或者远离、躲避伤害自己的他物，第二种方法是与自己的同类斗智斗勇，第三种方法是让自己有“缺陷”。对于第一种方法，庄子是否定的；对于另外两种方法，庄子是肯定的。

与伤害自己的他物斗智斗勇，以此全生保身。这在庄子看来，无异于以卵击石，与自投罗网并无实质性的差异，注定是要失败的，只会落得身残或死亡的下场。因为他物之所以能够利用、占用、伤害自己，本来就是由于他物是“强者”，而自己是“弱者”。与高于自己的“强者”比拼，是不可能成功的。为此，庄子以螳螂挡车为例予以论说：“汝不知夫螳螂乎？怒其臂以当车辙，不知其不胜任也。”[①]这里，庄子的例证未必准确，因为人类并不利用或曰使用螳螂，更不会主动伤害之。但是，弱小的螳螂主动出击强大的人类，用其臂阻挡车轮，招致身残致死的下场，则证明了与“强者”争斗的悲惨结果。

远离、躲避伤害自己的他物，以此全生保身。这在庄子看来就是自欺欺人，也是注定要失败的，也会落得身残或死亡的下场。因为他物作为“强者”是能够看穿“弱者”的计谋，有能力找到并伤害“弱者”的。为此，庄子以丰狐、文豹为例，予以论说：“夫丰狐文豹，栖于山林，伏于岩穴，静也；夜行昼居，戒也；虽饥渴隐约，犹且胥疏于江湖之上而求食焉，定也。然且不免于罔罗机辟之患，是何罪之有哉？其皮为之灾也。”[②]这里，丰狐皮毛丰厚，文豹身上长有花纹，无法做到“无用”，成为人类视野中的“有用”者。为了躲避人类的伤害，丰狐、文豹栖居山林，藏于岩穴以隐蔽自己，昼伏夜出以保持高度警戒，虽然遭受饥渴的困境，也于江湖之上寻食，而不敢接近人类，以求安全，可是由于智力远低于人类，

① 《庄子·人间世》。

② 《庄子·山木》。

还是陷入人类的圈套，被罔罗机辟等捕捉野兽的工具所捕获。这说明，与高于自己的他物相争斗，或者远离、躲避伤害自己的他物，幻想通过这种方式保全自己，只能是幻想，其结果必然是惨烈的。

与自己的同类斗智斗勇，让自己躲藏于同类之中，使高于自己的他物伤害自己的同类，“忽视”自己的存在，从而保全自身。这是一种对于同类特别残忍而自私的方法，更是越出道德底线、情感境域的方法，不仅为同类所不齿，为高于自己的他物所不齿，也为任何自然物所不齿。可是，在灾难面前、死亡面前，这又是相对可靠、实用的个体自救的保命方法。庄子对此并不否定，还加以肯定、宣扬。也许，庄子集中于生命的保全的思索，而忽略了保全生命的道德因素。由此，庄子以东海之鸟“意怠”为例，加以述说：“东海有鸟焉，其名曰意怠。其为鸟也，翂翂翐翐，而似无能；引援而飞，迫胁而栖；进不敢为前，退不敢为后；食不敢先尝，必取其绪。是故其行列不斥，而外人卒不得害，是以免于患。”①这里，意怠飞翔时飞得不高，尤其是不高于其他鸟，也飞得不低，尤其是不低于其他鸟，而且，跟随其他鸟儿飞，既不飞在最前，也不落于最后，总是夹在群鸟之中；栖息时，更是夹在群鸟之中，而不居于群鸟之“边”；吃食时，从不争先，不敢先品尝食物，宁愿吃剩下的食物，以免被毒害。这样，意怠不争先，不争勇，看似无所争，实则与群鸟斗智斗勇；意怠不但在群鸟中不受排斥，而且也不被人类注意，因而不会被人类伤害。

与伤害自己的他物斗智斗勇，远离、躲避伤害自己的他物，都必然以失败收场；与自己的同类斗智斗勇，虽然能够战胜同类，但是，未必能逃过他物的“火眼金睛”。另外，即便自己有“大用”，利用或曰使用自己的他物也未必就“用大”。所以，庄子最后还是在“无用”上下功夫，希望自然万物在做不到“无用”之时，让自己有“缺陷”，成为有“缺陷”的“有用”者，通过自己的“缺陷”迫使欲利用或曰使用自己的他物放自己一条生路。关于这一点，庄子举例道：“解之以牛之白颡者，与豚之亢鼻者，与人有痔病者，不可以适河。此皆巫祝以知之矣，所以为不祥也。此乃

① 《庄子·山木》。

神人之所以为大祥也。”①这里，为消除灾难而祭祀河神，需要牛、小猪乃至人等祭品，但是，白额的牛、高鼻的小猪、生痔疮的人虽然分别是牛、小猪、人，虽然“有用”，但是，因各有缺陷，分别具有白额、高鼻、生痔疮等缺陷而被放弃，从而获得一条生路。此外，庄子还举例道：“支离疏者，颐隐于脐，肩高于顶，会撮指天，五管在上，两髀为胁。挫针治繲，足以糊口；鼓筴播精，足以食十人。上征武士，则支离攘臂而游于其间；上有大役，则支离以有常疾不受功；上与病者粟，则受三钟与十束薪。夫支离其形者，犹足以养其身，终其天年……”②这里，形体不健全的人因为形体残缺，没有征兵、徭役之忧，因而不会战死沙场，不会有劳役之苦，还能得到统治者的救济，得以颐养天年、寿终正寝。当然，如果自然万物能够天生具有残疾，比如白额的牛、高鼻的小猪、生痔疮的人、形体不健全的人如果先天如此，那将是幸运的，不需要后天的、刻意的、痛苦的让自己残缺、有“缺陷”；如果自然万物先天完美，为了生存、避祸而“制造”残缺，这种自残将是痛苦的，如果这种痛苦超过他物伤害自己所造成的痛苦，那将是更为痛苦，并且是得不偿失的。问题是，在庄子那里，所有的自然物都是完美的存在啊。

仔细分析这第三种“逃生”的方法，其实与上述第二种方法并无多少实质性的差别，也是需要与同类争斗的。只不过，这第三种方法是力图使自己在与同类争斗中“输”，变得有缺陷，从而比同类“差”；而第二种方法则是力图使自己在与同类争斗中“不输也不赢”，变得“平庸”，从而在同类中处于“中游”。这第三种方法与第二种方法同样不道德，都是以牺牲同类的利益、生命为代价，去换取自己暂时的安全。更不道德的是，这第三种方法与第二种方法都是“有心”与同类争斗，而同时不让对方知晓，不具备公平性。当然，在身处弱势、生命遭受威胁时，庄子可能故意“忘却”了道德、良知与情感。问题是，如果自然万物或者说所有的“物”都采用第二种或第三种方法求生、自救，那么，这两种方法将失去其意义。这是庄子所没有想到的。

① 《庄子·人间世》。
② 《庄子·人间世》。

通过以上的论述可知，自然万物作为生存环境、生存资源的需要者，需要利用或曰使用他物，而利用或曰使用他物意味着对他物的可能的伤害，这就要求自然万物在利用或曰使用他物时能够做到“用大”；自然万物作为他物的生存环境、生存资源，就是被需要者，不得不被他物所利用或曰使用，为了不被他物所伤害，又要求自然万物在他物利用或曰使用自己时能够做到“无用”。当自然万物不能确保自己一定能够做到“无用”，同时也不能够确保利用或曰使用自己的他物一定能够“用大”之时，自救的方法只有两种，那就是要么与自己的同类斗智斗勇，要么让自己有“缺陷”。

（作者为安徽大学哲学系教授）

庄子的人格精神及意义

李明珠

前　言

庄子一生始终在关注与思考人的品性、人的尊严、人的异化、人的自由等等这些关乎“人”的大问题，从未停止对“人”的探索。在先秦思想家中，庄子是最关心“人”、对“人”的研究最深的一位。儒家孔孟也关心人的问题，但庄子关注的问题和重点都与他们有所不同。儒家更多的是关注人的“群体”，关心人与社会的和谐，注重伦理教化。庄子则更多关注人的“个体”，关心人与自然的和谐，注重真朴自在。庄子高扬人的自由、独立、个性、尊严，要求不为外物失性、丧真，扭曲自我。（所谓“外物”在庄子那里包括权势富贵、功名利禄等一切与“人”相对的东西。）庄子极为关心人权，高度关怀人心，一再提醒“人”的价值高于“物”的价值，提出“哀莫大于心死”①。庄子这种对人的关怀，乃是对人的最高关怀，它撑起的是一个具有独立人格、自由精神、生命尊严的真正的人。

庄子的人格精神，与孟子的“富贵不能淫，贫贱不能移，威武不能屈”的“大丈夫”气质有相通之处，与孔子的“岁寒而后凋”的高洁坚毅亦同调。但庄子就是庄子，其人格精神比之孔孟，更有其“见独”的思想价值和意义。庄子的人格精神充满对人性的深刻关怀，具有强烈的批判、超越、自由、理想诸精神。研究庄子的人格精神及意义，对消解权力金钱至上的世风，解决精神危机，对修养人的精神境界，提高人的素质、品

① 《庄子·田子方》。

位，培养独立人格、自由精神，具有重要的思想启迪和实践意义。

一、庄子寓言人物形象中蕴涵的人格精神及意义

寓言是庄子创造和表达思想的主要方式。理解庄子的人格精神及意义，无法绕开庄子的寓言。需要注意的是，庄子“以寓言为广”[①]的言说方式，是描述的、形象的而非抽象的、概念的；是启发的、暗示的而非定性的、强制的；是象征的、隐喻的而非直白显露、一览无余的。这种诗意表达，与我们现在已经习惯的逻辑思维、逻辑分析有很大差别。解读庄子，必须透过庄子寓言表面的光怪陆离，深入骨髓，才能探出其本质意义。

《庄子》中创造了一系列寓言，描述人生百态，刻画众多人物，从不同方面象征隐喻庄子对独立人格、自由精神的认识与追求。兹选取有代表性的寓言分析解读，以体会庄子的人格精神及意义。

> 宋元君将画图，众史皆至，受揖而立，舐笔和墨，在外者半。有一史后至者，儃儃然不趋，受揖不立，因之舍。公使人视之，则解衣般礴蠃。君曰：“可矣，是真画者也。”[②]

寓言以寥寥数语描绘世态人生，刻画了一个特立独行、任诞狂放、个性鲜明的“一史”形象，塑造了一种率真自然的理想人格。寓言最能激发人的兴趣并进而思考的问题是：“一史”未画一笔，没着一色，为什么被宋元君认定“是真画者也”？寓言虽未直接提出也没回答这个问题，但在“一史”和“众史”的对比描写中让它昭然若揭。“众史”一听君主召唤，便争先恐后，蜂拥“皆至”，唯恐失去向上巴结求取功名的机会；他们在君主面前，“受揖而立”，唯唯诺诺，看主子脸色行事；一个个“舐笔和墨”，装模作样，虚伪矫情。“一史”与“众史”的刻意做作，谄媚矫饰完全不同，他“后至”，“儃儃然不趋”、“受揖不立”，这种“后至”、“不趋”、“不立”，刻画的是“一史”的坦然自若、不媚不谄、率性而为；也表现了他

---

① 《庄子·天下》。

② 《庄子·田子方》。

突破权贵、世俗礼法、功名利禄的诱惑和束缚，人格独立，精神自由。尤其“解衣般礴赢(裸)”，更表现了“一史”的坦荡天真，自然自在，不拘于俗。“一史”之所以被认定为“真画者”，其原因就在于他已臻于“解衣般礴”这种率性自然、真诚自在、自由解放的大境界。因为个性、真性和自由是生命的灵魂，是创造的根基。生命之所以能绽放出创造之花，在于个性能力自由创造性地发挥。没有独立人格自由精神，创造力和想象力都会受到严重压抑，不要说创造发明，文明进步，就是人种都会像“众史”那样退化。

寓言看起来是在寻找“真画者”，其实是追寻已经被世俗丧失了的真情真性、自然自在。寓言塑造了一个真正的艺术家形象，也塑造了庄子的理想人格，展示了人生自由的理想境界。宋元君“是真画者”的赞叹，本质上是庄子对“本真”、独立、自由的赞叹。庄子说：“真在内者，神动于外。真者，精诚之至也。不精不诚、不能动人。”①“一史”身上那种震撼人心的东西，那种独特的神采和魅力，都来自他的“真”。寓言启示人们，为人处世，只有做到了“真”，才有主体精神、人格独立的实现，才有人的自我价值的存在，也才有真正的自由生命的存在。庄子通过对“众史”的贬抑和对“一史”的褒扬，批判“物役、物累”，指引人们追求“一史”那种“真”的人格精神、自由境界。

原宪居鲁，环堵之室，茨以生草，蓬户不完，桑以为枢；而瓮牖二室，褐以为塞；上漏下湿，匡坐而弦。子贡乘大马，中绀而表素，轩车不容巷，往见原宪。原宪华冠縰履，杖藜而应门。子贡曰：“嘻！先生何病？”原宪应之曰：“宪闻之，无财谓之贫，学而不能行谓之病。今宪贫也，非病也。”子贡逡巡而有愧色。原宪笑曰：“夫希世而行，比周而友，学以为人，教以为己，仁义之慝，舆马之饰，宪不忍为也。”②

寓言对孔子著名弟子原宪、子贡做了较大变形，借二人之名，塑造了两类截然不同的艺术形象：一为安贫乐道之士，一为粗鄙富贵之人，

① 《庄子·渔父》。
② 《庄子·让王》。

并在对二人性格的刻画中，批判以子贡为代表的达官贵人不择手段、卑鄙张狂的品格，张扬以原宪为代表的坚守正道、淡泊宁静的人格精神。

寓言开头铺陈夸张，着力刻画原宪住所的简陋破败，凸显“今宪贫也”。面对子贡的奚落，原宪一方面申明何为贫，何为病，强调自己是贫而不是病；一方面历数官场的黑暗与弊端，揭露与讽刺子贡的丑恶灵魂。这两方面都具有深刻的批判力量和理想人格精神。原宪“无财”，“贫也”，是因为“宪不忍为也”，也就是说他不愿意靠不正当手段去谋取财富，即“心有所耻，行不能从”。原宪的“不忍为”，说明他与子贡的冲突，不是贫富对立的问题，而且是两种价值观的冲突，也是不同人格的冲突。原宪之所以强调自己是贫不是病，是因为“学而不能行谓之病”。原宪学道而能行道，人格没有缺陷与分裂，故而“非病也”。言下之意嘲讽子贡“学而不能行”，学的是一套，行的又是另一套。这既嘲弄子贡获得富贵的手段卑鄙，也揭露了官场的邪恶无道。“希世而行，比周而友”，说的是官场上逢迎阿谀成风，结党营私成势，而逢迎、结党正是官场人物谋取富贵权势的重要手段。“学以为人，教以为己”，揭露子贡所谓的“学”，只是为了让别人看重，获得谋取功利的敲门砖；而所谓的“教”，只不过是借此提高自己的声誉，为自己捞取更多的政治资本。儒家讲学当为己，教当为人，所谓“君子之学为己，小人之学为人”①。学而为己，是强调通过学习，修养自身，提高自己的精神品格。子贡恰恰相反，学而为人，这正显现了他的小人嘴脸。“仁义之慝，舆马之饰”，则写子贡之流，打着仁义的旗号做不仁不义之事，依富仗势骄横张狂。

原宪在一贫如洗的情况下依然弦歌不辍，保持着宁静怡和的心态。他身居下层，清寒无势，但不为穷约丧志，不以贫困失性。“非梧桐不止，非醴泉不饮”②，正道直行。原宪虽贫，却对那些无品的富贵之人，投去鄙视的目光，毫无媚态，灵魂高傲。在原宪的身上，我们可以看到一种人格魅力，这种人格，就是庄子安贫乐道的理想人格。安贫，并非自甘贫穷，而是不以邪恶手段去致富，不因贫穷而戚戚；乐道，则是以修

① 《荀子·劝学》。

② 《庄子·秋水》。

道、体道、守道为乐;以坚持正义、坚持自己的信仰为乐。

上述两则寓言的重心是写正人君子,敷张理想人格。下面两则寓言则重点写势利小人,揭开他们的丑恶灵魂,批判趋炎附势、拜物媚权的品性。

有张毅者,高门县薄,无不走也,行年四十而有内热之病以死。①

寓言总共才28个字,但把张毅这样一个欲火中烧、贪恋权钱、无视人格尊严的世俗人物写活了,可谓一字千金,刻画入神。"高门县薄,无不走也",只用八个字,就抓住了人物性格的本质特征,揭示了人物精神的要害。张毅一心攀结权势,争夺功名,只要是豪门大族,便去走门路、托关系,巴结谄媚,费尽心机,最后内火攻心,误了卿卿性命。张毅的死,归根到底是死在欲望之火太烈,深陷物累,心灵不得片刻安宁上。从另外一个角度看,即便张毅活着,就算他获得了功名,他也活得没有灵魂,没个人样,虽生如死。试想,像他这样"高门县薄,无不走也",巴结权贵,仰人鼻息,已经丧尽人格,毫无尊严,只剩下行尸走肉。人格关系到人的品质风骨。人们会被人格魅力感动,也会对龌龊品格感到恶心。寓言写张毅年刚四十便一命呜呼,表达的是庄子对这类人物的鄙视与批判。

庄子看到世俗中有许多张毅之类的人物,只要功名利禄,什么人性人格、礼义廉耻都无所谓,深陷物累之中而不知为害,便以张毅之死来警醒世俗,发人深思。张毅这一形象让人们看到,如果欲壑难填,不顾一切,最终会被自己的欲望之火烧死。更重要的是,它启示人们:对功名不可争之太过,更不可不择手段,不要人格、尊严去争功名。人格尊严这些精神层面东西主宰着人的生命,撑着生命的根。根没了,人就没了。寓言塑造张毅这个人物并对其进行批判,意在引起人们对人格尊严的高度重视,摆脱物役物累。

宋人有曹商者,为宋王使秦。其往矣,得车数乘;王说之,益车百乘。反于宋,见庄子曰:"夫处穷闾阨巷,困窘织屦,枯项黄馘者,

① 《庄子·达生》。

商之所短也；一悟万乘之主而从车百乘，商之所长也。”庄子曰：“秦王有病召医，破痈溃痤者得车一乘，舐痔者得车五乘，所治愈下，得车愈多。子岂治其痔邪？何得车之多也？子行矣！”①

寓言运用小说笔法，以一种极其轻蔑厌恶的口吻，塑造了一个市侩小人曹商的形象。寓言以曹商“舐痔得车”的形象，揭露用卑鄙无耻的手段去谋取富贵利禄的世俗现象，针砭媚权拜物的恶劣世风，鞭挞趋炎附势、逢迎拍马、出卖人格的丑恶。寓言对曹商的无情讽刺具有深刻的思想性和社会批判性。

曹商为了“得车”而去“舔痔”，是因为他的眼里除了金钱权势，再也看不见别的，他的灵魂已被权势腐蚀、被物欲蛀空，虽然他“得车之多”，但在得到的同时，他的心灵已受到“刑罚”，精神上已经一无所有，人性已走向堕落。在庄子眼里，凡人格不健全的人，无论富贵贫穷，都不过是苟活于世，可怜又可悲的“心死”之人而已。对这样的人，庄子所给予的除了鄙视，就是批判。

中国传统的儒家、道家文化都反对不择手段、不顾一切去获得功名的世俗倾向。儒家孔、孟主张以道德托着功名，反对见利忘义；道家庄子认为人的尊严、自由、人格、生命高于一切，反对为了外在功名而丧失这些最宝贵的人的价值，并认为失去了这些价值，人在本质上就失去了“人”的意义了。对那些“丧己于物，失性于俗”的人，庄子称他们为分不清什么是本，什么是末的“倒置之民”②。世俗总以功名的获得为得志，庄子则以超越世俗的独到眼光认为，以丧失人的最高价值为代价去获得功名，这种获得并非得志，而是人的异化和堕落。为此提出“不为轩冕肆志，不为穷约趋俗”③，这是庄子另一种理想人格精神。

庄子对曹商的刻画，让我们看到了一种活生生的奴性。奴性是权力大于一切的政治培养出来的，是屈于权势的产物；奴性也是在专制制度下养成的人的劣根性。庄子对曹商的批判，是最早对奴性的批判。

① 《庄子·列御寇》。
② 《庄子·缮性》。
③ 《庄子·缮性》。

讽刺是庄子批判的武器，也是庄子觉世的方式。在对曹商的讽刺中启示人们，奴颜媚骨与“舐痔”一样肮脏，有奴性就还不够做人的资格。讽刺中也批判了欣赏“舐痔”的专制文化，揭露它与“舐痔”一样肮脏。庄子这种对奴性的讽刺与批判，对塑造人的独立、自由、骨气意义深刻而深远。

二、庄子寓言故事中蕴涵的人格精神及意义

庄子寓言中有许多“恢诡谲怪”的故事。它既荒诞而又真实，看似无情却大有深情。这些故事都是庄子哲学思想的载体。庄子的哲学主要是关于“人”的哲学，有深刻地做人智慧与哲思，其中深蕴庄子的人格精神。我们继续选取有代表性的寓言分析解读。

泽雉十步一啄，百步一饮，不蕲畜乎樊中。神虽王，不善也。①

寓言词约义丰，以雉比人，启迪人们认识本真、自由的重要，表达对自然、本真、个性、自由的高度重视，对独立人格的追求。

泽雉的本性是生活在大自然中，“畜乎樊中”便违背了它的自然本性，扼杀了它的自由。泽雉宁愿“十步一啄，百步一饮”，也“不蕲畜乎樊中”，这是对依乎本性的要求，也是对自由的追求。“畜乎樊中”看起来饮食无忧，身体完好，但实际上对本性、精神有着看不见的损害。“不蕲畜乎樊中”，提示着自然本真、自由自在对人的重要性。庄子人生哲学思索的基本问题，在于如何达到人生自由的境界。庄子所追求的自由，在最高层次上，是“与道为一”的“无待”自由。“不蕲畜乎樊中”所追求的自由，主要在人格独立、精神自由。庄子在这里思考的问题是，背离了人性的本真自然，人的精神就被压抑了，这无异于给人套上了精神枷锁，使人丧失自主、自由思考的精神和能力。自然、本真、个性自主、自由与人格独立密切相关。只有不违本性，率真自然，才有自由精神，才有独立人格。庄子看到世俗中许多人迷失了真性，扭曲了本性，不顾自然，狂奔名利，这实际上已经给自己套上了无形的精神牢笼。人们知道

① 《庄子·养生主》。

被关在有形的笼子里"不善也",却不知被关在无形的笼子里"不善也",甚至已被关进笼里而浑然不觉。功利化、工具化、标准化、各种异化都像无形之牢笼,桎梏着人的精神。庄子提出"不蕲畜乎樊中",要在呼唤人的独立自由,打破一切精神樊笼,给人以自由解放,

庄子对善恶的看法,有其独特的价值观。庄子的善,是以自然本真、独立自由为本质内容的。如果失去了这一本质内容,无论其他条件多么充裕,在庄子看来都是恶,即"不善也"在庄子那里,善是与本真、自然、自由密切联系在一起的,而恶则与破坏自然,压抑人的本性、精神自由联系在一起。"神虽王,不善也"这种判断是对"畜乎樊中"的否定,也是一种人生抉择。这种抉择,是建立在高度重视人格的独立自由之上的,是对人的根本关怀。

> 庄子钓于濮水。楚王使大夫二人往先焉,曰:"愿以境内累矣!"庄子持竿不顾,曰:"吾闻楚有神龟,死已三千岁矣。王巾笥而藏之庙堂之上。此龟者,宁其死为留骨而贵乎?宁其生而曳尾于涂中乎?"二大夫曰:"宁生而曳尾涂中。"庄子曰:"往矣!吾将曳尾于涂中。"①

理解这则寓言,关键在于把握"留骨而贵"与"曳尾涂中"意象的象征隐喻意义。"留骨而贵"隐喻在黑暗险恶的政治环境中,追求权利,出仕为官看起来地位显贵,但往往成为统治者手中所掌握的工具,失去独立和自由,甚至丧生。"曳尾涂中"则象征着对人格独立、精神自由的追求。庄子辞聘看起来似有避世避祸的意味,但实际上是表达庄子对当时政治黑暗,世道险恶的强烈不满与反抗。庄子通过对当时政治的审视,发现统治者在"治天下"中掺杂着私欲、贪欲和权力欲。统治者以弄权之欲、贪利之心而"有为",必然会违道、轻民,那么这种"有为"便越为而越有害,"名曰治之,而乱莫甚焉"②。庄子辞聘,从本质上来说是对"昏上乱相"、腐败政治的抨击与批判,其批判的武器便是冷嘲热讽和不参与。这种不参与就是不同流合污,不为虎作伥,不助纣为虐;也是不

① 《庄子·秋水》。

② 《庄子·天运》。

顺着，不受着，这是另一种形式的抗争与反抗。“吾将曳尾于涂中”，并非游戏人生的态度，也非避世隐逸，而是表明要自由、要独立的态度，以“超出”来进行批判。置身事外的“超出”，才能不受权力、功名的奴役，从而才能有更高的眼光，揭露政治弊端，进行社会批判。拒绝参与，归根到底是反抗邪恶腐败，要求守住“道”、守住“真”，超越权力、世俗的羁绊，追求人格的独立和自由。有独立人格，才有批判的能力，才有对政治、社会说话的勇气。

总之，“庄子钓于濮水”的故事本质精神要在守住人格尊严，不依赖权力机制过日子，拒绝驯化，实现自我。宁愿“曳尾涂中”，也不能“污我”、“为有国者所羁”①。它挣脱现有权力机制的桎梏、牢笼，追求人格精神健全充实的“神全”、“德充”，不当工具，不做奴才，不做鬼魅。这种“不”包含着一种良知、一种社会责任、一种取之有道的价值观，当然也包含着对“大美”人格境界的追求。

> 大王亶父居邠，狄人攻之；事之以皮帛而不受，事之以犬马而不受，事之以珠玉而不受，狄人之所求者土地也。大王亶父曰：“与人之兄居而杀其弟，与人之父居而杀其子，吾不忍也。子皆勉居矣！为吾臣与为狄人臣奚以异。且吾闻之：不以所用养害所养。”因杖筴而去之。②

寓言说的是大王亶父不愿为争夺领土而伤害人民，即“不以所用养害所养”而放弃邠地的故事。在“狄人攻之”的情况下，放弃邠地意味着放弃领土权位，但为了一个个“兄弟父子”的生，大王亶父“杖筴而去之”。“尊生”是故事的核心思想，阐发“生”高于一切的价值观。

庄子说“夫天下至重也，而不以害其生”③。拥有“天下”这么大的事，也不能因此“害其生”。“生”在《庄子》一书中常常与“性”相通，这就是说“生”不单单是肉体生命活着，它还包括自由、快乐、健康、人格、个性、精神、心性等等在其中。也可以说“生”就是“人”。大王亶父为了保

---

① 《史记·老子韩非子列传》。

② 《庄子·让王》。

③ 《庄子·让王》。

全"生"而放弃了领土、领导权，这实质是说国家可以不要，王权可以不要，这一切都是为了保住人。在这里，人被摆到了高于国家的地位。大王亶父不贪恋权力而选择转身离开，在这种选择中，我们看到的是人性的光辉、人格的魅力，更重要的是我们看到了对"生"的尊重。对"生"的尊重，就是对人的权利、对人格的尊重。其实，只有真正地尊重一个个的人，维护和保障一个个家庭的权利，才有真正的国家利益的实现。如果没有对人的尊重，没有个体生命的尊严、自由，国家的意义也就失去了。同样，没有一个个人的生，就没有国家的生；没有一个个人的自由，就没有国家的自由；没有一个个人的人格，也就没有社会的人格。庄子这则寓言和上述系列寓言实际都指向一个基本道理，宇宙中，最宝贵的是人，而生存、自由、平等、尊严等等是人最重要、最本质的价值，所有的思想、文化、制度、法律、国家，都应该是为了实现上述人的价值服务，而不能本末倒置。

孟子强调"义"高于一切，认为当生命与义发生冲突时，应舍生取义。这与庄子的"生"高于一切的思想是否冲突呢？有同有异。"义"高于一切，强调的是正义、道义、信义等等的价值；"生"高于一切，强调的是生命、个性、自由、独立等等的价值。应该说孟子代表的儒家更强调社会利益高于个人利益，道德价值高于生命价值，而庄子代表的道家则更强调人个体的价值，更具有"人本"精神。儒道互补，构成传统文化的核心价值。在"争地以战，杀人盈野；争城以战，杀人盈城"①的战国时代，庄子提出"尊生"，并说"贵以身于为天下，则可以托天下"②。强调只有把"生"视为最尊贵的人，才能让他管理天下，其意义无论如何评价也不为过。"尊生"的提出，是对那些以国家为名而伤害"生"的深刻批判，也张扬着庄子的人格精神。"尊生"是庄子人格精神的根本。没有对"生"的尊重就没有人格精神。

> 庄周家贫，故往贷粟于监河侯。监河侯曰："诺。我将得邑金，将贷子三百金，可乎？"庄周忿然作色曰："周昨来，有中道而呼者，

① 《孟子·离娄上》。

② 《庄子·在宥》。

周顾视车辙，中有鲋鱼焉。周问之曰：'鲋鱼来，子何为者耶？'对曰：'我，东海之波臣也。君岂有斗升之水而活我哉？'周曰：'诺，我且南游吴越之王，激西江之水而迎子，可乎？'鲋鱼忿然作色曰：'吾失我常与，我无所处。我得斗升之水然活耳。君乃言此，曾不如早索我于枯鱼之肆。'"①

寓言虚构了"家贫"的庄周向监河侯借粮的故事，揭露以监河侯为代表的达官贵人的吝啬虚伪、不仁不义，并在批判中张扬士人不可欺不能屈的人格精神。

庄周无米下锅，向监河侯借贷。监河侯一粒米也不愿意借，却虚情假意一口答应，而且还要加码借庄周"三百金"。监河侯开的是空头支票，他用两个"将"把"贷"推得缥缥缈缈。庄周假借与"涸辙之鱼"的对话，通过鲋鱼对庄周的讥讽，比附监河侯的虚假奸诈，撕去他的仁义面纱。这种揭穿和批判，绝非仅仅是对监河侯这类"富而骄"、"富而无礼"之人的批判，这其中的人格精神更值得我们注意。

"庄周家贫"，不得已而借贷于监河侯，但绝不因此而向监河侯低三下四、巴结谄媚，失去做人的骨气与尊严。在监河侯要弄奸猾时，更以"士可杀而不可辱"的气质，给予无情嘲讽与反击。庄周的"激西江之水"来救"涸辙之鱼"，看起来是自嘲，实际上形成冷峻的影射、犀利的讥刺，其中透出强大的人格精神。"庄周家贫"，权势富贵一样没有，但这并不妨碍他要求人格的平等。这种要求是以自嘲化作嘲他的方式提出的，这种嘲讽意味着：有权有势有钱并非自然而然就高人一等；无权无势无钱也并非天然就低人一等。为官没有欺骗百姓的权利，金钱也不是戏弄穷人的资本。天赋人权，生而平等，这种平等首先就是人格上的平等。不是权大富贵就高贵，无权贫穷就低贱。庄周正是以人格的力量来对抗世间不平等的观念，抨击依仗权贵而欺骗戏弄的无赖丑恶。故事让人们看到，贫穷与富贵都无关伟大，而人格的力量可以成其伟大，可以从心灵上打动人们。

① 《庄子·外物》。

结　语

先秦儒道两家都非常重视怎样做人的问题，孔孟更多的是从伦理道德上讲如何做人，庄子则更多从人性、人格上讲，从人的本质上讲。先秦各学派思想家多多少少都在给统治者出谋划策，庄子则不，他的思想主要是人学，讲做人的智慧，是整个人类的智囊。庄子的人格精神，如果用一句话概括，那就是人应该活出人样，而不是鬼样奴样蠢样。庄子的人格精神所包含的独立、自由、平等、尊严、人权等价值观念，具有深厚的思想文化意义，其思想高度与超前性，甚至可以与现代意义上这些普世价值观念接轨。

庄子在讲人格精神中，思索和提出的问题，诸如：生命的价值在哪里，最高价值是什么？人如何能独立、自由、有尊严地活着？自由快乐从哪里来？等等，都是具有长青意义的问题，无论在当时还是现代都有深刻的意义。尤其当社会出现物欲权欲膨胀，世俗媚权拜物，人们一味追求实利，道德沦丧，人格萎缩之时，庄子的人格精神就更有其思想启迪与践行的现实意义。

（作者为合肥师范学院文学院教授）

论《庄子》的身体理论及其冥契经验

陆基洋

一、引言

近数十年来，英语世界学者对《庄子》研究的视角渐见多样化。他们除了从接近其文化传统的视角，比如怀疑论及相对论去解读《庄子》外，亦开始注意文本中具有有关冥契经验的内容，对这些有别于日常经验的冥契经验的性质及达成的条件都有不少讨论。其中如李耶理（Lee Yearley）以"在世之中的"（intraworldly）一词去申明《庄子》冥契经验的特质，以为其价值在于让冥契者以一种新的角度去认识或体验原来的经验世界。这种冥契经验有别于基督教及印度教追求个体与外在终极实在（即"上帝"与"梵天"）"结合"（union）或"合一"（unity）的传统，而完全没有与任何外在的形上终极存在有所联系①。由此冥契经验所开展的知识，其探究的对象乃是扣紧现象世界本身，除此之外别无所论②。本文反对李耶理这种对《庄子》冥契经验的解说，并试图于文本上寻求证据以支持庄子思想确实存在对形上世

---

① Yearley, Lee, "The Perfected Person in the Radical Chuang-tzu," in Victor H. Mair, ed., *Experimental Essays on Chuang-tzu* (Honolulu: University of Hawaii Press, 1983), pp. 130-131. See also Yearley's two papers, "Zhuangzi's Understanding of Skillfulness and the Ultimate Spiritual State," in Paul Kjellberg and Philip J. Ivanhoe, eds., *Essays on Skepticism, Relativism, and Ethics in the Zhuangzi* (Albany: State University of New York Press, 1996), p. 160; and "Three Ways of Being Religions," *Philosophy East and West* 32, No. 4 (Oct., 1982), p. 445.

② Yearley, "Three Ways of Being Religions," p. 446.

界（即“道”）探求的面向，而这种对形上世界探求的面向即具体展现于《庄子》论及修炼者的身体理论中。李耶理所论势必导致庄子思想沦为只对形下世界的探究而失去原来重要的意义，他提出这种解说显示其仍然摆脱不掉西方学者一贯以来从相对论的立场诠释《庄子》的巨大影响。

二、所谓“在世之中的”冥契经验

本节在讨论李耶理对《庄子》冥契经验的解说的具体内容前，先从他对冥契经验的分类及构成各种不同性质之冥契经验传统的背景谈起。对于何谓“冥契经验”？李耶理以为冥契经验是一种冥契者相信其与终极实在有所接触或对世界之真实性格有所感应而有别于日常的经验①。冥契经验主要可分为三大类：一、以世界三大一神信仰为代表的“真实适然类”（the Real Contingency type）；二、以南亚印度教信仰为代表的“一元论类”（the Monism type）；三、以中国道家庄子思想为代表的“惟变化类”（the Change-only type）；形成上述不同性质冥契经验的原因，则关乎如何诠释与理解世界之万变现象②。“真实适然类”主张世界由一不变、永恒且完善之超越实体（即“上帝”）与众多适然但真实的现象所构成，前者并作为后者生成变化之存有论上的根据。上帝一方面透过其意志与行动赋予现象世界中所有存有意义与价值，故此一切之存有皆为真实之存在；另一方面，现象世界中的一切皆为适然，其存在与否及以何种形式存在皆非必然如此，由是它们不能完整地反映上帝完善的特质，故皆为有限的。这种对现象与超越实在之关系的讨论形成一种吊诡的世界观：世界中的事务同时可谓既重要亦不重要，谓其重要，盖彼之存在是真实的存在，且部分地反映上帝神圣的一面，故必须重视之；谓其不重要，盖人们必须认定其人生的终极目标乃

① Yearley, “Three Ways of Being Religions,” p. 443.

② Yearley, “Three Ways of Being Religions,” p. 439-440.

是与不变、永恒且完善的上帝的彼此结合，而非与带有缺陷的现象世界的彼此结合[①]。在这种个体与外在超越实在的彼此结合中，冥契者非但不会感到其个体独特性被淹没而消失于此连结中，更有甚者，这种结合的冥契经验将强化而非减损冥契者的个体独特性[②]。又由于个体与上帝性质上的差异使得二者毕竟存在着一道不可逾越的鸿沟，在这种二者既独立又相互连结的情况下，使得冥契者能于外在他力的帮助下不断提升其经验之丰富性而终究达到与上帝结合的境界。如此的过程与经验，在李耶理看来便充分地反映在中世纪诗人但丁的《神曲》(*Divine Comedy*)对天堂以及其得见上帝之面的详细描述中[③]。

"一元论类"如"真实适然类"般，皆主张世界由一不变、永恒且完善之超越实体(即"梵天")与众多适然的现象所构成，惟二者的世界观存在一重要的分别。"一元论类"并不主张现象是真实的，反之由众多适然、无常之存有所组成的经验世界是虚妄的，从本质而言是没有价值的。由于经验世界为一不真实的世界，故人们的存在只是适然而不真实的，一切当世的追求亦没有意义而只会令人徒添苦困，是故只能在梵天内才可证得真正的价值[④]。如此的世界观导致"一元论类"与"真实适然类"之冥契经验有两种显著的分别：首先，在"一元论类"的背景下，冥契者在寻求与外在超越实在连结时，二者的关系为"合一"而非"结合"的关系。所谓"合一"即如盐花之溶于水及水滴之融于汪洋般，以喻个体通过宗教修行将己身虚妄的独特性消除后，源自外在超越实在的内在自我得以重现并与唯一的真实——梵天合一而没入其中，达到彼此完全相融的境界[⑤]。这与前述"真实适然类"之冥契者的个体独特性于其经验中得以强化显然不同。其次，从存有论的角度而言，由于每个人的内在自我皆源自创造世界的梵天，故只需完全剥掉经验之虚妄，个

① Yearley, "Three Ways of Being Religions," p. 441.

② Yearley, "The Perfected Person in the Radical Chuang-tzu," p. 130.

③ Yearley, "The Perfected Person in the Radical Chuang-tzu,"pp. 130-131.

④ Yearley, "Three Ways of Being Religions," p. 442.

⑤ Yearley, "Three Ways of Being Religions," p. 444 and "The Perfected Person in the Radical Chuang-tzu," p. 131.

体便可凭其自力与梵合一①。这又与“真实适然类”之冥契者必须依仗上帝的他力之助始能获致圆满的冥契经验有很大的分别。

假若从世界观及冥契经验的性质而论，李耶理认为以道家庄子思想为代表的“惟变化类”与前述两大系统皆有非常大的分别。先从世界观来说，“惟变化类”主张整个适然、万变的经验世界为唯一真实的世界，故此无论是“真实适然类”所主张能分配其性质于事物并作为彼等生成变化之形上根据的超越实体，抑或“一元论类”所主张存在于虚妄现象世界背后之唯一真实，二者其实皆不存在。事物之所以有其生成变化并不是什么于其背后使然，而仅仅是事物本身适然的随机序列，以为有什么恒常不变的存在，亦只是人们的幻想而已②。如此的世界观产生出一种李耶理所谓“在世之中的”冥契经验，这种冥契经验的意义表现于能让人以全新的角度去审视原来的日常经验，领悟到日常经验之无常万化的真实性格，并进而调整己身以回应之，而非如前述二者般的意义表现于个体与外在超越实体的“结合”或“合一”上③。

在如此的背景下导致一种缺乏客观定指（objective reference）的视角主义式的真知论：须明了一般知识的建立乃囿于一时一地之特定立场，任何被讨论的事物其实只是整个持续不断的万化过程中的一部分，仅聚焦其中不足以让人们领悟世界之真实相状④。故在了解世界时既不能只定于某立场出发，亦不可只聚焦于某固定的对象，若以李耶理的比喻具体说明之，即如观看幻影片般专注当前每一掠过的映象，这便是一种“抓住又让其来去自如”（hold and let go）的观照方式。由于当下为唯一的真实，故人们须全心全意地觉察之；另一方面，一旦当下的情况改变亦须抽离其中而无有留恋⑤。这种观照世界的方式既与“真实适然类”之视现象世界为真实却有限并区隔于上帝之外，故产生对世界采取既非完全排斥又非全情投入的态度不同；亦和“一元论类”

① Yearley, “Three Ways of Being Religions,” p. 444.

② Yearley, “Three Ways of Being Religions,” pp. 442-443.

③ Yearley, “Three Ways of Being Religions,” p. 445.

④ Yearley, “Three Ways of Being Religions,” p. 446.

⑤ Yearley, “Three Ways of Being Religions,” p. 445 and 448.

之视世界终究为虚幻不实，故除却为应付一般平常日用的需要外（如作为学生理应尽学生的责任而用心学习），本质上否定所有世间的欲求的态度有异[①]。

上述李耶理所论“在世之中的”冥契经验所本之世界观及所教人在面对转变时之应有态度，其思想明显地反映在《大宗师》里一系列的寓言中。比如子舆子来有疾、子祀子犁往问之的故事里，子舆及子来在面对恶疾加诸己身时之超然心境，与受到子犁痛叱之子来妻子的悲极而泣的表现构成一强烈的比对[②]。此外还有如子桑户死、孟子反子琴张的临尸而歌，又与子贡问吊时质问他们的举动是否合礼的态度构成天渊之别[③]。至于其中不可执取任何特定观点的内容，亦明显与《齐物论》里讨论儒墨之辩、彼是相因，故要以“因是”而非“为是”的心境去面对之的讨论有关[④]李耶理认为《庄子》中有两组令读者留下深刻印象的意象能非常具体而形象地阐述这种“在世之中的”冥契经验之内涵与达成的条件——即《齐物论》及《则阳》的“环中”与《应帝王》里论至人的“用心若镜”[⑤]。庄子之所以运用“环中”去进行讨论而摒弃一般语言的表达，在李耶理看来，乃反映他自觉地意识到但凡话语系统及与其相关的指涉和判别行为之可构成，必须是建立于一种彼是对立相显的相对

① Yearley, “Three Ways of Being Religions,” pp. 447-448.

② 郭庆藩：《庄子集释》，中华书局，2007 年，第 258～262 页。

③ 郭庆藩：《庄子集释》，中华书局，2007 年，第 264～268 页。类似的情况亦可见于《至乐》有关庄子妻死，他垂脚箕踞鼓盆而歌的故事中。同上，第 614～615 页。

④ “因是”与“为是”为葛瑞汉（A. C. Graham）以为在《齐物论》里讨论应世时的两种不同心境与行动的重要概念。他将“因是”翻译成‘the “that's it” which goes by circumstances’或‘the adaptive “that's it”’；而“为是”翻译成‘the “that's it” which deems’或‘the contrived “that's it”’。见 Graham, A. C., *Chuang-Tzu: The Inner Chapters* (Indianapolis: Hackett Pub. Co., 2001), pp. 11, 25-26, 52-54, 104, 106-107. 及“Chuang-tzu's Essay on Seeing Things as Equal” in *History of Religions* 9:2 and 3 (November and February 1969-70), pp. 143-144。前者代表一种无有成见而能随顺变化的心境，后者则囿于特定立场而容易在变化的过程中与事物相刃相靡；在“朝三暮四”的寓言里，前者的内容反映在“为是不用而寓诸庸”的狙公的心境与行动上，后者的内容则反映在“名实未亏而喜怒为用”的众狙身上。见郭庆藩：《庄子集释》，中华书局，2007 年，第 70 页。

⑤ 分别见郭庆藩：《庄子集释》，中华书局，2007 年，第 66、885、307 页。

格局上；庄子借“环中”为喻，便可避免其言最终如儒墨争辩般，无可避免地陷落于其亟欲摆脱的相对格局中①。“环中”之喻通过一圆之中轴或门枢之得入环的中心的图像，表达出一种从中心出发而可随顺环境不断作出改变调动的圆融心境。于此心境下的个体再不是奔波劳碌地一味肯定这样而否定那样、欣赏这样而厌恶那样，而是可从二元对立中解放出来，并能对任何情况适时予以回应②。对于这种打破二元对立之冥契经验的具体描述，李耶理指出可见于《则阳》谓冉相氏之“与物无终无始，无几无时。日与物化者，一不化者也……未始有天，未始有人，未始有始，未始有物”③及《大宗师》里女偊谓己之经验为“杀生者不死，生生者不生。其为物，无不将也，无不迎也；无不毁也，无不成也。其名为撄宁。撄宁也者，撄而后成者也”④的段落中⑤。须注意的是，李耶理特别以葛瑞汉（A. C. Graham）对“撄宁”一词之翻译（at home where it intrudes）来总结而论上述二则引文的涵义⑥，所谓“撄宁”者，即是说明一种圆融的心境，其可将所有相对的话语系统冥合而不再对任何观点有所执取，故始与终、天与人、生与死、成与毁、撄扰与归宁等皆可彼此混同而得见此现象世界之真貌⑦。

至于《应帝王》里所论的“用心若镜”，则补充了达成此冥契经验的条件。以镜喻心形象地指出这种庄子式冥契经验在观照世界时外不为物所动，内不为情所困的状态。镜子如实映照前方掠过的一切，以喻冥

① Yearley, “The Perfected Person in the Radical Chuang-tzu,” p. 130 and “Zhuangzi's Understanding of Skillfulness and the Ultimate Spiritual State,” p. 160.

② Yearley, “The Perfected Person in the Radical Chuang-tzu,” p. 130 and “Zhuangzi's Understanding of Skillfulness and the Ultimate Spiritual State,” p. 132 and “Zhuangzi's Understanding of Skillfulness and the Ultimate Spiritual State,” p. 161.

③ 郭庆藩：《庄子集释》，中华书局，2007年，第885页。

④ 郭庆藩：《庄子集释》，中华书局，2007年，第252～253页。

⑤ Yearley, “Zhuangzi's Understanding of Skillfulness and the Ultimate Spiritual State,” p. 161.

⑥ 有关葛瑞汉对“撄宁”一词之翻译，见 *Chuang-Tzu: The Inner Chapters*, p. 87.

⑦ Yearley, “Zhuangzi's Understanding of Skillfulness and the Ultimate Spiritual State,” p. 161.

契者能放弃植根于日常话语的二元论系统，包容接纳外界的不同事物与观点而无有分别取舍，故可谓能不为外物所动①。除却如实映照外物，如镜之心亦如实映照内在生起的一切感性情绪或知性判断，彼生时观彼生，彼灭时观彼灭，心始终保持一片灵明而不为其左右，亦不会将此等情绪或判断投射向外物而生好恶之心，故亦可谓内不为情所困②。《人间世》孔子与颜回所论的“心斋”，在李耶理看来，便是达成这种状态的条件。“心斋”的“虚”与“神”③，分别表示冥契者能破除平常观物的二元格局的拘囿和所成就的自然无为的冥契状态。如果以李耶理所论有关庄子对“自我”（self）的三种不同驱动（drive）力量的专门用语来说，借“虚”而“神”便是放弃意向的（dispositional）与反省的（reflective）驱动力量④，而让最高级之超越的（transcendent）驱动力量去引领人们对外界作出最恰当的回应。由“超越的驱动”所成就的行为往往让人感到大自在或大舒适，这固然因为行动者在进行有关行为时始终保持着一颗如镜的清明心，行动者似乎亦不需刻意着力即能自然而然、得心应手地将事情办好。这种自然而然、得心应手的状况使行动者对内而言，有身心合一的感觉；对外而言，有与外界环境保持着总体的和谐感⑤。须注意的是，当冥契者为“超越的驱动”力量所引领时，会有一种失去自我的感觉，这种感觉之所以出现乃源自“超越的驱动”对其余两种驱动力量的抑制或消融⑥，而绝非如前述的“一元论类”冥

---

① Yearley, "Zhuangzi's Understanding of Skillfulness and the Ultimate Spiritual State," p. 162 and "The Perfected Person in the Radical Chuang-tzu," p. 133.

② Yearley, "The Perfected Person in the Radical Chuang-tzu," p. 134.

③ 郭庆藩：《庄子集释》，中华书局，2007 年，第 147、150 页。

④ “意向的驱动”（dispositional drive）是指由本然物欲（比方食、色）或社会规范（比方敬老慈幼）所驱动而对人或事作出不需思考的本能反应。“反省的驱动”（reflective drive）是指自我对源自“意向的驱动”所推使的行为或倾向的一种近乎理性的反省能力，比如在别人激怒我时，“反省的驱动”会让我反思此心念是否恰当，从而最终将其改变过来。见 Yearley, "Zhuangzi's Understanding of Skillfulness and the Ultimate Spiritual State," pp. 153-154。

⑤ Yearley, "Zhuangzi's Understanding of Skillfulness and the Ultimate Spiritual State," pp. 171-173.

⑥ Yearley, "Zhuangzi's Understanding of Skillfulness and the Ultimate Spiritual State," p. 154.

契经验般，由冥契者通过宗教修行，将己身的独特性消融并与一外在超越实在并合而没入其中所致[①]。那么冥契者需遵循什么具体方法才可超越平常观物的二元格局而达到上述的冥契状态？李耶理认为虽然在孔子与颜回所论的"心斋"及梓庆在削木为鐻前的准备中[②]，可略知其方应涉及一些如静坐冥想炼气等的训练，但此等工夫的详情并没有在《庄子》被详细讨论[③]。

总结而言，李耶理在论述他所谓的"在世之中的"冥契经验时，所再三强调的是这种庄子式冥契经验是不需要建立在冥契者与外在终极存在的联系上的。由于当前的经验世界为唯一真实的世界，除却这个经验世界外，便别无开展与成就任何冥契经验的场所，故可知这种庄子式冥契经验的价值乃体现于冥契者能借此赋予经验事象全新的意义上，甚至可以说，这是一种立足形下世界而能自足于形下世界的宗教哲学体系。

三、《庄子》的身体理论及其冥契经验

一如引言所论，本文反对李耶理这种对《庄子》冥契经验的解说，在李耶理所论下，庄子思想失去原来探讨形上形下世界关系的重要意义

---

① 庄锦章在论及有关李耶理之"超越的驱动"的观点时，认为其中产生的忘我状态与愉悦经验，实可以心理学中"心流理论"（flow theory）所主张的神驰状态来说明之。由此可佐证李耶理所论"超越的驱动"对自我的推动力量，应如其所论"在世之中的"冥契经验般，只发生在形下的现象世界中，而没有涉及与任何形上存有连结的超越面向。见 Chong, Kim-chong, "The Concept of *Zhen* in the *Zhuangzi*," *Philosophy East and West* 61, No. 2 (Apr., 2011), p. 345, note 37。另有关以"心流理论"去诠释"无为"的概念，见 Prycker, Valérie de, "Unself-conscious Control: Broadening the Notion of Control through Experiences of Flow and *Wu-Wei*," *Journal of Religion and Science* 46, No. 1 (Mar., 2011), pp. 5-25 及 Barrett, Nathaniel F., "*Wuwei* and Flow: Comparative Reflections on Spirituality, Transcendence, and Skill in the *Zhuangzi*," *Philosophy East and West* 61, No. 4 (Oct., 2011), pp. 679-706。

② 郭庆藩：《庄子集释》，《达生》，中华书局，2007年，第658～659页。

③ Yearley, "Zhuangzi's Understanding of Skillfulness and the Ultimate Spiritual State," p. 175.

而沦为只是片面地对形下世界进行探究。这种对形上形下世界关系之讨论可体现于《庄子》论及有关修炼者的身体理论中。本节将在前辈学者的研究基础上而论冥契者在修炼过程中所出现的身体变化及背后的存有论根据。这些讨论的内容亦可视为是对李耶理在论及修炼工夫时，以为《庄子》并没有对其作出详细描述的补充。

就李耶理所论中，有一点是几乎没有争议的，便是《庄子》中确实提及一些与冥契经验有关，比如静坐冥想炼气等的修炼工夫。按道家的天地观，天下无非一气，所有事物的生成变化皆为气聚气散的结果，人作为万物一员，亦自然无异于其他事物而为气所构成[①]。既然人与世界本质上相同，故“气”便可作为二者彼此沟通的媒介。有关冥契者藉炼气可领悟世界之真实相状的描述，见《达生》列子与关尹的对话中：

> 子列子问关尹曰：“至人潜行不窒，蹈火不热，行乎万物之上而不栗。请问何以至于此？”关尹曰：“是纯气之守也，非知巧果敢之列。居！予语女。凡有貌象声色者，皆物也，物与物何以相远？夫奚足以至乎先？是色而已。则物之造乎不形而止乎无所化，夫得是而穷之者，物焉得而止焉！彼将处乎不淫之度，而藏乎无端之纪，游乎万物之所终始，一其性，养其气，合其德，以通乎物之所造。夫若是者，其天守全，其神无隙，物奚自入焉！……圣人藏于天，故莫之能伤也。”[②]

从这段文字可见以下数点：其一，“纯气之守”及“养其气”的说法，可证其内容是涉及炼气的修炼工夫；其二，从“夫奚足以至乎先？”这句关于“物”的反问中，可知其不能作为其他有形之物的存有论或宇宙论根据，因此这世界是由有形与无形两种存有所共同构成；其三，着炼气工夫，冥契者得以通乎“不形”及“无所化”的“物之所造”，这个能化生有形的“物之所造”当为世界的形上根源；其四，冥契者借修炼工夫而上通这形上根源后，能成就一种可称为“天”及“神”的状态，其中再没有与物相刃相靡的情况发生，而是一片自由自在、来去自如（游乎万物之所终始）

① 郭庆藩：《庄子集释》，《至乐》及《知北游》，中华书局，2007年，第614～615、733页。
② 郭庆藩：《庄子集释》，《至乐》及《知北游》，中华书局，2007年，第633～634、636页。

的境况;其五,列子问的是至人的境界,关尹所答却由“纯气之守”讲到无形化有形的宇宙生成气化过程,可证在天下无非一气的背景下,人与万物具相同之存有论基础,故在心性论或工夫论的讨论里,每每涉及存有论及宇宙论的内容,相同的情况可见于比如《知北游》一段老聃为孔子论道,其中便掺杂有心性修养与宇宙生成演化二者的内容[①]。从上述的要点可引申出不少尚待说明的问题,比如这个世界的形上根源为何?无形化有形,具体而言是一个怎样的气化过程?可称为“神”的状态与这个形上根源有什么关系?其本身有什么内涵?要回答后两个与“神”有关的问题,需先从首两个问题谈起。对于首两个问题,似乎可从刚提及《知北游》老聃为孔子论道的文字里找到答案:

孔子问于老聃曰:“今日晏闲,敢问至道。”老聃曰:“汝斋戒,疏瀹而心,澡雪而精神,掊击而知!夫道,窅然难言哉!将为汝言其崖略。夫昭昭生于冥冥,有伦生于无形,精神生于道,形本生于精,而万物以形相生,故九窍者胎生,八窍者卵生。其来无迹,其往无崖,无门无房,四达之皇皇也。邀于此者,四肢强,思虑恂达,耳目聪明,其用心不劳,其应物无方。……此其道欤!”[②]

有关上引文字提及的宇宙生成变化的内容,赖锡三有极其富启发性的阐述。他指出对于道之崖略的讨论可区分成两个结构:其一是“昭昭生于冥冥,有伦生于无形”的“昭昭有伦”的形下世界及“冥冥无形”的形上世界;其二是“精神生于道,形本生于精,而万物以形相生”所展示的道生精神——精神生精——精生形——形形相生万物的无形而有形的演化过程[③]。从赖锡三所论可基本确定一气化流行过程中的不同阶段,由无形无相(其来无迹,其往无崖,无门无房)之清微至妙的先天之气(即“道”)至具貌象声色之八窍九窍的后天之气。如此歧义的“气”又可印证于《庄子》“气”的不同用法中。首先,具形下意义的“气”比如见《则阳》的“四时殊气”、“阴阳者,气之大者也”[④];《在宥》的“天

① 郭庆藩:《庄子集释》,中华书局,2007年,第741页。

② 郭庆藩:《庄子集释》,中华书局,2007年,第741页。

③ 赖锡三:《庄子灵光的当代诠释》,台湾清华大学出版社,2008年,第122～123页。

④ 郭庆藩:《庄子集释》,中华书局,2007年,第909、913页。

气”、“地气”、“六气”及《逍遥游》的“六气之辩”①。至于《达生》的“恃气”及“盛气”②、《盗跖》的“志气”与《庚桑楚》所论“容动色理气意六者，缪心也”的“气”③，便是一些情绪反应及本能冲动，当然亦属形下。另外，亦有“神气”之说，如《田子方》谓至人“上窥青天，下潜黄泉，挥斥八极，神气不变”④，既可超越时间及空间的拘囿，理应是非常接近甚至等同于道的形上清微妙气的状态。须注意的是，这种“神气”有时亦称为“精神”或“神明”，除却有心性论的意思，亦同具存有论的意义。先就“精神”而论，前引老聃为孔子论道的文字里，通过“澡雪而精神”的心性工夫而了悟在气化过程中“精神”为精之本，由此可知，这非常接近甚至等同于道的气的状态，除却是万物生化与存在的形上根源外，亦是冥契者之能上通于道的心性根据，假若这个称为“精神”的心性根据得以修复显发，则能成就与世界本源同质的冥契经验。有关“精神”一词的讨论除见于《知北游》外，亦散见于《庄子》：

水静犹明，而况精神！⑤

小夫之知，不离苞苴竿牍，敝精神乎蹇浅……若是者，迷惑于宇宙，形累不知太初。彼至人者，归精神乎无始，而甘冥乎无何有之乡。⑥

纯粹而不杂，静一而不变，惔而无为，动而以天行，此养神之道也。……精神四达并流，无所不极，上际于天，下蟠于地，化育万物，不可为象，其名为同帝。纯素之道，惟神是守，守而勿失，与神为一，一之精通，合于天伦。⑦

视乎冥冥，听乎无声。冥冥之中，独见晓焉；无声之中，独闻和

① 郭庆藩:《庄子集释》，中华书局，2007 年，第 386、17 页。须注意的是，“天气”、“地气”、“六气”等在《在宥》亦谓“天地之精”（见第 379 页）及“六气之精”(见第 386 页)。有关“精”的意义会在后文分析。

② 郭庆藩:《庄子集释》，中华书局，2007 年，第 655 页。

③ 郭庆藩:《庄子集释》，中华书局，2007 年，第 1000、810 页。

④ 郭庆藩:《庄子集释》，中华书局，2007 年，第 725 页。

⑤ 郭庆藩:《庄子集释》，《天道》，中华书局，2007 年，第 457 页。

⑥ 郭庆藩:《庄了集释》，《列御寇》，中华书局，2007 年，第 1047 页。

⑦ 郭庆藩:《庄子集释》，《刻意》，中华书局，2007 年，第 544、546 页。

焉。故深之又深而能物焉;神之又神而能精焉。①

综合上引四段文字的内容可知,成就此"合于天伦"的冥契经验的是一种"神之又神而能精"、于冥冥中可视可听的深层意识。让这深层意识重现的方法,需先将疲弊"精神"的因素(苞苴竿牍)去除,然后在"养神"及"惟神是守"的原则下,通过静坐炼气以上合于道,化后天之气为先天之气。由于冥契者这种清微至妙的气化状态在本质上与存有论意义上之生于道的"精神"相同,故除却能令冥契者产生"无始"及"四达并流,无所不极,上际于天,下蟠于地"之超时空体验外,亦能生化育有形万物之效。其次,再就"神明"而论,亦可见其意义与"精神"一词相同,比如:

劳神明为一而不知其同也。②

古之人其备乎!配神明,醇天地,育万物,和天下,泽及百姓。……天下大乱,贤圣不明,道德不一,天下多得一察焉以自好。……判天地之美,析万物之理,察古人之全,寡能备于天地之美,称神明之容。③

以本为精,以物为粗,以有积为不足,澹然独与神明居。④

芴漠无形,变化无常,死与生与,天地并与,神明往与?芒乎何之,忽乎何适?万物毕罗,莫足以归。⑤

今彼神明至精,与彼百化,物已死生方圆,莫知其根也,扁然而万物自古以固存。六合为巨,未离其内;秋豪为小,待之成体。……惛然若亡而存,油然不形而神,万物畜而不知。此之谓本根,可以观于天矣。⑥

首先,《齐物论》提及"神明"往往敝于心智谋度,可知其本为人所有。从《天下》所引资料中,则见两个重点:其一,所引三段文字里的讨

① 郭庆藩:《庄子集释》,《天地》,中华书局,2007年,第411页。

② 郭庆藩:《庄子集释》,《齐物论》,中华书局,2007年,第70页。

③ 郭庆藩:《庄子集释》,《天下》,中华书局,2007年,第1067、1069页。

④ 郭庆藩:《庄子集释》,《天下》,中华书局,2007年,第1093页。

⑤ 郭庆藩:《庄子集释》,《天下》,中华书局,2007年,第1098页。

⑥ 郭庆藩:《庄子集释》,《知北游》,中华书局,2007年,第735页。

论对象分别为全德的"古之人"、关尹老聃及庄周,彼等所同者均是保有"神明"作为其生命的内容;其二,"天地之美"与"神明之容"对举而论,则"神明"应该如"天地"般可外在于人而独立存在①。《知北游》以"至精"形容"神明",其本身无形无相,作为一切有形万物的形上根据,并可超越时空的拘囿而存在,明显地其内涵意义与同篇老聃为孔子论道时提及之"精神"为一具化育万物功能的形上气化状态的意思相同。由是可知,"神明"即是"精神",二者应同样指一种极其接近甚或等同于道之至精至微的气化状态,这状态固然具存有论意义,亦具心性论意义,是冥契者借修持所能达到之上通于道的生理状态。

上文已探讨了气化流行过程中"精神"一词的含义,现接着讨论本于"精神"而能生形之"精"的意思。综观《庄子》有关"精"的论述,其应为一歧义的概念,这可反映于《在宥》黄帝向广成子问道的文字里:

> 黄帝立为天子十九年,令行天下,闻广成子在于空同之上,故往见之,曰:"我闻吾子达于至道,敢问至道之精。吾欲取天地之精,以佐五谷,以养民人;吾又欲官阴阳,以遂群生。为之奈何?"广成子曰:"而所欲问者,物之质也;而所欲官者,物之残也。……而佞人之心翦翦者,又奚足以语至道!"广成子南首而卧,黄帝顺下风膝行而进,再拜稽首而问曰:"闻吾子达于至道,敢问治身奈何而可以长久?"广成子蹶然而起,曰:"善哉问乎!来!吾语女至道。至道之精,窈窈冥冥;至道之极,昏昏默默。无视无听,抱神以静,形将自正。必静必清,无劳女形,无摇女精,乃可以长生。目无所见,耳无所闻,心无所知,女神将守形,形乃长生。慎女内,闭女外,多

① 张亨据一系列比如《国语》、《山海经》、《尚书》、《太一生水》等文献,认为《天下》中"神明"的概念本出自南方楚地巫史传统。具体而言,"神明"是从《楚辞·九歌》所载"东皇太一"及楚地所祀的百神转化而来。故他以为不能只取"神明"一词的象征义而将其仅仅解释成主体的精神境界,而应将之理解为一具位格的神祇。修道者藉"无为"、"无待"的修为工夫达到心灵的完全自由后,神即降临其身,修道者便能登假于道。见张亨:《说道家——作为种文化体系的宗教》,《清华学报》新42卷第4期(2012年12月),第567～624页。本文认为"神明"在《庄子》中是指一种极其接近甚或等同于道之至精至微的气化状态,其意虽与张亨所论不同,然张亨对"神明"一词之实体性与宗教性的论述,可佐证本文视其为客观的形上存有及冥契者著修持工夫而达成的生理状态的观点。

知为败。我为女遂于大明之上矣，至彼至阳之原也；为女入于窈冥之门矣，至彼至阴之原也。……”广成子曰：“来！吾语女。彼其物无穷，而人皆以为有终；彼其物无测，而人皆以为有极。……人其尽死，而我独存乎！”①

上引文字内容丰富，从中可见“精”的不同意思。其一，黄帝向广成子问的是“至道之精”，据广成子其后的说明，“至道之精”有“窈窈冥冥”、“昏昏默默”、“无穷无测”等超越时空拘囿的特质；阴阳为成物之二气，此“至道之精”又是“至阳至阴之原”，可知其为阴阳二气成物的形上根据。由此可知，“至道之精”所指者其实是前述存有论意义下的“精神”或“神明”。其二，黄帝虽问广成子“至道之精”，他关心的却是以“天地之精”及阴阳二气去“佐五谷”、“养民人”、“遂群生”，这被广成子斥之为“物之残”及不足以与其论道。究其原因当为“至道之精”乃至精至微的先天形上妙气而“天地之精”却是相对而言较粗的后天形下之气，二者内涵不相应，广成子遂斥责之，这可见“精”又指万物形成后得之于“至道之精”的内在本质。其三，广成子在黄帝悟及闻道乃关系于治身后，提及在“无劳女形，无摇女精”的要旨下，具体通过类似静坐冥想的方法去止息平常作用的表层意识至“目无所见，耳无所闻，心无所知”，这样日子有功，久久纯熟，意识的纯化带动作为修炼者生命本质之“精”的持守与炼养，化后天之气为先天之气，便能最终上合于道，逆修返源的关键在于“精”，可见其亦具心性论的意义。

上述三种不同意义的“精”散见于《庄子》各篇，就“精”的第一义而言，比如《秋水》的“至精无形”及《则阳》的“精至于无伦”②。就“精”的第二义而言，比如《胠箧》及《天运》的“山川之精”③；《在宥》提及能“育群生”的“六气之精”④；从《秋水》及《天下》的“可以言论者，物之粗也；

① 郭庆藩：《庄子集释》，中华书局，2007年，第379～381、383～384页。

② 郭庆藩：《庄子集释》，中华书局，2007年，第572、916页。赖锡三以《秋水》“至精”及《则阳》“精至”为对“气之最纯粹至精者”的“绝对肯定的表达”。见赖锡三：《庄子灵光的当代诠释》，台湾清华大学出版社，2008年，第124、126～127页。

③ 郭庆藩：《庄子集释》，中华书局，2007年，第359、527页。

④ 郭庆藩：《庄子集释》，中华书局，2007年，第386页。

可以意致者，物之精也”、“夫精粗者，期于有形者也”[①]和“小大精粗”[②]之精粗对举的论述里，更可知同为成物的形下之气亦有稍精与稍粗之别。至于“精”的第三义，则屡见于《庄子》言及工夫修炼的文字：

> 今子外乎子之神，劳乎子之精。[③]
>
> 不离于精，谓之神人。[④]
>
> 悲乐者，德之邪；喜怒者，道之过；好恶者，德之失。故心不忧乐，德之至也；一而不变，静之至也；无所于忤，虚之至也；不与物交，惔之至也；无所于逆，粹之至也。故曰：形劳而不休则弊，精用而不已则劳，劳则竭。……圣人贵精。[⑤]
>
> 弃事则形不劳，遗生则精不亏。夫形全精复，与天为一。……形精不亏，是谓能移；精而又精，反以相天。[⑥]

形精并列而论，虽证“精”属形下而为修炼者生命的内在本质，然“能移”一词似乎显示其性质之可变及具上通形上的潜能。修炼者首先藉止息表层意识的运作去避免形劳精亏，形精二者在其至静至虚的状态中得以逐渐修复，生命力的持续积蓄带动体内的精气得以不断纯化，最终精之又精而成上合于道的先天形上妙气，整个化后天之气为先天之气的逆修返源的修炼过程便告完成。

本节最后要探讨的问题是，在这个逆修返源过程完成后，修炼者会获得怎样的冥契经验。由于修炼者藉修持所回复的气化的生理状态（即前述的“精神”、“神明”）在内涵上与道的状态无异，故考查《庄子》有关体道经验的描述，其中皆指出这种特殊的生理状态会导致冥契者产生一种物我相融、浑然两忘之超越一切二元对立的感觉，这关系到冥契者以一种全新的方式去认识原来的世界：

> 伦与物忘，大同乎涬溟。[⑦]

---

① 郭庆藩：《庄子集释》，中华书局，2007年，第572页。

② 郭庆藩：《庄子集释》，中华书局，2007年，第1067、1084页。

③ 郭庆藩：《庄子集释》，《德充符》，中华书局，2007年，第222页。

④ 郭庆藩：《庄子集释》，《天下》，中华书局，2007年，第1066页。

⑤ 郭庆藩：《庄子集释》，《刻意》，中华书局，2007年，第542、546页。

⑥ 郭庆藩：《庄子集释》，《达生》，中华书局，2007年，第632页。

⑦ 郭庆藩：《庄子集释》，《在宥》，中华书局，2007年，第390页。

若正汝形，一汝视，天和将至；摄汝知，一汝度，神将来舍。德将为汝美，道将为汝居……形若槁骸，心若死灰，真其实知，不以故自持。媒媒晦晦，无心而不可与谋。①

冉求问于仲尼曰："未有天地可知邪?"仲尼曰："可。古犹今也。"冉求失问而退，明日复见，曰："昔者吾问'未有天地可知乎'，夫子曰：'可。古犹今也。'昔者吾昭然，今日吾昧然，敢问何谓也?"仲尼曰："昔之昭然也，神者先受之；今之昧然也，且又为不神者求邪？无古无今，无始无终。未有子孙而有子孙，可乎?"冉求未对。仲尼曰："已矣，末应矣！不以生生死，不以死死生。死生有待邪？皆有所一体。……"②

寥已吾志，无往焉而不知其所至；去而来而不知其所止，吾已往来焉而不知其所终；彷徨乎冯闳，大知入焉而不知其所穷。③

从上引文字可见，当冥契者的表层意识完全停止（形若槁骸，心若死灰），另一更真实的深层意识便开始活动，"神将来舍"似乎说明这种深层意识的出现。在冉求问于仲尼的对话中，说明了这种称为"神"的深层意识所认识的世界与称为"不神"的表层意识所认识的世界二者在内涵上的完全不同。由于"不神"的运作乃植根于日常话语的二元论系统，故无法理解"未有天地"——即没有任何分别相之道的状态，所见的亦只是一个物物相对的世界；反之，"神"是一种可以一时洞照全体的深层意识④，其中并没有能认识的主体与被认识的客体之分，以之观照出的便是前后内外浑然一体的世界真实相状（无古无今，无始无终）⑤。没有主客

① 郭庆藩：《庄子集释》，《知北游》，中华书局，2007年，第737～738页。

② 郭庆藩：《庄子集释》，中华书局，2007年，第762～763页。

③ 郭庆藩：《庄子集释》，中华书局，2007年，第752页。

④ 杨儒宾：《从"以体合心"到"游乎一气"——论庄子真人境界的形体基础》，《第一届中国思想史研讨会论文集：先秦儒法道思想之交融及其影响》，台中：东海大学文学院，1989年，第187页。杨儒宾指出在《庄子》谈到体道经验的文字里，有言及一种能"一时洞照全体的直觉"，惟他没有进一步说明文本内那个概念指称之。本文以为这种能"一时洞照全体"的深层意识就是"神"。

⑤ 《人间世》论及"心斋"时提及"闻以有知知者矣，未闻以无知知者也"所指的应该就是《知北游》"不神"及"神"的认知模式。见郭庆藩：《庄子集释》，中华书局，2007年，第150页。

的对待，致使冥契者有一种全然与万物冥合而"不知其所止"、"不知其所终"、"不知其所穷"的忘我之感（大同乎涬溟），这亦是前引《刻意》中言及冥契者在"与神为一"后"精神四达并流，无所不极"的状况①。

四、总结

本文尝试通过探讨《庄子》一系列比如"气"、"精气"、"精神"、"神明"、"精"、"神"等有关宇宙本源及修炼者生理、心理状况的概念，去指出李耶理认为庄子式冥契经验具"在世之中的"的特质，而非为寻求与外在的形上终极存在有任何联系的论述是不能成立的。从第三节的讨论中，可见有关概念的用法在《庄子》里是歧义的，它们既指在整个宇宙生成变化过程中的不同阶段而具存有论的意义，亦指修炼者在逆修返源过程中的不同生理、心理状态而具心性论的意义，在《庄子》气化宇宙论的语境下，这两大主题得以彼此贯串起来。既然庄子思想确实存在对形上世界探求的内容，且在体道时冥契者往往有一种忘我之感，若根据李耶理对冥契经验的分类，庄子式冥契经验似乎还是较为类似于如印度教等东方宗教传统所主张冥契者与外在终极实在"合一"的"一元论类"。庄子式冥契主义与"一元类论"冥契主义在内涵上虽有相似之处，然二者是否完全等同则仍有待进一步探讨。比如"一元论类"具明显否定现象世界的倾向，而主张现象世界，从本质而言，是虚妄及没有价值的；然而《天下》在论及庄周思想时却指出其具"不敖倪于万物"而能"与世俗处"的特点②。故就《庄子》肯定现世的态度而言，又似乎与"真实适然类"冥契主义视现象世界中所有存有为真实之存在且具意义

① 对于冥契者在体道后之意识活动的特点，杨儒宾有非常独到的看法。他在探讨《庄子》体道前后主体感知方式的分别时，其据《列子》、《文子》、《管子》、《吕氏春秋》、《淮南子》等典籍的论述，以为体道前主体是以各种具个别施用范围的感官（即眼、耳、口、鼻等）去感知世界，而体道后则是以整个弥漫着意识的气化身体去感知世界。见杨儒宾：《从"以体合心"到"游乎一气"——论庄子真人境界的形体基础》，《第一届中国思想史研讨会论文集：先秦儒法道思想之交融及其影响》，东海大学文学院，1989 年，第 185～212 页。

② 郭庆藩：《庄子集释》，中华书局，2007 年，第 1098～1099 页。

及价值的主张相同。

李耶理认为庄子式冥契经验的要旨非为寻求冥契者与外在形上终极存在的联系,而是在于冥契者保持着一种如镜子般可包容各种不同观点,并能随顺环境不断作出改变调动的圆融心境。由于以庄子思想为代表的“惟变化类”主张经验世界为唯一真实且变化莫测的世界,假若以平常只能反映某特定立场的知识或一只从某固定立场出发的心灵去了解世界,实不能让人领悟到世界的真实相状。如欲掌握世界之真状或得到有关世界的真知,必须是一颗能打破二元对立的圆融心灵。上述李耶理对庄子式冥契经验的见解,本文认为,其实充满陈汉生(Chad Hansen)以视角主义及相对主义诠释《庄子》的色彩①。陈汉生据一系列有关中西语言性质差异的假说——以为中国人视语言为起着指导使用者及其身处社群之如何行动的语用(pragmatic)功能,其有别于西方传统视语言为指称世界及其属性的报道及描述(descriptive)功能,而指出“道”在先秦诸子哲学讨论之语境中的意思并非如传统以来所谓“正统”的说法般,为一具宇宙论或存有论意味的形上概念,其意实为“规范性话语”(prescriptive discourses)并起着语言上指引行为的作用②。在陈汉生看来,庄子乃一位深明所有话语系统之为相对的语言哲学家,

---

① 事实上李耶理于其文中,亦明言他以为平常话语系统乃建立在二元对立的基础上的观点,乃源自陈汉生对中国哲学的见解。见 Yearley, “The Perfected Person in the Radical Chuang-tzu,” p. 126 and p. 138 note 2 及 “Zhuangzi's Understanding of Skillfulness and the Ultimate Spiritual State,” p. 157 and p. 178 note 8.

② 陈汉生所据一系列有关中西语言性质差异的假说的内容,见其 *Language and Logic in Ancient China* (Ann Arbor: University of Michigan Press, 1983) 及 *A Daoist Theory of Chinese Thought: A Philosophical Interpretation* (Oxford: Oxford University Press, 1992), pp. 1-56。有关陈汉生诠释中国哲学的假说亦可详见于 “Ancient Chinese Theories of Language”, *Journal of Chinese Philosophy* 2, No. 3 (June, 1975), pp. 245-283 及 “Chinese Language, Chinese Philosophy, and ‘Truth’”, *The Journal of Asian Studies* 44, No. 3 (May, 1985), pp. 491-519。对于陈汉生诠释假说的内容、他对《老子》“道”的具体诠释与评价,亦可参考拙文。见陆基洋:《论陈汉生(Chad Hansen)对老子“道”概念的诠释思想》,《清华学报》新 43 卷第 4 期(2013 年 12 月),第 599～640 页。对于“道”在中国哲学中的含义为何,陈汉生亦有专文讨论,见 “The Metaphysics of Dao”, in Mou Bo, ed., *Comparative Approaches to Chinese Philosophy*, (Aldershot: Ashgate Publishing Ltd., 2002), pp. 205-224。

《庄子》"道"所申明者为让人们明白所有话语系统之特殊性，并认同各种不同话语系统之具有不同但可相互补充的观点，也就是说，在一面使用不同区辨是非的系统之余，一面理解到整体之道实为众多不同之道所共同构成的真相，而并不以任何某一特定话语系统为优，并对所有既成话语系统予以一体的肯定[①]。他在讨论《齐物论》的要旨时便尝谓：

> 我在此仅欲议论的是，传统上有关于道家的假设并不能构成用以理解此特定之章（笔者按：指《齐物论》）的一个一致的架构。要么道家并不是有关于一个唯一的、绝对的名为"道"之实体的理论，要么这在《庄子》的一章并非要表达道家的思想。我将提供并议论对于此具争议性之文本的一种诠释，其并不需预设有任何有关一绝对之道的宣称。庄子是一个相对主义者而非绝对论者，也就是说，其最适宜被理解为述说着许多不同的道（speaking of many taos），而此许多不同的道则被理解为不同的途径、方式（ways）——即指示话语（prescriptive discourses）。这种诠释理论之所以能获得证实在于认为"道"具有相同于"话语"意义的理论比起认为"道"指称一个神秘的、一元的、不能相比较之绝对存有的理论更能较为一致地解释文本。[②]

从第三节有关道为一可生化万物之先天气化状态的论述可见，或许《庄子》的"道"，真是如陈汉生所言般，并不是一个内涵上固定不变的存有[③]；然而，这并不表示本文因此同意他认为"道"是指众多的"指示

---

① 陈汉生对《庄子》"道"的诠释思想，见其 *A Daoist Theory of Chinese Thought: A Philosophical Interpretation*（Oxford: Oxford University Press, 1992), pp. 265-306 及 "A Tao of Tao in Chuang-tzu", in Victor H. Mair, ed., *Experimental Essays on Chuang-tzu*, pp. 24-55。此外，亦有 "Guru or Skeptic? Relativistic Skepticism in the Zhuangzi", in Scott Cook, ed., *Hiding the World in the World: Uneven Discourses on the Zhuangzi*（Albany: State University of New York Press, 2003), pp. 128-162.

② Hansen, 'A Tao of Tao in Chuang-tzu', p. 31.

③ Hansen, 'A Tao of Tao in Chuang-tzu', p. 37. 罗浩（Harold D. Roth）在分析《齐物论》所蕴涵的冥契经验内容时，亦持类似的观点。他以为"道"不是一个静止不动的形上终极存有，而是一股绵绵不息的统合力量（continuously moving unitive force）。见 Roth, Harold D., 'Bimodal Mystical Experience in the "Qiwulun"', in Scott Cook, ed., *Hiding the World in the World: Uneven Discourses on the Zhuangzi*, p. 17.

话语"而完全没有涉及任何讨论万物生成变化的存有论或宇宙论的内容。陈汉生与李耶理对《庄子》的诠释纵然有所不同——比如对庄子思想是否具形上面向的问题上,陈汉生是肯定的,只是他以为"道"的形上性质只限定在制约人们行动的脉络中;李耶理则是否定的,他认为以庄子思想为代表的"惟变化类"冥契主义视形下世界为唯一的真实世界,庄子式冥契经验的价值亦不需要体现于或建立在对形上世界的探求上——然而他们皆同意庄子思想的要旨不在于从宇宙论或存有论的角度去探究天地万物（包括人）存在的根源或根据的观点,本文是不能同意的。《庄子》冥契主义的意义正在于修炼者藉心性修养去带动体内气的转化而逆向地回归到作为天地万物的根源或根据的"道",而不是如陈汉生与李耶理所言般,仅在于明白话语系统的相对性、能从多元视角去诠释世界及获得该如何行动的指引或在寻常与外间相接时得享一种从心所欲、游刃自如的愉悦经验而已。

（作者为香港理工大学专业及持续教育学院讲师）

庄子对“大道和生学”的传承与贡献

钱耕森　沈素珍

“大道和生学”主张世界万物是由“和”、“和气”、“大道之和气”产生的。简称“和生学”。这一哲学体系，是由史伯率先创立，老子继而建立，庄子传承并发展。我概括为“大道和生学”。

史伯创立和“大道和生学”

史伯，是西周末年人。他的生卒年代均不详。他是西周最后一个王——周幽王的太史，是史官和历官之长。周幽王姓姬，名涅。他是周厉王的孙子、周宣王的儿子，从公元前781年至前771年执政，时间很短，只有11年。

周幽王八年，即公元前774年，任郑桓公为掌管国家土地和人民以及教化的司徒。郑桓公也姓姬，名友。他是周厉王的小儿子、周宣王的弟弟、周幽王的叔叔。周宣王封他为诸侯国郑国国君。郑桓公出任司徒后，就与史伯同朝共事。周幽王是一个昏君，以自我为中心，好坏不分，专搞“去和而取同”(《国语·郑语·史伯论和生》)，一贯地亲疏有别。被周幽王疏远的申侯，联合西戎和缯国，乘机于公元前771年一举消灭了西周，杀死了周幽王。同时，也杀死了郑桓公。

在西周灭亡前夕，社会危机四伏！引起了郑桓公与史伯对国是的讨论。

史伯在与郑桓公的讨论中，以明智的政治家的身份清醒地提出周幽王的西周快要灭亡了，“殆于必弊者也”(《国语·郑语·史伯论和生》)。并明确指出周幽王之所以亡国的原因，主要就在于他自己腐朽昏聩而错用了人，顽固地只搞“去和而取同”(《国语·郑语·史伯论和生》)的错误原则，专用奸臣与小人，而不按“去同而取和”的正确原则，去依靠忠臣和君子。这就是后人称之为著名的“和同之辨”。“和同之辨”意义重大，影响深远。孔子所说的“君子和而不同，小人同而不和”(《论语·子路》)的名言，就是源于史伯的。

史伯还把政治上的“去同而取和”上升到哲学的高度，提出了“和生”的新理念。他说：“夫和实生物，同则不继。”(《国语·郑语·史伯论和生》)“实”：副词。确实，的确。这是说，“和”确实是可以产生万物的，而“同”则的确是不可以产生万物的。为什么“和”能产生万物而“同”就不能产生万物呢？史伯回答说：“以他平他谓之和，故能丰长而物归之。若以同裨同，尽乃弃矣。”(《国语·郑语·史伯论和生》)“裨”：增益。这是说，如果多元的东西即他与他，在动态中达到平衡时，就会形成和谐状态，因而就能产生新事物、产生万物。如果一种东西和同一种东西相加，就只能是重复旧事物，是不会产生新事物的。

“以他平他谓之和”这个论据的内涵极其丰富：第一，具有多元性，他是多个的；第二，具有平衡性，他与他之间的关系必须是平衡的；第三，具有和谐性；第四，具有生物性。所以，这个论据是非常有力的。一个最简单的例子，即男女相爱结为夫妇就能生出子女。男和女，即两个他。相爱结婚，即具有平衡与和谐的关系。生出子女，即产生新生儿、新事物。这就是所谓的“以他平他谓之和”，“夫和实生物”。而孤男寡女，只有一个他或者她，是生不出孩子的。再多的单身男性或者再多的单身女性，还是生不出新生儿的。这就是所谓的“以同裨同，尽乃弃矣”，“同则不继”。

“以他平他谓之和”这个新论据，实际上也就是对什么是“和”所下的一个新定义。我国的和文化历史悠久，灿烂辉煌，始自我中华民族始祖轩辕黄帝的“万国和”(《史记·五帝本纪》)。但是直到史伯二千多年间尚无人对“和”下过定义，史伯所下的“和”的定义，实是我国“和文化”史上的第一个定义。史伯早于老子和孔子，对他俩产生了重大影响，是他俩的先驱。史伯堪称中国历史上的第一位哲学家。

老子建立“大道和生学”

老子的哲学在回答万物起源的形而上的问题时，明确提出了“道生”说。他说：“道生一，一生二，二生三，三生万物。”（《老子·四十二章》）关于“万物起源”的问题，是哲学上的一个根本问题，也是一个很难的问题。许多哲学家都难以回答，广大读者也难以理解。可是，老子的“道生”说，却说得如此深入浅出，直接采用了人人都耳熟能详的简便的加法。因此，令人一目了然，过目不忘，烂熟于胸，朗朗上口，成了名句。这就是老子的“吾言甚易知，甚易行”（《老子·七十章》）的大智慧。

但是，老子的“道生”说，还有其“玄之又玄，众妙之门”（《老子·一章》）的一面。这就是他接着说的“万物负阴而抱阳，冲气以为和”（《老子·四十二章》）。这是深入万物的内部的共同结构，采用了阴阳产生具体事物与现象之说（如伯阳父于公元前644年用阴阳解释地震成因，叔兴于公元前550年用阴阳解释小鸟退飞现象，等等），并将传统之说推广到万物结构与产生的普适性最大的高度。

特别是老子还深刻揭示出阴与阳二气在互动中必须达到和谐状态才可以产生万物。否则，就产生不了万物。无论伯阳父还是叔兴所观察到的极不正常的事物和现象——地震和小鸟退飞的出现，恰恰是阴阳二气在互动中失和、失衡所致。

老子关于道生万物所说的两句话，是有内在联系的。“道生一”的“一”指“元气”；“道生二”的“二”指“阴阳二气”；“道生三”的“三”指“和气”；“和气”生万物。老子对“道生万物”的密码解密之后，就是“道”先通过所生的含有阴阳二气但尚未分化的单一的混沌的“元气”；进而又通过单一的混沌的“元气”所生的“阴阳二气”；更进而再通过阴阳二气在互动中达到平衡状态所生的“和气”产生万物。我们应跟着老子的思路前行，从第一句到第二句，而不能只停留在第一句，那只是普及的层面，是不够的，还应深入提高的层面。我们一定要打通老子的这两句话。这样，我们就会发现所谓的“道生”说，其实又是“和生”说。于是，我们就会联想到史伯的“和生”说。诚然，史伯的“和生”说影响了老子的"道生"说;老子的"道生"说传承了史伯的"和生"说。这样,我们又打通了史伯和老子。

但是,老子并非只是传承史伯而已,而是对史伯有大力弘扬与巨大发展。他把史伯的"和生"的"和"气化了,变成了"和气",万物是由"和气生"的,正如谚语所说:"和气生财"。并揭示出"和气"之所出,是由"阴阳二气"互动达到平衡时形成的。更揭示出"阴阳二气"源于"道","一阴一阳谓之道"(《易传·系辞上·第五章》)。"形而上者谓之道,形而下者谓之器。"(《易传·系辞上·第十二章》)可见,老子把自已的"道生"说与史伯的"和生"说融为一体,以史伯的"和生"说充实了自己的"道生"说,并把史伯的"和生"说提高到了自己的"道生"说,对史伯的"和生"说作出了巨大贡献,与史伯共同创造了"和生"说。

所以,我认为"和生"说,是史伯创立,老子建立。并且,我命名为"大道和生学"。

庄子对"大道和生学"的传承与发展

庄子说:"至阴肃肃,至阳赫赫。肃肃出乎天,赫赫发乎地。两者交通成和而物生焉。"(《庄子·田子方》)对于庄子的这句话,我们似曾相识。因为,他的这句话是继承了"大道和生学"。他所说的"两者交通成和而物生焉",既来于史伯所说的"夫和实生物",又源于老子所说的"万物负阴而抱阳,冲气以为和"。庄子所谓的"两者",指的就是"阴阳二气",虽然他说阴气出自天,很冷;阳气出自地,很热。一般都说,阴气出自地,阳气出自天。庄子之所以反过来说,从现象上看,代表阳气的太阳是从大地冉冉升起的,代表阴气的雨雪是从天空纷纷落下的。而庄子之本意则更在于表明阴阳既有区别,又有联系,二者是可以互生和转化的。

值得特别注意的是庄子紧接着上一句话,又说:"或为之纪而莫见其形。"(《庄子·田子方》)"或":有的,有的人,有个东西。这里用以指代前句的"两者交通成和而物生焉"。"纪":法度,准则,纲纪,规律。这是说:"两者交通成和而物生焉"是不见其形的规律。"和生","大道和生”，在庄子之前虽赋予极大的普适性，但尚未提高到至少尚未如此明确提高到为“规律”，而将“和生”，“大道和生”上升为“规律”的第一人就是庄子。这正是庄子的独特的巨大贡献。既然“和生”、“大道和生”是“规律”，那么任何人都是不能违背的，而且必须遵循的。

庄子很关注阴阳的平衡问题。他认为，阴阳应该平衡，而不应该失衡，阴胜阳衰或者阳胜阴衰，都是一偏。“太冲莫胜。”（《庄子·应帝王》）“太冲”：指阴阳二气调和。“莫胜”：指阴阳二气不要偏胜。庄子又说：“中国有人焉，非阴非阳。”（《庄子·知北游》）他肯定中国有人主张对于阴阳无所偏颇，应予以调和，阴和阳一定要和谐。因为阴阳和则可生物，而阴阳不和则不能生物。史伯和老子以及他庄子本人，就是力主阴阳和谐生物的中国人的典范。

阴阳失衡、失和，一定会危害人的健康和生命。庄子寓言中的子舆生了病，而且病得很重：“曲偻发背，上有五管，颐隐于齐，肩高于顶，句赘指天。”（《庄子·大宗师》）腰弯背驼，五脏血管向上，面颊隐藏在肚脐下，肩膀高过头顶，颈椎向上。造成如此严重残废的原因是“阴阳之气有沴”。“沴”：陵乱。阴阳二气错乱不调所致。庄子寓言中的子来也生了重病，使他深深体会到“阴阳于人，不翅于父母”（《庄子·大宗师》）。“不翅”：何止。阴阳对于人，无异于父母。庄子又说：“人大喜邪？毗于阳；大怒邪？毗于阴。阴阳并毗，四时不至，寒暑之和不成，其反伤人之形乎！”（《庄子·在宥》）“毗”：偏。人过于欢乐，就偏于阳气，阳气过旺；过于愤怒，就偏于阴气，阴气过盛。阴阳二气各有所偏，四季不顺，寒暑不调，岂不反而伤害到人体么！阴阳不和，影响万物生长。庄子又说：“天气不和，地气郁结，六气不调，四时不节。今我愿合六气之精以育群生。”（《庄子·在宥》）“六气”：阴、阳、风、雨、晦、明。天气不适宜，地气郁结，六气不调和，四季不顺序。现在我想融合六气的精华来养育万物。广成子对黄帝说：我帮你找到“至阳”和“至阴”的根源：“我守其一以处其和。故我修身千二百岁矣，吾形未常衰。”（《庄子·在宥》）我坚行天道，与万物和谐相处。所以，我修身一千二百岁了，而我的形体却还没有衰老。庄子又说：“阴阳错行，则天地大絯，于是乎有雷有霆，水中有火，乃焚大槐。有甚忧两陷而无所逃。”（《庄子·外物》）“絯”：通

"骇",动乱。阴阳错乱,则天地大震,于是有雷有霆,雨中有闪电,雷电焚烧大槐树。这些是阴阳的错乱,造成自然界的错乱,同时也造成人心的错乱,心神过分忧伤,不是陷于阴就是陷于阳,这是无法逃避的。庄子又说:"阴阳不和,寒暑不时,以伤庶物。"(《庄子·渔父》)阴阳不调和,寒暑不顺时,会伤害众物的。庄子以和为德:"夫德,和也。"(《庄子·缮性》)德就是和。庄子以和为准则:"一上一下,以和为量。"(《庄子·山木》)"量":量度,引申为标准。上下进退,要以和为标准。庄子认为:"是故天地者,形之大者也;阴阳者,气之大者也。"他又说:"阴阳相照,相盖相治;四时相代,相生相杀。……于是世代长传。"(《庄子·则阳》)阴阳相应,相消相长;四时循环,相生相杀。阴阳的这些变化,使世代长传,万物生生不息。孔子求道于老子,说:"吾求之于阴阳,十有二年而未得。"孔子见了老子后,说:"吾乃今于是乎见龙!龙,合而成体,散而成章,乘云气而养乎阴阳。"(《庄子·天运》)孔子高度评价老子像龙,静止时蜷合而为整条龙,舞动时则鳞甲闪烁放射出灿烂的文彩。他腾云驾雾,吸取天地间阴阳二气来保养自己。庄子认为圣人"静而与阴同德,动而与阳同波"(《庄子·刻意》)。"德":行。"同波":合流。圣人无论动还是静,都与阴阳相一致。等等。

庄子的理想社会,是"至德之世"。"至德之世"的主要内容是:"万物群生,连属其乡;禽兽成群,草木遂长。是故禽兽可系羁而游,鸟鹊之巢可攀援而窥。夫至德之世,同与禽兽居,族与万物并。恶乎知君子小人哉!"(《庄子·马蹄》)在"至德之世"里,万物众生,比邻而居,亲密无间。君子与小人的区别根本不存在,人人都是平等的。自然界生机盎然,禽兽众多,草木茂盛。人与禽兽为友,可以随意牵引着禽兽到处游玩,也可以任意攀爬鸟窠窥看鸟儿。真正实现了"民吾同胞,物吾与也"的伟大理想。(张载:《西铭》)

庄子的理想社会"至德之世",传说在远古之时就曾有过很多。"昔者容成氏、大庭氏、伯皇氏、中央氏、栗陆氏、骊畜氏、轩辕氏、赫胥氏、尊卢氏、祝融氏、伏羲氏、神农氏,当是时也,民结绳而用之,甘其食,美其服,乐其俗,安其居,邻国相望,鸡狗之音相闻,民至老死而不相往来。若此之时,则至治已。"(《庄子·胠箧》)这也是老子的理想社会。

一言以蔽之，无论是远古传说中的还是老子和庄子的理想社会“至德之世”，实是“和谐社会”，也就是“和生”、“大道和生”的社会。

综上所述，“大道和生学”这个哲学体系，是史伯以“和生”创立，以老子“道生”建立。庄子大力传承与弘扬，他的主要贡献就在于把“大道和生”提升到“为纪”，即普遍规律的高度。并且，从正反两方面一再强调“大道和生”的核心的“阴阳平衡”与“阴阳和谐”的重要性。

史伯、老子、庄子的“和生”说，转换成今天的话语即“和谐共生”与“合作双赢”以及“生命共同体”。“大道和生学”有着重大的现实意义。大力弘扬“大道和生学”，将有助于我们构建“和谐社会”与“和谐世界”。

（作者钱耕森为安徽大学哲学系资深教授，沈素珍为安徽大学社会与政治学院教授）

重生思想与乐死世界

——谈庄子双重生存世界对其生死观的影响

张　景

庄子一直生活在理想与现实的双重世界之中，这一双重生存方式，直接影响了他的生死观。在现实生活中，庄子虽然过得战战兢兢，进退维谷，但从总体来看，他还是爱惜生命的；然而庄子清楚地知道，无论生命多么宝贵，人人都会失去它，于是庄子就又想象出一个比生前世界更为幸福的死后世界，于是庄子就进退自如、生死无忧了。

一、庄子在现实生活中对生命的珍惜

在现实生活中，庄子非常重视生命。为了保证生命的安全，庄子可以粪土王侯，浮云千金。《史记·老子韩非列传》记载：

> 楚威王闻庄周贤，使使厚币迎之，许以为相。庄周笑谓楚使者曰："千金，重利；卿相，尊位也。子独不见郊祭之牺牛乎？养食之数岁，衣以文绣，以入大庙。当是之时，虽欲为孤豚，岂可得乎？子亟去，无污我。我宁游戏污渎之中自快，无为有国者所羁，终身不仕，以快吾志焉。"

这个故事又见于《庄子·秋水》和《庄子·列御寇》，应该是真实的。庄子之所以坚决拒绝出仕，原因就是因为他把生命看得高于一切，他绝对不会像有些人说的那样，"生不五鼎食，死即五鼎烹耳"，拿生命去赌富贵。

庄子对生命重视的程度，甚至超过了常人。《庄子·让王》中把生命和天下孰重孰轻做了一个直观的比较：

子华子曰："今使天下书铭于君之前，书之曰：'左手攫之则右手废，右手攫之则左手废，然而攫之者必有天下。'君能攫之乎？"昭僖侯曰："寡人不攫也。"子华子曰："甚善！自是观之，两臂重于天下也，身亦重于两臂。"

庄子认为，自己一只手臂的重要性远远超过了整个天下。这段话虽然不是出自《庄子》内篇，但与庄子的思想是一致的。除了这段话，在《庄子》中，类似重生的言论还很多，如：

且吾闻之，不以所用养害所养。……能尊生者，虽富贵不以养伤身，虽贫贱不以利累形。

道之真以治身，其绪余以为国家，其土苴以治天下。由此观之，帝王之功，圣人之余事也，非所以完身养生也。

庄子认为，一切外物都是为生命服务的，因此不能颠倒了本末轻重，去为了获取身外之物而伤害了自己的身体。也正是基于这个原因，庄子提出，在修习大道时，要用大道中的精华去养生，用次要部分去治国平天下。换句话说，修习大道的主要目的是为了养生，其次才是治国。

正是因为庄子把生命看得最为重要，所以他不仅从理论的角度去论证生命的重要性，而且还从实践的角度，提出了一套完整的养生方法。从总体来看，庄子的养生原则主要包括养神和养形两个方面。关于这一点，《达生》有一段文字讲得十分清楚：

田开之见周威公。威公曰："吾闻祝肾学生，吾子与祝肾游，亦何闻焉？"田开之曰："开之操拔篲以侍门庭，亦何闻于夫子？"威公曰："田子无让，寡人愿闻之。"开之曰："闻之夫子曰：'善养生者，若牧羊然，视其后者而鞭之。'"

所谓"视其后者而鞭之"，就是说要兼顾养形与养神两个方面，如果哪一方面落后了，就应该努力赶上去。田开之接着解释说：单豹注重养神，忽略了肉体安全，结果被"饿虎杀而食之"；张毅注重养形，忽略了养神，结果"行年四十而有内热之病以死"。田开之的结论是："豹养其内而虎食其外，毅养其外而病攻其内，此二子者，皆不鞭其后者也。"所以养生就要内(精神)外(形体)兼养。最后，庄子又借孔子的口说："人之所取(最)畏者,衽席之上,饮食之间,而不知为之戒者,过也!”庄子认为,最影响身体健康的,还在于枕席上的纵欲和饮食间的不当,而人们却不知道对此多加戒备。从这里不难看出庄子对养生的重视。庄子在《德充符》中曾批评惠施说:

今子外乎子之神,劳乎子之精。

关于这个“精”,《庄子译注与解析》解释说:“精:形体。古人认为人的形体是精气聚集而成。精,精气,代指肉体。”也就是说,庄子认为惠施既不注意养神,又不注意养形,因此是一个不会养生的人。

为了生命安全,除了拒绝当官、形神兼养等方法之外,庄子还提出了“中间原则”。在道德方面,庄子主张:“为善无近名,为恶无近刑。缘督以为经,可以保身,可以全生,可以养亲,可以尽年。”为了保证生命的安全,庄子告诫人们要远离刑罚与名声。远离刑罚很好理解,可为什么要远离名声呢?《列子·说符》对此有一个间接解释:“行善不以为名,而名从之;名不与利期,而利归之;利不与争期,而争及之;故君子必慎为善。”名声会为自己带来利益,利益会招来人们的争夺,“争之极,必罹官刑矣”。这实际就是后人说的“人怕出名”。庄子认为“保身全生”的方法是走中间路线,不偏执一端,做一个不好不坏的人。这也即《骈拇》说的“上不敢为仁义之操,而下不敢为淫僻之行也”。在才能方面,庄子主张“处乎材与不材之间”、“一龙一蛇,与时俱化”。为了“保身”、“全生”,该有能力的时候,就做一个有能力的人;该无能力的时候,就做一个没有能力的人;甚至做一个半有能力半无能力的人。

可以说,为了生命的安全,庄子是想尽了办法,甚至是一些带有滑头意味的办法,以至于有人说庄子是游戏人生,我们应该为此下一转语:他是迫不得已。因为在庄子的心目中,生命第一。

二、庄子在想象世界中对死亡的赞美

珍惜生命的另一面,理所当然应该是诅咒死亡,然而事实是,庄子赞美了死亡。他首先提出生死一齐的理论,接着又通过不伦不类的推理,得出了死比生好的结论。

首先，我们介绍庄子“生死一齐”的观点。

庄子提出“生死一齐”这一观点的理论基础是他的“物化”思想。应该说，“物化”思想是一个正确的思想，类似于今人所说的物质不灭。庄子认为，任何由物质构成的事物都不会消失，它们只是回归自然，转化为其他事物。《庄子·大宗师》说：

子来有病，喘喘然将死。其妻子环而泣之。子犁往问之，曰：“叱！避！无怛化！”倚其户与之语曰：“伟哉造化！又将奚以汝为？将奚以汝适？以汝为鼠肝乎？以汝为虫臂乎？”

庄子认为，子来作为人虽然死了，但他的肉体却不会消失，会回归自然，继续演化，至于将来是演化为鼠肝，还是演化为虫臂，虽不可知，但这种演化却是可以肯定的。《知北游》也说：

生也死之徒，死也生之始，孰知其纪！人之生，气之聚也；聚则为生，散则为死。若死生为徒，吾又何患！

人体本来就是由气构成的，人死后，其身体又复归于气，这些气进行新的组合，再演变成新的事物。在“物化”这一理论的基础之上，《齐物论》得出了“方生方死，方死方生”这一结论。关于这一道理，庄子反复进行了论述：

其分也，成也；其成也，毁也。凡物无成与毁，复通为一。唯达者知通为一。

一座山头被铲平（死亡了）的同时，一块平地出现了（出生了）；反过来看，这块平地的出现，就意味着那座山头的死亡。于是一个旧事物的死亡，就是另一个新事物的出生；而这个新事物的出生，就是那个旧事物的死亡。于是乎，生死就变得一样了。这就是庄子鼓吹的“生死一齐”。

庄子得出“生死一齐”的结论之后，依然觉得意犹未尽，于是他就通过一些不伦不类的逻辑推理，最终得出死比生好的“神奇”结论。《齐物论》说：

予恶乎知说生之非惑邪！予恶乎知恶死之非弱丧而不知归邪！丽之姬，艾封人之子也，晋国之始得之也，涕泣沾襟，及其至于王所，与王同匡床，食刍豢，而后悔其泣也。予恶乎知夫死者不悔其始之蕲生乎！

丽姬由一个狼狈不堪的俘虏成为一位尊贵的君后，只能说是一个特殊的个例，并非所有的俘虏都能够像丽姬那样获得幸福。退一万步说，即使所有的俘虏都能够像丽姬那样获得幸福，也无法得出死后比活着还要幸福的结论，因为这属于毫无可比性的两类事物。庄子在这里只取其一点，那就是“意想不到”——从本以为做俘虏很痛苦、没想到其结果却很幸福，推论出本以为死后很痛苦，没想到结果却很幸福。

既然死后的日子比生前幸福，于是庄子就在《至乐》中为读者介绍了死后幸福生活的具体的情况：

> 庄子之楚，见空髑髅，髐然有形，撽以马捶，因而问之，曰：“夫子贪生失理，而为此乎？将子有亡国之事，斧钺之诛，而为此乎？将子有不善之行，愧遗父母妻子之丑，而为此乎？将子有冻馁之患，而为此乎？将子之春秋故及此乎？于是语卒，援髑髅，枕而卧。夜半，髑髅见梦曰：“子之谈者似辩士。视子所言，皆生人之累也，死则无此矣。子欲闻死之说乎？”庄子曰：“然。”髑髅曰：“死，无君于上，无臣于下；亦无四时之事，从然以天地为春秋，虽南面王乐，不能过也。”庄子不信，曰：“吾使司命复生子形，为子骨肉肌肤，反子父母、妻子、闾里、知识，子欲之乎？”髑髅深矉蹙頞曰：“吾安能弃南面王乐而复为人间之劳乎！”

庄子指出，人死后就不会再有诸如“贪生失理”、“斧钺之诛”、“不善之行”、“冻馁之患”这一类的麻烦事，死后的人上无君长，下无臣属，也没有四季的忙碌劳苦，无拘无束、自由自在，与天地同寿，其幸福的程度超过了南面称王。

虽然庄子把死后的幸福描述得如此生动具体，逼真得好像是庄子亲眼所见，然而稍具清醒头脑的人都知道，这一切都不过是庄子的想象而已。换言之，庄子在自己的理想世界里，虚构出了一个美好的死亡世界。

三、重生与乐死这一“矛盾”背后的真相

我们必须承认，现实生活的确给庄子带来了巨大的压力，人世间的

庄子并不幸福，这可能是庄子赞美死亡的一大诱因。但从总体上看，庄子是贵生的，关于这一点，我们在本文第一节中已经详细说明。

不少的学者认为庄子已经超越了生死，在生死面前表现得十分的旷达，证据就是在他妻子死后，庄子不仅不伤心，反而鼓盆而歌。成玄英说："庄子知生死之不二，达哀乐之为一，是以妻亡不哭，鼓盆而歌，垂脚箕踞，敖然自乐。"从此，妻死而庄子"敖然自乐"这一解释就成了学界的标准答案。王夫之《庄子解》说："此篇之说，以死为大乐……历数诸不可乐者，而以寝于巨室为乐。"任继愈先生《中国哲学发展史（先秦）》也说："庄子站在道的立场上，以'无情的彻底性'，推出生死一样，死值得庆贺的结论。……所以当他妻子死的时候，他竟'鼓盆而歌'，认为妻子安然睡在天地这个大房子里，得到了宁静。"陈鼓应先生的《庄子今注今译》同样认为："庄子妻死，鼓盆而歌，忘却死亡之忧。"学者都认为，庄子面对妻子的去世，是轻松愉悦的。

在 2014 年 11 月召开的"第三届国际道教论坛"上，主持人刘芳菲向许嘉璐、陈鼓应二位先生请教对"鼓盆而歌"的看法，许先生的回答是："也许我的境界不如庄子当时的高，我不能够在自己几十年的伴侣去世之后敲着杯子唱歌，唱不出来。"陈先生的回答是："我讲《庄子》，很欣赏庄子，可是唯一就是死亡的问题还是看不透。……所以，我遇到死亡还是怕。"两位学术大师的回答是真诚的，承认自己在死亡面前无法像庄子那样旷达。然而事实上，庄子同世人一样，也没能真正摆脱死亡带来的痛苦。

学者大多与成玄英一样，只关注到庄子鼓盆而歌的情节，从而得出妻死之后庄子"敖然自乐"的结论，而忽略了庄子的前几句话。《庄子·至乐》说，庄子妻死，惠子前去吊唁，发现庄子正在那里箕踞鼓盆而歌，于是就责备庄子："与人居，长子、老身，死不哭亦足矣，又鼓盆而歌，不亦甚乎！"对此庄子回应说：

> 不然。是其始死也，我独何能无概然！察其始而本无生，非徒无生也，而本无形；非徒无形也，而本无气。杂乎芒芴之间，变而有气，气变而有形，形变而有生，今又变而之死，是相与为春秋冬夏四时行也。人且偃然寝于巨室，而我噭噭然随而哭之，自以为不通乎

命，故止也。

庄子听到责备后马上反驳："不然。是其始死也，我独何能无概然！"所谓"不然"，就是"不是你说的那样"；而这个"概（通慨）"字，《经典释文》解释说："司马云：感也。又音骨，哀乱貌。"当惠施责备庄子对妻子的死亡过分无情时，庄子坚决予以否认，而且还着重强调自己怎么会不感慨、痛苦万分呢！可见，妻子去世，对庄子的打击是非常大的。然而亲人去世，无论生者如何悲伤，亲人都不可能复生，唯一的明智做法，就是安慰生者，让生者少一点徒劳的悲伤，也即今人常说的"节哀顺变"。庄子是哲学家，所以他就用生死循环的理论来减轻妻子去世给自己带来的悲哀。

需要特别强调的是，古人高兴时固然会引吭高歌，但悲伤时同样会以歌当哭。《周礼·春官宗伯》记载周朝还安排有女巫，其任务就是在国家遇到大的灾难时"歌哭"。《周礼注疏》解释："此云歌者，忧愁之歌，若《云汉》之诗是也。"先秦还有《虞殡》、《薤露》等挽歌，《史记·孔子世家》记载孔子临死前流着泪为自己唱了一首"太山坏乎！梁柱摧乎！哲人萎乎"的挽歌，而西汉的开国功臣周勃早年就是以演奏挽歌为职业的。除此，庄子本人也谈过挽歌的事，《世说新语·任诞》注引《庄子》佚文："《庄子》曰：'绋讴所生，必于斥苦。'司马彪注曰：'绋，引柩索也。斥，疏缓也。'"所谓"绋讴"，就是挽歌；而唱"绋讴"的目的，则是为了舒缓心中的痛苦。庄子鼓盆而歌，不过是悲歌当哭而已。

由此不难看出，面对妻子的死亡，庄子是假旷达，真悲哀。为了更好地说明庄子的这种悲伤无奈的情绪，我们看下面两条记载：

> 魏人有东门吴者，其子死而不忧。其相室曰："公之爱子，天下无有。今子死不忧，何也？"东门吴曰："吾常无子，无子之时不忧。今子死，乃与向无子同，臣奚忧焉？"
>
> （魏舒）子混……年二十七，先舒卒，朝野咸为舒悲惜。舒每哀恸，退而叹曰："吾不及庄生远矣，岂以无益自损乎！"于是终服不复哭。

东门吴极爱自己的儿子，儿子去世后，他不是不悲痛；但悲痛也无法挽回儿子的生命，那么就只能用“吾常（尝）无子”来自慰。魏混是晋朝重臣魏舒的独子，在极为重视后嗣的古代，独子去世对魏舒的打击之大可想而知。在如此哀恸的情况下，魏舒首先想到的就是庄子，他要向庄子学习，寻求某种自慰的理由，而不去“无益自损”了。从东门吴和魏舒的言行中，我们不难体会庄子丧妻之后的伤感和无奈，从中也可看出他对妻子的深情。

从这个故事中，我们可以清楚地看到庄子对待死亡的态度：他并不希望妻子死去，但妻子的死亡又是无法改变的事实，于是只好通过美化死亡的办法来减轻妻子去世给自己带来的悲伤。我们可以据此推理，庄子并不期盼死亡，但他知道死亡是每一个人都无法逃避的最终归宿，于是他就用美化死亡的办法，来减轻死亡给自己的带来的恐惧和不安，以看似旷达的态度来接受这一无法改变的现实。《大宗师》说：子舆临死前，朋友子祀去看望他。当子祀问他是否厌恶目前的身体状况时，子舆回答说：“亡，予何恶！”一副旷达的模样。他真的不讨厌死亡吗？绝对不是，他最后一句话揭示了他心中的真实情感：“物不胜天久矣，吾又何恶焉！”既然人不能胜天，拒绝不了死亡的到来，那也就只好顺应自然，安心地接受了。《至乐》也有一个类似的故事：

支离叔与滑介叔观于冥伯之丘，昆仑之虚，黄帝之所休。俄而柳生其左肘，其意蹶蹶然恶之。支离叔曰：“子恶之乎？”滑介叔曰：“亡，予何恶？生者，假借也；假之而生生者，尘垢也。死生为昼夜。且吾与子观化而化及我，我又何恶焉！”

庄子在《大宗师》中也说：“死生，命也，其有夜旦之常，天也。人之有所不得与，皆物之情也。”既然生生死死就如同昼夜交替那样，是天命所定，不可更改，那么“又何恶”呢！“予何恶”这一言辞所表达的旷达，只不过是一种无奈的表现而已。这些故事充分说明，庄子面对死亡时，是非常悲哀而无奈的。庄子面对死亡时所讲的这些旷达言辞，正像赵翼《偶书》说的那样：“语语不畏死，正是畏死语。”对待死亡，庄子的态度就是“知其不可奈何而安之若命”，既然死亡无法逃避，是所有人都无可奈何的事情，那就只能调整心态，多想想死后的好处，以心平气和的态度接受它，以免给自己的心灵造成更大的伤害。

总之，在生死的问题上，庄子同样是生活在两个世界里。在现实世界里，庄子为了保全自己的生命，用尽了心思，想尽了办法，可以说是过着如临深渊、如履薄冰的日子；然而在他的想象世界里，死后的日子却是自由自在，惬意无比。美化死亡的最终目的，是为他的现实生活服务，那就是减轻死亡为自己带来的压力。

（作者为湖南大学岳麓书院博士生）

老庄时间观念研究

伍成泉

时间与空间是人类永恒关注的对象，也是人类思维中无可回避的哲学范畴。任何一门科学，从其建构之日起，它就注定逃脱不了时空的“纠缠”。相对而言，时间比空间要更根本、更本源，近世科学界和哲学界都对时间问题表现出极大的关注，以及因此而取得的重大成果都充分证明了这一点。道家的时空观念问题，同其他众多哲学问题密切联系在一起，探讨这一问题，对深入了解道家的思想、文化同样具有非常重要的意义。刘文英的《中国古代的时空观念》[①]、吴国盛的《时间的观念》[②]、李烈炎的《时空学说史》[③]等著作，都曾对道家的时空观念有所涉及；而吴保传的硕士论文《先秦儒道时间观念史比较研究》[④]、余年顺的硕士论文《庄子时空观探析》[⑤]，及谢金良的《道家审美观与时间问题研究方法论》[⑥]、张树青和张洋的《儒释道的时间观》[⑦]、沈文华的《道家哲学时间观初探——科学和哲学两种时间观对道学的启发》[⑧]等论文，也都对道家的时间观念作过探讨，但目前关于此问题的专题性研究

---

① 刘文英：《中国古代的时空观念》（修订本），南开大学出版社，2000年。

② 吴国盛：《时间的观念》，北京大学出版社，2006年。

③ 李烈炎：《时空学说史》，湖北人民出版社，1988年。

④ 吴保传：《先秦儒道时间观念史比较研究》，西北大学2007年硕士学位论文。

⑤ 余年顺：《庄子时空观探析》，福建师范大学2009年硕士学位论文。

⑥ 谢金良：《道家审美观与时间问题研究方法论》，《美与时代》（下）2014年第2期。

⑦ 张树青、张洋：《儒释道的时间观》，《吉林师范大学学报》（人文社会科学版）2013年第2期。

⑧ 沈文华：《道家哲学时间观初探——科学和哲学两种时间观对道学的启发》，《学海》2009年第5期。

著作尚未出现，其研究总体上还相当薄弱。本文拟将老庄时间观念作一专门的探讨，试图以此作为突破口（或者说切入点），来揭示道家思想的奥理精蕴，挖掘出道家的现代文化价值。

一、老子的时间观念是“体”、“用”兼备

刘文英所著的《中国古代的时空观念》中，对老子的时间观念虽有所触及，但阐述得很不充分，认为老子“虽在哲学上接触到时空问题，但并没有一种明确的、一贯的观点”。我们认为，该书可能还没有完全把握老子时间观念的本质，老子所说的“道”其实包含了“体”、“用”两个方面，其时间观念也需从“体”、“用”二个层面来解读。

对于道家所说的“道”，历来就是众说纷纭、莫衷一是的，而这又是我们把握老子哲学的关键，故很有必要展开一下。其实，解读老子哲学有一把钥匙，就是其第一章的前面几句：“无名，天地始；有名，万物母。常无，欲以观其妙；常有，欲以观其徼。”①后面二句之“欲”前都承前省略了一个“名”字。这是撬开老子思想奥秘的关键。“名”是什么？“名”就是概念、判断、推理，是我们认识事物的开始。用现象学的话说，在我们进行范畴联结之前，我们对外物的感知停留在知觉层面，它们是连续不断的，外界留给我们的印象是混乱模糊的一片，从而无法真正把握事物。只有“定名”之后，也就是进入范畴联结，开启我们的思维模式，外物才能为我们所把握。因此，“定名”之前的“无名”状态就是“道体”，“定名”之后的“有名”世界才是我们熟悉的世界。反之，要想把握“道体”，只有取消“名”，打破时空等观念的限制，才有可能。故从“道体”的角度来审视老子所说的时间，它是混沌一片、无始无终的。书中这类说法随处可见，譬如：

> 有物混成，先天地生。寂寞！独立不改，周行不殆，可以为天地母。吾不知其名，字之曰道，吾强为之名曰大。大曰逝，逝曰远，远曰返。②

> 孔德之容，惟道是从。道之为物，惟恍惟忽。忽恍中有象，恍

① 朱谦之：《老子校释》一章，中华书局，2000年，第5～6页。

② 朱谦之：《老子校释》二十五章，中华书局，2000年，第100～102页。

忽中有物。窈冥中有精，其精甚真，其中有信。自古及今，其名不去，以阅众甫。①

致虚极，守静笃。万物并作，吾以观其复。夫物云云，各归其根。归根曰静，静曰复命，复命曰常，知常曰明。不知常妄，妄作凶。知常容，容能公，公能王，王能天，天能道，道能久，没身不殆。②

"先天地生"、"周行不殆"、"没身不殆"、"自古及今"、"逝"、"远"、"久"等等表述，都说明"道体"在时间上的无限性。

但是"道"不仅包括了"道体"，它包含有另一面，那就是"用世"。老子并不排斥用世，其学说总体上仍不脱"君人南面之术"的范围。在其哲学里，"名"和"道"同样重要，故曰"此两者，同出而异名，同谓之玄"。但他也指出，但凡"有名"皆有其"徼"，指出了"有名"世界的短暂性，或者说，他对"有名"世界的短暂性保持着相当清醒的认识。所以他反复强调：

万物作而不辞，生而不有，为而不恃，成功不居。③

持而盈之，不如其已。揣而锐之，不可长保。金玉满堂，莫之能守。富贵而骄，自遗其咎。功遂、名遂、身退，天之道。④

保此道者不欲盈。⑤

希言自然。飘风不终朝，骤雨不终日。孰为此？天地。天地尚不能久，而况于人？⑥

物壮则老，谓之非道，非道早已。⑦

将欲歙之，必固张之；将欲弱之，必固强之；将欲废之，必固兴之；将欲夺之，必固与之。⑧

知止不殆，可以长久。⑨

---

① 朱谦之：《老子校释》二十一章，中华书局，2000年，第87～90页。

② 朱谦之：《老子校释》十六章，中华书局，2000年，第64～67页。

③ 朱谦之：《老子校释》二章，中华书局，2000年，第10～11页。

④ 朱谦之：《老子校释》九章，中华书局，2000年，第33～35页。

⑤ 朱谦之：《老子校释》十五章，中华书局，2000年，第62页。

⑥ 朱谦之：《老子校释》二十三章，中华书局，2000年，第94～95页。

⑦ 朱谦之：《老子校释》三十章，中华书局，2000年，第122页。

⑧ 朱谦之：《老子校释》三十六章，中华书局，2000年，第142～143页。

⑨ 朱谦之：《老子校释》四十四章，中华书局，2000年，第180页。

始制有名。名亦既有，夫亦将知止，知止不殆。譬道在天下，犹川谷与江海。[①]

民之从事，常于几成而败之。[②]

…………

《老子》中，凡是提到的“天地”、“万物”、“物”等都属于“有名”世界，属于后起的、用世的，而这是有“徼”的，即是有边界的。我们知道，凡是“名”、“概念”都是有内涵和外延，都有其适用的范围。“时间”、“空间”等观念，皆属“有名”世界中对天地万物的一种定位，故而都有边界和终始，是有尽头即有限的。所以老子谆谆告诫我们，盛极必衰是自然规律，一旦功成名遂，最好主动隐退，才得善终；如果恋栈不去，则难免晚节不保而成败笔。可见，老子不是一味强调“无名”、“无为”，他也谈“有名”、“有为”等“用世之道”，只是他时常提醒我们，要“知止”、“早已”。故我们不妨出入于“有名”、“无名”之间，可以“常无(名)欲以观其妙，常有(名)欲以观其徼”。对于前者，其时间是无限的(无始无终)；对于后者，其时间是有限的(有“徼”，即有边界的)。

二、庄子的时间观念主要着眼于“体”

老、庄并称，他们的主体思想是一致的。但是也要清楚他们之间的差别，老子的思想包含了“体”、“用”两个方面，而庄子着重阐发的是老子思想之“本体”方面，而对于“用世”是不大关注的。由此决定了他们在时间观念上存在一定的差异。

老子说：“常无(名)欲以观其妙，常有(名)欲以观其徼。”他对大家习以为常的“有名”世界，在一定程度上还是持肯定的态度的。而庄子为了推廓我们的胸襟，他告诉我们：“名者，实之宾也。”[③]他将事物的边

① 朱谦之：《老子校释》三十二章，中华书局，2000年，第131～132页。

② 朱谦之：《老子校释》六十四章，中华书局，2000年，第261页。

③ (清)郭庆藩撰，王孝鱼点校：《庄子集释》卷一上，《逍遥游第一》，中华书局，1961年，第24页。

界也就是其“徼”无限放大，其结果就是事物与事物之间的边界、界限消失，混融为一，最后达到取消“名”，回到“道”之本体的目的。《庄子》第一篇《逍遥游》，如果用一个字来概括，就是“大”，诸如展翅的鲲鹏、楚南的冥灵、上古的大椿、高寿的彭祖、何有之乡的大樗等等，都大大超出人们的想象和把握的范围。老子说：“字之曰道，强为之名曰大，大曰逝，逝曰远。”“道”的本质就是大，大到无边无际。站在无边无际的“道体”角度，回看我们的尘世间一切，就好比扶摇而上的大鹏，在九万里高空中俯视一切，天地万物何其渺小，其间的差别又有几何？都是可以忽略不计的！于是，天地万物自然“齐一”了！《庄子》第二篇《齐物论》就是着重阐发“齐物”这一主旨。齐物，就是放弃分别，万物齐一。没有了高低、贵贱、大小、好坏等区分，呈现在你面前的就是窈冥、恍惚、混沌状态，这就是所谓“道”的境界。

从时间观念的角度来说，庄子将时间之“徼”即标志不断放大，使其量度越拉越长：

> 适莽苍者，三餐而反，腹犹果然；适百里者，宿舂粮；适千里者，三月聚粮。①
>
> 小知不及大知，小年不及大年。奚以知其然也？朝菌不知晦朔，蟪蛄不知春秋，此小年也。楚之南有冥灵者，以五百岁为春，五百岁为秋；上古有大椿者，以八千岁为春，八千岁为秋。而彭祖乃今以久特闻，众人匹之，不亦悲乎！②

拉到无穷大，直至无“徼”，从而以“宇宙”括囊之。“宇宙”这一概念并非庄子所首创，《文子·自然》篇曾引老子曰：“往古来今谓之宙，四方上下谓之宇。”③由于今本《老子》并不见有是语，又鉴于《文子》一书文本问题的复杂性，我们不敢断言该语即出自老子。但《管子·宙合》篇已用“宙合”来指代时空，说：“天地，万物之橐，宙合有橐天地。”“宙

① （清）郭庆藩撰，王孝鱼点校：《庄子集释》卷一上，《逍遥游第一》，中华书局，1961年，第9页。

② （清）郭庆藩撰，王孝鱼点校：《庄子集释》卷一上，《逍遥游第一》，中华书局，1961年，第11页。

③ 王利器：《文子疏义》卷八，《自然》，中华书局，2000年，第346页。

合之意，上通于天之上，下泉于地之下，外出于四海之外，合络天地以为一裹。"①而《世说新语·排调》篇："阮思旷语之曰：'卿志大宇宙。'"刘孝标注引《尸子》(尸子即尸佼，较庄子稍早)说："天地四方曰宇，往古来今曰宙。"②可见，用"宇"指代空间，用"宙"指代时间在当时已不鲜见。而庄子赋予了"宇宙"以抽象的规定，他说："有实而无乎处者，宇也；有长而无本剽者，宙也。"成玄英疏："剽，末也，亦原也，本亦作摽字，今随字读之。言从无出有，实有此身，推索因由，竟无处所，自古至今，甚为长远，寻求今古，竟无本末。"③本剽，即本末。"有长而无本剽"，意思就是说时间长久而持续，可它却没有始末，亦即无始无终。从这样长时段的宏观角度，来看待天地万物，它们都不过是大"道"本体所泛起的朵朵浪花，并无实在的价值，故庄子说：

天下莫大于秋毫之末，而泰山为小；莫寿于殇子，而彭祖为夭。④

方生方死，方死方生。方可方不可，方不可方可。⑤

以死生为一条，以可不可为一贯者。⑥

"方生方死，方死方生"、"死生一贯"完全否认了相对静止的存在，否认事物运动变化中也存在相对稳定性，也就完全否认了各个具体事物存在的价值，从而导致对"用世"的完全排斥。故被人讥刺为"大而无当"，而庄子却自我感觉良好，认为是"无用之大用"。然以此来应世，肯定是行不通的。

---

① 黎翔凤撰，梁运华整理：《管子校注》卷四，《宙合第十一》，中华书局，2004年，第235～236页。

② 徐震堮：《世说新语校笺》卷下，《排调第二十五》，中华书局，1984年，第428页。

③ (清)郭庆藩撰，王孝鱼点校：《庄子集释》卷八上，《庚桑楚第二十三》，中华书局，1961年，第801页。

④ (清)郭庆藩撰，王孝鱼点校：《庄子集释》卷一下，《齐物论第二》，中华书局，1961年，第79页。

⑤ (清)郭庆藩撰，王孝鱼点校：《庄子集释》卷一下，《齐物论第二》，中华书局，1961年，第66页。

⑥ (清)郭庆藩撰，王孝鱼点校：《庄子集释》卷二下，《德充符第五》，中华书局，1961年，第205页。

三、后世道家的修正

老子哲学在后世沿着“体”、“用”二条主线在发展，以庄子为代表的南方道家发展了其“本体”的部分，以文子、黄老学派为代表的北方道家则发展了其“用世”的方面，这是因为南方学术“重思辨”而北方学术“重质实”的缘故。与庄子不同，北方的黄老学派（应大致出现于战国中晚期，到西汉初年备受推崇）则黄（帝）、老（子）并举，发展了老子思想的“用世”层面，是道家发展序列中不可或缺的重要一环。1973年长沙马王堆汉墓发现的帛书《黄帝四经》（《经法》、《十六经》、《称》、《道原》），就是黄老学派的代表作。其《十六经》之《顺道》篇载：“黄帝问力黑曰：大堇（庭）氏之有天下也，不辨阴阳，不数日月，不志（识）四时，而天开以时，地成以财。其为之若何？”①大堇氏盖为远古帝王名号，班固《汉书·古今人表》之“上中仁人”中有“大廷氏”②，又《庄子·胠箧》篇中有云：

> 昔者容成氏、大庭氏、伯皇氏、中央氏、栗陆氏、骊畜氏、轩辕氏、赫胥氏、尊卢氏、祝融氏、伏羲氏、神农氏，当是时也，民结绳而用之。甘其食，美其服，乐其俗，安其居，邻国相望，鸡狗之音相闻，民至老死而不相往来。若此之时，则至治已。③

古“堇”、“廷”、“庭”音近，故大堇氏、大廷氏和大庭氏皆应是指同一人④。其实，像伏羲氏、神农氏、燧人氏、有巢氏等名号，严格地说，皆是代表了某一个时代，而非指单个的个人。从庄子的叙述来看，大庭氏时代处在远古洪荒时代，尚蒙昧不辨东西，还没有时间观念，“不辨阴阳，不数日月，不志四时”是可以理解的。颇有意味的是，黄帝这么问力黑，

---

① 国家文物局古文献研究室：《马王堆汉墓帛书[壹]》，文物出版社，1980年，第79页。

② （东汉）班固：《汉书》卷二十，《古今人表第八》，中华书局，1962年，第864页。

③ （清）郭庆藩撰，王孝鱼点校：《庄子集释》卷四中，《胠箧第十》，中华书局，1961年，第357页。

④ 参见国家文物局古文献研究室编《马王堆汉墓帛书[壹]》注释148，文物出版社，1980年，第79页。

言下之意，即黄帝时代已经是“辨阴阳”、“数日月”、“志四时”了。而《立命》篇更明确地说：

> 昔者黄宗质始好信，作自为象（像），方四面，傅一心，四达自中，前参（叁）后参（叁），左参（叁）右参（叁），践立（位）履参（叁）。是以能为天下宗。吾受命于天，定立（位）于地，成名于人。唯余一人□乃肥（配）天，乃立王、三公。立国，置君、三卿。数日、磿（历）月、计岁，以当日月之行。①

据“方四面”、“参（叁）后参（叁），左参（叁）右参（叁），践立（位）履参（叁）”、“数日、磿（历）月、计岁，以当日月之行”等语看来，似乎在黄帝时代就已经有了明确的时空标度体系。但是这未必是事实。上引《庄子·胠箧》篇所述上古帝王名号中就有“轩辕氏”，轩辕氏就是黄帝，庄子将其与容成氏、大庭氏等相提并论，可见其时尚未完全脱离蒙昧时代，却有如此发达的社会制度，其中必有夸大的成分。据前辈学者考证，黄帝时代可能还只是中国历法最初的酝酿阶段，大概到尧的时代才有历法的初形；至于四时的概念，更是很长时间内都未能形成，直至商代，人们还只是把一年划为春秋二时②。黄老学派，强调应对世变、建立事功的价值取向，故而将黄帝抬了出来，将许多创造事项都归功于他，把他和老子相并举，从而发展了老子思想的“用世”层面，其对“数日、磿（历）月、计岁”、“志四时”之类的时间标志和量度的强调，突出了时间的“用世”价值，对庄子的时间观念具有一定的纠偏作用。

其后，秦汉新道家沿着先秦黄老学派的路数继续发展，更加注重“用世”，措意于国计民生。落实到时间观念上，就表现为更加注重时间的现实价值，更加关注时间的标志和量度。从《吕氏春秋》到《淮南子》，其时间理论体系愈加完善，譬如《淮南子》，其时间理论以天文历法之学为支柱，讨论了历法和时节变化的法则，明确肯定年岁、四时、寒暑、日月的推移，均根源于阴阳二气的消长，并通过天上星象和地上物象具体

---

① 国家文物局古文献研究室：《马王堆汉墓帛书［壹］》，文物出版社，1980年，第61页。

② 刘文英：《中国古代的时空观念》（修订本），南开大学出版社，2000年，第13～16页。

显示出来，其说达到了相当高的水平。因其已超出本文讨论的范围，这里就不作过多的展开。

四、关于老庄时间观念的哲学思考

至此，我们对老庄的时间观念已经有了一个大致的了解。然而，如果要想在这个问题上有更大的突破，还需借鉴现代西方科学界和哲学界的一些研究成果，“他山之石，可以攻玉”，可以拓展我们的思路。

（一）两种类型的时间：晷刻时间和绵延时间

法国哲学家柏格森曾有“绵延时间”的提法，这个词极富意蕴，值得珍视。我们不妨借用之，将前文所述时间的“体”、“用”二面概括为两种类型的时间，即晷刻时间和绵延时间。

晷刻时间，比较好理解，就是古人所用的日晷或漏刻（在今天当然是钟表）所量度的时间。很显然，它是属于“有名”世界的重要一环，是人类为了把握客观世界而建立起来的“有为之法”。而“绵延时间”，则是我们从柏格森哲学那里借用来的术语，用以指代“无名”世界即“道体”世界的时间流逝，这是一种没有标志和量度的时间，它犹如静水流深的河流，初看起来感觉没啥变化，不知不觉中却已默运潜移。在柏格森那里，“绵延时间”指的是心理时间，但我们认为，所谓“绵延时间”不仅仅是心理时间，其实质就是模糊时间，是相对于古代的圭表、日晷、漏刻和今天的钟表所反映的时间而言的，虽然不是那么精确，但也有一定的客观性。它们的区别就在于要不要标志和量度。由于不用标志和量度，人们对它的认识是模糊的，也就是记忆可能会出错①。这其实就是恍惚、窈冥的混沌状态，是一个没有分别、静静流淌的世界，只有绵延。

① 道教仙传里颇不乏“山中方七日，世上已千年”之类的说法，说的都是绵延时间。一些论著中将其解释为“时间的幻化”、“不等速时空交错”或“不均匀时间”，我们认为未必。其实，“山中”未必“方七日”，只是因为“山中无甲子”，故而“寒尽不知年”，当事人已记不起具体的时间而已。

绵延不是停滞不动，而是“静水流深”的缓缓推进，你可能一开始感觉不出来，但你忽然会发现离最初相去已远。只要有运动，就有时间，这就形成了所谓绵延时间。

(二)从“认识论的断裂”理解晷刻时间和绵延时间

法国哲学家加斯东·巴什拉有所谓“认识论的断裂”说，这里不妨借用其“断裂”一词，来分析一下晷刻时间。人们很难把握运动着的事物，尤其是快速运动的事物。人类于是采取“截断众流”的办法，从运动着的事物上截取一段，化运动为静止，静止的东西当然要好把握一些。所谓晷刻时间，不正是将连续不断的绵延时间截断成一小段一小段吗？从而使人们不必去考虑运动的过程，只须把握运动的两端。这两端就是边界，也就是《老子》所说的“徼”。我们的心最怕的就是漂泊无依、无所适从，总是想抓住点什么，把握了边界也就把握住了事物。这一小段一小段的晷刻，就是能使我们把握到流逝时间的边界，这就是晷刻时间的由来。

但这种时间的量度也有局限。晷刻时间其实是以地球为参照系，它假设地球不动，以日月星辰出没于地球上空而建立起来的时间体系。试设想，如果地球足够小而你足够大，你踏在这样的“地球”上，会是什么样的情形？这个“地球”会带着你在宇宙中上下翻飞，周围的星体不断从你眼前划过，而你就像坐摩天轮一样头晕目眩，故而无法认清事物。正因为地球足够大，我们身处其上，因为取得了和它一样的运行速率，周围的事物在整体上和我们保持相对静止的状态，故而我们能以头上日月星辰的出没来设定一段一段流逝时间的边界。再假如我们处在一个更大的星球譬如“银河球”上，取得“银河球”的运行速率，则“银河球”上的一切，包括我们现在所看到的日月星辰，都将在整体上和我们保持相对静止状态，我们回过头来看地球上的生物，就好像我们站在金鱼缸外看缸内游动着的金鱼。这时，我们不可能再以日月星辰的运动来设定流逝时间的边界，只能从我们的头顶上另外寻找运动的东西来记示。再进一步设想，如果我们是处在没法再大的“宇宙球”上，取得了和它一样的运行速率，则“宇宙球”上的一切皆和我们处于相对静止状态，我们已经没办法从我们的头顶上另外寻找到运动的东西来记示流逝时间的边界，没有了标志和量度，故而只剩下绵延时间。“宇宙球”带着我们虽然在快速的运动，而我们却感觉不到在动，周围的一切都似乎处在静止状态，静寂一片！故《阴符经》说：“自然之道静，而天地万物生。”①

（三）方法论意义：“绵延”？“断裂”？

以上分析证明，世界似静而实动，在整体上其实处于运动状态，人类要想把握事物，必须借助于一定的平台。我们附着在这平台上，取得与平台一致的运行速率，从而与之保持相对静止的状态，使我们的心安顿下来，才能静下心来打量周围的一切。这其实就是从运动着的世界中割裂下一块来，这割裂的一块的大小，就决定了我们的认知程度和思想境界。易言之，我们对事物的把握完全决定于其所依托的平台，依托的平台不一样，得到的观感是完全不一样的。庄子主张应该站在最大的“宇宙球”上，将我们的心安顿在“宇宙球”，从而静观宇宙万物的生灭变化。但是，将心着落在“宇宙球”上，而“宇宙球”足够大，已无其他可以作为我们记示边界的东西存在，实在是茫无所依。故在庄子哲学中存在一个悖论，即欲求安顿而实无处可安顿我们的心。而老子则主张，我们不妨出入于“有名”、“无名”之间，“常无（名）欲以观其妙”，“常有（名）欲以观其徼”。我们还是应该从这运动着的世界中“截断”一块下来，使我们的心有所安顿。这“截”下来的一块，因为有边界，可把握，我们于是给它命名。“名”就是概念，由概念而判断而推理，由“定名”而开启我们的思维模式，故“定名”是我们认识世界的开始，亦即《老子》所说的“有名，万物母”也。但一定要知道，“名”是有边界的，是对运动着的世界的“割裂”，是“悬搁”了运动的静止，故我们不能完全把它们当作实体来看待。胡塞尔现象学主张，我们应该尽可能拓展事物的边界，想象不可能的事情，就是想把原先“悬搁”了的运动还原出来，即所谓“本质

① 《黄帝阴符经》，《道藏》第1册，文物出版社、上海书店、天津古籍出版社，1998年，第821页。

还原”。《老子》所说的“始制有名，名亦既有，夫亦将知止，知止所以不殆，譬道之在天下，犹川谷之于江海”正是此意。因此，我们认为老子所说之“道”实包含了“绵延”和“断裂”二个层面，“绵延”为体，而“断裂”为用，只有二者结合起来才是“王道”，过分地强调“绵延”或“断裂”皆属偏执于一端，前者流于非理性主义，后者则流于理性主义。

（作者为湖南师范大学历史文化学院副教授）

褚伯秀对《庄子》内篇工夫论的阐释

简光明

一、前言

《庄子》一书，自魏晋以来，分为内外杂篇，一般以为内篇最能代表庄子的思想。《庄子》强调“体道”的境界，体道需要工夫，因此，书中有关工夫论的描述不少，多有可以互相印证之处。

褚伯秀，号雪巘，钱塘人，天庆观道士，博学卓行之士，在宋以清节苦行著闻①。其《南华真经义海纂微》一百六卷，成于咸淳元年（西元一二六八年）。该书纂集郭象、吕惠卿、林疑独、陈详道、陈景元、王雱、刘概、吴俦、赵以夫、林希逸、李士表、王旦、范应元诸家说，并附己意，谓之“管见”。《四库全书总目提要》说：“盖宋以前解《庄子》者，梗概略具于是。其间如吴俦、赵以夫、王旦诸家，今皆罕见传本，实赖是书以传，则伯秀编纂之功亦不可没矣。”②“管见”常能统合所纂集诸家的观点，并提出新说，为后代学者所重视。褚伯秀是道士，道家与道教关系密切，因此，宋代以来的学者多从道家道教观点说明褚伯秀的立场。汤汉《南华真经义海纂微原序》就说：

> 近时释庄者益众，其说亦有超于前人，然未免翼以吾圣人言，挟以禅门关键，似则似矣，是则未是。余谓不若以《庄子》解《庄

---

① 见严灵峰《辑褚伯秀老子注叙》，收入严灵峰《经子丛著》（台北：“国立”编译馆，1983年）第七册《老子宋注丛残》。据周密《癸辛杂识后集》记载：“至元丁亥九月四日，余偕钱菊泉至天庆观访褚伯秀，遂同道士王磐隐游宝莲山韩平原故园。”则褚伯秀入元尚在。

② 《四库全书总目提要》第三册子部，第1087页。

> 子》,上绝攀援,下无拖带,庶几调适上遂之宗,可以见其端涯也。武林褚君伯秀,道家者流,非儒非墨,故其读此书也,用志不分,无多歧亡羊之失。特用所初意于千载之上,会萃众说,附以己见,采获所安,不以人废,白首成书,志亦勤矣。余视其目端,气夷而靖,斯学之力也。①

宋代所谓"道家"多指道教而言,汤汉认为,宋代的各种注解都有特定的立场,或"以儒解庄",或"以佛解庄",只有褚伯秀是"以庄解庄"。研究者多接受汤汉的观点,以为其解《庄》是单纯的道家立场。

本论文尝试先举《庄子》内篇有关工夫论的描述,做一综合整理,找出共同之处,而后检视《南华真经义海纂微》的阐释,借此检视褚伯秀对于《庄子》内篇工夫论的掌握。

二、《庄子》内篇的工夫论

《庄子》内七篇所呈现的工夫论,有其共同之处,可以互相参照。徐复观《中国人性论史·先秦篇》说:"《逍遥游》的所谓'无己',即是《齐物论》中的'丧我',即是《人间世》的'心斋',亦即《大宗师》中的'坐忘'。"②其实,《养生主》"庖丁解牛"寓言也是庄子工夫论的重要论述,若能将内篇工夫论合并论述,应该更能了解其意涵。

(一)《人间世》的"心斋"

《庄子》内篇工夫论的观点虽然一致,惟层次未必都清楚呈现,以下分析,层次清楚的篇章先谈,以便与其他篇章相印证,故不依内七篇的顺序。

在庄子工夫论中,最常被提及的是"心斋",《人间世》说:

> 颜回曰:"吾无以进矣,敢问其方。"仲尼曰:"斋,吾将语若!有心而为之,其易邪?易之者,皞天不宜。"颜回曰:"回之家贫,唯不饮酒、不茹荤者数月矣。如此,则可以为斋乎?"曰:"是祭祀之斋,

① 见褚伯秀《南华真经義海纂微》。本论文所引用《南华真经义海纂微》注文,采台北台湾商务印书馆1986年影印《文渊阁四库全书》本,为避免繁冗,将只标示卷数与页数。

② 徐复观:《中国艺术精神》,台湾学生书局,1984年,第70~71页。

> 非心斋也。”回曰：“敢问心斋。”仲尼曰：“若一志，无听之以耳而听之以心，无听之以心而听之以气！听止于耳，心止于符。气也者，虚而待物者也。唯道集虚。虚者，心斋也。”①

在“心斋”的工夫论里，我们明显可以划分主体的三个层次：第一层是耳，第二层是心，第三层是气。

所谓“无听之以耳而听之以心”，第一序先要摆脱“听之以耳”而来到“听之以心”；所谓“无听之以心而听之以气”，第二序则接着要摆脱“听之以心”来到“听之以气”，“道”集虚，“气”能“虚而待物”，因此，“听之以气”就是达到“体道”的境界。②

（二）《大宗师》的“坐忘”

在庄子工夫论中，最常与“心斋”相提并论的是“坐忘”，《大宗师》说：

> 颜回曰：“回益矣。”仲尼曰：“何谓也？”曰：“回忘仁矣。”曰：“可矣，犹未也。”他日，复见，曰：“回益矣。”曰：“何谓也？”曰：“回忘礼乐矣。”曰：“可矣，犹未也。”他日，复见，曰：“回益矣。”曰：“何谓也？”曰：“回坐忘矣。”仲尼蹴然曰：“何谓坐忘？”颜回曰：“堕肢体，黜聪明，离形去知，同于大通，此谓坐忘。”仲尼曰：“同则无好也，化则无常也。而果其贤乎！丘也请从而后也。”③

所谓“坐忘”是“堕肢体，黜聪明，离形去知，同于大通。”其中，“行”即“肢体”，“智”即“聪明”，“堕肢体”即“离形”，“黜聪明”即“去知”。在“坐忘”

① 〔清〕郭庆藩：《庄子集释》，《新编诸子集成》第一辑，中华书局，1961年，第146～147页。

② 所谓“听之以气”，我们可以透过宋代陈祥道的注解来理解：“有为而为者，古人尝难之。有思必斋，有为必戒，故欲神明其德者，必斋心焉，此仲尼所以告颜子也。《文子》曰：‘上学以神听，中学以心听，下学以耳听。’听止于耳，则极于耳之所闻；心止于符，则极于心之所合而已；听之以气，则无乎不在，广大流通，所以用形而非用于形，所以待物而非待于物，虚而无疑，应而不藏，故一志所以全气，全气所以致虚，致虚所以集道，此心斋之义也。”（褚伯秀：《南华真经义海纂微》，卷8，第5～7页）《庄子》的“听之以气”就是《文子》的“上学以神听”。就“神”与“形”的关系而言，“用形而非用于形”者就是“神”。“以神听”，故能“一志所以全气，全气所以致虚，致虚所以集道”。

③ 〔清〕郭庆藩：《庄子集释》，《新编诸子集成》第一辑，中华书局，1961年，第284页。

的工夫论里，我们明显可以划分主体的三个层次：第一层是形，第二层是知，第三层则未明白标示。

“坐忘”是工夫层次的不断提升，第一序先要摆脱基础的第一层，来到第二层，就是要离形（堕肢体），达到知（聪明）；第二序则接着要摆脱进阶的第二层，来到第三层，就是要去知（黜聪明），达到“同于大通”。①

（三）《齐物论》的“吾丧我”

《齐物论》首段开宗明义即论“吾丧我”之义：

南郭子綦隐机而坐，仰天而嘘，嗒焉似丧其耦。颜成子游立侍乎前，曰：“何居乎？形固可使如槁木，而心固可使如死灰乎？今之隐机者，非昔之隐机者也。”子綦曰：“偃，不亦善乎，而问之也！今者吾丧我，汝知之乎？女闻人籁而未闻地籁，女闻地籁而未闻天籁夫！”②

如果庄子以“似丧其耦”描写南郭子綦，又以形如“槁木”、心若“死灰”说明“吾丧我”，那么，何谓“丧其耦”？“吾”与“我”是否不同？庄子何以要以形如“槁木”心若“死灰”来描“吾丧我”？③

“丧其耦”的意涵与“吾丧我”不异。“耦”为对立与匹配，意指人我的对立以及内外的对立，“丧其耦”意指解除人我的对立以及内外的对

① 杨儒宾说：“综合体—心—气的关系，我们可以发现一组平行的现象：甲，体合于心，也就是躯体丧失掉它独立的、感性的意义，全体皆化为心。乙，心合于气，心灵也丧失掉它主宰躯体的功能，它不再是‘天君’，而是融入体内之气中，变得全心是气。甲、乙者两组平行的现象是同时并起的，甲的系列事件一发动，乙的系列也会跟着波及。同样的，乙的系列事件一发动，固然也要先经历甲的系列，但它可以更深入、更彻底的回馈甲的系列。”（《从“以体合心”到“游乎一气”——论庄子真人境界的形体基础》，《第一届中国思想史研讨会论文集》，东海大学文学院，1989年，第199页）。另可参见杨儒宾《庄周风貌》（黎明文化事业股份有限公司，1991年），第三章庄子的工夫论。

② 〔清〕郭庆藩：《庄子集释》，商务印书馆，1979年，第43～45页。

③ 王淮《郭象庄子注之检讨》说：“庄子在《齐物论篇》一开始便叙述南郭子綦与颜成子游之一大段对话，文章固然奇特，意趣尤其深隐，由表面之彼此文答来看，几乎不知所引。然而其实际之‘目的’，则在于提出‘丧我’，就‘方法’讲：即是一种主观之自我否决；就‘境界’讲：则是一种客观的体道归寂。而其所谓‘天籁’即是此种‘丧我’（主观的自我否决与客观的体道归寂）的境界，在客观方面（自然界）的一种象征与暗示。庄子以形如‘槁木’心若‘死灰’描写‘丧我’，以‘厉风济则众窍为虚’暗示天籁，又复以‘天籁’象征‘丧我’，真是天下第一等的奇妙文字。”（《郭象之庄学：儒释道之相与皆应》，成阳出版股份有限公司，2012年，第3～4页）

立，达到体道的境界。唐代成玄英说："妙悟自然，离形去智，荅焉坠体，身心俱遣，物我兼忘。……神识凝寂，顿异从来，遂使形将槁木而不殊，心与死灰而无别。"最能够与《庄子》内篇的工夫论相印证。

"吾丧我"的工夫论，"吾"就是神，"我"就是形与心，所谓"吾丧我"就是形如槁木而心如死灰，而后能以神听天籁。其主体的三个层次：第一层是形，第二层是心，第三层是神。"吾丧我"是工夫层次，第一序工夫是"形如槁木"，先要摆脱形，来到心；第二序是"心如死灰"，摆脱心来到神，即为可以"闻天籁"的最高境界。

(四)《养生主》的"庖丁解牛"

"庖丁解牛"寓言中，庄子对于庖丁工夫历程的说明，可以与"心斋"、"坐忘"互相印证。《养生主》说：

> 庖丁为文惠君解牛，手之所触，肩之所倚，足之所履，膝之所踦，砉然向然，奏刀騞然，莫不中音，合于桑林之舞，乃中经首之会，文惠君曰："嘻，善哉！技盖至此乎？"庖丁释刀对曰："臣之所好者道也，进乎技矣。始臣之解牛之时，所见无非牛者；三年之后，未尝见全牛也；方今之时，臣以神遇而不以目视，官知止而神欲行，依乎天理，批大隙，导大窾，因其固然，技经肯綮之未尝，而况大軱乎！良庖岁更刀，割也；族庖月更刀，折也；今臣之刀十九年矣，所解数千牛矣，而刀刃若新发于硎。彼节者有间而刀刃者无厚，以无厚入有间，恢恢乎其于游刃必有余地矣。是以十九年而刀刃若新发于硎。虽然，每至于族，吾见其难为，怵然为戒，视为止，行为迟，动刀甚微，謋然已解，如土委地。提刀而立，为之四顾，为之踌躇满志，善刀而藏之。"文惠君曰："善哉！吾闻庖丁之言，得养生焉。"①

文惠君之所以能透过庖丁解牛的心路历程了解养生的思想，可见解牛的故事中，可以对应到养生的思想。庖丁由刚开始用感官知觉而"所见无非牛者"，刀刃时常折断而必须月更刀；三年之后，用智慧思考而"未尝见全牛"，刀刃仍不免有所割损；而不断精进，"以神遇不以目视，官知

① 〔清〕郭庆藩：《庄子集释》，商务印书馆，1979年，第119页。

止而神遇行”，因此刀刃若新发于硎，达十九年之久。①

若从《养生主》的论述脉络来看“庖丁解牛”论工夫历程，则可以了解其结构应有三个层次②：

表一　庖丁的工夫层次表

<table>
<tr><td rowspan="2">境界</td><td colspan="3">未体道</td><td colspan="2" rowspan="2">体道</td></tr>
<tr><td>初级</td><td colspan="2">进阶</td></tr>
<tr><td>历程</td><td>族庖</td><td colspan="2">良庖</td><td colspan="2">庖丁</td></tr>
<tr><td>时间</td><td>始
（三年）</td><td colspan="2">三年之后
（十二年）</td><td colspan="2">方今之时
（十九年）</td></tr>
<tr><td>用刀情形</td><td>月更刀
（折也）</td><td colspan="2">岁更刀
（割也）</td><td colspan="2">若新发于硎
（不折不割）</td></tr>
<tr><td rowspan="2">主体层次</td><td>所见无非牛者</td><td colspan="2">未尝见全牛</td><td colspan="2">神欲行</td></tr>
<tr><td>官</td><td>官止</td><td>知</td><td>知止</td><td>神遇</td></tr>
</table>

“未尝见全牛”应该包括“良庖”与“庖丁”两个阶段，问题是，“庖丁”的运作主体已经用“神遇”来说明，那么，“未尝见全牛”应该专属“良庖的阶段”。而且《养生主》说：“三年之后，未尝见全牛也。”则显然从“三年之后”的十二年间，都还没达到“神遇”的境界。“未尝见全牛”虽然比“所见无非牛者”更上一层楼，但是仍然还在“技”的阶段，虽是进阶，仍尚未达到“道”的境界。其所运作的主体是“知”（智）而不是“神”，此一阶段尚有分别之心，未达对立的消融。

（五）《逍遥游》的“无己”

《逍遥游》论人物的境界层次，可以分为“未达逍遥”与“逍遥”两组，

① 〔隋〕吉藏《十二门论疏》说：“肇公《涅槃论》云：‘在什公门下十有余年。’亦云十有二年者，正言十二年是一纪之员数，故用之耳。《庄子》外篇云：‘庖丁十二年不见全牛。’亦用十二年事。不见全牛者，不见四支百体外别有总牛。”另参王叔岷《庄学管窥》（艺文印书馆，1978年），第18页。

② 参见简光明：《庄子“庖丁解牛”寓言析论——兼谈其在大学国文教学的运用》，《屏东教育大学学报（人文社会类）》2009年第33期，第173～196页。

则第一组“未达逍遥”者包括：(1)“知效一官，行比一乡，德合一君而征一国者”，其自视如斥鴳之小。(2)“定乎内外之分，辨乎荣辱之境”的宋荣子，犹有未树。(3)“御风而行”的列子，犹有所待。第二组“达到逍遥”者包括至人、神人、圣人。《逍遥游》说：

若夫乘天地之正，而御六气之辨，以游无穷者，彼且恶乎待哉！故曰：至人无己，神人无功，圣人无名。

至人、神人与圣人都是体道者，要达到逍遥的境界，必须无己、无功、无名。《逍遥游》里，连叔说：“瞽者无以与乎文章之观，聋者无以与乎钟鼓之声。岂唯形骸有聋盲哉？夫知亦有之。”瞽聋之人无法欣赏文章之观与钟鼓之声，即便有感官知觉，必须提升层次；心知的瞽聋无法分辨事物的真相，即使心知不瞽聋，也只能分辨事物的差别，仍然必须再提升层次。惟有神与道合，才能了解“藐姑射之山，有神人居焉，肌肤若冰雪，绰约若处子；不食五谷，吸风饮露；乘云气，御飞龙，而游乎四海之外；其神凝，使物不疵疠而年谷熟”的境界。神与道合，忘记形体，忘记心知，与物无对，这就是“无己”。

将《庄子》内篇所述的工夫论加以整理，可以得到下列的表格：

表二：《庄子》内篇工夫层次表

境界	未体道			体道	
	初级	进阶			
主体层次	形（耳、目）	心（知、智）		神（气）	
《逍遥游》	形骸（瞽者、聋者）	无己（离形）	知（知之瞽聋）	无己（去知）	逍遥游
《齐物论》	形	形如槁木	心	心如死灰	吾丧我
《养生主》	官（所见无非牛者）	官止	知（未尝见全牛）	知止	神遇
《人间世》	听之以耳	无听之以耳	听之以心	无听之以心	听之以气
《大宗师》	形（肢体）	离形（堕肢体）	智（聪明）	去智（黜聪明）	同于大通

透过上述的表格，我们可以发现：(1)内篇的工夫层次的提升，基本上是由“形”到“心”再到“神”。(2)“形”指肢体，包括眼睛的见与耳朵的听等感官知觉。(3)“心”指智，亦即“心知”或“聪明”。(4)“神”指气，《齐物论》里的“吾”就是神，“我”就是形与心，所谓“吾丧我”就是形如槁木而心如死灰，而后能以神听天籁。《人间世》里“听之以气”，就是以神来体道。《大宗师》里“同与大通”的主体是神①。

三、《南华真经义海纂微》论内篇工夫论

《庄子》的工夫论，前文举数例做说明，褚伯秀为道士，在注解时如何掌握庄子的工夫论，相当值得注意。以下依据上文论述篇章顺序，说明《南华真经义海纂微》的阐释。

(一)论“心斋”

“心斋”的工夫层次相当清楚，而其条理较易理解，《南华真经义海纂微》注：

> 按听止于耳，心止于符及气也者，重举以释上文，解者或分析立说，义不贯通。今摭其大意以求印正，云：听之以耳，止于闻道而未能尽行；听之以心，止于契道而未能尽忘；至于听之以气，则无所不闻、无所不契、彷徨周浃、混合太虚。太虚，何处无之？故待物尽善，而物亦不能逃也。耳之所冥者心，心之所符者气，气则静极无为，虚以待物，孟子所谓浩然充塞者也。观夫注焉不满、酌焉不竭，与人而愈有，常应而常静者，则亦何待不待之有哉？通天下一气，人物太虚之所同摄也。唯虚与气，非即非离，互显体用，是以无往而不通。道则非虚非气，能虚能气，所以化天下之刚，御天下之实，待物于无待，善应而不穷者也。心斋之妙，亦虚而已。

① 当代学者的有关论述，可参考蔡振丰：《〈庄子〉中的知觉现象及其在修证上的意义》，《法鼓人文学报》2004年创刊号，第39～60页。蔡振丰：《“离形”与“去知”——“听之以耳，听之以心，听之以气”的诠释》，《台大中文学报》1996年第8期，第219～236页。

褚伯秀说："耳之所冥者心，心之所符者气。"心斋的层次分为"耳——心——气"，对应于体道的层次则为"止于闻道而未能尽行——止于契道而未能尽忘——无所不闻、无所不契"。《人间世》说："气也者，虚而待物者也。唯道集虚。虚者，心斋也。"一般注家多未能解释"气"、"虚"与"道"的关系，褚伯秀所谓"唯虚与气，非即非离，互显体用"，可见"气"与"虚"是互为体用的关系；"道则非虚非气，能虚能气"，"道"透过"虚"与"气"来冥契与实践。

（二）论"坐忘"

"坐忘"一如"心斋"，以其清楚的层次而被学者论庄子工夫论时相提并论。《南华真经义海纂微》注：

> 仁义本乎心，心致虚则忘之易。礼乐由乎习，习既久，则忘之难。颜子于斯二者既已俱忘，则亦能人之所难能矣。而夫子犹以为未，盖欲进之而造夫道之极，于此有以见铸颜之意。他人至是，则望崖而反矣！颜子又从而进坐忘之妙，夫子乃惊骇反问，讶其得之之速也。回告以离形去知同于大通，必由忘己而后忘物，斯为坐忘矣。夫不知所以同而同，是为大通之道，岂好同而同之哉？犹大化之运，顷刻不停，人处其中，与之俱运，幼蒙长慧壮劳老逸，其间出处动静，兴废变迁，亦何常之有？盖非欲化而求化也，物理自然，古今一致，唯得道者我欲不化忘之而已，此二句乃夫子印证坐忘一段公案。欲人求同于异，安化为常，置形于忘，合道于虚，则至矣！尽矣！人而信能无以外习滑湛然之真，则夫坐忘者亦学道分内事，夫子推之为贤，盖所以奖成之而诱进其徒云耳。

"离形去知同于大通"一句，褚伯秀并未就"形"与"知"的层次去阐释，所谓"必由忘己而后忘物，斯为坐忘矣"，可见是从"忘己"——"忘物"——"坐忘"。褚伯秀认为，"仁义本乎心，心致虚则忘之易"，可见"心"有"分别"与"非分别"之差异，心可以知仁义，此时是有分别之心，心能致虚而忘仁义，则为吾分别之心，无分别之心才能同于大通。

(三)论“吾丧我”

褚伯秀对于“吾丧我”的理解有其特殊之处,《南华真经义海纂微》说:

> 窃考上文,“形固可使如槁木”,正言之也。“心固可使如死灰乎”,反问之也。子綦曰“今者吾丧我”,知其为吾,则心不应如死灰,是有真我存,灭动不灭照之义。子游请问其方,答以大块噫气,特证以地籁而已,洎再请,子綦乃曰:“吹万不同,而使其自己也。”至此始泄天籁真机,惜乎子游知形可槁、心不可灰之为真我,而弗悟此即籁之天也。心为天君,籁即吾心之用,凡所以致知格物、酬机应变、形诸言动者皆是,不必见于声而后为籁也。君可端拱无为,不可一日失位。心可寂静无思,不可一时泯灭。心虽无声而有声声者存乎其中,如钟鼓在悬,不待扣而后知。昧者泥夫形相之起灭,是以声闻有闻断耳。人籁、地籁,有动有寂。天籁自然,超乎动寂,而有真宰、真君,实声声闻闻之主。……学者倘能反而求之,得其归趣,则内揆诸身,外观诸物,始终各契于本源,小大皆均于一致,安有不齐者哉?①

褚伯秀的读法相当新颖,他将“形如槁木”与“心如死灰”拆开来,前者是“正言之”的肯定句,后者是“反言之”的疑问句,所以形可以如槁木,但“心不应如死灰”。褚伯秀以“我”为“形”,以“吾”为“心”,“吾”存在就是“心”存在,也就是“真我存”,所以认为心不应如死灰。

庄子言心有二义:一为吾人世俗之心,如“成心”、“机心”之类,为庄子之所贬②,《逍遥游》中不能通达的“有蓬之心”③、《齐物论》中执一家之偏见的“成心”;此外,透过主体去认识客体的“心”,当主客对立的时候,称为“智”(心知),《齐物论》“心如死灰”与《人间世》“无听之以心”中“心”都是认识心,此时“心”与“物”有所对立。所谓“心如死灰”或“无听

① 〔宋〕褚伯秀:《南华真经义海纂微》,《文渊阁四库全书》卷2,第5~6页。

② 唐君毅:《中国哲学原论·道论篇》,台湾学生书局,1986年,第121页。

③ 〔清〕郭庆藩:《庄子集释》,《新编诸子集成》第一辑,中华书局,1961年,第37页。

之以心”，就是要摆脱认识心的分别作用，当消融对立之后，才能达到体道的境界。二为纯粹的虚灵明觉之心，如“解心释神”、“常心”，为庄子之所尚。当“心”消融主客的对立，能够体道，称为“神”，《人间世》说：“乘物以游心，托不得已以养中”①，《德充符》说：“游心乎德之和”②，《应帝王》说：“游心于淡，合气于漠”③，所谓“游心”就是心摆脱主客对立，从而达到体道的境界。④

褚伯秀所谓“心不应如死灰”的“心”，应该是就纯粹的虚灵明觉之心而言，《齐物论》“心如死灰”的“心”，是就透过主体去认识客体的“心”而言，两者层次不同。惟褚伯秀在义理的掌握上，尚未偏离庄子思想的主轴。

（四）论“庖丁解牛”

“庖丁解牛”寓言中，庖丁自叙其由“技”到“道”的工夫历程，《南华真经义海纂微》注：

> 庖丁章叙述养生要旨最为亲切，故写其动作进止之度，以应夫行住坐卧之间，未始须臾离也，而画笔之工，曾不是过。盖天下事无小大，有理存焉。解牛而得其理，则目无全牛，刃有游地。养生而得其理，则身有余适，事无废功。奏刀中音，喻应物之当理。释刀而对，喻忘生而得理也。有心乎应物，则所见无非牛。体道而冥物，未尝见全牛也。神遇不目视，则依乎自然，以虚为用，而亦无所事乎知见矣。十九年而刃若新发硎，言与物无迕者，生无所伤，养神有道者，久而不弊也。然而每至于族，见其难为。骨肉盘结曰族，以喻应酬世故，事物繁剧之时，当加戒谨，以成厥功，定而后能应也。……再考每至于族，似指族庖。见族庖之难为，故怵然为戒，而终无难也。李士表论意亦同此。“怵然为戒”以下，赵氏点句

① 〔清〕郭庆藩：《庄子集释》，《新编诸子集成》第一辑，中华书局，1961 年，第 160 页。

② 〔清〕郭庆藩：《庄子集释》，《新编诸子集成》第一辑，中华书局，1961 年，第 191 页。

③ 〔清〕郭庆藩：《庄子集释》，《新编诸子集成》第一辑，中华书局，1961 年，第 294 页。

④ 有关《庄子》“心”观念之研究，另可参涂光社：《“庄子”心解》，学苑出版社，2013 年；张洪兴：《论庄子的心学》，《诸子学刊》2012 年第 6 辑，第 109～128 页。

独异，说亦可通，但末后“刀甚微”三字句不圆耳。①

褚伯秀从“理”来说明“解牛”与“养生”的关系，“解牛而得其理，则目无全牛，刃有游地。养生而得其理，则身有余适，事无废功”，论述条理清楚。

有关“奏刀中音”与“释刀而对”的诠释，宜分别观之。庖丁为文惠君解牛之时，已能依乎天理而游刃有余，因此可以说“奏刀中音，喻应物之当理”。当文惠君问“技盖至此乎”时，庖丁正在解牛，若回答问题时手上还拿着刀，似乎有所不敬，而且构成对文惠君的威胁，故“释刀而对”，由此可见“释刀而对”只是基本礼仪，似乎没有“喻忘生而得理”的意涵。“奏刀中音”的意涵可以由庖丁的心路历程来了解，“释刀而对”则没有特殊的意涵，真正重要的譬喻其实是“善刀而藏”。庖丁虽然能够解牛而游刃有余，刀刃不折不割，若未善刀而藏之，不可能若新发于硎，因为刀刃钝了，仍须更刀。又，若解牛而刀刃不伤指应世而精神不伤，善刀而藏则指自处而精神不伤，如此论养生才算完整。

褚伯秀将“所见无非牛”、“未尝见全牛”与“神遇不目视”分开处理，似乎隐含三个层次，实际上只有两个层次。“体道而冥物”才能“依乎自然，以虚为用”，可见“未尝见全牛”与“神遇不目视”是同一个层次。此外，从“解牛而得其理，则目无全牛，刃有游地”也可以看得出来，褚伯秀把“目无全牛”视为“游刃有余”的层次。

褚伯秀经过深入考察而对于“每至于族”的工夫层次的归属，提出新的观点不同，他认为“每至于族”，似指族庖。《养生主》说：“虽然，每至于族，吾见其难为，怵然为戒，视为止，行为迟，动刀甚微，谍然已解，如土委地。”照理说，这里的描述应该是同一个阶段，不是“族庖”就是“庖丁”。

所谓“族”是筋骨交错聚结的地方，不管是“族庖”还是“庖丁”，都会遇到“每至于族”的情况，李元卓说“此庖丁用之如土委地，而族庖每见其难为也”，可见他是把“每至于族”拆开来，分两个阶段说。褚伯秀说：“李士表论意亦同此”，其实只说对一半，李元卓的意思是：“族庖”见其

---

① 〔宋〕褚伯秀：《南华真经义海纂微》，《文渊阁四库全书》卷5，第13～15页。

难为，刀刃往往折断；庖丁见其难为，刀刃不伤，解牛如土委地。如果这样的理解没有错误，那么，重点在于“如土委地”而不“见其难为”，李元卓把“如土委地”归于庖丁，可见他并不以为“每至于族”似指族庖，而与褚伯秀的理解有所不同。

若从“怵然为戒，视为止，行为迟，动刀甚微”来看，不应属于族庖阶段。族庖解牛时，所“见”无非牛者，既是“见”，就不能说是“视为止”，可见“视为止”仍应归于“以神遇而不以目视”阶段。此外，“提刀而立，为之四顾，为之踌躇满志”分明是描述庖丁的神态，若是族庖，因其所见无非牛者，刀刃既常折断，实在不可能“踌躇满志”。

（五）论“无已”

《逍遥游》论“无待”，其工夫在于“至人无已，神人无功，圣人无名”。《南华真经义海纂微》注：

> 盖至道穷神妙，跻圣域，不越乎三无之论。入而言“至”，出而言“圣”，“神”运于其中，无方而不侧，弘之在人，理亦寄耳。因言立教则不无序焉。凡厥有生，私利易植，贵乎忘己。骄矜易萌，次当忘功。己功既忘，人誉必至。又须忘名以远世累。累远身全，道纯德粹，以之处人应物无不尽善，而三者之名亦混融俱化矣。

所谓“三无之论”就是“无已”、“无功”与“无名”，褚伯秀认为，《逍遥游》的论述有其顺序，一旦体道，则“三者之名亦混融俱化”。关于“岂唯形骸有聋盲哉？夫知亦有之”《南华真经义海纂微》并未论述。

四、结语

《庄子》内篇的工夫论，分为“形”——“心”——“神”，官能义主要就“形”而言，《齐物论》“形如槁木”的“形”，《养生主》“所见无非牛者”的“见”，《人间世》“听之以耳”的“耳”，《大宗师》“离形”的“形”于“堕肢体”的“肢体”，都属于此一层次。形而下的“心”主要为思辨义，《齐物论》“心如死灰”的“心”，《养生主》“官知止”的“知”，《人间世》“听之以心”的“心”，《大宗师》“去智”的“智”与“去聪明”的“聪明”，都属于此一层次。

褚伯秀对于《庄子》内篇工夫论的阐释，基本上能够掌握庄子体道的境界。在工夫论上，《齐物论》“吾丧我”强调“心如死灰”，心是心知，心如死灰是心不起分别的作用；褚柏秀因为将“心”视为神之舍，因而主张心不可使如死灰，言“心”之义虽有差异，基本理路则未脱离庄子体道的工夫。《养生主》“庖丁解牛”中“每至于族”的工夫层次的归属，褚伯秀以为似指族庖。族庖解牛时，所“见”无非牛者，既是“见”，就不能说是“视为止”，可见“视为止”仍应归于“以神遇而不以目视”阶段。

（作者为台湾屏东大学中文系教授）

正是时候读老庄

——台湾老学文献近五年之呈现

钱奕华

前　言

个人情志如何展现于《老子》上？对《老子》的体悟如何在文献上呈现？有何特色？在熊师铁基《二十世纪中国老学》、刘洪生《世纪庄学研究史稿本》中，已经提及台港对老学之态度，有其特色。本论文拟以2011—2015年台湾文献以《老子》为主题的期刊、论文、书籍的情形，观察其中新道家思维诞生，与其他老学作品研究情形，说明老学在台湾的社会的发展，及显现的老子接受义理向度。

一、多元之老庄风貌

自蔡志忠经典漫画将《老子》、《庄子》等古典丛书，以漫画、动画方式表现后，台湾学术与出版界，与老师课堂教学，都有活泼化的趋向，如“正是时候读庄子”是台大的开放式课程，也是《天下杂志》2015年8月出版的新作，作者台湾大学中国文学系蔡壁名教授现身说法，说明如何用太极与《庄子》，战胜癌症；另外，台湾大学徐汉昌教授“老庄风貌”课程也可圈可点。

在书籍的出版中，有创意而深入民间体悟的，如《老子看破没有说破的潜智慧》、《道法自然——老子的生态观》、《老子道德经与瑜伽心法：从瑜伽哲学深入老子的心海》、《我写大手笔：道德经》、《大成拳站桩与道德经》、《弱空间:从道德经看台湾当代建筑》、《老子悦能:自然就幸福的秘密》、《天下第一道术:老庄之道》、《与老子笑弈人生这盘棋》,是活泼泼的老子生命转化之教材。

学位论文的表现,有应用实用层面,如《从老子道德经的思想探讨太极拳理内涵》、《老子思想治疗学应用——对戒毒辅导的哲学反思》、《从老子思想观杨家老架太极拳》、《论老子思想于班级经营的应用》、《老子领导思维与企业变革管理研究》、《老子与经济之道》、《老子哲学与教育》、《环境污染及其解题——以老子环境伦理思想为进路》、《点的律动应用于动态图像之创作与研究——以老子"道"的哲学思想为例》、《老子政治哲学的现代诠释》。

老子在教育方面的影响有《论老子思想中"行不言之教"之意涵及其对现代教育之启示》、《老子"常无有"哲学之教育蕴义》,处处展现多风貌的老子风采。

二、义理向度之阐释

直就文本而谈,有意义的解释,诠解、深层意义的阐释,是传统注疏与诠释之著作,如《老子:生命的大智慧》、《道德经》、《新译老子读本》、《老子今注今译及评介》、《道德经作者:老子的人生智慧》、《老子要义》、《老子易知解》、《老子道德经智慧精髓(典藏版)》等,老子文句的深刻与体悟的作品,如《老子名言的智慧:非常道·老子》、《道德经的人生64个感悟》、《乱世里的南方智慧:老子》等。

亦有成就一家之言的,以自己的看法写老子,如李宪鸣(云子)《云旨道德经》,曲辰《老子思想及批判》,周绍贤《老子要义》、《列子要义》,张成秋《先秦道家思想研究》,仆人康《不一样的老子》,慧钰《天下第一道术:老庄之道》,李凤琪《道德经:老子道德文化的真理》等。

对老子本身的义理,有深刻的体悟,行诸文字的,如柯文扬《论老子道概念的义涵及其体现》,黄伟琦《老子道论的天地观与人间关怀》,陈弘志《从怀德海扩延连续性论老子无为平衡的减压概念》,萧德昌《老子自然无为思想之理论与实际》，沈明昌《〈老子〉治理思想之研究》，谢金汎《自然义的道家气化宇宙论：以〈老子指归〉为例》，陈明雄《老子》，黄秀君《老子学说中的人本思想》，林芸凡《老子复原思想之研究》，郭颖《老子的苦乐观》，李美智《〈老子〉养生思想研究》。

在道家与儒家的比较上，陈碧苓《孔子与老子有关道德礼治问题之研究——对当代各家诠释之比较》，将牟宗三、冯友兰等对道家儒家的“道”“德”意义做耙梳，都是很精彩的论文。

三、新道家的老庄论述

值得特别瞩目的是：赖锡三《当代新道家：多音复调与视域融合》(2011)，这本书是新道家时代的呼声，赖先生声称：“从此跨越了禅学个我安身立命的境界而打通了历史实践、公共关怀等向度。”成就新道家的定位，他以杨儒宾老师身体观、自然概念为宗师，故亦于杨儒宾编《自然概念史论》中，赖锡三等人提出道家自然观。赖锡三《道家型知识分子论——庄子的权力批判与文化更新》(2013)更以新的视域诠解庄周，成就古典新作之功。

他的终极关怀是：“道家作为有本有根、内圣外王的圆通之学如何可能？一方面在终极关怀的究竟体验上，道家必须要有它安身立命的根本学所在(内圣学)，以足堪和儒家、佛教并论终极关怀；另一方面也要开出道家的人间向度、伦理关怀、公共意义(外王学)。如此或许才能在性命之学与文化向度这两轮大业，产生和儒、佛足堪对诤或互补张力。如何在现代处境、用当代话语，来重新打通道家内圣、外王的任督二脉，长在我心。”①

他并以几条小径为方向：

(一)道的“超越”路径

透过三个面向来阐发：一是神话学，二是冥契主义，三是身体观。

① 赖锡三：《〈当代新道家〉的古典新义》，《人文与社会科学简讯》2014 年第 4 期。

道家冥契经验属于自然美学体验类型，以使道家的超越（道）和美学（物）合而为一，呈现出内在超越性或具体存有论模式（即物而道）。三则从身体精气神的身心转化过程来描绘真人气化身体的存有经验，如此一则可以让道家式的存有论和形神一如的工夫论得以结合，彰显道家身体思维的多维性。最后进一步思考老庄和内丹的重要差异。换言之，道家不只有宗教工夫，同时更具有哲学工夫。

（二）道的“美学”路径

参赞“天地大美”的游观美学，有必要再三挖掘。基本上我对道家美学向度之诠释，统合以下观点：一者道家的美学必须和存有论统合为一，形成一种存有美学，不会限于美学主体的主观境界说，美学由于统合了“齐物”（同一）与“物化”（差异），因此呈现出自然万物的风格之美。换言之，道家的存有美学可落实为一门具体、活力、差异的物化美学、自然美学。这样的存有美学、物化美学又可和道家的冥契体验并行不悖，使得道家存有美学与自然冥契体验融贯起来。

（三）道的“语言”路径

老庄将开出文化批判、公共关怀之路。如《天下》篇庄周自道“以与世俗处”的在世性格。尤其从《庄子》所运用的文字能力看来，庄周本人便是创造语言游戏的文学技艺家，所以将道家引入“隐喻大开”之路。且揭示“道”和“隐喻”（甚至“叙事”）的本质关系，并将道家的语言向度展开为四种范畴：无言沉默、隐喻大开、故事叙述、概念辩证的互补互用。

（四）道的“批判”路径

道家经常被认为是隐逸传统，这是小乘模式的道家保守派思维，彰显不出庄子式圆教的恢弘向度。作者认为《人间世》之逍遥才是具体圆通、立己立人之学。基本上从以下几点着手：一是对语言的批判治疗，似修辞的语言游戏观，背后实有对语言权力支配的深微洞察批判。二是对科技宰控、文化工业的霸权批判，以回复人和万物的存有意蕴、生机活力。三是对礼教身体的符号批判，亦即对社会文化控制系统透过名言符号而作用在身体上的权力支配，产生觉察进而柔化规训的强制暴力，期待身体象征系统的制式化得以有变形位移的调整空间。四是对政治暴力的强权批判，道家反对国家以人民为工具的强权支配，主张政府的有为剥削应该越少越好，让人民拥有各自多元差异的自由空间；道家型的知识分子基本上应该站在政治权力的对立面，采取格格不入的批判态度，发挥他讲真话的批判力道；万不得已，被纳入无所不在的政治权力网络，则应该发挥他“入游其樊而无感其名”的庖丁解牛能耐，也就是所谓富策略性与迂回型的道家型知识分子。五是对文化霸权的中心主义之批判，道家反对单行道思维而来的人类中心主义、文化优位主义，对于万物平等、文化多元有着高度的尊重。

（五）道的“伦理”路径

事实上，道家自有它所谓“上德”、“玄德”的伦理主张，中藏有道家“非二元性”的道德、伦理关怀和洞见。可以从“道法自然”的存有美学世界观去展开一种深层环境伦理学关怀方式。二是从史泰司所揭露的“冥契伦理学”出发，进一步指出道家非二元性的伦理视域，将产生“兼怀万物”的玄德之善，这种“浑沌之善”并非善/恶对立的一端之善、裁判之德，而是“善者吾善之，不善者吾亦善之”的绝对“德善”。这种玄德之善带有慈（体谅）、柔（接纳）、容（包容）等整体性的容纳爱护，如《老子》所谓“是以圣人常善救人，无弃人；常善救物，故无弃物”。

四、深入生命底蕴意识

《庄子“治疗学”义蕴之分析与展开》是张玮仪 2002 年的硕士论文，《老子治疗学义蕴之诠释》是陈琼玫 2006 年的硕士论文，《向儒道思想学情绪管理》是王邦雄 2010 年 10 月之作，是道家进入心理学，自我疗愈等的里程碑。王邦雄以“人人身上一部经典”作为立身处世的依据。将老子说的“挫其锐”，“同其尘”，转喻在了却人间烦恼上。再如赖锡三《〈老子〉的浑沌思维与伦理关怀》都是在对伦理关怀之深刻觉悟。

林建德《道佛语言策略析探——以〈老子〉与〈中论〉为例》、白恒旭《论道家式“中庸”——探析〈老子〉“正言若反”思维模式的核心意义与价值》、沈明谦《释德清〈老子道德经解〉与〈庄子内篇注〉互文诠释方法析论》都看出丁亮《〈老子〉文本中的“称代”表现》,其中同异之辨。

无论黄婉韵《论王弼注〈老〉之“崇本息末”观》,还是蔡忠道《王弼〈老子注〉政治思想析论》,都看出如郑柏彰所写《“道”可道乎? 非道乎? ——试构老子“道”之所具蕴义》,与老子具人文、宗教等多重开放的空间文本。如陈德和《论老子即人文即宗教的思想特色》这是老子即人文即宗教的重要特质。

五、《老子》与其他经典的讨论

其他如:王允慧《憨山大师〈老子道德经解〉研究》,杨雅婷《朱得之〈老子通义〉研究》,萧顺杰《郭店楚墓竹简〈老子〉书法研究》,董广远《〈老子〉的文学形式》,杨淑域《论老子哲学对教师专业伦理的启示》,李庆豪《论战国时期黄老道家对老子道家“天道——治道”思想的继承与改造》,陈奕臣《老子自然与无为思想之生命哲学》,王幸婷《论老子的守柔观》,陈谊芳《杉浦康平与靳埭强的平面设计作品运用老子“道、有、无”哲思之研究》,苏上毓《老子与马王堆黄老帛书的政治观之比较研究》,陈荣子《〈老子中经〉研究》,蔡孟函《〈老子〉的空间隐喻》,黄士轩《老子自然观的人生哲学》,开展了老子的深刻内涵,在“自然”、“守柔”等深入讨论;并与其他经典如书法、文学等加以对照,相互发明。

对台湾而言,老子学是心灵一帖良丹,《老子》的出版或相关著述面向多元展开,在在看出社会虽递变,但人心仍能在老庄身影中找到“安时而处顺,则哀乐不能入”的安顿。

2011—2015 参考文献整理(未完):

(一)书籍

麦迪:《老子看破没有说破的潜智慧》,台北:文经阁出版社,2011.03。

孟东篱:《道法自然——老子的生态观》,南投:玉山公园管理处,2011.04。

邱显峰:《老子道德经与瑜伽心法:从瑜伽哲学深入老子的心海》,台北:喜悦之路静坐协会,2011.04。

赖锡三:《当代新道家:多音复调与视域融合》,台北:台大出版中心,2011.08。

许雪明:《我写大手笔:道德经》,新北市:台湾商务印书馆,2012.04。

阮庆岳(原文作者)、阮叔梅(译者):《弱空间:从道德经看台湾当代建筑》,台北:田园城市,2012.07。

余培林:《老子:生命的大智慧》,台北:时报出版,2012.08。

余永年:《大成拳站桩与道德经》,台北:大展出版,2013.01。

黄华甫:《道德经译解》,台北:"国家"出版,2013.04。

李宪鸣(云子):《云旨道德经》,台北:大康出版,2013.12。

梅逊:《老子这样说:从〈道德经〉看"为我思想"》,尔雅出版社(网络书店),2014.04。

赖纯美:《老子名言的智慧:非常道 · 老子》,台中:好读出版,2014.04。

秦汉唐:《道德经的人生64个感悟》,台北:文经阁出版,2014.04。

杨照:《乱世里的南方智慧:老子》,台中:联经出版,2014.06。

钟天送:《老子,复活了》,台北:商讯文化,2014.06。

玄儿子:《老子道德经 · 活学活用(精髓版)》,金文堂(网络书店),2014.08。

余培林(注释):《新译老子读本》,台北:三民书局,2014.11。

老子:《道德经》,台北:群出版,2014.11。

傅佩荣:《傅佩荣 · 经典讲座 · 老子:在虚静中觉悟人生智慧》,台北:天下文化,2014.12。

杨儒宾编,赖锡三、蔡振丰、林永胜、黄国清、杨儒宾、黄敏浩、陈玮芬、林淑娟、陈荣灼、冯耀明、赵之振、赵雪君著《自然概念史论》,台北:台大出版中心,2014.12.

曾仕强:《道德经作者:老子的人生智慧》,高雄:清凉音文化,2015.02。

蔡志忠:《老子说》,新北市:喜乐亚公司,2015.02。

翁继业、悦能编辑团队:《老子悦能:自然就幸福的秘密》,新北市:零极限,2015.04。

王溢嘉:《与老子笑弈人生这盘棋》,台北:有鹿文化公司,2015.10。

周绍贤:《老子要义》,台北:台湾中华,2015.11。

郑曼髯:《老子易知解》,台北:台湾中华,2015.11。

张成秋:《先秦道家思想研究》,台北:台湾中华,2015.11。

周绍贤:《列子要义》,台北:台湾中华,2015.11。

仆人康:《不一样的老子》,台中:白象文化,2015.11。

林秀珍:《老子哲学与教育》,台北:师大书苑有限公司,2015.12。

陈鼓应:《老子今注今译及评介》,台北:台湾商务印书馆,2015.12。

曲辰:《老子思想及批判》,台北:时英出版社,2016.01。

李宪鸣:《李宪鸣(云子)用玄学谈老子道德经》,台北:秀威信息,2016.02。

慧钰:《天下第一道术:老庄之道》,台北:菁品文化,2016.02。

李凤琪:《道德经:老子道德文化的真理》,新北市:培育文化,2016.02。

道玄子:《老子道德经智慧精髓(典藏版)》,华文鼎文化(网络书店),2016.03。

(二)期刊

孙宏仁:《〈老子〉处世思想中的修身观念——典范教育》,《兴国学报》第12期,页55-65,2011.01。

林建德:《道佛语言策略析探——以〈老子〉与〈中论〉为例》,《东吴哲学学报》,页25-60,2011.02。

陈器文:《就老子的智慧老人形象论民间传说人物的箭垛化》,《东华汉学》2011年夏季特刊,页27-48,2011.07。

王幸婷:《略说老子守柔观的形成脉络》,《国文天地》第315期,页40-44,2011.08。

马恺之:《评雷敦龢著:〈老子道德经〉(Laozi Daodejing.)》,《东吴哲学学报》第24期,页131-139,2011.08。

黄婉韵:《论王弼注〈老〉之“崇本息末”观》,《东吴中文在线学术论文》第17期,页41-62,2012.03。

陈德和:《论老子即人文即宗教的思想特色》,《揭谛》第23期,页197-256,2012.07。

白恒旭:《论道家式“中庸”——探析〈老子〉“正言若反”思维模式的核心意义与价值》,《东海大学文学院学报》第53卷,页129-173,2012.07。

蔡忠道:《王弼〈老子注〉政治思想析论》,《经学研究集刊》第13期,页23-38,2012.10。

郑柏彰:《“道”可道乎?非道乎?——试构老子“道”之所具蕴义》,《揭谛》,页75-107,2013.07。

陆基洋:《论陈汉生(ChenHansen)对老子“道”概念的诠释思想》,《清华学报》,页599-640,2013.12。

郭家和:《老子史观的一项文化哲学观察》,《东吴中文在线学术论文》,第27期,页21-38,2014.09。

丁亮:《〈老子〉文本中的“称代”表现》,《东海文学报》第28期,页249-273,2014.12。

赖锡三:《〈老子〉的浑沌思维与伦理关怀》,《台大中文学报》第49期,页1-42,2015.06。

沈明谦:《释德清〈老子道德经解〉与〈庄子内篇注〉互文诠释方法析论》,《中国学术年刊》第37期(秋季号),页51-78,2015.09。

(三)学位论文

蔡孟函:《〈老子〉的空间隐喻》,台北:台湾师范大学国文学系硕士专班硕士论文,2011.12。

赖文婷:《老子“常无有”哲学之教育蕴义》,台北:台湾师范大学教育学系硕士论文,2011.6。

黄士轩:《老子自然观的人生哲学》,嘉义:南华大学哲学研究所硕士论文,2011.6。

刘慧贞:《论老子思想中“行不言之教”之意涵及其对现代教育之启示》,新北:华梵大学哲学学系硕士学位论文,2011.6。

陈碧苓:《孔子与老子有关道德礼治问题之研究——对当代各家诠释之比较》,台北:中国文化大学文学院哲学系博士论文,2011.1。

周恩荣:《老子政治哲学研究》,台北:东吴大学哲学系硕士论文,2011.6。

杨淑域:《论老子哲学对教师专业伦理的启示》,嘉义:南华大学哲学与生命教育学系硕士论文,2012.4。

陈奕臣:《老子自然与无为思想之生命哲学》,嘉义:南华大学哲学与生命教育学系研究所硕士论文,2012.5。

王幸婷:《论老子的守柔观》,新北市:辅仁大学中国文学系硕士论文,2012.5。

苏上毓:《老子与马王堆黄老帛书的政治观之比较研究》,嘉义:南华大学哲学与生命教育学系硕士论文,2012.5。

陈荣子:《〈老子中经〉研究》,新北市:辅仁大学宗教学系硕士论文,2012.6。

陈谊芳:《杉浦康平与靳埭强的平面设计作品运用老子“道、有、无”哲思之研究》,台中科技大学商业设计系硕士班硕士论文,2012.7。

李庆豪:《论战国时期黄老道家对老子道家“天道——治道”思想的继承与改造》,花莲:东华大学中国语文学系硕士论文,2012.7。

萧顺杰:《郭店楚墓竹简〈老子〉书法研究》,新北:台湾艺术大学书画艺术学系硕士论文,2013.6。

董广远:《〈老子〉的文学形式》,台中:逢甲大学中国文学系硕士班硕士论文,2013.6。

李美智:《〈老子〉养生思想研究》,高雄师范大学国文学系中国文学教学硕士论文,2013.6。

张志威:《从老子思想观杨家老架太极拳》,台北大学中国文学系硕士论文,2013.7。

陈昱君:《老子与经济之道》,新北:华梵大学哲学系硕士学位论文,2013.7。

王淑桦:《环境污染及其解题——以老子环境伦理思想为进路》,桃园:中央大学哲学研究所硕士论文,2013.1。

魏陈斌:《点的律动应用于动态图像之创作与研究——以老子“道”的哲学思想为例》,桃园:铭传大学商业设计学系硕士班硕士论文,2013.2。

林芸凡:《老子复原思想之研究》,嘉义:南华大学哲学与生命教育学系硕士论文,2013.5。

黄群方:《老子领导思维与企业变革管理研究》,新北:华梵大学哲学学系硕士学位论文,2013.5。

王汉哲:《老子政治哲学的现代诠释》,桃园:中央大学哲学研究所博士论文,2013.6。

林安禄:《论老子思想于班级经营的应用》,新北:华梵大学哲学学系硕士学位论文,2013.7。

柯伟晟:《〈老子〉王弼注残本订补及评议》,台北:中国文化大学文学院中国文学系硕士论文,2013.12。

杨雅婷:《朱得之〈老子通义〉研究》,台北:台湾师范大学国文学系硕士论文,2014.1。

蓝启文:《老子哲学中“德”概念之分析》,新北:华梵大学哲学学系硕士学位论文,2014.1。

张焕:《论老子无为思想的人生哲学》,嘉义:南华大学哲学与生命教育学系硕士论文,2014.5。

包佩君:《论老子之体道证德——以“社团法人中国大智慧灵气研究会”之理念与运作为例》,嘉义:南华大学哲学与生命教育学系硕士论文,2014.6。

陈明雄:《老子》,新北:辅仁大学哲学系硕士在职专班硕士论文,2014.6。

黄秀君:《老子学说中的人本思想》,台中:逢甲大学中国文学系硕士班硕士论文,2014.6。

郭颖:《老子的苦乐观》,台北:中国文化大学文学院哲学系硕士论文,2014.6。

白安富:《老子思想治疗学应用——对戒毒辅导的哲学反思》,嘉义:南华大学哲学与生命教育学系硕士论文,2014.6。

王允慧:《憨山大师〈老子道德经解〉研究》,新北:华梵大学东方人文思想研究所硕士学位论文,2014.8。

黄伟琦:《老子道论的天地观与人间关怀》,台中:东海大学哲学系研究所硕士论文,2015.1。

谢金汎:《自然义的道家气化宇宙论:以〈老子指归〉为例》,桃园:中央大学哲学研究所博士论文,2015.1。

陈弘志:《从怀德海扩延连续性论老子无为平衡的减压概念》,嘉义:南华大学生死学系哲学与生命教育硕士班硕士论文,2015.6。

萧德昌:《老子自然无为思想之理论与实际》,嘉义:南华大学生死学系哲学与生命教育硕士班硕士学位论文,2015.6。

柯文扬:《论老子道概念的义涵及其体现》,嘉义:南华大学生死学系哲学与生命教育硕士班硕士论文,2015.12。

刘慰祖:《从老子道德经的思想探讨太极拳拳理内涵》,嘉义:南华大学生死学系哲学与生命教育硕士班硕士学位论文,2015.12。

(作者为台湾联合大学华文系副教授)

竹简《文子》二题

张固也

一、文子“得道于老聃”新证

文子传说是老子的弟子。东汉班固据刘歆《七略》作《汉书·艺文志》，其《诸子略》道家著录有《文子》九篇，称文子系“老子弟子，与孔子并时”。王充《论衡·自然》篇也将老子、文子的关系和孔子、颜渊相提并论。虽然从唐代柳宗元以来，今本《文子》十二卷被许多学者认作“驳书”、“伪书”，晚出于东汉以后，但人们针对的主要是书而不是人。因此，不仅少数仍然相信今本非伪的学者深信文子为老子弟子，而且持伪书说者也往往承认《汉书·艺文志》的说法当有所据，汉代流行于世的古本《文子》应与今本不同，其作者有可能为老子弟子。清代学者江瑔言之凿凿：

> 班氏固深信文子者也，观其既曰“老子弟子”，又曰“与孔子同时”，绝无犹豫之辞，可以想见。至其曰“称周平王语，似依托者”，盖谓文子生不与周平王同时，而书中称之，乃伪托问答之辞。《庄》、《列》诸家，素多此体，非谓其书由后人伪托也。班氏生于《文子》盛行之汉代，既信之最深，斯知之最详，则其云文子与孔子同时，当必可信。①

1973年，在河北定县（今定州）八角廊西汉晚期中山王墓中出土了大批竹简。1976年，竹简经初步整理释读，其间有《文子》存在。一时之间，许多学者以为今本伪书之说已不攻自破。然而，1995年竹简《文

① 江瑔：《读子卮言》第十三章《论文子即文种》。

子》释文在《文物》月刊上发表以后①,事情发生了戏剧性的变化。学界在就竹简本与《汉书·艺文志》著录本、今本三者之间关系展开争论的同时,对于文子为老子弟子这一记载几乎无不予以断然否定。其原因在于竹简本与今本的一处关键异同,汉简整理者最早指出:

> 今本中有在原本上附加衍文并窜改原文之处。如0880号简"(平)王曰:'人主唯(虽)贤,而遭淫暴之世,以一",而今本《文子·道德》则作"平王问文子曰:吾闻子得道于老聃,今贤人虽有道,而遭淫乱之世,以一人……"。②

王博先生进而论述道:

> 班固等以文子为老子弟子,实无证据。传世本《文子·道德篇》中有"平王问文子曰:'吾闻子得道于老聃,今贤人虽有道,而遭淫乱之世'",可为文子师从老子之证,但遗憾的是,竹简《文子》适有此段。0880号:"王曰:人主唯(虽)贤,而曹(遭)淫暴之世……"而无"吾闻子得道于老聃"句,可知此为后人增益,非原文之旧。③

这一说法被人广为引用,基本成为当今学界的公论。但赵雅丽博士在复原竹简本时,有如下一处做法:

> 平王曰:"子以道、德治天下,夫上世之王2255[者有道],如此而咸[失其国],以子之事[老聃]1086,[可得而知乎]?"④

赵氏的这一复原,从句式上说,在古书中没有可以相互佐证的例子;从复原价值上说,并不能解释竹简本与今本提及"老聃"的两句话何以如此迥异;从复原方式上说,更是存在着比较严重的问题。因为1086简作:"王者无道如此而咸□,以子之事",赵氏竟然毫无理由地删除了简首的"王者无道"四字,而臆补出"者有道"三字,以与2255简末的"王"字连读成句;"咸"下只有一个缺字符号,竟然臆补出"失其国"三

---

① 河北省文物研究所定州汉简整理小组(刘来成执笔):《定州西汉中山怀王墓竹简〈文子〉释文》,《文物》1995年第12期。

② 河北省文物研究所定州汉简整理小组(刘来成执笔):《定州西汉中山怀王墓竹简〈文子〉的整理和意义》,《文物》1995年第12期。

③ 王博:《关于〈文子〉的几个问题》,《哲学与文化》1996年第8期。

④ 赵雅丽:《〈文子〉思想及竹简〈文子〉复原研究》,北京燕山出版社,2005年,第140页。

字。至于在简末补出“老聃”二字，理由仅为今本“《道德》篇提供了文子与老聃关系的信息，这使我们相信文子是老子的弟子无疑”，而完全无视汉简整理者、王博先生等人的说法，显然是不足以取信于人的。

然而，赵氏试图通过 1086 简的复原，来从竹简本中寻找文子为老子弟子的内证，这一做法本身，却给人以很大的启发，可谓幸而偶中。我们反复玩味 1086 简文之意，发现这枚简文确实可以为文子系老子弟子的传统说法提供佐证。

1086 简文中的“子”字，确为平王对文子的称呼。同样的用法还见于 2255 简“子以道、德治天下”、2504 简“子，子可而囗”。后两残简中的三个“子”字只是简单指称，对讨论文子的身份没有多大意义，而 1086 简“子之事”究竟何所指，确实值得玩味。

赵氏以为“事”字表示师事之意，故在简文之下直接补出“老聃”二字。表面看来，“事老聃”固然没有问题，但“以子之事老聃”这样的句式，古书中似乎罕见。《孟子·滕文公上》：“子夏、子张、子游以有若似圣人，欲以所事孔子事之。”与之比较接近，则这句话应译作“用你师事老聃(的方式)”。但这样理解，则赵氏下面补出的“可得而知乎”，又在语义上无法衔接了。可见赵氏的复原并不足取。

实际上，“事”字的主要义项毕竟是“事情”。古书中“以……事(言、道等)观(论、言等)之”之类句式十分常见，如竹简《文子》残简中多见“以此观之”、“由是观之”：

然也？何失于人乎？以此观之，道德 0613

囗从时也。由是观之，人主若能修 0614

观之，难事，道于易也；大事，道于细也。0595

之，道之于人也 1179(今本对应文句作：“由是观之，道之于人，无所不宜也。”)

古书中与此句式相近，略为复杂一点的，如《战国策·赵一》：“臣窃以事观之，秦岂得爱赵而憎韩哉？……臣窃以事观之，秦岂忧赵而憎齐哉？”《大戴礼记·礼察》：“听言之道，必以其事观之，则言者莫妄言。……人主胡不承殷周秦事以观之乎？”《墨子·鲁问》：“然吾以子之言观之，则天下之所谓可者，未必然也。”《史记·司马相如传》：“略以子之所闻见而言之。”《论衡·谈天》:“以天道人事论之,殆虚言也。”

我们在开始复原竹简本之时,就已经参照上述例证,把1086简末句复原作“以子之事观之”①。但当时没有意识到两个极其重要的问题,而在这枚简文前直接补出“平王曰”,即将简文看作这一次平王问语的开头,后来从《庄子·天道》如下一段文字中受到十分重要的启发:

> 桓公读书于堂上,轮扁斲轮于堂下,释椎凿而上,问桓公曰:“敢问公之所读者,何言邪?”公曰:“圣人之言也。”曰:“圣人在乎?”公曰:“已死矣。”曰:“然则君之所读者,古人之糟魄已夫!”桓公曰:“寡人读书,轮人安得议乎!有说则可,无说则死!”轮扁曰:“臣也以臣之事观之。斲轮,徐则甘而不固,疾则苦而不入,不徐不疾,得之于手而应于心,口不能言,有数存焉于其间。臣不能以喻臣之子,臣之子亦不能受之于臣,是以行年七十而老斲轮。古之人与其不可传也死矣,然则君之所读者,古人之糟魄已夫!”

在这个著名的故事中,前面交代了“轮扁斲轮于堂下”,读者才能理解后面的“以臣之事观之”,是指轮扁从其职业身份出发来分析道理。依此类推,1086简前面也必定会有与“子之事”呼应的内容,用来交代文子的身份。

在意识到这一问题后,我们又发现另一个问题:1086简首的“王者无道如此”,究竟如何无道,前面也应该有所呼应。残简中经常说到“无道”、“毋道”:

> □立,谓之无道,而国不0811
>
> 无道。平王曰:“请问无道之过。”文子曰:0780
>
> 无道之1812
>
> 毋道以立天下者,□□□,故曰2273
>
> 治矣,毋道而立之者则乱。故治乱0695
>
> 之德也;以毋道立者,天下之贼也。以□六曰君,2442

我们在复原之初,以为1086简的“无道如此”正是与这些议论“无

① 张固也:《定州汉简〈文子〉复原》,《吉林大学古籍整理研究所建所三十周年纪念文集》,上海古籍出版社,2014年。

道”的文句相呼应的。后来在复原过程中，发现这些文句分散在不同的篇章，与1086简离得很远。而竹简《文子》每一章上下文的呼应极为密切，因此这枚简文之前，必定会有“无道”的具体描述，“如此”二字才不至于没有着落。

那么，前面究竟该如何复原，才能与1086简相互呼应呢？这就必须先确定简文在竹简本中的篇章位置，我们发现今本《文子·道德》篇第十五章后半部分，很可能正是回答简文中平王所问的：

> 夫无道而无祸害者，仁未绝，义未灭也。仁虽未绝，义虽未灭，诸侯以轻其上矣。诸侯轻上，则朝廷不恭，纵令不顺。仁绝义灭，诸侯背叛，众人力政，强者陵弱，大者侵小，民人以攻击为业，灾害生，祸乱作，其亡无日，何期无祸也。

其中“夫无道而无祸害者”这句答语，显然正是对前面问语中心意思的简明概括。而1086简“王者无道如此而咸□，以子之事”下补出“观之，何以无祸害也”，不正是在问为什么王者“无道而无祸害”吗！

接下来的问题是，前面究竟会如何描述王者之无道？如上所述，竹简本经常议论“无道”的问题，在不同的篇章中，必定会受其主题的限制，而各自有所侧重。再来看今本《文子·道德》篇第二十章的“吾闻子得道于老聃，今贤人虽有道，而遭淫暴之世”三句话，正如时贤所指出，确实与0880简相互冲突，不属于竹简本对应篇章的内容，但是如果移到与上面这段话对应的简文之前，则密合无间，可以为复原工作提供清晰的思路。即前面很可能是以贤人得道而贫贱，与王者无道而富贵相对而言；而此处“无道”的主要表现，很可能如《吕氏春秋·贵生》所言：“世之人主，多以富贵骄得道之人。”

根据以上分析，1086简前后可以试作如下复原：

> [平王曰：“吾闻子得道于老聃，今贤人虽有道，而遭淫暴之世，处贫贱之地；人主富有天下，广奢淫佚，而骄得道之士矣]。王者无道如此而咸〔贵〕，以子之事1086[观之，何以无祸害]也？”

这一复原如果可信，则前述时贤的怀疑可立即冰释，文子作为老子弟子的身份应该予以恢复。

二、竹简《文子》的思想宗旨与纲领

今本《文子》第五篇《道德》第一章开头部分：

文子问道，老子曰："学问不精，听道不深。凡听者，将以达智也，将以成行也，将以致功名也。不精不明，不深不达。故上学以神听，中学以心听，下学以耳听。以耳听者，学在皮肤；以心听者，学在肌肉；以神听者，学在骨髓。故听之不深，即知不明；知之不明，即不能尽其精；不能尽其精，即行之不成。凡听之理，虚心清静，损气无盛，无私无虑，目无妄视，耳无苟听，专精积蓄，内意盈并，既以得之，必固守之，必长久之。"①

竹简《文子》整理者已指出以下三枚简文与之对应：

修德非一听。故以耳听者，学在皮肤；以心听 2482

学在肌月（肉）；以□听者，‖ 0756

不深者知不远，而不能尽其功，不能 2500

今本没有 2482 简首"修德非一听"一句，而另有"学问不精"至"下学以耳听"大段论述，整理者认为这"显然是对汉简'修德非一听'的训释"②。李缙云、刘伟、张丰乾、王宁等都赞同并发挥过这一观点③，晁福林更认为，"修德"一句"是本段论述的主题所在"，"这里不当作'问道'，而应当是'问修德'。从文子答辞看，所讲内容在于修德，故在这里不是问道，而是问如何修德。后人篡改为'问道'，盖以为本篇题为《道德》，故应先问道焉。殊不知，依老子意本来是德在先而道在后的，马王堆汉墓帛书即作德道经，而非道德经。首章问德而非问道，实寓有文子

① 王利器：《文子疏义》，中华书局，2000 年，第 218 页。

② 河北省文物研究所定州汉简整理小组：《定州西汉中山怀王墓竹简〈文子〉的整理和意义》，《文物》1995 年第 12 期。

③ 李缙云：《〈文子·道德〉篇竹简本、传世本的比较研究》，《哲学与文化》1996 年第 8 期。刘伟：《从竹简〈文子〉中道与德的关系看早期儒道关系》，《齐鲁学刊》2004 年第 6 期。张丰乾：《试论竹简〈文子〉与今本〈文子〉的关系》，《中国社会科学》1998 年第 2 期。葛刚岩：《〈文子〉成书及其思想》，四川出版集团，2005 年，第 141 页。赵逵夫、葛刚岩：《今本〈文子〉的形成与流变》，《中华文丛论丛》总第八十辑，第 124 页。

释老的深意。”[①]我们先后在两篇小文中指出：“检与释文同时公布的残简摹本，2482简‘听’上之字明显是‘耳’字之残，而没有‘修德非一’四字，似乎此句当同今本一样作‘下学以耳听’。”[②]竹简本既然有这一句，其上必定会有“故上学以神听，中学以心听”，而由2500简的反面论述，可以进而推断竹简本必定有对应甚至相同于今本的“凡听者将以达智也，将以成行也，将以致功名也”等正面论述[③]。这里我们还想进一步指出，竹简本对应今本上引一段文字的当为独立一章，且为全书首章，章题为“听道”，它开门见山地揭橥了竹简《文子》的思想宗旨和纲领。

何以知其为全书首章？正如李学勤所指出，2465简“很像是书的标题”，但他把简文标点为“《文子》上经：《圣□》、《明王》……”[④]，却并不妥当。这枚简文的准确读法应为：“《文子》上：《经》、《圣[知]》、《明王》。”其中“文子”是书名，“上”指卷次，“经、圣知、明王”是卷上的三个篇名[⑤]。既然竹简《文子》前三篇依次为《经》、《圣知》、《明王》，而今本《道德》篇第一章谈论“道”，第三章始于问“德”，第五章谈论“圣智”，第七章始于问“古之王者，以道莅天下，为之奈何”，后两章正对应于竹简本的《圣知》、《明王》，逆推前两章应该对应于《经》篇。“道”、“德”是道家最基本的概念，竹简本中这两章合称《经》篇，自然再正常不过了。

何以知其章题为“听道”？因为根据我们的复原，竹简本对应于今本《道德》篇第一章的内容分为四章，后三章章题分别为“天道”、“法天道”、“道产”，其中都有一个“道”字，而今本此章亦以“问道”开始，可证竹简本第一章的章题中也应该有一个“道”字。无论在简文还是今本中，这段话中出现最多、最为核心的一个概念都是“听”。今本有“听道不深”一句，0766简则有“听圣人，守道□”之说，思想相通。毫无疑问，这一章的章题必为“听道”无疑。

众所周知，先秦古书每多开宗明义。如《论语》“学而时习之”章、

---

① 晁福林：《定州汉简〈文子·道德〉篇臆测》，《中国历史博物馆馆刊》2000年第2期。

② 王慕湘、张固也：《也谈〈文子〉竹简本与传世本的关系》，《古籍研究》2002年第2期。

③ 张固也：《竹简〈文子〉释文与摹本校读记》，《澳门文献信息学刊》2015年第2期。

④ 李学勤：《试论八角廊简〈文子〉》，《文物》1996年第1期。

⑤ 张固也、易吉林：《竹简〈文子〉2465号简新释》，《社会科学战线》2015年第11期。

《老子》“道可道”章、《管子·牧民》篇等，都是各家精义之所在。竹简《文子》用“经”这个神圣的字眼来命名首篇，又以《听道》居其首章，它在全书中应该拥有不容忽视的特殊地位。我们反复研究所有残简文字及今本对应诸章，认识到它确实起到揭橥宗旨、统领全书的作用，这可以从以下四个方面来加以说明。

首先，“听道”二字不但是首章的章题，也揭橥了竹简本全书的宗旨，即主张王者“听道”，以建立帝王功业、成就帝王德行。有学者统计，“在竹简《文子》总共277枚竹简、2790字中，共有73枚竹简的简文中有‘道’字87处，而且贯穿始终。由此可见‘道’在竹简《文子》思想体系中的重要性”①。这固然不无道理，却也有点未达一间。竹简本认为“天之道”“难言”(1184简)，所以很少谈论道之体，而直接认定“道者，先圣人之传也”(2391简)，专注于讨论“道之于人”是否相宜(2439简)，即具体探讨“王道”、“人道”、“师徒之道”等道之用。这一基本思想特征是由首章《听道》确立的，而与今本始于《道原》篇，从探讨道之本原出发，形成鲜明的对照。

其次，《听道》作为《经》篇首章，起到引领以下四章的作用。在提出“听道”主张之后，《天道》接着交代“听”什么“道”；《法天道》更点明“听道”就是为了效法天道；《道产》详述道之用，亦即听道的效果，所谓“内以修身，外以治人，功成事立”，“天下皆服”；《德畜》主张用德、仁、义、礼“四经”治国，实即“听道”的外在表现。五章一气呵成，共同组成了《经》篇。

复次，《听道》章先说“凡听者，将以达知也，将成行也，将以以致功名也”，又说“故听之不深者知不远，而不能尽其功，不能尽其功，即行之不成”，这决定了竹简本的篇章结构，起到统领全书的作用。竹简本首篇为《经》，其他各篇则是按照《经》篇各章的论述次序，来作进一步深入阐述的，而这一次序实际已经隐含在《听道》的上述论述中。由于“听道”最直接的目标是要“达知”，所以《圣知》仅次于《经》为第二篇，用以发挥《听道》章。为了补充交代“听道”的主体，故继之以第三篇《明王》，

① 刘伟：《从竹简〈文子〉中道与德的关系看早期儒道关系》，《齐鲁学刊》2004年第6期。

而其核心主张“执一无为”，实由《天道》章“道始于弱细”(0696 简)生发出来。下一篇应该发挥《法天道》章，今本中没有对应文字，而在残简中有关“闻道”、“象天道”、“人道”、“师徒之道”的论述可以复原成四章，合为第四篇《守道》。今本第九章讲“五兵”，第十一章讲“王天下”，在竹简本中同属第五篇《用兵》。今本第十三章讲为政，出自竹简本第六篇《为政》。对外战胜敌国而王天下，对内以道治国而得民心，都属于王者的事功，可见这两篇是从《道产》章所述道之用抽取“致功”的用兵、为政两个主要方面来加以发挥的。今本第十五章讲用道德仁义，残简除对应文字外，还有大量分开论述四者的简文，从分章和字数之多，可以推测竹简本中分成《道德》第七、《仁义》第八两篇。今本第二十章讲人主如何教化民众，在竹简本中属于《教化》第九篇。末三篇都属于“成行”的范畴，同时又主要是对《经》篇《德畜》章“四经”说的发挥。可见，竹简本的思想体系和脉络，完全可以用《听道》开头几句话中的四个词语作一简明概括：听道——达知——致功——成行。

最后，《听道》章的论述在《圣知》篇中得到了全面发挥。竹简本《圣知》篇原有五章，今本只取其首章，其章题亦为《圣知》，我们十余年前已作过复原①。它的主旨在论述“闻而知之，圣也；见而知之，知也”，这是将《听道》所谓“达知”分成了两个高级层次来作阐述，其以“闻”知为圣，亦与此章的“听”相通。但今本中两者的联系仅此而已，其发挥《听道》的特征尚不够明显。而在今本中找不到依据的残简中，还有许多简文分别围绕“祸福”、“死生”、“王知”、“致功”四个小主题加以论述，层层递进，密不可分，可以复原为四章，依次接在《圣知》章之下，共同组成《圣知》篇。如果说第二、三章直接上承《圣知》章，与《听道》篇只有间接联系的话，那么第四、五章恰恰相反，与《圣知》章的关联并不明显，而完全是对《听道》章“凡听者”、“凡听之理”两层论述的进一步发挥。尤其0766 简“听圣人守道”之说，无疑就是“听道”的另一种稍繁的表述；这个“守”字，就是此章“既以得之，必固守之”之“守”。《听道》章的几个关键概念，《圣知》章仅发挥了“达知”，而加上《王知》、《致功》两章之后，

① 张固也：《八角廊简〈文子·圣知〉的复原及其思想》，《文献》2002 年第 4 期。

"成行"、"致功"、"听之理"就都得到充分发挥了。可见,《圣知》篇确实是专门发挥《听道》章的,二者之间有着类似于传与经的关系,只不过这是出自同一人的精心构思,并非像学者所"推断竹简《文子》有《经》有《传》有《说》",其"制作有一个历时的过程"①。

总之,《听道》章居于竹简本首篇首章,揭橥了全书的思想宗旨是"听道",预设了其思想纲领是通过"听道"而"达知"并进一步"成行"、"致功名",并决定了全书九篇三十六章的篇章结构与顺序,更是《圣知》篇思想发挥的直接对象。说它是统领全书的灵魂,这一定位大概不算夸张吧!

(作者为华中师范大学历史文献学研究所教授)

① 丁四新.《郭店楚墓竹简思想研究》,东方出版社,2000年,第79页。

楚人信奉的天神及其通天工具

黄尚明

楚国巫术盛行,王逸在《楚辞·九歌章句》中说:"昔楚国南郢之邑,沅、湘之间,其俗信鬼而好祠。"班固《汉书·地理志》记载楚地"信巫鬼,重淫祀"。张正明先生在《巫道骚与艺术》一文中把巫学作为楚文化的三大特色之一,并且巫学是道学和骚学的基础,这篇论文也谈及楚巫通天的工具如凤,但是文章的主旨是研究楚文化中巫、道、骚与楚艺术之关系①。所谓巫术就是人们依靠对神的虔诚信仰,借助一定的巫术仪式与各种神进行沟通,求得神的帮助,从而实现人类的各种愿望。楚人所信奉的神可以三分为天神、地祇、人鬼②,这种分法见于《周礼·春官·大宗伯》:"大宗伯之职,掌建邦之天神、人鬼、地祇之礼。"也有的学者分为自然神和祖先神两类③。本文仅对楚人信奉的天神及通天工具进行探讨。

一、楚简所见楚人所信奉的天神

胡雅丽在《尊龙尚凤——楚人的信仰礼俗》一书中对楚人所信仰的神进行了详细探讨,晏昌贵在《巫鬼与淫祀》一书中对楚简中所见的天神做了更全面的考证,根据学者的研究,楚简所见的天神如下:

---

① 张正明:《巫道骚与艺术》,《文艺研究》1992年第2期。

② 陈伟:《包山楚简初探》,武汉大学出版社,1996年,第159～174页;晏昌贵:《巫鬼与淫祀》,武汉大学出版社,2010年,第77～178页。

③ 彭浩:《包山二号楚墓〈卜筮祭祷〉竹简的初步研究》,《楚文化研究论集》第2集,湖北人民出版社,1991年,第286～290页;胡雅丽:《尊龙尚凤——楚人的信仰礼俗》,湖北教育出版社,2003年,第1～29页;李零:《中国方术正考》,中华书局,2006年,第227～230页。

1. 太(蚀太)

陈伟先生认为荆门包山二号墓楚简提到的天神只有"太(蚀太)"一种,祷祠时总是放在首位,太即太一,蚀太是"其星隐而不见"、"见则为灾"的天皇大帝①。"太"还见于湖北江陵秦家嘴、望山、天星观及河南新蔡葛陵楚简。《老子》第二十五章:"有物混成,先天地生,寂兮寥兮,独立不改,周行而不殆,可以为天下母。吾不知其名,字之曰道,强为之名曰大。"第四十二章:"道生一,一生二,二生三,三生万物。"《吕氏春秋·大乐》:"太一出两仪,两仪出阴阳。""道也者,至精也,不可为形,不可为名,强为之,谓之太一。"太一是星神,《史记·天官书》:"中宫:天极星,其一明者,太一常居也。"《正义》引刘伯庄云:"泰一,天神之最尊贵者也。"《楚辞·九歌》第一篇篇名即《东皇太一》。《文选》五臣注:"太一,星名,天之尊神。祠在楚东,以配东帝,故云东皇。"洪兴祖补注曰:"《汉书·郊祀志》云:'天神,贵者太一。太一佐曰五帝。古者天子以春秋祭太一东南郊。'《天文志》曰:'中宫天极星,其一明者,太一常居也。'《淮南子》曰:'太微者,太一之庭,紫宫者,太一之居。说者曰:太一,天之尊神,耀魄宝也。'《天文大象赋》注云:'天皇大帝一星在紫微宫内,勾陈口中。其神曰耀魄宝,主御群灵,秉万机神图也。其星隐而不见。其占以见则为灾也。'又曰:'太一一星,次天一南,天地之臣也。主使十六龙,知风雨、水旱、兵革、饥馑、疾疫。占不明反以为灾。'"

晏昌贵认为除了太一为星官天神以外,太一还是哲学上的万物之源,即元气。郭店楚简《太一生水》论述了宇宙的生成过程,太一是宇宙生成的本源。

2. 天

见于葛陵楚简。天是一种神格化的天神名称。长沙子弹库帛书载:"惟天作福,神则格之;惟天作妖,神则惠之。钦敬惟备,天象是则;咸惟天□,下民之戒,敬之勿忒!"②说明天是有意志的神,可以作福,也可以作妖。

① 陈伟:《包山楚简初探》,武汉大学出版社,1996年,第161～162页。

② 李零:《楚帛书研究》,中西书局,2013年,第51页。

3. 日

日神是楚人信奉的天神之一，见于包山楚简。

4. 月

月神也是楚人信奉的天神之一，亦见于包山楚简。

5. 岁、太岁

岁神就是岁星之神，岁星就是木星。

6. 北宗

北宗或即北斗。《周礼·春官·大宗伯》孔颖达疏引《古尚书》："六宗者，天地属神之尊者。谓天宗三、地宗三，天宗：日、月、北辰也，地宗：岱山、河、海也。日月为阴阳宗，北辰为星宗，岱为山宗，河为水宗，海为泽宗也。"

7. 五差

"差"通"佐"，"五差"即"五佐"，五佐可能为太一佐。《史记·封禅书》载："天神贵者太一，太一佐曰五帝。古者天子以春秋祭太一东南郊，用太牢。""五帝，太一之佐也。"

《楚辞·惜诵》中有五帝一词："令五帝以折中兮，戒六神与嚮服。"王逸注："五帝，谓五方神也。东方为太皞，南方为炎帝，西方为少昊，北方为颛顼，中央为黄帝。"

8. 司命

司命见于湖北江陵秦家嘴、望山、天星观、荆门包山及河南新蔡葛陵楚简。《楚辞·九歌》中有"大司命"和"少司命"，分别掌管成年人和小孩的命运。如《大司命》载："纷总总兮九州，何寿夭兮在予。"

9. 司祸

司祸见于包山、天星观、秦家嘴、葛陵楚简。汤漳平认为司祸是《汉书·天文志》中的文昌宫第六星"司灾"，因"灾"、"祸"意义相同①。司祸是主管灾祸的神。

10. 司禄

何琳仪读如"司禄"，是掌管长寿之神。《周礼·春官·天府》："若

① 汤漳平：《从江陵楚墓竹简看〈楚辞·九歌〉》，《出土文献与〈楚辞·九歌〉》，中国社会科学出版社，2004年，第116页。

祭天之司命、司禄而献民数、谷数，则受而藏之。”郑玄注：“禄之言谷也。”禄本意为谷数，引申也有福寿之意。《说文解字》：“禄，福也。”《左传·庄公四年》：楚武王“将齐（斋），入告夫人邓曼曰：‘余心荡。’邓曼叹曰：‘王禄尽矣。’”此处禄字是年寿的意思。

11. 司折

折为夭折之意，司折是主管夭折的神。

12. 司（帚戈）

司（帚戈）即司祲，祲就是“阴阳之气”、妖气。司（帚戈）是掌管妖气的神。

13. 司（衤差）

司（衤差）是主管病瘉的神。《方言》卷三：“差、间、知，愈也。南楚病瘉者谓之差。……或谓之瘳。”

14. 司（骨佗）

（骨佗）读为它。《说文解字》：“它，虫也。从虫而长，象冤曲垂尾形。上古草处患它，故相问无它乎？”司（骨佗）是主管因虫咬致病的神。

15. 司救

司救是掌管邪恶过失的神，与人间同类官职相同。《周礼·地官·司救》载：“掌万民之邪恶过失而诛让之，以礼防禁而救之。”

16. 盟诅

盟诅为掌管盟誓诅咒之神。

17. 白朝、夜吏

白朝、夜吏是分别掌管白天和黑夜的神，白朝是昼神，夜吏即夜神①。

二、楚人的通天工具

巫师与天神沟通，需要通天工具，根据文献记载和考古发现的实

① 以上诸神职责主要参考晏昌贵：《巫鬼与淫祀》，武汉大学出版社，2010 年，第 77～178 页。

物，巫师通天工具主要有如下几种：

1. 风、凯风、风伯

风是沟通天地的工具之一，风伯就是风神。

《楚辞·大司命》载："广开兮天门，纷吾乘兮玄云。令飘风兮先驱，使冻雨兮洒尘。"

《楚辞·远游》："风伯为余先驱兮，氛埃辟而清凉。"

《楚辞·远游》："顺凯风以从游兮，至南巢而壹息。"

2. 雨师

雨师是沟通天地的又一种工具。《楚辞·远游》："左雨师使径侍兮，右雷公以为卫。"

3. 云、丰隆

云和云神丰隆是升天的理想工具。《楚辞·大司命》载："广开兮天门，纷吾乘兮玄云。令飘风兮先驱，使冻雨兮洒尘。"

《楚辞·远游》："载营魄而登霞兮，掩浮云而上征。"王逸注："攀缘蹈气而飘腾也。""召丰隆使先导兮，问太微之所居。"王逸注："呼语云师，使清路也。"

《楚辞·远游》："涉青云以汎滥游兮，忽临睨夫旧乡。"王逸注："随从丰隆，而相佯也。"

《庄子·逍遥游》："藐姑射之山，有神人居焉，肌肤若冰雪，绰约若处子；不食五谷，吸风饮露；乘云气，御飞龙，而游乎四海之外。"

4. 精气

精气、清气亦可助人升天。《楚辞·大司命》："高飞兮安翔，乘清气兮御阴阳。"王逸注："阴主杀，阳主生。言司命常乘天清明之气，御持万民死生之命也。"

《楚辞·九辩》："乘精气之抟抟兮，骛诸神之湛湛。"

《楚辞·远游》："因气变而遂曾举兮，忽神奔而鬼怪。"王逸注："乘风蹈雾，升皇庭也。"

5. 雷公、雷师

雷公、雷师是雷神，是升天的助手之一。《楚辞·远游》："左雨师使径侍兮，右雷公以为卫。"

《楚辞·九辩》:"属雷师之阗阗兮,通飞廉之衙衙。"

6.虹

虹被楚人视为升天的通道。《楚辞·九辩》:"骖白倪之习习兮,历群灵之丰丰。"王逸注:"骖驾素虹而东西也。"

《楚辞·远游》:"建雄虹之采旄兮,五色杂而炫耀。"王逸注:"系缀蝃蛛,文纷错也。"

7.文昌

《楚辞·远游》:"后文昌使掌行兮,选署众神以并毂。"王逸注:"顾命中宫,敕百官也。天有三宫,谓紫宫、太微、文昌也。"洪兴祖补注引《晋书·天文志》:"文昌六星,在北斗魁前。一曰上将,二曰次将,三曰贵相,四曰司禄,五曰司命,六曰司寇。"

8.龙

《楚辞》多次见到驾龙、乘龙的记载:

《楚辞·离骚》:"为余驾飞龙兮,杂瑶象以为车。""驾八龙之婉婉兮,载云旗之委蛇。"

《楚辞·河伯》:"乘水车兮荷盖,驾两龙兮骖螭。"

《楚辞·云中君》:"龙驾兮帝服,聊遨游兮周章。"王逸注:"龙驾,言云神驾龙也。"

《楚辞·湘君》:"驾飞龙兮北征,邅吾道兮洞庭。"

《楚辞·大司命》:"乘龙兮辚辚,高驼兮冲天。"

《楚辞·东君》:"驾龙辀兮乘雷,载云旗兮委蛇。"

《楚辞·涉江》:"驾青虬兮骖白螭,吾与重华游兮瑶之圃。"五臣云:"虬、螭皆龙类。"

《楚辞·远游》:"驾八龙之婉婉兮,载云旗之委蛇。"

《楚辞·惜誓》:"苍龙蚴虬于左骖兮,白虎骋而为右骓。"王逸注:"言己德合神明,则驾苍龙,骖白虎,其状蚴虬有威容也。"

《楚辞·九辩》:"左朱雀之茇茇兮,右苍龙之躣躣。"王逸注:"青虬负毂而扶辕也。"

人物御龙帛画、人物龙凤帛画、神人操两龙形佩是反映龙凤作为升天工具的实物证据。

1973 年 5 月出土于长沙子弹库 1 号楚墓的人物御龙帛画，画面正中为头戴高冠、身着长袍的男性，手执缰绳，驾驭着一条巨龙，龙尾立着一只鹤，昂首仰天。人头上方为舆盖，三条飘带随风拂动，画面左下角为一条鲤鱼。这是一幅反映男性墓主人以龙、鹤为助手引导灵魂升天的绘画作品（见图一）①。

1949 年 2 月出土于长沙陈家大山一座楚墓的人物龙凤帛画，画面分上中下三层，中层为一雍容华贵的女性，双手合于胸前，头后挽有发髻，广袖束腰，长裙曳地。上层右侧女性头上为一展翅腾飞的凤鸟，凤鸟的前方为一条飞龙，正昂首升向天空。该帛画表现了女性墓主人以龙、凤为助手引导灵魂升天的主题（见图二）②。

图一　人物龙凤帛画

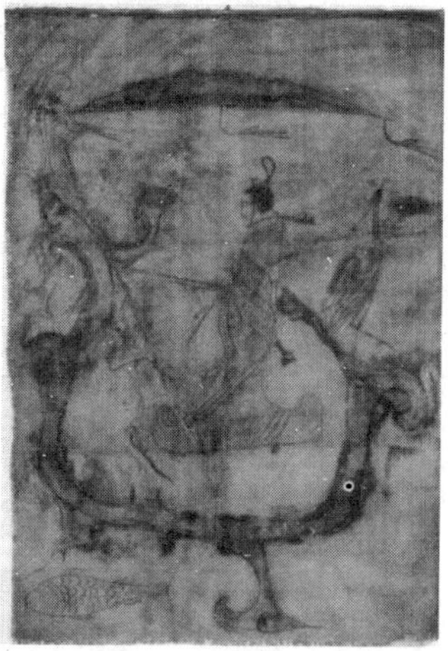

图二　人物御龙帛画

2006 年，湖北省荆州院墙湾一号楚墓出土了一件神人操两龙形佩(M1:36)，黄白色，有黑色沁斑，半透明，色泽温润有光泽。整体由一人两龙、两鸟组成，其中龙、鸟左右对称。中部为一神人，直立，身穿右衽上衣、网格纹下裳，腰束带，脚着方履，头顶一个绹纹圆环，双臂张开向下，双手各操一龙。龙身虬曲，昂首卷尾，两龙首相对，鼻拱神人头上的

① 湖南省博物馆：《新发现的长沙战国楚墓帛画》，《文物》1973 年第 7 期。

② 熊传新：《对照新旧摹本谈楚国人物龙凤帛画》，《江汉论坛》1981 年第 1 期。

圆环。龙身的脊背上各栖一鸟,鸟首朝向龙首。龙身雕刻多组“人”字形纹,鸟身刻羽毛。长7.05厘米、宽3.95厘米、厚0.4厘米。该墓葬具为一椁重棺,神人操两龙形佩放置于内棺中部墓主人臀部中间。墓葬时代属战国中期晚段(见图三)①。这件玉器的功能与两幅帛画相同,龙和鸟助墓主人灵魂上天。

图三　神人操两龙形佩

9.凤、鸾鸟、飞廉、朱雀

凤凰是沟通天地的使者,有多种称呼,如凤凰、鸾鸟、飞廉、朱雀等。《楚辞·离骚》:“鸾皇为余先戒夕,雷师告余以未具。吾令凤鸟飞腾兮,继之以日夜。”

《楚辞·远游》:“祝融戒而跸御兮,腾告鸾鸟迎宓妃。”“雌蜺便娟以增挠兮,鸾鸟轩翥而翔飞。”

《楚辞·远游》:“历太皓以右转兮,前飞廉以启路。”

《楚辞·远游》:“凤凰翼其承旂兮,遇蓐收乎西皇。”王逸注:“俊鸟夹毂而扶轮也。”

《楚辞·惜誓》:“飞朱鸟使先驱兮,驾太一之象舆。”

《楚辞·九辩》:“左朱雀之茇茇兮,右苍龙之躣躣。”王逸注:“朱雀奉送,飞翩翻也。”

张正明先生认为江陵一带楚墓所出的“虎坐立凤”,实为飞廉形象,飞廉是凤的别种,楚人视之为风神。人的精魂要登天,需要风神相助,

① 荆州博物馆:《湖北荆州院墙湾一号楚墓》,《文物》2008年第4期。

方能高飞远行。把飞廉做成木雕像,置于墓中,可以引导死者之魂到天界去①。凤的翅膀上插上鹿角,表示鹿也是会飞翔的。凤踏于虎身之上,凤能飞翔,老虎也如凤一样能够飞翔(见图四)。上举人物龙凤帛画中凤就是女墓主人的升天助手之一。

图四　虎座立凤

10. 玄武

《楚辞·远游》:“时暧曃其曭莽兮,召玄武而奔属。”王逸注:“呼太阴神使承卫也。”洪兴祖补注:“《礼记》曰:‘行前朱鸟,而后玄武。’二十八宿,北方为玄武。说者曰:玄武,谓龟蛇。位在北方,故曰玄;身有鳞甲,故曰武。蔡邕曰:北方玄武,介虫之长。《文选》注云:龟与蛇交,曰玄武。”

11. 虎

《楚辞·惜誓》:“苍龙蚴虬于左骖兮,白虎骋而为右騑。”

12. 羽人

鸟以及人鸟合体的羽人可以升天。《楚辞·远游》:“仍羽人于丹丘兮,留不死之旧乡。”王逸注:“因就众仙于明光也。”

《庄子·应帝王》:“予方将与造物者为人,厌,则又乘夫莽眇之鸟,

① 张正明:《巫道骚与艺术》,《文艺研究》1992年第2期。

以出六极之外，而游无何有之乡，以处圹埌之野。”

考古中也出土了一件漆羽人，出自2000年2月发掘的荆州天星观二号墓，葬具为二椁二棺。椁分为五室，即东室、主室、西室、南室、东南室。羽人像出自东室第二层，为木胎漆器，上部为羽人，下部为凤鸟。羽人和凤鸟身躯用整木雕制，羽人的双臂、鸟尾及凤鸟的双翅和后尾为分件雕刻。羽人人面鸟喙，双肘内屈，双手伸于胸前。臀后中部插一鸟尾，足为鸟爪，踏于凤鸟头上。凤鸟足踏一方形木座，方木座下做出方形长榫头，当初应是插在某一器座上的。全器通体髹黑漆为地，羽人的喙唇、下肢的鳞片纹和凤鸟的喙唇、眼圈、双翅的底部及趾节、方木座等饰红彩。羽人的鸟尾和凤鸟的周身绘羽麟纹和羽纹。通高65.6厘米。天星观二号墓墓主人为女性，下葬年代可能在公元前350—前330年(见图五)。这件羽人应是一件巫术作品。

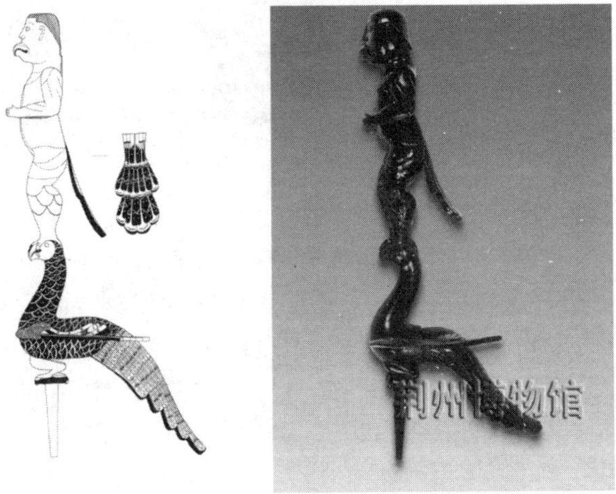

图五　羽人像

以上所列的通天工具都是具有神性的，其中许多通天工具就是楚人所信奉的神。

三、道教与楚巫术的关系

道教将老子尊奉为道教的道德天尊，为最高神三清神之一，老子就是楚人。

许多楚人所信仰的神被道教所间接吸收。如太一、太阳神、月神、岁星神、雷神、风伯、雨师、云神、文昌、司命、司过等①。例如《抱朴子·对俗》载:“行恶事,大者司命夺纪,小过夺算。”《抱朴子·微旨》:“按《易内戒》及《赤松子经》及《河图记命符》皆云:天地有司过之神,随人所犯轻重以夺其算,算减则人贫耗疾病,屡逢忧患,算尽则人死。诸应夺算者有数百事,不可具论。又言身中有三尸,三尸之为物虽无形,而实魂灵鬼神之属也。欲使人早死,此尸当得作鬼,自放纵游行,享人祭酹。是以每到庚申之日,辄上天白司命道人所为过失;又月晦之夜,灶神亦上天白人罪状。大者夺纪,纪者,三百日也。小者夺算,算者,三日也。”这里的司过、司命就是楚人所信仰的神。

道教升天的工具有龙、虎、鹿,与楚人的升天工具有渊源关系。葛洪《抱朴子·杂应》:“若能乘跻者,可以周流天下,不拘山河。凡乘跻道有三法,一曰龙跻,二曰虎跻,三曰鹿卢跻。……乘跻须长斋绝荤菜,断血食,一年之后乃可乘此三跻耳。虽复服符,思五龙跻,行最远,其余者,不过千里也。”

《道藏》之《太上登真三矫灵应经》:“三矫经者,上则龙矫,中则虎矫,下则鹿矫。……大凡学仙之道,用龙矫者,龙能上天入地,穿山入水,不出此术,鬼神莫能测,能助奉道之士,混合杳冥通大道也。……龙矫者,奉道之士,欲游洞天福地,一切邪魔精怪不敢近,每去山川江洞州府,到处自有神祇来朝现。”

楚人的巫术思想是道教的思想源头之一,道教的神灵、升天思想、升天工具都与楚人有间接的联系。不过要说明一点,楚文化也并非都属独创,楚人继承了商周文化,也吸收了同时期其他诸侯国甚至域外的文化,因此楚人的神灵及巫术本身也是多源的。

(作者为华中师范大学楚学研究所教授)

① 范恩君:《道教神仙》,宗教文化出版社,2007年,第65～141页。

论陈撄宁的佛教观*

刘玲娣

陈撄宁(1880—1969)是当今道教学界公认的二十世纪最有成就的道教学者。近年来,他的大部分著作先后由其弟子胡海牙等人整理出版①,越来越多的人开始了解这位求道者的生平事迹和思想,学术界、道教界也展开了对陈撄宁的多层面研究②。

仙学独立论思想是陈撄宁全部思想的核心,而要了解他的仙学思

* 本文为国家社科基金重大项目"中国老学通史"(项目批准号:14DZB004)的阶段性成果。

① 笔者见到的主要有:(1)中国道教协会编写的署名陈撄宁的《道教与养生》,华文出版社,1989年出版。该书是纪念陈撄宁逝世二十周年的产物,除了选编了《扬善半月刊》和《仙道月报》两种杂志中陈撄宁撰写的部分文章外,还汇编了陈撄宁1949年以后的著述和演讲稿;(2)胡海牙主编的《仙学指南》,中州古籍出版社,1998年出版;(3)胡海牙主编的《仙学辑要》和《仙学必读》,香港天地图书有限公司,2004年出版;(4)胡海牙和武国忠主编的《仙学精要》(上、下册),宗教文化出版社,2008年出版;(5)《中华仙学养生全书》(上、中、下三册),华夏出版社,2006年出版,该书收录陈撄宁生前著述较为全面。以上诸种著述,质量良莠不齐。例如宗教文化出版社出版的上下册的《仙学精要》,其中收录的文章,不仅未标明著述时间和原始出处,还有目录页码不对应、文字错误等问题。(6)郭武主编的"中国近代思想家文库"之《陈撄宁卷》,中国人民大学出版社,2015年出版。该书摘要收录了陈撄宁1933年—1949年的部分文章和著述,并且尽力纠正了前列诸书存在的疏漏,便于学者利用。

② 对陈撄宁的研究,是近三十年来的事情。较早的成果有李养正先生的《陈撄宁"仙学"的特征、理论与方法》,载《中国道教》1989年第3期。后经充实,又以《论陈撄宁及所倡仙学》为题作为1989年7月出版的陈撄宁《道教与养生》一书的附录之一刊出,这是较早介绍陈撄宁生平事迹和全面评价陈撄宁仙学的重要学术成果之一。之后,以吴亚魁的《生命的追求——陈撄宁与近代中国道教》(上海辞书出版社,2005年)、刘延刚的《陈撄宁与现代道教的转型》(巴蜀书社,2006年)等为代表的专著以及一些硕士和博士论文相继问世,单篇文章也有几十篇,研究涉及陈撄宁个人生平和思想的方方面面,在此不一一列出。

想，必须首先弄清楚他提出并强调的“仙学”概念的含义，这就必然涉及陈撄宁对儒、道、佛三教的态度。可以说，陈撄宁的仙学独立论是在对三教的批判性思考中建立的。为什么仙学“不需借重三教之门面”或成为“三教之附庸”？为什么仙学是在三教范围以外独立的一种科学而不是宗教？为什么仙学不是道教，也不是传统意义上的道家？为什么仙学比佛学更有价值，更值得提倡？……这些都是仙学独立论必须要回答的问题，对这些问题的回答必然涉及陈撄宁对佛教的态度。

正如有的学者已经注意到的，在阐述仙学与道家道教的关系这又一至关重要的问题时，陈撄宁的思想前后出现了很大的变化。他早年力主仙、道二分，晚年却认同仙、道为一，仙学乃道教的重要内涵[①]，明显反映了其思想的阶段性和不稳定性。陈撄宁对佛教的态度和认知也体现了这一特征，即前期主张仙、佛合一，后期主张仙、佛二分。目前我们能看到的陈撄宁有关佛教的文字，从20世纪30年代一直延续到60年代末他去世为止。这期间他对佛教的态度大致表现为由摄而拒，再由拒而摄的转变。这些变化不仅是陈撄宁仙学本位立场与时代的互动，也是陈撄宁对佛教的认识逐步加深的结果。学术界对陈撄宁的仙学独立论、仙道关系、修炼思想以及他对近代道教的整体贡献等已有较多研究，但对于他在建立仙学独立论的过程中是如何处理仙佛关系的以及为何这样处理却较少关注。本文主要以现已出版的陈氏著述为基本资料，梳理陈撄宁论佛的内容及其变化，并尝试探讨这种变化的因由。笔者希望从这个侧面进行的研究有助于我们全面了解陈撄宁的思想。

一、出入三教、归于仙道

“三教”是古往今来中国典籍中用来指称儒佛道的常用词汇，“三教合一”是隋唐以来思想文化发展的主流趋势。近代以来，三教的命运发生了翻天覆地的变化。科举的废除和帝制的终结，导致儒学的地位及

① 参见陈撄宁：《道教与养生》前言，华文出版社，1989年。

价值体系的逐步崩溃;同时,受西学东渐潮流的影响,国人高举科学大旗,反对迷信和宗教,道教和佛教作为传统宗教之大宗受到猛烈冲击。

然而,近代三教虽然都面临前所未有的怀疑和批判,命运却有所不同。儒学在文化传统中的地位与佛、道不同,它失去的只是禁锢人们思想千年之久的权威性,降而与诸子平起平坐了。佛教在清代也是走下坡路的,但由于杨文会、太虚、印光等人的倡导和身体力行,自晚清开始出现了一股强有力的复兴浪潮,一定程度上挽救了颓势。由于近代知识分子往往将有着深厚群众基础的道教看作是与西方科学价值观相对立的"封建迷信",看作是愚昧落后之国民性的罪魁祸首,道教面临的处境远比儒、佛要艰难。在给佛教居士张化声的信函里,陈撄宁如此感慨:"道家宗旨,向来是抱定'利而不害,为而不争'。决没有打倒别教的意思。我敢说,别教想要把道教打倒,亦是徒劳无功的。所忧者,道教中人才太少,难以维持,漫漫烟消云灭,不打而自倒。若没有整个学术作为骨干,没有超拔的天才,继承绝学,仅仅靠几处乩坛,在那里制造迷信,几处道观,在那里拜忏念经,又何济于世?现在全国真心实力替道教摇旗呐喊的,就只有我一个人。化声先生,你说可怜不可怜?"他甚至说当时道教的真实状况是"不成其为教"①。

面对残酷的现实,道教该何去何从?面对社会的强烈质疑和批评,作为一个虔诚的仙道追求者,是保持沉默还是迎难而上?在陈撄宁而言,的确是颇费周折的。可以说,陈撄宁是不由自主地被时代浪潮推挤在前,不得已违背初衷站出来迎接挑战的。今天我们看他留下的文字,那些欲言又止,那些迂回和矛盾,透露的是其内心的纠结和痛苦。一方面,不做回应和反击总觉心有不甘和郁结;另一方面,如果作出回应和反击,以道教人才极度凋零"不成其为教"的现状,难免孤掌难鸣,也违背他一贯奉行的道家的不争精神。在考察陈撄宁的思想轨迹时,上述背景是应该予以充分考虑的。

在对待三教的态度上,早期的陈撄宁遵循传统意识,认同三教合

---

① 陈撄宁:《读化声自序的感想》,原载《扬善》第2卷第13期至第3卷第7期,参见郭武编"中国近代思想家文库"之《陈撄宁卷》,中国人民大学出版社,2015年,第88页。

一、不分门户的宗教宽容精神。但他后来又被迫否定自己，公开表示“三教合一”的提法是不恰当的。进而更提出，在儒、道、佛三教之外，还有个“仙道”。也就是说，陈撄宁最终把中国传统宗教(或曰学术)划分为四类——儒、道、佛、仙，这是对传统三教认识的巨大挑战。据其自述，他的求学和求道生涯也恰好经历了三个阶段:出儒入道、出道入佛、出佛入仙:“若以我个人历程而论，初以儒门狭隘，收拾不住，则入于老庄，复以老庄玄虚，收拾不住，则入于释氏，更以释氏夸诞，收拾不住，遂入于神仙。吾将以此为归宿矣!”①

事实上，陈撄宁自述的这三个阶段并非严格的前后相续，而是有多次反复。他在自序中这样说:“仆幼读儒书，二十岁学道，三十岁学佛，四十岁又学道，今年过五十矣。四十年间，于三教中，自由出入，不见其碍。”②仅就佛教而言，在正式投身“仙学”事业前，他曾多次出入其中，于佛教有一个很长时间的寻访、学习、辨识和再学习时期，的确是相当“自由”的。总的来说，陈撄宁对佛教的态度经历了摄——拒——摄的反复。

早期他曾认真阅读佛书，即便最后发现了佛教的“不足”(即不能解决生老病死问题)，他对佛教的基本态度仍然是“摄”，即借用、融摄和贯通。佛、道二教冲突剧烈时，他选择做出回应，态度由“摄”而“拒”，明确主张“仙佛二分”，从整体上将佛教拒之门外。这种态度的巨大转变，并非主要源于佛教的“不足”，而是如他自己所说，是迫于“自古及今，佛教徒对于道家，都用拒法。虽亦偶有用摄法者，又不肯以平等相待”③。所以他的“拒”在本质上是一种文化策略。在人生的后半期，即20世纪40至60年代，他对佛教的态度又由“拒”转而为“摄”。当然，这个转变同样不是因为佛教本身如何，而是文化和政治环境的变化使然。

陈撄宁的一生，大致可以划分为三个阶段，即1880—1935年，1935—1949年，1949—1969年。下面我将通过回顾陈撄宁的人生历

---

① 陈撄宁:《读化声序的感想》，原载《扬善》1935年第2卷第13期至第3卷第10期，参见郭武编“中国近代思想家文库”之《陈撄宁卷》，中国人民大学出版社，2015年，第80页。

② 陈撄宁:《道教与养生》，华文出版社，1989年，第1页。

③ 陈撄宁:《致湖南宝庆张化声先生书》，参见胡海牙、武国忠主编《仙学精要》(下)，宗教文化出版社，2008年，第656页。

程，来看他早期对佛教的态度是怎样逐步形成的。

青少年时期的陈撄宁身体十分羸弱。据其自述[①]，“十五岁，患极度的衰弱病症，医生说是童子痨，无药可治”。于是，十六至十九岁，弃儒学，改从叔祖父学中医，也即他说的“出儒入道”。但是在看过叔祖父的许多医书后，发现“于普通病症是有办法，但是我自己的病治不好”。后来他偶然看到一部医书上谈到仙学修养法，遂尝试去做，“起初毫无效验，颇觉灰心。只以自己生命已经绝望，除此别无良法，勉强继续再做下去。后来身体渐渐好转，生命方能保全。此时就是我平生研究仙学修养法之起点”。这次偶尔的发现和身体的受益，决定了陈撄宁终身重视身体修炼和实证实修的仙学道路。1962 年他在全国政协三届三次会议的发言中仍然强调，道教和道协的任务是帮助“人民长寿健康”[②]。

20 至 27 岁(1900—1907 年)期间，陈撄宁除研究中医学理和仙学修养法外，又兼看各种“科学书”[③]。他的“科学”知识多来自其胞兄，但胞兄因用力过勤，38 岁即得吐血症而亡。他自己也因旧症复发，从安徽高等学堂退学。这两件事情使陈撄宁愈加“心中恐慌”。弃学后，他决定离开出生地安徽怀宁，“到各处求人指寻”，遂进入他说的“出道入佛”阶段。这段寻访历时三年，从 28 岁持续至 31 岁(1908—1911 年)。当时江浙一带佛教兴盛，陈撄宁主要游走在这一带，结识了九华山月霞法师、宁波谛闲法师、天童山八指头陀、常州冶开和尚等高僧。陈撄宁对佛教的寻访，是在对肉体生命的恐慌中作出的一个决定，但并非病急乱投医，它是一个主动的“摄”的过程，也是一个辨别高下的过程。在学佛的同时，他又遍访名山，寻访道教中人，希图解决肉体的生老病死问题。然而寻访的结果令他失望，他发现道士们不懂得修养，即使个别道

① 陈撄宁的生平事迹，主要参考了下列三种资料：(1)武国忠主编的《中华仙学养生全书》中所收陈撄宁写于 1953 年 10 月 28 日的《自传》，第 21～24 页；(2)陈撄宁的侄子陈仲琏所著《怀念我的伯父》一文，载《中国道教》1989 年第 2 期，第 19～22 页；(3)李养正《陈撄宁及所倡仙学》，载中国道教协会编：《道教与养生》附录，华文出版社，1989 年，第 445～453 页。

② “目前道教人士所最关切的问题，不在宗教生活的外表形式上，而在优良传统的学术精神，很想继续把它发扬光大，为人民长寿健康作出一定的贡献。中国道教协会有责任帮助他们实现这种愿望。”参见陈撄宁：《道教与养生》，华文出版社，1989 年，第 434 页。

③ 即“西洋新科学”，物理、化学、高等数学等，参见上揭《道教与养生》，第 446 页。

士懂得些，还不如自己的水平①。

1912—1915年，陈撄宁移居上海，花三年时间通读了白云观收藏的明正统《道藏》。这之后，大约有关修养的很多问题仍未解决，故“又想研究佛学”。于是在1915年35岁时，入住位于杭州城外由海潮寺主办的华严大学(1913年创建)。学佛的同时，他仍继续在各地寻访“专做修养功夫的人”，“惜无所遇”。在自传中陈撄宁没有具体谈到他掌握了哪些佛教知识，但他曾在《扬善》半月刊上答覆读者许如生的来信中提到，他曾在民国初年参与了一些佛教文字工作。而他对于佛教《大藏经》，“虽然没有在上面用过苦功，却是从头至尾翻了一遍”②，由此奠定了较为深厚的佛学修养。

36至55岁(1916—1935年)这二十年间，陈撄宁与学西医、开诊所的妻子吴彝珠女士同居。据其自述，这段比较安稳的家居生活期间，他所看的书，大半和“修养”有关，同时也兼读文学、史学、哲学、医学、佛学等书。他也撰写了一些与修炼养生相关的文章，较早的有《孙不二女功内丹次第诗注》(1916年)③、《〈黄庭经〉讲义》

① 陈国符在《道藏源流考·历代道书目及道藏之纂修与镂版》中也说到当时道教的情形：“国符尝访道观多处，其道士率皆不学，曾见《道藏》者鲜。”

② 陈撄宁：《答覆上海公济堂许如生君学佛五问》，《扬善》1935年3月第2卷第18期。

③ 现已出版的陈撄宁著述大多收有《孙不二女功内丹次第诗注》注文，但均并未注明写作时间，唯有2015年出版的由郭武编写的“中国近代思想家·陈撄宁卷”在目录后注明时间是1933年9月1日—1934年8月1日。这个时间其实是陈撄宁在《扬善》发表该文的时间，并非写作时间。该文刊出时，陈撄宁在文章前面写有如下按语：“原诗行世既久，无人作注。余往岁与某女士谈道之余，随时解释，邮寄赠之，距今已阅廿稔。旧稿零乱，杂于故纸堆中，难以卒读，爰为检出，重校一过，幸无大谬，遂录存之。”(《孙不二女功内丹次第诗注》，参见上揭胡海牙、武国忠主编《仙学精要》第69页和上揭郭武编中国近代思想家文库之“陈撄宁卷”第23页。这里的“某女士”即近代史上著名的才女吕碧城(1883—1943年)。同年，他在《扬善半月刊》上发表的另一篇文章《与朱昌亚医师论仙学书》中又说：“圆顿今日为君言之。盖与二十年前，为吕碧城女士作《女丹诗注》……来世未卜如何，窃恐彼身已不欲向今生度矣。虽然，《孙不二女功内丹次第诗注》一书若当年无此一段因缘，至今未必遂能脱稿。”同年发表的还有《答吕碧城女士三十六问》一文，陈撄宁在篇前注明：“此稿作于民国五年，距今已二十年矣。当日吕女士从余学道，即为之作《孙不二女功内丹次第诗注》，并将手订《女丹十则》，与伊阅读，乃有此问答之作。”三处均言诗注作于二十年前，后者明言作于民国五年(1916年)。明确这一点，对于我们了解陈撄宁的思想发展是有帮助的。

(1921年)①、《中华道教会宣言书》(1928年)、《口诀勾玄录》(1933—1937年)②、《中国道教源流概论》(1934年)等。

陈撄宁学佛、学仙和学道的主要出发点是寻找解决自身祛病延年的方法,故而偏重肉体和物质的"形而下"方面。佛教以重视心性修炼和精神超越为特征,偏重"形而上",自然不甚合其意。神与形,或者说性与命的各有偏重,是他在一些谈话和文章中谈到仙佛关系时一再强调的二者的根本差异所在。较之同时代的其他学人,陈撄宁对这一点的感受和坚持都特别突出。作于1916年的《孙不二女功内丹次第诗注》中的一段话,颇能代表他的心声。他说近代佛教的精华净土、禅宗、真言宗和天台宗,"皆唯心的片面功夫,而对于唯物的生老病死各问题,殊无解决之希望。其所为了脱者,都有待于身后,而生前衣食之需,男女之欲,老病之虞,皆与常人无异。至其死后如何,唯彼死者知之耳,吾辈未死者,仍难测其究竟也"③。终其一生,陈撄宁对佛教的这一认识没有改变。与陈撄宁抱持相同态度的不乏其人,比如佛教居士张化声就十分赞同陈撄宁的看法,他向陈撄宁提出建议,要以现代科学为手段,"将唯心和唯物之粗暴威权,消融翔恰于唯生的大化炉中"④。其

---

① 《黄庭经讲义》是陈撄宁早年最重要的著述之一,刊登在《扬善半月刊》第1卷1—14期上(1933年7月1日—1934年2月16日),但这也不是创作时间。该文发表时,正文前有署名"潜道人王聘三"作于"辛酉孟夏"的《题辞》,可知《黄庭经讲义》至迟写成于1921年。《扬善半月刊》创刊后,陈撄宁将此旧稿公之于众,从第1卷第1期开始连载,至第14期才刊载完毕。参见上揭胡海牙、武国忠主编《仙学精要》,第3页。

② 《口诀钩玄录》篇幅较大,在《扬善半月刊》连载了两年多,从1934年10月16日到1937年1月16日。但仅刊登了"读者须知"部分共四章内容,后因战乱停刊,此文"未获究竟"(《扬善》编辑在文后的按语)。因此1989年华文出版社出版的《道教与养生》收录该文时题名"《口诀钩玄录(初集)》"。胡海牙、吴国忠主编的《中华仙学养生全书》(华夏出版社2006年版)收录了全文,题"口诀钩玄录(全集)"。

③ 陈撄宁:《孙不二女功内丹次第诗注》,原载《扬善》第1卷第5期至第2卷第3期,收入上揭郭武编"中国近代思想家文库"之《陈撄宁卷》,第21页。

④ 《武昌佛学院张化声居士为道释二教重要问题驳复某居士书》:"化声无似,不问是内是外,是道是佛,是显是密,是妖是魔,是野狐禅,是干屎橛,只要有一种确实的原理与保证,能够使我了却这分段生死,纵令全世界人,笑骂之,诋毁之,化声决定明目张胆,信受奉行。"载《扬善》1935年第2卷第21期。

“唯生”说倒是颇能概括陈撄宁仙学的本质①。

以上是对陈撄宁早期求学问道历程的大致勾勒。从中可以看出这样几点，首先，陈撄宁读书求道的动机主要是基于切身的病痛压力，所以学习态度相当真诚、开放，内容也很驳杂，佛、道、儒、仙、旧学、新学无所不涉。正是这些经历造就了陈撄宁的博闻强识和学者风范，也是日后道教在面对危难时他能被同道一致推举为领头人的主要原因。其次，陈撄宁的学习始终伴随着亲身体验，也即他说的“修养”，其求道历程是知识和经验的密切结合，这是他日后能够服众（道众）的重要原因。再次，尽管学习的内容十分庞杂，但非杂而无章，他关注的重心始终是以命功为核心的“修养法”，务实不务虚。陈撄宁在一篇写于1955年的跋文中总结说：“世间各种修炼书籍，我自十六岁开始阅读，至今已历六十年。不论正道、旁门、小法、邪术，过目者将近万卷。”恐怕并非虚言。所谓“修养法”，一言以蔽之，就是有关长生久寿的生命之学。在后期的总结性著述中，陈撄宁根据多年所学，把“修养法”分为四类：儒教的修养法，佛教的修养法，哲学的修养法，仙学的修养法。

在全面研究过这些“修养法”后，陈撄宁得出结论：“只有仙学修养法合于我的宗旨，所以后来我专门研究这一法。”“合于我的宗旨”，是指“仙学”对肉体的生老病死“有办法”，而其他修养法都“没有办法”。陈撄宁对佛教的摄与拒，很大程度上是以此为标准的，虽然这不是唯一的标准。

二、三教合一思维中的仙佛关系

陈撄宁1934年之前的著述，基本上是接受三教合一的习惯性说法的。这里我还是以陈撄宁在1916年注解的《孙不二女功内丹次第诗注》为例来说明。此诗是道教的古丹诀，由十四首诗组成，流传下来的丹诀据说出自金代北七真中的女性孙不二。原诗中有不少佛教词汇，

① 对陈撄宁仙学理论的整体论述，参见上揭李养正《论陈撄宁及所倡仙学》，收入陈撄宁《道教与养生》，华文出版社，1989年，第464页。

这也是金元全真教标榜“三教合一”的体现。在“凡例”中，陈撄宁指出，习尚调和、气量较大是国人的传统，道教对于外来佛教一向是本着“亦不存歧视，彼此融通”的态度。原书如此，自己的注解也是如此。因此他在注解时，无论儒释之书还是诸子百家，“遇有可采者，已随时罗致，以为我用，不必显分门户”。较为突出的是注解九首诗《炼神》，原诗为：“生前舍利子，一旦入吾怀，慎似持盈器，柔如抚幼孩。”这里是出现了佛教词汇“舍利子”。正如陈撄宁指出的，原诗中的“舍利子”是借用佛家词汇暗指仙家的“元神”，也是“内丹”的代名词。但是在附注中，他提出这样的疑问：“究竟舍利子与金丹，是同是异？修佛与修仙，其结果有何分别？皆吾人所欲急切知者，而各家经书咸未论及。”① 在谈到修仙时，陈撄宁提到著名的《楞严经》“十种仙”的说法。作为佛教的修行大典，此经将外道修行归纳为地仙、飞行仙等十种仙，批评它们是“轮回妄想流转，不修三昧”，自唐代以来就被佛教徒在批评道教时广为征引。陈撄宁虽然指出《楞严经》所说是孤证，“似未可据为定论”，但并没有评论原诗借用佛教词汇导致理解上的混淆和“借用”佛典这一道教丹诀创作方法的不恰当。这至少说明此时的陈撄宁态度相当宽容，认为仙佛修炼都是修炼，因此是可以比较的。

另一例是此诗的第六首《胎患》，原文为“要得丹成速，先将幻境除，心心守灵药，息息返乾初。气复通三岛，神忘合太虚，若来与若去，无处不真如”。和“舍利子”被借用来替代“元神”一样，“幻境”、“真如”等佛门词汇也被用来比喻道教修炼之方。陈撄宁将“幻境”释为“世间一切困人之环境”，但他对“真如”的注解却完全忠实于佛经，除了指出“真如者，佛家之名词”外，还引用佛典解释“真如”的含义“如来藏含有二义：一为生灭门，一为真如门。心无生灭，即真如矣。若背真如，即生灭矣。佛典又云：真，谓真实，非虚妄。如，谓如常，无变易”②。一心二门是

① 原载《扬善》第1卷第5期至第2卷第3期，参见上揭郭武编“中国近代思想家文库”之《陈撄宁卷》，第21页。

② “佛典云：‘如来藏含有二义：一为生灭门，一为真如门。心无生灭，即真如也。若背真如，即生灭矣。’又云：‘真谓真实非虚妄，如谓如常无变易。’”参见上揭郭武编“中国近代思想家文库”之《陈撄宁卷》，第30页。

《大乘起信论》的基本思想，陈撄宁熟读佛经，此处的引用，就是来自此经，“所谓心性，不生不灭。一切诸法唯依妄念而有差别，若离心念，则无一切境界之相”（解释分）。在注释中他似乎默认了诗中的“幻境”与佛教的“妄念”是同一回事。至于这里的“真如”与佛教的“真如”有何异同，陈撄宁也没有论及①。

不仅如此，陈撄宁也常常在无意中借用佛教词汇。如第二首诗《养气》的注语，原诗为：“况被尘劳苦，那堪疾病缠。”陈撄宁重点注解了其中的“尘”字，使用的却是佛教的“六尘”概念：“色、声、香、味、触、法是命六尘。”值得注意的是，在后面的附注中，陈撄宁心情复杂地写道：“或问：‘六尘之说，乃释氏语，何故引以注丹经？’答曰：‘非我之咎，原诗已喜用佛家名词，如“生灭”，如“真如”，如“舍利子”等，皆非道家所本有者，不引佛典，何能作注？’”

陈撄宁为人处事非常谨慎内敛，对于他来说，偏好借用佛典是历史悠久约定俗成的道教传统，自己很无奈。在当时的形势下，与其公开挑起与佛教的口舌之争，不如以“三教合一”的老生常谈来弥合分歧，或避免口舌之争。他曾为崆峒道人张心籁所作的《三一音符》做过删定工作，他这样解释“三一”：“三一者，曰三一，三教圣人所说的圆音妙谛，皆相符合，故曰音符。”他认为此书是以儒家之《易》、《中庸》，佛教之大乘教义和道家之老庄学说及金丹口诀相连贯，会三归一②。在此书跋语中，他回忆得此书在二十年前（即 56 岁前，1936 年前）。浸淫其中多年后，他对此书的评价仍然很高，认为是自己 16 岁阅读道书以来“可列为正道中”的一种③。

也许正是由于在某种程度上认同佛道儒同是异而一的关系，陈撄宁才如此认真地探讨“舍利子”和“元神”之间的关系，提出“究竟舍利子

① 此注初作于 1916 年，二十年后，大概由于陈撄宁对佛教采取“拒法”，他对原注进行了修订，在《胎息第六》下，有“今按”：“前解虽是，然非幻境本义，因对初学说法，故浅言之耳。其实所谓幻境者，乃身中阴魔趁机窃发之种种景象……”，皆为学道者必须扫除的魔障。参见上揭郭武编“中国近代思想家文库”之《陈撄宁卷》，第 30 页。

② 参见上揭胡海牙、武国忠主编：《仙学精要》（上），第 159 页。

③ 参见上揭胡海牙、武国忠主编：《仙学精要》（上），第 190 页。

与金丹，是同是异？修佛与修仙，其结果有何分别”的问题。陈撄宁在回答这个问题时，立足点是佛道为一不为二的传统认识。如果说“会三归一”是求其同，那么，他反复强调的佛教重性道教重命则是在同中求异。在注解“舍利子”时，他引用了被他看作是“最为公允”的“青华老人”的观点——佛家“以见性为宗，精气非其所贵。万物有生有灭，而性无生灭。涅槃之后，本性圆明，超出三届，永免轮回。遗骸火化之后，所余精气，结为舍利，譬如珠之出蚌，与灵性别矣。而能光华照耀者，由其精气聚是也”。意思是说，修佛之人涅槃后出现舍利子，本质上是佛教不能性命双修导致的结果，这当然是为了证明道家“性命双修”比佛教更高妙。这种将佛教抽象的精神性的“性”与道教的具体的物质性的“精气神”进行对比的做法，出现在陈撄宁的诸多论述中。青华老人和陈撄宁显然是将道教的“神”等同于佛教的“性”，所以才会有如下结论：“人身精气神，原不可分，佛家独要明心见性，洗发智慧，将神光单提出来，遗下精气，交界成形，弃而不管。”由此进一步推论，“佛教所谓不生不灭者，神也，即性也。其舍利子者，精气也，即命也。彼灭度后，神已超于象外，而精气尚留于寰中矣。”相反，道家无论是肉体化气还是尸解出神，都没有舍利，原因是道家“性命双修，将精气神合为一体”了。严格地说，不仅道家的“神”和佛教的“性”不是一回事，以道家的精气说来解释佛教的舍利子，上述论述也是有问题的。比如，尸解后留下的尸体难道不是和舍利子一样属于物质性的东西？这又该如何解释？然而，青华老人的看法却是长期流行在道教界的普遍看法，是道教反击佛教的主要理论武器之一，陈撄宁也是认同的。以此逻辑推论，他的最后结论是——“究竟到了无上根源，性就是气，气就是性，同者其实，异者其名”①，再次回到了三教归一的原点上。

纵观这一时期陈撄宁有关三教特别是佛道二教的论述，尽管他清楚地意识到了道教借用佛教知识的不妥，也了解佛道之间的同与不同，但仍然倾向调和二者的关系。

---

① 陈撄宁：《女丹内功诗注》，参见上揭郭武编“中国近代思想家文库”之《陈撄宁卷》，第33－35页。

1934年10月，陈撄宁在一封回复函中的阐述，大致可以作为这一时期他对三教的基本看法："弟等愚见，尝谓道体本一，而其用万殊，从流溯源，则万殊复归于一。无所谓心物之差别，释老之异同。若固时制宜，随机应变，非但道家与佛家二者之间有所取舍，即在道家范围以内，法门甚多，亦岂能漫无别择？由博返约，先知后行，乃弟等之素志也。"①

三、《扬善半月刊》和《仙道月报》与陈撄宁对佛教态度的转变

古代道士和神仙家的修道方式一向清净、隐秘，陈撄宁的修道之路遵从的正是古代仙道的风范，以独善其身、平和无争为基本原则。然而，在晚清民国错综复杂的时代背景下，受政治、宗教、文化等多种因素的影响，20世纪30年代中期，陈撄宁逐渐卷入了佛道之间的口舌之争中。而一旦卷入，势成骑虎，就不得不公开表明他对佛教的立场和态度。仙、佛二分思想的成立也正是以此为背景的。

如前所述，在卷入争论之前，陈撄宁认为佛道虽有异，本质上却是相通的。不仅佛道为一，所有宗教都应该摒弃门户之见，择善而从。况且，三教合一的说法既然是宋元明清的传统，人人皆知，似乎也并无反对的必要。但是20世纪二三十年代，中国佛教革新运动如火如荼，在"科学"大旗下，佛道之间的历史恩怨开始发酵。陈撄宁对佛教鄙视和攻击道教的习气十分不满，他过去认同的佛道相通以及以此为理论基础对佛教进行的"摄"，变得越来越行不通，这都促使陈撄宁对佛教的态度由"摄"转变为"拒"。在这个过程中，创立于1933年的道教类刊物《扬善半月刊》在很大程度上推动了陈撄宁态度的转变。在某种程度上，这种转变也可以看作是陈撄宁对宗教与科学的关系这一时代课题的回应。

① 陈撄宁：《覆武昌张化声先生函》，原载《扬善》，1934年10月第2卷第8期，参见上揭郭武编"中国近代思想家文库"之《陈撄宁卷》，第53页。

陈撄宁一生撰写了大量文章和书信，40年代前他的绝大部分文章都刊登在《扬善半月刊》和《仙道月报》上。这两份刊物均为上海翼化堂善书局张竹铭出资创办，前者创刊于1933年，至1937年因战争停刊，后者是前者1938年复刊后的名称。《扬善》一开始并不是一本道教（或仙学）刊物，它宣称刊物的宗旨有五：以扬善为宗旨，绝对不谈政治；世界各大宗教一律平等；尽力宣传黄老之教；迷信文字一律不登；只许说本教之长，不可说他教之短。从这五个宗旨可以看出，刊物一方面立足扬善和宣传黄老，另一方面又在小心翼翼地避免卷入各种纷争，三教一贯、五教平等的刊风恰恰是刊物引以为豪的。在创刊一周年之际，《扬善》刊登了一篇题为《恭颂〈扬善半月刊〉出版周年纪念辞》的文章，文中说："汇观近世出版界之善刊，亦云多矣，亦至善至美矣。但考其底蕴，查其意旨，类皆囿于一家之言，未能划除畛域之痕。是以崇儒者不谈佛老，尊佛老者又忽视儒学。所幸尚无门户之争，究也难免偏私之弊，非其白璧微瑕、美中不足乎？独贵刊则思想周密，不同凡响，采三教之长，兼纳并收；审兆民之病，攻养两用。"

然而在当时的形势下，上述宗旨很难坚持下去。时代的巨大推动力逐步将刊物从单纯的"扬善"演变成为宣传道教和仙学的专门刊物。

陈撄宁从《扬善》创刊开始就陆续在刊物上发表文章，如《黄庭经讲义》、《孙不二女功内丹次第诗注》等都是多期连载的重头文章。这些文章引起了一定的反响，其中1934年4月出版的《扬善》第一卷第十九期的读者来信中，有河北唐山张让轩和江苏海门蔡德净关于读此二著而写的问道信函，陈撄宁非常耐心地回复了这两封信函，并在对后者的回复中说，"至于鄙人所以不惮烦劳、尽心竭力，以提倡道学为己任者，非欲于此中求何利益，实因昔日从师学道时即发此愿"①。这之后，关于修炼方面的问道函，主要由陈撄宁负责答复。陈撄宁名义上只是"特约撰稿人"，但由于他是当时唯一能写出有深度的仙学文章和唯一有能力回答读者相关问题的人，所以，事实上他是刊物的主笔和编委极度依赖之人。当时阅读和撰文参与相关讨论的人大约有三类，一是佛教徒和

① 参见上揭郭武编：《中国近代思想家丛书》之《陈撄宁卷》，第49页。

居士；二是好道之人，但很少是道士；还有一类是佛道兼修的人，比如武昌佛学院的张化声居士，他当时是佛教刊物《海潮音》杂志的撰稿人和编辑。后二者基本是主动投稿给刊物，佛教徒或居士则多是阅读了《扬善》和《仙道月报》后，出于对刊载内容的不满，来信或投稿给刊物，表达意见。而佛教方面的来稿，对道教多有微词。编辑部遇到这种来稿，多请陈撄宁回复①。《扬善》从第37期起到第67期，道学方面的文字逐渐增多。这一时期，除了陈撄宁关于三教学术上的多封答问函外，道家、仙学方面的文章，主要有陈撄宁《读〈化声叙〉的感想》、《吕祖参黄龙事考证》、《吕祖参黄龙事疑问》、《吕祖参黄龙事评议》、《中华全国道教缘起》、《读黄忏华居士给太虚法师的一封信》、《读高鹤年居士〈名山访游记〉》，张化声《驳覆某居士书》，钱心《仙佛判决书》，常遵先《黄帝内经补注》、《秘藏锺吕传道集注解》等重要文章②。

导致刊风变化及陈撄宁态度转变的标志性事件是1936年《扬善》编辑部收到的一篇署名“钱心”、题名《仙佛判决书》的来稿。这篇文章旗帜鲜明地颂扬仙教，毫不含糊地批评佛教是“空”和“灭”的宗教。《扬善》为此召开了编委会会议，四人之中只有一人主张刊载此文。犹豫不决之下，编委会专函征求陈撄宁的意见。陈撄宁看过此稿后，建议原稿刊出，并力劝编委借此契机放弃“三教一贯”、“五教平等”的宗旨。这样，钱心的文章就刊发在《扬善》1936年2月的第3卷第15期上（总第63期）。接着，第64期、66期分别刊出了志真道人的《读仙佛判决书的感想》、王隐君的《仙佛判决书平心论》。陈撄宁的《答上海钱心君八问》则发表在第71期上。《仙佛判决书》的作者钱心原以为这篇文章刊出后，对佛教一方来说，“必是惊天动地，掀起绝大风波”的，却发现事实并不如其预料，佛教界反应冷淡。但是钱心的来稿坚定了陈撄宁放弃过

① 陈撄宁：《北平学院胡同钱道极君致圆顿子函并答》。陈撄宁的回复函后附有编辑按语，详细道出了《扬善》稿源的窘境以及编辑部对陈撄宁的依赖。参见上揭胡海牙、武国忠主编：《仙学解密》（下），第500页。

② 陈撄宁与《扬善半月刊》的渊源以及刊物在内容方面发生的系列变化，蒲团子（蒲晓峰）的文章《陈撄宁仙学倡导的过程》有详细描述，参见 http://blog.sina.com.cn/s/blog_66012c090100u3y8.html。

去三教一贯主张的决心。正如《扬善》第73期刊出的编者所作《本刊三周(年)纪念72期之回顾》所说:“自63期(1936年2月1日出版)钱心君《仙佛判决书》及65期(1936年3月1日出版)陈撄宁先生《吕祖参黄龙事考证》、《疑问》、《平议》各篇登出之后,本刊始改变宗旨,专弘仙道,飘然独立,不受释教教义之拘束。”《扬善》从第68期开始在封面上加印“专门仙学杂志”字样,复刊后的刊物直接更名为“仙道月报”。刊物宗旨也发生了较大变动,不再提“三教一贯”、“各大宗教一律平等”,而是声称“本刊绝对不谈政治,研究仙道学术原理,讨论仙道实践工作,提倡住世长存幸福,引证出世超凡事迹,宣扬道家真实教义”。这个转变是巨大的,毫无疑问,它与陈撄宁作为主要撰稿人、编辑倚重之人及其文章在读者群中造成的影响有着十分密切的关系。《扬善》刊风的转变,也反过来迫使陈撄宁彻底放弃三教一贯的主张,这应该是他对佛教由摄而拒的直接诱因。

四、仙佛二分思想的成立

陈撄宁也意识到了自己在对待佛教态度上发生的变化。在1936年《致湖南宝庆张化声先生书》中,他总结说,四年来(1933—1936年)他努力弘扬仙道,是一种“应战”状态,并且已“势成骑虎”,“尚未有了期”,无法退出[①]。过去他对佛教采取“摄法”,如答《南通佛学社问龙树菩萨学长生》(1935年)及问答专刊等。后所用者为“拒法”,如《吕祖参黄龙》三篇(1936年)及其他各篇之按语。但他承认用“拒法”非其本意,而是为形势所迫。此形势乃针对佛教而言,因为自古及今,“佛教徒对于外道,都用拒法”。即使偶有用摄法的,也“不肯以平等相待”,实际上是一种唯我独尊的姿态,因此出现“此愈欲摄,彼愈欲拒;此愈欲亲,彼愈欲疏;此愈谦和,彼愈骄傲”的现状。对此,陈撄宁十分悲愤:“同属同文同种同国之人,何其不近人情如此!”他认为这不是佛教徒的过错,是佛教教义使然。所以,如要和佛教讲平等,就必须先“折服其教义”。

① 参见上揭胡海牙、武国忠主编:《仙学精要》,第655页。

纵观他在刊物上发表的文章，的确有不少触及到了佛教教义。然而遗憾的是，这些文章多是对具体问题的反馈，缺乏连贯性和系统性。从现已公开出版的陈撄宁的著作来看，多数情况下，陈撄宁是以批评佛教徒和粗略对比佛、道二教的教义来实现上述目标。

陈撄宁最不满意的是佛教徒的门户之见，也就是“唯我独尊”。他在很多文章中反复批评了这种态度，如批评他们“每谓唯佛独尊，教外诸书，概行排斥”，认为这是一种“划界自封”的行为，也是佛教不能进步的原因。陈撄宁理想中的佛教徒（或居士）是近代佛教复兴运动的先驱杨仁山（1837—1911 年）。和陈撄宁的求道历程相反，杨仁山是先学仙，后学佛，并最终以佛教为归宿。他曾尝试以佛释道，注解过《阴符经》、《道德经》、《冲虚经》、《南华经》。陈撄宁这样评价杨仁山的诠释工作：“将《阴符》、《道德》、《冲虚》、《南华》等书一概拿佛家的义理去融会贯通，当然不免有牵强处。但大部分尚能折中于至当，其见识比较寻常佛教徒之高低，实有霄壤之别。”这样的评价，的确是非常中肯的。

只有在明确表达了对佛教采取“拒”的态度之后，陈撄宁才开始认真批判三教合一或三教一贯的说法，或者说正是通过批评三教一贯，陈撄宁确立了将仙学从三教中独立出来的“仙学独立论”。“三教一贯、三教合参、三教调和、三教互摄，这些论调，我也会说几句。若果说出，想未必有人能够反对，不过我的良心上认为此种论调不适用于现代之时机。所以特地把神仙学术，从三教圈套中，单提出来，另成一派。对于儒道释，脱离关系，不受他们的拘束，然后方有进步之可言。否则永远被他们埋在坟墓中，见不到天日。”①所谓“不受他们的拘束”，大约包含两层意思，一是不想陷入三教之争，二是不想让仙学随着处于劣势的道教同归于尽，真可谓用心良苦。

过去陈撄宁是认同三教合一的，现在要改变自己的观点，必然要面临如何自圆其说的困境。在这个问题上，陈撄宁首先承认自己是被形势所逼不得已而为之，如他说“我的良心上认为此种论调（三教一贯、三

① 陈撄宁论“南昌隐君子方内散人”《道学长歌》，参见上揭胡海牙、吴国忠主编《中华仙学养生全书》中卷《诗词歌赋序跋》，第 167 页。

教合参、三教调和、三教互摄)不适用于现代之时机”。继而他分析了三教一贯的历史渊源,认为宋元以来的士大夫是罪魁祸首,明知佛教排斥外教,却非要和它讲贯通,是自取其辱。在评论“南昌隐君子方内散人”的《道学长歌》时,他说:“只能仙与道一贯。再扩而充之,则道与儒本属同源,其间亦自有沟通之路径。但万不可与佛教相混合。佛教徒之意思,原要制造清一色局面,最怕与别人家合作。正一全真两派的道士,亦各有他们的信仰,对于佛教界限甚清。然而宋元以来士大夫,偏喜讲三教一贯。此种习气,至今流传更广,岂但三教,还要五教,愈贯愈不通。真可谓弄巧成拙。”仙学受到佛教徒攻击的历史根源,陈撄宁认为祸根也在道教主动迎合三教合一。1937 年在批注李涵虚的《仙佛同修说》时,他说:“自来儒教徒常骂二氏曰异端,是佛老全非,释道并斥也。佛教徒常骂仙家曰外道,曰邪教,而不及儒。盖畏儒教势力之盛不敢樱其锋,见仙教人才之衰,遂肆其狂吠也。仙学书籍,开口就是三教一贯,终未肯独树一帜,并喜援引儒释二教书中义理与名词以自重,惹人厌恶鄙弃而不知,究竟何居心耶?”①

明代道士伍守阳著有《仙佛合宗》,乾隆时的柳华阳著有《慧命经》,皆为以佛证仙之书。佛教徒对此类书籍十分反感,有位叫吴幼舟的居士发现《扬善》的善书目录中有此二书,遂写信给编辑部,要求翼化堂焚毁。编辑部在回函中说:“观其用丹家之说,注解佛经,用佛教名词,牵合道籍,弄成释道混杂,仙佛不分,仆等亦有所不满。然仙佛一源,三教一贯之学理,深入人心者,已数百年于兹矣。除此二书以外,其他书以类似于此者,不下千百种。”自我批评之中夹杂着无可奈何之忧虑。

佛教方面对这类书籍的态度非常鲜明,例如净土领袖印光法师就有这样的论述:“丹家所谓性,所谓命,皆在色身神识上作活计。反谓佛教止知修性,不知修命。不知彼之所从事者,皆系佛教之所破除者。观四念处,自可了知。《慧命经》,系清初魔民柳华阳所著。彼出家为僧,而种性邪谬。故引佛经中文,一一皆以己意妄会,以作炼丹之证。有不便者,则改其字句,而且又自为注。其意欲人以己为千古第一高人。而

① 参见上揭胡海牙主编:《中华仙学养生全书》,第 422 页。

一班无知无识辈，为之刻板，私相授受。恐明眼人知之，则殃祸不浅。凡看此种书者，皆邪正不分之流。若具眼者见之，当即付之烈火，以免瞎天下后世人之正眼。”又说：“《仙佛合宗》，其诬谤佛法，比《慧命经》为更甚。夫欲炼丹，即以己炼丹家之言论倡导即已。何得挽正作邪，作掩耳盗铃之计。引人之言，而不依人之义，既慕其名而反恶其实。岂非丧心病狂，求升反坠乎哉。夫炼丹一法，非无利益。只可延年益寿，极功至于成仙升天。尚非老子真传，况是佛法正道。”①但是，印光虽然强调佛教与仙学存在根本的差异，却并不否认二者可以和平共处：“以佛入手先教人修四念处观，一观身不净，二观受是苦，三观心无常，四观法无我，欲看破此之幻妄身心，以期悟证本具之真心妙性也。炼丹者唯以葆养色身为事，与佛之宗旨不合。然各修各法，随人自取其益，故彼此不相碍。”②

对于印光法师的上述文字以及专论仙佛关系的《仙佛合宗》一文等等，陈撄宁认为可以批驳处甚多，但出于对印光“专诚”的佩服和道家喜用佛家名辞之咎由自取，他不愿公开进行回应③。佛道论争之所以没有如预期那样轰轰烈烈，与陈撄宁个人的这种平和隐忍的态度有很大的关系。

否定三教合一，将仙学从三教中独立出来，避免和佛教的进一步冲突，只是仙学独立论的第一步，也就是陈撄宁所说的仙学“无需依靠别人家门户”。在当时科学万能的强势话语下，陈撄宁还希望仙学能独立于宗教之外，也就是仙学是“三教以外独立的一种科学”。这就必须论证何以仙学（仙道）是科学而不是宗教，实际上，这种论证必须是在比较中进行的，也就是说，仙学是科学不是宗教，在与佛教不是科学是宗教的对比关系中才更具合理性。

新文化运动之后，作为救亡图存工具的“科学”思想迅速传播，成为一种普遍流行的强大的社会思潮。1923 年胡适在为汪孟邹所编的《科学与人生观》的序言中说：“这三十年来，有一个名词在国内几乎做到了

① 《增广印光法师文钞》卷一《复郦隐叟书》，九州出版社，2012 年，第 75 页。

② 《增广印光法师文钞》卷二《与大同放生会书页》，九州出版社，2012 年，第 52 页。

③ 陈撄宁：《致湖南宝庆张化声先生书》，参见上揭胡海牙、吴国忠编《中华仙学养生全书》，第 126 页。

无上尊严的地位，无论懂与不懂的人，无论守旧和维新的人，都不敢公然对他表示轻蔑或戏侮的态度。那个名词就是'科学'。这样几乎全国一直的崇信，究竟有无价值，那是另一个问题。我们至少可以说，自从中国讲变法维新以来，没有一个自命为新人物的人敢公然毁谤'科学'。"陈撄宁的思想也深受科学实证主义的影响，他坚信在科学之光的照耀下，宗教终有一日会被打倒："宗教这个东西，在以后的世界上，若不是改头换面，他本身就立不住。无论道教、佛教、耶教、天主教，以及其他的鬼神教乱坛教，一概都要被科学打倒。岂但宗教如此，连空谈的哲学也无存在之价值。我劝君还是走神仙家实证实修这一条路罢。"① 为了避免有朝一日仙学随宗教一起消亡，他一方面别出心裁地倡导"仙学"独立论，即仙学是独立于儒、释、道三教之外的一种独立的门类，其独立性正是来源于其科学性；另一方面他要努力划清仙学与宗教特别是佛教的界限，反对仙、佛不分，反对三教一贯。由于批评和攻击道教(仙学)的主要是佛教徒，所以他的回应也主要是针对佛教徒的。

受西方科学思想的影响，当时中国的各种宗教处境堪忧，宗教徒于惶恐不安纷纷试图证明自己的宗派是科学而非宗教，如佛教界当时就盛行佛法非宗教或非哲学的言论。仙学重视实践，与科学有相似之处，故而陈撄宁非常自信地宣称仙学就是科学，这种自信远远大于佛教徒的自信。由于佛教不容道教(仙学)在先，陈撄宁对佛教努力证明佛法非宗教的做法很不以为然。他多次表示，无论佛教如何辩解，佛教都是宗教，而这正是佛教不如仙学的根本所在。

陈撄宁对宗教有一个基本认识，即"不问是何宗教，须以刻起见效为凭据，以今生成就为旨归"。这种宗教观十分特殊，体现了陈撄宁本人是重实际、轻超越的。也正是因为不重彼岸，不重超越，他对佛教教义本能地缺乏兴趣。同时也认为以佛教为代表的宗教都是迷信，哲学更是空谈，都是不务实际的。那么如何才能"成就""今生"呢？陈撄宁认为除了仙学的"金液还丹"外，别无他术(如宗教)可以达此目的。

陈撄宁在作于1933—1937年间的《口诀钩玄录》(初编)中，专门辟

① 参见上揭胡海牙、武国忠主编：《仙学解密》，第514页。

出一节“道家与佛家之异同”，对这个问题讲得甚为明白：“愚见认为佛家与道家，在理论源头上，本无不同；其所以不同者，乃在下手修炼的方法。道家工夫，初下手时，与肉体有密切之关系；佛家工夫，专讲明心见性，不注意肉体上之变化，遂令人无从捉摸。”①在印度佛教中，只有小乘坐禅法因为“颇注意身内之景象”而被陈撄宁给予较高评价。但是，在他已经明确了对佛教必须采取“拒”的态度之后的1936年，他在回应佛教居士张化声的《读化声自序的感想》一文中，声明自己不同意张化声提出的“讨论佛学，有两条定律，一是‘以科学证明佛学’，二是以‘佛学净化科学’”的意见。他认为佛学虽说也可以用科学论证，但仅限于极少数的部分。佛学中的大部分内容，“仍旧不能与科学发生关系”，态度鲜明地否定了佛学攀附科学的企图。另一方面，他认为世界上只有神仙之术是可以验证的，与科学极为接近，也最容易入手。这相当于以当时社会普遍推崇的科学至上观念给佛道(仙学)下了判语。

此外，陈撄宁还从仙学不限门户，不限男女，人人皆可修炼，是一种真正平等自由的学问等角度论证仙学较佛学之殊胜。而这一点，他认为恰恰是其他宗教所不及之处。他在评论南昌隐君子方内散人的《道学长歌》时说：“阅者须知，儒教中人也可以学仙，道教众人也可以学仙，佛教、耶教、回教中人皆可以学仙，甚至于一教不信的人更可以学仙。因为仙之本身，产生于学术之实验，不像宗教要依赖信仰。譬如一个人触了电，身体立刻就有感觉，不管你信不信。若宗教的性质，就与此不同了。你若信他，或许有点校验；若不信也，他就毫无功劳。”故而在陈撄宁看来，仙学是“超出宗教范围，纯为学术方面之事”②。这些论述，如果不考虑佛教界人士对佛教与科学关系的论述，基本上是可以自圆其说的。

陈撄宁坚信“仙学必成”，他最关心的紧要问题只有一个，“就是用什么方法可以免除老病死之苦”。至于抽象性的哲思，比如“宇宙间为

① 参见陈撄宁《口诀钩玄录》第一编“读者须知”第三章“应具之常识”第三节“道家与佛家之异同”，载上揭郭武编“中国近代思想家文库”之《陈撄宁卷》，第57页。

② 在评论“南昌隐君子方内散人”的《道学长歌》时，载上揭胡海牙、武国忠主编：《中华仙学养生全书》(中)卷4《诗词歌赋序跋》，第167页。

什么要生人生物，这个问题最难解答，留到后来再研究”①。我们甚至可以说，陈撄宁是典型的实用主义者。以这种实用主义者的眼光来看佛教，佛教之抽象思辨就是不切实际的。正如上文已经论及的，陈撄宁始终认为道教和佛教的最大差异是修命和修性的矛盾。一方面他承认有生必有死，另一方面又认为佛家专讲无生无死，都是心性方面的事，无法解决肉体的痛苦。人的生命是先天赋予和后天养成的共同作用，故而道家功夫重视“后天生命权”，努力添补“人生之生命力”，方法可归纳为“神气合一”，也就是“道书所谓以无涯之元气，序有限之形骸。如此，则生命力可望永久不竭”②。

由于信服的是道教的最高追求——肉体长存，故而陈撄宁对佛教的心性功夫很不以为然：“不论古今什么大宗教家、大哲学家、大豪杰、大圣贤，到了结果，也是同愚夫愚妇一样埋在土里拉倒，总没有法子能够对付他们的肉体。就让你心性功夫，登峰造极，亦不过预知死期，坐脱立亡之类。总没有法子能够打破生灭之定律，总没有法子使肉体长存。于是乎，把肉体与精神分作两撅，遂高唱肉体虽毁精神不灭之论调。肉体是虚幻的，精神是真实的。肉体是秽浊的，精神是洁净的。肉体是罪恶的，精神是善良的。这些理论，若认为一时之权巧方便，聊以解嘲则可；若认为宇宙间之真理，就是如此，则未免为古人所误。”③上文已经论文陈撄宁和一些道士认为在修炼功夫上，佛家和仙家各有偏重，佛家重炼性，是“性长生”，仙家重炼气，是“气长生”。仙学优胜于佛教之处在于佛教只修性，不修命，而仙学是性命双修。当然，这种说法在道教界内由来已久，并不是陈撄宁的创造。

陈撄宁对佛教采取明确的“拒”的态度，主要体现在 20 世纪 30 年代中后期的一些文章中，之后则再也没有类似文章问世。这一时期，陈撄宁驳斥佛教篇幅最长的文章是《辨楞严经十种仙》，发表于《扬善》1937 年第 4 卷第 24 期至第 5 卷第 2 期。这篇文章之后，再也没有见到

① 参见上揭胡海牙、武国忠主编：《仙学精要》(上)，第 113 页。

② 参见上揭胡海牙、武国忠主编：《仙学精要》(上)，第 119 页。

③ 陈撄宁：《读化声序的感想》，参见上揭胡海牙、武国忠编《中华仙学养生全书》，第 226 页。

类似的专门性文章。根据陈撄宁在文章前面的“附告”，他写作此文是因为“十种仙”之说，“流毒最深”，佛教徒往往借此“为泰山压顶之权威，而居士辈遂噤若寒蝉，不敢抗辩矣”，陈撄宁迫不得已“亟欲一吐为快”①。

或许陈撄宁的“拒”有欲说还休的纠结，即便是这篇专门批评佛教的文章，“既脱稿后，删之又删，改之又改，理论虽不妨驳诘，辞气则倾向和平，盖已预留仙佛两家将来妥协之余地，故未忍出全力以相搏，免致佛教学理上基础之动摇”②。正如 1936 年张化声居士致信《扬善》所言：“陈先生非不懂佛学，亦非对于佛教徒有什么恶感，并非有闲工夫以文章做游戏，更非于其中想何种利用。彼认为现在与将来的世界上，仙道实有提倡之必要，惟以每每受佛教徒的毁谤，致令学者怀疑，不敢踏入此门，遂发愿牺牲几年光阴，来打一个抱不平。但其所拟数十条足以推翻佛教理论基础之雄辩，至今未肯公开。料想在猛烈抗战中，尚留有余地。”张化声此说，可以与陈撄宁本人的文字相互验证。1947 年太虚大师圆寂，陈撄宁撰文《慨慕人生佛教之导师并答客问》。文中提到，十年前，陈撄宁力倡仙学，太虚大师曾在《海潮音》发表长文，批评他的仙学各书。“不才颇能谅解其维护本教之苦心，初次不欲在刊物上显然与之开辩论。但间接致函某君，托其转达太虚大师，说明我的用意。”文章还提到，1937 年春天，有一素不相识的人士来函希望拜访陈撄宁，问其缘由，得知此人喜佛亦爱仙，曾向太虚询问“专门仙学”人才，太虚以陈撄宁为荐，认为他是“真正仙学人才”。陈撄宁因此感怀，“不才当日为仙学奋斗，本拟用全副精神牺牲十载光阴，指摘佛教《大藏经》中所有一切矛盾剂疵累。因感于太虚大师洪度雅量，无形中被其软化，乃将已成之稿焚毁，未成各篇亦弃而不作，仅发表《辨楞严经十种仙》一篇，遂从此停止笔战。震动一时的仙佛论辩，渐渐归于烟消火灭……”③。这

① 陈撄宁：《辨楞严十种仙》，参见上揭郭武编“中国近代思想家文库”之《陈撄宁卷》，第 335～347 页。

② 陈撄宁：《辨楞严十种仙》，参见上揭郭武编“中国近代思想家文库”之《陈撄宁卷》，第 335～347 页。

③ 参见《觉有情半月刊》1947 年 6 月第 187—188 期，收入黄夏年主编《民国佛教期刊文献集成》第 89 卷，中国书店出版社，2008 年。

与陈撄宁不愿意公开和印光争鸣同出一理。

五、结语

20世纪40年代中后期陈撄宁曾在著名的佛教刊物《觉有情》上发表了几篇文章①,这些文章和陈撄宁发表在20世纪30年代的《扬善半月刊》和《仙道月报》上的思想有了一些细微的变化,特别是他对佛教的态度。何建明已就这个问题作出了初步探讨②。他指出陈撄宁在40年代的这几篇文章"与此前其仙佛之思想最大的区别,就在于此前他强调仙道与佛道的差异性,而在这几篇佚文中他开始强调学仙与学佛的互补性"。事实上,40年代以前的陈撄宁,并不是一味强调仙道和佛道的差异性,而是从根本上认为仙佛同源,三教一贯,之后才被迫提出仙佛二分的观点,着力强调二者的差异,前文已经进行了论述。他强调仙道与佛道的差异性主要发生在1936年—1937年期间。这之后,由于仙佛论争并没有如预料的那样掀起巨大的波澜,加之陈撄宁对太虚和印光等佛教高僧献身佛教事业的尊重和人格感念,很快他就不再坚持仙佛二分的观点。因此在他40年代以后的言论中,他对佛教的批评也越来越少,语气也越来越缓和。这几篇文章由著名的佛教刊物刊出,本身就说明陈撄宁对待佛教的态度已大为缓和。1947年他在《海潮音》上发表的一篇题名《由仙学而佛学》的文章中,谈及他何以从十年前的批评佛教到现在的劝人学佛:"往年以仙学立场,对佛法常抱一种不妥协之态度。今见人类根性日益恶劣,杀人利器层出不穷,且于大自然境界中,仗科学之发明而冒险尝试,扰乱宇宙共同之秩序,恐吾辈所托身之地球将来不免有毁灭之一日。仙家纵修炼到肉体长生,并证得少许神通,究未能跳出旋涡之外。皮之不存,毛将安附。(天仙程度较高又

① 这几篇发表在《觉有情》上的文章是:《灵魂有无之推测》(1947年)、《由仙学而佛学——答某居士书》(1947年)、《慨慕人生佛教之导师并答客问》(1947年)、《覆某先生书》(1947年)、《为净密禅仙息争的一封信》(1948年)、《为黄汝玉女居士题金刚经长卷》(1949年)。

② 何建明:《陈撄宁的几篇重要佚文及其思想》,《中国道教》2008年第2期。

当别论，此指地仙而言）。因此近来常与人讲出世之佛法，而不讲住世之仙学。"[1]事实上，陈撄宁在这篇文章表达的佛教观已经完全不同于过去，这说明他已经回归到三教合一的和平共处文化立场上。

总而言之，仙、佛二分观念是陈撄宁在20世纪30年代中期，在时代趋势的推动下采取的一种文化策略，该策略立足于仙学本位立场，是为仙学争取生存空间的一种手段。陈撄宁对佛教的或摄或拒，欲说还休，体现的正是那个特殊时代宗教文化的坎坷命运。

（作者为华南农业大学人文学院历史系副教授）

① 陈撄宁：《由仙学而佛学——答某居士书》，原载1947年《觉有情半月刊》第8卷第17、18期合刊，收入上揭黄夏年主编《民国佛教期刊文献集成》第89卷。

清静：身心与天下的自然道要

沈文华

在中国传统文化儒、释、道三家中，道家道教忝居其一，一直以弱相示人，看似作用不显，但却约而能张、幽而能明、弱而能强、柔而能刚，影响力深刻而持久。因其秉持道之根本，恪守“清静”、“柔弱”，甘之如饴而没身不殆。

春秋时期，老子身为史官得以掌千年学库之管钥，集往圣先贤之大智慧，承古道家之精髓写下了《道德经》五千言。《老子》一出，尽泄天地之秘藏、万物之圭臬。道家仰则观象于天，俯则取法于地，与时偕行，应物变化。所以，汉初史家司马谈在《论六家要旨》中说：“道家使人精神专一，动合无形，赡足万物。其为术也，因阴阳之大顺，采儒墨之善，撮名法之要，与时迁移，应物变化，立俗施事，无所不宜，指约而易操，事少而功多。”东汉班固《汉书·艺文志》评价道家道：“道家者流，盖出于史官，历记成败存亡祸福古今之道，然后知秉要执本，清虚以自守，卑弱以自持，此君人南面之术也。”

中国历史上最强盛的汉唐都离不开道家思想的哺育，国富兵强、民丰物阜的盛世所秉承的乃是道家“无为自化，清静自正”宗旨。汉初，以黄老思想为代表的道家登上政治舞台，受到了文景二帝及群臣陈平、田叔、萧何、曹参等的推崇，以“清静无为而民自定”为治国方略，轻徭薄赋，与民休息，出现了“文景之治”；唐初，曾为道士、被视为“佐成贞观之治”第一功臣的魏征在贞观十一年的上书中说道：“隋以富强动之而危，我以寡弱静之而安，安危之理，皎然在自。”他提倡君臣无事，不言而化；不必劳神苦思代下司职，以亏无为之大道，魏征可谓深得道要。唐太宗在《贞观政要·论政体》中总结道：“故夙夜孜孜，惟欲清静，使天下无事,遂得徭役步行,年谷丰稔,百姓安乐。”在唐代尊祖崇道的国策下,李世民推行“清静无为”的治国方略,以农为本、厉行节约,休养生息,形成了政治清明、经济发展、社会安定、国力强盛的“贞观之治”。

与人们正常逻辑相悖的,似无所事事的清静无为如何能造就国家强大、人民富庶、文化繁盛?

清静为道之体性,国家政治、经济事业、文化生活等都无不在大道载覆之下,其运行也离不开这一根本。清静是宇宙万事万物最原初真实的状态。在人为心性纯正宁静,复归其真性之源;在物为全物之性,返源归真。由此将与道合,可以久长。《道德经》将此阐述为:“致虚极,守静笃。万物并作,吾以观复。夫物芸芸,各复归其根。归根曰静,是谓复命。复命曰常,知常曰明。不知常,妄作凶。知常容,容乃公,公乃王,王乃天,天乃道,道乃久。没身不殆。”

一、清静之道

道为天下母,乃万物之本源,天地万物从“道”而生。

宇宙在产生之前(以现代宇宙学的大爆炸理论,可理解为在大爆炸产生之前)既清且静,此“清静”是先天绝对、无对待的。此时既无时间也无空间,玄冥难测,含受无极,蕴聚着巨大的能量信息,伏藏着无限的可能。《道德经》一言以蔽之:“道生一”。元陈致虚是这样理解太一无始之“道”与作为天地开始的“道生一”:“夫天地一大身也,天地之未始有始之始也。一气蟠积,溟溟涬涬,窈冥莫测,氤氲活动,含灵至妙,是为太一,是为未始之始始也,是为道也,故曰无始。夫天地之有始也,一气动荡,虚无开合,雌雄感召,黑白交凝,有无相射,混混沌沌,冲虚至圣。包元含灵,神明变化,恍惚立极,是为太易,是为有始之始始也,是谓道生一也,是曰元始。”

《列子·天瑞篇》将宇宙的产生发展过程划分为太易、太初、太始、太素几个阶段,“太易者,未见气也;太初者,气之始也;太始者,形之始也;太素者,质之始也。气形质具而未离,故曰混沦”。经历无气——有气——有形——有质的演化过程,最后达到气形质都已具备而未分离的混沦状态。

阴阳剖分为太极，一生二；天地生人，二生三。天地人三才鼎立，从此阴阳二气相交，万物滋生，为三生万物。在“三生万物”大道的流布中，道以其清静本性养育了万物。因其清静，所以清寂辽阔，独立存在而永恒不变，周而复始而永不停歇。它浩瀚无边，取之不尽，用之不竭。其高深莫测，却又好像无处不在，为万物的庇荫之所。《道德经》说：“有物混成，先天地生。寂兮寥兮，独立而不改，周行而不殆，可以为天下母。吾不知其名，字之曰道。”“道冲，似万物之宗；渊兮，而用之或不盈。”

因其清静，《清静经》说：“大道无形，生育天地；大道无情，运行日月；大道无名，长养万物。”无形、无情、无名正是大道清静体性的最好诠释。无形却生育了形中至大的天地；无情却运行着普照众生的日月；无名却使万物茁壮成长。所以，“横四维而含阴阳，纮宇宙而章三光”。

因其清静，“天地不自生”。其无私无欲，所有的生发运作均不为己，才能载天覆地，成就万物而禀授无形。“天无私覆也，地无私载也，日月无私烛也，四时无私行也。行其德，而万物得遂长焉。”

不仅天道如此，清静还为天下正。清静无为可正天下，使天下万事万物复返本性，从而回归其本来正道。《道德经》说：“大成若缺，其用不弊。大盈若冲，其用不穷。大直若屈，大巧若拙，大辩若讷。躁胜寒，静胜热，清静为天下正。”天下事物都有着两面性，清、静对应着浊、动。王弼在注“清静为天下正”时说：“静则全物之真，躁则犯物之性，故惟清静乃得如上诸大也。”也就是说，唯有清静才能得大成、大盈、大巧、大辩等天下诸“大”。因此，《老子想尔注》释曰：“道常无欲乐清静，故令天地常正。”

天下为“神器”，无形无方而成天下，包容广大，纷繁复杂。所以，渺小愚钝的个体如妄想运作执取天下，将不得天道人心。如果自不量力，那么“为者败之，执者失之”。万物有其自然本性，可以因顺而不可造作悖逆，可以通达而不可执持主宰。相反的，“不欲以静，天下将自定”。一旦人们心意清静，没有因贪念欲望扰动，那么天地自然运转，风调雨顺，百姓安居乐业，天下将自正。在国家治理上，“道常无为而无不为。

侯王若能守之，万物将自化。化而欲作，吾将镇之无名之朴。无名之朴，夫亦将无欲"。道无为乃顺应自然而为，所以能无不为。国家的管理者能循道而为之，那么万物也将自我生化发展。一旦人的贪欲生起，让事物的发展超越了自身应有的界限，失正而邪，那么将以无名之朴相镇使之归正。

道家主张"以无事取天下"，所以"我无为而民自化，我好静而民自正，我无事而民自富，我无欲而民自朴"。《道德经》又说："其政闷闷，其民淳淳，其政察察，其民缺缺。"一旦立刑名，明赏罚以辨奸伪，那么民众心怀竞争总不能满足，而心有"缺缺"。相反的，在善执政者的管理之下，其政闷闷而至于大治，百姓宽厚淳朴。在圣人所取的"无为"、"好静"、"无事"、"无欲"和人民的"自化"、"自正"、"自富"、"自朴"之间，有着怎样的必然逻辑？

虽然老子自己也认为："不言之教，无为之益，天下希及之。"但世间若存在着一条深入领会清静之道的捷径，却非人心莫属。

二、清静之心

清静为道之本性，也是人心本有之性。它贯穿于先天无为之道和后天有为之法中。对于人而言，人世间喧嚣的声色欲望不静不净为"浊"，因此而生出的"三毒"侵蚀了人和社会。道家认为阴神毒害人之性，阴精毒害人之命，阴气毒伐人之脏腑，使人不能养性延年、修真得道；同时，不净之贪欲也使社会"浊动"不安，人欲横流，侵害社会有机组织功能，使之不能"得正"，发挥其自然清静归正的特性。所以，《道德经》说："咎莫大于欲得。"招致过错的最大原因在于嗜欲。所以要"见素抱朴，少私寡欲"，不要有过重的嗜欲贪得无厌，沉溺在声色犬马、名利场中不可自拔，应"去甚、去奢、去泰"而处中和。

《淮南子·原道训》说："人生而静，天之性也，感而后动，性之害也。物至而神应，知之动也。知与物接，而好憎生焉。好憎成形，而知诱于外，不能反己，而天理灭矣。故达于道者，不以人易天，外与物化而内不失其情。"人之天性清静无邪，因外物的触动而生爱憎，长期浸染人性就发生了变化，从而将已染污之性当作了自己的本性，忘记了根本。这就如日月欲明，却常被浮云掩覆；河水欲清，却常被沙石弄浊；人心欲清，但常被嗜欲耽害。人的感知被诱惑于外而不能返归天性，就像古人乘舟不辨东西迷失方向时，抬头见到了北斗极星，自性就是人之“斗极”。能够自见其性，则不失物情；无以自见其性，心性动摇就会被此迷惑。

清静是自然之道要，也是入道之捷径。《清静经》说：“得悟道者，常清静矣。”无论何门何派，都以“清静”为其修道最高心法，所以在入手处即以此为要，才能时时提醒、刻刻在意，最后使修行者复归“清静”的自然本性。唐代司马承祯在《坐忘论》中说，道空虚寂静，神通广大。人心以道为本，以清净为本。如果人心与物欲相联，容易躁动不安，使得心神向外驱驰，以智害悟，终亏万代之业。心为道器，虚静至极，道居而慧生，从而才能与道相合得道成真。

从动静看，道本清静；从染净讲，道本清净。清静和清净本为一体，唯静得净，唯净得静，静净本无二致。在道经中，将清静理解为“十二时中，常要清静。一念不起谓之清，灵台无物谓之静”。到此地步，人心自安，心不逐物，心不爱物，清静纯虚，与道合真；道本清净，需要效法道的清净本性，清其心源，静其气海。心源清净了，万物就不能相扰，从而性定神明；气海静了，则邪欲不能发生，精全而腹实。全真七子之一马钰《丹阳真人语录》说：“故道家留丹经子书，千经万论，可一言以蔽之曰：清净。”

从意识层面细分，清静与清净是从意识清静到连无意识都清净的过程，无意识之清静可称为“清净”。心静到心清为一个自然澄清的过程，也是从清静意识进而清净无意识的过程。因为在人平静的意识下面往往掩盖着欲望翻腾的无意识之海，要想保持长久的心静，必须要澄清安宁无意识。相对于意识而言，无意识更难清静。这些无意识来源于历劫以来积累下来的气质偏性和沾染的习气。道家修炼将此视为“丹道始终之要着”，只有到了阴尽阳纯即回复到不再杂有后天意识的纯先天意识时，才算彻底了当。需长期浸润改造无意识，最后将意识和无意识一体化。此时，清静才能成为自然。

所以道家主张清心寡欲，遣欲坐忘，绝智弃圣，澹泊无思，无忧无虑。在这种精神境界从忘形、忘利,以至于忘心。庄子说:"养志者忘形,养形者忘利,致道者忘心矣。"如此无知无欲、无染无净、无我无他的状态,是为"清静"。

三、从清静身心到清静天下

在道学中,身、国、天下、天地自然是同源一体的。道家明白自然天地同源同构之理,知道它们均是道不同形态的化现,人天同构,物我一源;自然是一个有机的大整体,生命是一个有机的小整体,由人所构成的社会、国家莫不如是,它们的构成和规律是相同的。

人生于天地间,以天地为父母。作为天地之子,人身体的节序与天地运行之理相通,一旦知晓自身的虚实变化,就能通达天地阴阳、五行、八风的运行,进而洞察天地所生万物。以此治理天下万事,则秋毫之微的虚实之数也尽在掌握中。知悉天下、探索宇宙大道也同样如此。战国道家著作《鹖冠子·度万》说:"天地阴阳,取稽于身。故布五正以司五明。十变九道,稽从身始。五音六律,稽从身出。"所以,小小的一个身体是国家、天下、宇宙大道的微缩模型,所有一切的落点还在于人本身。

在天地之间芸芸万物中,人为最尊贵者,可以裁制万物。《黄帝内经素问·宝命全形论篇》说:"天覆地载,万物悉备,莫贵于人。人以天地之气生,四时之法成。"它指出天有阴阳,人有十二经脉;天有寒暑,人有虚实盛衰。能顺应天地阴阳的变化,不违背四时规律,了解十二经脉的道理,就能明达事理,不会被疾病表象所迷惑。《抱朴子内篇·地真》说"一人之身,一国之象也"。人的身体与国家的结构十分相似,《黄帝内经·胀论》说:"夫胸腹,藏府之郭也。膻中者,心主之宫城也。胃者,太仓也。咽喉小肠者,传送也。胃之五窍者,闾里门户也。廉泉玉英者,津液之道也。"在人身体中,可将胸腹比作围绕国家府库的城郭;心主神明,为一身之主,膻中就像君王所居的宫城;胃就如储存粮食的太仓,咽喉小肠为传送之通道。

因"身国同构",如果将人自身这个有机体调理、修养成功,那么国家、天下、道也同样可以获得成功。道家采用取类比象的思维方式，认为治理身体和国家也可遵循同一理数。《吕氏春秋》说："夫治身与治国，一理之术也(《审分览》)。""昔者先圣王成其身而天下成，治其身而天下治(《先己》)。"《淮南子》也认为"治身"即是"治国"，而"治国"之要"本任于身"。"天下之要，不在于彼而在于我，不在于人而在于我身，身得则万物备矣。"洞晓天地阴阳、治理国家天下，人都可以取象于自己的身体，从自己的身体中获得稽式和度数，由内向外推布，从而揆度天地、国家、社会、他人的状况，管理社会、治理国家和天下，进而事天法道。

在养生中，养神为上，养形为次。神清志宁为养性之本，营养肌肤肠胃、满足口腹之欲为养生末节；在治国中，教养感化为上，明正法度为次。使百姓相互谦让，在利益前退让、在出力时争先，日日迁善而不知其然，此为上法；以物质利益作为激励，宣传说教劝人向善，使百姓畏惧刑罚而不敢妄为，这是下等的统治术。《泰族训》说："治身，太上养神，其次养形；治国，太上养化，其次正法。神清志平，百节皆宁，养性之本也；肥肌肤，充肠腹，供嗜欲，养生之未也。民交让争处卑，委利争受寡，力事争就劳，日化上迁善而不知其所以然，此治之上也。利赏而劝善，畏刑而不为非，法令正于上而百姓服于下，此治之未也。上世养本而下世事未，此太平之所以不起也。夫欲治之主不世出，而可与兴治之臣不万一，以万一求不世出，此所以千岁不一会也。"

因为道家重本，得益于其清静之基，所以往往在细微处见精神，于长远中显智慧。它关注征兆出现之先与事物萌生之初的状态，发现事物起承转合之间的先机。在治身上，《灵枢・官能》中说："邪气之中人也，洒淅动形，正邪之中人也微，先见于色，不知于其身，若有若亡，若亡若存，有形无形，莫知其情。是故上工之取气，乃救其萌芽，下工守其已成，因败其形。"当邪气窜入人体，疾病开始萌芽，人们通常会忽视这若有若无的征兆，但这将招致严重的后果。因此精通医道之"上工"察邪气入身之兆，当即积极施治；而"下工"却对此视而不见，等病势成时却已救治乏术。国家的治理也是如此。无论在政治、经济还是社会管理中，如在最初"发病"的萌芽状态没有积极采取对治策略，一旦"病势"已成将付出沉重代价。所以，《素问・四气调神大论篇》说："是故圣人不治已病治未病,不治已乱治未乱,此之谓也。"

《淮南子》反思秦政,指出秦王朝"释大道而任小数"(《原道训》),"苛削伤德"(《泰族训》),"与民为仇"(《诠言训》),这种任刑法、尚农战的功利政治争利虐民,所以只会"事逾烦天下逾乱,法逾滋而天下逾炽,兵马益设而敌人逾多"(《新语·无为》),"国无义,虽大必亡"(《主术训》)。从根本看,放纵个体或集团的欲望就会失去自然清静的本性,使行为偏离正轨。以此治理国家就会导致祸乱,治理身体则会招来邪秽。嗜欲无穷就会导致灭国丧身的恶果,是治国治身者尤须引以为戒的。《齐俗训》说:"夫纵欲而失性,动未尝正也,以治身则危,以治国则乱,以入军则破。是故不闻道者,无以反性。"

在养生与治国中,清静之道体现在对因、应的把握中。《论六家要旨》说:"道家无为,又曰无不为,其实易行,其辞难知。其术以虚无为本,以因循为用。无成埶,无常形,故能究万物之情。不为物先,不为物后,故能为万物主。有法无法,因时为业;有度无度,因物与合。故曰'圣人不朽,时变是守。虚者道之常也,因者君之纲'也。"

道家的智慧深远玄奥,那些妄议道家无为消极的浅薄之见在因应之道前如语冰之夏虫。事实上,无为并非不求有所作为,而是无主观臆断的作为,无人为之为。道家凡事"顺天之时,随地之性,因人之心",遵循万事万物的大趋势和规律,以不违"天时、地性、人心",而不是凭主观愿望和判断简单行事。所以,"循道理之数,因天地之自然,则六合不足均也"。无为而无不为,无治而无不治。《原道训》说:"所谓无为者,不先物为也;所谓无不为者,因物之所为。所谓无治者,不易自然也;所谓无不治者,因物之相然也。"

守静处正,可使嗜欲不起。正静不仅能让身体处于自然康健的状态,同时让人处天地之间遍知天下之状,建立伟大功业,此为"内德"。《管子·内业》说:"人能正静,皮肤裕宽,耳目聪明,筋信而骨强。乃能戴大圜而履大方,鉴于大清,视于大明。敬慎无忒,日新其德,遍知天下,穷于四极,敬发其充,是谓内得。"而圣人养神和气夷形,与道共沉浮。对万事万物的变化发展,无不能相对相应,从而合道而治。《文子·九守》说:"是故圣人持养其神,和弱其气,平夷其形,而与道浮沉,如此则万物之化无不偶也，百事之变无不应也。”

作为道门重要经典的《清静经》主张“真常应物，真常得性，常应常静”。“常应常静”就是“清静”的境界。人如果能去除贪求、妄想、烦恼与执著，遣欲澄心，神就能常清静。从内观心、外观形、远观物入手，知道心、形、物并没有一个真实永恒的存在，有无皆不存，湛然常寂而寂无所寂，欲念不生就是真静。所谓“心无其心”“形无其形”“物无其物”，能够“唯见于空”，并且“观空亦空”，最后达到“湛然常寂”。

常人以为清静仅仅体现在心性修养中，但道家却在清静中发现其大机大用。《清静经》说：“人能常清静，天地悉皆归。”在修炼中，清静可表现为心静、性清、神宁，其关键在于心。一旦心能清静下来，精、气、神就能各得其正位，顺自然的节律随之感应生动而有无限的神奇妙用，所谓“神服其令，气服其窍，精从其召”。心能清静，神就不再驰逐于外，从而内敛收藏；心能清静，气就不再违逆，气和则身体和顺，身和就能感应天地之和；心能清静，欲念就自然不再生起，凡精就不易产生。总之，当心清静后才能神不驰、气能和、精能止，精气神才能可以采用。这样的“用”，乃是心静到极处之后的自然生动，不是平时常见的生发，如果心不到静极处，所谓的那些发动都做不得数，一般都掺有人为的因素。实质上它是静极之后精气神的自然内动，没有意念的导引和潜意识中隐隐含藏的盼望，所以它们最为纯粹和天然，这时的精气神才能为心所用。因为彼此性质相同，由此自然生发的精、气才能补充维固先天精和先天气，神也可以作为“性基”。可见，“清静”在丹道修炼中至为关键，只有心静已炼后神凝气住精凝，才会产药。当到了安静虚无之境时，先天出现，元炁流行，身中关窍豁然洞开。由此，可以造得清静，进得自然。陆西星在《周易参同契测疏》中写道：“安静虚无此四字者，乃养己之要诀。千圣万真，同此一旨。”张紫阳真人说“能静则金丹可坐而致也，但难耳”。

身心修养离不开清静，国家治理也是如此。在清静之中，国家、天下、社会这些机体的“精”、“气”、“神”不再盲目肆意地耗损，其内在固有的先天自觉会被唤醒，生发出纯正充沛的力量，从而主导其有机体的运转。在这一过程中，也存在着与修道过程中同样的“一阳初生”。清静所激发的内生力量使得一切各就各位，各司其职。它尊重每一个体的本性而不妄加干涉，包容并蓄使万物自由自在又趋于一体，并以其自发的内组织协调功能避免了暴力和消耗。这是在和谐而太平状态下的自治自理，因循自然，各生所急，各因所处，各得其宜，物便其所。所以，圣人“辅万物之自然，而不敢为”，“为无为，则无不治”。道家深知清静之下蕴含着巨大的创造力（生机），由着这一点内生的“真阳”去沟通、符合天地主宰的宇宙大能量、大趋势，这就是合道。

《黄帝内经》将治理身体的最高境界称为“至治”。《灵枢·百病始生》说：“察其所痛，以知其应，有余不足，当补则补，当泻则泻，无逆天时，是谓至治。”根据病痛的具体情况察知相对应的病证，探明身中阴阳之气的有余与不足，根据损益原则进行补泻，辨证施治顺应天时的变化而不违逆。更有甚者，另有一种“至治”可由“治”而达到“不治而治”。《灵枢·通天》说：“阴阳和平之人，居处安静，无为惧惧，无为欣欣，婉然从物，或与不争，与时变化，尊则谦谦，谭而不治，是谓至治。”阴阳和平之人因身中阴阳之气是和谐平衡，因而居处安泰、内心宁静，既无过分的忧惧，也无过分的欣喜，婉然顺从万物而不争，因顺天时而变化，始终保持谦和的态度，无为而治。

上述这两种“至治”同样可用于治国理政中。《老子河上公注》说：“法道无为，治身则有益精神，治国则有益万民。”治国治身从“有所治有所不治”上升到“无治无不治”，其要在于清静无为。《文子·道原》说：“是以圣人内修其本，而不外饰其末。厉其精神，偃其知见，故漠然无为而无不为也，无治而无不治也。”圣人勤修根本，舍弃末节，内守精神，平息智巧，在无为而无不为的合道境界中，实现“无治无不治”。这里的“无为”并不是“无所作为”，只是不在物先妄加作为，而是循物之性，顺其自然而为。“无治”是不去刻意改变事物自然的本性和趋势，同时通过事物之间的相互作用影响，达成“无不治”。在《自然》篇中，它进一步指出：“所谓无为者，非谓其引之不来，推之不去，迫而不应，感而不动，坚滞而不流，卷握而不散，谓其私志不入公道，嗜欲不枉正术，循理而举事，因资而立功，推自然之势，曲故不得容，事成而身不伐，功立而名不有。”无为并非指像木石一样岿然不动，而是要求在因循事理、推度自然之时，不得以私心、嗜欲杂入期间；在事成功立之后，不求名不自夸耀。无为因没有自我的立场和私欲，“以其莫从己出”。从根本上说，不能无为者，不能真正的有大作为。《淮南子·说山训》说：“人无为则治，有为则伤。无为而治者，载无也。为者不能有也。不能无为者，不能有为也。”

清静无为秉承的是大道的体性，无论身心修养、治国理政还是无为于天下，其目标都指向了道体。这一返道不仅仅是身心的返还，更是身与国乃至身与天下的同返于道。所以，合道不能离治国而修身，不能离修身而治国，身即为国，国即为身。《道德经》说：“修之于身，其得乃真。……修之于国，其德乃丰。修之于天下，其德乃普。”

道家坚持身国同治，天下为公。它视天下为己身，从而身心合一，参赞化育，利济众生。《度人经》说：“仙道贵生，无量度人。”返还之道离不开身国天下这一大总持门。合道不是一己一国与道相合，而是天下无量众生同返于道，是身国天下的大返还。因此，治身即是医世。由“天地与我并生，万物与我为一”返朴归真，回归清静这自然根源处，人成为真人，凡间化为仙境。

所以说，达于道者，返于清静；穷于物理，终于无为。以恬养性，以漠处神，则入于天门。《原道训》说：“是故大丈夫恬然无思，澹然无虑；以天为盖，以地为舆，四时为马，阴阳为御；乘云陵霄，与造化者俱。纵志舒节，以驰大区。可以步而步，可以骤而骤；令雨师洒道，使风伯扫尘，电以为鞭策，雷以为车轮；上游于霄雿之野，下出于无垠之门。刘览偏照，复守以全。经营四隅，还反于枢。故以天为盖则无不覆也，以地为舆则无不载也，四时为马则无不使也，阴阳为御则无不备也。是故疾而不摇，远而不劳，四支不动，聪明不损，而知八纮九野之形埒者，何也？执道要之柄，而游于无穷之地。”

（作者为南京大学哲学系副教授）

老庄学、内丹道与内家武术体系的建构

王　驰

近些年来，老庄之学、丹道修炼及内家拳法，均是学术界、宗教界乃至于社会所关注的热点。不仅国内研究、习练者众多，海外亦不乏倾慕追求之人。究其原委，此三种文化形态皆秉中华道学而立，圣哲高真所创，由理、法至乎术皆能显扬大道而体证天人。然而，将三者综合起来进行研究，特别是从学术立场分析其交织发展之源流与机制，却鲜见有论著显世。鉴于此，本文希望将老庄学和内丹道置于内家武术体系的形成过程中，简要探讨其间之互动关系及由此所构成的文化生态。

一、近代之前老庄学、内丹道与内家拳的关系回顾

武术，是华夏社会所孕育出来的独特技艺，是中国人对技击的表达和升华，近乎全面地凸显了中国人的精气神，甚至在民国时期被称为“国术”。中国武术悠久的历史和玄妙的理法，常常是与道家、道教的发展结伴而行。特别是在老庄哲学与内丹修炼哺育下，号为“内家”的武术①

---

① 很多武术著作习惯用“内家拳”、“外家拳”来僵硬地划分整个中国武术体系，或者将“内家拳”、“武当派”与“道教武术”完全混为一谈，这是笔者所反对的。所谓武术“内家”、“外家”之划分，从明末清初记载开始直到今天数百年，沿袭已久；但武术一道本质上并无内、外家之派系拳种分别，有的只是内、外家的不同修习进路和个人功夫境界。这一点，早已被近代的一些武术宗师揭示出来了(如孙禄堂《论拳术内家外家之别》中的论述，其说也代表了著名形意拳宗师宋世荣的见解)。因此，本论文所谓的“内家武术”，不是某些拳种如太极拳、八卦掌的简单拼凑，而是一整套与道家、道教血脉相连的武术理法体系，以区别作为“外家”的武术理法体系；而对“内家拳”概念的使用，也非门派意义上的。

能将残酷的格斗技术百般锤炼，升华为一个兼备悟道、养生与技击等多方面功能的学问系统。特别是，在对人体自身的生理、心理机制尤其是人体间相互作用机制的探究中，内家武术起到了单纯的哲学思辨、心性修悟乃至于丹道养生所无法替代的作用。然而，老庄、内丹与内家武术的关系发展，却经历了相对漫长的历程。

《老子》、《庄子》成书于春秋战国，乃是中国学术文化最具蓬勃原创力的时代。作为道学基本经典，《老》、《庄》之书中虽未有明确的武术理论，但其道论思想对于后世内家武术的形成影响甚深。老子的道论，并非仅是一种哲学思辨的产物，更是在对宇宙生命有了深刻体悟与洞察之后自然产生的学说。如其“致虚极，守静笃”之言，成为内家武术修习的基本原则；而“天下之至柔，驰骋天下之至坚”，则对内家主御人制胜的技击战术启发甚多。特别是《老子·六十八章》讲到“善为士者，不武；善战者，不怒；善胜敌者，不与”，虽貌似反对武力争斗、杀伐兵事，但实际上却与《周易·系辞》中所谓“神武而不杀”一同成为武术所尊奉的修为至境。可以说，老子道论无形中已成为内家武术诸般法门之源。在其后的两千多年间，内家武术的终极目标总是与道家哲学的旨归相一致，并通过各种拳法技术的展开，印证着道祖经义的玄妙。

《庄子》一书以诙诡谲怪而汪洋恣肆之言，尽抒道家本怀。《人间世》一篇提到“以巧斗力者，始乎阳，常卒乎阴，泰至则多奇巧”，是对春秋战国时期武术手搏之道的精要记述。《说剑》篇则是中国剑术早期发展的重要佐证。其中提到“夫为剑者，示之以虚，开之以利，后之以发，先之以至”。此言虽未必一定是庄子本人所说，但足可见彼时剑术理论对阴阳之道的充分领会与精妙运用，后世武艺家用剑者几乎不出此大要樊笼。特别是“后发先至”的技击理念，与《孙子兵法》中“后人发，先人至”的思想一样，均对于明代传扬于世的内家拳“主于御人”“以静制动”的武术理念，具有内在的影响关系。此外，在《刻意》篇中还提到“吹呴呼吸，吐故纳新，熊经鸟申，为寿而已矣。此道(导)引之士，养形之人，彭祖寿考者之所好也”。这里讲的导引之术，虽非庄子学派所推崇的最高至道，但毕竟保留了先秦养生之学的珍贵记载，对后世内家武术援引气法入技击影响甚深①。当然,《庄子》书中以道相通、游心六合的哲理妙思,对塑造内家武者的精神世界,更有难以言喻的大用。

有史料显示,中国武术中真正意义上的独立拳法,是在宋代以后兴起,并逐渐达至鼎盛的。而内家武术在这一历史进程中,具有突出的代表性。奠定内家形成的基石,除了远追老庄学说,近则是道教内丹道的兴起。在唐宋社会思想的大转型趋势下,蓄势已久的内丹法跃而成为道门修行的主流,在尊奉钟吕的旗帜之下,推崇内炼金丹大道以成仙,外摒旁门小术而去邪,并形成了诸多不同进路的丹法流派。必须承认,内丹道的出现和发展是宋以后中国社会文化领域的大事,它带来的绝非仅是个别丹家的得道成仙,而是一种生命观念、价值判断及行为模式的综合影响。波及至武术,则会发现:宋代以来中国武术从整体上由自发走向自觉,体貌日益清晰,也进行了一场“唐宋变革”。其重要体现是,武术逐渐离于单纯的军事要求和表演需要,在儒佛道三教的共同浸润下,终开始孕育属于自己的理论框架和技术体系。彼时之道门对内丹道精心建构,其性命双修、反身观照以内炼先天的基本学理,及屡经修道实践检验总结的长生技术,使得以内养真气继而外化为用的武术修炼理路逐渐形成。北宋末武当丹士张三峰②的出现,代表着内家武术序幕的真正揭开。而张三峰之传人王宗、张松溪乃至于王征南,共同缔造了内家拳在宋明时期一脉不绝的传承发展。

可以说,以“内家”名拳,正是充分汲取了道教内炼特别是宋元以来丹道内炼的成果,复参合老庄之说,衍生出最为体现道学特色的武术理法。明代现世的内家拳,以道学为思想指导,化经络吐纳之术为点穴之技。嘉靖年间的张松溪,是内家武术前期发展中的关键人物。他本人虽非道士,但得到了诸多道门武术宗师的指点③,在传承上起到了承前

① 如清代晚期成熟的内家武术形意拳,其“十二形”中的“鹰熊竞志”,即是鹰形与熊形的合演,用之于养生,即是取熊经鸟伸的意思。其他内家体系中,模仿熊与鸟的动作也甚多。

② 此张三峰乃明末大儒黄宗羲《王征南墓志铭》及清代《宁波府志》中记载的内家始祖张三峰,非《明史·方技传》所记载的武当高道张三丰。对于此两个张三峰(丰)之甄别,笔者另有专文论述。

③ 根据近代某些武术史料的记载,张松溪同时是宋末丹士张三峰与元明武当张三丰的武术传人,至少前一个传承是得到可靠文献证实的。而关于张三丰与内家武术的确切关系,牵涉到诸多史料的甄辨,非本文之任务,故仅在下文涉及之处略有提及。

启后的重要作用。而明末的王征南，则借与黄宗羲、黄百家父子的渊源关系，使后人能得窥内家拳神妙之面目。后来的形意拳、八卦掌、太极拳等之所以普遍以“内家拳”自居，其实源于明代内家拳的武术追求。特别是太极拳，当它开始在清末社会上崭露头角的时候，在相当程度上是作为一种来自道门的炼养之技而被接受的。相对比而言：明中晚期的御倭战争，极大地推进了中国武术的系统化发展。戚继光、俞大猷等将领都在与倭寇对抗厮杀的残酷实战中，借鉴道家哲理发展了武术理法。如俞大猷在《剑经》中总结出的技击要旨“阴阳要转，两手要直”“刚在他力前，柔乘他力后。彼忙我静待，知拍任君斗”就典型地运用了道家阴阳刚柔之说。但是沙场杀敌的实用快捷目的，也决定了戚、俞二人的武术理法主要集中在兵器上面，拳法只是其训练将士灵活手足身法的辅助训练手段。这种借器而动身的武术，不可能真正与老庄哲学特别是内丹法门水乳交融起来。从文化上进一步整体提升内家武术层次的任务，是由清中叶以来的近代武术宗师们逐步完成的。

二、近代以来老庄学、内丹道与内家拳的充分交融

有清一代，以异族征服开创统治全国的王朝，皇室在执政上严厉镇压汉人的反抗，在文化上则高度认同汉人的文明。这种一体两面的政策，导致代表汉族根柢的道学浮沉无定。直至国门在近代被打开，西方文明强势进入，科学技术与外来宗教，都在进一步加速道学的边缘化，使其更加以隐晦的方式展现出来。从武术史的角度来说，在此跌宕起伏的王朝，受到内外双重刺激：内则有满清王朝对汉人民间习武的禁令，外则有西方火器的不断传入和使用，这些都导致武术在民间的深度转型与重塑，从而迎来了其真正系统成熟的大时代。民间武术彻底脱离了军事武艺的母体，具备了更为广阔的发展空间。清代乃至延及于民国的诸多武术宗师，皆多以拳法而非兵器为研习重点。在放下兵器后，武术拳法也在民间宗教结社蓬勃传播的背景下，日益与中国传统的宗教、养生、哲学、兵法乃至于术数结合，其突出表现就是：老庄哲理、内丹之法及导引之术，在清中叶以来更加正式地引介入武术体系中，促成

了内家武术的巨大繁荣和境界高峰，直至今日难以逾越。

在这其中，“内劲”或曰“内功”的出现及被逐渐认同修习，是内家武术体系最为标志性的成果。在清代之前，各阶层人士尤其是宗教徒的武术修炼中，并非没有悟道、练气的内容，但较多是练武者分而习之：练拳是练拳，悟道是悟道，练气是练气，至少在文献记载中未见将练拳与悟道、练气成熟融合的例子。然而，清中叶以后随着民间武术的解禁发展，拳法需要哲理指导和内功支持的大势已然形成，且经诸多武术宗师的不断实践，终于大兴于世。在这其中，悟道多出自老庄玄理之言，练气部分则主要借鉴了内丹养生的法门并不断加以改造。比如八卦掌与八极拳，均称是来自道士们的始创，名字也有鲜明的道家哲理色彩。而道教内丹术语，如精气神及龙虎、铅汞、沐浴等，在清代武术典籍中并不少见。这一方面是因为内丹之学确实融入了武术的塑造与升华中，另一方面，清以来朝廷时常担心汉人造反作乱，故有心之人采用宗教术语而谈武，无疑有瞒天过海之妙。马西沙先生在其《清代八卦教》一书中认为，清中叶时“武术与内丹法结合已成为一种历史趋势，这种趋势是宗教与武术团社结合的必然产物”[①]。可知，“内劲”明显即是这一结合的产物。而王宗岳《太极拳论》、姬龙峰《六合拳谱》、苌乃周《苌氏武技书》等一系列经典性内家著作，则更是这一结合的反映。其中，尤以河南人苌乃周的内家武术理法阐述最为完备。苌乃周(1724—1783)是明将官之后，所学武艺甚多，并热衷于精研拳理。他据道家阴阳之理、道教导引吐纳之术、中医经络气象之学，删繁就简而创苌氏武技和理论，立苌家拳于中州，至今仍有流传。苌氏打破了以往内家武者鲜留著述的习惯，著作颇丰，后汇刻成《苌氏武技书》。“培养中气论”是苌乃周的主要内家理论，包括“中气论”、“阴阳入抉论”、“三尖照论”等二十余篇。苌氏推崇《老子》之说，关注了“中气”这一重要武术概念，通过引入导引术来寻求技击与养生的耦合处，并锤炼出一系列内家武技的规矩标准。在这些基础上，形意拳、八卦掌和太极拳这三大显扬传世的内家武术体系[②]，

---

① 马西沙：《清代八卦教》，中国社会科学出版社，2013年，第131页。

② 郝勤先生在其《道教与武术》一书(文津出版社，1997年)中，将形意、八卦、太极称为“新内家”，以区别于明代张松溪一脉的“老内家”，笔者认为立足于现有文献而言，是无大差缪的。

在19世纪下半叶基本建构完成。它们均通过以内劲为核心的拳法，来体现道文化对宇宙人生的理解和把握，是近代以来曲折而成功的弘道成果。按照三家门内的一些说法，其很多技术均是在汉民族中隐藏数百年的沙场荡决致胜之术。如果确乎如此，那么当它们重见天日的时候，都已经深刻接受了道学理法的浸润，并帮助近代的中国人深入反思：在热兵器时代，武术如何从战场逐渐下移至民间，从而升华为健身悟道的学问。

接下来，笔者就以内家三拳为例，来分析老庄学与内丹道如何在内家武术的广阔天地中被充分整合，进而成为其核心灵魂的：

（一）心意-形意拳体系

心意拳，又称心意六合拳，还有名为"守洞尘技"①。其创始人有岳飞、姬龙峰（际可）的不同说法②。现在武术界一般认为，是姬龙峰在明末清初得到了岳武穆的拳谱遗书，并得到异人指教，从而传开了这门拳法，后又由心意拳发展为形意拳。

姬龙峰化枪为拳，通过沙场大枪运用的道理来提炼拳法的修习攻防之道，这就是著名的"六合"原则。作为思想概念的"六合"，最早即见于《庄子》，如《齐物论》云："六合之外，圣人存而不论；六合之内，圣人论而不议。"《知北游》云："六合为巨，未离其内；秋豪为小，待之成体。"基本将六合视为现象宇宙的代名词。心意拳习练者严奉"内三合"与"外三合"之规矩，所谓"内三合"是指"心与意合，意与气合，气与力合"，即是需要内在心性、情志与全身气血力度相配合，方可产生内劲；"外三合"是指"肩与胯合，肘与膝合，手与足合"，即是身体各肢干部分在运拳时，要按照拳法规矩来互相协同，从而产生击打威力。当内外三合能够

---

① 关于"守洞"名字的由来，似乎是为了守护在洞天或洞穴中闭关修炼的道士，所以需要相应武功来守卫。但由于此技本身不能与金丹大道相提并论，后来也流传进了尘俗社会，故称为"尘技"。

② 1928年，凌善清在《形意五行拳图说》里面，认为"北宋时有张三丰者……授以形意拳以为练习初步"。所谓张三丰创形意拳之说，基本为现代武术史家所否定，也难以找出更多的史料依据来支撑，但也确实反映了张三丰与内家拳的关系。

合一时，可化为万拳而曰“六合”。可见，这既有《庄子》原概念的博大内涵，更有内丹道“性（内三合）命（外三合）双修”的影响因素。六合拳理的出现，说明中国武术在拳法研究上，开始抛去外在架势与技法的拘束，着重探究习武者的内在劲路问题。而内在劲路的探究，无法离开对人体精气神及脏腑经络的有效把握。在这一形势下，道教养生的资源就日益浮现在越来越多的心意拳家视野中。心意拳有丹田功，分竖丹田、搂丹田、坐丹田、射丹田等不同方法，其实都是源自道教内丹而发挥出的武术技法。在拳架上，心意拳演练路线为直进直退，步法稳健而不失灵活。其基本拳法为十大形，是模仿龙、虎、马、猴、鸡、鹞、燕、蛇、熊、鹰各具神态的动作，具有明显的象形取意思维，每一形皆有其神韵内涵。心意拳套路不多，侧重于单式的反复操练，并有“鸡腿、鹰捉、龙身、熊膀、虎抱头、雷声”的要旨。从该拳形成渊源上来看，不排除姬龙峰时代借鉴了少林武术的架子，但内丹道的渗透使得其拳法功夫在道文化的指引下塑造成熟。

心意拳自姬龙峰后一则传艺于河南马学礼，开河南心意拳一支，至今保留了浓厚的创拳原型，并在回民教门中流传；二则传艺于安徽曹继武，经曹再传山西戴隆邦，并于其家族内秘密流传，从而产生了山西戴氏心意拳。戴家人进一步汲取道教丹功，完善拳法。河北深县人李能然（1806—1890），约于道光年间在山西戴家处习得心意拳精髓，复翻而创新为形意拳，并通过刘奇兰、郭云深、宋世荣、车毅斋等诸多弟子将形意精义发扬光大，从而成为显扬于世的著名拳种。

形意立拳，首先根据内丹道著名经典《悟真篇》里“三体重生万物昌”之意，提炼出三体式这一修炼基本架势，称“万法皆出三体式”；进而改进了心意拳之五行拳，更加明确地将五行哲学与拳劲修炼结合起来；复编创五行生克之对练，明确内劲之间的相互作用机制；更有十二形之演练，力求格尽天地万物生化之理。其他器械类，则以形意劲性成其方便。李能然之得意门徒郭云深（1822—1898），在自身惊人的实战造诣基础上，充分汲取内丹术语，总结明清以来的武术经验，将形意拳修炼总结出“三层道理、三步功夫、三种练法”的理论。这一理论在其再传弟子孙禄堂（1860—1933）那里，得到了真实的传承和记述：

三层道理：1.练精化气；2.练气化神；3.练神还虚。练之以变化人之气质，复其本然之真也。三步功夫：1.易骨：练之以筑其基，以壮其体，骨体坚如铁石，而形式气质，威严状似泰山。2.易筋：练之以腾其膜，以长其筋（俗云：筋长力大），其劲纵横联络，生长而无穷也。3.洗髓：练之以清虚其内，以轻松其体，内中清虚之象，神气运用，圆活无滞，身体动转其轻如羽（拳经云：三回九转是一式，即此意义也）。三种练法：1.明劲：练之总以规矩不可易，身体动转要和顺而不可乖戾，手足起落要整齐而不可散乱。拳经云"方者以正其中"即此意也。2.暗劲：练之神气要舒展而不可拘，运用要圆通活泼而不可滞。拳经云"圆者以应其外"即此意也。3.化劲：练之周身四肢动转，起落、进退皆不可着力，专以神意运用之。虽是神意运用，惟形式规矩仍如前二种不可改移。虽然周身动转不着力，亦不能全不着力，总在神意之贯通耳。拳经云"三回九转是一式"亦即此意义也。①

在这里，郭云深、孙禄堂将内家武术的内劲划分为不同的进阶，这是一个巨大的成就。唯有如此，才能够将不同的武术流派乃至于同一流派的不同架势，有机地纳入相同的技法系统中。特别是，可以为内家拳修炼由养生再进一步上升为悟道，打开光明的通路。关于孙禄堂对内家武术的总结性贡献，将于后文专节论述。

心意拳尚有一支传到蜀东地区，称为"金家功夫"，因其始祖金一望而知名。金家功夫之动作架子已与河北、河南、山西诸地区的形意大有不同，最为注重的是开合劲的修炼，而这种开合劲又直接通于内丹法。当代丹道大师张义尚为金家功夫第六代传人，所著《武功薪传》对此功夫多有记述。

（二）八卦掌体系

八卦掌一系的武术，显于世间较晚，但受道教全面影响亦最为明

---

① 见孙叔容、孙婉容、孙宝亨编著：《孙禄堂武学著作大全（增订本）》，香港迷思达蕾科艺公司2000年版，第305～306页。本文所征引的孙禄堂武学著作，多引自此书，不再赘述。惟个别文辞之标点断句，在引用时有所修改。

显，乃道教内丹、法术之大用流衍。其与清代民间宗教里的“八卦拳”最初同名，而习练此八卦拳乃当时某些教徒防身自保以至于聚众起义的重要手段。乾隆时的八卦教徒“学八卦拳，并授运气口诀”，还有不少的拳也称为八卦拳，但均不是后来董海川传出的八卦掌。董海川(1797—1882)是清末河北省文安县朱家务村人。少时家贫，但自幼爱好武技。按照董海川弟子所立墓志铭记载，他是在遇到黄冠道人之后，得其授予的武术之妙，遂精于拳勇。需注意的是，八卦掌并非只有董海川所传的一支。据蒋馨山在《黄元秀太极拳要义序》中的记载：

八卦游身连环掌，则董海川太老师，在江南谢花山，受之道人避灯侠。武当剑术，则先师宋唯一，在医巫闾山，受之道人避月侠，乃避灯侠之师兄也。二者之术，似同而不同，不同而同，其左旋右转，右旋左转，拧麻花则不同而同者也。其换势一则自下，一则自上。自下者，乾用九，进阳火，其旋转，则如盘中滚珠，其变化则身如风中之柳，手如织布之梭。自上者，坤用六，退阴符，如滚圆石于万仞之山，其法主于诱，即所谓善战者不斗，善争者不怒，此同而不同者也。

如此段记载属实，则董海川与宋唯一无疑各传承了道门八卦掌不同风格的一支。清朝咸丰年间，董海川流落京师，隐姓埋名入王府当差。据传，其与杨氏太极拳创始人杨露禅交流，不分胜负。后董海川在北京收徒甚多，知名者如程廷华、尹福等人，于八十余岁无疾而终。

八卦掌拳理，宗源于《易经》卦象之说而合于道家无为思想，其武术修炼以走为先，趟步出腿的架势，是从道教科仪中的步罡踏斗所衍生。八卦掌以掌法为主，其基本内容是八大掌，合于八卦之数。在行拳时以走为先，讲究“百练不如一走”，要求以摆扣步走八卦之方圆，乃至于修习变掌而合于卦变之莫测。此拳法以掌代拳，迂回变中，突破了以往拳法多直线、多用拳的窠臼，为中国武术开辟了一片新天地。从技击上来说，八卦掌独特地发展出了以走转边线与劲道易变为特征的法度；从养生来说，汲取道教转天尊及法坛罡步，特别是内丹火候之说，而成一大导引法门，足以配合丹道修行。应当说，八卦掌在内家武术中具有鲜明的道门特征，是道教泛化于世俗的典型符号。

(三)太极拳体系

太极拳的源流历史,可以说是近代武术研究的第一公案。围绕着太极拳为谁所创及拳谱、拳法演变所产生的争鸣文章可谓车载斗量。迄今为止,在创始人问题上基本形成了"张三丰创拳"、"王宗岳创拳"和"陈王庭创拳"等几个观点。本小节不做琐碎的考据,仅从道家哲理和内丹养生的大背景下,梳理其形成脉络。

在笔者看来,太极拳通过汲取道教内丹导引之学而改造明代以来的战场杀敌之术,直至发挥了巨大的健身功能,这在中国武术史上是个成功的范例。其进入民国后直至今日的普遍流传,并非仅出于杨露禅祖孙三代的改造,根本上还是融老庄哲理入拳并承载养生修道之功用所决定的。如近代武学宗师孙禄堂所言:"元顺帝时,张三丰先生修道于武当,见修丹之士兼练拳术者,后天之力用之过当,不能得其中和之气,以致伤丹而损元气。故遵前二经之义,用周子太极图之形,取河洛之理,先后易之数,顺其理之自然,作太极拳术,阐明养身之妙。"①这段话的主要意义不在于论证张三丰创拳,而是站在文化寻根的层面,对"太极拳在道学文化土壤中产生"这个历史事实进行明确的揭示。此处着重指出了,太极拳本身是道教丹道修炼过程的产物,而其建立的理论根基又是道家的哲学思想。所谓周敦颐《太极图说》、河洛之学以及《周易》象数学,如从广义而非狭隘的"道家"意义上来看,均是对老子道家一脉承续发展的产物。它们从不同的方面,将"道法自然"、"反者道之动"等道家基本思想,进行了不失本旨的充分演绎。而唐宋内丹道教兴起后,又将这些源自老子的理论学说,充分吸纳到完善性命修炼的内丹法门中去。太极拳的创立,是要在丹道的修炼中引入武术修习,并使这二者并行不悖,从而开辟出一条"以武入道"、"丹剑合一"的修行之路来。而这条道路的基本宗旨,正是要获得体用兼容的"养身之妙"。因此,所谓张三丰依丹、易之道创造太极拳的传说,也就不难觅其学术渊源了。近代道教养生大师萧天石在《重刊太极炼丹秘诀前序》指出:"三

① 孙禄堂:《太极拳学・自序》。

丰真人虽以太极拳著盛誉于世，人咸尊之为祖师，敬之如神明。然其真正极博大而又极高明之处，不在其太极拳，而在其于丹鼎派中炼丹修行明道之崇高境界，即知主在炼太极金丹，拳术只是丹法之导引耳。”这与孙禄堂所言的含义，正有异曲同工之妙，是对老庄、内丹、拳法三者关系的中允之论。

当然，具体到“太极拳是否为张三丰所创”的历史考证，现遽难一言以释群辩。如今存世的确凿可信史料甚为稀少，且多被疑为后人伪托。如署名王宗岳的《十三势行功歌》，某些版本有原注云“此系武当张三丰老师遗论，欲天下豪杰延年益寿，不徒作技艺之末也”，词句真伪即有不少争议。但毫无疑问的是，太极拳与明代“张松溪——王征南”系统的拳法，应同属于内家武术。而且，从现有的太极拳拳谱、史料与明代内家拳文献对照来看，诸如“以静制动”、“以慢制快”、“中正单重”等宗旨，都是一脉贯通的。太极拳在拳法技术上，或部分渊源于戚继光《纪效新书》中所谓“长拳”，但借其拳架而融入太极阴阳哲理和道教金丹之学，从而有了本质性的改变。从确信文献来看，“太极拳”的名称最早只能从王宗岳《太极拳论》开始，而《太极拳论》的被发现，又与清咸丰二年(1852)武禹襄在河南舞阳盐店发现此拳谱有关。所谓王宗岳的拳法，至今无具体拳谱图样可考，但追溯流传至今的陈氏、杨氏、武氏诸家太极拳架会发现，道光、咸丰时期活动的陈长兴、杨露禅、武禹襄等宗师对于太极拳的变革传播，均起到了至关重要的作用。

追溯起来，明末清初陈王廷(1600—1680)借鉴了戚继光创编的长拳三十二式，融合导引吐纳方法，充分发展了陈氏家传的武艺。但认定其为太极拳这一大拳种的唯一创始人，恐怕难以立足①。之后的陈长兴(1771—1853)，堪称陈家拳的中兴之祖，并传给河北永年杨露禅(1799—1876)。杨露禅的巨大贡献，在于更加发展了陈家拳(当时并非命名为太极拳)的柔粘劲性，并创造性地增加了对柔粘劲性的把握训

---

① 唐豪等武术考据家认为，陈王廷《长短句》中“黄庭一卷随身伴”、“闷时来造拳”是其创太极拳的铁证。其实，明末归隐山林乡间的士人具有道教意识是非常普遍的现象，且改造陈氏家传武艺也是情理之中的事。

练，这也同时使得太极拳自杨家开始可以面向社会更多阶层普及其养生功能，从而更为回归到了内家武术的本旨上去。武禹襄（1812—1880）对于太极拳理论发挥作出了巨大贡献，他与外甥李亦畬撰写了文辞古雅、意蕴深远的太极拳论（如《十三势行功要解》《五字诀》等），特别发挥了太极拳气劲方面的修炼。到1928年，作为南京国民政府统管武术的最高机构，中央国术馆按照拳种门派，始分为少林门和武当门。太极拳与形意拳、八卦掌都被列为武当门之下，这并非是一个偶然的划分，而是折射了清末民初武术界对于内家三拳与道教修炼关系的一般看法。总之，太极拳植根于老庄学的义理精髓及内丹实修功夫，不断建立其拳理和拳法体系。因此，当孙禄堂在清末民国时逐渐将太极拳与形意、八卦功夫融通为一家时，也就标志着内家武术明确拓展为道学文化中一个体用兼备的生命实践系统。接下来，本文即以孙禄堂所创立的道艺武学为例，进一步具体分析老庄、内丹之学在近代内家武术体系建构中的作用。

三、拳与道合：孙禄堂对内家武术的融通

在近代历史上，孙禄堂以其深不可测的绝代武术造诣，在世时就被武林界目为“虎头少保，天下第一手”；而其融会形意、八卦、太极三拳合一所创立的道艺武学体系，至今仍是内家武术的最高成就之一。当代武术史家马明达先生曾评价说：“孙禄堂先生是传统武术文化的集大成者，武术领域的珠穆朗玛峰。他的武学体系是一座文化昆仑，其成就使后人难以逾越。”①所以，依托孙禄堂的武术理法来审视内家之嬗变，无疑具有相当的学术代表性。而融老庄哲理、内丹功夫入道艺武学，正是其内家武术成就的根柢所在。

在孙禄堂的传世之作《太极拳学》中，有一句极为发人深省的话：“内家拳术，实与道家相表里，岂仅健身体、延年寿而已哉！”实际上，正是由于内家武术以道家思想为理论基础而发展完善，从而在起始之处

---

① 转引自童旭东：《孙禄堂先生的人生轨迹》，载于《武林》2000年第12期。

便决定了:其不仅超越以搏击杀伐为最终目标的流俗武术,也超越了以健身益寿为单纯目标的一般养生方术。最终,内家武术可成为一门探索、证悟宇宙生命之道的中华绝学。这一点,不仅在武术界内达成共识,即使像梁漱溟这样有影响的儒学大师也能为其知音,认为:"内家拳实为道家学,有非一般练习拳脚者之所知。"①

通观孙禄堂的道艺武学体系,对习武的终极目标有着相当明确而又精到的认识。概括而言,便是"拳与道合"②。这一目标不仅是内家武术修为的最高境界,也昭示出道家对于内家的巨大影响。孙禄堂继承了老子"道生万物"的思想,认为:"夫道者,阴阳之根,万物之体也。其道未发,悬于太虚之内;其道已发,流行于万物之中。夫道一而已矣,在天曰命,在人曰性,在物曰理,在拳术曰内劲。"③这就从哲学理论的高度上,首先为整个道艺武学的修习确立了一个不可更替的本体性对象,同时也论证了通过修炼"内劲"而与此对象进行契合的可能性。并且,他又记述"闻诸先生之言云:拳即是道"④,认为"拳道即天道,天道即人道"⑤。这其实正是庄子在《齐物论》中所言"道通为一"之义。在这样的基础上,内家武术可以借习武练拳为形式,对天道自然、宇宙苍生进行切实的生命体证,而无流于空谈妄想之弊。如此一来,其本质远远超出技击搏斗的原始性层次,而进入"养生证道"的超越性层次中去。

具有了"拳与道合"的思想基础,就需要再对与道相合的实践过程提出理论上的论证。孙禄堂创造性地将道家道教的重要理念"中和"⑥融入道艺武学体系中去。老子首先提出"万物负阴而抱阳,冲(中)气以

---

① 梁漱溟:《重印孙著〈拳意述真〉序言》,载于《梁漱溟全集·第七卷》,山东人民出版社1993年版,第170页。

② 原文表述是"拳术之理,亦所以与圣道合而为一者也",见孙禄堂《八卦拳学·二十三章》。为方便对其武术宗旨进行表达,现通常简称为"拳与道合"。

③ 孙禄堂:《拳意述真·自序》。

④ 孙禄堂:《拳意述真·第八章》。

⑤ 孙禄堂《论拳术内家外家之别》。

⑥ 关于"中和"与道学理论方面的论述,可参看胡孚琛、吕锡琛著:《道学通论·通论篇·第四章》,社会科学文献出版社1999年版。

为和"的著名思想，庄子则以"道枢"、"环中"、"缘督"的概念来进一步阐发中和之理。宋元道教学者李道纯，特别以"中和"为丹道修炼主旨。至乎孙禄堂，创造性地将"中和"这个道家哲理提炼为内家武术修炼的基本原则。他说："拳术之道，首重中和。中和之外，无元妙也。"①"夫武术以和为用，和之中智勇生焉。"②意思是说，内家拳只有在"中和"的法则下去练、去养、去悟，才能真正把握武学中的"道"。孙禄堂特别以形意拳为例，阐发了"中和"在武术中的妙用："起钻落翻之未发谓之中，发而皆中节谓之和。中也者形意拳之大本也，和也者形意拳之达道也。五行合一，致其中和，则天地位，万物育焉。"③于是，内家的行拳实践也就成为中国哲学一种可以切身体得的方式，一种绝佳的行为诠释，也毫无疑问是对老庄哲思所形成的原本状态的致敬。如此体证，人体自身的状态才会真正地由无序到有序、由偏倚到中道、由错乱到和谐。继而，健身的功效、修心的功能乃至于与道合一的终极境界，才有望阶次达至。

在道艺武学体系中，以老庄之学发挥拳术修身之旨的妙处有很多。如孙禄堂于《拳意述真》中，引先人之诗曰："道本自然一气游，空空静静最难求。得来万法皆无用，身形应当似水流。"在这里明显能看到，内家武术所应遵从的正是老子哲学的核心——"道法自然"。只有自然而然，才能将人体的本初道性发挥得淋漓尽致，武术的各种功用也才能充分彰显。而这种"自然"状态获得的要领，便是体悟道家所讲的"空"（"无"）与"静"。由此种功夫坚持不懈，就会达至老子所推崇的"上善若水"境界。道艺武学中所谓"无可无不可"的神妙技击效果，其实就是对水性的表现，也是养生证道的应有效验。还有，内家三拳所共同追求的化境"拳无拳，意无意，无意之中是真意"和共同习练的拳架基础"无极式""太极式"，无不体现了道家"天下万物生于有，有生于无"的哲学。这样一来，宇宙的生化便可以在武术演练中模拟再现，修习者就能借此

① 孙禄堂：《详论形意、八卦、太极之原理》。

② 孙禄堂：《论拳术内家外家之别》。

③ 孙禄堂：《形意拳学·第六章》。

行为模式充分体会与宇宙大道的冥合。从对习武者人格气质的熏陶来看，修为道艺武学者以道家思想为人生理念，迨至于高深境地，则重内养而不事炫露，冲淡谦和而似无勇力者。如老子所谓“直而不肆，光而不耀”，一身英华内敛，容大道于行止坐卧中。孙禄堂本人的品行修养极高，时人有形容曰：“为人重然诺，有古风粹然之气见于面背。”①最终预言归期，一笑而逝。所谓“观其外而知其内”，从孙禄堂以及张三丰、王征南等武术宗师身上，不难看出内家拳巨大的修身价值。

以上简要探讨的是道艺武学的理论基础。对于实修者而言，如要达到“拳与道合”的境界，尚需要切实可操作的修炼功法。内家武术之所以能够在超越领域中真正开辟出一条坦荡大道，如前文反复指出，离不开内丹学融入其技法体系中。以丹道修为的成就升华武术修为的成就，同时也以武术修炼的独到功能促进丹道修炼的完善化——这就能使起源于搏斗击杀的武术，真正发展成为养生修道的学问。所谓的“以武入道”、“以武演道”或“以武证道”，种种说法其实都是对这种现象的概括。在诸般道术中，武术最易与丹道学相融合。这绝非仅是因为，道士们在山林旷野中修丹时需要习武以防野兽匪人的伤害，更在于武术与丹道均是道文化里最为直接亲证地去探索人体生命奥秘的学问。在武当派中流传着“内执丹道，外显金锋”的说法②，正是对内丹道与内家武术水乳交融关系的一个精要表达。

据相关史料记载，孙禄堂青年时曾壮游天下，寻师访道。在武当山有缘遇隐修高道，得授内丹养生之法，日后亦多与丹士交往③。正是这种对内丹学的吸摄与修炼，不仅使孙禄堂本人的武学修为臻于“与道合真”的境地，而且促成了他对传统武术的改造与提升，创立了武术与丹道合一的道艺武学体系。而内家三拳，也在孙禄堂手中体现了“技近乎艺，艺近乎道”的精神。

---

① 《大公报》1934 年 1 月 29 日评语，转引自孙剑云编：《孙禄堂武学录》，人民体育出版社 2001 年版，第 408 页。

② 参见李兆生：《中国太极拳正宗标准》。

③ 参见童旭东：《孙禄堂评传》，《武当》1995 年第 6 期。

翻阅孙禄堂的五部武学著作，就会发现内丹功法已深深渗入其道艺武学体系的方方面面。前人在修习孙门武学的过程中，也会感到它在丹道功夫基础上所带来的一步步效验与境地。在《练拳经验及三派之精意》一文中，孙禄堂以个人真实的修炼经验提出了“拳术与丹道是一理”的重要命题。在这个前提下，他又具体分析：“丹道是静中求动，动极而复静也；拳术是动中求静，静恒而复动也。其初练之似异，以至还虚则同。”①从而有了“丹道与拳术并行不悖”②的宝贵武术思想。所以，经孙禄堂提炼的道艺武学，旨在以丹功为基，顺遂开发人体中和内劲以至于化境。这样一来，武术不仅可以护卫丹士的生命安全，更有助于消除修丹中的魔障，以内外合一之功促进丹道修为。可以说，两者非常和谐完美地居于道艺武学体系中并相得益彰。因此，诸如“刚柔相济”、“动静合一”、“中正安舒”、“松沉自然”等武术要领，之所以在各内家拳种中反复出现，就是因为这些要领都符合了丹道修为的要求。

特别需要指出的是，孙禄堂道艺武学的进阶，完全是以丹道的进阶为基础。也就是说，内丹学中炼精化气、炼气化神、炼神还虚的三关仙术，已成为其内家武术功夫境界提升的内在根基与检验标准。如形意拳在孙门道艺武学中具有代表性，也是较为公认的入手之拳。指导修炼的形意拳经即云：“精养灵根气养神，养功养道见天真。丹田养就长生宝，万两黄金不与人。”“混元一气吾道成，道成莫外五真形。真形内藏真精神，神藏气内丹道成。”③这些拳法要旨与丹道的要旨完全相合。可以说，自李洛能正式易“心意拳”为“形意拳”，并经郭云深、宋世荣初步构建形意道艺武学雏形，终至于孙禄堂之手而体用大成。孙禄堂曾说：“形意拳之道，即丹道之学也”，具体而言：

> 形意拳术，头层明劲，谓之练精化气，为丹道中之武火也。第二层暗劲，谓之练气化神，为丹道中之文火也。三层化劲，谓之练神还虚，为丹道中火候纯也。火候纯而内外一气成矣，再练亦无

---

① 孙禄堂：《拳意述真·第四章》。

② 孙禄堂：《拳意述真·第四章》。

③ 孙禄堂：《拳意述真·第七章》。

劲，亦无火，谓之练虚合道，以致行止坐卧，一言一默，无往而不合其道也。①

在这里，形意拳术每一层次内劲的进境，不仅都严格对应着丹道的不同阶段，而且丹道学修炼的独特方式和技法也与形意拳豁然相通。如对于"火候纯"，道教中派丹法的代表作《性命圭旨》有云："火候纯，大丹成，而作圣之功毕也。"而从上述引文可见，"火候纯"在形意拳法中具有极相似的修炼价值含义。因此，孙禄堂的形意拳确是一个以丹道为基础，非常科学而又严谨的内家武术体系。在这之中，无论是作为桩功的无极式、太极式、两仪式、三体式，还是作为拳架的五行拳和十二形拳，都是配合着丹道修为进行的；而且也会在丹道修为的不同层次上，产生出不同的功力。更为巧妙的是，孙禄堂将自"无极式"而至"五行生克"的形意拳术归为"形意混沌辟开天地五行学"，将自"十二形"而至"安身炮"的形意拳术归为"形意天地化生十二形学"，这就使形意拳具有了形而上的宇宙哲学基础，符合了内丹学模拟道家宇宙生化论的根本义趣，从而更加成为生命之学问。从这个意义上说，孙禄堂的武学著作与道教丹经非常相似。其共同之处在于：所谓的"秘诀"，所谓的"天机"，其实均已在书中有所披露，只是缺乏名师指点和亲身实证者，绝无法真正地对其心领神会。惟有在切实的修炼过程中，才能随着个人境界的不断提高而对经书中的真谛，有所领悟和契合。可以说，因为有了对大道的证悟，则一身体万物而不遗，实现了人体根本性的变化，可以不加力而力自彰，不运气而气自周，不用神而神自明——这在无数次的实战技击中，也得到了充分的检验。道艺武学，能不断将人锤炼至"不求胜人，神行机圆而人莫能胜之"②的无限生命境界。

结　语

古老的内家拳，近千年来不断地完善着其理论与技术体系，无疑已

① 孙禄堂.《拳意述真·第四章》。

② 孙禄堂:《拳意述真·陈曾则序》。

经达到相当高明的程度。在这其中,传统的老庄学与内丹道厥功甚伟,从不同而又关联的角度,共同推动了内家武术体系的完备化,而内家武术亦反之成为对老庄学进行体证及支持内丹道修行的合理组成部分。经过历代宗师名家的切实修证和发扬,从而形成了独特的"道—丹—武"文化联盟,至本世纪仍流传不绝。追古抚今,当注重探讨此道学宝贵遗产如何与时偕新,在最为适宜的空间中去发挥其最为独到的价值,从而为人类回归天地间的自然大道,担负起应有的历史使命。

（作者为上海道教学院副教务长）

司马承祯《坐忘论》思想述略

王菊英

司马承祯是唐代最著名且最有成就的道教思想家之一。在他的诸多作品中，《坐忘论》是一部不可多得的精品，它代表了唐代道教主流派——上清派的学术思想水平，可视为中国道教发展史上的一个重要环节。换言之，司马承祯在中国道教史上的地位，在很大程度上取决于他的《坐忘论》。

《坐忘论》现存有两种，都与司马承祯有关。一种为七篇本①，《云笈七签》卷九十四有收，只是不题撰人；明版《道藏》太玄部所收则署曰"司马承祯子微撰"②，且比《云笈七签》本多出《坐忘枢翼》一篇；还有明代吴勉学刊《二十子》本，题为《司马子》③。另一种是石刻本，《宝刻类编》卷八有收，又见录于南宋初期道士曾慥编撰的《道枢》卷二《坐忘篇下》，敕赠贞一王屋山玉溪道士张弘明书，始刻于唐文宗大和三年(829)，由女道士柳凝然、赵景玄于长庆元年(821)遇真士徐君游桐柏山得传其文。曾慥云："吾得坐忘之论三焉，莫善乎正一先生。"曾慥所说的三种《坐忘论》，即上述二种再加上《天隐子》。曾慥根据石刻本推断七篇本为道士赵坚所作，而石刻本是否真的可靠？七篇本究竟是司马承祯之作还是赵坚所作？历来对此虽然有一些不同意见，但主流观点则认为七篇本《坐忘论》是司马承祯的代表作，笔者从之④。

---

① 七篇，指通行本《坐忘论》分信敬、断缘、收心、简事、真观、泰定、得道七部分。

② 见《道藏》(本文参考台湾艺文印书馆 1977 年版)第 38 册，第 30474～30483 页。

③ 本文所引据的《坐忘论》即是前两个文本，有异文时则从义长者，以下仅注篇名。

④ 见王菊英：《司马承祯〈坐忘论〉研究》第一章，北京师范大学哲学与社会学学院硕士论文，2004 年。

《坐忘论》融通老庄之学与上清经法，将老庄清静守中、自然无为的养生思想贯穿到宗教修持之中，并强调信敬收心，真观泰定，使得身心逐渐平和，天赋真性逐渐显发，道德境界日益提升，最终达到形神合一、长生得道的理想境界，即其所说的“内不觉其一身，外不知乎宇宙，与道冥一，万虑皆遗”的“坐忘”[①]境界。司马承祯虽托言神仙，但他认为“神仙亦人也”[②]，仙人便是天赋真性充分显发并复归无极的人。司马承祯心目中理想的道德修养体系，是以天赋人性为基础、以显发天赋真性为途径、以实现形神合一从而长生得道为最终目的的，他要向人的天赋本性处发掘个人身心健康及社会和谐的原初基因和动力，并力图通过修持实践，使天赋本性显发其天然的光华，从而照亮个人自我实现和人类文明进步的无限历程。这便是《坐忘论》的核心宗旨所在。

《坐忘论》主要是讲修道论的，同时也涉及道体论、道性论等道教的基本理论问题，代表了当时的道教理论水平，蒙文通先生推崇其为“唐世道家言之足贵者”。[③]

一、“道有至力，染易形神”的道体论

道体论主要探讨的课题是宇宙万物产生和运化的过程、动力和规律等，以及宇宙万物存在和发展的终极原因和最高依据等问题，其主要目的实质上是为人的有限存在寻找形而上的无限保证和坚实可靠的心灵后盾，并为道性论和修道论建立坚实的理论依据。

司马承祯指出：“夫道者，神异之物，灵而有性，虚而无象，随迎莫测，影响莫求，不知所以然而然，通生无匮，谓之道。……道有至力，染易形神。”[④]从宇宙本体论的角度来看，道是至大至精、超越时空的永恒存在，是无形无象、素朴无名但又最真实的永恒存在，它是宇宙万物生

---

① 《坐忘论·信敬》。

② 《天隐子·神仙》，《道藏》第36册，第28916页。

③ 蒙文通：《古学甄微》，巴蜀书社，1987年，第361页。

④ 《坐忘论·得道》。

生不息的终极依据和唯一原动力，是万物生成运化的最高主宰和最终保证。这样一个永恒存在、潜能无限的道，是作为有限存在的人所最需要的心灵后盾。

从宇宙生成论的角度来看，道是宇宙万物的本源，宇宙万物皆来源于道，最后又皆复归于道，道永远蕴含着生成一切事物的无限潜能，正是在宇宙万物生生不息、变幻无穷的运化过程中，道显示出它那无限充沛的创造伟力。

而从修道论的角度来看，道又蕴含着无限巨大的神力，它可以"染易形神"，使人超凡脱俗，羽化升仙，是长生成仙所以可能的内在依据和最高保证。

二、"命由天赋"的道性论

道性论即是道家和道教理论体系中的人性论，它所探讨的主要课题，是修道成仙的内在依据问题，是众生能不能修道成仙的问题，是本体之"道"与芸芸众生的关系问题，也就是道性与众生之性的同异、离合等问题。

司马承祯指出："业由我造，命由天赋，业命之有，犹影响之逐形声，既不可逃，又不可怨。唯有智者，因而善之，乐天知命，不觉贫之可苦。"①他认为，每个人都时时在造自己的业，而他的命运又有禀赋于天的一面，这是每个人都"既不可逃，又不可怨"的与生俱来的生存状态。一个人要想成为神仙，就必须要天生禀受成仙之命，那些皈依道教、一心真诚求仙的修道者，都是禀受了成仙之命的人；而那些不相信长生成仙的人则没有禀受神仙之命，因而不会成为神仙；天道是自然无为、没有意志的，它不会有所偏爱或憎恶，只是任凭万物自由自在地发展，一切都是自然而然的，每个人的天赋、性格、命运也就是在这完全自然的过程中被决定了，而人一旦生成以后，就连天也不能再改变他所天赋的任何细微的内容。

---

① 《坐忘论·真观》。

司马承祯提出:“炼神合道,名曰至人”①,“神与道合,谓之得道”②。“神”是道赋于人的特殊精神作用和心灵潜能,“神”就在人的形体之中,是人全部生命力的永恒源泉,是人与宇宙大道沟通的根本媒介,因而是人修道成仙的内在依据。而神魂好洁,如果修道者能清静淡泊,精诚专心,勇猛精进,自然就会达到神清气爽、神旺形全的状态,如此则长生成仙指日可待。

司马承祯主张,“炼神合道”的主体即是“心”,他说:“夫心者,一身之主,百神之帅。”③这就是说,“心”是人一身之主宰,修道之主体,智慧之渊薮,神明之灵府,是人亲证宇宙本体、达到“神与道合”的先天灵明,是作为宇宙本原的“道”与天地万物不可或缺的亲证者和体认者,是修道成仙所以可能的内在主体依据。

三、坐忘主静的修道论

修道论主要是讲凡人如何通过自身的长期修炼以达到超凡脱俗的理想境界,从而长生久视,羽化升仙。

《坐忘论》涉及道教生命哲学的各个层面,体现了道教生命哲学强烈的生命关怀和可操作性。其中心内容是讲坐忘收心、主静去欲的问题,分信敬、断缘、收心、简事、真观、泰定、得道等七个部分,也就是《坐忘论》所说的“七条修道阶次”。

(一)信敬

司马承祯提出:“信者道之根,敬者德之蒂,根深则道可长,蒂固则德可茂。……如人有闻坐忘之法,信是修道之要,敬仰尊重,决定无疑者,加之勤行,得道必矣!……信道之心不足,乃有不信之祸及之,何道之可望乎?”④他认为,修道的首要前提和功夫就是“信敬”,信道之心是

---

① 《坐忘枢翼》。

② 《坐忘论·得道》。

③ 《坐忘论·收心》。

④ 《坐忘论·信敬》。

修道的根本，真诚地信奉和敬仰道教成仙之道，是修道得以成功的根本保证，修道者首先必须虔诚地敬信，通过长期修道就可以长生成仙，对此毫不疑惑，坚信不疑，才有可能最终修炼得道。人们常说，心诚则灵，在普通的事情上如此，在涉及宗教信仰的事情上更是如此。

（二）断缘

断缘即是要斩断尘缘，不为俗累，进入老子所说"塞其兑，闭其门，终身不勤"①的修道状态。司马承祯说："断缘者，谓断有为俗事之缘也。弃事则形不劳，无为则心自安，恬简日就，尘累日薄，迹弥远俗，心弥近道，至圣至神，孰不由此乎？"②这就是说，修道就要尽量斩断尘缘，努力淡化世俗的欲望，摒除世俗的诱惑，弃事无为，淡泊处之，行迹逐渐远离世俗，心灵日益接近道真，这就会使身心"不劳"、"自安"，日益显发"道"赋予人的本真慧光。

然而，人原本是在尘世成长起来的，修道者也不例外，所以斩断尘缘对每个人来说绝不是一件容易的事情，人们很难一下子就做到这一点。他们在决心修道之后，仍然不能一下子就离开尘世，仍然会在尘世中继续煎熬，他们"或显德露能，求人保己；或遗问庆吊，以事往还；或假修隐逸，情希升进；或酒食邀致，以望后恩：斯乃巧蕴机心，以干时利，既非顺道，深妨正业。凡此之类，皆应绝之。故《经》云'开其兑，济其事，终身不救'"。在尘世中纠缠不休，会极大地妨碍修道之"正业"，所以应该下决心与一切尘缘有个了断，怎么了断呢？司马承祯说："我但不唱，彼自不和，彼虽有唱，我不和之，旧缘渐断，新缘莫结，醴交势合，自致日疏，无事安闲，方可修道。故庄子云：'不将不迎。'为无交俗之情故也。又云：'无为名尸，无为谋府，无为事任，无为知主。'"可是，人生在世，又不免会涉及一些无法摆脱的琐事尘缘，万不得已，只好去处理，只是不要产生牵挂留连之心，以免又造新业。司马承祯就此指出："若事有不可废者，不得已而行之，勿遂生爱，系心为业。"③

① 《老子》五十二章。
② 《坐忘论·断缘》。
③ 《坐忘论·断缘》。

（三）收心

司马承祯认为，心是“一身之主，百神之帅。静则生慧，动则成昏。”因此，“学道之初，要须安坐，收心离境，住无所有，不着一物，自入虚无，心乃合道”[①]。所谓“安坐”，大约与禅宗的坐禅接近，安坐的主要目的就是“收心离境，住无所有，不着一物”。在司马承祯看来，境由心生，心随境动，只有收心离境，使心在纷繁尘世面前一无所染，一无所动，不再执滞于虚幻的外物，才能超凡脱俗，臻于虚无自然、心道合一之境。修道就是要不断地净化那颗被染的凡心，以便向清静自然的本真之心复归，只有这样，才有可能超脱生死，长生成仙。

司马承祯明言：“《经》云：‘至道之中，寂无所有，神用无方，心体亦然。’原其心体，以道为本，但为心神被染，蒙蔽渐深，流浪日久，遂与道隔。今若能净除心垢，开释神本，名曰修道；无复流浪，与道冥合，安在道中，名曰归根；守根不离，名曰静定；静定日久，病消命复；复而又续，自得知常。知则无所不明，常则永无变灭，出离生死，实由于此。是故法道安心，贵无所着。故《经》云：‘夫物芸芸，各归其根。归根曰静，静曰复命，复命曰常，知常曰明。’”他认为，超越生死、获得长生成仙之道的关键就在于“法道安心”，而“法道安心”的具体功夫和本质特征即是使心“无所着”，不动心，在任何事物面前都能泰然任之，毫不执滞，并且对“无所着”、不动心本身也要“无所着”。他就此提出：“若执心住空，还是有所，非谓无所。凡住有所，则令心劳，既不合理，又反成病。但心不着物，又得不动，此是真定正基。用此为定，心气调和，久益轻爽。以此为验，则邪正可知矣。”[②]如果“执心住空”，使“心”执著于“空”或“无所着”，那心还是有所执著，还会令人心劳成病，只有不执著于任何事物，在任何时候都优游淡泊，真正做到不动心，“无所着”，才能最终达到真定，证得大道。

司马承祯指出，在收心的过程中，应该注意力戒四种错误倾向：一

① 《坐忘论·收心》。

② 《坐忘论·收心》。

是“心起皆灭，不简是非，则永断觉知，入于盲定”；二是“任心所起，一无收制，则与凡夫元来不别”；三是“唯断善恶，心无指归，肆意浮游，待自定者，徒自误耳”；四是“遍行诸事，言心无所染者，于言甚善，于行极非”。“心起皆灭，不简是非，则永断觉知”的“盲定”和“任心所起、一无收制”，与“凡夫”没什么区别的方式，都走向了一个极端，都不能真正做到收心真定。而“心无指归，肆意浮游”，待心“自定”到头来只会是徒劳“自误”，无所不为、“遍行诸事”却又自称“心无所染”的方式，则只是说得很好，实际上只能是自欺欺人，自误误人，根本行不通。

至于在实际的修道过程中如何避免这些错误倾向，司马承祯提示道：“今则息乱而不灭照，守静而不着空，行之有常，自得真见。如有时事或法要有疑者，且任思量，令事得济，所疑复悟，此亦生慧正根。事讫则止，实莫多思，多思则以智害恬，为子伤本，虽骋一时之俊，终亏万代之业。若烦邪乱想，随觉则除，若闻毁誉之名、善恶等事，皆即拔去，莫将心受。受之则心满，心满则道无所居。所有闻见如不闻见，即是非善恶不入于心。心不受外名曰虚心，心不逐外名曰安心。心安而虚，道自来居。”①心既不受外物所染，又不因事境所动，这样，心就不会去追逐外物，也就不会产生“烦邪乱想”，长此以往，心就会自然入于安宁清虚、恬静泰然的超凡境界，“道”自然就会安居其中。司马承祯接着便用道教人士常用的心和眼的比喻说道：“心法如眼也，纤毫入眼，眼则不安。小事关心，心必动乱。既有动病，难入定门。是故修道之要，急在除病，病若不除，终难得定。”修道的关键就是要克服“动病”，否则便很难入定。

可是，要克服“动病”，做到不因事境所动，又是很不容易的。司马承祯就此指出：“然此心由来依境，未惯独立，乍无所托，难以自安，纵得暂安，还复散乱，随起随制，务令不动，久久调熟，自得安闲，无问昼夜行立坐卧及应事之时，常须作意安之。若心得定，但须安养，莫有恼触，少得定分，则堪自乐，渐渐驯狎，唯觉清远，平生所重，已嫌弊漏，况固定生慧，深达真假乎！”②由于此心已经长期习惯于因随事境而动，现在突然

① 《坐忘论·收心》。

② 《坐忘论·收心》。

要求独立，不再随境而动，心便一时不习惯，难以安然自得。因此，在修道时就要注意逐渐收心，“随起随制，务令不动”，并且“无问昼夜行住坐卧及应事之时，常须作意安之”，如此“久久调熟，自得安闲”。心安即易定，如果心得到安定，就须要小心安养，避免为一些琐事而产生烦恼、沮丧等情绪，如此渐渐驯服此心，使得此心淡泊清远，安谧恬静。由常动的凡心到静定道心乃是一个循序渐进、天长日久的过程，绝非一日一时之功，需要随时小心翼翼，用心修炼，长期勇猛精进，这样心自然就会逐渐转动入静。司马承祯又用比喻进一步论述了这个道理，他说：“牛马，家畜也，放纵不收，犹自生鞕，不受驾御；鹰鹯，野鸟也，被人系绊，终日在手，自然调熟。况心之放逸，纵任不收，唯益粗疏，何能观妙？”①

有人怀疑说：“夫为大道者，在物而心不染，处动而神不乱，无事而不为，无时而不寂。今独避事而取安，离动而求定，劳于控制，乃有动静二心；滞于住守，是成取舍两病，不觉其所执，仍自谓道之阶要，何其谬耶？”司马承祯答复道：“总物而称大，通物之谓道，在物而不染，处事而不乱，真为大矣，实为妙矣。然谓吾子之鉴有所未明，何则？徒见贝锦之辉焕，未晓始抽于素丝；才闻鸣鹤之冲天，讵识先资于鷇食。蔽日之干，起于毫末；神凝至圣，积习而成。”②这就进一步阐明了由动而静的得道过程需要长期艰苦的修炼，这才可望“积习而成”，绝不可能一蹴而就。在动静与收心的关系上，司马承祯的结论是“静则生慧，动则成昏”，“心为道之器宇，虚静至极，则道居而慧生”③。

（四）简事

简事要求修道之人要处事安闲，泰然任之，善于从纷繁复杂的世俗琐事当中超脱出来，“物物而不物于物”④，“应物而无累于物”⑤。司马

① 《坐忘论·收心》。

② 《坐忘论·收心》。

③ 《坐忘论·泰定》。

④ 《庄子·山木》。

⑤ 裴松之《三国志注·钟会传》引何劭《王弼传》，见楼宇烈《王弼集校释》，中华书局，1980年，第640页。

承祯认为，人生在世，必然要“营于事物”，与各种事物打交道，但“事物称万，不独委于一人”，所以修道者要学会淡泊处世，对外界和自我都要有清醒而准确的认知和把握，不去追求自己本分和能力之外的东西，对于一切没有必要的事物都要坚决放弃。他说：“外求诸物，内明诸己。知生之有分，不务分之所无；识事之有当，不任事之非当。任非当则伤于智力，务过分则弊于形神。身且不安，何能及道？是以修道之人，莫若断简事物，知其闲要，较量轻重，识其去取，非要非重，皆应绝之。”他举例说，酒肉、罗绮、名位、财产等都只不过是“情欲之余好，非益生之良药”，而众生执著不舍，“自致亡败”，这不是迷失生命的本真、因小失大吗？他引《庄子·达生》“达生之情者，不务生之所无以为”一语，进一步阐发道：“生之所无以为者，分外物也。蔬食弊衣足养性命，岂待酒肉、罗绮然后生全哉？是故于生无所要用者，并须去之，于生之用有余者，亦须舍之。财有害气，积则伤人，虽少犹累，而况多乎？今以隋侯之珠，弹千仞之雀，人犹笑之，况弃道德、忽性命而从非要以自促伐者乎？夫以名位比于道德，则名位假而贱，道德真而贵。能知贵贱，应须去取，不以名害身，不以位易道。”①就是说，修道者要善于从身外之物的羁绊中解脱出来，不要为虚幻的物欲名利所蒙蔽，尽可能放弃一切于生命本身和体悟大道没有什么好处的琐事，这样才有可能证得本真的道。

（五）真观

司马承祯提出，修道的第五阶次是“真观”。他说：“夫真观者，智士之先鉴，能人之善察，究傥来之祸福，详动静之吉凶，得见机前，因之造适，深祈卫定，功务全生，自始之末，行无遗累，理不违此，故谓之真观。然则一餐一寝，俱为损益之源；一言一行，堪成祸福之本。虽则巧持其末，不如拙戒其本。观本知末，又非躁竞之情，是故收心简事，日损有为，体静心闲，方能观见真理。故《经》云：‘常无欲以观其妙。’”②所谓“真观”，就是修道者要用天赋的智慧洞察天地之机，明了人事吉凶，以

① 《坐忘论·简事》。

② 《坐忘论·真观》。

便占据先机，赢得主动，达到全生的目的。他认为，要做到"真观"，须从日常生活中的一切细节做起，一餐一寝，一举手一投足，都可以成为生命损益之源，平时的一言一行，也都能成为祸福的本来因缘，与其用巧慧操持其末，不如以朴拙戒守其本。收心、简事是真观的前提，修道者只有经过收心、简事的长期修炼，真正做到"体静心闲"，才能悟得真理，达到"真观"。

司马承祯接着论述道："然于修道之身，必资衣食，事有不可废、物有不可弃者，当须虚襟而受之，明目而当之，勿以为妨，心生烦躁。若见事为事而烦躁者，心病已动，何名安心？夫人事衣食者，我之船舫，我欲渡海，事资船舫，渡海若讫，理自不留，何因未渡先欲废船？衣食虚幻，实不足营，为欲出离虚幻，故求衣食。虽有营求之事，莫生得失之心，则有事无事，心常安泰。与物同求而不同贪，与物同得而不同积，不贪故无忧，不积故无失，迹每同人，心常异俗。此实行之宗要，可力为之。"①就是说，修道之身必资衣食，人事衣食就像是修道者到达理想彼岸的"船舫"，想要渡海，就必须借助船舫，渡海后理当不留船舫，怎么能尚未渡河就先废弃船舫呢？修道者也是人，人在世间，就有不可废弃的事物，只要物来而顺应即可，不可为此心生烦躁，虽然人事衣食皆为虚幻，实在不足为之营求，但为了出离虚幻，所以才去营求。只是要注意，虽然必须与凡人一样参与营求之事，但是要避免像凡人一样生出得失贪积之心，要勉力做到"有事无事，心常安泰"。

司马承祯提出，那些虽经断缘、简事而动病难除的人，就须要"依法观之"，以洞见真理，转动入静。对于那些执著虚幻物事、色病太重的人，"当观染色都由想尔，想若不生，终无色事。若知色想外空，色心内妄，妄心空想，谁为色主？《经》云：'色者全是想耳，想悉是空，何有色耶？'"②这就是说，主体建构客体，境乃由心所造，"色想外空，色心内妄，妄心空想"，一切皆为虚幻，心空自然境空。这种思想显然主要源于佛教，如《心经》的"色不异空，空不异色；色即是空，空即是色"，《金刚

① 《坐忘论·真观》。

② 《坐忘论·真观》。

经》的"一切有为法，如梦幻泡影，如露亦如电，应作如是观"、"凡所有相，皆是虚妄。若见诸相非相，即见如来"，等等。

司马承祯指出，色病太重的一个主要表现就是难以抗拒美色的诱惑，而美色又是阻碍修道者长生成仙的最大障碍。因此，此类人须要尽快明白，美色与其他事物一样是虚幻不实的，美色对人的诱惑更大，使人的沉沦更深，而且美色其实并不美，要不然为什么鱼见美人就深入水里，鸟见美人就高飞入云，仙人以为美色污秽浊臭，贤士把美色比喻为伐人性命的刀斧？因此，美色非但不像饮食是身心离不开的东西，反而是能够戕害性命的仇贼，远离它可以避免夭伤，为什么非要心生系恋、自取销毁呢？他说："妖妍美色甚于狐魅，狐魅惑人，令人厌患，身虽致死，不入恶道，为厌患故，永离邪淫。妖艳惑人，令人爱着，乃至身死，留恋弥深，为邪念故，死堕地狱，永失人道，福路长乖。故《经》云：'今世发心为夫妻，死后不得俱生人道。'所以者何？为邪念故。又观色若定是美，何故鱼见深入，鸟见高飞，仙人以为秽浊，贤士喻之刀斧？一生之命，七日不食，便至于死；百年无色，翻免夭伤。故知色者，非身心之切要，适为性命之仇贼，何乃系恋，自取销毁？"①

司马承祯进一步由阐述贫苦之因而提出"业由我造，命由天赋"的重要思想。他说："若苦贫者，则审观之，谁与我贫？天地平等，覆载无私，我今贫苦，非天地也；父母生子，欲令富贵，我今贫贱，非由父母；人及鬼神，自救无暇，何能有力将贫与我？进退寻察，无所从来，乃知我业也，乃知天命也。业由我造，命由天赋，业命之有，犹影响之逐形声，既不可逃，又不可怨。唯有智者，因而善之，乐天知命，不觉贫之可苦。"②就是说，天地平等无私地对待万物，我的贫苦不是天地造成的；父母生了我，是希望我富贵显赫，所以我的贫苦也不是父母造成的；其他人及鬼神自救而无暇，哪能有力使我贫苦？由此可见，我的贫苦乃是我的业力和天命造成的。业力是由自己作的，命是由天赋予的，业力和天命是每个人都"既不可逃，又不可怨"的，有智慧的人在贫苦面前不会怨天尤

① 《坐忘论·真观》。

② 《坐忘论·真观》。

人，而是乐天知命，顺应天命，努力为善，以改善自己的命运。

对于"贪生怕死"、厌恶死亡的人，司马承祯规劝道："若恶死者，应念我身是神之舍，身今老病，气力衰微，如屋朽坏，不堪居止，自须舍离，别处求安，身死神逝，亦复如是。若恋生恶死，拒违变化，则神识错乱，自失正业，以此托生，受气之际，不感清秀，多逢浊辱，盖下愚贪鄙，实此之由。是故当生不悦、顺死无恶者，一为生死理齐，二为后身成业。"这就是说，人身只是神的临时住所，身体老病就像房屋朽坏不能居住一样，需要舍弃，另找安全处所居住，身体死后，神也会重新找到更好的寓所，所以面对生死，正确的态度应该是"当生不悦、顺死无恶"，而不可以抗拒自然变化，自致"神识错乱"。

（六）泰定

泰定是第六个修道阶次。司马承祯指出："夫定者，出俗之极地，致道之初基，习静之成功，持安之毕事，形如槁木，心若死灰，无感无求，寂泊之至，无心于定，而无所不定，故曰泰定。"[①]就是说，修道者通过长期信敬、断缘、收心、简事、真观的修炼，最终自然就会达到恬静安然、不为外物所动的泰定境界，真正做到"无心于定，而无所不定"。他解释庄子"宇泰定者，发乎天光"[②]一语说："宇则心也，天光则发慧也。心为道之器宇，虚静至极，则道居而慧生。慧出本性，非适今有，故曰天光。但以贪爱浊乱，遂至昏迷。澡雪柔挺，复归纯静，本真神识稍稍自明，非谓今时别生他慧。慧既生已，宝而怀之，勿为多知而伤于定。非生慧之难，慧而不用为难。自古忘形者众，忘名者寡，慧而不用是忘名者也。天下希及之，是故为难。贵能不骄，富能不奢，为无俗过，故得长守富贵。定而不动，慧而不用，德而不恃，为无道过，故得深证常道。"[③]他认为，"慧"出于人的本性，所以称为"天光"，但因为后天的"贪爱浊乱"，私欲蒙蔽，于是人就会昏迷。如果能够通过自身的修炼复归清静，臻于泰定

① 《坐忘论·泰定》。

② 《庄子·庚桑楚》。

③ 《坐忘论·泰定》。

境界，那么“本真神识”自然就会逐渐显发，天赋真慧不断生发。慧既生后，要注意“宝而怀之，勿以多知而伤于定”，因为生慧并不难，难的是“慧而不用”，安心做一个淡泊的“忘名者”。如果能做到“定而不动，慧而不用”，就可以“深证常道”。他在《坐忘枢翼》中再一次强调指出：“善巧方便，唯能入定，发慧迟速，则不由人。勿于定中急急求慧，求慧则伤定，伤定则无慧。定不求慧而慧自生，此真慧也。慧而不用，实智若愚，益资定慧，双美无极。若定中念想，则有多感众邪百魅，随心应现真人老君、神异诡怪，是其祥也。唯定心之上，豁然无覆；定心之下，旷然无基；旧业永消，新业不造，无所缠碍，迥脱尘网，行而久之，自然得道。”①“慧而不用”与老子所说的“大智若愚”有相通之处，要人们在纷繁世事面前采取“无为”的态度，一切顺应自然，无所为而为，这样最终才能做到“无不为”。

司马承祯进一步指出：“故庄子云：‘知道易，勿言难。’知而不言，所以之天；知而言之，所以之人。古之人天而不人，慧能知道，非得道也。人知得慧之利，未知得道之益，因慧以明至理，纵辩以感物情，兴心徇事，触类而长，自云处动而心常寂，焉知寂者寂以待物乎？此行此言，俱非泰定，智虽出众，弥不近道，本期逐鹿，获兔而归，所得盖微，良由局小。”②就是说，要做到“慧而不用”是很难的，修道者很容易在有慧生出后急于发用，“因慧以明至理，纵辩以感物情”，以心慧追逐物事，自以为可以“处动而心常寂”，殊不知“慧能知道，非得道也”，急于用慧只会损害真正的泰定，妨碍修道者顺利得道。

司马承祯又引《庄子》“古之治道者以恬养智。智生而无以智为也，谓之以智养恬。智与恬交相养，而和理出其性”③论述道：“恬智则定慧也，和理则道德也。有智不用，以安其恬，积而久之，自成道德。然论此定因，为而得成，或因观利而见害，惧祸而息心，或因损舍涤除，积习心熟，同归于定，咸若自然，疾雷破山而不惊，白刃交前而无惧，视名利如

① 《坐忘枢翼》。

② 《坐忘论·泰定》。

③ 《庄子·缮性》。

过隙，知生死若溃痈，故知用志不分，乃凝神也。心之虚妙，不可思也。夫心之为物，即体非有，随用非无，不驰而速，不召而至，怒则玄石饮羽，怨则朱夏陨霜，纵恶则九幽匪遥，积善则三清何远，忽来忽往，动寂不能名，时可时否，蓍龟莫能测，其为调御，岂鹿马比其难乎？”①就是说，心是虚妙莫测、不可思议的，它的作用是无限神奇的，它的潜能是无限巨大的，驾御它比驾御鹿马可要难得多。只有通过长期艰苦的修炼，才有可能使心达到恬静安定的状态，并使恬与智、定与慧相养相成，天长日久，就自然会臻于“疾雷破山而不惊，白刃交前而无惧，视名利如过隙，知生死若溃痈”的超凡境界，天赋本性中的“和理”大道就会显发出来，最终得道长生。

（七）得道

得道是前六个阶次的自然结果。司马承祯明示：“夫道者，神异之物，灵而有性，虚而无象，随迎莫测，影响莫求，不知所以然而然，通生无匮，谓之道。至圣得之于古，妙法传之于今，循名究理，全然有实，上士纯信，克己勤行，虚心谷神，唯道来集。道有至力，染易形神，形随道通，与神为一，形神合一，谓之神人。神性虚融，体无变灭，形与道同，故无生死。隐则形同于神，显则神同于形，所以蹈水火而无害，对日月而无影，存亡在己，出入无间，身为滓质，犹至虚妙，况其灵智益深益远乎？”②在这里，他首先给出了一个道教思想家关于“道”的定义，认为道是神异而有灵性的超越存在，它无形无象，人的感官无法觉知它存在，只有修道者通过长期修炼，达到形神合一，才可以证得它，从而修成长生不老的“真身”。他引《生神经》“身神并一，则为真身”及《西升经》“形神合同，故能长久”以证成其说。可见，在他的心目中，修道的理想境界乃是形神合一，与道冥合，以臻于生命的永恒，这是修道者坐忘主静、长期修炼的最终目的。

他提出，为了达到形神合一，修道者在初得小慧后，应小心避免用

① 《坐忘论·泰定》。

② 《坐忘论·得道》。

慧劳神，因为劳心费神会使人神气漏泄，无端消耗人的天赋生命力，损伤人的天赋智慧，这极不利于修道者成功得道。他说："虚无之道，力有浅深。深则兼被于形，浅则唯及于心。被形者神人也，及心者但得慧觉而身不免谢，何耶？慧是心用，用多则心劳。初得小慧，悦而多辩，神气漏泄，无灵润身，遂致早终，道故难备，《经》云'尸解'，此之谓也。是故大人含光藏辉，以期全备，凝神宝气，学道无心，神与道合，谓之得道。"①得道的大人境界就是形神合一，与道冥合，"人怀道，形体以之永固"，就是"炼神入微，与道冥一，散一身为万法，混万法为一身，智照无边，形超靡极"②，就是《西升经》所说的"与天同心而无知，与道同身而无体"，"神不出身，与道同久"，就是"体无变灭，形与道同，故无生死。隐则形同于神，显则神同于气，所以蹈水火而无害，对日月而无影，存亡在己，出入无间"。这是修道的最高目标。

在详细阐述了修道的七个阶次之后，司马承祯又附以《坐忘枢翼》，简要综述了《坐忘论》的主旨。他指出："若有心归至道，深生信慕，先受三戒，依戒修行，在终如始，乃得真道。其三戒者，一曰简缘，二曰无欲，三曰静心。勤行此三戒而无懈退者，则无心求道而道自来。《经》云：'人能虚心无为，非欲于道，道自归之。'"在这里，他把修道的要领归纳为简缘、无欲、静心三戒，认为只要修道者能长期勤行此三戒而毫不懈怠，善始善终，则即使他无心求道，道也会自然复归。

他在《坐忘枢翼》中又把修道的具体方法概括为："夫欲修道成真，先去邪僻之行，外事都绝，无以干心，然后端坐，内观正觉，觉一念起，即须除灭，随起随制，务令安静。其次，虽非的有贪著浮游乱想，亦尽灭除，昼夜勤行，须臾不替。唯灭动心，不灭照心，但冥虚心，不冥有心，不依一物而心常住。……有事无事，常若无心，处静处喧，其志唯一。若束心太急，急则成病，气发狂痴，是其候也。心若不动，又须放任，宽急得中，常自调适，制而无著，放而不逸，处喧无恶，涉事无恼者，此真定也。不以涉事无恼故求多事，不以处喧无动故来就喧。以无事为真定，

① 《坐忘论·得道》。
② 《坐忘论·得道》。

以有事为应迹，若水镜之为鉴，则遇物而见形。”他提出，修道之人有“五时”、“七候”之征。所谓“五时”是指：(1)动多静少；(2)动静相半；(3)静多动少；(4)无事则静，事触还动；(5)心与道合，触而不动。所谓“七候”是指：(1)举动顺时，容色和悦；(2)夙疾普消，身心轻爽；(3)填补夭伤，还元复命；(4)延数千岁，名曰仙人；(5)炼形为气，名曰真人；(6)炼气成神，名曰神人；(7)炼神合道，名曰至人。这其实就是修道者在修道过程中会出现的循序渐进的特殊征象，它可以帮助修道者自我判断和把握修道火候。而“唯定心之上，豁然无覆；定心之下，旷然无基；旧业永消，新业不造，无所缠碍，迥脱尘网，行而久之，自然得道”，则是修道者最终达到的超凡境界。

总之，司马承祯认为，只要修道者按照信敬、断缘、收心、简事、真观、泰定、得道这“七条修道阶次”刻苦修炼，长期勤行简缘、无欲、静心三戒而毫不懈怠，善始善终，最终自然就会达到恬静安适、“无心于定，而无所不定”的泰定境界，从而臻于“内不觉其一身，外不知乎宇宙，与道冥一，万虑皆遗”、物我两忘的理想境界。

作为在中国道教史上承前启后的重要代表作，司马承祯的《坐忘论》无疑是一座难以逾越的理论高峰。它继承并融会了儒、释、道三家的思想精华，尤其是充分吸收了佛教中的许多独到思想，因而达到了当时所能达到的理论高度，成为时代精神的典型代表。它对后世道教乃至中国思想文化的许多领域都产生了深远的影响，在中国道教史乃至思想史上都具有不可替代的重要地位。

（作者为武汉纺织大学马克思主义学院副教授）

张家山汉简《引书》结构研究

晁胜杰　吴雪萌

在永恒和无垠的宇宙面前，个体的生命是渺小的，也是悲壮的！但个体生命本身与宇宙一样，也是浩茫无际，深藏玄妙！中国古人在认识外界的同时，也在探索内在的生命。因此中国产生了深邃的生命哲学以及在此基础上而构建的可供操作的养生实践体系。导引术便是最具中国特色的养生实践方法之一。1983 年，湖北荆州张家山出土了西汉初年的导引养生文献《引书》，这是至今发现的最早的、成体系的导引养生著作。其中包括了尊天顺时的养生理论，饮食、起居、房中等日常生活养生原则，以及丰富的导引养生疗疾术式。除此之外，《引书》还"折射出战国秦汉时期的文化、风俗、学术史、方技等方面的问题"①，张岂之先生认为可以把"《引书》作为战国秦汉时期的文化史"来看待②。所以非常有必要对《引书》的价值进行深入的挖掘研究。

一、引入

自 1990 年《江陵张家山汉简〈引书〉释文》③（以下简称《释文》）在《文物》上被公布以来，已有一批学者从文字、文献、养生角度对其进行了研究，也取得了一些成果。彭浩先生的《张家山汉简〈引书〉初探》，从

① 高大伦：《张家山汉简〈引书〉研究》，巴蜀书社，1995 年，第 2 页。

② 此观点是张岂之先生在《张家山汉简〈引书〉研究》序中提出来的。详见高大伦：《张家山汉简〈引书〉研究》，巴蜀书社，1995 年，第 1 页。

③ 张家山汉简整理小组：《江陵张家山汉简〈引书〉释文》，《文物》1990 年第 10 期。

养生理论、导引术式、疾病治疗等三个方面对《引书》进行了概括性论述,勾勒了《引书》大致轮廓。连劭名先生的《江陵张家山汉简〈引书〉述略》也把《引书》划分为三部分,并对每一部分都做了相关的论述。李学勤先生《〈引书〉与〈导引图〉》,把《引书》分为六部分,且对比了《引书》术式与"导引图"异同,为二者可能是两个不同的导引流派。李发的《读张家山汉简〈引书〉札记》,探讨了《释文》的几处文字隶定问题。英国学者罗维前的《论早期中国医学论述之性质与目的——张家山〈引书〉结果研究》,从《引书》文本结构推断引书的成书于专精行家之手,抄本目的可能是为了随葬。也有一些学者从医学和体育学角度入手对《引书》进行论述。李建民《从医疗看中国史》专章介绍了《引书》的内容和意义。刘朴的《对汉简〈引书〉健康导引法中身体部位名称及动作术语的考释》,从身体部位和动作名称角度对导引术式进行了分类研究。

至今为止,研究《引书》的专著还只有高大伦先生《张家山汉简〈引书〉研究》一部。全面系统地阐述了张家山医简的价值和意义。前半"研究篇"对导引的源流、导引与道家的关系、与医家的关系做了诸多考证;后半"校释篇",结合《诸病源候论》等古医书中的一些术式对原文中的疑难进行了解释说明。

总体而言,以上的研究成果基本上都集中在 20 世纪 90 年代中期以前,90 年代后期至今近二十年时间,很少有学者再来关注这部导引专著。就《引书》而言,不论是对其文本内容的考释、导引术式的整理、疾病种类梳理、与后世道教养生术的关系以及历史文化价值发掘等方面都有待进一步研究。本文是笔者对《引书》篇章结构的重新梳理划分,算是笔者研究《引书》一个开始吧。

有关《引书》结构的划分,20 世纪 90 年代,一些学者做过相关的探究。彭浩先生将全书分为三个部分:第一部分,四季养生之道的养生理论;第二部分,三十五个导引术式的名称、动作要领以及部分导引术式对身体的功用,还记载了一些术式治疗疾病的方法;第三部分,讲述生病的原因和预防方法。其中,彭先生对三十五个导引术式的统计有误[①],应是

① 彭浩:《张家山汉简〈引书〉初探》,《文物》1990 年第 10 期。

四十一个术式。连劭名先生也对《引书》篇章进行了划分，也是三分法，整体与彭先生相类①。这种三分法并不能清楚反映出《引书》的构建框架。李学勤先生把《引书》分为六部分：第一部分讲的彭祖之道，第二部分是足部运动，第三部分是各种导引术，第四部分是导引术式对疾病的治疗，第五部分是一整套导引动作，第六部分是导引理论②。这种分法比较详细明了，弥补了彭连分法的不足。李学勤先生能把足部导引、一整套导引动作提取出来，可见其对《引书》内容进行过深入的思考。高大伦先生也把《引书》分为六部分，基本与李一致③。本文在此研究基础上，进一步发掘各部分的内在联系性和独立性，把全书划分为既能独立成章也可联结成篇三大部分：第一部分，养生之道；第二部分，导引术；第三部分，导引理论。第二部分又细分为起床导引术、综合导引术、疗疾导引术、养生导引术四个部分。

二、养生之道

这一部分文字不多，主要根据春夏秋冬四季的更替，列出与之相应的养生之道，为整部《引书》奠定了应顺应天地运行、四季更替的养生理论。

《引书》开篇："春产、夏长、秋收、冬藏，此彭祖之道也。"何为彭祖之道呢？概括言之，彭祖养生流派曾兴盛于战国秦汉时期，导引、行气、房中等为其主要养生方法。《庄子》、《荀子》等先秦文献④，以及马王堆出土的一些竹简中也可以证明彭祖养生之道主要是导引行气之术："王子巧父问彭祖曰：'人气何是为精乎？'彭祖答曰：'人气莫如竣精，竣气宛

① 连劭名：《江陵张家山汉简〈引书〉述略》，《文献》1991年第4期。

② 李学勤：《〈引书〉与〈导引图〉》，《文物天地》1991年第2期。

③ 高大伦：《张家山汉简〈引书〉研究》，巴蜀书社，1995年，第9～11页。

④ 彭祖在战国时期已是非常有名的老寿星了。《庄子·刻意篇》曰："吹呴呼吸，吐故纳新，熊经鸟申，为寿而已矣。此导引之士，养形之人，彭祖寿考者之所好也。"《荀子·修身篇》也记载："辨善之度，以治气养生则后彭祖，以修身自名则配尧舜。"日本学者坂出祥伸研究了彭祖长寿传说的形成过程。（[日本]坂出祥伸著，高大伦译：《彭祖传说的研究》，《宗教学研究》1994年第4期）

闭,百脉生疾。……必先吐陈,乃翕竣气,与竣通息,与竣饮食,饮食完竣,如养赤子。'”①另外,马王堆帛书《十问》记述了彭祖的接阴之道。后来的《列仙传》、《神仙传》也都记载彭祖懂采阴补阳之术。《引书》中,除了记载导引、行气养生术之外,还在开篇多次介绍房中养生的注意事项,其养生方式正是彭祖的养生之道,故开篇曰“彭祖之道也”。作者把其养生思想、养生方术归为彭祖养生一派。

顺应四时是《引书》的基本养生原则。根据这一原则制定了四季不同的生活起居要求。首先,规定了起居时间和基本的洗漱要求。如,春夏要早起,冬天晚起;起床后还要小便,洗脸洗牙,喝一杯水等等;夏天要多洗头,少洗身(数沐希浴),冬天要多洗头洗身;秋天的饮食要根据自己身体的需要进行调整。其次,规定起床后要根据季节做相应的运动。如,春天要在庭院披发散步,吸收天地的精气;冬天身体的屈伸运动要符合原则。第三,房事的时间和频次都要与季节相应。如,春天里最好在黄昏到半夜之间进行房事,过了这一时间段就会耗散精气;秋天,根据身体的需要和情况进行房事;冬天,要在黄昏到小半夜时间段进行房事。第四,冬季养生还要注意身体的温暖。提出了冬天“手欲寒,足欲温;面欲寒,身欲温”的养生原则。顺应四时原则还暗含着“阴阳中和”养生理论。天地阴阳之气的盈虚消长推动季节更替,人的生命活动也应该遵循这一天地大规律,及时补泄阴阳,从而保证身体的健康长寿。这是中国哲学“气”理论在人身上的最直接的应用。不过,《引书》中只有阴阳学说的应用,不见五行学说的踪迹,可知,阴阳、五行二学说在《引书》时代尚未充分结合。

三、导引术

导引术部分是全书的主体内容。包括起床导引术、综合导引术、疗疾导引术、养生导引术四个部分。

---

① 马王堆汉墓帛书整理小组编:《马王堆汉墓帛书·十问》(4),文物出版社,1981年,第148页。

(一)起床导引术

起床导引术共由九个术式组成，从术式 1～9(术式名称内容详见附录，文中以编号代之)，术式 7、9 名称缺损。这九个动作都是运动足腿部的术式，并且所有动作都是三十次。李学勤先生把这一部分定义为足部导引术①，并不能完全揭示其含义。通过整个动作设计来看，应为人睡醒尚未下床之前的足腿部运动，其目的主要是调动足腿部阳气，以适应下床之后的动作。

从其运动部位(腿膝足)、运动频次、运动习惯推断，这九个术式应为一套起床术式操练。第一，运动内容都是足腿部，没有任何其他部位的记述。术式 1、6、7、8 四个术式为腿部动作。有上下交叉腿运动、模仿进退走路运动、按摩小腿、直伸双腿运动等。术式 2、3、4、5、9 为足部活动。术式 2，脚趾模仿虫子蠕动爬行做屈伸。术式 3，足趾支撑摇动足跟。术式 4，左右摇足，活动脚踝。术式 5，脚趾相叠，上下摇动，活动整脚。术式 9，按摩脚背。第二，运动频次都是三十次。频次一致可证明这些术式是经过特殊设计的成系统的运动术式。结合其术式内容都是足腿部，可知其目的是为了使足腿气血得到充分的导引。从术式 1～9 的排列看，基本上是按照整体部分整体的顺序排列。这种排列方法与后世的五禽戏、六字诀等养生套路相比虽显简单，但是术式的套路思维已非常明显。第三，从运动习惯看，这部分术式躺下完成更符合常理。术式 4，伸直双腿双踵，同时摇动腿踵。人站立姿势根本无法完成这一术式。《引书》的第三部分的“引瘚”条，所载术式于此术式相似，且明确指出起运动形式为“卧”式。

另外，这些术式躺着完成更加省时。九个术式，每个运动三十次，共二百七十次，如果站立动作，作为正式导引运动开始的热身运动，则要用较长的时间。如果是卧床而做，这些动作就非常简单，耗时很少。通过简单的耗时不多的导引术式，让大腿小腿膝盖足部都做了导引，为下床运动做充分的准备。

① 李学勤:《〈引书〉与〈导引图〉》,《文物天地》1991 年第 2 期。

(二)综合导引术

这一部分所列出的导引术式共三十二个,从术式10到术式41,内容丰富,包括了全身各部位的导引。术式22名称和动作内容都残缺,运动路线无法辨识。术式24名称缺失,内容完整。术式25动作部分残缺。

双手相交导引术。这一组连续的动作有十二个,从术式10～21,其中有4个术式手在体前交叉(15、17、18、19),其余都是双手相交背于身后。另外,下一部分综合导引的术式33,双手相交背于身后动作;术式34,双手相交于体前。十二个双手相交动作放在一起,其原因可能是:其一,归类记录方便,便于记忆学习;其二,手部交叉导引套路。从术式本身内容看,包括了双手交叉所能完成动作倾向和活动身体部位。比如导引方向有上下、左右、前后、侧方上下等,导引方法有引、正屈、侧屈、旋宁等,导引部位有头、肩、手臂、腰、腿、踵等。也已具备了一个导引套路的基本要素。双手相交术式放在第一部分足腿部术式之后,很容易让人联想到其内在的编排关系。

基本导引术。从术式22～41。这一组共有二十个术式,多为大开大合类动作,涉及全身各部位。其中,需要腿足动作参与的术式有7个,且根据内容看多为左右前后大幅度分开动作。如术式23"大决"和术式24"大决足",双脚横向大幅度分开,术式31中"屈前膝,伸后",应如当代武术之弓步压腿。第二,身体大幅度俯仰旋转的术式有13个。向前、后、俯、仰身体到最大限度的导引术式。如术式33"引阴",手背身后,高举带动身体前俯到最大限度。术式34"引阳",手交叉体前,身体后仰到极致。这类术式中多用"极之"、"力引之"等词汇解释动作。综合类术式与第一部分足腿部术式和前一部分交手类术式比较,综合类术运动幅度逐渐最大,运动难度最强,足腿部动作最简单,交手类动作居中。

(三)疗疾导引术

这部分主要用于治疗疾病,共四十五条,占《引书》全书的大部分篇幅，其内容为疗疾养生的运动处方。运动处方的开设体例：先陈述疾病，后列出与疾病相应的导引术式。隋代巢元方《诸病源候论》运动处方体例与此一脉相承。在治疗处方的实施中，有些有导引术式名称，有些只有导引动作，而没有导引术式名称。

疾病内容丰富。该部分共记录了四十五种疾病，包括肢体疼痛类、五官疼痛类、内脏类疾病等内容。第一类，肢体外伤疼痛类疾病，约占据所有疾病的一半左右。这类疾病的临床表现主要是外部肢体某部位疼痛。如“项痛”、“踝痛”、“膝痛”、“腰痛”、“屈筋”（抽筋）、“背痛”、“肩痛”、“肘痛”、“尻痛”、“足筋痛”等。第二类，内部器官疼痛类疾病。如“瘅病”、“肠病”、“腹胀”、“肠辟”（痢疾）、“内瘅”、“癃”（小便不畅）、“心痛”、“胸中痛”等。第三类，头部五官疼痛类。“目痛”、“聋”、“口不合”、“喉痹”、“苦颜”（脸疼痛）、“龋齿”等。

治疗处方多样。这部分记录了四十五种疾病，但导引术式和疾病并不是一一对应关系，有些疾病治疗需要用几种不同的导引方法。故而导引术式的数量要远远多于四十五种。很多治疗处方还是导引、吐纳、意念相结合的综合治疗方法。如“引辟”（口眼歪斜），除了使用基本的导引动作，还要做“厕比十”、“凫沃十”、“敦踵三百”、“却步三百”等动作。整体而言，这部分治疗疾病的术式以肢体导引为主。导引术式又分为立式、坐式、卧式三种，其中立式又有横开步（跨立）、纵开步（前一足、屈前伸后等），坐式有端坐（席地而坐）、危坐（高坐），卧式也有仰卧、伏卧之分。有些导引术式还增加了辅助工具。如绳索、木棒、柱子、墙壁等。其次，疗疾处方也非常重视吐纳的运用。特别是对“吹”、“呴”、“呼”的运用。其中有十一种疾病的治疗都用到了呼吸的配合，有些还三种吐纳方法结合在一起使用，如“引腹胀”条运用了三种方法。第三，疗疾处方中也有少量的意念和按摩的运用。如“病肠之始”条，要把意念放于小腹；“引心痛”条需要手摩面部。另外，处方之中还有辅助人员帮助患疾者完成导引动作。如“引癃”条，需要他人按住患者腰部进行导引。

（四）养生导引术

这一部分记录了一整套养生导引功法。功法共二十四个导引术式，包括了人体全身从头到脚各部位的导引，每个术式都要做三遍。人们以往认为导引养生套路到五禽戏时才出现的。二十四个术式的排列是按照气在人体中的大循环路线设计的。术式从导引人之阴处（交筋）起始，直接上到人之诸阳之巅（头），然后头面部（耳目鼻口）各部位导引，下行到咽喉、项颈，再到肩背腹心，至两胁腰胯，至腿膝足趾，最后再导引胸中，使气回到胸腹。战国时的《行气玉佩铭》也记载了一条纳气循行路线，“行气，深则蓄，蓄则伸，伸则下，下则定，定则固，固则萌，萌则长，长则退，退则天”[①]，可与此条路线相互应证。《庄子・大宗师》中“缘督以为经”之“督”也应是一条气的循行路线。由此可见，战国至汉初，养生家已经具有了气在人体内按照一定路线循环的思维，并依据这一思维创编了丰富的养生治病导引术式。气机在体内循行周流的思维模式在中国传统养生文化中的一个高峰就是道教的“内丹”。

此套养生功法是以导引为主，配合行气和存思的综合类养生功法。从术式操作内容（《引书》中所载）和名称（《引书》中未载）看，二十四个导引术式中有二十二个是有具体动作，所以这套功法应是归类为导引类功法。但功法中也有呼吸与意念的要求。第一个术式“闭息以利交筋”，明确要求屏住呼吸以引动体内气机以利于人之阴处。通过《引书》治病实践部分可知，很多导引术式在具体应用中都要结合呼吸，如“项痛不可以顾”条有除配合伸足举头等动作外，还要“毋息须臾之”。故其余术式很可能在实践中也要注意呼吸。这套功法中也有意念类的要求。如“虎顾”、“熊经”、“鸡伸”等仿生类术式因为从禽兽中来，实践中都要求习练者模仿禽兽的意念、神态、体态等方面。另外，《引书》的导

---

① “行气玉佩铭”据考是战国初期之物，共 45 字，约成于公元前 380 年。郭沫若释读为：“行气，宎（阗）则蓄，蓄则伸，伸则下，下则定，定则固，固则萌，萌则长，长则退，退则天。天几舂在上，地几舂在下。顺则生，逆则死。”（郭沫若：《郭沫若全集・考古编・古代文字之辩证的发展》卷十，科学出版社，1992 年，第 94～95 页。）

引治病实践部分也有对意念的具体运用。如“病肠之始”条，除精吹外，还要“属意小腹”，即意守小腹。此套功法中的有些动作也应有相应的意念要求。

四、导引理论

导引养生理论是《引书》的最后一部分，篇幅不多，介绍了疾病产生的原因、预防疾病的方法、导引操作的原理等内容，主要包括燥湿寒暑导引养生理论、贵贱有别导引养生理论、节气治身导引养生理论。

与“燥”、“湿”、“寒”、“暑”相适应的导引养生理论。人之所以得病，究其原因主要是人之生命活动不能与燥湿寒暑的气候变化相适应。春秋冬夏季节变化，其气机也会随之改变。特别是四季变化之间，“乱气”、“邪气”充斥天地之间，人如果不注意保护自己，就会很容易受到“乱气”侵身而“得病”。《引书》在这里分别列出了病前保养、病后治疗导引术式要求。如“得病”之后，需要治“八经之引”、吐纳天地精气以与四气(燥湿寒暑)相合。也列出了“得病”之前如何有分别的对付“四气”。如“燥”需要“屡呼屡卧”，“湿”则需要“屡吹毋卧”等。保养生命的关键是使人之起居食饮有与四气消息盈虚相合。

贵贱不同，养生有别。《引书》还把人分为两类：贵人和贱人。贵人，即贵族，权势富贵之人，孟子所谓“劳心者”，其得病的主要原因是“喜怒之不和”。情绪和欲望是人之天性，但情欲过度则会消耗人之精气，损伤人之健康。大喜则阳气过多，暴怒则阴气过盛。所以，人大喜时就应该“急昫”，耗散过多的阳气；人暴怒时就应“剧吹”，中和过多的阴气。对于贵族来说，平和情欲，使阴阳二气中和，是其养生法则。贱人，即下层劳动群众，孟子所谓“劳力者”。其得病的主要原因是过度劳作，不知道养生保养之方法。过度劳作主要表现在日常生活中的体力劳动量过大，不知道休息，或者无法休息，造成消耗人身过多精气能量。他们还不知道保养身体的基本常识和基本技术，如：为图凉爽，劳作出汗后便直接入冷水中洗澡，睡在寒湿的洞穴里等；亦不知用导引之法、吐纳之术中和阴阳之气以保养身体。

节气治身理论。《引书》曰:“不知爱其气,故多病而易死。”人之生命活动赖于人精气支撑,人之精气的盈虚决定了其生命的活力。精气充盈人之生命力旺盛,不易得病;精气虚亏“善蹶早衰”,常常昏厥,生殖器官过早衰退。所以要保养人之精气。保养精气有两种方法,一是节用,二是开源。节用,要饮食有节,起居有常,不妄作劳,平和喜怒;开源,即学会保养滋生精气的方法,天地之间有精气存焉,人应“治身与天地相求”,人之生命活动与天地运行节律相符合,才能得天地之精气,另外,再学会顺应四气以导引吐纳,吸收天地之精,以养人之生命。

五、余论

养护生命是人类最古老、最当下、最永恒的话题。《周易·系辞下》曰:“天地之大德曰生。”孔颖达正义曰:“言天地之盛德,在乎常生,故言曰生。若不常生,则德之不大。以其常生万物,故云大德也。”①天地以生养万物为其大德,人类也以延续生命为其常道。中国古代丰富的养生文化、养生技术便是在“天地之大德”的驱动下不断发展,一直到今天。《引书》的出现,证明了战国至汉初时期,导引养生术已经非常流行,且已相当成熟,当时不仅有祛病之导引术,还有成体系的养生保健的养生导引术,如“起床导引术”、“养生导引术”等。由此可见,导引养生学派在战国时期很可能在社会上已有较大的影响,还应有一批擅长导引术的“大师”引领着一批追随者研究实践导引之术。所以才有《庄子·刻意》篇对这批人的点评,即“导引之士,养形之人,彭祖寿考者”是也。后世导引家不断吸纳各个哲学流派的理论,如吸纳道家道教、儒家、阴阳、五行、医家等思想学说,继续充实导引养生实践。“五禽戏”、“六字诀”、“八段锦”,以及道教“内丹术”等影响了国人千余年的养生技术皆是在秦汉导引术的基础上不断繁衍发展而来的。

① 王弼注,孔颖达正义:《周易正义》卷八,中华书局影印阮元校刻《十三经注疏》本1980年版,第86页。

附表：

《引书》"导引术"部分之导引术式名称、内容

序号	名称	内容	
1	交股	大腿更替上下	
2	尺汙(yū)	伸腿屈趾	
3	佥(qiān)指	脚趾撑地，摇动脚跟	
4	埤(pì)堄(nì)	直腿摇足	
5	纍(léi)童	叠足趾摇之	
6	袭前	两腿更替进退	
7		以足按摩小腿内外侧	
8	引阳筋	直伸两腿	
9		摩足背	
10	引鼽	背手俯身	
11	阳见	背手仰后看	
12	穷视	背手俯身看脚跟	
13	则比	背手歪头耸肩	
14	凫沃	背手挥头	
15	旋信	交手高举后挥	
16	臬(niè)栗	背手藏头缩项	
17	折阴	竖步交手俯身钩脚	
18	回周	交手俯仰挥之	
19	龙兴	弓步交手抚膝仰	
20	引膜	弓步交手高举后旋身	
21	蛇垔	背手藏头而咬	
22	不明	不明	
23	大决	双手按地，足前后出入手间	
24		大竖步，右手按左足，俯左右	
25	支落	动作不明	
26	受据	右手按左足举左手，俯身左右	
27	参倍	捧手前引，肩膀送之	
28	县前	俯身举手抬头如寻找	

续表

序号	名称	内容	
29	榣弘	前挥臂如击打	
30	反指	并手高举后仰	
31	其下	弓步高举一臂	
32	虎引	竖步高举一臂仰	
33	引阴	背手高举俯身至极	
34	阴阳	交手后仰至极	
35	復鹿	举两手俯身至极	
36	虎匽	并臂挥肩上	
37	甬莫	并手左右上下挥动	
38	復车	并臂左右下方力挥	
39	鼻胃	俯身左右举臂	
40	度狼	手抚腋下旋胸	
41	武指	左竖步直臂前指	

（作者晁胜杰为丽水学院副教授，吴雪萌为东南大学海外教育学院讲师）

“守藏室之史”考

郑信谷

一

西汉司马迁《史记·老子韩非列传》里的老子传：“老子者，楚苦县厉乡曲仁里人也，姓李氏，名耳，字摋，周守藏室之史也。孔子适周，将问礼于老子。老子曰：‘子所言者，其人与骨皆已朽矣，独其言在耳。且君子得其时则驾，不得其时则蓬累而行。吾闻之，良贾深藏若虚，君子盛德容貌若愚。去子之骄气与多欲，态色与淫志，是皆无益于子之身。吾所以告子，若是而已’。孔子去，谓弟子曰：‘鸟，吾知其能飞；鱼，吾知其能游；兽，吾知其能走。走者可以为罔，游者可以为纶，飞者可以为矰。至于龙，吾不能知其乘风云而上天。吾今日见老子，其犹龙邪。’老子修道德，其学以自隐无名为务。居周久之，见周之衰，乃遂去。至关，关令尹喜曰：‘子将隐矣，强为我著书。’于是，老子乃著书上下篇，言道德之意五千余言而去，莫知其所终。或曰：老莱子亦楚人也，著书十五篇，言道家之用，与孔子同时云。盖老子百有六十余岁，或言二百余岁，以其修道而养寿也。自孔子死之后百二十九年，而史记周太史儋见秦献公曰：‘始秦与周合，合五百岁而离，离七十岁而霸王者出焉。’或曰：‘儋即老子。’或曰：‘非也。’世莫知其然否。老子，隐君子也。老子之子名宗，宗为魏将，封于段干。宗子注，注子宫，宫玄孙假，假仕于汉孝文帝。而假之子解为胶西王卬太傅，因家于齐焉。世之学老子者则绌儒学，儒学亦绌老子！道不同不相为谋，岂谓是邪？李耳无为自化，清静自正。”是最为后世认可的老子李耳（老聃）的传记。

"百有六十余岁"的老子李耳,因"修道而养寿",是楚国"苦县厉乡曲仁里人",担任过周朝的"守藏室之史"。他在任职期间,鲁国的孔子曾经远道而来向他问礼,并将他誉为"犹龙"。他"居周久之,见周之衰"从而辞掉职务,凭着"修道德"以及"其学以自隐无名为务"之心得,给关令尹留下了一部五千余字分为上下二篇的《道德经》(《老子》),出关而去,不知所终。

活了一百六十多岁的老子李耳,堪为古代长寿的佼佼者。只是,寿命太长了,却是使他的生卒年份不可详考。而他的生平事迹,则是颇为简单近乎模糊。至于以"守藏室之史"五字,作为他曾经担任过的"官职"名称,更是令人疑窦丛生。因为,一个官职名称的词语之中,是不会有个"之"字的。

自从唐代的司马贞在《史记索隐》里把"守藏室之史"作为"官名",简称为"藏室史",认为那是周朝的"藏书室之史",并引用了《史记·张丞相列传》"张丞相苍者,阳武人也。好书律历。秦时为御史,主柱下方书",作出说明,"盖即藏室之柱下,因以为官名"①,"周秦皆有柱下史,谓御史也。所掌及侍立恒在殿柱之下,故老子为周柱下史"②。此后,"柱下史"成了老子李耳的代称。

将"守藏室之史"简称为"藏室史",从而作为"藏书室之史",并且相同于"御史"、"柱下史",显然,太牵强了。乃是只凭一个"史"字进行附会。

因为,"守藏室"跟"藏书室"分明是两个不同的"室"。如果,五个字的"守藏室之史"可以写成三个字的"藏室史"或就是两个字的"御史"和三个字的"柱下史",西汉司马迁何必毫无意义地浪费笔墨,多写了二三个字。况且,"藏书室之史"跟"御史",也是不同的。

"藏书室之史"的办公场所,肯定是在藏书室内,藏书室内要记录的

① 《史记·老子韩非列传》"周守藏室之史也",《索隐》按:"藏室史,周藏书室之史也。又张苍传'老子为柱下史',盖即藏室之柱下,因以为官名。"

② 《史记·张丞相列传》:"张丞相苍者,阳武人也。好书律历。秦时为御史,主柱下方书。"《索隐》:"周秦皆有柱下史,谓御史也。所掌及侍立恒在殿柱之下,故老子为周柱下史。今苍在秦代亦居斯职。"

历史，只能是所藏之书的目录和那些书籍入藏、借出的记录。这个职务，相当于现代的图书馆管理员。

根据《周礼·春官宗伯》“御史，掌邦国都鄙及万民之治令，以赞冢宰。凡治者受法令焉，掌赞书，凡数从政者”，可见，周朝的御史，是协助宰相起草文件，负责统计全国从政人数。根据《史记·廉颇蔺相如列传》“遂与秦王会渑池，秦王饮酒酣，曰：寡人窃闻赵王好音，请奏瑟。赵王鼓瑟，秦御史前书曰：某年月日，秦王与赵王会饮，令赵王鼓瑟”，可见，东周战国之时秦国的御史，是在秦王御座之前记录历史的史官。周朝御史与秦国御史的官职，有着显著的差异。既然周朝是有御史的，司马贞偏偏舍近求远，把周朝的守藏室之史相等于秦国的御史，这是不大妥当的。

在“守藏室”不同于“藏书室”，“藏书室之史”有异于“御史”的情况下，《史记·老子韩非列传》对于老子李耳担任过的职务，应当不宜以《史记索隐》的解说为准。

由于老子李耳所处的年代是东周春秋晚期，那么，“守藏室之史”是个什么样的官职及职务，应当要从记载周朝官职制度的《周礼》之中予以考稽。

二

周朝的官职制度，相当精密，细致而有序。公、侯、伯、子、男的爵位，卿、大夫、士的官级，交代得颇为分明。其职官体系，首先是三公、九卿以列朝廷，其次是六官分曹各司其职，然后是百司、庶府具体负责各种事务。“守藏室之史”或“藏室史”、“守藏室史”、“守藏室”、“守藏史”这些职称，在《周礼》里面是找不到的。

不过，虽然六官、百司诸多官职之中没有“守藏室之史”，但在百司下属的庶府之中，可以找到与“守藏”、“史”相应的职务。

根据《周礼》的《春官宗伯》“天府，掌祖庙之守藏与其禁令”，《夏官司马》“司弓矢，掌六弓、四弩、八矢之法，辨其名物，而掌其守藏与其出入”，《秋官司寇》“职金，掌凡金、玉、锡、石、丹、青之戒令。受其入征者，辨其物之恶与其数量，楬而玺之。入其金锡于为兵器之府；入其玉石丹青于守藏之府"。可见，"守藏"一词，指的是对府库所藏的货物予以登记、整理从而进行保管、守护，在"天府"、"司弓矢"、"职金"的职责之内。

"天府"配置的人员，共三十个，依次而下，分别是一个上士、二个中士、四个府、二个史、二个胥、二十个徒①。"司弓矢"配置的人员，共一百一十个，依次而下，分别是二个下大夫、八个中士、四个府、八个史、八个胥、八十个徒②。"职金"配置的人员，共一百个，依次而下，分别是二个上士、四个下士、二个府、四个史、八个胥、八十个徒③。

"史"是《天官冢宰·宰夫之职》所列的正、师、司、旅、府、史、胥、徒八职之中的第六职，在"掌官契以治藏"的"府"之下，其职务是"掌官书以赞治"④，即负责草拟文书或书面记录。"官书"，是给官府书写文件草稿；"官契"，是正式成为文件的书面材料。因此，"掌官契"的"府"的职责是"治藏"，"掌官书"的"史"的工作是"赞治"。

基于"府"以"治藏"而为主事，"史"以"赞治"而为从事，这份"赞治"工作跟"守藏"一词的概念形成了大体上的相应。由此可见，"史"的职务，相当于现代的仓库保管员；"府"的职务，则是相当于仓库主任。

《周礼》里的"府"，是各个官方机构（百司）内部所设的仓库（庶府）。在《天官冢宰》的职官序列之中，设"府"的机构，从"宰夫"、"宫正"、"宫伯"至"染人"、"追师"、"屦人"，将近四十处，其主事者的身份，基本都是下士之下，也就是庶人这个阶层的平民；"史"在"府"之下，人数是"府"

---

① 《周礼·春官宗伯》："天府，上士一人、中士二人、府四人、史二人、胥二人、徒二十人。"

② 《周礼·夏官司马》："司弓矢，下大夫二人、中士八人、府四人、史八人、胥八人、徒八十人。"

③ 《秋官司寇》："职金，上士二人、下士四人、府二人、史四人、胥八人、徒八十人。"

④ 《周礼·天官冢宰》："宰夫之职，掌治朝之法。以正王及三公、六卿、大夫、群吏之位，掌其禁令。叙群吏之治，以待宾客之令、诸臣之复、万民之逆。掌百官府之征令，辨其八职：一曰正，掌官法以治要；二曰师，掌官成以治凡；三曰司，掌官法以治目；四曰旅，掌官常以治数；五曰府，掌官契以治藏；六曰史，掌官书以赞治；七曰胥，掌官叙以治叙；八曰徒，掌官令以征令。"

的两倍；“胥”、“贾”、“徒”在“史”之下，往往是一“胥”十“徒”①。另有“大府”、“玉府”、“内府”、“外府”四个机构，其内部也有“府”、“史”，“史”下有“工”、“贾”或“徒”②。可见，“府”与“天府”、“大府”、“玉府”、“内

① 《周礼·天官冢宰》：“大宰，卿一人。小宰，中大夫二人。宰夫，下大夫四人、上士八人、中士十有六人、旅下士三十有二人、府六人、史十有二人、胥十有二人、徒百有二十人。宫正，上士二人、中士四人、下士八人、府二人、史四人、胥四人、徒四十人。宫伯，中士二人、下士四人、府一人、史二人、胥二人、徒二十人。膳夫，上士二人、中士四人、下士八人、府二人、史四人、胥十有二人、徒百有二十人。疱人，中士四人、下士八人、府二人、史四人、贾八人、胥四人、徒四十人。内饔，中士四人、下士八人、府二人、史四人、胥十人、徒百人。外饔，中士四人、下士八人、府二人、史四人、胥十人、徒百人。亨人，下士四人、府一人、史二人、胥五人、徒五十人。甸师，下士二人、府一人、史二人、胥三十人、徒三百人。兽人，中士四人、下士八人、府二人、史四人、胥四人、徒四十人。渔人，中士四人、下士四人、府二人、史四人、胥三十人、徒三百人。鳖人，下士四人、府二人、史二人、徒十有六人。腊人，下士四人、府二人、史二人、徒二十人。医师，上士二人、下士四人、府二人、史二人、徒二十人。食医，中士二人。疾医，中士八人。疡医，下士八人。兽医，下士四人。酒正，中士四人、下士八人、府二人、史八人、胥八人、徒八十人。酒人，奄十人、女酒三十人、奚三百人。浆人，奄五人、女浆十有五人、奚百有五十人。凌人，下士二人，府二人、史二人、胥八人、徒八十人。笾人，奄一人、女笾十人、奚二十人。醢人，奄一人、女醢二十人、奚四十人。醯人，奄二人、女醯二十人、奚四十人。盐人，奄二人、女盐二十人、奚四十人。幂人，奄一人、女幂十人、奚二十人。宫人，中士四人、下士八人、府二人、史四人、胥八人、徒八十人。掌舍，下士四人、府二人、史四人、徒四十人。幕人，下士一人、府二人、史二人、徒四十人。掌次，下士四人、府四人、史二人、徒八十人。大府，下大夫二人、上士四人、下士八人、府四人、史八人、贾十有六人、胥八人、徒八十人。玉府，上士二人、中士四人、府二人、史二人、工八人、贾八人、胥四人、徒四十有八人。内府，中士二人、府一人、史二人、徒十人。外府，中士二人、府一人、史二人、徒十人。司会，中大夫二人、下大夫四人、上士八人、中士十有六人、府四人、史八人、胥五人、徒五十人。司书，上士二人、中士四人、府二人，史四人、徒八人。职内，上士二人、中士四人、府四人、史四人、徒二十人。职岁，上士四人、中士八人、府四人、史八人、徒二十人。职币，上士二人、中士四人、府二人、史四人、贾四人、胥二人、徒二十人。司裘，中士二人、下士四人、府二人、史四人、徒四十人。掌皮，下士四人、府二人、史四人、徒四十人。内宰，下大夫二人、上士四人、中士八人、府四人、史八人、胥信人、徒八十人。内小臣，奄上士四人、史二人、徒八人。阍人，王宫每门四人。囿游亦如之。寺人，王之正内五人。内竖倍寺人之数。九嫔、世妇、女御、女祝四人、奚八人、女史八人、奚十有六人。典妇功，中士二人、下士四人、府二人、史四人、工四人、贾四人、徒二十人。典丝，下士二人、府二人、史二人、贾四人、徒十有二人。典枲，下士二人、府二人、史二人、徒二十人。内司服，奄一人、女御三人、奚八人。缝人，奄二人、女御八人、女工八十人、奚三十人。染人，下士二人、府二人、史二人、徒二十人。追师，下士二人、府一人、史二人、工二人、徒四人。屦人，下士二人、府一人、史一人、工八人、徒四人。夏采，下士四人、史一人、徒四人。”

② 《周礼·天官冢宰》：“大府，下大夫二人、上士四人、下士八人、府四人、史八人、贾十有六人、胥八人、徒八十人。玉府，上士二人、中士四人、府二人、史二人、工八人、贾八人、胥四人、徒四十有八人。内府，中士二人、府一人、史二人、徒十人。外府，中上二人、府一人、史二人、徒十人。”

府”、“外府”是不可混淆的。

在《春官宗伯》的职官序列之中，有“大史”、“小史”①，以及“内史”、“外史”、“御史”②，并且，“小史”、“内史”、“外史”、“御史”也都下设“府”、“史”。可见，“史”是不可与“大史”、“小史”、“内史”、“外史”、“御史”混为一谈的。

因此，“守藏室之史”，既非“天府”、“大府”之“府”的“守藏”，亦非“御史”、“大史”之类的“史”，只是在百司下属的庶府之内“守藏”的“史”。

“守藏室”，则是由于“守藏”的工作是在“治藏”的范畴内，即使要把这份工作当作一个独立的单位，也是称不上“府”而只能谓之为“室”的。为“守藏室”服务的“史”，乃是工作、事务的名称，而非官吏的职衔，也与史书、志书没有关系，是跟《论语·雍也》“质胜文则野，文胜质则史”的“史”对号入座的。仓库里的货进货出，有些货物只需直观便知其状，而记账却要繁琐地进行具体名称、体状、数量的记录，是为“文胜质则史”。

三

《庄子·天道》写道：“孔子西藏书于周室，子路谋曰：由闻周之征藏史有老聃者，免而归居，夫子欲藏书，则试往因焉。孔子曰：善。”老子李耳曾经担任过的职务，是与“藏书”有关的“周之征藏史”。

“征藏史”，这很容易让人联想到国家对民间书籍的征集，就像采诗而汇集为《诗经》。

根据《国语·周语》召公谏厉王弭谤所说的“天子听政，使公卿至于列士献诗，瞽献曲，史献书，师箴，瞍赋，蒙诵，百工谏，庶人传语，近臣尽规，亲戚补察，瞽、史教诲，耆、艾修之，而后王斟酌焉，是以事行而不悖”，以及《汉书·艺文志》“古有采诗之官，王者所以观风俗，知得失，自

① 《周礼·春官宗伯》：“大史，下大夫二人、上士四人。小史，中士八人、下士十有六人、府四人、史八人、胥四人、徒四十人。”

② 《周礼·春官宗伯》：“内史，中大夫一人、下大夫二人、上士四人、中士八人、下士十有六人、府四人、史八人、胥四人、徒四十人。外史，上士四人、中士八人、下士十有六人、胥二人、徒二十人。御史，中士八人、下士十有六人、其史百有二十人、府四人、徒四十人。”

考正也”可见，周朝确有从事采诗之“征”而“藏”的“征藏”官。

但根据《汉书·食货志》“孟春之月，群居者将散，行人振木铎徇于路，以采诗，献之大师，比其音律，以闻于天子”，采诗这份工作的从事者乃是“行人”，是将诗献给“大师”。

根据《周礼·春官宗伯》，教诗、掌诗是由“大师”①、“小师”②负责，掌叙事之法、读四方事书的是“内史”③，掌四方之志、掌三皇五帝之书的是“外史”④；这些都跟书籍的征集并无关系。并且，《周礼》之中没有“征藏史”。

根据清代王先谦《庄子集解·外篇第十三天道》“子路谋曰：由闻周之征藏史。司马云：‘征藏，藏名。一云：征，典也’。史，藏府之史”，西晋司马彪将“征藏”解释为“典藏”。当然，《周礼》之中亦无专门负责“典藏”的“史”。

于是，“征藏史”只好属于《庄子·天道》的产物而不被司马迁采用。

四

“守藏室之史”的身份，是在政府机构内部仓库里面打工的庶人，所

① 《周礼·春官宗伯》：“大师，掌六律、六同以合阴阳之声。阳声：黄钟、大簇、姑洗、蕤宾、夷则、无射。阴声：大吕、应钟、南吕、函钟、小吕、夹钟。皆文之以五声：宫、商、角、徵、羽；皆播之以八音：金、石、土、革、丝、木、匏、竹。教六诗：曰风、曰赋、曰比、曰兴、曰雅、曰颂。以六德为之本，以六律为之音。大祭祀，帅瞽登歌，令奏击拊，下管播乐器，令奏鼓朄。大飨，亦如之。大射，帅瞽而歌射节。大师，执同律以听军声而诏吉凶。大丧，帅瞽而廞作谥。凡国之瞽蒙正焉。”

② 《周礼·春官宗伯》：“小师，掌教鼓鼗、柷、敔、埙、箫、管、弦、歌。大祭祀，登歌击拊，下管击应鼓，彻歌。大飨，亦如之。大丧，与廞。凡小祭祀、小乐事，鼓朄，掌六乐声音之节。瞽蒙掌播鼗、柷、敔、埙、箫、管、弦、歌。讽诵诗，世奠系，鼓琴瑟。掌九德六诗之歌，以役大师。”

③ 《周礼·春官宗伯》：“内史，掌王之八枋之法以诏王治，一曰爵，二曰禄，三曰废，四曰置，五曰杀，六曰生，七曰予，八曰夺。执国法及国令之贰，以攷政事，以逆会计。掌叙事之法，受纳访，以诏王听治。凡命诸侯及孤卿大夫，则策命之。凡四方之事书，内史读之。王制禄，则赞为之，以方出之；赏赐，亦如之。内史掌书王命，遂贰之。”

④ 《周礼·春官宗伯》：“外史，掌书外令，掌四方之志，掌三皇五帝之书，掌达书名于四方。若以书使于四方，则书其令。”

草拟的文书，乃是库藏的各种器具、货物“辨其名物”、“与其出入”的账簿。老子李耳就业于这个工作岗位，为时甚久。

虽然，周朝有着向民间选士的制度[①]，《周礼·秋官司寇》“以八辟丽邦法，附刑罚：一曰议亲之辟，二曰议故之辟，三曰议贤之辟，四曰议能之辟，五曰议功之辟，六曰议贵之辟，七曰议勤之辟，八曰议宾之辟”所记载的“八议”，其中的“议贤”、“议能”、“议功”，指的就是士可以凭借贤、能、功从而晋身为大夫乃至卿。在这样的时代背景之中，老子李耳长久地“史”于“守藏”，其原因颇是宜于讳莫如深。

因此，司马迁在《老子韩非列传》里对老子的记述使用了“修道德，其学以自隐无名为务”的曲笔。其实，老子李耳并非“无名”，至少，他是出了名的，否则，孔子是不会路远迢迢地去拜访尚未著书的他。

并且，根据《礼记·曾子问》“孔子曰：‘昔者，吾从老聃助葬于巷党”[②]，孔子曾经跟从老子在一个由五百户人家组成的社区巷道里帮助别人举行丧葬之事。这就相应了《老子韩非列传》里孔子问礼老子，老子对孔子所说“且君子得其时则驾，不得其时则蓬累而行。吾闻之，良贾深藏若虚，君子盛德容貌若愚”的“蓬累而行”。巷党助葬与蓬累而行，侧面地反映了老子的身份是个庶人。

而为了婉转地交代“守藏室之史”是个庶人，司马迁特意浓墨重笔地记述老子李耳是“楚苦县厉乡曲仁里人”，以接近于“下里巴人”的“里人”对老子的身份作了侧面透露。《老子韩非列传》共记载了老子、庄子、申不害、韩非四人，庄子是“蒙人”，申不害是“京人”，只用了两个字，却对老子用了九个字。

由于老子的身份是庶人，所以，不大为当时之人重视；老子的出关而去，只是受到守关的令尹的接待，并且，这个接待，是以“强为我著书”为条件的。可见，老子在当时被人重视的程度，既不如庄子的竟然拒绝

---

① 《礼记·王制》：“命乡论秀士，升之司徒曰选士，司徒论选士之秀者而升之学，曰俊士。升于司徒者，不征于乡，升于学者不征于司徒，曰造士。”

② 《周礼·地官司徒·大司徒》：“令五家为比，使之相保；五比为闾，使之相受；四闾为族，使之相葬；五族为党，使之相救。”

楚威王“许以为相”的千金重利之聘①,也比不过太史儋到了秦国受到秦献公接见。毕竟,庄子的“漆园吏”(至少,是个吏了)身份高于老子,太史儋的身份乃是太史。

“太史”(“太史令”的简称,“大史”的俗称)跟“守藏室之史”的身份差距是很大的。“太史令”虽始于夏朝②,但在《周礼》之中并无“太史令”。根据清代段玉裁《说文解字注·太》“后世还言大而以为形容未尽,则作太。如大宰俗作太宰,大子俗作太子,周大王俗作太王是也”,以“大史”通“太史”,周朝的“大史”其身份是下大夫,其权职是“掌建邦之六典”、“掌法”、“掌则”、“与大师同车”③。

五

《老子韩非列传》“或曰:老莱子亦楚人也,著书十五篇,言道家之用,与孔子同时云。盖老子百有六十余岁,或言二百余岁,以其修道而养寿也。自孔子死之后百二十九年,而史记周太史儋见秦献公曰:‘始秦与周合,合五百岁而离,离七十岁而霸王者出焉。’或曰:‘儋即老子。’

---

① 《史记·老子韩非列传》:“庄子者,蒙人也,名周。周尝为蒙漆园吏,与梁惠王、齐宣王同时。其学无所不窥,然其要本归于老子之言。故其著书十余万言,大抵率寓言也。作渔父、盗跖、胠箧,以诋訿孔子之徒,以明老子之术。畏累虚、亢桑子之属,皆空语无事实。然善属书离辞,指事类情,用剽剥儒、墨,虽当世宿学不能自解免也。其言洸洋自恣以适己,故自王公大人不能器之。楚威王闻庄周贤,使使厚币迎之,许以为相。庄周笑谓楚使者曰:‘千金,重利;卿相,尊位也。子独不见郊祭之牺牛乎?养食之数岁,衣以文绣,以入大庙。当是之时,虽欲为孤豚,岂可得乎?子亟去,无污我。我宁游戏污渎之中自快,无为有国者所羁,终身不仕,以快吾志焉。’”

② 《吕氏春秋·先识览第四》:“夏太史令终古出其图法,执而泣之。夏桀迷惑,暴乱愈甚。太史令终古乃出奔如商。”

③ 《周礼·春官宗伯》:“大史,掌建邦之六典,以逆邦国之治。掌法,以逆官府之治;掌则,以逆都鄙之治。凡辨法者考焉,不信者刑之,凡邦国都鄙及万民之有约剂者藏焉,以贰六官,六官之所登,若约剂乱,则辟法,不信者刑之。正岁年,以序事。颁之于官府及都鄙,颁告朔于邦国。闰月,诏王居门,终月。大祭祀,与执事卜日,戒卑宿之日,与群执事读礼书而协事。祭之日,执书以次位常,辩事者考焉,不信者诛之。大之日、朝觐,以书协礼事。及将币之日,执书以诏王。大师,抱天时,与大师同车。大迁国,抱法以前。大丧,执法以莅劝防。遣之日,读诔,凡丧事考焉。小丧,赐谥。凡射事,饰中,舍筭,执其礼事。”

或曰:‘非也。’世莫知其然否”里的三处“或曰”,乍一看,似乎是在存疑。然而,《老子韩非列传》明确地交代了老子所著之书是“上下篇”,老莱子所著之书是“十五篇”;这边以“自孔子死之后百二十九年”明确说出太史儋见秦献公的时间,这边却说“或曰儋即老子,或曰非也”。可见,这三处“或曰”,并非存疑。

其实,司马迁是以“或曰”作为引带,将生平事迹更为简单、模糊的属于道家之人的老莱子、太史儋,写进了这篇列传之中,使这篇列传成为先秦道家诸子的传记。

因为,《史记·仲尼弟子列传》“孔子之所严事,于周则老子,于卫蘧伯玉,于齐晏平仲,于楚老莱子”,将老子、蘧伯玉、晏平仲、老莱子区分得很清晰了。

并且,关于孔子曾向老莱子求教之事,又见载于《战国策·楚策四》:“或谓黄齐曰:人皆以谓公不善于富挚,公不闻老莱子之教孔子事君乎,示之其齿之坚也,六十而尽相靡也!今富挚能,而公重不相善也,是两尽也。”

六

老子李耳是给政府机构内部仓库记账的,故而在《道德经》中,“货”字重复了五次①,由于仓库是蓄货的,乃对“畜”(储备、积蓄)很是重视而与“德”相提并论为“德畜之”②,较为注意“橐”、“籥”、“辐”、“毂”、“埏”、“埴”这些器物③,把“天之道”比喻为“张弓”④,第二十七章中有“善数,不用筹策;善闭,无关楗而不可开;善结,无绳约而不可解”之语。

① 《道德经》第三章:“不贵难得之货,使民不为盗。”第十二章:“难得之货令人行妨。”第四十四章:“名与身孰亲,身与货孰多。”第五十三章:“服文彩,带利剑,厌饮食,财货有余。”第六十四章:“是以圣人欲不欲,不贵难得之货。”

② 《道德经》第五十一章:“道生之,德畜之。”

③ 《道德经》第五章:“天地之间,其犹橐籥乎。”第十一章:“三十辐,共一毂,当其无,有车之用。埏埴以为器,当其无,有器之用。”

④ 《道德经》第七十七章:“天之道,其犹张弓与。”

认为“开”、“兑”是不好的，会“终身不救”；“塞”、“闭”则是可以“终身不勤”①。

仓库保管员要做的事情就是给货物计数、包扎，开、闭安装了关楗的仓库大门。喜欢仓库里塞满货物而闭门，这样，才会使仓库保管员有着职务上的价值。如果，仓库搬空了，仓库保管员就成了纯粹吃闲饭的，从而面临失业的可能。

《淮南子·缪称训》“匠人斫户，无一尺之楗，不可以闭藏”，说明了“楗”、“闭”、“藏”是有机地联系在一起的。《礼记·月令·孟冬之月》“坏城郭，戒门闾，修楗闭，慎管籥”，说明了“楗闭”与“管籥”颇有关系；根据《礼记正义》，楗如牡、闭如牝，管籥是“搏楗器”②。春秋之时，尚未发明出来的门锁、钥匙其前身就是关楗与钥。政府机构与府库之门才会装有关楗，开启关楗的钥与“籥”是通假字，“管籥”跟“楗闭”犹如“牡”、“牝”。《道德经》中“牡”字使用了二次、“牝”字使用了五次③。

如果，老子李耳是个相当于御史的柱下史，即使只是中士的身份，下面也有若干名下士以及府、史，进出办公场所不必亲自开门、关门，对于“关楗”、“籥”可以视若不见，与“善数”、“善结”、“善闭”之事则是比较疏远而陌生。只有仓库保管员，给人讲道理，才会开口三句话不离本行。

老子李耳是跟一些下士以下身份的同事一起工作，虽为庶人，但他所从事的工作岗位下面还有“胥”、“徒”、“工”。可见，周朝的官职制度乃是明确地区分了脑力劳动、体力劳动的，胥、徒、工是体力劳动者，史是最底层的脑力劳动者。

---

① 《道德经》第五十二章：“塞其兑，闭其门，终身不勤。开其兑，济其事，终身不救。”

② 《礼记正义·月令》：“楗牡闭牝者，凡锁器入者谓之牡，受者谓之牝，若禽兽牝牡。然管籥与楗闭别文，则非楗闭之物，故云搏楗器，以铁为之，似乐器之管籥，搢于锁内，以搏取其楗也。按檀弓注云：‘管，楗也。’则管、楗一物，此为别者，熊氏云：‘管是楗之伴类，仍非楗也。’注称管楗者，以类言之，若云邻里然也。管籥云搏楗器，则管籥一物，义或然也。”

③ 《道德经》第六章：“谷神不死，是谓玄牝。玄牝之门，是谓天地根。”第五十五章：“骨弱筋柔而握固，未知牝牡之合而全作，精之至也。”第六十一章：“天下之交天下之牝，牝常以静胜牡。”

脑力劳动者的工作，是不大辛苦甚至可能是悠闲的；故而，既可以“修道德”而“自隐无名”，又能够博闻于道听途说之言，综听于街衢巷间之语，并且予以深虑、反思，从而有了朴素的辩证思想，使老子成为《道德经》的著者。

（作者为武汉长春观道教研究人员）